Sukkulenten-Lexikon

Band 4
Crassulaceae (Dickblattgewächse)

Urs Eggli (Hrsg.)

Sukkulenten-Lexikon

Band 4
Crassulaceae (Dickblattgewächse)

Herausgegeben in Zusammenarbeit mit der
Internationalen Organisation für Sukkulenten-Forschung

Sukkulentenlexikon (herausgegeben von Urs Eggli)
Band 1: Einkeimblättrige Pflanzen (*Monocotyledonen*)
Band 2: Zweikeimblättrige Pflanzen (*Dicotyledonen*)
Band 3: *Asclepiadaceae*
Band 4: *Crassulaceae*

Bibliografische Information Der Deutschen Bibliothek
Die Deutsche Bibliothek verzeichnet diese Publikationen in der Deutschen Nationalbibliografie;
detaillierte bibliografische Daten sind im Internet über http://dnb.ddb.de abrufbar.
ISBN 3-8001-3998-7

Das Werk einschließlich aller seiner Teile ist urheberrechtlich geschützt. Jede Verwertung außerhalb der engen Grenzen des Urheberrechtsgesetzes ist ohne Zustimmung des Verlages unzulässig und strafbar. Das gilt insbesondere für Vervielfältigungen, Übersetzungen, Mikroverfilmungen und die Einspeicherung und Verarbeitung in elektronischen Systemen.

© 2003 Eugen Ulmer GmbH & Co.
Wollgrasweg 41, 70599 Stuttgart (Hohenheim)
email: info@ulmer.de
Internet: www.ulmer.de
Printed in Germany
Herstellung: Ulla Stammel
Druck und Bindung: Friedrich Pustet, Regensburg

Vorwort

Der vorliegende, die *Crassulaceae* (Dickblatt-Gewächse) behandelnde Band schliesst die erfolgreiche Lexikonserie zu den sogenannten "anderen Sukkulenten" ab. Damit erfassen die vier Lexikonbände nun alle sukkulenten Pflanzen mit Ausnahme der *Cactaceae* und *Aizoaceae*.

Der Band mit den *Crassulaceae* wird der Leserschaft mit beträchtlichem Stolz übergeben. Wie die drei bereits erschienenen Bände ist er die Frucht eines wirklich internationalen Projektes. Der jetzt als Abschluss publizierte Band stellt nicht nur die erste vollständige Synopsis der großen und gärtnerisch wichtigen Familie *Crassulaceae* seit der Bearbeitung durch Berger (1930) dar, sondern die Lexikonserie als Ganzes ist ohne Zweifel ein Meilenstein in der Sukkulentenliteratur.

Die Geschichte des Projektes, das schließlich zur Publikation dieser Lexika geführt hat, wurde im Vorwort zum ersten, im Herbst 2001 publizierten Band erläutert. Eine kurze Zusammenfassung ist hier deshalb ausreichend:

Handbücher über sukkulente Pflanzen (incl. Kakteen) haben eine lange Tradition. Erste Lexika für die *Cactaceae* wurden bereits im 19. Jahrhundert publiziert, aber erste Handbücher zum Thema der sogenannten "anderen Sukkulenten" wurden erst 1954 - 1955 mit Hermann Jacobsen als Autor unter dem Titel "Handbuch der sukkulenten Pflanzen" veröffentlicht. Eine korrigierte und ergänzte englische Ausgabe erschien 1959 und wurde in der Folge mehrfach nachgedruckt.

Der Erfolg dieses ersten Handbuches führte zur Publikation des kompakteren "Sukkulentenlexikon", das wiederum von Hermann Jacobsen verfasst wurde und 1970 in der deutschen Originalausgabe und 1975 in einer englischen Übersetzung erschien. Nach dem Tod von Hermann Jacobsen im August 1978 stellte Klaus Hesselbarth eine überarbeitete deutsche Ausgabe fertig, die 1981 publiziert wurde.

Erste Ideen, die schließlich zur vorliegenden Lexikonreihe führten, wurden vor dem Kongress 1990 der Internationalen Organisation für Sukkulenten-Forschung (IOS) in Zürich entwickelt. Der Verlag Gustav Fischer Jena, der nicht nur Hermann Jacobsens "Sukkulentenlexikon", sondern auch das gleichermaßen bekannte "Kakteenlexikon" von Curt Backeberg veröffentlichte, äußerte sein Interesse an neu überarbeiteten Ausgaben dieser Werke. Die Teilnehmer eines ad-hoc-Treffens während des Kongresses waren der Meinung, dass die Situation eine einmalige Gelegenheit bot, eine Reihe fundierter Bände zu **allen** sukkulenten Pflanzen zu erarbeiten.

Das ursprüngliche Projekt plante eine Reihe von drei Bänden, die den *Cactaceae*, den *Aizoaceae* sowie den "anderen Sukkulenten" gewidmet waren. Es wurde aber bald klar, dass ein einziger Band nicht genügen würde, um die umfangreiche Gruppe dieser "anderen Sukkulenten" aufzunehmen, und so umfasst die jetzt vollständig erschienene Reihe nicht weniger als vier Bände. Die *Aizoaceae* (Mittagsblumen etc.) sind dabei (noch) nicht vertreten, und die aus dem ursprünglichen Projekt entstandene monographische Bearbeitung erscheint in zwei Bänden ausschließlich in Englisch. Ein ähnliches Lexikon zu den Kakteen ist bis jetzt nicht fertig geworden.

Im Vergleich mit Hermann Jacobsens "Sukkulentenlexikon" enthält die vorliegende Lexikonreihe zahlreiche zusätzliche Informationen: Die Beschreibungen wurden ergänzt und sind so diagnostisch wie möglich. Zudem sind Literaturhinweise und in der Regel Angaben zur Typifizierung der akzeptierten Taxa vorhanden sowie vollständige Synonymien. Zudem werden für viele akzeptierte Taxa, die sonst im Lexikon nicht abgebildet sind, publizierte Illustrationen zitiert. Schließlich sind auch Erklärungen der Etymologien der Gattungsnamen enthalten.

Die Fertigstellung des *Crassulaceae*-Bandes wurde vom Tod unseres Kollegen Henk 't Hart (24. 7. 1944 – 22. 7. 2000) überschattet. Henk war ein sehr langjähriger Spezialist dieser Familie, und seine wissenschaftliche Arbeit konzentrierte sich auf die *Crassulaceae*. Seine Studien sowie die zahlreichen, unter seiner Leitung entstandenen Arbeiten haben grundlegend zu unserem Wissen über die Verwandtschaften innerhalb der Familie beigetragen. Henk war auch ein wichtiger Mitarbeiter des vorliegenden Bandes. Sein früher Tod erlaubte ihm nicht mehr, alle die vorgesehenen Texte fertigzustellen, aber die von ihm gelegte Basis erleichterte das Zusammentragen der fehlenden Teile. Als Zeichen unserer Dankbarkeit für seine wichtigen Beiträge zu den *Crassulaceae* soll dieser Band seinem Andenken gewidmet sein.

Wie schon bei den bereits erschienenen Bänden geht ein spezieller Dank an alle Mitarbeiterinnen und Mitarbeiter des Lexikonprojektes. Ohne ihre Hilfe und andauernde Geduld wäre das Lexikonprojekt der Sache nach nicht in einer derart erfreulichen Art und Weise möglich gewesen.

Es ist mir eine angenehme Pflicht, dem Verlag Eugen Ulmer in Stuttgart (für die vorliegende deutschsprachige Ausgabe) und dem Springer-Verlag in Heidelberg (für die parallel erscheinende englischsprachige Ausgabe) herzlich zu danken. Diese beiden Verlage haben in einer schwierigen Zeit die für das Erscheinen des Lexikons nötige, feste Basis geschaffen.

Die Zusammenstellung des Lexikons wäre nicht möglich gewesen ohne die Computerinfrastruktur, welche von der Sukkulenten-Sammlung Zürich (ZSS) zur Verfügung gestellt wurde. Für diese Unterstützung geht ein herzlicher Dank sowohl an den früheren Leiter der Sammlung, D. J. Supthut, an den heutigen Leiter Dr. T. Bolliger, als auch an die zuständigen Stellen von Grün Stadt Zürich der Stadtverwaltung.

Zahlreiche Personen haben bei der Zusammenstellung und der redaktionellen Bearbeitung geholfen. Ein Wort des Dankes geht nicht nur an alle meine Fachkolleginnen und -kollegen, welche Texte zum Projekt beigetragen haben, sondern auch an die zahlreichen Personen, die mehr im Hintergrund gewirkt haben. Zahlreiche Freunde beschafften Literaturstellen oder machten anderweitig Informationen zugänglich. Eine sehr wichtige Stellung nehmen die unzähligen Sukkulentenliebhaber auf der ganzen Welt und die zahlreichen entsprechenden Gesellschaften ein. Ihre Anstrengungen sind ein wichtiger Beitrag zu unseren Kenntnissen, und die vorliegende Lexikonserie hat ganz wesentlich auf diesen Grundlagen aufgebaut.

Schließlich möchte ich wiederum meiner Familie, meiner Gattin und meinem Sohn sowie allen meinen Kollegen in der Sukkulenten-Sammlung und anderswo für die Geduld danken, wenn das Lexikonprojekt mich beschäftigt hat. Ein spezieller Dank geht an Dr. Johanna Schlüter des früheren Gustav Fischer-Verlages Jena. Sie hat das Projekt während den ersten drei Vierteln seiner langen Geschichte mit Umsicht begleitet. Ein weiterer Dank geht schließlich an Roland Ulmer, Dr. Nadja Kneissler und Ulla Stammel vom Verlag Eugen Ulmer – ihnen ist es zu verdanken, dass dieses Lexikon Wirklichkeit geworden ist.

Zürich, November 2002   Urs Eggli

Inhaltsverzeichnis

♦ = komplett bearbeitet, ◊ = teilweise bearbeitet, ~ = nur erwähnt; Zahlen in Klammern: Anzahl bearbeitete Arten / infraspezifische Taxa

Vorwort V

Einleitung IX

Verwendete Abkürzungen und Symbole . XIII

Liste der Autorinnen und Autoren XV

Liste der Übersetzerinnen und Übersetzer XV

Liste der Bildautoren XVI

Systematischer Teil 1

Crassulaceae ♦ 1
   Adromischus ♦ (28 / 9) 4
   Aeonium ♦ (36 / 6) 11
   Afrovivella ♦ (1 / 0) 21
   Aichryson ♦ (14 / 0) 21
   Cotyledon ♦ (10 / 5) 25
   Crassula ♦ (195 / 88) 29
   × Cremnadia ♦ 86
   × Cremneria ♦ (1 / 0) 86
   × Cremnopetalum ♦ 86
   Cremnophila ♦ (2 / 0) 86
   Cremnosedum ♦ 87
   × Cremsonella ♦ 87
   × Dudleveria ♦ 87
   Dudleya ♦ (47 / 20) 87
   Echeveria ♦ (139 / 28) 105
   × Grapsonella ♦ 132
   × Graptoladia ♦ 132
   Graptopetalum ♦ (16 / 2) 132
   × Graptophytum ♦ 138
   × Graptosedum ♦ 138
   × Graptoveria ♦ 138

   Hylotelephium ♦ (27 / 7) 138
   Hypagophytum ♦ (1 / 0) 146
   Kalanchoe ♦ (144 / 11) 147
   × Lenaptopetalum ♦ 188
   Lenophyllum ♦ (7 / 0) 188
   × Lenophytum ♦ 189
   × Lenoveria ♦ 189
   Meterostachys ♦ (1 / 0) 189
   Monanthes ♦ (9 / 1) 190
   Orostachys ♦ (12 / 4) 193
   × Pachyladia ♦ 197
   Pachyphytum ♦ (15 / 0) 197
   × Pachysedum ♦ 203
   × Pachyveria ♦ 203
   Perrierosedum ♦ (1 / 0) 203
   Phedimus ♦ (18 / 0) 204
   Pistorinia ♦ (3 / 0) 211
   Prometheum ♦ (8 / 1) 212
   Pseudosedum ♦ (12 / 1) 215
   Rhodiola ♦ (58 / 15) 218
   Rosularia ♦ (17 / 9) 236
   × Sedadia ♦ 242
   Sedella ♦ (3 / 0) 243
   × Sedeveria ♦ 244
   Sedum ♦ (428 / 69) 244
   Sempervivum ♦ (63 / 16) 347
   Sinocrassula ♦ (7 / 7) 365
   Thompsonella ♦ (6 / 0) 369
   × Thompsophytum ♦ 370
   × Thompsosedum ♦ 370
   × Thompsoveria ♦ 370
   Tylecodon ♦ (46 / 4) 371
   Umbilicus ♦ (14 / 1) 381
   Villadia ♦ (21 / 1) 384
   × Villeveria ♦ 391

Literaturverzeichnis 392

Register der Pflanzennamen und Synonyme 402

Einleitung

Was sind Sukkulenten – Verwendete Konzepte

Aller Wahrscheinlichkeit ist es unmöglich, genau zu definieren, was eine sukkulente Pflanze ist – wenigstens mit Blick auf die verschiedenen konkurrierenden Definitionen. Für dieses Lexikon wurde deshalb ein pragmatischer Ansatz gewählt, und neben der grossen Zahl unzweifelhaft sukkulenter Pflanzen wurden auch zahlreiche Grenzfälle aufgenommen, v.a. wenn die fraglichen Arten zusammen mit anderen Sukkulenten kultiviert werden, und wenn sie aus mehr oder weniger trockenen Gebieten kommen und deshalb eine gewisse Anpassung an Trockenheit zeigen. Entsprechend sind die meisten Caudex- sowie pachycaulen Pflanzen aufgenommen worden, die zur Zeit in Kultur so populär sind.

Andere Grenzfälle betreffen eine Anzahl zwiebeliger oder rhizombildender Monokotylen, wo Beispiele aus verschiedenen Gattungen Aufnahme fanden, ebenso wie mehrere schwach entwickelte Blattsukkulenten der *Gesneriaceae* (z.B. *Columnea*).

Auf der anderen Seite werden ausschliesslich halophytische Sukkulenten (wie z.B. *Salicornia*) nicht behandelt, denn sie sind weder an klimatische Trockenheit angepasst, noch werden sie in Sukkulentensammlungen gepflegt.

Schliesslich wurde eine Anzahl Familien mit unbestrittener (xerophytischer) Sukkulenz nicht in diese Reihe aufgenommen. Dies betrifft insbesondere die Kakteen (*Cactaceae*) und die Mittagsblumen-Gewächse (*Aizoaceae*), die anderweitig lexikographisch behandelt werden. Ebenfalls ausgeschlossen wurden die Familien *Bromeliaceae* und *Orchidaceae*. Beide umfassen eine beträchtliche Zahl blattsukkulenter Arten, aber für beide gibt es umfangreiche Spezialliteratur sowie zahlreiche Spezialgesellschaften, und eine Wiederholung dieser Informationen ist hier nicht nötig. Für alle diese ausgeschlossenen Familien wurde jedoch in der vorliegenden Reihe aus Gründen der Vollständigkeit ein kurzer Text zur Familie aufgenommen.

Zur Benutzung des Lexikons

Alle Einträge für Familien, Gattungen und Arten sind strikt alphabetisch geordnet (mit der Ausnahme, dass die Monokotylen und Dikotylen separat veröffentlicht werden), und so ist es einfach, den Eintrag einer gegebenen Art zu finden, sofern die Familienzuordnung bekannt ist.

Ein alternativer Weg ist die Benutzung des Registers mit taxonomischen Querverweisen am Ende jedes Bandes. Diese Register enthalten sämtliche im jeweiligen Band behandelten Namen. Für akzeptierte Namen wird die Seitenzahl des entsprechenden Eintrages genannt, für Syonyme wird sowohl der akzeptierte Name wie die Seitenzahl genannt. Einige Namen werden im Text nur kurz gestreift, und in diesen Fällen nennt das Register die Seitenzahl und den Namen, unter dem Informationen zu finden sind.

Zum Bestimmen unbekannter Pflanzen stellt das Lexikon für jede Familie einen Bestimmungsschlüssel zu den Gattungen mit sukkulenten Arten zur Verfügung. Dabei ist zu beachten, dass diese Schlüssel so konstruiert sind, dass sie für die im Lexikon behandelten Taxa funktionieren, und dass sie nicht in allen Fällen die gesamte bekannte Variationsbreite einer Gattung berücksichtigen. Falls die Familie unbekannt ist, wird mit Vorteil ein allgemeines Botanikbuch mit Familienschlüsseln zu Rate gezogen. Rowley (1980) und Eggli (1994) veröffentlichten Bestimmungsschlüssel für blühende und nicht-blühende Sukkulenten, und Geesink & al. (1981) erarbeiteten ein bekanntes Buch mit Schlüsseln zu allen Blütenpflanzen der Welt.

Umfang der enthaltenen Informationen

Familien

Die verwendeten Familiennamen entsprechen stets der standardisierten Form (mit der Endung -*aceae*); die alternativen Namen (z.B. *Compositae* für *Asteraceae*) werden nicht gebraucht.

Innerhalb jeder Familie werden die Gattungen in alphabetischer Reihenfolge behandelt, und dasselbe gilt für die Reihenfolge der Arten innerhalb jeder Gattung. Einige Gattungen mit geringer Bedeutung oder mit ausschliesslich sukkulenten Grenzfällen werden nur erwähnt oder bestenfalls beschrieben, aber es werden keine einzelnen Arten vorgestellt.

Die folgenden Familien werden in ihrer Gesamtheit, d.h. mit allen zugehörigen Arten behandelt: *Agavaceae, Aloaceae* und *Doryanthaceae* im vorliegenden Band, sowie *Didiereaceae, Fouquieriaceae* and *Nolanaceae* im folgenden Band. Die *Crassulaceae* werden in ihrer Gesamtheit im vierten Band der Lexikonreihe vorgestellt.

Die Familienbeschreibung charakterisiert die Familie als Ganzes, was oft eine grössere Variationsbreite einschliesst, als bei den sukkulenten Vertretern beobachtet werden kann.

Darauf folgen Bemerkungen zur Verbreitung, zur Klassifikation und zur ökonomischen Wichtigkeit der Familie, sowie zum Vorkommen von Sukkulenten, falls dies nicht ein generelles Merkmal der Familie ist. Es schliesst sich ein Bestimmungsschlüssel zu den Gattungen mit Sukkulenten an, und wo nötig ein Abschnitt über die in den Gattungs- und Artbeschreibungen verwendeten speziellen Fachbegriffe.

Die Familienaufteilung folgt mehr oder weniger Mabberley (1987), allerdings mit Ausnahme der Monokotylen, wo Dahlgren & al. (1985) mit einigen geringfügigen Modifikationen als Basis verwendet wird.

Gattungen und Arten

Die Einträge für Gattungen und Arten folgen derselben Gliederung. Die Autorennamen werden nicht abgekürzt, und wo nötig werden nach den Standards von Brummitt & Powell (1992) Initialen verwendet. Das Literaturzitat der Originalbeschreibung oder der Kombination wird von Angaben zur Typifikation (sofern verhanden, siehe unten) gefolgt. Im Falle von Gattungen wird ferner die wichtigste Literatur zitiert. Darauf folgt die Angabe der geographischen Verbreitung (incl. Bemerkungen zur Ökologie, sofern vorhanden) und bei den Gattungen eine Erklärung der Etymologie des Namens.

Der Hauptteil jedes Eintrages wird durch die diagnostische Beschreibung des Taxons eingenommen, wo nötig gefolgt von einer kurzen Diskussion der Variabilität, der Umschreibung oder der Verwendung des Namens. Dabei ist zu beachten, dass diese Beschreibungen nur die wichtigste Variationsbreite betrifft und nicht sämtliche bekannten kleinen Abweichungen berücksichtigen kann.

Bei grösseren Gattungen folgt schliesslich ein Überblick über die formale oder informale Klassifikation. Die individuellen infragenerischen Taxa werden durchgehend nummeriert, und diese Nummern werden bei den folgenden Artbeschreibungen jeweils am Anfang genannt, um über die Stellung der Art innerhalb der Gattung zu informieren.

Falls für eine bestimmte Gruppe neuere konkurrenzierende Klassifikationen vorhanden sind, wird dies kurz diskutiert, und die im Lexikon verwendete Klassifikation wird klar genannt.

Bei den Gattungs- und Artnamen werden geringfügig abweichende Schreibweisen nicht speziell aufgeführt, und stattdessen wird sowohl bei akzeptierten Namen wie bei Synonymen durchgehend die 'korrigierte' Schreibweise verwendet.

Infraspezifische Taxa

Die infraspezifischen Taxa werden in alphabetischer Reihenfolge der Rangstufe und des Namens behandelt (d.h. die Rangstufen in der Reihenfolge cv., fa., ssp., var.). Dies ist durch die strikt alphabetische Sortierung bedingt, welche bei der Produktion des Lexikons auf der Basis einer Computerdatenbank verwendet wird. Entsprechend wird das typische infraspezifische Taxon (d.h. dasjenige, das den Artnamen wiederholt) nicht wie in vielen Lexika zuerst behandelt, sondern an der entsprechenden Stelle in der alphabetischen Reihenfolge.

Cultivare, Hybriden

Cultivare (Rangstufe als cv. abgekürzt) werden nicht umfassend behandelt. Cultivare, die nicht mit einer bestimmten Art assoziiert sind, werden innerhalb der Gattung zuerst genannt. Cultivare, die mit einem Artnamen verbunden sind, werden nach der enstprechenden Art genannt, entweder als eigener Eintrag (in der Form wie die Einträge für Unterarten etc.), oder bei weniger wichtigen Cultivaren nur in Form einer Erwähnung in der Diskussion zur Art. Die Nomenklatur der Cultivare folgt den Richtlinien des ICBN.

Formell benannte Hybridgattungen werden als eigene 'Gattungen' behandelt oder in den Bemerkungen zu den Elterngattungen genannt. Das gleiche gilt für formell benannte Hybriden auf Artebene (auch wenn als Cultivar benannt). Hybriden, die nur mit ihrer Hybridformel bekannt sind, werden entweder im Eintrag der Gattung oder unter der einen oder anderen Elternart genannt. Es wurde kein Versuch gemacht, die zahlreichen, formell benannten Hybriden alle aufzunehmen.

Beschreibungen

Die Beschreibungen sind so kompakt, genau und diagnostisch wie möglich. Merkmale, die innerhalb einer bestimmten Familie oder Gattung nicht ändern, werden in den Gattungs- bzw. Artbeschreibungen nicht wiederholt. Im Falle von weiter unterteilten Gattungen werden auch die Angaben für die Untergattungen, Sektionen etc. in den Artbeschreibungen in der Regel nicht mehr wiederholt.

Masse

Alle Masse werden in metrischen Einheiten angegeben. Masse ohne weitere Angaben *beziehen sich immer auf die Längsachse* des beschriebenen Organs (d.h. Länge, Höhe etc.). Zwei durch ein ×-

Zeichen verbundene Werte beziehen sich auf Länge × Breite.

Terminologie

In den Beschreibungen verwendete spezielle Fachbegriffe werden beim ersten Gebrauch erklärt. Die üblichen botanischen Begriffe werden nicht speziell erklärt, und die Leser werden auf die entsprechende Literatur verwiesen. Besonders zu erwähnen ist das Glossar von Stearn (1992).

Typangaben

Diese Information wird aus Gründen der Annehmlichkeit dann aufgenommen, wenn es sich um einfach zugängliche Angaben handelt. Typangaben fehlen aber in zahlreichen Fällen. Die Typzitate umfassen die Angabe des Landes (allenfalls auch Provinz, Departement oder Region), in dem der Typ gesammelt wurde, sowie der Sammlername und die Sammelnummer, und schliesslich die Herbarien, in welchen Typmaterial gemäss Literatur oder eigenen Kenntnissen aufbewahrt wird. Die Herbarabkürzungen folgen dem *Index Herbariorum*, Ed. 8 (Holmgren & al. 1990). Wenn mehrere Abkürzungen genannt werden, bezieht sich die erste auf den Holotyp, die weiteren auf Isotypen. Gelegentlich werden zusätzliche Angaben zur Typifizierung gemacht, v.a. im Fall von Lecto- oder Neotypen.

Nomenklatorischer Status der Namen

Für alle behandelten Taxa wurde der Versuch gemacht, ausschliesslich gültig publizierte und legitime Namen zu gebrauchen, aber in einer kleinen Zahl von Fällen war das leider nicht möglich. In den Synonymlisten wird der nomenklatorische Status (ungültig, illegitim, zurückgewiesen) durch die Angabe der verletzten ICBN-Artikel (unter Verwendung der Tokyoter Fassung) angegeben. Abweichende Schreibweisen werden unter ICBN Art. 61 als ungültig publiziert betrachtet.

Synonymien

Die für Gattungen und vor allem Arten aufgenommenen Synonymien sind so umfangreich wie möglich und umfassen alle als Synonyme erkannten Namen. Zuerst werden – wo nötig – das Basionym des akzeptierten Namens sowie weitere spätere Kombinationen genannt. Alle Kombinationen desselben Basionyms werden in chronologischer Reihenfolge aufgelistet und mit dem ≡-Zeichen verbunden. Dadurch wird verdeutlicht, dass es sich um homotypische (nomenklatorische) Synonyme handelt. Zu beachten ist, dass das ≡-Zeichen nur für Kombinationen desselben Basionyms verwendet wird, nicht aber für weitere homotypische Synonyme (z.B. *nomina nova*). Die Nennung aller weiteren Synonyme wird jeweils mit 'incl.' eingeleitet, um zu verdeutlichen, dass es sich (mit Ausnahme der eben genannten *nomina nova*), um heterotypische (taxonomische) Synonyme handelt. Gruppen von Kombinationen desselben Basionyms werden wiederum mit ≡-Zeichen verbunden. Basionyme werden immer zuerst und in chronologischer Reihenfolge aufgelistet.

Geographische Namen

Ländernamen werden in der Regel ungefähr in der Reihenfolge Nord nach Süd und West nach Ost aufgelistet. Dabei wurde darauf geachtet, alle geographischen Namen (von Ländern, administrativen Einheiten, Regionen etc.) soweit wie möglich zu vereinheitlichen, wobei deutlich wurde, wie oft solche Namen im Laufe der Zeit Veränderungen erfahren. Solche Veränderungen betreffen insbesondere die Namen und Einteilungen der Provinzen der Republik Südafrika (RSA), die nach 1995 beträchtlich umgestaltet wurden. Betroffen ist besonders die frühere Cape Province, die in 4 Einheiten (North-West Province, Northern Cape, Western Cape, Eastern Cape) aufgeteilt wurde. Soweit möglich werden in den Verbreitungsangaben ausschliesslich diese neuen Namen verwendet, aber es hat sich als unmöglich herausgestellt, auch sämtliche Angaben für Typlokalitäten entsprechend zu ändern, weshalb in einigen Fällen immer noch der Name "Cape Prov." verwendet wird. Es ist zu hoffen, dass die dadurch entstandenen Inkonsistenzen erträglich sind.

Schwierigkeiten sind auch dann aufgetreten, wenn sich früher separate Nationen zusammenschlossen (wie im Falle des früheren Nordjemens und Südjemens), oder wenn sich Nationen teilten (z.B. Eritrea, früher ein Teil von Äthiopien). In solchen Fällen kann keine vollständige Einheitlichkeit garantiert werden.

Um Platz zu sparen, werden sämtliche geographischen Richtungen wie Nord, Süd etc. *immer* abgekürzt (N, S, etc.). Dabei ist zu beachten, dass *SW Afrika* das 'südwestliche Afrika' meint und *nicht* das frühere Südwest-Afrika (heute Namibia). In ähnlicher Weise bedeutet *S Afrika* das 'südliche Afrika' und *nicht* die Republik Südafrika, für welche ausschliesslich die Abkürzung RSA verwendet wird.

Literaturangaben

Für alle akzeptierten Namen wird der Publikationsort genannt. Normalerweise wird die Publikation mit einer kompletten Abkürzung angegeben, und diese Abkürzungen folgen Eggli (1985) und Eggli (1998) für die spezialisierten Sukkulentenzeitschriften, oder BPH (Lawrence & al. 1968) und BPH/S (Bridson & Smith 1991) für alle anderen Zeitschriften. Für Buchveröffentlichungen richten sich die Abkürzungen nach Stafleu & Cowan (1976-1988) und Supplementen (Stafleu & Mennega 1992-2000). In beiden Fällen werden aus Gründen der Einheitlichkeit fallweise kleinere Abweichungen toleriert.

Eine Anzahl häufig zitierter Zeitschriften- und Buchtitel werden mit einer Kurzabkürzung weiter abgekürzt. Eine Liste dieser Akronyme folgt der Liste der verwendeten übrigen Abkürzungen (S. XIII).

Im laufenden Text werden Literaturangaben in der üblichen Weise gemacht (Autor und Jahr, manchmal durch eine Seitenangabe ergänzt). Die kompletten Angaben finden sich dann im Literaturverzeichnis am Ende des Bandes.

Abbildungen

Es wurde versucht, für jede behandelte Art oder Unterart etc. eine publizierte Abbildung zu zitieren, wenn in der für den Namen aufgeführten Erstpublikation keine Illustrationen veröffentlicht wurden. Falls der Name in der zitierten Publikation vom im Lexikon gebrauchten Namen abweicht, wird das angegeben (Gattungsname abgekürzt, falls identisch, Art- oder Unterartname weggelassen, wenn mit dem akzeptierten Namen identisch).

Illustrationen im Abbildungsteil jedes Bandes werden durch Fettdruck hervorgehoben und so von anderen Angaben abgehoben.

Angabe der Autorschaft

Bei Familien wird die Autorschaft am Ende des Eintrages angegeben. Bei Gattungen werden die Autoren im Untertitel nach dem Gattungstitel genannt. Wenn mehr als ein Autor Artbeschreibungen für eine Gattung beigesteuert hat, wird die Autorschaft für jeden Eintrag separat genannt, wenn sie von der Autorschaft der ganzen Gattung abweicht. Entsprechend können der Autor bzw. die Autoren für jeden Lexikoneintrag einfach ermittelt werden.

Verwendete Abkürzungen und Symbole

Die folgende Liste enthält sämtliche Abkürzungen und Symbole, die in den vier Bänden des Sukkulentenlexikons verwendet werden.

⌀	Durchmesser	**Gr**	Griffel
±	mehr oder weniger, zirka	**Gy**	**Gynostegium**
>	grösser als	**Ha**	Haar, Haare
≥	grösser oder gleich wie	Herb., herb.	Herbarium
<	kleiner als	holo	Holotyp
≤	kleiner oder gleich wie	Hort., hort.	der Gärten
		I	Illustration
		ICBN	Internationaler Code der Botanischen Nomenklatur, Tokyo-Ausgabe
äTep	äussere Tepalen		
Anth	Antheren		
Art.	Artikel (des ICBN)	illeg.	illegitim
Ax	Axille, Blattachsel	in sched.	"in schedis", d.h. im Herbarium
BG	Botanischer Garten	incl.	inklusive
Bla	Blatt	**Inf**	Infloreszenz = Blütenstand
Blä	Blätter	ING	Index Nominorum Genericorum
Blü	Blüte, Blüten	**Int**	Internodium
Bor	Borsten	inval.	ungültig
BPH	Botanico-Periodicorum-Huntianum (1968)	Ital.	Italienisch
		iTep	innere Tepalen
BPH/S	idem., Supplementum (1991)	KG, KGW	Karoo Garden (Worcester, RSA)
Bra	Braktee	**Kö**	Pflanzenkörper
C	Zentral-, Mittel-	**Kr**	Blütenkrone
Ca	Karpelle	Lat.	Latein
Cal	Calyx = Kelch	lecto	Lectotyp
Cap	Capitulum = Köpfchen	Lit	Literatur
Ci	interstaminale Nebenkrone	ms.	Manuscript
Cn	Nebenkrone	Mt., Mts.	Mount, Mountains
Cs	staminale Nebenkrone	N	Nord-, nördlich
cv.	Cultivar	**Na**	Narbe
Cy	Cyathium	NBG	National Botanical Garden (RSA)
D	Verbreitung	**NDr**	Nektardrüse
Dept.	Departement	NE	Nordost-, nordöstlich
d.h.	das heisst	**Nec**	Nektarium
Do	Dorn, Dornen	neo	Neotyp
Dr	Drüse	**NKr**	Nebenkrone
DSch	Dornschildchen	**NSch**	Nektarschüppchen
E	Ost-, östlich	nom.	"nomen", d.h. botanischer Name
epi	Epityp	NW	Nordwest-, nordwestlich
Etym	Etymologie	p.	Seite
excl.	exklusive	p.a.	"per annum", d.h. pro Jahr
f.	Figur, Abbildung	p.p.	"pro parte", d.h. zum Teil
fa.	Form	**Pc**	Pericarpell
fig.	Figur, Abbildung	**Ped**	Pedicel = Blütenstiel
Fil	Filamente = Staubfäden	**Per**	Perianth = Blütenhülle
fl.	"floruit", d.h. lebend	pers. comm.	persönliche Mitteilung
Fr	Frucht, Früchte	**Pet**	Petalen
Frk	Fruchtknoten	pl.	Tafel
Gr.	Griechisch	**Poll**	Pollinien

Liste der Abkürzungen

pp.	Seiten
Prov.	Provinz
Rec	Receptaculum
Ri	Rippen
Rö	Röhre
Ros	Rosette
RSA	Republik Südafrika
S	Süd-, südlich
s.a.	"sine anno", d.h. ohne Jahr
s.l.	"sensu lato", d.h. im weiteren Sinne
s.n.	"sine numero", d.h. ohne (Sammel-) Nummer
s.str.	"sensu stricto", d.h. im engeren Sinne
Sa	Samen
Sc	Schuppe
SE	Südost-, südöstlich
Sect.	Sektion
SEM	Rasterelektronenmikroskop
Sep	Sepalen
Ser.	Serie (Reihe)
Span.	Spanisch
ssp.	Unterart
St	Stamina = Staubblätter
Subfam.	Unterfamilie
Subgen.	Untergattung
Subser.	Subserie (Unterreihe)
Subsect.	Subsektion
SUG	Stellenbosch University Gardens (RSA)
SW	Südwest-, südwestlich
syn	Syntyp
T	(nomenklatorischer) Typ
t.	Tafel
Tep	Tepalen
TL2	Taxonomic Literature, ed. 2 (1976-2000)
tt.	Tafeln
UG	Untergattung
unpubl.	unveröffentlicht
USA	Vereinigte Staaten von Amerika
v.a.	vor allem
var.	Varietät
W	West-, westlich
Wa	Warzen
Wu	Wurzeln
z.B.	zum Beispiel
z.T.	zum Teil

Abkürzungen für die am häufigsten zitierten Veröffentlichungen

BJS	Botanische Jahrbücher für Systematik
BMI	Bulletin of Miscellaneous Information [Kew]
BT	Bothalia
CBM	Curtis's Botanical Magazine
CSJA	Cactus and Succulent Journal (US)
CUSNH	Contributions of the US National Herbarium
EJ	Euphorbia Journal
FC	Flora Capensis (ed. Harvey & al., 1860 - 1925)
FPA	Flowering Plants of Africa
FPSA	Flowering Plants of South Africa
FTA	Flora of Tropical Africa (ed. Oliver & al., 1868 - 1937)
HIP	Hooker's Icones Plantarum
JLSB	Journal of the Linnean Society, Botany
JSAB	Journal of South African Botany
KB	Kew Bulletin
KuaS	Kakteen und andere Sukkulenten
NPF2	Die natürlichen Pflanzenfamilien Ed. 2 (ed. Engler & Prantl, 1924 - 1959)
PSRV	Prodromus Systematis Naturalis Regni Vegetabilis (De Candolle, 1824 - 1873)
RSN	Repertorium Specierum Novarum Regni Vegetabilis
SAJB	South African Journal of Botany
WDSE	Succulent Euphorbieae (South Africa) (White & al., 1941)

Liste der Autorinnnen und Autoren

Bleij, Dr. Bert; Achter 't Zand 24, 4103 XP Culemborg, Niederland

Byalt, Dr. Vyacheslav V; Komarov Botanical Institute, Prof. Popov Street 2, 197376 St. Petersburg, Russland

Descoings, Dr. Bernard; La Calade, 07260 Rosieres, Frankreich

Eggli, Dr. Urs; Sukkulenten-Sammlung Zürich, Mythenquai 88, 8002 Zürich, Schweiz

't Hart, Dr. Henk †

Jaarsveld, Ernst J. van; Kirstenbosch National Botanic Garden, Private Bag X7, Claremont 7735, Republik Südafrika

Kimnach, Myron; 509 Bradbury Road, Monrovia CA 91016, USA

Moran, Dr. Reid; 9049 East Road, Outback, Redwood Valley CA 95470-9519, USA

Nyffeler, Dr. Reto; Institut für Systematische Botanik der Universität Zürich, Zollikerstrasse 107, 8008 Zürich, Schweiz

Ohba, Prof. Dr. Hideaki; Department of Botany, University of Tokyo, Hongo 7-3-1, Sunkyo-ku, Tokyo 113, Japan

Thiede, Dr. Joachim; Botanisches Institut und Botanischer Garten, Universität Hamburg, Ohnhorststrasse 18, 22609 Hamburg, Bundesrepublik Deutschland

Walker, Dr. Colin C.; Department of Biological Sciences, The Open University, Milton Keynes MK7 6AA, England

Zonneveld, Dr. Ben J. M.; Schubertlaan, 196, 2324 BC Leiden, Niederlande

Liste der Übersetzerinnen und Übersetzer

Die folgenden Texte wurden aus dem Englischen übersetzt:

U. Eggli: Adromischus, Afrovivella, Cotyledon, Cremneria, Hylotelephium, Lenophyllum, Meterostachys, Monanthes, Orostachys, Perrierosedum, Phedimus, Pistorinia, Prometheum, Pseudosedum, Rhodiola, Rosularia, Sedella, Sedum, Sempervivum, Sinocrassula.

S. Graf: Crassulaceae, Aeonium, Aichryson, Crassula, Cremnophila, Echeveria, Kalanchoe, Thompsonella, Tylecodon, Umbilicus.

Liste der Bildautoren

BG Bonn / W. Barthlott: XXI.b

B. Descoings: VII.g, XVII.f, XVII.g, XVIII.c, XIX.b, XIX.c, XX.c, XXI.d

J. Dice: XIII.f

U. Eggli: I.a, I.c, I.f, I.g, II.b, II.c, II.d, II.e, II.f, II.g, II.h, III.a, III.b, III.c, III.d, III.e, III.f, IV.a, IV.c, IV.d, V.a, V.d, V.f, VI.a, VI.c, VII.d, VII.h, VIII.d, VIII.g, IX.a, IX.b, IX.d, IX.f, X.a, X.b, X.d, X.e, X.f, X.g, X.h, XI.h, XII.a, XII.c, XII.d, XII.g, XIII.c, XIII.g, XIII.h, XIV.b, XIV.d, XIV.e, XIV.f, XIV.g, XIV.h, XV.a, XV.b, XV.c, XV.e, XV.g, XV.h, XVI.a, XVI.e, XVII.a, XVII.b, XVII.d, XVII.h, XVIII.f, XVIII.g, XVIII.h, XX.a, XXI.a, XXII.a, XXII.b, XXII.d, XXII.e, XXII.f, XXII.g, XXII.h, XXIII.a, XXIII.b, XXIII.c, XXIII.d, XXIII.g, XXIII.h, XXIV.d, XXIV.e, XXIV.h, XXV.b, XXV.c, XXV.d, XXV.e, XXVI.b, XXVI.c, XXVI.d, XXVI.e, XXVI.f, XXVII.a, XXVII.b, XXVII.c, XXX.b, XXX.d, XXX.f, XXXI.a, XXXI.b, XXXI.c, XXXI.d, XXXI.e, XXXI.f, XXXII.a, XXXII.b, XXXII.c, XXXII.d, XXXII.e, XXXII.f, XXXIII.a, XXXIII.c, XXXIII.d, XXXIII.e, XXXIII.f, XXXIII.g, XXXIII.h, XXXIV.a, XXXIV.b, XXXIV.e, XXXIV.f, XXXIV.g, XXXIV.h, XXXV.a, XXXV.c, XXXV.d, XXXV.e, XXXV.h, XXXVI.a, XXXVI.b, XXXVI.c, XXXVI.d, XXXVI.e, XXXVI.g, XXXVII.b, XXXVII.c, XXXVII.d, XXXVII.e, XXXVII.f, XXXVIII.e, XXXVIII.f, XXXIX.a, XXXIX.b, XXXIX.c, XXXIX.f, XXXIX.g, XXXIX.h, XL.a, XL.e, XL.g, XL.h, XLI.a, XLI.d, XLI.e, XLI.f, XLI.g, XLII.a, XLII.b, XLII.e, XLII.g, XLIII.a, XLIII.b, XLIII.c, XLIII.d, XLIII.e, XLIII.f, XLIV.a, XLIV.b, XLIV.d, XLIV.f, XLV.a, XLV.b, XLV.c, XLV.d, XLVI.a, XLVI.c, XLVI.d, XLVI.f, XLVII.a, XLVII.b, XLVII.c, XLVII.d, XLVII.e, XLVIII.a, XLVIII.b, XLVIII.c, XLVIII.f, XLVIII.g, XLVIII.h

J. Etter & M. Kristen: XI.g, XVII.c, XL.b, XL.c

K. Fukuda: XVII.e

M. Grubenmann: XX.e

E. van Jaarsveld: I.b, I.d, I.e, IV.f, V.b, V.c, V.e, V.g, VI.b, VI.d, VI.e, VI.f, VI.g, VII.a, VII.b, VII.c, VII.e, VII.f, VIII.a, VIII.b, VIII.c, VIII.e, VIII.f, VIII.h, IX.c, IX.e, IX.g, X.c, XLV.e, XLV.f, XLVI.b, XLVI.e, XLVII.f

G. James: III.g

M. Kimnach: XI.a, XII.b, XII.f, XII.h, XIII.a, XIII.b, XIII.d, XIII.e, XVI.b, XVI.d, XXIV.c, XXIV.f, XXIV.g, XXXVII.a, XXXVIII.d, XLIV.c, XLIV.e

B. Leuenberger: XXXIV.d

R. Nyffeler: II.a, IV.b, XXIII.e, XXIII.f

H. Ohba: XXIV.a, XXIV.b, XXVII.d, XXVII.e, XXVII.f, XXVII.g, XXVIII.a, XXVIII.b, XXVIII.c, XXVIII.d, XXVIII.e, XXVIII.f, XXVIII.g, XXIX.a, XXIX.b, XXIX.c, XXIX.d, XXIX.e, XXX.a, XXX.c, XXX.e, XXXV.f, XXXV.g, XXXVI.f, XXXVIII.g, XL.d, XL.f, XLI.b, XLI.c

D. Supthut: IV.e, XIV.a, XXI.g

J. Thiede: XVI.c, XVI.f

J. Trager: XI.b, XI.c, XI.d, XI.e, XI.f, XII.e, XIV.c, XV.d, XV.f, XVIII.a, XVIII.b, XVIII.d, XVIII.e, XIX.a, XIX.d, XIX.e, XIX.f, XIX.g, XIX.h, XX.b, XX.d, XX.f, XXI.c, XXI.e, XXI.f, XXI.h, XXII.c, XXV.a, XXVI.a, XXXIII.b, XXXIV.c, XXXV.b, XXXVIII.a, XXXVIII.b, XXXVIII.c, XXXIX.d, XXXIX.e

C. Walker: XLVIII.d, XLVIII.e

B. Zonneveld: XLII.c, XLII.d, XLII.f

Crassulaceae

Mehr- oder selten einjährige oder hapaxanthe Kräuter, Halbsträucher bis Sträucher (selten Wasserpflanzen, oder baumförmig, oder epiphytisch, oder kletternd), gewöhnlich mit sukkulenten **Blä**, bisweilen mit sukkulenten Stämmen oder unterirdischen Caudices; **Blä** gegen- oder kreuzgegenständig oder wechselständig und spiralig, häufig zu **Ros** zusammengedrängt, einfach, gewöhnlich ganzrandig, oder gekerbt bis gelappt, kahl oder filzig; Neben**Blä** fehlend; **Inf** seitliche oder endständige, vielblütige Ähren oder Rispen, selten wenig- bis 1-blütig und achselständig; **Blü** zwitterig oder eingeschlechtig (dann Pflanzen ± zweihäusig), aktinomorph (ausser *Tylecodon grandiflorus*), häufig 5-zählig aber mannigfach verschieden von 3- bis 32-zählig; **Sep** frei oder basal verwachsen; **Pet** frei oder basal verwachsen und eine kurze bis lange **Kr**röhre bildend; **St** so viele wie oder 2× so viele wie **Pet**, frei oder mit diesen verwachsen; **Ca** so viele wie **Pet**, oberständig, frei oder beinahe so, basal mit einer kleinen bis deutlichen **NSch**, allmählich zu einem kurzen bis langen **Gr** spitz zulaufend, mit wenigen bis vielen **Sa**anlagen; **Fr** meist aufreissende Balgfrüchte, kapselartig; **Sa** eher klein bis 1.5 - 3 mm, verlängert, glatt, warzig bis längsrippig, meist bräunlich.

Verbreitung: Weltweit, v.a. N Hemisphäre und S Afrika.

Literatur: Berger (1930); 't Hart (1995); Eggli & al. (1995).

Die Familie zählt ± 1400 Arten in 33 hier akzeptierten Gattungen. Sie wird hier in vollem Umfang behandelt, und zwar nach der Consensus-Klassifikation, wie sie von Eggli & al. (1995) vorgeschlagen wurde. Abweichend werden jedoch zusätzlich die Gattungen *Afrovivella*, *Phedimus* und *Prometheum* akzeptiert, während *Bryophyllum* zu *Kalanchoe* und *Jovibarba* zu *Sempervivum* gestellt wird. Die Familie enthält keine wirtschaftlich wichtigen Arten, mit Ausnahme zahlreicher Taxa von gärtnerischem Interesse, vor Allem als winterharte Stauden für Steingärten, und – in jüngster Zeit – für den Aufbau von grünen 'lebenden' Dächern. *Hylotelephium spectabile* wird manchmal als Schnittblume verwendet. Zahlreiche Arten aus beinahe allen Gattungen sind in Sukkulentensammlungen beliebt.

Wegen der vermuteten zahlreichen parallelen Entwicklungen war die Klassifikation der Familie seit jeher schwierig, und die Identifikation von Arten ist wegen Hybridisierung (in begrenztem Umfang in der Natur, praktisch grenzenlos in Kultur, besonders zwischen den Gattungen der Gruppe F) oft problematisch. Die traditionelle Umschreibung von 6 Unterfamilien gemäss Berger (1930) war schon seit einiger Zeit als künstlich erkannt worden. Kürzlich wurde von 't Hart (1995) eine auf molekularen und morphologischen Daten basierende neue Klassifikation vorgeschlagen:

Unterfamilie **Crassuloideae** A. Berger 1930: **Blü** haplostemon (**St** so viele wie **Pet**): *Crassula*.

Unterfamilie **Sedoideae** A. Berger 1930: **Blü** obdiplostemon (**St** 2× so viele wie **Pet**, mit wenigen Ausnahmen):

– Tribus *Kalanchoeae* 't Hart 1995: **Blä** kreuzgegenständig oder wechselständig, flach (selten stielrund), gekerbt oder gezähnt (selten ganzrandig); **Blü** 4- bis 5-zählig; **Pet** verwachsen und eine deutliche **Rö** bildend; **Sa** gerippt:

  Gruppe A: **Blä** wechselständig: *Adromischus, Tylecodon*.
  Gruppe B: **Blä** kreuzgegenständig: *Cotyledon, Kalanchoe*.

– Tribus *Sedeae* 't Hart 1995: **Blä** meist wechselständig, dick, ganzrandig (wenn kreuzgegenständig, dann **Pet** frei und **Sa** gerippt); **Blü** (3- bis) 5- bis 32-zählig; **Sa** gerippt, (viel-) warzig oder netzartig:

- Untertribus *Telephinae* 't Hart 1995: **Tr** oft basal holzig, knollig oder als sympodiale oder monopodiale Rhizome; **Blä** meist wechselständig, flach, gezähnt oder gekerbt (selten kreuzgegenständig, stielrund oder ganzrandig); **Blü** 5-zählig (wenn mehrzählig, dann **Blä** flach, gegenständig oder wirtelig); **Sep** basal verwachsen; **Pet** gewöhnlich frei (wenn verwachsen, dann **Sa** vielwarzig); **Sa** gerippt oder vielwarzig: *Hylotelephium, Hypagophytum, Orostachys, Perrierosedum, Phedimus, Pseudosedum, Rhodiola, Umbilicus*.

- Untertribus *Sedinae* 't Hart 1995: **Tr** krautig, selten holzig oder rhizombildend; **Blä** oft rosettig oder fast rosettig, stielrund oder halbstielrund, oder flach und/oder gezähnt-gesägt und/oder kreuzgegenständig; **Blü** 4- oder bis 32-zählig; **Sep** basal verwachsen oder frei; **Pet** gewöhnlich frei und sternförmig ausgebreitet, selten verwachsen; **Sa** netzartig, warzig oder gerippt:

  Gruppe C: Pflanzen verschiedenartig; **Blä** in **Ros** oder zerstreut, kahl oder drüsenhaarig; **Inf** end- oder seitenständig: *Pistorinia, Prometheum, Rosularia, Sedum*.
  Gruppe D: Pflanzen rosettig, aus Europa, W Asien, dem Kaukasus oder Makaronesien, meist **Dr**haarig; **Inf** meist endständig; **Blü** meist > 5-zählig: *Aeonium, Aichryson, Monanthes, Sempervivum*.
  Gruppe E: N-amerikanische **Ros**pflanzen, kahl aber oft mehlig; **Inf** seitenständig; **Blü** 5-zählig: *Dudleya*.
  Gruppe F: Amerikanische Pflanzen, meist mit gut entwickelten **Ros**, behaart oder kahl; **Inf** seiten- oder selten endständig; **Blü** meist 5-zählig: *Echeveria, Graptopetalum, Lenophyllum, Pachyphytum, Thompsonella, Villadia*.

Schlüssel zu den Gattungen

1. **Blü** mit ebenso vielen **St** wie **Pet** (= haplostemon): **2**
– **Blü** mit 2× so vielen **St** wie **Pet** (= obdiplostemon): **8**
2. **Blü** oft (2- bis) 4-zählig oder seltener 10- bis 12-zählig (vorwiegend in Afrika; ausser-afrikanische Taxa zwergige, winzige, kurzlebige Kräuter mit 2- bis 4-zähligen **Blü**): **3**
– **Blü** meist 5-zählig (ausserhalb von Afrika): **4**
3. Mehrjährige Kräuter mit unterirdischer Knolle oder knolligem Rhizom; **Tr** einziehend; **Blä** in Wirteln zu 3; **Blü** 10- bis 12-zählig; **Ca** 2-samig, Bälge quer öffnend (Äthiopien): **Hypagophytum**
– Nicht mit dieser Merkmalskombination; **Ca** mit > 2 **Sa**, Bälge an der Spitze öffnend: **Crassula**
4. Pflanzen mit ausdauernden oder monocarpen, dichten bis lockeren **Ros**: **5**
– Pflanzen einjährige oder mehrjährige Kräuter ohne offensichtliche **Ros**: **7**
5. Monocarpe, **Ros**bildende Kräuter (Europa, Asien): **6**
– Mehrjährige Kleinsträucher mit lockeren **Ros** an den **Tr**spitzen (Mexiko): **Graptopetalum pentandrum**
6. **Inf** flachgipfelig (ebensträussig): **Sinocrassula**
– **Inf** verlängert-thyrsoid: **Orostachys** p.p.
7. Einjährige bis mehrjährige Kräuter; **Fr** vielsamige, entlang der Bauchnaht öffnende Bälge (Europa, Asien): **Sedum** p.p. (z.B. *S. rubens*)
– Einjährige, winzige Zergkräuter; **Fr** nicht öffnend und nüsschenartig, jeder Balg mit 1 einzigen **Sa** (USA: California): **Sedella** p.p.
8. Mehrjährige Pflanzen; **Tr** ausdauernd aber mit jährlich einziehenden **Blä**, oder **Tr** jährlich einziehend: **9**
– Einjährige (bis zweijährige) Pflanzen, oder aber mehrjährige Pflanzen mit wenigstens einigen ausdauernden **Blä**: **14**
9. **Tr** offensichtlich sukkulent, ausdauernd; **Blä** an den **Tr**spitzen gedrängt (S und SW Afrika): **Tylecodon**
– **Tr** nicht sukkulent und regelmässig einziehend, oder Pflanzen mit unterirdischen Wurzelstöcken oder einem kleinen Caudex ausdauernd (vorwiegend ausserhalb von Afrika): **10**
10. **Blä** meist deutlich peltat; **Inf** endständige Trauben oder Rispen (Asien und E Afrika): **Umbilicus** p.p.
– **Blä** flach, nie peltat; **Inf** meist Cymen oder Ebensträusse, ± flachgipfelig (ausserhalb von Afrika): **11**
11. Pflanzen mit knolligem Caudex *und* jährlich einziehenden **Tr**; **Blä** wechselständig; **Blü** 4- bis 6-zählig, oft eingeschlechtig (Pflanzen einhäusig oder zweihäusig): **Rhodiola**
– Pflanzen mit oder ohne verdickte **Wu** aber nie mit einem Caudex; **Blä** gegenständig, wechselständig oder selten wirtelig; **Blü** unterschiedlich aber Pflanzen nie zweihäusig: **12**
12. **Blä** flach: **13**
– **Blä** stielrund-pfriemlich: **Villadia** p.p.
13. **Wu** verdickt, spindelig, *und* **Tr** jährlich einziehend; oder **Wu** faserig *und* **Tr** ausdauernd, verholzt, kleine Zwergsträucher bildend: **Hylotelephium**
– **Wu** faserig; **Tr** jährlich einziehend: **Phedimus**
14. Pflanzen mit mehrjährigen, monocarpen **Ros**: **15**
– Pflanzen einjährig (bis zweijährig), oder mehrjährig aber dann nicht mit monocarpen **Ros**: **21**
15. **NSch** gross, breiter und auffälliger als die unbedeutenden **Pet** (Kanarische Inseln, Selvagen-Inseln): **Monanthes** p.p.
– **NSch** unauffällig, viel schmäler als die auffälligen **Pet**: **16**
16. **Blü** 5- (bis selten 6-) zählig; **Inf** ebensträussig bis stark verlängert und ährenartig: **17**
– **Blü** 6- bis 32-zählig; **Inf** ebensträussig bis domförmig, nie stark verlängert: **20**
17. **Inf** flachgipfelig, ebensträussig oder cymös, wenigblütig: **18**
– **Inf** verlängert, vielblütig: **19**
18. **Pet** 2.5 - 4 mm, aufsteigend, weiss (E Asien): **Meterostachys**
– **Pet** > 4 mm, aufsteigend bis ausgebreitet, weisslich, gelblich, rot oder rosa (E Mittelmeergebiet, W Asien): **Prometheum**
19. Zweige der **Inf** eingerollt (Türkei, Irak, Turkmenistan): **Rosularia elymaitica**
– Zweige der **Inf** nie eingerollt (C bis E Asien): **Orostachys** p.p.
20. **Ros** sitzend, meist < 10 cm ⌀; **Blü** 6- bis 18-zählig, oft ± rosa bis purpurn, selten weiss oder gelb: **Sempervivum**
– **Ros** sitzend oder oft mit deutlichen und manchmal verzweigten Stämmchen, oft > 10 cm ⌀; **Blü** (6- bis) 10- bis 32-zählig, oft in Gelbtönen aber auch weisslich, seltener rötlich: **Aeonium**
21. **Blä** entlang der ganzen **Tr**länge kreuzgegenständig: **23**
– **Blä** mindestens entlang der oberen **Tr**teile wirtelig oder wechselständig, oder in **Ros**: **22**
22. **Blä** wirtelig (Afrika): **Sedum** p.p. (z.B. *S. epidendrum*)
– **Blä** wenigstens in den oberen **Tr**teilen wechselständig oder in **Ros**: **30**
23. Einjährige bis zweijährige, kahle bis **Dr**haarige Kräuter bis 15 cm; **Blü** (4- bis) 5-zählig, weiss, rosa oder purpurn; **Pet** 4 - 5 mm (Mittelmeergebiet): **24**
– Mehrjährige Kräuter (manchmal monocarp), oder Sträucher oder kleine Bäume, oder Lianen; **Blü** 4- bis 6-zählig; **Pet** > 5 mm, in verschiedenen Farben: **25**

| 24 | Einjährige, kahle Kräuter; **Inf** bis 5 cm hoch: **Phedimus stellatus**
| – | Einjährige bis zweijährige, **Dr**haarige Kräuter; **Inf** bis 60 cm hoch: **Sedum** p.p. (z.B. *S. cepaea*)
| 25 | **Blü** 4-zählig; Kräuter (manchmal monocarp) bis Sträucher oder kleine Bäume, oder Lianen (Afrika, Madagaskar, Asien, als Neophyten weltweit): **Kalanchoe**
| – | **Blü** 5- oder 6-zählig; Zwergsträucher bis Kräuter: 26
| 26 | **Blü** 5-zählig, nicht weiss (Afrika, Kaukasus, N Amerika): 28
| – | **Blü** (5- bis) 6-zählig, aufrecht, weiss: 27
| 27 | Kleinsträucher bis 80 cm hoch (Madagaskar): **Perrierosedum**
| – | Zwergige Kräuter bis 10 cm hoch (Europa, N Afrika): **Sedum** p.p. (z.B. *S. dasyphyllum*)
| 28 | Kräuter mit kriechenden **Tr**; **Blä** flach und eher dünnfleischig; **Inf** übergebogen; **Blü** gelb, schmal urnenförmig (Kaukasus): **Umbilicus oppositifolius**
| – | Nicht mit dieser Merkmalskombination: 29
| 29 | Pflanzen strauchig, oft > 50 cm hoch; **Blä** nicht leicht abfallend; **Blü** auffällig, glockig, 2 - 3 cm lang, **Pet** basal vereinigt, in unterschiedlichen Farbtönen von orange bis rot oder selten gelblich (Afrika, Arabien): **Cotyledon**
| – | Kräuter, 10 - 30 (-50) cm hoch; **Blä** oft leicht abfallend; **Blü** klein, bis 1 cm lang, gelb oder gelblich; **Pet** bis zur Basis frei (USA und Mexiko): **Lenophyllum**
| 30 | Mehrjährige Pflanzen mit sitzenden **Ros**, oder strauchig mit lockeren **Ros** an den **Tr**spitzen, oder **Blä** entlang der Länge der **Tr** zerstreut, oder **Tr** kurz mit kurzen **Int** und wenigen, gedrängten **Blä**: 31
| – | Einjährige (bis zweijährige) Pflanzen, oder mehrjährige Pflanzen, dann weder mit auffälligen **Ros** noch strauchig: 46
| 31 | **NSch** gross und auffälliger als die unbedeutenden **Pet**: 32
| – | **NSch** unauffällig, viel kleiner als die auffälligen **Pet**: 33
| 32 | **Blü** (5- bis) 6- bis 9-zählig (Kanarische Inseln): **Monanthes** p.p.
| – | **Blü** 5-zählig (Mexiko): **Sedum longipes**
| 33 | Pflanzen Strauchig; **Blä** entlang der Länge der **Tr** zerstreut, nie zu deutlichen **Ros** zusammentretend (Amerika): 34
| – | Pflanzen nicht strauchig, oder falls strauchig dann **Tr** mit endständigen **Ros**: 35
| 34 | **Tr** schlank bis drahtig und nicht deutlich sukkulent: **Villadia** p.p.
| – | **Tr** deutlich sukkulent, mit ± abschälender, papieriger Rinde: **Sedum** p.p. (z.B. *S. frutescens*)
| 35 | **Ros** undeutlich, d.h. **Blä** gedrängt und **Tr** mit sehr kurzen, unauffälligen **Int**; **Inf** endständige, ährenartige Thyrsen; **Blü** 5-zählig; **Sep** sehr kurz; **Kr** röhrig (Afrika): **Adromischus**
| – | **Ros** ± deutlich; **Inf** seitlich; **Blü** 5-zählig (selten 4- oder 6- bis 10-zählig); **Sep** meist auffällig; **Kr** röhrig oder sternförmig: 36
| 36 | **Ros** bis 5 cm ⌀; **Blü** weiss oder hell gelblich / rötlich (Europa, W und E Asien): 37
| – | **Ros** meist > 5 cm ⌀): 38
| 37 | **Blü** weiss (Europa, E Asien): **Meterostachys + Sedum** p.p.
| – | **Blü** weiss oder hellgelb / rötlich (W Asien, E Mittelmeergebiet): **Prometheum** p.p.
| 38 | Zwergsträucher mit **Dr**haarigen **Blä** in endständigen **Ros**; **Blü** gelb, 7- bis 8-zählig (Kanarische Inseln): **Aichryson** p.p.
| – | Nicht mit dieser Merkmalskombination: 39
| 39 | **Ros** sitzend, mit brüchigen Ausläufern; **Blä**ränder auffällig bewimpert; **Blü** 5- bis 7-zählig, weiss und rötlich überhaucht (Äthiopien): **Afrovivella**
| – | Nicht mit dieser Merkmalskombination: 40
| 40 | **Ros** sitzend; **Blü** 5- bis 9-zählig, ± becherig bis ± urnenförmig bis untertellerförmig, weiss, weisslich, ± rosa bis rosa aber nie mit leuchtendn Farben, nie lang röhrig, nicht sehr fleischig: 41
| – | Nicht mit dieser Merkmalskombination (Amerika): 42
| 41 | **Blü** 5-zählig, weiss; **Pet** basal frei oder fast frei (Mexiko): **Sedum** p.p. (*S. suaveolens*)
| – | **Blü** 5- bis 9-zählig, weiss bis ± rosa bis rosa, **Pet** basal vereinigt (E Mittelmeergebiet, Kleinasien bis E Asien): **Rosularia** p.p.
| 42 | Kahle Kleinsträucher mit dicklichen **Tr**; **Blä** meist sehr dick; **Inf**schaft basal ± **Blä**los, meist unverzweigt; **Blü**tragende **Bra** gross, sich überlappend und die **Blü** ± verdeckend; **Blü** 5- bis 6-zählig; **Pet** an jeder Seite mit einem basalen Schüppchen am Rande (Mexiko): **Pachyphytum**
| – | Nicht mit dieser Merkmalskombination; **Bra** die **Blü** nie verdeckend: 43
| 43 | **Pet** bis zur Basis frei oder leicht vereinigt; **Blü** (4- bis) 5- (bis 10-) zählig, lang gestielt; **Pet** meist hell cremefarben mit roten Querbändern oder Flecken, oder leuchtend rosa, sternförmig ausgebreitet (S USA, Mexiko): **Graptopetalum**
| – | **Pet** leicht bis deutlich vereinigt; **Blü** 5-zählig, Färbung nicht wie oben: 44
| 44 | Pflanzen nicht strauchig aber alte **Ros** manchmal mit kurzem, dicken Stamm, manchmal gabelig verzweigend; **Bra** halb stengelumfassend, nie gespornt, nicht leicht abfallend; **Pet** kaum bis deutlich vereinigt, röhrig bis sternförmig ausgebreitet (W USA und Baja California): **Dudleya**
| – | Pflanzen strauchig oder mit sitzenden, einzelnen oder sprossenden **Ros**, nie gabelig verzweigend; **Bra** nicht stengelumfassend, gespornt oder nicht: 45

45 **Inf** schmale Thyrsen oder ährig, aufrecht, mit 10 - 70 1- bis 12-blütigen Wickeln; **Sep** fast gleich gross; **Pet** kurz vereinigt, dünnfleischig, obere ½ sternförmig ausgebreitet (Mexiko):
Thompsonella
- **Inf** traubig, cymös-rispig, oder selten ährig; **Sep** oft stark ungleich gross; **Pet** basal deutlich vereinigt, meist auffällig fleischig, oft leuchtend rosa bis rot (S USA bis Argentinien): **Echeveria**

46 (von 30) Winzige, einjährige Kräuter; **Blü** 6- bis 7-zählig, schmutzig weiss; **NSch** auffällig, breiter als die kleinen **Pet** (Kanarische Inseln):
Monanthes icterica
- Einjährige bis mehrjährige Kräuter; **Blü** 5- bis 12-zählig; **NSch** unauffällig und nie breiter als die **Pet**: 47

47 Einjährige Kräuter; **Blü** 5- bis 12-zählig: 48
- Einjährige oder mehrjährige Kräuter; **Blü** 5- bis 6-zählig; **Pet** frei bis deutlich vereinigt, in unterschiedlichen Farben: 50

48 **Blü** 6- bis 12-zählig; **Pet** völlig frei, gelb (Kanarische Inseln): **Aichryson** p.p.
- **Blü** 5- bis 9-zählig; **Pet** kaum bis deutlich vereinigt, nicht gelb: 49

49 Einjährige Kräuter, Jungpflanzen ohne auffällige, basale **Ros**; **Blü** weiss bis ± rosa, becherig; **Pet** basal deutlich vereinigt (SW Europa, N Afrika): **Sedum** p.p. (*S. mucizonia*)
- Einjährige bis zweijährige Kräuter, Jungpflanzen mit auffälliger, basaler **Ros**; **Blü** unauffällig, grünlich, gelblich, weisslich oder schmutzig rosa, Form unterschiedlich; **Pet** basal kaum vereinigt (E Mittelmeergebiet):
Sedum p.p. (*S. lampusae* etc.)

50 Einjährige Kräuter; **Blü** 5-zählig; **Pet** lang vereinigt und eine lange **Rö** bildend, nur die Spitzen ausgebreitet, gelb, rosa oder purpurn (Iberische Halbinsel, N Afrika): **Pistorinia**
- Einjährige oder mehrjährige Kräuter; **Blü** 5- bis 6-zählig; **Pet** nicht lang vereinigt und keine lange **Rö** bildend: 51

51 Winzige, einjährige Kräuter; **Blü** 5-zählig; **Fr** 1-samige Nüsschen (SW USA): **Sedella** p.p.
- Einjährige oder mehrjährige Kräuter; **Blü** 5- bis 7- (bis 12-) zählig; **Fr** vielsamige Bälge: 52

52 Pflanzen mit knolligem **Wu**stock oder mit strangartig verdickten **Wu**; **Inf** dichte, endständige Cymen, rispig oder doldig; **Blü** (5- bis) 6-zählig; **Pet** basal für ⅓ - ⅔ vereinigt (C Asien):
Pseudosedum
- Pflanzen ohne knolligen **Wu**stock, **Wu** faserig; **Inf** unterschiedlich; **Blü** meist 5-zählig, oder 6- bis 7- (bis 12-) zählig; **Pet** basal frei (N Halbkugel bis E Afrika): **Sedum** p.p.

[U. Eggli]

ADROMISCHUS

E. van Jaarsveld

Adromischus Lemaire (Jard. Fleur. 2(Misc.): 58-59, 1852). **T:** *Cotyledon hemisphaerica* Linné [Lectotyp, ausgewählt von H. Jacobsen, Kakt. and. Sukk. 17(10): 189, 1966.]. – **Lit:** Tölken (1985: 37-60); Pilbeam & al. (1998). **D:** Namibia, RSA (v.a. Northern Cape, Western Cape und Eastern Cape). **Etym:** Gr. 'hadros', dick, kräftig, gedrungen; und Gr. 'mischos', Blütenstiel; wegen der dicken Blütenstiele.

Aufrechte bis niederliegende, kleine, immergrüne, sukkulente, kahle bis drüsig-kleberige, ausdauernde Kräuter bis ± 20 cm; **Tr** sukkulent, stielrund, mit glatter, abschälender Borke, oft kurz und gestaucht; **Blä** ganzrandig, kahl bis **Dr**haarig, flach bis fast stielrund, grau oder grünfleckig, oft mehlig bepudert, linealisch, elliptisch, eiförmig bis verkehrt eiförmig oder keulig, basal keilförmig, Spitze stumpf, manchmal wellig; **Inf** endständige, ährenartige, aufrechte Thyrsen bis 55 cm mit wenigen bis zahlreichen Monochasien mit 1 - 5 **Blü**; **Blü** 5-zählig, aufrecht (hängend bei *A. phillipsiae*); **Sep** kurz, dreieckig; **Kr** röhrig, aussen kahl, Zipfel frei, weiss, rosarot bis rot, ausgebreitet oder zurückgeschlagen, Rand manchmal kraus; **St** in 2 Reihen von je 5, aus der **Blü**röhre herausragend oder nicht; **Fil** basal mit der **Kr** verwachsen und dort papillat; **Anth** kugelig, gelb; **Ca** verlängert, in den kurzen **Gr** mit kopfiger **Na** verjüngt.

Eine Gattung mit 28 Arten, charakterisiert durch die ährigen Blütenstände und die leicht abfallenden Blätter. *Adromischus* ist in RSA und Namibia endemisch und zeigt eine Artenkonzentration in der Succulent Karoo des Western Cape sowie in der Kleinen Karoo. Tölken (1985) ist die neueste verfügbare Bearbeitung; er akzeptiert 27 Arten. Seiner Unterteilung in 5 Sektionen wird hier gefolgt. *Adromischus*-Arten werden häufig als Topfpflanzen kultiviert und lassen sich leicht durch Blattstecklinge vermehren. Es werden die folgenden Sektionen anerkannt:

[1] Sect. *Adromischus*: **Kr**röhre leuchtend grün, stielrund, mit breiten, dreieckigen, zurückgeschlagenen Zipfeln mit krausen Rändern; Inneres der **Rö** nackt; **Anth** herausragend (6 Arten vorwiegend unterhalb des Escarpments in Succulent Karoo und Renosterveld im Winterregengebiet der Provinzen Northern Cape, Western Cape und Eastern Cape).

[2] Sect. *Boreali* Tölken 1978: **Kr**röhre leicht gefurcht mit eiförmig-dreieckigen, zurückgeschlagenen Zipfeln mit gewellten Rändern, Inneres der **Rö** mit keuligen **Ha** im Schlund; **Anth** herausragend (3 Arten hauptsächlich aus dem N des Sommerregengebietes).

[3] Sect. *Brevipedunculati* von Poellnitz 1940: **Kr**röhre trichterig, oberseits leicht gefurcht, mit eiförmig-dreieckigen, ausgebreiteten bis zu-

rückgebogenen Zipfeln, Schlund der **Rö** sowie Zipfel mit keuligen **Ha**; **Anth** herausragend (6 Arten hauptsächlich von den Escarpment-Bergen sowie S-wärts aus den Winter- und Sommerregengebieten).

[4] Sect. *Incisilobati* Uitewaal 1952: **Kr**röhre rund, mit lanzettlich-dreieckigen, ausgebreiteten bis zurückgebogenen Zipfeln, Schlund mit keuligen **Ha**; **Anth** nicht herausragend (6 Arten hauptsächlich aus dem Western Cape und dem Eastern Cape aus Winterregen- und Übergangsgebieten).

[5] Sect. *Longipedunculati* von Poellnitz 1940: **Kr**röhre rund, leicht gefurcht, mit lanzettlich-dreieckigen, ausgebreiteten bis zurückgebogenen Zipfeln, Schlund mit keuligen **Ha**; **Anth** nicht herausragend (7 Arten hauptsächlich aus dem Western, Northern und Eastern Cape aus Winterregen- und Übergangsgebieten).

Die folgenden Namen sind von unklarer Anwendung, gehören aber zu dieser Gattung: *Adromischus robustus* Lemaire (1852); *Cotyledon rhombifolia* Haworth (1825) ≡ *Adromischus rhombifolius* (Haworth) Lemaire (1852).

A. alstonii (Schönland & Baker *fil.*) C. A. Smith (BT 3: 638, 1939). **T:** RSA, Northern Cape (*Alston* s.n. [GRA, SAM]). – **D:** RSA (Northern Cape); Succulent Karoo, Blüten im Hochsommer.

≡ *Cotyledon alstonii* Schönland & Baker *fil.* (1902); **incl.** *Adromischus triebneri* von Poellnitz (1939); **incl.** *Adromischus subrubellus* von Poellnitz (1941); **incl.** *Adromischus pulchellus* Hutchison (1959).

[1] Variable, niederliegende bis aufrechte, verzweigte, sukkulente Kräuter bis 30 cm; **Tr** grau mit abschälender Borke, 12 - 14 mm ⌀, jüngere **Tr** 5 - 6 mm ⌀, graugrün bis bräunlich grün; **Blä** 3.5 - 8 × 2 - 4.3 cm, flach, fest, nicht leicht abfallend, verkehrt lanzettlich bis verkehrt eiförmig, grau mit plattiger Wachsschicht, mit oder ohne purpurne Flecken, Oberseite flach, Unterseite flach bis konvex, Rand in der oberen ½ verhornt, basal mit kurzem, unauffälligem, manchmal stielrundem Stiel, keilförmig, Spitze stumpf bis gestutzt; **Inf** 52 cm mit 1- bis 3-blütigen Cymen; Knospen spitz; **Ped** 1 - 3 mm; **Sep** bis 2.5 mm; **Kr** 9 - 12 × 2 mm, röhrig; **Rö** grünlich braun, Schlund kahl; **Kr**zipfel breit dreieckig, bis 1.5 - 2.5 mm, weiss oder rosa überhaucht, dornspitzig; **Anth** herausragend.

A. bicolor Hutchison (CSJA 29(1): 15-17, 1957). **T:** RSA, Eastern Cape (*Hall* s.n. [BOL, NBG, PRE, UC]). – **D:** RSA (Eastern Cape); Succulent Karoo, Blüten im Hochsommer.

[1] Zwergig, kompakt, bis 4 cm hoch und 9 cm ⌀; **Wu** knollig; **Tr** kurz, sukkulent, 3 mm ⌀, graubraun; **Blä** verkehrt eiförmig bis verkehrt dreieckig, 2 - 4 × 1.5 - 4.3 cm, graugrün, dicht purpurn gefleckt, beiderseits konvex, Rand grauhornig, Basis keilförmig, Spitze gerundet bis gestutzt oder ausgerandet; **Inf** 12 - 25 cm, mit 1- bis 2-blütigen Cymen; **Ped** 2 mm; **Sep** bis 2 mm; **Kr** 9 - 10 × 2 mm, röhrig; **Kr**röhre basal gelblich grün, zum kahlen Schlund hin rot überhaucht; **Kr**zipfel dreieckig, bis 2 mm, weiss oder rosa überhaucht, mit aufgesetztem Spitzchen; **Anth** wenig herausragend.

A. caryophyllaceus (Burmann *fil.*) Lemaire (Jard. Fleur. 2(Misc.): 60, 1852). **T:** [icono]: Burman, Rar. Afr. Pl. t. 17, 1738. – **D:** RSA (Western Cape); Renosterveld, Succulent Karoo, Blüten im Hochsommer und Herbst.

≡ *Cotyledon caryophyllacea* Burmann *fil.* (1768); **incl.** *Cotyledon jasminiflora* Salm-Dyck (1820) ≡ *Adromischus jasminiflorus* (Salm-Dyck) Lemaire (1852); **incl.** *Cotyledon bolusii* Schönland (1903) ≡ *Adromischus bolusii* (Schönland) A. Berger (1930); **incl.** *Adromischus grandiflorus* Uitewaal (1953).

[3] Klein, verzweigt, niederliegend bis aufrecht, bis 11 cm hoch und 14 cm ⌀, aus einem knolligen **Wu**stock; **Tr** zuerst grün, später graugrün, ältere **Tr** 5 mm ⌀, jüngere **Tr** 3 - 4 mm ⌀; **Blä** 1 - 3 × 1.2 - 2.3 cm, ansteigend-ausgebreitet, leicht abfallend, (breit) verkehrt eiförmig bis verkehrt dreieckig, graugrün, ungefleckt, Oberseite flach bis konvex, Unterseite konvex, Rand weiss, spitzenwärts hornig, manchmal purpurn, Basis keilförmig, Spitze stumpf, gestutzt, gerundet oder selten spitz; **Inf** bis 30 cm mit 1 - 5 **Blü**; **Ped** 10 - 15 mm; **Sep** bis 5 mm; **Kr** 10 - 13 mm; **Kr**röhre trichterig, grünlich, **Kr**zipfel eiförmig-dreieckig, 3 - 5 mm, spitz, Schlund mit keuligen **Ha**; **Anth** nicht herausragend.

A. cooperi (Baker) A. Berger (NPF2 18a: 416, 1930). **T:** [icono]: Refug. Bot. 1869: t. 72. – **D:** RSA (Eastern Cape); Valley Bushveld, Noorsveld, Nama Karoo, Blüten im Hochsommer.

≡ *Cotyledon cooperi* Baker (1869); **incl.** *Cotyledon cooperi* var. *immaculata* Schönland & Baker *fil.* (1902); **incl.** *Adromischus festivus* C. A. Smith (1939); **incl.** *Adromischus pachylophus* C. A. Smith (1939); **incl.** *Adromischus cuneatus* von Poellnitz (1940) (*nom. illeg.*, Art. 53.1); **incl.** *Adromischus halesowensis* Uitewaal (1948).

[5] Kurz aufrecht, 2 - 10 cm hoch; **Tr** bis 15 mm ⌀, grau (jung 10 mm ⌀, purpurn), durch Schwellungen unterhalb der **Bla**ansätze knotig, mit stelzenartigen Luft**Wu**; **Blä** 1.4 - 3 × 0.8 - 1.5 cm, ansteigend, später ausgebreitet, mit 5 - 7 mm langem, stielrundem Stiel, Spreite grau, spitzenwärts mit dunkelpurpurnen Flecken, etwas abgeflacht bis stielrund und an beiden Enden verjüngt, spitzenwärts etwas abgeflacht und mit scharfem, weisshornigem Rand, Spitze manchmal mit aufgesetztem Spitzchen; **Inf** bis 40 cm; Knospen stielrund, verjüngt, längsfurchig; **Ped** bis 3 mm; **Kr** 10 - 12 mm mit rosarötlicher, stielrunder **Rö**; **Kr**zipfel drei-

eckig-lanzettlich, bis 4.5 mm, spitz, Schlund mit keuligen **Ha**; **Anth** nicht herausragend.

A. cristatus (Haworth) Lemaire (Jard. Fleur. 2 (Misc.): 60, 1852). **T:** OXF [Haworth s.n.]. – **D:** RSA.

≡ *Cotyledon cristata* Haworth (1827).

A. cristatus var. **clavifolius** (Haworth) Tölken (BT 12(3): 390, 1978). **T:** K [icono – lecto]. – **D:** RSA (Eastern Cape); Valley Bushveld, Noorsveld, Blüten im Hochsommer.

≡ *Cotyledon clavifolia* Haworth (1827) ≡ *Adromischus clavifolius* (Haworth) Lemaire (1852); **incl.** *Adromischus poellnitzianus* Werdermann (1936); **incl.** *Cotyledon nussbaumeriana* von Poellnitz (1936) ≡ *Adromischus nussbaumerianus* (von Poellnitz) von Poellnitz (1936); **incl.** *Adromischus kesselringianus* von Poellnitz (1940).

[5] Unterschiede zu var. *cristatus*: **Blä** verkehrt dreieckig-lanzettlich, über die ganze Länge ± mit demselben ∅, incl. dem spitzennahen Teil mit hornigem Rand; **Blü**schlund mit einigen **Ha**.

A. cristatus var. **cristatus** – **D:** RSA (Eastern Cape); Valley Bushveld, Noorsveld, Blüten im Hochsommer.

[5] Sehr variabel, stark verzweigt, niederliegend bis aufrecht, bis 15 cm hoch und ∅; **Wu** faserig, Luft**Wu** als dichter, rötlich brauner Filz; **Tr** aufrecht, bis 4 × 0.6 - 1 cm ∅; **Blä** 1.5 - 3 × 1 - 1.7 cm, ansteigend, breit verkehrt dreieckig, abgeflacht, kahl bis behaart, grün bis gelblich grün, ungefleckt, oberseits flach bis konvex, unterseits konvex, Rand grünlich weiss, spitzenwärts scharf und hornig, gewellt, Basis keilförmig, gestielt, Spitze stumpf, gerundet oder gestutzt; **Bla**stiel stielrund; **Inf** bis 30 cm, mit 1-blütigen Cymen; Knospen ausgebreitet, stielrund, verjüngt; **Ped** 2 - 3 mm; **Sep** 2 - 3 mm; **Kr** 10 - 12 mm; **Kr**röhre graugrün; **Kr**zipfel eiförmig-dreieckig, bis 3.5 mm, weiss bis rosarötlich, zugespitzt; Schlund mit keuligen **Ha**; **Anth** nicht herausragend.

A. cristatus var. **schonlandii** (E. Phillips) Tölken (BT 12(3): 390, 1978). **T:** PRE 7944. – **D:** RSA (Eastern Cape); Valley Bushveld, Noorsveld, Felswände und Felsvorkommen, Blüten im Hochsommer.

≡ *Cotyledon schonlandii* E. Phillips (1929) ≡ *Adromischus schonlandii* (E. Phillips) von Poellnitz (1938).

[5] Unterschiede zu var. *cristatus*: **Blä** leicht abfallend, schmal verkehrt dreieckig, spitzenwärts verschmälert, ältere **Blä** manchmal fast bis völlig stielrund.

A. cristatus var. **zeyheri** (Harvey) Tölken (BT 12(3): 390, 1978). **T:** RSA, Western Cape (*Zeyher* 2571 [K, S, SAM]). – **D:** RSA (Western Cape, Eastern Cape); Valley Bushveld, Noorsveld, schattige Felswände, Blüten im Hochsommer.

≡ *Cotyledon zeyheri* Harvey (1862) ≡ *Adromischus zeyheri* (Harvey) von Poellnitz (1938).

[5] Unterschiede zu var. *cristatus*: **Tr** länger, bis 10 cm, grün, behaart, wenig oder gar nicht verzweigt, ohne Luft**Wu**; **Blä** 4 - 7 × 2.2 - 5.5 cm, drüsenhaarig, spitzenwärts Rand breit und wellig; **Kr** weiss, drüsenhaarig, Zipfel ausgebreitet.

A. diabolicus Tölken (BT 12(4): 633, 1979). **T:** RSA, Northern Cape (*Drijfhout* 1942 [PRE, STE]). – **D:** RSA (Northern Cape); Nama Karoo, Felsspalten, Blüten im Hochsommer.

[3] Zwergig, dicht verzweigt und kompakt, bis 5 cm hoch und 8 cm ∅, mit knolligem **Wu**stock; **Tr** zuerst grün, später vergrauend, bis 3 mm ∅; **Blä** 1.5 - 2 × 0.7 - 1.7 cm, leicht abfallend, verkehrt eiförmig bis breit verkehrt eiförmig oder selten kreisrund, graugrün, ungefleckt, beiderseits konvex oder oberseits während der Trockenzeit flach, Rand spitzenwärts hornig, Basis keilförmig, Spitze stumpf, gerundet oder gestutzt; **Inf** bis 15 cm mit 1 - 3 **Blü**; **Ped** 5 - 10 mm; **Sep** bis 3.5 mm; **Kr** 12.5 - 14 mm; **Kr**röhre trichterig, gelblich grün; **Kr**zipfel eiförmig-dreieckig, 2.5 - 3.5 mm, zugespitzt; Schlund mit keuligen **Ha**; **Anth** nicht herausragend.

A. fallax Tölken (BT 12(3): 387, 1978). **T:** RSA, Western Cape (*Bolus* 758 [BOL, K, SAM]). – **D:** RSA (Western Cape); Nama Karoo, Escarpment-Berge, Blüten im Hochsommer.

[3] Klein, niedrigwüchsig, spärlich verzweigt; **Wu** faserig; **Tr** niederliegend, bis 20 cm; **Blä** 2 - 5 × 0.8 - 2 cm, verkehrt lanzettlich bis elliptisch, ausgebreitet, weich, graugrün, ungefleckt, Oberseite konkav, Unterseite konvex, Basis keilförmig, Spitze stumpf bis spitz; **Inf** bis 30 cm mit 1 - 5 **Blü**; **Ped** 10 - 15 mm; **Sep** 4 - 5 mm; **Kr** 10 - 13 mm, **Rö** trichterig; **Kr** Zipfel dreieckig-eiförmig, bis 3 - 4.5 mm, rosa bis ± purpurn, zugespitzt; Schlund mit keuligen **Ha**; **Anth** nicht herausragend.

A. filicaulis (Ecklon & Zeyher) C. A. Smith (BT 3: 630, 1939). **T:** RSA, Northern Cape (*Ecklon & Zeyher* 1975 [S]). – **D:** RSA.

≡ *Cotyledon filicaulis* Ecklon & Zeyher (1837) ≡ *Adromischus mammillaris* var. *filicaulis* (Ecklon & Zeyher) H. Jacobsen (1970) (*nom. inval.*, Art. 33.2).

A. filicaulis ssp. **filicaulis** – **D:** RSA (Northern Cape, Western Cape); Succulent Karoo, Blüten im Hochsommer.

Incl. *Cotyledon fusiformis* Rolfe (1916) ≡ *Adromischus fusiformis* (Rolfe) A. Berger (1930) ≡ *Adromischus mammillaris* var. *fusiformis* (Rolfe) H. Jacobsen (1970) (*nom. inval.*, Art. 33.2); **incl.** *Adromischus mammillaris* var. *rubra* von Poellnitz (1938); **incl.** *Adromischus kleinioides* C. A. Smith

(1939); **incl.** *Adromischus fragilis* Hutchison (1959); **incl.** *Adromischus fragilis* var. *numeesensis* Hutchison (1959).

[1] Aufrecht bis niederliegend, wenig verzweigt, bis 15 cm hoch und 9 cm ⌀; **Tr** kurz, sukkulent, 7 - 12 mm ⌀, graubraun; **Blä** 3 - 9.5 × 0.5 - 1.7 cm, flach oder manchmal stielrund, länglich lanzettlich bis elliptisch, oberseits flach, unterseits konvex, graugrün, meist purpurn gefleckt, Basis keilförmig, Spitze stumpf; **Inf** 12 - 35 cm mit 1- bis 3-blütigen Cymen; **Ped** 1 - 3 mm; **Sep** bis 2 mm; **Kr** 10 - 13 × 2 mm; **Kr**röhre basal gelblich grün, gegen den kahlen Schlund rot überhaucht; **Kr**zipfel dreieckig, bis 2 mm, weiss oder rosarötlich, dornspitzig; **Anth** wenig herausragend.

A. filicaulis ssp. **marlothii** (Schönland) Tölken (BT 12(3): 385, 1978). **T:** RSA, Western Cape (*Marloth* 2520 [GRA]). – **D:** RSA (Western Cape); Succulent Karoo, Blüten im Hochsommer.

≡ *Cotyledon marlothii* Schönland (1915) ≡ *Adromischus marlothii* (Schönland) A. Berger (1930) ≡ *Adromischus mammillaris* var. *marlothii* (Schönland) H. Jacobsen (1970) (*nom. inval.*, Art. 33.2); **incl.** *Adromischus tricolor* C. A. Smith (1939).

[1] Unterschiede zu ssp. *filicaulis*: Niederliegend bis kriechend, mit langen StelzWu, wenig verzweigt, bis 8 cm hoch und 15 cm ⌀; **Tr** kurz, sukkulent, 3 - 4 mm ⌀, graugrün mit schuppiger, grauer Borke; **Blä** 2.5 - 3.5 × 0.7 - 1.5 cm, lanzettlich, elliptisch bis breit elliptisch, stielrund, rötlich (jung grün und vergrauend), ungefleckt, Basis keilförmig, Spitze spitz.

A. hemisphaericus (Linné) Lemaire (Jard. Fleur. 2(Misc.): 60, 1852). **T:** [icono]: Dillenius, Hort. Eltham., t. 95, fig. 111, 1732. – **D:** RSA (Western Cape); Renosterveld und Succulent Karoo, Blüten im Hochsommer. Fig. I.b

≡ *Cotyledon hemisphaerica* Linné (1753); **incl.** *Cotyledon crassifolia* Salisbury (1796); **incl.** *Cotyledon rotundifolia* Haworth (1827) ≡ *Adromischus rotundifolius* (Haworth) C. A. Smith (1939).

[1] Variabel, kriechend, stark verzweigt, bis 15 cm hoch; **Tr** grau mit abblätternder Borke, 3 - 8 mm ⌀ (jung 2 - 4 mm ⌀, grau bis purpurgrün); **Blä** 1 - 3.5 × 0.8 - 2.4 cm, sehr leicht abfallend, flach, eiförmig, verkehrt lanzettlich bis breit elliptisch, grau mit purpurnen Flecken und abblätternder Wachsschicht, oberseits flach bis konvex, unterseits konvex, obere ½ des Randes hornig, Basis keilförmig, Spitze stumpf bis spitz; **Inf** bis 25 cm mit 1- bis 2-blütigen Cymen; Knospen spitz; **Kr**röhre grünlich braun, Schlund kahl oder selten mit einigen keuligen **Ha**; **Kr**zipfel breit dreieckig, bis 3.5 mm, weiss oder rosa überhaucht, dornspitzig; **Anth** wenig herausragend.

A. humilis von Poellnitz (RSN 48: 91, 1940). **T:** RSA, Northern Cape (*Marloth* 4689 [PRE]). – **D:** RSA (Northern Cape); Nama Karoo, Felsspalten, Blüten im Hochsommer.

Incl. *Cotyledon humilis* Marloth (1915) (*nom. illeg.*, Art. 53.1); **incl.** *Cotyledon nana* Marloth (1910) (*nom. illeg.*, Art. 53.1).

[3] Zwergig, 1-triebig oder spärlich verzweigt, bis 2 cm hoch aus einem knolligen **Wu**stock; **Wu** spindelig; **Tr** zuerst grün, dann grau, bis 15 mm ⌀; **Blä** 1- 2.4 × 0.5 - 1.2 cm, ausgebreitet, weich, verkehrt eiförmig oder selten kreisrund, graugrün, mit purpurnen Flecken gemustert oder ungefleckt, oberseits konkav bis rinnig, unterseits konvex, oft purpurn, Basis keilförmig, Spitze stumpf bis gerundet; **Inf** bis 30 cm mit bis zu 3 Monochasien mit je 1 - 3 **Blü**; **Ped** 8 - 16 mm; **Sep** 2 - 3.5 mm; **Kr** 10 - 12 mm, **Rö** trichterig, gelblich grün; **Kr**zipfel breit dreieckig-eiförmig, bis 3.5 mm, rötlich purpurn, zugespitzt; Schlund mit keuligen **Ha**; **Anth** den Schlund gerade erreichend.

A. inamoenus Tölken (BT 12(3): 388, 1978). **T:** RSA, Eastern Cape (*Tölken* 5508 [PRE]). – **D:** RSA (Eastern Cape); Noorsveld und Valley Bushveld, Blüten im Hochsommer.

[4] Aufrechte, spärlich verzweigte Zwergsträucher, bis 9 cm hoch und 11 cm ⌀; **Wu** faserig; **Tr** sukkulent, braun, basal bis 13 mm ⌀; **Bla**tragende **Tr** 8 mm ⌀; **Blä** flach, verkehrt eiförmig bis verkehrt dreieckig, 4 - 5 × 2.5 - 4.5 cm, graugrün bis silberig grün, Wachsschicht manchmal in kleinen Stücken abfallend, ungefleckt (junge **Blä** grün, glänzend), Rand scharf, rötlich, am **Bla**stiel nicht herablaufend, Oberseite flach bis konvex, Unterseite konvex, Basis keilförmig, Spitze gerundet bis ausgerandet; **Inf** 20 - 30 cm mit 1- bis 2-blütigen Cymen mit sitzenden **Blü**; Knospen stielrund, verjüngt; **Sep** 1.5 - 2.5 mm, bräunlich grün; **Kr** stielrund, zum Schlund wenig verjüngt, 9 - 12 × 3 mm; **Kr**zipfel bandförmig-lanzettlich, weiss, rosa überhaucht; Schlund mit keuligen **Ha**; **Anth** nicht herausragend.

A. leucophyllus Uitewaal (Nation. Cact. Succ. J. 9: 58, fig., 1954). **T:** RSA, Western Cape (*Hall s.n.* [AVU]). – **D:** RSA (Western Cape); Succulent Karoo, Blüten im Hochsommer. Fig. I.c

[5] Zwergig, spärlich verzweigt, ausgebreitet, bis 5.5 × 13 cm; **Wu** faserig, oft als StelzWu; **Tr** sukkulent, graugrün mit mehligem Belag, basal bis 5 mm ⌀, **Bla**tragende **Tr** 2 - 3 mm ⌀; **Blä** 1 - 3 × 0.8 - 2.5 cm, abgeflacht, verkehrt eiförmig bis fast kreisrund, sehr leicht abfallend, junge **Blä** bleichgrün mit mehligem Belag, ältere **Blä** graugrün, gelegentlich mit einigen purpurnen Flecken aber normalerweise ungefleckt, Rand hornig, scharf und am **Bla**stiel herablaufend, Oberseite flach bis konvex, Unterseite konvex, Basis keilförmig, Spitze gerundet mit aufgesetztem Spitzchen; **Inf** bis 15 cm mit 1- bis 4-blütigen Cymen; Knospen stielrund, verjüngt; **Sep** 2 - 2.5 mm; **Kr** stielrund und zum Schlund leicht er-

weitert, 11 - 13 × 3 mm; **Kr**zipfel dreieckig-lanzettlich, weiss mit rosa Mittelstreifen; Schlund mit keuligen **Ha**; **Anth** nicht herausragend.

Pflanzen vom Warmwaterberg sind viel kleiner und die Blätter übersteigen 1.5 cm Länge nicht.

A. liebenbergii Hutchison (CSJA 31: 81, fig. 40, 1959). **T:** RSA, Eastern Cape (*Liebenberg* 6186 [BOL]). – **D:** RSA (Eastern Cape); Succulent Karoo, Blüten im Hochsommer.

[1] Aufrecht, spärlich verzweigt, bis 20 cm hoch; **Wu** knollig; **Tr** aufrecht, kurz, sukkulent, bis 7 mm ⌀, braungrün (jung 5 mm ⌀, grün); **Blä** 2 - 5 × 1.2 - 3 cm, fest, nicht leicht abfallend, abgeflacht, rautenförmig-spatelig bis länglich lanzettlich, beiderseits konvex, graugrün, meist ohne purpurne Flecken, Basis keilförmig und fast stielrund, Spitze stumpf bis spitz; **Inf** bis 10 cm mit 1-blütigen Cymen; **Ped** bis 3 mm; **Sep** bis 2 mm; **Kr** 10 - 11.5 × 2 mm, **Rö** basal hellgrün, zum kahlen Schlund hin rot überhaucht; **Kr**zipfel dreieckig, bis 2 mm, weiss oder rosa überhaucht, mit aufgesetztem Spitzchen; **Anth** wenig herausragend.

A. maculatus (Salm-Dyck) Lemaire (Jard. Fleur. 2(Misc.): 60, 1852). **T:** [lecto]: OXF [sub Haworth s.n., sine loco]. – **D:** RSA (Western Cape); Succulent Karoo, Blüten im Hochsommer.

≡ *Cotyledon maculata* Salm-Dyck (1820); **incl.** *Cotyledon alternans* Haworth (1819) (*nom. illeg.*, Art. 53.1); **incl.** *Cotyledon maculata* Haworth (1821) (*nom. illeg.*, Art. 53.1).

[4] Wenig verzweigt, niederliegend bis aufrecht, bis 10 cm hoch und 15 cm ⌀; **Tr** zuerst grün und bis 7 mm ⌀, später graugrün und 10 - 12 mm ⌀ mit abblätternder Borke; **Blä** 2.5 - 3.5 × 1.7 - 3.2 cm, aufsteigend-ausgebreitet, leicht abfallend, verkehrt lanzettlich bis verkehrt eiförmig bis fast kreisrund, graugrün und mit dunkelpurpurnen Flecken, Oberseite flach bis konvex, Unterseite konvex, Rand weiss, scharf, fast auf der ganzen Länge hornig, Basis keilförmig, fast stielartig und nahezu stielrund, Spitze stumpf oder gerundet, mit oder ohne aufgesetztem Spitzchen; **Inf** bis 35 cm mit 1- bis 2-blütigen Cymen; Knospen stielrund, abstehend, verjüngt; **Ped** 1 - 4 mm; **Sep** 1.5 - 2 mm; **Kr** 8 - 11 mm, **Rö** grünlich gelb, Schlund mit keuligen **Ha**; **Kr**zipfel lanzettlich-dreieckig, 3 - 5 mm, weiss bis hellrosa, spitz; **Anth** nicht herausragend.

A. mammillaris (Linné *fil.*) Lemaire (Jard. Fleur. 2(Misc.): 60, 1852). **T:** RSA, Western Cape (*Thunberg* s.n. [UPS [Herb. Thunberg 11006]]). – **D:** RSA (Western Cape); Succulent Karoo, Blüten im Hochsommer.

≡ *Cotyledon mammillaris* Linné *fil.* (1782).

[4] Niederliegend bis aufrecht, spärlich verzweigt, bis 15 cm hoch; **Wu** faserig; **Tr** braun, bis 8 mm ⌀, ältere **Tr** mit in grauen Flocken abblätternder Borke; **Blä** 2.5 - 4 × 0.8 - 1.3 cm, jung abgeflacht und bräunlich grün, später fast stielrund und auffallend graugrün mit wenigen, dunkleren Flecken, linealisch verkehrt eiförmig bis keulig, ausdauernd und für mehr als 1 Saison aktiv, Rand nahe der Spitze hornig und rötlich, sonst nicht auffallend, Basis keilförmig, Spitze stumpf mit aufgesetztem Spitzchen; **Inf** 25 - 41 cm; **Ped** 1 - 3 mm; Knospen stielrund, verjüngt und zur Spitze nach aussen gebogen; **Sep** 2 × 2 mm, grau; **Kr** 13 - 15 mm, **Rö** stielrund; **Kr**zipfel dreieckig-lanzettlich, bis 5 mm, weiss, rosa überhaucht; Schlund mit keuligen **Ha**; **Anth** nicht herausragend.

Dieser Name wurde von den meisten modernen Autoren falsch interpretiert, und deren Konzepte entsprechen *A. filicaulis* ssp. *marlothii* (Tölken 1985: 43).

A. marianiae (Marloth) A. Berger (NPF2 18a: 416, 1930). **T:** RSA, Western Cape (*Marloth* 3489 [PRE, GRA, K]). – **D:** RSA. **I:** Tölken (1985: 58).

≡ *Cotyledon marianiae* Marloth (1907).

A. marianiae var. **hallii** (Hutchison) Tölken (BT 12(3): 391, 1978). **T:** RSA, Northern Cape (*Hall* s.n. [BOL, PRE, UC]). – **D:** S Namibia, N RSA (Northern Cape).

≡ *Adromischus hallii* Hutchison (1956); **incl.** *Adromischus casmithianus* von Poellnitz (1940) (*nom. inval.*).

[5] Unterschiede zu var. *marianiae*: Kleine, kompakte Pflanzen mit dicken **Tr**; **Wu** knollig; **Blä** breit verkehrt eiförmig bis kreisrund, 1.5 - 2.5 cm, grau bis rötlich grün, gelegentlich gefleckt, Spreite glatt, abgeflacht bis kugelig, obere ½ mit erhabenem Hornrand.

A. marianiae var. **immaculatus** Uitewaal (Succulenta 1953: 10, ill., 1953). **T:** RSA, Western Cape (*Anonymus* s.n. [AVU 10014]). – **D:** RSA (Western Cape).

Incl. *Cotyledon herrei* W. F. Barker (1931) ≡ *Adromischus herrei* (W. F. Barker) von Poellnitz (1938) ≡ *Adromischus marianiae* fa. *herrei* (W. F. Barker) Pilbeam (1981); **incl.** *Adromischus anticordatum* von Poellnitz (1938); **incl.** *Adromischus antidorcatum* von Poellnitz (1938); **incl.** *Adromischus alveolatus* Hutchison (1956) ≡ *Adromischus marianiae* fa. *alveolatus* (Hutchison) Pilbeam (1981); **incl.** *Adromischus marianiae* fa. *multicolor* Pilbeam (1981) (*nom. inval.*, Art. 37.1).

[5] Unterschiede zu var. *marianiae*: Dicht verzweigt, basal zusammengezogen; **Wu** knollig; **Blä** in Form und Textur variabel, lanzettlich bis verkehrt lanzettlich, 1.5 - 5 cm, Spreite leicht abgeflacht bis stielrund, obere ½ gefurcht, grün, später grau oder rötlich bis bräunlich grün werdend, Oberfläche glatt oder warzig, Rand nahe der Spitze weiss bis braun und hornig.

A. marianiae var. **kubusensis** (Uitewaal) Tölken (BT 12(3): 391, 1978). **T:** RSA, Northern Cape (*Herre* s.n. [AVU 10012]). – **D:** RSA (Northern Cape).

≡ *Adromischus kubusensis* Uitewaal (1953); **incl.** *Adromischus rodinii* Hutchison (1953); **incl.** *Adromischus blosianus* Hutchison (1957); **incl.** *Adromischus geyeri* Hutchison (1960).

[5] Unterschiede zu var. *marianiae*: Verzweigt mit dicken **Tr**; **Blä** verkehrt lanzettlich bis linealisch verkehrt lanzettlich, 3 - 11 × 1.5 - 2 cm, Spreite abgeflacht, beiderseits konvex oder oberseits flach, gefleckt oder nicht, Rand rötlich.

A. marianiae var. **marianiae** – **D:** RSA (Northern Cape, Western Cape); Succulent Karoo, Blüten im Hochsommer.

Incl. *Adromischus marianae* hort. (s.a.) (*nom. inval.*, Art. 61.1).

[5] Kurz, aufrecht, spärlich verzweigt, bis 12 cm hoch; **Tr** bis 18 mm ⌀, grau, jung bis 8 mm ⌀, grün; **Blä** variabel, 4 - 8 × 1.3 - 2.2 cm, linealisch-elliptisch bis linealisch-lanzettlich, aufsteigend, Stiel kurz, undeutlich, stielrund, Spreite leicht abgeflacht, grau mit wenigen, zerstreuten, purpurnen Flecken, Oberseite flach bis konkav, Unterseite konvex, Rand erhaben, obere ½ bis ⅓ weiss bis rosa, hornig, Spitze stumpf bis spitz, mit aufgesetztem Spitzchen; **Inf** bis 35 cm mit 1- bis 3-blütigen Cymen; **Ped** 2 - 6 mm; Knospen stielrund, verjüngt, längs gefurcht; **Kr** 10 - 12 mm, **Rö** rosarötlich, stielrund; **Kr**zipfel dreieckig-lanzettlich, bis 3 mm, spitz; Schlund mit keuligen **Ha**; **Anth** nicht herausragend.

A. maximus Hutchison (CSJA 31: 133, figs. 59-60, 1959). **T:** RSA, Western Cape (*Hall* s.n. [BOL]). – **D:** RSA (Western Cape); Succulent Karoo, Blüten im Hochsommer. **Fig. I.d**

[4] Gross und robust, aufrecht bis niederliegend, spärlich verzweigt, bis 30 cm hoch und ⌀; **Tr** bis 3 cm ⌀, mit in waagerechten Streifen abschälender, grauer Rinde, **Bla**tragende jüngere **Tr** 1.2 - 2 cm ⌀; **Blä** verkehrt lanzettlich bis verkehrt eiförmig, 6 - 13 × 3.5 - 4.5 cm, abgeflacht, aufsteigend-ausgebreitet, graugrün, ungefleckt, Rand scharf und hornig, Basis keilförmig mit undeutlichem Stiel, Spitze stumpf mit aufgesetztem Spitzchen; **Inf** bis 33 cm mit kurzen, 1- bis 3-blütigen Dichasien; **Ped** 1 - 3 mm; Knospen stielrund, verjüngt, grün mit rosa Spitzen; **Sep** dreieckig, 1 - 2 × 1 - 2 mm, grau; **Kr** 10 - 14 mm, **Rö** stielrund bis 4.5 mm ⌀, grün, Schlund mit keuligen **Ha**; **Kr**zipfel weiss mit rosa Rand, lanzettlich, 5 × 2 mm; **Anth** gelb, nicht herausragend.

A. montium-klinghardtii (Dinter) A. Berger (NPF2 18a: 416, 1930). **T:** Namibia (*Dinter* 4265 [B †]). – **D:** Namibia, RSA (Northern Cape); Succulent Karoo, Blüten im Hochsommer.

≡ *Cotyledon montium-klinghardtii* Dinter (1923).

[1] Variabel, niederliegend, stark verzweigt, bis 16 cm hoch; **Tr** grau mit abblätternder Borke, 7 - 10 mm ⌀, jüngere **Tr** 4 mm ⌀, bräunlich grün; **Blä** 2.5 - 3 × 1 - 1.8 cm, abgeflacht bis fast stielrund, sehr leicht abfallend, verkehrt eiförmig bis fast kreisrund, grau mit abblätterndem Wachs, ohne purpurne Flecken, beiderseits konvex, selten oberseits flach, Ränder hornig, Basis mit kurzem, undeutlichem Stiel, keilförmig, Spitze stumpf bis gerundet; **Inf** bis 22 cm mit 1-blütigen Cymen; Knospen spitz; **Ped** 2 - 3 mm; **Sep** bis 2.5 mm; **Kr** 11 - 14 × 2 mm, **Rö** grünlich, Schlund kahl; **Kr**zipfel breit dreieckig, bis 1 - 2 mm, weiss oder rosa überhaucht, dornspitzig; **Anth** wenig herausragend.

A. nanus (N. E. Brown) von Poellnitz (Desert Pl. Life 10: 222, 1938). **T:** RSA, Northern Cape (*MacOwan* s.n. [K]). – **D:** RSA (Northern Cape); Nama Karoo, Felsspalten, Blüten im Hochsommer.

≡ *Cotyledon nana* N. E. Brown (1901); **incl.** *Adromischus pauciflorus* Hutchison (1960).

[3] Zwergig, kompakt, bis 4.5 cm hoch und 5.5 cm ⌀; **Wu** knollig; **Tr** kurz, sukkulent, bis 8 mm ⌀, grau, **Bla**tragende **Tr** 3 - 4 mm ⌀; **Blä** verkehrt eiförmig bis breit verkehrt eiförmig, 0.6 - 1.3 × 0.6 - 1 cm, grün bis graugrün, ungefleckt, beiderseits konvex, Rand im oberen Teil hornig, Basis keilförmig, Spitze stumpf bis gestutzt; **Inf** bis 4 cm mit 1 - 2 Cymen mit je 1 - 3 **Blü**; **Ped** 8 - 20 mm; **Sep** dreieckig-lanzettlich, 1.3 mm; **Kr** 11 - 15 mm, trichterig, basal 2 mm ⌀, zum Schlund auf 4 mm ⌀ erweitert; **Kr**röhre basal grün, zum Schlund malvenfarben mit dunkler purpurnen Mittellinien; **Kr**zipfel eiförmig-dreieckig, 3 × 2.5 mm, spitz; Schlund mit keuligen **Ha**; **Anth** den Schlund gerade erreichend.

Dieses Taxon wurde in der Vergangenheit mit *A. marianiae* var. *hallii* verwechselt.

A. phillipsiae (Marloth) von Poellnitz (RSN 48: 88, 1940). **T:** RSA, Western Cape (*Marloth* 3912 [PRE, BOL, GRA, SAM]). – **Lit:** Bruyns (1998: mit ill.). **D:** RSA (Western Cape); Nama Karoo, Escarpment-Berge, Blüten im Hochsommer. **Fig. I.a**

≡ *Cotyledon phillipsiae* Marloth (1907).

[3] Zwergig, niedrig und durch Stolonen kleine Polster bildend, bis 5 cm hoch, mit knolligem **Wu**stock; **Tr** bis 1.5 cm ⌀; **Blä** zahlreich, 1.5 - 4.5 × 0.4 - 1.3 cm, weichfleischig, ausgebreitet, linealisch verkehrt lanzettlich bis elliptisch, graugrün, ungefleckt, Oberseite rinnig, Unterseite konvex, Basis keilförmig, Spitze stumpf bis spitz; **Inf** bis 35 cm mit bis zu 3 Monochasien mit je 1 - 5 hängenden **Blü**; **Ped** 15 - 35 mm; **Sep** 3 - 5 mm; **Kr** 18 - 20 mm, **Rö** trichterig, orangerot; **Kr**zipfel dreieckig-eiförmig, 3 - 5 mm, rötlich, spitz; Schlund papillös; **Anth** den Schlund gerade erreichend.

Dies ist der merkwürdigste Vertreter der Gattung.

Anhand der weichen, graugrünen Blätter und den hängenden, orangeroten Blüten ist die Art leicht kenntlich.

A. roanianus Uitewaal (Nation. Cact. Succ. J. 7: 69-70, ills., 1952). **T:** RSA, Western Cape (*Herre* s.n. [AVU 10011]). – **D:** RSA (Northern Cape, Western Cape); Succulent Karoo, Blüten im Hochsommer. **I:** Tölken (1985: 45). **Fig. I.f, I.g**

[1] Niederliegend, spärlich verzweigt, bis 20 cm hoch; **Tr** zickzackweise gebogen, bis 6 mm ⌀, braungrün, jüngere **Tr** grün bis rötlich grün, 3 mm ⌀; **Blä** 2.5 - 5 × 1.3 - 3 cm, abgeflacht, verkehrt eiförmig bis verkehrt lanzettlich, graugrün, meist ungefleckt, Oberseite flach, Unterseite konvex, Rand hornig, Basis keilförmig, Spitze stumpf bis spitz; **Inf** bis 38 cm mit 1-blütigen Cymen; Knospen spitz; **Ped** 2 - 4 mm; **Sep** bis 2 mm; **Kr** 10 - 14.5 × 2 mm; **Rö** basal hellgrün, zum kahlen Schlund hin rot überhaucht; **Kr**zipfel breit dreieckig, bis 3 mm, weiss oder rosa überhaucht, dornspitzig; **Anth** kurz herausragend.

A. schuldtianus (von Poellnitz) H. E. Moore (Baileya 20: 29, 1976). **T:** B [†]. – **D:** Namibia, RSA.
≡ *Cotyledon schuldtiana* von Poellnitz (1936).

A. schuldtianus ssp. **juttae** (von Poellnitz) Tölken (BT 12(3): 386, 1978). **T:** Namibia (*Triebner* 1315 [B †]). – **D:** S Namibia; Nama Karoo, Blüten im Hochsommer.
≡ *Adromischus juttae* von Poellnitz (1939).

[2] Unterschiede zu ssp. *schuldtianus*: **Tr** 4 - 10 cm lang, spärlich verzweigt, mit knolliger Basis.

A. schuldtianus ssp. **schuldtianus** – **D:** C Namibia bis RSA (Northern Cape); Nama Karoo, Blüten im Hochsommer.

[2] Zwergig, kompakt, bis 7 cm hoch und 15 cm ⌀; **Wu** faserig; **Tr** verjüngt, niederliegend-aufsteigend, basal knollig bis 4 cm ⌀, grau bis graugrün mit abschälender Borke, sonst 8 - 10 mm ⌀, jüngere **Bla**tragende **Tr** 5 - 7 mm ⌀; **Blä** 1 - 4 × 0.4 - 1.5 cm, aufsteigend, abgeflacht, leicht abfallend, verkehrt lanzettlich, verkehrt eiförmig bis kreisrund, graugrün, mit wenigen, kastanienbraunen Flecken oder ungefleckt, obere ½ des Randes scharf, hornig, gewellt und oft mit braunpurpurnem Hauch, Oberseite flach bis konvex, Unterseite konvex, Basis keilförmig, Spitze gerundet bis stumpf; **Inf** bis 40 cm mit 1-blütigen Cymen; **Ped** 3 - 12 mm; Knospen aufrecht, gefurcht, allmählich verschmälert; **Sep** bis 3 mm; **Kr** 10 - 13 × 2 mm, **Rö** schmutzig grün bis weiss; **Kr**zipfel dreieckig-eiförmig, bis 2.5 mm, weiss oder rosa überhaucht, spitz; Schlund mit keuligen **Ha**; **Anth** den Schlund gerade erreichend.

A. sphenophyllus C. A. Smith (BT 3: 624, 1939). **T:** RSA, Eastern Cape (*Cooper* 2338 [K]). – **D:** RSA (Eastern Cape); Noorsveld und Valley Bushveld, Blüten im Hochsommer.

Incl. *Adromischus rhombifolius* var. *bakeri* von Poellnitz (1940).

[4] Aufrechte, spärlich verzweigte Zwergsträucher bis 20 cm; **Wu** faserig; **Tr** sukkulent, grau, basal bis 28 mm ⌀, **Bla**tragende **Tr** 8 - 10 mm ⌀; **Blä** abgeflacht, verkehrt lanzettlich bis verkehrt eiförmig, 5.5 - 9.5 × 2.5 - 4.5 cm, graugrün bis silberig grün (jung grün und glänzend), ungefleckt, Wachsbedeckung manchmal stückweise abschälend, Rand scharf, hornig, manchmal gewellt, und am **Bla**stiel herablaufend, Oberseite flach bis konvex, Unterseite konvex, Basis keilförmig, Spitze stumpf bis gerundet; **Inf** bis 3 - 4.5 cm mit 1-blütigen Cymen; **Blü** sitzend; Knospen aufsteigend, stielrund, verjüngt, rot gespitzt; **Sep** 3 × 1.75 mm, glauk; **Kr** stielrund, zum Schlund leicht verjüngt, 10 - 12 × 3 mm; **Kr**zipfel bandförmig-lanzettlich, weiss, aussen mit purpurnen Längsstrichen; Schlund mit keuligen **Ha**; **Anth** nicht herausragend.

Material aus Kouga (Eastern Cape) zeigt auffällig wellige Blätter.

A. subdistichus Makin *ex* Bruyns (SAJB 58(1): 50-51, ills., 1992). **T:** RSA, Eastern Cape (*Bruyns* 2887 [BOL]). – **D:** RSA (Western Cape, Eastern Cape); Succulent Karoo und Renosterveld, Blüten im Hochsommer.

[5] Wenig verzweigt, klein, niederliegend bis aufrecht, bis 7 cm hoch und 15 cm ⌀; **Wu** faserig; **Tr** zuerst grün und bis 3 mm ⌀, später graugrün und 4 - 5 mm ⌀; **Blä** 1.5 - 2 × 1 - 1.7 cm, ausgebreitet bis aufsteigend, leicht abfallend, verkehrt eiförmig, graugrün, glänzend, manchmal purpurn überhaucht aber ungefleckt, Oberseite flach bis konvex, Unterseite konvex, Rand weiss, scharf, fast auf der ganzen Länge hornig und am Spross kurz herablaufend, Basis geöhrt, Spitze stumpf oder gerundet, mit aufgesetztem Spitzchen; **Inf** bis 18 cm mit 1- bis 2-blütigen Cymen; Knospen ausgebreitet, stielrund, verjüngt; **Ped** 4 - 8 mm; **Sep** bis 2 mm; **Kr** 11 - 12 mm, **Rö** grünlich gelb; **Kr**zipfel lanzettlich-dreieckig, 3 - 4 mm, rosa, spitz; Schlund mit keuligen **Ha**; **Anth** wenig herausragend.

A. subviridis Tölken (BT 12(3): 391, 393, 1978). **T:** RSA, Northern Cape (*Tölken* 5349 [PRE]). – **D:** RSA (Northern Cape); Succulent Karoo, Blüten im Hochsommer.

[5] Wenig verzweigt, niederliegend bis aufrecht, bis 15 cm hoch und ⌀; **Wu** faserig; **Tr** grauweiss, bis 8 mm ⌀, mit mehligem Belag; **Blä** 3.5 - 7 × 2.8 - 3.8 cm, aufsteigend, leicht abfallend, verkehrt lanzettlich bis verkehrt eiförmig, graugrün mit dunkelpurpurnen Flecken und mehligem Belag, Oberseite flach, Unterseite konvex, Rand weiss, auf der ganzen Länge scharf und hornig, Basis keilförmig, fast stielartig, Spitze stumpf oder gerundet, mit aufgesetztem Spitzchen; **Inf** bis 25 cm mit 1- bis 2-blütigen Cymen; **Ped** 4 - 6 mm; **Sep** 2 - 3 mm; Knospen ausgebreitet, stielrund, verjüngt; **Kr** 9 - 11 mm, **Rö**

grün, bemehlt; **Kr**zipfel lanzettlich-dreieckig, 3 - 4 mm, hellgelb, rosa überhaucht, spitz; Schlund mit keuligen **Ha**; **Anth** nicht herausragend.

A. triflorus (Linné *fil.*) A. Berger (NPF2 18a: 416, 1930). **T:** RSA, Western Cape (*Thunberg* s.n. [UPS [Herb. Thunberg 11 016]]). – **D:** RSA (Western Cape); Succulent Karoo, Blüten im Hochsommer.
≡ *Cotyledon triflora* Linné *fil.* (1782); **incl.** *Cotyledon bolusii* var. *karroensis* Schönland (1904); **incl.** *Cotyledon procurva* N. E. Brown (1912) ≡ *Adromischus procurvus* (N. E. Brown) C. A. Smith (1939); **incl.** *Adromischus subcompressus* von Poellnitz (1938); **incl.** *Adromischus subpetiolatus* von Poellnitz (1938).
[4] Wenig verzweigt, klein, niederliegend bis aufrecht, bis 12 cm hoch und 15 cm ⌀; **Tr** zuerst grün und 3 - 5 mm ⌀, dann grau bis graubraun und bis 1 cm ⌀, mit abblätternder Borke; **Blä** 2 - 4.5 × 1.2 - 4 cm, aufsteigend-ausgebreitet, leicht abfallend, verkehrt dreieckig bis verkehrt eiförmig, selten verkehrt eiförmig-keulig, graugrün, zuerst ungefleckt, später spitzenwärts mit dunkelpurpurnen Flecken, Oberseite flach bis konvex, Unterseite konvex, Rand weiss, im oberen Teil hornig, manchmal purpurn, Basis keilförmig, fast stielartig, stielrund, Spitze stumpf, gestutzt, gerundet oder ausgerandet; **Inf** bis 35 cm mit 1- bis 5-blütigen Cymen; Knospen stielrund, zur Spitze verjüngt und gebogen; **Ped** 1 - 6 mm; **Sep** 1.5 - 2 mm; **Kr** 8 - 10 mm, **Rö** grünlich gelb; **Kr**zipfel lanzettlich-dreieckig, 3 - 5 mm, zugespitzt; Schlund mit keuligen **Ha**; **Anth** nicht herausragend.

A. trigynus (Burchell) von Poellnitz (RSN 44: 61, 1938). **T:** RSA, Cape Prov. (*Burchell* 1898 [K]). – **D:** RSA (Northern Cape, Free State); Nama Karoo, Blüten im Hochsommer. **Fig. I.e**
≡ *Cotyledon trigyna* Burchell (1824); **incl.** *Cotyledon rhombifolia* var. *spathulata* N. E. Brown *ex* Marloth (1925) (*nom. nud.*); **incl.** *Adromischus rupicola* C. A. Smith (1939).
[2] Zwergig, kompakt, bis 4.5 cm hoch und 12 cm ⌀; **Wu** faserig; **Tr** niederliegend, kurz, basal knollig bis 3 cm ⌀, graugrün, jüngere **Blä**tragende **Tr** bis 6 mm ⌀; **Blä** kompakt angeordnet, aufsteigend, verkehrt eiförmig, verkehrt lanzettlich, oder selten kreisrund, 1.5 - 3 × 1.5 - 2.9 cm, graugrün, gefleckt und oft am Rand mit braunpurpurnem Hauch, Oberseite im Winter flach bis konkav, Unterseite konvex, Rand scharf, grauweiss, obere ± ⅔ hornig, Basis keilförmig, Spitze gerundet bis stumpf; **Inf** bis 35 cm mit 1- bis 2-blütigen, fast sitzenden Cymen; Knospen aufrecht, 5-kantig, allmählich verschmälert; **Ped** 2 - 6 mm; **Sep** bis 3 mm; **Kr** 10 - 13 × 2 mm, röhrig, längs gefurcht; **Kr**röhre basal gelblich grün, mit mehligem Belag; **Kr**zipfel eiförmig, bis 2.5 mm, weiss oder rosa überhaucht, spitz; Schlund kahl; **Anth** wenig herausragend.

A. umbraticola C. A. Smith (J. Vet. Sci. Anim. Ind. 1: 174, 1933). **T:** RSA, Gauteng (*Smith* 3432 [PRE]). – **D:** RSA.

A. umbraticola ssp. **ramosus** Tölken (BT 12(3): 386, 1978). **T:** RSA, Northern Prov. (*Tölken* 1215 [PRE]). – **D:** RSA (Northern Prov.); Bushveld, Blüten im Hochsommer.
[2] Unterschiede zu ssp. *umbraticola*: **Tr** länger, 4 - 12 cm, spärlich verzweigt, mit knolliger Basis; **Blä** grünlich braun bis graugrün, ungefleckt.

A. umbraticola ssp. **umbraticola** – **D:** RSA (Northern Cape, Northern Prov., Gauteng); Bushveld, Blüten im Hochsommer.
Incl. *Adromischus saxicola* C. A. Smith (1939).
[2] Zwergig, kompakt, bis 12 cm hoch und 15 cm ⌀; **Wu** faserig; **Tr** niederliegend, kurz, basal knollig, bis 4 cm ⌀, grau bis graugrün mit abschälender Borke, **Tr** sonst 10 - 15 mm ⌀, jüngere **Bla**tragende **Tr** 5 mm ⌀; **Blä** 10 - 70 × 5 - 21 mm, abgeflacht, leicht abfallend, aufsteigend, linealisch verkehrt lanzettlich bis keulig verkehrt eiförmig, graugrün, braun gefleckt oder ungefleckt, entlang der Ränder oft mit braunpurpurnem Schein, Oberseite konvex oder im Winter flach, Unterseite konvex, Rand nahe der Spitze verhornt, Basis keilförmig, Spitze gerundet bis stumpf; **Inf** bis 35 cm mit 1-blütigen, 1.5 - 3.5 mm gestielten Cymen; Knospen aufrecht, 5-kantig, allmählich verschmälert; **Ped** 2 - 10 mm; **Sep** bis 3 mm; **Kr** 10 - 13 × 2 mm, **Rö** schmutzig grün, längs gefurcht; **Kr**zipfel dreieckig-eiförmig, bis 2.5 mm, weiss oder rosa überhaucht, spitz; Schlund mit keuligen **Ha**; **Anth** wenig herausragend.

AEONIUM

R. Nyffeler

Aeonium Webb & Berthelot (Phytogr. Canar. 1: 184, 1840). **T:** *Sempervivum arboreum* Linné [Lectotyp, ausgewählt von H.-Y. Liu 1989.]. – **Lit:** Praeger (1932); Voggenreiter (1974); Liu (1989); Bramwell & Bramwell (1990); Press & Short (1994). **D:** Makaronesien (Kanarische Inseln, Kapverdische Inseln, Madeira), SW Marokko, E Afrika (Äthiopien, Somalia, Kenya, Tanzania, Uganda), S Arabien (Jemen). **Etym:** Gr. 'aionion', immerlebende Pflanze; wegen der Sukkulenz und der angenommenen Langlebigkeit der Pflanzen.
Incl. *Greenovia* Webb & Berthelot (1840). **T:** *Sempervivum aureum* C. Smith [Typifizierung gemäss ING, als Lectotypifizierung bezeichnet durch Mes in 't Hart & Eggli (eds.), Evol. Syst. Crassulaceae, 41, 1995.].
Incl. *Aldasorea* Hort. *ex* Haage & Schmidt (1930). **T:** nicht typifiziert.
Incl. ×*Greenonium* G. D. Rowley (1958). **T:** *G. dodrantalis* × *A. haworthii*.

Incl. *Megalonium* (A. Berger) G. Kunkel (1980).
T: *Sempervivum nobile* Praeger.

Zwei- oder meist mehrjährige, dicht bis wenig verzweigte oder eintriebige, manchmal monocarpe Halbsträucher oder einzelne oder polsterbildende, fast stammlose **Ros**pflanzen; **Wu** faserig; **Tr** oft aufsteigend, teilweise in Gruppen oder gewunden, kahl oder flaumhaarig (dicht behaart bei *A. smithii*), glatt oder mit netzartigem Muster, oft mit deutlichen **Bla**narben; **Ros** eher flach und innere **Blä** eng aneinander gepresst oder ± aufrecht, oder **Ros** eher becherig, oft ± kugelig und in der Trockenzeit eng geschlossen; **Blä** einfach, sitzend mit breiter Basis, fleischig bis deutlich sukkulent, spiralig angeordnet, oft verkehrt eiförmig oder verkehrt eiförmig-spatelig, gelegentlich eiförmig, elliptisch oder pflasterkellenförmig, spitzenwärts zugespitzt, verjüngt-zugespitzt oder gerundet, geschwänzt oder stumpf, basal keilförmig oder selten deutlich verschmälert, grün oder gelblich grün, oft verschiedenartig rosa oder rötlich variegat, kahl, fast kahl oder flaumhaarig, manchmal bläulich überhaucht oder kleberig, gelegentlich glänzend, Ränder oft mit deutlichen, ± geraden oder vorwärts gebogenen, tropfenförmigen oder kegeligen, einzelligen **Ha** (= Wimpern); **Inf** endständig (aus basalen **Ros**achseln bei *A. simsii*), oft halbkugelig, eiförmig oder kegelig; **Inf**stiel deutlich, oft dicht beblättert; **Ped** 1 - 16 mm, kahl, wenig bis deutlich flaumhaarig; **Blü** (6-) 7- bis 12- (bis -16) oder 18- bis 32-zählig, 12 - 25 mm ⌀; **Sep** fleischig, basal verwachsen, kahl oder flaumhaarig; **Pet** frei, ausgebreitet oder leicht zurückgebogen, oft lanzettlich oder verkehrt lanzettlich, gelegentlich verkehrt eiförmig, gewöhnlich spitz oder zugespitzt, blass- bis tiefgelb oder weisslich und dann oft verschiedenartig rötlich variegat; **St** 2× so viele wie **Pet**; **Fil** frei, fadenförmig, kahl oder filzig; **Anth** zylindrisch, verschiedenartig gelb; **NSch** 0.5 - 1.5 × 0.3 - 1.2 mm, quadratisch oder länglich, keilförmig, manchmal fehlend; **Ca** so viele wie **Pet**, manchmal deutlich in das **Rec** eingesenkt, kahl oder oft mit einigen drüsigen **Ha**; **Sa** warzig oder meistens gerippt, bräunlich.

Die folgende Behandlung folgt der Revision von Liu (1989). Einige Taxon-Gruppen (z.B. Sect. *Chrysocome*, Sect. *Patinaria*) stellen keine taxonomische Probleme mehr dar, während andere noch immer nicht verlässlich bearbeitet sind (Sect. *Greenovia*, Sect. *Leuconium*):

[1] Sect. *Aeonium* (incl. Ser. *Holochrysae* (Christ) Praeger 1932): Ziemlich grosse, wenig verzweigte oder gelegentlich 1-stämmige Halbsträucher; **Blä** oft glänzend, Ränder deutlich gewimpert; **Inf** meist etwas eiförmig; **Blü** gelblich.

[2] Sect. *Chrysocome* Webb *in* Christ 1888 (≡ Ser. *Chrysocome* H.-Y. Liu 1989; incl. Sect. *Auonium* A. Berger 1930, Sect. *Petrothamnium* (Webb *in* Christ) H.-Y. Liu 1989, Sect. *Goochiae* (Christ) Praeger 1932, Sect. *Anodontonium* A. Berger 1930, Sect. *Trichonium* A. Berger 1930, Ser. *Simsii* H.-Y. Liu 1989): Kleine, dicht verzweigte Kleinsträucher oder vielköpfige **Ros**pflanzen; **Blä** oft kleberig, Unterseite teilweise mit deutlichen, bräunlichen Längsstreifen; **Inf** locker, eher wenigblütig; **Blü** gelb.

[3] Sect. *Greenovia* (Webb & Berthelot) Mes 1995: **Ros** einzeln oder ausläuferbildend, ziemlich klein; **Blä** teilweise mit einem durchscheinenden Rand oder dicht **Dr**haarig; **Inf** dicht beblätterte, ± kompakte Scheindolden; **Blü** 18- bis 32-zählig, tiefgelb.

[4] Sect. *Leuconium* A. Berger 1930 (incl. Sect. *Megalonium* A. Berger 1930, Sect. *Nobilia* Praeger *ex* A. Berger 1930 *pro syn.*, Sect. *Urbica* (Christ) Praeger 1932): Dicht bis wenig verzweigte, mittelgrosse bis ziemlich grosse, oft monocarpe Halbsträucher; **Blä** oft bläulich überhaucht, gewimpert, verschiedenartig rötlich variegat, besonders entlang der Ränder; **Inf** oft etwas kegelig oder halbkugelig, ± vielblütig; **Blü** weisslich, verschiedenartig rötlich variegat.

[5] Sect. *Patinaria* (Lowe) A. Berger 1930 (≡ Ser. *Patinaria* H.-Y. Liu 1989; incl. Sect. *Canariensia* (Christ) Praeger 1932, Sect. *Pittonium* A. Berger 1930, Ser. *Praegeri* H.-Y. Liu 1989): 1-stämmige oder vielköpfige, ziemlich grosse **Ros**pflanzen; **Blä** oft samtig und manchmal kleberig; **Inf** ziemlich locker, beblättert, vielblütig; **Blü** blassgelblich.

Bei sympatrisch vorkommenden Taxa sind Kreuzungen ziemlich weit verbreitet und es sind zahlreiche Kreuzungskombinationen und Namen publiziert worden, cf. Santos Guerra (1983) und Bañares Baudet (1990). Die folgende Liste enthält der Vollständigkeit halber alle veröffentlichten Hybridnamen, wobei die Hybridformeln aus Platzgründen nicht aufgeführt werden können: *A. × aguajilvense, A. ×anagense, A. ×beltranii, A. ×bollei, A. ×bramwellii, A. ×bravoanum, A. ×burchardii, A. ×castellodecorum, A. ×castelloplanum, A. ×cilifolium, A. ×edgari, A. ×hawbicum, A. ×holospathulatum, A. ×hybridum* (incl. *A. ×floribundum*), *A. ×isorense, A. ×jacobsenii, A. ×junionae, A. ×kunkelii, A. ×lambii, A. ×lemsii, A. ×lidii, A. ×lowei, A. ×mascaense, A. ×meridionale, A. ×mixtum, A. ×nogalesii, A. ×occidentale, A. ×ombriosum, A. ×orbelindense, A. ×perezii, A. ×praegeri, A. ×pseudohawbicum, A. ×rowleyi, A. ×sanchezii, A. ×sancti-sebastiani, A. ×santosianum, A. ×splendens, A. ×sventenii, A. ×tabulicum, A. ×tenense, A. ×teneriffae, A. ×timense, A. ×vegamorae, A. ×velutinum, A. ×voggenreiteri,* und *A. ×wildpretii*.

Da *Greenovia* nicht mehr anerkannt wird, gehören auch die unter dem Namen ×*Greenonium* veröffentlichten Kreuzungen hierher: *G. bramwellii, G. cabrerae* (= *A. ×cabrerae*), *G. extinctum, G. lambii, G. laxiflorum, G. riosjordanii, G. rowleyi,* und *G. tijarafensis* (= *A. ×tijarafense*).

Ausserdem bezeichnet der Name *Greenovia* ×*aureozoon* die Kombination *A. aizoon* × *A. aurea*.

Der folgende Name ist von unklarer Anwendung, gehört aber zu dieser Gattung: *Aeonium webbii* Bolle (1859).

A. aizoon (Bolle) Mes (in 't Hart & Eggli (eds.), Evol. Syst. Crassulaceae, 41, 1995). – **D:** Kanarische Inseln (C Tenerife); 600 - 1600 m. **Fig. II.a**

≡ *Greenovia aizoon* Bolle (1859) ≡ *Sempervivum aizoon* (Bolle) Christ (1888); **incl.** *Greenovia quadrantalis* Webb *in* Christ (1888) (*nom. inval.*, Art. 34.1c).

[3] Vielköpfig, ausdauernd; **Ros** 3 - 5 cm ⌀, eher flach, während der Trockenzeit ziemlich offen; **Blä** 2 - 3.5 × 1 - 1.5 cm, 1 - 2 mm dick, länglich spatelig, spitzenwärts gestutzt, mit aufgesetztem Spitzchen, basal von der Nähe der Spitze her breit verschmälert, dicht drüsig-flaumhaarig, klebrig, grün; **Inf** flachgipfelig, **Blü**tragender Teil 2 - 5 × 4 - 10 cm, gewöhnlich 10- bis 40-blütig; **Inf**stiel 8 - 12 cm, dicht beblättert; **Ped** 1 - 3 mm, flaumhaarig; **Blü** 17- bis 21-zählig; **Sep** filzig; **Pet** 6 - 7 × 1 - 1.5 mm, verkehrt eiförmig, zugespitzt, tiefgelb; **Fil** kahl.

A. appendiculatum Bañares (Willdenowia 29(1): 98-101, ills., 1999). **T:** Kanarische Inseln, Gomera (*Bañares & Marrero* 39570 [TFC, B]). – **D:** Kanarische Inseln (Gomera); 100 - 900 m.

[4] Mehrjährige, monocarpe, unverzweigte Halbsträucher bis 1 m hoch; **Tr** bis 9 cm ⌀, glatt, grau; **Ros** 30 - 35 cm ⌀, ziemlich flach; **Blä** 11 - 20 × 2.5 - 4 cm, 3 - 5 mm dick, verkehrt lanzettlich bis etwas verkehrt eiförmig, spitzenwärts verjüngt, stark feinspitzig und meist mit aufgesetztem Spitzchen, basal keilförmig, glauk, kahl, Ränder mit einzelligen Wimpern (bis 0.5 mm); **Inf** domförmig, 25 - 40 × 20 - 30 cm; **Blü** 8-zählig, bis 1.4 cm ⌀, **Ped** 1.5 - 3 mm, kahl; **Sep** kahl; **Pet** 6 - 7 × 2 - 2.5 mm, lanzettlich, weiss und oft ± rosa gemustert; **Fil** kahl, weiss; **Ca** kahl.

Eng mit *A. urbicum* von Tenerife verwandt.

A. arboreum (Linné) Webb & Berthelot (Phytogr. Canar. 3(2:1): 185, 1840). **T:** [lecto]: Hort. Sicc. J. Burseri XVI(1): 52 (UPS: IDC 1064.114:III.4). – **D:** Kanarische Inseln; im Mittelmeergebiet als Neophyt.

≡ *Sempervivum arboreum* Linné (1753) ≡ *Sedum arboreum* (Linné) Hegi (1921) (*nom. illeg.*, Art. 53.1); **incl.** *Sempervivum mutabile* W. Schlecht *ex* Breiter (1817); **incl.** *Aeonium manriqueorum* Bolle (1859) ≡ *Sempervivum manriqueorum* (Bolle) Christ (1888).

A. arboreum var. **arboreum** – **D:** Kanarische Inseln (Gran Canaria); 200 - 1200 m.

[1] Mehrjährige, wenig verzweigte Halbsträucher bis 2 m; **Tr** ± aufrecht oder aufsteigend, oft in Gruppen, 1 - 3 cm ⌀, glatt, ohne netzartige Musterung; **Ros** 10 - 25 cm ⌀, während der Trockenzeit viel kleiner, Zentrum abgeflacht, junge **Blä** eng aneinander gepresst; **Blä** 5 - 15 × 1 - 4.5 cm, 1.5 - 3 mm dick, verkehrt eiförmig bis verkehrt lanzettlich, spitzenwärts zugespitzt, basal keilförmig, glänzend, fast kahl, grün, gewöhnlich purpurn variegat, Rand mit gebogenen Wimpern; **Inf** eiförmig, 10 - 25 × 10 - 15 cm; **Inf**stiel 5 - 20 cm; **Ped** 2 - 12 mm, schwach flaumhaarig; **Blü** 9- bis 11-zählig; **Sep** flaumhaarig; **Pet** 5 - 7 × 1.5 - 2 mm, schmal länglich bis lanzettlich, zugespitzt, gelb; **Fil** kahl.

In Kultur sind zahlreiche Cultivare recht weit verbreitet: *A. arboreum* 'Zwartkop', *A. arboreum* fa. *foliis purpureis*, *A. arboreum* fa. *foliis variegatis*, *A. arboreum* var. *albovariegatum*, *A. arboreum* var. *atropurpureum*, *A. arboreum* var. *luteovariegatum*, und *A. arboreum* var. *variegatum*.

A. arboreum var. **holochrysum** H.-Y. Liu (Syst. Aeonium, 67, 1989). **T:** [icono]: Lindley, Bot. Reg. 1835: t. 1741. – **D:** Kanarische Inseln (Tenerife, Gomera, La Palma, Hierro); bis 1500 m. **Fig. II.b**

Incl. *Sempervivum urbicum* Lindley (1835) (*nom. illeg.*, Art. 53.1); **incl.** *Aeonium vestitum* Sventenius (1960); **incl.** *Aeonium holochrysum* Webb & Berthelot (1840).

[1] Unterschiede zu var. *arboreum*: **Inf** eiförmig oder kegelig, 7 - 30 cm lang; **Ped** fast kahl; **Sep** kahl; **Pet** gelb.

A. arboreum var. **rubrolineatum** (Sventenius) H.-Y. Liu (Syst. Aeonium, 68, 1989). **T:** Kanarische Inseln, Gomera (*Sventenius* s.n. [ORT]). – **D:** Kanarische Inseln (Gomera); bis 1200 m. **Fig. III.a**

≡ *Aeonium rubrolineatum* Sventenius (1950).

[1] Unterschiede zu var. *arboreum*: **Inf** halbkugelig bis eiförmig, 8 - 15 cm lang; **Ped** fast kahl; **Sep** kahl; **Pet** ziemlich blassgelb, gewöhnlich rötlich gestreift.

A. aureum (C. Smith *ex* Hornemann) Mes (in 't Hart & Eggli (eds.), Evol. Syst. Crassulaceae, 41, 1995). – **D:** Kanarische Inseln (Gran Canaria, Tenerife, Gomera, La Palma, Hierro); 400 - 2000 m. **Fig. II.c**

≡ *Sempervivum aureum* C. Smith *ex* Hornemann (1819) ≡ *Greenovia aurea* (C. Smith *ex* Hornemann) Webb & Berthelot (1840); **incl.** *Sempervivum calyciforme* Haworth (1819); **incl.** *Greenovia ferrea* Webb *in* Christ (1888) ≡ *Sempervivum ferreum* (Webb) Christ (1888); **incl.** *Greenovia polypharmica* Webb *in* Christ (1888) ≡ *Sempervivum polypharmicum* (Webb) Christ (1888); **incl.** *Greenovia rupifraga* Webb *in* Christ (1888) ≡ *Sempervivum rupifragum* (Webb) Christ (1888).

[3] Monocarp, mehrjährig; **Ros** einzeln oder gelegentlich Ableger bildend, 8 - 25 cm, becherig, innere **Blä** aufrecht, in der Trockenzeit eng geschlossen; **Blä** 5 - 11 × 3 - 6 cm, verkehrt eiförmig-spate-

lig, spitzenwärts gerundet, gestutzt oder breit keilförmig, mit winzigem, aufgesetztem Spitzchen oder gestutzt, basal breit keilförmig, kahl, bläulich überhaucht, Rand durchscheinend und gelegentlich mit einigen winzigen, drüsigen **Ha**, blassgrün; **Inf** flachgipfelig, 10 - 25 × 20 - 45 cm; **Inf**stiel 15 - 35 cm, dicht beblättert; **Ped** 2 - 5 mm, flaumhaarig; **Blü** 25- bis 32-zählig; **Sep** leicht bis deutlich flaumhaarig; **Pet** 7 - 8 × 1.5 - 2 mm, verkehrt lanzettlich, zugespitzt, oft mit aufgesetztem Spitzchen, tiefgelb; **Fil** kahl.

A. balsamiferum Webb & Berthelot (Phytogr. Canar. 1: 192, 1840). **T:** Kanarische Inseln, Lanzarote (*Anonymus* s.n. [FI]). – **D:** Kanarische Inseln (N und C Lanzarote, auf Fuerteventura verwildert).

≡ *Sempervivum balsamiferum* (Webb & Berthelot) Webb *ex* Christ (1888).

[1] Mehrjährige, ziemlich spärlich verzweigte Halbsträucher bis 1.5 m, mit harzigem Duft; **Tr** ± aufrecht oder aufsteigend, oft in Gruppen, 8 - 20 mm ⌀, kahl, glatt, ohne netzartige Musterung; **Ros** 7 - 18 cm ⌀, Zentrum abgeflacht und junge **Blä** eng aneinander gepresst; **Blä** 3 - 7 × 1.5 - 3.5 cm, 1.5 - 3 mm dick, schmal verkehrt schaufelig-spatelig, spitzenwärts mit aufgesetztem Spitzchen, basal keilförmig, kahl, Rand mit gebogenen Wimpern (0.5 - 1 mm), gräulich grün, gelegentlich mit einigen bräunlichen Streifen entlang des Randes; **Inf** 15 - 25 × 14 - 20 cm; **Inf**stiel 8 - 15 cm; **Ped** 2 - 12 mm, kahl; **Blü** 7- bis 8-zählig; **Sep** kahl; **Pet** 6 - 8 × 1.2 - 1.5 mm, lanzettlich, zugespitzt, gelb; **Fil** kahl.

A. canariense (Linné) Webb & Berthelot (Phytogr. Canar. 3(2:1): 196, 1841). **T:** [lecto – icono]: Commelin, Hort. Med. Amstel. 2: 189, t. 95, 1687. – **D:** Kanarische Inseln.

≡ *Sempervivum canariense* Linné (1753).

A. canariense var. **canariense** – **D:** Kanarische Inseln (N Tenerife); 600 - 1300 m. **Fig. II.d**
  Incl. *Sempervivum latifolium* Salisbury (1796) (*nom. illeg.*, Art. 52.1); **incl.** *Aeonium giganteum* Webb *ex* Christ (1888); **incl.** *Sempervivum canariense* ssp. *typicum* Burchard (1929) (*nom. inval.*, Art. 24.3).

[5] Mehrjährig; **Ros** einzeln oder in Gruppen; **Tr** kräftig, glatt; **Ros** 10 - 60 cm ⌀, becherig, innere **Blä** ± aufrecht; **Blä** 6 - 35 × 3 - 12 cm, 3 - 10 mm dick, verkehrt eiförmig bis verkehrt lanzettlich, spitzenwärts gerundet, mit aufgesetztem Spitzchen, basal keilförmig, samtig mit drüsigen, 0.7 - 1 (-1.4) mm langen **Ha** (5 - 15 **Ha** pro mm^2), Rand gelegentlich wellig, grün, gelegentlich rötlich oder gelblich; **Inf** 30 - 45 × 20 - 30 cm; **Inf**stiel 12 - 30 cm, beblättert; **Ped** 0.5 - 5 mm, flaumhaarig; **Blü** 8- bis 10-zählig; **Sep** drüsig-flaumhaarig; **Pet** 7 - 9 × 1.5 - 2 mm, schmal elliptisch, weisslich grün; **Fil** kahl.

A. canariense var. **palmense** (Webb *ex* Christ) H.-Y. Liu (Syst. Aeonium, 57, 1989). **T** [lecto]: Kanarische Inseln, La Palma (*Anonymus* s.n. [FI, FI]). – **D:** Kanarische Inseln (La Palma, N Hierro); bis 1200 m.

≡ *Aeonium palmense* Webb *ex* Christ (1888) ≡ *Sempervivum palmense* (Webb *ex* Christ) Christ (1888) (*nom. illeg.*, Art. 53.1); **incl.** *Sempervivum* ×*christii* Praeger (1925) (*nom. illeg.*, Art. 53.1) ≡ *Sempervivum canariense* ssp. *christii* (Praeger) Burchard (1929); **incl.** *Sempervivum canariense* ssp. *longithyrsum* Burchard (1929) ≡ *Aeonium longithyrsum* (Burchard) Sventenius (1969); **incl.** *Sempervivum propinquum* Praeger (1932).

[5] Unterschiede zu var. *canariense*: **Ros** becherig; **Blä** samtig mit drüsigen, 0.3 - 0.5 (-1) mm langen **Ha** (30 - 60 **Ha** pro mm^2), kleberig, Rand oft stark gewellt; **Inf** 40 - 60 × 15 - 30 cm; **Blü** 8- bis 10-zählig; **Pet** 7 - 10 × 2 - 3 mm, lanzettlich, gelblich grün.

A. canariense var. **subplanum** (Praeger) H.-Y. Liu (Syst. Aeonium, 59, 1989). **T** [lecto]: Kanarische Inseln, Gomera (*Praeger* s.n. [K]). – **D:** Kanarische Inseln (Gomera); 200 - 1000 m.

≡ *Aeonium subplanum* Praeger (1928); **incl.** *Sempervivum canariense* ssp. *latifolium* Burchard (1929).

[5] Unterschiede zu var. *canariense*: **Ros** oft eher flach; **Blä** samtig mit drüsigen, 0.3 - 1 mm langen **Ha** (5 - 15 **Ha** pro mm^2); **Inf** 18 - 30 × 15 - 28 cm; **Blü** 10- bis 12-zählig; **Pet** 7 - 10 × 2 - 2.5 mm, lanzettlich, grünlich gelb.

A. canariense var. **virgineum** (Webb *ex* Christ) H.-Y. Liu (Syst. Aeonium, 60, 1989). **T** [lecto]: Kanarische Inseln, Gran Canaria (*Bourgeau* 356 [FI, BM, CGE, E, FI, G, GH, K, LE, MO, WRSL]). – **D:** Kanarische Inseln (N Gran Canaria); bis 1000 m.

≡ *Aeonium virgineum* Webb *ex* Christ (1888) ≡ *Sempervivum virgineum* (Webb *ex* Christ) Christ (1888) ≡ *Sempervivum canariense* ssp. *virgineum* (Webb *ex* Christ) Burchard (1929).

[5] Unterschiede zu var. *canariense*: **Ros** becherig; **Blä** samtig mit drüsigen, 0.6 - 0.9 mm langen **Ha** (10 - 20 **Ha** pro mm^2), Rand gelegentlich gewellt; **Inf** 15 - 45 × 12 - 30 cm; **Blü** 6- bis 9-zählig; **Pet** 7 - 8.5 × 1.5 - 2 mm, lanzettlich, gelblich grün.

A. castello-paivae Bolle (Bonplandia 7: 240, 1859). **T:** Kanarische Inseln, Gomera (*Bolle* s.n. [B?]). – **D:** Kanarische Inseln (Gomera); 200 - 900 m.

≡ *Sempervivum castello-paivae* (Bolle) Christ (1888); **incl.** *Sempervivum paivae* Lowe (1866) ≡ *Aeonium paivae* (Lowe) Lemaire (1869).

[4] Mehrjährige, dicht verzweigte Kleinsträucher bis 70 cm; **Tr** aufsteigend oder hängend, gewunden, 3 - 8 mm ⌀, filzig, glatt; **Ros** 3 - 7 cm ⌀, eher

flach, innere **Blä** ± aufrecht; **Blä** 1.5 - 3.5 × 0.8 - 2 cm, 2 - 3 mm dick, verkehrt eiförmig-spatelig, spitzenwärts zugespitzt bis geschwänzt, basal keilförmig, bläulich überhaucht, fast kahl, blassgrün bis gelblich grün, gewöhnlich variegat mit wenigen, rötlichen Streifen, Rand gelegentlich mit einigen ziemlich geraden Wimpern (< 0.2 mm), oft leicht der Länge nach gefaltet; **Inf** locker, halbkugelig, 6 - 20 × 6 - 20 cm; **Inf**stiel 7 - 25 cm; **Ped** 1 - 2 mm, schwach flaumhaarig; **Blü** 7- bis 9-zählig; **Sep** schwach flaumhaarig; **Pet** 8 - 10 × 1 - 1.5 mm, lanzettlich, zugespitzt, grünlich weiss; **Fil** schwach flaumhaarig.

A. ciliatum Webb & Berthelot (Phytogr. Canar. 1: 195, 1841). **T:** Kanarische Inseln, Tenerife (*Broussonet* s.n. [B, LE]). – **Lit:** Bañares Baudet & Catalina León (1997: mit ill.). **D:** Kanarische Inseln (N Tenerife); 200 - 1000 m.

Incl. *Sempervivum ciliatum* Willdenow (1809) (*nom. illeg.*, Art. 53.1).

[4] Mehrjährige, wenig verzweigte Halbsträucher bis 1 m; **Tr** aufsteigend, 5 - 20 mm ⌀, kahl, netzartig; **Ros** 8 - 20 cm ⌀, ziemlich flach; **Blä** 4 - 12 × 2 - 5 cm, 4 - 8 mm dick, verkehrt eiförmig-spatelig, spitzenwärts zugespitzt, basal verschmälert oder keilförmig, bläulich überhaucht, verkahlend, dunkelgrün bis gelblich grün, gelegentlich nahe der Spitze leicht der Länge nach gefaltet, Rand mit geraden oder leicht gebogenen Wimpern (0.4 - 0.8 mm); **Inf** kuppelförmig, 15 - 40 × 10 - 35 cm; **Inf**stiel 5 - 20 cm; **Ped** 2 - 4 mm, schwach flaumhaarig; **Blü** 7- bis 9-zählig; **Sep** schwach flaumhaarig; **Pet** 7 - 10 × 1.2 - 2 mm, lanzettlich, zugespitzt, weisslich, untere Seite oft grünlich variegat; **Fil** spärlich schwach flaumhaarig.

Leicht mit *A. davidbramwellii* zu verwechseln (Bañares Baudet & Catalina León 1997).

A. cuneatum Webb & Berthelot (Phytogr. Canar. 1: 197, 1841). **T:** Kanarische Inseln (*Anonymus* s.n. [nicht lokalisiert]). – **D:** Kanarische Inseln (E und W Tenerife); 500 - 950 m, Lorbeerwaldgebiet an ziemlich feuchten Standorten.

≡ *Sempervivum cuneatum* (Webb & Berthelot) Webb *ex* Christ (1888).

[5] Mehrjährig, **Ros** einzeln oder gelegentlich sprossend; **Tr** kräftig, kahl, glatt; **Ros** 15 - 50 cm ⌀, becherig, innere **Blä** gewöhnlich eng aneinander gepresst; **Blä** 10 - 25 × 5 - 8 cm, 5 - 9 mm dick, verkehrt eiförmig oder verkehrt eiförmig-spatelig, spitzenwärts zugespitzt, mit aufgesetztem Spitzchen, basal keilförmig, fast kahl, Rand mit kegeligen Wimpern (≤ 0.4 mm), gelegentlich leicht gewellt; **Inf** 18 - 60 × 12 - 30 cm; **Inf**stiel 15 - 50 cm, beblättert; **Ped** 1 - 6 mm, schwach flaumhaarig; **Blü** 8- bis 9-zählig; **Sep** schwach flaumhaarig; **Pet** 6.5 - 7.5 × 1.3 - 1.6 mm, lanzettlich, zugespitzt, gelb; **Fil** kahl.

A. davidbramwellii H.-Y. Liu (Syst. Aeonium, 88-89, ills., 1989). **T:** Kanarische Inseln, La Palma (*Liu* 3261A [OS]). – **D:** Kanarische Inseln (La Palma); bis 1000 m. Fig. II.e

Incl. *Aeonium ciliatum* ssp. *praegeri* Bañares (1990).

[4] Mehrjährige, wenig verzweigte Halbsträucher bis 1 m; **Tr** aufsteigend, 7 - 25 mm ⌀, kahl, netzartig; **Ros** 6 - 22 cm ⌀, ziemlich flach; **Blä** 3 - 12 × 2 - 4 cm, 2 - 6 mm dick, verkehrt eiförmig bis verkehrt lanzettlich-spatelig, zur Spitze zugespitzt, basal verschmälert oder keilförmig, schwach flaumhaarig, Rand mit kegeligen Wimpern (≤ 0.5 mm), dunkelgrün bis gelblich grün, oft entlang des Randes rötlich oder bräunlich variegat; **Inf** ± eiförmig, 10 - 35 × 8 - 25 cm; **Inf**stiel 5 - 20 cm; **Ped** 1 - 3 mm, schwach flaumhaarig; **Blü** 6- bis 8-zählig; **Sep** schwach flaumhaarig; **Pet** 6.5 - 9 × 1.5 - 2.5 mm, lanzettlich, zugespitzt, weisslich, gewöhnlich grünlich variegat; **Fil** schwach flaumhaarig.

Leicht mit *A. ciliatum* zu verwechseln (Bañares Baudet & Catalina León 1997).

A. decorum Webb *ex* Bolle (Bonplandia 7: 240, 1859). **T** [lecto]: Kanarische Inseln, Gomera (*Bourgeau* 141 [FI, BG, BM, G, K, LE, LY, WRSL]). – **D:** Kanarische Inseln (Gomera, Tenerife); 100 - 900 m.

≡ *Sempervivum decorum* (Webb *ex* Bolle) Christ (1888).

[4] Mehrjährige, dicht verzweigte Kleinsträucher bis 60 cm; **Tr** aufsteigend oder hängend, gewunden, 5 - 8 mm ⌀, kahl, netzartig; **Ros** 5 - 10 cm ⌀, ziemlich flach; **Blä** 2.5 - 5 × 1 - 1.5 cm, 2.5 - 4.5 mm dick, verkehrt eiförmig bis verkehrt lanzettlich, spitzenwärts zugespitzt, basal keilförmig, bläulich überhaucht, filzig, Rand mit wenigen, zerstreuten Wimpern (≤ 0.5 mm), dunkelgrün bis gelblich grün, entlang des Randes oft rötlich variegat; **Inf** locker, zylindrisch, 8 - 30 × 8 - 20 cm; **Inf**stiel 10 - 30 cm; **Ped** 2 - 10 mm, schwach flaumhaarig; **Blü** 6- bis 8-zählig; **Sep** schwach flaumhaarig; **Pet** 7 - 8 × 2 - 2.5 mm, lanzettlich, zugespitzt, weisslich, oft rosa oder rötlich variegat; **Fil** spärlich schwach flaumhaarig.

Kürzlich auch auf Tenerife nachgewiesen (Hernández 1998).

A. diplocyclum (Webb *ex* Bolle) Mes (in 't Hart & Eggli (eds.), Evol. Syst. Crassulaceae, 41, 1995). – **D:** Kanarische Inseln (Gomera, La Palma, Hierro); 50 - 1700 m.

≡ *Greenovia diplocycla* Webb *ex* Bolle (1859) ≡ *Sempervivum diplocyclum* (Webb *ex* Bolle) Christ (1888).

[3] Mehrjährige, einzelne, monocarpe **Ros** 6 - 18 cm ⌀, becherig, innere **Blä** aufrecht, in der Trockenzeit eng geschlossen; **Blä** 5 - 8 × 4 - 6.5 cm, verkehrt eiförmig-spatelig, spitzenwärts gerundet, gestutzt oder breit keilförmig, mit aufgesetztem Spitzchen oder selten ausgerandet, basal breit keil-

förmig, kahl, bläulich überhaucht, Rand durchscheinend, gelegentlich spärlich drüsig behaart, oft winzig ausgefranst oder gewellt, blassgrün; **Inf** flachgipfelig, **Blü**tragender Teil 13 - 16 × 15 - 20 cm; **Inf**stiel 8 - 22 cm, dicht beblättert; **Ped** 2 - 4 mm, drüsenhaarig; **Sep** drüsenhaarig; **Blü** 19- bis 24-zählig; **Pet** 5 - 6 × 1 - 1.5 mm, lanzettlich, zugespitzt, oft mit aufgesetztem Spitzchen, tiefgelb; **Fil** kahl.

Kaum von *A. aureum* zu unterscheiden. Diese Artengruppe (einschliesslich *A. dodrantale*) ist bis heute noch nicht zufriedenstellend geklärt.

A. dodrantale (Willdenow) Mes (in 't Hart & Eggli (eds.), Evol. Syst. Crassulaceae, 41, 1995). **T**: Kanarische Inseln, Tenerife (*Broussonet* s.n. [B]). — **D**: Kanarische Inseln (E und W Tenerife); 150 - 1200 m. **Fig. II.f**

≡ *Sempervivum dodrantale* Willdenow (1809) ≡ *Greenovia dodrantalis* (Willdenow) Webb & Berthelot (1840); **incl.** *Greenovia gracilis* Bolle (1859) ≡ *Sempervivum gracile* (Bolle) Christ (1888).

[3] Mehrjährige, dicht sprossende **Ros**, Ableger an 2 - 8 cm langen **Tr**, dünn, glatt; **Ros** 3 - 6 cm ⌀, becherig oder urnenförmig, **Blä** dicht gepackt auch während des Wachstums, in der Trockenzeit eng geschlossen; **Blä** 2 - 3.5 × 1 - 1.5 cm, 1 - 2 mm dick, verkehrt eiförmig-spatelig, spitzenwärts gerundet oder gestutzt, oft ausgerandet, basal breit keilförmig oder leicht verschmälert, bläulich überhaucht, oft jung sehr fein **Dr**haarig, später kahl, Rand durchscheinend, blassgrün; **Inf** flachgipfelig, **Blü**tragender Teil 3 - 6 × 5 - 10 cm, ziemlich wenigblütig; **Inf**stiel 10 - 25 cm, dicht beblättert; **Ped** 2 - 4 mm, drüsig-flaumhaarig; **Blü** 18- bis 23-zählig; **Sep** drüsig-flaumhaarig; **Pet** 6 - 7 × 1 - 1.5 mm, verkehrt lanzettlich, spitz, tiefgelb; **Fil** kahl.

A. glandulosum (Aiton) Webb & Berthelot (Phytogr. Canar. 3(2:1): 185, 1840). **T**: Madeira (*Masson* s.n. [nicht lokalisiert]). — **D**: N Madeira (Deserta Grande), bis 1500 m. **Fig. II.g**

≡ *Sempervivum glandulosum* Aiton (1789); **incl.** *Aeonium meyerheimii* Bolle (1859) ≡ *Sempervivum meyerheimii* (Bolle) Murray (1899); **incl.** *Sempervivum patina* Lowe (1864) (*nom. inval.*, Art. 34.1).

[5] Zwei- bis mehrjährige, einzelne oder gelegentlich sprossende **Ros**pflanzen; **Tr** kräftig, glatt; **Ros** 12 - 40 cm ⌀, becherig; **Blä** 6 - 11 × 3 - 8 cm, 3 - 5 mm dick, verkehrt eiförmig oder verkehrt lanzettlich, schwach flaumhaarig, Spitze zugespitzt, mit kleinem, aufgesetztem Spitzchen, basal keilförmig, Rand mit tropfenförmigen Wimpern (≤ 0.6 mm); **Inf** viel breiter als hoch, 8 - 25 × 12 - 40 cm; **Inf**stiel 2 - 10 cm, beblättert; **Ped** 3 - 18 mm, drüsig-flaumhaarig; **Blü** 8- bis 13-zählig; **Sep** drüsig-flaumhaarig; **Pet** 7 - 11 × 3 - 4 mm, lanzettlich, zugespitzt, blassgelb; **Fil** kahl.

A. glutinosum (Aiton) Webb & Berthelot (Phytogr. Canar. 3(2:1): 185, 1840). **T**: Madeira (*Masson* s.n. [BM]). — **D**: N Madeira (Deserta Grande); bis 300 (selten 1700) m. **Fig. II.h**

≡ *Sempervivum glutinosum* Aiton (1789).

[5] Mehrjährige, rasige oder leicht buschige **Ros**pflanzen; **Tr** 7 - 20 mm ⌀, kahl, kleberig, glatt; **Ros** 12 - 22 cm ⌀, becherig; **Blä** 7 - 12 × 3 - 5.5 cm, 2 - 4.5 mm dick, verkehrt eiförmig-spatelig, spitzenwärts zugespitzt, basal keilförmig, fast kahl, Rand mit sehr wenigen bis zahlreichen, geraden bis gebogenen Wimpern (≤ 0.5 mm), blass- bis mattgrün, gewöhnlich entlang der Mittelrippe und nahe der Spitze mit bräunlichen Streifen; **Inf** sehr locker, kleberig, 15 - 40 × 15 - 30 cm; **Inf**stiel 10 - 25 cm; **Ped** 2 - 10 mm, schwach flaumhaarig; **Blü** 8- bis 10-zählig; **Sep** schwach flaumhaarig; **Pet** 5 - 7 × 2 - 3 mm, eiförmig bis lanzettlich, gelb, unterseits mit rötlichen Linien; **Fil** kahl.

A. gomerense (Praeger) Praeger (J. Bot. 66: 222, 1928). **T**: Kanarische Inseln, Gomera (*Praeger* s.n. [nicht lokalisiert]). — **D**: Kanarische Inseln (Gomera); 500 - 1100 m.

≡ *Sempervivum gomerense* Praeger (1925).

[4] Mehrjährige, locker verzweigte Halbsträucher bis 2 m; **Tr** aufsteigend oder hängend, 3 - 15 mm ⌀, kahl, netzartig; **Ros** 10 - 28 cm ⌀, ziemlich flach; **Blä** 5 - 14 × 2.5 - 4 cm, 3 - 7 mm dick, verkehrt eiförmig bis verkehrt lanzettlich, spitzenwärts zugespitzt, basal keilförmig, fast kahl, leicht bläulich überhaucht, Rand mit ± geraden Wimpern (0.5 - 1 mm), grün, oft entlang der Ränder rötlich variegat; **Inf** ± eiförmig, 15 - 40 × 10 - 30 cm; **Inf**stiel 10 - 20 cm; **Ped** 2 - 6 mm, kahl; **Blü** 7- bis 9-zählig; **Sep** kahl; **Pet** 8 - 10 × 1.5 - 2 mm, lanzettlich, zugespitzt, weisslich, untere Seite grünlich variegat; **Fil** kahl.

A. goochiae Webb & Berthelot (Phytogr. Canar. 1: 190, 1840). **T** [lecto]: Kanarische Inseln, La Palma (*Anonymus* s.n. [FI, FI, K]). — **D**: Kanarische Inseln (N La Palma); 100 - 700 m.

≡ *Sempervivum goochiae* (Webb & Berthelot) Christ (1888) ≡ *Sempervivum tortuosum* var. *goochiae* (Webb & Berthelot) Kuntze (1891) ≡ *Aldasorea goochiae* (Webb & Berthelot) hort. *ex* Haage & Schmidt (1930).

[2] Mehrjährige, dicht verzweigte Kleinsträucher bis 40 cm; **Tr** 2 - 10 mm ⌀, flaumhaarig, leicht kleberig, glatt, ohne netzartige Musterung; **Ros** 3 - 12 cm ⌀, eher flach, innere **Blä** ± aufrecht; **Blä** 1.5 - 5 × 1.5 - 2.5 cm, 1 - 2 mm dick, elliptisch oder rund, spitzenwärts gerundet oder zugespitzt, ausgerandet, basal keilförmig, filzig, kleberig, blassgrün bis gelblich grün, gelegentlich rötlich variegat; **Inf** traubige Rispen 2 - 5 × 3 - 11 cm, gewöhnlich 10- bis 45-blütig; **Inf**stiel 1 - 2 cm; **Ped** 1 - 15 mm, schwach flaumhaarig; **Blü** 7- bis 8-zählig; **Sep** drüsig-flaumhaarig; **Pet** 5 - 7 × 1 - 2 mm, verkehrt lan-

zettlich, zugespitzt, sehr blass gelb oder weisslich, mittlerer Teil oft rosa variegat; **Fil** kahl.

A. gorgoneum J. A. Schmidt (Beitr. Fl. Cap Verd. Ins., 258, 1852). **T:** Kapverdische Inseln (*Schmidt* s.n. [nicht lokalisiert]). – **D:** Kapverdische Inseln (San Antonio, San Nicolau, San Vicente); ± 300 - 1300 m.

≡ *Sempervivum gorgoneum* (J. A. Schmidt) J. A. Schmidt *ex* Coutinho (1914).

[1] Mehrjährige, verzweigte Halbsträucher bis 2 m; **Tr** aufsteigend, gewöhnlich in Gruppen, 5 - 15 mm ⌀, kahl, glatt; **Ros** 9 - 20 cm ⌀, Zentrum ziemlich abgeflacht und junge **Blä** eng aneinander gepresst; **Blä** 5 - 10 × 1.5 - 3 cm, 3 - 6 mm dick, verkehrt lanzettlich-spatelig, spitzenwärts spitz oder zugespitzt, mit aufgesetztem Spitzchen, basal keilförmig, stark bläulich überhaucht, kahl, Rand mit geraden oder vorwärts gebogenen Wimpern (≤ 0.5 mm), grün, oft entlang von Rand und Mittelrippe rötlich variegat; **Inf** pyramidal, 5 - 8 × 7 - 10 cm; **Inf**stiel 5 - 8 cm; **Ped** 1 - 8 mm, kahl; **Blü** 8- bis 10-zählig; **Sep** kahl; **Pet** 5 - 6 × 1 - 1.5 mm, lanzettlich, zugespitzt, gelb, rötlich variegat; **Fil** kahl.

A. haworthii Salm-Dyck *ex* Webb & Berthelot (Phytogr. Canar. 3(2:1): 193, 1840). **T:** Kanarische Inseln, Tenerife (*Anonymus* s.n. [nicht lokalisiert]). – **D:** Kanarische Inseln (N Tenerife: Anaga, Teno); bis 1000 m. **Fig. III.b**

≡ *Sempervivum haworthii* (Webb & Berthelot) Salm-Dyck *ex* Christ (1888); **incl.** *Aeonium volkeri* E. Hernández & Bañares (1996).

[4] Mehrjährige, dicht verzweigte Kleinsträucher bis 60 cm; **Tr** aufsteigend oder hängend, gewunden, 3 - 6 mm ⌀, fast kahl, ± netzartig; **Ros** 6 - 11 cm ⌀, ziemlich flach, innere **Blä** ± aufrecht; **Blä** 3 - 5.5 × 1.5 - 3 cm, 2.5 - 4 mm dick, verkehrt eiförmig, spitzenwärts zugespitzt, geschwänzt, basal keilförmig, oft ziemlich stark bläulich überhaucht, fast kahl, Rand mit gebogenen Wimpern (0.4 - 0.8 mm), grün oder gelblich grün, oft rötlich variegat; **Inf** locker, halbkugelig, 6 - 16 × 6 - 16 cm; **Inf**stiel 1 - 9 cm; **Ped** 2 - 12 mm, kahl; **Blü** 7- bis 9-zählig; **Sep** kahl; **Pet** 7 - 9 × 1.2 - 1.8 mm, lanzettlich, zugespitzt, blassgelb bis weisslich, rosa variegat; **Fil** fast kahl bis spärlich schwach flaumhaarig.

A. hierrense (R. P. Murray) Pitard & Proust (Îles Canaries, 191, 1909). **T** [lecto]: Kanarische Inseln, Hierro (*Murray* s.n. [K, BM]). – **D:** Kanarische Inseln (La Palma, Hierro); bis 1200 m. **Fig. III.c**

≡ *Sempervivum hierrense* R. P. Murray (1899).

[4] Mehrjährige, unverzweigte oder selten wenig verzweigte, monocarpe Halbsträucher bis 1.5 m; **Tr** aufsteigend, 20 - 45 mm ⌀, kahl, netzartig; **Ros** 15 - 60 cm ⌀, eher flach; **Blä** 8 - 30 × 5 - 8 cm, 3 - 7 mm dick, verkehrt eiförmig oder verkehrt lanzettlich, spitzenwärts zugespitzt, geschwänzt und oft zurückgebogen, basal keilförmig, stark bläulich überhaucht, fast kahl, Rand mit leicht gebogenen Wimpern (1 - 2 mm), grün, mit rötlichen oder rosa variegaten Markierungen; **Inf** kuppelförmig, 15 - 50 × 12 - 50 cm; **Inf**stiel 5 - 25 cm; **Ped** 2 - 6 mm, schwach flaumhaarig; **Blü** 6- bis 9-zählig; **Sep** schwach flaumhaarig; **Pet** 7 - 9 × 1.5 - 2 mm, lanzettlich, zugespitzt, weisslich, mittlerer Teil oft rosa variegat; **Fil** schwach flaumhaarig.

A. korneliuslemsii H.-Y. Liu (Syst. Aeonium, 63, 1989). **T:** Marokko (*Gattefossé* s.n. [MO, K]). – **D:** SW Marokko. **I:** Jonkers (2001: als *A. arboreum*).

[1] Mehrjährige, recht wenig verzweigte Halbsträucher bis 1.5 m; **Tr** ± aufrecht bis aufsteigend, oft in Gruppen, 10 - 20 mm ⌀, kahl, glatt; **Ros** 5 - 17 cm ⌀, Zentrum abgeflacht und junge innere **Blä** eng aneinander gepresst; **Blä** 4 - 9 × 2 - 3 cm, 1.5 - 3 mm dick, verkehrt eiförmig oder verkehrt spatelig, spitzenwärts gestutzt oder gerundet, basal keilförmig, schwach flaumhaarig, Rand mit geraden oder gebogenen Wimpern (0.4 - 1 mm), blassgrün bis gelblich grün; **Inf** 5 - 20 × 5 - 18 cm; **Inf**stiel 10 - 13 cm; **Ped** 3 - 8 mm, schwach flaumhaarig; **Blü** 7- bis 9-zählig; **Sep** spärlich bis deutlich schwach flaumhaarig; **Pet** 4.5 - 6 × 1.5 - 2.5 mm, elliptisch, zugespitzt, gelegentlich ausgerandet, gelb; **Fil** kahl.

A. lancerottense (Praeger) Praeger (J. Bot. 66: 222, 1928). **T:** Kanarische Inseln, Lanzarote (*Praeger* s.n. [nicht lokalisiert]). – **D:** Kanarische Inseln (Lanzarote); 200 - 600 m.

≡ *Sempervivum lancerottense* Praeger (1925).

[1] Mehrjährige, dicht verzweigte Halbsträucher bis 60 cm; **Tr** aufsteigend, 7 - 15 mm ⌀, kahl, netzartig; **Ros** 10 - 18 cm ⌀, ziemlich flach; **Blä** 5 - 9 × 1.5 - 4 cm, 3 - 6 mm dick, verkehrt eiförmig oder verkehrt lanzettlich-spatelig, spitzenwärts zugespitzt, geschwänzt, basal keilförmig, bläulich überhaucht, fast kahl, Rand im oberen Teil mit einigen faltigen Wimpern, grün bis gelblich grün, oft entlang des Randes und nahe der Spitze rötlich variegat; **Inf** kuppelförmig, 8 - 30 × 8 - 25 cm; **Inf**stiel 6 - 20 cm; **Ped** 1 - 3.5 mm, kahl; **Blü** 7- bis 8-zählig; **Sep** schwach flaumhaarig bis fast kahl; **Pet** 6 - 9 × 1 - 1.5 mm, lanzettlich, zugespitzt, weisslich, mittlerer Teil rosa variegat; **Fil** kahl.

A. leucoblepharum Webb *ex* A. Richard (Tent. Fl. Abyss. 1: 314, 1848). **T** [lecto]: Äthiopien (*Schimper* 838 [P, G, FI, K, LE, W]). – **D:** Jemen, E Afrika (Äthiopien, Somalia, Kenya, Uganda); ± 2000 - 3500 m.

≡ *Sempervivum leucoblepharum* (Webb *ex* A. Richard) Hutchison & E. A. Bruce (1941); **incl.** *Sempervivum chrysanthum* Hochstetter *ex* Britten (1871) (*nom. illeg.*, Art. 52.1) ≡ *Aeonium chrysanthum* (Hochstetter *ex* Britten) A. Berger (1930); **incl.** *Sempervivum chrysanthum* var. *glabrum* Chiovenda (1919); **incl.** *Sempervivum chrysanthum* var.

glandulosum Chiovenda (1919) ≡ *Aeonium leucoblepharum* var. *glandulosum* (Chiovenda) Cufodontis (1969).

[1] Mehrjährige, verzweigte Halbsträucher bis 2 m; **Tr** aufsteigend oder niederliegend-aufsteigend, gewöhnlich in Gruppen, 7 - 20 mm ⌀, kahl, glatt; **Ros** 10 - 20 cm ⌀, Zentrum abgeflacht; **Blä** 5 - 12 × 1.5 - 3.5 cm, 2 - 5 mm dick, verkehrt lanzettlich bis verkehrt eiförmig-spatelig, spitzenwärts zugespitzt, basal keilförmig, Rand mit geraden oder gebogenen Wimpern (0.4 - 1 mm), fast kahl, gelblich grün bis dunkelgrün, gewöhnlich entlang der Ränder rötlich variegat; **Inf** eiförmig bis kuppelförmig, 8 - 18 × 8 - 15 cm; **Inf**stiel 3 - 15 cm; **Ped** 1 - 6 mm, schwach flaumhaarig; **Blü** 7- bis 10-zählig; **Sep** spärlich schwach flaumhaarig; **Pet** 6 - 8 × 1.8 - 2.5 mm, elliptisch oder lanzettlich, stumpf gerundet, gelb, gelegentlich rötlich variegat; **Fil** kahl bis spärlich schwach flaumhaarig.

A. lindleyi Webb & Berthelot (Phytogr. Canar. 1: 189, 1840). **T:** Kanarische Inseln, Tenerife (*Anonymus* s.n. [FI, OS [Foto]]). – **D:** Kanarische Inseln.

≡ *Sempervivum lindleyi* (Webb & Berthelot) Webb *ex* Christ (1888) ≡ *Sempervivum tortuosum* var. *lindleyi* (Webb & Berthelot) Kuntze (1891).

A. lindleyi var. **lindleyi** – **D:** Kanarische Inseln (NE Tenerife); bis 1000 m aber am häufigsten zwischen 200 und 500 m. **Fig. III.d**

[2] Mehrjährige, dicht verzweigte Kleinsträucher bis 50 cm; **Tr** 3 - 15 mm ⌀, schwach flaumhaarig, klebrig, glatt, ohne netzartige Musterung; **Ros** 4 - 9 cm ⌀, ziemlich flach, innere **Blä** ± aufrecht; **Blä** 2 - 4.5 × 0.6 - 1.6 cm, 5 - 7 mm dick, verkehrt eiförmig oder verkehrt eiförmig-spatelig, spitzenwärts stumpf, zugespitzt, oder verschmälert, basal keilförmig oder verschmälert, schwach bis deutlich flaumhaarig, klebrig, gelblich grün bis dunkelgrün; **Inf** traubige Rispen, **Blü**tragender Teil 2 - 7 × 3 - 9 cm; **Inf**stiel 1 - 9 cm; **Ped** 1 - 10 mm, schwach flaumhaarig; **Blü** 8- bis 9-zählig; **Sep** flaumhaarig; **Pet** 5 - 7 × 1.5 - 2 mm, schmal elliptisch oder lanzettlich, zugespitzt, gelb; **Fil** kahl.

A. lindleyi var. **viscatum** (Bolle) H.-Y. Liu (Syst. Aeonium, 41, 1989). **T** [lecto]: Kanarische Inseln, Gomera (*Bourgeau* 736 [FI, G]). – **D:** Kanarische Inseln (E Gomera); ± 100 - 900 m.

≡ *Aeonium viscatum* Bolle (1859) ≡ *Sempervivum viscatum* (Bolle) Christ (1888) ≡ *Sempervivum tortuosum* var. *viscatum* (Bolle) Kuntze (1891).

[2] Unterschiede zu var. *lindleyi*: **Blä** 3 - 4 mm dick, mit dichter Bekleidung durch ausserordentlich kurze, vielzellige **Ha** (≤ 0.04 mm); **Blü** 7- bis 9-zählig; **Pet** 5 - 7 × 1 - 1.5 mm, lanzettlich, zugespitzt.

A. nobile (Praeger) Praeger (J. Bot. 66: 221, 1928). **T:** Kanarische Inseln, La Palma (*Praeger* s.n. [US [Status ?, ex cult. 1928]]). – **D:** Kanarische Inseln (La Palma); bis 750 m. **Fig. III.e**

≡ *Sempervivum nobile* Praeger (1925).

[4] Mehrjährige, kräftige, monocarpe, einzelne **Ros**; Stamm ziemlich kräftig, 1 - 3 cm ⌀, kahl, ± glatt; **Ros** 25 - 80 cm ⌀, breit becherig bis ziemlich flach, innere **Blä** ± aufrecht; **Blä** 7 - 50 × 4 - 30 cm, 6 - 18 mm dick, verkehrt eiförmig, spitzenwärts spitz oder zugespitzt, basal verschmälert oder gelegentlich keilförmig, oft der Länge nach gefaltet, fast kahl, oft jung klebrig, untere Teile des Randes gelegentlich mit einigen zerstreuten Wimpern (≤ 0.5 mm), gelblich grün, gelegentlich rötlich oder bräunlich variegat, besonders entlang des Randes; **Inf** flachgipfelig bis breit kuppelförmig, 20 - 40 × 30 - 60 cm; **Inf**stiel 2 - 5 cm; **Ped** 1 - 2 mm, schwach flaumhaarig; **Blü** 7- bis 9-zählig; **Sep** schwach flaumhaarig; **Pet** 3 - 5 × 1 - 1.5 mm, lanzettlich, zugespitzt, weisslich, intensiv rötlich variegat; **Fil** kahl.

A. percarneum (R. P. Murray) Pitard & Proust (Îles Canaries, 191, 1909). **T** [lecto]: Kanarische Inseln, Gran Canaria (*Murray* s.n. [BM, K]). – **D:** Kanarische Inseln (Gran Canaria); ± 100 - 1300 m.

≡ *Sempervivum percarneum* R. P. Murray (1899) ≡ *Aldasorea percarnea* (Murray) hort. *ex* Haage & Schmidt (1930); **incl.** *Aeonium percarneum* var. *guiaense* G. Kunkel (1977).

[4] Mehrjährige, wenig verzweigte Halbsträucher bis 1 m; **Tr** aufsteigend, 7 - 20 mm ⌀, kahl, netzartig; **Ros** 8 - 20 cm ⌀, eher flach; **Blä** 4.5 - 10 × 2 - 4 cm, 3 - 6 mm dick, verkehrt eiförmig bis verkehrt lanzettlich-spatelig, spitzenwärts zugespitzt, geschwänzt, basal keilförmig, bläulich überhaucht, verkahlend, Rand oft schwach gezähnelt, oft mit gebogenen Wimpern (≤ 1 mm), dunkelgrün, oft entlang der Ränder rötlich variegat; **Inf** kuppelförmig, 10 - 30 × 10 - 25 cm; **Inf**stiel 8 - 20 cm; **Ped** 1 - 3 mm, schwach flaumhaarig; **Blü** 8- bis 10-zählig; **Sep** schwach flaumhaarig; **Pet** 7 - 8 × 1.2 - 1.8 mm, lanzettlich, zugespitzt, weisslich, mittlerer Teil rosa variegat; **Fil** spärlich schwach flaumhaarig.

A. saundersii Bolle (Bonplandia 7: 241, 1859). **T:** Kanarische Inseln, Gomera (*Anonymus* s.n. [nicht lokalisiert]). – **D:** Kanarische Inseln (Gomera); ± 150 - 800 m.

≡ *Sempervivum saundersii* (Bolle) Christ (1888) ≡ *Aldasorea saundersii* (Bolle) hort. *ex* Haage & Schmidt (1930).

[2] Mehrjährige, dicht verzweigte Kleinsträucher bis 30 cm, mit deutlichem, angenehmem Duft; **Tr** 1 - 4 mm ⌀, fast kahl, leicht klebrig, ± glatt; **Ros** 2.5 - 6 cm ⌀, eher flach, innere **Blä** ± aufrecht, ziegelig und in der Trockenzeit eine kugelige Knospe bildend; **Blä** 1.2 - 3.5 × 0.7 - 1.3 cm, 1.5 - 2.5 mm dick, elliptisch bis verkehrt eiförmig, spitzenwärts zugespitzt oder gerundet, stumpf gerundet, keilförmig oder verschmälert, filzig, grün bis gelbgrün, untere

Seite rötlich variegat; **Inf** locker, 3 - 8 × 2 - 15 cm, 5- bis 70-blütig; **Inf**stiel 3 - 8 cm; **Ped** 3 - 12 mm, schwach flaumhaarig; **Blü** 12- bis 16-zählig; **Sep** schwach flaumhaarig; **Pet** 6 - 9 × 1.5 - 2.5 mm, verkehrt lanzettlich, zugespitzt, gelb; **Fil** kahl.

A. sedifolium (Webb *ex* Bolle) Pitard & Proust (Îles Canaries, 193, 1909). **T** [lecto]: Kanarische Inseln, Tenerife (*Bourgeau 741* [FI, BM, G, K]). – **D:** Kanarische Inseln (Tenerife [Teno], N La Palma); bis 1000 m.

≡ *Aichryson sedifolium* Webb *ex* Bolle (1859) ≡ *Greenovia sedifolium* (Webb *ex* Bolle) Webb *ex* Christ (1888) ≡ *Sempervivum sedifolium* (Webb *ex* Bolle) Christ (1888); **incl.** *Sempervivum masferreri* Hillebrand (1881).

[2] Mehrjährige, dicht verzweigte Kleinsträucher bis 40 cm; **Tr** 1 - 5 mm ∅, spärlich schwach flaumhaarig, klebrig, glatt, ohne netzartige Musterung; **Ros** 1.4 - 3 cm ∅, ziemlich flach, innere **Blä** ± aufrecht, ziegelig und in der Trockenzeit eine kugelige Knospe bildend; **Blä** 0.7 - 1.5 × 0.4 - 1 cm, 3 - 5 mm dick, eiförmig oder verkehrt eiförmig, glänzend, schwach flaumhaarig, klebrig, grün bis gelblich grün, untere Seite mit rötlichen Streifen, nahe der Spitze variegat mit vielen, bräunlichen Linien; **Inf** locker, **Blü**tragender Teil 2 - 7 × 2 - 5 cm, gewöhnlich 6- bis 15-blütig; **Inf**stiel 2 - 8 cm; **Ped** 5 - 16 mm, schwach flaumhaarig; **Sep** schwach flaumhaarig; **Blü** 9- bis 11-zählig; **Pet** 5 - 7 × 2 - 2.5 mm, verkehrt eiförmig oder verkehrt lanzettlich, zugespitzt oder stumpf, gelb; **Fil** spärlich schwach flaumhaarig.

A. simsii (Sweet) Stearn (Gard. Chron., ser. 3, 130: 169, 1951). **T:** [lecto – icono]: Sweet, Hort. Suburb. Lond, ill. p. 230. – **D:** Kanarische Inseln (Gran Canaria); 500 - 1900 m.

≡ *Sempervivum simsii* Sweet (1818); **incl.** *Sempervivum ciliatum* Sims (1818) (*nom. illeg.*, Art. 53.1); **incl.** *Sempervivum barbatum* C. Smith *ex* Hornemann (1819); **incl.** *Sempervivum caespitosum* C. Smith *ex* Otto (1820) (*nom. illeg.*) ≡ *Aeonium caespitosum* (C. Smith *ex* Otto) Webb & Berthelot (1840); **incl.** *Sempervivum ciliare* Haworth (1821) (*nom. illeg.*); **incl.** *Sempervivum ligulare* Haworth (1821) (*nom. inval.*, Art. 34.1).

[2] Mehrjährige, rasige **Ros**pflanzen; **Tr** kräftig, kahl, glatt; **Ros** 4 - 12 cm ∅, becherig; **Blä** 2 - 6 × 0.6 - 2 cm, 1.5 - 2 mm dick, lanzettlich, spitzenwärts zugespitzt, basal keilförmig, schwach flaumhaarig, unterseits mit deutlichen, bräunlichen, tanninhaltigen Längsstreifen, Rand mit kegeligen Wimpern (1 - 2.5 mm), gelblich grün; **Inf** aus basalen **Ros**achseln, **Blü**tragender Teil 2 - 5 × 2 - 8 cm, dicht beblättert, 15- bis 50-blütig; **Inf**stiel 5 - 30 cm; **Ped** 1 - 9 mm, kahl; **Blü** 7- bis 9-zählig; **Sep** kahl; **Pet** 5 - 6 × 1.2 - 1.8 mm, verkehrt lanzettlich, zugespitzt, gelb; **Fil** kahl.

A. smithii (Sims) Webb & Berthelot (Phytogr. Canar. 3(2:1): 187, 1840). **T:** [lecto – icono]: Curtis's Bot. Mag. 45: t. 1980, 1818. – **D:** Kanarische Inseln (Tenerife); 150 - 2150 m.

≡ *Sempervivum smithii* Sims (1818); **incl.** *Sempervivum hispicaule* Haworth (1819) (*nom. inval.*, Art. 34.1); **incl.** *Sempervivum foliosum* C. Smith *ex* Otto (1820) (*nom. inval.*).

[2] Mehrjährige, dicht verzweigte Kleinsträucher bis 60 cm; **Tr** 7 - 30 mm ∅, dicht behaart (**Ha** 3 - 8 mm), glatt, ohne netzartige Musterung; **Ros** 6 - 15 cm ∅, ziemlich flach; **Blä** 3 - 7 × 1.3 - 3 cm, 1 - 1.5 mm dick, verkehrt schaufelförmig, spitzenwärts zugespitzt, basal keilförmig, oberseits glänzend, schwach flaumhaarig, mit deutlichen, bräunlichen, tanninhaltigen Längsstreifen, besonders auch auf der Unterseite, Rand mit kegeligen Wimpern (≤ 0.3 mm) und einigen zusätzlichen **Ha** (0.1 - 0.5 mm); **Blü**tragender Teil der **Inf** 4 - 15 × 4 - 9 cm; **Inf**stiel 4 - 40 cm; **Blü** 8- bis 12-zählig; **Ped** 1 - 9 mm, schwach flaumhaarig; **Sep** schwach flaumhaarig; **Pet** 7 - 9 × 2 - 2.5 mm, lanzettlich, zugespitzt, gelb, mit rötlichen Linien; **Fil** kahl.

A. spathulatum (Hornemann) Praeger (J. Bot. 66: 221, 1928). **T** [lecto]: Kanarische Inseln (*Smith s.n.* [C]). – **D:** Kanarische Inseln (Gran Canaria, Tenerife, Gomera, La Palma, Hierro); 250 - 2500 m. **Fig. III.f**

≡ *Sempervivum spathulatum* Hornemann (1819); **incl.** *Sempervivum lineolare* Haworth (1819); **incl.** *Sempervivum barbatum* C. Smith *ex* Otto (1820) (*nom. illeg.*, Art. 53.1); **incl.** *Sempervivum villosum* Lindley (1832) (*nom. illeg.*, Art. 53.1); **incl.** *Aeonium cruentum* Webb & Berthelot (1840) ≡ *Sempervivum cruentum* (Webb & Berthelot) Webb *ex* Christ (1888) ≡ *Sempervivum spathulatum* var. *cruentum* (Webb & Berthelot) Praeger (1929) ≡ *Sempervivum strepsicladum* var. *cruentum* (Webb & Berthelot) Burchard (1929); **incl.** *Aeonium strepsicladum* Webb & Berthelot (1840) ≡ *Sempervivum strepsicladum* (Webb & Berthelot) Webb *ex* Christ (1888) ≡ *Aldasorea strepsiclada* (Webb & Berthelot) hort. *ex* Haage & Schmidt (1930); **incl.** *Aichryson pulchellum* C. A. Meyer (1842) ≡ *Sempervivum pulchellum* (C. A. Meyer) Walpers (1843); **incl.** *Aeonium bentejui* Webb *ex* Christ (1888) ≡ *Sempervivum bentejui* (Webb *ex* Christ) Christ (1888).

[2] Mehrjährige, dicht verzweigte Kleinsträucher bis 60 cm; **Tr** 1 - 3 cm ∅, schwach flaumhaarig, glatt, ohne netzartige Musterung; **Ros** 1 - 5 cm ∅, eher flach bis deutlich becherig, innere **Blä** ± aufrecht; **Blä** 0.5 - 2.5 × 0.3 - 0.9 cm, 1 - 1.5 mm dick, verkehrt eiförmig-spatelig, spitzenwärts stumpf, basal keilförmig oder verschmälert, schwach flaumhaarig, untere Seite mit deutlichen, bräunlichen, tanninhaltigen Längsstreifen, Rand mit tropfenförmigen Wimpern (0.7 - 1 mm); **Blü**tragender Teil der **Inf** locker, 3 - 10 × 3 - 15 cm; **Inf**stiel 5 - 20 cm; **Ped** 1 - 10 mm, schwach flaumhaarig; **Blü** 8- bis

10-zählig; **Sep** schwach flaumhaarig; **Pet** 4.5 - 6 × 1.5 - 2 mm, elliptisch, stumpf, gelb, oft mit rötlichen Linien; **Fil** kahl.

A. stuessyi H.-Y. Liu (Syst. Aeonium, 77-78, ills., 1989). **T:** Tanzania (*Vesey-FitzGerald* 6398 [EA, K]). – **D:** E Afrika (Äthiopien, Kenya, Tanzania); 2000 - 3000 m.

[1] Mehrjährige, wenig verzweigte Kleinsträucher bis 2 m; **Tr** aufsteigend bis niederliegend-aufsteigend, oft in Gruppen, 1 - 2 cm ⌀, kahl, glatt; **Ros** 10 - 20 cm ⌀, Zentrum abgeflacht und junge **Blä** eng aneinandergepresst; **Blä** 5 - 12 × 2.5 - 3.5 cm, 3 - 5 mm dick, verkehrt lanzettlich bis verkehrt eiförmig-spatelig, spitzenwärts spitz oder zugespitzt, basal keilförmig, schwach flaumhaarig, Rand mit geraden oder gebogenen Wimpern (0.4 - 1.0 mm), gelblich grün bis dunkelgrün, gewöhnlich entlang der Ränder rötlich variegat; **Inf** 8 - 18 × 8 - 18 cm; **Inf**stiel 3 - 15 cm; **Blü** 7- bis 11-zählig; **Ped** 1 - 6 mm, spärlich schwach flaumhaarig; **Sep** spärlich schwach flaumhaarig; **Pet** 7 - 8 × 1.5 - 2.5 mm, verkehrt eiförmig oder elliptisch, gestutzt, gelb, mit rötlichen Linien; **Fil** kahl.

A. tabuliforme (Haworth) Webb & Berthelot (Phytogr. Canar. 3(2:1): 185, 1840). **T** [neo]: Kanarische Inseln, Tenerife (*Liu* 3153 [OS]). – **D:** Kanarische Inseln (N Tenerife); bis 850 m.

≡ *Sempervivum tabuliforme* Haworth (1819); **incl.** *Aeonium tabulaeforme* hort. (s.a.) (*nom. inval.*, Art. 61.1); **incl.** *Sempervivum complanatum* A. De Candolle (1851); **incl.** *Aeonium berthelotianum* Bolle (1859) ≡ *Sempervivum berthelotianum* (Bolle) Christ (1888); **incl.** *Aeonium macrolepum* Webb *ex* Christ (1888) ≡ *Sempervivum macrolepum* (Webb *ex* Christ) Christ (1888).

[5] Zwei- bis mehrjährige, einzelne oder sehr selten sprossende, monocarpe **Ros**; Stämmchen kräftig, glatt, kurz bis beinahe fehlend; **Ros** 9 - 40 cm ⌀, flach, alle **Blä** ziegelig und eng aneinander gepresst; **Blä** 4 - 20 × 2 - 4 cm, 3 - 6 mm dick, verkehrt eiförmig bis verkehrt lanzettlich, spitzenwärts gerundet, mit aufgesetztem Spitzchen, basal keilförmig, verkahlend (in der Jugend schwach flaumhaarig), Rand gefranst (**Ha** 0.5 - 2 mm), blass bis leuchtend grün; **Inf** 15 - 30 × 12 - 30 cm; **Inf**stiel 12 - 30 cm; **Ped** 2 - 20 mm; **Blü** 7- bis 9-zählig; **Sep** flaumhaarig; **Pet** 6 - 7 × 1.5 - 2 mm, elliptisch, zugespitzt, blassgelb; **Fil** kahl.

A. undulatum Webb & Berthelot (Phytogr. Canar. 1: 197, 1841). **T:** Kanarische Inseln (*Anonymus* s.n. [nicht lokalisiert]). – **D:** Kanarische Inseln (Gran Canaria); 300 - 1500 m.

≡ *Sempervivum undulatum* (Webb & Berthelot) Webb *ex* Christ (1888); **incl.** *Aeonium youngianum* Webb & Berthelot (1841) ≡ *Sempervivum youngianum* (Webb & Berthelot) Webb *ex* Christ (1888).

[1] Mehrjährige, unverzweigte oder basal wenig verzweigte, oft monocarpe Halbsträucher bis 2.5 m; **Tr** ± aufrecht, 1 - 3 cm ⌀, kahl, glatt; **Ros** 10 - 30 cm ⌀, Zentrum abgeflacht; **Blä** 6 - 18 × 3 - 5 cm, 1.5 - 3 mm dick, verkehrt lanzettlich-spatelig oder länglich spatelig, spitzenwärts zugespitzt, mit aufgesetztem Spitzchen, basal keilförmig, fast kahl, Rand mit gebogenen Wimpern (0.5 - 2 mm), dunkelgrün, entlang der Ränder und nahe der Spitze oft rötlich variegat; **Inf** 12 - 50 × 12 - 40 cm; **Inf**stiel 5 - 20 cm; **Blü** 9- bis 12-zählig; **Ped** 1 - 8 mm, kahl; **Sep** kahl; **Pet** 6 - 8 × 1.2 - 1.5 mm, lanzettlich, gestutzt, gelb; **Fil** kahl.

A. urbicum (C. Smith *ex* Hornemann) Webb & Berthelot (Phytogr. Canar. 3(2:1): 194, 1841). **T:** Kanarische Inseln, Tenerife (*Smith* s.n. [C?, BM]). – **D:** Kanarische Inseln (Tenerife); bis 1900 m.

≡ *Sempervivum urbicum* C. Smith *ex* Hornemann (1819); **incl.** *Aeonium pseudurbicum* Bañares (1992); **incl.** *Aeonium urbicum* var. *meridionale* Bañares (1999).

[4] Mehrjährige, unverzweigte oder selten wenig verzweigte, monocarpe Halbsträucher bis 2 m; **Tr** aufsteigend, bis 6 cm ⌀, kahl aber rauh wenn jung, netzartig; **Ros** 15 - 32 cm ⌀, eher flach; **Blä** 8 - 22 × 3 - 5.5 cm, 4 - 7 mm dick, verkehrt eiförmig-spatelig oder verkehrt lanzettlich, spitzenwärts zugespitzt, basal keilförmig, glauk oder grün, fast kahl oder fein flaumhaarig, Rand mit ± geraden Wimpern (0.5 - 1 mm), gelblich grün bis dunkelgrün, verschieden rötlich variegat; **Inf** kuppelförmig, 15 - 75 × 10 - 45 cm; **Inf**stiel 3 - 15 cm; **Blü** 8- bis 10-zählig; **Ped** 2 - 6 mm, kahl; **Sep** kahl; **Pet** 7 - 10 × 1.2 - 2 mm, lanzettlich, zugespitzt, weisslich, gelegentlich rötlich variegat; **Fil** kahl.

Die früher als *A. urbicum* identifizierten Pflanzen von Gomera wurden kürzlich als *A. appendiculatum* beschrieben.

A. valverdense (Praeger) Praeger (J. Bot. 66: 222, 1928). **T** [lecto]: Kanarische Inseln, Hierro (*Praeger* s.n. [K]). – **D:** Kanarische Inseln (Hierro); bis 800 m.

≡ *Sempervivum valverdense* Praeger (1925).

[4] Mehrjährige, wenig verzweigte Halbsträucher bis 1 m; **Tr** aufsteigend, gewöhnlich in Gruppen, 10 - 20 mm ⌀, kahl, netzartig; **Ros** 12 - 25 cm ⌀, ziemlich flach, innere **Blä** aufsteigend; **Blä** 6 - 12 × 4 - 6 cm, 5 - 8 mm dick, verkehrt eiförmig, spitzenwärts zugespitzt, gelegentlich mit aufgesetztem Spitzchen, basal keilförmig, schwach flaumhaarig, Rand mit ± geraden oder gelegentlich gebogenen Wimpern (0.8 - 1.2 mm), grün bis gelblich grün, oft rosa variegat; **Inf** kuppelförmig, 10 - 30 × 10 - 25 cm; **Inf**stiel 5 - 30 cm; **Ped** 2 - 4 mm, schwach flaumhaarig; **Blü** 7- bis 9-zählig; **Sep** schwach flaumhaarig; **Pet** 10 - 12 × 2 - 2.5 mm, lanzettlich, zugespitzt, weisslich, oft rosa oder rötlich variegat; **Fil** schwach flaumhaarig.

AFROVIVELLA

H. 't Hart

Afrovivella A. Berger (NPF2, 18a: 466-467, 1930). **T:** *Umbilicus semiensis* Gay *ex* A. Richard [Typifiziert durch Schlussfolgerung, einziges eingeschlossenes Element.]. – **Lit:** Eggli (1988: 84-85, ills.); Gilbert (1989: 15-16, ills.); beide als *Rosularia* **D:** Äthiopien. **Etym:** Zu Lat. 'Africa', Afrika, wegen des Vorkommens; und nach der ähnlich rosettenbildenden Gattung *Sempervivella* (*Crassulaceae*).

Ausdauernde Kräuter; **Ros** stammlos mit schlanker Pfahl**Wu**, ± flach, 1.5 - 4 cm ⌀, sprossend und mit dunkelbraunen, brüchigen, bis 8 cm langen Ausläufern, dichte Polster bildend; **Blä** locker gestellt, spatelig mit ± dreieckiger Spitze, in einem kurzen oder langen aufgesetzten Spitzchen endend, 1 - 2 cm, hellgrün, kahl oder kurz drüsig-haarig, Ränder mit langen, weisslichen, steifen oder biegbaren Wimpern; **Inf** seitliche, reduzierte Thyrsen, 1- bis 5-blütig, 1 - 5 cm, bräunlich **Dr**haarig; **Blü** 5- bis 7-zählig, 1.2 - 1.8 cm, glockig, aussen drüsig; **Pet** zu ⅓ verwachsen, weiss, aussen rötlich überhaucht, mit aufgesetztem Spitzchen; **NSch** länglich, nadelig; **Ca** schlank.

Eine monotypische Gattung, bisher in der Synonymie von *Rosularia* platziert.

A. semiensis (J. Gay *ex* A. Richard) A. Berger (NPF2 18a: 467, 1930). **T:** Äthiopien, Semien Prov. (*Schimper* 1337 [P?, BERN, BM, G, K, L, LE, NEU, STU, W]). – **D:** Äthiopien (Semien Mts.); 3500 - 3700 m. **I:** Eggli (1988: 85, als *Rosularia*). **Fig. III.g**

≡ *Umbilicus semiensis* J. Gay *ex* A. Richard (1847) ≡ *Rosularia semiensis* (J. Gay *ex* A. Richard) H. Ohba (1978); **incl.** *Sempervivum simense* Hochstetter *ex* A. Richard (1847) (*nom. inval.*, Art. 34.1c); **incl.** *Cotyledon simensis* Britten (1871).

Beschreibung wie für die Gattung
Die Art scheint nicht in Kultur zu sein.

AICHRYSON

R. Nyffeler

Aichryson Webb & Berthelot (Phytogr. Canar. 1: 180, 1840). **T:** *Sempervivum dichotomum* De Candolle [Typifizierung gemäss D. Bramwell, Bol. Inst. Nac. Invest. Agron. 28: 204, 1968 (= *Aichryson dichotomum*, als Synonym behandelt von *A. laxum* (Haworth) Bramwell).]. – **Lit:** Praeger (1932); Bramwell (1968); Bramwell (1977); Bramwell & Bramwell (1990); Press & Short (1994); Bañares Baudet (1997). **D:** Kanarische Inseln, Madeira, Azoren (Santa Maria); in Portugal verwildert. **Etym:** Gr. 'aei', immer; und Gr. 'chrysos', Gold; wegen der Blütenfarbe.
Incl. *Macrobia* (Webb & Berthelot) G. Kunkel (1977). **T:** *Sempervivum tortuosum* Aiton.

Entweder ein- bis dreijährige, einzelne oder spärlich bis dicht verzweigte, monocarpe Kräuter, *oder* kleine, bogig verzweigte, mehrjährige Kleinsträucher, kahl, fast kahl oder dicht behaart (**Ha** teilweise **Dr**spitzig), oft stark purpurrot überhaucht; **Wu** faserig; **Tr** an der Basis 3 - 12 mm ⌀, dicht behaart oder kahl, Zweige gelegentlich leicht holzig, aufsteigend oder ausgebreitet, gabelig oder weit spreizend verzweigt; **Blä** einfach, wechselständig, oft leicht rosettig nahe der **Tr**spitzen, sitzend oder deutlich gestielt, ± deutlich sukkulent, eiförmig, verkehrt eiförmig, pflasterkellenförmig, rhombisch oder verkehrt pflasterkellenförmig, stumpf, gerundet oder etwas zugespitzt, keilförmig, verschmälert oder gestutzt, ganzrandig oder leicht winzig gekerbt, kahl, fast kahl oder deutlich behaart, selten **Dr**haarig und klebrig, oft purpurrot gefärbt; **Inf** an den **Tr**spitzen, entweder wenig- oder stark verzweigt, oder aus wenig verzweigten **Tr**, locker, gelegentlich etwas ebensträussig; **Ped** fadendünn, 2 - 20 mm; **Blü** 6- bis 12-zählig, 6 - 16 mm ⌀; **Sep** fleischig, basal verwachsen, kahl oder behaart; **Pet** lanzettlich, elliptisch oder eiförmig, zugespitzt, gelegentlich mit aufgesetztem Spitzchen, blass- oder tiefgelb; **St** 2× so viele wie **Pet**; **Fil** frei, fadenförmig; **Anth** zylindrisch, gelblich; **NSch** 0.5 - 0.9 × 0.4 - 0.6 mm, länglich, 2- bis 5-spaltig, keilförmig; **Ca** soviele wie **Pet**, basal in das **Rec** eingesenkt, gelblich, kahl oder mit einigen drüsigen **Ha**, **Sa** deutlich warzig bis gerippt, bräunlich.

Die Gattung bedarf dringend einer gründlichen Revision. Die vorliegende Bearbeitung folgt der Synopsis von Bramwell (1968). Eine Untersuchung von Herbarexemplaren zeigte, dass viele Merkmale, die gewöhnlich zur Unterscheidung der verschiedenen Arten verwendet werden (z.B. Blattform, Blattrand, Indumentum), nicht zuverlässig sind. Die kurzlebigen Taxa dieser Gattung sind sehr plastisch. Unter harten Bedingungen wachsend können sie vollkommen anders aussehen als gut ernährte Exemplare.

Die folgenden natürlichen Hybriden sind bekannt geworden: *A.* ×*bramwellii* G. Kunkel 1972 = *A. porphyrogennetos* × *A. punctatum* (Gran Canaria); *A.* ×*intermedium* Bramwell & G.D. Rowley 1973 = *A. laxum* × *A. punctatum* (Tenerife, Hierro, La Palma); *A.* ×*praegeri* G. Kunkel 1972 = *A. laxum* × *A. porphyrogennetos* (Gran Canaria).

A. ×*aizoides* und *A. tortuosum* (viel seltener *A. bethencourtianum*) werden am häufigsten in Kultur angetroffen. *A. laxum* ist das einzige monocarpe Taxon von einigem gärtnerischem Interesse.

Die Gattung wird hier gemäss der folgenden synoptischen Klassifikation aufgeteilt:
[1] Sect. *Aichryson* (incl. Sect. *Hapaxantha* Webb & Berthelot): Ein- bis dreijährige Pflanzen:
  [1.1] **Bla**spreite dicht behaart:
    [1.1a] **Bla**spreite unterhalb der Mitte am breitesten; obere Zweige gabelig aufsteigend.

[1.1b] **Bla**spreite in der Mitte oder darüber am breitesten; Pflanzen unverzweigt oder Zweige ausgebreitet.
[1.2] **Bla**spreite kahl oder verkahlend.
[2] Sect. *Macrobia* Webb & Berthelot 1840: Mehrjährige kleine Zwergsträucher.

Die Hybridgattung ×*Aeonichryson* wurde für eine vermutete Hybride zwischen *Aeonium* und *Aichryson* veröffentlicht, aber es gibt keinerlei Hinweise, dass solche Hybriden tatsächlich existieren.

Die folgenden Namen sind von unklarer Anwendung, gehören aber zu dieser Gattung: *Petrophyes purpurascens* Bolle & Webb (1859) ≡ *Monanthes purpurascens* (Bolle & Webb) Christ (1888).

A. ×aizoides (Lamarck) E. C. Nelson (Bradleya 11: 94, 1994). – **D:** Gärtnerische Herkunft.

≡ *Sempervivum aizoides* Lamarck (1789) ≡ *Aeonium aizoides* (Lamarck) A. Berger (1930) ≡ *Aichryson ×domesticum* var. *aizoides* (Lamarck) Praeger (1932) ≡ ×*Aeonichryson aizoides* (Lamarck) P. V. Heath (1992); **incl.** *Aichryson ×aizoides* var. *aizoides*; **incl.** *Aichryson ×aizoides* var. *domesticum* 'Variegatum' (s.a.); **incl.** *Aichryson ×domesticum* 'Variegatum' (s.a.); **incl.** *Sempervivum tortuosum* De Candolle (s.a.) (*nom. illeg.*, Art. 53.1); **incl.** *Sempervivum domesticum* Praeger (1927) ≡ *Aichryson ×domesticum* (Praeger) Praeger (1927) (unkorrekter Name, Art. 11.3) ≡ *Aeonium domesticum* (Praeger) A. Berger (1930) ≡ ×*Aeonichryson aizoides* var. *domesticum* (Praeger) P. V. Heath (1992) ≡ *Aichryson ×aizoides* var. *domesticum* (Praeger) E. C. Nelson (1994); **incl.** *Aichryson ×domesticum* fa. *foliis variegatis* Praeger (1932) (*nom. inval.*, Art. 23.1, 24.2); **incl.** *Sedum aizoides* De Candolle (s.a.).

Mehrjährige, dicht verzweigte, spärlich behaarte Kleinsträucher, 20 - 30 cm hoch; **Tr** 4 - 7 mm ⌀, Zweige leicht holzig, weit spreizend; **Blä** 18 - 34 × 8 - 12 mm, fleischig, Spreite oberhalb der Mitte am breitesten, verkehrt eiförmig oder verkehrt pflasterkellenförmig, stumpf oder zugespitzt, allmählich in einen undeutlichen Stiel verschmälert, leicht drüsig behaart, klebrig (Duft harzig); **Inf** spärlich beblätterte, 8 - 15 cm lange **Tr**, locker, ± wenigblütig; **Ped** bis 7 mm; **Blü** 7- bis 8-zählig, 12 - 14 mm ⌀; **Sep** gewöhnlich drüsig behaart; **Pet** 6 - 7 mm, verkehrt lanzettlich, zugespitzt, plötzlich zurückgebogen, leuchtend gelb.

Dies ist höchstwahrscheinlich die Hybride *A. punctatum* (oder *A. divaricatum*) × *A. tortuosum*. Der Cultivar 'Variegatum' (manchmal auch als "*A. ×domesticum* fa. *foliis variegatis* Praeger" bezeichnet) wird am häufigsten kultiviert und ist durch Blätter mit weisslichen Rändern charakterisiert.

A. bethencourtianum Bolle (Bonplandia 7: 243, 1859). **T:** Kanarische Inseln, Fuerteventura (*Bourgeau 737* [FI [Status?]]). – **D:** Kanarische Inseln (Fuerteventura).

≡ *Aeonium bethencourtianum* (Webb *ex* Bolle) Bolle (1859) ≡ *Sempervivum bethencourtianum* (Webb *ex* Bolle) Christ (1888) ≡ *Macrobia bethencourtiana* (Webb *ex* Bolle) G. Kunkel (1977).

[2] Mehrjährige Kleinsträucher, dicht verzweigt, flaumig, bis 15 cm hoch; **Tr** ± 5 mm ⌀, behaart, oft unten kahl, Zweige ± holzig, gewunden, weit spreizend; **Blä** 12 - 18 × 6 - 10 mm, 2 - 3 mm dick, undeutlich gestielt, Spreite oberhalb der Mitte am breitesten, verkehrt eiförmig, gerundet, dicht behaart, nicht klebrig, oft purpurrot überhaucht; **Inf** an beblätterten, 5 - 8 cm langen **Tr**, wenigblütig; **Ped** bis 5 mm; **Blü** 8- bis 9-zählig, 10 - 12 mm ⌀; **Sep** behaart; **Pet** 5 - 6 mm, elliptisch, zugespitzt, dorsal mit einigen kurzen **Ha** auf dem Mittelnerv, tiefgelb.

A. bollei Webb *ex* Bolle (Bonplandia 7: 243-244, 1859). **T** [lecto]: Kanarische Inseln, La Palma (*Bolle 1298* [B]). – **D:** Kanarische Inseln (La Palma); bis 1600 m.

≡ *Sempervivum bollei* (Webb *ex* Bolle) Christ (1888).

[1.1a] Ein- oder zweijährige, einfache oder spärlich verzweigte Kräuter, 25 - 35 cm hoch; **Tr** ± 4 mm ⌀, auf der ganzen Länge mit angepressten **Ha**, Zweige weit spreizend, aufsteigend; **Blä** 25 - 35 × 10 - 22 mm, Spreite in der Nähe der Basis am breitesten, ei- oder pflasterkellenförmig, stumpf, in einen deutlichen Stiel verschmälert, dicht behaart; **Inf** wenigblütig; **Ped** bis 4 mm; **Blü** 7- bis 8-zählig, 8 - 10 mm ⌀; **Sep** behaart; **Pet** 4 - 5 mm, nur wenig länger als die **Sep**, lanzettlich, zugespitzt, blassgelb mit einem grünlichen Streifen.

Ein Taxon von zweifelhaftem Status und wahrscheinlich nahe mit *A. pachycaulon* verwandt.

A. brevipetalum Praeger (J. Bot. 66: 221, 1928). **T:** nicht existent. – **D:** Kanarische Inseln (La Palma).

[1.1b] Einjährige, einfache oder spärlich verzweigte, dicht behaarte Kräuter, 5 - 8 cm hoch; **Tr** 2 - 3 mm ⌀, überall behaart, Zweige breit spreizend, aufsteigend; **Blä** 12 - 18 × 5 - 7 mm, Spreite in der Mitte oder oberhalb am breitesten, verkehrt eiförmig, gerundet, allmählich in einen undeutlichen Stiel verschmälert, oft mit 1 - 2 randnahen, dunklen Flecken auf beiden Seiten, behaart; **Inf** wenigblütig; **Ped** 3 - 4 mm; **Blü** 6- bis 7-zählig, 7 - 8 mm ⌀; **Sep** dicht behaart; **Pet** 3 - 4 mm, gewöhnlich kürzer als die **Sep**, lanzettlich, zugespitzt, mit aufgesetztem Spitzchen, mit purpurner Spitze.

Sehr ähnlich wie oder sogar artgleich mit *A. parlatorei*.

A. divaricatum (Aiton) Praeger (Acc. Sempervivum, 125, 1932). **T:** Madeira (*Masson s.n.* [BM]). – **D:** Madeira (Deserta Grande); (100-) 500 - 1000 m.

≡ *Sedum divaricatum* Aiton (1789) ≡ *Anacamps-*

eros divaricata (Aiton) Haworth (1812) ≡ *Sempervivum divaricatum* (Aiton) Lowe (1864); **incl.** *Sempervivum divaricatum* var. *politum* Lowe (1864); **incl.** *Sempervivum divaricatum* var. *pubescens* Lowe (1864).

[1.2] Ein- oder zweijährige, ziemlich wenig verzweigte, kahle Kräuter, 10 - 30 cm hoch; **Tr** 3 - 6 mm ⌀, untere Zweige dichotom, aufsteigend; **Blä** 10 - 30 × 8 - 24 mm, Spreite nahe der Basis am breitesten, breit eiförmig oder pflasterkellenförmig, stumpf oder gerundet, gestutzt bis plötzlich in einen deutlichen Stiel verschmälert (etwa so lang wie die Spreite), kahl; **Inf** ± ebensträussig, vielblütig; **Ped** 2 - 9 mm; **Blü** 6- bis 7-zählig, 6 - 10 mm ⌀; **Sep** kahl oder leicht behaart; **Pet** 3 - 5 mm, eiförmig, zugespitzt, blassgelb mit grünlicher Mittelrippe.

A. dumosum (Lowe) Praeger (Acc. Sempervivum, 127, 1932). **T**: Madeira (*Lowe* s.n. [K]). – **D**: SW Madeira; 300 - 400 m.

≡ *Sempervivum dumosum* Lowe (1864).

[1.2] Ein- oder zweijährige, ziemlich wenig verzweigte, kahle bis spärlich behaarte Kräuter, 15 - 30 cm hoch; **Tr** 4 - 7 mm ⌀, kahl, untere Zweige dichotom, aufsteigend; **Blä** 12 - 18 × 3 - 5 mm, undeutlich gestielt, Spreite oberhalb der Mitte am breitesten, verkehrt lanzettlich, stumpf, basal verschmälert, winzig flaumhaarig, oft purpurrot überhaucht; **Inf** ± ebensträussig, vielblütig; **Ped** bis 9 mm; **Blü** 6- bis 7-zählig, 8 - 10 mm ⌀; **Sep** beinahe kahl; **Pet** 4 - 5 mm, eiförmig, zugespitzt, leuchtend gelb mit rötlicher Mittelrippe.

A. laxum (Haworth) Bramwell (Bol. Inst. Nac. Invest. Agron. 28(59): 207, 1968). – **D**: Kanarische Inseln (ausser Lanzarote und vermutlich Fuerteventura); in Portugal (Serra de Sintra) verwildert; 400 - 1200 m. **Fig. IV.a**

≡ *Sempervivum laxum* Haworth (1821) ≡ *Aeonium laxum* (Haworth) Webb & Berthelot (1840); **incl.** *Sempervivum annuum* C. Smith *ex* Buch (1819) (*nom. inval.*, Art. 32.1); **incl.** *Sempervivum dichotomum* De Candolle (1826) ≡ *Aichryson dichotomum* (De Candolle) Webb & Berthelot (1840) ≡ *Sedum dichotomum* (De Candolle) Hamet (1929); **incl.** *Sempervivum molle* Visiani (1841); **incl.** *Sempervivum divaricatum* fa. *maximum* Kuntze (1891); **incl.** *Aichryson dichotomum* fa. *foliis purpureis* Praeger (1932) (*nom. inval.*, Art. 23.1, 24.2); **incl.** *Aichryson laxum* fa. *subglabrum* G. Kunkel (1977).

[1.1a] Ein- oder meistens zweijährige, dicht oder spärlich behaarte (**Ha** bis 4 mm) Kräuter, 20 - 40 (-80) cm hoch; **Tr** 7 - 12 mm ⌀, gewöhnlich überall behaart, untere Zweige leicht holzig, dichotom, aufsteigend; **Blä** 25 - 60 × 15 - 30 mm, Spreite nahe der Basis am breitesten, breit eiförmig oder pflasterkellenförmig, stumpf oder gerundet, gestutzt bis plötzlich in einen deutlichen Stiel verschmälert, dicht behaart, oft purpurrot überhaucht; **Inf** locker, vielblütig; **Ped** 6 - 12 mm; **Blü** 9- bis 12-zählig, 13 - 16 mm ⌀; **Sep** behaart; **Pet** 6 - 8 mm, lanzettlich, zugespitzt, tief gelb.

Diese Art wird oft unter dem Namen *A. dichotomum* angetroffen (z.B. Flora Europaea). Der Name *A. laxum* hat jedoch Priorität, aber seine Verwendung wird von einigen Autoren in Frage gestellt.

A. pachycaulon Bolle (Bonplandia 7: 244, 1859). **T** [lecto]: Kanarische Inseln (*Bolle* 1394 [B]). – **D**: Kanarische Inseln (Fuerteventura, Gran Canaria, Tenerife, Gomera, La Palma); 600 - 1000 m. **Fig. IV.c**

≡ *Sempervivum pachycaulon* (Bolle) Christ (1888) ≡ *Aichryson punctatum* var. *pachycaulon* (Bolle) Praeger (1928); **incl.** *Aichryson parviflorum* Bolle (1859) ≡ *Aichryson pachycaulon* ssp. *parviflorum* (Bolle) Bramwell (1977); **incl.** *Aichryson immaculatum* Webb *ex* Christ (1888) ≡ *Sempervivum immaculatum* (Webb *ex* Christ) Christ (1888) ≡ *Aichryson pachycaulon* ssp. *immaculatum* (Webb *ex* Christ) Bramwell (1977); **incl.** *Aichryson gonzalez-hernandezii* G. Kunkel (1975) ≡ *Aichryson pachycaulon* ssp. *gonzalez-hernandezii* (Kunkel) Bramwell (1977); **incl.** *Aichryson pachycaulon* ssp. *praetermissum* Bramwell (1977).

[1.2] Zwei- oder dreijährige, kahle oder verkahlende Kräuter, 20 - 35 cm hoch; **Tr** ± 10 mm ⌀, unbehaart, untere Zweige breit spreizend, aufsteigend; **Blä** 25 - 65 × 20 - 35 mm, halbaufrecht, die **Tr** dicht bedeckend, Spreite in der Mitte oder oberhalb am breitesten, rhombisch oder verkehrt pflasterkellenförmig, stumpf, in einen undeutlichen Stiel verschmälert, kahl oder beinahe so; **Inf** dicht, vielblütig; **Ped** bis 6 mm; **Blü** 8- bis 9-zählig, 9 - 11 mm ⌀; **Sep** verkahlend; **Pet** 5 - 6 mm, lanzettlich, zugespitzt, mit aufgesetztem Spitzchen, goldgelb.

Ähnlich wie *A. punctatum*, aber gewöhnlich ohne winzige, purpurne Einkerbungen.

A. palmense Webb *ex* Bolle (Bonplandia 7: 243, 1859). **T**: Kanarische Inseln, La Palma (*Bourgeau* 729 [nicht lokalisiert]). – **D**: Kanarische Inseln (La Palma); 300 - 800 m.

≡ *Sempervivum palmense* (Webb *ex* Bolle) Christ (1888).

[1.1a] Zwei- bis dreijährige Kräuter, drüsig behaart, bis 20 cm hoch; **Tr** ± 6 mm ⌀, überall deutlich behaart, untere Zweige breit spreizend, ausgebreitet; **Blä** 25 - 45 × 20 - 30 mm, Spreite nahe der Basis am breitesten, breit eiförmig, zugespitzt oder gerundet, in einen deutlichen Stiel verschmälert (bis 2 cm), dicht drüsig behaart, klebrig; **Inf** locker, wenigblütig; **Ped** 8 - 20 mm; **Blü** 8- bis 9-zählig, 12 - 14 mm ⌀; **Sep** drüsig behaart; **Pet** 6 - 7 mm, lanzettlich, zugespitzt, blassgelb.

A. parlatorei Bolle (Bonplandia 7: 244, 1859). **T** [lecto]: Kanarische Inseln, Gomera (*Bolle* 1302 [B]). – **D**: Kanarische Inseln (Gran Canaria, Tenerife, Gomera, La Palma, Hierro); 30 - 1000 m. **Fig. IV.b**

≡ *Sempervivum parlatorei* (Bolle) Christ (1888) ≡ *Aichryson punctatum* fa. *parlatorei* (Bolle) Praeger (1932); **incl.** *Sempervivum subvillosum* Lowe (1864) ≡ *Sempervivum divaricatum* var. *subvillosum* (Lowe) Kuntze (1891) ≡ *Sempervivum villosum* var. *subvillosum* (Lowe) Bornmüller (1903) ≡ *Aichryson punctatum* var. *subvillosum* (Lowe) Pitard & Proust (1909); **incl.** *Aichryson punctatum* var. *villosum* Webb *ex* Christ (1888) ≡ *Sempervivum punctatum* var. *villosum* (Webb *ex* Christ) Christ (1888); **incl.** *Aichryson subvillosum* Praeger (1928); **incl.** *Aichryson molle* Webb *ex* Stapf (1933) (*nom. inval.*, Art. 29.1).

[1.1b] Einjährige, einfache oder spärlich verzweigte, dicht behaarte Kräuter, bis 12 cm hoch; **Tr** 2 - 3 mm ∅, meistens im unteren Teil behaart, untere Zweige breit spreizend, ausgebreitet; **Blä** 12 - 24 × 6 - 8 mm, Spreite oberhalb der Mitte am breitesten, verkehrt pflasterkellenförmig, stumpf oder zugespitzt, allmählich in einen breiten, undeutlichen Stiel verschmälert, oft den Rändern entlang papillös, dicht behaart; **Inf** locker, wenigblütig; **Ped** 7 - 10 mm; **Blü** 8- bis 9-zählig, 10 - 12 mm ∅; **Sep** dicht behaart; **Pet** 5 - 6 mm, elliptisch oder verkehrt eiförmig, zugespitzt, tiefgelb.

Sehr ähnlich wie *A. villosum* aus Madeira.

A. porphyrogennetos Bolle (Bonplandia 7: 243, 1859). **T** [lecto]: Kanarische Inseln, Gran Canaria (*Bolle* 1303 [B]). – **D:** Kanarische Inseln (Gran Canaria); 600 - 1000 m.

≡ *Sempervivum porphyrogennetos* (Bolle) Christ (1888).

[1.1b] Zwei- bis dreijährige, dicht behaarte Kräuter, oft purpurn gefärbt, 15 - 45 cm hoch; **Tr** 6 - 10 mm ∅, meist im unteren Teil behaart, untere Zweige leicht holzig, breit spreizend, ausgebreitet; **Blä** 25 - 50 × 15 - 35 mm, Spreite in der Mitte oder oberhalb am breitesten, verkehrt pflasterkellenförmig, zugespitzt oder gerundet, allmählich in einen deutlichen Stiel (bis 2 cm) verschmälert, dicht behaart, purpurrot überhaucht; **Inf** locker, ± vielblütig; **Ped** 6 - 10 mm; **Blü** 7- bis 10-zählig, 10 - 13 mm ∅; **Sep** behaart; **Pet** 5 - 7 mm, breit verkehrt lanzettlich, dornspitzig, goldgelb.

Sehr ähnlich wie *A. laxum*, aber auf Grund der breit spreizend-ausgebreiteten Verzweigung zu unterscheiden.

A. punctatum (C. Smith *ex* Link) Webb & Berthelot (Phytogr. Canar. 1: 182, 1840). – **D:** Kanarische Inseln (ausser Lanzarote und möglicherweise Fuerteventura); 100 - 1200 m.

≡ *Sempervivum punctatum* C. Smith *ex* Link (1828) ≡ *Sempervivum divaricatum* var. *punctatum* (C. Smith *ex* Link) Kuntze (1891) ≡ *Sempervivum villosum* var. *punctatum* (C. Smith *ex* Link) Bornmüller (1903); **incl.** *Aichryson pinnatum* Knoche (1923) (*nom. inval.*, Art. 61.1) ≡ *Sempervivum pinnatum* (Knoche) Lindinger (1926) (*nom. inval.*, Art. 61.1).

[1.2] Ein- bis dreijährige, kahle oder verkahlende Kräuter, 20 - 60 cm hoch; **Tr** 5 - 12 mm ∅, unten kahl, Zweige breit spreizend, aufsteigend; **Blä** 20 - 40 × 12 - 25 mm, Spreite unterhalb der Mitte am breitesten, breit pflasterkellenförmig oder eiförmig, stumpf, in einen deutlichen Stiel verschmälert, leicht winzig gekerbt, entlang der Ränder mit einigen purpurnen Flecken, kahl oder leicht verkahlend; **Inf** ± ebensträussig, gewöhnlich vielblütig; **Ped** 3 - 6 mm; **Blü** 7- bis 9-zählig, 10 - 12 mm ∅; **Sep** leicht behaart; **Pet** 6 - 7 mm, lanzettlich oder eiförmig, zugespitzt, mit aufgesetztem Spitzchen, tiefgelb.

A. tortuosum (Aiton) Webb & Berthelot (Phytogr. Canar. 1: 184, *quoad basionym.*, 1840). **T**: BM. – **D:** Kanarische Inseln (Lanzarote, Fuerteventura); bis 700 m.

≡ *Sempervivum tortuosum* Aiton (1789) ≡ *Aeonium tortuosum* (Aiton) A. Berger (1930) ≡ *Macrobia tortuosa* (Aiton) G. Kunkel (1977); **incl.** *Sempervivum villosum* Haworth (1812) (*nom. illeg.*, Art. 53.1); **incl.** *Sempervivum pygmaeum* C. Smith *ex* Link (1828) ≡ *Aichryson pygmaeum* (C. Smith *ex* Link) Webb & Berthelot (1840); **incl.** *Aichryson radicescens* Webb & Berthelot (1840) ≡ *Sempervivum radicescens* (Webb & Berthelot) Christ (1888); **incl.** *Aichryson pulvinatum* Burchard (1913) ≡ *Sempervivum pulvinatum* (Burchard) Praeger (1925).

[2] Mehrjährige Kleinsträucher, dicht verzweigt, flaumig, bis 15 cm hoch; **Tr** ± 5 mm ∅, behaart, oft unten kahl, Zweige holzig, gewunden, breit spreizend; **Blä** 10 - 12 × 4 - 6 mm, 2 - 3 mm dick, Spreite oberhalb der Mitte am breitesten, verkehrt eiförmig, gerundet, sitzend, dicht drüsig behaart, klebrig (Duft harzig), purpurrot überhaucht; **Inf** an kurzen, locker beblätterten Tr, wenigblütig; **Ped** bis 7 mm; **Blü** 7- bis 8-zählig, 9 - 12 mm ∅; **Sep** drüsig behaart; **Pet** 5 - 6 mm, elliptisch, zugespitzt, grannenspitzig, tiefgelb, Spitze plötzlich zurückgebogen, Ränder oft fein gewimpert.

A. villosum (Aiton) Webb & Berthelot (Phytogr. Canar. 1: 181, 1840). **T**: Madeira (*Masson* s.n. [BM]). – **D:** Azoren (Santa Maria), Madeira, Desertas, Porto Santo; bis 1300 m.

≡ *Sempervivum villosum* Aiton (1789) ≡ *Sempervivum divaricatum* var. *villosum* (Aiton) Kuntze (1891); **incl.** *Sempervivum stellatum* J. E. Smith (1791); **incl.** *Sempervivum barretii* C. A. Menezes (1922).

[1.1a] Einjährige, einfache oder spärlich verzweigte, dicht behaarte Kräuter, 8 - 18 cm hoch; **Tr** bis 4 mm ∅, dicht behaart, unten gelegentlich kahl, untere Zweige breit spreizend, ausgebreitet; **Blä** 12 - 24 × 8 - 18 mm, Spreite nahe der Basis am breitesten, breit verkehrt pflasterkellenförmig, stumpf oder gerundet, ziemlich plötzlich in einen deutlichen Stiel verschmälert (± so lang wie die Spreite), dicht behaart (**Ha** bis 2 mm), oft purpurrot überhaucht; **Inf** locker, wenigblütig; **Ped** 5 - 15 mm; **Blü** 7- bis 8-zählig, 12 - 15 mm ⌀; **Sep** dicht behaart; **Pet** 5 - 7 mm, lanzettlich, zugespitzt, tiefgelb.

COTYLEDON

E. van Jaarsveld

Cotyledon Linné (Spec. Pl. [ed. 1], 429, 1753). **T:** *Cotyledon orbiculata* Linné [Lectotyp, und zur Konservierung vorgeschlagen durch Tölken in Jarvis, Taxon 41: 561, 1992]. − **Lit:** Tölken (1985: 3-17). **D:** S und E tropisches Afrika, SW Arabische Halbinsel. **Etym:** Lat., "Venusnabel", "Nabelkraut" (*Umbilicus rupestris*), zu Gr. 'kotyledon', Vertiefung, Näpfchen; weil der Venusnabel ursprünglich zu dieser Gattung zählte.

Incl. *Cotylaria* Rafinesque (*nom. illeg.*, Art. 52.1). **T:** *Cotyledon orbiculata* Linné.

Ausdauernde, immergrüne, niederliegende bis kriechende Zwergsträucher oder Sträucher bis 3 m hoch, selten kletternd; **Wu** faserig; **Tr** sukkulent, stielrund bis knotig durch verdickte **Bla**basen, im Alter oft verholzt mit abschälender Borke; **Blä** kreuzgegenständig, flach oder stielrund, selten gelappt oder kreisrund, Oberseite selten konkav oder rinnig, Spreite kahl, behaart oder **Dr**haarig; **Inf** niedrige bis verlängerte, endständige Rispen mit mehreren in Monochasien endenden Dichasien, je mit 1 bis mehreren, hängenden, obdiplostemonen **Blü**; **Sep** 5, grün, dreieckig bis dreieckig-lanzettlich; **Kr** röhrig, selten basal bauchig, behaart oder kahl, Zipfel frei und ausgebreitet, oft zurückgebogen bis zurückgeschlagen; **St** 10 in 2 Reihen, basal mit der **Kr** verwachsen und an der Verwachsungsstelle mit einem **Ha**büschel, **St** ± zu ⅓ ihrer Länge aus der **Blü** herausragend; **Anth** zusammengedrückt bis kugelig, nach aussen gebogen; **Ca** 5, frei, in die aufrechten **Gr** verjüngt; **NSch** klein, länglich bis quer verlängert, oft becherig; **Na** kopfig, nach aussen gebogen; **Fr** aufrechte Bälge; **Sa** ellipsoid, sehr klein.

Heute ist *Cotyledon* eine kleine Gattung mit 10 Arten, mit der grössten Konzentration in der früheren Cape Province (RSA). Früher war die Gattung das Sammelbecken für Crassulaceen mit verwachsenen Kronblättern und umfasste zahlreiche Gruppen, die heute eigenständige Gattungen sind (z.B. *Echeveria*, *Rosularia* etc.).

Arten von *Cotyledon* werden häufig wegen ihres Zierwertes gepflanzt, und einige werden medizinisch zur Behandlung von Warzen und Abszessen verwendet. Die Bestäubung erfolgt durch Nektarvögel (Sunbirds). *C. orbiculata* ist die variabelste und am häufigsten kultivierte Art. Die Pflanzen lassen sich leicht durch Triebstecklinge und Samen vermehren.

C. adscendens R. A. Dyer (FPA 27: t. 1080 + Text, 1949). **T:** RSA, Eastern Cape (*Erens* s.n. [PRE 28367, BOL]). − **D:** RSA (Eastern Cape); Dünendickichte, sommerblühend.

Kletternd, spärlich verzweigt, bis 1.6 m mit aufrechten bis ausgebreiteten **Tr**; **Blä** grün, verkehrt eiförmig bis spatelig, 2 - 6 × 1 - 2.8 cm, flach, leicht konkav, obere ½ des Randes rötlich, Basis keilförmig, Spitze spitz mit aufgesetztem Spitzchen; **Inf** 15 - 36 cm mit 1 - 3 Dichasien; **Inf**stiel purpurn, basal 3 mm ⌀; **Ped** 13 - 22 mm; **Sep** 5 × 4 mm; **Kr** röhrig, orangerot, 15 - 24 mm; **Kr**röhre 12 - 18 × 10 mm ⌀; **Kr**zipfel bandförmig, 13 × basal 5 mm; **St** 22 mm, für 7 mm mit der **Kr** verwachsen; **Anth** 1.5 mm; **Ca** (incl. **Gr** und **Na**) 20 mm; **NSch** quer länglich, 1 × 2.5 mm, aufsteigend ausgebreitet, dicklich, gelb.

C. barbeyi Schweinfurth *ex* Baker (Gard. Chron., ser. 3, 13: 624, 1893). **T:** Äthiopien (*Schweinfurth* 1493 [K]). − **D:** S und E tropisches Afrika, SW Arabische Halbinsel; Felsen in Savannen. **I:** Tölken (1985: 4).

Incl. *Cotyledon wickensii* Schönland (1915); **incl.** *Cotyledon transvaalensis* Guillaumin (1936); **incl.** *Cotyledon wickensii* var. *glandulosa* von Poellnitz (1937); **incl.** *Cotyledon sturmiana* von Poellnitz (1939).

Aufrechte, verzweigte Sträucher, 0.5 - 2 m; **Tr** aufsteigend, basal bis 25 mm ⌀, mit gelbgrauer, abschälender Borke; **Blä** in Form und Behaarung sehr variabel, 4 - 28 × 1 - 4.5 cm, verkehrt lanzettlich bis linealisch, Oberseite flach bis rinnig, Oberfläche kahl, behaart oder manchmal **Dr**haarig, Basis keilförmig, Spitze mit aufgesetztem Spitzchen, Stiel fehlend oder kurz und am **Tr** herablaufend; **Inf** aufrecht, 20 - 60 cm mit 3 - 5 Dichasien; **Inf**stiel mit 1 - 2 **Bra**paaren von 22 × 5 mm; **Sep** grün, 6 × 4 mm; **Kr** röhrig, orange bis rot, 20 - 25 mm; **Kr**röhre 14 - 18 mm, basal aufgeblasen mit 5 je 5 mm langen Schwellungen zwischen den **Sep**; **Kr**zipfel 15 mm, zurückgebogen; **St** 27 - 36 mm, 5 - 14 mm herausragend; **Anth** gelb, kugelig; **Ca** 28 mm; **NSch** ausgebreitet, länglich, gelbgrün, 4 - 5 × 1.5 mm.

Ein sehr variables Taxon, von dem mehrere Cultivare bekannt geworden sind:

'Blouberg': **Blä** kahl, verkehrt eiförmig, bis 8 × 4.5 cm, Rand mit wenigen grossen Wellen. Ursprünglich vom Blouberg, Northern Cape, RSA.

'Dikblaar': Grosse, robuste Pflanzen mit schweren, grossen, grauhaarigen **Blä** von 12 × 4.5 cm.

'Golfrand': **Blä** elliptisch, kahl, 12.5 × 5 cm, Rand in den oberen ⅔ fein gewellt.

'Langblaar': **Blä** lang, kahl, linealisch-lanzettlich, gebogen, glänzend grün, rinnig, bis 25.5 × 1.5 cm; **Inf** kompakt, 12 - 13 cm lang. Ursprünglich vom Strijdom-Tunnel, Mpumalanga, RSA.

'Steelpoort': **Blä** behaart, länglich verkehrt eiförmig, grün, 11.5 × 4.5 cm, oberer Teil des Randes leicht gewellt. Ursprünglich aus Steelpoort, Mpumalanga.

C. campanulata Marloth (Trans. South Afr. Philos. Soc. 18: 46, t. 5: fig. 6, 1907). **T:** RSA, Eastern Cape (*Marloth* 4379 [PRE]). – **D:** RSA (Eastern Cape); Noorsveld und Valley Bushveld, sommerblühend.
  Incl. *Cotyledon teretifolia* Thunberg (1794) (*nom. illeg.*, Art. 53.1); **incl.** *Cotyledon teretifolia* var. *subglabra* Harvey (1862) (*nom. inval.*, Art. 43.1).
  Niederliegend bis aufrecht, bis 20 cm hoch; **Tr** aufrecht bis aufrecht-ausgebreitet; **Blä** behaart, kurz gestielt, gelegentlich durch Drüsen**Ha** klebrig, Spreite 4 - 13 × 1 - 3.5 cm, linealisch (manchmal annähernd stielrund), selten lanzettlich, Oberseite gefurcht, grün bis gelblich grün, Basis keilförmig, Spitze oft herzförmig mit aufgesetztem Spitzchen und welligem, rotbraunem Rand; **Inf** aufrecht, klebrig, 15 - 30 cm mit 3 - 5 Dichasien; **Inf**stiel basal 6 mm ∅; **Ped** bis 2 cm; **Sep** dreieckig, 4 mm; **Kr** gelb, **Rö** zylindrisch bis urnenförmig, 5 - 8 × 10 - 11 mm ∅; **Kr**zipfel 17 - 18 mm, dreieckig-lanzettlich, ausgebreitet; **St** bis zu 10 mm herausragend; **Anth** 1.5 mm ∅, abgeflacht; **NSch** quer länglich, bis 1 × 2 mm, gelblich.
  Es werden die folgenden Cultivare beschrieben:
  'Nieuw-Bethesda': **Blä** eiförmig-lanzettlich, bis 3 × 1.2 cm, rinnig mit spateliger, zugespitzter, rötlicher Spitze. Ursprünglich aus Nieuw-Bethesda im Eastern Cape.
  'Vingers': Ausgebreitete, runde Sträucher bis 14 cm; **Blä** linealisch-elliptisch, 7 × 1.7 cm, mit kurzen **Ha**, Rand grün, nahe der Spitze wellig und rötlich.

C. cuneata Thunberg (Prodr. Fl. Cap., 83, 1794). **T:** RSA, Cape Prov. (*Thunberg* s.n. [UPS [Herb. Thunberg 11001]]). – **D:** RSA (Northern Cape, Western Cape); Succulent und Nama Karoo.
  ≡ *Adromischus cuneatus* (Thunberg) Lemaire (1852); **incl.** *Cotyledon pillansii* Schönland (1907).
  Niederliegende bis aufrechte, kurze Sträucher bis 30 cm (excl. **Inf**); **Tr** niederliegend bis aufsteigend; **Blä** variabel, glauk bis kahl, selten klebrig, Spreite 6 - 17 × 2.5 - 10 cm, verkehrt eiförmig bis verkehrt lanzettlich, Rand rötlich, Basis keilförmig, kurz gestielt, Spitze dornspitzig; **Inf** aufrecht, klebrig, 20 - 80 cm mit 3 - 5 Dichasien; **Inf**stiel basal 12 mm ∅; **Ped** bis 12 × 2 mm ∅; **Sep** 5 mm; **Kr** gelb, klebrig, **Rö** zylindrisch bis urnenförmig, 6 - 10 × 10 - 11 mm ∅; **Kr**zipfel ausgebreitet, bis 18 mm; **St** 10 - 12 mm herausragend; **NSch** quer länglich, 1.5 × 2 mm, gelblich.

C. eliseae van Jaarsveld (Bradleya 15: 65-68, ills., 1997). **T:** RSA, Western Cape (*van Jaarsveld & Sajeva* 14628 [NBG]). – **D:** RSA (Western Cape); Succulent Karoo und Valley Bushveld, sommerblühend.
  Rundliche, zwergige, verzweigte Kleinsträucher bis 20 cm (excl. **Inf**); **Tr** bis 5 mm ∅, alt verholzt mit abblätternder Borke; **Blä Dr**haarig, grün, verkehrt eiförmig, 1.5 - 3.4 × 1 - 1.4 cm, beiderseits konvex, Rand im oberen ⅓ rötlich purpurn; **Inf** bis 8 cm mit 1 - 3 Dichasien; **Inf**stiel bräunlich purpurn, 2 mm ∅; **Ped** bis 18 mm; **Sep** 2.5 × 3 mm mit grünpurpurner Musterung; **Kr** tiefrot, **Rö** 12 × 5 - 6 mm ∅; **Kr**zipfel 15 mm, lanzettlich, ausgebreitet; **Fil** 12 mm, weiss, abgeflacht; **Anth** abgeflacht, 1 mm ∅; **NSch** quadratisch, gelb, fleischig, 1 × 1 mm, ausgebreitet-aufsteigend.

C. orbiculata Linné (Spec. Pl. [ed. 1], 429, 1753). **T:** RSA, Western Cape (*Anonymus* s.n. [[lecto – icono]: Hermann, Hort. Lugd. Bat. Cat. t. 551, 1687]). – **D:** RSA. **I:** Tölken (1985: 8).
  Diese Art ist in Kultur wüchsig und weltweit in warmen Klimaten als Gartenpflanze populär. Sie kann leicht durch Stecklinge vermehrt werden und wächst auch als Topfpflanze gut, wo sie in Sammlungen einen attraktiven Blickfang darstellt. Der Volksname in Afrikaans ist "Plakkie" (= klebend), und die Pflanzen werden zur Behandlung von Warzen verwendet. Die Art ist ausserordentlich variabel und wird in eine Reihe schlecht unterscheidbarer Varietäten gegliedert:

C. orbiculata var. **dactylopsis** Tölken (BT 12(4): 619, 1979). **T:** RSA, Free State (*Smith* 4612 [PRE]). – **D:** RSA (Northern Cape, Free State); Doleritfelsvorkommen in Grasland, Blüten im Frühling und Sommer.
  Unterschiede zu var. *orbiculata*: **Blü** kurz glockig, gelb, mit schwachen, roten Linien; Pflanzen niederliegend bis aufrecht, bis ± 15 cm hoch; **Tr** grau, bis 15 mm ∅; **Blä** dicht gestellt, graugrün, linealisch-lanzettlich, stielrund bis leicht abgeflacht, bis 13 × 1.3 cm, Spitze zugespitzt mit rotem, aufgesetztem Spitzchen; **Inf** bis 28 cm; **Ped** bis 15 mm; **Kr**röhre 10 × basal 7 mm ∅; **Kr**zipfel zurückgebogen, ± 10 mm; **NSch** leicht verjüngt, 1.5 × 1.5 mm.

C. orbiculata var. **flanaganii** (Schönland & Baker *fil.*) Tölken (BT 12(4): 618, 1979). **T:** RSA, Eastern Cape (*Flanagan* 1317 [GRA, BOL, PRE, SAM]). – **D:** RSA (Eastern Cape); Valley Bushveld, Blüten im Hochsommer.
  ≡ *Cotyledon flanaganii* Schönland & Baker *fil.* (1902).
  Unterschiede zu var. *orbiculata*: Grössere, aufrechte Sträucher bis 75 cm hoch; **Blä** in Wirteln zu 3, linealisch, stielrund, basal leicht rinnig, bis 15.5 × 1 cm, glauk, Spitze rötlich, mit aufgesetztem Spitzchen; **Inf** bis 22 cm; **Ped** bis 20 × 2 mm; **Sep** dreieckig, 5 × 4 mm; **Kr** 20 - 30 mm, **Rö** bis 15 mm; **Kr**zipfel ausgebreitet bis zurückgebogen, 15 mm, innen orangerot, aussen trüber; **St** 5 - 10 mm

herausragend; **Anth** gelb, 1.5 mm ⌀; **NSch** quer länglich, 1 × 3 mm.

C. orbiculata var. **oblonga** (Haworth) De Candolle (PSRV 3: 396, 1828). **T:** [lecto – icono]: K, t. 792. – **D:** RSA (Northern Cape bis Eastern Cape); Bushveld, Blüten Winter bis Frühling.

≡ *Cotyledon oblonga* Haworth (1812); **incl.** *Cotyledon canaliculata* Haworth (1819); **incl.** *Cotyledon coruscans* Haworth (1819); **incl.** *Cotyledon undulata* Haworth (1819); **incl.** *Cotyledon canalifolia* Haworth (1825) (*nom. illeg.*); **incl.** *Cotyledon viridis* Haworth (1827); **incl.** *Cotyledon crassifolia* Haworth (1827) (*nom. illeg.*, Art. 53.1); **incl.** *Cotyledon cuneiformis* Haworth (1828); **incl.** *Cotyledon galpinii* Schönland & Baker *fil.* (1902); **incl.** *Cotyledon virescens* Schönland & Baker *fil.* (1902) ≡ *Cotyledon macrantha* var. *virescens* (Schönland & Baker *fil.*) von Poellnitz (1937); **incl.** *Cotyledon whiteae* Schönland & Baker *fil.* (1902); **incl.** *Cotyledon whitei* Schönland & Baker *fil.* (1902); **incl.** *Cotyledon flavida* Fourcade (1934) ≡ *Cotyledon decussata* var. *flavida* (Fourcade) von Poellnitz (1937); **incl.** *Cotyledon leucophylla* C. A. Smith (1934); **incl.** *Cotyledon decussata* var. *rubra* von Poellnitz (1937); **incl.** *Cotyledon obermeyeriana* von Poellnitz (1937); **incl.** *Cotyledon rudatisii* von Poellnitz (1937); **incl.** *Cotyledon zuluensis* Schönland *ex* von Poellnitz (1937); **incl.** *Cotyledon simulans* Schönland *ex* von Poellnitz (1940) (*nom. inval.*, Art. 36.1); **incl.** *Cotyledon simulans* var. *spathulata* Schönland *ex* von Poellnitz (1940) (*nom. inval.*, Art. 36.1, 43.1).

Hauptsächlichster Unterschied zu var. *orbiculata*: **Kr** im Zentrum charakteristisch aufgewölbt. Niederliegende bis aufrechte Sträucher bis 60 cm; **Tr** basal sukkulent, bis 35 mm ⌀, mit graugrüner Borke; **Blä** sehr variabel, meist verkehrt lanzettlich, gelegentlich linealisch, stielrund, grün bis grau, glauk oder behaart, bis 13 × 8 cm, Basis keilförmig, Spitze stumpf, mit aufgesetztem Spitzchen; **Inf** bis 45 cm; **Sep** dreieckig, 4 mm, rot überhaucht; **Kr** röhrig, bis 35 × basal 12 mm ⌀, **Rö** bis 27 mm, orange (selten gelb); **Krzipfel** zurückgebogen, bis 16 mm; **St** nicht herausragend; **Anth** gelb, herzförmig, 1.5 × 1.5 mm; **NSch** leicht quer länglich, 1.5 × 2 mm, stumpf, gelblich grün.

Es werden die folgenden Cultivare anerkannt:

'Asgrys': Niederliegende, kurze Sträucher mit verjüngten, kurzen **Tr** mit kurz gestutzten, glatten, glänzenden Phyllopodien; **Blä** verkehrt eiförmig, aschgrau, ohne roten Rand.

'Bunny Ears': **Tr** niedrig-kriechend, an den Knoten wurzelnd; **Blä** grün, länglich verkehrt eiförmig, 17 × 5 cm, Rand spitzenwärts rot, gewellt; **Inf** 20 - 30 cm; **Blü** orange.

'Green Ears': Ausgebreitet-aufsteigende Sträucher bis 30 cm; **Blä** leuchtend grün, breit verkehrt eiförmig, oft verdreht, rot gerandet; **Inf** kurz, bis 14 cm; **Kr** kurz, 20 mm, auffällig ausgebaucht bis urnenförmig, orangerot. Häufig und verbreitet kultiviert.

'Green Fingers': Aufrechte bis ausgebreitete Sträucher bis 12 cm hoch; **Blä** grün bis gelblich, bis 8.5 × 1.2 cm, stielrund, im Umriss länglich eiförmig-lanzettlich, Spitze rot, mit aufgesetztem Spitzchen.

'Grey Sticks': Niedrig-kriechend; **Blä** glauk, linealisch-lanzettlich, bis 22 × 2 cm; **Inf** über dem Laub verlängert; **Blü** orange.

'Takbok': Niedrig-niederliegend; **Blä** glauk, linealisch verkehrt eiförmig, bis 16 × 2.5 cm, im oberen Teil mit fingerförmigen Lappen (wie das Geweih des Rain Deer [Takbok]), jeder Lappen mit einem gelblichen, aufgesetzten Spitzchen; **Blü** orange.

'Tygerfontein': Ähnlich wie 'Bunny Ears', aber mit gelben **Blü**. Ursprünglich aus Tygerfontein, Eastern Cape.

'Ubombo': Aufrechte Halbsträucher bis 35 cm; **Blä** haarig, linealisch-eiförmig mit spateliger Spitze, Spitze spitz bis stumpf, rot, mit aufgesetztem Spitzchen; **Inf** über dem Laub verlängert; **Kr** 30 mm, orangerot; **St** nicht herausragend. Ursprünglich aus den Lebombo-Bergen, KwaZulu-Natal.

C. orbiculata var. **orbiculata** – **D:** S Angola, Namibia, RSA; Fynbos, Succulent Karoo, Grasland, Bushveld, meist auf Felsen, Blüten im Frühling und Sommer. **Fig. IV.e**

Incl. *Cotyledon ramosissima* Miller (1768); **incl.** *Cotyledon mucronata* Lamarck (1786) ≡ *Adromischus mucronatus* (Lamarck) Lemaire (1852) ≡ *Cotyledon undulata* var. *mucronata* (Lamarck) von Poellnitz (1937); **incl.** *Cotyledon ungulata* Lamarck (1786); **incl.** *Cotyledon ovata* Haworth (1812) (*nom. illeg.*, Art. 53.1); **incl.** *Cotyledon elata* Haworth (1819) ≡ *Cotyledon orbiculata* var. *elata* (Haworth) De Candolle (1828); **incl.** *Cotyledon ramosa* Haworth (1819) (*nom. illeg.*) ≡ *Cotyledon orbiculata* var. *ramosa* (Haworth) De Candolle (1828) (*nom. illeg.*); **incl.** *Cotyledon decussata* Sims (1824); **incl.** *Cotyledon tricuspidata* Haworth (1825) ≡ *Cotyledon papillaris* var. *tricuspidata* (Haworth) De Candolle (1828); **incl.** *Cotyledon orbiculata* var. *obovata* De Candolle (1828); **incl.** *Cotyledon orbiculata* var. *rotundifolia* De Candolle (1828); **incl.** *Cotyledon macrantha* Hort. La Mortola *ex* A. Berger (1900); **incl.** *Cotyledon flanaganii* var. *karroensis* Schönland & Baker *fil.* (1902); **incl.** *Cotyledon engleri* A. Berger & Dinter (1914) ≡ *Cotyledon orbiculata* var. *engleri* (A. Berger & Dinter) Dinter (1928); **incl.** *Cotyledon ausana* Dinter (1932) ≡ *Cotyledon orbiculata* var. *ausana* (Dinter) H. Jacobsen (1955); **incl.** *Cotyledon orbiculata* var. *oophylla* Dinter (1932); **incl.** *Cotyledon orbiculata* var. *viridis* Dinter *ex* Range (1934); **incl.** *Cotyledon decussata* var. *dielsii* Schlechter *ex* von Poellnitz (1937); **incl.** *Cotyledon orbiculata* var. *higginsiae* H. Jacobsen (1952) (*nom. inval.*, Art. 36.1); **incl.** *Cotyledon orbiculata* var. *dinteri* H. Jacobsen

(1954) (*nom. inval.*, Art. 36.1); **incl.** *Cotyledon decussata* var. *hinrichseniana* H. Jacobsen (1956).

Aufrecht bis niederliegend, bis 1 m; **Blä** extrem variabel in Farbe, Form und Behaarung, normalerweise kahl und verkehrt eiförmig, aber ebenso länglich-stielrund, kreisrund, verkehrt lanzettlich und behaart, bis 10.5 × 5 cm, Rand oft rötlich und gewellt, Basis keilförmig, Spitze mit aufgesetztem Spitzchen; **Inf** bis 45 cm; **Kr** röhrig aber ohne Ausbauchungen, bis 20 × 9 mm $\varnothing$; **Kr**röhre 12 mm; **Kr**zipfel 12 mm, zurückgebogen, orange, rot oder gelb; **St** 2 - 3 mm herausragend; **Anth** gelb, länglich, 1.75 mm $\varnothing$; **NSch** leicht quer länglich, 1.5 × 2 mm, stumpf, gelblich grün.

Das Taxon ist ausserordentlich variabel, und verschiedene auffällige Lokalformen werden als Cultivare behandelt:

'Bashee': Aufrechte Sträucher bis 50 cm mit kräftigen, behaarten **Blä**. Ursprünglich vom Bashee River, Eastern Cape.

'Boegoeberg': Gerundete, verzweigte Kleinsträucher bis 15 cm; **Blä** verkehrt eiförmig, sehr sukkulent, grau, bis 3 × 1.8 cm; **Inf** über dem Laub verlängert; **Kr** orangerot. Ein sehr attraktiver Cultivar mit kleinen Blättern, ursprünglich aus dem Richtersveld und benachbarten Küstengebieten und als *C. orbiculata* var. *oophylla* Dinter beschrieben. Der Cultivarname bezieht sich auf den Standort im Sperrgebiet, von welchem Material in Kultur eingeführt wurde.

'Eric': Gerundete Halbsträucher bis 30 cm; **Blä** grün, verkehrt lanzettlich, 9 × 6 cm, spitzenwärts mit rötlichen Rändern, Spitze mit aufgesetztem Spitzchen. Ursprünglich von der Kap-Halbinsel.

'Ladismith': Gerundete Kleinsträucher bis 30 cm; **Blä** grau, verkehrt lanzettlich, 5 × 2.5 cm.

'Rolling Edge': Aufrechte Sträucher; **Blä** grau, verkehrt eiförmig, Ränder erhaben, grau, gewellt, Spitze mit aufgesetztem Spitzchen. Aus der E Grossen und Kleinen Karoo.

'Shireen': Ähnlich wie 'Eric', aber mit grauen **Blä**.

'Stilbay': Aufrechte Sträucher bis 1 m; **Blä** grau, bis 8 × 4 cm ohne roten Rand, Spitze mit aufgesetztem Spitzchen; **Kr** schmutzig gelb. Ursprünglich aus Stilbaai, Western Cape.

C. orbiculata var. **spuria** (Linné) Tölken (BT 12(4): 619, 1979). **T:** [lecto – icono]: Commelin, Horti Med. Amst. Pl. Rar. fig. 23. – **D:** RSA (Western Cape); Strandveld, Succulent Karoo, Blüten im Hochsommer.

$\equiv$ *Cotyledon spuria* Linné (1762); **incl.** *Cotyledon purpurea* Thunberg (1794).

Hauptsächlichster Unterschied zu var. *orbiculata*: **Inf** verlängert, 5 - 120 cm. Pflanzen variabel, bis 1 m (excl. **Inf**); **Tr** basal bis 1 cm $\varnothing$; **Blä** verkehrt lanzettlich, bis 16 × 8.5 cm, glauk, basal keilförmig, Spitze stumpf, mit aufgesetztem Spitzchen; **Kr** rötlich, selten gelb, bis 25 mm, zylindrisch, in der Mitte ausgebaucht; **Kr**zipfel zurückgebogen; **NSch** ausgerandet, quer länglich, 0.75 × 1.75 mm, hellgelb.

C. papillaris Linné *fil.* (Suppl. Pl., 242, 1782). **T:** RSA, Western Cape (*Thunberg* s.n. [UPS [Herb. Thunberg 11011]]). – **D:** RSA (Northern Cape, Western Cape, Eastern Cape); Succulent Karoo, Valley Bushveld, Blüten Spätfrühling bis Sommer. **Fig. IV.f**

Incl. *Cotyledon gracilis* Haworth (1819); **incl.** *Cotyledon acaulon* Walther *ex* Steudel (1840) (*nom. nud.*); **incl.** *Cotyledon meyeri* Harvey (1862); **incl.** *Cotyledon gracilis* Harvey (1862) (*nom. illeg.*, Art. 53.1); **incl.** *Cotyledon papillaris* var. *robusta* Schönland & Baker *fil.* (1902); **incl.** *Cotyledon glutinosa* Schönland (1904) $\equiv$ *Cotyledon papillaris* var. *glutinosa* (Schönland) von Poellnitz (1940); **incl.** *Cotyledon glandulosa* N. E. Brown (1913); **incl.** *Cotyledon muirii* Schönland (1915); **incl.** *Cotyledon jacobseniana* von Poellnitz (1936); **incl.** *Cotyledon pseudogracilis* von Poellnitz (1936); **incl.** *Cotyledon papillaris* var. *subundulata* von Poellnitz (1940).

Verzweigte, zwergige, niederliegende bis kriechende, ausgebreitete Zwergsträucher bis 10 cm; **Tr** oft bei Bodenkontakt wurzelnd; **Blä** linealisch-lanzettlich bis verkehrt lanzettlich, gelegentlich fast stielrund, gelblich grün bis glauk, 1.5 - 6 × 0.4 - 1.3 cm; **Inf** 10 - 25 cm mit 1 - 3 Dichasien; **Inf**stiel graugrün, basal bis 3 mm $\varnothing$; **Ped** 5 mm; **Sep** 3 - 4 mm; **Kr** 15 mm, **Rö** 7 × 4 mm $\varnothing$, gelblich grün mit purpurnen Punkten; **Kr**zipfel 11 - 12 mm, zurückgeschlagen; **St** 14 mm, herausragend; **NSch** orange, gerundet, 0.75 × 0.75 mm.

Es werden die folgenden Cultivare anerkannt:

'Grey Mat': **Tr** niederliegend bis kriechend; **Blä** 2.5 × 0.8 cm, graugrün, linealisch verkehrt lanzettlich, im oberen $\frac{1}{3}$ rötlich gerandet. Ursprünglich von nahe Zuurberg, Eastern Cape.

'Strandfontein': Kleine Sträucher mit gerundeter Form und niederliegenden bis aufrechten **Tr**.

C. tomentosa Harvey (FC 2: 373, 1862). **T:** RSA, Eastern Cape (*Zeyher* 1085 [S]). – **D:** RSA (Western Cape, Eastern Cape); Succulent Karoo, subtropische Dickichte, Blüten Juli bis September.

C. tomentosa ssp. **ladismithensis** (von Poellnitz) Tölken (BT 12(2): 194, 1977). **T:** RSA, Western Cape (*Pillans* 968 [GRA, BOL]). – **D:** RSA (Western Cape). **I:** Aloe 27: 47, 1990.

$\equiv$ *Cotyledon ladismithensis* von Poellnitz (1936); **incl.** *Cotyledon heterophylla* Schönland (1907) (*nom. illeg.*, Art. 53.1).

Unterschiede zu ssp. *tomentosa*: Bis 25 cm hoch, meist weniger verzweigt, untere **Tr** mit brauner, abblätternder Borke; **Blä** länglich bis verkehrt lanzettlich, leicht abgeflacht bis fast stielrund, 5 - 8 × 1.5 -

2.5 cm, ganzrandig, Spitze spitz, mit aufgesetztem Spitzchen; **Inf** bis 15 cm; **Inf**stiel bis 14 cm, basal 5 - 6 mm ⌀; **Blü** hängend bis abstehend; **Kr** röhrig, zum Schlund leicht verengt, 18 mm; **Kr**röhre hellorange bis gelblich mit orangefarbenem Schein, 12 × basal 9 mm ⌀; **Kr**zipfel 8 mm, zurückgebogen; **St** 3 und 6 mm herausragend; **Anth** gelb, 1.5 mm ⌀, abgeflacht.

C. tomentosa ssp. **tomentosa** – **D**: RSA (Western Cape, Eastern Cape). **I**: Aloe 27: 44, 46, 1990.

Zwergige, reich verzweigte, kompakte, gerundete Zwergsträucher bis 11 cm; **Tr** grün mit langen **Ha**; **Blä** variabel in Form, Behaarung und Art der Randzähne, 2.3 - 6.5 × 1.5 - 3.2 cm, verkehrt lanzettlich bis länglich, abgeflacht, grün, weichhaarig, obere ⅓ mit 3 - 8 rötlichen Zähnen; **Inf** bis 16 cm mit 1 - 3 Dichasien; **Inf**stiel rötlich, basal 4 mm ⌀; **Ped** 7 - 8 mm; **Sep** grün, 6 × 5 mm; **Kr** orangerot, 12 - 16 mm, **Rö** 15 × 9 mm; **Kr**zipfel 10 mm, zurückgebogen; **St** 3 und 5 mm herausragend; **Anth** gelb, 1.5 mm, abgeflacht; **NSch** grün, quer länglich, 1 × 2 mm.

Der folgende Cultivar ist für seine zerzauste Behaarung bemerkenswert: 'Wol-ore': **Blä** 4 × 2.8 cm, mit langen wolligen **Ha**.

C. velutina Hooker *fil.* (CBM 94: t. 5684 + Text, 1868). **T**: [icono]: l.c. t. 5684. – **D**: RSA (Eastern Cape, S KwaZulu-Natal); subtropische Dickichte, Blüten im Hochsommer.
Incl. *Cotyledon beckeri* Schönland & Baker *fil.* (1902) ≡ *Cotyledon velutina* var. *beckeri* (Schönland & Baker *fil.*) Schönland (1915); **incl.** *Cotyledon mollis* Schönland (1915).

Aufrechte, sukkulente Sträucher bis 3 m; **Tr** basal verholzt, bis 45 mm ⌀, mit purpurbrauner Borke, bei älteren Pflanzen abblätternd; **Blä** behaart bis kahl, flach bis oberseits konkav, verkehrt lanzettlich, 5 - 13.5 × 2 - 8 cm, glauk bis grün, Rand scharf, graugrün, am Stiel herablaufend, Basis keilförmig, geöhrt, Spitze stumpf, mit aufgesetztem Spitzchen; **Inf** bis 60 cm mit 3 - 5 Dichasien, je mit 5 - 10 rötlich gelben, kahlen **Blü**; **Inf**stiel basal 3 - 4 mm ⌀; **Kr** röhrig, **Rö** zylindrisch, gelblich, bis 17 mm; **Kr**zipfel ausgebreitet bis zurückgebogen; **St** 7 mm herausragend; **Anth** gelb, bis 2.5 mm ⌀; **NSch** gelb, quer länglich, 0.6 - 1 mm.

C. woodii Schönland & Baker *fil.* (J. Bot. 40: 21, 1902). **T**: RSA, Cape Prov. (*Wood* s.n. in *Galpin* 5718 [GRA, BM, K]). – **D**: RSA (Western Cape, Eastern Cape); Succulent Karoo, subtropische Dickichte, Blüten meist im Sommer und Herbst. **Fig. IV.d**
≡ *Cotyledon ramosissima* var. *woodii* (Schönland & Baker *fil.*) Schönland (1915) ≡ *Cotyledon salmiana* var. *woodii* (Schönland & Baker *fil.*) von Poellnitz (1936); **incl.** *Cotyledon ramosissima* Salm-Dyck *ex* Haworth (1819) (*nom. illeg.*, Art. 53.1); **incl.** *Cotyledon salmiana* von Poellnitz (1936).

Aufrechte, verzweigte Sträucher bis 1.2 m; **Tr** verholzt, mit abblätternder Borke, junge **Tr** grün, sukkulent; **Blä** verkehrt eiförmig, flach, 2 - 5.5 × 1 - 2.5 cm, grün oder glauk, obere ½ rötlich gerandet, kahl oder gelegentlich **Dr**haarig, Basis keilförmig, Spitze mit aufgesetztem Spitzchen; **Inf** zu Einzel-**Blü** reduziert (selten kurze Dichasien bis 7 cm); **Ped** 8 - 10 mm; **Sep** dreieckig, 5 × 5 mm; **Kr** röhrig, zur Mündung leicht verengt, orange bis rot, 12 - 22 × basal 11 - 15 mm ⌀, **Rö** gelblich, orange bis rot überhaucht; **Kr**zipfel zurückgebogen, 12 mm; **St** 3 und 6 mm herausragend; **Anth** gelb, länglich, 2.5 mm; **NSch** gelblich, quer länglich, 1 × 3 mm, ausgerandet.

Es werden die folgenden Cultivare anerkannt:

'Gamtoos': Aufrechte bis rundliche Halbsträucher mit kleberigen **Blä**. Ursprünglich vom Kouga Dam, Eastern Cape.

'Green Eggs': Aufrechte Kleinsträucher bis 30 cm mit glänzend grünen **Blä** mit spitzenwärts rotem Rand. Ursprünglich von Port Elizabeth, Eastern Cape.

'Grey Eggs': Aufrechte, gerundete Halbsträucher mit grauen, glatten **Blä**. Ursprünglich vom Kouga Dam, Eastern Cape.

'Konga': Sträucher bis 10 cm; **Tr** glauk, grün; **Blä** verkehrt eiförmig, 4 × 2.5 cm, glauk, stumpf, mit aufgesetztem Spitzchen; **Inf** bis 8 cm mit 1 - 2 Dichasien; **Sep** 8 mm; **Kr** 25 mm, röhrig, **Rö** grün, basal 10 mm ⌀, zum Schlund auf 8 mm ⌀ verengt; **Kr**zipfel 20 mm, rötlich. Dies ist die vermutete Hybride *C. woodii* × *C. velutina*.

CRASSULA

E. van Jaarsveld

Crassula Linné (Spec. Pl. [ed. 1], 282, 1753). **T**: *Crassula perfoliata* Linné [Lectotyp, Hitchcock, Prop. Brit. Bot., 156, 1929, et errata (basierend auf Dillenius, Hort. Eltham. t. 96: fig. 113, 1732, cf. P. V. Heath, Calyx 3(2): 78, 1993).]. – **Lit**: Tölken (1977); Tölken (1981); Fernandes (1983); Tölken (1983); Bywater & Wickens (1984); Tölken (1985: 75-229); Wickens (1987); Allorge-Boiteau (2002). **D**: Hauptsächlichstes Diversitätszentrum im S Afrika, mit geringeren Artenzahlen im übrigen Afrika und zerstreuten Taxa in der restlichen Welt. **Etym**: Lat. 'crassus', dick; wegen der mehrheitlich sukkulenten Blätter.

Incl. *Tillaea* Linné (1753). **T**: *Tillaea muscosa* Linné [Lectotyp, indirekt ausgewählt von De Candolle, Bull. Sci. Soc. Philom. Paris 3: 2, 1801 [einziges verbleibendes Taxon].].

Incl. *Septas* Linné (1760). **T**: *Septas capensis* Linné.

Incl. *Gomara* Adanson (1763). **T**: *Crassula pellucida* Linné [Lectotyp nach P. V. Heath, Calyx

3(2): 72, 1993 (basierend auf Dillenius, Hort. Eltham. t. 100: fig. 119, 1732).].

Incl. *Bulliarda* De Candolle (1801). **T:** *Tillaea aquatica* Linné [Typifizierung gemäss Britton, Bull. New York Bot. Gard. 3: 1, 1903.].

Incl. *Rochea* De Candolle (1802). **T:** *Crassula coccinea* Linné [Konservierter Typ.].

Incl. *Larochea* Persoon (1805) (*nom. illeg.*, Art. 52.1). **T:** *Crassula coccinea* Linné.

Incl. *Dietrichia* Trattinnick (1812). **T:** nicht bestimmt.

Incl. *Globulea* Haworth (1812). **T:** *Crassula cultrata* Linné [Lectotyp, bestimmt durch Tölken, Contr. Bolus Herb. 8: 504, 1977, sub *Crassula* Sect. *Globulea*.].

Incl. *Curtogyne* Haworth (1821). **T:** *Crassula undata* Haworth [Typifizierung gemäss Tölken, Fl. South Afr. 14: 158, 1985, sub *Crassula* Sect. *Curtogyne*.].

Incl. *Kalosanthes* Haworth (1821). **T:** *Crassula jasminea* Haworth *ex* Sims.

Incl. *Purgosea* Haworth (1821). **T:** nicht bestimmt.

Incl. *Turgosea* Haworth (1821) (*nom. inval.*, Art. 61.1). **T:** *Crassula turrita* [Typ gemäss P. V. Heath, Calyx 5(4): 131, 1997.].

Incl. *Vauanthes* Haworth (1821). **T:** *Crassula dichotoma* Linné [= *Vauanthes chloraefolia* Haworth, *nom. illeg.* Typifizierung gemäss ING.].

Incl. *Dasystemon* De Candolle (1828). **T:** *Dasystemon calycinum* De Candolle [Typifiziert durch Schlussfolgerung, einziges eingeschlossenes Element.].

Incl. *Grammanthes* De Candolle (1828) (*nom. illeg.*, Art. 52.1). **T:** *Crassula dichotoma* Linné.

Incl. *Helophytum* Ecklon & Zeyher (1836). **T:** *Crassula natans* Thunberg [Typifizierung gemäss Tölken, Fl. South Afr. 14: 100, 1985, sub *Crassula* Sect. *Helophytum*.].

Incl. *Petrogeton* Ecklon & Zeyher (1837). **T:** *Petrogeton typicum* Ecklon & Zeyher [Typifizierung gemäss Tölken, Fl. South Afr. 14: 137, 1985, sub *Crassula* Sect. *Petrogeton*.].

Incl. *Pyrgosea* Sweet *ex* Ecklon & Zeyher (1837) (*nom. inval.*, Art. 61.1). **T:** *Crassula turrita* [Typ gemäss P. V. Heath, Calyx 5(4): 131, 1997.].

Incl. *Sarcolipes* Ecklon & Zeyher (1837). **T:** *Sarcolipes pubescens* Ecklon & Zeyher [Typifiziert durch Schlussfolgerung, einziges eingeschlossenes Element.].

Incl. *Sphaeritis* Ecklon & Zeyher (1837). **T:** *Sphaeritis typica* Ecklon & Zeyher [Typifizierung gemäss Tölken, Contr. Bolus Herb. 8: 286, 1977.].

Incl. *Tetraphyle* Ecklon & Zeyher (1837). **T:** nicht bestimmt.

Incl. *Thisantha* Ecklon & Zeyher (1837). **T:** nicht bestimmt.

Incl. *Disporocarpa* (C. A. Meyer) A. Richard (1841) (*nom. inval.*, Art. 34.1c). **T:** nicht bestimmt.

Incl. *Combesia* A. Richard (1847). **T:** *Combesia abyssinica* A. Richard [Typifiziert durch Schlussfolgerung, einziges eingeschlossenes Element.].

Incl. *Dinacria* Harvey (1862). **T:** *Grammanthes filiformis* Ecklon & Zeyher [Typifiziert durch Schlussfolgerung, einziges eingeschlossenes Element.].

Incl. *Danielia* (De Candolle) Lemaire (1869) (*nom. illeg.*, Art. 53.1). **T:** nicht bestimmt.

Incl. ×*Kalorochea* Veitch (1898) (*nom. inval.*, Art. H6.2).

Incl. *Hydrophila* Ehrhart *ex* House (1920) (*nom. illeg.*, Art. 52.1). **T:** *Tillaea aquatica* Linné.

Incl. *Pagella* Schönland (1921). **T:** *Pagella archeri* Schönland.

Incl. *Rhopalota* N. E. Brown (1931). **T:** *Crassula aphylla* Schönland & Baker.

Incl. ×*Rocheassula* G. D. Rowley (1973).

Incl. *Creusa* P. V. Heath (1993). **T:** *Crassula acutifolia* Lamarck.

Incl. *Septimia* P. V. Heath (1993). **T:** *Crassula spathulata* Thunberg.

Incl. *Toelkenia* P. V. Heath (1993). **T:** *Cotyledon arborescens* Miller.

Ein- oder mehrjährige Kräuter, oder zwergige bis baumförmige Sträucher bis 2.5 m hoch, selten Geophyten mit Knollen; **Wu** faserig bis fleischig; **Tr** sukkulent, manchmal verholzend; **Blä** kreuzgegenständig, innerhalb eines Paares ± verwachsen, dicklich fleischig bis membranartig, ausdauernd oder abfallend, sitzend oder kurz gestielt, ganzrandig, basal scheidig, kahl oder behaart oder warzig, manchmal mit deutlichen Hydathoden (Wasserspalten); **Inf** Thyrsen mit einzelnen bis zahlreichen Dichasien, manchmal TeilInf zu Knäueln gehäuft, selten zu einzelnen **Blü** reduziert; **Bra** oft **Bla**artig; **Inf**stiel vorhanden oder undeutlich und **Bra** kürzer oder gleich lang wie die **Blä**; **Blü** (2- bis) 4- bis 5- (bis 12-) zählig, haplostemon, meistens klein; **Sep** (2-) 4 - 5 (-12), an der Basis kurz verwachsen; **Pet** (2-) 4 - 5 (-12), basal kurz verwachsen, Spitzen oft mit Anhängseln; **St** in einem einzigen Kreis, basal mit den **Pet** verwachsen und abwechselnd mit diesen stehend; **Anth** herausragend oder nicht, ohne endständiges Anhängsel; **NSch** flach bis dicklich; **Ca** frei oder leicht in das **Rec** eingesenkt und allmählich in einen kurzen oder langen **Gr** mit einzelnen **Na** verjüngt; **Sa** ellipsoid, glatt oder warzig, Warzen manchmal in Längsreihen.

Crassula konkurriert mit *Sedum* um den Status als grösste Gattung der Familie. Sie ist vorwiegend in der S Hemisphäre verbreitet und kommt allein im S Afrika mit ± 150 Arten vor. Die Gattung kann in 2 Untergattungen geteilt werden: UG *Disporocarpa* Fischer & C. A. Meyer 1841 (ein- oder mehrjährige Pflanzen; umfasst die Sektionen 1 - 9 in der untenstehenden Liste) und UG *Crassula* (ausdauernde Pflanzen; umfasst die Sektionen 10 - 20). Die Unterschiede zwischen den Untergattungen (und in geringerem Ausmass zwischen den Sektionen) sind jedoch keineswegs immer klar, und innerhalb der Gattung können keine eindeutigen Evolutionslinien erkannt werden. Die S-afrikanischen Arten der Gattung wurden von Tölken (1977, 1985) revidiert, und diesen Publikationen wird im Allgemeinen gefolgt. Die Beschreibungen der S-afrikanischen Taxa basieren auf Tölken (1985), werden aber wenn immer möglich durch Pflanzen aus der Lebendsammlung in Kirstenbosch ergänzt. Die Beschreibungen der anderen Taxa sind meist aus den für die Gattung oben angegebenen Literaturquellen zusammengestellt.

Crassula zeigt keine nahen Affinitäten mit anderen Gattungen der Familie und benötigt eine eigene Unterfamilie, die *Crassuloideae*. Die Gattung *Tillaea* (zwergige, ein- oder mehrjährige Kräuter, weit verbreitet, besonders in der S-Hemisphäre) wird hier als Synonym behandelt (vgl. Sect. *Helophytum*), aber kürzlich wurden Argumente auf molekularer Basis vorgestellt, diese Gruppe wieder auf Gattungsebene zu anerkennen ('t Hart 1995).

Klassifikation in Sektionen:

[1] Sect. *Helophytum* (Ecklon & Zeyher) Tölken 1977 (syn. *Tillaea*): Einjährige Pflanzen, vorwiegend mit weichen Rhizomen, oder oft Wasserpflanzen, oder selten ausdauernd mit einzelnen, achselständigen (3- bis) 4-zähligen **Blü**; **Cal** ½ so lang wie **Kr**, **Kr** becherig, Zipfel mit stumpfen Spitzen ohne Anhängsel.

Diese Sektion ist sofort durch die einzelnen Blüten in den Blattachseln von anderen Sektionen zu unterscheiden. Nach Tölken (1985) sind die Blütenstände sehr stark reduzierte Thyrsen mit zu monochasialen Endzweigen reduzierten Dichasien, oder die ganze Pflanze besteht aus Monochasien mit blattartigen Brakteen.

Weit verbreitet in S Afrika, besonders in den Winterregengebieten und auch entlang der E Escarpmentberge, aber auch in der übrigen Welt von gemässigten bis in tropische Klimate verbreitet.

[2] Sect. *Glomeratae* Haworth 1821: **Tr** weich krautig oder steif und aufrecht, **Blä** flach bis stielrund; **Inf** Thyrsen mit **Blä**artigen **Bra** und 5-zähligen (selten 2-, 3- oder 4-zähligen) **Blü** in den oberen Teilen; **Cal** ≥ **Kr**, Spitzen zugespitzt; **Kr** becherig, Zipfel ohne dorsale Anhängsel; **Fr** an der Spitze oder mit einer basalen, rundherum aufreissenden Spalte öffnend.

Diese Sektion besteht aus etwa 26 Arten, von denen die meisten kleine, zarte Annuelle sind. Es handelt sich um eine sehr variable Gruppe und weitere Untersuchungen sind nötig. Sie ist in Afrika (mit Zentrum im S) weit verbreitet, erscheint aber auch in Indien und Australien.

[3] Sect. *Dinacria* (Harvey) Schönland 1890: Aufrechte Einjährige mit dünnen **Tr**; **Wu** faserig; **Blä** flach, sitzend; **Inf** endständige Thyrsen mit mehreren Dichasien, Stiel fehlend; **Blü** 5-zählig; **Kr** röhrig bis becherig, Zipfel ohne dorsales Anhängsel.

Eine kleine Sektion mit nur 5 Arten, hauptsächlich auf die Kapregion beschränkt (N und W Teile des Eastern Cape) und durch ihre röhrigen Blüten in endständigen, sitzenden Trauben charakterisiert.

[4] Sect. *Filipedes* (Harvey) Schönland 1890: Mehrjährige (selten einjährige) Pflanzen; **Blä** sitzend bis gestielt, flach oder stielrund; **Inf** Thyrsen mit wenigblütigen kleinen Cymen oder Einzel**Blü**; **Blü** 5-zählig; **Kr** ± becherig, Zipfel glatt und ohne Anhängsel.

Eine kleine Sektion mit 4 Arten, weit vom tropischen Afrika bis zum Western Cape und Madagaskar verbreitet. Der kriechende Wuchs und die gewöhnlich einzelnen Blüten in den Blattachseln (selten an den Triebspitzen gebüschelt) sind charakteristisch.

[5] Sect. *Deltoideae* De Candolle 1828: Mehrjährige Pflanzen mit kurzen **Tr** bis 10 cm; **Blä** warzig, kantig; **Inf** gebüschelte Thyrsen oder Dichasien mit undeutlichem Stiel; **Kr** urnenförmig, Zipfel etwas zugespitzt; **Ca** beinahe birnenförmig.

Eine kleine Sektion mit 4 Arten, vom S Namibia und dem Free State bis zum Northern Cape und Western Cape weit verbreitet. Die Arten sind durch Blätter mit einer rauhen Oberfläche sowie warzige Samen charakterisiert.

[6] Sect. *Anacampseroideae* Haworth 1821: Mehrjährige (*C. pelludica* ssp. *spongiosa* einjährig) Pflanzen, von kriechenden Kräutern bis zu aufrechten, dickstämmigen Sträuchern variierend, bis 2.5 m; **Blä** eher flach, sitzend bis gestielt, mit deutlichen, randständigen Hydathoden; **Inf** Thyrsen oder Dichasien; **Blü** (4- bis) 5-zählig, sternförmig; **Pet**spitzen mit Anhängseln.

Diese Sektion besteht aus 11 Arten und ist auf bewaldete Gebiete und Dickichte in den S und E Teilen der RSA beschränkt und strahlt auch in die SW Kapregion aus.

[7] Sect. *Petrogeton* (Ecklon & Zeyher) Walpers 1843: Geophyten mit unterirdischer Knolle mit **Wu** und jährlich einziehenden **Tr** und **Blä**; **Blä** in bis zu 6 Paaren, manchmal diejenigen eines Paares zu einem einzigen, grossen, runden **Bla** verwachsen; **Kr** sternförmig mit kurzer **Rö**, Zipfel ohne Anhängsel.

Dies ist eine kleine Sektion mit 9 Arten, hauptsächlich aus den Winterregengebieten des Northern Cape und Western Cape und der Drakensbergregion von KwaZulu-Natal. Sie sind sofort an ihren unterirdischen Knollen zu erkennen.

[8] Sect. *Galpiniflora* Tölken 1977: Mehrjährige Pflanzen mit kurzen, fleischigen **Tr** mit endständigen **Ros**; **Inf** lockere Dichasien (oft in Monochasien endend) aus den **Ax** der unteren **Blä** der **Ros**; **Blü** 5-zählig; **Kr** sternförmig, Zipfel glatt und ohne Anhängsel.

Diese kleine Sektion umfasst nur ein einziges Taxon (*C. peploides*) aus grossen Höhen in der NE RSA. Die Blütenstandsarchitektur und Position ist einzigartig für diese Sektion.

[9] Sect. *Acutifolia* (Schönland) Tölken 1977: Mehrjährige Pflanzen mit leicht fleischigen (selten drahtigen oder leicht holzigen), oft warzigen **Tr**; **Inf** Thyrsen mit oder ohne Stiel; **Blü** 5-zählig; **Kr** röhrig, Zipfel glatt und selten mit Anhängseln.

Eine kleine Sektion mit S-afrikanischer Verbreitung, durch sitzende, pfriemliche Blätter und gekielte Kronblätter charakterisiert.

[10] Sect. *Squamulosae* Haworth 1821: Mehrjährige Pflanzen mit ± holzigen **Tr**; **Blä** gewöhnlich mit kräftigen und oft blasenartigen **Ha**, selten kahl, randständige Wimpern ± deutlich; **Inf** Thyrsen (manchmal in traubige Bündel gegliedert) ohne deutlichen Stiel; **Blü** 5-zählig; **Kr** röhrig, Zipfel mit dorsalen Kielen und deutlichen Anhängseln.

Weit verbreitet im Western Cape und Northern Cape ebenso wie in S Namibia und sofort durch die aneinander gepressten Blätter und randlichen Wimpern der jungen Blätter charakterisiert.

[11] Sect. *Subulares* Haworth *ex* De Candolle 1828: Mehrjährige Pflanzen; **Tr** ± holzig; **Blä** meist linealisch bis länglich, kahl, Ränder gewimpert; **Inf** ± deutlich gestielte Thyrsen; **Blü** 5-zählig; **Kr** röhrig, 3 - 4.5 mm lang; **Pet** gewöhnlich steif, oft dornspitzig, mit dorsalem Anhängsel; **Ca** gewöhnlich plötzlich in den **Gr** zusammengezogen.

Eine kleine Sektion mit 5 Arten aus dem Western Cape und Eastern Cape, und von Sect. *Curtogyne* durch die nur 2.5 - 4.5 mm langen Kronblätter ohne dorsales Anhängsel sowie längliche Nektarschüppchen unterschieden.

[12] Sect. *Curtogyne* (Haworth) Tölken 1977: Mehrjährige Pflanzen mit ± holzigen **Tr**; **Blä** kahl, Ränder gewimpert; **Inf** Thyrsen, gewöhnlich mit undeutlichem Stiel; **Blü** 5-zählig; **Kr** röhrig, 5 - 9 mm; **Pet** membranartig oder beinahe so, zugespitzt, Spitzen mit dorsalem Anhängsel; **Ca** allmählich in den langen **Gr** verjüngt.

Eine kleine Sektion mit nur 4 Arten, weit im Northern Cape, Western Cape und Eastern Cape verbreitet, von Sect. *Subulares* durch die 5 - 9 mm langen Kronblätter und quer-längliche Nektarschüppchen unterschieden.

[13] Sect. *Kalosanthes* (Haworth) Tölken 1977: Mehrjährige Pflanzen; **Tr** sukkulent bis ± holzig; **Blä** ± abgeflacht, kahl, Ränder gewimpert; **Inf** kopfige Thyrsen ohne deutlichen Stiel; **Blü** 5-zählig; **Kr** röhrig-stieltellerförmig, 2 - 6 cm lang, **Pet**spitzen dornspitzig mit dorsalem Anhängsel; **Ca** allmählich in einen schlanken **Gr** verjüngt, mit > 50 **Sa**anlagen.

Eine kleine Sektion mit nur 3 Arten aus dem Western Cape, durch ihre langen, stieltellerförmigen Blüten charakterisiert.

[14] Sect. *Rosulares* Haworth 1821: Mehrjährige (selten einjährige, z.B. *C. southii*) Pflanzen, **Tr** sukkulent, zur **Blü**zeit verlängert aber sonst kurz bis fast fehlend und **Blä** in basalen, oft sprossenden Ros; **Blä** gewöhnlich flach, in der Knospe sich gegenseitig mit einer Seite überlappend, Ränder oft mit zurückgebogenen Wimpern; **Inf** sitzende oder gestielte Thyrsen, **Blä** allmählich von unten nach oben kürzer werdend; **Blü** 5-zählig; **Sep**spitzen oft mit einem einzelnen, endständigen **Ha**; **Kr** röhrig, Zipfel ± papillös und mit dorsalem Anhängsel; **Ca** allmählich in den **Gr** verjüngt.

Diese Sektion zählt etwa 2 Dutzend Arten, mit weiter Verbreitung im S Afrika mit einer Konzentration in der SE Kapregion. Sie ist sofort charakterisiert durch die rosettigen und flachen Blätter mit spitzen bis zugespitzten Spitzen.

[15] Sect. *Perfilatae* Haworth *ex* De Candolle 1828: Mehrjährige Pflanzen mit etwas holzigen **Tr**; **Blä** ± kräftig, zumindest die jungen **Blä** mit randlichen Wimpern; **Inf** gewöhnlich mit kurzem aber deutlichem Stiel; **Blü** 5-zählig; **Kr** röhrig, Zipfel ± papillös, oft mit kleinem, dorsalem Anhängsel.

Eine kleine Sektion mit 6 Arten aus S Namibia und dem Northern Cape, Western Cape und Eastern Cape. Typisch sind die holzigen, kahlen **Tr** und die sitzenden, innerhalb eines Paares basal verwachsenen und eine Blattscheide bildenden Blätter.

[16] Sect. *Columnares* Haworth *ex* De Candolle 1828: Mehrjährige oder zweijährige, monocarpe Zwergsukkulenten, bis 15 cm hoch; **Wu** faserig (selten knollig); **Blä** sitzend, kompakt und dicht ziegelig und so einen säuligen Scheinspross bildend; **Inf** dichte, endständige, traubige Köpfchen; **Blü** 5-zählig; **Kr** röhrig mit glatten Zipfeln ohne endständige Anhängsel; **Ca** kegelig.

Eine kleine Sektion mit 6 Arten, hauptsächlich auf die Gegenden der Succulent Karoo mit Winterregen im Northern Cape und Eastern Cape beschränkt. *C. pyramidalis* dringt bis ins Sommerregegebiet des Eastern Cape vor. Diese Sektion ist sofort an den säuligen Scheinsprossen und den röhrigen Blüten in dichten, endständigen Köpfchen kenntlich. Die Pflanzen sterben gewöhnlich nach der Blüte ab, aber untere Seitenzweige setzen das Wachstum oft fort.

[17] Sect. *Argyrophylla* (Schönland) Tölken 1977: Mehrjährige Pflanzen, mit aufgerichtetem Ende kriechend und in Gruppen, oder aufrechte Kleinsträucher bis 20 cm hoch mit behaarten bis warzigen, abgeflachten bis stielrunden, ge-

büschelten **Blä**; **Inf** endständige gestielte Thyrsen mit 1 oder vielen Dichasien; **Blü** 5-zählig; **Kr** röhrig, Zipfel dornspitzig und mit dorsalen Anhängseln (selten ohne); **Ca** nierenförmig.

Eine weit verbreitete Sektion mit 12 Arten, von Malawi bis zum Kap vorkommend, mit einem Zentrum in der Succulent Karoo der Winterregenregion im Western Cape und Northern Cape. Sie unterscheidet sich von Sect. *Arta* durch den lockeren Blütenstand und Blüten, die kürzer als 2.5 mm sind.

[18] Sect. *Arta* (Schönland) Tölken 1977: Mehrjährige Pflanzen; **Tr** sukkulent; **Blä** gewöhnlich dicht zu einem säuligen **Kö** gedrängt; **Inf** oben runde, endständige Thyrsen mit ausgebreiteten Dichasien; **Blü** 5-zählig; **Kr** röhrig, ± 3 mm, Zipfel dornspitzig mit dorsalen Anhängseln; **Ca** ampullenförmig mit roter **Na**.

Diese kleine Sektion mit 5 Arten ist auf die S Namib-Wüste und N-RSA beschränkt (Northern Cape, Western Cape). Alle kommen in der Succulent Karoo vor und sind durch die ± 3 mm langen Blüten und die ampullenförmigen Karpelle mit breiten, endständigen Narben charakterisiert.

[19] Sect. *Crassula*: Mehrjährige Pflanzen mit ± holzigen **Tr**, mit groben, gerundeten Papillen bedeckt; **Blä** zäh und fleischig, oft ± sichelförmig, gegenständig und zweizeilig; **Inf** endständige, gerundete, gestielte Thyrsen; **Blü** 5-zählig; **Kr** röhrig, **Pet** dornspitzig, mit spitzem, dorsalem Anhängsel; **Ca** nierenförmig.

Umfasst einzig die polymorphe *C. perfoliata*, die von der SE Kapregion bis zum SE tropischen Afrika weit verbreitet ist. Die langen, holzigen Triebe und die gestielten Blüten sind charakteristisch.

[20] Sect. *Globulea* (Haworth) Harvey 1862: Mehrjährige Pflanzen; **Tr** oft ± holzig; **Blä** oft ± sichelförmig; **Inf** zu gerundeten, endständigen Thyrsen verlängert, Zweige in kugeligen Dichasien endend; **Blü** 5-zählig, sitzend oder fast sitzend; **Kr** röhrig-urnenförmig, kaum öffnend, Zipfel steif aufrecht, die glatten, dorsalen Anhängsel stark vergrössert und die **Pet**spitzen überragend, selten mit einem steif aufrechten Schnabel.

Eine Sektion mit 13 Arten, weit im Northern Cape, Western Cape und Eastern Cape, Free State, KwaZulu-Natal und S Namibia verbreitet. Durch die auffälligen, fleischigen Kronblattanhängsel oder fleischigen Kronblattspitzen leicht zu erkennen.

Tölken (1985) berichtet von zahlreichen interspezifischen Hybriden.

Die folgenden Namen sind von unklarer Anwendung, gehören aber zu dieser Gattung: *Crassula adscendens* Thunberg (1778); *Crassula caffra* Linné (1771); *Crassula capensis* var. *leipoldtii* Schönland (1929) ≡ *Septas capensis* var. *leipoldtii* (Schönland) P. V. Heath (1993); *Crassula concinella* Haworth (1823) ≡ *Purgosea concinella* (Haworth) Sweet (1830); *Crassula concinna* Haworth (1821) ≡ *Purgosea concinna* (Haworth) Sweet (1830); *Crassula crenatifolia* Baker *fil.* (1906); *Crassula diffusa* Aiton (1789); *Crassula fruticulosa* Linné (1767); *Crassula goetzeana* Engler (1907); *Crassula mariae* hort. München (H.-C. Friedrich ms. ?) (s.a.) (*nom. inval.*, Art. 29.1); *Crassula procumbens* Rojas Acosta (1897); *Crassula pulchella* Aiton (1789); *Crassula punctata* Linné (1759) ≡ *Purgosea punctata* (Linné) Sweet (1830); *Crassula revolvens* Haworth (1824) ≡ *Creusa revolvens* (Haworth) P. V. Heath (1993); *Crassula saxatilis* H.-C. Friedrich ms. (s.a.) (*nom. inval.*, Art. 29.1); *Crassula striata* Schönland *in sched.* (s.a.) (*nom. inval.*, Art. 29.1); *Crassula venusta* H.-C. Friedrich ms. (s.a.) (*nom. inval.*, Art. 29.1); *Globulea linguifolia* Haworth (1821); *Globulea lingula* Haworth (1826); *Tillaea stuartii* F. Mueller (1853).

C. acinaciformis Schinz (Bull. Herb. Boissier 2: 204, 1894). **T:** RSA, Northern Prov. (*Rehmann* 6375 [Z, K]). – **D:** RSA (Northern Prov., Mpumalanga, KwaZulu-Natal), Swaziland; flachgründige Böden zwischen Granitvorkommen in Grasland, Blüten vom Hochsommer bis zum Herbst.

Incl. *Crassula alooides* N. E. Brown (1896) (*nom. illeg.*, Art. 53.1); **incl.** *Crassula inaequalis* Schönland (1913).

[14] Rosettig, gewöhnlich einzeln oder aus der Basis sprossend und kleine Gruppen bildend, bis 1.3 m hoch (incl. **Inf**); **Blä** 8 - 40 × 3 - 10 cm, spiralig, abgeflacht, lanzettlich bis linealisch-lanzettlich, Oberseite rinnig, kahl, grün bis gelblich grün, Rand gewimpert, Spitze zugespitzt; **Inf** aufrechte, endständige, oben flache Thyrsen mit zahlreichen Dichasien; **Bra Blä**artig, nach oben hin kürzer werdend; **Blü** gestielt; **Sep** bis 1.5 mm, breit dreieckig, Rand spärlich gezähnt, Spitzen mit endständigen, kräftigen **Ha**; **Kr** mattgelb, becherig, bis 5 mm; **Pet** länglich verkehrt eiförmig, bis 4 mm, an der Basis kurz verwachsen, ausgebreitet bis zurückgebogen, Spitzen gerundet und leicht kapuzenförmig; **Anth** gelb.

C. alata (Viviani) A. Berger (NPF2 18a: 389, 1930). **T:** Ägypten (*Viviani* s.n. [GE]). – **D:** S Europa bis in die Ukraine, Mittelmeergebiet, N und NE Afrika, Arabische Halbinsel bis Indien.

≡ *Tillaea alata* Viviani (1830).

C. alata ssp. **alata** – **D:** E Mittelmeergebiet (Griechenland, Zypern) bis NE Indien, NE Afrika S-wärts bis Sudan; in S Australien (Victoria, New South Wales) eingeschleppt.

Incl. *Tillaea trichopoda* Fenzl *ex* Boissier (1872)

(*nom. illeg.*, Art. 52.1) ≡ *Tillaea muscosa* var. *trichopoda* (Fenzl) Post (1896) (*nom. illeg.*, Art. 52.1) ≡ *Crassula alata* var. *trichopoda* (Fenzl) Maire (1977) (*nom. illeg.*, Art. 52.1); **incl.** *Tillaea muscosa* subvar. *pentamera* Jahandiez & Maire (1923) ≡ *Crassula alata* subvar. *pentamera* (Jahandiez & Maire) Maire (1977); **incl.** *Crassula tripartita* N. A. Wakefield (1957).

[2] Einjährig, aufrecht, kahl, klein, verzweigt, bis 12 cm hoch; **Tr** dünn, stielrund, rötlich, bis 0.5 mm ∅, geflügelt; **Blä** 3 - 7 × 1 - 2 mm, sitzend, lanzettlich, zugespitzt, Spitze mit Dornspitzchen, weiss, Basis von gegenüberstehenden **Blä** eine nicht ausgesackte, bis 0.5 mm hohe Scheide bildend; **Inf** traubig, beblättert, auf 2 **Blü** pro **Ax** reduziert; **Ped** bis 4 mm; **Blü** 3- bis 4-zählig; **Sep** lanzettlich, blassgrün, bis 1.5 × 0.2 mm, an der Basis verwachsen, Spitze mit weissen **Bor**; **Pet** schmal eiförmig, zugespitzt, weiss, häutig, 0.8 × 0.3 mm; **Fil** bis 0.5 mm; **Anth** fast rund, gelb; **Ca** schief verkehrt eiförmig, bis 0.7 mm, in den kurzen **Gr** zusammengezogen; **Sa** 2 pro **Ca**, bis 0.4 mm, gelbbraun, längsrippig.

C. alata ssp. **pharnaceoides** (Fischer & C. A. Meyer) Wickens & Bywater (KB 34(4): 633, 1980). **T:** Äthiopien, Tigre Region (*Schimper* I:104 [LE, B, BM, G, GRA, K, P, S]). – **D:** NE und E Afrika (Äthiopien, Kamerun, Sudan, Kenya, Somalia, Uganda); schattige, nackte oder moosbewachsene Erdkanten. **I:** Gilbert (1989: 7).

≡ *Crassula pharnaceoides* Hochstetter *ex* Fischer & C. A. Meyer (1841) ≡ *Disporocarpa pharnaceoides* (Fischer & C. A. Meyer) Schweinfurth & Ascherson (1867) (*nom. inval.*, Art. 43.1) ≡ *Crassula campestris* ssp. *pharnaceoides* (Fischer & C. A. Meyer) Tölken (1975) ≡ *Combesia campestris* var. *pharnaceoides* (Fischer & C. A. Meyer) P. V. Heath (1993); **incl.** *Tillaea pharnaceoides* Steudel (1841) (*nom. inval.*, Art. 32.1c); **incl.** *Combesia abyssinica* A. Richard (1847) (*nom. illeg.*, Art. 52.1); **incl.** *Crassula pharnaceoides* ssp. *eu-pharnaceoides* Merxmüller (1951) (*nom. inval.*, Art. 21.3).

[2] Unterschiede zu ssp. *alata*: **Blü** 5-zählig.

C. alba Forsskål (Fl. Aegypt.-Arab., 60, 1775). **T:** Arabien (*Forsskål* 691 [C]). – **D:** E bis S Afrika.
Incl. *Crassula ellenbeckiana* Schönland (s.a.).

C. alba var. **alba** – **D:** E Afrika von Äthiopien bis RSA (Eastern Cape); hochmontanes Grasland, Blüten im Hochsommer und Herbst. **I:** Tölken (1985: 175, fig. 17:1).

Incl. *Crassula rubicunda* var. *rubicunda*; **incl.** *Rochea dichotoma* Hochstetter in herb. Schimper (s.a.) (*nom. inval.*, Art. 29.1); **incl.** *Rochea vaginata* Hochstetter in herb. Schimper (s.a.) (*nom. inval.*, Art. 29.1); **incl.** *Crassula puberula* R. Brown (1814) (*nom. inval.*, Art. 32.1c); **incl.** *Globulea stricta* Drège (1843) (*nom. inval.*, Art. 32.1c); **incl.** *Crassula abyssinica* A. Richard (1847); **incl.** *Crassula rubicunda* Drège *ex* Harvey (1862); **incl.** *Crassula recurva* N. E. Brown (1890); **incl.** *Crassula milleriana* Burtt Davy (1926) ≡ *Crassula rubicunda* var. *milleriana* (Burtt Davy) Schönland (1929); **incl.** *Crassula stewartiae* Burtt Davy (1926); **incl.** *Crassula rubicunda* var. *flexuosa* Schönland (1929); **incl.** *Crassula rubicunda* var. *hispida* Schönland (1929); **incl.** *Crassula rubicunda* var. *subglabra* Schönland (1929); **incl.** *Crassula rubicunda* var. *typica* Schönland (1929).

[14] Rosettig, gewöhnlich einzeln oder aus der Basis sprossend und kleine Gruppen bildend, bis 50 cm hoch (incl. **Inf**); **Wu** leicht fleischig; **Blä** 6 - 17 × 0.5 - 1.5 cm, spiralig angeordnet, abgeflacht, lanzettlich bis linealisch-lanzettlich, Oberseite gefaltet bis rinnig, kahl, grün bis gelblich grün, manchmal mit purpurnen Flecken, Unterseite purpurn, Rand bewimpert, Spitze zugespitzt; **Inf** aufrechte, endständige, oben flache Thyrsen mit zahlreichen Dichasien; **Bra** **Blä**artig, nach oben hin kürzer werdend; **Blü** gestielt; **Sep** bis 5 mm, schmal bis breit dreieckig, Rand deutlich gewimpert, Spitzen mit endständigen, kräftigen **Ha**; **Kr** rot bis weiss, bis 6 mm, aufrecht; **Pet** länglich verkehrt eiförmig, bis 5.5 mm, an der Basis kurz verwachsen, ausgebreitet bis zurückgebogen, Spitzen zugespitzt und leicht kapuzenförmig zusammengezogen; **Anth** dunkelbraun; **Ca** mit 14 - 30 **Sa**anlagen.

C. alba var. **pallida** Tölken (BT 12(4): 634, 1979). – **D:** RSA (Mpumalanga), NE Swaziland; über Klippen an Felskanten, Blüten im Herbst.

[14] Unterschiede zu var. *alba*: **Sep** kurz, kahl, bis 2 mm, nicht in eine scharfe Spitze verjüngt, mit wenigen, randlichen Zähnen; **Kr** bis 4 mm; **Pet** ausgebreitet, cremefarben bis gelblich.

C. alba var. **parvisepala** (Schönland) Tölken (JSAB 41: 93, 1975). **T** [lecto]: RSA, Mpumalanga (*Wilms* 538 [GRA, BM, E, G, K, KFTA, P, Z]). – **D:** RSA (Mpumalanga), NE Swaziland; auf Felsen in bergigem Grasland, Blüten im Hochsommer und Herbst.

≡ *Crassula rubicunda* var. *parvisepala* Schönland (1929); **incl.** *Crassula similis* Baker *fil.* (1903) ≡ *Crassula rubicunda* var. *similis* (Baker *fil.*) Schönland (1929); **incl.** *Crassula atrosanguinea* Beauverd (1907); **incl.** *Crassula wilmsii* Diels (1907); **incl.** *Crassula rubicunda* var. *lydenburgensis* Schönland (1929).

[14] Unterschiede zu var. *alba*: **Sep** kurz, kahl, bis 3 mm, nicht in eine scharfe Spitze verjüngt, manchmal mit wenigen, randlichen Zähnen; **Kr** bis 3.5 mm; **Pet** zurückgebogen; **Ca** mit 8 - 10 **Sa**anlagen.

C. alcicornis Schönland (Ann. Bolus Herb. 2: 93, 1917). **T:** RSA, Western Cape (*Bolus* s.n. in *BOL* 14815 [GRA, BOL, STE]). – **D:** RSA (Western

Cape); auf quarzitischen Sandsteinfelsen, Blüten im Hochwinter.

≡ *Septas alcicornis* (Schönland) P. V. Heath (1993).

[7] Geophyten mit aufrechten, unverzweigten **Tr** bis 12 cm; Rhizome verzweigt mit mehreren, kugeligen Knollen mit faserigen Adventiv**Wu**; **Blä** in 1 - 2 Paaren, abgeflacht, handförmig gelappt, sitzend, Lappen 2 - 4 cm lang, Oberfläche kahl, grün, selten unterseits purpurn, Spitze etwas zugespitzt; **Inf** endständige, gerundete Thyrsen; **Inf**stiel bis 6 cm; **Sep** dreieckig-lanzettlich, bis 1.5 mm; **Kr** röhrig, 5-zählig, weiss, rosa überhaucht, Zipfel lanzettlich bis elliptisch, bis 3.5 mm, Spitzen etwas zugespitzt, ausgebreitet bis zurückgebogen; **Anth** braun.

C. alpestris Thunberg (Nova Acta Phys.-Med. Acad. Caes. Leop.-Carol. Nat. Cur. 6: 329, 336, t. 5b: fig. 4, 1778). **T**: RSA, Western Cape (*Thunberg* 7727 [UPS, LU, S]). – **D**: RSA.

≡ *Purgosea alpestris* (Thunberg) G. Don (1834) ≡ *Tetraphyle alpestris* (Thunberg) P. V. Heath (1993).

C. alpestris ssp. **alpestris** – **D**: RSA (Western Cape); seichte Felstaschen in den Bergen.

[16] Monocarp, einzeln oder spärlich verzweigt, 5.5 - 10 cm hoch (incl. **Inf**); **Wu** faserig; **Tr** aufrecht, basal bis 5 mm ∅, rötlich; **Blä** 10 - 20 × 4 - 6 mm, dreieckig, oft überlappend, nach oben hin kleiner werdend, dunkelgrün und oft mit Sand und Staub bedeckt, Rand gewimpert, Spitze zugespitzt; **Inf** endständige, einzelne bis verzweigte, oben flache Dichasien bis 9 cm hoch; **Bra Blä**artig, dreieckig, 6 × 5 mm, gewimpert; **Sep** 2.5 - 4 mm, dreieckig-lanzettlich, gewimpert; **Kr** röhrig, 7 mm, Zipfel länglich, auf den unteren 2 mm verwachsen, weiss, Spitzen ausgebreitet.

C. alpestris ssp. **massonii** (Britten & Baker *fil.*) Tölken (JSAB 41: 93, 1975). **T**: RSA, Western Cape (*Masson* s.n. [BM, PRE [Foto]]). – **D**: RSA (Western Cape); trockener Fynbos und Succulent Karoo, Blüten im Frühling.

≡ *Crassula massonii* Britten & Baker *fil.* (1897) ≡ *Tetraphyle alpestris* var. *massonii* (Britten & Baker *fil.*) P. V. Heath (1993); **incl.** *Crassula variabilis* N. E. Brown (1901).

[16] Unterschiede zu ssp. *alpestris*: Grösser und 8 - 25 cm hoch; **Blä** dreieckig, 4 - 8 × 3 - 7 mm, nicht so dicht gepackt; **Inf** gerundet, achselständig und endständig; **Blü** süss duftend.

C. alstonii Marloth (Trans. Roy. Soc. South Afr. 1: 404, t. 27: fig. 7, 1910). **T** [lecto]: RSA, Northern Cape (*Alston* s.n. in *Marloth* 4679 [GRA]). – **D**: RSA (Northern Cape); Succulent Karoo, Ebenen mit Quarzkieseln. **I**: Tölken (1985: 203, fig. 19: 1).

[17] Monocarp, zwergig, kompakt, 1-triebig oder aus der Basis spärlich verzweigt, bis 4 cm hoch; **Wu** faserig; **Tr** ± 3 mm ∅, Achse durch die eng anliegenden, ziegeligen **Bla**paare verborgen, **Blä** basal nicht verwachsen und nach oben hin kürzer werdend, insgesamt einen 4-eckig-zylindrischen bis kugeligen **Kö** bis 3.5 cm ∅ mit runder Spitze bildend; **Blä** quer zusammengedrückt, verkehrt dreieckig-eiförmig, graugrün, samtig, 12 - 15 × 12 - 22 mm, Rand winzig gewimpert und mit einem Ring von Hydathoden, Oberseite flach oder konkav, Unterseite konvex, Spitzen aufgewölbt, gerundet; **Inf** endständige, gerundete Thyrsen, bis 4 cm gestielt; **Sep** bis 2 mm, gelblich grün, mit zurückgebogenen **Ha**; **Kr** röhrig, bis 3 mm, Zipfel an der Basis kurz verwachsen, cremefarben bis blassgelb, länglich lanzettlich, zugespitzt; **Anth** braun bis gelb.

C. alticola R. Fernandes (Bol. Soc. Brot., sér. 2, 52: 182-186, 1978). **T**: Zimbabwe (*Mendes & Wild* 217 [LISC, BM, SRGH]). – **D**: E Zimbabwe, W Moçambique; gemässigte Wälder, 1900 - 2400 m. **I**: Fernandes (1983: 16, t. 3).

[6] Mit aufgerichtetem Ende kriechende bis aufrechte, spärlich verzweigte Kräuter mit **Tr** bis ± 35 cm, oft an den Knoten wurzelnd; **Wu** faserig; **Tr** stielrund, manchmal die kurzen, achselständigen Zweige 4-kantig, grün, bis 1.5 mm ∅, kahl ausgenommen 2 vertikale Reihen papillöser **Ha**; **Int** bis 1 cm; **Blä** 1 - 5 × 0.7 - 2 cm, dunkelgrün, verkehrt eiförmig bis elliptisch, zugespitzt, ganzrandig, Basis keilförmig und mit dem gegenüberstehenden **Bla** des Paares kurz verwachsen; **Inf** endständige Dichasien; **Inf**stiele kurz papillös-haarig; **Ped** bis 15 mm (gewöhnlich viel kürzer); **Sep** länglich, bis 3.5 mm, etwas zugespitzt; **Kr** sternförmig, weiss, bis 10 mm ∅; **Pet** länglich lanzettlich, zugespitzt, 3 × 2 mm; **Fil** 2 mm; **Anth** gelb.

Ein Vertreter des variablen *C. pellucida*-Komplexes.

C. ammophila Tölken (JSAB 41: 94-95, 1975). **T**: RSA, Northern Cape (*Pearson* 5501 [GRA, K]). – **D**: RSA (Northern Cape, Western Cape); Strandveld und Succulent Karoo, Blüten vom Frühling bis in den Hochsommer.

≡ *Globulea ammophila* (Tölken) P. V. Heath (1995).

[20] Aufrechte, spärlich verzweigte Zwergsträucher bis 80 cm hoch, spröde, manchmal in der umgebenden Vegetation kletternd; **Wu** faserig; alte **Blä** verbleibend; **Blä** 8 - 15 × 3 - 4 mm, länglich lanzettlich, abgeflacht, graugrün bis bräunlich grün, mit dichten, rauhen, zurückgebogenen **Ha**, Oberseite flach bis leicht konvex, Unterseite konvex, Spitzen stumpf bis zugespitzt; **Inf** verlängerte Thyrsen mit gerundeten, kurz gestielten Dichasien; **Sep** dreieckig, bis 2.5 mm, zugespitzt, Rand gewimpert; **Kr** röhrig, cremefarben, Zipfel basal kurz verwachsen, leierförmig mit schnabelartigen Spitzen; **Anth** schwarz.

C. aphylla Schönland & Baker *fil.* (J. Bot. 36: 371, 1898). **T**: RSA, Cape Prov. (*Schlechter* 8665

[GRA, BM, BOL, E, G, K, LE, P, PRE, S, SAM, Z]). – **D:** RSA (Western Cape, Northern Cape); Berggipfel mit Fynbos, in seichten Felstaschen, Blüten im Frühling.

≡ *Rhopalota aphylla* (Schönland & Baker *fil.*) N. E. Brown (1931).

[1] Weiche, aufrechte, kahle, rötliche, sukkulente, einjährige Kräuter, 1.5 - 3 cm hoch; **Wu** faserig; zentrale **Tr** grösser, keulig, ± 1 mm ∅; **Blä** zu einem geschwollenen, fleischigen Ring am **Int** reduziert oder gelegentlich winzig dreieckig-lanzettlich, aufrecht, bis 1.5 mm, Spitzen zugespitzt, Oberseite flach, Unterseite konvex; **Ped** bis 1.5 mm; **Blü** bis 1.5 mm; **Cal** ein fleischiger Ring mit undeutlichen bis dreieckigen Zipfeln; **Kr** weiss bis rosa, becherig, Zipfel bandförmig-eiförmig, bis 2 mm, Spitzen stumpf, zurückgebogen; **Anth** braun.

C. aquatica (Linné) Schönland (in Engler & Prantl (eds.), Nat. Pfl.-fam. [ed. 1], 3(2a: 37): 891, 1891). **T:** Europa (*Anonymus* s.n. [BM]). – **Lit:** Jalas & al. (1999: 43). **D:** N und E Europa, N Asien, N Amerika von Alaska und Neufundland bis California; brackige Schlickflächen in der Gezeitenzone, ± untergetaucht. **I:** Bywater & Wickens (1984: 705, fig. 1:F-K).

≡ *Tillaea aquatica* Linné (1753) ≡ *Bulliarda aquatica* (Linné) De Candolle (1828) ≡ *Tillaeastrum aquaticum* (Linné) Britton (1903) ≡ *Hydrophila aquatica* (Linné) House (1920) (unkorrekter Name, Art. 11.4); **incl.** *Tillaea prostrata* Schkuhr (1794); **incl.** *Tillaea simplex* Nuttall (1817); **incl.** *Tillaea ascendens* Eaton (1818); **incl.** *Tillaea angustifolia* Nuttall *ex* Torrey & Gray (1840); **incl.** *Bulliarda borealis* Gandoger (1886) (*nom. inval.*, Art. 24,1); **incl.** *Elatine tetrandra* Maximowicz (1888).

[1] Winzige, aufrechte bis aufgerichtet-kriechende Kräuter, wasserlebende **Tr** bis 10 cm; **Blä** elliptisch verkehrt lanzettlich, 3 - 6.5 mm, zugespitzt bis stumpf; **Blü** 1 pro Knoten, 4-zählig; **Ped** < 1 mm; **Sep** dreieckig bis stumpf, 0.6 - 0.9 × 0.7 - 0.8 mm, gelegentlich mit schwarzen, drüsigen Punkten; **Pet** rhombisch-eiförmig, 1.4 - 1.7 × ± 0.8 mm, 2× so lang wie die **Sep**; **NSch** fadenförmig-spatelig, 0.8 mm; **Sa** (5-) 9 - 12 pro **Ca**, länglich ellipsoid, längsgestreift, winzig fein gerunzelt.

Die chinesischen Taxa *Tillaea yunnanensis* S. H. Fu 1965 und *T. likiangensis* H. Chuang 1997 müssen genauer untersucht werden, um ihre Verwandtschaft zu klären. Keiner der beiden Namen wurde bisher in die Gattung *Crassula* überführt. *T. yunnanensis* scheint sich von *C. aquatica* durch deutlich gestielte Blüten mit längeren Kelchblättern und gelben Kronblättern zu unterscheiden. *T. likiangensis* unterscheidet sich angeblich durch kleinere Blüten und hellrosa Kronblätter. Beide Taxa kommen in hoch gelegenen Sumpfgebieten (2700 m) der chinesischen Provinz Yunnan vor. – [U. Eggli]

C. arborescens (Miller) Willdenow (Spec. Pl. 1(2): 1554, 1798). **T** [neo]: RSA, Western Cape (*Tölken* 4220 [BOL]). – **D:** RSA.

≡ *Cotyledon arborescens* Miller (1768) ≡ *Toelkenia arborescens* (Miller) P. V. Heath (1993).

C. arborescens ssp. **arborescens** – **D:** RSA (Western Cape, Eastern Cape, S KwaZulu-Natal); Succulent Karoo, trockene Felsvorkommen an warmen Hängen, Blüten Frühling bis Hochsommer.

Incl. *Crassula cotyledon* Jacquin (1781); **incl.** *Crassula arborea* Medikus (1783); **incl.** *Crassula cotyledonifolia* Salisbury (1796) (*nom. illeg.*, Art. 52.1).

[6] Aufrechte, verzweigte Sträucher, bis 1.5 m hoch, gewöhnlich mit einem einzigen Hauptstamm bis 6 cm ∅; **Tr** sukkulent, graugrün, **Bla**tragende **Tr** 7 - 10 mm ∅, ältere **Tr** mit gelblich brauner, abschälender Rinde, an den Knoten deutlich segmentiert, alte **Blä** abfallend; **Blä** 3.2 - 7 × 2.3 - 4.2 cm, flach, verkehrt eiförmig bis verkehrt eiförmig-rund, aufsteigend, glauk mit puderigem Reif, und durch deutliche Hydathoden gefleckt, Ränder rötlich, Basis keilförmig, Spitze stumpf, mit oder ohne aufgesetztem Spitzchen; **Inf** endständige, oben gerundete Thyrsen, 5 - 8 cm hoch, mit zahlreichen Dichasien; **Inf**stiel 15 - 30 × 4 mm; **Ped** 10 - 12 mm; **Sep** breit dreieckig; **Kr** sternförmig, 18 - 20 mm ∅, hellrosa oder weiss; **Pet** 9 - 10 × 2.5 - 3 mm, lanzettlich; **Fil** 5 - 6 mm; **Anth** < 1 mm, purpurn.

C. arborescens ssp. **undulatifolia** Tölken (JSAB 41: 95, 1975). **T:** RSA, Eastern Cape (*Tölken* 4290 [BOL]). – **D:** RSA (Eastern Cape); Valley Bushveld, Felsvorkommen an schattigen Hängen, Blüten im Hochsommer.

[6] Unterschiede zu ssp. *arborescens*: Höhere Sträucher bis 2 m, **Bla**tragende **Tr** 4 mm ∅; **Blä** 2.5 - 4 × 1.2 - 2 cm, lanzettlich, eiförmig bis verkehrt eiförmig, weniger sukkulent, mit weicher Textur, Oberfläche mit undeutlichen Hydathoden, Ränder rötlich, wenig gewellt.

C. atropurpurea (Haworth) D. Dietrich (Synops. Pl. 2: 1031, 1840). **T:** K [lecto: unpubl. t. 780]. – **D:** Namibia, RSA.

≡ *Globulea atropurpurea* Haworth (1824).

C. atropurpurea var. **anomala** (Schönland & Baker *fil.*) Tölken (JSAB 41: 96, 1975). **T:** RSA, Western Cape (*Schlechter* 9317 [GRA, BM, BOL, E, G, K, LE, P, Z]). – **D:** RSA (Western Cape); Fynbos und Succulent Karoo, Blüten im Hochsommer.

≡ *Crassula anomala* Schönland & Baker *fil.* (1898) ≡ *Globulea atropurpurea* var. *anomala* (Schönland & Baker *fil.*) P. V. Heath (1995).

[20] Unterschiede zu var. *atropurpurea*: **Tr** niederliegend, bis 10 mm ∅, alle Teile mit aufrechten **Ha** bedeckt; **Blä** rötlich, linealisch bis breit verkehrt eiförmig, Spitzen stumpf; untere 1 - 2 **Bra**-

paare der **Inf** ohne Dichasien; Dichasien mit dicht gebüschelten **Blü**; **Pet**spitzen mit längsfurchigem, dorsalem, schnabelartigem Anhängsel.

C. atropurpurea var. **atropurpurea** – **D**: RSA (Western Cape, Eastern Cape); Succulent Karoo, Dickichte, Blüten im Frühling und Sommer.

Incl. *Crassula obliqua* Haworth (1821) (*nom. illeg.*, Art. 53.1); **incl.** *Crassula clavifolia* Harvey (1862); **incl.** *Crassula micrantha* Schönland (1910); **incl.** *Crassula smutsii* Schönland (1929) ≡ *Globulea atropurpurea* var. *smutsii* (Schönland) P. V. Heath (1995).

[20] Reich verzweigte, aufrechte bis niederliegende Zwergsträucher mit holzigen, basalen **Tr**; jüngere **Tr** grün bis purpurn, flaumhaarig; **Blä** ausgebreitet (jung aufsteigend), verkehrt eiförmig bis verkehrt lanzettlich, kahl, abgeflacht, 10 - 25 × 5 - 13 mm, Spitze stumpf, Basis keilförmig, Unterseite konvex, Ränder hornartig, ältere **Blä** abfallend; **Inf** aufrechte, verlängerte Thyrsen mit mehreren, knäuelig gehäuften Dichasien an den 3 - 5 Knoten des Stiels; **Inf**stiel bis 20 cm; **Sep** dreieckig-lanzettlich, bis 3 mm, Rand gewimpert; **Kr** röhrig; **Pet** an der Basis verwachsen, cremefarben oder weiss, leierförmig, 2 - 4.5 mm, Spitze geschnäbelt.

C. clavifolia var. *marginata* Schönland ist wahrscheinlich die Hybride *C. atropurpurea* var. *atropurpurea* × *C. atropurpurea* var. *rubella* (Tölken 1985: 221).

C. atropurpurea var. **cultriformis** (H.-C. Friedrich) Tölken (JSAB 41: 96, 1975). **T**: RSA, Northern Cape (*Herre* 4088 [M]). – **D**: S Namibia, N RSA (Northern Cape); Succulent Karoo, Blüten Frühling bis Frühsommer. **I**: Tölken (1985: 217, fig. 21: 4).

≡ *Crassula cultriformis* H.-C. Friedrich (1967); **incl.** *Crassula cultriformis* ssp. *robusta* H.-C. Friedrich (1967); **incl.** *Crassula cinerea* H.-C. Friedrich (1974).

[20] Unterschiede zu var. *atropurpurea*: **Tr** niederliegend-aufgerichtet, bis 6 mm ⌀; **Blä** linealisch verkehrt lanzettlich, grün bis rötlich; untere 2 Paare der **Bra** der **Inf** gewöhnlich ohne Dichasien; Stiel mit zurückgebogenen **Ha**.

C. atropurpurea var. **purcellii** (Schönland) Tölken (JSAB 41: 96, 1975). **T**: RSA, Western Cape (*Purcell* s.n. [GRA]). – **D**: RSA (Western Cape); Succulent Karoo und trockener Fynbos, Blüten Frühling bis Hochsommer.

≡ *Crassula purcellii* Schönland (1907) ≡ *Globulea atropurpurea* var. *purcellii* (Schönland) P. V. Heath (1995).

[20] Unterschiede zu var. *atropurpurea*: **Tr** aufrecht, holzig, bis 12 mm ⌀; **Blä** linealisch-elliptisch, grau, mit angepressten **Ha** bedeckt.

C. atropurpurea var. **rubella** (Compton) Tölken (JSAB 41: 96, 1975). **T** [syn]: RSA, Western Cape (*Compton* 2820 [BOL]). – **D**: RSA (Western Cape); Succulent Karoo, Blüten im Hochsommer.

≡ *Crassula rubella* Compton (1931) ≡ *Globulea atropurpurea* var. *rubella* (Compton) P. V. Heath (1995) (*nom. inval.*, Art. 34.1a,c); **incl.** *Crassula clavifolia* var. *muirii* Schönland (1929) ≡ *Crassula atropurpurea* var. *muirii* (Schönland) G. D. Rowley (1978) ≡ *Globulea atropurpurea* var. *muirii* (Schönland) P. V. Heath (1995).

[20] Unterschiede zu var. *atropurpurea*: **Tr** aufrecht, drahtig, bis 4 mm ⌀, alle Teile mit angepressten **Ha** bedeckt; **Blä** schmal bis breit verkehrt eiförmig, grün bis rötlich, Spitze stumpf; **Blü** in dichten Dichasien; **Pet**spitzen zugespitzt, längsfurchig.

C. atropurpurea var. **watermeyeri** (Compton) Tölken (JSAB 41: 96, 1975). **T**: RSA, Northern Cape (*Compton* 3208 [BOL]). – **D**: RSA (Northern Cape). **Fig. V.b**

≡ *Crassula watermeyeri* Compton (1931) ≡ *Globulea atropurpurea* var. *watermeyeri* (Compton) P. V. Heath (1995); **incl.** *Crassula gifbergensis* H.-C. Friedrich (1974) ≡ *Globulea atropurpurea* var. *gifbergensis* (H.-C. Friedrich) P. V. Heath (1995).

[20] Unterschiede zu var. *atropurpurea*: **Blä** grösser, breit verkehrt eiförmig, grün bis gelblich grün, Spitze stumpf, mit aufrechten **Ha** bedeckt; **Inf** aus lockeren, ausgebreiteten Dichasien; **Pet**spitzen mit rinniger, scharfer Spitze.

C. serpentaria Schönland scheint eine Hybride zwischen diesem Taxon und *C. tomentosa* var. *tomentosa* zu sein (Tölken 1985: 222).

C. aurusbergensis G. Williamson (CSJA 64(6): 288-289, ills., 1992). **T**: Namibia (*Williamson* 4416 [BOL, NBG]). – **D**: S Namibia.

[17] Zwergpflanzen, kompakt verzweigt und gerundete Haufen bis 9.5 cm ⌀ bildend; **Wu** faserig; **Tr** kurz; **Int** kurz und verborgen; **Blä** rosettig, 10 - 25 × 7 - 14 mm, aufsteigend-ausgebreitet, verkehrt lanzettlich bis länglich verkehrt lanzettlich, im Alter verbleibend, abgeflacht, kahl, graugrün, Oberseite flach bis leicht konvex mit einer asymmetrischen Rinne, Unterseite konvex, Rand gewimpert, Spitze zugespitzt bis gerundet; **Inf** gerundete Thyrsen mit wenigen, kugeligen Dichasien; **Inf**stiel bis 2.5 cm; **Sep** schmal dreieckig, warzig, bis 3 mm, stumpf gerundet; **Kr** bis 3 mm, becherig, Zipfel an der Basis verwachsen, weiss, stumpf, Spitzen ohne dorsales Anhängsel; **Anth** gelb.

C. ausensis Hutchison (CSJA 24(4): 106-108, ills., 1952). **T**: Namibia (*Dinter* 3584 [BOL, UC [Fragment]]). – **D**: Namibia.

C. ausensis ssp. **ausensis** – **D**: S Namibia; Succulent Karoo, Nama Karoo, Ebenen mit Quarz- und Granitkieseln, herbstblühend. **I**: Tölken (1985: 203, fig. 19: 3, 3a). **Fig. V.a**

Incl. *Crassula ausiensis* hort. (s.a.) (*nom. inval.*,

Art. 61.1); **incl.** *Crassula hofmeyeriana* Dinter (1923) (*nom. inval.*, Art. 32.1c); **incl.** *Crassula karasana* H.-C. Friedrich (1960); **incl.** *Crassula littlewoodii* H.-C. Friedrich (1967).

[17] Zwergpflanzen, stark verzweigt, ausgebreitete Haufen bildend mit **Blä** in basalen **Ros**; **Wu** faserig; **Tr** kurz, Achse bis 3 mm ∅; **Blä** 15 - 35 × 6 - 11 mm, verkehrt lanzettlich bis elliptisch, alt verbleibend, Spreite eher flach, Epidermis mit kurzen, ausgebreiteten **Ha**, graugrün, an den Spitzen und Rändern rötlich, Oberseite flach bis leicht konvex, Unterseite konvex, Spitze zugespitzt, mit aufgesetztem Spitzchen; **Inf** verlängerte Thyrsen mit mehreren, kugeligen Dichasien oder einem einzigen, halbdoldigen Dichasium; **Inf**stiel bis 8 cm; **Sep** dreieckig, bis 3 mm, Ränder gewimpert, Spitzen zugespitzt; **Kr** bis 6 mm, röhrig, Zipfel an der Basis verwachsen, weiss bis cremefarben, Spitzen mit undeutlichem, dorsalem Anhängsel; **Anth** braun.

C. ausensis ssp. **giessii** (H.-C. Friedrich) Tölken (JSAB 41: 96, 1975). **T:** Namibia (*Merxmüller & Giess* 28956 [M]). – **D:** S Namibia; Namibwüste, seichte Felstaschen und Felsspalten.

≡ *Crassula giessii* H.-C. Friedrich (1974).

[17] Unterschiede zu ssp. *ausensis*: **Blä** verkehrt eiförmig, spärlich filzig, mit langen, randlichen Wimpern; **Inf** einzelne Dichasien mit bis zu 5 sitzenden **Blü**.

C. ausensis ssp. **titanopsis** Pavelka (Kaktusy 34(2): 39-43, ills., 1998). **T:** Namibia (*Pavelka* 954 [PRC]). – **D:** S Namibia; Felsritzen in der Namib-Wüste.

[17] Unterschiede zu ssp. *ausensis*: Kleiner in der Statur; **Blä** eiförmig bis verkehrt eiförmig, mit sehr feinen, regelmässigen, weissen, 1 × 1 mm grossen Papillen, ohne lange Randwimpern.

C. badspoortensis van Jaarsveld (Aloe 38(1-2): 29-30, ills., 2001). **T:** RSA, Western Cape (*van Jaarsveld* 16111 [NBG]). – **D:** RSA (Western Cape: Little Karoo); Klippen aus quarzitischem Sandstein, Blüten im Sommer und Herbst.

[15] Spärlich verzweigte (3 - 8 Zweige) Kleinsträucher bis 10 cm hoch und 40 cm ∅; **Tr** 3 - 4 mm ∅, ausgebreitet und mit der Zeit hängend; **Int** 6 - 10 mm; **Blä** sitzend, breit eiförmig, 20 - 35 mm lang und breit, flach bis beiderseits wenig konvex, im rechten Winkel ausstrahlend aber leicht ansteigend und vorwärts gebogen, basal verwachsen und stengelumfassend, Oberfläche glatt, glauk bis weisslich grün, ganzrandig, Spitze recht spitz; **Inf** kurze, gerundete Thyrsen, 4 cm hoch und 6.5 cm ∅; **Blü** zahlreich, in Dichasien, 5-zählig; **Ped** 2 - 5 mm; **Sep** dreieckig, 1.3 × 0.8 mm, spitz; **Kr** sternförmig, weiss, Zipfel 3.5 × 1 mm, bandförmig-lanzettlich, zurückgebogen, stumpf bis etwas spitz; **Anth** dunkel rotbraun; **NSch** gestutzt, 0.3 × 0.2 mm, dick und fleischig, gelblich orange.

C. barbata Thunberg (Nova Acta Phys.-Med. Acad. Caes. Leop.-Carol. Nat. Cur. 6: 329, 332, 1778). **T:** RSA, Western Cape (*Thunberg* 7731 [UPS, G-DC, STB]). – **D:** RSA.

≡ *Purgosea barbata* (Thunberg) G. Don (1834).

C. barbata ssp. **barbata** – **D:** RSA (Northern Cape, Western Cape); Succulent Karoo, Nama Karoo, Blüten im Frühling und Frühsommer.

Incl. *Crassula lettyae* E. Phillips (1931).

[14] Monocarpe, gewöhnlich einzelne **Ros**, oder basal sprossend und kleine Gruppen bis 3 cm hoch bildend (excl. **Inf**); **Wu** faserig; **Blä** kreuzgegenständig, in dichten, basalen **Ros**, kahl aber Rand mit dichten, langen, weissen, aufsteigend-ausgebreiteten Wimpern bis 5 mm, ältere **Blä** 25 × 40 mm, verkehrt dreieckig bis beinahe kreisrund, Spitze gestutzt, innere (jüngere) **Blä** verkehrt eiförmig, bis 15 × 12 mm, Spitze zugespitzt; **Inf** endständige, ährenartige Thyrsen, 16 - 30 cm hoch; **Inf**stiel 6 cm × 5 mm mit 5 Paar kreuzgegenständigen, nach oben kleiner werdenden **Bra**, untere eiförmig-lanzettlich, 12 × 8 mm, obere 5 × 4 mm, alle mit Wimpern entlang der Ränder; **Blü** ausgebreitet, bis 7 in kreuzgegenständigen, sitzenden, zu Knäueln gehäuften Dichasien von 7 × 8 mm, süsslich duftend; **Sep** 1.3 - 3 mm, dreieckig-eiförmig; **Kr** röhrig; **Pet** länglich, 5 - 6 mm, in den unteren Teilen verwachsen, weiss - rosa getönt, mit der Zeit zurückgebogen; **Ca** kegelig.

C. barbata ssp. **broomii** (Schönland) Tölken (JSAB 41: 97, 1975). **T:** RSA, Northern Cape (*Broom* s.n. [GRA]). – **D:** RSA (Northern Cape); Nama Karoo, Blüten im Frühling und Frühsommer.

≡ *Crassula broomii* Schönland (1907).

[14] Unterschiede zu ssp. *barbata*: **Blä** breit verkehrt eiförmig, 30 - 40 × 10 - 35 mm, randständige Wimpern kürzer, < 1 mm; **Pet** aufsteigend; **Ca** länglich nierenförmig.

C. barklyi N. E. Brown (BMI 1906: 19, 1906). **T:** RSA, Northern Cape (*Barkly* s.n. [K]). – **D:** RSA (Northern Cape, Western Cape); Succulent Karoo, Ebenen mit Quarzkieseln, Blüten vom Hochwinter bis zum Frühling. **I:** Tölken (1985: 194, fig. 18:1).

≡ *Tetraphyle barklyi* (N. E. Brown) P. V. Heath (1993); **incl.** *Crassula teres* Marloth (1913).

[16] Zwergpflanzen, kompakt, niederliegend bis niederliegend-aufgerichtet, aus der Basis spärlich bis dicht verzweigt und Büschel bis 3.5 - 9 cm ∅ bildend; **Wu** faserig; **Tr** vollständig durch die dichten, eng anliegenden und ziegeligen **Blä** bedeckt und dadurch einen kompakten, glatten, 4-eckigen, länglichen **Kö** von 6 - 12 mm ∅ bildend, an der stumpfen Spitze verjüngt; **Blä** grün bis bräunlich grün, quer niedergedrückt, 3 - 5 × 5 - 10 mm, sehr breit eiförmig, napfförmig, Rand weiss, häutig, winzig gewimpert, Spitze stumpf; **Inf** dichte, endständige, gerundete, traubige Köpfchen, 5 mm hoch und

bis 7 mm ⌀, basaler Teil durch die **Blä** verborgen; **Sep** bis 5 mm, länglich verkehrt lanzettlich, Rand gewimpert, Spitze stumpf; **Kr** röhrig, ampullenförmig, bis 14 mm, cremefarben, Zipfel länglich bandförmig, im unteren ⅓ verwachsen, Spitzen stumpf; **Anth** gelb.

C. basaltica Brullo & Siracusa (Fl. Medit. 4: 175-178, ills., 1994). **T:** Italien, Sizilien (*Brullo & Siracusa* s.n. [CAT]). – **D:** Italien (Sizilien: W-Hänge des Ätna); basaltische Lava, ± 800 m.

[2] Zwergige, kahle, einjährige Kräuter bis 4 cm, aufrecht oder aufsteigend, einfach oder basal verzweigt mit 1 - 2 (-4) **Tr**; **Int** 0.5 - 3 mm; **Blä** 1 - 5 × 2 mm, glauk-grün, basal 0.1 - 0.2 mm verwachsen, etwas spatelig-lanzettlich, papillös-warzig, Spitze zugespitzt oder selten mit aufgesetztem Spitzchen; **Blü** 5-zählig, zu 2 - 3 in den **Bla**achseln, sitzend oder beinahe so; **Cal** urnenförmig; **Sep** 2 × 0.8 mm, mit aufgesetztem Spitzchen, Spitze grün und warzig; **Pet** lanzettlich, mit aufgesetztem Spitzchen, violettlich rot, 1.2 mm; **Sa** 2 pro **Ca**, elliptisch, kahl, braun, 0.25 mm.

Trotz der generellen Ähnlichkeit mit *C. tillaea* scheint diese Art taxonomisch recht isoliert zu sein. – [U. Eggli]

C. bergioides Harvey (FC 2: 352, 1862). **T:** RSA, Western Cape (*Zeyher* 2575 [S, FI, LE?, SAM]). – **D:** RSA (Western Cape); hauptsächlich in Renosterveld und Fynbos, Blüten im Frühling.

Incl. *Crassula aristata* Schönland (1909); **incl.** *Crassula pusilla* Schönland (1913).

[2] Aufrecht, kahl, einjährig; **Wu** faserig; **Tr** bis 6 cm hoch, spärlich verzweigt mit kurzen Seiten**Tr**; **Blä** 4 - 12 × 2 - 4 mm, sitzend, linealisch-dreieckig bis lanzettlich, kahl, grün bis braungrün, Rand hornartig, warzig, Spitze zugespitzt mit einem endständigen, kräftigen **Ha**; **Inf** aufrechte Thyrsen mit zahlreichen, sitzenden Dichasien; **Blü** gestielt, 5-zählig; **Cal**zipfel bis 3 mm, dreieckig, Spitze zugespitzt mit einem endständigen, kräftigen **Ha**; **Kr** becherig bis röhrig, weiss, Zipfel dreieckig-lanzettlich, zugespitzt, gekielt; **Anth** gelb.

C. biplanata Haworth (Philos. Mag. J. 64: 186, 1824). **T:** K [lecto: unpubl. t. 771]. – **D:** RSA (Western Cape, Eastern Cape); vor allem auf Felsen in flachgründigem Boden.

≡ *Creusa biplanata* (Haworth) P. V. Heath (1993); **incl.** *Crassula punctulata* Schönland & Baker (1898) ≡ *Creusa biplanata* var. *punctulata* (Schönland & Baker) P. V. Heath (1993).

[9] Niederliegend-aufrechte bis aufrechte, mässig verzweigte, kahle Kräuter bis ± 20 cm hoch, in kleinen Gruppen; **Tr** 1 mm ⌀, grün bis rötlich grün, mit kurzen Wärzchen bedeckt; ältere **Tr** glatt, mit brauner Rinde, manchmal mit Luft**Wu**; Haupt**Tr** etwas geschwollen; **Blä** aufsteigend, 4 - 15 × 1.5 - 3 mm, grün, mit weissem Reif bedeckt, lanzettlich bis linealisch-lanzettlich, abgeflacht bis stielrund, Rand unter trockenen Bedingungen zurückgerollt, Spitze zugespitzt, ältere **Blä** abfallend; **Inf** flachgipfelige Dichasien mit zahlreichen, dicht angeordneten **Blü**; **Inf**stiel bis 18 cm mit bis zu 2 Paar **Bra**; **Sep** bis 2 mm; **Kr** weiss bis cremefarben, röhrig, bis 6 mm, Zipfel spitz zugespitzt mit dorsalen Rippen; **Anth** braun.

C. brachystachya Tölken (JSAB 41: 97-98, 1975). **T:** RSA, Western Cape (*Compton* 2819 [BOL]). – **D:** RSA (Western Cape: Witteberg, N Swartberg); quarzitische Sandsteine, feuchte, schattige Felsritzen, Blüten im Hochsommer.

[14] Kleine, ausgebreitete oder niederliegend-aufrechte, verzweigte, mehrjährige Kräuter bis 20 cm hoch (incl. **Inf**); **Wu** knollig; **Blä** in einer **Ros**, gegenständig oder spiralig, 2 - 8 × 0.5 - 2 cm, verkehrt lanzettlich-länglich, abgeflacht, grün, entlang des spärlich gewimperten Randes rot gefärbt, leicht bikonvex, kahl, Basis keilförmig, Spitze stumpf bis zugespitzt; **Inf** aufrechte, endständige, ährenartige Thyrsen mit 1 bis vielen Dichasien; **Bra Blä**artig aber kürzer; **Blü** sitzend oder kurz gestielt; **Sep** bis 4.5 mm, länglich elliptisch, kahl, Spitze mit einem kurzen, zurückgebogenen **Ha**, Rand gewimpert; **Kr** röhrig, cremefarben bis weiss, bis 6 mm; **Pet** länglich eiförmig, bis 5 mm, an der Basis kurz verwachsen, Spitze zugespitzt und zurückgebogen; **Anth** schwarz; **Ca** mit 12 - 26 **Sa**anlagen.

C. brevifolia Harvey (FC 2: 339, 1862). **T:** RSA, Northern Cape (*Zeyher* 661 [S, BM, E, FI, K, LE, P, SAM, UPS, Z]). – **D:** Namibia, RSA.

C. brevifolia ssp. **brevifolia** – **D:** S Namibia, RSA (Northern Cape, Western Cape); Succulent Karoo, zwischen Felsen, herbstblühend. **Fig. V.c**

Incl. *Crassula pearsonii* Schönland (1912) (*nom. illeg.*, Art. 52.1); **incl.** *Crassula montis-draconis* Dinter (1923); **incl.** *Crassula flavovirens* Pillans (1930); **incl.** *Crassula fragillima* Dinter (1931) (*nom. inval.*, Art. 32.1c).

[15] Verzweigte, gerundete Zwergsträucher bis 50 cm hoch; **Wu** faserig; **Tr** grün, rund, 6 mm ⌀, ältere **Tr** holzig, rötlich braun; **Blä** 10 - 40 × 5 - 18 mm, aufwärts gebogen, in der Form variabel, elliptisch bis linealisch-elliptisch, abgeflacht, grün und mit der Zeit purpurn, oder gelblich grün mit puderigem Reif, kahl, Oberseite flach bis konvex, Unterseite konvex bis bootförmig, Spitze zugespitzt; **Inf** endständige, gerundete Thyrsen, bis 4 cm gestielt; **Sep** dreieckig, 1.5 mm; **Kr** röhrig, weiss mit rötlichem Hauch, Zipfel an der Basis verwachsen, bis 5 mm, länglich elliptisch; **Anth** schwarz oder gelb.

C. brevifolia ssp. **psammophila** Tölken (JSAB 41: 98-99, 1975). **T:** RSA, Northern Cape (*Tölken* 4004 [BOL]). – **D:** RSA (Northern Cape); Succulent Karoo, zwischen Felsen, Blüten Herbst bis Hochwinter.

≡ *Crassula psammophila* Hort. München (s.a.) (*nom. inval.*, Art. 29.1).

[15] Unterschiede zu ssp. *brevifolia*: Obere **Tr** dünner, 3 - 4 mm ⌀; **Blä** ausgebreitet, grünlich, ohne Reif; **Inf** flachgipfelige Thyrsen, bis 8 cm gestielt; **Kr** gelblich grün.

C. campestris (Ecklon & Zeyher) Endlicher *ex* Walpers (Repert. Bot. Syst. 2: 253, 1843). **T**: RSA, Cape Prov. (*Ecklon & Zeyher* 1873 [FL, G, K, LE, S, SAM, TCD]). – **D**: Namibia, RSA (Northern Cape, Western Cape, Free State), Spanien, Italien (Sizilien); Felsvorkommen in Succulent Karro und Nama Karoo, Blüten im Frühling und Frühsommer.

≡ *Tetraphyle campestris* Ecklon & Zeyher (1837) ≡ *Sedum campestre* (Ecklon & Zeyher) Kuntze (1898) ≡ *Combesia campestris* (Ecklon & Zeyher) P. V. Heath (1993); **incl.** *Crassula campestris* fa. *compacta* Schönland (1917); **incl.** *Crassula campestris* fa. *laxa* Schönland (1917); **incl.** *Crassula pentandra* ssp. *catalaunica* Vigo & Terradas (1969).

[2] Aufrechte bis niederliegend-aufrechte, einjährige Kräuter; **Wu** faserig; **Tr** bis 10 cm, spärlich verzweigt mit kurzen Seiten**Tr**; **Blä** 4 - 10 × 1 - 3 mm, sitzend, lanzettlich bis linealisch-dreieckig, kahl, grün bis braungrün, Unterseite konvex, Rand ganzrandig, selten an der Basis gezähnelt, Spitze etwas zugespitzt; **Inf** aufrechte Thyrsen mit zahlreichen, fast sitzenden Dichasien; **Blü** gestielt (**Ped** zur **Fr**zeit verlängert), 5-zählig; **Cal**zipfel bis 1.5 mm, linealisch-dreieckig bis lanzettlich, Spitze zugespitzt mit einer endständigen Granne; **Kr** becherig, blassgelb, Zipfel bis 0.8 mm, dreieckig-lanzettlich, Spitzen zugespitzt, zusammengezogen; **Anth** gelb.

Kürzlich auch in Sizilien entdeckt (Brullo & al. 1998). Die Natur des Vorkommens in Europa (einheimisch oder eingebürgert) ist unklar (Jalas & al. 1999: 46).

C. capensis (Linné) Baillon (Hist. Pl. 3: 311, 1874). **T**: RSA, Western Cape (*Van Rooyen* s.n. [LINN 480.2]). – **D**: RSA.

≡ *Septas capensis* Linné (1760).

C. capensis var. **albertiniae** (Schönland) Tölken (JSAB 41: 99, 1975). **T**: RSA, Western Cape (*Muir* 1315 [GRA]). – **D**: RSA (Western Cape); meist exponiert auf Ebenen und Hängen, Blüten Herbst bis Wintermitte.

≡ *Crassula albertiniae* Schönland (1917) ≡ *Septas capensis* var. *albertiniae* (Schönland) P. V. Heath (1993); **incl.** *Crassula bartlettii* Schönland (1929).

[7] Unterschiede zu var. *capensis*: **Blä** erst nach dem Blühen und an der Bodenoberfläche erscheinend, **Blä**stiele bis 1 cm, Spreite elliptisch bis verkehrt lanzettlich, Rand ganz, jung leicht gewellt; **Inf** bis 15 cm gestielt.

C. capensis var. **capensis** – **D**: RSA (Western Cape); Ebenen und Hänge, meist exponiert, Blüten Herbst bis Frühsommer. **I**: Tölken (1985: 140, fig. 15: 3).

Incl. *Crassula septas* Thunberg (1794) (*nom. illeg.*, Art. 52.1 ?); **incl.** *Septas globifera* Sims (1812) ≡ *Crassula globifera* (Sims) Sprengel (1825); **incl.** *Septas globiflora* Haworth (1819) (*nom. inval.*, Art. 61.1); **incl.** *Crassula septas* var. *leipoldtii* Schönland (1929) (unkorrekter Name, Art. 11.3).

[7] Geophyten mit aufrechten, verzweigten **Tr** bis 20 cm; Rhizome verzweigt, mit mehreren, kugeligen Knollen mit faserigen Adventiv**Wu**; **Blä** in 2 - 4 Paaren, 1 - 8 × 0.5 - 6 cm, vor oder während der **Blü**zeit erscheinend, abgeflacht, verkehrt eiförmig bis elliptisch, basale **Blä** bis 2 cm gestielt, Ränder gekerbt bis doppelt gekerbt, Oberfläche kahl, grün, selten unterseits purpurn, Basis keilförmig bis herzförmig, Spitze stumpf bis etwas zugespitzt; **Inf** endständige, doldige Thyrsen, bis 12 cm gestielt; **Sep** dreieckig-lanzettlich, bis 3 mm; **Kr** 5- bis 12-zählig, sternförmig, bis 2 cm ⌀, weiss, oder rosa getönt, Zipfel lanzettlich, bis 8 mm, Spitze zugespitzt, ausgebreitet; **Anth** braun.

C. capensis var. **promontorii** (Schönland & Baker *fil.*) Tölken (JSAB 41: 99, 1975). **T**: RSA, Western Cape (*Wolley-Dod* 1624 [GRA, SAM]). – **D**: RSA (Western Cape); meist im Schatten, Blüten Frühling und Frühsommer.

≡ *Crassula promontorii* Schönland & Baker *fil.* (1898) ≡ *Septas capensis* var. *promontorii* (Schönland & Baker *fil.*) P. V. Heath (1993).

[7] Unterschiede zu var. *capensis*: **Tr** oft verzweigt; **Blä** vor der **Blü**zeit erscheinend und 2 - 5 cm über dem Boden, bis 4 cm gestielt, Spreite verkehrt eiförmig bis eiförmig, Rand gekerbt bis ganzrandig; **Inf** fast doldige Thyrsen.

C. capitella Thunberg (Nova Acta Phys.-Med. Acad. Caes. Leop.-Carol. Nat. Cur. 6: 330, 339, 1778). **T**: RSA, Western Cape (*Thunberg* 7732a [UPS]). – **D**: Tropisches E Afrika bis Namibia und RSA.

≡ *Purgosea capitella* (Thunberg) Sweet (1830).

C. capitella ssp. **capitella** – **D**: RSA (Free State, Northern Cape, Western Cape, Eastern Cape); Nama Karoo und Succulent Karoo, trockene Hänge, Blüten Hochsommer bis Herbst.

Incl. *Crassula spicata* Thunberg (1778) ≡ *Purgosea spicata* (Thunberg) G. Don (1834); **incl.** *Globulea impressa* Haworth (1824) ≡ *Crassula impressa* (Haworth) D. Dietrich (1840); **incl.** *Globulea impressa* var. *minor* Haworth (1824); **incl.** *Globulea paniculata* Haworth (1825) ≡ *Crassula paniculata* (Haworth) D. Dietrich (1840); **incl.** *Crassula capitellata* De Candolle (1828) (*nom. inval.*, Art. 61.1); **incl.** *Crassula turrita* var. *latifolia* Harvey (1862); **incl.** *Crassula albanensis* Schönland (1903); **incl.**

Crassula rufo-punctata Schönland (1913); **incl.** *Crassula hemisphaerica* var. *recurva* Schönland (1929); **incl.** *Crassula subbifaria* Schönland (1929).

[14] Kleine, aufrechte, gewöhnlich einzelne, rosettige, mehrjährige (selten zweijährige) Kräuter; **Wu** faserig; **Tr** beinahe kahl, manchmal mit wenigen, ausgebreiteten **Ha**; **Blä** 1.5 - 10 × 0.5 - 3.5 cm, linealisch-lanzettlich bis elliptisch bis verkehrt eiförmig, abgeflacht, kahl, Rand gewimpert, Oberseite flach bis leicht konvex, Unterseite konvex, Spitze zugespitzt; **Inf** aufrechte, endständige, ährenartige Thyrsen mit vielen, sitzenden Dichasien; **Bra** Blaartig, nach oben hin kürzer werdend; **Sep** bis 2 mm, lanzettlich bis dreieckig, kahl, Spitze zugespitzt, Rand gewimpert; **Kr** röhrig, cremefarben bis weiss, bis 4 mm; **Pet** länglich, bis 5 mm, an der Basis kurz verwachsen, Spitzen mit einem gerundeten, dorsalen Anhängsel; **Anth** schwarz bis braun.

C. capitella ssp. **meyeri** (Harvey) Tölken (JSAB 41: 100, 1975). **T:** RSA, KwaZulu-Natal (*Drège* s.n. [S, G, P]). – **D:** RSA (C KwaZulu-Natal); Küstendünen, Blüten im Winter.

≡ *Crassula meyeri* Harvey (1862); **incl.** *Crassula brevistyla* Baker *fil.* (1903); **incl.** *Crassula natalensis* var. *mossii* Schönland (1929).

[14] Unterschiede zu ssp. *capitella*: **Ros**pflanzen, gruppenbildend; **Tr** kräftig, niederliegend-aufrecht, basal holzig, kahl oder mit zerstreuten **Ha**; **Blä** 2 - 5 × 0.5 - 1.5 cm, länglich elliptisch, kahl, Rand gewimpert, Spitze stumpf bis gerundet; **Inf** ährenartige Thyrsen mit flachgipfeligen Dichasien; **Sep** bis 2.5 mm; **Pet** länglich, mit einem gezähnelten, endständigen Anhängsel.

C. capitella ssp. **nodulosa** (Schönland) Tölken (JSAB 41: 100, 1975). **T:** RSA, North-West Prov. (*Adams* 28 [GRA, SAM]). – **D:** Tropisches E Afrika (Uganda, Kenya, Tanzania), Namibia, Botswana, RSA (Free State, Northern Cape, North-West Prov., Gauteng, Mpumalanga); Grasland an trockenen Hängen, Blüten im Hochsommer und Herbst.

≡ *Crassula nodulosa* Schönland (1903); **incl.** *Crassula enantiophylla* Baker *fil.* (1903) ≡ *Crassula capitella* ssp. *enantiophylla* (Baker *fil.*) Tölken (1975); **incl.** *Crassula elata* N. E. Brown (1909); **incl.** *Crassula pectinata* Conrath (1914); **incl.** *Crassula avasimontana* Dinter (1923); **incl.** *Crassula guchabensis* Merxmüller (1951); **incl.** *Crassula nodulosa* fa. *rhodesica* R. Fernandes (1978); **incl.** *Crassula nodulosa* var. *longisepala* R. Fernandes (1978).

[14] Unterschiede zu ssp. *capitella*: Basal knollig, mit 1 bis wenigen **Ros**; **Tr** aufrecht, mit kurzen **Ha**; **Blä** 1 - 6 × 1 - 3.5 cm, verkehrt eiförmig, mit kurzen **Ha** bedeckt, Rand gewimpert, Spitze zugespitzt; **Inf** unverzweigt; **Bra** mit kurzen **Ha**; **Sep** bis 3 mm; **Pet** länglich, Spitzen mit gerundetem, endständigem Anhängsel.

C. capitella ssp. **sessilicymula** (Mogg) Tölken (Fl. South Afr. 14: 184, 1985). **T:** RSA, Gauteng (*Mogg* 12503 [PRE]). – **D:** RSA (N Gauteng, Northern Prov.); Savanne mit *Acacia*, Blüten Hochsommer bis Herbst.

≡ *Crassula sessilicymula* Mogg (1937).

[14] Unterschiede zu ssp. *capitella*: Basal holzig (nicht knollig); **Blä** 2 - 5 × 0.8 - 2 cm, lanzettlich, fein warzig, später verkahlend, Rand gewimpert, Spitze zugespitzt bis stumpf; **Inf** von der Basis her verzweigt; **Sep** bis 2.5 mm; **Pet** länglich mit einem gezähnelten, dorsalen Anhängsel.

C. capitella ssp. **thyrsiflora** (Thunberg) Tölken (JSAB 41: 100, 1975). **T:** RSA, Eastern Cape (*Thunberg* 7801 [UPS]). – **D:** S Namibia, RSA (Northern Prov., Free State, Western Cape, Eastern Cape); Succulent Karro und Nama Karoo, trockene Hänge, Blüten Hochsommer bis Herbst. **Fig. V.d**

≡ *Crassula thyrsiflora* Thunberg (1778) ≡ *Purgosea thyrsiflora* (Thunberg) Sweet (1830); **incl.** *Crassula turrita* Thunberg (1778) ≡ *Purgosea turrita* (Thunberg) Sweet (1830); **incl.** *Aloe pertusa* Haworth (1804) ≡ *Purgosea pertusa* (Haworth) Haworth (1821); **incl.** *Crassula turrita* var. *rosea* Haworth (1819); **incl.** *Crassula corymbulosa* Link & Otto (1820) ≡ *Purgosea corymbulosa* (Link & Otto) Sweet (1830) ≡ *Sedum corymbulosum* (Link & Otto) Kuntze (1898); **incl.** *Purgosea pertusula* Haworth (1828); **incl.** *Purgosea turrita* var. *alba* Sweet (1830); **incl.** *Crassula corymbulosa* var. *typica* Schönland (1904) (*nom. inval.*, Art. 24.3); **incl.** *Crassula corymbulosa* var. *cordata* Schönland (1914); **incl.** *Crassula corymbulosa* var. *lanceolata* Schönland (1914); **incl.** *Crassula corymbulosa* var. *major* Schönland (1914); **incl.** *Crassula nuda* Compton (1932); **incl.** *Crassula triebneri* Schönland *ex* H. Jacobsen (1954) (*nom. inval.*, Art. 36.1); **incl.** *Crassula rhodogyna* H.-C. Friedrich (1960).

[14] Unterschiede zu ssp. *capitella*: Stark verzweigt und polsterbildend; **Blä** rosettig, oft 4-zeilig, 1.5 - 8 × 0.5 - 1.8 cm, abgeflacht, kahl, grün bis leuchtend purpurrot (an trockenen, exponierten Orten), Oberseite leicht konvex, flach bis konkav, Unterseite konvex, Rand ganzrandig bis gewimpert, Spitze zugespitzt; **Inf** unverzweigt bis verzweigt mit gestielten Dichasien; **Sep** bis 2.5 mm; **Pet** länglich verkehrt eiförmig, mit einem gerundeten, dorsalen Anhängsel.

C. ciliata Linné (Spec. Pl. [ed. 1], 283, 1753). **T:** [lecto – icono]: Dillenius, Hort. Eltham. t. 98, f. 116, 1732. – **D:** RSA (Western Cape, Eastern Cape); Renosterveld, felsige Gebiete und Ebenen, Blüten im Hochsommer; in S-Australien verwildert. **Fig. V.e**

≡ *Purgosea ciliata* (Linné) Sweet (1830) ≡ *Sedum ciliatum* (Linné) Kuntze (1898) ≡ *Sphaeritis ciliata* (Linné) P. V. Heath (1993).

[11] Mässig verzweigte, niederliegend-aufrechte,

gerundete, sukkulente Halbsträucher bis 30 cm hoch; **Tr** grün, bis 7 mm ⌀, kahl mit ausdauernden, älteren **Blä**; **Blä** oberseits flach, unterseits flach bis konvex, 15 - 30 × 10 - 13 mm, bandförmig bis bandförmig verkehrt lanzettlich, kahl, Rand scharf, gewimpert, Spitzen stumpf; **Inf** aufrechte, gerundete Thyrsen, 2 cm hoch und bis 4.5 cm ⌀, mit mehreren Dichasien; **Inf**stiel bis 20 cm, mit allmählichem Übergang von den **Blä** zu den **Bra**; **Ped** kurz, manchmal bis 5 mm; **Sep** 3 mm, linealisch-lanzettlich; geschlossene Knospen bis 5 mm; **Kr** weiss bis blassgelb, unten röhrig, oben sternförmig, bis 4 mm ⌀; **Pet** ausgebreitet, später zurückgebogen, linealisch-lanzettlich bis leierförmig, bis 4.5 mm; **Anth** orangebraun bis gelb.

C. clavata N. E. Brown (BMI 1914: 167, 1914). **T**: RSA, Western Cape (*Pearson* s.n. [K]). – **D**: RSA (Northern Cape, Western Cape); Succulent Karoo, kiesige Ebenen und Berge, Blüten im Frühling.

≡ *Globulea clavata* (N. E. Brown) P. V. Heath (1995).

[20] Stammlose, einzelne oder kaum sprossende, mehrjährige Kräuter (bis ± 3 **Tr** in Haufen), bis 5 cm hoch (excl. **Inf**); **Wu** faserig; **Blä** rosettig, ausgebreitet bis aufsteigend, tiefrot, 15 - 40 × 7 - 11 mm, linealisch-lanzettlich, verkehrt lanzettlich bis verkehrt eiförmig, abgeflacht, bikonvex, kahl, selten mit kräftigen, randlichen Wimpern; **Inf** endständige, aufsteigende Thyrsen bis 28 cm mit mehreren, zu Knäueln gehäuften Dichasien; **Inf**stiel bis 21 cm; Dichasien kugelig, bis 12 mm ⌀; **Sep** 2.3 mm, bandförmig-lanzettlich, gewimpert, stumpf; **Kr** röhrig, weiss bis cremefarben; **Pet** basal verwachsen, bis 3.5 mm, Spitzen mit kugeligen, endständigen Schwellungen.

C. closiana (Gay) Reiche (Fl. Chile 2: 369, 1897). **T**: Chile, Región Metropolitana (*Gay* s.n. [P]). – **D**: Mexiko, Peru, Bolivien, Chile, Australien (incl. Tasmanien); feuchte Stellen. **I**: Bywater & Wickens (1984: 720, fig. 5: F-L). **Fig. V.f**

≡ *Tillaea closiana* Gay (1847); **incl.** *Tillaea macrantha* var. *pedicellosa* F. Mueller (1881) ≡ *Tillaea pedicellosa* (F. Mueller) F. Mueller (1889) ≡ *Crassula pedicellosa* (F. Mueller) Ostenfeld (1918); **incl.** *Tillaeastrum latifolium* Rose (1911) ≡ *Tillaea latifolia* (Rose) Calderón (1974); **incl.** *Crassula macbridei* Steyermark (1938).

[2] Aufrechte Kräuter, 2 - 4.5 cm hoch, einfach oder spärlich von der Mitte her verzweigt; **Blä** verkehrt lanzettlich bis verkehrt eiförmig, 2 - 9 × 1 - 2.5 mm, ± zugespitzt, Ränder leicht gewimpert; **Blü** 1 - 2 pro Knoten; **Ped** (1-) 6 - 8 (-11) mm; **Sep** lanzettlich, 1.4 - 2.4 × 0.2 - 0.5 mm, auf der dorsalen Mittelrippe warzig; **Pet** eiförmig, 1.1 - 1.3 × 0.5 - 0.7 mm, leicht zusammengezogen; **NSch** länglich, 0.4 × 0.2 mm; **Sa** klein, länglich, ± 0.27 - 0.32 × 0.15 - 0.19 mm, rötlich braun, warzig und winzig fein gerunzelt.

C. pedicellosa wird hier gemäss Bywater & Wickens (1984: 722) als Synonym behandelt. – [U. Eggli]

C. coccinea Linné (Spec. Pl. [ed. 1], 282, 1753). **T**: BM. – **D**: RSA (Western Cape); bergiger Fynbos, saure Böden auf quarzitischem Sandstein, Blüten im Hochsommer. **Fig. V.g**

≡ *Rochea coccinea* (Linné) De Candolle (1802) ≡ *Larochea coccinea* (Linné) Persoon (1805) ≡ *Dietrichia coccinea* (Linné) Trattinnick (1812) ≡ *Kalosanthes coccinea* (Linné) Haworth (1821); **incl.** *Crassula versicolor* Burchell *ex* Ker Gawler (1818) ≡ *Kalosanthes versicolor* (Burchell *ex* Ker Gawler) Haworth (1821) ≡ *Rochea versicolor* (Burchell *ex* Ker Gawler) Link (1821) ≡ *Dietrichia versicolor* (Burchell *ex* Ker Gawler) Ecklon & Zeyher (1837); **incl.** *Kalosanthes coccinea* var. *alba* Haworth (1821).

[13] Spärlich verzweigte, aufrechte bis ausgebreitete, mehrjährige Kräuter mit beblätterten **Tr**, bis 60 cm hoch; **Wu** faserig; **Tr** grün, sukkulent, 7 mm ⌀, mit herablaufenden **Bla**paaren bedeckt; **Int** nicht sichtbar; **Blä** aufsteigend-ausgebreitet, 20 - 35 × 8 - 15 mm, eher flach, eiförmig-lanzettlich, 4-zeilig, kahl, Oberseite flach bis rinnig, Unterseite flach bis leicht konvex, Rand gewimpert, Spitze zugespitzt; **Inf** traubig-kopfige Thyrsen bis 10 cm ⌀ mit 1 bis mehreren Dichasien mit sitzenden **Blü**; **Sep** linealisch-lanzettlich, bis 22 mm, in der unteren ½ verwachsen, Rand gewimpert, Spitze zugespitzt; **Kr** röhrig, bis 45 × 3 mm ⌀ an der schmalsten Stelle, 6 mm ⌀ incl. **Pet**zipfel, scharlachrot, selten weiss; **Pet** an der Basis für bis zu 7 mm verwachsen, linealisch-spatelig, Spitzen ausgebreitet und später zurückgerollt; **St** bis 25 mm; **Anth** mattgelb.

C. colorata (Nees) Ostenfeld (Dansk. Bot. Ark. 2(8): 45-46, ill., 1918). **T**: Australien, Western Australia (*Preiss* 1932 [LD, LE, MEL, S]). – **D**: S Australien; weit verbreitet.

≡ *Tillaea colorata* Nees (1844).

[2] Einjährige Kräuter mit aufrechten **Tr** bis 15 cm, wenig verzweigt, hauptsächlich aus der Basis; **Blä** lanzettlich, 2 - 4 (-6) × 1.5 - 3 (-4) mm, stumpf (selten zugespitzt), an der Basis plötzlich leicht eingeschnürt, flach, Oberseite flach oder leicht konvex, Unterseite ± konvex, grün bis rötlich braun; **Inf** 1 (manchmal mehrere), Thyrsus-ähnlich (selten Rispen) mit sitzenden Dichasien in den **Ax** der **Bla**artigen **Bra**; **Blü** 5-zählig; **Ped** fehlend oder selten bis 1 mm; **Sep** dreieckig bis lanzettlich, 1 - 2.5 mm; **Kr** becherig, blassgelb bis rot; **Pet** lanzettlich, 1 - 2 mm; **NSch** linealisch; **Sa** 2 pro **Ca**, gewöhnlich schwach gerippt.

Ein weit verbreiteter Komplex mehrerer Varietäten, die vorwiegend auf Merkmalen der Karpelle beruhen. Zwischen den Varietäten scheinen keine Zwischenformen vorhanden zu sein, aber gemischte

Aufsammlungen (besonders var. *colorata* und var. *acuminata* umfassend) sind zahlreich (Tölken 1981: 79-80). – [U. Eggli]

C. colorata var. **acuminata** (Reader) Tölken (J. Adelaide Bot. Gard. 6(2): 195, 1983). **T:** Australien, Victoria (*Reader* s.n. [MEL 89418a]). – **D:** S Australien; weit verbreitet in verschiedenen Habitaten. **I:** Tölken (1981: 64, fig. 3: R-S).
≡ *Tillaea acuminata* Reader (1898) ≡ *Tillaea sieberiana* var. *acuminata* (Reader) Ewart & al. (1908) ≡ *Crassula sieberiana* var. *acuminata* (Reader) Domin (1925); **incl.** *Crassula colorata* var. *tuberculata* Tölken (1981).
[2] **Ca** ± zylindrisch, leicht seitlich zusammengedrückt, im unteren ⅓ plötzlich eingeschnürt, allmählich in den dünnen **Gr** verjüngt, mit einem Büschel krustiger, brauner Warzen im unteren ⅓, im übrigen häutig. – [U. Eggli]

C. colorata var. **colorata** – **D:** Australien (S Western Australia, S South Australia, SW Victoria); Küstengebiete.
Incl. *Tillaea adscendens* Nees (1844); **incl.** *Tillaea intricata* Nees (1844) ≡ *Crassula intricata* (Nees) Ostenfeld (1918).
[2] **Ca** seitlich zusammengedrückt, basal leicht eingeschnürt, allmählich zum dünnen **Gr** verjüngt, häutig, gewöhnlich blass, nie warzig aber Epidermiszellen manchmal aufgewölbt. – [U. Eggli]

C. colorata var. **miriamiae** (Ostenfeld) Tölken (J. Adelaide Bot. Gard. 3(1): 81, 1981). **T:** Australien, Western Australia (*Davis* s.n. in *Ostenfeld* 1452 [MEL]). – **D:** Australien (Western Australia, tiefliegende Gebiete bei Perth und in den Stirling Ranges).
≡ *Crassula miriamiae* Ostenfeld (1918).
[2] **Ca** beinahe kugelig, basal kaum eingeschnürt, plötzlich in den kurzen, aufrechten **Gr** verjüngt, glatt, häutig, blass. – [U. Eggli]

C. columella Marloth & Schönland (Trans. Roy. Soc. South Afr. 17: 255, 1929). **T:** RSA, Northern Cape (*Marloth* 12271 [GRA, PRE]). – **D:** RSA (Northern Cape); Succulent Karoo, Ebenen mit Quarzkieseln und sandige oder felsige Hänge, Blüten im Herbst. **I:** Tölken (1985: 210, fig. 20: 3).
Fig. VI.b
[18] Zwergige, kompakte, niederliegende bis aufrechte, spärlich verzweigte Kräuter, bis 15 cm hoch; **Wu** faserig; **Tr** vollständig von den dichten, eng anliegenden, ziegeligen **Blä** bedeckt und einen zierlichen, 4-eckigen, länglichen **Kö** mit 6 - 17 mm ⌀ bildend, zur etwas stumpf gerundeten Spitze hin verjüngt; **Blä** grün bis gelblich grün, eher flach, 4 - 8 × 6 - 12 mm, sehr breit eiförmig, stumpf gerundet, Epidermis samtig, Oberseite konkav, Unterseite konvex, an der Spitze etwas gekielt; **Inf** gestielte, gerundete Thyrsen 3 × 1.5 cm, Stiel bis 6 cm; **Sep** bis 1.5 mm, dreieckig, zugespitzt oder stumpf gerundet, Ränder gewimpert; **Kr** röhrig; **Pet** basal verwachsen, länglich elliptisch, stumpf gerundet, 2.5 mm, cremefarben oder gelb; **Anth** braun.

C. columnaris Thunberg (Nova Acta Phys.-Med. Acad. Caes. Leop.-Carol. Nat. Cur. 6: 329, 1778). **T:** RSA, Western Cape (*Thunberg* 7740 [UPS, G, P-U, STB]). – **D:** Namibia, RSA.
≡ *Tetraphyle columnaris* (Thunberg) P. V. Heath (1993).

C. columnaris ssp. **columnaris** – **D:** RSA (Northern Cape, Western Cape); vorwiegend Succulent Karoo, auf Kiesebenen, Blüten im Hochwinter und frühen Frühling.
Incl. *Crassula mitrata* H.-C. Friedrich (1974) ≡ *Tetraphyle columnaris* var. *mitrata* (H.-C. Friedrich) P. V. Heath (1993).
[16] Mehrjährige Zwergpflanzen, kompakt, monocarp, 1-triebig, 2.5 - 7 cm hoch; **Wu** faserig; **Tr** 3 - 4 mm ⌀, vollständig von den 8 - 10 **Blä**paaren verdeckt; **Blä** sitzend, **Blä** eines Paares an der Basis verwachsen, dicht ziegelig, nach oben hin kürzer werdend und einen kurzen, spitz zulaufenden, säuligen **Kö** mit 2 - 3.5 cm ⌀ bildend, Spreite bräunlich grün, eiförmig, breiter als lang, bis 10 - 15 × 15 - 30 mm ⌀, Rand winzig gewimpert, untere Seite nicht gekielt, Spitze gerundet, manchmal mit aufgesetztem Spitzchen; **Inf** dichte, endständige, gerundete, traubige Köpfchen, 10 mm hoch und bis 22 mm ⌀; **Sep** bandförmig, 1.5 - 3 mm, durchscheinend, Spitzen grün, stumpf; **Blü** süsslich duftend; **Kr** 7 - 13 mm, basal bauchig bis ampullenförmig, Zipfel linealisch-bandförmig, im unteren ⅓ verwachsen, weiss, Spitzen stumpf, gelblich, 1 mm; **Fil** 1.2 - 2 mm; **Anth** gelb oder braun; **NSch** rötlich.

C. columnaris ssp. **prolifera** H.-C. Friedrich (Mitt. Bot. Staatssamml. München 11: 334-337, 347, fig. 9, 1974). **T:** Namibia (*Merxmüller & Giess* 3432 [M]). – **D:** S Namibia, RSA (Northern Cape); Succulent Karoo, Blüten Hochwinter bis Frühling. **I:** Tölken (1985: 194, fig. 18: 2).
≡ *Tetraphyle columnaris* var. *prolifera* (H.-C. Friedrich) P. V. Heath (1993); **incl.** *Crassula semiorbicularis* Ecklon & Zeyher (1837); **incl.** *Crassula columnaris* var. *elongata* E. Meyer *ex* Drège (1843) (*nom. inval.*, Art. 32.1c).
[16] Unterschiede zu ssp. *columnaris*: Nur 1 - 2 cm ⌀, aus der Basis überreichlich sprossend und dichte Gruppen bildend; untere Seite der **Blä** mit einem deutlichen Kiel; **Kr** 6 - 8 mm.

C. compacta Schönland (JLSB 31: 550, 1897). **T:** RSA, Mpumalanga (*Galpin* 1092 [GRA, BOL, K, Z]). – **D:** RSA (Mpumalanga, Free State); Grasland in Berggebieten.
Incl. *Crassula compacta* var. *elatior* Baker *fil.* (1903); **incl.** *Crassula massonoides* Diels (1907); **incl.** *Crassula mossii* Schönland (1929).

[14] Mehrjährig, zwergig, einzeln oder spärlich verzweigt, kompakt; **Blä** rosettig, ausgebreitet, ziegelig, 2 - 4 × 2 - 3.5 cm, eiförmig, breit eiförmig bis verkehrt eiförmig, kahl, grün, oft rötlich werdend und mit dunkler roten Flecken, Rand gewimpert; **Inf** endständige, aufrechte Thyrsen bis 10 cm mit bis zu 5 Paar **Bra** und sitzenden Dichasien; **Inf**stiel rötlich, 4 mm ∅, filzig; **Bra** eiförmig bis verkehrt eiförmig, rinnig, untere 8 × 4 mm, nach oben hin kleiner werdend; **Blü** süsslich duftend; **Ped** bis 2.5 mm; **Sep** länglich, 2 - 2.5 mm; **Kr** röhrig, weiss bis cremefarben; **Pet** an der Basis kurz verwachsen, ausgebreitet, länglich verkehrt eiförmig, 4.5 - 7 × 1.2 mm, Spitzen ausgebreitet bis zurückgebogen, stumpf; **Anth** gelb bis schwarz.

C. congesta N. E. Brown (Gard. Chron., ser. 3, 32(2): 171, 1902). **T:** RSA, Western Cape (*Chalwin* s.n. [K]). – **D:** RSA (Western Cape).

≡ *Tetraphyle congesta* (N. E. Brown) P. V. Heath (1993).

C. congesta ssp. **congesta** – **D:** RSA (Western Cape); S-Rand der Grossen Karoo, Witteberg-Kette, Quarzebenen und Hügel.

Incl. *Crassula pachyphylla* Schönland (1903).

[16] Mehrjährig, zwergig, kompakt, monocarp, aufrecht, 1-stämmig, bis 20 cm hoch; **Wu** faserig; **Blä** lanzettlich, 15 - 30 × 8 - 13 mm, nach oben hin kürzer werdend, nach oben gebogen, obere Seite flach bis leicht gefurcht, untere Seite konvex, Oberfläche kahl oder nahe der Basis spärlich gewimpert, grau bis braungrün, Spitze stumpf zugespitzt; **Inf** dichte, endständige, gerundete, traubige Köpfchen; **Sep** bis 4 mm, Zipfel länglich verkehrt lanzettlich, gewimpert, Spitzen gerundet; **Kr** bis 15 mm, ampullenförmig, Zipfel länglich verkehrt lanzettlich, im unteren ⅓ verwachsen, cremefarben, manchmal mit rötlicher Tönung, Spitzen stumpf; **Anth** gelb.

C. congesta ssp. **laticephala** (Schönland) Tölken (JSAB 41: 101, 1975). **T:** RSA, Western Cape (*Volschenk* s.n. [GRA, K, SAM]). – **D:** RSA (Western Cape); W Kleine Karoo, Quarzebenen und Hügel.

≡ *Crassula laticephala* Schönland (1913) ≡ *Tetraphyle congesta* var. *laticephala* (Schönland) P. V. Heath (1993).

[16] Unterschiede zu ssp. *congesta*: Kleiner und nur bis 10 cm hoch; **Blä** scharf zugespitzt, zurückgebogen.

C. connata (Ruiz & Pavón) A. Berger (NPF2 18a: 389, 1930). **T:** Peru, Cajamarca (*Ruiz & Pavón* 10/89 [MA, FI, OXF]). – **Lit:** Moran (1992d). **D:** N und S Amerika (Oregon [USA] bis Argentinien). **I:** Bywater & Wickens (1984: 725). **Fig. VI.c**

≡ *Tillaea connata* Ruiz & Pavón (1798); **incl.** *Crassula connata* var. *connata*; **incl.** *Tillaea sedoides* Bertero (s.a.) (*nom. inval.*, Art. 29.1); **incl.** *Tillaea rubescens* Kunth (1823); **incl.** *Tillaea minima* Miers *ex* Hooker & Arnott (1833) (*nom. illeg.*, Art. 52.1) ≡ *Crassula minima* (Miers *ex* Hooker & Arnott) Reiche (1896) (*nom. illeg.*, Art. 53.1); **incl.** *Tillaea diffusa* Willdenow *ex* Steudel (1841); **incl.** *Tillaea minima* Gay (1847); **incl.** *Tillaea muscosa* Gay (1847) (*nom. illeg.*, Art. 53.1); **incl.** *Tillaea leptopetala* Bentham (1849); **incl.** *Tillaea minima* var. *subsimplex* S. Watson (1876) (unkorrekter Name, Art. 11.4) ≡ *Crassula connata* var. *subsimplex* (S. Watson) Bywater & Wickens (1984); **incl.** *Tillaea erecta* var. *eremica* Jepson (1925) ≡ *Tillaea erecta* ssp. *eremica* (Jepson) Wiggins (1964) ≡ *Crassula connata* var. *eremica* (Jepson) Bywater & Wickens (1984); **incl.** *Crassula connata* var. *erectoides* Bywater & Wickens (1984); **incl.** *Crassula connata* var. *muscoides* Bywater & Wickens (1984).

[2] Aufrechte Kräuter bis 6.5 cm, einfach oder aus der Basis spärlich verzweigt; **Blä** lanzettlich-dreieckig, (0.8-) 1.8 - 3 (-6.5) × (0.4-) 0.7 - 1 (-1.4) mm, stumpf bis zugespitzt; **Blü** (1-) 2 pro Knoten, 3- bis 5-zählig; **Ped** (0.2-) 1 - 3 (-6) mm; **Sep** dreieckig, (0.6-) 0.8 - 1.4 (-2.3) × ± 0.3 - 0.7 mm, zugespitzt bis mit Dornspitzchen; **Pet** schmal dreieckig, (0.6-) 0.8 - 1.2 × 0.2 - 0.4 mm, zugespitzt bis verschmälert; **NSch** fadenförmig bis schmal spatelig, 0.3 - 0.6 mm; **Sa** (1-) 2 pro **Ca**, klein, ellipsoid, ± 0.3 - 0.5 (-0.57) × 0.15 - 0.25 mm, rötlich braun, glatt, oft unregelmässig längsrippig.

Ein variabler Komplex von Taxa, der von Bywater & Wickens (1984) in mehrere Varietäten eingeteilt wird, die hier aber gemäss Moran (1992d) als Synonyme behandelt werden. Volksname (USA): "Pygmy Weed". – [U. Eggli]

C. corallina Thunberg (Nova Acta Phys.-Med. Acad. Caes. Leop.-Carol. Nat. Cur. 6: 239, 334, 1778). **T:** RSA, Northern Cape (*Thunberg* 7741 [UPS]). – **D:** Namibia, RSA.

≡ *Creusa corallina* (Thunberg) P. V. Heath (1993).

C. corallina ssp. **corallina** – **D:** S Namibia, RSA (Northern Cape, Western Cape, Eastern Cape, Free State); Nama Karoo, trockene Ebenen und Hänge, Blüten Hochsommer bis Herbst.

Incl. *Crassula dasyphylla* Harvey (1862).

[5] Mehrjährig, niederliegend, verzweigt; **Tr** bis 8 cm, an den Knoten wurzelnd; Haupt**Wu** bis 2 mm ∅ aber nicht knollig; **Blä** 3 - 5 × 2 - 3 mm, verkehrt eiförmig bis elliptisch, rhombisch, bikonvex, zu den Spitzen hin geschwollen, Oberfläche feinwarzig mit weisser, wachsiger Überdeckung, Basis keilförmig bis fast gestielt, Spitze fast zugespitzt bis stumpf gerundet; **Inf** endständige Dichasien mit bis zu 5 gestielten **Blü**; **Inf**stiel undeutlich; **Sep** bandförmig, bis 2 mm, stumpf gerundet; **Kr** urnenförmig, weiss oder cremefarben, Zipfel bis 3 mm, länglich bis verkehrt lanzettlich, an der Basis kurz verwachsen, Spitzen zurückgebogen; **Anth** gelb; **Gr** deutlich, aufrecht; **Na** spitzenständig.

C. corallina ssp. **macrorrhiza** Tölken (JSAB 41: 101-102, 1975). **T:** Namibia (*Dinter* 4773 [PRE, K, SAM]). – **D:** S Namibia, RSA (Northern Cape); Nama Karoo, trockene Ebenen, Blüten Frühling bis Hochsommer.

≡ *Creusa corallina* ssp. *macrorrhiza* (Tölken) P. V. Heath (1993).

[5] Unterschiede zu ssp. *corallina*: HauptWu geschwollen, 3 - 12 mm ⌀; **Blä** 4 - 5 × 3.5 - 5 mm, verkehrt eiförmig bis verkehrt dreieckig, Spitzen gerundet; **Gr** undeutlich, **Na** seitlich, sitzend.

Dies entspricht *C. corallina* der meisten gärtnerischen Veröffentlichungen.

C. cordata Thunberg (Nova Acta Phys.-Med. Acad. Caes. Leop.-Carol. Nat. Cur. 6: 328, 330, 1778). **T:** RSA, Eastern Cape (*Thunberg* 7742 [UPS]). – **D:** RSA (Eastern Cape, KwaZulu-Natal); Bushveld, Blüten Hochwinter bis Frühjahr.

Incl. *Crassula neglecta* Schultes (1820) (*nom. illeg.*, Art. 52.1); **incl.** *Crassula aitonii* Britten & Baker *fil.* (1898); **incl.** *Crassula glauca* Schönland (1929).

[6] Niederliegende bis aufrechte, spärlich verzweigte Kräuter bis 30 cm hoch; **Tr** und **Blä** mit weissem, puderigem Hauch; **Wu** faserig; **Tr** stielrund, bis 8 mm ⌀; **Blä** 15 - 35 × 7 - 12 mm, flach, graugrün, breit eiförmig, Ränder rötlich, mit einem Ring aus Wasserspalten, obere Seite konkav bis flach, untere Seite konvex, Basis herzförmig, Spitze gerundet bis stumpf; **Inf** locker gerundete bis ausgebreitete Thyrsen, 15 × 14 cm, Zweige mit Adventivpflänzchen und durch das Gewicht nickend; **Inf**stiel bis 15 cm; **Sep** dreieckig, bis 2 × 1 mm; **Kr** sternförmig, gelblich grün bis blassgelb, manchmal rosa getönt; **Pet** an der Basis verwachsen, lanzettlich, 3 × 1 mm; **Anth** gelb.

C. cordifolia Baker (JLSB 25: 315, 1889). **T:** Madagaskar (*Baron* 5194 [K ?]). – **D:** Madagaskar (Ankaratra-Massif); 2250 m.

[?] Kahle, mehrjährige Kräuter; **Tr** schlank, einfach, aufrecht, kantig, bis 15 cm; **Blä** sukkulent, grün, 5 - 8 mm, herzförmig, basal stengelumfassend und etwas miteinander verbunden; **Inf** endständige Rispen, 5 - 8 cm ⌀; **Blü** zahlreich, 5-zählig, lang gestielt; **Sep** 4 mm, eiförmig-lanzettlich, grün mit weisslichem Rand; **Pet** 6 - 7 mm, länglich, weiss; **St** 4 mm.

Obwohl neulich wieder aufgesammelt (Allorge-Boiteau 2002) nur unzureichend bekannt und hier auf Grund des Protologs beschrieben. – [U. Eggli]

C. cotyledonis Thunberg (Nova Acta Phys.-Med. Acad. Caes. Leop.-Carol. Nat. Cur. 6: 329, 332, 1778). **T:** RSA, Eastern Cape (*Thunberg* 7743 [UPS, G-DC]). – **D:** S Namibia, RSA (Northern Cape, Western Cape, Eastern Cape); Succulent Karoo, zwischen Felsen, Blüten im Hochsommer.

≡ *Purgosea cotyledonis* (Thunberg) Sweet (1830) ≡ *Globulea cotyledonis* (Thunberg) P. V. Heath (1995); **incl.** *Crassula canescens* var. *latifolia* Harvey (1862); **incl.** *Crassula rehmannii* Baker *fil.* (1903); **incl.** *Crassula dubia* Schönland (1910) ≡ *Crassula cephalophora* var. *dubia* (Schönland) Schönland (1929); **incl.** *Crassula tayloriae* Schönland (1910) ≡ *Crassula cephalophora* var. *tayloriae* (Schönland) Schönland (1929).

[20] Niedrigwüchsige Sträucher von unterschiedlicher Grösse, bis 1 m hoch (excl. **Inf**), dicht, einzeln oder mit mehreren **Ros**; **Blä** unterschiedlich in Form und Behaarung, aufsteigend-ausgebreitet, verkehrt eiförmig bis länglich verkehrt lanzettlich, 2.5 - 10 × 1.5 - 4.5 cm, abgeflacht, in 2-zeiliger Anordnung seitwärts gebogen, dicht mit kurzen, zurückgebogenen **Ha** bedeckt, grün bis graugrün, obere Seite flach bis leicht konvex, untere Seite flach bis leicht konvex, Rand winzig gewimpert, Spitze stumpf gerundet; **Inf** aufrechte, ährenartige Thyrsen bis 33 cm mit mehreren, sitzenden bis kurz gestielten Dichasien; **Inf**stiel behaart, mit bis zu 7 Paaren eiförmig-dreieckiger **Bra** bis 6 mm; **Blü** dicht geknäuelt; **Sep** länglich dreieckig, bis 3 mm, stumpf gerundet, Rand gewimpert; **Kr** röhrig, cremefarben bis weiss, Zipfel an der Basis kurz verwachsen, 2 - 4.5 mm, leierförmig, mit endständigen, kugeligen Anhängseln; **Anth** gelb.

C. cremnophila van Jaarsveld & A. E. van Wyk (Aloe 36(4): 71, ills., 2000). **T:** RSA, Eastern Cape (*van Jaarsveld* 15743 [NBG]). – **D:** RSA (Eastern Cape); steile Klippen, Dickichte, Blüten Frühling bis Hochsommer. **Fig. X.f**

[14] Kompakte, spärlich verzweigte Zwergsukkulenten mit bis zu 5 **Ros**, 1.2 - 2.5 cm hoch; **Blä** rosettig, flach ausgebreitet, ziegelig und einen halbkugeligen Körper mit 2 - 7 cm ⌀ bildend, Spreite breit verkehrt eiförmig, 15 - 35 × 10 - 32 mm, glauk, kahl, Spitze gerundet bis etwas spitz, Ränder bewimpert; **Inf** endständige, aufrechte, rundgipfelige Thyrsen bis 3 cm ⌀; **Inf**stiel bis 3.5 cm; **Blü** sitzend oder kurz gestielt, duftend; **Sep**zipfel verkehrt lanzettlich, 3 × 1 mm; **Kr** bis 7 mm lang; **Pet** basal frei, rosa.

Ähnlich wie *C. hemisphaerica*.

C. crenulata Thunberg (Nova Acta Phys.-Med. Acad. Caes. Leop.-Carol. Nat. Cur. 6: 330, 339, 1778). **T:** RSA, Western Cape (*Thunberg* 7745 [UPS, S]). – **D:** RSA (KwaZulu-Natal, Western Cape, Eastern Cape); Grasland und Dickichte, Blüten Hochsommer bis Herbst.

≡ *Purgosea crenulata* (Thunberg) G. Don (1834) ≡ *Septimia crenulata* (Thunberg) P. V. Heath (1993); **incl.** *Crassula caerulata* J. F. Gmelin (1791); **incl.** *Crassula telephioides* Haworth (1821).

[6] Aufrechte, mehrtriebige Kräuter, bis 40 cm hoch aus knolliger Basis; Knollen fingerförmig; **Tr** aufrecht, unverzweigt, alte **Blä** ausdauernd; **Blä** 3 - 8 × 0.5 - 2.5 cm, flach, bootförmig, sitzend; basale

Blä verkehrt lanzettlich bis elliptisch, obere **Blä** länglich lanzettlich, Ränder ganzrandig bis fein gekerbt, Spitze stumpf bis zugespitzt; **Inf** oben abgeflachte Thyrsen mit einzelnen bis vielen Dichasien; **Blü** aufrecht; **Sep** linealisch-dreieckig, bis 3 mm, zugespitzt; **Kr** sternförmig, bis 18 mm ⌀, weiss oder cremefarben, rosa getönt; **Pet** linealisch-lanzettlich, bis 8 mm; **Anth** purpurn.

C. cultrata Linné (Mant. Pl. Altera, 361, 1771). **T:** [lecto − icono]: Dillenius, Hort. Eltham. 11, t. 17: fig. 114, 1732. − **D:** RSA (E Teil des Western Cape, Eastern Cape bis S KwaZulu-Natal); Succulent Karoo und Dickichte, Blüten im Hochsommer. **Fig. VI.d**

≡ *Globulea cultrata* (Linné) Haworth (1812); **incl.** *Crassula torquata* Baker *fil.* (1869); **incl.** *Crassula cultrata* var. *typica* Schönland (1929) (*nom. inval.*, Art. 24.3).

[20] Mit aufgerichtetem Ende kriechende bis aufrechte, kahle (selten behaarte), mässig verzweigte Kräuter bis 80 cm hoch; **Tr** anfänglich grün, ± 3 mm ⌀, im Alter verholzend mit dunkelbrauner Rinde; **Blä** in der Form unterschiedlich, abgeflacht, asymmetrisch, verkehrt eiförmig bis verkehrt lanzettlich, grün bis gelblich grün, aufsteigend bis ausgebreitet, 35 - 55 × 15 - 25 mm mit 5 - 10 mm langem Stiel, kahl bis selten filzig, Rand grün bis rötlich, zugespitzt, ganzrandig, Basis keilförmig, Spitzen stumpf bis zugespitzt; **Inf** aufrechte, ährenartige Thyrsen bis 45 cm mit bis zu 8 Paaren gestielter (bis 12 - 40 mm) Dichasien in der oberen ½; unteres Paar der **Bra Blä**artig, nach oben hin kleiner werdend (8 - 10 × 3 - 6 mm), dreieckig-lanzettlich, obere Seite flach bis rinnig, untere Seite konvex; **Sep** 2 - 3 mm, dreieckig-lanzettlich; **Kr** röhrig, cremefarben bis weiss, Zipfel an der Basis kurz verwachsen, 3 - 4 mm, leierförmig, mit endständigen, eiförmigen Anhängseln; **Anth** schwarz.

C. cymbiformis Tölken (Fl. South Afr. 14: 163, 1985). **T:** RSA, Northern Prov. (*Hardy & al. 5365* [PRE]). − **D:** RSA (Northern Prov.: Waterberg); Felsvorkommen, herbstblühend.

[14] Mässig verzweigte, mit aufgerichtetem Ende kriechende bis aufrechte Kräuter bis 20 cm hoch (zur **Blü**zeit); **Wu** faserig; **Tr** fest; **Blä** 4-reihig, Spreite 15 - 95 × 15 - 32 mm, grün bis rötlich grün; basale **Blä** länglich verkehrt eiförmig, obere **Blä** lanzettlich, alle flach, bootförmig, kahl, Rand gewimpert, Basis unterschiedlich bis beinahe geöhrt, Spitze zugespitzt; **Inf** endständige, oben flache Thyrsen mit zahlreichen Dichasien; **Ped** bis 6 mm; **Sep** linealisch-dreieckig, bis 1 mm; **Kr** röhrig, bis 5 mm; **Pet** an der Basis kurz verwachsen, bis 4 mm, lanzettlich, ausgebreitet und später zurückgebogen; **Anth** schwarz.

C. cymosa Bergius (Descr. Pl. Cap., 84, 1767). **T:** RSA, Western Cape (*Grubb* s.n. [STB]). − **D:** RSA (Western Cape); Fynbos, Blüten Frühling bis Hochsommer.

≡ *Larochea cymosa* (Bergius) Haworth (1812) ≡ *Rochea cymosa* (Bergius) De Candolle (1828) ≡ *Sedum cymosum* (Bergius) Kuntze (1898); **incl.** *Crassula arenicola* Tölken (1972).

[11] Aufrechte, reichlich verzweigte, gerundete Kleinsträucher bis 25 cm hoch; **Tr** an der Basis holzig, braun, bis 2.5 mm ⌀; **Blä** linealisch-elliptisch, 15 - 25 × 1.5 - 3 mm, aufsteigend, eher flach, kahl, obere Seite flach bis konvex, untere Seite konvex, Rand gewimpert, Spitzen zugespitzt bis pfriemlich; **Inf** gerundete bis oben flache Thyrsen, 15 × 20 mm, mit mehreren, dichten Dichasien; **Inf**stiel ± 11 cm mit kontinuierlichem Übergang von **Blä** zu **Bra**; **Ped** bis 1 mm oder zumeist fehlend; **Sep** linealisch-lanzettlich, 2 mm; **Kr** röhrig, 4 × 3 mm ⌀, weiss; **Pet** linealisch-lanzettlich, 3.5 mm, untere ½ verwachsen; **Anth** gelb.

C. deceptor Schönland & Baker *fil.* (J. Bot. 40: 285, 1902). **T:** RSA, Northern Cape (*Alston* s.n. [GRA]). − **D:** S Namibia, RSA (Northern Cape, Western Cape); Succulent Karoo, Ebenen mit Quarzkieseln und kiesige bis felsige Hänge, Blüten Hochsommer bis Herbst. **I:** Tölken (1985: 210, fig. 20: 1). **Fig. VI.a**

Incl. *Crassula cornuta* Schönland & Baker *fil.* (1902); **incl.** *Crassula arta* Schönland (1929); **incl.** *Crassula deceptrix* Schönland (1929) (*nom. illeg.*).

[18] Zwergige, kompakte, aufrechte, einzelne oder spärlich verzweigte Kräuter bis 6 cm hoch; **Wu** faserig; **Tr** 5 - 8 mm ⌀ mit dichten, ziegeligen, stengelumfassenden **Blä**, die einen 4-eckig-länglichen **Kö** mit 2.5 cm ⌀ bilden, zur Spitze hin spitz zulaufend; **Blä** 7 - 18 × 3 - 15 mm, eiförmig-dreieckig bis breit eiförmig, stumpf, graugrün, Epidermis warzig, Ränder ganzrandig, obere Seite konkav, untere Seite konvex, etwas bootförmig und manchmal nahe der Spitze gekielt; **Inf** gestielte, gerundete Thyrsen bis 2 × 2 cm; **Inf**stiel bis 8 cm; **Sep** bis 1.5 mm, länglich dreieckig, zugespitzt bis stumpf gerundet, Ränder gewimpert; **Kr** röhrig, bis 2.5 mm, cremefarben oder gelb, Zipfel länglich elliptisch, stumpf oder zugespitzt, basal verwachsen; **Anth** braun.

Die Zahl der Synonyme widerspiegelt die Variabilität der Blattform und -anordnung, aber Übergangsformen zwischen den formell beschriebenen (und häufig kultivierten) Populationen widersetzen sich einer formalen Klassifikation.

C. decidua Schönland (Trans. Roy. Soc. South Afr. 17: 258, 1929). **T** [lecto]: RSA, Eastern Cape (*Dyer 869* [GRA, K, L, PRE]). − **D:** RSA (Eastern Cape); Noorsveld in *Euphorbia*-Dickichten, Blüten Hochsommer bis Herbst.

[17] Wenig verzweigte, aufrechte Kleinsträucher bis 6 cm hoch; **Wu** faserig; **Haupt**Tr an der Basis leicht fleischig; **Blä** 10 - 35 × 6 - 15 mm, zur **Fr**zeit

vollständig abfallend, eher flach, bikonvex, verkehrt eiförmig-messerförmig, Spreite graugrün, anfangs warzig, verkahlend, Spitze stumpf; **Inf** ährenartige Thyrsen mit dichten Dichasien; **Sep** bis 2.5 mm, dreieckig, zugespitzt, behaart mit gewimperten Rändern; **Kr** röhrig, bis 4.5 mm, Zipfel linealisch verkehrt lanzettlich, cremefarben, bis 3.5 mm, Spitzen zugespitzt bis stumpf mit einem dorsalen Anhängsel; **Anth** schwarz.

Die vollständig abfallenden Blätter sind ein einzigartiges Merkmal in dieser Sektion.

C. decumbens Thunberg (Prodr. Fl. Cap., 54, 1794). **T** [lecto]: RSA, Cape Prov. (*Thunberg 7751* [UPS, BM, STB]). – **D:** Chile, Australien, Mongolei, RSA

≡ *Gomara decumbens* (Thunberg) P. V. Heath (1995).

C. decumbens var. **brachyphylla** (Adamson) Tölken (JSAB 41: 102, 1975). **T:** RSA, Cape Prov. (*Ecklon & Zeyher* 1852 [G, GRA, K, LE, S, SAM]). – **D:** RSA (Western Cape, Northern Cape); küstennah in Salzsümpfen, Blüten Frühling bis Frühsommer.

≡ *Crassula brachyphylla* Adamson (1942); **incl.** *Bulliarda brevifolia* Ecklon & Zeyher (1837) ≡ *Tillaea brevifolia* (Ecklon & Zeyher) Walpers (1843) ≡ *Crassula brevifolia* (Ecklon & Zeyher) Schönland (1917) (*nom. illeg.*, Art. 53.1).

[2] Unterschiede zu var. *decumbens*: Mattenbildend und in dichten Gruppen wachsend; **Blä** bis 5 mm, zylindrisch bis keulig, Spitze stumpf; **Kr**zipfel breit eiförmig, oft 2× so lang wie die **Cal**zipfel.

C. decumbens var. **decumbens** – **D:** Chile, Australien, Mongolei, RSA (Northern Cape, Western Cape); in der RSA in Succulent Karoo, sandige Gegenden in der Nähe von Wasserflächen, Blüten Spätfrühling bis Hochsommer. **I:** Bywater & Wickens (1984: 720, fig. 5: A-E).

Incl. *Bulliarda trichotoma* Ecklon & Zeyher (1837) ≡ *Tillaea trichotoma* (Ecklon & Zeyher) Walpers (1843); **incl.** *Tillaea macrantha* Hooker *fil.* (1841) ≡ *Crassula macrantha* (Hooker *fil.*) Diels & Pritzel (1904); **incl.** *Tillaea ovallei* Philippi (1872) ≡ *Crassula ovallei* (Philippi) Reiche (1897); **incl.** *Tillaea radicans* Philippi (1872) ≡ *Crassula radicans* (Philippi) Reiche (1897) (*nom. illeg.*, Art. 53.1); **incl.** *Tillaea macrantha* var. *sepalosa* F. Mueller (1881); **incl.** *Crassula mongolica* Franchet (1882) ≡ *Tillaea mongolica* (Franchet) S. H. Fu (1965); **incl.** *Tillaea micrantha* Tate (1890) (*nom. inval.*, Art. 61.1); **incl.** *Tillaea rencana* Philippi (1894); **incl.** *Crassula leipoldtii* Schönland & Baker *fil.* (1902); **incl.** *Crassula macrantha* var. *nuda* Ostenfeld (1916); **incl.** *Crassula langebergensis* Schönland (1929).

[2] Einjährig, mit aufgerichtetem Ende kriechend bis aufrecht, bis 12 cm hoch oder viel kürzer, reichlich von der Basis aus verzweigt und kleine Gruppen bildend, selten mattenbildend; **Blä** 3 - 10 × 0.5 - 2 mm, sitzend, linealisch-lanzettlich, verkehrt lanzettlich bis elliptisch, pfriemlich, kahl, grün bis rötlich braun, Oberseite flach, Unterseite konvex, Spitze zugespitzt mit endständigem Wärzchen; **Inf** Thyrsen mit zahlreichen Dichasien (1 - 2 **Blü** pro Knoten); **Blü** gestielt, 4- (ausserhalb Afrikas) oder 5-zählig (Afrika); **Sep** eiförmig bis lanzettlich, (1.3-) 1.9 - 2.4 × 0.3 - 0.8 mm, Rand gezähnelt; **Kr** tassenförmig, weiss oder cremefarben; **Pet** eiförmig bis lanzettlich, (1-) 1.5 - 1.9 × 0.6 - 0.9 mm, zugespitzt, gleich lang oder kürzer als die **Sep**; **NSch** verkehrt dreieckig, 0.4 × 0.3 mm; **Sa** länglich, 0.44 - 0.5 × ± 0.23 mm, rötlich braun, dicht warzig.

Nahe verwandt mit *C. closiana* (Sepalen warzig) und *C. connata* (Samen leicht gerippt). – [E. van Jaarsveld & U. Eggli]

C. dejecta Jacquin (Pl. Hort. Schoenbr. 4: t. 433, 1804). **T:** RSA, Western Cape (*Jacquin s.n.* [W]). – **D:** RSA (Northern Cape, Western Cape); Succulent Karoo und Fynbos, felsige Gebiete, Blüten im Hochsommer. **Fig. VI.e**

≡ *Curtogyne dejecta* (Jacquin) De Candolle (1828); **incl.** *Crassula microsquamata* Schönland *in sched.* (s.a.) (*nom. inval.*, Art. 29.1); **incl.** *Crassula undulata* Haworth (1803) ≡ *Curtogyne undulata* (Haworth) Haworth (1821); **incl.** *Crassula undata* Haworth (1819) ≡ *Curtogyne undata* (Haworth) Haworth (1821); **incl.** *Crassula albiflora* Sims (1823) ≡ *Rochea albiflora* (Sims) De Candolle (1828) ≡ *Curtogyne albiflora* (Sims) Ecklon & Zeyher (1837); **incl.** *Curtogyne undosa* Haworth (1828); **incl.** *Crassula albiflora* var. *minor* Schönland (1929).

[12] Stark verzweigte, gerundete Halbsträucher bis 40 cm hoch; ältere **Tr** verholzend; jüngere **Tr** rötlich, mit zurückgebogenen **Ha**, graubraun werdend, 3 - 7 mm ⌀; **Blä** oberseits flach, unterseits flach bis leicht konvex, 20 - 35 × 15 - 20 mm, eiförmig, eiförmig-bandförmig bis länglich elliptisch, winzig warzig, ohne **Ha**, Rand zugespitzt, gewimpert, an der Basis herablaufend, Basis beinahe herzförmig, Spitze stumpf; **Inf** aufrechte, gerundete Thyrsen, 7 cm hoch, bis 11 cm ⌀, mit mehreren Dichasien; **Inf**stiel undeutlich; **Ped** kurz, 1.5 - 3 mm; geschlossene Knospen bis 8 mm; **Sep** 5 mm, linealisch-lanzettlich, 3 × 1.5 mm, rötlich; **Kr** unten röhrig, oben sternförmig und bis 1 cm ⌀, weiss; **Pet** an der Basis kurz verwachsen, Spitze ausgebreitet, länglich verkehrt lanzettlich, bis 6 - 7 mm; **Anth** braun.

C. deltoidea Thunberg (Nova Acta Phys.-Med. Acad. Caes. Leop.-Carol. Nat. Cur. 6: 239, 334, 1778). **T:** RSA, Northern Cape (*Thunberg 7754* [UPS, G-DC, S]). – **D:** RSA (Northern Cape, Western Cape); Nama Karoo, trockene Ebenen, Blüten Frühling bis Hochsommer. **Fig. VI.f**

≡ *Creusa deltoidea* (Thunberg) P. V. Heath (1993); **incl.** *Crassula rhomboidea* N. E. Brown (1886).

[5] Einjährig, mit aufgerichtetem Ende kriechend bis aufrecht; **Tr** kurz, ausgebreitet, bis 8 cm; **Wu** faserig mit einer Hauptpfahl**Wu**; ältere **Blä** abfallend; **Blä** unterschiedlich gross, 10 - 20 × 4 - 15 mm, schmal bis breit dreieckig bis verkehrt lanzettlich, Oberseite flach bis konkav, Unterseite deutlich konvex, Oberfläche graugrün mit weisser Wachsbedeckung, Basis keilförmig, Spitze zugespitzt bis fast zugespitzt; **Inf** endständige, gerundete Thyrsen mit zahlreichen Dichasien; **Kr** urnenförmig, weiss oder cremefarben, Zipfel bis 5 mm, schmal elliptisch bis verkehrt lanzettlich, basal kurz verwachsen, Spitzen gerundet; **Anth** schwarz.

C. dentata Thunberg (Prodr. Fl. Cap., 57, 1794). **T:** RSA, Western Cape (*Thunberg* 7755 [UPS, LU, S, STB]). – **D:** RSA (Northern Cape, Western Cape); Berge im Schatten von Felsen, Blüten Frühling bis Hochsommer. **I:** Tölken (1985: 140, fig. 15: 2).

≡ *Purgosea dentata* (Thunberg) G. Don (1834) ≡ *Septas dentata* (Thunberg) P. V. Heath (1993); **incl.** *Crassula minima* Thunberg (1794) ≡ *Purgosea minima* (Thunberg) G. Don (1834); **incl.** *Petrogeton patens* Ecklon & Zeyher (1837) ≡ *Crassula patens* (Ecklon & Zeyher) Endlicher *ex* Walpers (1843); **incl.** *Petrogeton typicum* Ecklon & Zeyher (1837); **incl.** *Petrogeton typicum* var. *minus* Ecklon & Zeyher (1837); **incl.** *Crassula petrogeton* Endlicher *ex* Walpers (1843); **incl.** *Crassula dentata* var. *minor* Harvey (1862); **incl.** *Crassula marlothii* Schönland (1897); **incl.** *Crassula dielsii* Schönland (1904).

[7] Geophyten mit aufrechten, verzweigten **Tr** bis 20 cm; Knolle kugelig mit faserigen Adventiv-**Wu**; **Blä** in mehr als 3 Paaren, basale **Blä** in Quirlen zu 4, spatelig, bis 7 cm lang gestielt; obere **Blä** 3 - 20 × 3 - 25 mm, gegenständig, verkehrt eiförmig bis elliptisch-eiförmig bis kreisrund, Rand ganzrandig bis gezähnt, Oberfläche kahl, selten behaart, grün, Basis keilförmig, Spitze gerundet bis fast gerundet; **Inf** endständig und achselständig; **Inf**stiel fehlend; **Sep** dreieckig-lanzettlich, bis 1.5 mm, zugespitzt bis stumpf; **Kr** sternförmig, bis 8 mm Ø, weiss bis cremefarben, Zipfel lanzettlich, bis 3.5 mm, Spitzen ausgebreitet; **Anth** gelb.

C. dependens Bolus (JLSB 18: 391, 1881). **T:** RSA, Eastern Cape (*Bolus* 658 [BOL, K, GRA, SAM]). – **D:** Namibia, Lesotho, RSA (Northern Cape, Eastern Cape, Free State); Nama Karoo und Grasland, hauptsächlich auf Beaufort-Schiefern in flachgründigem Boden.

≡ *Crassula harveyi* var. *dependens* (Bolus) Schönland (1929); **incl.** *Crassula griquaensis* Schönland (1897); **incl.** *Crassula harveyi* Britten & Baker *fil.* (1897) ≡ *Creusa revolvens* var. *harveyi* (Britten & Baker *fil.*) P. V. Heath (1993); **incl.** *Crassula laxa* Schönland (1897); **incl.** *Crassula basutica* Schönland (1913); **incl.** *Crassula montismoltkei* Dinter (1923); **incl.** *Crassula harveyi* var. *intermedia* Schönland (1929) ≡ *Creusa revolvens* var. *intermedia* (Schönland) P. V. Heath (1993); **incl.** *Crassula harveyi* var. *typica* Schönland (1929) (*nom. inval.*, Art. 24.3).

[9] Mit aufgerichtetem Ende kriechende bis niederliegende, mässig verzweigte, matttenbildende, kahle Kräuter bis 5 cm hoch; **Tr** 1 mm Ø, grün, jung mit **Ha**artigen Wärzchen bedeckt, ältere **Tr** mit brauner Rinde, Haupt**Tr** bis 3 mm Ø; **Blä** ausgebreitet-aufsteigend, 8 - 12 × 2 - 2.5 mm, grün bis rötlich, linealisch-lanzettlich, abgeflacht, bikonvex, Spitzen zugespitzt, ältere **Blä** verbleibend; **Inf** oben flache Thyrsen mit zahlreichen, seitlichen Dichasien; **Inf**stiel undeutlich; **Sep** bis 4 mm; **Kr** weiss bis cremefarben, röhrig, bis 6 mm, an der Basis kurz verwachsen, **Anth** braun.

C. depressa (Ecklon & Zeyher) Tölken (Contr. Bolus Herb. 8: 153, 1977). **T:** RSA, Western Cape (*Ecklon & Zeyher* 1937 [S]). – **D:** RSA (Western Cape); Strandveld, Blüten im Frühling und Frühsommer.

≡ *Grammanthes depressa* Ecklon & Zeyher (1837) ≡ *Grammanthes gentianoides* var. *depressa* (Ecklon & Zeyher) Harvey (1862).

[3] Einjährig, aufrecht, kahl, reichlich verzweigt, bis 5 cm hoch; **Wu** faserig; **Blä** 4 - 15 × 2 - 5 mm, flach, verkehrt lanzettlich bis elliptisch, etwas bootförmig, Spitze zugespitzt bis stumpf; **Inf** Thyrsen mit wenigen Dichasien; **Cal**zipfel bis 1.5 mm, breit dreieckig; **Kr** röhrig, Zipfel bis 4 mm, an der Basis kurz verwachsen, weiss bis rosarötlich, länglich elliptisch, zugespitzt oder stumpf gerundet; **Anth** gelb.

C. dichotoma Linné (Pl. Rar. Afr., 9, 1760). **T:** [lecto – icono]: Hermann, Horti Acad. Lugd.-Bat. Cat., t. 553, 1687. – **D:** RSA (Northern Cape, Western Cape); Strandveld, Blüten im Frühling. **Fig. VI.g**

≡ *Vauanthes dichotoma* (Linné) Kuntze (1891); **incl.** *Crassula retroflexa* Thunberg (1778) ≡ *Grammanthes retroflexa* (Thunberg) Sweet (1830); **incl.** *Crassula gentianoides* Lamarck (1785) ≡ *Grammanthes gentianoides* (Lamarck) De Candolle (1828); **incl.** *Vauanthes chloraeflora* Haworth (1821) (*nom. illeg.*) ≡ *Grammanthes chloraeflora* (Haworth) De Candolle (1828) ≡ *Crassula chloraeflora* (Haworth) D. Dietrich (1840) ≡ *Grammanthes gentianoides* var. *chloraeflora* (Haworth) Harvey (1862); **incl.** *Grammanthes gentianoides* var. *vera* Harvey (1862); **incl.** *Grammanthes chloraeflora* var. *caesia* Hooker *fil.* (1878).

[3] Einjährig, aufrecht, kahl, gabelig verzweigt, 0.6 - 11.5 cm hoch; **Wu** faserig; **Tr** bis 2 mm Ø, stielrund; **Blä** 5 - 18 × 4 - 10 mm, eiförmig-lanzettlich, elliptisch bis verkehrt eiförmig, etwas bootför-

mig, purpurgrün, aufsteigend-ausgebreitet, untere **Blä** zur **Blü**zeit abfallend, Spitzen zugespitzt bis stumpf; **Inf** endständige Thyrsen; **Bra** 7 × 2 mm, lanzettlich; **Ped** 2 - 7 mm; **Cal**zipfel 7 mm, basal für 4 mm verwachsen, Spitzen sukkulent, dreieckig-eiförmig, konvex; geschlossene **Kr** 20 mm, röhrig; **Pet** basal für 5 mm verwachsen, Zipfel 10 × 4 mm, lanzettlich bis elliptisch, gelb bis orange, unter sonnigen Bedingungen ausgebreitet; **Fil** 9 mm, untere 4 mm mit der **Kr** verwachsen; **Ca** 5 mm; **Gr** 4 mm; **Na** endständig.

C. dodii Schönland & Baker *fil.* (J. Bot. 36: 372, 1898). **T:** RSA, Western Cape (*Schlechter* 10994 [GRA, BM, BOL, E, G, K, W, Z]). – **D:** RSA (Western Cape); Succulent Karoo, saisonal feuchte Senken, Blüten im Frühling.

[2] Einjährig, mit aufgerichtetem Ende kriechend, kahl, bis 5 cm ⌀; **Wu** faserig; **Blä** 2 - 4 × 2 - 3 mm, flach, in Vierergruppen gebüschelt, bis 3 mm gestielt, Spreite elliptisch bis eiförmig, Spitze stumpf; **Inf** Thyrsen mit 1 bis mehreren Dichasien; **Ped** 3 - 5 mm; **Blü** 4-zählig; **Cal**zipfel lanzettlich, bis 1.5 mm, stumpf; **Kr** becherig, weiss, Zipfel länglich elliptisch, bis 1.7 mm; **Anth** gelb.

C. drummondii (Torrey & Gray) Fedde (Just's Bot. Jahresber. 31: 829, 1904). **T** [lecto]: USA, Texas (*Drummond* III,95 [GH, BM, GOET, K]). – **D:** S USA (Colorado, Arizona, Texas), Paraguay, Argentinien, Chile; saisonal feuchte Stellen, Ränder von Teichen und Bächen. **I:** Bywater & Wickens (1984: 717, fig. 4: F-K).

≡ *Tillaea drummondii* Torrey & Gray (1840) ≡ *Tillaeastrum drummondii* (Torrey & Gray) Britton (1903) ≡ *Hydrophila drummondii* (Torrey & Gray) House (1920) (unkorrekter Name, Art. 11.4) ≡ *Tillaea aquatica* var. *drummondii* (Torrey & Gray) Jepson (1925).

[1] Aufrechte oder mit aufgerichtetem Ende kriechende Kräuter, aquatische **Tr** bis 4 cm; **Blä** linealisch-lanzettlich, 1.5 - 3 mm, stumpf; **Blü** 1 pro Knoten, 4-zählig; **Ped** (0.5-) 1 - 1.3 (-2) mm; **Sep** dreieckig, 0.4 × 0.3 mm; **Pet** lanzettlich, 1.3 × 0.3 mm; **NSch** nicht beschrieben; **Sa** (9-) 13 - 15 pro **Ca**, länglich bis ellipsoid, rötlich braun, ± 0.28 - 0.39 (-0.48) × 0.14 - 0.18 (-0.21) mm, warzig.

Das ursprüngliche Konzept dieses Taxons schloss auch Material mit ein, das nun zu *C. longipes* gerechnet wird. Die kleinen, zahlreichen und warzigen Samen mit 1 Warze pro Testazelle unterscheiden *C. drummondii* von anderen kurzlebigen, zwergigen Arten der Gattung. – [U. Eggli]

C. elatinoides (Ecklon & Zeyher) H.-C. Friedrich (Mitt. Bot. Staatssamml. München 15: 584, fig. 4, 1979). **T:** RSA, Western Cape (*Ecklon & Zeyher* 1849 [G, K, LE, M, P, S, SAM]). – **D:** RSA (Western Cape); Fynbos, seichte Felstaschen mit Humus, Blüten im Frühling.

≡ *Bulliarda elatinoides* Ecklon & Zeyher (1837) ≡ *Tillaea elatinoides* (Ecklon & Zeyher) Walpers (1843).

[1] Weiche, aufrechte, kahle, grüne bis rötliche, sukkulente, einjährige Kräuter bis 6 cm hoch, von der Basis verzweigt; **Wu** faserig; **Blä** 3 - 5 × 1 mm, unterschiedlich linealisch bis verkehrt lanzettlich bis beinahe keulig, Oberseite flach, Unterseite konvex, Spitze stumpf; **Inf** Thyrsen; **Sep** dreieckig, bis 0.4 mm; **Kr**zipfel verkehrt eiförmig, weiss, bis 1.5 mm, stumpf, Spitzen ausgebreitet.

C. elegans Schönland & Baker *fil.* (J. Bot. 40: 286, 1902). **T:** RSA, Northern Cape (*Alston* s.n. [GRA]). – **D:** Namibia, RSA.

C. elegans ssp. **elegans** – **D:** S Namibia, RSA (Northern Cape, Western Cape); Succulent Karoo, Quarzkieselebenen und sandige oder felsige Hänge, Blüten Hochsommer bis Herbst. **I:** Tölken (1985: 203, fig. 19: 4).

Incl. *Crassula mesembrianthoides* Schönland & Baker *fil.* (1902) (*nom. illeg.*, Art. 53.1); **incl.** *Crassula globosa* N. E. Brown (1911); **incl.** *Crassula humilis* N. E. Brown (1911); **incl.** *Crassula densa* N. E. Brown (1912); **incl.** *Crassula dinteri* Schönland (1929); **incl.** *Crassula liquiritiodora* Dinter (1931) (*nom. inval.*, Art. 32.1c); **incl.** *Crassula corpusculariopsis* Boom (1955); **incl.** *Crassula schoenlandii* H. Jacobsen (1955).

[18] Zwergpflanzen, spärlich bis dicht verzweigt, sich ausbreitende Büschel von 5 × 9 cm bildend; **Wu** faserig; **Blä** in basalen **Ros**, alte **Blä** verbleibend; **Tr** kurz, unterhalb der **Blä** bis 2 mm ⌀; **Blä** in Grösse, Farbe und Textur unterschiedlich, Spreite verkehrt eiförmig, eiförmig, breit eiförmig, elliptisch bis lanzettlich, 3 - 15 × 3 - 8 mm, flach bis selten beinahe kugelig, Oberseite flach bis konvex, Unterseite konvex bis bootförmig, Epidermis behaart oder kahl, graugrün, grün oder purpurrot, Spitze stumpf oder gerundet; **Inf** kugelige Thyrsen; **Inf**stiel bis 6 cm; **Sep** dreieckig bis 1.5 mm, stumpf, Ränder gewimpert; **Kr** röhrig; **Pet** an der Basis für 2.5 mm verwachsen, weiss bis gelblich, Zipfel bandförmig-elliptisch; **Anth** braun.

C. elegans ssp. **namibensis** (H.-C. Friedrich) Tölken (JSAB 41: 12, 1975). **T** [neo]: Namibia (*Merxmüller & Giess* 3477 [M]). – **D:** S Namibia; Succulent Karoo, Blüten Hochsommer bis Herbst.

≡ *Crassula namibensis* H.-C. Friedrich (1967); **incl.** *Crassula mesembryanthemoides* Dinter & A. Berger (1914) (*nom. illeg.*, Art. 53.1).

[18] Unterschiede zu ssp. *elegans*: **Tr** basal etwas fleischig-holzig; **Blä** warzig.

C. elsieae Tölken (JSAB 41: 102-103, 1975). **T:** RSA, Western Cape (*Esterhuysen* 14958 [BOL, K, SAM]). – **D:** RSA (Western Cape); quarzitische Sandsteinfelsen, sommerblühend.

[5] Mehrjährig, niederliegend bis mit aufgerichtetem Ende kriechend, wenig verzweigt mit wurzelnden **Tr** bis 10 cm; **Wu** faserig; **Blä** 2 - 4 × 2 - 3 mm, abgeflacht, zur Spitze hin geschwollen, Spreite verkehrt eiförmig, fein warzig, grün bis grünbraun, Basis keilförmig, Spitze stumpf; **Inf** endständige Dichasien mit bis zu 5 gestielten **Blü**; **Inf**stiel undeutlich; **Sep** bandförmig, bis 2 mm, stumpf; **Kr** urnenförmig, weiss oder cremefarben, Zipfel bis 3 mm, länglich bis verkehrt lanzettlich, an der Basis kurz verwachsen, Spitzen zurückgebogen; **Anth** gelb.

C. ericoides Haworth (Philos. Mag. J. 66: 30, 1825). **T:** K [lecto: unpubl. pl. 783]. – **D:** RSA.
≡ *Creusa ericoides* (Haworth) P. V. Heath (1993).

C. ericoides ssp. **ericoides** – **D:** RSA (Western Cape, Eastern Cape, KwaZulu-Natal); felsige Stellen mit flachgründigem Boden in Dickichten, Fynbos und Grasland, Blüten Hochsommer bis Herbst. **Fig. VII.a**
Incl. *Tetraphyle furcata* Ecklon & Zeyher (1837) ≡ *Crassula furcata* (Ecklon & Zeyher) Endlicher *ex* Walpers (1843); **incl.** *Crassula jacobseniana* von Poellnitz (1936).
[9] Aufrechte, spärlich bis mässig verzweigte, kahle Kräuter bis ± 35 cm, Grösse und **Bla**form unterschiedlich; **Tr** bis 2 mm ⌀, grün, ältere **Tr** mit brauner, in horizontalen Streifen abschälender Rinde, Haupt**Tr** bis 1 cm ⌀; **Blä** aufsteigend-ausgebreitet, dicht 4-reihig, zu den **Tr**spitzen hin allmählich kleiner werdend, 3 - 12 × 2 - 2.5 mm, lanzettlich, abgeflacht, Spitzen zugespitzt, grün bis rötlich, ältere **Blä** verbleibend; **Inf** sitzende, gerundete Thyrsen bis 1 cm ⌀ mit 1 bis mehreren Dichasien; **Ped** 0.5 - 3 mm; **Sep** bis 3 mm, länglich, konvex; **Kr** röhrig, weiss bis cremefarben, Zipfel an der Basis kurz verwachsen, länglich elliptisch, bis 5 mm, Spitzen zugespitzt; **Anth** braun.

C. ericoides ssp. **torulosa** Tölken (JSAB 41: 103-104, 1975). **T:** RSA, Western Cape (*Tölken* 3757 [BOL]). – **D:** RSA (Western Cape); bergiger Fynbos in flachgründigem Boden, Blüten Hochsommer bis Herbst.
≡ *Creusa ericoides* ssp. *torulosa* (Tölken) P. V. Heath (1993).
[9] Unterschiede zu ssp. *ericoides*: Mit aufgerichtetem Ende kriechend bis niederliegend, Haupt**Tr** gewunden; **Blä** bis 4 × 1.5 mm; **Kr** bis 4 mm lang, Zipfel ausgebreitet.

C. exilis Harvey (FC 2: 347, 1862). **T:** RSA, Northern Cape (*Whitehead* s.n. [TCD]). – **D:** Namibia, RSA.

C. exilis ssp. **cooperi** (Regel) Tölken (JSAB 41: 104, 1975). **T:** LE. – **D:** RSA (Northern Cape, Eastern Cape); Nama Karoo im Schatten von Felsen, Blüten im Hochsommer.

≡ *Crassula cooperi* Regel (1874); **incl.** *Crassula bolusii* Hooker (1875); **incl.** *Sedum regelii* Kuntze (1898); **incl.** *Crassula picturata* Boom (1957); **incl.** *Crassula cooperi* var. *subnodulosa* R. Fernandes (1978).
[14] Unterschiede zu ssp. *exilis*: Mattenbildend; **Blä** verkehrt lanzettlich bis verkehrt eiförmig, 6 - 45 × 3 - 10 mm; **Inf** oben flache Thyrsen mit behaartem Stiel.

C. exilis ssp. **exilis** – **D:** RSA (Northern Cape); im Schatten von Felsen, Blüten Herbst bis Hochwinter. **I:** Aloe 32: 51, 1997.
Incl. *Crassula petraea* Schönland (1929); **incl.** *Crassula setulosa* var. *robusta* Schönland (1929).
[14] Rosettig, von der Basis aus sprossend und dichte Büschel bis 3 cm hoch (excl. **Inf**) bildend; **Wu** faserig; **Blä** 5 - 12 × 1.5 - 2.5 mm, spiralig, aufsteigend-ausgebreitet, eher flach, Oberseite konvex, Unterseite deutlich konvex, linealisch-elliptisch, hell- bis dunkelgrün, gefleckt, kahl, Ränder gewimpert, Spitzen zugespitzt; **Inf** endständige, oben flache Thyrsen mit bis zu 5 Dichasien mit gestielten **Blü**; **Sep** bis 2.5 mm, schmal bis breit dreieckig, Rand gewimpert, Spitze zugespitzt mit einem starken, endständigen **Ha**; **Kr** weiss, röhrig, 5 mm; **Pet** länglich verkehrt eiförmig, bis 4 mm mit zugespitzten Spitzen; **Anth** gelb.

C. exilis ssp. **sedifolia** (N. E. Brown) Tölken (JSAB 41: 104, 1975). **T:** RSA (*McOwan* s.n. [K]). – **D:** S Namibia, RSA (Northern Cape); Nama Karoo, im Schatten von Felsen, Blüten Spätsommer bis Herbst.
≡ *Crassula sedifolia* N. E. Brown (1902); **incl.** *Crassula aurosensis* Dinter (1928) (*nom. inval.*, Art. 32.1c).
[14] Unterschiede zu ssp. *exilis*: **Tr** holzig, kürzer, bis 1 cm ⌀ mit einer dicken Haupt**Wu**; **Blä** linealisch-elliptisch; **Inf** unregelmässig verzweigt mit ausgebreiteten **Blü**; **Inf**stiel kahl.
Hierher gehören *C. cooperi* und *C. picturata* im Sinne einiger Autoren.

C. expansa Aiton (Hort. Kew. 1: 390, 1789). **T:** RSA, Cape Prov. (*Masson* s.n. [BM]). – **D:** S Afrika, Madagaskar.
≡ *Sedum expansum* (Aiton) Kuntze (1898).

C. expansa ssp. **expansa** – **D:** RSA (KwaZulu-Natal, Northern Cape, Eastern Cape, Western Cape); Blüten im Hochsommer aber sporadisch auch während dem ganzen übrigen Jahr. **Fig. VII.b**
Incl. *Crassula prostrata* Thunberg (1794); **incl.** *Crassula parviflora* E. Meyer *ex* Drège (1843) (*nom. nud.*); **incl.** *Crassula albicaulis* Harvey (1862); **incl.** *Crassula expansa* var. *longifolia* R. Fernandes (1978); **incl.** *Crassula maputensis* R. Fernandes (1978).
[4] Mehrjährig, ausgebreitet, zart, mattenbildend, bis 6 cm hoch und 50 cm ⌀; **Wu** faserig; **Tr** grün

bis rötlich, kahl, bis 2.5 mm ⌀, an den Knoten wurzelnd; **Blä** sitzend, flach, 6 - 12 × 4 - 6 mm, verkehrt eiförmig bis linealisch verkehrt eiförmig oder selten beinahe stielrund (Formen des Northern Cape), grün, oft glänzend, Oberseite flach, Unterseite konvex, Rand oft rötlich mit einem Hydathodenring, Basis keilförmig, Spitze zugespitzt; **Blü** achselständig, einzeln; **Ped** 6 - 18 mm; **Cal**zipfel 2 - 5 mm, linealisch; **Kr** sternförmig, 4 × 6 mm ⌀, weiss, oft rot getönt.

C. expansa ssp. **filicaulis** (Haworth) Tölken (JSAB 41: 105, 1975). **T:** K [lecto: unpubl. pl. 768]. – **D:** RSA (Eastern Cape, Western Cape); Küstendünen und Kalkfelsen im Dünendickicht, Blüten Hochwinter bis Hochsommer.

≡ *Crassula filicaulis* Haworth (1824); **incl.** *Crassula maritima* Schönland (1897); **incl.** *Crassula uniflora* Schönland (1929).

[4] Unterschiede zu ssp. *fragilis*: **Tr** geschwollen, mit Stelzen**Wu**; **Blä** bräunlich grün bis rötlich, an den **Tr**spitzen gedrängt, lanzettlich, 6 × 1.5 mm, 3-kantig bis beinahe stielrund, Oberseite flach bis etwas konvex, Spitze zugespitzt bis stumpf.

C. expansa ssp. **fragilis** (Baker) Tölken (JSAB 41: 105, 1975). **T:** Madagaskar (*Baron* 3348 [K]). – **D:** Madagaskar, E tropisches Afrika von RSA (Eastern Cape) bis Tanzania; Savannen, Blüten Hochsommer bis Herbst (RSA). Fig. VII.d

≡ *Crassula fragilis* Baker (1887); **incl.** *Crassula woodii* Schönland (1897); **incl.** *Crassula zimmermannii* Engler (1907); **incl.** *Crassula browniana* Burtt Davy (1926); **incl.** *Crassula thorncroftii* Burtt Davy (1926); **incl.** *Crassula fragilis* var. *suborbicularis* R. Fernandes (1978).

[4] Unterschiede zu ssp. *expansa*: Pflanzen ausgebreitet, ohne Stelzen**Wu**; **Tr** rötlich; **Blä** kurz gestielt bis 2 - 3 mm, Spreite 3 - 7 × 3 - 5 mm, verkehrt eiförmig bis eiförmig, flach, behaart bis kahl, Spitze zugespitzt bis stumpf; **Blü** achselständig, sternförmig, 6 mm ⌀; **Ped** 7 - 10 mm; **Sep** linealisch, 2 mm; **Kr**zipfel lanzettlich, 3.5 mm, weiss.

C. expansa ssp. **pyrifolia** (Compton) Tölken (JSAB 41: 106, 1975). **T:** RSA, Cape Prov. (*Moller* s.n. in *Compton* 3954 [BOL, K]). – **D:** SW Namibia, RSA (Northern Cape, Western Cape); Succulent Karoo, Blüten Frühling bis Hochsommer.

≡ *Crassula pyrifolia* Compton (1932).

[4] Unterschiede zu ssp. *fragilis*: **Tr** mit starren Stelzen**Wu**; **Blä** verkehrt lanzettlich bis beinahe keulig, Spreite 10 - 15 × 3.5 - 5 mm, kahl und glänzend, Basis keilförmig, Spitze stumpf, selten zugespitzt, Rand grün bis bräunlich grün mit wenigen, zerstreuten Hydathoden; **Blü** in bis zu 14-blütigen, endständigen Büscheln; **Inf**stiel 6 mm; **Ped** 3 - 6 mm; **Cal**zipfel dreieckig, 1 mm; **Kr** kurz, 1.5 mm, weiss.

C. exserta (Reader) Ostenfeld (Dansk. Bot. Ark. 2(8): 48, 1918). **T:** Australien, Victoria (*Reader* s.n. [MEL 90891]). – **D:** S Australien; weit zerstreut, meist auf sandigem Ton in tiefliegenden Gebieten. **I:** Tölken (1981: 64, fig. 3: D-E).

≡ *Tillaea exserta* Reader (1897) ≡ *Crassula sieberiana* var. *exserta* (Reader) Domin (1925).

[2] Einjährig, mit aufrechten **Tr** bis 15 cm, von der Basis her wenig verzweigt; **Blä** lanzettlich, 1.5 - 3 × 1 - 2 mm, stumpf (selten zugespitzt), flach oder beinahe so, Oberseite flach, Unterseite konvex, fleischig, kahl bis runzelig, grün bis dunkelrot; **Inf** 1 bis mehrere, thyrsenähnlich (selten Rispen) mit sitzenden Dichasien in den **Ax** von **Bla**artigen **Bra**; **Blü** 5-zählig; **Ped** zur **Fr**zeit 0.5 - 2.5 (-5) mm; **Sep** lanzettlich, 1 - 1.3 mm, mit farbloser Spitze; **Kr** becherig, weiss bis rot; **Pet** kaum verwachsen, linealisch-lanzettlich, 0.8 - 1 mm, zugespitzt; **NSch** linealisch; **Sa** 2 pro **Ca**, glatt oder beinahe so.

Ähnlich wie *C. sieberiana*, aber mit 5-zähligen Blüten. – [U. Eggli]

C. fallax H.-C. Friedrich (Mitt. Bot. Staatssamml. München 11: 323-327, 339, fig. 1, 1974). **T:** RSA, Western Cape (*Hall* 3053 [M, NBG]). – **D:** RSA (Western Cape); Succulent Karoo und Fynbos, felsige Gebiete, Blüten im Hochsommer.

[12] Stark verzweigte, gerundete Kleinsträucher bis 30 cm hoch; ältere **Blä** ausdauernd; **Tr** bis 3 mm ⌀, kahl, grün, rötlich braun werdend; **Blä** auf beiden Seiten flach, 12 - 20 × 4 - 7 mm, bandförmig bis bandförmig-lanzettlich, winzig warzig, ohne **Ha**, Ränder scharfkantig, gewimpert, an der Basis herablaufend, Spitze stumpf; **Inf** aufrechte, gerundete bis oben flache Thyrsen, 14 cm hoch, mit mehreren Dichasien; **Inf**stiel mit allmählichem Übergang von **Blä** zu **Bra**; **Ped** kurz, 1 - 5 mm; **Sep** 4 mm, linealisch-lanzettlich, grün, Spitzen zugespitzt mit einem durchscheinenden, pfriemlichen Anhängsel; Knospen bis 6 mm; **Kr** weiss, röhrig; **Pet** an der Basis kurz verwachsen, oben sternförmig und **Blü** bis 8 mm ⌀, länglich verkehrt lanzettlich, 6 - 8 mm; **Anth** braun.

C. fascicularis Lamarck (Encycl. 2: 171, 1786). **T:** RSA, Western Cape (*Anonymus* s.n. [P-LA]). – **D:** RSA (Western Cape); bergiger Fynbos, saure Böden auf quarzitischem Sandstein, Blüten Frühling bis Frühsommer. Fig. VII.c

≡ *Larochea fascicularis* (Lamarck) J. A. Schultes (1820) ≡ *Rochea fascicularis* (Lamarck) De Candolle (1828) ≡ *Kalosanthes fascicularis* (Lamarck) G. Don (1834); **incl.** *Crassula odoratissima* Andrews (1797) ≡ *Larochea odoratissima* (Andrews) Haworth (1812) ≡ *Kalosanthes odoratissima* (Andrews) Haworth (1821) ≡ *Rochea odoratissima* (Andrews) Link (1821) ≡ *Dietrichia odoratissima* (Andrews) Trattinnick *ex* Ecklon & Zeyher (1837); **incl.** *Crassula biconvexa* Haworth (1803) ≡ *Kalosanthes biconvexa* (Haworth) Haworth (1824) ≡ *Ro-*

chea biconvexa (Haworth) De Candolle (1828); **incl.** *Kalosanthes bicolor* Haworth (1821) ≡ *Rochea odoratissima* var. *bicolor* (Haworth) De Candolle (1828) ≡ *Dietrichia bicolor* (Haworth) Ecklon & Zeyher (1837) ≡ *Rochea bicolor* (Haworth) Steudel (1840); **incl.** *Kalosanthes media* Haworth (1821) ≡ *Rochea media* (Haworth) De Candolle (1828) ≡ *Dietrichia media* (Haworth) Ecklon & Zeyher (1837) ≡ *Crassula media* (Haworth) D. Dietrich (1840); **incl.** *Crassula capitata* Loddiges (1825) (*nom. illeg.*, Art. 53.1) ≡ *Kalosanthes capitata* (Loddiges) Sweet (1830); **incl.** *Rochea odoratissima* var. *alba* De Candolle (1828) ≡ *Kalosanthes odoratissima* var. *alba* (De Candolle) G. Don (1834); **incl.** *Dietrichia jasminea* var. *uniflora* Ecklon & Zeyher (1837); **incl.** *Larochea tiniflora* Lemaire (1861).

[13] Aufrechte, spärlich verzweigte, mehrjährige Kleinsträucher bis 25 cm hoch; **Tr** bis 4 mm ⌀; **Int** sichtbar; **Blä** aufsteigend, 20 - 35 × 4 - 6 mm, eher flach, linealisch bis linealisch-lanzettlich, kahl, Oberseite rinnig, Unterseite konvex, Rand gewimpert, Spitze zugespitzt; **Inf** traubig-köpfige Thyrsen bis 5.5 cm ⌀ mit 1 bis mehreren Dichasien mit sitzenden **Blü**; **Sep** linealisch-lanzettlich, bis 14 mm, Rand gewimpert; **Kr** röhrig, bis 20 × 2 mm; **Pet** an der Basis bis zu 5 mm verwachsen, Spitzen ausgebreitet, weiss bis gelblich cremefarben, bis 7 × 3.5 mm, eiförmig-lanzettlich; **St** bis 15 mm; **Anth** gelb.

C. filiformis (Ecklon & Zeyher) D. Dietrich (Synops. Pl. 2: 1032, 1840). **T:** RSA, Western Cape (*Ecklon & Zeyher* 1938 [BOL, K, S, SAM]). – **D:** RSA (Western Cape); Strandveld, frühlingsblühend.

≡ *Grammanthes filiformis* Ecklon & Zeyher (1837) ≡ *Dinacria filiformis* (Ecklon & Zeyher) Harvey (1862); **incl.** *Crassula capillacea* E. Meyer *ex* Drège (1843) (*nom. inval.*, Art. 32.1c).

[3] Einjährig, aufrecht, kahl, reichlich verzweigt, bis 10 cm hoch; **Blä** 3 - 10 × 2 - 4 mm, flach, lanzettlich bis elliptisch, grün bis bräunlich, etwas bootförmig, Spitze stumpf; **Inf** Thyrsen, oft mit einem einzelnen Dichasium; **Cal**zipfel bis 2.5 mm, länglich dreieckig bis breit dreieckig, Spitzen stumpf; **Kr** becherig, Zipfel an der Basis kurz verwachsen, weiss, verkehrt lanzettlich, bis 3 mm, asymmetrisch und mit gedrehter Knospenlage (unter den einjährigen *Crassulaceae* einmalig), Spitzen zugespitzt; **Anth** gelb.

C. flanaganii Schönland & Baker *fil.* (J. Bot. 36: 362, 1898). **T:** RSA, Eastern Cape (*Flanagan* 1272 [GRA, BOL, PRE, SAM]). – **D:** RSA (Eastern Cape, KwaZulu-Natal); Felsvorkommen, Blüten im Herbst.

Incl. *Crassula acuminata* E. Meyer *ex* Drège (1844) (*nom. inval.*, Art. 32.1c).

[14] Mässig verzweigte, mit aufgerichtetem Ende kriechende Kräuter bis 20 cm hoch (zur **Blü**zeit); **Wu** faserig; **Tr** drahtig; **Blä**paare spiralig angeordnet, Spreite 3 - 7 × 0.3 - 2 cm, grün bis gelblich grün, flach, kahl, Ränder jung gewimpert, später nackt, Basis unterschiedlich von plötzlich eingeschnürt bis keilförmig, Spitze zugespitzt; **Inf** endständige, oben flache Thyrsen mit zahlreichen Dichasien; **Inf**stiel bis 15 cm; **Sep** linealisch-dreieckig, bis 2 mm; **Kr** röhrig, bis 4 mm, weiss mit rosa bis roter Tönung; **Pet** an der Basis kurz verwachsen, bis 3 mm, lanzettlich, ausgebreitet und später plötzlich zurückgebogen; **Anth** gelb.

C. flava Linné (Mant. Pl., 60, 1767). **T:** LINN 400.3. – **D:** RSA (Western Cape); Fynbos, Blüten im Hochsommer.

≡ *Larochea flava* (Linné) Haworth (1812) ≡ *Kalosanthes flava* (Linné) Sweet (1826) ≡ *Rochea flava* (Linné) De Candolle (1828) ≡ *Curtogyne flava* (Linné) Ecklon & Zeyher (1837) ≡ *Sedum flavum* (Linné) Kuntze (1898); **incl.** *Crassula bullulata* Haworth (1821); **incl.** *Curtogyne burmanniana* Ecklon & Zeyher (1837) ≡ *Crassula burmanniana* (Ecklon & Zeyher) D. Dietrich (1840); **incl.** *Crassula virgata* E. Meyer *ex* Drège (1843) (*nom. inval.*, Art. 32.1c); **incl.** *Sedum flavum* var. *brevifolium* Kuntze (1898); **incl.** *Sedum flavum* var. *lorifolium* Kuntze (1898).

[12] Kleine, verzweigte, ausgebreitete Kräuter bis 40 cm hoch, ältere **Tr** ± verholzend, jüngere **Tr** kahl (aber unterhalb der **Inf** rauh); **Blä** 15 - 50 × 1 - 5 mm, kahl, dreieckig-lanzettlich, oberseits flach, unterseits flach bis leicht konvex, Ränder mit gerundeten Wimpern, Spitzen zugespitzt; **Inf** aufrechte, gerundete Thyrsen mit mehreren Dichasien; **Inf**stiel undeutlich; **Sep** 3 mm, linealisch-lanzettlich, bis 6 mm, zugespitzt mit randständigen Wimpern; **Kr** cremefarben bis gelb, röhrig; **Pet** an der Basis kurz verwachsen, länglich verkehrt lanzettlich bis verkehrt elliptisch, bis 9 mm, Spitzen zugespitzt mit fast endständigem, dorsalem Anhängsel; **Anth** braun.

C. fusca H. Herre (JSAB 19(4): 145-146, t. 21: 1-3, 1953). **T** [lecto]: RSA, Northern Cape (*Herre* s.n. in *SUG* 6077 [BOL]). – **D:** RSA (Northern Cape); Berghänge, oft zwischen *Aloe pearsonii* in Succulent Karoo, Blüten im Hochsommer.

[15] Büschelige Kleinsträucher, spärlich verzweigt, **Blä** oft in **Ros**, diese sich verlängernd und bis 40 cm hoch; **Blä** 4 - 9 × 0.8 - 1.5 cm, abgeflacht, lanzettlich, zurückgebogen, rötlich bis rötlich grün, Spitzen zugespitzt, Oberseite flach bis konkav, Unterseite konvex, Rand in der Jugend fein gesägt, ausgewachsen ganzrandig; **Inf** verlängerte, gerundete Thyrsen mit mehreren Dichasien und einem bis 3 cm langen Stiel; **Blü** sitzend; **Sep** lanzettlich, 2 - 3 mm, mit randlichen Zähnen; **Kr** röhrig, weisslich, Zipfel an der Basis kurz verwachsen, lanzettlich, bis 5 mm; **Anth** schwarz.

C. garibina Marloth & Schönland (Trans. Roy. Soc. South Afr. 17: 253, 1929). **T:** RSA, Northern Cape (*Marloth* 12507 [GRA, PRE]). – **D:** Namibia, RSA.

C. garibina ssp. **garibina** – **D:** S Namibia, RSA (Northern Cape); unteres Gariep Flusstal, Succulent Karoo, Nama Karoo, Felsspalten, Blüten im Frühling.

[17] Aufrechte Kleinsträucher, gerundet, verzweigt, bis 12 cm hoch, ältere **Tr** bis 10 mm ⌀ mit bräunlicher, abschälender Rinde, jüngere **Tr** grün, 3 - 5 mm ⌀; **Blä** aufsteigend und aufwärts gebogen, 15 - 35 × 4 - 10 mm, linealisch-lanzettlich, eher flach bis fast stielrund, Oberseite flach, Unterseite konvex, Epidermis graugrün, flaumhaarig, Spitzen zugespitzt; **Inf** oben gerundete bis pyramidale Thyrsen mit 1 bis mehreren, gestielten, lockeren Dichasien; **Inf**stiel 15 - 25 mm, flaumhaarig mit zurückgebogenen **Ha**; **Bra** dreieckig-lanzettlich, bis 3 mm, stengelumfassend; **Ped** bis 1 mm; **Sep** dreieckig, bis 2 mm, zugespitzt; **Kr** bis 5 mm, röhrig, am Schlund bis 5 mm ⌀, weiss bis cremefarben, Zipfel an der Basis verwachsen, länglich verkehrt lanzettlich, zugespitzt; **Anth** gelb.

C. garibina ssp. **glabra** Tölken (JSAB 41: 106, 1975). **T:** RSA, Northern Cape (*Tölken* 3687 [BOL]). – **D:** RSA (Northern Cape: Berge unweit von Steinkopf).

[17] Unterschiede zu ssp. *garibina*: Vegetative Teile kahl; **Blä** grün bis gelblich grün.

C. gemmifera H.-C. Friedrich (Mitt. Bot. Staatssamml. München 15: 592-594, fig. 7, 1979). **T:** Lesotho (*Jacot Guillarmod* 7/75 [M]). – **D:** Lesotho, RSA (Eastern Cape, Free State, KwaZulu-Natal); feuchte Senken, meist in der Nähe von stehendem Wasser in gemässigtem afrikanischem Grasland und auf Berghöhen, Blüten im Hochsommer.

[1] Weiche, aufrechte bis mit aufgerichtetem Ende kriechende, mehrjährige Kräuter bis 7 cm hoch, an den Knoten wurzelnd; **Wu** faserig; **Blä** 3 - 5 × 1 mm, ausgebreitet bis zurückgebogen, linealisch bis linealisch verkehrt lanzettlich, blassgrün, kahl, Oberseite flach, Unterseite konvex, Spitze stumpf; **Inf** zu einer endständigen **Blü** reduziert und auf Grund des sympodialen Wuchses scheinbar achselständig; **Cal**zipfel bis 0.5 mm, breit dreieckig, Spitzen stumpf; **Kr** becherig, weiss, Zipfel bis 1.5 mm, länglich elliptisch, Spitzen zurückgebogen, fast zugespitzt; **Anth** rot.

Die namensgebenden Brutknospen sind gewöhnlich nicht charakteristisch und werden wahrscheinlich nur unter extremen Bedingungen gebildet.

C. globularioides Britten (FTA 2: 389, 1871). **T:** Malawi (*Meller* s.n. [K]). – **D:** Tanzania, Malawi.
Incl. *Crassula whyteana* Schönland (1909).

C. globularioides ssp. **globularioides** – **D:** S und C Malawi; Granitfelsen in Grasland, 1300 - 3000 m.
Incl. *Crassula globularioides* fa. *globularioides*; **incl.** *Crassula nyikensis* Baker *fil.* (1897); **incl.** *Crassula liebuschiana* Engler (1907); **incl.** *Crassula globularioides* fa. *longiciliata* R. Fernandes (1978); **incl.** *Crassula globularioides* fa. *pilosa* R. Fernandes (1978).

[17] Zwergige, mit aufgerichtetem Ende kriechende bis aufrechte, kompakte, rosettige und büschelbildende, niedrigwüchsige Kräuter bis 20 cm hoch; **Wu** faserig; **Tr** bis 5 mm ⌀; **Blä** 11 - 22 × 6 - 12 mm, 4-reihig, aufsteigend-ausgebreitet, abgeflacht, länglich bis rundlich verkehrt eiförmig, Oberfläche kahl, grün, unter trockenen Bedingungen rot gefärbt, Rand gewimpert, Spitze stumpf; **Inf** aufrechte Thyrsen mit zahlreichen, kugeligen Dichasien; **Inf**stiel bis 8 cm mit eng anliegenden, zurückgerichteten **Ha**; **Bra** 2 Paare, länglich mit gewimperten Rändern, stumpf bis fast zugespitzt; **Ped** bis 3 mm; **Sep** bis 3 mm, dreieckig bis lanzettlich, gewimpert; **Kr** bis 5 mm, röhrig, weiss bis cremefarben, Zipfel an der Basis kurz verwachsen, länglich, verkehrt eiförmig bis breit eiförmig-elliptisch, stumpf gerundet bis fast zugespitzt.

Die auf Blattmerkmalen (Behaarung, Länge der randständigen Wimpern) basierenden Formen werden hier provisorisch als Synonyme behandelt. *C. nyikensis* soll sich durch kleinere, dünnere und dichter angeordnete Blätter, die an den alten Trieben verbleiben, und einen von der Basis bis zur Spitze beblätterten Blütenstand unterscheiden (Fernandes 1983: 33).

C. globularioides ssp. **illichiana** (Engler) Tölken (JSAB 41: 106, 1975). **T:** Tanzania, Lushoto Distr. (*Buchwald* 174 [B, BM, K]). – **D:** Tanzania, Uganda, Malawi; Hochland.
≡ *Crassula illichiana* Engler (1907).

[17] Unterschiede zu ssp. *globularioides*: **Blä** dicht flaumhaarig, manchmal auf der Oberseite verkahlend; **Blü**tragende **Tr** mit dichten, ausgebreiteten, warzigen **Ha**, manchmal oben verkahlend; **Sep** schwach gekielt, Kiel warzig-flaumhaarig.

C. glomerata Bergius (Descr. Pl. Cap., 85, 1767). **T:** RSA, Cape Prov. (*Grubb* s.n. [STB]). – **D:** RSA (Western Cape, Eastern Cape); Strandveld, frühlingsblühend; in W Australien verwildert.
≡ *Thisantha glomerata* (Bergius) Ecklon & Zeyher (1837); **incl.** *Crassula scleranthoides* Burman *fil.* (1768); **incl.** *Crassula glabra* Haworth (1812) ≡ *Thisantha glabra* (Haworth) Ecklon & Zeyher (1837); **incl.** *Dasystemon calycina* De Candolle (1828); **incl.** *Thisantha patens* Ecklon & Zeyher (1837) ≡ *Crassula glomerata* var. *patens* (Ecklon & Zeyher) Harvey (1862).

[2] Einjährig, aufrecht, kräftig, kahl, grün bis rötlich braun, bis 5 cm hoch; **Wu** faserig; **Blä** 6 - 8 × 1 - 3 mm, ausgebreitet, sitzend, flach, lanzettlich bis

schmal dreieckig-lanzettlich, zugespitzt, Oberseite flach, Unterseite konvex; **Inf** gerundete Thyrsen mit zahlreichen, sitzenden, zu Köpfchen gehäuften Dichasien; **Blü** sitzend, 5-zählig; **Cal**zipfel lanzettlich, 1 - 2.5 mm, nach der **Blü**zeit etwas verlängert, Spitzen zugespitzt oder stumpf; **Kr** becherig, weiss, Zipfel länglich lanzettlich, bis 1.5 mm, stumpf; **Anth** braun.

C. grammanthoides (Schönland) Tölken (JSAB 41: 106, 1975). **T**: RSA, Western Cape (*Schlechter* 5570 [GRA, BOL]). – **D**: RSA (Western Cape); Strandveld, frühlingsblühend.

≡ *Dinacria grammanthoides* Schönland (1897).

[3] Einjährig, aufrecht, kahl, reichlich verzweigt, bis 5 cm hoch; **Blä** 5 - 15 × 2 - 6 mm, flach, eiförmig, lanzettlich bis elliptisch, grün, etwas bootförmig, Spitze stumpf; **Inf** Thyrsen, gewöhnlich mit einem einzelnen Dichasium; **Cal**zipfel bis 2.5 mm, länglich dreieckig; **Kr** becherig, Zipfel an der Basis kurz verwachsen, weiss oder gelb, verkehrt lanzettlich, bis 5 mm, zugespitzt; **Anth** gelb.

C. granvikii Mildbraed (Notizbl. Bot. Gart. Berlin-Dahlem 8: 227, 1922). **T**: Uganda ? (*Granvik* s.n. [S]). – **D**: Uganda, Kenya, Tanzania; feuchte Flussufer, oft wasserlebend. **I**: Gilbert (1989: 7).

Incl. *Crassula vaillantii* var. *kilimandscharica* Engler (1907) ≡ *Tillaea vaillantii* var. *kilimandscharica* (Engler) Peter (1928); **incl.** *Tillaea repens* Peter (1928); **incl.** *Tillaea rivularis* Peter (1928) ≡ *Crassula rivularis* (Peter) Hutchinson & E. A. Bruce (1941); **incl.** *Crassula erubescens* Baker (1932); **incl.** *Crassula wrightiana* Bullock (1932).

[1] Einjährig, niederliegend bis mit aufgerichtetem Ende kriechend, mit unterschiedlicher Wuchsform bis 45 cm ⌀, im Wasser wenig verzweigt und aufsteigend, an trockenen Standorten stark verzweigt, mit aufgerichtetem Ende kriechend und an den Knoten wurzelnd und Matten bildend; **Blä** 2 - 15 × 0.3 - 3.5 mm, linealisch bis länglich spatelig, Basis der **Blä** eines Paares verwachsen und eine beinahe taschenförmige, bis 2 mm hohe Scheide bildend, Spitzen zugespitzt bis stumpf gerundet; **Inf** zu einer einzelnen, achselständigen **Blü** reduziert (selten bis 4 pro **Ax**); **Ped** 2 - 10 mm; **Blü** 4-zählig; **Sep** länglich, bis 1.3 × 1 mm, etwas zugespitzt bis stumpf, kahl, basal verwachsen; **Pet** weiss bis rosa, länglich, 1 - 2 × 1 mm, Spitzen gerundet; **Anth** bis 0.8 mm, rötlich purpurn; **Ca** verkehrt eiförmig, bis 1.2 mm, gerundet, zum **Gr** zusammengezogen; **Sa** 1 - 4 pro **Ca**, schmal länglich ellipsoid, bis 1 mm, winzig warzig.

Von *C. natans* durch die 1 - 4 warzigen Samen zu unterscheiden (1 bei *C. natans*, schwach gerippt).

C. grisea Schönland (Ann. South Afr. Mus. 9: 50, 1912). **T**: RSA, Northern Cape (*Pearson* 6054 [GRA, K]). – **D**: S Namibia, N RSA (Northern Cape); Quarz- und Granitkieselflächen und -hänge, Blüten Hochsommer bis Herbst. **I**: Tölken (1985: 210, fig. 20: 4).

Incl. *Crassula bakeri* Schönland (1929); **incl.** *Crassula ihlenfeldtii* H.-C. Friedrich (1974).

[18] Aufrechte, spärlich verzweigte Kleinsträucher mit belaubten **Tr** bis 15 cm hoch, direkt oberhalb der **Blä** ± 5 mm ⌀ und sich bis knapp unterhalb des nächsten **Bla**paares auf ± 7 mm verdickend; **Blä** dreieckig bis dreieckig-lanzettlich, 15 - 28 × 7 - 15 mm, graugrün, fein filzig bis kahl; **Inf** oben runde, lockere Thyrsen bis 11 cm, mit mehreren, gestielten Dichasien; **Bra** breit dreieckig, bis 2 mm; **Ped** bis 1 mm; **Sep** dreieckig, bis 1.5 mm, zugespitzt, Ränder gewimpert; **Kr** bis 3 mm, röhrig, Zipfel basal verwachsen, die stumpf gerundeten Spitzen ausgebreitet, cremefarben; **Anth** braun.

C. marchandii H.-C. Friedrich (= *C. otzenii* hort.) ist möglicherweise die Kreuzung *C. grisea* × *C. plegmatoides* (Tölken 1985: 229).

C. hedbergii Wickens & Bywater (KB 34(4): 631, 1980). **T**: Äthiopien (*Quartin-Dillon* s.n. [P]). – **D**: Jemen, Äthiopien.

Incl. *Bulliarda abyssinica* A. Richard (1848).

[1] Ähnlich wie *C. granvikii*, aber **Ped** kräftig und nur ± 1 mm lang; **Sa** (4-) 6 - 7 pro **Ca**, länglich, 0.83 - 0.95 × 0.25 - 0.35 mm. – [U. Eggli]

C. helmsii (Kirk) Cockayne (Trans. & Proc. New Zealand Inst. 39: 349, 1907). **T**: Neuseeland (*Helms* s.n. [WELT]). – **Lit**: Jalas & al. (1999: 44). **D**: Neuseeland, SE Australien incl. Tasmanien; in oder um stehendes Wasser; in Westeuropa (incl. England und Schottland) vielerorts eingeschleppt und als Unkraut verwildert. **I**: Tölken (1981: 63, fig. 2: D-F).

≡ *Tillaea helmsii* Kirk (1899); **incl.** *Tillaea curvifolia* Hooker *fil.* (s.a.) (*nom. inval.*, Art. 29.1); **incl.** *Bulliarda recurva* Hooker *fil.* (1847) ≡ *Tillaea recurva* (Hooker *fil.*) Hooker *fil.* (1856) ≡ *Crassula recurva* (Hooker *fil.*) Ostenfeld (1918) (*nom. illeg.*, Art. 53.1).

[1] Ein- oder schwächliche mehrjährige Pflanzen; **Tr** mit aufgerichtetem Ende kriechend, bis 12 cm und stark verzweigt, schwimmende **Tr** bis 25 cm; **Blä** länglich lanzettlich bis länglich elliptisch, 3 - 8 (-12) × (0.8-) 1 - 2 (-3) mm, spitz bis zugespitzt, eher flach und leicht fleischig, grün bis braun; **Blü** einzeln in den **Bla**achseln, 4-zählig; **Ped** zur **Fr**zeit 4 - 7 mm; **Sep** dreieckig, 0.6 - 0.8 (-1) mm; **Kr** ± becherig, weiss; **Pet** lanzettlich, 1.6 - 2 mm, zugespitzt, ausgebreitet bis ± zurückgebogen; **NSch** länglich keilförmig, gestutzt, weiss; **Sa** (2-) 4 - 10 pro **Ca**, glatt oder mit feinen, oft unvollständigen Längsrippen. – [U. Eggli]

C. hemisphaerica Thunberg (Nova Acta Phys.-Med. Acad. Caes. Leop.-Carol. Nat. Cur. 6: 329, 331, 1778). **T**: RSA, Western Cape (*Thunberg* 7759

[UPS]). – **D:** RSA (Western Cape, Eastern Cape); Succulent Karoo auf Felsvorkommen, meist im Schatten, Blüten Frühling bis Hochsommer. **Fig. VII.e**

≡ *Purgosea hemisphaerica* (Thunberg) G. Don (1834); **incl.** *Crassula alooides* Aiton (1789); **incl.** *Crassula hemisphaerica* var. *foliosa* Schönland (1929); **incl.** *Crassula hemisphaerica* var. *typica* Schönland (1929) (*nom. inval.*, Art. 24.3).

[14] Mehrjährig, zwergig, einzeln oder spärlich verzweigt, kompakt, bis 15 cm (incl. **Inf**); **Blä** rosettig, ausgebreitet, ziegelig und zurückgebogen, einen halbkugeligen **Kö** bildend, Spreite 1 - 5 × 0.8 - 3 cm, eiförmig bis elliptisch, kahl, graugrün, bräunlich oder rötlich grün, Rand gewimpert, Spitze stumpf, mit aufgesetztem Spitzchen; **Inf** endständige, aufrechte, ährenartige Thyrsen; **Inf**stiel mit kurzen **Bra**; **Blü** gestielt bis sitzend; **Sep** breit dreieckig, bis 1 mm, Rand kurz warzig, Spitze gerundet bis stumpf; **Kr** röhrig, bis 3 mm, weiss bis cremefarben; **Pet** an der Basis kurz verwachsen, länglich verkehrt lanzettlich, bis 2.8 mm, Spitzen ausgebreitet bis zurückgebogen, stumpf bis zugespitzt; **Anth** schwarz.

C. hirsuta Schönland & Baker *fil.* (J. Bot. 36: 365, 1898). **T:** RSA, Cape Prov. (*Schlechter* 11283 [GRA, BM, BOL, G, K, PRE, Z]). – **D:** RSA (Northern Cape, Western Cape); Succulent Karoo, offene Stellen, Blüten Winter bis frühes Frühjahr.

Incl. *Crassula guilelmi-trollii* Stopp (1957).

[2] Einjährig, aufrecht, mit steifen **Tr**, bis 6 cm hoch, mässig verzweigt mit kurzen Seiten**Tr**, mehrheitlich behaart; **Wu** faserig; **Blä** 3 - 12 × 0.5 - 2 mm, sitzend, linealisch-dreieckig, bootförmig, grün bis rötlich braun, Oberseite kahl, Unterseite mit ausgebreiteten **Ha**, Rand gewimpert, Spitze zugespitzt mit einem endständigen, kräftigen **Ha**; **Inf** Thyrsen mit zahlreichen, fast sitzenden Dichasien; **Blü** gestielt, 5-zählig; **Cal**zipfel bis 1.5 mm, breit dreieckig, Rand gewimpert; **Kr** becherig, weiss, Zipfel länglich elliptisch, stumpf; **Anth** braun.

C. hirtipes Harvey (FC 2: 361, 1862). **T:** RSA, Western Cape (*Drège* 6900 [S, P]). – **D:** RSA (Northern Cape, Western Cape); Succulent Karoo, quarzitische Sandsteinfelsen in Meeresnähe sowie im Inland, Blüten im Frühling. **Fig. VII.f**

Incl. *Crassula hystrix* Schönland (1910).

[17] Kleine Pflanzen, mit aufgerichtetem Ende kriechend bis aufrecht, verzweigt, ausgebreitete Büschel bis 15 cm ⌀ bildend; **Wu** faserig; **Blä** eiförmig bis lanzettlich, 8 - 20 × 4 - 7 mm, alte **Blä** ausdauernd, Spreite flach, Epidermis mit kurzen, zurückgebogenen **Ha** (selten kahl), grün bis rötlich grün, Oberseite flach bis konvex, Unterseite deutlich konvex, Spitze stumpf oder zugespitzt; **Inf** verlängerte Thyrsen mit mehreren Dichasien; **Inf**stiel bis 35 cm; **Sep** dreieckig, bis 2.5 mm; **Kr** röhrig, im unteren Teil verwachsen, bis 5 mm, gelb bis cremefarben, Zipfel leierförmig, bis 4 mm, mit schnabelartiger Spitze ohne Anhängsel; **Anth** schwarz bis braun.

C. humbertii Descoings (Naturaliste Malgache 9(2): 189-193, ills., 1957). **T:** Madagaskar (*Descoings* 2513 [TAN ?, P]). – **D:** S Madagaskar; Ritzen in Kalkstein. **I:** KuaS 48: 199, 1997. **Fig. VII.g**

[2] Mehrjährig, zwergig, kurzlebig, 3 - 5 cm hoch, aus der Basis verzweigt und kleine Gruppen bildend; **Wu** faserig; **Tr** bis 1.5 mm ⌀, locker warzig mit deutlichen **Int**; **Blä** sitzend, stengelumfassend, länglich elliptisch, gespitzt, 6.5 - 8.5 × 2.5 - 4 mm, fleischig, bis 2.5 mm dick, blass- bis dunkelgrün, oft purpurn überhaucht, Oberseite dunkelrot gepunktet, jung warzig; **Blü** einzeln, achselständig, 5-zählig, 3 - 4 mm ⌀; **Ped** ± 2 mm; **Sep** 2 - 2.3 mm, basal verwachsen; **Pet** weiss, ± 3 mm, basal kurz verwachsen; **St** nicht herausragend, **Anth** gelb; **NSch** ± rechteckig, ± 0.3 × 0.6 mm, gelblich orange. – [U. Eggli]

C. hunua A. P. Druce (New Zealand J. Bot. 25: 128, 1987). **T:** Neuseeland (*Cheeseman* s.n. [WELT]). – **D:** Neuseeland (North Island); lehmige Flussufer.

Incl. *Tillaea pusilla* Kirk (1899) ≡ *Crassula pusilla* (Kirk) A. P. Druce & Given (1984) (*nom. illeg.*, Art. 53.1); **incl.** *Tillaea pusilla* var. *brevia* Kirk (1899).

[1] Winzige, zarte Kräuter bis 2 cm, in dichten Polstern; **Tr** blassgrün, **Int** < 5 mm; **Blä** (1-) 1.5 - 1.75 (-2) mm, dünn, linealisch-lanzettlich, stumpf bis etwas zugespitzt; **Blü** 4-zählig, ± 1.75 mm ⌀, kurz gestielt; **Cal** tief geteilt, **Sep** eiförmig-länglich, zugespitzt; **Pet** grösser als die **Sep**, länglich bis eiförmig-länglich, Farbe nicht beschrieben; **Gr** zurückgebogen; **Sa** 2 - 4 pro **Ca**. – [U. Eggli]

C. inandensis Schönland & Baker *fil.* (J. Bot. 36: 364, 1898). **T:** RSA, KwaZulu-Natal (*Wood* 764 [BM, K, SAM]). – **D:** E RSA (Eastern Cape, KwaZulu-Natal); subtropischer Wald im Schatten, Blüten im Hochsommer.

≡ *Septimia inandensis* (Schönland & Baker *fil.*) P. V. Heath (1993).

[6] Mit aufgerichtetem Ende kriechende Kräuter, spärlich verzweigt, kahl; **Wu** faserig; **Tr** 20 - 40 cm und ± 15 cm hoch, an den Knoten wurzelnd, sukkulent, stielrund, bis 5 mm ⌀, grün bis rötlich, **Int** 2 - 4 cm (zwischen den 2 **Bla**paaren unterhalb der **Inf** viel kürzer); **Blä** mit kurzen Stielen bis 4 mm (unterhalb der **Inf** sitzend), Spreite eiförmig bis breit eiförmig, ausgebreitet, 15 - 40 × 13 - 34 mm, glänzend, dunkelgrün (unterseits blassgrün), Ränder fein gewellt, gekerbt, Spitze zugespitzt bis stumpf, Basis keilförmig bis gestutzt; **Inf** kompakte, gerundete, sitzende Thyrsen, 1 cm hoch; **Inf**stiel 3 - 10 mm; **Sep** 1.5 mm, länglich, stumpf, mit geschwollenen Spitzen; **Kr** sternförmig, 10 mm ⌀; **Pet** lanzett-

lich, 4 × 1.5 mm, grünlich weiss; **Fil** 3 mm; **Anth** 1 mm, cremefarben; **Gr** 4 mm.

C. inanis Thunberg (Prodr. Fl. Cap., 54, 1794). **T:** RSA, Cape Prov. (*Thunberg* 7762 [UPS]). – **D:** Uganda, Lesotho, RSA (Eastern Cape, E Free State, W KwaZulu-Natal); feuchte Senken, meist in der Nähe von permanenten Wasserstellen in afrotemperaten Gasländern, Blüten Hochsommer bis Herbst. **I:** Tölken (1985: 106, fig. 13: 3).

≡ *Helophytum inane* (Thunberg) Ecklon & Zeyher (1837) ≡ *Tillaea inanis* (Thunberg) Steudel (1841); **incl.** *Tillaea perfoliata* Linné *fil.* (1782) ≡ *Bulliarda perfoliata* (Linné *fil.*) De Candolle (1801); **incl.** *Helophytum inane* var. *latifolium* Ecklon & Zeyher (1837) ≡ *Tillaea perfoliata* var. *latifolia* (Ecklon & Zeyher) Walpers (1843).

[1] Weiche, aufrechte bis mit aufgerichtetem Ende kriechende, spärlich verzweigte, ausdauernde, wasserlebende Kräuter bis 30 cm hoch; **Wu**stock rhizombildend; **Blä** 8 - 20 × 2 - 5 mm, lanzettlich bis dreieckig, flach, leicht sukkulent, grün, kahl, Spitzen stumpf; **Inf** Thyrsen mit sitzenden Dichasien, auf Grund des sympodialen Wuchses in achselständigen Monochasien endend; **Sep** bis 0.5 mm, breit dreieckig; **Kr** becherig, weiss, Zipfel bis 2.5 mm, verkehrt eiförmig, Spitzen zurückgebogen, stumpf; **Anth** gelb bis purpurn.

C. intermedia Schönland (Trans. Roy. Soc. South Afr. 17: 244, 1929). **T:** GRA. – **D:** RSA (Eastern Cape); im Schatten von Dickichten, Blüten im Frühling.

[14] Rosettig, gewöhnlich aus der Basis sprossend und dichte Gruppen bis 6 cm hoch (excl. **Inf**) bildend; **Wu** faserig; **Blä** 20 - 50 × 13 - 25 mm, flach, verkehrt eiförmig bis länglich verkehrt eiförmig, obere **Blä** aufsteigend und eng ziegelig und dadurch einen hohlen Becher bildend, untere **Blä** ausgebreitet und nicht ziegelig, alle graugrün, kahl, Ränder gewimpert, Spitze zugespitzt bis stumpf; **Inf** endständige, verlängerte bis oben gerundete Thyrsen mit zahlreichen, gebüschelten Dichasien; **Inf**stiel bis 15 cm; **Sep** bis 1.5 mm, eiförmig, gewimpert; **Kr** röhrig, bis 3 mm; **Pet** länglich verkehrt eiförmig, bis 2.5 mm, an der Basis kurz verwachsen, weiss, manchmal rötlich gefärbt, Spitzen gerundet; **Anth** gelb.

C. ×justi-corderoyi hort. *ex* H. Jacobsen & von Poellnitz (*pro sp.*) (Jahrb. Deutsche Kakt.-Ges. 1: 131-133, 1936). **T:** nicht konserviert?. – **I:** Jacobsen (1933: 45).

Mehrjährig, mit gruppenbildenden **Ros**; **Blä** bis 2.2 × 1 cm, lanzettlich, fleischig, oberseits flach, unterseits gerundet, dunkelgrün mit roten Flecken und kurzen, dichten, in undeutlichen Längsreihen angeordneten **Ha**; **Blü** rötlich.

Aller Wahrscheinlichkeit nach eine Hybride mit *C. falcata* als einem Elternteil.

C. kirkii (Allan) A. P. Druce & Given (New Zealand J. Bot. 22(4): 583, 1984). **T:** Neuseeland (*Kirk* 935 [WELT]). – **D:** Neuseeland (N Küste der Cook-Strasse).

≡ *Tillaea kirkii* Allan (1961); **incl.** *Tillaea diffusa* Kirk (1892) (*nom. illeg.*, Art. 53.1) ≡ *Crassula diffusa* (Kirk) Cockayne (1909) (*nom. illeg.*, Art. 53.1).

[1] Kleine Kräuter bis 8 cm in dichten Polstern; **Tr** ± dünn, aufrecht oder niederliegend, fadenförmig, spärlich verzweigt, **Int** 5 - 10 mm; **Blä** 2 - 3.5 mm, fleischig, sehr schmal länglich, stumpf, mit winzigem, aufgesetztem Spitzchen; **Blü** 4-zählig, 1.5 - 1.75 mm ⌀; **Ped** 1 mm; **Cal** winzig; **Sep** breit eiförmig bis eiförmig-länglich, stumpf; **Pet** so lang oder etwas länger als die **Sep**, breit länglich, stumpf gerundet, Farbe nicht erwähnt; **Sa** 2 - 4 pro **Ca**. – [U. Eggli]

C. lactea Aiton (Hort. Kew. 1: 396, 1789). **T:** RSA, Western Cape (*Masson* s.n. [BM]). – **D:** RSA (Eastern Cape, Western Cape); subtropische Dickichte in der Sonne oder im Schatten, Blüten Wintermitte bis frühes Frühjahr.

≡ *Toelkenia lactea* (Aiton) P. V. Heath (1993).

[6] Mit aufgerichtetem Ende kriechend bis aufrecht, 10 - 20 cm hoch, aus der Basis verzweigt und dichte Gruppen bildend; **Wu** faserig; **Tr** 8 - 10 mm ⌀, grau, Rinde abschälend, dunkelbraun; **Blä** sitzend, eiförmig, flach, 3 - 6 × 2.3 - 3.6 cm, aufsteigend-ausgebreitet, glauk, Rand ganzrandig, scharfkantig mit deutlichen Hydathoden, basal herablaufend und etwas mit dem jeweils gegenüberstehenden **Bla** verwachsen, Basis keilförmig, Spitze zugespitzt; **Inf** aufsteigende, pyramidale Thyrsen, 10 - 19 cm hoch mit zahlreichen Dichasien (bis 7 Knoten); untere **Bra** 15 × 10 mm, dreieckig-eiförmig, konkav; **Ped** 3 - 4 mm; **Sep** linealisch, 1 mm; **Kr** sternförmig, 14 - 15 mm ⌀; **Pet** 6 - 7 × 1.5 - 2 mm, weiss; **Fil** 4 - 5 mm.

C. lanceolata (Ecklon & Zeyher) Endlicher *ex* Walpers (Repert. Bot. Syst. 2: 254, 1843). **T:** RSA, Cape Prov. (*Ecklon & Zeyher* 1874 [S, W]). – **D:** S Afrika.

≡ *Tetraphyle lanceolata* Ecklon & Zeyher (1837) ≡ *Crassula schimperi* var. *lanceolata* (Ecklon & Zeyher) Tölken (1975) (*nom. nud.*) ≡ *Combesia lanceolata* (Ecklon & Zeyher) P. V. Heath (1993).

C. lanceolata ssp. **denticulata** (Brenan) Tölken (in Leistner & al. (ed.), Fl. South Afr. 14: 115, 1985). **T:** Malawi (*Brass* 16784 [K, BR]). – **D:** S Malawi, RSA (Northern Prov.). **Fig. VII.h**

≡ *Crassula pentandra* var. *denticulata* Brenan (1954) ≡ *Crassula schimperi* var. *denticulata* (Brenan) R. Fernandes (1978) ≡ *Combesia lanceolata* ssp. *denticulata* (Brenan) P. V. Heath (1993).

[2] Unterschiede zu ssp. *lanceolata*: **Wu** und Haupt**Tr** fleischig; **Blä** lanzettlich und mehr als 2× so lang wie die achselständigen **Blü**knäuel, Rand

gezähnelt, Spitze in einer farblosen Granne endend; **Cal**zipfel bis 1.8 mm, scharf zugespitzt.

C. lanceolata ssp. **lanceolata** – **D:** RSA (Western Cape, Eastern Cape, Gauteng, Mpumalanga, Northern Prov., KwaZulu-Natal, Free State), Lesotho; Felsen und Felsritzen in Grasland, Fynbos und Bushveld, Blüten Hochsommer bis Wintermitte.

Incl. *Tillaea subulata* var. *illecebroides* Welwitsch *ex* Hiern (1896) ≡ *Crassula schimperi* var. *illecebroides* (Welwitsch *ex* Hiern) G. D. Rowley (1978); **incl.** *Crassula filamentosa* Schönland (1917) ≡ *Crassula schimperi* fa. *filamentosa* (Schönland) R. Fernandes (1978).

[2] Mehrjährig, mit aufgerichtetem Ende kriechend, bis 10 cm hoch mit fadenförmigen, an den Knoten wurzelnden und frei aus der Basis verzweigenden **Tr**, kleine Gruppen oder Matten bildend; **Blä** 4 - 6 × 1.5 - 3 mm, flach, dreieckig-lanzettlich, ± so lang oder 2× so lang wie die achselständigen **Blü**knäuel, grün bis graugrün, ± zur zugespitzten Spitze hin warzig (Spitze ohne endständige, farblose Spitze); **Inf** Thyrsen mit sitzenden, achselständigen Dichasien; **Blü** sitzend, 5-zählig; **Cal**zipfel linealisch-dreieckig, bis 1.5 mm, zugespitzt, so lang oder länger als die **Kr**zipfel; **Kr** becherig, gelblich grün, Zipfel linealisch-dreieckig, bis 1 mm, zugespitzt; **Anth** gelb.

Häufig in felsigen Gebieten, v.a. in schattigen Felsspalten, und im Fynbos oder Renosterveld vorkommend. Gelegentlich als Bodendecker kultiviert.

C. lanceolata ssp. **transvaalensis** (Kuntze) Tölken (in Leistner & al. (ed.), Fl. South Afr. 14: 115, 1985). **T:** RSA, Transvaal (*Kuntze* s.n. [NY, K]). – **D:** Namibia, N und E RSA, Swaziland, Lesotho, Malawi, Moçambique, Zimbabwe, Angola; Felsvorkommen in Grasland, Blüten Sommermitte bis Herbst. **I:** Fernandes (1983: 9, als *C. schimperi* ssp. *transvaalensis*). **Fig. VIII.a**

≡ *Sedum transvaalense* Kuntze (1898) ≡ *Crassula transvaalensis* (Kuntze) K. Schumann (1900) ≡ *Crassula schimperi* fa. *transvaalensis* (Kuntze) R. Fernandes (1978) ≡ *Crassula schimperi* ssp. *transvaalensis* (Kuntze) R. Fernandes (1978) ≡ *Crassula schimperi* var. *transvaalensis* (Kuntze) R. Fernandes (1978) ≡ *Combesia lanceolata* ssp. *transvaalensis* (Kuntze) P. V. Heath (1993) ≡ *Tillaea schimperi* ssp. *transvaalensis* (Kuntze) M. G. Gilbert & al. (2000); **incl.** *Thisantha subulata* Hooker *fil.* (1843) ≡ *Tillaea subulata* (Hooker *fil.*) Britten (1871); **incl.** *Crassula selago* Dinter (1919).

[2] Unterschiede zu ssp. *lanceolata*: **Wu** fleischig; **Tr** parallel-aufrecht, ± abfallend und an den Knoten nicht wurzelnd; **Blä** gewöhnlich zur Trockenzeit hin abfallend, 2 - 4× so lang wie die achselständigen **Blü**knäuel, Spitzen zugespitzt mit farblosen Spitzen; **Sep** bis 1.5 mm, zugespitzt.

C. lanuginosa Harvey (FC 2: 347, 1862). **T:** RSA, Eastern Cape (*Drège* s.n. [S, E, G, K, LE, P, TCD]). – **D:** RSA.

C. lanuginosa var. **lanuginosa** – **D:** RSA (Eastern Cape); Grasländer und Dickichte, im Schatten, Blüten Hochsommer bis Herbst.

Incl. *Crassula strigosa* E. Meyer *ex* Drège (1843) (*nom. nud.*).

[17] Dicht verzweigte, mit aufgerichtetem Ende kriechende bis niederliegende und mattenbildende Kräuter bis 5 cm hoch und 20 cm ⌀; **Wu** faserig; **Tr** ± 1 mm ⌀, behaart, manchmal mit Luft**Wu**; **Int** der kurzen Seiten**Tr** von den dicht angeordneten **Blä** verdeckt; **Blä** 2 - 10 × 1 - 4.5 mm, elliptisch bis verkehrt eiförmig, ausgebreitet-aufsteigend, eher flach aber bikonvex, Spreite mit ausgebreiteten **Ha**, Spitze zugespitzt mit langen Wimpern; **Inf** Thyrsen bis 15 × 5 mm mit 3 - 7 **Blü**, gewöhnlich von 1 Paar **Bra** getragen; **Inf**stiel 3 - 15 mm; **Sep** dreieckig-länglich, 1 × 0.3 mm; **Kr** bis 3 mm, röhrig, Zipfel an der Basis verwachsen, bandförmig verkehrt eiförmig, Spitzen zurückgebogen mit dorsalem Anhängsel; **Anth** schwarz.

C. lanuginosa var. **pachystemon** (Schönland & Baker *fil.*) Tölken (JSAB 41: 106-107, 1975). **T** [lecto]: RSA, Eastern Cape (*Bolus* 437 [GRA, BOL, K, PRE]). – **D:** RSA (Eastern Cape); Felsvorkommen in Grasland.

≡ *Crassula pachystemon* Schönland & Baker *fil.* (1898); **incl.** *Crassula ernestii* Schönland & Baker *fil.* (1902).

[17] Unterschiede zu var. *lanuginosa*: Pflanzen grösser; **Int** gewöhnlich sichtbar; **Blä** elliptisch, verkehrt eiförmig bis linealisch verkehrt eiförmig, 8 - 30 × 4 - 10 mm, flach, Oberseite flach bis konvex, Unterseite konvex, Spreite mit zurückgebogenen, etwas anliegenden **Ha**, Spitze stumpf; **Inf** mit bis zu 15 sitzenden **Blü**; **Kr** bis 4 mm.

C. lasiantha Drège *ex* Harvey (FC 2: 344, 1862). **T:** RSA, Western Cape (*Drège* s.n. [TCD, BM, E, G, K, LE, P, PRE, S, SAM]). – **D:** RSA (Western Cape); Fynbos, schattige Felsklippen, Blüten Hochsommer bis Herbst.

[11] Mehrjährige, verzweigte Kräuter, mattenbildend, mit ausdauernden **Blä**; **Wu** faserig; **Tr** niederliegend, drahtig, an den Knoten wurzelnd, junge **Tr** mit zurückgebogenen **Ha**; **Blä** verkehrt eiförmig-elliptisch bis kreisrund, 3 - 6 × 3 - 4 mm, fast 2-zeilig, flach, kahl, grün, in der Trockenzeit rötlich werdend, Rand gewimpert, Spitze stumpf; **Inf** Thyrsen mit mehreren Dichasien; **Inf**stiel undeutlich; **Sep** bis 2 mm, länglich dreieckig, behaart, Rand gewimpert, Spitze stumpf; **Kr** röhrig, weiss bis cremefarben; **Pet** verkehrt lanzettlich-elliptisch, bis 3.5 mm, an der Basis kurz verwachsen, Spitze zugespitzt mit fast endständigem, apikalem Anhängsel; **Anth** gelb.

C. latibracteata Tölken (JSAB 41: 107-108, 1975). **T:** RSA, Eastern Cape (*Tölken* 4344 [BOL]). – **D:** RSA (Eastern Cape); Valley Bushveld und Grasland, zwischen Felsen, Blüten Hochsommer bis Herbst. **I:** Tölken (1985: 217, fig. 21: 2).

≡ *Globulea latibracteata* (Tölken) P. V. Heath (1995).

[20] Zwergige, verzweigte, mit aufgerichtetem Ende kriechende bis aufrechte, filzige Kräuter bis 40 cm hoch und kleine Gruppen bildend; **Wu** faserig; **Tr** sukkulent, grün bis rötlich grün, verholzend und graubraun werdend; alte **Blä** nicht ausdauernd; **Blä** 8 - 25 × 4 - 7 mm, abgeflacht, ausgebreitet, verkehrt eiförmig, sichelförmig und oft seitwärts verdreht, filzig bis kahl, beide Seiten flach bis leicht konvex, grün bis gelblich grün, Rand zugespitzt, Basis keilförmig, Spitze stumpf bis gerundet; **Inf** kopfige Thyrsen bis 25 cm mit 1 - 3 kugeligen Dichasien; obere **Bra** gross, verkehrt eiförmig-spatelig, die **Inf**basis bedeckend; **Sep** länglich dreieckig, bis 2.5 mm, stumpf; **Kr** röhrig, cremefarben, Zipfel länglich, bis 3.5 mm, an der Basis kurz verwachsen und mit länglich ellipsoiden, apikalen Anhängseln.

C. leachii R. Fernandes (Bol. Soc. Brot., sér. 2, 55: 95, 1982). **T:** Moçambique (*Leach* 8135 [PRE, M, SRGH]). – **D:** Moçambique; Bushveld, auf Granitfelsen.

[17] Mit aufgerichtetem Ende kriechende, niedrige Kräuter bis 23 cm; **Wu** faserig; **Tr** zur Basis hin leicht holzig, behaart; **Blä** 12 - 22 × 2.5 - 9 mm, sitzend, aufsteigend, länglich bis elliptisch, abgeflacht, Spreite behaart, graugrün, Rand ganz, Basis keilförmig, Spitze stumpf; **Inf** aufrechte Thyrsen mit zahlreichen, zu Köpfchen gehäuften Dichasien bis 28 mm ⌀; **Inf**stiel bis 8 cm mit 2 - 3 Paaren länglicher **Bra** bis 5 mm; **Blü** (fast) sitzend; **Sep** dreieckig bis eiförmig, bis 2 mm; **Kr** weiss, glockig, bis 4 mm, Zipfel länglich bis verkehrt eiförmig-länglich, bis 3.25 mm, stumpf; **Anth** purpurn.

C. longipes (Rose) Bywater & Wickens (KB 39(4): 712, ills. (p. 711), 1984). **T:** Mexiko, Hidalgo (*Pringle* 13407 [US 401957]). – **D:** SE USA (Florida, Louisiana, Texas), Mexiko, Paraguay, Argentinien; nasse Stellen bis halb untergetaucht an Flussrändern.

≡ *Tillaeastrum longipes* Rose (1911) ≡ *Tillaea longipes* (Rose) J. Meyrán (1993).

[1] Aufrechte Kräuter bis 2.5 cm; **Blä** lanzettlich bis verkehrt lanzettlich, (0.3-) 2 - ± 5 mm, spitz bis stumpf; **Blü** 1 pro Knoten, 4-zählig; **Ped** ± 1.5 - 3 (-8) mm; **Sep** ± dreieckig, 0.4 - 0.7 × 0.3 - 0.6 mm, stumpf; **Pet** dreieckig, 1.1 - 1.7 × 0.4 - 0.6 mm, spitz, länger als die **Sep**; **NSch** fadenförmig, 0.4 mm; **Sa** 12 - 14 pro **Ca**, länglich, ± 0.25 - 0.32 × 0.15 mm, rötlich braun, leicht gerippt.

Häufig mit *C. drummondii* verwechselt (Bywater & Wickens 1984: 714). – [U. Eggli]

C. luederitzii Schönland (Trans. Roy. Soc. South Afr. 17: 253, 1929). **T:** Namibia (*Stöber* s.n. in *Marloth* 11918 [PRE]). – **D:** S Namibia; Succulent Karoo, im Schatten von Felsen, Blüten Mitte Winter bis Frühjahr.

[14] Rosettig, meist aus der Basis sprossend und kleine Gruppen bildend, bis 15 cm hoch (incl. **Inf**); **Wu** faserig; **Blä** 10 - 30 × 8 - 20 mm, 4-reihig, flach, länglich verkehrt lanzettlich, grün bis rötlich, gefleckt, kahl, Ränder gewimpert, Spitze zugespitzt; **Inf** endständige, oben gerundete Thyrsen mit zahlreichen Dichasien; **Bra Blä**artig, nach oben hin kleiner werdend; **Sep** bis 2 mm, länglich dreieckig; **Kr** weiss, röhrig, 4 mm; **Pet** länglich, bis 3 mm, an der Basis kurz verwachsen; **Anth** schwarz.

C. macowaniana Schönland & Baker *fil.* (J. Bot. 36: 361, 1899). – **D:** S Namibia, RSA (Northern Cape); Succulent Karoo, Blüten Sommer bis Herbst. **I:** Tölken (1985: 194, fig. 18: 4).

Incl. *Rochea perfoliata* var. *glaberrima* E. Meyer ex Drège (1844) (*nom. inval.*, Art. 32.1c); **incl.** *Crassula macowaniana* var. *crassifolia* Schönland (1912).

[15] Gerundete, stark verzweigte Sträucher bis 1.2 m hoch; ältere **Tr** holzig mit rötlich brauner bis grauer, abschälender Rinde; jüngere **Tr** stielrund, 6 - 7 mm ⌀; **Blä** 35 - 55 × 7 - 18 mm, in der Form unterschiedlich, dreieckig-lanzettlich bis linealisch-lanzettlich, abgeflacht bis fast stielrund, grün bis graugrün, manchmal rötlich oder mit einem rötlichen Rand, oft mit puderigem Reif, Oberseite flach bis konvex, Unterseite konvex, Spitze zugespitzt; **Inf** endständige, gerundete Thyrsen; **Inf**stiel 3.5 - 5 cm; untere **Bra** aufrecht, rötlich, linealisch-lanzettlich, 10 mm; **Ped** 1 - 2 mm; **Sep** linealisch, 1 mm; **Kr** sternförmig, bis 7 mm ⌀ mit kurzer **Rö**, Zipfel kurz verwachsen, weiss oder rosa, 2.5 - 4 × 1.8 mm, verkehrt lanzettlich, Spitzen leicht zurückgebogen.

C. manaia A. P. Druce & W. R. Sykes (New Zealand J. Bot. 26(3): 477-478, ills., 1988). **T:** Neuseeland (*Druce* s.n. [CHR 179637]). – **D:** Neuseeland (W und S Taranaki); küstennah.

[1] Kleine, zarte, ein- oder mehrjährige Kräuter, dichte, moosartige Matten bildend, bis 1 cm hoch; **HauptTr** fadenförmig, farblos oder blassrosa, unten wurzelnd; **Blä** 1 - 2 (-3.5) × 0.6 - 1 mm, breit elliptisch-eiförmig, winzig dicht warzig, ausgebreitet-aufsteigend; **Blü** einzeln in den **Blä**achseln, 4-zählig, 1 - 1.3 mm ⌀; **Ped** < 1 mm, zur **Fr**zeit bis 3 mm verlängert; **Pet** dreieckig-eiförmig, kürzer oder länger als die **Sep**, rotspitzig; **Sa** 1 - 2 pro **Ca**, 0.3 - 0.35 mm, braun, ± zylindrisch ellipsoid.

Wird im Protolog mit *C. mataikona* verglichen. – [U. Eggli]

C. mataikona A. P. Druce (New Zealand J. Bot. 25: 128, 1987). **T:** Neuseeland, North Island (*Colenso* s.n. [K?]). – **D:** Neuseeland.

Incl. *Tillaea debilis* Hooker *fil.* (1852) ≡ *Crassula debilis* (Hooker *fil.*) A. P. Druce & Given (1984) (*nom. illeg.*, Art. 53.1).

[1] Schwache, schlanke Kräuter; **Tr** 5 - 7.5 cm, nicht oder spärlich verzweigt; **Blä** in entfernt stehenden Paaren, 2.1 - 4.2 mm, basal verwachsen, eiförmig-länglich oder linealisch; **Blü** wenige, sitzend oder gestielt, sehr winzig, 4-zählig; **Sep** eiförmig, zugespitzt; **Pet** kürzer als die **Sep**, eiförmig, zugespitzt, Farbe nicht beschrieben; **Sa** 1 - 2 pro **Ca**.

Nur von wenigen Exemplaren bekannt und in der Originalbeschreibung mit *Tillaea verticillaris* (= *Crassula sieberiana*) verglichen. – [U. Eggli]

C. mesembrianthemopsis Dinter (RSN 19(8-10): 143-144, 1923). **T:** Namibia (*Dinter* 4685 [B]). – **D:** S Namibia, N RSA (Northern Prov.); Quarzkiesebenen, herbstblühend.

[17] Zwergig, rosettig; **Blä** spiralig angeordnet, in der Natur im Boden eingesenkt wachsend und nur der obere **Bla**rand sichtbar, alte **Blä** ausdauernd; **Blä** 10 - 20 × 3 - 6 mm, flach, keilförmig, Epidermis warzig (zur Basis hin weniger), graugrün, Oberseite flach, Unterseite konvex, Spitze gestutzt; **Inf** gerundete, kompakte Dichasien, teilweise von den oberen **Blä** verborgen; **Inf**stiel bis 2 cm mit zurückgebogenen, feinen **Ha**; **Ped** kurz; **Sep** bis 3.5 mm, länglich dreieckig, spärlich behaart, Rand gewimpert; **Kr** röhrig, bis 7 mm, weiss bis cremefarben, Zipfel an der Basis kurz verwachsen, länglich, Spitze etwas kapuzenförmig und mit undeutlichem, dorsalem Anhängsel; **Anth** gelb.

C. mesembryanthoides (Haworth) D. Dietrich (Synops. Pl. 2: 1031, 1840). **T:** K [lecto: unpubl. pl. 763]. – **D:** RSA.
≡ *Globulea mesembryanthoides* Haworth (1824).

C. mesembryanthoides ssp. **hispida** (Haworth) Tölken (JSAB 41: 108, 1975). **T:** K [lecto: unpubl. pl. 762]. – **D:** RSA (Eastern Cape); Valley Bushveld, Blüten Hochsommer bis Herbst.
≡ *Globulea hispida* Haworth (1825) ≡ *Crassula hispida* (Haworth) D. Dietrich (1840) ≡ *Globulea mesembryanthoides* var. *hispida* (Haworth) P. V. Heath (1995); **incl.** *Sphaeritis paucifolia* Ecklon & Zeyher (1837).

[20] Unterschiede zu ssp. *mesembryanthoides*: **Int** kürzer, bis 5 mm; **Blä** aufrecht, linealisch-lanzettlich, 2 - 5 cm, mit leicht zurückgebogenen, weicheren **Ha** bedeckt.

C. mesembryanthoides ssp. **mesembryanthoides**
– **D:** RSA (Eastern Cape); Karoo und Valley Bushveld, Blüten Herbst und Winter.
Incl. *Sphaeritis trachysantha* Ecklon & Zeyher (1837) ≡ *Crassula trachysantha* (Ecklon & Zeyher) Harvey (1862).

[20] Aufrechte, verzweigte, filzige Kräuter bis 40 cm hoch, kleine Gruppen bildend; **Wu** faserig; **Tr** sukkulent, grün, ältere **Tr** verholzend und rötlich braun; **Int** 5 - 20 mm, alle ± gleich lang; alte **Blä** nicht ausdauernd; **Blä** 10 - 20 × 2 - 4 mm, abgeflacht, aufsteigend, linealisch-elliptisch, grün bis gelblich grün, mit dichten, zurückgebogenen **Ha** bedeckt, Oberseite flach bis konvex, Unterseite konvex, Basis keilförmig, Spitze zugespitzt; **Inf** kugelige bis abgeflachte Thyrsen bis 30 cm mit mehreren Dichasien; **Sep** linealisch-dreieckig, bis 3.5 mm, zugespitzt; **Kr** röhrig, cremefarben, Zipfel linealisch-leierförmig, bis 4.5 mm, basal kurz verwachsen, mit linealisch-ellipsoiden, apikalen, gegeneinander gepressten Anhängseln; **Anth** schwarz.

C. micans Vahl *ex* Baillon (Bull. Mens. Soc. Linn. Paris 1(59): 469-470, 1885). **T:** Madagaskar (*Commerson* s.n. [P-JU, P]). – **Lit:** Allorge-Boiteau (2002: mit ill.). **D:** SE Madagaskar (Region von Taolanaro); Küstensand.

[?] Kleine, mehrjährige, niederliegende Kräuter mit schlanken, zarten **Tr**; **Blä** nahe der **Tr**spitzen gedrängt, lanzettlich, ± 13 × 7 mm, gestielt, Rand der Spreite mit purpurnen Flecken; **Inf** wenigblütig oder **Blü** einzeln; **Blü** 5-zählig, gestielt; **Sep** lanzettlich, grün; **Pet** lanzettlich, radförmig ausgebreitet, hellrosa; **Fil** weiss; **Ca** weiss.

Diese Art wurde erst kürzlich wieder aufgesammelt, ist aber trotzdem weiterhin ungenügend bekannt. – [U. Eggli]

C. minuta Tölken (JSAB 41: 108-109, 1975). **T:** RSA, Cape Prov. (*Esterhuysen* 12233 [BOL, K, PRE]). – **D:** RSA (Western Cape, Northern Cape); in flachen Felstassen, Blüten im Frühling.

[2] Mehrjährig, aufrecht, mit drahtigen **Tr** bis 3 cm hoch; **Wu** faserig; **Blä** 1 - 3 × 0.5 - 1 mm, sitzend, linealisch-elliptisch, kahl, grün bis rötlich braun, Oberseite flach, Unterseite konvex, Spitze stumpf; **Inf** Thyrsen mit zahlreichen Dichasien; **Blü** gestielt, 4-zählig; **Cal**zipfel bis 1.5 mm, elliptisch-lanzettlich, etwas zugespitzt; **Kr** becherig, weiss bis cremefarben; **Anth** gelb (?).

C. minutissima (Skottsberg) Bywater & Wickens (KB 39(4): 711, ills., 1984). **T:** Argentinien, Santa Cruz (*Skottsberg* 710 [UPS, BA, S, SGO]). – **D:** S Argentinien (Patagonien); feuchte Stellen, nur vom Typ bekannt.
≡ *Tillaea minutissima* Skottsberg (1916).

[1] Winzige, aufrechte Kräuter bis 1.5 cm; **Blä** lanzettlich, 2 - 3.5 mm, zugespitzt; **Blü** 1 pro Knoten, 4-zählig; **Ped** ± 0.2 mm; **Sep** dreieckig, stumpf, 0.3 - 0.4 mm; **Pet** eiförmig, 0.8 × 0.4 mm; **NSch** fadenförmig, 0.4 mm; **Sa** 2 pro **Ca**, länglich, 0.58 × 0.23 mm, rötlich braun, längs gestreift bis gerippt.

Unterscheidet sich von *C. aquatica* und *C. saginoides* durch die Kleinheit und die grossen Samen. – [U. Eggli]

C. mollis Thunberg (Nova Acta Phys.-Med. Acad. Caes. Leop.-Carol. Nat. Cur. 6: 330, 340, 1778). **T:** RSA, Eastern Cape (*Thunberg* 7766 [UPS, G, S]). – **D:** RSA (Western Cape, Eastern Cape); Succulent Karoo und Dickichte, Blüten im Hochsommer.

≡ *Globulea mollis* (Thunberg) Haworth *ex* De Candolle (1828); **incl.** *Globulea subincana* Haworth (1824) ≡ *Crassula subincana* (Haworth) D. Dietrich (1840); **incl.** *Globulea subincana* var. *decumbens* Haworth (1824); **incl.** *Globulea subincana* var. *erecta* Haworth (1824); **incl.** *Sphaeritis margaritifera* Ecklon & Zeyher (1837) ≡ *Crassula margaritifera* (Ecklon & Zeyher) Harvey (1862).

[20] Aufrechte bis mit aufgerichtetem Ende kriechende und stark verzweigte Kleinsträucher, bis 50 cm hoch; **Tr** basal holzig, bis 4 mm ⌀, grau bis rötlich grün mit dunkel rötlichbrauner Rinde und im Alter glatt werdend; junge **Tr** grün, 1.5 mm ⌀, samtig; **Blä** ausgebreitet-aufsteigend, 15 - 20 × 2 - 5 mm, linealisch-lanzettlich bis linealisch-elliptisch, Oberseite konvex bis flach, Unterseite konvex, Spitze zugespitzt; **Inf** aufrechte, oben gerundete Thyrsen bis 20 cm mit 3 bis vielen, dichten, zu Köpfchen gehäuften Dichasien bis 12 mm ⌀; **Inf**stiel bis 14 cm mit bis zu 6 Paaren **Bla**artiger **Bra**, behaart; **Ped** bis 1 mm oder **Blü** sitzend; **Sep** länglich, fleischig, stumpf; **Kr** bis 3 mm lang, röhrig, weiss bis cremefarben, Zipfel an der Basis kurz verwachsen, leierförmig mit kapuzenförmigen Spitzen und dorsalen Anhängseln; **Anth** schwarz.

C. montana Thunberg (Nova Acta Phys.-Med. Acad. Caes. Leop.-Carol. Nat. Cur. 6: 329, 332, 1778). **T:** RSA, Western Cape (*Thunberg* 7767 [UPS, G-DC, LINN, S]). – **D:** RSA.

≡ *Purgosea montana* (Thunberg) G. Don (1834).

C. montana ssp. **montana** – **D:** RSA (Western Cape); Succulent Karoo und Nama Karoo, frühlingsblühend. **Fig. VIII.c**

Incl. *Crassula engleri* Schönland (1907).

[14] Rosettig, gewöhnlich aus der Basis sprossend und kleine, dichte Gruppen bis 3 cm hoch (excl. **Inf**) bildend; **Wu** faserig; **Blä** 15 - 25 × 10 - 16 mm, eiförmig bis breit verkehrt eiförmig, flach, in dichten, basalen **Ros**, nach oben hin kleiner werdend, hell- bis dunkelgrün mit dunkelgrünen Punkten, kahl aber mit kurzen, randständigen Wimpern, Spitze zugespitzt bis stumpf; **Inf** endständige, ährenartige Thyrsen (gelegentlich oben flach), 5 - 9 cm, mit sitzenden Dichsien; **Inf**stiel 1 - 8 cm; **Bra Bla**artig, verkehrt eiförmig bis lanzettlich, 5 - 14 × 6 - 8 mm, gewimpert; **Sep** 2 - 4 mm, dreieckig-lanzettlich, gewimpert; **Kr** röhrig, 6 mm; **Pet** länglich, weiss, 5 mm, an der Basis kurz verwachsen, Spitzen ausgebreitet.

C. montana ssp. **quadrangularis** (Schönland) Tölken (JSAB 41: 109, 1975). **T:** RSA, Western Cape (*Marloth* 2512 [GRA]). – **D:** RSA (N Western Cape); im Schatten von Felsen, frühlingsblühend.

≡ *Crassula quadrangularis* Schönland (1903); **incl.** *Crassula gillii* Schönland (1907).

[14] Unterschiede zu ssp. *montana*: **Tr** kleiner, dichte Matten bildend; **Blä** 7 - 8 × 8 - 12 mm, verkehrt eiförmig, deutlich kreuzgegenständig und gegeneinander gepresst und einen gestutzten, 4-kantigen **Kö** von 2 × 2 cm bildend; **Inf** aufrechte, oben flache bis gerundete Thyrsen bis 5 cm; **Inf**stiel 3 cm; **Bra** eiförmig, 4 mm; **Kr** röhrig; **Pet** basal verwachsen, spitzenwärts sternförmig ausgebreitet, weiss, 5 mm.

C. morrumbalensis R. Fernandes (Bol. Soc. Brot., sér. 2, 55: 97, 1982). **T:** Moçambique (*Torre* 4551 [LISC]). – **D:** Moçambique; am Typstandort auf Felsen in der Savanne.

[17] Mit aufgerichtetem Ende kriechende bis niederliegende, niedrige Kräuter; **Wu** faserig; Haupt**Tr** niederliegend, bis 4 mm ⌀, an den Knoten wurzelnd, mit aufrechten Seiten**Tr** bis 5 cm hoch, 4-kantig, manchmal mit basaler **Ros**, Rinde basal dunkelbraun, papierartig, nach oben hin rötlich braun; **Blä** 13 - 24 × 5 - 7 mm, gewöhnlich rosettig, abgeflacht, Basis verschmälert, Spreite länglich elliptisch bis elliptisch, kahl, Rand scharfkantig, gewimpert, Spitze zugespitzt bis fast zugespitzt; **Inf** aufrechte Thyrsen mit zahlreichen Dichasien bis 2 cm ⌀; **Inf**stiel zur Spitze hin mit angepressten **Ha**; **Bra** 2 Paare, länglich mit gewimperten Rändern; **Sep** bis 2.5 mm, dreieckig bis lanzettlich, gewimpert; **Kr** sternförmig, bis 10 mm ⌀, weiss, Zipfel länglich verkehrt eiförmig, stumpf.

C. moschata G. Forster (Commentat. Soc. Regiae Sci. Gott. 9: 26, 1787). **T:** Tierra del Fuego, Isla de los Estados (*Forster* s.n. [BM, AD [Foto], LE, LECB, MW]). – **D:** S Argentinien, S Chile, mehrere antarktische Inseln, Australien (Tasmanien), Neuseeland; Felsritzen gerade über der Hochwasserlinie. **I:** Bywater & Wickens (1984: 705, fig. 1: A-E).

≡ *Bulliarda moschata* (G. Forster) D'Urville (1825) ≡ *Tillaea moschata* (G. Forster) De Candolle (1828); **incl.** *Bulliarda magellanica* De Candolle (1801) (*nom. inval.*, Art. 32.1c); **incl.** *Tillaea magellanica* Willdenow *ex* Schultes (1827) ≡ *Crassula magellanica* (Willdenow *ex* Schultes) Macloskie (1905); **incl.** *Tillaea chiloensis* Gay (1846); **incl.** *Tillaea litoralis* Philippi *ex* Rossow (1983) (*nom. inval.*, Art. 34.1a).

[1] Aufrechte Kräuter, belaubt, rötlich, einjährig, bis 5 (-15) cm; **Tr** bis 1 mm ⌀, niederliegend; **Blä** elliptisch bis verkehrt eiförmig oder spatelig, (2.4-) 3.3 - 5 mm, Unterseite oft mit deutlichen, runden, drüsigen Punkten; **Blü** 1 pro Knoten, 4-zählig; **Ped** 2 - 3 mm; **Sep** dreieckig, stumpf, 1.5 - 1.7 × 0.9 - 1 mm, aussen mit drüsigen Punkten; **Kr** becherig, weiss; **Pet** länglich lanzettlich, 2 - 2.3 × 1 mm, län-

ger als die **Sep**; **NSch** länglich, 1 × 0.5 mm, gerundet; **Sa** 2 - 4 (-8) pro **Ca**, länglich ellipsoid, 0.7 × 0.35 - 0.44 mm ⌀, rötlich braun, nicht gerippt, winzig fein gerunzelt.

Das ist die grösste der südamerikanischen Arten dieser Gruppe und die Pflanzen sind recht kräftig. – [U. Eggli]

C. multicaulis (Petrie) A. P. Druce & Given (New Zealand J. Bot. 22(4): 583, 1984). **T:** Neuseeland (*Petrie* s.n. [WELT]). – **D:** Neuseeland; lokal im feuchten Grasland der Hügelzone und an nassen Stellen.

≡ *Tillaea multicaulis* Petrie (1887).

[1] Kleine Kräuter bis 3 cm hoch in ± offenen Gruppen; **Tr** niederliegend, an den Knoten wurzelnd, mit aufsteigenden Spitzen; **Int** bis 1 cm, meist kürzer; **Blä** ± 2 mm, fleischig, eiförmig-pfriemlich, zugespitzt, ± mit aufgesetztem Spitzchen, an kurzen Seiten**Tr** ± ziegelig; **Blü** 4-zählig, 2.5 - 3.5 mm ⌀, kurz gestielt; **Cal** bis zu ± ½ geteilt; **Sep** breit pfriemlich, zugespitzt; **Pet** 2× so lang wie die **Sep**, rosa bis weiss, breit länglich, stumpf gerundet; **Gr** dünn, zurückgebogen; **Sa** 8 pro **Ca**. – [U. Eggli]

C. multicava Lemaire (Rev. Hort. 1862: 97, 1862). **T** [neo]: RSA, Eastern Cape (*Flanagan* 161 [BOL, GRA, SAM]). – **D:** RSA.

≡ *Septimia multicava* (Lemaire) P. V. Heath (1993).

C. multicava ssp. **floribunda** H.-C. Friedrich *ex* Tölken (JSAB 41: 109-110, 1975). **T:** RSA, KwaZulu-Natal (*Strey* 4209 [PRE, NH]). – **D:** RSA (KwaZulu-Natal); Küstenwald und Täler.

[6] Unterschiede zu ssp. *multicava*: **Tr** höher, oft aufrecht, verzweigt, bis 30 cm; **Blä** oft behaart; **Inf** mit länglichen, stumpfen **Bra**.

C. multicava ssp. **multicava** – **D:** RSA (Eastern Cape, KwaZulu-Natal); Küstenwald und Savanne, Blüten Spätwinter bis Frühling.

Incl. *Crassula quadrifida* Baker *fil.* (1873).

[6] Mit aufgerichtetem Ende kriechend bis aufrecht, 10 - 20 cm hoch (excl. **Inf**), aus der Basis verzweigt und dichte Gruppen bildend; **Wu** faserig; **Tr** 5 - 10 mm ⌀, grün; **Blä** kurz gestielt bis 15 mm, Spreite grün (selten Unterseite purpurn), eiförmig, flach, 3 - 6 × 2.8 - 4.8 cm, aufsteigend-ausgebreitet, Ränder ganz, scharfkantig, mit deutlichen Hydathoden, Basis keilförmig bis herzförmig, Spitze zugespitzt; **Inf** aufsteigende, pyramidale Thyrsen, 18 - 22 cm hoch, mit zahlreichen Dichasien (bis zu 5 Knoten); **Inf**stiel bis 12 cm; **Ped** 3 - 8 mm; **Sep** linealisch, 1.5 mm; **Kr** 4- oder 5-zählig, sternförmig, 10 mm ⌀; **Pet** 5 × 2 mm, weiss bis hellrosa; **Fil** 2 mm.

C. multiceps Harvey (FC 2: 359, 1862). **T:** RSA, Western Cape (*Zeyher* 660 [S, BM, E, FI, G, K, LE, P, SAM]). – **D:** RSA (Northern Cape, Western Cape); Succulent Karoo, Hügelgipfel, Blüten im Hochwinter. **Fig. VIII.d**

≡ *Tetraphyle multiceps* (Harvey) P. V. Heath (1993).

[16] Aufsteigend, gerundet und stark verzweigt, zwergig, bis 4 cm hoch und 6 cm ⌀, gewöhnlich mit einem einzelnen Haupt**Tr** bis 4 mm ⌀; **Wu** fleischig, horizontal, bis 4 mm ⌀; Haupt**Tr** graubraun mit abschälender Rinde, jüngere **Tr** 1 mm ⌀; **Blä** in Quirlen zu 4 - 7 und an ihrer Basis verwachsen, aufsteigend, einwärts gebogen, 4 - 6 × 1 - 1.5 mm, flach, grün bis bräunlich grün, dreieckig-lanzettlich, lederig und sich im Laufe des Sommers zurückrollend, Rand ganz, Spitze zugespitzt, tote **Blä** ausdauernd, braun; **Inf** endständige, trugdoldige Köpfchen; **Sep** bis 3 mm, länglich verkehrt lanzettlich, mit wenigen Wimpern an der Basis; **Kr** röhrig, bis 10 mm, ampullenförmig, Zipfel cremefarben bis blassgelb, elliptisch-länglich, auf den unteren 2 mm verwachsen; **Anth** gelb.

Die quirlständigen Blätter sind innerhalb der Gattung einmalig.

C. multiflora Schönland & Baker *fil.* (J. Bot. 36: 338, 1898). **T:** RSA, Western Cape (*Bolus* 6702 [GRA, BOL, K]). – **D:** RSA.

C. multiflora ssp. **leucantha** (Schönland & Baker *fil.*) Tölken (JSAB 41: 110, 1975). **T:** RSA, Western Cape (*Schlechter* 7378 [GRA, BM, BOL, G, K, P, Z]). – **D:** RSA (Western Cape); bergiger Fynbos, saure Böden auf quarzitischen Sandsteinen, Blüten im Hochsommer.

≡ *Crassula leucantha* Schönland & Baker *fil.* (1898).

[11] Unterschiede zu ssp. *multiflora*: **Blä** verkehrt lanzettlich, bis 25 mm; **Inf** gerundete Thyrsen bis 3 cm ⌀; **Pet** länglich elliptisch.

C. multiflora ssp. **multiflora** – **D:** RSA (Western Cape); bergiger Fynbos und Renosterveld, saure Böden auf quarzitischen Sandsteinen, Blüten im Hochsommer.

[11] Aufrechte, verzweigte, gerundete Halbsträucher oder Sträucher bis 1.2 m hoch; **Wu** faserig; **Tr** an der Basis holzig, braun, bis 7 mm ⌀, jüngere **Tr** 4 - 5 mm ⌀; **Blä** linealisch-elliptisch bis linealisch-lanzettlich, 40 - 75 × 1.5 - 3 mm, ± 4-reihig, eher flach, kahl, Oberseite flach bis konvex, Unterseite konvex, Rand scharfkantig, gewimpert, Spitze zugespitzt; **Inf** gerundete bis oben flache Thyrsen mit mehreren, dichten Dichasien mit gestielten (weiter unten, bis 10 mm) bis sitzenden **Blü**; **Inf**stiel bis 16 cm, mit allmählichem Übergang von den **Blä** zu den **Bra**; **Sep** linealisch-lanzettlich, 3 - 3.5 × 0.75 mm, Rand gewimpert, Spitzen zugespitzt; **Kr** röhrig, 3 mm, cremefarben; **Pet** verkehrt lanzettlich bis leierförmig, aufrecht, in der unteren ½ verwachsen; **Anth** gelb.

C. muricata Thunberg (Prodr. Fl. Cap., 55, 1794). **T:** RSA (*Thunberg* 7769 [UPS]). – **D:** RSA (Western Cape); Succulent Karoo, Blüten Frühling bis Hochsommer.

Incl. *Crassula divaricata* Ecklon & Zeyher (1837).

[10] Aufrechte Kräuter, parallel-aufrecht verzweigt, bis ± 25 cm hoch; **Wu** faserig; **Tr** mit zurückgebogenen, angepressten **Ha**, ältere **Tr** mit abflockender Rinde; **Blä** aufsteigend-ausgebreitet, 3 - 6 × 1 mm, im Alter abfallend, linealisch-lanzettlich bis elliptisch, etwas abgeflacht, winzig warzig aber im Alter verkahlend, Oberseite flach bis konvex, Unterseite deutlich konvex, Rand mit wenigen Wimpern, Spitze zugespitzt; **Inf** Thyrsen mit trugdoldigen Büscheln; **Blü** fast sitzend; **Sep** länglich dreieckig, pfriemlich, bis 3 mm, winzig warzig; **Kr** urnenförmig, Zipfel basal kurz verwachsen, weiss bis cremefarben, bis 3.5 mm, leierförmig, Spitzen stumpf, ohne dorsale Anhängsel; **Anth** gelb.

C. muscosa Linné (Pl. Rar. Afr., 10, 1760). **T** [lecto]: RSA, Cape Prov. (*Burman* s.n. [G]). – **D:** Namibia, RSA.

≡ *Tetraphyle muscosa* (Linné) Ecklon & Zeyher (1837) ≡ *Combesia muscosa* (Linné) P. V. Heath (1993); **incl.** *Sedum tillaei* E. H. L. Krause (1902) (*nom. illeg.*, Art. 52.1).

C. muscosa var. **muscosa** – **D:** Namibia, RSA (Eastern Cape, Northern Cape, Western Cape); Blüten Frühling bis Hochsommer, aber auch sonst gelegentlich nach Regenfällen.

Incl. *Crassula muscosa* fa. *variegata* hort. (s.a.) (*nom. inval.*, Art. 29.1); **incl.** *Crassula imbricata* Burman *fil.* (1768); **incl.** *Crassula lycopodioides* Lamarck (1786) ≡ *Tetraphyle lycopodioides* (Lamarck) Ecklon & Zeyher (1837) ≡ *Sedum lycopodioides* (Lamarck) Kuntze (1898); **incl.** *Tetraphyle littoralis* Ecklon & Zeyher (1837) ≡ *Crassula littoralis* (Ecklon & Zeyher) Endlicher *ex* Walpers (1843) ≡ *Combesia muscosa* var. *littoralis* (Ecklon & Zeyher) P. V. Heath (1993); **incl.** *Crassula anguinea* Harvey (1862) ≡ *Combesia muscosa* var. *anguinea* (Harvey) P. V. Heath (1993); **incl.** *Crassula pseudolycopodioides* Dinter & Schinz (1909) ≡ *Crassula lycopodioides* var. *pseudolycopodioides* (Dinter & Schinz) E. Walther *ex* H. Jacobsen (1955) ≡ *Combesia muscosa* var. *pseudolycopodioides* (Dinter) P. V. Heath (1993); **incl.** *Lycopodium hieronymii* Herter (1909); **incl.** *Crassula lycopodioides* [?] *variegata* E. Lamb (1945) (*nom. inval.*, Art. 36.1); **incl.** *Crassula lycopodioides* fa. *acuminata* H. Jacobsen (1955) ≡ *Combesia muscosa* var. *acuminata* (H. Jacobsen) P. V. Heath (1993); **incl.** *Crassula lycopodioides* fa. *fragilis* G. D. Rowley (1955) ≡ *Combesia muscosa* var. *fragilis* (G. D. Rowley) P. V. Heath (1993); **incl.** *Crassula lycopodioides* fa. *fulva* H. Huber (1955) ≡ *Combesia muscosa* var. *fulva* (H. Huber) P. V. Heath (1993); **incl.** *Crassula lycopodioides* fa. *purpusii* H. Jacobsen (1955) ≡ *Combesia muscosa* var. *purpusii* (H. Jacobsen) P. V. Heath (1993).

[2] Mehrjährig, aufrecht bis mit aufgerichtetem Ende kriechend, spärlich bis dicht verzweigt, bis 25 cm hoch, sehr unterschiedlich in Grösse und **Bla**form; **Wu** faserig; **Tr** oft zum Licht hin gebogen, Haupt**Tr** holzig, bis 1 cm ∅; **Int** unsichtbar; **Blä** flach, grau- bis bräunlich grün, oft aufrecht, alle gleich lang und dicht ziegelig und so einen im Querschnitt quadratischen bis stielrunden **Kö** bildend (wenn ausgebreitet, dann mit kurzen, achselständigen Knäueln), eiförmig-dreieckig bis breit eiförmig-dreieckig, 2 - 7 × 1.5 - 4 mm, Rand ganzrandig mit einer Reihe von Hydathoden, Spitzen zugespitzt bis stumpf; **Inf** undeutlich von vegetativen **Tr** zu unterscheidende Thyrsen mit sitzenden, achselständigen Dichasien; **Cal**zipfel länglich dreieckig, bis 1.5 mm; **Kr** becherig, blass gelblich grün bis braun, bis 2 mm, Zipfel länglich dreieckig, bis 2 mm, zugespitzt; **Anth** gelb.

C. muscosa var. **obtusifolia** (Harvey) G. D. Rowley (Cact. Succ. J. Gr. Brit. 40(2): 53, 1978). **T:** RSA, Cape Prov. (*Ecklon & Zeyher* 1868 [S, FI, G, LE, P, SAM]). – **D:** S Namibia, RSA (Northern Cape, Western Cape); Succulent Karoo, Felsvorkommen, Blüten Frühling bis Sommer.

≡ *Crassula lycopodioides* var. *obtusifolia* Harvey (1862) ≡ *Combesia muscosa* var. *obtusifolia* (Harvey) P. V. Heath (1993); **incl.** *Tetraphyle propinqua* Ecklon & Zeyher (1837) ≡ *Crassula propinqua* (Ecklon & Zeyher) Endlicher *ex* Walpers (1843); **incl.** *Crassula muscosa* var. *rigida* Tölken (1975) (*nom. illeg.*, Art. 52.1).

[2] Unterschiede zu var. *muscosa*: **Tr** aufrecht, basal verholzt, stark verzweigt, an der Basis bis 5 mm ∅, mit abschälender Rinde; **Int** sichtbar; **Blä** breit eiförmig, bis 0.5 - 2 mm lang und breit, gelblich grün; ältere **Blä** abfallend.

C. muscosa var. **parvula** (Ecklon & Zeyher) Tölken (JSAB 41: 111, 1975). **T:** RSA, Eastern Cape (*Ecklon & Zeyher* 1871 [S]). – **D:** RSA (Eastern Cape); Karoo und Dickichte, Felsvorkommen, Blüten Hochsommer bis Herbst.

≡ *Tetraphyle parvula* Ecklon & Zeyher (1837) ≡ *Crassula parvula* (Ecklon & Zeyher) Endlicher *ex* Walpers (1843) ≡ *Combesia muscosa* var. *parvula* (Ecklon & Zeyher) P. V. Heath (1993).

[2] Unterschiede zu var. *muscosa*: **Tr** aufrecht und gebüschelt, 3 - 4 mm ∅, **Int** sichtbar, alte **Tr** basal mit abflockender Rinde; **Blä** lanzettlich, bis 2 × 1 mm, graugrün; alte **Blä** abfallend.

C. muscosa var. **polpodacea** (Harvey) G. D. Rowley (Cact. Succ. J. Gr. Brit. 40(2): 53, 1978). **T:** RSA, Eastern Cape (*Ecklon & Zeyher* 1869 [G, LE, P, S, SAM]). – **D:** RSA (Eastern Cape); felsige Täler in Dickichten, Blüten Hochsommer bis Winter.

≡ *Tetraphyle polpodacea* Ecklon & Zeyher (1837) ≡ *Crassula polpodacea* (Ecklon & Zeyher) Endlicher *ex* Walpers (1843) ≡ *Crassula lycopodioides* var. *polpodacea* (Eckon & Zeyher) Harvey (1862) ≡ *Combesia muscosa* var. *polpodacea* (Ecklon & Zeyher) P. V. Heath (1993); **incl.** *Crassula muscosa* var. *sinuata* Tölken (1975) (*nom. illeg.*, Art. 52.1).

[2] Unterschiede zu var. *muscosa*: **Tr** bogig, mit aufgerichtetem Ende kriechend, dünn, gelblich grün, bis 4 mm ⌀, mit achselständigen Knäueln; **Blä** lanzettlich, zäh, 2 - 3 × 1 - 2 mm.

C. namaquensis Schönland & Baker *fil.* (J. Bot. 36: 367, 1898). **T** [syn]: RSA, Northern Cape (*Alston* s.n. [GRA, SAM]). – **D**: RSA.

C. namaquensis ssp. **comptonii** (Hutchinson & Pillans) Tölken (JSAB 41: 112, 1975). **T**: RSA, Northern Cape (*Hutchinson* 765 [K]). – **D**: RSA (Northern Cape); trockener Fynbos, schwache Vertiefungen auf quarzitischen Sandsteinen.
≡ *Crassula comptonii* Hutchinson & Pillans (1946).

[17] Unterschiede zu ssp. *namaquensis*: **Tr** sehr kurz, bis 3 mm ⌀; **Blä** kürzer, verkehrt lanzettlich bis beinahe keulig, im Querschnitt beinahe dreieckig bis rund, Epidermis mit viel längeren und gröberen **Ha**; **Inf** mit 1 - 3 Dichasien; **Inf**stiel 1.5 - 5 cm; **Kr** bis 5 mm, gelb, Zipfel schmal verkehrt lanzettlich-leierförmig, schnabelartiges Anhängsel ± 2 mm.

C. namaquensis ssp. **lutea** (Schönland) Tölken (JSAB 41: 112, 1975). **T**: RSA, Northern Cape (*Marloth* 3238 [GRA, K]). – **D**: RSA (Northern Cape, Western Cape); Mosaik aus trockenem Fynbos und Succulent Karoo, Blüten im Frühjahr und Frühsommer.
≡ *Crassula namaquensis* var. *lutea* Schönland (1904) ≡ *Crassula lutea* (Schönland) H.-C. Friedrich (1974).

[17] Unterschiede zu ssp. *namaquensis*: **Blä** schmal elliptisch, zugespitzt, bis 30 mm, im Querschnitt dreieckig bis rund, Epidermis mit viel längeren und gröberen **Ha**; **Inf** mit einem endständigen Dichasium; **Kr** bis 10 mm, gelb, Zipfel schmal verkehrt lanzettlich-leierförmig, schnabelartiges Anhängsel ± 2 mm.

C. namaquensis ssp. **namaquensis** – **D**: RSA (Northern Cape); Succulent Karoo, Quarzkieselebenen.
Incl. *Crassula namaquensis* var. *brevifolia* Schönland (1910).

[17] Zwergig, spärlich verzweigt, ausgebreitete Büschel von 3 × 5 cm bildend, **Blä** in basalen **Ros**; **Wu** faserig; **Tr** kurz, bis 12 mm ⌀; **Blä** elliptisch bis lanzettlich, 12 - 35 × 3 - 10 mm, alt ausdauernd, Spreite flach, mit kurzen, steifen, zurückgebogenen **Ha**, graugrün, Oberseite flach bis konvex, Unterseite konvex, Spitze stumpf bis zugespitzt; **Inf** Thyrsen mit kugeligen Dichasien; **Inf**stiel bis 15 cm; **Sep** bandförmig-dreieckig, bis 3 mm; **Kr** röhrig, basal auf 5 mm verwachsen, weiss bis cremefarben, Zipfel bis 4 mm, breit verkehrt lanzettlich-leierförmig, mit einem schnabelartigen Anhängsel von ≤ 1 mm; **Anth** schwarz.

C. natalensis Schönland (Bull. Herb. Boissier 5: 861, 1897). **T**: RSA, KwaZulu-Natal (*Wood* 4637 [GRA, K]). – **D**: Lesotho, RSA (Eastern Cape, KwaZulu-Natal); Grasland auf Felsvorkommen, Blüten Hochsommer bis Herbst.
Incl. *Crassula rubescens* Schönland & Baker *fil.* (1898); **incl.** *Crassula sessilifolia* Baker *fil.* (1903); **incl.** *Crassula rubescens* var. *intermedia* Schönland (1929); **incl.** *Crassula rubescens* var. *laxa* Schönland (1929).

[14] Zweijährig, rosettig, einzeln oder aus der Basis sprossend und kleine Gruppen bildend, bis 40 cm hoch (incl. **Inf**); **Wu** faserig; **Blä** 10 - 60 × 5 - 15 mm, abgeflacht, verkehrt eiförmig bis elliptisch, kahl, grün bis rötlich wenn exponiert, Oberseite flach bis leicht rinnig, Unterseite konvex, Rand gewimpert, Spitzen stumpf; **Inf** endständige, oben gerundete Thyrsen mit 1 bis wenigen Dichasien; **Blü** gestielt; **Sep** bis 2.5 mm, dreieckig, Ränder spärlich gezähnt, Spitzen mit endständigem, kräftigem **Ha**; **Kr** weiss, röhrig, bis 4 mm; **Pet** länglich elliptisch, bis 3 mm, an der Basis kurz verwachsen, ausgebreitet bis zurückgebogen, Spitzen gerundet und leicht zusammengezogen; **Anth** rötlich braun.

C. natans Thunberg (Prodr. Fl. Cap., 54, 1794). **T**: RSA, Cape Prov. (*Thunberg* 7772 [UPS, G, S]). – **D**: RSA.
≡ *Helophytum natans* (Thunberg) Ecklon & Zeyher (1836).

C. natans var. **minus** (Ecklon & Zeyher) G. D. Rowley (Cact. Succ. J. Gr. Brit. 40(2): 53, 1978). **T**: RSA, Western Cape (*Ecklon & Zeyher* 1843b [S, SAM]). – **D**: RSA (Western Cape); in saisonalen Wasserstellen, Blüten Winter bis Frühjahr; in SW und SE Australien mindestens seit 1883 verwildert. **I**: Tölken (1985: 106, fig. 13: 1a).
≡ *Helophytum natans* var. *minus* Ecklon & Zeyher (1837); **incl.** *Bulliarda filiformis* Ecklon & Zeyher (1837) ≡ *Helophytum natans* var. *filiforme* (Ecklon & Zeyher) Harvey (1862) ≡ *Crassula natans* fa. *filiformis* (Ecklon & Zeyher) Schönland (1917) ≡ *Crassula natans* var. *filiformis* (Ecklon & Zeyher) Tölken (1975) ≡ *Crassula natans* ssp. *filiformis* (Ecklon & Zeyher) H.-C. Friedrich (1979); **incl.** *Tillaea capensis* var. *minor* Walpers (1843); **incl.** *Tillaea ecklonis* Walpers (1843).

[1] Unterschiede zu var. *natans*: **Tr** bis 0.5 mm ⌀; **Blä** linealisch bis linealisch-elliptisch, bis 1 mm breit; **Ped** bis 3 mm; **Kr**zipfel bis 1 mm, verkehrt lanzettlich.

C. natans var. **natans** – **D**: RSA (vom Kap bis zu den Provinzen Free State, KwaZulu-Natal, Gauteng und Mpumalanga weit verbreitet); seichte, saisonale Wasserstellen in Succulent Karoo, Fynbos und Grasland, Blüten Spätherbst bis Hochsommer. **I**: Tölken (1985: 106). **Fig. VIII.e**

Incl. *Tillaea capensis* Linné *fil.* (1782) ≡ *Bulliarda capensis* (Linné *fil.*) E. Meyer *ex* Drège (1843); **incl.** *Helophytum filiforme* Ecklon & Zeyher (1837) ≡ *Tillaea filiformis* (Ecklon & Zeyher) Endlicher *ex* Walpers (1843); **incl.** *Helophytum filiforme* var. *parvulum* Ecklon & Zeyher (1837) ≡ *Tillaea filiformis* var. *parvula* (Ecklon & Zeyher) Endlicher *ex* Walpers (1843); **incl.** *Helophytum fluitans* Ecklon & Zeyher (1837) ≡ *Tillaea fluitans* (Ecklon & Zeyher) Endlicher *ex* Walpers (1843) ≡ *Helophytum natans* var. *fluitans* (Ecklon & Zeyher) Harvey (1862) ≡ *Crassula natans* fa. *fluitans* (Ecklon & Zeyher) Schönland (1917); **incl.** *Helophytum fluitans* var. *intermedium* Ecklon & Zeyher (1837) ≡ *Tillaea fluitans* var. *intermedia* (Ecklon & Zeyher) Endlicher *ex* Walpers (1843); **incl.** *Helophytum fluitans* var. *obovatum* Ecklon & Zeyher (1837) ≡ *Tillaea fluitans* var. *obovata* (Ecklon & Zeyher) Endlicher *ex* Walpers (1843) ≡ *Helophytum natans* var. *obovatum* (Ecklon & Zeyher) Harvey (1862) ≡ *Crassula natans* fa. *obovata* (Ecklon & Zeyher) Schönland (1917); **incl.** *Helophytum reflexum* Ecklon & Zeyher (1837) ≡ *Tillaea reflexa* (Ecklon & Zeyher) Endlicher *ex* Walpers (1843); **incl.** *Helophytum natans* var. *amphibia* Harvey (1862) ≡ *Crassula natans* fa. *amphibia* (Harvey) Schönland (1917); **incl.** *Crassula natans* fa. *parvifolia* Schönland (1917); **incl.** *Crassula levynsiae* Adamson (1943).

[1] Ausgebreitete, einjährige Wasserpflanzen (oft in grossen, monospezifischen Beständen); **Tr** bis 25 cm (gewöhnlich viel kürzer), bis 5 mm $\varnothing$; **Blä** 3 - 12 × 1 - 4 mm, flach, verkehrt lanzettlich, bandförmig bis verkehrt eiförmig, Oberfläche kahl, grün, am Ende der nassen Jahreszeit auffallend tiefrot werdend, Spitzen stumpf bis zugespitzt; **Ped** bis 15 mm; **Cal** bis 0.5 mm, **Sep** breit dreieckig, Spitzen stumpf; **Kr** becherig, weiss, Zipfel bis 2 mm, verkehrt eiförmig; **Anth** gelb bis purpurn.

C. nemorosa (Ecklon & Zeyher) Endlicher *ex* Walpers (Repert. Bot. Syst. 2: 253, 1843). **T**: RSA, Eastern Cape (*Ecklon & Zeyher* 1859 [K, S, SAM, TCD]). – **D**: RSA (Northern Cape, Western Cape, Eastern Cape); Berge, im Schatten von Felsen, Blüten Winter und Frühling, aber sporadisch auch nach Regenfällen.

≡ *Petrogeton nemorosum* Ecklon & Zeyher (1837) ≡ *Septas nemorosa* (Ecklon & Zeyher) P. V. Heath (1993); **incl.** *Petrogeton nivale* Ecklon & Zeyher (1837) ≡ *Crassula nivalis* (Ecklon & Zeyher) Endlicher *ex* Walpers (1843); **incl.** *Crassula confusa* Schönland & Baker *fil.* (1898); **incl.** *Crassula coerulescens* Schönland (1929).

[7] Geophyten mit aufrechten, verzweigten oder unverzweigten **Tr** bis 15 cm; Knolle kugelig mit faserigen Adventiv**Wu**; **Blä** in > 3 Paaren, 3 - 15 × 4 - 13 mm, abgeflacht, breit eiförmig bis kreisrund, ganzrandig, Oberfläche kahl, graugrün mit braunen Linien, Basis herzförmig bis plötzlich keilförmig, Spitze gerundet bis gestutzt, **Bla**stiel 3 - 15 mm; **Inf** lockere, endständige Thyrsen, ungestielt; **Sep** dreieckig-eiförmig, bis 2.5 mm, zugespitzt bis stumpf; **Kr** sternförmig, flach becherig, bis 8 mm $\varnothing$, gelblich grün, Zipfel lanzettlich, bis 3.5 mm, Spitzen später zurückgebogen; **Anth** gelb.

C. nudicaulis Linné (Spec. Pl. [ed. 1], 283, 1753). **T**: [lecto – icono]: Dillenius, Hort. Eltham. t. 98, fig. 115, 1732. – **D**: RSA, Lesotho.

≡ *Globulea nudicaulis* (Linné) Haworth (1812).

C. nudicaulis var. **herrei** (H.-C. Friedrich) Tölken (JSAB 41: 113, 1975). **T**: RSA, Northern Cape (*Herre* s.n. in *SUG* 8126 [M]). – **D**: RSA (Northern Cape); Succulent Karoo, Blüten Frühling bis Frühsommer.

≡ *Crassula herrei* H.-C. Friedrich (1967) ≡ *Globulea nudicaulis* var. *herrei* (H.-C. Friedrich) P. V. Heath (1995).

[20] Unterschiede zu var. *nudicaulis*: **Int** länger, 5 - 10 mm; **Blä** nicht rosettig, länglich lanzettlich bis beinahe linealisch, 30 - 80 × 5 - 8 mm, kahl, rötlich braun bis grün, Oberseite flach bis rinnig, Unterseite konvex, Spitze zugespitzt bis stumpf.

C. nudicaulis var. **nudicaulis** – **D**: RSA (Northern Cape, Western Cape, Eastern Cape, Free State, KwaZulu-Natal), Lesotho; Grasland, Nama Karoo und Succulent Karoo, meist zwischen Felsen.

Incl. *Crassula obvallata* Linné (1767) ≡ *Globulea obvallata* (Linné) Haworth (1812); **incl.** *Crassula cephalophora* Thunberg (1778) ≡ *Purgosea cephalophora* (Thunberg) G. Don (1834); **incl.** *Globulea canescens* Haworth (1812) ≡ *Sedum canescens* (Haworth) Kuntze (s.a.) ≡ *Crassula canescens* (Haworth) Schultes (1820); **incl.** *Globulea capitata* Salm-Dyck *ex* Haworth (1821); **incl.** *Globulea sulcata* Haworth (1821) ≡ *Crassula sulcata* (Haworth) D. Dietrich (1840); **incl.** *Crassula hirta* Thunberg (1823) ≡ *Purgosea hirta* (Thunberg) G. Don (1834); **incl.** *Globulea lingua* Haworth (1824); **incl.** *Globulea canescens* var. *angustifolia* Ecklon & Zeyher (1837) ≡ *Crassula canescens* var. *angustifolia* (Ecklon & Zeyher) Harvey (1862); **incl.** *Crassula nudicaulis* var. *glabra* Schönland (1910); **incl.** *Crassula cephalophora* var. *basutica* Schönland (1929); **incl.** *Crassula cephalophora* var. *thunbergii* Schönland (1929); **incl.** *Crassula hirta* var. *dyeri* Schönland (1929).

[20] Mehrjährig, niedrigwüchsig, Grösse unterschiedlich, bis 12 cm hoch (excl. **Inf**), mit mehreren, dichten **Ros**, sprossend und manchmal Matten bildend; **Blä** unterschiedlich in Form und Behaa-

rung, aufsteigend-ausgebreitet, linealisch bis bandförmig bis linealisch verkehrt eiförmig, 18 - 100 × 6 - 18 mm, abgeflacht, kahl oder behaart, grün bis dunkel kastanienbraun, Oberseite flach, Unterseite konvex, Ränder winzig gewimpert bis ganzrandig, Spitzen stumpf bis zugespitzt; **Inf** aufrechte, ährenartige Thyrsen bis 20 cm mit mehreren, sitzenden bis kurz gestielten Dichasien; **Inf**stiel kahl bis filzig, mit ≤ 7 Paar aufrechten, eiförmig-dreieckigen **Bra** bis 6 mm; **Blü** dicht knäuelig; **Sep** länglich dreieckig, bis 3 mm, stumpf, gewimpert; **Kr** röhrig, cremefarben bis weiss; **Pet** an der Basis kurz verwachsen, bis 4.5 mm, leierförmig, Spitzen mit ellipsoiden Anhängseln; **Anth** gelb.

C. nudicaulis var. **platyphylla** (Harvey) Tölken (JSAB 41: 113, 1975). **T**: RSA (*Drège* 6896 [S, G, LE]). – **D**: RSA (Western Cape); Succulent Karoo und Nama Karoo, Blüten Frühjahr bis Frühsommer.

≡ *Crassula platyphylla* Harvey (1862) ≡ *Globulea nudicaulis* var. *platyphylla* (Harvey) P. V. Heath (1995).

[20] Unterschiede zu var. *nudicaulis*: **Blä** länglich elliptisch bis beinahe kreisrund, abgeflacht, 1 - 3 cm, beide Seiten flach, kahl, Ränder mit einer Wimpernreihe.

C. numaisensis H.-C. Friedrich (Mitt. Bot. Staatssamml. München 6: 642-643, 655, fig. 12, 1967). **T**: Namibia (*Merxmüller & Giess* 3389a [M, K, WIND]). – **D**: Namibia; Succulent Karoo, schattige Felsbrocken, frühlingsblühend.

[2] Mehrjährig, mit aufgerichtetem Ende kriechend, kahl, bis 8 cm ⌀; **Wu** faserig; **Blä** 6 - 15 × 4 - 10 mm, grün, (fast) sitzend, verkehrt eiförmig, Spitze stumpf; **Inf** gerundete Thyrsen mit zahlreichen Dichasien; **Blü** deutlich gestielt, 5-zählig; **Cal**zipfel bis 2.5 mm, länglich lanzettlich; **Kr** becherig, weiss, Zipfel ausgebreitet, bis 2 mm; **Anth** gelb.

C. oblanceolata Schönland & Baker *fil.* (J. Bot. 36: 365, 1898). **T**: RSA, Cape Prov. (*Schlechter* 8306 [GRA, BM, BOL, G, K, PRE]). – **D**: S Namibia, RSA (Northern Cape, Western Cape); Succulent Karoo, schattige Stellen in dichten Vorkommen, frühlingsblühend.

Incl. *Crassula lambertiana* Schönland & Baker *fil.* (1898).

[2] Einjährig, aufrecht bis mit aufgerichtetem Ende kriechend, kahl, grün bis rötlich, bis 6 cm hoch und 12 cm ⌀; **Blä** flach, 3 - 8 × 1 - 4 mm, sitzend, verkehrt lanzettlich bis schmal elliptisch, Spitze stumpf; **Inf** Thyrsen mit 1 bis zahlreichen Dichasien; **Blü** 4- oder 5-zählig, gestielt; **Cal**zipfel länglich lanzettlich, bis 3 mm; **Kr** becherig, weiss, Zipfel ausgebreitet, elliptisch, bis 3 mm, Spitzen stumpf; **Anth** gelb.

C. obovata Haworth (Suppl. Pl. Succ., 18, 1819). **T**: K [lecto: unpubl. pl. 775]. – **D**: RSA.

C. obovata var. **dregeana** (Harvey) Tölken (JSAB 41: 113, 1975). **T** [lecto]: RSA (*Drège* s.n. [S, BM, G, K, LE, LU, P, SAM, TCD]). – **D**: RSA (KwaZulu-Natal); auf quarzitischen Sandsteinvorkommen in küstennahem Grasland, Blüten Herbst bis Wintermitte.

≡ *Crassula dregeana* Harvey (1862) ≡ *Sedum dregeanum* (Harvey) Kuntze (1898); **incl.** *Crassula longistyla* Schönland (1913).

[14] Unterschiede zu var. *obovata*: **Blä** verkehrt eiförmig bis spatelig, viel dicker als 2 mm, dicht mit groben, grauen, zurückgebogenen **Ha** bedeckt; **Inf** 2- bis 10-blütig.

C. obovata var. **obovata** – **D**: RSA (KwaZulu-Natal bis Eastern Cape); Felsvorkommen in Grasland, herbstblühend.

Incl. *Crassula ramuliflora* Link & Otto (1821) ≡ *Sedum ramuliflorum* (Link & Otto) Kuntze (1898); **incl.** *Crassula stachygera* Ecklon & Zeyher (1837) ≡ *Crassula ramuliflora* var. *stachygera* (Ecklon & Zeyher) Schönland (1929); **incl.** *Crassula stachygera* var. *rotundifolia* Harvey (1862); **incl.** *Sedum ramuliflorum* fa. *rubriflorum* Kuntze (1898); **incl.** *Sedum ramuliflorum* var. *oblongifolium* Kuntze (1898); **incl.** *Crassula inchangensis* Engler (1907); **incl.** *Crassula peglerae* Schönland (1907); **incl.** *Crassula reversisetosa* Bitter (1924); **incl.** *Crassula ramuliflora* var. *bewsii* Schönland (1929); **incl.** *Crassula ramuliflora* var. *bolusii* Schönland (1929); **incl.** *Crassula ramuliflora* var. *flanaganii* Schönland (1929); **incl.** *Crassula ramuliflora* var. *rattrayi* Schönland (1929); **incl.** *Crassula ramuliflora* var. *simii* Schönland (1929); **incl.** *Crassula sediflora* var. *laxifoliosa* Schönland (1929); **incl.** *Crassula ramuliflora* var. *typica* Schönland (1929) (*nom. inval.*, Art. 24.3).

[14] Mehrjährig, klein, ausgebreitet, mit aufgerichtetem Ende kriechend, verzweigt, bis 30 cm hoch; **Blä** in **Ros** wenn jung, 4-reihig, 5 - 30 × 3 - 17 mm, lanzettlich, elliptisch bis verkehrt eiförmig, abgeflacht und nicht dicker als 2 mm, kahl oder mit angepressten **Ha** bedeckt, grün bis rötlich grün, Oberseite flach bis leicht konvex, Unterseite konvex bis bootförmig, Rand deutlich gewimpert, Basis keilförmig, Spitze stumpf bis zugespitzt; **Inf** aufrechte, endständige, runde bis oben flache Thyrsen mit 1 bis vielen Dichasien; **Bra Blä**artig, nach oben hin kürzer werdend; **Blü** 8 - 16, kurz gestielt, locker angeordnet; **Sep** bis 5 mm, schmal dreieckig, kahl, Spitze mit einem kurzen, zurückgebogenen **Ha**, Rand gewimpert; **Kr** röhrig, cremefarben bis weiss, bis 8 mm; **Pet** länglich lanzettlich, bis 7 mm, an der Basis kurz verwachsen, Spitzen gerundet und leicht zusammengezogen, zurückgebogen; **Anth** purpurn; **Ca** mit 12 - 26 **Sa**anlagen.

C. obtusa Haworth (Suppl. Pl. Succ., 16, 1819). **T:** [lecto – icono]: Curtis's Bot. Mag. 47: t. 2178, 1820. – **D:** RSA (Western Cape, Eastern Cape); bergiger Fynbos, saurer Boden über quarzitischem Sandstein, Blüten im Hochsommer.

Incl. *Crassula jasminea* Haworth *ex* Sims (1820) ≡ *Kalosanthes jasminea* (Haworth *ex* Sims) Haworth (1821) ≡ *Rochea jasminea* (Haworth *ex* Sims) De Candolle (1828) ≡ *Dietrichia jasminea* (Haworth *ex* Sims) Ecklon & Zeyher (1837); **incl.** *Rochea microphylla* E. Meyer *ex* Drège (1843) (*nom. inval.*, Art. 32.1c).

[13] Mehrjährig, mit aufgerichtetem Ende kriechend, mässig verzweigt, bis 17 cm hoch, an den Knoten wurzelnd; **Tr** 2 mm ⌀, rötlich, alte **Tr** 3 mm ⌀ mit brauner Rinde; **Int** deutlich sichtbar; **Blä** aufsteigend-ausgebreitet, rötlich bis grünlich, 10 - 17 × 2 - 3 mm, linealisch-elliptisch, Oberseite flach, Unterseite konvex, Rand gewimpert, Spitze stumpf bis zugespitzt, alte **Blä** ausdauernd; **Inf** Dichasien mit 1 - 5 **Blü**; **Inf**stiel undeutlich; **Ped** 2 - 7 mm; **Sep** 12 mm, rötlich, linealisch-lanzettlich, bis 8 mm, Rand gewimpert, Spitze zugespitzt; **Kr** röhrig, 30 × 20 mm ⌀, weiss; **Pet** basal für 25 mm verwachsen, Zipfel ausgebreitet, verkehrt lanzettlich, 7 × 4 mm; **St** bis 25 mm; **Anth** schwarz; **Na** den Schlund erreichend, manchmal leicht herausragend.

C. orbicularis Linné (Spec. Pl. [ed. 1], 283, 1753). **T:** [lecto – icono]: Dillenius, Hort. Eltham. t. 100, fig. 119, 1732. – **D:** RSA (Western Cape, Eastern Cape, KwaZulu-Natal); Dickichte im Schatten, Blüten Winter bis Hochsommer. **Fig. VIII.f**

≡ *Purgosea orbicularis* (Linné) P. V. Heath (1993); **incl.** *Crassula sedoides* Miller (1768); **incl.** *Crassula rosularis* Haworth (1821).

[14] Rosettig, sprossend und dichte Gruppen bis 30 - 50 cm ⌀ bildend, 2 - 4 cm hoch (excl. **Inf**); **Wu** faserig; **HauptTr** kurz, oft mit langen, bogigen Ausläufern sprossend; **Blä** 10 - 12 in dichten **Ros** bis 6 cm ⌀, Spreite flach, grün bis purpurn auf der Unterseite, 30 - 45 × 10 - 16 mm, verkehrt lanzettlich, Ränder gewimpert, Spitze zugespitzt; **Inf** endständige, aufsteigende, verlängerte Thyrsen bis 16 cm mit mehreren Dichasien; **Inf**stiel 3 - 7 cm; **Ped** kurz, bis 1 mm; **Kr** 2 - 4 mm ⌀, kurz röhrig, Zipfel weiss, eiförmig-lanzettlich, weiss bis cremefarben, bis 3 mm.

C. ovata (Miller) Druce (Bot. Soc. Exch. Club Brit. Isles 1917: 617, 1917). **T** [neo]: RSA, Eastern Cape (*Tölken* 1772 [BOL]). – **D:** RSA (Eastern Cape, KwaZulu-Natal); Valley Bushveld, Felsvorkommen, Blüten Wintermitte bis frühes Frühjahr. **I:** Tölken (1985: 80, fig. 12: 3). **Fig. VIII.g**

≡ *Cotyledon ovata* Miller (1768) ≡ *Toelkenia ovata* (Miller) P. V. Heath (1993); **incl.** *Crassula argentea* Thunberg (1778); **incl.** *Crassula portulacea* Lamarck (1786); **incl.** *Crassula obliqua* Aiton (1789); **incl.** *Crassula articulata* Zuccagni (1806);

incl. *Crassula nitida* Schönland (1903); **incl.** *Crassula lucens* Gram (1941).

[6] Aufrechte, gerundete, dickstämmige, stark verzweigte Sträucher bis 2.5 m hoch, an der Basis gewöhnlich spärlich verzweigt aber gelegentlich mit einem einzelnen Hauptstamm bis 6 cm ⌀; **Tr** sukkulent, graugrün, ältere Rinde in horizontalen, bräunlichen Streifen abschälend; **Blä** kurz gestielt bis 5 mm, aufsteigend-ausgebreitet, grün, kahl, oft mit rötlichen, scharfkantigen Rändern, verkehrt eiförmig, 3 - 9 × 1.8 - 4 cm, Basis keilförmig, Spitze zugespitzt, oft mit aufgesetztem Spitzchen; **Inf** endständige, oben runde Thyrsen, 5 × 5 cm, mit zahlreichen Dichasien; **Inf**stiel 15 - 18 × 2 mm; **Ped** 5 mm; **Sep** ± 2 mm, basal verwachsen; **Kr** sternförmig, 15 mm ⌀, rosa oder weiss; **Pet** 7 × 2.5 mm, lanzettlich; **Fil** 5 mm.

Besser unter dem jüngeren Synonym *C. portulacea* bekannt und immer noch häufig unter diesem Namen kultiviert.

C. pageae Tölken (JSAB 41: 113, 1975). **T:** RSA, Cape Prov. (*Page* s.n. [GRA, BOL, PRE]). – **Lit:** Jäger-Zürn (1989). **D:** RSA (Northern Cape, Western Cape); Succulent Karoo, im Schatten von Kräutern und Sträuchern, Blüten von Wintermitte bis zum Frühjahr.

Incl. *Pagella archeri* Schönland (1921).

[2] Kompakte Kräuter, winzig, einjährig, sukkulent, zu flachen, dem Boden krustenartig angepressten **Ros** reduziert, bis ± 2 cm ⌀; **Wu** faserig; **Tr** gedrungen und teilweise mit den **Bla**basen verwachsen; **Blä** 2 - 5 × 1.5 - 3 mm, sitzend, spatelig, zur Basis und zur Spitze hin verbreitert, Oberfläche winzig warzig; **Inf** verdichtete, endständige Thyrsen; **Blü** sitzend, 4-zählig; **Cal**zipfel verkehrt eiförmig-länglich, bis 1 mm; **Kr** becherig, braun bis rot, Zipfel beinahe frei, 1.2 - 2 mm, stumpf, aufrecht; **Anth** gelb; **Ca** basal verwachsen und in das **Rec** eingesenkt, je mit 2 **Sa**anlagen; **Fr** nicht aufreissend.

Dieser hochspezialisierte Vertreter der Gattung weist eine stark abweichende Morphologie auf (verschiedene Teile sind unterschiedlich verwachsen), die von Jäger-Zürn (1989) bewundernswert analysiert wurde. Die Platzierung in einer eigenen Gattung (*Pagella*) ist nicht berechtigt.

C. pallens Schönland & Baker *fil.* (J. Bot. 36: 361, 1898). **T:** RSA, Northern Cape (*Schlechter* 8310 [GRA, BM, BOL]). – **D:** Namibia, RSA (Northern Cape); Succulent Karoo, frühlingsblühend.

[10] Stark verzweigte Kleinsträucher, 50 cm hoch; **Wu** faserig; **Tr** mit zurückgebogenen **Ha**, verkahlend und mit glatter, blasser Rinde; **Blä** 10 - 35 × 2 - 7 mm, im Alter abfallend, glauk-grün, linealisch-lanzettlich bis lanzettlich, abgeflacht, winzig warzig, Oberseite flach bis konkav, Unterseite konvex, Rand basal mit wenigen Wimpern, Spitze zugespitzt; **Inf** unregelmässige Thyrsen mit mehreren

Dichasien; **Blü** fast sitzend; **Sep** dreieckig bis dreieckig-lanzettlich, bis 3 mm, winzig warzig ohne randständige Wimpern; **Kr** röhrig, Zipfel an der Basis kurz verwachsen, weiss bis cremefarben, bis 3.5 mm, bandförmig bis fast leierförmig, Spitze stumpf gerundet mit dorsalem Anhängsel; **Anth** schwarz.

C. papillosa Schönland & Baker *fil.* (J. Bot. 36: 371, 1898). **T:** RSA, Cape Prov. (*Marloth* 1999 [GRA, BM, PRE]). – **D:** RSA (Western Cape, Eastern Cape); Felsvorkommen im Schatten, saisonal feuchte Stellen in höheren Lagen, Blüten Hochsommer bis Herbst.

Incl. *Crassula limosa* Schönland (1903).

[4] Mehrjährig, ausgebreitet, zart, mattenbildend, bis 20 cm ⌀; **Tr** an den Knoten wurzelnd; **Wu** faserig; **Blä** 1.5 - 3 × 0.5 - 1.5 mm, sitzend oder bis 1 mm gestielt, Spreite flach, elliptisch bis verkehrt lanzettlich, bikonvex, winzig warzig, grün bis rötlich grün, Spitze stumpf; **Blü** achselständig, einzeln; **Cal**zipfel bis 2 mm, lanzettlich bis eiförmig, zugespitzt bis stumpf; **Kr** becherig bis untertellerförmig, Zipfel bis 3 mm, elliptisch-länglich, weiss und etwas durchscheinend, zugespitzt, zurückgebogen; **Anth** gelb.

C. peculiaris (Tölken) Tölken & Wickens (in Leistner & al. (ed.), Fl. South Afr. 14: 123, 1985). **T:** RSA, Eastern Cape (*Esterhuysen* 28832 [BOL]). – **D:** RSA (Eastern Cape: Swartberg Pass-Region); feuchte Stellen im Schatten von Felsen.

≡ *Crassula expansa* ssp. *peculiaris* Tölken (1975).

[4] Mehrjährig; **Tr** dünn, niederliegend, bis 30 cm, in lockeren Matten, manchmal wurzelnd; **Blä** bis 3 mm gestielt, eiförmig bis breit elliptisch, 3 - 8 (-10) × (2-) 4 - 6 mm, mehrheitlich stumpf, flach, grün, dicht mit feinen **Ha** bedeckt; **Blü** einzeln in den **Blä**achseln; **Sep** linealisch-lanzettlich, ± 3 mm, stumpf bis gerundet, zerstreut behaart, fleischig, grün; **Kr** becherig; **Pet** beinahe frei, weiss, elliptisch-länglich, 3.5 - 4 mm, stumpf bis gerundet, aufrecht oder leicht zurückgebogen; **Anth** gelblich; **Sa** deutlich warzig.

C. peduncularis (Smith) Meigen (BJS 17: 239, 1893). **T:** Uruguay (*Commerson* s.n. [LINN-SM, BM, G, G-DC, K [Foto]]). – **D:** S Brasilien, Paraguay, Argentinien, Chile, S Australien, Neuseeland; erdbewohnend in feuchtem Schlick, bis 1500 m. **I:** Bywater & Wickens (1984: 717, fig. 4: A-E).

≡ *Tillaea peduncularis* Smith (1817); **incl.** *Bulliarda bonariensis* De Candolle (1801) (*nom. inval.*, Art. 32.1c) ≡ *Crassula bonariensis* (De Candolle) Cambessèdes (1828) (*nom. inval.*, Art. 32.1c) ≡ *Tillaea bonariensis* (De Candolle) Britton (1930) (*nom. inval.*, Art. 32.1c); **incl.** *Tillaea purpurata* Hooker *fil.* (1841) ≡ *Crassula purpurata* (Hooker *fil.*) Domin (1925); **incl.** *Tillaea paludosa* Schlechtendal (1857) (*nom. inval.*, Art. 32.1c); **incl.** *Crassula paludosa* Schlechtendal *ex* Reiche (1898); **incl.** *Crassula caudiculata* Bacigalupo & Rossow (1984).

[1] Einjährig, aufrecht oder mit aufgerichtetem Ende kriechend, bis 6 cm; **Blä** lanzettlich bis schmal dreieckig, (2.5-) 3 - 5 mm, zugespitzt, grün bis tiefrot; **Blü** 1 pro Knoten, 4-zählig; **Ped** zur Frzeit verlängert, (0.5-) 5.5 - 9 (-11) mm; **Sep** dreieckig, 1 - 1.5 × 0.5 - 0.7 mm, zugespitzt; **Kr** becherig, weiss und ± rot getönt; **Pet** dreieckig-eiförmig, 1.3 - 1.7 × 0.5 mm, zugespitzt, länger als die **Sep**; **NSch** schmal länglich, 0.6 mm; **Sa** (6-) 8 - 9 (-16) pro **Ca**, länglich, rötlich braun, ± 0.35 - 0.45 × 0.15 - 0.2 mm, längsgestreift, warzig. – [U. Eggli]

C. pellucida Linné (Spec. Pl. [ed. 1], 283, 1753). **T:** [lecto – icono]: Dillenius, Hort. Eltham. t. 100: fig. 119, 1732. – **D:** Tropisches und S Afrika.

≡ *Gomara pellucida* (Linné) P. V. Heath (1993).

Dies ist ein ausserordentlich variabler Komplex mit mehreren Taxa, und einige Autoren sind der Meinung, dass *C. alsinoides* und wahrscheinlich auch *C. brachypetala* wieder als eigenständige Arten betrachtet werden sollten.

C. pellucida ssp. **alsinoides** (Hooker *fil.*) Tölken (JSAB 41: 114, 1975). **T:** Fernando Po (*Mann* 1450 [K]). – **D:** Tropisches Afrika (Kenya, Uganda, Tanzania) S-wärts bis RSA (KwaZulu-Natal, Mpumalanga), Swaziland, Madagaskar; afrotemperate Wälder, oft in Bachnähe, Blüten Frühling bis Herbst. **I:** Gilbert (1989: 7, als *C. alsinoides*).

≡ *Tillaea alsinoides* Hooker *fil.* (1864) ≡ *Crassula alsinoides* (Hooker *fil.*) Engler (1892); **incl.** *Crassula nummulariifolia* Baker (1883).

[6] Unterschiede zu ssp. *pellucida*: **Tr** halb durchscheinend, ± 2 mm ⌀, mit 2 Bändern interpetiolarer **Ha**, die zwischen den Knoten dem **Tr** entlang hinunter laufen (oder falls **Tr** kahl, dann mit einem **Ha**büschel an der Verwachsungsstelle der **Blä**basen); **Blä** eiförmig, zugespitzt, halb durchscheinend und manchmal mit rötlicher Streifung; **Inf** zu einzelnen **Blü** in den **Blä**achseln reduziert; **Sep** kürzer als die **Pet**.

C. pellucida ssp. **brachypetala** (Drège *ex* Harvey) Tölken (JSAB 41: 114, 1975). **T:** RSA, Eastern Cape (*Drège* s.n. [S, G, K, P]). – **D:** Tropisches Afrika S-wärts bis N, E und SE RSA; Ränder afrotemperater Wälder und Graslander, Blüten Hochsommer bis Herbst.

≡ *Crassula brachypetala* Drège *ex* Harvey (1862); **incl.** *Crassula prostrata* E. Meyer *ex* Drège (1844) (*nom. inval.*, Art. 32.1c); **incl.** *Bulliarda dregei* Harvey (1862) ≡ *Crassula dregei* (Harvey) Schönland (1917); **incl.** *Crassula elongata* Schönland (1897); **incl.** *Crassula involucrata* Schönland (1897); **incl.** *Crassula tysonii* Schönland (1902); **incl.** *Crassula diabolica* N. E. Brown (1926); **incl.** *Crassula lineolata* fa. *gracilis* Schönland (1929);

incl. *Crassula lineolata* fa. *magna* Schönland (1929); **incl.** *Crassula lineolata* fa. *natalensis* Schönland (1929); **incl.** *Crassula lineolata* var. *petiolata* Schönland (1929); **incl.** *Crassula lineolata* var. *pilosa* Schönland (1929) (*nom. inval.*, Art. 32.1c).

[6] Unterschiede zu ssp. *pellucida*: **Tr** mit aufgerichtetem Ende kriechend, bis ± 1 mm ∅, mit 2 Bändern interpetiolarer **Ha**, die zwischen den Knoten den **Tr** herablaufen; **Blä** eiförmig-lanzettlich, kurz gestielt bis sitzend, Stiel oder **Bla**basis mit randständigen Wimpern; **Inf** endständige Dichasien; **Ped** behaart; **Sep** so lang oder länger als die **Pet**.

C. pellucida ssp. **marginalis** (Aiton) Tölken (JSAB 41: 114, 1975). **T:** RSA, Cape Prov. (*Masson* s.n. [BM]). – **D:** RSA (Western Cape, Eastern Cape); Ränder afrotemperater Wälder, Berghänge, Dickichte und schattige Schluchten, oft in Felsspalten oder epiphytisch, Blüten Frühling bis Hochsommer.

≡ *Crassula marginalis* Aiton (1789); **incl.** *Crassula lineolata* Aiton (1789); **incl.** *Crassula profusa* Hooker *fil.* (1873).

[6] Unterschiede zu ssp. *pellucida*: **Tr** niederliegend (oder von Felswänden herabhängend), kräftiger, oft mit adventiven Luft**Wu**, kahl, stielrund, grün bis rötlich, bis 2 mm ∅; **Blä** in Grösse und Farbe unterschiedlich, breit eiförmig bis eiförmig-dreieckig, innerhalb eines Paares basal verwachsen, Ränder rötlich, hornig; **Inf** endständige Dichasien, oft gerundet-doldig, ± 20 mm ∅; **Ped** kahl; **Sep** linealisch-lanzettlich, bis 1.5 mm; **Pet** lanzettlich bis elliptisch, bis 3 mm.

Sehr variabel in Blattform und -farbe, mit mehreren, lokalen Formen.

C. pellucida ssp. **pellucida** – **D:** RSA (Western Cape); feuchte Stellen in Wäldern und in Fynbos, sommerblühend.

Incl. *Crassula marginata* Thunberg (1794).

[6] Niederliegend, mattenbildend; **Wu** faserig; **Tr** bis ± 60 cm, oft an den Knoten wurzelnd, stielrund, grün, bis 3 mm ∅; **Int** 1 - 3 cm; **Blä** eiförmig bis breit eiförmig, grün, 10 - 22 × 7 - 18 mm, Spitze stumpf oder zugespitzt, Ränder ganz bis andeutungsweise gezähnt, warzig, Basis keilförmig, am **Tr** herablaufend und an der Basis kurz mit dem gegenüberliegenden **Bla** des Paares verwachsen; **Inf** unregelmässige, endständige Dichasien bis 3 cm hoch (selten zu einzelnen **Blü** in den **Bla**achseln reduziert); **Ped** 5 - 7 mm; **Sep** linealisch-dreieckig, bis 2 × 1 mm; **Kr** sternförmig, weiss bis rosa, bis 10 mm ∅; **Pet** eiförmig, zugespitzt, 3 × 2 mm; **Fil** 2 mm; **Anth** gelb.

C. pellucida ssp. **spongiosa** Tölken (JSAB 41: 114-115, 1975). **T:** RSA, Western Cape (*Barker* 10739 [NBG]). – **D:** RSA (Western Cape); sandiger Boden in geschützten Schluchten, frühlingsblühend.

[6] Unterschiede zu ssp. *pellucida*: Einjährig, **Tr** mit aufgerichtetem Ende kriechend, kahl; **Blä** elliptisch, Basis keilförmig, Spitze zugespitzt, Scheide kahl oder mit wenigen, zerstreuten Wimpern; **Inf** endständige Dichasien; **Sep** so lang wie die **Pet**, nach der **Blü**zeit schwammig werdend.

C. peploides Harvey (FC 2: 355, 1862). **T:** RSA, Eastern Cape (*Drège* 6880 [S, LE, P]). – **D:** RSA (Eastern Cape, KwaZulu-Natal), Lesotho; Grasland in seichten Felstaschen, Blüten Sommer bis Herbst. **I:** Tölken (1985: 144, fig. 16: 2). **Fig. VIII.h**

Incl. *Crassula galpinii* Schönland (1897).

[8] Mehrjährig, aufrecht, mit mehreren **Tr** bis 9 cm hoch, aus einer rhizomartigen Basis; **Tr** 2 mm ∅, blassgrün; **Blä** grün, oft rot getönt, anfangs in basalen **Ros** gedrängt, lanzettlich, verkehrt lanzettlich bis dreieckig-eiförmig, 2 - 15 × 1 - 3 mm, mit sichtbaren Hydathoden entlang dem oberen Rand, Oberseite konvex, Unterseite flach, Spitze stumpf bis zugespitzt; **Inf** mehrere, verlängerte Dichasien, in Monochasien endend; **Inf**stiel undeutlich; **Ped** 5 - 12 mm; **Sep** linealisch, bis 3 mm, stumpf; **Kr** sternförmig, weiss, Zipfel an der Basis kurz verwachsen und rötlich, elliptisch bis spatelig; **Anth** gelb.

C. perfoliata Linné (Spec. Pl. [ed. 1], 282, 1753). **T:** OXF, PRE [Foto]. – **D:** SE tropisches Afrika bis RSA.

≡ *Larochea perfoliata* (Linné) Haworth (1821) ≡ *Rochea perfoliata* (Linné) De Candolle (1828).

C. perfoliata var. **coccinea** (Sweet) G. D. Rowley (Cact. Succ. J. Gr. Brit. 40(2): 53, 1978). – **D:** RSA (Eastern Cape); Valley Bushveld, Blüten im Hochsommer.

≡ *Rochea perfoliata* var. *coccinea* Sweet (1830); **incl.** *Crassula johannis-winkleri* L. Lindinger (1938) (*nom. inval.*, Art. 36.1); **incl.** *Crassula perfoliata* var. *miniata* Tölken (1972) (*nom. illeg.*, Art. 52.1).

[19] Unterschiede zu var. *perfoliata*: **Blä** dreieckig-lanzettlich, längsrinnig; **Sep** 2 - 3 mm; **Kr** tiefrot, 5 - 7 mm.

C. perfoliata var. **heterotricha** (Schinz) Tölken (JSAB 41: 115, 1975). **T:** RSA, KwaZulu-Natal (*Rehmann* 7892 [Z]). – **D:** RSA (Eastern Cape, E Mpumalanga), SE tropisches Afrika; subtropische Dickichte und Savannen in trockenen Flusstälern, zwischen Felsen; Blüten Mitte Winter bis frühes Frühjahr.

≡ *Crassula heterotricha* Schinz (1894).

[19] Unterschiede zu var. *perfoliata*: Kleiner, bis 40 cm; **Blä** aufrecht, lanzettlich, an der Basis längsrinnig; **Sep** bis 3 mm; **Kr** weiss, 5 - 7 mm; **Fil** und **Ca** rosa.

C. perfoliata var. **minor** (Haworth) G. D. Rowley (Cact. Succ. J. Gr. Brit. 40(2): 53, 1978). – **D:** RSA (Eastern Cape); Valley Bushveld in trockenen Flusstälern, Blüten im Hochsommer. **I:** BCSJ 16: 51, 1998.

≡ *Larochea falcata* var. *minor* Haworth (1821) ≡ *Rochea falcata* var. *minor* (Haworth) De Candolle (1828); **incl.** *Crassula falcata* J. C. Wendland (1798) ≡ *Larochea falcata* (J. C. Wendland) Persoon (1805) ≡ *Rochea falcata* (J. C. Wendland) De Candolle (1828) ≡ *Crassula perfoliata* var. *falcata* (J. C. Wendland) Tölken (1975); **incl.** *Crassula retroflexa* Meerburgh (1798) (*nom. illeg.*, Art. 53.1); **incl.** *Crassula falx* L. Lindinger (1936) (*nom. inval.*, Art. 36.1).

[19] Unterschiede zu var. *perfoliata*: **Blä** deutlich sichelförmig, gewöhnlich bläulich überhaucht; **Kr** 7 mm lang, rot, rosa oder selten weiss.

C. perfoliata var. **perfoliata** – **D:** RSA (Eastern Cape); trockener Fynbos und Valley Bushveld, Blüten Frühling bis Hochsommer. **Fig. IX.b**

Incl. *Larochea perfoliata* var. *alba* Haworth (1821) ≡ *Rochea perfoliata* var. *alba* (Haworth) Sweet (1830); **incl.** *Rochea falcata* var. *acuminata* Ecklon & Zeyher (1837); **incl.** *Crassula perfoliata* var. *albiflora* Harvey (1862); **incl.** *Crassula pallida* Baker (1874).

[19] Aufrechte, spärlich verzweigte Sträucher bis 1.3 m hoch; **Wu** faserig; **Tr** grün, sukkulent, im Alter verholzend; **Blä** 6 - 9.5 × 1.3 - 1.8 cm, kreuzgegenständig, aufsteigend, später ausgebreitet, lanzettlich, leicht sichelförmig, grün, glatt, Oberseite flach, an der Basis rinnig, Rand zur Spitze hin scharfkantig, weiter unten gestutzt, Unterseite konvex, Spitze zugespitzt, mit aufgesetztem Spitzchen; **Inf** gerundete Thyrsen bis 10 cm hoch; **Inf**stiel 5 mm ⌀, mit borstigen, angedrückten **Ha**; **Bra** Bla-artig, untere 10 × 7 mm; **Blü** süss duftend; **Ped** 1 mm; **Sep** 1 mm, dreieckig-lanzettlich, rötlich; **Kr** 3 - 4 mm, unten röhrig, oben sternförmig; **Pet** später zurückgebogen, weiss.

C. perforata Thunberg (Nova Acta Phys.-Med. Acad. Caes. Leop.-Carol. Nat. Cur. 6: 319, 338, 1778). **T:** RSA, Eastern Cape (*Thunberg* 7779 [UPS, G-DC]). – **D:** RSA (Western Cape, Eastern Cape, KwaZulu-Natal); Dickichte, zwischen Felsen auf Klippen und in Felsritzen, Blüten Hochsommer bis Herbst.

Incl. *Crassula perfossa* Lamarck (1786); **incl.** *Crassula perfilata* Scopoli (1788); **incl.** *Crassula anthurus* E. Meyer *ex* Drège (1844) (*nom. inval.*, Art. 32.1c); **incl.** *Crassula conjuncta* N. E. Brown (1902); **incl.** *Crassula patersoniae* Schönland (1910); **incl.** *Crassula nealeana* V. Higgins (1955).

[15] Ausgebreitete, etwas wuchernde, verzweigte Sträucher bis 1 m hoch; **Wu** faserig; **Tr** graubraun, 3 mm ⌀; **Blä** unterschiedlich in Grösse und Form, 14 - 33 × 12 - 20 mm, abgeflacht, eiförmig, kahl, graugrün, plötzlich an der Basis zusammengezogen und mit dem gegenüberstehenden **Bla** des Paares verwachsen, Ränder rötlich, Spitzen zugespitzt oder stumpf; ältere **Blä** ausdauernd; **Inf** verlängerte Thyrsen bis 8 cm mit sitzenden **Blü**; **Inf**stiel mit allmählichem Übergang von den **Blä** zu den **Bra**; **Sep** dreieckig, bis 1 mm, zugespitzt; **Kr** röhrig, gelblich, Zipfel an der Basis kurz verwachsen, länglich, bis 2.5 mm; **Anth** braun.

C. phascoides (Grisebach) Bywater (KB 40(3): 537, ill., 1985). **T:** Argentinien, Salta (*Lorentz & Hieronymus* 747 [GOET]). – **D:** N Argentinien (Salta, Tucumán); an feuchten Stellen in den Hochanden.

≡ *Tristicha phascoides* Grisebach (1879); **incl.** *Crassula androsace* Sparre *ex* Rossow (1983).

[2] Winzige, kurzlebige, unverzweigte Kräuter 0.6 - 1.2 cm hoch; **Blä** verkehrt eiförmig, 1.5 - 3 × 0.5 - 1.8 mm, gewimpert, zugespitzt; **Blü** 1 pro Knoten, 2- bis 3-zählig; **Ped** 3 - 4 (-6.5) mm; **Sep** eiförmig, 0.8 - 1.6 × 0.2 - 0.3 mm, zugespitzt; **Pet** eiförmig, 0.8 - 1.2 × 0.3 - 0.5 mm, Spitze mit kleinen Anhängseln; **NSch** fadenförmig-spatelig; **Sa** 10 - 12 pro **Ca**, länglich gerundet, ± 0.3 × 0.14 mm ⌀, ± glänzend mit leichten Streifen.

Die sehr ähnliche *C. closiana* hat warzige Kelchblätter und Samen. In der Erstbeschreibung wurde die Art irrtümlicherweise als zu den *Podostemaceae* gehörend bezeichnet. – [U. Eggli]

C. planifolia Schönland (Rec. Albany Mus. 2: 142, 1907). **T:** RSA, Eastern Cape (*Pegler* 1454 [GRA, BM, BOL, K, PRE]). – **D:** RSA (Eastern Cape); vorwiegend an trockenen Hängen, Blüten Hochwinter bis Frühling.

≡ *Creusa planifolia* (Schönland) P. V. Heath (1993).

[9] Aufrechte, mässig verzweigte Kleinsträucher bis 70 cm hoch; junge **Tr** 2 mm ⌀, grün, Rinde im Alter vergrauend; ältere **Tr** etwas fleischig, bis 8 mm ⌀; **Blä** 18 - 35 × 9 - 13 mm, lanzettlich, ausgebreitet bis zurückgebogen, beide Seiten flach, Spitzen zugespitzt, ältere **Blä** abfallend; **Inf** aufrechte, lockere Thyrsen bis 10 cm hoch und 5 cm ⌀ mit zahlreichen Dichasien; **Inf**stiel bis 6 cm, mit 1 Paar **Bra**; **Ped** bis 2 mm; **Sep** 1 mm, dreieckig, zugespitzt bis stumpf; **Kr** becherig, bis 3 mm ⌀, kurz röhrig und Zipfel an der Basis verwachsen, eiförmig-dreieckig, weiss; **Anth** schwarz bis braun.

C. plegmatoides H.-C. Friedrich (Mitt. Bot. Staatssamml. München 6: 627-629, 646, fig. 3a-k, 1967). **T:** Namibia (*Merxmüller & Giess* 2454 [M]). – **D:** S Namibia, N RSA (Northern Cape); Succulent Karoo, Quarzkieselebenen, sandige oder felsige Hänge, herbstblühend. **I:** Tölken (1985: 210, fig. 20: 2).

Incl. *Crassula pseudocolumnaris* Dinter (1931) (*nom. inval.*, Art. 32.1c).

[18] Zwergige, kompakte, niederliegende bis auf-

rechte, spärlich verzweigte Kräuter bis 15 cm hoch; **Wu** faserig; **Tr** 4 mm ⌀ mit dicht ziegeligen, eng anliegenden **Blä**, welche einen deutlichen, quadratisch-länglichen **Kö** von 10 - 25 mm ⌀ bilden (manchmal **Tr** nur teilweise von den **Blä** verdeckt), **Kö** zur etwas stumpfen Spitze verjüngt; **Blä** 6 - 12 × 5 - 10 mm, breit eiförmig und an der Basis verwachsen, zugespitzt oder stumpf, graugrün, Oberseite konkav, Unterseite konvex bis etwas bootförmig und gekielt, Epidermis warzig, Ränder winzig gewimpert; **Inf** gestielte, gerundete Thyrsen, 2 × 2 cm; **Inf**stiel bis 6 cm; **Sep** bis 2 mm, dreieckig, zugespitzt oder stumpf, Ränder gewimpert; **Kr** röhrig, bis 3 mm, cremefarben oder gelb, Zipfel länglich bis länglich verkehrt lanzettlich, im unteren Teil verwachsen, Spitzen stumpf oder zugespitzt; **Anth** braun.

Hierher gehört *C. arta* sensu Jacobsen etc., *non* Schönland (ein Synonym von *C. deceptor*).

C. pruinosa Linné (Mant. Pl., 60, 1767). **T** [lecto]: RSA, Western Cape (*Anonymus* s.n. [LINN 400.4]). – **D**: RSA (Western Cape); Fynbos, Bergkuppen auf quarzitischen Sandsteinen, Blüten im Hochsommer.

Incl. *Crassula squamulosa* Schlechtendal (1814).

[10] Reich verzweigte, kleine, gerundete Zwergsträucher bis 20 cm hoch; **Wu** faserig; **Tr** zuerst grün, 1.5 mm ⌀, mit zurückgebogenen, groben **Ha**, später kahl und mit brauner Rinde; **Blä** 5 - 8 × 1 - 1.5 mm, ansteigend-ausgebreitet, linealisch-lanzettlich, abgeflacht bis fast stielrund, mit flach angepressten **Ha** bedeckt, diese an der Spitze stumpf und basal mit 0 - 2 seitlichen Spitzen, Oberseite flach bis konvex, Unterseite deutlich konvex, Spitze spitz mit einem verlängerten, durchscheinenden **Ha**; **Inf** flachgipfelige bis gerundete Thyrsen bis 1.2 × 2 cm mit 1 bis wenigen Dichasien; **Inf**stiel 1 - 3 cm; **Blü** fast sitzend; **Sep** 2.5 - 4 mm, linealisch-lanzettlich mit angepressten **Ha**, spitz mit einem dorsalen, verlängerten **Ha**; **Kr** weiss bis cremefarben, röhrig, in der Knospe bis 7 mm lang, **Pet** im unteren ⅓ verwachsen, eiförmig bis verkehrt lanzettlich, bis 6 mm, ausgebreitet bis zurückgeschlagen (**Blü** bei voller Öffnung bis 8 mm ⌀), mit fast endständigem Anhängsel; **Anth** dunkelbraun.

C. pseudohemisphaerica H.-C. Friedrich (Mitt. Bot. Staatssamml. München 3: 589, 594-595, 1960). **T**: Namibia (*Dinter* 8095 [M, B, Z]). – **D**: S Namibia, RSA (Northern Cape, N Western Cape); Succulent Karoo, Blüten Frühling bis Frühsommer. **Fig. X.a**

[14] Spärlich verzweigte, mit aufgerichtetem Ende kriechende bis aufrechte, kompakte Kräuter, kleine Gruppen bis 20 cm hoch (zur **Blü**zeit) bildend; **Wu** faserig; **Blä** 8 - 45 × 10 - 50 mm, flach, 4-reihig, verkehrt eiförmig bis kreisrund, eng ziegelig angeordnet und einen deutlichen, kugeligen **Kö** bildend, grün bis gelblich grün, gefleckt, Ränder gewimpert, Spitze gerundet; **Inf** endständige, verlängerte Thyrsen mit zahlreichen Dichasien; **Inf**stiel bis 25 cm; **Sep** länglich dreieckig, bis 3 mm; **Kr** gelblich, röhrig, bis 5 mm; **Pet** an der Basis kurz verwachsen, bis 4 mm, länglich verkehrt lanzettlich, ausgebreitet und später zurückgebogen; **Anth** gelb.

C. pubescens Thunberg (Nova Acta Phys.-Med. Acad. Caes. Leop.-Carol. Nat. Cur. 6: 330, 340, 1778). **T**: RSA, Western Cape (*Thunberg* 7784a [UPS]). – **D**: RSA.

≡ *Globulea pubescens* (Thunberg) P. V. Heath (1995); **incl.** *Crassula higginsiana* hort. *ex* Bence (1975) (*nom. inval.*, Art. 34.1c).

C. pubescens ssp. **pubescens** – **D**: RSA (Western Cape); Succulent Karoo, frühlingsblühend. **I**: Tölken (1985: 217, fig. 21: 1). **Fig. IX.c**

Incl. *Sphaeritis biconvexa* Ecklon & Zeyher (1837) ≡ *Crassula biconvexa* (Ecklon & Zeyher) Harvey (1862) (*nom. illeg.*, Art. 53.1); **incl.** *Crassula fergusoniae* Schönland (1929); **incl.** *Crassula fergusoniae* fa. *major* Schönland (1929); **incl.** *Crassula radicans* var. *fastigiata* Schönland (1929); **incl.** *Crassula radicans* var. *phillipsii* Schönland (1929); **incl.** *Crassula fragilis* Schönland (1929) (*nom. illeg.*, Art. 53.1); **incl.** *Crassula dewinteri* H.-C. Friedrich (1960).

[20] Zwergige, verzweigte, mit aufgerichtetem Ende kriechende, filzige Kräuter bis 70 cm hoch, dichte Gruppen bildend; **Wu** faserig; **Tr** sukkulent, grün bis rötlich grün, verholzend und graubraun werdend; **Blä** 15 - 35 × 5 - 12 mm, gewöhnlich in einer basalen **Ros**, abgeflacht, ausgebreitet, verkehrt lanzettlich, verkehrt eiförmig bis länglich verkehrt lanzettlich oder länglich verkehrt eiförmig, filzig, Oberseite flach bis rinnig, Unterseite konvex, Rand scharfkantig, winzig gewimpert, Basis keilförmig, Spitze stumpf bis zugespitzt; **Inf** aufrechte, ährenartige Thyrsen mit 1 bis mehreren Dichasien in der oberen ½; **Inf**stiel mit 1 - 3 Paar **Bra**; untere **Bra** 5 × 4 mm, aufrecht, dreieckig-eiförmig; **Sep** länglich, 1.5 mm; **Kr** röhrig, weiss, Zipfel bis 3 mm, länglich leierförmig, an der Basis kurz verwachsen, mit kugeligen, endständigen Anhängseln.

C. pubescens ssp. **radicans** (Haworth) Tölken (JSAB 41: 115-116, 1975). **T** [neo]: RSA, Eastern Cape (*MacOwan* 836 [GRA, K, SAM]). – **D**: RSA (Eastern Cape); Valley Bushveld, frühlingsblühend.

≡ *Globulea radicans* Haworth (1827) ≡ *Crassula radicans* (Haworth) D. Dietrich (1840) ≡ *Globulea pubescens* var. *radicans* (Haworth) P. V. Heath (1995); **incl.** *Crassula radicans* var. *typica* Schönland (1929) (*nom. inval.*, Art. 24.3).

[20] Unterschiede zu ssp. *pubescens*: Dichte Matten bildend; **Tr** bei Bodenkontakt wurzelnd; **Int** kürzer, 2 - 10 mm; **Blä** verkehrt lanzettlich, 6 - 30 × 2 - 5 mm, kahl (selten behaart); **Inf** gerundete Thyrsen mit 7 Paar **Bra** unterhalb der **Blü**; **Kr**zipfel mit

eiförmigen bis kugeligen, endständigen Anhängseln.

C. pubescens ssp. **rattrayi** (Schönland & Baker *fil.*) Tölken (JSAB 41: 116, 1975). **T:** RSA, Eastern Cape (*Rattray* 30 [GRA]). – **D:** RSA (E Northern Cape, Eastern Cape); im Schutz von Felsen, Blüten Frühling bis Hochsommer.
≡ *Crassula rattrayi* Schönland & Baker *fil.* (1902) ≡ *Globulea pubescens* var. *rattrayi* (Schönland & Baker *fil.*) P. V. Heath (1995).
[20] Unterschiede zu ssp. *pubescens*: **Blä** in dichten, basalen **Ros**, seitliche **Tr** nicht wurzelnd; **Int** kürzer, ± 10 mm oder weniger; **Blä** verkehrt eiförmig bis verkehrt lanzettlich, 15 - 40 × 8 - 20 mm, filzig bis samtig; **Inf** verlängerte Thyrsen mit bis zu 7 Paar **Bra** unterhalb der **Blü**; **Kr**zipfel mit eiförmigen bis kugeligen, endständigen Anhängseln.

C. pustulata Tölken (JSAB 38: 73, 1972). **T:** RSA, Western Cape (*Tölken* 4256 [BOL]). – **D:** RSA (Western Cape); Fynbos, Blüten im Hochsommer.
[10] Mässig verzweigte Kräuter bis 20 cm hoch; **Wu** faserig; **Tr** anfangs grün, 1 - 2 mm ⌀, mit zurückgebogenen, groben **Ha**, später rötlich braun, im Alter glatt und braun werdend, alte **Blä** und **Ha** ausdauernd; **Blä** 5 - 14 × 1 - 2 mm, aufsteigend-ausgebreitet, linealisch-lanzettlich, fast stielrund, grün bis graugrün, mit ± abgeflachten, angepressten **Ha**, diese an den Spitzen zugespitzt, basal mit 2 seitlichen Anhängseln, obere **Blä** leicht abgeflacht; **Inf** oben flache Thyrsen mit 1 bis wenigen Dichasien; **Sep** bis 6 mm, grün, linealisch-lanzettlich, kahl oder mit wenigen, angepressten **Ha**, zugespitzt; **Kr** weiss bis cremefarben, röhrig und in der Knospe bis ± 10 mm lang, Zipfel an der Basis kurz verwachsen, länglich verkehrt lanzettlich, bis 10 mm, später zurückgebogen, mit fast endständigem Anhängsel; **Anth** braun.

C. pyramidalis Thunberg (Nova Acta Phys.-Med. Acad. Caes. Leop.-Carol. Nat. Cur. 6: 329, 336, t. 5b: fig. 3, 1778). **T:** RSA, Western Cape (*Thunberg* 7787 [UPS, LU, S]). – **D:** RSA (Western Cape, Eastern Cape); Succulent Karoo, trockener Fynbos, Renosterveld, Hügel auf quarzitischen Sandsteinen, frühlingsblühend. **I:** Tölken (1985: 194, fig. 18: 3).
≡ *Purgosea pyramidalis* (Thunberg) G. Don (1834) ≡ *Tetraphyle pyramidalis* (Thunberg) Ecklon & Zeyher (1837); **incl.** *Tetraphyle quadrangula* Ecklon & Zeyher (1837) ≡ *Crassula quadrangula* (Ecklon & Zeyher) Endlicher *ex* Walpers (1843) ≡ *Tetraphyle pyramidalis* var. *quadrangula* (Ecklon & Zeyher) P. V. Heath (1993); **incl.** *Crassula pyramidalis* var. *ramosa* Schönland (1911); **incl.** *Crassula cylindrica* Schönland (1929) ≡ *Tetraphyle pyramidalis* var. *cylindrica* (Schönland) P. V. Heath (1993); **incl.** *Crassula archeri* Compton (1931) ≡ *Tetraphyle pyramidalis* var. *archeri* (Compton) P. V. Heath (1993).

[16] Aufrecht bis mit aufgerichtetem Ende kriechend, spärlich verzweigt, bis 12 (-25) cm hoch aber in der Grösse unterschiedlich; **Wu** faserig; **Int** vollständig von den eng stengelumfassenden, ziegelig angeordneten **Blä** in 4 Reihen bedeckt und einen deutlichen, quadratisch-länglichen **Kö** bis ± 12 mm ⌀ bildend, gegen die stumpf gerundete Spitze verjüngt; **Blä** grün bis bräunlich grün, dreieckig-eiförmig, 3 - 12 × 4 - 8 mm, flach, aufsteigend, Rand ganz, Spitze stumpf zugespitzt; **Inf** dichte, endständige, gerundete, traubige Köpfchen, der basale Teil teilweise von den **Blä** verdeckt; **Sep** bis 5 mm, länglich verkehrt lanzettlich, Rand gewimpert, Spitzen stumpf; **Kr** röhrig, ampullenförmig, bis 14 mm, weiss oder cremefarben, Zipfel länglich elliptisch, im unteren ⅓ verwachsen, Spitzen mit stumpfem Schnabel; **Anth** gelb.

C. qoatlhambensis Hargreaves (Excelsa No. 15: 85, 1992). **T:** Lesotho, Botha Botha Distr. (*Hargreaves* 4955 [ROML]). – **D:** Lesotho; afrotemperate Hochländer bei 3000 m, auf Basaltfelsen in Grasland. **I:** Excelsa 14: 72.
[2?] Einjährig, niederliegend, kahl; **Tr** bis 4.5 cm, 2.5 mm ⌀, von der zentralen Pfahl**Wu** ausstrahlend; **Blä** bis 5 × 2.5 mm, elliptisch bis länglich, grün bis rötlich, mit winzigen Warzen in Reihen, Oberseite flach, Unterseite konvex, Spitze zugespitzt oder stumpf; **Inf** reduzierte Thyrsen mit wenigen Dichasien; **Blü** 5-zählig, gestielt; **Sep** bis 4 mm, lanzettlich bis länglich, winzig warzig, Spitzen stumpf gerundet bis zugespitzt; **Kr** becherig, weiss, bis 10 mm ⌀, Zipfel bis 5 mm, breit eiförmig, zugespitzt, ausgebreitet; **Anth** gelb.
Im Protolog mit *C. decumbens* verglichen.

C. rhodesica (Merxmüller) Wickens & Bywater (KB 34(4): 632-633, 1980). **T:** Zimbabwe (*Hornby* 2911 [M, K, SRG]). – **D:** Namibia, Angola, Zimbabwe, Zambia, Tanzania, Kenya; vorwiegend im Schatten, Blüten Hochsommer bis Herbst.
≡ *Crassula pharnaceoides* ssp. *rhodesica* Merxmüller (1951) ≡ *Crassula campestris* ssp. *rhodesica* (Merxmüller) R. Fernandes (1978) ≡ *Combesia campestris* var. *rhodesica* (Merxmüller) P. V. Heath (1993).
[2] Aufrechte bis mit aufgerichtetem Ende kriechende, kahle, einjährige Kräuter; **Wu** faserig; **Tr** bis 10 cm hoch, spärlich verzweigt mit kurzen Seiten**Tr** und verlängerten **Int**; **Blä** 4 - 10 × 1 - 3 mm, sitzend, lanzettlich bis linealisch-dreieckig, kahl, grün bis braungrün, Unterseite konvex, Rand ganz, selten an der Basis gezähnelt, Spitze etwas zugespitzt; **Inf** aufrechte Thyrsen mit zahlreichen, fast sitzenden, wenigblütigen (selten > 2 **Blü**) Dichasien; **Blü** gestielt (**Ped** zur **Fr**zeit verlängert), 5-zählig; **Sep** bis 1.5 mm, linealisch-dreieckig bis lanzettlich, Spitze zugespitzt mit endständiger Granne; **Kr** becherig, blassgelb, Zipfel bis 0.8 mm, dreieckig-lanzettlich, zugespitzt; **Anth** gelb.

C. rogersii Schönland (Rec. Albany Mus. 2: 149, 1907). **T:** RSA, Eastern Cape (*Rogers* s.n. [GRA, K]). – **D:** RSA (Eastern Cape); trockene Flusstäler in Dickichten, Blüten Hochsommer bis Herbst.
≡ *Globulea rogersii* (Schönland) P. V. Heath (1995); **incl.** *Sedum canescens* var. *caulescens* Kuntze (1898).
[20] Verzweigte, mit aufgerichtetem Ende kriechende bis aufrechte, filzige Kräuter bis 15 cm hoch, kleine Gruppen bildend; **Wu** faserig; **Tr** sukkulent, grün, ältere **Tr** verholzend und rötlich braun, 3.5 - 5 mm ⌀, alte **Blä** nicht ausdauernd; **Blä** 15 - 23 × 7 - 13 mm, abgeflacht, aufsteigend und seitwärts verdreht, verkehrt lanzettlich, behaart, beide Seiten konvex, grün bis gelblich grün, Spitze stumpf bis gerundet; **Inf** verlängerte Thyrsen bis 20 cm mit mehreren, kugeligen Dichasien; **Sep** dreieckig, bis 2.5 mm, stumpf, Rand gewimpert; **Kr** röhrig, gelblich, Zipfel leierförmig, bis 4 mm, an der Basis kurz verwachsen, mit eiförmigen, apikalen Anhängseln.

C. roggeveldii Schönland (Trans. Roy. Soc. South Afr. 17: 183, 1929). **T** [lecto]: RSA, Northern Cape (*Marloth* 9910 [GRA]). – **D:** RSA (Northern Cape); Succulent Karoo, saisonal feuchte Niederungen, frühlingsblühend.
[2] Einjährig, mit aufgerichtetem Ende kriechend bis niederliegend, kahl (wenn jung warzig), grün bis rötlich, bis 4 cm ⌀; **Wu** faserig; **Blä** 1 - 3 × 1 - 2 mm, flach, Stiel bis 3 mm, Spreite verkehrt eiförmig, Oberseite leicht konvex, Spitze stumpf bis gestutzt; **Inf** Thyrsen mit 1 bis wenigen Dichasien; **Ped** 3 - 5 mm; **Blü** 4-zählig; **Cal**zipfel breit eiförmig, bis 1.5 mm, stumpf; **Kr** becherig, weiss, Zipfel eiförmig, bis 2 mm, stumpf; **Anth** gelb.

C. ruamahanga A. P. Druce (New Zealand J. Bot. 25: 128, 1987). **T:** Neuseeland, North Island (*Kirk* s.n. [WELT]). – **D:** Neuseeland.
Incl. *Tillaea acutifolia* Kirk (1899) ≡ *Crassula acutifolia* (Kirk) A. P. Druce & Given (1984) (*nom. illeg.*, Art. 53.1).
[1] Zarte Kräuter bis 3 cm, in dichten Matten; **Tr** fadenförmig, **Int** bis 1 cm; **Blä** 1.5 - 2 (-2.5) mm, dünn, linealisch, zugespitzt bis mit aufgesetztem Spitzchen; **Blü** 4-zählig, ± 1.5 mm ⌀, sitzend oder fast sitzend; **Cal** tief geteilt, **Sep** linealisch-lanzettlich, zugespitzt; **Pet** kürzer als die **Sep**, sehr schmal eiförmig, zugespitzt bis etwas zugespitzt, Farbe nicht beschrieben; **NSch** winzig; **Gr** zurückgebogen; **Sa** 2 (-4?) pro **Ca**.
Nur von sehr wenigen Exemplaren von je einem Standort auf der Nord- bzw. Südinsel bekannt. – [U. Eggli]

C. rubricaulis Ecklon & Zeyher (Enum. Pl. Afric. Austral., 296, 1837). **T:** RSA, Eastern Cape (*Ecklon & Zeyher* 1892 [S, LE, SAM]). – **D:** RSA (Western Cape, Eastern Cape); Fynbos, felsige Stellen, Blüten Mitte Winter.
Incl. *Crassula rubricaulis* var. *muirii* Schönland (1929).
[12] Kleine, stark verzweigte, gerundete Sträucher bis 40 cm hoch; ältere **Tr** verholzend, jüngere **Tr** rötlich, graubraun werdend, 4 mm ⌀; **Blä** oberseits flach, unterseits konvex, rötlich werdend, oft an den **Tr**spitzen gedrängt, 20 - 35 × 11 - 17 mm, verkehrt lanzettlich bis breit verkehrt eiförmig, Ränder scharfkantig, winzig gewimpert, an der Basis herablaufend, Basis keilförmig, Spitze zugespitzt; **Inf** aufrechte, längliche bis gerundete Thyrsen, 12 - 29 cm, mit mehreren Dichasien; **Inf**stiel rötlich, 7 - 12 cm, 3 mm ⌀; **Bra** eiförmig-lanzettlich, 6 × 3 mm, später abfallend; **Ped** kurz, 1.5 - 2 mm; **Kr** 5 mm, weiss, sternförmig, bis 7 mm ⌀; **Sep** 3 mm, linealisch-lanzettlich, rötlich; **Pet** länglich, bis 5 mm, an der Basis kurz verwachsen, später zurückgebogen.

C. rudolfii Schönland & Baker *fil.* (J. Bot. 36: 363, 1898). **T:** RSA, Northern Cape (*Schlechter* 11118 [GRA, BM, K, Z]). – **D:** Namibia, RSA (Northern Cape); Succulent Karoo, frühlingsblühend.
[10] Stark verzweigte, ausgebreitete Halbsträucher bis 80 cm hoch; **Wu** faserig; **Tr** mit zurückgebogenen **Ha**, verkahlend, alt mit abflockender Rinde; **Blä** 8 - 20 × 2 - 3 mm, aufsteigend-ausgebreitet, glauk-grün bis bräunlich grün, alt abfallend, linealisch-lanzettlich, abgeflacht, winzig warzig, Oberseite flach bis konvex, Unterseite deutlich konvex, Rand gewimpert, Spitze zugespitzt; **Inf** gerundete Thyrsen mit mehreren Dichasien; **Sep** dreieckig-lanzettlich, bis 2 mm, winzig warzig und mit zurückgebogenen, randlichen Wimpern; **Kr** urnenförmig bis röhrig, Zipfel an der Basis kurz verwachsen, weiss bis cremefarben, bis 4 mm, bandförmig bis fast leierförmig, Spitzen stumpf mit dorsalen Anhängseln; **Anth** schwarz.

C. rupestris Thunberg (Nova Acta Phys.-Med. Acad. Caes. Leop.-Carol. Nat. Cur. 6: 329, 337, 1778). **T:** RSA, Northern Cape (*Thunberg* 7792 [UPS]). – **D:** Namibia, RSA.

C. rupestris ssp. **commutata** (H.-C. Friedrich) Tölken (JSAB 41: 116, 1975). **T:** Namibia (*Merxmüller & Giess* 3499 [M]). – **D:** S Namibia, RSA (Northern Cape); Succulent Karoo zwischen Felsen, Blüten Frühling bis Hochsommer.
≡ *Crassula commutata* H.-C. Friedrich (1967).
[15] Unterschiede zu ssp. *rupestris*: Junge **Tr** 1 mm ⌀; **Blä** kleiner, innerhalb eines Paares nur für eine sehr kurze Strecke verwachsen, breit eiförmig und sehr sukkulent, bootförmig, 7 - 10 × 6 - 8 mm; **Inf** beinahe sitzend.
Hierher gehört *C. brevifolia* im gärtnerischen Sinne.

C. rupestris ssp. **marnieriana** (H. Huber & H. Jacobsen) Tölken (JSAB J. South Afr. Bot. 41: 116, 1975). **T** [neo]: RSA, Western Cape (*Esterhuysen 25949* [BOL]). – **D:** RSA (Western Cape); Succulent Karoo zwischen Felsen, Blüten Herbst bis Mitte Winter.
≡ *Crassula marnieriana* H. Huber & H. Jacobsen (1951).
[15] Unterschiede zu ssp. *rupestris*: Kleiner; **Tr** ausgebreitet, an den Knoten wurzelnd; **Int** kurz und ± unsichtbar; **Blä** eines Paares zu einer rundlichen Platte verwachsen, mit stumpfen Spitzen; **Blä** bis 9 × 16 mm, Spitzen mit einer roten, aufgesetzten Spitze.

C. rupestris ssp. **rupestris** – **D:** RSA (Western Cape, Eastern Cape); Succulent Karoo zwischen Felsen, Blüten Hochwinter bis Frühling. **Fig. IX.d**
Incl. *Crassula punctata* Miller (1768) (*nom. illeg.*, Art. 53.1); incl. *Crassula monticola* N. E. Brown (1882).
[15] Gerundete, stark verzweigte, sukkulente Sträucher bis 4 m hoch; **Wu** faserig; **Tr** grün, 2 mm ⌀, ältere **Tr** graubraun, bis 5 mm ⌀, mit abschälender Rinde; **Blä** 13 - 18 × 10 - 15 mm, abgeflacht, Oberseite flach bis konvex aber zur Basis hin konkav, Unterseite konvex, Spreite breit eiförmig, kahl, graugrün mit puderigem Reif, an der Basis zusammengezogen und basal mit dem gegenüberliegenden **Bla** des Paares verwachsen, Rand ganz, rötlich, Spitze zugespitzt oder stumpf; **Inf** gerundete Thyrsen mit zahlreichen Dichasien; **Inf**stiel bis 2 cm; **Bra** ausgebreitet, bis 3 mm; **Sep** länglich dreieckig, bis 1 mm; **Kr** röhrig, gelblich, Zipfel an der Basis kurz verwachsen, länglich, bis 4 mm; **Anth** braun.

C. saginoides (Maximowicz) Bywater & Wickens (KB 39(4): 708, ills. (p. 709), 1984). **T:** Mongolei (*Potanin* s.n. [LE, K]). – **D:** N Amerika (Alaska bis Mexiko), Hispaniola, C Asien; in Portugal verwildert; erdbewohnend bis halb wasserlebend, bis 3000 m.
≡ *Tillaea saginoides* Maximowicz (1880); incl. *Tillaea simplex* Philippi (1872) (*nom. illeg.*, Art. 53.1); incl. *Tillaea angustifolia* var. *bolanderi* S. Watson (1876) ≡ *Tillaea bolanderi* (S. Watson) Greene (1891) ≡ *Tillaea drummondii* var. *bolanderi* (S. Watson) Jepson (1901); incl. *Tillaeastrum pringlei* Rose (1903).
[1] Aufrechte bis mit aufgerichtetem Ende kriechende Kräuter bis 13.5 cm; **Blä** elliptisch verkehrt lanzettlich, 2 - 5 mm, zugespitzt; **Blü** 1 pro Knoten, 4-zählig; **Ped** zur **Fr**zeit verlängert, (0.5-) 2 - 19 mm; **Sep** dreieckig bis stumpf, 0.9 - 1.3 × 0.4 - 0.9 mm, mit gelegentlichen, schwarzen, drüsigen Punkten; **Pet** länglich bis eiförmig, 1.3 - 1.9 × 0.5 - 0.7 mm, länger als die **Sep**; **NSch** fadenförmig-spatelig, 0.9 mm; **Sa** (6-) 8 - 10 (-17) pro **Ca**, länglich ellipsoid, 0.39 -0.42 × 0.14 - 0.2 mm, rötlich braun, längsgestreift. – [U. Eggli]

C. sarcocaulis Ecklon & Zeyher (Enum. Pl. Afric. Austral., 295, 1837). **T:** RSA, Eastern Cape (*Ecklon & Zeyher* 1884 [GRA, S]). – **D:** S Afrika.
≡ *Creusa sarcocaulis* (Ecklon & Zeyher) P. V. Heath (1993).

C. sarcocaulis ssp. **rupicola** Tölken (JSAB 41: 116, 1975). **T:** RSA, KwaZulu-Natal (*Killick* 1371 [BOL, K, NH, PRE]). – **D:** Lesotho, Malawi, Zimbabwe, RSA (Northern Prov., KwaZulu-Natal, Mpumalanga: Drakensberg-Kette); afrotemperate Grasländer, in flachen Böden auf Felsen, Blüten Herbst bis Hochwinter. **Fig. IX.a, IX.e**
≡ *Creusa sarcocaulis* ssp. *rupicola* (Tölken) P. V. Heath (1993); incl. *Sedum caffrum* Kuntze (1898); incl. *Crassula sarcocaulis* var. *mlanjiana* R. Fernandes (1978).
[9] Unterschiede zu ssp. *sarcocaulis*: Haupt**Tr** bis 5 cm ⌀; **Blä** 6 - 25 × 1.5 mm, linealisch bis linealisch-elliptisch, manchmal mit leicht zurückgerollten Rändern; junge **Blä** oft mit **Ha**artigen Wärzchen.
Die Pflanzen sind sehr variabel in der Blattlänge. Der folgende Cultivar ist bekannt:
'Valley of Desolation': Pflanze gerundet, 16 × 16 cm, Haupt**Tr** bis 1 cm ⌀; **Blä** 5 × 1.5 mm, linealisch-elliptisch; **Inf** kurze, dichte, endständige Thyrsen, 1 cm hoch; **Sep** linealisch-dreieckig, drüsig-filzig, bis 1.5 mm; **Kr** 5 × 2 mm ⌀, rosa. Die Pflanzen sind sehr blühfreudig und durch die *Erica*-artigen Blüten sehr auffällig.

C. sarcocaulis ssp. **sarcocaulis** – **D:** Lesotho, Zimbabwe, RSA (Northern Prov., Mpumalanga, KwaZulu-Natal: Drakensberg-Kette); afrotemperate Grasländer, in flachen Böden auf Felsen, Blüten Herbst bis Hochwinter.
Incl. *Crassula sarcocaulis* var. *scaberula* Harvey (1862); incl. *Crassula parvisepala* Schönland (1897); incl. *Crassula lignosa* Burtt Davy (1926).
[9] Aufrechte, dicht verzweigte Kleinsträucher mit ausgebreiteter, baumartiger Krone, bis 60 cm hoch und ± ebenso breit; junge **Tr** 2 mm ⌀, grün, mit **Ha**artigen Wärzchen; ältere **Tr** kahl, manchmal mit braunen, abschälenden Flocken, welche die graue Rinde freilegen, basal bis 2.5 cm ⌀; **Blä** in Form und Grösse unterschiedlich, 15 - 35 × 4 - 10 mm, eiförmig bis lanzettlich, aufsteigend-ausgebreitet, beide Seiten flach, Rand mit einem Ring aus Hydathoden, Spitzen zugespitzt; ältere **Blä** abfallend; **Inf** gerundete Thyrsen, 1 - 1.5 cm hoch und 1 - 2.5 cm ⌀, mit zahlreichen Dichasien; **Inf**stiel undeutlich; **Ped** 2 - 4 mm; **Sep** bis 2 mm, dreieckig, zugespitzt; **Kr** becherig, 3 × 2 mm ⌀, kurz röhrig, Zipfel an der Basis verwachsen, eiförmig-dreieckig, weiss, rosa oder cremefarben; **Anth** braun.

C. sarmentosa Harvey (FC 2: 348, 1862). **T:** RSA, KwaZulu-Natal (*Drège* s.n. [S]). – **D:** RSA.

≡ *Septimia sarmentosa* (Harvey) P. V. Heath (1993).

C. sarmentosa var. **integrifolia** Tölken (JSAB 41: 117, 1975). **T:** RSA, KwaZulu-Natal (*Strey* 7630 [NH, K, PRE]). − **D:** RSA (S KwaZulu-Natal); Grasland und Savannen, Blüten Wintermitte bis Frühling.
≡ *Septimia multicava* var. *integrifolia* (Tölken) P. V. Heath (1993).
[6] Unterschiede zu var. *sarmentosa*: **Blä** elliptisch, Ränder ganz; **Blü** aufrecht.

C. sarmentosa var. **sarmentosa** − **D:** RSA (Western Cape, KwaZulu-Natal); in Australien (New South Wales) verwildert; afrotemperate und subtropische Wälder im Schatten, Blüten im Hochsommer.
Incl. *Crassula ovata* E. Meyer *ex* Drège (1844) (*nom. inval.*, Art. 32.1c).
[6] Niederliegend, mattenbildend bis kletternd und bis ± 40 cm hoch; **Wu** faserig; **Tr** stielrund, rötlich rosa bis grün, weiss gesprenkelt, bis 1 m, bis 6 mm ⌀; **Int** 1 - 2.5 cm; **Blä** bis 3 mm gestielt, flach, 20 - 55 × 10 - 35 mm, aufsteigend, hellgrün, eiförmig, elliptisch bis lanzettlich, Ränder gesägt, rötlich bis grün mit einem Ring aus Hydathoden, Basis gerundet, keilförmig bis etwas herzförmig, Spitze spitz oder zugespitzt; **Inf** endständige Thyrsen, in wenigen Dichasien endend, bis 5 × 5 cm; **Ped** bis 5 mm; **Blü** im rechten Winkel zueinander ausgebreitet; **Sep** bis 3 mm, linealisch-dreieckig, kahl, zugespitzt; **Kr** sternförmig, weiss, rosa getönt, bis 10 mm ⌀; **Pet** lanzettlich, bis 4 × 1 mm, Unterseite oft dunkelrosa; **Anth** blassrosa bis weiss.

C. saxifraga Harvey (FC 2: 357, 1862). **T:** RSA, Western Cape (*Ecklon & Zeyher* 1862 [S, SAM]). − **D:** RSA (Northern Cape, Western Cape, Eastern Cape); Ebenen und Hänge, meist in Renosterveld, Blüten Herbst bis Wintermitte. **I:** Tölken (1985: 140, fig. 15: 1).
≡ *Septas saxifraga* (Harvey) P. V. Heath (1993).
[7] Geophyten mit aufrechten, verzweigten **Tr** bis 15 cm; Rhizom verzweigt mit mehreren, kugeligen Knollen mit faserigen Adventiv**Wu**; **Blä** in 1 - 2 Paaren, 1 - 5 × 3 - 12 cm, abgeflacht, quer verkehrt eiförmig, sitzend, Rand gekerbt bis doppelt gekerbt, Oberfläche kahl, grün, selten unterseits purpurn, Spitze stumpf bis etwas zugespitzt; **Inf** endständige, doldige Thyrsen; **Inf**stiel bis 25 cm; **Sep** dreieckig, bis 3 mm; **Kr** 5-zählig, röhrig, weiss, rosa getönt, Zipfel verkehrt lanzettlich, bis 7.5 mm, Spitzen etwas zugespitzt bis gerundet, ausgebreitet bis zurückgebogen; **Anth** braun.

C. scabra Linné (Spec. Pl. [ed. 1], 283, 1753). **T:** [lecto − icono]: Dillenius, Hort. Eltham., t. 99: fig. 117, 1732. − **D:** RSA (Western Cape); Fynbos und Renosterveld, Blüten im Hochsommer.

[10] Spärlich verzweigte Kräuter bis 40 cm hoch; **Wu** faserig; **Tr** anfangs grün, 1 - 2 mm ⌀, mit zurückgebogenen, groben **Ha**, später mit rötlich brauner Rinde, im Alter braun werdend; alte **Blä** und **Ha** ausdauernd; **Blä** 10 - 35 × 2 - 5 mm, aufsteigend-ausgebreitet, linealisch-lanzettlich bis dreieckig-lanzettlich, abgeflacht, grün bis graugrün, mit ± abgeflachten, angepressten, durchscheinenden, stabartigen, an einem Ende zugespitzten **Ha**, Oberseite flach bis konkav bis leicht konvex, Unterseite deutlich konvex, Spitze zugespitzt; **Inf** oben flache bis gerundete Thyrsen bis 1.2 × 2 cm mit 1 bis wenigen Dichasien; **Inf**stiel 1 - 3 cm; **Blü** kurz gestielt bis beinahe sitzend; **Sep** bis 6 mm, grün, linealisch-lanzettlich, mit wenigen, angepressten **Ha**, Spitzen zugespitzt mit einem dorsalen, kurzen **Ha**; **Kr** weiss bis cremefarben, röhrig, in der Knospe bis ± 10 mm lang, Zipfel an der Basis kurz verwachsen, länglich verkehrt lanzettlich, bis 10 mm, später zurückgeschlagen, mit fast endständigem Anhängsel; **Anth** braun.

C. schimperi Fischer & C. A. Meyer (Index Sem. Hort. Petrop. 8: 56-57, 1842). **T:** Äthiopien (*Schimper* 183 [LE, K]). − **D:** E Afrika, Asien.
≡ *Tillaea schimperi* (Fischer & C. A. Meyer) M. G. Gilbert & al. (2000).

C. schimperi ssp. **phyturus** (Mildbraed) R. Fernandes (Bol. Soc. Brot., sér. 2, 52: 172, 1978). **T:** Kenya (*Lindblom* s.n. [S]). − **D:** Äthiopien, Sudan, Uganda, Tanzania, Kenya, Sokotra; Grasland, Heide oder Wald, feuchte aber offene Stellen, selten epiphytisch, 1500 - 4100 m. **I:** Wickens (1987: 9).
≡ *Crassula phyturus* Mildbread (1922) ≡ *Crassula pentandra* var. *phyturus* (Mildbraed) Hedberg (1957) ≡ *Combesia phyturus* (Mildbraed) P. V. Heath (1993) ≡ *Tillaea schimperi* ssp. *phyturus* (Mildbraed) M. G. Gilbert & al. (2000); **incl.** *Crassula pentandra* var. *obtusifolia* Engler (1892); **incl.** *Crassula parvifolia* E. A. Bruce (1932).
[2] Unterschiede zu ssp. *schimperi*: Bärlappartige Kräuter (selten aufrecht); **Blä** von dicker Textur, stumpf, Basis nicht gespornt, Hydathoden gross und deutlich. − [U. Eggli]

C. schimperi ssp. **schimperi** − **Lit:** Gilbert & al. (2000). **D:** Uganda, Kenya, Tanzania, Jemen, Bhutan, China, Indien, Nepal, Pakistan; feuchte aber wasserdurchlässige, oft schattige Stellen, seltener epiphytisch, (1500-) 2000 - 4800 m. **I:** Gilbert (1989: 7).
Incl. *Tillaea pentandra* Royle *ex* Edgeworth (1846) ≡ *Disporocarpa pentandra* (Royle *ex* Edgeworth) Ascherson & Schweinfurth (1867) (*nom. inval.*, Art. 43.1) ≡ *Crassula pentandra* (Royle *ex* Edgeworth) Schönland (1890); **incl.** *Crassula tibestica* de Mire & Quézel (1961) (*nom. inval.*, Art. 36.1); **incl.** *Crassula schimperi* fa. *abbreviata* R. Fernandes (1978).

[2] Mehrjährige, aufrechte oder wuchernde Kräuter; **Tr** sukkulent bis an der Basis holzig, bis 5 mm ⌀, mit dunkelbrauner bis rötlicher, unregelmässig abschälender Rinde; tote **Blä** gewöhnlich ausdauernd; **Blä** sitzend, lanzettlich bis eiförmig, linealisch oder dreieckig, bis 12 × 3 mm, von dünner Textur, zugespitzt, manchmal locker borstig, Basis gespornt, die **Blä** eines Paares zu einer bis 2 mm hohen Scheide verwachsen, Hydathoden klein und oft undeutlich; **Inf** gedrängte, achselständige Trauben, selten das Trag**Bla** überragend; **Blü** (1-) 3 - 12, (4- bis) 5-zählig; **Ped** kurz; **Sep** schmal dreieckig, bis 1.8 × 0.3 mm, länger oder leicht kürzer als die weisslichen, gelblichen oder rosafarbenen **Pet**; **Ca** 0.7 - 1 mm, zusammengezogen oder verschmälert; **Sa** 2 pro **Ca**, länglich eiförmig, ± 0.5 × 0.3 mm.

Die Verwandschaft mit *C. lanceolata* ssp. *lanceolata* benötigt weitere Untersuchungen, aber Tölkens Einbezug als Synonym erscheint verfrüht. – [U. Eggli]

C. schmidtii Regel (Gartenflora 35: 345-346, t. 1225, 1886). **T:** LE.
Incl. *Crassula impressa* N. E. Brown (1870) (*nom. illeg.*, Art. 53.1); **incl.** *Crassula schmidtii* fa. *alba* Boom (1952).

Sehr ähnlich wie *C. exilis* ssp. *cooperi* und vielleicht eine Gartenform davon. Sie stimmt aber mit keiner aus der Natur bekannten Form überein und unterscheidet sich durch aufrechtere Balgfrüchte (Tölken 1985: 229). Wegen ihrer kleinen, roten Blüten wird sie weitverbreitet kultiviert. Eine weiss blühende Form wurde als fa. *alba* verbreitet. – [U. Eggli]

C. sebaeoides (Ecklon & Zeyher) Tölken (JSAB 41: 118, 1975). **T:** RSA, Western Cape (*Ecklon & Zeyher* 1936 [K, LE, S]). – **D:** RSA (E Western Cape); frühlingsblühend.
≡ *Grammanthes sebaeoides* Ecklon & Zeyher (1837) ≡ *Grammanthes gentianoides* var. *sebaeoides* (Ecklon & Zeyher) Harvey (1862) ≡ *Dinacria sebaeoides* (Ecklon & Zeyher) Schönland (1897); **incl.** *Grammanthes flava* E. Meyer *ex* Drège (1843) (*nom. inval.*, Art. 32.1c); **incl.** *Grammanthes gentianoides* var. *media* Harvey (1862).

[3] Einjährig, aufrecht, kahl, verzweigt, bis 8 cm hoch; **Blä** 5 - 12 × 2 - 4 mm, flach, lanzettlich bis elliptisch, grün, etwas bootförmig, Spitze stumpf; **Inf** Thyrsen mit meistens einem einzelnen Dichasium; **Ca**lzipfel bis 2 mm, elliptisch, stumpf; **Kr** röhrig, **Pet** an der Basis kurz verwachsen, gelb, verkehrt lanzettlich, bis 5 mm, zugespitzt; **Anth** gelb; **Na** seitlich.

C. sediflora (Ecklon & Zeyher) Endlicher *ex* Walpers (Repert. Bot. Syst. 2: 254, 1843). **T:** RSA, Eastern Cape (*Ecklon & Zeyher* 1909 [S, LE, SAM, TCD]). – **D:** RSA.
≡ *Purgosea sediflora* Ecklon & Zeyher (1837).

C. sediflora var. **amatolica** (Schönland) Tölken (JSAB 41: 118, 1975). **T:** RSA, Eastern Cape (*Dyer* 356 [GRA, K, LU, PRE]). – **D:** RSA (Eastern Cape); Grasland, Felsvorkommen, Blüten im Hochsommer.
≡ *Crassula amatolica* Schönland (1929).

[14] Unterschiede zu var. *sediflora*: **Tr** mit aufgerichtetem Ende kriechend, bis 30 cm hoch; **Int** 2 - 4 mm; **Blä** linealisch-dreieckig, 4 - 8 × 2 - 4 mm, Rand gewimpert.

C. sediflora var. **sediflora** – **D:** RSA (KwaZulu-Natal bis Eastern Cape); flachgründige, felsige Böden oder Felsflächen, Blüten Hochsommer bis Herbst.
Incl. *Crassula tenuifolia* Schönland (1897).

[14] Mehrjährig, mit aufgerichtetem Ende kriechend, verzweigt, bis 40 cm hoch; **Int** 4 - 15 mm; **Blä** 4 - 25 × 1 - 4 mm, linealisch, **Bla**paare spiralig angeordnet, abgeflacht, leicht warzig, grün bis gelblich grün, Rand warzig und glatt werdend, Spitze zugespitzt; **Inf** aufrechte, endständige, oben runde Thyrsen mit 1 bis vielen Dichasien; **Bra Bla**artig, gegen oben hin kürzer werdend; **Blü** kurz gestielt, locker angeordnet; **Sep** bis 2 mm, breit dreieckig, kahl; **Kr** röhrig, cremefarben bis weiss, bis 3 mm; **Pet** länglich verkehrt lanzettlich, bis 2.5 mm, an der Basis kurz verwachsen, Spitze gerundet und leicht zusammengezogen, zurückgebogen; **Anth** gelb.

C. sericea Schönland (BJS 45: 254, 1910). **T:** RSA, Northern Cape (*Schlechter* 11436 [GRA]). – **D:** Namibia, RSA.

C. sericea var. **hottentotta** (Marloth & Schönland) Tölken (JSAB 41: 118, 1975). **T:** RSA, Northern Cape (*Marloth* 12506 [GRA, PRE]). – **D:** S Namibia, RSA (Northern Cape); Succulent Karoo, Blüten Winter bis frühes Frühjahr. **I:** Tölken (1985: 203, fig. 19: 6a).
≡ *Crassula hottentotta* Marloth & Schönland (1929); **incl.** *Crassula merxmuelleri* H.-C. Friedrich (1960).

[17] Unterschiede zu var. *sericea*: Kräftiger, mit runden Wärzchen an **Tr** und **Blä**; **Tr** kurz, kräftig, bis 11 cm, 5 mm ⌀, mit 8 - 10 Paaren fester, ausgebreiteter, sehr sukkulenter **Blä**; **Int** 5 - 8 mm; **Bla**spreite dreieckig bis dreieckig-eiförmig, 20 - 30 × 13 - 20 mm, abgeflacht, fleischig, bis 7 mm dick, Oberseite flach bis ± konkav, Unterseite gekielt; **Inf** aufrechte Thyrsen, 3 - 9.5 cm, mit dichten, ausgebreiteten, zu Köpfchen gehäuften Dichasien mit 8 - 10 mm ⌀; **Inf**stiel 2 - 5.5 cm; **Sep** eiförmig, 1 mm; **Kr** 3 mm, mattgelb, röhrig, Zipfel länglich, ± 2 mm, an der Basis verwachsen.

C. sericea var. **sericea** – **D:** S Namibia, RSA (Northern Cape); Succulent Karoo. **I:** Tölken (1985: 203, fig. 19: 5).
Incl. *Crassula klinghardtensis* Schönland (1929);

incl. *Crassula suavis* H.-C. Friedrich (1974); **incl.** *Crassula hallii* Adcock (1976) (*nom. inval.*, Art. 36.1, 37.1).

[17] Stark verzweigte, gerundete, ausgebreitete Büschel von 6 × 20 cm bildend; **Blä** (breit) verkehrt eiförmig, verkehrt lanzettlich bis elliptisch, 10 - 25 × 10 - 25 mm, eher flach, Oberseite flach bis konvex, Unterseite konvex, Rand zur Spitze hin rötlich, Spreite graugrün mit ausgebreiteten **Ha**, Basis keilförmig, Spitze stumpf bis zugespitzt; **Inf** verlängerte Thyrsen, 4 - 10 cm, mit wenigen bis vielen Dichasien; **Inf**stiel behaart, purpurn, basal 2 mm ∅; **Bra** dreieckig, stengelumfassend, 2 mm; **Sep** dreieckig-lanzettlich, 1 mm; **Kr** röhrig, 4 × 2 mm, Zipfel 3 × 1.3 mm, verkehrt lanzettlich, aufsteigend-ausgebreitet, weiss; **Anth** braun.

C. sericea var. **velutina** (H.-C. Friedrich) Tölken (JSAB 41: 118, 1975). **T:** RSA, Northern Cape (*Herre* s.n. in *SUG* 7978 [M, PRE]). – **D:** S Namibia, RSA (Northern Cape); Succulent Karoo, Blüten Winter bis frühes Frühjahr. **I:** Tölken (1985: 203, fig. 16: 2).

≡ *Crassula velutina* H.-C. Friedrich (1967).

[17] Unterschiede zu var. *sericea*: Pflanzen kleiner, mit aufgerichtetem Ende kriechend bis aufrecht, spärlich verzweigt, bis 15 cm hoch (incl. **Inf**); **Tr** kurz, bis 6.5 cm hoch, mit 8 - 10 Paaren aufsteigender **Blä**; **Int** 5 - 10 mm; **Blä** verkehrt eiförmig bis breit eiförmig, 20 - 30 × 10 - 20 mm, abgeflacht, fleischig, bis 5 mm dick, Oberseite flach bis etwas konkav, Unterseite konvex, Oberfläche mit aufrechten bis ausgebreiteten, dichten, weissen **Ha**, Spitze stumpf, oft mit aufgesetztem Spitzchen; **Inf** aufrechte Thyrsen bis 10 × 9 cm mit ausgebreiteten, zu Köpfchen gehäuften Dichasien, 8 - 10 mm ∅; **Inf**stiel rötlich, 2 - 6 cm; **Sep** dreieckig, 1 mm; **Kr** 3 mm, weiss, röhrig, Zipfel länglich, ± 2 mm, zugespitzt, zurückgebogen, ohne dorsale Anhängsel.

C. setulosa Harvey (FC 2: 347, 1862). – **D:** RSA, Lesotho.

C. setulosa var. **deminuta** (Diels) Tölken (JSAB 41: 118-119, 1975). **T:** RSA, Mpumalanga (*Wilms* 515 [B †, K]). – **D:** RSA (Mpumalanga); Grasland in flachgründigen Felstaschen, Blüten im Hochsommer.

≡ *Crassula deminuta* Diels (1907).

[14] Unterschiede zu var. *setulosa*: **Blä** aufrecht, 6 - 12 × 2 - 6 mm, lanzettlich bis elliptisch verkehrt lanzettlich, kahl, Rand gewimpert, Oberseite flach, Unterseite konvex; **Inf** endständige, ährenartige Thyrsen; **Sep** dreieckig; **Pet** verkehrt lanzettlich; **Anth** braun.

C. setulosa var. **jenkinsii** Schönland (Trans. Roy. Soc. South Afr. 17: 239, 1929). **T:** RSA, Gauteng (*Jenkins* s.n. in *TRV* 10369 [GRA]). – **D:** RSA (Gauteng, Northern Prov.); Grasland in flachgründigen Felstaschen, Blüten im Herbst.

≡ *Crassula jenkinsii* (Schönland) Hort. München (s.a.) (*nom. inval.*, Art. 29.1).

[14] Unterschiede zu var. *setulosa*: **Blä** unregelmässig angeordnet, aufrecht, 5 - 25 × 3 - 7 mm, lanzettlich oder linealisch-lanzettlich, Spreite kahl oder mit wenigen, aufrechten Wimpern, Oberseite flach bis etwas rinnig, Unterseite deutlich konvex; **Inf** endständige Trauben mit bis zu 5 **Blü**; **Sep** linealisch-dreieckig; **Pet** länglich bis länglich verkehrt lanzettlich; **Anth** dunkelpurpurn bis schwarz.

C. setulosa var. **longiciliata** Tölken (JSAB 41: 119, 1975). **T:** RSA, Northern Prov. (*Galpin* 13622 [BOL, K, PRE]). – **D:** Lesotho, RSA (Northern Prov., Mpumalanga, KwaZulu-Natal); Grasland in flachgründigen Felstaschen und Felsritzen an feuchten Stellen, Blüten Hochsommer bis Herbst.

[14] Unterschiede zu var. *setulosa*: **Tr** holzig, bis 15 cm, im Winter mit rosettigen Knospen; **Blä** 3 - 10 × 1.5 - 3 mm, elliptisch-länglich bis verkehrt lanzettlich, kahl, Rand deutlich gewimpert, Oberseite flach, Unterseite konvex; **Inf** endständige, oben flache Thyrsen; **Sep** dreieckig; **Pet** länglich verkehrt lanzettlich mit gerundeten Spitzen; **Anth** gelb.

C. setulosa var. **rubra** (N. E. Brown) G. D. Rowley (Cact. Succ. J. Gr. Brit. 40(2): 53, 1978). **T:** RSA, KwaZulu-Natal (*Wood* 4592 [K]). – **D:** Lesotho, RSA (Eastern Cape, KwaZulu-Natal); Grasland in flachgründigen Felstaschen, Blüten Hochsommer bis Herbst.

≡ *Crassula curta* var. *rubra* N. E. Brown (1895); **incl.** *Crassula curta* N. E. Brown (1895) ≡ *Crassula setulosa* var. *curta* (N. E. Brown) Schönland (1929); **incl.** *Sedum dregeanum* var. *erectum* Kuntze (1898); **incl.** *Crassula barklyana* Schönland (1907); **incl.** *Crassula milfordiae* Byles (1957).

[14] Unterschiede zu var. *setulosa*: **Blä** ausgebreitet, becherige **Ros** bildend, 6 - 13 × 1 - 3 mm, Spitzen stumpf, Spreite kahl, zur Basis hin mit wenigen Wimpern; **Inf** endständige, oben flache Thyrsen; **Sep** linealisch-dreieckig; **Anth** gelb.

C. setulosa var. **setulosa** – **D:** Lesotho, RSA (Gauteng, Northern Prov., Mpumalanga, Free State, KwaZulu-Natal), Swaziland; Grasland in flachgründigen Felstaschen und Felsritzen, Blüten im Hochsommer.

Incl. *Crassula stachygera* var. *pulchella* Harvey (1862); **incl.** *Sedum dregeanum* var. *adscendens* Kuntze (1898); **incl.** *Crassula scheppigiana* Diels (1907); **incl.** *Crassula setulosa* var. *ramosa* Schönland (1907); **incl.** *Crassula ramuliflora* var. *transvaalensis* Schönland (1929); **incl.** *Crassula setulosa* var. *basutica* Schönland (1929); **incl.** *Crassula setulosa* var. *lanceolata* Schönland (1929); **incl.** *Crassula setulosa* var. *ovata* Schönland (1929); **incl.** *Crassula bloubergensis* R. A. Dyer (1966); **incl.**

Crassula setulosa fa. *latipetala* R. Fernandes (1978).

[14] Rosettig, aus der Basis sprossend und dichte Gruppen bildend, bis 25 cm hoch (incl. **Inf**); **Wu** faserig; **Blä** 10 - 30 × 6 - 14 mm, flach, elliptisch, breit elliptisch bis eiförmig-lanzettlich, zurückgebogen und anfangs in dichten **Ros** (wenn sonnenexponiert), zur **Blü**zeit lockerer werdend, Oberseite flach bis leicht rinnig, Unterseite konvex, variabel in Farbe und Behaarung, grün bis rötlich wenn exponiert, mit zurückgebogenen **Ha** bis kahl, Rand gewimpert, Basis keilförmig, Spitze zugespitzt; **Inf** endständige, oben gerundete Thyrsen mit 1 bis wenigen Dichasien; **Blü** sitzend; **Sep** bis 3 mm, dreieckig, Rand gewimpert, Spitzen mit apikalem, kräftigem **Ha**; **Kr** weiss, röhrig, bis 4 mm; **Pet** länglich lanzettlich, bis 3.5 mm, an der Basis kurz verwachsen, ausgebreitet bis zurückgebogen, Spitzen zugespitzt; **Anth** gelb bis braun.

C. sieberiana (Schultes) Druce (Bot. Soc. Exch. Club Brit. Isles 1916: 704, 1917). **T:** Australien (*Sieber* 173 [M, G-DC, K, LE, MEL]). – **D:** Australien, Neuseeland.

≡ *Tillaea sieberiana* Schultes (1827); **incl.** *Tillaea pedunculata* Siebthorp *ex* Schultes (1827) (*nom. inval.*, Art. 34.1c).

C. sieberiana ssp. **rubinea** Tölken (J. Adelaide Bot. Gard. 6(2): 193-194, ill., 1983). **T:** Australien, New South Wales (*Telford* 8676 [CBG, AD, CHR, K, L, MO, NSW]). – **D:** Australien (New South Wales: Umgebung von Nerriga); flachgründige Böden auf Sandsteinterrassen.

[2] Unterschiede zu var. *sieberiana*: Mehrjährige Büschel, hauptsächlich basal verzweigt mit geschwollenen Knoten, **Tr** selten wurzelnd; basale **Int** 2 - 4 (-5) mm; **Blä** rubinrot, Scheide (0.4-) 0.5 - 0.7 mm; **Pet** ± so lang wie die **Sep**. – [U. Eggli]

C. sieberiana ssp. **sieberiana** – **D:** SE Australien incl. Tasmanien und die Insel Lord Howe, Neuseeland; Spalten feuchter Felsen im Gebirge. **I:** Tölken (1981: 64, fig. 3: F-H). **Fig. X.b**

Incl. *Tillaea muscosa* Forster *fil.* (1786) (*nom. illeg.*, Art. 53.1); **incl.** *Tillaea verticillaris* De Candolle (1828) (*nom. illeg.*, Art. 52.1).

[2] Mehrjährig (selten einjährig), zwergig; **Tr** mit aufgerichtetem Ende kriechend, bis 20 cm, an den Knoten wurzelnd, ± fleischig und mit geschwollenen Knoten; (1-) 3 - 5 (-8) mm; **Blä** linealisch-lanzettlich, (3-) 4 - 8 (-11) × 1 - 3 mm, zugespitzt bis stumpf, grün bis gräulich braun, gewöhnlich eher flach, Oberseite flach, Unterseite konvex, Scheide 0.2 - 0.3 (-0.4) mm; **Inf** 1 bis mehrere Thyrsen (selten Rispen), gewöhnlich mit vielen Paaren sitzender Dichasien in den **Ax** der **Blä**artigen **Bra**; **Blü** 4-zählig (5-zählig in Queensland); **Ped** 1 - 10 mm zur **Fr**zeit; **Sep** (linealisch-) lanzettlich, 1.5 - 3 mm, Spitze farblos; **Kr** becherig, blassgelb bis rot; **Pet** lanzettlich, 1 - 2 mm, zugespitzt, oft der Länge nach gefaltet, ⅔ so lang wie die **Sep**; **NSch** linealisch-keilförmig bis länglich T-förmig; **Sa** 2 pro **Ca**, ± glatt mit schwachen Längsrippen oder selten winzig warzig, beide **Sa** in der Regel durch apikale oder seitliche Schlitze oder Poren freigesetzt. – [U. Eggli]

C. sieberiana ssp. **tetramera** Tölken (J. Adelaide Bot. Gard. 3(1): 77-78, ills. (p. 64), 1981). **T:** Australien, Northern Territory (*Latz* 4286 [AD, CANB, NT]). – **D:** Australien incl. Tasmanien; ökologisch variabel.

≡ *Crassula tetramera* (Tölken) A. P. Druce & W. R. Sykes (1987).

[2] Unterschiede zu ssp. *sieberiana*: Einjährig; **Tr** aufrecht oder selten mit aufgerichtetem Ende kriechend, bis 15 cm, nicht wurzelnd, drahtig, basale **Int** (4-) 8 - 12 (-20) mm; **Fr** die oberen **Sa** durch eine apikale Pore freisetzend, während der basale **Sa** (im blassbraunen Pericarp eingeschlossen bleibend) durch einen rundherum aufreissenden Schlitz freigesetzt wird. – [U. Eggli]

C. simulans Schönland (Trans. Roy. Soc. South Afr. 17: 204, 1929). **T:** RSA, Western Cape (*Leipoldt* s.n. in *BOL* 18525 [GRA, K, BOL]). – **D:** RSA (Western Cape); Berge, quarzitische Sandsteine, im Schatten, frühlingsblühend.

≡ *Septas simulans* (Schönland) P. V. Heath (1993).

[7] Geophyten mit aufrechten, unverzweigten **Tr** bis 15 cm; Knolle kugelig mit faserigen Adventiv-**Wu**; **Blä** in 3 - 4 Paaren, 15 - 40 × 5 - 20 mm, abgeflacht, elliptisch bis verkehrt eiförmig, Rand gekerbt, Oberfläche kahl, **Bla**stiel bis 1 cm; **Inf** endständige Thyrsen; **Inf**stiel bis 6 cm; **Sep** dreieckig-lanzettlich, bis 1.5 mm, zugespitzt bis stumpf; **Kr** sternförmig, bis 8 mm ∅, gelblich grün, Zipfel lanzettlich, bis 3.5 mm; **Anth** gelb.

C. sinclairii (Hooker *fil.*) A. P. Druce & Given (New Zealand J. Bot. 22(4): 583, 1984). **T:** Neuseeland (*Sinclair* s.n. [K]). – **D:** Neuseeland; feuchte Stellen in der Hügelzone.

≡ *Tillaea sinclairii* Hooker *fil.* (1864); **incl.** *Tillaea novae-zelandiae* Petrie (1893).

[1] Kleine, zarte Kräuter bis 3 cm in dichten Polstern; **Tr** mit **Int** < 5 mm; **Blä** 1 - 2 mm, dünn, linealisch-pfriemlich bis linealisch-länglich, fast zugespitzt bis zugespitzt; **Blü** 4-zählig, ± 1.5 mm ∅, kurz gestielt; **Cal** tief gelappt, **Sep** eiförmig-länglich, stumpf; **Pet** 2× so lang wie die **Sep**, weiss, länglich, stumpf; **Gr** sehr kurz, leicht zurückgebogen; **Ca** mit (3-) 4 (-8) **Sa**. – [U. Eggli]

C. sladenii Schönland (Ann. South Afr. Mus. 9: 46, 1912). **T:** RSA, Northern Cape (*Pearson* 6126 [K]). – **D:** S Namibia, RSA (Northern Cape); oft zwischen Felsen, herbstblühend.

[15] Ausgebreitete, etwas kletternde, spärlich verzweigte Sträucher bis 50 cm hoch; **Wu** faserig; **Tr** graubraun, 4 mm ⌀; **Blä** eiförmig bis eiförmig-lanzettlich, 25 - 40 × 15 - 25 mm, abgeflacht, Oberfläche kahl, graugrün mit puderigem Reif, basal mit dem gegenüberliegenden **Bla** des Paares verwachsen, Ränder rötlich, Oberseite flach, Unterseite konvex, Spitzen stumpf oder zugespitzt; ältere **Blä** ausdauernd; **Inf** verlängerte, oben gerundete Thyrsen mit kurzen Stielen bis 2 cm; **Blü** sitzend; **Sep** dreieckig-lanzettlich, bis 2 mm, zugespitzt; **Kr** röhrig, weiss, **Pet** an der Basis kurz verwachsen, länglich elliptisch, bis 5 mm; **Anth** schwarz.

C. socialis Schönland (Trans. Roy. Soc. South Afr. 17: 241, 1929). **T:** RSA, Eastern Cape (*Crampton* 18 [GRA, PRE]). – **D:** RSA (Eastern Cape); im Schatten von Felsen, Blüten im Frühling.

[14] Rosettig, aus der Basis sprossend und dichte, gerundete Büschel bildend, bis 4 cm hoch (excl. **Inf**); **Wu** faserig; **Blä** 4 - 11 × 8 - 16 mm, eher flach, eiförmig, elliptisch bis verkehrt eiförmig, 4-reihig, hell- bis dunkelgrün, kahl aber mit randständigen Wimpern, Spitze zugespitzt; **Inf** endständige, gerundete Thyrsen mit 1 - 3 Dichasien, bis 7 cm; **Blü** sitzend; **Sep** bis 1.5 mm, dreieckig-eiförmig, gewimpert; **Kr** weiss, röhrig, 6 mm; **Pet** länglich verkehrt eiförmig, bis 2.5 mm, an der Basis kurz verwachsen, Spitzen ausgebreitet; **Anth** gelb.

C. solieri (Gay) F. Meigen (BJS 17: 239, 1893). **T:** Chile (*Gay* 178 [P]). – **D:** W USA (Wyoming, Nevada, Texas, Oregon, California), C Chile; erdbewohnend oder subaquatisch in saisonalen Wasserstellen. **I:** Bywater & Wickens (1984: 711, fig. 3: F-K).

≡ *Tillaea solieri* Gay (1847); **incl.** *Tillaea andicola* Philippi (1872) ≡ *Crassula andicola* (Philippi) F. Meigen (1893).

[1] Aufrecht bis mit aufgerichtetem Ende kriechend; **Tr** bis 5.5 cm; **Blä** lanzettlich, 2.4 - 3.3 mm; **Blü** 1 pro Knoten, 4-zählig; **Ped** (0.6-) 1.2 - 2.5 mm; **Sep** dreieckig, 0.6 - 0.9 × 0.5 - 0.8 mm; **Pet** dreieckig, 0.9 - 1.3 × 0.5 - 0.6 mm, länger als die **Sep**; **NSch** fadenförmig-spatelig, 0.65 mm; **Sa** 9 - 14 pro **Ca**, länglich ellipsoid, 0.32 - 0.42 (-0.55) × 0.15 - 0.19 (-0.21) mm, rötlich braun, glatt und glänzend oder mit undeutlichen Längsrippen.

Von *C. aquatica* und *C. saginoides* durch die glatte Samenschale unterschieden, die das Resultat einer ausdauernden, vollständigen Wachsschicht ist. – [U. Eggli]

C. southii Schönland (JLSB 31: 530, 1897). **T:** RSA, Eastern Cape (*South* 841 [GRA, PRE]). – **D:** RSA.

C. southii ssp. **southii** – **D:** RSA (Eastern Cape); grasige Regionen, Blüten im Hochsommer.
   Incl. *Crassula mucronata* Keissler (1900).

[14] Ein- oder zweijährig, aufrecht mit parallel-aufrechten **Tr** bis 25 cm hoch; **Blä** 4 - 15 × 3 - 4 mm, wechselständig, abgeflacht, dreieckig, pfriemlich, kahl, graugrün, Rand gewimpert, Spitzen zugespitzt, mit kräftigen, apikalen **Ha**; **Inf** aufrechte, endständige, oben gerundete Thyrsen mit 1 bis vielen Dichasien; **Bra Blä**artig, nach oben hin kürzer werdend; **Blü** kurz gestielt; **Sep** bis 3.5 mm, dreieckig, kahl, Spitzen mit kräftigen, apikalen **Ha**; **Kr** röhrig, cremefarben bis weiss, bis 3 mm; **Pet** länglich verkehrt lanzettlich, bis 3 mm, an der Basis kurz verwachsen, Spitzen gerundet und leicht zusammengezogen, aufrecht; **Anth** braun.

C. southii ssp. **sphaerocephala** Tölken (JSAB 41: 120, 1975). **T:** RSA, Eastern Cape (*Bolus* 8906 [BOL, GRA, K]). – **D:** RSA (S KwaZulu-Natal bis Eastern Cape); flachgründige, felsige Böden, Blüten Hochsommer bis Herbst.

[14] Unterschiede zu ssp. *southii*: **Tr** bogig, mit aufgerichtetem Ende kriechend, bis 15 cm; **Blä** schmal dreieckig, bis 2 mm breit.

C. spathulata Thunberg (Nova Acta Phys.-Med. Acad. Caes. Leop.-Carol. Nat. Cur. 6: 328, 330, 1778). **T:** RSA, Eastern Cape (*Thunberg* 7795 [UPS]). – **D:** RSA (Eastern Cape, E-Grenze des Western Cape); v.a. Dickichte und küstennaher Wald.

≡ *Septimia spathulata* (Thunberg) P. V. Heath (1993); **incl.** *Crassula lucida* Lamarck (1786); **incl.** *Crassula cyclophylla* Schönland & Baker *fil.* (1898) ≡ *Septimia spathulata* var. *cyclophylla* (Schönland & Baker *fil.*) P. V. Heath (1993); **incl.** *Crassula latispathulata* Schönland & Baker *fil.* (1898).

[6] Niederliegend, mattenbildend, bis ± 10 cm hoch; **Wu** faserig; **Tr** im Querschnitt quadratisch, bis 20 cm × 1.5 mm ⌀; **Int** 5 - 30 mm; **Blä** glänzend grün, eiförmig bis herzförmig, 7 - 12 × 6 - 12 mm, Ränder gesägt bis gekerbt, Basis herzförmig bis keilförmig, Spitze stumpf, **Bla**stiel 1 - 3 mm; **Inf** endständige Dichasien, 0.8 - 7 cm, mit 1 - 3 **Blü**; **Ped** 3 mm; **Sep** 1 mm, pfriemlich; **Kr** sternförmig, weiss, rosa getönt, bis 12 mm ⌀; **Pet** dreieckig-lanzettlich, 5 × 1 mm; **Fil** 3 mm; **Gr** 3 mm.

C. streyi Tölken (FPA 42(4): t. 1672 + Text, 1973). **T:** RSA, KwaZulu-Natal (*Strey* 10958 [PRE, BOL, K, NH]). – **D:** RSA (KwaZulu-Natal); subtropische Dickichte, Blüten im Hochwinter.

≡ *Septimia streyi* (Tölken) P. V. Heath (1993).

[6] Mit aufgerichtetem Ende kriechende bis aufrechte und spärlich verzweigte Kräuter, 10 - 20 cm hoch (excl. **Inf**); **Wu** faserig; **Tr** 5 - 10 mm ⌀; **Blä** sitzend, 4 - 6.5 × 2.5 - 4 cm, aufsteigend-ausgebreitet, flach, elliptisch, dunkelgrün, Unterseite dunkelpurpurn, Ränder ganzrandig bis etwas winzig gekerbt, leicht zurückgerollt, Spitze zugespitzt bis dornspitzig; **Inf** aufsteigende, gerundete, lockere Thyrsen mit mehreren Dichasien; **Inf**stiel bis 8 cm;

Sep linealisch-dreieckig, bis 2 mm; **Kr** 4- oder 5-zählig, sternförmig, 10 mm ⌀; **Pet** an der Basis verwachsen, lanzettlich, bis 4.5 × 2 mm, gelblich grün; **Anth** gelb.

C. strigosa Linné (Pl. Rar. Afr., 10, 1760). **T:** RSA, Cape Prov. (*Anonymus* s.n. [lecto: G [Herb. Burman]]). – **D:** RSA (Western Cape, Northern Cape); Succulent Karoo und Fynbos, frühlingsblühend.

≡ *Sarcolipes strigosa* (Linné) P. V. Heath (1993); **incl.** *Crassula silvatica* hort. (s.a.) (*nom. inval.*, Art. 61.1); **incl.** *Crassula centauroides* Linné (1760); **incl.** *Crassula sylvatica* Lichtenstein *ex* Schultes (1820); **incl.** *Sarcolipes pubescens* Ecklon & Zeyher (1837) ≡ *Crassula pubescens* (Ecklon & Zeyher) Walpers (1843) (*nom. illeg.*, Art. 53.1); **incl.** *Crassula diaphana* Drège *ex* Harvey (1862); **incl.** *Crassula sarcolipes* Harvey (1862).

[2] Einjährig, mit aufgerichtetem Ende kriechend bis aufrecht-ausgebreitet, bis 4.5 cm hoch, oft mattenbildend und an sonnigen Standorten rot überhaucht, die meisten Teile rauhborstig behaart; **Wu** faserig; **Blä** flach, sukkulent, bis 4 - 15 × 2 - 9 mm, etwas bis kurz gestielt, elliptisch bis verkehrt eiförmig, Rand oft gewimpert, Spitze stumpf mit grösseren, endständigen, **Bor**artigen **Ha**; **Inf** Thyrsen mit vielen Dichasien; **Blü** 5-zählig, 3 mm ⌀; **Ped** 2 - 8 mm; **Cal**zipfel lanzettlich, bis 2 mm, mit endständigen, durchscheinenden **Ha**; **Kr** becherig, weiss, Zipfel lanzettlich, bis 2 mm, Spitzen zugespitzt; **Anth** gelb.

C. subacaulis Schönland & Baker *fil.* (J. Bot. 36: 370, 1898). **T:** RSA, Northern Cape (*Schlechter* 11498 [GRA]). – **D:** Namibia, RSA.

≡ *Globulea erosula* var. *subacaulis* (Schönland & Baker *fil.*) P. V. Heath (1995) (unkorrekter Name, Art. 11.4).

C. subacaulis ssp. **erosula** (N. E. Brown) Tölken (BT 12(4): 634, 1979). **T:** RSA, Northern Cape (*Pearson* 6153 [K]). – **D:** S Namibia, RSA (Northern Cape, Western Cape); Succulent Karoo, Blüten im Frühling.

≡ *Crassula erosula* N. E. Brown (1913) ≡ *Globulea erosula* (N. E. Brown) P. V. Heath (1995); **incl.** *Crassula inamoena* N. E. Brown (1912) ≡ *Globulea erosula* var. *inamoena* (N. E. Brown) P. V. Heath (1995) (unkorrekter Name, Art. 11.4); **incl.** *Crassula rauhii* H.-C. Friedrich (1967).

[20] Unterschiede zu ssp. *subacaulis*: **Tr** aufrecht, spärlich verzweigt, bis 30 cm; **Int** 3 - 30 mm.

C. subacaulis ssp. **subacaulis** – **D:** RSA (Northern Cape, Western Cape); Succulent Karoo, frühlingsblühend.

[20] Mehrjährig, dichte, ausgebreitete Bündel bildend, bis 60 cm hoch, gewöhnlich von der Basis aus stark verzweigt, **Wu** faserig; **Tr** spröde; **Blä** grün bis rötlich, länglich elliptisch, 30 - 150 × 3 - 12 mm, ausgebreitet bis aufsteigend, kahl oder behaart, Oberseite konvex, Unterseite flach bis längsfurchig, Spitze zugespitzt bis stumpf zugespitzt; **Inf** verlängerte Thyrsen mit mehreren Dichasien; **Inf**stiel bis 40 cm, kurz flaumhaarig; **Sep** länglich dreieckig, bis 2.5 mm, zugespitzt, mit einzelnen Papillen oder mit kurzen **Ha**, Rand gewimpert; **Kr** röhrig, cremefarben bis gelblich, **Pet** an der Basis kurz verwachsen, leierförmig, bis 3.5 mm mit einem linealisch-elliptischen, dorsalen Anhängsel; **Anth** gelb.

C. subaphylla (Ecklon & Zeyher) Harvey (FC 2: 362, 1862). **T:** RSA, Western Cape (*Ecklon & Zeyher* 1916 [S, SAM]). – **D:** Namibia, RSA.

≡ *Sphaeritis subaphylla* Ecklon & Zeyher (1837) ≡ *Globulea subaphylla* (Ecklon & Zeyher) P. V. Heath (1995).

C. subaphylla var. **subaphylla** – **D:** S Namibia, RSA (Northern Cape, Western Cape, Eastern Cape, Free State); Succulent Karoo und Nama Karoo, Blüten Frühling bis Hochsommer. Fig. X.c

Incl. *Sphaeritis incana* Ecklon & Zeyher (1837) ≡ *Crassula incana* (Ecklon & Zeyher) Harvey (1862); **incl.** *Sphaeritis puberula* Ecklon & Zeyher (1837) ≡ *Crassula subaphylla* var. *puberula* (Ecklon & Zeyher) Harvey (1862); **incl.** *Sedum cogmansense* Kuntze (1898) ≡ *Crassula cogmansensis* (Kuntze) K. Schumann (1900); **incl.** *Crassula remota* Schönland (1904); **incl.** *Crassula loganiana* Compton (1931).

[20] Aufrechte, vieltriebige, dichte bis lockere Kleinsträucher, 15 - 30 cm hoch (bis 60 cm wenn in der Vegetation kletternd); **Wu** faserig; **Tr** holzig, spröde, belaubt, mit gräulich brauner, abschälender Rinde; jüngere **Tr** filzig, rötlich braun, fleischig; **Int** 0.5 - 1 (-3) cm; **Blä** variabel in Form, Behaarung und Farbe, 5 - 23 × 4 - 8 mm, ausgebreitet bis aufsteigend-ausgebreitet, sehr spröde und bei Berührung schnell abfallend, grün, graugrün bis rötlich grün, dreieckig-lanzettlich bis dreieckig-eiförmig, filzig bis kahl, Oberseite flach bis konvex, Unterseite konvex, Spitze zugespitzt; **Inf** endständige Thyrsen bis 8 cm mit zahlreichen Dichasien; **Bra** dreieckig, 2 - 3 mm; **Sep** 1.5 - 3 mm, lanzettlich, stumpf bis zugespitzt, Rand gewimpert; **Kr** röhrig, cremefarben, Zipfel im unteren Teil kurz verwachsen, leierförmig, bis 5 mm, Spitzen mit linealisch-elliptischen Anhängseln; **Anth** braun.

C. subaphylla var. **virgata** (Harvey) Tölken (JSAB 41: 120-121, 1975). **T:** RSA, Western Cape (*Zeyher* 664 p.p. [S, G, K, P, SAM]). – **D:** RSA (Northern Cape, Western Cape); Succulent Karoo, Blüten Frühling bis Hochsommer.

≡ *Crassula virgata* Harvey (1862) ≡ *Globulea subaphylla* var. *virgata* (Harvey) P. V. Heath (1995).

[20] Unterschiede zu var. *subaphylla*: **Blä** läng-

lich elliptisch, aufsteigend, grün bis gelblich grün, kahl, bis 4 cm, manchmal beinahe stielrund, nicht spröde, Spitzen stumpf.

C. subulata Linné (Syst. Nat., ed. 10, 2: 969, 1759). **T:** [lecto – icono]: Herman, Horti Acad. Lugd.-Bat. Cat., t. 552, 1687. – **D:** RSA.
≡ *Sphaeritis subulata* (Linné) P. V. Heath (1993).

C. subulata var. **fastigiata** (Schönland) Tölken (JSAB 41: 121, 1975). **T:** RSA, Cape Prov. (*Muir* 3380 [GRA, PRE]). – **D:** RSA (Western Cape, Eastern Cape); Strandveld und Fynbos, Blüten Frühling bis Hochsommer.
≡ *Crassula fastigiata* Schönland (1929).
[11] Unterschiede zu var. *subulata*: **Tr** parallelaufrecht, > 1 mm ∅; **Int** mit zurückgebogenen **Ha**; **Blä** kahl, 2 - 4 mm breit.

C. subulata var. **hispida** Tölken (JSAB 41: 121, 1975). **T:** RSA, Western Cape (*Bolus* 6704 [BOL, GRA, K, NBG]). – **D:** RSA (Western Cape); trockener Fynbos, Blüten im Hochsommer.
Incl. *Crassula hispida* Schönland & Baker *fil.* (1898) (*nom. illeg.*, Art. 53.1).
[11] Unterschiede zu var. *subulata*: **Tr** gewöhnlich < 1 mm ∅; **Int** mit zurückgebogenen **Ha**; Unterseite der **Blä** behaart.

C. subulata var. **subulata** – **D:** RSA (Western Cape, Eastern Cape); trockener Fynbos und Strandveld, Blüten Frühling bis Hochsommer.
Incl. *Crassula ramosa* Thunberg (1778); **incl.** *Crassula capitata* Lamarck (1786); **incl.** *Sphaeritis typica* Ecklon & Zeyher (1837); **incl.** *Crassula sphaeritis* Harvey (1862); **incl.** *Crassula rustii* Schönland (1909).
[11] Aufrechte, verzweigte, kahle Kräuter bis ± 40 cm hoch; **Tr** bis 5 mm ∅, grau, jüngere **Tr** 1 mm ∅, grün, mit 2 einander gegenüberstehenden, vertikalen Reihen zurückgebogener **Ha** zwischen den **Bla**basen; **Blä** aufsteigend-ausgebreitet, 4-reihig, 5 - 8 × 2 - 1.5 mm, pfriemlich, linealisch-lanzettlich, eher flach, bikonvex, Rand gewimpert, Spitze zugespitzt, ältere **Blä** ausdauernd; **Inf** oben abgeflachte bis gerundete Thyrsen mit mehreren Dichasien, 10 × 15 mm ∅; **Inf**stiel undeutlich; **Sep** 2 mm, länglich; **Kr** weiss bis blassgelb, röhrig, bis 4.5 mm; **Pet** an der Basis kurz verwachsen, elliptisch bis leierförmig, Spitze mit dorsalem Anhängsel; **Anth** gelb.

C. susannae Rauh & H.-C. Friedrich (KuaS 13(9): 145-148, ills., 1962). **T:** RSA, Northern Cape (*Rauh* 3714 [PRE, HEID]). – **D:** RSA (Northern Cape: Kleines Namaqualand); Succulent Karoo, Ebenen mit Quarzkieseln, Blüten im Herbst. **Fig. IX.f**
[17] Zwergpflanzen, rosettig, mit aufrechten, 4-reihigen **Blä** aber als ganzes eingesenkt, sodass in der Natur nur die oberen **Bla**ränder exponiert sind, ältere **Blä** ausdauernd; **Blä** 6 - 10 × 4 - 8 mm, länglich, flach, gewellt, Oberseite flach, Unterseite leicht konvex, Epidermis glatt, obere exponierte Oberfläche mit einzelnen Papillen, graugrün bis bräunlich, Spitzen gestutzt; **Inf** traubige Köpfchen mit wenigen, sitzenden **Blü**; **Inf**stiel bis 3 cm mit zurückgebogenen, angepressten, feinen **Ha**; **Sep** bis 2 mm, dreieckig, mit etwas zurückgebogenen **Ha**, Rand gewimpert; **Kr** röhrig, bis 3.5 mm, weiss, Zipfel an der Basis kurz verwachsen, länglich verkehrt lanzettlich, Spitzen mit undeutlichem, dorsalem Anhängsel; **Anth** schwarz.

C. swaziensis Schönland (JLSB 31: 548, 1897). **T:** Swaziland (*Saltmarshe* s.n. in *Galpin* 992 [GRA, BOL, K, PRE, SAM, Z]). – **D:** Zimbabwe, NE RSA (Northern Prov., Gauteng, Mpumalanga, KwaZulu-Natal), Swaziland; Grasland und Buschveld, Blüten Sommer bis Herbst. **Fig. IX.g**
≡ *Crassula argyrophylla* var. *swaziensis* (Schönland) Schönland (1929); **incl.** *Crassula argyrophylla* Diels *ex* Schönland & Baker *fil.* (1902) ≡ *Crassula globularioides* ssp. *argyrophylla* (Diels *ex* Schönland & Baker *fil.*) Tölken (1975) ≡ *Crassula swaziensis* fa. *argyrophylla* (Diels *ex* Schönland & Baker *fil.*) R. Fernandes (1978); **incl.** *Crassula argyrophylla* var. *ramosa* Schönland (1929); **incl.** *Crassula swaziensis* fa. *brevipilosa* R. Fernandes (1978); **incl.** *Crassula swaziensis* ssp. *brachycarpa* R. Fernandes (1978); **incl.** *Crassula swaziensis* var. *guruensis* R. Fernandes (1978).
[17] Mit aufgerichtetem Ende kriechende, niedrigwüchsige Kräuter bis 6 cm hoch und 30 cm ∅; **Wu** faserig; **Blä** 25 - 36 × 15 - 20 mm, verkehrt eiförmig, abgeflacht, an den **Tr**spitzen gedrängt, aufsteigend, Oberseite flach, Unterseite leicht konvex, Spreite behaart oder kahl, graugrün bis grün, Rand rötlich, Basis keilförmig, Spitze stumpf; **Inf** aufrechte, rund- bis flachgipfelige Thyrsen mit zahlreichen Dichasien; **Inf**stiel bis 65 mm, basal 3 mm ∅, mit 2 Paar **Bra**, untere **Bra** 7 × 4 mm; **Blü** sitzend; **Sep** dreieckig-eiförmig, bis 2 mm; **Kr** röhrig, 4 mm, Zipfel an der Basis kurz verwachsen, ansonsten ausgebreitet und **Blü** bis 6 mm ∅, weiss bis cremefarben, 4 mm lang; **Fil** 3 mm.

C. tabularis Dinter (RSN 19(8-10): 146, 1923). **T:** Namibia (*Dinter* 4684 [B]). – **D:** S Namibia, RSA (Northern Cape, Eastern Cape, Free State); Nama Karoo und Grasland in Felsritzen, Blüten Spätsommer bis Herbst.
[14] Rosettig, einzeln oder aus der Basis sprossend und kleine Büschel bildend, bis 30 cm hoch (incl. **Inf**); **Wu** faserig; **Blä** 10 - 45 × 5 - 15 mm, lanzettlich bis eiförmig, aufsteigend-ausgebreitet, abgeflacht, kahl, Oberseite flach, Unterseite etwas gekielt, Rand gewimpert, Spitze spitz bis zugespitzt; **Inf** endständige, verlängerte Thyrsen mit vielen Dichasien; **Blü** sitzend; **Sep** bis 3 mm, dreieckig, Rand gewimpert, Spitze zugespitzt mit einem

grösseren, apikalen **Ha**; **Kr** weiss, röhrig, 5 mm; **Pet** länglich verkehrt eiförmig, bis 4.5 mm, ausgebreitet und später plötzlich zurückgebogen, Spitzen zugespitzt; **Anth** gelb.

C. tecta Thunberg (Nova Acta Phys.-Med. Acad. Caes. Leop.-Carol. Nat. Cur. 6: 328, 331, 1778). **T**: RSA, Western Cape (*Thunberg 7799* [UPS]). – **D**: RSA (Western Cape); Succulent Karoo, Quarzkieselebenen, Blüten Herbst bis Wintermitte.

≡ *Purgosea tecta* (Thunberg) G. Don (1834); **incl.** *Crassula decipiens* N. E. Brown (1903).

[17] Zwergig, einzeln bis spärlich verzweigt, kleine Büschel bildend, 5 × 6 cm, mit den **Blä** in basalen **Ros**; **Wu** faserig; **Tr** kurz, Achse bis 5 mm ∅; **Blä** eiförmig bis eiförmig-lanzettlich, 10 - 25 × 3 - 10 mm, alt ausdauernd, Spreite eher flach, Epidermis mit kurzen, steifen Wärzchen, graugrün, Oberseite flach bis basisnah leicht konkav, Unterseite konvex, Spitze stumpf; **Inf** verlängerte, kugelige Thyrsen; **Inf**stiel mit einzelnen Papillen, bis 12 cm; **Kr** bis 5 mm, röhrig, **Pet** an der Basis verwachsen, länglich verkehrt lanzettlich, weiss bis cremefarben, Spitzen mit undeutlichem, dorsalem Anhängsel; **Anth** gelb.

C. tenuicaulis Schönland (Bull. Herb. Boissier 5: 864, 1897). **T**: RSA, KwaZulu-Natal (*Schlechter 6964* [GRA, PRE, Z]). – **D**: Zimbabwe, Lesotho, RSA (KwaZulu-Natal); Grasland in grossen Höhen, im Schatten von Felsen und entlang von Bächen, Blüten Hochsommer bis Herbst.

[4] Mehrjährig, ausgebreitet, zart, mattenbildend, bis 10 cm ∅; **Tr** an den Knoten wurzelnd; **Wu** faserig; **Blä** 3 - 10 × 1 - 4 mm, Stiel bis 7 mm, Spreite flach, elliptisch bis breit elliptisch, graugrün bis gelblich grün, Spitze stumpf; **Blü** achselständig, einzeln; **Cal**zipfel bis 2.5 mm, linealisch verkehrt lanzettlich bis keulig, stumpf; **Kr** becherig, Zipfel bis 4 mm, elliptisch, weiss, zugespitzt, leicht zurückgebogen bis aufrecht; **Anth** gelb.

C. tenuipedicellata Schönland & Baker *fil.* (J. Bot. 40: 288, 1902). **T**: RSA, Cape Prov. (*Schlechter 11247* [GRA, BM, BOL, G, K, PRE, Z]). – **D**: RSA (Northern Cape, Western Cape); Succulent Karoo, im Schatten von Felsen, frühlingsblühend.

≡ *Thisantha tenuipedicellata* (Schönland & Baker *fil.*) P. V. Heath (1995); **incl.** *Crassula parvipetala* Schönland (1917).

[2] Einjährig, aufrecht, zwergig, grün, kahl, bis 10 cm hoch; **Wu** faserig; **Blä** 6 - 15 × 3 - 6 mm, elliptisch bis verkehrt eiförmig, sitzend; obere 2 **Blä**paare unterhalb der **Inf** gedrängt und mit sehr kurzen **Int**, Spreite zur Basis hin zusammengezogen; **Inf** Thyrsen mit bis zu 3 Dichasien; **Ped** kurz bis lang, fadendünn; **Blü** 5-zählig; **Cal**zipfel lanzettlich, bis 1 mm; **Kr** becherig, weiss, Zipfel länglich, bis 1 mm, zugespitzt; **Anth** gelb.

C. tetragona Linné (Spec. Pl. [ed. 1], 283, 1753). **T**: LINN 400.6. – **D**: RSA.

≡ *Sedum tetragonum* (Linné) Kuntze (1898) ≡ *Creusa tetragona* (Linné) P. V. Heath (1993).

C. tetragona ssp. **acutifolia** (Lamarck) Tölken (JSAB 41: 121, 1975). **T**: Africa (*Anonymus* s.n. [P-LA]). – **D**: RSA (Western Cape, Eastern Cape); v.a. an trockenen Hängen, Blüten Hochsommer bis Herbst. **I**: CBM 18: t. 409, 2001. **Fig. VIII.b** ('*C. macowanii*')

≡ *Crassula acutifolia* Lamarck (1783) ≡ *Creusa tetragona* ssp. *acutifolia* (Lamarck) P. V. Heath (1993); **incl.** *Crassula bibracteata* Haworth (1824); **incl.** *Crassula acutifolia* var. *radicans* Harvey (1862) ≡ *Sedum radicans* (Harvey) Kuntze (1898); **incl.** *Crassula macowanii* Scott Elliott (1891); **incl.** *Crassula acutifolia* var. *typica* Schönland (1929) (*nom. inval.*, Art. 24.3).

[9] Unterschiede zu ssp. *tetragona*: Kleiner (bis 5 cm excl. **Inf**), **Tr** mit aufgerichtetem Ende kriechend, mattenbildend, an den Knoten rasch wurzelnd, 1.5 - 3 mm ∅, grün bis gelblich grün, ältere **Tr** mit brauner bis dunkler Rinde, Haupt**Tr** bis 3 mm ∅; **Blä** aufsteigend-ausgebreitet, 10 - 23 × 2 - 5 mm, dreieckig-lanzettlich, pfriemlich aber leicht abgeflacht, Spitzen zugespitzt, aufwärts gebogen, ältere **Blä** ausdauernd; **Inf** flachgipfelige Dichasien bis 16.5 cm; **Blü** in lockeren Büscheln; **Kr** bis 1.5 mm lang, weiss.

C. tetragona ssp. **connivens** (Schönland) Tölken (JSAB 41: 121, 1975). **T**: RSA, Western Cape (*Purcell* s.n. [GRA]). – **D**: RSA (Northern Cape, Western Cape); v.a. trockene Hänge, Blüten im Herbst. **I**: Tölken (1985: 144, fig. 16: 1b).

≡ *Crassula connivens* Schönland (1907) ≡ *Creusa tetragona* ssp. *connivens* (Schönland) P. V. Heath (1993); **incl.** *Crassula subsessilis* W. F. Barker (1943).

[9] Unterschiede zu ssp. *tetragona*: Grösser (35 - 100 cm), **Tr** parallel-aufrecht, basal holzig, bis 3 cm ∅; junge **Tr** grün, mit einzelnen Papillen, Rinde alter **Tr** glatt werdend, braun, glänzend und im Alter abschälend; **Blä** aufsteigend, 18 - 27 × 1 - 2 mm, linealisch-elliptisch, beinahe stielrund oder leicht abgeflacht, Oberseite konvex bis flach, Unterseite konvex, Spitze zugespitzt bis stumpf, ältere **Blä** abfallend; **Inf** aufrechte, rundgipfelige Thyrsen; **Inf**stiel undeutlich, bis 8 cm, ohne **Bra**; **Kr** bis 2 mm lang, weiss.

C. tetragona ssp. **lignescens** Tölken (JSAB 41: 122, 1975). **T**: RSA, Northern Cape (*Tölken 3881* [BOL]). – **D**: RSA (Western Cape, Eastern Cape); v.a. an trockenen Hängen, Blüten Hochsommer bis Herbst. **I**: Tölken (1985: 144, fig. 16: 1a).

≡ *Creusa tetragona* ssp. *lignescens* (Tölken) P. V. Heath (1993); **incl.** *Crassula acutifolia* var. *harveyi* Schönland (1929).

[9] Unterschiede zu ssp. *tetragona*: Grösser (25 - 70 cm hoch) und mit basal holzigen, aufrechten bis mit aufgerichtetem Ende kriechenden **Tr** bis 5 mm ∅, Rinde glatt, braun, abschälend; **Blä** ausgebreitet, 10 - 20 × 2 - 4 mm, linealisch-lanzettlich bis elliptisch, pfriemlich, Oberseite konvex bis flach, Unterseite konvex, Spitzen aufwärts gebogen, zugespitzt; **Inf** aufrechte, rundgipfelige Thyrsen bis 15 cm hoch und 4.5 cm ∅; **Inf**stiel bis 6.5 cm mit 1 Paar **Bra** von 5 × 1.5 mm; **Sep** 1 mm, dreieckig-eiförmig, stumpf; **Kr** bis 3 mm lang, weiss bis cremefarben.

C. tetragona ssp. **robusta** (Tölken) Tölken (JSAB 41: 122, 1975). **T**: RSA, Eastern Cape (*Tölken 4281* [BOL]). – **D**: RSA (Eastern Cape); Blüten Hochsommer bis Herbst; in S Australien verwildert.
≡ *Crassula robusta* Tölken (1972) ≡ *Creusa tetragona* ssp. *robusta* (Tölken) P. V. Heath (1993).
[9] Unterschiede zu ssp. *tetragona*: Viel grösser, bis 1 m hoch; **Tr** 4 mm ∅, grün, Rinde im Alter bräunlich werdend, Haupt**Tr** bis 35 mm ∅ mit in waagerechten Streifen abschälender Rinde; **Blä** 25 - 40 × 5 - 6 mm, linealisch-lanzettlich, aufwärts gebogen, Oberseite flach bis konvex, Unterseite konvex, Spitzen zugespitzt, ältere **Blä** abfallend; **Inf** aufrechte, gerundete Thyrsen bis 7 cm hoch und 7 cm ∅ mit zahlreichen Dichasien; **Inf**stiel bis 5.5 cm, 4-kantig mit 1 Paar **Bra**; untere **Bra Blä**artig (10 × 2 mm), obere **Bra** kleiner; **Sep** 0.5 mm, dreieckig-lanzettlich, zugespitzt bis stumpf; **Kr** bis 2 × 4 mm ∅, weiss, Zipfel lanzettlich; **Anth** schwarz bis braun.
Diese Unterart entspricht *C. tetragona* im Sinne der meisten älteren Autoren.

C. tetragona ssp. **rudis** (Schönland & Baker *fil.*) Tölken (JSAB 41: 122, 1975). **T**: RSA, Northern Cape (*Alston s.n.* [GRA]). – **D**: RSA (Northern Cape, Western Cape); v.a. an trockenen Hängen, Blüten Hochsommer bis Herbst.
≡ *Crassula rudis* Schönland & Baker *fil.* (1902) ≡ *Creusa tetragona* ssp. *rudis* (Schönland & Baker *fil.*) P. V. Heath (1993).
[9] Unterschiede zu ssp. *tetragona* und den anderen ssp.: **Wu** deutlich fleischig; **Tr** spärlich verzweigt, kahl, 10 - 20 cm hoch, 1.5 - 2 mm ∅, grün, ältere **Tr** mit brauner bis dunkler Rinde, Haupt**Tr** bis 4 mm ∅; **Blä** ausgebreitet, 7 - 13 × 1 - 2 mm, linealisch-lanzettlich, abgeflacht, Oberseite flach, Unterseite konvex, Spitzen zugespitzt; ältere **Blä** ausdauernd; **Inf** Thyrsen, unregelmässig verzweigt mit **Blü** in Büscheln; **Inf**stiel mit 2 - 3 Paar **Bra**; **Kr** bis 2 mm lang, weiss.

C. tetragona ssp. **tetragona** – **D**: RSA (Northern Cape, Western Cape, Eastern Cape); trockene Hänge und Felsen in flachgründigem Boden, Blüten Hochsommer bis Herbst. **I**: Tölken (1985: 144, fig. 16: 1c).
Incl. *Crassula densifolia* Harvey (1862) ≡ *Crassula acutifolia* var. *densifolia* (Harvey) Schönland (1929).
[9] Aufrechte bis mit aufgerichtetem Ende kriechende, spärlich bis mässig verzweigte, kahle Kräuter bis ± 10 - 20 cm hoch; **Tr** 1.5 - 2 mm ∅, grün, ältere **Tr** mit brauner bis dunkler Rinde, Haupt**Tr** bis 8 mm ∅; **Blä** aufsteigend-ausgebreitet, 10 - 25 × 2 - 3 mm, pfriemlich aber leicht abgeflacht, Spitzen zugespitzt, rötlich, ältere **Blä** ausdauernd; **Inf** flachgipfelige Dichasien bis 10 cm mit gebüschelten **Blü**; **Kr** bis 2.5 mm, röhrig, basal für 0.5 mm verwachsen, cremefarben bis weiss, Zipfel bis 2 mm, elliptisch bis verkehrt lanzettlich, etwas zugespitzt, etwas zurückgebogen; **Anth** braun.

C. thunbergiana Schultes (Syst. Veg. 6: 733, 1820). **T**: RSA, Cape Prov. (*Thunberg 7750a* [UPS, G]). – **D**: Namibia, RSA.

C. thunbergiana ssp. **minutiflora** (Schönland & Baker *fil.*) Tölken (JSAB 41: 122, 1975). **T**: RSA, Northern Cape (*Schlechter 11496* [GRA, BM, BOL]). – **D**: S Namibia, RSA (Northern Cape); Succulent Karoo, frühlingsblühend.
≡ *Crassula minutiflora* Schönland & Baker *fil.* (1898) ≡ *Thisantha debilis* var. *minutiflora* (Schönland & Baker *fil.*) P. V. Heath (1995).
[2] Unterschiede zu ssp. *thunbergiana*: **Tr** drahtig; Dichasien gestielt; **Bra** eiförmig bis lanzettlich.

C. thunbergiana ssp. **thunbergiana** – **D**: RSA (Western Cape, Eastern Cape); Strandveld, frühlingsblühend; in W Australien eingeführt.
Incl. *Tillaea decumbens* Willdenow (1798) ≡ *Thisantha decumbens* (Willdenow) Ecklon & Zeyher (1837) ≡ *Crassula decumbens* (Willdenow) Harvey (1862) (*nom. illeg.*, Art. 53.1); **incl.** *Crassula debilis* Thunberg (1823) ≡ *Purgosea debilis* (Thunberg) G. Don (1834) ≡ *Thisantha debilis* (Thunberg) P. V. Heath (1995); **incl.** *Crassula zeyheriana* Schönland (1917).
[2] Einjährig, mattenbildend, rötlich bis gelblich grün, weich, mit aufgerichtetem Ende kriechend, kahl; **Wu** faserig; **Tr** durchscheinend, oft innen rötlich; **Blä** 1 - 8 × 0.3 - 1.5 mm, flach, lanzettlich, sitzend, Oberseite flach, Unterseite konvex, Oberfläche mit einzelnen Papillen; **Inf** Thyrsen mit zahlreichen, sitzenden Dichasien; **Bra** undeutlich; **Blü** 5-zählig; **Cal**zipfel lanzettlich, bis 1 mm; **Kr** becherig, weiss, braun verfärbend, **Pet** kaum verwachsen, länglich lanzettlich, ± 1 mm.

C. tillaea Lester-Garland (Fl. Jersey, 87, 1903). **T**: Europa (*Anonymus s.n.* [LINN]). – **Lit**: Holmgren (1997: 41). **D**: W, S und SE Europa, N Afrika (Marokko bis Tunesien), Madeira, Kanarische Inseln, Türkei; verwildert in USA (California); ± trockene Böden entlang von Strassen und Entwässerungsrinnen. **I**: Bywater & Wickens (1984: 720, fig. 5: M-R); Brullo & Siracusa (1994: 177).

Incl. *Tillaea muscosa* Linné (1753) ≡ *Crassula muscosa* (Linné) Roth (1827) (*nom. illeg.*, Art. 53.1) ≡ *Crassula alata* ssp. *muscosa* (Linné) Breistroffer (1974).

[2] Aufrechte Kräuter bis 4 cm hoch, aus der Basis wenig verzweigt; **Blä** lanzettlich-dreieckig, 1 - 2 mm, zugespitzt; **Blü** (1-) 2 pro Knoten, 3- (bis 4-)zählig; **Ped** 0.2 - 0.5 (-1.5) mm; **Sep** dreieckig, 1.2 - 1.6 × 0.4 - 0.6 mm, mit Dornspitzchen, länger als die **Pet**; **Pet** schmal dreieckig, 0.8 - 1 × 0.2 - 0.3 mm, mit Dornspitzchen; **NSch** fadenförmig, schmal spatelig, 0.5 mm; **Sa** 2 pro **Ca**, ellipsoid, 0.32 × 0.15 mm, rötlich braun, glatt mit unregelmässigen Längsrippen. – [U. Eggli]

C. tomentosa Thunberg (Nova Acta Phys.-Med. Acad. Caes. Leop.-Carol. Nat. Cur. 6: 329, 333, 1778). **T:** RSA, Northern Cape (*Thunberg* 7803 [UPS, G-DC]). – **D:** Namibia, RSA.

≡ *Purgosea tomentosa* (Thunberg) Haworth (1821) ≡ *Sphaeritis tomentosa* (Thunberg) Ecklon & Zeyher (1837).

C. tomentosa var. **glabrifolia** (Harvey) G. D. Rowley (Cact. Succ. J. Gr. Brit. 40(2): 53, 1978). **T:** RSA, Northern Cape (*Wyley* s.n. [TCD]). – **D:** S Namibia, RSA (Northern Cape, Western Cape); Nama Karoo, Blüten Frühling bis Hochsommer. **Fig. X.d**

≡ *Crassula glabrifolia* Harvey (1862) ≡ *Crassula interrupta* var. *glabrifolia* (Harvey) Schönland (1929); **incl.** *Crassula interrupta* Drège ex Harvey (1862) ≡ *Crassula tomentosa* var. *interrupta* (Drège ex Harvey) Tölken (1975); **incl.** *Crassula scalaris* Schönland & Baker *fil.* (1898); **incl.** *Crassula eendornensis* Dinter (1928) (*nom. inval.*, Art. 32.1c).

[14] Unterschiede zu var. *tomentosa*: Kleiner, bis 30 cm (incl. **Inf**); **Ros** dicht verzweigt, gedrängt; **Blä** < 15 mm lang, breit verkehrt eiförmig mit gestutzten Spitzen; **Inf** unverzweigte, ährenartige Thyrsen mit gestielten unteren Dichasien.

C. tomentosa var. **tomentosa** – **D:** S Namibia, RSA (Northern Cape, Western Cape); Succulent Karoo und Nama Karoo, Blüten Früh- bis Hochsommer.

Incl. *Crassula linguifolia* Haworth (1803) ≡ *Purgosea linguifolia* (Haworth) Haworth (1821); **incl.** *Crassula conspicua* Haworth (1821) ≡ *Purgosea conspicua* (Haworth) Sweet (1830); **incl.** *Sphaeritis setigera* Ecklon & Zeyher (1837) ≡ *Crassula setigera* (Ecklon & Zeyher) Schönland (1911) ≡ *Crassula tomentosa* var. *setigera* (Ecklon & Zeyher) Schönland (1929).

[14] Monocarpe, einzelne **Ros**, oder aus der Basis sprossend und kleine Gruppen bildend, bis 60 cm hoch (incl. **Inf**); **Wu** faserig; **Blä** 2 - 10 × 1 - 3.5 cm, abgeflacht, Form sehr variabel, verkehrt lanzettlich bis länglich elliptisch, oft 2-reihig und in einer dichten, basalen **Ros**, graugrün bis grün, filzig und mit randständigen Wimpern, Spitze gerundet, gestutzt oder zugespitzt; **Inf** am Ende verzweigte, ährenartige Thyrsen bis 60 cm mit vielen Dichasien, untere Dichasien gestielt; **Inf**stiel mit **Bla**artigen, nach oben hin kleiner werdenden **Bra** bedeckt; **Blü** ausgebreitet, in sitzenden, kreuzgegenständigen, zu Köpfchen gedrängten Dichasien; **Sep** bis 3 mm, dreieckig-eiförmig, filzig und mit randständigen Wimpern; **Kr** röhrig, weiss bis gelblich; **Pet** länglich leierförmig, 4.5 mm, in den unteren Teilen verwachsen, Spitzen ausgebreitet später leicht zurückgebogen; **Anth** schwarz.

C. tuberella Tölken (JSAB 41: 123-124, 1975). **T:** RSA, KwaZulu-Natal (*Tölken* 3117 [BOL]). – **D:** Lesotho, RSA (Eastern Cape, E Free State, W KwaZulu-Natal); feuchte Niederungen in afrotemperatem Grasland, Blüten Hochsommer bis Herbst. **I:** Tölken (1985: 106, fig. 13: 2).

[1] Mehrjährig, aufrecht, spärlich verzweigt, mit parallel-aufrechten **Tr** bis 15 cm hoch aus einem unterirdischen Rhizom mit vielen, kugeligen Knollen bis 3 mm ⌀; **Blä** 5 - 15 × 1 - 1.5 mm, linealisch und aufwärts gebogen, kahl, grün, Oberseite flach, Unterseite konvex, Spitze fast zugespitzt; **Inf** achselständig (1 - 3 **Blü**) auf Grund des reduzierten, sympodialen Wuchses; **Cal**zipfel bis 1 mm, schmal dreieckig, fast zugespitzt; **Kr** becherig, weiss, Zipfel eiförmig bis rhombisch, bis 2 mm, Spitzen etwas zugespitzt, zurückgebogen; **Anth** purpurn.

C. umbella Jacquin (Collectanea 4: 172, 1791). **T:** RSA, Western Cape (*Jacquin* s.n. [W]). – **D:** RSA (Northern Cape, Western Cape); hohe Berge, Succulent Karoo, Blüten Winter bis Frühling. **Fig. X.e**

≡ *Septas umbella* (Jacquin) Haworth (1812) ≡ *Petrogeton umbella* (Jacquin) Ecklon & Zeyher (1837); **incl.** *Crassula flabellifolia* Harvey (1862); **incl.** *Crassula loriformis* Schönland & Baker *fil.* (1902); **incl.** *Crassula weissii* N. E. Brown (1908).

[7] Geophyten mit aufrechten, unverzweigten **Tr** bis 15 cm; Knolle kugelig mit faserigen Adventiv-**Wu**; **Blä** 1 - 9 × 2 - 15 cm, flach und diejenigen eines Paares zu einer schirmartigen Struktur verwachsen, Rand ganzrandig bis gekerbt, Oberfläche kahl; **Inf** endständige, fast doldige Thyrsen bis 10 cm; **Sep** dreieckig-lanzettlich, bis 2 mm, zugespitzt bis stumpf; **Kr** sternförmig, bis 1 cm ⌀, weiss oder rosa, Zipfel lanzettlich bis eiförmig, bis 4.5 mm; **Anth** gelb.

C. umbellata Thunberg (Prodr. Fl. Cap., 54, 1794). **T:** RSA, Cape Prov. (*Thunberg* 7804 [UPS]). – **D:** RSA (Northern Cape, Western Cape); Succulent Karoo, Fynbos, in voller Sonne oder im Schatten, Blüten im Frühling.

≡ *Tillaea umbellata* (Thunberg) Willdenow (1798); **incl.** *Petrogeton alpinum* Ecklon & Zeyher (1837) ≡ *Crassula alpina* (Ecklon & Zeyher) Walpers (1843) ≡ *Bulliarda alpina* (Ecklon & Zeyher)

Harvey (1862); **incl.** *Crassula nana* Schönland & Baker *fil.* (1898) ≡ *Crassula umbellata* var. *nana* (Schönland & Baker *fil.*) Schönland (1916); **incl.** *Crassula tenuis* Wolley Dod (1901).

[2] Einjährig, aufrecht, zwergig, grün bis rötlich, bis 3 cm hoch, gewöhnlich dem Boden angepresst aber sich nach Regenfällen verlängernd; **Wu** faserig; **Blä** 2 - 3.5 × 1.5 - 2.5 mm, spatelig, rhombisch bis verkehrt eiförmig, fast sitzend oder bis 2 mm gestielt, obere **Blä** in einer **Ros** unterhalb der **Inf** gedrängt; **Inf** Thyrsen mit einem einzelnen Dichasium; **Ped** 3 - 10 mm; **Blü** 4-zählig, anfangs sitzend; **Cal**zipfel länglich, 0.7 mm; **Kr** becherig, cremefarben, Zipfel eiförmig, bis 1 mm; **Anth** gelb.

C. umbraticola N. E. Brown (BMI 1895: 145, 1895). **T:** RSA, Free State (*Cooper* 1084 [K ?, BM, TCD, W]). – **D:** RSA (KwaZulu-Natal, Free State: Drakensberg); feuchte Stellen unter Felsen in Grasland, Blüten Hochsommer bis Herbst.

≡ *Septas umbraticola* (N. E. Brown) P. V. Heath (1993) (*nom. inval.*, Art. 33.2).

[7] Geophyten mit aufrechten, unverzweigten **Tr** bis 11 cm; Rhizome verzweigt mit mehreren, kugeligen Knollen mit faserigen Adventiv**Wu**; **Blä** in 3 - 4 Paaren, 2 - 3.5 × 1.5 - 2.5 cm, abgeflacht, verkehrt eiförmig, elliptisch bis selten kreisrund, untere **Blä** mit bis 1 cm langen Stielen, obere **Blä** sitzend, Oberfläche kahl, gelblich grün, Rand gezähnt, Basis keilförmig, Spitze stumpf; **Inf** endständige, lockere Thyrsen; **Inf**stiel bis 3 cm; **Sep** dreieckig, bis 2 mm; **Kr** sternförmig, 5-zählig, weiss bis cremefarben, Zipfel lanzettlich, bis 4 mm, Spitzen zugespitzt, ausgebreitet bis zurückgebogen; **Anth** gelb.

C. vaginata Ecklon & Zeyher (Enum. Pl. Afric. Austral., 298, 1837). **T:** RSA, Eastern Cape (*Ecklon & Zeyher* 1903 [S, SAM]). – **D:** S Afrika.

≡ *Crassula abyssinica* var. *vaginata* (Ecklon & Zeyher) Engler (1895) ≡ *Sedum vaginatum* (Ecklon & Zeyher) Kuntze (1898).

C. vaginata ssp. **minuta** Tölken (BT 12(4): 634, 1979). **T:** Swaziland (*Tölken* 5696 [PRE]). – **D:** Swaziland; flachgründige Böden auf Granitfelsvorkommen in Grasland, Blüten Hochsommer bis Herbst. **I:** Tölken (1985: 175, fig. 17: 2).

[14] Unterschiede zu ssp. *vaginata*: **Wu** als geschwollene, basale Knolle; **Blä** bis 3 mm breit; **Inf** viele (bis 8), niederliegend-aufrecht.

C. vaginata ssp. **vaginata** – **D:** Tropisches W und E Afrika S-wärts bis Lesotho, RSA (Eastern Cape, KwaZulu-Natal, Free State, Mpumalanga, Northern Prov.); Grasland, Blüten Hochsommer bis Herbst. **I:** Tölken (1985: 175: fig. 17: 3).

Incl. *Crassula ciliata* var. *acutifolia* E. Meyer *ex* Drège (1843) (*nom. inval.*, Art. 32.1c); **incl.** *Crassula mannii* Hooker *fil.* (1864) ≡ *Crassula abyssinica* var. *mannii* (Hooker *fil.*) Engler (1892); **incl.** *Crassula drakensbergensis* Schönland (1897); **incl.** *Sedum crassiflorum* Kuntze (1898) ≡ *Crassula crassiflora* (Kuntze) K. Schumann (1900); **incl.** *Sedum flavum* var. *lanceolatum* Kuntze (1898); **incl.** *Sedum flavum* var. *reflexifolium* Kuntze (1898); **incl.** *Sedum flavum* var. *subulatum* Kuntze (1898); **incl.** *Crassula schweinfurthii* De Wildeman (1900); **incl.** *Crassula vaginata* var. *hispida* Keissler (1900); **incl.** *Crassula vaginata* var. *laxa* Keissler (1900); **incl.** *Crassula vaginata* var. *parviflora* Keissler (1900); **incl.** *Crassula abyssinica* var. *angolensis* Schönland (1909); **incl.** *Crassula abyssinica* var. *nyikensis* Schönland (1909); **incl.** *Crassula abyssinica* var. *ovata* Schönland (1909); **incl.** *Crassula abyssinica* var. *robusta* Schönland (1909); **incl.** *Crassula spectabilis* Schönland (1913); **incl.** *Crassula abyssinica* var. *transvaalensis* Schönland (1929); **incl.** *Crassula retrorsa* Hutchinson (1933).

[14] Rosettig, gewöhnlich einzeln oder aus der Basis sprossend und kleine Gruppen bildend, bis 50 cm hoch (incl. **Inf**); **Wu** faserig; **Blä** 5 - 350 × 4 - 35 mm, spiralig angeordnet, abgeflacht, lanzettlich bis linealisch-lanzettlich, Oberseite rinnig, kahl bis behaart, grün bis gelblich grün, Ränder gewimpert, Spitzen zugespitzt; **Inf** aufrechte, endständige, flachgipfelige Thyrsen mit vielen Dichasien; **Bra Bla**artig, nach oben hin kürzer werdend; **Blü** gestielt; **Sep** bis 3.5 mm, schmal bis breit dreieckig, Rand spärlich gezähnt, Spitzen mit apikalen, kräftigen **Ha**; **Kr** weiss bis gelb, röhrig, bis 6 mm; **Pet** länglich bis länglich verkehrt lanzettlich, bis 5 mm, an der Basis kurz verwachsen, ausgebreitet bis zurückgebogen, Spitzen gerundet und leicht zusammengezogen; **Anth** gelb.

Weit verbreitet und variabel; oft mit *C. alba* verwechselt, mit welcher sie möglicherweise Hybriden bildet (Wickens 1987).

C. vaillantii (Willdenow) Roth (Enum. Pl. Phaen. Germ. 1: 992, 1827). **T:** Frankreich (*Anonymus* s.n. [B-W]). – **Lit:** Jalas & al. (1999: 44-45). **D:** S und W Europa, zerstreut in E Europa (Russland, Kasachstan), Zypern, Afrika bis RSA (Western Cape, Northern Cape); feuchte Niederungen, Blüten Frühling bis Hochsommer.

≡ *Tillaea vaillantii* Willdenow (1798) ≡ *Bulliarda vaillantii* (Willdenow) De Candolle (1801) ≡ *Tillaeastrum vaillantii* (Willdenow) Britton (1903) ≡ *Hydrophila vaillantii* (Willdenow) House (1920) (unkorrekter Name, Art. 11.4); **incl.** *Bulliarda vaillantii* var. *subulata* Harvey (1862); **incl.** *Bulliarda obtusa* Gandoger (1886) (*nom. inval.*, Art. 24,1); **incl.** *Bulliarda wolgensis* Gandoger (1886) (*nom. inval.*, Art. 24,1).

[1] Weiche, aufrechte bis mit aufgerichtetem Ende kriechende, einjährige Kräuter bis 15 cm hoch, an den Knoten wurzelnd; **Wu** faserig; **Blä** 2 - 4 × 1 - 2 mm, linealisch, grün bis rötlich, kahl, Oberseite flach, Unterseite konvex, Spitze zugespitzt bis stumpf; **Inf** zu endständigen, einzelnen **Blü** (selten

bis zu 3 **Blü**) reduziert, auf Grund des sympodialen Wachstums achselständig erscheinend; **Ca**lzipfel bis 0.4 mm, breit dreieckig, Spitzen stumpf; **Kr** becherig, weiss bis rötlich, Zipfel bis 2 mm, eiförmig bis elliptisch, Spitzen zurückgebogen, stumpf; **Anth** purpurn.

C. venezuelensis (Steyermark) Bywater & Wickens (KB 39(4): 710, ills. (p. 709), 1984). **T:** Venezuela (*Steyermark* 55906 [F, K, NY]). – **D:** Kolumbien, Venezuela, Ecuador, Peru, Bolivien, Chile?; aquatisch an den Ufern von Inlandseen, 3000 - 4500 m.

≡ *Tillaea venezuelensis* Steyermark (1957).

[1] Aufrecht bis mit aufgerichtetem Ende kriechend; aquatische **Tr** bis 10 cm; **Blä** schmal dreieckig-lanzettlich, 4.5 - 5 mm, etwas mit aufgesetztem Spitzchen, im spitzen Winkel zum **Tr** stehend; **Blü** 1 pro Knoten, 4-zählig; **Ped** bis 15 mm; **Sep** dreieckig-eiförmig, 1 × 0.8 mm; **Pet** 1.4 × 0.7 mm, länger als die **Sep**; **NSch** fadenförmig, 0.6 mm; **Sa** 6 - 8 pro **Ca**, länglich, 0.43 - 0.63 × 0.2 - 0.34 mm, rötlich braun, längsgestreift.

Von den nächsten Verwandten (*C. peduncularis, C. viridis, C. saginoides*) durch die grossen, gestreiften Samen unterschieden. – [U. Eggli]

C. vestita Thunberg (Nova Acta Phys.-Med. Acad. Caes. Leop.-Carol. Nat. Cur. 6: 239, 335, 1778). **T:** RSA, Northern Cape (*Thunberg* s.n. [UPS, G, G-DC, S, STB]). – **D:** RSA (Northern Cape); Nama Karoo, trockene Ebenen auf Beaufort-Schiefer, Blüten Frühling bis Hochsommer.

≡ *Creusa vestita* (Thunberg) P. V. Heath (1993).

[5] Mehrjährig, mit aufgerichtetem Ende kriechend bis niederliegend, wenig verzweigt; **Wu** faserig; **Tr** bis 8 cm, dicht mit **Blä** bedeckt und einen säuligen **Kö** bildend; **Blä** 5 - 6 × 3 - 4 mm, breit verkehrt eiförmig bis rhombisch verkehrt eiförmig, Oberseite konkav, Unterseite konvex, Oberfläche grün bis graugrün mit weisser Wachsschicht, Spitze zugespitzt bis stumpf; **Inf** sitzende, endständige Dichasien mit bis zu 14 sitzenden **Blü**; **Sep** länglich dreieckig, bis 2 mm, stumpf; **Kr** urnenförmig, cremefarben, **Pet** bis 3 mm, länglich verkehrt eiförmig, an der Basis kurz verwachsen, Spitzen leicht zurückgebogen; **Anth** gelb.

C. viridis (S. Watson) Bywater & Wickens (KB 39(4): 718, ills. (p. 717), 1984). **T:** Mexiko, Chihuahua (*Pringle* 1366 [VT, K, MA, NY]). – **D:** USA (Idaho, Arizona), Mexiko, Brasilien; terrestrisch am Rand von Teichen und Flüssen, oder wasserlebend in seichtem Wasser.

≡ *Tillaea viridis* S. Watson (1888) ≡ *Tillaeastrum viride* (S. Watson) Britton (1903).

[1] Mit aufgerichtetem Ende kriechende Kräuter, 5 - 7 cm hoch; **Blä** schmal dreieckig, (4-) 6 - 9 (-10) mm, zugespitzt; **Blü** 1 pro Knoten, 4-zählig; **Ped** (0.4-) 0.6 - 1 (-4) mm; **Sep** breit dreieckig, 0.7 - 0.8 × 0.5 - 0.7 mm; **Pet** dreieckig, 1.3 × 0.6 mm, zugespitzt; **NSch** fadenförmig, 0.6 mm; **Sa** 6 - 12 pro **Ca**, verhältnismässig gross, länglich bis schmal nierenförmig, (0.46-) 0.5 - 0.54 × (0.18-) 0.2 (-0.23) mm, rötlich braun, längsgestreift, mit einzelnen Papillen.

Oberflächlich ähnlich wie *C. venezuelensis* und *C. peduncularis* aber mit abweichenden Samen. – [U. Eggli]

C. volkensii Engler (Pfl.-welt Ost-Afr., Teil C, 189, 1895). **T:** Tanzania, Moshi Distr. (*Volkens* 328 [B†, BM, K]). – **D:** E Afrika.

C. volkensii ssp. **coleae** (Baker) Wickens & Bywater (KB 34(4): 635-636, 1980). **T:** K. – **D:** Somalia, Kenya, Tanzania; schattige Felsen bis 2400 m.

≡ *Crassula coleae* Baker (1895); **incl.** *Crassula nakuruensis* Engler (1907); **incl.** *Crassula zimmermannii* var. *uhligii* Engler (1907); **incl.** *Crassula somalensis* Pax *ex* Engler (1915) (*nom. inval.*, Art. 32.1c).

[4] Unterschiede zu ssp. *volkensii*: Flaumhaarig; **Blä** 0.5 - 1.7 × 0.3 - 1.2 cm, Basis keilförmig bis lang verschmälert; **Pet** länglich verkehrt eiförmig, bis 5 × 1.5 mm.

C. volkensii ssp. **volkensii** – **D:** Kenya, Tanzania; schattige Felsen bis 3000 m.

Incl. *Crassula galunkensis* Engler (1907).

[4] Mehrjährig, mit aufgerichtetem Ende kriechend, wenig verzweigt, kahl; **Tr** 4-kantig, an den unteren Knoten wurzelnd; **Blä** 0.6 - 5 × 0.5 - 1.5 cm, fast sitzend, schmal elliptisch oder elliptisch bis verkehrt eiförmig, länglich eiförmig bis spatelig, Basis keilförmig bis verschmälert, Rand flach gekerbt, Basis der gegenüberstehenden **Blä** verwachsen und eine flache Scheide bildend, **Bla**stiel bis 1 mm; **Inf** reduzierte, wenigblütige, endständige Trauben, manchmal zu einer einzelnen, achselständigen **Blü** reduziert; **Ped** 2 - 15 (-40) mm; **Blü** 4-zählig; **Sep** länglich, bis 3.5 × 0.5 mm, kahl oder flaumhaarig; **Pet** weiss bis rosa, länglich lanzettlich, 5 - 6 × 2 mm, Spitze stumpf oder zugespitzt, kahl oder flaumhaarig, winzig mützenartig zusammengezogen; **St** 3 - 4 mm; **Ca** länglich, bis 3.5 mm, kahl; **Gr** 1 mm; **Sa** 6 - 10 pro **Ca**, breit ellipsoid, bis 0.4 × 0.2 mm, warzig.

C. whiteheadii Harvey (FC 2: 346, 1862). **T:** RSA, Northern Cape (*Whitehead* s.n. [TCD, S]). – **D:** RSA (Northern Cape); Succulent Karoo, frühlingsblühend.

[10] Stark verzweigt, zwergig, bis 15 cm hoch; **Wu** faserig; **Tr** mit zurückgebogenen, groben **Ha**, verkahlend, alt mit abflockender Rinde; **Blä** 3 - 5 × 1 - 1.5 mm, aufsteigend-ausgebreitet, linealisch-lanzettlich, abgeflacht, mit winzigen, einzelnen Papillen, Oberseite flach bis konvex, Unterseite deutlich konvex, Rand gewimpert, Spitze zugespitzt, alte **Blä** abfallend; **Inf** Thyrsen mit traubigen Bün-

deln fast sitzender **Blü**; **Sep** dreieckig-lanzettlich, bis 3 mm, mit winzigen, einzelnen Papillen und spärlichen, randständigen Wimpern; **Kr** urnenförmig bis röhrig, **Pet** an der Basis kurz verwachsen, weiss bis cremefarben, bis 4 mm, bandförmig bis fast leierförmig, Spitzen stumpf, mit dorsalem Anhängsel; **Anth** braun.

C. zombensis Baker *fil.* (BMI 1897: 266, 1897). **T:** Malawi (*Whyte* s.n. [K]). − **D:** Moçambique, Malawi (Zomba Distr.); auf Felsen.
 ≡ *Crassula swaziensis* var. *zombensis* (Baker *fil.*) R. Fernandes (1978).

[17] Mit aufgerichtetem Ende kriechende, mattenbildende Kräuter, alte **Blä** abfallend; **Wu** faserig; Haupt**Tr** holzig, bis 11 cm, kahl, niederliegend, bis 5 mm ⌀ mit aufrechten, fast 4-kantigen Seiten-**Tr** mit brauner, schuppiger Rinde; **Int** bis 3 cm; **Blä** 13 - 45 × 2 - 10 mm, sitzend, aufsteigend, linealisch, fast stielrund bis 3-kantig, Oberfläche mit kurzen, angepressten **Ha**, graugrün, Oberseite gefurcht, Unterseite konvex, Rand ganzrandig, Basis leicht verschmälert, Spitze stumpf; **Inf** aufrechte Thyrsen mit zahlreichen Dichasien, 3 × 5 cm; **Inf**stiel bis 9 cm mit 2 - 3 Paar länglichen **Bra**; **Ped** bis 1.5 mm; **Sep** bis 2.5 mm, länglich dreieckig, dicht weisshaarig; **Kr** weiss, bis 4.5 mm, sternförmig, Zipfel verkehrt eiförmig, bis 2.25 mm, stumpf, mit kleinem, aufgesetztem Spitzchen, plötzlich zurückgebogen.

×CREMNADIA

U. Eggli

×**Cremnadia** C. H. Uhl (CSJA 66(5): 215, 1994).
 = *Cremnophila* × *Villadia*. Uhl (1994c) erwähnt nur die Kombination *C. nutans* × *V. nelsonii*.

×CREMNERIA

M. Kimnach

×**Cremneria** Moran (Baileya 19: 145, 1975). − **Lit:** Uhl (1976).
 = *Cremnophila* × *Echeveria*.

Die folgenden Namen sind von unklarer Anwendung, gehören aber zu dieser Gattung: *Echeveria mutabilis* Deleuil *ex* Morren (1874) ≡ ×*Cremneria mutabilis* (Deleuil *ex* Morren *pro sp.*) Moran (1975); *Echeveria* ×*pruinosa* Deleuil *ex* Morren (1874) ≡ ×*Cremneria pruinosa* (Deleuil *ex* Morren *pro sp.*) G. D. Rowley (1977); *Echeveria* ×*scaphophylla* Hort. *ex* A. Berger (1904); *Echeveria scaphylla* Deleuil *ex* Morren (1872) ≡ ×*Cremneria scaphylla* (Deleuil *ex* Morren *pro sp.*) Moran (1975).

×**C. expatriata** (Rose *pro sp.*) Moran (Baileya 19: 145, 1975).

 ≡ *Echeveria* ×*expatriata* Rose *pro sp.* (1905).

Tr bis 10 cm hoch, verzweigt; **Blä** dicht rosettig, keulig, länglich verkehrt eiförmig, bis 4 × 0.9 cm, grün, etwas glauk; **Inf** trugdoldig-rispig, bis 30 cm hoch; **Bra** leicht abfallend; **Ped** bis 8 mm, zurückgebogen; **Sep** leicht ausgebreitet; **Kr** glockig, basal bis 8 × 4 mm ⌀, am Schlund 4 - 8 mm ⌀.

Ähnlich wie *Echeveria pulchella* und wie diese vermutlich eine Hybride mit *E. amoena* oder *Cremnophila linguifolia* als einem Elternteil.

×CREMNOPETALUM

U. Eggli

×**Cremnopetalum** Kimnach & Moran (CSJA 58(2): 55, 1986).
 = *Cremnophila* × *Graptopetalum*. Es sind keine formell benannten Hybriden bekannt.

CREMNOPHILA

R. Moran

Cremnophila Rose (North Amer. Fl. 22(1): 56, 1905). **T:** *Sedum nutans* Rose [Typifiziert durch Schlussfolgerung, einziges eingeschlossenes Element.]. − **Lit:** Uhl (1976); Moran (1978a). **D:** S Mexiko. **Etym:** Gr. 'kremnos', Böschung, Abhang; und Gr. 'philos', Freund; wegen des Vorkommens an Steilhängen.

Pflanzen mehrjährig, kahl, sukkulent; **Wu** faserig; **Tr** von Felsen hängend, wenig verzweigt; **Blä** wechselständig, rosettig, angeschwollen, 2 - 4× so breit wie dick, Ränder gerundet; **Inf** seitlich, nach dem Fruchten abfallend, **Inf**stiel mit zerstreuten, reduzierten, **Bla**artigen **Bra**; Thyrsen hängend, im Zick-Zack, mit aufsteigend mit der Achse verbundenen Wickeln; **Ped** kurz; **Blü** 5-zählig; **Sep** aufrecht oder aufsteigend, ungleich; **Pet** beinahe vollständig frei; **St** 10. − x = 33.

Cremnophila umfasst 2 nahverwandte Arten. Die eine wird gewöhnlich zu *Sedum* aber nie zu *Echeveria* gestellt, die andere wird oft zu *Echeveria* aber nie zu *Sedum* gestellt. Die Untersuchung der Meiose ihrer Hybride durch Uhl (1976) zeigt, dass es unlogisch ist, diese beiden Arten nicht in dieselbe Gattung zu stellen. So ist *Cremnophila* ein Kompromiss: Die 2 Arten gehören deutlich zusammen, passen aber nicht leicht in eine andere Gattung. Uhl fand jedoch auch andere mexikanische Taxa, die sich genetisch nahe stehen, während sie sich morphologisch sehr voneinander unterscheiden.

Hybriden sind mit *Echeveria* (= ×*Cremneria*) sowie mit *Villadia* (= ×*Cremnadia*) und *Thompsonella* (= ×*Cremsonella*) bekannt.

C. linguifolia (Lemaire) Moran (Baileya 19: 145, 1975). **T:** [neo − icono]: Refug. Bot., t. 58, 1869. −

D: Mexiko (México: Malinalco, Mexicapa); ± 1900 m. **Fig. X.g**

≡ *Echeveria linguifolia* Lemaire (1863) ≡ *Cotyledon linguifolia* (Lemaire) Baker (1869); **incl.** *Anacampseros linguifolia* hort. *ex* Lemaire (1863) (*nom. inval.*, Art. 34.1c); **incl.** *Talinum linguiforme* Hort. *ex* Lemaire (1863) (*nom. inval.*, Art. 34.1c); **incl.** *Pachyphytum lingua* hort. *ex* Morren (1874) (*nom. inval.*, Art. 34.1c).

Tr bis 1 m und mehr, 1 - 2.5 cm ⌀; **Ros** 6 - 17 cm ⌀ mit 15 - 25 **Blä**; **Blä** keilförmig verkehrt eiförmig bis länglich, gerundet bis stumpf, 4 - 9 × 1.5 - 5.5 cm; **Inf** 15 - 55 cm; **Sep** 4 - 12 × 1.5 - 5 mm; **Pet** aufrecht, weiss oder grünlich, 6 - 11 × 2 - 4 mm, eingefaltet-klappig. — n = 33.

C. nutans Rose (North Amer. Fl. 22(1): 56, 1905). **T:** Mexiko, Morelos (*Pringle* 6980 [US]). — **D:** Mexiko (Morelos); 1800 - 2300 m. **Fig. X.h, XI.a**

Incl. *Sedum nutans* Rose (1903) (*nom. illeg.*, Art. 53.1); **incl.** *Sedum cremnophila* R. T. Clausen (1943).

Tr bis 80 cm, 1 - 2.8 cm ⌀; **Ros** 10 - 17 cm mit 12 - 25 **Blä**; **Blä** rhombisch verkehrt eiförmig bis verkehrt lanzettlich, gerundet bis breit zugespitzt, 4 - 10 × 2 - 5.5 cm; **Inf** 10 - 25 cm; **Sep** 3 - 7 × 1 - 2.5 mm; **Pet** breit ausgebreitet, gelb, 4 - 7 × 2 - 3.5 mm, in der Knospe ziegelig. — n = 33.

×CREMNOSEDUM

U. Eggli

×**Cremnosedum** Kimnach & G. Lyon (CSJA 53(2): 69, 1981).

= *Cremnophila* × *Sedum*. *C. nutans* × *S. humifusum* ist die einzige formell benannte Hybride ('Little Gem').

×CREMSONELLA

U. Eggli

×**Cremsonella** C. H. Uhl (CSJA 66(4): 177, 1994).

= *Cremnophila* × *Thompsonella*. Uhl (1994b) erwähnt nur die Kombination *C. nutans* × *T. minutiflora*.

×DUDLEVERIA

U. Eggli

×**Dudleveria** G. D. Rowley (Nation. Cact. Succ. J. 13(4): 75, 1958). **T:** *Echeveria spiralis* Deleuil.

Wurde für Hybriden zwischen *Dudleya* und *Echeveria* vorgeschlagen, aber gemäss Uhl (1994a) existieren keine derartigen Pflanzen, obwohl für eine solche Kombination der Name ×*Dudleveria spiralis* (= *Echeveria spiralis*) publiziert wurde.

DUDLEYA

J. Thiede

Dudleya Britton & Rose (Bull. New York Bot. Gard. 3(9): 12-13, 1903). **T:** *Echeveria lanceolata* Nuttall. — **Lit:** Moran (1943a); Moran (1950); Moran (1951a); Moran (1951b); Bartel (1993); Thomson (1993); Uhl (1994a). **D:** USA (SW Oregon, S Nevada, C und W Arizona, California incl. vorgelagerter Inseln), Mexiko (Sonora, Baja California incl. vorgelagerter Inseln); vorwiegend küstennah, meist an felsigen Stellen, bis 2200 (-3025) m. **Etym:** Nach Prof. William R. Dudley (1849 - 1911), US-amerikanischer Botaniker an der Stanford University.

Incl. *Hasseanthus* Rose (1903). **T:** *Sedum variegatum* S. Watson.

Incl. *Stylophyllum* Britton & Rose (1903). **T:** *Sedum edule* Nuttall *ex* Torrey & A. Gray.

Ausdauernde, unbehaarte, **Bla**sukkulente **Ros**pflanzen; **Wu** meist faserig; **Tr** unverzweigt oder verzweigt (dann meist dichotom), meist basal ± mit vertrockneten **Blä** oder **Bla**basen bedeckt, (1.5-) 10 - 40 (-90) mm ⌀, meist eher kurz und ± aufrecht; **Ros** endständig an den **Tr**, (1-) 3 - 25 (-50) cm ⌀, mit (3-) 20 - 40 (-120) **Blä**, einzeln oder ± verzweigt (dann meist in dichten Polstern); **Blä** in der Form variabel, meist ± länglich bis länglich (verkehrt-) lanzettlich, meist oberseits ± flach oder leicht konkav bis rinnig, unterseits meist ± gerundet bis konvex, mit breiter Basis vollständig mit der Achse verbunden, basal oft verbreitert, Spitze stumpf-abgerundet bis scharf-spitz, (0.6-) 1 - 10 (-40) × 0.2 - 3 (-10) cm, (1-) 2 - 6 (bis 11 - 25) mm dick, meist glauk bis dicht bemehlt, meist immergrün; **Inf**triebe axillär, strikt annuell, einzeln bis zahlreich, meist ± aufrecht bis aufsteigend, 5 - 40 (-100) cm (Angabe teilweise nur auf Schaft bezogen); **Inf** cymös, meist mit 1 - 3 (-10) unverzweigten Zweigen / Wickeln oder 2 - 4 (bis > 6) 1- bis 2- (bis 3-) fach stets gabelig verzweigten Zweigen, Endzweige / Wickel zunächst eingerollt (immer so?), später ± ausgebreitet, (1-) 2 - 15 (-50) cm, mit (2-) 3 - 20 (-30) **Blü**; **Bra** meist ± wie die **Blä**, nach oben kleiner werdend; **Ped** zur **Blü**zeit meist ± aufrecht bis aufsteigend, (0-) 1 - 15 (-35) mm; **Blü** 5-zählig (selten 4-zählig), obdiplostemon, meist duftlos; **Cal** (2-) 3 - 8 (-9) mm; **Sep** basal verwachsen, freie Zipfel (1-) 1.5 - 6 (-8) mm; **Kr** 3.5 - 23 mm ⌀; **Pet** knospig meist convolut, meist zumindest basal ± aufrecht-röhrig, meist ± elliptisch bis länglich oder eiförmig, (5-) 7 - 14 (-20) × (1.5-) 2 - 3.5 (-5.5) mm, meist (blass) gelb(lich), **Rö** (0.5-) 1 - 4 (-10) mm, Zipfel ± aufrecht oder von der Mitte an bis nur apikal ± spreizend-ausgebreitet bis zurückgebogen; **St** 10 in 2 Kreisen, an der **Kr**basis inserierend, kürzer als die **Pet**, epipetale **St** meist etwas kürzer als episepale **St** und oft etwas höher inserierend; **Fil** sich nach oben verschmälernd, Basis selten > 1 mm breit; **Anth** meist 1 - 2 mm, meist gelb; **NSch** gestutzt, 2× bis

3× so breit wie hoch, 0.5 - 2 mm breit, Form weitgehend konstant, aber grössenvariabel; Gynoeceum 2 - 3.5 mm ⌀; **Ca** zur **Blü**zeit (halb-) aufrecht, basal meist ± 1 - 2 (-5) mm verwachsen, (4-) 5 - 10 (-12) mm, **Gr** graduell oder abrupt abgesetzt, schlank, (0.5-) 1 - 3 (-4) mm; **Fr** aus 5 einzelnen, soweit bekannt an der Bauchnaht ± vollständig aufreissenden Bälgen, etwas getrennt bis weit spreizend, ± braun bis bräunlich, selten rot; **Sa** schmal spindelig, Testa gerippt, 0.5 - 1.5 mm, ± braun. − n = vorwiegend 17, auch 34, selten 51, 68, 85, ±119, 136.

Zur Vereinheitlichung der komplizierten Systematik folgt die Taxonomie für die US-amerikanischen Arten Bartel (1993), für die ausschliesslich mexikanischen Taxa Moran (1951a), wobei v.a. für letztere zahlreiche neuere Artikel eingearbeitet wurden. Die Bearbeitung von Thomson (1993) wird als taxonomisch weitgehend zweifelhaft betrachtet und nicht weiter berücksichtigt; für die dort (z.T. ungültig) beschriebenen neuen Taxa werden hier aber zumindest vorläufige Synonymisierungen vorgeschlagen.

Dudleya wird traditionell in 3 Untergattungen gegliedert, deren Monophylie bisher nicht belegt ist. Für die weitaus grösste UG *Dudleya* liegt bisher wegen der Merkmalsarmut und der komplexen Variationsmuster kein brauchbarer Ansatz zur weiteren Untergliederung vor, vgl. Moran (1951a) und Moran (1987):

[1] UG *Dudleya*: **Tr** achsenartig, oberirdisch, oft verlängert und verzweigt; **Blä** ausdauernd (selten frühjahrsgrün), Basis 10 - 50 mm breit, **Blä** meist deutlich abgeflacht; **Rec** ± flach; **Pet** unten aufrecht, Zipfel aneinandergedrückt (**Kr** dadurch röhrig) und nur apikal etwas spreizend; **Ca** meistens aufrecht und aneinandergedrückt. (31 Arten)

[2] UG *Stylophyllum* (Britton & Rose) Moran 1942: **Tr** achsenartig, oberirdisch, oft verlängert und verzweigt; **Blä** ausdauernd, Basis 10 - 50 mm breit, **Blä** ± schmal, selten breiter (*D. formosa*), im Querschnitt meist ± rund bis elliptisch oder etwas flach; **Rec** ± konisch; **Pet** unten aufrecht, von der Mitte an ± spreizend; **Ca** aufsteigend bis weit spreizend oder zumindest getrennt. (9 Arten)

[3] UG *Hasseanthus* (Rose) Moran 1953: **Tr** meist kurz und dick, ± knollig, in den Erdboden versenkt, meist unverzweigt; **Blä** stets frühjahrsgrün, Basis schmal, < 10 mm breit; **Rec** ± konisch; **Pet** weit spreizend; **Fr** weit spreizend (± aufrecht bei *D. nesiotica*). Verbreitung: Nur S und S-C California und NW Baja California. (4 Arten)

Eine von D. H. Burton (San Diego State University, pers. comm.) durchgeführte Molekularanalyse der ITS-Sequenz der Kern-DNA zeigt, dass keine der 3 Untergattungen monophyletisch ist. Einige der Taxa von UG *Hasseanthus* stehen basal oder in Schwestergruppenposition zum Rest der Gattung. Die Taxa der UG *Dudleya* und der UG *Stylophyllum* erscheinen zerstreut im Abstammungsbaum, und röhrige Blüten und abgeflachte Blätter haben sich in der Gattung wiederholt entwickelt.

Neuere molekularsystematische Untersuchungen zeigen, dass *Dudleya* nicht nahe mit der *Echeveria*-Gruppe (zum *Acre*-Entwicklungsast der Familie gehörig) verwandt ist, sondern davon entfernt im *Leucosedum*-Ast erscheint, entweder in unmittelbarer Nähe zu *Sedum* UG *Gormania* (siehe 't Hart (1995) und Ham & 't Hart (1998) sowie Barton, pers. comm.), oder in der Nähe von *Sedella* (Mort & al. 2001: als *Parvisedum*). Beide Gruppen teilen sich mit *Dudleya* das Vorkommen in der Winterregenregion von California. Die Stellung von *Dudleya* ausserhalb der *Echeveria*-Gruppe deckt sich mit der abweichenden Knospendeckung und der breiten Blattbasis mit zahlreichen Blattspuren, der fehlenden Kreuzbarkeit (Uhl 1994a), der abweichenden Samenoberflächenstruktur (Knapp 1994) und der geographischen Abtrennung von *Dudleya* relativ zur *Echeveria*-Gruppe (Thiede 1995).

Die Chromosomenzahlen von *Dudleya* sind recht unterschiedlich (Uhl & Moran 1953), und es sind zahlreiche polyploide Taxa sowie Naturhybriden vorhanden. Sogar Hybriden zwischen Arten verschiedener Untergattungen sind nachgewiesen, siehe z.B. Moran (1951b). Die meisten Naturhybriden kommen nur in wenigen Exemplaren vor, aber wenigstens bei 5 Arten wird angenommen, dass es sich um allopolyploide Hybriden zwischen Untergattungen handelt (*D. anomala*, *D. campanulata*, *D. gnoma*, *D. nesiotica*, *D. traskiae*) (Moran 1978b).

Die Bestäubungs- und Fortpflanzungsbiologie von *Dudleya* wurde durch Levin & Mulroy (1985) untersucht. Die meisten Arten haben gelbe Blüten mit geringer Nektarproduktion, sind selbststeril und werden von Bienen sowie langrüsseligen Fliegen bestäubt. Im Gegensatz dazu werden die wenigen Arten mit langröhrigen, rötlichen Blüten und reichlicher Nektarbildung von Kolibris bestäubt und sind ausgeprägt selbstfertil.

Dudleya ist im kalifornischen Winterregengebiet in küstennahen, offenbar auch weitgehend nebelbeeinflussten Tief- bis Gebirgslagen weitaus am artenreichsten; relativ wenige Arten finden sich nördlich bzw. südlich davon oder weiter im Inland (Thiede 1995). Dementsprechend sollte *Dudleya* nach in Mitteleuropa gemachten Erfahrungen (im Gegensatz zu anderen Crassulaceen) vorwiegend im Winter gegossen und im Sommer weitgehend trocken gehalten werden − da das Wachstum im Sommer weitgehend ruht, kommt es sonst leicht zu Wurzelfäule. Eine Vermehrung durch Blattstecklinge (sonst in der Familie eine verbreitete Methode) ist nicht möglich, da die Blätter nicht unbeschädigt von den Trieben entfernt werden können.

D. abramsii Rose (Bull. New York Bot. Gard. 3(9): 14, 1903). **T:** USA, California (*Abrams 3707* [US, DS, GH, NY, POM, UC, US]). – **D:** USA, Mexiko.
≡ *Cotyledon abramsii* (Rose) Fedde (1904) ≡ *Echeveria abramsii* (Rose) A. Berger (1930).

D. abramsii ssp. **abramsii** – **D:** USA (SW California: San Luis Obispo County), Mexiko (N Baja California); auf Felsen, 50 - 2600 m, Blüten April bis Juni. **I:** Desert Pl. Life 24: 15, 1952; Thomson (1993: pl. 2:1-4).
Incl. *Dudleya tenuis* Rose (1903) ≡ *Cotyledon tenuis* (Rose) Fedde (1904) ≡ *Echeveria tenuis* (Rose) A. Berger (1930) (*nom. illeg.*, Art. 53.1).

[1] **Tr** meist < 5 × 1 - 1.5 cm; **Ros** 2 - 8 (-15) cm ⌀, mit 8 - 25 **Blä**, einzeln oder zu 5 - 20 (-75); **Blä** aufrecht oder aufsteigend, länglich bis länglich lanzettlich, spitz(lich), fein zugespitzt, 1 - 10 × 0.3 - 1.5 cm, glauk; **Inf**schaft 2 - 15 cm; **Inf** mit 2 - 3, meist einfachen oder 1- bis 2-fach verzweigten, aufsteigenden Zweigen, Wickel 3 - 15 cm, mit 2 - 10 (-20) **Blü**; **Ped** aufrecht, 0.5 - 5 (-11) mm; **Cal** 3 - 5 mm, Zipfel dreieckig-eiförmig bis lanzettlich, spitz, 2 - 5 × 1.5 - 3 mm; **Pet** aufrecht, elliptisch bis schmal lanzettlich, Rand gelegentlich ausgenagt, 8 - 13 × 2 - 3 mm, blassgelb, oft rot liniert, v.a. am Kiel, **Rö** 2 - 4.5 mm, Zipfel spitz, oft ± 90° spreizend; **NSch** blassgelb; **Ca** aufrecht, schlank, ausgezogen, 4 - 7 mm; **Gr** 0.5 - 1.5 mm. – n = 17.

Nach Nakai (1988a) unterscheidet sich *D. abramsii* s.l. von *D. cymosa* s.l. durch kürzere Blütenstiele, längere Kronröhren und einen grösseren Unterschied in der Insertion der epipetalen und der episepalen Staubblätter. Siehe auch unter *D. virens* ssp. *virens.*

D. abramsii ssp. **affinis** K. M. Nakai (Madroño 34(4): 349, fig. 4 (p. 343), 1988). **T:** USA, California (*Nakai 1146* [CAS, LA, NY]). – **D:** USA (California: San Bernardino Mts.); Felsen, Granit oder Quarz, 1800 - 2600 m, nicht häufig, Blüten Mai bis Juli. **I:** Bartel (1993: 529).
≡ *Dudleya affinis* (K. M. Nakai) P. H. Thomson (1993); incl. *Dudleya baldwinensis* P. H. Thomson (1993).

[1] Unterschiede zu ssp. *abramsii*: **Ros** 3 - 6 cm ⌀, mit 10 - 25 **Blä**, einzeln, selten verzweigt und polsterbildend; **Blä** verkehrt lanzettlich bis elliptisch, spitz bis spitzlich, 2 - 4 × 0.7 - 1.5 cm, glauk; **Inf**schaft aufrecht, 5 - 11 cm, blassgelb bis glauk; **Inf** mit 2 - 3 meist einfachen Zweigen, Wickel aufsteigend, 2 - 8 cm, mit 3 - 8 **Blü**; unterste **Ped** 2.5 - 8 mm; **Pet** blassgelb, Kiel stets rot liniert, **Rö** 1.5 - 2.5 mm, Zipfel ± 90° spreizend. – n = 17.

D. baldwinensis gehört offenbar hierher, zumal Nakai im Protolog der Unterart Material aus der Fundortregion dieser Art (Baldwin Lake) zitiert.

D. abramsii ssp. **bettinae** (Hoover) Bartel (Phytologia 70(4): 229, 1991). **T:** USA, California (*Hoover 7278* [CAS, NY]). – **D:** USA (California: San Luis Obispo County); Felsen in Serpentin-Grasland, 50 - 180 m, selten. **I:** Thomson (1993: pl. 9: 3,6).
≡ *Dudleya bettinae* Hoover (1965).

[1] Unterschiede zu ssp. *abramsii*: **Tr** 0.3 - 2 cm ⌀; **Ros** zu 10 - 40, reich verzweigt und polsterbildend; **Blä** ± zylindrisch, apikal spitz, 2 - 7 × 0.2 - 0.7 cm, ± glauk; **Inf**schaft 5 - 25 cm; **Pet** apikal oft violett übertönt, mit wenigen, violetten Flecken, **Rö** 1 - 2 mm.

Die Blätter von ssp. *bettinae,* ssp. *murina* und ssp. *parva* enthalten einen beim Zerquetschen sichtbar werdenden, violetten Farbstoff (Bartel 1993).

D. abramsii ssp. **murina** (Eastwood) Moran (Madroño 14(3): 106, 1957). **T:** USA, California (*Eastwood 15128a* [CAS]). – **D:** USA (California: San Luis Obispo County); Serpentinfelsen, 120 - 300 m, nicht häufig. **I:** CSJA 4: 263, 1932; Thomson (1993: pl. 29: 5).
≡ *Dudleya murina* Eastwood (1930).

[1] Unterschiede zu ssp. *abramsii*: **Tr** 10 - 30 mm ⌀; **Ros** zu > 10, wenig bis reich verzweigt; **Blä** länglich bis lanzettlich, 3 - 11 × 0.7 - 2 cm, ± glauk; **Inf**schaft 5 - 25 cm; **Cal** 4 - 6 mm; **Pet** 9 - 14 × 3 - 3.5 mm, durchgehend violett gefleckt, Kiel violett, **Rö** 1.5 - 3 mm; **Gr** 1.5 - 2 mm. – n = 17.

D. abramsii ssp. **parva** (Rose & Davidson) Bartel (Phytologia 70(4): 229, 1991). **T:** USA, California (*Bullard s.n.* in *Davidson 3535* [US, GH, NY, UC]). – **D:** USA (California: W Santa Monica Mts.); Lehm-Grasland, 60 - 450 m, selten, Blüten Mai bis Juni. **I:** Moran (1948); Thomson (1993: pl. 32: 5).
≡ *Dudleya parva* Rose & Davidson (1923).

[1] Unterschiede zu ssp. *abramsii*: **Wu** auf 2 - 4 cm ± 3 mm verdickt und unregelmässig eingeschnürt; **Tr** bis 3 - 5 cm × 2 - 7 mm, violettlich; **Ros** 1 - 3 cm ⌀, mit 5 - 10 **Blä**, oft mehrfach verzweigt; **Blä** linealisch bis verkehrt lanzettlich, spitz, meist 1.5 - 4 × 0.3 - 0.6 cm (basal 0.5 - 1.1 cm), leicht glauk, v.a. unten violettlich werdend, frühjahrsgrün, im Sommer basalwärts und innerhalb der **Ros** von aussen nach innen vertrocknend; **Inf**schaft aufrecht, 5 - 12 (-18) cm; **Inf** meist mit 1 - 2 einfachen, aufsteigenden Zweigen, Wickel 3 - 4 (-8) cm, mit 5 - 8 (-12) **Blü**; **Ped** aufrecht, 1 - 3 mm; **Pet** elliptisch-länglich, 8 - 12 × 2 - 3.5 mm, blassgelb, Kiel oft rot liniert, **Rö** 1 - 2 mm, Zipfel spitz, mit leicht zurückgebogenen Spitzen; **NSch** weisslich; **Ca** 4 - 10 mm; **Gr** allmählich verschmälert, 2 - 3 mm. – n = 17.

Abweichend von fast allen anderen Taxa der UG *Dudleya* (ausgenommen *D. cymosa* ssp. *marcescens*) in der Trockenzeit vollkommen blattlos (Moran 1948).

D. acuminata Rose (Bull. New York Bot. Gard. 3(9): 26, 1903). **T:** Mexiko, Baja California (*Orcutt 126* [US]). – **D:** Mexiko (C Baja California sowie Insel Cedros); meist küstennahe Tieflagen, bis

600 m, Blüten April bis Mai. **I:** Addisonia 2: t. 48, 1917, als *D. brandegeei*; Thomson (1993: pl. 3: 2).

≡ *Cotyledon acuminata* (Rose) Fedde (1904) ≡ *Echeveria acuminata* (Rose) A. Berger (1930); **incl.** *Dudleya brandegeei* Rose (1903) ≡ *Cotyledon brandegeei* (Rose) Fedde (1904) ≡ *Echeveria brandegeei* (Rose) A. Berger (1930).

[1] **Tr** bis (selten) 7 × 1 - 2.5 cm ∅; **Ros** 3 - 10 cm ∅, mit 10 - 20 (-25) **Blä**, dicht, einzeln oder zu wenigen (2 - 6); **Blä** eiförmig bis dreieckig-lanzettlich, basal am breitesten, spitz bis lang zugespitzt, 2 - 10 × 1.5 - 3 cm, blassgrün oder leicht glauk; **Inf**schaft aufrecht bis spreizend oder niederliegend, 5 - 40 cm, untere ½ ohne **Bra**, rötlich; **Inf** glauk, mit 2 - 3 nicht oder 1-fach verzweigten Zweigen, Wickel 1 - 12 cm, mit 5 - 13 **Blü**; **Ped** aufrecht, 2 - 10 mm; **Cal** tief geteilt, 4.5 - 6 mm, Zipfel dreieckig-eiförmig, spitz, 3 - 5 mm, grün; **Pet** nahezu aufrecht oder zusammenneigend, verkehrt lanzettlich, 10 - 14 × 2 - 2.5 mm, gelb, manchmal rot liniert, trocken rötlich, **Rö** 4 - 7 mm, Zipfel scharf spitz; **Anth** rot, orange, gelb; **NSch** weisslich; **Ca** aufrecht, angedrückt, 5.5 - 9 mm; **Gr** 1 - 2 mm. – n = 17.

D. brandegeei wird mit einem Fragezeichen hier synonymisiert.

D. albiflora Rose (Bull. New York Bot. Gard. 3(9): 13, 1903). **T:** Mexiko, Baja California Sur (*Brandegee s.n. in Rose 518* [US, NY]). – **D:** Mexiko (C und S Baja California sowie die Inseln Cedros, Natividad und Espiritu Santo); Blüten April bis Juni. **I:** Addisonia 12: t. 400, 1927; Thomson (1993: pl. 3: 3-4, 13: 3).

≡ *Cotyledon albiflora* (Rose) Fedde (1904) (*nom. illeg.*, Art. 53.1) ≡ *Echeveria albiflora* (Rose) A. Berger (1930); **incl.** *Dudleya moranii* D. A. Johansen (1932).

[1] **Tr** bis 30 × 1 - 2 cm; **Ros** 2 - 6 cm ∅, mit 10 - 25 (-35) **Blä**, offen, meist polsterbildend verzweigt, Polster mit bis > 200 **Ros** und bis 70 cm ∅; **Blä** spreizend, von der Basis verschmälernd oder mittig etwas verbreitert, schlank-spitz bis lang zugespitzt, Spitze stielrund, 2 - 6.25 × 0.5 - 1.5 cm (basal 0.5 - 2 cm), leuchtend grün oder glauk, manchmal rot übertönt; **Inf**schaft schlank, 5 - 45 cm, rot; **Inf** mit 2 - 3 nicht oder 1-fach verzweigten Zweigen, Wickel 3 - 8 (-20) cm, mit 3 - 10 (-25) **Blü**; **Bra** abstehend, intensiv rot; **Ped** 2 - 6 mm; **Cal** 5 - 8 mm, Zipfel dreieckig, spitz, 3 - 6.5 mm; **Pet** länglich bis verkehrt lanzettlich, 11 - 15 × 1.5 - 3 mm, reinweiss, **Rö** 3 - 4.5 mm, Zipfel spitz, etwas umgebogen; **NSch** weiss; **Ca** 7 - 11 mm; **Gr** 1.5 - 3 mm. – n = 34, 51, 68, ±85.

Siehe auch unter *D. ingens*. *D. moranii* wird mit einem Fragezeichen hier synonymisiert.

D. anomala (Davidson) Moran (Desert Pl. Life 14: 191, 1943). **T:** Mexiko, Baja California (*Kessler 3653* [LAM, CU, NY, POM]). – **D:** Mexiko (Baja California: Inseln Coronados und Todos Santos; Punta Banda); Felswände, Blüten Mai bis Juni. **I:** Desert Pl. Life 15: 11, 1943; Thomson (1993: pl. 2: 5-6, 6: 1).

≡ *Stylophyllum anomalum* Davidson (1928); **incl.** *Stylophyllum coronatum* Fröderström (1936); **incl.** *Stylophyllum insulare* Fröderström (1936) (*nom. illeg.*, Art. 53.1).

[2] **Tr** verlängert, oft niederliegend, bis 50 × 0.5 - 1 cm; **Ros** 2 - 10 cm ∅, mit 20 - 30 **Blä**, dicht polsterbildend, manchmal Polster mit 30 - 40 (-60) cm ∅ mit weit > 100 **Ros**; **Blä** dicht gestellt bis etwas voneinander entfernt, verkehrt lanzettlich, spitz, oberseits etwas konvex, Unterseite konvex, 2 - 5 × 0.4 - 0.6 cm, grün, etwas klebrig (zumindest jung); **Inf**schaft 5 - 25 cm; **Inf** kompakt, abgerundet, ± 3 - 4 cm ∅, mit ± 3 nicht oder 1-fach verzweigten Zweigen, Wickel 1 - 3 cm, mit 3 - 5 **Blü**; **Ped** 2 - 5 mm; **Cal** 3 - 4 mm, Zipfel dreieckig bis dreieckig-eiförmig, spitz, 2 - 2.5 mm; **Pet** schmal eiförmig, 8 - 10 × 3.5 - 4 mm, weiss, Kiel etwas rot liniert, **Rö** 0 - 1 mm, Zipfel von der Basis etwas spreizend, Spitzen nach aussen gebogen, spitz; **Anth** orange oder rot; **Ca** später etwas spreizend, 5 - 7 mm; **Gr** 1.5 - 2 mm. – n = 51.

Neben der stärker klebrigen *D. viscida* die einzige Art mit klebrigen Blättern. In der UG *Stylophyllum* ist *D. anomala* neben *D. traskiae* die einzige Art mit stärker aufrechten Kronblättern, und die Kronröhre ist kürzer als sonst üblich (Moran 1943a).

D. anthonyi Rose (Bull. New York Bot. Gard. 3(9): 13, 1903). **T:** Mexiko, Baja California (*Anthony 123* [US, DS, F, GH, MO, NY, PH, UC]). – **D:** Mexiko (Baja California: Insel Santa Marta und angrenzendes Festland), Blüten April bis Juli (?). **I:** Desert Pl. Life 15: 88-89, 1943; Thomson (1993: pl. 7: 1-2, 8: 1-3).

≡ *Cotyledon anthonyi* (Rose) Fedde (1904) ≡ *Echeveria anthonyi* (Rose) A. Berger (1930) ≡ *Dudleya pulverulenta* ssp. *anthonyi* (Rose) Moran (1951) (*nom. inval.*, Art. 29.1).

[1] Pflanzen durchgehend dicht bemehlt; **Tr** aufrecht oder niederliegend, bis 40 - 80 × 5 - 9 cm; **Ros** 15 - 50 cm ∅, mit 35 - 90 **Blä**; **Blä** länglich, meist basal am breitesten, darüber in die bandförmige Spreite verschmälert, spitz bis lang zugespitzt, (7-) 8 - 12 (-25) × 3 - 7 (basal 4 - 5) cm, bemehlt; **Inf**schaft 40 - 70 (-100) cm; **Inf** mit 3 - 10 einfachen Zweigen, zunächst aufrecht, später manchmal nahezu horizontal, Wickel 15 - 50 cm, mit 12 - 25 **Blü**; **Ped** 12 - 15 (-25) mm; **Cal** 6 - 7 mm, Zipfel dreieckig-lanzettlich bis dreieckig-linealisch, zugespitzt, 4 - 5 mm; **Pet** meist 12 - 17 mm, tiefrot, **Rö** ± 5 - 7 mm, Zipfel länglich verkehrt lanzettlich, spitz, spreizend, 6.5 - 10 × 3 - 3.5 mm; **Anth** rot; **Ca** 8 - 10 mm. – n = 17.

Sehr ähnlich wie *D. pulverulenta* ssp. *pulverulenta*, aber geographisch disjunkt und morphologisch unterschieden durch schmälere, starrere, von der

Basis verschmälerte Blätter, oben schmale, aber an der Basis verbreiterte Kelchzipfel und schmalere, weniger als ½ verwachsene, scharf zugespitzte Kronblätter (Moran 1943c). Die Art bildet Naturhybriden mit *D. cultrata* (Moran 1951b).

D. attenuata (S. Watson) Moran (Desert Pl. Life 14: 191, 1943). **T:** Mexiko, Baja California (*Orcutt 1364*). – **D:** USA, Mexiko.

≡ *Cotyledon attenuata* S. Watson (1887) ≡ *Echeveria attenuata* (S. Watson) Purpus (1899) ≡ *Stylophyllum attenuatum* (S. Watson) Britton & Rose (1903) ≡ *Cotyledon edulis* var. *attenuata* (S. Watson) Jepson (1936).

D. attenuata ssp. **attenuata** – **D:** Mexiko (N Baja California); küstennah. **I:** Desert Pl. Life 15: 44, 1943; Thomson (1993: pl. 5: 4-6).

Incl. *Dudleya attenuata* ssp. *typica* Moran (1943) (*nom. inval.*, Art. 24.3).

[2] **Tr** meist aufrecht, oft verlängert, bis 15 cm × 3 - 10 mm, verzweigt; **Ros** ± 5 - 15, meist dicht angeordnet, 2 - 5 (-10) cm ⌀; **Blä** linealisch verkehrt lanzettlich, spitz, mit Ausnahme der Basis stielrund, oder etwas zusammengedrückt, 2 - 10 cm × 2 - 5 mm, jung mehlig-glauk; **Inf**schaft 7 - 25 cm, rötlich glauk; **Inf** meist mit 1 - 3 einfachen Zweigen, Wickel 2 - 10 cm, mit 3 - 15 oft mehr als 1 cm voneinander entfernten **Blü**; **Ped** 0.5 - 3 (bis > 5) mm; **Cal** 2 - 5 mm, Zipfel dreieckig-eiförmig bis länglich eiförmig, spitz, meist 1 - 2.5 mm; **Pet** unten aufrecht, elliptisch, 4 - 8 × 1.5 - 3 mm, gelb, rot liniert, **Rö** 0.5 - 2.5 mm, Zipfel von nahe der **Pet**mitte (manchmal auch von der Basis) spreizend, spitz; **Anth** gelb, seltener rot; **Ca** eher aufsteigend, später etwas höckerig, 4 - 7.5 mm; **Gr** ± 2 mm. – n = 17, 34.

D. attenuata ssp. **orcuttii** (Rose) Moran (Desert Pl. Life 14: 191, 1943). **T:** USA, California (*Orcutt s.n.* [US, UC?]). – **D:** USA (California: S San Diego County), Mexiko (N Baja California und Coronados-Inseln); Küstenfelsen, bis 50 m. **I:** Desert Pl. Life 15: 45, 1943; Thomson (1993: pl. 31: 3-4, 39: 3, 42: 1).

≡ *Stylophyllum orcuttii* Rose (1903) ≡ *Cotyledon orcuttii* (Rose) Fedde (1904) ≡ *Echeveria orcuttii* (Rose) A. Berger (1930) ≡ *Dudleya orcuttii* (Rose) P. H. Thomson (1993) (*nom. inval.*, Art. 33.3); **incl.** *Stylophyllum parishii* Britton (1903) ≡ *Cotyledon parishii* (Britton) Fedde (1904) (*nom. illeg.*, Art. 53.1); **incl.** *Echeveria palensis* A. Berger (1930).

[2] Unterschiede zu ssp. *attenuata*: **Pet** 6 - 10 mm, weiss, oft rosa übertönt, rot liniert, **Rö** 0.5 - 3 mm; **Anth** rot, seltener gelb; **Fr** etwas spreizend, basisnah etwas verbreitert. – n = 17, 34.

Geographisch disjunkt, aber im Wesentlichen nur in der Blütenfarbe von ssp. *attenuata* unterschieden. Das Taxon bildet Naturhybriden mit *D. variegata*, *D. formosa*, *D. brittonii* und *D. candida*, vgl. Moran (1951b) und Moran & Uhl (1952). Weil der Holotypus von *D.* ×*semiteres* (Rose) Moran keiner der beiden letzt-genannten, einander sehr ähnlichen Hybridkombinationen zugeordnet werden kann, werden beide unter diesem Namen zusammengefasst (Moran & Uhl 1952).

D. blochmaniae (Eastwood) Moran (Leafl. West. Bot. 7(4): 110, 1953). **T:** USA, California (*Eastwood & Blochman s.n.* [CAS, GH, US]). – **D:** USA, Mexiko.

≡ *Sedum blochmaniae* Eastwood (1896) ≡ *Hasseanthus blochmaniae* (Eastwood) Rose (1903) ≡ *Hasseanthus variegatus* var. *blochmaniae* (Eastwood) Jepson (1925).

D. blochmaniae ssp. **blochmaniae** – **D:** USA (California, S-C und S Küste), Mexiko (N Baja California); offene Felshänge, oft auf Serpentin oder Ton, 5 - 450 m, Blüten im Mai. **I:** Desert Pl. Life 16: 80, 1945; Thomson (1993: pl. 42: 4).

Incl. *Hasseanthus kessleri* Davidson (1923); **incl.** *Sedum gertrudianum* Eastwood (1931).

[3] **Tr** leicht kugelig bis spindelig, 7 - 15 (-30) × 3 - 9 (-15) mm; **Ros** mit (3-) 5 - 8 (-12) **Blä**; **Blä** linealisch verkehrt lanzettlich bis linealisch-spatelig, etwas fein gekerbt, stumpf, 1 - 4 (-7.5) cm × 2 - 6 (-8) (basal 1 - 4) mm, gelbgrün, frühjahrsgrün; **Inf** 1 - 7, Schaft 4 - 15 (-22) cm; **Inf** cymös, 2- bis mehrfach verzweigt; **Bra** dreieckig-lanzettlich bis -eiförmig, unterste 5 - 15 (-25) × 3 - 6 (-9) mm; **Ped** meist fehlend; **Blü** moschusartig riechend; **Cal**zipfel eiförmig oder länglich eiförmig, stumpf, 1.5 - 4 mm, oft glauk; **Kr** 10 - 14 mm ⌀; **Pet** lanzettlich, angedeutet kapuzenförmig, basal aufrecht, dann weit spreizend, 5 - 9 (-12) mm, weiss mit roter oder violetter Musterung, meist mit rosafarbenem, dorsalem Mittelstreifen, **Rö** bis 1 mm; **Anth** gelb, orange, rot oder rotbraun; **NSch** blass grünlich; **Ca** spreizend, 4 - 6 mm, hellgrün; **Fr** rot. – n = 17, 34, 51.

D. variegata ist vegetativ ähnlich, aber durch die Blüten sofort zu unterscheiden. Das Taxon bildet intersubgenerische Naturhybriden mit *D. edulis* (Moran 1950) und *D. verityi* (Nakai 1983).

D. blochmaniae ssp. **brevifolia** (Moran) Moran (Leafl. West. Bot. 7(4): 110, 1953). **T:** USA, California (*Moran 3206* [UC, DS, US]). – **D:** USA (California: S South Coast); Sandstein-Terrassen, bis 250 m, bedroht.

≡ *Hasseanthus blochmaniae* ssp. *brevifolius* Moran (1950) ≡ *Dudleya brevifolia* (Moran) Moran (1975) ≡ *Hasseanthus brevifolius* (Moran) P. H. Thomson (1993).

[3] Unterschiede zu ssp. *blochmaniae*: **Tr** länglich, 15 - 35 × 1 - 6 mm; **Ros** mit 5 - 15 **Blä**; **Blä** spatelig, 7 - 15 × 2 - 7 mm; **Bra** dreieckig-eiförmig bis angedeutet kreisrund, 2.5 - 10 × 2.5 - 8 (-10) mm. – n = 17.

Bildet intersubgenerische Naturhybriden mit *D. edulis* (Moran 1950).

D. blochmaniae ssp. **insularis** (Moran) Moran (Leafl. West. Bot. 7(4): 110, 1953). **T:** USA, California (*Moran* 3352 [UC]). — **D:** USA (California: Insel Santa Rosa); Küstenfelsen. **I:** Bartel (1993: 529); Thomson (1993: pl. 42: 3).

≡ *Hasseanthus blochmaniae* ssp. *insularis* Moran (1950) ≡ *Hasseanthus insularis* (Moran) P. H. Thomson (1993).

[3] Unterschiede zu ssp. *blochmaniae*: **Tr** ± kugelig bis länglich, 10 - 20 × 5 - 20 mm; **Ros** mit 15 - 30 (-50) **Blä**; **Blä** ± verkehrt lanzettlich, 10 - 35 × 2 - 7 mm; **Inf**schaft 3 - 7 cm; **Bra** dreieckig-lanzettlich bis dreieckig-eiförmig. — n = 17.

D. brevipes Rose (Bull. New York Bot. Gard. 3(9): 24-25, 1903). **T:** Mexiko, Baja California (*Orcutt* 125 [US]). — **D:** Mexiko (C Baja California: Calmalli).

≡ *Echeveria brevipes* (Rose) A. Berger (1930).

[1] **Ros** zu 5 - 6; **Blä** lanzettlich bis riemenförmig, spitz bis kurz zugespitzt, 8 - 10 × 1 - 1.8 cm, nicht glauk, etwas glänzend; **Inf**schaft ± 30 cm, nur basal ohne **Bra**; **Bra** eiförmig, spitz, basal etwas herzförmig, spreizend oder aufsteigend; **Inf** mit mehreren, spreizenden Zweigen; **Ped** 3 - 4 mm; **Cal** tief 5-teilig, Zipfel spitz, glauk; **Pet**zipfel spitz, rötlich gelb.

Nur vom Protolog bekannte, unklare und möglicherweise zu *D. acuminata* gehörige Art (Moran 1951a).

D. brittonii D. A. Johansen (CSJA 4: 311, 1933). **T:** Mexiko, Baja California (*Gates* 344 [DS]). — **D:** Mexiko (N Baja California und Todos Santos-Inseln); küstennahe Kliffs und Hügel bis 300 m. **I:** CSJA 21: 188-189, 1949; Thomson (1993: pl. 7: 4, 9: 4-5, 28: 1-2, 52: 3-4). **Fig. XI.b**

≡ *Dudleya candida* ssp. *brittoni* (D. A. Johansen) Moran (1951) (*nom. inval.*, Art. 29.1); **incl.** *Dudleya viridis* P. H. Thomson (1993) (*nom. inval.*, Art. 37.4).

[1] **Tr** kurz, 2 - 10 cm ⌀; **Ros** 10 - 50 cm ⌀, mit 40 - 120 **Blä**, meist einzeln, selten zu 2 - 10; **Blä** linealisch-lanzettlich bis länglich lanzettlich, oberhalb der Mitte viel breiter werdend, fein bis lang zugespitzt, oft mit pfriemlicher, roter Spitze, 7 - 11 (-25) × (2.5-) 4.5 - 5.5 (-8.5) (basal 3 - 7) cm, dicht weiss bemehlt oder grün; **Inf**schaft aufrecht, meist nur 1, (20-) 30 - 100 cm, rötlich violett; **Inf** verkehrt pyramidal bis zylindrisch, 7 - 22 cm ⌀, mit ± 3 - 6 (oft auch weiteren) dicht gestellten, nicht oder bis 2-fach verzweigten Zweigen, Wickel 2 - 11 cm, mit 5 - 20 **Blü**; **Bra** bald vertrocknend aber nicht abfallend; **Ped** aufrecht, schlank, 6 - 15 (-22) mm; **Cal** 5 mm, bis über die Mitte geteilt, Zipfel lang lanzettlich, spitz, leuchtend grün; **Pet** aufrecht, linealisch-lanzettlich, etwas gekielt, mit aufgesetztem Spitzchen, ± 9 mm, hyalin oder manchmal weisslich, Kiel gelblich übertönt, **Rö** 3 mm; **Anth** kastanienbraun; **Ca** aufrecht, zusammengedrückt, 6 - 9.5 mm; **Gr** 1 - 2 mm. — n = 17.

Verbreitete und auffällige, grosse Art im küstennahen N Baja California. Sie ist nahe verwandt mit *D. candida*, unterscheidet sich aber durch meist einzelne, grössere Rosetten aus zahlreicheren und grösseren Blättern. Ausserdem ist die grüne Form von *D. brittonii* unklar von *D. ingens* abgegrenzt (Moran 1951a). Die Art bildet Naturhybriden mit *D. attenuata* ssp. *orcuttii* (= *D.* ×*semiteres* (Rose) Moran) und *D. formosa* (Moran & Uhl 1952). *D. viridis* ist offenbar eine überflüssige Neubeschreibung der grünblätterigen Form der Art.

D. caespitosa (Haworth) Britton & Rose (Bull. New York Bot. Gard. 3(9): 27, 1903). **T:** USA, California (*Menzies* s.n. [nicht konserviert?]). — **D:** USA (California: C und S Küste, N Channel-Inseln); Küsten bis 100 m, Blüten Mai bis Juli. **I:** Thomson (1993: pl. 11: 1-4, 29: 4).

≡ *Cotyledon caespitosa* Haworth (1803) ≡ *Echeveria caespitosa* (Haworth) De Candolle (1828); **incl.** *Cotyledon linguiformis* R. Brown (1811); **incl.** *Sedum cotyledon* J. Jacquin (1811) ≡ *Dudleya cotyledon* (J. Jacquin) Britton & Rose (1903) ≡ *Echeveria cotyledon* (J. Jacquin) Nelson & Macbride (1913); **incl.** *Cotyledon reflexa* Willdenow (1814) ≡ *Echeveria reflexa* (Willdenow) A. Berger (1930); **incl.** *Echeveria laxa* Lindley (1849) ≡ *Cotyledon laxa* (Lindley) Brewer & S. Watson (1876) ≡ *Dudleya laxa* (Lindley) Britton & Rose (1903); **incl.** *Cotyledon californica* Baker (1869); **incl.** *Echeveria californica* hort. ex Baker (1869) (*nom. inval.*, Art. 32.1); **incl.** *Cotyledon lingula* S. Watson (1879) ≡ *Dudleya lingula* (S. Watson) Britton & Rose (1903) ≡ *Echeveria lingula* (S. Watson) Nelson & Macbride (1913); **incl.** *Dudleya helleri* Rose (1903) ≡ *Cotyledon helleri* (Rose) Fedde (1904) ≡ *Echeveria helleri* (Rose) A. Berger (1930).

[1] **Tr** kurz oder > 30 × (0.2-) 1.5 - 4 cm; **Ros** 5 - 20 (-30) cm ⌀, mit 15 - 30 (-50) **Blä**, in kleinen, lockeren oder polsterförmigen Gruppen, manchmal bis 60 cm ⌀ und zu > 150; **Blä** meist länglich bis länglich verkehrt lanzettlich, gelegentlich schwach stielrund, spitz bis leicht lang zugespitzt, 5 - 20 × (0.5-) 1 - 2 (-5) (basal 1 - 4) cm, grün oder glauk; **Inf**schaft 1 - 4 (-6.5) cm; **Inf** meist verkehrt pyramidal, mit 3 - 5 nicht oder bis 2-fach verzweigten Zweigen, Wickel 3 - 15 cm, mit 3 - 15 **Blü**; **Ped** 1 - 6 (-11) mm; **Cal** 4 - 6 mm, Zipfel dreieckig-eiförmig, spitz, 2 - 5 mm; **Pet** elliptisch, 8 - 16 × 2.5 - 5 mm, intensiv gelb, selten rot oder orange, **Rö** 1.5 - 2.5 mm, Zipfel aufrecht, gelegentlich bis 45° spreizend, spitz; **Ca** 5.5 - 10 mm; **Gr** 1.5 - 2 mm. — n = 17, ± 34, 51, 68, ± 85, ± 119.

Ein variabler, schlecht abgegrenzter und schwieriger Komplex mit Übergängen zu *D. cymosa*, *D. farinosa*, *D. lanceolata* und *D. palmeri* (Bartel 1993). Nach McCabe (1997) verbleiben nach der Abgrenzung von *D. palmeri* und *D. verityi* von *D.*

caespitosa als Unterschiede zur variablen *D. greenei* insbesondere nur die intensiv gelben Kronblätter (blassgelb bei *D. greenei*), was durch die Existenz von Pflanzen von *D. greenei* mit recht intensiv gelben Kronblättern weiter verwischt wird.

D. calcicola Bartel & Shevock (Madroño 30(4): 210-216, ill., 1983). **T:** USA, California (*Shevock 8802* [CAS, FSC, NY, RSA, SBBG, SD, UC]). – **D:** USA (California: v.a. Sequoia National Forest); offene Felsen, meist Kalk, 500 - 2600 m, nicht häufig.

≡ *Dudleya abramsii* ssp. *calcicola* (Bartel & Shevock) K. M. Nakai (1988).

[1] **Tr** 1 - 2 cm $\varnothing$; **Ros** 1 - 9 cm $\varnothing$, mit 10 - 20 (-30) **Blä**, einzeln oder meist viele, bis zu > 50, dichte Polster bildend; **Blä** länglich lanzettlich oder von der Basis zur Spitze verschmälert, spitz bis lang zugespitzt, 1 - 8 (-10) × 0.3 - 1.3 (-1.6) cm, bemehlt bis glauk, im Alter glauk werdend; **Inf**schaft 3 - 18 (-25) cm, glauk; **Inf** mit 2 - 4 nicht oder bis 3-fach verzweigten, ausgebreiteten Zweigen, Wickel 1 - 6 cm, mit 2 - 8 (-10) **Blü**; **Ped** 1 - 14 mm; **Cal** 3 - 7 × 3 - 7 mm, Zipfel dreieckig-eiförmig bis -lanzettlich, 2.5 - 6 × 2 - 4 mm, glauk oder glauk werdend; **Kr** 9 - 15 (-18) × 3.5 - 5 (-6) mm; **Pet** lanzettlich, aufrecht, 2 - 4 (-4.5) mm breit, strohfarben oder meist blassgelb und Kiel dunkler gelb bis rot gestreift, **Rö** 1 - 3 mm, Zipfel (v.a. später) stark nach aussen gebogen, schmal spitz; **NSch** weiss bis gelblich; **Ca** aufrecht, schlank, zusammengedrückt, 3 - 5 (-7) mm; **Gr** ± 1 - 2 mm. – n = 17.

Gemäss Protolog intermediär zwischen *D. abramsii* ssp. *abramsii* und *D. cymosa* ssp. *cymosa*. Nach Nakai (1988a) aber näher mit *D. abramsii* verwandt, mit der breite Merkmalsüberlappung besteht und der v.a. auch die rot gestreiften Kronblätter und die Längendifferenz der episepalen und epipetalen Staubblätter von 1 - 1.5 mm entsprechen (*D. cymosa* < 0.5 mm).

D. campanulata Moran (CSJA 50(1): 20-22, ills., 1978). **T:** Mexiko, Baja California (*Moran 24223* [SD, NY]). – **D:** Mexiko (Baja California); nach W gerichtete, küstennahe Felsen.

[2] **Tr** bis 30 × 0.7 - 1.8 cm, mit Resten toter **Blä** bedeckt, reich verzweigt und aufgewölbte Polster bis 60 cm $\varnothing$ mit bis zu 150 **Ros** bildend; **Ros** 3 - 8 cm $\varnothing$ mit 12 - 30 **Blä**; **Blä** eng stehend, aufrecht oder aufgebogen, länglich lanzettlich, spitz oder zuerst etwas spitz zulaufend, feinspitzig, halbstielrund, 2 - 4 (-6) × 0.6 - 1.3 cm, zuerst bemehlt, später glauk und trübgrün oder v.a. auf der Oberseite etwas purpurn; **Inf** insgesamt 8 - 25 cm hoch, rötlich, glauk, Schaft mit 10 - 25 aufsteigenden **Bra**; eigentliche **Inf** verkehrt pyramidal, 4 - 12 cm $\varnothing$ mit 2 - 5 einfachen oder gabeligen, aufsteigenden Zweigen mit 2 - 11 **Blü**, bis 7 cm; **Ped** 2 - 5 (-8) mm; **Sep** 3 - 4 mm, Zipfel dreieckig, spitz, 1.5 - 2 mm; **Kr** 10 - 16 mm $\varnothing$; **Pet** elliptisch, spitz, 8 - 10 × 3 - 4 (-5) mm, weiss oder meist entlang des Kiels rosa überhaucht, **Rö** ± 2 mm, Zipfel spitz; **NSch** 1 - 1.5 mm breit, hellorange bis weiss; **Ca** aufrecht, 5 - 7 mm, basal verschmälert, bis unterhalb der Mitte getrennt; **Gr** ± 2 mm. – n = 68.

Auf Grund der Octoploidie und der glockigen Blüten wird im Protolog ein hybridogener Ursprung zwischen UG *Stylophyllum* (vermutlich *D. attenuata*) und möglicherweise UG *Hasseanthus* (vielleicht *D. virens* ssp. *hassei*) oder auch einer Art der UG *Dudleya* vermutet. Die Einordnung zur UG *Stylophyllum* erfolgt aus rein praktischen Gründen.

D. candelabrum Rose (Bull. New York Bot. Gard. 3(9): 17, 1903). **T:** USA, California (*Greene s.n.* [CAS, NY, US [Foto]]). – **D:** USA (California: Inseln Santa Cruz und Santa Rosa); Felsen, N-Hänge, bis 380 m, selten. **I:** Bartel (1993: 529); Thomson (1993: pl. 12: 4, 13: 1-2, 21: 5).

≡ *Cotyledon candelabrum* (Rose) Fedde (1904) ≡ *Echeveria candelabrum* (Rose) A. Berger (1930).

[1] **Tr** 2 - 8 cm $\varnothing$; **Ros** 10 - 50 cm $\varnothing$, mit 20 - 45 **Blä**, einfach; **Blä** verkehrt eiförmig, länglich verkehrt lanzettlich, lang zugespitzt, 5.5 - 17 × 3 - 7 (basal 2 - 4.5) cm, nicht glauk, selten leicht oder intensiv glauk; **Inf**schaft 15 - 35 cm; **Inf** meist mit 3 1- bis 2-fach verzweigten Zweigen, Wickel 2.5 - 13 cm, ausgebreitet, mit 5 - 25 **Blü**; **Ped** 2 - 6 mm; **Cal**zipfel dreieckig-eiförmig, spitz, 5 - 8 mm; **Pet** länglich, 8 - 12 × 2.5 - 3.5 mm, blassgelb, **Rö** 1.5 - 3.5 mm, Zipfel spitz. – n = 17.

D. candida Britton (Bull. New York Bot. Gard. 3(9): 18, 1903). **T:** Mexiko, Baja California (*Thurber 582* [US, NY]). – **D:** Mexiko (Baja California: Coronados-Inseln). **I:** Desert Pl. Life 14: 124, 1942; Thomson (1993: pl. 6: 2, 7: 5-6, 12: 1-2, 13:6).

≡ *Cotyledon candida* (Britton) Fedde (1904) ≡ *Echeveria candida* (Britton) A. Berger (1930); **incl.** *Dudleya bryceae* Britton (1903) ≡ *Cotyledon bryceae* (Britton) Fedde (1904) ≡ *Echeveria bryceae* (Britton) A. Berger (1930).

[1] **Tr** ± 6 × 2 - 6 cm; **Ros** 7 - 21 cm $\varnothing$, mit 30 - 70 **Blä**, meist zu halbkugeligen Polstern verzweigt, diese oft 60 - 80 cm $\varnothing$ und mit mehreren 100 **Ros**; **Blä** dreieckig-eiförmig bis länglich oder verkehrt lanzettlich, basal verbreitert, scharf lang zugespitzt, 5 - 11 × 1 - 3 (basal 1.5 - 4) cm, glauk, manchmal grün, oft rotspitzig, basale **Blä** meist dicht weiss bemehlt; **Inf**schaft 20 - 45 cm; **Inf** verkehrt pyramidal, dicht, 4 - 18 cm $\varnothing$, mit 3 - 5 (oft mit zusätzlichen) nicht oder bis 2-fach verzweigten Zweigen, Wickel 2 - 11 cm, mit 5 - 20 **Blü**; **Ped** 5 - 12 mm; **Cal** 5 - 8 mm, Zipfel linealisch-lanzettlich, spitz bis lang zugespitzt, 3 - 6 mm; **Pet** strikt aufrecht, länglich lanzettlich, 8.5 - 13 × 2 - 3.5 mm, blassgelb, **Rö** 1.5 - 4 mm, Zipfel spitz; **Anth** rot oder orange; **Ca** aufrecht, zusammengedrückt, 6 - 9.5 mm; **Gr** 1 - 2 mm. – n = 17.

Von der ähnlichen *D. brittonii* v.a. durch kleinere

Blätter und Rosetten unterschieden (siehe auch dort).

D. cultrata Rose (Bull. New York Bot. Gard. 3(9): 16, 1903). **T:** Mexiko, Baja California (*Orcutt* s.n. in *Rose* 379 [US]). – **D:** Mexiko (Baja California: San Quintín und Insel San Martín). **I:** Thomson (1993: pl. 10: 4, 15: 4-6).

≡ *Echeveria cultrata* (Rose) A. Berger (1930).

[1] **Tr** bis 20 × 2 - 4 cm; **Ros** 3 - 8 cm ⌀, mit 20 - 30 **Blä**, polsterförmig verzweigt, mit bis zu 10 **Ros**; **Blä** länglich, Seiten parallel, oder nach oben verschmälert, spitz, 5 - 13 × 1 - 1.5 (basal 1.5 - 3) cm, grün, nicht glauk; **Inf**schaft 20 - 40 cm; **Inf** mit ± 3 aufsteigenden, nicht oder 1-fach verzweigten Zweigen, Wickel 6 - 25 cm, mit 6 - 20 **Blü**; **Ped** aufrecht, 5 - 12 mm; **Cal** 4.5 - 6 mm, Zipfel dreieckig, spitz, 3.5 - 5 mm; **Pet** elliptisch, 10 - 13 × ± 3 mm, blassgelb, **Rö** 3 - 5 mm, Zipfel spitz; **Anth** orange; **NSch** weiss; **Ca** aufrecht, 6 - 8 mm; **Gr** ± 1 mm. – n = 34.

Wenig bekannt und der Inlandform von *D. ingens* sehr ähnlich und möglicherweise als Unterart zu dieser zu stellen. Bildet Naturhybriden mit *D. anthonyi* (Moran 1951b).

D. cymosa (Lemaire) Britton & Rose (Bull. New York Bot. Gard. 3(9): 21, 1903). **T:** [neo – icono]: Refug. Bot. 1869: t. 69. – **D:** SW USA.

≡ *Echeveria cymosa* Lemaire (1858) ≡ *Cotyledon cymosa* (Lemaire) Baker (1869) ≡ *Cotyledon laxa* var. *cymosa* (Lemaire) Jepson (1925) ≡ *Echeveria laxa* var. *cymosa* (Lemaire) Jepson (1936).

Zur Unterscheidung von *D. abramsii* siehe dort.

D. cymosa ssp. **costafolia** Bartel & Shevock (Aliso 12(4): 701-704, ills., 1990). **T:** USA, California (*Bartel* 1223 [RSA, CAS]). – **D:** USA (California: Tulare County: Sequoia National Forest); Kalkfelsen, nur vom Typfundort bekannt.

≡ *Dudleya costafolia* (Bartel & Shevock) P. H. Thomson (1993).

[1] Unterschiede zu ssp. *cymosa*: **Tr** 1.5 - 2 cm ⌀; **Ros** 1 - 5 (-7) cm ⌀, mit 7 - 15 (-20) **Blä**, reich verzweigt, dicht polsterbildend mit 5 - 40 **Ros** pro Polster; **Blä** (schwach) linealisch bis linealisch verkehrt lanzettlich, (1-) 2 -7 (- 8) cm × 2.5 - 7 (-8) mm; **Inf**schaft 5 - 15 (-20) cm, Wickel 1 - 4 cm, mit 2 - 7 **Blü**; **Ped** aufrecht, 2.5 - 9 (-17) mm; **Cal** 4 - 6 mm, 2 - 5 × 2 - 4 mm, meist etwas glauk; **Pet** aufrecht, lanzettlich bis schmal spitz, 5 - 13 (-17) × 2 - 4 mm, intensiv gelb, **Rö** 1 - 3 mm, Zipfel oben spreizend; **NSch** weiss bis gelblich; **Ca** aufrecht, oben verschmälert, 3 - 6 mm. – n = 17.

Von allen anderen Unterarten von *D. cymosa* durch die schmalen Blätter in zahlreichen, kleinen, dicht gestellten Rosetten abweichend (vgl. Protolog).

D. cymosa ssp. **crebrifolia** K. M. Nakai & Verity (Madroño 34(4): 344-346, ill., 1988). **T:** USA, California (*Nakai* 775 [CAS, LA, MO, RSA, SD, US]). – **D:** USA (California: Los Angeles County: San Gabriel Mts.); Granithänge, 350 - 600 m, nicht häufig.

≡ *Dudleya crebrifolia* (K. M. Nakai & Verity) P. H. Thomson (1993).

[1] Unterschiede zu ssp. *cymosa*: **Tr** 1 - 2 cm ⌀; **Ros** 5 - 12 cm ⌀, mit 6 - 15 **Blä**; **Blä** spreizend bis aufsteigend, elliptisch bis spatelig, 4 - 10 (-15) × 2 - 5 cm, olivgrün, selten glauk, unterseits leicht kastanienbraun; **Inf**schaft 10 - 30 (-50) cm, gelblich grün; **Bra** zahlreich (20 - 50), dicht gestellt; **Inf**zweige 1- bis 2-fach verzweigt, Wickel 2 - 15 cm, mit 2 - 15 (-20) **Blü**; **Ped** 3 - 8 mm; **Pet** elliptisch, 9 - 10 × 3 - 3.5 mm, senfgelb, Kiel glauk, **Rö** 1 - 1.5 mm, Zipfel ± 45° spreizend. – n = 17.

Offenbar am nächsten mit ssp. *pumila* verwandt, von dieser aber durch elliptische Blätter, längere Blütenstandstriebe, zahlreichere und gedrängtere Brakteen und eine spätere Blütezeit unterschieden (gemäss Protolog).

D. cymosa ssp. **cymosa** – **D:** USA (SW Oregon, N und C California); Felsen und Hänge, seltener schattige Canyons, 100 - 2700 m. **I:** Bartel (1993: 529); Thomson (1993: pl. 14: 3-4). Fig. XI.c

Incl. *Cotyledon nevadensis* S. Watson (1876) ≡ *Dudleya nevadensis* (S. Watson) Britton & Rose (1903) ≡ *Echeveria nevadensis* (S. Watson) Nelson & Macbride (1913) ≡ *Cotyledon laxa* var. *nevadensis* (S. Watson) Jepson (1936); **incl.** *Cotyledon purpusii* K. Schumann (1896) ≡ *Echeveria purpusii* (K. Schumann) K. Schumann (1896) ≡ *Dudleya purpusii* (K. Schumann) Britton & Rose (1903); **incl.** *Cotyledon plattiana* Jepson (1901) ≡ *Dudleya plattiana* (Jepson) Britton & Rose (1903) ≡ *Echeveria plattiana* (Jepson) Nelson & Macbride (1913); **incl.** *Dudleya angustiflora* Rose (1903) ≡ *Cotyledon angustiflora* (Rose) Fedde (1904) ≡ *Echeveria angustiflora* (Rose) A. Berger (1930); **incl.** *Dudleya gigantea* Rose (1903) ≡ *Cotyledon gigantea* (Rose) Fedde (1904) ≡ *Dudleya cymosa* ssp. *gigantea* (Rose) Moran (1957); **incl.** *Dudleya sheldonii* Rose (1903) ≡ *Cotyledon sheldonii* (Rose) Fedde (1904) ≡ *Echeveria sheldonii* (Rose) A. Berger (1930); **incl.** *Echeveria amadorana* A. Berger (1930); **incl.** *Echeveria lanceolata* var. *incerta* Jepson (1936).

[1] **Tr** kurz, meist < 5 × 1 - 3.5 cm; **Ros** 6 - 20 (-25) cm ⌀, mit 6 - 25 **Blä**, einzeln oder wenige zusammen; **Blä** länglich verkehrt lanzettlich bis selten spatelig, spitz, lang zugespitzt oder selten langspitz, (1.5-) 4 - 17 × 1 - 6 cm, 1 - 5 mm dick, glauk; **Inf**schaft (5-) 15 - 45 cm; **Inf** verkehrt pyramidal, meist mit 2 - 4 nicht oder bis 3-fach verzweigten Zweigen, Wickel 1 - 5 (-15) cm, mit (1-) 2 - 10 (-20) **Blü**; **Ped** aufrecht, die untersten 5 - 15 mm; **Cal** 3 - 7 mm, basal gerundet bis gestutzt, Zipfel dreieckig bis dreieckig-eiförmig, spitz bis ± lang zugespitzt, 1.5 - 5 × 1.5 - 4 mm; **Pet** elliptisch bis schmal lanzettlich, 7 - 15 × 2 - 4 mm, gelb, orange oder rot,

Kiel gelegentlich glauk, **Rö** 1 - 2.5 mm, Zipfel spitz, apikal oft 45 - 90° spreizend; **Ca** jung aufrecht, später leicht spreizend, 4 - 10 mm; **Gr** 1 - 2 mm. − n = 17.

D. cymosa ssp. **marcescens** Moran (Madroño 14 (3): 106-108, 1957). **T:** USA, California (*Moran 3078* [UC, DS, NY, POM]). − **D:** USA (California: Santa Monica Mts.); schattige Felsen, 150 - 500 m, selten. **I:** Desert Pl. Life 8: 70, 1936; Thomson (1993: pl. 28: 3).

≡ *Dudleya marcescens* (Moran) P. H. Thomson (1993).

[1] Unterschiede zu ssp. *cymosa*: **Tr** 2 - 7 (-10) mm ∅; **Ros** 3 - 6 cm ∅, mit 8 - 12 (-15) **Blä**; **Blä** verkehrt lanzettlich, länglich bis elliptisch, spitz bis stumpflich, 1.5 - 3 (-4) × 0.5 - 1.2 cm, grün, frühjahrsgrün, im Sommer basalwärts und innerhalb der **Ros** von aussen nach innen vertrocknend; **Inf**schaft 4 - 10 cm; **Inf** mit 1 - 2 einfachen Zweigen, Wickel 1 - 3 cm, mit 2 - 5 **Blü**; **Ped** 5 - 12 mm; **Cal**zipfel 2.5 - 4 mm; **Pet** 10 - 14 × 2.5 - 3.5 mm, intensiv gelb, selten orange oder rot gezeichnet, **Rö** ± 1.5 mm. − n = 17.

Dies ist die am stärksten abweichende Unterart von *D. cymosa*. Sie steht ssp. *ovatifolia* noch am nächsten, von der sie sich durch dünnere Triebe, schmalere und v.a. sommergrüne Blätter unterscheidet; letztere finden sich in UG *Dudleya* sonst nur noch bei *D. abramsii* ssp. *parva* (gemäss Protolog).

D. cymosa ssp. **ovatifolia** (Britton) Moran (Madroño 14(3): 108, 1957). **T:** USA, California (*Hall 3255* [NY, UC, US]). − **D:** USA (California: Santa Monica Mts.); schattige Felsen, 150 - 500 m, selten. **I:** Nakai (1988a: 343, als ssp. *agourensis*); Thomson (1993: pl. 31: 2, 32: 1).

≡ *Dudleya ovatifolia* Britton (1903) ≡ *Cotyledon ovatifolia* (Britton) Fedde (1904) ≡ *Echeveria ovatifolia* (Britton) A. Berger (1930); **incl.** *Dudleya cymosa* ssp. *agourensis* K. M. Nakai (1988) ≡ *Dudleya agourensis* (K. M. Nakai) P. H. Thomson (1993).

[1] Unterschiede zu ssp. *cymosa*: **Tr** 1 - 1.5 cm ∅; **Ros** 5 - 10 cm ∅, mit meist 6 - 10 **Blä**, einzeln oder bis zu ± 6, dann polsterförmig; **Blä** länglich bis elliptisch bis eiförmig, 2 - 5 (-10) × (1-) 1.5 - 2.5 cm, grün, nicht glauk, dorsal oft kastanienbraun übertönt; **Inf**schaft (4-) 10 - 20 cm, glauk, oft rot übertönt; **Inf** mit 2 - 3 nicht oder 1-fach verzweigten Zweigen, Wickel 1 - 3 cm, mit 3 - 5 **Blü**; **Ped** 6 - 12 mm; **Pet** intensiv gelb, selten orange oder rot gezeichnet, bisweilen längs des Kiels glauk, Zipfel oben 45 - 90° spreizend. − n = 17.

D. cymosa ssp. **paniculata** (Jepson) K. M. Nakai (Madroño 34(4): 338, 1988). **T:** USA, California (*Jepson 13419* [JEPS, LA [Foto]]). − **D:** USA (California: Gebiet der San Francisco Bay, Inner South Coast Ranges); Felsen, Hänge, 30 - 1200 m.

≡ *Cotyledon caespitosa* var. *paniculata* Jepson (1901) ≡ *Dudleya paniculata* (Jepson) Britton & Rose (1903) ≡ *Cotyledon paniculata* (Jepson) Fedde (1904) (*nom. illeg.*, Art. 53.1) ≡ *Cotyledon laxa* var. *paniculata* (Jepson) Jepson (1925) ≡ *Echeveria laxa* var. *paniculata* (Jepson) Jepson (1936); **incl.** *Dudleya humilis* Rose (1903) ≡ *Cotyledon humilis* (Rose) Fedde (1904); **incl.** *Echeveria jepsonii* Nelson & Macbride (1913); **incl.** *Echeveria diaboli* A. Berger (1930).

[1] Unterschiede zu ssp. *cymosa*: **Tr** 1 - 2 cm ∅; **Ros** meist wenige; **Blä** länglich verkehrt lanzettlich, 3 - 10 × 0.5 - 2 cm, glauk; **Inf**schaft 5 - 20 cm; **Inf** mit 2 - 3 Zweigen, diese 1- bis 2-fach verzweigt, Wickel 1 - 5 cm, mit 4 - 10 **Blü**; **Ped** (3-) 6 - 12 mm; **Pet** 1.5 - 2.5 mm breit, blassgelb.

D. cymosa ssp. **pumila** (Rose) K. M. Nakai (Madroño 34(4): 336-337, 1988). **T:** USA, California (*Hall 1350* [US, UC]). − **D:** USA (California: Outer South Coast Ranges, Transverse Ranges); Felskliffs, Hänge, 50 - 2600 m. **I:** Thomson (1993: pl. 53: 5).

≡ *Dudleya pumila* Rose (1903) ≡ *Cotyledon pumila* (Rose) Fedde (1904) (*nom. illeg.*, Art. 53.1); **incl.** *Dudleya bernardiana* Britton (1903) ≡ *Cotyledon bernardiana* (Britton) Fedde (1904) ≡ *Echeveria bernardiana* (Britton) A. Berger (1930); **incl.** *Dudleya goldmanii* Rose (1903) ≡ *Echeveria goldmanii* (Rose) A. Berger (1930) (*nom. illeg.*, Art. 53.1); **incl.** *Cotyledon roseana* Fedde (1904); **incl.** *Echeveria parva* A. Berger (1930).

[1] Unterschiede zu ssp. *cymosa*: **Tr** 1 - 2 (-3) cm ∅; **Ros** 4.5 - 6.5 cm ∅, mit meist 10 - 25 **Blä**; **Blä** 1.5 - 5.5 (-10) × 1 - 3 (-6) cm; **Inf**schaft 5 - 15 (-25) cm; **Inf** kompakt, Wickel 1 - 3 cm, mit 3 - 6 **Blü**; **Ped** 9 - 11 mm; **Pet** intensiv gelb bis rot, 2.5 - 4 mm breit. − n = 17.

Der Typ von *D. cymosa* ssp. *minor* gehört zu *D. lanceolata*. Die bisher fälschlich als *D. cymosa* ssp. *minor* bezeichneten Pflanzen werden nunmehr als *D. cymosa* ssp. *pumila* bezeichnet, da sie durch den Typ von *D. pumila* gut repräsentiert werden (Nakai 1988a).

D. densiflora (Rose) Moran (Desert Pl. Life 15: 123, 1943). **T:** USA, California (*Abrams 2652* [DS, GH, MO, NY, PH, POM]). − **D:** USA (California: Los Angeles County, San Gabriel Mts.); steile Granit-Canyonwände, 300 - 520 m, selten, Blüten im Juni. **I:** Desert Pl. Life 15: 57, 60, 1943; Bartel (1993: 529); Thomson (1993: pl. 14: 2).

≡ *Stylophyllum densiflorum* Rose (1903) ≡ *Cotyledon densiflora* (Rose) Fedde (1904) ≡ *Echeveria densiflora* (Rose) A. Berger (1930); **incl.** *Cotyledon nudicaule* Abrams (1903) (*nom. illeg.*, Art. 53.1); **incl.** *Echeveria nudicaulis* Munz (1935) ≡ *Dudleya nudicaulis* (Munz) Moran (1943) ≡ *Stylophyllum nudicaulis* (Munz) Abrams (1944).

[2] **Tr** < 20 × 1 - 2.5 cm, verzweigt und polster-

bildend; **Ros** 7 - 25 cm ⌀, mit 20 - 40 **Blä**; **Blä** linealisch, ± zylindrisch ausgenommen basal, apikal abrupt zugespitzt, 6 - 15 cm × 6 - 12 (basal 1 - 2) mm, glauk, mehlig bepudert; **Inf**schaft 10 - 30 cm, wenig beblättert, untere ½ manchmal ohne **Bra**; **Inf** 4 - 10 cm ⌀, mit 3 bis mehreren, 1- bis 2-fach verzweigten Zweigen, Wickel 2 - 4 cm, mit 2 - 8 **Blü**; **Ped** 2 - 5 mm; **Cal**zipfel dreieckig-eiförmig, 1.5 - 2.5 mm; **Pet** schmal eiförmig, 5 - 10 × 2 - 3 mm, weiss oder rosa, **Rö** 0.5 - 2 mm, Zipfel von nahe der **Pet**mitte spreizend, spitz; **NSch** weiss; **Ca** abrupt divergierend, stark gehöckert, 5 - 10 mm; **Gr** 2 - 3 mm; **Fr** spreizend. − n = 17.

Nahe verwandt mit *D. edulis* und von dieser durch mehlige, stärker flache Blätter, weniger zahlreiche Brakteen, dichtere Blütenstände, längere Blütenstiele, kürzere Kelchzipfel sowie längere Griffel unterschieden, vgl. Moran (1943a) und Moran (1951a).

D. edulis (Nuttall) Moran (Desert Pl. Life 14: 191, 1943). **T:** USA, California (*Nuttall* s.n. [BM?, NY, PH]). − **D:** USA (California: Peninsular Ranges, South Coast), Mexiko (N Baja California); Felshänge, 10 - 750 (-1300) m, Blüten Mai bis Juli. **I:** CSJA 64: 24, 1992; Thomson (1993: pl. 16: 1-6, 17: 1-4, 53: 3).

≡ *Sedum edule* Nuttall (1840) ≡ *Cotyledon edulis* (Nuttall) Brewer (1876) ≡ *Stylophyllum edule* (Nuttall) Britton & Rose (1903) ≡ *Echeveria edulis* (Nuttall) Purpus *ex* A. Berger (1930).

[2] **Tr** meist aufrecht und kurz, 1 - 4.5 cm ⌀; **Ros** 5 - 10 (-20) cm ⌀, mit ± 10 - 25 **Blä**, polsterförmig verzweigt, Polster bis 50 cm ⌀; **Blä** dicht, linealisch, ± zylindrisch mit Ausnahme der Basis, sehr spitz bis spitzlich, 5 - 20 (-40) × 0.3 - 1 (basal 1.5 - 3) cm, blassgrün, etwas glauk aber nicht mehlig; **Inf**schaft 20 - 50 (- 70) cm; **Inf** offen, verlängert, mit mehreren (seltener nur 2 - 3), 1- bis 2-fach verzweigten, ausgebreiteten Zweigen, Wickel 4 - 10 cm, mit 3 - 11 **Blü**; **Ped** 0 - 2 mm; **Blü** manchmal leicht duftend; **Cal** 4 - 5 mm, Zipfel länglich eiförmig, spitz, meist 2.5 - 4.5 mm, den aufrechten Teil der **Kr** oft überragend; **Pet** länglich lanzettlich, 7 - 10 × 2 - 3 mm, weiss, **Rö** 1 - 2 mm, Zipfel oben weit ausgebreitet oder ± zurückgebogen, spitz oder mit aufgesetztem Spitzchen; **Anth** rot; **Ca** zur Anthese aufrecht, fruchtend abrupt divergierend und stark gehöckert, 6 - 8 mm; **Gr** 1 - 2 mm; **Fr** spreizend, basal stark geschwollen. − n = 17.

Sehr gut unterschiedene Art, kenntlich durch blass- oder hellgrüne (nicht glauke), stielrunde Blätter, offene Blütenstände mit meist mehreren Zweigen, spreizende bis etwas zurückgebogene, schmale, weisse Blütenblätter, und spreizende Früchte, vgl. Moran (1951a) und Moran (1992a). Bildet Naturhybriden mit *D. attenuata* ssp. *orcuttii*, *D. blochmaniae* spp. *blochmaniae* und ssp. *brevifolia*, *D. formosa* und *D. stolonifera* (Moran 1951b).

D. farinosa (Lindley) Britton & Rose (Bull. New York Bot. Gard. 3(9): 15, 1903). **T:** USA, California (*Hartweg* s.n. [CGE, DS [Foto]]). − **D:** USA (SW Oregon, California: North Coast, N und C Central Coast); küstennah, bis 150 m. **I:** CSJA 26: 3-8, 1954; Bartel (1993: 533); Thomson (1993: pl. 15: 1, 19: 2). **Fig. XI.g**

≡ *Echeveria farinosa* Lindley (1849) ≡ *Cotyledon farinosa* (Lindley) Baker (1869); **incl.** *Echeveria farinulenta* Lemaire (1864); **incl.** *Dudleya compacta* Rose (1903) ≡ *Cotyledon compacta* (Rose) Fedde (1904) ≡ *Echeveria compacta* (Rose) A. Berger (1930); **incl.** *Dudleya eastwoodiae* Rose (1903) ≡ *Cotyledon eastwoodiae* (Rose) Fedde (1904) ≡ *Echeveria eastwoodiae* (Rose) A. Berger (1930); **incl.** *Dudleya septentrionalis* Rose (1903) ≡ *Cotyledon septentrionalis* (Rose) Fedde (1904) ≡ *Echeveria septentrionalis* (Rose) A. Berger (1930).

[1] **Tr** oft verlängert, 1 - 3 cm ⌀; **Ros** 4 - 10 cm ⌀, mit 15 - 30 **Blä**, meist reich verzweigt; **Blä** länglich eiförmig, apikal spitz, normalerweise ± mittig mit deutlichem Kiel und kleineren Kielen daneben, 2.5 - 6 × 1 - 2.5 cm, stark bemehlt oder grün; **Inf**schaft 10 - 35 cm; **Inf** meist recht dicht, oben flach, 4 - 8 cm ⌀, mit 3 - 5 nicht oder 1-fach verzweigten Zweigen, Wickel 1 - 3.5 cm, mit 3 - 11 **Blü**; **Ped** 1 - 3 (-5) mm; **Cal** 5 - 8 mm, Zipfel dreieckig-eiförmig, spitz, 3 - 7 mm; **Pet** verkehrt lanzettlich, einander seitlich meist nicht berührend, 10 - 14 × 3 - 5 mm, blassgelb, **Rö** 1 - 2 mm, Zipfel apikal manchmal ± spreizend, spitz bis stumpf; **Ca** 5 - 8 mm; **Gr** ± 2 mm. − n = 17.

Bildet Naturhybriden mit *D. pulverulenta* (Moran 1951a). *Echeveria cotyledon* sensu Jepson 1936 gehört hierher.

D. formosa Moran (Desert Pl. Life 22(6): 65-68, ills., 1950). **T:** Mexiko, Baja California (*Moran* 2208 [UC 806722, CAS, CU, DS, NY, POM, US]). − **D:** Mexiko (Baja California: lokal am Río Guadalajara); N-exponierte Kliffs, Blüten Mai bis Juni. **I:** Thomson (1993: pl. 20: 1-3).

[2] **Tr** hängend, > 50 × 0.5 - 2.5 cm; **Ros** 4 - 13 cm ⌀, mit 10 - 20 (-30) **Blä**, recht flach, locker polsterförmig, manchmal mehrere 100 **Ros** zusammen; **Blä** länglich bis länglich verkehrt eiförmig, spitz bis stumpf, aber meist mit aufgesetztem Spitzchen, 2 - 8 × 1 - 3 cm, leuchtend grün oder rot gespitzt, nicht glauk; **Inf**schaft 4 - 15 (-19) cm, rot; **Inf** dicht, halbkugelig oder oben etwas flach, 2 - 6 (-9) cm ⌀, meist mit 3 - 7 Zweigen, diese 1- (bis 2-) fach verzweigt, Wickel bis 2 cm, mit 2 - 6 **Blü**; **Ped** 1 - 3 mm; **Cal** 2 - 3 mm, Zipfel dreieckig, spitz, 1 - 2 mm; **Pet** elliptisch, weiss, rosa übertönt, oder Kiel rot, **Rö** 1 - 1.5 mm, Zipfel von der Mitte an spreizend, spitz; **Ca** 6 - 7 mm; **Gr** schlank, 2 - 2.5 mm; **Fr** weit spreizend. − n = 17.

Von allen anderen Arten der UG *Stylophyllum* unterschieden durch kurze, breite Blätter und die Kombination von dichten Blütenständen, kräftigen

Blütenstielen, kleinen Kelchzipfeln, spreizenden, rosafarbenen Kronblättern und weit spreizenden Früchten (Moran 1951a).

D. gatesii D. A. Johansen (CSJA 4: 286, ills., 1932). **T:** Mexiko, Baja California (*Gates* 325 [†?]). – **D:** Mexiko (C Baja California); Blüten April bis Mai. **I:** Thomson (1993: pl. 19: 5-6).

[1] **Tr** bis 20 × 2 - 5 cm; **Ros** ± 10 - 20 cm ⌀, mit 25 - > 40 **Blä**, einzeln oder 2 - 3 **Ros** zusammen; **Blä** dreieckig-eiförmig bis länglich, lang zugespitzt, 6 - 15 × 1.5 - 3.5 (basal 2 - 5) cm, blassgrün, etwas glauk, manchmal rötlich, trocken dickledrig; **Inf**schaft 20 - 70 cm, rot; **Inf** recht flach, 10 - 30 cm ⌀, aus 3 - 4 nicht oder bis 2-fach verzweigten Zweigen, Wickel 4 - 14 cm, mit 7 - 17 **Blü**; **Ped** 6 - 12 mm; **Cal** 6 - 7 mm, Zipfel dreieckig, spitz, 4 - 5 mm; **Pet** schmal-länglich, 10 - 14 × ± 2 mm, weiss oder rosa übertönt, **Rö** 5 - 6 mm, Zipfel spitz; **Anth** rot; **Ca** schlank, aufrecht, 6 - 9.5 mm; **Gr** 1 - 2 mm. – n = 34.

Typische Pflanzen sind der Küstenform von *D. ingens* sehr ähnlich (Moran 1951a).

D. gnoma S. McCabe (Madroño 44(1): 49-51, ills., 1997). **T:** USA, California (*McCabe* 792 [CAS, SBBG, UC]). – **D:** USA (California: Insel Santa Rosa); trockene Vulkanböden, 20 - 70 m. **I:** Thomson (1993: pl. 47: 5, als *D. nana*).

Incl. *Dudleya greenei* fa. *nana* Moran (1951) (*nom. inval.*, Art. 29.1); **incl.** *Dudleya nana* P. H. Thomson (1993) (*nom. inval.*, Art. 37.4).

[1] **Tr** 5 - 26 × (1.5-) 12 - 20 mm; **Ros** 8 - 51 mm ⌀, mit 8 - 19 **Blä**, polsterförmig, bis zu 57 **Ros** zusammen; **Blä** dreieckig bis dreieckig-eiförmig, (6-) 9 - 25 × 5 - 13 mm, spitz, intensiv glauk, mit einzelner Wachslinie, v.a. apikal weinrot übertönt; **Inf** glauk, mit meist 2 (-5) nicht oder bis 1-fach verzweigten Zweigen, Wickel anfangs ausgebreitetet, später horizontal oder zurückgebogen, 2.5 - 12.9 cm; **Bra** bei Verwundung dunkel rotviolett verfärbend; **Ped** aufrecht, 1 - 3 mm; **Cal**zipfel dreieckig, spitz, 3.5 - 4 × 2 - 3 mm, apikal weinrot oder grünlich gelb, glauk; **Pet** knospig leicht gedreht, aufrecht oder aufrecht-aufsteigend, elliptisch, 8 - 9 (-11) × 3 mm, blass bis intensiv gelb, manchmal orange, **Rö** 1 - 2 mm, Zipfel gelegentlich apikal leicht zurückgebogen; **Ca** 4 - 6 mm; **Gr** 2 - 3 mm. – n = 34.

Eine polymorphe und möglicherweise ursprünglich (ebenso wie *D. traskiae*) als Hybride zwischen UG *Dudleya* (*D. greenei*?) und UG *Stylophyllum* entstandene Art, was durch intermediäre Blütenform und Tetraploidie angedeutet wird. Von der erst-genannten Art unterscheidet sich *D. gnoma* durch kleinere Rosetten mit kürzeren, dreieckigen bis dreieckig-eiförmigen Blättern, kleineren Blüten und kürzere Blütenstiele.

D. greenei Rose (Bull. New York Bot. Gard. 3(9): 17, 1903). **T:** USA, California (*Greene* s.n. [CAS, NY [Fragment], US [Fragment]]). – **D:** USA (California: Inseln San Miguel, Santa Rosa und Santa Cruz); Küstenkliffs, bis 150 m, nicht häufig. **I:** Thomson (1993: pl. 21: 2-3, 29: 1, 51: 2).

≡ *Cotyledon greenei* (Rose) Fedde (1904) ≡ *Echeveria greenei* (Rose) A. Berger (1930); **incl.** *Dudleya hoffmannii* D. A. Johansen (1932); **incl.** *Dudleya regalis* D. A. Johansen (1932); **incl.** *Dudleya echeverioides* D. A. Johansen (1935).

[1] **Tr** verzweigt, oft verlängert, 7.5 - 15 × 2 - 5 cm ⌀; **Ros** 12 - 20 zusammen, 10 - 15 cm ⌀, mit 20 bis 35 **Blä**; **Blä** länglich verkehrt lanzettlich bis verkehrt eiförmig, apikal spitz bis zugespitzt, 3 - 11 × 1 - 3.5 (basal 1 - 3) cm, 4 - 8 mm dick, nicht glauk bis ± mehlig-puderig; **Inf**schaft 15 - 40 cm; **Inf** mit 3 - 6 nicht oder bis 2-fach verzweigten Zweigen, Wickel 1 - 9 cm, mit 2 - 15 **Blü**; **Ped** 1 - 5 mm; **Cal**zipfel dreieckig, 1.5 - 5 mm; **Pet** 8 - 12 × 3 - 5 mm, elliptisch, blassgelb oder weisslich, **Rö** 1.5 - 2.5 mm, Zipfel spitz. – n = 34, 51.

Variabler, von *D. caespitosa* kaum unterscheidbarer Komplex (Bartel 1993). Siehe auch unter *D. virens* ssp. *insularis*.

D. guadalupensis Moran (Madroño 11(4): 154-157, ills., 1951). **T:** Mexiko, Baja California (*Moran* 2947 [DS 324267+324268]). – **D:** Mexiko (Baja California: Insel Guadalupe). **I:** Thomson (1993: pl. 21: 6, 22: 1-4, 29: 6).

[1] **Tr** > 10 × 1.5 - 3.5 cm ⌀; **Ros** 3 - 6 cm ⌀, mit 35 - 75 **Blä**, sehr dicht, verzweigt zu runden Polstern aus > 60 **Ros**; **Blä** länglich verkehrt lanzettlich, kurz bis lang zugespitzt, 25 - 65 × 8 - 13 (basal 4 - 8) mm, nicht glauk; **Inf**schaft 20 - 30 cm, gewunden, glauk; **Inf** mit 2 - 3 aufsteigenden, nicht oder 1-fach verzweigten Zweigen, Wickel 4 - 8 cm, mit 7 - 12 **Blü**, glauk; **Ped** 3 - 5 (-8) mm; **Cal** 6 - 8 mm, Zipfel schmal dreieckig-eiförmig, spitz, 3 - 5 mm; **Pet** aufrecht, linealisch-lanzettlich, oberhalb des **Cal** einander nicht berührend, stark gekielt, 11 - 13 × 2 - 2.5 mm, weiss, Kiel etwas grünlich, **Rö** 1 - 2 mm, Zipfel spitz; **NSch** weiss; **Ca** 7 - 10 mm, parallel aufrecht oder auswärts gebogen; **Gr** 3 - 4 mm. – n = 17.

Die charakteristisch gewundenen Blütenstandstriebe finden sich bei keiner anderen Art. Innerhalb der UG *Stylophyllum* gemäss Protolog durch die flachen, dünnen Blätter abweichend.

D. ingens Rose (Bull. New York Bot. Gard. 3(9): 18, 1903). **T:** Mexiko, Baja California (*Brandegee* s.n. [UC, US [Fragment, Foto]]). – **D:** Mexiko (N Baja California); bis 1000 m, Blüten April bis Juni. **I:** Thomson (1993: pl. 21: 1-4).

≡ *Echeveria ingens* (Rose) A. Berger (1930); **incl.** *Cotyledon rugens* Fedde (1904) (*nom. inval.*, Art. 61.1); **incl.** *Dudleya viridicata* D. A. Johansen (1933); **incl.** *Dudleya eximia* D. A. Johansen

(1935); **incl.** *Dudleya cedrosensis* Moran (1951) (*nom. inval.*, Art. 29.1); **incl.** *Dudleya tenuifolia* P. H. Thomson (1993) (*nom. inval.*, Art. 37.4).

[1] **Tr** kurz oder bis 40 × 1.5 - 6 cm ∅; **Ros** 5 - 40 cm ∅, mit 20 - 70 **Blä**, einzeln oder wenige zusammen; **Blä** länglich, von der Basis an verschmälert oder im oberen ⅓ etwas verbreitert, trocken oft dick lederig, 7 - 25 × 1 - 5.5 (basal 1.5 - 6) cm, grün oder etwas glauk; **Inf**schaft 30 - 90 cm; **Inf** auch ausgewachsen manchmal nickend, 5 - 20 cm ∅, meist mit 3 - 4 nicht oder bis 2-fach verzweigten Zweigen, Wickel 4 - 15 (-20) cm, oft glauk, mit (6-) 10 - 20 (-30) **Blü**; **Ped** 5 - 15 (-20) mm; **Cal** 6 - 7 mm, Zipfel dreieckig, spitz oder leicht zugespitzt, 4 - 6 mm; **Pet** länglich, 10 - 15 × 2 - 3 mm, blassgelb bis weiss, oft rosa übertönt, **Rö** 3 - 6 mm, Zipfel spitz; **Anth** rot bis gelb; **NSch** weiss; **Ca** aufrecht, länglich, 7.5 - 11.5 mm; **Gr** 1.5 - 2 mm. – n = 17, 34.

Variable Art mit graduellem Übergang zwischen einer grosswüchsigen Küstenform (diese der nördlicheren *D. brittonii* sehr ähnlich) und einer kleineren Inlandform (Moran 1951a). Die Typusaufsammlung von *D. cedrosensis* wurde später als *D. ingens aff.* bezeichnet (Uhl & Moran 1953), könnte aber eher zu *D. albiflora* gehören, wie auch von Thomson (1993: 167) angedeutet wird. *D. tenuifolia* dürfte hierher zu stellen sein.

D. lanceolata (Nuttall) Britton & Rose (Bull. New York Bot. Gard. 3(9): 23-24, 1903). **T:** USA, California (*Nuttall* s.n. [BM, NY, PH]). – **D:** USA (California: South Coast, Transverse and Peninsular Ranges, Desert Mountains), Mexiko (N Baja California); Felshänge, 30 - 1250 m, Blüten April bis Juni. **I:** Bartel (1993: 533); Thomson (1993: pl. 26: 1-6, 27: 1-4).

≡ *Echeveria lanceolata* Nuttall (1840) ≡ *Cotyledon lanceolata* (Nuttall) Brewer & S. Watson (1876) (*nom. illeg.*, Art. 53.1); **incl.** *Dudleya brauntonii* Rose (1903) ≡ *Cotyledon brauntonii* (Rose) Fedde (1904) ≡ *Echeveria brauntonii* (Rose) A. Berger (1930); **incl.** *Dudleya congesta* Britton (1903) ≡ *Cotyledon congesta* (Rose) Fedde (1904) ≡ *Echeveria congesta* (Rose) A. Berger (1930); **incl.** *Dudleya elongata* Rose (1903) ≡ *Cotyledon elongata* (Rose) Fedde (1904) ≡ *Echeveria elongata* (Rose) A. Berger (1930) ≡ *Dudleya lanceolata* ssp. *elongata* (Rose) Moran (1951) (*nom. inval.*, Art. 29.1); **incl.** *Dudleya hallii* Rose (1903) ≡ *Cotyledon hallii* (Rose) Fedde (1904) ≡ *Echeveria hallii* (Rose) Nelson & Macbride (1913); **incl.** *Dudleya lurida* Rose (1903) ≡ *Cotyledon lurida* (Rose) Fedde (1904) (*nom. illeg.*, Art. 53.1) ≡ *Echeveria lanceolata* var. *lurida* (Rose) Munz (1935); **incl.** *Dudleya minor* Rose (1903) ≡ *Cotyledon minor* (Rose) Fedde (1904) ≡ *Echeveria minor* (Rose) A. Berger (1930) ≡ *Echeveria laxa* var. *minor* (Rose) Jepson (1936) ≡ *Dudleya nevadensis* ssp. *minor* (Rose) Abrams (1945) ≡ *Dudleya cymosa* ssp. *minor* (Rose) Moran (1957); **incl.** *Dudleya parishii* Rose (1903) ≡ *Cotyledon parishii* (Rose) Fedde (1904) ≡ *Echeveria parishii* (Rose) A. Berger (1930); **incl.** *Dudleya robusta* Britton (1903) ≡ *Cotyledon robusta* (Britton) Fedde (1904) ≡ *Echeveria robusta* (Britton) A. Berger (1930); **incl.** *Dudleya reflexa* Britton (1905) ≡ *Echeveria reflexa* (Britton) A. Berger (1930) (*nom. illeg.*, Art. 53.1); **incl.** *Echeveria monicae* A. Berger (1930); **incl.** *Dudleya bicolor* P. H. Thomson (1993); **incl.** *Dudleya temeculana* P. H. Thomson (1993); **incl.** *Dudleya pendletonia* P. H. Thomson (1993) (*nom. inval.*, Art. 37.4).

[1] **Tr** aufrecht, kurz, selten 10 - 12 × 1 - 3 cm ∅; **Ros** 2.5 - 45 cm ∅, mit meist 25 - 30 **Blä**, einzeln oder mit wenigen Tochter**Ros**, die innerhalb der **Ros** gebildet werden; **Blä** länglich lanzettlich, spitz bis abrupt zugespitzt, 5 - 20 (-30) × 1 - 3 (-4) (basal 1 - 3) cm, glauk oder grün; **Inf**schaft 15 - 75 cm; **Inf** mit 2 - 3 nicht oder 1-fach verzweigten Zweigen, Wickel später aufsteigend, 2 - 15 (-25) cm, mit 2 - 20 **Blü**; **Ped** (unterste) 2 - 12 mm; **Cal** 4 - 7 mm, Zipfel dreieckig-eiförmig, spitz, 3 - 6 mm; **Pet** elliptisch bis verkehrt lanzettlich, 10 - 16 × 3.5 - 5 mm, innen grünlich bis orangegelb, aussen gelb oder meist rot oder rot übertönt oder gezeichnet, **Rö** 1 - 2 mm, Zipfel spitz; **NSch** weisslich; **Ca** aufrecht, 5 - 11.5 mm; **Gr** 1 - 3 mm. – n = 34, 68.

Weit verbreiteter, variabler und schlecht abgegrenzter Komplex (Moran 1951a). *D. bicolor*, *D. pendletonia* und *D. temeculana* gehören vielleicht hierher.

D. linearis (Greene) Britton & Rose (Bull. New York Bot. Gard. 3(9): 16, 1903). **T:** Mexiko, Baja California (*Pond* s.n. [US]). – **D:** Mexiko (Baja California: Islas San Benito); Blüten März bis Mai. **I:** Thomson (1993: pl. 29: 3, 30: 3).

≡ *Cotyledon linearis* Greene (1889) ≡ *Echeveria linearis* (Greene) A. Berger (1930).

[1] **Tr** 1 - 2 cm ∅; **Ros** 2 - 5 cm ∅, mit 20 - 40 **Blä**, polsterförmig verzweigt, zu 10 - 20 zusammen; **Blä** aufrecht oder etwas spreizend, länglich bis länglich verkehrt lanzettlich, lang zugespitzt bis scharf spitz, 2.5 - 6 × 0.5 - 1 (basal 0.5 - 0.8) cm, grün, nicht glauk; **Inf**schaft 6 - 17 cm, untere ⅔ oder mindestens ⅓ ohne **Bra**; **Inf** recht dicht, mit 2 - 3 meist einfachen Zweigen, glauk, Wickel aufsteigend, 2 - 5 cm, mit 2 - 10 **Blü**; **Ped** 2 - 6 mm; **Cal** 4 - 6 mm, Zipfel dreieckig-lanzettlich, spitz, 2.5 - 4 mm; **Pet** aufrecht, 7 - 12 × ± 2.5 mm, gelb, **Rö** 1.5 - 2.5 mm; **Ca** aufrecht, zusammengedrückt, 9 mm; **Gr** ± 3 mm. – n = 17.

Vegetativ *D. guadalupensis* am ähnlichsten (Moran 1951a).

D. multicaulis (Rose) Moran (Leafl. West. Bot. 7(4): 110, 1953). **T:** USA, California (*Hasse* s.n. [US]). – **D:** USA (California: Los Angeles, Orange, Riverside, San Diego und San Bernardino Counties); Küstenebenen, Fels- und Steilhänge, 10 - 600

(-1200) m, schwere, oft tonige Böden, selten, Blüten April bis Juni. **I:** Desert Pl. Life 16: 70-74, 1945; Bartel (1993: 533); Thomson (1993: pl. 42: 5-6). **Fig. XI.d**

≡ *Hasseanthus multicaulis* Rose (1903) ≡ *Sedum multicaule* (Rose) Fedde (1904) (*nom. illeg.*, Art. 53.1); *incl. Hasseanthus elongatus* Rose (1903) ≡ *Sedum elongatum* (Rose) Fedde (1904) (*nom. illeg.*, Art. 53.1) ≡ *Hasseanthus variegatus* var. *elongatus* (Rose) Johnston (1918); *incl. Sedum oblongirhizum* A. Berger (1930) ≡ *Hasseanthus oblongirhizus* (A. Berger) P. H. Thomson (1993) (*nom. illeg.*, Art. 52.1); *incl. Sedum sanctae-monicae* A. Berger (1930).

[3] **Tr** länglich, 13 - 50 × 3 - 18 mm; **Ros** mit 6 - 15 **Blä**, einzeln; **Blä** aufrecht oder spreizend, linealisch, zylindrisch mit Ausnahme der Basis, apikal schmal spitz, 3 - 15 cm × 1.5 - 6 (basal 3 - 10) mm, frühjahrsgrün; **Inf**schaft 4 - 25 (-36) cm; **Inf** 1 - 35 pro Pflanze, cymös, mit 2 bis mehreren Zweigen, Wickel 2 - 10 cm, mit 3 - 15 **Blü**; **Ped** 0 - 3 mm; **Cal**zipfel dreieckig-eiförmig bis linealisch-länglich, spitz bis stumpf, 2 - 4 mm; **Kr** 12 - 18 mm ⌀; **Pet** elliptisch-lanzettlich, 5 - 9 × 2 - 3 mm, gelb, oft rot gefleckt, **Rö** 1 - 2 mm, Zipfel ausgebreitet oder oben etwas zurückgebogen, spitz; **Anth** dunkler gelb; **NSch** gelb; **Ca** 5 - 8 mm, basal 1 - 2 mm verwachsen, gelblich grün bis rot; **Gr** 1.5 - 2 mm. – n = 17.

In der Pflanzengrösse sehr variabel. Am nächsten mit der in Bezug auf die Blüten ähnlichen *D. variegata* verwandt (Moran 1950).

D. nesiotica (Moran) Moran (Leafl. West. Bot. 7(4): 110, 1953). **T:** USA, California (*Moran 3362* [UC 860247]). – **D:** USA (California: Insel Santa Cruz); Küstenfelsen, bis 50 m, selten. **I:** CSJA 55: 199, 1983; Thomson (1993: pl. 41: 4, 42: 4).

≡ *Hasseanthus nesioticus* Moran (1950).

[3] **Tr** ± kugelig, 1 - 2 (-3) × 0.7 - 1.5 (-2) cm; **Ros** mit 8 - 16 **Blä**; **Blä** verkehrt lanzettlich bis spatelig, spitz bis stumpf, 2.5 - 3.5 (-5) × 0.5 - 1.5 (-2.5) (basal 0.4 - 1.2) cm, 2 - 5 mm dick, frühjahrsgrün; **Inf**schaft 3 - 7 (-10) cm; **Inf** meist mit 2 einfachen Zweigen / Wickeln mit 3 - 8 **Blü**; **Ped** 1 - 2 mm; **Blü** mit moschusartigem Duft; **Cal** 4 - 6 mm, Zipfel dreieckig-eiförmig, 3 - 4 mm; **Pet** elliptisch, ± aufrecht bis aufsteigend-spreizend, 7 - 14 × 3.5 - 5.5 mm, weiss, basal und am Kiel gelblich grün, **Rö** 1 - 2 mm, Zipfel spitz; **Anth** gelb oder orange; **Ca** aufrecht, 5 - 8.5 mm; **Gr** 1.5 - 3 mm. – n = 34.

Nach Moran (1978b), Moran (1978c) und Nakai (1983) anscheinend eine intersubgenerische Naturhybride zwischen UG *Hasseanthus* (*D. blochmaniae*) und UG *Dudleya*, was v.a. durch breitere, stärker aufrechte Kronblätter und stärker aufrechte Fruchtblätter angedeutet wird.

D. nubigena (Brandegee) Britton & Rose (Bull. New York Bot. Gard. 3(9): 22, 1903). **T:** Mexiko, Baja California Sur (*Brandegee* s.n. [UC 124956]). – **D:** Mexiko (S Baja California).

≡ *Cotyledon nubigena* Brandegee (1891) ≡ *Echeveria nubigena* (Brandegee) A. Berger (1930).

D. nubigena ssp. **cerralvensis** Moran (Trans. San Diego Soc. Nat. Hist. 15: 269-271, fig. 3, 1969). **T:** Mexiko, Baja California Sur (*Moran 3618* [SD 69717, BH, DS, UC, US]). – **D:** Mexiko (S Baja California: Insel Cerralvo); N-exponierte Granitkliffs, ± 120 m. **I:** CSJA 59: 235-242, 1987.

≡ *Dudleya nubigena* var. *cerralvensis* (Moran) hort. (s.a.) (*nom. inval.*, Art. 29.1) ≡ *Dudleya cerralvensis* (Moran) P. H. Thomson (1993).

[1] Unterschiede zu ssp. *nubigena*: **Blä** grün oder leicht glauk, nicht mehlig; **Inf** mit mehreren, nicht oder bis 2-fach verzweigten Zweigen, hellgrün, mit 2 - 8 Wickeln; **Ped** hellgrün; **Cal** hellgrün; **Pet** rein gelb, ohne rote Zeichnung. – n = 17.

D. nubigena ssp. **nubigena** – **D:** Mexiko (S Baja California: Kap-Gebiet); offene, felsige Stellen oder Kliffs, bis 1800 m, Blüten Dezember bis April (in Kultur ab Oktober). **I:** CSJA 59: 235-239, 1987. **Fig. XI.e**

Incl. Dudleya xanti Rose (1903) ≡ *Cotyledon xanti* (Rose) Fedde (1904) ≡ *Echeveria xanti* (Rose) A. Berger (1930).

[1] **Tr** bis 7 × 1 - 1.5 (-2.5) cm; **Ros** 4 - 18 cm ⌀, mit 10 - 22 (-30 in Kultur) **Blä**, flachlich, meist einzeln, selten wenige **Ros** zusammen; **Blä** dreiecklanzettlich bis länglich verkehrt eiförmig, oft lang zugespitzt, gedrängt, 3 - 10 (-15) × 1.5 - 3 (-3.5) cm, glauk bis meist mehlig; **Inf**schaft (5-) 10 - 30 (-40) cm, untere 2 - 12 cm ohne **Bra**, ± rosa bis rot; **Inf** meist mit 2 - 3 meist einfachen Zweigen, ± rosa bis rot, Wickel später aufrecht bis spreizend, 2 - 15 (-30) cm, mit 4 - 24 **Blü**; **Ped** 8 - 25 (-40 in Kultur) mm, rosa; **Cal** 3 - 6 mm, ± rosa bis rot, Zipfel 2 - 5 × 2 - 3.5 mm; **Kr** 7 - 10 (-12) × 4 - 6 (basal) bzw. 2.5 - 4 (apikal) mm; **Pet** länglich, 1.5 - 2.5 mm breit, gelb bis meist orange oder korallenrot, **Rö** (2.5-) 3.5 - 4.5 (-5.5) mm, Zipfel stumpf bis breit spitz; **NSch** weiss; **Ca** 5 - 9 mm, grünlich; **Gr** abrupt verschmälert, 1 - 1.5 mm, gelblich oder rötlich. – n = 17.

D. pachyphytum Moran & M. Benedict (Phytologia 47(2): 85-87, 1980). **T:** Mexiko, Baja California (*Moran & Benedict 29036* [SD, NY, SBBG]). – **D:** Mexiko (Baja California: Insel Cedros); 450 m. **I:** CSJA 52: 238-239, 1980; 53: 132-133, 1981.

[1] **Tr** aufrecht, später niederliegend, > 40 × 2 - 5 cm; **Ros** 12 - 22 (-33) cm ⌀, mit 12 - 25 (-35, in Kultur bis 55) **Blä**, kompakt, in Polstern bis über 70 cm ⌀ mit 10 - 20 (-50) **Ros**; **Blä** eiförmig bis länglich, basal am breitesten, gerundet bis breit stumpf, fein zugespitzt, 5 - 10 (-13) × 3 - 5 (-7) cm, 15 - 25 mm dick, bemehlt, im Alter oft blassorange; **Inf** 1 - 4, aufrecht oder meist spreizend, Schaft 20 - 50 (-70) cm, bemehlt, blassrosa, v.a. unten rot werdend;

Inf 8 - 14 cm ⌀, mit 3 - 6 dicht gestellten, meist 1- bis 2-fach verzweigten Zweigen, Wickel im Alter ausgebreitet, 2 - 3 cm, mit 5 - 12 **Blü**; **Ped** aufrecht, 2 - 6 mm; **Cal** 5 - 9 mm, Zipfel 4 - 7 × 2.5 - 4 mm; **Kr** 8 - 11 × 4 - 5 mm; **Pet** aufrecht, elliptisch-länglich, 2 - 3 mm breit, weiss, **Rö** 2 - 3 mm, Zipfel teilweise apikal leicht zurückgebogen, spitz; **Anth** rot; **NSch** weiss; **Ca** 7 - 10 mm; **Gr** ± 1.2 - 2 mm. – n = 17.

Durch die sehr dicken, an die Crassulaceen-Gattung *Pachyphytum* erinnernden Blätter innerhalb *Dudleya* unverwechselbar. Die weissen Blüten entsprechen der ebenfalls auf der Insel Cedros vorkommenden, polyploiden *D. albiflora*, die aber ansonsten gemäss Protolog viel kleiner ist und kleinere, v.a. schmalere, zugespitzte bis schlank-spitze Blätter besitzt.

D. palmeri (S. Watson) Britton & Rose (Bull. New York Bot. Gard. 3(9): 24, 1903). **T:** USA, California (*Palmer* s.n. [GH?]). – **D:** USA (California: Central Coast, South Coast, San Luis Obispo und Santa Barbara Counties); Küstenregionen, bis 100 m. **I:** Bartel (1993: 533); Thomson (1993: pl. 32: 6).

≡ *Cotyledon palmeri* S. Watson (1879) ≡ *Echeveria palmeri* (S. Watson) Nelson & Macbride (1913) (*nom. illeg.*, Art. 53.1).

[1] **Tr** wenig verzweigt, 10 - 20 × 2 - 4 cm ⌀; **Ros** 5 - 20 cm ⌀, mit 15 - 25 **Blä**, locker verzweigt; **Blä** länglich lanzettlich, spitz bis lang zugespitzt, 5 - 20 × 1.5 - 5 cm, grün; **Inf**schaft 20 - 65 cm; **Inf** mit ± 3 nicht oder bis 2-fach verzweigten Zweigen, Wickel 5 - 8 cm, mit 5 - 14 **Blü**; **Ped** 2 - 10 mm; **Cal**zipfel dreieckig-eiförmig, spitz, 3 - 5 mm; **Pet** elliptisch, 11 - 16 × 3 - 5 mm, rot oder gelb mit rot, **Rö** 1.5 - 2 mm, Zipfel aufrecht, spitz. – n = 68, ±85, 119.

Von Moran (1951a) unter *D. caespitosa* einbezogen, aber von Munz (1968) und Bartel (1993) wieder als separate Art angesehen.

D. pauciflora Rose (Bull. New York Bot. Gard. 3(9): 22, 1903). **T:** Mexiko, Baja California Norte (*Brandegee* s.n. [CAS 247, US]). – **D:** Mexiko (N Baja California: Sierra San Pedro Martír, Sierra Borja); Kliffs und Felshänge, 1250 - 3025 m, Blüten meist Juli bis August. **I:** Moran (1988); Thomson (1993: pl. 36: 5-6).

≡ *Cotyledon pauciflora* (Rose) Fedde (1904) ≡ *Echeveria pauciflora* (Rose) A. Berger (1930).

[1] **Tr** kurz, 7 - 25 mm ⌀; **Ros** 3 - 9 cm ⌀, mit (10-) 15 - 25 (-30) **Blä**, gedrängt und bis zu 10 in Polstern bis 30 cm ⌀; **Blä** dreieckig-lanzettlich, apikal meist gleichförmig verschmälert, schmalspitz, fein zugespitzt, 2 - 5 (-7.5) × 0.5 - 2 (basal) bis 0.7 - 1.5 (oben) cm, apikal nahezu stielrund, grün bis mehlig; **Inf**schaft 5 - 30 cm, untere 0.5 - 4 cm ohne **Bra**, rot, glauk; **Inf** 2 - 9 cm ⌀, rot, glauk, meist mit 2 - 3 nicht oder 1-fach verzweigten Zweigen, Wickel 1 - 15 cm, mit 2 - 16 **Blü**; **Ped** unterste 7 - 20 (-24) mm, rot; **Cal** 3 - 5 mm, rot, Zipfel 2 - 4 × 1.5 - 2.5 mm; **Kr** 5-kantig, 6 - 10 (-12.5) × 3 - 4 (-5.5) (basal) bzw. 2 - 5 (apikal) mm; **Pet** länglich, 1.5 - 3 mm breit, gelb, oben und am Kiel rot gezeichnet oder übertönt, orange bis rot erscheinend, **Rö** 2 - 4 mm, Zipfel spitz; **NSch** weiss oder gelblich; **Ca** 5.5 - 7 (-9) mm, unten weiss bis oben gelb; **Gr** allmählich verschmälert, 1.5 - 2 mm; **Fr** rötlich braun. – n = 17, 34.

Sehr eigenständige Art, kenntlich durch gedrängte, kleine Rosetten mit schmalen, pfriemlich gespitzten Blättern, farbintensive Blütenstände, lange, schlanke und meist aufrechte Blütenstiele, und kleine, gelbe, intensiv rot gefleckte Blüten, die zumindest gelegentlich von Kolibris besucht werden (Moran 1988).

D. pulverulenta (Nuttall) Britton & Rose (Bull. New York Bot. Gard. 3(9): 13, 1903). **T:** USA, California (*Nuttall* s.n. [BM, NY, PAS]). – **D:** USA, Mexiko.

≡ *Echeveria pulverulenta* Nuttall (1840) ≡ *Cotyledon pulverulenta* (Nuttall) Baker (1869).

D. pulverulenta ssp. **arizonica** (Rose) Moran (Desert Pl. Life 15: 72, ills., 1943). **T:** USA, Arizona (*Bly* s.n. [US, NY, PAS]). – **D:** USA (California, S Nevada, W Arizona), Mexiko (N Baja California, N Sonora); trockene Felshänge, 350 - 1500 m, Blüten April bis Juni. **I:** Thomson (1993: pl. 6: 3, 7: 4-6, 10: 2). **Fig. XI.h**

≡ *Dudleya arizonica* Rose (1923) ≡ *Echeveria pulverulenta* ssp. *arizonica* (Rose) Clokey (1931) ≡ *Echeveria arizonica* (Rose) Kearney & Peebles (1939) (*nom. illeg.*, Art. 53.1) ≡ *Dudleya pulverulenta* var. *arizonica* (Rose) S. L. Welsh (1987); **incl.** *Echeveria lagunensis* Munz (1932) ≡ *Dudleya lagunensis* (Munz) E. Walther (1932).

[1] Unterschiede zu ssp. *pulverulenta*: **Tr** 1 - 4 cm ⌀; **Ros** mit 15 - 25 **Blä**; **Blä** länglich verkehrt lanzettlich bis länglich verkehrt eiförmig, meist lang zugespitzt, (3-) 5 - 15 (-17) × 1 - 5 (basal 1 - 3.5) cm, 2 - 4 mm dick, glauk, meist nicht dicht und dauerhaft mehlig; **Inf**schaft 15 - 60 cm, 2 - 6 mm ⌀; **Inf**wickel 3 - 6, aufsteigend, 4 - 27 cm, mit 3 - 6 **Blü**; **Ped** meist aufrecht bis aufsteigend, 5 - 15 (-20) mm; **Cal**zipfel spitz; **Pet** 9 - 15 mm, rot oder aprikosengelb, **Rö** 4 - 8 mm, Zipfel 1.5 - 2 mm breit. – n = 17.

Im Wesentlichen eine kleinwüchsigere Unterart der trockenen Wüstengebirge mit weniger dicht bemehlten Blättern (Moran 1943b).

D. pulverulenta ssp. **pulverulenta** – **D:** USA (S Nevada, S-C und C California, W Arizona), Mexiko (N Baja California, N Sonora); Kliffs, Canyons und Hänge bis 1500 m, Blüten Juni bis September. **I:** Moran (1943b); Bartel (1993: 533); Thomson (1993: pl. 24: 1-4, 33: 1-4, 39: 5).

Incl. *Echeveria argentea* Lemaire (1863); **incl.** *Echeveria silverado splendens* hort. (1939) (*nom. inval.*, Art. 23.1, 29.1); **incl.** *Dudleya pulverulenta* ssp. *typica* Moran (1943) (*nom. inval.*, Art. 24.3).

[1] Pflanzen meist dicht und durchgehend bemehlt; **Tr** 4 - 9 cm ⌀; **Ros** gross, mit meist 40 - 60 **Blä**; **Blä** länglich, meist im oberen ⅓ am breitesten, fein zugespitzt bis abrupt scharf gespitzt, 8 - 25 (-27) × 3 - 10 (basal 3 - 8) cm, bemehlt; **Inf**schaft 30 - 80 (-100) cm, 5 - 15 mm ⌀; **Inf** mit nicht oder 1-fach verzweigten Zweigen, Wickel 3 bis 6 oder mehr, aufsteigend bis spreizend, 10 - 40 cm, mit 10 - 30 **Blü**; **Ped** im Knospenzustand hängend, zur **Fr**zeit aufrecht, 5 - 30 (-35) mm; **Cal**zipfel dreieckig bis dreieckig-eiförmig, spitz bis schwach stumpf, basal nicht verbreitert, meist aufrecht; **Pet** 11 - 19 mm, tiefrot, **Rö** 6 - 10 mm, Zipfel spitz bis stumpf, 2 - 4 mm breit. − n = 17.

D. pulverulenta s.l. ist von allen anderen Arten der USA durch die lange Blütenröhre unterschieden, die sonst ⅕ bis höchstens ⅓ der Kronblattlänge ausmacht (Moran 1943b).

D. rigida Rose (Bull. New York Bot. Gard. 3(9): 23, 1903). **T:** Mexiko, Baja California (*McClelland* s.n. in *Rose* 4038 [US 397537, NY, UC]). − **D:** Mexiko (S Baja California: Sierra de la Laguna); 1450 - 1900 m. **I:** Moran (1987); Thomson (1993: pl. 36: 1).

≡ *Cotyledon rigida* (Rose) Fedde (1904) ≡ *Echeveria rigida* (Rose) A. Berger (1930).

[1] **Tr** aufrecht, bis > 10 × 1 - 3.5 cm; **Ros** 6 - 15 cm ⌀, mit 10 - 25 **Blä**, bis zu 20 in lockeren Polstern bis 25 cm ⌀; **Blä** länglich bis dreieckig-eiförmig, fein zugespitzt, 5 - 8 × 2.5 - 4 cm, grün oder etwas glauk; **Inf**schaft 30 - 60 (-75?) cm, rosa bis rot, etwas glauk; **Inf** glauk, rosa bis rot werdend, mit 2 - 3 Wickeln, Wickel 4 - 23 cm, mit 8 - 21 **Blü**; **Bra** rötlich; **Ped** zur **Blü**zeit ± hängend, 4 - 10 (-15) mm; **Cal** 4 - 7 mm, Zipfel angedrückt, dreieckig, spitz, 2 - 5 mm; **Pet** länglich bis länglich verkehrt lanzettlich, ventral rinnig, dorsal stumpf gekielt, 9 - 16 × 2.5 - 3.5 mm, basal gelb oder gelblich grün, oben rot oder stark rot gezeichnet, glauk, **Rö** ± 3.5 - 5 mm, Zipfel breit spitz; **Anth** rötlich; **NSch** weiss; **Ca** 7 - 8.5 mm, unten grünlich weiss, nach oben zunehmend rot gezeichnet; **Gr** 1.5 - 2 mm, rot. − n = 136.

D. rigida besitzt die höchste Chromosomenzahl in der Gattung. Die lange verschollene Art wurde von Moran (1987) wiederentdeckt; ihre verwandtschaftlichen Beziehungen innerhalb der UG *Dudleya* sind unklar.

D. rigidiflora Rose (Bull. New York Bot. Gard. 3(9): 18, 1903). **T:** Mexiko, Baja California (*Anthony* 142 [US, F, GH, NY, UC]). − **D:** Mexiko (Baja California); nur vom Typfundort bekannt.

≡ *Cotyledon rigidiflora* (Rose) Fedde (1904) ≡ *Echeveria rigidiflora* (Rose) A. Berger (1930).

[1] **Ros** und **Blä** unbekannt; **Inf**schaft 30 - 40 cm; **Inf** mit mehreren, meist 2-fach verzweigten Zweigen, Wickel 7 - 12 cm, mit 10 - 15 **Blü**; **Ped** 2 - 5 mm; **Cal**zipfel dreieckig, spitz bis lang zugespitzt, 5 - 7 mm; **Pet** schlank spitz, 10 - 13 mm, **Rö** 4 - 5 mm; **Ca** aufrecht, 10 - 12 mm; **Gr** ± 2 mm.

Kaum bekannte Art unklarer Zuordnung (Moran 1951a).

D. rubens (Brandegee) Britton & Rose (Bull. New York Bot. Gard. 3(9): 23, 1903). **T:** Mexiko, Baja California Sur (*Brandegee* s.n. [UC, CAS]). − **D:** Mexiko (S Baja California: Sierra San Francisco bis Sierra La Giganta); meist N-exponierte, vulkanische Kliffs, 500 - 1200 m, Blüten April bis Mai. **I:** Nakai (1988b).

≡ *Cotyledon rubens* Brandegee (1889) ≡ *Echeveria rubens* (Brandegee) A. Berger (1930).

[1] **Tr** 5 - 15 (-30) × 1 - 2.5 cm; **Ros** 6 - 11 cm ⌀, mit 10 - 20 **Blä**, einzeln oder meist wenige, selten bis zu 25; **Blä** länglich bis länglich lanzettlich, selten verkehrt eiförmig, spitz bis fein zugespitzt oder selten lang gespitzt, 3 - 7 × 1 - 2 cm, bemehlt; **Inf**schaft aufsteigend bis aufrecht, 7 - 20 cm, rötlich; **Inf** rötlich, mit 2 - 3 aufsteigenden, nicht oder 1-fach verzweigten Zweigen, 2 - 12 cm, mit 2 - 12 **Blü**; **Ped** aufsteigend bis aufrecht, unterste 4 - 10 mm; **Cal** 4 - 8 mm, Zipfel dreieckig bis lanzettlich, spitz bis lang zugespitzt, 3 - 6 × 2 - 4 mm; **Kr** 4.5 - 7 (basal) bzw. 4 - 7 (oben) mm ⌀; **Pet** länglich, aufrecht, 8 - 15 × 1.5 - 3 mm, rötlich bis aprikosenfarben, **Rö** 5 - 7 mm, Zipfel teilweise apikal etwas spreizend; **Ca** aufrecht, 7 - 12 mm; **Gr** 2 - 3.5 mm. − n = 34, 51, 68.

Anscheinend die einzige Art der Gattung in N Baja California Sur oberhalb 500 m. Sie ähnelt v.a. *D. pulverulenta* ssp. *arizonica*, von der sie sich aber durch Verzweigungsart, geringe Anzahl von Brakteen, kürzere Blütenstandstriebe, kürzere Blütenstiele und die höhere Chromosomenzahl unterscheidet. Von der ebenfalls ähnlichen *D. cymosa* ist sie durch über 10 cm lange Triebe, kürzere Blütenstiele, zu mehr als ⅓ verwachsene Kronblätter und die Polyploidie unterschieden (Nakai 1988b).

D. saxosa (M. E. Jones) Britton & Rose (Bull. New York Bot. Gard. 3(9): 15, 1903). **T:** USA, California (*Jones* s.n. [POM, DS, NY, PH, UC, US]). − **D:** USA, Mexiko.

≡ *Cotyledon saxosa* M. E. Jones (1898) ≡ *Echeveria saxosa* (M. E. Jones) Nelson & Macbride (1913) ≡ *Cotyledon lanceolata* var. *saxosa* (M. E. Jones) Jepson (1925) (unkorrekter Name, Art. 11.4) ≡ *Echeveria lanceolata* var. *saxosa* (M. E. Jones) Jepson (1936).

D. saxosa ssp. **aloides** (Rose) Moran (Madroño 14(3): 108, 1957). **T:** USA, California (*Orcutt* s.n. in *Rose* 583 [US, NY]). − **D:** USA (California: Peninsular Ranges, Desert Mountains), Mexiko (N Baja

California); schattige Felshänge, 240 - 1700 m, Blüten April bis Juni. **I:** CSJA 56: 147-148, 1984; 58: 111-115, 1986; Bartel (1993: 533); Thomson (1993: pl. 3: 1, 9: 1).

≡ *Dudleya aloides* Rose (1903) ≡ *Cotyledon aloides* (Rose) Fedde (1904) ≡ *Echeveria aloides* (Rose) A. Berger (1930) ≡ *Dudleya lanceolata* var. *aloides* (Rose) Munz (1935) ≡ *Dudleya lanceolata* ssp. *aloides* (Rose) Moran (1951) (*nom. inval.*, Art. 29.1); **incl.** *Dudleya delicata* Rose (1903) ≡ *Cotyledon delicata* (Rose) Fedde (1904) ≡ *Echeveria delicata* (Rose) A. Berger (1930); **incl.** *Dudleya grandiflora* Rose (1903) ≡ *Cotyledon grandiflora* (Rose) Fedde (1904) (*nom. illeg.*, Art. 53.1) ≡ *Echeveria grandiflora* (Rose) A. Berger (1930); **incl.** *Dudleya lanceolata* var. *composta* Jepson (1936); **incl.** *Dudleya alainae* Reiser (1984); **incl.** *Dudleya tegelbergii* P. H. Thomson (1993).

[1] Unterschiede zu ssp. *saxosa*: **Tr** aufrecht, kurz, bis 4 × 1 - 3 cm; **Ros** 4 - 15 cm ⌀, mit 15 - 40 **Blä**, polsterbildend; **Blä** dicht gestellt, aufrecht, länglich lanzettlich, spitz, fein zugespitzt, 3.5 - 15 × 0.6 - 2 (basal 1 - 2.5) cm, jung bemehlt, im Alter glauk; **Inf**schaft 8 - 35 (-40) cm, glauk; **Inf** gewöhnlich flach und gedrängt, 4 - 7 cm ⌀, mit 3 - 5 aufsteigenden, oft 2- bis 3-fach verzweigten Zweigen, Wickel wellig, 1 - 12 cm, mit 2 - 20 **Blü**; **Ped** 3 - 8 (-20) mm; **Cal** 2 - 3 mm; **Pet** elliptisch-länglich, 8 - 15 (-20) × (2.5-) 4 - 5 mm, grünlich bis intensiv gelb, selten rot übertönt, **Rö** 1.5 - 3 mm; **NSch** blassgelb; **Ca** aufrecht, 7 - 9 mm, basal ± 5 mm verwachsen. – n = 17.

D. tegelbergii gehört offenbar hierher, zumal Moran (1951a: 183) Material aus deren Fundortregion (Ord Mts.) hier einschliesst. Siehe auch unter *D. virens* ssp. *virens*.

D. saxosa ssp. **collomiae** (Rose *ex* Morton) Moran (Madroño 14(3): 108, 1957). **T:** USA, Arizona (*Collom* s.n. [US, GH?, NY]). – **D:** USA (C Arizona); 600 - 1800 m. **I:** Thomson (1993: pl. 19: 1).

≡ *Dudleya collomiae* Rose *ex* Morton (1934) ≡ *Dudleya saxosa* var. *collomiae* (Rose *ex* Morton) hort. (s.a.) (*nom. inval.*, Art. 29.1) ≡ *Echeveria collomiae* (Rose *ex* Morton) Kearney & Peebles (1939).

[1] Unterschiede zu ssp. *saxosa*: **Tr** 1.5 - 3 cm ⌀; **Ros** mit 12 - 20 **Blä**; **Blä** 6 - 15 × 1 - 2 (-2.5) (basal 1 - 2.5) cm; **Inf**schaft 15 - 40 cm; **Inf**wickel 3 - 12 cm, mit 4 - 12 **Blü**; **Cal** 5 - 8 mm, Zipfel 4 - 7 mm; **Pet** 12 - 18 (-20) × 3 - 4 mm, meist intensiv gelb, **Rö** 1 - 4 mm. – n = 68.

Neben *D. pulverulenta* ssp. *arizonica* die einzige in Arizona vorkommende *Dudleya*.

D. saxosa ssp. **saxosa** – **D:** USA (California: N Desert Mts., W Panamint Mts.); N-exponierte Granit- oder Kalkhänge, 1100 - 2200 m, nicht häufig, Blüten April bis Juni.

[1] **Tr** kurz, 1 - 1.5 cm ⌀; **Ros** 3 - 10 cm ⌀, mit 10 - 25 **Blä**, einzeln oder wenige bis zu 10 **Ros** zusammen; **Blä** länglich bis länglich lanzettlich, spitz, schwach fein zugespitzt, 3 - 9 × 0.5 - 1.5 cm, jung glauk, später ± grün; **Inf**schaft 5 - 20 cm, rot; **Inf** verkehrt pyramidal, oft rötlich, meist 4 - 10 cm ⌀, aus 2 - 3 nicht oder meist 1-fach verzweigten Zweigen, Wickel nicht wellig, 1 - 4 cm, mit 2 - 9 **Blü**; **Ped** 5 - 20 mm; **Cal** 4 - 6.5 mm, Zipfel dreieckig, spitz, 2.5 - 6 mm; **Pet** länglich lanzettlich oder länglich verkehrt lanzettlich, 9 - 12 × 2.5 - 4 mm, intensiv gelb, oft rot gezeichnet und daher orange erscheinend, **Rö** 1 - 2.5 mm, Zipfel apikal nach aussen gebogen, spitz; **NSch** weisslich; **Ca** aufrecht, 5.5 - 9.5 mm, grün; **Gr** 1 - 1.5 mm. – n = 68, 85.

D. ×semiteres (Rose *pro sp.*) Moran (Leafl. West. Bot. 6: 55, 1950). **T:** Mexiko, Baja California (*Orcutt* s.n. [US]).

≡ *Stylophyllum semiteres* Rose *pro sp.* (1903) ≡ *Cotyledon semiteres* (Rose) Fedde (1904) ≡ *Echeveria semiteres* (Rose) A. Berger (1930).

= *D. attenuata* ssp. *orcuttii* × *D. brittonii* und / oder *D. candida* (siehe Bemerkung beim ersten Elternteil).

D. setchellii (Jepson) Britton & Rose (Bull. New York Bot. Gard. 3(9): 15, 1903). **T:** USA, California (*Jepson* 13418 [UCJ]). – **D:** USA (California: SE San Francisco Bay im Santa Clara County); felsige Stellen in Serpentin-Grasland, 120 - 300 m, selten. **I:** Thomson (1993: pl. 35: 5).

≡ *Cotyledon laxa* var. *setchellii* Jepson (1901) ≡ *Cotyledon setchellii* (Jepson) Fedde (1904) ≡ *Echeveria setchellii* (Jepson) Nelson & Macbride (1913) ≡ *Echeveria laxa* var. *setchellii* (Jepson) Jepson (1936) ≡ *Dudleya cymosa* ssp. *setchellii* (Jepson) Moran (1957).

[1] **Tr** 1 - 2 cm ⌀; **Ros** wenige; **Blä** länglich verkehrt lanzettlich bis länglich dreieckig, spitz bis zugespitzt, 3 - 8 (-10) × (0.5-) 0.7 - 1.5 (-2) cm, ± glauk; **Inf**schaft 5 - 20 (-25) cm; **Inf** mit 2 - 3 meist einfachen, aufsteigenden Zweigen, Wickel 1 - 5 cm, mit 4 - 10 **Blü**; **Ped** (2-) 4 - 7 mm; **Cal**zipfel dreieckig, 2 - 5 mm; **Pet** elliptisch, Rand ausgenagt oder nicht, 8 - 13 × 2.5 - 3.5 mm, blassgelb, Kiel weder rot noch violett, **Rö** 1 - 2.5 mm, Zipfel spitz, Spitzen nach aussen gebogen. – n = 17.

Nach Bartel (1993) intermediär zwischen *D. abramsii* ssp. *murina* und *D. cymosa* ssp. *paniculata*.

D. ×sproulii P. H. Thomson *pro sp.* (Dudleya & Hasseanthus Handb., 198-199, t. 47: 3-4, 1993). **T:** USA, California (*Sproul* s.n. [SD, BH]).

Siehe Kommentar bei *D. virens* ssp. *insularis*.

D. stolonifera Moran (Bull. South. Calif. Acad. Sci. 48(3): 105-107, ill., 1950). **T:** USA, California (*Moran* 3095 [UC, CAS, CU, DS, K, MO, NY, POM, US]). – **D:** USA (California: San Joaquin Hills im Orange County); N-exponierte Kliffs, Felsstellen, bis 250 m, gefährdet, Blüten Mai bis Juni.

I: Bartel (1993: 533); Thomson (1993: pl. 35: 1-2, 36: 2).

[1] **Tr** > 10 × 1.5 - 3 cm ⌀; **Ros** 5 - 12 cm ⌀, mit 15 - 25 **Blä**, einzeln, aber durch Stolonen (> 5 cm) aus den **Ax** der unteren **Blä** verzweigt; **Blä** länglich verkehrt eiförmig, kurz zugespitzt, 3 - 7 × 1.5 - 3 (basal 1 - 2) cm, leuchtend grün, überhaupt nicht glauk; **Inf**schaft 8 - 20 (-25) cm; **Inf** meist mit 2 (selten mehr) nicht oder selten 1-fach verzweigten, aufsteigenden Zweigen, Wickel 1 - 6 cm, mit 3 - 9 **Blü**; **Ped** 5 - 8 mm; **Cal** 3 - 4 mm, Zipfel dreieckig, breiter als lang, 2 - 3 mm; **Pet** elliptisch, 10 - 11 × 3 - 3.5 mm, leuchtend gelb, **Rö** 1 - 2 mm, Zipfel nur apikal nach aussen gebogen, spitz; **NSch** weiss; **Ca** vor der Reife spreizend, 5.5 - 7.5 mm; **Gr** 1.5 - 2 mm. — n = 17.

Einzige (aber siehe unten, *D. alisoensis*) stolonenbildende Art der Gattung. Bei anderen Arten tritt fast nur dichotome Verzweigung auf, die Bildung von Seitentrieben ist selten. Die Art bildet Hybriden mit *D. edulis* (Protolog, Moran (1951a)). Die ebenfalls stolonenbildende *D. alisoensis* aus der gleichen Fundortregion ist offenbar nur eine solche (allerdings octoploide) Hybride.

D. traskiae (Rose) Moran (Desert Pl. Life 14: 153, ills., 1943). **T:** USA, California (*Trask* s.n. [US, NY]). — **D:** USA (California: Insel Santa Barbara); steile Hänge, bis 110 m, bedroht, Blüten Mai bis Juni. **I:** Desert Pl. Life 15: 10, 1943; Ashingtonia 2: 213, 1979; Thomson (1993: pl. 23: 3, 36: 3-4).

≡ *Stylophyllum traskiae* Rose (1903) ≡ *Cotyledon traskiae* (Rose) Fedde (1904) ≡ *Echeveria traskiae* (Rose) A. Berger (1930).

[2] **Tr** aufrecht, kurz, 1 - 2 (-3) cm ⌀; **Ros** 10 - 20 cm ⌀, mit 25 - 35 **Blä**, verzweigt und gruppenbildend, manchmal mit 20 bis über 100 **Ros**; **Blä** dicht gestellt, länglich verkehrt lanzettlich, apikal scharf spitz bis leicht lang zugespitzt, 4 - 15 × 1 - 4 cm, zumindest jung glauk; **Inf**schaft 20 - 30 cm; **Inf** 20 - 30 cm, oben ± flach, mit ± 3 nicht oder bis 2-fach verzweigten Zweigen, Wickel 4 - 10 cm, mit 7 - 15 **Blü**; **Ped** meist 1 - 4 mm; **Cal** 4 - 5 mm, Zipfel dreieckig bis dreieckig-eiförmig, spitz, 2.5 - 4 mm; **Pet** schmal eiförmig, unten nahezu aufrecht, 8 - 10.5 × 3 - 4 mm, intensiv gelb, etwas rotnervig werdend, **Rö** 1 - 2 mm, Zipfel apikal nach aussen gebogen, spitz; **Ca** später etwas spreizend, 6.5 - 8 mm; **Gr** ± 2.5 mm. — n = 34.

Von allen anderen Arten der UG *Stylophyllum* durch breitere, dünnere Blätter und intensiv gelbe, nahezu aufrechte Kronblätter (letztere sonst nur noch bei *D. anomala*) unterschieden und damit der UG *Dudleya* nahe kommend (Moran 1943a). Möglicherweise vor langer Zeit als allopolyploide Hybride zwischen UG *Stylophyllum* und UG *Dudleya* entstanden, was durch intermediäre Blütenform und Tetraploidie angedeutet wird; heute kommen auf der Insel Santa Barbara aber keine anderen Arten vor (Moran 1978b).

D. variegata (S. Watson) Moran (Leafl. West. Bot. 7(4): 110, 1953). **T:** USA, California (*Cleveland* s.n. [GH]). — **D:** USA (California: San Diego County: S South Coast, S Peninsular Ranges), Mexiko (NW Baja California); trockene Hügel, Mesas, bis 300 m, nicht häufig, Blüten April bis Mai. **I:** Desert Pl. Life 16: 76, 1945; Thomson (1993: pl. 41: 2-3); CSJA 72: 147, 2000.

≡ *Sedum variegatum* S. Watson (1876) ≡ *Hasseanthus variegatus* (S. Watson) Rose (1903).

[3] **Tr** eiförmig, ± kugelig bis länglich, 1 - 3 × 0.3 - 1.5 cm; **Ros** mit 4 - 12 **Blä**; **Blä** verkehrt lanzettlich bis spatelig, spitz bis stumpf, basal in einen schmalen Stiel verschmälert, 1 - 7 × 0.3 - 1.1 cm, frühjahrsgrün; **Inf**schaft 5 - 20 cm, rot liniert; **Inf** meist aus 2 - 3 einfachen Zweigen, Wickel aufsteigend, 2 - 15 cm, mit 3 - 11 **Blü**; **Blü** (4- bis) 5-zählig; **Cal**zipfel dreieckig-eiförmig oder länglich eiförmig, spitz bis stumpflich, aufrecht, 2 - 3 (-7) mm, grün oder gelblich; **Pet** elliptisch-lanzettlich, 5 - 7 × 2.5 - 3.5 mm, blass- bis tiefgelb, manchmal rot gefleckt und oft mit rotem oder violettem, dorsalem Mittelstreifen, **Rö** ± 0.5 mm, Zipfel spitz; **Ca** aufrecht bis leicht spreizend, 4 - 7 mm, basal ± 1 mm verwachsen, gelblich grün; **Gr** 2 mm; **Fr** rot. — n = 17.

Näher verwandt mit *D. multicaulis*, aber meist kleiner und Blätter weniger zahlreich, abgeflacht und basal meist verschmälert (Moran 1950). Bildet Naturhybriden mit *D. attenuata* ssp. *orcuttii* (Moran 1951b).

D. verityi K. M. Nakai (CSJA 55(5): 196-197, ills., 1983). **T:** USA, California (*Nakai* 204 [CAS, LA, MO, RSA, SD, US]). — **D:** USA (California: W Santa Monica Mts.); N-exponierte, vulkanische Felsen, 60 - 120 m, selten, Blüten Mai bis Juni.

[1] **Tr** 2 - 10 × 0.2 - 1 cm; **Ros** 2 - 5 (-8) cm ⌀, mit 6 - 10 **Blä**, in ± lockeren (in Kultur dichteren) Polstern von 10 - 40 cm ⌀ mit 25 bis über 100 **Ros**; **Blä** länglich lanzettlich, spitz bis lang zugespitzt, oberseits flach bis leicht konkav, unterseits gerundet, 2 - 5 × 0.4 - 0.8 cm, glauk; **Inf**schaft 5 - 15 cm, untere 3 cm ohne **Bra**, glauk, oft violett übertönt; **Inf** mit 2 - 3 nicht oder meist 1-fach verzweigten, aufsteigenden Zweigen (selten verkehrt pyramidal), Wickel 2 - 5 cm, mit 2 - 10 **Blü**; **Ped** (unterste) 3 - 5 mm; **Cal** 5 - 7 mm, unten gerundet, Zipfel dreieckig, spitz, 3 - 5 × 2 - 2.5 mm; **Kr** röhrig, apikal etwas zusammengeschnürt; **Pet** länglich lanzettlich, 10 - 14 × 2.5 - 4 (mittig) mm, limonengelb, Kiel nahe der Spitze leicht grün, **Rö** 1 - 2 mm, Zipfel bis 90° oder mehr zurückgebogen, spitz; **NSch** hellgelb; **Ca** aufrecht, 5 - 7 mm, gelb; **Gr** 1 - 2 mm. — n = 17.

Früher fälschlich mit *D. farinosa* oder *D. caespitosa* assoziiert, aber von ersterer durch geringere Grösse, Blattform, Kronblattfarbe und -form und Spreizungsgrad der Kronblattzipfel unterschieden, von letzterer durch Kronblattform, Spreizungsgrad der Kronblattzipfel und den diploiden Chromosomensatz. Bildet intersubgenerische Naturhybriden mit *D. blochmaniae* ssp. *blochmaniae* (Nakai l.c.).

D. virens (Rose) Moran (Desert Pl. Life 14: 191, 1943). **T:** USA, California (*Trask* s.n. [US 411238, NY]). – **D:** USA, Mexiko.

≡ *Stylophyllum virens* Rose (1903) ≡ *Cotyledon virens* (Rose) Fedde (1904) ≡ *Echeveria virens* (Rose) A. Berger (1930).

D. virens ist innerhalb der UG *Stylophyllum* unterschieden durch die Kombination von abgeflachten, nicht kleberigen Blättern und weissen Blüten mit von nahe der Mitte spreizenden Kronblättern (Moran 1995).

D. virens ssp. **extima** Moran (Haseltonia 3: 8, ills. (pp. 6-7), 1995). **T:** Mexiko, Baja California (*Moran* 5972 [SD]). – **D:** Mexiko (Baja California: Insel Guadalupe); Kliffs, 250 - 800 m, Blüten Mai bis Juni.

[2] Unterschiede zu ssp. *virens*: **Tr** aufrecht oder hängend, bis 30 × 1 - 2.5 cm; **Ros** 5 - 15 cm ⌀, mit 15 - 55 gedrängten **Blä**, verzweigt und polsterbildend mit bis zu 15 **Ros**; **Blä** linealisch bis länglich verkehrt lanzettlich, schmal bis breit spitz, 4 - 7 (-17) × 0.6 - 1 (-1.5) (basal 0.8 - 1.5) cm, hellgrün oder bemehlt; **Inf**schaft 5 - 20 cm, 2 - 5 mm ⌀, oft recht schwach; **Inf** 2 - 7 (-12) cm ⌀, meist mit 2 - 4 dicht stehenden, aufsteigenden, nicht oder 1-fach verzweigten Zweigen, Wickel 1 - 6 cm, mit 3 - 10 **Blü**; **Ped** 1 - 6 mm; **Cal** 3 - 6 × 3 - 5 mm; **Kr** 12 - 18 mm ⌀. – n = 17, 34.

Von den anderen Unterarten nur durch die geringere Grösse unterschieden (Moran 1995: 8). *D. virens* ssp. *extima* und die ebenfalls auf der Insel Guadalupe endemische *D. guadalupensis* sind die am weitesten vom Festland entfernt vorkommenden Taxa der Gattung *Dudleya*.

D. virens ssp. **hassei** (Rose) Moran (Haseltonia 3: 4, ills. (p. 5), 1995). **T:** USA, California (*Hasse* s.n. [US 411238, F, NY]). – **D:** USA (California: Insel Santa Catalina); meernahe Felshänge, 5 - 120 m.

≡ *Stylophyllum hassei* Rose (1903) ≡ *Cotyledon hassei* (Rose) Fedde (1904) ≡ *Echeveria hassei* (Rose) A. Berger (1930) ≡ *Dudleya hassei* (Rose) Moran (1957).

[2] Unterschiede zu ssp. *virens*: **Ros** 4 - 8 cm ⌀, mit 15 - 30 **Blä**, reich verzweigt, Polster bis 1 m ⌀ bildend; **Blä** meist aufrecht oder aufwärts gebogen, halbstielrund und apikal oft stielrund, linealisch und oberhalb der verbreiterten Basis kaum oder nicht verbreitert, spitz oder spitzlich, oft schwach zugespitzt, 5 - 10 (-15) × 0.6 - 1 (basal 1.5 - 3) cm, bemehlt oder selten grün; **Inf**schaft 10 - 30 cm; **Inf** meist mit 2 - 4 dicht gestellten, nicht oder 1-fach verzweigten Zweigen, Wickel 2 - 10 cm, mit 3 - 15 (-29) **Blü**; **Ped** meist 1 - 2 (-5) mm. – n = 34.

Von der ebenfalls auf der Insel Santa Catalina vorkommenden ssp. *insularis* durch die geringere Grösse und v.a. schmalere, halbstielrunde Blätter und kürzere Blütenstandstriebe unterschieden. Beide Unterarten bilden offenbar auch Naturhybriden (Moran 1995: 6).

D. virens ssp. **insularis** (Rose) Moran (Haseltonia 3: 2, ills., 1995). **T:** USA, California (*Trask* s.n. [US 411235, F, NY, US]). – **D:** USA (California: Insel Santa Catalina: San Pedro Hill); meist küstennahe Felsen, 5 - 300 m.

≡ *Stylophyllum insulare* Rose (1903) ≡ *Cotyledon insularis* (Rose) Fedde (1904) ≡ *Cotyledon viscida* var. *insularis* (Rose) Jepson (1925) ≡ *Echeveria insularis* (Rose) A. Berger (1930) ≡ *Echeveria viscida* var. *insularis* (Rose) Jepson (1936) ≡ *Dudleya insularis* (Rose) P. H. Thomson (1993) (*nom. inval.*, Art. 33.2); **incl.** *Dudleya virens* ssp. *skinneri* Moran (1951) (*nom. inval.*, Art. 29.1).

[2] Unterschiede zu ssp. *virens*: **Tr** bis 100 × 2 - 6 (-8) cm; **Ros** 10 - 25 cm ⌀, stark verzweigt, Polster bis zu 2 m ⌀ bildend; **Blä** 6 - 25 × 1 - 3.2 (basal 2 - 4) cm; **Inf**schaft 20 - 70 cm, meist bemehlt, bisweilen grün; **Inf** verkehrt pyramidal oder oft zylindrisch, Zweige spitzenwärts gedrängt, Wickel meist mit 3 - 8 **Blü**; **Cal** 4.5 - 7 mm ⌀; **Kr** 14 - 23 mm ⌀. – n = 17.

Die triploide *D. sproulii* ist vermutlich eine Naturhybride dieser Unterart mit *D. greenei* (n=34) (Moran 1995: 4).

D. virens ssp. **virens** – **D:** USA (California: Insel San Clemente); Felskliffs und Hänge, bis 400 m, nicht häufig, Blüten (April bis) Mai bis Juni. **I:** Moran (1995: 6). **Fig. XI.f**

Incl. *Stylophyllum albidum* Rose (1903) ≡ *Cotyledon albida* (Rose) Fedde (1904) ≡ *Echeveria albida* (Rose) A. Berger (1930) ≡ *Dudleya albida* (Rose) P. H. Thomson (1993) (*nom. inval.*, Art. 33.2); **incl.** *Dudleya chilensis* P. H. Thomson (1993); **incl.** *Dudleya matsonii* P. H. Thomson (1993).

[2] **Tr** aufrecht, kurz, später niederliegend, bis > 100 × 1 - 3 cm; **Ros** ± 5 - 10 cm ⌀, mit 20 - 50 **Blä**, verzweigt und Polster bis mindestens 40 cm ⌀ bildend; **Blä** dreieckig-lanzettlich bis linealisch-lanzettlich, spitz, 5 - 10 (-15) × 1 - 1.5 (basal 1.5 - 3) cm, meist grün, bisweilen glauk; **Inf**schaft 20 - 45 cm, rötlich, 4 - 7 mm ⌀; **Inf** aufrecht, verkehrt pyramidal, 6 - 15 cm ⌀, meist mit 3 - 4 dicht gestellten, 1- bis 3-fach verzweigten Zweigen, Wickel 3 - 5 cm, mit 5 - 12 **Blü**; **Ped** 2 - 4 mm; **Cal** 3 - 6 × 4 - 5 mm, Zipfel dreieckig-eiförmig, spitz; **Kr** 16 - 20 mm ⌀; **Pet** dreieckig-eiförmig oder elliptisch-länglich, unten aufrecht, 7 - 11 × 2 - 3.5 mm, weiss, oder etwas rot gezeichnet (dann rosa erscheinend), Kiel grünlich, **Rö** 1.5 - 2.5 mm, Zipfel von nahe der **Pet**mitte weit spreizend oder etwas zurückgebogen, spitz; **NSch** weisslich; **Ca** aufrecht bis aufsteigend, 6 - 10 mm; **Gr** 2 - 4 mm. – n = 17.

Die sicher irrtümlich als aus Chile stammend beschriebene *D. chilensis* dürfte hierher gehören (Moran 1995: 7). Moran (l.c., 8) stellt auch *D. matsonii* hierher, obwohl die Art aus den San Jacinto Mts. angegeben wird und durch stärker aufsteigende Kronblätter abweicht. Es könnte sich bei *D. matsonii* vielleicht eher um eine Naturhybride von *D. abramsii* ssp. *abramsii* mit *D. saxosa* ssp. *aloides* handeln, die beide in den San Jacinto Mts. vorkommen.

D. viscida (S. Watson) Moran (Desert Pl. Life 14: 191, 1943). **T:** USA, California (*Nevin* s.n. [GH, DS, PH, UC]). – **D:** USA (California: Orange und San Diego Counties); küstennahe Felshänge und -kliffs, bis 450 m, selten, Blüten Mai bis Juni. **I:** Moran (1943a: 13); Thomson (1993: pl. 38: 4, 39: 6, 40: 4); KuaS 51: Karteikarte 18, 2000.

≡ *Cotyledon viscida* S. Watson (1882) ≡ *Stylophyllum viscidum* (S. Watson) Britton & Rose (1903) ≡ *Echeveria viscida* (S. Watson) A. Berger (1930).

[2] **Tr** meist aufrecht und kurz, 1 - 2.5 (-4) cm ⌀; **Ros** 10 - 30 cm ⌀, mit 15 - 35 **Blä**, polsterförmig verzweigt; **Blä** dicht gestellt, linealisch-dreieckig, spitz oder fein zugespitzt, 6 - 15 × 0.2 - 1.5 (basal 1 - 2) cm, dunkelgrün, stark klebrig, ölig erscheinend, mit Harzgeruch; **Inf**schaft 20 - 40 cm; **Inf** 3 - 18 × 3 - 10 cm, mit 3 bis vielen, 1- bis 2-fach verzweigten Zweigen, Wickel 2 - 6 cm, mit 3 - 10 **Blü**; **Ped** 0 - 4 mm; **Cal** 3 - 4 mm, Zipfel dreieckig-eiförmig bis länglich eiförmig, spitz, 1.5 - 4 mm; **Pet** elliptisch-länglich, unten aufrecht, 6 - 9 × 2.5 - 3.5 mm, weiss, deutlich rot liniert, **Rö** ± 1 - 2 mm, Zipfel von nahe der Mitte spreizend oder etwas zurückgebogen, spitz; **Ca** aufsteigend, wenig spreizend, schwach höckerig, 7 - 9 mm; **Gr** 2.5 - 4 mm. – $n = 17$.

Die einzige *Dudleya*-Art mit klebergen Blättern, mit Ausnahme der weniger ausgeprägt kleberigen *D. anomala*.

ECHEVERIA

M. Kimnach

Echeveria De Candolle (PSRV 3: 401, 1828). **T:** *Cotyledon coccinea* Cavanilles [Lectotyp, ausgewählt von J. N. Rose, Bull. New York Bot. Gard. 3: 5, 1903.]. – **Lit:** Walther (1972). **D:** S USA (Texas), Mexiko, Mittel- und Südamerika ausgenommen Guiana, Brasilien, Uruguay, Paraguay und Chile. **Etym:** Nach Atanasio Echeverrría (fl. 1787), mexikanischer Pflanzenmaler baskischer Herkunft, zeichnete (unveröffentlicht) für Sessé & al., Flora Mexicana.

Incl. *Courantia* Lemaire (1851). **T:** *Courantia echeverioides* Lemaire [Typifiziert durch Schlussfolgerung, einziges eingeschlossenes Element.].

Incl. *Oliverella* Rose (1903) (*nom. illeg.*, Art. 53.1). **T:** *Oliverella elegans* Rose [Typifiziert durch Schlussfolgerung, einziges eingeschlossenes Element.].

Incl. *Urbinia* Britton & Rose (1903). **T:** *Echeveria agavoides* Lemaire.

Incl. *Oliveranthus* Rose (1905). **T:** *Oliverella elegans* Rose.

Mehrjährige Sukkulenten, kahl oder behaart; **Wu** faserig oder knollig, Sprossachse (**Tr**) fehlend oder deutlich sichtbar und lang, gewöhnlich verzweigend; **Ros** kompakt, locker oder fehlend; **Blä** wechselständig, rosettig bis den **Tr** entlang zerstreut, fast häutig bis stark fleischig, lose oder fest angeheftet, linealisch bis beinahe kreisrund aber gewöhnlich lanzettlich oder verkehrt lanzettlich, zugespitzt bis stumpf, gewöhnlich mit aufgesetztem Spitzchen, Unterseite gerundet oder gekielt, Oberseite konkav, flach oder konvex, oft bläulich überhaucht oder stark gefärbt, manchmal leicht abfallend, wurzelnd und neue Pflanzen bildend; **Inf** seitlich, ährenförmig, traubig oder cymös-rispig mit 1 bis mehreren Wickeln (= Zweige mit wechselständig angeordneten **Blü**), blühende **Tr** mit zahlreichen **Bra**, in der Form ähnlich wie die normalen **Blä** aber kleiner; **Ped** beinahe fehlend bis lang, gewöhnlich mit 1 bis mehreren, winzigen Brakteolen; **Sep** 5, plötzlich zurückgeschlagen bis eng angedrückt aber gewöhnlich etwas ausgebreitet, ± ungleich gross, bis nahe zur Basis hin frei; **Kr** zylindrisch bis 5-eckig; **Pet** 5, ziegelig (klappig in der Ser. *Valvatae*), nur spitzennah etwas ausgebreitet, Farbe von weiss über gelb und orange bis rot variierend, Innenseite gewöhnlich gelb, gewöhnlich an der Basis mit einer Nektarhöhlung; **St** ± eingeschlossen, 10, 5 oberhalb der Nektarhöhlungen an den **Pet** angeheftet, 5 an der Spitze der **Kr**röhre zwischen den **Pet** angeheftet; **Fil** pfriemlich, abgeflacht; **Ca** 5, basal verwachsen, bei der **Blü**entfaltung aufrecht, je basal mit einem **NSch**; **Gr** schlank; **Na** winzig; **BalgFr** ausgereift weit spreizend; **Sa** eiförmig-birnenförmig, winzig, glatt oder genetzt. – Ausserordentlich unterschiedlich in Bezug auf die Chromosomenzahl, mit jeder haploiden Zahl von $n = 12$ bis 34 und mit polyploiden Zahlen von 28 bis 250.

Viele *Echeveria*-Arten sind ausserordentlich variabel und im Falle der attraktiveren Taxa wurde vielen unbedeutenden Varianten Artstatus verliehen. Eine gründliche Revision wird viel zusätzliche Feldarbeit erfordern. In der vorliegenden Behandlung wurde eine Anzahl Taxa als Synonyme betrachtet oder auf die Stufe einer Varietät reduziert. Diese Veränderungen waren oft durch die publizierten und unpublizierten Meinungen von Reid Moran und Charles Uhl, beides Spezialisten für die Gattung, beeinflusst. Die Cytologie der Gattung ist sehr kompex und hilfreich bei der Bestimmung der zwischenartlichen Verwandtschaften; die hier zitierten Chromosomenzahlen stammen alle von Uhl.

Echeverien sind gewöhnlich in mittleren bis hohen Lagen zu finden, nur *E. laui* wächst auf einer niederen Höhe von 500 m. Einige Populationen von *E. secunda* gedeihen auf Höhen über 3000 m. Die meisten Arten wachsen in leichtem Schatten auf Felsen oder Klippenflächen. *E. rosea* ist gewöhnlich epiphytisch und andere sind es gelegentlich auch. *E. heterosepala, E. schaffneri* und *E. paniculata* wachsen oft auf flachen, sandigen Böden in trockenen Gebieten, entweder in voller Sonne oder von Sträuchern beschattet.

Die Kultur von *Echeveria* reicht von einfach (*E. agavoides, E. elegans, E. secunda*) bis schwierig (*E. calycosa, E. chazaroi, E. megacalyx, E. pinetorum, E. valvata*). Da die regenlose Zeit in Mexiko in die kühle Jahreszeit fällt, ist es ratsam, während dieser Zeit weniger zu giessen. Während des Sommers bleiben sie gesünder und zeigen leuchtendere Farben, wenn sie kühler gehalten werden. Stecklinge der meisten Arten wurzeln bereitwillig, und hochwachsende Arten können durch Kopfstecklinge verjüngt werden, während die Basis zur Produktion zusätzlicher Ableger weiter gepflegt werden kann. Viele Arten sind einfach aus Blättern oder Brakteen zu vermehren.

Die letzte grössere Revision von *Echeveria* stammt von Walther (1972). Moran stellte in Jacobsen (1970) eine revidierte Einteilung der Gattung in Reihen (Serien) vor. Diese Reihen werden hier verwendet, mit Ausnahme von Ser. *Urceolatae* (ein späteres Synonym der Ser. *Urbiniae*) und Ser. *Induplicatae*, die für *E. linguifolia* aufgestellt wurde, die hier gemäss Moran zur Gattung *Cremnophila* gestellt wird:

[1] Ser. *Angulatae* E. Walther 1935: **Wu** oft knollig; **Tr** fast fehlend; **Blä** klein, schmal; **Inf** mit 1 bis mehreren Wickeln; **Pet** spitz gekielt, dick.
[2] Ser. *Chloranthae* Moran 1960: **Tr** fast fehlend; **Inf** mit 1 Wickel; **Ped** kurz, kräftig; **Pet** grün, stumpf gekielt. Einzige Art: *E. heterosepala*.
[3] Ser. *Ciliatae* Moran 1961: **Tr** kurz bis mittellang; **Blä** flaumhaarig bis kahl; **Inf** traubig oder rispig, oft flaumhaarig.
[4] Ser. *Echeveria* (incl. *Oliverella* Rose ≡ *Oliveranthus* Rose ≡ Sect. *Oliveranthus* (Rose) A. Berger; incl. Ser. *Vestitae* E. Walther): **Tr** mittelhoch bis hoch; **Blä** winzig filzig bis beborstet; **Inf** Ähren oder allseitswendige Trauben, oft flaumhaarig.
[5] Ser. *Gibbiflorae* (Baker) A. Berger 1930 (incl. Ser. *Grandes* E. Walther): **Tr** kurz oder mittelhoch; **Blä** mittelgross bis gross, kahl; **Inf** rispige Trauben (Thyrsen), Zweige als Wickel, selten flaumhaarig (*E. semivestita*).
[6] Ser. *Longistylae* E. Walther 1959: **Tr** beinahe fehlend; **Blä** kahl; **Inf** mit 1 oder 2 Wickeln; **Kr** 3 cm lang; **Gr** 2 cm. Einzige Art: *E. longissima*.
[7] Ser. *Mucronatae* E. Walther 1935: **Wu** knollig; **Tr** beinahe fehlend; **Blä** kahl, klein; **Inf** ährig oder fast traubig; **Ped** bis 2 mm.
[8] Ser. *Nudae* E. Walther 1958 (incl. Ser. *Australes* E. Walther, incl. Ser. *Elatae* E. Walther, incl. Ser. *Bracteolatae* E. Walther): **Tr** hoch; **Blä** kahl oder papillös; **Inf** traubig, selten ährig.
[9] Ser. *Occidentales* Moran 1968: **Wu** nicht knollig; **Tr** beinahe fehlend; **Blä** klein bis mittelgross; **Inf** cymös, spitzenwärts stark verzweigt, mit Wickeln; **Kr** rot.
[10] Ser. *Paniculatae* A. Berger 1930: **Wu** nicht knollig; **Tr** kurz; **Blä** klein, kahl; **Inf** cymösrispig, mit Wickeln; **Kr** sehr klein.
[11] Ser. *Pruinosae* E. Walther 1959: **Tr** kurz; **Blä** klein bis mittelgross, bereift bis glauk; **Inf** mit 1 oder 3 Wickeln; **Pet** dick.
[12] Ser. *Racemosae* (Baker) A. Berger 1930: **Wu** knollig oder faserig; **Tr** beinahe fehlend, seltener mittelhoch; **Blä** gewöhnlich kahl, selten flaumhaarig; **Inf** traubig.
[13] Ser. *Secundae* (Baker) A. Berger 1930: **Wu** nicht knollig; **Tr** beinahe fehlend bis kurz; **Blä** kahl, klein, gewöhnlich glauk; **Inf** mit 1 oder 2 Wickeln; **Pet** stumpf gekielt.
[14] Ser. *Spicatae* (Baker) A. Berger 1930: **Tr** hoch; **Blä** schmal, kahl; **Inf** dicht ährig oder traubig; **Sep** oft länger als die **Kr**; **Pet** stumpf, gekielt.
[15] Ser. *Thyrsiflorae* Moran 1968: **Wu** knollig; **Tr** beinahe fehlend; **Blä** kahl; **Inf** rispenähnlich oder fast traubig und determiniert.
[16] Ser. *Urbiniae* E. Walther 1935 (incl. Sect. *Urbinia* (Britton & Rose) A. Berger; incl. Ser. *Urceolatae* E. Walther): **Wu** nicht knollig; **Tr** beinahe fehlend; **Blä** klein, kahl, oft glauk; **Inf** einseitswendig-traubig; **Kr** urnenförmig.
[17] Ser. *Valvatae* Moran 1963: **Wu** nicht knollig; **Tr** beinahe fehlend; **Blä** dünn, scharfrandig; **Inf** mit 1 oder 2 Wickeln; **Bra** ziegelig; **Sep** etwa so lang wie die **Kr**; **Pet** klappig (= nicht überlappend).

Intergenerische Kreuzungen sind mit *Cremnophila* (= ×*Cremneria*), *Graptopetalum* (= ×*Graptoveria*), *Lenophyllum* (= ×*Lenoveria*), *Pachyphytum* (= ×*Pachyveria*), *Sedum* (= ×*Sedeveria*), *Thompsonella* (= ×*Thompsoveria*), und *Villadia* (= ×*Villeveria*) bekannt. Für vermutete Kreuzungen mit *Dudleya* siehe ×*Dudleveria*.

Kreuzungen zwischen Arten von *Echeveria* sind in Kultur häufig anzutreffen. Zusätzlich zu den wenigen benannten Kreuzungen, die in der folgenden Darstellung erwähnt werden, beziehen sich die folgenden Namen ebenfalls auf intragenerische Kreuzungen: *E.* ×*derosa, E.* ×*gossotii, E.* ×*graessneri, E.* ×*haageana, E.* ×*lanceolata* Gossot 1936 (*nom. illeg.*, Art. 53.1), und *E.* ×*setorum.*

Die folgenden Namen sind von unklarer Anwendung, gehören aber zu dieser Gattung: *Echeveria crispatula* Lemaire (1851); *Echeveria eximia* De Vos *ex* Morren (1875); *Echeveria macrophylla* hort. *ex* Morren (1874) (*nom. inval.*, Art. 32.1c); *Echeveria metallica* var. *rosea* Olbrich (1883); *Echeveria rosaeformis* De Smet *ex* Morren (1875); *Echeveria tortuosa* hort. *ex* Morren (1874) (*nom. inval.*, Art. 32.1c); *Echeveria vancelstii* De Smet (1874) (*nom. inval.*, Art. 32.1c); *Echeveria vervlietii* hort. *ex* Morren (1874); *Echeveria villosa* De Smet (1874) (*nom. inval.*, Art. 32.1c).

E. 'Imbricata' Deleuil (Cat., [], 1873). – **I:** Walther (1972).

Tr kurz, stark verzweigt; **Blä** breit verkehrt eiförmig, dornspitzig, oberseits stark konkav, 3 - 5 cm lang und breit, glauk-grün, rot gerandet.

Eine von M. Deleuil in Marseilles erzielte Kreuzung zwischen *E. glauca* (= *E. secunda*) und *E. gibbiflora* 'Metallica', seit 1873 bekannt und in wärmeren Regionen als Gartenpflanze weit verbreitet.

E. 'Set-oliver' E. Walther (CSJA 8: 172, 1937). – **I:** Walther (1972).

Stamm bis ± 10 cm hoch, stark verzweigt; **Blä** in lockeren **Ros**, behaart; **Inf** 40 cm hoch; **Kr** 21 × 12 mm ⌀, rotgelb.

Eine attraktive Kreuzung von Victor Reiter zwischen *E. setosa* var. *setosa* und *E. harmsii*. Wertvoll für Aussenbepflanzungen oder als Topfpflanze.

E. acutifolia Lindley (Edward's Bot. Reg. 5: t. 29 + Text, 1842). **T:** Mexiko, Oaxaca (*Anonymus* s.n. [CGE]). – **D:** Mexiko (Oaxaca: Cerro Guiengola, Nizanda). **I:** Walther (1972).

≡ *Cotyledon acutifolia* (Lindley) Baker (1869); **incl.** *Cotyledon devensis* N. E. Brown (1906) ≡ *Echeveria devensis* (N. E. Brown) M. L. Green (1931); **incl.** *Echeveria holwayi* Rose (1911).

[5] **Tr** bis 10 cm hoch oder mehr, selten verzweigt; **Blä** fast rhombisch, sehr spitz, Oberseite konkav, mit aufgesetztem Spitzchen, grün aber purpurn oder rot getönt; **Inf** schmal cymös-rispig, Zweige kurz und steif, mit nur 3 - 4 **Blü**; **Sep** aufsteigend, linealisch, ½ so lang wie die **Kr**; **Kr** urnenförmig, 5-kantig, scharlachrot, gelb getönt.

Eine attraktive aber selten kultivierte Art aus Oaxaca. Eine Variante (verbreitet als ISI 72) mit gänzlich roten Blättern wurde von T. MacDougall am Cerro Guiengola gefunden, und Abisaí García sammelte in Nizanda eine vorwiegend grünblätterige Form. Keppel (1980: 17) glaubte, dass Walther (1972) *E. acutifolia* falsch interpretierte, als er *Cotyledon devensis* und *E. holwayi* als Synonyme zitierte und letztere als Basis für seine Beschreibung von *E. acutifolia* verwendete. Beide werden hier provisorisch als Synonyme behandelt.

E. affinis E. Walther (CSJA 30(4): 105, figs. 54-55, 1958). **T:** CAS 403156. – **D:** Mexiko (Durango, Sinaloa). **I:** Walther (1972).

[9] **Tr** gewöhnlich bis 5 cm hoch (oder viel höher bei der Form vom Cerro Surotato), langsam sprossend; **Ros** 6 - 8 (-22) cm ⌀; **Blä** breit verkehrt lanzettlich, kurz zugespitzt, 3.5 - 7 (-11) × 1.1 - 2.4 (-4) cm, grün bis beinahe schwarz, Oberseite beinahe flach; **Inf** 20 - 30 (-40) cm hohe, oben abgeflachte Cymen mit 3 - 5 ausgebreiteten Zweigen, jeder Wickel mit 4 - 10 **Blü**; **Ped** bis 8 mm; **Sep** angepresst; **Kr** stumpf 5-kantig, 10 mm, am Schlund ± 8 mm ⌀, scharlachrot. – n = 30, 60.

Eine der attraktivsten Arten. Sie unterscheidet sich von *E. craigiana* durch ihre grünen, schwärzlich grünen oder schwarzen, gewöhnlich kürzeren Blätter und weniger stark ausgebreiteten Blütenstände. Die schwarzen Blätter und roten Blütenstände bilden eine beeindruckende Kombination. Die Form vom Cerro Surotato hat längere Triebe, grössere und grünere Blätter und eine stärker ausgebreitete Rispe als die typische *E. affinis*.

E. agavoides Lemaire (Ill. Hort. 10: Misc. 1: 78, 1863). **T:** [neo – icono]: Saunders Refug. Bot., 1: t. 67, 1869. – **D:** Mexiko (San Luis Potosí, Hidalgo, Guanajuato, Durango). **I:** Walther (1972).

≡ *Cotyledon agavoides* (Lemaire) Baker (1869) ≡ *Urbinia agavoides* (Lemaire) Rose (1903); **incl.** *Echeveria yuccoides* Morren (1874); **incl.** *Urbinia obscura* Rose (1903) ≡ *Echeveria obscura* (Rose) A. Berger (1930); **incl.** *Echeveria agavoides* 'Red Edge' E. Walther (1972).

[16] **Tr** gewöhnlich 5 - 10 cm hoch, 2.5 - 3 cm ⌀, gewöhnlich unverzweigt; **Ros** 7 - 15 (-35) cm ⌀; **Blä** ± 20, eiförmig-dreieckig, zugespitzt, nahe der Basis 4 - 7 × ± 3 cm, ± 5 mm dick, Ränder gerundet und durchscheinend, grün, manchmal entlang der Ränder oder an der Spitze gerötet; **Inf** meist mit 2 Wickeln, Zweige einseitswendig-rispig; **Ped** 8 - 20 (-30) mm, schlank; **Sep** < 5 mm, etwas ausgebreitet; **Kr** konisch-urnenförmig, 10 - 14 mm, nahe der Basis 5 - 8 mm ⌀, am Schlund 5 - 10 mm ⌀, rosarötlich bis orangerot. – n = 29, 58.

Eine kräftige, problemlos wachsende Art, oft für Kreuzungen verwendet. In den 1960ern hat Frank Reinelt aus Santa Cruz, California, viele Kreuzungen und Rückkreuzungen mit *E. colorata* produziert, aber heute sind keine genauen Angaben zu diesen Hybriden mehr vorhanden. *E. agavoides* ist auch am Standort sehr variabel, und die folgenden Cultivare oder Selektionen können unterschieden werden:

E. agavoides 'Corderoyi' (Morren) Kimnach (CSJA 70(6): 300, 1998). – **I:** Walther (1972: fig. 31, als var.). **Fig. XII.a**

Incl. *Cotyledon corderoyi* Baker (1874) ≡ *Echeveria corderoyi* (Baker) E. Morren (1874) ≡ *Urbinia corderoyi* (Baker) Rose (1903) ≡ *Echeveria agavoides* var. *corderoyi* (Baker) von Poellnitz (1936).

[16] Unterschiede zur typischen *E. agavoides*: **Blä** zahlreicher (60 - 70), kleiner, schmaler, grauer; **Inf** 3-ästig mit 15 - 20 **Blü**; **Sep** bis zur Basis frei; **Kr** nur 9 mm lang.

Vielleicht nicht mehr in Kultur.

E. agavoides 'Ebony' Kimnach & Trager (CSJA 64(2): 88, 1992). – **D:** Mexiko (San Luis Potosí). **I:** CSJA 65: 245, 1993.

[16] Unterschiede zur typischen *E. agavoides*: **Tr** selten sprossend; **Blä** beinahe dreieckig, nahe der Basis 5 - 7 × 3 - 3.5 cm breit, leicht zurückgebogen, dorn- bis grannenspitzig, graugrün, Ränder und Spitze purpurn bis beinahe schwärzlich.

Ein hervorragender Klon mit dunkelrötlichen Blatträndern. Die Farbe wird bei kühlem Wetter intensiver. Die Pflanze wurde in Mexiko gesammelt, aber der genaue Fundort ist unbekannt.

E. agavoides 'Multifida' (E. Walther) Kimnach (CSJA 70(6): 300, 1998). **T:** CAS. – **D:** Mexiko (San Luis Potosí: Hacienda de San Francisco).

≡ *Echeveria agavoides* var. *multifida* E. Walther (1972).

[16] Ein untypischer und sehr attraktiver Klon mit leuchtend roten **Bla**rändern.

E. agavoides 'Prolifera' (E. Walther) Kimnach (CSJA 70(6): 300, 1998). **T:** CAS.

≡ *Echeveria agavoides* var. *prolifera* E. Walther (1972).

[16] Unterschiede zur typischen *E. agavoides*: **Tr** reichlich verzweigend; **Blä** bis 30 oder mehr, 10 - 12 × ± 3 cm, grünlich gelb; **Kr** bis 16 mm lang.

E. alata Alexander (CSJA 13: 136, ill., 1941). **T:** Mexiko, Oaxaca (*MacDougall* B.16 [NY]). – **D:** Mexiko (Oaxaca: Quiotepec nahe Yolox). **I:** Walther (1972).

[8] **Tr** bis 8 cm hoch oder mehr, ± 7 mm ⌀; **Blä** diffus dem **Tr** entlang angeordnet oder fast rosettig, verkehrt lanzettlich, dornspitzig, 3 - 6 × 1 - 2.4 cm, 6 - 8 mm dick, grün, Rand rot; **Inf** Rispen, 10 - 20 cm; **Ped** 15 - 18 mm; **Sep** stark aufsteigend, bis 11 - 18 mm; **Kr** urnenförmig, 17 - 22 mm, scharf 5-kantig oder 5-flügelig, unten scharlachrot, an der Spitze gelb. – n = 17.

Ein kleiner, ziemlich schlichter Strauch, aber mit attraktiv gefärbten Blüten.

E. amoena De Smet (Cat., [], 1875). **T:** [neo – icono]: Gartenflora 53: 206, fig. 30, 1904. – **D:** Mexiko (Puebla, Veracruz). **I:** Walther (1972).

Incl. *Echeveria pusilla* A. Berger (1904); **incl.** *Echeveria purpusii* Britton (1905) (*nom. illeg.*, Art. 53.1); **incl.** *Echeveria microcalyx* Britton & Rose (1911).

[10] **Tr** bis 5 cm oder mehr, 3 - 5 mm ⌀, sich verzweigend; **Ros** 2.5 - 5.5 cm ⌀; **Blä** verkehrt eiförmig-spatelig, dornspitzig, 1 - 2 × 0.7 - 1.5 cm, nahe der Spitze ± 4 mm dick, glauk-grün, Spitze oft rot; **Inf** locker cymös-rispig mit Wickeln, ± 10 - 20 cm lang; **Bra** winzig, 4 - 10 (-20) mm, leicht abfallend; **Ped** schlank, 1 - 3 cm; **Sep** leicht ausgebreitet, < 3 mm; **Kr** zylindrisch, 7 - 9 mm, nahe der Basis ± 4 mm ⌀, lachsorange. – n = 33, 66.

Eine sehr kleine Art, die ihre Brakteen bei der kleinsten Berührung verliert und sich so schnell in der ganzen Sammlung ausbreitet. *E. microcalyx* unterscheidet sich hauptsächlich durch ihre etwas grösseren Blätter.

E. amphoralis E. Walther (CSJA 30(5): 149, ill., 1958). **T:** Mexiko, Oaxaca (*MacDougall* B.82 [CAS]). – **D:** Mexiko (Oaxaca: Tlaxiaco, Río de Tablas). **I:** Walther (1972).

[4] Alle Teile mit Ausnahme der **Blü**innenseite filzig; **Blä** fast rosettig oder etwas zerstreut, verkehrt eiförmig-keilförmig, mit aufgesetztem Spitzchen, bis 3.5 × 2 cm, dicklich, etwas gestielt, grün, Rand rot; **Inf** Trauben bis 20 cm mit 4 - 7 **Blü**; **Ped** bis 2 cm, bis 3 mm ⌀; **Sep** aufsteigend bis weit ausgebreitet, bis 14 mm, halbstielrund; **Kr** amphorenförmig, 5-kantig, bis 24 × 14 mm ⌀; **Pet** unten scharlachrot, entlang der Ränder und an der Spitze gelb. – n = 38.

E. angustifolia E. Walther (Echeveria, 211, ill., 1972). **T:** Mexiko, San Luis Potosí? (*Purpus* 205 [US]). – **D:** Mexiko (San Luis Potosí?, Tamaulipas?).

[16] **Tr** bis 3 cm hoch oder mehr, nicht verzweigend; **Blä** schmal länglich verkehrt lanzettlich, bis 4 × 0.7 - 0.9 cm, dick, Oberseite flach konkav, zugespitzt; **Inf** bis 20 cm hoch als einzelner Wickel mit 10 - 15 **Blü**; **Ped** 2 - 4 mm; **Sep** weit ausgebreitet, bis 8 mm; **Kr** deutlich 5-kantig, ± 11 mm, nahe der Basis 6 - 7 mm ⌀, am Schlund 3 - 4 mm ⌀, rötlich. – n = ± 200.

Ähnelt stark *E. bifida*. Trotzdem identifizierte Uhl (1996b) 2 Pflanzen aus Tamaulipas und San Luis Potosí als *E. angustifolia* und fand, dass sie sehr stark polyploid sind (± 200 Chromosomen, im Gegensatz zu 12 bei der *E. teretifolia*-Verwandtschaft).

E. atropurpurea (Baker) Morren (Belgique Hort. 1874: 156, 1874). **T:** Mexiko? (*Anonymus* s.n. [K]). – **D:** Mexiko (Veracruz?). **I:** Walther (1972).

≡ *Cotyledon atropurpurea* Baker (1870).

[12] **Tr** bis 15 cm lang oder mehr, ± 2.5 cm ⌀, selten verzweigend; **Ros** 14 - 20 cm ⌀; **Blä** länglich verkehrt lanzettlich oder verkehrt eiförmig-spatelig, zugespitzt, tief rinnig, 10 - 12 × 3 - 5 cm, rötlich braun; **Inf** Rispen, 12 - 15 cm; **Ped** 9 - 12 mm; **Sep** 4 mm oder mehr, ausgebreitet, linealisch-lanzettlich; **Kr** stark 5-kantig, 12 mm lang, rot.

Pflanzen unbekannter Herkunft, die der Originalbeschreibung entsprechen, sind heute in Kultur. Leicht aus Brakteen zu vermehren.

E. australis Rose (Bull. New York Bot. Gard. 3(9): 6-7, 1903). **T:** Costa Rica (*Pittier* s.n. [US]). – **D:** Costa Rica, Panama, Honduras; meist epiphytisch. **I:** Walther (1972).

[8] Kahle Halbsträucher bis 30 cm hoch; **Blä** et-

was rosettig, schmal verkehrt eiförmig-keilförmig, stumpf und mit aufgesetztem Spitzchen bis zugespitzt, bis 7 × > 2 cm, hellgrün, oft purpurn getönt, glauk; **Inf** dichte Trauben oder untere Zweige 2-blütig, bis > 25 cm lang; **Sep** aufsteigend oder ausgebreitet, 8 - 12 mm; **Kr** 11 - 14 mm, stark 5-kantig, rot. – n = 28.

Kultivierte Pflanzen sind sehr kälteempfindlich.

E. bakeri Kimnach (CSJA 63(5): 254-257, ills., 1991). **T:** Bolivien, Cochabamba (*Baker* 5159 [HNT, LP, MO, US]). – **D:** Bolivien (Cochabamba: zwischen Aiquile und Mizque).

[12] **Tr** gewöhnlich < 10 cm hoch, 7 - 12 mm ⌀; **Ros** gewöhnlich einzeln; **Blä** rosettig, verkehrt lanzettlich, leicht zugespitzt, 8 - 11 × 2.5 - 3 cm, glauk-weiss oder rötlich; **Inf** Trauben bis 50 (-90) cm; **Bra** auffällig glauk; **Ped** nahe der Basis aufsteigend, zur Spitze hin zurückgebogen, 9 - 22 mm; **Sep** anliegend, 4 - 8 mm; **Kr** eiförmig, 5-kantig, 12 - 20 mm, rosarötlich-orange. – n = ± 160.

E. ballsii E. Walther (CSJA 30(2): 44, ills., 1958). **T:** Kolumbien, Boyaca (*Balls* 7587 [CAS]). – **D:** Kolumbien (Boyaca, Cundinamarca). **I:** Walther (1972).

[12] **Tr** < 5 cm lang, verzweigt; **Ros** ± 7 cm ⌀; **Blä** länglich verkehrt eiförmig, etwas zugespitzt, bis 3.5 × ± 1 cm, dicklich, grün; **Inf** Trauben, 25 - 30 cm mit ± 10 nickenden **Blü**; **Ped** bis 1 cm; **Sep** aufsteigend; **Kr** 12 × ± 8 mm ⌀, orange- bis scharlachrot. – n = ± 40.

E. bella Alexander (CSJA 13: 133, ill., 1941). **T:** Mexiko, Chiapas (*MacDougall* s.n. [NY]). – **D:** Mexiko (Chiapas).

E. bella fa. **bella** – **D:** Mexiko (Chiapas: nahe San Felipe Ecatepec, Zinacantán, Nabenchauk). **I:** Walther (1972: 357).

[12] **Tr** < 5 cm lang, stark verzweigt; **Ros** 3 - 4 cm ⌀; **Blä** linealisch verkehrt lanzettlich, zugespitzt, bis 2.8 × < 0.5 cm, grün; **Inf** Trauben bis 25 cm, mit 10 - 12 **Blü**; **Ped** bis 7 mm; **Sep** weit ausgebreitet bis leicht aufsteigend, linealisch, ± 6 mm; **Kr** stumpf 5-kantig, ± 10 × 6 mm ⌀, unten korallenrot, zur Spitze hin gelb. – n = 15.

Eine willig blühende Art, aber eher schwierig zu kultivieren.

E. bella fa. **major** (E. Walther) Kimnach (Haseltonia 5: 51, 1998). **T:** Mexiko, Chiapas (*MacDougall* B.180 [CAS]). – **D:** Mexiko (Chiapas: nahe des Panamerican Highway entlang der Strasse nach Ocosingo). **I:** Walther (1972: 358).

≡ *Echeveria bella* var. *major* E. Walther (1972).

[12] Unterschiede zu fa. *bella*: **Blä** bis 8 × 2 cm; **Sep** breiter und stärker aufsteigend; **Kr** 11 mm.

Diese grösserblätterige Variante wird besser als Form statt als Varietät betrachtet.

E. bicolor (Kunth) E. Walther (CSJA 7: 39, 1935). **T:** Venezuela (*Humboldt & Bonpland* 610 [P]). – **D:** Venezuela, Kolumbien.

≡ *Sedum bicolor* Kunth (1823); **incl.** *Echeveria bracteolata* Link & al. (1842) ≡ *Cotyledon bracteolata* (Link & al.) Baker (1869); **incl.** *Cotyledon subspicata* Baker (1869) ≡ *Echeveria subspicata* (Baker) A. Berger (1930) ≡ *Echeveria bicolor* var. *subspicata* (Baker) E. Walther (1935); **incl.** *Echeveria venezuelensis* Rose (1930).

E. bicolor var. **bicolor** – **D:** Venezuela (Mérida, Tachira, Trujillo, nahe Caracas), Kolumbien (Magdalena: Sierra de Santa Marta). **I:** Walther (1972); CSJA 64: 3-4, 1992; 65: 81-87, 1993. **Fig. XII.b**

[8] **Tr** bis 50 cm hoch oder mehr, ± 9 - 12 mm ⌀, spärlich verzweigt; **Blä** zerstreut, verkehrt lanzettlich bis spatelig, bis 7 × 2.5 cm, Oberseite konkav oder gefurcht, manchmal leicht glauk, glänzend, grün; **Inf** Trauben; **Ped** 3 - 4 mm; **Sep** weit ausgebreitet, ± 8 mm, grün; **Kr** 8 - 10 mm, am Schlund 7 - 9 mm ⌀, rötlich gelb. – n = 21.

Eine in Bezug auf Wuchs- und Blattform ausserordentlich variable Art. Obwohl gewöhnlich mit hohen Trieben, gehen einige Formen in W-Venezuela in die kurzstämmige *E. recurvata* über. Im Zuge weiterer Untersuchungen könnte sich die wenig bekannte und hier als Synonym behandelte *E. subspicata* aus Kolumbien als eigene Art erweisen.

E. bicolor var. **turumiquirensis** Steyermark (Fieldiana, Bot. 28: 244, 1952). **T:** Venezuela, Sucre (*Steyermark* 62491 [F]). – **D:** Venezuela (Sucre).

[8] Unterschiede zu var. *bicolor*: **Inf** kürzer mit nur 5 - 8 (statt 12 - 20) **Blü**; **Blü** dichter gedrängt, 12 - 14 mm, tiefrot.

E. bifida Schlechtendal (Linnaea 13: 411, 1839). **T:** Mexiko, Hidalgo (*Ehrenberg* 546 [nicht lokalisiert]). – **D:** Mexiko (Hidalgo: nahe Ixmiquilpan, Barranca de Venados; Querétaro ?). **I:** Walther (1972).

≡ *Cotyledon bifida* (Schlechtendal) Hemsley (1880); **incl.** *Echeveria bifurcata* Rose (1909); **incl.** *Echeveria erubescens* E. Walther (1972); **incl.** *Echeveria tenuifolia* E. Walther (1972).

[1] **Tr** bis 6 cm hoch oder mehr, ± 1 - 1.5 cm ⌀, gewöhnlich unverzweigt; **Ros** 6 - 10 (-20) cm ⌀; **Blä** lanzettlich bis rhombisch verkehrt lanzettlich, zugespitzt, mit aufgesetztem Spitzchen, 4 - 10 × 1 - 2.5 cm, Oberseite konkav bis flach, grün bis purpurn; **Inf** einzeln, bis 3-ästig, Wickel mit 6 - 20 **Blü**; **Ped** 1 - 4 (-8) mm; **Sep** bis 15 mm, halbstielrund bis stielrund, ausgebreitet bis plötzlich zurückgebogen; **Kr** 12 - 17 mm, an der Basis 9 - 11 mm ⌀, am Schlund 4 mm ⌀, unten rötlich oder gelblich, oben rötlich.

E. teretifolia könnte ein früherer Name für *E. bifida* sein (siehe dort). Sie wurde auf Grund der Zeichnung eines unvollständigen Blütenstandes, der beinahe stielrunde Brakteen und fast sitzende Blüten zeigt, beschrieben. Diese Zeichnung wurde von Walther als Lectotyp für *E. teretifolia* ausgewählt. Die abgebildeten Merkmale stimmen jedoch beinahe mit denen anderer Arten (*E. angustifolia, E. trianthina*) überein, welche hier zur Serie *Urbiniae* gestellt werden. Darüber hinaus ist über ihre Blätter nichts bekannt, und daher scheint es am besten zu sein, den Namen aufzugeben. Obwohl Walther (1972) 3 andere von *E. bifida* verschiedene Arten anerkannte, weisen alle dieselbe Chromosomenzahl auf und unterscheiden sich nur in kleineren Details wie Trieblänge, Stärke der konkaven Wölbung der Blattoberseite, Zahl der Blütenstandszweige und Länge der Blütenstiele. Alle scheinen besser unter *E. bifida* zusammengefasst zu werden.

E. calderoniae Pérez-Calix (Acta Bot. Mex. 38: 9-11, ills., 1997). **T:** Mexiko, Guanajuato (*Pérez-Calix & Carranza* 3164 [IEB]). – **D:** Mexiko (Guanajuato: Mun. Ocampo).

[13] **Tr** beinahe fehlend, sich verzweigend; **Ros** ± 12 cm ⌀; **Blä** 20 - 30, lanzettlich bis schmal länglich, zugespitzt, mit rötlicher Spitze, in der Mitte 2 - 6 × 0.5 - 0.9 cm breit, 2 - 4 mm dick, grün, im Alter rötlich; **Inf** ein Wickel, 6 - 12 cm lang; **Ped** 3 - 9 mm; **Sep** aufsteigend, 3.5 - 10 mm; **Kr** 8 - 12 mm, nahe der Basis 3 - 6 mm ⌀, unten rötlich oder orange, oben gelb.

Unter den Arten der Ser. *Secundae* auf Grund ihrer schmalen, fast linealischen, grünen Blätter deutlich unterschieden.

E. calycosa Moran (CSJA 39(1): 14-16, ills., 1967). **T:** Mexiko, Michoacán (*Moran* 13424 [SD]). – **D:** Mexiko (Michoacán: 9 km S von Uruapan); in Flechten an schattigen, senkrechten Felsen.

[17] **Tr** < 4 cm lang; **Ros** einzeln, 5 - 10 cm ⌀; **Blä** spatelig, stumpf, mit andeutungsweise aufgesetztem Spitzchen, 2.5 - 5 (-9) × 1.5 - 2.5 (-3.5) cm, hellgrün; **Inf** meist ein einzelner Wickel, anfangs nickend, später aufsteigend, bis 21 cm lang, mit deutlichen und bei jungen **Inf** ziegeligen **Bra**; **Ped** 2 - 5 mm; **Sep** aufsteigend, sehr ungleich, bis 13 mm; **Pet** klappig; **Kr** 7.5 - 10 mm lang, oben gelb, unten orange. – n = 31.

Eine empfindliche Art, die zu den am schwierigsten zu kultivierenden Echeverien gehört.

E. canaliculata Hooker *fil.* (CBM 1857: t. 4986 + Text, 1857). **T:** Mexiko, Hidalgo? (*Anonymus* s.n. [K?]). – **D:** Mexiko (Chiapas: Motozintla; Oaxaca: La Margarita N der Presa Miguel Alemán). **I:** Walther (1972).

≡ *Cotyledon canaliculata* (Hooker *fil.*) Baker (1869); **incl.** *Echeveria rubescens* Lemaire (1857) (*nom. inval.*, Art. 34.1c).

[12] **Tr** bis 15 cm lang oder mehr, ± 2 cm ⌀; **Ros** ± 20 - 25 cm ⌀; **Blä** länglich verkehrt lanzettlich, dornspitzig bis mit aufgesetztem Spitzchen, Oberseite tief rinnig, 10 - 15 × 2.5 - 3 cm, glauk und purpurn überlaufen (Typaufsammlung) oder hellgrün (Oaxaca); **Inf** Trauben, 35 - 50 cm; **Ped** 6 - 12 mm oder mehr; **Sep** gleich, ausgebreitet-zurückgebogen; **Kr** 12 - 25 mm, stark 5-kantig, ziegelrot. – n = 44.

Die ursprüngliche Aufsammlung wird nicht mehr kultiviert und die Aufsammlung aus Chiapas ist nicht verifiziert. Kultivierte Pflanzen vom zitierten Fundort in Oaxaca unterscheiden sich durch ihre grünen Blätter und die kleinere Blütenkrone.

E. cante Glass & M. Mendoza-García (CSJA 69(5): 240-241, ills., 1997). **T:** Mexiko, Zacatecas (*Glass* 8073 [CANTE 2501, MEXU]). – **D:** Mexiko (Zacatecas: Sierra de Chapultepec). **Fig. XIII.b**

[5] **Tr** bis 10 cm hoch, 2 - 3 cm ⌀, unverzweigt; **Ros** bis 40 cm ⌀; **Blä** länglich verkehrt eiförmig, zugespitzt, bis 18.5 × 7.2 cm, 6 mm dick, Oberseite flach bis konkav, dick weiss bereift, manchmal lavendelfarben getönt, Rand rötlich; **Inf** 1 - 2, alle Teile bereift, cymös-rispig, 45 - 60 cm, nahe der Basis ± 1 cm ⌀, Zweige ± 5, je mit 4 - 12 **Blü**; **Ped** 2 - 7 (-17) mm, bis 4 mm ⌀; **Sep** aufsteigend, 10 - 15 mm; **Kr** 20 mm, nahe der Basis 10 - 15 mm ⌀, aussen bereift, orange-rosa; **NSch** gelblich, rosa getönt.

Wurde lange mit *E. subrigida* verwechselt, welche sich durch ihre sukkulenteren, weniger bereiften, stärker rinnigen Blätter und rote Nektarschüppchen unterscheidet.

E. carminea Alexander (CSJA 13: 138, ills., 1941). **T:** Mexiko, Oaxaca (*MacDougall* s.n. [NY]). – **D:** Mexiko (Oaxaca). **I:** Walther (1972).

[4] Pflanzen fein flaumhaarig; **Tr** bis 70 cm hoch, ± 1 cm ⌀, spärlich verzweigt; **Ros** 7 - 10 cm ⌀; **Blä** halb rosettig, breit verkehrt lanzettlich bis verkehrt eiförmig, mit aufgesetztem Spitzchen, zur Basis lang oder kurz spitz zulaufend, 4 - 9 × 2 - 4.5 cm, grün, Rand oft rötlich, manchmal gewellt; **Inf** gewöhnlich einzelne Trauben bis 30 cm oder mehr, mit ≥ 8 **Blü**; **Sep** breit ausgebreitet bis zurückgebogen, 15 - 20 mm, fast stielrund; **Kr** breit urnenförmig, 5-kantig, 20 - 25 × 15 - 18 mm ⌀, gewöhnlich orange, entlang der Ränder der **Pet** gelb, selten ganz gelb (Form von Ayutla). – n = 21.

Ein kleiner Strauch mit ungewöhnlich ansehnlichen Blüten.

E. carnicolor (Baker) Morren (Belgique Hort. 24: 158, 1874). **T:** [icono]: Refug. Bot., 3: t. 199, 1870. – **D:** Mexiko (Veracruz). **I:** Walther (1972: 346-347).

≡ *Cotyledon carnicolor* Baker (1870).

[12] **Tr** gewöhnlich < 6 cm lang, 1 - 1.5 cm ⌀, sich verzweigend; **Ros** 7 - 10 cm ⌀; **Blä** länglich verkehrt lanzettlich, stumpf bis fast zugespitzt, 4 - 7 × 1 - 1.5 cm, 5 - 6 mm dick, dicht papillös und glitzernd, gräulich- oder purpurgrün; **Inf** bis 15 cm,

gleichmässig verzweigt rispig, oft basal verzweigt; **Bra** leicht abtrennbar und wurzelnd; **Ped** bis 8 mm; **Sep** breit ausgebreitet, bis 6 mm; **Kr** deutlich 5-kantig, bis 10 × 6 mm ⌀, oben lachsorange, unten fleischfarben. – n = 18.

Auf Grund der leicht glitzernden, papillösen Blätter und des kurzen Blütenstandes gut zu unterscheiden.

E. chapalensis Moran & C. H. Uhl (Cact. Suc. Mex. 34(2): 27-34, 48, ills., 1989). **T:** Mexiko, Michoacán (*Uhl* 2140 [SD 95121]). – **D:** Mexiko (Jalisco, Michoacán).

[8] **Tr** bis 50 cm hoch oder mehr, 4 - 12 mm ⌀, verzweigend; **Ros** 7 - 14 cm ⌀; **Blä** spatelig-rhombisch, kurz zugespitzt, mit aufgesetztem Spitzchen, 5 - 7.5 × 2 - 2.5 cm, fein aufgerauht-papillös, grün, oft entlang der Ränder gerötet; **Inf** ährig, 20 - 50 cm, 4 - 7 mm ⌀; **Ped** < 0.5 mm lang; **Sep** aufrecht und angedrückt, 8 - 10 mm; **Kr** 5-kantig, 13 - 15 mm, basal ± 5 - 7 mm ⌀, nahe der Basis grünlich mit Ausnahme der rosafarbenen Kiele, oben rosa. – n = 45.

Obwohl in der Erscheinungsform *E. waltheri* ähnlich, sind die Chromosomenzahlen grundlegend verschieden.

E. chazaroi Kimnach (CSJA 67(2): 81-84, ills., 1995). **T:** Mexiko, Oaxaca (*Kimnach & al.* 3327 [HNT, MEXU]). – **D:** Mexiko (Oaxaca: Mun. Juxtlahuaca).

[12] **Tr** < 5 cm lang, spärlich verzweigt; **Ros** 6 - 8 cm ⌀; **Blä** verkehrt eiförmig, Oberseite tief konkav, 3 - 5 cm, breiteste Stelle 1.5 - 2 cm, Rand ausgenagt, winzig gewellt, entlang der Kanten mit hellem, blaugrünem Band, bläulich grün; **Inf** traubig, ± 45 cm; **Bra** gewellt, ausgenagt; **Ped** zurückgebogen, 2 - 6 × ± 1 mm ⌀; **Sep** in einem 90°-Winkel ausgebreitet, eiförmig-länglich, 3 - 5 mm; **Kr** 7 - 9 mm, nahe der Basis 5 - 6 mm ⌀; **Pet** spitzenwärts zurückgebogen, lachsrosa.

E. chiclensis (Ball) A. Berger (NPF2 18a: 473, 1930). **T:** Peru, Lima (*Ball* s.n. [K]). – **D:** Peru.
≡ *Cotyledon chiclensis* Ball (1887); **incl.** *Echeveria neglecta* von Pollenitz (1935).

E. chiclensis var. **backebergii** (von Poellnitz) Pino (Haseltonia 9: [im Druck], 2002). **T** [neo]: Peru, Lima (*Kimnach & al.* 2902 [HNT]). – **D:** Peru (Lima: bei Matucana).
≡ *Echeveria backebergii* von Poellnitz (1935) ≡ *Echeveria chiclensis* fa. *backebergii* (von Poellnitz) Kimnach (1998).

[12] Unterschiede zu var. *chiclensis*: **Blä** und **Inf** dicht und auffällig lang-papillös; **Kr** kahl.

Pflanzen aus der Nähe von Matucana sind so stark papillös, dass sie im Sonnenlicht glitzern.

E. chiclensis var. **chiclensis** – **D:** Peru (Junín, Huanuco, Lima).

[12] **Wu** dick, spindelig; **Tr** < 5 cm lang, verzweigend; **Blä** aufsteigend, linealisch bis schmal länglich verkehrt lanzettlich, spitz zulaufend, spitz, Oberseite tief konkav, 5 - 15 × 1 - 2.5 cm, kahl, grün; **Inf** Trauben, manchmal unten 2- bis 3-ästig, bis > 30 cm; **Ped** ± 7 mm; **Sep** aufsteigend; **Kr** 10 (-20) mm, gelblich rosa. – n = ± 120.

E. chiclensis und ihre Varietät scheinen schwierig zu kultivieren zu sein, vielleicht wegen der knolligen Wurzeln.

E. chihuahuensis von Poellnitz (RSN 38: 29, 1935). **T:** Mexiko, Chihuahua (*Endlich* 1232 [B?]). – **D:** Mexiko (Sonora, Chihuahua, Durango). **I:** CSJA 52: 57, 60, 1980.

[16] **Tr** < 5 cm lang, ± 1 cm ⌀, selten verzweigend; **Blä** verkehrt eiförmg-länglich bis verkehrt eiförmig-spatelig, oder länglich, 4 - 6 × 3 - 4 cm, dornspitzig bis mit aufgesetztem Spitzchen, glaukweiss bis grünlich weiss, Rand und Spitzen gerötet; **Inf** ein Wickel, 1- (bis 5-) ästig, bis 20 cm; **Ped** bis 14 mm; **Sep** sehr ungleich, die längsten ± 8 mm, angedrückt oder aufsteigend; **Kr** zylindrisch, ± 2× so lang wie dick, ± 14 mm lang; **Pet** rötlich. – n = 26, 50.

Die Art hat typischerweise weiss-glauke Blätter, aber in einer Population (*Kimnach & Sánchez-Mejorada* 1820, 13 km von Los Altares, Durango, entlang der Strasse von Topia) gab es einige wenige Pflanzen mit dunkelgrünen Blättern.

E. chilonensis (Kuntze) E. Walther (CSJA 7(3): 40, 1935). **T:** Bolivien, Santa Cruz (*Kuntze* 5 [NY]). – **D:** Bolivien (Santa Cruz, Cochabamba, Chuquisaca). **I:** NCSJ 24: 90, 1969.
≡ *Sedum chilonense* Kuntze (1898); **incl.** *Echeveria vanvlietii* van Keppel (1969).

[12] **Tr** bis 10 cm lang, ± 5 mm ⌀, sich verzweigend; **Ros** 7 - 11 cm ⌀; **Blä** linealisch-lanzettlich bis verkehrt lanzettlich-länglich, zugespitzt, 3 - 7 × (0.5-) 1 - 1.5 cm, rötlich grün bis grün; **Inf** Trauben oder unten fast rispig, bis 60 cm lang oder mehr, untere Zweige mit > 1 **Blü**; **Ped** 2 - 10 mm; **Sep** 5 - 8 mm, aufsteigend-ausgebreitet; **Kr** 5-kantig, urnenförmig-zylindrisch, ± 13 mm, nahe der Basis 7 mm ⌀, am Schlund 5 - 7 mm ⌀, gelblich bis beinahe weiss. – n = ± 165.

In der Gattung durch die fast weissen Blüten einzigartig. Auf Grund von nahe Anzaldo in Bolivien gesammelten Pflanzen wurde sie kürzlich wieder in Kultur eingeführt.

E. coccinea (Cavanilles) De Candolle (PSRV 3: 401, 1828). **T:** [lecto – icono]: Cavanilles, Icon. 2: t. 170, 1793. – **D:** Mexiko (Hidalgo, Distrito Federal, Puebla, Oaxaca, Chiapas). **I:** Walther (1972); CSJA 48: 225-229, 1976. **Fig. XII.c**
≡ *Cotyledon coccinea* Cavanilles (1793); **incl.**

Echeveria pubescens Schlechtendal (1839) ≡ *Cotyledon pubescens* (Schlechtendal) Baker (1869).

[4] Pflanzen mit Ausnahme der Innenseite der **Blü** samtig-flaumhaarig; **Tr** bis 60 cm hoch oder mehr, 0.5 - 2 cm ⌀, spärlich verzweigt; **Ros** 5 - 20 cm ⌀; **Blä** etwas rosettig, unten fehlend, verkehrt lanzettlich bis verkehrt eiförmig-spatelig, kurz zugespitzt, Oberseite konkav, 3 - 13 × 2 - 4 cm, grün, oft gerötet, oder weiss behaart; **Inf** einfache Ähren bis 70 cm oder mehr; **Ped** ± 2 mm; **Sep** aufsteigend bis weit ausgebreitet, bis 13 - 15 mm; **Kr** scharlachrot, deutlich 5-kantig, 9 - 15 mm, nahe der Basis 8 - 9 mm ⌀, am Schlund 7 - 10 mm ⌀. – n = 23, 25.

Dies ist die zuerst veröffentlichte *Echeveria*-Art. *E. pubescens*, vermutlich mit breiteren Blättern, kann wegen der ineinander übergehenden Formen nicht aufrecht erhalten werde. Besonders breitblätterige Pflanzen findet man entlang des Highways Ixtlán - Oaxaca, und eine weiss behaarte Form kann in der Nähe von San Luis Atolotitlán, Puebla, gefunden werden.

E. colorata E. Walther (Echeveria, 91, 1972). **T:** Mexiko (*Anonymus* s.n. [CAS]). – **D:** Mexiko (Jalisco).

E. colorata fa. **brandtii** (Kimnach) Kimnach (Haseltonia 5: 51, 1998). **T:** Mexiko, Jalisco (*Boutin & Brandt* 2150 [HNT]). – **D:** Mexiko (Jalisco, nahe der Laguna de Sayula). **I:** CSJA 52: 55-56, 1980, als var.

≡ *Echeveria colorata* var. *brandtii* Kimnach (1980).

[16] Unterschiede zu fa. *colorata*: **Blä** linealisch-eiförmig, 14 - 16 cm.

Kürzlich wurde bekannt, dass dieses Taxon zusammen mit typischen Pflanzen wächst, weshalb es nicht mehr als Formstatus verdient.

E. colorata fa. **colorata** – **D:** Mexiko (Jalisco). **I:** CSJA 52: 55-62, 1980.

Incl. *Echeveria lindsayana* E. Walther (1972).

[16] **Tr** < 8 cm lang, selten verzweigt; **Ros** 13 - 20 cm ⌀, mit bis zu 40 **Blä**; **Blä** eiförmig bis verkehrt eiförmig, 5 - 9 × 3 - 5 cm, bis 8 mm dick, bläulich-glauk, entlang der Ränder und an der Spitze rot überlaufen; **Inf** bis 30 cm hoch, 2- bis 3-ästig, Wickel bis 5 cm, 4- bis 6-blütig; **Ped** 5 - 13 mm; **Sep** 1 - 4 mm; **Kr** urnenförmig, 10 - 14 × 6 - 8 mm ⌀; **Pet** zugespitzt bis stumpf, nahe der Basis rötlich oder orange, oben gelb oder hellorange. – n = 27.

E. compressicaulis Eggli & N. P. Taylor (Curtis's Bot. Mag., ser. nov., 19: [im Druck], ills., 2002). **T:** Venezuela, Mérida (*Taylor* 675 [K]). – **D:** Venezuela (Mérida).

[12] **Tr** ausgebreitet- aufsteigend, bis 20 cm, ± 9 mm ⌀, unregelmässig zusammengedrückt und kantig durch verlängerte, rautenförmige, abgeflachte Flächen um jede **Bla**narbe; **Blä** meist zerstreut, oder an den **Tr**spitzen etwas rosettig, elliptisch-eiförmig, fast spitz, Oberseite durch die Abdrücke der jüngeren **Blä** unregelmässig skulpturiert, ± 4 (-4.8) × 1.2 - 1.8 cm, 7 - 9 mm dick, bräunlich grün bis ± purpurgrün; **Inf** allseitswendig traubig, bis 15 (-20) cm, Achse wie die **Tr** zusammengedrückt; **Ped** (3-) 7 - 17 mm; **Sep** ausgebreitet, 4.5 mm; **Kr** urnenförmig bis breit röhrig, 5-kantig, 9 mm lang, basal 10 mm breit, an der Mündung 4 mm breit, orangegelb mit helleren **Pet**rändern.

Durch die ± purpurbraunen Blätter und die unregelmässig zusammengedrückten Triebe auffällig. Das zuletzt genannte Merkmal findet sich weniger deutlich ausgeprägt auch bei *E. nodulosa* und *E. multicaulis*.

E. craigiana E. Walther (CSJA 24(1): 28-29, ills., 1952). **T:** Mexiko, Chihuahua (*Craig & Lindsay* 1939/3 [CAS]). – **D:** Mexiko (Chihuahua, Sonora). **I:** Walther (1972). **Fig. XII.g**

[9] **Tr** gewöhnlich < 5 cm lang, ± 15 mm ⌀, selten verzweigt; **Blä** linealisch-länglich, beinahe stielrund, oberseits flach, unterseits gerundet, zugespitzt, Spitze kurz pfriemlich-grannig, 8 - 11 × ± 2 cm, bräunlich oder bräunlich grün, leicht glauk; **Inf** cymös-rispig, bis < 50 cm, stark verzweigt; **Ped** bis 2 cm; **Sep** spitzenwärts ausgebreitet, bis 9 mm; **Kr** röhrig-glockig, ± 11 mm, am Schlund 13 mm ⌀, rot. – n = 30.

E. crenulata Rose (CUSNH 13(9): 295, 1911). **T:** Mexiko, Morelos (*Rose & Painter* 797 [US 454 957]). – **D:** Mexiko (Morelos: nahe Cuernavaca). **I:** CSJA 7: 138, 1936.

[5] **Tr** bis 10 cm lang oder mehr; **Blä** rhombisch verkehrt eiförmig, bis > 10 × 7 cm, an der Basis 2 cm breit, mit aufgesetztem Spitzchen bis spitz, Ränder flach, oder stark und fein gewellt, kaum winzig gekerbt, nicht glauk, grün, Ränder dunkel rötlich braun; **Inf** traubig-rispig, bis > 50 cm hoch, mit 9 oder mehr, kurzen Wickeln, je mit 4 - 12 **Blü**; **Ped** bis 1 cm; **Sep** weit ausgebreitet bis zurückgebogen, bis 1 cm; **Kr** urnenförmig, 5-kantig, ± 18 mm, nahe der Basis 12 mm ⌀, am Schlund manchmal bis 16 mm ⌀, rosarötlich bis gelblich.

E. cuencaensis von Poellnitz (RSN 38: 187, 1935). **T:** Ecuador (*Rose & Pachano* 22941 [US]). – **D:** Ecuador (Salle).

[12] **Tr** unbebekannt; **Blä** länglich oder verkehrt eiförmig-länglich, mit aufgesetztem Spitzchen, bis 7 × 2.5 cm, gräulich, Ränder rötlich; **Inf** Trauben bis 20 cm oder mehr, mit ± 30 **Blü**; **Ped** 3 mm oder mehr; **Blü** unten in Paaren, oben einzeln; **Sep** angedrückt, ± 7 mm; **Kr** 12 - 14 mm, rot oder gelblich. – n = ± 100.

Es ist unklar, ob diese wenig bekannte Art stammlos oder strauchig ist. Walther (1972) betrachtete sie als mit der peruanischen *E. excelsa* verwandt, welche kurze Triebe, kürzere Blütenstiele und eine längere Blütenkrone aufweist.

E. cuspidata Rose (Bull. New York Bot. Gard. 3(9): 9, 1903). **T:** Mexiko, Coahuila (*Palmer* s.n. [US]). – **D:** Mexiko (Coahuila, Nuevo León). **I:** Walther (1972).

Incl. *Echeveria parrasensis* E. Walther (1959).

[16] **Tr** gewöhnlich bis 10 cm lang oder mehr, 1.5 - 3 cm ⌀, gewöhnlich unverzweigt; **Ros** 6 - 22 cm ⌀; **Blä** verkehrt eiförmig-keilförmig, spitz zulaufend, spitz, mit aufgesetztem Spitzchen, Oberseite flach bis leicht konkav, 5 - 10 × 2 - 4 (-5) cm, 5 - 10 mm dick, grau-glauk, oft rötlich getönt, v.a. entlang der Ränder und an der Spitze; **Inf** mit 1 - 2 (-3) Wickeln, bis 40 cm lang, mit 6 - 15 **Blü** auf den obersten 8 - 15 cm; **Ped** 6 - 20 mm; **Sep** angedrückt bis leicht ausgebreitet, bis 8 mm; **Kr** konisch-urnenförmig, undeutlich kantig, 9 - 15 mm, nahe der Basis 6 - 8 mm ⌀, am Schlund 4 - 5 mm ⌀, scharlachrot, oft orange getönt. – n = 31.

Durch ein Versehen behandelte Walther *E. parrasensis* als eine eigene, zu einer anderen Reihe gehörige Art. Eine Population bei Zaragoza (Nuevo León) hat Rosetten mit lediglich 6 cm ⌀.

E. dactylifera E. Walther (Echeveria, 179, ills., 1972). **T:** CAS. – **D:** Mexiko (Sinaloa, Durango, Jalisco, Aguascalientes).

[5] **Tr** einzeln, bis 5 cm hoch oder mehr, ± 3 cm ⌀; **Ros** 20 - 40 cm ⌀; **Blä** elliptisch-länglich, zugespitzt, auf der Oberseite stark konkav, 10 - 20 × 5 - 16 cm, rötlich bis rötlich braun, leicht glauk; **Inf** cymös-rispig, 6- bis 12-ästig, bis 1 m hoch; **Ped** 1 - 2.5 cm; **Sep** breit ausgebreitet oder etwas aufsteigend, bis 2 cm; **Kr** schmal urnenförmig, 15 - 30 × 17 mm ⌀, unten rosarötlich, oben orange getönt, an der Innenseite jeder **Pet** an der Basis 2 fingerartige Fortsätze. – n = 54.

Eine weit verbreitete, beeindruckende Art mit attraktiven, rötlichen Blättern. Die Planzen von Aguascalientes sind durch die rötere Blattfarbe und die kleineren Blüten unterschieden.

E. decumbens Kimnach (CSJA 67(1): 3-5, ills., 1995). **T:** Peru, Cuzco (*Baker* 4143A [HNT, US]). – **D:** Peru (Cuzco).

[12] **Tr** < 5 cm hoch, sich verzweigend; **Ros** halbkugelig, 4 - 7 cm ⌀; **Blä** verkehrt lanzettlich, dornspitzig, nahe der Basis 2 - 3.5 × ± 0.8 cm, 3 - 4 mm dick, hellgrün bis oliv-lohbraun; **Inf** Trauben, gewöhnlich fast waagerecht mit Ausnahme des aufsteigenden oberen Teils, 26 - 46 cm, 2 - 4 mm ⌀; **Ped** aufsteigend, 1 - 2.5 cm, ± 1 mm ⌀; **Sep** angedrückt, 5 - 7 × 1.5 - 2 mm; **Kr** urnenförmig, undeutlich 5-kantig, 13 - 15 mm, nahe der Basis 5 - 6 mm ⌀; **Pet** ausgebreitet, linealisch-lanzettlich, spitz zulaufend, 3.5 - 4 mm breit, in der oberen ½ gelblich rot, unten weniger rot. – n = 175 ± 5.

E. derenbergii J. A. Purpus (Monatsschr. Kakt.-kunde 31: 8, ill., 1921). **T:** Mexiko, Oaxaca (*Purpus* s.n. [US 593195]). – **D:** Mexiko (Oaxaca: Sierra de Mixteca). **I:** Walther (1972). **Fig. XIII.a**

[3] **Tr** kurz, mehrfach verzweigt; **Ros** 6 - 8 cm ⌀; **Blä** verkehrt eiförmig-keilförmig, mit aufgesetztem Spitzchen, 3 - 4 × 2 - 2.5 cm, 3 - 5 mm dick, hellgrün, ± glauk, Ränder und Spitze oft rötlich; **Inf** bis 4 oder mehr, Wickel bis 10 cm, einzeln oder manchmal 2, je mit 5 oder mehr **Blü**; **Ped** aufrecht, bis 12 mm; **Sep** aufsteigend bis ausgebreitet, fast gleich; **Kr** aufrecht, 12 - 15 mm, gelb, Kiele und Spitzen rötlich. – n = 27.

Eine beliebte Art für kleine Töpfe oder Schalen, sowie für Kreuzungen.

E. diffractens Kimnach & A. B. Lau (CSJA 53(1): 4-7, ills., 1981). **T:** Mexiko, Veracruz (*Lau* 70 [HNT]). – **D:** Mexiko (Veracruz).

[12] **Tr** < 5 cm hoch; **Ros** selten sprossend, 7 - 10 cm ⌀, 2 - 3 cm hoch, abgeflacht; **Blä** verkehrt lanzettlich, stumpf, dornspitzig, an der Basis 3.5 - 4.5 × 1 - 1.2 cm, weiter oben 1.7 - 2.2 cm breit, hell rosarötlich braunviolett, Epidermis glatt; **Inf** Rispen, einzeln oder 2- bis 3-ästig, **Bra** auffällig, leicht abfallend, 10 - 20 × 4 - 9 mm; **Sep** aufsteigend, eiförmig-lanzettlich, 4 - 6 × 1.5 - 2.5 mm; **Kr** konisch-urnenförmig, kantig, 11 - 13 mm, nahe der Basis 6 - 7 mm ⌀, orange, nahe der Spitze oft gelb. – n = 18.

Verwandt mit *E. carnicolor*, sich aber durch die breit verkehrt lanzettlichen, mit einem auffälligen Spitzchen versehenen, dünneren, nicht papillösen, rosafarbenen Blätter und die orangen Blüten unterscheidend. Die Brakteen fallen bei Berührung leicht ab. Der Name wurde ursprünglich als 'difractens' falsch geschrieben.

E. elegans Rose (in N. L. Britton & al. (eds.), North Amer. Fl. 22(1): 22, 1905). **T:** Mexiko, Hidalgo (*Rose* 960 [US]). – **D:** Mexiko (Hidalgo, San Luis Potosí, Guanajuato, Querétaro, Jalisco?). **I:** Walther (1972).

Incl. *Echeveria perelegans* A. Berger (1930); **incl.** *Echeveria potosina* E. Walther (1935); **incl.** *Echeveria elegans* var. *kesselringiana* von Poellnitz (1936); **incl.** *Echeveria albicans* E. Walther (1958); **incl.** *Echeveria hyalina* E. Walther (1958); **incl.** *Echeveria elegans* var. *hernandonis* E. Walther (1972); **incl.** *Echeveria elegans* var. *tuxpanensis* E. Walther (1972).

[16] **Tr** beinahe fehlend, sich verzweigend; **Blä** dicht rosettig, länglich verkehrt eiförmig oder verkehrt eiförmig-keilförmig, zugespitzt bis gestutzt, mit aufgesetztem Spitzchen, Oberseite flach oder konkav, 3 - 7.5 × 1 - 3.5 cm, dick, beinahe weiss oder grünlich-glauk, manchmal purpurn getönt; **Inf** ein Wickel, 10 - 15 cm hoch; **Ped** bis 6 - 14 mm; **Sep** 5 - 10 mm, angedrückt bis ausgebreitet; **Kr** konisch-urnenförmig, 11 - 18 × 8 - 12 mm ⌀, rosa bis

rosarötlich, leicht glauk, Spitzen oft gelblich oder grünlich. − n = 31, 32, 34, 60, 62-63, 96, 120-130.

Diese Art ist sowohl beliebt wie auch variabel. Das hat zur Publikation mehrerer, unklar abgegrenzter Taxa geführt, die sich hauptsächlich in so unwichtigen Merkmalen wie Blattform und -grösse, Stellung der Kelchblätter und Farbe der Blütenkrone unterscheiden, weshalb sie hier als Synonyme behandelt werden.

E. eurychlamys (Diels) A. Berger (NPF2 18a: 473, 1930). **T:** Peru, Cajamarca (*Weberbauer* 4056 [B †?]). − **D:** Peru (Cajamarca: Pariocota, Huambos, Chota).

≡ *Cotyledon eurychlamys* Diels (1906).

[12] **Tr** gewöhnlich < 10 cm hoch, 5 - 10 mm ⌀; **Ros** 7 - 9 cm ⌀; **Blä** verkehrt eiförmig-länglich, 3.5 - 6 × 1.5 - 3 cm, mit aufgesetztem Spitzchen, gräulich grün, oft rot gespitzt; **Inf** aufrechte, gerade Trauben bis 25 cm; **Bra** halb kreisrund, fleischig, 10 - 15 × 6 - 12 mm; **Ped** kräftig, 2 - 3 mm; **Sep** aufsteigend, fleischig; **Kr** bis 14 - 16 × 6 - 8 mm ⌀, korallenrot. − n = ± 80.

Unter den südamerikanischen Arten durch die kleinen, fleischigen, bläulich überhauchten und beinahe kreisrunden Brakteen zu erkennen.

E. excelsa (Diels) A. Berger (NPF2 18a: 473, 1930). **T:** Peru, Ancash (*Weberbauer* 3149 [B †?]). − **D:** Peru (Ancash: Matarragua, Valle de Nepena); 3600 - 3700 m.

≡ *Cotyledon excelsa* Diels (1906).

[12] **Tr** sehr kurz, 3 - 5 cm ⌀; **Blä** etwas rosettig, länglich verkehrt eiförmig bis verkehrt lanzettlich, an der Basis stark verschmälert, zugespitzt, 12 - 15 × 3.5 - 4 cm; **Inf** ± 1 - 1.2 m, etwas ährig, schmal zylindrisch; **Bra** wenige, angedrückt, weit voneinander entfernt; **Ped** bis ± 1 mm oder kürzer; **Sep** eiförmig, 7 × ± 3 mm; **Pet** lanzettlich, zugespitzt, 16 - 20 × 5 - 7 mm, scharlachrot, mit blasseren Spitzen.

Eine grosse, gut unterschiedene Art, in Kultur unbekannt.

E. fimbriata C. H. Thompson (Trans. Acad. Sci. St. Louis 20: 20, ill., 1911). **T:** Mexiko, Morelos (*Trelease* 674 [MO]). − **D:** Mexiko (Morelos). **I:** Walther (1972).

[5] **Tr** bis 50 cm lang, 2.5 - 3 cm ⌀, einzeln; **Blä** bis 10, locker rosettig, verkehrt eiförmig-spatelig bis etwas länglich, 10 - 20 × 6 - 7 cm, stumpf, mit aufgesetztem Spitzchen, grün bis kräftig bräunlich rot, Rand junger **Blä** winzig gefranst; **Inf** traubig-rispig, bis 60 cm; **Ped** ± 1 cm; **Sep** aufsteigend-ausgebreitet, fast gleich; **Kr** zylindrisch 5-kantig, ± 15 mm lang, rot bis rosa. − n = 54.

E. fulgens Lemaire (Hort. Vanhoutt. 1: 8, 1845). **T:** [neo − icono]: Jard. Fleuriste 3: t. 244, 1855. − **D:** Mexiko.

≡ *Cotyledon fulgens* (Lemaire) Baker (1869); **incl.** *Echeveria retusa* Lindley (1847) ≡ *Cotyledon retusa* (Lindley) Baker (1869).

E. fulgens var. **fulgens** − **D:** Mexiko (México, Jalisco, Michoacán, Oaxaca). **I:** Walther (1972).

[5] **Tr** bis 15 cm lang oder mehr, 1 - 2 cm ⌀, selten verzweigt; **Ros** 8 - 15 cm ⌀; **Blä** locker rosettig, verkehrt eiförmig-spatelig, stumpf, mit aufgesetztem Spitzchen, 8 - 15 × 4 - 7 cm, glauk-grün, gewöhnlich stark rot oder bräunlich rot getönt, Ränder oft gewellt und dunkler gerötet; **Inf** cymös-rispig, ± 15 - 20 cm hoch; **Ped** 2 - 6 mm, dick; **Sep** aufsteigend-ausgebreitet, bis 10 mm; **Kr** 10 - 15 mm, nahe der Basis ± 11 mm ⌀, pfirsichrot; **Pet** manchmal auf jeder Seite der **NSch** mit einem Anhängsel. − n = 27, 162.

Eine der variabelsten Arten von *Echeveria*, weit verbreitet und dekorativ. Manchmal sind Kronblattanhängsel ähnlich wie bei *E. heterosepala* und *E. dactylifera* vorhanden.

E. fulgens var. **obtusifolia** (Rose) Kimnach (Haseltonia 5: 51, 1998). **T:** Mexiko, Morelos (*Pringle* 7734 [US]). − **D:** Mexiko (Morelos, Michoacán). **I:** Walther (1972).

≡ *Echeveria obtusifolia* Rose (1903); **incl.** *Echeveria scopulorum* Rose (1905) ≡ *Echeveria obtusifolia* var. *scopulorum* (Rose) von Poellnitz (1936).

[5] Unterschiede zu var. *fulgens*: **Blä** verkehrt eiförmig-keilförmig, nur 4 - 8 cm lang, grün (aber oft rot gerandet). − n = 27, 135, 162.

E. gibbiflora De Candolle (PSRV 3: 401, 1828). **T:** [neo − icono]: De Candolle, Mém. Fam. Crass., t. 5, 1828. − **D:** Mexiko (Distrito Federal, México, Morelos, Michoacán, Oaxaca), Guatemala. **I:** Walther (1972).

≡ *Cotyledon gibbiflora* (De Candolle) Baker (1869); **incl.** *Echeveria grandifolia* Haworth (1828); **incl.** *Echeveria campanulata* Kunze (1843).

[5] **Tr** bis 30 cm hoch, ± 5 cm ⌀, selten verzweigt; **Blä** breit verkehrt eiförmig-rund, bis > 25 × 15 cm, stumpf oder etwas zugespitzt, mit aufgesetztem Spitzchen, Ränder manchmal wellig winzig gekerbt, rötlich grün, ± glauk; **Inf** cymös-rispig, bis > 1 m hoch, Zweige ± 12-blütig; **Sep** ausgebreitet bis aufsteigend, bis 11 mm; **Kr** ± 16 mm, nahe der Basis 5-kantig, ± 10 mm ⌀, am Schlund 9 mm ⌀, glauk-rosa. − n = 27, 54.

Eine beeindruckende, in und um Mexico City herum häufige Art. Walther (1972) unterschied Pflanzen mit schmaleren, spitzeren Blättern als *E. grandifolia*.

E. gibbiflora 'Carunculata' (van Laren) Kimnach (CSJA 70(6): 300, 1998). − **I:** Jacobsen (1970: t. 58: 3).

≡ *Echeveria gibbiflora* var. *metallica carunculata* van Laren (*pro var.*) (1932) (*nom. inval.*, Art. 24.2); **incl.** *Echeveria carunculata* hort. (s.a.) (*nom.*

inval., Art. 29.1); **incl.** *Echeveria grandifolia* 'Blister Leaf' E. Walther (1972).

[5] **Tr** bis 30 cm hoch oder mehr, 2 - 2.5 cm ∅; **Blä** verkehrt lanzettlich, stumpf, ± 10 - 14 × 6 - 8 cm, rosarötlich, entlang der Mitte mit vorstehenden Auswüchsen.

Eine bemerkenswerte Form mit Blattauswüchsen, anscheinend aus 'Metallica' abgeleitet. Die Blattauswüchse treten bei einigen Sämlingen aus Selbstbestäubungen von 'Carunculata' wieder in Erscheinung. Der Stamm verlängert sich viel schneller als bei 'Metallica'.

E. gibbiflora 'Metallica' (Lemaire) Kimnach (CSJA 70(6): 300, 1998). – **I:** Laren (1934).
≡ *Echeveria metallica* Lemaire (1863) ≡ *Cotyledon gibbiflora* var. *metallica* (Lemaire) Baker (1869) ≡ *Echeveria gibbiflora* var. *metallica* (Lemaire) Morren (1874).

[5] **Blä** kreisrund, stumpf, mit aufgesetztem Spitzchen, 18 × 13 cm, purpurlila mit glauk-grünen Rändern.

Echeveria 'Pearl of Nürnberg' (= 'Perle von Nürnberg') ist eine beliebte Hybride zwischen 'Metallica' und *E. potosina* (= *E. elegans*) und wurde von R. Graeser in den 1930er Jahren gezüchtet. Ihre Rosetten haben 7 - 10 cm ∅ und sind tief purpurrot gefärbt.

E. gibbiflora 'Violescens' (E. Walther) Kimnach (CSJA 70(6): 300, 1998). – **I:** Walther (1972).
≡ *Echeveria violescens* E. Walther (1958).

[5] **Tr** bis 60 cm hoch, spärlich verzweigt; **Blä** verkehrt eiförmig-spatelig, stumpf bis ausgerandet, mit aufgesetztem Spitzchen, offenbar ± so gross wie bei 'Metallica', purpurn, glauk; **Bra** breiter und stumpfer als bei 'Metallica'; **Ped** 2 - 4 mm; **Sep** schmaler und stärker aufsteigend als bei 'Metallica'; **Kr** rosa. – n = 54.

Walther (1972) hielt dies für eine Art, die sich von *E. gibbiflora* var. *metallica* in mehreren Blütenmerkmalen unterscheidet, aber sie scheint besser als Cultivar behandelt zu werden. Es ist kein natürliches Vorkommen bekannt.

E. gigantea Rose & Purpus (CUSNH 13: 46, t. 12-14, 1910). **T:** Mexiko, Puebla (*Purpus* 414 [US]). – **D:** Mexiko (Puebla, Oaxaca). **I:** Walther (1972).

[5] **Tr** gewöhnlich unverzweigt, bis 50 cm lang, 2 - 3 cm ∅; **Ros** 15 - 20 cm ∅; **Blä** breit verkehrt eiförmig-spatelig, stumpf, mit aufgesetztem Spitzchen, 15 - 20 × 8 - 10 cm, grün, Ränder purpurrot; **Inf** cymös-rispig, bis 1 - 2 m hoch, mit 7 oder mehr Wickeln, je mit 7 - 16 **Blü**; **Ped** 2 - 8 mm; **Sep** ausgebreitet bis zurückgebogen, sehr ungleich, bis 15 mm; **Kr** 5-kantig, 12 - 17 × 9 - 11 mm ∅, rosarot, schwach glauk. – n = 54.

Eine attraktive Art, die ausgesprochen häufig für Kreuzungen und Auslesen benutzt wurde, insbesondere zur Erzielung von stärker feinkerbigen Blatträndern. Hervorragende Auslesen von, oder Hybriden mit *E. gigantea* wurden von zwei Kaliforniern, Harry Butterfield und Dick Wright, erzielt. Zu den Sorten des letztgenannten zählen 'Alta May', 'Arlie Wright', 'Chantilly', 'Cameo', 'Dick Wright' und 'Paul Bunyan'. Die letzten 3 sind gleichzeitig fein gekerbt und mit Blattauswüchsen versehen.

E. ×gilva E. Walther (CSJA 7: 61, 1935). **T:** CAS. – **D:** Mexiko (Puebla, Oaxaca). **I:** Walther (1972: 116).

Tr kurz, stark verzweigt; **Blä** verkehrt eiförmig-länglich, 5 - 8 × 2 - 2.5 cm, dick, kurz zugespitzt und mit aufgesetztem Spitzchen, bernsteinfarben; **Kr** rosa.

Eine Hybride unbekannter Herkunft, wahrscheinlich mit *E. agavoides* als einem Elternteil. Es handelt sich um eine ausgezeichnete Pflanze für Gartengestaltungen in frostfreien Regionen.

E. globuliflora E. Walther (CSJA 31(1): 24, ill., 1959). **T:** Mexiko, Oaxaca (*MacDougall* B.79 [CAS]). – **D:** Mexiko (Oaxaca: Tehuantepec, Cerro Jilotepec); ± 2100 m. **I:** Walther (1972).

[8] **Tr** bis 10 cm lang oder mehr, spärlich verzweigt; **Blä** leicht rosettig, länglich verkehrt lanzettlich bis verkehrt eiförmig-keilförmig, mit aufgesetztem Spitzchen, zugespitzt oder kurz zugespitzt, ± 5 × 1.5 cm, grün, Unterseite, Ränder und Kiel rötlich; **Inf** unregelmässig cymös-rispig, bis 25 cm lang, untere Zweige wenige, kurz, je mit 2 - 6 **Blü**; **Ped** bis 1 cm oder mehr; **Sep** stark aufsteigend bis angedrückt, die längsten 4 - 5 mm; **Kr** kugelig-urnenförmig, 5-kantig, bis 10 × 8 mm ∅; **Pet** mit aufgesetztem Spitzchen, orangerot. – n = 42.

Die Typlokalität wurde ursprünglich fälschlich als Cerro Arenal, Oaxaca, angegeben.

E. globulosa Moran (CSJA 38(1): 12-14, ill., 1966). **T:** Mexiko, Oaxaca (*MacDougall* B.235 [SD]). – **D:** Mexiko (Oaxaca: Mun. Tlacolula); 2700 - 3000 m.

[3] **Tr** < 3 cm lang, ± 9 mm ∅, sich verzweigend; **Ros** beinahe kugelig, 4 - 5.5 cm ∅; **Blä** keilförmig-spatelig, stumpf bis etwas gestutzt, mit aufgesetztem Spitzchen, 2 - 2.5 × 0.9 - 1.2 cm, 4 - 4.5 mm dick, glauk, Ränder und Kiel rötlich; **Inf** ein einzelner Wickel, 6 - 8 cm lang, mit 8 - 10 **Blü**; **Ped** 7 - 12 mm; **Sep** leicht aufsteigend, beinahe gleich; **Kr** 5-kantig-eiförmig, 9 - 12 mm lang, wassermelonenrosa mit Ausnahme der gelben Spitzen. – n = 24.

Eine zierliche Art, mit *E. derenbergii* verwandt.

E. goldmanii Rose (in N. L. Britton & al. (eds.), North Amer. Fl. 22(1): 17, 1905). **T:** Mexiko, Chiapas (*Goldman* 04/802 [US 399990, BH, F, GH, NY, UC, US]). – **D:** Mexiko (Chiapas: nahe Pasitán).

[8] Pflanzen kahl; **Tr** sich verzweigend, bis 20 cm hoch; **Blä** locker rosettig, linealisch-lanzettlich

oder länglich lanzettlich, 3 - 5 × ≤ 1 cm, zugespitzt, oberseits tief konkav, glänzend, grün, Spitze und Ränder rötlich; **Inf** 2 bis viele, ährig, bis 25 cm lang; **Ped** < 3 mm, dick; **Sep** aufsteigend bis angedrückt, bis 5 mm, dick; **Kr** ± 10 mm, nahe der Basis 6 mm ⌀; **Pet** an den Spitzen kaum ausgebreitet, rosa- bis scharlachrot.

E. gracilis Rose *ex* E. Walther (CSJA 7: 40, ill., 1935). **T:** Mexiko, Puebla (*Purpus* 24 [US]). – **D:** Mexiko (Oaxaca, Puebla). **I:** Walther (1972).

[8] **Tr** sich verzweigend, bis 20 cm lang, 4 - 8 mm ⌀; **Blä** leicht rosettig oder zerstreut, keilförmig-spatelig, stumpf bis gerundet, mit aufgesetztem Spitzchen, 2 - 3.3 × 0.9 - 1.5 cm, 2.5 - 3.5 mm dick, grün oder leicht glauk, **Inf** Trauben, 13 - 26 cm; **Ped** 5 - 10 mm; **Sep** weit ausgebreitet, linealisch-lanzettlich, beinahe gleich, 5 - 10 mm; **Kr** 5-kantig, 9 - 11 mm, nahe der Basis 5 - 6 mm ⌀, rot und orange. – n = 24.

Walthers Beschreibung stammt von einer Pflanze unbekannter Herkunft, die anscheinend nicht artgleich mit der Typaufsammlung von *E. gracilis* ist (Moran 1973). Die obige Beschreibung basiert auf einer von MacDougall gemachten Aufsammlung nahe der Typlokalität. Laut Moran steht die Art *E. nuda* und *E. guatemalensis* am nächsten.

E. grisea E. Walther (CSJA 9: 165, ill., 1938). **T:** Mexiko, Guerrero (*Walther* 35/1 [CAS]). – **D:** Mexiko (Guerrero: Petatlán - Chilapa; Michoacán: Uruapan?). **I:** Walther (1972).

[5] **Tr** bis 10 cm lang oder mehr, ± 1.5 cm ⌀, gewöhnlich unverzweigt; **Ros** ± 15 cm ⌀; **Blä** breit verkehrt eiförmig-spatelig, stumpf, mit winzigem, aufgesetztem Spitzchen, 10 - 15 × 5 - 8 cm, graugrün, leicht bereift; **Inf** bis 50 cm, cymös-rispig, mit 3 - 5 kurzen, wenigblütigen Zweigen; **Ped** bis 4 mm; **Sep** weit ausgebreitet, fast stielrund, bis 7 mm; **Kr** bis 13 × ± 9 mm ⌀; **Pet** fleischig, rosarötlich. – n = 27.

E. guatemalensis Rose (CUSNH 12(9): 395, t. 47, 1909). **T:** Guatemala (*Maxon* 3726 [US 399713]). – **D:** Guatemala, Honduras, Nicaragua. **I:** Walther (1972).

[8] Gewöhnlich epiphytische, kahle Kleinsträucher bis 25 cm hoch; **Blä** nicht rosettig sondern den **Tr** entlang zerstreut, ausgebreitet, länglich verkehrt lanzettlich bis spatelig, 2 - 4.5 × 1.5 - 2 cm, stumpf, mit aufgesetztem Spitzchen, grün, bei starkem Licht rötlich; **Inf** Trauben mit 15 - 20 **Blü**; **Ped** bis 9 mm; **Sep** ausgebreitet bis aufsteigend, bis 10 mm; **Kr** ± 12 mm lang und ⌀, rosa; **Pet**ränder gelb. – n = 26.

E. halbingeri E. Walther (CSJA 30(3): 89, ill., 1958). **T:** Mexiko, Hidalgo (*Anonymus* s.n. [CAS]). – **D:** Mexiko (Hidalgo).

E. halbingeri var. **goldiana** (E. Walther) Kimnach (Haseltonia 5: 51, 1998). **T:** Mexiko, Hidalgo? (*Anonymus* s.n. [CAS]). – **D:** Mexiko (vermutlich Hidalgo). **I:** Walther (1972).

≡ *Echeveria goldiana* E. Walther (1959).

[16] Unterschiede zu var. *halbingeri*: **Tr** selten verzweigend; **Blä** breit verkehrt eiförmig-keilförmig, gestutzt, mit winzigem, aufgesetztem Spitzchen, sehr dick, nahe der Spitze ± 4 × 2.5 cm, nahe der Basis < 1.5 cm breit, grün; **Ped** bis 15 mm; **Sep** im 90°-Winkel vom **Ped** abgespreizt; **Kr** verschmälert, am Schlund nur 4 mm ⌀, rosa, Spitzen gelb.

Nach Walther kam diese Pflanze von Dudley Gold und wurde angeblich im Valle de Bravo im Bundesstaat México gesammelt. Gold bestritt später jede Kenntnis dieser Pflanze, die viel eher aus Hidalgo zu stammen scheint. Sie unterscheidet sich von var. *sanchez-mejoradae* durch ihre kleineren, stärker angeschwollenen Blätter, die weit abgespreizten Kelchblätter und die verschmälerte Blütenkrone.

E. halbingeri var. **halbingeri** – **D:** Mexiko (Hidalgo: S von Actopán, El Arenal, Cerro de las Canteras). **I:** Walther (1972).

[16] **Tr** beinahe fehlend, verzweigt; **Ros** 5 - 6 cm ⌀, sprossend; **Blä** dicht gedrängt, verkehrt eiförmig, ± 2.5 × 1.3 cm, stumpf, mit winzigem, dornigem Grannenspitzchen oder mit aufgesetztem Spitzchen, glauk-grün; **Inf** ein einzelner Wickel bis 12 cm; **Ped** 6 mm; **Sep** aufsteigend bis ausgebreitet, bis 6 mm; **Kr** urnenförmig-glockig, ± 12 mm; **Pet** pfriemlich-dornspitzig, Spitzen stark zurückgebogen, rötlich orange bis gelblich. – n = 62.

E. halbingeri var. **sanchez-mejoradae** (E. Walther) Kimnach (Haseltonia 5: 51, 1998). **T:** CAS. – **D:** Mexiko (Hidalgo). **I:** Walther (1972).

≡ *Echeveria sanchez-mejoradae* E. Walther (1972).

[16] Unterschiede zu var. *halbingeri*: **Tr** reichlich verzweigend; **Blä** linealisch verkehrt lanzettlich bis verkehrt eiförmig-keilförmig, grösser, mit dornigem Grannenspitzchen oder mit aufgesetztem Spitzchen, ± 6 × 1.5 cm, grün; **Ped** 9 mm; **Sep** ausgebreitet bis aufsteigend, bis 11 mm; **Kr** 11 mm, nahe der Basis 8 mm ⌀, am Schlund 5 mm ⌀; **Pet** rosarötlich, Spitzen grün, nicht zurückgebogen. – n = 32.

E. harmsii J. F. Macbride (Field Mus. Nat. Hist., Bot. Ser. 11(1): 22, 1931). **T:** Mexiko, México (*Rose & Hay* 6073 [US]). – **D:** Mexiko (als in Oaxaca heimisch angegeben). **I:** Walther (1972). **Fig. XII.d**

Incl. *Oliverella elegans* Rose (1903) (unkorrekter Name, Art. 11.3) ≡ *Cotyledon elegans* (Rose) N. E. Brown (1905) ≡ *Oliveranthus elegans* (Rose) Rose (1905) ≡ *Echeveria elegans* (Rose) A. Berger (1930) (*nom. illeg.*, Art. 53.1).

[4] Pflanzen mit Ausnahme der Innenseiten der **Blü** an allen Teilen winzig filzig; **Tr** bis 30 cm lang oder mehr, stark verzweigt; **Blä** an den **Tr**spitzen locker gebüschelt, breit lanzettlich bis spatelig, zugespitzt, 2 - 3 (-5) × 1 cm, grün, Ränder und Spitzen oft gerötet; **Inf** traubig, 1- bis 2-ästig, jeder Zweig mit 1 - 3 **Blü**; **Ped** bis 3 cm; **Sep** bis 18 mm, ausgebreitet aufwärts gebogen; **Kr** schmal urnenförmig, bis 33 × 16 mm ⌀; **Pet** scharlachrot, Ränder gelb. – n = 19.

Eine besonders auffällig blühende Art. Häufig für Kreuzungen verwendet.

E. helmutiana Kimnach (CSJA 67(2): 80-81, ills., 1995). **T:** Mexiko, Oaxaca (*Kimnach & al.* 3202 [HNT, GUAD, MEXU]). – **D:** Mexiko (Oaxaca: San Isidro Chicahuastla); 2300 m.

[12] **Tr** < 5 cm hoch, spärlich verzweigt; **Ros** 10 - 13 cm ⌀; **Blä** linealisch-länglich, plötzlich zugespitzt, spitz, meist beiderseits konvex, 4 - 6 × 1.3 - 1.7 cm, olivgrün bis rot, bei kalten, trockenen Bedingungen leuchtend rot werdend; **Inf** Trauben, 45 - 65 cm hoch; **Ped** aufsteigend-bogig, 5 - 12 mm; **Sep** aufsteigend bis aufrecht, länglich eiförmig, 5 - 7 mm; **Kr** fassförmig, 7 - 10 mm, in der Mitte 7 mm ⌀; **Pet** undeutlich gekielt, orange.

E. heterosepala Rose (Bull. New York Bot. Gard. 3(9): 8-9, 1903). **T:** Mexiko, Puebla (*Pringle* 7499 [US]). – **D:** Mexiko (Puebla: Esperanza, Cerro de Paxtle; Oaxaca: Tlacotepec). **I:** Walther (1972). **Fig. XIII.d**

≡ *Pachyphytum heterosepalum* (Rose) E. Walther (1935); **incl.** *Pachyphytum chloranthum* E. Walther (1931); **incl.** *Echeveria viridiflora* Rose *ms. ex* von Poellnitz (1936) (*nom. inval.*, Art. 34.1c).

[2] **Tr** < 4 cm lang, spärlich verzweigt; **Ros** 4 - 6 cm ⌀; **Blä** rhombisch-lanzettlich, mit grannenartigem, aufgesetztem Spitzchen, 4 - 7 × 1.5 - 2 cm, graugrün; **Inf** ein Wickel, bis 50 cm lang oder mehr; **Bra** leicht abfallend; **Ped** 3 - 7 mm; **Sep** 5 - 7 mm, aufsteigend bis ausgebreitet; **Kr** breit urnenförmig, ± 10 mm lang, in der Knospe grün, später rot; **Pet** innen mit grundständiger Aushöhlung, oft auf jeder Seite wie bei *Pachyphytum* mit einem Anhängsel. – n = 13.

Eine der wenigen Echeverien, die unter trockenen Bedingungen auf flachen Böden wachsen. Sie ist in Kultur schwierig.

E. humilis Rose (Bull. New York Bot. Gard. 3(9): 8, 1903). **T:** Mexiko, San Luis Potosí (*Parry & Palmer* 233 p.p. [US]). – **D:** Mexiko (Hidalgo, Querétaro, Guanajuato, San Luis Potosí). **I:** CSJA 39: 230, 1967. **Fig. XIII.c**

Incl. *Echeveria xichuensis* L. López & Reyes (1998).

[16] **Tr** kurz, schliesslich verzweigend; **Blä** eiförmig-lanzettlich, spitz bis zugespitzt, Spitze scharf bis grannenspitzig, 4 - 5 (-7) × ± 2.2 cm, sehr dick, an der Basis am dicksten, Unterseite stark konvex, oberseits eher flach, gewöhnlich braun, oder im Schatten grünlicher; **Inf** ein Wickel, einfach oder bis zu 3-ästig, 20 cm lang; **Ped** 2 - 4 mm; **Sep** aufsteigend, bis 9 mm, dick und angeschwollen; **Kr** urnenförmig-glockig, ± 13 mm, nahe der Basis ± 8 mm ⌀, unten gelblich, oben lachsorange. – n = 32.

Auf Grund ihrer sehr dicken, bräunlichen Blätter unverwechselbar.

E. johnsonii E. Walther (CSJA 30(2): 46, ill., 1958). **T:** Ecuador (*Johnson* s.n. [CAS]). – **D:** Ecuador (nahe Guayllabamba). **I:** Walther (1972). **Fig. XIV.a**

[8] **Tr** bis 20 cm lang oder mehr, ± 8 mm ⌀, verzweigt; **Blä** nicht rosettig sondern entlang der oberen **Tr**enden gedrängt, keulig bis linealisch-länglich, fast stielrund, stumpf oder zugespitzt, mit winzigem, aufgesetztem Spitzchen, ± 3.5 × 0.9 cm ⌀, grün; **Inf** etwas ährig, ± 10 cm mit 10 - 12 **Blü**; **Ped** ≤ 3 mm; **Sep** fast gleich, aufsteigend bis ausgebreitet; **Kr** stark 5-kantig, ± 11 mm lang, gelblich mit rötlichen Spitzen und Kielen. – n = 22.

Eine nahe Verwandte von *E. quitensis*, zu unterscheiden durch die beinahe stielrunden Blätter.

E. juarezensis E. Walther (CSJA 31: 52, ill., 1959). **T:** Mexiko, Oaxaca (*MacDougall* B.172 [CAS]). – **D:** Mexiko (Oaxaca: Strasse Tuxtepec - Oaxaca nahe La Cumbre). **I:** Walther (1972).

[5] **Tr** bis 10 cm lang oder mehr, 1.5 - 2 cm ⌀, selten verzweigt; **Ros** 10 - 14 cm ⌀; **Blä** rosettig, verkehrt eiförmig-keilförmig, zugespitzt, mit aufgesetztem Spitzchen, oberseits tief konkav, 5 - 8 × 3 - 5 cm, hellgrün, etwas glauk; **Inf** bis 20 cm, nahe der Basis ± 12 mm ⌀, gewöhnlich mit 3 Wickeln von 10 - 12 cm Länge, jeder mit ± 12 **Blü**; **Ped** 5 - 14 mm; **Sep** aufsteigend bis weit ausgebreitet, bis ± 11 mm; **Kr** kegelig-urnenförmig, 5-kantig, ± 12 × 8 mm ⌀, scharlachrot. – n = 27.

E. kimnachii J. Meyrán & Vega (Cact. Suc. Mex. 43(1): 6-9, ills. (incl. hinterer Umschlag), 1998). **T:** Mexiko, Sinaloa (*Vega* 9206 [MEXU, ENCB, UAS]). – **D:** Mexiko (Sinaloa: Sierra Tacuichamona).

[10] **Tr** beinahe fehlend; **Ros** gewöhnlich einzeln, ± 4.5 cm ⌀, mit 80 - 90 **Blä**; **Blä** verkehrt lanzettlich, stumpf, mit aufgesetztem Spitzchen, zur Basis hin verschmälert, ± 2 × 0.8 - 1 cm, 4 - 6 mm dick, bläulich grün, mit gelber, aufgesetzter Spitze; **Inf** rispig, 11 - 36 cm lang, mit 1 - 4 Wickeln; **Ped** 4 - 6 mm, 1 mm ⌀; **Sep** aufsteigend bis der **Kr** angedrückt, beinahe gleich, 3.5 - 4.5 × 1.5 - 2.5 mm; **Kr** röhrig-glockig, 6 - 7 mm, nahe der Basis 4 mm ⌀, am Schlund 7 mm ⌀; **Pet** verkehrt lanzettlich, leicht zugespitzt, grünlich bis reingelb.

Eine winzige Art. Mit *E. amoena* verwandt, obwohl die beiden geographisch weit auseinander liegen.

E. laui Moran & J. Meyrán (Cact. Suc. Mex. 21: 57, 59-66, ills., 1976). **T:** Mexiko, Oaxaca (*Lau* s.n. in *Meyrán* 4278 [MEXU 192469, ENCB, SD]). – **D:** Mexiko (Oaxaca: in einem der Seitentäler des Río Salado-Quiotepec). **I:** CBM 182: t. 774, 1979. **Fig. XIII.f**

[11] **Tr** gewöhnlich 5 - 10 × ± 1.5 cm ⌀, unverzweigt, unten mit ausdauernden, trockenen **Blä** bedeckt; **Ros** 12 - 15 cm ⌀; **Blä** verkehrt eiförmig, breit stumpf, mit winzigem, aufgesetztem Spitzchen, 5 - 8.5 × 3 - 4.5 cm, 6 - 8 mm dick, Oberseite beinahe flach bis leicht konkav, kräftig weiss-glauk oder manchmal rosarötlich-glauk; **Inf** 6 - 10 cm lang, mit 5 - 7 auffallenden, stark glauken **Bra**, Wickel mit 9 - 17 **Blü**; **Ped** 2 - 4 mm; **Sep** aufsteigend, sehr ungleich, 3 - 18 mm; **Kr** 5-kantig-pyramidal, 13 - 16 mm lang, rot aber bereift.

Vielleicht die schönste aller Echeverien und innerhalb der Gattung ungewöhnlich durch ihr Vorkommen in derart geringer Meereshöhe (500 m) und in einem heissen, trockenen Gebiet. Sie wächst langsam, ist aber im Übrigen einfach zu kultivieren, sofern darauf geachtet wird, dass kein Wasser zwischen die Blätter gelangt. Die Blätter werden bei Berührung leicht unansehnlich. Obwohl keine Ableger gebildet werden, kann die Art durch Blätter und Brakteen vermehrt werden.

E. leucotricha Purpus (Monatsschr. Kakt.-kunde 24: 65, ill., 1914). **T:** Mexiko, Puebla (*Purpus* s.n. [B †?]). – **D:** Mexiko (Puebla: Cerro del Castillo, Caltepec). **I:** Walther (1972).

[4] **Tr** bis 15 cm hoch oder mehr, 12 - 15 mm ⌀, verzweigt; **Blä** locker leicht rosettig, länglich verkehrt lanzettlich, stumpf, mit aufgesetztem Spitzchen, 5 - 8 × 2 - 2.8 cm, 10 - 13 mm dick, grün aber dicht mit weissen **Ha** bedeckt, Spitze mit braunen **Ha**; **Inf** etwas ährig bis etwas rispig, bis 40 cm; **Ped** kurz, meist 1-blütig; **Sep** angedrückt, bis 10 mm; **Kr** bis 18 mm, nahe der Basis bis 8 mm ⌀, am Schlund 7 mm ⌀, rot. – n = 38.

Unterscheidet sich von *E. pulvinata* durch dickere, schmalere, länglichere Blätter und eine andere Chromosomenzahl.

E. lilacina Kimnach & Moran (CSJA 52(4): 175-179, ill., 1980). **T:** Mexiko, Nuevo León (*Kimnach & Lyons* 1421 [HNT]). – **D:** Mexiko (Nuevo León: nahe Rayones). **Fig. XIII.e**

[16] **Tr** < 5 cm lang, ± 1.5 cm ⌀, unverzweigt; **Ros** 11 - 17 cm ⌀; **Blä** dicht rosettig, verkehrt eiförmig-spatelig, stumpf, mit aufgesetztem Spitzchen, an der breitesten Stelle 5 - 6 × 2.5 - 3.7 cm, nahe der Basis 1 - 1.2 cm breit, mit durchscheinendem Rand, bräunlich olivgrün aber durch einen hellen, violettweissen bis rosaweissen, wachsartigen Puder bedeckt; **Inf** mit 1 (-2) Wickeln, jung mit zurückgebogener Spitze, später aufrecht, 28 - 36 cm hoch (bis zur 1. **Blü**), 3 - 5 mm ⌀; **Bra** 14 - 26, 8 - 18 × 4 - 6 mm; **Blü**traube unverzweigt, 10 - 24 cm mit 10 - 18 **Blü**; **Ped** nickend, zur **Fr**zeit aufrecht, 9 - 27 mm, ± 1 mm ⌀, rosa; **Sep** mit Ausnahme der spreizenden Spitzen angedrückt, 1.5 - 7 × 1 - 4 mm; **Kr** urnenförmig, 6 - 7.5 mm ⌀; **Pet** dreieckig-lanzettlich, zugespitzt, 13 - 14 × ± 4 mm, korallenrosa, Spitzen plötzlich radförmig ausgebreitet bis zurückgebogen. – n = 27.

Wegen der kompakten Symmetrie und der unverwechselbaren, hellen Fliederfärbung eine der dekorativsten und beliebtesten Echeverien.

E. longiflora E. Walther (CSJA 31: 101, ill., 1959). **T:** CAS. – **D:** Mexiko (basiert auf einer kultivierten Pflanze, die angeblich aus Guerrero stammen soll). **I:** Walther (1972).

[5] **Tr**höhe unbekannt, kräftig, gewöhnlich unverzweigt; **Blä** verkehrt eiförmig-kreisrund, stumpf, eher zugespitzt oder mit aufgesetztem Spitzchen, an der Basis in einen schmalen, rinnigen **Bla**stiel verschmälert, ± 15 × > 8 cm, grün, hellviolett getönt, ± glauk; **Inf** traubig-rispig, 3-ästig, bis 75 cm hoch; **Ped** bis 15 mm; **Sep** ± 12 mm, weit ausgebreitet bis leicht zurückgebogen; **Kr** lang und verhältnismässig schmal, bis 22 mm, nahe der Basis bis 13 mm ⌀, am Schlund 10 mm ⌀, unten purpurn, oben rosa, glauk. – n = 27.

Innerhalb des *E. gibbiflora*-Komplexes durch die lange, schmale Krone ohne gelbe oder orange Färbung unverwechselbar. Ähnliche Blüten finden sich bei *E. scheeri*, welche aber ansonsten unterschiedlich ist.

E. longissima E. Walther (CSJA 9: 147, ill., 1938). **T:** Mexiko, Puebla (*Purpus* 3953 [NY, UC]). – **D:** Mexiko (Oaxaca, Puebla).

E. longissima var. **aztatlensis** J. Meyrán (Cact. Suc. Mex. 27(2): 33-36, ills., 1982). **T:** Mexiko, Oaxaca (*Otero* 25 in *Meyrán* 4318 [MEXU 025616]). – **D:** Mexiko (Oaxaca: nahe San Miguel Aztatla). **Fig. XII.e**

[6] Unterschiede zu var. *longissima*: Sprossend; **Blä** ± 3 × 1.5 cm, **Inf** 1- bis 2- (bis 3-) blütig; **Kr** breit urnenförmig, bis 12 mm ⌀; **St** bis 35 mm.

Leichter zu kultivieren und zu vermehren als die Typvarietät. Nach der Blütezeit dehnen sich die Blüten aus, verändern ihre Form und ähneln dann chinesischen Laternen.

E. longissima var. **longissima** – **D:** Mexiko (Oaxaca: Paraje San Bartolo, N von Concepción de Buenavista; Puebla). **Fig. XII.h**

Incl. *Echeveria harmsii* var. *multiflora* E. Walther (1935).

[6] **Tr** < 5 cm lang, ± 1.5 cm ⌀, beinahe immer unverzweigt; **Ros** flach, 6 - 7 cm ⌀; **Blä** breit verkehrt eiförmig-keilförmig, dornspitzig, 6 × 3 cm, dunkelgrün, kahl, oft rot gerandet; **Inf** bis 30 cm hoch, mit 1 - 3 Wickeln; **Bra** auffällig, beinahe überlappend; **Blü** 4 - 12; **Ped** 10 - 17 mm, ohne Brakteolen; **Sep** aufsteigend bis weit ausgebreitet,

eiförmig-dreieckig bis länglich lanzettlich, bis 8 mm; **Kr** schmal urnenförmig-zylindrisch, bis > 30 mm, nahe der Basis 10 mm ⌀; **Pet** schmal länglich, schwach gekielt, nahe den Spitzen grün, sonst orange; **St** bis 25 mm. − n = 42.

Eine besonders hübsche Art, und wegen den kompakten Rosetten aus grünen, rot gerandeten Blättern und den grössten Blüten innerhalb der Gattung bemerkenswert. Leider wächst sie langsam und ist schwierig zu kultivieren und zu vermehren. Sie wurde jüngst von F. Otero wiederentdeckt.

E. lozanoi Rose (in N. L. Britton & al. (eds.), North Amer. Fl. 22(1): 23, 1905). **T:** Mexiko, Jalisco (*Pringle & Lozano* 11890 [US]). − **D:** Mexiko (Jalisco). **I:** CSJA 39: 230, 1967, Identifikation unsicher.

[5] **Tr** bis 5 cm lang; **Ros** flach am Boden liegend, ± 20 cm ⌀; **Blä** länglich lanzettlich oder riemenförmig, zugespitzt, 10 - 15 × 2 - 4 cm, abgeflacht und ziemlich dicklich, Basis dicker und etwas rinnig, zentrale **Blä** kupferfarben; **Inf** 30 - 45 cm hoch, mit einer kurzen, rispigen Traube mit 3 - 7 Zweigen mit 2 - 4 **Blü**; **Ped** bis 10 mm, kräftig; **Sep** ungleich, eiförmig, zugespitzt, die längsten bis 11 mm; **Kr** 10 - 15 mm, kupferfarben.

Eine seltene Art, in Kultur unbekannt. Es wurden mehrere Versuche unternommen, sie am Typfundort wieder zu finden. Dort scheint sie allerdings durch Ziegen zerstört worden zu sein. Der Artname ist ursprünglich als 'lozani' falsch geschrieben worden.

E. lutea Rose (J. Washington Acad. Sci. 1: 268, ill., 1911). **T:** Mexiko, San Luis Potosí (*Purpus* 800 [US]). − **D:** Mexiko (San Luis Potosí). **I:** Walther (1972). **Fig. XII.f**

Incl. *Echeveria lutea* var. *fuscata* E. Walther (1972).

[1] **Wu** verdickt; **Tr** < 5 cm lang, 1 - 2 cm ⌀, spärlich verzweigt; **Ros** 8 - 12 cm ⌀; **Blä** dicht rosettig, linealisch-elliptisch bis verkehrt lanzettlich, lang verjüngt spitz zulaufend, Spitze zugespitzt, aufwärts gebogen, oberseits tief rinnig, 4 - 5 × 0.8 - 1.8 cm, 3 - 7 mm dick, grün bis bräunlich grün; **Inf** mit 1 oder 2 Wickeln, bis 28 - 75 cm hoch, spitzenständiger Teil vor der **Blü**zeit stark abwärts gebogen; **Bra** auffällig, elliptisch-linealisch, halbstielrund, 25 - 65 mm; **Ped** bis 2 mm lang, 2 - 4 mm ⌀; **Sep** weit ausgebreitet bis etwas zurückgeschlagen; **Kr** stark 5-kantig, 12 - 17 mm, nahe der Basis 8 - 12 mm ⌀, am Schlund 3 - 5 mm ⌀, gelb. − n = 12.

Eine attraktive Art mit hübschen, gelben Blüten. Aus heissen und trockenen Regionen kommend, und ziemlich schwierig zu pflegen.

E. macdougallii E. Walther (CSJA 30(3): 87, ill., 1958). **T:** Mexiko, Oaxaca (*MacDougall* B.15 [CAS]). − **D:** Mexiko (Oaxaca). **I:** Walther (1972).

Incl. *Echeveria sedoides* E. Walther (1958).

[8] **Tr** stark verzweigt, bis 20 cm hoch oder mehr; **Ros** 4 - 5 cm ⌀; **Blä** diffus rosettig oder zerstreut, länglich verkehrt eiförmig bis verkehrt eiförmig, dick keulig, Oberseite etwas abgeflacht, stumpf oder mit winzigem, aufgesetztem Spitzchen, 2 - 3 × ± 1 cm, nahe der Spitze 5 - 6 mm dick, grün, zur Spitze hin rötlich getönt; **Inf** Trauben, ± 10 cm lang; **Ped** 5 - 20 mm; **Sep** aufsteigend bis zurückgeschlagen, ± 10 mm; **Kr** 15 - 18 mm, nahe der Basis 8 - 12 mm ⌀, rötlich gelb. − n = 19, 34, 40, 42, 50.

E. macrantha Standley & Steyermark (Publ. Field Mus. Nat. Hist., Bot. ser. 23(4): 159, 1944). **T:** Guatemala, Jalapa (*Steyermark* 32808 [F]). − **D:** Guatemala (Jalapa).

[4] **Tr** strauchig, spärlich verzweigt; **Blä** dicht rosettig, gerundet keilförmig, 3 × 2 - 2.8 cm, stumpf oder leicht gestutzt, mit sehr kurzen Wärzchen versehen, Basis keilförmig, beiderseits mit reichlichen aber nicht sehr dichten, winzigen **Ha** bedeckt, blass gelblichgrün, Ränder rosa; **Inf** kräftig, 45 cm, ± 3-blütig; **Ped** 8 mm, dick, behaart; **Sep** beinahe frei, 8 mm, mit winzigen, dichten **Ha**; **Kr** 2 cm, Farbe unbekannt, aussen behaart.

Eine unsichere Art, die neu aufgesammelt und untersucht werden muss. Die Beschreibung wurde anscheinend nach einem Herbarexemplar gemacht, bei welchem möglicherweise der Blütenstand nicht vollständig war. Die Autoren erwähnten, dass Walther diese Art als synonym mit *E. pringlei* betrachtete.

E. maxonii Rose (CUSNH 12(9): 395-396, t. 48, 1909). **T:** Guatemala (*Maxon* 3406 [US 473390]). − **D:** Guatemala, Honduras. **I:** Walther (1972).

[8] **Tr** bis 80 cm lang, spärlich verzweigt; **Blä** etwas rosettig, verkehrt lanzettlich bis spatelig, zugespitzt oder stumpf und mit aufgesetztem Spitzchen, oberseits tief konkav, 3 - 10 × ± 3 cm, winzig papillös, grün; **Inf** eine Traube oder unten etwas rispig, bis 60 cm hoch; **Blü** unten in Gruppen zu 2 - 3, oben einzeln; **Ped** 8 - 10 mm; **Sep** aufsteigend bis ausgebreitet, bis 5 mm; **Kr** 10 mm, nahe der Basis 6 mm ⌀, scharlachrot. − n = 26.

E. megacalyx E. Walther (CSJA 31: 50-51, ills., 1959). **T:** Mexiko, Oaxaca (*MacDougall* B.187 [CAS?]). − **D:** Mexiko (Oaxaca). **Fig. XIV.b**

[12] **Tr** spärlich verzweigt, < 5 cm lang, 1.5 - 2 cm ⌀; **Ros** 6 - 9 cm ⌀; **Blä** länglich spatelig, mit aufgesetztem Spitzchen, Ränder transparent und gezähnt-ausgefranst, 3 - 10 × 2 - 3 cm, grün bis leicht bläulich-glauk; **Inf** Trauben bis 45 cm, nahe der Basis ± 8 mm ⌀; **Ped** der unteren **Blü** 3 - 8 mm, der oberen **Blü** sehr kurz; **Sep** etwas ausgebreitet, gross und **Blä**artig, verkehrt eiförmig-elliptisch, zugespitzt, 8 - 10 × ± 6 mm; **Kr** urnenförmig, ± 8 mm, nahe der Spitze 5 - 8 mm ⌀, matt grüngelb. − n = 20.

Eine schwierig zu pflegende Art und für Wollläuse offenbar hochgradig attraktiv.

E. minima J. Meyrán (Cact. Suc. Mex. 13: 47-50, 62, [64], ills., 1968). **T:** Mexiko, Hidalgo (*Otero* s.n. [UNAM]). – **D:** Mexiko (Hidalgo: Puente de Tasquillo). **Fig. XIV.c**

[13] **Tr** gewöhnlich < 3 cm hoch, verzweigt; **Ros** 3.5 - 4 cm ⌀; **Blä** dicht rosettig, verkehrt eiförmig, mit auffälligem, aufgesetztem Spitzchen, 0.8 - 2 × 0.5 - 0.9 cm, 2 - 4 mm ⌀, glauk-grün, Rand und aufgesetztes Spitzchen gerötet; **Inf** 1 - 4 pro **Ros**, 1.2 - 3.5 cm lang bis zur ersten **Blü**, Wickel 3- bis 7- (bis 9-) blütig; **Ped** 3 - 6 mm; **Sep** ausgebreitet; **Kr** 8.5 - 11 mm, nahe der Basis 5 - 7 mm ⌀, nahe der Basis rosa, oben gelb. – n = 28.

Eine winzige Art, gut für kleine Töpfe oder Schalen geeignet.

E. montana Rose (Bull. New York Bot. Gard. 3(9): 6, 1903). **T:** Mexiko, Oaxaca (*Pringle* 4706 [US, ENCB]). – **D:** Mexiko (Chiapas, Oaxaca), Guatemala. **I:** Walther (1972).

≡ *Echeveria nuda* var. *montana* (Rose) von Poellnitz (1936).

[8] Pflanzen strauchig, verzweigt; **Tr** bis 50 cm hoch, ± 13 mm ⌀; **Blä** etwas rosettig, verkehrt eiförmig, stumpf, mit aufgesetztem Spitzchen, bis 7 × 4 cm, dünn, oberseits beinahe flach, glatt, grün; **Inf** ährig, bis 60 cm; **Blü** 10 - 20, kürzer als die oberen **Bra**; **Ped** < 4 mm; **Sep** aufsteigend, bis 12 mm; **Kr** breit urnenförmig, ± 13 mm, nahe der Basis 10 mm ⌀; **Pet**spitzen kaum ausgebreitet, rötlich, Ränder gelb. – n = 22.

E. moranii E. Walther (Echeveria, 347, ill., 1972). **T:** Mexiko, Oaxaca (*Moran* 6388 [SD]). – **D:** Mexiko (Oaxaca: N von Totolapan). **Fig. XIV.d**

Incl. *Echeveria proxima* E. Walther (1972).

[12] **Tr** < 6 cm lang, ± 8 mm ⌀, gewöhnlich unverzweigt; **Ros** 4 - 5 cm ⌀; **Blä** verkehrt eiförmig-keilförmig, mit aufgesetztem Spitzchen, 3 - 6 × 1.5 - 3 cm, 5 - 9 mm dick, graugrün, rot gerandet, Unterseite mit rötlichem Kiel und zersteuten, roten Punkten; **Inf** fast waagerecht, traubig mit entlang der unteren Seite hängenden **Blü**, 15 - 30 cm lang; **Ped** ± 1 cm, 1 mm ⌀; **Sep** angedrückt, beinahe gleich; **Kr** stumpf 5-kantig, ± 13 mm, rot bis scharlachrot. – n = 24.

Durch die beinahe waagerechten Blütenstände und die hängenden Blüten deutlich verschieden.

E. mucronata Schlechtendal (Linnaea 13: 411, 1839). **T:** Mexiko, Hidalgo (*Anonymus* s.n. [neo – icono: Schlechtendal, Hort. Hal., t. 10, 1853]). – **D:** Mexiko (Hidalgo, Michoacán, Morelia, Tlaxcala, México, Puebla, Distrito Federal, Veracruz, Tamaulipas, Guanajuato). **I:** Walther (1972).

≡ *Cotyledon mucronata* (Schlechtendal) Baker (1869) (*nom. illeg.*, Art. 53.1); **incl.** *Echeveria crassicaulis* E. Walther (1935).

[7] Pflanzen halb laubwerfend, **Tr** beinahe fehlend; **Wu** spindelig verdickt, selten verzweigt; **Blä** schmal rhombisch verkehrt lanzettlich, zugespitzt, mit aufgesetztem Spitzchen, Oberseite flach, 7 - 9 × bis 2.5 cm, grün, leicht glauk, oft rötlich braun gefleckt; **Inf** ährig, bis 50 cm, mit ≥ 15 **Blü**; **Ped** gewöhnlich sehr kurz und dick, 1 - 4 mm lang; **Sep** etwas ausgebreitet, bis 9 mm, mit aufgesetztem Spitzchen; **Kr** urnenförmig-kegelig, 12 - 16 mm, nahe der Basis 10 mm ⌀, nahe dem Schlund 5 mm ⌀, bernsteinfarben bis hellgelb. – n = 16, 32.

Aus Chihuahua, Durango und Zacatecas sind Aufsammlungen mit kleineren Blüten bekannt, die sich als eigenständige Art herausstellen könnten.

E. multicaulis Rose (CUSNH 8: 294, 1905). **T:** Mexiko, Guerrero (*Nelson & Goldman* 628 [US]). – **D:** Mexiko (Guerrero: nahe Chilpancingo). **I:** Walther (1972).

[8] **Tr** aus der Basis stark verzweigt, 25 bis > 100 cm lang, körnig-aufgerauht; **Ros** ± 7 - 9 cm ⌀; **Blä** etwas rosettig, verkehrt eiförmig-keilförmig, stumpf bis gestutzt, mit aufgesetztem Spitzchen, 3 - 4 × 1.5 - 3 cm, dunkelgrün, glänzend, mit roten Rändern und Spitze; **Inf** Rispen, Ähren oder Thyrsen, bis 25 cm, 6- bis 15-blütig, körnig-aufgerauht; **Ped** ± 1 cm, die oberen kürzer; **Sep** aufsteigend, bis 6 mm; **Kr** glockig, 5-eckig, ± 10 mm lang oder mehr, nahe der Basis 5 mm ⌀, am Schlund 10 mm ⌀, karmin- bis scharlachrot. – n = 21.

E. nayaritensis Kimnach (CSJA 51(5): 207-209, ill., 1979). **T:** Mexiko, Nayarit (*Kimnach* 1912 [HNT]). – **D:** Mexiko (Nayarit: nahe des Sees NE von Santa María del Oro).

[5] **Tr** bis 14 cm hoch, 2 - 3 cm ⌀, selten verzweigt; **Ros** diffus; **Blä** verkehrt eiförmig, etwas stumpf, mit aufgesetztem Spitzchen, an jüngeren Pflanzen grösser, 4 - 16 × 2 - 7 cm, jung purpurn, später purpurbraun; **Inf** traubig-rispig, 35 - 75 cm lang, 2- bis 10-ästig, jeder Zweig mit 1 - 3 Wickeln; **Blü** 5 - 10 pro Traube; **Ped** 7 - 11 mm; **Sep** zurückgebogen bis zurückgeschlagen, 3-kantig-eiförmig, zugespitzt, 3 - 8 mm, rötlich grün; **Kr** glockig, 9 - 10 mm ⌀; **Pet** länglich eiförmig, zugespitzt, spitzenwärts zurückgebogen, in der Mitte 12 - 15 × 5 - 6 mm, aussen rosarötlich cremefarben im unteren ⅓, obere ⅔ orange, stark gekielt, rötlich. – n = 27.

Unter den *Gibbiflorae* durch den hohen Stamm deutlich zu unterscheiden.

E. nodulosa (Baker) Otto (Hamburg. Gart.- & Blumenzeit. 29: 8, 1873). **T:** [lecto – icono]: Refug. Bot. 1: t. 56, 1869. – **D:** Mexiko (weit verbreitet und in N Oaxaca und S Puebla recht häufig). **I:** Walther (1972). **Fig. XIII.g**

≡ *Cotyledon nodulosa* Baker (1869); **incl.** *Echeveria discolor* De Smet (1874); **incl.** *Echeveria misteca* De Smet *ex* Morren (1874) (*nom. inval.*, Art. 32.1c?); **incl.** *Echeveria sturmiana* von Poellnitz (1938); **incl.** *Echeveria nodulosa* var. *minor* E. Walther (1972).

[8] **Tr** bis 20 cm lang, stark verzweigt, unregelmässig kantig; **Blä**, **Bra**, **Sep** und Aussenseite der **Pet** winzig papillös; **Blä** etwas rosettig bis zerstreut, verkehrt eiförmig-keilförmig, zugespitzt, bis 5 × ± 1.5 cm, beiderseits und entlang der Ränder ± stark purpurrot gezeichnet, selten vollständig grün; **Inf** traubig, bis 30 cm; **Ped** bis 5 mm; **Sep** weit ausgebreitet, selten plötzlich zurückgeschlagen, Spitzen aufwärts gebogen; **Kr** scharf 5-kantig, ± 16 mm; **Pet** rosa, entlang der Ränder und an den Spitzen gelblich. – n = 16.

Eine der wenigen Echeverien mit gezeichneten Blättern. Ein Klon mit besonders schönen Zeichnungen, ursprünglich in Oaxaca entlang der Strasse von Teotitlán del Camino nach Huautla de Jiménez aufgesammelt (ISI 1137), ist als *E. nodulosa* 'Painted Beauty' verbreitet worden.

E. nuda Lindley (Gard. Chron. 1856: 280, 1856). **T:** [neo – icono]: Refug. Bot. 1: t. 57, 1869. – **D:** Mexiko (Puebla, Veracruz: eine "30 Meilen breite Gegend zwischen Orizaba, Esperanza und Tehuacán" [R. Moran]). **I:** Walther (1972).

≡ *Cotyledon nuda* (Lindley) Baker (1869).

[8] Pflanzen kahl, bis 50 cm hoch oder mehr, **Tr** 6 - 10 mm ⌀, verzweigt; **Ros** 5 - 9 cm ⌀; **Blä** halbrosettig, verkehrt eiförmig, keilförmig, stumpf, mit aufgesetztem Spitzchen, 2.5 - 5 × 1.8 - 3 cm, 3 - 4 mm dick, mattgrün, zuerst leicht glauk, manchmal mit purpurnem Rand; **Inf** Trauben, 15 - 45 cm; **Ped** beinahe waagerecht, 2 - 3 mm; **Sep** weit ausgebreitet, 6 - 12 mm; **Kr** 10 - 12 mm, an der Basis 7 - 9 mm ⌀, unterer Teil rot, darüber gelb. – n = 24.

E. olivacea Moran (Cact. Suc. Mex. 36(3): 51-55, ills., 1991). **T:** Mexiko, Oaxaca (*MacDougall* s.n. [SD 129113]). – **D:** Mexiko (Oaxaca: Tehuantepec).

[12] **Tr** < 3 cm lang, ± 1 cm ⌀; **Ros** 9 - 10 cm ⌀; **Blä** ± 12, elliptisch, zugespitzt bis stumpf, mit aufgesetztem Spitzchen, 4 - 6 × 1.5 - 3 cm, ± 4 mm dick, Oberfläche und Rand mit dünnen, kurzen Wärzchen, olivgrün; **Inf** Trauben, insgesamt 20 - 50 cm, **Blü**tragender Teil 20 - 25 cm; untere **Bra** auffällig, 4 - 6 cm, obere **Bra** plötzlich kleiner werdend; **Ped** aufsteigend, 6 - 14 mm; **Sep** aufsteigend, angedrückt, ungleich; **Kr** 10 - 12 mm, wassermelonenrot, etwas glauk.

E. oreophila Kimnach (Haseltonia 9: [im Druck], ills., 2002). **T:** Peru, Cajamarca (*Bauer & Kimnach* 10 [SM]). – **D:** Peru (Cajamarca).

[12] **Tr** 10 cm hoch und mehr, 15 - 26 mm ⌀; **Ros** selten verzweigend, 11 - 15 cm ⌀; **Blä** 20 - 30, breit verkehrt eiförmig, fast gestutzt, 5 - 7 × 3.5 - 4.5 cm, basal 1 - 1.5 cm breit, 2 - 4 mm dick, hellgrün, leicht glauk, oft gerötet; **Inf** allseitswendig traubig, 12 - 20 cm hoch; **Ped** aufsteigend, 2 - 4 mm; **Sep** aufrecht bis etwas ausgebreitet, 4 - 6 mm; **Kr** 12 - 14 mm, einheitlich rosarot.

Unterscheidet sich von *E. wurdackii* durch stärker sukkulenten Blätter, kurze Blütenstiele, und rote Blüten.

E. pallida E. Walther (CSJA 10: 14, ill., 1938). **T:** CAS. – **D:** Mexiko. **I:** Walther (1972).

[5] **Tr** verzweigt, bis 10 cm lang oder mehr, ± 1.5 cm ⌀; **Ros** 15 - 20 cm ⌀; **Blä** verkehrt eiförmig-spatelig, > 15 × 9 cm, stumpf, mit aufgesetztem Spitzchen, hellgrün; **Inf** bis 50 cm, cymös-traubig, mit 8 oder mehr Wickeln, diese manchmal 2-ästig; **Ped** < 6 mm; **Sep** sehr ungleich, bis 14 mm; **Kr** 16 mm, nahe der Basis 12 mm ⌀, scharlachrot bis rosa. – n = 54.

Diese Pflanze ist offensichtlich keine Hybride, aber bisher ist kein Fundort bekannt geworden.

E. paniculata A. Gray (Pl. Wright. 1: 76, 1852). **T:** Mexiko, Chihuahua (*Wislizenus* 170 [GH]). – **D:** Mexiko.

E. paniculata var. **maculata** (Rose) Kimnach (Haseltonia 5: 51, 1998). **T:** Mexiko, Hidalgo (*Rose & Hay* 217 (6412) [US]). – **D:** Mexiko (Hidalgo, Querétero, Michoacán, San Luis Potosí, Zacatecas, Jalisco); an ± ebenen Stellen weit verbreitet. **I:** Walther (1972: als *E. maculata*).

≡ *Echeveria maculata* Rose (1903); **incl.** *Echeveria longipes* E. Walther (1935).

[15] Unterschiede zu var. *paniculata*: **Blä** schmal rhombisch verkehrt lanzettlich, 7 - 10 × 1.5 - 2.5 cm, ziemlich dick und stärker sukkulent; **Inf** Thyrsen, entweder unten leicht rispig und oben ährig-traubig, oder mit zahlreichen, meist 2-blütigen Ästchen; **Ped** 1 - 2 (-16) mm; **Sep** weit ausgebreitet, bis 8 mm; **Kr** ± 16 mm, nahe der Basis 9 mm ⌀, gelb. – n = 28.

E. paniculata var. **paniculata** – **D:** Mexiko (Chihuahua, Durango, Zacatecas). **I:** Walther (1972).

Incl. *Cotyledon grayi* Baker (1869) ≡ *Echeveria grayi* (Baker) Morren (1874) (*nom. illeg.*, Art. 52.1).

[15] **Wu** spindelig, fleischig; **Tr** beinahe fehlend, selten verzweigend; **Ros** ± 10 - 12 cm ⌀; **Blä** waagerecht ausgebreitet, verkehrt lanzettlich, spitz zulaufend, ± 10 × 3 cm, ziemlich dünn, grün; **Inf** cymös-rispig, Zweige 6 - 8, je mit 1 - 6 **Blü**; **Ped** kurz; **Sep** stärker aufsteigend als bei var. *maculata*, bis 10 mm; **Kr** ± 12 mm, nahe der Basis 9 mm ⌀, nahe der Basis rötlich gelb, oben gelb. – n = 28.

E. papillosa Kimnach & C. H. Uhl (CSJA 55(1): 27-30, ills., 1983). **T:** Guatemala, Totonicapan (*Uhl* 2589 [HNT, BH, F, US]). – **D:** Guatemala (Totonicapan).

[12] **Tr** < 10 cm hoch, 8 - 12 mm ⌀, verzweigt; **Ros** reich sprossend, 5 - 10 cm ⌀, mit 15 - 25 **Blä**; **Blä** verkehrt eiförmig bis verkehrt lanzettlich, etwas stumpf, mit aufgesetztem Spitzchen, 2.5 - 3.5 ×

1 - 1.6 cm, unterseits zur Spitze hin gekielt, grün, entlang der Ränder etwas gerötet, papillös, Wärzchen auf den **Bla**flächen halbkugelig, entlang der Ränder stumpfe Wimpern bildend; **Inf** papillös, gleichmässig verzweigt und traubig, 10 - 12 cm, blühender Teil anfangs dicht fast kopfig, später 4 - 9 cm lang, 2- bis 6-ästig; **Sep** aufsteigend, eiförmig-elliptisch, zugespitzt, 5 - 8 × 2 - 3 mm; **Kr** glockig-kugelig, 8 - 10 × 6 - 8 mm $\varnothing$; **Pet** eiförmig-elliptisch, spitz, 2.5 - 3.5 mm breit, aussen rötlich orange, papillös. − n = 15.

Eine Art ohne nahe Verwandte.

E. peacockii Croucher (Gard. Chron., ser. nov. 1: 674, 1874). **T:** [neo − icono]: Van Laren, Succulents, fig. 107, 1934. − **D:** Mexiko (Puebla). **I:** Walther (1972). **Fig. XV.d**

≡ *Cotyledon peacockii* (Croucher) Baker (1874); **incl.** *Echeveria desmetiana* Morren (1874) ≡ *Cotyledon desmetiana* (Morren) Hemsley (1880); **incl.** *Echeveria subsessilis* Rose (1905).

[11] **Tr** < 10 cm lang, 10 - 15 mm $\varnothing$, selten verzweigt; **Ros** 5 - 10 cm $\varnothing$; **Blä** 24 - 50, dicht rosettig, länglich eiförmig bis länglich verkehrt eiförmig, plötzlich spitz zulaufend, dornspitzig, 2 - 5 × 1 - 2.5 (-3.5) cm, bläulich weiss, rot gerandet; **Inf** mit 1 - 4 Wickeln, bis 15 cm hoch; **Ped** ± 2 mm lang und dick; **Sep** sehr ungleich, ± 10 × 5 mm; **Kr** stark 5-kantig, 1 mm, nahe der Basis 8 mm $\varnothing$, glauk-rosa. − n = 15.

Schon 1874 von B. Roezl eingeführt, aber ohne genau bekannten Fundort. Wie für weissblätterige Echeverien typisch wächst auch diese Art in heissen, trockenen Gebieten, allerdings gewöhnlich im Schatten.

E. penduliflora E. Walther (CSJA 30(5): 151, ill., 1958). **T:** Mexiko, Oaxaca (*MacDougall* B.174 [CAS]). − **D:** Mexiko (Oaxaca); ± 1200 m. **I:** Walther (1972).

[12] Strauchig, bis 30 cm hoch, kahl; **Blä** zerstreut bis etwas rosettig, länglich verkehrt lanzettlich, mit aufgesetztem Spitzchen, bis 14 × 4 cm, grün; **Inf** Trauben bis 30 cm; **Ped** nahe der Basis waagerecht, darüber abwärts gebogen und dadurch **Blü** hängend; **Sep** aufsteigend, bis 6 mm; **Kr** stumpf 5-kantig, 13 mm, nahe der Basis 9 mm $\varnothing$, rosa bis rot. − n = 22.

E. pendulosa Kimnach & C. H. Uhl (CSJA 64(4): 200-203, ills., 1992). **T:** Venezuela, Mérida (*Uhl* 2749 [BH, HNT, US]). − **D:** Venezuela (Mérida: ± 30 km W von Mérida).

[8] **Tr** stark verzweigt, jung aufrecht, später hängend, bis 2 m lang oder mehr, 3 - 5 mm $\varnothing$, überreichlich Luft**Wu** bildend; **Blä** nur nahe der **Tr**-spitzen vorhanden, 0.5 - 2.5 cm voneinander entfernt, verkehrt eiförmig-länglich, etwas stumpf, (1-)1.5 - 2.5 × 1 - 1.5 (-2) cm, bläulich grün, glauk, Ränder rötlich; **Inf** Trauben, an aufrechten **Tr** aufsteigend, an hängenden **Tr** ± waagerecht, 13 - 23 cm lang; **Ped** stark abgebogen, 4 - 19 mm; **Sep** eiförmig-keilförmig, zugespitzt, 4 - 6 × 2.5 - 3 mm, unten den **Pet** angedrückt, spitzenwärts ausgebreitet; **Kr** zylindrisch bis glockig, 10 - 13 × 8 - 9 mm $\varnothing$, untere ½ gelblich pfirsichfarben, zur Spitze hin rosarötlich gelb. − n = 42.

Unterscheidet sich von *E. bicolor* durch hängende Triebe, aufrechte Kelchblätter und die Chromosomenzahl.

E. peruviana Meyen (Reise um die Erde 1: 448, in adnot., 1834). **T:** Peru, Tacna (*Meyen* s.n. [F [lecto: Foto]]). − **D:** Peru (mit Sicherheit nur vom Typfundort bekannt).

≡ *Cotyledon peruviana* (Meyen) Baker (1869).

[12] **Blä** basal, verkehrt eiförmig-keilförmig, zugespitzt, fleischig; **Inf** mit **Bra**, diese lanzettlich, zugespitzt; **Sep** viel kürzer als die **Kr**, verkehrt eiförmig, zugespitzt, kahl; **Pet** purpurn. − n = 50.

Die obenstehende Beschreibung ist alles, was von dieser Art mit Sicherheit bekannt ist. Sie ist am Typfundort nie wieder gefunden worden. *Hutchison* 7176 (UC), aus annähernd der gleichen Gegend, 62 km NE von Tacna, hat längliche, grüne Blätter mit roten Kanten, rote Kronblätter und ± 50 Chromosomen. Walthers Beschreibung (1972) basierte auf Material aus Argentinien, wo *E. peruviana* ähnlich sehende Pflanzen manchmal glauk und manchmal grün sind und gelbe, orange oder rote Blüten haben. Andere ähnliche Pflanzen aus C-Peru haben eiförmige bis lanzettliche, grüne Blätter. Ohne Zweifel braucht es Feldarbeit, um alle diese Populationen einzuordnen.

E. pilosa J. A. Purpus (Monatsschr. Kakt.-kunde 27: 146-148, ill., 1917). **T:** [lecto − icono]: l.c. fig. p. 147. − **D:** Mexiko (Puebla: Sierra de Mixteca, nahe San Luis Atolotitlán). **I:** Walther (1972).

[3] Pflanzen mit Ausnahme der Innenseite der **Blü** behaart; **Tr** bis ± 8 cm hoch, selten verzweigt; **Ros** ± 14 cm $\varnothing$; **Blä** locker rosettig, verkehrt lanzettlich, kurz zugespitzt, bis 7 × 2 cm, Oberseite konkav, grün; **Inf** 2 oder mehr, cymös-rispig, bis 30 cm, mit 5 oder mehr Zweigen, je 1- bis 5-blütig; **Ped** der unteren **Blü** kurz, bei oberen **Blü** bis 16 mm; **Sep** aufsteigend bis ausgebreitet, bis 15 mm; **Kr** scharf 5-kantig, bis 12 mm, nahe der Basis bis 10 mm $\varnothing$, am Schlund 6 mm $\varnothing$, Kiel scharlachrot, Seiten orange, Spitzen gelb. − n = 24.

Von *E. coccinea* durch den kurzen Stamm und den rispigen Blütenstand zu unterscheiden.

E. pinetorum Rose (in N. L. Britton & al. (eds.), North Amer. Fl. 22(1): 20, 1905). **T:** Mexiko, Chiapas (*Goldman* s.n. [US]). − **D:** Mexiko (Chiapas, Oaxaca), Guatemala. **I:** Walther (1972).

≡ *Echeveria sessiliflora* var. *pinetorum* (Rose) von Poellnitz (1936); **incl.** *Echeveria huehueteca* Standley & Steyermark (1944).

[7] **Wu** fleischig, spindelig; **Tr** beinahe fehlend, verzweigt; **Blä** während der Trockenzeit oft einziehend, schmal verkehrt lanzettlich, spitz bis spitz zulaufend, 2 - 4 × 1 - 1.5 cm, grünlich gelb; **Inf** ährig, bis 30 cm; **Sep** bis 3 mm; **Kr** 8 - 10 mm, nahe der Basis 6 mm ⌀, am Schlund 4 mm ⌀, Basis scharlachrot, darüber gelblich. – n = 14.

Eine in Kultur schwierige Art. Sie ist nahe mit *E. sessiliflora* verwandt, welche sich durch nicht-knollige Wurzeln und bläuliche Blätter unterscheidet.

E. pittieri Rose (CUSNH 13(9): 296, 1911). **T:** Guatemala (*Pittier* 1880 [US 618381]). – **D:** Guatemala (Jutinapa, Totonicapan, Quetaltenango), Nicaragua (Jinotega), Costa Rica (W-Küste); epiphytisch oder auf Felsen in schattigen Wäldern. **I:** Walther (1972).

[14] **Tr** bis 10 cm hoch oder mehr, verzweigt; **Blä** locker rosettig, elliptisch verkehrt lanzettlich, spitz, 4 - 6 (-10) × 2 cm, grün, oft bräunlich getönt; **Inf** bis 20 cm, blühender Teil eine gleichmässig verzweigte Ähre, dichtblütig, 3 - 4 cm lang, mit ± 20 **Blü**; **Ped** bis 1 mm, die untersten manchmal 2-blütig; **Sep** etwas ausgebreitet bis aufsteigend; **Kr** glockig, scharf 5-kantig, 12 - 13 mm, an der Basis 6 mm ⌀, am Schlund bis 11 mm ⌀, rot. – n = 62.

E. platyphylla Rose (Bull. New York Bot. Gard. 3(9): 7, 1903). **T:** Mexiko, Distrito Federal (*Rose & Hay* 202 [US]). – **D:** Mexiko (México, Hidalgo, Distrito Federal). **I:** Walther (1972).

[15] **Wu** verdickt, spindelig; **Tr** beinahe fehlend, selten verzweigt; **Ros** ± 10 cm ⌀; **Blä** in der Trockenzeit oft fehlend, waagerecht ausgebreitet, verkehrt eiförmig-rhombisch, spitz zulaufend, dornspitzig, ± 5.5 × 2.5 cm, graugrün; **Inf** ährig, bis 40 cm, mit ± 15 gedrängten **Blü**; **Ped** meist 1-blütig, < 2 mm; **Sep** aufrecht bis leicht ausgebreitet; **Kr** bis 14 mm, an der Basis bis 9 mm ⌀, gelb, im Alter leicht rötlich. – n = 28.

Unterscheidet sich von *E. paniculata* durch kleinere, graugrüne Blätter und stärker ährige Blütenstände mit stärker gedrängten Blüten.

E. pringlei (S. Watson) Rose (Bull. New York Bot. Gard. 3(9): 6, 1903). **T:** Mexiko, Jalisco (*Pringle* 1853 [GH]). – **D:** Mexiko (Jalisco, Durango).
≡ *Cotyledon pringlei* S. Watson (1890).

E. macrantha (siehe dort) könnte ein Synonym oder zumindest eine Verwandte sein. *E. pringlei* ist eine variable Art, die am besten in 3 Varietäten unterteilt wird:

E. pringlei var. **longisepala** Kimnach (Haseltonia 5: 51, 1998). **T:** Mexiko, Jalisco (*Bauml & Voss* 1932 [HNT]). – **D:** Mexiko (Jalisco: E der Mesa von San Andrés Cohamiata), 1800 m.

[4] **Tr** bis 80 cm lang oder mehr, ± 1 cm ⌀; **Blä** 0.5 - 1 cm voneinander entfernt, verkehrt eiförmig bis verkehrt lanzettlich, mit aufgesetztem Spitzchen, 3 - 4 × 1.5 - 2 cm, 3 - 4 mm dick, kahl, grün; **Inf** bis 50 cm, 5- bis 6-blütig; **Ped** 6 - 10 mm; **Sep** weit ausgebreitet, bis 18 mm; **Kr** 18 mm, orangerot.

Deutlich auf Grund der hohen, kräftigen Triebe, der grösseren, kahlen Blätter und der langen Kelchblätter zu unterscheiden.

E. pringlei var. **parva** Kimnach (Haseltonia 5: 52, 1998). **T:** Mexiko, Durango (*Spencer* s.n. [HNT]). – **D:** Durango (Tayaltita).

[4] **Tr** bis 40 cm hoch oder mehr, 3 - 5 mm ⌀, stark verzweigt, hellbraun; **Blä** verkehrt eiförmig, dornspitzig, beide Seiten konvex, ± 1.5 × 0.8 cm, nahe der Spitze 5 - 6 mm dick, kahl, grün, Rand nahe der Spitze stark gerötet, sehr winzig papillös; **Inf** bis 20 cm, mit 5 **Blü** oder mehr; **Ped** 4 - 6 × ± 2 mm ⌀; **Sep** aufsteigend, lanzettlich, spitz, 6 - 8 mm; **Kr** 12 - 14 × ± 8 mm ⌀, hellorange.

Von den anderen Varietäten durch die kleinen, kahlen, geröteten Blätter zu unterscheiden.

E. pringlei var. **pringlei** – **D:** Mexiko (Jalisco: Barrancas nahe Guadalajara). **I:** Walther (1972).

[4] Pflanzen strauchig, mit Ausnahme der Innenseite der **Blü** dicht aber winzig flaumhaarig; **Tr** bis 20 - 30 cm lang oder mehr, ± 6 mm ⌀; **Blä** leicht rosettig an den **Tr**spitzen, verkehrt lanzettlich bis rhombisch verkehrt eiförmig, spitz bis mit aufgesetztem Spitzchen, 2 - 3 (-4) × 1 - 1.5 (-2) cm, ± 5 mm dick, hellgrün, entlang der Ränder in Spitzennähe oft rötlich; **Inf** traubig; **Ped** 4 - 8 mm; **Sep** aufsteigend bis ausgebreitet, bis 14 mm, grün; **Kr** urnenförmig, scharf 5-kantig, bis 15 mm lang, orangerot bis scharlachrot. – n = 23.

E. procera Moran (CSJA 39(5): 182-185, ills., 1967). **T:** Mexiko, Oaxaca (*MacDougall* B.85 [SD]). – **D:** Mexiko (Oaxaca).

[8] Pflanzen kahl; **Tr** bis 2 m hoch, 3 - 4 cm ⌀, verzweigt; **Ros** 15 - 30 cm ⌀; **Blä** länglich verkehrt eiförmig, stumpf bis leicht abgerundet, mit aufgesetztem Spitzchen, 7 - 10 × 4 - 6 cm, Oberseite rinnig, grün; **Inf** etwas ährig, bis 1.5 m oder mehr; **Bra** waagerecht bis abwärts gebogen, auffällig, bis 3 cm; **Ped** 0.5 - 2 mm × 2 - 3 mm ⌀; **Sep** weit ausgebreitet; **Kr** 11 - 12 mm, nahe der Basis 7 - 8 mm ⌀, am Schlund 5 - 7 mm ⌀, rot; **Pet** auf jeder Seite des **Nec** mit einem Anhängsel. – n = 22.

Auch bei *E. heterosepala* und *E. dactylifera* findet man Schuppen an der Basis der Kronblätter, obwohl diese 3 Arten nicht nahe miteinander verwandt sind.

E. prolifica Moran & J. Meyrán (CSJA 50(6): 289-291, ills., 1978). **T:** Mexiko, Hidalgo (*Meyrán* 3462 [MEXU, ENCB, SD]). – **D:** Mexiko (Puebla). **Fig. XIII.h**

[10] **Tr** < 3 cm lang, 4 - 7 mm ⌀, mit Ausläufern sprossend; **Ros** 4 - 8 cm ⌀; **Blä** verkehrt eiförmig-keilförmig, stumpf, dornspitzig, 2 - 4 × 1 - 1.6 cm, 4

- 8 mm dick, beide Seiten konvex, hell glauk-grün; **Inf** ausgespreizt-niederliegend, cymös, 15 - 25 cm lang; **Bra** leicht abfallend, wurzelnd und neue Pflanzen bildend, **Blü**traube dicht, 2 - 3 cm breit, mit 2 - 5 Wickeln mit je bis zu 4 **Blü**; **Ped** ± 1 mm; **Cal** becherig; **Sep** aufwärts gebogen; **Kr** glockig, 5 - 6 mm lang, gelb. – n = 33.

Die kräftigen, glockigen Blüten sind innerhalb der Gattung einzigartig. Wie die verwandte Art *E. amoena* breitet sie sich mit Hilfe der leicht abfallenden Brakteen rasch aus.

E. prunina Kimnach & Moran (CSJA 53(6): 294-298, ills., 1981). **T:** Mexiko, Chiapas (*MacDougall* B.138 [HNT]). – **D:** Mexiko (Chiapas: El Sumidero).

[5] **Tr** bis ± 10 cm hoch, 1 - 1.5 cm ⌀, selten verzweigt; **Ros** 14 - 15 cm ⌀; **Blä** spatelig verkehrt eiförmig, stumpf, mit aufgesetztem Spitzchen, nahe der Basis 6 - 9 × 2.5 - 4.5 cm breit, junge **Blä** violett, stark glauk, ältere **Blä** rötlich grün, nicht glauk; **Inf** Cymen aus 1 - 2 Wickeln, 19 - 24 cm, violett, glauk; **Bra** spatelig, stumpf; Wickel 6 - 11 cm lang, mit 6 - 14 **Blü**; **Ped** 4 - 8 mm; **Sep** aufsteigend-ausgebreitet, 6 - 7 × 2 - 2.5 mm; **Kr** 5-kantig, 10 - 13 mm, direkt oberhalb der Basis ± 8 mm ⌀; **Pet** lanzettlich, zugespitzt, glauk-rosa. – n = 28 + 1.

Die nächsten Verwandten sind *E. scheeri* und *E. fulgens*.

E. ×pulchella A. Berger *pro sp.* (Gartenflora 53: 206, fig. 31 (p. 204), 1904). **T:** nicht angegeben.

Tr bis 6 cm hoch, verzweigt; **Blä** länglich spatelig, bis über 3.5 × 1.5 cm, mit aufgesetztem Spitzchen, grün, oft rot getönt, nicht glauk; **Inf** traubig-rispig, 2- bis 3-ästig, bis 20 cm hoch; **Ped** 5 mm, kräftig; **Sep** angedrückt, auf ½ der Länge verwachsen; **Kr** bis 8 mm, nahe der Basis 6 mm ⌀, am Schlund 4 mm ⌀, scharlachrot.

Ähnlich wie ×*Cremneria expatriata* und, wie diese wahrscheinlich eine Kreuzung mit *E. amoena* oder *Cremnophila linguifolia* als einem Elternteil und daher vielleicht zu ×*Cremneria* gehörend.

E. pulidonis E. Walther (Echeveria, 122, ill., 1972). **T:** Mexiko, Hidalgo (*Pulido* s.n. [CAS]). – **D:** Mexiko (Hidalgo: Beristain).

[16] Beinahe stammlos, kahl, verzweigt; **Ros** 7 - 9 cm ⌀; **Blä** verkehrt eiförmig-länglich, mit winzigem, aufgesetztem Spitzchen, 3.5 - 5 × 1.2 - 1.5 cm, grün, auffällig rot gerandet; **Inf** ein Wickel, spitzenständiger Teil in der Knospe stark nickend, bis 18 cm lang; **Ped** 6 mm; **Kr** stumpf 5-kantig, bis 10 mm lang, gelb; **Pet** spitzenwärts stark zurückgebogen. – n = 32, 62, 64.

Durch die frischgrünen Blätter mit roten Rändern und die gelben Blüten sehr attraktiv.

E. pulvinata Rose (Bull. New York Bot. Gard. 3(9): 5-6, 1903). **T:** Mexiko, Oaxaca (*Rose & Hough* 4994 [US]). – **D:** Mexiko (Oaxaca). **I:** Walther (1972).

≡ *Cotyledon pulvinata* (Rose) Hooker *fil.* (1903).

[4] Pflanzen mit Ausnahme der **Blü**innenseite vollständig behaart; **Tr** bis 10 cm hoch oder mehr, verzweigt; **Blä** leicht rosettig, verkehrt eiförmig, mit aufgesetztem Spitzchen, 3.5 - 7 × 2 - 2.5 cm, 6 - 7 mm dick, grün aber dicht mit weissen oder rötlichen **Ha** bedeckt; **Inf** ährig bis traubig, oder unten etwas rispig, bis 12 cm hoch; **Ped** 1 - 1.5 cm, die untersten oft mit 2 oder mehr **Blü**; **Sep** angedrückt, < ½ so lang wie die **Kr**, bis 12 mm; **Kr** bis 16 mm, nahe der Basis bis 9 mm ⌀, am Schlund 7 - 12 mm ⌀, rot. – n = 23.

Eine sehr dekorative Art, besonders die Formen mit rötlich behaarten Blättern. A. Lau fand bei San Miguel Maninaltepec (Oaxaca) eine attraktiv weiss-behaarte Form ('Frosty').

E. purpusorum A. Berger (NPF2 18a: 476, 1930). **T:** Mexiko, Puebla / Oaxaca (*Purpus & Purpus* s.n. [US]). – **D:** Mexiko (Puebla: nahe San Luis Atolotitlán). **I:** Walther (1972).

Incl. *Urbinia purpusii* Rose (1911).

[16] **Tr** gewöhnlich 5 - 8 cm hoch, ± 2 cm ⌀, selten verzweigt; **Ros** 6 - 7 cm ⌀ und hoch; **Blä** eiförmig spitz zulaufend, spitz, ± 3 - 3.5 × 2 - 2.5 cm, bis 1 cm dick, scharfkantig, auf der Rückseite undeutlich gekielt, hell olivgrün bis grün, stark gesprenkelt und mit unregelmässigen, rötlich braunen Markierungen gefleckt, Rand durchscheinend, ungefleckt; **Inf** ein Wickel, unverzweigt, bis 20 cm hoch; **Ped** bis 12 mm; **Sep** angedrückt; **Kr** kugelig-urnenförmig, bis 12 mm, unten rosa, oben scharlachrot, an den Spitzen gelb. – n = 27.

Eine der hübschesten und am besten unterschiedenen Arten unter den Echeverien und wegen ihrer gesprenkelten Blätter bemerkenswert. Sie bildet selten Ableger, ist aber leicht aus Blättern zu vermehren.

E. quitensis (Kunth) Lindley (J. Hort. Soc. London 7: 268, 1852). **T:** Ecuador (*Humboldt & Bonpland* 3096 [P]). – **D:** Kolumbien, Ecuador.

≡ *Sedum quitense* Kunth (1823) ≡ *Cotyledon quitensis* (Kunth) Baker (1869).

E. quitensis var. **quitensis** – **D:** Kolumbien, Ecuador. **Fig. XIV.e**

Incl. *Echeveria aequatorialis* Rose *ex* von Poellnitz (1935); **incl.** *Echeveria columbiana* von Poellnitz (1935); **incl.** *Echeveria pachanoi* Rose *ex* von Poellnitz (1935); **incl.** *Echeveria quitensis* var. *gracilior* Sodiro *ex* von Poellnitz (1935) (*nom. inval.*, Art. 34.1a).

[8] **Tr** bis 20 - 40 cm hoch, stark verzweigt; **Blä** zerstreut oder leicht rosettig, verkehrt lanzettlich bis verkehrt eiförmig, 1 - 6 × 1 - 1.5 cm, stumpf, mit aufgesetztem Spitzchen, grün, graugrün bis bläulich, Ränder manchmal gerötet; **Inf** Trauben, 10 -

25 cm; **Ped** ausgebreitet bis aufsteigend, bis 1 cm; **Sep** aufsteigend bis ausgebreitet; **Kr** 8 - 15 mm, nahe der Basis ± 11 mm ⌀, basal gelb, darüber scharlachrot. – n = 21.

In Blattform und -farbe ein ausserordentlich variables Taxon.

E. quitensis var. **sprucei** (Baker) von Poellnitz (RSN 39: 232, 1936). **T:** Ecuador (*Spruce* 5463 [K]). – **D:** Ecuador. **I:** Walther (1972: 291, als *E. sprucei*). **Fig. XIV.f**

≡ *Cotyledon sprucei* Baker (1869) ≡ *Echeveria sprucei* (Baker) A. Berger (1930).

[8] Unterschiede zu var. *quitensis*: **Ped** zurückgebogen; **Sep** zurückgeschlagen. – n = 22.

E. racemosa Schlechtendal & Chamisso (Linnaea 5: 554, 1830). **T:** Mexiko, Veracruz (*Schiede* 520 [HAL †?]). – **D:** Mexiko (Veracruz).

E. racemosa var. **citrina** Kimnach (CSJA 56(2): 73-75, ills., 1984). **T:** Mexiko, Veracruz (*Whitelock* s.n. [HNT, CAS, MEXU, US]). – **D:** Mexiko (Veracruz: W von Palma Sola).

[12] Unterschiede zu var. *racemosa*: **Blä** hellgrün; **Kr** gelb.

E. racemosa var. **racemosa** – **D:** Mexiko (Veracruz: Mirador, Xalapa de la Banderilla). **I:** Walther (1972).

Incl. *Echeveria lurida* Haworth (1831) ≡ *Cotyledon lurida* (Haworth) Baker (1869); **incl.** *Echeveria lucida* Steudel (1840).

[12] **Tr** < 5 cm lang, 1 - 1.5 cm ⌀, spärlich verzweigt; **Blä** rosettig, schmal länglich verkehrt lanzettlich, spitz, 5 - 10 × 1.5 - 2.5 cm, Oberseite tief konkav, grün bis rötlich braun; **Inf** Trauben, 30 - 50 cm; **Bra** leicht abfallend; **Ped** 4 - 10 mm; **Sep** weit ausgebreitet bis zurückgeschlagen, die längsten < 5 mm; **Kr** kegelig-urnenförmig, 9 - 15 mm lang, leuchtend rot. – n = 18.

Bewohnt warme, feuchte Regionen und wächst oft epiphytisch oder an Wänden und auf Dächern. In Kultur kann sie sich durch ihre leicht abfallenden Brakteen schnell ausbreiten.

E. recurvata L. Carruthers (Bull. Afr. Succ. Pl. Soc. 9: 50-56, ill., 1974). **T:** Venezuela, Mérida (*Carruthers* 106 [E]). – **D:** Venezuela (Mérida). **I:** Uhl (1992: als *E. multicolor*).

Incl. *Echeveria multicolor* C. H. Uhl (1992) (*nom. illeg.*, Art. 52.1).

[8] **Tr** beinahe fehlend oder in einigen Populationen bis 15 cm hoch, spärlich verzweigt; **Blä** eiförmig bis lanzettlich, manchmal verkehrt lanzettlich, 4 - 5 (-9) × 1.5 - 2.5 cm, 3 - 4 mm dick, manchmal mit aufgesetztem Spitzchen, gerade oder zurückgebogen, gewöhnlich stark glauk und blassblau aber oft in olivgrün oder dunkelbraun übergehend; **Inf** traubig, 25 - 60 cm hoch, **Blü** ziemlich gedrängt, 15 - 40, waagerecht abstehend bis hängend; **Ped** bis 4 mm; **Sep** aufrecht, die **Kr** umfassend; **Kr** ziemlich bauchig, 8 - 13 × 5 - 7 mm ⌀, am Schlund 4 - 6 mm ⌀, gelb oder orange, oft rötlich getönt. – n = 21.

Verwandt mit *E. bicolor*, von der sie sich durch ihren gewöhnlich kürzeren (oder fehlenden) Stamm und dichtere, waagerecht abstehende oder hängende Blüten mit aufrechten Kelchblättern unterscheidet.

E. rodolfi Martínez-Ávalos & Mora-Olivo (Acta Bot. Mex. 52: 43-45, ills., 2000). **T:** Mexiko, Tamaulipas (*Martínez-Ávalos* 819 [UAT]). – **D:** Mexiko (Tamaulipas).

[1] **Tr** kurz; **Ros** 16 - 23 cm ⌀; **Blä** 24 oder mehr, kahl, breit lanzettlich, bootförmig aufgebogen, 9 - 14.5 × 6 - 8.5 cm, fleischig, rötlich, zur Basis weisslich und grün, nahe der Basis auffällig gekielt; **Inf** ein einzelner Wickel bis > 45 cm; **Bra** weisslich grün; **Ped** 6 mm; **Sep** stark ungleich gross, das grösste 16 mm; **Kr** 10 mm lang, rosa.

E. rodolfi hat von allen Arten der Ser. *Angulatae* die breitesten Blätter.

E. rosea Lindley (Edward's Bot. Reg. 28: t. 22 + Text, 1842). **T:** Mexiko (*Anonymus* s.n. [CGE]). – **D:** Mexiko (Hidalgo, Puebla, San Luis Potosí, Veracruz, Guerrero, Oaxaca, Chiapas); meist in Nebelwäldern epiphytisch. **I:** Walther (1972).

≡ *Cotyledon rosea* (Lindley) Baker (1869) (*nom. illeg.*, Art. 53.1) ≡ *Courantia rosea* (Lindley) Britton & Rose (1903); **incl.** *Courantia echeverioides* Lemaire (1851); **incl.** *Cotyledon roseata* Baker (1869); **incl.** *Echeveria chiapensis* Rose *ex* von Poellnitz (1936); **incl.** *Echeveria omiltemiana* Matuda (1963).

[14] Pflanzen kahl; **Tr** aufrecht bis hängend, 10 - 60 cm lang oder mehr, spärlich verzweigt, 3 - 10 mm ⌀; **Ros** diffus, 5 - 11 cm ⌀; **Blä** elliptisch-länglich bis verkehrt lanzettlich oder spatelig, spitz oder stumpf, oft spitz zulaufend und dornspitzig, an der Basis gespornt, 3.5 - 9 × 1.5 - 2.5 cm, 2 - 5 mm dick, gelblich grün oder rötlich; **Inf** dichte Ähren oder Trauben, 10 - 50 cm; **Blü** im endständigen Teil dicht gedrängt, dieser 3 - 13 cm lang und 2.5 - 3.5 cm ⌀; **Bra** im blühenden Teil der **Inf** auffällig, so lang wie die **Blü**, 12 - 16 × 1.5 - 3 mm oder länger, rötlich; **Ped** 0.5 - 7 mm; **Sep** aufrecht und an die **Pet** gepresst, schmal verlängert, ± so lang wie die **Kr**, tiefrot bis rosa; **Kr** 9 - 13 × 7 - 8 mm ⌀, hellgelb. – n = 34.

Eine der wenigen epiphytischen Echeverien. Sie bewohnt kühle, feuchte Wälder, wo ihre leuchtend rosafarbenen Blütenstände oft auffällig sind.

E. rubromarginata Rose (in N. L. Britton & al. (eds.), North Amer. Fl. 22(1): 23, 1905). **T:** Mexiko, Veracruz (*Purpus* 930 [US]). – **D:** Mexiko (Veracruz, Puebla). **I:** Walther (1972: 189-191).

Incl. *Echeveria gloriosa* Rose (1911).

[5] **Tr** gewöhnlich einzeln, kurz, ± 3 cm ⌀; **Blä**

rosettig, verkehrt eiförmig oder breit verkehrt lanzettlich, 11 - 17 × 7 - 9 cm, stumpf und mit aufgesetztem Spitzchen bis spitz, hellgrün, purpurn getönt, rot gerandet, leicht glauk; **Inf** schmal traubig-rispig, bis > 1 m, mit 6 - 12 **Tr** mit je ± 5 **Blü**; **Ped** 1 - 2 mm; **Sep** bis 13 mm, aufsteigend; **Kr** ± 14 × 11 mm ⌀; **Pet** rot. − n = 27.

E. runyonii Rose *ex* E. Walther (CSJA 7: 69, ill., 1935). **T:** Mexiko (*Runyon 339* [US]). − **D:** Mexiko (Nuevo León). **I:** Walther (1972).

Incl. *Echeveria runyonii* var. *macabeana* E. Walther (1935).

[11] **Tr** gewöhnlich einzeln, bis 10 cm lang oder mehr, ± 1 cm ⌀; **Ros** 8 - 10 cm ⌀; **Blä** spatelig-keilförmig bis länglich spatelig, gestutzt bis spitz zulaufend, mit aufgesetztem Spitzchen, 6 - 8 × 2.5 - 4 cm, glauk rosarötlich weiss; **Inf** 2 oder mehr, 15 - 20 cm hoch, mit 2 - 3 Wickeln; **Bra** auffällig; **Ped** ± 4 mm; **Sep** aufsteigend-ausgebreitet, bis 11 mm; **Kr** 5-kantig, 19 - 20 × 10 mm ⌀, scharlachrot. − n = 14.

Lange Zeit eine Art rätselhafter Herkunft, aber kürzlich wurde sie wild in Nuevo León gefunden. Eine interessante Mutation mit scheinbar kopfüber angeordneten Blättern ist 'Topsy Turvy', die in Kultur in California entstand.

E. ×sayulensis E. Walther *pro sp.* (Echeveria, 151-152, 1972). **T:** CAS. − **I:** Uhl (1989).

Tr kurz, verzweigt; **Ros** bis > 25 cm ⌀; **Blä** verkehrt lanzettlich-spatelig, stumpf, mit aufgesetztem Spitzchen, ± 14 × 7 cm, grün, leicht glauk; **Inf** rispig, bis 36 cm hoch; **Ped** bis 12 mm; **Sep** weit ausgebreitet; **Kr** 17 mm, nahe der Basis ± 10 mm ⌀, rosa. − n = 43.

Weil er diese Pflanzen für eine Kreuzung hielt, kreuzte Uhl *E. secunda* mit *E. grandifolia* (= *E. gibbiflora*) und erhielt Pflanzen, die sowohl in der Morphologie als auch in der Zytologie identisch mit *E. ×sayulensis* waren (Uhl 1989).

E. schaffneri (S. Watson) Rose (Bull. New York Bot. Gard. 3(9): 9-10, 1903). **T:** Mexiko, San Luis Potosí (*Schaffner 768* [GH]). − **D:** Mexiko (San Luis Potosí: NW von Cedral entlang der Strasse nach Catorce; Nuevo León).

≡ *Cotyledon schaffneri* S. Watson (1882) ≡ *Echeveria teretifolia* var. *schaffneri* (S. Watson) E. Walther (1935).

[1] **Wu** knollig (?); **Tr** gewöhnlich < 5 cm lang, selten verzweigt; **Blä** rosettig, schmal lanzettlich, zugespitzt, rinnig, 7.5 - 10 × ± 1.5 cm, grün, manchmal purpurn, nicht glauk; **Inf** aus 2 Wickeln, bis 30 cm hoch; **Ped** sehr kurz; **Sep** bis 8 mm; **Kr** 14 - 17 mm, gelb und rosa. − n = 12.

Gemäss Uhl (1999) ist *E. schaffneri* dadurch zu unterscheiden, dass sie "auf sandigen, kiesigen Auswaschungen am Fuss der Berge und auf flachem Land auf dem trockenen Plateau W der Sierra Madre Oriental wächst. Die Typlokalität liegt in Sandhügeln nahe der Stadt San Luis Potosí". Er legt dar, dass einige der Daten und die Beschreibung von Walther (1972) sich auf *E. walpoleana* beziehen, welche auf der feuchteren E-Seite der Berge wächst und rot gerandete Blätter hat.

E. scheeri Lindley (Edward's Bot. Reg. 31: t. 27 + Text, 1845). **T:** CGE. − **D:** Mexiko (SE Oaxaca: Gebiet von Chontal?).

≡ *Cotyledon scheeri* (Lindley) Baker (1869).

[5] **Tr** bis 10 cm hoch, spärlich verzweigt; **Blä** rosettig, verkehrt eiförmig-keilförmig, mit aufgesetztem Spitzchen, 9 × 4 cm, Oberseite tief konkav, glauk, grün mit roten Rändern; **Inf** traubig-rispig, 2- oder 3-ästig, bis 50 cm hoch oder mehr; **Ped** 10 - 13 mm; **Sep** bis 18 mm, weit ausgebreitet; **Kr** 5-kantig, ± 25 mm, nahe der Basis 14 mm ⌀, am Schlund 18 mm ⌀, orange bis rosa.

Walther (1972) schrieb, dass T. MacDougall diese Art in der Gegend von Chontal in Oaxaca wiederentdeckte und veröffentlichte sowohl eine Beschreibung als auch eine Abbildung dieser Pflanze. Es wurde jedoch weder ein genauer Standort angegeben, noch ist diese Art in den publizierten Feldnotizen von MacDougall verzeichnet.

E. secunda Booth (Edward's Bot. Reg. 24: Misc.: 59, 1838). **T:** [neo − icono]: l.c. 26: t. 57, 1840. − **D:** Mexiko (Hidalgo, Guanajuato, Distrito Federal, Puebla, México, Tlaxcala). **I:** Walther (1972).

≡ *Cotyledon secunda* (Booth) Baker (1869); **incl.** *Echeveria pumila* Van Houtte (1846) ≡ *Cotyledon pumila* (Van Houtte) Baker (1869) ≡ *Echeveria secunda* var. *pumila* (Van Houtte) Otto (1873) ≡ *Echeveria glauca* var. *pumila* (Van Houtte) von Poellnitz (1936); **incl.** *Echeveria spilota* Kunze (1853); **incl.** *Cotyledon glauca* Baker (1869) ≡ *Echeveria secunda* var. *glauca* (Baker) Otto (1873) ≡ *Echeveria glauca* (Baker) Morren (1874) ≡ *Echeveria pumila* var. *glauca* (Baker) E. Walther (1972); **incl.** *Echeveria alpina* E. Walther (1935); **incl.** *Echeveria elatior* E. Walther (1935); **incl.** *Echeveria cornuta* E. Walther (1972); **incl.** *Echeveria reglensis* E. Walther (1972).

Eine beliebte und leicht zu haltende Art, ausgesprochen variabel in der Blattform, der Blütenstiellänge und der Stellung der Kelchblätter. Auf dem Ixtaccihuatl wurde sie bis in eine Höhe von 4275 Metern gefunden. Pflanzen von Epazoyucán, Hidalgo, haben ungewöhnlich schmale und sukkulente Blätter. 2 Formen können unterschieden werden:

E. secunda fa. **byrnesii** (Rose) Kimnach (Haseltonia 5: 52, 1998). **T:** Mexiko, México (*Rose & Painter 7991* [US]). − **D:** Mexiko (México: Ojo del Agua, Tultenango Canyon). **I:** CSJA 6: 139, 1935, als *E. byrnesii*.

≡ *Echeveria byrnesii* Rose (1905) ≡ *Echeveria secunda* var. *byrnesii* (Rose) von Poellnitz (1936).

[13] Unterschiede zu var. *secunda*: **Ros** ± 10 - 12 cm ⌀; **Blä** länglich verkehrt eiförmig-keilförmig, mit aufgesetztem Spitzchen, 5 - 9 × ± 3.5 cm, dünn und flach, grün. – n = 32.

Eine alpine Variante von *E. sucunda* und durch die grünen Blätter unterschieden.

E. secunda fa. **secunda** – **D:** Mexiko (Hidalgo, Guanajuato, Distrito Federal, Puebla, México, Tlaxcala). **I:** Walther (1972).

[13] **Tr** gewöhnlich < 5 cm lang, ± 1 cm ⌀, verzweigt; **Ros** 5 - 10 (-15) cm ⌀; **Blä** keilförmig verkehrt eiförmig, stumpf bis gestutzt, mit aufgesetztem Spitzchen, 2 - 5 (-8) × 1.5 - 3 (-4.5) cm, ± 5 mm dick, Ränder dünn bis stumpf, blau-glauk; **Inf** ein Wickel, 5 - 15 cm hoch; **Ped** 4 - 15 mm; **Sep** aufsteigend bis ausgebreitet; **Kr** 5-kantig mit rinnigen Seiten, (8-) 10 - 11 (-13) mm, nahe der Basis 7 - 8 mm ⌀, am Schlund 5 - 6 mm ⌀, orangerot bis tiefrosa. – n = 30, 32.

E. semivestita Moran (CSJA 16(2): 60, 174-176, ills., 1954). **T:** Mexiko, Hidalgo (*Taylor* s.n. [UC]). – **D:** Mexiko (Hidalgo, Nuevo León, San Luis Potosí, Tamaulipas).

E. semivestita var. **floresiana** E. Walther (CSJA 30(4): 107-109, ill., 1958). **T:** Mexiko, San Luis Potosí (*Flores* s.n. [CAS]). – **D:** Mexiko (San Luis Potosí, Tamaulipas).

[5?] Unterschiede zu var. *semivestita*: Pflanzen vollständig kahl; **Tr** < 5 cm; **Bla**ränder oft winzig gewellt. – n = 17.

E. semivestita var. **semivestita** – **D:** Mexiko (Hidalgo, Nuevo León, San Luis Potosí). **I:** Walther (1972).

[5?] **Tr** 20 - 15 cm lang, ± 1 cm ⌀, kahl, selten verzweigt; **Ros** ± 12 cm ⌀; **Blä** leicht rosettig, verkehrt lanzettlich, zugespitzt, oberseits konkav, 7 - 14 × 1.5 - 3 cm, kahl oder winzig flaumhaarig, grün, Ränder purpurrot; **Inf** rispig, bis 55 cm hoch, mit 3 - 9 einseitswendig-rispigen Zweigen mit je 6 - 9 **Blü**, Schaft unten filzig, oben papillös oder kahl; **Bra** filzig oder kahl; **Ped** 1 - 7 mm; **Sep** kahl, bis 15 mm, grün bis purpurn oder bläulich bis bläulich-glauk, bereift; **Kr** kahl, 13 mm, rosa bis rot. – n = 17.

In Bezug auf die Zugehörigkeit zu einer Serie stehen bei dieser Art noch einige Fragen offen. Die in den Knospen bläulichen Kelchblätter sind ein einzigartiges Merkmal innerhalb der Gattung.

E. sessiliflora Rose (in N. L. Britton & al. (eds.), North Amer. Fl. 22(1): 15, 1905). **T:** Mexiko, Chiapas (*Goldman* 978 [US]). – **D:** Mexiko (Chiapas). **I:** Walther (1972).

Incl. *Echeveria corallina* Alexander (1941).

[7] **Wu** nicht knollig; **Tr** 2 - 3 cm lang, verzweigt; **Blä** rosettig, verkehrt lanzettlich, plötzlich zugespitzt, mit aufgesetztem Spitzchen, 6 - 8 × 1.5 - 1.6 cm, blassgrün mit bräunlich purpurnen Rändern, stark glauk; **Inf** ährig, ± 15 - 30 (-40) cm; **Ped** ≤ 1 mm; **Sep** angedrückt; **Kr** 8 - 14 mm, korallenrot bis rot. – n = 15.

E. setosa Rose & Purpus (CUSNH 13: 45, ill., 1910). **T:** Mexiko, Puebla (*Purpus* 415 [US 592 487]). – **D:** Mexiko (Puebla, Oaxaca).

Eine variable Art, die – obwohl einige Zwischenformen existieren – in folgende Varietäten gegliedert werden kann:

E. setosa var. **ciliata** (Moran) Moran (CSJA 65(1): 32-33, ills., 1993). **T:** Mexiko, Oaxaca (*Moran* 6395 [SD]). – **D:** Mexiko (Oaxaca: SE of Huajuapan). **I:** Walther (1972: als *E. ciliata*).

≡ *Echeveria ciliata* Moran (1961).

[3] Unterschiede zu var. *setosa*: **Ros** 5 - 13 cm ⌀, sprossend; **Blä** verkehrt eiförmig-keilförmig und stumpf, mit aufgesetztem Spitzchen, 2.5 - 6 cm, spitzenwärts 1.5 - 3.7 cm breit, 5 - 9 mm dick, grün, Ränder und Kiel gewimpert, Oberfläche kahl oder leicht behaart; **Inf** mit 3- bis 14- (bis 24-) blütigen Wickeln; **Ped** 6 - 35 mm; **Kr** 10 - 16 × 6.5 - 10 mm ⌀.

E. setosa var. **deminuta** J. Meyrán (Cact. Suc. Mex. 34(4): 75-79, ills., 1989). **T:** Mexiko, Oaxaca (*Otero* 42 [MEXU, ENCB]). – **D:** Mexiko (Oaxaca: Sierra Mixteca). **Fig. XIV.g**

Incl. *Echeveria rondelii* Hort. Sterk (1989) (*nom. inval.*, Art. 36.1).

[3] **Tr** 6 - 8 mm ⌀, reichlich verzweigt; **Ros** 2 - 6 (-7) cm ⌀; **Blä** verkehrt lanzettlich, spitz, 1 - 3 cm, spitzenwärts 0.4 - 0.9 cm breit, 1.5 - 5 mm dick, kahl oder gewöhnlich mit wenigen, weissen **Ha** nahe der Spitze oder manchmal an den Rändern oder am Kiel, grün oder anfangs glauk; **Inf** kahl oder mit Ausnahme der **Blü**innenseiten etwas behaart; 3 - 16 cm lang, 1.5 - 3 mm ⌀, Wickel 2- bis 7-blütig; **Ped** 9 (-27) mm; **Kr** 8 - 12 × 4 - 7 mm ⌀. – n = 25.

Diese Varietät ist auf Grund ihrer winzigen, kraushaarigen, mattenbildenden Rosetten ideal für Blumenschalen.

E. setosa var. **minor** Moran (CSJA 65(1): 33-35, ills., 1993). **T:** Mexiko, Oaxaca (*Fittkau* s.n. [SD 93245, BH, CAS]). – **D:** Mexiko (Oaxaca: Sierra Mixteca, nahe Tepelmeme de Morelos).

[3] **Tr** ± 2 cm lang und 4 mm ⌀, verzweigt; **Ros** 4.5 - 7 cm ⌀; **Blä** keilförmig-spatelig oder keilförmig verkehrt lanzettlich, etwas zugespitzt bis stumpf, 2 - 3 cm, spitzenwärts 0.7 - 1 cm breit, 3 - 4 mm dick, in den oberen ¾ behaart und entlang der Ränder noch weiter hinunter; **Inf** 9 - 19 cm, Wickel 4- bis 12-blütig; **Ped** 5 - 10 mm; **Sep** aufsteigend, 4 - 8 mm; **Kr** 11 - 12 × 8 - 9 mm ⌀. – n = 25.

E. setosa var. **oteroi** Moran (CSJA 65(1): 33-34, ills., 1993). **T:** Mexiko, Oaxaca (*Otero* 26 [SD

93237, BH, CAS, HNT, SD]). – **D:** Mexiko (Oaxaca: Sierra Mixteca, 5 km N von Concepción de Buenavista).

[3] **Tr** 7 - 15 mm ⌀, spärlich verzweigt; **Ros** 5 - 15 cm ⌀; **Blä** rhombisch-spatelig bis rhombisch verkehrt eiförmig, stumpf, mit aufgesetztem Spitzchen, 2.5 - 8 cm, spitzenwärts 1.3 - 3.4 cm breit, 3 - 10 mm dick, einige Klone vollständig kahl, andere dicht bewimpert und mit zerstreuten **Ha** auf dem oberen Kiel und der Oberseite, glauk, später grün; **Inf** 10 - 20 cm, kahl bis spärlich behaart, Wickel 5- bis 11-blütig; **Ped** 6 - 22 mm; **Sep** leicht aufsteigend, 5 - 10 mm; **Kr** 11 - 13 × 6 - 9 mm ⌀. – n = 25.

Vegetativ scheinen die kahlen Klone dieser Varietät nicht mit *E. setosa* verwandt zu sein, die Blüten sind aber beinahe identisch.

E. setosa var. **setosa** – **D:** Mexiko (Puebla: San Luis Atolotitlán, Cerro de la Yerba). **I:** Walther (1972: t. 14 oben, fig. 213-215). **Fig. XV.a**

[3] **Tr** bis 10 cm lang, 1 - 2 cm ⌀, verzweigt; **Ros** 5 - 12 cm ⌀; **Blä** verkehrt lanzettlich-spatelig, spitz, stumpf werdend, mit aufgesetztem Spitzchen, (2.5-) 4 - 7 cm, spitzenwärts 0.8 - 2 cm breit, 5 - 7 mm dick, grün, behaart, bewimpert mit 2 - 3 mm langen **Ha**; **Inf** ein Wickel, mit Ausnahme der Innenseite der **Blü** behaart, 10 - 30 cm lang; **Ped** 1 - 3 cm; **Sep** ausgebreitet; **Kr** (8-) 10 - 15 × (6-) 8 - 10 mm ⌀, unten orangerot, nahe der Spitzen gelb. – n = 25.

E. shaviana E. Walther (Echeveria, 270, t. 5, fig. 142, 1972). **T:** Mexiko, Nuevo León (*Meyer & Rogers* 48/2527 [MO 1598523, G]). – **D:** Mexiko (Tamaulipas, Nuevo León). **I:** CBM 183: t. 797, 1980.

[1] Pflanzen kahl; **Tr** gewöhnlich < 5 cm lang, ± 1 cm ⌀, spärlich verzweigt; **Ros** 8 - 10 cm ⌀; **Blä** verkehrt eiförmig-spatelig, mit aufgesetztem Spitzchen, die weisslichen Ränder ± gewellt-gekräuselt, 3 - 5 × 1.5 - 2.5 cm, dünn, glauk-grünlich bis -rosarötlich; **Inf** mit 1 - 2 Wickeln, bis 30 cm hoch; **Ped** < 2 mm; **Sep** aufsteigend; **Kr** 10 - 13 mm, 5-kantig, rosa. – n = 13.

Auf Grund der Zytologie glaubt Uhl (1999), dass diese Art besser in die Ser. *Angulatae* statt in die Ser. *Pruinosae* gestellt werden sollte, wo Walther sie platzierte. Die Art ist beliebt und dekorativ, aber in Kultur schwierig zu halten. Sie verliert leicht ihre Wurzeln und zieht Wollläuse an. Sie ist an schattigen Orten heimisch, wo sie in Kiefernnadeln auf Felsblöcken wächst.

E. simulans Rose (in N. L. Britton & al. (eds.), North Amer. Fl. 22(1): 22, 1905). **T:** Mexiko, Nuevo León (*Pringle* 767 [US]). – **D:** Mexiko (Nuevo León). **I:** Walther (1972). **Fig. XIV.h**

≡ *Echeveria elegans* var. *simulans* (Rose) von Poellnitz (1936).

[16] **Tr** beinahe fehlend, spärlich und langsam verzweigend; **Ros** bis > 10 cm ⌀; **Blä** locker rosettig, verkehrt eiförmig, mit aufgesetztem Spitzchen, bis 7 × 4 cm, glauk, grünlich weiss; **Inf** mit 1 - 2 Wickeln, 20 - 40 cm hoch; **Ped** bis 10 mm oder mehr; **Sep** ± angedrückt; **Kr** kegelig-urnenförmig, bis 15 mm, nahe der Basis bis 10 mm ⌀, rosa-pink, Spitzen gelblich. – n = 32.

Von den zahlreichen Formen von *E. elegans* durch grössere, weniger kompakte Rosetten und grössere Blätter und Blütenkronen unterscheidbar.

E. skinneri E. Walther (Echeveria, 307, ill., 1972). **T:** Mexiko, Oaxaca (*MacDougall* B.204 [CAS]). – **D:** Mexiko (Oaxaca: Cerro Madreña). **Fig. XV.b**

[8] **Tr** verzweigt, bis 30 cm hoch oder mehr, 6 - 8 mm ⌀; **Blä** entlang der **Tr** zerstreut, endständige **Blä** leicht rosettig, verkehrt eiförmig-keilförmig, stumpf, 3 - 4 × 1.5 - 2 cm, oft mit kleinem, aufgesetztem Spitzchen, glatt, grün, Ränder in starkem Licht gerötet; **Inf** traubig, 15 - 20 cm hoch; **Ped** etwas zurückgebogen, 10 - 16 × 2 mm ⌀; **Sep** fast stielrund, weit ausgebreitet bis zurückgebogen, bis 10 mm; **Kr** kegelig-urnenförmig, scharf 5-kantig, 17 - 20 mm, nahe der Basis 15 mm ⌀, scharlachrot, Ränder gelb. – n = ± 40.

E. spectabilis Alexander (CSJA 13: 137, ill., 1941). **T:** Mexiko, Oaxaca (*MacDougall* s.n. [NY]). – **D:** Mexiko (Oaxaca: Sierra Juárez, nahe Macuiltianguis und Benito Juárez, Mitla). **I:** Walther (1972). **Fig. XV.c**

[8] **Tr** bis 60 cm hoch, ± 8 mm ⌀, verzweigt; **Ros** 4 - 5 cm ⌀; **Blä** leicht rosettig, verkehrt eiförmig-spatelig, mit aufgesetztem Spitzchen, 4 - 7 × 2.5 - 3 cm, ganz fein aufgerauht (spärlich und winzig papillös), grün, rot gerandet; **Inf** traubig, bis 70 cm hoch; **Ped** zurückgebogen, 1 - 3.5 cm; **Sep** aufsteigend-ausgebreitet, bis 18 mm; **Kr** 5-kantig, 22 - 24 mm, nahe der Basis 18 mm ⌀, scharlachrot bis orange, gelb gerandet. – n = ± 105.

Wegen der grossen, attraktiven Blüten ist diese Art besonders kulturwürdig.

E. steyermarkii Standley (Publ. Field Mus. Nat. Hist., Bot. ser. 23(4): 160, 1944). **T:** Guatemala, Zacapa (*Steyermark* 43145 [F]). – **D:** Guatemala (Solola, San Marcos, Huehuetenango, Zacapa); epiphytisch oder auf Felsen, 1300 - 3700 m.

[5] **Tr** bis 5 cm lang und 1 cm ⌀, gewöhnlich unverzweigt; **Blä** 12 bis viele, rosettig, länglich verkehrt eiförmig bis länglich spatelig oder verkehrt lanzettlich, zur Basis hin spitz zulaufend, stumpf bis zugespitzt, mit aufgesetztem Spitzchen oder kurz dornspitzig, ± 4 - 15 × 1 - 5.5 cm, grün, purpurn oder rosa getönt; **Inf** einfache oder 2-ästige Trauben, 5 - 20 cm lang, nahe der Basis < 2 mm ⌀, jede Traube mit 3 - 5 **Blü**; **Ped** 5 - 15 mm; **Sep** ausgebreitet bis plötzlich zurückgebogen, 4 - 8 mm; **Kr** ± 11 mm, nahe der Basis 8 mm ⌀, rot oder rötlich gelb; **Pet** mit gelben Rändern.

Eine wenig bekannte Art, weder kultiviert noch illustriert.

E. stolonifera (Baker) Otto (Hamburg. Gart.- & Blumenzeit. 29: 9, 1873). **T:** [lecto – icono]: Refug. Bot. 1: t. 63, 1869. – **D:** Unbekannt. **I:** Walther (1972).

≡ *Cotyledon stolonifera* Baker (1869).

[?] **Tr** über dem Boden bis 10 cm lang, verzweigt; **Blä** verkehrt eiförmig, dornspitzig, bis 5 cm lang, oberseits konkav, kahl, gräulich grün; **Inf** 6 - 10 cm hoch, einseitswendig; **Ped** 6 - 8 mm; **Sep** bis 10 mm, ausgebreitet; **Kr** 14 × 9 mm ⌀, rötlich.

Obwohl ursprünglich für eine botanische Art gehalten, ist in Mexiko kein Fundort bekannt. Walther (1972) fand, dass ähnliche Pflanzen spontan in seiner Forschungssammlung auftraten und stellte die Theorie auf, dass *E. stolonifera* eine Kreuzung sein müsse, deren Eltern mit grösster Wahrscheinlichkeit *E. glauca* (= *E. secunda*) und *E. grandifolia* (= *E. gibbiflora*) sind.

E. strictiflora A. Gray (Pl. Wright. 76, 1852). **T:** USA, Texas (*Anonymus* s.n. [G]). – **D:** USA (Texas), Mexiko (Coahuila, Chihuahua?, Nuevo León?). **I:** Walther (1972).

≡ *Cotyledon strictiflora* (A. Gray) Baker (1869).

[1] **Tr** < 3 cm hoch, 0.5 - 1.5 cm ⌀, selten verzweigt; **Blä** rosettig, aufsteigend-ausgebreitet, verkehrt lanzettlich-rhombisch, zugespitzt, 3 - 9 × 1.5 - 3 cm, graugrün oder rostgrün, mit oder ohne rote Ränder; **Inf** einseitswendig-traubig, unverzweigt oder selten 2-ästig, 20 - 25 cm hoch; **Ped** ± 1 mm; **Sep** aufsteigend, 9 - 13 mm; **Kr** kegelig bis urnenförmig-glockig, stark 5-kantig, nahe der Basis rosa, darüber gelblich rot, 13 - 15 mm, nahe der Basis 8 mm ⌀, am Schlund 5 mm ⌀. – n = 12.

Dies ist bemerkenswerterweise die einzige in den USA heimische *Echeveria*; darüberhinaus ist sie eine der schwieriger zu haltenden Arten. Einige der Populationen in Texas und Mexiko haben rot gerandete Blätter, scheinen aber geographisch nicht miteinander in Beziehung zu stehen. Eine von A. Lau in der Sierra Gomas, W von Bustamante, Nuevo León, gesammelte Pflanze hat ungewöhnlich breite Blätter (bis 4 cm breit) und könnte nach weiteren Untersuchungen vielleicht als neue Varietät oder Art zu behandeln sein.

E. subalpina Rose & Purpus (CUSNH 13: 45, ill., 1910). **T:** Mexiko, Puebla / Veracruz (*Purpus* s.n. [US]). – **D:** Mexiko (Puebla, Tlaxcala, Veracruz). **I:** Walther (1972). **Fig. XV.g**

Incl. *Echeveria akontiophylla* Werdermann (1932); **incl.** *Echeveria meyraniana* E. Walther (1959).

[13] **Tr** < 4 cm hoch, selten verzweigt; **Ros** 4 - 10 cm ⌀; **Blä** verkehrt lanzettlich bis linealisch verkehrt lanzettlich, lang spitz zulaufend, dornspitzig, 2.5 - 5 (-14) × 1 - 1.5 cm, glauk-grün, aufgesetztes Spitzchen rötlich; **Inf** ein einfacher oder 2-ästiger Wickel, bis 30 cm; **Ped** 4 - 8 (-22) mm; **Sep** weit ausgebreitet; **Kr** 10 - 12 mm, nahe der Basis 6 - 8 mm ⌀, orange bis rot; **Pet**ränder gelb. – n = 34.

Die Aufsammlung von Tlaxcala (Mun. Temezontla, Cerro Cuatlapangas) hat kleinere Blätter und stärker polsterbildende Rosetten.

E. subcorymbosa Kimnach & Moran (CSJA 66(1): 11-15, ills., 1994). **T:** Mexiko, Oaxaca (*Lau* 30 [HNT, MEXU]). – **D:** Mexiko (Oaxaca: N von Santiago Juxtlahuaca). **Fig. XV.h**

[12] **Tr** gewöhnlich < 4 cm lang, 5 - 8 mm ⌀; **Ros** 4 - 6 cm ⌀; **Blä** verkehrt eiförmig-spatelig, dornspitzig, an der breitesten Stelle 1.5 - 3 × 0.8 - 2.5 cm breit, glauk bläulich grau, oft unten rot gefleckt, Ränder rötlich; **Inf** 4.5 - 11 cm, traubig aber durch die langen unteren **Ped** ebensträussig erscheinend; **Ped** fast aufrecht, 1 - 3 cm, die untersten am längsten, jeder mit 1 - 3 winzigen **Bra**; **Blü** 3 - 12; **Sep** leicht aufsteigend, 5 - 11 × 2 - 3 mm; **Kr** eiförmig, 5-kantig, 8 - 14 × 6 - 8 mm ⌀, am Schlund 3 - 4 mm ⌀; **Pet** länglich, leicht stumpf, unterer Teil rötlich orange, oberer Teil gelb. – n = 29.

Die Population von Tlacotepec hat viel breitere Blätter und verdient vielleicht Varietätsrang.

E. subrigida (Robinson & Seaton) Rose (Bull. New York Bot. Gard. 3(9): 10, 1903). **T:** Mexiko, México (*Pringle* 4326 [GH]). – **D:** Mexiko (México, Hidalgo, San Luis Potosí, Guanajuato, Querétaro). **I:** CBM 138: t. 8445, 1912; Walther (1972).

≡ *Cotyledon subrigida* Robinson & Seaton (1893); **incl.** *Echeveria palmeri* Rose (1903); **incl.** *Echeveria rosei* Nelson & Macbride (1913); **incl.** *Echeveria angusta* von Poellnitz (1936).

[5] **Tr** gewöhnlich < 5 cm hoch, bis 5 cm ⌀, selten verzweigt; **Ros** 15 - 20 cm ⌀; **Blä** länglich verkehrt lanzettlich, spitz oder kurz spitz zulaufend, 15 - 25 × 5 - 10 cm, dick, steif, Ränder etwas aufwärts gerichtet und oft fein gewellt bis winzig gekerbt, weiss bereift, manchmal beinahe oder vollständig grün, Ränder und aufgesetztes Spitzchen gerötet; **Inf** 1 - 2, schmal cymös-traubig, bis 1 m hoch, nahe der Basis ± 15 mm ⌀, bis 12-ästig, jeder Zweig mit 1 - 7 **Blü**; **Ped** kräftig, 2 - 5 mm; **Sep** aufsteigend, bis 25 mm; **Kr** urnenförmig, 5-kantig, bis 25 mm, an der Basis bis 14 mm ⌀ oder mehr, an der Spitze ± 20 mm ⌀, glauk, rosa bis scharlachrot; **NSch** scharlachrot. – n = 27, 54.

Eine auffällige Art mit in der Regel kräftig glauk-bereiften, rot gerandeten Blättern. Sie wird oft mit *E. cante* verwechselt.

E. tenuis Rose (Bull. New York Bot. Gard. 3(9): 7-8, 1903). **T:** Mexiko, Zacatecas (*Rose* 2640a [US]). – **D:** Mexiko (Zacatecas).

[1] **Tr** sehr kurz oder fehlend; **Blä** eine flache **Ros** bildend, länglich, basal stark verschmälert, zugespitzt, 4 - 5 cm lang, fleischig; **Inf** ein Wickel,

schlank, anfangs nickend oder eingerollt; **Ped** fehlend oder beinahe so; **Sep** sehr ungleich, breit eiförmig bis linealisch; **Kr** 9 mm lang, Farbe unbekannt.

Eine fragwürdige Art und nur vom Typfundort bekannt. Walther (1972) ergänzte seine Beschreibung mit Merkmalen von Pflanzen, welche von F. Schmoll an einem unbekannten Ort gesammelt wurden. Er meint, dass die Art mit *E. humilis* verwandt sei, von welcher sie sich durch die sehr kurzen Blütenstiele, weniger zugespitzte Blätter mit der dicksten Stelle nahe der Mitte, und stärker aufsteigende Kelchblätter unterscheidet.

E. teretifolia De Candolle (PSRV 3: 401, 1828). **T:** [lecto – icono]: De Candolle, Mém. Fam. Crass., t. 6A, 1828. – **D:** Mexiko. **I:** Walther (1972).

Incl. *Cotyledon subulifolia* Baker (1869) ≡ *Echeveria subulifolia* (Baker) E. Morren (1874).

[1] **Tr** und **Blä** unbekannt; **Inf** ein 2-gabeliger Wickel; **Bra** ± stielrund; **Ped** beinahe fehlend; **Sep** ausgebreitet bis wenig zurückgeschlagen; **Kr** 5-kantig.

Obwohl dies die Typart der Ser. *Angulatae* ist, basiert sie nur auf einer unvollständigen Zeichnung und kann nicht mit Sicherheit identifiziert werden (siehe Anmerkungen unter *E. bifida*).

E. tobarensis A. Berger (NPF2 18a: 476, 1930). **T:** Mexiko, Durango (*Palmer 248* [US]). – **D:** Mexiko (Durango).

Incl. *Urbinia lurida* Rose (1911).

[16] **Tr** kurz (?); **Ros** 6 - 8 cm $\emptyset$; **Blä** dicht rosettig, eiförmig, spitz zulaufend, kahl, 3 - 4 × 1.5 - 2.5 cm, sehr dick, purpurn oder rötlich; **Inf** aus 2 Wickeln, 25 cm lang; **Sep** klein, eiförmig, zugespitzt; **Kr** 6 - 7 mm, dunkelrot.

Diese nicht in Kultur befindliche Art ist nur von der Typaufsammlung bekannt. 2 Versuche, sie am Typfundort wieder aufzusammeln, waren erfolglos.

E. tolimanensis Matuda (Cact. Suc. Mex. 3(2): 31, ill., 1958). **T:** Mexiko, Hidalgo (*Matuda 32637* [MEXU]). – **D:** Mexiko (Hidalgo). **I:** Walther (1972). Fig. XV.e

[16] **Tr** < 5 cm lang, 1 - 2.5 cm $\emptyset$, selten verzweigt; **Blä** rosettig, schmal lanzettlich bis linealisch-länglich, halbstielrund, Oberseite etwas abgeflacht, mit Grannenspitzchen, 4 - 9 × 1.5 - 2 cm, 8 - 13 mm dick, leicht bereift, grünlich weiss; **Inf** mit 2 - 3 Wickeln, 10 - 12 cm lang, **Blütrauben** 2 - 3, hängend; **Ped** schlank, 6 - 17 mm; **Sep** ausgebreitet bis zurückgeschlagen; **Kr** stielrund-urnenförmig, 10 - 14 mm lang, unten korallenrosa, darüber orange. – n = 30.

E. tolucensis Rose (in N. L. Britton & al. (eds.), North Amer. Fl. 22(1): 22, 1905). **T:** Mexiko, México (*Rose & Painter 6818* [US]). – **D:** Mexiko (México: bei Toluca); 2750 m.

≡ *Echeveria glauca* var. *tolucensis* (Rose) von Poellnitz (1936).

[13] **Tr** beinahe fehlend, verzweigt; **Blä** locker bis dicht angeordnet, verkehrt lanzettlich-länglich, bis 10 × 3 cm breit oder mehr, ziemlich dünn und schlaff, glauk-grün, Spitze deltoid-spitz bis kurz spitz zulaufend, Rand nicht gerötet; **Inf** mit 1 - 2 Wickeln, einseitswendig-traubig, bis 15 cm hoch oder mehr, ± 12-blütig; **Ped** bis 1 cm; **Sep** aufsteigend; **Kr** 5-kantig, bis 15 mm, nahe der Basis bis 9 mm $\emptyset$, unten rosa, darüber gelb. – n = ± 60.

Gemäss Uhl (1995: 38) ist diese Art nahe mit *E. secunda* verwandt, hat aber doppelt so viele Chromosomen.

E. trianthina Rose (CUSNH 12(10): 439-440, t. 78, 1909). **T:** Mexiko, Hidalgo (*Purpus 957* [US 399 673]). – **D:** Mexiko (Hidalgo: Sierra de la Mesa).

[16] **Tr** bis 6 cm hoch oder mehr, verzweigt; **Blä** rosettig, verkehrt lanzettlich, jung tiefpurpurn und mit aufgesetztem Spitzchen, später grünlich und ohne aufgesetztes Spitzchen, Oberseite konkav, 6 - 12 × 1 - 1.8 cm, sehr dick; **Inf** 30 - 40 cm oder länger, mit 1 - 3 Wickeln von 8 - 10 cm; **Ped** 2 - 3 mm; **Sep** abgebogen; **Kr** rosa, Grösse und Form unbekannt. – n = 64.

E. turgida Rose (in N. L. Britton & al. (eds.), North Amer. Fl. 22(1): 21, 1905). **T:** Mexiko, Coahuila (*Purpus 05.962* [US]). – **D:** Mexiko (Coahuila: von Viesca bis zum Cuatrocienegas-Becken). **I:** Walther (1972).

[16] **Tr** bis 5 cm lang, verzweigt; **Ros** 3 - 8 (-12) cm $\emptyset$; **Blä** länglich keilförmig, stumpf bis leicht gestutzt, mit aufgesetztem Spitzchen, fleischig, nahe der Ränder nicht dünner werdend, 1.5 - 4 (-6) × 1 - 2 (-2.5) cm, 4 - 8 mm dick, stark bereift, Ränder und aufgesetztes Spitzchen rötlich; **Inf** ein unverzweigter Wickel, 10 - 20 cm hoch; **Ped** 4 - 12 mm; **Sep** weit ausgebreitet, dreieckig- bis linealisch-lanzettlich, bis 1 cm; **Kr** zylindrisch-konisch, 9 - 13 mm, nahe der Basis 5 - 8 mm $\emptyset$, Schlund 6 - 10 mm $\emptyset$, orange bis rosa. – n = 31.

E. uhlii Meyrán (Cact. Suc. Mex. 37(4): 79-82, ills., 1992). **T:** Mexiko, Oaxaca (*Otero 41* [MEXU, ENCB]). – **D:** Mexiko (Oaxaca: N von Tamazulapan, bei Xochixtlahuaca).

[12] **Tr** < 5 cm lang, ± 7 mm $\emptyset$, auffällig mit trockenen **Blä** bedeckt; **Ros** 4 - 6 cm $\emptyset$; **Blä** 30 - 40, verkehrt eiförmig bis spatelig, leicht zugespitzt bis stumpf, mit aufgesetztem Spitzchen, 1.7 - 2.5 × 1 - 1.5 cm, grün, leicht bereift; **Inf** Trauben, 4 - 15 cm; **Ped** von der Unterseite der **Inf** hängend, 4 - 14 mm; **Sep** beinahe gleich, leicht aufsteigend, eiförmig; **Kr** 5-kantig, 7 - 9 × 4 - 7 mm $\emptyset$, rötlich gelb.

E. unguiculata Kimnach (CSJA [im Druck], ills., 2002). **T:** Mexiko, Nuevo León (*Debbert* s.n. [HNT]). – **D:** Mexiko (SW Tamaulipas, E San Luis Potosí).

[1] **Tr** bis 5 cm hoch und mehr, 1 - 1.5 cm $\emptyset$; **Ros**

8 - 10 cm ⌀; **Blä** schmal eiförmig-lanzettlich, pfriemlich, 4 - 4.5 cm lang, 1.2 - 1.5 cm breit an der breitesten Stelle 2 - 3 cm unterhalb der Spitze, 8 - 10 mm dick, ± purpurn, aufgesetztes Spitzchen spitz, rötlich; **Inf** traubig, bis 50 cm oder mehr, mit ± 8 **Blü**; **Ped** 6 - 17 mm; **Sep** rechtwinkelig zur **Kr** oder wenig zurückgebogen, sehr ungleich, 2 - 12 mm; **Kr** fast zylindrisch, stumpf kantig, 15 - 17 mm lang, 8 - 9 mm ⌀, hell lachsrosa.

Auffällig sind die stechenden, klauenartigen Blattspitzen und die wenig aufgeblasene, stumpf kantige Blütenkrone.

E. utcubambensis Hutchison *ex* Kimnach (Haseltonia 9: [im Druck], ills., 2002). **T:** Peru, Amazonas (*Hutchison & Wright* 4011 [UC]). — **D:** Peru (Amazonas: Prov. Gongora, Prov. Chachapoyas).

[12] **Tr** ausgespreizt-hängend, 12 - 20 cm lang, 5 - 12 mm ⌀; **Blä** in endständigen **Ros**, darunter fehlend, länglich verkehrt eiförmig, 3 - 5.5 × 1.4 - 2.3 cm, 3 - 4 mm dick, bläulich grün; **Inf** allseitswendig traubig, ± 16 cm lang; **Ped** aufsteigend, 4 - 8 mm; **Sep** aufsteigend-ausgebreitet, 5 - 8 mm; **Kr** 10 mm lang, orange und gelb gestreift.

E. valvata Moran (CSJA 35: 152, ill., 1963). **T:** Mexiko, México (*Moran* 10157 [SD]). — **D:** Mexiko (México: W von Luvianos, Basis des Cerro Temascaltepec); 1660 - 1800 m.

[17] **Wu** verdickt; **Tr** < 3 cm lang, einzeln; **Ros** 8 - 15 (-20) cm ⌀; **Blä** keilförmig-spatelig bis schmal verkehrt eiförmig, breit zugespitzt bis gerundet, grün bis rötlich, jung glauk, 4 - 10 × 2 - 3.5 cm, Ränder durchscheinend, oft gekräuselt oder papillös-gezähnelt; **Inf** ein Wickel, bis 45 cm, mit 10 - 27 **Blü**; **Ped** 1 - 3 mm; **Sep** angedrückt oder leicht ausgebreitet; **Kr** 7 - 11 × ± 8 - 9 mm ⌀; **Pet** klappig, oberer Teil rot, unten blasser. — n = 30.

Eine der am schwierigsten zu kultivierenden Arten. Die einzige andere Art innerhalb der Gattung mit klappigen Kronblättern ist *E. calycosa*.

E. viridissima E. Walther (CSJA 31(1): 22, ill., 1959). **T:** Mexiko, Oaxaca (*MacDougall* B.134 [CAS]). — **D:** Mexiko (Oaxaca: San Pedro Mixtepec); 3000 m. **I:** Walther (1972).

[8] **Tr** verzweigt, bis 20 cm lang oder mehr; **Ros** ± 15 cm ⌀; **Blä** leicht rosettig, aufsteigend bis ausgebreitet, verkehrt eiförmig bis keilförmig, mit kurz aufgesetztem Spitzchen, ± 10 × 6 cm, leuchtend grün, in starkem Licht entlang der Ränder, an der Spitze und der Unterseite hellrötlich; **Inf** traubig oder spitzenwärts etwas ährig und unten etwas rispig, untere Zweige 2-blütig; **Ped** 4 - 8 mm; **Sep** aufsteigend bis zurückgebogen, linealisch-lanzettlich, bis 2 cm; **Kr** 5-kantig, ± 16 × 10 - 13 mm ⌀, rot. — n = ± 43.

E. walpoleana Rose (CUSNH 8: 295, 1905). **T:** Mexiko, San Luis Potosí (*Palmer* 506 [US]). — **D:** Mexiko (San Luis Potosí, Nuevo León, Hidalgo, Tamaulipas). **I:** Walther (1972: excl. fig. 134). **Fig. XV.f**

[1] **Tr** gewöhnlich < 5 cm lang, selten verzweigt, 1.5 - 2 cm ⌀; **Ros** 10 - 18 cm ⌀; **Blä** verkehrt eiförmig, lanzettlich, verkehrt lanzettlich oder rhombisch, 5 - 9 × bis 2 cm, tief konkav oder bootförmig, zugespitzt, grün, rot gerandet, oft rot gefleckt; **Inf** 30 - 40 cm oder mehr, mit 2 - 5 Wickeln mit je 8 - 15 **Blü**; **Ped** kräftig, bis 2 (-4) mm; **Sep** weit ausgebreitet, bis 10 mm, rot; **Kr** konisch-urnenförmig, scharf 5-kantig, 13 - 18 mm, nahe der Basis 9 - 12 mm ⌀, am Schlund 4 - 7 mm ⌀, nahe der Basis rosa, darüber orangerot. — n = 13.

Gemäss Uhl (1999) sind die von Walther (1972) erwähnten Aufsammlungen aus Coahuila und Guanajuato wahrscheinlich *E. bifida* oder *E. strictiflora*, und Walthers Fig. 134 ist *E. cuspidata*.

E. waltheri Moran & J. Meyrán (Cact. Suc. Mex. 6: 77, 79-85, ills., 1961). **T:** Mexiko, México (*Moran & Kimnach* 7695 [SD]). — **D:** Mexiko (Guerrero, México).

[8] Ausgespreizte, spärlich verzweigte, winzig rauh-papillöse Sträucher mit **Tr** bis 90 cm und 6 - 14 mm ⌀; **Blä** leicht rosettig, spatelig bis rhombisch-spatelig, mit aufgesetztem Spitzchen, 2.5 - 8 × 1 - 3 cm, 1.5 - 3 mm dick, grün, entlang der Ränder und an der Spitze gerötet; **Inf** 1 - 2 pro **Tr**, ährig, 25 - 70 cm, Achse rötlich; **Ped** fehlend oder bis 2 mm; **Sep** aufrecht und der **Kr** angedrückt, 7 - 11 mm, papillös, rötlich grün; **Kr** spreizend, 11 - 16 mm, nahe der Mitte 6 - 12 mm ⌀, weiss, rötlich getönt.

Ein plumper, ausgespreizter Kleinstrauch, aber mit auffallenden, rötlich weissen Blüten.

E. westii E. Walther (Echeveria, 361, 1972). **T:** Peru, Cuzco (*Hutchison* 1800 [UC]). — **D:** Peru (Cuzco); 3000 m.

[12] **Tr** bis 6 cm lang oder mehr, verzweigt; **Blä** dicht rosettig, rhombisch verkehrt eiförmig, Basis keilförmig, Spitze zugespitzt, glatt, 3 - 3.5 × 1.2 - 2 cm, grün, nahe der Spitze bräunlich oder purpurbraun; **Inf** traubig aber oft sehr dicht gedrängt, verkürzt und wenigblütig; **Bra** leicht abfallend; **Ped** bis 9 mm; **Sep** ausgebreitet, bis 10 mm, verkehrt eiförmig-länglich, zugespitzt, dick; **Kr** urnenförmig, 11 - 13 mm lang; **Pet** spitzenwärts einwärts gebogen, rosa-pink, zur Spitze hin gelblich. — n = ± 260.

E. whitei Rose (Addisonia 10(3): 47, t. 344, 1925). **T:** Bolivien (*White* 220 [US]). — **D:** Bolivien (La Paz, Cochabamba). **I:** Walther (1972).

Incl. *Echeveria buchtienii* von Poellnitz (1934); **incl.** *Echeveria rauschii* van Keppel (1969).

[12] **Tr** spärlich verzweigt, gewöhnlich < 10 cm lang, ± 1 cm ⌀; **Blä** in einer kompakten **Ros**, schmal verkehrt eiförmig-länglich, spitz, 3 - 5 × 0.8 - 2 cm, glatt, dunkelgrün bis bräunlich grün, oft rot

gerandet; **Inf** traubig, untere Zweige oft 2-blütig; **Ped** hängend, bis 2 cm oder mehr; **Sep** angedrückt oder leicht ausgebreitet, bis 6 mm, linealisch-lanzettlich, zugespitzt; **Kr** urnenförmig-5-kantig, 10 - 15 mm, gelblich rot bis korallenfarben. − n = ± 96.

E. wurdackii Hutchison *ex* Kimnach (Haseltonia 9: [im Druck], ills., 2002). **T:** Peru, Amazonas (*Wurdack* 1163 [UC]). − **D:** Peru (Amazonas).

[12] **Tr** bis 10 - 20 cm lang, im Schatten ausgespreizt, 1 - 1.3 cm ⌀; **Ros** locker, spärlich sprossend, 12 - 15 cm ⌀; **Blä** verkehrt eiförmig, fast stumpf, mit winzigem, aufgesetztem Spitzchen, 5 - 9 cm lang, nahe der Spitze 3 - 4 cm breit, 2 - 4 mm dick, grün, leicht glauk; **Inf** traubig, aber **Ped** alle dem Licht zugewandt, 15 - 20 cm lang, nahe der Basis 6 mm ⌀, mit ± 5 - 15 **Blü**; **Ped** während der Anthese waagerecht-zurückgebogen, ± 3 cm, 2.5 - 3 mm ⌀; **Sep** ausgebreitet, 5 - 8 mm; **Kr** kreiselförmig, 13 - 15 mm lang, nahe der Basis 8 mm ⌀, Mündung ± 4 mm, Spitzenbreich gelb, im Übrigen einheitlich orange.

Unterscheidet sich von *E. utcubambensis* durch die langen Blütenstiele und die lockereren Rosetten mit grösseren Blättern.

×GRAPSONELLA

U. Eggli

×Grapsonella G. D. Rowley (Name that Succulent, 152, 1980).
= *Graptopetalum* × *Thompsonella*. Siehe Uhl (1994b) für eine Liste der bekannten Hybridkombinationen (keine formell benannt).

×GRAPTOLADIA

U. Eggli

×Graptoladia C. H. Uhl (CSJA 66(5): 216, 1994).
= *Graptopetalum* × *Villadia*. Siehe Uhl (1994c) für eine Liste der bekannten Hybridkombinationen (keine formell benannt).

GRAPTOPETALUM

J. Thiede

Graptopetalum Rose (CUSNH 13(9): 296, 1911). **T:** *Graptopetalum pusillum* Rose [Typifiziert durch Schlussfolgerung, einziges eingeschlossenes Element.]. − **D:** USA (C und S Arizona), Mexiko (weitverbreitet von Sonora und Chihuahua bis Oaxaca); Felsstandorte, bis 2400 m. **Etym:** Gr. 'graptos', beschrieben, markiert; und Gr. 'petalon', Kronblatt; wegen der in der Regel gefleckten Kronblätter.

Incl. *Byrnesia* Rose (1922). **T:** *Byrnesia weinbergii* Rose [Typifiziert durch Schlussfolgerung, einziges eingeschlossenes Element.].
Incl. *Tacitus* Moran (1974). **T:** *Tacitus bellus* Moran & J. Meyrán.
Incl. ×*Tacipetalum* C. H. Uhl (1995).

Ausdauernde **Ros**pflanzen; **Wu** meist faserig; **Tr** meist glatt, entweder kurz und ± polsterbildend, oder kleinstrauchig-verholzt, ± verzweigt, aufrecht (bis niederliegend oder hängend), 15 - 40 (-200) × 0.2 - 1.3 (-2) cm; **Blä** meist ± dicht in **Ros** von (2-) 3 - 8 (-16) cm ⌀ an den **Tr**spitzen, jung oft ± aufsteigend, später ausgebreitet und oft ± zurückgebogen, meist ± verkehrt eiförmig bis ± (breit) spatelig, bis 7 × 4 cm, meist ± glauk bereift, oberseits meist ± flach, seltener schwach konvex oder schwach konkav-rinnig, unterseits meist ± deutlich konvex gerundet, oft ± gekielt, apikal zugespitzt bis abgerundet, meist mit 0.5 - 3 (-12) mm langer, aufgesetzter Spitze; **Inf** meist zu mehreren zwischen den **Ros**blättern, selten unterhalb der **Ros**, meist ± aufsteigend, (2-) 4 - 15 (-60) cm, mit **Blä**ähnlichen **Bra**; **Inf** Thyrsen mit wenigen bis zahlreichen, wickeligen Zweigen mit (1-) 2 - 10 (-15) **Blü**, oberste Zweige wenig- oder meist 1-blütig, Wickel nicht eingerollt (bisweilen eingerollt bei *G. rusbyi*), oder **Inf** cymös mit 1 - 5 wickeligen Zweigen mit 1 - 5 **Blü**; **Ped** (1-) 5 - 25 mm; **Blü** aufrecht, meist 5-zählig (selten 4- oder 7- bis 10-zählig), für 4 - 14 Tage geöffnet; **Cal** tassen- (bis schüssel-) förmig; **Sep** anliegend (bei *G. bellum* zurückgebogen), meist bis zur Basis frei, meist nahezu gleich; **Kr** sternförmig öffnend, 11 - 21 (-38) mm ⌀; **Pet**grundfarbe weisslich oder gelblich (bis grünlich), meist mit rötlichen bis braunen Querbändern oder Flecken, diese spitzenwärts dichter und oft zusammenfliessend, selten nur wenig gefleckt oder einfarbig weisslich, oder rosarot, basal etwas verwachsen, **Rö** glocken-, schüssel- oder tassenförmig, bisweilen (immer?) kantig; **St** in 2 Kreisen (nur 1 Kreis bei der *G. pentandrum*-Gruppe), zuerst aufrecht und dann öffnend, später ausgebreitet und episepale **St** zwischen den **Pet** zurückgebogen, nach der Anthese wieder aufrecht (immer?); episepale **Fil** basal radial verbreitert, kaum bis deutlich mit **Kr** und interkarpellarem Gewebe verwachsen, epipetale **Fil** basal tangential verbreitert, deutlich mit der **Kr** verwachsen; **NSch** aufwärts gerichtet, ± quadratisch bis ± nierenförmig, meist weisslich bis ± gelblich; **Ca** ± (schmal) verkehrt eiförmig bis elliptisch, weisslich, gelblich, grünlich oder rötlich, oberwärts teilweise rot bis rosa, basal 0.5 - 2 (-3) mm verwachsen, mit zahlreichen **Sa**anlagen; **Gr** meist abrupt abgesetzt; **Fr** aufsteigend bis aufrecht; **Sa** rötlich braun, ± zylindrisch, ± 0.6 - 0.7 × 0.2 - 0.3 mm, meist mit Netzmusterung. − Cytologisch sehr variabel, n = 30, 31, 32, 34, 35, 62, 64, 66, 68, ± 93, 170 ± 5, 175 ± 2, 192, ± 193, ± 204, 208 ± 3, 244 ± 4, 245 ± 5, 270 ± 5.

Die Gattung ist v.a. durch die im Verlaufe der Blütezeit zurückgebogenen Staubblätter, die in der

Regel wenigstens teilweise ± gefleckten bis gestreiften Kronblätter (bei *G. paraguayense* ssp. *bernalense* schwach ausgeprägt bis fehlend, bei *G. bellum* und *G. mendozae* einheitlich), die sternförmig öffnenden Blüten und die nicht eingerollten Wickel (teilweise eingerollt bei *G. rusbyi*) charakterisiert. Die früher hier geführten Arten *G. goldii*, *G. craigii* und *G. suaveolens* gehören zu *Sedum*.

Graptopetalum scheint am nächsten mit *Sedum* Sect. *Pachysedum* mit ähnlichen Blütenkronen (jedoch mit komplett freien Kronblättern) verwandt zu sein. Viele Arten der Sect. *Pachysedum* haben ähnliche Chromosomenzahlen (Uhl 1978), und bei einigen Arten biegen sich die Staubfäden nach dem Öffnen der Staubbeutel ähnlich wie bei *Graptopetalum* zurück. R. Moran hat eine Revision der Gattung fertig gestellt. Er gliedert *Graptopetalum* in 7 Sektionen, die (abgesehen davon, dass *Tacitus* als eigenständige Gattung betrachtet wird) fast identisch mit den hier vorgestellten Artengruppen sind. Die einzige Ausnahme ist *G. macdougallii*, für welches er eine eigene Sektion aufstellt (hier zur *G. pusillum*-Artengruppe gestellt).

Intergenerische Hybriden wurden mit folgenden Gattungen bekannt: *Echeveria* (= ×*Graptoveria*), *Lenophyllum* (= ×*Lenaptopetalum*), *Pachyphytum* (= ×*Graptophytum*), *Sedum* (= ×*Graptosedum*), *Thompsonella* (= ×*Grapsonella*), *Villadia* (= × *Graptoladia*).

Die Gattung *Graptopetalum* kann wie folgt gegliedert werden:

[1] Sect. *Byrnesia* (Rose) Moran 1984: Kleinsträucher mit ± verholzten **Tr**; **Blä**spitze meist höchstens zugespitzt, ohne deutliche aufgesetzte Spitze; Anheftungsstelle der **Blä** viel schmaler als die **Blä**basis; **Blä**narbe mit nur 1 Blattspur (*G. amethystinum* 3); vertrocknete **Blä** abfallend (Arten v.a. aus C- und S-Mexiko).
 [1a] *G. paraguayense*-Gruppe: **Tr** verlängert, nicht strikt aufrecht, später meist ± niederliegend; **Blä** meist rosarot bis lavendelfarben überhaucht; **Blü** mehrheitlich im Frühjahr. – Möglicherweise ein paraphyletischer "Abstellplatz" der am wenigsten spezialisierten Arten.
 [1b] *G. pentandrum*-Gruppe: Wuchs ähnlich wie bei [1a], aber **Blü** haplostemon; **Fil** und **Ca** ± gelblich, spitzenwärts gerötet.
 [1c] *G. fruticosum*-Gruppe: Verzweigte Kleinsträucher mit aufrechten **Tr**; **Inf** unterhalb der **Ros** und zunächst wie vegetative **Tr** aussehend; **Blü** vorwiegend im Frühjahr; episepale **Fil** mit **Kr** und intercarpellarem Gewebe verwachsen und dadurch 5 deutliche Nektartaschen bildend.
 [1d] *G. pachyphyllum*-Gruppe: **Tr** kurz, polsterbildend; **Inf** aus der **Ros**; **Blä** ± rundlich, nicht abgeflacht-verbreitert; **Bra** wie die **Ros**blätter, teilweise sogar noch etwas grösser; **Blü** im Sommer.

[2] Sect. *Graptopetalum*: Oft polsterbildende **Ros**pflanzen mit kurzen, nicht oder kaum verholzten **Tr**; **Inf** stets aus der **Ros**; **Blä**spitze meist mit deutlicher, ± langer, aufgesetzter Spitze; **Blä** den **Tr** mit breiter Basis ansitzend; **Blä**narbe mit mehreren **Blä**spuren (immer?); vertrocknete **Blä** zunächst ausdauernd (Arten aus S USA und NW bis W-C Mexiko).
 [2a] *G. pusillum*-Gruppe: Haupt**Wu** meist unverdickt; **Gr** abrupt verschmälert, ± 0.5 mm; **Blä** glatt; **Blü** im Herbst oder Winter.
 [2b] *G. filiferum*-Gruppe: Haupt**Wu** deutlich verdickt; **Gr** allmählich verschmälert, ≥ 1 (-4.5) mm; **Blä**spitze papillös (immer?); **Blü** vorwiegend im Frühjahr.

G. amethystinum (Rose) E. Walther (CSJA 3(4): 73-75, ill., 1931). **T:** Mexiko, Jalisco (*Rose 2993* [US, NY]). – **D:** Mexiko (Durango, Jalisco, Sinaloa); 1950 m. **I:** KuaS 43: 133, 1992; KuaS 48: Karteikarte 24, 1997. **Fig. XVI.a**

≡ *Pachyphytum amethystinum* Rose (1905) ≡ *Echeveria amethystina* (Rose) hort. ex von Poellnitz (1936) (*nom. inval.*, Art. 34.1c).

[1a] Kleinsträucher; **Tr** aufrecht bis niederliegend-hängend, bisweilen basal verzweigt, bis 30 cm; **Ros** 10 - 15 cm ⌀, mit 12 - 15 **Blä**; **Blä** verkehrt eiförmig, apikal abgerundet, 3 - 7 × 2.5 - 4 cm, 10 - 18 mm dick, zunächst rosa, später grau, glauk bereift, mit 3 **Blä**spuren; **Inf** 5 - 15 cm, aufsteigend bis niedergebogen, Thyrsen mit 7 - 65 **Blü**, Achse zickzackförmig, 4 - 11 cm, mit 3 - 10 wickeligen Zweigen mit bis 6 **Blü**; **Blü** 5-zählig; **Ped** 5 - 8 mm; **Cal** 5 - 6 mm ⌀; **Sep** eiförmig, spitz, nahezu gleich, 2.5 - 4 × 1.5 - 3 mm; **Kr** 15 - 18 mm ⌀; **Pet** 10 - 11 mm, blass weisslich gelb bis blassgelb, **Rö** glockig, 3.5 - 4 × 5 - 6 mm, Zipfel dreieckig-lanzettlich, spitz, 6 - 7 × 3 - 3.5 mm, oberseits mit roten Querbändern, spitzenwärts nahezu gänzlich rot; **Fil** 8 - 10 mm, 3 - 4.5 mm mit der **Kr**röhre verwachsen, blassgelb; **NSch** stumpf mondförmig, 0.4 - 0.5 × 1 mm, weiss oder gelblich; **Ca** oberhalb der **NSch** ausgehöhlt, 6 × 1.5 mm, basal 1 mm verwachsen, blass weissgelblich; **Gr** abrupt verschmälert, ± 1 mm. – n = 34, 35.

G. bartramii Rose (Addisonia 11(1): 1-2, pl. 353, 1926). **T:** USA, Arizona (*Bartram s.n.* [US, NY]). – **D:** USA (C und S Arizona), Mexiko (Chihuahua); Felsstandorte, 1200 - 2000 m. **I:** Desert Pl. Life 21: 54-55, 1949.

≡ *Echeveria bartramii* (Rose) Kearney & Peebles (1939).

[2a] **Ros**pflanzen, meist polsterbildend; Haupt-**Wu** verdickt; **Tr** kurz; **Ros** dicht, mit ≥ 20 **Blä**; **Blä** eiförmig bis breit spatelig, apikal zugespitzt, flach oder oberseits etwas konkav, 2.5 - 6.25 cm, bläulich grün, Ränder und Spitze rötlich; **Inf** zu 2 - 7 zwischen den inneren **Ros**blättern, 20 - 30 cm, Trauben oder meist Thyrsen mit wenigen, wickeli-

gen Zweigen mit je bis 3 **Blü**; **Ped** kurz; **Blü** 5-zählig, übelriechend oder duftlos; **Sep** schmal dreieckig bis länglich lanzettlich, spitz(lich), klein, 5 mm; **Kr** 16 - 28 mm ∅, **Rö** etwas kürzer als die **Sep**; **Pet** schmal, 8 - 15 mm, weisslich, Zipfel zugespitzt, v.a. die obere ½ mit roten oder braunen Flecken und /oder Bändern; **Fil** kurz, am Ende der **Kr**röhre inserierend; **Ca** dorsal oberhalb der **NSch** ausgehöhlt; **Gr** abrupt verschmälert, sehr kurz. – n = 31.

G. bellum (Moran & J. Meyrán) D. R. Hunt (CBM 182(4): 130, t. 781, 1979). **T**: Mexiko, Chihuahua (*Lau* s.n. in *Moran* 21217 [SD, ENCB, HNT, MEXU]). – **D**: Mexiko (Chihuahua); E-exponierte Felsen, 1600 m; nur vom Typfundort bekannt. **I**: Moran & Meyrán (1974). **Fig. XVI.b**

≡ *Tacitus bellus* Moran & J. Meyrán (1974).

[2b] **Ros**pflanzen; Haupt**Wu** verdickt, bis 4 mm ∅; **Tr** kurz; **Ros** flach und dichtblätterig, 3 - 8 cm ∅, mit ± 25 - 50 **Blä**, einzeln oder gruppenbildend; **Blä** verkehrt eiförmig bis keilförmig, breit stumpf bis gerundet, 2 - 3.5 × 1.5 - 2.8 cm, 4 - 5 mm dick, meist dunkel oder gräulich grün, aufgesetztes Spitzchen 2 mm und etwas papillös; **Inf** aufrechte Thyrsen mit 1 - 4 aufsteigenden, wickeligen Zweigen mit je bis 3 **Blü**, Schaft 1.5 - 3.5 cm, grün; **Ped** 10 - 25 mm; **Blü** (selten 4-) 5-zählig, (nahezu) duftlos; **Sep** elliptisch bis länglich, spitz, nahezu gleich, gegen Ende der **Blü**zeit zurückgebogen, 6 - 11 × 2 - 4 mm, hellgrün; **Kr** (23-) 30 - 38 mm ∅, **Rö** tassenförmig, 3 - 4 × 4 - 6 mm; **Pet** elliptisch-eiförmig, zugespitzt, ± tief rosa, ganzrandig oder Rand in der Mitte fein gezähnt, 11 - 18 × 6 - 10 mm, ohne Zeichnung, basal mit 2 abgerundeten, die Öffnung der **Kr**röhre verschliessenden und das epipetale **Fil** einschliessenden Auswüchsen; **Fil** 7 - 11 mm, basal 3 - 4 mm mit der **Kr**röhre verwachsen, rosa; **NSch** aufrecht, oben gestutzt, ± 0.35 × 1 mm, weisslich; **Ca** dorsal gekielt und mit Ausnahme der Basis 2-furchig, basal nahezu frei, 10 - 15 × 2.25 mm, intensiv rot; **Gr** allmählich verschmälert, 2.5 - 4.5 mm. – n = ± 204.

Da die von Moran & Meyrán (1974) aufgeführten Unterschiede von *Tacitus* gegenüber *Graptopetalum* teilweise unzutreffend oder nur graduell sind und *G. bellum* zwanglos in die Sect. *Graptopetalum* eingegliedert werden kann, wo die Art zusammen mit *G. rusbyi* und *G. filiferum* eine gut charakterisierte Verwandtschaftsgruppe bildet, erscheint eine eigene Gattung *Tacitus* unberechtigt. Die Unterschiede in Blütenbau und -färbung dürften lediglich mit einem Wechsel des Bestäubers zusammenhängen (*G. bellum*: vermutlich Kolibris; übrige Arten: vermutlich Fliegen), worauf bereits Moran & Meyrán (l.c.) hinweisen.

G. filiferum (S. Watson) J. Whitehead (CSJA 15: 69-71, ills., 1943). **T**: Mexiko, Chihuahua (*Palmer* s.n. [nicht lokalisiert]). – **D**: Mexiko (Chihuahua); auf Felsen, um 2150 m. **I**: Eggli (1994: 216). **Fig. XVI.d**

≡ *Sedum filiferum* S. Watson (1885).

[2b] **Ros**pflanzen; **Tr** kurz; **Ros** abgeflacht, dicht, bis 5 - 6 cm ∅ (oft weniger), mit 75 - 100 **Blä**, polsterbildend; **Blä** ausgebreitet, lang zugespitzt, 2 - 3 × 0.8 - 1.2 cm, 2 - 4 mm dick, leuchtend grün, Randsaum hyalin, apikaler Rand fein papillös, apikal mit **Ha**artiger, 5 - 12 mm langer, später brauner, aufgesetzter Spitze; **Inf** bis zu 6, Thyrsen mit 2 - 4 wickeligen, einseitswendigen Zweigen mit je bis 5 **Blü**, zwischen den inneren **Ros**blättern, Schaft 4 - 8 cm, blassgrün; **Ped** 10 - 15 mm; **Blü** 5- bis 6- (bis 7-) zählig; **Sep** basal etwas verwachsen, verkehrt eiförmig, stumpf mit aufgesetztem Spitzchen, sehr fein papillös, nahezu gleich, 4 - 5 mm, rötlich grün; **Kr** ± 2 cm ∅; **Pet** lanzettlich, 10 - 12 mm, weiss, **Rö** 4 - 5 mm, Zipfel zugespitzt, spitzenwärts mit intensiv dunkel braunroten Flecken; **Fil** ± 6.5 mm, episepale **Fil** länger, epipetale **Fil** ± 4 mm mit der **Kr** verwachsen; **NSch** nierenförmig, gelb; **Ca** lang lanzettlich, deutlich 4-kantig, ± 7 mm, basal ± 2.3 mm verwachsen, blassgrün oder weiss; **Gr** abrupt verschmälert, weiss. – n = 31, 32.

Durch die Blätter mit der langen Haarspitze leicht von anderen Arten unterscheidbar.

G. fruticosum Moran (CSJA 40(3): 152-156, ills.; 41(1): 19 [Erratum, 1969], 1968). **T**: Mexiko, Jalisco (*Moore & Bunting* 8728a [SD 67046, BH, CH, DS, HNT, K, MICH, NY, UC, US]). – **D**: Mexiko (Jalisco); auf Felsen, ± 1050 - 1200 m. **I**: KuaS 43: 131, 1992. **Fig. XVI.c**

[1c] Kleinsträucher; **Tr** papillös, basal verzweigt, bis 40 cm, 0.25 - 0.8 cm ∅; **Ros** locker, 3 - 7 cm ∅, mit 20 - 30 zerstreut über 2.5 - 10 cm angeordneten **Blä**; **Blä** spatelig bis rhombisch-spatelig, ausgezogen oder abgerundet, mit angedeutet aufgesetzter Spitze, 2 - 4 × 0.8 - 2 cm, 2.5 - 4 mm dick, blassgrün oder rötlich, etwas glauk bereift; **Inf** 3 - 14 cm unterhalb der **Tr**spitze, 12 - 30 cm, glauk bereift, Thyrsen mit ± 12 - 50 **Blü**, Achse etwas zickzackförmig, 5 - 14 cm, mit 5 - 11 wickeligen Zweigen mit 0 - 3 Sekundärzweigen; **Blü** 5- (bis 6-) zählig; **Ped** 5 - 18 mm; **Cal** tassenförmig, 3 - 5 × 3 - 6 mm; **Sep** anliegend, nahezu frei, dreieckig bis länglich, spitz, etwas ungleich, 2 - 4.5 × 1 - 1.5 mm; **Kr** 16 - 21 mm ∅; **Pet** dreieckig-lanzettlich, 7 - 9 × 2 - 3 mm, blassgelb oder gelblich weiss, **Rö** glockig, 3 - 3.5 × 3.5 - 5.5 mm, Zipfel spitz, mit kardinalroten, spitzenwärts ± zusammenfliessenden Streifen; **Fil** 6 - 8 mm, 2.5 - 3 mm mit der **Kr** verwachsen, episepale **Fil** basal radial verbreitert, mit der **Kr** und intercarpellarem Gewebe verwachsen und dadurch 5 deutliche Nektartaschen bildend, gelblich grün, ± rot gezeichnet; **NSch** basal schlank, gestutzt, 0.4 - 0.5 × 0.7 - 0.9 mm, weisslich bis orangegelb; **Ca** 5 - 6 mm, basal ± 2 mm verwachsen, rötlich; **Gr** abrupt verschmälert, etwas nach aussen geneigt, 0.6 - 0.7 mm. – n = 31.

Gemäss Protolog am nächsten mit *G. grande* verwandt. Das ursprüngliche Typzitat wurde im Erratum korrigiert.

G. grande Alexander (CSJA 28(6): 174-176, ills., 1956). **T:** Mexiko, Oaxaca (*MacDougall* B.155 [NY]). – **D:** Mexiko (Guerrero, Oaxaca); teilweise beschattete Felsen und Klippen, 1500 - 2000 m. **Fig. XVII.a**

[1c] Kleinsträucher; **Tr** aufrecht, bis 30 (-200) cm, bis 1.5 cm ⌀, graugrün; **Blä** ausgebreitet, ziemlich locker, breit spatelig, apikal gestutzt oder etwas abgestumpft, 5 - 8.5 × 3.5 cm, blass gelbgrün; **Inf** wenige, bis 35 cm, Thyrsen 6 - 22 cm, mit 6 - 9 ausgebreiteten, wickeligen, ± zickzackförmigen Zweigen mit 0 - 4 Sekundärzweigen, je mit ± 4 **Blü**; **Blü** 5-zählig; **Ped** 5 - 8 mm; **Sep** linealisch, ungleich, 2.5 - 3 mm; **Kr** 20 mm ⌀; **Pet** lanzettlich, 11 mm, oberseits schwefelgelb, unterseits blassgrün, **Rö** 2 mm, deutlich ausgesackt, Zipfel unterseits gekielt, mit basal zerstreuten, spitzenwärts zusammenfliessenden, kastanienbraunen, Flecken und / oder Streifen, Rückseite mit randnahen, roten Streifen; epipetale **Fil** mit der **Kr** verwachsen, episepale **Fil** basal radial verbreitert, mit der **Kr** und intercarpellarem Gewebe verwachsen und dadurch 5 deutliche Nektartaschen bildend, grünlich weiss; **NSch** sichelförmig, 1 × 1.2 mm, intensiv orange; **Ca** halb verkehrt eiförmig, 6 mm, basal < 3 mm verwachsen; **Gr** abrupt verschmälert, etwas nach aussen gebogen, ± 1 mm, orangerot. – n = 66.

G. macdougallii Alexander (CSJA 12: 161-163, ills., 1940). **T:** Mexiko, Oaxaca (*MacDougall* s.n. [NY]). – **D:** Mexiko (Oaxaca); auf etwas schattigen Felsen, selten epiphytisch, 1200 - 2100 m. **I:** KuaS 48: Karteikarte 97/20, 1997. **Fig. XVI.e**

[2a] **Ros**pflanzen; **Tr** kurz, basal verzweigt, ausserdem mit axillären Ausläufern; **Ros** dicht, ± polsterbildend; **Blä** zungenförmig, zur Vegetationszeit ausgebreitet, in der Trockenzeit zusammengeneigt, 2.5 - 3.5 × 0.8 - 1.5 cm, meist ± intensiv bläulich bis grünlich, spitzenwärts in eine bis 2 mm lang ausgezogene Spitze verschmälert; **Inf** 5.5 - 7 cm, Thyrsen ± 1.5 - 3 cm, mit wickeligen, hängenden Zweigen, mit insgesamt bis 10 **Blü**; **Blü** 5-zählig; **Ped** bis 2 cm; **Sep** basal verwachsen, verkehrt eiförmig, spitz, 6 - 8 mm; **Pet** eiförmig-lanzettlich, zugespitzt, 7 - 10 mm, Rückseite grün, **Rö** 3 - 4 mm, innen weisslich gelbgrün, Zipfel mit basal zerstreuten, in der Mitte zusammenfliessenden, bis nahe zur Spitze durchgehenden, braunen Flecken und / oder Streifen, apikal gelblich grün, Rückseite mit randnahen, roten Streifen; **Fil** 5 - 8 mm, epipetale **Fil** 1.5 - 4 mm mit der **Kr** verwachsen, grünlich weiss, apikal rötlich überhaucht; **NSch** ± 0.6 × 0.9 mm, matt gelbbraun; **Ca** halb schief verkehrt eiförmig, etwas gekielt, 6 - 7 mm, basal ± 3 mm verwachsen; **Gr** abrupt verschmälert, nahezu aufrecht, fleischrosa. – n = 64 - 66, 192, 244 ± 4, 245 ± 5.

Die im Protolog angegebene Grösse der Nektarschüppchen (1 × 1.5 - 1.8 mm) kann durch das vorliegende Material nicht bestätigt werden. Innerhalb der Sect. *Graptopetalum* steht diese Art geographisch isoliert, da alle anderen Arten zwischen Nayarit / Durango und Arizona vorkommen.

G. marginatum Kimnach & Moran (Haseltonia 8: [im Druck], ills., 2002). **T:** Mexiko, Nayarit (*Ullrich* s.n. [HNT, MEXU, US]). – **D:** Mexiko (Nayarit); steile, felsige Klippen in (halb-) laubwerfendem Wald, 670 m, nur vom Typfundort bekannt.

[2a] **Ros** meist einzeln, mit kurzem, bis 3 × 1 - 2 cm grossem Stämmchen; **Ros** halbkugelig, (6-) 10 - 14 cm ⌀; **Blä** 12 - 25, jung aufsteigend, später horizontal bis zurückgebogen, verkehrt eiförmig-spatelig, älteste **Blä** (4-) 5 - 6.5 × 2 - 3 cm, 3 - 4 mm dick, mit weisser, spitz zulaufender, spitzer, 1.5 - 2 mm langer Grannenspitze, Spreite gräulich grün oder in der Sonne rötlich, mit schwacher Wachsbereifung, Epidermis mit vorgewölbten Zellen aber trotzdem glatt erscheinend, Ränder scharf, etwas häutig, auffällig weisslich; **Inf** 1 - 4, (12-) 20 - 30 (-40) cm, aufsteigend bis horizontal, Schaft 4 - 9 cm, mit (5-) 10 - 14 selten gabeligen, im Zickzack gebogenen, wickeligen Zweigen mit je (2-) 5 - 6 **Blü**; **Blü** mit moschusartigem Duft; **Ped** 10 - 15 mm; **Sep** spitz, basal für 0.75 mm vereinigt, 3 - 5 × ± 1 mm, glauk-grün; **Pet** dreieckig spitz zulaufend, spitz, ± 10 × 3 mm, grünlich cremefarben, obere ½ tief gefurcht, mit Punkten und seitlichen, parallelen, bräunlich roten Bändern, untere ½ mit weniger dicht stehenden Punkten; **Fil** ± 8 mm, abgeflacht-linealisch; **Ca** kreiselförmig; **Gr** pfriemlich, spitz, ± 0.75 mm.

Eine sehr eigenständige, neuere Entdeckung, v.a. wegen der flachen und typischerweise einzelnen Rosetten mit weiss gerandeten Blättern. *G. marginatum* ist der erste Nachweis der Gattung aus Nayarit. Die Art scheint keine nahen Verwandten zu haben, ähnelt aber *G. bartramii*.

G. mendozae Glass & Cházaro (Cact. Suc. Mex. 42(4): 79-82, ills. [incl. hinterer Umschlag], 1997). **T:** Mexiko, Veracruz (*Mendoza Garcia & Sierra Pichardo* 288 [XAL, CANTE, CHAPA, ENCB, IEB, IBUG, MEXU, MICH, NY, WIS]). – **D:** Mexiko (N Veracruz); Vulkankegel, 100 - 200 m. **I:** KuaS 52: Karteikarte 8, 2000.

[1a] Ausdauernde, gruppenbildende Kleinsträucher; **Tr** aufrecht bis hängend oder niederliegend, 10 - 15 × 0.4 cm, cremefarben bis grüngräulich, mit deutlichen, 4 - 8 mm entfernt stehenden **Bla**narben; **Ros** bis 3.5 cm ⌀, mit 12 - 17 **Blä**; **Blä** verkehrt eiförmig, oberseits flach oder leicht konvex, unterseits konvex, apikal stumpf gerundet, bis 18 × 11 mm, basale **Blä** am grössten, nach oben kleiner werdend, grau; **Inf** 8 - 9 cm (Schaft 3 - 6 cm), 1 - 2 pro Pflanze; **Inf** aus 2 Wickeln mit zusammen 4 - 10 **Blü**; **Bra** 6, bis 7 mm, hinfällig; **Ped** 1 - 2 cm; **Cal** ±

4 × 5 mm; **Sep** anliegend; **Kr** ± 8 (geschlossen) × 10 - 12 mm; **Pet** dreieckig-eiförmig, 4 - 5 × 2.5 - 3 mm, rein weiss, **Rö** 3 - 4 × ± 5 mm, Zipfel spitz, ohne Zeichnung; **Fil** weiss; **Gr** 0.5 - 1 mm. − n = 34.

Gemäss Protolog am nächsten mit dem auch geographisch benachbarten *G. paraguayense* ssp. *bernalense* verwandt und im Wesentlichen durch die kleinere Pflanzen- und Rosettengrösse, unterschiedliche Blattform und Blütenstandslänge, einfarbige Kronblätter und die Chromosomenzahl abweichend.

G. occidentale Rose *ex* E. Walther (CSJA 5(1): 411, ill., 1933). **T:** Mexiko, Sinaloa (*Gonzalez Ortega* 3019 [US 1014184, K, NY]). − **D:** Mexiko (Sinaloa); nur von der Typaufsammlung bekannt. **I:** CSJA 56: 175, 1984.

[2a] **Ros**pflanzen; Haupt**Wu** etwas verdickt; **Tr** aufrecht, kurz; **Ros** ± 2 - 2.5 cm ⌀, mit ± 25 **Blä**, polsterbildend; **Blä** verkehrt eiförmig bis spatelig oder etwas rhombisch, 1 - 1.6 × 0.7 cm, gelegentlich etwas bläulich, stumpf und lang zugespitzt, aufgesetztes Spitzchen 1 - 3 mm, obere **Bla**ränder und Spitzchen undeutlich papillös; **Inf** ± 15 cm, offen cymös aus 2 halb aufrechten, einseitigen, ± 8 cm langen Wickeln mit 5 - 6 **Blü**, Schaft schlank, violettlich; **Ped** 4 - 8 mm; **Blü** 5-zählig; **Sep** frei, eiförmig bis lanzettlich, 2.5 - 3.5 × ± 1 mm; **Pet** 7 - 8.5 × 1.5 - 2 mm, **Rö** 1.5 - 2 mm, Zipfel gefleckt, Grundfarbe unbekannt; **Fil** ± 5 mm, epipetale **Fil** 1.5 - 2 mm mit der **Kr** verwachsen; **Ca** 4 - 5.5 mm, basal auf ± 1 mm verschmälert und ± 2 mm verwachsen; **Gr** abrupt verschmälert, sehr deutlich, bis 0.5 mm.

Wenig bekannte Art. Früher als *G. occidentale* bezeichnete Pflanzen aus Sonora und der Küste von Sinaloa gehören zu *G. rusbyi*.

G. pachyphyllum Rose (Addisonia 7(3): 45, pl. 247, 1922). **T:** Mexiko, Querétaro (*Rose & al.* 9730 [US, B, MEXU, NY]). − **D:** Mexiko (Guanajuato, Hidalgo, Jalisco, Querétaro, San Luis Potosí, Zacatecas); schattige Felsen und Klippen, 1900 - 2300 m. **I:** Moran (1990); KuaS 51: 11-12, 2000.

Incl. *Sedum atypicum* A. Berger (1930); **incl.** *Echeveria minutifoliata* von Poellnitz (1935).

[1d] Kleinsträucher; **Tr** aufrecht bis 7 cm oder niederliegend bis 20 cm, bläulich grün, später verbraunend; **Ros** 1.5 - 4.5 cm ⌀, mit 15 - 50 gedrängten **Blä**, oft polsterbildend; **Blä** keulig bis verkehrt lanzettlich oder verkehrt spatelig, stumpf bis breit zugespitzt, apikal meist papillös und mit aufgesetztem Spitzchen, 0.8 - 1.5 (-2.2) × 0.4 - 0.7 (-1.1) cm, 2 - 4 (-6) mm dick, ± glauk bereift, oft dunkelrot gespitzt; **Inf** 2 - 10 cm, lockere Thyrsen, mit 1 - ≥ 4 wickeligen Zweigen mit je bis zu 5 **Blü**; **Bra** in Form und Grösse ± wie die **Ros**blätter; **Blü** 5-zählig; **Ped** 5 - 25 (-40) mm; **Sep** anliegend oder etwas abstehend, länglich, spitz, ± ungleich, 2 - 8 × 1 - 2.5 mm; **Kr** 11 - 23 mm ⌀; **Pet** dreieckig-lanzettlich, 6 - 10 × 2.5 - 4.5 mm, grünlich weisslich, **Rö** 3 - 5 × 4 - 7 mm, Zipfel spitz, schwach rot gefleckt oder undeutlich 3- bis 7- streifig; **Fil** 6 - 10 mm, epipetale **Fil** 3 - 4 mm mit der **Kr** verwachsen; **NSch** 0.6 - 0.7 × 0.9 - 1 mm, gelb; **Ca** halb verkehrt eiförmig, dorsal abgerundet, 6 - 9 mm, basal 2 - 3 mm verwachsen, unten grünlich oder weisslich, oben rosa; **Gr** abrupt verschmälert, nahezu aufrecht, 0.6 - 0.8 mm. − n = 30, 170 ± 5, 175 ± 2, ± 193, 208 ± 3, 270 ± 5.

Neben *G. saxifragoides*, das auch am nächsten verwandt sein dürfte, die einzige sommerblühende Art (Moran 1990).

G. paraguayense (N. E. Brown) E. Walther (CSJA 9: 108, 1938). **T:** Ex cult. (*Rose* 07.575 [K, US]). − **Lit:** Kimnach & Moran (1986). **D:** Mexiko.

≡ *Cotyledon paraguayensis* N. E. Brown (1914) ≡ *Echeveria paraguayensis* (N. E. Brown) hort. *ex* von Poellnitz (1936) (*nom. inval.*, Art. 33.3) ≡ *Sedum paraguayense* (N. E. Brown) Bullock (1937).

G. paraguayense ssp. **bernalense** Kimnach & Moran (CSJA 58(2): 54, ills., 1986). **T:** Mexiko, Tamaulipas (*Lau* 89 [HNT, BH, MEXU, SD, US]). − **D:** Mexiko (Tamaulipas); N-exponierte Porphyrfelsen, 700 - 800 m; nur vom Typfundort bekannt. **I:** KuaS 43: 133, 1992.

≡ *Byrnesia bernalensis* (Kimnach & Moran) P. V. Heath (1994).

[1a] Unterschiede zu ssp. *paraguayense*: In allen Teilen kleiner; **Tr** 5 - 6 mm ⌀; **Ros** 2.5 - 6 cm ⌀; **Blä** 2.5 - 3.5 × 1 - 1.6 cm, gelblich oder grünlich cremefarben; **Kr** 11 - 15 mm ⌀; **Pet** 2.5 - 3 mm breit, **Rö** 3 mm, Zipfel reinweiss oder Oberseite mit 1 - 2 zarten, randnahen Flecken. − n = 68.

Eine verwandte, viel kleinere und viel stärker sprossende Art aus N Veracruz wurde kürzlich als *G. mendozae* beschrieben.

G. paraguayense ssp. **paraguayense** − **D:** Nur aus Kultur bekannt, vermutlich E-C Mexiko; in Australien (Queensland) als Neophyt. **I:** CSJA 58: 48-56, 1986.

Incl. *Echeveria weinbergii* hort. *ex* T. B. Shepherd (1912) ≡ *Byrnesia weinbergii* (T. B. Shepherd) Rose (1922) ≡ *Graptopetalum weinbergii* (T. B. Shepherd) E. Walther (1930) ≡ *Sedum weinbergii* (T. B. Shepherd) A. Berger (1930); **incl.** *Echeveria arizonica* hort. *ex* Rose (1922); **incl.** *Graptopetalum byrnesia* E. Walther (1931) ≡ *Echeveria byrnesia* (E. Walther) hort. *ex* Rooksby (1933).

[1a] Kleinsträucher; **Tr** niederliegend oder hängend, nur basal verzweigt, bis ≥ 30 cm, 8 - 12 mm ⌀; **Ros** locker, 7 - 12 (-16) cm ⌀, mit 15 - 25 (-30) über 4 - 8 cm zerstreut angeordneten **Blä**; **Blä** ausgebreitet bis etwas zurückgebogen, keilförmig bis verkehrt eiförmig, kurz zugespitzt, 4 - 7 (-8) × 1.5 - 3 (-4) cm, 7 - 10 mm dick, ± rosa, später meist lavendelfarben; **Inf** meist 1 - 2 cm unterhalb der **Tr**-spitze, meist 1 oder 2 pro **Ros**, 8 - 22 cm, ± rosa, Thyrsen 3 - 12 cm, mit 2 - 4 (-6) meist einfachen

oder 2-fach gabeligen, wickeligen Zweigen mit 5 - 15 **Blü**; **Blü** 5-zählig; **Ped** 4 - 16 mm; **Cal** 3 - 5 × 4 - 8 mm; **Sep** dreieckig-eiförmig, spitz, nahezu gleich, 1.3 - 3 mm breit; **Kr** 13 - 19 mm ∅; **Pet** dreieckig-eiförmig, 6 - 8 × 3 - 4.5 mm, weiss, **Rö** 4 - 5 × 5 - 7 mm, Zipfel spitz, mit kleinen, zerstreuten, roten Flecken; **Fil** 7 - 9 mm, epipetale **Fil** ± 3 - 4 mm mit der **Kr** verwachsen, episepale **Fil** unten radial ± 1 mm verbreitert, weiss; **NSch** aufrecht, quadratisch, 0.6 - 1 × 0.6 - 1 mm, gelb; **Ca** 6 - 9 mm, dorsal etwas gekielt, basal ± 1 mm verwachsen, gelblich grün oder etwas rötlich; **Gr** allmählich verschmälert, aufrecht, 0.5 - 1 mm. — n = 68.

Anscheinend am nächsten mit *G. amethystinum* verwandt (Kimnach & Moran 1986). Die gleichen Autoren geben auch eine Darstellung der komplizierten Geschichte der Art. Die dortigen Blütenzeichnungen zeigen fälschlich nur eine kurze, basale Verwachsung der Staubfäden mit der Krone.

G. pentandrum Moran (CSJA 43(6): 255-258, ills., 1971). **T:** Mexiko, Jalisco (*Boutin & Kimnach 2922* [SD 79372, HNT]). — **D:** Mexiko (Michoacán, Jalisco).

G. pentandrum ssp. **pentandrum** — **D:** Mexiko (Michoacán); schattige Felsklippen, 1200 m. **Fig. XVI.f**

[1b] Kleinsträucher; **Tr** anfangs aufrecht, später ± niederliegend, starr, stark verholzt, vorwiegend basal verzweigt, bis 15 × 0.3 - 0.6 cm, matt grün, intensiv glauk; **Ros** locker, 6 - 8 cm ∅, mit 12 - 35 über 1 - 9 cm zerstreuten **Blä**; **Blä** ausgebreitet bis wenig zurückgebogen, meist verkehrt eiförmig, keilförmig, stumpf bis gerundet, mit angedeutet aufgesetztem Spitzchen, 2 - 4 (-5.5) × 1.5 - 2.3 cm, 5 - 8 mm dick, zunächst bläulich glauk bereift, später gelblich grau, meist ± lavendelfarben überhaucht; **Inf** ausgebreitet, 2 - 8 cm unterhalb der **Tr**spitze, 20 - 35 cm, schlank, Thyrsen 12 - 20 cm, mit 3 - 4 ausgebreiteten, einfachen oder 2-fach gabeligen, schlanken, wickeligen, 10 - 15 cm langen Zweigen mit je 7 - 10 **Blü**; **Ped** 17 - 23 mm; **Blü** 5-zählig; **Cal** tassenförmig, 4 - 4.5 × 4.5 - 5 mm, glauk bereift; **Sep** anliegend, schmal eiförmig, spitzlich, nahezu gleich, 3.5 - 4 × 1.5 mm; **Kr** 17 - 18 mm ∅; **Pet** 5 - 7 × 1.75 - 2.75 mm, gelblich weiss, **Rö** 3 - 3.5 × 4 mm, Zipfel dreieckig, spitz, basal mit einem durchgehenden, dunkelroten Streifen, obere ½ nahezu gänzlich dunkelrot; **St** nur 5 episepale; **Fil** 8 mm, basal 3 mm mit der **Kr** verwachsen, grünlich, obere ½ rot gezeichnet; **NSch** stumpflich mondförmig, basal verschmälert, oben gestutzt, 0.4 × 0.9 mm, intensiv gelb; **Ca** 7 - 7.5 mm, dorsal scharf gekielt, basal 2.5 mm verwachsen, grünlich, oberwärts etwas rot; **Gr** abrupt verschmälert, etwas zurückgebogen, kaum 1 mm. — n = 32.

Von anderen Arten durch nur 5 Staubblätter und lange, schlanke Blütenstandszweige und Blütenstiele unterscheidbar. Gemäss Protolog anscheinend am nächsten mit *G. amethystinum* und *G. paraguayense* verwandt. Beide Unterarten von *G. pentandrum* wurden zunächst nach Kulturmaterial beschrieben und erst später am Naturstandort aufgefunden. Eine verwandte, stark sprossende Art mit ebenfalls nur 5 Staubblättern, die in Colima an Gipshängen vorkommt, wird in naher Zukunft von Acevedo Rosas & Cházaro formell beschrieben werden.

G. pentandrum ssp. **superbum** Kimnach (CSJA 59(4): 140-143, ills., 1987). **T:** Mexiko, Jalisco (*Avina s.n.* [HNT, BH, MEXU, US]). — **D:** Mexiko (Jalisco); 1200 m. **Fig. XVII.b**

[1b] Unterschiede zu ssp. *pentandrum*: **Tr** 10 - 12 mm ∅; **Ros** mit 12 - 20 über 1 - 2 cm zerstreuten **Blä**; **Blä** 4 - 5.5 × 2 - 2.5 cm, gräulich violett; **Inf** 30 - 40 cm, mit 12 - 15 Zweigen; **Ped** 10 - 14 mm; **Kr** 15 - 16 mm ∅; **Pet** basal grünlich, Zipfel mit zahlreicheren, roten Flecken. — n = 64.

Dieses Taxon wird in einem zukünftigen Beitrag von Acevedo Rosas in den Artrang erhoben.

G. pusillum Rose (CUSNH 13(9): 296, pl. 52, fig. 55, 1911). **T:** Mexiko, Durango (*Palmer s.n.* [US 615399]). — **D:** Mexiko (Durango). **I:** KuaS 43: 131, 1992; KuaS 51: Karteikarte 6, 2000.

Incl. *Sedum graptopetalum* A. Berger (1930).

[2a] **Ros**pflanzen; **Tr** aufrecht oder oft umfallend, kurz, bis 10 cm; **Ros** dicht, 3 - 4 cm ∅; **Blä** spatelig, linealisch, spitz, 2 - 4 cm, blass und etwas glauk bereift; **Inf** wenigblütige Thyrsen; **Blü** 5-zählig; **Ped** 4 - 8 mm; **Sep** aufrecht, fast oder ganz frei, linealisch, spitz, 2 - 3 mm, etwas glauk bereift; **Pet** 8 - 10 mm, gelblich bis creme, **Rö** 2 - 3 mm, Zipfel spitz, 6 - 7 mm, etwas rot gefleckt oder gebändert; **Fil** schlank; **NSch** klein; **Ca** aufrecht; **Gr** abrupt verschmälert, kurz. — n = 33.

G. rusbyi (Greene) Rose (Addisonia 9(2): 31-32, pl. 304, 1924). **T:** USA, Arizona (*Rusby s.n.* [CAS, GH, US]). — **D:** USA (C und S Arizona), Mexiko (Sonora, W Chihuahua, NW Sinaloa); v.a. N-exponierte, schattige Hänge und Klippen, (10-) 600 - 1600 m. **I:** CSJA 56: 169-174, 1984; KuaS 43: 132, 1992. **Fig. XVII.c**

≡ *Cotyledon rusbyi* Greene (1883) ≡ *Dudleya rusbyi* (Greene) Britton & Rose (1903) ≡ *Echeveria rusbyi* (Greene) Nelson & Macbride (1913); **incl.** *Graptopetalum orpetii* E. Walther (1930).

[2b] **Ros**pflanzen; Haupt**Wu** verdickt, bis 8 mm ∅; **Tr** aufrecht, kurz, bis 1.5 cm, Seiten**Tr** unterhalb der **Ros**; **Ros** abgeflacht, 2 - 6 (-10) cm ∅, mit 10 - 35 (-50) gehäuften **Blä**, meist polsterbildend; **Blä** rhombisch bis verkehrt eiförmig bis verkehrt lanzettlich, spitz(lich), 1.5 - 5 × 0.6 - 1.5 cm, 1 - 5 mm dick, hellgrün oder rötlich bis violett, aufgesetztes Spitzchen 1 - 3 mm, zumindest obere ½ des **Bla** papillös; **Inf** 4 - 17 cm, perlmutterrosa oder violettlich, Thyrsen mit 2 - 5 ausgebreiteten, 2-ästigen oder meist zickzackförmigen, wickeligen, 1 - 9 cm

langen, ausgebreiteten oder jung eingerollten Zweigen mit 2 - 9 (-12) **Blü**, mittlere Zweige mit 1 - 4 Sekundärzweigen, die sich wiederum verzweigen können; **Blü** (5- bis) 6- bis 7- (bis 10-) zählig; **Ped** (1-) 3 - 8 (-13) mm; **Cal** tassenförmig, 2.5 - 4 (-6) × 3 - 6 (-8) mm; **Sep** anliegend bis aufwärts gebogen, nahezu frei, elliptisch, spitz mit aufgesetztem Spitzchen, etwas ungleich, 2.5 - 6 × 0.7 - 1.8 mm; **Kr** 14 - 21 mm ⌀; **Pet** schmal dreieckig-lanzettlich, 7 - 10.5 × 1.2 - 2 (-2.5) mm, gelblich weiss (weiss oder grünlich), **Rö** schüsselförmig, 0.7 - 3.5 × 3 - 4 mm, Zipfel etwas zugespitzt, mit 6 - 8 dunkelroten, in der oberen ½ deutlicheren und dichter stehenden Querstreifen; **Fil** 5.5 - 8 mm, epipetale **Fil** 0.7 - 3 mm mit der **Kr** verwachsen, unten gelblich weiss, spitzenwärts rot gezeichnet; **NSch** ± quadratisch, 0.3 - 0.6 × 0.5 - 0.9 mm, weiss oder gelblich; **Ca** 4 - 8 mm, dorsal gekielt und 2-furchig, basal 0.5 - 1 mm verwachsen, weiss; **Gr** allmählich verschmälert, 1 - 1.5 mm, rot. – n = 31, 32, 33, 62, ± 93.

G. saxifragoides Kimnach (Cact. Suc. Mex. 22(2): 40-46, 48, ills., 1977). **T:** Mexiko, Durango (*Kimnach & Sánchez-Mejorada* 1819 [HNT, BH, MEXU, US]). – **D:** Mexiko (Durango); 2400 m.

[1d] **Ros**pflanzen; **Tr** bis 3 × 0.4 - 0.6 cm; **Ros** 2 - 4 cm ⌀, mit 50 - 60 **Blä**, dicht polsterbildend; **Blä** ausgebreitet, linealisch, linealisch lanzettlich bis verkehrt lanzettlich oder eiförmig, basal gespornt, spitz, 1 - 1.5 × 0.4 - 0.5 cm, 2 - 3 mm dick, hellgrün oder gänzlich rötlich; **Inf** 1 - 4 pro **Ros**, zwischen den mittleren **Blä**, 4 - 5 (in Kultur bis 11) cm, rötlich oder violettlich braun, Thyrsen in Kultur 1.5 - 7 cm, mit (3-) 5 - 7 (-10) **Blü**, mit 1 (-2) einseitswendigen, wickeligen Zweigen; **Bra** in Form und Grösse ± wie die **Ros**blätter; **Ped** 1 - 3 mm; **Blü** 5-zählig, übelriechend; **Cal** schüsselförmig; **Sep** aufrecht bis etwas spreizend, frei, ± länglich bis eiförmig, spitz bis stumpflich, gleich gross, 5 - 7 × 2 - 3 mm, Ränder hyalin; **Pet** schmal lanzettlich, 7 - 14 × 2 mm, cremeweiss bis gelblich, **Rö** 0.5 mm, Zipfel spitz(lich), cremeweiss, apikales ⅓ durchgehend bräunlich violett gezeichnet, darunter Zeichnung zerstreut; **Fil** 4 - 6 mm, epipetale **Fil** 2.5 mm mit der **Kr** verwachsen, cremefarben; **NSch** ± 0.3 × 0.5 mm; **Ca** halb elliptisch-länglich, 5 - 7 mm, aufrecht, aneinander gedrückt, ± rosaweiss; **Gr** abrupt verschmälert, pfriemlich, ± 1 mm. – n = 64.

×GRAPTOPHYTUM

U. Eggli

×**Graptophytum** Gossot (in Marnier-Lapostolle, Liste Pl. Grasses sauf Cact. Jardin Bot. Les Cèdres, 27, 1949).
Incl. ×*Taciphytum* C. H. Uhl (1995).
= *Graptopetalum* × *Pachyphytum*. Es ist nur die Kombination *G. filiferum* × *P. oviferum* (= 'Anita') bekannt.

×GRAPTOSEDUM

U. Eggli

×**Graptosedum** G. D. Rowley (Name that Succulent, 153, 1980).
= *Graptopetalum* × *Sedum*. Es wurden 3 Cultivare benannt; dabei repräsentiert 'Heswall' die interessante Hybride *G. bellum* × *S. suaveolens*.

×GRAPTOVERIA

U. Eggli

×**Graptoveria** G. D. Rowley (Nation. Cact. Succ. J. 13(4): 75, 1958). **T:** *Echeveria haworthioides* Gossot. – **Lit:** Keppel (1980-81).
Incl. ×*Echenesia* P. V. Heath (1994).
= *Graptopetalum* × *Echeveria*. Derartige Hybriden erscheinen in Kultur häufig und sind meist schwierig zu erkennen. Im Laufe der Zeit wurden rund 20 Taxa und Cultivare benannt. Die Kreuzung *G. bellum* × *E. laui* ist bemerkenswert, und in Japan wurden mehrere benannte Cultivare selektioniert.

Die folgenden Namen sind von unklarer Anwendung, gehören aber zu dieser Gattung: *Echeveria acaulis* Gossot (1936); *Echeveria* ×*calva* Gossot (1939) ≡ ×*Graptoveria calva* (Gossot) G. D. Rowley (1958); *Echeveria* ×*haworthioides* Gossot (1936) ≡ ×*Graptoveria haworthioides* (Gossot) G. D. Rowley (1958).

HYLOTELEPHIUM

H. Ohba

Hylotelephium H. Ohba (Bot. Mag. (Tokyo) 90: 46-47, 1977). **T:** *Sedum telephium* Linné. – **Lit:** Ohba (1977); Ohba (2001). **D:** Europa, Kaukasus, Sibirien, Ostasien, Nordamerika. **Etym:** Gr. 'hyle', Wald; und Gr. 'telephion', antiker griechischer Volksname u.a. für *Hylotelephium telephium*; wegen des Vorkommens u.a. in offenen Wäldern.
Incl. *Anacampseros* Miller (1754) (*nomen rejiciendum*, Art. 56.1). **T:** *Sedum anacampseros* Linné [Neotyp, bestimmt durch Reveal, Bull. Mus. Nat. Hist. Nat., sér. 4, Sect. B, Adansonia, 13: 197-239, 1991].
Incl. *Telephium* J. Hill (1756) (*nom. illeg.*, Art. 53.1). **T:** *Sedum telephium* Linné [Typifizierung gemäss P. V. Heath, Calyx 5(4): 131-132, 1997.].

Ausdauernde Kräuter mit **Wu**stock und manchmal kräftigen **Wu**; **Blü**triebe aus Adventivknospen des **Wu**stockes oder aus basalen Knoten der vorjährigen **Blü**triebe erscheinend, einfach, einjährig oder ausdauernd (*H. populifolium*), meist mit zahlreichen **Blä** auf der ganzen sichtbaren Länge, einige Arten mit zusätzlichen, sterilen **Tr**; **Blä** wechsel- oder gegenständig oder in Quirlen zu 3 bis 5, breit, flach, dick krautig, ungespornt; **Inf** grundsätzlich zusammengesetzte Cymen, zusammengesetzt oder von rispiger oder doldig-ebensträussiger Form, dicht, vielblütig, endständig aber oft auch aus den **Ax** der oberen **Blä**, mit **Bra**; **Blü** zwitterig, gestielt, obdiplostemon, in der Regel 5-zählig (selten 4-zählig), sommer- oder herbstblühend; **Sep** ± fleischig, grün, basal wenig verwachsen; **Pet** immer länger als die **Sep**, frei, häutig; **St** gegenüber den **Pet** basal mit den **Pet** verwachsen; **Fil** ohne Papillen; **Anth** basifix; **NSch** klein, meist hellgelb; **Ca** frei, basal gestielt oder verschmälert, bauchseitig nicht ausgebaucht, Placenta randlich, **Sa**anlagen ± ellipsoid, anatrop; **Gr** schlank, immer kürzer als der **Frk**; **Fr** aufrechte Bälge, vielsamig; **Sa** zylindrisch, ± 1 mm, Testa braun, zerbrechlich, winzig längs gestreift.

Die hier zusammengefassten Arten bilden mit Ausnahme von *H. populifolium* eine ziemlich gut definierte Gruppe. Bis vor kurzem wurden sie traditionellerweise bei der Gattung *Sedum* eingeordnet.

Es können die folgenden Sektionen unterschieden werden:

[1] Sect. *Hylotelephium*: Blühende **Tr** einjährig, bis zur Basis zurücksterbend, meist aus Adventivknospen des **Wu**stocks erscheinend, > 20 cm hoch, aufrecht bis aufsteigend; **Blä** wechsel- bis quirlständig, dick krautig, kaum oder wenig glauk; **Wu**stöcke unterirdisch, auffällig, oft mit spindeligen oder knolligen **Wu**.

[2] Sect. *Sieboldia* (H. Ohba) H. Ohba 1978: Blütriebe einjährig, meist aus Adventivknospen des **Wu**stocks erscheinend, niederliegend bis hängend; **Blä** quirlständig, ± wenig fleischig und glauk.

[3] Sect. *Populisedum* (A. Berger) H. Ohba 1978: **Blü**triebe einjährig aber basale Teile lang ausdauernd und ± verholzt, aus Seitenknospen der vorjährigen **Blü**triebe erscheinend; **Wu**stock unauffällig. Einzige Art: *H. populifolium*.

Die folgenden Namen sind von unklarer Anwendung, gehören aber zu dieser Gattung: *Anacampseros albicans* Haworth (1812) ≡ *Sedum albicans* (Haworth) Steudel (1840); *Sedum affine* Boreau (1866); *Sedum arduennense* Callay ex Boreau (1866); *Sedum brunfelsii* Boreau (1866); *Sedum bulliardii* Boreau (1866); *Sedum callayanum* Boreau (1866); *Sedum clarionii* Boreau (1866); *Sedum confertum* Boreau (1857) (*nom. illeg.*, Art. 53.1); *Sedum controversum* Boreau (1866); *Sedum corymbiferum* Boreau (1866); *Sedum duckbongii* Y. H. Chung & J. H. Kim (1990) (*nom. inval.*, Art. 36.1, 37.1); *Sedum erythromelanum* F. Braun ex Nyman (1879); *Sedum everanum* Ledebour (s.a.); *Sedum fabaria* var. *mongolicum* Franchet (1884) ≡ *Hylotelephium mongolicum* (Franchet) S. H. Fu (1984); *Sedum haematodes* Miller (1768) ≡ *Hylotelephium haematodes* (Miller) Holub (1984); *Sedum intermedium* Déséglise ex Boreau (1866); *Sedum lividum* Willdenow (1814); *Sedum lobelii* Boreau (1866); *Sedum orbiculatum* D. Lee (1998) (*nom. inval.*, Art. 36.1?); *Sedum rigidum* Boreau (1866); *Sedum rotundifolium* D. Lee (1958) (*nom. inval.*, Art. 36.1, 37.1); *Sedum telephium* var. *fuchsii* Déséglise (s.a.); *Sedum thyrsoideum* Boreau (1866).

H. anacampseros (Linné) H. Ohba (Bot. Mag. (Tokyo) 90: 47, 1977). – **Lit:** Jalas & al. (1999: 77). **D:** E Spanien, S Frankreich, SW Schweiz, N Italien (Tiroler Alpen); Blüten Juli bis August. **I:** Praeger (1921a: 105); Evans (1983: 106); beide als *Sedum*.

≡ *Sedum anacampseros* Linné (1753); **incl.** *Sedum rotundifolium* Lamarck (1779); **incl.** *Anacampseros sempervirens* Haworth (1812); **incl.** *Sedum anacampseros* fa. *majus* Praeger (1921).

[2] **Blü**triebe niederliegend, glatt, 10 - 15 cm lang, in den unteren Teilen mit mehreren, sterilen Seiten**Tr**; **Blä** wechselständig, gehäuft, gestielt (untere **Blä** mit 1.5 - 2 cm langen Stielen) oder sitzend, verkehrt eiförmig oder eiförmig bis kreisrund, 1.2 - 3 × 1.3 - 3 cm, ± glauk, Spitze gerundet oder stumpf, Basis verschmälert bis gerundet, ganzrandig; **Inf** halbkugelig, dicht, vielblütig; **Blü** ± 7 mm ⌀; **Sep** dreieckig-eiförmig oder lanzettlich, ± 2 mm, glauk; **Pet** breit lanzettlich, innen trüblich purpurn, aussen ± purpurn und ± glauk, 4.8 - 5 mm, fast aufrecht; **St** fast so lang wie die **Pet**; **Fil** ± purpurn, ± 4 mm; **Anth** grünlich gelb oder elfenbeinfarben; **NSch** spatelig, ± 0.8 mm, elfenbeinfarben; **Ca** ± 4 mm, hellgrün mit kurzen, geraden **Gr**.

H. angustum (Maximowicz) H. Ohba (Bot. Mag. (Tokyo) 90: 48, 1977). **T** [lecto]: China (*Przewalski 347* [LE]). – **D:** NW und W China; Blüten August bis September.

≡ *Sedum angustum* Maximowicz (1883) ≡ *Sedum telephium* ssp. *angustum* (Maximowicz) Fröderström (1930); **incl.** *Hylotelephium angustum* var. *longipedunculum* J. M. Zhang & K. T. Fu (1999).

[1] **Wu**stock mit der Zeit verdickt; **Blü**triebe aufrecht, hellgrün, ± glauk, 50 - 80 cm; **Blä** in Quirlen zu 3 - 5, kurz gestielt bis sitzend, länglich, 4 - 7 × 1.5 - 2 cm, Spitze stumpf, Basis verschmälert, Ränder unterbrochen gekerbt; **Inf** endständig und axillär, halbkugelig, dicht, vielblütig; **Sep** lanzettlich, ± 1 mm; **Pet** länglich, rötlich, 3 - 3.5 mm; **St** wenig länger als die **Pet**; **Anth** gelb; **NSch** länglich, ± 0.8 mm; **Ca** 4 - 7 mm, mit sehr kurzen **Gr**.

Die kürzlich beschriebene var. *longipedunculum* wird provisorisch synonymisiert.

H. bonnafousii (Hamet) H. Ohba (Bot. Mag. (Tokyo) 90: 48, 1977). **T** [lecto]: China, Hubei (*Henry 7718* [K]). – **D:** China (Hubei, Sichuan); Blüten im Sommer (?).

≡ *Sedum bonnafousii* Hamet (1916).

[1] **Wu**stock kräftig; **Blü**triebe aufrecht, 10 - 30 cm, kahl; **Blä** wechselständig, sitzend, breit eiförmig bis kreisrund, 4 - 10 × 4 - 10 cm, Spitze spitz, Rand ganzrandig, kahl; **Inf** endständig und axillär,

rispig, locker, 8 - 15 × 4 - 8 cm; **Ped** 10 - 15 mm, kahl; **Bra** lanzettlich bis schmal elliptisch-eiförmig, 10 - 14 × 4 - 6 mm; **Sep** lanzettlich, 1.2 - 2 mm; **Pet** länglich eiförmig, weiss, 4.3 - 5.7 mm, spitz zulaufend; **St** 3 - 5 mm; **NSch** länglich verkehrt eiförmig, 0.5 mm; **Ca** ± 6 mm.

H. callichromum H. Ohba (Bot. Mag. (Tokyo) 90: 48-49, 1977). **T:** Russland, Sibirien (*Price* 30 [K]). – **D:** Russland (Zentralasien, Sibirien); herbstblühend.

≡ *Sedum callichromum* (H. Ohba) R. Stephenson (1994) (*nom. inval.*, Art. 33.1, 33.2).

[1] **Wu**stock verdickt; **Blü**triebe ± 20 cm hoch, kahl; **Blä** wechselständig, sitzend, schmal verkehrt eiförmig bis verkehrt lanzettlich, 2.5 - 3 × 0.7 - 1 cm, kahl, Spitze spitz, Basis verschmälert, Ränder unregelmässig und entfernt gekerbt; **Inf** endständig, kugelig, dicht, vielblütig, 2.5 - 3 cm lang; **Blü** gestielt; **Sep** dreieckig, 1.2 - 1.5 mm; **Pet** rötlich, lanzettlich bis länglich lanzettlich, 4 - 4.5 mm, aufrecht; **St** 4.3 - 4.8 mm; **Anth** ± purpurn (?); **NSch** schmal länglich, ± 0.6 mm, rötlich (?); **Ca** 4.5 - 5 mm; **Gr** ± 0.7 mm; **Sa**anlagen 10 - 14.

H. caucasicum (Grossheim) H. Ohba (Bot. Mag. (Tokyo) 90: 49, 1977). **T:** Georgien, Tbilissi (*Bordzilowski* s.n. [LE]). – **D:** Georgien (Transkaukasus), Türkei, Iran; Blüten Juli bis September. **I:** Evans (1983: 90, als *Sedum*).

≡ *Sedum maximum* var. *caucasicum* Grossheim (1930) ≡ *Sedum caucasicum* (Grossheim) Borissova (1939) ≡ *Sedum telephium* ssp. *caucasicum* (Grossheim) Takhtajan (1972).

[1] **Wu** spindelig, verdickt; **Blü**triebe 30 - 70 cm hoch, aufsteigend bis aufrecht, grün bis ± purpurn, kahl; **Blä** gegenständig, verkehrt eiförmig, 5 - 7 × 3 - 5 cm, Basis herzförmig und stengelumfassend mit grossen Öhrchen, Spitze gerundet, Ränder undeutlich und grob gekerbt; **Inf** rispig, 5 - 12 cm breit; **Bra** eiförmig oder länglich; **Ped** ± 5 mm; **Sep** dreieckig, ± 1.5 mm; **Pet** eiförmig, grünlich weiss, ± 5 mm, ausgebreitet; **St** fast so lang wie die **Pet** oder kürzer; **Fil** weiss; **Anth** gelb; **NSch** länglich, gelb; **Ca** ± 4.5 mm, grünlich.

Nahe mit *H. telephium* verwandt und nicht immer einfach zu unterscheiden. Das Vorkommen in der Türkei wurde kürzlich von Sadlo & Stepankova (1999) publiziert.

H. cauticola (Praeger) H. Ohba (Bot. Mag. (Tokyo) 90: 49, 1977). **T:** Japan (*Miyabe* s.n. [nicht existent]). – **D:** Japan (Hokkaido); Blüten August bis September. **I:** Praeger (1921a: 100, als *Sedum*); Ohba (1982b: pl. 144-3).

≡ *Sedum cauticola* Praeger (1917) ≡ *Sedum telephium* fa. *cauticola* (Praeger) Fröderström (1929); **incl.** *Sedum cauticola* fa. *montanum* Hara (1935).

[2] **Blü**triebe aufsteigend oder hängend, 10 - 15 cm, mit schlankem, reich verzweigtem **Wu**stock und **Wu**; **Blä** gegenständig, gestielt, eiförmig-rund bis elliptisch, 1 - 2.5 × 0.7 - 1.8 cm, glauk, bläulich weiss, Spitze stumpf bis spitz, Ränder wenig wellig gesägt, **Bla**stiel 2 - 7 mm; **Inf** ebensträussig, kugelig, mit **Bla**artigen **Bra**; **Sep** dreieckig-eiförmig, ± 1.5 mm; **Pet** dunkelrosa, lanzettlich, 5 - 6 mm; **Anth** rötlich purpurn; **NSch** breit linealisch, ± 0.7 mm; **Ca** ± 4.5 mm, an der Basis abrupt verschmälert und gestielt; **Gr** ± 1 mm. – n = 24 (Ohba 2001: 15).

H. cyaneum (Rudolph) H. Ohba (Bot. Mag. (Tokyo) 90: 50, 1977). **T:** Russland, Sibirien (*Schelechow* s.n. [LE]). – **D:** Russland (E Sibirien, Sachalin), N Japan; Blüten August bis September. **I:** Praeger (1921a: 106); Evans (1983: 108); beide als *Sedum*.

≡ *Sedum cyaneum* Rudolph (1811); **incl.** *Sedum lilacinum* Ledebour (1812); **incl.** *Sedum takasui* Kudo (1924) ≡ *Hylotelephium takasui* (Kudo) H. Ohba (1979); **incl.** *Sedum dahuricum* Stephani *ex* Borissova (1939); **incl.** *Sedum hyperboreum* C. E. C. Fischer *ex* Borissova (1939).

[2] Rhizomatös mit schlanken und kriechenden Haupt**Wu** mit seitlichen Neben**Wu**, sprossend; **Blü**triebe 5 - 8 cm, oft rötlich; **Blä** wechselständig, sitzend, spatelig bis verkehrt lanzettlich, 10 - 13 × 2 - 3 mm, kahl, Spitze stumpf (bis leicht fein zugespitzt), Basis verschmälert, Ränder ganz; **Inf** endständig, cymös, kompakt, wenigblütig, mit **Bra**; **Sep** linealisch, 2 - 2.5 mm; **Pet** rotpurpurn, schmal eiförmig, 5 - 6 mm, ausgebreitet; **St** wenig länger als die **Pet**; **Fil** tief purpurn; **Anth** schwärzlich; **NSch** länglich, ± 1 mm; **Ca** rotpurpurn, 4 - 5 mm, mit zurückgebogenem **Gr**.

H. erythrostictum (Miquel) H. Ohba (Bot. Mag. (Tokyo) 90: 50, 1977). **T:** Japan (*Siebold* s.n. [L]). – **D:** Japan, Korea, E China; Blüten September bis Oktober. **I:** Praeger (1921a: 89); Evans (1983: 88); beide als *Sedum alboroseum*; Ohba (1982b: pl. 142-4).

≡ *Sedum erythrostictum* Miquel (1866); **incl.** *Sedum alboroseum* Baker (1868) ≡ *Sedum telephium* ssp. *alboroseum* (Baker) Fröderström (1930); **incl.** *Sedum erythrostictum* var. *variegatum* Masters (1878) ≡ *Sedum erythrostictum* fa. *variegatum* (Masters) Hara (1952); **incl.** *Sedum labordei* H. Léveillé & Vaniot (1914) (*nom. inval.*, Art. 32.1c); **incl.** *Sedum okuyamae* Ohwi (1949).

[1] **Blü**triebe aufrecht, kahl, 30 - 100 cm, mit verdicktem **Wu**stock und **Wu**; **Blä** wechsel- oder gegenständig, kurz gestielt, elliptisch-eiförmig bis elliptisch, 6 - 10 × 2 - 4 cm, hellgrün, kahl, Spitze stumpf, Basis verschmälert, Ränder gesägt; **Inf** ebensträussig, halbkugelig; **Sep** dreieckig, ± 1.5 mm; **Pet** rosa, elliptisch-lanzettlich, 5 - 6 mm; **Anth** ± purpurrot; **NSch** schmal länglich, ± 0.8 mm; **Ca** ± 5 mm, basal verschmälert; **Gr** ± 1 mm. – 2n = 48, 50 (Uhl & Moran 1972).

H. ewersii (Ledebour) H. Ohba (Bot. Mag. (Tokyo) 90: 50, 1977). **T:** Russland, Sibirien (*Ledebour* s.n. [LE]). — **D:** Afghanistan, Pakistan (Karakorum), Indien (W Himalaya), Tadschikistan, Kirgisien, Kasachstan, Russland (Sibirien), Mongolei, Tibet, China (Xinjiang, Innere Mongolei); Blüten Juli bis August. **I:** Praeger (1921a: 97, als *Sedum*).

≡ *Sedum ewersii* Ledebour (1829); **incl.** *Sedum schrotium* hort. (s.a.); **incl.** *Sedum hayesii* hort. (s.a.) (*nom. inval.*, Art. ?); **incl.** *Sedum gerardianum* Wallich (1828) (*nom. inval.*, Art. 32.1c); **incl.** *Sedum azureum* Royle (1835) (*nom. illeg.*, Art. 53.1); **incl.** *Sedum rubrum* Royle *ex* Edgeworth (1846); **incl.** *Sedum ewersii* var. *homophyllum* Praeger (1921) ≡ *Sedum ewersii* cv. Homophyllum (s.a.); **incl.** *Sedum altaicum* Stephani *ex* Fröderström (1930) (*nom. inval.*, Art. 34.1c); **incl.** *Sedum ewersii* var. *cyclophyllum* PrisztER (1975); **incl.** *Sedum pakistanicum* G. Sarwar (1995).

[2] **Wu**stöcke verzweigt; **Blü**triebe sprossend, niederliegend bis aufsteigend, kahl, 10 - 20 cm; **Blä** gegenständig, sitzend, kreisrund bis eiförmig oder verkehrt eiförmig, 1.5 - 2 × 1.5 - 2 cm, glauk bis hellgrün, Basis herzförmig, Spitze gerundet bis stumpf, Ränder ganz bis selten schwach gezähnelt; **Inf** endständig, dicht, 2 - 3 cm breit; **Sep** dreieckig, 1.5 - 2 mm; **Pet** schmal eiförmig, 3.5 - 5 mm, rosa oder hellpurpurn; **St** so lang wie die **Pet** oder kürzer; **Anth** schwärzlich purpurn; **NSch** länglich, ± 0.8 mm; **Ca** 4.5 - 5.5 mm, mit geraden, ± 0.8 mm langen **Gr**; **Sa**anlagen 8 - 10.

H. ×furusei H. Ohba (J. Jap. Bot. 66: 67, ill., 1991). **T:** Japan, Honshu (*Furuse* s.n. [TI]). — **D:** Japan (kultiviert).

[1+2] **Blü**triebe niederliegend bis kriechend, bis 50 cm; **Blä** gewöhnlich gegenständig, 5 - 10 mm gestielt, Spreite breit länglich bis breit eiförmig, 2 - 4 × 1.5 - 3 cm, Oberseite hellgrün, Spitze gerundet, Basis gerundet bis kurz verschmälert, Ränder gekerbt mit 6 - 8 Zähnen auf jeder Seite; **Inf** endständig; **Blü** gestielt, **Sep** dreieckig bis dreieckig-eiförmig, ± 1.7 mm; **Pet** lanzettlich, rosa, 5.5 - 6 mm; **St** kürzer als die **Pet**; **Anth** dunkelpurpurn; **NSch** linealisch, ± 0.8 mm; **Ca** 5 - 6 mm; **Sa**anlagen 12 - 14, vermutlich abortiv.

Die vermutliche Hybride zwischen *H. cauticola* und *H. erythrostictum*, mit intermediären Merkmalen.

H. mingjinianum (S. H. Fu) H. Ohba (Bot. Mag. (Tokyo) 90: 51, 1977). **T:** China, Anhui (*Wang 3603* [PE]). — **D:** China (Anhui, Zheijiang, Jiangxi); Blüten August bis September (?).

≡ *Sedum mingjinianum* S. H. Fu (1965); **incl.** *Hylotelephium tangchiense* R. X. Meng (1992).

[1] **Wu**stock nicht massiv, mit schlanken, langen **Wu**; **Blü**triebe 20 - 35 cm, aufrecht mit kriechender Basis, etwas papillat; **Blä** wechselständig, sitzend, elliptisch bis verkehrt eiförmig oder (schmal) rhombisch-elliptisch, 4.6 - 8.5 × 0.8 - 2 (-3.7) cm, Spitze spitz, Basis verschmälert, Ränder ganz; **Inf** endständig, 5 - 10 cm breit, dicht, mit **Bra**; **Sep** schmal eiförmig, 2 - 2.5 mm; **Pet** purpurrötlich, elliptisch, 5 - 6 mm; **St** etwas kürzer als die **Pet**; **Anth** rotpurpurn (?); **NSch** länglich, ± 0.6 mm; **Ca** 5.5 - 6 mm; **Gr** ± 1 mm; **Sa**anlagen ± 40.

H. pallescens (Freyn) H. Ohba (Bot. Mag. (Tokyo) 90: 51, 1977). **T:** Russland, Chitinskaya Obl. (*Karo* s.n. [W]). — **D:** Russland (E Sibirien, Dahurien), NE und N China, Japan (Hokkaido); Blüten August bis Oktober. **I:** Ohba (1982b: pl. 143-3,4, als *H. telephium*).

≡ *Sedum pallescens* Freyn (1895) ≡ *Sedum telephium* var. *pallescens* (Freyn) Komarov (1903); **incl.** *Sedum telephium* var. *albiflorum* Maximowicz (1883) ≡ *Sedum albiflorum* (Maximowicz) Maximowicz *ex* Komarov & Alissova (1931); **incl.** *Sedum telephium* var. *eupatorioides* Komarov (1903) ≡ *Sedum eupatorioides* (Komarov) Komarov & Alissova (1931) ≡ *Hylotelephium eupatorioides* (Komarov) H. Ohba (1977); **incl.** *Sedum telephium* var. *orientale* Fröderström (1930); **incl.** *Sedum desmetii* Palibin *ex* Borissova (1939) (*nom. inval.*, Art. 34.1c); **incl.** *Sedum leptorhizum* Fischer & C. A. Meyer *ex* Borissova (1939) (*nom. inval.*, Art. 34.1c); **incl.** *Sedum sukaczevii* Maximova (1968).

[1] **Wu**stock verholzt, kurz, mit zahlreichen, schlanken **Wu**; **Blü**triebe 30 - 80 cm, aufrecht oder aufsteigend; **Blä** wechselständig, manchmal gegenständig, sitzend oder kurz gestielt, länglich eiförmig bis elliptisch-eiförmig, 3 - 8 × 1 - 3.5 cm, oberseits trübgrün mit vielen, dunkelrötlichen Punkten, Unterseite hellgrün, Spitze gerundet, Basis keilförmig bis gerundet, Ränder fast ganz bis gekerbt mit entfernten, seichten Zähnen; **Inf** endständig oder axillär, dicht, vielblütig, 3 - 20 (-30) × 3 - 8 (-10) cm; **Sep** dreieckig oder lanzettlich, 2 - 3 mm; **Pet** rotpurpurn, rosa oder weiss, elliptisch bis länglich elliptisch, 4.5 - 6.5 mm; **St** so lang wie die **Pet**; **Anth** rotpurpurn; **NSch** länglich, ± 0.6 mm, schwärzlich rot; **Ca** 3 - 4 mm, zu den Spitzen verjüngt; **Sa**anlagen 10 - 14. — n = 12 (Uhl & Moran 1972).

Oft mit *H. telephium* ssp. *telephium* verwechselt. Früher in lokalen Floren in Ostasien und E-Sibirien als *S. telephium* var. *purpureum*, *S. purpurascens* oder *S. purpureum* benannte Pflanzen gehören zu *H. pallescens*.

H. pluricaule (Maximowicz) H. Ohba (Bot. Mag. (Tokyo) 90: 51, 1977). **T** [lecto]: Russland, Sachalin (*Maximowicz* s.n. [LE]). — **D:** Russland (Amur, Sachalin), Japan; Blüten August bis September. **I:** Ohba (1982b: pl. 144-4); Evans (1983: 111, als *Sedum*).

≡ *Sedum telephium* var. *pluricaule* Maximowicz (1883) ≡ *Sedum pluricaule* (Maximowicz) Kudo (1923) ≡ *Hylotelephium triphylla* var. *pluricaule* (Maximowicz) Byalt (1999); **incl.** *Sedum yezoense*

Miyabe & Tatewaki (1934) ≡ *Sedum pluricaule* var. *yezoense* (Miyabe & Tatewaki) Tatewaki *ex* Kawano (1957); **incl.** *Sedum hidakanum* Tatewaki *ex* Kawano (1957) ≡ *Sedum pluricaule* ssp. *hidakanum* (Tatewaki *ex* Kawano) Nosaka (1971) ≡ *Sedum pluricaule* var. *hidakanum* (Kawano) Nosaka (1974); **incl.** *Sedum pluricaule* ssp. *ezawae* Nosaka (1971).

[2] **Blü**triebe aufrecht, aufsteigend oder manchmal hängend, 5 - 10 cm, mit reich verzweigtem aber nicht verdicktem **Wu**stock und **Wu**; **Blü**triebe aus den **Ax** der ausdauernden, basalen Teile der vorjährigen **Tr** erscheinend; **Blä** wechsel- oder gegenständig, verkehrt lanzettlich bis schmal verkehrt eiförmig-rund, 0.5 - 2.5 × 0.4 - 1 cm, Spitze stumpf bis rund; **Inf** ebensträussig, kugelig; **Sep** lanzettlich-dreieckig bis schmal dreieckig, ± 2 mm; **Pet** rötlich purpurn, breit lanzettlich, ± 2 mm; **Anth** rötlich purpurn; **NSch** ± quadratisch, zur Spitze verbreitert, ± 1 mm; **Ca** ± 4 mm; **Gr** ± 1.5 mm; **Sa**anlagen 8. – n = 11 (Uhl & Moran 1972).

H. populifolium (Pallas) H. Ohba (Bot. Mag. (Tokyo) 90: 51, 1977). **T:** Russland, Sibirien (*Pallas* s.n. [BM]). – **D:** Russland (W Sibirien: Altai, Sayan); Blüten Juni bis August. **I:** Praeger (1921a: 148, als *Sedum*).

≡ *Sedum populifolium* Pallas (1776) ≡ *Anacampseros populifolia* (Pallas) Haworth (1812); **incl.** *Sedum notarjannii* Tenore (1811).

[3] **Wu**stock verzweigend; **Blü**triebe verholzt, in den unteren Teilen verzweigend, ausdauernd, 15 - 40 cm hoch, gräulich braun; **Blä** wechselständig, gestielt, länglich eiförmig bis eiförmig, 1.5 - 4 × 1 - 2.5 cm breit, grün, kahl, Spitze stumpf oder gerundet, Basis gestutzt bis seicht herzförmig, Ränder gezähnt mit grossen, stumpfen, ungleich grossen Zähnen; **Inf** endständig, kugelig, 5 - 7 cm breit; **Blü** gestielt; **Sep** dreieckig, 1.5 - 2 mm; **Pet** linealisch-lanzettlich, weiss oder ± rosa, 4.5 - 6 mm, aufsteigend; **St** so lang wie die **Pet**; **Anth** dunkelrot; **NSch** länglich, ± 0.6 mm, weiss; **Ca** 4 - 5 mm, **Gr** ± 1 mm; **Sa**anlagen meist 8.

Ein überaus charakteristischer, laubwerfender Zwergstrauch.

H. sieboldii (Sweet *ex* Hooker) H. Ohba (Bot. Mag. (Tokyo) 90: 52, 1977). **T:** [icono]: Curtis's Bot. Mag. 89: t. 5358, 1863. – **D:** China, Japan.

≡ *Sedum sieboldii* Sweet *ex* Hooker (1863); **incl.** *Sedum sieboldii* var. *erectum* Makino (1901).

H. sieboldii var. **chinense** H. Ohba (J. Jap. Bot. 67(4): 198-200, ills., 1992). **T:** China, Hubei (*Fu & Zhang* 1742 [PE]). – **D:** China.

[2] Unterschiede zu var. *sieboldii*: **Blä** zu 3, breit verkehrt eiförmig oder sehr breit eiförmig, 1.7 - 2 × 1.4 - 2 cm, Spitze gerundet, Basis breit keilförmig oder seicht herzförmig; **Inf** endständig und axillär, halbkugelig; **Bra** schmal länglich; **Sep** schmal eiförmig oder länglich eiförmig, 1 - 1.3 mm; **Pet** breit lanzettlich oder linealisch-lanzettlich, 5 - 6 mm; **NSch** länglich, ± 0.5 mm; **Ca** 5.5 - 6 mm; **Gr** 1.5 - 2 mm; **Sa**anlagen ± 26.

H. sieboldii var. **ettyuense** (Tomida) H. Ohba (J. Jap. Bot. 56: 186, 1981). **T:** Japan, Honshu (*Tomida & al.* s.n. [TI]). – **D:** C Japan. **I:** Ohba (1982b: pl. 144-2).

≡ *Sedum ettyuense* Tomida (1973) ≡ *Hylotelephium ettyuense* (Tomida) H. Ohba (1977); **incl.** *Sedum kagamontanum* Maximowicz (1883) ≡ *Sedum sieboldii* var. *kagamontanum* (Maximowicz) Makino (1910).

[2] Unterschiede zu var. *sieboldii*: **Blä** gegenständig oder manchmal in Quirlen zu 3, eiförmig bis breit eiförmig, ganzrandig oder mit wenigen, flachen Einkerbungen, **Bla**stiel sehr kurz; **Inf** zusammengesetzt, ebenstraussartig, halbkugelig. – 2n = 50 (Nakata 1996).

Die Synonymisierung von *S. kagamontanum*, das auf einer alten Abbildung im Buch Somoku Zusetsu basiert, ist vorläufig.

H. sieboldii var. **sieboldii** – **D:** Japan (Insel Shodo); Blüten Oktober bis November. **I:** Praeger (1921a: 102); Evans (1983: 112); beide als *Sedum*; Ohba (1982b: pl. 144-1).

Incl. *Sedum foliis rotundis crenatis* Thunberg (1784) (*nom. inval.*, Art. 23.1).

[2] **Blü**triebe aufsteigend oder hängend, 15 - 30 cm, mit kurzem **Wu**stock; **Blä** in Quirlen zu 3, verkehrt eiförmig bis fächerförmig, 1 - 1.5 × 1.3 - 2 cm, grünlich weiss, glauk, Spitze rund, Basis breit keilförmig, Ränder mit wenigen, seichten, welligen Einkerbungen; **Inf** ebenstraussartig, kugelig; **Sep** dreieckig-eiförmig, ± 1 mm; **Pet** rosa, elliptisch bis verkehrt lanzettlich, ± 4 mm; **Anth** dunkel rötlichpurpurn; **NSch** linealisch, ± 1 mm; **Ca** ± 4 mm, an der Basis abrupt verjüngt und gestielt; **Gr** 1 mm. – 2n = 50 (Nakata 1996).

H. sordidum (Maximowicz) H. Ohba (Bot. Mag. (Tokyo) 90: 52, 1977). **T:** Japan (*Maximowicz* s.n. [LE]). – **D:** Japan.

≡ *Sedum sordidum* Maximowicz (1883).

H. sordidum var. **oishii** (Ohwi) H. Ohba & M. Amano (J. Phytogeogr. Taxon. 38(1): 4, ills., 1990). **T:** Japan, Honshu (*Oishi* s.n. [TNS]). – **D:** Japan (N Honshu, Ibaraki, Fukushima).

≡ *Sedum oishii* Ohwi (1971).

[1] Unterschiede zu var. *sordidum*: **Sep**, **Fil** und **Frk** auffällig papillat. – 2n = 22, 24 (Ohba & Amano 1990).

H. sordidum var. **sordidum** – **D:** Japan (N und C Honshu); Blüten September bis Oktober.

[1] **Wu**stock vorhanden; **Blü**triebe aufsteigend, 10 - 25 cm, trüb rötlichpurpurn überlaufen; **Blä** wechselständig (oder selten gegenständig), eiförmig bis eiförmig-rund, 2.5 - 4.5 × 1.5 - 3 cm, rötlich pur-

purn überlaufen, Spitze stumpf, Basis verschmälert und stielartig, Ränder wellig oder locker seicht gekerbt; **Inf** ebenstraussartig, kugelig; **Sep** dreieckig-eiförmig, ± 1 mm; **Pet** hell gelblichgrün, breit elliptisch, ± 3.5 mm; **Anth** ± orangerot; **NSch** linealisch, ± 0.7 mm; **Ca** ± 3 mm, basal abrupt verschmälert und gestielt; **Gr** ± 1 mm; **Sa**anlagen meist 6. – 2n = 24 (Uhl & Moran 1972).

H. spectabile (Boreau) H. Ohba (Bot. Mag. (Tokyo) 90: 52, 1977). **T:** nicht konserviert?. – **D:** NE China, Korea; Blüten August bis September. **I:** Praeger (1921a: 93); CSJA 36: 140-144, 1964, beide als *Sedum*. **Fig. XVII.d**

≡ *Sedum spectabile* Boreau (1866) ≡ *Anacampseros spectabile* (Boreau) Jordan & Fourreau (1867); **incl.** *Sedum telephium* var. *kirinense* Komarov (1903); **incl.** *Sedum pseudospectabile* Praeger (1917) ≡ *Hylotelephium pseudospectabile* (Praeger) S. H. Fu (1980); **incl.** *Sedum spectabile* var. *angustifolium* Kitagawa (1936) ≡ *Hylotelephium spectabile* var. *angustifolium* (Kitagawa) S. H. Fu (1980).

[1] **Blü**triebe aufrecht, glauk, grünlich weiss, 30 - 70 cm, mit sich verdickendem **Wu**stock und **Wu**; **Blä** gegenständig oder quirlig, eiförmig bis schmal eiförmig, 7 - 13 × 5 - 8 cm, glauk, Spitze stumpf, Ränder mit wenigen, welligen Einsägungen; **Inf** ebenstraussartig, gross; **Sep** lanzettlich, ± 2 mm; **Pet** rosa, schmal länglich, 6 - 7 mm; **St** länger als die **Pet**; **Anth** rötlich braun; **NSch** breit linealisch, ± 0.7 mm; **Ca** ± 6 mm, basal verschmälert; **Gr** ± 1.5 mm; **Sa**anlagen 12 - 16. – 2n = 50 (Uhl & Moran 1972).

In gemässigten Klimaten häufig in Gärten angepflanzt, und immer häufiger auch als Schnittblume verwendet. Es werden zahlreiche Cultivare mit verschiedenen Blatt- und Blütenfarben vermarktet.

H. subcapitatum (Hayata) H. Ohba (Bot. Mag. (Tokyo) 90: 52, 1977). **T:** Taiwan (*Mori* s.n. [TI]). – **D:** Taiwan (Mt. Morrison); Blüten Juli bis August. **I:** Tang & Huang (1989: 159); Tang & Huang (1993: 3: 13).

≡ *Sedum subcapitatum* Hayata (1913).

[1] **Wu**stock kurz, holzig; **Blü**triebe 10 - 14 cm, aufrecht; **Blä** wechselständig, sitzend, länglich eiförmig bis eiförmig oder verkehrt eiförmig, 1.5 - 2.8 × 1 - 2 cm, kahl, Spitze gerundet, Basis abrupt verschmälert oder keilförmig, Ränder seicht und grob gekerbt bis fast ganzrandig; **Inf** endständig, kugelig; **Sep** linealisch, ± 2 mm; **Pet** weiss, verkehrt lanzettlich bis breit verkehrt lanzettlich, 6 - 7 mm; **St** länger als die **Pet**; **Anth** rot; **NSch** schmal länglich, ± 1 mm, hellgrün; **Ca** 7 - 8 mm; **Gr** ± 3 mm; **Sa**anlagen ± 10.

H. tatarinowii (Maximowicz) H. Ohba (Bot. Mag. (Tokyo) 90: 52, 1977). **T:** China (*Tatarinow* s.n. [LE]). – **D:** Mongolei, N China; Blüten Juli bis August. **I:** Praeger (1921a: 103, als *Sedum*).

≡ *Sedum tatarinowii* Maximowicz (1883); **incl.** *Sedum tatarinowii* var. *integrifolium* Palibin (1895) ≡ *Hylotelephium tatarinowii* var. *integrifolium* (Palibin) S. H. Fu (1984); **incl.** *Sedum definitum* H. Léveillé (1904); **incl.** *Sedum pekinense* H. Léveillé & Vaniot (1904); **incl.** *Sedum almae* Fröderström (1929) ≡ *Hylotelephium almae* (Fröderström) K. T. Fu & G. Y. Rao (1988).

[1] **Wu**stock verdickt, mit dicken, knolligen **Wu**; **Blü**triebe 8 - 15 cm; **Blä** wechselständig, kurz gestielt oder sitzend, verkehrt lanzettlich oder linealisch verkehrt lanzettlich, 1.2 - 3 cm × 3 - 7 mm, Spitze dreieckig, Basis verschmälert, Ränder gekerbt mit wenigen, zerstreuten Zähnen, oder ganzrandig; **Inf** endständig, ziemlich flach, 3 - 5 cm ⌀; **Blü** gestielt; **Sep** linealisch-lanzettlich oder dreieckig, 5 - 6 mm; **Pet** weiss oder ± rosa, schmal eiförmig bis lanzettlich, 4 - 5 mm, weit ausgebreitet; **St** so lang wie die **Pet** oder kürzer; **Anth** rotpurpurn; **NSch** länglich ± 0.4 mm, weiss; **Ca** 4 - 5 mm, **Gr** ± 2 mm; **Sa**anlagen 18 - 24.

H. telephioides (Michaux) H. Ohba (Bot. Mag. (Tokyo) 90: 53, 1977). **T:** USA (*Michaux* s.n. [P]). – **D:** USA (S Pennsylvania bis W South Carolina und bis S Indiana und Illinois); Blüten September bis Oktober. **I:** Clausen (1975: 71, 88, als *Sedum*).

≡ *Sedum telephioides* Michaux (1803) ≡ *Anacampseros telephioides* (Michaux) Haworth (1812).

[1] **Blü**triebe aufrecht, ± glauk, 30 - 100 cm hoch, mit sich verdickendem **Wu**stock und **Wu**; **Blä** wechsel- oder gegenständig, kurz gestielt, elliptisch-eiförmig bis elliptisch, 6 - 10 × 2 - 4 cm, hellgrün, kahl, Spitze stumpf, Basis verschmälert, Ränder gesägt; **Inf** halbkugelig, dicht, vielblütig; **Sep** dreieckig, 1.5 mm; **Pet** rosa, lanzettlich-elliptisch, 5 - 6 mm; **St** kürzer als die **Pet**; **Anth** ± purpurrot; **NSch** schmal länglich, ± 0.8 mm; **Ca** 5 - 6 mm; **Gr** ± 1 mm; **Sa**anlagen 4 pro **Ca**; **Fr** 8 - 10 mm; **Sa** linealisch, ± 1.2 mm.

H. telephium (Linné) H. Ohba (Bot. Mag. (Tokyo) 90: 53, 1977). **T:** BM [Hort. Cliffortianus]. – **Lit:** 't Hart (1985); Jalas & al. (1999: 72-76 [Verbreitungskarten]). **D:** Europa, W Asien.

≡ *Sedum telephium* Linné (1753); **incl.** *Sedum telephium* var. *cordatum* Döll (1843); **incl.** *Sedum candollei* Boreau (1866) (*nom. inval.*, Art. 34.1b); **incl.** *Hylotelephium* ×*zhiguliense* Tzvelev (1993).

Die Umschreibung dieser Art wie auch ihre Klassifikation in infraspezifische Taxa ist immer noch umstritten. Bei *H.* ×*zhiguliense* Tzvelev 1993 handelt es sich um die Hybride ssp. *telephium* × ssp. *ruprechtii*.

H. telephium ssp. **maximum** (Linné) H. Ohba (Bot. Mag. (Tokyo) 90: 53, 1977). **T:** BM [Hort. Cliffortianus]. – **D:** Europa, W Asien.

≡ *Sedum telephium* var. *maximum* Linné (1753) ≡ *Sedum telephium* ssp. *maximum* (Linné) Krocker

(1790) ≡ *Sedum maximum* (Linné) Hoffmann (1791) ≡ *Anacampseros maxima* (Linné) Haworth (1819) ≡ *Hylotelephium maximum* (Linné) Holub (1978); **incl.** *Sedum maximum* Suter (1802); **incl.** *Sedum latifolium* Bertoloni (1819); **incl.** *Sedum telephium* var. *rotundatum* Döll (1843); **incl.** *Anacampseros assurgens* Jordan & Fourreau (1866); **incl.** *Anacampseros cebennensis* Jordan & Fourreau (1866); **incl.** *Anacampseros chlorotica* Jordan & Fourreau (1866); **incl.** *Anacampseros collina* Jordan & Fourreau (1866); **incl.** *Anacampseros corsica* Jordan & Fourreau (1866); **incl.** *Anacampseros delphinensis* Jordan & Fourreau (1866); **incl.** *Anacampseros erubescens* Jordan & Fourreau (1866); **incl.** *Anacampseros millieri* Jordan & Fourreau (1866); **incl.** *Anacampseros minor* Jordan & Fourreau (1866); **incl.** *Anacampseros pachyphylla* Jordan & Fourreau (1866); **incl.** *Anacampseros praeruptorum* Jordan & Fourreau (1866); **incl.** *Anacampseros recurva* Jordan & Fourreau (1866); **incl.** *Anacampseros serotina* Jordan & Fourreau (1866); **incl.** *Anacampseros subrotunda* Jordan & Fourreau (1866); **incl.** *Anacampseros verlotii* Jordan & Fourreau (1866); **incl.** *Sedum maximum* fa. *rufescens* Schur (1866); **incl.** *Anacampseros ternata* Jordan & Fourreau (1866) (*nom. illeg.*, Art. 53.1); **incl.** *Sedum maximum* var. *scherfelii* Borbás (1890) ≡ *Hylotelephium scherfelii* (Borbás) Grulich (1984); **incl.** *Sedum maximum* fa. *umbrosum* Junge (1909); **incl.** *Sedum glaucopruinosum* O. A. Eklund (1928) ≡ *Sedum telephium* var. *glaucopruinosum* (O. A. Eklund) Hiitonen (1932) ≡ *Sedum maximum* ssp. *glaucopruinosum* (O. A. Eklund) Soó (1963) (*nom. inval.*, Art. 33.2); **incl.** *Sedum pseudotelephium* Eklund (1928) ≡ *Sedum telephium* var. *pseudotelephium* (Eklund) Hiitonen (1933); **incl.** *Sedum telephium* ssp. *suecicum* Hylander (1945); **incl.** *Sedum maximum* fa. *nigrum* Domokos (1953); **incl.** *Sedum maximum* fa. *transdanubicum* Pénzes (1956); **incl.** *Sedum maximum* fa. *domokosii* (Pénzes) Soó (1963) (*nom. inval.*, Art. 33.2); **incl.** *Sedum maximum* fa. *atropurpureum* hort. *ex* Soó (1966).

[1] Unterschiede zu ssp. *telephium*: **Blä** wechsel- oder gegenständig oder quirlig, eiförmig oder breit länglich bis länglich eiförmig, 4 - 10 cm lang, manchmal glauk, stumpf gesägt bis fast ganzrandig, Basis herzförmig-stengelumfassend oder gestutzt, **Blü** grünlich weiss oder gelblich weiss, selten purpurn.

H. telephium ssp. **ruprechtii** (Jalas) H. Ohba (Bot. Mag. (Tokyo) 90: 53, 1977). **T:** Finnland (*Tulla* s.n. [H]). – **D:** NE Europa.

≡ *Sedum telephium* ssp. *ruprechtii* Jalas (1954) ≡ *Sedum maximum* ssp. *ruprechtii* (Jalas) Soó (1963) ≡ *Sedum ruprechtii* (Jalas) Omelczuk (1978) ≡ *Hylotelephium maximum* ssp. *ruprechtii* (Jalas) Dostál (1984) ≡ *Hylotelephium ruprechtii* (Jalas) Tzvelev (1993); **incl.** *Sedum telephium* var. *petraeum* Ruprecht (1860); **incl.** *Sedum polonicum* Blocki (1897) ≡ *Hylotelephium polonicum* (Blocki) Holub (1983); **incl.** *Sedum telephium* var. *stepposum* Borissova (1939) (*nom. inval.*, Art. 36.1); **incl.** *Sedum stepposum* Borissova (1970) ≡ *Hylotelephium stepposum* (Borissova) Tzvelev (1991).

[1] Unterschiede zu ssp. *telephium*: **Blü**triebe niederliegend oder kriechend, 15 - 40 cm; **Blä** gegenständig, fast kreisrund, glauk bereift, gezähnt oder fast ganzrandig, basal herzförmig-stengelumfassend; **Blü** weisslich.

H. telephium ssp. **telephium** – **D:** Europa; Blüten August bis September.

Incl. *Sedum telephium* var. γ Linné (1753); **incl.** *Sedum telephium* var. *album* Linné (1753); **incl.** *Sedum telephium* var. *purpureum* Linné (1753) ≡ *Sedum purpureum* (Linné) Schultes (1814) ≡ *Sedum telephium* fa. *purpureum* (Linné) Rouy & Camus (1901) ≡ *Sedum telephium* ssp. *purpureum* (Linné) Schinz & Thellung (1909) ≡ *Hylotelephium purpureum* (Linné) Holub (1979); **incl.** *Sedum complanatum* Gilibert (1781) (*nom. inval.*, Art. ?); **incl.** *Anacampseros triphylla* Haworth (1812) ≡ *Sedum triphyllum* (Haworth) Gray (1821) ≡ *Hylotelephium triphyllum* (Haworth) Holub (1983); **incl.** *Anacampseros vulgaris* Haworth (1812) ≡ *Hylotelephium vulgare* (Haworth) Holub (1979); **incl.** *Anacampseros arguta* Haworth (1821) ≡ *Sedum argutum* (Haworth) Sweet (1826) ≡ *Hylotelephium argutum* (Haworth) Holub (1979); **incl.** *Sedum vulgare* Link (1821) ≡ *Sedum telephium* ssp. *vulgare* (Link) Fröderström (1930); **incl.** *Sedum decumbens* Lucé (1823) ≡ *Hylotelephium decumbens* (Lucé) Byalt (1995); **incl.** *Sedum guestphalicum* Boenninghausen *ex* Reichenbach (1832); **incl.** *Sedum fabaria* W. D. J. Koch (1837) ≡ *Sedum telephium* ssp. *fabaria* (W. D. J. Koch) Kirschleger (1852) ≡ *Sedum maximum* ssp. *fabaria* (W. D. J. Koch) Löve (1961) ≡ *Hylotelephium telephium* ssp. *fabaria* (W. D. J. Koch) H. Ohba (1977); **incl.** *Sedum purpurascens* W. D. J. Koch (1843) ≡ *Sedum telephium* var. *purpurascens* (W. D. J. Koch) D. A. Webb (1961); **incl.** *Sedum maritimum* Boguslaw (1846) ≡ *Hylotelephium maritimum* (Boguslaw) Grulich (1984); **incl.** *Sedum bohuslavii* Ruprecht (1850); **incl.** *Sedum carpaticum* G. Reuss (1853) ≡ *Sedum telephium* var. *carpaticum* (G. Reuss) Domin (1935) ≡ *Hylotelephium carpaticum* (G. Reuss) Soják (1980) ≡ *Hylotelephium argutum* ssp. *carpaticum* (G. Reuss) Dostál (1982); **incl.** *Sedum telephium* var. *ochroleucum* Neilreich (1859); **incl.** *Anacampseros aurigerana* Jordan & Fourreau (1866); **incl.** *Anacampseros beugesiana* Jordan & Fourreau (1866); **incl.** *Anacampseros borderi* Jordan & Fourreau (1866) ≡ *Sedum borderi* (Jordan & Fourreau) A. Chevalier (1927); **incl.** *Sedum jullianum* Boreau (1866) ≡ *Anacampseros julliana* (Boreau) Jordan & Fourreau (1867) ≡ *Hylotelephium jullianum* (Boreau) Grulich (1984); **incl.** *Sedum telephium* var. *borderi* Rouy & Camus (1901); **incl.** *Sedum telephium* var. *tarnense*

Rouy & Camus (1901); **incl.** *Sedum telephium* fa. *roseo-variegatum* Praeger (1921); **incl.** *Sedum telephium* var. *occidentale* Fröderström (1930); **incl.** *Sedum mugodsharicum* Borissova (1939) ≡ *Hylotelephium mugodsharicum* (Borissova) Grulich (1984); **incl.** *Sedum archangelicum* Ruprecht *ex* Borissova (1939) (*nom. inval.*, Art. 32.1c); **incl.** *Hylotelephium buxicola* Holub (1984); **incl.** *Hylotelephium confertum* Holub (1984); **incl.** *Hylotelephium convexum* Holub (1984); **incl.** *Hylotelephium dumeticola* Holub (1984); **incl.** *Hylotelephium lapidicola* Holub (1984); **incl.** *Hylotelephium lugdunense* Holub (1984); **incl.** *Hylotelephium monticulorum* Holub (1984); **incl.** *Hylotelephium navieri* Holub (1984); **incl.** *Hylotelephium praecelsa* Holub (1984); **incl.** *Hylotelephium pycranthum* Holub (1984); **incl.** *Hylotelephium repens* Holub (1984); **incl.** *Hylotelephium rhodanense* Holub (1984); **incl.** *Hylotelephium rubellum* Holub (1984); **incl.** *Hylotelephium rupifragum* Holub (1984); **incl.** *Hylotelephium saxifragum* Holub (1984); **incl.** *Hylotelephium subalbidum* Holub (1984); **incl.** *Hylotelephium viridulum* Holub (1984); **incl.** *Hylotelephium vogesiacum* Holub (1984).

[1] **Wu**stock kurz mit zahlreichen, spindeligen **Wu**; **Blü**triebe aufrecht oder aufsteigend (oder sehr selten hängend), 30 - 60 cm; **Blä** wechselständig oder manchmal teilweise gegenständig, sitzend, länglich oder elliptisch-eiförmig bis schmal eiförmig, 3 - 6 × 1 - 2.5 cm, kahl, dunkelgrün, manchmal rot überhaucht, Spitze stumpf bis spitz, Basis der unteren **Blä** keilförmig, der oberen **Blä** manchmal gestutzt, Ränder meist stark gezähnt; **Inf** endständig und manchmal aus den **Ax** der oberen **Blä**, dicht, vielblütig; **Sep** dreieckig, ± 2 mm; **Pet** rötlich purpurn, länglich, 4 - 5 mm, ausgebreitet; **Anth** rötlich braun; **NSch** quadratisch, ± 0.5 mm, hellgelb; **Ca** ± 6 mm; **Gr** ± 0.7 mm.

Die meisten Hinweise auf diese Art aus Sibirien und Ostasien (China, Korea, Japan) betreffen *H. pallescens*.

H. uralense (Ruprecht) Byalt (Bot. Zhurn. (Moscow & Leningrad) 83(1): 128, 1998). **T**: Russland (*Branth* s.n. [LE]). – **D**: Russland (N und C Ural); trockene, steinige Hänge und Felsen, Blüten Juli bis August.

≡ *Sedum uralense* Ruprecht (1854).

[1] Ausdauernde, kahle Kräuter mit einjährigen **Blü**trieben; **Wu** knollig oder in Büscheln; Rhizome robust, dick, 2.5 - 3 cm ⌀, aufrecht, ± 15 cm lang, zur Spitze hin verzweigt; **Blü**triebe zahlreich, 35 - 50 cm, nahe der Basis 5 - 8 mm ⌀; **Blä** lanzettlich, 2.5 - 5 cm, kurz gestielt oder fast sitzend, gekerbt, stumpf; **Inf** zusammengesetzt, traubig-rispig, mit kurzen Seitenzweigen aus den **Ax** der oberen **Blä**; **Blü** 5-zählig; **Kr** 4.5 - 5 mm ⌀, **Pet** zuerst grünlich, später rosa, schmal lanzettlich, spitz; **St** länger als die **Pet**; **Fr** aufrecht, im Umriss lanzettlich, 3.5 - 4 mm; **Sa** nicht beschrieben. – [V. V. Byalt]

H. ussuriense (Komarov) H. Ohba (Bot. Mag. (Tokyo) 90: 54, 1977). **T** [lecto]: Russland, Ferner Osten (*Komarov* 1221 [LE]). – **D**: Russland, Japan.

≡ *Sedum ussuriense* Komarov (1916); **incl.** *Sedum ussuriense* var. *ochranthemum* Woroshilov & Shlothauer (1984).

H. ussuriense var. **tsugaruense** (H. Hara) H. Ohba (J. Jap. Bot. 68(3): 150, 1993). **T**: Japan, Honshu (*Hara* s.n. [TI]). – **D**: N Japan. **I**: Ohba (1982b: pl. 143-2, als *H. tsugaruense*).

≡ *Sedum tsugaruense* H. Hara (1957) ≡ *Hylotelephium tsugaruense* (H. Hara) H. Ohba (1977).

[1] Unterschiede zu var. *ussuriense*: **Blü**triebe 10 - 40 cm; **Blä** gegenständig, manchmal an der **Tr**basis zu 3, eiförmig bis elliptisch, Basis gerundet bis herzförmig; **Pet** grünlich weiss, 4 - 6 mm.

H. ussuriense var. **ussuriense** – **D**: Russland (E Sibirien, Ussuri); Blüten August bis September. **I**: Ohba (1993: 150-151).

[1] **Blü**triebe aufsteigend, 10 - 60 cm hoch, mit dickem **Wu**stock; **Blä** gegenständig aber manchmal in den unteren **Tr**teilen wechselständig, gestielt, sehr breit eiförmig bis kreisrund, 3 - 5 × 3 - 5 cm, glauk, hellgrün, Spitze rund bis gestutzt, Basis herzförmig, Ränder etwas gewellt; **Inf** ebenstraussartig, kugelig; **Sep** dreieckig-eiförmig, ± 1.3 mm; **Pet** purpurn, schmal länglich, 3 - 4 mm, ausgebreitet; **St** leicht länger als die **Pet**; **Anth** rötlich orange; **NSch** breit linealisch, ± 0.5 mm; **Ca** 3 - 4 mm, basal abrupt verschmälert und gestielt; **Gr** ± 1 mm.

H. verticillatum (Linné) H. Ohba (Bot. Mag. (Tokyo) 90: 54, 1977). **T**: [icono]: Linné, Amoen. Acad. 2: t. 4: fig. 14, 1750. – **D**: Russland, N China, Korea, Japan.

≡ *Sedum verticillatum* Linné (1753) ≡ *Sedum telephium* fa. *verticillatum* (Linné) Fröderström (1924) ≡ *Sedum telephium* ssp. *verticillatum* (Linné) Fröderström (1930); **incl.** *Sedum verticillatum* fa. *bulbiferum* N. Yonezawa (1986).

H. verticillatum var. **lithophilos** H. Ohba (J. Jap. Bot. 66(2): 63-65, ills., 1991). **T**: Japan, Shikoku (*Ohashi & al.* s.n. [TI]). – **D**: Japan.

[1] Unterschiede zu var. *verticillatum*: **Blä** gegenständig, gestielt, Stiele 1 - 1.8 cm, Spreite länglich, eiförmig, lanzettlich oder verkehrt lanzettlich, 3 - 9 × 3 - 4.5 cm, seicht fein gekerbt mit 6 - 8 Zähnen pro Seite.

H. verticillatum var. **verticillatum** – **D**: Russland (E Sibirien, Sachalin, Kurilen, Kamtschatka), N China, Korea, Japan; Blüten August bis September. **I**: Ohba (1982b: pl. 142-2). **Fig. XVII.e**

Incl. *Sedum verticillatum* var. *nipponicum* Praeger (1918); **incl.** *Sedum shimizuanum* Honda (1952).

[1] **Blü**triebe aufrecht (oder selten aufsteigend),

30 - 80 cm; **Blä** in Quirlen zu 3 (selten 4 oder 5) oder gegenständig, elliptisch bis schmal eiförmig bis breit lanzettlich, 3 - 10 × 1.5 - 3 cm, Unterseite weisslich grün, Spitze ziemlich spitz, Ränder spärlich gesägt, **Bla**stiel 2 - 10 mm; **Inf** zusammengesetzt ebensträussig, gross; **Ped** kahl; **Sep** dreieckig-eiförmig, ± 1 mm; **Pet** hell gelblichgrün bis hellgrün, breit verkehrt lanzettlich, ± 4 mm; **St** so lang wie die **Pet** oder leicht länger; **Anth** hellgelb oder selten dunkel rötlichbraun; **NSch** breit linealisch, ± 0.7 mm; **Ca** ± 4 mm, basal verschmälert; **Gr** ± 1 mm. – n = 48 (Uhl & Moran 1972); 2n = 22, 46, 92 (Funamoto & Yuasa 1986).

H. viride (Makino) H. Ohba (Bot. Mag. (Tokyo) 90: 54, 1977). **T:** Japan (*Makino* s.n. [MAK]). – **D:** Japan; auf Felsen oder epiphytisch an Baumstämmen, Blüten September bis Oktober. **I:** Ohba (1982b: pl. 142-1).

≡ *Sedum viride* Makino (1901).

[1] **Blü**triebe aufsteigend, 20 - 50 cm; **Blä** gegenständig, gestielt, eiförmig, 3 - 6 (-10) × 1.5 - 4 cm, Spitze rund bis stumpf, Basis keilförmig, **Bla**stiel 1 - 2 cm; **Inf** ebenstraussartig, kugelig; **Sep** dreieckig, ± 1.5 mm; **Pet** hell gelblichgrün, elliptisch bis verkehrt lanzettlich, ± 4.5 mm; **St** fast so lang wie die **Pet**; **Anth** hell rötlichbraun; **NSch** linealisch, ± 0.8 mm; **Ca** ± 4.5 mm, basal abrupt verschmälert und gestielt; **Gr** ± 1.5 mm; **Sa**anlagen 4 - 6. – n = 12 (Uhl & Moran 1972).

H. viridescens (Nakai) H. Ohba (Bot. Mag. (Tokyo) 90: 55, 1977). **T:** Korea (*Taquet* 4249 [TI]). – **D:** S Korea (incl. Cheju-do); Blüten August bis September. **I:** Praeger (1921a: 87); CSJA 37: 5-8, 1975; beide als *Sedum*.

≡ *Sedum viridescens* Nakai (1914); **incl.** *Sedum taquetii* Praeger (1918).

[1] **Blü**triebe aufrecht, 20 - 60 cm; **Blä** wechselständig, gegenständig oder in Quirlen zu 3, manchmal innerhalb einer Pflanze variabel, sitzend, breit länglich bis breit elliptisch oder eiförmig, 2 - 5 × 1.5 - 3 cm, dunkelgrün, Oberseite bläulich-glauk, Spitze ziemlich spitz, Basis gerundet, Ränder gesägt mit 4 - 6 Zähnen auf jeder Seite, oder fast ganzrandig; **Inf** endständig und axillär, dicht, vielblütig; **Ped** 2 - 4 mm; **Blü** 8 - 9 mm ⌀; **Sep** dreieckig, 1 - 1.5 mm; **Pet** grünlich, lanzettlich, 4 - 5 mm, ausgebreitet; **St** so lang wie die **Pet** oder wenig kürzer; **Anth** rot; **NSch** länglich, ± 0.5 mm, weiss; **Ca** 3.5 - 4 mm; **Gr** ± purpurn, ± 1 mm; **Sa**anlagen 10 - 12.

H. viviparum (Maximowicz) H. Ohba (Bot. Mag. (Tokyo) 90: 55, 1977). **T:** Russland, Sibirien (*Maximowicz* s.n. [LE]). – **D:** Russland (E Sibirien), China (Manchurei), N Korea. **I:** Lee (1998: 274); CSJA 72(6): 326, 2000.

≡ *Sedum viviparum* Maximowicz (1883) ≡ *Sedum telephium* ssp. *viviparum* (Maximowicz) Fröderström (1930).

[1] **Blü**triebe aufrecht, 15 - 30 cm; **Blä** in Quirlen zu 3 oder 4 oder manchmal gegenständig, kurz gestielt, lanzettlich bis länglich eiförmig, gewöhnlich kürzer als die **Int**, 3 - 4 × 1.2 - 1.5 cm, oberseits dunkelgrün, Spitze stumpf oder gerundet, Basis gerundet bis keilförmig, Ränder stumpf und seicht gesägt; **Inf** endständig, dicht, mit kurzem Stiel, manchmal proliferierend; **Blü** klein; **Sep** dreieckig-eiförmig, ± 2 mm; **Pet** 3 - 3.5 mm, elliptisch bis schmal länglich, weisslich oder grünlich; **St** so lang wie die **Pet**; **Anth** hellgelb; **NSch** länglich, ± 1 mm, weisslich; **Ca** ± 3.5 mm; **Ca** eiförmig, gestielt, ± 2 mm; **Gr** ± 1 mm; **Sa**anlagen 14 - 20.

HYPAGOPHYTUM

U. Eggli

Hypagophytum A. Berger (NPF2, 18a: 467-468, 1930). **T:** *Sempervivum abyssinicum* Hochstetter [Typifiziert durch Schlussfolgerung, einziges eingeschlossenes Element.]. – **Lit:** Gilbert (1989: 10-11, mit ill.); Gilbert (1993). **D:** Äthiopien. **Etym:** Gr. 'hypagein', täuschen, in die Irre führen; und Gr. 'phyton', Pflanze; wegen der vorherigen falschen Klassifikation als *Sempervivum*.

Niedrige Kräuter mit Knolle oder knolligem Rhizom; **Tr** 1 bis mehrere, bis 26 cm mit 4 - 6 Knoten, jährlich einziehend; **Blä** in Wirteln zu 3, verkehrt eiförmig, 1 - 3.5 × 0.8 - 2.5 cm, sitzend oder mit stielartiger Basis, oft undeutlich gesport, oft rot gestrichelt, nahe der Ränder mit mehreren Hydathoden; **Inf** endständig, mit endständiger **Blü** und meist 3 Zweigen, Zweige bis 5 cm, unregelmässig einseitig; **Ped** bis 1.7 cm; **Blü** 10- bis 12-zählig, haplostemon; **Sep** basal für ½ der Länge vereinigt, Zipfel lanzettlich, 1.5 - 2.5 × 0.5 - 1 mm; **Pet** frei oder fast frei, 5.5 - 6.5 (-12) × 1.3 - 1.5 mm, weiss, manchmal mit schwachem rosa Hauch, sternförmig ausgebreitet; **Fil** ± so lang wie die **Pet**; **NSch** halbkreisförmig, klein; **Ca** frei, seitlich zusammengedrückt und deutlich in einen unteren und einen oberen Teil eingeschnürt, oberer Teil borstig-papillös, Bauchnaht ± bewimpert; **Gr** fadendünn, so lang wie die **Fil**; **Fr** 2-samig, an der Einschnürung quer auseinanderbrechend, oberer **Sa** im oberen Teil des Balges eingeschlossen bliebend, unterer **Sa** separat verbreitet; **Sa** zylindrisch-eiförmig, dunkelbraun, undeutlich längs gerippt.

Die systematische Position dieser monotypischen Gattung ist ungeklärt, und die Einordnung in die Subtribus *Telephinae* ist provisorisch. *Hypagophytum* zeigt gemeinsame Merkmale sowohl mit *Crassula* wie mit *Sedum* (Gilbert 1989). Die haplostemonen Blüten und das Vorhandensein von Hydathoden entlang der Blatträndern weist auf eine Verwandtschaft mit *Crassula* hin, und die Wuchsform sowie die grosse Zahl von Kelch- und Kronblättern tritt auch bei einigen spezialisierten Arten jener Gattung auf. Die eigenartigen Früchte ähneln entfernt denjenigen von *Sedum caeruleum*, sind aber in der Art und Weise des Aufreissens in der Familie einmalig. Eine Einordnung in die *Sempervivum*-Gruppe begründet sich nur in der oberflächlichen Ähnlichkeit in der Zahl von Kelch- und Kronblättern, ist sonst aber unbegründet. Leider liegen keine molekularsystematische Daten vor, welche die Situation klären könnten.

H. abyssinicum (Hochstetter *ex* A. Richard) A. Berger (NPF2 18a: 468, 1930). – **D:** N Äthiopien; Hochland, steile Felsflächen, meist saisonal nass und mit Moos bedeckt, in Sonne oder Schatten, 2250 - 3500 m. **I:** Gilbert (1993: 48).

≡ *Sempervivum abyssinicum* Hochstetter *ex* A. Richard (1847) ≡ *Sedum abyssinicum* (Hochstetter *ex* A. Richard) Hamet (1912); incl. *Sedum malladrae* Chiovenda (1911) ≡ *Crassula malladrae* (Chiovenda) Chiovenda (1919) (*nom. illeg.*, Art. 52.1).

Beschreibung wie für die Gattung.

KALANCHOE

B. Descoings

Kalanchoe Adanson (Fam. Pl. 2: 248, 1763). **T:** *Cotyledon laciniata* Linné [Lectotyp nach Tölken, Fl. South Afr. 14: 61, 1985.]. – **Lit:** Hamet (1907); Hamet (1908); Berger (1930: 402-412); Boiteau & Mannoni (1948); Boiteau & Mannoni (1949); Hamet & Marnier-Lapostolle (1964); Raadts (1977); Fernandes (1980); Boiteau & Allorge-Boiteau (1995). **D:** Vorwiegend Madagaskar und E und S Afrika, bis ins tropische Afrika, Arabien und das tropische und SE Asien ausstrahlend; einige Taxa durch die ganzen Tropen als Neophyten. **Etym:** Phonetische Transkription aus dem Chinesischen "Kalan Chauhuy" (für *K. spathulata*?) mit der Bedeutung "was abfällt und wächst" mit vermutetem Bezug auf die Bulbillen (obwohl in China keine bulbillentragende Arten heimisch sind); oder (nach Genaust 1997) zu altindisch 'kalanka-', Fleck, Rost, und 'chaya', Glanz, mit Bezug auf die glänzenden und manchmal vielleicht roten Blätter der indischen *K. laciniata*.

Incl. *Crassuvia* Commerson *ex* Lamarck (1786). **T:** nicht typifiziert.
Incl. *Vereia* H. Andrews (1798). **T:** *Vereia crenata* H. Andrews [Typifizierung gemäss ING.].
Incl. *Verea* Willdenow (1799) (*nom. inval.*, Art. 61.1). **T:** *Vereia crenata* H. Andrews.
Incl. *Calanchoe* Persoon (1805) (*nom. inval.*, Art. 61.1). **T:** *Cotyledon laciniata* Linné.
Incl. *Bryophyllum* Salisbury (1806). **T:** *Bryophyllum calycinum* Salisbury.
Incl. *Kalenchoe* Haworth (1819) (*nom. inval.*, Art. 61.1). **T:** *Cotyledon laciniata* Linné.
Incl. *Physocalycium* Vest (1820) (*nom. illeg.*, Art. 52.1). **T:** *Vereia crenata* H. Andrews [einziges eingeschlossenes Element.].
Incl. *Baumgartenia* Tratinnick (1821) (*nom. illeg.*, Art. 52.1). **T:** *Bryophyllum calycinum* Salisbury [automatischer Typ des ersetzten Synonyms, cf. P. V. Heath, Calyx 5(4): 129, 1997.].
Incl. *Crassouvia* Commerson *ex* De Candolle (1828) (*nom. inval.*, Art. 61.1). **T:** nicht typifiziert.
Incl. *Meristostylus* Klotzsch (1861). **T:** nicht typifiziert.
Incl. *Kitchingia* Baker (1881). **T:** nicht typifiziert.
Incl. *Geaya* Costantin & Poisson (1908). **T:** *Geaya purpurea* Costantin & Poisson.

Mehrjährige und sukkulente Kleinsträucher bis Sträucher, seltener kleine Bäume, mehrjährige bis zweijährige oder selten einjährige Kräuter, bodenbewohnend bis selten epiphytisch, **Wu** faserig oder selten verdickt bis knollig; **Tr** aufrecht oder oft niederliegend, fleischig oder manchmal zur Basis hin holzig, gewöhnlich verzweigt; **Blä** gestielt bis sitzend, gewöhnlich kreuzgegenständig, manchmal wechselständig oder wirtelig, selten andeutungsweise rosettig, diejenigen eines Paares frei oder leicht verwachsen bis basal breit verwachsen, Stiel manchmal ± breit stengelumfassend, Spreite ganzrandig oder ± tief eingeschnitten, oder mit 3 Teil**Blä** oder gefiedert und mit 5 Teil**Blä**, manchmal von der **Tr**basis zur Spitze ± variabel in Form und Grösse, gewöhnlich flach, Ränder gewöhnlich gekerbt, gesägt oder gezähnt, selten ganzrandig, fleischig-sukkulent, flach oder selten ± stielrund, ausdauernd oder abfallend, manchmal mit Brutknospen entlang der Ränder; **Inf** endständig, selten achselständig, wenig- bis vielblütig, ebensträussig, cymös bis rispig, manchmal thyrsoid, aus Cymen zusammengesetzt, manchmal mit Brutknospen; **Inf**stiel gewöhnlich vorhanden, oft mit einem allmählichen Übergang von **Blä** (unten) zu kürzeren **Bra**, welche die **Blü** tragen; **Blü** 4-zählig, aufrecht oder hängend, oft mit abgespreizten **Blü** gemischt, gestielt, gewöhnlich leuchtend gefärbt; **Cal** kürzer als oder manchmal gleich lang wie die **Kr**röhre, **Sep** frei, oder zur Basis hin ± deutlich verwachsen, oder eine lange Röhre bildend (manchmal ± aufgebläht) mit kürzeren Zipfeln; **Kr** aus verwachsenen **Pet** eine ± lange Röhre mit aufrechten, ausgebreiteten oder plötzlich zurückgebogenen, kürzeren Zipfeln bildend; **St** 8 in 2 Kreisen, nicht oder ± herausragend; **Fil** an der **Kr**röhre auf unterschiedlichen Höhen von unten bis oben angeheftet; **NSch** 4, frei; **Ca** 4, frei bis basal etwas verwachsen; **Gr** kürzer oder länger als die **Ca**; **Fr** aufrechte Balgfrüchte; **Sa** zahlreich, winzig, gewöhnlich gefurcht, gerippt oder fein gerunzelt.

Diese verhältnismässig grosse Gattung ist taxonomisch schwierig und ihre Klassifikation ist noch immer in Bewegung. Es ist keine neuere Monographie vorhanden, die folgende Bearbeitung ist eher als Übersicht zu verstehen und folgt wo immer möglich regionalen Floren.

Eine lange Zeit diskutierte Frage ist diejenige, ob

Bryophyllum als separate Gattung behandelt werden soll. Die Meinungen zu diesem Thema sind unter Botanikern unterschiedlich. Hamet (1907) war einer der ersten, der *Bryophyllum* formal in *Kalanchoe* integrierte, und die meisten Autoren mit guten eigenen Kenntnissen der madagassischen Taxa folgten ihm. Auf der anderen Seite anerkannte Berger (1930) die beiden Gattungen als verschieden, und ihm folgte die grosse Mehrheit der neueren floristischen Bearbeitungen.

Hier wird der konservativeren Behandlung gefolgt, und *Kalanchoe* umfasst 2 Sektionen:

[1] Sect. *Kalanchoe*: **Cal**röhre kürzer als die **Cal**zipfel, oft tief bis zur Basis geteilt, manchmal **Sep** beinahe frei; **Cal**zipfel gewöhnlich an die **Kr**röhre angedrückt; **Fil** scheinbar in oder über der Mitte der **Kr**röhre angeheftet, selten unterhalb; alle oder die meisten **Blü** der **Inf** aufrecht; **Blä** und **Inf** nie mit Brutknospen.

[2] Sect. *Bryophyllum* (Salisbury) Boiteau 1947 (incl. *Kitchingia* Baker): **Cal**röhre länger als die **Cal**zipfel (manchmal ± von gleicher Länge), oft ± aufgebläht, gewöhnlich nicht an die **Kr**röhre angedrückt; **Fil** scheinbar unterhalb der Mitte der **Kr**röhre angeheftet, selten darüber, selten frei oder beinahe frei; alle oder die meisten **Blü** einer **Inf** hängend; **Blä** und/oder **Inf** zahlreicher Taxa mit Brutknospen.

Einige Arten können nicht eindeutig einer dieser 2 Sektionen zugeteilt werden. Darauf wird in der folgenden Bearbeitung hingewiesen, indem die Sektionszugehörigkeit als "1/2" oder "2/1" angegeben wird. Dabei bezeichnet die erste Zahl die Sektion, welcher das Taxon am meisten gleicht.

Um *Kalanchoe* als Ganzes zu verstehen, sind detailliertere Untersuchungen notwendig. Die obenstehende, synoptische Klassifikation wird in Zukunft mit grösster Wahrscheinlichkeit angepasst werden müssen, wenn die Evolutionslinien innerhalb der Gattung einmal besser verstanden werden. Die Sect. *Kalanchoe* scheint in Afrika eine ziemlich homogene Gruppe zu bilden (darunter einige Arten mit sehr weiter Verbreitung), unterscheidet sich aber in vieler Hinsicht von den madagassischen Taxa der Sektion. In Madagaskar kommt sowohl Sect. *Kalanchoe* als auch Sect. *Bryophyllum* vor (letztere hier endemisch, inzwischen aber mit mehreren Taxa als Neophyten anderswo eingeführt). Sect. *Kalanchoe* ist etwas heterogen mit einigen ziemlich einheitlichen Arten und einigen variablen Arten, die sich vielleicht in einer Phase schneller evolutionärer Radiation befinden. Sect. *Bryophyllum* wird als eine Gruppe von Arten verstanden, die schnelle evolutionäre Entwicklungen zeigen und ihre Klassifikation ist daher schwierig. Asien ist die Heimat von etwa 14 endemischen Arten aus der Sect. *Kalanchoe*. Sie scheinen eine separate evolutive Gruppe innerhalb der Sektion zu bilden.

Die zusätzlichen Unterteilungen, die von früheren Autoren wie Hamet (1907), Berger (1930), Boiteau (1947) oder Boiteau & Allorge-Boiteau (1995) vorgeschlagen wurden, sind zu heterogen und künstlich und sind einem besseren Verständnis der Gattung nicht dienlich.

Zahlreiche Taxa von *Kalanchoe* waren gegen Ende des letzten Jahrhunderts besonders in Mode. Heute sieht man *Kalanchoe* weniger häufig, mit Ausnahme einer relativ kleinen Zahl von Arten (besonders *K. blossfeldiana*). Von diesen sind zahlreiche gärtnerische Formen, Cultivare und sogar Kreuzungen in Kultur. Die meisten Arten der Gattung sind sehr leicht zu kultivieren und können durch Triebstecklinge oder bewurzelte Blätter vermehrt werden. Viele Arten der Sect. *Bryophyllum* bilden reichlich Brutpflänzchen und können in Gewächshäusern und Gärten zu Unkräutern werden.

Abgesehen von der gärtnerischen Verwendung ist *Kalanchoe* von beschränktem Interesse für physiologische Studien, wofür einige Arten (z.B. *K. daigremontiana, K. delagoensis*) umfassend verwendet wurden. Eine beschränkte Anzahl von Taxa wird in Madagaskar und Indien medizinisch verwendet.

Die folgenden Namen sind von unklarer Anwendung, gehören aber zu dieser Gattung: *Bryophyllum cochleatum* Lemaire (1859); *Bryophyllum hybridum* hort. (s.a.) (*nom. inval.*, Art. 29.1); *Kalanchoe angolensis* N. E. Brown (1905); *Kalanchoe biternata* Wallich (1832); *Kalanchoe carnea* N. E. Brown (1886); *Kalanchoe cassiopeja* Damman (1893); *Kalanchoe ceratophylla* Haworth (1819); *Kalanchoe cochleata* Lemaire (1859) (*nom. inval.*, Art. 32.1c); *Kalanchoe connata* Sprague (1923); *Kalanchoe cordifolia* G. G. Green (1947) (*nom. inval.*, Art. 32.1c); *Kalanchoe corymbosa* Herb. Madr. *ex* Wallich (1832); *Kalanchoe granata* G. G. Green (1947) (*nom. inval.*, Art. 32.1c); *Kalanchoe hauseri* Werdermann (1937); *Kalanchoe hybrida* Desfontaines *ex* Steudel (1840); *Kalanchoe ×hybrida* hort. *ex* H. Jacobsen (1954) (*nom. inval.*, Art. 36.1); *Kalanchoe ndorensis* Schweinfurth (1892); *Kalanchoe petitiana* var. *salmonea* hort. (s.a.) (*nom. inval.*, Art. 29.1); *Kalanchoe praesidentis-malanii* Hamet (1856) (*nom. inval.*, Art. 32.1c, 36.1); *Kalanchoe praesidentis-vervoerdii* Hamet (1960) (*nom. inval.*, Art. 32.1c); *Kalanchoe rosea* C. B. Clarke (1889); *Kalanchoe rosea* A. Chevalier (1920) (*nom. inval.*, Art. 32.1c); *Kalanchoe rotundifolia* var. *aequimagnisepala* Hamet (1961) (*nom. inval.*, Art. 32.1c); *Kalanchoe rotundifolia* var. *genuina* Hamet (1961) (*nom. inval.*, Art. 32.1c); *Kalanchoe rotundifolia* var. *guillauminii* Hamet (1960) (*nom. inval.*, Art. 32.1c); *Kalanchoe rotundifolia* var. *pseudo-leblanciae* Hamet (1959) (*nom. inval.*, Art. 32.1c); *Kalanchoe rotundifolia* var. *strictifolia* Hamet (1960) (*nom. inval.*, Art. 32.1c); *Kalanchoe sabaea* Miller & Cope (1966) (*nom. inval.*, Art. 29.1); *Kalanchoe smithii* Hamet *ex* H. Jacobsen (1954) (*nom. inval.*, Art. 32.1c); *Kalanchoe souegesii* Hamet (1961) (*nom. inval.*, Art. 32.1c); *Kalanchoe stearnii* Hamet (1941) (*nom. inval.*, Art. 32.1c); *Kalanchoe stuhlmannii* Engler (1895); *Kalanchoe subamplectens* Wallich (1831); *Kalanchoe wightiana* Wallich ms. (1832) (*nom. inval.*, Art. 32.1); *Meristostylus grandiflorus* Klotzsch (1861).

K. adelae Hamet (Bull. Herb. Boissier, sér. 2, 8: 26, 1908). **T:** Komoren (*Boivin* s.n. [P]). – **D:** Komoren (Grande Comore).
≡ *Bryophyllum adelae* (Hamet) A. Berger (1930); **incl.** *Kalanchoe floribunda* Tulasne (1858) (*nom. illeg.*, Art. 53.1).

[2] Mehrjährig, 30 - 60 cm hoch, vollständig kahl; **Tr** einfach, stielrund, kräftig, aufrecht, basal verholzt; **Blä** sitzend, fleischig, Spreite länglich, 7 - 18 × 2.5 - 5.5 cm, Spitze stumpf, Basis verbreitert und stengelumfassend, Ränder ganzrandig bis gekerbt; **Inf** locker, rispig bis ebensträussig; **Ped** 10 - 15 mm; **Blü** hängend; **Cal** glockig, **Rö** 3 - 4.5 mm, Zipfel eiförmig bis dreieckig, zugespitzt, mit leicht aufgesetztem Spitzchen, 4 - 8.5 × 3.5 - 4.5 mm; **Kr** glockig-röhrig, **Rö** 13 - 15.5 mm, Zipfel eiförmig-rund, stumpf, mit aufgesetztem Spitzchen, 3.5 - 5.2 mm lang und breit; **St** unterhalb der Mitte der **Kr**röhre angeheftet, obere **St** leicht herausragend; **NSch** halbrund, ausgerandet, 0.7 - 1 × 1 - 1.2 mm; **Ca** länglich lanzettlich, 7 - 8.5 mm; **Gr** 6 - 9.5 mm.

K. alternans (Vahl) Persoon (Synops. Pl. 1: 446, 1805). **T:** Jemen (*Forsskål* 690 [C]). – **D:** Saudi-Arabien, Jemen; trockene und exponierte Orte, steinige Böden, felsige Hänge und grasige Hügelseiten, 1800 - 2900 m. **I:** Collenette (1985: 189); Miller & Cope (1996: 476).
≡ *Cotyledon alternans* Vahl (1791) ≡ *Vereia alternans* (Vahl) Sprengel (1825); **incl.** *Kalanchoe heimii* hort. (s.a.) (*nom. inval.*, Art. 29.1); **incl.** *Cotyledon orbiculata* Forsskål (1775) (*nom. illeg.*, Art. 53.1); **incl.** *Kalanchoe rosulata* Raadts (1972).

[1/2] Mehrjährige **Ros**pflanzen, vollständig kahl, 50 - 75 cm hoch (incl. **Inf**) **Wu** verdickt; **Tr** wenig verzweigt, stielrund, fleischig, an der Basis 1 - 1.2 cm ∅; **Blä** meist dicht gedrängt, fleischig-zäh, sitzend bis fast sitzend, breit eiförmig oder lanzettlich, 2.5 - 12 × 1 - 6.5 cm, blass rosarötlich-beige bis rötlich, Spitze zugespitzt bis stumpf, Basis verschmälert, Ränder gewöhnlich ganzrandig oder etwas gekerbt; **Inf** wenigblütig, sehr locker, rispig, bis 30 cm; **Ped** 5 - 30 mm; **Blü** hängend oder abgespreizt; **Cal** grüngelb, zur Spitze hin rötlich, **Rö** 0.2 - 0.8 mm lang, Zipfel fast frei, schmal dreieckig bis lanzettlich, zugespitzt, ausgebreitet, 4 - 10 × 1 - 2.5 mm; **Kr** grünlich, gelblich, rosarötlich, rötlich grün, cremefarben oder weiss, **Rö** 4-kantig, an der Basis erweitert, 12 - 16 mm, Zipfel elliptisch, lanzettlich oder länglich lanzettlich, zugespitzt, gekräuselt, anfangs plötzlich zurückgebogen, dann aufrecht, 6 - 18 × 1 - 4.5 mm; **St** zur Spitze der **Kr**röhre hin angeheftet, nicht herausragend; **Anth** eiförmig; **NSch** linealisch, 2.8 - 4.5 mm; **Ca** 9 - 11.5 mm; **Gr** 3 - 5 mm.

Eine sehr dekorative Art, die in Arabien weit verbreitet kultiviert wird. Das Taxon ist durch seine Merkmalskombination bemerkenswert: Hängende Blüten wie in der Sect. *Bryophyllum*, gekräuselte Kronblattzipfel wie bei einigen asiatischen Arten, und ausgebreitete, nicht an die Krone angedrückte Kelchblätter wiederum wie in der Sect. *Bryophyllum*. Nach erfolgreicher Bestäubung werden die hängenden Blüten wieder aufrecht.

K. alternans var. **alternans** – **D:** Wie für die Art.
[1/2] **Blä** eiförmig.

K. alternans var. **lanceolata** Raadts (Willdenowia 25(1): 255-256, ill., 1995). **T:** Jemen, Prov. Hajjah (*Müller-Hohenstein & Deil* 777 [B]). – **D:** Jemen.
[1/2] **Blä** lanzettlich.

K. alticola Compton (JSAB 41: 47, 1975). **T:** Swaziland (*Compton* 32107 [NBG, K, PRE]). – **D:** RSA (Northern Prov.), NW Swaziland; flachgründige, torfige Böden auf Granitfelsen.

[1] Mehrjährig, gräulich, bis 25 cm hoch werdend, vollständig kahl, an der Basis wurzelnd und sich verzweigend; Rhizom waagerecht, oberflächlich, verlängert; **Tr** stielrund, weich, aufrecht bis niederliegend; **Blä** wenige, sitzend, fleischig, flach, kreisrund oder eiförmig bis verkehrt lanzettlich, leicht lederig, 1.5 - 4.5 × 0.8 - 2.2 cm, blassgrün bis braun, gewöhnlich glauk, Spitze stumpf bis gerundet, Basis verschmälert keilförmig und stengelumfassend, Ränder ganzrandig; **Inf** gerundete oder abgeflachte Thyrsen, wenigblütig, bis 5 cm breit; **Blü** aufrecht; **Cal** 4 - 7 mm, Zipfel linealisch-lanzettlich, zugespitzt; **Kr** gelb bis orange, **Rö** verlängert ampullenförmig, 10 - 12 mm, Zipfel lanzettlich, zugespitzt, ausgebreitet, 5 - 7 × 2 - 3 mm; **NSch** länglich verkehrt lanzettlich, 3 - 3.5 mm; **Sa** 1 - 1.2 mm.

K. ambolensis Humbert (Bull. Mus. Hist. Nat. (Paris) ser. 2, 5(2): 164-165, 1933). **T:** Madagaskar, Sud-Est (*Humbert* 6023bis [P]). – **D:** SE Madagaskar; Felsen in Wäldern, 700 m.

[2] Mehrjährig, vollständig kahl, 50 - 80 cm hoch; **Tr** aufrecht, basal verholzt, Zweige aufsteigend, fleischig, glauk; **Blä** gestielt, fleischig, Stiel basal verbreitert, stengelumfassend, innerhalb eines Paares verwachsen, 5 - 7 cm, Spreite länglich, 10 - 15 × 3 - 6 cm, Spitze stumpf, Ränder gezähnt-gekerbt, Basis gerundet schildförmig oder 3-geteilt mit stumpfen, winzig gekerbten, 2 - 6 × 1 - 2 cm grossen Lappen; **Inf** ebensträussige Cymen, 10 - 15 cm hoch, mit Brutknospen; **Ped** 1 - 2 cm; **Blü** hängend; **Cal** glockig, purpurn punktiert, **Rö** ± 2 mm, Zipfel lanzettlich-dreieckig, stark zugespitzt, 5 - 6 × 3 - 4 mm; **Kr** fleischig, rot, purpurn gestreift, **Rö** schmal, zur Basis hin ± 4-kantig, ± 9 mm, Zipfel länglich, stumpf, ± 5 × 4 mm; **St** im unteren ¼ der

Krröhre angeheftet, obere **St** leicht herausragend; **Anth** fast dreieckig, ± 1.2 mm; **NSch** rechteckig bis fast quadratisch, ± 1 mm; **Ca** ± 5 mm; **Gr** 6 - 7 mm.

K. angustifolia A. Richard (Tent. Fl. Abyss. 1: 313, 1847). **T:** Äthiopien, Shire (*Quartin-Dillon* s.n. [P]). – **D:** Äthiopien (Tigre).

[1] Mehrjährig, kahl, bis 25 cm hoch, mit verdickten **Wu**; **Tr** stielrund, schlank, aufrecht, vollständig glauk werdend; **Blä** dick, fleischig, Spreite fast linealisch, Spitze annähernd stumpf; **Inf** klein, cymös, wenigblütig; **Ped** kräftig, ± 1 cm; **Blü** aufrecht; **Cal**röhre fast keine, Zipfel lanzettlich, zugespitzt, ± 7 mm; **Kr** insgesamt ± 14 mm lang, **Rö** an der Basis stark erweitert, zum Schlund hin stark verschmälert, Zipfel sehr lang, schmal, stark zugespitzt, in der Mitte bräunlich mit gelben Rändern; **Ca** ± 10 mm; **Gr** ± 2 mm.

Unzureichend und nur vom Typexemplar bekannt.

K. annamica Gagnepain (Notul. Syst. (Paris) 3: 219-220, 1916). **T:** Vietnam (*Eberhardt* 1458 [P]). – **D:** Vietnam. **I:** Gagnepain (1920: 703, fig. 72).

[1] Sukkulente Kräuter, 50 - 70 cm hoch; **Tr** kahl; **Blä** sitzend, dünn, linealisch-länglich, 5 - 6 × 8 - 10 cm, Spitze zugespitzt, Basis verschmälert und stengelumfassend, Ränder ganzrandig oder zur Spitze hin mit 1 - 2 Zähnen; **Inf** Rispen bis 15 × 7 - 10 cm; **Blü** aufrecht, gelb, mit linealischen Flecken; **Cal**röhre ± 1 mm, Zipfel lanzettlich, zugespitzt, ± 7 mm; **Kr**röhre zur Basis stark erweitert, in der Mitte stark eingeschnürt, zum Schlund bis 12 mm aufgeweitet, 13 - 15 mm, Zipfel eiförmig, zugespitzt, 6 - 7 mm, mit zahlreichen Adern; **St** oberhalb der Mitte der **Kr**röhre angeheftet, obere **St** leicht herausragend; **Anth** eiförmig bis fast kreisrund, ± 1 mm; **NSch** linealisch, ± 2 mm; **Ca** länglich, ± 8 mm; **Gr** ± 3 mm, gegliedert.

Eine seltene, endemische Art mit Ähnlichkeiten mit *K. spathulata*.

K. arborescens Humbert (Bull. Mus. Nation. Hist. Nat. 5(2): 163-164, 1933). **T** [lecto]: Madagaskar (*Humbert & Swingle* 5415 [P]). – **D:** SE Madagaskar; xerophytischer Busch auf Kalkstein und sandigen Böden. **I:** Boiteau & Allorge-Boiteau (1995: 153, pl. 6: 13-14).

[1] Kleine Bäume bis 8 m, Stamm unten einfach, bis 10 cm ⌀, oben verzweigt; Zweige gewöhnlich zu Dreien, endständige Zweige 5 - 10 cm, ± fleischig, kahl; **Blä** zu Dreien oder ± wechselständig, gestielt, dick, fleischig, kahl, Stiel drehrund, 1.5 - 3 cm, Spreite fast kreisrund, verkehrt eiförmig bis spatelig, 1.5 - 4 × 1 - 3 cm, Spitze gerundet, Basis verschmälert, Ränder ganzrandig; **Inf** ebensträussig bis pyramidal, 2 - 6 cm breit; **Inf**stiel 5 - 10 cm, kahl; **Ped** 1 - 2 cm; **Blü** aufrecht bis hängend, kahl; **Cal** grün, **Rö** ± 4 mm, Zipfel dreieckig, zugespitzt, 4 - 5 × ± 6 mm; **Kr** dick, fleischig, blassgrün, innen manchmal mit blasspurpurnen Flecken, **Rö** 4-kantig, ± 9 × ± 8 mm, Zipfel länglich dreieckig, zugespitzt, ± 8 mm; **St** ± in der Mitte der **Kr**röhre angeheftet, alle leicht herausragend; **Anth** länglich, ± 2 mm; **NSch** rechteckig bis linealisch, ± 2 × 0.5 mm; **Ca** länglich, ± 5 mm; **Gr** ± 5 mm.

Ein richtiger kleiner Baum und zusammen mit *K. dinklagei* die am höchsten wachsende Art der Gattung. Beide sind in der Natur vom Aussterben bedroht.

K. aromatica H. Perrier (Bull. Mus. Nation. Hist. Nat. 29: 454-455, 1923). **T:** Madagaskar, Centre (*Perrier* 13976 [P]). – **D:** C Madagaskar; felsige Hänge. **I:** Boiteau & Allorge-Boiteau (1995: pl. 4: 5); Rauh (1995a: figs. 377-379).

[2/1] Mehrjährige, gebüschelte Kräuter, 30 - 60 cm hoch, vollständig mit roten, langen, klebrigdrüsigen **Ha** bedeckt, aromatisch; **Tr** zahlreich, ± 4-kantig, aufrecht, fleischig, rötlich; **Blä** gestielt, fleischig, Stiel schlank, 1.5 - 3 cm, Spreite dreieckig-lanzettlich, länglich lanzettlich bis eiförmig, alte **Blä** oft 3-teilig, 2.5 - 15 × 1.5 - 5 cm, grün und in den Winkeln mit schwarzen oder braunen Flecken, Spitze zugespitzt, Ränder gesägt-gezähnt; **Inf** dichte Rispen, 8 - 10 cm; **Ped** 2 - 7 mm; **Blü** aufrecht, ausgebreitet oder hängend; **Cal** grün bis gelblich, **Rö** 2 - 4 mm, Zipfel dreieckig, zugespitzt, dornspitzig, 2 - 2.5 mm; **Kr** urnenförmig, **Rö** zylindrisch, 6.5 - 10 mm, weiss oder gelbgrün, Zipfel eiförmig, stumpf, mit aufgesetztem Spitzchen, zurückgebogen, 5 - 9 × 2.5 mm, gelbgrün mit rötlichen Linien bis rosaweiss; **St** etwa in der Mitte oder unterhalb der Mitte der **Kr**röhre angeheftet, alle lang herausragend; **NSch** linealisch, 1.5 - 2 × ± 0.3 mm; **Ca** 6 - 7 mm; **Gr** 7 - 8 mm; **Sa** verkehrt eiförmig, ± 0.5 mm.

Zwischen den beiden Sektionen stehend. Der Kelch ist typisch für *Bryophyllum*, während die Position der Blüten und die variable Anheftung der Staubfäden mit der einen oder anderen Sektion übereinstimmt. Das Taxon ist wegen des drüsighaarigen, wohlriechenden Indumentums interessant.

K. aromatica var. **aromatica** – **D:** C Madagaskar.

[2/1] Zumindest einige der älteren **Blä** 3-teilig; **Kr** ± 17 mm lang.

K. aromatica var. **brevicorolla** Boiteau *ex* Allorge-Boiteau (Kalanchoe Madag., 192, pl. 4: 5 (p. 40), 1995). **T:** Madagaskar (*François* s.n. in *Herb. Jard. Bot.* 4900 [TAN]). – **D:** C Madagaskar.

[2/1] Unterschiede zu var. *aromatica*: Pflanzen etwas kleiner; **Blä** einfach, gezähnelt; **Kr** bis 10 mm lang.

K. aubrevillei Hamet *ex* Cufodontis (Österr. Bot. Zeitschr. 114: 149-150, fig. 1a, 1967). **T:** Tanzania, Masai Distr. (*Verdcourt* 1543 [K, BR, EA]). – **D:** Kenya, Tanzania; Waldränder und Hochland-Grasfluren auf vulkanischen Böden, 1800 - 2500 m.

[1] Mehrjährig, vollkommen kahl, ± bläulich, 0.6 - 1.5 m hoch; **Tr** stielrund, aufrecht oder basal niederliegend, basal bis 2 cm ⌀, gelbgrün, mit grauen Schlieren gefleckt; **Blä** gestielt, grün bis leicht glauk, Stiel flach oder oberseits gefurcht, halb stengelumfassend, bis 10 cm, Spreite eiförmig bis halb kreisrund, 18 - 25 × bis 15 cm, Spitze stumpf, Basis herzförmig, gestutzt bis fast schildförmig, der basale Teil im rechten Winkel zur Hauptspreite abstehend, Ränder unregelmässig gelappt bis grob gekerbt; **Inf** rispige Trauben, bis 20 cm lang und breit; **Ped** 1 - 2.5 cm, mattpurpurn; **Blü** aufrecht; **Cal**röhre ± 1 mm, Zipfel pfriemlich, verschmälert, 9 - 12 × 3 - 4 mm, mattpurpurn; **Kr** weiss, im unteren Teil grünlich, **Rö** 4-kantig, an der Basis erweitert, 5 - 6.5 cm, Zipfel eiförmig-lanzettlich, mit aufgesetztem Spitzchen, ± 18 × 7 - 8 mm, weiss; **St** oberhalb der Mitte der **Kr**röhre angeheftet, obere **St** kaum herausragend; **Anth** länglich, 2.5 - 3.5 mm, mit apikaler **Dr**; **NSch** linealisch, ± 7 mm; **Ca** in Seitenansicht eiförmig-lanzettlich, ± 25 mm; **Gr** ± 35 mm.

K. ballyi Hamet *ex* Cufodontis (Österr. Bot. Zeitschr. 114: 150-151, fig. 1b, 1967). **T**: Kenya, Kilifi Distr. (*Jeffery* s.n. in *Bally* 7994 [K, EA]). – **D**: SE Kenya; küstennahes Waldland.

[1] Mehrjährig, bis 1.2 m hoch; **Tr** kahl; **Blä** kahl, sitzend, länglich spatelig, bis 20 × 6 cm, Saft grün, Spitze stumpf, Basis keilförmig, halb stengelumfassend, Ränder ganzrandig oder unregelmässig gewellt; **Inf** locker, ± 12 cm; **Ped** bis 5 mm, kahl oder mit kurzen, drüsigen **Ha**; **Blü** aufrecht, sehr spärlich drüsig-flaumhaarig; **Cal**röhre ± 1 mm, Zipfel lanzettlich bis länglich lanzettlich, 3.5 - 6 × 1 - 2 mm; **Kr** korallenrosa bis ziegelrot, **Rö** 8 - 12 mm, Zipfel verkehrt eiförmig, mit aufgesetztem Spitzchen, 4.5 - 6.5 × 2.5 - 3.5 mm; **St** nicht herausragend; **Anth** länglich, ± 0.6 mm; **NSch** linealisch, 2 - 2.5 mm; **Ca** in Seitenansicht linealisch-lanzettlich, ± 6.5 mm; **Gr** 0.5 - 1.5 mm.

K. beauverdii Hamet (Bull. Herb. Boissier, sér. 2, 7: 887-888, 1907). **T** [syn]: Madagaskar, Sud (*Geay* 6313 [P]). – **D**: S und SW Madagaskar; Trockenbusch und Trockenwälder auf verschiedenen Böden, bis 850 m. **I**: FPA 52: t. 2050, 1992; Boiteau & Allorge-Boiteau (1995: 85, pl. 5: 7). **Fig. XVIII.g**

≡ *Bryophyllum beauverdii* (Hamet) A. Berger (1930); **incl.** *Bryophyllum beauverdii* var. *parviflora* Boiteau & Mannoni (s.a.); **incl.** *Kalanchoe costantinii* Hamet (1907) ≡ *Bryophyllum costantinii* (Hamet) A. Berger (1930); **incl.** *Kalanchoe guignardii* Hamet & H. Perrier (1912) ≡ *Kalanchoe beauverdii* var. *guignardii* (Hamet & H. Perrier) Boiteau & Mannoni (1949); **incl.** *Kalanchoe juelii* Hamet & H. Perrier (1914) ≡ *Bryophyllum juelii* (Hamet & H. Perrier) A. Berger (1930) ≡ *Kalanchoe beauverdii* var. *juelii* (Hamet & H. Perrier) Rauh & Hebding (1995) (*nom. inval.*, Art. 33.2); **incl.** *Kalanchoe scandens* H. Perrier (1928) ≡ *Bryophyllum scandens* (H. Perrier) A. Berger (1930); **incl.** *Kalanchoe beauverdii* var. *parviflora* Boiteau & Mannoni (1949); **incl.** *Kalanchoe beauverdii* var. *typica* Boiteau & Mannoni (1949) (*nom. inval.*, Art. 24.3).

[2] Kletterpflanzen, vollständig kahl; **Tr** schlank, schwach, niederliegend, mit Unterstützung kletternd, reich verzweigt, unten holzig-sehnig, mehrere Meter lang; **Blä** an den Randzähnen mit zahlreichen, leicht abfallenden Brutknospen, sehr dick, sukkulent, sitzend bis halbsitzend oder kurz gestielt, grün, ± purpurn gestreift, gewöhnlich mit wachsartigem Reif, in Form und Grösse sehr variabel, linealisch, schmal spatelig, speerförmig, eiförmig bis länglich, manchmal 3-lappig-speerförmig, 1.5 - 11 × 0.3 - 4 cm, Spitze zugespitzt, Basis leicht stengelumfassend, Ränder ganzrandig oder mit einigen winzigen Zähnen im oberen ¼; **Inf** lockere, wenigblütige Cymen; **Ped** 0.6 - 4 cm; **Blü** hängend; **Cal** gelbgrün, ± purpurn getönt, **Rö** 1 - 10 × bis 12 mm ⌀, Zipfel dreieckig, zugespitzt, 7 - 13 × 6.9 - 8.2 mm; **Kr** glockig, blassgrün bis graugrün mit rotpurpurnen Streifen, **Rö** 11 - 33 mm, Zipfel eiförmig bis halbkreisförmig, zugespitzt, 12 - 17 × 8 - 19 mm; **St** nahe der Basis der **Kr** angeheftet, alle herausragend; **Anth** eiförmig, 2 - 2.4 mm; **NSch** eiförmig-dreieckig, 0.8 - 2 × ± 2.5 mm; **Ca** schmal eiförmig, 5 - 8 mm; **Gr** 15 - 17 mm; **Sa** ± zylindrisch, ± 0.8 mm.

Eine ausserordentlich variable Art, sogar innerhalb von Populationen. Diese Variabilität ist der Grund für die zahlreichen Synonyme.

K. beharensis Drake (Bull. Mus. Hist. Nat. (Paris) 9: 41, 1903). **T**: Madagaskar (*Grandidier* s.n. [P]). – **D**: S und SW Madagaskar; Trockenwälder auf unterschiedlichen Böden. **I**: Allorge-Boiteau (1995: fig. 5-8); Descoings (1997a: 26). **Fig. XVII.f, XVII.h**

Incl. *Kalanchoe vantieghemii* Hamet (1906); **incl.** *Kalanchoe beharensis* var. *aureo-aeneus* H. Jacobsen (1970) (*nom. inval.*, Art. 36.1, 37.1); **incl.** *Kalanchoe beharensis* var. *subnuda* H. Jacobsen (1970) (*nom. inval.*, Art. 36.1, 37.1).

[1] Sträucher, 2 - 3 m hoch; **Tr** basal einfach mit harziger Rinde, darüber verzweigt und flaumhaarig, aufrecht, kräftig, 2 - 12 cm ⌀, mit auffälligen **Bla**narben mit scharfen Fortsätzen auf beiden Seiten; **Blä** wenige, nahe den **Tr**spitzen dicht gedrängt, gestielt, Stiel drehrund, fleischig, 4 - 10 cm, Spreite dreieckig bis schildförmig, manchmal ± regelmässig gelappt, 7 - 40 × 8 - 30 cm, kahl und bläulich bis ± dicht weiss bis bräunlich flaumhaarig mit sternförmigen **Ha**, Spitze zugespitzt, Basis ausgerandet; **Inf** achselständige, vielblütige, 20 - 30 cm hohe Rispen; **Inf**stiel 40 - 50 cm; **Ped** 4 - 13 mm; **Blü** in alle Richtungen abstehend, stark flaumhaarig; **Cal** gelbgrün mit rötlichen Linien, **Rö** 1 - 3 mm, Zipfel dreieckig, zugespitzt, 5 - 13 mm; **Kr** urnenförmig,

rosagrünlich bis grüngelb, **Rö** 6 - 10 mm, Zipfel eiförmig, zugespitzt, 5 - 13 × 3 - 6 mm; **St** nahe der Spitze der **Kr**röhre angeheftet, alle herausragend; **NSch** rechteckig, basal miteinander verwachsen, ± 1 × 1.5 - 3 mm; **Ca** 5 - 12 mm; **Gr** 5 - 10 mm; **Sa** verkehrt eiförmig, ± 0.7 mm.

Eine der grösseren Arten der Gattung und sehr dekorativ. Das Indumentum ist in Farbe und Dichte sogar innerhalb von Populationen variabel, und einige Formen werden im Handel als Cultivare angeboten.

K. bentii Wright *ex* Hooker (CBM ser. 3, 57: t. 7765 + Text, 1901). **T:** Jemen (*Bent* s.n. [K]). – **D:** Arabische Halbinsel, Somalia.

[1] Mehrjährige Halbsträucher, 1 - 1.5 m hoch; **Tr** einfach, stielrund, aufrecht, dick, an der Basis 2 - 4 cm ∅, glatt, kahl, matt olivgrün bis grün; **Blä** sitzend, kahl, dicklich fleischig, dolchförmig, ± zylindrisch, 7 - 40 × 0.5 - 2.5 cm, glauk, olivgrün, ausgebreitet und zurückgebogen, stielrund bis im Querschnitt ± dreieckig, oberseits gefurcht, unterseits gerundet, zur zugespitzten Spitze hin verschmälert, allmählich ab der Mitte zur halb stengelumfassenden Basis zusammengezogen, ganzrandig; **Inf** ebensträussige, vielblütige Rispen bis 20 cm; **Ped** 5 - 18 mm; **Blü** aufrecht, kahl oder drüsigpapillös; **Cal**röhre 0.7 - 1 mm, Zipfel lanzettlich bis eiförmig-lanzettlich, zugespitzt, 5 - 17 × 1.5 - 3.5 mm, fleischig, olivgrün, ausgebreitet; **Kr** reinweiss bis weisslich und rosa getönt, **Rö** zylindrisch bis ± 4-kantig, zur Basis hin aufgebläht, 2 - 4 cm, Zipfel eiförmig, zugespitzt mit aufgesetztem Spitzchen, 10 - 16 × 2 - 6 mm, ausgebreitet und zurückgebogen; **St** nahe am Schlund der **Kr**röhre angeheftet, obere **St** leicht herausragend; **Anth** länglich bis eiförmig; **NSch** linealisch, 6 - 7 × ± 0.5 mm; **Ca** schlank, schmal länglich, 12 - 15 mm; **Gr** 5 - 8 mm; **Sa** länglich, 1 - 1.2 mm.

Ein wenig dekoratives aber widerstandsfähiges und interessantes Taxon, und leicht durch Ableger zu vermehren. Wie bei *K. alternans* sind die Kelchblätter ausgebreitet und nicht an die Kronröhre angedrückt.

K. bentii ssp. **bentii** – **D:** S Jemen (Hadhramaut); felsige Hänge, Kalkstein, in buschiger Vegetation, 700 - 1500 m. **I:** Miller & Cope (1996: 476, fig. 91).

Incl. *Kalanchoe teretifolia* Deflers (1893) (*nom. illeg.*, Art. 53.1); **incl.** *Kalanchoe deflersii* Gagnepain (1916).

[1] Pflanzen vollständig kahl.

K. bentii ssp. **somalica** Cufodontis (Webbia 19: 741, 1965). **T:** Somalia, Erigavo Region (*Peck* s.n. in *Bally* 4274 [K]). – **D:** N Somalia; felsige Stellen, 1400 - 1500 m.

[1] **Tr** und **Blä** kahl; Innenseite der **Cal**zipfel und Aussenseite der **Kr** drüsig-papillös.

K. bergeri Hamet & H. Perrier (Ann. Inst. Bot.-Géol. Colon. Marseille, sér. 3, 2: 199-202, 1914). **T:** Madagaskar (*Perrier* 10091 [P]). – **D:** C-S Madagaskar (Andringitra); Granitfelsen, 2400 m.

Incl. *Kalanchoe bergeri* var. *glabra* Boiteau & Mannoni (1948); **incl.** *Kalanchoe bergeri* var. *typica* Boiteau & Mannoni (1948) (*nom. inval.*, Art. 24.3).

[2] Kleine, ein- oder zweijährige Kräuter, 10 - 30 cm, komplett drüsig-haarig oder manchmal ± kahl; **Tr** wenig verzweigt, niederliegend, rötlich; **Blä** mit fleischigem Stiel, etwas stengelumfassend, 5 - 15 mm, Spreite fleischig, länglich, länglich kreisrund, kreisrund bis verkehrt eiförmig, 1 - 4 × 0.7 - 2.4 cm, Spitze stumpf bis gerundet, Basis verschmälert, Rand gekerbt; **Inf** kleine, bis zu 5-blütige Cymen, manchmal nur mit einer einzelnen **Blü**; **Ped** 15 - 18 mm; **Blü** hängend; **Cal** dicht lang behaart, **Rö** 0.5 - 2 mm, Zipfel dreieckig bis länglich, zugespitzt, 7 - 10 mm; **Kr** urnenförmig, blassgelb, rot getönt, spärlich lang behaart, **Rö** 10 - 12 mm, Zipfel eiförmig, stumpf, 6 - 8 × 7 - 9 mm; **St** unterhalb der Mitte der **Kr**röhre angeheftet, nicht herausragend; **Anth** eiförmig, ± 2 mm; **NSch** trapezförmig, ausgerandet, 1 - 1.6 mm; **Ca** eiförmig, 7 - 10 mm; **Gr** 4 - 7 mm; **Sa** verkehrt eiförmig, ± 1 mm.

K. bhidei T. Cooke (Fl. Bombay 497, 1903). **T:** Indien, Deccan (*Bhide* 1243 [K [iso]]). – **D:** S Indien; Trockenbusch, 1000 - 1700 m. **I:** Saldanha (1984: 360, fig. 55).

[1] Vollständig kahl und blassbraun bis rötlich, 60 - 100 cm hoch; **Tr** aufrecht; **Blä** gestielt, rot getönt, Stiel flach, an der Basis vergrössert, Spreite elliptisch verkehrt eiförmig bis elliptisch-länglich, 5 - 9.5 × 2 - 5 cm, Spitze stumpf, Basis keilförmig, Ränder grob und unregelmässig gekerbt-gesägt; **Inf** lockere, ausgebreitete, vielblütige, cymöse Rispen; **Ped** schlank, 6 - 9 mm; **Blü** aufrecht, ausgebreitet oder hängend, reinweiss oder mit grünlicher Tönung; **Cal** bis zur Basis geteilt, Zipfel dreieckig bis lanzettlich, spitz bis zugespitzt, 4.5 - 6 × ± 2.5 mm; **Kr**röhre fast zylindrisch, an der Basis erweitert, 8 - 15 mm, Zipfel länglich bis verkehrt eiförmig, zugespitzt, mit aufgesetztem Spitzchen, ± 4 × 1.5 mm; **St** nahe der Spitze der **Kr**röhre angeheftet, alle herausragend; **Anth** eiförmig, ± 1.5 mm; **NSch** linealisch, zugespitzt, ± 3 mm; **Ca** länglich, 8 - 9 mm; **Gr** 4 - 6 mm.

Eine lange falsch identifizierte Art, die kürzlich an mehreren Standorten wiederentdeckt worden ist.

K. bipartita Chiovenda (Result. Sci. Miss. Stefanini-Paoli Somalia Ital. 75, 1916). **T:** Somalia, South (*Paoli* 674 [FI]). – **D:** Somalia, C Kenya; laubwerfendes Buschland auf trockenen, roten Böden, 850 m. **I:** Wickens (1987: 57, fig. 8).

[1] Mehrjährig, 10 - 20 cm hoch; **Wu**stock knollig; **Tr** einfach, aufrecht, behaart; **Blä** hauptsächlich basal, gestielt, Stiel 1 - 2 cm, fast stengelumfassend,

Spreite länglich eiförmig bis breit eiförmig, 3 - 8 × 1.8 - 4.5 cm, spärlich behaart bis verkahlend, Spitze stumpf, Basis keilförmig oder verschmälert, Ränder ganzrandig bis flach oder unregelmässig gekerbt; **Inf** wenigblütige Cymen; **Ped** 1.5 - 4 mm; **Blü** aufrecht; **Cal**röhre ± 0.2 mm, Zipfel dreieckig bis linealisch-dreieckig, 2.5 - 2.8 mm; **Kr** orange bis rot, mit purpurnen Längszeichnungen gefleckt, **Rö** zylindrisch, im unteren Teil leicht aufgebläht, 12 - 14 mm, Zipfel eiförmig, zugespitzt, 3.5 - 6 × 1.5 - 2 mm; **St** im oberen Teil der **Kr**röhre angeheftet, nicht herausragend; **NSch** linealisch, 2 - 3 mm; **Ca** in Seitenansicht zylindrisch-lanzettlich, 9 - 11 mm, **Gr** ± 2 mm; **Sa** eiförmig, ± 0.4 mm.

Eine aberrante Art und ziemlich abweichend, aber nahe mit *K. fadeniorum* verwandt.

K. blossfeldiana von Poellnitz (RSN 35: 159-160, 1934). **T:** Madagaskar (*Perrier* 17883 [P]). – **D:** N Madagaskar; im Schatten von Wäldern, 1600 - 2400 m. **I:** Boiteau & Allorge-Boiteau (1995: 189); Rauh (1995a: figs. 380-382).

≡ *Kalanchoe coccinea* var. *blossfeldiana* (von Poellnitz) Boiteau (1995) (*nom. illeg.*, Art. 52.1); **incl.** *Kalanchoe globulifera* var. *coccinea* H. Perrier (1928) ≡ *Kalanchoe coccinea* (H. Perrier) Boiteau *ex* Allorge-Boiteau (1995) (*nom. illeg.*, Art. 53.1).

[1] Mehrjährige Kräuter, dichte Büschel bildend, vollständig kahl und glatt, bis 40 cm hoch; **Tr** aufrecht, wenig verzweigt; **Blä** gestielt, fleischig, dunkelgrün, glänzend, oft rot gerandet, Stiel oberseits gefurcht, 0.5 2.5 cm, Spreite länglich bis eiförmig-länglich, 3 - 7 × 2 - 4 cm, Spitze stumpf bis zugespitzt, Basis keilförmig bis ± gerundet, Ränder im unteren Teil ganz, oben unregelmässig gewellt-gekerbt; **Inf** end- und achselständige, dichte, vielblütige, kopfartige Thyrsen; **Inf**stiel bis 15 cm; **Ped** 3 - 4 mm; **Blü** aufrecht; **Cal** grün, **Rö** 0.5 - 1 mm, Zipfel lanzettlich bis länglich dreieckig, zugespitzt, 3 - 5 mm; **Kr** zylindrisch, scharlachrot, **Rö** 7 - 9 mm, Zipfel länglich verkehrt eiförmig, stumpf bis mit aufgesetztem Spitzchen, 4 - 6 × 2 - 2.5 mm; **St** zur Spitze der **Kr**röhre hin angeheftet, nicht herausragend; **Anth** kreisrund, ± 0.4 mm; **NSch** linealisch, ausgerandet, 2 - 2.5 × 0.3 - 0.5 mm; **Ca** 4.5 - 5 mm; **Gr** 1 - 1.5 mm.

Diese Art wurde um 1930 in die Kultur eingeführt. Seither wurde sie auf Grund ihrer leichten Kultur und der leuchtenden Blüten in grosser Zahl vermarktet. Heute gehört sie im Gartenbau zu den wichtigsten Sukkulenten, und es wurden zahlreiche Kreuzungen und Cultivare mit verschiedenen Blütenfarben (rot, purpurn, blassviolett, gelb, orange, weisslich) erzielt. – Volksname: "Flammendes Käthchen".

K. bogneri Rauh (KuaS 44(9): 181-185, ills., 1993). **T:** Madagaskar (*Bogner* 2138 [M, HEID]). – **D:** W-C Madagaskar; Felsritzen mit schwarzem Humus auf Klippen. **I:** Rauh (1995a: figs. 1006-1010).

[2] Mehrjährig, vollständig kahl und mit weissmehligem Reif bedeckt (excl. **Kr**zipfel), bis 1 m hoch; **Tr** zahlreich, aufrecht, dick, bis 15 mm ⌀, an der Basis wenig verzweigt; **Blä** sitzend, fleischig, grünbläulich, eiförmig-verlängert, 6 - 13 × 4 - 7 cm, Spitze stumpf bis gerundet, Basis verschmälert, stengelumfassend, Ränder rot, ganzrandig bis winzig gesägt; **Inf** ebensträussige Trauben, 20 - 30 cm; **Ped** 2 - 2.5 cm; **Blü** hängend; **Cal** urnenförmig, leicht 4-kantig, 2.4 - 2.7 cm, Zipfel dreieckig, spitz; **Kr**röhre zur Basis blassgrün, darüber blass bis lebhaft rotorange, oberer Teil 4-kantig, ± 3.5 cm, Zipfel blassrot, stumpf, aufrecht, 1 - 1.2 cm; **St** nicht herausragend; **Anth** ± 2 mm; **NSch** kurz, länglich; **Ca** ± 3.8 mm; **Gr** ± 3 mm.

K. boisii Hamet & H. Perrier (Ann. Inst. Bot.-Géol. Colon. Marseille, sér. 3, 2: 149-153, 1914). **T:** Madagaskar (*Perrier* 11808 [P]). – **D:** W Madagaskar; Kalk.

[1] Kleine, einjährige Kräuter, 10 - 30 cm hoch, vollkommen und ± dicht mit langen, drüsigen **Ha** bedeckt; **Tr** schlank, niederliegend; **Blä** fleischig, dunkelgrün mit roten Flecken, nahe der **Tr**basis gestielt bis nahe der **Tr**spitzen sitzend, Stiel schlank, zylindrisch, bis 6 mm, Spreite eiförmig, länglich bis elliptisch, 1.5 - 2.5 × 0.2 - 1.5 cm, Spitze stumpf, Basis verschmälert, Ränder unregelmässig gekerbt; **Inf** wenigblütige, ebensträussige Trauben, 2 - 5 cm; **Ped** 3 - 6 mm; **Blü** aufrecht; **Cal**röhre ± 0.6 mm, Zipfel dreieckig, 1.2 - 1.6 × 0.9 - 1.2 mm; **Kr** goldgelb, spärlich lang behaart bis fast kahl, **Rö** fast zylindrisch, 12 - 13 mm, Zipfel eiförmig, stumpf, zugespitzt, 5 - 6 × 2 - 3 mm; **St** über der Mitte der **Kr**röhre angeheftet, nicht herausragend; **Anth** eiförmig, ± 1 mm; **NSch** linealisch, stumpf, 4.5 - 5.5 mm; **Ca** schmal länglich, 7 - 9 mm; **Gr** 2.5 - 3 mm; **Sa** verkehrt eiförmig, ± 1 mm.

Eine unzureichend bekannte Art, *K. briquetii* nahestehend.

K. boranae Raadts (Willdenowia 13(2): 378-380, ills., 1983). **T:** Kenya (*Bally & Smith* 14892 [K]). – **D:** NE Kenya; trockene, felsige Stellen, 930 - 1450 m.

[1] Mehrjährige, kahle Kleinsträucher bis 2 m hoch; **Blä** gestielt, grün, leicht bereift, Stiel drehrund, oberseits gefurcht, an der Basis verbreitert, ± purpurn, bis 7 cm, Spreite länglich eiförmig bis etwas herzförmig, bis 30 × 15 cm, Spitze zugespitzt, Basis gestutzt bis etwas herzförmig, Ränder gekerbt oder doppelt gekerbt; **Inf** rispige Cymen, bis 50 × 30 cm; **Ped** 9 - 15 mm; **Blü** aufrecht; **Cal**röhre 0.5 - 1 mm, Zipfel schmal lanzettlich, 7 - 13 × 1.5 - 2.5 mm; **Kr**röhre 17 - 19 mm, gelblich grün, Zipfel 9 - 10 × 5 - 6.5 mm, cremefarben oder gelb; obere **St** herausragend; **Anth** 1.3 - 1.5 mm, mit apikaler **Dr**; **NSch** linealisch, 3 - 4 mm; **Ca** 10 - 12 mm; **Gr** 3 - 4 mm.

K. bouvetii Hamet & H. Perrier (Ann. Inst. Bot.-Géol. Colon. Marseille, sér. 3, 2: 192-195, 1914). **T:** Madagaskar (*Perrier* 937 [P]). – **D:** NW Madagaskar; feuchte, schattige Felsen.

≡ *Bryophyllum bouvetii* (Hamet & H. Perrier) A. Berger (1930).

[2] Mehrjährig, 10 - 40 cm hoch, mit unterirdischem **Wu**stock; **Tr** mit aufgerichtetem Ende kriechend, mit langen, einfachen **Ha** und kürzeren, drüsigen **Ha** bedeckt; **Blä** steriler **Tr** dick, ± lang behaart mit einfachen **Ha**, Stiel 5 - 6 mm, Spreite 1.5 - 3 × 0.5 - 1 cm; **Blä** blühender **Tr** dünn, gestielt, Stiel 7 - 10 mm, Spreite grün mit braunen Flecken, schmal eiförmig-länglich, länglich bis etwas linealisch, 6 - 7.5 × 0.5 - 2.5 cm, Spitze zugespitzt bis stumpf, Basis verschmälert, Ränder unregelmässig gekerbt; **Inf** ebensträussige Rispen, 3 - 19 cm; **Ped** 3 - 7 mm, lang behaart und drüsig; **Blü** hängend, lang behaart und drüsig; **Cal**röhre 4 - 5 mm, Zipfel dreieckig, leicht zugespitzt, 2 - 3.5 × 1.5 - 2.4 mm; **Kr** weiss, rosa bis purpurn, **Rö** ± 4-kantig, 11 - 23 mm, Zipfel verkehrt eiförmig, zugespitzt, 3 - 6 × 2.5 - 4.5 mm; **St** in oder über der Mitte der **Kr**röhre angeheftet, nicht herausragend; **Anth** eiförmig, 0.5 - 1 mm; **NSch** linealisch, spitz, ± 3 mm; **Ca** länglich eiförmig, 5 - 8 mm; **Gr** 7 - 17 mm; **Sa** verkehrt eiförmig, ± 0.7 mm.

K. brachyloba Welwitsch *ex* J. Britten (FTA 2: 392, 1871). **T:** Angola, Huila (*Welwitsch* 2486 [K]). – **D:** Im S Afrika von Zaïre bis Moçambique, Namibia und RSA weit verbreitet; Wald- und Buschland, sandige oder steinige Böden oder Felsspalten. **I:** Hamet & Marnier-Lapostolle (1964: figs. 100-101); Tölken (1985: 68: fig. 8:2).

Incl. *Kalanchoe multiflora* Schinz (1888); **incl.** *Kalanchoe baumii* Engler & Gilg (1903); **incl.** *Kalanchoe pyramidalis* Schönland (1907); **incl.** *Kalanchoe pruinosa* Dinter (1923).

[1] Mehr- oder zweijährige Kleinsträucher, vollständig kahl, 0.6 - 2 m hoch, mit halbkugeliger oder rübiger **Wu**knolle oder holzigem **Wu**stock; **Tr** einfach, stielrund, aufrecht, grün; **Blä** etwas rosettig, sitzend oder fast sitzend, fleischig, sehr sukkulent, lanzettlich, länglich, eiförmig, elliptisch oder spatelig, glauk, graugrün, entlang der Ränder ± rot getönt, 5 - 28 × 2.5 - 8 cm, Spitze stumpf oder gerundet, Basis verschmälert, auffällig stengelumfassend, Ränder gewöhnlich gesägt-gelappt oder gekerbt oder ganzrandig und gewellt; **Inf** ± dichte, flachköpfige, ebensträussige Cymen, 5 - 45 cm; **Ped** 6 - 15 mm; **Blü** aufrecht; **Cal** blassgrün, **Rö** 0.7 - 1.5 mm, Zipfel lanzettlich bis breit dreieckig, stumpf, fleischig, 0.7 - 5 × 1.5 - 2.7 mm; **Kr**röhre 4-kantig-zylindrisch bis beinahe pyramidal, gelblich grün, 10 - 15 mm, Zipfel eiförmig bis halbkreisförmig, zugespitzt, gelb bis orangegelb, 2 - 5 × 2 - 4 mm; **St** oberhalb der Mitte der **Kr**röhre angeheftet, leicht herausragend; **Anth** eiförmig, 0.5 - 1 mm; **NSch** linealisch-lanzettlich, stumpf oder ausgerandet, 1.5 - 4 × 0.5 - 0.7 mm; **Ca** 8.5 - 12 mm; **Gr** 0.5 - 1.5 mm; **Sa** 1.6 - 2 mm.

K. bracteata Scott Elliot (JLSB 29: 15, 1891). **T:** Madagaskar (*Scott Elliot* 2993 [K, P]). – **D:** SE Madagaskr; recht häufig im Trockenbusch auf verschiedenen Böden sowie auf Felsen. **I:** Boiteau & Allorge-Boiteau (1995: 143, pl. 6: 15-16). **Fig. XVII.g, XVIII.a**

Incl. *Kalanchoe nadyae* Hamet (1907); **incl.** *Kalanchoe ebracteata* Scott Elliot *ex* H. Jacobsen (1954) (*nom. inval.*, Art. 61.1); **incl.** *Kalanchoe bracteata* var. *longisepala* Boiteau *ex* Allorge-Boiteau (1995); **incl.** *Kalanchoe bracteata* ssp. *glabra* Rauh & Hebding (1997); **incl.** *Kalanchoe bracteata* var. *aurantiaca* Rauh & Hebding (1997); **incl.** *Kalanchoe bracteata* var. *glabra* Rauh & Hebding (1997); **incl.** *Kalanchoe bracteata* var. *pubescens* Rauh & Hebding (1997).

[1] Stark verzweigte Kleinsträucher bis 1.5 m hoch, mit sehr charakteristischen **Ha**schuppen (= sternförmige **Ha** mit 3 länglich dreieckigen, zugespitzten Ästen) bekleidet, diese gewöhnlich sehr dicht, oft stark angedrückt und mit einem wachsartigen Sekret bedeckt und deshalb kahl erscheinend; **Tr** verholzt, dicht verzweigt, jung undeutlich 4-kantig; **Blä** gestielt, gräulich silberweiss bis olivgrün, Stiel fleischig, zylindrisch, oberseits rinnig, 5 - 20 mm, Spreite eiförmig, elliptisch bis lanzettlich, 2 - 7 × 1 - 4 cm, Spitze keilförmig zugespitzt, Basis gerundet, Ränder ganzrandig; **Inf** Cymen; **Ped** ± 1 cm; **Blü** aufrecht, manchmal abgespreizt; **Cal**röhre sehr kurz bis beinahe fehlend, Zipfel dreieckig, stark zugespitzt, 4 - 9 mm; **Kr** urnenförmig, rot, sehr fleischig, **Rö** 4-kantig, 10 - 16 mm, Zipfel gerundet, ± 2 × 1 mm; **St** oberhalb der Mitte der **Kr**röhre angeheftet, nicht herausragend; **Anth** eiförmig, 1.5 - 2 mm; **NSch** rechteckig, ± 1.5 mm; **Ca** 6 - 10 mm; **Gr** 2 - 2.5 mm.

Leicht mit *K. hildebrandtii* zu verwechseln, die insgesamt das gleiche Aussehen und gleiche ökologische Ansprüche hat und manchmal in gemischten Beständen vorkommt. Das bemerkenswerte Indumentum der Blätter ist gleichzeitig sehr fein und sehr stark angedrückt, sodass die Pflanzen kahl erscheinen.

Kürzlich haben Rauh & Hebding (1997) wie oben in der Synonymie aufgelistet eine ssp. *glabra* mit 3 Varietäten beschrieben. Mit Blick auf die in der Natur offensichtlich kontinuierliche Variation sind diese Taxa von zweifelhaftem taxonomischem Wert.

K. briquetii Hamet (Annuaire Conserv. Jard. Bot. Genève 15-16: 142-143, 1912). **T:** Madagaskar (*Goudot* s.n. [P]). – **D:** N Madagaskar; sandige Ufer.

[1] Mehrjährig; **Tr** einfach, aufrecht, schlank, langhaarig; **Blä** schlank gestielt, langhaarig, unten an den **Tr** wechselständig, darüber gegenständig,

Spreite 3-geteilt, Segmente 3-lappig, Ränder ± deutlich gekerbt; obere **Blä** sitzend, Spreite linealisch-länglich, Spitze zugespitzt; **Inf** kurze, wenigblütige, cymöse Rispen; **Ped** schlank, langhaarig, 3.8 - 4 mm; **Blü** aufrecht; **Cal** spärlich flaumhaarig, **Rö** ± 0.2 mm, Zipfel länglich dreieckig, zugespitzt, 4.4 - 5.2 × 1 - 1.5 mm; **Kr** spärlich langhaarig, **Rö** ± 6 mm, Zipfel etwas länglich, mit einer langen Rippe endend, ± 3.5 × 1.5 mm; **St** oberhalb der Mitte der **Kr**röhre angeheftet, herausragend; **Anth** eiförmig-rund, 0.6 - 0.8 mm; **NSch** linealisch, stumpf, 2.2 - 2.4 × ± 0.2 mm; **Ca** 4.5 - 5.5 mm; **Gr** 3.5 - 4 mm; **Sa** verkehrt eiförmig, ± 1.3 mm.

Nur von der Originalbeschreibung bekannt und seither nicht wieder gesammelt. Sie scheint *K. boisii* und *K. chapototii* sehr nahe zu stehen.

K. campanulata (Baker) Baillon (Bull. Mens. Soc. Linn. Paris 1(59): 469, 1885). **T:** Madagaskar (*Kitching* s.n. [K, P]). – **D:** C und C-E Madagaskar; Wälder, Waldränder, Buschland, auf Felsen. **I:** Boiteau & Allorge-Boiteau (1995: 53); Rauh (1995a: figs. 383-384).

≡ *Kitchingia campanulata* Baker (1881) ≡ *Bryophyllum campanulatum* (Baillon) Hort. ZSS (s.a.) (*nom. inval.*, Art. 29.1); **incl.** *Kitchingia amplexicaulis* Baker (1883) ≡ *Kalanchoe amplexicaulis* (Baker) Baillon (1885); **incl.** *Kitchingia panduriformis* Baker (1883) ≡ *Kalanchoe panduriformis* (Baker) Baillon (1885); **incl.** *Kitchingia parviflora* Baker (1883) ≡ *Kalanchoe parviflora* (Baker) Baillon (1885); **incl.** *Kalanchoe campanulata* ssp. *orthostyla* Boiteau & Mannoni (1948); **incl.** *Kalanchoe campanulata* var. *typica* Boiteau & Mannoni (1948) (*nom. inval.*, Art. 24.3).

[2] Epiphytisch, mehrjährig, kahl, bis 1.5 m; **Tr** einfach, aufrecht; **Blä** dick, fleischig, gewöhnlich sitzend, manchmal mit breitem Stiel, Spreite linealisch-länglich, länglich bis eiförmig, 8 - 10 × 2 - 3.5 cm, weiss bereift, etwas gefleckt, Spitze keilförmig, Basis stengelumfassend, Ränder regelmässig gekerbt; **Inf** dichte Ebensträusse, 5 - 8 cm, mit zahlreichen Brutknospen; **Ped** 10 - 12 mm; **Blü** hängend; **Cal** leicht glockig, **Rö** 2 - 3 mm, Zipfel leicht dreieckig bis eiförmig, zugespitzt, 4 - 6 × 3.6 - 4.9 mm; **Kr** rot bis orangerosa, urnenförmig bis glockig, innen mit einigen, drüsigen **Ha**, **Rö** 10 - 13 mm, Zipfel eiförmig, 5 - 7 × 6 - 8 mm; **St** unterhalb der Mitte der **Kr**röhre angeheftet, obere **St** nicht herausragend; **Anth** eiförmig, ± 1.5 mm; **NSch** rechteckig bis verkehrt eiförmig, 1 - 1.8 × ± 1 mm; **Ca** 7 - 9 mm; **Gr** 7 - 9 mm; **Sa** ± 0.8 mm.

In allen Merkmalen der Blätter, Blattstiele, Kelchzipfel und Krone variabel. Die Art ist auf Grund der sonst seltenen Brutknospenbildung in den Blütenständen bemerkenswert.

K. ×cantabrigiensis Hort. Cantabr. *ex* Guillaumin (Bull. Mus. Nation. Hist. Nat., Sér. 2, 2: 579, 1930).

Kleinsträucher; **Tr** langhaarig, verkahlend; **Blä** gestielt, dick, spärlich flaumhaarig, später kahl, Stiel 1.5 - 2.5 cm, Spreite breit eiförmig, Spitze gerundet, Basis keilförmig, Ränder gekerbt, bis 10 × 8 cm; **Inf** ebensträussig, bis 4 cm lang; **Ped** ± 5 mm, lang behaart; **Blü** spärlich langhaarig; **Cal** 3 mm, Zipfel eiförmig, gerundet mit aufgesetztem Spitzchen; **Kr**röhre aufgebläht, gelbgrünlich, ± 8 mm lang, Zipfel breit eiförmig, mit aufgesetztem Spitzchen, ± 4 mm; **St** nahe dem Schlund der **Kr**röhre angeheftet, nicht herausragend; **NSch** linealisch, ± 2.5 mm.

Diese Hybride wurde 1928 von Lynch in Cambridge gezüchtet; ihre Eltern sind unbekannt.

K. chapototii Hamet & H. Perrier (Ann. Inst. Bot.-Géol. Colon. Marseille, sér. 3, 3: 64-67, 1915). **T:** Madagaskar (*Perrier* 1451 [P]). – **D:** W Madagaskar (Ambongo, Namoroka); Kalkfelsen in Wäldern.

[1] Mehrjährig, bis 45 cm hoch, vollständig mit lang gestielten, drüsigen **Ha** eingehüllt; **Tr** aufrecht; **Blä** gestielt, Stiel schlank, 8 - 9 mm, Spreite 3-geteilt (selten 5-teilig), 1 - 7.5 × 0.7 - 14 cm, Segmente länglich bis linealisch, 2.5 - 7 × 0.6 - 2.5 cm, Spitzen zugespitzt, Ränder unregelmässig gelappt und gekerbt; **Inf** vielblütige Ebensträusse, 4 - 10 cm breit; **Ped** schlank, 6 - 10 mm; **Blü** aufrecht; **Cal** behaart, **Rö** 0.8 - 1 mm, Zipfel dreieckig, zugespitzt, 2 - 3.6 × 1.6 - 2 mm; **Kr** goldgelb, spärlich behaart, **Rö** an der Basis ± 4-kantig, 19 - 22 mm, Zipfel eiförmig, 6 - 8 × 5 - 5.5 mm, mit einer ± 4 mm langen, scharfen Spitze endend; **St** nahe der Spitze der **Kr**röhre angeheftet, leicht herausragend; **Anth** ± 2.2 mm, mit kleiner, apikaler **Dr**; **NSch** linealisch, stumpf, 2.5 - 3 mm; **Ca** schmal länglich, 22 - 28 mm; **Gr** 15 - 18 mm; **Sa** verkehrt eiförmig, ± 1 mm.

K. cherukondensis Subba Rao & Kumari (Bull. Bot. Surv. India 17: 177-179, ills., 1978). **T:** Indien, Andhra Pradesh (*Subba Rao & Kumari* 39300 [CAL]). – **D:** Indien (Andhra Pradesh); felsige Stellen, 1100 m.

[1] Mehrjährig, vollständig rötlich braun, bis 30 cm hoch; **Tr** einfach, aufrecht, stielrund, an der Basis kräftiger, oben plötzlich spitz zulaufend, kahl; **Blä** sitzend, breit spatelig bis verkehrt eiförmig oder elliptisch, mit winzigen, blutroten Flecken bedeckt, 1.2 - 8 × 0.4 - 6.5 cm, Spitze stumpf bis zugespitzt (junge **Blä**) oder rund bis ausgerandet, Basis verschmälert, Ränder unregelmässig gekerbt, schuppig; **Inf** rispige Trauben; **Ped** kahl bis dicht drüsighaarig, 6 - 16 mm; **Blü** aufrecht; **Cal** rötlich braun, kahl, nicht drüsig, beinahe bis zur Basis geteilt, Zipfel lanzettlich, zugespitzt, 7 - 13 × 1.5 - 2.5 mm; **Kr** weiss, drüsig-flaumhaarig, **Rö** ± zylindrisch, 3 - 9 mm, Zipfel lanzettlich, zugespitzt, ± auffällig 7-aderig, 5 - 7 mm; **St** im oberen Teil der **Kr**röhre angeheftet, leicht herausragend; **Anth** eiförmig, ± 1 mm; **NSch** pfriemlich, 1.5 - 5 mm; **Ca** pfriemlich, ± 5 mm; **Gr** ± 5 mm.

In Kultur werden bis 12 × 8.5 cm grosse Blätter gebildet und die Pflanzen sind grünlich rot gefärbt. Die Art steht zwischen *K. olivacea* und *K. bhidei*.

K. chevalieri Gagnepain (Notul. Syst. (Paris) 3: 275, 1914). **T:** Vietnam (*Chevalier* 30537 [P]). – **D:** Vietnam (Annam-Region).

[1] Mehrjährig (?), bis 50 cm hoch werdend und höher; **Blä** gestielt, Stiel stielrund, zur Basis hin verbreitert und stengelumfassend, ± 4 cm, Spreite eiförmig-länglich bis linealisch-lanzettlich, 8 - 10 × 0.7 - 5 cm, Spitze stumpf, spitz zulaufend, Basis gestutzt bis plötzlich verschmälert, Ränder gezähnt-gekerbt; **Inf** ebensträussig, ± 5 cm breit; **Ped** 4 - 5 mm; **Blü** aufrecht, orange; **Cal** bis zur Basis geteilt, Zipfel eiförmig-länglich, zugespitzt, ± 5 × 2 mm; **Kr**röhre an der Basis erweitert und 4-kantig, 12 - 14 mm, Zipfel lanzettlich, zugespitzt, ± 6 × 3 mm; **St** oberhalb der Mitte der **Kr**röhre angeheftet, herausragend; **Anth** sitzend, länglich, ± 1.3 mm; **NSch** linealisch-fadenförmig, ± 4 mm; **Ca** länglich, 6 - 7 mm; **Gr** ± 3 mm.

Unzureichend bekannt und wahrscheinlich *K. lanceolata* nahe stehend.

K. citrina Schweinfurth (Bull. Herb. Boissier 4(Appendix 2): 199-200, 1896). **T:** Jemen (*Schweinfurth* 1831 [K, LE, WU]). – **D:** Arabische Halbinsel (Jemen), Äthiopien, Somalia, N Uganda, Kenya; laubwerfendes Waldland, Buschland oder Grasland, Dickichte, sandig-lehmige Böden, steiniger Untergrund oder Felsritzen, 1000 - 2000 m. **I:** Gilbert (1989: 21); Miller & Cope (1996: fig. 90).

Incl. *Kalanchoe citrina* var. *erythraeae* Schweinfurth (1896); **incl.** *Kalanchoe citrina* var. *longipetiolata* Hamet (1958) (*nom. inval.*, Art. 32.1c); **incl.** *Kalanchoe citrina* var. *ballyi* Hamet *ex* Wickens (1982).

[1] Mehrjährig, vollständig filzig mit zottigen, zugespitzten, nicht drüsigen **Ha**, 20 - 150 cm hoch werdend; **Tr** aufrecht oder an der Basis niederliegend-aufrecht, grau; **Blä** sitzend oder gestielt, samtig, grau oder bräunlich grün, Stiel bis 2 cm, oberseits abgeflacht und gefurcht, Spreite lanzettlich bis ± rhombisch, oder eiförmig bis fast kreisrund, bis 12 × 4 cm, Spitze zugespitzt oder stumpf, Basis keilförmig, Ränder gezähnt bis fast ganzrandig oder selten tief eingeschnitten; **Inf** cymös, klein, dicht, flachgipfelig, bis 15 cm; **Ped** 1 - 5 mm, kräftig; **Blü** aufrecht; **Cal**röhre ± 1 mm, filzig, Zipfel pfriemlich bis dreieckig-lanzettlich, 4 - 8 × 1 - 8 mm; **Kr** blass zitronen- oder goldgelb oder bräunlich orangerosa, filzig, **Rö** 10 - 12 mm, Zipfel verkehrt eiförmig, mit aufgesetztem Spitzchen, 5 - 7 × 2.8 - 3.5 mm; **St** nicht herausragend; **Anth** länglich eiförmig, 0.7 - 1.1 mm, mit apikaler **Dr**; **NSch** linealisch-lanzettlich, 2.5 - 3.5 mm; **Ca** in Seitenansicht linealisch-lanzettlich, 6 - 8.5 mm; **Gr** 1 - 2 mm.

K. craibii Hamet (BMI 1914: 281, 1914). **T:** Thailand (*Kerr* 2823 [nicht lokalisiert]). – **D:** Thailand; buschiger Trockendschungel, 300 m.

[1] Mehrjährig (?); **Tr** einfach, aufrecht, kahl, oberer Teil manchmal langhaarig; **Blä** gestielt, Stiel schlank, Basis verbreitert, Spreite an der Basis 3-geteilt, Segmente linealisch; **Inf** ebensträussig; **Inf**stiel sehr kurz; **Ped** ± 9 mm; **Blü** aufrecht, gelb; **Cal** leicht glockig, langhaarig, **Rö** ± 1.2 mm, Zipfel linealisch bis fast lanzettlich, spitz zulaufend, ± 8.5 × 2.6 - 2.8 mm; **Kr** röhrig, unterer Teil erweitert, **Rö** ± 10.5 mm, Zipfel verkehrt eiförmig bis fast kreisrund, dornspitzig, ± 10.5 × 7 mm; **St** oberhalb der Mitte der **Kr**röhre angeheftet, herausragend; **NSch** linealisch, zugespitzt, ± 3.5 × 0.2 mm; **Ca** in Seitenansicht eiförmig-lanzettlich, ± 9.5 mm; **Gr** ± 2.3 mm.

Eine wenig bekannt Art, wohl *K. grandiflora* oder *K. laciniata* nahe stehend.

K. crenata (Andrews) Haworth (Synops. Pl. Succ., 109, 1812). **T:** Sierra Leone (*Afzelius* s.n. [BM, B]). – **D:** Im tropischen Afrika von der Zentralafrikanischen Republik bis RSA weit verbreitet, ebenso in Arabien; im tropischen Amerika, Indien, Malaysia und Australien verwildert; in Wäldern, Buschland und Grasland, meist an ± feuchten Orten, bis 2300 m. **I:** Wickens (1987: 44); Miller & Cope (1996: fig. 90B).

≡ *Vereia crenata* Andrews (1798) ≡ *Cotyledon crenata* (Andrews) Ventenat (1804) ≡ *Kalanchoe integra* var. *crenata* (Andrews) Cufodontis (1969); **incl.** *Kalanchoe crenata* var. *crenata*; **incl.** *Cotyledon crenata* auct. (s.a.) (*nom. illeg.*, Art. 29.1, 53.1); **incl.** *Cotyledon verea* Jacquin (1804) ≡ *Kalanchoe crenata* var. *verea* (Jacquin) Cufodontis (1958) (*nom. illeg.*) ≡ *Kalanchoe integra* var. *verea* (Jacquin) Cufodontis (1969); **incl.** *Cotyledon brasilica* Vellozo (1829) ≡ *Kalanchoe brasilica* (Vellozo) Stellfield (1947); **incl.** *Kalanchoe brasiliensis* Cambessèdes (1830); **incl.** *Kalanchoe hirta* Harvey (1862); **incl.** *Kalanchoe afzeliana* Britten (1871); **incl.** *Kalanchoe coccinea* Welwitsch *ex* Britten (1871) ≡ *Kalanchoe crenata* var. *coccinea* (Welwitsch *ex* Britten) Cufodontis (1958); **incl.** *Kalanchoe brittenii* Hamet (1916); **incl.** *Kalanchoe schumacheri* Koorders (1958); **incl.** *Kalanchoe integra* var. *crenato-rubra* Cufodontis (1969); **incl.** *Kalanchoe crenata* ssp. *nyassensis* R. Fernandes (1978); **incl.** *Kalanchoe crenata* ssp. *bieensis* R. Fernandes (1980).

[1] Mehrjährige Sträucher, 0.3 - 2 m hoch, flaumhaarig, **Ha** gewöhnlich ≤ 0.5 mm; **Tr** 1 bis mehrere, aufrecht, fleischig, stielrund, kahl oder zur Basis hin verkahlend und oben ± drüsig-flaumhaarig; **Blä** gestielt, fleischig, waagerecht oder abwärts gebogen, kahl oder obere **Blä** spärlich drüsig-flaumhaarig, Stiel 1 - 4 cm, oberseits abgeflacht und gefurcht, ± stengelumfassend, Spreite eiförmig oder verkehrt eiförmig-länglich bis spatelig, konkav,

gelblich grün bis tiefgrün, 3 - 30 × 2 - 20 cm, Spitze stumpf, Basis keilförmig und herablaufend, Ränder gekerbt, unregelmässig gekerbt bis manchmal leicht gelappt; **Inf** grosse, vielblütige, rispige Cymen, 25 - 40 cm; **Ped** 2 - 10 mm; **Blü** kahl oder drüsigflaumhaarig, aufrecht; **Cal**röhre 0.1 - 1.5 mm, Zipfel lanzettlich bis linealisch-lanzettlich, verschmälert, zugespitzt, grün, manchmal fein rot gestreift, 2 - 8 × 3 - 4 mm; **Kr** rot, rötlich orange, gelb, unterer Teil blass oder grünlich gelb oder weiss, **Rö** verlängert ampullenförmig, papierig, 8 - 17 mm, Zipfel länglich lanzettlich bis elliptisch, zugespitzt, mit lang aufgesetztem Spitzchen, 3 - 8 × 1.5 - 5 mm; **St** zur Spitze der **Kr**röhre hin angeheftet, nicht herausragend oder obere **St** herausragend; **Anth** länglich, 0.5 - 1 mm, mit apikaler **Dr**; **NSch** linealisch bis schmal länglich, an der Spitze gerundet, 1.5 - 4.5 mm; **Ca** linealisch-lanzettlich, 5 - 10 mm; **Gr** 1 - 4.5 mm; **Sa** ± 1 mm.

K. crenata ist ein sehr vielgestaltiges Taxon und viele Varietäten sind unterschieden worden. Fernandes hat 2 Unterarten beschrieben (ssp. *nyassensis* und ssp. *bieensis*), die sich haupsächlich in der Grösse verschiedener Blütenteile unterscheiden. Da die allgemeinen Variationsmuster der Art noch nicht verstanden werden, werden sie hier provisorisch als Synonyme behandelt. Dies trifft auch auf *K. hirta* aus Zimbabwe und RSA zu (Tölken 1985).

K. crundallii I. Verdoorn (FPA 25: t. 967 + Text, 1946). **T:** RSA, Northern Prov. (*Crundall* 27157 [PRE]). – **D:** RSA (Northern Prov.); zwischen Steinblöcken in bewaldeten Gegenden.

[1] Etwas fleischig, kahl, bereift, mehrjährig; **Tr** einfach, aufrecht oder niederliegend-aufrecht, stielrund, bis 90 cm hoch, nahe der Basis bis 1.4 cm ⌀, gelegentlich wurzelnd; **Blä** gestielt, etwas fleischig, Stiel abgeflacht, 5 - 20 mm, ± 5 mm breit, Spreite wachsartig grün bis gelblich grün, oft rot gerandet, kreisrund, selten breit länglich oder verkehrt eiförmig, 3 - 7 × 2 - 5.5 cm, Spitze breit gerundet, Basis keilförmig, Ränder ganzrandig oder gekerbt; **Inf** kurze, ± längliche, cymöse Rispen; **Ped** schlank, 1 - 1.5 mm; **Blü** im Laufe der **Blü**zeit aufrecht bis hängend variabel, am Ende wieder aufrecht; **Cal**zipfel fleischig, dreieckig, 2 - 5 × ± 2 mm; **Kr** grünlich gelb bis tiefgelb, nicht direkt dem Sonnenlicht ausgesetzte Teile ± rot getönt, der Sonne ausgesetzte Teile korallenrot mit dunkleren, roten Flecken, **Rö** zylindrisch 4-kantig, am Schlund leicht zusammengezogen, 14 - 15 mm, Zipfel eiförmig, Spitze breit gerundet, mit aufgesetztem Spitzchen, leicht zurückgebogen, 3 - 4 × ± 3 mm; **St** oberhalb der Mitte der **Kr**röhre angeheftet, nicht herausragend; **Anth** 1.2 - 1.5 mm; **NSch** länglich, Spitze gerundet, hellgrün, 2 - 2.5 × ± 1.5 mm; **Ca** länglich, ± 8 mm; **Gr** ± 2.5 mm; **Sa** ± 1.5 mm.

Eine dekorative Art, besonders auf Grund der von der Lichtexposition abhängigen, variablen Blütenfarbe. Die variable Stellung der Blüten während der Blütezeit ist ebenfalls bemerkenswert und wird von Farbveränderungen begleitet (Knospen aufrecht, gelblich; offene Blüten hängend, rot; verblühte Blüten aufrecht, braunrot).

K. curvula Descoings (J. Bot. Soc. Bot. France 4: 79-81, pl. 1, 1997). **T:** Madagaskar (*Herb. Jard. Bot. Tananarive* 11 [P]). – **D:** Madagaskar (ohne genauen Fundort, vermutlich N Madagaskar).

[2] Mehrjährig (?), vollständig kahl; **Tr** stielrund, einfach, aufrecht; **Blä** gestielt, unpaarig gefiedert, sehr fleischig, dick, purpurn gerandet, Stiel 2 - 2.5 cm, breit stengelumfassend, Rhachis verdickt, rinnig; **Teil**Blä in 1 - 3 Paaren, sitzend, länglich bis lanzettlich, 2.2 - 2.7 × 0.8 - 1 cm, Spitzen keilförmig, stumpf, Basis asymmetrisch gerundet, Ränder stark und unregelmässig gekerbt, mit dicken, stumpfen Zähnen, endständiges **Teil**Bla elliptisch, ± 3 × 2 cm; **Inf** kugelige, vielblütige Rispen, 30 - 35 cm; **Ped** stielrund, 5 - 10 mm; **Blü** in alle Richtungen weisend; **Cal** blassgrün mit purpurnen Linien, **Rö** zylindrisch, 7 - 7.5 mm, Zipfel dreieckig, zugespitzt, 2.5 - 3 × 3 - 4 mm; **Kr** rosa, leicht gebogen, oft im trockenen Zustand stark zurückgebogen, **Rö** zylindrisch, 22 - 25 mm, Zipfel eiförmig, ± lang spitz zulaufend, zurückgebogen, 5 - 6 × ± 4 mm; **St** nahe der Basis der **Kr**röhre angeheftet, leicht herausragend; **Anth** lanzettlich, 1.2 - 1.5 mm; **NSch** rechteckig, ausgerandet, 1.8 - 2 × 0.8 - 1 mm; **Ca** eiförmig, 5 - 6 mm; **Gr** 20 - 22 mm.

K. cymbifolia Descoings (J. Bot. Soc. Bot. France 4: 81-83, pl. 2, 1997). **T:** Madagaskar (*Anonymus* s.n. [P [unpubl. pl. 106]]). – **D:** N Madagaskar (Ambilobé).

[2] Mehrjährig (?), beinahe vollständig kahl, bis 1 m hoch; **Tr** einfach, stielrund, gerade, aufrecht; **Blä** fast sitzend, Spreite elliptisch bis eiförmig-elliptisch, 12 - 16 cm, stark konkav und einem Boot gleichend, Spitze mit einer grossen, zugespitzten, scharfen Spitze endend, Basis zu einem dicken, stengelumfassenden, sehr kurzen Stiel verbreitert, Ränder unregelmässig gekerbt mit zugespitzten Zähnen; **Inf** lockere, wenigblütige Rispen, 7 - 12 cm; **Ped** stielrund, zurückgebogen, 10 - 12 mm; **Blü** hängend; **Cal** glockig, **Rö** zylindrisch-kegelig, 10 - 12 mm, Zipfel eiförmig-elliptisch, spitz, spitz zulaufend, ± ausgebreitet, 6 - 8 mm; **Kr**röhre zylindrisch, an der Basis drüsig-langhaarig, 20 - 25 mm, Zipfel eiförmig-elliptisch, zugespitzt, ± ausgebreitet, 6 - 8 mm; **St** nahe der Basis der **Kr**röhre angeheftet, nicht herausragend; **Anth** eiförmig; **NSch** ± rechteckig, länger als breit, ausgerandet, 1 - 2 mm, ausgebreitet; **Ca** länglich, 5 - 7 mm; **Gr** 7 - 10 mm.

K. daigremontiana Hamet & H. Perrier (Ann. Inst. Bot.-Géol. Colon. Marseille, sér. 3, 2: 128-132, 1914). **T:** Madagaskar (*Perrier* 11798 [P]). – **D:** SW Madagaskar; offene Wälder, auf Sandstein oder Kalkstein; in einigen tropischen Ländern (z.B. Indien) verwildert. **I:** Hamet & Marnier-Lapostolle (1964: figs. 35-38); Boiteau & Allorge-Boiteau (1995: 93).

≡ *Bryophyllum daigremontianum* (Hamet & H. Perrier) A. Berger (1930).

[2] Zweijährig, vollständig kahl, 40 - 80 cm hoch werdend; **Tr** einfach, aufrecht oder niederliegend-aufrecht, bräunlich; **Blä** dunkelgrün, rosagrün bis purpurgrün mit braunroten Flecken, gestielt, manchmal schildförmig, Stiel stengelumfassend, 1 - 5 cm, Spreite eiförmig, länglich eiförmig bis lang dreieckig, oft ± gefaltet, 2 - 20 × 1 - 3.5 cm, Spitze zugespitzt, Basis ± gerundet, Ränder regelmässig gezähnt, auf den Zähnen mit zahlreichen Brutknospen; **Inf** lockere, vielblütige, rispige Cymen; **Ped** 5 - 11 mm; **Blü** hängend oder abgespreizt; **Cal**röhre 3 - 4 mm, Zipfel dreieckig, zugespitzt, 3 - 5 × 2.2 - 3.6 mm; **Kr** glockig, rötlich bis purpurn, **Rö** 16 - 19 mm, Zipfel verkehrt eiförmig, zugespitzt, 7 - 8 × 3.5 - 4.5 mm; **St** unterhalb der Mitte der **Kr**röhre angeheftet, obere **St** herausragend; **Anth** nierenförmig, 1.5 - 2 mm; **NSch** ± rechteckig, Spitze stumpf bis ausgerandet, ± 0.6 × 1 mm; **Ca** ± 6 mm; **Gr** 11 - 15 mm.

Die Blätter sind sowohl in der Grösse und Farbe als auch in der Form sehr variabel (von linealisch bis breit dreieckig, manchmal ± 3-lappig). Die Art hybridisiert leicht mit mehreren anderen (*K. rosei, K. delagoensis*). In tropischen Gärten wird sie häufig kultiviert.

K. deficiens (Forsskål) Ascherson & Schweinfurth (Mém. Inst. Égypt. 2: 79, 1889). **T** [neo]: Jemen (*Deflers* 572 [P]). – **D:** Jemen.

≡ *Cotyledon deficiens* Forsskål (1775) ≡ *Kalanchoe glaucescens* var. *deficiens* (Forsskål) Senni (1905); **incl.** *Cotyledon integra* Medikus (1775) ≡ *Kalanchoe integra* (Medikus) Kuntze (1891); **incl.** *Cotyledon nudicaulis* Murray (1784) (*nom. illeg.*, Art. 52.1) ≡ *Vereia nudicaulis* (Murray) Sprengel (1825) (*nom. illeg.*, Art. 52.1); **incl.** *Cotyledon aegyptiaca* Lamarck (1786) (*nom. illeg.*, Art. 52.1) ≡ *Kalanchoe aegyptiaca* (Lamarck) De Candolle (1801) (*nom. illeg.*, Art. 52.1); **incl.** *Cotyledon nudicaulis* Vahl (1791).

[1] Mehrjährig, gruppenbildend, bis 1.5 m hoch werdend, vollständig kahl oder im oberen Teil drüsig-haarig; **Blä** gestielt, fleischig, hell graugrün, kahl, Stiel breit, 0.5 - 2 cm, Spreite elliptisch, eiförmig bis breit verkehrt eiförmig, 4 - 10 × 2.5 - 5 cm, Spitze stumpf, Basis keilförmig, Ränder ganzrandig oder gekerbt; **Inf** ebensträussig, 7 - 12 cm; **Ped** 2 - 6 mm, ± drüsig-haarig; **Blü** aufrecht, mit kurzen, ± dichten, drüsigen **Ha** bekleidet; **Cal**röhre 0.2 - 0.5 mm, Zipfel schmal eiförmig bis lanzettlich, zugespitzt, 3 - 6.5 × 1 - 2 mm; **Kr** scharlachrot, orangerot bis rosa, **Rö** ± zylindrisch, an der Basis wenig erweitert, 8 - 12 mm, Zipfel eiförmig bis verkehrt eiförmig, mit aufgesetztem Spitzchen, 5 - 7 × 2.2 - 4 mm; **St** zur Spitze der **Kr**röhre hin angeheftet, obere **St** leicht herausragend; **Anth** eiförmig, 1 - 1.2 mm; **NSch** linealisch, 3 - 3.5 mm; **Ca** 7.5 - 8 mm; **Gr** 2 - 4 mm.

Fernandes (1980) stellt den Status dieses Taxons in Frage, aber sowohl Raadts (1981) als auch Miller & Cope (1996) akzeptieren es als gut definierte Art. Sie wird in Arabien, Ägypten und Äthiopien bisweilen als Zierpflanze kultiviert.

K. deficiens var. **deficiens** – **D:** N und S Jemen; offenes Strauchwerk und steile, felsige Hänge, 1400 - 1800 m. **I:** Miller & Cope (1996: fig. 90A).

[1] Pflanzen oben drüsig-haarig, unten kahl; **Kr** orangerot oder rosa, Zipfel 5 - 7 × 3.5 - 4 mm.

K. deficiens var. **glabra** Raadts (Willdenowia 18 (2): 423-426, 1989). **T:** Jemen, Hajjah Prov. (*Müller-Hohenstein & Deil* 635 [B]). – **D:** N Jemen; felsige Hänge, Terrassenmauern und grasige Böschungen um Felder herum, 600 - 2200 m.

Incl. *Kalanchoe glaucescens* ssp. *arabica* Cufodontis (1965).

[1] Pflanzen vollständig kahl; **Kr** orange, scharlachrot oder lachsrot, Zipfel 5 - 7 × 2.2 - 4 mm.

K. delagoensis Ecklon & Zeyher (Enum. Pl. Afric. Austral., 3: 305, 1837). **T:** Moçambique (*Owen* s.n. [S]). – **D:** C-S Madagaskar; offene, bewaldete Graslander, felsige Hänge, auf sandigem oder felsigem Grund; durch die ganzen Tropen kultiviert und verwildert. **I:** Tölken (1985: 74, fig. 10, als *Bryophyllum*); Boiteau & Allorge-Boiteau (1995: 90, als *K. tubiflora*). Fig. XVIII.b

≡ *Bryophyllum delagoense* (Ecklon & Zeyher) Schinz (1900); **incl.** *Bryophyllum tubiflorum* Harvey (1862) ≡ *Kalanchoe tubiflora* (Harvey) Hamet (1912); **incl.** *Kalanchoe verticillata* Scott Elliot (1891) ≡ *Bryophyllum verticillatum* (Scott Elliot) A. Berger (1930); **incl.** *Geaya purpurea* Costantin & Poisson (1908).

[2] Robust, zwei- oder ± mehrjährig, vollständig kahl, 0.2 - 2 m hoch, oft in dichten Vorkommen; **Tr** einfach, aufrecht, stielrund; **Blä** zu Dreien bis scheinbar gegen- oder wechselständig, sitzend, gewöhnlich gerade, aufrecht bis ausgebreitet, leicht zylindrisch, oberseits ± rinnig, 1 - 13 cm × 2 - 6 mm ∅, rötlich grün bis graugrün mit rötlich braunen Flecken, Spitze mit 2 - 9 kleinen Zähnen mit zahlreichen Brutknospen, Basis verschmälert; **Inf** kompakte, vielblütige, gerundete Thyrsen, 10 - 25 cm; **Ped** schlank, 6 - 20 mm; **Blü** hängend; **Cal** glockig, rötlich bis grün und rot gestreift, **Rö** 2.5 - 6 mm, Zipfel dreieckig-lanzettlich, stark zugespitzt, 5 - 10 × 3.7 - 5.7 mm; **Kr** rot, violett, blassorange bis gelb und rot überhaucht, **Rö** trichterig, 22 - 40 mm, Zipfel länglich verkehrt eiförmig, stumpf oder gestutzt, ausgebreitet, 7 - 12 × 6 - 9 mm; **St** unterhalb der Mitte der **Kr**röhre angeheftet, nicht herausragend; **Anth** eiförmig, 2 - 2.5 mm; **NSch** halbrund bis quadratisch, Spitze gerundet, 0.7 - 2 mm; **Ca** eiförmig-

länglich, 5.5 - 6.5 mm; **Gr** 19 - 20 mm; **Sa** 0.6 - 2.5 mm.

Eine leicht wachsende und sich auf Grund der reichlich gebildeten Brutknospen rasch vermehrende Pflanze. Sie wird in warmen Klimaten häufig verwildert angetroffen. In fast allen Literaturstellen und beinahe in allen Gärten wird dieses Taxon noch immer unter dem früheren Synonym *K. tubiflora* angetroffen.

K. densiflora Rolfe (BMI 1919: 263, 1919). **T:** Kenya (*Snowden* 556 [K, BM]). – **D:** C und E Afrika. **I:** FPA 28: t. 1089, 1950; Gilbert (1989: fig. 88.8).

[1] Mehrjährig, 0.3 - 3 m hoch; **Tr** aufrecht, robust, kahl; **Blä** gestielt, hellgrün, kahl, Stiel abgeflacht und oberseits gefurcht, bis 3 cm, Spreite länglich, eiförmig oder fast kreisrund, bis 18 × 10 cm, Spitze stumpf, Basis keilförmig, Ränder gekerbt; **Inf** dichtblütige, rispige Cymen, 30 - 70 cm; **Ped** 1 - 4 mm, unter den **Blü** deutlich verdickt, kahl oder selten langhaarig; **Blü** aufrecht; **Cal**röhre 0.1 - 0.3 mm, Zipfel dreieckig-pfriemlich, lang verschmälert, 2 - 8 × 1 - 1.5 mm, kahl oder selten langhaarig; **Kr**röhre 8 - 12 mm, blass bis grünlich gelb, Zipfel länglich lanzettlich bis breit verkehrt eiförmig, gestutzt oder stumpf gerundet, mit aufgesetztem Spitzchen, 2 - 5 × 1.5 - 4 mm, gelb bis dunkelorange, rötlich orange oder rot; **St** nicht herausragend; **Anth** breit länglich, 0.7 - 0.9 mm, mit apikaler **Dr**; **NSch** linealisch-pfriemlich, 1 - 3.5 mm; **Ca** in Seitenansicht linealisch-lanzettlich, 5 - 9 mm; **Gr** 1 - 3.5 mm.

K. densiflora var. **densiflora** – **D:** C und E Afrika; Lichtungen und Ränder von Hochlandwald, Buschwerk und offenes Grasland, Flussböschungen etc., 1000 - 3000 m.

Incl. *Kalanchoe glaberrima* Volkens (1905) (*nom. inval.*, Art. 32.1c); **incl.** *Kalanchoe bequaertii* De Wildeman (1923).

[1] **Bla**spreite bis 18 × 10 cm; **Cal**zipfel 3 - 8 mm; **Kr** gelb, selten orange oder rot, **Rö** 9 - 12 mm, Zipfel breit verkehrt eiförmig, so lang wie breit oder nur wenig länger.

K. densiflora var. **minor** Raadts (Willdenowia 8: 125-126, 1977). **T:** Kenya (*Rauh* Ke488 [B]). – **D:** S Kenya; Busch- und Waldränder, meist auf felsigem Grund, 2000 - 2700 m.

[1] **Bla**spreite bis 9 × 5 cm; **Cal**zipfel 2 - 3 mm; **Kr** orangerot, **Rö** 8 - 9 mm, Zipfel länglich oder leicht eiförmig, länger als breit.

K. dinklagei Rauh (KuaS 36(7): 146-150, ills., 1985). **T:** Madagaskar (*Anonymus* s.n. ex cult. *BG Heidelberg* 8086 [HEID]). – **D:** SE Madagaskar; xerophytischer Busch auf sandigen Böden. **Fig. XVIII.c**

Incl. *Kalanchoe millotii* var. *brevisepala* Humbert (1933) ≡ *Kalanchoe brevisepala* (Humbert) Allorge-Boiteau (1995).

[1] Kleine Bäume bis 8 - 10 m hoch, von der Basis aus verzweigt; **Tr** dick, jung dicht mit gräulichen oder rötlich braunen **Ha** bedeckt, später mit gräulicher Rinde; **Blä** gestielt, fleischig, dick, kräftig, grünweisslich bis weisslich silberfarben, mit sternförmigen **Ha** eingehüllt, Stiel verbreitert, oberseits gefurcht, 1 - 2 cm, Spreite eiförmig, eiförmig-spatelig, 3 - 6 × 2.5 - 4 cm, Spitze stumpf, gerundet bis leicht gestutzt, Basis verschmälert, Ränder ganzrandig; junge **Blä** manchmal eiförmig, länglich dreieckig, elliptisch bis länglich, Ränder gewellt bis rauh gezähnt; **Inf** dichte, vielblütige Thyrsen bis 30 cm; **Inf**stiel bis 20 cm, behaart; **Ped** fleischig, ± 3 mm, langhaarig; **Blü** aufrecht bis ausgebreitet, gelbgrün bis weisslich; **Cal** röhrig, blassgrün, dicht langhaarig, **Rö** 3 - 4 mm, Zipfel dreieckig, 5 - 8 × ± 3 mm; **Kr** grüngelb, weissgelblich, rosa, dicht langhaarig (mit sternförmigen und manchmal drüsigen **Ha**), **Rö** zylindrisch, 10 - 15 mm, Zipfel lanzettlich, ± ausgebreitet, 2.5 - 3.5 × 1 - 2 mm; **St** oberhalb der Mitte der **Kr**röhre angeheftet, leicht herausragend; **Anth** eiförmig, 0.5 - 0.8 mm; **NSch** rechteckig, ± 0.8 × 0.6 mm; **Ca** länglich, 8 - 10 mm; **Gr** 5 - 6 mm.

Zusammen mit der ähnlichen *K. arborescens* eine der grössten Arten der Gattung. Sie zeigt einen wichtigen Polymorphismus in ihren Blättern: Die zuerst gebildeten Blätter (von jungen Pflanzen, basalen Zweigen älterer Pflanzen, oder von Stecklingen) sind lang und eingeschnitten, während später gebildete Blätter (von älteren Trieben etc.) spatelig und ganzrandig sind. Das Typmaterial von *K. dinklagei* stammt von der gleichen Originalaufsammlung wie der Typ von *K. millotii* var. *brevisepala*.

K. dixoniana Hamet (BMI 1914: 281, 1914). **T:** Thailand (*Kerr* 2876 [nicht lokalisiert]). – **D:** Thailand; Felsen, 1600 - 1800 m.

[1] Mehrjährig (?); **Tr** einfach, aufrecht, kräftig, kahl; **Blä** gestielt, kahl, Stiel ± 2.3 mm, dick, Spreite verkehrt eiförmig, ± 11 × 3.2 cm, Spitze stumpf, Basis verschmälert, Ränder leicht gekerbt; **Inf** ebensträussig, wenig verzweigt; **Inf**stiel sehr kurz; **Ped** ± 1 cm; **Cal** langhaarig, fast glockig, **Rö** ± 1.3 mm, Zipfel fast dreieckig, spitz, zugespitzt, ± 5.5 × 2.5 mm; **Kr** weiss, etwas röhrig, unterhalb der Mitte erweitert, **Rö** ± 12 mm, Zipfel eiförmig-lanzettlich, dornspitzig, ± 7.5 × 3.2 mm; **St** oberhalb der Mitte der **Kr**röhre angeheftet, herausragend; **NSch** linealisch, ausgerandet, ± 2.6 × 0.6 mm; **Ca** eiförmig-lanzettlich, ± 8 mm; **Gr** ± 2.3 mm.

Unzureichend bekannt; steht *K. craibii* und vielleicht auch *K. grandiflora* nahe.

K. dyeri N. E. Brown (Gard. Chron., ser. 3, 35(1): 354, 1904). **T:** Malawi (*Anonymus* s.n. [K]). – **D:** Malawi. **I:** CBM 60: t. 7987, 1904.

[1] Mehrjährig, vollständig kahl, 60 - 75 cm

hoch; **Tr** aufrecht, stielrund, kräftig, glauk; **Blä** gestielt, fleischig, Stiel abgeflacht und oberseits rinnig, halb stengelumfassend, 3.8 - 7.5 cm, Spreite elliptisch oder eiförmig, oberseits grün, unterseits glauk, 5 - 19 × 3 - 11 cm, Spitze stumpf bis zugespitzt, Basis gerundet oder keilförmig, Ränder unregelmässig gekerbt-gezähnt; **Inf** dichte, ebensträussige Cymen, 22 - 30 cm; **Ped** 16 - 19 mm; **Cal**röhre 1 - 2 mm, Zipfel länglich, stumpf bis zugespitzt, durch gerundete Einbuchtungen voneinander getrennt, 6 - 12 × 1 - 4 mm; **Kr**röhre an der Basis etwas 4-kantig, oben verschmälert, blassgrün, 43 - 50 mm, Zipfel lanzettlich bis elliptisch, zugespitzt, reinweiss, ausgebreitet, 18 - 25 × 9.5 - 15 mm; **St** oberhalb der Mitte der **Kr**röhre angeheftet, obere **St** herausragend; **Anth** 1 - 2 mm; **NSch** linealisch, ± gegabelt, weiss, ± 10 mm; **Ca** 16 - 22 mm; **Gr** 22 - 24 mm.

K. quartiniana sehr nahe stehend und vielleicht davon auf Artebene nicht verschieden.

K. elizae A. Berger (Monatsschr. Kakt.-kunde 13: 69, 1903). **T:** ex cult., nicht lokalisiert. – **D:** Malawi, Moçambique; Felsen in der Wüste. **I:** CBM 131: t. 8036, 1905, als *Cotyledon insignis*.

Incl. *Cotyledon insignis* N. E. Brown (1905) ≡ *Kalanchoe insignis* (N. E. Brown) N. E. Brown (1931); **incl.** *Cotyledon elizae* A. Berger ms. (1910) (*nom. inval.*, Art. 32); **incl.** *Kalanchoe laurensii* Hamet (1963).

[1/2] Mehrjährig, vollständig kahl, 0.2 - 1.8 m hoch; **Tr** 1 bis wenige, stielrund, aufrecht, kräftig, rot oder blassgrün; **Blä** kurz gestielt bis fast sitzend, grün, Stiel bis 15 mm, Spreite breit verkehrt eiförmig, länglich, spatelig oder fast kreisrund, 6.5 - 21 × 2.5 - 12 cm, Spitze gerundet oder stumpf, Basis gerundet bis keilförmig, Ränder leicht gekerbt, gewellt oder ganzrandig; **Inf** lockere, pyramidenförmige Rispen, 9 - 28 cm; **Ped** 4 - 18 mm; **Blü** ± hängend oder ausgebreitet, leicht zygomorph; **Cal** glockig, dunkelrot, **Rö** 1.5 - 2.7 mm, Zipfel dreieckig bis lanzettlich, zugespitzt, 8 - 10 × ± 3 mm; **Kr** dunkelgelb oder gelborange bis rot, **Rö** fast zylindrisch, undeutlich 4-kantig, aufwärts gebogen, 21.5 - 45 mm, Zipfel lanzettlich oder eiförmig-länglich, zur Spitze hin asymmetrisch, 10 - 16 × 3.5 - 7 mm; **St** nahe der Mitte (direkt darüber oder direkt darunter) der **Kr**röhre angeheftet, herausragend; **Anth** länglich bis eiförmig, 1.5 - 2 mm; **NSch** linealisch-länglich, an der Spitze 2-lappig oder gestutzt, 1.6 - 6 × ± 2 mm; **Ca** eiförmig-lanzettlich, 10 - 15 mm; **Gr** 15 - 30 mm.

Eine sehr interessante und gut unterschiedene Art mit grossen, leicht zygomorphen Blüten mit gebogener Kronröhre, asymmetrischen Kronzipfeln und gebogenen Staubfäden.

K. ×ena hort. *ex* Schneider (Rev. Hort. 14: 22, 1914).

[1] Kleinsträucher bis 30 cm; **Tr** kahl; **Blä** kahl, fleischig, Stiel bis 2.5 cm, Spreite eiförmig, Spitze und Basis stumpf, Ränder gekerbt, bis 8 × 4.5 cm; **Inf** ebensträussig, vielblütig, kahl; **Ped** bis 1 cm; **Blü** duftend; **Cal** grün, Zipfel lanzettlich, zugespitzt, ± 7 × 2 - 3 mm; **Kr**röhre grün, an der Basis aufgebläht, ± 1 cm lang, Schlund orange, Zipfel dunkelrot, lanzettlich, zugespitzt, 5 - 6 × 2 - 3 mm; **St** nicht herausragend; **NSch** linealisch, ± 3 mm; **Ca** kegelig.

Diese Gartenkreuzung *K. grandiflora* × *K. glaucescens* (als *K. flammea*) entstand vor 1914 in England. Sie gleicht *K. glaucescens* in Wuchs und Wuchsform, während der Blütenstand und die Blüten an *K. grandiflora* erinnern.

K. eriophylla Hilsenberg & Bojer *ex* Tulasne (Ann. Sci. Nat. Bot., sér. 4, 8: 149, 1857). **T:** Madagaskar (*Bojer* s.n. [P]). – **D:** C Madagaskar; auf Felsen. **I:** Boiteau & Allorge-Boiteau (1995: 169); Rauh (1995a: figs. 385-386).

Incl. *Cotyledon pannosa* Baker (1881).

[1/2] Zwergig, mehrjährig, von der Basis aus stark verzweigt, dichte Matten bildend, alle Teile sehr dicht mit weisslichem oder ± rosafarbenem Filz aus langen, sternförmigen **Ha** bedeckt; **Tr** einfach, schlank, leicht verholzt, mit aufgerichtetem Ende kriechend, 2 - 5 cm lang; **Blä** sitzend, sehr dick, sehr fleischig, an der Basis verwachsen, lang eiförmig, verkehrt eiförmig bis fast zylindrisch, 1.5 - 3.5 × 1.2 - 1.5 cm, Spitze stumpf, Ränder ganz; **Inf** 2- bis 7-blütige Cymen; **Inf**stiel bis 20 cm; **Ped** 7 - 8 mm; **Blü** aufrecht oder abgespreizt; **Cal** dicht behaart, **Rö** 1.5 - 2 mm, Zipfel dreieckig, zugespitzt, 2 - 4 × 2.4 - 3.1 mm; **Kr** glockig, rosa, violett bis blauviolett, behaart, **Rö** 4 - 6.5 mm, Zipfel verkehrt eiförmig, stumpf, 5 - 10 × 4 - 8 mm; **St** unterhalb der Mitte der **Kr**röhre angeheftet, leicht herausragend; **Anth** nierenförmig, ± 0.3 mm; **NSch** linealisch, ausgerandet, ± 1.7 mm; **Ca** 3 - 4 mm; **Gr** 1 - 1.5 mm; **Sa** verkehrt eiförmig.

Eine sehr attraktive und hübsche Pflanze. Die aufrechten Blüten und der Kelch stellen dieses Taxon in die Sect. *Kalanchoe*, aber die tiefe Anheftungsstelle der Staubblätter deutet auf die Sect. *Bryophyllum* hin.

K. fadeniorum Raadts (Willdenowia 9: 285-287, ills., 1979). **T:** Kenya, Kwale Distr. (*Faden & Faden* 77/777 [B]). – **D:** SE Kenya; halbimmergrüne Dickichte auf sandigen Böden, 360 m. **Fig. XVIII.e**

[1] Kahle, mehrjährige (?) Kräuter, ± 10 cm hoch; **Tr** niederliegend-kriechend, verzweigt, aufrechte **Tr**teile dicht belaubt; **Blä** fast sitzend bis kurz gestielt, fleischig, grün, Stiel halb stengelumfassend, bis 5 mm, Spreite fast kreisrund, breit eiförmig oder verkehrt eiförmig, 1.5 - 5 × 1.3 - 4 cm, Spitze stumpf, Basis verschmälert, Ränder ganzrandig oder gesägt-gekerbt; **Inf** zusammengesetzte Cymen bis 6 - 7 cm lang und breit; **Ped** 3 - 4 mm; **Blü** aufrecht; **Cal**röhre ± 0.5 mm, Zipfel dreieckig, 2 -

2.5 × ± 1 mm; **Kr** im unteren Teil blass rötlich gelbbraun, darüber rötlich, **Rö** zylindrisch, etwas 4-kantig und unterhalb der Mitte leicht aufgebläht, 13 - 14 mm, Zipfel elliptisch, 9 - 10 × 3.5 - 4 mm; **St** oberhalb der Mitte der **Kr**röhre angeheftet, nicht herausragend; **Anth** länglich, ± 0.7 mm, mit kugeliger, spitzenständiger **Dr**; **NSch** linealisch, 2 - 2.5 mm; **Ca** 1 - 1.5 mm gestielt, zylindrisch-lanzettlich, 10 - 11.5 mm; **Gr** ± 2 mm; **Sa** länglich eiförmig, ± 0.6 mm.

K. farinacea Balfour *fil.* (Proc. Roy. Soc. Edinburgh 11: 512, 1882). **T** [syn]: Sokotra (*Schweinfurth* 753 [K]). – **D**: Sokotra; häufig auf Kalksteinebenen in Ritzen, 100 - 400 m. **I**: FPA 34: t. 1329, 1960; Miller & Cope (1996: 476, fig. 91C). **Fig. XVIII.d**

[1] Mehrjährig, vollständig kahl, bis 30 cm hoch; **Tr** stielrund, aufrecht, kräftig, spärlich verzweigt, weiss oder weisslich grün, Rinde schuppig und im trockenen Zustand abschälend; **Blä** zu den **Tr**spitzen hin gedrängt, sitzend, sehr dick, ausgebreitet, verkehrt eiförmig bis kreisrund, 2 - 5.5 × 1.5 - 3.5 cm, Oberfläche mehlig, mit einer weissen bis weisslich grünen, mehligen Flaumbehaarung bedeckt, Spitze gerundet, Basis verschmälert, Ränder ganz, schwach rosafarben; **Inf** kompakte, ebensträussige Rispen, mehlig-flaumhaarig; **Ped** 12 - 14 mm; **Blü** aufrecht oder ausgebreitet; **Cal**röhre ± 1 mm, Zipfel dreieckig, fleischig, 1 - 2 × 1 - 1.5 mm; **Kr** leuchtend rot, **Rö** einheitlich zylindrisch, 10 - 15 mm, Zipfel eiförmig-länglich, zugespitzt, mit aufgesetztem Spitzchen, ± 4 mm, ausgebreitet; **St** am Schlund der **Kr**röhre angeheftet, obere **St** herausragend; **Anth** breit länglich; **NSch** linealisch-länglich, Spitze gerundet, ± 2 mm; **Ca** schmal länglich, 4 - 8 mm; **Gr** ± 4 mm.

Gleicht stark der in Angola endemischen *K. scapigera*, unterscheidet sich aber besonders in der Blütenfarbe.

K. fedtschenkoi Hamet & H. Perrier (Ann. Inst. Bot.-Géol. Colon. Marseille, sér. 3, 3: 75-80, 1915). **T**: Madagaskar (*Perrier* 11797 [P]). – **D**: C und SE Madagaskar; Urgesteinsfelsen, 100 - 1000 m, in einigen tropischen Ländern (z.B. Indien) verwildert. **I**: Boiteau & Allorge-Boiteau (1995: 103); Rauh (1995a: figs. 387-389). **Fig. XVIII.f**

≡ *Bryophyllum fedtschenkoi* (Hamet & H. Perrier) Lauzac-Marchal (1974); **incl.** *Kalanchoe fedtschenkoi* var. *isalensis* Boiteau & Mannoni (1949); **incl.** *Kalanchoe fedtschenkoi* var. *typica* Boiteau & Mannoni (1949) (*nom. inval.*, Art. 24.3).

[2] Mehrjährig, vollständig kahl, büschelbildend, bis 50 cm hoch; **Tr** dünn, oft purpurn, stark verzweigt, anfangs niederliegend, kriechend und leicht wurzelnd, später aufsteigend bis aufrecht; **Blä** dicht angeordnet, fleischig, flach, 1 - 6 mm kurz gestielt, Spreite verkehrt eiförmig bis fast kreisrund, verkehrt eiförmig oder verkehrt eiförmig-länglich, 1 - 5 × 0.5 - 2.5 cm, mit einem etwas glauken, purpurnen, wachsartigen Reif bedeckt, Spitze gerundet, Basis keilförmig, Ränder oft rotpurpurn, gekerbt und in der oberen ½ grob gezähnt, manchmal mit Brutknospen; **Inf** lockere Ebensträusse bis 20 cm; **Ped** 7 - 10 mm; **Blü** hängend; **Cal** gelbgrün mit zahlreichen, roten, purpurnen bis blauen Linien, **Rö** 12 - 14 mm, Zipfel dreieckig, scharf zugespitzt, 6 - 7 × 6 - 6.5 mm; **Kr** fast röhrig bis fast glockig, orangerot mit zahlreichen, roten Linien, **Rö** 17 - 19 mm, Zipfel verkehrt eiförmig, stumpf, 6 × 4.2 - 4.6 mm; **St** ± in der Mitte der **Kr**röhre angeheftet, obere **St** herausragend; **Anth** fast nierenförmig, ± 1 mm; **NSch** ± halbkreisförmig, 0.8 - 1 mm; **Ca** 9 - 10 mm; **Gr** 13 - 15 mm; **Sa** verkehrt eiförmig, ± 0.6 mm.

Sehr variabel in Bezug auf Wuchsform und Grösse, Zähnung der Blattränder, und die Farbe verschiedener Pflanzenteile. In Kultur häufig anzutreffen, zusammen mit dem Cultivar 'Variegata' mit weisslich-gelblich panaschierten Blättern.

K. ×felthamensis Hort. Veitch *ex* Mottet (Rev. Hort. 11: 348-349, 1911).

= *K. flammea* (*K. glaucescens*) × *K. kirkii* (*K. lateritia*). Die Kreuzung wurde 1903 in England von Veitch erzielt: Pflanzen elegant, kräftig, schnell wachsend; **Blä** braungrün, bronze getönt, Rand leicht winzig gekerbt; **Inf** vielblütig; **Blü**farbe leuchtend wie bei *K. glaucescens*, orangegelb bis rosa, zinnoberrot, blutrot oder scharlachrot.

K. fernandesii Hamet (Bol. Soc. Brot., sér. 2, 24: 107-113, 1950). **T**: Moçambique, Niasa Prov. (*Torre* 907 [COI]). – **D**: Moçambique.

Dies ist vielleicht eine Varietät von *K. lateritia* oder die Kreuzung *K. lateritia* × *K. lanceolata* (Fernandes 1983: 51).

K. garambiensis Kudo (J. Soc. Trop. Agric. 2: 235, 1930). **T**: Taiwan (*Kudo & Mori* 16132 [nicht lokalisiert]). – **D**: Taiwan; Felsen an der Meeresküste.

[1] Kleine Kräuter, vollständig kahl, 5 - 8 cm hoch; **Blä** gestielt, fleischig, Spreite spatelig, 1 - 2.8 × 0.3 - 1.3 cm, Spitze gerundet, mit aufgesetztem Spitzchen, Basis zum Stiel schmal spitz zulaufend, Ränder ganzrandig; **Inf** locker 3- bis 10-blütige, ebensträussige Cymen; **Cal**zipfel eiförmig-länglich, zugespitzt, drüsig, ± 5 mm; **Kr** gelb, **Rö** schlank, an der Basis urnenförmig, ± 20 mm, Zipfel breit rundlich-eiförmig, stumpf, stumpf gerundet oder leicht zugespitzt.

Sehr schlecht bekannte Art, wahrscheinlich einjährig und sehr selten.

K. gastonis-bonnieri Hamet & H. Perrier (Ann. Sci. Nat. Bot., sér. 9, 16: 364-366, 1912). **T**: Madagaskar (*Perrier* 11831 [P]). – **D**: NW Madagaskar; felsige Stellen. **I**: Boiteau & Allorge-Boiteau (1995: 117, pl. 4: 1,4); Rauh (1995a: figs. 999-1005); Descoings (1997b). **Fig. XIX.a**

≡ *Bryophyllum gastonis-bonnieri* (Hamet & H. Perrier) Lauzac-Marchal (1974); **incl.** *Kalanchoe adolphi-engleri* Hamet (1955); **incl.** *Kalanchoe gastonis-bonnieri* var. *ankaizinensis* Boiteau *ex* Allorge-Boiteau (1995); **incl.** *Kalanchoe ankaizinensis* Boiteau (1995) (*nom. inval.*, Art. 34.1c).

[2] Mehrjährig oder manchmal zweijährig mit basalen **Ros**; **Tr** gewöhnlich sehr kurz, kahl; **Blä** gestielt, sehr dick, fleischig, oberseits weisslich bereift, grün, mit zahlreichen und unregelmässigen, bräunlich grünen Flecken, kahl, Stiel breit, stengelumfassend, 3.5 - 6.5 cm, Spreite eiförmig-lanzettlich, 13 - 50 × 4.5 - 10 cm, wie eine Dachrinne der Länge nach gefaltet, Spitze lang zugespitzt mit Brutknospen, Basis keilförmig, Ränder grob gekerbt; **Inf** lockere, ± vielblütige Ebensträusse, 20 - 30 cm; **Inf**stiel 30 - 50 cm; **Ped** ± 1 cm; **Blü** hängend oder ± ausgebreitet; **Cal** kahl, grün mit roten oder violetten Linien, **Rö** zylindrisch, 13 - 16 mm, Zipfel dreieckig, zugespitzt, 5 - 6 × 4.2 - 5.3 mm; **Kr** gelbgrün mit roten oder violetten Linien, fein drüsig behaart, **Rö** zylindrisch, ± 30 mm, Zipfel rund, zugespitzt, 9 - 11 × 5.5 - 7.5 mm; **St** zur Basis der **Kr**röhre hin angeheftet, obere **St** leicht herausragend; **Anth** nierenförmig, 2.5 - 3 mm; **NSch** quadratisch, ausgerandet, 1.2 - 2 mm; **Ca** 9 - 11 mm; **Gr** 16 - 24 mm; **Sa** verkehrt eiförmig, ± 0.8 mm.

Eine wunderschöne Art mit sehr attraktiven Blüten. Sie gehört zweifellos zur Sect. *Bryophyllum*, aber einige Autoren halten an der falschen Zuordnung zur Sect. *Kalanchoe* fest, z.B. Rauh (1995a).

K. germanae Hamet *ex* Raadts (Willdenowia 13 (2): 377, 1983). **T**: Tanzania, Masai Distr. (*Bally* X40 [EA]). – **D**: N Tanzania; trockene, felsige Stellen auf vulkanischen Böden, 1000 - 1800 m. **I**: Hamet (1931-1963: 2: tt. 23-24, 1956).

[1] Mehrjährig, kahl, bereift, 0.2 - 1 m hoch; **Blä** gestielt, Stiel stielrund, an der Basis nicht verbreitert, bis 4 cm, Spreite lanzettlich-elliptisch, obere **Blä** manchmal 3-lappig oder mit 3 Teil**Blä**, glauk oder graugrün, unterseits dunkelpurpurn gefleckt, mittlere **Blä** 7.5 - 15 × 2.5 - 5.5 cm, Spitze zugespitzt, Basis keilförmig, Ränder tief gekerbt-gesägt; **Inf** rispige Cymen, 10 - 30 cm; **Ped** 5 - 20 mm; **Blü** aufrecht; **Cal**röhre 1 - 2 mm, Zipfel schmal lanzettlich, 8 - 15 × 2 - 3 mm; **Kr** cremeweiss oder gelb, **Rö** 19 - 27 mm, Zipfel lanzettlich, lang zugespitzt, 10 - 16 × 4 - 6 mm; **St** oberhalb der Mitte der **Kr**röhre angeheftet, obere **St** herausragend; **Anth** länglich, 1.3 - 2 mm, mit apikaler **Dr**; **NSch** linealisch, 5 - 7.5 × ± 2 mm; **Ca** schlank, 10 - 15 mm; **Gr** 7 - 10 mm.

K. glaucescens Britten (FTA 2: 393-394, 1871). **T** [lecto]: Äthiopien (*Schimper* 724a [B, K]). – **D**: C und E Afrika, Sudan, Äthiopien, Somalia, Arabien; trockenes, offenes Buschland und Grasland, Dickichte, steinige Hügelseiten, Buschland entlang von Flüssen etc., 550 - 2100 m. **I**: Troupin (1978: fig. 71); Gilbert (1989: fig. 88.8).

Incl. *Kalanchoe glaucescens* ssp. *glaucescens*; **incl.** *Kalanchoe holstii* Engler (1895); **incl.** *Kalanchoe flammea* Stapf (1897); **incl.** *Kalanchoe magnidens* N. E. Brown (1905); **incl.** *Kalanchoe marinellii* Pampanini (1909); **incl.** *Kalanchoe beniensis* De Wildeman (1923); **incl.** *Kalanchoe elliptica* Raadts (1972).

[1] Mehrjährig, kahl, bereift, 0.3 - 1.2 m hoch; **Tr** aufrecht oder an der Basis niederliegend-aufrecht; **Blä** gestielt, Stiel leicht abgeflacht und oberseits gefurcht, 0.5 - 2.5 cm, leicht vom Stamm ablösbar, Spreite schmal bis breit eiförmig, verkehrt eiförmig, glauk oder glauk werdend, manchmal unterseits mit kastanienfarbenen oder purpurnen Flecken, bis 10 × 7 cm, Spitze zugespitzt bis stumpf, Basis keilförmig, Ränder stumpf gesägt bis gekerbt, selten fast ganzrandig; **Inf** rispige Cymen, ± 25 cm; **Ped** 2 - 8 mm; **Blü** aufrecht; **Cal**röhre 0.2 - 1 mm, Zipfel linealisch-lanzettlich bis linealisch-pfriemlich, 2 - 6 × 1 - 2 mm; **Kr** orangegelb bis rosa, zinnoberrot, blutrot oder scharlachrot, im unteren Teil grünlich, **Rö** 5 - 14 mm, Zipfel lanzettlich-eiförmig, zugespitzt, mit aufgesetztem Spitzchen, 3 - 6.5 × 1 - 2.5 mm; **St** nicht herausragend; **Anth** länglich, 0.6 - 0.9 mm, mit apikaler **Dr**; **NSch** linealisch, 2 - 3.5 mm; **Ca** in Seitenansicht linealisch-lanzettlich, 4.5 - 10 mm; **Gr** 1 - 2 mm.

Raadts (1977) hat eine Kreuzung zwischen *K. glaucescens* und *K. nyikae* ssp. *auriculata* aus Kenya beschrieben.

K. globulifera H. Perrier (Arch. Bot. Bull. Mens. 2(2): 25-26, 1928). **T**: Madagaskar (*Perrier* 16222 [P]). – **D**: N Madagaskar; schattige Felsen oder epiphytisch, 2400 m.

Incl. *Kalanchoe globulifera* var. *blossfeldiana* Boiteau *ex* Allorge-Boiteau (1995) (*nom. inval.*, Art. 32.1c); **incl.** *Kalanchoe globulifera* var. *typica* Boiteau & Allorge-Boiteau (1995) (*nom. inval.*, Art. 32.1c).

[1] Kleine, mehrjährige Pflanzen, von der Basis aus unregelmässig verzweigt, ausläuferbildend; **Tr** kurz, schlank, niederliegend, bis niederliegend-aufrecht, **Dr**haarig, Spitze mit 3 - 4 **Bla**paaren in einer **Ros**; **Blä** fast sitzend, kahl, Spreite eiförmig bis verkehrt eiförmig-spatelig, 14 - 28 × 13 - 18 mm, Spitze gerundet, Basis keilförmig, in den sehr kurzen Stiel verschmälert, Ränder im oberen Teil ± gezähnt; **Inf** wenigblütige, kopfige Ebensträusse, 10 - 15 cm; **Inf**stiel 8 - 10 cm, ziemlich lang **Dr**haarig; **Ped** kahl, ± 3 mm; **Blü** aufrecht; **Cal**zipfel beinahe frei, linealisch, Spitze gerundet, ± 4 mm; **Kr** gelb, kahl, **Rö** zylindrisch, ± 8 mm, Zipfel eiförmig, stumpf, ± 3 × 2 mm; **St** oberhalb der Mitte der **Kr**röhre angeheftet, nicht herausragend; **Anth** kugelig, ± 0.4 mm, mit einer grossen, sitzenden **Dr** an der Spitze; **NSch** linealisch, Spitze gabelig, ± 3.5 mm; **Ca** 4 - 5 mm; **Gr** ± 1 mm; **Sa** ± 0.5 mm.

Steht den Arten *K. boisii*, *K. bouvetii* und *K. chapototii* nahe.

K. gracilipes (Baker) Baillon (Bull. Mens. Soc. Linn. Paris 1(59): 469, 1885). **T:** Madagaskar (*Kitching s.n.* [K, P]). — **D:** C und E Madagaskar; epiphytisch im Regenwald. **I:** Boiteau & Allorge-Boiteau (1995: 43); Rauh (1995a: figs. 288, 390-392). **Fig. XVIII.h**

≡ *Kitchingia gracilipes* Baker (1881) ≡ *Bryophyllum gracilipes* (Baker) Eggli (1992); incl. *Kalanchoe gracilipes* var. *microphylla* Humbert ex Allorge-Boiteau (1995).

[2/1] Mehrjährige Epiphyten, vollständig kahl; **Tr** schlank, Basis niederliegend-aufsteigend, darüber bogig, hängend, bis 60 cm, untere Knoten mit Faser**Wu**; **Blä** grün, gestielt, Stiel stielrund, 6 - 22 mm, Spreite länglich, eiförmig bis eiförmig-rund, 1 - 3 × 0.5 - 2 cm, Spitze stumpf, Basis keilförmig, Ränder tief gekerbt; **Inf** lockere, 2- bis 6-blütige Ebensträusse; **Ped** sehr schlank, 12 - 20 mm; **Blü** hängend; **Cal** grün, **Rö** 2 - 3 mm, Zipfel eiförmig bis halbkreisförmig, 2.5 - 3.5 × 3.5 - 4.5 mm; **Kr** urnenförmig, leuchtend rot, orangerot, gelb, gelbgrün oder hellrosa, **Rö** 20 - 25 mm, Zipfel eiförmig bis halbkreisförmig, stumpf, ± 4 × 6 mm; **St** im oberen Teil der **Kr**röhre angeheftet, nicht herausragend; **Anth** schwarz, kugelig; **NSch** rechteckig, 1 - 1.6 × ± 1 mm; **Ca** länglich, 8 - 12 mm; **Gr** 18 - 20 mm; **Sa** länglich, ± 1.6 mm.

Diese attraktive Art ist einer der seltenen Epiphyten der Gattung. Ihre Heimat sind schattige Regenwälder mit hoher Luftfeuchtigkeit. Sie steht zwischen der Sect. *Kalanchoe* (Staubblätter oberhalb der Mitte der Kronröhre angeheftet) und der Sect. *Bryophyllum* (Kelch, hängende Blüten), gehört aber zur letztgenannten.

K. grandidieri Baillon (in Grandidier, Hist. Phys. Madagascar 28: 2(Atlas 1): t. 57, 1888). **T:** Madagaskar (*Grandidier 4514* [P]). — **D:** SW Madagaskar (Mahafaly-Plateau); auf Kalkstein. **I:** Boiteau & Allorge-Boiteau (1995: pl. 7: 17-18).

Incl. *Sarcocaulon curralii* Heckel (1908); **incl.** *Kalanchoe delescurei* Hamet ex H. Perrier (1923).

[1] Mehrjährige Sträucher, sehr kräftig, bis 3 m hoch, vollständig kahl; **Tr** aufrecht, dick, bis 2 - 7 cm ⌀, ± verzweigt, weisslich, mit harziger Rinde; **Blä** sitzend, sehr fleischig, bis 1 cm dick, hart und schwer, länglich, verkehrt eiförmig bis spatelig, gekielt, 4 - 15 × 2 - 7 cm, Spitze stumpf, mit spitz aufgesetztem Spitzchen, Basis verschmälert, Ränder ganzrandig; **Inf** schmale Thyrsen, 20 - 50 cm; **Inf**stiel 40 - 60 cm; **Ped** fleischig, 6 - 8 mm; **Blü** massiv, aufrecht bis nickend; **Cal** grün, glockig, **Rö** 1 - 3.5 mm, Zipfel breit dreieckig, zugespitzt, 1 - 4 mm lang und breit; **Kr** violett, fleischig, **Rö** urnenförmig, scharf 4-kantig, 12 - 25 × 7 - 10 mm ⌀, Zipfel eiförmig, mit spitz aufgesetztem Spitzchen, Ränder häutig, 4 - 7.5 × 4 - 5.5 mm; **St** oberhalb der Mitte der **Kr**röhre angeheftet, nicht herausragend; **Anth** eiförmig, gelb, ± 2 mm; **NSch** ± rechteckig, ± 2 mm; **Ca** eiförmig-länglich, 9 - 12 mm; **Gr** 5 - 6 mm; **Sa** länglich, 3 - 4 mm.

Diese sehr schöne Art gehört zu den grösser werdenden Vertretern von *Kalanchoe*. Trotz ihres langsamen Wachstums ist sie leicht zu kultivieren und kann aus einzelnen Blättern vermehrt werden.

K. grandiflora Wight & Arnott (Prodr. Fl. Ind. Orient., 359, 1834). **T:** Indien (*Wallich 7226* [K?]). — **D:** Indien; Hänge, felsiger Grund mit nährstoffarmem Substrat, 1000 - 2000 m. **I:** CBM t. 5460, 1864; Berger (1930: fig. 185K-L, 196A-C).

[1] Mehrjährig, vollständig kahl, 0.6 - 1 m hoch; **Tr** aufrecht, bis 2.5 cm ⌀, verzweigt; **Blä** sitzend bis fast sitzend, fleischig, obere **Blä** häufig rot gefleckt, breit verkehrt eiförmig, verkehrt eiförmig bis fast rhombisch, 4 - 7.5 × 3 - 3.5 cm, mit 3 Hauptlängsnerven, blauviolett, bläulich grün oder glauk, mit leicht entfernbarem, wachsartigem Überzug, Spitze stumpf bis gerundet, Basis verschmälert, Ränder gekerbt-gezähnt; **Inf** fast sitzende, lockere, vielblütige, ebensträussige Rispen; **Ped** 12 - 18 mm; **Blü** aufrecht oder ausgebreitet, hellgelb bis grüngelb; **Cal**röhre 2.5 - 3 mm, Zipfel eiförmig-lanzettlich bis länglich, zugespitzt, plötzlich zurückgebogen, ± 6 mm; **Kr**röhre 4-kantig, an der Basis geschwollen und flaschenförmig, 12 - 14 mm, Zipfel eiförmig bis verkehrt eiförmig, stumpf, plötzlich mit lang aufgesetztem Spitzchen, plötzlich zurückgebogen, ± 12 × 4 mm; **St** im oberen Teil der **Kr**röhre angeheftet, herausragend; **Anth** länglich, mit winzig kopfigem Anhängsel; **NSch** linealisch, ± 4 mm; **Ca** länglich, ± 4 mm; **Gr** ± 4 mm.

K. hametiorum Hamet (Bol. Soc. Brot., sér. 2, 37: 25, pl. 3, 1963). **T:** Moçambique (*Torre 1513* [COI, LISC]). — **D:** Moçambique; Felsen, 200 - 320 m. **I:** Hamet & Marnier-Lapostolle (1969: pl. 1).

[1] Mehrjährig, 0.2 - 1.5 m hoch, überall mit dichtem, bräunlichem Indumentum bedeckt; **Tr** einfach, stielrund, aufrecht, gerade, lang behaart; **Blä** gegen- oder selten wechselständig, sitzend, fleischig, linealisch oder länglich bis schmal elliptisch, 4.5 - 11 × 0.4 - 2.7 cm, lang behaart, Spitze stumpf bis leicht zugespitzt, Basis verschmälert, halb stengelumfassend, Ränder ganzrandig, gewellt oder seicht gekerbt; **Inf** wenigblütige, ebensträussige Cymen, 3 - 12 cm; **Ped** 3.5 - 11 mm; **Blü** aufrecht; **Cal** grün bis gelblich grün, aussen behaart, innen **Dr**haarig, **Rö** spindelig-urnenförmig, 5.5 - 8 mm, Zipfel dreieckig, lanzettlich bis leicht eiförmig, zugespitzt, 5 - 10 × 2.3 - 3.5 mm, fleischig; **Kr** gelblich bis lachsfarben, kurz **Dr**haarig, **Rö** zylindrisch-urnenförmig, stumpf 4-kantig, 9 - 11 mm, Zipfel länglich lanzettlich bis fast eiförmig, zugespitzt, 3.5 - 5.8 × ± 1.7 mm, aufrecht bis ausgebreitet; **St** oberhalb der Mitte der **Kr**röhre angeheftet, nicht oder kaum herausragend; **Anth** eiförmig-länglich, ± 1

mm; **NSch** linealisch, ausgerandet, 1.3 - 2 × ± 0.3 mm; **Ca** länglich, 6 - 8 mm; **Gr** 1.6 - 2.5 mm; **Sa** fast eiförmig, 0.5 mm.

K. hildebrandtii Baillon (Bull. Mens. Soc. Linn. Paris 1(59): 468, 1885). **T:** Madagaskar, Prov. Imerina (*Hildebrandt* 3684 [P, LE]). – **D:** S und SW Madagaskar; Trockenbusch auf unterschiedlichen Böden, und auf Felsen. **I:** Hamet & Marnier-Lapostolle (1964: fig. 75); Boiteau & Allorge-Boiteau (1995: 145). **Fig. XIX.b**

Incl. *Kalanchoe gomphophylla* Baker (1887); **incl.** *Kalanchoe hildebrandtii* var. *glabra* Rauh & Hebding (1997).

[1] Mehrjährige, verzweigte Sträucher, bis 1 - 4 m hoch, vollständig und ± dicht mit winzigen, sternförmigen **Ha** bedeckt (mit 3 gabeligen oder vielspaltigen Armen), **Ha** stark angedrückt und Pflanzen dadurch kahl aussehend; **Tr** verholzt, aufrecht, stark verzweigt; **Blä** gestielt, glauk bis grünlich, Stiel zylindrisch, rinnig, 3 - 8 mm, Spreite dick, stark, eiförmig bis rundlich, 1.5 - 5 × 1 - 3.5 cm, Spitze stumpf bis gerundet, Basis plötzlich keilförmig, Ränder ganzrandig; **Inf** lockere Rispen, 8 - 35 cm; **Ped** 1.5 - 4 mm; **Blü** aufrecht, fleischig; **Cal** grün, **Rö** ± 0.5 mm, Zipfel ± dreieckig, zugespitzt, 1.2 - 2.5 mm lang und breit; **Kr** weiss, blassgrün bis gelb, urnenförmig, spärlich behaart, **Rö** 3 - 5 mm, Zipfel eiförmig, stumpf, 2.2 - 3.6 × 1.6 - 2 mm; **St** direkt oberhalb der Mitte der **Kr**röhre angeheftet, nicht oder wenig herausragend; **Anth** nierenförmig, 0.3 - 0.4 mm; **NSch** ± rechteckig, 1 - 1.5 mm; **Ca** 2.5 - 5 mm; **Gr** 0.8 - 1.5 mm; **Sa** verkehrt eiförmig.

Die kürzlich beschriebene var. *glabra*, hier vorläufig als Synonym behandelt, scheint in die natürliche Variationsbreite zu fallen, die ein ähnliches Ausmass wie bei *K. bracteata* erreicht.

K. humilis Britten (FTA 2: 397, 1871). **T:** Moçambique (*Waller* s.n. [K]). – **D:** Tanzania, Malawi, Moçambique; zwischen Felsen in Ritzen, 1200 - 1400 m. **I:** Hamet & Marnier-Lapostolle (1964: figs. 122-123).

Incl. *Kalanchoe prasina* N. E. Brown (1904); **incl.** *Kalanchoe figueiredoi* Croizat (1937).

[1] Mehrjährig, vollständig kahl, 0.8 - 1 m hoch; **Tr** einfach oder wenig verzweigt, aufrecht oder basal niederliegend, aus einer fast waagerechten, rhizomartigen, verholzten Basis aufsteigend; **Blä** sitzend oder fast so, fleischig, eher flach, Spreite verkehrt eiförmig bis spatelig, matt blassgrün, manchmal gelblich getönt, mit purpurnen Markierungen, jung bereift, 1.5 - 13 × 1 - 6 cm, Spitze stumpf, gerundet bis leicht gestutzt, Basis keilförmig, Ränder purpurn, ganzrandig bis stumpf gekerbt; **Inf** sehr ausladende, vielblütige Rispen, bereift, 12 - 38 cm; **Ped** 2 - 15 mm; **Blü** aufrecht oder waagerecht; **Cal** purpurn, **Rö** 0.2 - 0.5 mm, Zipfel breit dreieckig, zugespitzt, glauk, 1 - 1.5 × 0.8 - 1 mm; **Kr**röhre ± 4-kantig, an der Basis kaum erweitert, blassgrünlich bis lila mit purpurnen Adern und Längsmarkierungen, 4.5 - 5 mm, Zipfel länglich, stumpf, mit aufgesetztem Spitzchen, weisslich oder grünlich mit purpurnen Adern, 1.7 - 3 × 1 - 2 mm; **St** oberhalb der Mitte der **Kr**röhre angeheftet, obere **St** herausragend; **Anth** länglich oder fast kreisrund, 0.6 - 1.2 mm, mit gestieler, spitzenständiger **Dr**; **NSch** linealisch, gegabelt, 1.5 - 3 mm; **Ca** länglich lanzettlich, 4.5 - 5.5 mm; **Gr** 0.5 - 1 mm.

K. integrifolia Baker (JLSB 22: 471, 1887). **T:** Madagaskar (*Baron* 4377 [K, P]). – **D:** C-S Madagaskar; Urgesteinsfelsen, 1200 - 2000 m. **I:** Hamet & Marnier-Lapostolle (1964: figs. 8-10); Rauh (1995a: figs. 524-531).

Incl. *Kalanchoe bitteri* Hamet & H. Perrier (1914) ≡ *Kalanchoe integrifolia* var. *bitteri* (Hamet & H. Perrier) Allorge-Boiteau (1995); **incl.** *Kalanchoe heckelii* Hamet & H. Perrier (1914); **incl.** *Kalanchoe integrifolia* var. *flava* Boiteau *ex* Allorge-Boiteau (1995).

[1] Mehrjährig, polymorph, reich aus der Basis verzweigt und dichte Büschel bildend, 0.5 - 1 m hoch; **Tr** holzig, aufrecht, kräftig, bis 2 cm ⌀; **Blä** an den **Tr**spitzen gedrängt, sitzend, kahl, sehr dick, fleischig, stabil, bereift, wachsartig grau, länglich, verkehrt eiförmig-spatelig oder halbzylindrisch, 3 - 11 × 0.8 - 2.5 cm, Spitze stumpf bis keilförmig, Basis allmählich verschmälert, Ränder ganzrandig; **Inf** kleine, sehr dichte Rispen, 2 - 5 cm; **Inf**stiel steif aufrecht, 8 - 25 cm; **Ped** fleischig, rot, 2.5 - 6 mm, drüsig-haarig; **Blü** aufrecht; **Cal** grün, weich drüsig-haarig, **Rö** 0.2 - 1.4 mm, Zipfel eiförmig-dreieckig, 1.2 - 3.5 × ± 2 mm; **Kr** urnenförmig, kahl bis drüsig-haarig, weiss, gelblich, rosa bis matt rötlich, **Rö** 2.5 - 5 mm, Zipfel länglich verkehrt eiförmig, 3.5 - 6 mm lang und breit; **St** oberhalb der Mitte der **Kr**röhre angeheftet, nicht herausragend; **Anth** nierenförmig, 0.8 - 1 mm; **NSch** linealisch-dreieckig, 1.7 - 2.5 × 0.8 - 1.2 mm; **Ca** 3.5 - 5.5 mm, **Gr** 1.2 - 1.9 mm; **Sa** verkehrt eiförmig, ± 1.5 mm.

Entsprechend dem Alter der Pflanzen sind die Blätter polymorph: Jungpflanzen bilden grosse, eiförmige Blätter, die im Laufe der Zeit allmählich stärker zylindrisch werden. Die Blütenfarbe verändert sich während der Blütezeit von weiss oder rosarot nach gelblich. Im Weiteren ist die Form und Grösse der Blütenkrone von einem zum anderen Individuum variabel, und dies gilt auch für die Form der Kelchhaare.

K. jongmansii Hamet & H. Perrier (Ann. Inst. Bot.-Géol. Colon. Marseille, sér. 3, 2: 195-199, 1914). **T:** Madagaskar (*Perrier* 11811 [P]). – **D:** C Madagaskar (Andringitra-Massiv); Felsen. **I:** Hamet & Marnier-Lapostolle (1964: figs. Q, 43-44); Rauh (1995a: figs. 393-395).

[1/2] Kleine, mehrjährige Kräuter; **Tr** einfach, schlank, aufrecht, bis 30 cm, an der Basis kahl, junge Teile ± **Dr**haarig; **Blä** fleischig, sitzend, ± aufrecht und manchmal dem **Tr** angedrückt, länglich, 0.7 - 4.5 × 0.2 - 1 cm, Spitze stumpf, Basis verschmälert, Ränder ganzrandig bis im oberen Teil leicht gekerbt-gezähnt; **Inf** wenigblütige Ebensträusse, ± 4 cm, manchmal mit kleinen Brutknospen; **Inf**stiel **Dr**haarig, 9 - 25 cm; **Ped** ± 4 mm; **Blü** aufrecht; **Cal** grün, **Rö** 0.2 - 0.8 cm, Zipfel eiförmig, zugespitzt, 6 - 12 × 1.7 - 2.4 mm; **Kr** glockig, rein- bis goldgelb, **Rö** ± 4-kantig, kahl oder **Dr**haarig, 9 - 14 mm, Zipfel eiförmig, dornspitzig, 6 - 8 × 4 - 5 mm; **St** unterhalb der Mitte der **Kr**röhre angeheftet, nicht oder wenig herausragend; **Anth** eiförmig, ± 1 mm; **NSch** linealisch bis rechteckig, 1.4 - 1.6 × ± 1 mm; **Ca** 5 - 8 mm; **Gr** 3 - 4 mm; **Sa** verkehrt eiförmig, 0.5 mm lang.

Durch die *Hypericum*-ähnliche Erscheinung, die schmalen Blätter und die grossen Blüten völlig von allen anderen Arten der Gattung abweichend. Obwohl die Art von den meisten Autoren zur Sect. *Bryophyllum* gestellt wird, steht sie tatsächlich zwischen der Sect. *Bryophyllum* (Vorhandensein von Brutknospen, Anheftung der Staubblätter) und der Sect. *Kalanchoe* (aufrechte Blüten, kurzröhriger und der Krone angedrückter Kelch).

K. jongmansii ssp. **ivohibensis** Humbert (Bull. Mus. Hist. Nat. (Paris) ser. 2, 5(2): 168, 1933). **T** [syn]: Madagaskar (*Humbert* 3218 [P]). – **D**: C Madagaskar (Pic d'Ivohibé); feuchte Silikatfelsen, 1500 - 2000 m.

[1/2] Alle Pflanzenteile spärlich drüsig behaart; **Blü** 25 - 30 mm; **Kr**röhre 3× so lang wie die Zipfel; **NSch** schmal linealisch, ± 2.5 × 1.25 mm.

K. jongmansii ssp. **jongmansii** – **D**: C Madagaskar (Mt. Andringitra); feuchte, felsige Stellen, 2200 m. **Fig. XIX.g**

[1/2] Blühende **Tr**, **Ped** und **Cal** drüsig behaart; **Blü** 12 - 15 mm; **Kr**röhre 2× so lang wie die Zipfel; **NSch** rechteckig, 1 - 1.5 mm.

K. ×kewensis Dyer (Ann. Bot. (London) 17: 439, pl. 21-23, 1903).

[1] Mehrjährige Kleinsträucher, kahl, bronzegrün getönt; **Tr** aufrecht, 90 - 120 cm hoch, einfach oder wenig verzweigt; **Blä** gestielt, sehr dekorativ; basale **Blä** verkehrt lanzettlich, Spitze zugespitzt, sehr dick, Oberseite gefurcht; mittlere und obere **Blä** fast zylindrisch, Oberseite rinnig, 3-geteilt, die Lappen ± fiederspaltig, Spitze ± länglich zugespitzt, olivgrün und basal purpurn getönt; **Inf** Rispen, ± 10 cm lang; **Blü** lang; **Kr** wunderschön leuchtend rosa.

Gartenkreuzung zwischen *K. glaucescens* (als *K. flammea*) und *K. bentii*, 1901 in Kew Gardens erzielt. Diese Kreuzung wird häufig kultiviert und ist leicht durch Stecklinge zu vermehren. Sie ist deshalb bemerkenswert, weil sie Merkmale zeigt, die bei keinem der beiden Elternteile vorkommen.

K. laciniata (Linné) De Candolle (Pl. Hist. Succ. 2: t. 100, 1802). **T**: BM [herb. Cliffort]. – **D**: Marokko, E, S und SW Afrika, Arabische Halbinsel, S Indien; offenes Buschland, Strauchwerk und Ränder von Dickichten etc., 450 - 2000 m. **I**: Hamet & Marnier-Lapostolle (1964: figs. 84-85); Gilbert (1989: 21, figs. 88.8: 5-6); Miller & Cope (1996: fig. 90E).

≡ *Cotyledon laciniata* Linné (1753) ≡ *Vereia laciniata* (Linné) Willdenow (1799); **incl.** *Cotyledon heterophylla* Roxburgh (1814); **incl.** *Kalanchoe gracilis* Hance (1870); **incl.** *Kalanchoe macrosepala* Hance (1870); **incl.** *Kalanchoe brachycalyx* Engler (1892) (*nom. illeg.*, Art. 53.1); **incl.** *Kalanchoe schweinfurthii* Penzig (1893); **incl.** *Kalanchoe rohlfsii* Engler (1902); **incl.** *Kalanchoe takeoi* Hayata (1919); **incl.** *Kalanchoe faustii* Font Quer (1935) ≡ *Kalanchoe laciniata* ssp. *faustii* (Font Quer) Maire (1977); **incl.** *Kalanchoe lentiginosa* Cufodontis (1958); **incl.** *Kalanchoe densiflora* var. *subpilosa* Cufodontis (1965); **incl.** *Kalanchoe gloveri* Cufodontis (1965).

[1] Mehr- oder zweijährige Kleinsträucher, 0.4 - 1.5 m hoch; **Tr** gewöhnlich einfach, stielrund, aufrecht, unten kahl, oben ± filzig, rötlich; **Blä** gestielt, fleischig, grün, kahl oder an oberen **Tr**teilen oft ± flaumhaarig, Stiel abgeflacht, rinnig, an der Basis verbreitert oder halb stengelumfassend, 2 - 9 mm, Spreite in der Form sehr variabel, gewöhnlich zusammengesetzt oder tief eingeschnitten, 3-geteilt oder mit 3 Teil**Blä** bis 3- bis 5-fiederspaltig oder gefiedert, manchmal ganzrandig, mittlere **Blä** meist mit 3 Teil**Blä** oder 3-geteilt, Teil**Blä** eiförmig, lanzettlich bis linealisch, Spitze verschmälert, zugespitzt, Ränder gekerbt, gezähnt, rauh gesägt bis geschlitzt, **Bla**segmente 2 - 14 × 2.5 - 8 cm; **Inf** ebensträussige oder rispige, flachgipfelige Cymen, 40 - 60 cm, fein und dicht drüsig-flaumhaarig; **Ped** 1 - 10 mm; **Blü** aufrecht, spärlich flaumhaarig-drüsig; **Cal**röhre 0.4 - 1.5 mm, Zipfel dreieckig-lanzettlich, länglich eiförmig, zugespitzt, 2.5 - 5 (-7) × 1 - 2.5 mm; **Kr** cremefarben bis blassgelb, orange bis lachsrosa, **Rö** länglich ampullenförmig, 9 - 11 (-15.5) mm, Zipfel länglich bis eiförmig-lanzettlich, zugespitzt, mit aufgesetztem Spitzchen, 3 - 6 (-7.5) × 2 - 3.5 (-4.5) mm; **St** oberhalb der Mitte der **Kr**röhre angeheftet, nicht herausragend; **Anth** eiförmig, 0.5 - 0.6 mm, mit apikaler **Dr**; **NSch** linealisch-pfriemlich, 2 - 4 × ± 0.3 mm; **Ca** spindelig, 5 - 12 mm; **Gr** 0.75 - 2.5 mm.

K. laciniata ist eine sehr polymorphe Art, besonders in Bezug auf die Form und Grösse der Blätter. Sie ähnelt etwas *K. lanceolata* und gleicht auch *K. crenata*. Zieht man die allgemeine Variabilität der Art in Betracht, so ist die Verschiedenheit von ssp. *faustii* zweifelhaft. Die Frage, ob das Vorkommen in Marokko eine frühere Einschleppung darstellen könnte, bleibt zu diskutieren.

K. laetivirens Descoings (J. Bot. Soc. Bot. France 4: 85, 1997). **T:** Madagaskar, Toliara (*Descoings* 28234 [P]). – **D:** SW Madagaskar (Isalo). **Fig. XIX.h**

[2] Mehrjährig mit kurzstämmigen **Ros**, vollständig kahl, 10 - 20 cm hoch; **Tr** einfach, stielrund, kurz, 4 - 8 mm ⌀; **Blä** gestielt, dick, fleischig, dicht angeordnet, frischgrün, Stiel stielrund, stengelumfassend, 4 - 8 cm, Spreite länglich bis elliptisch, der Länge nach wie eine Dachrinne gefaltet, 7 - 15 × 4 - 7 cm, Spitze keilförmig, Basis keilförmig, oft zu 2 gerundeten, aufrechten Öhrchen vergrössert, Ränder gleichmässig gekerbt mit zugespitzten Zähnen, zahlreiche Brutknospen bildend; **Inf** vielblütige, ebensträussige Cymen, 10 - 20 cm; **Ped** gebogen, 3 - 6 mm; **Blü** hängend; **Cal** grün, gelblich grün bis rosa, **Rö** zylindrisch, 3.5 - 4 mm, Zipfel dreieckig, zugespitzt, 3 - 3.5 × 2.2 - 2.5 mm; **Kr** grünlich weiss, oder grünlich gelb, rosa bis purpurrosa getönt, **Rö** zylindrisch bis ± 4-kantig, 13 - 16 mm, Zipfel eiförmig-länglich, Spitzen gerundet, aufrecht, 7 - 9 × 5 - 6 mm; **St** nahe der Basis der **Kr**röhre angeheftet, leicht herausragend; **Anth** eiförmig, ± 0.8 mm; **NSch** trapezähnlich, 1 - 1.2 × ± 1 mm, gestutzt; **Ca** länglich, 4.5 - 5.5 mm; **Gr** 14 - 18 mm.

Diese hübsche Pflanze wird in madagassischen Gärten und zahlreichen Sammlungen häufig kultiviert. Sie steht *K. daigremontiana* recht nahe, unterscheidet sich aber sowohl in der Wuchsform wie auch in Farbe und Form der Blätter deutlich.

K. lanceolata (Forsskål) Persoon (Synops. Pl. 1: 446, 1805). **T:** Jemen (*Forsskål* 689 [C]). – **D:** Im tropischen Afrika von Guinea bis Äthiopien und bis RSA und Namibia weit verbreitet, ebenso in Madagaskar, Arabien und Indien, an unterschiedlichen Standorten, 250 - 2000 m. **I:** Hamet & Marnier-Lapostolle (1964: figs. 86-88); FPA 46: t. 1848, 1980.

≡ *Cotyledon lanceolata* Forsskål (1775) ≡ *Vereia lanceolata* (Forsskål) Sprengel (1825); **incl.** *Kalanchoe lanceolata* var. *lanceolata*; **incl.** *Kalanchoe pubescens* R. Brown (1814) (*nom. inval.*, Art. 32.1); **incl.** *Kalanchoe floribunda* Wight & Arnott (1834) ≡ *Vereia floribunda* (Wight & Arnott) A. Dietrich (1840); **incl.** *Kalanchoe brachycalyx* A. Richard (1847) ≡ *Kalanchoe laciniata* var. *brachycalyx* (A. Richard) Chiovenda (1916); **incl.** *Kalanchoe glandulosa* Hochstetter *ex* A. Richard (1847) ≡ *Kalanchoe lanceolata* var. *glandulosa* (Hochstetter *ex* A. Richard) Cufodontis (1965); **incl.** *Kalanchoe ritchieana* Dalzell (1852); **incl.** *Meristostylus macrocalyx* Klotzsch (1861); **incl.** *Kalanchoe modesta* Kotschy & Peyritsch (1867); **incl.** *Kalanchoe platysepala* Welwitsch *ex* Britten (1871); **incl.** *Kalanchoe glandulosa* var. *benguelensis* Engler (1892); **incl.** *Kalanchoe crenata* var. *collina* Engler (1895); **incl.** *Kalanchoe pilosa* Baker (1895); **incl.** *Kalanchoe pentheri* Schlechter (1897); **incl.** *Kalanchoe glandulosa* var. *tomentosa* Keissler (1900); **incl.** *Kalanchoe goetzei* Engler (1901); **incl.** *Kalanchoe diversa* N. E. Brown (1902); **incl.** *Kalanchoe heterophylla* Prain (1903) (*nom. illeg.*, Art. 53.1); **incl.** *Kalanchoe brachycalyx* var. *erlangeriana* Engler (1904) (*nom. inval.*, Art. 32.1); **incl.** *Kalanchoe ellacombei* N. E. Brown (1912); **incl.** *Kalanchoe junodii* Schinz (1912); **incl.** *Kalanchoe homblei* De Wildeman (1913); **incl.** *Kalanchoe homblei* fa. *reducta* De Wildeman (1914); **incl.** *Kalanchoe gregaria* Dinter (1922) (*nom. inval.*, Art. 32.1?); **incl.** *Kalanchoe glandulosa* var. *rhodesica* Baker *fil. ex* Rendle (1932) (*nom. inval.*, Art. 32.1).

[1/2] Ein- oder mehrjährig,, 0.2 - 2 m hoch, kahl oder drüsig-flaumhaarig, manchmal kleberig; **Tr** gewöhnlich einfach, aufrecht, an der Basis gewöhnlich 4-kantig oder ± schmal geflügelt; **Blä** sitzend, verkehrt eiförmig bis schmal länglich, lanzettlich, elliptisch bis eiförmig-spatelig, kahl oder drüsig-flaumhaarig, grün oder gelblich grün, 3 - 30 × 1 - 10 cm, Spitze zugespitzt oder stumpf, Basis keilförmig, herablaufend und halb stengelumfassend, Ränder ganzrandig oder gewellt, gesägt oder gekerbt, papierig bis häutig; **Inf** rispige Cymen, 35 - 50 cm, drüsig-flaumhaarig; **Ped** 1 - 10 mm, drüsighaarig; **Blü** gewöhnlich aufrecht, manchmal hängend; **Cal** grün, drüsig-haarig, **Rö** 1 - 11 mm (manchmal länger als die Zipfel), Zipfel eiförmig, eiförmig-lanzettlich oder länglich elliptisch, zugespitzt, 2.5 - 13 × 1.5 - 4.5 mm; **Kr** drüsig-haarig, lachsrosa, orangegelb oder gelb, unterer Teil grünlich; **Kr**röhre zylindrisch, untere ½ aufgebläht und 4-kantig, 8 - 15 mm, Zipfel verkehrt eiförmig oder lanzettlich, mit aufgesetztem Spitzchen, 2 - 6.5 × 1 - 4 mm; **St** oberhalb (oder ± in) der Mitte der **Kr**röhre angeheftet, nicht herausragend; **Anth** länglich, 0.5 - 1 mm; **NSch** linealisch, zugespitzt, 2.5 - 4.5 × 0.2 - 0.3 mm; **Ca** spindelig, 5 - 9 mm; **Gr** 0.5 - 1.5 mm; **Sa** keulig, 0.5 - 0.7 mm.

Eine der häufigsten Arten. Sie hat das grösste geographische Verbreitungsgebiet, das praktisch das Verbreitungsareal der ganzen Gattung umfasst. Dies erklärt teilweise die umfangreiche Synonymie, die darüber hinaus ein Hinweis für die zu beobachtende ausgesprochene Variabilität ist.

Interessanterweise zeigt *K. lanceolata* Merkmale beider Sektionen der Gattung: Die Blüten können aufrecht sein (wie bei Sect. *Kalanchoe*) oder hängend (wie bei Sect. *Bryophyllum*). Andere auf *Bryophyllum* weisende Merkmale sind sowohl die Blütenstände, welche vor der Entfaltung zurückgerollt sind, als auch der Kelch mit seiner langen und vergrösserten Röhre.

Raadts (1977) beschreibt die Kreuzung *K. densiflora* × *K. lanceolata* aus Kenya.

K. lateritia Engler (Pfl.-welt Ost-Afr., Teil C, 189, 1895). **T** [lecto]: Tanzania, Tanga Distr. (*Holst* 2986 [B, K, P]). – **D:** C und E Afrika; (halb-) laubwerfende bis immergrüne Wald- und Buschländer etc. auf sandigen bis felsigen Böden, bis 2000 m; in

Australien (Queensland) verwildert. **I:** Hamet & Marnier-Lapostolle (1964: t. 2: fig. I, K, figs. 89-91).

Incl. *Kalanchoe coccinea* var. *subsessilis* Britten (1871) ≡ *Kalanchoe integra* var. *subsessilis* (Britten) Cufodontis (1969); **incl.** *Kalanchoe cuisinii* De Wildeman & T. Durand (1900); **incl.** *Kalanchoe kirkii* N. E. Brown (1902); **incl.** *Kalanchoe zimbabwensis* Rendle (1932) ≡ *Kalanchoe lateritia* var. *zimbabwensis* (Rendle) Brenan (1954); **incl.** *Kalanchoe lateritia* var. *prostrata* Raadts (1977); **incl.** *Kalanchoe lateritia* var. *pseudolateritia* Raadts (1977) ≡ *Kalanchoe crenata* var. *pseudolateritia* (Raadts) Raadts (1985).

[1] Mehrjährig, flaumhaarig-drüsig, 0.2 - 1.5 m hoch, **Ha** des Indumentums bis 1 - 1.5 mm; **Tr** gewöhnlich einfach, aufrecht, niederliegend-aufrecht oder niederliegend; **Blä** fast sitzend oder gestielt, fleischig, Stiel 0.5 - 5 cm, abgeflacht und oberseits gefurcht, Spreite eiförmig-länglich, verkehrt eiförmig oder halbkreisförmig, spatelig bis linealisch, kahl oder drüsig-flaumhaarig, 3.5 - 21 × 12.5 cm, Spitze gerundet oder stumpf, Basis gerundet bis keilförmig, selten gestutzt, Ränder doppelt gekerbt, gekerbt oder fast ganzrandig; **Inf** ebensträussige Cymen, sehr dicht rostfarben flaumhaarig-drüsig, 5 - 30 cm hoch; **Ped** 1 - 5 mm; **Blü** aufrecht; **Cal** grün, winzig rot gestreift, **Rö** 0.3 - 1.5 mm, Zipfel länglich eiförmig bis länglich lanzettlich, ± zugespitzt, 3.5 - 9 × 1 - 3 mm; **Kr** rot, rötlich orange, lachsrosa oder blassgelb, unterer Teil gelblich grün bis weiss, **Kr**röhre zylindrisch, untere ½ aufgebläht, 8.5 - 14 mm, Zipfel eiförmig oder elliptisch, verschmälert oder plötzlich mit lang aufgesetztem Spitzchen, 4.5 - 8.5 × 2 - 6 mm; **St** oberhalb der Mitte der **Kr**röhre angeheftet, nicht herausragend; **Anth** eiförmig, 0.7 - 1 mm; **NSch** linealisch, stumpf, 1.2 - 4 × 0.2 - 0.4 mm; **Ca** linealisch-lanzettlich, 4.5 - 10 mm; **Gr** 1 - 2.5 mm; **Sa** länglich linealisch, ± 1 mm.

Diese Art wurde ursprünglich für eine Varietät von *K. crenata* gehalten. Tatsächlich gleicht sie einigen Formen von *K. crenata* sehr stark, kann aber durch die quantitative Variation mehrerer Merkmale unterschieden werden.

Der Status der beiden von Raadts (1977) beschriebenen Varietäten ist zweifelhaft. Sie werden hier vorläufig als Synonyme behandelt.

K. latisepala N. E. Brown (BMI 1908: 435, 1908). **T:** Malawi (*Anonymus s.n.* [K]). – **D:** Malawi, Moçambique; Wüstenfelsen. **I:** Hamet & Marnier-Lapostolle (1969: pl. 2-3); Eggli (1994: 219).

[1] Mehrjährig, 0.25 - 1 m hoch, mit ± dichtem Indumentum aus drüsigen **Ha**; **Tr** gewöhnlich einfach, aufrecht, holzig und an der Basis 1 - 1.5 cm ⌀ mit glatter und papieriger Rinde, stielrund bis oben fast 4-kantig, grün, gelbgrün bis purpurbraun; **Blä** gewöhnlich sitzend, fleischig, gekielt, grün bis gelbgrün, rot umrandet, Spreite eiförmig, verkehrt eiförmig, länglich bis länglich spatelig, kahl (untere **Blä**) oder drüsig-langhaarig, 4.5 - 12.5 × 3.5 - 9 cm, Spitze stumpf bis gerundet, Basis keilförmig, verschmälert halb stengelumfassend, Ränder unregelmässig gekerbt oder gezähnt; **Inf** ebensträussig, gewöhnlich dicht, 9 - 18 cm breit, lang behaart; **Ped** 5 - 10 mm; **Blü** aufrecht; **Cal** grün, beiderseits drüsig-haarig, **Rö** 2.5 - 5 mm, Zipfel länglich bis eiförmig, zugespitzt, fleischig, 7 - 13 × 4 - 6 mm; **Kr** weiss oder grünlich weiss, drüsig-flaumhaarig, **Rö** unten fast urnenförmig bis 4-kantig, darüber 4-kantig-röhrig, 30 - 35 mm, Zipfel eiförmig oder elliptisch-eiförmig, zugespitzt und mit aufgesetztem Spitzchen, ausgebreitet oder plötzlich zurückgebogen, 12 - 15 × 6.5 - 9 mm; **St** oberhalb der Mitte der **Kr**röhre angeheftet, obere **St** herausragend; **Anth** eiförmig, 1 - 2 mm; **NSch** linealisch, 3.5 - 7 mm; **Ca** 12 - 15 mm; **Gr** 17.5 - 20 mm.

K. laxiflora Baker (JLSB 22: 472-473, 1887). **T:** Madagaskar (*Baron 4306* [K]). – **D:** C Madagaskar; Felsen. **I:** Hamet & Marnier-Lapostolle (1964: figs. 47-49); Boiteau & Allorge-Boiteau (1995: 109); Rauh (1995a: figs. 396-397).

≡ *Kitchingia laxiflora* (Baker) Allorge-Boiteau (1995) (*nom. inval.*, Art. 34.1c); **incl.** *Bryophyllum crenatum* Baker (1883) ≡ *Kalanchoe crenata* (Baker) Hamet (1907) (*nom. illeg.*, Art. 53.1); **incl.** *Kalanchoe tieghemii* Hamet (1914); **incl.** *Kalanchoe laxiflora* ssp. *stipitata* Boiteau & Mannoni (1949); **incl.** *Kalanchoe laxiflora* ssp. *subpeltata* Boiteau & Mannoni (1949); **incl.** *Kalanchoe laxiflora* ssp. *violacea* Boiteau & Mannoni (1949).

[2] Mehrjährig, vollständig kahl, bis 50 cm hoch; **Tr** aufrecht, aus der Basis verzweigt, **Blü**tragende **Tr** anfänglich an der Basis niederliegend und wurzelnd, dann aufsteigend; **Blä** gestielt, grün bis bläulich grün, gewöhnlich rot gerandet, manchmal mit braunen oder roten Flecken, Stiel schlank, 1.5 - 6 cm, Spreite ± eiförmig, 2 - 6 × 1.5 - 3.5 cm, Spitze stumpf, Basis ± deutlich geöhrt (Öhrchen von stark reduziert bis gross variierend), Ränder deutlich gekerbt, Einbuchtungen manchmal mit roten Flecken, mit Brutknospen an den Zähnen; **Inf** dichte, ebensträussige Cymen; **Inf**stiel bis 50 cm; **Ped** sehr schlank, 8 - 16 mm; **Blü** hängend; **Cal** gelbgrün, orangerot bis violett, **Rö** 5 - 12 mm, Zipfel ± dreieckig, zugespitzt, 3 - 7 mm; **Kr** rot, rotpurpurn, rosa, rosa-orange, orangerot, orangegelb bis blassgelb, **Kr** zylindrisch, 10 - 20 mm, Zipfel verkehrt eiförmig, stumpf, 3 - 5 × 2.5 - 3 mm; **St** direkt unterhalb der Mitte der **Kr**röhre angeheftet, obere **St** nicht oder wenig herausragend; **Anth** nierenförmig, ± 1 mm; **NSch** gerundet, ± 0.4 × 0.6 mm; **Ca** 5.5 - 10 mm; **Gr** 7 - 11 mm.

Besonders in der Wuchsform ist *K. laxiflora* ähnlich wie *K. fedtschenkoi*. Das Taxon ist sowohl in der Grösse von Kelch und Krone als auch in der Farbe der Blüten und Blätter ausserordentlich variabel. Die von Boiteau & Mannoni (1949) beschriebenen Unterarten werden hier vorläufig als Synonyme behandelt.

K. leblanciae Hamet (RSN 11: 294, 1912). **T:** Moçambique (*Junod* 443 [G]). – **D:** Moçambique, RSA; offene Wälder und strauchige Savannen in Küstennähe, auf sandigen Böden, bis 200 m.

[1] Mehr- oder zweijährig, vollständig kahl, 0.3 - 1.6 m hoch; **Tr** einfach, aufrecht, an der Basis holzig, ± deutlich 4-kantig, mit schwachem, weisslichem Reif; **Blä** sitzend, flach, fleischig, länglich bis länglich spatelig, bis 10 × 1 - 3 cm, Spitze gerundet oder stumpf, Basis verschmälert, nicht stengelumfassend, Ränder gekerbt, gewellt bis gesägt-gelappt; **Inf** dichte, vielblütige, ebensträussige Cymen oder Rispen, rötlich braun, 3 - 15 cm; **Ped** schlank, 3 - 4.5 mm; **Blü** aufrecht; **Cal**röhre 4-kantig, zur Basis hin zusammengezogen, 0.6 - 0.9 mm, Zipfel länglich, lanzettlich bis dreieckig, zugespitzt, 1 - 2 × 1 - 1.2 mm; **Kr** gelbgrün, gelb, lachsfarben bis leuchtend rot, **Rö** 4-kantig, zur Basis hin zusammengezogen, 7 - 8 mm, Zipfel etwas länglich bis eiförmig, Spitze gerundet oder stumpf, 2 - 3 × 1.7 - 2 mm; **St** oberhalb der Mitte der **Kr**röhre angeheftet, nicht herausragend; **Anth** länglich, 0.5 - 0.8 mm; **NSch** linealisch-lanzettlich, zugespitzt, ± 1.5 × 0.4 mm; **Ca** eiförmig-länglich, verschmälert, 5.5 - 6 mm; **Gr** 0.7 - 1.2 mm.

K. lindmanii Hamet (Ark. Bot. 13: 1-5, t. 1, fig. 1, 1913). **T:** Angola, Huila (*Fritzsche* 142 [S]). – **D:** Angola (Huila); Trockenwälder, auf steinigen Böden, 1800 - 2000 m. **I:** Hamet (1931-1963: 3: tt. 45-46, 1958).

Incl. *Kalanchoe pearsonii* N. E. Brown (1914); **incl.** *Kalanchoe humbertii* Guillaumin (1939); **incl.** *Kalanchoe gossweileri* Croizat (1942).

[1] Mehrjährig, vollständig kahl, bis 60 cm hoch; **Wu** knollig; **Tr** einfach, aufrecht, robust und dick, manchmal an der Basis bis 2 cm ⌀ aufgeblasen; **Blä** sitzend, kräftig, eiförmig, länglich bis länglich linealisch, 2.5 - 12 (-18) × 1 - 4 cm, Spitze stumpf bis zugespitzt, zusammengezogen und dann zur Basis hin ± vergrössert, Ränder ganzrandig bis leicht gewellt; **Inf** dichte Ebensträusse, 4.5 - 20 cm lang und breit; **Ped** schlank, 8 - 16 mm; **Blü** aufrecht; **Cal** glockig, kürzer, gleich lang oder oft länger als die **Kr**, **Cal**röhre 1.2 - 1.6 mm, Zipfel linealisch, eiförmig-linealisch, leicht zugespitzt, etwas dornspitzig, 6 - 17 × 2.4 - 3.4 mm; **Kr** annähernd urnenförmig, gelb, **Rö** 9 - 13 mm, Zipfel eiförmig, eiförmig-länglich, spitz dornspitzig, 4 - 7 × 2.5 - 3.5 mm; **St** oberhalb der Mitte der **Kr**röhre angeheftet, nicht herausragend; **Anth** eiförmig, stumpf, ± 1.25 mm, mit einem kleinen Kügelchen an der Spitze; **NSch** fast linealisch, ausgerandet, 4 - 6 × 0.6 - 1 mm; **Ca** länglich, zur Spitze hin verschmälert, 10 - 13 mm; **Gr** sehr kurz, 0.4 - 0.6 mm; **Sa** länglich verkehrt eiförmig, 1.1 - 1.3 mm.

Diese Art hat 2 interessante Merkmale: Der Kelch ist gleich lang wie oder länger als die Krone (ein Merkmal, das auch einige Arten der Sect. *Bryophyllum* aufweisen), und die Griffel sind beinahe vollständig reduziert.

K. linearifolia Drake (Bull. Mus. Hist. Nat. (Paris) 9: 41, 1903). **T:** Madagaskar (*Grandidier* s.n. [P]). – **D:** S Madagaskar; Trockenbusch auf Kalkstein, ziemlich häufig. **I:** Hamet & Marnier-Lapostolle (1964: figs. 76-79); Boiteau & Allorge-Boiteau (1995: pl. 5: 11, 147). **Fig. XIX.c**

Incl. *Kalanchoe bonnieri* Hamet & H. Perrier (1907).

[1] Mehrjährige Kleinsträucher, stark verzweigt, vollständig kahl, 1 - 1.5 m hoch; **Tr** holzig, stielrund, etwas kletternd; **Blä** grau, sitzend, Spreite fast zylindrisch, Oberseite gefurcht, 3 - 13 × 0.4 - 1 cm, Spitze zugespitzt, Basis gestutzt, nicht stengelumfassend; **Inf** lockere Ebensträusse, 4 - 13 cm; **Ped** 6 - 8 mm; **Blü** aufrecht bis gespreizt; **Cal** grün, rot getönt, sehr fleischig, **Rö** 2 - 3 mm, Zipfel dreieckig, zugespitzt, 3 - 4 × ± 4.5 mm; **Kr** urnenförmig, sehr fleischig, glänzend rot, **Rö** 4-kantig, 7 - 11 mm, Zipfel eiförmig, zugespitzt, dornspitzig mit deutlichem Kiel, nach aussen gebogen, 3 - 4.5 × 2.5 - 4 mm; **St** oberhalb der Mitte der **Kr**röhre angeheftet, nicht herausragend; **Anth** eiförmig-länglich, 2 - 2.5 mm; **NSch** ± rechteckig, stumpf ausgerandet, ± 0.6 × 1.5 - 2 mm; **Ca** 6 - 7 mm; **Gr** 2 - 3 mm; **Sa** verkehrt eiförmig, ± 2.5 mm.

K. lobata R. Fernandes (Bol. Soc. Brot., sér. 2, 52: 200-201, 1978). **T:** Zimbabwe (*Plowes* 2176 [K]). – **D:** Zimbabwe; auf schieferigen Felsen, 1300 m.

[1] Mehrjährig (?), bis 65 cm hoch; **Tr** aufrecht, stielrund, steif, dicht drüsig-haarig; **Blä** gestielt, flach, fleischig, Stiel schmal, Basis verbreitert, Spreite unregelmässig eingeschnitten-gelappt bis 3-lappig (basale **Blä** einfach), Basis keilförmig, spärlich behaart, blassgrün bis gelblich; **Inf** ebensträussige Rispen bis 6 cm; **Ped** 2.5 - 5.5 mm; **Blü** aufrecht; **Cal** blassgrün, Basis gerundet, dicht und kurz drüsig-haarig, **Rö** 2.5 - 3.5 mm, Zipfel eiförmig-lanzettlich, zugespitzt, 3.5 - 4 × 2.5 - 3.5 mm; **Kr** orange oder gelb, **Rö** zylindrisch, Basis erweitert, direkt oberhalb der **Ca** stark zusammengezogen, 15 - 16 mm, Zipfel mit aufgesetztem Spitzchen, 5 - 5.5 × 2.5 - 3 mm; **St** nicht herausragend; **Anth** ± 0.7 mm; **Ca** ± 7.5 mm; **Gr** ± 0.5 mm.

Diese Art ähnelt *K. laciniata* und ist *K. lanceolata* ebenfalls sehr ähnlich.

K. longiflora Schlechter ex J. M. Wood (Natal Pl. 4: t. 320, 1903). **T:** RSA, KwaZulu-Natal (*Wood* 4439 [NH]). – **D:** RSA (KwaZulu-Natal); auf Felsen. **I:** Hamet & Marnier-Lapostolle (1964: figs. 92-93).

Incl. *Kalanchoe longiflora* var. *genuina* Hamet (1972) (*nom. inval.*, Art. 24.3).

[1] Mehrjährig, locker, sukkulent, vollständig

kahl, bis 40 cm hoch; **Tr** kräftig, 4-kantig, aufrecht mit niederliegend-aufrechten Zweigen; **Blä** sitzend bis kurz gestielt, Stiel 1 - 15 mm, stengelumfassend, Spreite eiförmig-länglich, verkehrt eiförmig bis beinahe kreisrund, graugrün mit dichtem Reif oder grün mit rotpurpurnen Rändern bis vollständig rotviolett, 4 - 8 × 3 - 8 cm, Spitze stumpf bis gerundet, Basis keilförmig, Ränder im unteren Teil ganzrandig, oben gekerbt oder mit wenigen, gerundeten, napfartigen Zähnen; **Inf** vielblütige Ebensträusse; **Ped** 1 - 2 cm; **Blü** aufrecht; **Cal** grün, rotviolett getönt, **Rö** ± 1 mm, Zipfel schmal dreieckig, zugespitzt, 2 - 3 mm; **Kr** grün, gelblich grün, gelb bis orange, **Rö** verlängert ampullenförmig bis beinahe zylindrisch-vierkantig, 11 - 17 mm, Zipfel eiförmig bis lanzettlich, stumpf, 2 - 4.5 × 2 - 3 mm; **St** oberhalb der Mitte der **Kr**röhre angeheftet, nicht herausragend; **Anth** eiförmig-rund, 0.7 - 1.2 mm; **NSch** linealisch, stumpf, 3 - 4 × ± 0.4 mm; **Ca** eiförmig-lanzettlich, 12 - 13 mm; **Gr** ± 6 mm; **Sa** ± 0.8 mm.

Diese endemische Art ist mit *K. sexangularis* verwandt.

K. longifolia Geddes (BMI 1929: 112-113, 1929). **T:** Thailand (*Kerr* 8775 [nicht lokalisiert]). − **D:** Thailand; Kalkfelsen, 300 m.

[1] Mehrjährig, 20 - 60 cm hoch; **Tr** einfach oder verzweigt, aufrecht, an der Basis bis 1.5 cm ⌀, jung grün und fein flaumhaarig, alt rötlich und kahl; **Blä** gestielt, grün, fleischig, einfach oder manchmal 3-geteilt, Stiel 2.5 - 7 cm, oberseits gefurcht, Basis stengelumfassend, fein drüsig-haarig, Spreite oberseits kahl, unterseits fein drüsig-haarig, verkahlend, 7.5 - 14 × 3.5 - 6 cm, Spreite der einfachen **Blä** oder untere Teil**Blä** eiförmig-lanzettlich, obere Teil**Blä** lanzettlich bis linealisch-lanzettlich, Spitze stumpf, Basis keilförmig bis gerundet, Ränder verdickt, gezähnelt bis gesägt; **Inf**form nicht beschrieben, bis 15 cm, spärlich mit langem Indumentum bedeckt; **Ped** kurz drüsig-haarig, ± 5 mm; **Blü** aufrecht, spärlich mit kurzen, drüsigen **Ha** bedeckt; **Cal** grün, nahe der Basis geteilt, Zipfel linealisch-lanzettlich, leicht zugespitzt, ± 8 × 2 mm; **Kr**röhre zylindrisch, obere Teile 4-kantig, grün bis blassgrün, ± 13 mm, Zipfel gelb, länglich verkehrt lanzettlich, zugespitzt, ± 8 × 4 mm; **St** oberhalb der Mitte der **Kr**röhre angeheftet, leicht herausragend; **Anth** grün; **NSch** pfriemlich, ± 4 mm; **Ca** incl. **Gr** ± 9 mm.

Nahe mit *K. craibii* verwandt.

K. lubangensis R. Fernandes (Bol. Soc. Brot., sér. 2, 53: 400-401, 1980). **T:** Angola, Huila (*Henriques* 433 [LUAI]). − **D:** Angola (Huila).

[1] Mehrjährig, vollständig kahl, bis 80 cm hoch; **Tr** einfach, aufrecht, stielrund, zur Basis hin bis 12 mm ⌀; **Blä** gestielt, fleischig, Stiel bis 3.5 cm, oberseits gefurcht, zur Basis vergrössert und stengelumfassend, Spreite eiförmig-lanzettlich, lanzettlich bis elliptisch, bis 11.5 × 4 cm, manchmal basal 2- bis 3-geteilt mit länglichen Segmenten, Spitze verschmälert, ± zugespitzt, Basis verschmälert bis ± gerundet, Ränder gezähnt-gesägt mit zugespitzten Zähnen oder unregelmässig gekerbt oder ganzrandig; **Inf** ebensträussig bis rispig, 13 - 27 cm lang und breit; **Ped** schlank, 5 - 13 mm; **Blü** aufrecht; **Cal**röhre 0.25 - 0.5 mm, Zipfel dreieckig, zugespitzt, 2 - 4 × 1.2 - 1.7 mm; **Kr** gelb, **Rö** vergrössert, Basis gerundet, darüber 4-kantig, 13 - 18 mm, Zipfel eiförmig, zugespitzt, ± dornspitzig, 2.5 - 4 × 1.5 - 2.5 mm; obere **St** leicht herausragend; **Anth** länglich, ± 0.7 mm; **NSch** linealisch, ± ausgerandet, 3.5 - 5 mm; **Ca** 11 - 12 mm; **Gr** 3.5 - 4 mm.

Unzureichend bekannte Art, nahe mit *K. brachyloba* verwandt.

K. luciae Hamet (Bull. Herb. Boissier, sér. 2, 8: 254-256, 1908). **T:** RSA, Transvaal (*Junod* s.n. [G]). − **D:** Zimbabwe, Moçambique, RSA, Swaziland. **I:** Hamet (1931-1963: tt. 78-80, 1960); Hamet & Marnier-Lapostolle (1964: figs. 112-114).

[1] Zweijährige Kleinsträucher, 0.5 - 2.5 m hoch, kahl mit weisser, mehliger Bedeckung, oder behaart; **Tr** einfach oder verzweigt, aufrecht, gerade, stielrund bis 4-kantig; **Blä** sitzend, flach, kahl oder behaart, länglich, verkehrt eiförmig, spatelig oder kreisrund, 4 - 23 × 2 - 15 cm, Spitze gerundet oder stumpf, Basis gerundet oder gestutzt, halb stengelumfassend, graugrün bis gelblich grün mit rot getönten Rändern, Ränder ganzrandig; **Inf** vielblütige, dichte Thyrsen oder Rispen, 32 - 40 cm; **Ped** bis 1 cm; **Blü** aufrecht; **Cal**röhre 0.7 - 1.5 mm, Zipfel lanzettlich bis länglich, zugespitzt, 3 - 7 × 2.2 - 4 mm; **Kr** blass gelblich grün, manchmal mehlig, **Rö** 4-kantig urnenförmig, 6 - 12 mm, Zipfel länglich, eiförmig-dreieckig, stumpf, 4 - 7 × 2.5 - 3 mm, Spitze plötzlich zurückgebogen; **St** nahe des oberen ¼ der **Kr**röhre angeheftet, herausragend; **Anth** 0.8 - 1 mm; **NSch** länglich bis quadratisch, Spitze keilförmig, ganzrandig, ausgerandet oder 3-lappig, 1 - 2 × 2 - 2.5 mm; **Ca** 7 - 11.5 mm; **Gr** 2.7 - 3.5 mm; **Sa** 1.3 - 1.5 mm.

K. luciae ssp. **luciae** − **D:** Zimbabwe, Moçambique, RSA; auf Hügeln und Rippen, Granithänge in Waldland oder Savannen. **I:** Tölken (1985: 70: fig. 2).

Incl. *Kalanchoe aleurodes* Stearn (1931); **incl.** *Kalanchoe albiflora* H. M. L. Forbes (1941).

[1] Pflanzen oft bis 1.5 m hoch, gewöhnlich kahl; **Blä** verkehrt eiförmig bis kreisrund, selten verkehrt lanzettlich; **Cal**zipfel 2.5 - 5 mm, kahl; **NSch** gewöhnlich quadratisch bis quer-länglich.

K. luciae ssp. **montana** (Compton) Tölken (JSAB 44(1): 89, 1978). **T:** Swaziland (*Compton* 29471 [NBG]). − **D:** RSA, Swaziland. **I:** Tölken (1985: 70: fig. 3).

≡ *Kalanchoe montana* Compton (1967).

[1] Pflanzen selten > 1 m hoch, gewöhnlich behaart; **Blä** schmal verkehrt lanzettlich bis selten

verkehrt eiförmig; **Cal**zipfel 5 - 7 mm, mit zerstreuten **Ha**; **NSch** länglich.

K. macrochlamys H. Perrier (Arch. Bot. Bull. Mens. 2(2): 27-28, 1928). **T:** Madagaskar (*Perrier* 6561 [P]). – **D:** NW Madagaskar (Sambirano); feuchte, felsige Stellen. **I:** Boiteau & Allorge-Boiteau (1995: pl. 4: 3).

≡ *Bryophyllum macrochlamys* (H. Perrier) A. Berger (1930).

[2] Zwei- bis dreijährig, ± sukkulent, vollständig kahl, 0.8 - 1.2 m hoch; **Wu** knollig; **Blä** sitzend, gross, in der Form im Laufe des Jahres sehr variabel, Mittelnerv als tiefe Furche; **Blä** der Trockenzeit dick, gewöhnlich ganzrandig, schmal, 30 - 40 × 2 - 4 cm, Ränder unregelmässig gekerbt; **Blä** der Regenzeit dünn, 3- bis 5-fach fiederschnittig, bis 40 × 10 cm, Basis geöhrt, stengelumfassend, Segmente länglich, 15 - 20 × 5 - 10 cm, Spitze stumpf, Ränder ganzrandig bis unregelmässig gekerbt-gezähnt; **Inf** grosse Rispen; **Bra** fädig, 20 - 24 mm; **Ped** 8 - 12 mm; **Blü** hängend; **Cal** sehr stark aufgebläht, weissgelblich mit dunklen Linien, Basis gerundet, **Rö** zylindrisch, 30 - 40 mm, mit 3 auffälligen Adern, Zipfel eiförmig-dreieckig, mit spitzem, aufgesetztem Spitzchen, 8 - 12 × 4 - 5 mm; **Kr** ± im **Cal** eingeschlossen oder seine Mündung erreichend, **Rö** an der Basis kugelig, darüber eingeschnürt, dann ± länglich, kahl oder spärlich drüsig-haarig, 30 - 40 mm, Zipfel eiförmig-dreieckig, mit spitz aufgesetztem Spitzchen, 5 - 7 × ± 6 mm; **St** zur Basis der **Kr**röhre hin angeheftet, nicht herausragend; **Anth** länglich, 3 - 4 mm; **NSch** fast kreisrund, ± 2.5 mm; **Ca** länglich, 7 - 8 mm; **Gr** 22 - 24 mm.

K. mandrarensis Humbert (Notul. Syst. (Paris) 8: 4-5, 1939). **T** [syn]: Madagaskar (*Humbert* 12690 [P]). – **D:** SE Madagaskar; Trockenwald, auf Felsen, 600 - 900 m.

[2/1] Mehrjährig, 20 - 30 cm hoch, ganz mit sternförmigen, rotbraunen **Ha** bedeckt; **Tr** basal verholzt, bis 3 mm ⌀, niederliegend-kriechend, wurzelnd, Zweige aufsteigend, etwas fleischig; **Blä** gestielt, fleischig, dick, Stiel drehrund, 7 - 25 mm, Spreite eiförmig bis fast kreisrund, 1.5 - 2 cm lang und breit, Spitze gerundet, Basis breit gerundet bis verschmälert keilförmig, Ränder scharf gezähnt mit dreieckigen, 2 - 3 mm langen Zähnen; **Inf** wenigblütige Cymen; **Ped** ± 1 cm; **Blü** hängend; **Cal** breit glockig, **Rö** ± 5 mm, Zipfel dreieckig, zugespitzt, ± 3 × 4 mm; **Kr** etwas fleischig, breit glockig, cremefarben, **Rö** fast 4-kantig, 12 - 15 mm, Zipfel halbkreisförmig, aufrecht, 4 - 5 mm; **St** etwas oberhalb der **Kr**röhrenmitte angeheftet, nicht herausragend; **Anth** eiförmig, ± 2 mm; **NSch** dreieckig, dick, ± 0.5 mm; **Ca** länglich, ± 7 mm; **Gr** ± 7 mm.

Diese Art steht zwischen Sect. *Kalanchoe* (Staubblätter oberhalb der Mitte der Kronröhre angeheftet) und Sect. *Bryophyllum* (hängende Blüten, Kelchröhre länger als die Kronzipfel, aber keine Brutknospen), ist aber mit letzterer näher verwandt. Die Abbildung unter diesem Namen bei Boiteau & Allorge-Boiteau (1995: 163) zeigt *K. rosei*.

K. manginii Hamet & H. Perrier (Ann. Sci. Nat. Bot., sér. 2, 16: 370-373, 1912). **T:** Madagaskar (*Perrier* 11790 [P]). – **D:** C Madagaskar (Andringi\&tra-Massiv); trockene, felsige Hänge, bis 2000 m. **I:** Boiteau & Allorge-Boiteau (1995: 75); Rauh (1995a: figs. 398-399). **Fig. XIX.d**

≡ *Bryophyllum manginii* (Hamet & H. Perrier) Nothdurft (1962); **incl.** *Kalanchoe manginii* var. *triploidea* Mannoni & Boiteau (1948) ≡ *Bryophyllum manginii* var. *triploideum* (Mannoni & Boiteau) Nothdurft (1962) (*nom. inval.*, Art. 33.2).

[2] Mehrjährig, bis 40 cm hoch, kriechend; **Tr** zahlreich, gebüschelt, schlank, verholzt, aufrecht oder mit aufgerichtetem Ende kriechend, sterile **Tr** flaumhaarig-drüsig, blühende **Tr** kahl; **Blä** fast sitzend, sehr fleischig, bis 8 mm dick, kahl bis ± winzig flaumhaarig, reingrün, verkehrt eiförmig, verkehrt eiförmig-rund, verkehrt eiförmig-spatelig, länglich bis kreisrund, 1 - 3 × 0.6 - 1.5 cm, Spitze sehr stumpf, Basis verschmälert, nicht stengelumfassend, Ränder ganzrandig, manchmal im oberen Teil leicht gekerbt; **Inf** kurzstielige, lockere, wenigblütige Rispen mit Brutknospen; **Ped** 7 - 10 mm, behaart; **Blü** hängend; **Cal** grün bis grünrötlich, drüsig-haarig, **Rö** 0.4 - 0.8 mm, Zipfel eiförmig bis länglich, zugespitzt, 6.5 - 9 × 2.4 - 3.5 mm; **Kr** urnenförmig-vierkantig, rotorange bis leuchtend rot, **Rö** 20 - 25 mm, Zipfel eiförmig, mit aufgesetztem Spitzchen, 3.5 - 4.5 × 4.5 - 5 mm; **St** zur Basis der **Kr**röhre hin angeheftet, obere **St** herausragend; **Anth** nierenförmig, ± 1.6 mm; **NSch** linealisch, ausgerandet, ± 1.8 mm; **Ca** 8 - 9 mm; **Gr** 14 - 17 mm; **Sa** verkehrt eiförmig-länglich, ± 0.9 mm.

Eine feingliederige, dekorative Art und sehr leicht zu kultivieren.

K. marmorata Baker (Gard. Chron., ser. 3, 12: 300, 1892). **T:** Eritrea (*Penzig s.n.* [K]). – **D:** C und E Afrika; felsige Hänge und Kulturland, 1200 - 2400 m. **I:** Gilbert (1989: 21, fig. 88.8: 1-2). **Fig. XIX.e**

Incl. *Kalanchoe grandiflora* A. Richard (1847) (*nom. illeg.*, Art. 53.1); **incl.** *Kalanchoe macrantha* Baker (1892) ≡ *Kalanchoe macrantha* var. *marmorata* (Baker) Maire (1977); **incl.** *Kalanchoe somaliensis* Baker (1895) ≡ *Kalanchoe marmorata* fa. *somaliensis* (Baker) Pampanini (1909) ≡ *Kalanchoe macrantha* var. *somaliensis* (Hooker) Maire (1977); **incl.** *Kalanchoe kelleriana* Schinz (1896); **incl.** *Kalanchoe grandiflora* var. *angustipetala* Engler (1902) (*nom. inval.*, Art. 43.1); **incl.** *Kalanchoe marmorata* var. *maculata* Terracciano *ex* Senni (1905); **incl.** *Kalanchoe rutshuruensis* Lebrun & Toussaint (1947) (*nom. inval.*, Art. 32.1c?); **incl.** *Kalanchoe macrantha* var. *richardiana* Maire (1977).

[1] Mehrjährig, vollständig kahl, glauk, 0.5 - 1.3 m hoch; **Tr** aufrecht bis basal niederliegend; **Blä** sitzend, verkehrt eiförmig bis breit verkehrt eiförmig oder fast kreisrund, glauk-graugrün, ober- und unterseits oft mit purpurnen Markierungen, 20 - 25 × ± 13 cm, Spitze stumpf bis gerundet, Basis keilförmig bis halb stengelumfassend, Ränder ganzrandig, gewellt, gekerbt oder gesägt; **Inf** rispige Cymen bis 30 cm; **Ped** 15 - 25 mm; **Blü** aufrecht; **Cal**röhre 1 - 2 mm, Zipfel linealisch-dreieckig, lang verschmälert, 5 - 17 × 2 - 6 mm; **Kr** reinweiss, selten cremefarben, manchmal sehr blass rosa überlaufen, untere Teile grünlich, **Rö** 1.9 - 12 cm, Zipfel lanzettlich bis breit verkehrt eiförmig, mit aufgesetztem Spitzchen, 6 - 25 × 6 - 13 mm; **St** oberhalb der Mitte der **Kr**röhre angeheftet, obere **St** sehr kurz herausragend; **Anth** länglich, 0.7 - 2.5 mm, mit spitzenständiger **Dr**; **NSch** linealisch, 4 - 12.5 mm; **Ca** in Seitenansicht eiförmig-lanzettlich, 9 - 30 mm; **Gr** 9 - 80 mm.

Durch die marmorierten Blätter und besonders wegen der grossen, weissen oder rosafarbenen Blüten sehr dekorative Pflanzen und ohne Zweifel die schönste *Kalanchoe* aus Afrika. Sie wird oft sowohl als Zier- wie auch als Medizinalpflanze kultiviert.

K. marnieriana H. Jacobsen (Handb. Sukk. Pfl. 2: 835, 1954). **T:** Madagaskar (*Humbert* 4901 [TAN, P]). − **D:** SE Madagaskar; feuchte, felsige Stellen. **I:** Hamet & Marnier-Lapostolle (1964: figs. 50-51); Boiteau & Allorge-Boiteau (1995: 101). **Fig. XIX.f**
≡ *Bryophyllum marnierianum* (H. Jacobsen) Byalt (2000); incl. *Kalanchoe humbertii* Mannoni & Boiteau (1947) (*nom. illeg.*, Art. 53.1).

[2] Mehrjährig, vollständig kahl, stark verzweigt, büschelbildend, bis 30 cm hoch; **Tr** basal kriechend und wurzelnd, später aufsteigend, rot, in den unteren Teilen braun gefleckt, mit 2 Rippen zwischen den Knoten; **Blä** oft nahe der **Tr**spitzen dicht gedrängt, gestielt, glauk, bläulich, mit violetten Flecken, Stiel zylindrisch, 3 - 8 mm, Spreite verkehrt eiförmig bis fast kreisrund, 3 - 4 × 2 - 3 cm, Spitze gerundet, Basis etwas herzförmig, leicht geöhrt, Ränder fast ganzrandig, manchmal im oberen Teil mit wenigen Einkerbungen, mit zahlreichen Brutknospen an den Zähnen; **Inf** ebensträussig; **Inf**stiel 9 - 12 cm; **Blü** hängend; **Ped** 1 - 1.5 cm; **Cal** grün bis grünpurpurn, **Rö** 9 - 11 mm, Zipfel dreieckig, zugespitzt, 7 - 8.5 × ± 6 mm; **Kr** urnenförmigröhrig, gelb, orange bis rosa, **Rö** ± 8-kantig, 20 - 35 mm, Zipfel verkehrt eiförmig, stumpf, 5 - 6 mm lang und breit; **St** unterhalb der Mitte der **Kr**röhre angeheftet, obere **St** leicht herausragend; **Anth** rund, ± 1.5 mm; **NSch** dreieckig-länglich, ausgerandet, 0.7 - 1 × ± 1 mm; **Ca** gerundet, ± 6 mm; **Gr** 15 - 18 mm.

Die Art ist nahe mit *K. fedtschenkoi* und *K. laxiflora* verwandt, mit welchen sie eine homogene Gruppe bildet. Alle haben die gleiche Wuchsform, Biologie und Ökologie.

K. migiurtinorum Cufodontis (Webbia 19: 727-728, pl. 1: fig. 6-7, 1965). **T:** Somalia, North-East (*Merla & al.* s.n. [FI]). − **D:** N Somalia; Gips- oder Kalkhügel in Halbwüsten, 200 - 1850 m. **Fig. XXI.b**

[1] Mehrjährig, bis 60 cm hoch, kahl oder drüsig-papillös, glauk; **Tr** aufrecht, stielrund; **Blä** sitzend, sehr fleischig, zäh, flach oder ± wurstförmig, länglich lanzettlich, verkehrt eiförmig bis breit spatelig, 3 - 10 × 1 - 4.2 cm, Spitze leicht zugespitzt, Basis verschmälert, Ränder ganzrandig; **Inf** dichte Cymen, 10 - 15 cm; **Ped** 5 - 10 mm; **Blü** aufrecht; **Cal** früh abfallend, kahl oder drüsig-papillös, **Rö** ± 0.2 mm, Zipfel lanzettlich, zugespitzt, 1.5 - 6 × ± 1 mm; **Kr** weiss bis gelblich, manchml rosa überlaufen, **Rö** zylindrisch, an der Basis verbreitert, 25 - 32 mm, Zipfel lanzettlich, zugespitzt, kahl oder drüsig-papillös, manchmal fein mit purpurnen Punkten oder Linien gezeichnet, 6 - 8 × 2.5 - 3 mm; **St** oberhalb der Mitte der **Kr**röhre angeheftet, nicht oder obere **St** teilweise herausragend; **NSch** linealisch, 4.5 - 5.5 mm; **Ca** 16 - 18 mm; **Gr** 5 - 7 mm; **Sa** ± 0.5 mm.

Eine besonders in der Blattform sehr variable Art mit 2 lokalen Formen: Pflanzen mit schmal wurstförmigen Blättern auf Gips und Pflanzen mit flachen Blättern auf Kalk.

K. millotii Hamet & H. Perrier (Ann. Sci. Nat. Bot., sér. 9, 16: 374-376, 1912). **T:** Madagaskar (*Perrier* 11789 [P]). − **D:** C-S und S Madagaskar; Trockenwälder und xerophytischer Busch. **I:** Hamet & Marnier-Lapostolle (1964: figs. 26-28); Boiteau & Allorge-Boiteau (1995: 159).

[1] Mehrjährige Kleinsträucher, stark verzweigt und dichte Haufen bildend, 0.4 - 1 m hoch, vollständig mit dichten, winzigen, weisslichen, sternförmigen **Ha** bedeckt; **Tr** verholzt, kräftig, aufrecht; **Blä** gestielt, flach, fleischig, dick, frischgrün bis gräulich grün, Stiel fleischig, oberseits gefurcht, Basis leicht vergrössert, 5 - 18 mm, Spreite verkehrt eiförmig, eiförmig bis kreisrund, 3 - 6.5 cm lang und breit, Spitze gerundet und mit einem zugespitzten Zahn endend, Basis keilförmig, Ränder unregelmässig buchtig gezähnt mit breiten, zugespitzten Zähnen; **Inf** ± dichte, ebensträussige Rispen, 2 - 10 cm; **Ped** dick, 3 - 4 mm; **Blü** aufrecht; **Cal** gelbgrün bis orange, drüsig-haarig, **Rö** 4 - 5 mm, Zipfel dreieckig, zugespitzt, 3.5 - 4.5 × 3.2 - 3.5 mm; **Kr** röhrig, gelbgrün bis gelborange, **Rö** zylindrisch, 9 - 11 mm, Zipfel linealisch-rechteckig, eiförmig bis gerundet, zugespitzt, 3 - 4 × 2 - 2.5 mm; **St** oberhalb der Mitte der **Kr**röhre angeheftet, alle herausragend; **Anth** gelb, nierenförmig, ± 0.7 mm; **NSch** trapezförmig, ausgerandet, ± 1 mm; **Ca** länglich, 7 - 9 mm; **Gr** 2.5 - 3.5 mm; **Sa** verkehrt eiförmig, ± 0.8 mm.

Eine robuste und leicht zu kultivierende Art mit ziemlich attraktivem Laub.

K. miniata Hilsenberg & Bojer *ex* Tulasne (Ann. Sci. Nat. Bot., sér. 4, 8: 149, 1857). **T:** Madagaskar (*Bojer* s.n. [P]). – **D:** C Madagaskar; auch kultiviert und manchmal im tropischen Afrika aus Gärten verwildert. **I:** Boiteau & Allorge-Boiteau (1995: 67); Rauh (1995a: figs. 400-402). **Fig. XX.a, XXI.a**

≡ *Kitchingia miniata* (Hilsenberg & Bojer *ex* Tulasne) Baker (1882) ≡ *Bryophyllum miniatum* (Hilsenberg & Bojer *ex* Tulasne) A. Berger (1930); **incl.** *Kalanchoe subpelta* Baker (1887) ≡ *Kalanchoe miniata* [?] *subpeltata* (Baker) H. Perrier (1924); **incl.** *Kalanchoe miniata* [?] *andringitrensis* H. Perrier (1924) ≡ *Bryophyllum miniatum* var. *andringitrense* (H. Perrier) Hort. ZSS (s.a.) (*nom. inval.*, Art. 29.1); **incl.** *Kalanchoe miniata* [?] *confertifolia* H. Perrier (1924); **incl.** *Kalanchoe miniata* [?] *subsessilis* H. Perrier (1924); **incl.** *Kalanchoe miniata* [?] *typica* H. Perrier (1924) (*nom. inval.*, Art. 24.3); **incl.** *Kalanchoe miniata* var. *sicaformis* Boiteau & Mannoni (1948).

[2] Mehrjährig, vollständig kahl, 30 - 80 cm hoch, aufrecht, basal ± niederliegend-kriechend; **Tr** einfach, schlank, stielrund, Basis wurzelnd; **Blä** gestielt bis sitzend, fleischig, in der Form sehr variabel, manchmal ± schildförmig, Stiel (wenn vorhanden) zylindrisch, 1 - 4 cm, Basis stark verbreitert und stengelumfassend, manchmal mit 2 ungleichen Flügeln, Spreite eiförmig, eiförmig-rundlich, länglich, länglich spatelig, manchmal 3-geteilt, 2.5 - 9 × 1.2 - 6 cm, Spitze stumpf, gerundet bis ausgerandet, Basis gerundet bis fast herzförmig, geöhrt und stengelumfassend (sofern **Bla**stiel fehlend), Ränder gekerbt, gezähnt oder gewellt, manchmal mit roten Flecken; **Inf** sehr lockere, wenig- bis vielblütige, ebensträussige oder rispige Cymen, 7 - 20 cm, verkümmerte **Blü** manchmal durch Brutknospen ersetzt; **Ped** 7 - 20 mm; **Blü** hängend, **Cal** grüngelblich, glockig, **Rö** 4.5 - 7 mm, Zipfel dreieckig bis halbkreisförmig, dornspitzig, 4 - 8 × 5 - 8 mm; **Kr** röhrig-glockig, leuchtend rot, **Rö** 22 - 35 mm, Zipfel dreieckig bis fast kreisrund, dornspitzig, 4 - 6 × 5 - 7 mm, manchmal gelb oder orange; **St** zur Basis der **Kr**röhre hin angeheftet, nicht oder leicht herausragend; **Anth** kugelig, ± 1.6 mm; **NSch** fast quadratisch, ausgerandet, 0.9 - 1.4 mm; **Ca** eiförmig-länglich, 8 - 11 mm; **Gr** 20 - 25 mm; **Sa** verkehrt eiförmig, ± 0.8 mm.

Diese Art hat ausserordentlich variable Blätter (Form, Grösse, Farbe, Vorhandensein oder Fehlen des Blattstiels), und zahlreiche Varietäten und "Rassen" (hier unter dem Botanischen Code ohne Rangstufen aufgeführt und mit [?] gekennzeichnet) wurden beschrieben. Sie werden hier alle als Synonyme zusammengefasst. Einige als Varietäten von *K. miniata* beschriebene Taxa werden in die Synonymie von *K. pubescens* oder *K. pseudocampanulata* gestellt (siehe dort).

K. mitejea Leblanc & Hamet (Notizbl. Königl. Bot. Gart. Berlin 5: 305, 1913). **T:** Kenya, Machakos Distr. (*Scheffler* 177 [B, P]). – **D:** N Uganda, Kenya, N Tanzania; bewaldetes Grasland, Buschland und Strauchwerk, auf sandigen oder humösen Böden, manchmal an felsigen Hängen, 250 - 2100 m. **I:** Hamet & Marnier-Lapostolle (1964: figs. 96-97).

[1] Mehrjährig (?), vollständig kahl, glauk; **Tr** kräftig, aufrecht, 0.5 - 3 m hoch; **Blä** gestielt, Stiel schlank, drehrund, bis 5 cm, Spreite fast eiförmig bis herzförmig, gewöhnlich konkav und bootförmig und der basale Teil im rechten Winkel zum Hauptteil der Spreite stehend, oberseits glauk, unterseits blassgrün und gewöhnlich purpurn oder kastanienbraun gesprenkelt, 15 - 16 × 5 - 6 cm, Spitze spitz bis zugespitzt, mittlere **Blä** gewöhnlich mit 2 kleinen Lappen oder Öhrchen an der Basis, Ränder ganzrandig bis wenig winzig gekerbt; **Inf** locker, vielblütig, cymös, 20 - 30 cm; **Ped** schlank, 4 - 15 mm; **Blü** aufrecht; **Cal**röhre 0.5 - 1.3 mm, Zipfel dreieckig bis lanzettlich-pfriemlich, zugespitzt, 2 - 3.2 × 1.5 - 2 mm; **Kr** präsentiertellerförmig, zur Basis hin vergrössert, **Rö** 17 - 22 mm, Zipfel lanzettlich-eiförmig bis verkehrt eiförmig, stumpf, mit aufgesetztem Spitzchen, 4.5 - 6.5 × 2.5 - 4 mm; obere **St** nahe am Schlund der **Kr**röhre angeheftet, untere **St** oberhalb der Mitte der **Kr**röhre angeheftet, alle **St** nicht oder kaum herausragend; **Anth** länglich, 1.1 - 1.3 mm, mit spitzenständiger **Dr**; **NSch** linealisch, ausgerandet bis 3-spaltig, 2 - 4 mm; **Ca** eiförmig bis linealisch-pfriemlich, 10 - 14 mm; **Gr** 6 - 8 mm; **Sa** länglich, ± 1 mm.

K. ndotoensis L. E. Newton (CSJA 70(2): 85-87, ills., 1998). **T:** Kenya, Eastern Prov. (*Powys & al.* 539 [K, EA]). – **D:** Kenya (Samburu Distr: Ndoto Mts.); Bergwald, 1220 m.

[1] Mehrjährige, sukkulente Epiphyten; **Tr** verzweigt, bis 20 cm, bis 4 mm ∅, hängend, kahl; **Blä** sitzend, fleischig, kahl, verkehrt eiförmig, ± 8 × 4 cm, ± 4 mm dick, Basis ± gerundet, Spitze keilförmig bis gerundet, Ränder in der unteren ½ ganzrandig, darüber gekerbt; **Inf** cymös, bis 12-blütig, bis 23 cm lang, Schaft 2.5 cm lang, an der Basis fast kahl, darüber mit einigen wenigen, weissen **Ha**; **Ped** 2 - 3 mm; **Blü** aufrecht; **Cal**röhre ± 0.2 mm, Zipfel dreieckig, ± 7 × 1.5 mm, grün, flaumhaarig; **Kr**röhre ± 13 × 2 - 3 mm, flaumhaarig, Zipfel ausgebreitet, verkehrt eiförmig, ± 7 × 5 mm, gelb, dornspitzig; **St** in der Mitte oder etwas unterhalb in der **Kr**röhre inserierend, nicht herausragend; **Anth** ± 0.7 mm; **NSch** linealisch oder etwas verjüngt, ± 2 mm; **Ca** ± 6.5 mm; **Gr** ± 3 mm.

Einer der seltenen Epiphyten in der Gattung. Die Art ist mit *K. citrina* verwandt. Die Position der Staubblätter in der Kronröhre nähert sich den normalerweise für die Sect. *Bryophyllum* üblichen Verhältnissen.

K. neglecta Tölken (JSAB 44(1): 90, 1978). **T:** RSA, KwaZulu-Natal (*Vahrmeijer & Tölken* 835 [PRE, K]). – **D:** RSA (NE KwaZulu-Natal); Küstenebenen auf sandigen Böden.

[1] Mehrjährig, vollständig kahl, bis 1 m hoch; **Tr** einzeln, stielrund; **Blä** gstielt, Stiel 2 - 8 cm, oberseits leicht gefurcht, nicht stengelumfassend, Spreite eiförmig, tief herzförmig oder schildförmig, flach bis napfförmig, grün, 3.5 - 13 × 3 - 9 cm, Basis gestutzt oder ausgerandet und 2-lappig, Ränder ganzrandig oder leicht buchtig; **Inf** flachkopfige, vielblütige, ebensträussige Thyrsen; **Cal** grün, Zipfel schmal lanzettlich-dreieckig, 1.5 - 3 mm; **Kr** gelb bis orange, **Rö** beinahe zylindrisch, 6 - 8 mm, Zipfel schmal lanzettlich, scharf gespitzt, 2.5 - 3.5 × 1.5 - 2.5; **Anth** 0.6 - 0.8 mm; **NSch** linealisch, zur Spitze hin allmählich spitz zulaufend, 1.6 - 2.5 mm; **Sa** ± 1 mm.

K. nyikae Engler (Pfl.-welt Ost-Afr., Teil C, 189, 1895). **T:** Tanzania, Lushoto Distr. (*Holst* 3918 [B †?, P]). – **D:** Kenya, Tanzania. **I:** Hamet (1931-1963: tt. 60-64, 1958); Hamet & Marnier-Lapostolle (1964: figs. 102-103).

[1] Mehrjährig, vollständig kahl, glauk, 0.6 - 2 m hoch; **Tr** aufrecht oder basal niederliegend; **Blä** gstielt, flach, schildförmig oder geöhrt, 7 - 8 × 6 - 7 cm, Stiel der mittleren **Blä** 3 - 10 cm, ± drehrund, zur Basis leicht verbreitert, Spreite der basalen **Blä** fast kreisrund, Basis keilförmig oder leicht herzförmig, Ränder ganzrandig, Spreite der oberen **Blä** lanzettlich; **Inf** rispige Cymen bis 35 cm; **Ped** 6 - 13 mm; **Blü** aufrecht; **Cal** grün, **Rö** 1 - 2 mm, Zipfel eiförmig bis lanzettlich, zugespitzt, 9 - 16 × 3 - 5 mm; **Kr**röhre grünlich, fast zylindrisch, untere ½ leicht erweitert, 17 - 21 mm, Zipfel eiförmig-lanzettlich, zugespitzt, mit aufgesetztem Spitzchen, aussen cremefarben, innen cremefarben, gelb oder lachsrosa, 8 - 11 × 3 - 5.5 mm; **St** im oberen Teil der **Kr**röhre angeheftet, nicht oder obere **St** leicht herausragend; **Anth** länglich, mit spitzenständiger **Dr**, 1.2 - 2 mm; **NSch** in Seitenansicht linealisch-lanzettlich, stumpf, 2.5 - 5 mm; **Ca** linealisch-lanzettlich, 10 - 12 mm; **Gr** 6 - 9 mm; **Sa** länglich, ± 0.6 mm.

K. nyikae ssp. **auriculata** Raadts (Willdenowia 8: 113-114, 1977). **T:** Tanzania, Musoma Distr. (*Greenway* 10760 [K, EA, PRE]). – **D:** SE Kenya, N Tanzania; dichtes oder offenes Buschland, meist auf felsigem Boden oder an steinigen Hängen, 700 - 1800 m.

[1] **Bla**spreite geöhrt oder herzförmig, bis 15 × 12 cm, Spitze stumpf, Basis manchmal gelappt, Ränder gekerbt, glauk, unterseits gewöhnlich malvenbraun gesprenkelt, **Bla**stiel 3 - 10 cm.

K. nyikae ssp. **nyikae** – **D:** SE Kenya, NE Tanzania; Küstenbusch und laubwerfendes Buschland, bis 1000 m. **Fig. XX.b**

Incl. *Kalanchoe hemsleyana* Cufodontis (1967).

[1] **Blä** schildförmig, Spreite eiförmig bis fast kreisrund, bis 18 × 16 cm, Ränder ganzrandig oder fast ganzrandig, oberseits bräunlich grün oder glauk, unterseits blasser, **Bla**stiel 3 - 6 cm.

K. obtusa Engler (Pfl.-welt Ost-Afr., Teil C, 189, 1895). **T:** Tanzania, Tanga Distr. (*Holst* 3161 [B, COI, K, M, P]). – **D:** SE Kenya, NE Tanzania; immergrüne bis halblaufwerfende Wälder, meist auf Kalkstein, bis 450 m. **I:** Hamet & Marnier-Lapostolle (1964: pl. 1: E).

[1] Mehrjährig, klein, 10 - 15 cm hoch; **Tr** aufrecht bis niederliegend-aufrecht, kahl; **Blä** gestielt, kahl, in 3 - 5 Paaren, Stiel flach, halb stengelumfassend, 0.5 - 2 cm, Spreite eiförmig, verkehrt eiförmig oder fast kreisrund, grün bis rötlich, 2 - 7 × 1 - 5 cm, Spitze stumpf, Basis keilförmig bis manchmal gerundet, Ränder ganzrandig, buchtig oder gering gekerbt; **Inf** ± dicht, ebensträussig, 2 - 7 cm; **Ped** 1 - 3 mm; **Blü** aufrecht, lang mit wenigen, drüsigen **Ha** behaart oder kahl; **Cal**röhre ± 0.4 mm, Zipfel lanzettlich bis linealisch-lanzettlich, zugespitzt, 3.5 - 5.5 × 1 - 1.8 mm; **Kr** leuchtend rot, untere Teile hellgrün, **Rö** zylindrisch, 7 - 9.5 mm, Zipfel schmal bis breit länglich eiförmig, fast stumpf, mit aufgesetztem Spitzchen, 4.5 - 5.5 × 2 - 3 mm; **St** nahe der Mitte der **Kr**röhre angeheftet, nicht herausragend; **Anth** länglich bis fast kreisrund, 0.6 - 0.7 mm, mit spitzenständiger **Dr**; **NSch** linealisch, ausgerandet, 1.5 - 2.5 × ± 0.3 mm; **Ca** in Seitenansicht linealisch-lanzettlich, 6.5 - 7 mm; **Gr** 1.5 - 2.5 mm; **Sa** verkehrt eiförmig.

K. olivacea Dalzell (in Dalzell & Gibson, Bombay Fl., 313, 1861). **T:** Indien (*Anonymus* s.n. [nicht lokalisiert]). – **D:** Indien (Deccan, W Ghats); zwischen Felsen, felsige Böden, feuchte und schattige Stellen, 1200 - 1400 m.

[1] Mehrjährig (?), kahl, vollständig olivbraun gefärbt, 20 - 100 cm hoch; **Tr** aufrecht, stielrund, dick, fleischig; **Blä** fast sitzend, fleischig, eiförmig, verkehrt eiförmig, elliptisch bis breit lanzettlich, oft mit blutroten Flecken punktiert, 5 - 12.5 × 2 - 5 cm, obere **Blä** kleiner, Spitze stumpf, Basis keilförmig, Ränder ganzrandig oder unregelmässig gekerbt-gesägt; **Inf** rispige Cymen; **Inf**, **Ped** und **Blü** dicht in drüsig-kleberige **Ha** gehüllt; **Blü** aufrecht; **Cal** mit freien Zipfeln, lanzettlich, spitz bis zugespitzt, 4 - 8 mm; **Kr** weiss, manchmal leicht rosa getönt, **Rö** zur Basis erweitert, 12 - 14 mm, Zipfel eiförmig-länglich, zugespitzt, mit aufgesetztem Spitzchen, 6 - 9 mm; **NSch** weiss, linealisch, leicht 2-gezähnt, ± 3 mm; **Ca** eiförmig, ± 5 mm.

K. orgyalis Baker (J. Bot. 20: 110, 1882). **T** [syn]: Madagaskar (*Baron* 105 [K, P]). – **D:** S und SW Madagaskar; Trockenbusch, auf Felsen und verschiedenen Böden. **I:** Hamet & Marnier-Lapostolle (1964: figs. 80-81); Boiteau & Allorge-Boiteau (1995: pl. 5: 12, 141). **Fig. XX.c**

Incl. *Kalanchoe antanosiana* Drake (1903).

[1] Mehrjährige, stark verzweigte Sträucher, bis 1 - 2 m hoch, mit sehr charakteristischen Haar**Sch** bedeckt (sternförmige **Ha** mit 3 ziemlich langen, dreieckigen, zugespitzten Ästen), **Sch** gewöhnlich sehr dicht, oft stark angedrückt und ± mit wachsartigem Sekret angeklebt und dann Pflanzen kahl erscheinend; **Tr** aufrecht, verzweigt, kräftig, jung lang behaart; **Blä** gestielt, zäh, dicht langhaarig, oberseits graugrün bis rotbräunlich, unterseits grün bis silbern, Stiel rinnig, 5 - 15 mm, Spreite oft wie eine Dachrinne gefaltet, eiförmig, eiförmig-spatelig, elliptisch bis lanzettlich, 5 - 15 × 3.5 - 10 cm, Spitze zugespitzt, Basis verschmälert, Ränder ganzrandig; **Inf** ± dichte, ebensträussige Cymen; 45 - 100 cm; **Ped** 5 - 15 mm; **Blü** aufrecht bis spreizend; **Cal** fleischig, **Rö** beinahe fehlend, Zipfel eiförmig bis kreisrund, zugespitzt, ± dornspitzig, 3 - 5 × 1.4 - 2.8 mm; **Kr** urnenförmig bis 4-kantig, sehr fleischig, gelb, kahl oder lang behaart, **Rö** 6 - 15 mm, Zipfel ausgebreitet, eiförmig-dreieckig, zugespitzt-dornspitzig, 2.5 - 5 × 3 - 6 mm; **St** oberhalb der Mitte der **Kr**röhre angeheftet, nicht herausragend; **Anth** eiförmig, 1.5 - 2 mm; **NSch** trapezförmig bis halbkreisförmig, ± 1.5 mm; **Ca** 6.5 - 10 mm; **Gr** 2 - 2.5 mm; **Sa** verkehrt eiförmig, ± 0.7 mm.

Eine sehr dekorative Art, leicht zu kultivieren und zu vermehren. Sie tritt oft zusammen mit *K. hildebrandtii* und *K. bracteata* auf, ist aber leicht zu unterscheiden.

K. paniculata Harvey (FC 2: 380, 1861). **T:** RSA, Free State (*Zeyher* 671 [S]). – **D:** Zimbabwe, Moçambique, RSA; steinige, trockene Orte. **I:** Hamet & Marnier-Lapostolle (1964: figs. 104-107); Tölken (1985: 68: fig. 8.1).

Incl. *Kalanchoe oblongifolia* Harvey (1861).

[1] Zweijährig, bis 1.3 m hoch, vollständig kahl, mit wachsartig-mehliger, reifartiger Bedeckung; **Wu**stock geschwollen; **Tr** einfach, aufrecht, kräftig, an der Basis beinahe 4-kantig; **Blä** fast rosettig, leicht gestielt oder sitzend, fleischig, Stiel flach, bis 5 cm, kaum stengelumfassend, Spreite länglich eiförmig, breit verkehrt eiförmig, spatelig bis fast kreisrund, grün bis gelblich grün, ± rot getönt, 6 - 20 × 4 - 16 cm, Spitze stumpf bis gerundet, Basis verschmälert, herablaufend, Ränder ganzrandig; **Inf** dichte, flachköpfige, ebensträussige Cymen oder Rispen, bis 40 cm; **Ped** 4 - 7 mm; **Blü** aufrecht; **Cal** grün, **Rö** 1 - 2 mm, Zipfel dreieckig, zugespitzt, 1 - 3.5 × 1.5 - 2 mm; **Kr**röhre zylindrisch bis beinahe pyramidal, deutlich 4-kantig, zur Basis vergrössert, gelblich grün, 10 - 12 mm, Zipfel eiförmig, mit spitz aufgesetztem Spitzchen, gelbgrün, gelb bis orangegelb, zuletzt plötzlich zurückgebogen, 2 - 4 × 1.5 - 3 mm; **St** oberhalb der Mitte der **Kr**röhre angeheftet, obere **St** herausragend; **Anth** länglich bis eiförmig, 0.7 - 1 mm; **NSch** länglich oder linealisch, gestutzt oder ausgerandet, 2.5 - 3 × ± 0.5 mm; **Ca** 8 - 9 mm; **Gr** 1 - 2 mm; **Sa** ± 1 mm.

K. peltata (Baker) Baillon (Bull. Mens. Soc. Linn. Paris 1(59): 468, 1885). **T:** (*Hildebrandt* 3702 [K ?, LE [iso]]). – **D:** C und C-E Madagaskar; laubwerfende und Regenwälder, schattige und feuchte Felsen, bis 1600 m. **I:** Hamet & Marnier-Lapostolle (1964: pl. 1: D, figs. 6-7); Boiteau & Allorge-Boiteau (1995: 47); Rauh (1995a: figs. 403-405).

≡ *Kitchingia peltata* Baker (1883) ≡ *Bryophyllum peltatum* (Baker) Hort. ZSS (s.a.) (*nom. inval.*, Art. 29.1); **incl.** *Kalanchoe stapfii* Hamet & H. Perrier (1915) ≡ *Kalanchoe peltata* var. *stapfii* (Hamet & H. Perrier) H. Perrier (1928) ≡ *Kitchingia peltata* var. *stapfii* (Hamet & H. Perrier) A. Berger (1930); **incl.** *Kalanchoe mandrakensis* H. Perrier (1922) ≡ *Kitchingia mandrakensis* (H. Perrier) A. Berger (1930) ≡ *Kalanchoe peltata* var. *mandrakensis* (H. Perrier) Boiteau & Mannoni (1948); **incl.** *Kalanchoe peltata* var. *typica* Boiteau & Mannoni (1948) (*nom. inval.*, Art. 24.3).

[2/1] Mehrjährig, vollständig kahl, 1 - 2 m hoch; **Tr** gewöhnlich einfach, schlank, aufrecht, niederliegend oder niederliegend-aufrecht; **Blä** gestielt, schildförmig, Stiel schlank, oberhalb der Basis der Spreite angeheftet, etwas stengelumfassend, 2 - 10 cm, Spreite eiförmig bis dreieckig, 3 - 12 × 2.5 - 7 cm, manchmal schwärzlich gefleckt, Spitze stumpf, Basis gerundet, Ränder undeutlich gekerbt bis grob buchtig gezähnt; **Inf** lockere, ebensträussige Rispen, 4 - 16 cm breit; **Ped** fadenförmig, 0.6 - 4 cm; **Blü** hängend; **Cal** glockig, blassgrün, **Rö** 2 - 4.5 mm, Zipfel eiförmig bis kreisrund, 2 - 4 mm; **Kr** weisslich, rosa, rosagelb, gelbgrün oder leuchtend rot, **Rö** röhrig-glockig bis urnenförmig, 22 - 32 mm, Zipfel eiförmig bis kreisrund, 6 - 10 × ± 6 mm; **St** oberhalb der Mitte der **Kr**röhre angeheftet, herausragend; **Anth** nierenförmig mit weit auseinanderstehenden Lappen, ± 2 mm; **NSch** verkehrt eiförmig bis rechteckig, 1.3 - 2 mm; **Ca** 6 - 8 mm; **Gr** ± 3 cm.

Intermediär zwischen Sect. *Kalanchoe* (Position der Staubblätter, Fehlen von Brutknospen) und Sect. *Bryophyllum* (hängende Blüten, Kelchröhre ± so lang wie die Zipfel).

K. peteri Werdermann (RSN 39: 271, 1936). **T:** Tanzania, Pare Distr. (*Peter* 52046 [B †, B]). – **D:** NE Tanzania; felsige Hänge, 1700 - 2100 m.

[1] Mehrjährig, kahl, glauk; **Tr** aufrecht, 0.6 - 1.3 m hoch; **Blä** gestielt, glauk oder glauk werdend, Stiel oberseits abgeflacht und gefurcht, 2 - 6 cm, Spreite länglich oder eiförmig, bis 20 × 10 - 16 cm, rötlich blau, Spitze stumpf bis gerundet, Basis gestutzt oder geöhrt, Ränder gekerbt, stumpf gesägt oder gezähnt, zur Spitze hin leicht buchtig; **Inf** rispige Cymen bis 20 cm; **Ped** 5 - 15 mm; **Blü** aufrecht; **Cal** grün, **Rö** 0.5 - 2 mm, Zipfel lanzettlich bis dreieckig-pfriemlich, 7 - 11 × 1.5 - 2.5 mm; **Kr** elfenbeinweiss, untere Teile grünlich weiss, gegen Ende der **Blü**zeit Zipfel manchmal propellerartig einwärts gebogen, **Rö** zylindrisch, Basis etwas erweitert, 27 - 38 mm, Zipfel verkehrt eiförmig, mit

aufgesetztem Spitzchen, 10 - 16 × 5 - 8 mm; obere **St** herausragend; **Anth** länglich, 2 - 3 mm, mit spitzenständiger **Dr**; **NSch** linealisch-pfriemlich, 4 - 13 mm; **Ca** in Seitenansicht linealisch-lanzettlich, 12 - 18 mm; **Gr** 12 - 18 mm.

K. petitiana A. Richard (Tent. Fl. Abyss. 1: 311-312, 1847). **T:** Äthiopien (*Petit* s.n. [nicht lokalisiert]). – **D:** Äthiopien.
  Incl. *Kalanchoe petitiaesii* A. Richard *ex* Jacques (1861) (*nom. inval.*, Art. 61.1?); **incl.** *Kalanchoe longiflora* var. *coccinea* Marnier-Lapostolle (1954) (*nom. inval.*, Art. 36.1).
  [1] Mehrjährig, kahl oder flaumhaarig, dichte Gruppen bildend, 30 - 70 cm hoch (excl. **Inf**); **Tr** stielrund, zur Spitze verzweigt, Basis niederliegend-aufrecht, bis 3 cm ∅; **Blä** gestielt, fleischig, Stiel 2.5 - 4 cm, Spreite breit elliptisch, verkehrt eiförmig-länglich bis eiförmig, 6 - 16 × 4 - 11 cm, Spitze gerundet, Basis plötzlich keilförmig bis fast herzförmig, Ränder unregelmässig gekerbt bis gezähnt; **Inf** dicht, ± flachköpfig, 60 - 200 cm; **Ped** 5 - 10 mm; **Blü** aufrecht, süss duftend; **Cal**röhre 0.5 - 1 mm, Zipfel linealisch-dreieckig, stark zugespitzt, 7 - 12 × 1.3 - 2 mm; **Kr** blassgelb, magentarot bis weiss mit rosafarbenem Hauch, **Rö** zylindrisch-konisch, Basis aufgebläht, 14 - 20 mm, Zipfel stumpf, länglich mit aufgesetztem Spitzchen, 6 - 7 × 3.5 - 5 mm; obere **St** herausragend; **NSch** linealisch, 2.5 - 3.5 × 0.4 - 0.5 mm; **Ca** länglich, 7 - 12 mm; **Gr** 8 - 10 mm.

K. petitiana var. **neumannii** (Engler) Cufodontis (Webbia 19: 716, 1965). **T:** Äthiopien (*Neumann* 82 [B]). – **D:** W Äthiopien; Ränder von Bergwäldern, manchmal an ziemlich feuchten Orten, 2400 - 3000 m.
  ≡ *Kalanchoe neumannii* Engler (1907).
  [1] Pflanzen vollständig kurz und gewöhnlich dicht drüsig-flaumhaarig.
  Die fleischigen Blätter werden lokal zum Brotbacken und zur Herstellung eines Wundverbandes genutzt.

K. petitiana var. **petitiana** – **D:** Äthiopien; Waldränder, offenes immergrünes Buschland, oft an gestörten Orten, 2000 - 3000 m. **I:** Gilbert (1989: 21, fig. 88.8: 11).
  Incl. *Kalanchoe quartiniana* var. *micrantha* Pampanini (1909).
  [1] Pflanzen vollständig kahl.

K. pinnata (Lamarck) Persoon (Syn. Pl. 1: 446, 1805). **T:** Mauritius (cult.) (*Sonnerat* s.n. [P]). – **D:** Madagaskar, heute aus Gärten durch die ganzen Tropen Afrikas, Asiens und Amerikas verwildert. **I:** Wickens (1987: 29: fig. 5); Boiteau & Allorge-Boiteau (1995: 129). **Fig. XX.d**
  Incl. *Crassula pinnata* Linné *fil.* (1782); ≡ *Cotyledon pinnata* Lamarck (1786) ≡ *Vereia pinnata* (Lamarck) Sprengel (1825) ≡ *Bryophyllum pinnatum* (Lamarck) Oken (1841); **incl.** *Bryophyllum calycinum* Salisbury (1805) ≡ *Cotyledon calycina* (Salisbury) Roth (1821); **incl.** *Kalanchoe pinnata* var. *floripendula* Persoon (1805); **incl.** *Cotyledon calyculata* Solander *ex* De Candolle (1828) (*nom. inval.*, Art. 34.1c); **incl.** *Bryophyllum germinans* Blanco (1837); **incl.** *Kalanchoe floripendula* Steudel (1840); **incl.** *Crassuvia floripendia* Commerson *ex* Hiern (1896) (*nom. illeg.*); **incl.** *Kalanchoe pinnata* var. *brevicalyx* Hamet & H. Perrier (1915) ≡ *Kalanchoe brevicalyx* (Hamet & H. Perrier) Boiteau *ex* Allorge-Boiteau (1995) (*nom. inval.*, Art. 33.2); **incl.** *Kalanchoe pinnata* var. *genuina* Hamet (1915) (*nom. inval.*, Art. 24.3); **incl.** *Kalanchoe pinnata* var. *calcicola* H. Perrier (1928) ≡ *Kalanchoe calcicola* (H. Perrier) Boiteau *ex* Allorge-Boiteau (1995) ≡ *Bryophyllum calcicola* (H. Perrier) Byalt (2000); **incl.** *Sedum madagascaricum* Clusius *ex* Fröderström (1936) (*nom. inval.*, Art. 34.1c); **incl.** *Kalanchoe macrodon* hort. *ex* H. Jacobsen (1954) (*nom. inval.*, Art. 34.1c); **incl.** *Kalanchoe madagascaricum* Allorge-Boiteau (1995) (*nom. inval.*, Art. 32.1c).
  [2] Mehrjährig, vollständig kahl, bis 2 m hoch; **Tr** kräftig, aufrecht; **Blä** gestielt, anfangs einfach, später gefiedert bis mit 3 bis 5 Teil**Blä**, lederig-fleischig, grün, purpurn gestreift, orangerot gerandet, Stiel 2.5 - 7.5 cm, zur Basis hin verbreitert und stengelumfassend, Spreite der einfachen **Blä** eiförmig bis länglich, bis 10 × 5 cm, Spitze stumpf, Basis keilförmig bis gestutzt, Ränder gekerbt-gesägt, in den Einbuchtungen mit Brutknospen; zusammengesetzte **Blä** 6 - 20 × 4 - 12 cm, Teil**Blä** ± ähnlich wie die einfachen **Blä** oder länglich kreisrund; **Inf** lockere, vielblütige Rispen; **Ped** 10 - 12 mm; **Blü** hängend; **Cal** glockig, grün mit roten bis violetten Linien, **Rö** 20 - 30 mm, Zipfel eiförmig-dreieckig, spitz-zugespitzt, 7 - 11 mm lang und breit; **Kr** ± zylindrisch, unten grün, darüber rot bis grünlich-rötlich, **Rö** 25 - 40 mm, Zipfel länglich eiförmig bis dreieckig, zugespitzt, 9 - 14 × 4 - 6.5 mm; **St** unterhalb der Mitte der **Kr**röhre angeheftet, nicht herausragend; **Anth** eiförmig, 2.5 - 3 mm; **NSch** ± rechteckig, 1.8 - 2.6 × 1.4 - 1.8 mm; **Ca** länglich eiförmig, 10 - 17 mm; **Gr** 22 - 30 mm; **Sa** verkehrt eiförmig, ± 0.8 mm.
  Dies ist die am besten bekannte Art der Gattung. Sie ist sicherlich in Madagaskar heimisch, zumal sie ein typisches Mitglied der madagassischen Sect. *Bryophyllum* ist. Heute trifft man sie kultiviert und als Neophyt in den Tropen der ganzen Welt an.

K. poincarei Hamet & H. Perrier (Bull. Acad. Int. Géogr. Bot. 23: 148-151, 1913). **T:** Madagaskar (*Perrier* 11816 [P]). – **D:** N Madagaskar; Felsen oder Sand, bis 800 m. **I:** Hamet & Marnier-Lapostolle (1964: pl. 3: O, figs. 54-56, als *K. mortagei*); Boiteau & Allorge-Boiteau (1995: pl. 4: 2, 121); Rauh (1995a: figs. 997-998, als *K. mortagei*).

≡ *Bryophyllum poincarei* (Hamet & H. Perrier) Byalt (2000); **incl.** *Kalanchoe mortagei* Hamet & H. Perrier (1948) ≡ *Bryophyllum mortagei* (Hamet & H. Perrier) Wickens (1982) ≡ *Kalanchoe poincarei* var. *mortagei* (Hamet & H. Perrier) Boiteau (1995).

[2] Zwei- bis dreijährig, vollständig kahl, bis 3 m; **Tr** einfach, aufrecht oder niederliegend-kriechend und wurzelnd, weisslich mit winzigen, roten Flecken; **Blä** gestielt, glauk, grün bis bläulich grün, Stiel stengelumfassend, 1 - 5 cm, dunkler gefleckt, Spreite schmal eiförmig bis lanzettlich, manchmal rot, 3 - 20 × 2.5 - 10 cm, Spitze stumpf bis zugespitzt, Basis geöhrt, Ränder gekerbt, im oberen Teil ± scharf gezähnt, mit Brutknospen; **Inf** lockere, ebensträussige Rispen, kräftig, aufrecht, bis 30 cm breit; **Inf**stiel bis 50 cm; **Ped** schlank, 6 - 18 mm; **Blü** hängend; **Cal** aufgebläht, glockig, länglichrund, rot oder rotgrün bis gelb mit rotpurpurnen Linien, mit bläulichem Reif, **Rö** 5 - 25 mm, Zipfel dreieckig, zugespitzt, 7.5 - 9.5 × 6.7 - 9 mm; **Kr** röhrig-glockig, rot, rosapurpurn, gelb oder gelbrosa, **Rö** an der Basis ± 4-kantig, 17 - 19 mm, Zipfel verkehrt eiförmig bis lanzettlich, stark zugespitzt, 11 - 13 × 7 - 10 mm; **St** unterhalb der Mitte der **Kr**röhre angeheftet, obere **St** leicht herausragend; **Anth** eiförmig-nierenförmig, ± 2 mm; **NSch** verkehrt eiförmig-quadratisch, ausgerandet, ± 2.5 × ± 1.4 mm; **Ca** eiförmig-lanzettlich, 6 - 10 mm; **Gr** 19 - 25 mm; **Sa** verkehrt eiförmig, ± 0.5 mm.

Diese Art steht *K. gastonis-bonnieri* hinsichtlich der Wuchsform, des Blütenstandes und der Blüten mit ihrem grossen Kelch sehr nahe (siehe auch *K. suarezensis* und *K. macrochlamys*).

K. porphyrocalyx (Baker) Baillon (Bull. Mens. Soc. Linn. Paris 1(59): 449, 1885). **T:** Madagaskar (*Baron* 1708 [K]). – **D:** C und NE Madagaskar; Regenwald, in der Regel epiphytisch. **I:** Hamet & Marnier-Lapostolle (1964: pl. 3: N, figs. 117-118); Rauh (1995a: fig. 406). **Fig. XX.e**

≡ *Kitchingia porphyrocalyx* Baker (1883) ≡ *Bryophyllum porphyrocalyx* (Baker) A. Berger (1930); **incl.** *Kalanchoe sulphurea* Baker (1887) ≡ *Bryophyllum sulphureum* (Baker) A. Berger (1930) ≡ *Kalanchoe porphyrocalyx* var. *sulphurea* (Baker) Boiteau & Mannoni (1948) ≡ *Kitchingia sulphurea* (Baker) Boiteau & Allorge-Boiteau (1995) (*nom. inval.*, Art. 34.1c); **incl.** *Kalanchoe porphyrocalyx* var. *sambiranensis* Humbert *ex* Boiteau & Mannoni (1948); **incl.** *Kalanchoe porphyrocalyx* var. *typica* Boiteau & Mannoni (1948) (*nom. inval.*, Art. 24.3).

[2/1] Mehrjährige, epiphytische oder bodenlebende, kleine Kräuter, stark verzweigt, bis 35 cm hoch; **Tr** schlank, grün, purpurn getönt, aufrecht oder niederliegend-kriechend, 5 - 35 cm; **Blä** gestielt oder fast sitzend, sehr polymorph, kahl, Stiel 0 - 6 mm, Spreite linealisch, eiförmig, verkehrt eiförmig, länglich, länglich-rund bis kreisrund, 2 - 6 × 0.6 - 4 cm, Spitze stumpf bis gerundet, Basis verschmälert, Ränder unregelmässig gekerbt; **Inf** lockere, wenigblütige (1 - 9 **Blü**), ebensträussige Rispen, 3 - 11 cm; **Ped** 7 - 20 mm; **Blü** hängend; **Cal** grün mit roten bis violetten Linien, ± dicht drüsighaarig, **Rö** 1.5 - 4 mm, Zipfel lanzettlich, dreieckig bis eiförmig, zugespitzt, 3 - 7 × 3 - 5.5 mm; **Kr** fast urnenförmig, kahl oder leicht flaumhaarig, **Rö** rot bis rosapink, selten zitronengelb, 10 - 30 mm, Zipfel gelbgrün, orange, eiförmig, plötzlich zurückgebogen, 3 - 8 × 2.5 - 6 mm; **St** oberhalb der Mitte der **Kr**röhre angeheftet, nicht herausragend; **Anth** eiförmig, 1 - 2 mm; **NSch** linealisch bis eiförmig, ausgerandet, 2 - 3 × 0.7 - 1.6 mm; **Ca** länglich, 8 - 16 mm; **Gr** 7 - 16 mm; **Sa** ± 0.7 mm, geflügelt.

Abhängig von den Umweltbedingungen ist diese Art in Trieblänge, Form und Grösse der Blätter, sowie Grösse und Farbe der Blüten sehr variabel. Dies ist einer der wenigen Epiphyten der Gattung. Die dekorative Pflanze wird häufig kultiviert, meist in Hängeampeln.

K. prittwitzii Engler (BJS 39: 463, 1907). **T:** Tanzania, Iringa Distr. (*Prittwitz & Gaffron* 267 [B]). – **D:** C und E Afrika, Sudan, Äthiopien, Somalia; Waldränder, offener Busch und Grasland, auf steinigem Grund oder an felsigen Hängen, 450 - 2300 m. **I:** Raadts (1983: figs. 2b, 3b).

Incl. *Kalanchoe dielsii* Hamet (1931) (*nom. inval.*, Art. 32.1c); **incl.** *Kalanchoe lugardii* Bullock (1932); **incl.** *Kalanchoe secunda* Werdermann (1935); **incl.** *Kalanchoe robynsiana* Hamet (1949).

[1] Mehrjährig, kahl, glauk, bis 0.4 - 2.3 m hoch; **Tr** aufrecht oder basal niederliegend; **Blä** gestielt, Stiel abgeflacht, oberseits meist gefurcht, Basis leicht verbreitert bis halb stengelumfassend, 0.5 - 6 cm, Spreite eiförmig, länglich oder verkehrt eiförmig, manchmal 3-lappig oder mit 3 Teil**Blä**, glauk oder glauk werdend, manchmal unterseits in Randnähe mit kastanienfarbenen oder purpurnen Flecken, mittlere **Blä** 6 - 25 × 2.5 - 13 cm, Spitze stumpf, Basis keilförmig, Ränder grob stumpf gesägt bis gekerbt oder fast ganzrandig; **Inf** lockere, vielblütige, rispige Cymen bis 35 × 20 cm; **Ped** 5 - 20 mm; **Blü** aufrecht; **Cal**röhre 0.5 - 2 mm, Zipfel lanzettlich bis lanzettlich-pfriemlich, 6 - 22 × 1.5 - 4 mm; **Kr** weisslich oder gelblich grün bis cremefarben mit gelbem Schlund oder gelb, selten gelblich rosa, **Rö** zylindrisch, Basis vergrössert, 13 - 28 mm, Zipfel länglich eiförmig bis eiförmig-lanzettlich, mit aufgesetztem Spitzchen, 6 - 18 × 3 - 7 mm; obere **St** nahe der Spitze der **Kr**röhre angeheftet und kaum herausragend, untere **St** oberhalb der Mitte der **Kr**röhre angeheftet; **Anth** länglich, 0.8 - 3 mm, mit spitzenständiger **Dr**; **NSch** linealisch-pfriemlich, 2 - 9 mm; **Ca** in Seitenansicht linealisch-lanzettlich, 7 - 14 mm; **Gr** 4 - 13 mm.

K. prolifera (Bowie *ex* Hooker) Hamet (Bull. Herb. Boissier, sér. 2, 8: 19, 1908). **T:** Madagaskar (*Bowie* s.n. [K?]). – **D:** C Madagaskar; auf Felsen, in vielen tropischen Ländern kultiviert und oft verwildert. **I:** Berger (1930: fig. 197A-C); Hamet & Marnier-Lapostolle (1964: figs. 60-62); Rauh (1995a: figs. 407-409). **Fig. XXI.c**

≡ *Bryophyllum proliferum* Bowie *ex* Hooker (1859).

[2] Mehrjährig, vollständig kahl, kräftig, 0.8 - 3 m hoch; **Tr** robust, bis 5 cm ⌀, aufrecht bis niederliegend, ± 4-kantig, nicht verzweigt; **Blä** gestielt, grün, fleischig, ganzrandig bis fiederschnittig oder gefiedert, insgesamt bis 30 cm, Stiel zur Basis vergrössert, stengelumfassend, 5 - 12 cm, Segmente oder Teil**Blä** asymmetrisch und sitzend, länglich, lanzettlich bis eiförmig-verlängert, 7 - 15 × 1.5 - 5 cm, Spitze stumpf, Ränder gekerbt bis gezähnt, oft purpurn; **Inf** sehr grosse, zusammengesetzte Rispen, 40 - 80 × 20 - 40 cm, mit bis zu 700 **Blü** und zahlreichen rudimentären **Blü** und Brutknospen; **Ped** 8 - 15 mm, papillös; **Blü** hängend; **Cal** glockig, grün, papillös, **Rö** 13 - 16 mm, Zipfel fast kreisrund, zugespitzt, 3 - 7 mm lang und breit; **Kr** röhrig, rot, grün oder gelb, **Rö** 15 - 25 mm, Zipfel eiförmig, zugespitzt, 2.7 - 4 × 3 - 4 mm; **St** unterhalb der Mitte der **Kr**röhre angeheftet, herausragend; **Anth** eiförmig, 2 - 2.6 mm; **NSch** kreisrund bis trapezförmig, 1.3 - 1.6 × 2 - 2.5 mm; **Ca** 7 - 8 mm; **Gr** 17 - 20 mm, herausragend.

Die Art wird in Madagaskar gegen Rheuma verwendet und in tropischen Gärten oft kultiviert. Sie wurde auch für zahlreiche anatomische und biologische Untersuchungen verwendet. Blätter, die sich an den Pflanzen befinden, bilden gewöhnlich keine Brutknospen. Sobald sie aber abgeschnitten werden, erscheinen die Brutknospen.

K. pseudocampanulata Mannoni & Boiteau (Notul. Syst. (Paris) 13(1-2): 149-151, fig. 1, 1947). **T:** Madagaskar (*Herb. Jard. Bot. Tananarive* 5057 [P]). – **D:** C und E Madagaskar; Wälder, 1200 - 1500 m.

Incl. *Kalanchoe miniata* var. *decaryana* H. Perrier (1928).

[2] Mehrjährig, vollständig kahl, bis 1 m hoch; **Tr** aufrecht, an der Basis verzweigt; **Blä** etwas fleischig, sitzend, länglich, Spitze etwas zugespitzt, Basis verschmälert und stengelumfassend, oder **Blä** geigenförmig oder gestielt und verkehrt eiförmig, Ränder in den oberen ⅓ winzig gesägt; **Inf** locker, vielblütig, mit zahlreichen Brutknospen; **Ped** schlank, 0.5 - 2 cm; **Blü** hängend; **Cal** glockig, **Rö** ± 2 mm, Zipfel dreieckig, 6 - 9 × ± 6 mm; **Kr** glockig, hell- bis dunkelrot, **Rö** ± 9 mm, Zipfel eiförmig, stumpf bis zugespitzt, ausgebreitet, ± 6 mm; **St** unterhalb der Mitte der **Kr**röhre angeheftet, nicht herausragend; **NSch** trapezförmig, ausgerandet, ± 1.5 mm; **Ca** ± 5 mm; **Gr** ± 6 mm.

Vielleicht nichts weiter als einfach eine Form von *K. campanulata*.

K. pubescens Baker (JLSB 22: 470-471, 1887). **T:** Madagaskar (*Baron* 3574 [K, P]). – **D:** C, S und SE Madagaskar; Wälder und Dickichte, sonnige und feuchte Orte, bis 1600 m. **I:** Boiteau & Allorge-Boiteau (1995: 63); Rauh (1995a: figs. 410-412). **Fig. XXI.d**

≡ *Bryophyllum pubescens* (Baker) Hort. ZSS (s.a.) (*nom. inval.*, Art. 29.1); **incl.** *Kalanchoe aliciae* Hamet (1910) ≡ *Bryophyllum aliciae* (Hamet) A. Berger (1930); **incl.** *Kalanchoe miniata* var. *anjirensis* H. Perrier (1928) ≡ *Kalanchoe pubescens* fa. *anjirensis* (H. Perrier) Allorge-Boiteau (1995) (*nom. inval.*, Art. 43.1); **incl.** *Kalanchoe miniata* var. *glandulosa* H. Perrier (1928); **incl.** *Kalanchoe miniata* var. *pubescens* H. Perrier (1928); **incl.** *Kalanchoe miniata* var. *tsinjoarivensis* H. Perrier (1928); **incl.** *Kalanchoe betsileensis* François (1938) (*nom. inval.*, Art. 32.1c); **incl.** *Kalanchoe pubescens* fa. *reducta* Humbert *ex* Boiteau & Mannoni (1948); **incl.** *Kalanchoe pubescens* var. *alexiana* Boiteau & Mannoni (1948); **incl.** *Kalanchoe pubescens* var. *brevicalyx* Boiteau & Mannoni (1948); **incl.** *Kalanchoe pubescens* var. *decolorata* Boiteau & Mannoni (1948); **incl.** *Kalanchoe pubescens* var. *grandiflora* Boiteau & Mannoni (1948); **incl.** *Kalanchoe pubescens* var. *subglabra* Boiteau & Mannoni (1948); **incl.** *Kalanchoe pubescens* var. *subsessilis* Boiteau & Mannoni (1948); **incl.** *Kalanchoe pubescens* var. *typica* Boiteau & Mannoni (1948) (*nom. inval.*, Art. 24.3).

[2] Mehrjährig, robust, bis 0.5 - 1.2 m hoch, vollständig und dicht mit weissen bis rötlichen, langen, einfachen, drüsigen **Ha** bedeckt; **Tr** stielrund, aufrecht, niederliegend-aufrecht oder manchmal niederliegend, aus der Basis stark verzweigt, reingrün, oft rotpurpurn gestreift; **Blä** fleischig, grün, manchmal an ein und derselben Pflanze gestielt bis sitzend (sitzend v.a. zur Basis hin), Stiel flach, stengelumfassend, 1 - 5 cm, Spreite eiförmig, elliptisch bis kreisrund, 3 - 15 × 0.5 - 9 cm, Spitze gerundet bis stumpf, Basis ± gestutzt, oft geöhrt, Ränder regelmässig gekerbt-gezähnt; **Inf** dichte, vielblütige, ebensträussige Rispen, 15 cm breit, mit Brutknospen; **Ped** schlank, 10 - 12 mm; **Blü** hängend; **Cal** grün mit rotpurpurnen Flecken, **Rö** 3 - 6 mm, Zipfel dreieckig bis eiförmig, zugespitzt, 2.5 - 7 × 3.8 - 4.8 mm; **Kr** glockig, manchmal 4-kantig, rosa, rotorange bis gelb, oft rötlich liniert, **Rö** 14 - 30 mm, Zipfel eiförmig bis dreieckig, stumpf bis ausgerandet, 4 - 13 × 4 - 7 mm; **St** unterhalb der Mitte der **Kr**röhre angeheftet, herausragend; **Anth** eiförmig, 1.2 - 1.8 mm; **NSch** länglich bis rechteckig, 1.2 - 2 mm; **Ca** 6 - 10 mm; **Gr** 13 - 18 mm; **Sa** verkehrt eiförmig, ± 0.7 mm.

Diese Art zeigt in beinahe allen Pflanzenteilen eine ausgesprochene Variabilität. Die zahlreichen von Boiteau & Mannoni (1948) beschriebenen Formen sind alle von zweifelhaftem Rang und werden hier provisorisch als Synonyme behandelt.

K. pumila Baker (JLSB 20: 139-140, 1883). **T:** Madagaskar, Centre (*Baron* 2117 [K, P]). – **D:** C Madagaskar; auf Felsen, ± 2000 m. **I:** Boiteau & Allorge-Boiteau (1995: 173); Rauh (1995a: figs. 222, 414-416). **Fig. XXI.e**

Incl. *Kalanchoe multiceps* Baillon (1885); **incl.** *Kalanchoe brevicaulis* Baker (1887); **incl.** *Kalanchoe pumila* fa. *venustior* Boiteau *ex* Allorge-Boiteau (1995).

[1] Kleine, mehrjährige Kräuter, manchmal epiphytisch, dichte Haufen bildend, 20 - 30 cm hoch, vollständig kahl; **Tr** aufrecht, stark verzweigt, kriechend, glauk; **Blä** oft dicht gedrängt, fleischig, (fast) sitzend, verkehrt eiförmig, vollständig mit sehr feinem, mehligem, weissem Wachs bedeckt, 2 - 4 × 1.5 - 2 cm, Spitze stumpf bis fast zugespitzt, Basis keilförmig, Ränder purpurn, im oberen Teil gekerbt; **Inf** wenigblütige, ebensträussige Rispen, 2 - 7 cm breit; **Ped** 6 - 10 mm, bewachst; **Blü** aufrecht; **Cal** grün oder rotpurpurn, glauk, **Rö** 0.5 - 1 mm, Zipfel dreieckig bis lanzettlich, zugespitzt, 3 - 5 × 1.5 - 2.6 mm; **Kr** glockig, rot bis purpurn oder rosa, **Rö** 4 - 8.5 mm, Zipfel ausgebreitet, verkehrt eiförmig bis länglich, mit aufgesetztem Spitzchen, 7 - 10 × 3 - 5 mm; **St** zur Spitze der **Kr**röhre hin angeheftet, leicht herausragend; **Anth** nierenförmig, 0.5 - 0.7 mm; **NSch** rechteckig bis länglich, ausgerandet, 1 - 2.5 × ± 0.6 mm; **Ca** 8 - 10 mm; **Gr** ± 1.5 mm; **Sa** verkehrt eiförmig, ± 1 mm.

Durch ihre weisslichen Blätter sehr attraktiv und leicht zu kultivieren, besonders in Hängetöpfen.

K. quadrangularis Descoings (J. Bot. Soc. Bot. France 4: 89, 1997). **T:** Madagaskar (*Herb. Réserves Naturelles* 12146 [P]). – **D:** N Madagaskar (Ambilobé).

[1] Einjährig (?), bis 30 cm hoch oder mehr; **Tr** einfach, stielrund, schlank; **Blä** unbekannt; **Inf** kugelige Cymen, kahl, 4 - 8 cm ∅, ohne **Inf**stiel; **Ped** stielrund, unter den **Blü** verbreitert, 4 - 6 mm; **Blü** in verschiedene Richtungen orientiert, kahl; **Cal** purpurn, **Rö** 0.2 - 0.3 mm, Zipfel lanzettlich bis eiförmig-lanzettlich, Spitze keilförmig-zugespitzt, 9 - 10 × 3 - 4 mm; **Kr** röhrig, 4-kantig, purpurn, oft zur Basis hin grünlich oder weisslich, **Rö** im Querschnitt quadratisch, an der Basis leicht erweitert, 17 - 20 mm, Zipfel lanzettlich bis verkehrt eiförmig-lanzettlich, stumpf mit aufgesetztem Spitzchen, 7 - 8 × 4 - 5.5 mm; obere **St** an der Basis der **Kr**zipfel oder zur Mündung der **Kr**röhre hin angeheftet, untere **St** 4 - 5 mm unterhalb der anderen angeheftet; **Anth** länglich, 1.2 - 1.5 mm; **NSch** linealisch, stumpf, 3.5 - 4 mm; **Ca** länglich, 5 - 6 mm; **Gr** 10 - 14 mm.

Nur von einem Herbarexemplar ohne Blätter bekannt.

K. quartiniana A. Richard (Tent. Fl. Abyss. 1: 311, pl. 54, 1847). **T:** Äthiopien, Tigre (*Quartin-Dillon* s.n. [P]). – **D:** N Äthiopien; Waldränder, offenes, immergrünes Buschland, oft auf gestörten Flächen, 2100 - 2600 m. **I:** Gilbert (1989: 21, fig. 88.8: 3).

[1] Mehrjährig, vollständig kahl, glauk, bis 70 cm hoch; **Tr** einfach, aufrecht, robust, stielrund, an der Spitze verzweigt; **Blä** gestielt, Stiel stengelumfassend, 2.5 - 6 cm, Spreite eiförmig, verkehrt eiförmig, verkehrt eiförmig-länglich oder elliptisch, 10 - 18 × 8 - 10 cm, Spitze stumpf, Ränder unregelmässig gekerbt; **Inf** lockere, stark verzweigte, cymöse Rispen; **Ped** schlank, 10 - 25 mm; **Blü** aufrecht; **Cal**röhre 1.7 - 2.2 mm, Zipfel lanzettlich, zugespitzt, häutig, leicht ausgebreitet, 6 - 12 × 3 - 5 mm; **Kr** reinweiss, gelb bis blassrosa, **Rö** zylindrisch, zur Basis aufgebläht, 30 - 50 mm, Zipfel eiförmig, plötzlich zugespitzt (Spitze ± 1 mm), 10 - 20 × 6 - 7 mm; **St** oberhalb der Mitte der **Kr**röhre angeheftet, obere **St** herausragend; **Anth** ± 1 mm; **NSch** linealisch, stumpf bis ausgerandet, 4 - 8 × 0.5 - 0.7 mm; **Ca** in Seitenansicht eiförmig-lanzettlich, 14 - 20 mm; **Gr** 14 - 30 mm.

Sehr nahe mit *K. petitiana* und *K. peteri* verwandt.

K. rechingeri Hamet *ex* Rauh & Hebding (Succulentes 18(1): 16-18, ills., 1995). **T:** Madagaskar (*Anonymus* s.n. in *BG Heidelberg* 74213 [HEID]).

Dies scheint die Kreuzung *K. beauverdii* × *K. delagoensis* oder *K. rosei* darzustellen.

K. rhombopilosa Mannoni & Boiteau (Notul. Syst. (Paris) 13(1-2): 153-154, ills. (p. 151), 1947). **T** [syn]: Madagaskar, Sud-Ouest (*Montagnac* s.n. [P]). – **D:** SW Madagaskar; Trockenbusch, schattige Orte. **I:** Hamet & Marnier-Lapostolle (1964: figs. 126-128); Boiteau & Allorge-Boiteau (1995: 171). **Fig. XX.f**

Incl. *Kalanchoe rhombopilosa* var. *argentea* Rauh (1997); **incl.** *Kalanchoe rhombopilosa* var. *viridifolia* Rauh (1997).

[1] Mehrjährig, kleinbleibend, wenig verzweigt, 10 - 20 cm hoch; **Tr** dick, verholzt, aufrecht oder ausgebreitet, lang behaart; **Blä** wechsel- oder gegenständig, gestielt, fleischig, 2 - 3 mm dick, bläulich, grau, graugrün, grüngelb mit zahlreichen, dunklen Flecken oder dunkelgrün ohne Flecken, ± dicht mit silberigen, **Sch**artigen **Ha** bedeckt, Stiel 1 - 2.5 mm, Spreite verkehrt eiförmig bis ± dreieckig, Oberseite leicht konkav, Unterseite konvex, 1 - 3 cm, zur Spitze 1 - 2.5 cm breit, Spitze gerundet und unregelmässig buchtig gekerbt, Basis stark verschmälert-keilförmig; **Inf** schlanke, verzweigte Rispen, 8 - 12 cm, kahl; **Ped** 1.2 - 2.5 mm; **Blü** aufrecht; **Cal** grüngelb, **Rö** 0.2 - 0.3 mm, Zipfel kreisrund bis länglich, 1.2 - 1.5 × 1.2 - 1.4 mm; **Kr** grüngelb bis rosa mit rotpurpurnen Linien, **Rö** 3.5 - 4 mm, Zipfel eiförmig, stumpf, 2 - 3 × 1.5 - 2 mm; **St** wenig oberhalb der Mitte der **Kr**röhre angeheftet, herausragend; **Anth** eiförmig, ± 0.6 mm; **NSch** ± quadratisch, ± 0.4 mm; **Ca** 3 - 3.5 mm; **Gr** ± 2.5 mm; **Sa** länglich, ± 0.8 mm.

Diese langsam wachsende Art hat eine sehr charakteristische Wuchsform und Blattfarbe. Die Variabilität in Blattgrösse und Farbe ist beträchtlich, und die Pflanzen scheinen nur selten zu blühen. Die kürzlich von Rauh & Hebding (1997) beschriebenen Varietäten sind angesichts der auffälligen Variabilität in der Blattfarbe schwer zu akzeptieren. Sie werden daher hier vorläufig in die Synonymie gestellt.

K. robusta Balfour *fil.* (Proc. Roy. Soc. Edinburgh 11: 512, 1882). **T:** Sokotra (*Balfour & al.* 151 [K]). – **D:** Sokotra; felsige Hänge zwischen Kalk- oder Granitblöcken, 300 - 550 m. **I:** EJ 9: 196, 1994; Miller & Cope (1996: 476, fig. 91A). **Fig. XXI.f**
 Incl. *Kalanchoe abrupta* Balfour *fil.* (1882).
[1] Mehrjährig, vollständig kahl, bis 50 cm hoch; **Tr** stielrund, robust, basal 1 - 3 cm ∅, grau, spärlich verzweigt; **Blä** gestielt, fleischig, zu den **Tr**spitzen hin dicht gedrängt, Stiel 5 - 10 mm, Spreite verkehrt eiförmig, länglich verkehrt lanzettlich bis spatelig, 3.5 - 9 × 2.5 - 4 cm, glauk, Spitze zugespitzt bis stumpf, Basis verschmälert, Ränder ganzrandig und rötlich; **Inf** ± dichte Rispen; **Ped** 6 - 12 mm; **Blü** waagerecht gestellt; **Cal** glauk-grün, **Rö** 1.5 - 1.7 mm, Zipfel dreieckig, zugespitzt, manchmal spärlich drüsig, 3 - 5 × 2 - 3 mm; **Kr** leuchtend orangerot, **Rö** zylindrisch, an der Basis zusammengezogen, leicht gebogen und zygomorph, 12 - 35 mm, Zipfel eiförmig-länglich, gerundet, mit aufgesetztem Spitzchen, 6 - 10 × 3 - 5 mm; **St** wenig oberhalb der Mitte der **Kr**röhre angeheftet, alle herausragend; **NSch** fast kreisrund, stumpf oder leicht ausgerandet, 1 - 3 × 1.5 - 1.8 mm; **Ca** in Seitenansicht eiförmig-lanzettlich, 6 - 20 mm; **Gr** 5 - 12 mm.

Die waagerecht abgespreizten (zwischen Sect. *Kalanchoe* und Sect. *Bryophyllum* stehend) und leicht zygomorphen Blüten sind bemerkenswert. Die Art scheint nahe mit *K. elizae* verwandt zu sein.

K. rolandi-bonapartei Hamet & H. Perrier (Ann. Sci. Nat. Bot., sér. 9, 16: 361-363, 1912). **T:** Madagaskar (*Perrier* 11826 [P]). – **D:** N Madagaskar; auf Felsen. **I:** Hamet & Marnier-Lapostolle (1964: figs. 129-130).
 Incl. *Kalanchoe tsaratananensis* H. Perrier (1928) ≡ *Bryophyllum tsaratananense* (H. Perrier) A. Berger (1930).
[2] Mehrjährig, robust, bis 2 m hoch, mit winzigen **Ha** bedeckt aber kahl erscheinend; **Tr** kräftig, 3 - 5 mm ∅, aufrecht bis niederliegend, stark verzweigt; **Blä** gestielt bis fast sitzend, dunkel grünoliv, Stiel schlank, breit stengelumfassend, 1 - 3.5 cm, Spreite eiförmig-länglich bis eiförmig-lanzettlich, 5 - 25 × 2 - 7 cm, Spitze sehr stumpf, Basis ± herz- oder keilförmig, geöhrt, Ränder gezähnt bis doppelt gekerbt-gezähnt; **Inf** lockere Rispen, 6 - 20 cm, Brutknospen vorhanden; **Ped** schlank, kahl, 8 - 12 mm; **Blü** hängend; **Cal** kahl, grün bis braunrötlich, **Rö** 1 - 3 mm, Zipfel eiförmig bis dreieckig, zugespitzt, 6 - 7 × 2.7 - 3.2 mm; **Kr** röhrig bis glockig, gelbgrün, gelbrötlich bis orange, rot liniert, leicht lang **Dr**haarig, **Rö** zur Basis ± 4-kantig, 10 - 18 mm, Zipfel eiförmig, stumpf, 6 - 8 × 6 - 7 mm; **St** unterhalb der Mitte der **Kr**röhre angeheftet, leicht herausragend; **Anth** nierenförmig, gelb, ± 1.6 mm; **NSch** ± rechteckig, ausgerandet, ± 1 × 1.2 - 1.6 mm; **Ca** in Seitenansicht eiförmig-lanzettlich, 7.5 - 8 mm; **Gr** 8 - 12 mm.

Eine unzureichend bekannte Art, wahrscheinlich *K. pubescens* nahestehend.

K. rosei Hamet & H. Perrier (Ann. Inst. Bot.-Géol. Colon. Marseille, sér. 3, 2: 132-135, 1914). **T:** Madagaskar (*Perrier* 11825 [P]). – **D:** C-S und SE Madagaskar; feuchte Felsen. **I:** Boiteau & Allorge-Boiteau (1995: 97, 99; 163, als *K. mandrarensis*).
 ≡ *Bryophyllum rosei* (Hamet & H. Perrier) A. Berger (1930); **incl.** *Kalanchoe bouvieri* Hamet & H. Perrier (1912); **incl.** *Kalanchoe rosei* ssp. *serratifolia* Humbert (1933); **incl.** *Kalanchoe rosei* ssp. *variifolia* Guillaumin & Humbert (1941); **incl.** *Kalanchoe rosei* var. *seyrigii* Boiteau & Mannoni (1949).
[2] Mehrjährig bis zweijährig, vollständig kahl, bis 1.8 m hoch; **Tr** einfach, aufrecht, bräunlich grün; **Blä** gestielt, polymorph, graugrün bis blassrötlich, leicht gefleckt, Stiel 2 - 16 mm, Spreite dick, meist lanzettlich bis länglich lanzettlich, oder linealisch-lanzettlich, gefiedert, speerförmig-dreilappig (Lappen dreieckig, stumpf), 6 - 17 × 0.5 - 15 cm, Spitze zugespitzt, Basis keilförmig, Ränder unregelmässig gebuchtet-gesägt, mit Brutknospen; **Inf** lockere Rispen, 15 - 30 cm; **Ped** schlank, 1.5 - 2.5 cm; **Blü** hängend; **Cal** halb stengelumfassend, rosa, **Rö** 10 - 12 mm, Zipfel dreieckig, 5 - 6 mm lang und breit; **Kr** röhrig, tiefrosa und gelb getönt, **Rö** leicht 4-kantig, 24 - 30 mm, Zipfel eiförmig bis lanzettlich, stumpf, 5 - 6 mm lang und breit; **St** unterhalb der Mitte der **Kr**röhre angeheftet, herausragend; **Anth** eiförmig, gelb, ± 2 mm; **NSch** länglich, ausgerandet, ± 1.6 × 1 mm; **Ca** eiförmig, 6 - 7 mm; **Gr** 18 - 22 mm; **Sa** verkehrt eiförmig, ± 0.6 mm.

Angesichts der gesamten Variabilität können die beschriebenen Varietäten nicht aufrecht erhalten werden. Die Art scheint sich leicht zu kreuzen, besonders mit *K. fedtschenkoi* und *K. daigremontiana*.

K. rotundifolia (Haworth) Haworth (Philos. Mag. J. 66: 31, 1825). **T:** K [unpubl. ill. s.n. Oct. 1823]. – **D:** Von C und E bis S und SW Afrika weit verbreitet, Sokotra; Waldländer, offene und sekundäre Wälder, Savannen, offenes Veld, in verschiedenen Habitaten im Schatten oder Halbschatten. **I:** Tölken (1985: 64, fig. 7); Miller & Cope (1996: fig. 91B).
 ≡ *Crassula rotundifolia* Haworth (1824) ≡ *Vereia rotundifolia* (Haworth) D. Dietrich (1840); **incl.**

Meristostylus brachycalyx Klotzsch (1861); **incl.** *Kalanchoe integerrima* Lange (1872); **incl.** *Kalanchoe luebbertiana* Engler (1907); **incl.** *Kalanchoe seilleana* Hamet (1916); **incl.** *Kalanchoe guillauminii* Hamet (1948); **incl.** *Kalanchoe rotundifolia* var. *tripartita* Hamet (1956) (*nom. inval.*, Art. 36.1, 37.1); **incl.** *Kalanchoe rotundifolia* var. *peltata* Hamet (1960) (*nom. inval.*, Art. 36.1, 37.1); **incl.** *Kalanchoe decumbens* Compton (1967); **incl.** *Kalanchoe rotundifolia* fa. *peltata* Hamet *ex* R. Fernandes (1978); **incl.** *Kalanchoe rotundifolia* fa. *tripartita* Hamet *ex* R. Fernandes (1978).

[1] Mehrjährig oder manchmal einjährig, vollständig kahl, bereift, 0.2 - 2 m hoch; **Tr** gewöhnlich einfach, stielrund, aufrecht oder basal niederliegend; **Blä** gestielt bis sitzend, Stiel fast zylindrisch, leicht vom **Tr** ablösbar, bis 12 mm, Spreite länglich, lanzettlich, elliptisch, spatelig oder dreieckig, blassgrün oder blaugrün, 1 - 8.5 × 0.5 - 5.5 cm, Spitze zugespitzt bis gerundet, Basis keilförmig, Ränder ganzrandig, buchtig, gezähnt, gekerbt oder ± tief 3-lappig; **Inf** wenigblütige, ebensträussige oder rispige Cymen, 2 - 40 cm; **Ped** 2 - 8 mm; **Blü** aufrecht; **Cal**röhre 0.1 - 1 mm, Zipfel lanzettlich oder dreieckig, zugespitzt, 0.5 - 2 × 0.5 - 1 mm; **Kr** tiefrot bis orange, unterer Teil gelblich bis grünlich, **Rö** urnenförmig, im unteren Teil kugelig, nach dem Abblühen im oberen Teil verdreht, 6 - 10 mm, Zipfel lanzettlich oder elliptisch, stark zugespitzt, ausgebreitet, 2.5 - 5 × 1 - 2.5 mm, Spitze verdreht; **St** oberhalb der Mitte der **Kr**röhre angeheftet, nicht herausragend; **Anth** länglich, 0.3 - 0.8 mm, mit spitzenständiger **Dr**; **NSch** linealisch, 1 - 3.5 mm, **Ca** in Seitenansicht linealisch-lanzettlich, 4 - 7 mm; **Gr** 0.3 - 1 mm; **Sa** verkehrt eiförmig, 0.6 - 1 mm.

Eine sehr komplexe und polymorphe Art. Es muss ein Unterschied zwischen den lokalen, geographischen Variationen und den sehr deutlichen, saisonalen Variationen gemacht werden. Letztere sind offensichtlich durch die Umweltbedingungen verursacht. Zahlreiche Formen und Varietäten sind beschrieben worden, die hier alle provisorisch als Synonyme behandelt werden.

K. rubella (Baker) Hamet & H. Perrier (Ann. Inst. Bot.-Géol. Colon. Marseille, sér. 3, 3: 111-114, 1915). **T:** Madagaskar (*Baron* 5853 [K]). – **D:** C und E Madagaskar; feuchte Stellen in Wäldern. **I:** Hamet & Marnier-Lapostolle (1964: figs. 63-64); Boiteau & Allorge-Boiteau (1995: 127, pl. 5: 9-10).
≡ *Bryophyllum rubellum* Baker (1889).

[2] Mehrjährig, vollständig kahl, bis 1 - 2 m hoch; **Tr** 4-kantig mit zahlreichen, weissen Lenticellen; **Blä** gestielt, fleischig, unpaarig gefiedert, Stiel verbreitert, breit stengelumfassend, ± 5 cm, Teil**Blä** 3 - 9, sitzend oder deutlich gestielt, dunkelgrün mit weissen Flecken, asymmetrisch länglich eiförmig, 4 - 12 × 2 - 5 cm, unterseits etwas rot, Spitze stumpf, Basis keilförmig, Ränder tief gekerbt; **Inf** lockere Rispen mit ± 100 **Blü**; **Inf**stiel ± 30 cm; **Ped** 12 - 23 mm, rosa; **Blü** hängend; **Cal** leicht glockig, häutig, gelbgrün mit rotpurpurnen Linien, **Rö** 14 - 16 mm, Zipfel dreieckig, zugespitzt, dornspitzig, 6 - 8 × 7 - 8.5 mm; **Kr** leuchtend rot, orange bis gelb, **Rö** ± zylindrisch, 22 - 23 mm, Zipfel länglich halbkreisförmig, zugespitzt, 5 - 6 mm lang und breit; **St** unterhalb der Mitte der **Kr**röhre angeheftet, nicht herausragend; **Anth** eiförmig, ausgerandet, ± 2.5 mm; **NSch** linealisch-länglich, ausgerandet, ± 2.5 × 0.7 mm; **Ca** 5 - 6 mm; **Gr** 15 - 18 mm.

Sehr nahe mit *K. prolifera* und *K. pinnata* verwandt, besonders in Bezug auf Wuchsform, Blattgrösse und -form, sowie in der Blütenstruktur.

K. salazarii Hamet (Bol. Soc. Brot., sér. 2, 37: 14, t. 1, 1963). **T:** Angola (*Silva Monteiro* 4 [COI]). – **D:** Angola (Huila). **I:** Hamet (1931-1963: tt. 86-87, 1963).

[1] Mehrjährig, vollständig kahl, bis 1 m hoch; **Tr** einfach, aufrecht, stielrund, kräftig, basal bis 15 mm ⌀, rötlich; **Blä** sitzend, schwach fleischig, lanzettlich, länglich lanzettlich bis länglich linealisch, 11 - 24 × 1.2 - 4 cm, Spitze zugespitzt, Basis vergrössert und ± stengelumfassend, Ränder ganzrandig, grünbräunlich; **Inf** dichte, vielblütige Rispen, 10 - 16 cm; **Ped** schlank, 3 - 8 mm; **Blü** aufsteigend; **Cal**röhre 1.1 - 1.3 mm, Zipfel dreieckig, zugespitzt, 2 - 2.5 × 1.4 - 1.9 mm; **Kr** fast urnenförmig, **Rö** dunkelrot liniert, 5 - 8 mm, Zipfel eiförmig, eiförmig-länglich, dornspitzig, aufrecht, 1.2 - 2.4 × 1 - 1.8 mm; **St** oberhalb der Mitte der **Kr**röhre angeheftet, obere **St** leicht herausragend; **Anth** eiförmig-länglich, 0.6 - 1 mm, mit einer kleinen Kugel an der Spitze; **NSch** linealisch, tief ausgerandet, 2.1 - 2.6 × 0.4 - 0.5 mm; **Ca** eiförmig-länglich, 5 - 7 mm; **Gr** sehr kurz, 0.45 - 0.65 mm; **Sa** verkehrt eiförmig, ± 0.8 mm.

K. sanctula Descoings (J. Bot. Soc. Bot. France 4: 87, 1997). **T:** Madagaskar, Taolanaro (*Descoings* 28180 [P]). – **D:** SE Madagaskar (Region von Taolanaro); bewaldete Hügel, sonnige Stellen.

[2] Zwei- bis mehrjährig, vollständig kahl; **Tr** einfach, stielrund, gerade, aufrecht, 20 - 50 cm hoch, 6 - 10 mm ⌀; **Blä** gestielt, dick, fleischig, gelblich grün mit bräunlich roten Kanten entlang der Ränder, unterseits mit Flecken von gleicher Farbe in Randnähe, Stiel fast drehrund, an der Basis leicht erweitert, 2 - 3 cm, Spreite eiförmig-länglich bis eiförmig-elliptisch, 6 - 8 × 3 - 4 cm breit, Spitze keilförmig bis ± gerundet, Basis gerundet, bei jungen **Blä** flach, bei ausgewachsenen **Blä** aufrecht und ein grosses Öhrchen bildend und dadurch **Blä** beinahe schildförmig werden, Ränder regelmässig gesägt, mit zahlreichen Brutknospen; **Inf** vielblütige, ebensträussige Cymen, 15 - 20 cm; **Ped** schlank, gebogen, 6 - 25 mm; **Blü** hängend, weissgelblich bis ± purpurblau; **Cal**röhre ± 4-kantig, 3.5 - 4 mm, Zipfel dreieckig, zugespitzt, 4 - 5 × 2.5 - 3 mm; **Kr**

länglich zylindrisch, **Rö** ± 4-kantig, zum unteren ¼ hin plötzlich verschmälert, 20 - 30 mm, Zipfel verkehrt eiförmig, Spitze gerundet mit aufgesetztem Spitzchen, 6 - 8 × 4 - 5 mm; **St** im unteren ¼ der **Kr**röhre angeheftet, leicht herausragend; **Anth** eiförmig, 0.5 - 1 mm; **NSch** trapezförmig, Spitze 2-lappig, 1.2 - 1.5 × 0.8 - 1 mm; **Ca** länglich eiförmig, 4 - 5 mm; **Gr** 16 - 23 mm.

Die Gesamtfärbung der Pflanzen und die wunderschönen Blüten machen diese Art sehr attraktiv. Zudem ist sie leicht zu kultivieren und zu vermehren.

K. scapigera Welwitsch *ex* Britten (FTA 2: 397, 1871). **T:** Angola, Moçamedes Distr. (*Welwitsch* 2483 [LISU]). – **D:** Angola (Moçamedes); trockene Stellen in steinigen Böden, oder zwischen / auf Felsen, 50 - 60 m. **I:** Fernandes (1982: 30: pl. 2).

[1] Mehrjährig, klein, kahl; **Wu** dick, verholzt; **Tr** verholzt, ± verzweigt, stielrund, dick, runzelig, 2 - 3 cm hoch; **Blä** ± rosettig an den **Tr**spitzen, sitzend oder fast sitzend, verkehrt eiförmig bis fast kreisrund, 2.7 - 4 × 1.2 - 2 cm, sehr dick, rötlich bis gelb-kupferfarben, Spitze stumpf bis gerundet, Basis eingeschnürt und halb stengelumfassend; **Inf** dicht, ebensträussig, 3.5 - 5 cm; **Inf**stiel bis 35 cm; **Ped** steif, 2 - 6 mm; **Blü** ziemlich fleischig, tiefgelb, aufrecht; **Cal**röhre ± 0.4 mm, Zipfel lanzettlich, zugespitzt, 1 - 1.5 mm; **Kr**röhre 4-kantig, an der Basis gerundet, 8 - 12 mm, Zipfel eiförmig, mit aufgesetztem Spitzchen, ± 3 × 1 mm; **St** oberhalb der Mitte der **Kr**röhre angeheftet, nicht herausragend; **Anth** eiförmig, ± 0.6 mm; **NSch** linealisch, zugespitzt bis ausgerandet, 2 - 4 mm; **Ca** länglich, 5 - 10 mm; **Gr** 0.5 - 0.7 mm.

Ziemlich nahe mit der in Sokotra endemischen *K. farinacea* verwandt, aber ausreichend unterschiedlich. Ebenso sehen die Pflanzen *K. rotundifolia* vom Kap (RSA) etwas ähnlich.

K. schimperiana A. Richard (Tent. Fl. Abyss. 1: 310, 1847). **T:** Äthiopien, Tigre (*Schimper* 388 [P, B, BM, FI, G, K, M, W]). – **D:** Äthiopien, E Tanzania; auf Felsen, 900 - 2100 m. **I:** Hamet & Marnier-Lapostolle (1964: figs. 110-111); Gilbert (1989: fig. 88.8: 7).

Incl. *Kalanchoe schliebenii* Werdermann (1935).

[1] Mehrjährig, 0.4 - 1 m hoch; **Tr** drüsig-flaumhaarig oder unten kahl und oben flaumhaarig; **Blä** gestielt, gewöhnlich drüsig-flaumhaarig, manchmal kahl, Stiel bis 2 - 3 cm, Spreite eiförmig bis fast kreisrund, 10 - 11 × 8 - 10 cm, Spitze stumpf, Basis plötzlich in den Stiel zusammengezogen, Ränder gekerbt bis gekerbt-gesägt; **Inf** wenigblütig, ebensträussig, dicht drüsig-haarig, klebrig, bis 20 cm; **Ped** 5 - 20 mm; **Blü** aufrecht, ± dicht drüsig-flaumhaarig; **Cal** grün, **Rö** 1 - 4 mm, Zipfel lanzettlich, spitz, zugespitzt, 10 - 40 × 3 - 6 mm; **Kr** weiss, oft gelbgrün geadert, **Rö** 50 - 65 mm, Zipfel länglich eiförmig bis breit verkehrt eiförmig, mit spitz aufgesetztem Spitzchen, 10 - 30 × 8 - 15 mm; **St** im oberen Teil der **Kr**röhre angeheftet, nicht oder kaum herausragend; **Anth** länglich, 2 - 3 mm, mit spitzenständiger **Dr**; **NSch** linealisch-pfriemlich, gegabelt, 3.5 - 7 × ± 1 mm; **Ca** in Seitenansicht länglich lanzettlich, 18 - 22 mm; **Gr** 32 - 40 mm.

K. schizophylla (Baker) Baillon (Bull. Mens. Soc. Linn. Paris 1(59): 469, 1885). **T:** Madagaskar (*Baron* 3132 [K]). – **D:** C Madagaskar; feuchte Stellen in Wäldern. **I:** Boiteau & Allorge-Boiteau (1995: 85); Rauh (1995a: figs. 418-420).

≡ *Kitchingia schizophylla* Baker (1884) ≡ *Bryophyllum schizophyllum* (Baker) A. Berger (1930).

[2] Mehrjährig, kletternd, vollständig kahl, gelegentlich epiphytisch; **Tr** stielrund, schlank, Basis etwas verholzt, kletternd, bis 3 - 8 m; **Blä** gestielt, gefiedert, Stiel schmal, stengelumfassend, 3 - 5 mm, Spreite formvariabel, Basis länglich verschmälert, Segmente in 6 - 8 Paaren, linealisch, fast ganzrandig, an der Spitze stumpf, zurückgebogen, 8 - 15 cm; **Inf** sehr grosse, wenigblütige Rispen, mit Brutknospen; **Ped** schlank, bogig, 4 - 8 mm; **Blü** hängend; **Cal** glockig, grün, **Rö** 1.5 - 2 mm, Zipfel dreieckig, spitz dornspitzig, 3 - 3.5 × 2.7 - 3 mm; **Kr** urnenförmig bis glockig, leuchtend rot bis violett, **Rö** ± 4-kantig, 13 - 17 mm, Zipfel länglich eiförmig, ausgerandet, 1.5 - 4 × ± 2 mm; **St** unterhalb der Mitte der **Kr**röhre angeheftet, ziemlich weit herausragend; **Anth** ± 1 mm; **NSch** ± rechteckig, ± 1.5 mm lang und breit; **Ca** ± 7.5 mm; **Gr** ± 10 mm, herausragend; **Sa** verkehrt eiförmig, ± 0.7 mm.

Zusammen mit *K. beauverdii* eine der wenigen kletternden Arten der Gattung. Die variablen Blätter sind sehr dekorativ und die Pflanzen sind einfach zu kultivieren.

K. serrata Mannoni & Boiteau (Notul. Syst. (Paris) 13(1-2): 151-153, ills., 1947). **T:** Madagaskar, Centre (*Herb. Jard. Bot. Tananarive* 5054 [P, TAN]). – **D:** C-S Madagaskar (Andringitra-Massiv). **I:** Boiteau & Mannoni (1949: 74); Boiteau & Allorge-Boiteau (1995: 97).

≡ *Bryophyllum serratum* (Mannoni & Boiteau) Lauzac-Marchal (1974) (*nom. illeg.*, Art. 53.1); **incl.** *Bryophyllum lauzac-marchaliae* Byalt (1999).

[2] Mehrjährig, vollständig kahl, dichte Haufen bildend, 30 - 60 cm hoch; **Tr** basal kriechend und wurzelnd, später aufrecht, stielrund, unter den **Blä** mit kleinen Flügeln, purpurn; **Blä** gestielt bis fast sitzend, fleischig, glauk, grünbläulich, rot gefleckt, Stiel bis 10 mm, ± stengelumfassend, oft braun gefleckt, Spreite elliptisch bis eiförmig, 4 - 6 × 2.5 - 4.5 cm, Spitze stumpf, Basis geöhrt, Ränder purpurn, fein gezähnt-gesägt mit zugespitzten Zähnen, mit Brutknospen; **Inf** lockere Cymen; **Inf**stiel 20 - 30 cm; **Ped** schlank, 20 - 30 mm; **Blü** hängend; **Cal** zylindrisch, **Rö** 14 - 16 mm, Zipfel dreieckig, zugespitzt, ± 7 mm; **Kr** rotorange bis goldgelb, **Rö** zylindrisch, an der Basis ± 4-kantig, 20 - 23 mm,

Zipfel kreisrund, ± 5 × 4 mm; **St** unterhalb der Mitte der **Kr**röhre angeheftet, nicht herausragend; **NSch** dreieckig, ausgerandet, 1.3 - 1.8 mm; **Ca** länglich, ± 10 mm; **Gr** ± 20 mm.

K. sexangularis N. E. Brown (BMI 1913: 120, 1913). **T:** RSA, Transvaal (*Thorncroft* s.n. [CGG]). – **D:** Zimbabwe, Moçambique, RSA; felsige Hänge im Schatten oder Halbschatten von Bäumen oder Sträuchern in Buschland. **I:** FPA 47: pl. 1878, 1983.

Incl. *Kalanchoe hexangularis* hort. (s.a.) (*nom. inval.*, Art. 61.1); **incl.** *Kalanchoe mocambicana* hort. (s.a.) (*nom. inval.*, Art. 61.1); **incl.** *Kalanchoe rogersii* Hamet (1915); **incl.** *Kalanchoe vatrinii* Hamet (1916); **incl.** *Kalanchoe mossambicana* Resende *ex* Resende & Sobradinho (1952); **incl.** *Kalanchoe rubinea* Tölken (1978); **incl.** *Kalanchoe vatrinii* var. *intermedia* R. Fernandes (1980) ≡ *Kalanchoe sexangularis* var. *intermedia* (R. Fernandes) R. Fernandes (1982).

[1] Mehrjährig, kaum sukkulent, komplett kahl, 0.2 - 1 m hoch; **Tr** 1 oder wenige, aus einer verholzten Basis, einfach, aufrecht, stielrund oder etwas 2- bis 6-kantig, rötlich; **Blä** ± deutlich gestielt, fleischig, grün bis rötlich, Stiel 4 - 45 mm, rinnig, bei unteren **Blä** nicht stengelumfassend, bei oberen **Blä** deutlich stengelumfassend, Spreite breit elliptisch, länglich oder eiförmig, grün bis tief rubinrot, 5 - 13 × 3 - 8 cm, Spitze gerundet oder stumpf, Basis der unteren **Blä** herzförmig, der oberen **Blä** keilförmig, Ränder grob gekerbt oder gewellt-gekerbt, manchmal mit 1 - 4 stumpf gezähnten Lappen; **Inf** lockere, flachgipfelige Rispen bis 30 cm; **Ped** 2 - 7 mm; **Blü** aufrecht, grüngelb bis leuchtend gelb; **Cal** grün, **Rö** 0.5 - 2 mm, Zipfel dreieckig, zugespitzt, 1.5 - 2.2 × ± 1.2 mm; **Kr**röhre 4-kantig-zylindrisch bis fast pyramidal, in der unteren ½ vergrössert, blassrosa, 8 - 13 mm, Zipfel breit eiförmig bis fast kreisrund, an der Spitze verschmälert oder gerundet, lachsfarben, 2 - 4 × 1.5 - 3 mm; **St** zur Spitze der **Kr**röhre hin angeheftet, obere **St** herausragend; **Anth** fast kreisrund, 0.4 - 1 mm; **NSch** linealisch-lanzettlich, zugespitzt, 1.6 - 4 mm; **Ca** 6.5 - 10 mm; **Gr** 1.7 - 4 mm; **Sa** 1 - 1.3 mm.

Die var. *intermedia* wird hier auf Grund der innerhalb der Art zu beobachtenden allgemeinen Variabilität provisorisch in die Synonymie verwiesen.

K. spathulata De Candolle (Pl. Hist. Succ. t. 65 + Text, 1801). – **D:** In Asien (Indien, Himalaya, Thailand, Burma, Malaysia, Vietnam, China, Taiwan, Philippinen, Japan) weit verbreitet; felsige Orte, 300 - 1500 m. **I:** Liu & Chung (1977: 15: pl. 462); Fu & Fu (1984: 12, figs. 18-23).

≡ *Cotyledon spathulata* (De Candolle) Poiret (1811); **incl.** *Vereia acutiflora* Andrews (1809) ≡ *Kalanchoe acutiflora* (Andrews) Haworth (1812); **incl.** *Kalanchoe varians* Haworth (1829); **incl.** *Bryophyllum serratum* Blanco (1837); **incl.** *Bryophyllum triangulare* Blanco (1837); **incl.** *Cotyledon lanceolata* Blanco (1837) (*nom. illeg.*, Art. 53.1); **incl.** *Kalanchoe nudicaulis* Hamilton *ex* C. B. Clarke (1879).

[1] Mehrjährig, kahl oder oben drüsig-flaumhaarig, 30 - 120 cm hoch; **Tr** kräftig, 5 - 15 mm ⌀, stielrund bis beinahe 4-kantig, aufrecht oder niederliegend-aufrecht; **Blä** sitzend oder etwas gestielt, fleischig, kahl, eiförmig, länglich bis spateliglänglich, 3 - 25 × 1.5 - 10 cm, untere **Blä** wenig gestielt, obere **Blä** weiter voneinander entfernt, sehr schmal werdend, manchmal mit 3 Teil**Blä**, Spitze verschmälert-stumpf, Basis stengelumfassend oder zu einem sehr kurzen Stiel verbreitert, Ränder ganzrandig bis leicht gezähnt oder unregelmässig gekerbt; **Inf** end- oder achselständige, dichte, vielblütige, ebensträussige Rispen, 5 - 20 cm breit; **Ped** 5 - 20 mm; **Blü** aufrecht; **Cal**röhre ± 1 mm, Zipfel dreieckig, länglich bis lanzettlich, spitz bis zugespitzt, 4 - 10 × ± 2 mm; **Kr** rein gelb, urnenförmig, kahl, **Rö** zylindrisch bis beinahe 4-kantig, an der Basis verbreitert, 10 - 25 mm, Zipfel ausgebreitet, breit lanzettlich bis elliptisch-eiförmig, spitz oder kurz zugespitzt, 8 - 10 × 4 - 5 mm; **St** im oberen Teil der **Kr**röhre angeheftet, leicht herausragend bis fast nicht herausragend; **Anth** eiförmig bis kreisrund, 0.7 - 1 mm; **NSch** linealisch, 3 - 5 mm, oft gegabelt; **Ca** schmal länglich, 5 - 9 mm; **Gr** 2.5 - 3 mm; **Sa** rötlich braun, länglich, ± 0.7 mm.

Dies ist das einzige asiatische Taxon mit einer weiten Verbreitung in den tropischen und subtropischen Regionen Asiens. Es wird in Indien als Mittel gegen Cholera betrachtet und soll zudem stark abführend wirken. Für Ziegen und Rinder scheinen Pflanzen dieser Art toxisch zu sein. Blätter und Saft der Pflanze werden vielfältig medizinisch verwendet.

K. stenosiphon Britten (FTA 2: 395, 1871). **T:** Äthiopien, Tigre (*Schimper* 726 [BM]). – **D:** N Äthiopien; Kalksteinhänge, 1600 - 2300 m. **I:** Gilbert (1989: 21, fig. 88.8: 9).

[1] Mehrjährig, vollständig kahl, 30 - 60 cm hoch; **Tr** stielrund; **Blä** gestielt, Spreite lanzettlich, rötlich grün, ± 10 × 1.5 cm, Spitze zugespitzt, Basis keilförmig, verhältnismässig breit, Ränder fast ganzrandig; **Inf** verlängerte, lockere, wenigblütige Rispen bis 60 cm; **Ped** 5 - 12 mm; **Blü** aufrecht; **Cal**röhre beinahe fehlend, Zipfel lanzettlich, leicht zugespitzt, etwas häutig, ± 6.5 × 1.5 - 2.8 mm; **Kr** gelbgrün, **Rö** schmal konisch, unten stark aufgebläht und gestutzt, im oberen Teil sehr schlank, 14 - 16 mm, Zipfel linealisch-lanzettlich, zugespitzt, 7 - 11 × 1.3 - 2 mm; **St** oberhalb der Mitte der **Kr**röhre angeheftet, nicht herausragend; **NSch** linealisch, zugespitzt, 3.5 - 5 mm; **Ca** 10 - 12 mm; **Gr** 2 - 2.5 mm.

Diese schlecht bekannte Art ist vielleicht nichts weiter als eine Form von *K. glaucescens*.

K. streptantha Baker (JLSB 22: 472, 1887). **T:** Madagaskar (*Baron* 4874 [K, P]). – **D:** C-W Madagaskar; sonnige, felsige Stellen. **I:** Hamet & Marnier-Lapostolle (1964: figs. 68-69); KuaS 44: 181-185, 1993; Boiteau & Allorge-Boiteau (1995: 113).

≡ *Bryophyllum streptanthum* (Baker) A. Berger (1930) ≡ *Kitchingia streptantha* (Baker) Allorge-Boiteau (1995).

[2] Mehrjährig, vollständig kahl, robust, bis 1.2 m hoch; **Tr** kräftig, 2 - 3 cm ⌀, niederliegend-aufrecht, an der Basis verzweigt; **Blä** kurz gestielt bis fast sitzend, dick, fleischig, hellgrün bis grünbläulich, rot bis bräunlich gerandet, mit einem weisslichen Hauch bedeckt und glauk, Stiel 5 - 10 mm, leicht stengelumfassend, Spreite länglich lanzettlich, verkehrt eiförmig bis verkehrt eiförmig-lanzettlich, 4 - 15 × 1 - 7.5 cm, violett gefleckt, Spitze spitz zulaufend und keilförmig, zugespitzt, Basis von der Mitte an allmählich verschmälert, Ränder ganzrandig oder leicht buchtig; **Inf** wenigblütige, ebensträussige Rispen, 10 - 15 cm; **Inf**-stiel bis 30 cm; **Ped** 6 - 25 mm; **Blü** hängend; **Cal** röhrig, grün oder gelb, rot gerandet, manchmal haarig-drüsig, **Rö** 10 - 15 mm, Zipfel eiförmig-dreieckig, zugespitzt, 4 - 9 × 6 - 8 mm; **Kr** gelb, **Rö** 30 - 36 mm, Zipfel eiförmig bis länglich, sehr stumpf und dornspitzig, ausgebreitet, 9 - 12 × 5 - 6 mm; **St** unterhalb der Mitte der **Kr**röhre angeheftet, herausragend; **Anth** eiförmig, 1.5 - 2.5 mm; **NSch** ± quadratisch, 1 - 2 mm; **Ca** 8 - 13 mm; **Gr** 25 - 28 mm; **Sa** eiförmig, ± 0.7 mm.

K. suarezensis H. Perrier (Arch. Bot. Bull. Mens. 2(2): 21-23, 1928). **T:** Madagaskar (*Perrier* 17882 [P, TAN]). – **D:** N Madagaskar; Kalkfelsen.

≡ *Bryophyllum suarezense* (H. Perrier) A. Berger (1930) ≡ *Kalanchoe poincarei* var. *suarezensis* (H. Perrier) Boiteau *ex* Allorge-Boiteau (1995).

[2] Mehrjährig oder zweijährig; **Tr** stielrund, kräftig, 20 - 25 mm ⌀, 40 - 60 cm hoch; **Blä** dicht gedrängt, gestielt, dick, graugrün, glauk, zurückgebogen, Stiel dick, 6 - 7 mm ⌀, im oberen Teil breit gefurcht, zur Basis hin verdickt, 1 - 5 cm, Spreite lanzettlich, 12 - 15 × 5 - 10 cm, Spitze verschmälert, Basis verschmälert bis gestutzt, Ränder grob und unregelmässig gezähnt, mit Brutknospen nahe der **Blä**spitze; **Inf** vielblütig, rispig bis ebensträussig; **Ped** schlank, 15 - 20 mm; **Blü** hängend; **Cal** rot bis rötlich violett, **Rö** zylindrisch, an der Basis gerundet, 12 - 16 mm, Zipfel zugespitzt, ausgebreitet oder zurückgebogen, 8 - 10 mm; **Kr** rosa bis gelb, **Rö** kugelig, ± 4-kantig, 23 - 26 mm, Zipfel zurückgebogen, stark zugespitzt, spärlich drüsig-haarig, 10 - 12 × 3 mm; **St** unterhalb der Mitte der **Kr**röhre angeheftet, nicht herausragend; **Anth** schwarz, an der Basis speerspitzenförmig, 1 - 1.5 mm; **NSch** quadratisch, Spitze herzförmig, ± 2 × 1.5 mm; **Ca** länglich, 8 - 10 mm; **Gr** 15 - 25 mm; **Sa** zylindrisch, 0.3 - 1 mm.

Steht *K. gastonis-bonnieri* nahe.

K. subrosulata Thulin (Nordic J. Bot. 13: 51-52, fig. 1, 1993). **T:** Somalia, Bay Region (*Thulin & al.* 7756 [UPS, K, MOG]). – **D:** SW Somalia, NE Kenya; Buschland auf flachgründigem, rotem Boden, gewöhnlich über Kalk, 350 - 1020 m. **I:** Thulin (1993: 92, fig. 47).

Incl. *Kalanchoe tayloris* Hamet (1958) (*nom. inval.*, Art. 32.1c).

[1] Mehrjährig, vollständig kahl, bis 65 cm hoch, gelblich grün, mit knolligem **Wu**stock; **Tr** aufrecht, schlank, stielrund, basal bis 4 mm ⌀; **Blä** sitzend oder kurz gestielt, ± dicht zu **Ros** gedrängt, Stiel bis 7 mm, oberseits gefurcht, Spreite schmal bis sehr breit elliptisch oder verkehrt lanzettlich bis breit verkehrt eiförmig, bis 10.5 × 4 cm, häutig, Spitze stumpf bis leicht zugespitzt, Basis keilförmig, Rand ± ganzrandig; **Inf** lockere, wenigblütige, ebensträussige Cymen, 3 - 12 cm; **Ped** 2 - 5 mm; **Blü** aufrecht; **Cal**röhre 0.5 - 0.8 mm, Zipfel ± schmal dreieckig, 1.5 - 3 × 1 - 1.2 mm; **Kr** gelb, **Rö** zylindrisch, an der Basis erweitert, 8 - 10 mm, Zipfel elliptisch bis verkehrt eiförmig, stumpf bis leicht zugespitzt, ± 4 × 2.8 mm, ausgebreitet; **St** oberhalb der Mitte der **Kr**röhre angeheftet, nicht herausragend; **Anth** länglich, 0.5 - 0.6 mm; **NSch** linealisch, 1.5 - 2.3 mm; **Ca** in Seitenansicht lanzettlich, 4 - 5 mm; **Gr** ± 1.2 mm; **Sa** verlängert, ± 0.8 mm.

Nahe mit *K. densiflora* verwandt.

K. synsepala Baker (J. Bot. 11: 110, 1882). **T:** Madagaskar (*Baron* 248 [K, P]). – **D:** C und C-S Madagaskar; felsige, sonnige Stellen. **I:** Hamet & Marnier-Lapostolle (1964: figs. 13-17). Boiteau & Allorge-Boiteau (1995: 179); Rauh (1995a: figs. 532-536). **Fig. XXI.g**

Incl. *Kalanchoe synsepala* var. *dissecta* hort. (s.a.) (*nom. inval.*, Art. 29.1); **incl.** *Kalanchoe trichantha* Baker (1883); **incl.** *Kalanchoe brachycalyx* Baker (1887) (*nom. illeg.*, Art. 53.1); **incl.** *Kalanchoe gentyi* Hamet & H. Perrier (1914).

[1] Mehrjährig, ausläuferbildend; **Tr** immer einfach, verholzt, sehr kräftig, in der Regel kurz, manchmal bis 40 cm, aufrecht oder niederliegend-aufrecht; **Blä** wenige in endständigen **Ros**, sitzend bis fast sitzend, fleischig, sehr dick, kräftig, kahl oder kurz behaart, eiförmig-spatelig, länglich mit sehr stumpfer Spitze oder ± kreisrund mit gerundeter Spitze, 6 - 15 × 4 - 7 cm, Basis verschmälert und stengelumfassend, Ränder ganzrandig oder gewellt-gezähnt mit steifen Zähnen, manchmal tief eingeschnitten; **Inf** achselständig, gewöhnlich 2 gegenständige, sehr dichte, ebensträussige Cymen, 2 - 9 cm; **Inf**stiel im oberen Teil haarig-drüsig, 15 - 30 cm; **Ped** 3 - 12 mm; **Blü** aufrecht; **Cal** glockig, grünlich, haarig-drüsig, **Rö** 2.5 - 4 mm, Zipfel dreieckig, zugespitzt-dornspitzig, 1 - 2 × 1.7 - 2.3 mm; **Kr** weiss, rosa bis purpurn, flaumhaarig, **Rö** röhrig, 4-kantig, 7 - 12 mm, Zipfel eiförmig bis verkehrt eiförmig, spitz dornspitzig, ausgebreitet, 5 - 7 × 3 - 4 mm; **St** zur Spitze der **Kr**röhre hin angeheftet,

herausragend; **Anth** eiförmig, ± 1.2 mm; **NSch** linealisch, ausgerandet, ± 2 mm; **Ca** in Seitenansicht länglich lanzettlich, 8 - 10 mm; **Gr** 1.5 - 2 mm; **Sa** länglich, ± 1 mm.

Dies ist eine sehr charakteristische Art, leicht zu kultivieren und zu vermehren, und das einzige ausläuferbildende Taxon der Gattung. Die Ausläufer bilden ihrerseits wieder Ausläufer und natürliche Populationen bestehen aus einem Gewirr von Ausläufern und Rosetten mit unterschiedlichem Alter und Grössen. Blattform und -farbe sind variabel, was in einer Anzahl ausgewählter Cultivare resultiert.

K. tashiroi Yamamoto (Suppl. Icon. Pl. Formos. 2: 25, fig. 15, 1926). **T:** Taiwan, Insel Kotosho (*Tashiro* s.n. [TNS ?]). – **D:** SE Taiwan.

[1] Mehrjährig, vollständig kahl, zäh; **Blä** gestielt, dick und fleischig, oberseits grün, unterseits blass, Stiel ± 2 mm, oberseits leicht gefurcht, Spreite dreieckig oder breit eiförmig, 5.5 - 11.5 × 2.5 - 6.5 cm, Spitze breit dreieckig, Basis gestutzt oder breit keilförmig, Ränder unregelmässig gekerbt; **Inf** traubige Rispen; **Ped** ± 1 mm; **Blü** aufrecht; **Cal** grün, **Rö** kurz, Zipfel linealisch-lanzettlich, ± 8 × 3 mm; **Kr** gelb, **Rö** urnenförmig, ± 10 mm, an der Basis bis 6 mm erweitert, Zipfel breit elliptisch, dornspitzig, ± 7 × 5 mm; **St** an der Spitze der **Kr**röhre angeheftet, nicht herausragend; **Anth** ± 1.5 mm; **NSch** linealisch, ± 4 × 0.5 mm; **Ca** incl. **Gr** 12 mm; **Sa** länglich, ± 0.8 mm.

Steht *K. spathulata* nahe.

K. teixeirae Hamet *ex* R. Fernandes (Bol. Soc. Brot., sér. 2, 53: 419-420, 1980). **T:** Angola (*Gossweiler* 12489 [BM]). – **D:** Angola (Benguela); zwischen Granitblöcken, ± 2500 m. **I:** Hamet (1931-1963: tt. 47-50, 1958).

[1] Mehrjährige Kräuter bis 60 cm hoch, vollständig kahl, mit knolligen **Wu**; **Tr** einfach, kräftig, aufrecht, Basis bis 12 mm ⌀; **Blä** sitzend, linealisch bis länglich linealisch, Grösse nicht beschrieben, Spitze stumpf, Basis vergrössert und stengelumfassend, Ränder ganzrandig, Oberseite im unteren, basisnahen Teil rinnig; **Inf** dicht, ebensträussig, bis 4 cm; **Ped** 4 - 7 mm; **Blü** aufrecht; **Cal**röhre 1 - 1.5 mm, Zipfel lanzettlich, zugespitzt, 5 - 6 × ± 1.6 mm; **Kr** gelb, **Rö** beinahe zylindrisch, an der Basis gerundet, dunkelrot gefleckt, 9 - 10 mm, Zipfel eiförmig bis fast kreisrund, leicht zugespitzt bis gerundet, mit aufgesetztem Spitzchen, ± 2.5 × 1.5 - 2 mm; **St** nahe der Spitze der **Kr**röhre angeheftet, obere **St** leicht herausragend; **Anth** ± 0.8 mm, mit einer kleinen Kugel an der Spitze; **NSch** linealisch, stumpf bis ausgerandet, ± 3 × 0.5 - 0.7 mm; **Ca** schmal länglich, 9 - 11 mm, **Gr** sehr kurz, ± 0.4 mm.

Unzureichend bekannt und *K. brachyloba* und *K. lindmanii* nahestehend.

K. tetramera Geddes (BMI 1928: 67, 1928). **T:** Thailand (*Kerr* 9988 [nicht lokalisiert]). – **D:** Thailand; Kalkfelsen, 400 m.

[1] Aufrecht, mehrjährig (?); **Tr** stielrund, fleischig, jung flaumhaarig mit dichtem Indumentum, verkahlend; **Blä** ganzrandig, nicht weiter bekannt; **Inf** breit ebensträussig, dicht behaart; **Inf**stiel flaumhaarig; **Ped** flaumhaarig, 5 - 6 mm; **Blü** gelb, spärlich fein flaumhaarig, aufrecht; **Cal**zipfel lanzettlich, zugespitzt, ± 7 × 2.5 mm; **Kr** gelb, **Rö** urnenförmig, fein flaumhaarig, ± 13 mm, Zipfel verkehrt eiförmig, zugespitzt, ± 10 × 5 mm; **St** nahe der Spitze der **Kr**röhre angeheftet, nicht herausragend; **Anth** länglich, ± 1.3 mm; **NSch** linealisch-lanzettlich, ± 2 mm; **Ca** 8 - 9 mm; **Gr** ± 1.4 mm.

Sehr schlecht bekannte Art, anscheinend *K. dixoniana* und *K. craibii* nahestehend.

K. tetraphylla H. Perrier (Bull. Mus. Nation. Hist. Nat. 29: 452-453, 1923). **T:** Madagaskar, Centre (*Perrier* 13178 [P]). – **D:** C-S Madagaskar; felsige Orte, 1000 - 2000 m. **I:** Rauh (1983: 208); Rauh (1995a: figs. 538-542). **Fig. XXII.c**

[1] Mehrjährig; **Tr** immer einfach, verholzt, kräftig, bis 3 cm ⌀, kurz oder bis 1.5 m hoch; **Blä** in **Ros** an den **Tr**spitzen, gewöhnlich 2 Paare, bis 1 cm dick, zäh, jung dicht drüsig-haarig, später kahl, sitzend oder mit einem kurzen und sehr breiten Stiel, Spreite eiförmig-kreisrund, 13 - 15 cm lang und breit, rötlich oder grün (in Kultur), Spitze gerundet, Basis gestutzt, Ränder grob gezähnt; **Inf** achselständig, gewöhnlich 2 gegenständige, dichte, ebensträussige Cymen, drüsig-haarig; **Inf**stiel 8 - 15 cm; **Ped** drüsig; **Blü** aufrecht oder ausgebreitet, vollständig in weisse **Dr**haare eingehüllt; **Cal** grün bis rötlich, **Rö** 6 - 10 mm, Zipfel dreieckig, zugespitzt, 6 - 8 mm; **Kr** weissgelb bis gelbgrün und purpurn gestreift, **Rö** ± 10 mm, Zipfel eiförmig, Spitze gerundet oder zugespitzt, ± 10 mm; **St** direkt oberhalb der Mitte der **Kr**röhre angeheftet, herausragend; **Anth** gerundet; **NSch** quadratisch, tief ausgerandet und 2-zähnig, ± 1 mm; **Ca** länglich, 6 - 8 mm; **Gr** 2.5 - 4 mm.

Eine sehr seltene Art, nahe mit *K. synsepala* verwandt. Die beiden bilden eine kleine Gruppe und sind durch ihren Habitus, ihre Wuchsform und weitere Merkmale deutlich von allen anderen Arten der Gattung zu unterscheiden.

K. thyrsiflora Harvey (FC 2: 380, 1862). **T:** RSA (*Ecklon & Zeyher* 1953 [S]). – **D:** SE Botswana, RSA; felsiger Grund in offenem Buschland. **I:** Berger (1930: 407, fig. H-L); Tölken (1985: 70, fig. 9:1). **Fig. XXII.d**

[1] Zweijährig, vollständig kahl, ± mehlig mit weissem, klebrigem Puder bestäubt, 0.75 - 1.5 m hoch; **Tr** einfach, aufrecht, stielrund, kräftig; **Blä** sitzend, dick, fleischig, zur Basis hin dichter stehend, verkehrt eiförmig, verkehrt lanzettlich-länglich bis spatelig, graugrün, entlang der Ränder ± rot

getönt, 6 - 17 × 2.5 - 12 cm, Spitze gerundet oder stumpf, Basis verwachsen und halb stengelumfassend, leicht herablaufend, Ränder ganzrandig; **Inf** dichte, vielblütige Thyrsen bis 30 cm; **Ped** 6.5 - 12 mm, ziemlich dick; **Blü** aufrecht, mit einem durchdringenden, süssen Duft; **Cal**röhre 1 - 1.5 mm, Zipfel eiförmig bis länglich lanzettlich, zugespitzt, 3 - 7 × 2 - 2.7 mm; **Kr** goldgelb, gelb oder graugrün mit dickem Reif, **Rö** fast urnenförmig oder eiförmig-länglich, nach oben 4-kantig, 12 - 20 mm, Zipfel eiförmig bis fast kreisrund, Spitze gerundet oder stumpf, 2 - 5 × 3 - 4.5; **St** an der Spitze der **Kr**röhre angeheftet, obere **St** herausragend; **Anth** eiförmig-kreisrund, 1.5 - 2 mm; **NSch** breit länglich bis rechteckig, gestutzt-ausgerandet, 1.7 - 3 × 1 - 2 mm; **Ca** in Seitenansicht länglich lanzettlich, 12 - 15 mm; **Gr** 1.5 - 3 mm; **Sa** 1 - 1.3 mm.

K. tomentosa Baker (J. Bot. 11: 110, 1882). **T**: Madagaskar (*Baron 247* [K, P]). – **D**: C und C-S Madagaskar; felsige Orte. **I**: Boiteau & Allorge-Boiteau (1995: 165); Rauh (1995a: figs. 223, 609-617). **Fig. XXI.h**

[1] Mehrjährig, 80 - 100 cm hoch, vollständig und dicht filzig, mit weisslichen, rötlichen oder ± bräunlichen, sternförmigen **Ha** eingehüllt; **Tr** aufrecht, basal verholzt, von der Basis aus verzweigt, dicht beblättert; **Blä** wechselständig, oft in **Ros** angeordnet, sitzend, sehr dick, fleischig, verkehrt eiförmig, eiförmig bis länglich oder fast zylindrisch, Oberseite rinnig-konkav, Unterseite kielartig konvex, 2 - 8 × 1.5 - 2.5 cm, Spitze stumpf, Basis verschmälert, Ränder ganzrandig, gerundet, im oberen Teil gesägt und mit dunkelbraunen Zähnen; **Inf** rispig oder ebensträussig, 2 - 15 cm breit; **Inf**stiel 40 - 80 cm; **Ped** 4 - 10 mm; **Blü** aufrecht bis ausgebreitet, grün, gelbbraun bis purpurn, dicht filzig und mit kurzen, einfachen, drüsigen **Ha**; **Cal**röhre 0.4 - 0.8 mm, Zipfel dreieckig bis linealisch, stumpf, 3 - 5 × 2 - 3 mm; **Kr** glockig bis urnenförmig, **Rö** 10 - 12 mm, Zipfel dreieckig bis kreisrund, aufrecht, 2.5 - 3.5 × 4 - 5.5 mm; **St** direkt unterhalb oder in der Mitte der **Kr**röhre angeheftet, nicht herausragend; **Anth** eiförmig, ± 1 mm; **NSch** ± rechteckig, 0.8 - 1.2 mm; **Ca** 7 - 10 mm; **Gr** 1.5 - 2.5 mm; **Sa** verkehrt eiförmig, ± 2 mm.

Eine sehr attraktive Art und in Sammlungen häufig kultiviert. In der Natur zeigen die Blätter eine ausgeprägte Variabilität in Form, Grösse und Farbe der Haare. Zahlreiche gärtnerische Formen und Cultivare wurden selektioniert. In Madagaskar herrscht der weit verbreitete Glaube, dass eine blühende Pflanze dieses Taxons ein Zeichen für Reichtum und Wohlstand des Haushaltes darstellt.

K. tuberosa H. Perrier (Arch. Bot. Bull. Mens. 2(2): 24, 1928). **T** [syn]: Madagaskar (*Perrier 16135* [P]). – **D**: N Madagaskar; 1000 - 2400 m.

[1] Mehrjährig, vollständig mit mehligem Reif bedeckt; **Wu**stock holzig-knollig; **Tr** einjährig, einfach, schlank, stielrund, aufrecht bis niederliegend, 20 - 30 cm; **Blä** gestielt, weisslich bereift, zahlreich, in den oberen **Tr**teilen dicht angeordnet, Stiel 2 - 3 mm, Spreite eiförmig, 2.5 - 3 × 1.5 - 1.9 cm, Spitze zugespitzt, Basis gerundet, Ränder buchtig gezähnt; **Inf** fast sitzende, dicht 2- bis 25-blütige, ebensträussige Cymen; **Ped** 5 - 7 mm, weisslich bereift; **Blü** aufrecht; **Cal**röhre ± 1 mm, Zipfel länglich, stumpf, 10 - 11 × 4 mm; **Kr** wunderschön rosa bis rein rot, **Rö** zylindrisch, ± 40 mm, Zipfel eiförmig, zugespitzt, ausgebreitet, ± 15 × 10 mm; **St** oberhalb der Mitte der **Kr**röhre angeheftet, nicht herausragend; **Anth** länglich, ± 2.5 mm; **NSch** linealisch, ganzrandig bis 2-geteilt, ± 5 mm; **Ca** 6 - 8 mm; **Gr** ± 20 mm.

Eine sehr schlecht bekannte und seltene Art. Sie könnte für die Kultur auf Grund ihrer Blüten interessant sein und ist möglicherweise frosthart.

K. uniflora (Stapf) Hamet (Bull. Soc. Bot. France 57: 52, 1910). **T**: [icono]: Curtis's Bot. Mag. 135: t. 8286, 1909. – **D**: NW und N Madagaskar; Wälder und heideartige Vegetation, 1000 - 2000 m. **I**: Berger (1930: fig. 197E-F); Rauh (1995a: figs. 423-425). **Fig. XXII.a**

≡ *Kitchingia uniflora* Stapf (1908) ≡ *Bryophyllum uniflorum* (Stapf) A. Berger (1930); **incl.** *Kalanchoe ambrensis* H. Perrier (1928) ≡ *Bryophyllum ambrense* (H. Perrier) A. Berger (1930); **incl.** *Kalanchoe uniflora* var. *brachycalyx* Boiteau & Mannoni (1949); **incl.** *Kalanchoe uniflora* var. *typica* Boiteau & Mannoni (1949) (*nom. inval.*, Art. 24.3).

[2] Mehrjährige, epiphytische Kräuter; **Tr** kahl, schlank, grün, niederliegend oder kletternd, Knoten wurzelnd; **Blä** fast sitzend bis gestielt, sehr dick, fleischig, kahl, leuchtend grün, Stiel schlank, 1 - 2.5 mm, Spreite verkehrt eiförmig, kreisrund, rundlänglich bis länglich, 0.4 - 3.5 × 0.4 - 1.5 cm, Spitze stumpf bis gerundet, Basis gestutzt bis keilförmig, Ränder winzig gekerbt, im oberen Teil breit 2- bis 4-zähnig, manchmal beinahe 3-lappig; **Inf** 1- bis 3-blütige Cymen; **Inf**stiel 5 - 15 mm, braun, behaart; **Ped** fadenförmig, dünn flaumhaarig, purpurn, 5 - 15 mm; **Blü** hängend, **Cal** grün, spärlich drüsig-langhaarig, **Rö** 0.5 - 1.5 mm, Zipfel eiförmig, etwas zugespitzt, dornspitzig, 2 - 4 mm; **Kr** urnenförmigröhrig bis urnenförmig, fein drüsig-langhaarig bis kahl, **Rö** leuchtend rot bis rotviolett, 11 - 19 mm, Zipfel eiförmig, stumpf dornspitzig, 3.5 - 4.5 × 3 - 6 mm; **St** unterhalb der Mitte der **Kr**röhre angeheftet, nicht herausragend; **Anth** eiförmig, 1.2 - 1.4 mm; **NSch** linealisch bis länglich linealisch, ausgerandet, 1 - 1.6 × ± 0.6 mm; **Ca** 6 - 11 mm; **Gr** 6.5 - 12 mm; **Sa** länglich, ± 0.6 mm.

Die Art ist selten einblütig, trotz ihres Namens. Sie ist ausgesprochen hübsch und attraktiv und wird am besten in Hängetöpfen kultiviert. Im vegetativen Zustand gleicht sie der epiphytischen *Peperomia rotundifolia*.

K. usambarensis Engler & Hamet (Notizbl. Königl. Bot. Gart. Berlin 5: 302, 1913). **T** [neo]: Tanzania, Lushoto Distr. (*Bogner* s.n. [B]). – **D:** NE Tanzania; felsige Abhänge, 1700 - 1800 m.

[1] Mehrjährig, bis 1.2 m hoch: **Tr** aufrecht oder basal niederliegend-aufrecht und untere Knoten wurzelnd, kahl; **Blä** sitzend, kahl, verkehrt eiförmig oder länglich, grün, bis 10 × 5 cm, Spitze stumpf, Basis keilförmig und halb stengelumfassend, Ränder ganzrandig oder leicht buchtig; **Inf** ± kugelig, 15 - 25 cm, drüsig-flaumhaarig mit kurzstieligen, drüsigen **Ha**; **Ped** 2 - 5 mm; **Blü** aufrecht, **Cal**röhre 0.7 - 1 mm, Zipfel lanzettlich, 3 - 4 × 1 - 2 mm; **Kr** leuchtend rot, unterer Teil grün, **Rö** 9 - 12 mm, Zipfel länglich eiförmig, stumpf oder mit stumpf aufgesetztem Spitzchen, 3.5 - 5 × 1.5 - 2.5 mm; **St** nicht herausragend; **Anth** länglich, ± 0.7 mm; **NSch** linealisch, ± 2 mm; **Ca** in Seitenansicht linealisch-lanzettlich, 5.5 - 7.5 mm; **Gr** ± 1.5 mm.

K. ×vadensis Boom & Zeilinga (Succulenta 43(9): 124, 1964).
= *K. blossfeldiana* × *K. grandiflora*. Diese künstlich erzeugte Kreuzung ist amphidiploid. Sie ist selbstfertil und lässt sich durch Samen artecht vermehren.

K. velutina Welwitsch *ex* Britten (FTA 2: 396, 1871). **T:** Angola (*Welwitsch* 2490 [LISU]). – **D:** Angola, Zimbabwe.

[1] Mehrjährig, bis 1 m hoch, vollständig mit dichten, kurzborstigen, bis 0.5 mm langen, weisslichen oder rostfarbenen **Ha** eingehüllt, selten kahl; **Tr** aufrecht, unten stielrund bis fast quadratisch und dunkelbraun, oben fast stielrund und rötlich braun bis rostfarben; **Blä** gestielt, dick, fleischig, aufrecht bis ausgebreitet, Stiel bis 1 - 3 cm, Spreite in der Form variabel, linealisch, lanzettlich, länglich, Spitze stumpf bis gerundet, Basis verschmälert, Ränder ganzrandig oder unregelmässig gekerbt-gesägt; **Inf** ebensträussige Cymen, 8.5 - 10 × 6 - 15 cm; **Ped** 4.5 - 10 mm; **Blü** aufrecht, gelb, orangegelb bis rötlich braun, dicht rauhborstig; **Cal** fleischig, **Rö** 1.7 - 3 mm, Zipfel dreieckig, spitz dornspitzig, 1 - 2.5 × ± 1.5 mm breit; **Kr** an der Basis geschwollen-gerundet, darüber 4-kantig und verschmälert, **Rö** 11 - 20 mm, Zipfel eiförmig bis verkehrt eiförmig oder gerundet, stumpf dornspitzig, 3 - 7.5 × 1.8 - 5.5 mm; **St** im oberen Teil der **Kr**röhre angeheftet, obere **St** herausragend; **Anth** eiförmig-länglich, 0.5 - 0.7 mm; **NSch** linealisch-länglich, 1.7 - 2 × 0.5 - 0.7 mm; **Ca** eiförmig-länglich, 6.5 - 9 mm, stark verschmälert; **Gr** 2 - 4 mm; **Sa** verkehrt eiförmig, sehr stumpf, ± 0.7 mm.

Die Formen mit flaumiger Behaarung stehen *K. citrina* nahe.

K. velutina ssp. **chimanimanensis** (R. Fernandes) R. Fernandes (Bol. Soc. Brot., sér. 2, 53: 430-431, 1980). **T:** Zimbabwe (*Leach* 9050 [K]). – **D:** Zimbabwe; zwischen Felsen an Berghängen, 1700 - 1800 m.
≡ *Kalanchoe chimanimanensis* R. Fernandes (1978).

[1] **Blä** gestielt, Stiel bis 13 mm, Spreite verkehrt eiförmig, spatelig bis fast kreisrund, 1.5 - 4.5 × 0.7 - 2 cm; **Ped** bis 6.5 mm; **Kr** kurz, **Rö** bis 12.5 mm, im trockenen Zustand rostfarben, Zipfel bis 4 × 2.5 mm, aufrecht.

K. velutina ssp. **dangeardii** (Hamet) R. Fernandes (Bol. Soc. Brot., sér. 2, 53: 431-434, 1980). **T:** Angola (*Gossweiler* 4477 [BM]). – **D:** Angola (Cuanza Sul, Benguela); granitische Hügel, 850 - 1100 m.
≡ *Kalanchoe dangeardii* Hamet (1916).

[1] Pflanzen filzig oder vollständig kahl; **Blä** sitzend, linealisch bis schmal lanzettlich, 3 - 11 × 1 - 3.5 cm; **Kr** lang, **Rö** 14 - 20.5 mm, im trockenen Zustand weisslich bis gelblich, Zipfel 6 - 7.5 × 3.5 - 5.5 mm, ausgebreitet.

K. velutina ssp. **velutina** – **D:** Angola (Cuanza Norte); bewaldete Savannen, 1150 - 1200 m.
Incl. *Kalanchoe exellii* Hamet (1963).

[1] **Blä** sitzend oder fast sitzend, elliptisch-länglich bis länglich verkehrt eiförmig, 5 - 9 × 2 - 2.3 cm, **Ped** bis 10 mm; **Kr** kurz, **Rö** bis 12.5 mm, im trockenen Zustand rostfarben, Zipfel bis 4 × 2.5 mm, aufrecht.

K. viguieri Hamet & H. Perrier (Ann. Inst. Bot.-Géol. Colon. Marseille, sér. 3, 2: 187-189, 1914). **T:** Madagaskar (*Perrier* 11818 [P]). – **D:** SW Madagaskar (Mahafaly-Plateau); Trockenbusch auf Kalk. **I:** Hamet & Marnier-Lapostolle (1964: figs. 32-33); Boiteau & Allorge-Boiteau (1995: pl. 4: 6).
Fig. XXII.e
Incl. *Kalanchoe viguieri* var. *latisepala* Hamet & H. Perrier (1914); incl. *Kalanchoe viguieri* var. *genuina* Hamet & H. Perrier (1914) (*nom. inval.*, Art. 24.3).

[2/1] Mehrjährig, bis 1 - 2 m hoch; **Tr** einfach oder wenig verzweigt, aufrecht, in der Jugend mit einem Filz aus weisslichen, sternförmigen **Ha** bedeckt, schnell verkahlend, glatt, bewachst, ältere **Tr** mit harziger Rinde; **Blä** gestielt, dick, fleischig, jung wie die **Tr** filzig, Stiel 3 - 12 mm, Spreite eiförmig bis kreisrund, 1.5 - 4.5 × 0.5 - 3.5 cm, Spitze stumpf, Basis gerundet, Ränder ganzrandig oder fast so; **Inf** wenigblütige, traubige Rispen, bogig, 4 - 9 × 2 - 8 cm; **Inf**stiel flaumhaarig; **Ped** 8 - 13 mm; **Blü** hängend, durch sternförmige **Ha** vollständig filzig; **Cal** grün bis orange, **Rö** 1 - 3 mm, Zipfel eiförmig bis dreieckig, 5 - 8 × 5 - 6.8 mm; **Kr** glockig, rosa bis orange, **Rö** 15 - 25 mm, Zipfel dreieckig bis länglich, dornspitzig, 6 - 8 mm lang und breit; **St** unterhalb der Mitte der **Kr**röhre angeheftet, leicht herausragend; **Anth** eiförmig, 1.7 - 1.9 mm; **NSch** gerundet, 0.9 - 1.2 × 1.5 - 2 mm; **Ca** eiförmig, 8 - 11 mm; **Gr** 10 - 16 mm.

Die früheren Autoren stellen dieses Taxon fälschlicherweise alle in die Sect. *Kalanchoe*. Auch wenn es den typischen Kelch dieser Sektion zeigt, entsprechen alle anderen wichtigen Merkmale der Sect. *Bryophyllum*. Obwohl etwas zwischen den beiden Sektionen stehend, steht die Art der Sect. *Bryophyllum* deutlich näher. Abgesehen davon ist sie mit einer Gruppe sehr xeromorpher, stark behaarter Taxa der Sect. *Kalanchoe* aus S-Madagaskar vergleichbar.

K. waldheimii Hamet & H. Perrier (Ann. Inst. Bot.-Géol. Colon. Marseille, sér. 3, 3: 71-74, 1915). **T:** Madagaskar (*Perrier* F228-1921 [P]). – **D:** C Madagaskar (Antsirabé-Distr.); granitische oder quarzitische Felsen, 1200 m. **I:** Boiteau & Allorge-Boiteau (1995: 107); Rauh (1995a: fig. 543).

≡ *Bryophyllum waldheimii* (Hamet & H. Perrier) Lauzac-Marchal (1974).

[2] Mehrjährig, vollständig kahl, bis 40 cm hoch, im Alter Haufen bildend; **Tr** zahlreich, aufrecht oder etwas kriechend, einfach, basal verzweigt, rotpurpurn, **Blä** fast sitzend, dick, flach, fleischig, grünbläulich mit wenigen, roten Flecken, Spreite verkehrt eiförmig, 4 - 11 × 2 - 4.5 cm, Spitze stumpf bis gerundet, Basis zum geflügelten und sehr kurzen Stiel verschmälert, manchmal mit kleinen Öhrchen, Ränder purpurrot, im oberen ⅓ rundlich gekerbt, mit Brutknospen; **Inf** locker ebensträussig, mit Brutknospen; **Ped** schlank, 6 - 17 mm; **Blü** hängend; **Cal** gelbgrün, rotpurpurn liniert, **Rö** 14 - 16 mm, Zipfel dreieckig, zugespitzt, 5 - 6 × ± 3.5 mm; **Kr** rosa bis gelbgrün mit zahlreichen, rotpurpurnen Linien, **Rö** zylindrisch, 16 - 21 mm, Zipfel verkehrt eiförmig, leicht zugespitzt, ± 11 × 5 mm; **St** unterhalb der Mitte der **Kr**röhre angeheftet, nicht herausragend; **Anth** ± 1.5 mm; **NSch** halbkreisförmig, stumpf, ± 0.7 × 0.8 - 1.2 mm; **Ca** eiförmig-länglich, 7 - 8 mm; **Gr** 17 - 18 mm.

Diese in Kultur nicht oft anzutreffende Art steht der von *K. fedtschenkoi, K. laxiflora* und *K. marnieriana* gebildeten Gruppe nahe.

K. welwitschii Britten (FTA 2: 394, 1871). **T:** Angola, Luanda (*Welwitsch* 2492 [LISU]). – **D:** Angola (Luanda, Benguela, Huila); xerophytische Dickichte, felsige Hügel und sandige Böden.

Incl. *Kalanchoe welwitschii* var. *gracilituba* Britten (1871).

[1/2] Mehrjährige Kräuter, vollständig kahl und glauk, 1 - 2 m hoch; **Tr** aufrecht, stielrund, gerade; **Blä** gestielt, Stiel 1.5 - 7.5 cm, Spreite eiförmig bis lanzettlich, 9 - 25 × 3.5 - 12 cm, Spitze stumpf oder zugespitzt, Basis gerundet, keilförmig bis verschmälert, Ränder ganzrandig, gekerbt oder grob gezähnt, Zähne purpurn gerandet; **Inf** lockere, ebensträussige, Rispen, 8 - 30 cm; **Ped** bis 22 mm; **Blü** aufrecht; **Cal**röhre 1 - 2 mm, Zipfel grün, breit lanzettlich, ziemlich lang zugespitzt, 5 - 9 × 1.3 - 3 mm; **Kr** blassgelb, leuchtend schwefelgelb bis orange, Basis grün, **Rö** pyramidal, scharf 4-kantig, 16 - 25 mm, Zipfel eiförmig, plötzlich zugespitzt und mit Dornspitzchen, 7 - 11 × 4 - 7 mm, stark ausgebreitet; **St** 4 + 4, 4 an der Basis der **Kr**röhre angeheftet, 4 ein wenig unterhalb des Schlundes angeheftet, obere **St** beinahe herausragend; **NSch** ganzrandig, leicht zugespitzt, ± 7 mm, **Ca** bis 16 mm; **Gr** 6 - 9 mm.

Gemäss einheimischen Heilern hat diese Art spezielle Heilkräfte und einen übernatürlichen Einfluss, besonders in Bezug auf klimatische Bedingungen. Ihre lokaler Name (übersetzt) lautet "Regenwolke" und zusammen mit *Caladium* (Araceae) wird sie in der Zauberei verwendet. Die Anheftung der Staubblätter (4 an der Basis der Kronröhre wie bei Sect. *Bryophyllum*, 4 nahe dem Schlund wie bei Sect. *Kalanchoe*) ist bemerkenswert.

K. wildii Hamet *ex* R. Fernandes (Bol. Soc. Brot., sér. 2, 52: 204-207, 1978). **T:** Zimbabwe (*Ball* 16 [SAM]). – **D:** Zimbabwe; Felsen. **I:** Hamet (1931-1963: tt. 27-30, 1956).

[1] Zweijährig, 30 - 70 cm hoch, vollständig kahl aber überall mit kalkig-weissem Puder bedeckt; **Tr** gewöhnlich einfach, kräftig, unten stielrund, oben undeutlich 4-kantig; **Blä** zur Basis hin dichter angeordnet, sitzend, verkehrt eiförmig bis länglich spatelig oder fast kreisrund, 2 - 10.5 × 1.7 - 4 cm, Spitze gerundet, Basis stengelumfassend und am **Tr** herablaufend, Ränder ganzrandig; **Inf** ± dichte Ähren oder Rispen, 7 - 26 cm; **Ped** bis 10 mm; **Blü** aufrecht; **Cal** fleischig, **Rö** 1 - 1.5 mm, Zipfel eiförmig bis elliptisch, stumpf bis leicht zugespitzt, 4 - 5 × 3 - 3.5 mm; **Kr** orangerosa oder gelb, **Rö** urnenförmig, ± 4-kantig, 7 - 11 mm, Zipfel länglich oder fast rechteckig, Spitze gerundet oder gestutzt, 3 - 5.5 × 2.2 - 2.7 mm; **St** nahe dem Schlund der **Kr**röhre angeheftet, herausragend; **Anth** fast kreisrund, ± 1 mm; **NSch** fast rechteckig, ganzrandig, ± 1.5 × 2.6 mm; **Ca** ± 7.5 mm; **Gr** 0.5 mm bis beinahe fehlend.

K. yemensis (Deflers) Schweinfurth (Bull. Herb. Boissier 4(Appendix 2): 203, 1896). **T** [syn]: Jemen (*Deflers* 632 [P]). – **D:** N Jemen; felsige Hänge, Vulkankegel, Wadi-Uferbänke oder Feldränder, 1900 - 2600 m. **I:** Raadts (1995: 258, fig. 4); Miller & Cope (1996: 471, fig. 90C).

≡ *Kalanchoe brachycalyx* var. *yemensis* Deflers (1889).

[1] Mehrjährig, robust, 0.5 - 1 m hoch, unten kahl, oben drüsig-haarig mit bis 0.2 mm langen **Ha**; **Tr** stielrund, kahl, aus der Basis verzweigt; **Blä** sitzend, kahl, schmal-länglich bis lanzettlich oder eiförmig, 4 - 18 × 1.5 - 6 cm, Spitze stumpf bis zugespitzt, Basis stengelumfassend, Ränder ganzrandig bis buchtig oder selten stumpf gesägt; **Inf** ebensträussig, 5 - 8 cm, drüsig-haarig; **Ped** 1 - 5 mm; **Blü** aufrecht; **Cal** spärlich drüsig-langhaarig, **Rö** 0.5 - 2 mm, Zipfel länglich eiförmig bis eiförmig-

dreieckig, zugespitzt, 4 - 9 × 1.5 - 4 mm; **Kr** leuchtend gelb, blassgelb oder orangegelb, spärlich drüsig-langhaarig, **Rö** zylindrisch, 8 - 13 mm, Zipfel eiförmig, mit aufgesetztem Spitzchen, ausgebreitet, 5 - 10 × 2.5 - 8 mm; **St** am Schlund der **Kr** angeheftet, obere **St** leicht herausragend; **Anth** ± 0.5 mm; **NSch** linealisch, 3.5 - 4.5 mm; **Ca** 8 - 10 mm; **Gr** 2 - 4 mm.

Steht *K. lanceolata* sehr nahe.

K. yunnanensis Gagnepain (Notul. Syst. (Paris) 3: 220, 1916). **T:** China, Yunnan (*Tanant* s.n. [P?]). – **D:** China.

[1] Mehrjährig (?), 40 - 60 cm hoch; **Tr** basal verdickt, mit der Zeit glauk; **Blä** gestielt, Stiel schlank, oberseits gefurcht, an der Basis stengelumfassend, ± 2 cm lang, Spreite länglich bis länglich eiförmig, 7 - 10 × 2 - 4 cm, Spitze eiförmig, Basis stumpf, Ränder ganzrandig bis leicht buchtig; **Inf** ebensträussig, 8 - 12 × ± 8 cm; **Ped** ± 5 mm; **Blü** aufrecht, gelb, kahl, 22 - 24 mm; **Cal**röhre kurz, Zipfel dreieckig-linealisch, rötlich braun; **Kr** ampullenförmig, **Rö** zur Basis erweitert, Zipfel eiförmig, zugespitzt; **St** oberhalb der Mitte der **Kr**röhre angeheftet; **Anth** eiförmig, fast speerspitzenförmig; **Ca** ziemlich lang verschmälert, ± 7 mm; **Gr** ± 3 mm.

Eine schlecht bekannt Art und von Fu & Ohba (2001) als Synonym von *K. integra* behandelt.

×LENAPTOPETALUM

U. Eggli

×**Lenaptopetalum** G. D. Rowley (Nation. Cact. Succ. J. 37(3): 77, 1982).
Incl. ×*Lengraptophyllum* G. D. Rowley (1980) (*nom. inval.*, Art. H7.3).
= *Lenophyllum* × *Graptopetalum*. Siehe Uhl (1993) für die bekannten Hybridkombinationen (keine formell benannt).

LENOPHYLLUM

R. Moran

Lenophyllum Rose (Smithsonian Misc. Collect. 47: 159, 1904). **T:** *Sedum guttatum* Rose. – **Lit:** Moran (1994). **D:** USA (S Texas), NE Mexiko. **Etym:** Gr. 'lenos', Trog, Wanne; und Gr. 'phyllon', Blatt; wegen der oft längsrinnigen Blätter.

Ausdauernde, kahle Kräuter; **Wu** faserig oder verdickt; **Blä** kreuzgegenständig, in wenigen, basalen Paaren, weiter oben kleiner und entfernter stehend, dick, oft rinnig, elliptisch bis rundlich oder rhombisch, Spitzen spitz bis gerundet; **Inf** endständig, entweder Cymen oder wenige, mehrblütige Wickel, oder schmale Rispen aus 10 - 35 wenigblütigen, kompakten Wickeln, oder spitzenwärts oder auf der ganzen Länge zu einer Traube oder Ähre reduziert; **Blü** fast sitzend, 5-zählig, obdiplostemon; **Sep** aufrecht oder aufsteigend, beinahe gleich, lanzettlich bis verkehrt lanzettlich, ± so lang wie die offene **Kr**; **Pet** gelb oder gelblich, bis zur Basis frei, untere ½ aufrecht, obere ½ ausgebreitet bis zurückgebogen, lanzettlich bis verkehrt lanzettlich, 5 - 8 mm; **St** aufrecht, leicht herausragend, epipetale **Fil** für ± ½ ihrer Länge mit den **Pet** verbunden; **NSch** fast quadratisch; **Ca** aufrecht, schlank, in die schlanken **Gr** verjüngt; **Fr** vielsamige Balgfrüchte; **Sa** braun, ellipsoid, längs gestreift. – Cytologie: Vermutlich x = 11 (Uhl 1996a).

Uhl (1996a) kreuzte 4 der 7 Arten von *Lenophyllum* erfolgreich mit Arten von *Echeveria* (= ×*Lenoveria*), *Graptopetalum* (= ×*Lenaptopetalum*) und *Pachyphytum* (= ×*Lenophytum*). Entsprechend gehört *Lenophyllum* in dasselbe Comparium, scheint aber den übrigen unter sich näher verwandten Gattungen weniger nahe zu stehen. Während in den übrigen Gattungen des Compariums die polyploiden Arten in der Regel autoploid sind, sind alle untersuchten *Lenophyllum*-Arten, trotz unbekannter Entstehung, offenbar alloploid.

Die Gattung gliedert sich in 2 informelle Gruppen:
[1] **Inf** Ähren, Trauben oder schlanke Rispen mit 10 - 35 1- bis 3-blütigen Wickeln; n = 22, 44.
[2] **Inf** Cymen oder Rispen mit 2 - 10 einfachen oder gabeligen Zweigen, Wickel 3- bis 15-blütig; n = 32, 33, oder unbekannt.

L. acutifolium Rose (Smithsonian Misc. Collect. 47: 162, fig. 19, 1904). **T:** Mexiko, Nuevo León (*Pringle* s.n. in *Rose* 768 [US 396786, NY, UC]). – **D:** Mexiko (Coahuila, Nuevo León, Tamaulipas), 650 - 1350 m. **I:** Moran (1994: 2, 6).

[1] Pflanzen 10 - 40 cm hoch, hellgrün bis ± purpurn oder rötlich; **Blä** elliptisch-lanzettlich, spitz, 2 - 5 × 0.5 - 1.5 cm; **Inf** schlanke Rispen oder fast ährig, 3 - 20 × 1 - 3 cm, mit 10 - 25 Wickeln mit 1 - 3 **Blü**; **Sep** spitz; **Kr** hellgelb, aussen deutlich rot gemustert. – n = 22, 44.

L. guttatum (Rose) Rose (Smithsonian Misc. Collect. 47: 160, pl. 20, 1904). **T:** Mexiko, Coahuila (*Palmer* 309 [US, NY, UC]). – **D:** Mexiko (Coahuila, Nuevo León), 1200 - 2100 m. **I:** Moran (1994: 13-14). **Fig. XXII.f**

≡ *Sedum guttatum* Rose (1903).

[2] Pflanzen 5 - 20 cm hoch; **Blä** rhombisch-eiförmig bis verkehrt eiförmig oder rhombisch-lanzettlich, äusserste Spitze flach gerundet, 2 - 4 × 2 cm, graugrün, purpurrot gefleckt; **Inf** Cymen mit wenigen Wickeln mit 8 - 15 **Blü**; **Sep**spitzen gerundet; **Kr** gelb, aussen mit roten Linien. – n = 32, 33.

L. latum Moran (CSJA 66(3): 126-128, ill., 1994). **T:** Mexiko, Tamaulipas (*Moran* 13392 [SD 61028, BH, SD]). – **D:** Mexiko (Nuevo León, Tamaulipas), 500 - 1800 (?) m. **Fig. XXII.b, XXII.g**

[1] Pflanzen bis 50 cm hoch oder angeblich bis 2 m lang, grün oder purpurrot überhaucht; **Blä** elliptisch-eiförmig, spitz, 3 - 5.5 × 1.2 - 3.5 cm; **Inf** Rispen, 3 - 25 × 1 - 3 cm, mit 10 - 35 Wickeln oder Wickelchen mit 1 - 4 **Blü**; **Sep** spitz; **Kr** hell oder grünlich gelb. − n = 22.

Dieses Taxon unterscheidet sich von *L. acutifolium* durch seine Grösse und v.a. durch die breiteren Blätter, aber die verwandtschaftlichen Beziehungen bedürfen weiterer Abklärungen.

L. obtusum Moran (Haseltonia 2: 17-18, ills., 1994). **T:** Mexiko, Nuevo León (*Uhl* 1920 [SD 94815, BH, HNT, SD]). − **D:** Mexiko (Nuevo León); 900 - 1220 m.

[2] Pflanzen 10 - 20 cm hoch, grün oder glauk und ± purpurn werdend; **Blä** breit eiförmig bis elliptisch oder gerundet verkehrt eiförmig, breitstumpf bis gerundet, 2 - 4 × 2 - 4 cm; **Inf** Cymen mit mehreren Wickeln mit 4 - 10 **Blü**; **Sep** stumpf bis gerundet; **Kr** trübgelb mit bräunlichen Spitzen. − n = 32, 33.

Das wenig bekannte *L. weinbergii* bedarf genauerer Untersuchungen, um mögliche Verwandtschaften mit dieser Art zu klären.

L. reflexum S. S. White (Bull. Torrey Bot. Club 68: 496-497, ills., 1941). **T:** Mexiko, Tamaulipas (*Bartlett* s.n. [MICH]). − **D:** Mexiko (Tamaulipas); ± 1200 m. **I:** Moran (1994: 10-12).

[2] Pflanzen 15 - 30 cm hoch, leuchtend grün, purpurn werdend; **Blä** eiförmig bis elliptisch, spitz mit schmal zugespitzter Spitze, bis 4.5 × 3 cm; **Inf** Rispen, 5 - 6 × 2 - 4 cm, mit mehreren Wickeln mit 3 - 8 **Blü**; **Sep** spitz; **Kr** gelb oder gelblich grün.

Der Typ dieser wenig bekannten Art ist eine stark etiolierte Kulturpflanze.

L. texanum (J. G. Smith) J. N. Rose (Smithsonian Misc. Collect. 47: 162, 1904). **T:** USA, Texas (*Nealley* s.n. [MO, US 48513]). − **D:** USA (S Texas), NE Mexiko; unterhalb von 100 m. **I:** Moran (1994: 8). **Fig. XXII.h**

≡ *Sedum texanum* J. G. Smith (1895) ≡ *Villadia texana* (J. G. Smith) Rose (1903); **incl.** *Lenophyllum pusillum* Rose (1905).

[1] Pflanzen 10 - 40 cm hoch, grün, rot werdend; **Blä** eiförmig-lanzettlich bis elliptisch bis verkehrt lanzettlich, spitz zulaufend, 1 - 2.5 × 0.4 - 1 cm; **Inf** Trauben oder Ähren oder schlanke Rispen, 2 - 15 × 1.2 - 2 cm, mit 5 - 25 meist 1-blütigen Zweigen; **Sep** spitz bis spitz zulaufend; **Kr** rostgelblich bis trübgelb, oft rot gemustert. − n = 44.

Das Taxon ist sehr vermehrungsfreudig, denn die Blätter fallen leicht ab und bewurzeln sich rasch. Auf einem Herbarbeleg aus Texas war der Volksname "Chisme" notiert.

L. weinbergii Britton (Smithsonian Misc. Collect. 47: 160, fig. 18, 1904). **T:** Mexiko, Coahuila (*McDowell* s.n. in *Weinberg* s.n. [NY, US 431408]). − **D:** Mexiko (Coahuila); 1600 m. **I:** Moran (1994: 15-16).

[2] Pflanzen bis 10 cm hoch, hellgrün oder ± purpurn; **Blä** rhombisch verkehrt eiförmig, stumpf mit einwärts gebogenen Rändern, 1.5 - 2.5 × 1 - 2.3 cm; **Inf** Cymen mit 2 - 6 Zweigen, Wickel mit 3 - 7 **Blü**; **Sep** stumpf bis gerundet; **Kr** gelb.

×LENOPHYTUM

U. Eggli

×Lenophytum C. H. Uhl (CSJA 65(6): 273, 1993).

= *Lenophyllum* × *Pachyphytum*. Uhl (1993) listet nur die Kombination *P. hookeri* × *L. reflexum* auf.

×LENOVERIA

U. Eggli

×Lenoveria C. H. Uhl (CSJA 65(6): 272, 1993).

= *Lenophyllum* × *Echeveria*. Siehe Uhl (1993) für eine Liste aller bekannten Hybridkombinationen (keine formell benannt).

METEROSTACHYS

H. Ohba

Meterostachys Nakai (Bot. Mag. (Tokyo) 49(578): 74, 210 [Erratum], 1935). **T:** *Cotyledon sikokiana* Makino. − **Lit:** Moran (1972); Ohba (1978). **D:** Japan, Korea, China. **Etym:** Gr. 'stachys', Ähre; wegen der Form der Blütenstände. Der erste Namensteil 'meteros' ist möglicherweise ein Phantasiewort zur Vermeidung eines illegitimen Homonyms in der zuerst publizierten Fassung ('Merostachys', zu Gr. 'meros', Teil, Stelle).

Ausdauernd, mit verdickten Pfahl**Wu** und kleinen **Ros**; **Ros**blätter linealisch bis linealisch-dreieckig (v.a. Winter**Blä**), 7 - 25 × 2 - 3 mm, Spitze lang gespitzt bis dornspitzig (oft knorpelig); **Blü**triebe aus den **Ax** der **Ros**blätter, einjährig, einfach, 1.5 - 8 cm hoch, aufrecht, Achse fein gewarzt, beblättert; **Blä** wechselständig oder zu 3, sitzend, linealisch-pfriemlich oder linealisch-lanzettlich, 7 - 12 × 1.5 - 2.2 mm, Spitze dornig-scharf; **Inf** endständig, cymös, mit **Bra**, locker; **Blü** zwitterig, 5- (selten 4-) zählig, obdiplostemon, **Ped** oft länger als die **Blü**; **Sep** linealisch-lanzettlich, 1.7 - 2.6 mm, fleischig, ausdauernd, basal vereinigt; **Pet** basal für ⅓ bis ⅔ vereinigt, weiss, oft mit rötlichem Schein, breit lanzettlich bis lanzettlich, 2.5 - 4 mm, aufsteigend; **St** kürzer als die **Pet**; **Anth** tiefrot; **NSch** länglich, weisslich, ± 0.8 mm; **Ca** ± 3 mm, ventral nicht ausgebaucht, basal nicht verjüngt, annähernd aufrecht, mit 4 - 6 **Sa**anlagen; **Sa** zylindrisch. − n = 16 (Uhl & Moran 1972).

Bei der Erstpublikation wurde der Gattungsname

fälschlicherweise 'Merostachys' geschrieben, aber leider ergibt weder diese noch die heute akzeptierte Schreibweise eine Bedeutung für den Namen. Die verwandtschaftliche Stellung dieser monotypischen Gattung ist noch nicht geklärt. Obwohl Ohwi (1953: 585-586) sie in die Synonmymie von *Orostachys* stellte, unterscheiden sich die beiden stark. *Orostachys* ist durch die gestielten oder basal verjüngten Karpelle nahe mit *Hylotelephium* verwandt, während *Meterostachys* sich in Blütenmerkmalen unterscheidet.

M. sikokiana (Makino) Nakai (Bot. Mag. (Tokyo) 49(578): 74-75, ill., 1935). **T:** Japan, Tosa Prov. (*Makino s.n.* [MAK]). – **D:** W Japan, Korea (Quelpaert), China (Sichuan: Mt. Omei). **I:** Ohba (1982b: t. 140-144); Lee & Lee (2000: 45, t. 3D).

≡ *Cotyledon sikokiana* Makino (1891) ≡ *Sedum sikokianum* (Makino) Hamet (1929) (*nom. illeg.*, Art. 53.1) ≡ *Orostachys sikokiana* (Makino) Ohwi (1953); **incl.** *Sedum leveilleanum* Hamet (1908); **incl.** *Sedum oriento-asiaticum* Makino (1927).

Beschreibung wie für die Gattung.

Das Vorkommen dieser Art in China wurde erst kürzlich bekannt (Byalt 1997) und ergibt eine beträchtliche Disjunktion in der Verbreitung.

MONANTHES

R. Nyffeler

Monanthes Haworth (Saxifrag. Enum., 2: 68, 1821). **T:** *Sempervivum monanthes* Aiton [= *Monanthes polyphylla* Haworth. Typifiziert durch Schlussfolgerung, einziges eingeschlossenes Element.]. – **Lit:** Nyffeler (1992); Nyffeler (1995). **D:** Kanarische Inseln, Selvagens-Inseln. **Etym:** Gr. 'mono-', ein-, einzeln; und Gr. 'anthos', Blüte; wegen der wenigblütigen Blütenstände (wenn auch nur selten 1-blütig).
Incl. *Petrophyes* Webb & Berthelot (1841) (*nom. illeg.*, Art. 52.1). **T:** *Sempervivum monanthes* Aiton.

Ausdauernde oder einjährige Kräuter oder Kleinsträucher, kahl oder **Dr**haarig, mit Blasenzellidioblasten bedeckt; **Wu** faserig; **Blä** wechsel- oder kreuzgegenständig, in lockeren, kompakten oder sehr dichten **Ros**, oder **Int** verlängert, **Blä** einfach, ganzrandig, sukkulent, eiförmig, elliptisch oder verkehrt eiförmig, spitz, gerundet oder gestutzt, kahl oder **Dr**haarig, manchmal an der Spitze auffällig papillös, unterschiedlich rot gemustert; **Inf** entweder endständig aus den **Ros**zentren oder **Tr**spitzen, oder als seitliche, hinfällige **Blü**triebe, reduzierte Rispen mit 1 - 3 (-5) gleichmässig oder basal verzweigten, wickeligen Cymen mit (1-) 3 - 8 **Blü**; **Ped** fadendünn, **Dr**haarig oder verkahlend, unterschiedlich von hellgrün bis violettbraun gefärbt; **Blü** (5-) 6- bis 8- (bis 9-) zählig, 2 - 6 mm ⌀, obdiplostemon; **Sep** fleischig, basal leicht zusammenhängend, eiförmig, spitz zulaufend, selten spitz, aussenseits meist **Dr**haarig und papillös, grün und unterschiedlich rot gefleckt; **Pet** frei, ausgebreitet oder leicht zurückgebogen, schmal länglich oder länglich und gelegentlich im oberen Teil verbreitert, spitz oder spitz zulaufend, teilweise dornspitzig, aussenseits und gelegentlich entlang der Ränder mit drüsigen **Ha**, hellgelb und unterschiedlich rot gestreift; **St** 2× soviele wie **Pet**; **Fil** frei, hellgelb bis hellrot, episepale **Fil** aufrecht, etwas kürzer als die epipetalen **Fil**, die letztgenannten von den **NSch** niedergedrückt; **Anth** kugelig-zylindrisch, latrors, vor dem Aufreissen unterschiedlich von gelblich weiss bis violettbraun gefärbt; **NSch** auffällig vergrössert, in der Regel etwas 2-lappig oder fächerförmig, Spitze gestutzt oder verkehrt herzförmig, ausgefranst, winzig gekerbt oder gezähnt, hellgelb bis dunkelrot; **Ca** so viele wie **Pet**, basal in das **Rec** eingesenkt, oft mit einigen kurzen, zerstreuten, drüsigen **Ha**, papillös oder glatt, gelbgrün und unterschiedlich rot gefleckt; **Fr** Bälge, aufrecht, entlang der Bauchnaht öffnend, einige quer abbrechend; **Sa** fast glatt oder deutlich warzig bis gerippt.

Die Gattung wurde kürzlich von Nyffeler (1992) revidiert. Die folgende Behandlung unterscheidet sich dahingehend, dass *M. atlantica* aus *Monanthes* ausgeschlossen und als *Sedum surculosum* behandelt wird, und dass *M. icterica* in eine eigene Sektion gestellt wird. Neuere, molekularbiologische Untersuchungen von Mes & al. (1997) und Mort & al. (2002) weisen darauf hin, dass *M. icterica* entweder die Schwestergruppe von *Aichryson* repräsentiert, oder die Schwestergruppe eines Entwicklungszweiges darstellt, welcher *Aeonium* sowie die mehrjährigen Arten von *Monanthes* umfasst. Hier wird *M. icterica* in Erwartung weiterer Untersuchungen bei *Monanthes* belassen.

Die 9 Arten von *Monanthes* zerfallen in 4 unterschiedliche Gruppen:

[1] Sect. *Monanthes*: Ausdauernde, dicht verzweigte **Ros**pflanzen oder kleine Zwergsträucher; **Inf** endständig aus den **Ros**zentren; **Blü** 7- bis 9-zählig, 4 - 6 mm ⌀; **Pet** schmal länglich, mit deutlichen, drüsigen **Ha** entlang der Ränder; **NSch** fächerförmig, basal keilförmig oder spitz zulaufend.

[2] Sect. *Sedoideae* Nyffeler 1992: Ausdauernde, diffus verzweigte Kleinsträucher; **Inf** an den **Tr**spitzen endständig; **Blü** 7- bis 8-zählig, 4 - 6 mm ⌀; **Pet** länglich, entlang der Ränder kahl; **NSch** ± 2-lappig, etwas bis auffallend genagelt.

[3] Sect. *Petrophyllae* P. V. Heath 1994: Ausdauernde, einzelne oder teilweise sprossende **Ros**pflanzen; **Inf** als seitliche, hinfällige **Blü**triebe; **Blü** 5- bis 7-zählig, 2 - 4 mm ⌀; **Pet** schmal länglich bis länglich, gelegentlich spitzenwärts verbreitert, entlang der Ränder kahl; **NSch** ± 2-lappig, auffällig genagelt.

[4] Sect. *Annuae* Sventenius 1960: Einjährige Kräuter; **Inf** endständig an den **Tr**spitzen; **Blü**

6- bis 7-zählig, 3 - 4 mm ⌀; **Pet** länglich und spitzenwärts leicht verbreitert, entlang der Ränder kahl; **NSch** ± 2-lappig, auffällig genagelt.

Hybridisierungen sind zwischen in der Natur gemeinsam vorkommenden Taxa häufig. Viele Hybridtaxa wurden auf Grund der intermediären Morphologie beschrieben. Künstliche Kreuzungsexperimente zeigten, dass alle ausdauernden Taxa interfertil sind (Nyffeler 1995). Nyffeler (1992) und Heath (1994) enthalten vollständige Listen aller bekannten Nothotaxa und Hybridkombinationen. Pflanzen hybridogenen Ursprungs sind in Kultur ziemlich weit verbreitet, und der Vollständigkeit halber folgt hier die Liste der publizierten Hybridnamen auf Artebene: *M.* ×*anagiflora*, *M.* ×*burchardii*, *M.* ×*chamorgensis*, *M.* ×*elizabethae*, *M.* ×*gomerensis*, *M.* ×*hybrida*, *M.* ×*intermedia*, *M.* ×*isabellae*, *M.* ×*polycaulis*, *M.* ×*pumila*, *M.* ×*silophylla*, *M.* ×*sventenii*, und *M.* ×*tilophila*.

Die folgenden Namen sind von unklarer Anwendung, gehören aber zu dieser Gattung: *Monanthes spathulata* Cree *ex* Steudel (1841); *Sempervivum micranthes* Webb *ex* Steudel (1841).

M. anagensis Praeger (Trans. & Proc. Bot. Soc. Edinburgh 29: 216, 1925). **T:** Kanarische Inseln, Tenerife (*Bourgeau* s.n. [E]). – **D:** Kanarische Inseln (Tenerife: Anaga-Gebirge); (100-) 600 - 900 m.

[2] Ausdauernde, etwas verholzte, diffus verzweigte Kleinsträucher, 15 - 30 cm hoch; **Tr** aufsteigend oder aufrecht, etwas gewunden, schlank, 3 - 5 mm ⌀; **Blä** wechselständig, nahe der **Tr**spitzen gehäuft, 9 - 18 × 2 - 4 mm, 2 - 4 mm dick, schmal elliptisch, spitz zulaufend, oberseits mit einer mittigen Längsfurche, kahl, glatt; **Inf** endständig, regelmässig verzweigt; **Ped** 7 - 15 mm, kahl oder mit wenigen, sehr kurzen, drüsigen **Ha** (≤ 0.05 mm); **Blü** 6- bis 8-zählig, 4 - 6 mm ⌀; **Pet** 3.4 - 4.6 × 1.1 - 1.6 mm, länglich, spitz oder spitz zulaufend; **NSch** 1.4 - 1.6 × 1.6 - 2.2 mm, Spreite ± 2-lappig, gestutzt oder verkehrt herzförmig, winzig gekerbt, oft nur undeutlich genagelt.

M. brachycaulos (Webb & Berthelot) Lowe (Fl. Salvag. Tent., 12, 1869). **T:** Kanarische Inseln, Tenerife (*Webb (?)* s.n. [FI ?]). – **D:** Kanarische Inseln (Gran Canaria, Tenerife); 20 - 2500 m.

≡ *Petrophyes brachycaulos* Webb & Berthelot (1841) ≡ *Sempervivum brachycaulos* (Webb & Berthelot) Kuntze (1891); **incl.** *Monanthes brachycaulon* hort. (s.a.); **incl.** *Petrophyes brachycaulos* var. *bulbosus* Knoche *in sched.* (s.a.) (*nom. inval.*, Art. 29.1); **incl.** *Petrophyes brachystachys* Webb *in sched.* (s.a.) (*nom. inval.*, Art. 29.1); **incl.** *Sempervivum bulbosum* Solander *ex* Webb & Berthelot (1841) (*nom. inval.*, Art. 34.1); **incl.** *Petrophyes brachycaulos* var. *canariae* Pitard (1909); **incl.** *Petrophyes brachycaulos* var. *teneriffae* Pitard (1909); **incl.** *Monanthes brachycaulos* fa. *fasciata* Praeger (1929); **incl.** *Monanthes brachycaulos* fa. *ramosa* Praeger (1929); **incl.** *Monanthes niphophila* Sventenius (1946) ≡ *Monanthes brachycaulos* fa. *niphophila* (Sventenius) P. V. Heath (1994); **incl.** *Monanthes brachycaulos* var. *adenopetala* Sventenius (1960); **incl.** *Monanthes brachycaulos* var. *nivata* Sventenius (1960) (*nom. inval.*, Art. 37.1); **incl.** *Monanthes praegeri* Bramwell (1969) ≡ *Monanthes brachycaulos* fa. *praegeri* (Bramwell) P. V. Heath (1994).

[3] Ausdauernde, einzelne oder manchmal sprossende **Ros**pflanzen; **Tr** kurz und kräftig (± caudiciform) oder leicht bis deutlich verlängert, 5 - 12 mm ⌀; **Ros** locker oder ziemlich kompakt, flach, 7 - 35 mm ⌀, mit ≤ 60 **Blä**; **Blä** 5 - 18 × 3 - 6 mm, 1 - 2 mm dick, schmal verkehrt eiförmig, spitz, in eine schmale Basis spitz zulaufend, kahl oder nahe der Basis mit wenigen, sehr kurzen, drüsigen **Ha** (≤ 0.05 mm), oberhalb leicht papillös; **Inf** als seitliche, einfache oder verzweigte **Blü**triebe, regelmässig verzweigt; **Ped** 4 - 10 mm, drüsig-haarig (**Ha** ≤ 0.3 mm); **Blü** 6- bis 7-zählig, 3 - 4 mm ⌀; **Pet** 2.3 - 3.7 × 0.5 - 0.7, länglich und im oberen Teil gelegentlich etwas verbreitert, spitz oder dornspitzig; **NSch** 1.1 - 1.6 × 1.6 - 1.9 mm, Spreite etwas 2-lappig, gestutzt oder verkehrt herzförmig, ausgefranst, deutlich genagelt.

M. icterica (Webb *ex* Bolle) Christ (BJS 9: 162, 1888). **T** [lecto]: Kanarische Inseln, Gomera (*Bourgeau* 158 [BM, E, G]). – **D:** Kanarische Inseln (W Tenerife, E Gomera); 100 - 900 m. **Fig. XXIII.a, XXIII.b**

≡ *Petrophyes icterica* Webb *ex* Bolle (1859); **incl.** *Aichryson mollii* Pitard (1909).

[4] Zwergige, kahle, einfache oder ± waagerecht verzweigte, einjährige Kräuter, 2 - 6 cm hoch; **Blä** wechselständig, ± nahe der **Tr**spitzen gehäuft, 5 - 9 × 2 - 4 mm, elliptisch oder verkehrt eiförmig, gerundet, kahl oder leicht papillös; **Inf** endständig, regelmässig verzweigt; **Ped** 2 - 5 mm, drüsig-haarig (**Ha** ≤ 0.3 mm); **Blü** 6- bis 7-zählig, 3 - 4 mm ⌀; **Pet** 1.9 - 2.6 × 0.6 - 0.9 mm, länglich und spitzenwärts gelegentlich etwas verbreitert, spitz oder dornspitzig; **NSch** 0.9 - 1.4 × 1.1 - 1.6 mm, Spreite 2-lappig, gestutzt, ausgefranst, deutlich genagelt.

M. laxiflora (De Candolle) Bolle *ex* Bornmüller (RSN 3: 26, 1906). **T:** Kanarische Inseln, Tenerife (*Courant* s.n. [G-DC]). – **D:** Kanarische Inseln (Lanzarote, Fuerteventura, Gran Canaria, Tenerife, Gomera); 50 - 1100 m. **Fig. XXIII.c**

≡ *Sedum laxiflorum* De Candolle (1828); **incl.** *Monanthes anagensis* var. *laxiflora* hort. (s.a.) (*nom. inval.*, Art. 29.1); **incl.** *Petrophyes agriostaphis* var. *minor* Burchard *in sched.* (s.a.) (*nom. inval.*, Art. 29.1); **incl.** *Petrophyes agriostaphis* Webb & Berthelot (1841) ≡ *Monanthes agriostaphis*

(Webb & Berthelot) Christ (1888) ≡ *Sempervivum agriostaphis* (Webb & Berthelot) Kuntze (1891); **incl.** *Petrophyes microbotrys* Bolle & Webb (1859) ≡ *Monanthes microbotrys* (Bolle & Webb) Bolle (1892) ≡ *Monanthes laxiflora* var. *microbotrys* (Bolle & Webb) Burchard (1929) (*nom. inval.*, Art. 34.1); **incl.** *Monanthes chlorotica* Bornmüller (1906) ≡ *Monanthes laxiflora* fa. *chlorotica* (Bornmüller) Praeger (1928) ≡ *Monanthes laxiflora* var. *chlorotica* (Bornmüller) G. Kunkel (1980); **incl.** *Monanthes laxiflora* var. *eglandulosa* Bornmüller (1906); **incl.** *Monanthes laxiflora* var. *genuina* Bornmüller (1906) (*nom. inval.*, Art. 24.3); **incl.** *Monanthes laxiflora* fa. *minor* Praeger (1929); **incl.** *Monanthes laxiflora* fa. *foliis aureis* Praeger (1929) (*nom. inval.*, Art. 23.1, 24.2).

[2] Ausdauernde, etwas verholzte, diffus bis dicht verzweigte Kleinsträucher, 10 - 20 cm hoch; **Tr** niederliegend oder aufsteigend, oft später hängend, etwas gewunden, schlank, 2 - 5 mm ∅; **Blä** kreuzgegenständig, gelegentlich nahe der **Tr**spitzen ± gehäuft, 5 - 12 × 3 - 8 mm, 3 - 6 mm dick, verkehrt eiförmig oder elliptisch, gelegentlich fast kreisrund, gerundet oder etwas zugespitzt, meist mit einer mittigen Längsfurche auf der Oberseite, kahl, teilweise mit weisslichen Wachsplättchen bedeckt; **Inf** endständig an den **Tr**spitzen, regelmässig verzweigt; **Ped** 4 - 12 mm, kahl oder drüsig-haarig (**Ha** ≤ 0.2 mm); **Blü** 6- bis 7-zählig, 4 - 5 mm ∅; **Pet** 2.9 - 4.4 × 0.9 - 1.4 mm, länglich, spitz zulaufend; **NSch** 1.3 - 1.7 × 1.5 - 2.2 mm, Spreite 2-lappig, gestutzt oder verkehrt herzförmig, winzig gekerbt oder selten ausgefranst, deutlich genagelt.

M. lowei (Paiva) P. Pérez & Acebes (Vieraea 14(1-2): 153-154, 1984). **T** [lecto]: Selvagem Grande (*Paiva* 166 [BM]). – **D:** Selvagens-Inseln.

≡ *Sempervivum lowei* Paiva (1867).

[3] Ausdauernde, regelmässig sprossende **Ros**pflanzen, Ableger 1 - 5 cm, dicht dem Boden angepresst; **Tr** kurz, kräftig und ± caudiciform, 4 - 7 mm ∅; **Ros** locker oder ziemlich kompakt, flach, 10 - 25 mm ∅ mit 15 - 45 **Blä**; **Blä** 7 - 15 × 2 - 4 mm, ± 1 - 2 mm dick, verkehrt eiförmig, gerundet (jüngere **Blä** etwas rhombisch), auffällig in eine stielähnliche Basis verschmälert, kahl, leicht papillös; **Inf** aus seitlichen, einfachen oder selten verzweigten **Blü**trieben, regelmässig verzweigt; **Ped** 3 - 8 mm, spärlich drüsig-haarig; **Blü** meist 6-zählig, 3 - 4 mm ∅; **Pet** 2.4 - 3.6 × 1.1 - 1.5 mm, länglich und gelegentlich im oberen Teil etwas verbreitert, spitz; **NSch** 1 - 1.5 × 1.5 - 2 mm, Spreite 2-lappig, verkehrt herzförmig, winzig gekerbt, deutlich genagelt.

M. minima (Bolle) Christ (BJS 9: 162, 1888). **T:** Kanarische Inseln, Tenerife (*Bolle* s.n. [B]). – **D:** Kanarische Inseln (S und E Tenerife); 50 - 800 m. **Fig. XXIII.d**

≡ *Petrophyes minima* Bolle (1859); **incl.** *Monanthes dasyphylla* Sventenius (1946); **incl.** *Monanthes adenoscepes* Sventenius (1960); **incl.** *Monanthes wildpretii* Bañares & Scholz (1990).

[3] Ausdauernde, einzelne oder selten sprossende **Ros**pflanzen; **Tr** kurz, kräftig, ± caudiciform, 5 - 10 mm ∅; **Ros** dicht, 5 - 10 mm hoch, 10 - 35 mm ∅; **Blä** 6 - 15 × 1 - 3 mm, 1 - 2 mm dick, schmal verkehrt eiförmig, gerundet oder etwas spitz zulaufend, in eine lange, stielähnliche Basis verschmälert, dicht drüsig-flaumhaarig (**Ha** ≤ 0.3 mm), klebrig, etwas papillös; **Inf** aus seitlichen, einfachen und drüsig-flaumhaarigen **Blü**trieben, regelmässig verzweigt; **Ped** 3 - 9 mm, drüsig-haarig (**Ha** ≤ 0.4 mm); **Blü** 5- bis 7-zählig, 2 - 3 mm ∅; **Pet** 1.4 - 2.6 × 0.4 - 0.6 mm, schmal länglich, spitz zulaufend; **NSch** 0.9 - 1.4 × 1.3 - 1.6 mm, Spreite etwas 2-lappig, verkehrt herzförmig, ausgefranst oder fein gezähnelt, deutlich genagelt.

M. muralis (Webb *ex* Bolle) Hooker *fil.* (CBM 28: t. 5988 + Text, 1872). **T** [lecto]: Kanarische Inseln, Hierro (*Perraudière* s.n. in *Bourgeau* 1284 [K, C, E, G, JE, MA, Z]). – **D:** Kanarische Inseln (Hierro, La Palma); 300 - 800 m. **Fig. XXIII.e, XXIII.f**

≡ *Petrophyes muralis* Webb *ex* Bolle (1859) ≡ *Sempervivum monanthes* var. *murale* (Webb *ex* Bolle) Kuntze (1891); **incl.** *Sempervivum monanthes* var. *subcrassicaule* Kuntze (1891) ≡ *Petrophyes muralis* ssp. *subcrassicaulis* (Kuntze) Bornmüller (1903) ≡ *Monanthes subcrassicaulis* (Kuntze) Praeger (1929).

[1] Kleine, ausdauernde, basal etwas verholzte, dicht verzweigte Kleinsträucher mit rosettigen **Blä**, 5 - 10 cm hoch; **Tr** aufsteigend oder niederliegend, später oft hängend, gewunden, schlank, 2 - 5 mm ∅; **Ros** kompakt, innerste **Blä** bald ausgebreitet, Berührungszeilenverhältnis 2:3; **Blä** 6 - 10 × 3 - 4 mm, ± 2 mm dick, verkehrt eiförmig, gerundet oder etwas spitz, in der Regel im unteren Teil mit einigen drüsigen **Ha**, spitzenwärts auffällig papillös, v.a. entlang der Ränder; **Inf** endständig aus den **Ros**zentren, basal verzweigt; **Ped** 5 - 15 mm, drüsig-haarig (**Ha** ≤ 0.7 mm); **Blü** 6- bis 7-zählig, 3 - 5 mm ∅; **Pet** 2.9 - 4.1 × 0.5 - 0.7 mm, schmal länglich, spitz zulaufend, in der Regel entlang der Ränder mit drüsigen **Ha** (≤ 0.3 mm); **NSch** 1.2 - 1.7 × 1.4 - 2.1 mm, Spreite etwas fächerförmig, gestutzt, fein gezähnelt, genagelt oder basal spitz zulaufend.

M. pallens (Webb) Christ (BJS 9: 162, 1888). **T** [lecto]: Kanarische Inseln, Gomera (*Bourgeau* 270 [BM, G, JE, Z]). – **D:** Kanarische Inseln (W Tenerife, Gomera); 50 - 1100 m. **Fig. XXIII.g**

≡ *Petrophyes pallens* Webb in Christ (1888); **incl.** *Petrophyes brachycaulos* var. *gomerae* Pitard (1909); **incl.** *Monanthes pallens* fa. *ramosa* Praeger (1929); **incl.** *Monanthes pallens* var. *silensis* Praeger (1929) ≡ *Monanthes silensis* (Praeger) Sventenius (1969); **incl.** *Monanthes pallens* fa. *fasciata* Praeger (1932).

[3] Ausdauernde, einzelne oder teilweise spros-

sende **Ros**pflanzen; **Tr** kurz oder wenig verlängert, kräftig und ± caudiciform, 3 - 7 mm ⌀; **Ros** sehr dicht, 7 - 15 mm hoch, 10 - 40 mm ⌀, in der Regel mit > 100 **Blä**; **Blä** 5 - 18 × 1 - 3 mm, 1 - 2 mm dick, schmal verkehrt eiförmig, spitz oder etwas gestutzt, in eine lange, schmale Basis verjüngt, kahl oder gelegentlich mit wenigen, kurzen, drüsigen **Ha** (≤ 0.1 mm), spitzenwärts dicht papillös; **Inf** aus seitlichen, einfachen **Blü**trieben, regelmässig verzweigt; **Ped** 3 - 10 mm, drüsig-haarig (**Ha** ≤ 0.4 mm); **Blü** 5- bis 7-zählig, 3 - 4 mm ⌀; **Pet** 2.8 - 3.6 × 0.5 - 0.8 mm, schmal länglich, spitz zulaufend; **NSch** 1.1 - 1.6 × 1.4 - 1.9 mm, Spreite etwas 2-lappig, verkehrt herzförmig, fein gezähnt, deutlich genagelt.

M. polyphylla Haworth (Saxifrag. Enum., 2: 68, 1821). **T:** Kanarische Inseln (*Masson* s.n. [BM]). – **D:** Kanarische Inseln.

≡ *Petrophyes polyphylla* (Haworth) Webb & Berthelot (1841) ≡ *Sempervivum polyphyllum* (Haworth) Webb & Berthelot (1841) (*nom. illeg.*, Art. 53.1); incl. *Sempervivum monanthes* Aiton (1789) ≡ *Monanthes monanthes* (Aiton) Lindinger (1926) (*nom. illeg.*, Art. 23.4).

M. polyphylla ssp. **amydros** Nyffeler (Bradleya 10: 73-74, ills., 1992). **T:** Kanarische Inseln, Gomera (*Nyffeler* 152 [Z, ORT, ZSS]). – **D:** Kanarische Inseln (Gomera, La Palma?).

Incl. *Monanthes amydros* Sventenius (1960) (*nom. inval.*, Art. 37.1).

[1] Unterschiede zu var. *polyphylla*: In kompakten Polstern; **Tr** niederliegend, selten aufsteigend, 2 - 3 mm ⌀; **Ros** 8 - 14 mm ⌀, in Seitenansicht zylindrisch, Berührungszeilenverhältnis 3:5; **Blä** 4 - 7 × 2 - 4 mm, ± 2 mm dick, verkehrt eiförmig, gerundet oder spitz.

M. polyphylla ssp. **polyphylla** – **D:** Kanarische Inseln (Gran Canaria, Tenerife, La Palma?). **Fig. XXIII.h**

Incl. *Sempervivum monanthes* var. *filicaule* Kuntze (1891).

[1] Ausdauernde, reich verzweigte **Ros**pflanzen, dichte Polster aus vielen, fast gleich grossen **Ros** bildend; **Tr** niederliegend, schlank, 1 - 2 mm ⌀; **Ros** 6 - 14 mm ⌀, in Seitenansicht halbkugelig, innerste **Blä** aufrecht, Berührungszeilenverhältnis 5:8; **Blä** 3 - 6 × 1 - 2 mm, ± 1 mm dick, schmal verkehrt eiförmig, gerundet oder gestutzt, oft im unteren Teil mit einigen kurzen, drüsigen **Ha**, oder gänzlich drüsig-haarig, spitzenwärts dicht papillös; **Inf** endständig aus den **Ros**zentren, basal verzweigt; **Ped** 1 - 2 cm, drüsig-haarig (**Ha** ≤ 1.2 mm); **Blü** 7- bis 9-zählig, 4 - 6 mm ⌀; **Pet** 3.1 - 4.3 × 0.4 - 0.6 mm, schmal länglich, spitz oder spitz zulaufend, entlang der Ränder mit drüsigen **Ha** (≤ 0.3 mm); **NSch** 1.4 - 2.3 × 1.6 - 2.5 mm, Spreite fächerförmig, gestutzt oder verkehrt herzförmig, winzig gezähnelt, basal verschmälert.

OROSTACHYS

H. Ohba

Orostachys Fischer (Mém. Soc. Imp. Naturalistes Moscou 2: 274, 1809). **T:** *Cotyledon malacophylla* Pallas [Lectotyp, bestimmt durch Borissova, Novost. Syst. Vyssh. Rast. 6: 119, 1969.]. – **Lit:** Fröderström (1931); Ohba (1990); Byalt (2000); Ohba (2001). **D:** Tadschikistan, Kirgisien, Kasachstan, Pakistan (Karakorum), Mongolei, China, Russland (Sibirien), Korea, Japan; meist herbstblühend. **Etym:** Gr. 'oros', Berg; und Gr. 'stachys', Ähre; wegen des Vorkommens und der Blütenstandsform.
Incl. *Kungia* K. T. Fu (1988). **T:** *Crassula aliciae* Hamet.

Monocarpe, sukkulente Kräuter, rosettig, meist sprossend, in der Regel ± xerophytisch; **Wu** faserig; grundständige **Blä** vor dem Blühen eine auffällige **Ros** bildend; Rosetten**Blä** sitzend, kahl, ungespornt, Spitzen oft knorpelig; **Blü**triebe endständig, einfach, locker bis ± dicht beblättert, aufrecht, Stengel**Blä** wechselständig, sitzend, ungespornt, fleischig, kahl (bis behaart), oft glauk; **Inf** straussähnlich rispig bis straussähnlich traubig (oder einfache Trauben), dicht, vielblütig, mit **Bra**; **Bra** **Bla**artig; **Blü** zwitterig, 5- (bis 6-) zählig, gestielt, horizontal öffnend; **Ped** oft mit sekundären **Bra**; **Sep** grün, basal vereinigt, ausdauernd; **Pet** immer länger als die **Sep**, basal ± verwachsen, weiss bis hellgelb oder rosa; **St** in 2 oder 1 Kreis; **Anth** basifix; **NSch** meist länglich, gelblich oder weisslich; **Ca** oberständig, separat; **Frk** basal stielartig verschmälert, aufrecht, bauchseitig nicht bauchig, Saanlagen zahlreich; **Gr** schlank; **Na** ohne Papillen; **Fr** aufrechte Bälge; **Sa** zylindrisch, 1 - 1.5 mm, braun, längs gestreift.

Die Gattung gliedert sich in die folgenden Sektionen und Subsektionen:
[1] Sect. *Orostachys*: **Blä** der **Blü**triebe ± dicht angeordnet; **Inf** straussähnlich traubig bis rispig, dichtblütig; sekundäre **Bra** meist vorhanden; **St** 10, obdiplostemon.
  [1a] Subsect. *Orostachys*: **Blä** stumpf.
  [1b] Subsect. *Appendiculatae* (Borissova) H. Ohba 1978: **Blä** dornspitzig.
[2] Sect. *Schoenlandia* H. Ohba 1978: **Inf** lockerblütige Trauben; **St** 5, mit den **Pet** abwechselnd.

O. aliciae (Hamet) H. Ohba (J. Fac. Sci. Univ. Tokyo, Sect. 3, Bot. 12(4): 160, 1978). **T:** China (*Wilson* 3627 [P]). – **D:** China.

≡ *Crassula aliciae* Hamet (1908) ≡ *Sedum aliciae* (Hamet) Hamet (1910) ≡ *Sinocrassula aliciae* (Hamet) A. Berger (1930) ≡ *Kungia aliciae* (Hamet) K. T. Fu (1988); incl. *Sedum aliciae* var. *genuinum* Hamet (1912) (*nom. inval.*, Art. 24.3).

O. aliciae var. **aliciae** – **D:** China (Sichuan, Gansu); Blüten Juni bis August.

[2] **Ros** 1.5 - 3.5 cm ⌀; Rosetten**Blä** länglich eiförmig, 7 - 10 × 4 - 5 mm, Spitze gerundet, Basis

verschmälert, Ränder locker gezähnelt mit 6 - 10 Zähnen auf jeder Seite, dicht bis mässig papillat, mit dichten, durchscheinenden, steifen, einzelligen **Ha** < 0.5 mm entlang der Ränder, **Blü**triebe 10 - 35 cm hoch, papillat bis glatt; Stengel**Blä** wenige, schmal eiförmig bis länglich lanzettlich, 7 - 15 × 4 - 6 mm, Spitze spitz, Basis gestutzt bis gerundet, ganzrandig, papillat; **Inf** traubig, oft mit 1 - 4 Seitenzweigen, 80- bis 200-blütig; **Ped** 1 - 2 mm; **Sep** dreieckig-eiförmig, 1 - 1.5 mm; **Pet** weiss oder ± rosa, schmal lanzettlich, 3.5 - 4.8 mm; **St** kürzer als die **Pet**; **Anth** rötlich (?); **NSch** halbkreisförmig, ± 0.3 mm; **Ca** 3 - 4 mm, je mit 18 - 20 **Sa**anlagen.

O. aliciae var. **komarovii** (Hamet) H. Ohba (J. Jap. Bot. 74(1): 61, 1999). **T**: China (*Potanin* s.n. [LE]). – **D**: China (Sichuan).

≡ *Sedum aliciae* var. *komarovii* Hamet (1912) ≡ *Kungia aliciae* var. *komarovii* (Hamet) K. T. Fu (1988) ≡ *Orostachys komarovii* (Hamet) Byalt (2000).

[2] Unterschiede zu var. *aliciae*: Grundständige **Blä** kreisrund; **Inf** rispig; **Ca** 4.2 - 4.5 mm.

O. boehmeri (Makino) H. Hara (Bot. Mag. (Tokyo) 49(578): 73-74, 1935). **T** [lecto]: Japan, Hokkaido (*Boehmer* s.n. [TI]). – **D**: Japan (W Hokkaido, N Honshu); Blüten September bis November. **I**: Ohba (1982b: pl. 141-4, als *O. iwarenge* var.).

≡ *Cotyledon malacophylla* var. *boehmeri* Makino (1902) ≡ *Cotyledon boehmeri* (Makino) Makino *in sched.* (s.a.) (*nom. inval.*, Art. 29.1) ≡ *Sedum boehmeri* (Makino) Makino (1927) ≡ *Orostachys aggregata* var. *boehmeri* (Makino) Ohwi (1953) ≡ *Sedum aggregatum* var. *boehmeri* (Makino) Ohwi (1965) (*nom. inval.*, Art. 33.2) ≡ *Orostachys iwarenge* var. *boehmeri* (Makino) H. Ohba (1981) ≡ *Orostachys malacophylla* var. *boehmeri* (Makino) Hara (1985); **incl.** *Orostachys furusei* Ohwi (1954) ≡ *Sedum furusei* (Ohwi) Ohwi (1965) (*nom. inval.*, Art. 33.2) ≡ *Sedum iwarenge* var. *furusei* (Ohwi) Ohwi (1965); **incl.** *Orostachys vyschinii* Bezdeleva (1995).

[1a] **Ros** 2 - 5 cm ⌀, kugelig, mit zahlreichen, ausstrahlenden Ausläufern bis 6 cm, Ausläufer hellgrün, kahl, mit einer kleinen **Bla**krone an den Spitzen; Rosetten**Blä** verkehrt eiförmig bis spatelig oder elliptisch-spatelig, 2.5 - 3.5 × 0.5 - 1.5 cm, Spitze spitz, Basis kurz verschmälert, Rand ganz, kahl, ± glauk; **Blü**triebe 3 - 6 cm hoch; **Inf** dicht- und vielblütig; **Bra** linealisch-lanzettlich oder schmal dreieckig, bis 4.5 mm; **Blü** fast sitzend; **Sep** schmal dreieckig oder dreieckig, ± 3 mm; **Pet** weiss, elliptisch bis elliptisch-lanzettlich oder linealisch, 4 - 5 mm; **St** länger als die **Pet**; **Anth** rot; **NSch** länglich, ± 0.5 mm; **Sa**anlagen ± 20 pro **Ca**.

Unterscheidet sich von *O. malacophylla* durch die kugeligen Rosetten mit zahlreichen Ausläufern, sowie durch die dreieckigen Kelchblätter.

O. cartilaginea Borissova (in Komarov & al. (eds.), Fl. URSS 9: 89, 368, 1939). **T**: Russland, Ussuri (*Komarov* s.n. [LE]). – **D**: E Russland, E und NE China. **I**: Ohba (1990: fig. 1).

[1b] Vegetativ ähnlich wie *O. fimbriata* ausgenommen die bemerkenswerten, krallenartigen, knorpeligen Anhängsel der **Bla**spitzen mit scharfen Stachelchen; **Blü** einzeln oder 2 - 3 an auffallend gestielten Seitenzweigen; **Sep** schmal dreieckig-eiförmig bis breit lanzettlich, 2.6 - 3.1 mm; **Pet** weiss oder ± rosa, linealisch-lanzettlich bis länglich lanzettlich, 5.5 - 6 mm, fast aufrecht; **St** wenig kürzer oder länger als die **Pet**; **Anth** tiefrot (?); **NSch** breit länglich bis quadratisch, ± 0.6 mm; **Ca** 5.5 - 6.5 mm, spitzenwärts verjüngt, **Sa**anlagen 10 - 12.

O. chanetii (H. Léveillé) A. Berger (NPF2 18a: 464, 1930). **T**: China, Gansu (*Chanet* s.n. [E]). – **D**: China (Shanxi, Gansu, Sichuan). **I**: Praeger (1921a: 166-167, als *Sedum*).

≡ *Sedum chanetii* H. Léveillé (1908) ≡ *Sedum fimbriatum* var. *chanetii* (H. Léveillé) Fröderström (1931); **incl.** *Sedum pyramidale* Praeger (1917).

[1b] **Ros** klein, 4 - 5 cm ⌀, locker; Rosetten**Blä** linealisch, 2 - 2.5 cm × 2.5 - 3.5 mm, obere ¼ - ⅙ knorpelig, glauk, Spitze spitz zulaufend oder mit aufgesetztem Spitzchen, Basis gerundet, Rand ganz, End**Do** bei Winter**Ros** auffällig; **Blü**triebe 10 - 30 cm hoch; Stengel**Blä** linealisch, 2 - 2.5 cm × 2.5 - 4 mm, Spitze knorpelig und verdornt, glauk; **Inf** pyramidal oder länglich, dicht, vielblütig, 4 - 5 cm breit, untere Zweige aufsteigend, obere ausgebreitet, mit **Bra**; **Bra** lanzettlich; **Blü** ± rosa oder weiss, gestielt, ± 1.3 cm ⌀; **Sep** eiförmig oder dreieckig-eiförmig, ± 1 mm; **Pet** lanzettlich, 3 - 4 mm, ausgebreitet; **St** kürzer als die **Pet**; **Anth** dunkel rotpurpurn; **NSch** linealisch, ± 1 mm, hellgelb; **Ca** 3 - 4 mm, gestielt, spitzenwärts verjüngt.

O. fimbriata (Turczaninow) A. Berger (NPF2 18a: 464, 1930). **T**: Russland (*Turczaninow* s.n. [LE]). – **D**: Russland (E Sibirien), Mongolei, N, NE und SW China, Tibet. **I**: Fröderström (1924: 32-34, pl. 13:2-5, als *Sedum*).

≡ *Umbilicus fimbriatus* Turczaninow (1844) ≡ *Cotyledon fimbriata* (Turczaninow) Maximowicz (1883) ≡ *Sedum fimbriatum* (Turczaninow) Franchet (1884); **incl.** *Umbilicus ramosissimus* Maximowicz (1859) ≡ *Cotyledon fimbriata* var. *ramosissima* (Maximowicz) Maximowicz (1883) ≡ *Sedum ramosissimum* (Maximowicz) Franchet (1884) ≡ *Sedum fimbriatum* var. *ramosissimum* (Maximowicz) Fröderström (1924) ≡ *Orostachys fimbriata* var. *ramosissima* (Maximowicz) A. Berger (1930) ≡ *Orostachys ramosissimus* (Maximowicz) Byalt (1998); **incl.** *Sedum limuloides* Praeger (1919) ≡ *Orostachys fimbriata* subvar. *limuloides* (Praeger) H. Jacobsen (1955); **incl.** *Sedum fimbriatum* var. *genuinum* Fröderström (1924) (*nom. inval.*, Art. 24.3); **incl.** *Orostachys fimbriata* var. *grandiflora* F. Z. Li & X. D.

Chen (1989); **incl.** *Orostachys fimbriata* var. *shandongensis* F. Z. Li & X. D. Chen (1989); **incl.** *Orostachys jiuhuaensis* X. H. Guo & X. L. Liu (1991).

[1b] **Ros** 2 - 4 cm ⌀; Rosetten**Blä** linealisch, 8 - 15 × 3 - 4 mm, knorpelig, Spitze mit einem dornig-gezähnelten oder ausgefransten, halbkreisförmigen Anhängsel; **Blütriebe** 10 - 15 cm; Stengel**Blä** linealisch bis linealisch verkehrt lanzettlich, 1 - 3 cm × 4 - 8 mm, Basis verbreitert, halbmondförmig, Spitze mit einem ausgefransten, knorpeligen Anhängsel; **Inf** dicht, traubig aber oft basal verzweigt; **Bra** linealisch bis linealisch verkehrt lanzettlich, 0.5 - 1.5 cm, Basis verbreitert, Spitze stechend spitz zulaufend; **Blü** gestielt, mit 2 reduzierten, sekundären, schmal eiförmigen **Bra** bis 2 mm; **Sep** schmal eiförmig, 1.5 - 2 mm; **Pet** rosa, linealisch-lanzettlich oder schmal länglich, 5 - 6 mm; **St** kürzer als die **Pet**; **Anth** dunkel purpurrot; **NSch** länglich, ± 0.4 mm, hellgelb; **Ca** 4 - 5 mm, gestielt, je mit 10 - 14 **Sa**anlagen; **Gr** ± 2 mm.

O. japonica (Maximowicz) A. Berger (NPF2 18a: 464, 1930). **T:** Japan, Yokohama (*Maximowicz* s.n. [LE]). – **D:** Japan; Blüten Oktober bis November. **I:** CBM 171: t. 287, 1957; Ohba (1982b: pl. 141-1); Lee & Lee (2000: t. 1C-F, 4A-D). **Fig. XXIV.a**

≡ *Cotyledon japonica* Maximowicz (1883) ≡ *Sedum malacophyllum* var. *japonicum* (Maximowicz) Fröderström (1931) ≡ *Orostachys erubescens* var. *japonica* (Maximowicz) Ohwi (1953) ≡ *Sedum erubescens* var. *japonicum* (Maximowicz) Ohwi (1965) (*nom. inval.*, Art. 33.2); **incl.** *Cotyledon polycephala* Makino (1910) ≡ *Sedum polycephalum* (Makino) Makino (1927) ≡ *Orostachys polycephala* (Makino) H. Hara (1935) ≡ *Orostachys erubescens* var. *polycephala* (Makino) Ohwi (1953) ≡ *Sedum erubescens* var. *polycephalum* (Makino) Ohwi (1965) (*nom. inval.*, Art. 33.2) ≡ *Orostachys japonica* fa. *polycephala* (Makino) H. Ohba (1981); **incl.** *Sedum japonicola* Makino (1927); **incl.** *Orostachys latielliptica* Y. N. Lee (2000); **incl.** *Orostachys margaritifolia* Y. N. Lee (2000).

[1b] **Ros** im Winter 0.6 - 2 cm ⌀, im Sommer bis zu 8 cm ⌀; Rosetten**Blä** lanzettlich bis pfriemlich-lanzettlich, 2.5 - 8 × 0.5 - 1.5 cm bei Sommer**Ros**, Spitze dornig-spitz bis spitz zulaufend, graugrün bis weisslich grün, im Winter oft rötlich, End**Do** bei Winter**Ros** auffällig; **Blütriebe** 8 - 30 cm hoch; Stengel**Blä** und **Bra** länglich lanzettlich bis lanzettlich, 1 - 4 cm × 4 - 6 mm, Spitze aufgesetzt-dornig bis dornig-spitz, im Querschnitt dreieckig; **Blü** gestielt; **Ped** 2 - 7 mm, mit 2 - 5 sekundären, lanzettlichen **Bra**; **Sep** länglich eiförmig, 3 - 4.5 mm, Spitze dornig-spitz oder mit aufgesetztem Spitzchen; **Pet** weiss, länglich elliptisch oder länglich lanzettlich, 6 - 8 mm, fast aufrecht; **St** länger als die **Pet**; **Fil** weiss; **Anth** trübrot; **NSch** quadratisch, ± 0.6 mm, weiss; **Ca** 6 - 7 mm, spitzenwärts verjüngt, **Sa**anlagen (10-) 20 - 34. – 2n = 24 (Uhl & Moran 1972).

O. malacophylla (Pallas) Fischer (Mém. Soc. Imp. Naturalistes Moscou 2: 274, 1809). **T:** Russland, Sibirien (*Pallas* s.n. [BM]). – **D:** Russland, Mongolei, China, Korea, Japan.

≡ *Cotyledon malacophylla* Pallas (1776) ≡ *Sedum malacophyllum* (Pallas) Steudel (1821) ≡ *Umbilicus malacophyllus* (Pallas) De Candolle (1828); **incl.** *Umbilicus inermis* Miquel (s.a.); **incl.** *Umbilicus stamineus* Ledebour (1843).

O. malacophylla ssp. **lioutchenngoi** H. Ohba (J. Jap. Bot. 65(7): 197-199, ill., 1990). **T:** China, Innere Mongolei (*Liou Tchen-ngo* 8595 [PE]). – **D:** China (Innere Mongolei). **I:** Ohba (1990: figs. 2-3).

[1a] Unterschiede zu ssp. *malacophylla*: **Blütriebe** verlängert; **Blü**tragender Teil der **Inf** < ½ der Gesamtlänge; **Ros** während dem Blühen verschwindend; **Pet** länglich 5 - 6 mm.

O. malacophylla ssp. **malacophylla** – **D:** Russland (E Sibirien), Mongolei, N und NE China, Korea, Japan; Blüten September bis Oktober. **I:** Fröderström (1931: pl. 3, als *Sedum*); Lee & Lee (2000: t. 3A-C, 5C-D).

Incl. *Orostachys serrata* Sweet (1830); **incl.** *Cotyledon saxatilis* Nakai (1911) ≡ *Orostachys saxatilis* (Nakai) Nakai (1942); **incl.** *Orostachys genkaiensis* Ohwi (1956) ≡ *Sedum aggregatum* var. *genkaiense* (Ohwi) Ohwi (1965) (*nom. inval.*, Art. 33.2) ≡ *Sedum iwarenge* var. *genkaiense* (Ohwi) Ohwi (1965); **incl.** *Orostachys ramosa* Y. N. Lee (2000).

[1a] (incl. var. *malacophylla*) **Ros** 4 - 15 cm ⌀, Rosetten**Blä** länglich bis länglich spatelig, 1.5 - 7 (-10) × 1 - 3 cm, Spitze gerundet bis stumpf, grün bis hellgrün; **Blütriebe** 10 - 20 cm hoch; Stengel**Blä** spatelig bis schmal verkehrt eiförmig, 1.5 - 3 × 1 - 1.5 cm, Spitze gerundet; **Bra** breit verkehrt eiförmig bis breit länglich verkehrt eiförmig, 6 - 10 × 4 - 5 mm, Spitze spitz bis spitz zulaufend, Ränder fein ausgefranst, oberste **Bra** eiförmig bis breit lanzettlich mit spitzen Spitzen, 5 - 7 mm; **Blü** gestielt; **Sep** schmal eiförmig, 3 - 5 mm; **Pet** weiss, breit länglich bis länglich oder breit verkehrt eiförmig, 5 - 7 mm; **St** auffällig länger als die **Pet**; **Anth** tief purpurrot; **NSch** länglich, ± 0.5 mm, cremefarben; **Ca** 4 - 7 mm, gestielt, **Sa**anlagen 20 - 34; **Gr** ± 1.5 mm. – 2n = 24 (Uhl & Moran 1972).

O. malacophylla var. **aggregata** (Makino) H. Ohba (J. Jap. Bot. 67(4): 200, 1992). **T:** Japan (*Yasuda* s.n. [MAK]). – **D:** Japan (Hokkaido, N Honshu). **I:** Ohba (1982b: pl. 141-2, als *O. malacophylla*).

≡ *Cotyledon aggregata* Makino (1910) ≡ *Sedum aggregatum* (Makino) Makino (1927) ≡ *Orostachys aggregata* (Makino) H. Hara (1935) ≡ *Sedum iwarenge* var. *aggregatum* (Makino) Ohwi (1965); **incl.** *Orostachys aggregata* fa. *rosea* Sugaya (1956) ≡ *Orostachys malacophylla* fa. *rosea* (Sugaya) H. Ohba (1981).

[1a] Unterschiede zu ssp. *malacophylla*: **Ros** bisweilen glauk und ausläuferbildend; **Pet** linealisch bis länglich mit stumpfen Spitzen; **Anth** tief purpurrot.

O. malacophylla var. **iwarenge** (Makino) H. Ohba (J. Jap. Bot. 67(4): 200, 1992). **T** [lecto]: Japan, Honshu (*Anonymus* s.n. [TI]). – **D**: Japan (kultiviert). **I**: Fröderström (1931: pl. 2, als *Sedum*); Ohba (1982b: pl. 141-3, als *O. iwarenge*); Lee & Lee (2000: t. 2A-D, 5A-B).

Incl. *Cotyledon malacophylla* var. *japonica* Franchet & Savatier (1878); ≡ *Cotyledon iwarenge* Makino (1902) ≡ *Sedum iwarenge* (Makino) Makino (1927) ≡ *Sedum malacophyllum* var. *iwarenge* (Makino) Fröderström (1931) ≡ *Orostachys iwarenge* (Makino) H. Hara (1935); incl. *Orostachys iwarenge* fa. *albomarginata* Sugimoto (1958); **incl.** *Orostachys iwarenge* fa. *albovariegata* Sugimoto (1958); **incl.** *Orostachys iwarenge* fa. *aureomarginata* Sugimoto (1958); **incl.** *Orostachys iwarenge* fa. *luteomedia* Sugimoto (1958); **incl.** *Orostachys chongsunensis* Y. N. Lee (2000); **incl.** *Orostachys iwarenge* fa. *magna* Y. N. Lee (2000).

[1a] Unterschiede zu ssp. *malacophylla*: **Ros** immer glauk, kaum ausläuferbildend; **Pet** schmal länglich mit gerundeten Spitzen; **Anth** tiefgelb. – 2n = 24 (Uhl & Moran 1972).

Byalt (2000: 44) beschrieb kürzlich *O. maximowiczii* für das offenbar von den meisten Autoren mit *O. iwarenge* verwechselte Taxon. Es soll sich vom richtigen *O. iwarenge* durch schmalere, spitze und grüne Blätter, spitze Kronblätter und trapezförmige (statt spatelige) Nektarschüppchen unterscheiden. [Ed.]

O. paradoxa (A. P. Khokhrjakov & Voroschilov) Czerepanov (Vasc. Pl. Russland Adjac. States 193, 1995). **T**: Russland, Primorsky Kray (*Voroschilov & Khokhrjakov* s.n. [MHA]). – **D**: Russland (E Sibirien: Sikhote-Alin Mts.). **I**: Byalt (1998).

≡ *Sedum paradoxum* A. P. Khokhrjakov & Voroschilov (1970).

[1a] Sprossend mit strangartigen Haupt**Wu** und zahlreichen, oberirdischen **Tr**; **Blü**triebe 3 - 15, einfach, stielrund, aufsteigend mit bogiger Basis, zerstreut beblättert; sterile **Tr** zahlreich, kriechend, mit endständigem **Bla**büschel; **Blä** gegenständig, sitzend, ungespornt, breit eiförmig, 9 - 12 × 2 - 7 mm, kahl, Spitze spitz zulaufend bis scharf gespitzt, graublau, fliederfarben überhaucht mit schmalen, fliederfarbenen Längsstreifen, ganzrandig; **Inf** ährig, einfach, vielblütig; **Bra** von ähnlicher Gestalt wie die **Blä** aber klein; **Blü** 4- oder 5-zählig, gestielt; **Ped** 1 - 2 mm; **Sep** länglich eiförmig, spitz zulaufend, fast bis zur Basis frei, wenig kürzer als die **Pet**; **Pet** breit länglich, 4 - 5 mm, spitz zulaufend oder kleinspitzig, aufrecht, weiss oder hellgelb mit purpurnen, gekielten Mittelrippen; **St** wenig länger als die **Pet**; **Anth** dunkelviolet; **NSch** länglich, ± 0.5 mm; **Ca** kürzer als die **St**, Basis gestielt; **Gr** schlank.

Steht zwischen den Gattungen *Orostachys* und *Hylotelephium*.

O. schoenlandii (Hamet) H. Ohba (J. Fac. Sci. Univ. Tokyo, Sect. 3, Bot. 12(4): 160, 1978). **T**: China (*Wilson 3622* [P]). – **D**: China (Sichuan). **I**: Fröderström (1924: pl. 14.1); Fröderström (1931: pl. 6.3, beide als *Sedum*).

≡ *Sedum schoenlandii* Hamet (1910) ≡ *Sinocrassula schoenlandii* (Hamet) S. H. Fu (1965) ≡ *Kungia schoenlandii* (Hamet) K. T. Fu (1988).

[2] **Ros** klein, 1 - 3 cm ⌀ mit 20 - 40 **Blä**; Rosetten**Blä** verkehrt lanzettlich bis länglich verkehrt lanzettlich, 5 - 15 × 1.2 - 1.8 mm, ganzrandig, beiderseits dicht behaart, Spitze gerundet; **Blü**triebe 7 - 23 cm hoch, untere Teile dicht behaart; Stengel**Blä** linealisch-elliptisch bis länglich verkehrt lanzettlich, 8 - 14 × 3 - 4 mm, Spitze gerundet oder stumpf, kahl; **Inf** traubig, 30- bis 80-blütig, 4 - 6 × 1 - 3 cm ⌀; **Bra** schmal lanzettlich bis linealisch-elliptisch, 5 - 8 × 1 - 2 mm, Spitze spitz; **Blü** gestielt; **Sep** schmal länglich eiförmig, 1.2 - 1.5 mm; **Pet** weiss, lanzettlich, 4.5 - 6 mm; **St** auffällig kürzer als die **Pet**; **Anth** rötlich (?); **NSch** breit verkehrt eiförmig, ± 0.3 mm; **Ca** 4.2 - 5 mm, Saanlagen 6 - 10; **Gr** 1.2 - 1.5 mm.

O. spinosa (Linné) C. A. Meyer *ex* A. Berger (NPF2 18a: 464, 1930). **T**: LINN 400.10. – **D**: Russland (E Sibirien), Mongolei, N und NE China, N Korea; Blüten Juli bis August. **I**: Fröderström (1931: pl. 5.1, als *Sedum*); Lee & Lee (2000: t. 1A+B).

≡ *Cotyledon spinosa* Linné (1753) ≡ *Crassula spinosa* (Linné) Linné (1771) ≡ *Sedum spinosum* (Linné) Thunberg (1784) ≡ *Umbilicus spinosus* (Linné) De Candolle (1828); **incl.** *Sempervivum cuspidatum* Haworth (1803); **incl.** *Orostachys chlorantha* Fischer (1809); **incl.** *Cotyledon spinosa* var. *polystachya* Ledebour (1830); **incl.** *Umbilicus erubescens* Maximowicz (1859) ≡ *Cotyledon erubescens* (Maximowicz) Franchet & Savatier (1878) ≡ *Orostachys erubescens* (Maximowicz) Ohwi (1942) ≡ *Sedum erubescens* (Maximowicz) Ohwi (1965) (*nom. illeg.*, Art. 53.1); **incl.** *Cotyledon minuta* Komarov (1901) ≡ *Orostachys minuta* (Komarov) A. Berger (1930) ≡ *Sedum spinosum* var. *minutum* (Komarov) R. Stephenson (1994) (*nom. inval.*, Art. 33.2); **incl.** *Cotyledon filifera* Nakai (1919) ≡ *Orostachys filifera* (Nakai) Nakai (1942); **incl.** *Orostachys kanboensis* Ohwi (1942); **incl.** *Orostachys minuta* fa. *alba* Y. N. Lee (1998) (*nom. inval.*, Art. 36.1).

[1b] **Ros** 3 - 6 cm ⌀; Rosetten**Blä** schmal länglich, 1.5 - 2.8 cm × 4 - 7 mm, Spitze mit einem 3 - 5 mm langen Anhängsel, knorpelig, ganzrandig oder unregelmässig eingeschnitten, halbmondförmig, in einem 2 - 4 mm langen **Do** endend; **Blü**triebe 10 -

30 cm hoch; Stengel**Blä** und **Bra** schmal länglich bis linealisch oder linealisch-lanzettlich, 6 - 15 × 2 - 5 mm, Spitze spitz oder spitz zulaufend mit einem **Do**; **Inf** traubig, dicht, zylindrisch, 5 - 20 cm, vielblütig; **Blü** kurz gestielt; **Ped** < 2 mm, mit 2 - 3 schmal eiförmigen oder lanzettlichen, sekundären, 1 - 3 mm langen **Bra**; **Sep** eiförmig oder länglich eiförmig, 2 - 3 mm, Spitzen aufgesetzt-dornig oder dornig spitz zulaufend; **Pet** gelblich (selten weisslich), schmal länglich oder schmal länglich lanzettlich, 4.5 - 6 mm; **St** länger als die **Pet**; **Anth** gelb; **NSch** länglich, ± 0.5 mm, weiss; **Ca** 4 - 5.5 mm, **Sa**anlagen 16 - 24; **Gr** ± 1 mm.

O. stenostachya (Fröderström) H. Ohba (J. Fac. Sci. Univ. Tokyo, Sect. 3, Bot. 12(4): 162, 1978). **T:** China (*Humel 3601* [S]). – **D:** China (Gansu). **I:** Fröderström (1932: pl. 62, als *Sedum*).
≡ *Sedum stenostachyum* Fröderström (1932) ≡ *Sinocrassula stenostachya* (Fröderström) S. H. Fu (1965) ≡ *Kungia schoenlandii* var. *stenostachya* (Fröderström) K. T. Fu (1988); **incl.** *Sinocrassula stenostachya* var. *integrifolia* S. H. Fu (1965) ≡ *Orostachys stenostachya* var. *integrifolia* (S. H. Fu) Byalt (2000); **incl.** *Sinocrassula stenostachya* var. *lepidotricha* K. T. Fu (1974) ≡ *Kungia schoenlandii* var. *lepidotricha* (K. T. Fu) K. T. Fu (1988) ≡ *Orostachys stenostachya* var. *lepidotricha* (K. T. Fu) Byalt (2000).

[2] **Ros** bis 3 cm ∅; Rosetten**Blä** länglich spatelig oder breit verkehrt lanzettlich, 10 - 15 × 5 - 7 mm, kahl, oberer Teil seicht 3-lappig oder 3- bis 5-zähnig, Spitze spitz; **Blü**triebe 10 - 30 cm hoch, kahl; Stengel**Blä** schmal verkehrt eiförmig, 8 - 10 × 3 - 6 mm, 3- bis 5-zähnig, Spitze spitz; **Inf** ährig, wenigblütig; **Bra** lanzettlich, bis 1 cm; **Blü** rosa, gestielt; **Sep** dreieckig, ± 1.5 mm; **Pet** dreieckig-lanzettlich, ± 4 mm; **St** kürzer als die **Pet**; **NSch** spatelig, ± 0.3 mm; **Ca** 3 mm.

O. thyrsiflora Fischer (Mém. Soc. Imp. Naturalistes Moscou 2: 274, 1809). **T:** Russland, Sibirien (*Tauscher s.n.* [LE]). – **D:** Tadschikistan, Kirgisien, Kasachstan, Pakistan (Karakorum), Russland (Altai, Ural), Mongolei, China (Xingjian: TienShan); Blüten Juli bis August. **I:** Fröderström (1931: pl. 4, als *Sedum spinosum* var.). **Fig. XXIV.b**
≡ *Umbilicus thyrsiflorus* (Fischer) De Candolle (1828) ≡ *Cotyledon thyrsiflora* (Fischer) Maximowicz (1883) ≡ *Sedum spinosum* var. *thyrsiflorum* (Fischer) Fröderström (1931); **incl.** *Cotyledon leucantha* Ledebour (1830); **incl.** *Cotyledon rosea* Lessing (1834) ≡ *Orostachys thyrsiflora* var. *rosea* (Lessing) Byalt (2000).

[1b] **Ros** 2 - 5 cm ∅; Rosetten**Blä** schmal länglich bis linealisch-dreieckig, 1 - 2.3 cm × 4 - 7 mm, mit 3 - 5 mm langen, knorpeligen, gezähnelten, halbmondförmigen oder dreieckigen Anhängseln, in einem 1.5 - 2 mm langen **Do** endend; **Blü**triebe 5 - 20 cm hoch; Stengel**Blä** schmal länglich bis linealisch-lanzettlich, 4 - 10 × 2 - 4 mm, Spitze dornig spitz zulaufend oder aufgesetzt-dornig; **Inf** traubig, 3 - 15 cm, vielblütig, locker, zylindrisch bis langkonisch; **Blü** gestielt, mit 2 oder 3 lanzettlichen, sekundären, 1 - 3 mm langen **Bra**; **Sep** breit dreieckig-eiförmig, 1.5 - 2 mm, dornig spitz zulaufend; **Pet** weiss oder ± rosa, schmal länglich bis schmal länglich lanzettlich, 4.5 - 6 mm; **St** fast so lang wie die **Pet**; **Anth** tief purpurrot; **NSch** länglich, ± 0.5 mm, weiss; **Ca** 4 - 5.5 mm.

Unterscheidet sich von *O. spinosa* durch die weissen oder ± rosafarbenen, auffällig gestielten Blüten mit breiten, dreieckig-eiförmigen Kelchblättern und Karpelle von annähernd gleicher Länge wie die Kronblätter, sowie durch den breiteren und lockereren Blütenstand.

×PACHYLADIA

U. Eggli

×Pachyladia C. H. Uhl (CSJA 66(5): 216, 1994).
= *Pachyphytum* × *Villadia*. Siehe Uhl (1994c) für eine Liste der bekannten Hybridkombinationen (keine formell benannt).

PACHYPHYTUM

J. Thiede

Pachyphytum Link & al. (Allg. Gartenzeitung 9(2): 9-10, 1841). **T:** *Pachyphytum bracteosum* Link & al. [Typifiziert durch Schlussfolgerung, einziges eingeschlossenes Element.]. – **D:** E-C Mexiko; Felsstandorte, (600-) 1200 - 2500. **Etym:** Gr. 'pachys', dick, kräftig; und Gr. 'phyton', Pflanze; wegen den meist dicken Blättern.
Incl. *Diotostemon* Salm-Dyck (1845). **T:** *Diotostemon hookeri* Salm-Dyck [Typifiziert durch Schlussfolgerung, einziges eingeschlossenes Element.].

Ausdauernde, kahle **Ros**pflanzen; **Tr** zunächst aufrecht, 15 - 50 (-70) cm, im Alter meist niederliegend bis hängend und bis ≥ 1 m, 0.6 - 2.5 (-3.5) cm ∅, einfach oder meist wenig basal (selten weiter oben) verzweigt; **Ros** 6 - 20 cm ∅, aus 10 - 40 (-80) meist ± deutlich voneinander abgesetzten (v.a. untere), spitzenwärts allgemein meist dichter gestellten **Blä** in ⅗-Stellung (immer ?); **Blä** jung oft ± aufgerichtet, später ± ausgebreitet, alt oft ± zurückgebogen, ± verkehrt ei- bis spatelförmig oder ± elliptisch-länglich oder (verkehrt-) lanzettlich, stumpf (-lich) bis spitz, selten mit aufgesetztem Spitzchen, meist ± intensiv glauk bereift, oberseits meist ± flach oder etwas konvex bis konkav, unterseits ± gerundet; **Inf** seitlich aus den Achseln der oberen (bis mittleren) **Blä**, ± aufrecht, untere (4-) 10 - 20 (-26) cm **Bla**los, oben mit (3-) 6 - 9 (-12) **Bra**, **Bra Blä**ähnlich, meist zur **Blü**zeit hinfällig, basal (immer?) gespornt; **Inf** wickelig, fast stets einfach, zunächst ± stark überhängend, später fast stets ± aufrecht bis aufsteigend, mit (3-) 6 - 28 (-50) **Blü**, 2 - 25 (-36) cm; fertile **Bra** zunächst meist ± überlappend, ± elliptisch bis (verkehrt-) eiförmig oder lanzettlich, basal oft ± pfeilförmig bis stengelumfassend oder ± 2-zähnig gespornt; **Ped** 2 - 15 (-38) mm, nach oben dicker werdend; **Blü** 5- (selten 6-) zählig, obdiplostemon; **Sep** aufrecht, anliegend, Form sehr variabel, meist (oft stark) ungleich; **Kr** röhren-, tonnen- oder glockenförmig, bisweilen 5-kantig, 5.5 - 17 × 3.5 - 10 (basal) bzw. 4.5 - 17 (oben) mm ⌀, weiss bis rosa, seltener orange bis rot oder rötlich; **Pet** ± länglich bis verkehrt-lanzettlich, 7 - 17 × 2.5 - 6 mm, **Rö** 0.2 - 1.8 mm, meist ± 0.5 mm, Zipfel basal aufrecht und ± offen, apikal in der Knospe überlappend, zur **Blü**zeit oberhalb der Mitte meist ± ausgebreitet bis zurückgebogen, spitz bis stumpf, Innenseite in der oberen Mitte oder unterhalb der Spitze oft mit ± rotem Fleck, mit **Pet**auswüchsen, die seitlich des **Fil** 2 freie, 0.5 - 2 × 1 - 2 mm grosse Schuppen ausbilden und den nektarhaltigen, unteren Teil der **Kr** ± verschliessen; **St** in 2 Kreisen; epipetale **Fil** (1.5-) 2 - 4 mm mit der **Kr** verwachsen, episepale völlig oder nahezu frei; **NSch** 0.3 - 0.9 × 1 - 2.8 mm, ± gelblich (weiss); **Ca** zunächst stets aufrecht, ± frei, mit zahlreichen Saanlagen, 4 - 10 × 3 - 6 mm (**Frk + Gr**); **Gr** undeutlich abgesetzt bis abrupt verschmälert, 1 - 2 (-3) mm, ± grün(lich) oder rot; **Fr** meist ± spreizend, entlang der Naht ± vollständig bis teilweise öffnend; **Sa** ± verkehrt eiförmig, (0.3-) 0.5 - 0.8 × 0.25 - 0.4 mm, Testazellen glatt-konkav (immer?), ± (rot-) braun. – n = 31, 32, 33, 62, 64, 66, ± 93 - 96, 96, 99, ± 124, ± 128, ± 160, ± 186 (Uhl & Moran 1973).

Die Gattung ist insbesondere durch die schuppigen Auswüchse der Kronblätter charakterisiert. Diese Schuppen stellen Auswüchse des Kronblattrandes dar (Leinfellner 1954). Das frühere *P. amethystinum* besitzt keine solchen Schuppen, weicht auch karyologisch ab (Uhl & Moran l.c.) und wird deshalb zu *Graptopetalum* gestellt. Angedeutete Kronblattschuppen finden sich auch bei einigen Echeverien (z.B. *E. heterosepala*), aber die Homologie mit den Schuppen von *Pachyphytum* ist unbewiesen. Intergenerische Hybriden sind mit den folgenden Gattungen bekannt geworden: *Echeveria* (= ×*Pachyveria*), *Graptopetalum* (= ×*Graptophytum*), *Lenophyllum* (= ×*Lenophytum*), *Sedum* (= ×*Pachysedum*), *Thompsonella* (= ×*Thompsophytum*), *Villadia* (= ×*Pachyladia*).

Pachyphytum scheint auf Grund der aufrechten und für den grösseren Teil der Länge verwachsenen Blütenkronen am nächsten bei *Echeveria* zu stehen. Innerhalb von *Echeveria* bestehen enge Beziehungen zu den Sektionen *Angulatae* (incl. *Pruinosae*), *Secundae* und *Urceolatae*, welche mit *Pachyphytum* alle das Merkmal der einfachen (bis 3-fach gabeligen) Blütenstände teilen (Uhl 1996b). Während die beiden zuerst genannten Sektionen von *Pachyphytum* hauptsächlich in den Chromosomenzahlen von x=12-15 bzw. x=14-17 abweichen (und sich in Kreuzungsexperimenten als polyploid verhalten), stimmt Sect. *Urceolatae* nicht nur in Bezug auf die Karyologie (x=26-34) überein, sondern auch in der Art und Weise, sich in Kreuzungsexperimenten als diploid zu verhalten (Uhl 1996b). Entsprechend scheint *Pachyphytum* innerhalb von *Echeveria* entstanden zu sein, was letztere paraphyletisch macht. So wäre *Pachyphytum* eigentlich nicht mehr als eine der auffälligeren Sektionen von *Echeveria*.

Die von den Brakteen und Kelchblättern oft in Seitenansicht völlig verdeckten Blüten werden vermutlich durch Kolibris bestäubt (Moran 1989).

Die Gattung *Pachyphytum* kann wie folgt unterteilt werden:

[1] Sect. *Diotostemon* (Salm-Dyck) E. Walther 1931: **Blä** dicht gestellt, sich gegenseitig meist berührend, ± stielrund bis zylindrisch, Breite : Dicke meist deutlich < 2; fertile **Bra** 5 - 9 mm, basal gestutzt oder höchstens angedeutet 2-zähnig, nicht pfeilförmig-stengelumfassend, nicht ziegelig; **Sep** nahezu gleich, kürzer als die **Pet**; **Pet** aufrecht, ohne roten Fleck; **Fil** oben nicht rot. – x = 31, 32.

[2] Sect. *Pachyphytum* (incl. Sect. *Ixiocaulon* Moran 1968): **Blä** ± locker gestellt, einander nicht oder kaum berührend (dicht bei *P. oviferum*), ± abgeflacht (nahezu stielrund bei *P. viride*), Breite : Dicke fast stets deutlich > 2; fertile **Bra** 13 - 30 mm (*P. caesium* nur 9 mm, *P. garciae* nur 7 - 10 mm), basal ± pfeilförmig-stengelumfassend, zunächst ± dicht ziegelig; **Sep** ± ungleich, meist länger als die **Pet** (teilweise kürzer bei *P. caesium*, *P. glutinicaule* und *P. fittkaui*); **Pet** spitzenwärts ± ausgebreitet bis spreizend, mit rotem Fleck (fehlend bei *P. fittkaui* und *P. glutinicaule*); **Fil** spitzenwärts rot (ausgenommen *P. oviferum*). – x = 33 (unklar bei *P. fittkaui*).

[2a] *P. oviferum*-Gruppe: **Blä** spitzennah am breitesten; **Pet** 7 - 11 mm.

[2b] *P. werdermannii*-Gruppe: **Blä** an oder nahe der Mitte am breitesten (*P. fittkaui* oberhalb der Mitte); **Pet** (8-) 10 - 17 mm.

Durch die reticulate Verteilung der Merkmale ist die Platzierung und Verwandtschaft einiger Arten schwierig zu beurteilen. Dies ist besonders für *P. machucae*, *P. caesium* und *P. garciae* der Fall.

P. bracteosum Link & al. (Allg. Gartenzeitung 9(2): 10, 1841). **T:** Mexiko (*Ehrenberg* s.n. [nicht konserviert]). – **D:** Mexiko (Hidalgo: Region der Barranca de Metztitlán); auf Felsen, 1200 - 1800 m. **I:** Moran (1989).

≡ *Echeveria bracteosa* (Link & al.) Lindley & Paxton (1853); **incl.** *Cotyledon pachyphytum* Baker (1869) ≡ *Echeveria pachyphytum* (Baker) Morren (1874).

[2a] **Tr** aufrecht oder niederliegend, ≥ 30 × 1 - 2.5 cm, einfach oder basisnah wenig verzweigt; **Ros** aus 15 - 35 etwas getrennten **Blä**; **Blä** verkehrt eiförmig bis spatelig, stumpf bis gerundet oder schwach gestutzt, 4 - 11 × 2.5 - 5 cm, 6 - 14 mm dick, glauk bereift, oft ± rosa; **Inf** 15 - 40 cm, untere 12 - 20 cm **Bla**los, oben mit 6 - 10 sterilen **Bra**, glauk bereift, oft rötlich, obere 8 - 25 cm mit 10 - 28 **Blü**; fertile **Bra** zunächst überlappend, elliptisch, pfeilförmig, 13 - 27 × 7 - 14 mm; **Ped** 3 - 6 mm; **Cal** 12 - 24 × 12 - 17 mm; **Sep** deutlich ungleich, 9 - 22 × 3 - 13 mm; **Kr** 5-kantig, 13 mm ⌀, rosa; **Pet** rhombisch bis verkehrt lanzettlich, 9 - 11 × 3 - 5 mm, **Rö** ± 0.5 mm, Zipfel von der Mitte an aufsteigend-spreizend, spitzennah oberseits mit rundlichem, dunkelrotem Fleck, **Pet**schuppen vorhanden; **Fil** 6 - 9.5 mm, epipetale 2 - 3 mm mit der **Kr** verwachsen, apikal rot; **NSch** 0.6 - 0.9 × 1.5 - 2.5 mm, weiss oder gelblich; **Ca** frei, 5.5 - 8 × 2 - 3 mm, unten gelblich weiss, oben dunkelrot; **Gr** undeutlich, 1 - 2 mm. − n = 33, 66.

Nach Moran (1989) am nächsten mit *P. oviferum* und *P. longifolium* verwandt. Da in B kein Originalmaterial vorhanden ist, kann die Tafel der Typpflanze in Icon. Pl. Rar. Hort. Reg. Bot. Berol. 2: t. 43 (1844) als Lectotypus gewählt werden.

P. brevifolium Rose (in N. L. Britton & al. (eds.), North Amer. Fl. 22(1): 12, 1905). **T:** Mexiko, Guanajuato (*Dugès* 155 [GH, US]). − **Lit:** Moran (1963); Meyrán (1997); Pérez-Calix & Glass (1999); alle mit ill. **D:** Mexiko (Guanajuato); Felsen in Eichenwald, 2000 - 2150 m.

[1] Ausdauernde **Ros**pflanzen; **Tr** niederliegend, kriechend oder hängend, bis 1 m, einfach oder verzweigt und dichte Kolonien bildend; **Blä** entlang der oberen **Tr**teile zerstreut, an der Spitze dichter und **Ros**artig gehäuft, elliptisch schmal verkehrt eiförmig, Spitze gerundet bis breit stumpf, 10 - 30 × 5 - 10 mm, dunkelgrün, manchmal bräunlich rot, glauk, Spitze dunkelrot überhaucht; **Inf** 6- bis 10-blütig, Schaft 6 - 8.5 cm; **Bra** elliptisch-eiförmig, 6 - 8 × 2 - 3 mm, fertile **Bra** nicht ziegelig; **Ped** 4 - 15 mm, rötlich; **Sep** aufrecht, der **Kr** angedrückt, so lang wie oder 1 - 3 mm kürzer als die **Kr**, elliptisch-eiförmig, stumpf bis gerundet, ungleich, 5 - 7 × 2 mm, glauk; **Kr** fast glockig, zur **Blü**zeit aufrecht bis zurückgebogen; **Pet** länglich verkehrt lanzettlich, stumpf, mit aufgesetzter, feiner Spitze, 6 - 7 × 2 - 3 mm, rosagelblich bis rot, Spitze grünlich, **Rö** sehr kurz, Schüppchen ± 1.5 mm breit, gelb; **NSch** ± 1 mm breit; **Ca** aufrecht, 3 - 5.5 mm; **Gr** 1 mm.

Diese Art war lange Zeit nur von der Typaufsammlung (Typnummer im Protolog fälschlich als '153' angegeben) bekannt und wurde provisorisch in die Sect. *Diotostemon* eingeordnet (Moran 1963). Zudem wurde die Art auch mit Pflanzen verwechselt, die später als *P. glutinicaule* beschrieben wurden. Meyrán (1997) interpretiert Material aus unbekannter gärtnerischer Quelle als diese Art und gibt eine umfassende Beschreibung, platziert das Taxon aber mit Zweifeln in der Sect. *Pachyphytum*. Schliesslich identifizierten Pérez-Calix & Glass (1999) *P. brevifolium* überzeugend mit 3 neueren Aufsammlungen aus der Nähe von Guanajuato, woher auch der Typ (ohne genauen Fundort) stammt. Gemäss der Blattform, der kleinen und nicht ziegeligen, basal gestutzten, fertilen Brakteen und den einheitlich gefärbten Kronblättern wird *P. brevifolium* hier in die Sect. *Diotostemon* eingeordnet. Durch die ungleich grossen Kelchblätter, welche so lang oder wenig kürzer als die Blütenblätter sind, nähert sich *P. brevifolium* jedoch den als ursprünglicher angesprochenen Arten der Sect. *Pachyphytum* (Pérez-Calix & Glass 1999). In der von diesen Autoren gegebenen Beschreibung wurden die Farbangaben für Kelch- und Kronblätter übrigens irrtümlicherweise vertauscht.

P. caesium Kimnach & Moran (CSJA 70(1): 41, 1998). **T:** Mexiko, Aguascalientes (*Minnich* 12101 [HNT, MEXU]). − **D:** Mexiko (Aguascalientes); 2000 m, nur von 2 Orten bekannt. **I:** CSJA 65: 59-62, 1993.

[2a] **Tr** aufrecht, später niederliegend-hängend, ≥ 30 × (1-) 1.5 - 2.1 cm; **Ros** die obersten 3 - 10 cm der **Tr** umfassend; **Blä** verkehrt eiförmig bis länglich, apikal gerundet bis breit stumpflich, zunächst aufsteigend, später ausgebreitet und etwas aufwärts gebogen, ± 4 - 30 mm entfernt, 3 - 5 (-6.5) × (1-) 2 - 3.6 cm, 10 - 14 mm dick, jung intensiv glauk bereift, später rosagrau oder grünlich grau und nicht glauk; **Inf** meist einfach, selten mit bis zu 3 Wickeln, untere 5 - 15 cm **Bla**los, oben mit ± 6 hinfälligen, sterilen **Bra**, 29 - 35 cm oder länger, obere 5 - 7 cm mit 6 - 18 **Blü**; fertile **Bra** etwas überlappend, elliptisch, stumpflich, ± 9 × 5 mm, grünlich grau; **Ped** 3 - 5 (-18) mm; **Cal** 9 - 12 × ± 8 mm, graugrün, glauk bereift; **Sep** länglich, undeutlich mit aufgesetztem Spitzchen, ungleich, 7 - 9 × 2 - 6 mm; **Kr** 9 - 10 × 7 - 8 mm, meist ± 1 mm länger (selten kürzer) als der **Cal**, Innenseite grünlich creme mit tiefrosa, aussen eher schwach rötlich; **Pet** länglich verkehrt lanzettlich, 2 - 3.5 mm breit, **Rö** ± 0.5 mm, Zipfel basal aufrecht, oben etwas zurückgebogen, breit zugespitzt, oben mit breitem, tiefrosa Fleck, **Pet**schuppen bräunlich rot; **Fil** ± 8 - 9 mm, epipetale ± 4 mm mit der **Kr** verwachsen, grünlich gelb, oben gerötet; **NSch** ± 0.5 × 1.5 - 2 mm, hellgelb; **Ca** 7 - 8 mm, hell grünlich gelb; **Gr** ± 1 mm, grünlich bis grünlich braun. − n = 33.

P. coeruleum J. Meyrán (Cact. Suc. Mex. 8: 86-91, 99, ills., 1963). **T:** Ex cult. (*Meyrán* 523 [MEXU 52609]). − **D:** Nur aus Kultur bekannt. **I:** NCSJ 20: 37-38, 1965; Lucas (2002). **Fig. XXIV.c**

[1] **Tr** aufrecht, später niederliegend bis hängend, bis 25 × 1 cm, basal stärker verzweigt; **Blä** gehäuft, dicht, lanzettlich, nahezu zylindrisch, spindelig, ba-

sal verschmälert, etwas gekrümmt, 2 - 3 × 0.5 - 1.2 cm, 4 - 10 mm (basal 4 - 5 mm) dick, glauk bereift, basal hellgrün, aufgesetztes Spitzchen 1 mm, hell grün oder gelb; **Inf** 4 - 9 cm, mit 7 - 9 linealisch-lanzettlichen, sterilen **Bra**, blassgrün, **Blü**tragender Teil 2 - 5 cm, mit 6 - 10 **Blü**; fertile **Bra** lanzettlich, hellgrün, apikal dunkler, basal weiss; **Ped** 7 - 10 mm, blassgelb, bisweilen rosa getönt; **Blü** 10 × 6 mm; **Sep** dreieckig-eiförmig, 6 × 3 (basal) mm, hellgelb, bisweilen basal rosa, apikal graugrün; **Kr** 8 - 9 × 5 mm, blassgelb, apikal grünlich; **Pet** länglich verkehrt lanzettlich, 8 × 3 - 3.5 mm, **Rö** fehlend (?), Zipfel spitz, etwas gekielt, **Pet**schuppen dreieckig, gelb; **Fil** 4 - 5 mm, unten gelb, oben blassgrün; **NSch** trapezförmig, mittig etwas eingedrückt, 0.5 × 2 mm; **Ca** 5 - 6 × 1.5 mm, unten gelb, oben blassgrün. – n = 31.

Nach habituellen Merkmalen könnte hier eine Hybride *Pachyphytum* × *Sedum* (v.a. *S. morganianum*) vermutet werden. Meyrán weist diese Möglichkeit im Protolog jedoch zurück, da die Blüten der Art vollständig *Pachyphytum* entsprechen.

P. compactum Rose (CUSNH 13(9): 301, pl. 61, 1911). **T:** Mexiko, Hidalgo (*Purpus* s.n. [US 574 499, NY, US]). – **D:** Mexiko (Querétaro, Hidalgo); Felshänge, 1900 - 2100 m. **I:** CSJA 63: 30-34, 1991. **Fig. XXIV.d**

Incl. *Pachyphytum compactum* var. *weinbergii* E. Walther (1934).

[1] **Tr** bis 15 × 0.6 - 1.8 cm (hängend bis 40 cm), oft basal verzweigt; **Ros** aus (15-) 30 - 80 meist gehäuften **Blä** an den obersten 4 - 15 cm der **Tr**; **Blä** eiförmig bis breit zugespitzt, angedeutet stielrund, oberseits mit ± 4 Abdruckflächen benachbarter **Blä**, 2 - 4 × 0.8 - 1.6 cm, 6 - 12 mm dick, mattgrün oder oft violettlich, glauk bereift; **Inf** untere 4 - 13 cm **Blä**los, oben mit 6 - 12 angedrückten, sterilen **Bra**, (15-) 25 - 40 cm, blassgrün oder violettlich, obere 2 - 17 cm mit 3 - 11 **Blü** und rötlich; fertile **Bra** nicht überlappend, elliptisch-eiförmig, spitz, basal gestutzt oder 2-zähnig, 5 - 9 × 2 - 4 mm; **Ped** (5-) 10 - 38 mm; **Cal** 6 - 10 × 6 - 10 mm, tief rosa, apikal grün oder violettlich; **Sep** dreieckig-eiförmig bis -lanzettlich, spitz, oft zugespitzt, (nahezu) gleich, 3 - 8 × 2 - 5 mm; **Kr** tonnen- bis schwach glockenförmig, 7 - 11 × 6 - 11 mm, rot bis orange, apikal dunkelgrün oder dunkelviolett, glauk bereift; **Pet** verkehrt eiförmig-spatelig, 3.5 - 6 mm breit, **Rö** ≤ 0.5 mm, Zipfel aufrecht, **Pet**schuppen 3 - 5.5 mm oberhalb der **Kr**basis, bis 1.5 mm; **Fil** 5 - 8 mm, epipetale 2 - 4 mm mit der **Kr** verwachsen, gelblich; **NSch** 0.3 - 0.6 × 1.2 - 2.8 mm, gelblich; **Ca** 4.5 - 7.5 × 1.2 - 2.5 mm, aneinander anliegend, nahezu frei, unten gelblich, oben gelb; **Gr** abrupt verschmälert, 1 - 2 mm. – n = 31, 62, ± 124, ± 186.

Von allen anderen Arten durch die Abdruckflächen benachbarter Blätter auf der Blattoberseite unterschieden. *P. compactum* bildet am einzigen bekannten Fundort, an dem 2 Arten der Gattung gemeinsam vorkommen, Naturhybriden mit *P. viride* (Moran 1968).

P. fittkaui Moran (CSJA 43(1): 26-32, ills., 1971). **T:** Mexiko, Guanajuato (*Moran* 14770 [SD, NY]). – **D:** Mexiko (E Guanajuato, S San Luis Potosí); 1200 - 2100 m. **Fig. XXIV.g**

[2b] **Tr** 50 (-70) × 1.5 - 3.5 cm (niederliegend oder hängend bis > 1 m), vorwiegend basal verzweigt, **Bla**narben mit 1 **Bla**spur; **Ros** 10 - 20 cm ∅, aus 10 - 25 (in Kultur bis 40) locker angeordneten **Blä** an den obersten 5 - 12 cm der **Tr**; **Blä** ± elliptisch bis verkehrt lanzettlich oder verkehrt eiförmig, zugespitzt, 3 - 9.5 × 2 - 4 cm, 9 - 15 mm dick, tiefgrün oder etwas violettlich rot getönt, jung etwas glauk bereift; **Inf** untere 4 - 15 cm **Bla**los, oben mit 4 - 12 hinfälligen, sterilen **Bra**, (20-) 30 - 55 cm, violettlich rot, obere 10 - 20 cm mit 12 - 25 **Blü**; fertile **Bra** zunächst dicht überlappend, schief eiförmig, 12 - 25 × 7 - 12 mm, grün oder etwas glauk bereift; **Ped** 2 - 6 mm; **Cal** 11 - 23 × 7 - 14 mm, grün und etwas glauk bereift; **Sep** ungleich, 9 - 21 × 3 - 11 mm; **Kr** 5-kantig, ± 4 mm kürzer bis 4 mm länger als der **Cal**, 12 - 17 × 10 - 15 mm (oben), ± tiefrosa; **Pet** dreieckig-lanzettlich, **Rö** ≤ 1 mm, Zipfel von oberhalb der Mitte an aufsteigend, 3.5 - 5 mm breit, **Pet**schuppen ± 5.5 - 8 mm oberhalb der **Kr**basis, ± 0.5 - 1.5 mm; **Fil** 6 - 11 mm, epipetale 3 - 4 mm mit der **Kr** verwachsen, oben rot; **NSch** 2 - 2.5 mm breit, gelblich; **Ca** 6 - 10 × 2 - 3 mm; **Gr** konisch, 1 - 1.5 mm, rot. – n = ± 66, ± 93, ± 93 - 96.

Moran spekuliert im Protolog, dass diese Art auf Grund der intermediären Merkmale eine allopolyploide Hybride zwischen Sect. *Pachyphytum* und der hier einbezogenen Sect. *Ixiocaulon* sein könnte.

P. garciae Pérez-Calix & Glass (Acta Bot. Mex. 48: 4,6-7, ills., 1999). **T:** Mexiko, Querétaro (*Pérez-Calix & Zamudio* 3574 [IEB]). – **D:** Mexiko (Querétaro); felsige Hänge, auf Kalk, 1600 m, nur vom Typfundort bekannt.

[2a] Mehrjährige **Ros**pflanzen; **Tr** niederliegend bis hängend, bis 30 × 0.6 cm, einzeln oder basal verzweigt; **Ros** dicht oder untere Teile locker, 5 - 8 cm ∅; **Blä** elliptisch, elliptisch verkehrt lanzettlich, verkehrt eiförmig oder verkehrt eiförmig-spatelig, 1.5 - 4.5 × 0.8 - 2.3 cm, glauk-bläulichgrün, Spitze breit spitz bis gerundet, mit feinem, aufgesetztem Spitzchen, purpurn überhaucht; **Inf** 20 cm; **Bra** wenige, verkehrt eiförmig bis elliptisch, 6 - 11 × 2 - 6 mm, stumpf bis gerundet, ± feinspitzig; fertile **Bra** nicht ziegelig; **Ped** 3 - 8.5 mm; **Sep** aufrecht, der **Kr** anliegend und ± gleich lang, länglich, stumpf bis gerundet, fast gleich, 6.5 - 9 × 2 - 5 mm; **Pet** länglich verkehrt lanzettlich, spitz, leicht feinspitzig, 8 × 2.5 - 3 mm, rosa, in der Mitte dunkler, basal gelblich, **Rö** > 0.5 mm, Schüppchen 1 × 0.5 mm; **Fil** 8 oder 10 mm, epipetale **Fil** ± 3 mm mit der **Kr** vereinigt, basal gelblich, darüber rosa; **NSch** ± 1 mm breit; **Ca** ± 4 mm, gelb; **Gr** ± 1 mm, rosa.

Gemäss Protolog am nächsten mit *P. caesium* und *P. fittkaui* verwandt.

P. glutinicaule Moran (CSJA 35: 35-41, ills., 1963). **T:** Mexiko, Hidalgo (*Moran & Kimnach* 7805 [SD, DS, NY, UC, US]). – **D:** Mexiko (Hidalgo); N-exponierte Felsklippen, 1200 - 1550 m. **I:** Cact. Suc. Mex. 8(3): 62-68, 1963; Eggli (1994: 223). **Fig. XXIV.e**

[2b] **Tr** bis 30 × 0.7 - 1.5 cm (hängend bis 60 cm), bisweilen unten verzweigt, jung kleberig; **Bla**narben mit 1 **Bla**spur; **Ros** 7 - 12 cm ⌀, aus 20 - 35 oft gehäuften, später ± getrennten **Blä** an den obersten 5 - 11 cm der **Tr**; **Blä** verkehrt eiförmig bis verkehrt eiförmig-spatelig oder verkehrt lanzettlich, gerade oder ± aufwärts gebogen, 3 - 6.5 × 1.8 - 3.5 cm, 3 - 15 mm dick, grün bis violettlich getönt, bläulich-glauk bereift; **Inf** untere 5 - 9 cm **Bla**los, oben mit lanzettlichen, sterilen **Bra**, (13-) 18 - 32 cm, rosa, glauk bereift, obere 3 - 12 cm mit 6 - 20 **Blü**; fertile **Bra** lanzettlich, bis 14 × 4.5 mm, 2-zähnig; **Ped** 4 - 15 mm; **Cal** 10 - 16 × 8 - 13 mm; **Sep** aufrecht, angedrückt, ungleich, 6 - 15 × 3 - 7 mm; **Kr** 2 - 6 mm länger als der **Cal**, 12 - 17 × 12 - 14 mm, rot, aussen etwas glauk bereift; **Pet** länglich lanzettlich, 3.5 - 5 mm breit, **Rö** 0.5 - 1.5 mm, Zipfel zunächst aufrecht, später von der Mitte an zurückgebogen, **Pet**schuppen 4 - 7.5 mm oberhalb der **Kr**basis, 1 - 2.5 × 1.25 - 1.5 mm; **Fil** 6 - 10.5 mm, epipetale 2 - 4 mm mit der **Kr** verwachsen, unten weisslich, oben rosa bis rot; **NSch** 0.5 - 0.6 × 1.5 - 2.3 mm, konkav, gelblich weiss; **Ca** (nahezu) frei, oben voneinander divergent, 7.5 - 9 × 2.25 - 2.5 mm, weiss oder grünlich; **Gr** undeutlich abgesetzt, 1.5 - 3 mm, rot. – n = 33, 66, 99.

Die im Protolog zitierte Chromosomenzahl von n = 88 war offenbar ein Irrtum, da Uhl & Moran (1973) später nur obige Zahlen angeben.

P. hookeri (Salm-Dyck) A. Berger (NPF2 18a: 483, 1930). **T:** nicht typifiziert. – **D:** Mexiko (Aguascalientes, W San Luis Potosí); Felsklippen, 2000 - 2500 m. **I:** CSJA 62: 236-241, 1990.

≡ *Diotostemon hookeri* Salm-Dyck (1854) ≡ *Echeveria hookeri* (Salm-Dyck) Lemaire (1863); **incl.** *Cotyledon adunca* Baker (1869) ≡ *Echeveria adunca* (Baker) Otto (1873) ≡ *Pachyphytum aduncum* (Baker) Rose (1905); **incl.** *Pachyphytum roseum* hort. ex Baker (1869) (*nom. inval.*, Art. 34.1c); **incl.** *Pachyphytum uniflorum* Rose (1903) ≡ *Echeveria uniflora* (Rose) A. Berger (1912).

[1] **Tr** ≥ 30 × 0.8 - 1.7 cm (niederliegend bis > 50 cm); **Ros** aus (10-) 25 - 40 gedrängten (unten entfernten) **Blä** an den obersten 5 - 17 cm der **Tr**; **Blä** lanzettlich oder verkehrt-lanzettlich bis elliptisch, spindelig, andeutungsweise stielrund, 2.5 - 5 × 0.6 - 1.8 cm, 5 - 11 mm dick, grün oder glauk bereift bis mehlig, bisweilen rötlich; **Inf** mit 4 - 9 sterilen **Bra**, 5 - 35 cm, rosa bis rot, obere 3 - 14 cm mit 4 - 18 locker angeordneten **Blü**; fertile **Bra** nicht überlappend, elliptisch, ähnlich wie die **Blä**, 5 - 8 × 2.5 - 4.5 mm; **Ped** 4 - 37 mm; **Cal** 4 - 8 × 5 - 10 mm, rosa bis rot oder grünspitzig; **Sep** aufrecht, dreieckig-eiförmig bis -lanzettlich, zugespitzt, (nahezu) gleich, 3 - 7 × 2 - 5.5 mm; **Kr** röhrig bis glockig, schwach 5-kantig, 5.5 - 15 × 3.5 - 9 mm (basal), rötlich oder basalwärts gelblich, rosa oder mit Gelb; **Pet** länglich bis länglich verkehrt lanzettlich, 3 - 5.5 mm breit, **Rö** 0.2 - 1.5 mm, Zipfel aufrecht, **Pet**schuppen ± 2.5 - 6 mm oberhalb der **Kr**basis, ± 1 mm; **Fil** 3 - 8 mm, epipetale 1.5 - 3 mm mit der **Kr** verwachsen, gelblich weiss; **NSch** 0.3 - 0.6 × 1 - 2.5 mm, gelblich weiss; **Ca** nahezu frei, 4 - 7 × 2 - 2.5 mm, unten weisslich, oben grünlich oder gelblich; **Gr** 1 - 2 mm. – n = 32, 64, 96, ± 128, ± 160.

P. kimnachii Moran (CSJA 39(6): 204-207, ills., 1967). **T:** Mexiko, San Luis Potosí (*Kimnach* 290 [SD, BH, CAS, DS, GH, HNT, K, MEXU, MICH, NY, UC, US]). – **D:** Mexiko (San Luis Potosí); moosige Felsen in Kiefern-Eichen-Wald, ± 1800 m, nur vom Typfundort bekannt. **Fig. XXIV.f**

[2b] **Tr** bis 30 × 1.5 - 2.5 cm (niederliegend bis 60 cm), basal verzweigt; **Ros** 15 - 20 cm ⌀, aus 12 - 35 nur jung gehäuften, meist deutlich voneinander entfernten **Blä** an den obersten 15 cm der **Tr**; **Blä** elliptisch-länglich, mittlere ausgebreitet, untere oft zurückgebogen, 5 - 10 × 1.7 - 3.5 cm, 7 - 13 mm dick, glauk bereift, oft zunächst violettlich; **Inf** untere 5 - 11 cm **Bla**los, oben mit 5 - 9 angedrückten, sterilen **Bra**, 21 - 48 cm, ± kirschrot, glauk bereift, alt rosa erscheinend, obere 6 - 23 cm mit 12 - 28 **Blü**; fertile **Bra** zunächst überlappend, schmal eiförmig, etwas schief, spitz, 2-zähnig-stengelumfassend, 18 - 25 × 8 - 12 mm, hellgrün, glauk bereift; **Ped** 3 - 7 × 2 - 3.5 mm, spitzenwärts dicker; **Cal** apikal etwas zurückgebogen, 17 - 28 × 10 - 17 (basal 8 - 11) mm; **Sep** angedrückt, ungleich, 9 - 28 × 2.5 - 8 mm; **Kr** 5-kantig, 12 - 16 × 7 - 9 (basal), 6 - 7 (mittig), 13 - 17 (oben) mm, weiss oder hell rosa; **Pet** dreieckig-lanzettlich, 13 - 17 × 3 - 4.5 mm, **Rö** ± 0.5 mm, Zipfel schmal spitz, stumpf gekielt, aufrecht, später von der Mitte an etwas zurückgebogen, spitzenwärts mit unregelmässigem, eiförmigem, karminrotem Fleck, **Pet**schuppen 5 - 8 mm oberhalb der **Kr**basis, ± 1 × 1.2 - 1.8 mm, karminrot; **Fil** 7 - 10 mm, epipetale ± 3 mm mit der **Kr** verwachsen, unten weisslich, oben karminrot; **NSch** gestutzt, ventral konkav, 0.3 - 0.6 × 1.9 - 2.6 mm, gelblich; **Ca** nahezu frei, 7 - 9 × 2 - 3 mm, unten weisslich, oben rosa; **Gr** 1.5 - 2 mm, karminrot oder grünspitzig. – n = ± 33.

Von anderen Arten der Sect. *Pachyphytum* v.a. durch die längeren und schärfer zugespitzten Kronblätter unterschieden. Gemäss Protolog ist *P. werdermannii* die ähnlichste Art.

P. longifolium Rose (in N. L. Britton & al. (eds.), North Amer. Fl. 22(1): 12, 1905). **T:** Mexiko (*Purpus s.n.* [US, BH, NY, US]). – **D:** Mexiko (Hidalgo: Region der Barranca de Metztitlán); an steilen Schluchtfelsen, anscheinend auch epiphytisch, ± 1200 m. **I:** Moran (1991).

[2a] **Tr** bis 55 × 1 - 2.5 cm (hängend bis 70 cm), basisnah und oben wenig verzweigt; **Ros** aus 20 - 60 deutlich getrennten **Blä** an den obersten 5 - 20 cm der **Tr**; **Blä** verkehrt lanzettlich, 6 - 11 × 1.5 - 2.5 cm, 4 - 10 mm dick, glauk bereift, oft violettlich; **Inf** untere 15 - 26 cm **Bla**los, oben mit 6 - 9 sterilen **Bra**, 15 - 40 cm, glauk bereift, obere 4 - 36 cm mit 10 - 50 **Blü**; fertile **Bra** zunächst überlappend, ± schief elliptisch bis verkehrt eiförmig, 12 - 22 × 5 - 12 mm; **Ped** 3 - 7 mm; **Cal** 11 - 18 × 10 - 16 (oben) mm; **Sep** ungleich, 9 - 17 × 2.5 - 11 mm; **Kr** 5-kantig, 8 - 13 mm ⌀ (apikal), weiss bis rosa; **Pet** rhombisch bis verkehrt lanzettlich, 7 - 10 × 3.5 - 5 mm, **Rö** ± 0.5 - 1.8 mm, Zipfel zunächst aufrecht, später von der Mitte an aufsteigend, spreizend, spitzenwärts mit schwach rundem, dunkelrotem Fleck, **Pet**schuppen ± 4.5 - 6.5 mm oberhalb der **Kr**basis; **Fil** 5 - 8.5 mm, epipetale 2 - 3 mm mit der **Kr** verwachsen, unten weisslich, oben rot; **NSch** 0.9 × 2 - 2.5 mm, gelblich; **Ca** 6 - 8 × 2 - 3 mm, unten weisslich, oben dunkelrot; **Gr** ± 2 mm. – n = 66.

Nach Moran (1991) am nächsten mit *P. bracteosum* verwandt (mit sehr ähnlichen Blütenständen und Blüten).

P. machucae I. García & al. (Acta Bot. Mex. 47: 10-11, ill., 1999). **T:** Mexiko, Michoacán (*García Ruiz* 4497 [IEB, CIMI, ENCB, MEXU]). – **D:** Mexiko (Michoacán); felsige Hänge in tropischem, laubwerfendem Wald, 1800 - 1850 m.

[1-2a] Mehrjährige **Ros**pflanzen; **Tr** niederliegend bis hängend, 30 × 1.5 - 2.5 cm, einfach oder verzweigt; **Ros** kompakt, 10 - 15 cm ⌀, mit 12 - 28 **Blä**; **Blä** lanzettlich, (4-) 6 (-7.7) × (1.6-) 1.8 (-2.3) cm, bis 1.6 cm dick, glauk grau-lavendelfarben, basal gelblich grün überhaucht, Spitze konisch-gerundet; **Inf** 18 - 30 cm, hellgrün, zur Spitze hellrosa überlaufen, mit 10 - 20 **Blü**; **Bra** 10 - 22, länglich elliptisch, 5 - 18 × 2 - 5 mm, spitz bis gerundet; fertile **Bra** nicht ziegelig; **Ped** 5 - 10 mm; **Sep** der **Kr** anliegend und gleich lang oder leicht länger, eiförmig bis länglich, ungleich, 7 - 11 × 3 - 6 mm, Spitze stumpf bis gerundet; **Kr** glockig; **Pet** länglich verkehrt lanzettlich, mit aufgesetztem Spitzchen, 6 - 8 × 2 - 3 mm, basal gelblich grünlich, darüber hellgrün, Innenseite in der Mitte mit einem eiförmigen bis fast kreisrunden, rosafarbenen bis dunkelroten, 2.5 - 3 × 2 - 3 mm grossen Fleck, **Blü**röhre sehr kurz, Schüppchen eiförmig bis fast kreisrund, rosa bis dunkelrot; **Fil** ± 6 mm, epipetale **Fil** ± 3.5 mm mit der **Kr** vereinigt; **NSch** ± 0.5 mm, hell gelblichgrün; **Ca** ± 5.5 mm, hellgrün, nach oben rötlich; **Gr** hellgrün.

Die langen und fast stielrunden Blätter weisen auf eine Affinität mit Sect. *Diotostemon*, während die meisten (aber nicht alle) Blütenmerkmale die Art in die Sect. *Pachyphytum* stellen. Gemäss dem Protolog ist *P. machucae* am nächsten mit *P. caesium* verwandt. Es handelt sich vielleicht um die ursprünglichste Art der Gattung.

P. oviferum J. A. Purpus (Monatsschr. Kakt.-kunde 29: 100, 1919). **T:** Mexiko, San Luis Potosí (*Purpus* s.n. [nicht lokalisiert]). – **D:** Mexiko (San Luis Potosí); Felsklippen, 1200 m, nur von 1 Fundort bekannt. **I:** Moran (1969). **Fig. XXV.a**

[2a] **Tr** zunächst aufrecht, später niederliegend bis hängend, bis 20 × 0.7 - 1.3 cm; **Ros** 6 - 10 cm ⌀, aus 12 - 25 stark gedrängten **Blä**; **Blä** verkehrt eiförmig bis elliptisch verkehrt eiförmig, gerundet, 3 - 5 × 1.8 - 3 cm, 8 - 17 mm dick, bläulich glauk bereift bis lavendelfarben; **Inf** oben mit 3 - 8 sterilen **Bra**, 3 - 12 cm, blassgrün oder rötlich, glauk bereift, obere 3 - 7 cm mit 7 - 15 **Blü**; fertile **Bra** zunächst überlappend, elliptisch verkehrt eiförmig, 12 - 18 × 8 - 15 mm, grünlich weiss; **Ped** 2 - 5 mm, spitzenwärts stark verdickt; **Cal** 13 - 23 × 10 - 16 (oben) mm; **Sep** ungleich, 6 - 20 × 2 - 12 mm; **Kr** apikal 10 - 13 mm ⌀, innen weiss; **Pet** länglich, 7 - 10 × 3 - 4.5 mm, **Rö** 0.5 - 1 mm, Zipfel aufrecht, gegen Ende der **Blü**zeit von der Mitte an aufsteigend-spreizend, spitzenwärts mit schwach rundem, dunkel purpurrotem Fleck, **Pet**schuppen 4.5 - 6 mm oberhalb der **Kr**basis, 0.5 - 1.5 mm; **Fil** 5.5 - 7.5 mm, epipetale 2 - 3 mm mit der **Kr** verwachsen, gelblich weiss; **NSch** 1.8 - 2.2 mm breit, gelblich; **Ca** frei, 4 - 6 × 1.75 - 2.25 mm, gelblich grün; **Gr** 1 - 1.25 mm. – n = 33.

Nach Moran (1969) am nächsten mit *P. bracteosum* verwandt.

P. viride E. Walther (CSJA 8: 210-211, ills., 1937). **T:** Mexiko (*Walther* s.n. [CAS 234676]). – **D:** Mexiko (Querétaro); auf schattigen Felsklippen, 1820 - 2180 m. **I:** Moran (1992c).

[2b] **Tr** bis 50 × 1.5 - 3.5 cm (niederliegend oder hängend bis > 1 m), basal wenig verzweigt; **Ros** aus 12 - 40 unten recht zerstreuten **Blä** an den obersten 3 - 12 cm der **Tr**; **Blä** elliptisch-länglich, stielrund, basal abrupt verschmälert, weit spreizend, etwas aufwärts gebogen, 6 - 10 × 1.5 - 3 cm, 10 - 17 mm dick, hell- bis dunkelgrün oder violettlich rot, nicht glauk bereift; **Inf** untere 10 - 17 cm **Bla**los, oben mit 6 - 9 angedrückten, hinfälligen, sterilen **Bra**, 10 - 35 cm, hellgrün bis intensiv violettlich rot, obere 5 - 12 cm mit 10 - 22 **Blü**, bis nach der **Blü**zeit stark überhängend; fertile **Bra** zunächst überlappend, eiförmig bis verkehrt eiförmig oder etwas rhombisch, untere 15 - 30 × 7 - 18 mm, blassgrün oder rosa; **Ped** 2 - 6 (-8) mm; **Cal** 13 - 25 × 6 - 13 mm; **Sep** aufrecht, angedrückt, ungleich, 10 - 19 × 3 - 9 mm; **Kr** 9 - 14 × 6 - 13 mm, zwischen den **Sep** verborgen, weiss; **Pet** länglich verkehrt lanzettlich, 8 - 14 × 2.5 - 6 mm, **Rö** ± 0.5 mm, Zipfel aufrecht, spitz, von der Mitte an aufsteigend-ausgebreitet, spitzenwärts mit schwach rundem bis ovalem, dunkel pur-

purrotem Fleck, **Pet**schuppen 4 - 7 mm oberhalb der **Kr**basis, rot; **Fil** 4 - 8 mm, epipetale 2 - 3 mm mit der **Kr** verwachsen, unten gelblich, oben rot; **NSch** schief gestutzt, 2 - 3 mm breit, gelblich; **Ca** 4.5 - 8 × 1 - 1.5 mm, unten weiss, oben rot; **Gr** ± 1 mm, grün gespitzt. – n = 33.

Die grösste Art der Gattung und von allen anderen durch dickere Triebe und grössere Blätter und Brakteen unterschieden (Moran 1992c).

P. werdermannii von Poellnitz (RSN 42: 2, 1937). **T:** Mexiko, Tamaulipas (*Werdermann s.n.* [B [Foto]]). – **Lit:** Moran (1967: mit ill.). **D:** Mexiko (Tamaulipas); Steilhänge, 600 - 700 m, nur von 1 Fundort bekannt. **Fig. XXIV.h, XXV.b**

[2b] **Tr** bis 20 × 0.6 - 1.4 cm (hängend bis 1 m), basal verzweigt; **Ros** aus 10 - 35 recht zerstreuten **Blä** an den obersten 5 - 16 cm der **Tr**; **Blä** elliptisch bis länglich, stumpf bis schmal gerundet, selten mit feinem, aufgesetztem Spitzchen, 4 - 10 × 1.5 - 3.5 cm, 5 - 12 mm dick, glauk bereift; **Inf** oben mit 6 - 9 sterilen **Bra**, 15 - 25 cm, hellgrün, obere 5 - 11 cm mit 10 - 22 **Blü**, durchgehend glauk bereift; fertile **Bra** zunächst überlappend, elliptisch, Form wie untere **Bra**, 15 - 20 × 7 - 10 mm; **Ped** 3 - 8 (-15) mm; **Cal** 12 - 20 × 9 - 12 mm; **Sep** ungleich, 10 - 19 × 2.5 - 8 mm; **Kr** 10 - 13 × 9 - 14 (apikal) mm, hellrosa; **Pet** länglich, 3 - 4 mm breit, **Rö** 0.5 mm, Zipfel spitz, zunächst Spitzen überlappend, später von nahe der Mitte an aufsteigend, spitzenwärts mit dunkel karminrotem Fleck, **Pet**schuppen 5 - 8 mm oberhalb der **Kr**basis, bis 1 mm, karminrot; **Fil** 6 - 9 mm, epipetale 3 - 3.5 mm mit der **Kr** verwachsen, unten weisslich, oben rot; **NSch** 1.5 - 2 mm breit, gelblich; **Ca** 5 - 7 mm, unten weisslich, oben rot; **Gr** 1 - 1.5 mm. – n = 33.

Diese Art wurde 1966 durch Moran (l.c.) wieder gefunden.

×PACHYSEDUM

U. Eggli

×Pachysedum G. D. Rowley (Nation. Cact. Succ. J. 28(1): 7, 1973).

= *Pachyphytum × Sedum*. Jacobsen (1981) listet nur einen einzigen Cultivar auf.

×PACHYVERIA

U. Eggli

×Pachyveria Haage & Schmidt (Haupt-Verzeichnis 193, [], 1926). – **Lit:** Walther (1934).
Incl. ×*Pachyrantia* E. Walther.
Incl. ×*Echephytum* Gossot (1938).
Incl. ×*Urbiphytum* Gossot (1938).
= *Pachyphytum × Echeveria*. Es wurden etwa ein halbes Dutzend Taxa und Cultivare benannt.

Die folgenden Namen sind von unklarer Anwendung, gehören aber zu dieser Gattung: *Echeveria bergeriana* Cat. Haage *ex* E. Walther (1934) (*nom. inval.*, Art. 34.1c); *Echeveria brachyantha* Sprague (1926); *Echeveria ×clavifolia* A. Berger (1904); *Echeveria ×fusifera* Hort. Haage *ex* E. Walther (1934) (*nom. inval.*, Art. 34.1c); *Echeveria ×mirabilis* Hort. Deleuil *ex* von Poellnitz (1936); *Echeveria ×morreniana* Hort. Deleuil *ex* von Poellnitz (1936); *Echeveria nobilis* hort. *ex* von Poellnitz (1936) (*nom. inval.*, Art. 34.1c); *Echeveria ×pachyphytoides* De Smet (1874) ≡ *Pachyphytum ×pachyphytoides* (De Smet) A. Berger (1930) ≡ ×*Pachyveria pachyphytoides* (De Smet) E. Walther (1934); *Echeveria ×paradoxa* Gossot (1938) ≡ ×*Echephytum paradoxum* (Gossot) H. Jacobsen (1954) (*nom. inval.*, Art. 33.2) ≡ ×*Pachyveria paradoxa* (Gossot) G. D. Rowley (1955); *Echeveria ×scheideckeri* De Smet (1877) ≡ ×*Pachyveria scheideckeri* (De Smet) E. Walther (1934); *Echeveria ×sobrina* A. Berger (1904) ≡ ×*Pachyveria sobrina* (A. Berger) E. Walther (1934); *Echeveria ×sodalis* A. Berger (1904) ≡ *Pachyphytum ×sodale* (A. Berger) Rose (1905) ≡ ×*Pachyveria sodalis* (A. Berger) E. Walther (1934); *Echeveria ×spathulata* Morren *ex* von Poellnitz (1936); *Echeveria valida* Haage & Schmidt (1883); ×*Pachyveria bergeriana* Hort. Haage *ex* E. Walther (1934); ×*Pachyveria clavata* E. Walther (1934); ×*Pachyveria clavata* var. *cristata* E. Walther (1934); *Pachyveria clevelandii* Hort. Haage *ex* E. Walther (1934); ×*Pachyveria glauca* Hort. Haage & Schmidt *ex* E. Walther (1934); ×*Pachyveria mirabilis* Hort. Deleuil *ex* E. Walther (1934); ×*Pachyveria morreniana* Hort. Deleuil *ex* E. Walther (1934); ×*Pachyveria scheideckeri* var. *albocarinata* E. Walther (1934) (*nom. inval.*, Art. 32.1c); ×*Pachyveria spathulata* Morren *ex* E. Walther (1934).

PERRIEROSEDUM

H. Ohba

Perrierosedum (A. Berger) H. Ohba (J. Fac. Sci. Univ. Tokyo, Sect. 3, Bot. 12(4): 166, 1978). **T:** *Sedum madagascariense* H. Perrier. – **D:** Madagaskar. **Etym:** Nach J. M. Henri A. Perrier de la Bâthie (1873 - 1958), französischer Botaniker, lebte 1896 - 1933 in Madagaskar; und wegen der Ähnlichkeit mit der Gattung *Sedum* (*Crassulaceae*).
≡ *Sedum* Sect. *Perrierosedum* A. Berger (1930).

Ausdauernde Kleinsträucher, 50 - 80 cm hoch, verzweigt; **Tr** kahl, 4-kantig; **Blä** gegenständig, länglich spatelig, 2.5 - 5 × 1.5 - 2.5 cm, sitzend, Spitze gerundet, Basis lang verschmälert, Ränder fein gekerbt; **Inf** endständig, ebensträussig-cymös, 5- bis 10-blütig, 2 - 3 × 3 - 4 cm, gestielt, mit **Bra**; **Blü** zwitterig, 6- (selten 5-) zählig, obdiplostemon; **Ped** 8 - 10 mm; **Sep** frei, eiförmig, Spitze gerundet, 4 - 5 mm; **Pet** frei, weiss, rot überhaucht, breit spatelig, konvex, 5-aderig, 8 - 10 mm, Spitzen rund; **St**

6 - 7 mm, aufrecht; **NSch** länglich, 3 - 3.5 mm, Spitzen 2-spaltig; **Ca** frei, 8.5 - 10 mm, zur Basis verschmälert, bauchseitig gerade, spitzenwärts verjüngt, **Sa**anlagen ± 30 pro Balg; **Sa** zylindrisch, Testa längs gestreift.

Eine monotypische Gattung ohne nähere Verwandte innerhalb der Familie, und in neuerer Zeit nie mehr gesammelt und auch nicht in Kultur.

P. madagascariense (H. Perrier) H. Ohba (J. Fac. Sci. Univ. Tokyo, Sect. 3, Bot. 12(4): 166, 1978). **T:** Madagaskar (*Perrier* s.n. [P]). – **D:** Madagaskar (Andringitra-Massiv).

≡ *Sedum madagascariense* H. Perrier (1922).
Beschreibung wie für die Gattung.

PHEDIMUS

H. 't Hart & E. Bleij

Phedimus Rafinesque (Amer. Monthly Mag. & Crit. Rev. 1: 438, 1817). **T:** *Sedum stellatum* Linné [Lectotyp, bestimmt durch 't Hart, Fl. Medit. 1: 52, 1991.]. – **Lit:** Praeger (1921a: als *Sedum*); Grulich (1984: als *Asterosedum*); 't Hart (1995); Ohba & al. (2000). **D:** Europa, Asien. **Etym:** Zu Gr. 'phaidimos', glänzend; vielleicht wegen der Blätter einiger Arten; oder nach Phedimus (fl. 235), Erzbischof von Amasea und Metropolit von Pontien (in der heutigen Türkei); wegen der Verbreitung einiger Taxa.

Incl. *Aizopsis* Grulich (1984). **T:** *Sedum aizoon* Linné.
Incl. *Asterosedum* Grulich (1984). **T:** *Sedum stellatum* Linné.
Incl. *Spathulata* (A. Borissova) A. Löve & D. Löve (1985). **T:** *Sedum spurium* S. G. Gmelin.

Mehrjährige oder selten einjährige Kräuter, gewöhnlich kahl, manchmal **Tr** basal verholzend oder mit holzigem Rhizom; **Blä** gegen- oder wechselständig, flach, meist gezähnt oder gesägt, mit mehreren Hydathoden entlang der Ränder der Unterseite; **Blütriebe** aufrecht oder aufsteigend; **Inf** meist dichte, vielblütige Cymen oder Ebensträusse; **Bra Blä**artig aber kleiner; **Blü** (4- bis) 5- bis 6- (bis 7-) zählig, obdiplostemon, sitzend, fast sitzend oder kurz gestielt, je von 1 **Bra** getragen; **Sep** breit sitzend, meist ungleich, grün, länglich bis linealisch; **Pet** basal frei, meist ausgebreitet, weiss, rosa, rot bis ± purpurn oder gelb; **Fr** Bälge, meist ausgebreitet mit auffälligen Lippen entlang der Bauchnähte, selten aufrecht; **Sa** eiförmig, 1 - 1.4 mm, braun, gerippt oder multipapillat.

Die Arten von *Phedimus* wurden traditionellerweise zu *Sedum* gestellt. Sie bilden innerhalb dieser Gattung dank der flachen, meist gesägten oder gezähnten Blätter mit mehreren, randlichen Hydathoden ein auffälliges Element. Diese vegetativen Merkmale werden mit *Hylotelephium* und *Rhodiola* geteilt, und folglich platzierte 't Hart (1982) diese Taxa in der informellen Gruppe der asiatischen flachblätterigen *Sedoideae*. Analysen der Chloroplasten-DNA (siehe Ham (1994) und 't Hart (1995)) zeigen, dass die 3 erwähnten Gattungen zusammen mit *Orostachys* (incl. *Meterostachys*), *Pseudosedum*, *Sinocrassula* und *Umbilicus* eine einheitliche Abstammungslinie bilden, die eine Schwestergruppe (Subtribus *Telephiinae*) zu *Sedum* im engeren Sinn (Subtribus *Sedinae*) darstellen. Insbesondere zeigen die DNA-Sequenzanalysen, dass es sich beim Ast der asiatischen und eurasiatischen Arten von *Phedimus* um eine monophyletische Linie handelt.

Innerhalb der *Phedimus*-Linie können 2 Gruppen unterschieden werden, die in verschiedenen vegetativen wie auch Blütenmerkmalen voneinander abweichen und *Sedum* Ser. *Propontica* A. Berger ('t Hart 1991) beziehungsweise *Sedum* Sect. *Aizoon* Maximowicz entsprechen. Sie wurden von 't Hart (1995) als Untergattungen von *Phedimus* klassifiziert:

[1] UG *Phedimus*: Mehrjährige oder einjährige Kräuter mit kriechenden und wurzelnden oder aufrechten **Tr**, manchmal papillös; **Blä** gegenständig, kreisrund bis länglich oder spatelig oder fast gestielt; **Inf** dichte Ebensträusse bis lockere Cymen mit 2 - 3 einfachen Zweigen; **Pet** während der Anthese ausgebreitet oder aufrecht, weiss, rosa, rot oder ± purpurn; **Anth** rot; **Fr** sternförmig ausgebreitet oder (fast) aufrecht; **Sa** gerippt. – x = 5, 6, 7. Arten aus Eurasien (C und E Mittelmeerregion, Anatolien, Kaukasus und N Iran).

[2] UG *Aizoon* (Koch) 't Hart 1995: Mehrjährige, kahle oder flaumhaarige (haarige) Kräuter mit meist aufrechten oder aufsteigenden, einjährigen **Tr**, oft basal verholzt, aus einem holzigen Rhizom erscheinend; **Blä** gegen- oder wechselständig, linealisch-lanzettlich oder länglich bis rhombisch; **Inf** Cymen mit 3 - 5 manchmal gabeligen Wickeln; **Pet** ausgebreitet, gelb; **Fil** gelb; **Anth** gelb oder rötlich; **Fr** ausgebreitet mit deutlichen Lippen entlang der Bauchnähte; **Sa** multipapillat oder gerippt. – x = 8. Arten aus Ostasien (China, Japan, Korea bis C Sibirien).

Die UG *Phedimus* umfasst 5 gut unterscheidbare und recht gut bekannte Arten. Die kreuzgegenständigen Blätter und die weissen, rosafarbenen oder roten Blüten sind Erkennungsmerkmale. Die geographische Verbreitung der Gruppe ist weitgehend zusammenhängend, was auf eine neuere Entstehung hinweist. Die Gruppe ist hauptsächlich diploid (ausgenommen *P. spurius*) mit einer einfachen, absteigenden, dysploiden Reihe von x = 7 bis x = 6 und x = 5 ('t Hart & al. 1993b).

Die UG *Aizoon* ist ebenso ein gut unterscheidbares Taxon und morphologisch wie cytologisch gut definiert, aber die hier zusammengefassten Arten sind weniger klar. Der behaarte *P. selskianus* ist leicht kenntlich, aber die anderen Taxa sind schwierig zu unterscheiden und scheinen auf Grund der einheitlichen Blütenmerkmale und der extrem variablen vegetativen Merkmale ineinander überzugehen. Fröderström (1931) schloss alle Arten (entweder als Unterarten oder als Synonyme) in *P. aizoon* (= *Sedum aizoon*) ein, mit Ausnahme von *P. hybridus* (= *Sedum hybridum*). Hier folgen wir einer weniger rigorosen und konservativeren Linie. Es sind jedoch umfangreiche und umfassende biosystematische Studien natürlicher Populationen (siehe z.B. Amano (1990) und Amano & Ohba (1992)) nötig, bevor die verwirrende morphologische und cytologische Variabilität in dieser Gruppe verstanden werden kann. Viele Arten wurden bereits seit dem frühen 17. Jahrhundert kultiviert (was ohne Zweifel beträchtlich zur taxonomischen Verwirrung beitrug) und einige verwilderten ausserhalb ihrer natürlichen Verbreitungsgebiete.

Dank: Wir danken Dr. Jeong Hee Kim für ihre kritischen Ratschläge zu *Phedimus* subgen. *Aizoon*.

Der folgende Name ist von unklarer Anwendung, gehört aber zu dieser Gattung: *Sedum pseudohybridum* Woroshilov & Shlothauer (1984).

P. aizoon (Linné) 't Hart (in 't Hart & Eggli (eds.), Evol. Syst. Crassulaceae, 168, 1995). **T:** LINN. – **Lit:** Ohba & al. (2000). **D:** Russland (Sibirien und E des Urals), Mongolei, China, Japan; trockene Orte, grasige Hänge, Dickichte, Wiesen, felsige Bachufer und sandige Klippen. **I:** Praeger (1921a: 109-110).

≡ *Sedum aizoon* Linné (1753) ≡ *Aizopsis aizoon* (Linné) Grulich (1984); **incl.** *Sedum aizoon* var. *aurantiacum* hort. (s.a.) (*nom. inval.*, Art. 29.1); **incl.** *Sedum aizoides* Salm-Dyck (1834); **incl.** *Sedum sajanense* Pallas *ex* Ledebour (1843); **incl.** *Sedum aizoon* var. *latifolium* Maximowicz (1859) ≡ *Sedum aizoon* fa. *latifolium* (Maximowicz) Y. C. Zhu (1989) ≡ *Phedimus aizoon* var. *latifolius* (Maximowicz) H. Ohba & al. (2000); **incl.** *Sedum aizoon* fa. *floribundum* Miquel (1866); **incl.** *Sedum maximowiczii* Regel (1866) ≡ *Phedimus maximowiczii* (Regel) 't Hart (1995) ≡ *Aizopsis maximowiczii* (Regel) S. Gontcharova (1999); **incl.** *Sedum pseudo-aizoon* Debeaux (1877); **incl.** *Sedum yantaiense* Debeaux (1877); **incl.** *Sedum aizoon* fa. *angustifolium* Franchet (1883) ≡ *Sedum aizoon* var. *angustifolium* (Franchet) Chu (1959); **incl.** *Sedum aizoon* var. *scabrum* Maximowicz (1884) ≡ *Phedimus aizoon* var. *scabrus* (Maximowicz) H. Ohba & al. (2000); **incl.** *Sedum aizoon* var. *floribundum* Nakai (1911) ≡ *Phedimus aizoon* var. *floribundus* (Nakai) H. Ohba (2001); **incl.** *Sedum aizoon* var. *saxatilis* Nakai (1911); **incl.** *Sedum woodwardii* N. E. Brown (1912); **incl.** *Sedum hyperaizoon* Komarov (1931); **incl.** *Sedum austro-manshuricum* Nakai & Kitagawa (1934) ≡ *Sedum aizoon* var. *austro-manshuricum* (Nakai & Kitagawa) Kitagawa (1939); **incl.** *Sedum aizoon* var. *obovatum* Fröderström (1935); **incl.** *Sedum selskianum* var. *glaberrimum* Kitagawa (1936) ≡ *Sedum aizoon* fa. *glaberrimum* (Kitagawa) Kitagawa (1939); **incl.** *Sedum selskianum* var. *glabrifolium* Kitagawa (1936) ≡ *Sedum aizoon* var. *glabrifolium* (Kitagawa) Kitagawa (1939) ≡ *Sedum aizoon* fa. *glabrifolium* (Kitagawa) Y. C. Zhu (1989); **incl.** *Sedum aizoon* var. *yamatutae* Kitagawa (1939) ≡ *Phedimus aizoon* var. *yamatutae* (Kitagawa) H. Ohba & al. (2000); **incl.** *Sedum aizoon* var. *heterodontum* Nakai (1949) (*nom. inval.*, Art. 32.1c); **incl.** *Sedum aizoon* var. *ramosum* Uyeki & Sakata (1949) (*nom. inval.*, Art. 32.1c); **incl.** *Sedum kamtschaticum* fa. *viviparum* Takejiro Hashimoto (1975); **incl.** *Sedum hsinganicum* Y. C. Chu *ex* S. H. Fu & Y. H. Huang (1980) ≡ *Phedimus hsinganicus* (Y. C. Chu *ex* S. H. Fu & Y. H. Huang) H. Ohba & al. (2000); **incl.** *Sedum aizoon* ssp. *baicalense* Peschkova (1994).

[2] Mehrjährige, robuste, kahle Kräuter mit grossem, dickem, knotigem und verholztem **Wu**stock und aufrechten **Tr** bis 80 cm lang; **Blä** breit eiförmig bis schmal verkehrt lanzettlich oder linealisch-lanzettlich, (1-) 5 - 9 cm, stumpf, gezähnt bis fast ganzrandig, kahl oder manchmal rauh-papillös, kurz gestielt; **Inf** endständig, 2.5 - 7.5 cm $\emptyset$, flach; **Blü** 5- bis 6-zählig, sitzend; **Sep** linealisch bis lanzettlich, stumpf, 3.5 - 6 mm; **Pet** für bis zu 2 mm vereinigt, länglich, mit ziemlich langem, aufgesetztem Spitzchen, 7 - 9 mm, leuchtend gelb; **Anth** gelb; **NSch** quadratisch bis breiter als lang, weiss; **Fr** für bis zu 3 mm vereinigt, vielsamig, 7 - 8 mm, gelb, oft orange oder rot werdend. – 2n = 32, 33, 34, 48, 61, 64, 78, 80, 84, 85, 88, 93, 94, 95, 96, 97, 102 (Amano 1990); 2n = 71 - 124 (Amano & Ohba 1992).

Ohba (1982b), Amano (1990) und Amano & Ohba (1992) unterscheiden in Japan 2 Unterarten, ssp. *aizoon* und ssp. *floribundum*. Sie werden durch eine kleine Zahl quantitativer, vegetativer Merkmale unterschieden. Ssp. *aizoon* ist grösser und in allen Merkmalen einheitlicher, während ssp. *floribundum* im Allgemeinen kleiner und ist und mehrere, morphologisch unterschiedliche, geographische Rassen umfasst. Cytologisch sind beide Taxa extrem variabel. Die Unterschiede in den Chromosomenzahlen stimmen mit der morphologischen Variationsbreite bis zu einem gewissen Grad überein. Die grössere ssp. *aizoon* ist stark polyploid und umfasst eine aneuploide Reihe mit 37 verschiedenen Chromosomenzahlen, die von 2n = 71 bis 2n = 124 (mit 2n = 96 am häufigsten) reichen, während die kleinere ssp. *floribundum* tetraploid (2n=32), hexaploid (2n=48), oder octoploid (2n=64) ist.

Gemäss Fu (1980) ist *Sedum hsinganicum* ähnlich wie *S. aizoon* var. *latifolium*, unterscheidet sich aber durch 8-zählige Blüten und gegenständige Blätter. Die behaupteten Blütenmerkmale stehen jedoch einer Zuordnung des Taxons zu *Phedimus* UG

Aizoon entgegen. Bis jetzt haben wir keinerlei schlüssige Hinweise auf die korrekte systematische Stellung dieser fraglichen Art. Ohba & al. (2000) betrachten das Taxon als eigenständige Art und stellen es ohne Kommentar zur *Phedimus*. Die gleichen Autoren gliedern *P. aizoon* für die Flora of China in 3 Varietäten.

P. ellacombianus (Praeger) 't Hart (in 't Hart & Eggli (eds.), Evol. Syst. Crassulaceae, 168, 1995). – **D:** Japan, Korea; in Europa und Nordamerika seit langem kultiviert. **I:** Praeger (1921a: 118-119, als *Sedum*).

≡ *Sedum ellacombianum* Praeger (1917) ≡ *Sedum kamtschaticum* ssp. *ellacombianum* (Praeger) R. T. Clausen (1946) ≡ *Aizopsis ellacombianus* (Praeger) P. V. Heath (2001); **incl.** *Sedum latiovalifolium* Y. Lee (1992).

[2] Kahle, niederliegende bis kriechende Kräuter, ± kompakte, halbkugelige Polster bis ± 15 cm hoch bildend; **Blä** wechselständig oder kreuzgegenständig, verkehrt eiförmig bis spatelig, kurz gestielt, im oberen Teil gekerbt-gesägt, flach, fleischig, bis 4 × 2 cm, stumpf, leuchtend grün; **Blü**triebe zahlreich, kahl, einfach, ausgebreitet, 10 - 15 cm, unten rötlich; **Inf** kompakte, belaubte, flache Ebensträusse, 4 cm ∅; **Blü** (fast) sitzend; **Sep** stumpf, linealisch, ½ so lang wie die **Pet**, grün; **Pet** lanzettlich, spitz, gekielt, leuchtend gelb; **Fil** ausgebreitet, wenig kürzer als die **Pet**, gelb; **Anth** gelb; **NSch** weisslich, quadratisch; **Sa** gerippt oder multipapillat.

Das kürzlich beschriebene *Sedum latiovalifolium* wird hier provisorisch synonymisiert. Es soll sich durch die breit eiförmigen und in Rosetten angeordneten Blätter unterscheiden. – [H. 't Hart, E. Bleij & U. Eggli]

P. floriferus (Praeger) 't Hart (in 't Hart & Eggli (eds.), Evol. Syst. Crassulaceae, 168, 1995). – **D:** NE China. **I:** Praeger (1921a: 123, als *Sedum*).

≡ *Sedum floriferum* Praeger (1918) ≡ *Sedum kamtschaticum* var. *floriferum* (Praeger) R. Stephenson (1994) (*nom. inval.*, Art. 33.2) ≡ *Aizopsis florifera* (Praeger) P. V. Heath (2001).

[2] Kahle Kräuter mit holzigem, knotigem **Wu**stock und dicken **Wu**; **Blä** spatelig verkehrt lanzettlich, stumpf, im oberen Teil gekerbt, sitzend, bis 4 × ± 1.5 cm, dunkelgrün; **Blü**triebe aufsteigend oder niederliegend, etwas rauh, bis 15 cm lang, oft im oberen Teil reich verzweigt, mit ausgebreiteten Seitenzweigen, rot; **Inf** endständig oder seitlich, ± flach, 2 - 5 cm ∅; **Blü** fast sitzend; **Sep** basal frei oder wenig vereinigt, weit ausgebreitet, linealisch bis verkehrt lanzettlich, stumpf, sehr fleischig, ½ so lang wie die **Pet**; **Pet** lanzettlich, spitz, mit kurzem, aufgesetztem Spitzchen, grünlich gelb; **Fil** grünlich; **Anth** rötlich gelb; **NSch** klein, quadratisch, ganzrandig, grünlich, durchscheinend; **Gr** lang, schlank, aufrecht, winzig kopfig; **Fr** so lang wie oder etwas kürzer als die **Fil**, grünlich gelb.

Vermutlich auf Grund von kultiviertem Material beschrieben, aber offensichtlich heute nicht mehr in Kultur (Stephenson 1994). Der Status innerhalb der UG *Aizoon* ist unsicher. Obwohl das Taxon in der chinesischen Flora explizit als Art behandelt wirt, wird es von Chung & Kim (1989) nicht erwähnt.

P. hybridus (Linné) 't Hart (in 't Hart & Eggli (eds.), Evol. Syst. Crassulaceae, 168, 1995). **T:** LINN?. – **D:** Russland (E und C Sibirien bis in den S und C Ural), Zentralasien; steinige und kiesige Böden, Felsritzen, vorwiegend in Bergsteppen, weniger oft im S Teil der Waldzone; in N und C Europa verwildert. **I:** Praeger (1921a: 126, als *Sedum*).

Incl. *Sedum hybridum* var. *dentatum* hort. (s.a.); ≡ *Sedum hybridum* Linné (1753) ≡ *Anacampseros hybrida* (Linné) Haworth (1819) ≡ *Aizopsis hybrida* (Linné) Grulich (1984); **incl.** *Sedum hohenackeri* Gandoger (1886) (*nom. inval.*, Art. 24.1); **incl.** *Sedum vagans* Gandoger (1886) (*nom. inval.*, Art. 24.1); **incl.** *Sedum sibericum* E. H. L. Krause (1902); **incl.** *Sedum sibiricum* E. H. L. Krause (1902) (*nom. illeg.*, Art. 52.1).

[2] Büschelige Kräuter mit dickem und verholztem **Wu**stock und kurzen, niederliegenden, überwinternden, sterilen **Tr** mit gedrängten **Blä** an der Spitze; **Blä** verkehrt eiförmig bis länglich keilförmig oder spatelig, stumpf, zur Spitze rötlich gezähnt, gestielt mit einem Stiel so lang wie die Spreite, Spreite 10 - 40 (-50) × 8 - 20 mm; **Blü**triebe aufsteigend, 10 - 30 cm, mit kleineren, entfernteren **Blä**; **Inf** endständige, lockere (dicht gemäss Fröderström (1932) und Borissova (1939)) Ebensträusse; **Sep** basal vereinigt, lanzettlich, stumpf, im oberen Teil fein warzig, 6 - 8 mm; **Pet** für bis zu 2 mm vereinigt, spitz mit kurzem, aufgesetztem Spitzchen, 6 - 10 × ± 1.5 mm, (gold-) gelb; **Fil** wenig kürzer als die **Pet**, gelb; **Anth** orange; **NSch** quadratisch oder breiter als hoch, leicht ausgerandet, grünlich mit rötlicher Kante; **Gr** lang, fadendünn, hellgrün oder rot; **Fr** für bis zu 2.5 mm vereinigt, vielsamig, 8 - 10 mm; **Sa** elliptisch, stumpf, < 1 mm.

Vermutlich auf Grund von kultiviertem Material beschrieben. Die Stellung innerhalb der UG *Aizoon* ist unsicher.

Sedum pseudohybridum Voroschilov & Schlothauer 1984 wurde aus dem Amur-Distrikt beschrieben und ähnelt auf Grund des Namens offenbar *P. hybridus*. Die ungenügende Beschreibung erlaubt keine sichere Einordnung, und der Name wird deshalb nicht weiter interpretiert.

P. kamtschaticus (Fischer & C. A. Meyer) 't Hart (in 't Hart & Eggli (eds.), Evol. Syst. Crassulaceae, 168, 1995). **T:** LE. – **D:** Russland (NE Sibirien), N, C und E China, Japan, Korea; steinige Hänge. **I:** Praeger (1921a: 121, als *Sedum*). **Fig. XXV.c, XXV.e**

≡ *Sedum kamtschaticum* Fischer & C. A. Meyer (1841) ≡ *Sedum aizoon* ssp. *kamtschaticum* (Fischer

& C. A. Meyer) Fröderström (1929) ≡ *Aizopsis kamtschatica* (Fischer & C. A. Meyer) Grulich (1984); **incl.** *Sedum kamtschaticum* fa. *variegatum* Praeger (1921); **incl.** *Sedum kamtschaticum* fa. *angustifolium* Komarov (1929); **incl.** *Sedum kurilense* Voroschilov (1965) ≡ *Sedum sikokianum* ssp. *kurilense* (Voroschilov) Voroschilov (1985) ≡ *Aizopsis kurilensis* (Voroschilov) S. Gontcharova (1999).

[2] Kahle Kräuter mit starken und verholzten Rhizomen und zahlreichen, ausgebreitet-aufsteigenden **Tr**; **Blä** wechselständig, breit eiförmig bis schmal verkehrt lanzettlich bis linealisch-lanzettlich, spatelig oder rhombisch, stumpf, gewöhnlich gezähnt, kahl, kurz gestielt, 3.5 - 5 (-7) mm lang, dunkelgrün; **Blü**triebe 7 - 25 (-40) cm; **Inf** endständig, ± flach, mit (1-) 3 (-5) Wickeln; **Bra** klein, lanzettlich, ganzrandig; **Blü** 5- bis 6-zählig, (fast) sitzend; **Sep** linealisch bis lanzettlich oder eiförmig, stumpf, bis 4.5 mm; **Pet** für bis zu 2 mm vereinigt, länglich bis lanzettlich, fein gespitzt bis mit ziemlich langem, aufgesetztem Spitzchen, gekielt, 7 - 9 mm, gelb; **Fil** fast so lang wie die **Pet**, gelb; **Anth** orange; **NSch** quadratisch oder breiter als lang; **Gr** nach der Anthese rötend; **Fr** für bis zu 2 mm vereinigt, vielsamig, leuchtend rot bis braun; **Sa** trüb braungelb. – 2n = 32, 48, 48-64, 64, 80, 96, 112, 128.

Der Status dieses Taxons innerhalb der UG *Aizoon* ist unsicher, aber es wird im Allgemeinen als unterschiedliche Art behandelt, z.B. von Ohba (1982b), Ohwi & Kitagawa (1983) und Fu & Fu (1984). Fröderström (1931) stellte *P. ellacombianus* und *P. floriferus* zu *P. kamtschaticus*, aber das hilft nicht eigentlich zur Klärung der Verwandtschaften innerhalb dieser Gruppe. Praeger (1921a) beschrieb einen panaschierten Cultivar als fa. *variegatum*.

P. litoralis (Komarov) 't Hart (in 't Hart & Eggli (eds.), Evol. Syst. Crassulaceae, 168, 1995). **T**: Russland (*Grischko* s.n. [LE]). – **D**: E Russland (endemisch auf der Insel Popov vor der Küste bei Wladiwostok); sandige Küste.

≡ *Sedum litorale* Komarov (1932) ≡ *Aizopsis litoralis* (Komarov) P. V. Heath (2001).

[2] Kahle Kräuter mit verlängerten, kriechenden, einfachen Rhizomen und starken **Tr**; **Blä** in Quirlen zu 3 oder gegenständig, die oberen frühzeitig abfallend, eiförmig bis verkehrt eiförmig-lanzettlich, (fast) stumpf, sitzend, 4 - 6 × 1.8 - 3.5 cm, breit gesägt-gezähnt mit hakigen, benachbarten Zähnen, grün mit kleinen, weissen Flecken auf der Oberfläche; **Blü**triebe leicht bogig, glänzend, kahl, bis 32 cm; **Blü** sitzend oder fast sitzend; **Sep** dreieckig, verdickt, weisslich; **Pet** lanzettlich, spitz, ± 4 mm, goldgelb; **Gr** lang, weit ausgebreitet; **Fr** am Rücken gerundet, bauchseitig gekielt.

Dieses Taxon wurde kürzlich als Synonym von *P. maximowiczii* (hier ein Synonym von *P. aizoon*) betrachtet (Gontcharova 2000: 126, als *Aizopsis*).

P. middendorfianus (Maximowicz) 't Hart (in 't Hart & Eggli (eds.), Evol. Syst. Crassulaceae, 168-169, 1995). **T**: Russland (*Anonymus* s.n. [LE]). – **D**: Russland (E Sibirien bis zur Küste von Ochotsk), China, Japan, N Korea; felsige Ritzen und steinige Böden in Wäldern. **I**: Praeger (1921a: 116, als *Sedum*).

≡ *Sedum middendorfianum* Maximowicz (1859) ≡ *Sedum aizoon* ssp. *middendorfianum* (Maximowicz) Fröderström (1931) ≡ *Sedum kamtschaticum* ssp. *middendorfianum* (Maximowicz) R. T. Clausen (1946) ≡ *Aizopsis middendorfiana* (Maximowicz) Grulich (1984); **incl.** *Sedum hybridum* Trautvetter & C. A. Meyer (1856) (*nom. illeg.*, Art. 53.1); **incl.** *Sedum middendorfianum* var. *diffusum* Praeger (1921) ≡ *Sedum middendorfianum* cv. *Diffusum* (s.a.); **incl.** *Sedum middendorfianum* ssp. *arcuatum* Voroshilov & Shlothauer (1984).

[2] Kahle Kräuter mit kriechenden, verzweigten, holzigen Rhizomen und zahlreichen, geraden, ausdauernden, fast aufrechten, kurzen, beblätterten **Tr** aus der Basis alter **Tr**, im Spätsommer blühend; **Blä** wechselständig, ausgebreitet, linealisch bis linealisch-lanzettlich oder linealisch-spatelig, untere **Blä** mehr spatelig, (fast) stumpf, im oberen Teil stumpflich gekerbt bis tief gezähnt, rinnig, konkav, fleischig, bis 40 × 4 - 7 mm; **Blü**triebe 10 - 30 cm; **Inf** recht locker, rispig-ebensträussig, oft mit verlängerten, vielblütigen Zweigen; **Blü** 5-zählig, (fast) sitzend; **Sep** linealisch, (fast) stumpf, ausgebreitet, 2.5 - 4 mm; **Pet** für bis zu 2 mm vereinigt, lanzettlich bis linealisch-lanzettlich, spitz zulaufend, gekielt, 5 - 6 mm, leuchtend gelb; **Fil** bis 3 mm, gelb; **Anth** orange; **NSch** klein, sehr kurz, weisslich; **Fr** weit spreizend, bis 4 mm, mit sehr kurzem Schnabel, rot; **Sa** eiförmig, klein.

Die Position dieser variablen Art innerhalb der UG *Aizoon* ist unsicher. Praeger (1921a) beschreibt die var. *diffusum*, die sich hauptsächlich in der Breite und Zähnung der Blätter unterscheidet.

P. obtusifolius (C. A. Meyer) 't Hart (in 't Hart & Eggli (eds.), Evol. Syst. Crassulaceae, 168, 1995). **T**: Aserbaidschan (*Meyer* s.n. [LE]). – **D**: Iran (Talish), Aserbaidschan (E Kaukasus), Armenien, E Türkei (Anatolien); meist trockene Stellen in grösseren Höhen bis 2160 m. **I**: Fröderström (1931: 85, t. 29, 52, als *Sedum*).

≡ *Sedum obtusifolium* C. A. Meyer (1831) ≡ *Asterosedum obtusifolium* (C. A. Meyer) Grulich (1984); **incl.** *Sedum cariense* Jaubert & Spach (1842); **incl.** *Sedum listoniae* Visiani (1842) ≡ *Sedum obtusifolium* var. *listoniae* (Visiani) Fröderström (1932); **incl.** *Sedum anatolicum* K. Koch (1847); **incl.** *Sedum millii* Baker (1875); **incl.** *Sedum proponticum* Aznavour (1897); **incl.** *Sedum rhodanthum* Bornmüller (1899) (*nom. illeg.*, Art. 53.1); **incl.** *Sedum bornmuelleri* Haussknecht (1905); **incl.** *Sedum gemmiferum* Woronow *ex* Tchelkovnikov (1907).

[1] Mehrjährige, kahle Kräuter, manchmal in den oberen Teilen papillös, sterile **Tr** zuerst unterirdische, kurze, fast kugelige, zwiebelartige Vermehrungseinheiten mit dicht gepackten, kleinen, weissen **Blä** bildend, dann im Herbst die sehr flachen, oberirdischen, grünen **Ros** produzierend; **Blä** gegenständig, sitzend, spatelig-länglich bis länglich bis eiförmig oder verkehrt eiförmig, spitz, undeutlich gekerbt bis ganzrandig, 2 - 40 × bis zu 15 mm; **Blü**triebe aufrecht, kahl oder oben papillös, 6 - 25 (-40) cm; **Inf** fast ebensträussig, mit 2 - 3 (-4) meist einfachen Wickeln; **Bra** klein, länglich; **Blü** 5-zählig, (fast) sitzend; **Sep** länglich bis breit länglich, (fast) spitz, etwas ungleich, oft spitzenwärts fein gewarzt, 3 - 6 mm; **Pet** breit lanzettlich bis länglich, mit langem, aufgesetztem Spitzchen, 6 - 10 mm, weiss, rosa bis rötlich purpurn; **Fil** 3 - 6 mm, weiss bis rot; **Anth** rot; **NSch** 0.3 × 0.9 mm; **Fr** basal für bis zu 0.5 mm vereinigt, sternförmig ausgebreitet mit deutlichen Lippen entlang der Nähte, winzig warzig, 4- bis 10-samig. – 2n = 12, 30.

Eine sehr variable Art mit Blick auf die Grösse der Triebe, Blätter und Blütenstände. Beim bisher studierten, limitierten, türkischen Material scheint die morphologische Variabilität mit cytogeographischen Unterschieden korreliert zu sein. Diploide (2n = 12) Pflanzen scheinen auf das S und E Anatolien (E der anatolischen Diagonale) beschränkt zu sein, während Polyploide (2n = 30) im W und C Anatolien (W der anatolischen Diagonale) erscheinen. Die diploiden Pflanzen sind schlanker mit kleineren Blättern, während die polyploiden Pflanzen robuster erscheinen und längere Triebe sowie grössere Blätter und Blütenstände aufweisen. Diese polyploiden Pflanzen scheinen mit Fröderströms var. *listoniae* übereinzustimmen, aber bis eine umfassendere Studie der Variabilität der Art gemacht sein wird, zögern wir, diese Klassifikation anzuwenden.

P. odontophyllus (Fröderström) 't Hart (in 't Hart & Eggli (eds.), Evol. Syst. Crassulaceae, 169, 1995). **T**: China, Sichuan (*Hummel* 3078a [S]). – **D**: China (Sichuan); 300 m. **I**: Fröderström (1932: 118, t. 67-68, als *Sedum*).

≡ *Sedum odontophyllum* Fröderström (1932) ≡ *Aizopsis odontophylla* (Fröderström) Grulich (1984).

[2] Kahle Kräuter mit dicken, ausläuferbildenden **Wu** und aufsteigenden, ziemlich kräftigen, basal wurzelnden **Tr** bis 20 cm; **Blä** gegenständig oder wechselständig, länglich bis fast kreisrund, ziemlich spitz bis stumpf, spärlich unregelmässig gezähnt, lang gestielt, 20 - 40 mm; **Inf** ebensträussig mit 2 oder 3 gabeligen Wickeln; **Blü** 5- bis 6-zählig; **Sep** ± gleich gross, breit linealisch, stumpf, 2 - 2.5 mm; **Pet** basal wenig vereinigt, länglich bis fast eiförmig, mit lang aufgesetztem Spitzchen, 5 - 7 mm, gelb; **Fil** bis 4.5 mm; **NSch** (fast) quadratisch, ausgerandet, 0.5 × 0.6 mm; **Fr** basal wenig vereinigt, sternförmig ausgebreitet, vielsamig, bis 4 mm; **Sa** vermutlich gerippt.

Fröderström (1932) betrachtete diese Art als mit *Sedum* Ser. *Bracteata* verwandt, insbesondere mit *S. engleri*. Die breiten, sitzenden Sepalen (obwohl von gleicher Länge), die gezähnten Blätter und die Rhizome weisen jedoch alle auf eine Affinität mit *Phedimus* statt mit *Sedum* hin (Fu & Fu 1984).

P. selskianus (Regel & Maack) 't Hart (in 't Hart & Eggli (eds.), Evol. Syst. Crassulaceae, 169, 1995). **T**: Russland (*Anonymus* s.n. [LE]). – **D**: Russland (E Sibirien: Amur-Gebiet), Turkestan?, NE China (Manschurei), Japan; trockene, felsige und steinige Hänge, laubwerfende Wälder und Felder. **I**: Praeger (1921a: 114); Fröderström (1931: 81, t. 48:2); beide als *Sedum*.

≡ *Sedum selskianum* Regel & Maack (1861) ≡ *Sedum aizoon* ssp. *selskianum* (Regel & Maack) Fröderström (1931) ≡ *Aizopsis selskiana* (Regel & Maack) Grulich (1984); **incl.** *Sedum selskianum* var. *grandiflorum* Bar. & Skv. *ex* S. H. Fu (1984) (*nom. inval.*, Art. 36.1); **incl.** *Sedum selskianum* var. *latifolium* Bar. & Skv. *ex* S. H. Fu (1984) (*nom. inval.*, Art. 36.1).

[2] Flaumhaarige Kräuter mit wenigen, aufrechten, haarigen **Tr** und einem dicken und holzigen **Wu**stock; **Blä** wechselständig, lanzettlich bis länglich oder linealisch-länglich in den oberen **Tr**teilen, im oberen ½ gezähnelt, beiderseits fein flaumhaarig, sitzend, dunkel glänzend grün; **Blü**triebe aufrecht, recht schlank, dick flaumhaarig, 15 - 50 cm lang, **Ha** ausgebreitet oder abgebogen, ½ so lang wie der ⌀ der **Tr**, weiss; **Inf** grosse, dichte Ebensträusse, 5 - 10 cm ⌀; **Bra Blä**artig, obere **Bra** meist lanzettlich, sehr klein; **Blü** 5- bis 6-zählig; **Sep** linealisch-lanzettlich, stumpf, fleischig, rückseitig flaumhaarig, 3 - 4 mm; **Pet** für bis zu 2 mm vereinigt, breit lanzettlich, spitz zulaufend oder mit aufgesetztem Spitzchen, entlang der Mittelrippen spärlich behaart, 5 - 6 mm, gelb; **Fil** wenig kürzer als die **Pet**, gelb; **Anth** orange; **NSch** quadratisch, klein, gelblich; **Fr** für bis zu 1.5 mm vereinigt, kahl, vielsamig, 5 - 6 mm; **Sa** multipapillat.

Dank der auffälligen, nicht drüsigen Haaren die am besten unterschiedene Art innerhalb der UG *Aizoon*.

P. sichotensis (Voroschilov) 't Hart (in 't Hart & Eggli (eds.), Evol. Syst. Crassulaceae, 169, 1995). – **D**: Russland (Ferner Osten). **I**: Stephenson (1994: 156, als *Sedum*).

≡ *Sedum sichotense* Voroschilov (1961) ≡ *Sedum middendorfianum* ssp. *sichotense* (Voroschilov) Voroschilov (1985) ≡ *Aizopsis middendorfiana* ssp. *sichotensis* (Voroschilov) S. Gontcharova (1999).

[2] Kahle, kleine, mehrjährige Kräuter, aufsteigend, büschelig, bis ± 10 cm; im Übrigen wie *P. kamtschaticus*.

Sehr ähnlich wie viele kleine Formen des variablen *P. kamtschaticus* und davon fast nicht zu unterscheiden. Gontcharova (2000: 126, unter *Aizopsis*) behandelte diese Art als Unterart von *P. middendorfianus*.

P. sikokianus (Maximowicz) 't Hart (in 't Hart & Eggli (eds.), Evol. Syst. Crassulaceae, 169, 1995). **T:** Japan, Tosa Prov. (*Makino* s.n. [T]). — **D:** Japan (Insel Shikoku, endemisch); 1300 - 1900 m. **I:** Moran (1971: als *Sedum*).

≡ *Sedum sikokianum* Maximowicz (1892) ≡ *Aizopsis sikokiana* (Maximowicz) Grulich (1984).

[2] Kleine, kahle Kräuter mit kurzen Rhizomen und kurzen, aufsteigenden **Blütrieben** bis 20 cm; **Blä** gegenständig, sitzend oder gestielt, spatelig-länglich bis keilförmig-spatelig oder rhombisch, gekerbt, 10 - 27 × 6 - 12 mm; **Inf** wenigblütige Cymen; **Bra** wenige, klein; **Ped** 1 - 2 mm; **Blü** 5-zählig; **Sep** linealisch, 3 - 4 mm; **Pet** ausgebreitet, linealisch-lanzettlich, fein zugespitzt, 6.5 mm, gelb; **NSch** quadratisch; **Gr** schlank, 1 - 1.5 mm; **Fr** sternförmig ausgebreitet mit auffälligen Lippen entlang der Nähte, braun; **Sa** eiförmig-länglich, papillös. — $2n = 16$ (Amano & Ohba 1990).

Eine seltene und bis vor kurzem recht unbekannte Art. Sie könnte wegen ihrer niedrigen, diploiden Chromosomenzahl und den gegenständigen Blättern eine Schlüsselart für das Verständnis der Evolution der ganzen UG *Aizoon* sein.

P. spurius (M. von Bieberstein) 't Hart (in 't Hart & Eggli (eds.), Evol. Syst. Crassulaceae, 168, 1995). **T:** Georgien (*Bieberstein* s.n. [LE]). — **D:** Georgien (Kaukasus), N Iran, NE Türkei (Anatolien); felsige Stellen und subalpine Wiesen, 1250 - 3000 m; an vielen Orten in Europa verwildert. **Fig. XXV.d**

≡ *Sedum spurium* M. von Bieberstein (1808) ≡ *Asterosedum spurium* (M. von Bieberstein) Grulich (1984) ≡ *Spathulata spuria* (M. von Bieberstein) A. Löve & D. Löve (1985); **incl.** *Crassula crenata* Desfontaines (1808) ≡ *Sedum crenatum* (Desfontaines) Boissier (1872); **incl.** *Sedum involucratum* M. von Bieberstein (1808) ≡ *Sedum spurium* var. *involucratum* (M. von Bieberstein) Fröderström (1936); **incl.** *Sedum oppositifolium* Sims (1815); **incl.** *Anacampseros ciliaris* Haworth (1819) ≡ *Sedum ciliare* (Haworth) Sweet (1826); **incl.** *Anacampseros dentata* Haworth (1821) ≡ *Sedum dentatum* (Haworth) Haworth (1828); **incl.** *Sedum denticulatum* Donn *ex* De Candolle (1828); **incl.** *Sedum lazicum* Boissier & Huet (1856); **incl.** *Sedum congestum* K. Koch *ex* Boissier (1872) (*nom. inval.*, Art. 32.1c); **incl.** *Sedum spurium* var. *album* Trautvetter (1876).

[1] Mehrjährige Kräuter mit zahlreichen, niederliegenden oder kriechenden, wurzelnden, kahlen oder etwas papillösen, sterilen **Tr**, 5 - 15 cm lang; **Blä** gegenständig oder selten wechselständig, sitzend oder kurz gestielt, spatelig bis verkehrt eiförmig oder fast kreisrund, keilförmig, meist im oberen Teil gekerbt, 15 - 35 × 10 - 12 mm; **Blütriebe** niederliegend oder aufsteigend, papillös, 10 - 30 cm; **Inf** ziemlich dichte Ebensträusse mit 3 - 5 Zweigen und 15 - 30 **Blü**; **Bra** verkehrt lanzettlich bis länglich, papillös; **Blü** 5-zählig oder selten 6-zählig, fast sitzend oder kurz gestielt; **Sep** deltoid-lanzettlich, stumpf bis spitz, zur Spitze hin papillös, bis 10 mm; **Pet** im unteren Teil aufrecht, darüber meist ausgebreitet, fast eiförmig, mit kurzem oder manchmal langem, aufgesetztem Spitzchen, mit wenig zurückgebogenenen Spitzen, gekielt, 7 - 12 mm, reinweiss bis blutrot; **Fil** 5 - 9 mm; **Anth** rot; **NSch** ± 0.5 × 1 mm; **Fr** basal vereinigt, (fast) aufrecht, kahl, 5 - 9 mm. — $2n = 28, 42$.

Eine sehr variable Art mit Blick auf die Grösse und Zähnung der Blätter und die Blütenfarbe. Die weissblütigen Formen (*Sedum involucratum* und *S. oppositifolium*) scheinen im NE Teil des Verbreitungsgebietes die dominante Rasse zu sein, während rotblütige Formen in den W Teilen häufiger sind. Wegen der cytologischen Einheitlichkeit der Art gibt es jedoch wenig Veranlassung, die beiden Taxa zu trennen.

P. stellatus (Linné) Rafinesque (Amer. Monthly Mag. & Crit. Rev. 1: 438, 1817). **T:** BM [lecto, Herb. Clifford, p. 176, Sedum 2]. — **D:** Mittelmeergebiet; in England (Somerset) verwildert. **I:** Fröderström (1932: 85, t. 48, als *Sedum*). **Fig. XXVI.b**

≡ *Sedum stellatum* Linné (1753) ≡ *Anacampseros stellata* (Linné) Haworth (1812) ≡ *Asterosedum stellatum* (Linné) Grulich (1984); **incl.** *Sedum uniflorum* Rafinesque (1810) ≡ *Phedimus uniflorus* (Rafinesque) Rafinesque (1817); **incl.** *Sedum deltoideum* Tenore (1815).

[1] Einjährige, kahle Kräuter mit aufrechten oder aufsteigenden, kräftigen, einfachen oder verzweigten, manchmal papillösen (obere Teile), 3 - 15 cm langen **Tr**; **Blä** gegenständig oder manchmal in den oberen Teilen gegenständig, kurz gestielt oder spatelig, verkehrt eiförmig bis kreisrund, 7 - 20 mm, ganzrandig, spärlich gekerbt oder stumpf gezähnt, manchmal papillös; **Inf** dichte Cymen mit (1-) 5 - 15 (-25) **Blü** in (1-) 2 - 3 (-4) meist einfachen Wickeln; **Bra** gross, spatelig bis länglich, ± 5 mm; **Blü** (4- bis) 5-zählig, (fast) sitzend; **Sep** basal bis 1 mm vereinigt, aufrecht, breit linealisch bis lanzettlich, Spitze papillös, 4 - 6 mm; **Pet** basal frei, länglich, mit breit aufgesetztem Spitzchen, 4 - 5 mm, weiss, rosa oder ± purpurrot; **Fil** 2 - 2.5 mm; **Anth** rot; **NSch** fast quadratisch-spatelig, 0.7 × 0.5 mm; **Fr** sternförmig ausgebreitet mit auffälligen Lippen entlang der Nähte; **Sa** 0.8 × 0.5 mm. — $2n = 10$.

Künstlich erzeugte Hybriden mit *P. stoloniferus* ($2n = 13$) waren einjährig und steril.

P. stevenianus (Rouy & Camus) 't Hart (in 't Hart & Eggli (eds.), Evol. Syst. Crassulaceae, 168, 1995). **T:** Georgien (*Steven* s.n. [LE]). — **D:** Georgien (E und C Kaukasus); felsige Stellen in der alpinen Zone.

≡ *Sedum stevenianum* Rouy & Camus (1901) ≡ *Asterosedum stevenianum* (Rouy & Camus) Grulich (1984); **incl.** *Sedum roseum* Steven (1812) (*nom. illeg.*, Art. 53.1); **incl.** *Sedum hametianum* Léveillé (1916).

[1] Kahle, mehrjährige Kräuter mit sehr kurzen, verzweigenden, dicht beblätterten, aufsteigenden, sterilen **Tr**, an den Knoten wurzelnd; **Blä** kreuzgegenständig, spatelig bis spatelig verkehrt eiförmig oder eiförmig-keilförmig, ganzrandig, sehr fleischig, sitzend, 2 - 6 × 1 - 4 mm; **Blütriebe** dem Boden angepresst oder aufsteigend, schlank, bogig, kahl, 2.5 - 10 cm; **Inf** Ebensträusse mit 3 - 9 **Blü**; **Bra Blä**artig bis sehr klein und **Sch**artig; **Ped** ± 4 mm; **Blü** 5-zählig; **Sep** basal vereinigt, linealisch-lanzettlich, stumpf, 1.5 - 3 mm; **Pet** länglich lanzettlich bis annähernd eiförmig, fast stumpf oder mit kurz aufgesetztem Spitzchen, ganzrandig, gekielt mit rötlichem Kiel, 4.5 - 7 mm, weisslich bis rosa; **Fil** 1.5 - 6 mm; **Anth** rosa oder rötlich; **NSch** fast kreisrund, 0.5 × 1 mm, hellorange; **Fr** aufrecht, grün; **Sa** ± 0.7 mm, braun.

P. stevenianus scheint im E und C Kaukasus endemisch zu sein (Grossheim 1950) und ein Vorkommen in China ist sehr unwahrscheinlich (Fu & Fu 1984: 157). Entsprechend wird *Sedum hametianum* nur mit grossen Zweifeln hierher gestellt.

P. stoloniferus (S. G. Gmelin) 't Hart (in 't Hart & Eggli (eds.), Evol. Syst. Crassulaceae, 168, 1995). **T**: Iran, Ghilan (*Gmelin* s.n. [B]). – **D**: Kaukasus, N Iran (Talish), E Türkei (N Anatolien, Hatay); Wälder, feuchte Raine etc., bis 2150 m; in ganz Europa und Nordamerika häufig kultiviert und oft verwildert (in Skandinavien bis 60° N). **I**: Fröderström (1932: 50, t. 28, als *Sedum*).

≡ *Sedum stoloniferum* S. G. Gmelin (1774) ≡ *Asterosedum stoloniferum* (S. G. Gmelin) Grulich (1984); **incl.** *Sedum ibericum* Steven *ex* M. von Bieberstein (1819); **incl.** *Sedum hybridum* d'Urville *ex* Boissier (1872) (*nom. illeg.*, Art. 53.1).

[1] Mehrjährige Kräuter mit verzweigten, kriechenden, sterilen **Tr**, an den Knoten wurzelnd, bis 12 cm lang; **Blä** an den **Tr**spitzen gedrängt, gegenständig, verkehrt eiförmig bis kreisrund oder elliptisch, undeutlich gekerbt oder gezähnt, feinwarzig, keilförmig, mit einem 5 - 10 mm langen, falschen Stiel, Spreite fleischig, 10 - 25 × 6 - 10 mm; **Blütriebe** aufrecht oder aufsteigend, einfach, kahl oder papillös, 10 - 45 cm; **Inf** lockere, (10- bis) 20- bis 30-blütige Ebensträusse; **Bra** breit verkehrt lanzettlich, fein warzig, 4 - 8 mm; **Blü** 5-zählig, sitzend; **Sep** für bis zu 1 mm vereinigt, verkehrt lanzettlich, kahl, 2.5 - 4.5 mm; **Pet** lanzettlich, mit kurz aufgesetztem Spitzchen, breit ausgebreitet, 6 - 8 mm, hellrosa; **Fil** 3.5 - 4 mm; **Anth** rot; **NSch** fast quadratisch; **Fr** basal vereinigt, sternförmig ausgebreitet, kahl, 5 - 6 mm; **Sa** 1 × 0.5 mm. – 2n = 14.

Der Nachweis von 2n = 28 für *P. stoloniferus* durch Baldwin (1935) ist mit Sicherheit falsch, und die begleitende Abbildung zeigt klar die grossen Chromosomen des Karyotyps von *P. spurius*.

P. takesimensis (Nakai) 't Hart (in 't Hart & Eggli (eds.), Evol. Syst. Crassulaceae, 169, 1995). **T** [lecto]: Korea, Gyeongbook Prov. (*Nakai* 4682 [TI]). – **D**: Korea (Inseln Tok und Ullu); endemisch. **I**: Lee (1998: 273).

≡ *Sedum takesimense* Nakai (1919) ≡ *Sedum kamtschaticum* var. *takesimense* (Nakai) Park (1974) ≡ *Aizopsis takesimensis* (Nakai) P. V. Heath (2001).

[2] Mehrjährige, robuste, kahle Kräuter mit grossem, dickem und holzigem **Wu**stock und niederliegenden, manchmal rasenartigen **Tr** mit rötlicher Basis, bis 40 cm lang; **Blä** wechselständig, lanzetlich, linealisch-lanzettlich, spatelig oder verkehrt eiförmig, stumpf, im oberen ½ gezähnt oder gesägt, 2 - 8 cm lang, kurz gestielt; **Blütriebe** 40 cm; **Inf** endständige Cymen mit 3 - 5 Wickeln; **Blü** (4- bis) 5- (bis 6-) zählig, sitzend; **Sep** linealisch bis lanzettlich, stumpf, 3.5 - 4 mm; **Pet** 8 mm, gelb; **Fil** fast so lang wie die **Pet**, gelb; **Anth** rötlich gelb; **NSch** weiss; **Fr** vielsamig; **Sa** eiförmig, 1.2 mm, gerippt oder multipapillat.

P. zokuriensis (Nakai) 't Hart (in 't Hart & Eggli (eds.), Evol. Syst. Crassulaceae, 169, 1995). **T**: Korea, Tyuhoku Prov. (*Nakai* 14952 [TI]). – **D**: Korea; Klippen in Wäldern. **I**: Chung & Kim (1989: 215, t. 23A, als *Sedum*).

≡ *Sedum zokuriense* Nakai (1939) ≡ *Sedum kamtschaticum* var. *zokuriense* (Nakai) Park (1974) ≡ *Aizopsis zokuriensis* (Nakai) P. V. Heath (2001); **incl.** *Sedum prostratum* Nakai (1935) (*nom. inval.*, Art. 32.1c).

[2] Kahle Kräuter mit holzigen, knolligen, kurzen Rhizomen bis 2 cm lang, mit niederliegenden, schlanken **Tr** bis 22 cm, manchmal nahe der Basis wurzelnd; **Blä** gegenständig oder wechselständig, verkehrt eiförmig bis länglich verkehrt eiförmig oder elliptisch bis spatelig, 1 - 2 cm, stumpf, Ränder gekerbt-gesägt, 2 - 3 mm gestielt; **Blütriebe** kahl, 10 - 22 cm, im oberen Teil verzweigt; **Inf** endständig, kahl, beblättert, Cymen bis 1 cm ⌀, mit 3 - 4 Wickeln; **Blü** 4- bis 7-zählig, sitzend; **Sep** lanzettlich bis pfriemlich, stumpf, ± 4 × 0.5 - 0.7 mm; **Pet** lanzettlich, spitz, ± 8 mm, gelb; **Fil** ± 7 mm; **Anth** klein, gerundet, gelb; **Fr** ± 2 mm; **Sa** eiförmig, 1.6 mm.

Status und Stellung innerhalb der UG *Aizoon* sind unklar.

PISTORINIA

H. 't Hart

Pistorinia De Candolle (PSRV 3: 399, 1828). **T:** *Cotyledon hispanica* Linné [Typifiziert durch Schlussfolgerung, einziges eingeschlossenes Element.]. – **Lit:** Jalas & al. (1999: 51 [Verbreitungskarten]). **D:** Iberische Halbinsel, N Afrika. **Etym:** Nach Jacobo (Jaime oder Santiago) Pistorini (fl. 1766 - 1775), spanischer Arzt italienischer Herkunft, Leibarzt von König Carlos III.

Drüsig behaarte, einjährige Kräuter mit aufrechten **Tr**; **Blä** wechselständig, sitzend, stielrund bis halbstielrund, ganzrandig, grün, oft rot überlaufen; **Inf** endständige, gewöhnlich vielblütige Cymen; **Bra** 1 pro Blü; **Blü** 5-zählig, obdiplostemon, gestielt; **Sep** breit sitzend, spitz bis spitz zulaufend, grün; **Pet** gelb, rosa oder purpurn, oft fein punktiert, lang, basal für ½ oder mehr vereinigt und eine deutliche **Kr**röhre bildend, Zipfel während der Anthese ausgebreitet; **Fil** unterhalb der Mündung der Krröhre ansetzend, kurz; **Gr** lang, schlank, zurückgebogen; **NSch** lang; **Fr** aufrecht, schlank, braun; **Sa** ellipsoid, braun, gerippt.

Eine kleine Gattung mit vermutlich nur 2 verschiedenen Arten, obwohl Castroviejo (1997) die Gesamtzahl der Arten auf 5 oder 6 veranschlagt. Wie alle einjährigen *Crassulaceae* variieren die einzelnen Pflanzen innerhalb einer Population beträchtlich in Bezug auf die Wuchsform, die Verzweigung, sowie die Grösse und Form der Blätter, Blütenstände und sogar der Blüten. Arten von *Pistorinia* variieren zusätzlich in der Blütenfärbung und in der Gestalt und Länge der Kronröhre. Vor allem Unterschiede in der Färbung der inneren und äusseren Seite der Kronzipfel, und die Anordnung, Zahl und Farbe der Punkte auf der Innenseite waren Ursache für die Publikation einer Vielzahl von komplett unbrauchbaren infraspezifischen Namen.

Traditionellerweise wurde *Pistorinia* in die engere Verwandtschaft anderer Gattungen der Familie mit verwachsenen Kronblättern wie *Cotyledon*, *Kalanchoe* und *Umbilicus* gestellt, und entsprechend von Berger (1930) in die Unterfamilie *Cotyledonoideae* gestellt. Molekulare phylogenetische Untersuchungen weisen jedoch gemäss Ham (1994) und 't Hart & al. (1999) darauf hin, dass *Pistorinia* in die gut definierte, monophyletische Linie gehört, welche die W-mediterranen Taxa *Sedum* Ser. *Dasyphylla*, Ser. *Pedicellata* und Ser. *Subrosea* der Untergattung *Gormania* umfasst. Verwachsene Kronblätter haben sich im Laufe der Evolution unabhängig in verschiedenen Gruppen dieser Linie ergeben, z.B. bei *Sedum candollei*, *S. lagascae* und *S. mucizonia* ('t Hart & al. 1999).

P. brachyantha Cosson (Bull. Soc. Bot. France 22: 59, 1875). – **D:** W Marokko. **I:** Maire (1977: 287, fig. 103).

≡ *Cotyledon brachyantha* (Cosson) Maire (1977); **incl.** *Cotyledon hispanica* ssp. *cossoniana* Ball (1873) ≡ *Cotyledon cossoniana* (Ball) Maire (1932); **incl.** *Pistorinia breviflora* Cosson (1873) (*nom. illeg.*, Art. 53.1); **incl.** *Cotyledon cossoniana* var. *aurea* Maire (1932) ≡ *Cotyledon brachyantha* var. *aurea* (Maire) Maire (1977); **incl.** *Cotyledon cossoniana* var. *ochroleuca* Maire (1932) ≡ *Cotyledon brachyantha* var. *ochroleuca* (Maire) Maire (1977); **incl.** *Cotyledon cossoniana* var. *purpurea* Maire (1936) ≡ *Cotyledon brachyantha* var. *purpurea* (Maire) Maire (1977); **incl.** *Cotyledon cossoniana* var. *versicolor* Maire (1937) ≡ *Cotyledon brachyantha* var. *versicolor* (Maire) Maire (1977).

Mit Ausnahme der kleineren Blüten ähnlich wie *P. breviflora*; **Sep** linealisch-lanzettlich, ± 3 mm, spitz zulaufend; **Pet** gelb bis purpurn, 5.5 - 9 mm, basal für 4 - 6 mm vereinigt und eine trichterige **Rö** bildend, Zipfel eiförmig oder lanzettlich, 1.5 - 3 mm, spitz mit aufgesetztem Spitzchen; **Anth** gelb; **Gr** 2 mm; **NSch** linealisch, ± 1 mm; **Fr** aufrecht.

Eine zweifelhafte Art, die von *P. breviflora* nur durch die kleineren Blüten abweicht.

P. breviflora Boissier (Elench. Pl. Nov., 42, 1838). **T** [lecto]: Spanien, Andalucia (*Haenseler* s.n. [G-BOIS]). – **D:** S Spanien, N Afrika; Meereshöhe bis ± 1000 m. **I:** Castroviejo (1997: 109: t. 32: e-g).

≡ *Cotyledon breviflora* (Boissier) Maire (1925); **incl.** *Cotyledon hispanica* Desfontaines (1798) (*nom. illeg.*, Art. 53.1); **incl.** *Pistorinia salzmannii* Boissier (1840) (*nom. illeg.*, Art. 52.1) ≡ *Cotyledon breviflora* ssp. *salzmannii* (Boissier *ex* Emberger) Maire (1932) ≡ *Cotyledon salzmannii* (Boissier *ex* Emberger) H. Lindberg (1932) ≡ *Pistorinia breviflora* ssp. *salzmannii* (Boissier) H. Jacobsen (1958); **incl.** *Pistorinia intermedia* Boissier & Reuter (1856) ≡ *Pistorinia salzmannii* ssp. *intermedia* (Boissier & Reuter) Battandier (1899) (unkorrekter Name, Art. 11.4) ≡ *Cotyledon breviflora* ssp. *intermedia* (Boissier & Reuter) Maire (1932) ≡ *Pistorinia breviflora* ssp. *intermedia* (Boissier & Reuter) H. Jacobsen (1958); **incl.** *Pistorinia salzmannii* fa. *flaviflora* Battandier (1889) (unkorrekter Name, Art. 11.4) ≡ *Cotyledon breviflora* var. *flaviflora* (Battandier) Maire (1932); **incl.** *Pistorinia salzmannii* fa. *rubella* Battandier (1889) (unkorrekter Name, Art. 11.4) ≡ *Cotyledon breviflora* var. *rubella* (Battandier) Maire (1932); **incl.** *Cotyledon breviflora* fa. *concolor* H. Lindberg (1932); **incl.** *Cotyledon breviflora* fa. *maculigera* H. Lindberg (1932); **incl.** *Cotyledon breviflora* var. *flava* Maire (1932); **incl.** *Cotyledon breviflora* var. *rhodantha* Maire (1932) ≡ *Pistorinia breviflora* var. *rhodantha* (Maire) H. Jacobsen (1958); **incl.** *Cotyledon salzmannii* fa. *punctata* H. Lindberg (1932) ≡ *Cotyledon breviflora* fa. *punctata* (H. Lindberg) Maire (1977); **incl.** *Cotyledon salzmannii* fa. *purpureo-apiculata* H. Lindberg (1932) ≡ *Cotyledon breviflora* fa. *purpureo-maculata* (H. Lindberg) Maire (1977); **incl.** *Cotyledon salzmannii* fa. *unicolor* H. Lindberg (1932) ≡ *Coty-*

ledon breviflora fa. *unicolor* (H. Lindberg) Maire (1977); **incl.** *Cotyledon breviflora* var. *variegata* Gattefossé & Maire (1938); **incl.** *Cotyledon breviflora* var. *subbrachyantha* Maire (1977); **incl.** *Cotyledon breviflora* var. *xanthantha* Maire (1977) (*nom. inval.*, Art. 36.1, 37.1).

Tr aufrecht, fest, manchmal verzweigt, bis 15 cm hoch; **Blä** stielrund bis halbstielrund, elliptisch-eiförmig, 7 - 12.5 (-16) × 1 - 2 (-4.5) mm, stumpf oder etwas spitz, grün, oft rot überhaucht; **Inf** lockere, gewöhnlich vielblütige Cymen mit 2 oder mehr, oft verzweigten Wickeln; **Bra** klein; **Ped** 1 - 6.5 mm; **Sep** lanzettlich, 2 - 2.5 mm, spitz bis spitz zulaufend; **Pet** gelb, 8 - 20 (-25) mm, basal für 5 - 13 mm vereinigt und eine trichterige **Rö** bildend, Zipfel eiförmig, 4.5 - 6 (-7) mm, spitz, Innenseite oft mit unterschiedlicher Zahl roter Punkte; **Fil** gelb; **Anth** gelb; **Fr** aufrecht, 6 - 7 (-10) mm.

Extrem vielgestaltig in Bezug auf das Ausmass der Purpurfärbung der Blütenkrone, und die Grösse und Gestalt der Kronröhre. Obwohl lokale Populationen in diesen Merkmalen oft recht einheitlich sind, ist die vollständige Variation eine übergangslose Reihe, sodass die Benennung dieser Formen völlig unnütz ist.

P. hispanica (Linné) De Candolle (PSRV 3: 399, 1828). **T:** Spanien (*Loefling* s.n. [LINN]). – **D:** Spanien, Portugal, N Afrika (Marokko, Tunesien, Algerien); 1200 - 1900 m. **I:** Castroviejo (1997: 109: t. 32: a-d).

≡ *Cotyledon hispanica* Linné (1753) ≡ *Sedum hispanicum* (Linné) Hamet (1929) (*nom. illeg.*, Art. 53.1); **incl.** *Cotyledon hispanica* fa. *flaviflora* Maire (1922) ≡ *Cotyledon hispanica* var. *flaviflora* (Maire) Maire (1932) ≡ *Pistorinia hispanica* var. *flaviflora* (Maire) H. Jacobsen (1958); **incl.** *Cotyledon hispanica* var. *flaviflora* Maire (1922) (unkorrekter Name, Art. 11.4) ≡ *Cotyledon attenuata* fa. *flaviflora* (Maire) Maire (1977) (unkorrekter Name, Art. 11.4); **incl.** *Cotyledon hispanica* var. *purpurea* Maire (1930) ≡ *Cotyledon attenuata* var. *purpurea* (Maire) Maire (1941) (unkorrekter Name, Art. 11.4) ≡ *Pistorinia hispanica* var. *purpurea* (Maire) H. Jacobsen (1958) ≡ *Cotyledon attenuata* var. *purpurea* (Maire) Maire (1977) (unkorrekter Name, Art. 11.4); **incl.** *Cotyledon hispanica* var. *maculata* Maire (1932) ≡ *Cotyledon attenuata* var. *maculata* (Maire) Maire (1941) (unkorrekter Name, Art. 11.4) ≡ *Pistorinia hispanica* var. *maculata* (Maire) H. Jacobsen (1958); **incl.** *Cotyledon attenuata* ssp. *mairei* H. Lindberg (1932) (unkorrekter Name, Art. 11.4) ≡ *Pistorinia attenuata* ssp. *mairei* (H. Lindberg) Greuter (1981); **incl.** *Cotyledon attenuata* H. Lindberg (1932) (*nom. illeg.*, Art. 53.1); **incl.** *Cotyledon attenuata* fa. *eu-maculata* Maire (1977) (*nom. inval.*, Art. 36, 37); **incl.** *Pistorinia attenuata* Greuter (1981).

Tr aufrecht, meist einfach, bis 20 cm hoch; **Blä** stielrund bis halbstielrund, länglich elliptisch, 5.5 - 14 × 1.5 - 4 mm, stumpf, grün, oft rot überhaucht; **Inf** ziemlich dichte, meist vielblütige Cymen mit 2 oder mehr, oft verzweigten Wickeln; **Bra** klein; **Ped** 2 - 5 (-8) mm; **Sep** dreieckig-lanzettlich, 0.5 - 1.5 mm, spitz; **Pet** rosa bis violett, oder gelb bis gelb gefleckt, 8.5 - 22.5 (-30) mm, basal für 7 - 18 (-24) mm vereinigt und eine schmale, zylindrische **Rö** bildend, Zipfel eiförmig, 3 - 5 mm, spitz, während der Anthese ausgebreitet, Innenseite oft mit unterschiedlicher Zahl roter Punkte; **Fil** weiss oder rosa; **Anth** weisslich bis rot; **Gr** zurückgebogen; **NSch** linealisch, bis 2 mm; **Fr** schlank, bis 10 mm. – 2n = 14.

Europäische Pflanzen haben auffällige, rosa oder violette Blüten. Das marokkanische *Cotyledon attenuata*, das hier unter *P. hispanica* eingeschlossen wird, ist mit Ausnahme der gelb oder purpurn gefleckten Blüten mit den europäischen Pflanzen identisch.

PROMETHEUM

H. 't Hart

Prometheum (A. Berger) H. Ohba (J. Fac. Sci. Univ. Tokyo, Sect. 3, Bot. 12(4): 168, 1978). **T:** *Sedum sempervivoides* Fischer. – **D:** N Griechenland, Türkei, Armenien, Kaukasus, N Iran; gewöhnlich in grossen Höhen. **Etym:** Nach der griechischen mythologischen Figur Prometheus, der Zeus das Feuer stahl und zur Bestrafung an den Kaukasus gekettet wurde; wegen der blutroten Blüten der Typart, die im Kaukasus vorkommt.

Incl. *Pseudorosularia* Gurgenidze (1978) (*nom. illeg.*, Art. 52.1). **T:** *Sedum pilosum* M. von Bieberstein.

Ausdauernde oder monocarpe (ein- bis zweijährige), gewöhnlich dicht und fein drüsig-flaumhaarige Kräuter; **Ros** dicht, abgeflacht-kugelig (v.a. in der Trockenzeit); **Blä** wechselständig, sitzend, sukkulent, flach bis halb stielrund, länglich bis verkehrt eiförmig-spatelig; **Inf** aufrecht, endständig oder seitlich, gewöhnlich kräftig, bis 25 cm, cymös oder ebensträussig, mit 2 bis zahlreichen, manchmal gabeligen Wickeln; **Bra** 1 pro **Blü**, gewöhnlich winzig; **Blü** 5-zählig, kurz gestielt; **Sep** breit sitzend; **Pet** basal für < ½ ihrer Länge vereinigt, mit ausgebreiteten bis fast aufrechten Zipfeln, gelb, cremeweiss, rosa oder rot; **St** 10; **Anth** rot, manchmal gelblich; **NSch** quer länglich bis quadratisch, ≤ 1 mm; **Fr** Bälge, sternförmig ausstrahlend, mit deutlichen Lippen entlang der Bauchnähte, oder aufrecht bis ausgebreitet mit undeutlichen Lippen; **Sa** länglich eiförmig, gerippt. – x = 6, 7.

Prometheum ist eine kleine, morphologisch abweichende, monophyletische Gruppe mit 8 Arten, die sich aus *Sedum* UG *Gormania* im irano-turanischen Raum entwickelt haben. Sie wurde wegen der dichten Rosetten und den Blüten mit verwachsenen

Kronblättern zu *Rosularia* gestellt, unterscheidet sich jedoch durch das Fehlen eines gut entwickelten Caudex, die cymösen statt rispigen Blütenstände, die gewöhnlich weniger verwachsenen Kronblätter und das Fehlen von Wimpern entlang der Blattränder. *Prometheum* ist cytologisch recht einheitlich mit einer Grundzahl von $x = 7$ bei allen ausser 1 Art ($x = 6$ bei *P. pilosum*). Die 3 früher zu *Sedum* Sect. *Sempervivoides* gestellten Arten erscheinen recht abweichend, aber Untersuchungen der Chloroplasten-DNA zeigen, dass *P. pilosum* enger mit *P. aizoon* verwandt ist als mit *P. sempervivoides*, mit dem es hybridisiert werden kann. Die rosettenbildenden und vorwiegend monocarpen Arten von *Sedum* Ser. *Cepaea* unterscheiden sich von *Prometheum* durch die gewöhnlich reichblütigen, pyramidalen Rispen oder rispigen Thyrsen und freie Kronblätter (bei *Sedum cyprium* wenig verwachsen). Ser. *Cepaea* ist cytologisch einheitlich mit einer Grundzahl von $x = 11$ (sowie einigen dysploiden Cytotypen mit $x = 10$).

P. aizoon (Fenzl) 't Hart (in 't Hart & Eggli (eds.), Evol. Syst. Crassulaceae, 170, 1995). **T:** Türkei (*Kotschy* 204 [W, B, E, G, HEID, K, LE, UPS]). – **D:** Türkei, Armenien. **I:** Eggli (1988: 42, als *Rosularia*). **Fig. XXVI.e**

≡ *Umbilicus aizoon* Fenzl (1842) ≡ *Cotyledon aizoon* (Fenzl) Schönland (1890) ≡ *Sedum chrysanthum* var. *aizoon* (Fenzl) Hamet (1929) ≡ *Rosularia aizoon* (Fenzl) A. Berger (1930) ≡ *Sedum chrysanthum* ssp. *aizoon* (Fenzl) R. T. Clausen (1975); **incl.** *Umbilicus pallidus* Schott & Kotschy (1857) ≡ *Rosularia pallida* (Schott & Kotschy) Stapf (1923); **incl.** *Rosularia tauricola* Kit Tan (1989).

Caudex fehlend; **Wu** als verdickte Pfahl**Wu** bis 4 mm ∅; **Ros** sitzend, ± halbkugelig, 1.5 - 3 cm ∅, meist in kleinen, dicht gepackten Gruppen; Ableger kurz gestielt bis fast sitzend; **Blä** länglich bis schmal elliptisch, manchmal spatelig, frisch- bis blaugrün (trocken ocker und papierig), dicht **Dr**haarig, Spitze gerundet; **Inf** ± reduzierte und normalerweise seitliche Rispen, locker oder dicht, 3- bis 12-blütig; **Blü** breit trichterig oder offen sternförmig, äussere Teile **Dr**haarig; **Pet** 7 - 8 mm oder länger, zu ⅓ verwachsen, dunkel schwefel- bis goldgelb, Nervatur gleichfarbig oder selten ± purpurn; **NSch** quadratisch oder etwas länglich, weisslich oder gelblich. – $2n = 14, 26, 28, 70$.

Bei unter diesem Namen kultiviertem Material handelt es sich oft um *P. chrysanthum*, das sich in erster Linie durch die immer endständigen Blütenstände und die mehr röhrig-glockigen Blüten unterscheidet. Diploide Pflanzen sind im ganzen Verbreitungsgebiet der Art häufig. Tetraploide und decaploide Cytotypen wurden immer für Pflanzen aus der SE-Türkei genannt ('t Hart & Eggli 1988). – [H. 't Hart & U. Eggli]

P. chrysanthum (Boissier) 't Hart (in 't Hart & Eggli (eds.), Evol. Syst. Crassulaceae, 170, 1995). **T:** Türkei (*Heldreich* s.n. [G, K, LE [Foto]]). – **D:** SW und S Türkei, 1400 - 2500 m. **I:** Eggli (1988: 52, als *Rosularia*). **Fig. XXVI.d**

≡ *Umbilicus chrysanthus* Boissier & Heldreich *ex* Boissier (1849) ≡ *Cotyledon chrysantha* (Boissier) Bornmüller (1914) ≡ *Sedum chrysanthum* (Boissier) Hamet (1929) ≡ *Rosularia chrysantha* (Boissier & Heldreich *ex* Boissier) Takhtajan (1953); **incl.** *Sedum chrysanthum* var. *genuinum* Hamet (1929) (*nom. inval.*, Art. 24.3).

Caudex fehlend, mit leicht verdickter Pfahl**Wu**; **Ros** ± niedergedrückt-kugelig, 1.5 - 3 cm ∅, polsterbildend mit sitzenden oder kurz gestielten Ablegern; **Blä** länglich bis schmal elliptisch, fleischig, frischgrün (trocken hell ockerbräunlich), meist dicht **Dr**haarig; **Inf** endständige, lockere Rispen, 5- bis 50-blütig; **Blü** röhrig-glockig bis schmal trichterig, 10 - 14 mm, äussere Teile **Dr**haarig; **Pet** für ⅓ bis ⅔ verwachsen, elfenbeinweiss bis hellgelb, Nervatur gleichfarbig oder hellrötlich; **Ca** schlank mit deutlich abgesetztem **Gr**. – $2n = 70, 84$.

In Kultur häufig unter dem falsch verwendeten Namen *Rosularia pallida* (siehe Bemerkung zu *P. aizoon*) zu finden. – [H. 't Hart & U. Eggli]

P. muratdaghense (Kit Tan) 't Hart (Succulenta 78(5): 236, 1999). **T:** Türkei, Kütahaya (*Davis* 36820A [E, RSA]). – **D:** W Türkei; magmatisches Gestein, 2100 m. **I:** Eggli (1992a: als *Rosularia*). **Fig. XXVI.f**

≡ *Rosularia muratdaghensis* Kit Tan (1989).

Caudex fehlend, jedoch mit Pfahl**Wu**; **Ros** niedergedrückt-kugelig, 1.5 - 3 cm ∅, polsterbildend mit zahlreichen, fast sitzenden Ablegern; **Blä** breit spatelig mit aufgesetztem Spitzchen, ziemlich sukkulent, 0.8 - 1.2 cm, kahl, hell- bis mittel frischgrün, apikal häufig dunkel bis leuchtend rot getönt, Ränder mit zerstreuten Wimpern oder **Dr**haaren; **Inf** endständig, rispig, 5 - 10 cm; **Blü** röhrig bis schmal trichterig, ± 1.2 cm; **Pet** zu ± ½ vereinigt, dorsal entlang der Mittelrippe drüsig, hellgelblich bis elfenbeinfarben, manchmal mit rötlichen Strichen. – $2n = 56$.

Vegetativ sehr nahe bei *P. chrysanthum* und *P. serpentinicum*. – [H. 't Hart & U. Eggli]

P. pilosum (M. von Bieberstein) H. Ohba (J. Fac. Sci. Univ. Tokyo, Sect. 3, Bot. 12(4): 169, 1978). **T:** Georgien (*Bieberstein* s.n. [LE]). – **D:** Türkei (NE Anatolien), Georgien, Armenien, Kaukasus, N Iran; auf Felsen, in Ritzen, 1000 - 2400 m. **Fig. XXVII.b**

≡ *Sedum pilosum* M. von Bieberstein (1808) ≡ *Rosularia pilosa* (M. von Bieberstein) Borissova (1939) ≡ *Pseudorosularia pilosa* (M. von Bieberstein) Gurgenidze (1978) (unkorrekter Name, Art. 11.4); **incl.** *Cotyledon pubescens* C. A. Meyer (1831) (*nom. illeg.*, Art. 52.1) ≡ *Umbilicus pubes-*

cens (C. A. Meyer) Ledebour (1843) (*nom. illeg.*, Art. 52.1); **incl.** *Sedum regelii* hort. *ex* Borissova (1939) (*nom. inval.*, Art. 34.1c).

Kleine, drüsig-haarige, zweijährige Pflanzen mit schlanken **Wu**; **Ros** klein, bis 2 cm ⌀, kugelig; **Blä** eiförmig-länglich bis länglich spatelig oder eiförmig-spatelig, flach, fleischig, stumpf, 7 - 10 × 3 - 5 mm, leuchtend grün; **Inf** endständig, gewöhnlich einfach, 5 - 10 cm; **Inf** doldig-ebensträussig oder halbkugelige Ebensträussse mit 6 - 18 **Blü**; **Ped** 4 - 6 mm; **Sep** basal etwas verwachsen, linealisch-lanzettlich, spitz zulaufend, 3.5 - 5 × 1 - 1.5 mm, aufrecht, grün; **Pet** 6 - 8 mm, basal vereinigt, ± rosa, rosaviolett oder weisslich, Zipfel länglich eiförmig, etwas zugespitzt, zurückgebogen, 1 - 1.5 mm breit; **Anth** rot; **Gr** grün oder rötlich; **NSch** länglich eiförmig, ausgerandet, weisslich; **Fr** behaart, sternförmig ausstrahlend, mit deutlichen, hellen Lippen entlang der Nähte; **Sa** ± 0.8 mm, hellbraun. – 2n = 12.

Die Rosetten bleiben in der Natur einzeln, aber kultivierte Pflanzen verzweigen sich und bilden dichte Klumpen.

P. rechingeri (Jansson) 't Hart (in 't Hart & Eggli (eds.), Evol. Syst. Crassulaceae, 170, 1995). **T**: Irak, Erbil Distr. (*Rechinger* 11883 [W]). – **D**: E Türkei, benachbarter N Irak. **I**: Eggli (1988: 79, als *Rosularia*).

≡ *Rosularia rechingeri* Jansson (1966); **incl.** *Umbilicus libanoticus* fa. *minor* Nábelek (1923).

Caudex fehlend, jedoch mit ± verdickten Pfahl-**Wu**; **Ros** halbkugelig, 1 - 3.5 cm ⌀, ziemlich kompakt, polsterbildend, Ableger kurz gestielt; **Blä** eiförmig-länglich bis spatelig mit gerundeter Spitze, 0.8 - 1.6 cm, ziemlich sukkulent, trüb mittelgrün, kahl oder schütter drüsig-haarig, Ränder behaart; **Inf** seitliche, traubige Thyrsen, (1- bis) 4- bis 17-blütig, 3 -10 cm, obere ½ ± drüsig behaart; **Blü** 1 - 1.5 cm oder kürzer, schlank trichterig bis fast röhrig mit zurückgeschlagenen **Pet**spitzen, äussere Teile drüsig behaart; **Pet** zu ⅓ vereinigt, grünlich gelb bis elfenbeinfarben, oft mit purpurner Aderung, Spitze grannenspitzig; **NSch** halbkreisrund bis quadratisch; **Ca** schlank; **Gr** deutlich abgesetzt. – 2n = ± 104.

Die Verwandtschaft dieses Taxons liegt klar bei *P. chrysanthum* und *P. aizoon*, aber die Unterscheidung v.a. von der letztgenannten bedarf weiterer Klärung. Das Taxon ist aller Wahrscheinlichkeit nach 16-ploid, basierend auf einer sekundär dysploiden Grundzahl von x = 13. – [H. 't Hart & U. Eggli]

P. sempervivoides (Fischer *ex* M. von Bieberstein) H. Ohba (J. Fac. Sci. Univ. Tokyo, Sect. 3, Bot. 12(4): 169, 1978). **T**: Georgien (*Wilhelms* s.n. [LE, E]). – **D**: Türkei (Anatolien), Georgien, Armenien, Kaukasus, N Iran; trockene, steinige oder felsige Hänge, Blockhalden, 1200 - 2900 m. **Fig. XXVI.a, XXVI.c**

≡ *Sedum sempervivoides* Fischer *ex* M. von Bieberstein (1819) ≡ *Rosularia sempervivoides* (Fischer *ex* M. von Bieberstein) Borissova (1939) ≡ *Pseudorosularia sempervivoides* (Fischer *ex* M. von Bieberstein) Gurgenidze (1978) (unkorrekter Name, Art. 11.4); **incl.** *Sedum sempervivum* De Candolle (1828); **incl.** *Sedum divaricatum* Schlechtendal *ex* Ledebour (1843) (*nom. illeg.*, Art. 53.1); **incl.** *Sedum kurdistanicum* Fröderström (1939).

Fein drüsig-flaumhaarige, ein- oder zweijährige Pflanzen mit schnurartigen **Wu**; **Ros** gewöhnlich flach, ± 3 - 5 cm ⌀; **Blä** eiförmig bis verkehrt eiförmig-keilförmig, flach, fleischig, scharf spitz zulaufend, 1 - 3 × 0.7 - 1.5 cm, flaumhaarig, ± purpurn; **Inf** endständig, aufrecht, meist einfach, robust, 7 - 25 cm, locker, 30- bis 150-blütig, als ebensträussige Rispen oder ebenstraussartig, bis 12 cm ⌀; **Ped** ± 4 - 7 mm; **Sep** basal wenig vereinigt, dreieckig, spitz, 2 - 4 × 1 - 1.5 mm, fleischig, rot; **Pet** 6 - 8 mm, basal vereinigt, tiefrot bis blutrot, Zipfel lanzettlich, spitz, 1.5 - 2 mm breit; **Fil** rot; **Anth** rot; **Gr** rötlich; **NSch** breit verkehrt eiförmig, bis 0.5 mm; **Fr** sternförmig ausstrahlend oder spreizend, spärlich flaumhaarig, rötlich, mit deutlichen Lippen entlang der Nähte; **Sa** ± 1 mm, hellbraun. – 2n = 14.

Die charakteristischen, blutroten Blüten von *P. sempervivoides* sind innerhalb der Familie fast einmalig und werden nur von einigen wenigen Arten von *Crassula* und *Kalanchoe* konkurrenziert.

P. serpentinicum (Werdermann) 't Hart (in 't Hart & Eggli (eds.), Evol. Syst. Crassulaceae, 170, 1995). **T** [neo]: Türkei, Mugla (*Davis* 13557 [E, K]). – **D**: SW Türkei.

≡ *Umbilicus serpentinicus* Werdermann (1938) ≡ *Rosularia serpentinica* (Werdermann) Muirhead (1972).

Vegetativ nahe bei *P. chrysanthum* und *P. muratdaghense*.

P. serpentinicum var. **giganteum** (Eggli) 't Hart (Succulenta 78(5): 236, 1999). **T**: Türkei, Mugla (*Carlström* s.n. [Z, ISTE, ZSS]). – **D**: SW Türkei (nur vom Typfundort bei Marmaris bekannt), 150 m. **I**: Eggli (1988: 100, als *Rosularia*).

≡ *Rosularia serpentinica* var. *gigantea* Eggli (1987).

Unterschiede zu var. *serpentinica*: In allen Teilen grösser; **Ros** bis 11 cm ⌀, normalerweise einzeln; **Inf** bis 35 cm lang, mit bis zu 120 **Blü**. – 2n = 28.

Auf Grund der grossen Rosetten und der langen Blätter ein gut unterscheidbares Taxon. Das Vorkommen in geringer Höhe ist eine Ausnahme, denn alle anderen Taxa der Gattung kommen in Höhen über 1000 m vor.

P. serpentinicum var. **serpentinicum** – **D**: SW Türkei; Serpentinendemit, 1500 - 2200 m. **I**: Eggli (1988: 100, als *Rosularia*). **Fig. XXVII.a**

Incl. *Rosularia serpentinica* var. *serpentinica*.

Caudex fehlend, jedoch mit ± verdickten Pfahl-**Wu**; **Ros** halbkugelig, 1 - 3 cm ⌀, gewöhnlich sprossend und kompakte Polster bildend; **Blä** verkehrt eiförmig-länglich, ziemlich fleischig, 0.6 - 1.5 cm, oberseits dunkel türkisgrün, manchmal mit bläulichem Schein aber nicht glauk, spitzenwärts und entlang der Ränder ± purpurn überhaucht, trocken papierartig und ocker, kahl, spitzennah mit einer auffälligen Wasserspalte; **Inf** reduzierte, endständige Thyrsen, 5- bis 17-blütig, 5 - 8 cm, basal ziegelig beblättert, drüsig-haarig; **Blü** 11 - 13 mm, schmal glockig, äussere Teile dicht drüsig-haarig; **Pet** zu ⅓ - ½ vereinigt, gekielt, weiss mit purpurnen Längsstreifen; **NSch** quadratisch bis länglich, 0.4 - 0.7 mm; **Ca** ± schlank, hellgrün, mit deutlich abgesetztem **Gr**. − $2n = 56$.

Jede Population dieses Taxons unterscheidet sich zu einem gewissen Grad von den anderen, zweifellos bedingt durch die Isolation, weil die Pflanzen auf die höheren Erhebungen in der SW Türkei beschränkt sind. Nur die Riesenrosetten von var. *giganteum* verdienen formale Anerkennung. − [H. 't Hart & U. Eggli]

P. tymphaeum (Quézel & Contandriopoulos) 't Hart (in 't Hart & Eggli (eds.), Evol. Syst. Crassulaceae, 170, 1995). **T:** Griechenland (*Quézel & Contandriopoulos s.n.* [MARSSJ]). − **D:** N Griechenland; Berge, auf Felsen in Ritzen, Kalk, 2000 - 2200 m, seltener Endemit und nur von 3 oder 4 Bergkuppen bekannt. **I:** Contandriopoulos & al. (1966: 463, figs. 1-4, als *Sedum*). **Fig. XXVII.c**

≡ *Sedum tymphaeum* Quézel & Contandriopoulos (1967).

Mehrjährig, dicht mit winzigen **Dr**haaren bedeckt, kleberig; **Ros** kugelig, mit Ablegern an kurzen, achselständigen Ausläufern; **Blä** länglich verkehrt eiförmig bis spatelig, abgeflacht, 10 - 12 × 3 - 4 mm; **Inf** achselständig, aufsteigend oder aufrecht, 5 - 8 (-10) cm, in der Regel als wenigblütige, ebensträussige Cymen mit 2 - 3, manchmal gabeligen Wickeln; **Ped** bis 8 mm; **Sep** basal etwas vereinigt, länglich, 3 - 4 mm; **Pet** 7 - 9 mm, basal vereinigt, mit breit eiförmig-elliptischen, spitzen, 3 - 4 mm breiten Zipfeln, weiss oder manchmal rot übertönt; **Fil** weiss; **Anth** rot; **Gr** ± 1 mm; **Fr** sternförmig ausstrahlend, gelblich braun, mit deutlichen, helleren (weisslichen) Lippen entlang der Nähte; **Sa** eiförmig, braun. − $2n = 14$.

Früher zu *Sedum* gestellt, aber eng mit den monocarpen Arten *P. pilosum* und *P. sempervivoides* verwandt. Die 3 Arten können leicht hybridisiert werden; ihre Hybriden sind vollkommen steril ('t Hart & al. 1999).

PSEUDOSEDUM

H. 't Hart

Pseudosedum (Boissier) A. Berger (NPF2, 18a: 465, 1930). **T:** *Umbilicus lievenii* Ledebour [Typifiziert durch Schlussfolgerung, einziges eingeschlossenes Element.]. − **Lit:** Borissova (1933); Borissova (1939: 79-86); Jansson & Rechinger (1970: 18-21); Pratov (1974). **D:** Zentralasien; steinige Böden in Berggebieten. **Etym:** Gr. 'pseudo-', falsch; und nach der Gattung *Sedum* ("Mauerpfeffer"; Crassulaceae).

≡ *Umbilicus* Sect. *Pseudosedum* Boissier (1872).

Mehrjährige, kahle Kräuter mit 1 bis zahlreichen **Blü**trieben aus einem meist gut entwickelten, einfachen oder verzweigten, kurzen oder verlängerten, sympodialen Rhizom mit strangartigen oder oft knolligen **Wu**, alte **Tr** meist ausdauernd; **Blä** wechselständig, meist linealisch, manchmal stärker länglich oder schmal lanzettlich, (fast) stumpf, breit gespornt, fast stielrund, meist fleischig, 4 - 25 mm; **Blü**triebe 1 bis zahlreich, einfach, aufrecht-aufsteigend oder manchmal untere Teile niederliegend, meist dicht beblättert, 5 - 40 cm lang; **Inf** dichte Cymen, ebensträussig oder doldig, selten rispig, meist vielblütig, mit bogigen, leicht aufwärts gebogenen oder aufrechten, manchmal gabeligen, meist kurzen Zweigen; **Bra** lanzettlich bis länglich, selten linealisch, stumpf bis spitz oder mit kleinem, aufgesetztem Spitzchen, 2 - 5 mm; **Ped** 0 - 6 mm; **Blü** 6-zählig (manchmal 5-zählig), obdiplostemon; **Sep** breit sitzend, manchmal basal wenig vereinigt, linealisch-lanzettlich oder länglich oder eiförmig, selten dreieckig, spitz bis stumpf, 2 - 5 mm, grünlich; **Pet** basal für ⅓ bis ⅔ vereinigt, glockig oder röhrig oder manchmal bauchig, 6 - 15 mm, Spitzen ± spreizend, (länglich) lanzettlich bis eiförmig, selten breit dreieckig, (fast) spitz oder selten mit undeutlichem, aufgesetztem Spitzchen, rosa bis violett oder rot oder reinweiss, manchmal entlang der Mittelrippen intensiver gefärbt; **Anth** rot bis dunkelviolett; **NSch** klein, meist quer länglich; **Fr** vielsamig, aufrecht oder leicht spreizend; **Sa** ellipsoid bis länglich, ± 1 mm, gerippt.

Gemäss Jansson & Rechinger (1970) sind die systematischen Grenzen zwischen den Arten etwas undeutlich und die ganze Gattung könnte ebenso gut als monotypisch angesehen werden, mit einer (variablen) Art, die in eine Anzahl Unterarten gegliedert wäre. Die Variation innerhalb von *Pseudosedum* beschränkt sich hauptsächlich auf die Wuchsform und Grösse der Pflanzen sowie auf undeutliche Unterschiede in der Grösse und Form von Blättern, Blütenständen und Blüten. Die Variation der vegetativen Teile (v.a. Caudex und Wurzeln) ist nur schwierig zu bewerten und bedarf dringend weiterer Untersuchungen.

Molekularphylogenetische Analysen der Variation der Chloroplasten-DNA platziert *Pseudosedum* im *Telephium*-Ast (Subtribus *Telephiinae* der Unterfamilie *Sedoideae*), und zwar als Schwestergattung von *Rhodiola*. Dieses letztgenannte Taxon hat monopodiale Rhizome, während die anderen Gattungen der *Telephiinae*, wie *Hylotelephium*, *Phedimus* und *Umbilicus*, deutlich sympodiale Rhizome haben, manchmal (*Hylotelephium*) in Kombination mit Knollenwurzeln. Die Rhizome von *Pseudosedum* sind höchstwahrscheinlich sympodial, obwohl verschiedene Beschreibungen in dieser Hinsicht kein einheitliches Bild vermitteln. Zwei Arten (*P. acutisepalum* und *P. lievenii*) besitzen keine Knollenwurzeln und werden stattdessen mit verlängerten oder robusten Rhizomen beschrieben (siehe Fröderström (1932: pl. 11); Borissova (1939: pl. 6.1)). In verschiedenen Beschreibungen (z.B. *P. multicaule*) wird jedoch der Eindruck monopodialer Rhizome vermittelt, bzw. das Vorhandensein einer einzelnen, verdickten, verlängerten Wurzel (Caudex), die im Alter ausdauernde (blühende) Triebe und häutige, breit dreieckige (Brakteen-) Blätter trägt (siehe Fröderström (1931: pl. 27); Borissova (1939: pl. 6.2)). In der vorliegenden Behandlung haben wir einen konservativen Ansatz gewählt. Die lange Gattungsbeschreibung wird von kurzen Beschreibungen der 12 von Berger (1930), Borissova (1939) und Jansson & Rechinger (1970) genannten Arten. Eine kritische Studie dieser variablen Gattung ist sehr wünschbar.

Bemerkung des Heausgebers: V. V. Byalt hat verdankenswerterweise Ergänzungen zu den Beschreibungen beigesteuert und die Angaben zu den Verbreitungsgebieten standardisiert.

P. acutisepalum C.-A. Jansson (in K. H. Rechinger (ed.), Fl. Iranica 72: 19, 1970). **T:** Afghanistan, Ghorat (*Rechinger* 18874 [W]). – **D:** Iran, C Afghanistan (Ghorat); Kalkfelsen und steinige Stellen, ± 2725 m, Blüten Mai bis Juli. **I:** Jansson & Rechinger (1970: t. 3).

Rhizom dick und lang, in 2 bis vielen, nicht knolligen **Wu** endend, 2 - 4 mm ∅; **Blütriebe** 2 bis viele, bis 15 cm; **Inf** ebensträussig-cymös; **Ped** 1 - 3 mm; **Blü** 6-zählig; **Sep** dreieckig, spitz, 3 - 4 mm; **Kr** 10 - 12 mm, glockig, etwas bauchig, Zipfel 5 - 6 mm; **Fr** aufrecht; **Sa** 1 - 1.4 mm. – [H. 't Hart & V. V. Byalt]

P. bucharicum Borissova (Trudy Bot. Inst. Akad. Nauk SSSR, Ser. 1, Fl. Sist. Vyssh. Rast. 1(1): 111, fig. 4, 1933). **T:** Tadschikistan, Kulyab (*Anonymus* s.n. [LE]). – **D:** Zentralasien (Pamir- und Alai-Gebiete: Zarafshan, Turkestan und Hyssar-Kette, Hügel des S Tadschikistan, Tien Shan Mts. [Fergana-Kette]); steinige Berghänge, 900 - 1100 m, Blüten April bis Mai. **I:** Borissova (1975: 243, t. 47: fig. 1-6).

Rhizom kurz mit zahlreichen, etwas büscheligen, schlanken, verzweigten **Wu**, bis 2 mm ∅; **Blä** bis 2 cm; **Blütriebe** zahlreich, bogig, 20 - 30 cm; **Inf** doldig-rispig, Zweige 2 - 3.5 cm; **Blü** 6-zählig, fast sitzend; **Sep** stumpf, 1.4 - 2.5 mm; **Kr** trichterig, 7 - 10 mm, Zipfel 4 - 5 mm, lanzettlich, spitz, rot; **Fr** im Umriss lanzettlich, 7.5 - 10.2 mm; **Sa** länglich, 0.5 mm. – [H. 't Hart & V. V. Byalt]

P. campanuliflorum Borissova (Trudy Bot. Inst. Akad. Nauk SSSR, Ser. 1, Fl. Sist. Vyssh. Rast. 1(1): 115, fig. 8, 1933). **T:** Uzbekistan, Dzhizak (*Fedtschenko & Fedtschenko* 162 [LE]). – **D:** Zentralasien (Pamir- und Alai-Regionen: Dzhizak, Ingyrchak-Pass); steinige Böden und Felsen; 600 - 2000 m, Blüten April bis Mai. **I:** Borissova (1975: 242, t. 47: figs. 3-4).

Rhizom unauffällig, mit einer einzelnen, langen, robusten, senkrechten **Wu** von 5 - 8 mm ∅, sowie schlanken Seiten**Wu**; **Blä** linealisch, stumpf, 10 - 15 × 1 - 1.5 mm; **Blütriebe** zahlreich, 10 - 15 cm; **Inf** dicht, doldig-ebensträussig, 2.5 - 3.5 cm ∅, mit kurzen, kantigen, 2 - oder 3-blütigen Zweigen; **Bra** länglich eiförmig, bis 1.5 mm; **Blü** 5- oder 6-zählig, fast sitzend; **Sep** länglich lanzettlich, stumpf; **Kr** glockig, 8 - 9 mm lang, Zipfel bis 3 mm, rosa; **Fr** aufrecht, 7 - 8 mm; **Sa** länglich eiförmig, 1 mm. – [H. 't Hart & V. V. Byalt]

P. condensatum Borissova (Trudy Bot. Inst. Akad. Nauk SSSR, Ser. 1, Fl. Sist. Vyssh. Rast. 1(1): 110, fig. 3, 1933). **T:** Tadschikistan (*Tuturin & Bessedin* 109a [LE]). – **D:** Zentralasien (Pamir- und Alai-Regionen), N, C und E Afghanistan, NW Pakistan (Chitral, Mt. Tirich Mir); steinige Hänge zwischen Sträuchern, auf Felsen, (1750-) 2100 - 3600 m, Blüten Mai bis Juli. **I:** Borissova (1975: 245, t. 48: fig. 1-2).

Rhizom sehr kurz oder mit zahlreichen, etwas büscheligen, langen, schlanken, oft verzweigenden **Wu**, 1 - 1.5 mm ∅; **Blä** linealisch, bis 2.5 mm, ± 1 mm breit; **Blütriebe** 1 - 3, 15 - 25 cm; **Inf** ebensträussig, dicht, mit kurzen Zweigen, bis 1.5 cm ∅; **Ped** 0 - 2 mm; **Blü** 6-zählig (selten 5-zählig); **Sep** (fast) stumpf, 2 - 3 mm; **Kr** 8 - 10 (-12) mm lang, Zipfel 3.5 - 4.5 mm, hellviolett; **Fr** 7 - 9 mm, halbaufrecht; **Sa** länglich, ± 1 mm. – [H. 't Hart & V. V. Byalt]

P. fedtschenkoanum Borissova (Trudy Bot. Inst. Akad. Nauk SSSR, Ser. 1, Fl. Sist. Vyssh. Rast. 1(1): 114, fig. 7, 1933). **T:** Tadschikistan (*Regel* s.n. [LE]). – **D:** Zentralasien: W Tien Shan (Kuraminsky-Kette), Pamir- und Alai-Regionen (Gissar, Nuratau, Zeravshan, Baldushan, Kabadian, Chalshau, Babatag und Kugitang); steinige Berghänge, Kalk- und Sandsteinfelsen, Badlands, 450 - 2200 m, Blüten März bis Mai. **I:** Borissova (1955: 233, t. 25, fig. 5); Borissova (1975: 245, t. 48: figs. 5-6).

Rhizom kurz, in zahlreiche, schlanke, knollige **Wu** geteilt, bis 2 cm lang und 1 - 2 cm ∅; **Blä** linealisch, stumpf, bis 1 cm lang und bis 1 mm ∅; **Blütriebe** zahlreich, schlank, 7 - 20 cm; **Inf** doldig-ebensträussig, mit leicht bogigen, 0.5 - 1.5 cm langen Zweigen; **Bra** länglich lanzettlich, spitz, 3.5 - 4 ± 0.5 mm; **Ped** 0 - 0.5 mm; **Blü** 5-zählig, fast sitzend; **Sep** länglich lanzettlich, spitz, 3 - 4 mm; **Kr** schmal glockig, 7 - 10 mm lang, Zipfel spitz, 3 - 4 × ± 2 mm, violett; **Fr** 6 - 8 mm, aufrecht; **Sa** birnenförmig. – [H. 't Hart & V. V. Byalt]

P. ferganense Borissova (Trudy Bot. Inst. Akad. Nauk SSSR, Ser. 1, Fl. Sist. Vyssh. Rast. 1(1): 112, fig. 5, 1933). **T:** Kirgisien, Fergana Prov. (*Transchel* s.n. [LE]). – **D:** Zentralasien (Pamir- und Alai-Regionen, Tien Shan Mts.).

P. ferganense ssp. **ferganense** – **D:** Zentralasien: Pamir- und Alai-Regionen (Alai-Kette), Tien Shan Mts. (Chatkal- und Fergana-Ketten); trockene Terrassen und steinige Hänge, Blüten Juni bis August. **I:** Borissova (1939: 82, pl. 6: fig. 1).

Rhizom einfach oder verzweigt mit spindeligen **Wu** oder 1 - 3 (-4) knolligen, ± stielrunden **Wu** bis 15 mm ∅; **Blä** länglich, 8 × 2 mm; **Blütriebe** 1 - 3 (-5), (5-) 10 - 20 cm; **Inf** ebensträussig, dicht, 1.5 - 3 cm ∅; **Bra** lanzettlich, spitz, bis 2 mm; **Ped** 1 - 5 mm; **Blü** 5- bis 6-zählig; **Sep** lanzettlich, spitz, 2 - 3 mm; **Kr** glockig-trichterig, 10 - 12 mm lang, Zipfel länglich lanzettlich, hellrosa, entlang der Mittelrippen intensiver gefärbt; **Fr** aufrecht, 10 - 12 mm; **Sa** länglich, zur Spitze verjüngt, 1 mm. – [H. 't Hart & V. V. Byalt]

P. ferganense ssp. **parvum** Kamelin & Byalt (Komarovia 1: 39-40, 1999). **T:** Kirgisien (*Kamelin & al.* 969 [LE]). – **D:** Kirgisien (W Tien Shan Mts.: Atoynok- und Chatkal-Ketten); Badlands, Felsen und steinige Hänge, Blüten April bis Mai.

Unterschiede zu ssp. *ferganense*: Allgemein kleiner; **Blütriebe** 2 - 5, 5 - 12 cm; **Inf** mit weniger und kleineren **Blü**. – [V. V. Byalt]

P. kamelinii A. V. Palanov (Bot. Zhurn. (Moscow & Leningrad) 73(5): 717-719, 1988). **T:** (*Palanov* s.n. [LE]). – **D:** Tadschikistan (W Pamir: Darvaz-, Rushan- und Shugnan-Ketten); steinige und felsige Berghänge, Blüten Juni bis August.

Rhizom einfach, 1 cm lang mit vielen, gebüschelten, nicht knolligen **Wu** mit 2 mm ∅; **Blä** linealisch, 10 - 12 × bis 1 mm; **Blütriebe** 1 - 2, 15 - 30 cm; **Inf** ebensträussig-rispig, 2 - 3 cm ∅; **Bra** schmal linealisch, etwas stumpf, 2 mm; **Blü** 5- bis 6-zählig, fast sitzend oder 1 mm gestielt; **Sep** länglich dreieckig, stumpf, 2.5 - 3 mm; **Kr** 9 - 10 mm lang, basal für 2 - 2.5 mm röhrig, Zipfel schmal lanzettlich, 6.5 - 8 mm, rosa; **Fr** länglich, aufrecht, 6 - 8 mm; **Sa** länglich, stumpf, ± 0.5 mm. – [V. V. Byalt]

P. karatavicum Borissova (Bot. Mater. Gerb. Bot. Inst. Komarova Akad. Nauk SSSR 7(8): 185-188, fig. 2: 1-4, 1938). **T:** Kasachstan (*Lipschitz* 449 [LE]). – **D:** Kasachstan (W Tien Shan Mts.: Kara Tau-Kette); steinige und kiesige Böden, Blüten Juni bis Juli.

Rhizom einfach, 3 - 4 cm lang mit robusten, verzweigten **Wu** und zahlreichen, verdickten Seiten-**Wu** mit 0.4 - 0.5 mm ∅; **Blä** ± 5 × bis 1 mm; **Blütriebe** viele, 5 - 10 cm; **Inf** gestaucht, wenigblütig, ± 1.5 cm ∅; **Bra** lanzettlich, etwas stumpf, 5 × 1 - 1.5 mm; **Ped** bis 0.8 mm; **Blü** 5-zählig, fast sitzend oder kurz gestielt; **Sep** linealisch-lanzettlich, spitz, 5 - 6 mm; **Kr** glockig, ± 10 mm lang, Zipfel breit dreieckig, ± 6 mm, rosa; **Fr** im Umriss lanzettlich, aufrecht, 8 - 9.5 mm; **Sa** länglich, 0.7 - 0.8 mm. – [H. 't Hart & V. V. Byalt]

P. koelzii C.-A. Jansson (in K. H. Rechinger (ed.), Fl. Iranica 72: 20, pl. 4, 1970). **T:** Iran, Lurestan (*Koelz* 15664 [W]). – **D:** W Iran; trockene, steinige Hänge, 1650 - 1800 m, Blüten April bis Mai.

Rhizom dick mit ausdauernden, alten **Tr**, in einer dicken, einfachen **Wu** endend, 2 - 4 × ± 1 cm ∅; **Blä** linealisch bis schmal lanzettlich, zur Basis verbreitert, 5 - 12 × 1 - 2 mm; **Blütriebe** 2 bis viele, 15 - 25 cm; **Inf** dicht, ebensträussig, abgeflacht; **Ped** 2 - 6 mm; **Sep** länglich eiförmig, stumpf, 3 - 5 mm; **Kr** röhrig oder glockig, 13 - 15 mm lang, Zipfel 6.5 - 7.5 mm, rosa; **Fr** schmal eiförmig, (halb) aufrecht. – [H. 't Hart & V. V. Byalt]

P. lievenii (Ledebour) A. Berger (NPF2 18a: 465, 1930). **T:** Kasachstan (*Meyer* s.n. in *Herb. Ledebour* 607 [LE]). – **D:** Russland (W Sibirien: Vorberge des Altai), Zentralasien: Kasachstan (Kaspische, Aral- und Balkash-Wüsten, Betpakdala, Mujunkum, Zaisan-Becken, Dschungarischer sowie Transilischer Alatau, Chu-Ili Mts., Karatau), Kirgisien (Kungei, Kirgisischer Alatau), Tadschikistan (Mogoltau), Usbekistan (Kyzyl Kum, Tashkent-Alatau, W Pamir- und Alai-Regionen), W Mongolei, Tibet; steinige, tonige und salzige Böden, meist um Seen in (Halb-) Wüsten; Blüten April bis Juni. **I:** Fröderström (1931: figs. 308-316, pl.27).

≡ *Cotyledon lievenii* Ledebour (1830) ≡ *Umbilicus lievenii* (Ledebour) Ledebour (1843) ≡ *Sedum lievenii* (Ledebour) Hamet (1929); **incl.** *Sedum inderiense* Fischer ex O. & B. Fedtschenko (1911) (*nom. inval.*, Art. 34.1c).

Rhizom robust mit vielen, schlanken, gebüschelten, ± verzweigten **Wu** bis 2 mm ∅; **Blä** linealisch, 0.5 - 2 cm; **Blütriebe** 1 bis 4, 20 - 25 (-30) cm; **Inf** ebensträussig, mit benachbarten Zweigen, zur **Fr**-zeit verlängert; **Bra** länglich oder lanzettlich, ± 2 mm; **Ped** 1 - 2 mm; **Blü** 5- oder 6-zählig; **Sep** etwas spitz, bis 3 mm; **Kr** trichterig oder glockig, 10 - 12 mm lang, rosa; **NSch** mit herzförmiger, schmaler Basis; **Fr** im Umriss lanzettlich, 7 - 10 mm; **Sa** länglich eiförmig, an der Spitze verjüngt, 1 mm. – [H. 't Hart & V. V. Byalt]

P. longidentatum Borissova (Trudy Bot. Inst. Akad. Nauk SSSR, Ser. 1, Fl. Sist. Vyssh. Rast.

1(1): 109, fig. 2, 1933). **T:** Kasachstan (*Killoman* s.n. [LE]). – **D:** Zentralasien (Dschungarischer Alatau, Pamir- und Alai-Regionen, Tien Shan Mts.), NW, N und C Afghanistan; subalpine und alpine Wiesen, Hänge zwischen holzig-strauchiger Vegetation, Steppenhänge auf kiesigen Böden, 900 - 3000 m, Blüten April bis Mai. **I:** Borissova (1955: 233, t. 25: fig. 6); Borissova (1975: 243, t. 47: figs. 1-2).

Incl. *Pseudosedum kuramense* Borissova (1966).

Rhizom robust mit vielen, dicken, büscheligen **Wu** bis 7 mm ∅; **Blä** linealisch, 5 - 20 × 1 - 2 mm; **Blü**triebe 1 bis 4, oder zahlreich, 25 - 40 cm; **Inf** ebensträussig-rispig, zur **Fr**zeit mit verlängerten Zweigen; **Bra** 2 - 4 mm; **Ped** 2 - 5 mm; **Blü** 6-zählig (selten 5-zählig); **Sep** etwas spitz bis eiförmig, 3 - 4 mm; **Kr** röhrig, 12 - 14 mm lang, Zipfel lanzettlich, 6 - 9 mm, Farbe nicht bekannt; **Fr** im Umriss lanzettlich, aufrecht; **Sa** verlängert, bis 1 mm. – [H. 't Hart & V. V. Byalt]

P. multicaule (Boissier & Buhse) Borissova (Trudy Bot. Inst. Akad. Nauk SSSR, Ser. 1, Fl. Sist. Vyssh. Rast. 1(1): 112, fig. 6, 1933). **T:** Iran (*Buhse* 1433 [LE]). – **D:** Zentralasien: Turkmenistan (Kopet Dagh-Kette), NW, N und E Iran; steinige Hänge und Felsen, 1500 - 2800 m, Blüten April bis Juni. **I:** Borissova (1939: 82, pl. 6: fig. 2).

≡ *Umbilicus multicaulis* Boissier & Buhse (1860).

Rhizom gut entwickelt, manchmal verzweigt, ± verdickt und 5 - 10 mm ∅; **Blä** linealisch bis linealisch-länglich, 4 - 20 × 1 - 3 mm; **Blü**triebe 7 oder mehr, (7-) 10 - 20 (-25) cm; **Inf** doldig-ebensträussig, mit bogigen, gegabelten, 1.5 - 2 cm langen Zweigen; **Bra** 3 - 4 × bis 1.5 mm; **Ped** dicklich, 3 - 6 mm; **Sep** länglich, stumpf, 3 - 5 × ± 1 mm; **Kr** glockig oder bauchig, 10 - 12 mm lang, Zipfel eiförmig, 6 mm, hellrot bis rosa; **Fr** halbaufrecht, 10 - 12 mm; **Sa** länglich, 1 mm. – [H. 't Hart & V. V. Byalt]

RHODIOLA

H. Ohba

Rhodiola Linné (Spec. Pl. [ed. 1], 1035, 1753). **T:** *Rhodiola rosea* Linné [Typifiziert durch Schlussfolgerung, einziges eingeschlossenes Element.]. – **Lit:** Ohba (1978); Ohba (1980); Ohba (1981a); Ohba (1982a). **D:** Europa, Sibirien, Ostasien, Nordamerika; v.a. subarktische und alpine Regionen. **Etym:** Gr. 'rhodon', Rose; und Lat. Diminutivsuffix '-iola'; die Wurzeln duften nach Rosen.

Incl. *Rhodia* Adanson (1763) (*nom. illeg.*, Art. 52.1). **T:** *Rhodiola rosea* Linné.

Incl. *Tetradium* Dulac (1867) (*nom. illeg.*, Art. 53.1). **T:** *Rhodiola odorata* Lamarck [Typifiziert durch Schlussfolgerung, einziges eingeschlossenes Element.].

Incl. *Clementsia* Rose (1903). **T:** *Sedum rhodanthum* A. Gray [Typifiziert durch Schlussfolgerung, einziges eingeschlossenes Element.].

Incl. *Chamaerhodiola* Nakai (1934). **T:** *Sedum quadrifidum* Pallas.

Incl. *Kirpicznikovia* A. Löve & D. Löve (1976) (*nom. illeg.*, Art. 52.1). **T:** *Sedum quadrifidum* Pallas.

Incl. *Tolmachevia* A. Löve & D. Löve (1976). **T:** *Rhodiola integrifolia* Rafinesque.

Ausdauernde Kräuter mit gut entwickelten Rhizomen; Rhizome massiv oder schlank, aufrecht bis kriechend, spitzennahe Teile mit Laub- und/oder Schuppen**Blä**; **Blä** wechselständig, einfach, krautig (bis ± fleischig), meistens flach; **Blü**triebe aus den **Ax** der Schuppen**Blä** oder (selten) der grundständigen Laub**Blä**, einjährig, manchmal einige Zeit ausdauernd, unverzweigt, mit endständigen **Inf**; **Inf** gewöhnlich cymös oder zu Einzel**Blü** reduziert, oder selten traubig, meistens mit **Bra**; **Bra** laubig; **Blü** zwitterig oder eingeschlechtig (dann Pflanzen fast immer zwei-, selten einhäusig), 4- bis 5- (bis 6-) zählig, gestielt, obdiplostemon; falls zweihäusig: **Pet** und **Frk** bei männlichen Pflanzen sich gegenüberstehend und bei weiblichen Pflanzen sich abwechselnd; falls zwitterig oder einhäusig: **Pet** und **Frk** sich immer gegenüberstehend; **Cal** fleischig, bei weiblichen Pflanzen eine in 4 - 5 (-6) ± gleiche Zipfel geteilte **Rö** bildend; **Pet** frei, weiss, rötlich, tief purpurrot oder hellgelb bis grünlich, bei weiblichen Pflanzen immer länger als die **Sep**; **Anth** meistens basifix (bei *R. hobsonii* dorsifix); **NSch** linealisch-länglich bis halbkreisförmig; **Ca** oberständig bis halbunterständig, meist basal vereinigt (selten völlig frei), sitzend, bei der Anthese gerade, zur **Fr**zeit leicht spreizend, dorsal gerundet; **Gr** schlank; **Na** endständig, papillat, Spitze angeschwollen; **Sa**anlagen anatrop; **Fr** trockene Bälge; **Sa** < 3 mm, ± spindelig, bräunlich, längs gestreift.

Die Gattung wurde traditionellerweise mit *Sedum* vereinigt, ist aber in Bezug auf die allgemeine Morphologie und die fleischigen Rhizome mit ihren Schuppenblättern sowie die oft eingeschlechtigen Blüten ziemlich gut unterschieden. Die folgenden Untergattungen und Sektionen werden anerkannt:

[-] UG *Primuloides* (Praeger) H. Ohba 1978: Laub-**Blä** und dimorphe grundständige Schuppen**Blä** vorhanden; **Blü** zwitterig; **Frk** ± oberständig:
  [1] Sect. *Hobsonia* (H. Ohba) H. Ohba 1978: Grundständige **Blä** nicht schuppig, hinfällig; **Inf** schraubige Cymen; **Anth** dorsifix.
  [2] Sect. *Primuloides* (Praeger) S. H. Fu 1965: Grundständige **Blä** nicht schuppig, ausdauernd; **Inf** dichasiale Cymen; **Anth** basifix.
  [3] Sect. *Smithia* (H. Ohba) H. Ohba 1978: Grundständige **Blä** schuppig, dimorph; **Inf** dichasiale Cymen; **Anth** basifix.
[4] UG *Crassipedes* (Praeger) H. Ohba 1978: Grundständige Laub- und dimorphe Schuppen**Blä** fehlend; **Inf** cymös, oder zusammengesetzt- oder

büschelig-cymös, halbkugelig; **Blü** zwitterig (selten Pflanzen einhäusig); **Frk** ± oberständig.

[5] UG *Clementsia* (Rose) H. Ohba 1978: Grundständige Laub- und dimorphe Schuppen**Blä** fehlend; **Inf** traubig, verlängert; **Blü** zwitterig; **Frk** ± oberständig.

[-] UG *Rhodiola*: **Blü** eingeschlechtig und Pflanzen zweihäusig; **Cal** der weiblichen **Blü** eine **Rö** bildend; **Frk** ± halbunterständig.

    [6] Sect. *Pseudorhodiola* (Diels) H. Ohba 1978: **Blä** in Quirlen zu 3 oder 4; **Inf** gross, rispig.

    [7] Sect. *Rhodiola*: **Blä** > 10, wechselständig; **Inf** cymös, meist mit vielen **Blü**.

    [8] Sect. *Prainia* (H. Ohba) H. Ohba 1978: **Blä** 4 - 6, fast quirlständig; **Inf** cymös, meist 3- bis 18-blütig.

    [9] Sect. *Chamaerhodiola* (Fischer & C. A. Meyer) Borissova 1939: **Blütriebe** im toten Zustand einige Zeit ausdauernd, meist büschelig-aufrecht; untere ½ der **Ca** bei weiblichen **Blü** in der **Cal**röhre eingebettet.

Die folgenden Namen sind von unklarer Anwendung, gehören aber zu dieser Gattung: *Rhodiola lanceolata* Hort. Edinburgh *ex* Praeger (1921) (*nom. inval.*, Art. 34.1a); *Sedum hypericifolium* Wallich (1828) (*nom. inval.*, Art. 32.1c); *Sedum trollii* Werdermann (1939).

R. algida (Ledebour) Fischer & C. A. Meyer (Enum. Pl. Nov. Schrenk 1: 70, 1841). **T:** Sibirien (*Ledebour* s.n. [LE, BM]). – **D:** Russland (Sibirien: Altai), N Mongolei, N China (Innere Mongolei).
≡ *Sedum algidum* Ledebour (1830) ≡ *Chamaerhodiola algida* (Ledebour) Nakai (1934); **incl.** *Sedum euphorbioides* Schlechtendal *ex* Ledebour (1843) ≡ *Sedum algidum* var. *euphorbioides* (Schlechtendal *ex* Ledebour) Hamet (1929) ≡ *Chamaerhodiola euphorbioides* (Schlechtendal *ex* Ledebour) Nakai (1934); **incl.** *Sedum algidum* var. *altaicum* Maximowicz (1883); **incl.** *Sedum algidum* var. *jeniseense* Maximowicz (1883).

[4] Zwitterig, bis 18 cm hoch; Rhizom massiv, verzweigt; **Blütriebe** 1 - 3, nach dem Fruchten für 1 Jahr ausdauernd, 2 - 3 mm ∅, kahl, glatt; **Blä** zerstreut, sitzend, dick krautig, 8 - 20 × 1.5 - 3 mm, linealisch bis linealisch-lanzettlich, ganzrandig, Spitze spitz, abrupt spitz zulaufend, Basis rund-gestutzt bis rund, aufsteigend, kahl, glatt; **Inf** 30- bis 60-blütig, kompakt, 1 - 2 cm lang; **Ped** 2 - 3 mm; **Cal** kahl, **Rö** 0.8 - 1.2 mm, Zipfel lanzettlich bis linealisch-lanzettlich, 3 - 4 mm; **Pet** linealisch-lanzettlich, 7 - 8 mm; **St** deutlich kürzer als die **Pet**, ± 5 mm; **Ca** 4 mm; **Gr** < 1 mm.

R. alsia (Fröderström) S. H. Fu (Acta Phytotax. Sin. 10(Addit. 1): 121, 1965). **T** [lecto]: China, Yunnan (*Smith* 10571 [UPS]). – **D:** China, Tibet.
≡ *Sedum alsium* Fröderström (1942).

R. alsia ssp. **alsia** – **D:** Tibet, China (NW Sichuan, Yunnan); *Rhododendron*-Wälder, felsige Hänge, 3400 - 4800 m. **I:** Ohba (1981a: 104). **Fig. XXVII.d**

Incl. *Sedum doratocarpum* Fröderström (1942).

[7] Weiblich-zweihäusig, bis 20 cm hoch werdend; Rhizome zylindrisch und bis 15 mm ∅; **Blütriebe** 2 - 6, 2 - 3 mm ∅, nach dem Fruchten für 1 Jahr ausdauernd, oft rotpurpurn, kahl und glatt; **Blä** zerstreut, sitzend, ± aufsteigend, linealisch bis sehr schmal elliptisch, 8 - 18 × 2 - 3 mm, kahl, glatt, Spitze rund bis stumpf, Basis verschmälert bis rund, Rand in der Regel ganz; **Inf** kompakt 20- bis 50-blütig, 2 - 3 cm lang und breit; **Ped** < 2 mm, glatt; **Blü** 7 - 10 mm (zwitterig) oder 5 - 7 mm (weiblich) ∅; **Cal** 3.2 - 3.8 mm (zwitterig) oder 4 - 5 mm (weiblich), **Rö** ± 1 mm, Zipfel linealisch bis linealisch-pfriemlich, 2.2 - 2.7 mm (zwitterig) oder 2.6 - 3.5 mm (weiblich); **Pet** schmal länglich verkehrt lanzettlich bis schmal länglich (zwitterig) oder linealisch bis schmal länglich (weiblich), 5.5 - 6.8 mm (zwitterig) oder 5 - 6 mm (weiblich), aufsteigend (zwitterig) oder fast aufrecht (weiblich); **St** länger als die **Pet**; **Fil** 6.5 - 8 mm; **Anth** rötlich (?); **NSch** breit länglich verkehrt eiförmig bis quadratisch, 0.8 - 1.1 mm; **Ca** 7 - 8 mm (zwitterig) oder 11 - 13 mm (weiblich), mit gerader Bauchseie, nach oben verjüngt; **Gr** ± 1 mm (zwitterig) oder 1.5 mm (weiblich); **Sa**anlagen 6 - 8 pro **Ca**; **Sa** 3.3 - 3.5 mm, braun, mit Längsrippen.

R. alsia ssp. **kawaguchii** H. Ohba (Acta Phytotax. Geobot. 32(5/6): 192-195, ills., 1981). **T:** Tibet (*Kawaguchi* s.n. [TNS]). – **D:** Tibet; felsige Hänge, 4400 - 4600 m. **I:** Ohba (1981a: 193-194).

[7] Unterschiede zu ssp. *alsia*: **Blütriebe** hoch, 20 - 25 cm × 1 - 1.8 mm ∅, büschelig, dicht beblättert; zwitterige **Blü** klein, 5 - 7 mm ∅; **Sa** kürzer, 2.4 - 2.6 mm.

R. amabilis (H. Ohba) H. Ohba (J. Jap. Bot. 51(12): 386, 1976). **T:** Nepal (*Kanai & al.* 726008 [TI]). – **D:** Nepal; Blüten Mitte August bis später September. **I:** Ohba (1980: 393).
≡ *Sedum amabile* H. Ohba (1976).

[4] Zwitterig, bis 10 cm hoch; Rhizome 3 - 10 mm ∅, spärlich verzweigt; **Blütriebe** 5 - 15, ± büschelig-aufrecht, kahl, hellgrün, 0.6 - 1 mm ∅; **Blä** auf der ganzen **Tr**länge dicht stehend, weit ausgebreitet, sitzend, dick krautig, linealisch bis linealisch-lanzettlich, 6 - 12 × 0.8 - 1.5 mm, Spitze rund oder stumpf, ganzrandig oder fast so; **Inf** 1- bis 3- (bis 5-) blütig; **Bra** 3 - 5 × 0.5 - 1 mm; **Ped** ± 0 - 1.2 mm; **Blü** 6 - 10 mm ∅; **Cal** 4.5 - 5.5 mm, kahl, Zipfel 4 - 5 mm, dreieckig-lanzettlich, rot überhaucht; **Pet** weiss oder spitzennah rosa, kahl, zur Anthese ausgebreitet, (schmal) elliptisch, 5 - 7.5 mm, spitz oder stumpf, ganzrandig; **St** deutlich kürzer als die **Pet**, aufsteigend bis aufrecht; **Anth** ± purpurrot; **NSch** breit länglich bis quadratisch, 0.6 - 1 mm

lang, meist hellgelb; **Ca** 5 - 6 mm mit je 12 - 18 **Sa**anlagen; **Gr** 1.5 mm.

R. angusta Nakai (Bot. Mag. (Tokyo) 28: 304, 1914). **T** [lecto]: Korea (*Mori* 44 [TI]). – **D:** E Russland, N China (Heilongjiang), N Korea; alpines Grasland, Felsen, 1700 - 2600 m, Blüten später Juni bis Mitte August. **I:** Ohba (1981a: 109).

≡ *Sedum angustum* (Nakai) Nemoto (1936) (*nom. illeg.*, Art. 53.1); **incl.** *Rhodiola ramosa* Nakai (1914); **incl.** *Sedum fenzelii* Fröderström (1936); **incl.** *Rhodiola komarovii* Borissova (1939) ≡ *Sedum komarovii* (Borissova) Chu (1959); **incl.** *Sedum ohbae* Kozhevnikov (1989).

[7] Zweihäusig, **Tr** bis 14 cm hoch; Rhizome schlank, manchmal verzweigend, oft mit Ablegern; **Blütriebe** 2 - 5, 1.2 - 2 mm ∅, kahl, fast glatt; **Blä** auf der ganzen **Tr**länge dicht angeordnet, aufsteigend bis ausgebreitet, sitzend, linealisch bis linealisch-elliptisch, 7 - 16 × 2 - 4 mm, kahl, fast glatt, Spitze gestutzt-gerundet bis stumpf, Basis gerundet-gestutzt, Rand ganz oder spärlich und unregelmässig fein gekerbt; **Inf** kompakt 30- bis 60-blütig, 1 - 1.7 × 1.2 - 3.5 cm ∅; **Ped** < 2 mm, glatt; **Cal** 3.5 - 5 mm, glatt, Zipfel linealisch, 2.5 - 3.1 mm (männlich) oder 3 - 4.5 mm (weiblich); **Pet** cremegelb, schmal spatelig (männlich) oder linealisch bis linealisch-pfriemlich (weiblich), 4.8 - 5.5 mm (männlich) oder 4.5 - 5 mm (weiblich); **St** 4 - 6 mm; **Anth** ± purpurrot; **Ca** 5 - 8 mm, je mit 10 - 14 **Sa**anlagen, Bauchseite gerade; **Gr** (0.8-) 1 - 1.2 mm; **Fr** bis 12 mm; **Sa** linealisch, 2.5 - 2.7 mm, geschwänzt, braun, mit Längsrippen.

R. atsaensis (Fröderström) H. Ohba (J. Jap. Bot. 51(12): 386, 1976). **T:** Tibet (*Kingdon-Ward* 6161 [K]). – **D:** E Himalaya: Indien, Tibet; Schutthänge, 4500 - 4900 m. **I:** Ohba (1981a: 118).

≡ *Sedum atsaense* Fröderström (1943).

[7] Zweihäusig, bis 10 cm hoch; Rhizome zylindrisch, schlank, 5 - 10 mm ∅; **Blütriebe** 2 - 3, 0.8 - 1 mm ∅, kahl; **Blä** sitzend, spatelig, 12 - 24 × 2.5 - 4 mm, ganzrandig, kahl, ausgebreitet, Spitze rund, Basis lang verschmälert; **Inf** 10- bis 30-blütig; **Ped** bis 1.5 mm, kahl; **Blü** 4 - 8 mm ∅; **Cal** 5 - 14.5 mm, **Rö** 2 - 5.5 mm, Zipfel spatelig, 2.5 - 9 mm; **Pet** am Rand der **Cal**röhre ansetzend, spatelig, 2 - 7 mm, rötlich braun; **NSch** quer länglich, 0.5 - 0.6 mm lang; **Ca** 3 - 11.5 mm, je mit 2 **Sa**anlagen; **Gr** nicht erkennbar; **Fr** 5 - 15 mm; **Sa** ellipsoid, 3 - 3.2 mm, braun, längs gestreift.

R. atuntsuensis (Praeger) S. H. Fu (Acta Phytotax. Sin. 10(Addit. 1): 120, 1965). **T** [lecto]: China, Yunnan (*Kingdon Ward* 962 [E]). – **D:** E Tibet, N Myanmar, SW China (W Sichuan, NW Yunnan); Wälder, Gletschertäler, Felsen, kiesige Stellen, 3100 - 5000 m. **I:** Ohba (1982a: 162).

≡ *Sedum atuntsuense* Praeger (1921) ≡ *Chamaerhodiola atuntsuensis* (Praeger) Nakai (1934) ≡ *Rhodiola nobilis* ssp. *atuntsuensis* (Praeger) H. Ohba (1982); **incl.** *Sedum concinnum* Praeger (1921) ≡ *Rhodiola concinna* (Praeger) S. H. Fu (1965); **incl.** *Sedum venustum* Praeger (1921) ≡ *Rhodiola venusta* (Praeger) S. H. Fu (1965); **incl.** *Sedum aporonticum* Fröderström (1944) ≡ *Rhodiola aporontica* (Fröderström) S. H. Fu (1965); **incl.** *Sedum brevipetiolatum* Fröderström (1944) ≡ *Rhodiola brevipetiolata* (Fröderström) S. H. Fu (1965).

[9] Zweihäusig, 4 - 12 cm hoch; Rhizome fast zylindrisch, bis 1 cm ∅; **Blütriebe** 1.2 - 1.5 mm ∅, glatt, auch im Alter nicht doldig-quirlig, aufsteigend; **Blä** schmal verkehrt eiförmig bis länglich, 4 - 8 × 1.6 - 3 mm, Spitze rund, Basis (kurz) verschmälert, Ränder ganz bis spärlich und unregelmässig fein gekerbt; **Inf** 4- bis 20-blütig; **Cal** 3 - 4.5 mm, glatt, Zipfel sehr schmal länglich bis pfriemlich, 1.8 - 3 mm; **Pet** schmal länglich bis länglich, 3.5 - 4.5 mm (männlich) oder 2.8 - 3 mm (weiblich), cremefarben oder hellrosa; **St** länger als die **Pet**; **NSch** schmal länglich bis länglich, 0.7 - 1.2 mm; **Ca** 5 - 7 mm (weiblich) [oder 4 - 5 mm (männlich)], je mit ± 6 **Sa**anlagen; **Sa** ± 1.5 mm, linealisch.

R. atuntsuensis unterscheidet sich von *R. nobilis* durch die dicht büschelig-aufrechten Blütentriebe, die schmal verkehrt eiförmigen bis länglichen Blätter und die zahlreicheren Blüten pro Blütenstand.

R. bupleuroides (Wallich *ex* Hooker *fil.* & Thomson) S. H. Fu (Acta Phytotax. Sin. 10 (Addit. 1): 124, 1965). **T:** Nepal (*Wallich* 7229 [K, BM, CAL]). – **D:** E Himalaya, Tibet, Myanmar, China.

≡ *Sedum bupleuroides* Wallich *ex* Hooker *fil.* & Thomson (1858).

R. bupleuroides var. **bupleuroides** – **D:** E Himalaya (Indien [Kumaon], Nepal, Sikkim, Bhutan), Tibet, Myanmar, SW China. **I:** Praeger (1921a: 48, als *Sedum*).

Incl. *Sedum cooperi* Praeger (1919) (*nom. illeg.*, Art. 53.1); **incl.** *Sedum gorisii* Hamet (1929).

[7] Zweihäusig, variabel in der Grösse, 15 - 50 cm hoch; Rhizome zylindrisch, 1 - 2 cm ∅; **Blütriebe** 1 - 2, kahl; **Blä** sitzend, schmal eiförmig bis eiförmig oder verkehrt eiförmig, 1 - 6 × 0.4 - 4.5 cm, kahl, Spitze gerundet oder stumpf, Basis herzförmig, Ränder ganz; **Inf** 7- bis 40-blütig; **Ped** 0.2 - 1 cm, kahl; **Blü** 4 - 7 mm ∅; **Cal** 1.6 - 8 mm, kahl, ± purpurrot, Zipfel 0.8 - 6 mm, schmal länglich bis länglich verkehrt eiförmig; **Pet** dunkel purpurrot, verkehrt eiförmig bis lanzettlich (männlich), schmal länglich oder schmal länglich eiförmig (weiblich), 2.8 - 4 mm (weiblich), ausgebreitet bis etwas zurückgeschlagen (männlich) oder aufsteigend bis ausgebreitet (weiblich); **St** gewöhnlich länger als die **Pet**; **Fil** ± purpurrot, 3 - 4 mm; **Anth** dunkel oder trüb purpurrot; **NSch** länglich, glänzend, dunkel ± purpurn oder schwärzlich rot, 0.6 - 1.2 mm; **Ca** 3.5 - 9 mm mit je 10 - 16 **Sa**anlagen, oberste Teile abrupt verschmälert und auffällig auswärts

gebogen; **Gr** kurz, < 0.3 mm, gewöhnlich dunkel purpurrot; **Fr** 5 - 12 mm; **Sa** rötlich braun, Spitze rund, 1.8 - 2.5 mm.

Hierher gehört *Sedum discolor* Franchet im Sinne von Praeger (1921a) (der Typ entspricht *Rhodiola discolor*).

R. bupleuroides var. **parva** (Fröderström) H. Ohba (in H. Ohba & Akiyama, Alpine Fl. Jaljale Himal, 26, 1992). **T:** Tibet (*Hingston Mt. Everest Exped.* 380 [K]). – **D:** Himalaya (Nepal bis Bhutan), Tibet.
≡ *Sedum bupleuroides* var. *parvum* Fröderström (1943).

[7] Unterschiede zu var. *bupleuroides*: **Blü**triebe 2 - 5 cm hoch; **Blä** eiförmig bis länglich eiförmig, 4 - 8 × 3 - 5 mm breit, Spitze rund bis stumpf, Basis herzförmig bis gestutzt; **Blü** purpurn, 1 bis wenige.

R. calliantha (H. Ohba) H. Ohba (J. Jap. Bot. 51(12): 386, 1976). **T:** Nepal (*Stainton* 4703 [BM, TI]). – **D:** Nepal, S Tibet; Felsen an schattigen Hängen, ± 3600 m. **I:** Ohba (1974: 324); Ohba (1975: 331); beide als *Sedum*.
≡ *Sedum callianthum* H. Ohba (1974).

[7] Zweihäusig, bis 20 cm hoch; Rhizome zylindrisch, 1.2 - 1.5 cm ∅; **Blü**triebe 3 - 5, 1.7 - 2 mm ∅, kahl; **Blä** 2 - 3 mm gestielt, kahl, Spreite (schmal) rhombisch-eiförmig bis elliptisch, 2 - 4.2 × 0.5 - 2 cm, kahl, Spitze stumpf oder dreieckig-stumpf, Basis verschmälert, Ränder in den oberen ⅔ fein gekerbt-gesägt; **Inf** locker 20- bis 35-blütig; **Ped** 1.2 - 2.5 mm, kahl; **Cal** 1.8 - 2.4 mm, Zipfel lanzettlich bis pfriemlich, 1.3 - 2 mm; **Pet** purpurn, ausgebreitet, verkehrt lanzettlich bis verkehrt eiförmig oder elliptisch, 3 - 4.5 mm; **St** meist ⅔ - ¾ so lang wie die **Pet**; **Fil** hell ± purpurn, 2.5 - 3 mm; **Anth** tief purpurrot; **NSch** schmal verkehrt eiförmig, 0.8 - 1.2 mm; **Ca** 2 - 2.5 mm mit je 2 **Sa**anlagen; **Gr** nicht unterscheidbar.

R. chrysanthemifolia (H. Léveillé) S. H. Fu (Acta Phytotax. Sin. 10(Addit. 1): 127, 1965). **T:** China, Yunnan (*Maire* s.n. [E, TI]). – **D:** Länder des Himalaya bis SW China, Burma.
≡ *Sedum chrysanthemifolium* H. Léveillé (1931).

R. chrysanthemifolia ssp. **chrysanthemifolia** – **D:** Himalaya (Nepal, Sikkim, Bhutan, Indien [Assam]), Tibet, Myanmar, SW China; Blüten später Juli bis September. **I:** Praeger (1921a: 64, als *Sedum trifidum*). **Fig. XXVIII.b**
Incl. *Sedum trifidum* Wallich ex Hooker *fil.* & Thomson (1858) ≡ *Rhodiola trifida* (Wallich ex Hooker *fil.* & Thomson) H. Jacobsen (1973); **incl.** *Sedum trifidum* var. *balfourii* Hamet (1912) ≡ *Sedum linearifolium* var. *balfourii* (Hamet) Hamet (1913); **incl.** *Sedum trifidum* var. *forrestii* Hamet (1912) ≡ *Sedum linearifolium* var. *forrestii* (Hamet) Hamet (1913); **incl.** *Sedum dielsianum* H. Limpricht (1922) ≡ *Sedum linearifolium* var. *dielsianum* (H. Limpricht) Hamet (1926) ≡ *Rhodiola dielsiana* (H. Limpricht) S. H. Fu (1965); **incl.** *Sedum linearifolium* var. *ovatisepalum* Hamet (1926) ≡ *Rhodiola ovatisepala* (Hamet) S. H. Fu (1965) ≡ *Sedum ovatisepalum* (Hamet) H. Ohba (1975); **incl.** *Rhodiola ovatisepala* var. *chingii* S. H. Fu (1965).

[4] Zwittrig, 5 - 25 cm hoch; Rhizome schlank, kriechend, bis 20 cm, 2 - 5 mm ∅, spärlich verzweigt, mit 1.5 - 3 mm langen **Sch**blättern; **Blü**triebe 2 - 4, kahl, gelblich grün; **Blä** gehäuft, weit ausgebreitet, sitzend, gelblich grün, eiförmig bis länglich verkehrt eiförmig, 1.5 - 8 × 0.2 - 2.3 cm, kahl, Spitze stumpf bis rund, Basis lang verschmälert, entlang der Ränder dicht papillat, Ränder in der oberen ½ ± unpaarig fein gelappt bis fein gewellt, Zipfel 3 - 7, dreieckig bis schmal dreieckig, 2 - 12 × 0.8 - 6 mm, schief-stumpf bis rund; **Inf** 30- bis 40-blütig; **Ped** 4 - 10 mm, kahl; **Blü** 8 - 18 mm ∅; **Cal** 1.7 - 2.5 (-3.5) mm, kahl, Zipfel eiförmig bis dreieckig-eiförmig, 1.5 - 2.5 mm, Spitzen und Ränder oft rötlich; **Pet** schmal länglich lanzettlich, ausgebreitet, 6 - 7.5 × 1.1 - 1.3 mm, Innenseite weiss, Aussenseite hellgrünlich, oft rot überhaucht, Rand ganz bis etwas ausgefranst; **St** weisslich, 5 - 6.5 mm; **Anth** tief rotpurpurn; **NSch** rechteckig, 0.5 - 0.7 mm, gelb; **Ca** 5 - 7 mm, weiss mit grünlichem Schein, je mit 8 - 14 **Sa**anlagen.

R. chrysanthemifolia ssp. **liciae** (Hamet) H. Ohba (Acta Phytotax. Geobot. 38: 216, 1987). **T** [syn]: China, Yunnan (*Ducloux* 2269+2805 [P]). – **D:** SW China (Yunnan).
≡ *Sedum liciae* Hamet (1909) ≡ *Rhodiola liciae* (Hamet) S. H. Fu (1965).

[4] Unterschiede zu den anderen ssp.: **Blä** kreisrund oder breit verkehrt eiförmig; **Sa** relativ gross, 1.3 - 1.4 mm.

R. chrysanthemifolia ssp. **sacra** (Hamet) H. Ohba (J. Fac. Sci. Univ. Tokyo, Sect. 3, Bot. 12: 384, 1980). **T:** Tibet (*Prain* s.n. [K, CAL]). – **D:** Nepal, Tibet. **I:** Ohba (1975: 342, als *Sedum*).
≡ *Sedum linearifolium* var. *sacrum* Hamet (1926) ≡ *Rhodiola sacra* (Hamet) S. H. Fu (1965) ≡ *Sedum sacrum* (Hamet) H. Ohba (1974); **incl.** *Sedum tieghemii* Hamet (1908) ≡ *Sedum linearifolium* var. *tieghemii* (Hamet) Hamet (1926) ≡ *Rhodiola tieghemii* (Hamet) S. H. Fu (1965); **incl.** *Rhodiola tsuiana* S. H. Fu (1965) ≡ *Rhodiola sacra* var. *tsuiana* (S. H. Fu) S. H. Fu (1985); **incl.** *Rhodiola alterna* S. H. Fu (1979).

[4] Unterschiede zu den anderen ssp.: **Blä** auf der ganzen Länge der **Blü**triebe zerstreut; **Cal**zipfel länglich bis eiförmig, 3.5 - 5 × 1.1 - 1.4 mm, papillat; **Pet** meist verkehrt lanzettlich, 5 - 7 × 1.1 - 2 mm.

Rhodiola tieghemii wird hier mit einem Fragezeichen in die Synonymie gestellt.

R. chrysanthemifolia ssp. **sexfolia** (S. H. Fu) H. Ohba (J. Jap. Bot. 57(3): 84, 1982). **T:** Tibet (*Tsui 5711* [PE]). – **D:** Tibet, China (W Szechuan). **I:** Ohba (1982a: 83).

≡ *Rhodiola sexfolia* S. H. Fu (1965).

[4] Unterschiede zu den anderen ssp.: **Blä** in Quirlen zu ± 6 an 1 oder 2 Knoten der **Blü**triebe; **Cal**zipfel linealisch, papillat, Basis dreieckig-eiförmig, bis 3.7 - 4.5 × 1.2 - 1.5 mm.

Der Name der Unterart wurde ursprünglich 'sexifolia' geschrieben.

R. coccinea (Royle) Borissova (in Komarov & al. (eds.), Fl. URSS 9: 41, 1939). **T:** Indien, Kaschmir (*Royle* s.n. [K, LE]). – **D:** Zentralasien, Afghanistan, Himalaya bis SW China.

≡ *Sedum coccineum* Royle (1835) ≡ *Sedum quadrifidum* ssp. *coccineum* (Royle) J. P. Kozhevnikov (1988).

R. coccinea ssp. **coccinea** – **D:** Afghanistan, Bhutan, NW Indien, Kaschmir, Nepal, Tibet, China (Gansu, Qinghai, Sichuan, Xinjiang); alpine Gebiete, steinige Böden und Felsen, 2600 - 4900 m, Blüten später Juni bis August. **I:** Ohba (1982a: 154). **Fig. XXVII.e**

Incl. *Rhodiola asiatica* D. Don (1825) ≡ *Sedum asiaticum* (D. Don) De Candolle (1828) ≡ *Chamaerhodiola asiatica* (D. Don) Nakai (1934); **incl.** *Sedum juparense* Frödeström (1935) ≡ *Rhodiola juparensis* (Frödeström) S. H. Fu (1965).

[9] Zweihäusig, polsterbildend, 1 - 5 cm hoch; Rhizome dick, meist basal in schlanke, karottenähnliche **Wu** verjüngt, Zweige der Rhizome 0.5 - 8 × 1 - 3 cm ∅; **Blü**triebe 5 - 10 aus jedem Zweig der Rhizome, büschelig-aufrecht, kahl, ± 1 mm ∅, trocken ausdauernd, strohgelb oder bräunlich; **Blä** ± flach, weit ausgebreitet, sitzend, linealisch bis linealisch-elliptisch, 3 - 7 × 0.6 - 1.2 mm, kahl, glatt, Spitze rund bis spitz, Basis verschmälert, Ränder ganz; **Inf** Dichasien aber manchmal zu einzelnen, endständigen **Blü** reduziert; **Ped** < 2 mm, glatt; **Blü** 4-zählig, 3 - 4 mm ∅; **Cal** 2.5 - 3.5 mm, fleischig, kahl, **Rö** trichterig, 0.6 - 1.2 mm, Zipfel linealisch-eiförmig bis pfriemlich, 1.4 - 2.5 mm; **Pet** rot oder gelb, länglich verkehrt eiförmig bis schmal länglich eiförmig, 2.5 - 3.5 mm, ausgebreitet (männlich) oder fast aufrecht bis ausgebreitet (weiblich); **St** so lang wie oder länger als die **Pet**, aufsteigend bis fast aufrecht; **Anth** rot; **NSch** schmal länglich bis länglich pfriemlich, gelb, 0.6 - 1.3 mm; **Ca** 4 - 6 mm (1.5 - 2× so lang wie die **Pet**) (weiblich) [oder 2 - 3.5 mm (männlich)], mit je ± 6 **Sa**anlagen; **Fr** 6 - 7 mm, aufrecht, rotbraun; **Sa** elliptisch, 1.6 - 1.8 mm, Spitze rund, endständig ± geflügelt, leuchtend braun, längs gestreift.

R. coccinea ssp. **scabrida** (Franchet) H. Ohba (J. Fac. Sci. Univ. Tokyo, Sect. 3, Bot. 13(2): 153, 1982). **T:** China, Yunnan (*Delavay* s.n. [P]). – **D:** E Himalaya (Sikkim), E Tibet, SW China (W Sichuan, NW Yunnan); Felsritzen, 2200 - 5300 m. **I:** Ohba (1982a: 144).

≡ *Sedum scabridum* Franchet (1896) ≡ *Chamaerhodiola scabrida* (Franchet) Nakai (1934) ≡ *Rhodiola scabrida* (Franchet) S. H. Fu (1965); **incl.** *Sedum likiangense* Frödeström (1935) ≡ *Rhodiola likiangensis* (Frödeström) S. H. Fu (1965); **incl.** *Sedum brachystylum* Frödeström (1942).

[9] Unterschiede zu ssp. *coccinea*: **Blü**triebe ± purpurrot, dicht papillat bis aufgerauht, 3 - 5 cm hoch; **Blä** linealisch, 3 - 9 × 0.6 - 1.5 mm, Spitze stumpf, spitz oder spitz zulaufend; **Inf** 1- bis 4-blütig; **Blü** 5-zählig, ± purpurrot; **Ca** 3 - 5 mm mit je 6 - 12 **Sa**anlagen; **Fr** 6 - 8 mm; **Sa** 2 - 2.5 mm, linealisch, braun, geflügelt.

R. crenulata (Hooker *fil.* & Thomson) H. Ohba (J. Jap. Bot. 51(12): 386-387, 1976). **T:** Sikkim (*Hooker* s.n. [K]). – **D:** Nepal, Sikkim, Bhutan, Tibet, China (Qinghai, Sichuan, Yunnan); Dickichte, grasige Hänge, Schiefer an Berghängen, felsige Stellen, Felsspalten, 2800 - 5600 m, Blüten Juni bis Juli. **I:** Ohba (1975: 310, als *Sedum*). **Fig. XXVII.f, XXVII.g**

≡ *Sedum crenulatum* Hooker *fil.* & Thomson (1858); **incl.** *Sedum rotundatum* Hemsley (1896) ≡ *Sedum bupleuroides* var. *rotundatum* (Hemsley) Frödeström (1930) ≡ *Rhodiola rotundata* (Hemsley) S. H. Fu (1965); **incl.** *Sedum rotundatum* var. *oblongatum* C. Marquand & Shaw (1929); **incl.** *Sedum euryphyllum* Frödeström (1931) ≡ *Rhodiola euryphylla* (Frödeström) S. H. Fu (1965); **incl.** *Sedum megalanthum* Frödeström (1935); **incl.** *Sedum megalophyllum* Frödeström (1942) ≡ *Rhodiola megalophylla* (Frödeström) S. H. Fu (1965).

[7] Zweihäusig, bis 21 cm hoch; Rhizome dick, fast zylindrisch, 2 - 2.5 cm ∅; **Blü**triebe meist büschelig-aufrecht, robust, 7 - 9 mm ∅, kahl, wachsig gelblich grün oder ± rosa, später rostbraun werdend, untere Teile für 1 Jahr nach der **Fr**reife ausdauernd und dunkel purpurbraun werdend, oft glänzend; **Blä** gestielt, Stiel 0.8 - 2 × 1.7 - 2 mm, ± zusammengedrückt, Spreite kahl, breit elliptisch, elliptisch oder länglich elliptisch, 10 - 33 × 5.5 - 17 mm, Spitze rund, Basis rund oder stumpf, Ränder fein gekerbt bis gefranst, selten fast ganzrandig; **Inf** 20- bis 40-blütig, dicht, kompakt, 1.5 - 2 × 1.5 - 2.5 cm ∅; **Ped** kahl, 3 - 5 mm; **Cal** 4 - 9 mm, Zipfel 2.6 - 6 mm, linealisch bis linealisch-elliptisch; **Pet** länglich eiförmig oder verkehrt eiförmig bis eckig verkehrt eiförmig, 4.5 - 7 mm, leuchtend blutrot oder rötlich purpurn; **St** wenig länger als die **Pet**; **Fil** 4 - 6.5 mm; **Anth** ± purpurrot; **NSch** länglich, 0.8 - 1.2 mm, rötlich; **Ca** 7 - 10 mm, je mit 8 - 12 **Sa**anlagen, in die unauffälligen **Gr** verjüngt; **Fr** schmutzig rot oder braun, 12 - 13 mm; **Sa** rötlich braun, 2 - 2.3 mm, ellipsoid.

R. cretinii (Hamet) H. Ohba (J. Jap. Bot. 51(12): 386, 1976). **T** [lecto]: Sikkim (*Smith & Cave* 1206 [CAL, LYD]). – **D**: E Himalaya bis China.

≡ *Sedum cretinii* Hamet (1916) ≡ *Sedum crassipes* var. *cretinii* (Hamet) Fröderström (1930) ≡ *Chamaerhodiola cretinii* (Hamet) Nakai (1934) ≡ *Sedum wallichianum* var. *cretinii* (Hamet) H. Hara (1966) ≡ *Rhodiola crassipes* var. *cretinii* (Hamet) H. Jacobsen (1973).

R. cretinii ssp. **cretinii** – **D**: E Himalaya: NE Indien (Assam), Nepal, Bhutan, Sikkim, Tibet; 3700 - 4100 m, Blüten von mitte Juni bis August. **Fig. XXVIII.c**

[7] Zweihäusig, bis 12 cm hoch; Rhizome kriechend, schlank, sprossend, 2 - 4 mm ⌀; **Blü**triebe 2 - 3, 0.7 - 1.1 mm ⌀, kahl; **Blä** dicht gestellt, weit ausgebreitet, sitzend, linealisch oder sehr schmal elliptisch oder linealisch verkehrt lanzettlich, 7 - 14 × 1.5 - 2.8 mm, Spitze spitz oder stumpf, Basis lang verschmälert, Rand ganz oder sehr fein gekerbt, kahl, manchmal in den spitzennahen Teilen rötlich; **Inf** 3- bis 20-blütig, ± 2 × 3 cm ⌀; **Ped** 1 - 5 mm; **Cal** 3.5 - 5.5 mm, kahl, Zipfel pfriemlich oder linealisch, 2.8 - 4.5 mm; **Pet** grünlich oder gelblich weiss, sehr schmal elliptisch oder linealisch verkehrt lanzettlich, 3.5 - 6 mm, aufsteigend; **St** wenig länger als die **Pet**; **Fil** 5 - 7 mm; **Anth** dunkel purpurrot; **NSch** breit länglich, 0.6 - 0.9 mm, hellgelb bis gelblich orange; **Ca** 5 - 7 mm, verjüngt; **Fr** 7 - 10 mm; **Sa** 1.6 - 1.9 × 0.5 - 0.7 mm.

R. cretinii ssp. **sino-alpina** (Fröderström) H. Ohba (J. Jap. Bot. 52(9): 264-266, 1977). **T**: China, Yunnan (*Handel-Mazzetti* 9752 [W, E]). – **D**: China (NW Yunnan); 4300 - 4400 m. **I**: Ohba (1981a: 116).

≡ *Sedum rosea* var. *sino-alpinum* Fröderström (1931) ≡ *Rhodiola sino-alpina* (Fröderström) S. H. Fu (1965).

[7] Unterschiede zu ssp. *cretinii*: **Blü**triebe 2 - 5 cm hoch; **Blä** elliptisch bis länglich spatelig, ganzrandig, 5 - 9 × 3.2 mm; **Inf** 1- bis 5-blütig.

R. discolor (Franchet) S. H. Fu (Acta Phytotax. Sin. 10(Addit. 1): 124, 1965). **T**: China, Yunnan (*Delavay* 3771 [P]). – **D**: Nepal, Sikkim, SE Tibet, SW China (W Sichuan, NW Yunnan); Wälder, grasige Hänge, Falsklippen, 2800 - 4300 m, Blüten mitte Juni bis mitte August. **I**: Ohba (1975: 329, als *Sedum*). **Fig. XXVIII.a**

≡ *Sedum discolor* Franchet (1896) ≡ *Sedum bupleuroides* var. *discolor* (Franchet) Fröderström (1930).

[7] Zweihäusig, bis 25 cm hoch; Rhizome zylindrisch, verlängert, 0.7 - 1.4 cm ⌀, verzweigt; **Blü**triebe 2 - 3 aus jedem Rhizomzweig, glatt, kahl, hellgrün, 1.5 - 2.5 mm ⌀; **Blä** ausgebreitet, sitzend, linealisch-eiförmig bis schmal länglich elliptisch, 9 - 25 × 2 - 4 mm, kahl, Unterseite hellgrün und glauk, spitzennah oft rötlich, Spitze spitz, Basis gestutzt, Ränder entfernt und unregelmässig gezähnelt; **Inf** 6- bis 20-blütig; **Ped** kahl; **Cal** 3.5 - 5 mm, kahl, Zipfel dreieckig-lanzettlich oder pfriemlich, 2.5 - 3 mm; **Pet** dunkel purpurrot oder tiefpurpurn, länglich elliptisch bis länglich lanzettlich (männlich), länglich bis länglich lanzettlich (weiblich), 5 - 6 mm (männlich) oder 3 - 4 mm (weiblich); **St** deutlich kürzer als die **Pet**; **Fil** dunkel purpurrot oder tiefpurpurn, 4.5 - 5.5 mm; **Anth** dunkelpurpurn oder dunkel ± purpurrot; **NSch** länglich oder quadratisch-eiförmig, 0.7 - 1.2 mm, auffällig tief rotpurpurn; **Ca** 7 - 9 mm, mit je 10 - 14 **Sa**anlagen, obere Teile bauchseitig abrupt auswärts gebogen; **Gr** kurz, 0.6 mm; **Fr** 8 - 10 mm, rötlich braun; **Sa** schmal ellipsoid, 2.5 - 3 mm.

R. dumulosa (Franchet) S. H. Fu (Acta Phytotax. Sin. 10(Addit. 1): 119, 1965). **T**: Mongolei (*David* 2288 [P]). – **D**: Bhutan, Myanmar, Mongolei?, W China (weit verbreitet); Felsen an Hängen, 1600 - 4100 m. **I**: Ohba (1980: 393).

≡ *Sedum dumulosum* Franchet (1883) ≡ *Chamaerhodiola dumulosa* (Franchet) Nakai (1934); **incl.** *Sedum rendlei* Hamet (1913) ≡ *Sedum dumulosum* var. *rendlei* (Hamet) Fröderström (1930); **incl.** *Sedum rariflorum* N. E. Brown (1914); **incl.** *Sedum farreri* W. W. Smith (1916) ≡ *Rhodiola dumulosa* fa. *farreri* (W. W. Smith) H. Jacobsen (1973); **incl.** *Chamaerhodiola wulingensis* Nakai (1934) ≡ *Sedum wulingense* (Nakai) Kitagawa (1939) ≡ *Rhodiola wulingensis* (Nakai) Kitagawa (1979); **incl.** *Sedum talihsiense* Fröderström (1936).

[4] Zwitterig, bis 15 cm hoch; Rhizome zylindrisch oder karottenförmig, bis 1 cm ⌀, spärlich verzweigt, Knospen ab der späten Anthese deutlich auffallend, eiförmig bis ellipsoid, 5 - 10 mm lang; **Blü**triebe 5 - 10, ± büschelig-aufrecht, einfach, kahl; **Blä** dicht gestellt, aufsteigend bis ausgebreitet, sitzend, linealisch bis linealisch-lanzettlich bis -elliptisch, 10 - 16 (-22) × 1.5 - 2.5 mm, dick krautig, kahl, Spitze stumpf, Rand ganzrandig oder fast so; **Inf** 4- bis 20-blütig; **Ped** 1 - 3 mm; **Blü** 6 - 8 mm ⌀; **Cal** 6 - 7.5 mm, kahl, Zipfel pfriemlich bis linealisch-pfriemlich, 3 - 4.5 mm; **Pet** länglich bis verkehrt lanzettlich oder schmal verkehrt eiförmig, grünlich weiss bis cremefarben, aufrecht bis fast aufrecht, Spitze spitz zulaufend, Ränder ganz bis dicht ausgefranst, 8 - 11 mm; **St** deutlich kürzer als die **Pet**, aufrecht; **Anth** schwärzlich rot; **NSch** quer länglich bis quadratisch, 0.6 - 0.8 mm; **Ca** 8 - 10 mm mit je 8 - 10 **Sa**anlagen; **Fr** 10 - 15 mm; **Sa** elliptisch, ± 1.2 mm, beide Enden geflügelt, braun, längs gestreift.

R. fastigiata (Hooker *fil*. & Thomson) S. H. Fu (Acta Phytotax. Sin. 10 (Addit. 1): 122, 1965). **T**: Sikkim (*Hooker* s.n. [K]). – **D**: Himalaya (Kaschmir, Indien, Nepal, Sikkim, Bhutan), Tibet, SW China (Sichuan, Yunnan); felsige Hänge, 3500 -

5400 m, Blüten später Juni bis August. **I:** Ohba (1975: 351, 353, als *Sedum*). **Fig. XXVIII.d**

≡ *Sedum fastigiatum* Hooker *fil.* & Thomson (1858) ≡ *Sedum quadrifidum* var. *fastigiatum* (Hooker *fil.* & Thomson) Fröderström (1930) ≡ *Chamaerhodiola fastigiata* (Hooker *fil.* & Thomson) Nakai (1934).

[9] Zweihäusig, 6 - 13 cm hoch; Rhizome verlängert, fast zylindrisch, 2 - 3 cm ⌀, spärlich verzweigt; **Blü**triebe 8 - 20, büschelig-aufrecht, meist grün, selten rötlich, 0.8 - 2 mm ⌀, Reste alter **Tr** dunkelrot oder strohfarben; **Blä** auf der ganzen **Tr**länge dicht gestellt, ausgebreitet, sitzend, linealisch-lanzettlich oder linealisch verkehrt lanzettlich oder lanzettlich, 8 - 12 × 1.2 - 1.5 mm, kahl, Spitze rund, Basis verschmälert, Rand fast ganzrandig; **Inf** 6- bis 17-blütig, 1 - 1.5 cm (männlich) oder 1.5 - 2.5 cm (weiblich) ⌀; **Ped** 1 - 4 mm, oft papillat; **Blü** meist 5-zählig (gelegentlich 4-zählig), 4 - 8 mm ⌀; **Cal** 2.8 - 4 mm, kahl, Zipfel schmal dreieckig-eiförmig oder linealisch-lanzettlich, 2.3 - 3.5 mm; **Pet** schmal elliptisch, linealisch-lanzettlich oder schmal länglich, 3.5 - 6 mm, cremeweiss oder gelb, oft aussenseits rötlich, aufsteigend (männlich) oder fast aufrecht (weiblich); **St** wenig länger als die **Pet**; **Fil** cremeweiss, oft rötlich, 4 - 6 mm; **Anth** rot; **NSch** quadratisch oder quadratisch-eiförmig, 0.6 - 0.8 mm, leuchtend oder tief gelb; **Ca** 6 - 8 mm, je mit 14 - 16 **Sa**anlagen, verjüngt; **Gr** kurz, ± 1 mm; **Fr** 8 - 10 mm; **Sa** schmal länglich ellipsoid mit verlängerter Spitze, rötlich oder kastanienbraun, 1.5 - 2.5 mm.

R. gelida Schrenk *ex* Fischer & C. A. Meyer (Enum. Pl. Nov. Schrenk 1: 67-71, 1841). **T:** Sibirien (*Schrenk* 692 [LE]). – **D:** E Russland, Tadschikistan, Mongolei, China (Xinjiang); grasige Hänge und Felsen, 2800 - 4200 m. **I:** Ohba (1982a: 144).

≡ *Sedum gelidum* (Schrenk *ex* Fischer & C. A. Meyer) Karelin & Kirilow (1842) ≡ *Chamaerhodiola gelida* (Schrenk *ex* Fischer & C. A. Meyer) Nakai (1934); **incl.** *Sedum dubium* Paulsen (1922).

[9] Zweihäusig, 3 - 10 cm hoch; Rhizome massiv, basal in eine dicke, zylindrische **Wu** auslaufend; Rhizomzweige zylindrisch, 1 - 1.5 cm ⌀; **Blü**triebe büschelig-aufrecht, ± 1 mm ⌀, verdorrt ausdauernd, kahl; **Blä** wechselständig, locker angeordnet, sitzend, aufsteigend bis ausgebreitet, länglich bis schmal eiförmig, 6 - 10 × 2.3 - 4 mm, kahl, glatt, Spitze rund, Basis gestutzt, Ränder spärlich gezähnelt bis fast ganzrandig; **Inf** 4- bis 10-blütig, 0.6 - 1.5 × 1 - 2 cm ⌀; **Ped** < 1 mm, glatt; **Blü** 4-zählig, 3 - 4 mm (männlich) oder 4 - 5 mm (weiblich) lang; **Cal** 2.5 - 3.5 mm, **Rö** ± 1 mm, Zipfel länglich bis breit länglich, 1.8 - 2.2 mm (männlich) oder 2 - 2.5 mm (weiblich); **Pet** gelb, länglich bis länglich eiförmig (männlich) oder schmal länglich (weiblich), 3 - 4 mm (männlich) oder 1.8 - 2.2 mm (weiblich), aufsteigend bis fast aufrecht; **St** wenig länger als die **Pet** (männlich); **NSch** länglich bis schmal länglich, 1.1 - 1.3 mm; **Ca** 5 - 6 mm [± 3 mm (männlich)], je mit ± 12 **Sa**anlagen.

R. gelida scheint sich von *R. quadrifida* durch die länglichen bis schmal eiförmigen Blätter mit oft grob oder unregelmässig gezähnelten Rändern, sowie die länglichen bis breit länglichen Kelchzipfel unterscheiden zu lassen.

R. handelii H. Ohba (J. Jap. Bot. 52(10): 307-308, 1977). **T:** China, Sichuan (*Handel-Mazzetti* 2674 p.p. [GB]). – **D:** SW China (Sichuan). **I:** Ohba (1980: 371).

≡ *Sedum handelii* (H. Ohba) R. Stephenson (1994) (*nom. inval.*, Art. 33.1, 33.2).

[2] Zwittrig, 1.5 cm hoch; Rhizome zylindrisch, 5 - 10 mm ⌀, reich verzweigt; **Ros** mit 20 - 40 **Blä**, 3 - 5 mm ⌀, verdorrte **Blä** des Vorjahres unterhalb der lebenden **Blä** ausdauernd; grundständige **Blä** gestielt, gespornt, einjährig aber mit ausdauerndem Stielteil, **Bla**stiele flach, 4 - 5.5 mm, länger als die Spreite, in der Mitte ± 0.4 mm breit, zur Basis verbreitert (1.5 - 1.7 mm), Sporn mondsichelförmig, ± 0.6 mm, Spreite flach, länglich, 1.5 - 3.5 (-4) × 0.8 - 1.7 mm, kahl, Spitze rund, Rand ganzrandig, Basis in den Stiel verjüngt; Schuppen**Blä** dreieckig, braun, 1.6 - 2 × 2 - 2.5 mm; **Blü**triebe kahl; Stengel-**Blä** flach, sitzend, ungespornt, spatelig bis verkehrt lanzettlich, 3.5 - 4 × 1 - 1.3 mm, kahl, Spitze rund, Basis lang verschmälert, Ränder ganz; **Inf** 1- (bis 3-) blütig; **Blü** 4- oder 5-zählig, 3 - 3.5 mm ⌀; **Sep** frei, schmal eiförmig bis schmal länglich eiförmig, 3.2 - 3.7 mm, kahl, auffällig gespornt, Sporn 3.2 - 3.7 mm; **Pet** dreieckig-eiförmig bis länglich eiförmig, 2.5 - 2.7 mm; **St** wenig kürzer als die **Pet**; **Anth** rötlich; **NSch** länglich, 1 - 1.2 mm, rötlich; **Ca** 2.2 - 2.5 mm, je mit 8 - 10 **Sa**anlagen.

R. heterodonta (Hooker *fil.* & Thomson) Borissova (in Komarov & al. (eds.), Fl. URSS 9: 32, 1939). **T:** Kaschmir (*Thomson* s.n. [K]). – **D:** Afghanistan, Pakistan, Tadschikistan, Kaschmir, Indien (Kumaon), Nepal, Tibet, Mongolei, China (Xinjiang); Hänge, Tobelseiten, 2800 - 4700 m, Blüten Juni bis August. **I:** Praeger (1921a: 35, als *Sedum*). **Fig. XXVIII.e**

≡ *Sedum heterodontum* Hooker *fil.* & Thomson (1858) ≡ *Sedum rosea* var. *heterodontum* (Hooker *fil.* & Thomson) Fröderström (1930).

[7] Zweihäusig, bis 40 cm hoch; Rhizome fast zylindrisch oder schmal eiförmig, 2 - 3 cm ⌀, spärlich verzweigt, aufrecht bis fast aufrecht; **Blü**triebe robust, hellgrün, etwas glauk, kahl, 10 - 25 cm hoch, 4 - 7 mm ⌀, sich nach dem Blühen bis 25 - 40 cm verlängernd, dann 6 - 10 mm ⌀; **Blä** ± entfernt angeordnet, sitzend, dreieckig, fünfeckig oder breit fünfeckig-eiförmig, 12 - 25 × 10 - 15 mm, Spitze spitz oder stumpf, Basis seicht herzförmig bis ± geöhrt oder selten gestutzt, Ränder grob 2- bis 6-zähnig oder geschweift bis fast ganzrandig, hellgrün, unterseits etwas glauk; **Inf** sehr dicht, kom-

pakt, kopfig, 80- bis 120-blütig, meist ohne **Bra**, 1 - 2 × 2.5 - 3 cm ⌀; **Blü** fast sitzend; **Cal** 3 - 4.5 mm, kahl, Zipfel linealisch, 2.5 - 4 mm, fast aufrecht; **Pet** sehr schmal rhombisch-elliptisch bis länglich (männlich) oder linealisch (weiblich), 3.5 - 4.5 mm (männlich) oder 1.8 - 2.3 mm (weiblich), gelblich oder grünlich weiss, aufrecht (männlich) oder aufsteigend (weiblich); **St** auffällig länger als die **Pet**; **Fil** 5.5 - 9 mm; **Anth** trüb ± purpurrot; **NSch** länglich, 0.8 - 1.1 mm, orangegelb; **Ca** 5 - 6 mm, je mit 20 - 30 **Sa**anlagen; **Gr** kurz, < 0.6 mm; **Fr** 6 - 8 mm; **Sa** fast ellipsoid, 1.2 - 1.5 mm, Spitze gerundet, braun.

Fu & Ohba (2001: 262) nennen auch ein Vorkommen dieser Art in Iran.

R. himalensis (D. Don) S. H. Fu (Acta Phytotax. Sin. 10 (Addit. 1): 121, 1965). **T:** Nepal (*Wallich s.n.* [BM]). – **D:** Himalayaländer bis SW und C China.

≡ *Sedum himalense* D. Don (1825) ≡ *Sedum quadrifidum* var. *himalense* (D. Don) Fröderström (1930) ≡ *Chamaerhodiola himalensis* (D. Don) Nakai (1934).

R. himalensis ssp. **bouvieri** (Hamet) H. Ohba (J. Fac. Sci. Univ. Tokyo, Sect. 3, Bot. 13(2): 137, 1982). **T:** Nepal (*Duthie 5565* p.p. [DD, BM, K]). – **D:** W Nepal. **I:** Ohba (1975: 358, als *Sedum bouvieri*).

≡ *Sedum bouvieri* Hamet (1916) ≡ *Sedum quadrifidum* var. *bouvieri* (Hamet) Fröderström (1930) ≡ *Chamaerhodiola bouvieri* (Hamet) Nakai (1934) ≡ *Rhodiola himalensis* var. *bouvieri* (Hamet) H. Jacobsen (1973) ≡ *Rhodiola bouvieri* (Hamet) H. Ohba (1976).

[9] Unterschiede zu ssp. *himalensis*: **Blä** eiförmig, dicht papillat, Papillen 0.2 - 0.4 mm.

R. himalensis ssp. **himalensis** – **D:** Himalaya (Nepal, Sikkim, Bhutan), Tibet, SW China (NW Sichuan, Yunnan); Wälder, Buschwerk, Hänge, 3700 - 4200 m, Blüten mitte Juni bis August. **I:** Praeger (1921a: 52, als *Sedum*). **Fig. XXVIII.f, XXVIII.g**

Incl. *Sedum coriaceum* Wallich *ex* Hooker *fil.* & Thomson (1858).

[9] Zweihäusig, bis 50 cm hoch; Rhizome zylindrisch, 2 - 4 cm ⌀, bis 40 cm lang, kriechend mit Ausnahme des aufsteigenden, oberen Teils; **Blütriebe** 12 - 25, büschelig-aufrecht, rötlich, dicht papillat, Überbleibsel alter **Tr** rötlich braun; **Blä** ausgebreitet, sitzend, länglich verkehrt lanzettlich oder schmal elliptisch, 6 - 20 × 2.5 - 7 mm, Spitze stumpf oder spitz, Basis verschmälert, Ränder entfernt und unregelmässig gekerbt-gezähnelt oder fast ganzrandig, oberseits dunkel- bis tiefgrün, unterseits etwas glauk oder hellgrün, entlang der Ränder dicht papillat; **Inf** 10- bis 50-blütig, 2.5 - 4 cm (männlich) oder 4 - 10 cm (weiblich) ⌀; **Ped** 0.8 - 3 mm, papillat, rötlich; **Blü** 6 - 8 mm (männlich) oder 4 - 5 mm (weiblich) ⌀; **Cal** 4 - 5.5 mm, kahl, **Rö** 2 - 3.5 mm, Zipfel 1.5 - 3 mm, schmal dreieckig oder pfriemlich; **Pet** dunkel rotpurpurn, länglich eiförmig oder schmal länglich eiförmig, 2.5 - 4.5 mm, ausgebreitet (männlich) oder fast aufrecht (weiblich); **St** kürzer als die **Pet**; **Fil** 2 - 3 mm; **Anth** tief rotpurpurn; **NSch** quadratisch oder quadratisch-eiförmig, 0.7 - 0.9 mm, schwärzlich purpurn; **Ca** 4.5 - 5.5 mm, je mit 10 - 14 **Sa**anlagen; **Gr** 0.5 mm; **Fr** 7 - 8 mm; **Sa** ellipsoid mit verlängerter Spitze, 2.5 - 3 mm, kastanienbraun.

R. himalensis ssp. **taohoensis** (S. H. Fu) H. Ohba (J. Fac. Sci. Univ. Tokyo, Sect. 3, Bot. 13(2): 140, 1982). **T:** China, Gansu (*Taoho Exped. 3340* [PE]). – **D:** China (S Gansu, Qinghai); schattige Hänge, 2600 - 3800 m. **I:** Ohba (1982a: 144).

≡ *Rhodiola taohoensis* S. H. Fu (1965) ≡ *Sedum himalense* ssp. *taohoense* (Fu) J. P. Kozhevnikov (1989).

[9] Unterschiede zu ssp. *himalensis*: **Blä** sehr schmal länglich bis schmal länglich, ganzrandig, Papillen < 0.1 mm auf beiden Oberflächen; **Cal** mässig papillat (bis glatt).

R. hobsonii (Prain *ex* Hamet) S. H. Fu (Acta Phytotax. Sin. 10(Addit. 1): 118, 1965). **T:** Tibet (*Hobson s.n.* [K]). – **D:** Bhutan, Sikkim, Tibet; Wälder, Dickichte, Felsritzen, 2600 - 4100 m, Blüten später August bis September. **I:** Hamet (1926: 331). **Fig. XXIX.e**

≡ *Sedum hobsonii* Prain *ex* Hamet (1913); **incl.** *Sedum praegerianum* W. W. Smith (1915); **incl.** *Sedum mirabile* H. Ohba (1974).

[1] Zwitterig, bis 7 - 12 cm hoch; Rhizome dick, 1 - 5 cm lang, 1 - 1.5 cm ⌀; grundständige **Blä** fleischig, einziehend, **Blä**stiel 7 - 10 mm, flach, allmählich zur Basis verbreitert, Basis 2 - 4 mm breit, Spreite lanzettlich oder linealisch-eiförmig, 7.5 - 10 × 3.2 - 4 mm, Spitze stumpf, Rand ganz; **Blütriebe** 2 - 18, aufsteigend, kahl, 1 - 1.8 mm ⌀; **Blä** weit ausgebreitet, sitzend, spatelig bis pflasterkellenförmig oder schmal länglich eiförmig, 6 - 15 × 2 - 4.5 mm, Spitze stumpf bis rund, Basis kurz verschmälert, ganzrandig, kahl; **Inf** wickelige Cymen, 5- bis 10-blütig, 0.7 - 3.5 × 1.2 - 4.5 cm ⌀; **Blü** 7 - 9 mm ⌀; **Cal** 4.4 - 7 mm, kahl, Zipfel lanzettlich bis lang eiförmig, 3.5 - 5.2 mm; **Pet** lanzettlich oder länglich elliptisch, 5.5 - 7.6 mm, rosa, fast aufrecht; **St** kürzer als die **Pet**; **Fil** 5.2 - 6.3 mm; **Anth** dorsifix, auf der Bauchseite mit 2 Schlitzen längs aufreissend, dunkel ± purpurrot; **NSch** länglich, 0.8 - 1 mm, rötlich; **Ca** 5.5 - 7.5 mm, aufrecht; **Gr** 1.2 - 2 mm; **Fr** 6 - 8 mm, jeder Balg mit 10 - 24 **Sa**, diese länglich, 1 - 1.3 mm, hellbraun.

R. hookeri S. H. Fu (Acta Phytotax. Sin. 10(Addit. 1): 124, 1965). **T:** Nepal (*Wallich 7233a* [K, BM, CAL]). – **D:** Himalaya (Nepal bis Bhutan). **Fig. XXIX.a**

Incl. *Sedum elongatum* Wallich *ex* Hooker *fil.* & Thomson (1858) (*nom. illeg.*, Art. 53.1); **incl.** *Sedum bhutanense* Praeger (1921); **incl.** *Sedum bhutanicum* Praeger (1921) (*nom. illeg.*, Art. 52.1) ≡ *Rhodiola bhutanica* (Praeger) S. H. Fu (1965); **incl.** *Sedum hookeri* N. P. Balakrishnan (1970) (*nom. illeg.*, Art. 52.1); **incl.** *Sedum thomsonianum* H. Ohba (1973) (*nom. illeg.*, Art. 52.1).

[7] Unterschiede zu *R. bupleuroides* var. *bupleuroides*: **Blä** rechteckig, Rand spärlich und unregelmässig gesägt; **Blütriebe** grünlich, aufrecht, dick, bis 8 mm ∅; **Blü** grünlich.

R. humilis (Hooker *fil.* & Thomson) S. H. Fu (Acta Phytotax. Sin. 10(Addit. 1): 119, 1965). **T:** Sikkim (*Hooker* s.n. p.p. [K]). – **D:** Nepal, Sikkim, Tibet, China (Qinghai); alpine Wiesen, 3900 - 4500 m, Blüten August bis September. **I:** Ohba (1975: 294, als *Sedum*).

≡ *Sedum humile* Hooker *fil.* & Thomson (1858) ≡ *Chamaerhodiola humilis* (Hooker *fil.* & Thomson) Nakai (1934); **incl.** *Sedum levii* Hamet (1909); **incl.** *Sedum karpelesae* Hamet (1911) ≡ *Rhodiola karpelesae* (Hamet) S. H. Fu (1965); **incl.** *Sedum barnesianum* Praeger (1921).

[2] Zwitterig, gewöhnlich 2 - 3 cm hoch; Rhizome dick, zylindrisch, 1.5 - 2 cm lang, 0.5 - 1.5 cm ∅; grundständige **Blä** 10 - 20, aufrecht, lang gestielt, Stiel 8 - 18 × 0.4 - 1 mm, zur Basis ± verbreitert, Spreite linealisch-elliptisch bis schmal rhombisch-lanzettlich oder schmal verkehrt lanzettlich, 3 - 8 × 1.2 - 2.3 mm, kahl, Spitze rund oder stumpf, Rand ganz; tote Stiele der **Blä** aus früheren Jahren zu schuppigen Anhängseln zerfallend, lang ausdauernd, dicht gehäuft, steif werdend, schwärzlich oder kastanienbraun; **Blütriebe** 3 - 5, einjährig, aufrecht, kahl, ± 0.9 mm ∅; **Blä** dicht gestellt, weit ausgebreitet, sitzend, linealisch-eiförmig oder linealisch-elliptisch, 4.5 - 9.5 × 0.9 - 2.3 mm, Spitze rund, Basis verschmälert, ganzrandig, kahl; **Blü** meist 8 - 11 mm ∅, meist einzeln aber selten kleine, 2- bis 4-blütige Ebensträusse bildend; **Ped** 1.2 - 2 mm; **Cal** 3.2 - 5 mm, kahl, **Rö** 0.6 - 1.5 mm, Zipfel eiförmig, 2.6 - 3.5 mm, aufsteigend; **Pet** länglich eiförmig oder eiförmig mit runder Spitze, 5 - 6.5 mm, meistens weiss, aufsteigend; **St** kürzer als die **Pet**, fast aufrecht; **Fil** 3 - 5 mm, weisslich; **Anth** rötlich; **NSch** quer länglich oder niedergedrückt-eiförmig, 0.5 - 0.9 mm, vermutlich ± orange; **Ca** 4 - 7.5 mm, aufrecht, je mit 8 - 10 **Sa**anlagen; **Gr** 0.5 - 1.7 mm; **Sa** länglich, Spitze rund, bräunlich, längs gestreift.

R. imbricata Edgeworth (Trans. Linn. Soc. London 20(1): 47, 1846). **T:** Indien, Kumaon (*Edgeworth* s.n. [K]). – **D:** Indien (Kumaon), Nepal; Blüten Juni bis August. **I:** Ohba (1975: 305, als *Sedum*).

≡ *Sedum imbricatum* (Edgeworth) Walpers (1848); **incl.** *Sedum imbricatum* Hooker *fil.* & Thomson (1858) (*nom. illeg.*, Art. 53.1).

[7] Zweihäusig, bis 30 cm hoch; Rhizome fast zylindrisch bis verlängert-eiförmig, 2 - 2.5 cm ∅, spärlich verzweigt; **Blütriebe** kahl, 10 - 20 cm, 4 - 6 mm ∅, nach der **Blü**zeit auf 20 - 30 cm verlängert, 6 - 9 mm ∅; **Blä** dicht gestellt, sitzend, verkehrt lanzettlich bis schmal elliptisch, 2 - 3 cm × 3 - 7 mm, kahl, Spitze spitz, Basis rund oder keilförmig, Ränder beinahe ganzrandig bis in der oberen ½ entfernt gezähnelt und in der unteren ½ fast ganzrandig; **Inf** 1 - 1.5 × 2.5 - 3 cm ∅, kompakt, 20- bis 40-blütig; **Ped** 3 - 5 mm, kahl; **Cal** 4.5 - 6.5 mm, **Rö** 1.2 - 2 mm, Zipfel linealisch bis pfriemlich, 3 - 4 mm; **Pet** eckig verkehrt lanzettlich oder länglich verkehrt eiförmig, 5 - 6.5 mm; **St** deutlich länger als die **Pet**; **Fil** 5.5 - 8 mm; **Anth** dunkel ± purpurrot; **NSch** breit länglich, 0.7 - 1.2 mm, dunkelrot; **Ca** 3 - 5 mm, je mit 8 - 10 **Sa**anlagen, in den unauffälligen **Gr** verjüngt; **Fr** 8 - 12 mm; **Sa** 1.5 mm, ellipsoid.

R. integrifolia Rafinesque (Atl. J. 1: 146, 1832). **T:** USA (*Edwin James* s.n. [NY]). – **D:** Sibirien bis Sachalin und Kurilen, Nordamerika.

≡ *Sedum integrifolium* (Rafinesque) Nelson (1909) ≡ *Rhodiola rosea* var. *integrifolia* (Rafinesque) Jepson (1925) ≡ *Sedum rosea* var. *integrifolium* (Rafinesque) A. Berger (1930) ≡ *Sedum rosea* ssp. *integrifolium* (Rafinesque) Hultén (1945) ≡ *Rhodiola rosea* ssp. *integrifolia* (Rafinesque) H. Hara (1952) ≡ *Tolmachevia integrifolia* (Rafinesque) A. Löve & D. Löve (1976); **incl.** *Sedum rhodiola* Torrey (1827) (*nom. illeg.*, Art. 53.1); **incl.** *Sedum rhodioloides* Rafinesque (1832).

R. integrifolia ssp. **integrifolia** – **D:** Arktisches Sibirien, Okhotsk, Sachalin, Kurilen, Kamtschatka, Aleuten, W Nordamerika (USA, Kanada); Blüten Mai bis Juli. **I:** Ohba (1981a: 71).

Incl. *Sedum atropurpureum* Turczaninow (1840) ≡ *Rhodiola atropurpurea* (Turczaninow) Trautvetter & C. A. Meyer (1856) ≡ *Sedum rhodiola* var. *atropurpureum* (Turczaninow) Maximowicz (1883) ≡ *Sedum rosea* var. *atropurpureum* (Turczaninow) Praeger (1921) ≡ *Rhodiola rosea* ssp. *atropurpurea* (Turczaninow) H. Jacobsen (1973) ≡ *Tolmachevia atropurpurea* (Turczaninow) A. Löve & D. Löve (1976) ≡ *Sedum integrifolium* var. *atropurpureum* (Turczaninow) R. Stephenson (1994) (*nom. inval.*, Art. 33.2); **incl.** *Sedum atropurpureum* var. *caespitosum* Ledebour (1843) ≡ *Rhodiola caespitosa* (Ledebour) Nakai (1938); **incl.** *Sedum rhodiola* var. *humile* Regel & Tiling (1858) ≡ *Rhodiola caespitosa* fa. *humilis* (Regel & Tiling) Nakai (1938); **incl.** *Sedum rhodiola* var. *involucratum* Regel & Tiling (1858) ≡ *Rhodiola caespitosa* fa. *involucrata* (Regel & Tiling) Nakai (1938); **incl.** *Sedum rhodiola* var. *lanceolatum* Regel & Tiling (1858) ≡ *Rhodiola caespitosa* fa. *lanceolata* (Regel & Tiling) Nakai (1938); **incl.** *Sedum rhodiola* var. *ovatum* Regel & Tiling (1858) ≡ *Rhodiola caespitosa* fa. *ovata* (Regel & Tiling) Nakai (1938); **incl.** *Sedum rhodiola* var. *tenuifolium* Regel & Tiling (1858); **incl.** *Sedum frigidum* Rydberg (1901) ≡ *Sedum rosea* var. *frigidum* (Rydberg) Hultén (1945); **incl.** *Sedum polygamum* Rydberg (1901) ≡ *Rhodiola polygama* (Rydberg) Britton & Rose (1903) ≡ *Sedum rosea* var. *polygamum* (Rydberg) Fröderström (1930) ≡ *Rhodiola rosea* ssp. *polygama* (Rydberg) H. Jacobsen (1973); **incl.** *Rhodiola alaskana* Rose (1903) ≡ *Sedum alaskanum* (Rose) J. K. Henry (1915) ≡ *Sedum rosea* var. *alaskanum* (Rose) A. Berger (1930) ≡ *Rhodiola rosea* var. *alaskana* (Rose) H. Jacobsen (1973); **incl.** *Sedum rosea* var. *aleuticum* Fröderström (1937); **incl.** *Rhodiola borealis* Borissova (1939) ≡ *Rhodiola rosea* ssp. *borealis* (Borissova) A. P. Khokhrjakov & Kurajev (1992).

[7] Zweihäusig, 5 - 30 cm hoch; Rhizome kräftig, spärlich verzweigt, 0.5 - 2 cm ⌀; **Blütriebe** 1 - 6, 1.5 - 6 mm ⌀, kahl, glatt bis papillat; **Blä** auf der ganzen **Tr**länge benachbart, aufsteigend bis ausgebreitet, sitzend, dick krautig, verkehrt lanzettlich bis länglich verkehrt eiförmig, 0.5 - 2 (-3) × 0.2 - 1.3 cm, spinatgrün, kahl, glatt, Spitze stumpf bis spitz, Basis rund bis gestutzt, Ränder ganz bis grob und unterbrochen gesägt; **Inf** dicht 8- bis 70-blütig, 0.5 - 2 × 1 - 8 cm ⌀; **Ped** 1.5 - 2.5 (-3) mm, glatt; **Blü** 3 - 6 mm ⌀; **Cal** grün aber oft rötlich, 3 - 4.1 mm, kahl, Zipfel linealisch bis linealisch-pfriemlich, 1 - 2.8 mm, aufrecht; **Pet** ± purpurrot bis blutrot, schmal spatelig (männlich) oder linealisch-pfriemlich (weiblich), 2.4 - 4 (-4.3) mm, ausgebreitet (männlich) oder fast aufrecht (weiblich); **St** etwas länger als die **Pet**; **Fil** rötlich bis rotpurpurn, 2.8 - 4.6 mm; **Anth** rotpurpurn; **NSch** länglich, 0.7 - 1.4 mm, gelb bis rötlich; **Ca** 5 - 7 (-9) mm [oder 1.7 - 4 mm (männlich)], oben abrupt verschmälert, je mit 6 - 10 **Sa**anlagen; **Gr** 0.7 - 1 mm; **Fr** 3.7 - 10 mm, meist mit geraden **Gr**; **Sa** 1.4 - 2.3 mm, Spitze rund, braun, mit Längsrippen.

R. integrifolia ssp. **leedyi** (Rosendahl & Moore) Moran (CSJA 72(3): 138, 2000). **T:** USA, Minnesota (*Leedy* s.n. [MIN]). – **D:** USA (New York, Minnesota). **I:** Clausen (1975: 502-506, als *Sedum*).

≡ *Sedum rosea* var. *leedyi* Rosendahl & Moore (1947) ≡ *Sedum integrifolium* ssp. *leedyi* (Rosendahl & Moore) R. T. Clausen (1975) ≡ *Tolmachevia integrifolia* ssp. *leedyi* (Rosendahl & Moore) A. Löve & D. Löve (1985).

[7] Unterschiede zu ssp. *integrifolia*: **Blä** schmal länglich, glauk; **Pet** rötlich; **Sa** 2.4 mm.

R. integrifolia ssp. **neomexicana** (Britton) H. Ohba (J. Jap. Bot. 74(1): 61, 1999). **T:** USA, New Mexico (*Wooton* s.n. [NY]). – **D:** USA (New Mexico).

≡ *Rhodiola neomexicana* Britton (1903) ≡ *Sedum rosea* var. *neomexicanum* (Britton) A. Berger (1930) ≡ *Rhodiola rosea* ssp. *neomexicana* (Britton) H. Jacobsen (1973) ≡ *Sedum integrifolium* ssp. *neomexicanum* (Britton) R. T. Clausen (1975) ≡ *Tolmachevia integrifolia* ssp. *neomexicana* (Britton) A. Löve & D. Löve (1985).

[7] Unterschiede zu ssp. *integrifolia*: **Blä** lanzettlich, 3.6× so lang wie breit; **Pet** gelb, Spitze rot überhaucht.

R. integrifolia ssp. **procera** (R. T. Clausen) H. Ohba (J. Jap. Bot. 74(1): 61, 1999). **T:** USA, Colorado (*Clausen* 62-69 [CU]). – **D:** USA (S Rocky Mountains). **I:** Clausen (1975: 507-508, als *Sedum*).

≡ *Sedum integrifolium* ssp. *procerum* R. T. Clausen (1975) ≡ *Tolmachevia integrifolia* ssp. *procera* (R. T. Clausen) A. Löve & D. Löve (1985).

[7] Unterschiede zu ssp. *integrifolia*: **Blütriebe** 10 cm hoch oder höher; **Blä** länglich lanzettlich, verlängert, meist > 2.5× so lang wie breit; **Pet** rötlich; **Sa** < 2 mm.

R. ishidae (Miyabe & Kudo) H. Hara (J. Jap. Bot. 13: 930, 1937). **T:** Japan, Hokkaido (*Yanagisawa & Hamana* s.n. [SAP]). – **D:** Japan (Hokkaido, Honshu), Russland (Ferner Osten: Kurilen). **I:** Ohba (1981a: 109).

≡ *Sedum ishidae* Miyabe & Kudo (1921) ≡ *Rhodiola himalensis* var. *ishidae* (Miyabe & Kudo) H. Jacobsen (1973); **incl.** *Rhodiola stephanii* var. *hondoensis* Nakai (1938); **incl.** *Rhodiola stephanii* var. *longifolia* Nakai (1938).

[7] Zweihäusig, bis 7 - 25 cm hoch; Rhizome zylindrisch, bis 1.5 cm ⌀, oft verzweigt; **Blütriebe** 1 - 5, nach dem Absterben für 1 Jahr ausdauernd, kahl, fein gewarzt; **Blä** benachbart, aufsteigend bis ausgebreitet, dicklich krautig, linealisch verkehrt lanzettlich bis verkehrt lanzettlich, 1.5 - 5 × 0.4 - 1 cm, kahl, fast glatt, Spitze stumpf bis spitz, Basis verschmälert, Ränder grob gesägt; **Inf** 15- bis 50-blütig, 1 - 2 × 2 - 4 cm ⌀, flachgipfelig; **Blü** 4-zählig; **Ped** 1.5 - 3 mm, glatt; **Cal** 2.5 - 3.4 mm (männlich) oder 3.8 - 4.5 mm (weiblich), **Rö** ± 1 mm (männlich) oder ± 1.5 mm (weiblich), Zipfel länglich (männlich) oder länglich bis länglich pfriemlich (weiblich), 1.5 - 2.5 mm (männlich) oder 2.3 - 3 mm (weiblich); **Pet** grünlich gelb, linealisch bis länglich, 3 - 4 mm (männlich) oder 2.2 - 2.7 mm (weiblich), ausgebreitet bis aufsteigend (männlich) oder aufrecht (weiblich); **St** länger als die **Pet**, 3.6 - 4.5 mm; **Anth** orange oder tiefgelb; **NSch** länglich bis fast quadratisch, 0.6 - 0.9 mm, orange oder tiefgelb; **Ca** 8 - 12 mm, je mit 6 - 10 **Sa**anlagen [2.5 - 3.5 mm (männlich), je mit 0 - 2 **Sa**anlagen], verjüngt, bauchseitig nicht bauchig; **Gr** 1 - 2 mm; **Fr** mit aufrechten **Gr**, 10 - 14 mm; **Sa** mondsichelförmig, 2.5 - 2.7 mm, geflügelt, braun, ziemlich glatt.

R. junggarica C. Y. Yang & N. R. Cui *ex* C. Y. Yang (Acta Phytotax. Sin. 20(3): 321-322, ills., 1982). **T:** China, Xinjiang (*Cui* 730595 [XJA]). – **D:** China (W Xinjiang); subalpine und alpine Wiesen, 2500 - 2700 m.

[7] Unterschiede (auf Grund des Protologs) zu *R. heterodonta*: **Blä** grünlich gelb; **Blü** 4-zählig, **Sep** linealisch; **Pet** elliptisch, 2 mm, rötlich.

R. kaschgarica Borissova (in Komarov & al. (eds.), Fl. URSS 9: 476, 1939). **T:** China, Xinjiang (*Divnogorskaya* s.n. [LE]). – **D:** Kasachstan, China (SW Xinjiang); Felsen, 2600 - 3200 m, Blüten Juni bis Juli.

[9] Zweihäusig, bis 8 cm hoch; Rhizome massiv, mit Resten alter **Blü**triebe; **Blü**triebe spreizend, 0.5 - 1 mm ⌀, kahl; **Blä** ausgebreitet, sitzend, länglich bis linealisch-lanzettlich, 3 - 10 × 1 - 2 mm, kahl, Spitze stumpf, Basis verschmälert, Rand ganz; **Inf** 15- bis 20-blütig, kompakt oder recht locker, 0.5 - 1 cm ⌀; **Blü** kurz gestielt; **Sep** linealisch, 2 - 3 mm; **Pet** länglich lanzettlich, 3 - 4 mm; **St** fast so lang wie die **Pet**; **Fil** gelb; **Anth** gelb; **NSch** ± quadratisch bis länglich, ± 1 mm; **Fr** 3 - 4 mm; **Sa** lanzettlich, ± 1.5 mm, braun.

R. kirilowii (Regel) Regel & Maximowicz (Mém. Acad. Imp. Sci. St. Pétersbourg Divers Savans 9: 472, 1859). **T:** China (*Kirilow* s.n. [LE]). – **D:** Kasachstan, Tibet, China (Gansu, Hebei, Qinghai, Shaanxi, Shanxi, Sichuan, Xinjiang, Yunnan), Myanmar; Waldränder, grasige Hänge, oft im Halbschatten, 2000 - 5600 m. **I:** Ohba (1981a: 104). **Fig. XXIX.b, XXIX.d**

≡ *Sedum kirilowii* Regel (1858) ≡ *Sedum rosea* fa. *kirilowii* (Regel) Thellung & F. Zimmermann (1916); **incl.** *Sedum kirilowii* var. *linifolium* Regel & Schmalhausen (1878); **incl.** *Sedum macrolepis* Franchet (1885) ≡ *Rhodiola macrolepis* (Franchet) S. H. Fu (1965); **incl.** *Sedum longicaule* Praeger (1917) ≡ *Rhodiola longicaulis* (Praeger) S. H. Fu (1965); **incl.** *Sedum robustum* Praeger (1917) ≡ *Rhodiola robusta* (Praeger) S. H. Fu (1965); **incl.** *Sedum kirilowii* var. *rubrum* Praeger (1921) ≡ *Sedum kirilowii* cv. *Rubrum* (s.a.) ≡ *Rhodiola kirilowii* var. *rubra* (Praeger) H. Jacobsen (1973); **incl.** *Sedum kirilowii* var. *altum* Fröderström (1924); **incl.** *Rhodiola linearifolia* Borissova (1939); **incl.** *Rhodiola kirilowii* var. *latifolia* S. H. Fu (1965).

[7] Zweihäusig, bis 25 - 80 cm hoch; Rhizome karottenförmig, 3 - 4 cm ⌀, oft verzweigt; **Blü**triebe 1 - 3, 4 - 7 mm ⌀, kahl, glatt; **Blä** auf der ganzen **Tr**länge dicht gestellt, aufsteigend bis ausgebreitet, sitzend, dick krautig, linealisch bis linealisch-lanzettlich, 4 - 5 cm × 3 - 5 mm, kahl, Spitze spitz bis spitz zulaufend, Basis rund bis seicht herzförmig, Rand ganz bis entfernt niedrig gesägt; **Inf** kompakt, doldenartig, mit > 90 (weiblich) oder > 300 (männlich) **Blü**, 2 - 2.5 × 3 - 4.5 cm ⌀; **Ped** 3 - 4.5 mm; **Blü** 5 - 7 mm ⌀; **Cal** 3 - 4 (-5) mm (männlich) oder 2.5 - 4 mm (weiblich), kahl, **Rö** 1 - 1.2 mm, Zipfel pfriemlich bis dreieckig, 1.6 - 2 mm; **Pet** hell gelbgrün, eiförmig mit nagelartiger Basis (männlich) oder schmal länglich (weiblich), 4 - 5 (-7.5) mm (männlich) oder 2.5 - 3 mm (weiblich), zur Anthese ausgebreitet; **St** offenbar länger als die **Pet**; **Fil** 4 - 6 (-8.5) mm; **Anth** gelb; **NSch** länglich, 0.7 - 1 mm; **Ca** 6 - 8 mm, je mit 6 - 8 **Sa**anlagen [3 - 4 mm (männlich), mit 1 - 2 **Sa**anlagen], bauchseitig gerade; **Gr** ± 0.5 mm.

R. litwinowii Borissova (in Komarov & al. (eds.), Fl. URSS 9: 43, 478, ill., 1939). **T:** Kirgistan, Andizhan Distr. (*Litvinov* s.n. [LE]). – **D:** Usbekistan, Mongolei, China (Xinjiang); unterhalb 3200 m, Blüten Juni bis Juli.

[9] Zweihäusig, bis 17 cm hoch; Rhizome massiv, ± 1 - 2 cm ⌀ mit wenigen Überresten alter **Blü**triebe; **Blü**triebe zahlreich, 2 - 4 mm ⌀; **Blä** auf der ganzen **Tr**länge dicht gestellt, elliptisch, 10 - 15 × 3 - 5 mm, hellgrün, Spitze stumpf, Basis keilförmig, Ränder auffällig gezähnt; **Inf** dicht, vielblütig, kompakt, 2 - 2.5 cm ⌀; **Ped** 3 - 5 mm; **Blü** gelb, 4- oder 5-zählig, ± 4 mm lang; **St** länger als die **Pet**; **Fil** gelb; **Anth** gelb; **NSch** quadratisch; **Fr** ± 8 mm; **Sa** länglich lanzettlich, 1.5 - 2 mm, braun.

R. lobulata (Singh & Bhattacharyya) H. Ohba (J. Jap. Bot. 61(7): 205, 1986). **T:** Indien, Himachal Pradesh (*Nair* 32763 [CAL, BSD]). – **D:** W Himalaya (Indien, Nepal).

≡ *Rhodiola imbricata* var. *lobulata* Singh & Bhattacharyya (1985).

[7] Zweihäusig, bis 25 cm hoch; **Blü**triebe ± 5 mm ⌀, kahl; **Blä** schmal elliptisch bis eckig verkehrt lanzettlich, 2 - 4 × 0.8 - 1.5 cm, kahl, Spitze spitz, Ränder entfernt fein gekerbt; **Blü** (weiblich) 5-zählig; **Cal** 5 - 6 mm, **Rö** 1.5 - 2 mm, Zipfel pfriemlich, 3.8 - 4 mm; **Pet** schmal länglich bis linealisch, 4 - 5 mm, weiss; **NSch** breit länglich, 0.7 - 1.2 mm; **Ca** 4.5 - 7 mm, je mit 20 - 22 **Sa**anlagen; **Gr** undeutlich.

Diese Art ist ähnlich wie *R. litvinovii*, unterscheidet sich aber durch die grossen Blätter und undeutlichen Griffel.

R. ludlowii H. Ohba (J. Jap. Bot. 52(9): 266-267, 1977). **T:** Bhutan (*Ludlow & al.* 17158 [BM]). – **D:** Bhutan.

≡ *Sedum ludlowii* (H. Ohba) J. P. Kozhevnikov (1989).

[7] Zweihäusig, bis 12 cm hoch; Rhizome zylindrisch, 2 - 5 mm ⌀, verzweigt; **Blü**triebe ± 1 mm ⌀, gewarzt; **Blä** sitzend, spatelig bis verkehrt lanzettlich, 4 - 14 × 2 - 4 mm, kahl, Spitze rund, Basis lang verschmälert; **Blü** (weiblich) einzeln, sitzend, aufrecht, 7 - 8 mm lang; **Sep**zipfel lanzettlich bis schmal eiförmig, 4.5 - 5 mm; **Pet** breit elliptisch bis länglich, 6 - 7 mm, vermutlich hellgrün oder weiss; **NSch** linealisch, ± 1.5 mm; **Ca** 5 - 6 mm, je mit ± 8 **Sa**anlagen; **Gr** ± 1 mm.

R. macrocarpa (Praeger) S. H. Fu (Acta Phytotax. Sin. 10 (Addit. 1): 125, 1965). **T** [lecto]: Burma (*Kingdon-Ward* 3412 [E]). – **D:** SE Tibet, Myanmar, China (Gansu, Qinghai, Shaanxi, Sichuan, NW Yunnan); Felsen an Hängen, 2900 - 4300 m, Blüten Juli bis September. **I:** Ohba (1981a: 87). **Fig. XXIX.c**

≡ *Sedum macrocarpum* Praeger (1921); **incl.** *Sedum eurycarpum* Fröderström (1924) ≡ *Chamaerhodiola eurycarpa* (Fröderström) Nakai (1934) ≡ *Rhodiola eurycarpa* (Fröderström) S. H. Fu (1965); **incl.** *Sedum progressum* Diels (1930).

[7] Zweihäusig, bis 50 cm hoch; Rhizome fast zylindrisch, meist 8 - 12 mm ⌀, einfach bis spärlich verzweigt, oft sprossend; **Blü**triebe 2 (-3), 2 - 4 mm ⌀, papillat; **Blä** auf der ganzen **Tr**länge ± entfernt angeordnet, sitzend, verkehrt pflasterkellenförmig bis linealisch verkehrt lanzettlich, 2 - 4.5 × 0.4 - 1.1 cm, kahl, Spitze spitz, Basis verschmälert, Ränder spärlich gezähnelt bis grob gesägt, papillat; **Inf** kompakt, 20- bis 40-blütig, 3 - 7 cm ⌀; **Ped** 2 - 4 mm, dicht papillat; **Cal** kahl, **Rö** ± 0.5 mm, Zipfel linealisch-pfriemlich, 4 - 5 mm (männlich) oder 4.5 - 7 mm (weiblich); **Pet** hell gelblichgrün, elliptisch (männlich) oder pfriemlich mit runder Spitze (weiblich), 4.8 - 5.5 mm (männlich) oder 3.2 - 3.7 mm (weiblich); **St** länger als die **Pet**; **Fil** 7 - 9 mm; **Anth** ± purpurrot; **NSch** länglich bis quadratisch, 0.8 - 1.1 mm; **Ca** 9 - 11 mm, je mit 14 - 18 **Sa**anlagen [4 - 5 mm (männlich)], bauchseitig gerade; **Gr** ± 2 mm; **Fr** 10 - 14 mm; **Sa** länglich, 1.3 - 2.5 mm, geschwänzt, hellbraun, mit feiner, quer gebänderter Zeichnung.

R. marginata Grierson (Notes Roy. Bot. Gard. Edinburgh 42(1): 109-111, ill., 1984). **T:** Bhutan (*Ludlow & al.* 19133 [BM]). − **D:** Bhutan.

[7] Zweihäusig, 0.5 - 2.5 cm hoch; Rhizome an der Spitze 5 - 15 mm ⌀; **Blü**triebe dicht papillat; **Blä** 5 - 8, nahe der **Tr**spitzen gedrängt, verkehrt eiförmig bis fast kreisrund oder fächerförmig, 3 - 7 mm lang und breit, Spitze rund oder etwas spitz, Basis abrupt verschmälert, Unterseite papillat, Ränder verdickt, hellgrün (± 0.5 mm breit), **Bla**stiele ± 7 mm; **Inf** 3- bis 20-blütig; **Ped** < 1 mm; **Blü** (männlich) 4-zählig; **Sep** elliptisch, 2.5 mm, berandet; **Pet** eiförmig, etwas kürzer als die **Sep**, rötlich; **St** ± 1 mm; **NSch** fast quadratisch, ± 0.25 mm.

Dies könnte die männliche Pflanze von *R. atsaensis* sein.

R. nepalica (H. Ohba) H. Ohba (J. Jap. Bot. 51(12): 386, 1976). **T:** Nepal (*Stainton & al.* 2222 [BM, TI]). − **D:** Nepal; Blüten August bis September. **I:** Ohba (1974: 324); Ohba (1975: 314); beide als *Sedum*.

≡ *Sedum nepalicum* H. Ohba (1974).

[4] Zwitterig, 10 - 30 cm hoch; Rhizome fast zylindrisch, 6 - 10 mm ⌀, obere Teile verzweigt; **Blü**triebe 3 - 5, papillat; **Blä** ausgebreitet, dicht gestellt, sitzend, schmal elliptisch oder lanzettlich, 10 - 45 × 6 - 15 mm, kahl, Spitze rund, Basis lang keilförmig bis verschmälert, Ränder 5- oder 7-lappig oder entfernt gekerbt-gesägt; **Inf** 6- bis 15-blütig; **Ped** 1 - 6.5 mm, papillat; **Cal** 5 - 7 mm, kahl, Zipfel linealisch bis linealisch-pfriemlich, 4 - 5.5 mm; **Pet** weiss, schmal elliptisch oder schmal lanzettlich, ganzrandig, 8 - 15 mm; **St** so lang wie die **Pet**; **Fil** 7 - 13 mm; **Anth** dunkel ± purpurrot; **NSch** länglich, 0.9 - 1.2 mm, gelb; **Ca** 12 - 18 mm, verjüngt, je mit 14 - 24 **Sa**anlagen.

R. nobilis (Franchet) S. H. Fu (Acta Phytotax. Sin. 10(Addit. 1): 120, 1965). **T:** China, Yunnan (*Delavay* 3171 [P]). − **D:** NE Myanmar, SW China (NW Yunnan); Dickichte und grasige Hänge, 3700 - 4500 m. **I:** Ohba (1982a: 162).

≡ *Sedum nobile* Franchet (1896) ≡ *Chamaerhodiola nobilis* (Franchet) Nakai (1934); **incl.** *Sedum horridum* Praeger (1921) ≡ *Chamaerhodiola horrida* (Praeger) Nakai (1934).

[9] Zweihäusig, 4 - 7 cm hoch; Rhizome zylindrisch, 1.2 - 2.5 cm ⌀, unverzweigt; **Blü**triebe dicht büschelig-aufrecht, 1 - 1.2 mm ⌀, ± purpurbraun, papillat, trocken ausdauernd; **Blü**triebe desselben Alters doldenartig quirlständig, basal gebogen, mit auffälligen **Bla**narben; **Blä** entlang der **Tr** dicht angeordnet, aufsteigend bis ausgebreitet, schmal länglich bis linealisch verkehrt lanzettlich, 6 - 10 × 1.6 - 2.5 mm, kahl, Spitze spitz bis stumpf, Basis kurz verschmälert, Ränder ganz; **Inf** endständig, 1- bis 4-blütig, 5 - 7 × 7 - 15 mm ⌀; **Blü** 4-zählig, 4 - 5 mm lang; **Ped** < 1 mm, glatt; **Cal** (männlich) 2.5 - 4.5 mm, Zipfel schmal dreieckig bis linealisch-pfriemlich, 2 - 2.5 mm; **Pet** (männlich) länglich bis breit länglich, 4 - 6 mm, weiss oder ± rosa, aufsteigend bis fast aufrecht; **St** länger als die **Pet**; **NSch** sehr breit länglich bis quadratisch, 0.7 - 0.9 mm; **Ca** 7 - 9 mm, je mit ± 6 **Sa**anlagen [3 - 5 mm (männlich)]; **Fr** ± 12 mm; **Sa** linealisch bis halbmondförmig, 2.8 - 3 mm, am Ende geflügelt, braun, längs niedrig gestreift.

R. pachyclados (Aitchison & Hemsley) H. Ohba (J. Jap. Bot. 51(12): 385-386, 1976). **T:** Afghanistan (*Aitchison* 469 [K, DD, FI, P]). − **D:** W Himalaya (Afghanistan, Pakistan); Blüten im Dezember. **I:** Ohba (1980: 371).

≡ *Sedum pachyclados* Aitchison & Hemsley (1880) ≡ *Rhodiola primuloides* var. *pachyclados* (Aitchison & Hemsley) H. Jacobsen (1973).

[2] Zwitterig, 2 - 3 cm hoch; Rhizome zylindrisch, 2 - 4 mm ⌀; **Ros** mit 12 - 18 Laub**Blä**, 1.5 - 2.5 cm ⌀, mit wenigen, vertrockneten, toten, grundständigen **Blä** darunter; grundständige **Blä** einjährig aber ± ausdauernd, kurz gestielt, Spreite breit länglich verkehrt eiförmig bis verkehrt eiförmig, 4 - 10 × 2.7 - 6 mm, kahl, Spitze rund bis stumpf, Basis verschmälert, Ränder seicht 3- oder 5-lappig oder fein bogig im oberen Teil oder selten fast ganzrandig, **Bla**stiel breit, flach, zur Basis verbreitet, 1 - 1.2 × 1.7 - 2.5 mm; **Blü**triebe meist 1 aus jeder **Ros**, kahl; **Blä** sitzend, schmal verkehrt eiförmig bis spa-

telig verkehrt eiförmig, 4 - 5.5 × 1.6 - 2.2 mm, kahl, Spitze rund, Basis verschmälert, Ränder ganz; **Inf** halbkugelig, 0.8 - 2 cm ⌀; **Blü** 3.5 - 4.5 mm ⌀; **Ped** 0.5 - 1 mm, kahl; **Cal** 4.5 - 5 mm, kahl, Zipfel länglich eiförmig, 3.6 - 4 mm; **Pet** länglich spatelig bis verkehrt lanzettlich, 6 - 7 mm, rötlich (?); **St** kürzer als die **Pet**; **Anth** rötlich; **NSch** länglich bis breit länglich, 0.7 - 0.9 mm, rötlich; **Ca** 6.5 - 7.5 mm, je mit 8 - 12 **Sa**anlagen; **Gr** 1.5 - 2 mm.

R. pachyclados zeigt eine oberflächliche Ähnlichkeit mit Arten von *Rosularia*, ist aber durch die grundständigen Laubblätter mit verbreiteter Basis deutlich zu unterscheiden. *R. pachyclados* unterscheidet sich von *R. primuloides* durch grundständige Laubblätter mit seicht 3- oder 5-lappiger Spitze, schmal elliptische bis länglich spatelige bis verkehrt lanzettliche und ganzrandige Kronblätter, und ebensträussige Blütenstände mit 3 - 8 Blüten.

R. pamiroalaica Borissova (in Komarov & al. (eds.), Fl. URSS 9: 40, 477, 1939). **T** [syn]: Tadschikistan (*Korshinsky* 2535+2537 [LE]). − **D:** Tadschikistan, China (W Xinjiang); Hänge von Tälern, Felsritzen, 2400 - 2800 m, Blüten Juni bis Juli.

≡ *Sedum pamiroalaicum* (Borissova) Jansson (1970).

[9] Zweihäusig, bis 25 cm hoch; Rhizome dick, 1.5 - 3 cm ⌀; **Blü**triebe zahlreich, 2 mm ⌀, kahl; **Blä** entfernt stehend, sitzend, linealisch bis lanzettlich, 7 - 15 × 1.5 - 2 mm, kahl, Spitze spitz zulaufend, zur Basis hin erweitert, Ränder ganz; **Inf** vielblütig, dicht, 0.5 - 1 cm lang, kurz gestielt; **Sep** lanzettlich bis linealisch, ± 2 mm; **Pet** linealisch bis lanzettlich, ± 4 mm, hellgelb; **St** kürzer als die **Pet**; **Fil** hellgelb; **Anth** gelb; **NSch** quadratisch; **Fr** ± 6 mm; **Sa** 2 mm, braun.

R. prainii (Hamet) H. Ohba (J. Jap. Bot. 51(12): 386, 1976). **T:** Sikkim (*Prain* s.n. [CAL, Herb. Hamet]). − **D:** NE Indien (Assam), Nepal, Sikkim, Tibet; Felsen in Laubwäldern etc., 2200 - 4300 m, Blüten August bis September. **I:** Ohba (1975: 300, als *Sedum*).

≡ *Sedum prainii* Hamet (1909); **incl.** *Sedum apiculatum* Craib ex Hamet (1929) (*nom. inval.*, Art. 34.1c); **incl.** *Sedum stewartii* Craib ex Hamet (1929) (*nom. inval.*, Art. 34.1c).

[8] Zwitterig, bis 3 cm hoch; Rhizome dick, 1.5 - 2 cm ⌀; **Blü**triebe einzeln, papillat, 2 mm ⌀; **Blä** meist 4, meist quirlständig in der unteren ½ des **Tr**, länglich elliptisch bis breit elliptisch oder eiförmig, 2 - 6 × 2.5 - 4 cm, papillat, Spitze rund, Basis verschmälert, Ränder fast ganzrandig, **Bla**stiel 1 - 3 cm; **Inf** halbkugelig, 1 - 2.5 cm ⌀, 13- bis 18-blütig; **Blü** 4 - 5 mm ⌀; **Cal** 4 - 6 mm, Zipfel schmal dreieckig-eiförmig, 2.5 - 3.7 mm; **Pet** eiförmig, 4 - 6.3 mm, hellrosa oder grünlich weiss; **St** kürzer als die **Pet**; **Fil** 2 - 3.5 mm, hellrosa; **Anth** ± purpurrot; **NSch** quadratisch, 0.5 - 0.7 mm; **Ca** 3.5 - 5.2 mm, je mit 34 - 40 **Sa**anlagen, rötlich; **Gr** schlank, 0.6 mm.

R. primuloides (Franchet) S. H. Fu (Acta Phytotax. Sin. 10(Addit. 1): 118, 1965). **T:** China, Yunnan (*Delavay* 121 [P]). − **D:** Tibet, SW China.

≡ *Sedum primuloides* Franchet (1896).

R. primuloides ssp. **kongboensis** H. Ohba (J. Jap. Bot. 53(11): 330, 1978). **T:** Tibet, Kongbo Prov. (*Ludlow & al.* 14299 [BM, KATH, TI]). − **D:** SE Tibet; Felsen in Tälern, ± 2500 m. **I:** Ohba (1980: 362).

[2] Unterschiede zu ssp. *primuloides*: **Cal**zipfel breit länglich, 3.2 - 3.6 mm; **Pet** 7.5 - 8.5 × 4 - 4.5 mm, ganzrandig, Basis kurz genagelt.

Diese Unterart ist durch die grösseren, ganzrandigen Kronblätter und die breit länglichen Kelchzipfel gut charakterisiert. Sie ist auch geographisch abgetrennt.

R. primuloides ssp. **primuloides** − **D:** China (SE Qinghai, SW Sichuan, W Yunnan); Felsen an Hängen, 2500 - 4400 m, Blüten August bis Oktober. **I:** Ohba (1980: 362). **Fig. XXX.a**

Incl. *Sedum pleurogynanthum* Handel-Mazetti (1922) ≡ *Sedum primuloides* var. *pleurogynthum* (Handel-Mazzetti) Fröderström (1930) ≡ *Rhodiola pleurogynantha* (Handel-Mazzetti) S. H. Fu (1965).

[2] Zwittterig, 3 - 5 cm hoch; Rhizome ± zylindrisch, 5 - 8 mm ⌀, oft verzweigt; **Ros** mit 30 - 50 **Blä**, 2 - 3.5 cm ⌀, darunter mit dürren, grundständigen **Blä**; grundständige Laub**Blä** gestielt, nach dem Welken ausdauernd, breit elliptisch bis kreisrund bis rhombisch-eiförmig, 2 - 4 × 1.5 - 5 mm, kahl, Spitze rund, Basis verschmälert, Rand ganz, **Bla**stiel zur Basis verbreitert, 4 - 7 (-8) × 0.3 - 0.9 mm an der engsten Stelle, 2.5 - 3.5 mm breit an der Basis; tote **Blä** verbleibend, zu schuppigen Anhängseln zerfallend, bräunlich; schuppige grundständige **Blä** dreieckig-eiförmig, 5 - 6 mm, bräunlich; **Blü**triebe meist 1 aus jeder **Ros**, kahl; **Blä** sitzend, länglich bis schmal verkehrt eiförmig, 2.5 - 5 × 0.9 - 1.1 mm, kahl, Spitze rund bis stumpf, Basis verschmälert und dann erweitert, ganzrandig; **Inf** endständig, mit 1 (-3) **Blü**; **Blü** urnenförmig, aufrecht, 6 - 8 mm ⌀; **Cal** 4 - 6.5 mm, Zipfel lanzettlich bis dreieckig-eiförmig, 3.2 - 4.5 mm; **Pet** breit eiförmig bis verkehrt eiförmig oder breit elliptisch, 5 - 6.5 mm, weiss, entlang der Ränder unregelmässig bewimpert bis gefranst, Basis kurz verschmälert bis genagelt; **St** kürzer als die **Pet**, 4 - 5 mm; **Anth** gelb; **NSch** quadratisch bis länglich verkehrt eiförmig, 0.6 - 0.7 mm, orangegelb; **Ca** 4.7 - 6 mm, je mit 8 - 12 **Sa**anlagen; **Gr** 1 - 1.5 mm.

R. purpureoviridis (Praeger) S. H. Fu (Acta Phytotax. Sin. 10(Addit. 1): 125, 1965). **T:** China, Yunnan (*Forrest* s.n. [E]). − **D:** Himalaya bis SW China.

≡ *Sedum purpureoviride* Praeger (1917) ≡ *Sedum bupleuroides* var. *purpureoviride* (Praeger) Fröderström (1930).

R. purpureoviridis ssp. **phariensis** (H. Ohba) H. Ohba (J. Jap. Bot. 61(7): 206, 1986). **T:** Tibet (*Dungboo* s.n. [CAL]). — **D:** S Tibet. **I:** Ohba & Rajbhandari (1986: 207).

≡ *Sedum phariense* H. Ohba (1973) ≡ *Rhodiola phariensis* (H. Ohba) S. H. Fu (1980).

[7] Unterschiede zu ssp. *purpureoviridis*: **Blü**triebe 10 - 25 cm hoch, kahl, fast glatt oder unauffällig papillat; **Blä** sitzend, elliptisch bis schmal eiförmig, 1 - 2.5 cm × 4 - 9 mm, Spitze rund oder stumpf, Basis rund oder herzförmig, Ränder gesägt; **Cal**zipfel aufsteigend oder fast aufrecht; **Pet** grün mit ± tief purpurroten Streifen; **Fil** ± purpurrot; **Anth** grünlich rot; **NSch** schwärzlich purpurn; **Ca** grün, später rot überhaucht.

Unterscheidet sich hauptsächlich durch die glatten oder unauffällig papillaten Blütentriebe und die etwas schmaleren Blätter.

R. purpureoviridis ssp. **purpureoviridis** — **D:** China (W Sichuan, NW Yunnan); Wälder oder Waldränder, Grasland in Bachnähe, steinige Stellen, grasige Hänge, 2500 - 4100 m. **I:** Praeger (1921a: 47, als *Sedum*).

[7] Weiblich-zweihäusig, 15 - 40 cm hoch; Rhizome zylindrisch, 1.5 - 2.5 cm ⌀; **Blü**triebe 1 - 2, 4 - 6 mm ⌀, oft ± purpurn, dicht papillat; **Blä** auf der ganzen **Tr**länge benachbart, sitzend, ausgebreitet bis aufsteigend, schmal länglich bis lanzettlich, 2.5 - 4 × 0.3 - 1.2 cm, papillat, Spitze spitz bis stumpf, Basis gestutzt bis leicht geöhrt, Ränder spärlich gezähnt oder gesägt; **Inf** kompakt 80- bis 200-blütig, halbkugelig, 4 - 5 × 5 - 8 cm ⌀; **Ped** 3 - 6 mm, dicht papillat; **Blü** 4 - 5 mm (zwitterig) oder 2 - 3 mm (weiblich) ⌀; **Cal** 2.8 - 3.5 mm, aussen papillat, Zipfel pfriemlich bis pfriemlich-lanzettlich (zwitterig) oder linealisch bis schmal länglich (weiblich), 2.2 - 2.6 × 0.5 - 0.9 mm, aufsteigend bis ausgebreitet oder zurückgeschlagen (zwitterig) oder fast aufrecht (weiblich); **Pet** hell gelbgrün, linealisch-spatelig bis schmal länglich spatelig (zwitterig) oder pfriemlich bis schmal dreieckig (weiblich), 3.8 - 4.5 mm (zwitterig) oder 1 - 1.4 mm (weiblich), ausgebreitet (zwitterig) oder annähernd aufrecht (weiblich); **St** länger als die **Pet**; **Fil** 4 - 4.5 mm; **Anth** ± purpurrot; **NSch** länglich, 1 - 1.5 mm, schwärzlich purpurn; **Ca** 3 - 3.5 mm (zwitterig) oder 4 - 4.5 mm (weiblich); **Gr** ± 0.5 mm, aufrecht (zwitterig) oder zurückgeschlagen (weiblich); **Sa**anlagen 4 - 6 (zwitterig) oder 6 - 10 (weiblich) pro **Ca**; **Sa** linealisch, 1.6 - 1.8 mm, braun, längs gerippt.

R. quadrifida (Pallas) Fischer & C. A. Meyer (Enum. Pl. Nov. Schrenk 1: 69, 1841). **T:** Russland, Sibirien (*Pallas* s.n. [BM]). — **D:** E Russland, Kasachstan, Mongolei, China (Xinjiang); alpine und arktische Gebiete, steinige Hänge und Felsen, 2300 - 3700 m. **I:** Ohba (1982a: 155).

≡ *Sedum quadrifidum* Pallas (1776) ≡ *Chamaerhodiola quadrifida* (Pallas) Nakai (1934) ≡ *Kirpicznikovia quadrifida* (Pallas) A. Löve & D. Löve (1976); **incl.** *Rhodiola quadrifida* var. *major* Fischer & C. A. Meyer (1841); **incl.** *Rhodiola quadrifida* var. *minor* Fischer & C. A. Meyer (1841).

[9] Zweihäusig, 6 - 9 cm hoch; Rhizome verkehrt konisch; **Blü**triebe büschelig-aufrecht, 1 - 1.4 mm ⌀, kahl, glatt, verbleibend; **Blä** benachbart angeordnet, sitzend, flach, linealisch-elliptisch bis sehr schmal länglich oder linealisch-lanzettlich, ausgebreitet, 5 - 12 × 0.8 - 1.5 mm breit, kahl, Spitze rund bis stumpf, ganzrandig; **Inf** endständig, 6- bis 12-blütig; **Ped** meist 1.2 - 2 mm, glatt; **Blü** 4-zählig, 3 - 4 mm ⌀; **Cal** 2.5 - 3.5 mm, kahl, Zipfel linealisch-pfriemlich bis pfriemlich, 1.8 - 2.5 mm; **Pet** länglich eiförmig, weiss, 2.7 - 3 mm, aufsteigend (männlich) oder fast aufrecht (weiblich); **St** so lang wie die **Pet**; **NSch** linealisch bis schmal länglich, 1 - 1.2 mm; **Ca** 4 - 6 mm [2 - 3.5 mm (männlich)], je mit 4 - 6 **Sa**anlagen; **Fr** 6 - 7 mm, rotbraun; **Sa** elliptisch, 1.8 - 2 mm, endständig geflügelt, hellbraun, längs niedrig gestreift.

R. recticaulis Borissova (in Komarov & al. (eds.), Fl. URSS 9: 478, 1939). **T:** Tadschikistan, Pamir (*Korshinsky* 2540 [LE]). — **D:** Iran, Kasachstan, Tadschikistan (Pamir), NW China (Xinjiang: Tian Shan); Felsritzen, 3800 - 4600 m, Blüten Juni bis August.

≡ *Sedum recticaule* (Borissova) Wendelbo (1952).

[9] Zweihäusig, bis 15 cm hoch; Rhizome konisch, 3 - 4 cm ⌀, verzweigt, mit den Resten früherer **Blü**triebe gekrönt; **Blü**triebe zahlreich, 1.5 - 2 mm ⌀; **Blä** eiförmig bis länglich eiförmig, 8 - 10 × 0.2 - 0.3 mm, kahl, Spitze spitz zulaufend, Ränder grob gezähnt; **Inf** dicht, kompakt, vielblütig, ± 1.5 - 2 cm ⌀; **Blü** 4-zählig, kurz gestielt; **Cal**zipfel ½ so lang wie die **Pet**, eiförmig, rötlich; **Pet** länglich elliptisch, ± 4 mm, gelb; **St** länger als die **Pet**; **Fil** gelb; **NSch** fast quadratisch; **Sa** ± 2 mm, länglich, braun.

R. rhodantha (A. Gray) H. Jacobsen (Nation. Cact. Succ. J. 28(1): 5, 1973). **T:** USA (*Parry* s.n. [GH]). — **D:** USA (S und C Rocky Mountains, Colorado Plateau, Mogollon Mts.). **I:** Praeger (1921a: 68, als *Sedum*).

≡ *Sedum rhodanthum* A. Gray (1862) ≡ *Clementsia rhodantha* (A. Gray) Rose (1903).

[5] Zwitterig, bis 40 cm hoch; Rhizome kräftig, verzweigt, 1 - 7 cm ⌀; **Blü**triebe aufrecht; **Blä** elliptisch verkehrt lanzettlich bis länglich, 14 - 28 × 4 - 7 mm, kahl, Spitze spitz bis stumpf, Rand ganzrandig oder spärlich gezähnt; **Inf** verlängert oder manchmal gedrängt; **Blü** 4- oder 5-zählig, 7 - 10 mm ⌀, fast sitzend; **Cal** tief eingeschnitten, Zipfel spreizend, lanzettlich, 7 - 8 mm; **Pet** aufrecht, verkehrt lanzettlich-länglich, rosa, selten weiss, 9 - 12 mm; **St** deutlich kürzer als die **Pet**; **Fil** 5 - 7 mm,

rosa; **Anth** blutrot; **NSch** nierenförmig bis nierenförmig-eiförmig, hellgelb, 0.6 - 0.8 mm; **Ca** rosa oder weiss, 7 - 11 mm, mit schlanken **Gr**; **Sa** spindelig-länglich, kurz geschwänzt, undeutlich längs gerippt mit leiterähnlichen Querrippen, hellbraun, ± 1.9 mm.

R. rosea Linné (Spec. Pl. [ed. 1], 1035, 1753). **T:** LINN 1186.1. – **D:** N, C und S Europa, Russland (Ural, Sibirien), Mongolei, N China, Korea, Japan, Sachalin, Kurilen, Nordamerika (N USA und Kanada), Grönland; Blüten Mai bis Juli. **I:** Ohba (1981a: 71). Fig. XXX.b

≡ *Sedum rosea* (Linné) Scopoli (1771); **incl.** *Rhodiola minor* Miller (1768); **incl.** *Rhodiola odorata* Lamarck (1778); **incl.** *Rhodiola odora* Salisbury (1796); **incl.** *Sedum rhodiola* De Candolle (1805); **incl.** *Sedum elongatum* Ledebour (1830) ≡ *Rhodiola elongata* (Ledebour) Fischer & C. A. Meyer (1841) ≡ *Sedum rhodiola* var. *elongatum* (Ledebour) Maximowicz (1883) ≡ *Sedum rosea* var. *elongatum* (Ledebour) Praeger (1921) ≡ *Rhodiola rosea* ssp. *elongata* (Ledebour) H. Jacobsen (1973); **incl.** *Sedum altaicum* G. Don (1834); **incl.** *Rhodiola sibirica* Sweet (1839); **incl.** *Sedum rhodiola* var. *crispum* Regel & Tiling (1858); **incl.** *Sedum rhodiola* var. *latifolium* Regel & Tiling (1858); **incl.** *Sedum rhodiola* var. *lingulatum* Regel & Tiling (1858); **incl.** *Sedum rhodiola* var. *oblongum* Regel & Tiling (1858) ≡ *Rhodiola rosea* var. *oblonga* (Regel & Tiling) H. Hara (1937); **incl.** *Sedum rhodiola* var. *viride* Regel & Tiling (1858); **incl.** *Sedum rhodiola* var. *vulgare* Regel & Tiling (1858) ≡ *Sedum rosea* var. *vulgare* (Regel & Tiling) Maximowicz *ex* Praeger (1921) ≡ *Rhodiola rosea* var. *vulgaris* (Regel & Tiling) H. Hara (1937); **incl.** *Sedum rhodiola* var. *linifolia* Regel & Schmalhausen (1878); **incl.** *Sedum rhodiola* var. *tachiroei* Franchet & Savatier (1878) ≡ *Sedum rosea* var. *tachiroei* (Franchet & Savatier) Praeger (1921) ≡ *Rhodiola tachiroei* (Franchet & Savatier) Nakai (1938) ≡ *Rhodiola rosea* var. *tachiroei* (Franchet & Savatier) H. Hara *ex* Honda (1957) *(nom. inval.,* Art. 33.2) ≡ *Rhodiola rosea* ssp. *tachiroei* (Franchet & Savatier) H. Jacobsen (1973); **incl.** *Sedum rhodiola* subvar. *continentale* Maximowicz (1883) ≡ *Sedum rosea* subvar. *continentale* (Maximowicz) Maximowicz *ex* A. Berger (1930); **incl.** *Sedum suboppositum* var. *telephioides* Maximowicz (1883) ≡ *Rhodiola telephioides* (Maximowicz) S. H. Fu (1980); **incl.** *Rhodiola lapponica* Gandoger (1886) *(nom. inval.,* Art. 24.1); **incl.** *Rhodiola scopolii* A. Kerner *ex* Simonkai (1887) ≡ *Sedum rhodiola* var. *scopolii* (A. Kerner *ex* Simonkai) Rouy & Camus (1901) ≡ *Rhodiola rosea* var. *scopolii* (A. Kerner *ex* Simonkai) Soó (1974); **incl.** *Sedum roanense* Britton (1903) ≡ *Rhodiola roanensis* (Britton) Britton (1903) ≡ *Sedum rosea* var. *roanense* (Britton) A. Berger (1930) ≡ *Rhodiola rosea* ssp. *roanensis* (Britton) H. Jacobsen (1973); **incl.** *Sedum caerulans* Léveillé & Vaniot (1904); **incl.** *Rhodiola hideoi* Nakai (1938); **incl.** *Rhodiola maxima* Nakai (1938); **incl.** *Sedum rosea* var. *microphyllum* Fröderström (1938) ≡ *Rhodiola rosea* var. *microphylla* (Fröderström) S. H. Fu (1965); **incl.** *Rhodiola arctica* Borissova (1939) ≡ *Sedum arcticum* (Borissova) Rønning (1959) ≡ *Rhodiola rosea* ssp. *arctica* (Borissova) A. Löve (1961) ≡ *Sedum rosea* ssp. *arcticum* (Borissova) J. P. Kozhevnikov (1989); **incl.** *Rhodiola iremelica* Borissova (1939); **incl.** *Rhodiola sachalinensis* Borissova (1939) ≡ *Sedum sachalinense* (Borissova) Voroschilov (1966) ≡ *Rhodiola rosea* ssp. *sachalinensis* (Borissova) S. Gontcharova (1999); **incl.** *Rhodiola krivochzhinii* Siplivinsky (1974) ≡ *Tolmachevia krivochzhinii* (Siplivinsky) A. Löve & D. Löve (1976) ≡ *Rhodiola rosea* ssp. *krivochizhinii* (Siplivinsky) S. Gontcharova (1999).

[7] Zweihäusig, 5 - 50 cm hoch; Rhizome zylindrisch bis lang verkehrt konisch, bei guter Entwicklung verzweigt, 1 - 2 cm ⌀; **Blü**triebe 1 - 3 (-4 oder mehr), 1 - 6 mm ⌀, kahl, glatt, hellgrün, manchmal glauk; **Blä** auf der ganzen **Tr**länge entfernt stehend, weit ausgebreitet, sitzend, länglich oder verkehrt eiförmig bis verkehrt lanzettlich oder eiförmig, (0.4-) 1 - 3 (-4) × (0.3-) 0.6 - 1.7 (-2) cm, hellgrün, Spitze oft rot überhaucht, unterseits ± glauk, kahl, glatt, Spitze rund bis spitz, Basis seicht herzförmig bis gestutzt oder rund, manchmal stengelumfassend, Ränder fast ganzrandig bis unregelmässig und spärlich fein gesägt; **Inf** 25- bis 50- (bis 70-) blütig, 1 - 2 (-3) × 2 - 4 (-5) cm ⌀; **Ped** < 2 mm, glatt; **Blü** 3 - 7 mm ⌀; **Cal** 2 - 2.5 mm, kahl, Zipfel linealischpfriemlich bis schmal dreieckig, 1.8 - 2.3 mm (männlich) oder 2 - 2.7 mm (weiblich), aufsteigend; **Pet** gelbgrün, linealisch bis schmal länglich (männlich) oder linealisch-pfriemlich (weiblich), 2.5 - 3 (-3.5) mm (männlich) oder 2.2 - 2.5 mm (weiblich), weit ausgebreitet (männlich) oder fast aufrecht (weiblich); **St** länger als die **Pet**; **Fil** gelb, (3.5-) 4 - 5 mm; **Anth** gelb; **NSch** breit länglich, 0.7 - 1 mm; **Ca** 6 - 10 mm [2 - 3 mm (männlich)], verjüngt, je mit 8 - 10 **Sa**anlagen; **Gr** schlank, 0.7 - 1 mm; **Fr** mit zurückgeschlagenen **Gr**; **Sa** schmal länglich, 1.2 - 1.4 mm, Spitze rund, braun, längs niedrig gerippt.

Volksname: "Rosenwurz".

R. saxifragoides (Fröderström) H. Ohba (J. Jap. Bot. 52(10): 305-306, 1977). **T:** Kaschmir (*Perssm 706* [GB]). – **D:** Kaschmir. **I:** Ohba (1980: 371).

≡ *Sedum saxifragoides* Fröderström (1936).

[2] Zwitterig, ± 2 cm hoch; Rhizome verkehrt konisch, 2 - 6 mm ⌀; **Ros** 4 - 8 mm ⌀ mit 8 - 15 Laub**Blä**; grundständige **Blä** verbleibend, länglich bis eiförmig, 4 - 6 × 1.8 - 2.4 mm, kahl, Spitze rund, ganzrandig, **Bla**stiel zur Basis verbreitert, 1 - 1.5 × 1.5 - 1.8 mm; **Blü**triebe einzeln, kahl; **Blä** sitzend, länglich, 2.5 - 3.2 × 1 - 1.5 mm, Spitze rund, ganzrandig; **Inf** Cymen mit 1 - 3 aufrechten **Blü**; **Ped** 1.5 - 2.2 mm; **Cal** 3.7 - 4.3 mm, Zipfel breit länglich eiförmig bis länglich eiförmig, 3.5 - 3.8 mm; **Pet**

länglich lanzettlich, vermutlich weiss, 7.5 - 7.8 mm; **St** kürzer als die **Pet**; **Anth** rötlich (?); **NSch** quer länglich, ± 0.6 mm; **Ca** 7 - 7.5 mm, je mit 20 - 22 **Sa**anlagen; **Sa** elliptisch, Spitze rund.

R. semenovii (Regel & Herder) Borissova (in Komarov & al. (eds.), Fl. URSS 9: 28, 1939). **T:** Turkestan (*Semenow* s.n. [LE, K]). – **D:** Kasachstan, China (W Xinjiang); 1800 - 2900 m, Blüten Juni bis Juli. **I:** Praeger (1921a: 66, als *Sedum*).
≡ *Umbilicus semenovii* Regel & Herder (1866) ≡ *Sedum semenovii* (Regel & Herder) Masters (1878) ≡ *Cotyledon semenovii* (Regel & Herder) O. Fedtschenko & B. Fedtschenko (1909) ≡ *Clementsia semenovii* (Regel & Herder) Borissova (1969); **incl.** *Rhodiola semenowii* hort. (s.a.) (*nom. inval.*, Art. 61.1); **incl.** *Umbilicus linifolius* Osten-Sacken & Ruprecht (1869); **incl.** *Umbilicus linearifolius* Franchet (1883); **incl.** *Sedum semenovii* var. *kansuense* Fröderström (1938) ≡ *Rhodiola kansuensis* (Fröderström) S. H. Fu (1965).
[5] Zwitterig, bis 60 cm hoch; Rhizome zylindrisch, 2 - 3 cm ⌀, verzweigend; **Blü**triebe wenige, ± 6 mm ⌀, kahl; **Blä** sitzend, linealisch, 3 - 7 cm × 2 - 4 mm, kahl, Spitze spitz, Basis rund, Ränder ganzrandig oder entfernt gesägt; **Inf** lange, dichte, ährige Trauben, 3 - 7 cm lang; **Blü** kurz gestielt oder sitzend; **Cal** tief geteilt, Zipfel linealisch; **Pet** weiss oder rosa, lanzettlich, 10 - 12 mm; **St** so lang wie die **Pet**; **Fil** weiss; **Anth** rot; **NSch** quadratisch, ± 1 mm; **Fr** gerade, ± 10 mm, rot werdend; **Sa** ± 1 mm, schmal eiförmig, geflügelt.

R. serrata H. Ohba (J. Jap. Bot. 52(9): 263-264, 1977). **T:** Indien, Assam (*Kingdon-Ward* 11980 [BM]). – **D:** E Himalaya: Indien (Assam), SE Tibet; bewaldete Hänge, entlang von Feldbegrenzungen, 3300 - 3800 m. **I:** Ohba (1981a: 87).
≡ *Sedum serratum* (H. Ohba) J. P. Kozhevnikov (1989).
[7] Zweihäusig, 25 - 60 cm hoch; Rhizome dick; **Blü**triebe 4 - 8 mm ⌀, kahl, glatt oder papillat; **Blä** sitzend, länglich bis linealisch verkehrt lanzettlich, 7 - 13 × 2.5 - 4.5 cm, kahl, Spitze spitz, Basis ± geöhrt, Ränder auffällig gesägt; **Inf** > 300-blütig; **Ped** 2 (-3) mm, papillat; **Blü** 5- oder 6- (männlich) oder 4- bis 5-zählig (weiblich); **Cal** kahl, tief geteilt, Zipfel schmal länglich (männlich) oder pfriemlich (weiblich), ± 1 mm (männlich) oder 1.7 - 2 mm (weiblich); **Pet** grünlich gelb, verkehrt lanzettlich (männlich) oder linealisch (weiblich), 2.2 - 2.5 mm (männlich) oder 3 - 3.2 mm (weiblich); **St** 2.2 - 2.6 mm; **Anth** gelb; **NSch** länglich, ± 0.8 mm; **Ca** 5 - 7 mm, je mit 14 - 18 **Sa**anlagen; **Gr** 0.5 - 0.7 mm.

R. sherriffii H. Ohba (J. Jap. Bot. 53(9): 257-259, 1978). **T:** Tibet (*Ludlow & al.* 15394 [BM]). – **D:** E Himalaya (Sikkim, Bhutan), SE Tibet; Dickichte und grasige Hänge, feuchte Stellen, Felsen, 4000 - 5000 m.

≡ *Sedum sherriffii* (H. Ohba) J. P. Kozhevnikov (1989).
[7] Zweihäusig, bis 30 cm hoch; Rhizome zylindrisch, 1 - 2.5 cm ⌀; **Blü**triebe büschelig-aufrecht, kahl, glatt, 2 - 4 (-6) mm ⌀; **Blä** aufsteigend, sitzend, verkehrt lanzettlich bis schmal länglich, 1 - 3 cm × 2 - 7 mm, oberseits dicht papillat, Spitze spitz, Basis verschmälert, Rand ganzrandig; **Inf** 40- bis 100- (männlich) oder 10- bis 20-blütig (weiblich), 2 - 4.5 cm ⌀; **Ped** 2 - 8 mm, dicht papillat; **Blü** 6 - 10 mm ⌀; **Cal** 3 - 4.5 mm, kahl, Zipfel schmal länglich, 3 - 4.5 mm; **Pet** hell grünlichgelb, länglich verkehrt lanzettlich, 4 - 6 mm, ausgebreitet; **St** deutlich länger als die **Pet**; **Fil** 4.5 - 8 mm; **Anth** rosa; **NSch** 0.5 - 0.8 mm; **Ca** 6 - 12 mm, je mit ± 8 **Sa**anlagen; **Gr** ± 0.5 mm; **Sa** elliptisch, 3.5 - 4.2 mm, kurz geschwänzt, braun, genetzt.

R. sinuata (Royle *ex* Edgeworth) S. H. Fu (Acta Phytotax. Sin. 10(Addit. 1): 127, 1965). **T:** Indien (*Herb. Royle* s.n. [LIV]). – **D:** Pakistan (Lahore), Kaschmir, Indien (Kumaon), Nepal, Tibet, China (NW Yunnan); Felsritzen und Schutthänge, 3200 - 4300 m, Blüten Juli bis September. **I:** Ohba (1975: 335, als *Sedum*).
≡ *Sedum sinuatum* Royle *ex* Edgeworth (1846) ≡ *Sedum linearifolium* var. *sinuatum* (Royle *ex* Edgeworth) Hamet (1926); **incl.** *Sedum linearifolium* Royle (1839) ≡ *Rhodiola linearifolia* (Royle) S. H. Fu (1965) (*nom. illeg.*, Art. 53.1); **incl.** *Sedum mucronatum* Edgeworth (1846); **incl.** *Sedum pauciflorum* Edgeworth (1846) ≡ *Sedum linearifolium* var. *pauciflorum* (Edgeworth) C. B. Clarke (1878); **incl.** *Sedum linearifolium* var. *genuinum* Hamet (1926) (*nom. inval.*, Art. 24.3); **incl.** *Sedum garwalicum* Fröderström (1942); **incl.** *Rhodiola fui* Borissova (1969).
[4] Zwitterig, 15 - 30 cm hoch; Rhizome schlank, kriechend, 2 - 5 mm ⌀, spärlich verzweigt; **Blü**triebe 1 - 5, gelblich grün; **Blä** weit ausgebreitet, sitzend, schmal verkehrt lanzettlich bis linealisch verkehrt lanzettlich, 1.5 - 3.5 × 0.15 - 1 (-2) cm, kahl, Spitze spitz, Basis lang verschmälert, Ränder im oberen ⅓ ± fein gelappt, papillat, Lappen 3 (-5), linealisch, 2 - 10 × 0.8 - 2.2 mm, ganzrandig (bis winzig gebuchtet); **Inf** 3- bis 13-blütig; **Blü** 8 - 18 mm ⌀; **Ped** 3 - 6 mm, dicht papillat; **Cal** 3 - 5.5 mm, kahl, Zipfel eiförmig bis dreieckig-lanzettlich, 2 - 3.3 mm; **Pet** lanzettlich bis elliptisch, weiss, 7 - 11 (-12) mm, ausgebreitet; **St** kürzer als die **Pet**; **Anth** tief rotpurpurn; **NSch** breit länglich bis quadratisch, 0.5 - 1 mm, tief- bis hellgelb; **Ca** 5 - 10 mm, hellgrün, je mit 12 - 18 **Sa**anlagen.

R. smithii (Hamet) S. H. Fu (Acta Phytotax. Sin. 10 (Addit. 1): 122, 1965). **T:** Sikkim (*Smith & Clave* 2126 [B, K, CAL]). – **D:** Nepal, Sikkim, S Tibet; sandiges Grasland, kiesige Stellen, Felsritzen, 4000 - 5000 m, Blüten später Juli bis früher September. **I:** Ohba (1975: 297, als *Sedum*).

≡ *Sedum smithii* Hamet (1913); **incl.** *Sedum chumbicum* Prain *ex* Hamet (1929) (*nom. inval.*, Art. 34.1c); **incl.** *Sedum sangpo-tibetanum* Fröderström (1937) ≡ *Rhodiola sangpo-tibetana* (Fröderström) S. H. Fu (1965).

[3] Zwitterig, 2 - 5 cm hoch; Rhizome 5 - 8 mm ∅, mit dimorphen Schuppen**Blä**; Schuppen**Blä** dreieckig-eiförmig oder dreieckig-halbkreisförmig, lang spitz zulaufend oder Spitze mit einem linealischen Fortsatz (1.5 - 3 mm), 5 - 9 × 2 - 3.5 mm; **Blü**triebe 2 - 3, aufsteigend oder fast aufrecht, aus den **Ax** der innersten Schuppen**Blä**, kahl, 1.7 mm ∅; Stengel**Blä** entfernt, weit ausgebreitet, sitzend, linealisch-elliptisch oder linealisch-eiförmig, 4.5 - 14 × 1.1 - 2.2 mm, kahl, Spitze rund, Basis gestutzt oder sehr kurz verschmälert, Rand fast ganzrandig; **Inf** kleine Ebensträusse mit 5 - 10 **Blü**, 0.5 - 2.2 × 1 - 3.5 cm ∅; **Ped** 0.3 - 1.5 cm; **Blü** 4 - 5 mm ∅; **Cal** 3.1 - 5.3 mm, kahl, Zipfel linealisch-eiförmig oder sehr schmal länglich, 2.4 - 4 mm; **Pet** linealisch-eiförmig, 3.7 - 6.5 mm, rosa, aufsteigend; **St** kürzer als die **Pet**, aufrecht; **Fil** rötlich; **NSch** quadratisch, 0.4 - 0.6 mm, rötlich; **Ca** 3.6 - 7.4 mm, je mit 4 - 8 **Sa**anlagen; **Sa** linealisch, Spitze gerundet.

R. staminea (Paulsen) S. H. Fu (Fl. Reipub. Popul. Sin. 34(1): 220, 1984). **T:** Tibet (*Hedin* s.n. [S]). – **D:** Tibet.

≡ *Sedum stamineum* Paulsen (1922).

[4] Zwitterig (?), kahl; **Blü**triebe 4 - 6 cm hoch, aufrecht oder aufsteigend; **Blä** lanzettlich, ± 7 mm, Spitze stumpf, Basis gerundet, fast ganzrandig; **Inf** mit bis zu 17 **Blü**, doldig; **Ped** sehr kurz oder **Blü** fast sitzend; **Blü** 5-zählig; **Cal**zipfel 5.3 mm, pfriemlich; **Pet** hellpurpurn, lanzettlich oder schmal länglich, 5 mm, stumpf; **St** wenig länger als die **Pet**; **NSch** quer länglich, ausgerandet; **Ca** kürzer als **Pet** und **St**.

Eine unsichere Art, die auf Grund unvollständigen Materials und ohne Kenntnis der weiblichen Pflanzen beschrieben wurde. Sie ist *R. dumulosa* in der Gestalt der Nektarschüppchen und Kronblätter sowie der möglicherweise zwitterigen Blüten etwas ähnlich.

R. stapfii (Hamet) S. H. Fu (Acta Phytotax. Sin. 10(Addit. 1): 122, 1965). **T:** Tibet (*King 318* [K, CAL]). – **D:** NE Indien (Assam), Bhutan, S Tibet; grasige Hänge, 2900 - 5000 m, Blüten im August. **I:** Ohba (1975: 302, als *Sedum*).

≡ *Sedum stapfii* Hamet (1913).

[8] Zweihäusig, bis 3 cm hoch; Rhizome 8 mm ∅; **Blü**triebe einzeln, aufrecht, kahl; **Blä** meist 5 oder 6, fast quirlständig an oder nahe der **Tr**spitze, kahl, gestielt, eiförmig oder länglich eiförmig, 8 - 15 × 4 - 7 mm, Spitze stumpf, Basis rund, Rand ganzrandig, **Bla**stiel 2 - 3.5 mm, zur Basis verbreitert; **Inf** 3- bis 6-blütig, ohne **Bra**; **Ped** 10 - 13 mm, kahl; **Cal** 3.4 - 5 mm, kahl, Zipfel wenig länger oder kürzer als die **Pet**; **Pet** schmal länglich oder schmal länglich eiförmig, weiss, 2.2 - 3.1 × 1 - 1.8 mm; **St** kürzer als die **Pet**; **Fil** 1.8 - 2.3 mm; **Anth** rötlich; **NSch** quadratisch bis schmal länglich, 0.6 - 0.8 mm, rötlich; **Ca** 4.5 - 5.2 mm, verjüngt, meist je mit 8 **Sa**anlagen; **Gr** 0.8 - 1 mm; **Fr** fast aufrecht; **Sa** 0.85 - 1 mm.

R. stephanii (Chamisso) Trautvetter & C. A. Meyer (in Middendorff, Reise Sibir. 1: 39, 1856). **T:** Sibirien (*Redowsky 8910* [B [Herb. Willdenow], E]). – **D:** Russland (E Sibirien), China (N Nei Mongol). **I:** Ohba (1980: 390).

≡ *Sedum stephanii* Chamisso (1831) ≡ *Sedum crassipes* var. *stephanii* (Chamisso) Fröderström (1930) ≡ *Chamaerhodiola stephanii* (Chamisso) Nakai (1934) ≡ *Rhodiola crassipes* var. *stephanii* (Chamisso) H. Jacobsen (1973); **incl.** *Sedum dentatum* Stephan *ex* Chamisso (1831) (*nom. inval.*, Art. 34.1c); **incl.** *Rhodiola pinnatifida* Borissova (1939) ≡ *Sedum pinnatifidum* (Borissova) J. P. Kozhevnikov (1989); **incl.** *Rhodiola krylovii* Polozhij & Revjakina (1979).

[4] Einhäusig oder (?) zwitterig, 10 - 25 cm hoch; Rhizome schlank, kriechend, spärlich verzweigt, 0.5 - 1 cm ∅; **Blü**triebe wenige, 2.5 - 4 mm ∅, kahl; **Blä** aufsteigend bis ausgebreitet, sitzend, verkehrt lanzettlich bis breit verkehrt lanzettlich, 2.5 - 4 × 0.6 - 1.2 cm, kahl, Spitze stumpf bis spitz, Basis lang verschmälert, Ränder tief bis grob gezähnt; **Inf** 30- bis 60-blütig, 1.5 - 2 × 2 - 5 cm ∅; **Ped** 2 - 8 mm, spärlich papillat; **Cal** kahl, Zipfel schmal dreieckig, 3 - 4.5 mm; **Pet** länglich lanzettlich bis länglich eiförmig, weiss, 5 - 6.5 mm, aufsteigend (männlich) oder fast aufrecht (weiblich); **St** 4 - 4.4 mm [3.5 - 4 mm (weiblich)]; **Anth** tiefrot (?); **NSch** meist quadratisch, ± 1 mm; **Ca** 7 - 8.5 mm [3.8 - 4.2 mm (männlich)], je mit 6 - 8 **Sa**anlagen; **Sa** linealisch-elliptisch, ± 1.8 mm, mit einem kurzen Schwanz, gelblich braun, längs gestreift.

R. subopposita (Maximowicz) H. Jacobsen (Nation. Cact. Succ. J. 28(1): 6, 1973). **T** [syn]: China, Gansu (*Przewalski 627+257* [LE]). – **D:** China (C Gansu, NE Qinghai); Felsen in alpinen Regionen, 3800 - 4100 m, Blüten im Juli.

≡ *Sedum suboppositum* Maximowicz (1883).

[7] Zweihäusig, bis 30 cm hoch mit zahlreichen **Blü**trieben; **Blä** kurz gestielt bis fast sitzend, gegenständig oder in Wirteln zu 3 oder wechselständig, eiförmig bis breit elliptisch, ± 2 × 1 cm, Spitze stumpf, Basis gerundet, Ränder fein gekerbt; **Inf** vielblütig, ± 1 cm ∅; **Ped** so lang wie die **Blü**; **Blü** 5-zählig, ± 7 mm ∅; **Cal**zipfel länglich; **Pet** gelb, länglich; **St** wenig länger als die **Pet**; **NSch** fast quadratisch, ausgerandet; **Ca** eiförmig, bei männlichen **Blü** rudimentär; **Gr** kurz.

Die Identität dieses Taxons ist etwas unsicher, obwohl es mit *R. rosea* verwandt zu sein scheint.

R. tangutica (Maximowicz) S. H. Fu (Bull. Bot. Res., Harbin 6(4): 158, 1986). **T** [lecto]: China (*Przewalski* s.n. [LE, PE]). — **D**: China (Gansu, Qinghai, Sichuan); Felsritzen in alpinen Regionen, 2100 - 4700 m.

≡ *Sedum algidum* var. *tanguticum* Maximowicz (1883) ≡ *Rhodiola algida* var. *tangutica* (Maximowicz) S. H. Fu (1980); **incl.** *Rhodiola gannanica* K.-T. Fu (1991).

[7] Zweihäusig, bis 14 cm hoch; Rhizome verzweigt, oft massiv; **Blü**triebe 3 - 4 pro Zweig, nach dem Fruchten für 1 Jahr ausdauernd, ± 1.5 mm ⌀, kahl, glatt; **Blä** dicht gestellt, sitzend, dick krautig, 5 - 10 × 1 - 2 mm, linealisch bis linealisch-lanzettlich, weit ausgebreitet, kahl, glatt, ganzrandig, Spitze stumpf, Basis rund; **Inf** 3- bis 9-blütig, fast doldig, 8 - 12 × 10 - 20 mm; **Ped** 2 - 4 mm (weiblich) oder **Blü** fast sitzend (männlich); **Cal** kahl, **Rö** konisch, 2 - 3 mm, Zipfel dreieckig-eiförmig oder schmal länglich, ± 2 mm; **Pet** linealisch-lanzettlich, 3 - 5 mm, ± rosa; **St** nur wenig länger als die **Pet** (männlich); **Ca** 3 - 5 mm; **Gr** < 1 mm.

R. tibetica (Hooker *fil.* & Thomson) S. H. Fu (Acta Phytotax. Sin. 10(Addit. 1): 121, 1965). **T**: Tibet (*Thomson* s.n. [K]). — **D**: W Himalaya (Afghanistan, Pakistan, Kaschmir, Indien [Himachal Pradesh]), W Tibet; steinige Hänge, 4100 - 5400 m. **I**: Ohba (1982a: 144). **Fig. XXX.c**

≡ *Sedum tibeticum* Hooker *fil.* & Thomson (1858) ≡ *Sedum quadrifidum* var. *tibeticum* (Hooker *fil.* & Thomson) Fröderström (1930) ≡ *Chamaerhodiola tibetica* (Hooker *fil.* & Thomson) Nakai (1934); **incl.** *Sedum stracheyi* Hooker *fil.* & Thomson (1858) ≡ *Sedum tibeticum* var. *stracheyi* (Hooker *fil.* & Thomson) C. B. Clarke (1878) ≡ *Chamaerhodiola stracheyi* (Hooker *fil.* & Thomson) Nakai (1934).

[9] Zweihäusig, 7 - 25 cm hoch; Rhizome zylindrisch, bis 1 cm ⌀, oft verzweigend; **Blü**triebe meist büschelig-aufrecht, 1.5 - 2 mm ⌀, etwas ausdauernd, kahl; **Blä** sitzend, aufsteigend, schmal länglich bis länglich eiförmig, 5 - 12 × 2.5 - 4 mm, kahl, glatt, Spitze spitz bis stumpf, Basis gestutzt bis rund, Rand ganzrandig; **Inf** 20- bis 40-blütig, 2 - 3 cm lang und ⌀; **Ped** < 4 mm, glatt; **Blü** 4 - 5 mm (männlich) oder 5 - 6 mm (weiblich) lang; **Cal** 2.4 - 2.8 mm (männlich) oder 3.4 - 4.2 mm (weiblich), **Rö** ± 1 mm (männlich) oder 1.7 - 2 mm (weiblich), Zipfel schmal dreieckig bis linealisch-lanzettlich (männlich) oder linealisch-pfriemlich bis linealisch-lanzettlich (weiblich), 1.4 - 1.7 mm (männlich) oder 1.7 - 2.1 mm (weiblich); **Pet** länglich (männlich) oder schmal länglich bis länglich (weiblich), ± purpurrot, 2.6 - 3 mm (männlich) oder 2.3 - 3.2 mm (weiblich), ausgebreitet (männlich) oder aufsteigend bis fast aufrecht (weiblich); **St** meist etwas länger als die **Pet**; **Anth** rötlich; **NSch** länglich bis sehr breit länglich, 0.8 - 1 mm; **Ca** 6 - 9 mm [1.5 - 1.8 mm (männlich)], je mit ± 16 **Sa**anlagen; **Fr** 8 - 10 mm, aufrecht; **Sa** 1.7 - 2.7 mm, linealisch bis länglich, endständig kurz geschwänzt, braun, längs niedrig gestreift, Spitze gerundet.

R. wallichiana (Hooker *fil.*) S. H. Fu (Acta Phytotax. Sin. 10(Addit. 1): 125, 1965). **T**: Nepal (*Wallich* 7239 [K]). — **D**: Kaschmir, N Indien, Bhutan, Nepal, Sikkim, Tibet, China (W Sichuan, W Yunnan); Wälder, Felsen an Hängen, 2500 - 3800 m, Blüten mitte Juli bis früher September. **I**: Hooker (1844); Ohba (1975: 314, beide als *Sedum*). **Fig. XXX.e**

≡ *Sedum wallichianum* Hooker *fil.* (1844); **incl.** *Sedum crassipes* Wallich *ex* Hooker *fil.* & Thomson (1858) ≡ *Chamaerhodiola crassipes* (Wallich *ex* Hooker *fil.* & Thomson) Nakai (1934) ≡ *Rhodiola crassipes* (Wallich *ex* Hooker *fil.* & Thomson) Borissova (1939); **incl.** *Sedum asiaticum* Clarke *ex* Hooker *fil.* (1878) (*nom. illeg.*, Art. 53.1); **incl.** *Sedum crassipes* var. *cholaense* Praeger (1919) ≡ *Rhodiola wallichiana* var. *cholaensis* (Praeger) S. H. Fu (1965) ≡ *Rhodiola crassipes* var. *cholaensis* (Praeger) H. Jacobsen (1973).

[4] Zwitterig, 15 - 30 cm hoch; Rhizome zylindrisch, 2 - 3 cm ⌀; **Blü**triebe büschelig-aufrecht, kahl, 3 - 6 mm ⌀; **Blä** auf der ganzen Länge dicht gestellt, sitzend, linealisch bis schmal lanzettlich, 1.2 - 3 cm × 1.2 - 6 mm, oberseits hell oder gelblich grün, unterseits heller, kahl, Spitze stumpf, Basis lang verschmälert, Ränder in der oberen ½ entfernt unregelmässig fein gezähnt, darunter fast ganzrandig; **Inf** 2 - 3.5 cm ⌀; **Ped** 1 - 4 mm, papillat; **Cal** 6 - 8.5 mm, kahl, Zipfel pfriemlich, 5.6 - 8 mm; **Pet** hell grünlich oder gelblich weiss, schmal elliptisch oder linealisch, 7 - 11 mm, aufsteigend oder etwas ausgebreitet; **St** etwas kürzer oder länger als die **Pet**; **Fil** 7.5 - 12 mm; **Anth** dunkel ± purpurrot; **NSch** länglich, 1 - 1.2 mm; **Ca** 9 - 14 mm, wenig länger als die **Pet**, verjüngt, je mit 28 - 36 **Sa**anlagen.

R. yunnanensis (Franchet) S. H. Fu (Acta Phytotax. Sin. 10 (Addit. 1): 126, 1965). **T**: China, Yunnan (*Delavay* 252 [P]). — **D**: Indien bis SW China.

≡ *Sedum yunnanense* Franchet (1896).

R. yunnanensis ssp. **forrestii** (Hamet) H. Ohba (J. Fac. Sci. Univ. Tokyo, Sect. 3, Bot. 13(2): 126, 1982). **T**: China, Yunnan (*Forrest* 2384 [E]). — **D**: China (W Szechuan, NW Yunnan); Hänge, 2900 - 4000 m.

≡ *Sedum yunnanense* var. *forrestii* Hamet (1912) ≡ *Rhodiola forrestii* (Hamet) S. H. Fu (1965) ≡ *Rhodiola yunnanensis* var. *forrestii* (Hamet) H. Jacobsen (1973); **incl.** *Sedum yunnanense* var. *muliense* Fröderström (1936) (*nom. inval.*, Art. 36.1); **incl.** *Sedum yunnanense* var. *oblanceolatum* Fröderström (1936) (*nom. inval.*, Art. 36.1); **incl.** *Sedum yunnanense* var. *papillocarpum* Fröderström (1936) (*nom. inval.*, Art. 36.1) ≡ *Rhodiola papillocarpa* (Fröderström) S. H. Fu (1965); **incl.** *Sedum yunnanense* var. *strictum* Fröderström (1936) (*nom. inval.*, Art. 36.1).

[6] Unterschiede zu ssp. *yunnanensis*: **Blä** in Quirlen zu 3 oder 4, schmal länglich bis linealisch, Ränder fein gekerbt, 1.9 - 4.4 × 0.4 - 1.1 cm, Spitze stumpf bis rund, Basis rund bis etwas herzförmig.

R. yunnanensis ssp. **yunnanensis** – **D:** Indien (Assam), SE Tibet, Myanmar, China (Gansu, Guizhou, Henan, Hubei, Shaanxi, Sichuan, Yunnan); bewaldete Hänge, 1000 - 4000 m. **I:** Praeger (1921a: 74-76, als *Sedum yunnanense* var. *valerianoides*); Ohba (1982a: 128).

Incl. *Sedum henryi* Diels (1900) ≡ *Sedum yunnanense* var. *henryi* (Diels) Hamet (1929) ≡ *Rhodiola henryi* (Diels) S. H. Fu (1965) ≡ *Rhodiola yunnanensis* var. *henryi* (Diels) H. Jacobsen (1973); **incl.** *Sedum sinicum* Diels (1900) ≡ *Rhodiola sinica* (Diels) H. Jacobsen (1973); **incl.** *Sedum valerianoides* Diels (1900) ≡ *Sedum yunnanense* var. *valerianoides* (Diels) Hamet (1912) ≡ *Rhodiola yunnanensis* var. *valerianoides* (Diels) H. Jacobsen (1973); **incl.** *Sedum mengtzeanum* Ulbrich *ex* Hamet (1929); **incl.** *Sedum yunnanense* var. *rotundifolium* Fröderström (1936) (*nom. inval.*, Art. 36.1) ≡ *Rhodiola rotundifolia* (Fröderström) S. H. Fu (1965); **incl.** *Sedum yunnanense* var. *oxyphyllum* Fröderström (1942).

[6] Zweihäusig, 30 - 100 cm hoch; Rhizome zylindrisch, 0.5 - 2 cm ⌀, spärlich verzweigt falls grösser; **Blütriebe** 1 (-3), 2 - 6 mm ⌀, kahl; **Blä** meist zu 3, Quirle entfernt angeordnet, sitzend, eiförmig bis länglich eiförmig bis rhombisch-eiförmig, 2 - 14 × 1.2 - 6.8 cm, dick krautig, kahl, ausgebreitet, Spitze stumpf bis spitz, Basis rund bis verschmälert oder seicht herzförmig, Ränder fein gekerbt bis fast ganzrandig; **Inf** cymös-rispig, 2 - 15 × 2 - 8 cm ⌀; **Blü** 2.5 - 3.5 mm ⌀; **Ped** 1.5 - 5 (-10) mm, glatt; **Cal** 1.5 - 2.5 mm, Zipfel linealisch-pfriemlich bis dreieckig, 0.6 - 1.2 mm, aufrecht bis fast aufrecht; **Pet** gelbgrün, linealisch-eiförmig bis verkehrt lanzettlich (männlich) oder dreieckig bis schmal dreieckig (weiblich), 2.8 - 3.2 mm (männlich) oder 0.6 mm (weiblich), zurückgeschlagen (männlich) oder fast aufrecht (weiblich); **St** kürzer als die **Pet**; **Anth** tiefrot; **NSch** breit länglich bis quadratisch, 0.7 - 1 mm; **Ca** 3.5 - 4 mm, je mit 14 - 20 **Sa**anlagen; **Gr** schief auswärts gebogen, ± 0.5 mm; **Fr** 4 - 5 mm mit zurückgeschlagenen **Gr**; **Sa** linealisch, ± 1.8 mm, braun, längs niedrig gestreift.

ROSULARIA

H. 't Hart

Rosularia (De Candolle) Stapf (CBM 149: t. 8985, in adnot., 1923). **T:** *Cotyledon sempervivum* M. Bieberstein [Lectotyp, ausgewählt von A. Borissova, Novost. Syst. Vyssh. Rast. 6: 119, 1969.]. – **Lit:** Eggli (1988). **D:** E Mittelmeergebiet, Kleinasien, Naher Osten, Karakorum - Himalaya, Altai. **Etym:** Lat. 'rosula', kleine Rose; die Laubblätter sind zu einer Rosette vereinigt.

≡ *Umbilicus* Sect. *Rosularia* De Candolle (1828).

Zwergige, mehrjährige Kräuter, meistens ausdauernd (selten monocarp), kahl oder drüsig behaart, oft aromatisch; **Wu** faserig oder als verdickte Pfahl-**Wu**, oder caudiciform und geschwollen; **Ros** sitzend, abgeflacht oder kugelig, selten an kurzen **Tr**, einzeln oder mit sitzenden oder niederliegenden, verlängerten Ablegern; **Blä** flach oder gekielt, ± sukkulent, länglich bis breit spatelig, Ränder ganzrandig, drüsig behaart, beborstet oder fein gezähnelt; **Blä** manchmal dimorph mit unterschiedlichen Sommer- und Winter**Blä** und dann in der Trockenzeit Ruhe**Ros** bildend; **Inf** seitlich oder endständig, aufrecht oder niederliegend, vor dem Aufblühen nickend oder nicht, normalerweise untere Teile beblättert, kahl oder drüsig behaart, rispig mit wickeligen Seitenzweigen; **Blü** 5- oder 5- bis 9-zählig, obdiplostemon, urnenförmig, röhrig oder trichterig, schmal bis breit glockig oder sternförmig, sitzend oder häufiger gestielt, **Pet** basal für ¹⁄₁₀ bis ¾ ihrer Länge vereinigt, weiss mit grüner oder rosafarbener bis roter Nervatur, oder hellgelb, rosa, rosapurpurn oder ± rosabraun, aussen kahl oder drüsig behaart, Rand ganzrandig oder selten ausgefranst; **Fil** kürzer als die **Pet** und basal mit diesen verwachsen, zuerst aufrecht, später zurückgelehnt; **Ca** aufrecht, immer viel kürzer als die **Kr**, schlank oder massiv-voluminös, meistens entlang der oberen Bauchseite drüsig behaart, völlig frei oder basal ± vereinigt und in das **Rec** eingesenkt; **Fr** aufrechte Bälge, im oberen Teil entlang der Bauchnaht öffnend; **Sa** länglich ellipsoid, hell- bis dunkelbraun mit gleichfarbigen Längsstreifen, 0.5 - 1.3 mm.

Die Gattung in der Fassung der neueren Monographie von Eggli (1988) (siehe 't Hart & Eggli (1988) für cytologische Angaben) ist auf Grund molekularer Studien heterogen. Die Sect. *Chrysanthae* wird zu *Prometheum* gestellt, und Sect. *Sempervivella* zu *Sedum*. Die verbleibenden Arten gliedern sich in 2 Gruppen, von denen Sect. *Ornithogalopsis* vielleicht fälschlich zu *Rosularia* gestellt wird, aber vorläufig mangels eines besseren Verständnisses ihrer Taxa beibehalten wird. Die Gruppe um *R. sempervivum* ist taxonomisch schwierig und leidet in der älteren Literatur unter vielen Verwechslungen. Die Behandlung hier folgt Eggli (1988) und schliesst *R. persica* und *R. libanotica* innerhalb der variablen *R. sempervivum* mit ein.

Es werden die folgenden Sektionen anerkannt:

[1] Sect. *Rosularia*: Caudex meist fehlend oder als verlängerte, verdickte Pfahl**Wu**; **Inf** seitlich oder selten endständig, schlank ährig oder unterschiedlich aber nicht ebensträussig-rispig; **Blü** urnenförmig bis sternförmig, 5-zählig; Ruhe**Ros** häufig.

[2] Sect. *Ornithogalopsis* A. Berger 1930: Caudex

gut entwickelt, ± rübenförmig; **Inf** seitlich, ebensträussig-rispig bis ährig; **Blü** 5- bis 9-zählig; **Pet** weisslich, mit oder ohne rötliche Nervatur.

Die folgenden Namen sind von unklarer Anwendung, gehören aber zu dieser Gattung: *Rosularia lipskyi* Borissova (1939); *Rosularia lutea* Borissova (1939); *Rosularia vvedenskyi* Pratov (1974) (*nom. inval.*, Art. 29.1); *Sedum pseudosubtile* H. Hara (1965).

R. adenotricha (Wallich *ex* Edgeworth) Jansson (in K. H. Rechinger (ed.), Fl. Iranica 72: 29, 1970). **T:** Indien, Kumaon (*Binkworth* s.n. in *Wallich* 7231 [K, E, G]). – **D:** Afghanistan, Pakistan, Indien, Nepal, Zentralasien.

≡ *Sedum adenotrichum* Wallich *ex* Edgeworth (1846).

R. adenotricha ssp. **adenotricha** – **D:** Afghanistan, Pakistan, Indien, Nepal, 600 - 3500 m. **I:** Eggli (1988: 38). **Fig. XXX.f**

Incl. *Sedum griffithii* C. B. Clarke (1878); **incl.** *Cotyledon papillosa* Aitchison & Hemsley *ex* Aitchison (1880) ≡ *Umbilicus papillosus* (Aitchison & Hemsley *ex* Aitchison) Boissier (1888); **incl.** *Cotyledon tenuicaulis* Aitchison & Hemsley *ex* Aitchison (1880) ≡ *Umbilicus tenuicaulis* (Aitchison & Hemsley *ex* Aitchison) Boissier (1888); **incl.** *Sedum anoicum* Praeger (1919); **incl.** *Sedum adenotrichum* var. *genuinum* Hamet (1929) (*nom. inval.*, Art. 24.3); **incl.** *Sedum cuneatum* Wallich [ms.] *ex* Hamet (1929) (*nom. inval.*, Art. 34.1c); **incl.** *Sedum adenocalyx* Blatter & Fernandez (1935).

[2] Caudex fehlend; **Wu** fadenförmig; **Tr** bis 1.5 cm, ± verdickt, mit gräulich silberner, glatter Rinde, verzweigt und lockere Polster bildend; **Ros** offen, halbkugelig, 1 - 1.5 cm ⌀, Ableger gestielt; **Blä** länglich spatelig, fleischig, bis 18 mm, dunkelgrün, selten bereift, ± purpurn überhaucht, Ränder ganzrandig bis fein gesägt, Spitze gerundet oder undeutlich zugespitzt; **Inf** lockere Rispen, seitlich, vor dem Aufblühen nickend, kahl oder in der oberen ½ drüsig behaart; **Blü** 5-zählig, 5 - 6 mm, kahl oder aussenseits drüsig behaart, röhrig-glockig, aufrecht; **Ped** 2 - 10 mm, nach der Anthese verlängert; **Pet** für ⅓ verwachsen, hellrosa, gelblich rosa oder selten schmutzig weiss, Nervatur oft rosarötlich; **NSch** länglich rechteckig, hell gelblichgrün. – [U. Eggli]

R. adenotricha ssp. **viguieri** (Hamet) Jansson (in K. H. Rechinger (ed.), Fl. Iranica 72: 30, 1970). **T:** Pakistan, Chitral (*Harris* 16154 [CAL, DD, O]). – **Lit:** Eggli (1988). **D:** Afghanistan, Pakistan, benachbartes Zentralasien.

≡ *Sedum adenotrichum* var. *viguieri* Hamet (1929) ≡ *Sedum viguieri* (Hamet) Fröderström (1931); **incl.** *Rosularia hissarica* Borissova (1939); **incl.** *Sedum talichiense* Werdermann (1939).

[2] Unterschiede zu ssp. *adenotricha*: **Tr** kürzer oder fehlend; **Ros** halbkugelig oder ± flach, bis 4 cm ⌀; **Blä** spatelig mit gerundeter Spitze, leuchtend grün, drüsig behaart und klebrig; Aussenseite der **Blü** drüsig behaart; **Pet** weiss. – [U. Eggli]

R. alpestris (Karelin & Kiriloff) Borissova (in Komarov & al. (eds.), Fl. URSS 9: 129, 1939). **T:** Kasachstan (*Karelin & Kiriloff* 1488 [LE, G, OXF, W]). – **D:** Zentralasien, Himalaya.

≡ *Umbilicus alpestris* Karelin & Kiriloff (1842) ≡ *Cotyledon alpestris* (Karelin & Kiriloff) O. & B. Fedtschenko (1909).

R. alpestris ssp. **alpestris** – **D:** Afghanistan, Pakistan, Kaschmir, Indien, Tibet, Zentralasien, 1800 - 4500 m. **I:** Eggli (1988: 45).

Incl. *Sempervivum acuminatum* Decaisne (1844) ≡ *Sedum acuminatum* (Decaisne) Hamet (1929) ≡ *Sempervivella acuminata* (Decaisne) A. Berger (1930); **incl.** *Sempervivum mucronatum* Jacquemont *ex* Edgeworth (1846) ≡ *Sempervivella mucronata* (Jacquemont *ex* Edgeworth) A. Berger (1930); **incl.** *Sedum moorcroftianum* Wallich *ex* Edgeworth (1846) (*nom. inval.*, Art. 34.1a); **incl.** *Sempervivum himalayense* Klotzsch (1862); **incl.** *Sempervivum fimbriatum* Klotzsch (1862) (*nom. illeg.*, Art. 53.1); **incl.** *Sedum umbilicoides* E. Regel (1877) ≡ *Rosularia umbilicoides* (E. Regel) Borissova (1939); **incl.** *Sedum kokanicum* E. Regel & Schmalhausen *ex* E. Regel (1882) ≡ *Rosularia kokanica* (E. Regel) Borissova (1939); **incl.** *Sedum olgae* E. Regel & Schmalhausen *ex* E. Regel (1882); **incl.** *Sedum durisii* Hamet (1913) ≡ *Rhodiola durisii* (Hamet) S. H. Fu (1965); **incl.** *Sedum schlagintweitii* Fröderström (1931); **incl.** *Rosularia schischkinii* Borissova (1939); **incl.** *Rosularia tadzhikistana* Borissova (1939); **incl.** *Sedum scaphiophyllum* Werdermann (1939); **incl.** *Sedum nuristanicum* Kitamura (1958) ≡ *Rhodiola nuristanica* (Kitamura) H. Jacobsen (1973); **incl.** *Sempervivella mucronata* var. *glabra* Kitamura (1960).

[3] **Wu** als gut entwickelter, kreiselförmig-unregelmässiger Caudex mit mehreren Pfahl**Wu**; **Ros** flach bis halbkugelig, während der Ruhezeit zapfenförmig, 3 - 6 cm ⌀, Ableger an ± verlängerten, **Blä**losen Ausläufern, oder fast sitzend; **Blä** linealisch-länglich bis verkehrt eiförmig, mit deutlicher, aufgesetzter Spitze, sehr fleischig, hellgrün (trocken ocker und papierig), kahl, manchmal leicht bereift, Ränder mit wenigen bis zahlreichen, durchscheinenden Wimpern; **Inf** ebensträussige, seitliche Rispen, zur **Blü**zeit dicht kopfig (Achse später verlängert); **Blü** 6- bis 9-zählig, kahl (ausgenommen **Ca**), untertellerförmig und sternförmig; **Pet** eiförmig, basale ⅓ oder weniger verwachsen, weiss bis hellrosa, oft mit dunkelpurpurner Nervatur, Spitze oft auffällig begrannt; **NSch** ± quadratisch, oft leicht ausgerandet, sukkulent, weiss; **Ca** plump, hellgrün; **Gr** deutlich abgesetzt.

Dies ist ein sehr variables Taxon, aber trotz der zahlreichen Synonyme können mit Ausnahme von ssp. *marnieri* keine infraspezifischen Einheiten anerkannt werden. Das Taxon ist verlässlich winterhart. – [U. Eggli]

R. alpestris ssp. **marnieri** (Hamet *ex* H. Ohba) Eggli (Bradleya 6: Suppl.: 47, ills. (p. 48, 53), 1988). **T:** Nepal (*Lowndes* 1506 [BM, E, TI]). – **D:** Indien, Nepal, 3000 - 4800 m. **Fig. XXX.d**

≡ *Sedum marnieri* Hamet *ex* H. Ohba (1974) ≡ *Rosularia marnieri* (Hamet *ex* H. Ohba) H. Ohba (1977).

[3] Unterschiede zu ssp. *alpestris*: **Blä** länglich bis schlank eiförmig, ziemlich sukkulent, hell grasgrün, kahl oder fast kahl, Ränder mit wenigen, kurzen Wimpern; **Blü** meist 6-zählig, ± trichterig; **Pet** weiss oder hell rosa, basal grünlich, mit oder ohne purpurne Nervatur, Ränder in der oberen ½ stark ausgefranst; **Ca** schlank. – [U. Eggli]

R. blepharophylla Eggli (KuaS 38(6): 134-135, (8): (81) [Erratum], ill., 1987). **T:** Türkei, Diyarbakir (*Eggli* 851 [Z, ISTE, ZSS]). – **D:** SE Türkei (Kalk). **I:** Eggli (1988: 50).

[1] **Ros** mit verdickter Pfahl**Wu**, halbkugelig, 2 - 4 cm ⌀, mit (fast) sitzenden Ablegern; **Blä** ± aufrecht, länglich mit gerundeter bis gestutzter Spitze, 2 - 3 cm, an der Basis am schmälsten, grün, kahl oder mit zerstreuten **Dr**haaren, Ränder bewimpert; **Inf** seitlich, jung nickend, 8 - 15 cm, verzweigt, basal mit grossen **Bra**; **Blü** 5-zählig, aufrecht, breit röhrig; **Sep** schlank dreieckig, grün; **Pet** 10 - 12 mm, weiss mit grünlicher Nervatur, selten hell rosa überhaucht.

Nur vom Typfundort bekannt; nahe mit *R. lineata* verwandt. – [U. Eggli]

R. davisii Muirhead (Notes Roy. Bot. Gard. Edinburgh 31: 393, 1972). **T:** Türkei, Hakkari (*Davis* 45680 [E]). – **D:** SE Türkei, 2900 - 3000 m. **I:** Eggli (1988: 55).

[1] Caudex 5 - 8 mm ⌀, kurz oder mehrere cm lang, häufig verzweigt; **Ros** halbkugelig, 0.5 - 1.5 cm ⌀, in dichten Gruppen; **Blä** länglich spatelig bis länglich gestutzt, 3 - 11 × 1.8 - 2 mm, kahl, glauk grünlichblau, spitzenwärts ziemlich sukkulent, Ränder ganzrandig oder leicht papillat; **Inf** seitlich, 1- bis 3-blütig, mindestens die obere ½ drüsig behaart; **Blü** 5-zählig, 6 - 7 mm, schmal trichterig; **Pet** für ⅔ verwachsen, weisslich; **Ca** schlank. – [U. Eggli]

R. elymaitica (Boissier & Hausknecht) A. Berger (NPF2 18a: 465, 1930). **T:** Iran (*Hausknecht* s.n. [G, JE, LE, W]). – **D:** SE Türkei, NW Iran, Turkmenistan, 1800 - 2800 m. **I:** Eggli (1988: 56).

≡ *Umbilicus elymaiticus* Boissier & Hausknecht (1872) ≡ *Cotyledon elymaitica* (Boissier & Hausknecht) Bornmüller (1914) ≡ *Sedum elymaiticum* (Boissier & Hausknecht) Hamet (1929).

[1] Caudex kreiselförmig, bis 8 mm ⌀, in die lange, dicke Pfahl**Wu** übergehend; **Ros** flach, 2 - 7 cm ⌀, meist einzeln; **Blä** länglich spatelig mit gerundeter oder fast gestutzter Spitze, 13 - 32 mm, mit sehr schmaler Basis, am breitesten nahe der Spitze, völlig kahl, hell blaugrün, glauk, Ränder weisslich oder fein gesägt-gezähnelt; **Inf** endständige Rispen mit seitlichen, helicoiden Zweigen, 25- bis 250-blütig, bis 50 cm; **Blü** 5-zählig, ± becherig, 4 - 6 mm, äussere Teile dicht drüsig behaart; **Pet** für ⅓ - ½ verwachsen, weiss mit rosa Nervatur, oder hellrosa, Spitze mit feiner, aufgesetzter Spitze; **NSch** rechteckig-länglich, bis 1.1 mm; **Ca** massiv mit sehr kurzen **Gr**. – [U. Eggli]

R. glabra (E. Regel & Winkler) A. Berger (NPF2 18a: 466, 1930). **T:** Tadschikistan?, "Turkestan" (*Regel* s.n. [lecto – icono: Gartenflora 29: t. 1019, 1888]). – **D:** C und N Afghanistan, benachbartes Turkmenistan und Tadschikistan, 1100 - 2300 m. **I:** Eggli (1988: 58).

≡ *Umbilicus glaber* E. Regel & Winkler (1879) ≡ *Cotyledon glabra* (E. Regel & Winkler) O. & B. Fedtschenko (1909); **incl.** *Cotyledon ferganica* Drobow *ex* Borissova (1939) (*nom. inval.*, Art. 34.1a).

[2] Caudex massiv, 1 - 4.5 cm ⌀, kreiselförmig bis karottenförmig mit mehreren, langen, verdickten Pfahl**Wu**; **Ros** ± flach, 3 - 11 cm ⌀, normalerweise einzeln; **Blä** länglich gestutzt bis spatelig, 1.7 - 4.5 cm, nahe der Spitze am breitesten, Basis normalerweise verbreitert, kahl, sehr fleischig (trocken papierdünn und hellocker), Ränder fein gesägt; **Inf** seitliche, reich verzweigte, kräftige Rispen, 10 - 30 cm, im oberen ½ - ¾ mit helicoiden Zweigen, kahl oder mit gelegentlichen, kurzen **Dr**haaren; **Blü** 6- bis 7-zählig, breit trichterig, kahl; **Pet** 4.5 - 5.8 mm, für ⅛ - ⅙ verwachsen, bräunlich grün bis grünlich weiss, Spitze mit aufgesetztem Spitzchen; **Ca** schlank bis massiv. – [U. Eggli]

R. globulariifolia (Fenzl) A. Berger (NPF2 18a: 465, 1930). **T:** Türkei, Hatay (*Kotschy* 203 [W]). – **D:** SW, S und SE Türkei, N Zypern, NW Syrien, W küstennaher Libanon; auf Kalk, bis 1400 m. **I:** Eggli (1988: 61). **Fig. XXXI.a**

≡ *Umbilicus globulariifolius* Fenzl (1842) ≡ *Cotyledon globulariifolia* (Fenzl) Baker (1870) ≡ *Sedum globulariifolium* (Fenzl) Hamet (1929); **incl.** *Umbilicus libanoticus* var. *connivens* Post (1896); **incl.** *Umbilicus cyprius* Holmboe (1914) ≡ *Rosularia cypria* (Holmboe) Meikle (1977).

[1] Caudex fehlend, mit verdickter Pfahl**Wu**; **Ros** ± flach, einzeln oder mit wenigen, fast sitzenden bis gestielten Ablegern, 3 - 11 cm ⌀; **Blä** länglich spatelig mit gestutzter bis gerundeter Spitze, 1.5 - 5 cm, am schmälsten nahe der Basis, etwas fleischig, frischgrün, völlig durch dicht stehende, drüsige **Ha** bedeckt, kleberig und mit harzigem Duft; **Inf** seitliche oder (in Kultur meistens) endständige, schlanke, pyramidale bis ährige Rispen, 10 - 40 cm, un-

terer Teil beblättert; **Blü** 5-zählig, halbkugelig bis urnenförmig; **Pet** 5 - 7.5 mm, für ⅓ - ½ verwachsen, weisslich bis elfenbeinfarben oder hellrosa; **NSch** 0.75 - 1.1 mm, ½ so breit; **Ca** schlank bis massig, hellgrünlich.

Dieses auffallende Taxon scheint in der Natur während mehrerer Jahre seitlich zu blühen, bevor die Pflanze schliesslich einen endständigen Blütenstand bildet und anschliessend abstirbt. In Kultur sind die Rosetten monocarp, und die Blüten bestäuben sich selbst.

Der kürzliche Nachweis dieses Taxon aus Iran (Akhiani 2000) ist unwahrscheinlich und bedarf der Bestätigung. – [U. Eggli]

R. haussknechtii (Boissier & Reuter) A. Berger (NPF2 18a: 466, 1930). **T:** Türkei, Urfa (*Haussknecht* 893 [JE, B, BM, JE, LE]). – **D:** SE Türkei (Landesinneres), 1200 - 2300 m. **I:** Eggli (1988: 63).

≡ *Umbilicus haussknechtii* Boissier & Reuter (1872) ≡ *Cotyledon haussknechtii* (Boissier & Reuter) Bornmüller (1938).

[1] Caudex fehlend oder gut entwickelt, bis 1 cm ⌀; **Ros** ± flach oder halbkugelig, 0.5 - 3 cm ⌀, einzeln oder mit wenigen, fast sitzenden Ablegern; **Blä** länglich bis linealisch-spatelig mit gerundeter oder gestutzter Spitze, 8 - 18 mm, am breitesten in Spitzennähe, oder bandförmig, trüb- oder frischgrün, Spreite kahl oder drüsig behaart, Ränder mit langen, weisslich durchscheinenden und kammartigen Wimpern bis 0.7 mm; **Inf** wenigblütige, reduzierte, seitliche Thyrsen, 4 - 8 cm; **Blü** 5-zählig, 7 - 9 mm, röhrig, äussere Teile drüsig behaart; **Pet** für ⅖ - ¾ verwachsen, hellrosa, Spitze mit aufgesetztem Spitzchen, zurückgebogen; **NSch** quadratisch oder fast kreisrund, 0.3 mm breit; **Ca** schlank.

Ein Taxon mit unklaren Beziehungen, das aber zweifellos in den Komplex um *R. sempervivum* gehört. – [U. Eggli]

R. lineata (Boissier) A. Berger (NPF2 18a: 466, 1930). **T:** Syrien (*Boissier* s.n. [G, K, LE, O, UPS]). – **D:** Libanon, Syrien, Jordanien, Israel. **I:** Eggli (1988: 69). **Fig. XXXI.b**

≡ *Umbilicus lineatus* Boissier (1847) ≡ *Umbilicus libanoticus* var. *lineatus* (Boissier) Post (1896) ≡ *Cotyledon lineata* (Boissier) Dinsmore (1932) ≡ *Rosularia sempervivum* var. *lineata* (Boissier) Thiébaut (1940); incl. *Rosularia setosa* Bywater (1979).

[1] Caudex rübenförmig, in die massive Pfahl**Wu** übergehend; **Ros** ± flach, 2 - 7 cm ⌀, normalerweise einzeln, gelegentlich mit wenigen, (fast) sitzenden Ablegern; **Blä** verlängert spatelig mit gerundeter oder gestutzter Spitze, ziemlich bis sehr fleischig, mittel- bis dunkelgrün, Spreite ± drüsig behaart, Ränder drüsig behaart und mit langen, **Dr**losen Wimpern; **Inf** seitliche Thyrsen, im Umriss eiförmig, dicht drüsig behaart, unter Teile mit dicht ziegeligen und oft vergrösserten **Bra**; **Blü** meist einseitswendig an wickeligen Seitenzweigen, 5-zählig, 8 - 10 (-12) mm, breit röhrig, äussere Teile dicht drüsig behaart, oft mit auffällig muffigem Duft; **Pet** für ½ - ⅗ verwachsen, leicht gekielt, rosa mit dunklerer Nervatur, basal grünlich, Spitze stark zurückgeschlagen; **NSch** ± quadratisch hell grünlich bis gelblich, fleischig; **Ca** breit und massig, hell grünlich. – [U. Eggli]

R. modesta (Bornmüller) Parsa (Fl. Iranica, Suppl. Gen., 115, 1952). **T:** Iran, Prov. Kerman (*Bornmüller* s.n. = 3567 [JE, B]). – **D:** Afghanistan, Iran.

≡ *Cotyledon modesta* Bornmüller (1938).

R. modesta var. **linearifolia** (Jansson) Eggli (Bradleya 6: Suppl.: 72, ills. (p. 73), 1988). **T:** Afghanistan, Kabul (*Rechinger* 18551 [W, E, G]). – **D:** C, S und E Afghanistan, sowie isoliert im SE Iran, 1000 - 3000 m.

≡ *Rosularia adenotricha* ssp. *linearifolia* Jansson (1970).

[1] Unterschiede zu var. *modesta*: **Ros** kleiner, 1 - 2 cm ⌀, ± flach; **Blä** linealisch-länglich mit gerundeter Spitze, 8 - 21 × 1 - 3 mm, mit Ausnahme der oberen Spreitenteile kahl, Ränder mit zerstreuten Wimpern und drüsigen **Ha**. – [U. Eggli]

R. modesta var. **modesta** – **D:** Afghanistan, benachbartes E Iran, 750 - 2000 m. **I:** Eggli (1988: 71).

Incl. *Rosularia sessiliflora* Jansson (1966).

[1] Caudex aus einer verdickten Pfahl**Wu** und den unteren **Tr**teilen bestehend, 3 - 7 mm ⌀ und mehrere cm lang; **Ros** ± flach, 1.5 - 4 cm ⌀, einzeln oder sprossend; **Blä** breit spatelig oder selten linealisch-spatelig mit gerundeter Spitze, 1 - 2.5 cm mit schmaler Basis, bläulich grün aber nicht glauk, kahl, Ränder selten weisslich-hornig, sonst locker bis dicht bewimpert; **Inf** seitliche, traubige Thyrsen, 4 - 13 cm, obere ½ drüsig behaart; **Blü** 5-zählig, 5 - 6 mm, ± urnenförmig, aussen drüsig behaart; **Pet** für ⅓ - ⅔ verwachsen, etwas fleischig, schmutzig weisslich bis ± rosa; **NSch** quadratisch oder länglich; **Ca** massig, tief im **Rec**gewebe eingesenkt und basal etwas vereinigt. – [U. Eggli]

R. pallidiflora (Holmboe) Meikle (Fl. Zypern 1: 645, 1977). **T:** Zypern (*Holmboe* 824b [O]). – **D:** N Zypern, S küstennahe Türkei (?) **I:** Eggli (1988: 74).

≡ *Umbilicus pallidiflorus* Holmboe (1914).

[1] Caudex klein oder fehlend; Pfahl**Wu** bis 7 mm ⌀; **Ros** ± flach, 2.5 - 7 cm ⌀, einzeln oder in Gruppen mit fast sitzenden Ablegern; **Blä** länglich spatelig mit gerundeter Spitze, 2.3 - 3.2 cm, leicht fleischig, mittelgrün (trocken dunkelbraun), kahl oder mit zerstreuten **Dr**haaren, Ränder weisslich-hornig, fein gezähnelt, oder drüsig behaart; **Inf** Thyrsen, kompakt oder locker, eiförmig, seitlich, 6

- 12 cm, obere ½ drüsig behaart; **Blü** 5-zählig, halbkugelig bis urnenförmig, drüsig behaart; **Pet** 4 - 7 mm, für ⅖ - ⅗ verwachsen, gelblich weiss oder weiss; **NSch** länglich rechteckig, ± 0.75 mm; **Ca** massig, mit kurzem **Gr**.

Nahe mit *R. globulariifolia* verwandt. Auf Zypern wurden intermediäre Pflanzen gefunden. – [U. Eggli]

R. platyphylla (Schrenk) A. Berger (NPF2 18a: 466, 1930). **T**: Kirgisien, Alatau (*Schrenk* s.n. [LE]). – **D**: China (NW Sinkiang), Kasachstan, Kirgisien. **I**: Eggli (1988: 75). **Fig. XXXI.c**

≡ *Umbilicus platyphyllus* Schrenk (1841) ≡ *Cotyledon platyphylla* (Schrenk) O. & B. Fedtschenko (1909) ≡ *Sedum platyphyllum* (Schrenk) Hamet (1929); **incl.** *Umbilicus pulvinatus* Ruprecht (1869) ≡ *Cotyledon pulvinata* (Ruprecht) O. & B. Fedtschenko (1909) (*nom. illeg.*, Art. 53.1); **incl.** *Umbilicus turkestanicus* E. Regel & Winkler (1879) ≡ *Cotyledon turkestanica* (E. Regel & Winkler) O. & B. Fedtschenko (1909) ≡ *Rosularia turkestanica* (E. Regel & Winkler) A. Berger (1930); **incl.** *Cotyledon dubia* C. Winkler *ex* Borissova (1939) (*nom. inval.*, Art. 34.1a); **incl.** *Rosularia borissovae* Pratov (1974).

[2] Caudex massig, karotten- bis rübenförmig, bis 2.5 cm ∅, in mehrere, dicke Pfahl**Wu** übergehend; **Ros** flach, 2 - 12 cm ∅, meist einzeln; **Blä** breit linealisch mit verjüngter, spitzer oder ± dreieckiger Spitze, 1 - 6.5 cm, nahe der Spitze am breitesten, basal leicht verbreitert, frischgrün (trocken hellocker), dicht und kurz drüsig behaart; **Inf** seitliche, rispige Thyrsen, locker oder ebensträussig und **Blü** nur im oberen ⅕, 6 - 20 cm; **Blü** 5- (bis 6-) zählig, 5 - 7 mm, breit trichter- bis schalenförmig, kahl oder aussen drüsig behaart, **Pet** 5 - 7 mm, für ⅕ - ⅓ verwachsen, weisslich (trocken strohfarben); **Ca** massig, basal vereinigt, mit deutlich abgesetztem **Gr**.

Nahe mit *R. alpestris* verwandt, mit welcher sie die kompakten, ebensträussigen und sich während der Fruchtreife verlängernden Blütenstände teilt. – [U. Eggli]

R. radicosa (Boissier & Hohenacker) Eggli (Bradleya 6: Suppl.: 76, ills. (p. 77), 1988). **T**: Iran (*Kotschy* 606 [G, UPS]). – **D**: C Afghanistan, N Iran, S Kirgisien, Kasachstan, Turkmenistan; 1500 - 2300 m.

≡ *Sedum radicosum* Boissier & Hohenacker (1849); **incl.** *Rosularia tianschanica* Sumr. & Korot (s.a.) (*nom. inval.*, Art. 29.1); **incl.** *Umbilicus paniculatus* E. Regel & Schmalhausen (1878) ≡ *Cotyledon paniculata* (E. Regel & Schmalhausen) O. & B. Fedtschenko (1909) (*nom. illeg.*, Art. 53.1) ≡ *Rosularia paniculata* (E. Regel & Schmalhausen) A. Berger (1930); **incl.** *Umbilicus subspicatus* Freyn (1906) ≡ *Cotyledon subspicata* (Freyn) O. & B. Fedtschenko (1909) (*nom. illeg.*, Art. 53.1) ≡ *Rosularia subspicata* (Freyn) Borissova (1939); **incl.** *Umbilicus racemosus* Freyn (1906) (*nom. inval.*, Art. 32.1).

[2] Caudex massig, niedergedrückt-rübenförmig, 1.2 - 4.7 cm ∅, mit 1 bis mehreren, verdickten Pfahl**Wu**; **Ros** ± flach, 2.5 - 15 cm ∅, meistens einzeln; **Blä** spatelig bis verkehrt pflasterkellenförmig mit gerundeter, gerundet-dreieckiger oder zugespitzter Spitze, 1 - 7 cm, basal verbreitert, sehr sukkulent, trüb dunkelgrün, oft bronzefarben oder purpurn überhaucht (trocken ockerbräunlich), kahl, Ränder kahl oder mit gelegentlichen, kurzen Wimpern; **Inf** seitliche, kräftige, aufrechte, ährige Trauben, kahl bis fein flaumhaarig, 10 - 40 cm; **Blü** 5- bis 6-zählig, ± schalenförmig, kahl, **Pet** 4 - 5.5 mm, für ¹⁄₁₅ - ⅓ verwachsen, bräunlich rosa oder schmutzig weisslich; **NSch** fast kreisrund bis ± quadratisch; **Ca** massig, basal verwachsen, mit deutlich abgesetztem **Gr**. – [U. Eggli]

R. ×reginae Eggli (Bradleya 6: Suppl.: 90, ill. (p. 60), 1988). **T**: Türkei, Içel (*Eggli* 812 [Z, ZSS]). – **I**: Eggli (1988: 60).

[1] **Ros** einzeln, bis 7 cm ∅, ± flach; **Blä** ausgebreitet mit aufgerichteten Spitzen, leuchtend blaugrün, bemehlt; **Inf** endständig, aufrecht oder schlaff halbaufrecht, bis 15 cm.

Dieses attraktive Taxon ist zwischen den vermuteten Eltern *R. globulariifolia* und *R. sempervivum* ssp. *glaucophylla* intermediär, ausgenommen die solitären Rosetten mit ihren endständigen Blütenständen. Es scheint durch Samen (die sich durch Selbstbestäubung bilden) vermehrbar zu sein, was einige Zweifel am hybridogenen Status begründet. – [U. Eggli]

R. rosulata (Edgeworth) H. Ohba (J. Jap. Bot. 52(1): 9-11, 1977). **T**: Indien, Himalaya (*Edgeworth* 107 [K, OXF]). – **D**: N Indien (Himachal Pradesh, N Uttar Pradesh), Nepal, Sikkim; 1700 - 3000 m. **I**: Eggli (1988: 81).

≡ *Sedum rosulatum* Edgeworth (1846); **incl.** *Umbilicus radicans* Klotzsch (1862); **incl.** *Sedum pyriforme* Royle *ex* Hamet (1929) (*nom. inval.*, Art. 34.1c).

[1] Caudex fehlend, Pfahl**Wu** kaum verdickt; **Ros** flach, sehr offen, mit wenigen (5 - 10) **Blä**, 1 - 3 cm ∅, mit dünntriebigen, mehrere cm langen Ablegern sprossend; **Blä** auffällig spatelig, 0.7 - 1.8 cm, mit schmalem, basalem Nagel, kaum sukkulent (trocken papierdünn), mittelgrün, kahl, Ränder weisslich-hornig und wenig fein gekerbt; **Inf** seitliche, reduzierte Rispen oder Thyrsen, 3- bis 10-blütig, 3 - 8 cm, niederliegend bis aufrecht; **Blü** 5-zählig, normalerweise kahl, schüssel- bis trichterförmig; **Pet** 3.7 - 4 mm, für ¹⁄₁₀ verwachsen, weiss bis elfenbeinfarben; **NSch** länglich rechteckig; **Ca** dicklich plump, **Gr** deutlich abgesetzt. – [U. Eggli]

R. sempervivum (M. Bieberstein) A. Berger (NPF2 18a: 466, 1930). **T:** Caucaus (*Bieberstein s.n.* [LE?, E Foto]). – **D:** Weitverbreitet von W Asien bis Iran und dem Kaukasus; auf verschiedenem Untergrund.

≡ *Cotyledon sempervivum* M. Bieberstein (1789) ≡ *Umbilicus sempervivum* (M. Bieberstein) De Candolle (1828) ≡ *Sedum sempervivum* (M. Bieberstein) Hamet (1929) (*nom. illeg.*, Art. 53.1).

Die hier verwendete infraspezifische Klassifikation folgt Eggli (1988), muss aber als recht informell betrachtet werden, denn nicht selten werden intermediäre Individuen zwischen den benannten infraspezifischen Taxa gefunden. Nur eine gross angelegte biosystematische Studie kann mehr Licht in die verwickelten Verwandtschaftsbeziehungen innerhalb dieses geographisch weit verbreiteten Taxons bringen.

R. sempervivum ssp. **amanensis** Eggli (KuaS 38(6): 135-136, ill., 1987). **T:** Türkei, Hatay (*Haradjian 536* [G, E, G, K]). – **D:** SE küstennahe Türkei. **I:** Eggli (1988: 88).

[1] **Ros** flach, 4 - 8 cm ⌀, mit 2 - 5 cm lang gestielten Ablegern; **Blä** schmal länglich spatelig, 2.5 - 5.5 cm mit langem, basalem, 1 - 3 mm breitem Nagel, nahe der gerundeten Spitze plötzlich verbreitert, nie glauk, dicht drüsig behaart und mit starkem Harzduft; **Inf** seitliche Thyrsen bis 30 cm, oft niederliegend, jung nickend; **Blü** 5-zählig, 7 - 8 mm, schlank röhrig; **Pet** für ½ verwachsen, weiss oder hellrosa, mit grünlicher oder seltener rosarötlicher Nervatur. – [U. Eggli]

R. sempervivum ssp. **glaucophylla** Eggli (KuaS 38(6): 136-137, ill., 1987). **T:** Türkei, Maras (*Davis 19947* [E, BM, K]). – **D:** S Türkei; auf Kalkstein, 1200 - 2200 m. **I:** Eggli (1988: 90). **Fig. XXXI.e**

Incl. *Rosularia spatulata* hort. plur. angl. (s.a.) (*nom. inval.*, Art. 29.1); **incl.** *Cotyledon pestalozzae* var. *glaberrima* Bornmüller (1941) ≡ *Rosularia pestalozzae* var. *glaberrima* (Bornmüller) Chamberlain & Muirhead (1972) (*nom. inval.*, Art. 34.1a).

[1] **Ros** mit regelmässig bis unregelmässig verdickter, bis mehrere cm langer Pfahl**Wu**, ± flach, 3 - 6 cm ⌀, meist mit mehreren, kurz gestielten (< 2 cm) Ablegern; **Blä** länglich bis breit spatelig, 1.5 - 3 cm, bläulich glauk, jung bemehlt, immer kahl, Spitze gerundet, Ränder deutlich gezähnelt oder fein gesägt, weisslich-hornig; **Inf** seitliche Thyrsen, jung nickend, bis 25 cm, schlank, oft drüsig behaart und kleberig; **Blü** 5-zählig, 7 - 9 mm, kahl oder selten drüsig; **Pet** hellrosa, spitzenwärts zurückgebogen.

Manchmal in die ssp. *pestalozzae* übergehend, aber meistens auf Grund der bläulich glauken, recht flachen Rosetten leicht zu unterscheiden. – [U. Eggli]

R. sempervivum ssp. **kurdica** Eggli (Bradleya 6: Suppl.: 91, ills. (p. 92), 1988). **T:** Irak (*Bornmüller 1217* [JE, B, K, LE, W]). – **D:** SE Türkei, benachbarter Iran und Irak, Armenien, Aserbaidschan.

Incl. *Umbilicus libanoticus* var. *steudelii* Boissier (1872) ≡ *Cotyledon libanotica* var. *steudelii* (Boissier) Parsa (1948); **incl.** *Umbilicus libanoticus* fa. *major* Bornmüller (1911) ≡ *Cotyledon libanotica* fa. *major* (Bornmüller) Parsa (1948); **incl.** *Cotyledon libanotica* var. *kurdica* Bornmüller (1938) (*nom. inval.*, Art. 32.1c) ≡ *Rosularia radiciflora* ssp. *kurdica* (Bornmüller) Chamberlain & Muirhead (1972) (*nom. inval.*, Art. 43.1).

[1] Ähnlich wie ssp. *persica*, aber **Ros** grösser (bis 10 cm ⌀); **Blü** gelblich. – [U. Eggli]

R. sempervivum ssp. **libanotica** (Labillardière) Eggli (Bradleya 6: Suppl.: 93, ills. (p. 94), 1988). **T:** Libanon (*Labillardière s.n.* [FI]). – **D:** S Türkei, W Syrien, Libanon, W Jordanien, Israel; bis 2000 m.

≡ *Cotyledon libanotica* Labillardière (1809) ≡ *Umbilicus libanoticus* (Labillardière) De Candolle (1828) ≡ *Rosularia sempervivum* var. *libanotica* (Labillardière) Thiébaut (1940) ≡ *Rosularia libanotica* (Labillardière) Muirhead (1972); **incl.** *Umbilicus libanoticus* var. *pauciflorus* Boissier (1888); **incl.** *Rosularia parvifolia* Fröderström & Samuelson *ex* Rechinger (1951); **incl.** *Rosularia libanotica* var. *pubescens* Fröderström *ex* Samuelsson (1960) (*nom. inval.*, Art. 43.2); **incl.** *Rosularia kesrouanensis* Mouterde (1970).

[1] **Ros** ± flach oder mit ± halbaufrechten **Blä**, 2.5 - 9 cm ⌀, Ableger sitzend oder 2 - 3 cm gestielt; **Blä** länglich gestutzt bis spatelig mit runder oder ausgeranderter Spitze, frischgrün, nie glauk, 2 - 4 cm, dicht drüsig behaart und mit Harzduft, Ränder drüsig oder wenig gezähnelt; **Inf** seitlich, 10 - 20 cm, **Blü** 7 - 10 mm, trichterig und ± weit öffnend, **Pet** hellrosa mit wenig dunklerer Nervatur.

An die ssp. *pestalozzae* erinnernd, aber leicht auf Grund der grösseren und weiter öffnenden Blüten zu erkennen. *R. kesrouanensis* wird hier provisorisch als Synonym eingeschlossen. Sie ist nur vom Typ bekannt und scheint eine Zwergform dieses Taxons darzustellen. – [U. Eggli]

R. sempervivum ssp. **persica** (Boissier) Eggli (Bradleya 6: Suppl.: 95, ill. (p. 96), 1988). **T:** Iran (*Aucher-Eloy 4522* [G, BM, G, K, LE, W]). – **D:** SE, E und NE Türkei, SW Syrien, Libanon, Israel, NW und W Iran, NE Irak, Armenien, Aserbaidschan; 100 - 3000 m. **Fig. XXXI.f**

≡ *Umbilicus persicus* Boissier (1843) ≡ *Cotyledon persica* (Boissier) Bornmüller (1914) ≡ *Rosularia persica* (Boissier) A. Berger (1930) ≡ *Sedum persicum* (Boissier) Hamet (1958) (*nom. inval.*, Art. 33.2); **incl.** *Umbilicus libanoticus* var. *glaber* Boissier (1872) ≡ *Sedum sempervivum* var. *glabrum* (Boissier) Hamet (1929) (*nom. inval.*, Art. 43.1) ≡ *Cotyledon libanotica* var. *glabra* (Boissier) Parsa (1948) ≡ *Rosularia radiciflora* ssp. *glabra* (Boissier) Chamberlain & Muirhead (1972) (*nom. inval.*, Art. 43.1) ≡ *Rosularia sempervivum* var. *glabra* (Hamet) Assadi (2000) (*nom. inval.*, Art. 33.3 / 33.6); **incl.** *Umbilicus radiciflorus* Steudel *ex* Boissier (1872) (*nom. inval.*, Art. 34.1a); **incl.** *Umbilicus gendjnamensis* Stapf (1886) ≡ *Cotyledon gendjnamensis* (Stapf) Parsa (1948); **incl.** *Rosularia radiciflora* Borissova (1939) (*nom. inval.*, Art. 36.1).

[1] Caudex meistens gut entwickelt, bis 1.7 cm ⌀, in 1 bis mehrere Pfahl**Wu** übergehend; **Ros** ± flach oder halbkugelig, 1.5 - 10 cm ⌀; **Blä** länglich linealisch bis spatelig mit gerundeter Spitze, 11 - 40 × 2 - 8 mm, dunkelgrün, glauk oder nicht, normalerweise kahl, Ränder v.a. in den oberen ⅔ auffällig weisslich-hornig und fein gesägt bis gezähnt; **Inf** seitliche, rispige Thyrsen, 3 - 20 cm, **Blü** nur im obersten ⅓, völlig kahl oder obere Teile drüsig behaart; **Blü** 5-zählig, ± röhrig bis schmal trichterig, 6 - 11 mm, kahl oder Aussenseite drüsig behaart; **Pet** für ½ - ⅔ verwachsen, hell- bis dunkelrosa; **NSch** ± quadratisch; **Ca** schlank, **Gr** deutlich abgesetzt.

Diese weit verbreitete Unterart ist sehr variabel, v.a. im Ausmass der drüsigen Behaarung. – [U. Eggli]

R. sempervivum ssp. **pestalozzae** (Boissier) Eggli (Bradleya 6: Suppl.: 98, ills. (p. 99), 1988). **T** [lecto]: Türkei, Adana (*Balansa* 705 [G, BM, C, FR, G, JE, K]). – **D:** S Türkei, benachbartes NW Syrien; auf Kalkstein, 1000 - 2300 m.

≡ *Umbilicus pestalozzae* Boissier (1872) ≡ *Rosularia sempervivum* var. *pestalozzae* (Boissier) Thiébaut (1940) ≡ *Cotyledon pestalozzae* (Boissier) Bornmüller (1941) ≡ *Rosularia pestalozzae* (Boissier) Samuelsson & Fröderström (1960).

[1] Unterschiede zu ssp. *glaucophylla*: **Blä** mittelgrün, nie glauk, drüsig behaart und ± kleberig; **Inf** im oberen ½ drüsig behaart.

Die beiden Taxa ssp. *glaucophylla* und ssp. *pestalozzae* bilden ein eng verwandtes Paar, das von den übrigen Taxa des *R. sempervivum*-Komplexes durch die recht kleinen Blüten abweicht. – [U. Eggli]

R. sempervivum ssp. **sempervivum** – **D:** E und SE Türkei, C und N Iran, Armenien, Aserbaidschan; 900 - 2500 m. **I:** Eggli (1988: 87).

Incl. *Rosularia rosae* Fedorov *in sched.* (s.a.) (*nom. inval.*, Art. 29.1); **incl.** *Sedum racemosum* Pallas *ex* Ledebour (1843) (*nom. inval.*, Art. 34.1a); **incl.** *Sedum sempervivum* var. *genuinum* Hamet (1929) (*nom. inval.*, Art. 24.3).

[1] Caudex meistens gut entwickelt, 0.6 - 1.5 cm ⌀; **Ros** ± flach, 2 - 6 cm ⌀, einzeln oder sprossend; **Blä** länglich und gestutzt, oder spatelig mit gerundeter oder ausgerandeter Spitze, dunkel leuchtend grün, glänzend oder trüb, 1.8 - 6 cm, jung dicht drüsig behaart und kleberig, alt fast kahl mit drüsig behaarten Rändern; **Inf** seitliche, rispige Thyrsen mit bis zu 25 **Blü**, obere ½ oder vollständig drüsig behaart und kleberig, im Knospenstadium nickend; **Blü** 5-zählig, schmal trichterig, 0.8 - 1.1 cm, Aussenseite drüsig behaart; **Pet** für ⅗ (selten weniger als ⅓) verwachsen, rosa mit purpurrosa Nervatur; **NSch** ± rechteckig; **Ca** schlank, hellgrünlich, allmählich in den **Gr** übergehend.

Es sind Übergänge zu ssp. *persica* und ssp. *libanotica* bekannt. – [U. Eggli]

R. serrata (Linné) A. Berger (NPF2 18a: 465, 1930). **T:** LINN 594.4. – **D:** Griechenland (SE Ägäische Inseln), SW küstennahe Türkei; auf Kalkfelsen, bis 800 m. **I:** Eggli (1988: 104). **Fig. XXXI.d**

≡ *Cotyledon serrata* Linné (1753) ≡ *Umbilicus serratus* (Linné) De Candolle (1801); **incl.** *Sedum libanoticum* Strand *ex* Linné (1762) ≡ *Orostachys libanotica* (Strand *ex* Linné) Fischer (1809) (*nom. inval.*, Art. 43.1) ≡ *Rosularia libanotica* (Strand *ex* Linné) Samuelsson (1960) (*nom. inval.*, Art. 33.2); **incl.** *Cotyledon samium* D'Urville (1822) ≡ *Umbilicus samius* (D'Urville) De Candolle (1828).

[1] Caudex fehlend oder bis 8 mm ⌀, manchmal mit langer, schlanker Pfahl**Wu**; **Ros** ± flach oder **Blä** ± aufrecht, 1.5 - 6 cm ⌀ (selten grösser), einzeln oder sprossend und kleine Gruppen bildend; **Blä** länglich spatelig mit gerundeter oder etwas dreieckiger Spitze, 1 - 4 cm, auffällig glauk bis bläulich bereift oder weiss bemehlt, bei Trockenheit oft ± purpurn gefärbt, kahl, Ränder weisslichhornig, fein gesägt bis gezähnelt; **Inf** schlank pyramidale Rispen oder rispige Thyrsen, meistens seitlich, basal beblättert und im jungen Zustand leicht mit Ablegern zu verwechseln, 8 - 25 cm, kahl; **Blü** 5-zählig, 6 - 8 mm, urnenförmig; **Pet** 5 - 7 mm, für ± ½ verwachsen, weisslich (Ägäische Inseln) oder hellrosa bis rosarot (Türkei); **NSch** länglich rechteckig, bis 0.8 mm; **Ca** schlank oder massig, in den kurzen **Gr** verjüngt. – [U. Eggli]

×SEDADIA

U. Eggli

×**Sedadia** Moran (Baileya 19: 147, 1975).

= *Sedum* × *Villadia*. Siehe Uhl (1994c) für eine Liste der bekannten Hybridkombinationen. Die einzige benannte Hybride ist × *Sedadia amecamecana* für die Kombination *Sedum dendroideum* ssp. *monticola* × *Villadia batesii*. Da letztere jetzt aber als *Sedum goldmanii* klassifiziert wird, ist der richtige Name für diese natürlicherweise vorkommende Hybride wieder *Sedum* ×*amecamecanum*.

SEDELLA

J. Thiede

Sedella Britton & Rose (Bull. New York Bot. Gard. 3(9): 45, 1903). **T:** *Sedum pumilum* Bentham. – **Lit:** Clausen (1975); Denton (1993); Moran (1998a). **D:** USA (N und C California, Oregon?). **Etym:** Diminutiv zu *Sedum*; wegen der winzigen Grösse der Pflanzen.
Incl. *Parvisedum* Clausen (1946) (*nom. illeg.*, Art. 52.1). **T:** *Sedum pumilum* Bentham [Typifiziert durch Schlussfolgerung mit dem Typ des ersetzten Namens.].

Kahl, aufrecht, einjährig, meist verzweigend; **Tr** meist < 10 cm, oft rot oder rötlich; **Blä** entlang der **Tr**, nahe der Basis gegenständig, darüber wechselständig, sitzend, länglich eiförmig bis verkehrt eiförmig, stumpf bis gerundet, meist vor der **Blü**zeit abfallend; **Inf** endständige Cymen mit 1 bis mehreren Zweigen, Wickel fast kreisförmig eingerollt; **Blü** aufrecht, 5-zählig; **Ped** sehr kurz und **Blü** fast sitzend; **Sep** aufrecht, fast frei, alle gleich, dreieckig, spitz, nicht gespornt; **Pet** in der Knospe ziegelig, aufrecht bis ausgebreitet, nur an der untersten Basis vereinigt, leuchtend bis hell oder grünlich gelb, oft mit rötlicher Mittelrippe, viel länger als die **Sep**; **St** so viele oder 2× so viele wie **Sep**, an der **Pet**basis angeheftet, nicht herausragend; **NSch** keulig bis keilförmig; **Ca** aufrecht, keulig, mit 1 einzelnen, basalen, aufrechten **Sa**anlage; **Fr** dünnhäutig, keulig, nüsschenartig und nicht aufreissend, in einem Kreis, je mit 1 aufrechten **Sa**; **Sa** länglich keulig, 0.7 - 1.5 mm, längsstreifig. – n = x = 9.

Sedella wurde von Moran (1998a) revidiert und wird, abgesehen von der zwergigen, einjährigen Wuchsform, v.a. durch die Karpelle mit je einer einzelnen, aufrechten, basalen Samenanlage charakterisiert. Die Karpelle bleiben bei der Reife geschlossen und bilden nüsschenartige Früchte, die von Moran (l.c.) als 'utricles' bezeichnet werden.
Der Status von *Sedella* (entweder eine eigene Gattung, oder zu *Sedum* gestellt) wurde von verschiedenen Autoren kontrovers beurteilt. *Sedum* repräsentiert eine grosse, künstliche, paraphyletische "Papierkorb"-Gattung, welche die am wenigsten spezialisierten Linien der Tribus *Sedeae* umfasst. Die meisten Autoren stimmen darin überein, dass nur die grösseren, morphologisch deutlicher abweichenden, innerhalb von *Sedum* entstandenen Linien als eigene Gattungen anerkannt werden sollten ('t Hart in Moran l.c. und pers. comm.). Entsprechend müsste *Sedella* auf Grund der geringfügigen morphologischen Unterschiede zu *Sedum* gestellt werden (Eggli & al. 1995). Hier wird *Sedella* ausschliesslich aus praktischen Gründen als eigenständige Gattung behandelt, weil eine Vereinigung nomenklatorische Probleme ergibt und neue Namen notwendig machen würde.
Clausen (1946) publizierte wegen des früheren Namens *Sedella* Fourreau (1868) für europäische Arten von *Sedum* den Ersatznamen *Parvisedum*. Fourreaus Name ist jedoch nicht gültig veröffentlicht (Eggli 1992b) und *Parvisedum* ist deshalb eine unnötige Umbenennung von *Sedella*.

Sedella ist in den Winterregengebieten von California endemisch, die ganz generell besonders reich an einjährigen Endemiten sind (Raven & Axelrod 1998). Die Ökologie der Arten von *Sedella* ist bemerkenswert: Sie kommen vorwiegend in dünnen Humusschichten auf flachen Felsen in und um die Ränder von nur im Frühjahr wassergefüllten Teichen und an saisonal nassen Stellen vor, wo die Samen im Winter keimen. Sie können im Frühjahr dichte, blühende Matten bilden, die bei Ankunft der trockenen, heissen Sommer bereits vertrocknet sind (Moran 1998a). Die weitere Existenz der Arten wird durch Standortverlust und -degradation beeinträchtigt (Anonymus 2000).

S. leiocarpa H. Sharsmith (Madroño 5: 192, figs. 1, 3, 4, 1940). **T:** USA, California (*Baker* 8971 [UC]). – **D:** USA (N California); trockene, nur im Frühjahr wasserführende Teiche und Ebenen, 500 - 700 m, Blüten April bis Mai. **I:** Moran (1998a).
≡ *Parvisedum leiocarpum* (H. Sharsmith) R. T. Clausen (1946).

[1] Einjährig, 2 - 5 cm, einfach oder oft mit 1 - 3 einfachen, aufsteigenden Zweigen, **Tr** mit 2 - 5 Knoten; **Blä** bis 7 × 4 mm, bis 1 mm dick; **Inf** mit einem einzelnen, 1 - 2 cm langen Zweig, mit 2 - 10 **Blü**; **Blü** 3 - 4 mm ⌀; **Cal** in den **Ped** verjüngt; **Pet** schmal lanzettlich, zuerst stark aufsteigend, bald aufrecht und separat, später den **Ca** anliegend, etwas spitz zulaufend, bogig, 2.5 - 3.5 × 0.5 - 0.9 mm, gelblich, heller werdend, mit Ausnahme der Ränder fein eng rot liniert; **St** 5; **Gr** aufrecht, 0.2 - 0.4 mm; **Fr** aufsteigend, 2 - 2.5 mm, mit einer 0.2 mm breiten, bauchseitigen Schiene; **Sa** 1 - 1.3 mm.

Dieses Taxon wächst in dichten Kolonien, ist aber an nur 2 Fundorten sehr lokal und wird deshalb in California als selten und gefährdet aufgelistet (Moran 1998a). Die bekannten Populationen von *S. leiocarpa* bedecken zusammen eine Fläche von weniger als 1.2 ha, und alle Populationen wachsen auf Land in Privatbesitz (Anonymus 2000).

S. pentandra H. Sharsmith (Madroño 3: 240, figs. 1, 4, 5, 1936). **T:** USA, California (*Sharsmith & Sharsmith* 1831 [UC]). – **D:** USA (N und C California); dünne Humusschichten auf Schiefer, Schieferton, Sandstein oder Serpentin, 250 - 700 m, Blüten März bis Mai. **I:** Moran (1998a).
≡ *Parvisedum pentandrum* (H. Sharsmith) R. T. Clausen (1946).

[1] Einjährig, 3 - 13 cm, unterhalb der **Inf** einfach oder mit 1 - 4 aufsteigenden Zweigen, Zweige kürzer als der Haupt**Tr**, **Tr** mit 5 - 15 Knoten; **Blä** 4 - 7 × 2 - 3mm, 1.5 - 2 mm dick; **Inf** mit 1 - 5 Zweigen von 1 - 4 cm Länge, mit 1 - 12 **Blü**; **Blü** 2 - 3 mm ⌀; **Cal**basis für 1 mm verdickt; **Pet** eiförmig-

lanzettlich, zur Anthese stark aufsteigend, später den **Ca** anliegend, spitz, 2.5 - 5 × 0.3 - 1.2 mm, hell grünlich gelb oder mit einem roten Streifen auf dem Rücken; **St** 5; **Gr** aufrecht, 0.2 - 0.4 mm; **Fr** aufrecht, aneinander gedrückt, 1.2 - 1.5 mm; **Sa** 0.7 - 0.9 mm.

S. pumila (Bentham) Britton & Rose (Bull. New York Bot. Gard. 3(9): 45, 1903). **T:** USA, California (*Hartweg* 1735 [BM]). − **D:** USA (N und C California, Oregon?); kiesige Böden, in nur im Frühjahr wasserführenden Teichen, in dünnem Humus auf Felsvorkommen, 30 - 1500 m, Blüten März bis Mai oder sogar Juni. **I:** Moran (1998a).

≡ *Sedum pumilum* Bentham (1849) ≡ *Parvisedum pumilum* (Bentham) R. T. Clausen (1946); **incl.** *Sedum congdonii* Eastwood (1898) ≡ *Sedella congdonii* (Eastwood) Britton & Rose (1903) ≡ *Sedella pumila* var. *congdonii* (Eastwood) Jepson (1925) ≡ *Sedum pumilum* var. *congdonii* (Eastwood) Fröderström (1936) ≡ *Parvisedum congdonii* (Eastwood) R. T. Clausen (1946).

[1] Einjährig, 3 - 17 cm, gewöhnlich mit mehreren, aufrechten Zweigen, Zweige ± so lang wie der Haupt**Tr**, oder Zweige ausgebreitet, **Tr** mit 10 - 25 Knoten; **Blä** 4 - 7 × 1 - 3 mm; **Inf** mit 1 - 5 Zweigen von 1 - 5 cm Länge, mit 5 - 15 **Blü**; **Blü** 4 - 10 mm ⌀, mit muffigem Geruch; **Cal** in den **Ped** verjüngt; **Pet** elliptisch bis lanzettlich, weit ausgebreitet, zur **Fr**zeit aufrecht, spitz, 2.5 - 5 × 0.3 - 1.2 mm, strohgelb bis leuchtend gelb, auf dem Kiel häufig rot gezeichnet; **St** 10; **Gr** aufrecht, oder oft zurückgebogen wenn kurz; **Fr** aufrecht oder aufsteigend, 1.2 - 2.5 mm; **Sa** 0.8 - 1.5 mm.

Sedella congdonii, von vielen Autoren als eigene Art oder Varietät betrachtet, wird auf Grund der zahlreichen morphologischen Intermediärformen und der überlappenden Verbreitungsgebiete in die Synonymie von *S. pumila* gestellt (Moran 1998a).

×SEDEVERIA

U. Eggli

×**Sedeveria** E. Walther (CSJA 25(1): 20-21, 1953). **T:** *Sedeveria hummellii* E. Walther.

= *Sedum* × *Echeveria*. Eine Handvoll Taxa und Cultivare wurden formell benannt.

SEDUM

H. 't Hart & B. Bleij

Sedum Linné (Spec. Pl. [ed. 1], 5, 1753). **T:** *Sedum acre* Linné [Lectotyp, vorgeschlagen von M. L. Green in Hitchcock, Prop. Brit. Bot., 156, 1929; und zur Konservierung vorgeschlagen durch 't Hart in Jarvis in Taxon 41: 569, 1992.]. − **Lit:** Praeger (1921a); Fröderström (1930); Fröderström (1931); Fröderström (1932); Fröderström (1936a); Clausen (1959); Zardini (1971); Clausen (1975); Evans (1983); Fu & Fu (1984: 72-159); Stephenson (1994); Jalas & al. (1999: 77-123 [Verbreitungskarten]); Ohba (2001); Fu & Ohba (2001). **D:** Vorwiegend in gemässigten und subtropischen Gebieten von N Amerika, Asien, Europa, N Afrika und dem Nahen Osten, weniger häufig auch in S Amerika und C-E Afrika. **Etym:** Lat. 'sedum', Hauswurz, Fetthenne, d.h. der lateinische Volksname für mehrere *Crassulaceae*, mit ungeklärter Herkunft.

Incl. *Enchylus* Erhart (1789) (*nom. inval.*, Art. 32.1c). **T:** *Sedum annuum* Linné [Typifiziert durch Schlussfolgerung, einziges eingeschlossenes Element.].

Incl. *Diamorpha* Nuttall (1818) (*nom. illeg.*, Art. 53.1). **T:** *Sedum pusillum* Michaux [= *Diamorpha smallii* Britton.].

Incl. *Chetyson* Rafinesque (1821). **T:** *Chetyson sagittatum* Rafinesque [Typifizierung gemäss ING.].

Incl. *Aithales* Webb & Berthelot (1840). **T:** *Sedum rubens* Linné [Lectotyp, gemäss 't Hart, Fl. Medit. 1: 52, 1991.].

Incl. *Telmissa* Fenzl (1842). **T:** *Telmissa sedoides* Fenzl [Typifizierung gemäss ING.].

Incl. *Procrassula* Grisebach (1843). **T:** *Crassula caespitosa* Cavanilles [= *Procrassula magnolii* Grisebach *nom. illeg.* Typifizierung gemäss ING.].

Incl. *Leucosedum* Fourreau (1868) (*nom. inval.*, Art. 32.1). **T:** *Sedum album* Linné [Lectotyp, bestimmt durch H. Ohba, J. Fac. Sci. Univ. Tokyo, Bot. 12(4): 176, 1978.].

Incl. *Sedella* Fourreau (1868) (*nom. inval.*, Art. 32.1). **T:** *Sedum atratum* Linné [Lectotyp, gemäss 't Hart, Fl. Medit. 1: 52, 1991.].

Incl. *Macrosepalum* Regel & Schmalhausen (1882). **T:** *Macrosepalum turkestanicum* Regel & Schmalhausen.

Incl. *Altamiranoa* Rose (1903). **T:** *Cotyledon batesii* Hemsley.

Incl. *Gormania* Britton (1903). **T:** *Cotyledon oregonensis* S. Watson [= *Gormania watsonii* N. L. Britton, *nom. illeg.*].

Incl. *Tetrorum* Rose (1903). **T:** *Sedum pusillum* Michaux.

Incl. *Corynephyllum* Rose (1905). **T:** *Corynephyllum viride* Rose.

Incl. *Sempervivella* Stapf (1923). **T:** *Sempervivum album* Edgeworth [Typifiziert durch Schlussfolgerung, einziges eingeschlossenes Element.].

Incl. *Congdonia* Jepson (1925) (*nom. illeg.*, Art. 53.1). **T:** *Sedum pinetorum* Brandegee.

Incl. *Monanthella* A. Berger (1930) (*nom. inval.*, Art. 34.1). **T:** *Sedum jaccardianum* Maire & Wilczek.

Incl. *Oreosedum* Grulich (1984). **T:** *Sedum album* Linné.

Incl. *Petrosedum* Grulich (1984). **T:** *Sedum reflexum* Linné.

Incl. *Poenosedum* Holub (1984). **T:** *Sedum tuberosum* Cosson & Letourneaux.
Incl. *Amerosedum* A. Löve & D. Löve (1985). **T:** *Sedum lanceolatum* Torrey.
Incl. *Breitungia* A. Löve & D. Löve (1985). **T:** *Sedum oreganum* Nuttall.
Incl. *Clausenellia* A. Löve & D. Löve (1985). **T:** *Sedum ternatum* Michaux.
Incl. *Cockerellia* (Clausen & Uhl) A. Löve & D. Löve (1985). **T:** *Sedum cockerellii* Britton.
Incl. *Etiosedum* A. Löve & D. Löve (1985). **T:** *Sedum annuum* Linné.
Incl. *Hjaltalinia* A. Löve & D. Löve (1985). **T:** *Sedum villosum* Linné.
Incl. *Helladia* M. Král (1987). **T:** *Sedum creticum* C. Presl.
Incl. *Balfouria* (H. Ohba) H. Ohba (1995) (*nom. illeg.*, Art. 53.1). **T:** *Sedum balfourii* Hamet.
Incl. *Ohbaea* Byalt & I. V. Sokolova (1999). **T:** *Sedum balfourii* Hamet.

Kahle oder flaumhaarige, ausdauernde oder einjährige Kräuter mit aufrechten, aufsteigenden, niederliegenden oder kriechenden, oft wurzelnden und gewöhnlich reich verzweigten sterilen **Tr**, selten rosettig oder mit dichten **Ros**; **Wu** meist faserig, selten knollig oder als Pfahl**Wu**; **Tr** meist kaum sekundär verdickt, manchmal basal etwas verholzt, selten deutlich verholzt und auffällig verdickt oder als unterirdischer Caudex (= **Wu**stock); **Blä** wechselständig oder manchmal gegenständig oder in Quirlen zu 3 oder 4, sitzend oder selten etwas bis deutlich gestielt, sukkulent und meist stielrund oder halbstielrund, selten flach, mit einer einzigen, abaxialen, spitzenständigen Wasserspalte (Hydathode) und ganzrandigen Rändern; **Blü**triebe endständig oder selten seitenständig, meist aufrecht oder aufsteigend; **Inf** oft vielblütige Cymen, Ebensträusse, oder aus zahlreichen Wickeln zusammengesetzte **Inf**, weniger häufig einfache, wenigblütige Cymen oder Ebensträusse; **Bra** meist vorhanden, 1 oder 2 pro **Blü**, oft **Blä**artig; **Blü** meist 5-zählig, selten 3- oder 4-zählig oder 6- bis 12-zählig, in der Regel obdiplostemon aber gelegentlich haplostemon, sitzend oder gestielt; **Sep** grün, breit sitzend oder frei und gespornt, gleich gross oder deutlich ungleich, meist kürzer als die **Pet**; **Pet** gelb, weiss, rosa, purpurn oder rötlich, in der Regel frei oder basal leicht vereinigt, manchmal für $1/3$ - $2/3$ verwachsen, meist zur **Blü**zeit ausgebreitet aber manchmal aufrecht, oft mit einem deutlichen, oft rötlichen, Kiel und einem dorsalen, fast spitzenständigen Anhängsel, gewöhnlich ganzrandig; **Fil** meist den **Pet** gleichfarbig und kahl, manchmal basal papillat, in der Regel frei, aber epipetale **St** oft basal mit den **Pet** verbunden, selten beträchtlich mit den **Pet** vereinigt, kürzer als die **Pet**; **Anth** kugelig oder länglich, gelb bis rot oder dunkelpurpurn, manchmal weisslich oder ± rosa; **NSch** länglich, quadratisch, quer-länglich, keilförmig oder spatelig, in der Regel weisslich, manchmal gelb oder rot; **Ca** meist mit breiter Basis sitzend und basal leicht verwachsen, weniger häufig vollständig frei, selten gestielt; **Gr** oft ± 1 mm, schlank und zur **Blü**zeit zurückgebogen, weniger häufig kurz und **Na** ± sitzend; **Fr** aufrecht, oder fast aufrecht oder sternförmig ausstrahlend und ohne Lippen entlang der Bauchnähte, oder sternförmig ausstrahlend mit deutlichen Lippen entlang der Bauchnähte; **Sa** meist ± 1 mm, eiförmig bis ellipsoid, Testa gerippt, mit Doppelpapillen, Netzmuster oder netzig-papillös. − 2n = 4 bis ± 640.

Sedum umfasst ± 420 Arten und ist damit bei weitem die grösste Gattung der Familie. *Sedum* kommt vorwiegend in den subtropischen und gemässigten Zonen der N-Hemisphäre vor, obwohl einige Arten in C-E Afrika und Südamerika zu Hause sind. Der Artenreichtum ist auf dem amerikanischen Kontinent am grössten, wo ± 170 Arten vorkommen, d.h. ± 30 Arten in Kanada und den USA, ± 120 Arten in Mexiko, und ± 20 Arten in Mittel- und Südamerika. Asien nimmt in Bezug auf den Artenreichtum mit 130 - 140 Arten den zweiten Rang ein, während die Gebiete Eurasiens (Europa, Naher Osten, N und C-A Afrika, sowie die atlantischen Inseln) mit ± 100 Arten an dritter Stelle stehen. Die *Sedum*-Arten der 3 Kontintente sind je für ihren Kontinent endemisch, allerdings mit Ausnahmen der 2 eurasiatischen Arten *S. villosum*, das auch N Amerika erreicht hat (Clausen 1975) und *S. aetnense*, das auch aus dem Tien-Shan im W China nachgewiesen wurde (Fröderström 1932), obwohl dieser Nachweis in neuerer Literatur nicht bestätigt wird.

Die idealisierte *Sedum*-Art ist krautig, meist mehrjährig, mit wechselständigen und ganzrandigen Blättern mit einer einzigen, abaxialen, annähernd spitzenständigen Hydathode, und 5-zähligen, obdiplostemonen Blüten mit freien Kronblättern. Eine ganze Reihe *Sedum*-Arten unterscheiden sich aber in 1 oder 2 (selten mehr) Merkmalen von dieser Beschreibung. Diese Arten sind oft auffällig verholzt, oder verfügen über kreuzgegenständig oder wirtelig angeordnete Blätter, oder 3- bis 4- oder 6- bis 12-zählige Blüten, oder die Kronblätter sind deutlich miteinander verwachsen. Darüber hinaus kommen ganzrandige Blätter mit einer einzelnen, fast spitzenständigen Hydathode auch in mehreren anderen Gattungen der Familie vor. Die meisten *Sedum*-Arten, die nicht mit der idealisierten Gattungsbeschreibung übereinstimmen, scheinen jedoch spezialisierte Formen innerhalb von zweifellos zu *Sedum* gehörenden Entwicklungslinien zu repräsentieren. Obwohl in Bezug auf die Klassifikation der grossen Mehrheit der zu *Sedum* gehörenden Arten weitgehend Übereinstimmung herrscht, gibt es doch unübersehbare Kontroversen bezüglich der Umschreibung der Gattung ('t Hart & Eggli 1995: Einleitung).

Die Ergebnisse phylogenetischer Untersuchungen der Chloroplasten-DNA führten zu 3 systematisch bedeutungsvollen Schlussfolgerungen mit Bezug auf die Umschreibung und Klassifikation der Gattung (siehe Ham (1994), 't Hart (1995), und Ham & 't Hart (1998)):

1. Die flachblätterigen asiatischen *Sedoideae* ('t Hart 1984) sind ein Schwestertaxon zu *Sedum*. Die genannte Gruppe deckt sich mit dem "Telephium-Ast" von Ham (1994) sowie mit der Subtribus *Telephinae* 't Hart, und umfasst die Gattungen *Hylotelephium, Orostachys, Phedimus, Pseudosedum, Rhodiola* und *Umbilicus* ('t Hart 1995). Die asiatischen Gattungen *Meterostachys* und *Sinocrassula* gehören ebenfalls zum "Telephium-Ast" ('t Hart & Kim, pers. comm.). Im Weiteren wurden auch die monotypischen, madagassischen bzw. afrikanischen Gattungen *Perrierosedum* und *Hypagophytum* zu dieser Entwicklungslinie gestellt ('t Hart 1995).

2. Die molekularen Untersuchungen haben über alle Zweifel erhaben gezeigt, dass die Gattung *Sedum* paraphyletisch ist. Es handelt sich um die Stammgruppe innerhalb der *Sedum*-Linie (Subtribus *Sedinae*), die mehr als ½ aller Arten der *Crassulaceae* enthält. Zusätzlich zu *Sedum* umfasst diese Linie ± 360 Arten, die in der Regel in ± 16 unterschiedlichen (eigenständigen) Gattungen eingeordnet werden. Diese Taxa sind auf dem amerikanischen Doppelkontinent und in Eurasien heimisch und stellen relativ junge Endglieder dar, die aus verschiedenen Entwicklungslinien innerhalb von *Sedum* entstanden sind. Wie *Sedum* zeigen alle diese Gattungen wechselständige, ganzrandige Blätter mit einer einzelnen, abaxialen, fast spitzenständigen Hydathode. Eine Mehrheit der Arten dieser Gattungen wächst rosettig. Einige haben vielzählige Blüten oder aber Blüten mit verwachsenen Kronblättern.

3. Innerhalb von *Sedum* wurde ein gut gestützter, monophyletischer Entwicklungsast, der "Acre-Ast" (siehe Ham (1994) und Ham & 't Hart (1998)), gefunden, der die Arten von *Sedum* (und mehreren abgetrennten Gattungen) mit genetzten oder netzig-papillösen Samen umfasst (siehe 't Hart & Berendsen (1980) und Knapp (1994)). Obwohl diese Arten manchmal flaumhaarig sein können, haben sie keine drüsigen Haare. Darüber hinaus zeigen *Sedum*-Arten dieses Astes ungleich grosse, basal freie und gespornte Kelchblätter ('t Hart & Koek-Noorman 1989). Die Stammgruppe der *Sedum*-Linie hat andererseits gerippte Samen, breit sitzende (ungespornte), meist basal vereinigte Kelchblätter, und die Pflanzen sind oft drüsig-flaumhaarig. Die Arten der *Sedum*-Stammgruppe wurden oft als *Sedum* UG *Gormania* klassifiziert, die Arten des "Acre-Astes" als UG *Sedum* ('t Hart 1995). Beide Untergattungen haben sich unabhängig auf die 3 Kontinente der Nordhemisphäre verbreitet, aber die daraus resultierenden 6 Linien entwickelten sich in deutlich unterschiedlicher Weise.

Die diagnostischen Beschreibungen der 2 Untergattungen lauten wie folgt:

[1] UG *Sedum*: Pflanzen meist kahl oder selten mit nicht drüsigen **Ha**; **Sep** basal frei und gespornt oder breit sitzend, oft auffällig ungleich gross; **Sa**oberfläche genetzt oder netzig-papillös.

Die UG *Sedum* umfasst ± 320 Arten. In Amerika kommen ± 170 Arten vor, die auf Mexiko und Mittel- sowie Südamerika beschränkt sind, mit Ausnahme von 2 Arten, die in den S USA beheimatet sind. Die amerikanischen Arten gehören in eine einzige, monophyletische Entwicklungslinie, die zusätzlich zu *Sedum* ± 185 weitere Arten umfasst, die zur Zeit in 7 separate Gattungen (*Cremnophila, Echeveria, Graptopetalum, Lenophyllum, Pachyphytum, Sedum* und *Villadia*) eingeordnet werden. Sie werden in ihrer Gesamtheit als "Mexikanische *Sedinae*" bezeichnet ('t Hart 1999b). In Eurasien umfasst die UG *Sedum* ± 30 Arten, in Asien ± 120 Arten. Obwohl die UG *Sedum* sowohl in Asien wie in Europa einige recht abweichende infragenerische Gruppen umfasst, wurden innerhalb dieser Linien bisher keine allgemein akzeptierten separaten Gattungen unterschieden.

[2] UG *Gormania* (Britton) Clausen 1942: Pflanzen oft drüsig-flaumhaarig; **Sep** breit sitzend, meist von gleicher Länge; **Sa**oberfläche gerippt oder mit Doppelpapillen.

Die UG *Gormania* umfasst ± 110 Arten. In Amerika sind ± 28 Arten heimisch, die alle auf die USA und Kanada beschränkt sind. Die Gattungen *Dudleya* und *Sedella* entwickelten sich aus dieser Linie. In Eurasien umfasst die UG ± 70 Arten, die im ganzen Gebiet zerstreut heimisch sind. Die Gattungen *Aeonium, Aichryson, Monanthes, Afrovivella, Pistorinia, Prometheum, Rosularia* und *Sempervivum*, die zusammen ein Total von ± 125 Arten umfassen, entwickelten sich aus dieser *Sedum*-Linie. In Asien umfasst die UG *Gormania* möglicherweise ± 10 Arten, aber diese Zahl ist wegen unserer sehr unvollständigen Kenntnisse der Merkmale der Kelchblätter und der Samenoberflächen sehr unsicher. Einige rosettige Taxa aus dem Himalaya wurden von Eggli (1988) und 't Hart & al. (1999) zu *Rosularia* gestellt.

Viele der alten *Sedum*-Namen wurden nicht umfassend studiert, und mit Blick auf unsere unvollständigen Kenntnisse der Variationsbreite der weiter verbreiteten Taxa sind die in den folgenden Behandlungen aufgelisteten Synonymien nur vorläufiger Natur. *S. lahovaryanum* Hamet 1913 und *S. longuetae* Hamet 1913, beide aus Mexiko beschrieben, gehören vermutlich nicht zur Gattung *Sedum*. Fröderström (1936a) stellte sie mit einem Fragezeichen zu *Echeveria*, aber die in den Protologen angegebenen Masse (Blüten 6.5 cm lang und mehr) passen nicht.

Es wurde kein Versuch unternommen, der Mehrheit der gärtnerischen Namen, wie z.B. von Praeger (1914) aufgelistet, näher nachzugehen oder sie zu interpretieren. Sogar in moderner gärtnerischer Literatur werden solche Namen ohne jegliche botanische Grundlagen immer noch gelegentlich benutzt.

Bemerkung des Herausgebers: Henk 't Hart verstarb nach einer längeren Krankheit unerwartet am 20. Juli 2000, bevor er seine Synopsis der Gattung *Sedum* für dieses Lexikon fertigstellen konnte. Die Angaben zu den fehlenden Taxa wurden deshalb vom Herausgeber zusammengetragen und basieren auf den Protologen und / oder floristischer Literatur. Ihre Zuordnung zu einer der beiden Untergattungen ist in vielen Fällen nur provisorisch, und die Leser werden für diese uneinheitliche Behandlung der Gattung um Verständnis gebeten. Joachim Thiede (Universität Hamburg) und Vyacheslav Byalt (Komarov-Herbarium, Moskau) haben verdankenswerterweise Texte zu mehreren Taxa beigesteuert. Zusätzlich wurden auch die kürzlichen Bearbeitungen der Gattung für die Flora von Japan (Ohba 2001) sowie für die Flora von China (Fu & Ohba 2001) berücksichtigt.

Die folgenden Namen sind von unklarer Anwendung, gehören aber zu dieser Gattung: *Altamiranoa montana* Rose *in sched. ex* Fröderström (1936) (*nom. inval.*, Art. 34.1a); *Anacampseros borderi* Jordan & Fourreau (s.a.) ≡ *Hylotelephium borderi* (Jordan & Fourreau) Holub (1984); *Crassula verticillaris* Linné (1770); *Graptopetalum goldii* Matuda (1956) ≡ *Sedum* cv. *Goldii* (Matuda) R. Evans (1987) ≡ *Sedum goldii* (Matuda) hort. (1999) (*nom. inval.*, Art. 29.1); *Sedum acre* var. *degenianum* Domin (s.a.); *Sedum arboreum* (Linné) Palau (1788); *Sedum azureum* Wirtgen *ex* F. Schultz (1852) (*nom. illeg.*, Art. 53.1); *Sedum bergeri* Fournier (s.a.); *Sedum cavei* Hamet *ex* W. W. Smith & Cave (1911) (*nom. inval.*, Art. 32.1c); *Sedum chiisanense* Nakai (1915) (*nom. inval.*, Art. 32.1c?); *Sedum confertum* Delile (1812); *Sedum cooperi* hort. *ex* Clémenceau (1868); *Sedum derbezii* Petitmengin (s.a.); *Sedum engadinense* Brügger (s.a.); *Sedum erraticum* Brügger (s.a.); *Sedum fuereri* Wein (1921); *Sedum groenlandicum* hort. (s.a.) (*nom. inval.*, Art. 29.1?); *Sedum hercegnovi* Wiesbaur (s.a.) ≡ *Sedum sexangulare* ssp. *hercegnovi* (Wiesbaur) J. A. Huber (1936); *Sedum lividum* hort. (1877) (*nom. illeg.*, Art. 53.1); *Sedum majus* Masters (s.a.) (*nom. inval.*, Art. ?); *Sedum meehanii* Gray (1880); *Sedum minus* Haworth (1825); *Sedum nipponicum* hort. (1938) (*nom. inval.*, Art. 36.1); *Sedum ×patrickii* hort. (s.a.) (*nom. inval.*, Art. 29.1?); *Sedum peruvianum* Gray (1854); *Sedum polystriatum* R. T. Clausen (1946); *Sedum pulchellum* Aznavour (1917); *Sedum punctatum* Kitaibel (1863); *Sedum quevai* W. W. Smith & Cave (1913) (*nom. inval.*, Art. 32.1c); *Sedum rubromucronatum* Hort. R. L. Evans (s.a.) (*nom. inval.*, Art. 29.1); *Sedum rupestre* fa. *purpureum* Wilczek *ex* Maire (1977) (*nom. inval.*, Art. 36.1, 37.1); *Sedum sedifolium* hort. (s.a.) (*nom. inval.*, Art. 29.1 / 61.1); *Sedum septangulare* Haworth (1812); *Sedum stramineum* Paulsen (1922); *Sedum violaceum* Vahl (s.a.); *Sedum virens* Aiton (1789); *Sedum viridulum* Haworth (1827).

S. 'Spiral Staircase' R. Stephenson (Brit. Cact. Succ. J. 11(2): 60-62, ills., 1993).

In Kultur häufig unter dem falsch verwendeten Namen *Villadia batesii* anzutreffen. Die Herkunft des Cultivars, der hybridogenen Ursprungs sein könnte, ist unbekannt. – [U. Eggli]

S. abchasicum Kolakovsky *ex* Byalt (Novosti Sist. Vyssh. Rast. 31: 123-126, ill., 1998). **T:** Russland, Adygea (*Portenier* s.n. [LE, ZSS]). – **D:** NW Kaukasus (Russland: Adygea); auf Kalkfelsen, 1500 - 2200 m.

[1] Ausdauernde Kräuter, Büschel bildend mit kriechenden, verzweigten Rhizomen; **Tr** 2 - 8 cm, niederliegend; **Blä** wechselständig, etwas ziegelig, 1.5 - 3 (-5) × 0.5 - 1.75 mm, elliptisch-länglich bis länglich eiförmig, stumpf oder etwas spitz, kurz gespornt, obere **Blä** gelblich grün, untere **Blä** rot überhaucht; blühende **Tr** aufrecht, einfach, bis 15 cm; **Inf** ebensträussartig, locker, mit 3 - 6 (-10) **Blü** in 2 - 3 Wickeln; **Ped** bis 0.75 mm oder **Blü** sitzend; **Blü** 5-zählig, klein; **Pet** 3.5 - 5 mm, schwefelgelb, eiförmig-lanzettlich, spitz; **St** etwas kürzer als die **Pet**; **NSch** verkehrt eiförmig, ausgerandet; **Fr** etwas ausgebreitet aber **Ca** basal 0.6 - 0.8 mm verwachsen; **Sa** länglich, braun, papillös.

Nahe bei *S. acre* stehend, aber durch reichlicher verzweigte Triebe, längere Blätter und geringfügige Blütenmerkmale abweichend. – [U. Eggli]

S. acre Linné (Spec. Pl. [ed. 1], 432, 1753). **T:** BM [lecto: Herb. Clifford 177, Sedum 5]. – **Lit:** Jalas & al. (1999: 82-83). **D:** Fast im ganzen Europa sowie N Afrika und Türkei (N Anatolien); von Meereshöhe bis ± 2500 m.

≡ *Sedum sexangulare* var. *acre* (Linné) F. & P. (1898); **incl.** *Sedum acre* var. *sopianae* (Priszter) Soó (s.a.); **incl.** *Sedum procumbens* Schrank (1789); **incl.** *Sedum glaciale* Clarion (1805) ≡ *Sedum acre* ssp. *glaciale* (Clarion) Duby (s.a.); **incl.** *Sedum neglectum* Tenore (1831) ≡ *Sedum acre* ssp. *neglectum* (Tenore) Arcangeli (1882) ≡ *Sedum acre* var. *neglectum* (Tenore) Sampaio (1947); **incl.** *Sedum acre* var. *genuinum* Godron (1848) (*nom. inval.*, Art. 24.3); **incl.** *Sedum acre* var. *aureum* Masters (1878); **incl.** *Sedum acre* var. *majus* Masters (1878) ≡ *Sedum acre* ssp. *majus* (Masters) R. T. Clausen (1975); **incl.** *Sedum acre* fa. *pentagonum* Pacher (1887); **incl.** *Sedum acre* var. *morbifugum* Chabert (1889); **incl.** *Sedum acre* fa. *typicum* Beck (1892) (*nom. inval.*, Art. 24.3); **incl.** *Sedum erectum* Freyn (1895); **incl.** *Sedum wettsteinii* Freyn (1900) ≡ *Sedum acre* ssp. *wettsteinii* (Freyn) O. Schwarz (s.a.) ≡ *Sedum acre* var. *wettsteinii* (Freyn) Hegi & Em. Schmidt (1922); **incl.** *Sedum acre* var. *robustum*

Velenovsky (1902) ≡ *Sedum robustum* (Velenovsky) Domin (1930) (*nom. illeg.*, Art. 53.1) ≡ *Sedum acre* ssp. *robustum* (Velenovsky) J. A. Huber (1936); **incl.** *Sedum acre* fa. *umbrosum* Schubert (1904); **incl.** *Sedum acre* var. *atlanticum* Battandier (1905); **incl.** *Sedum drucei* Graebner (1913) ≡ *Sedum acre* ssp. *drucei* (Graebner) J. A. Huber (1936) (*nom. inval.*, Art. 33.2, 34.1a); **incl.** *Sedum minimum* Nieuwland (1915) (*nom. illeg.*, Art. 53.1); **incl.** *Sedum maweanum* hort. ex Praeger (1921) (*nom. inval.*, Art. 29.1); **incl.** *Sedum acre* fa. *fastigiatum* Beck (1922); **incl.** *Sedum acre* fa. *grandiflorum* Beck (1922); **incl.** *Sedum acre* fa. *imbricatum* Beck (1922); **incl.** *Sedum krajinae* Domin (1929) ≡ *Sedum acre* var. *krajinae* (Domin) Jávorka (1924) ≡ *Sedum acre* ssp. *krajinae* (Domin) J. A. Huber (1936); **incl.** *Sedum rohlenae* Domin (1929) ≡ *Sedum acre* var. *rohlenae* (Domin) Domin (s.a.) ≡ *Sedum acre* ssp. *rohlenae* (Domin) J. A. Huber (1936); **incl.** *Sedum zlatiborense* Domin (1929) ≡ *Sedum acre* var. *zlatiborense* (Domin) Domin (s.a.) ≡ *Sedum robustum* var. *zlatiborense* (Domin) Domin (s.a.) (unkorrekter Name, Art. 11.4); **incl.** *Sedum acre* fa. *confertum* Domin (1930); **incl.** *Sedum acre* var. *normanii* Fröderström (1932); **incl.** *Sedum acre* ssp. *euacre* Dostal (1948) (*nom. inval.*, Art. 26.2); **incl.** *Sedum acre* fa. *acutifolium* Stefanoff (1950); **incl.** *Sedum acre* fa. *microphyllum* Stefanoff (1950) ≡ *Sedum acre* ssp. *microphyllum* (Stefanoff) Bertová (1982); **incl.** *Sedum sexangulare* fa. *elatum* Prisztser (1960); **incl.** *Sedum neglectum* ssp. *sopianae* Prisztser (1963); **incl.** *Sedum acre* fa. *ramosum* Prisztser (1963) (*nom. inval.*, Art. 37.1); **incl.** *Sedum acre* var. *almadii* Prisztser (1966).

[1] Ausdauernde Kräuter, gebüschelt oder in Matten aus ineinander verwobenen, locker verzweigten, niederliegenden und wurzelnden, sterilen, an den Spitzen aufgerichteten **Tr**; **Blä** wechselständig, dicht ziegelig, sitzend mit einem kurzen, stumpfen Sporn, meist dreieckig-eiförmig (selten fast konisch), stumpf, stielrund bis halbstielrund (im Querschnitt elliptisch), meist abfallend (weiss, weich und papierartig wenn verbleibend), (2-) 5 (-8) mm; blühende **Tr** aufrecht, meist einfach, 5 - 10 (-15) cm; **Inf** Cymen mit (1-) 2 (-3) selten verzweigten, monochasialen Zweigen; **Bra** 2 pro **Blü**; **Blü** 5-zählig, sitzend oder fast sitzend; **Sep** basal frei, gesporrnt, ungleich, länglich eiförmig, stumpf, bis ± 3 mm; **Pet** frei, länglich eiförmig bis lanzettlich, spitz bis spitz zulaufend, leuchtend gelb, 5 - 9 mm; **Fil** gelb; **Anth** länglich, gelb; **NSch** quadratisch; **Gr** lang und schlank; **Fr** sternförmig ausgebreitet, gelblich, entlang der Bauchnähte mit auffälligen, hellen Lippen; **Sa** länglich eiförmig, gelblich braun bis rötlich braun, genetzt oder netzig-papillös. − 2n = 40, 60, 80, 100, 120.

In der Grösse und Form der Blätter sowie in der Grösse der Blütenstände und Blüten sehr variabel. Viele Lokalpopulationen wurden als eigene Arten oder auf infraspezifischer Rangstufe abgetrennt, aber die als diagnostisch angegebenen Merkmale können in der Regel auch in Gebieten gefunden werden, die von der Heimat der ursprünglich beschriebenen Population weit entfernt sind. Die meisten Pflanzen aus dem Mittelmeerraum haben längere, spitzere Blätter, sowie grössere Blütenstände und Blüten als die Pflanzen aus dem N Europa, und wurden als ssp. *neglectum* behandelt. Obwohl die Pflanzen aus dem Mittelmeergebiet vorwiegend diploid (2n = 40) und die N Pflanzen tetraploid (2n = 80) sind, sind die 2 Taxa durch eine lange Reihe von morphologisch und zytologisch intermediären Formen verbunden, v.a. in S-C Europa. *S. acre* gehört in das Comparium der Ser. *Acria* A. Berger ('t Hart 1991). – [H. 't Hart]

S. acropetalum Fröderström (Acta Horti Gothob. 10(Appendix): 35-36, ills., 1936). **T** [syn]: Mexiko, San Luis Potosí (*Purpus* 5593 [UC]). – **D**: Mexiko (San Luis Potosí).

[1] Kahle, aufrechte, ausdauernde Halbsträucher, 30 - 40 cm hoch, oben verzweigt, sterile **Tr** aus den **Ax** der mittleren **Blä**, an den Spitzen dicht beblättert; **Blä** wechselständig, etwas länglich, 10 - 12 mm, etwas spitz, breit gespornt; **Inf** rispig mit schlankem Schaft; **Blü** 5-zählig, sitzend; **Sep** breit sitzend, ± 3 mm, gleich, lanzettlich, grannenspitzig; **Pet** basal vereinigt, lanzettlich-begrannt, mit einem schmalen, **Do**artigen, aufgesetzten Spitzchen, weisslich; **NSch** fast quadratisch, stumpf, gelblich; **Fr** etwas spreizend; **Sa** etwas eiförmig, netzigpapillös.

Mit *S. calcicola* und *S. lenophylloides* verwandt.

S. actinocarpum Yamamoto (Suppl. Icon. Pl. Formos. 2: 17, 1926). **T**: Taiwan [Formosa], Prov. Taihoku (*Hayata* s.n. [TI]). – **D**: Taiwan; Berge, 300 - 2500 m. **I**: Tang & Huang (1989: 161); Tang & Huang (1993: 18).

[1] Kahle, einjährige Kräuter; **Tr** aufrecht, einfach oder gabelig bis trichotom; **Blä** wechselständig, gelegentlich gegenständig, spatelig, 8 - 27 × 4 - 11 mm, gerundet oder stumpf; blühende **Tr** aufrecht; **Inf** cymös; **Blü** 5-zählig, sitzend; **Sep** basal frei, ungleich, spatelig oder verkehrt lanzettlich oder linealisch verkehrt lanzettlich, Basis keilförmig, 2.4 - 4.5 × 2 - 3 mm breit, etwas spreizend; **Pet** verlängert-länglich oder lanzettlich, spitz zulaufend, basal etwas keilförmig, 4 × 1.5 mm, gelb; **NSch** rechteckig bis fast quadratisch; **Fr** sternförmig ausstrahlend; **Sa** sehr klein, verlängertlänglich.

S. adolphi Hamet (Notizbl. Königl. Bot. Gart. Berlin 5(49): 277-278, 1912). **T**: Mexiko (*Purpus* s.n. [nicht konserviert ?]). – **D**: Mexiko (Veracruz). **I**: Fröderström (1936a: 25, t. 13).

[1] Kahle, ausdauernde Halbsträucher mit reich verzweigten, ausgebreiteten, ausgespreizten oder aufsteigenden **Tr**, 10 - 30 cm; **Blä** ziegelig, wech-

selständig, breit lanzettlich bis verkehrt eiförmig, 12 - 30 mm, spitz bis ziemlich spitz, gespornt, undeutlich gekielt, fast stielrund, sehr fleischig; **Inf** ebensträussig; **Ped** 6 - 10 mm; **Blü** 5-zählig; **Sep** breit sitzend, dreieckig-halbkreisrund, feinspitzig, ± 1.5 × 1 mm; **Pet** basal vereinigt, länglich, nach oben verjüngt, etwas stumpf, mit schmal aufgesetztem Spitzchen, weiss, ± 7.5 mm; **NSch** auffällig, spatelig-quadratisch, tief ausgerandet, ± 1 mm, hellgelb. – 2n = 128.

Sehr nahe mit *S. nussbaumerianum* verwandt. Zukünftige Untersuchungen werden möglicherweise zeigen, dass die beiden artgleich sind.

S. aetnense Tineo (in Gussone, Fl. Sicul. Syn. 2: 826, 1845). **T:** Italien, Sizilien (*Tineo* s.n. [?, KFTA]). – **Lit:** Jalas & al. (1999: 84). **D:** S Europa, Türkei (Anatolien), Iran, Naher Osten, kürzlich auch in Spanien und Serbien nachgewiesen; meist sehr lokal. **I:** Sedum Soc. Newslett. No. 55: figs. 56-57, 2000.

≡ *Macrosepalum aetnense* (Tineo) Palanov (1988); incl. *Sedum tetramerum* Trautvetter (1880) ≡ *Sedum aetnense* ssp. *tetramerum* (Trautvetter) Hamet (1914) ≡ *Sedum aetnense* var. *tetramerum* (Trautvetter) Hamet (1914) ≡ *Macrosepalum tetramerum* (Trautvetter) Palanov (1988); incl. *Macrosepalum turkestanicum* Regel & Schmalhausen (1882) ≡ *Sedum turkestanicum* (Regel & Schmalhausen) Hamet *ex* B. Fedtschenko (1915); incl. *Sedum skorpilii* Velenovsky (1899); incl. *Sedum korpilii* Velenovsky (1899) (nom. inval., Art. 61.1); incl. *Sedum albanicum* Beck (1904); incl. *Sedum erythrocarpum* Pau (1906); incl. *Sedum aetnense* var. *genuinum* Hamet (1914) (nom. inval., Art. 24.3); incl. *Sedum ekimianum* Metzger & Duman (1990).

[1] Kurzlebige, kleine, kahle, einjährige Kräuter mit aufrechten bis aufsteigenden, meist einfachen, bis 6 cm hohen **Tr**; **Blä** wechselständig, ziegelig und aufrecht-angepresst, sitzend mit trockenhäutigem, basalem Sporn, konisch-länglich, 3 - 5 mm, ziemlich spitz, stielrund oder halbstielrund, oft mit bewimperten oder gezähnelten Rändern, glauk- oder dunkelgrün; **Inf** cymös, meist aus 1 Wickel bestehend (grosse Exemplare oft mit 2 oder mehr Wickeln); **Bra** 2, **Blä**artig, gross; **Blü** 4- (oder 5-) zählig, autogam, sitzend, mit 4 oder 5 **St**; **Sep** basal frei und gespornt, stark ungleich, bis 4 mm, spitz, halbstielrund, oft mit bewimperten Rändern; **Pet** frei, länglich, 2 - 3 mm, etwas spitz, weiss, manchmal rot überhaucht; **Fil** weiss; **Anth** klein, gelblich oder rot; **Gr** sehr kurz; **Fr** fast aufrecht, dunkel rötlichbraun; **Sa** klein, eiförmig, dunkelbraun bis schwärzlich, genetzt. – 2n = 26, 52.

Gehört in die monotypische Ser. *Macrosepala* (Regel & Schmalhausen) Borissova. Die Art wurde kürzlich auch in mehreren spanischen Provinzen entdeckt (Ríos Ruiz & al. 1993: 166) und auch für Serbien nachgewiesen (Zlatkovic & Randjelovic 1996). Fröderström (1932) nannte ein Vorkommen in W China (Tien-Shan), was aber von neueren chinesischen Floren nicht bestätigt wird. – [H. 't Hart]

S. alamosanum S. Watson (Proc. Amer. Acad. Arts 1880: 25, 1880). **T:** Mexiko, Sonora (*Palmer* 373 [BM]). – **D:** Mexiko (Sonora: Alamos Mts.). **I:** Fröderström (1936a: 43, t. 26). **Fig. XXXII.b**

[1] Ausdauernde Kräuter mit stark verzweigtem **Wu**stock und zahlreichen, kleinen, sterilen oder **Blü**tragenden, gebüschelten **Tr**, 6 - 10 cm hoch; **Blä** wechselständig, linealisch-länglich bis eiförmig, 3.5 - 5 mm, stumpf bis spitz, breit gespornt, oberseits papillat, manchmal flaumhaarig, stielrund, dick; **Inf** kleine, wenigblütige Ebensträusse; **Bra** eiförmig, warzig; **Blü** 5-zählig, lang gestielt; **Sep** basal frei, breit gespornt, eiförmig, stumpf, ± 2.5 × 1.5 mm, fast aufrecht; **Pet** basal frei, fast eiförmig, breit und zur Spitze hin abrupt verschmälert, ziemlich spitz, weisslich, ± 5 mm, ziemlich aufrecht; **NSch** etwas spatelig, leicht ausgerandet, rötlich; **Sa** genetzt. – 2n = 36, 35, 72, 108.

S. albertii Regel (Trudy Imp. S.-Peterburgsk. Bot. Sada 6(2): 299, 1879). **T:** Zentralasien (*Regel* s.n. [LE]). – **D:** W Sibirien (Kokchetav-, Pavlodar- und Karkaralinsk-Berge, S Altai), Zentralasien: Ulutau-Berge, Dschungarischer Alatau und Tien Shan-Berge bis Tibet und W Mongolei (Mongolischer Altai); steinige Berghänge, Felsen, trockene und steinige Flussbetten, 1100 - 1750 m. **I:** Fröderström (1932: 22, pl. 11, als *Sedum schrenkii*).

Incl. *Umbilicus affinis* Schrenk (1841) ≡ *Cotyledon affinis* (Schrenk) Maximowicz (1883) ≡ *Sedum affine* (Schrenk) Hamet (1929) (nom. illeg., Art. 53.1) ≡ *Pseudosedum affine* (Schrenk) A. Berger (1930); incl. *Sedum schrenkii* Fröderström (1932); incl. *Sedum berunii* Pratov (1974).

[1] Ausdauernde Kräuter; Rhizome robust, verzweigt, vielköpfig, mit zahlreichen, kurzen, sterilen **Tr**, 1 - 2 cm lang; **Blä** linealisch bis etwas länglich, 2 - 7 mm, dicht warzig; blühende **Tr** mehrere, locker beblättert, 7 - 15 (-25) cm; **Inf** ebensträussig, mit eingerollten, einseitswendigen Zweigen; **Ped** bis 1 mm; **Blü** 5-zählig; **Sep** nur wenig vereinigt, ziemlich spitz, bis 2.5 mm; **Kr**röhre bis 1.3 mm, Zipfel etwas mit aufgesetztem Spitzchen, bis 5 - 6 mm, rein weiss; **Anth** dunkelpurpurn; **NSch** gezähnelt; **Fr** länglich eiförmig, 3 - 3.5 mm; **Sa** länglich eiförmig, bis 1 mm.

Ein typisches *Sedum*. Die engste Verwandtschaft besteht mit dem kaukasischen *S. subulatum*.

S. berunii soll sich von *S. albertii* nur durch gelbe Blüten unterscheiden, was jedoch ein Artefakt des Typbeleges sein könnte. – [V. V. Byalt]

S. albomarginatum R. T. Clausen (Sedum North Amer., 424-425, ill., 1975). **T:** USA, California (*Clausen* 63169 [CU]). – **D:** USA (California: Sierra Nevada: Im Feather River Canyon); 360 - 860 m.

[2] Mehrjährige Kräuter mit kurzem, verzweigtem **Wu**stock mit dichten und kompakten **Ros** und axillären Ablegern; **Blä** wechselständig, verkehrt lanzettlich, verkehrt lanzettlich-länglich oder spatelig, (14-) 28 (-67) × (5-) 11 (-18) mm, breit gerundet oder gestutzt, manchmal ausgerandet, entlang der weissen Ränder etwas ausgenagt, steif, glauk; blühende **Tr** aufrecht, 16 - 25 cm; **Inf** verlängerte, stark verzweigte Cymen; **Ped** ± 0.8 mm; **Blü** 5-zählig; **Sep** breit sitzend, basal vereinigt, lanzettlich, spitz oder fast spitz, manchmal winzig papillös-wimperig. kahl, grün oder leicht glauk, ± 4.5 × 2.5 mm, aufrecht; **Pet** basal vereinigt, ziegelig, verkehrt lanzettlich-länglich, spitz oder stumpf, mit leichtem, aufgesetztem Spitzchen, obere Randteile ausgenagt, gelb, ± 9.5 mm, basal aufrecht, dann nach oben leicht spreizend; **Fil** hellgrün; **Anth** gelb; **NSch** quer länglich, verdickt, konkav gestutzt, weiss; **Sa** birnenförmig, braun, gerippt. – 2n = 30.

S. album Linné (Spec. Pl. [ed. 1], 432, 1753). **T:** BM [Herb. Clifford 177, Sedum 6]. – **Lit:** Jalas & al. (1999: 96-97). **D:** Europa (ausgenommen Teile im N und E).

≡ *Leucosedum album* (Linné) Fourreau (1868) (*nom. inval.*, Art. 43.1) ≡ *Oreosedum album* (Linné) Grulich (1984); **incl.** *Sedum albellum* Besse (s.a.); **incl.** *Sedum balticum* Hartman (s.a.) ≡ *Sedum album* ssp. *balticum* (Hartman) J. A. Huber (1936); **incl.** *Sedum rhodopaeum* Podpera (s.a.) ≡ *Sedum album* ssp. *rhodopaeum* (Podpera) J. A. Huber (1936); **incl.** *Sedum curtipetalum* Pau (s.a.) (*nom. inval.*, Art. 36.1); **incl.** *Sedum teretifolium* Lamarck (1779) ≡ *Sedum album* ssp. *teretifolium* (Lamarck) Syme (1865); **incl.** *Sedum micranthum* Bastard (1809) ≡ *Sedum album* var. *micranthum* (Bastard) De Candolle (1828) ≡ *Sedum album* ssp. *micranthum* (Bastard) Syme (1865) ≡ *Oreosedum album* var. *micranthum* (De Candolle) P. V. Heath (1987) ≡ *Oreosedum album* ssp. *micranthum* (De Candolle) Velayos (1989); **incl.** *Sedum turgidum* Bastard (1809) ≡ *Sedum album* var. *turgidum* (Bastard) De Candolle (1828); **incl.** *Sedum athoum* De Candolle (1828) ≡ *Sedum album* ssp. *athoum* (De Candolle) Maire & Petitmengin (1908); **incl.** *Sedum clusianum* Gussone (1842) ≡ *Sedum album* var. *clusianum* (Gussone) Arcangeli (1882) ≡ *Sedum album* ssp. *clusianum* (Gussone) J. A. Huber (1936) ≡ *Sedum album* [?] *clusianum* (Gussone) Sampaio (1947); **incl.** *Sedum transbaikalense* Schlechtendal *ex* Ledebour (1843) (*nom. inval.*, Art. 32.1c?); **incl.** *Sedum album* ssp. *eu-album* Syme (1865) (*nom. inval.*, Art. 26.1); **incl.** *Sedum album* var. *brevifolium* Boissier (1872); **incl.** *Sedum album* fa. *chloroticum* Lamotte (1875); **incl.** *Sedum album* var. *glanduliferum* Ball (1878); **incl.** *Sedum album* var. *typicum* Franchet (1885) (*nom. inval.*, Art. 26.1); **incl.** *Sedum album* fa. *genuinum* Battandier (1889) (*nom. inval.*, Art. 26.1); **incl.** *Sedum serpentini* Janchen (1920) ≡ *Sedum album* ssp. *serpentini* (Janchen) J. A. Huber (1936) ≡ *Oreosedum serpentini* (Janchen) Grulich (1984); **incl.** *Sedum album* fa. *murale* Praeger (1921); **incl.** *Sedum album* fa. *lilacinum* Beck (1922); **incl.** *Sedum clusianum* fa. *purpureum* Pau & Font Quer (1928) ≡ *Sedum album* fa. *purpureum* (Pau & Font Quer) Maire (1932); **incl.** *Sedum album* var. *purpureum* Maire (1929); **incl.** *Sedum album* var. *genuinum* Hamet (1929) (*nom. inval.*, Art. 24.3); **incl.** *Sedum vermiculifolium* P. Fournier (1935); **incl.** *Sedum gombertii* Sennen (1936); **incl.** *Sedum paniculatum* Kitaibel (1936); **incl.** *Sedum album* var. *sabulicola* Sampaio (1947) (*nom. inval.*, Art. 36.1).

[1] Locker polsterförmige, mehrjährige Kräuter mit basal dicht drüsig-flaumhaarigen, kriechenden **Tr**, mit kurzen, aufsteigenden sterilen **Tr**; **Blä** wechselständig, ausgebreitet oder an den **Tr** angedrückt, sitzend und kaum gespornt, linealisch-zylindrisch bis eiförmig-kugelig, stumpf oder gerundet, fast stielrund aber oberseits etwas abgeflacht, kahl oder spärlich flaumhaarig, grün aber oft rötlich, 4 - 20 (-25) mm; blühende **Tr** aufrecht, 5 - 18 (-30) cm; **Inf** vielblütige, ziemlich dichte, etwas ebensträussige Cymen, reich verzweigend, mit **Bra**; **Bra** 1 pro **Blü**, klein; **Ped** kurz; **Blü** 5-zählig; **Sep** breit sitzend, basal vereinigt, eiförmig bis dreieckig, 1 - 2 mm; **Pet** frei, lanzettlich, 2 - 4.5 mm, etwas spitz, weiss oder selten rosa; **Fil** weiss; **Anth** rot; **NSch** spatelig; **Gr** schlank, bis 1 mm; **Fr** aufrecht, weisslich; **Sa** länglich oder eiförmig, bleich gelblich braun, gerippt. – 2n = 34, 51, 68, 85, 102, 136.

Eine sehr variable Art, v.a. in der Grösse und Form der Blätter und Blüten. Obwohl einige abgetrennte Taxa (Maire 1977: 341-343) genügend abweichend zu sein scheinen, um eine Anerkennung auf einer Rangstufe unterhalb der Art zu verdienen, sind Übergangsformen so zahlreich, dass jeder Versuch einer diagnostischen Beschreibung verunmöglicht wird.

Kürzlich wurde *S. album* auch für den Iran nachgewiesen (Akhiani 2000), was eine beträchtliche Erweiterung des bekannten Verbreitungsgebietes darstellt [Ed.].

S. alexanderi Eggli (KuaS 52(8): 206, ills., 2001). **T:** Mexiko, Oaxaca (*MacDougall* s.n. [NY]). – **D:** Mexiko (Oaxaca: Cerro Guiengola). **Fig. XXXII.e, XXXII.f**

Incl. *Sedum platyphyllum* Alexander (1942) (*nom. illeg.*, Art. 53.1).

[1] Kahle, ausdauernde Sträucher mit hell gelb-bläulich-glauken, sukkulenten **Tr** bis 15 cm lang und 1 cm dick; **Blä** wechselständig, verkehrt eiförmig bis kreisrund, gerundet, mit leicht aufgesetztem Spitzchen, Basis keilförmig, bis 7.5 × 5 cm, 5 mm dick, ausgebreitet, aufwärts gebogen; blühende **Tr** aufrecht, bis 30 cm; **Inf** Rispen mit stark rot gestreifter Rachis, glauk; **Bra** verkehrt eiförmig, bis 3 cm, 7 mm dick; **Blü** 5-zählig; **Sep** linealisch-lanzettlich, spitz, aussen bereift, 5 - 6 mm, ausge-

breitet; **Pet** bis zur Basis frei, lanzettlich, spitz, feinspitzig, basal abrupt in einen breiten Nagel verschmälert, grünlich weiss, rot gefleckt, 8 - 9 mm; **Anth** braunrot; **NSch** fast quadratisch, keilförmig, gestutzt, ausgerandet, grünlich cremefarben; **Gr** schlank, ausgebreitet, ± 2 mm.

Nahe mit *S. allantoides* verwandt, das stielrunde Blätter und ähnliche Blütenstände und Blüten hat. – [H. 't Hart & U. Eggli]

S. alfredii Hance (J. Bot. 8: 7, 1870). **T**: China, Guangdong (*Hance* 15605 [K]). – **D**: Japan (Kyushu, Ryukyu), Korea, Tibet, China, Taiwan, Philippinen; Niederungen bis 3000 m. **I**: Fröderström (1931: 94, t. 57, 59); Fu & Fu (1984: t. 32).

Incl. *Sedum stellatum* Loureiro (s.a.) (*nom. illeg.*, Art. 53.1); **incl.** *Sedum formosae* Gray *in sched.* (s.a.) (*nom. inval.*, Art. 29.1).

[1] Mehrjährige oder einjährige Kräuter (ohne vegetative **Tr**); **Blä** wechselständig oder gegenständig, ± gedrängt, breit spatelig-länglich bis verkehrt eiförmig, etwas spitz, stumpf oder gestutzt, 5 - 15 mm, manchmal zur Spitze etwas warzig; blühende **Tr** zahlreich, aufsteigend, schlank, gebüschelt, 10 - 20 cm; **Inf** lockere Cymen mit ± 3 Wickeln; **Bra Blä**artig, eiförmig; **Blü** 5-zählig, sitzend; **Sep** basal frei, kurz gespornt, ungleich, breit verkehrt lanzettlich bis halbländlich, etwas spitz bis gestutzt, 2.5 - 5 mm; **Pet** schmal lanzettlich bis halbländlich, mit kurzem, aufgesetztem Spitzchen, gelblich, 4 - 5 mm; **NSch** rechteckig-spatelig; **Fr** basal vereinigt, ± ausgebreitet; **Sa** netzig-papillös. – $2n = 124$.

Aller Wahrscheinlichkeit nach hapaxanth und gelegentlich durch wurzelnde, sterile Zweige ausdauernd. Fröderström (1930) stellte *S. bulbiferum* und *S. makinoi* als separate Unterarten zu *S. alfredii*, und gemäss Fu & Fu (1984) ist auch *S. formosanum* artgleich. Bis zum Vorliegen neuer Untersuchungen werden alle diese Taxa hier als separate Arten belassen.

S. allantoides Rose (CUSNH 12(10): 440, t. 79, 1909). **T**: Mexiko, Oaxaca (*Purpus* 417 [US 574992]). – **D**: Mexiko (Oaxaca); 2100 - 2400 m. **I**: Fröderström (1936a: 23). **Fig. XXXII.d**

[1] Ausdauernde Halbsträucher, von nahe der Basis reich verzweigt, mit aufrechten, manchmal zurückgeneigten **Tr**, 20 - 30 cm hoch; **Blä** wechselständig, eng stehend, spitzenwärts gedrängt, fast im rechten Winkel zur Sprossachse, etwas spatelig oder keulig, gerundet, stielrund, 20 - 45 × 8 - 12 mm, sehr bleich grün, glauk; blühende **Tr** aufrecht; **Inf** lockere Rispen; **Bra Blä**artig aber kleiner; **Blü** 5-zählig, lang gestielt; **Sep** breit sitzend, fast gleich, eiförmig, spitz, ± 6 mm, weit ausgebreitet; **Pet** bis zur Basis frei, lanzettlich, länglich, etwas stumpf bis spitz, mit aufgesetztem Spitzchen, grünlich weiss, ± 7.5 mm; **Anth** rosa; **Gr** ziemlich kurz; **NSch** auffällig, fast quadratisch, ausgerandet, ± 1.2 × 1 mm, weiss; **Sa** eiförmig, genetzt. – $2n = 58, 116$.

S. alpestre Villars (Prosp. Hist. Pl. Dauphiné 49, 1779). – **Lit**: Jalas & al. (1999: 88-89). **D**: Berge in C und S Europa und der Türkei (N Anatolien), von den Vogesen und den Karpaten bis zu den Pyrenäen, Sardinien, Mazedonien und Griechenland; felsige Stellen und Felsritzen, 1500 - 3000 m, meist kalkfliehend. **Fig. XXXII.c**

Incl. *Sedum pseudo-atratum* Schur (s.a.); **incl.** *Sedum rubens* Mattuschka & Haenke (1778) (*nom. illeg.*, Art. 53.1); **incl.** *Sedum saxatile* Allioni (1785) (*nom. illeg.*, Art. 53.1); **incl.** *Sedum guettardii* Balbis (1804); **incl.** *Sedum repens* Schleicher *ex* De Candolle (1815); **incl.** *Sedum scheuchzeri* Schleicher (1823); **incl.** *Sedum erythraeum* Grisebach (1843).

[1] Kahle, gebüschelte, mehrjährige Kräuter mit zahlreichen, aufsteigenden, kriechenden und wurzelnden sterilen **Tr**; **Blä** wechselständig, ziegelig, sitzend, sehr kurz gespornt, länglich bis elliptisch verkehrt lanzettlich, 4 - 6 mm, stumpf, etwas abgeflacht, leuchtend grün, oft rot gestrichelt; blühende **Tr** aufsteigend, meist einfach, 5 - 8 cm; **Inf** wenigblütige Cymen, meist mit 2 Zweigen; **Bra** 2 pro **Blü**; **Blü** 5-zählig, sitzend; **Sep** breit sitzend, ungleich, länglich, bis 4 mm, stumpf; **Pet** frei, länglich, 3.5 - 4 mm, etwas spitz, trübgelb, manchmal rot oder rötlich überhaucht; **Fil** gelb; **Anth** klein, gelb; **Gr** meist sehr kurz; **NSch** länglich linealisch, ausgerandet; **Fr** ausgebreitet, bleich braun, entlang der Bauchnähte mit schmalen Lippen; **Sa** eiförmig, hellbraun bis rötlich braun, genetzt oder netzig-papillös. – $2n = 16$.

Bei *S. erythraeum*, das aus dem W Mazedonien (Griechenland) beschrieben und auch anderswo im C Balkan nachgewiesen ist, handelt es sich um eine Zwergform (± 2 cm) mit kleinen Blättern (± 2.5 mm), rötlichen (trocken purpurfarbenen) Kronblättern und langen Griffeln. Im Unterschied zur gewöhnlichen, kurzgriffeligen Form von *S. alpestre*, die vorwiegend autogam ist, ist *S. erythraeum* allogam. *S. alpestre* gehört in das Comparium der Ser. *Alpestria* A. Berger ('t Hart 1991). – [H. 't Hart]

S. alsinefolium Allioni (Fl. Pedem. 2: 119, 1785). **T**: Italien, Piemont (*Allioni* s.n. [F]). – **D**: NW Italien (Piemont, N Ligurien). **Fig. XXXII.a**

≡ *Oreosedum alsinefolium* (Allioni) Grulich (1984); **incl.** *Sedum ellipticum* Miégeville (1867).

[1] Brüchige, reich verzweigte, aufrechte, einjährige Kräuter bis 15 cm hoch, durchwegs drüsigflaumhaarig; **Blä** wechselständig, flach, spatelig oder mit einem falschen **Blä**stiel und länglicher bis elliptischer Spreite, manchmal fast sitzend, bis 15 (-20) × ± 8 mm, stumpf oder gerundet, grün oder rötlich braun; **Inf** meist vielblütige Cymen, locker verzweigend; **Ped** (5-) 9 (-15) mm; **Blü** 5-zählig, 7 - 9 mm ⌀, vor dem Aufblühen zurückgeschlagen; **Sep** breit sitzend, gleich, linealisch-länglich bis elliptisch oder dreieckig-eiförmig, 2 × 0.6 mm; **Pet** basal für 2 - 3 mm vereinigt, Zipfel breit eiförmig

bis herzförmig, 2.5 - 3.5 × 2.5 - 3 mm, lang spitz zulaufend, weiss; **Fil** weiss; **Anth** rot oder rosa, selten gelblich; **Gr** ± 1 mm; **NSch** spatelig, rot; **Fr** aufrecht, weisslich; **Sa** schwarz oder dunkelbraun, glänzend, gerippt. − 2n = 26.

Häufig als ausdauernd beschrieben, z.B. von Pignatti (1982: 501). Eng mit dem in den Französischen Alpen endemischen, vikariierenden *S. fragrans* (Ser. *Alsinefolia*) verwandt. Künstliche Hybriden zwischen den beiden Arten sind steril.

S. ×amecamecanum Praeger *pro sp.* (J. Bot. 55: 43, 1917). **T:** nicht lokalisiert. − **D:** Mexiko?; vermutlich nur in Kultur bekannt.

≡ ×*Sedadia amecamecana* (Praeger *pro sp.*) Moran (1975).

[1] Kahle, ausdauernde Halbsträucher mit zahlreichen, weit ausgebreiteten **Tr** und kürzeren sterilen Zweigen, 20 - 30 cm hoch; **Blä** wechselständig, verkehrt lanzettlich, etwas spitz, zurückgeschlagen, leicht gespornt, flach, 15 - 20 × ± 6 mm, hellgrün; blühende **Tr** aufrecht bis aufsteigend; **Inf** dicht cymös bis ebensträussig; **Bra Sep**artig; **Blü** 5-zählig; **Sep** basal frei, kurz gespornt, ungleich, breit linealisch, stumpf, 4 - 6 mm, grün; **Pet** basal etwas vereinigt, länglich, ziemlich stumpf, mit kurz aufgesetztem Spitzchen, 8 - 9 mm, hellgelb; **Fil** und **Anth** gelb; **NSch** quadratisch, ausgerandet, flach, weiss bis gelblich; **Sa** etwas eiförmig, netzig-papillös.

Trager & Kimnach (CSJA 67: 102, 1995) bezeichnen dieses Taxon als die Hybride *S. dendroideum* var. *monticola* × *S. goldmanii* (als *Villadia batesii*).

S. amplexicaule De Candolle (Mém. Agric. Soc. Agric. Dép. Seine 11: 12, 1808). **T:** Frankreich (*De Candolle* s.n. [G-DC]). − **Lit:** 't Hart (1978). **D:** Mittelmeergebiet von Marokko, Portugal und Spanien bis Griechenland und Türkei.

≡ *Sedum tenuifolium* var. *amplexicaule* (De Candolle) Maire (1977) (unkorrekter Name, Art. 11.1) ≡ *Petrosedum amplexicaule* (De Candolle) Velayos (1989); **incl.** *Sedum boryanum* De Candolle (1828); **incl.** *Sedum amplexicaule* var. *ciliatum* Lange (1878) ≡ *Sedum tenuifolium* var. *ciliatum* (Lange) Fröderström (1932).

[2] Kahl, mehrjährig, oft mit auffällig hell gelblichgrüner Färbung; sterile **Tr** kurz, im Hochsommer mit endständiger vegetativer Knospe, Knospe dicht ziegelig mit den 3-lappigen, basalen Spornen toter **Blä** bedeckt; **Blä** locker ziegelig (ausser Sommerknospen), linealisch-länglich, mit aufgesetztem Spitzchen, stielrund, mit breitem, 3-lappigem Sporn, 10 - 20 mm, grün oder glauk, Ränder manchmal bewimpert; blühende **Tr** aufrecht oder aufsteigend, 6 - 20 (-30) cm; **Inf** endständige Cymen mit 2 - 3 aufsteigenden, lockeren Wickeln, zur Knospenzeit nickend; **Bra Blä**artig; **Blü** (5- bis) 6- bis 8- (bis 12-) zählig, fast sitzend; **Sep** basal vereinigt, gleich, dreieckig-eiförmig, spitz zulaufend, ± 4 mm; **Pet** frei, länglich, gelb mit roter Mittelrippe, 6 - 8 (-10) mm, ausgebreitet; **Fil** gelb, basal dicht papillat; **Anth** gelb; **NSch** quer länglich; **Fr** aufrecht, hellbraun; **Sa** länglich, gestutzt, braun, gerippt.

S. amplexicaule ssp. **amplexicaule** − **D:** SW Europa (Frankreich, Spanien, Portugal), NW Afrika (Algerien, Tunesien, Marokko).

Incl. *Sedum rostratum* Tenore (1811); **incl.** *Sempervivum anomalum* Lagasca (1816); **incl.** *Sedum carinatum* Link *ex* Sprengel (1825); **incl.** *Sedum tenuifolium* ssp. *ibericum* 't Hart (1974) ≡ *Petrosedum tenuifolium* ssp. *ibericum* ('t Hart) Grulich (1984).

[2] Ausläufer meist kräftig, 0.5 - 5 (-10) cm lang; Wickel der **Inf** oft gabelig, locker, mit 10 - 20 oder mehr **Blü**. − 2n = 24, 36, 48, 60, 72.

S. amplexicaule ssp. **tenuifolium** (Sibthorp & Smith) Greuter & Burdet (Willdenowia 11: 277, 1981). **T:** [lecto − icono]: Sibthorp, Fl. Graec. − **D:** C und E Mittelmeergebiet (Italien incl. Sardinien und Sizilien, Mazedonien, Albanien, Bulgarien, Griechenland incl. Kreta, Türkei).

≡ *Sempervivum tenuifolium* Sibthorp & Smith (1809) ≡ *Sedum tenuifolium* (Sibthorp & Smith) Strobl (1884) ≡ *Petrosedum amplexicaule* ssp. *tenuifolium* (Smith) Velayos (1989); **incl.** *Sedum tenuifolium* ssp. *tenuifolium*.

[2] Ausläufer meist fadendünn, (5-) 10 - 30 cm; **Inf** oft dicht, wenigblütig; **Blü** gross. − 2n = 48, 72, 96.

S. andegavense (De Candolle) Desvaux (Observ. Pl. Angers 150, 1818). **T:** Frankreich (*Bastard* s.n. [nicht lokalisiert]). − **Lit:** Jalas & al. (1999: 105). **D:** Spanien, Portugal, C und S Frankreich, Korsika, Sardinien, N Afrika (Marokko).

≡ *Crassula andegavensis* De Candolle (1815) ≡ *Sedum caespitosum* var. *andegavense* (De Candolle) Rivas Goday & Bellot (1949); **incl.** *Sedum atratum* Bast. *ex* Lamarck & De Candolle (1815) (*nom. illeg.*, Art. 53.1); **incl.** *Crassula globulifolia* Moris (1827); **incl.** *Sedum commutatum* Sprengel *ex* Steudel (1841).

[1] Kleine, einjährige Kräuter, fast vollständig kahl, mit aufrechten, manchmal von der Basis aus verzweigten **Tr**, bis 6 (-10) cm hoch; **Blä** wechselständig, bei Jungpflanzen fast gegenständig und dicht ziegelig, verkehrt eiförmig bis (etwas) kugelig, sitzend, gerundet, stielrund, trüb dunkelgrün, bis 5 mm; **Inf** Cymen mit (1-) 2 (-3) meist wenigblütigen, aufrechten Wickeln; **Bra** länglich, bis 2 mm; **Ped** 1 - 2 mm; **Blü** 4- oder 5-zählig mit 4 oder 5 **St**; **Sep** breit sitzend, basal für 0.5 mm vereinigt, breit eiförmig, gerundet oder stumpf, 2 - 2.5 mm; **Pet** basal frei, eiförmig-lanzettlich, spitz oder kurz spitz zulaufend, weiss oder ± rosa, ± 3 mm; **Fil** weiss; **Anth** rot oder gelblich; **Gr** kurz; **NSch** linealisch, zur Basis verschmälert, ± 1 mm;

Fr aufrecht, dunkel schwärzlichbraun; **Sa** birnenförmig, dunkel schwarzbraun, mit Doppelpapillen. − 2n = 50.

Eng mit *S. candollei* und *S. pedicellatum* verwandt ('t Hart & al. 1999). Die 3 Arten bilden ein Comparium und wurden in die Ser. *Pedicellata* gestellt. In Frankreich gehört *S. andegavense* zu den streng geschützten Pflanzen.

S. andinum Ball (JLSB 22: 35, 37, 1885). − **D:** Peru (Lima: Tal des Río Rimac); ± 4000 m.

≡ *Villadia andina* (Ball) Baehni & Macbride (1937).

[1] Gebüschelte, mehrjährige Kräuter mit zahlreichen, schlanken, beblätterten **Tr**; **Blä** wechselständig, klein, halbkugelig; blühende **Tr** ziemlich aufrecht; **Inf** wenigblütig; **Blü** 5-zählig, sitzend oder fast sitzend; **Sep** basal frei, leicht gespornt, eiförmig-elliptisch, fast so lang wie die **Pet**; **Pet** basal vereinigt, lanzettlich oder länglich, etwas stumpf, dunkelrot.

S. anglicum Hudson (Fl. Angl., ed. 2, 196, 1778). − **Lit:** Jalas & al. (1999: 85). **D:** Atlantische Teile von W Europa, von Portugal bis Grossbritannien und Irland bis S Skandinavien. **I:** KuaS 53: 69-70, 2002.

Incl. *Sedum anglicum* var. *hibernicum* Don (s.a.); **incl.** *Sedum anglicum* var. *microphyllum* Don (s.a.); **incl.** *Sedum oblongum* Haworth (1812); **incl.** *Sedum anglicum* var. *raji* Lange (1857); **incl.** *Sedum hudsonianum* Lange (1857) ≡ *Sedum anglicum* var. *hudsonianum* (Lange) Willkomm (s.a.); **incl.** *Sedum pyrenaicum* Lange (1857) ≡ *Sedum anglicum* var. *pyrenaicum* (Lange) Sampaio (1947) ≡ *Sedum anglicum* ssp. *pyrenaicum* (Lange) Laínz (1963); **incl.** *Sedum anglicum* var. *minus* Praeger (1921).

[1] Kahle, mehrjährige Kräuter mit kriechenden und wurzelnden, reich verzweigten **Tr**, dichte Matten oder Büschel bildend, oft rötlich; **Blä** wechselständig, locker ziegelig, sitzend mit kurzem Sporn, eiförmig bis fast kugelig, 2 - 10 × 2.5 - 4.5 mm, stumpf, dunkelgrün (bis blaugrün), manchmal rötlich; blühende **Tr** aufsteigend, meist einfach, bis 12 cm hoch; **Inf** Cymen mit (1-) 2 (-4) meist einfachen Wickeln; **Bra** 2 pro **Blü**; **Ped** 0.5 - 1.5 mm; **Blü** 5-zählig; **Sep** basal frei, gespornt, ungleich, elliptisch, 1.5 - 5 mm, stumpf; **Pet** frei, länglich lanzettlich, 3.5 - 9 mm, spitz bis spitz zulaufend, weiss und oft rot überhaucht; **Fil** weiss; **Anth** rot; **NSch** spatelig, rot; **Gr** schlank; **Fr** sternförmig ausstrahlend, braun, entlang der Bauchnähte mit deutlichen Lippen; **Sa** eiförmig, dunkelrot oder rötlich braun, netzigpapillös. − 2n = 24, 24-36, 48, 120, ± 144.

Pflanzen aus Grossbritannien, Irland und S Skandinavien sind meist etwas kleiner als Pflanzen aus Spanien, Portugal und S Frankreich (Pyrenäen). Obwohl die N Pflanzen zudem hochgradig polyploid sind, können die beiden Formen nicht eindeutig auseinander gehalten werden und es ist deshalb verwirrend, wenn 2 Unterarten akzeptiert werden, wie z.B. durch Webb (1963) etc.

S. melanantherum hier einzuschliessen, ist falsch (siehe *S. melanantherum*). *S. anglicum* gehört in das Comparium der Ser. *Anglica* 't Hart ('t Hart 1991). − [H. 't Hart]

S. angustifolium Z. B. Hu & X. L. Huang (Acta Phytotax. Sin. 19(3): 311, 1981). **T:** China, Zhejiang (*Huang* 7604 [SH]). − **D:** E China (Anhui, Sichuan, Beijing, Zhejiang, Liaoning); 200 - 600 m.

[1] Mehrjährige Kräuter, mit 15 - 22 cm langen Ausläufern; **Blä** in Wirteln zu 3, linealisch-lanzettlich bis linealisch, kurz gespornt, 15 - 27 × 3 - 5 mm; blühende **Tr** 4 - 7 cm; **Inf** Cymen mit 3 - 5 Wickeln; **Bra Blä**artig, oberhalb der Mitte mit purpurbraunen Flecken, 9 - 12 × ± 2 mm; **Blü** 5-zählig, fast sitzend; **Sep Blä**artig, oberhalb der Mitte mit purpurbraunen Flecken, ± 6 × 1 mm; **Pet** lanzettlich, spitz, gelb, 7 - 8 × 1 - 1.5 mm; **NSch** quadratisch-keilförmig, breit gerundet; **Fr** etwas spreizend.

Die Flecken auf Kelchblättern und Brakteen können nicht wie von Hsu (1991) angenommen als diagnostische Merkmale verwendet werden. Sie finden sich auch bei verwandten Arten wie *S. sarmentosum* und *S. jiuhuashanense* (Hsu & al. 1983: 37). Fu & Ohba (2001: 250) behandeln das Taxon in der Tat auch als simples Synonym von *S. sarmentosum*.

S. anhuiense S. H. Fu & X. W. Wang (Bull. Bot. Res., Harbin 6(4): 137-139, ills., 1986). **T:** China, Anhui (*Hsiao & Tan* 503 [Herb. Anhui Inst. Biol., HIB]). − **D:** China (Anhui); nur vom Typfundort bekannt.

[1] Kahle, einjährige Kräuter mit einfachen oder wenig verzweigten **Tr**, 8 - 15 cm hoch; **Blä** gegenständig oder basal fast wirtelig und zur **Tr**spitze wechselständig, schmal verkehrt eiförmig bis schmal lanzettlich, lang spitz zulaufend, stumpf gespornt, 5 - 6.5 × ± 1 mm; **Inf** mässig verlängert, mit lockeren, pleiochasialen, wenigblütigen Cymen; **Bra** schmal lanzettlich; **Ped** 3 - 4 mm; **Blü** 5-zählig; **Sep** basal frei, kurz gespornt, breit linealisch, 1 - 2 × ± 0.5 mm; **Pet** lanzettlich, mit kurzem, aufgesetztem Spitzchen, Spitze wenig zurückgebogen, Farbe unbekannt, 3 - 3.5 × ± 1 mm; **Gr** lang; **NSch** quadratisch, wenig ausgerandet; **Fr** fast aufrecht, vielsamig.

Wird von Fu & Ohba (2001: 250) als Syonynom von *S. lineare* betrachtet.

S. annuum Linné (Spec. Pl. [ed. 1], 432, 1753). **T:** LINN 595.9. − **Lit:** Jalas & al. (1999: 92-93). **D:** N Europa, Island, in fast allen Berggebieten von C und S Europa und in ganz Anatolien bis nach Iran; kiesige Stellen, bis 3000 m.

≡ *Enchylus annuus* (Linné) Ehrhart (1789) (*nom. inval.*, Art. 43.1) ≡ *Etiosedum annuum* (Linné) A. Löve & D. Löve (1985); **incl.** *Sedum parnassicum*

Boissier & Heldrich *in sched.* (s.a.) (*nom. inval.*, Art. 29.1); **incl.** *Sedum rupestre* Oeder (1770) (*nom. illeg.*, Art. 53.1); **incl.** *Sedum oederi* Retzius (1779); **incl.** *Sedum saxatile* G. H. Weber *ex* F. H. Wiggers (1780); **incl.** *Sedum aestivum* Allioni (1785); **incl.** *Sedum saxatile* Willdenow (1799) (*nom. illeg.*, Art. 53.1); **incl.** *Sedum divaricatum* Lapeyrouse (1813) (*nom. illeg.*, Art. 53.1); **incl.** *Sedum annuum* var. *perdurans* Murbeck (1892); **incl.** *Sedum zollikoferi* F. Hermann & Stefanoff (1935); **incl.** *Sedum hewittii* Chamberlain (1972) ≡ *Oreosedum hewittii* (Chamberlain) Grulich (1984).

[1] Kahle, aufrechte, ein- oder selten zweijährige Kräuter, bis 12 (-20) cm hoch; **Tr** einfach oder von der Basis verzweigend; **Blä** wechselständig, sitzend, mit kurzem, breitem, gestutztem Sporn, länglich elliptisch bis linealisch-elliptisch, bis 6 mm, stumpf oder gerundet, stielrund bis fast stielrund, leuchtend grün; **Inf** lockere Cymen mit (3-) 5 - 15 (-25) **Blü** an (1-) 2 (-3) monochasialen Zweigen, selten mit zusätzlichen **Inf**; **Bra** 2 pro **Blü**; **Blü** 5-zählig, fast sitzend oder kurz gestielt; **Sep** breit sitzend, ungleich, länglich elliptisch, bis 3 mm, stumpf oder gerundet; **Pet** verkehrt lanzettlich bis elliptisch, ± 5 mm, spitz bis spitz zulaufend, gelb, manchmal rot überhaucht; **Fil** gelb; **Anth** kugelig-länglich, gelb; **Gr** schlank; **NSch** länglich bis quadratisch, ausgerandet, gelb; **Fr** spreizend bis sternförmig ausstrahlend, hellbraun oder gelblich, entlang der Bauchnähte mit kleinen Lippen; **Sa** länglich eiförmig, orangerot, netzig-papillös. – 2n = 22.

In Fennoskandien meist zweijährig, in Mitteleuropa aber offenbar einjährig. Die var. *perdurans* ist eine mehrjährige Variante mit niederliegenden, am Boden wurzelnden Trieben, die zerstreut in Populationen in den Bergen des Balkans und der Karpaten vorkommt. Die Art gehört in das Comparium der Ser. *Alpestria* A. Berger ('t Hart 1991). – [H. 't Hart]

S. aoikon Ulbrich (Notizbl. Bot. Gart. Berlin-Dahlem 7: 111-112, 1917). **T:** B. – **D:** Mexiko (vermutlich Veracruz, zwischen Orizaba und Boca del Monte). **I:** Clausen (1959: 83).

Incl. *Sedum purpusii* Rose (1905).

[1] Ausdauernde Halbsträucher bis 1 m hoch mit biegbaren **Tr**; **Blä** wechselständig, spatelig-eiförmig, stumpf, bis 45 mm lang und breit; blühende **Tr** aufrecht bis aufsteigend, seitlich; **Inf** dichte Cymen oder Rispen, mit zahlreichen, kurzen, wenigblütigen Zweigen; **Blü** 5-zählig, fast sitzend; **Sep** basal frei, kurz gespornt, ungleich, lanzettlich oder linealisch-lanzettlich, stumpf, 1.5 - 2 mm; **Pet** bis fast zur Basis frei, lanzettlich, spitz, gelblich, bis 5 mm; **Gr** ziemlich lang; **Fr** weit spreizend; **Sa** ellipsoid, genetzt.

S. purpusii wird hier gemäss Clausen (1959: 86) als Synonym betrachtet, aber der Name hätte Priorität.

S. apoleipon 't Hart (Willdenowia 13(2): 310-311, ills., 1983). **T:** Griechenland, Euritania ('t Hart 37-136 [U]). – **D:** C Griechenland; Berge, halbtrockene, steinige Wiesen und an offenen, felsigen Stellen, auf Kalk, 1700 - 2000 m.

[1] Kahle, mehrjährige Kräuter, sterile **Tr** niederliegend oder kriechend, verzweigend und wurzelnd, meist dichte Matten bildend; **Blä** wechselständig, sitzend, an sterilen **Tr** dicht ziegelig, länglich ellipsoid, kurz gespornt, stielrund, stumpf, 4 - 8 mm, glauk-grün; tote **Blä** ausdauernd, rötlich braun; blühende **Tr** aufrecht, 5 - 8 cm; **Inf** dichte Cymen mit 2 oder 3 Wickeln; **Bra** 2 pro **Blü**; **Blü** 5-zählig, sitzend bis fast sitzend; **Sep** breit sitzend, ungleich, stumpf bis gerundet, bis 3 mm; **Pet** lanzettlich bis elliptisch-eiförmig, spitz zulaufend, ± 5 mm, gelb; **Fil** gelb; **Anth** gelb; **Gr** ± 1 mm; **NSch** spatelig bis länglich keilförmig, ausgerandet; **Fr** dunkelbraun, entlang der Bauchnähte mit auffälligen, braunen Lippen; **Sa** braun, netzig-papillös. – 2n = 44.

Dieses Taxon wurde früher mit *S. sexangulare* verwechselt, kann aber leicht durch die dicht ziegeligen, wechselständigen, glauken Blätter unterschieden werden. Die Art hybridisiert in der Natur mit *S. laconicum* (= *S. ×patrickii*) und gehört in das Comparium der Ser. *Alpestria* A. Berger ('t Hart 1991). – [H. 't Hart]

S. arenarium Brotero (Fl. Lusit. 2: 212, 1805). – **D:** Portugal bis W und C Spanien; häufig an sandigen und kiesigen Stellen.

≡ *Sedum anglicum* ssp. *arenarium* (Brotero) Coutinho (1913); **incl.** *Sedum anglicum* [?] *arenarium* Sampaio (1947) (*nom. inval.*, Art. 36.1).

[1] Kahle, einjährige Kräuter mit aufrechten oder ausgebreiteten und aufrechten **Tr**, **Tr** meist basal reich verzweigt, oft rot, bis 10 (-12) cm hoch; **Blä** wechselständig, sitzend mit kurzem Sporn, eiförmig bis länglich und stielrund oder halbstielrund, 3 - 4.5 mm, stumpf, leuchtend grün, oft rot überhaucht; **Inf** Cymen mit 2 - 3 Wickeln; **Bra** 2 pro **Blü**; **Ped** 0.5 - 1 mm; **Blü** 5-zählig; **Sep** basal frei, gespornt, ungleich, länglich oder elliptisch, bis 2.5 mm, stumpf; **Pet** frei, lanzettlich, spitz zulaufend, 3 - 5 mm, weiss, oft rot überhaucht; **Fil** weiss; **Anth** rot; **NSch** spatelig, rot; **Gr** schlank; **Fr** fast aufrecht bis ausgebreitet oder sternförmig ausstrahlend, bräunlich oder weisslich, entlang der Bauchnähte mit schmalen Lippen; **Sa** eiförmig, dunkelrot oder rötlich braun, netzig-papillös. – 2n = 24, 48.

Eine sehr variable Art, die zum Comparium der Ser. *Anglica* 't Hart gehört ('t Hart 1991). – [H. 't Hart]

S. assyriacum Boissier (Diagn. Pl. Orient. 1(6): 77, ills., 1845). – **D:** Naher Osten ("Mesopotamien"; Irak, Iran?, Libanon / Syrien).

Incl. *Sedum assyriacum* var. *minus* Boissier *ex* Fröderström (1932) (*nom. inval.*, Art. 32.1c?).

[2] Vollständig kahle, einjährige Kräuter ohne

sterile **Tr**; blühende **Tr** aufrecht oder bogig, im oberen ½ verzweigt, bis 10 cm hoch; **Blä** (nur obere **Blä** bekannt) linealisch bis verkehrt lanzettlich, 5 - 20 mm; **Inf** mehrblütig, mit grossen, **Blä**artigen, länglichen **Bra**; **Blü** 5- bis 6-zählig, fast sitzend; **Sep** lanzettlich, ± 2 mm; **Pet** breit lanzettlich, etwas spitz, ± 5 mm, vermutlich gelb; **St** oft nur 1 Kreis vorhanden, wenig kürzer als die **Pet**; **Ca** basal vereinigt, fast aufrecht.

Ein wenig bekanntes Taxon, das von Fröderström (1932) zwischen *S. rubens* und *S. palaestinum* (hier als *S. eriocarpum* ssp. *orientale* behandelt) gestellt wird.

S. nanum ist möglicherweise nicht mehr als ein extremer Ökotyp von *S. assyriacum*. 't Hart & Alpinar (2000: 132) stellen *S. caroli-henrici* und *S. yildizianum* als Synonyme hierher. – [U. Eggli]

S. atratum Linné (Spec. Pl., ed. 2, 1673, 1763). **T:** LINN 595.10. – **Lit:** Jalas & al. (1999: 116-117). **D:** SW, C und SE Europa (Pyrenäen, Alpen, W Karpaten, Appenninen, Berge der Balkanhalbinsel), E-wärts bis Slowakei, W Ukraine und Rumänien; häufig auf Kalkfelsen und -geröll, 1000 - 3200 m. **I:** Lippert (1995: 126-127).

≡ *Sedella atrata* (Linné) Fourreau (1868) (unkorrekter Name, Art. 11.4); **incl.** *Sedum atratum* var. *viride* E. P. Perrier (s.a.); **incl.** *Sedum haematodes* Scopoli (1772) (nom. illeg., Art. 53.1); **incl.** *Sedum rubens* Jacquin ex Nyman (1879) (nom. illeg., Art. 53.1); **incl.** *Sedum atratum* var. *carinthiacum* Hoppe ex Pacher (1885) ≡ *Sedum carinthiacum* (Hoppe ex Pacher) Fritsch (1897) ≡ *Sedum atratum* ssp. *carinthiacum* (Hoppe ex Pacher) D. A. Webb (1964) ≡ *Sedella carinthiaca* (Hoppe ex Pacher) A. Löve & D. Löve (1985) (unkorrekter Name, Art. 11.4); **incl.** *Sedum erubescens* Sennen (1927).

[1] Meist zweijährige Kräuter, 2 - 8 cm hoch, kahl, gelblich grün bis glauk-grün, meist dunkelpurpurn überhaucht, v.a. unter trockenen Bedingungen und zur **Blü**zeit; **Wu** faserig; Jungpflanzen als sitzende **Ros** mit gedrängten **Blä**; **Blä** schmal keulig, fast stielrund, stumpf, 4 - 9 mm; blühende Pflanzen mit aufrechten, einfachen oder verzweigten **Tr** und weiter voneinander entfernten **Blä**; **Inf** fast ebensträussig; **Blü** ± sitzend, 5-zählig, ± becherig; **Sep** ± 2 mm, dreieckig-eiförmig, etwas spitz; **Pet** aufrecht bleibend oder leicht ausgebreitet, 3 - 4 mm, weisslich, grünlich oder rötlich; **Fr** sternförmig ausgebreitet; **Sa** länglich eiförmig, hellbraun, längs gerunzelt. – 2n = 16.

Die Farbformen (rot gegenüber gelblich grün) werden häufig als Unterarten unterschieden, aber kommen manchmal gemeinsam vor, und ihr taxonomischer Wert erscheint deshalb zweifelhaft. – [U. Eggli]

S. australe Rose (Bull. New York Bot. Gard. 3(9): 41, 1903). **T:** Guatemala (*Nelson* 3707 [US]). – **D:** Guatemala.

[1] Kahle, ausdauernde Halbsträucher mit niederliegenden, warzigen **Tr**, an den Knoten wurzelnd; **Blä** dicht ziegelig, wechselständig, stumpf, stielrund, ± 6.5 mm; **Inf** kurze, kompakte Ebensträusse; **Blü** 5-zählig; **Sep** breit sitzend, stumpf, ± 3.5 mm; **Pet** mit aufgesetztem Spitzchen, rötlich gelb, ± 7 mm; **Fr** weit ausgebreitet. – 2n = ± 200.

S. aytacianum J. Metzger (CSJA 66(6): 259-261, ills., 1994). **T:** Türkei, Trabzon (*Metzger* 2046.1 [GAZI, BASBG]). – **D:** NE Türkei (NE Anatolien, SE von Trabzon); auf Kalkfelsen, 1800 m. **Fig. XXXIII.a**

[1] Mehrjährige Kräuter; **Tr** niederliegend, sterile **Tr** 1.2 - 2 cm, basal meist **Blä**los und **Blä** an den **Tr**spitzen zu **Ros** gedrängt, äussere **Blä** 10 - 12 × 2 mm, ± 3× so lang wie die inneren **Blä**, alle **Blä** pfriemlich, stumpf; blühende **Tr** aufrecht, bis 8 cm, unverzweigt, basal kahl, zur Spitze behaart, **Blä** wechselständig oder in Wirteln zu 3, borstig-haarig; **Inf** Cymen mit 1 - 3 Zweigen mit je bis zu 7 **Blü**; **Ped** 2.5 - 3 mm (bei endständigen **Blü** länger); **Blü** (5- bis) 6- bis 7- (bis 8-) zählig, 12 - 13 mm ⌀; **Sep** halbaufrecht, spitz, behaart, basal vereinigt; **Pet** frei, ausgebreitet, breit eiförmig, spitz oder etwas feinspitzig, 4.5 × 3 mm, weiss mit breiter, grüner Basis, aussen behaart; **NSch** klein, unregelmässig birnenförmig, gelb; **Ca** stark flaumhaarig; **Sa** nicht beschrieben.

Wird in der Originalpublikation mit *S. hispanicum* verglichen, und von 't Hart & Alpinar (2000: 133) entsprechend als Synonym betrachtet. – [U. Eggli]

S. baileyi Praeger (Proc. Roy. Irish Acad., Sect. B, 35: 4, 1919). **T:** nicht lokalisiert. – **D:** China (Guangxi, Guangdong, Hunan, Jiangxi); Felsritzen, bis 900 m. **I:** Fu & Fu (1984: t. 33).

[1] Kahle, mehrjährige Kräuter mit langen, kriechenden und wurzelnden, sterilen **Tr**; **Blä** kreuzgegenständig, verkehrt eiförmig-spatelig, spitz, kurz gespornt, keilförmig, flach, ± 15 × 6 mm; blühende **Tr** bis 7 cm; **Inf** wenigblütige Cymen mit ± 3 Wickeln; **Bra** verkehrt eiförmig, **Blä**artig aber kleiner; **Blü** 5-zählig; **Sep** basal frei, gespornt, länglich linealisch, 1.5 - 2 mm; **Pet** lanzettlich, spitz mit kurzem, aufgesetztem Spitzchen, gelblich bis weiss, 4 - 5 × 1.5 mm; **NSch** rhombisch-spatelig, stumpf oder gerundet; **Fr** spreizend, mit Lippen entlang der Bauchnähte.

S. baleensis M. G. Gilbert (Bradleya 3: 49-50, ill. (p. 51), 1985). **T:** Äthiopien, Bale Region (*Friis & al.* 3812 [K, C, ETH, UPS]). – **D:** Äthiopien (Bale Region); Waldränder und offene, grasige Hänge, 2750 - 3200 m.

[2] Kahle, aufsteigende, manchmal verzweigte, einjährige Kräuter bis 10 cm hoch; **Blä** wechselständig, verkehrt eiförmig-keulig, sitzend oder leicht gespornt, ± 6.5 × 2.5 mm, stumpf, abgeflacht,

grün oder rosa überhaucht; **Inf** cymös, mit mehreren, monochasialen Zweigen; **Ped** 2.5 - 3.5 mm; **Blü** 5-zählig; **Sep** breit sitzend, basal vereinigt, dreieckig, ± 1.2 mm, spitz; **Pet** lanzettlich, 3 - 3.5 × 2 mm, lang spitz zulaufend, weiss bis hellrosa mit dunklerer Mittelrippe; **Fil** 2.5 - 3 mm, weiss; **Anth** dunkel (-rot); **NSch** keilförmig bis verkehrt dreieckig; **St** 1.2 mm.

Die Einordnung von *S. baleense* in die UG *Gormania* muss noch bestätigt werden, da die Testamusterung unbekannt ist. Die kleinen, dreieckigen, gleich langen Kelchblätter und die unreifen Samen weisen aber klar auf eine Stellung in der UG *Gormania* hin.

S. balfourii Hamet (Notes Roy. Bot. Gard. Edinburgh 5(24): 116-117, t. 85, 1912). **T:** Tibet (*Forrest* 196 [E]). – **D:** China, Tibet (Grenzgebiet zu Sichuan); 2750 - 4000 m. **I:** Fröderström (1931: 32, t. 14, 17); Fu & Fu (1984: t. 33).

≡ *Rhodiola balfourii* (Hamet) S. H. Fu (1965) ≡ *Balfouria balfourii* (H. Ohba) H. Ohba (1995) (unkorrekter Name, Art. 11.4) ≡ *Ohbaea balfourii* (Hamet) Byalt & I. V. Sokolova (1999); **incl.** *Sedum mossii* Hamet (1913); **incl.** *Sedum orichalcum* W. W. Smith (1916); **incl.** *Sedum banlanense* H. Limpricht (1922).

[1] Mehrjährige, rosettige Kräuter mit kurzem, dickem **Wu**stock; **Blä** wechselständig, schmal länglich oder länglich lanzettlich, spitz oder in eine schwache, aufgesetzte Spitze verschmälert, sitzend mit stengelumfassender Basis, Spitzenteil manchmal bewimpert, 5 - 45 × 0.5 - 1.5 mm; blühende **Tr** achselständig, einfach, aufrecht oder fast aufrecht, schlank, 10 - 30 cm hoch; **Inf** Cymen mit ± 3 Wickeln, diese manchmal gegabelt; **Bra Blä**artig aber kleiner; **Blü** 5- (bis 6-) zählig, fast sitzend oder kurz gestielt; **Sep** breit sitzend, basal für 0.5 mm vereinigt, dreieckig oder halblänglich, spitz, oft mit warziger Spitze, ± 3 mm; **Pet** frei, länglich, mit kurzem, aufgesetztem Spitzchen, oft entlang der Mittelrippe warzig, messinggelb, 5 - 7 mm, zur **Blü**zeit aufrecht; **NSch** schmal linealisch, ziemlich stumpf; **Gr** schlank, 4 - 5 mm; **Fr** fast aufrecht; **Sa** eiförmig, glatt (bis genetzt).

Praeger (1921a) stellte diese Art in die *Brevicaulis*-Gruppe von *Sedum* Sect. *Rhodiola*, während Hamet (1929) eine Verwandtschaft mit *Rosularia* vorschlug. Ohba (1995) stellte für dieses Taxon die illegitime, monotypische Gattung *Balfouria* auf, für welche später der Ersatzname *Ohbaea* publiziert wurde.

S. barbeyi Hamet (Bull. Soc. Bot. France 56: 45-46, 1909). **T:** China, Hubei (*Henry* 7002 [P, K, LE, Herb. Raymond-Hamet]). – **D:** China (W Henan, NW Hubei, N Shaanxi); humusreiche Böden, meist im Schatten, 800 - 2400 m. **I:** Fröderström (1931: 50, t. 31).

[1] Mehrjährige Kräuter mit gebüschelten, aufrechten, 2 - 3.5 cm langen **Tr**; **Blä** dicht ziegelig, wechselständig, ± länglich, spitz zulaufend, 4 - 7 mm; blühende **Tr** aufrecht, verzweigt, 4 - 8 cm; **Inf** kleine, dichte Ebensträusse; **Blü** 5-zählig; **Sep** basal frei, breit lanzettlich, spitz zulaufend, gefleckt, ± 5 mm; **Pet** basal vereinigt, lanzettlich, fast spitz mit angedeutetem, aufgesetztem Spitzchen, gelblich, 7 - 8 mm; **NSch** fast quadratisch, klein; **Gr** ziemlich kurz; **Fr** wenigsamig; **Sa** gross, netzig-papillös.

S. batallae Barocio (Cact. Suc. Mex. 18(4): 96-100, ills., 1973). **T:** Mexiko, Hidalgo (*Rzedowski* 30703 [ENCB]). – **D:** Mexiko (Hidalgo); auf Felsen, ± 2600 m.

[1] Mehrköpfige, mehrjährige Kräuter mit einem **Wu**stock und zahlreichen (hunderten), verzweigten, niederliegenden oder hängenden **Tr** bis 20 cm, dichte Kolonien bildend; **Blä** dicht ziegelig, wechselständig, eiförmig-elliptisch bis fast kugelig, stumpf, basal etwas stengelumfassend, stielrund bis flach, fleischig, glauk-grün, 3 - 7 × 2 - 4 mm; **Inf** einzelne **Blü** oder wenigblütige Trauben; **Bra** fleischig; **Blü** 5-zählig, sitzend oder fast sitzend; **Sep** breit sitzend, fast gleich, dreieckig, 2 - 3 × ± 1 mm; **Pet** eiförmig-lanzettlich, spitz, 3 - 5 mm, gelb; **Fil** rot; **Anth** rot; **NSch** ziemlich klein, trapezförmig, gelblich; **Fr** spreizend, entlang der Bauchnähte mit auffälligen Lippen, mit mehreren **Sa**, rot; **Sa** länglich, hellbraun. – 2n = 68.

S. batesii Hemsley (Diagn. Pl. Nov. Mexic. 12, 1878). **T:** Mexiko (*Bates* s.n. [K]). – **D:** S Mexiko bis Guatemala. **I:** Fröderström (1936a: 132).

Incl. *Cotyledon galeottiana* Hemsley (1878) ≡ *Altamiranoa galeottiana* (Hemsley) Rose (1905) ≡ *Sedum galeottianum* (Hemsley) Hamet (1929) ≡ *Villadia galeottiana* (Hemsley) H. Jacobsen (1958); **incl.** *Altamiranoa hemsleyana* Rose (1905) ≡ *Villadia hemsleyana* (Rose) H. Jacobsen (1958).

[1] Einjährige Kräuter mit verdickter, verlängerter **Wu** und aufrechten oder diffus ausgebreiteten **Tr**, aus der Basis verzweigend; **Blä** wechselständig, **Blä** verkehrt lanzettlich, stumpf, schmal gespornt, 3.5 - 5 mm; blühende **Tr** aufrecht; **Inf** locker ebensträussig oder mit verlängerten, wenigblütigen Cymen; **Bra Blä**artig, ± 2.5 mm; **Blü** 4- bis 5-zählig, fast sitzend; **Sep** basal frei, kurz gespornt, ungleich, verkehrt lanzettlich bis länglich, stumpf, ± 4 mm, dick; **Pet** basal wenig vereinigt, länglich oder lanzettlich, stumpf, weiss, 4 - 4.5 mm; **Gr** verlängert; **NSch** schmal linealisch, leicht ausgerandet, rötlich; **Fr** fast aufrecht, wenigsamig; **Sa** annähernd eiförmig, genetzt.

In Kultur normalerweise unter dem falsch verwendeten Namen *Villadia batesii* anzutreffen.

S. ×battandieri Maire (Bull. Soc. Hist. Nat. Afr. Nord 22: 48, 1931). – **D:** Nur aus Kultur bekannt.

[1] Mehrjährige Kräuter mit ausdauernden und reich verzweigten, sukkulenten **Tr**; **Blä** in dichten

Ros an den Trspitzen, linealisch-länglich, stumpf, entlang der Ränder mit Papillen; blühende Tr endständig. − 2n = 54.

Im Grossen und Ganzen zwischen den Elternarten *S. multiceps* und *S. tuberosum* intermediär, aber doch etwas näher bei *S. multiceps*. − [H. 't Hart]

S. beauverdii Hamet (Bull. Soc. Bot. France 56: 48-50, 1909). **T** [syn]: China, Yunnan (*Delavay* 3527/3527bis [P, Herb. Raymond-Hamet]). − **D**: China (NW Yunnan, W Sichuan); Felsspalten und Felsen in Wäldern, 3000 - 4000 m. **I**: Fröderström (1931: 50, t. 30); Fu & Fu (1984: t. 21).

[1] Mehrjährige, dicht gebüschelte Kräuter mit zahlreichen, aufsteigenden **Tr**, 1 - 7 cm hoch; **Blä** wechselständig, dicht ziegelig, linealisch bis breit dreieckig, spitz zulaufend, mit einem breiten, 3- oder 4-lappigen Sporn, zur Spitze warzig, 4 - 7 mm; blühende **Tr** aufrecht, verzweigt, 4 - 8 cm; **Inf** kleine, dichte Ebensträusse; **Blü** 5-zählig; **Sep** breit sitzend, basal wenig vereinigt, dreieckig oder lanzettlich, spitz zulaufend, 4 - 6 mm; **Pet** basal wenig vereinigt, breit lanzettlich, spitz, mit kleinem, aufgesetztem Spitzchen, gelblich, 5.5 - 8 mm; **NSch** linealisch-spatelig, gestutzt oder leicht ausgerandet; **Fr** spreizend; **Sa** klein, netzig-papillös.

S. bellum Rose ex Praeger (J. Roy. Hort. Soc. 46: 141, fig. 75 (p. 142), 1921). **T**: nicht lokalisiert. − **D**: Mexiko (Durango); ± 2000 m. **I**: Fröderström (1936a: 113, t. 75).

Incl. *Sedum farinosum* Rose (1911) (*nom. illeg.*, Art. 53.1); incl. *Sedum aleurodes* Bitter (1924).

[1] Mehrjährige Kräuter mit kräftigen, aufrechten **Tr**, Spitzenbereich dicht beblättert, > 5 cm hoch; **Blä** wechselständig, verkehrt eiförmig bis länglich, gerundet bis stumpf, an blühenden **Tr** kurz gespornt, warzig, 7 - 35 mm, an sterilen **Tr** am längsten; blühende **Tr** aufrecht, weiss bereift, 7 - 10 cm; **Inf** Cymen mit ausgebreiteten Zweigen; **Bra** etwas länglich, warzig, ± 2 mm; **Blü** 5-zählig, sitzend oder fast sitzend; **Sep** basal frei, kurz gespornt, ungleich, länglich bis fast eiförmig, warzig, 3 - 4 mm, aufrecht; **Pet** basal wenig vereinigt, fast eiförmig bis manchmal lanzettlich, stumpf, weiss, mit kurzem, aufgesetztem Spitzchen, nahe der Basis verschmälert, ± 7 mm, fast aufrecht; **NSch** quadratisch bis etwas spatelig, wenig ausgerandet, gelblich; **Fr** weit ausgebreitet; **Sa** eiförmig, genetzt. − 2n = 72.

S. bergeri Hamet (Bull. Mus. Nation. Hist. Nat. 15: 448, 1909). **T**: China, Yunnan (*Anonymus* s.n. [nicht lokalisiert]). − **D**: China (E Yunnan); Felsen an Hängen, 3000 - 3500 m. **I**: Fröderström (1931: 51, t. 32); Fu & Fu (1984: t. 28).

[1] Mehrjährige Kräuter mit 2.5 - 3.5 cm hohen **Tr**; **Blä** wechselständig oder in Wirteln (basal), linealisch-spatelig, ziemlich spitz, stumpf gespornt, 8 - 35 mm; blühende **Tr** aufrecht, einfach, 9 - 19 cm; **Inf** dichte Ebensträusse; **Blü** 5-zählig; **Sep** breit sitzend, eiförmig-länglich, ziemlich spitz, mit papillöser Spitze, 5 - 6 mm; **Pet** frei oder basal wenig vereinigt, länglich und an der Basis etwas verschmälert, mit kurzem, aufgesetztem Spitzchen, gelblich, 7 - 9 mm; **NSch** breiter als lang, stumpf; **Gr** ziemlich lang; **Fr** spreizend; **Sa** netzig-papillös.

S. berillonianum Hamet (BJS 50(Beiblatt 112): 9-10, 1913). **T**: Peru, Ayacucho (*Weberbauer* 5501 [B, US]). − **D**: Peru (Ayacucho); ± 3000 m.

≡ *Villadia berilloniana* (Hamet) Baehni & Macbride (1937).

[1] Büschelige, mehrjährige Kräuter; **Blä** wechselständig, eiförmig, ziemlich stumpf, 4.5 - 7 mm, kurz gespornt, Sporn 3-lappig; blühende **Tr** niederliegend, basal verzweigt, 4.5 - 8 cm; **Inf** lockere, wenigblütige Ebensträusse; **Blü** 5-zählig, kurz gestielt; **Sep** basal frei, mit kurzem, 3-lappigem Sporn, länglich, etwas spitz, 4 - 5.5 mm; **Pet** basal für bis zu 2.5 mm vereinigt, länglich, etwas spitz, Farbe nicht beschrieben, mit aufgesetztem Spitzchen, ± 7.5 mm; **NSch** sehr breit verkehrt eiförmig, ausgerandet.

S. blepharophyllum Fröderström (Acta Horti Gothob. 15: 26-27, figs. 173-184, t. 6: 1, 1942). **T**: China, Sichuan (*Smith* 12694 [UPS ?]). − **D**: China (W Sichuan); sonnige Felsen in Tälern, Steinwälle, 3200 - 3800 m.

[1] Ein- oder zweijährige, etwas gebüschelte Kräuter mit mässig robusten, winzig papillösen **Tr**, 6 - 14 cm hoch; **Blä** wechselständig oder manchmal gegenständig, eiförmig, stumpf, basal gerundet, im oberen Teil mit kurzen, spitzen Papillen, 5 - 5.5 mm; blühende **Tr** aufrecht oder aufsteigend, im oberen ½ verzweigt; **Inf** lockere Ebensträusse oder traubig, ± 4 cm; **Blü** 5-zählig, kurz gestielt; **Sep** basal frei, kurz gespornt, länglich, fast stumpf, mit spitzen Papillen, ± 4 mm; **Pet** fast bis zur Basis frei, länglich, spitzlich, an der Spitze dicht papillös, hellgelb, ± 4 mm; **NSch** linealisch-spatelig, stumpf, hell; **Gr** kurz; **Fr** ab der Mitte spreizend; **Sa** klein, eiförmig, netzig-papillös.

S. bonnieri Hamet (Rev. Gén. Bot. 25: 92, 1913). **T**: China (*Anonymus* s.n. [nicht lokalisiert]). − **D**: China (S Shaanxi, E Sichuan); Felsblöcke in Wäldern, 500 - 1400 m. **I**: Fröderström (1931: 38, t.23).

Incl. *Sedum miae* Hamet (s.a.) (*nom. inval.*, Art. 32.1c).

[1] Ein- oder zweijährige, kahle, gebüschelte Kräuter; **Blä** in Wirteln zu 3 - 5, eiförmig bis kreisrund, stumpf, schmal gestielt, 5 - 15 mm; blühende **Tr** kriechend oder aufsteigend, sehr schlank, 5 - 20 cm; **Inf** 4- bis 5-blütige Cymen, doldig erscheinend; **Ped** schlank, 2 - 5× so lang wie die **Blü**; **Blü** 4- bis 5-zählig; **Sep** breit sitzend, dreieckig bis halblänglich, fast stumpf, 0.5 - 1.5 mm; **Pet** verkehrt eiförmig, fast stumpf, zur Basis verschmälert, weiss oder

rötlich, 2 - 2.5 mm; **NSch** sehr klein, linealisch-spatelig, stumpf; **Fr** nur 3 Bälge, ziemlich aufrecht, je mit 3 - 8 **Sa**; **Sa** länglich, netzig-papillös.

Eine ungenügend bekannte Art.

S. booleanum B. L. Turner (Phytologia 79(1): 31-34, ills., 1996). **T:** Mexiko, Nuevo León (*Hinton & al.* 20468 [TEX]). – **D:** Mexiko (Nuevo León: Mpio. Rayones); Hänge von Gipshügeln, 1340 m. **I:** Sedum Soc. Newslett. No. 43: t. 10G, 1998.

[?] Mehrjährige (?) Kräuter mit Faser**Wu**, 5 - 8 cm hoch; **Tr** trocken nahe der Basis 3 - 4 mm $\varnothing$, papillös; **Blä** wechselständig, trocken eiförmig, 7 - 10 × 3 - 4 mm, zur **Tr**spitze allmählich schmaler werdend, an der **Tr**basis bald abfallend, etwas überlappend und die Sprossachse verdeckend; **Inf** endständig mit kurzen, eingerollten Zweigen, 5- bis 10-blütig, gedrängt; **Sep** 5, eiförmig, kahl; **Pet** ± 3 × 1.5 mm, bis zur Basis frei, rot, mit Rückenkiel; **St** 5, mit den **Pet** abwechselnd, 3 mm; **Anth** gelb; **Ca** 2.5 mm mit aufrechten, 1 mm langen **Gr**; **Fr** und **Sa** nicht gesehen.

Die Art scheint gemäss Protolog Arten der Gattung *Villadia* ähnlich zu sehen. Sie hat aber völlig freie Kronblätter und wird deshalb zu *Sedum* gestellt. – [U. Eggli]

S. borissovae Balkovsky (Bot. Mater. Gerb. Bot. Inst. Komarova Akad. Nauk SSSR 15: 85-89, 1953). **T:** Ukraine (*Anonymus* s.n. [LE]). – **D:** S Ukraine; auf den Granitfelsen bei Dolinsky endemisch.

Kahle, mehrjährige Kräuter mit kriechenden und wurzelnden, sterilen **Tr**; **Blä** wechselständig, ziegelig, sitzend mit einem kurzen, breiten, gestutzten Sporn, länglich elliptisch, ± 6 mm, stumpf bis gerundet, halbstielrund, glauk oder bereift; blühende **Tr** aufsteigend, einfach oder mit einigen, wenigblütigen, seitlichen Zweigen; **Inf** Cymen mit (1-) 2 (-4) monochasialen Zweigen; **Bra** 2 pro **Blü**; **Blü** 5-zählig, sitzend oder fast sitzend; **Sep** breit sitzend, ungleich, länglich, bis 3 mm, stumpf; **Pet** basal frei, lanzettlich-elliptisch, ± 6 mm, spitz bis spitz zulaufend, goldgelb, oft rot überhaucht; **Fil** gelb; **Anth** gelb; **NSch** quadratisch; **Gr** schlank; **Fr** sternförmig ausstrahlend, dunkelbraun, mit auffälligen Lippen entlang der Bauchnähte; **Sa** eiförmig, bräunlich, netzig-papillös. – 2n = 26.

Die Art gehört in das Comparium der Ser. *Alpestria* A. Berger ('t Hart 1991). – [H. 't Hart]

S. borschii (R. T. Clausen) R. T. Clausen (Sedum North Amer., 298, 1975). **T:** USA, Idaho ? (*Clausen* 43-52 [CU]). – **D:** NW USA (Idaho, Montana); Orte, die für Bäume zu heiss und zu trocken sind, 1270 - 2120 m. **I:** Clausen (1975: 291).

≡ *Sedum leibergii* var. *borschii* R. T. Clausen (1944).

[2] Kahle, mehrjährige Kräuter mit schlanken, niederliegenden **Tr**, untere Teile mit Seiten**Tr**; **Blä** lose ziegelig, wechselständig, verkehrt eiförmig oder elliptisch, selten lanzettlich, stumpf, an der Spitze und den Rändern fein papillös, fast stielrund, sitzend, grün, 4.7 - 7.5 × 2.5 - 3.4 mm, spreizend; blühende **Tr** aufsteigend, 4.7 - 6 cm, im trockenen Zustand kantig erscheinend; **Inf** Cymen mit 2 oder 3 Zweigen; **Bra Blä**artig aber kleiner; **Blü** 5-zählig, fast sitzend; **Sep** breit sitzend, eiförmig, spitz oder stumpf, gelbgrün, ± 2 × 1.5 mm, aufrecht; **Pet** lanzettlich-elliptisch, spitz, mit aufgesetztem Spitzchen als Anhängsel, gelblich, 5 - 6.5 mm, weit ausgebreitet; **Fil** gelb; **Anth** gelb; **NSch** quadratisch oder fast quadratisch, manchmal ausgenagt, gelb bis orange, selten hellgelb bis grünlich weiss; **Fr** basal vereinigt, weit spreizend, papillös oder papillös-flaumhaarig, mit auffälligen Lippen entlang der Bauchnähte, braun; **Sa** birnenförmig, hell- oder dunkelbraun, gerippt. – 2n = 32, 43-51, 45-54, 50.

S. botteri Hemsley (Diagn. Pl. Nov. Mexic. 1: 10, 1878). **T:** Mexiko (*Sessé & al.* s.n. [US, K]). – **D:** SE Mexiko (Chiapas, Veracruz); epiphytisch, 1200 m. **I:** Fröderström (1936a: 17, t. 10); Clausen (1959: 40).

[1] Ausdauernde Halbsträucher bis 1 m hoch, mit kantigen **Tr** mit vorstehenden Rippen; **Blä** wechselständig, verkehrt lanzettlich oder verkehrt eiförmig, gerundet, gestielt, 14 - 71 × 6 - 31 mm; blühende **Tr** hängend; **Inf** lockere, verlängerte Rispen; **Ped** 1 - 5.6 mm; **Blü** 5-zählig; **Sep** basal frei, ungleich, elliptisch-länglich oder verkehrt lanzettlich-elliptisch, spitz, grün, 4.4 - 12.4 × 1.4 - 2.9 mm, ausgebreitet; **Pet** lanzettlich, spitz, mit aufgesetztem Spitzchen, hellgrün, ± 8 mm, ausgebreitet; **Anth** gelb; **NSch** verkehrt eiförmig und fast quadratisch, ausgenagt, dunkelrot bis rosa; **Fr** spreizend oder aufrecht; **Sa** linealisch, beide Enden geschwänzt, genetzt, gelbbraun. – 2n = 48.

S. bourgaei Hemsley (Diagn. Pl. Nov. Mexic. 1: 11, 1878). **T:** Mexiko (*Bourgeau* 933 [K, US 48556]). – **D:** Mexiko: C transmexikanischer Vulkangürtel, 2500 - 3300 m. **I:** Fröderström (1936a: 25, t. 15); Clausen (1959: 148).

[1] Ausdauernde Halbsträucher mit aufrechten, niederliegenden oder hängenden, reich verzweigten, glatten **Tr**, Seiten**Tr** papillös; **Blä** wechselständig, linealisch, stumpf, sehr kurz gespornt, sitzend, stielrund oder fast stielrund, kahl oder winzig papillös, grün, 5.3 - 23.5 × 1.2 - 2.4 mm; blühende **Tr** aufrecht; **Inf** endständige Cymen mit 2 - 3 monochasialen Zweigen; **Blü** 5-zählig (selten 4- oder 6-zählig), sitzend oder fast sitzend; **Sep** basal frei, kurz gespornt, ungleich, lanzettlich oder länglich, stumpf, winzig gespornt, grün, 2 - 7.5 × ± 1 mm; **Pet** lanzettlich, spitz oder spitz zulaufend, mit aufgesetztem Spitzchen, etwas kapuzenartig, gekielt, weiss mit hellgrünem bis rosafarbenem Rückenkiel, ± 6.5 mm, ausgebreitet; **Fil** weiss; **Anth** rot, purpurn oder selten gelb; **NSch** spatelig-länglich, ge-

stutzt, ausgerandet, dunkelpurpurn; **Fr** aufrecht oder spreizend, mit kleinen Lippen entlang der Bauchnähte, hellbraun; **Sa** ellipsoid, braun, genetzt oder netzig-papillös. – 2n = 58.

Hierher gehört *Sedum acre* im Sinne von Sessé & Mociño 1887.

S. bracteatum Viviani (Fl. Libyc. Spec. 24, t. 8: fig. 3, 1824). – **D:** Libyen (Cyrenaica).

Incl. *Sedum bracteatum* var. *glabrum* Maire & Weiller (1939); **incl.** *Sedum bracteatum* var. *glanduloso-hispidum* Maire & Weiller (1939) (*nom. inval.*, Art. 26.2).

[1] Gewöhnlich dicht **Dr**haarige, einjährige Kräuter mit aufrechten, einzelnen **Tr**, 3 - 10 cm hoch; **Blä** wechselständig, sitzend, länglich bis linealisch, ± 10 × 2.5 mm, halbstielrund, stumpf und leicht papillat; **Inf** cymös, meist mit 3 monochasialen Zweigen mit je 3 - 8 **Blü**; **Bra** eiförmig, 3 - 5 mm; **Blü** 5-zählig, sitzend; **Sep** breit sitzend, basal vereinigt, dreieckig, 1 - 2 mm, spitz; **Pet** länglich oder eiförmig-lanzettlich, 5 - 5.5 mm, auffällig mit aufgesetztem Spitzchen, leicht gekielt, weiss, rosa oder ± purpurn mit dunklem Kiel; **Fil** weiss, kahl; **Anth** eiförmig, 0.5 - 0.7 mm, purpurn; **NSch** keilförmig mit gestutztem oder ausgerandetem Rand; **Fr** sternförmig ausstrahlend.

Eine Art mit unbekannter Verwandtschaft, aber möglicherweise *S. hispanicum* und *S. steudelii* (beide zur Ser. *Glauco-rubens* gehörig) nahe stehend.

S. ×brevierei Chassagne (Fl. Auvergne 1: 443, 1956). **T:** Frankreich, Puy de Dome (*Anonymus* s.n. [CLF]). – **D:** C und W Frankreich.

= *Sedum forsterianum* × *S. rupestre* ssp. *rupestre*. Zwischen den Eltern intermediär; **Blä** halbstielrund, nicht auffällig gebüschelt; **Inf** in der Knospe nickend, kahl; **Bra** rudimentär, nur unterhalb der Zentral**Blü** der **Inf**; **Sep** ± 2.5 mm; **Pet** gelb, ± 6.5 mm, ausgebreitet; **Fil** gelb, kahl. – 2n = 104.

S. brevifolium De Candolle (Nouv. Bull. Sci. Soc. Philom. Paris 1: 117, 1808). – **Lit:** Jalas & al. (1999: 104). **D:** SW Europa (Andorra, Spanien, Portugal, Frankreich, Sardinien, Korsika), NW Afrika (Marokko). **Fig. XXXIII.g**

≡ *Sedum dasyphyllum* ssp. *brevifolium* (De Candolle) Rouy & Camus (1901) ≡ *Oreosedum brevifolium* (De Candolle) Grulich (1984); **incl.** *Sedum sphaericum* Lapeyrouse (1813); **incl.** *Sedum brevifolium* var. *induratum* Cosson (1873); **incl.** *Sedum brevifolium* var. *cineritium* Merino (1905) ≡ *Sedum cineritium* (Merino) Merino (1909); **incl.** *Sedum brevifolium* var. *quinquefarium* Praeger (1921) ≡ *Sedum quinquefarium* (Praeger) R. L. Evans (1983) (*nom. inval.*, Art. 33.2) ≡ *Sedum brevifolium* fa. *quinquefarium* (Praeger) R. Stephenson (1994) (*nom. inval.*, Art. 33.2); **incl.** *Sedum brevifolium* var. *pottsii* Hort. Potts *ex* Praeger (1921) (*nom. inval.*, Art. 34.1a).

[1] Kahle, oft völlig bereifte, mehrjährige Kräuter mit verzweigten und wurzelnden, kriechenden und spitzenwärts aufsteigenden, sterilen **Tr**; **Blä** kreuzgegenständig oder selten wechselständig, meist dicht gepackt, sitzend, länglich bis eiförmig oder (fast) kugelig, bis 1.5 - 5 mm, stumpf, stielrund, bereift, glauk oder leuchtend dunkelgrün, oft rot; blühende **Tr** einfach, bis 10 cm hoch; **Inf** ziemlich lockere Cymen mit (1-) 2 (-3) Wickeln; **Bra** 1 pro **Blü**, klein; **Ped** 2 - 4 mm; **Blü** 5-zählig; **Sep** breit sitzend, basal vereinigt, gleich gross, eiförmig, 1 - 1.5 mm, spitz; **Pet** ± frei, eiförmig-lanzettlich, ± 4 mm, stumpf bis feinspitzig, weiss oder selten ± rosa, aussen oft rötlich grün; **Fil** weiss; **Anth** rot; **NSch** fast quadratisch, gelblich; **Gr** schlank, 0.5 - 1 mm; **Fr** braun, aufrecht; **Sa** birnenförmig, mit Doppelpapillen. – 2n = 36.

Auf Grund der Ornamentierung der Samenschale und der Blütenstruktur wurde eine Verwandtschaft mit *S. andegavense*, *S. candollei* und *S. pedicellatum* als möglich erachtet ('t Hart 1991), aber die Art ist von den Genannten offenbar recht weit entfernt und näher mit *S. atratum* verwandt ('t Hart & al. 1999).

S. brissemoretii Hamet (Bull. Soc. Bot. France 72: 77, 1925). **T:** Madeira (*Bornmüller* 641 [Weimar]). – **D:** N Madeira, 0 - 500 m. **I:** 't Hart (1999a).

[1] Kahle, mehrjährige Kräuter, sterile **Tr** schlank, verzweigt, aufsteigend oder aufrecht, basal etwas verholzt, bis 16 cm hoch, junge **Tr** oft fein gewarzt, rauh, mit der Zeit rötlich braun werdend; **Blä** wechselständig, sitzend mit kurzem Sporn, fast eiförmig, 2.5 - 8 mm, gerundet, stielrund oder fast so, grün; blühende **Tr** aufsteigend oder aufrecht, bis 8 cm, spärlich beblättert; **Inf** wenigblütige Cymen mit 2 - 3 wenigblütigen, monochasialen Zweigen; **Bra** 2; **Blü** 5-zählig, fast sitzend; **Sep** basal frei, gespornt, ungleich, fast eiförmig, 3.5 - 5 mm, stumpf bis gerundet, halbstielrund, grün; **Pet** basal für 0.6 mm vereinigt, länglich elliptisch, 4.5 - 7 mm, spitz, gelb; **Fil** gelb; **Anth** länglich, gelb; **NSch** breit spatelig; **Gr** schlank; **Fr** sternförmig ausstrahlend, braun, entlang der Bauchnähte mit auffälligen Lippen; **Sa** eiförmig, braun, netzigpapillös. – 2n = 22.

Sehr ähnlich wie *S. nudum*, aber durch die Wuchsform, grössere Blätter und grössere, auffälligere Blüten abweichend. Zusätzlich weicht *S. brissemoretii* durch die ökologischen Ansprüche (nasse, N-exponierte Felsen) ab. Die Art gehört in das Comparium der Ser. *Macaronesia* Fröderström. – [H. 't Hart]

S. bulbiferum Makino (Ill. Fl. Jap. 1(10): 107, t. 60, 1891). **T:** nicht lokalisiert. – **D:** Japan (Honshu, Shikoku, Iheya, Okinawa, Kyushu), Taiwan (Nantou), Korea, SE China; schattige Stellen, Niederungen, bis 1000 m. **I:** Tang & Huang (1989: 162); Tang & Huang (1993: 19).

≡ *Sedum alfredii* var. *bulbiferum* (Makino) Fröderström (1931).

[1] Ein- oder mehrjährige Kräuter mit aufrechten oder aufsteigenden, **Tr**, oft von der Basis verzweigt, in den **Ax** der **Blä** und **Bra** mit Bulbillen, Bulbillen aus 1 - 3 Paaren kleiner, fleischiger, **Sch**artiger **Blä** bestehend; **Blä** wechselständig, an der **Tr**basis gegenständig, eiförmig-spatelig bis spatelig verkehrt lanzettlich oder länglich, stumpf, manchmal zur Spitze bewarzt, gespornt, 4 - 20 × 2 - 10 mm; blühende **Tr** oft verzweigt, bis 20 cm hoch; **Inf** Cymen mit 1 - 3 Wickeln, diese oft gegabelt; **Bra Blä**artig; **Blü** 5-zählig, fast sitzend; **Sep** basal frei, kurz gespornt, ungleich, breit lanzettlich bis verkehrt lanzettlich, (fast) stumpf, bewarzt, manchmal Spitzen zurückgebogen, 2 - 6 × 0.5 - 2 mm; **Pet** frei, lanzettlich, mit kurzem, schmalem, aufgesetztem Spitzchen, gelb, 3.5 - 5 mm; **Anth** orangegelb; **NSch** spatelig, weiss bis gelblich; **Gr** ± 1 mm; **Fr** sehr breite Bälge, ausgebreitet; **Sa** hellbraun, netzig-papillös. – 2n = 38, ±56.

Ohwi (1965) stellte *S. subtile* var. *obovatum* als Synonym hierher, während Makino (1914) das Taxon als eigene Art *S. obovatum* behandelt. Das kürzlich beschriebene *S. jinianum* ist sehr ähnlich.

S. burrito Moran (CSJA 49(6): 266-268, ills., 1977). **T:** Mexiko, Veracruz (*Hutchison* 1328A [SD 97022]). – **D:** Mexiko (Veracruz). **Fig. XXXIII.b**

[1] Kahle, mehrjährige Kräuter mit basal reich verzweigten **Tr**, zuerst aufrecht, dann hängend, glauk-grün, 50 cm lang oder länger; **Blä** gedrängt, in 5 deutlichen Spiralen, elliptisch, stumpf, geschwollen, fast stielrund, bläulich-glauk, 12 - 16 × 6 - 9 mm, 5 - 7 mm dick; blühende **Tr** hängend; **Inf** ebensträussig; **Ped** 8 - 12 mm, nach oben leicht verdickt; **Blü** 5-zählig; **Sep** breit sitzend, vereinigt, ungleich, dreieckig-eiförmig, ziemlich spitz bis stumpf, 5 - 7 × 6 - 8 mm; **Pet** basal vereinigt, eiförmig, schmal gerundet, etwas zusammengezogen, mit aufgesetztem Spitzchen, rosa mit dunkler rosafarbenen, unregelmässigen Linien, 7 - 8 mm; **Fil** rosa; **Anth** hellgelb; **NSch** breit, ausgerandet, tiefrosa. – 2n = 69.

Eng mit *S. morganianum* verwandt.

S. caducum R. T. Clausen (CSJA 22(3): 86-89, ills., 1950). **T:** Mexiko, Tamaulipas (*Clausen* 7370 [CU ?]). – **D:** Mexiko (Tamaulipas); Kalkstein, 600 m.

[1] Mehrjährige Kräuter, basal verzweigend, mit niederliegenden, papillösen **Tr**; **Blä** wechselständig, rhombisch-eiförmig, stumpf, papillat-gekerbt, fast stielrund, am Rand dicht mit roten Punkten besetzt, abfallend, 7 - 22 × 4 - 12 mm; blühende **Tr** aufrecht; **Inf** wenigblütige Cymen; **Bra** länglich elliptisch, 2.5 - 4.5 mm; **Ped** 1 - 1.5 mm; **Blü** 5-zählig (selten 6-zählig); **Sep** breit sitzend, länglich, stumpf, fast stielrund, 3.5 - 4.5 × ± 1 mm, fast aufrecht; **Pet** basal vereinigt, lanzettlich, ziemlich spitz, kapuzenartig zusammengezogen, ± 6 mm, weiss, zuerst aufrecht, dann ausgebreitet; **Fil** weiss; **Anth** gelb oder rot; **Gr** lang; **NSch** nierenförmig, breit gerundet, cremeweiss; **Sa** genetzt. – 2n = 128, 192.

S. caeruleum Linné (Mant. Pl. Altera, 241, 1771). **T:** LINN 595.3. – **D:** W Mittelmeergebiet (Frankreich (Korsika), Italien (Sardinien, Sizilien)), Malta, N Afrika (Marokko, Algerien, Tunesien). **Fig. XXXIII.d**

≡ *Oreosedum caeruleum* (Linné) Grulich (1984); **incl.** *Sedum heptapetalum* Poiret (1789); **incl.** *Sedum coeruleum* Vahl (1791); **incl.** *Sedum azureum* Desfontaines (1798); **incl.** *Sedum caeruleum* var. *pusillum* Maire (1937); **incl.** *Sedum caeruleum* fa. *eu-caeruleum* Maire (1937) (*nom. inval.*, Art. 26.1); **incl.** *Sedum caeruleum* fa. *glabrum* Maire (1977) (*nom. inval.*, Art. 36.1); **incl.** *Sedum caeruleum* fa. *puberulum* Maire (1977) (*nom. inval.*, Art. 36.1, 37.1).

[1] Kahle oder spärlich **Dr**haarige, einjährige Kräuter, einfach oder reich verzweigt, aufrecht, bis 20 cm hoch; **Blä** wechselständig, sitzend, eiförmig bis länglich oder fast linealisch, 5 - 25 mm, stumpf oder gerundet, stielrund bis halbstielrund, oft glänzend, grün, oft rot überlaufen; **Inf** lockere Cymen mit 2 bis vielen, manchmal gabeligen (bei grossen **Inf**) Wickeln; **Bra Blä**artig bis klein; **Ped** 3 - 7 mm; **Blü** (5- bis) 7- (bis 9-) zählig; **Sep** breit sitzend, basal vereinigt, eiförmig, bis 1 mm, stumpf; **Pet** frei, länglich lanzettlich, 2 - 4 mm, stumpf, etwas feinspitzig, blau, hellblau oder weiss (selten ± rosa); **Fil** weiss; **Anth** rot, oft dunkel; **NSch** winzig, verkehrt eiförmig, gestielt, weiss; **Fr** aufrecht, gräulich, bauchseitig papillat, 1- oder 2- (bis 3-) samig; **Sa** eiförmig, dunkelbraun, gerippt. – 2n = 26, 28.

Eine sehr eigenständige Art, aber in Bezug auf die Blütenfarbe und Behaarung sehr variabel (siehe Maire (1977)). Die Chromosomen sind sehr klein und die Variation in ihrer Zahl könnte auf weitreichende dysploide Vorgänge hinweisen.

S. caeruleum und das eng verwandte *S. maurum* bilden die Stammgruppe der Entwicklungslinie, aus der sich die "makaronesischen *Sempervivoideae*", d.h. *Aeonium*, *Aichryson* und *Monanthes*, entwickelt haben, zusammen mit den Arten von *Sedum* Ser. *Monanthoidea* und *Sedum* Ser. *Pubescens*.

S. caespitosum (Cavanilles) De Candolle (PSRV 3: 405, 1828). **T:** Spanien (*Cavanilles* s.n. [MA 51799]). – **Lit:** Jalas & al. (1999: 108-109). **D:** SW, S und SE Europa (Portugal bis Ukraine, Balkan), N Afrika, W Türkei, N Syrien, Iran; zeitweise nasse Stellen, von Meereshöhe bis über 1000 m. **I:** Castroviejo (1997: 141).

≡ *Crassula caespitosa* Cavanilles (1791) ≡ *Sedum rubens* ssp. *caespitosum* (Cavanilles) Bonnier & Layens (s.a.) ≡ *Aithales caespitosa* (Cavanilles)

Webb (1849); **incl.** *Tillaea rubra* Linné (1753) ≡ *Sedum rubrum* (Linné) Thellung (1912) (*nom. illeg.*, Art. 53.1); **incl.** *Crassula magnolii* De Candolle (1808) ≡ *Procrassula magnolii* (De Candolle) Grisebach (1843); **incl.** *Sedum deserti-hungarici* Simonkai (1890); **incl.** *Sedum rubrum* var. *louisii* J. Thiébaut & Gombault (1934) (unkorrekter Name, Art. 11.4) ≡ *Sedum louisii* (J. Thiébaut & Gombault) Fröderström (1936).

[1] Kleine, fast vollständig kahle, einjährige Kräuter mit aufrechten oder aufsteigenden, manchmal verzweigten **Tr**, 2 - 6 (-9) cm hoch; **Blä** wechselständig, eiförmig oder breit elliptisch bis verkehrt eiförmig, sitzend mit einem kleinen Sporn, stumpf, stielrund oder halbstielrund, 2.5 - 5 mm; **Inf** wenigblütige Cymen mit 1 - 3 Wickeln, manchmal 1-blütig; **Bra** 1 oder 2 pro **Blü**, **Bla**artig, 3 - 4 mm; **Ped** kurz; **Blü** 4- oder 5-zählig, mit 4 oder 5 **St**; **Sep** breit sitzend, basal leicht vereinigt, dreieckig, spitz, ± 1 mm; **Pet** frei, schmal elliptisch bis lanzettlich, spitz zulaufend, weiss mit grünem oder rotem Kiel, manchmal rötlich, 2.5 - 4 mm; **Fil** weiss; **Anth** rot oder gelblich; **NSch** spatelig, weiss; **Gr** kurz; **Fr** sternförmig ausstrahlend, schlank, braun; **Sa** elliptisch, hellbraun, gerippt. – 2n = 12, 24.

S. calcaratum Rose (Bull. New York Bot. Gard. 3(9): 40, 1903). **T:** Mexiko, Hidalgo (*Pringle* 8620 [US, ENCB]). – **D:** Mexiko (Hidalgo). **I:** Fröderström (1936a: 129, t. 89).

[1] Kahle, mehrjährige Kräuter mit etwas rübiger **Wu**; **Blä** wechselständig, linealisch bis linealisch-zylindrisch, stumpf, kurz und stumpf gespornt, stielrund, 5 - 12 mm; blühende **Tr** aufrecht, stark verzweigt, mit ± purpurnen Sprossachsen; **Inf** verlängert, einseitswendig; **Bra** verkehrt lanzettlich bis länglich, 3 - 4 mm; **Blü** 5-zählig, kurz gestielt; **Sep** basal frei, kurz gespornt, ungleich, lanzettlich bis länglich, stumpf, 2 - 5 mm, grün; **Pet** basal nur wenig vereinigt, dreieckig-länglich, stumpf bis fast stumpf, mit kurzem, breitem, aufgesetztem Spitzchen, ± 5 mm, rot; **Anth** rötlich braun; **NSch** linealisch, spitz zulaufend, rötlich; **Fr** ausgebreitet bis sternförmig, mit sehr kleinen bis deutlichen Lippen entlang der Bauchnähte, rötlich braun; **Sa** lanzettlich, genetzt.

S. calcicola Robinson & Greenman (Amer. J. Sci. ser. 3, 50: 150, 1895). – **D:** Mexiko (San Luis Potosí); Kalk. **I:** Fröderström (1936a: 40, t. 40).

≡ *Altamiranoa calcicola* (Robinson & Greenman) Rose (1903) ≡ *Villadia calcicola* (Robinson & Greenman) H. Jacobsen (1958).

[1] Kahle, mehrjährige Halbsträucher mit wenig verzweigten, schlanken, zuerst niederliegenden und dann aufrechten **Tr**; **Blä** zerstreut, wechselständig, verkehrt lanzettlich oder etwas breiter, fast spitz, sehr kurz gespornt, bewarzt, fast stielrund, 3 - 16 mm, ausgebreitet; blühende **Tr** aufrecht, manchmal glauk, ältere **Tr** aufgerauht; **Inf** büschelig-traubig; **Bra** verkehrt lanzettlich, bewarzt, ziemlich spitz, ± 4 mm; **Blü** 5-zählig, fast sitzend; **Sep** basal frei, leicht ungleich, länglich, ziemlich stumpf, 3 - 3.5 mm; **Pet** basal bis 1 mm vereinigt, breit lanzettlich, ziemlich spitz, mit schmal aufgesetztem Spitzchen, grünlich gelb, 6 - 7 mm; **NSch** fast quadratisch-eiförmig, wenig ausgerandet; **Gr** sehr lang, ± 6 mm; **Fr** aufrecht.

Mit *S. acropetalum*, *S. gypsophilum* und *S. lenophylloides* verwandt.

S. callichroum Boissier (Diagn. Pl. Orient. Ser. 1, 6: 56, 1845). **T:** Iran (*Kotschy & Hohenacker* 743 [C, G-BOIS, W]). – **D:** Iran.

≡ *Oreosedum callichroum* (Boissier) Grulich (1984); **incl.** *Sedum lineare* Pau (1918) (*nom. illeg.*, Art. 53.1); **incl.** *Sedum sublineare* Fröderström (1932) (*nom. inval.*, Art. 34.1b).

[2] Völlig kahle, einjährige Kräuter mit kleinen, schlanken, einfachen, aufrechten **Tr**, bis 4 cm hoch; **Blä** wechselständig, sitzend, halbstielrund, länglich bis eiförmig, 1 - 3.5 mm lang, stumpf; **Inf** wenigblütige Cymen; **Ped** fadendünn, 0.5 - 3.5 mm; **Blü** 5-zählig; **Sep** breit sitzend, breit eiförmig, stumpf, ± 1 mm; **Pet** länglich lanzettlich bis fast eiförmig, spitz zulaufend, ± 3 mm, weiss oder ± rosa, mit rotem Kiel; **Anth** rot; **NSch** länglich quadratisch bis spatelig, ausgerandet; **Gr** kurz; **Fr** aufrecht, 3- bis 5-samig; **Sa** länglich, gerippt.

Ein kurzlebiges, ungenügend bekanntes, im Iran endemisches Taxon und möglicherweise mit *S. kotschyanum* verwandt.

S. candollei Hamet (Candollea 4: 26, 1929). **T:** Frankreich, Pyrenées (*De Candolle* s.n. [G-DC]). – **D:** SW Europa (Frankreich [Pyrenäen], Spanien, Portugal; auf Urgestein, 1500 - 3000 m. **I:** Castroviejo (1997: 138, t. 38: a-d).

Incl. *Cotyledon sedoides* De Candolle (1808) ≡ *Umbilicus sedoides* (De Candolle) De Candolle (1828) ≡ *Sedum sedoides* (De Candolle) Rothmaler (1935) (*nom. illeg.*, Art. 53.1) ≡ *Mucizonia sedoides* (De Candolle) D. A. Webb (1961); **incl.** *Cotyledon sediformis* Lapeyrouse (1813) (*nom. illeg.*, Art. 52.1); **incl.** *Umbilicus sessilis* Dulac (1867) (*nom. illeg.*, Art. 52.1); **incl.** *Cotyledon ramosissima* Rothmaler (1934) (*nom. illeg.*, Art. 53.1); **incl.** *Sedum sedoides* ssp. *ramosissimum* Rothmaler (1935) (unkorrekter Name, Art. 11.4); **incl.** *Sedum candolleanum* Hamet *ex* G. López (1995).

[1] Kahle, kleine, mehrjährige oder zweijährige Kräuter, stark verzweigte sterile **Tr** dichte Matten oder Büschel bildend; **Blä** wechselständig, dicht ziegelig, sitzend, länglich, 2.5 - 5 × 1 - 1.5 mm, stumpf, dunkelgrün oder häufiger leuchtend rot; blühende **Tr** aufsteigend oder aufrecht, meist einfach, dicht beblättert, bis 7 cm hoch; **Inf** dichte, wenigblütige, ebensträussige Cymen; **Blü** 5-zählig, sitzend oder fast sitzend; **Sep** breit sitzend, basal vereinigt, lanzettlich, 2.5 - 4 mm, spitz; **Pet** basal

für 2 - 2.5 mm vereinigt, länglich eiförmig, 5 - 7 mm, spitz oder spitz zulaufend, rosa-weiss bis rosa oder purpurn; **Fil** weiss bis purpurn; **Anth** rot; **Fr** aufrecht, braun; **Sa** birnenförmig, dunkelbraun, mit Doppelpapillen. – 2n = 22, 33.

Eng mit *S. andegavense* und *S. pedicellatum* verwandt ('t Hart & al. 1999). Die 3 Arten bilden ein Comparium und wurden als Ser. *Pedicellata* 't Hart klassifiziert.

S. carnegiei Hamet (Ann. Carnegie Mus. 8: 419, 1913). **T:** Tibet (*Walton* s.n. [CM]). – **D:** Tibet (Gebiet von Lhasa).

[?] Vermutlich mehrjährige Kräuter mit kleinen, kugeligen Knollen; **Blä** wechselständig, dicht ziegelig, breit eiförmig oder eiförmig-länglich bis länglich, ziemlich stumpf bis gerundet, kurz gespornt, ± 3 × 1.5 - 2.5 mm; blühende **Tr** einfach, meist schlank, bis 4.5 cm hoch; **Inf** einfache, wenigblütige Ähren; **Bra Blä**artig; **Ped** bis 0.8 mm; **Blü** 5-zählig; **Sep** breit sitzend, eiförmig bis eiförmig-länglich, stumpf, 2.1 - 3.4 × ± 1 mm; **Pet** basal wenig vereinigt, länglich, stumpf, basal leicht verbreitert, Farbe nicht beschrieben, 2.1 - 3.2 mm; **NSch** etwas verkehrt eiförmig, gerundet, etwas breiter als lang; **Gr** ziemlich kurz; **Fr** spreizend.

Verwandtschaft unbekannt. Auf Grund der Herkunft, des Vorhandenseins von Knollen und der Blattform könnte es sich allenfalls eher um eine Art von *Hylotelephium* oder *Rhodiola* handeln statt einer Zugehörigkeit zu *Sedum* s.str.

S. caroli-henrici Kit Tan (Notes Roy. Bot. Gard. Edinburgh 42(1): 65, ills. (p. 62), 1984). **T:** Türkei, Muş (*Rechinger* 53924 [E, W]). – **D:** NE Türkei; felsige, vulkanische Hänge, 1500 m; nur von der Typaufsammlung bekannt.

[1] Kleine, einjährige Kräuter; **Tr** aufrecht, einfach, 5 - 10 cm, ohne sterile Zweige; **Blä** wechselständig, länglich linealisch, 3.5 - 10 × 0.4 mm, halbstielrund, kahl; **Inf** ebensträussig, 14- bis 25-blütig; **Blü** 5-zählig, gestielt; **Sep** schmal dreieckig bis lanzettlich, 1.5 × 0.5 - 0.7 mm, ± spitz; **Pet** lanzettlich, zitronengelb, ± 6 mm, 4× so lang wie die **Sep**; **Fr** kahl, aufrecht.

Eng mit *S. nanum* verwandt, aber mit zahlreicheren Blüten pro Blütenstand, sowie mit längeren Kronblättern. 't Hart & Alpinar (2000: 132) behandeln das Taxon als Synonym von *S. assyriacum*. – [U. Eggli]

S. catorce G. L. Nesom (Phytologia 79(4): 264, 1996). **T:** Mexiko, San Luis Potosí (*Clausen* 772028 [CU, ENCB?, MEXU?]). – **D:** Mexiko (San Luis Potosí: bei Real de Catorce); Quarzitklippen, 2620 m; nur von der Typaufsammlung bekannt.

Incl. *Sedum parvum* ssp. *dendroides* R. T. Clausen (1978).

[1] Aufrechte bis halbaufrechte (selten etwas hängende), ausdauernde Halbsträucher, 10 - 25 cm hoch, etwas glauk; **Wu** vermutlich knollig; **Tr** stark verholzt, rötlich, winzig warzig, nicht glänzend; **Blä** alle von ähnlicher Grösse, lanzettlich-länglich, flach aber mit geschwollener Basis, (3-) 3.5 - 5 × 1.3 - 2 mm, dunkelgrün mit auffallenden, weissen Rändern, Aderung meist deutlich sichtbar; blühende **Tr** und **Blü** wie bei *S. parvum*; **Pet** aufrecht bis ausgebreitet oder zurückgeschlagen, 6 - 7 mm, gelb.

Ein weiteres Glied der *S. parvum*-Gruppe (Nesom & Turner 1996). – [U. Eggli]

S. celatum Fröderström (Acta Horti Gothob. 7(Appendix): 114-115, figs. 938-948, t. 64, 1932). **T:** China, Gansu (*Hummel* 4111 [S]). – **D:** China (S Gansu, E Qinghai); Hänge, 2900 - 4200 m.

[1] Vermutlich einjährige Kräuter; **Blä** wechselständig, lanzettlich bis fast eiförmig, spitz zulaufend, gespornt, 5 - 7 mm; blühende **Tr** niederliegend oder kriechend bis aufrecht, aus der Basis reich verzweigt, 3 - 8 cm hoch; **Inf** lockere, wenigblütige Ebensträusse; **Bra** breit linealisch, spitz zulaufend, 2 - 2.5 mm; **Blü** 5-zählig; **Sep** breit sitzend, fast eiförmig, lang spitz zulaufend, 3 - 4 mm; **Pet** frei oder wenig vereinigt, lanzettlich bis länglich, spitz, gelb, ± 4 mm; **NSch** gestielt, zur Spitze verbreitert, leicht ausgerandet; **Gr** kurz; **Fr** wenigsamig; **Sa** eiförmig, netzig-papillös.

S. celatum fa. **calcaratum** K. T. Fu (Bull. Bot. Res., Harbin 7(1): 69, 1987). **T:** China, Qinghai (*Hao* 1025 [PE]). – **D:** China (Qinghai); 3600 - 4000 m.

Incl. *Sedum wuianum* K. S. Hao (1938).

[1] **Sep** auffällig gespornt.

S. celatum fa. **celatum** – **D:** China (S Gansu); ± 3000 m.

[1] **Sep** ohne Sporn oder Sporn undeutlich.

S. celiae Hamet (Bull. Acad. Int. Géogr. Bot. 23: 67-68, 1913). **T:** China, Yunnan (*Maire* 6735 [Herb. Diels [B ?]]). – **D:** China (NW Yunnan); Felsen in Tälern, 2600 - 3000 m. **I:** Fröderström (1931: 52, t. 32); Byalt (2001a: 32).

Incl. *Sedum bonapartei* Hamet (s.a.) (*nom. inval.*, Art. 32.1c).

[1] Mehrjährige Kräuter mit kriechenden und wurzelnden Ausläufern; **Blä** wechselständig, ziegelig, schmal dreieckig, spitz zulaufend, 3 - 8 mm, mit einem 3-lappigen, stumpfen Sporn; blühende **Tr** aufsteigend oder aufrecht, stark verzweigt, 3 - 9 cm hoch; **Inf** lockere Ebensträusse oder selten 1-blütig; **Blü** 5-zählig; **Sep** basal frei, halblanzettlich, spitz zulaufend, 3.5 - 6.5 mm; **Pet** basal vereinigt, breit lanzettlich, mit kurzem, aufgesetztem Spitzchen, gelblich, 4 - 6 mm; **NSch** breit linealisch-spatelig, stumpf oder ausgerandet; **Sa** länglich, genetzt.

S. cepaea Linné (Spec. Pl. [ed. 1], 431, 1753). **T:** BM [lecto: Herb. Clifford p. 177, Sedum 5]. – **Lit:** Jalas & al. (1999: 119). **D:** C und S Europa (excl. Iberische Halbinsel), W Türkei, N Afrika; schattige Stellen, meist auf Kalk, bis 1500 m. **I:** Lippert (1995: 111).

Incl. *Cepaea caesalpini* Fourreau (s.a.); **incl.** *Sedum paniculatum* Lamarck (1778); **incl.** *Sedum galioides* Pourret (1785) ≡ *Sedum cepaea* var. *galioides* (Pourret) Rouy (1901); **incl.** *Sedum spathulatum* Waldstein & Kitaibel (1805); **incl.** *Sedum tetraphyllum* Sibthorp & Smith (1809); **incl.** *Sedum calabrum* Tenore (1831); **incl.** *Sedum strictum* K. Koch (1847); **incl.** *Sedum heptapetalum* Raulin (1869) (*nom. illeg.*, Art. 53.1); **incl.** *Sedum amani* Post (1893); **incl.** *Sedum cepaea* var. *gracilescens* Maire & Weiller (1939); **incl.** *Sedum schwarzii* Werdermann (1939).

[1] Drüsenhaarige Kräuter, ein- oder zweijährig (meist monocarp aber vielleicht manchmal mehrjährig), flache **Ros** bildend; **Blä** in Wirteln zu 4, breit elliptisch bis verkehrt eiförmig oder verkehrt lanzettlich-spatelig, gestielt oder fast sitzend, flach, gerundet, spärlich flaumhaarig oder kahl, oft rötlich, bis 3 cm lang; blühende **Tr** aufrecht, einfach, selten von der Basis verzweigt, mit wechselständigen, flaumhaarigen **Blä**; **Inf** offene oder dichte Rispen, 15 - 40 cm, aus zahlreichen, meist gabeligen und wenigblütigen Wickeln zusammengesetzt; **Bra** klein; **Ped** (1-) 3 - 5 mm; **Blü** 5-zählig; **Sep** breit sitzend, basal leicht vereinigt, lanzettlich-elliptisch, ziemlich spitz, ± 2 mm; **Pet** frei oder basal wenig vereinigt, lanzettlich oder eiförmig, grannenspitzig, weiss, selten ± rosa, oft mit rotem, flaumhaarigem Kiel, ± 5 mm; **Fil** weiss; **Anth** rot, selten gelb; **NSch** dreieckig-keilförmig bis spatelig, gezähnt, gelblich; **Fr** aufrecht, längs gefurcht, weisslich; **Sa** eiförmig, hellbraun, gerippt. – 2n = 20, 22, 44.

Alle anatolischen und einige griechische Pflanzen zeigen eine dysploide Chromosomenzahl von 2n = 20. In dieser Gegend ist auch eine Form mit dichten, schmalen Blütenständen recht häufig, aber die beiden Merkmale sind nicht korreliert.

S. cepaea ist der Typ von Ser. *Cepaea*. *S. lampusae*, *S. microstachyum* und *S. cyprium*, die ebenfalls in diese Sektion gestellt werden, sind ähnlich. Ein Vorkommen auf Kreta wurde kürzlich von Deschâtres & Greuter (2001) erwähnt.

S. chauveaudii Hamet (Notul. Syst. (Paris) 1: 137-139, 1910). **T:** China, Yunnan (*Delavay* s.n. [P]). – **D:** Nepal, China (NW Guizhou, SW Sichuan, E Yunnan); Felsen in Wäldern, schattige Ufer, sonnige Hänge, Felsritzen in der alpinen Zone; 1700 - 3800 m. **I:** Fröderström (1931: 54, t. 34); Fu & Fu (1984: t. 27).

Incl. *Sedum chauveaudii* var. *chauveaudii*; **incl.** *Sedum margaritae* Hamet (1910) ≡ *Sedum chauveaudii* var. *margaritae* (Hamet) Fröderström (1929); **incl.** *Sedum triphyllum* Praeger (1921) (*nom. illeg.*, Art. 53.1); **incl.** *Sedum chauveaudii* var. *genuinum* Hamet (1929) (*nom. inval.*, Art. 24.3).

[1] Mehrjährige Kräuter mit langen und schlanken, wurzelnden **Tr**, 3 - 10 cm lang; **Blä** in Wirteln zu 3 oder manchmal wechselständig, basal ausdauernd, spatelig oder fast gestielt erscheinend, ziemlich stumpf, mit einem schmalen, stumpfen oder manchmal 2-spaltigen Sporn, gewarzt, 6 - 20 mm; blühende **Tr** aufsteigend, zur Spitze papillös, 10 - 20 cm hoch; **Inf** breite, etwas lockere Ebensträusse; **Blü** 5-zählig; **Sep** basal frei, kurz gespornt, ungleich, breit linealisch-spatelig, gerundet, gewarzt, 6.5 - 8 mm; **Pet** basal für bis 1.5 mm vereinigt, lanzettlich bis länglich, etwas mit aufgesetztem Spitzchen, zur Basis verschmälert, gelblich, 8 - 12 mm; **NSch** quadratisch, zur Spitze leicht verbreitert; **Gr** kurz; **Fr** aufrecht oder etwas spreizend, manchmal entlang der Bauchnaht mit schmalen Lippen; **Sa** eiförmig, netzig-papillös.

S. margaritae unterscheidet sich durch wechselständige Blätter und stärker aufrechte Balgfrüchte. Fröderström (1930) und Fu & Fu (1984) betrachteten es als Varietät von *S. chauveaudii*, aber die Bedeutung dieser Merkmale scheint sogar für eine Abtrennung auf der Ebene einer Varietät beschränkt zu sein.

S. chihuahuense S. Watson (Proc. Amer. Acad. Arts 23: 273, 1888). **T:** Mexiko, Chihuahua (*Pringle* 1240 [US ?, NY]). – **D:** Mexiko (Chihuahua: Sierra Madre Occidental). **I:** Fröderström (1936a: 124, t. 84).

≡ *Altamiranoa chihuahuensis* (S. Watson) Rose (1903) ≡ *Villadia chihuahuensis* (S. Watson) H. Jacobsen (1958).

[1] Mehrjährige Kräuter mit knolliger **Wu** und schlanken, aufrechten **Tr**, unten einfach, darüber verzweigt, 9 - 12 cm hoch; **Blä** wechselständig, lanzettlich bis länglich, stumpf, breit gespornt, 2 - 5 mm; blühende **Tr** aufrecht; **Inf** ausgebreitete Cymen mit gabelig verzweigten Zweigen; **Blü** 5-zählig, fast sitzend; **Sep** basal frei, ziemlich lang und schmal gespornt, ungleich, länglich, stumpf, dünn, 4 - 5 mm; **Pet** basal wenig vereinigt, breit linealisch verkehrt lanzettlich, stumpf, sehr dünn und in den oberen Teilen wellig, weiss, ± 6 mm; **NSch** gestielt-spatelig, breit, stumpf; **Sa** eiförmig, netzig-papillös.

S. chingtungense K. T. Fu (Acta Phytotax. Sin. 12(1): 67, t. 10: 1-9, 1974). **T:** China, Yunnan (*Hsu* 3574 [KUN]). – **D:** China (WC Yunnan); bei Brunnen, ± 2100 m. **I:** Fu & Fu (1984: t. 26).

[1] Meist kleinere, aufrechte oder niederliegende, einjährige Kräuter bis 15 cm hoch; **Blä** wechselständig, wenige, etwas leierförmig, stumpf, stumpflich gespornt, 4 - 8 mm; **Inf** dichte, wenigblütige Cymen, manchmal nur mit 1 **Blü**; **Blü** 5-zählig; **Sep** basal frei, kurz gespornt, schmal länglich bis verkehrt lanzettlich-länglich, stumpf, 4.5 - 6 × ± 1.5

mm; **Pet** breit sitzend, basal wenig vereinigt, fast eiförmig, stumpf, zur Basis verschmälert, gelb, ± 6 mm; **NSch** linealisch, zur Spitze breiter, ausgerandet; **Gr** kurz; **Fr** fast aufrecht oder spreizend; **Sa** verkehrt eiförmig, netzig-papillös.

S. chloropetalum R. T. Clausen (CSJA 20: 53-54, ill., 1948). **T:** Mexiko, Oaxaca (*Clausen* C45-50 [CU]). – **D:** Mexiko (Oaxaca). **Fig. XXXIII.c**

[1] Ausdauernde Halbsträucher mit ausgebreiteten, grauen, papillösen **Tr**, bis 1 m hoch; **Blä** wechselständig, gerundet, breit gespornt, gelblich grün, manchmal spitzenwärts entlang der Ränder purpurn, 3 - 29 × 2.5 - 8 mm; **Inf** Cymen mit 2 Zweigen, die sich nach der Anthese weiter verlängern und neue, beblätterte, blühende **Tr** bilden; **Bra** spatelig bis elliptisch-länglich, 4 - 11 mm; **Blü** 5-zählig, sitzend oder gestielt; **Sep** ungleich, länglich, stumpf, 2.5 - 6.5 × 1 - 2.5 mm; **Pet** elliptisch-lanzettlich, spitz, rinnig, gelblich grün mit purpurnen Streifen und purpurner Basis, 5 - 6 mm; **Fil** tiefrot; **Anth** rot; **NSch** quer länglich, gelb. – 2n = 58.

S. chrysicaulum J. A. McDonald (Sida 14(3): 315-319, ill., 1991). **T:** Mexiko, Nuevo León (*McDonald & Mayfield* 2556 [TEX, MEXU, NY, UAT]). – **Lit:** Nesom & Turner (1996). **D:** Mexiko (C-S Nuevo León, SE Coahuila); subalpine bis alpine Wiesen, 3400 - 3800 m.

[1] Kahle, mehrjährige Kräuter mit glatten, aufsteigenden, goldschimmernden **Tr**, aus der Basis verzweigt; **Blä** schmal verkehrt lanzettlich-länglich, stumpf, flach, an der **Tr**basis 5 - 6 mm lang, an den oberen **Tr**teilen 7 - 10 mm lang, 2 - 3 mm breit, grün mit auffallenden, roten Punkten; blühende **Tr** 5 - 9 cm; **Inf** kompakte, wenigblütige Cymen; **Blü** 5-zählig; **Sep** breit lanzettlich, dick lederig, 4 - 5 × 1.5 - 2 mm, hellgrün; **Pet** schmal elliptisch oder lanzettlich, 5 - 8 mm, gelb mit auffälligen, kurzen, roten Längsstrichen, aufrecht; **Fil** gelb; **Anth** gelb; **Gr** ± 2 mm; **Fr** weit spreizend, 7 - 9 mm, rötlich; **Sa** schmal ellipsoid, 0.7 - 1 × ± 0.5 mm breit, braun, glänzend, dicht netzig-papillös.

Ein weiteres Taxon der *S. parvum*-Gruppe (Nesom & Turner 1996). – [H. 't Hart, B. Bleij & U. Eggli]

S. chuhsingense K. T. Fu (Bull. Bot. Res., Harbin 7(1): 68-70, ills., 1987). **T:** China, Yunnan (*Xie* 124 [HNWP]). – **D:** China (C Yunnan). **I:** Fu (1987).

[1] Mehrjährige Kräuter; **Blä** in Wirteln zu 4, linealisch-spatelig, spitz, mit gerundetem oder bisweilen gelapptem Sporn, 4 - 16 × 1.5 - 2 mm; blühende **Tr** aufrecht, fleischig, mit quadratischen Knoten, 8 - 10 cm hoch; **Inf** vielblütige Cymen mit bis zu 4 Wickeln; **Blü** 5-zählig, sitzend; **Sep** breit sitzend, basal wenig vereinigt, breit eiförmig bis halblänglich, ± 1.5 × 1.2 mm; **Pet** lanzettlich, mit kurzem, aufgesetztem Spitzchen, Spitzen wenig zurückgebogen; **NSch** länglich spatelig, gestutzt; **Gr** lang; **Fr** fast aufrecht; **Sa** eiförmig.

Ähnelt im Wuchs den Arten der Ser. *Japonica* und *S. anhuiense*.

S. churchillianum Robyns & Boutique (Bull. Jard. Bot. État 17: 313-315, ills., 1945). **T:** Zaïre (*Bequaert* 4511 [BR]). – **D:** E Afrika (Äthiopien, Uganda, Zaïre); bodenbewohnend oder epiphytisch in Hochlandheiden und Mooren, 3000 - 3450 m.

Incl. *Sedum erlangerianum* Engler (1907).

[2] Kahle Halbsträucher mit auffällig verholzten, aufrechten oder niederliegenden, spärlich verzweigten **Tr** bis 60 cm hoch; **Blä** in Wirteln zu 3, fast sitzend, länglich elliptisch bis länglich eiförmig, 15 - 30 × 7 - 14 mm, stumpf, flach; **Inf** vielblütige, ebensträussige Cymen; **Bra Blä**artig aber kleiner; **Ped** 7 - 13 mm; **Blü** 5-zählig; **Sep** breit sitzend, basal für 1 mm vereinigt, dreieckig, 4 - 5 mm, spitz; **Pet** frei, länglich lanzettlich, 10 - 15 × 4 - 5 mm, spitz, gelb; **Fil** ± 10 mm, gelb; **Gr** zurückgebogen, 2.5 - 3 mm; **NSch** breit, gestutzt; **Fr** aufrecht; **Sa** länglich, braun, gerippt.

Eng mit *S. epidendrum* und *S. mooneyi* verwandt. Gemäss der Beschreibung ist *S. erlangerianum* (hier vorläufig als Synonym eingeschlossen, aber mit Priorität über *S. churchillianum*) abgesehen von den kürzeren, nur 3 - 4 mm langen Blütenstielen sehr ähnlich wie *S. churchillianum*. Die Typaufsammlung von *S. erlangerianum* von Ladjo, Bale-Region, Äthiopien, wurde jedoch zerstört und es ist kein weiteres Material bekannt. Neuere Aufsammlungen aus Äthiopien (Bale-, Shewa- und Sidamo-Region) wurden von Gilbert (1985) und Wickens (1987) alle als *S. churchillianum* bestimmt.

S. cilicicum Kit Tan & Vural (Notes Roy. Bot. Gard. Edinburgh 42(1): 65, 1984). **T:** Türkei, Konya (*Vural* 614 [ANK]). – **D:** S Türkei (Kilikischer Taurus); offener Busch, ± 1100 m.

[1] Einjährige Kräuter, völlig kahl und rosarötlich übertönt; **Tr** aufrecht, einfach, 6 - 9 cm, ohne sterile Zweige; **Blä** wechselständig, sitzend, entlang der Achse voneinander entfernt, schmal eiförmig, 3 - 4 mm, fast stielrund und fleischig, stumpf, gespornt; **Inf** 8- bis 9-zweigige Cymen, Zweige ährig erscheinend, 5- bis 9-blütig; **Blü** 5-zählig, sitzend; **Sep** eiförmig, 1.8 - 2 mm, stumpf; **Pet** eiförmig-lanzettlich, 2.6 - 4 mm, weiss mit rosafarbener Mittelrippe, spitz; **St** 5, mit den **Pet** abwechselnd; **Fr** kahl, aufrecht-ausstrahlend, 4- bis 5-samig; **Sa** birnenförmig, 1 mm, hellbraun.

Mit dem weit verbreiteten *S. litoreum* verwandt, von welchem das Taxon durch kleinere Blätter, reichblütigere Blütenstände, die Kronblattfarbe sowie ökologisch abweicht. – [U. Eggli]

S. clausenii Pérez-Calix (Acta Bot. Mex. 43: 1-5, ills., 1998). **T:** Mexiko, Guanajuato (*Pérez-Calix & Carranza* 3615 [IEB, CHAPA, ENCB, MEXU]). –

D: Mexiko (NE Guanajuato, S San Luis Potosí); Eichen-Kiefernwälder, an steilen Felswänden aus Ergussgestein, 1700 - 2300 m.

[1] Mehrjährige, zwergige Kräuter bis 15 cm hoch; **Tr** niederliegend bis hängend, kahl, sterile **Tr** an der Basis fertiler **Tr** sehr kurz und kompakt; **Blä** wechselständig, gedrängt und dicht ziegelig, spatelig, fast kreisrund bis breit eiförmig, 2 - 3.5 × 2 - 3 mm, gerundet, **Blä** der oberen **Tr**teile mit etwas stielartiger Basis, **Blä** der oberen Teile blühender **Tr** grösser und bis 6.5 - 16.5 × 4.5 - 5 mm; **Inf** endständige Cymen; **Ped** ± 6 mm; **Blü** 5-zählig; **Sep** lanzettlich, leicht ungleich gross, hellgrün; **Kr** 8 mm ⌀, leuchtend gelb; **Pet** frei, elliptisch, 4 × 1.5 - 2 mm; **NSch** fast quadratisch; **Ca** aufrecht, basal wenig vereinigt; **Sa** 0.3 mm, kaffeebraun.

Wird im Protolog mit *S. grandipetalum* und *S. greggii* verglichen. Das Taxon unterscheidet sich von beiden durch die deutlicher stielartige Blattbasis. – [U. Eggli]

S. clavatum R. T. Clausen (Sedum North Amer., 563, 1975). **T:** Mexiko, México (*Clausen* TMV-T-Tis 1 [CU]). – **D:** C Mexiko; nur vom Typfundort bekannt, Andesitklippen. **I:** Clausen (1959: 102, als *Sedum sp.*).

[1] Ausdauernde Halbsträucher, **Tr** stark verzweigt, glauk, ± 20 cm hoch; **Blä** wechselständig, keulig, elliptisch verkehrt lanzettlich oder verkehrt lanzettlich, stumpf, kurz gespornt, aufwärts gebogen, glauk, hellgrün, manchmal mit rotem, aufgesetztem Spitzchen, 13 - 63 × 10 - 29 mm; blühende **Tr** aufrecht, axillär; **Inf** pleiochasiale Cymen; **Ped** 3.6 - 6.5 mm; **Blü** 5-zählig; **Sep** basal vereinigt, sehr ungleich, keulig, verkehrt lanzettlich-länglich, gerundet, glauk, hellgrün, 5 - 8 × 1.6 - 4.2 mm, aufrecht; **Pet** elliptisch, spitz oder stumpf, mit winzigem, aufgesetztem Spitzchen, gekielt, weiss, ± 7 mm, ausgebreitet, leicht aufwärts gebogen; **Anth** dunkelrot; **NSch** nierenförmig bis fast quadratisch, gestutzt oder ausgerandet, weiss. – 2n = 66.

S. clavifolium Rose (CUSNH 13(9): 297, 1911). **T:** Mexiko, México (*Purpus* 1681 [US 399592]). – **D:** C Mexiko; alpine Vegetation, ± 3700 m. **I:** Fröderström (1936a: 59, t. 37); Clausen (1959: 209).

[1] Mehrjährige Kräuter mit verzweigten Rhizomen mit **Sch**artigen **Blä** und endständigen, vielköpfigen **Ros**; **Blä** wechselständig, spatelig oder verkehrt lanzettlich, gestielt, gerundet, basal verbreitert und stengelumfassend, 4.7 - 34 × 0.9 - 5 mm; blühende **Tr** aufsteigend, bis 14 cm; **Inf** Cymen mit monochasialen Zweigen; **Ped** ± 3.5 mm; **Blü** 5-zählig; **Sep** basal frei, kurz gespornt, ungleich, keulig verkehrt lanzettlich oder länglich, stumpf, grün, rot gefleckt, 2.4 - 7 × 1.1 - 3 mm; **Pet** frei, eiförmig, mit aufgesetztem Spitzchen, grünlich, rot gestreift, ± 3 mm, zuerst ausgebreitet, dann zurückgebogen; **Anth** gelb oder orange; **NSch** auffällig, bis 1.8 mm, fast quadratisch, Spitze ausgefranst, mit 2 vorstehenden Zähnen, dunkelrot, fein gelb gefleckt; **Fr** aufrecht, entlang der Bauchnähte mit kleinen Lippen; **Sa** ellipsoid-länglich, gelbbraun, genetzt. – 2n = 68 - 76.

S. cockerellii Britton (Bull. New York Bot. Gard. 3(9): 41-42, 1903). **T:** USA, New Mexico (*Cockerell* s.n. [US, NY]). – **D:** S USA (New Mexico), N Mexiko (Chihuahua); flache Böden, vorwiegend im Schatten, 1600 - 3200 m. **I:** Fröderström (1936a: 51, t. 26); Clausen (1975: 189). **Fig. XXXIII.e**

≡ *Cockerellia cockerellii* (Britton) A. Löve & D. Löve (1985); **incl.** *Sedum puberulum* S. Watson (1888) (*nom. illeg.*, Art. 53.1); **incl.** *Sedum wootonii* Britton (1903); **incl.** *Sedum anomoiosepalum* Fröderström (1936).

[1] Kahle, kleine, mehrjährige, büschelige Kräuter mit kurzen **Wu**stöcken mit winzigen **Ros**; **Blä** wechselständig, verkehrt eiförmig bis länglich spatelig, breit gerundet bis stumpf, flach, gespornt, sitzend, 3 - 5.8 × 1.6 - 3.3 mm, papillös, manchmal glauk, grün oder gelbgrün; blühende **Tr** aufrecht, 5.6 - 9.1 cm, manchmal nach oben papillös; **Inf** Cymen mit 2 oder 3 (-4) Zweigen; **Bra Blä**artig aber kleiner; **Ped** 1 - 3.5 mm; **Blü** 5-zählig; **Sep** basal frei, kurz gespornt, ungleich, lanzettlich-linealisch oder keulig-länglich, papillös, spitz oder stumpf, 4.7 - 11.9 × 1.4 - 2.6 mm, gelbgrün bis grün; **Pet** frei, selten leicht vereinigt, lanzettlich-elliptisch, stumpf und mit winzigem, feinspitzigem Anhängsel, weiss, rosa gestreift, ± 7 mm; **Fil** weiss; **Anth** braun; **NSch** quadratisch, gestutzt, ausgerandet, gelb oder cremeweiss; **Fr** aufrecht, hellbraun, mit spreizenden Schnäbeln; **Sa** ellipsoid-birnenförmig, rötlich braun, genetzt oder netzig-papillös. – 2n = 28, 30, 32, (34), 58, 64.

Die Synonymisierung von *S. wootonii*, das auf einer gemischten, auch *S. wrightii* umfassenden Aufsammlung beruht, folgt Clausen (1975: 198). – [H. 't Hart, B. Bleij & U. Eggli]

S. commixtum Moran & Hutchison (CSJA 52(4): 159-163, ills., 1980). **T:** Mexiko, Oaxaca (*MacDougall* B.188 [UC 1175225, SD]). – **D:** Mexiko (Oaxaca); 2600 - 3000 m. **Fig. XXXIII.h**

[1] Kahle, ausdauernde, glauke Halbsträucher, manchmal von Klippen herabhängend, mit mehreren, stielrunden **Tr** bis ± 3 mm ⌀, zuerst blau-glauk, später purpurrot oder bräunlich, ± 30 cm lang mit lockeren **Ros**; **Blä** wechselständig, verkehrt eiförmig-spatelig, gerundet bis breit stumpf, schwach feinspitzig, abgeflacht oder etwas stielrund, blauglauk, 20 - 30 × 11 - 17 mm, an blühenden **Tr** kürzer und breiter, ausgebreitet; blühende **Tr** aufrecht bis etwas aufsteigend, 30 - 50 cm, unten mit einigen basalen Zweigen, axillär; **Inf** kompakte Thyrsen mit 3 - 4 Zweigen; **Blü** 5-zählig, fast sitzend; **Sep** ungleich, eiförmig, schmal gerundet, aufwärts gebogen, ziemlich angedrückt, fast stielrund, 4 - 6 mm, aufrecht; **Kr** urnenförmig; **Pet** vereinigt, eiförmig,

spitz, mit stumpfem, aufgesetztem Spitzchen, 5 - 6 mm, zurückgebogen; **Fil** spitzenwärts rötlich; **Anth** trübgelb, rot gefleckt; **Gr** ± 1.5 mm; **NSch** gestutzt, gelblich. − 2n = 68.

S. compactum Rose (CUSNH 13(9): 297, pl. 53, 1911). **T:** Mexiko, Oaxaca (*Purpus* s.n. [US 574880]). − **D:** Mexiko (Oaxaca); Felsen, 2100 - 2400 m.

[1] Winzige, kriechende, mehrjährige Kräuter mit kleinen, gebüschelten **Tr** und endständigen, kompakten **Ros**, dichte, moosartige Teppiche bildend; **Blä** eng ziegelig, wechselständig, schmal länglich, stumpf, manchmal gespornt, abgeflacht, 3 - 5 mm, kahl, fleischig, grün; blühende **Tr** aufsteigend oder aufrecht, 3 - 4 cm; **Inf** als endständige, einzelne **Blü**; **Bra** länglich, 2 - 3 mm; **Blü** 5-zählig, sitzend; **Sep** breit sitzend, basal frei, wenig ungleich, breit verkehrt eiförmig bis kreisrund, kurz feinspitzig, 2 - 3 mm; **Pet** basal wenig vereinigt, breit eiförmig, ziemlich stumpf, mit angedeutetem, aufgesetztem Spitzchen, ± 4 mm, weiss; **NSch** breiter als lang, fast flach; **Sa** eiförmig, netzig-papillös. − 2n = 120.

S. compressum Rose (CUSNH 12(10): 440, t. 80, 1909). **T:** Mexiko, Tamaulipas (*Palmer* s.n. [US 573870]). − **D:** Mexiko (Tamaulipas); 300 m. **I:** Fröderström (1936a: t. 3-4). **Fig. XXXIV.a**

[1] Kahle, mehrjährige Kräuter oder Halbsträucher, ± niederliegend, an den Knoten wurzelnd, 15 - 20 cm hoch; **Blä** eng stehend, wechselständig, spatelig bis verkehrt lanzettlich, eiförmig, spitz, flach, 25 - 30 × 10 - 12 mm, glauk, ausgebreitet; blühende **Tr** aufrecht oder aufsteigend; **Inf** rispige Cymen mit 2 oder 3 Trauben; **Blü** 5-zählig, fast sitzend; **Sep** breit sitzend, kurz gespornt, leicht ungleich, eiförmig bis lanzettlich, ziemlich spitz, 4 - 6 mm; **Pet** basal frei, lanzettlich bis länglich, spitz, mit schmalem, aufgesetztem Spitzchen, leuchtend gelb, ± 7 mm, ausgebreitet; **NSch** etwas spatelig-quadratisch, leicht ausgerandet, klein, flach; **Gr** ziemlich lang; **Fr** fast aufrecht bis spreizend, etwas eiförmig, entlang der Bauchnähte mit Lippen; **Sa** etwas eiförmig, netzig-papillös.

S. concarpum Fröderström (J. Washington Acad. Sci. 25: 122, 1935). **T:** China, Yunnan (*Rock* 5826 [US]). − **D:** China (SW Hubei, SW Yunnan); alpine Wiesen, 2800 - 3400 m. **I:** Fröderström (1936a: 166, t. 113).

Incl. *Sedum concarpum* var. *hupehense* S. H. Fu (1965).

[1] Mehrjährige Kräuter mit niederliegenden und wurzelnden, dicht beblätterten **Tr**, 3 - 5 cm lang; **Blä** fast kreisrund oder verkehrt eiförmig, stumpf oder gerundet, lang gestielt, fein warzig, 5 - 25 mm; blühende **Tr** bis 9 cm hoch; **Inf** dichte Ebensträusse, teilweise von den obersten **Blä** bedeckt; **Bra** Bläartig; **Blü** 5-zählig; **Sep** breit sitzend, verkehrt lanzettlich, ziemlich stumpf, an der Spitze fein warzig, ± 5 mm; **Pet** basal frei, lanzettlich, stumpf, gelb, 7 - 8 mm; **Gr** lang; **NSch** linealisch-spatelig, gerundet, dick, rötlich; **Fr** aufrecht, für 3 mm vereinigt; **Sa** etwas eiförmig, genetzt.

Die var. *hupehense* wird provisorisch in die Synonymie gestellt. − [H. 't Hart, B. Bleij & U. Eggli]

S. confertiflorum Boissier (Diagn. Pl. Orient. 1(3): 15, 1843). **T:** K. − **D:** NE Griechenland incl. ostägäische Inseln, Türkei (W und C Anatolien); Lavageröll und Felsen, bis 900 m.

[1] Winzige, einjährige Kräuter, 2 - 8 (-10) cm hoch, kahl, aufrecht; **Tr** einfach oder verzweigt, unter der **Inf** dicker werdend; **Blä** länglich, (halb-) stielrund, wechselständig, ziegelig, 4 - 6 (-10) mm; **Inf** ebensträussig, stark gedrängt, mit (5-) 10 - 20 fast sitzenden **Blü**; **Blü** 5-zählig; **Sep** für ½ - ⅔ ihrer Länge vereinigt, 1 - 1.5 mm, stumpf, **Dr**haarig; **Pet** weiss, 3 - 4 mm; **Ca** kahl, aufrecht, drüsig-papillös; **Gr** ziemlich lang.

S. sorgerae hat ähnlich verwachsene Kelchblätter und wird von 't Hart & Alpinar (2000: 132) auch entsprechend als Synonym hierher gestellt. − [U. Eggli]

S. confusum Hemsley (Diagn. Pl. Nov. Mexic. 10, 1878). − **D:** Mexiko; nur aus Kultur bekannt.

[1] Ausdauernde Halbsträucher bis 60 cm hoch; **Blä** wechselständig, spatelig, gerundet, kurz gespornt, selten ausgerandet, glänzend grün, 20 - 60 × 12 - 17 mm; blühende **Tr** aufrecht oder aufsteigend, axillär, ± 5 cm; **Inf** dichte Cymen oder Rispen (locker ebensträussig gemäss Fröderström (1936a: 9)). **Blü** 5-zählig, fast sitzend; **Sep** basal wenig vereinigt, kurz gespornt, ungleich, eiförmig, stumpf bis spitz, grün, ± 1.2 × 1 mm, aufrecht; **Pet** frei, länglich bis lanzettlich, spitz bis ziemlich stumpf, mit aufgesetztem Spitzchen, orange-gelb, ± 5.5 mm; **NSch** etwas spatelig-quadratisch, weisslich; **Fr** weit spreizend; **Sa** etwas eiförmig, genetzt.

Mit *S. aoikon* verwandt und oft damit verwechselt (Clausen 1959; Clausen 1975: 561).

S. conzattii Rose (Bull. New York Bot. Gard. 3(9): 42-43, 1903). **T:** Mexiko, Oaxaca (*Conzatti & Gonzalez* 495 [US]). − **D:** Mexiko (Oaxaca); ± 2300 m. **I:** Fröderström (1936a: 30, t. 19).

[1] Wenig verzweigte, mehrjährige Kräuter oder Halbsträucher mit schlanken, fast aufrechten **Tr**, in den oberen Teilen dicht papillös, 3 - 40 cm hoch; **Blä** wechselständig, etwas spatelig-länglich, gerundet oder stumpf, warzig, 10 - 30 mm; blühende **Tr** aufrecht; **Inf** kurze Rispen oder lockere Ebensträusse; **Bra** lanzettlich, stumpf, papillös; **Blü** 5-zählig, kurz gestielt; **Sep** sitzend, basal wenig vereinigt, ungleich, länglich bis eiförmig, stumpf, papillös, 2 - 3 mm, fast aufrecht; **Pet** basal wenig vereinigt, breit lanzettlich, spitz, basal verschmälert, entlang der Mittelrippe papillös, weiss oder ± purpurn, 6 - 7

mm, leicht ausgebreitet; **NSch** sehr kurz, breit nierenförmig, dick; **Gr** sehr lang und schlank, ± 6 mm.

S. copalense Kimnach (CSJA 68(5): 241-244, ills., 1996). **T:** Mexiko, Sinaloa (*Baker & al.* 7194c [HNT, MEXU]). – **D:** Mexiko (Sinaloa); schattige Flächen von Felsklippen, c. 500 m.

[1] Mehrjährige Kräuter; einjährige, vegetative **Tr** aus der Basis der vorjährigen **Tr** erscheinend, bogig bis niederliegend, 5 - 25 cm, Achse 4 - 5 mm dick, zur Spitze verdickt, bräunlich gelblich bis rötlich, nicht bemehlt; **Blä** leicht abfallend, wurzelnd und neue Pflanzen bildend, verkehrt eiförmig, stumpf, selten winzig feinspitzig, hellgrün, nicht glauk, an sterilen **Tr** halbwegs ziegelig und 10 - 15 × 6 - 7 mm; blühende **Tr** endständig, locker, **Blä** deutlich voneinander entfernt, 20 - 28 × 6 - 10 mm; **Inf** diffus rispig mit 5 - 10 Hauptzweigen, welche sich weiter verzweigen; **Ped** 1.5 - 2 mm; **Blü** 5-zählig; **Sep** elliptisch, ± 2.5 × 1 mm, hellgrün; **Pet** sternförmig ausgebreitet oder etwas zurückgebogen, eiförmig-länglich, spitz, mit winziger, endständiger **Bor**, weiss, 4 - 5 × 2 mm; **NSch** rechteckig, ± 0.25 × 0.15 mm, stumpf, bräunlich grün; **Ca** aufrecht, 2 - 2.5 mm lang, ± 3 mm dick. – n = 18.

Gemäss Protolog eng mit *S. bellum* verwandt. – [H. 't Hart]

S. cormiferum R. T. Clausen (Sedum Trans-Mex. Volcanic Belt, 216-217, ill., 1959). **T:** Mexiko, México (*Clausen* 4 [CU]). – **D:** C Mexiko.

[1] Zweijährige Kräuter mit winzigen, einen kleinen, unterirdischen Caudex bildenden **Ros**; **Blä** (von Sämlingen) wechselständig, elliptisch, eiförmig oder kreisrund, 16 - 32 × 5 - 8 mm, am Ende der ersten Vegetationsperiode vertrocknend; blühende **Tr** aufrecht oder aufsteigend, papillös, rötlich braun oder grünlich, manchmal verzweigt, **Blä** verkehrt lanzettlich oder spatelig, stumpf, gestielt, etwas länger und schmäler als die **Blä** der **Ros**; **Inf** Cymen mit 3 rispigen Zweigen; **Ped** 2.6 - 8 mm, dunkelrot; **Blü** (4- bis) 5- (bis 6-) zählig; **Sep** basal frei, gespornt, ungleich, keulig verkehrt lanzettlich, gerundet oder gestutzt, 2.9 - 8.5 × 1 - 3.2 mm, ausgebreitet; **Pet** frei, lanzettlich oder eiförmig, kapuzenförmig, grünlich weiss, rosa gestreift, ± 3 mm, zuerst ausgebreitet, später zurückgebogen; **Anth** gelb; **NSch** länglich, ausgerandet, manchmal gesägt oder doppelt ausgerandet, ± 1.8 mm, dunkelrot mit hellgelb; **Fr** aufrecht, entlang der Bauchnähte mit kleinen Lippen; **Sa** birnenförmig, grubig, braun, genetzt. – 2n = 28.

S. correptum Fröderström (in Handel-Mazzetti, Symb. Sin. 7: 409, 1931). **T:** China, Sichuan (*Handel-Mazzetti* 2674 p.p. [W]). – **D:** China (Sichuan, Yunnan), Bhutan; felsige Hänge, 3500 - 4300 m. **I:** Fröderström (1931: 39, t. 19).

[2] Mehrjährige Kräuter; **Tr** aus einer kurzen, holzigen Basis, zahlreich, dicht gebüschelt, aufrecht, manchmal dicht warzig, 0.5 - 1 cm hoch; **Blä** wechselständig, dicht ziegelig, gestielt, spatelig bis schmal eiförmig oder verkehrt eiförmig, stumpf, dicht warzig oder papillös, 2 - 6 mm; blühende **Tr** aus der Basis erscheinend, aufrecht oder aufsteigend, schlank, einfach, glatt, ± 2.5 cm lang; **Inf** 1-blütig oder bis 5-blütige Trauben; **Bra Blä**artig; **Ped** 0.6 - 1.5 mm; **Blü** 5-zählig, mit nur 5 **St**; **Sep** breit sitzend, basal vereinigt, halbeiförmig, stumpf, 1.5 mm; **Pet** länglich, zur Basis verschmälert, stumpf, grünlich, ± 3 mm; **Anth** rot; **NSch** sehr lang, schmal linealisch-spatelig, stumpf, ± 1.5 mm; **Fr** aufrecht, 2-samig; **Sa** etwas länglich, vermutlich gerippt.

Von Fu & Fu (1984) zur Sect. *Filipes* (Fröderström) S. H. Fu gezählt und als Verwandte von *S. elatinoides* und *S. filipes* betrachtet.

S. corymbosum Grossheim (Vestn. Tiflissk. Bot. Sada 3-4: 171, 1916). **T** [syn]: Aserbaidschan, Nachitschevan (*Woronow* s.n. [LE]). – **D:** Aserbaidschan (Nachitschevan, Swant), Russland (Dagestan); trockene Kalkfelsen, untere Bergzone, Blüten Mai bis Juni. **I:** Grossheim (1950: t. 31: fig. 8).

[1] Einjährige Kräuter, drüsig-flaumhaarig, im oberen ½ verzweigt, 5 - 15 cm hoch; **Blä** sitzend, wechselständig, 10 - 15 mm lang, stielrund, stumpf; blühende **Tr** aufrecht; **Inf** symmetrische Ebensträusse; **Blü** (3- bis) 5- (bis 6-) zählig; **Ped** ± 4 mm, aufrecht; **Sep** dreieckig oder eiförmig, 1 - 1.5 mm, spitz; **Pet** linealisch-lanzettlich, grünlich weiss (nach der Blütezeit rötlich werdend), 3.5 - 4.5 mm; **St** kürzer als die **Pet**; **Anth** dunkelviolett; **NSch** klein, Spitze unregelmässig gezähnt; **Fr** aufrecht, basal für ⅓ - ½ vereinigt, schmal lanzettlich, 4.5 - 5 mm, oft rötlich-glauk; **Sa** länglich, ± 0.5 mm, bräunlich.

Mit *S. pallidum* verwandt und durch die regelmässiger ebensträussigen Blütenstände, die lang gestielten Blüten, und zu ½ der Länge vereinigten Früchte zu unterscheiden. Das Taxon ist im Weiteren ähnlich wie *S. eriocarpum* (v.a. ssp. *orientale* und ssp. *porphyreum*) und *S. rubens*. – [V. V. Byalt]

S. corynephyllum Fröderström (Acta Horti Gothob. 10(Appendix): 16, ills., t. 9, 1936). **T:** Mexiko (*Purpus* s.n. [US ?]). – **D:** E Mexiko (Querétaro, Hidalgo). **Fig. XXXIV.b**

Incl. *Corynephyllum viride* Rose (1905) ≡ *Sedum viride* (Rose) A. Berger (1930) (*nom. illeg.*, Art. 53.1).

[1] Kahle, ausdauernde Halbsträucher, 20 - 40 cm hoch, reich verzweigt; **Blä** etwas ziegelig, wechselständig, verkehrt lanzettlich, stumpf, kurz gespornt, stielrund, 20 - 50 mm, ausgebreitet; **Inf** Rispen mit axillären, fast sitzenden **Blü**; **Sep** basal frei, kurz gespornt, ungleich, sehr gross, länglich bis eiförmig, stumpf, 4 - 8 mm; **Pet** basal frei, halbeiförmig, ziemlich stumpf, mit schmalem, aufgesetztem Spitzchen, ± 5 mm, grünlich gelb; **NSch** breit und

niedrig; **Gr** ziemlich breit und kurz. – 2n = 68, 136.

S. craigii R. T. Clausen (CSJA 15: 167-169, ills., 1943). **T:** Mexiko, Chihuahua (*Moran* 1478 [CU]). – **D:** Mexiko (Chihuahua). **Fig. XXXIV.c**

≡ *Graptopetalum craigii* (R. T. Clausen) R. T. Clausen (1981).

[1] Mehrjährige Kräuter mit niederliegenden, fleischigen **Tr**; **Blä** wechselständig, länglich elliptisch, stumpf, fast stielrund, fleischig, 20 - 50 × 9 - 22 mm, 5 - 8 mm dick, ± purpurn, glauk; blühende **Tr** aufrecht, axillär; **Inf** wenigblütige Ebensträusse; **Bra** linealisch, 2 - 4 mm; **Ped** 4 - 7 mm; **Blü** 5-zählig; **Sep** elliptisch-linealisch, ziemlich spitz, 4 - 5 mm, aufrecht; **Pet** länglich lanzettlich, spitz, basal verschmälert, 7 - 8 mm, weiss mit ± purpurner Strichelung, aufrecht, Spitzen zurückgebogen; **Anth** gelblich weiss; **NSch** verkehrt eiförmig-nierenförmig, ausgerandet, weiss. – 2n = 60.

S. crassularia Hamet (Candollea 4: 27, 1929). **T:** Äthiopien (*Schimper* 126 [B, NCY]). – **D:** E Afrika (Äthiopien, Kenya, Tanzania).

Incl. *Crassularia sediformis* Hochstetter ms. (s.a.) (*nom. inval.*, Art. 32.1c); **incl.** *Crassula sediformis* Schweinfurth (1867) ≡ *Sedum sediforme* (Schweinfurth) Hamet (1912) (*nom. illeg.*, Art. 53.1).

[2] Schlanke, niederliegende, kahle, einjährige Kräuter mit einfachen oder verzweigten **Tr**, bis 5 (-10) cm hoch; **Blä** wechselständig (untere **Blä** gegenständig), sitzend, dicht gedrängt, verkehrt eiförmig, 4 - 5 × 2 - 2.5 mm, stumpf, halbstielrund, blaugrün oder rot; **Inf** wenigblütige Cymen; **Ped** 2 - 2.5 mm; **Blü** 4- oder 5-zählig mit 8 oder 10 (selten 5) **St**; **Sep** breit sitzend, basal vereinigt, freie Spitzen dreieckig bis halbkreisrund, stumpf, 0.6 - 0.7 mm; **Pet** frei, breit eiförmig, 2 × 1.5 - 1.8 mm, stumpf, weiss, rosa oder ± purpurn; **Fil** 1.2 mm, basal den **Pet** für 0.1 mm angeheftet; **Anth** kugelig, ± 0.6 mm; **NSch** etwas zylindrisch-spatelig; **Gr** schlank, ± 0.5 mm; **Fr** 1- bis 3-samig, rundherum aufreissend, entlang einer äquatorialen Furche öffnend; **Sa** eiförmig, 1.4 mm, dunkelbraun, gerippt.

S. creticum C. Presl (Isis (Jena) 21: 273, 1828). **T** [lecto]: Griechenland, Kreta (*Sieber* s.n. [PRC 764, PRC, W]). – **Lit:** 't Hart (1989). **D:** Griechenland (Kreta, Karpathos).

≡ *Helladia cretica* (C. Presl) M. Král (1987).

[1] Ein- bis mehrjährige, **Dr**haarige, **Ros**bildende Kräuter, meist mit verdickter Pfahl**Wu**; **Blä** wechselständig, länglich spatelig, abgeflacht, sitzend oder mit einem falschen **Bla**stiel, stumpf oder ziemlich spitz, kahl, winzig bewarzt oder spärlich drüsig-flaumhaarig, grün oder glauk, bis 4 cm lang; blühende **Tr** aufrecht oder aufsteigend, meist einfach, drüsig-flaumhaarig, 3 - 15 (-20) cm; **Inf** schmale, dicht drüsig-flaumhaarige Rispen bis 10 cm hoch, aus zahlreichen, wenigblütigen, meist gabeligen Wickeln zusammengesetzt; **Bra** klein; **Ped** ± 1 mm; **Blü** 5- (bis 6-) zählig; **Sep** breit sitzend, basal leicht verwachsen, dreieckig-länglich, stumpf oder ziemlich spitz, ± 2 mm; **Pet** frei, lanzettlich, spitz, bräunlich oder grünlich weiss, rot überhaucht, 5 - 7 mm; **Fil** weisslich; **Anth** rot; **NSch** keilförmig, gezähnt; **Gr** ± 0.5 mm; **Fr** aufrecht, hellbraun oder braun, flaumhaarig; **Sa** eiförmig, hellbraun, gerippt. – 2n = 22.

Die Art gehört zur Ser. *Cepaea*. Sie umfasst 2 vikariierende Ökotypen, die sich bis zu einem gewissen Grad in der Höhenamplitude und der geographischen Verbreitung unterscheiden. Sie sind jedoch vollständig interfertil und stellen mit grösster Wahrscheinlichkeit nur unterschiedliche phänotypische Ausprägungen mit ähnlichen genetischen Grundlagen in unterschiedlichen Habitaten dar.

Gewöhnlich als *S. creticum* bezeichnete Pflanzen aus Libyen wurden als *S. cyrenaicum* beschrieben.

S. creticum var. **creticum** – **D:** Griechenland (E Kreta: Dhikti-Berge).

Incl. *Sedum hierapetrae* Rechinger fil. (1943) ≡ *Oreosedum hierapetrae* (Rechinger *fil.*) Grulich (1984) ≡ *Sedum creticum* var. *hierapetrae* (Rechinger *fil.*) 't Hart & Hagemann (1986).

[1] Mehrjährige Kräuter mit kurzen, verzweigten, monopodialen oder sympodialen, caudexbildenden, dichten Polstern aus kleinen **Ros**; blühende **Tr** endständig oder manchmal axillär.

S. creticum var. **monocarpicum** 't Hart (Taxon 38(4): 650, 1989). **T:** Griechenland, Kreta (*Heldreich* s.n. [G-BOIS]). – **D:** Griechenland (Kreta, Karpathos); tiefe Höhenlagen.

Incl. *Sedum creticum* Boissier & Heldreich (1849) (*nom. illeg.*, Art. 53.1); **incl.** *Sedum cretense* Maire (1977).

[1] Strikt monocarpe (zwei- oder einjährige) Kräuter mit flachen, einfachen **Ros**; blühende **Tr** aufrecht, endständig.

S. cupressoides Hemsley (Diagn. Pl. Nov. Mexic. 11, 1878). – **D:** Mexiko (Oaxaca); 2000 - 3000 m. **I:** Praeger (1921a: 245); Fröderström (1936a: 90, t. 57). **Fig. XXXIV.d**

[1] Kahle, mehrjährige Kräuter mit niederliegenden, reich verzweigten **Tr** bis 15 cm; sterile **Tr** 2 - 5 cm; **Blä** dicht ziegelig, angedrückt, wechselständig, eiförmig-rhomboid oder fast kreisrund, stumpf, sehr breit gespornt, fleischig, 1.5 - 2 × basal 1 - 2 mm; blühende **Tr** 5 - 10 cm; **Inf** 1- bis wenigblütig, dicht beblättert; **Blü** 5-zählig; **Sep** basal frei, breit gespornt, fast gleich, länglich bis eiförmig, stumpf oder stumpflich, 1.7 - 2.2 mm; **Pet** basal wenig vereinigt, etwas länglich, stumpflich, mit kurzem, aufgesetztem Spitzchen, gelb, 2 - 5 mm; **NSch** klein, wenig breiter als lang; **Gr** ziemlich lang; **Sa** eiförmig, netzig-papillös.

Fröderström (1936a: 89) erwähnte *S. muscoideum* als Synonym.

S. cuspidatum Alexander (CSJA 18(4): 52-53, ills., 1946). **T:** Mexiko, Chiapas (*MacDougall* s.n. [NY ?]). – **D:** Mexiko (Chiapas).

[1] Kahle Halbsträucher mit fleischigen, verzweigten **Tr**, im Alter niederliegend werdend, ± 25 cm lang; **Blä** wechselständig, schmal verkehrt eiförmig, mit stumpf aufgesetztem Spitzchen, gekielt, zur Basis hin glauk, ± 20 × 10 mm, ± 3 mm dick, hell gelbgrün; blühende **Tr** aufrecht, axillär; **Inf** kompakte Cymen; **Bra** aufrecht, schmal elliptisch, stumpf, ± 7 mm, in den oberen 5 cm der **Inf**; **Blü** 5-zählig, fast sitzend; **Sep** ungleich, verkehrt lanzettlich, ziemlich spitz, 3.5 - 5 mm; **Pet** spitz, feinspitzig-kapuzenförmig, rinnig, weiss, ± 7 mm, aufrecht, dann ausgebreitet; **Anth** ± purpurbraun; **NSch** verkehrt eiförmig, gestutzt-halbmondförmig, weisslich; **Fr** aufrecht. – $2n = 68$.

S. cymatopetalum Fröderström (Acta Horti Gothob. 10(Appendix): 83-85, fig. 619-628, t. 41, 1935). **T:** Bolivien, Potosi (*Hammarlund* 439 [S]). – **D:** Bolivien, N und C Argentinien; Hochlagen der Anden, 3000 - 4000 m. **I:** Zardini (1971: 104). **Fig. XXXIV.e**

[1] Kahle, mehrjährige Kräuter mit rübenförmiger oder knolliger **Wu** und 2 - 5 cm langen, sterilen **Tr**; **Blä** wechselständig, eiförmig oder fast kreisrund, stumpf, Spitze fein warzig, breit und stumpf gespornt, 4 - 5 mm; blühende **Tr** aufrecht, einfach oder wenig verzweigt, oft mit sterilen **Tr** in den **Blä**achseln, 3 - 12 cm; **Inf** endständige, verlängerte Rispen oder manchmal nur 1- bis 2-blütig; **Blü** fast sitzend; **Sep** basal frei, gespornt, ungleich, verkehrt lanzettlich bis länglich, stumpf, grün, rot punktiert, 4 - 5.5 mm, grösser als die **Pet**; **Pet** basal bis zu 1 mm vereinigt, breit eiförmig, stumpf, etwas mit aufgesetztem Spitzchen, Spitzen ausgenagt, weiss bis gelblich, ± 4 mm; **NSch** spatelig bis fast quadratisch, oben breit, leicht ausgerandet, flach; **Gr** breit und kurz; **Sa** eiförmig, genetzt.

S. cyprium A. K. Jackson & Turrill (BMI 1939: 476, 1939). **T:** Zypern (*Kennedy* 524 [K]). – **Lit:** Stephenson (1993: mit ill.). **D:** S Zypern; Ritzen in Felsen aus Ergussgesteinen (selten Kalk), 150 - 1600 m. **Fig. XXXIII.f**

[1] Monocarpe Kräuter, aufrecht, 9 - 15 (-35) cm, mit einer flachen, basalen, eher lockeren **Ros**; **Blä** zu Beginn der **Blü**zeit oder kurz danach vertrocknend, flach, breit spatelig, 3 - 6 × 1 - 2 cm, stumpf oder gerundet, im Schatten grün, in der Sonne rötlich, kahl, Ränder ganz, schmal trockenhäutig, **Tr**blätter zahlreich, flach, kürzer als die **Ros**blätter aber im Verhältnis breiter, dünn drüsig-flaumhaarig, sich als **Bra** in die unteren Teile der **Inf** fortsetzend; **Inf** meist unverzweigte, zylindrische bis schmal konische Rispen, 6 - 16 (-20) cm, Achse dicht drüsig; **Blü** sehr zahlreich aber weniger dicht stehend als bei *S. microstachyum*, 5-zählig, 3 - 4 mm gestielt; **Sep** bis fast zur Basis frei, eiförmig spitz zulaufend, drüsig, ± 1.5 × 0.8 mm; **Pet** schmal eiförmig spitz zulaufend, gekielt, ± 2.5 × 1 mm, rötlich oder grünlich; **Fil** zur Basis winzig papillös; **NSch** nicht beschrieben; **Ca** aufrecht, schmal eiförmig, kahl oder schwach drüsig, ± 1.8 mm, in den schlanken, 1 mm langen **Gr** verjüngt; **Fr** aufrecht, 2.5 - 3 mm; **Sa** zahlreich, länglich ellipsoid, ± 0.4 × 0.2 mm, mittelbraun, mit zahlreichen, engstehenden Längsrippen.

Mit *S. cepaea* und noch näher mit *S. lampusae* (und wie diese mit gleichermassen kahlen Rosettenblättern) und *S. microstachyum* (mit drüsig-flaumhaarigen Rosettenblättern) verwandt. – [U. Eggli]

S. cyrenaicum Brullo & Furnari (Webbia 34(1): 162-163, ills., 1979). **T:** Libyen, Cyrenaica (*Brullo & Furnari* s.n. [CAT]). – **D:** NE Libyen (Cyrenaica); schattige Felswände.

[1] Mehrjährige Kräuter, sprossend und zur **Blü**zeit mit sterilen **Ros**; **Ros** sitzend; **Blä** linealisch-spatelig, 12 - 22 × 3 - 5 mm, untere Teile drüsig-haarig; blühende **Tr** endständig, 3 - 15 cm, einfach oder basal verzweigt, **Blä** wechselständig oder selten fast quirlig, linealisch-spatelig bis eiförmig-länglich, 3 - 7 × 1.5 -3 mm; **Inf** aus 3- bis 6-blütigen Cymen bestehend; **Blü** 5-zählig; **Sep** 5 mm, aussen drüsig-haarig; **Pet** 4 × 1.2 mm, mit grünlicher Mitte und weissen Rändern, mit langem, aufgesetztem Spitzchen, mit 3 roten Adern, aussen drüsig-haarig; **NSch** nicht beschrieben; **Ca** 3 mm, Bauchseite drüsig-haarig; **Sa** nicht beschrieben.

Diese libyschen Pflanzen unterscheiden sich von *S. creticum* (zur Ser. *Cepaea* gehörig) nur zweifelhaft, hauptsächlich durch den mehrjährigen Wuchs und das Vorhandensein von sterilen Rosetten zur Blütezeit. – [U. Eggli]

S. daigremontianum Hamet (Bull. Soc. Bot. France 56: 234-236, 1909). **T:** China (*Wilson* 3632 [P]). – **D:** China (Sichuan, Gansu); auf Felsen und an Berghängen, 2300 - 4000 m.

[1] Mehrjährige oder einjährige Kräuter mit schlanken, aufrechten oder aufsteigenden, sterilen **Tr**; **Blä** wechselständig, (fast) ziegelig, angedrückt oder aufrecht, linealisch, spitz zulaufend, 4 - 13 mm, mit 3-lappigem Sporn; blühende **Tr** aufrecht oder aufsteigend, von der Basis aus stark verzweigt, 9 - 20 cm; **Blü** 5-zählig; **Sep** breit sitzend, leicht ungleich, schmal lanzettlich, spitz zulaufend; **Pet** für bis zu 1.5 mm vereinigt, lanzettlich bis länglich, mit langem, aufgesetztem Spitzchen, zerschlitzt, gelblich oder weiss; **NSch** linealisch-stielrund; **Fr** aufrecht oder etwas spreizend; **Sa** netzig-papillös.

Gemäss Fröderström (1931) eng mit *S. dumulosum* und *S. liciae* verwandt, aber das ist sehr unwahrscheinlich, und hier werden diese beiden Taxa als *Rhodiola* behandelt.

S. daigremontianum var. **daigremontianum** – **D:** China (W Sichuan). **I:** Fröderström (1931: 46, t. 26).

[1] Vermutlich mehrjährige Kräuter mit spärlichen, schlanken, aufrechten **Tr** bis 5 cm; **Sep** 4.5 - 6 mm, kürzer als die **Pet**; **Pet** 6 - 7 mm, gelblich.

S. daigremontianum var. **macrosepalum** Fröderström (Acta Horti Gothob. 7(Appendix): 114, figs. 927-937, t. 63, 1932). **T:** China, Gansu (*Hummel 5175* [S]). – **D:** China (S Gansu, C Sichuan).

[1] Einjährige oder mehrjährige Kräuter mit aufsteigenden **Tr** bis 12 cm; **Inf** wenigblütig, von **Blä** eingehüllt; **Sep** 8.5 - 9 mm, länger als die **Pet**; **Pet** ± 8 mm, weiss; **NSch** zur Spitze leicht verbreitert.

Fröderström (1932) und Fröderström (1942) gaben für die Länge der Kelch- und Kronblätter dieses Taxons verschiedene Werte.

S. dasyphyllum Linné (Spec. Pl. [ed. 1], 431, 1753). **T:** UPS [lecto: Herb. Burser, vol. 16(1): 60]. – **D:** S und C Europa, Türkei (Anatolien), N Afrika; von Meereshöhe bis über 2500 m.

≡ *Leucosedum dasyphyllum* (Linné) Fourreau (1868) (*nom. inval.*, Art. 11.4) ≡ *Oreosedum dasyphyllum* (Linné) Grulich (1984); **incl.** *Sedum dasyphyllum* var. *glaucum* Lit. (s.a.) ≡ *Sedum dasyphyllum* fa. *glaucum* (Lit.) Tavormina (1999) (*nom. inval.*, Art. 33.2); **incl.** *Sedum globiferum* Pourret (1788); **incl.** *Sedum nebrodense* Gasparrini *ex* Gussone (1842); **incl.** *Sedum dasyphyllum* var. *donatianum* Visiani & Saccardo (1869) ≡ *Sedum dasyphyllum* fa. *donatianum* (Visiani & Saccardo) Tavormina (1999) (*nom. inval.*, Art. 33.2); **incl.** *Sedum dasyphyllum* var. *macrophyllum* Rouy & Camus (1901); **incl.** *Sedum dasyphyllum* fa. *oppositifolium* Maire (1977) (*nom. inval.*, Art. 36.1, 37.1); **incl.** *Sedum dasyphyllum* var. *elisae* Tavormina (1999) (*nom. inval.*, Art. 36.1, 37.5).

[1] Drüsig-haarige, glauke, oft gebüschelte, mehrjährige Kräuter mit kurzen, verzweigten und wurzelnden **Tr**; **Blä** dicht ziegelig, eiförmig oder fast kugelig, sitzend, stumpf oder spitz, oberseits abgeflacht, glauk, kahl bis dicht und grob drüsig-flaumhaarig, manchmal klebrig, 3.5 - 7 mm; blühende **Tr** aufrecht oder aufsteigend, meist einfach und dicht drüsig-flaumhaarig mit locker ziegeligen, wechselständigen **Blä**, bis 12 cm hoch; **Inf** Cymen mit (1-) 2 (-3) Wickeln; **Bra** klein, eiförmig; **Ped** kürzer als die **Blü**; **Blü** 5-zählig (selten 6-zählig); **Sep** breit sitzend, eiförmig, 1 - 5.5 mm; **Pet** basal frei, länglich elliptisch bis lanzettlich, (fast) spitz, weiss, oft mit rotem Kiel oder ± rosa, aussen glauk, ± purpurgrün, 3 - 5 mm; **Fil** weiss; **Anth** rot; **NSch** gelb, spatelig; **Gr** kurz, auswärts gebogen; **Fr** aufrecht, braun oder bläulich; **Sa** eiförmig, hellbraun, gerippt. – 2n = 28, 42, 56, 70, 84, 96, 112.

In Bezug auf die Blattstellung, die Form und Behaarung der Blätter, die Stellung der blühenden Triebe, und die Gestalt und Grösse der Blütenstände und Blüten ausserordentlich variabel, v.a. in Nordafrika, S Spanien, S Italien, Sardinien und Korsika. Der Typbeleg entspricht der mitteleuropäischen, mässig flaumhaarigen Form mit gegenständigen, eiförmigen, halbstielrunden Blättern. Obwohl die typische Form recht eigenständig ist, ist es unmöglich, sie eindeutig von anderen Formen abzutrennen. Entsprechend werden hier nur 2 Varietäten akzeptiert. Die Art ist eng mit *S. mucizonia* und *S. wilczekianum* verwandt und kann mit der zuerst genannten, einjährigen Art hybridisiert werden ('t Hart & al. 1999).

S. dasyphyllum var. **dasyphyllum** – **D:** Im ganzen Verbreitungsgebiet der Art; die dominante Form in S, C und SE Europa und Anatolien, selten in N Afrika und dem W Mittelmeergebiet. **Fig. XXXIV.f**

Incl. *Sedum glaucum* Lamarck (1778); **incl.** *Sedum reticulatum* Schrank (1815); **incl.** *Sedum dasyphyllum* var. *genuinum* Grenier & Godron (1848) (*nom. inval.*, Art. 24.3); **incl.** *Sedum englerianum* Graebner (1896); **incl.** *Sedum dasyphyllum* subvar. *glabratum* Rouy & Camus (1901); **incl.** *Sedum dasyphyllum* var. *adenocladum* Burnat (1906) ≡ *Sedum dasyphyllum* subvar. *adenocladum* (Burnat) Maire (1977); **incl.** *Sedum dasyphyllum* ssp. *eudasyphyllum* Maire (1932) (*nom. inval.*, Art. 26.1); **incl.** *Sedum dasyphyllum* var. *eudasyphyllum* Maire (1932) (*nom. inval.*, Art. 26.1).

[2] **Blä** kreuzgegenständig (selten einige sterile **Tr** mit wechselständigen **Blä**), halbstielrund bis fast stielrund, eiförmig bis elliptisch oder verkehrt eiförmig, kahl oder drüsig-flaumhaarig, aber **Ha** nicht auffällig weiss und grob; blühende **Tr** endständig. – 2n = 28, 42, 56.

Die typische C- und S-europäische und anatolische Form mit eiförmigen, blau-glauken, gegenständigen Blättern ist tetraploid (2n = 56) und gehört einer einzelnen, monophyletischen Entwicklungslinie innerhalb des *S. dasyphyllum*-Komplexes an, die höchstwahrscheinlich von diploiden (2n = 28) Formen mit wechselständigen Blättern im W Mittelmeergebiet abstammt. Bei Pflanzen mit gegenständigen Blättern aus N Afrika und SW-Europa entwickelte sich dieses Merkmal vermutlich unabhängig, da sie innerhalb des *S. dasyphyllum*-Komplexes zur einer anderen Entwicklungslinie gehören.

S. dasyphyllum var. **glanduliferum** (Gussone) Moris (Fl. Sardoa 2: 126, 1840). – **D:** Die dominante Form in N Afrika, SW Europa (Sizilien, Sardinien, Korsika, S Spanien, S Portugal), selten in S Europa, fehlend in C und SE Europa und Anatolien.

≡ *Sedum glanduliferum* Gussone (1827) ≡ *Sedum dasyphyllum* ssp. *glanduliferum* (Gussone) Nyman (1879); **incl.** *Sedum dasyphyllum* var. *glutinosum* Maire (s.a.); **incl.** *Sedum corsicum* Duby *ex* De Candolle (1828); **incl.** *Sedum neapolitanum* Tenore (1831); **incl.** *Sedum dasyphyllum* var. *vulgare* Moris

(1840); **incl.** *Sedum pulligerum* Pomel (1875) ≡ *Sedum dasyphyllum* fa. *pulligerum* (Pomel) Battandier (1889) ≡ *Sedum dasyphyllum* var. *pulligerum* (Pomel) Maire (1977); **incl.** *Sedum dasyphyllum* var. *oblongifolium* Ball (1878) ≡ *Sedum dasyphyllum* ssp. *oblongifolium* (Ball) Maire (1928); **incl.** *Sedum granatense* Pau (1895) ≡ *Sedum dasyphyllum* ssp. *granatense* (Pau) Castroviejo & Velayos (1995); **incl.** *Sedum burnatii* Briquet (1901); **incl.** *Sedum donatianum* Visiani & Saccardo *ex* Dalla Tore & Sarnthein (1909); **incl.** *Sedum dasyphyllum* var. *suendermannii* Praeger (1919) ≡ *Sedum dasyphyllum* cv. *Suendermannii* (s.a.); **incl.** *Sedum dasyphyllum* var. *dyris* Maire (1928); **incl.** *Sedum dasyphyllum* var. *rifanum* Maire (1928); **incl.** *Sedum dasyphyllum* var. *congestum* Cuatrecasas (1930); **incl.** *Sedum dasyphyllum* var. *mesatlanticum* Litardière & Maire (1931); **incl.** *Sedum dasyphyllum* var. *alternum* Maire (1932) ≡ *Sedum dasyphyllum* fa. *alternum* (Maire) Maire (1977); **incl.** *Sedum moroderi* Pau (1934) ≡ *Sedum dasyphyllum* var. *moroderi* (Pau) O. Bolòs & J. Vigo (1984).

[2] Sterile **Tr** kriechend, Polster oder Büschel bildend, manchmal reichlich verzweigt; **Blä** wechselständig (selten einige sterile **Tr** mit gegenständigen **Blä**), halbstielrund bis fast stielrund oder flach, eiförmig bis kreisrund, elliptisch oder verkehrt eiförmig, meist dicht drüsig-flaumhaarig, oft mit groben, weisslichen **Drhaaren**, manchmal kleberig, selten kahl; blühende **Tr** endständig, selten axillär. − 2n = 28, 42, 56, 70, 84, 96, 112.

Var. *glanduliferum* bezieht sich spezifisch auf Pflanzen mit wechselständigen Blättern. In allen anderen Merkmalen umfasst sie die gesamte Spannweite der zytologischen und morphologischen Variabilität, die auch sonst in diesem äusserst variablen Artenkomplex gefunden wird.

S. debile S. Watson (Bot. US Geol. Expl. 40. Parallel, 102, 1871). **T:** USA, Nevada (*Watson* 387 [GH]). − **D:** W USA (Great Basin, C Rocky Mountains etc.); offene, felsige Stellen, 1500 - 3500 m. **I:** Fröderström (1936a: 46, t. 29); Clausen (1975: 313).
≡ *Gormania debilis* (S. Watson) Britton (1903) ≡ *Cotyledon debilis* (S. Watson) Fedde (1904) ≡ *Echeveria debilis* (S. Watson) A. Nelson & Macbride (1913) ≡ *Amerosedum debile* (S. Watson) A. Löve & D. Löve (1985).

[2] Kahle, mehrjährige, gebüschelte Kräuter mit schlanken, niederliegenden, brüchigen **Tr**, sich durch axilläre **Tr** vermehrend, welche kompakte, fast kugelige **Ros** bilden; **Blä** kreuzgegenständig (selten wechselständig), elliptisch, manchmal eiförmig-elliptisch, breit gerundet, manchmal schwach ausgerandet, Spitze winzig papillös, fast stielrund, fast kugelig, sitzend, stengelumfassend, 4.2 - 7.2 × 2.8 - 4.3 mm, bleich glauk-grün, rosa gefleckt, manchmal rosa oder rot; blühende **Tr** aufrecht, niederliegend oder aufsteigend, 3 - 12 cm; **Inf** Cymen mit 2 Zweigen; **Bra Blä**artig aber kleiner; **Ped** 0 - 1.2 mm; **Blü** 5-zählig; **Sep** breit sitzend, basal vereinigt, gleich, lanzettlich, stumpf, papillös, hellgrün und glauk, ± 3.5 × 1.5 mm, aufrecht; **Pet** basal vereinigt, elliptisch-lanzettlich, stumpf, mit aufgesetztem Anhängsel, gelb, ± 7.5 mm, über der aufrechten Basis weit ausgebreitet; **Fil** gelb; **Anth** gelb, manchmal zusammengedrückt und geflügelt; **NSch** nierenförmig bis quadratisch, gestutzt, gelb, orangerot oder lachsrosa; **Fr** aufrecht, strohfarben mit purpurnen Strichen; **Sa** birnenförmig, gelb bis hellbraun, gerippt. − 2n = 14 - 18.

S. decipiens (Baker) Thiede & 't Hart (Novon 9: 124, 1999). **T:** Peru (*Farris* s.n. [lecto − icono: Refug. Bot. 3: t. 200, 1870]). − **D:** Peru; nur von der Typaufsammlung bekannt.
≡ *Cotyledon decipiens* Baker (1870) ≡ *Echeveria decipiens* (Baker) E. Morren (1874) ≡ *Altamiranoa decipiens* (Baker) Fröderström (1936) ≡ *Villadia decipiens* (Baker) H. Jacobsen (1958).

[1] Kahle Kräuter; sterile **Tr** 5 - 7.5 cm, oft verzweigt, blühende **Tr** bogig, 15 - 20 cm; **Blä** mässig dicht, aufrecht-abstehend, zahlreich, fast stielrund, untere Seite stärker gerundet als die obere Seite, stumpf, basal gespornt, grösste **Blä** ± 12 mm, obere **Blä** kleiner, hellgrün; **Inf** mit 2 - 3 wickelartigen Zweigen mit insgesamt 12 - 15 dicht gestellten **Blü**; **Ped** fast fehlend; **Sep** lanzettlich, fleischig, der **Kr** angedrückt, fast gleich, 4 mm; **Kr** im Querschnitt rund; **Pet** reinweiss, **Rö** 4 mm, so lang wie der **Cal**, Zipfel lanzettlich-deltoid, sichelförmig ausgebreitet, 4 mm; episepale **St** tief unten in der **Kr**röhre ansetzend.

Diese Art ist nur von der Typaufsammlung bekannt und wurde seither nicht nachgesammelt (Brunner 1993). Da das Typexemplar nicht mehr existiert, wurde die den Protolog begleitende Illustration als Lectotyp gewählt (Thiede & 't Hart 1999). − [J. Thiede]

S. dendroideum De Candolle (Coll. Mém. 2, Crass., 37, t. 9, 1828). − **D:** Mexiko, Guatemala. **I:** Fröderström (1936a: 8, t. 1-2).

[1] Ausdauernde Sträucher mit aufrechten, hängenden oder kriechenden **Tr**; **Blä** wechselständig, elliptisch verkehrt lanzettlich, spatelig oder verkehrt eiförmig, gerundet, stumpf oder feinspitzig, sitzend oder gestielt, fleischig, glänzend, hellgrün, manchmal rot oder in Randnähe rot punktiert, 15 - 94 × 7 - 37 mm; blühende **Tr** axillär; **Inf** verlängerte Rispen; **Blü** 5-zählig (selten 4- oder 6-zählig), sitzend oder fast sitzend; **Sep** breit sitzend, manchmal winzig gespornt, meist frei, ungleich, eiförmig, lanzettlich oder elliptisch-länglich, stumpf, grün, 1.5 - 9.6 × 1 - 3.2 mm, aufrecht; **Pet** frei oder basal leicht vereinigt, lanzettlich, spitz oder stumpf, mit aufgesetztem Spitzchen, gekielt, gelb, ± 7.5 mm, obere ⅔ ausgebreitet; **Anth** gelb; **NSch** fast quadratisch oder nierenförmig, gestutzt, breit gerundet

oder ausgerandet, gelblich oder durchscheinend; **Fr** weit spreizend, entlang der Bauchnähte mit kleinen Lippen, braun; **Sa** ellipsoid-birnenförmig, fein gerunzelt, braun, genetzt. − 2n = 60.

S. dendroideum ssp. **dendroideum** − **D:** S Mexiko (Sierra Madre del Sur), Guatemala (mittelamerikanisches Vulkanhochland); auf Felsen, ± 1700 - 1800 m. **I:** Clausen (1959: 71). **Fig. XXXV.a**

[1] **Blä** spatelig, breit gerundet, entlang der Ränder mit rötlichen oder dunkelgrünen **Dr**, keilförmig, basal gestielt, ± 41 × 17 mm, ± 4 mm dick.

S. dendroideum ssp. **monticola** (Brandegee) R. T. Clausen (Sedum Trans-Mex. Volcanic Belt, 73, ill. (p. 80), 1959). **T:** Mexiko, México (*Purpus* 7690 [UC]). − **D:** Mexiko (México).

≡ *Sedum monticola* Brandegee (1919) ≡ *Sedum praealtum* ssp. *monticola* (Brandegee) R. T. Clausen (1975).

[1] Ausdauernde Halbsträucher, 6 - 10 cm hoch; **Blä** spatelig bis verkehrt lanzettlich, feinspitzig, undeutlich gestielt, 65 - 91 × 24 - 30 mm, 2 - 3 mm dick; **Inf** dichte Ebensträusse oder fast rispig; **Sep** ± 8 × 2.5 mm; **Pet** 2.5 - 3.6 mm breit; **NSch** ausgerandet; **Gr** lang, zurückgeschlagen.

Auf unvollständigem Typmaterial begründet.

S. dendroideum ssp. **parvifolium** R. T. Clausen (Sedum Trans-Mex. Volcanic Belt, 72-73, 1959). **T:** Mexiko (*Clausen* 1 [CU]). − **D:** C Mexiko (E transmexikanischer Vulkangürtel, benachbartes mittelmexikanisches Plateau); auf Felsen in der *Abies*-Zone.

≡ *Sedum praealtum* ssp. *parvifolium* (R. T. Clausen) R. T. Clausen (1975).

[1] **Blä** verkehrt lanzettlich, undeutlich gestielt, 40 - 52 × 17 - 18 mm, 2 - 3 mm dick; **Sep** ± 3 mm; **Pet** 2.5 - 3.6 mm breit.

S. dendroideum ssp. **praealtum** (A. De Candolle) R. T. Clausen (Sedum Trans-Mex. Volcanic Belt, 70, ills. (p. 71), 1959). **T:** G ?. − **D:** C Mexiko, Guatemala; auf sandigem Lehm, ± 1300 m; in Italien und Australien (Queensland) verwildert. **Fig. XXXV.b**

≡ *Sedum praealtum* A. De Candolle (1847).

[1] **Blä** länglich elliptisch, sitzend, 46 - 67 × 16 - 22 mm, 2 - 3 mm dick; **Pet** ± 2.1 mm breit. − [H. 't Hart]

S. didymocalyx Fröderström (Acta Horti Gothob. 15: 21-22, figs. 118-125, 1942). **T:** China, Sichuan (*Smith* 11693 [UPS ?]). − **D:** China (W Sichuan); alpines Grasland, Felsritzen, 4400 - 4700 m.

Incl. *Sedum froderstromii* Hamet *ex* Fröderström (1942) (*nom. inval.*, Art. 34.1a).

[1] Winzige, basal verzweigte, einjährige Kräuter, 1 - 2 cm hoch; **Blä** fast eiförmig bis verkehrt lanzettlich, stumpf, 3 - 5.5 mm; blühende **Tr** von der Basis aus verzweigt, spreizend; **Inf** 1- bis 3-blütig; **Bra** verkehrt lanzettlich, 4 - 5 mm; **Blü** 5-zählig; **Sep** 8 bis 10 in 2 sich abwechselnden Quirlen, basal frei, kurz gespornt, fast eiförmig bis breit verkehrt lanzettlich, ziemlich spitz bis stumpf, ± 5 mm; **Pet** frei, länglich, stumpf, zur Basis verschmälert, gelb, ± 5.5 mm; **NSch** linealisch, stumpf mit leicht erweiterter Spitze; **Gr** ziemlich lang; **Fr** spreizend, angeschwollen, vielsamig; **Sa** fast eiförmig, netzig-papillös.

Die 2 Kelchblattreihen dieser Art sind in der Familie einmalig und benötigen nähere Untersuchungen.

S. dielsii Hamet (Malpighia 26: 57-59, 1913). **T:** China (*Giraldi* s.n. [FI [Herb. Biondi 3335]]). − **D:** China (S Gansu, W Hubei, N Sichuan); Felsen, 700 - 1900 m. **I:** Fröderström (1931: 76, t. 42); Fu & Fu (1984: t. 28).

≡ *Sedum leblanciae* var. *dielsii* (Hamet) Fröderström (1931); **incl.** *Sedum angustipetalum* Fröderström (1932).

[1] Mehrjährige oder einjährige Kräuter mit ausgebreiteten, verzweigten, kahlen **Tr**, 6 - 11 cm; **Blä** in Quirlen zu 4, spatelig-länglich, zur Spitze bewarzt, 7 - 11 mm; **Inf** recht dichte Ebensträusse; **Blü** 5-zählig, fast sitzend; **Sep** breit sitzend, länglich bis linealisch-spatelig, ungleich, stumpf, zur Spitze bewarzt, 2.5 - 5 mm; **Pet** länglich bis halbeiförmig, recht spitz, 4 - 8 mm; **NSch** breit linealisch-spatelig, ausgerandet; **Gr** ziemlich lang; **Fr** fast aufrecht oder spreizend; **Sa** gross, netzig-papillös.

Die Beschreibung von *S. angustipetalum* unterscheidet sich in vieler Hinsicht von *S. dielsii*, und es muss überprüft werden, ob die hier verwendete Klassifikation von Fu & Fu (1984) richtig ist. Im Gegensatz dazu verglich Fröderström (1932) das Taxon mit *S. morotii* (hier als *S. obtusipetalum* betrachtet) und *S. obtusipetalum*.

S. diffusum S. Watson (Proc. Amer. Acad. Arts 25: 148, 1890). **T** [syn]: Mexiko, Nuevo León (*Pringle* 2509 [GH, KFTA]). − **D:** Mexiko (Nuevo León, Hidalgo, San Luis Potosí: Sierra Madre Oriental); ± 900 m. **I:** Fröderström (1936a: 95, t. 60).

[1] Mehrjährige Kräuter mit weit verzweigendem **Wu**stock und kurzen **Tr** mit schlanken Zweigen; **Blä** länglich linealisch, stumpf, gespornt, fast stielrund, 3 - 12 × 1 - 3 mm; blühende **Tr** aufrecht, axillär; **Bra** lanzettlich, 3 - 4 mm; **Blü** 5-zählig, sitzend; **Sep** basal wenig vereinigt, sehr kurz gespornt, ungleich, eiförmig bis verkehrt eiförmig-linealisch, gerundet bis fast stumpf, 1.5 - 3 mm; **Pet** basal vereinigt, länglich, spitz, mit schmalem, aufgesetztem Spitzchen, 4 - 5 mm; **NSch** kurz gestielt, breit spatelig-kreisrund, tief ausgerandet; **St** sehr kurz; **Fr** weit spreizend; **Sa** birnenförmig, dunkelbraun, netzig-papillös. − 2n = 38, 39, 76, 114.

S. diminutum (R. T. Clausen) G. L. Nesom (Phytologia 79(4): 261, 1996). **T:** Mexiko, Coahuila (*Clausen 78-7* [BH]). – **Lit:** Nesom & Turner (1996). **D:** Mexiko (Coahuila: NW von Cuatro Cienegas); Kalkfelsen, 1860 m, nur vom Typ bekannt.
≡ *Sedum parvum* ssp. *diminutum* R. T. Clausen (1979).

[1] Niederliegend-kriechende, mehrjährige Kräuter mit etwas verholzten Rhizomen; **Tr** grün, glatt, basal mit goldenem Schein; **Blä** gleichmässig in der Grösse und im Abstand, sehr flach, schmal elliptisch-länglich bis schmal verkehrt lanzettlich-länglich, 3.7 - 5.5 × 1.3 - 1.8 mm; blühende **Tr** mit locker gestellten **Blü** entlang der oberen Teile, nicht in Wickeln gedrängt; **Pet** aufrecht, gelb, 3 - 3.5 mm; **Anth** rot.

Erst kürzlich in den Rang einer Art erhoben und sehr ähnlich wie *S. parvum*. – [U. Eggli]

S. dimorphophyllum K. T. Fu & G. Y. Rao (Acta Bot. Boreal.-Occid. Sin. 8(2): 117-118, ills. (p. 120), 1988). **T:** China, Sichuan (*Sichuan Exped. Biol. Res.* 304 [CDBI]). – **D:** China (W Sichuan); schattige, feuchte Felsen in Tobeln, 2800 - 2900 m. **I:** Fröderström (1936a: 95, t. 60).

[1] Mehrjährige Kräuter mit fleischigen **Tr**, im Alter verdickt und 2 - 4 cm lang; **Blä** basal in Wirteln, weiter oben an den **Tr** wechselständig, gedrängt, entweder linealisch oder lanzettlich, stumpf, gespornt, 8 - 20 × 2 - 3 mm; blühende **Tr** niederliegend, dann aufsteigend, 5 - 12 cm; **Inf** wenigblütige, einfache oder gabelig verzweigte Cymen; **Bra Blä**artig, ± 6 mm; **Blü** 5-zählig; **Sep** breit sitzend, ungleich, schmal dreieckig, lanzettlich, stumpf, 2.5 - 4.5 × ± 1 mm; **Pet** basal frei, länglich lanzettlich, mit aufgesetztem Spitzchen, hellgelb, ± 5 mm; **NSch** fast rechteckig, gestutzt oder ausgerandet; **Gr** ± 1 mm; **Fr** sternförmig ausstrahlend, mit Lippen entlang der Bauchnähte; **Sa** schmal eiförmig, längs bewarzt.

S. dispermum Fröderström (Acta Horti Gothob. 10(Appendix): 130-131, ills., t. 90, 1936). **T:** Mexiko, Jalisco (*Rose* 2991 [NY]). – **D:** Mexiko (N Jalisco, Aguascalientes?).

[1] Kahle, mehrjährige Kräuter mit karottenförmiger **Wu**; **Blä** wechselständig, länglich, stumpf, kurz gespornt, 3.5 - 4 mm; blühende **Tr** aufrecht, basal einfach, weiter oben wenig verzweigt, 6 - 8 cm; **Inf** kleine, wenigblütige Ebensträusse; **Bra** verkehrt lanzettlich oder länglich, ± 3 mm; **Sep** basal frei, kurz gespornt, ungleich, länglich, stumpf, 3 - 4 mm; **Pet** basal wenig vereinigt, breit lanzettlich, stumpf, mit sehr breitem und kurzem, aufgesetztem Spitzchen, ± 5 mm, weiss; **NSch** schmal linealisch, Spitzen flach; **Fr** 2-samig; **Sa** eiförmig, netzigpapillös.

Möglicherweise ein Synonym von *S. pringlei* (Clausen 1978: 223). – [H. 't Hart, B. Bleij & U. Eggli]

S. divergens S. Watson (Proc. Amer. Acad. Arts 17: 372, 1882). **T:** USA, Washington (*Suksdorf* 369 [GH]). – **D:** SW Kanada (British Columbia), W USA (Washington, Oregon, N California); bis 2300 m. **I:** Fröderström (1936a: 95, t. 59); Clausen (1975: 303).
≡ *Amerosedum divergens* (S. Watson) A. Löve & D. Löve (1985); **incl.** *Sedum umbellatum* auct. (s.a.) (*nom. inval.*, Art. 29.1).

[2] Kahle, mehrjährige Kräuter mit schlankem **Wu**stock und verzweigten, niederliegenden **Tr**, an den Knoten leicht wurzelnd; **Blä** eng stehend, kreuzgegenständig (selten wechselständig), fast kreisrund oder spatelig verkehrt eiförmig, gerundet, dick und angeschwollen, fast stielrund, fast kugelig, sitzend, etwas herzförmig mit stengelumfassender Basis, 4.1 - 8.9 × 4.1 - 6.1 mm, grün oder rötlich grün; blühende **Tr** aufrecht, einfach, selten verzweigt, ± 9.5 cm; **Inf** endständige Cymen mit 2 - 3 Zweigen; **Bra** elliptisch, stumpf; **Ped** 0 - 2.8 mm, spitzenwärts vergrössert; **Blü** 5-zählig (selten 6- oder 7-zählig); **Sep** breit sitzend, basal vereinigt, eiförmig, stumpf, 2 - 3 × 1.5 - 2 mm, grün; **Pet** frei, manchmal basal wenig vereinigt, elliptisch-lanzettlich, spitz oder stumpf, mit einem feinspitzigen Anhängsel, gelb, ± 6 mm, basal aufrecht, darüber ausgebreitet; **Fil** gelb; **Anth** gelb; **NSch** fast quadratisch, gestutzt, leicht ausgerandet, gelb; **Fr** weit ausgebreitet, basal fest vereinigt; **Sa** birnenförmig, gelbbraun, gerippt. – 2n = 16.

S. dolosum K. T. Fu (Bull. Bot. Lab. N.-E. Forest. Inst., Harbin 6: 39-40, ills. (p. 43), 1980). **T:** China, Yunnan (*Li* 0679 [Herb. Bor.-occid. Inst. Bot.]). – **D:** China (Yunnan); auf Felsen, ± 1400 m.

[1] Einjährige Kräuter mit aufrechten, stielrunden **Tr**, über der Mitte verzweigt, bis 20 cm hoch; **Blä** wechselständig, lang linealisch, spitz, stumpf gespornt, 10 - 16 × ± 1.5 mm; **Inf** wenig- bis vielblütige Ebensträusse; **Blü** 5-zählig, sitzend oder kurz gestielt; **Sep** basal frei, kurz gespornt, ungleich, schmal dreieckig-lanzettlich, spitz, 3 - 5 mm; **Pet** basal wenig vereinigt, lanzettlich bis länglich, spitz, gelb mit braunen Strichen, ± 5 mm; **NSch** linealisch-spatelig, gerundet; **Fr** aufrecht, schmal eiförmig.

Gehört in die Sect. *Oreades* und ähnelt gemäss Protolog *S. franchetii* in der Wuchsform. Fu & Ohba (2001: 244) betrachten dieses Taxon als Synonym von *S. multicaule* ssp. *multicaule*. – [H. 't Hart, B. Bleij & U. Eggli]

S. dongzhiense D. Q. Wang & Y. L. Shi (Bull. Bot. Res., Harbin 10(3): 48-49, ill., 1990). **T:** China, Anhui (*Wang & Shi Youli* 8745 [Herb. Anhui Tradit. Medic. College]). – **D:** China (S Anhui); ± 230 m.

[1] Mehrjährige Kräuter mit niederliegenden, wurzelnden und später aufrechten **Tr**; **Blä** wechselständig, spatelig verkehrt lanzettlich oder verkehrt lanzettlich bis fast rhomboid und in einen keilför-

migen Stiel verschmälert, in Richung der Basis verjüngt, stumpf, 30 - 45 × 6 - 18 mm; blühende **Tr** aufrecht oder aufsteigend, bis 25 cm; **Inf** lockere, vielblütige Cymen mit 4 - 5 manchmal gabeligen Wickeln; **Bra** verkehrt lanzettlich bis fast rhomboid, stumpf, basal keilförmig, 2 - 4.5 mm; **Ped** bis 6 mm; **Blü** 4-zählig; **Sep** schmal dreieckig, stumpf, ± 1 mm; **Pet** linealisch-lanzettlich, spitz, gelb, ± 7 mm; **NSch** fast dreieckig, gestutzt; **Gr** bis 2 mm; **Fr** sternförmig spreizend; **Sa** lang eiförmig, braun, (netzig-) papillös.

Ähnelt *S. tetractinum* (Wang & al. 1990).

S. drymarioides Hance (J. Bot. 3: 379, 1865). **T:** China, Guangdong (*Sampson* s.n. [nicht lokalisiert]). – **D:** SE China, Taiwan, Japan (Kyushu); auf Kalk. **I:** Tang & Huang (1989: 165); Tang & Huang (1993: 22).

Incl. *Sedum urayense* hort. (s.a.) (*nom. inval.*, Art. 61.1); **incl.** *Sedum uraiense* Hayata (1916); **incl.** *Sedum drymarioides* var. *genuinum* Hamet (1924) (*nom. inval.*, Art. 24.3); **incl.** *Sedum drymarioides* var. *toyamae* H. Hara (1960).

[2] Drüsig-flaumhaarige, ein- oder zweijährige, fleischige Kräuter mit niederliegenden und später aufrechten **Tr**, bis 20 cm hoch; **Blä** gegenständig oder in Wirteln zu 4, an oberen **Tr**teilen wechselständig, breit eiförmig, stumpf, basal abrupt keilförmig, lang gestielt, 10 - 40 × 8 - 22 mm; blühende **Tr** aufsteigend, schlank, reich verzweigt, bis 25 cm; **Inf** wenigblütige, lockere Rispen; **Ped** schlank; **Blü** 5-zählig; **Sep** breit sitzend, länglich bis breit linealisch oder lanzettlich, stumpf bis fast spitz, dicht flaumhaarig, bis 2 mm; **Pet** lanzettlich oder länglich, spitz bis spitz zulaufend, entlang der Mittelrippe flaumhaarig, weiss, 3 - 4 mm; **NSch** breit spatelig, tief ausgerandet bis fast gelappt; **Fr** ziemlich spreizend, ellipsoid, spitz, mit 8 - 13 tiefen Längsfurchen, kahl; **Sa** länglich, dunkelbraun, entweder gerippt oder mit Doppelpapillen.

Die var. *toyamae* Hara unterscheidet sich vom typischen *S. drymarioides* durch die dichtere Behaarung und angeblich längere Blütenstiele (siehe auch Fröderström (1931).)

S. dugueyi Hamet (J. Bot. 54(Suppl. 1): 24, 26-30, 1916). **T:** China, Sichuan (*Wilson* 3632A [K]). – **D:** China (NW Sichuan, NW Yunnan); bewaldete Hänge, Felsen in Tälern, 2000 - 3600 m. **I:** Fröderström (1931: 49, t. 29); Fu & Fu (1984: t. 25).

[1] Mehrjährige Kräuter mit mehreren, schlanken, 1 - 3 cm langen **Tr**; **Blä** wechselständig, ziegelig, aufrecht, breit dreieckig bis halblänglich, spitz zulaufend, 3 - 7 mm, mit 3-lappigem oder stumpfem Sporn; blühende **Tr** aufsteigend, basal verzweigt, 8 - 10 cm; **Inf** wenigblütige, lockere Rispen; **Blü** 5-zählig; **Sep** basal frei, kurz gespornt, halblänglich, spitz zulaufend, 4 - 6 mm; **Pet** basal vereinigt, eiförmig, spitz, mit langem, aufgesetztem Spitzchen, Farbe unbekannt, 6.5 - 8 mm; **NSch** linealisch-spatelig, ausgerandet; **Fr** aufrecht oder spreizend; **Sa** glatt.

S. dulcinomen G. L. Nesom (Phytologia 79(4): 265, 1996). **T:** Mexiko, Nuevo León (*Meyer & Rogers* 2699 [BH]). – **D:** Mexiko (Nuevo León nahe der Grenze zu Tamaulipas); Kalkfelskanten und Felsvorkommen in Kiefernwäldern, 1750 - 2000 m.

[1] Niederliegend-kriechende, mehrjährige Kräuter mit horizontalen, leicht holzigen Rhizomen; **Tr** und **Blä** stark glauk (in Kultur weniger ausgeprägt); **Tr** aus dem Rhizom aufwärts gebogen, grün, mit der Zeit mit rötlichem Schein aber ohne deutlich begrenzte, rote Punkte; **Blä** entlang der **Tr** unterschiedlich gross, grün, flach, elliptisch-länglich, 2.5 - 4.5 × 1.5 - 2 mm; blühende **Tr** wie bei *S. parvum*; **Pet** aufrecht, 4.5 - 6 mm, gelb.

Ein weiteres Glied der *S. parvum*-Gruppe (Nesom & Turner 1996) und im Protolog mit *S. catorce*, *S. papillicaulum* und *S. macdonaldii* verglichen. – [U. Eggli]

S. duthiei Fröderström (Acta Horti Gothob. 6(Appendix): 57-58, ills., t. 35, 1931). **T:** Indien, Kumaon (*Duthie* 2919 p.p. [K]). – **D:** NE Indien.

[1] Winzige, einjährige Kräuter mit ausgebreiteten **Tr**, aus der Basis verzweigend, 1 - 2.5 cm hoch; **Blä** wechselständig, breit linealisch bis halblänglich oder weiter oben an den **Tr** fast eiförmig, ziemlich stumpf, 4 - 4.5 mm; **Inf** lockere Ebensträusse; **Bra** breit länglich, ziemlich stumpf, 4 - 5 mm; **Ped** 2 - 3 mm; **Blü** 4-zählig mit 4 - 7 **St**; **Sep** breit sitzend, leicht ungleich, breit eiförmig, ziemlich stumpf oder etwas spitz, 2.6 - 3.5 mm; **Pet** halblänglich, stumpf, 3.5 - 4.5 mm; **NSch** schmal linealisch, leicht ausgerandet oder stumpf; **Gr** kurz; **Fr** aufrecht; **Sa** netzig-papillös.

S. ebracteatum De Candolle (Coll. Mém. 2, Crass., 37, ill., 1828). – **D:** Mexiko (weit verbreitet von Durango bis Puebla und Oaxaca). **I:** Fröderström (1936a: 73, t. 45).

≡ *Sedastrum ebracteatum* (De Candolle) Rose (1905).

[1] Mehrjährige Kräuter mit dichten **Ros** und an der Basis der blühenden **Tr** mit sekundären **Tr**; **Wu** spindelig und dicklich; **Blä** der **Ros** wechselständig, fast kreisrund bis spatelig-länglich, gerundet bis stumpf oder etwas spitz, flaumhaarig, hellgrünlich, 10 - 42 × 8 - 28 mm; **Blä** der blühenden **Tr** eiförmig bis länglich, ± herzförmig, grösser als diejenigen der **Ros**; blühende **Tr** aufrecht, 17 - 25 cm; **Inf** lockere Rispen; **Blü** 5-zählig, sitzend, mit moschusartigem Duft; **Sep** breit sitzend, basal vereinigt, gleich oder ungleich, eiförmig, spitz oder stumpf, kahl oder winzig flaumhaarig, 3 - 5 × 1.8 - 3.6 mm, aufrecht; **Pet** basal vereinigt, eiförmig oder elliptisch-eiförmig, spitz, mit aufgesetztem Spitzchen, weiss, ± 6 mm, zurückgebogen; **Anth** gelb oder rötlich, papillös; **NSch** eiförmig oder eiförmig-läng-

lich, gestutzt oder stumpf 2-zähnig, hellgelb oder weiss; **Fr** fast aufrecht oder ausgebreitet, entlang der Bauchnähte mit kleinen Lippen, hellbraun; **Sa** birnenförmig, braun, genetzt. – 2n = 40, 41, 80, 81, 82, 160, 161, 180 ± 10, 180 - 200, 200 ± 2, 210 ± 2, 210 - 220, 200 ± 10, 230 - 240, 236 ± 3, 240, 250 ± 10, 280 - 300.

Fröderström unterschied 2 Varietäten; var. *rubricaule* mit gleich langen Kelchblättern, und var. *ebracteatum* mit ungleichen Kelchblättern. Hier wird der Klassifikation von Clausen gefolgt.

S. ebracteatum ssp. **ebracteatum** – **D:** Mexiko (zentralmexikanisches Plateau, transmexikanischer Vulkangürtel); ± 2300 m. **I:** Clausen (1959: 237). **Fig. XXXV.c**

Incl. *Sedum incertum* Hemsley (1878) ≡ *Sedastrum incertum* (Hemsley) Rose (1905); **incl.** *Sedum chapalense* S. Watson (1887) ≡ *Sedastrum chapalense* (S. Watson) Rose (1905); **incl.** *Sedum cordifolium* Sessé & Moçiño (1894); **incl.** *Sedastrum rubricaule* Rose (1905) ≡ *Sedum rubricaule* (Rose) Praeger (1921) ≡ *Sedum ebracteatum* var. *rubricaule* (Rose) Fröderström (1936); **incl.** *Sedum barrancae* M. E. Jones (1935).

[1] **Blä** der blühenden **Tr** eiförmig bis länglich, flaumhaarig, 4 - 50 mm lang; **Ha** einfach.

S. ebracteatum ssp. **grandifolium** R. T. Clausen (CSJA 18: 86, fig. 53, 1946). **T:** Mexiko, Guerrero (*Hinton 14933* [CU]). – **D:** Mexiko (Sierra Madre del Sur; nur vom Typfundort bekannt).

[1] **Blä** der blühenden **Tr** meist elliptisch-länglich, auffällig bewimpert und flaumhaarig, 25 - 105 mm lang; **Ha** manchmal verzweigt.

S. ecalcaratum H. J. Wang & P. S. Hsu (Rheedea 1(1-2): 46-48, ill., 1991). **T:** China, Zhejiang (*Lu 17* [FUS?]). – **D:** E China (Zhejiang); ± 100 m.

[1] Mehrjährige Kräuter mit wurzelnden, niederliegenden oder aufsteigenden, sterilen **Tr**; **Blä** in Wirteln zu 3 oder 4, verkehrt eiförmig-spatelig bis verkehrt eiförmig-lanzettlich oder linealisch bis verkehrt eiförmig-linealisch, ausgerandet oder stumpf, keilförmig, 10 - 28 × 2 - 5 (-10) mm; blühende **Tr** etwas aufrecht, in den oberen Teilen mit wechselständigen **Blä**, bis 15 cm lang; **Inf** vielblütige Cymen mit 3 bis 4 Wickeln; **Bra** linealisch; **Blü** 5-zählig, fast sitzend; **Sep** ungleich, linealisch, spitz, 1.2 - 3.2 × ± 0.5 mm; **Pet** lanzettlich, gelb, 5 - 5.5 × 1.2 - 1.4 mm; **Anth** rot; **NSch** breit keilförmig bis quadratisch; **Gr** ± 1 mm; **Fr** etwas spreizend, basal vereinigt; **Sa** länglich.

Gehört in den *S. sarmentosum*-Komplex und steht *S. kiangnanense* und *S. jiulungshanense* nahe.

S. edwardsii (R. T. Clausen) B. L. Turner (Phytologia 78(6): 406, 1995). **T:** Mexiko, Tamaulipas (*Clausen 80-20D* [CU]). – **D:** Mexiko (W Tamaulipas); Kalkfelsen, 900 - 1800 m. **Fig. XXXIX.e**

≡ *Sedum rhodocarpum* ssp. *edwardsii* R. T. Clausen (1981).

[1] Unterschiede zum nahe verwandten *S. rhodocarpum*: **Tr**, **Blä**, **Sep** und **Pet** flaumhaarig; **Blä** gerundet, dunkelgrün; **Pet** hellgrün, unterhalb der Mitte mit dichten, rötlichen Flecken. – [U. Eggli]

S. elatinoides Franchet (Nouv. Arch. Mus. Hist. Nat., sér. 2, 6: 10, ill., 1883). **T:** China, Shaanxi (*David s.n.* [P]). – **D:** Myanmar bis China (Gansu, Hubei, Shaanxi, Shanxi, Sichuan, NW Yunnan); nasse, Moos bedeckte, schattig Felsblöcke, 1200 - 3000 m. **I:** Fröderström (1931: 37, t. 21-22); Fu & Fu (1984: t. 19).

Incl. *Sedum silvestrii* Pampanini (1910); **incl.** *Sedum trientaloides* Praeger (1921); **incl.** *Sedum galioides* Franchet *ex* Hamet (1929) (*nom. inval.*, Art. 34.1c).

[2] Niederliegende bis aufrechte, vermutlich einjährige Kräuter ohne sterile **Tr**, **Tr** einfach oder manchmal verzweigt, 5 - 20 cm hoch; **Blä** in Wirteln zu 3 - 5, länglich, etwas stumpf, breit gestielt, 8 - 20 mm; **Inf** lockere Rispen oder fast ebensträussartig, oft lang gestielt; **Ped** bis 4× so lang wie die **Blü**; **Blü** 5-zählig; **Sep** breit sitzend, schmal dreieckig bis halblänglich, recht spitz, 1.5 - 2 mm; **Pet** breit halblänglich, spitz, weiss, 2 - 4 mm; **NSch** breit spatelig, tief ausgerandet; **Fr** papillös; **Sa** eiförmig, gerippt.

S. elburzense Akhiani & Assadi (Iranian J. Bot. 8(2): 164-166, ill., 2000). **T:** Iran, Tehran (*Dini 852* [TARI]). – **D:** Iran (Tehran, Azerbaidjan), 1500 - 1850 m.

[1] Einjährige Kräuter bis 20 cm hoch; **Tr** unten einfach, darüber verzweigt, drüsig-haarig, 3.5 - 9.5 cm lang; **Blä** wechselständig, linealisch oder länglich, 6 - 20 × 2 - 4 mm, stumpf oder gerundet, ± kahl; **Inf** ebensträussig, 10- bis 30-blütig; **Blü** 5-zählig; **Ped** 2 - 8 mm, drüsig-haarig; **Sep** basal vereinigt, 1.5 mm, dreieckig, spitz; **Pet** linealisch-lanzettlich oder lanzettlich, 2 - 4.5 mm, mit aufgesetztem Spitzchen, gelb mit ± purpurner Mittelrippe; **St** ½ so lang wie die **Pet**; **Anth** violett; **Fr** aufrecht, drüsig-haarig, ± purpurn; **Sa** zahlreich, länglich, braun, Testa nicht beschrieben.

Wird im Protolog mit *S. nanum* verglichen. Unterschiede sollen in der Grösse liegen sowie in der Behaarung der oberen Triebteile, ferner bei den Staubblättern, die so lang oder länger als die Kronblätter sind. In der englischen Beschreibung wird die Länge der Staubblätter jedoch als halb so lang wie die Kronblätter angegeben. – [U. Eggli]

S. elrodii M. E. Jones (Bull. Montana State Univ., Biol. Ser. 15(61): 30, 1910). – **D:** USA (Montana).

[?] Büschelige, mehrjährige Kräuter mit fleischigem, waagerechtem **Wu**stock; **Tr** aufsteigend, obere Teile spärlich verzweigt, 10 - 14 cm hoch; **Blä** engstehend und angedrückt, eiförmig oder länglich, stumpf, breit gespornt, dick, 5 - 12 mm; blühende **Tr** aufrecht; **Inf** Cymen mit wenigblütigen, monochasialen Zweigen; **Blü** 5-zählig, sitzend oder fast sitzend; **Sep** eiförmig, stumpf, 1.5 - 2 mm; **Pet** basal vereinigt, lanzettlich, spitz zulaufend, leuchtend gelb, ± 7 mm; **Fr** spreizend.

Ungenügend bekannt. Fröderström (1936a) betrachtete die Art als eng mit *S. divergens* verwandt, aber Clausen (1975) interpretiert sie als verwilderte Form des eurasiatischen *S. acre*, was aber auf Grund des im Protolog beschriebenen, fleischigen Wurzelstockes kaum gerechtfertigt erscheint.

S. emarginatum Migo (J. Shanghai Sci. Inst. Sect. III, 3: 224, 1937). **T:** China, Zhejiang (*Migo* s.n. [TI [iso]]). – **D:** S, SE und E China; weit verbreitet, feuchte, bergige Standorte, 600 - 1800 m. **I:** Fu & Fu (1984: t. 33).

[1] Mehrjährige Kräuter; **Blä** kreuzgegenständig, spatelig verkehrt eiförmig bis breit verkehrt eiförmig, gerundet oder ausgerandet, 10 - 20 × 5 - 10 mm, verschmälert mit einem kurzen, basalen Sporn; blühende **Tr** bis 15 cm; **Inf** vielblütige, **Bra**tragende Cymen mit 2 oder 3 Wickeln; **Blü** 5-zählig, sitzend; **Sep** basal frei, kurz gespornt, ungleich, lanzettlich bis schmal länglich, bis 5 mm, stumpf; **Pet** linealisch-lanzettlich bis lanzettlich, stumpf oder ± gerundet, gelblich, 6 - 8 × 1.5 - 2 mm; **NSch** länglich, stumpf oder gerundet; **Fr** wenig spreizend, entlang der Bauchnähte mit kleinen Lippen; **Sa** gräulich braun.

S. engleri Hamet (BJS 44(Beiblatt 101): 31, 1910). **T:** China, Yunnan / Sichuan (*Ducloux* 4457 [nicht lokalisiert]). – **D:** China (SW Hubei, SW Sichuan, NW Yunnan); Felsen an bewaldeten Hängen, 1900 - 3600 m. **I:** Fröderström (1931: 93, t. 59-60).

Incl. *Sedum engleri* var. *forrestii* Hamet (1910); incl. *Sedum engleri* var. *dentatum* S. H. Fu (1980).

[1] Mehrjährige Kräuter mit schlankem oder kräftigem **Wu**stock, sterile **Tr** winzig, schlank, beblättert; **Blä** gestielt, Spreite kreisrund, länglich bis eiförmig, manchmal wellig, (5-) 30 - 60 mm; blühende **Tr** kräftig, in den oberen Teilen aufgerauht, 20 - 30 cm; **Inf** vielblütige Cymen mit ausgebreiteten Wickeln, zur **Fr**zeit verlängert; **Blü** 5-zählig, kurz gestielt; **Sep** breit sitzend, ungleich, breit linealisch bis eiförmig, 1.7 - 4 mm; **Pet** länglich bis eiförmig, mit breit aufgesetztem Spitzchen, gelblich, 3.5 - 4 mm; **NSch** quadratisch oder schmaler; **Fr** weit spreizend; **Sa** länglich eiförmig, papillat.

Die 2 weiteren, im Laufe der Zeit beschriebenen Unterarten sind vermutlich nicht nahe mit dieser Art verwandt. Im Unterschied zum typischen *S. engleri* hat var. *forrestii* basal freie und gespornte Kelchblätter, während var. *dentatum* offenbar gezähnte Blätter hat und entweder zu *Hylotelephium* oder *Phedimus* gehören könnte. Praeger (1921b) und Fröderström (1931) weisen auch auf die Ähnlichkeit der vegetativen Teile von *S. engleri* mit *Hylotelephium* hin. Fu & Ohba (2001: 251) hingegen akzpetieren var. *dentatum* als eigenständig und stellen var. *forrestii* in die Synonymie der typischen Varietät.

S. epidendrum Hochstetter *ex* A. Richard (Tent. Fl. Abyss. 1: 314, 1847). **T:** Äthiopien, Gondor Region (*Schimper* II.1291 [P, K, LE]). – **D:** Äthiopien; epiphytisch, 2600 - 2700 m.

Incl. *Sedum schimperi* Britten (1871).

[2] Ausdauernde, kahle, strauchige Epiphyten mit aufrechten oder niederliegenden, basal verholzten **Tr**; **Blä** in Wirteln zu 3, verkehrt lanzettlich bis etwas länglich, 20 - 27 mm; **Inf** wenigblütig; **Ped** 5 - 7 mm; **Blü** 5-zählig; **Sep** breit sitzend, basal vereinigt, dreieckig, ± 2 mm, etwas spitz; **Pet** basal 0.5 - 0.7 mm vereinigt, länglich, 5 - 7 mm, mit kurzem, aufgesetztem Spitzchen, gelb; **Fil** gelb; **NSch** breit linealisch-spatelig; **Gr** 4.5 - 6.5 mm; **Fr** aufrecht; **Sa** linealisch, 2 - 3 mm, dunkelbraun, gerippt.

Eng mit *S. churchillianum* und *S. mooneyi* verwandt.

S. erici-magnusii Fröderström (Acta Horti Gothob. 15: 22-23, figs. 126-135, 1942). **T:** China, Sichuan (*Smith* 11431 [UPS ?]). – **D:** E Tibet, Cina (Gansu, Sichuan).

Incl. *Sedum magnusii* Hamet *ex* Fröderström (1942) (*nom. inval.*, Art. 34.1a).

[1] Winzige, einjährige Kräuter mit aufrechten, von der Basis aus verzweigenden **Tr**; **Blä** wechselständig, länglich, zur etwas spitzen Spitze verschmälert; **Inf** 1- oder 2-blütig; **Bra** breit lanzettlich, etwas spitz, bis 2 mm; **Ped** 2 - 3 mm; **Blü** 4- oder 5-zählig; **Sep** basal frei, kurz gespornt, leicht ungleich, länglich, lang kleinspitzig; **Pet** an der breiten Basis frei, halbeiförmig, stumpf, hellgelb; **NSch** linealisch-fadenförmig, stumpf, rosa; **Gr** kurz; **Fr** fast aufrecht; **Sa** fast eiförmig, genetzt-papillös.

S. erici-magnusii ssp. **chilianense** K. T. Fu (Acta Bot. Boreal.-Occid. Sin. 11(2): 170-171, ills., 1991). **T:** China, Gansu (*Wang* 12865 [NW Inst. Bot. Shaanxi]). – **D:** China (W Gansu); Hänge.

[1] **Blä**spitzen spitz zulaufend bis zugespitzt, basal mit einem fast gestutzten Sporn; **Pet**spitzen stumpflich kapuzenförmig.

Die Samen werden im Protolog als glatt beschrieben, was von der Samenbeschreibung für die Art abweicht. – [U. Eggli]

S. erici-magnusii ssp. **erici-magnusii** – **D:** E Tibet, China (W Sichuan); Weiden, kiesige Stellen, sandige Ufer, Felsritzen, 3800 - 4900 m. **I:** Fröderström (1931: t. 37: 2, als *S. magnusii*).

[1] Pflanzen ± 1 cm hoch; **Blä** ± 2 mm; **Blü** 4- oder 5-zählig; **Sep** ± 3 mm; **Pet** ± 2 mm; **Ca** nur 3; **Fr** ± 2 mm.

Die Originalbeschreibung gibt die Höhe der sterilen Triebe falsch als 1 - 1.2 mm an.

S. erici-magnusii var. **subalpinum** Fröderström (Acta Horti Gothob. 15: 23, figs. 136-144, t. 5: 3, 1942). **T:** China, Sichuan (*Smith* 11292 [UPS ?]). – **D:** China (Sichuan); ± 3800 m.

[1] Pflanzen bis 3 cm hoch; **Blä** ± 4 mm; **Blü** 4-zählig, mit nur 4 epipetalen **St** oder ganz ohne **St**; **Sep** 3.2 - 4 mm; **Pet** ± 3 mm; **Fr** ± 2.5 mm.

Wird von Fu & Ohba (2001) als Synonym von ssp. *erici-magnusii* behandelt.

S. eriocarpum Sibthorp & Smith (Fl. Graec. Prodr. 1: 310, 1809). **T:** [lecto – icono]: Sibthorp, Fl. Graeca 5: t. 449, 1825. – **Lit:** Jalas & al. (1999: 95). **D:** Griechenland, Ägäische Region, Türkei (S Anatolien), Zypern, Naher Osten.

≡ *Sedum glaucum* var. *eriocarpum* (Smith) Boissier (1872) (unkorrekter Name, Art. 11.4).

[2] Aufrechte, einjährige Kräuter, ± drüsig-flaumhaarig; **Blä** basal in Wirteln zu 4, darüber wechselständig, breit elliptisch bis linealisch, stumpf oder etwas zugespitzt, glauk; **Inf** endständige, meist dicht drüsig-flaumhaarige, **Bra**tragende Cymen mit (1-) 2 - 3 (-5) Wickeln; **Blü** 5-zählig, sitzend oder kurz gestielt; **Sep** breit sitzend, basal vereinigt, gleich, dreieckig, 1 - 1.5 mm, spitz; **Pet** frei, schmal länglich oder lanzettlich bis breit eiförmig-elliptisch, 4 - 7 mm, ausgebreitet, Kiel am Rücken oft rot; **Fil** weiss, meist basal papillat; **Anth** leuchtend rot, ziegelrot oder purpurn, selten gelb, bis 1 mm; **NSch** quadratisch oder länglich, oft ausgerandet, weiss bis gelb; **Gr** schlank, 1 - 1.5 mm, weiss; **Fr** ausgebreitet, braun bis purpurbraun, gewarzt; **Sa** eiförmig, leuchtend schwarz oder braun, gerippt.

Eine sehr variable Art, v.a. in Griechenland und der ägäischen Region. Mehrere abweichende Taxa wurden als eigenständige Arten klassifiziert, aber wegen der Variabilität der unterscheidenden Merkmale, der Geringfügigkeit der Unterschiede, und wegen unserer ungenügenden Kenntnis der Verbreitungsgebiete dieser Taxa erscheint die Rangstufe der Unterart richtiger zu sein. Die Unterarten sind komplett interfertil und können leicht hybridisiert werden, obwohl die Fertilität der Hybriden manchmal (stark) reduziert ist.

S. eriocarpum ssp. **apertiflorum** 't Hart (Ot Sist. Bot. Dergisi 2(2): 7, 1996). **Nom. inval.**, Art. 37.6. **T:** Griechenland (*'t Hart* 25001 [nicht angegeben]). – **D:** C und N Griechenland (Sterea Ellas, Pindos und Central-East, Makedonia, und North-East).

[2] **Tr** schlank; **Blä** schmal länglich bis linealisch, recht spitz bis stumpf, stielrund, bis 20 mm, grün oder hellgrün, glauk; **Pet** lanzettlich, meist intensiv rosa; **Anth** leuchtend rot. – 2n = 20.

S. eriocarpum ssp. **caricum** (Carlström) 't Hart (Ot Sist. Bot. Dergisi 2(2): 8, 1996). **T:** Türkei, Mugla (*Carlström* 9694 [LD]). – **D:** Griechenland (Rhodos, E-ägäische Inseln), SW Türkei; Serpentin.

≡ *Sedum caricum* Carlström (1985).

[2] Klein, kompakt, fast kahl oder obere Teile spärlich drüsig-flaumhaarig; **Blä** länglich bis eiförmig-elliptisch, stumpf, stielrund bis fast stielrund, bis 15 mm, glauk-grün; **Inf** mit 4 - 6 Zweigen; **Pet** lanzettlich bis eiförmig-elliptisch, weiss, oft mit rötlichem Kiel; **Anth** rot oder leuchtend rot. – 2n = 20.

S. eriocarpum ssp. **delicum** (Vierhapper) 't Hart (Ot Sist. Bot. Dergisi 2(2): 7, 1996). **T:** Griechenland (*Watzl* s.n. [WU]). – **D:** Griechenland (Ägäische Region: Kikladen).

≡ *Sedum rubens* ssp. *delicum* Vierhapper (1919) ≡ *Sedum rubens* var. *delicum* (Vierhapper) Hayek (1925) ≡ *Sedum delicum* (Vierhapper) Carlström (1985).

[2] Sehr ähnlich wie ssp. *eriocarpum*; **Blä** hellgrün; **Inf** mit 3 - 7 Zweigen; **Pet** meist breit eiförmig-elliptisch, weiss oder rosa; **Anth** leuchtend rot. – 2n = 20.

S. eriocarpum ssp. **epiroticum** (Baldacci) 't Hart (Ot Sist. Bot. Dergisi 2(2): 7, 1996). **T:** Griechenland, Prevesa (*Baldacci* s.n. [nicht lokalisiert]). – **D:** Griechenland (Kefalonia, Ithaca und benachbarte Küstengebiete).

≡ *Sedum annuum* ssp. *epiroticum* Baldacci (1898).

[2] **Blä** wie ssp. *eriocarpum*; **Pet** hellgelb oder cremefarben; **Anth** gelb oder rot. – 2n = 20.

S. eriocarpum ssp. **eriocarpum** – **D:** Griechenland (Peloponnes und benachbarte Inseln).

[2] **Tr** meist kräftig; **Blä** länglich bis schmal elliptisch, stumpf bis gerundet, halbstielrund bis stielrund, ± 10 mm, oft dunkelgrün, glauk; **Blü** fast sitzend; **Pet** lanzettlich bis länglich, weiss oder rosa; **Fil** kahl oder papillat; **Anth** dunkelrot, manchmal rosa oder gelb. – 2n = 20.

S. eriocarpum ssp. **orientale** 't Hart (Ot Sist. Bot. Dergisi 2(2): 8-9, 1996). **Nom. inval.**, Art. 37.6. **T:** Israel (*van Ham* 39.1 [nicht angegeben]). – **D:** Im ganzen Nahen Osten: S Türkei, Libanon, Syrien, Israel, Jordanien, Irak, Iran.

Incl. *Sedum palaestinum* Boissier (1849); **incl.** *Sedum sanguineum* Boissier & Hausknecht (1872).

[2] **Tr** schlank, 10 cm und mehr; **Blä** länglich oder schmal elliptisch bis breit linealisch, stielrund bis halbstielrund; **Inf** meist mit 2 oder 3 Zweigen (selten mehr); **Pet** eiförmig-elliptisch bis lanzettlich, weiss, oft rosa oder rosa überhaucht; **Anth** leuchtend rot, ziegelrot, oder bräunlich rot, selten gelblich. – 2n = 10, 12, 14, 16, 20.

Der Typ von ssp. *orientale* ist eine diploide Pflanze (2n = 10). Bisher wurden diploide Individuen nur aus Israel bekannt, könnten aber ein weiteres Vorkommen haben. Pflanzen mit 2n = 12 und 2n = 14 kommen in S Anatolien vor ('t Hart & Alpinar, unveröffentlicht) und der Cytotyp mit 2n = 16 stammt ebenfalls aus Israel. Der Ursprung und die Genetik dieser aneuploiden oder dysploiden Cytotypen ist immer noch unklar.

S. palaestinum und *S. sanguineum* gehören höchstwahrscheinlich hierher. *S. palaestinum* ist fast kahl und hat offenbar hellgelbe Kronblätter. Es wurde aus Israel (Typ: Palästina, Mt. Carmel, Boissier s.n., 1846, G-BOIS) beschrieben. Weitere Belege wurden aus Syrien und dem Libanon bekannt. Der hauptsächlichste Unterschied von *S. sanguineum* ist die auffällige Rotfärbung. Es wurde aus Irak (Typ: Mesopotamien, "in rup. calc. Ghebel Taktak", Haussknecht 401, 1867, G-BOIS) beschrieben.

S. eriocarpum ssp. **porphyreum** (Boissier) 't Hart (Ot Sist. Bot. Dergisi 2(2): 8, 1996). **T:** Zypern (*Kotschy* 475 [W, G-BOIS]). – **D:** Zypern. **I:** Stephenson (1993: 302, als *S. porphyreum*).

≡ *Sedum porphyreum* Kotschy (1865); **incl.** *Sedum porphyreum* var. *parviglandulosum* H. Lindberg (1946).

[2] Klein, fast kahl, meist tiefrot überhaucht; **Blä** schmal elliptisch bis länglich eiförmig, halbstielrund oder fast flach, bis 12 mm, glauk; **Pet** weiss oder rosa, aussen rot; **Anth** dunkelpurpurn. – 2n = 20.

S. eriocarpum ssp. **spathulifolium** 't Hart (Ot Sist. Bot. Dergisi 2(2): 7-8, 1996). **Nom. inval.**, Art. 37.6. **T:** Griechenland, Kreta (*'t Hart* 27104 [nicht angegeben]). – **D:** Griechenland (Kreta, endemisch); Kalkstein.

[2] Spärlich drüsig-flaumhaarig; **Blä** spatelig oder breit elliptisch, etwas spitz, halbstielrund oder fast flach, ± 10 mm, hell graugrün, glauk; **Blü** fast sitzend bis deutlich gestielt; **Pet** schmal lanzettlich, weiss oder selten ± rosa; **Anth** leuchtend rot oder selten gelb. – 2n = 20.

S. erythrospermum Hayata (Icon. Pl. Formos. 3: 110, 1913). **T:** Taiwan (*Mori* s.n. [TI]). – **D:** Taiwan, Philippinen. **I:** Ying (1978: 2: 226).

[1] Fleischige, einjährige Kräuter mit schlanken **Tr**, in den oberen Teilen verzweigend, 8 - 12 cm hoch; **Blä** verkehrt eiförmig-spatelig, spatelig bis linealisch-länglich, gerundet oder stumpf, basal stumpf oder verschmälert, 6 - 12 × 3 - 6 mm; **Blü** sitzend; **Sep** basal frei, ungleich; **Pet** basal vereinigt, lanzettlich, zur gestutzten Basis verschmälert, gelb, 3 - 5 mm, weit ausgebreitet; **Anth** gelb; **NSch** flach, schmal länglich; **Gr** sehr kurz; **Fr** ausgebreitet; **Sa** verlängert länglich, rot, (netzig-) papillös.

S. erythrospermum ssp. **australe** H. Ohba (J. Jap. Bot. 52(11): 322, 1977). **T:** Philippinen, Luzon (*Elmer* 6568 [PNH 114365]). – **D:** Philippinen (Luzon: Benguet Prov.); Rippen und kiesige Hügelkanten im Gipfelbereich, 2000 - 2200 m.

Incl. *Sedum australe* Merrill (1905) (*nom. illeg.*, Art. 53.1); **incl.** *Sedum ambiflorum* R. T. Clausen (1946).

[1] **Blä** meist wechselständig; **Inf** trichotom verzweigende Cymen; **Blü** 4-zählig; **Sep** schmal länglich spatelig, gerundet bis fast gestutzt, zur Basis leicht verbreitert, 2 - 4 × ± 1 mm; **Pet** spitz zulaufend. – 2n = 134 (als *S. ambiflorum*).

S. erythrospermum ssp. **erythrospermum** – **D:** Taiwan; schattige Stelle in Wäldern oder unter Felsen, 2100 - 3500 m. **I:** Ying (1978: 2: 226); Tang & Huang (1989: 166).

Incl. *Sedum arisanense* Yamamoto (1926); **incl.** *Sedum brachyrhinchum* Yamamoto (1926).

[1] **Blä** meist gegenständig oder in Quirlen; **Inf** dichotom verzweigte Cymen; **Blü** 5-zählig; **Sep** schmal länglich verkehrt lanzettlich oder linealisch, stumpf, zur gestutzten Basis verschmälert, 2 - 2.5 × ± 0.5 mm; **Pet** spitz.

S. euxinum 't Hart & Alpinar (Acta Bot. Neerl. 40: 357-361, 1991). **T:** Türkei, Rize (*Alpinar & 't Hart* AH504 [ISTE, U]). – **D:** NE Türkei (Anatolien), Armenien; im pontischen Gebiet endemisch; 1800 - 2650 m.

[1] Kahle, mehrjährige Kräuter mit langen, kriechenden und wurzelnden, niederliegenden oder aufsteigenden, spärlich verzweigten, sterilen **Tr** mit 2 - 3 mm ⌀; **Blä** wechselständig, locker ziegelig oder abstehend, sitzend mit einem kurzen, gestutzten Sporn, elliptisch-länglich, 4 - 6 × ± 1.6 mm, gerundet, halbstielrund, glänzend, leuchtend grün; blühende **Tr** aufrecht, 6 - 8 (-10) cm hoch, meist einfach oder mit kleinen, axillären Sekundär**Inf**; **Inf** Cymen mit (3-) 7 - 12 (-17) **Blü** an (1-) 2 (-3) monochasialen Zweigen; **Bra** 2 pro **Blü**; **Blü** 5-zählig, fast sitzend; **Sep** breit sitzend, ungleich, länglich elliptisch, bis 3 mm, stumpf; **Pet** frei, elliptisch, ± 5 mm, spitz bis spitz zulaufend, gelb; **Fil** gelb; **Anth** gelb; **NSch** länglich; **Gr** aufrecht, ± 0.7 mm; **Fr** sternförmig ausstrahlend, gelblich braun, entlang der Bauchnähte mit schmalen, hellen Lippen; **Sa** eiförmig, braun, genetzt-papillös. – 2n = 48.

Gehört in das Comparium der Ser. *Alpestria* A. Berger ('t Hart 1991). – [H. 't Hart]

S. farinosum Lowe (Prim. Faun. Fl. Mader. 31, 1831). – **D:** Madeira; endemisch, 1600 - 2000 m. **I:** 't Hart (1999a).

≡ *Oreosedum farinosum* (Lowe) Grulich (1984).

[1] Kahle, stark bereifte, mehrjährige Kräuter mit kriechenden und wurzelnden oder aufsteigenden, locker verzweigten, sterilen **Tr**, oft rötlich, manchmal basal leicht verholzt; **Blä** wechselständig, locker ziegelig, sitzend und mit einem kurzen, breiten, basalen Sporn, eiförmig bis länglich, 3 - 6 mm, stumpf, halbstielrund, stark bereift, dunkel graugrün bis weisslich; blühende **Tr** aufsteigend, bis 8 cm hoch; **Inf** kleine Cymen mit 2 - 4 Wickeln; **Bra** 2 pro **Blü**; **Blü** 5-zählig, sitzend; **Sep** basal frei, ge-

spornt, ungleich, länglich, bis ± 4 mm, stumpf oder etwas spitz, bereift; **Pet** frei, länglich, bis 7 mm, spitz zulaufend, weiss, aussen manchmal rot überhaucht; **Fil** weiss; **Anth** länglich, rot; **NSch** spatelig, rot; **Gr** lang, weiss; **Fr** sternförmig ausstrahlend, dunkel rötlichbraun, entlang der Bauchnähte mit 2 auffälligen Lippen; **Sa** eiförmig, braun, genetzt-papillös. − 2n = ± 384.

Eng mit Ser. *Anglica* 't Hart verwandt, obwohl bisher sämtliche Versuche einer Hybridisierung mit *S. anglicum* und *S. arenarium* fehlgeschlagen sind. − [H. 't Hart]

S. feddei Hamet (RSN 8: 25-27, 1910). **T:** China, Sichuan (*Soulié* 112 [P]). − **D:** China (W Sichuan). **I:** Fröderström (1931: 48, t. 29).

[1] Vermutlich einjährige Kräuter mit aufsteigenden, von der Basis reich verzweigten **Tr**, 8 - 12 cm hoch; **Blä** wechselständig, breit dreieckig bis eiförmig, spitz, 7 - 9 mm, mit leicht 3-lappigem Sporn; **Inf** lockere Ebensträusse; **Blü** 5-zählig; **Sep** basal frei, kurz gespornt, länglich, spitz, 6 - 7 mm; **Pet** für bis zu 1.4 mm vereinigt, länglich, mit ziemlich langem, aufgesetztem Spitzchen, gelblich, 9 - 11 mm; **NSch** linealisch-spatelig, ausgerandet; **Fr** aufrecht.

S. fedtschenkoi Hamet (Russk. Bot. Zhurn. 1914 (1): 2-4, 1914). **T:** Tibet (*Walton* s.n. [LE]). − **D:** E Tibet; China (S Qinghai, W Sichuan); Wiesen in Bachnähe, Seeufer, Felsen, Steppen; 3300 - 4800 m. **I:** Fröderström (1931: t. 35).

[1] Ein- oder zweijährige Kräuter mit aufsteigenden **Tr**, von der Basis aus verzweigt, 2.5 - 4.5 cm hoch; **Blä** wechselständig, linealisch-lanzettlich, spitz, 4.5 - 8 mm; **Sep** basal frei, kurz gespornt, lanzettlich bis etwas verkehrt eiförmig, spitz, 3 - 5 mm; **Pet** etwas länglich, mit kurzem, aufgesetztem Spitzchen, weiss oder gelblich, ± 4 mm; **NSch** annähernd stielrund-spatelig, ausgerandet; **Fr** aufrecht, wenigsamig; **Sa** winzig genetzt-papillös.

S. filipes Hemsley (JLSB 23: 284, t. 7: A, 1887). **T:** China, Hubei (*Henry* s.n. [K]). − **D:** W Himalaya (Indien, Nepal, Sikkim, Bhutan) bis C China (Sichuan, Hubei); bewaldete Hänge, 800 - 2000 m. **I:** Fröderström (1931: 35, t. 19).

Incl. *Sedum filipes* var. *genuinum* Hamet (1913) (*nom. inval.*, Art. 24.3); **incl.** *Sedum pseudostapfii* Praeger (1921) ≡ *Sedum filipes* var. *pseudostapfii* (Praeger) Fröderström (1931).

[2] Ein- oder zweijährige Kräuter mit aufrechten oder aufsteigenden **Tr**, bis 30 cm hoch; **Blä** wenige, gegenständig oder in Quirlen zu 4, eiförmig oder verkehrt eiförmig bis (fast) kreisrund, stumpf, gestielt, 5 - 45 × bis 40 mm; **Inf** dichte, ebensträussige Cymen, oft aus den **Blä**achseln mit lang gestielten, sekundären Cymen; **Ped** 2 - 3× so lang wie die **Blü**; **Blü** 5-zählig; **Sep** breit sitzend, dreieckig oder halblänglich, stumpf bis gerundet, 1 - 1.5 mm; **Pet** basal vereinigt, breit halblänglich, ziemlich stumpf, weiss oder rötlich, 3 - 4 mm; **NSch** breit linealisch-spatelig; **Fr** fast aufrecht; **Sa** glatt.

S. pseudostapfii wurde auf Grund von kultiviertem Material beschrieben, und Fröderström (1931) stellte es als var. *pseudostapfii* zu *S. filipes*. Die Varietät soll sich von der typischen Varietät durch kürzere Blütenstiele (so lang wie oder wenig länger als die Blüten) und viel breitere Kelchblätter unterscheiden, aber Grierson & Long (1987) behandelten es als Synonym der Art.

S. fischeri Hamet (Russk. Bot. Zhurn. 1914(1): 1-2, 1914). **T:** Sikkim (*Smith & Cave* 2350 [LE,]). − **D:** NW Indien, Sikkim, Bhutan, S Tibet, China (E Qinghai); Wiesen und Felsritzen an Hängen, 3600 - 5600 m. **I:** Fröderström (1931: 59, t. 35).

[1] Ein- oder zweijährige Kräuter mit aufsteigenden, meist einfachen oder verzweigten **Tr**, 2.5 - 5 cm hoch; **Blä** wechselständig, verkehrt lanzettlich oder spatelig, stumpf oder etwas spitz, 4 - 5 × 1 - 1.5 mm; **Inf** lockere Ebensträusse; **Blü** 5-zählig mit nur 5 St; **Sep** breit sitzend, länglich, (etwas) spitz, 2 - 4 × 0.5 - 1.5 mm; **Pet** basal frei, lanzettlich, spitz zulaufend, mit stumpfer Spitze, weiss, 3 - 4.5 mm; **NSch** schmal linealisch-spatelig, stumpf; **Fr** aufrecht, 3- bis 7-samig; **Sa** netzig-papillös.

S. flaccidum Rose (CUSNH 13(9): 298, 1911). **T:** Mexiko, Durango (*Palmer* 513 [US 571538, UC]). − **D:** Mexiko (Durango). **I:** Fröderström (1936a: 127, t. 87).

[1] Kleine, kahle, mehrjährige Kräuter mit kurzer, rübiger, oft verzweigter **Wu**; **Blä** wechselständig, länglich, stumpf, breit gespornt, angeschwollen, 5 - 10 mm; blühende **Tr** beinahe aufrecht oder nickend, von der Basis oder nahe der Basis diffus verzweigt, Zweige schwach und schlank; **Inf** sehr lockere und verlängerte Rispen; **Blü** 5-zählig, lang gestielt; **Sep** basal frei, kurz gespornt, ungleich, lanzettlich bis etwas eiförmig, stumpf, grün, 5 - 6 mm; **Pet** fast bis zur Basis frei, eiförmig, stumpf, mit breit aufgesetztem Spitzchen, weiss, ± rot quergebändert, ± 6 mm; **NSch** gross, breit linealisch-spatelig, stumpf bis leicht ausgerandet; **Fr** sternförmig, stark aufgedunsen, purpurn; **Sa** fast eiförmig, genetzt. − 2n = 22.

S. formosanum N. E. Brown (Gard. Chron., ser. nov. 24: 134, 1885). **T:** Taiwan (*Ford* 19 [K]). − **D:** Taiwan, Japan (Insel Oshima, Ryukyu, Kyushu), N Philippinen (Batan-Inseln), möglicherweise S Korea; Küstenfelsen, selten im Inland. **I:** Tang & Huang (1989: 168); Tang & Huang (1993: 24).

Incl. *Sedum loochoense* Makino & Kuroiwa (1900) (*nom. inval.*, Art. 32.1c); **incl.** *Sedum mariae* Hamet (1910); **incl.** *Sedum taiwanianum* auct. (1972) (*nom. illeg.*, Art. 52.1).

[1] Einjährige, gebüschelte Kräuter mit aufrechten oder bogigen, di- oder trichotom verzweigten, dicht beblätterten, ziemlich kräftigen **Tr**, bis (15-)

20 cm hoch; **Blä** wechselständig, manchmal wirtelig, spatelig bis verkehrt eiförmig, gerundet bis stumpf, 10 - 20 × 8 - 12 mm; **Inf** ziemlich grosse, reichblütige Cymen; **Bra Blä**artig; **Blü** 5-zählig, sitzend; **Sep** basal frei, kurz gespornt, ungleich, linealisch-lanzettlich bis spatelig-eiförmig, gerundet bis stumpf, 3.5 - 5 mm; **Pet** halblänglich, mit angedeutetem, breit aufgesetztem Spitzchen, gelb, 5 - 7 mm; **Anth** gelb; **Gr** ± 1 mm; **Fr** wenig spreizend; **Sa** papillös. − 2n = 64, 66.

Steht *S. alfredii* nahe und wurde von Fu & Fu (1984) als Synonym dort eingeschlossen. Das Taxon ist wie *S. alfredii* hapaxanth oder manchmal ausdauernd (Ohba 1982c: 559).

S. forreri Greene (Pittonia 1: 154, 1887). **T:** Mexiko, Durango (*Forrer s.n.* [GH]). − **D:** Mexiko (Durango: Sierra Madre Occidental); ± 2700 m. **I:** Fröderström (1936a: 125, t. 83).

Incl. *Sedum divergens* Greene (s.a.) (*nom. illeg.*, Art. 53.1).

[1] Kahle, kleine Kräuter mit kurzen **Wu** und aufrechten **Tr**, vermutlich einjährig, unten einfach, darüber reich verzweigt, 5 - 8 cm; **Blä** wechselständig, länglich bis eiförmig, stumpf, breit und kurz gespornt, 3 - 5 mm; **Inf** wenigblütig, ebenstraussartig; **Bra** lanzettlich bis länglich, ± 3 mm; **Blü** 5-zählig, fast sitzend; **Sep** basal frei, ziemlich lang gespornt, ungleich, etwas länglich, stumpf, ± 3 mm, ausgebreitet; **Pet** basal wenig vereinigt, länglich, stumpf, mit breitem, aufgesetztem Spitzchen, weisslich, 4 - 5 mm, ausgebreitet; **NSch** etwas gestielt, spatelig, ausgerandet, dick; **Fr** fast aufrecht, wenigsamig; **Sa** eiförmig, netzig-papillös. − 2n = 16.

S. forrestii Hamet (Notes Roy. Bot. Gard. Edinburgh 5(24): 118-119, t. 86, 1912). **T:** China, Yunnan (*Forrest 2808* [E]). − **D:** China (NW Yunnan); Grasland, exponierte Felsen, Hänge, 3300 - 4000 m. **I:** Fröderström (1931: 71, t. 37); Fu & Fu (1984: t. 27).

[1] Ein- oder zweijährige Kräuter mit aufsteigenden **Tr**, von der Basis aus verzweigt, 5 - 7 cm hoch; **Blä** wechselständig, länglich bis halbeiförmig, 4.5 - 10 mm; **Blü** 5-zählig, lang gestielt; **Sep** basal frei, kurz gespornt, oft ungleich, länglich bis eiförmig, 3.5 - 6 mm; **Pet** länglich bis breit eiförmig, gerundet bis stumpf, 4 - 6 mm; **NSch** linealisch-spatelig, bis 2 mm; **Gr** ziemlich lang; **Fr** aufrecht, wenigsamig; **Sa** winzig netzig-papillös.

S. forsterianum Smith (in J. E. Smith & Sowerby, Engl. Bot. 26: t. 1802, 1808). **T:** England, Wales (*Anonymus s.n.* [nicht lokalisiert]). − **Lit:** 't Hart (1978). **D:** NW und SW Europa (Belgien, Niederlande, Grossbritannien, Irland, Frankreich, Deutschland, Luxemburg, Spanien, Portugal incl. Azoren), NW Afrika (Marokko).

≡ *Sedum rupestre* ssp. *forsterianum* (Smith) R. L. Evans (1983) (*nom. inval.*, Art. 33.2) ≡ *Petrosedum forsterianum* (Smith) Grulich (1984); **incl.** *Sedum pruinatum* auct. (s.a.) (*nom. illeg.*, Art. 53.1); **incl.** *Sedum elegans* Lejeune (1811) ≡ *Sedum forsterianum* ssp. *elegans* (Lejeune) hort. (s.a.) ≡ *Sedum rupestre* ssp. *elegans* (Lejeune) Hegi & Em. Schmid (1922) ≡ *Petrosedum rupestre* ssp. *elegans* (Lejeune) Velayos (1989); **incl.** *Sedum aureum* Wirtgen *ex* Schultz (1844) ≡ *Sedum rupestre* var. *aureum* (Wirtgen *ex* Schultz) Wirtgen (s.a.) ≡ *Sedum reflexum* var. *aureum* (Wirtgen) H. Jacobsen (1973); **incl.** *Sedum lejeunianum* Hornung *ex* Koch (1857); **incl.** *Sedum trevirense* Rosbach (1857); **incl.** *Sedum juranum* Gay (1863).

[1] Kahl, mehrjährig; sterile **Tr** niederliegend, wurzelnd, mit zu zapfenartigen, endständigen **Ros** zusammengedrängten **Blä**; **Blä** dicht ziegelig, linealisch, mit aufgesetztem Spitzchen, halbstielrund oder abgeflacht, mit basalem, gestutztem Sporn, 10 - 15 mm, grün oder glauk; tote **Blä** ausdauernd, braun; blühende **Tr** aufsteigend, 10 - 40 cm; **Inf** endständige Ebensträusse mit 3 - 7 monochasialen Zweigen, in der Knospe kugelig und nickend, mit stark zurückgebogenen Zweigen; **Bra** fehlend; **Blü** (5- bis) 7- (bis 9-) zählig, kurz gestielt; **Sep** basal vereinigt, gleich, dreieckig, spitz mit aufgesetztem Spitzchen, 2 - 3 mm; **Pet** frei, länglich, gelb, 6 - 8 mm, ausgebreitet; **Fil** gelb, kahl; **Anth** gelb; **NSch** quer länglich, gelblich grün; **Fr** aufrecht, braun; **Sa** länglich, hellbraun, gerippt. − 2n = 24, 48, 60, 72, 96.

S. fragrans 't Hart (Bot. Helv. 93(2): 269-280, ills., 1983). **T:** Frankreich, Alpes Maritimes (*'t Hart 26010* [U]). − **D:** SE Frankreich (Alpes Maritimes), NW Italien (Piemont).

[1] Zerbrechliche, dicht drüsig-flaumhaarige, **Ros**bildende, mehrjährige Kräuter, mit kurzen, axillären Ausläufern mit kleinen, endständigen **Ros**; **Blä** wechselständig, flach, spatelig oder mit kreisrunder bis breit elliptischer Spreite und einem falschen **Bla**stiel, manchmal fast sitzend, bis 15 (-20) × ± 8 mm, stumpf oder gerundet, grün oder häufiger rötlich; blühende **Tr** aufrecht oder aufsteigend, meist einfach, bis 20 cm; **Inf** meist lockere und wenigblütige Cymen mit 1 - 2 Wickeln; **Ped** (4-) 7 (-9) mm; **Blü** 5-zählig, (5-) 6 (-7) mm ∅, vor der Anthese zurückgeschlagen; **Sep** breit sitzend, etwas ungleich, linealisch-länglich bis elliptisch oder dreieckig-eiförmig, 1 - 2 × 0.5 (-1) mm; **Pet** basal für 0.8 - 1.4 mm vereinigt, Zipfel breit eiförmig bis herzförmig, (2-) 2.5 (-3.5) × (1.7-) 2.2 (-3.5) mm, lang spitz zulaufend, weiss; **Fil** weiss; **Anth** rot; **NSch** spatelig, rot; **Gr** 0.7 mm; **Fr** aufrecht, weisslich; **Sa** schwarz oder dunkelbraun, glänzend, gerippt. − 2n = 20.

Eng mit dem vikariierenden *S. alsinefolium* (Ser. *Alsinefolia*) verwandt, das im Piemont (Italien) endemisch ist. Künstliche Hybriden zwischen den beiden Arten sind steril.

S. franchetii Grande (Bull. Orto Bot. Regia Univ. Napoli 4: 364, 1914). **T:** P. – **D:** China (NW Yunnan); Dickichte, Felsen und Klippen, 2800 - 4100 m. **I:** Fröderström (1931: 63, t. 36).

Incl. *Sedum tenuifolium* Franchet (1894) (*nom. illeg.*, Art. 53.1).

[1] Ein- oder zweijährige Kräuter mit aufrechten **Tr**, von der Basis aus verzweigt, 10 - 20 cm hoch; **Blä** wechselständig, linealisch-lanzettlich, etwas spitz, 5 - 10 mm, kurz gespornt; **Blü** 5-zählig; **Sep** basal frei, kurz gespornt, leicht ungleich, lanzettlich bis länglich, etwas spitz bis etwas stumpf, 3.8 - 5 mm; **Pet** basal leicht vereinigt, lanzettlich, zur Basis verbreitert, stumpf bis spitz, etwas genagelt, hellgelb, 4 - 4.5 mm; **NSch** schmal linealisch, bis 2 mm; **Fr** aufrecht; **Sa** netzig-papillös.

S. frutescens Rose (CUSNH 13(9): 298, 1911). **T:** Mexiko, Morelos (*Pringle 13266* [US 462340, L]). – **D:** Mexiko (transmexikanischer Vulkangürtel); S-Hänge. **I:** Fröderström (1936a: 22, t. 13); Clausen (1959: 127). **Fig. XXXV.d**

[1] Ausdauernde Sträucher mit dicken **Tr** mit papierartiger, abschälender Rinde und papillösen Zweigen; **Blä** wechselständig, elliptisch-linealisch oder elliptisch-länglich, spitz, manchmal verkehrt lanzettlich-länglich und stumpf, selten etwas ausgerandet, fast stielrund, den Rändern entlang fein papillös, 14 - 58 × 3 - 9 mm; **Inf** Cymen mit 2 oder mehr Zweigen, locker rispig; **Blü** 5- (bis 6-) zählig, sitzend oder fast sitzend; **Sep** basal frei, kurz gespornt, ungleich, länglich, stumpf, grün, 2.1 - 4.1 × 0.8 - 1.2 mm, aufrecht; **Pet** bis fast zur Basis frei, lanzettlich bis etwas länglich, etwas stumpf bis spitz, mit aufgesetztem Spitzchen, gekielt, weiss, mit hellgrünem oder rosafarbenem Kiel, ± 6.5 mm, ausgebreitet; **Anth** rot, fast kugelig; **NSch** spatelig oder verkehrt eiförmig, ausgerandet, ausgenagt, weiss; **Gr** ziemlich lang, ± 5 mm; **Fr** weit spreizend, entlang der Bauchnähte mit kleinen Lippen; **Sa** lanzettlich, genetzt. – $2n = 60$.

S. fui G. D. Rowley (Nation. Cact. Succ. J. 28(1): 6, 1973). **T:** China, Yunnan (*Wang 69840* [PE ?]). – **D:** China (Sichuan, Yunnan).

Incl. *Sedum platyphyllum* S. H. Fu (1951) (*nom. illeg.*, Art. 53.1).

[1] Einjährige Kräuter, von der Basis aus verzweigt, 6.5 - 14 cm hoch; **Blä** wechselständig oder fast gegenständig, verkehrt eiförmig-lanzettlich, wenige, stumpf, 12 - 18 × 1.5 - 5 mm, gespornt; **Inf** vielblütige Ebensträusse; **Bra** klein, **Blä**artig; **Ped** bis 2 mm; **Blü** 5-zählig; **Sep** breit sitzend, linealisch oder spatelig, spitz; **Pet** lanzettlich, gelblich grün, 5 - 6.2 × ± 1.1 mm; **NSch** linealisch, keilförmig oder stumpf; **Gr** 0.6 - 0.7 mm; **Fr** basal vereinigt; **Sa** eiförmig, netzig-papillös.

S. fui var. **fui** – **D:** China (S Sichuan, W Yunnan); auf Felsen in Wäldern und Grasland, 3700 - 3800 m. **I:** Fu & Fu (1984: t. 20).

[1] **Sep** 2.2 - 4.5 × 0.7 mm; epipetale **Fil** für ± 1.7 mm mit den **Pet** vereinigt; **NSch** 0.6 - 0.8 mm.

S. fui var. **longisepalum** (K. T. Fu) S. H. Fu (Fl. Reipub. Popul. Sin. 34(1): 86, 1984). **T:** China, Yunnan (*Chung-tien Exped. 3967* [KUN]). – **D:** China (NW Yunnan); Felsen an Waldrändern, ± 3500 m.

≡ *Sedum platyphyllum* var. *longisepalum* K. T. Fu (1974) (unkorrekter Name, Art. 11.4).

[1] **Sep** 6.5 - 7 × 1.2 - 2 mm; epipetale **Fil** für bis zu 2.5 mm mit den **Pet** vereinigt; **NSch** 0.8 - 0.9 mm.

S. furfuraceum Moran (CSJA 33(4): 103-105, ills., 1961). **T:** Mexiko, San Luis Potosí (*Moran & Kimnach 7659* [SD 51098]). – **D:** Mexiko (San Luis Potosí); Felsen an mit Kiefern bestandenen Hügelseiten, ± 2100 m.

[1] Kahle, mehrjährige Kräuter mit kriechenden bis aufsteigenden, spärlich verzweigten **Tr**, nahe der Spitzen dicht papillös, an jedem Knoten abgeflacht, 5 - 15 cm hoch, sympodial über die endständigen alten **Inf** hinaus weiter wachsend; **Blä** in Wirteln zu 5, etwas dreieckig zusammengedrückt bis eiförmig, stumpf, Ränder und Kiele als offensichtliche Kanten, Oberflächen mit winzigen Flocken bedeckt, 6 - 11 × 4.5 - 6 mm, 4 - 5 mm dick; blühende **Tr** aufrecht; **Inf** sitzend mit 1 - 3 **Blü**; **Bra** elliptisch-länglich, stumpf, etwas dreieckig zusammengedrückt, ± 3.5 mm; **Ped** ± 1 mm, unregelmässig runzelig-papillös; **Blü** 5-zählig; **Sep** ungleich in der Breite, elliptisch-eiförmig, stumpf bis gerundet, fast stielrund, mit etwas flockiger Cuticula, 2 - 2.5 × 1 - 2 mm, aufsteigend, der **Kr** angedrückt; **Pet** basal vereinigt, breit lanzettlich, spitz, rinnig, ± 4.5 mm, weisslich bis ± purpurrot; **Fil** weiss; **Anth** hellrot; **NSch** fast quadratisch, gelblich, mit winzigen, roten Punkten; **Fr** aufrecht, entlang der Bauchnähte mit Lippen, rötlich; **Sa** schmal verkehrt eiförmig, rötlich braun, netzig-papillös. – $2n = 68$.

S. fuscum Hemsley (Biol. Centr.-Amer., Bot. 1: 395, 1880). **T:** Mexiko, San Luis Potosí (*Parry & Palmer 235* [US]). – **D:** Mexiko (San Luis Potosí). **I:** Fröderström (1936a: 124, t. 85).

≡ *Altamiranoa fusca* (Hemsley) Rose (1903) ≡ *Villadia fusca* (Hemsley) H. Jacobsen (1958).

[1] Ein- oder zweijährige Kräuter mit schlanken, aufrechten **Tr**, basal einfach, darüber verzweigend, bis 10 cm hoch; **Blä** wechselständig, länglich, stumpf, lang und breit gespornt, 5 - 6 mm; blühende **Tr** aufrecht; **Inf** verlängerte Cymen; **Bra** fast eiförmig, stumpf, ± 3.5 mm; **Blü** 5-zählig, fast sitzend; **Sep** basal frei, lang gespornt, leicht ungleich, länglich, stumpf, ± 3 mm; **Pet** basal wenig vereinigt, fast verkehrt eiförmig, stumpf, weiss, ± 4 mm; **NSch** schmal gestielt, Spitze spatelig, gerundet; **Fr** etwas sternförmig; **Sa** eiförmig, netzig-papillös.

S. fusiforme Lowe (Prim. Faun. Fl. Mader. 31, t. 3: fig. 1, 1831). – **D:** S Madeira; Klippen, bis 500 m. **I:** 't Hart (1999a).

[1] Kahle Halbsträucher bis 20 cm hoch, mit reich verzweigten, aufsteigenden Ästen aus einem kräftigen (bis 1 cm ⌀), verholzten, basalen Stamm; **Blä** wechselständig, sitzend, an den **Tr**spitzen gedrängt, elliptisch bis länglich, 5 - 10 mm, etwas spitz, stielrund, grün oder gräulich grün, mit einem dunkelroten Längsstreifen; blühende **Tr** aufsteigend oder aufrecht, bis 8 cm, spärlich beblättert; **Inf** lockere, wenigblütige Cymen mit 2 (-3) Wickeln; **Bra** 2 pro **Blü**; **Blü** 5-zählig, sitzend; **Sep** basal frei, gespornt, ungleich, dreieckig-eiförmig, bis 3 mm; **Pet** basal für 1.5 mm vereinigt, eiförmig, 7 - 9 mm, spitz zulaufend, gelb, innen rot gesprenkelt oder gepunktet; **Fil** gelb; **Anth** gelb; **NSch** etwa spatelig-quadratisch, ausgerandet; **Fr** sternförmig ausstrahlend, braun, entlang der Bauchnähte mit deutlichen, hellen Lippen; **Sa** eiförmig, braun, netzig-papillös. – 2n = 24.

Gehört in das Comparium der Ser. *Macaronesia* Fröderström. – [H. 't Hart]

S. gagei Hamet (RSN 8: 263-265, 1910). **T:** Sikkim (*Smith & Cave* 2444 [CAL, Herb. Hamet]). – **D:** Nepal, Bhutan, Sikkim, Indien (Chumbi, Kumaon), Tibet; alpine Felsen, 3950 - 5000 m. **I:** Fröderström (1931: 45, t. 30).

[1] Mehrjährige Kräuter mit niederliegenden **Tr**, 5 - 10 cm; **Blä** wechselständig, linealisch-lanzettlich, spitz zulaufend, mit einem etwas 3-lappigen Sporn, entlang der Ränder etwas papillös und winzig gezähnelt oder wimperig gezähnt, 4 - 6 mm; blühende **Tr** etwas aufrecht, meist einfach, 4 - 6 cm; **Inf** dichte, wenigblütige Ebensträusse; **Blü** 5-zählig; **Sep** basal frei, kurz gespornt, halblänglich, spitz zulaufend, papillös, 4 - 7 mm; **Pet** basal frei, etwas länglich oder elliptisch, mit auffälligem, aufgesetztem Spitzchen, breit genagelt, gelblich, 6 - 9 mm; **NSch** genagelt-spatelig, ausgerandet; **Fr** aufrecht; **Sa** vermutlich genetzt.

S. gattefossei Battandier & Jahandiez (Bull. Soc. Hist. Nat. Afr. Nord 12: 26, 1921). – **D:** Marokko. **I:** Maire (1977: 388).

≡ *Aichryson gattefossei* (Battandier & Jahandiez) Bramwell (1968) ≡ *Oreosedum gattefossei* (Battandier & Jahandiez) Grulich (1984).

[2] Kahle, einjährige Kräuter mit aufrechten **Tr** bis 18 cm hoch, einfach oder in den oberen Teilen verzweigt; **Blä** wechselständig, sitzend, fast stielrund bis halbstielrund, linealisch-länglich, stumpf, 2.5 × 2 mm; **Inf** lockere Cymen mit 2 oder mehr Zweigen (Wickeln); **Bra** klein oder fehlend; **Ped** fadendünn, 4 - 8 mm; **Blü** 6-zählig, in der Knospe eiförmig oder fast kugelig; **Sep** breit sitzend, basal vereinigt, halbkreisrund bis breit eiförmig, ± 1 mm, stumpf; **Pet** basal wenig vereinigt, lanzettlich oder eiförmig-lanzettlich, ± 3 mm, spitz zulaufend, gelb; **Fil** gelb, kahl; **Anth** gelb; **NSch** länglich keilförmig, ausgerandet; **Fr** aufrecht, basal dicht papillat; **Sa** eiförmig-länglich, braun, gerippt.

Nahe bei *S. pubescens* und *S. versicolor*. Die 3 Arten wurden in die Ser. *Pubescens* gestellt (Mes 1995b). Die Reihen *Caerulea, Monanthoideae* und *Pubescens* sind die Stammgruppe einer Entwicklungslinie, aus der sich schliesslich die "Makaronesischen *Sempervivoideae*", d.h. *Aeonium, Aichryson* und *Monanthes,* herausgebildet haben.

S. giajae Hamet (RSN 8: 313-315, 1910). **T:** China, Sichuan (*Soulié* s.n. [P]). – **D:** China (W Sichuan); Felsen in Tälern, Wegränder, 2600 - 3000 m. **I:** Fröderström (1931: 91, t. 57).

[1] Mehrjährige Kräuter mit kurzen, sterilen **Tr** bis 2 cm; **Blä** wechselständig, länglich, stumpf, flaumhaarig, 5 - 7.5 mm; blühende **Tr** aufrecht, flaumhaarig, 5 - 10 cm; **Blü** 5-zählig; **Sep** breit sitzend, dreieckig bis halbeiförmig, stumpf, flaumhaarig, 2.5 - 3 mm; **Pet** breit länglich, mit kurzem, aufgesetztem Spitzchen, gelblich, ± 5 mm; **NSch** quadratisch-spatelig, klein; **Fr** aufrecht oder fast aufrecht, entlang der Bauchnähte mit Lippen.

S. glabrum (Rose) Praeger (J. Roy. Hort. Soc. 46: 127, 1921). **T:** Mexiko, Coahuila (*Palmer* 585 [US]). – **D:** Mexiko (Coahuila: Saltillo; San Luis Potosí), ± 2000 m. **I:** Fröderström (1936a: 78, t. 51-52).

≡ *Sedastrum glabrum* Rose (1905); **incl.** *Sedastrum palmeri* Rose *in sched.* (s.a.); **incl.** *Sedastrum turgidum* Rose *in sched.* (s.a.).

[1] Kahle, mehrjährige Kräuter mit *Sempervivum*-artigen, grundständigen **Ros**; **Blä** ziegelig, wechselständig, verkehrt lanzettlich bis spatelig-länglich, breit fein gespitzt, 20 - 35 mm; **Blä** der blühenden **Tr** länglich bis eiförmig, sehr stumpf oder kurz feinspitzig, kurz gespornt, halb stengelumfassend, 10 - 30 mm; blühende **Tr** aufrecht oder fast aufrecht, recht kräftig, dicht beblättert, 15 - 25 cm; **Inf** verlängerte Rispen; **Blü** 5-zählig, sitzend; **Sep** breit sitzend, basal vereinigt, leicht ungleich, halbeiförmig, stumpf, 2.5 - 3 mm, aufrecht; **Pet** fast bis zur breiten Basis frei, breit eiförmig, stumpf, ausgenagt, mit kurzem, aufgesetztem Spitzchen, weiss mit purpurnen Linien, ± 4.5 mm, fast aufrecht; **Anth** rötlich; **NSch** breit konisch, stumpf, an der Spitze verdickt; **Gr** ziemlich kurz und aufrecht; **Fr** dicht feinwarzig, purpurn strichliert und punktiert; **Sa** lanzettlich, genetzt. – 2n = 62, 124.

S. glaebosum Fröderström (Acta Horti Gothob. 15: 16-17, figs. 75-82, t. 2: 4, 1942). **T:** China, Sichuan (*Smith* 11897 [UPS ?]). – **D:** Tibet, China (SE Quinhai, W Sichuan); Felsen an Hängen, Tobel, 3500 - 5000 m. **I:** Fu & Fu (1984: t. 25).

[1] Mehrjährige Kräuter mit zahlreichen Büscheln kleiner, steriler **Tr** bis 2 cm; **Blä** wechselständig, dicht ziegelig, eiförmig bis breit lanzett-

lich, spitz zulaufend, mit einem kurzen, stumpfen bis 2-lappigen Sporn und spärlich kurz bewimperten Rändern, 3 - 6 mm; blühende **Tr** kahl, aufrecht, in den oberen Teilen verzweigt, ± 6 cm; **Inf** lockere, wenigblütige Ebensträusse; **Bra** lanzettlich, spärlich bewimpert; **Blü** 5-zählig, fast sitzend; **Sep** basal frei, kurz gespornt, fast eiförmig, mit bewimperten Rändern, ± 4 mm; **Pet** frei, breit lanzettlich, zur Basis verschmälert, mit langem, aufgesetztem Spitzchen, gelb, ± 7 mm; **NSch** basal lanzettlich, über der Mitte spatelig, ausgerandet; **Gr** lang; **Fr** aufrecht, basal für 2.5 mm vereinigt.

S. glaucophyllum R. T. Clausen (CSJA 18(4): 60-61, ill., 1946). **T:** USA, Virginia (*Dyal* s.n. [CU]). – **D:** USA (North Carolina bis Maryland: endemisch in den Appalachian Highlands); im Schatten. **I:** Clausen (1975: 123).

[2] Gebüschelte, mehrjährige Kräuter, mit kriechenden und wurzelnden, reich verzweigten **Tr**; **Blä** wechselständig, verkehrt lanzettlich bis spatelig, mit stumpfen, papillösen Spitzen, flach, Basis stielartig, 6.5 - 17.8 × 2.2 - 4.5 mm, hellgrün oder blaugrün; blühende **Tr** aufrecht, 3.7 - 17.5 cm; **Inf** Cymen mit 3 Zweigen; **Bra** **Blä**artig aber kleiner; **Blü** 4-zählig, sitzend; **Sep** breit sitzend, frei, ungleich, linealisch-lanzettlich, Spitze stumpf und papillös, fast stielrund, 3.6 - 6.3 × 0.9 - 1.6 mm, grün, spreizend; **Pet** frei, lanzettlich, spitz zulaufend, winzig kapuzenförmig, weiss, ± 6.5 mm; **Fil** weiss; **Anth** dunkelrot; **Gr** 0.8 - 1.7 mm; **NSch** fast quadratisch, gestutzt, weiss; **Fr** basal wenig vereinigt, weit spreizend, entlang der Bauchnähte mit Lippen, braun; **Sa** birnenförmig, gelbbraun, gerippt. – 2n = 28, 44, 44 - 49, ± 46.

S. nevii (incl. *S. beyrichianum*) gehört eindeutig in den gleichen Kreis wie dieses Taxon, und könnte besser als Synonym behandelt werden. Clausen (1975) beschreibt 3 Rassen:

1. Lockere **Ros** aus langen, grünen **Blä**. Wächst auf Sandstein und Gneis oberhalb von 1000 m.
2. Kompakte **Ros** aus glauken **Blä**. Wächst auf Kalksteinklippen entlang von Flüssen.
3. Wie 1, aber mit kleineren **Blä** und kürzeren **Pet**.

S. globuliflorum R. T. Clausen (Bull. Torrey Bot. Club 106: 212-213, ills., 1979). **T:** Mexiko, Hidalgo (*Clausen* 78-13 [CU]). – **D:** Mexiko (Hidalgo).

[1] Mehrjährige Kräuter mit auffälligen **Ros**; **Blä** spatelig, bewimpert, ± 8 × 3 mm; blühende **Tr** aufrecht, bis 4 cm; **Blä** verkehrt lanzettlich, bewimpert, basal rot gefleckt, 5 - 7 × 2 - 3 mm; **Inf** Cymen mit 2 - 3 Zweigen; **Blü** 5-zählig; **Sep** eiförmig-elliptisch, bewimpert, 2.8 - 3.6 × 1.5 - 2 mm; **Pet** basal vereinigt, verkehrt lanzettlich-länglich, mit aufgesetztem Spitzchen, Farbe nicht beschrieben; **Fil** weiss; **Anth** gelb; **NSch** verkehrt dreieckig, gelb; **Gr** sehr kurz oder fehlend; **Fr** aufrecht, gefurcht; **Sa** ellipsoid, netzig-papillös.

S. glomerifolium M. G. Gilbert (Bradleya 3: 49, ill. (p. 51), 1985). **T:** Äthiopien, Bale Region (*S. Gilbert* 100 [UPS, ETH, K]). – **D:** Äthiopien (Bale Region).

[2?] Kahle, rosettige, mehrjährige Kräuter mit schlanken, **Bla**losen Ausläufern mit kleinen, endständigen **Ros**; **Blä** wechselständig, sitzend, eiförmig bis spatelig, stielrund bis halbstielrund, ± 5 mm, stumpf, hell gräulichgrün; blühende **Tr** bis 5 cm; **Inf** cymös, mit 1 oder 2 monochasialen Zweigen; **Bra** **Bla**artig; **Ped** bis 3.5 mm; **Blü** 4-zählig; **Sep** breit sitzend, basal wenig vereinigt, bis 1 mm; **Pet** länglich eiförmig, 1.5 - 2.5 mm, ziemlich spitz, weiss; **Fil** ± 1.6 mm, weiss; **Anth** dunkelrot oder bräunlich; **Gr** 0.4 mm; **NSch** schmal länglich spatelig, Spitze leicht ausgerandet; **Fr** 1- oder 2-samig, auffällig papillat, an der Basis rundherum aufreissend und abfallend; **Sa** verkehrt eiförmig, 1.3 mm, dunkelbraun, gerippt.

S. goldmanii (Rose) Moran (Haseltonia 4: 46, 1996). **T:** Mexiko, Michoacán (*Goldman* s.n. [US]). – **Lit:** Moran (1998c: mit ills.). **D:** Mexiko (Guanajuato, Hidalgo, México, Michoacán, Morelos, Puebla, Tlaxcala); Berggebiete, meist auf Felsen, 2000 - 4500 m.

≡ *Altamiranoa goldmanii* Rose (1903) ≡ *Villadia goldmanii* (Rose) A. Berger (1930); **incl.** *Cotyledon batesii* Hemsley (1878) ≡ *Altamiranoa batesii* (Hemsley) Rose (1903) ≡ *Villadia batesii* (Hemsley) Baehni & Macbride (1937); **incl.** *Umbilicus mexicanus* Schlechtendal (1880) ≡ *Cotyledon mexicana* (Schlechtendal) Hemsley (1880) ≡ *Altamiranoa mexicana* (Schlechtendal) Rose (1905) ≡ *Villadia mexicana* (Schlechtendal) H. Jacobsen (1958); **incl.** *Altamiranoa batesii* var. *subalpina* Fröderström (1935) ≡ *Villadia batesii* var. *subalpina* (Fröderström) G. D. Rowley (1958); **incl.** *Altamiranoa alpina* Fröderström (1936) ≡ *Villadia alpina* (Fröderström) H. Jacobsen (1958); **incl.** *Altamiranoa ramulosa* Fröderström (1936) ≡ *Villadia ramulosa* (Fröderström) H. Jacobsen (1960) (*nom. inval.*, Art. 33.2).

[1] Kahle, kleine Kräuter oder ausdauernde Halbsträucher; **Wu** knollig verdickt; **Tr** von der Basis verzweigt, nach der Blüte bis zur Basis zurücksterbend, oder untere Teile ausdauernd und mit der Zeit verholzt und verzweigt, zur **Blü**zeit mit kompakten, sterilen, 8 - 10 mm langen Zweigen, blühende **Tr** aufrecht oder manchmal niederliegend und an den Knoten wurzelnd, einfach oder wenig verzweigt, glatt oder papillös, 5 - 30 cm; **Blä** linealisch bis länglich, fast stielrund oder abgeflacht, spitz oder gerundet, gespornt, 4 - 15 (-20) × 1 - 2 (-4) mm, grün oder rötlich werdend, oft zuerst glauk; **Inf** meist dicht, mit 2 bis mehreren Wickeln, diese je 2 - 7 cm lang mit ± 2 - 10 (-15) fast sitzenden **Blü**; **Ped** 0 - 1 (-4) mm; **Sep** der **Kr** ± angedrückt, gespornt, ungleich, 2 - 6 mm; **Kr** 5 - 8 mm, 6 - 10 mm ⌀; **Pet** weiss oder rötlich, **Rö** ± so lang wie die Zipfel, Zip-

fel 3 - 5 × 1.8 - 3.5 mm, meist ausgebreitet oder etwas zurückgeschlagen; **Anth** dunkel; **NSch** fast quadratisch oder schmal, ± 0.5 mm breit; **Ca** 4 - 7 mm, für ± 0.5 mm vereinigt; **Fr** aufrecht; **Sa** eiförmig, warzig, ± 0.5 × 0.25 mm. − n = 23.

Moran (1998c) publizierte für diese Art ein breiteres Konzept. Der älteste Name für dieses Taxon ist *Umbilicus mexicanus* Schlechtendal, aber da dieses Epithet durch *Sedum mexicanum* Britton 1899 belegt ist, muss das Epithet des nächst-jüngeren Synonyms *Altamiranoa goldmanii* aufgenommen werden. − [J. Thiede]

S. gracile C. A. Meyer (Verz. Pfl. Casp. Meer. 151-152, 1831). **T:** Kaukasus (*Meyer* s.n. [LE]). − **D:** Türkei, Kaukasus (v.a. Aserbaidschan), N Iran; steinige Stellen in den subalpinen und alpinen Zonen. **Fig. XXXV.e**

Incl. *Sedum gracile* var. *majus* C. A. Meyer (1831); incl. *Sedum gracile* var. *minus* C. A. Meyer (1831); incl. *Sedum vuralianum* J. Metzger (1993).

[2?] Kahle, gebüschelte, mehrjährige Kräuter mit kriechenden oder ansteigenden, kurzen, wurzelnden **Tr**; **Blä** wechselständig, dicht ziegelig, sitzend, gespornt, linealisch-pfriemlich bis linealisch-länglich, 5 - 6 mm, ziemlich stumpf, leuchtend grün; blühende **Tr** meist einfach, aufrecht, bis 7 (-10) cm hoch, dicht beblättert; **Inf** dichte, mit **Bra** versehene Cymen mit 2 - 3 monochasialen (selten gabeligen) Zweigen; **Blü** 5-zählig, sitzend oder fast sitzend; **Sep** breit sitzend, basal vereinigt, elliptisch oder breit dreieckig, 1 - 2 mm, fast stumpf; **Pet** lanzettlich, ± 4 mm, spitz zulaufend, weiss, manchmal rosa überhaucht oder mit rötlichen Kielen; **Fil** weiss; **Anth** rot; **NSch** keilförmig bis länglich, ausgerandet; **Fr** aufrecht, braun; **Sa** länglich eiförmig, hellbraun, gerippt. − 2n = 12.

S. grammophyllum Fröderström (Acta Horti Gothob. 10(Appendix): 164-165, ills., 1936). **T:** China, Guangdong (*Ko* 50494 [W]). − **D:** China (C and W Guangdong, E Guangxi).

[1] Mehrjährige Kräuter mit kleinen, sterilen **Tr**; **Blä** wohl in Wirteln, linealisch oder verkehrt lanzettlich, ziemlich spitz, breit gespornt, Spitze warzig, 20 - 30 mm; blühende **Tr** aufsteigend, schwach, bis 20 cm; **Inf** lockere, wenigblütige Cymen mit 2 oder 3 Wickeln; **Bra** 10 - 15 mm; **Blü** 5-zählig, teilweise von den **Bra** eingehüllt; **Sep** basal frei, kurz gespornt, ungleich, breit lanzettlich, ziemlich spitz, 4 - 5 mm; **Pet** basal frei, lanzettlich, mit langem, aufgesetztem Spitzchen, zur Spitze verjüngt, gelb, ± 6 mm; **NSch** annähernd spatelig-quadratisch, wenig ausgerandet; **Gr** lang; **Fr** ausgebreitet bis fast sternförmig; **Sa** fast eiförmig, papillat.

Sehr nahe bei *S. lineare* und vielleicht sogar artgleich (Fu & Ohba 2001: 250).

S. grandipetalum Fröderström (Acta Horti Gothob. 10(Appendix): 52, ills., t. 32, 1936). **T:** Mexiko, Jalisco (*Mexia* 1625 [NY]). − **D:** Mexiko (W transmexikanischer Vulkangürtel); ± 2500 m. **I:** Clausen (1959: 246).

[1?] Kahle, mehrjährige Kräuter, epiphytisch, dicht beblättert, an der Basis alter **Tr** mit konischen **Ros**; **Blä** wechselständig, lanzettlich, elliptisch-lanzettlich oder linealisch-lanzettlich, stumpf, sichelförmig, basal mit 2 Spornen und stengelumfassend, manchmal den Rändern entlang leicht papillös, glauk, grün, 7.5 - 21 × 3.5 - 8 mm; blühende **Tr** kriechend oder hängend, 11 - 41 cm; **Inf** Cymen mit 2 - 4 zurückgebogenen Zweigen; **Ped** ± 2.5 mm; **Blü** 5- (selten 4- oder 6-) zählig; **Sep** sitzend, selten kurz gespornt, basal wenig vereinigt, ungleich, lanzettlich oder elliptisch-länglich, stumpf, 3.1 - 8.8 × 1.7 - 3.3 mm, aufrecht; **Pet** frei oder wenig vereinigt, elliptisch oder elliptisch-lanzettlich, spitz oder stumpf, mit winzigem, aufgesetztem Spitzchen, dorsal glauk, gelb, ± 7.5 mm, ausgebreitet; **Anth** gelb; **NSch** nierenförmig oder nierenförmig verkehrt eiförmig, ausgerandet, weiss oder gelb, durchscheinend; **Gr** ziemlich lang; **Fr** spreizend, hellbraun; **Sa** verlängert birnenförmig, kahl, dunkelbraun, gerippt (nur 1 **Sa** untersucht). − 2n = 68.

S. grandisepalum R. T. Clausen (CSJA 21(5): 149-151, ills., 1949). **T:** Mexiko, Oaxaca (*MacDougall* B102 [CU]). − **D:** Mexiko (Oaxaca); Felsen, 2100 m.

≡ *Villadia grandisepala* (R. T. Clausen) R. T. Clausen (1959).

[1] Ausdauernde, aufrechte Kleinsträucher bis 15 cm hoch; **Tr** kahl, verzweigt, braun, spitzenwärts grün; **Blä** wechselständig, sitzend, elliptisch-länglich, stumpf bis ziemlich spitz, flach und konvex, 10.2 - 17 × 3.4 - 4.4 mm, bis 2.2 mm dick, ungespornt; **Inf** dichte, endständige Cymen, 2 - 3 cm ⌀, mit 3 - 7 **Blü**; **Blü**tragende **Bra** elliptisch-länglich, 9 - 13 × 2.6 - 4 mm; **Blü** 5-zählig, sitzend, 9 - 12 mm ⌀; **Sep** länglich, aufrecht mit ausgebreiteten Spitzen, 7.5 - 10 mm; **Pet** lanzettlich-länglich, aufrecht mit ausgebreiteten Spitzchen, grünlich gelb, so lang wie die **Sep** oder kürzer; **Ca** aufrecht, basal vereinigt.

Wird im Protolog mit *S. luteoviride* und *S. chloropetalum* verglichen.

S. grandyi Hamet (BJS 50(Beiblatt 112): 1112, 1913). **T:** Peru, Amazonas (*Matthews* s.n. [G-BOIS]). − **D:** Peru (Amazonas: Chachapoyas).

≡ *Altamiranoa grandyi* (Hamet) A. Berger (1930) ≡ *Villadia grandyi* (Hamet) Baehni & Macbride (1937).

[1] Kleine, büschelige, mehrjährige Kräuter mit etwas aufrechten **Tr**, ± 10 cm hoch, mit kleinen, sterilen Seiten**Tr**; **Blä** wechselständig, eiförmig bis fast kreisrund, ziemlich stumpf, kurz gespornt, 5 - 6.5 mm; blühende **Tr** aufrecht; **Inf** wenigblütige Ebensträusse; **Blü** fast sitzend, 5-zählig; **Sep** kurz gespornt, ungleich, fast eiförmig, stumpf, 4.5 - 5 × ±

2.5 mm, das 5. **Sep** länglich, fast stumpf, ± 4 × 2 mm; **Pet** basal für bis zu 1.5 mm vereinigt, breit eiförmig, ziemlich stumpf, Farbe nicht beschrieben, mit aufgesetztem Spitzchen, ± 6 mm; **Gr** lang; **NSch** etwas quadratisch-spatelig, ausgerandet; **Fr** aufrecht.

S. greggii Hemsley (Diagn. Pl. Nov. Mexic. 1: 12, 1878). **T**: Mexiko, Hidalgo (*Gregg* 635 [K]). – **D**: Mexiko (C-mexikanisches Plateau, transmexikanischer Vulkangürtel); 1300 - 2745 m. **I**: Fröderström (1936a: 43, t. 27); Clausen (1959: 252).

Incl. *Sedum heterophyllum* Rose *in sched.* (s.a.) (*nom. inval.*, Art. 29.1); **incl.** *Sedum diversifolium* Rose (1903); **incl.** *Sedum greggii* ssp. *angustifolium* R. T. Clausen (1978).

[1] Mehrjährige Kräuter mit konusförmigen **Ros** an der Basis der blühenden **Tr**; **Blä** wechselständig (selten kreuzgegenständig), verkehrt eiförmig, verkehrt lanzettlich oder elliptisch, Spitze gerundet bis stumpf, sitzend, papillös, 3 - 12 × 1.2 - 5 mm, spreizend oder zurückgeschlagen; blühende **Tr** aufrecht, niederliegend oder hängend, 2.7 - 15 cm; **Inf** verzweigte Cymen mit 1 bis zahlreichen **Blü**; **Ped** 0.5 - 6 mm; **Blü** (4- bis) 5-zählig; **Sep** basal frei, meist breit gesporrnt, elliptisch-eiförmig, stumpf, den Rändern entlang papillös, grün, 1.7 - 7.7 × 0.8 - 3 mm, aufrecht; **Pet** basal frei (selten vereinigt), elliptisch oder eiförmig, spitz, mit aufgesetztem Spitzchen, gekielt, schwefelgelb, manchmal mit rot geflecktem Kiel, ± 6 mm, ausgebreitet; **Anth** gelb; **NSch** fast quadratisch, verkehrt eiförmig oder länglich, gestutzt, gelb; **Gr** ziemlich lang; **Fr** spreizend, braun; **Sa** lanzettlich bis ellipsoid, braun, netzigpapillös. – $2n = 36, 52, 53, 60, 66, 72, 68, ± 148$.

Die ssp. *angustifolium* unterscheidet sich cytologisch und durch die linealischen Blätter im Blütenstand. – [H. 't Hart, B. Bleij & U. Eggli]

S. griffithsii Rose (North Amer. Fl. 22(1): 71, 1905). **T**: USA, Arizona (*Griffiths* 6061 [NY ?]). – **D**: S USA (Arizona); N Mexiko; bis 2800 m.

[1] Gebüschelte, mehrjährige Kräuter mit verlängerten, verdickten **Wu**, alte **Tr**reste ausdauernd; **Blä** wechselständig, basale **Blä** stielartig verkehrt lanzettlich oder spatelig-länglich, stumpf, abgeflacht, gewarzt, 6 - 10 mm, mittlere und obere **Blä** lanzettlich, kahl und kurz gespornt, 5 - 15 mm; blühende **Tr** aufrecht, ziemlich kräftig, einfach oder wenig verzweigt, 5 - 11 cm; **Inf** kompakt, wenigblütig; **Bra** etwas eiförmig, stumpf, ± 3.5 mm; **Blü** 5-zählig, sitzend; **Sep** basal frei, breit gespornt, ungleich, etwas länglich, stumpf, 3.5 - 4.5 mm, aufrecht; **Pet** basal wenig vereinigt, länglich, etwas stumpf, mit kurzem, aufgesetztem Spitzchen, 7 - 9 mm, etwas aufrecht; **NSch** breiter als lang, flach, ausgerandet bis wenig ausgenagt; **Gr** ziemlich lang; **Fr** sternförmig ausgebreitet; **Sa** lanzettlich, genetzt.

S. grisebachii Boissier & Heldreich (in Boissier, Diagn. Pl. Orient. 2(2): 61, 1856). **T** [lecto]: Griechenland, Athos (*Grisebach* 503 [GOET]). – **D**: C und S Balkan, Rumänien bis C Griechenland, Türkei (aus der Gegend von Istanbul gemeldet).

≡ *Sedum sexangulare* ssp. *grisebachii* (Boissier & Heldreich) J. A. Huber (1936).

[1] Ein- oder mehrjährige Kräuter, sterile **Tr** wurzelnd, reich verzweigt, aufsteigend, kurz, meist dichte Büschel bildend; **Blä** dicht ziegelig, linealisch-länglich bis verkehrt lanzettlich, ziemlich spitz mit 3 - 12 hyalinen Papillen an der Spitze, halbstielrund, mit einem kurzen, gestutzten, basalen Sporn, 5 - 6 mm, leuchtend grün; blühende **Tr** aufrecht oder aufsteigend, meist einfach, schlank, 2 - 15 cm, manchmal mit wenigen, kleinen, zusätzlichen, axillären Cymen; **Inf** Cymen mit 2 - 4, selten verzweigten Wickeln; **Bra** 2 pro **Blü**; **Blü** 5-zählig, sitzend oder fast sitzend; **Sep** breit sitzend, ungleich, linealisch oder schmal elliptisch, ziemlich spitz mit einigen Papillen an der Spitze, bis 5 mm; **Pet** lanzettlich-elliptisch, 4 - 6 mm, gelb oder hellgelb; **Fil** gelb; **Anth** gelb, selten rot; **NSch** quadratisch; **Gr** schlank; **Fr** sternartig ausstrahlend, hellbraun oder braun, entlang der Bauchnähte mit auffälligen Lippen; **Sa** hellbraun, netzig-papillös. – $2n = 16, 32$.

Eine in Bezug auf Wuchsform, Grösse der Blütenstände und ökologische Ansprüche variable Art. Die morphologische Variation ist entlang einer Höhenabstufung klinal, und geht von kleinen, mehrjährigen Pflanzen in grossen Höhen bis zu grossen, oft einjährigen Pflanzen auf Meereshöhe. Die Pflanzen behalten ihre ursprüngliche Wuchsform bei Kultur unter identischen Bedingungen bis zu einem gewissen Grad bei. In Griechenland kommen beide Extremformen dieser morphologischen Reihe vor, aber Zwischenform, die keiner der beiden Formen oder Ökotypen zugeordnet werden können, sind im benachbarten Bulgarien und Mazedonien häufig. Entsprechend werden die griechischen Ökotypen nur als Varietäten und nicht als Unterarten abgetrennt (Greuter & al. 1986). Die extremen Typen der morphologischen Reihe sind diploid, die Zwischenformen jedoch entweder diploid oder tetraploid. Die Art gehört in das Comparium der Ser. *Alpestria* A. Berger ('t Hart 1991). – [H. 't Hart]

S. grisebachii var. **grisebachii** – **D**: Bulgarien, NE Griechenland, Türkei (europäischer Teil); mehrheitlich im Tiefland, offene, felsige Stellen, auf Felsen oder an bewaldeten Stellen, in Griechenland von Meereshöhe bis 1300 (-1600 m).

Incl. *Sedum annuum* var. *racemiferum* Grisebach (1843) ≡ *Sedum racemiferum* (Grisebach) Halácsy (1901); **incl.** *Sedum kostovii* Stefanoff (1950) ≡ *Sedum flexuosum* ssp. *kostovii* (Stefanoff) 't Hart (1978) ≡ *Sedum grisebachii* ssp. *kostovii* (Stefanoff) Greuter & Burdet (1986).

[1] Ein- oder mehrjährig, meist dichte Büschel aufsteigender, verzweigter **Tr** bildend; blühende **Tr** bis 15 cm; **Inf** lockere Cymen mit 2 - 4 Wickeln und bis zu 35 **Blü**; **Anth** gelb, selten rot. — 2n = 16, 32.

Pflanzen von Thasos unterscheiden sich durch dunkelrote Staubbeutel. — [H. 't Hart]

S. grisebachii var. **horakii** (Rohlena) 't Hart (Willdenowia 13(2): 304, 1983). **T:** Montenegro (*Rohlena* s.n. [PRC, BP]). — **D:** Griechenland (Berge im C und N), Mazedonien (Sar Planina), Rumänien (Karpaten), Bulgarien.

≡ *Sedum alpestre* var. *horakii* Rohlena (1904) ≡ *Sedum horakii* (Rohlena) Rohlena (1923) ≡ *Sedum annuum* var. *horakii* (Rohlena) Fröderström (1932); **incl.** *Sedum flexuosum* Wettstein (1892) ≡ *Sedum grisebachii* ssp. *flexuosum* (Wettstein) Greuter & Burdet (1986).

[1] Kleine, mehrjährige Kräuter, dichte Büschel oder Matten aus kurzen, dicht beblätterten, verzweigten **Tr** bildend; blühende **Tr** meist einfach, (1-) 2.5 (-6) cm; **Inf** wenigblütige Cymen mit 1 - 3 Wickeln und (3-) 8 (-12) **Blü**. — 2n = 16.

Dies ist die zwergige, alpine oder montane Variante (meist oberhalb von 1500 m), die besonders im W Teil des Verbreitungsgebietes der Art vorherrscht. In Bulgarien (Rila-, Pirin- und Rodopi-Gebirge) gehen die beiden Varietäten ineinander über und sind praktisch nicht zu unterscheiden. — [H. 't Hart]

S. griseum Praeger (J. Bot. 55: 43, 1917). **T:** nicht angegeben. — **D:** Mexiko (Michoacán: C transmexikanischer Vulkangürtel, C-mexikanisches Plateau). **I:** Fröderström (1936a: 27, t. 16); Clausen (1959: 160).

[1] Ausdauernde Halbsträucher mit aufrechten (oder auch niederliegenden), reich verzweigten Stämmchen mit abschälender Rinde und papillösen Zweigen; **Blä** gedrängt, wechselständig, linealisch oder lanzettlich-linealisch, stumpf, sitzend, (fast) stielrund, fein papillös, manchmal rückseitig spärlich fein behaart, oft etwas glauk, grün, 5.9 - 28 × 1.7 - 3.2 mm; blühende **Tr** aufrecht oder aufsteigend; **Inf** Cymen mit 1 bis zahlreichen Zweigen; **Ped** bis 3 mm; **Blü** 5-zählig (selten 6-zählig oder mit 2 verwachsenen **Pet** und dadurch 4-zählig); **Sep** basal frei, kurz gespornt, ungleich, lanzettlich, eiförmig oder lanzettlich-länglich, stumpf oder spitz, hellgrün, 2.4 - 8.1 × 0.9 - 2.2 mm, aufrecht; **Pet** basal vereinigt, lanzettlich, stumpf oder spitz, mit aufgesetztem Spitzchen, manchmal leicht kapuzenförmig, gekielt, weisslich, ± 7 mm, ausgebreitet bis wenig zurückgebogen; **Fil** weiss; **Anth** gelb; **NSch** nierenförmig, ausgerandet, cremeweiss oder hellgelb; **Fr** aufrecht, braun; **Sa** birnenförmig, braun, genetzt. — 2n = 52, 60.

S. guadalajaranum S. Watson (Proc. Amer. Acad. Arts 22: 411, 1887). — **D:** Mexiko (Jalisco), ± 1700 m. **I:** Fröderström (1936a: 28, t. 17).

Incl. *Sedum guadalajaranum* ssp. *viridifolium* R. T. Clausen (1978).

[1] Kahle, ausdauernde Halbsträucher mit dickem **Wu**stock mit rübigen **Wu** und aufgerauhten, reich verzweigten **Tr**, bis 30 cm hoch; **Blä** wechselständig, linealisch, etwas spitz, kurz gespornt, fein warzig, leicht glauk, 3 - 15 mm, ausgebreitet; blühende **Tr** aufrecht; **Inf** lockere Ebensträusse; **Blü** 5-zählig, sitzend; **Sep** basal frei, kurz gespornt, leicht ungleich, linealisch bis lanzettlich, ziemlich stumpf, 3 - 3.5 mm, aufrecht; **Pet** basal wenig vereinigt, lanzettlich, ziemlich spitz, mit schmalem, aufgesetztem Spitzchen, zur Basis wenig verjüngt, weiss mit roter Mittelrippe, 5 - 6 mm, fast aufrecht; **Anth** dunkelrot; **NSch** fast quadratisch, wenig ausgerandet; **Fr** weit ausgebreitet, rot; **Sa** eiförmig, netzig-papillös. — 2n = 58.

S. guatemalense Hemsley (Diagn. Pl. Nov. Mexic. 11, 1878). **T:** Guatemala (*Salvin & Godman 78* [K]). — **D:** Guatemala; ± 2300 m. **I:** Fröderström (1936a: 33, t. 22).

[1] Audauernde Halbsträucher mit niederliegenden, schlanken **Tr**, 20 - 30 cm hoch; **Blä** wechselständig, spatelig-länglich, stumpf, kurz gespornt, stielrund, 5 - 9 mm; blühende **Tr** aufsteigend, papillös; **Inf** lockere Ebensträusse; **Bra** verkehrt lanzettlich, stumpf, klein; **Ped** papillös; **Blü** 5-zählig, lang gestielt; **Sep** breit sitzend, etwas ungleich, linealisch, stumpf, 3 - 5 mm, aufrecht; **Pet** basal fast frei, etwas eiförmig, etwas stumpf, ziemlich lang und mit schmalem, aufgesetztem Spitzchen, rötlich gelb, 5 - 6 mm, fast aufrecht; **NSch** sehr lang, linealisch, gestutzt, leicht ausgerandet, dick; **Gr** kurz und ausgebreitet; **Fr** sehr breit und geschwollen, vielsamig; **Sa** sehr lang, linealisch, etwas lanzettlich, genetzt. — 2n = 54.

S. gypsicola Boissier & Reuter (Diagn. Pl. Nov. Hisp. 13, 1842). **T:** Spanien, Aranjuez (*Reuter* s.n. [G-BOIS]). — **D:** C und S Spanien, Italien (Sizilien), N Afrika (Marokko, Algerien).

≡ *Sedum album* var. *gypsicola* (Boissier & Reuter) Hamet (1929) ≡ *Sedum album* ssp. *gypsicola* (Boissier & Reuter) Maire (1932) ≡ *Oreosedum gypsicola* (Boissier & Reuter) Grulich (1984); **incl.** *Sedum gypsicolum* hort. (s.a.) (*nom. inval.*, Art. 61.1); **incl.** *Sedum album* var. *eu-gypsicola* Maire (1977) (*nom. inval.*, Art. 26.1).

[1] Basal dicht drüsig-flaumhaarige, mehrjährige Kräuter, locker rasenartig mit kriechenden **Tr**, welche kurze, aufsteigende, sterile Zweige bilden; **Blä** wechselständig, abstehend oder angedrückt, sitzend und kaum gespornt, linealisch-zylindrisch bis eiförmig-kugelig, 3 - 10 (-20) mm, stumpf, halbstielrund bis stielrund, oft oberseits abgeflacht, mit Papillen in Längsreihen bedeckt, glauk oder grün und oft

rötlich; blühende **Tr** aufrecht; 5 - 18 (-30) cm; **Inf** recht dichte, vielblütige, etwas ebensträussige Cymen, reich verzweigt; **Bra** 1 pro **Blü**, klein; **Ped** bis 4 mm; **Blü** 5-zählig; **Sep** breit sitzend, basal vereinigt, eiförmig bis dreieckig, bis 1.5 mm; **Pet** frei, lanzettlich, 1.5 - 4.5 mm, etwas spitz, weiss oder selten rosa; **Fil** weiss; **Anth** dunkelrot; **NSch** spatelig; **Gr** schlank, bis 1 mm; **Fr** aufrecht, weisslich; **Sa** länglich oder eiförmig, hell gelblich braun, gerippt. — 2n = 34, 68, 102.

Fast gleich wie *S. album*, aber durch die papillaten Blätter leicht zu unterscheiden. Die beiden Arten haben sehr unterschiedliche Verbreitungsgebiete, kommen aber an ähnlichen Standorten vor. Es sind keine gemischten Vorkommen bekannt.

S. gypsophilum B. L. Turner (Phytologia 59(5): 321-322, 1986). **T:** Mexiko, Nuevo León (*B. L. Turner & al.* 15557 [TEX, UMEX]). — **D:** Mexiko (Nuevo León); Gipsfelsen. **I:** Sedum Soc. Newslett. No. 61: 60, 2002.

Incl. *Sedum calcicola* ssp. *desertorum* R. T. Clausen (1978).

[1] Kahle, ausdauernde Halbsträucher mit aufrechten, schlanken, etwas bogigen **Tr**, von der Basis aus verzweigt, bis 30 cm hoch; **Blä** wechselständig, eiförmig bis eiförmig-lanzettlich, spitz, 5 - 12 × 1 - 3 mm; **Inf** Cymen mit 2 (-3) Zweigen; **Sep** schmal eiförmig, spitz, 4 - 5 mm; **Pet** schmal spitz, weiss, ± 10 × 2 - 3 mm, ausgebreitet; **Gr** lang.

Die im Protolog gemachten Angaben zur Blattlänge scheinen fehlerhaft zu sein und werden hier korrigiert. Das Taxon ist mit *S. calcicola* und *S. lenophylloides* verwandt.

S. hakonense Makino (Bot. Mag. (Tokyo) 15: 35, 1901). **T:** Japan, Honshu (*Anonymus* s.n. [TI]). — **D:** China (N Guangdong), Japan (S Hondo, Honshu); in kühl-gemässigten Bergwäldern, auf Felsen oder Baumstämmen, 1600 - 1700 m. **I:** Fröderström (1931: 102, t. 65). **Fig. XXXV.f**

Incl. *Sedum habonense* Makino (s.a.) (*nom. inval.*, Art. 61.1); **incl.** *Sedum rupifragum* Koidzumi (1938) ≡ *Sedum hakonense* var. *rupifragum* (Koidzumi) Ohwi (1965).

[1] Mehrjährige Kräuter mit recht kräftigen, basal reich verzweigten, etwas aufrechten **Tr**, 6 - 8 cm hoch; **Blä** wechselständig, schmal verkehrt lanzettlich, etwas gerundet, fleischig, 5 - 25 mm; blühende **Tr** aufrecht bis aufsteigend, locker gebüschelt, an der Basis niederliegend, 6 - 10 cm hoch; **Inf** ziemlich lockere, vielblütige Cymen mit 3, manchmal gabeligen Wickeln; **Bra Blä**artig, 4 - 10 mm; **Blü** 4- (selten 5-) zählig, sitzend; **Sep** breit sitzend, ungleich, dreieckig, stumpf, nahe der Spitze knotig, 1-nervig, 0.5 - 1 mm; **Pet** eiförmig-lanzettlich bis halbländlich, spitz mit kurzem, aufgesetztem Spitzchen, gelb, 4 - 4.5 mm; **NSch** breit spatelig, stumpf, kurz genagelt, mit gestutzter bis verkehrt herzförmiger Spitze; **Gr** kurz; **Fr** halbspreizend, basal für ± 2.5 mm vereinigt; **Sa** lanzettlich-eiförmig, netzig-papillös. — 2n = 136 (als *S. rupifragum*).

Sedum rupifragum hat 4- oder 5-zählige Blüten. Es wurde von Ohwi (1965: 35) als Varietät zu *S. hakonense* gestellt, und Ohba (2001: 27-28) betrachtet es wieder als eigenständige Art.

S. hangzhouense K. T. Fu & G. Y. Rao (Acta Bot. Boreal.-Occid. Sin. 8(2): 119-120, ills., 1988). **T:** China, Zhejiang (*Anonymus* "s. coll. no. 71" [SZ]). — **D:** China (N Zhejiang); bewaldete Hänge, schattige und feuchte Felsen.

[1] Aufrechte oder aufsteigende, einjährige Kräuter, von der Basis aus verzweigt, 8 - 20 cm hoch; **Blä** wechselständig, schmal verkehrt eiförmig oder spatelig-länglich, stumpf bis gerundet, basal schmal keilförmig, gespornt, 20 - 30 × 3 - 7 mm; **Inf** vielblütige Cymen; **Bra Blä**artig, 6 - 20 × 2 - 5 mm; **Blü** 5-zählig, sitzend; **Sep** basal frei, kurz gespornt, fast gleich gross, breit linealisch bis dreieckig, stumpf, 1.5 - 2.4 × 0.3 - 0.6 mm; **Pet** basal wenig vereinigt, linealisch-lanzettlich, gelb, 4 - 4.5 mm; **NSch** etwas spatelig; **Fr** spreizend bis sternförmig ausstrahlend, entlang der Bauchnähte mit Lippen; **Sa** netzig-papillös.

S. heckelii Hamet (Notul. Syst. (Paris) 1: 139-140, 1910). **T:** Tibet (*Soulié* 3981 [P]). — **D:** E Tibet, China (W Sichuan); Wälder, Waldränder, Felsen und Kiesansammlungen in den Tälern, 3500 - 4200 m. **I:** Fröderström (1931: 84, t. 50); Fu & Fu (1984: t. 21).

[1] Mehrjährige Kräuter mit kleinen, sterilen **Tr**; **Blä** wechselständig, ziegelig, lanzettlich bis länglich, spitz zulaufend, breit gespornt; blühende **Tr** meist einfach, 3 - 8 cm; **Blü** 5-zählig; **Sep** basal frei, kurz gespornt, ungleich, spitz zulaufend, 4 - 5 mm; **Pet** länglich, kurz spitz zulaufend, gelblich, 5 - 6 mm; **NSch** rechteckig-spatelig; **Gr** lang; **Fr** etwas aufrecht, basal für 1 mm oder mehr vereinigt, entlang der Bauchnähte mit Lippen.

S. hemsleyanum Rose (Bull. New York Bot. Gard. 3(9): 41, 1903). **T:** Mexiko, Oaxaca (*Pringle* 6042 [US 865461, ENCB]). — **D:** Mexiko (Sierra Madre del Sur, E transmexikanischer Vulkangürtel: Hidalgo, Morelos, Puebla, Guerrero, Oaxaca), 1340 - 2000 m. **I:** Fröderström (1936a: 75, t. 47); Clausen (1959: 228).

≡ *Sedastrum hemsleyanum* (Rose) Rose (1905); **incl.** *Sedastrum painteri* Rose (1905) ≡ *Sedum painteri* (Rose) A. Berger (1930); **incl.** *Sedastrum pachucense* C. H. Thompson (1911) ≡ *Sedum pachucense* (C. H. Thompson) Praeger (1921).

[1] Mehrjährige Kräuter mit dichten **Ros** nahe der Basis der blühenden **Tr**; **Blä** wechselständig, verkehrt lanzettlich-länglich, verkehrt eiförmig, lanzettlich oder linealisch-lanzettlich, stumpf bis spitz, flaumhaarig, grün, 13 - 59 × 4 - 13 mm; blühende **Tr** aufrecht, 3 - 38 cm; **Inf** rispig; **Blü** 5-

zählig, sitzend, mit stechend-muffigem Duft; **Sep** breit sitzend, basal vereinigt, gleich, eiförmig oder elliptisch, spitz oder stumpf, flaumhaarig, grün, 2.3 - 8 × 1.4 - 3.9 mm; **Pet** basal vereinigt, eiförmig oder lanzettlich, spitz oder stumpf, mit aufgesetztem Spitzchen, gekielt, weiss, teilweise mit grünem Kiel, ± 5.5 mm; **Anth** rot, manchmal gelb, papillös; **NSch** fast quadratisch oder lanzettlich-länglich, hellgelb, manchmal weiss; **Fr** aufrecht, entlang der Bauchnähte mit schmalen Lippen; **Sa** birnenförmig, kahl, braun, genetzt. − 2n = 40, 79, 78 - 80, 80, 81, 82, 83, 120, 170 ± 3, ± 180, ± 194, 228 ± 2, 240 ± 2.

S. hengduanense K. T. Fu (Acta Bot. Boreal.-Occid. Sin. 6(2): 105-107, ills., 1986). **T:** China, Sichuan (*Quing-zang Exped.* 3373 (1981) [PE]). − **D:** SE Tibet, China (SW Sichuan, NW Yunnan); Bachufer bis trockene Hänge, auf Felsen, 2100 - 2900 m.

[1] Mehrjährige Kräuter mit sterilen **Tr** bis 1.5 cm; **Blä** wechselständig, linealisch-lanzettlich, verkehrt lanzettlich, verkehrt eiförmig, fast spatelig bis schmal elliptisch, stumpf bis spitz, leicht gespornt, flach, 5 - 9 × 1 - 2 mm; blühende **Tr** schlank, einfach oder reich verzweigt, 3 - 6 cm; **Inf** vielblütige Cymen mit 2 oder 3 Wickeln; **Ped** bis 1.5 mm; **Blü** 5-zählig; **Sep** basal frei, kurz gespornt, auffällig ungleich, halblänglich bis verkehrt lanzettlich, stumpf bis spitz, bis 5 × ± 1 mm; **Pet** basal wenig vereinigt, länglich lanzettlich, spitz zulaufend, gelb, 3.5 - 4 mm; **Anth** gelb; **NSch** breit keilförmig, gerundet; **Gr** ± 1 mm; **Fr** sternförmig ausstrahlend, entlang der Bauchnähte mit Lippen; **Sa** fast eiförmig, glatt.

S. henrici-robertii Hamet (RSN 12: 407-409, 1913). **T:** Tibet (*Dungboo* 4591 [CAL]). − **D:** S Tibet, Nepal?, Bhutan?, Sikkim?, China (E Qinghai); Felsen, steinige Stellen, 3800 - 5000 m. **Fig. XXXV.g**

[1] Ein- oder zweijährige Kräuter mit aufsteigenden **Tr**, basal verzweigt, 1 - 3 cm hoch; **Blä** wechselständig, breit linealisch bis fast eiförmig, spitz, 2.5 - 5 mm; **Inf** wenigblütige Ebensträusse; **Blü** 5-zählig; **Sep** basal frei, kurz gespornt, lanzettlich bis fast eiförmig, spitz, ± 3 mm; **Pet** basal wenig vereinigt, etwas länglich, ziemlich spitz, mit etwas aufgesetztem Spitzchen, weiss, ± 3 mm; **NSch** schmal linealisch, stumpf; **Gr** sehr kurz; **Fr** aufrecht, wenigsamig; **Sa** netzig-papillös.

S. hernandezii J. Meyrán (Cact. Suc. Mex. 35(2): 27-29, 48, ills., 1990). **T:** Mexiko, Puebla (*Otero* 199 [MEXU, ENCB, IZTA]). − **D:** Mexiko (Puebla); E Hügelseiten mit Eichenwald, ± 2500 m. **Fig. XXXV.h**

[1] Mehrjährige Kräuter mit zahlreichen, aufsteigenden bis hängenden, verzweigten **Tr**, ± 14 cm hoch, mit einfachen **Ha** bedeckt; **Blä** in Wirteln zu 5, verkehrt eiförmig bis elliptisch, gerundet bis stumpf, stielrund, manchmal fast stielrund, mit kleieartigem Belag, 12 - 14 × 10 - 13 mm, 10 - 11 mm dick; blühende **Tr** aufrecht; **Inf** wenigblütige Cymen mit dichasialen Zweigen; **Ped** ± 3 mm, papillös; **Blü** 5-zählig; **Sep** breit sitzend, lanzettlich bis dreieckig, fast stielrund, papillös, hellgrün, ± 3 × 1 mm; **Pet** basal wenig vereinigt, lanzettlich, rinnig, gelb, ± 5 mm; **Fil** gelb; **Anth** cremeweiss bis gelb; **NSch** fast quadratisch, gelb oder bernsteinfarben; **Gr** ± 2 mm.

Offensichtlich mit *S. furfuraceum* verwandt.

S. hintonii R. T. Clausen (Bull. Torrey Bot. Club 70: 292-294, ill., 1943). **T:** Mexiko, Michoacán (*Hinton & al.* 15926 [US 1808082]). − **D:** Mexiko (Michoacán: Sierra Madre del Sur). **Fig. XXXVI.b**

[1] Mehrjährige Kräuter mit kriechendem, kräftigem **Wu**stock, mit mehreren, dichten **Ros**; Achsen und **Blä** mit weissen, durchscheinenden, gefleckten, etwas abgeflachten und steifen, bis 1.5 mm langen **Ha** bedeckt; **Blä** gedrängt, wechselständig, schmal länglich oder elliptisch, stumpf, 15 - 50 × 3 - 10 mm, trocken gelblich braun; blühende **Tr** bis 24 cm; **Inf** rispige Cymen; **Blü** 5-zählig, sitzend, mit muffigem Duft; **Sep** elliptisch-eiförmig, stumpf, 2 - 2.5 × ± 1.2 mm; **Pet** länglich lanzettlich, weiss, mit krausen Rändern, 4 - 5 mm, ausgebreitet; **NSch** länglich, fast quadratisch, 0.3 mm; **Fr** entlang der Bauchnähte mit Lippen; **Sa** etwas birnenförmig, rot. − 2n = 50.

Eine nahe verwandte Art wurde kürzlich als *S. mocinianum* beschrieben. W. A. Fitz-Maurice (pers. comm.) gibt an, dass die Verbreitung dieses Taxons bis nach W Zacatecas und Jalisco reicht. − [H. 't Hart, B. Bleij & U. Eggli]

S. hintoniorum B. L. Turner (Phytologia 78(6): 405-407, 1995). **T:** Mexiko, Nuevo León (*Hinton & al.* 23797 [TEX, GH, MEXU]). − **D:** Mexiko (Nuevo León, Tamaulipas); Felsbrocken in Kiefern-Eichenwaldland, 1800 - 2100 m. **I:** Sedum Soc. Newslett. No. 43: t. 10H, 1998.

[1] Mehrjährige, halbstrauchige Kräuter, 15 - 20 cm hoch; **Wu** spindelige Knollen von 1 - 2 × 0.2 - 0.5 cm bildend; **Tr** kahl, obere **Tr** und Zweige der **Inf** im trockenen Zustand geflügelt, oberste Teile etwas papillös erscheinend; **Blä** wechselständig, verkehrt lanzettlich, bis 2 × 0.4 cm, grün, kahl und glatt; **Inf** endständige, recht lockere, rispige Cymen, 3 - 5 cm ⌀, oder einseitswendige, beblätterte, blühende **Tr**; **Blü** 5-zählig; **Sep** ungleich, frei, 2 - 4 mm, ± lanzettlich; **Pet** selten nur 4, 4 - 6 × 1 - 2 mm, breit lanzettlich, zur **Blü**zeit zurückgeschlagen, weiss, zur zugespitzten Spitze mit einer grünen oder rosafarbenen Mittelrippe; **NSch** sehr klein, nierenförmig, weiss; **Ca** 4 - 5 mm, aufrecht bis etwas ausgebreitet; **Sa** ± 0.7 mm, braun, winzig papillös.

Wird im Protolog mit *S. caducum* verglichen, das durch die steif aufrechten und papillösen Triebe, rot gefleckelte Blätter und kapuzenförmige Kronblattspitzen abweicht. – [U. Eggli]

S. hirsutum Allioni (Fl. Pedem. 2: 122-123, 3: t. 65:5, 1785). **T:** Italien (*Anonymus* s.n. [TO ?]). – **D:** SW Europa (Spanien, Portugal, Frankreich, Italien), N Afrika (Marokko).

≡ *Leucosedum hirsutum* (Allioni) Fourreau (1868) (*nom. inval.*, Art. 43.1) ≡ *Oreosedum hirsutum* (Allioni) Grulich (1984) ≡ *Rosularia hirsuta* (Allioni) Eggli (1988); **incl.** *Sedum hirsutum* var. *rubellum* Merino (s.a.); **incl.** *Sedum hirsutum* var. *maroccanum* Font Quer (1928); **incl.** *Sedum winkleri* var. *maroccanum* Font Quer (1928); **incl.** *Sedum hirsutum* var. *gattefossei* Maire & al. *ex* Maire (1938); **incl.** *Sedum hirsutum* var. *thermarum* Maire & al. *ex* Maire (1938).

[1] Dicht drüsig-flaumhaarige, **Ros**bildende, mehrjährige Kräuter, meist Gruppen bildend und sich durch axilläre Ausläufer vermehrend, Ausläufer bis 6 cm lang, **Bla**los mit endständiger, wurzelnder **Ros**; **Blä** wechselständig, verkehrt lanzettlich, stumpf, sitzend, halbstielrund; blühende **Tr** einfach, aufrecht, spärlich beblättert, 5 - 12 (-15) cm; **Inf** Cymen mit (1-) 2 (-3) Wickeln; **Bra** 1 pro **Blü**, klein, länglich; **Ped** 3 - 6 mm; **Blü** 5-zählig; **Sep** breit sitzend, basal wenig vereinigt, länglich, spitz, bis 2.5 mm; **Pet** basal vereinigt, ausgebreitet, weiss; **Fil** weiss; **Anth** dunkelrot; **NSch** länglich, gelblich; **Fr** aufrecht, braun oder gräulich braun; **Sa** länglich eiförmig, hellbraun, gerippt.

Maire (1977: 330-332) anerkennt in Marokko zusätzlich zu ssp. *baeticum* und ssp. *wilczekianum* (die letzt-genannte hier als eigene Art behandelt) mehrere, ungenügend umschriebene Varietäten.

S. hirsutum ssp. **baeticum** Rouy (Bull. Soc. Bot. France 34: 441, 1887). **T:** Spanien (*Reverchon* 271 [LY]). – **D:** S Spanien, Gibraltar, auch für Marokko genannt.

≡ *Sedum hirsutum* var. *baeticum* (Rouy) Praeger (1918) ≡ *Oreosedum hirsutum* ssp. *baeticum* (Rouy) Velayos (1989); **incl.** *Umbilicus winkleri* Willkomm (1883) ≡ *Cotyledon winkleri* (Willkomm) Pérez Lara (1891) ≡ *Sedum winkleri* (Willkomm) Wolley-Dod (1914) ≡ *Sedum hirsutum* ssp. *winkleri* (Willkomm) Font Quer (1928) ≡ *Oreosedum winkleri* (Willkomm) Grulich (1984); **incl.** *Sedum hirsutum* var. *winkleri* Maire (1932) (*nom. inval.*, Art. 33.2).

[1] Unterschiede zu ssp. *hirsutum*: Pflanzen grösser und robuster, mit kräftigen Ausläufern; **Ros** bis 4 cm ⌀; **Blä** bis 12 (-15) mm, klebrig; **Inf** meist kompakt und vielblütig; **Blü** gross; **Pet** basal für 3 mm vereinigt, breit eiförmig, gerundet mit kurzem, aufgesetztem Spitzchen, bis 5 - 8 mm. – 2n = 60.

S. hirsutum ssp. **hirsutum** – **D:** Spanien, Portugal, Marokko. **Fig. XXXIV.g**

Incl. *Sedum hirsutum* var. *jahandiezii* Maire (1932); **incl.** *Sedum hirsutum* ssp. *eu-hirsutum* Maire (1932) (*nom. inval.*, Art. 26.1).

[1] Pflanzen meist klein, mit dünnen Ausläufern; **Ros** 1 - 2 (-4) cm ⌀; **Blä** 3 - 8 mm, nicht sehr klebrig; **Inf** oft locker und wenigblütig; **Pet** basal wenig vereinigt (< 1 mm), lanzettlich, spitz oder spitz zulaufend, 3 - 6 mm. – 2n = 18, 20.

S. hispanicum Linné (Cent. Pl. I, 12, 1755). **T:** [lecto − icono]: Dillenius, Hort. Eltham. t. 256: fig. 332, 1732. – **Lit:** Jalas & al. (1999: 103). **D:** S und C Europa, Balkanhalbinsel, Türkei, N Iran, Kaukasus-Gebiet, Libanon, Palästina, in Japan verwildert. **I:** Lippert (1995: 128). **Fig. XXXVI.c**

Incl. *Sedum andersonii* G. Don (s.a.); **incl.** *Sedum hispanicum* var. *hispanicum*; **incl.** *Sedum hispanicum* var. *polypetalum* Boissier (s.a.); **incl.** *Sedum semiglabrum* Boissier & Huet *in sched.* (s.a.) (*nom. inval.*, Art. 29.1); **incl.** *Sedum glaucum* Waldstein & Kitaibel (1805) (*nom. illeg.*, Art. 53.1); **incl.** *Sedum sexfidum* M. Bieberstein (1808); **incl.** *Sedum aristatum* Tenore (1811); **incl.** *Sedum hungaricum* Poiret (1816); **incl.** *Sedum puberulum* De Candolle (1828); **incl.** *Sedum guettardii* Gmelin *ex* Koch (1837) (*nom. illeg.*, Art. 53.1); **incl.** *Sedum hispanicum* var. *buxbaumii* Grisebach (1843) ≡ *Sedum glaucum* var. *buxbaumii* (Grisebach) Hayek (s.a.); **incl.** *Sedum orientale* Boissier (1849); **incl.** *Sedum armenum* Boissier (1856); **incl.** *Sedum glaucum* var. *leiocarpum* Boissier (1872) (unkorrekter Name, Art. 11.4); **incl.** *Sedum glanduloso-pubescens* Feichtinger (1873); **incl.** *Sedum pseudohispanicum* Strobl (1884); **incl.** *Sedum hispanicum* var. *eriocarpum* Sommier & Levier (1900); **incl.** *Sedum hispanicum* var. *leiocarpum* Sommier & Levier (1900); **incl.** *Sedum boissieri* Davidov (1915); **incl.** *Sedum hispanicum* var. *minus* Praeger (1921); **incl.** *Sedum hispanicum* var. *semiglabrum* Fröderström (1932); **incl.** *Sedum longibracteatum* Fröderström (1960); **incl.** *Sedum hispanicum* var. *planifolium* Chamberlain (1972); **incl.** *Sedum antiquum* Omelczuk & Zaverucha (1978).

[1] Einfache oder reich verzweigte, ein- oder mehrjährige Kräuter, aufrecht oder aufsteigend; sterile **Tr** manchmal vorhanden; blühende **Tr** 5 - 15 cm hoch; **Blä** wechselständig, linealisch bis länglich, halbstielrund oder ± flach, 4 - 20 mm, kahl oder seltener drüsig-haarig, grün oder glauk-grün; **Inf** lockere bis ± dichte Cymen, Zweige 2 - 4 mit je 1 - 8 **Blü**, **Inf**achsen kahl oder gewöhnlich spitzenwärts drüsig-flaumhaarig; **Blü** 5- bis 9-zählig, fast sitzend; **Sep** ± 2 mm, spitz, drüsig-flaumhaarig; **Pet** weiss mit rosafarbener Mittelrippe, 4 - 5 (-7) mm; **Ca** drüsig-flaumhaarig oder kahl, weiss bis hellrosa, sternförmig ausstrahlend. – 2n = 40.

Die von dieser gewöhnlichen und weit verbreiteten Art gezeigte Variabilität ist erheblich, und die Verbreitungsmuster sind ungenügend verstanden. Mehrere der durch Chamberlain & Muirhead (1972) in die Synonymie von *S. hispanicum* verwiesenen Taxa gehören vielleicht besser zu *S. eriocarpum*, das im Gegensatz zu Chamberlain & Muirhead (l.c.) hier akzeptiert wird. Material aus dem Kaukasus und dem benachbarten Turkmenien und Iran wurde als *S. pentapetalum* beschrieben (siehe dort). – [U. Eggli]

S. holei Hamet (J. Bot. 51: 55-56, 1913). **T:** Indien, Kumaon (*Ráumtch* 7973 [DD]). – **D:** Indien (Kumaon); ± 4000 m.

[1] Vermutlich einjährige Kräuter mit aufsteigenden **Tr**, an der Basis verzweigt, 11 - 18.5 cm; **Blä** wechselständig, linealisch, stumpf, 4 - 17 mm; **Inf** wenigblütig; **Blü** 5-zählig; **Sep** basal frei, kurz gespornt, linealisch-länglich, stumpf, 4 - 5 mm; **Pet** lanzettlich bis länglich, etwas mit aufgesetztem Spitzchen, weiss, 4.5 - 6 mm; **NSch** linealisch-spatelig, ausgerandet; **Gr** kurz; **Fr** aufrecht, basal für ± 1.5 mm vereinigt; **Sa** netzig-papillös.

S. holopetalum Fröderström (Österr. Bot. Zeitschr. 40: 119, ills., 1941). **T:** China, Sichuan (*Chu* 3967 [HY]). – **D:** China (W Sichuan); Felsen, ± 2000 m.

[1] Vermutlich mehrjährige Kräuter; **Tr** aufrecht, schlank, ± 1.5 cm; **Blä** wechselständig, dicht ziegelig, lanzettlich oder lanzettlich-linealisch, lang spitz zulaufend, basal stumpflich 3-lappig, bis 6 mm; blühende **Tr** einfach oder basal verzweigt, bis 5 cm; **Inf** wenigblütig, dicht fast ebensträussig; **Bra** Blaartig; **Ped** 2 - 3 mm; **Blü** 5-zählig; **Sep** basal frei, kurz gespornt, etwas länglich, lang spitz zulaufend, ± 4 mm; **Pet** basal wenig vereinigt, länglich lanzettlich, spitz, mit aufgesetztem Spitzchen, gelb, 5 - 6 mm; **Anth** braun; **NSch** rechteckig, länger als breit, ausgerandet, hellgelb; **Gr** bis 1 mm; **Fr** etwas aufrecht, 1- oder 2-samig; **Sa** fast eiförmig.

Siehe die Bemerkung zu *S. nothodugueyi*.

S. hultenii Fröderström (Acta Horti Gothob. 10 (Appendix): 18, ills., t. 11, 1936). **T:** Mexiko, Puebla (*Fröderström & Hultén* 1136 [S]). – **D:** Mexiko (Puebla); schattige Hänge, ± 1300 m.

[1] Kahle, mehrjährige Kräuter mit zahlreichen, schlanken, sterilen **Tr**, ziemlich aufrecht, dicht beblättert; **Blä** wechselständig, verkehrt eiförmig bis kreisrund, gerundet, kurz gestielt, kurz gespornt, 6 - 35 mm; blühende **Tr** niederliegend oder hängend; **Inf** lockere, wenigblütige Ebensträusse; **Bra** verkehrt lanzettlich, stumpf, ± 3 mm; **Ped** 2 - 6 mm; **Blü** 5- bis 6-zählig; **Sep** breit sitzend, basal vereinigt, leicht ungleich, linealisch-lanzettlich, stumpf, 2.5 - 3.5 mm, fast aufrecht; **Pet** fast bis zur Basis frei, etwas eiförmig, stumpf, mit kurzem, aufgesetztem Spitzchen, hellgelb, ± 5 mm, fast aufrecht; **NSch** fast quadratisch, bleich; **Gr** ziemlich lang; **Fr** fast aufrecht. – 2n = 52.

S. humifusum Rose (CUSNH 13(9): 298, pl. 55, 1911). **T:** Mexiko, Querétaro (*Pringle* s.n. [US 399703]). – **D:** Mexiko (Querétaro). **I:** Fröderström (1936a: 67).

[1] Winzige, mehrjährige Kräuter mit einem kurzen, ausläuferbildenden **Wu**stock und zahlreichen, kleinen, einen dichten, moosartigen Teppich bildenden **Tr**; **Blä** dicht ziegelig, verkehrt eiförmig bis fast kreisrund, stumpf, entlang der Ränder stark bewimpert, abgeflacht aber fleischig, 3 - 4 × 4 mm; blühende **Tr** aufrecht, schlank; **Blü** einzeln, 5-zählig, sitzend; **Sep** basal frei, kurz gespornt, leicht ungleich, **Bla**artig, entlang der Ränder stark bewimpert, sehr dick, 2 - 3 mm; **Pet** bis fast zur Basis frei, etwas eiförmig, ziemlich stumpf, leuchtend gelb, 6 - 10 mm, weit ausgebreitet; **NSch** winzig, spatelig-quadratisch, wenig ausgerandet, orangegelb; **Gr** ziemlich lang. – 2n = 68, 70, 136.

S. ince 't Hart & Alpinar (Edinburgh J. Bot. 56(2): 182, 1999). **T:** Türkei, Konya (*Alpinar & 't Hart* AH24 [ISTE 72678, U]). – **D:** Türkei (S Anatolien); auf Kalkstein.

[2] Aufrechte, meist einfache, schlanke, einjährige Kräuter, bis 7 (selten 10) cm hoch, drüsig-flaumhaarig, v.a. in den oberen Teilen; **Blä** wechselständig, sitzend, mit sehr kurzem, gestutztem Sporn, Spreite länglich bis linealisch, bis 10 mm, gerundet, stielrund, gräulich grün oder glauk; **Inf** Cymen mit (4-) 11 - 13 (-18) **Blü** an 2 oder 3 fast aufrechten Wickeln; **Bra** 1 pro **Blü**, **Bla**artig; **Ped** schlank, 1 - 1.5 mm; **Blü** 5-zählig; **Sep** breit sitzend, basal vereinigt, dreieckig, 0.6 - 0.8 mm, spitz; **Pet** frei, eiförmig-länglich bis elliptisch, 3.5 - 5 mm, spitz zulaufend, weiss, manchmal rot überhaucht; **Fil** weiss, kahl; **Anth** rot; **NSch** keilförmig bis quadratisch-länglich, gezähnelt, gelb; **Gr** ± 0.8 mm; **Fr** fast aufrecht oder spreizend, glatt, hellbraun; **Sa** eiförmig, hellbraun, gerippt. – 2n = 14.

Sowohl von der Ser. *Aithales* wie auch der Ser. *Glauco-rubens* abweichend. Molekularsystematische Untersuchungen weisen auf einen Schwestergruppen-Status im Vergleich zu *Prometheum* hin (siehe den Protolog).

S. inconspicuum Handel-Mazzetti (Ann. K. K. Naturhist. Hofmus. 27: 66, t. 3: fig. 5, 1913). **T:** Türkei (*Handel-Mazzetti* 1913 [W]). – **D:** Türkei.

≡ *Sedum kotschyanum* var. *inconspicuum* (Handel-Mazzetti) Fröderström (1932) ≡ *Oreosedum inconspicuum* (Handel-Mazzetti) Grulich (1984).

[2] Spärlich drüsig-flaumhaarige, winzige, einjährige Kräuter mit einfachen, aufrechten, bis 4 cm hohen **Tr**; **Blä** wechselständig oder teilweise gegenständig, verkehrt eiförmig bis länglich, stumpf, 2 - 3.5 mm; **Inf** 1- oder 2-blütig; **Ped** ± 5 mm; **Blü** 4- oder 5-zählig, mit 4 bis 10 **St**; **Sep** breit sitzend, gleich, dreieckig, spitz; **Pet** eiförmig, spitz, weiss; **Sa** nur in unreifem Zustand bekannt, vermutlich gerippt.

Nur von der Typaufsammlung bekannt, die aus lediglich 4 (teilweise unvollständigen) Belegen besteht. Die "nickenden Blütenstiele" (Fröderström 1932) sind ein Artefakt. Vermutlich handelt es sich bei den Belegen nur um ärmliche Exemplare der einen oder anderen weissblühenden, türkischen, einjährigen Art der UG *Gormania*. Eine starke Reduktion der Anzahl Blüten sowie der Zahl der Blütenteile wird bei einjährigen *Sedum*-Arten häufig beobachtet, wenn sie nicht unter optimalen Bedingungen wachsen.

S. jaccardianum Maire & Wilczek (Bull. Soc. Hist. Nat. Afr. Nord 16: 31-32, 1925). **T:** Marokko, Atlas Moyenne (*Maire & al.* s.n. [MPU, G, LAU, Z, RAB ?]). – **D:** Marokko (Mittlerer und Hoher Atlas); Kalkfelsen, 1600 - 2800 m. **I:** Fröderström (1932: 109, pl. 41: 1). **Fig. XXXIV.h**

≡ *Monanthella jaccardiana* (Maire & Wilczek) A. Berger (1930) (*nom. inval.*, Art. 34.1b) ≡ *Rosularia jaccardiana* (Maire & Wilczek) H. Ohba (1978).

[2] Drüsig-flaumhaarige, **Ros**bildende, mehrjährige Kräuter mit einem kurzen, dicken, monopodialen Stamm (oder Caudex) und zahlreichen, kurz kriechenden, axillären Ausläufern mit kleinen, wurzelnden, endständigen **Ros**; **Blä** wechselständig, verkehrt eiförmig-spatelig, oder etwas gestielt mit einem Stiel 2× so lang wie die Spreite, spitz bis stumpf, manchmal flaumhaarig, oft kleberig und mit einem starken, blütenartigen Duft, 10 - 20 mm; blühende **Tr** axillär, aufsteigend, drüsig-flaumhaarig; **Inf** lockere, wenigblütige Cymen mit 2 (selten 3) Wickeln; **Bra** 1 pro **Blü**, klein; **Ped** fadendünn, 10 - 15 mm; **Blü** (5- bis) 6- (bis 10-) zählig, in der Knospe fast kugelig; **Sep** breit sitzend, basal wenig vereinigt, lanzettlich-länglich, spitz, drüsig-flaumhaarig, bis 4 mm; **Pet** basal bis zu 0.7 mm vereinigt, länglich, spitz zulaufend, gelb mit orangegelber Basis, ± 7 mm; **Fil** gelb; **Anth** gelb; **NSch** breit spatelig-quadratisch; **Gr** ± 1 mm; **Fr** aufrecht, braun; **Sa** hellbraun, gerippt. – $2n = 16$.

Eng mit *S. surculosum* und *S. modestum* verwandt, die beide ebenfalls im Hohen Atlas Marokkos endemisch sind. Alle 3 Taxa wurden in die Ser. *Monanthoidea* gestellt, welche die Schwestergruppe der makaronesischen *Sempervivoideae*, d.h. von *Aeonium*, *Aichryson* und *Monanthes*, ist, vgl. Mes & 't Hart (1994) und Mes (1995a).

S. jahandiezii Battandier (Bull. Soc. Hist. Nat. Afr. Nord 12: 188, 1921). – **D:** W Marokko.

Incl. *Sedum caespitosum* var. *paniculatum* Battandier (1921); **incl.** *Sedum jahandiezii* ssp. *persicinum* Maire & Samuelsson (1939) ≡ *Sedum jahandiezii* var. *persicinum* (Maire & Samuelsson) Maire (1977); **incl.** *Sedum jahandiezii* ssp. *battandieri* Emberger & Maire (1941) (*nom. inval.*, Art. 26.1) ≡ *Sedum jahandiezii* var. *battandieri* (Emberger & Maire) Maire (1977) (*nom. inval.*, Art. 26.1).

[1] Einjährige Kräuter mit aufrechten oder aufsteigenden, einfachen oder verzweigten **Tr** bis 5 (-10) cm hoch; **Blä** wechselständig, eiförmig bis länglich, sitzend und gespornt, stumpf oder gerundet, stielrund, bis 3 mm; **Inf** wenigblütige Cymen mit (1-) 2 (-3) Wickeln; **Bra** 2 pro **Blü**; **Blü** 5-zählig, fast sitzend; **Sep** ungleich, eiförmig-länglich, stumpf, bis 3 mm; **Pet** frei, lanzettlich, spitz zulaufend, weiss oder ± rosa, ± 4 mm; **Fil** weiss; **Anth** rot; **NSch** eiförmig-gestielt oder spatelig, rot; **Fr** (fast) aufrecht, braun; **Sa** eiförmig, netzig-papillös.

Höchstwahrscheinlich ein Synonym von *S. arenarium* aus C und S Spanien und Portugal. Verwandtschaftliche Beziehungen bestehen mit dem Comparium der Ser. *Anglica* 't Hart ('t Hart 1991). – [H. 't Hart]

S. jaliscanum S. Watson (Proc. Amer. Acad. Arts 25: 148, 1890). **T** [syn]: Mexiko, Jalisco (*Pringle* 2451 [GH, KFTA]). – **D:** Mexiko (C und W transmexikanischer Vulkangürtel); 1570 - 2300 m. **I:** Fröderström (1936a: 131, t. 89).

Incl. *Sedum naviculare* Rose (1903); **incl.** *Sedum syncarpum* Fröderström (1936); **incl.** *Sedum jaliscanum* ssp. *angustifolium* R. T. Clausen (1981).

[1] Mehrjährige Kräuter mit wenigblätterigen **Ros** und kleinen Überdauerungsorganen, welche im 2. Jahr rote, warzige, blühende **Tr** bilden; **Blä** wechselständig, eiförmig, kreisrund oder nierenförmig, gestielt, $9 - 38 \times 3 - 9$ mm; blühende **Tr** aufrecht, 5 - 15 cm, **Blä** elliptisch verkehrt lanzettlich, spatelig oder elliptisch-länglich, stumpf, gespornt, oberseits konkav, manchmal papillös, $5 - 30 \times 1 - 6$ mm; **Inf** endständige Cymen mit 1 - 7 Zweigen; **Blü** 5- (selten 4- oder 6-) zählig, sitzend oder fast sitzend; **Sep** basal frei, kurz gespornt, ungleich, linealisch-lanzettlich, elliptisch-länglich bis verkehrt lanzettlich, stumpf, grün, $1.8 - 13.1 \times 0.6 - 2.5$ mm, aufrecht; **Pet** basal vereinigt, lanzettlich oder elliptisch-lanzettlich, spitz oder stumpf, mit aufgesetztem Spitzchen, weiss, ± 4.5 mm, ausgebreitet; **Anth** dunkelrot; **NSch** länglich oder spatelig-länglich, gerundet oder ausgerandet, dunkelrot, manchmal basal gelb; **Ca** etwas spreizend, schlank; **Fr** aufrecht oder etwas spreizend, hellbraun bis weisslich; **Sa** birnenförmig, fein gerunzelt, braun, genetzt. – $2n = 22, 32, 34, 36, 40, 42, 46, 48, 50, 68$.

Eine sehr ähnliche Pflanze wurde kürzlich als *S. meyranianum* beschrieben. – [H. 't Hart, B. Bleij & U. Eggli]

S. jiaodongense Y. M. Zhang & X. D. Chen (Bull. Bot. Res., Harbin 10(1): 43-44, ills., 1990). **T:** China, Shandong (*Zhang* 885131 [Herb. Forest. School Shandong Prov.]). – **D:** China (E Shandong).

[1] Mehrjährige Kräuter mit kriechenden bis aufsteigenden, schlanken **Tr** mit weisslichen, häutigen Flügeln, 4 - 10 cm hoch; **Blä** wechselständig, selten gegenständig, länglich, stumpf, kurz gespornt, fleischig, 3 - 4 mm; **Inf** wenigblütige Cymen mit bisweilen gabeligen Wickeln; **Blü** 5-zählig, fast sitzend; **Sep** basal frei, kurz gespornt, lang elliptisch, stumpf, mit schmalem, weissem Rand, 1.5 - 2 mm; **Pet** länglich lanzettlich, gelb, 2.5 - 3 mm;

NSch länglich, gestutzt; **Fr** sternförmig ausstrahlend, entlang der Bauchnähte mit Lippen; **Sa** ellipsoid, gelb, netzig-papillös.

Vermutlich ein Synonym von *S. uniflorum* ssp. *japonicum* (Fu & Ohba 2001: 345, unter *S. japonicum*).

S. jinianum X. H. Guo (Acta Bot. Yunnan. 18(3): 297-298, ill., 1996). **T:** China, Anhui (*Guo 94054* [ANUB, KUN]). – **D:** SE China (Anhui); Tiefland.

[1] Zweijährige Kräuter, 10 - 35 cm hoch; **Tr** aufrecht, kahl; **Blä** wechselständig, basale **Blä** elliptisch-spatelig, bis 10 mm; obere **Blä** linealisch-spatelig bis linealisch verkehrt lanzettlich, 15 - 30 × 3 - 6 mm, stumpf, basal gespornt, **Ax** mit mehreren Brutknöllchen; **Inf** endständige Cymen mit 3 Primärzweigen; **Bra Blä**artig; **Blü** fast sitzend, 5-zählig; **Sep** grün, ungleich, spatelig verkehrt lanzettlich, 1 - 5 mm; **Pet** schmal lanzettlich, ± 5 × 1 mm, gelb, spitz; **NSch** verkehrt trapezoid-länglich, gestutzt; **Ca** basal wenig vereinigt, ± 3 mm; **Gr** ± 1 mm; **Fr** wenig spreizend.

Nur zweifelhaft von *S. bulbiferum* zu unterscheiden. – [U. Eggli]

S. jiuhuashanense P. S. Hsu & H. J. Wang (Rheedea 1(1-2): 46, 1991). **T:** China, Anhui (*Wang & Fu 86112* [FUS?]). – **D:** China (Anhui).

[1] Mehrjährige Kräuter mit niederliegenden **Tr**, 5 - 15 cm; **Blä** in Quirlen zu 3, schmal länglich bis linealisch-länglich, stumpf, kurz gespornt, 8.5 - 13.5 × 1.8 - 3.1 mm; blühende **Tr** aufrecht bis aufsteigend, einfach, schlank; **Inf** lockere, 5- bis 7-blütige Cymen mit 2 oder 3 Wickeln; **Bra** linealisch-lanzettlich, stumpf, 3 - 4 mm; **Blü** 5-zählig, fast sitzend, 9 - 10 mm ∅; **Sep** vermutlich basal frei und gespornt; **Pet** basal wenig vereinigt, schmal lanzettlich, spitz zulaufend, mit mässig langem, aufgesetztem Spitzchen, gelb, 5.5 - 7.2 × 1.3 - 2 mm; **NSch** quadratisch-keilförmig, wenig ausgerandet; **Gr** schlank; **Fr** spreizend.

S. jiuhuashanense steht *S. sarmentosum* und *S. angustifolium* sehr nahe. Die Beschreibung der Kelchblätter im Protolog ist falsch und bezieht sich in Tat und Wahrheit auf die Kronblätter.

S. jiulungshanense Y. C. Ho (Bull. Bot. Res., Harbin 9(4): 31-34, ills., 1989). **T:** China, Zhejiang (*Liu 3278* [Univ. Hangzhou]). – **D:** China (W Zhejiang); feuchte, bewaldete Hänge, 800 - 900 m.

[1] Mehrjährige Kräuter mit kriechenden, schlanken **Tr**; **Blä** in Wirteln zu 3 oder manchmal gegenständig, verkehrt eiförmig bis verkehrt lanzettlich oder linealisch verkehrt lanzettlich, stumpf gerundet bis ausgerandet, Basis keilförmig, kurz gespornt, (4-) 8 - 10 × 1.5 - 3 mm; blühende **Tr** schlank, 8 - 10 cm; **Inf** wenigblütige Cymen, oft verzweigt; **Bra** linealisch; **Blü** 5-zählig, sitzend; **Sep** basal frei, kurz gespornt, linealisch verkehrt eiförmig, stumpf, 2 - 3 mm; **Pet** basal frei, eiförmig-lanzettlich, hellgelb, 5 - 6 mm; **NSch** quadratisch; **Gr** ± 2 mm; **Fr** spreizend; **Sa** länglich lanzettlich, hell haselnussbraun, netzig-papillös.

S. jujuyense Zardini (Bol. Soc. Argent. Bot. 14(1-2): 99-103, ills., 1971). **T:** Argentinien, Jujuy (*Cabrera & Kiesling 20222* [LP]). – **D:** N Argentinien (Jujuy).

[1] Mehrjährige Kräuter mit faserigen **Wu** und schlanken, kahlen, hängenden **Tr**; **Blä** wechselständig, elliptisch, stumpf, (fast) stielrund, kahl, 8 - 12 × ± 2 mm, dick, sehr kurz gespornt; blühende **Tr** 15 - 22 cm; **Inf** Cymen mit di- oder monochasialen Zweigen; **Blü** 5-zählig, sitzend bis kurz gestielt; **Sep** basal frei, kurz gespornt, ungleich lang, eiförmig, stumpf, basal mit der **Kr** vereinigt, kapuzenförmig, 3 - 5 × ± 1 mm, dick; **Pet** basal für bis zu 2 mm vereinigt, lanzettlich, weiss, gekielt, etwas mit aufgesetztem Spitzchen, ± 5.5 × 1.5 mm; **NSch** länglich bis etwas spatelig, gerundet, flach; **Gr** 2 mm; **Sa** eiförmig, genetzt.

Vermutlich besser bei *Villadia* einzuordnen. – [H. 't Hart & U. Eggli]

S. jurgensenii (Hemsley) Moran (Haseltonia 4: 46, 1996). **T:** Mexiko (*Jurgensen 616 p.p.* [K]). – **Lit:** Moran (1998b: mit ills.). **D:** C Mexiko.

≡ *Cotyledon jurgensenii* Hemsley (1878) ≡ *Altamiranoa jurgensenii* (Hemsley) Rose (1905) ≡ *Altamiranoa elongata* var. *jurgensenii* (Hemsley) Fröderström (1936) (unkorrekter Name, Art. 11.4) ≡ *Villadia jurgensenii* (Hemsley) H. Jacobsen (1958).

S. jurgensenii ssp. **attenuatum** Moran (Haseltonia 5: 76, ills. (p. 75), 1998). **T:** Mexiko, Puebla (*Moran & Kimnach 7776* [SD, BH]). – **D:** Mexiko (Veracruz, Puebla, Oaxaca); 1800 - 2500 m.

[1] Unterschiede zu ssp. *jurgensenii*: **Blä** stark aufsteigend, ziegelig, schmal dreieckig-eiförmig oder obere **Blä** dreieckig-lanzettlich, fast stielrund, scharf zugespitzt oder etwas spitz zulaufend; **Sep** schlank spitz oder etwas spitz zulaufend; **Pet** schmal spitz. – n = 23.

Von ssp. *jurgensenii* am Besten durch die stark aufsteigenden und ziegeligen Blätter zu unterscheiden. – [J. Thiede]

S. jurgensenii ssp. **jurgensenii** – **D:** Mexiko (Hidalgo, Querétaro, Tamaulipas?, San Luis Potosí, Guanajuato, Puebla, Veracruz); Klippen und felsige Hänge, 1100 - 2900 m, Blüten September bis Dezember.

Incl. *Altamiranoa elongata* Rose (1903) ≡ *Cotyledon elongata* (Rose) Fedde (1904) (*nom. illeg.*, Art. 53.1) ≡ *Villadia elongata* (Rose) R. T. Clausen (1940); **incl.** *Sedum brandtianum* von Poellnitz (1933); **incl.** *Altamiranoa necaxana* Fröderström (1936) ≡ *Villadia necaxana* (Fröderström) H. Jacobsen (1958).

[1] Schwache, kurzborstige, ausdauernde, kleine Halbsträucher; **Wu** weder verdickt noch knollig; **Tr** nahe der Basis und darüber verzweigt, ausdauernde Basis verholzt, untere ⅓ zur **Blü**zeit mit borstigen, 0.5 - 3 cm langen Neu**Tr**, mit ± 25 - 50 ziegeligen **Blä**, blühende **Tr** aufrecht bis niederliegend und wurzelnd, 10 - 50 (-70) cm, kahl bis spärlich oder dicht flaumhaarig mit nicht-drüsigen **Ha**; **Blä** in 3:5-Spiralen, meist ausgebreitet, dreieckig-eiförmig bis dreieckig-lanzettlich, spitz, 4 - 8 (-15) × 2 - 3 mm, unterschiedlich kurzborstig, untere **Blä** dicht kurzborstig; **Inf** mit 2 - 5 und mehr Wickeln, je 1 - 3 (-8) cm lang mit 2 - 12 (-20) **Blü**; **Sep** aufrecht, der **Kr** ± angedrückt, 2.5 - 5 mm; **Kr** in der Knospe 4 - 6 mm, zur **Blü**zeit glockig bis sternförmig, 5 - 8 mm ⌀; **Pet** elliptisch, breit spitz, weiss, Zipfel 3 - 4.5 × 1.6 - 2 mm, **Rö** 1 - 1.5 mm; **Anth** rot; **NSch** gestutzt, 0.35 - 0.5 × 0.6 - 1 mm, tiefgelb; **Ca** 3.5 - 4.5 mm, grünlich weiss. – n = 23. – [J. Thiede]

S. kiangnanense D. Q. Wang & Z. F. Wu (Bull. Bot. Res., Harbin 10(3): 45-47, ill., 1990). **T:** China, Anhui (*Wang 9229* [Herb. Anhui Tradit. Medic. College]). – **D:** China (S Anhui); 200 - 850 m.

[1] Mehrjährige Kräuter mit aufrechten, sterilen **Tr**; **Blä** in Wirteln zu 4 oder 5, linealisch-spatelig bis verkehrt lanzettlich oder (breit) spatelig, stumpf bis spitz oder gestutzt, breit gesport oder keilförmig, (10-) 15 - 20 × (1.5-) 6 - 12 mm; blühende **Tr** fast aufrecht, 10 - 20 cm, **Blä** in den oberen Teilen wechselständig; **Inf** vielblütige Cymen mit 3 oder 4 Wickeln; **Bra Blä**artig, 10 - 17 × 1.5 - 2 mm; **Ped** 0 - 2 mm; **Blü** 5-zählig; **Sep** basal frei, kurz gespornt, ungleich, linealisch-länglich, spitz, 2 - 10 × 0.5 - 2 mm; **Pet** schmal eiförmig bis breit lanzettlich, spitz zulaufend, gelb, 6 - 9 mm; **Anth** rot; **NSch** etwas fächerförmig, zur Basis verschmälert; **Gr** ± 1 mm; **Fr** spreizend; **Sa** ellipsoid, netzig-papillös.

Eng mit *S. emarginatum* und *S. jiulungshanense* verwandt.

S. kimnachii Byalt (KB 54: 458, 1999). **T:** CU. – **D:** Gärtnerische Herkunft, möglicherweise zentralmexikanisches Plateau.

Incl. *Sedum decumbens* R. T. Clausen (1975) (*nom. illeg.*, Art. 53.1); **incl.** *Sedum clausenii* Byalt (1998) (*nom. illeg.*, Art. 53.1).

[1] Ausdauernde Halbsträucher mit niederliegenden **Tr** bis 25 cm; **Blä** wechselständig, verkehrt eiförmig bis spatelig, gerundet, ausgerandet, 15 - 25 × 11 - 13 mm; blühende **Tr** aufrecht oder aufsteigend, axillär; **Inf** kleine Cymen mit 3 oder mehr Zweigen; **Blü** 5-zählig, fast sitzend; **Sep** basal wenig vereinigt, kurz gespornt, ungleich, eiförmig, stumpf bis spitz, grün, ± 3 mm, aufrecht; **Pet** frei, eiförmig-lanzettlich, gelb, ± 5 mm; **Sa** vermutlich genetzt.

Meist noch immer unter dem illegitimen Namen *Sedum decumbens* kultiviert.

S. kingdonii H. Ohba (J. Jap. Bot. 50(12): 355-357, 1975). **T:** Myanmar (*Kingdon Ward 22787* [GB, TI]). – **D:** Myanmar (Mt. Victoria); Felsen und steinige Hänge.

[1] Kleine, mehrjährige Kräuter mit schlanken, aufrechten bis etwas aufrechten **Tr**; **Blä** wechselständig, pfriemlich bis schmal eiförmig, spitz, mit einem 3-lappigen Sporn, fleischig, flach, 8 - 15.5 × 1.2 - 2 mm; blühende **Tr** 5 - 10 cm, im oberen Teil mit wenigen Zweigen; **Inf** kurz gestielte Cymen; **Bra Blä**artig; **Ped** 0.5 - 2.5 mm; **Blü** 5-zählig mit (8-) 10 **St**; **Sep** breit sitzend, fast gleich, linealisch-lanzettlich, oder selten linealisch bis linealisch verkehrt lanzettlich, spitz, flach, 3.5 - 5.2 × 0.8 - 1.2 mm; **Pet** schmal eiförmig, stumpf, mit kurzem, aufgesetztem Spitzchen, gelb, 5.1 - 7.2 mm; **Anth** gelb; **NSch** rechteckig bis fast quadratisch, gerundet, rostfarben; **Gr** bis 1 mm.

Gehört gemäss Protolog in die Sect. *Oreades*.

S. kotschyanum Boissier (Diagn. Pl. Orient. Ser. 1, 6: 56, 1845). **T:** Iran (*Kotschy 423* [G-BOIS, W]). – **D:** Iran.

≡ *Sedum villosum* subvar. *kotschyanum* (Boissier) Hamet (1929) ≡ *Oreosedum kotschyanum* (Boissier) Grulich (1984).

[2] Kleine, einjährige Kräuter, obere Teile drüsig-flaumhaarig, mit schlanken, aufrechten **Tr**, in den oberen Teilen oft verzweigt, bis 4 cm hoch; **Blä** wechselständig, kurz gespornt, halbstielrund, linealisch-länglich, 2 - 4 mm, etwas stumpf; **Inf** wenigblütige, lockere Cymen; **Ped** fadendünn, 5 - 6 mm; **Blü** 5-zählig, mit 5 oder 10 **St**; **Sep** breit sitzend, länglich bis eiförmig, etwas spitz, 1 - 1.5 mm; **Pet** länglich elliptisch bis verkehrt eiförmig, spitz, 3 - 3.5 mm, rosa; **Anth** rot; **NSch** schmal gestielt oder spatelig, ausgerandet; **Gr** kurz; **Fr** aufrecht bis fast aufrecht, ± 3 mm, 3- bis 4-samig; **Sa** länglich.

Kurzlebige, wenig bekannte, im Iran endemische Pflanzen, möglicherweise mit *S. callichroum* verwandt. Eine Verwandtschaft mit dem W-europäischen oder atlantischen *S. villosum* ist sehr unwahrscheinlich.

S. laconicum Boissier & Heldreich (in Boissier, Diagn. Pl. Orient. 1(6): 55, 1846). **T** [syn]: Griechenland, Peloponnisos (*Heldreich s.n.* [G-BOIS, L, LE, W]). – **D:** Griechenland, Libanon, Israel. **Fig. XXXVI.d**

≡ *Sedum acre* var. *laconicum* (Boissier & Heldreich) Fröderström (1932) ≡ *Sedum acre* ssp. *laconicum* (Boissier & Heldreich) J. A. Huber (1936); **incl.** *Sedum laconicum* fa. *elongatum* Pampanini (1936); **incl.** *Sedum laconicum* ssp. *pentapolitanum* Brullo & Furnari (1979).

[1] Mehrjährige Kräuter mit reich verzweigten, kriechenden und wurzelnden **Tr** mit gedrängten, ziegeligen **Blä**, kleine Gruppen oder kleine **Ros** bildend; **Blä** wechselständig, dicht ziegelig, breit linealisch oder schmal ellipsoid, sitzend, mit einem

schmalen, gestutzten Sporn, zugespitzt mit hyalinen Papillen an der Spitze, fast stielrund, leuchtend glauk-grün, 5 - 8 mm; blühende **Tr** aufrecht oder aufsteigend, einfach, 4 - 15 cm, mit 1 - 10 kleinen, zusätzlichen, axillären Cymen; **Inf** meist dichte, wenigblütige Cymen mit 2 - 3 Wickeln; **Bra** 2 pro **Blü**; **Blü** 5-zählig, fast sitzend; **Sep** breit sitzend, linealisch-länglich, etwas spitz oder stumpf, manchmal mit hyalinen Papillen, 2.5 - 3 mm; **Pet** frei, lanzettlich, fein grannenspitzig, leuchtend gelb, oft mit rotem Kiel oder roten Strichen, ± 6 mm; **Fil** gelb; **Anth** gelb (selten rot); **NSch** quadratisch; **Fr** sternförmig ausstrahlend, braun, entlang der Bauchnähte mit hellen, auffälligen Lippen; **Sa** hellbraun, netzig-papillös.

Die grösstenteils disjunkte Verbreitung um die Ägäis herum ist sehr auffallend. Diploide Pflanzen (ssp. *laconicum*) kommen auf dem griechischen Festland, dem Peloponnes und auf Kreta vor, tetraploide Individuen (ssp. *pallidum*) in Israel und im Libanon, sowie etwas grössere Pflanzen mit unbekannter Chromosomenzahl auf der Cyrenaica (fa. *elongatum*). Hinweise auf *S. laconicum* in Anatolien (Türkei) beziehen sich vermutlich auf *S. ursi* (2n = 12). *S. laconicum* gehört in das Comparium der Ser. *Alpestria* A. Berger ('t Hart 1991). – [H. 't Hart]

S. laconicum ssp. **laconicum** – **D:** Griechenland incl. Kreta; Kalkstein, meist in grösseren Höhen.

Incl. *Sedum laconicum* var. *insulare* Rechinger *fil.* (1943) ≡ *Sedum laconicum* ssp. *insulare* (Rechinger *fil.*) Greuter & Rechinger *fil.* (1967); **incl.** *Sedum idaeum* D. A. Webb (1961).

[1] **Pet** gelb. – 2n = 16.

Die var. *insulare* aus den kretischen Bergen (Levka Ori) ist eine Zwergform mit nur 1 - 4 (-6) cm langen blühenden Trieben und sehr wenigblütigen Blütenständen; die Staubbeutel sind manchmal rot. Es handelt sich nur um eine Extremform einer sonst weitgehend kontinuierlichen morphologischen Reihe. Die typische ssp. kommt in der Regel oberhalb von ± 1000 m vor, mit Ausnahme der S Teile des Peloponnes und auf Kithira, wo Vorkommen bis auf Meereshöhe bekannt sind. – [H. 't Hart]

S. laconicum ssp. **pallidum** 't Hart & van Ham (Israel J. Bot. 40: 325, 1991). **T:** Israel (*van Ham* 51.3 [U, HUJ]). – **D:** Libanon, Israel.

[1] **Pet** hellgelb bis fast weiss. – 2n = 32. – [H. 't Hart]

S. lagascae Pau (Not. Bot. Fl. Españ. 6: 53, 1895). – **D:** W Spanien (Sierras de Béjar y Gredos); feuchte Stellen in alpinen Weiden, 1000 - 2000 m. **I:** Castroviejo (1997: 151, pl. 41: e-h).

≡ *Mucizonia lagascae* (Pau) Laínz (1968) ≡ *Oreosedum lagascae* (Pau) Grulich (1984); **incl.** *Sedum francoi* Hamet (s.a.) (*nom. inval.*, Art. 32.1); **incl.** *Sedum villosum* var. *campanulatum* Willkomm (1874) ≡ *Mucizonia campanulata* (Willkomm) R. Fernandes (1984) ≡ *Sedum campanulatum* (Willkomm) Fernández González & Cantó (1985).

[1] Einjährige Kräuter, drüsig-haarig, grün oder rötlich; **Wu** faserig; **Tr** (6-) 8 - 16 (-25) cm, aufrecht, verzweigend; **Blä** wechselständig, linealisch, mit einem basalen Sporn, 5 - 11 × 1 - 2.5 mm, drüsig; **Inf** mindestens ½ der Länge der blühenden **Tr** umfassend; **Blü** 5-zählig; **Ped** 3 - 7 (-9) mm; **Sep** basal vereinigt, schmal lanzettlich, drüsig, 1 - 2.5 × 0.4 - 0.8 mm; **Kr** glockig-röhrig; **Pet** basal vereinigt und eine (2-) 3 (-4.5) mm lange **Rö** bildend, elliptisch, 5 - 8 × 1 - 2 mm, stumpf, weiss, rosa oder violett; **Ca** aufrecht; **Sa** 0.5 - 0.7 mm, gerippt.

Ein Mitglied der Ser. *Subrosea* und in der Vergangenheit manchmal mit *S. villosum* verwechselt, welches sich durch die sternförmigen Blüten unterscheidet. *S. lagascae* im Sinne portugiesischer Autoren gehört zu *S. maireanum* (Castroviejo 1997). – [U. Eggli]

S. lampusae (Kotschy) Boissier (Fl. Orient. 2: 787, 1872). **T:** Zypern (*Kotschy* 471 [W]). – **D:** Zypern (in der Northern Range endemisch); Felswände, Ritzen und steinige Hänge, auf Kalk, 200 - 750 m. **I:** CBM 180: 1-4, t. 660, 1974. **Fig. XXXVI.a**

≡ *Umbilicus lampusae* Kotschy (1865).

[1] Monocarpe Kräuter, aufrecht, (15-) 20 - 50 cm, vor dem Blühen flache und meist einzelne **Ros** bildend; **Blä** sitzend, während oder kurz nach der **Blüzeit** vertrocknend, flach, spatelig, 4 - 10 × 2 - 4 cm, spitz oder stumpf, glauk, kahl oder dünn flaumhaarig, Ränder winzig papillös, **Blä** der **Inf** zunehmend kleiner und halbstielrund werdend; **Inf** schmale, unverzweigte, zylindrische Rispen bis 30 cm, oder manchmal pyramidal mit mehreren Seiten**Tr** nahe der Basis, Achsen dicht kurz drüsig; **Bra** klein; **Blü** sehr zahlreich, gedrängt, schlank bis 5 mm gestielt, 5-zählig; **Sep** fast ganz frei, ± 1.5 × 1 mm, drüsig; **Pet** schmal eiförmig spitz zulaufend, ± 4 × 2 mm, grünlich oder bräunlich grün; **Ca** aufrecht, schmal eiförmig, drüsig, ± 4 mm, in den schlanken, ± 1 mm langen **Gr** verjüngt; **Fr** aufrecht; **Sa** zahlreich, länglich ellipsoid, ± 0.7 × 0.4 mm, mittelbraun, eng längsrippig.

Mit *S. cepaea* verwandt und *S. cyprium* und *S. microstachyum* sehr nahe stehend. – [U. Eggli]

S. lanceolatum Torrey (Ann. Lyceum Nat. Hist. New York 2: 205-206, 1828). **T:** USA (*James* s.n. [NY]). – **D:** Kanada, USA.

≡ *Amerosedum lanceolatum* (Torrey) A. Löve & D. Löve (1985); **incl.** *Sedum shastense* Britton (1903).

[2] Büschelige, kahle, mehrjährige Kräuter mit verzweigenden, manchmal papillösen, niederliegenden **Tr**; **Blä** wechselständig, lanzettlich, elliptisch-lanzettlich oder elliptisch-eiförmig, stumpf oder stumpflich feinspitzig, fast stielrund, sitzend mit

einem sehr kurzen Sporn, 4.4 - 10.6 × 1.5 - 3.2 mm, manchmal papillös, trüb graugrün oder bläulich grün, oft glauk; Basis der vertrockneten **Blä** manchmal trockenhäutig werdend; blühende **Tr** aufrecht, 3 - 10 cm; **Inf** (1- bis) 3- (bis 6-) fach verzweigte Cymen; **Bra Bla**artig; **Blü** 5-zählig, sitzend oder fast sitzend; **Sep** breit sitzend, eiförmig oder lanzettlich, spitz oder selten stumpf, oft papillös, hellgrün bis gelbgrün, ± 3 × 1.5 mm, aufrecht; **Pet** frei, lanzettlich, elliptisch-lanzettlich oder linealisch-lanzettlich, spitz oder spitz zulaufend, mit winzigem, aufgesetztem Spitzchen, gekielt, kanarien- bis goldgelb, ± 7.5 mm, über der fast aufrechten Basis weit ausgebreitet; **Fil** gelb; **Anth** gelb, manchmal rot überhaucht; **NSch** verkehrt eiförmig-quadratisch, gestutzt oder breit gerundet, ausgerandet oder nierenförmig, tiefgelb bis gelbgrün; **Fr** basal vereinigt, aufrecht, mit spreizenden Schnäbeln und entlang der Bauchnähte mit schmalen Lippen, braun; **Sa** birnenförmig, gelbbraun bis dunkelbraun, gerippt. – 2n = 16.

Fröderström (1936a: 68) behandelt dieses Taxon als Synonym von *S. stenopetalum*.

S. lanceolatum ssp. **lanceolatum** – **D:** NW Kanada, W USA (im S bis California); bis 3660 m. **I:** Clausen (1975: 212).

[2] Pflanzen mittelgross, an über 3 Monate dauernde Vegetationsperioden angepasst; **Blä** papillös, 4 - 9 × 1.5 - 2.5 mm; **Sep** 2 - 4 mm; **Pet** 6 - 9 mm.

In grösseren Meereshöhen kann diese Unterart mit ssp. *subalpinum* verwechselt werden.

S. lanceolatum ssp. **nesioticum** (G. N. Jones) R. T. Clausen (CSJA 20(10): 146, 1948). **T:** USA, Washington (*Henderson* 1686 [GH]). – **D:** Westlichstes Kanada und USA, auf Inseln im Puget Sound und der Strasse von Georgia sowie auf dem benachbarten Vancouver Island.

≡ *Sedum nesioticum* G. N. Jones (1941) ≡ *Sedum stenopetalum* ssp. *nesioticum* (G. N. Jones) R. T. Clausen (1946) ≡ *Sedum lanceolatum* var. *nesioticum* (G. N. Jones) C. L. Hitchcock (1964) ≡ *Amerosedum nesioticum* (G. N. Jones) A. Löve & D. Löve (1985).

[2] Pflanzen gross, ± 2 Wochen später als die beiden anderen ssp. blühend; **Blä** 8 - 13 × 3 - 3.5 mm; **Sep** 4 - 5 mm; **Pet** ± 9 mm.

S. lanceolatum ssp. **subalpinum** (Blankinship) R. T. Clausen (Sedum North Amer., 231, 1975). **T:** USA, Montana (*Blankinship* s.n. [MONT ?]). – **D:** Kanada, USA; Rocky Mountains bis Alaska im N; meist an exponierten, alpinen Stellen in Kies oder steinigem Lehm, 1950 - 4050 m.

≡ *Sedum subalpinum* Blankinship (1905) ≡ *Amerosedum subalpinum* (Blankinship) A. Löve & D. Löve (1985); **incl.** *Sedum stenopetalum* fa. *rubrolineatum* Cockerell (1891); **incl.** *Sedum stenopetalum* var. *alpinum* Fröderström (1936).

[2] Pflanzen klein, an alpine Standorte mit kurzen (< 2 Monate) Vegetationsperioden angepasst; **Blä** manchmal papillös, 4.2 - 6.7 × 1.5 - 2 mm; **Sep** 2 - 4 mm; **Pet** 6 - 9 mm.

S. lancerottense Murray (J. Bot. 37: 201, 1899). **T:** BM?. – **D:** Kanarische Inseln (N Lanzarote, Gebiet von Famara). **I:** 't Hart (1999a). **Fig. XXXVI.e**

≡ *Sedum nudum* var. *lancerottense* (Murray) Fröderström (1932).

[1] Kahle, mehrjährige Kräuter, sterile **Tr** reich verzweigt, schlank, kriechend und aufsteigend, basal etwas verholzt, wurzelnd, 5 - 10 cm hoch, kleine Büschel oder lose Polster bildend; **Blä** wechselständig, sitzend, an den **Tr**spitzen gedrängt, etwas eiförmig bis eiförmig, 5 - 6 mm, gerundet, stielrund bis fast stielrund, hellgrün, oft mit silbernem Schein; blühende **Tr** aufrecht oder aufsteigend, bis 10 cm hoch; **Inf** wenigblütige Cymen mit 2 - 3 kurzen Wickeln; **Bra** 2 pro **Blü**; **Blü** 5-zählig, sitzend oder kurz gestielt; **Sep** basal frei, gesporn, ungleich, eiförmig, ± 4 mm, gerundet; **Pet** frei, länglich, 5 - 6 mm, spitz, hellgelb; **Fil** gelb; **Anth** gelb; **NSch** spatelig, gelblich; **Fr** etwas bis deutlich sternförmig ausstrahlend, gelblich braun, entlang der Bauchnähte mit Lippen; **Sa** hellbraun, netzig-papillös. – 2n = 26.

Eine gut unterschiedene Art, die in das Comparium der Ser. *Macaronesia* Fröderström gehört. – [H. 't Hart]

S. latentibulbosum K. T. Fu & G. Y. Rao (Acta Bot. Boreal.-Occid. Sin. 8(2): 121-123, ills., 1988). **T:** China, Jiangxi (*Fu* 19565 [WUG]). – **D:** China (N Jiangxi: Lushan Mts.); moosbedeckte Felsen, 800 - 900 m.

[1] Mehrjährige Kräuter mit schlanken, verlängerten **Tr**, 12 - 18 cm, an den unteren Knoten mit länglichen, unterirdischen Bulbillen; **Blä** basal gegenständig, in der Mitte in Wirteln zu 4, zu den **Tr**spitzen wechselständig, schmal linealisch, stumpf, kurz gesporn, fast stielrund, 12 - 30 × 1 - 1.5 mm; blühende **Tr** schlank, 10 - 16 cm; **Inf** lockere, wenigblütige Cymen mit 3 Wickeln; **Bra** linealisch; **Blü** 5-zählig, sitzend; **Sep** kurz gesporn, schmal lanzettlich bis dreieckig-lanzettlich, stumpf bis spitz, braun gefleckt, 2 - 2.5 × ± 1 mm; **Pet** linealisch-lanzettlich, mit aufgesetztem Spitzchen, an der Basis ± verbreitert, gelb, 6 - 7 mm; **NSch** etwas spatelig, gerundet; **Gr** bis 1.5 mm; **Sa** länglich.

S. latifilamentum R. T. Clausen (Bull. Torrey Bot. Club 106: 213-214, ill., 1979). **T:** Mexiko, Hidalgo (*Clausen* 78-15 [BH]). – **D:** Mexiko (Hidalgo).

[1] Ausdauernde Halbsträucher mit knolligen, rübigen **Wu**; **Blä** wechselständig, linealisch verkehrt lanzettlich, papillös, ± 7 × 1.5 mm; blühende **Tr** aufrecht; **Inf** Cymen mit 3 Zweigen; **Blü** 5-zählig; **Pet** basal wenig vereinigt (0.4 mm), eiförmig mit verschmälerter Basis, fast stielrund, weiss, ± 4 mm,

aufrecht und später ausgebreitet; episepale **Fil** breit und abgeflacht; **NSch** quadratisch, gestielt, gestutzt, gelb; **Gr** fehlend; **Fr** spreizend, entlang der Bauchnähte mit Lippen; **Sa** birnenförmig, netzig-papillös. – 2n = 40.

S. laxum (Britton) A. Berger (NPF2 18a: 451, 1930). **T:** USA, Oregon (*Howell* s.n. [US]). – **Lit:** Denton (1978). **D:** W USA.

≡ *Gormania laxa* Britton (1903); **incl.** *Cotyledon brittoniana* Fedde (1904); **incl.** *Echeveria gormanii* Nelson & Macbride (1913); **incl.** *Sedum laxum* ssp. *perplexum* R. T. Clausen (1942).

[2] Kahle, mehrjährige Kräuter mit kräftigem, verzweigtem **Wu**stock und endständigen **Ros**; **Blä** wechselständig, verkehrt lanzettlich, spatelig oder verkehrt eiförmig, gerundet, ausgerandet oder gestutzt, 14.5 - 36 × 7.5 - 17 mm, glauk oder grün; blühende **Tr** 7 - 26 cm; **Inf** verlängerte Cymen mit 3 oder mehr monochasialen Zweigen; **Ped** 0.6 - 6.3 mm; **Blü** 5-zählig; **Sep** breit sitzend, basal leicht vereinigt, eiförmig oder lanzettlich, spitz, selten stumpf, hellgrün, ± 3.5 × 2 mm; **Pet** basal vereinigt, lanzettlich-länglich, verkehrt lanzettlich-länglich oder elliptisch-länglich, stumpf, mit kurzem, aufgesetztem Spitzchen oder grannenspitzig, weisslich bis rosa, ± 9 mm, basal aufrecht, über der Mitte spreizend; **Fil** weiss, grünlich weiss oder rosa; **Anth** rot oder gelb; **NSch** nierenförmig oder quer länglich, Spitze tief konkav bis gestutzt, weiss, gelb oder rosa; **Fr** aufrecht, braun; **Sa** birnenförmig, braun, gerippt.

S. laxum ssp. **eastwoodiae** (Britton) R. T. Clausen (Sedum North Amer., 398, 1975). **T:** USA, California (*Eastwood* s.n. [US, CAS 34297, NY]). – **D:** W USA (California: N Mendocino County); nur auf Serpentin, 1050 - 1170 m.

≡ *Gormania eastwoodiae* Britton (1903) ≡ *Sedum eastwoodiae* (Britton) A. Berger (1930); **incl.** *Cotyledon mendocinoana* Fedde (1904) (*nom. illeg.*, Art. 52.1).

[2] Unterschiede zu ssp. *laxum*: **Blä** 9 - 17 mm breit, glauk; blühende **Tr** 4 - 13 cm; **Blä** mit herzförmiger Basis, den **Tr** nicht umfassend; **Ped** der unteren **Blü** bis 4 mm; **Sep** 2 - 4.1 mm; **Pet** rosa oder weiss, 4 - 8 mm; **Anth** rot oder gelb; **NSch** 0.8 - 1.4 mm breit. – 2n = 60.

S. laxum ssp. **flavidum** Denton (Brittonia 30(2): 233-235, ills., 1978). **T:** USA, California (*Denton* 3953 [WTU]). – **D:** USA (California: Trinity Mts.); Serpentin- oder Basaltvorkommen, 750 - 900 m.

[2] Unterschiede zu ssp. *laxum*: Pflanzen 9 - 24 cm hoch; Rosetten**Blä** 15 - 25 × 4.5 - 10 mm, 2 - 3.5× so lang wie breit; **Blä** der **Tr** ± so lang wie breit, Basis oft gestutzt, Spitze stumpf, grün und wenig glauk; **Sep** < ⅓ so lang wie die **Pet**, stumpf; **Pet** hellgelb. – 2n = 60. – [U. Eggli]

S. laxum ssp. **heckneri** (M. Peck) R. T. Clausen (Bull. Torrey Bot. Club 69(1): 39, 1942). **T:** USA, Oregon (*Peck* 16421 [WILLU]). – **D:** W USA (California: Klamath Mts., S Siskiyou Mts.); auf Serpentin, 150 - 1770 m. **I:** Clausen (1975: 391).

≡ *Sedum heckneri* M. Peck (1937).

[2] Unterschiede zu ssp. *laxum*: **Blä** relativ dick; **Blä** der blühenden **Tr** herzförmig, stengelumfassend, fast kreisrund; **Ped** der basalen **Blü** 4 - 7 mm; **Pet** rosa, weiss oder gelblich weiss; **Anth** gelb. – 2n = 30.

S. laxum ssp. **latifolium** R. T. Clausen (Bull. Torrey Bot. Club 69(1): 38-39, 1942). **T:** USA, California (*Clausen* 4941 [BH]). – **D:** W USA (California: Einzugsgebiet des Smith River); 60 - 550 m. **I:** Clausen (1975: 395).

[2] Unterschiede zu ssp. *laxum*: **Blä** verkehrt eiförmig, 17 - 30 mm breit, relativ dick, tief ausgerandet, grün; **Blä** der blühenden **Tr** herzförmig, nicht stengelumfassend; **Ped** der basalen **Blü** bis 4 mm; **Pet** rosa oder weiss; **Anth** rot oder gelb; **NSch** 0.8 - 0.9 mm breit. – 2n = 30.

Dies ist die robusteste aller Unterarten. Das Taxon wird von Denton (1978) als Synonym von ssp. *laxum* betrachtet.

S. laxum ssp. **laxum** – **D:** W USA (SW Oregon: Rogue River; NW California); meist auf Serpentin, bis 1220 m. **I:** Clausen (1975: 380).

Incl. *Sedum jepsonii* Butterfield (1936) (*nom. inval.*, Art. 36.1); **incl.** *Sedum laxum* ssp. *typicum* R. T. Clausen (1942) (*nom. inval.*, Art. 24.3).

[2] **Blä** spatelig oder verkehrt lanzettlich, 10 - 50 × bis 17 mm, viel länger als breit, glauk; blühende **Tr** 15 - 26 (-40) cm, **Blä** stumpf, nicht stengelumfassend; **Ped** der basalen **Blü** bis 4 mm; **Sep** 3.5 - 5.1 mm; **Pet** rosa oder weiss, 9 - 11 mm; **Anth** rot oder gelb; **NSch** 0.8 - 1.4 mm breit. – 2n = 30. – [H. 't Hart, B. Bleij & U. Eggli]

S. leblanciae Hamet (RSN 8: 311-313, 1910). **T:** China, Yunnan (*Delavay* 6726 [P]). – **D:** China (SW Sichuan, NW Yunnan); Felsen in Wäldern, Felswälle, zwischen Moosen auf Kalkfelsen, 1500 - 3500 m. **I:** Fröderström (1931: 75, t. 42). Fu & Fu (1984: t. 28).

[1] Mehrjährige Kräuter mit aufrechten **Tr**, von nahe der Basis verzweigt, zur Spitze fein warzig, 3.5 - 13 cm; **Blä** an der Basis in Wirteln zu 4, in den oberen Teilen wechselständig, linealisch bis breit verkehrt lanzettlich, zur Spitze fein warzig, 4 - 8 mm; **Inf** recht dichte Ebensträusse; **Blü** 5-zählig, auf kurzen Stielen, mit 5 - 10 **St**; **Sep** breit sitzend, ungleich, linealisch-spatelig, gerundet bis stumpf, zur Spitze fein warzig, 2.5 - 5 mm; **Pet** länglich bis halbeiförmig, mit aufgesetztem Spitzchen oder fast spitz, Farbe nicht beschrieben, 4 - 8 mm; **NSch** breit linealisch-spatelig, ausgerandet; **Fr** aufrecht; **Sa** netzig-papillös.

Fröderström (1931) unterschied zwei Varietäten (var. *dielsii*, var. *torquatum*). Diese werden hier als *S. dielsii* and *S. tsiangii* var. *torquatum* behandelt.

S. leibergii Britton (North Amer. Fl. 22(1): 73, 1905). **T:** USA, Oregon (*Cusick* 846 [GH]). – **D:** NW USA (Oregon, Washington, Idaho); meist auf Basalt oder Kalk, 260 - 1200 m. **I:** Fröderström (1936a: 116, t. 78); Clausen (1975: 282).

≡ *Amerosedum leibergii* (Britton) A. Löve & D. Löve (1985); **incl.** *Sedum divaricatum* S. Watson (1882) (*nom. illeg.*, Art. 53.1).

[2] Zweijährige Kräuter mit schlankem **Wu**stock und basaler **Ros**, axilläre Ausläufer mit unterirdischen, kurzen, weissen **Tr**stücken, leicht abfallend und mit winzigen, endständigen **Ros** aus farblosen **Blä**; **Blä** wechselständig, verkehrt lanzettlich, verkehrt eiförmig oder schmal spatelig, papillös, ± 9.5 × ± 2.3 mm; äusserste untere **Ros**blätter sehr lang gestielt; blühende **Tr** aufrecht, ± 11 cm; **Inf** Cymen mit 3 - 6 Zweigen, jeder Zweig 1× oder 2× dichotom verzweigt; **Blü** 5- bis 6- (bis 7-) zählig oder mehr, fast sitzend; **Sep** breit sitzend, basal leicht vereinigt, eiförmig, spitz, grün, 1.5 - 2 × ± 1 mm; **Pet** fast bis zur Basis frei, lanzettlich bis länglich, ziemlich stumpf bis zugespitzt, gekielt, kanariengelb mit grünem oder dunkelrotem Kiel, ± 5.5 mm; **Fil** gelb; **Anth** gelb; **NSch** fast quadratisch, leicht ausgerandet, tiefgelb; **Fr** sternförmig, basal vereinigt, drüsig, gefurcht, braun; **Sa** birnenförmig, gelbbraun, gerippt. – $2n = 16$.

Die grosse Variabilität der Anzahl Blütenteile (5 - 7 oder mehr) ist bemerkenswert.

S. lenkorianum Grossheim (Vestn. Tiflissk. Bot. Sada 3-4: 173, 1915). **T:** Aserbaidschan (*Grossheim* s.n. [LE]). – **D:** Türkei, Armenien, Aserbaidschan, N Iran; felsige Stellen in hohen Berglagen. **I:** Akhiani (2000: 27).

Kahle, büschelige, mehrjährige Kräuter mit verzweigten **Tr** bis (5-) 15 (-20) cm lang; **Blä** wechselständig, dicht ziegelig, pfriemlich, 3 - 6 mm, stielrund, stumpf; blühende **Tr** aufrecht; **Inf** fast ebensträussig mit 2 oder 3 Zweigen, wenigblütig; **Bra Blä**artig; **Blü** 5-zählig, sitzend oder fast sitzend; **Sep** breit sitzend, basal vereinigt, länglich lanzettlich, ± 2 mm, ziemlich stumpf; **Pet** lanzettlich, 6 - 7 mm, spitz zulaufend, weiss oder ± rosa; **Fil** weiss; **Anth** dunkelrot; **Fr** aufrecht; **Sa** verlängert eiförmig, hellbraun, gerippt.

Vermutlich nichts mehr als eine grosswüchsige Form von *S. gracile*.

S. lenophylloides Rose (CUSNH 13(9): 298-299, 1911). **T:** Mexiko, Nuevo León (*Pringle* s.n. [US 574882]). – **D:** Mexiko (Nuevo León); ± 1000 m. **I:** Fröderström (1936a: 41, t. 25).

[1] Kahle, ausdauernde Halbsträucher mit straff aufrechten **Tr**, 5 - 35 cm hoch; **Blä** dicht angeordnet, wechselständig, länglich, (fast) zugespitzt, stark angeschwollen, 10 - 15 mm, oft ± purpurn, ausgebreitet; blühende **Tr** aufrecht; **Inf** lockere, wenigblütige Rispen; **Bra** lanzettlich, klein; **Blü** 5-zählig, fast sitzend; **Sep** basal frei, kurz gesporrt, gleich gross, länglich, etwas zugespitzt, ± 2 mm, etwas aufrecht; **Pet** fast bis zur Basis frei, länglich, stumpf, mit kurzem, aufgesetztem Spitzchen, grünlich weiss, 5 - 6 mm, etwas aufrecht; **NSch** gross, quadratisch bis etwas spatelig, flach, orange; **Gr** lang; **Fr** etwas aufrecht.

Mit *S. calcicola* und *S. acropetalum* verwandt.

S. leptophyllum Fröderström (in Handel-Mazzetti, Symb. Sin. 7: 412, 1931). **T:** China, Zhejiang / Anhui (*Chien* 1233 [W]). – **D:** China (S Anhui, SE Hubei, Hunan, NW Zhejiang); ± 1300 m. **I:** Fröderström (1931: 101, t. 65). Fu & Fu (1984: t. 30).

[1] Mehrjährige Kräuter mit schlanken, aufrechten **Tr**, 8 - 10 cm; **Blä** meist in Wirteln zu 3, schmal linealisch verkehrt lanzettlich, stumpf, an der Spitze fein warzig, 5 - 25 mm; blühende **Tr** schlank, untere Teile **Bla**los, 15 - 20 cm; **Inf** lockere Cymen mit 3 oft verzweigten Wickeln; **Bra** linealisch, 6 - 20 mm; **Blü** 5-zählig; **Sep** breit sitzend, dreieckig, stumpf, an der Spitze knotig, ± 1 mm; **Pet** basal für 1 mm vereinigt, lanzettlich, ziemlich stumpf, etwas mit aufgesetztem Spitzchen, hellgelblich, 4.5 - 5 mm; **NSch** breit spatelig-quadratisch; **Ca** 3 mm; **Fr** spreizend, basal für 1 - 1.5 mm, vereinigt, wenigsamig.

S. leucocarpum Franchet (J. Bot. (Morot) 1896: 288, 1896). **T:** China (*Delavay* 2515 [nicht lokalisiert]). – **D:** China (SW Sichuan, NW Yunnan); Felsen in Tälern, 1600 - 2800 m. **I:** Fröderström (1931: 91-92, t. 58); Fu & Fu (1984: t. 31).

Incl. *Sedum varicolor* Praeger (1921).

[1] Mehrjährige Kräuter mit kurzem **Wu**stock und kurzen, basal ausdauernden und verholzten **Tr**; **Blä** wechselständig, etwas ziegelig, spatelig-länglich, etwas stumpf, 5 - 20 mm; blühende **Tr** fein aufgerauht, 4 - 15 cm; **Inf** flach, ebensträussig; **Blü** 4- oder 5-zählig; **Sep** breit sitzend, sehr ungleich, schmal dreieckig bis breit lanzettlich, etwas stumpf, 1 - 5.5 mm; **Pet** halblänglich, mit kurzem, aufgesetztem Spitzchen, gelblich, 4 - 5.5 mm; **NSch** länglich bis quadratisch, etwas ausgerandet; **Gr** ziemlich lang; **Fr** sternförmig spreizend, basal für ± 1 mm vereinigt; **Sa** netzig-papillös.

Gemäss Fröderström (1931) scheint die Aufrauhung der Zweige von *S. leucocarpum* der Behaarung der Triebe von *S. giajai* zu ähneln.

S. liebmannianum Hemsley (Diagn. Pl. Nov. Mexic. 12, 1878). **T:** Mexiko, Oaxaca (*Liebmann & Gregg* 664 [K]). – **D:** S USA (W Texas) bis SE Mexiko (Oaxaca); ± 2500 m. **I:** Fröderström (1936a: 88, t. 55).

Incl. *Sedum marcescens* Rose (s.a.) (*nom. inval.*, Art. 29.1); **incl.** *Sedum havardii* Rose (1905).

[1] Mehrjährige Kräuter oder Halbsträucher mit niederliegenden, kriechenden, ausgebreiteten **Tr** und mit aufsteigenden oder aufrechten Zweigen bis 15 cm; **Blä** ziegelig oder etwas ziegelig, wechselständig, länglich bis eiförmig, stumpf, basal breit, kurz gespornt, glatt oder papillös, 4 - 6 mm; blühende **Tr** aufrecht; **Inf** kleine Cymen; **Blü** 5-zählig, sitzend oder fast sitzend; **Sep** basal frei, lang gespornt, leicht ungleich, linealisch oder lanzettlich, stumpf, fleischig, 3 - 5 mm, aufrecht bis etwas aufrecht; **Pet** basal frei, länglich, stumpf, mit kurzem, aufgesetztem Spitzchen, weiss, 5 - 6.5 mm, ausgebreitet; **Anth** rot oder ± purpurn; **NSch** breiter als lang, ausgerandet; **Gr** ziemlich lang; **Fr** fast sternförmig ausgebreitet, angeschwollen; **Sa** eiförmig, netzig-papillös. – 2n = ± 36 - 50, ± 40, ± 50, 68, 68 - 72.

S. lineare Thunberg (Fl. Jap., 187, 1784). **T:** nicht lokalisiert. – **D:** SE China, Japan; niedrige Berge, Felsen an grasigen Hängen; in E Europa vermutlich verwildert. **I:** Fröderström (1931: 88, t. 53-54); Fu & Fu (1984: t. 32). **Fig. XXXVI.f**

Incl. *Sedum lineare* var. *floribundum* Miquel (1866); **incl.** *Sedum lineare* var. *minus* Miquel (1866); **incl.** *Sedum obtuso-lineare* Hayata (1913); **incl.** *Sedum lineare* fa. *variegatum* Praeger (1921); **incl.** *Sedum lineare* var. *robustum* Praeger (1921); **incl.** *Sedum lineare* var. *albomarginatum* Makino ex Megata (1952).

[1] Mehrjährige Kräuter mit aufsteigenden, sehr schlanken, fleischigen **Tr**, 10 - 30 cm; **Blä** in Wirteln zu 3 - 4, linealisch bis breit verkehrt lanzettlich, stumpf bis etwas zugespitzt, eher flach, 7 - 30 × ± 2 mm; blühende **Tr** aufsteigend, sehr schlank; **Inf** lockere, wenig- bis vielblütige Cymen mit (1-) 2 (-3) manchmal gabeligen Wickeln; **Bra** linealisch; **Blü** 5-zählig, sitzend; **Sep** basal frei, kurz gespornt, oft ungleich, linealisch-lanzettlich, etwas stumpf bis etwas spitz, 1.5 - 7 (-11) × 2 mm; **Pet** länglich, etwas stumpf, mit kurzem, aufgesetztem Spitzchen, zur Basis leicht verschmälert, gelb, 4 - 9 mm; **NSch** quadratisch-spatelig; **Gr** kurz; **Fr** spreizend; **Sa** netzig-papillös. – n = 36 (Uhl & Moran 1972).

Fröderström (1931) stellte *S. subtile* und *S. zentaro-tashiroi* als Synonyme hierher. Ohwi (1965: 497) betrachtete das letztere als Synonym von *S. subtile*, das er als von *S. lineare* verschieden betrachtete. Fu & Fu (1984: 144, 157) behandelten *S. lineare* und *S. subtile* ebenfalls als eigenständige Arten. Sie platzieren *S. obtuso-lineare* als Synonym bei *S. lineare*, während Tang & Huang (1989) *S. obtuso-lineare* jedoch als Syonym von *S. mexicanum* behandeln, dessen angeblich amerikanische Herkunft noch bestätigt werden muss. Fu & Ohba (2001: 249-250) schliesslich betrachten *S. obtuso-lineare* als Synonym von *S. yvesii* und nennen *S. anhuiense* als weiteres Synonym von *S. lineare*.

Praeger (1921a) trennte eine grosse Form von *S. lineare* als var. *robustum* ab. *S. lineare* var. *contractum* wird in der Regel zu *S. sarmentosum* gestellt, während *S. lineare* var. *floribundum* entweder zu *S. alfredii* oder zu *S. bulbiferum* gestellt wird.

Ob diese Art in Japan wirklich einheimisch ist, bleibt gemäss Ohba (2001: 29) zweifelhaft, auch wenn sie von dort beschrieben wurde.

In Kultur wird gelegentlich eine hüsche, weissgrün panaschierte Form angetroffen (fa. *variegatum* Praeger).

S. litoreum Gussone (Pl. Rar., 185, 1826). – **D:** Fast im ganzen C und E Mittelmeergebiet incl. Naher Osten, S Europa und auf der Cyrenaika, ebenfalls von der französischen Atlantikküste erwähnt; häufig an felsigen Stellen im Küstengebiet.

Incl. *Sedum littoreum* hort. (s.a.) (*nom. inval.*, Art. 61.1); **incl.** *Sedum rhytidocalyx* P. Candargy (1897).

[1] Kahle, aufrechte, einjährige Kräuter, 1 - 15 cm hoch, meist einfach oder von der Basis verzweigt; **Blä** wechselständig, länglich elliptisch bis verkehrt eiförmig, stumpf, halbstielrund oder stielrund, ohne basalen Sporn, bis 10 mm oder mehr, leuchtend grün; **Inf** (1- bis) 2- (bis 4-) fach verzweigte Cymen mit (2-) 7 - 13 (-25) sitzenden **Blü**; **Bra** 2 pro **Blü**; **Blü** 5-zählig, fast sitzend; **Sep** breit sitzend, 1.8 - 2 mm, basal vereinigt, stark ungleich; **Pet** hellgelb oder grünlich, ausgebreitet; **Fil** gelb, kahl; **Anth** rot (selten gelb); **NSch** länglich, ausgerandet; **Fr** ausgebreitet, meistens entlang der Bauchnähte mit schmalen Lippen, braun; **Sa** ellipsoid-eiförmig, dunkelbraun, mit Doppelpapillen.

Dies ist der Typ der monotypischen Ser. *Litorea* 't Hart ('t Hart 1991). *S. cilicicum* erscheint nahe verwandt. – [H. 't Hart & U. Eggli]

S. litoreum var. **creticum** 't Hart (Ot Sist. Bot. Dergisi 2(2): 3, 1996). **Nom. inval.**, Art. 37.6. **T:** Griechenland, Kreta (*'t Hart* 27274 [U]). – **D:** Griechenland (Kreta, kürzlich auch von der Insel Armathia in der Karpathos-Gruppe nachgewiesen).

Incl. *Sedum praesidis* Runemark & Greuter (1981) ≡ *Sedum litoreum* ssp. *praesidis* (Runemark & Greuter) Greuter (1992).

[1] **Blü** für Fremdbestäubung eingerichtet, mit 10 **St** und oberständigen **Frk**; **Sep** nur an der untersten Basis vereinigt; **Pet** 4 - 6 mm; **Anth** länglich, gross, leuchtend rot (selten gelb); **Gr** ± 1 mm. – 2n = 20.

In der Regel bevorzugt var. *creticum* weniger exponierte, stärker mesische oder schattige Standorte, aber die beiden Varietäten kommen oft in enger Nachbarschaft oder sogar in vermischten Populationen vor. – [H. 't Hart]

S. litoreum var. **litoreum** – **D:** Im ganzen Verbreitungsgebiet der Art.

Incl. *Sedum stellatum* Urville (1822) (*nom. illeg.*, Art. 53.1); **incl.** *Sedum marichalii* Lloyd (1851); **incl.** *Sedum barcense* Maire & Weiller (1939) ≡ *Sedum litoreum* var. *barcense* (Maire & Weiller)

Maire (1977); **incl.** *Sedum litoreum* var. *eu-litoreum* Maire (1977) (*nom. inval.*, Art. 36.1, 37.1).

[1] **Blü** mit 5 **St** (selten mehr oder 10); **Frk** teilweise im **Rec** eingesenkt oder halbunterständig; **Sep** basal deutlich vereinigt; **Pet** ± 3.2 mm; **Anth** klein, kugelig, rot oder dunkelrot; **Gr** kurz, bis 0.3 mm. – 2n = 20, 40, 60.

Diploide Pflanzen (2n = 20) wurden erst kürzlich von Kreta und dem E Peloponnes (Argolis) bekannt. Sie sind in der Regel klein und wenigblütig. Der tetraploide Cytotyp (2n = 40) ist aus Griechenland (incl. Kreta) und Israel bekannt, während hexaploide Pflanzen (2n = 60) im ganzen Verbreitungsgebiet der Art vorkommen. Hexaploide Pflanzen sind in der Regel kräftig mit grossen Blüten in vielblütigen Blütenständen ('t Hart, unveröffentlichte Beobachtungen). – [H. 't Hart]

S. longifuniculatum K. T. Fu (Acta Phytotax. Sin. 12(1): 70-71, t. 19-27, 1974). **T:** China, Sichuan (*Chow & Chang* 23776 [PE]). – **D:** China (NC Sichuan); grasige Stellen auf Berggipfeln, ± 4200 m. **I:** Fu & Fu (1984: t. 27).

[1] Einjährige Kräuter mit aufrechten bis etwas bogigen **Tr**, einfach oder an der Basis verzweigt, 5 - 12 cm hoch; **Blä** wechselständig, linealisch-länglich, stumpf, kurz gespornt, 3 - 12 × 1 - 2 mm; **Inf** vielblütige Ebensträusse; **Bra Blä**artig; **Ped** 1.5 - 5 mm; **Blü** 5-zählig; **Sep** basal frei, kurz gespornt, ungleich, linealisch-länglich, stumpf, 5.5 - 6.5 × 1.2 - 1.5 mm; **Pet** basal wenig vereinigt, etwas länglich, mit kurzem, aufgesetztem Spitzchen, gelb, ± 7 mm; **Anth** gelb; **NSch** linealisch-spatelig, oberer Teil quer länglich bis fast gerundet, wenig ausgerandet; **Fr** aufrecht bis spreizend, wenigsamig; **Sa** verkehrt eiförmig, netzig-papillös.

S. longipes Rose (Bull. New York Bot. Gard. 3(9): 43, 1903). **T:** Mexiko, Morelos (*Pringle* 8049 [US, ENCB]). – **D:** Mexiko.

[1] Mehrjährige Kräuter mit kurzem **Wu**stock und kriechenden, fein papillösen **Tr**; **Blä** wechselständig, elliptisch, verkehrt lanzettlich oder verkehrt eiförmig, gerundet, schmal gespornt, v.a. entlang der Ränder papillös, fast stielrund, 4.5 - 15.4 × 1.5 - 7 mm, oft zurückgebogen; blühende **Tr** aufrecht; **Inf** lockere Cymen; **Ped** 5 - 24 mm; **Blü** 5-zählig; **Sep** basal frei, breit gespornt, ungleich, lanzettlich, elliptisch-länglich, eiförmig-elliptisch oder elliptisch, spitz, Spitzen papillös, hellgrün, 3.1 - 5.5 × 1.2 - 2.1 mm, etwas aufrecht; **Pet** basal frei, lanzettlich, eiförmig oder elliptisch-länglich, ausgebreitet, spitz bis mit aufgesetztem Spitzchen, hellgrün bis ± purpurn, ± 5 mm; **Anth** rot, orange oder gelb; **NSch** verkehrt eiförmig, 2-lappig oder ausgefranst, dunkelrot, gelb gefleckt; **Fr** aufrecht, mit winzigen Lippen entlang der Bauchnähte; **Sa** ellipsoid, kahl, braun, glatt. – 2n = 38, 39, 40.

S. longipes ssp. **longipes** – **D:** Mexiko (C und E transmexikanischer Vulkangürtel); 1800 - 2900 m. **I:** Clausen (1959: 199). **Fig. XXXVI.g**

[1] **Ros** sofern vorhanden meist mit kompakt angeordneten **Blä**; **Pet** 5.3 - 5.5 mm, länger als die **Sep**.

S. longipes ssp. **rosulare** R. T. Clausen (Sedum Trans-Mex. Volcanic Belt, 199-200, ill., 1959). **T:** Mexiko, Puebla (*Clausen* CU 1 [CU]). – **D:** Mexiko (kultiviert in Puebla und Veracruz).

[1] Unterschiede zu ssp. *longipes*: **Ros** auffällig mit weit spreizenden **Blä**; **Pet** 3.7 - 4.1 mm, so lang wie oder kürzer als die **Sep**.

S. longyanense K. T. Fu (Acta Bot. Boreal.-Occid. Sin. 6(2): 108-110, ills., 1986). **T:** Tibet (*Tsoong* 5272 [PE]). – **D:** E Tibet; auf Felsen zwischen Moosen.

[1] Mehrjährige Kräuter mit winzigen **Tr** bis 1.2 cm; **Blä** wechselständig, schmal halbländlich, an den unteren **Tr**teilen **Sch**artig, weiter oben verlängert, kurz gespornt, 3 - 7 × 1 - 1.6 mm, mit aufgesetztem Spitzchen, entlang der Adern braun gesprenkelt; blühende **Tr** bogig, einfach, kahl, bis 10 cm; **Inf** 5- bis 12-blütige Cymen mit 1 oder 2 Wickeln; **Ped** 1 - 3 mm; **Blü** 5-zählig; **Sep** basal frei mit einem kurzen, stumpfen Sporn, länglich lanzettlich bis lanzettlich, spitz zulaufend bis mit aufgesetztem Spitzchen, 3-aderig, entlang der Adern braun gefleckt, 3.5 - 4 × 0.7 - 0.9 mm; **Pet** fast bis zur Basis frei, linealisch bis linealisch-halbländlich, mit aufgesetztem Spitzchen, gelb mit braunem Spitzchen, ± 6 mm; **NSch** linealisch-länglich, stumpf bis gerundet; **Fr** etwas aufrecht mit 6 - 8 eiförmigen, glatten **Sa**.

S. ×lorenzoi 't Hart (BJS 109(1): 8-10, ill. (p. 5), 1987). **T:** Frankreich, Charente (*'t Hart* 28539 [U]). – **D:** Frankreich.

[1] = *S. ochroleucum* × *S. rupestre*. Zwischen den Eltern intermediär; blühende **Tr** 15 - 30 cm; **Inf** drüsig-flaumhaarig oder kahl, mit **Bra**; **Blü** 5- bis 7-zählig, sitzend; **Pet** hellgelb; **Fil** hellgelb.

S. ×lorenzoi nssp. **hommelsii** ('t Hart) 't Hart (Sedum Soc. Newslett. No. 28: 20, 1993). **T:** Frankreich, Hautes Alpes (*'t Hart* 22555 [U]). – **D:** Frankreich (Hautes Alpes: Nur aus dem Tal der Durance bekannt).

≡ *Sedum ×hommelsii* 't Hart (1987) (unkorrekter Name, Art. 11.3, H4, H5).

[1] = *S. ochroleucum* × *S. rupestre* ssp. *erectum*. Blühende **Tr** 15 - 25 cm; **Inf** in der Knospe aufrecht, kahl; **Sep** 4.5 mm; **Pet** ± 9 mm, fast aufrecht; **Fil** kahl. – 2n = 82.

S. ×lorenzoi nssp. **lorenzoi** – **D:** Frankreich (Charente: Nur vom Typfundort nahe Cognac bekannt).

[1] = *S. ochroleucum* × *S. rupestre* ssp. *rupestre*.

Blühende **Tr** 17 - 30 cm; **Inf** in der Knospe nickend, spärlich drüsig-flaumhaarig; **Sep** ± 4 mm; **Pet** ± 8.5 mm, etwas aufrecht bis ausgebreitet; **Fil** basal papillat. − 2n = 124, 146.

S. luchuanicum K. T. Fu (Acta Phytotax. Sin. 12(1): 65-66, t. 12: 10-19, 1974). **T**: China, Yunnan (*Chang* 588 [PE]). − **D**: China (NC Yunnan); Felsritzen, ± 4400 m. **I**: Fu & Fu (1984: t. 26).

[1] Schlanke, dicht beblätterte, einjährige Kräuter, von der Basis verzweigt, 5 - 9 cm hoch; **Blä** wechselständig, pfriemlich, linealisch-lanzettlich bis schmal dreieckig-lanzettlich, spitz zulaufend, mit einem kurzen, breit 3-lappigen, gestutzten Sporn und gesprenkelten Adern, 1 - 7 × 1 - 2 mm; **Inf** dichte, 3- bis 9-blütige Ebensträusse; **Bra** Bläartig aber wenig grösser; **Blü** 5- oder 6-zählig; **Sep** basal frei, mit einem langen, stumpfen Sporn, linealisch-lanzettlich bis halblanzettlich, spitz zulaufend, mit dicht gesprenkelten Adern, 5.8 - 7.5 × ± 2 mm; **Pet** basal bis zu 0.7 mm vereinigt, linealisch-lanzettlich, mit langem, aufgesetztem Spitzchen, purpurn, 9 - 10 mm; **NSch** breit spatelig, stumpf; **Gr** bis 2 mm; **Sa** verkehrt eiförmig, netzig-papillös.

Nahe bei *S. paracelatum*, aber durch die purpurnen Blüten, die freien Karpelle und die halbmondförmige Placentation abweichend.

S. lucidum R. T. Clausen (CSJA 23(4): 125-127, ills., 1951). **T**: Mexiko, Veracruz (*Walther* C44-12 [CU]). − **D**: Mexiko (E Sierra Madre del Sur). **Fig. XXXVII.b**

[1] Ausdauernde Halbsträucher mit reich verzweigten **Tr**, bis 45 cm hoch; **Blä** wechselständig, verkehrt eiförmig oder verkehrt lanzettlich bis elliptisch, gerundet, stumpf oder spitz, manchmal feinspitzig, gekielt, wenig kantig, fast stielrund, aufwärts gebogen, glänzend, grün, 12 - 55 × 7 - 23 mm, 3 - 13 mm dick; blühende **Tr** aufsteigend, axillär und vielleicht auch endständig; **Inf** Cymen mit 2 - 14 Zweigen, meist rispig; **Ped** 1 - 7 mm, nach oben verdickt; **Blü** 5-zählig; **Sep** basal vereinigt, selten gespornt, eiförmig oder länglich, stumpf bis schmal gerundet, grün, 2 - 4.9 × 0.8 - 2.1 mm, aufrecht; **Pet** basal leicht vereinigt, lanzettlich oder elliptisch-länglich, stumpf, mit aufgesetztem Spitzchen, weiss, selten rosaweiss, ± 7 mm, aufrecht, dann ausgebreitet, zur Spitze aufwärts gebogen; **Fil** weiss; **Anth** gelb; **NSch** quadratisch, ausgerandet, hellgelb oder weiss; **Fr** aufrecht, entlang der Bauchnähte mit kleinen Lippen. − 2n = 68.

Blühende Triebe erscheinen offenbar sowohl seitlich wie endständig (Clausen 1959: 96).

S. lumholtzii B. L. Robinson & Fernald (Proc. Amer. Acad. Arts 30: 116, 1894). **T** [syn]: Mexiko, Sonora (*Hartman* 287 [GH]). − **D**: Mexiko (Sonora, Sinaloa), ± 1200 m. **I**: Fröderström (1936a: 48, t. 30); Sedum Soc. Newslett. 54: pl. 48-49, 2000.

[1] Mehrjährige, ± büschelige Kräuter mit recht kräftigem **Wu**stock und verlängerten, schlanken, sterilen **Tr**, in den oberen Teilen dicht beblättert; **Blä** wechselständig, verkehrt eiförmig bis verkehrt lanzettlich, kurz feinspitzig oder (etwas) zugespitzt, kurz gespornt, papillös, 6 - 14 mm; blühende **Tr** aufrecht oder zurückgebogen, schlank, spitzenwärts körnig-flaumhaarig, darunter kahl, 4 - 15 cm lang; **Inf** lockere, vielblütige Ebensträusse; **Bra** Bläartig; **Ped** 2 - 6 mm; **Blü** 5-zählig; **Sep** breit sitzend, basal vereinigt, leicht ungleich, breit linealisch bis länglich, etwas stumpf, flaumhaarig, ± 3 mm, etwas aufrecht; **Pet** basal wenig vereinigt, länglich, etwas spitz, mit schmalem, aufgesetztem Spitzchen, zur Basis wenig verschmälert, entlang der Mittelrippe flaumhaarig, weiss, ± 5 mm, fast aufrecht; **NSch** etwas quadratisch-spatelig, flach oder leicht ausgerandet, dick, leuchtend rot; **Gr** ziemlich lang; **Fr** etwas spreizend, flaumhaarig; **Sa** klein, eiförmig, genetzt. − 2n = 38.

Nahe bei *S. semiteres* und erfolgreich mit *S. alamosanum* kreuzbar (Uhl 1985).

S. lungtsuanense S. H. Fu (Acta Phytotax. Sin. 10(Addit. 1): 115-116, 1965). **T**: China, Zhejiang (*Tsoong* 545 [PE]). − **D**: China (Fujian, SW Zhejiang).

[1] Einjährige Kräuter; **Tr** behaart, gabelig verzweigt; **Blä** wechselständig, spatelig, spitz, zur stumpfen Basis verschmälert, behaart, 7 - 9 × 2.2 - 3 mm; **Inf** Cymen mit monochasialen Zweigen; **Bra** wie die grundständigen **Blä**, Spitzen behaart; **Ped** kürzer als die **Pet**; **Blü** 5-zählig; **Sep** basal frei, kurz gespornt, spatelig, spitz, behaart, ± 2 × bis 1 mm; **Pet** basal frei, schmal lanzettlich, mit aufgesetztem Spitzchen, zur Basis wenig verschmälert, 4.5 - 5 mm; **NSch** klein, quadratisch-spatelig; **Fr** kahl, aufrecht.

Nahe bei *S. giajai*, aber durch die spateligen Blätter und Kelchblätter abweichend.

S. ×luteolum Chaboisseau (Bull. Soc. Bot. France 10: 296, 1863). **T**: Frankreich, Vienne (*Anonymus* s.n. [nicht lokalisiert]). − **D**: W Frankreich.

≡ *Petrosedum ×luteolum* (Chaboisseau) Grulich (1984).

[1] = *S. rupestre* × *S. sediforme*. Zwischen den Eltern intermediär: **Blä** stielrund bis halbstielrund; **Bra** fehlend oder nur unter den **Blü** im Zentrum der **Inf**, oft rudimentär; **Pet** hellgelb, 7 - 8 mm, ausgebreitet; **Fil** hellgelb, basal papillat.

S. ×luteolum nssp. **hegnaueri** ('t Hart) 't Hart (Sedum Soc. Newslett. No. 28: 19, 1994). **T**: Frankreich, Hautes Alpes (*'t Hart* 22581 [U]). − **D**: Frankreich (Hautes Alpes); nur aus den französischen Alpen bekannt.

≡ *Sedum ×hegnaueri* 't Hart (1979).

[1] = *S. rupestre* ssp. *erectum* × *S. sediforme*. **Blä** linealisch bis länglich, stielrund bis halbstielrund; **Inf** in der Knospe kugelig und aufrecht; **Bra** nur

unter den **Blü** im Zentrum der **Inf**; **Sep** (2-) 3 (-4) mm; **Fil** basal dicht papillat. − 2n = 80, 96.

S. ×luteolum nssp. **luteolum** − **D:** W Frankreich (französische Pyrenäen, vielleicht auch in den französischen Alpen).

[1] = *S. rupestre* ssp. *rupestre* × *S. sediforme*. **Blä** linealisch, stielrund; **Inf** in der Knospe ± nickend; **Sep** 2.5 - 3 mm; **Fil** basal papillat. − 2n = 88.

S. luteoviride R. T. Clausen (CSJA 18: 74-77, ills., 1946). **T:** Mexiko (*Clausen* 5764c [CU]). − **D:** Mexiko (vermutlich Sierra Madre del Sur).

[1] Ausdauernde Halbsträucher; **Tr** verzweigt, niederliegend mit aufrechten Spitzen, bis 32 cm lang, glatt, grün, manchmal ± rosa oder bräunlich; **Blä** entlang der **Tr** unregelmässig angeordnet, wechselständig, ausgebreitet, länglich elliptisch oder etwas spatelig, 4 - 16 × 3 - 6 mm, kurz gespornt; **Inf** endständige Cymen, 7- bis 30-blütig; **Blü** sitzend oder fast sitzend, 5-zählig, 10 - 12 mm ⌀; **Sep** 1.8 - 2.7 mm, gelblich grün; **Pet** gelb, 4 - 6 mm, sternförmig ausgebreitet; **NSch** quer länglich; **Ca** grünlich gelb, 3 - 4 mm, spreizend; **Sa** etwas eiförmig, kahl.

Wird im Protolog mit *S. confusum* verglichen. − [H. 't Hart, B. Bleij & U. Eggli]

S. lutzii Hamet (Bull. Soc. Bot. France 59: 762-764, 1913). **T:** China, Sichuan (*Soulié* 2339 [P, B]). − **D:** China (W Sichuan); Grasländer, Bergrippen, an schattigen Stellen, Felsen und Wegränder, 4200 - 4400 m.

[1] Einjährige Kräuter mit aufsteigenden **Tr**, von der Basis aus verzweigt, 3.5 - 5 cm hoch; **Blä** wechselständig, breit linealisch bis länglich, stumpf, gespornt, 5 - 6 mm; **Inf** wenigblütig; **Blü** 5-zählig, kurz gestielt; **Sep** breit sitzend, dreieckig bis halblänglich, stumpflich, 3 - 4 mm; **Pet** länglich bis eiförmig, mit angedeutetem, aufgesetztem Spitzchen, weiss oder gelblich, 3 - 4.5 mm; **NSch** klein, breit linealisch-spatelig, leicht ausgerandet; **Fr** aufrecht; **Sa** netzig-papillös.

S. lutzii var. **lutzii** − **D:** China (W Sichuan); ± 4400 m. **I:** Fröderström (1931: 72, t. 36); Fu & Fu (1984: t. 23).

[1] **Sep** grün; **Pet** kürzer als bei der var. *viridiflavum*; epipetale **St** ± 1 mm über der **Pet**basis angeheftet; **Fr** wenigsamig.

S. lutzii var. **viridiflavum** K. T. Fu (Acta Phytotax. Sin. 12(1): 60, t. 11: 17-24, 1974). **T:** China, Sichuan (*Fu* 16582 [WUK]). − **D:** China (W Sichuan); 4200 - 4300 m.

[1] Unterschiede zu var. *lutzii*: **Sep** grünlich gelb; **Pet** länger als bei der var. *lutzii*; **Fil** 2.2 - 2.5 mm, weiter oben an den **Pet** angeheftet; **Fr** vielsamig.

S. lydium Boissier (Diagn. Pl. Orient. 1(3): 17, 1843). − **D:** W Türkei; feuchte, moosige Stellen in den Bergen. **I:** Praeger (1921a: 189).

Mehrjährige Kräuter, kahl, aufsteigend, 5 - 10 cm hoch, mit kriechenden und wurzelnden **Tr** und ausdauernden, sterilen **Ros**; **Blä** wechselständig, ziegelig, linealisch, stielrund, ± 6 mm, stumpf, sitzend, grün, rot gespitzt; **Inf** dichte Ebensträusse 1 - 2 cm ⌀ mit (7-) 10 - 20 **Blü**; **Blü** 5-zählig, gestielt; **Sep** ± 2 mm, spitz; **Pet** ± 3 mm, weiss mit roter Mittelrippe; **Ca** kahl, aufrecht.

Jalas & al. (1999: 99) geben diese Art als in S Schweden verwildert an. − [U. Eggli]

S. macdonaldii G. L. Nesom (Phytologia 79(4): 266, 1996). **T:** Mexiko, Nuevo León (*McDonald* 2135 [TEX, MEXU, BH]). − **Lit:** Nesom & Turner (1996). **D:** Mexiko (Coahuila, Nuevo León); subalpine und alpine Zonen, 2850 - 3600 m.

[1] Aufrechte, mehrjährige Kräuter mit Faser**Wu**, 4 - 7 cm hoch; **Tr** meist von den **Blä** verdeckt, Oberfläche mit niedrigen Papillen und quadratischen Zellen in Reihen; **Blä** halbstielrund, oberseits flach mit mittiger Furche, beide Oberflächen winzig gestreift-papillat mit deutlich sichtbarer Zellstruktur; blühende **Tr** wie bei *S. parvum*; **Pet** gelb, aufrecht, 6 - 7 mm.

Ein weiteres Mitglied der *S. parvum*-Gruppe (Nesom & Turner 1996) Es wird im Protolog mit *S. catorce* und *S. papillicaulum* verglichen und ist am nächsten mit der zuletzt genannten Art verwandt. − [U. Eggli]

S. macdougallii Moran (CSJA 49(1): 39-41, ills., 1977). **T:** Mexiko, Oaxaca (*MacDougall* B.278 [SD 94809]). − **D:** Mexiko (Oaxaca); trockene Hänge, ± 1500 m. **Fig. XXXVII.a**

[1] Kahle, ausdauernde Halbsträucher mit aufrechten bis aufsteigenden, etwas verzweigten **Tr**, bis 50 cm hoch; **Blä** wechselständig, gedrängt, keilförmig verkehrt eiförmig, dick, stumpf, fast stielrund bis fast flach, bläulich-glauk, 13 - 36 × 9 - 21 mm; blühende **Tr** axillär, rot, glauk, 5 - 12 cm; **Inf** Cymen mit 3 - 10 aufsteigenden, einfachen oder 2-fach gabeligen Zweigen; **Bra** ähnlich wie die **Blä** der blühenden **Tr** aber wenig schmaler; **Ped** ± 1 mm; **Blü** 5-zählig; **Sep** bis fast zur Basis frei, ungleich, verkehrt eiförmig, stumpf bis gerundet, glauk, 1 - 2.5 × ± 1.5 mm, ausgebreitet; **Pet** basal frei, in der Knospe ziegelig, elliptisch-eiförmig, stumpf, leicht gekielt, kurz kapuzenförmig, entlang des Rückenkiels leicht papillös, hellgelb bis grünlich, ± 3 mm; **Fil** grünlich gelb; **Anth** gelb; **NSch** fast quadratisch, rot; **Fr** entlang der Bauchnähte mit Lippen, rötlich. − 2n = 68.

S. madrense S. Watson (Proc. Amer. Acad. Arts 23: 273, 1888). **T:** Mexiko, Chihuahua (*Pringle* 1241 [NY, S]). − **D:** Mexiko (Chihuahua); trockene

Felsleisten, 2600 - 3000 m. **I:** Fröderström (1936a: 102, t. 66).

[1] Mehrjährige Kräuter mit etwas kriechendem **Wu**stock und kräftigen, verzweigten, aufsteigenden, 10 - 15 cm hohen **Tr**; **Blä** wechselständig, linealisch oder verkehrt lanzettlich, stumpf, breit gespornt, warzig, 6 - 10 mm; **Inf** breit, ebensträussig; **Bra** verkehrt lanzettlich, 3.5 - 6 mm; **Blü** 5-zählig, sitzend; **Sep** basal frei, kurz gespornt, etwas ungleich, dreieckig-lanzettlich bis länglich, stumpf, 4 - 6 mm, fast aufrecht; **Pet** basal frei, länglich, mit breitem, aufgesetztem Spitzchen, purpurn, 6 - 7 mm, fast aufrecht; **NSch** breiter als lang, leicht spatelig, ausgerandet, dick; **Sa** eiförmig, netzig-papillös. − 2n = ± 128.

S. magae Hamet (RSN 13: 349-351, 1914). **T:** Indien, Kumaon (*Duthie* 2920 [BSD / DD ?, K [iso]]). − **D:** NE Indien (Kumaon, Garhwal); Hochlagen, 4300 - 4600 m.

Incl. *Sedum tillaeoides* Duthie *ex* Sandwith (1926) (*nom. illeg.*, Art. 52.1).

[?] Ein- oder zweijährige, verzweigte Kräuter, 3.5 - 4.5 cm hoch; **Blä** etwas eiförmig, 3 - 5 mm; **Ped** kurz; **Blü** 5-zählig oder selten 4-zählig, mit 4 oder 5 **St**; **Sep** basal frei, kurz gespornt, breit verkehrt lanzettlich bis schmal verkehrt eiförmig-lanzettlich, spitz oder etwas spitz, ± 3.5 mm; **Pet** basal wenig vereinigt, eiförmig, etwas spitz, zur Basis verschmälert, ± 2 mm; **NSch** schmal linealisch, stumpf; **Gr** kurz; **Fr** wenigsamig; **Sa** netzig-papillös.

S. magellense Tenore (Fl. Napol. Prodr., 26, 4: t. 246, t. 139: fig. 1, 1811). **T:** Italien (*Tenore* s.n. [NAP]). − **Lit:** Jalas & al. (1999: 121). **D:** SE Europa (C Italien, Balkan, Griechenland incl. Kreta), Türkei (SW Anatolien); Berge.

≡ *Oreosedum magellense* (Tenore) Grulich (1984); **incl.** *Sedum olympicum* Boissier (1843) ≡ *Sedum magellense* var. *olympicum* (Boissier) Fröderström (1932) ≡ *Sedum magellense* ssp. *olympicum* (Boissier) Greuter & Burdet (1986); **incl.** *Sedum brutium* N. Terracciano (1891).

[1] Mehrjährige Kräuter mit aufrechten oder aufsteigenden, wurzelnden **Tr**, oft kleine Matten bildend, bis 5 cm hoch; **Blä** gegenständig oder wechselständig, verkehrt eiförmig-länglich oder etwas spatelig, sitzend oder halb gestielt, stumpf oder gerundet, flach, ausgebreitet, 6 - 10 × 4 - 8 (-10) mm; blühende **Tr** aufrecht, 5 - 15 (selten bis 30) cm, mit wechselständigen **Blä**; **Inf** schmale, verlängerte Trauben mit unterschiedlicher Zahl kleiner, meist wenigblütiger, selten gabeliger Wickel; **Bra** klein, lanzettlich; **Ped** dünn, 2 - 5 mm, manchmal spärlich drüsig-flaumhaarig; **Blü** 5-zählig, manchmal spärlich drüsig-flaumhaarig; **Sep** breit sitzend, basal vereinigt, dreieckig-länglich, stumpf, ± 1.5 mm; **Pet** basal frei, lanzettlich, spitz, weiss, ± 4 mm; **Fil** weiss; **Anth** rot; **NSch** spatelig, gelblich; **Gr** abgesetzt, kurz; **Fr** aufrecht, weisslich; **Sa** länglich, hellbraun, gerippt. − 2n = 28, 30.

Pflanzen der Balkanhalbinsel unterscheiden sich von der typischen, mittelitalienischen Form durch die kleineren, breiteren und regelmässiger wechselständigen Blätter; sie wurden entweder als var. oder ssp. *olympicum* abgetrennt.

S. magniflorum K. T. Fu (Acta Phytotax. Sin. 12(1): 61-62, t. 11: 25-33, 1974). **T:** China, Yunnan (*Chung-tien Exped.* 1396 [KUN]). − **D:** China (NW Yunnan); Felsen in Wäldern, Kiesansammlungen, ± 3800 m. **I:** Fu & Fu (1984: t. 24).

[1] Spärlich beblätterte, einjährige Kräuter mit einfachen oder verzweigten, dunkelgrünen **Tr**, 7 - 8 cm hoch; **Blä** wechselständig, schmal länglich, stumpf, gestutzt gespornt, 6 - 8 × 1.6 - 1.8 mm; **Inf** lockere, wenigblütige Cymen oder Ebensträusse; **Bra Blä**artig, 4 - 4.5 mm; **Ped** schlank, 2 - 7 (-15) mm; **Blü** 5-zählig; **Sep** basal frei, stumpf gespornt, schmal länglich, stumpf, 6.8 - 7.5 × ± 2 mm; **Pet** basal für bis zu 0.8 mm vereinigt, länglich, stumpf, gelb, 7 - 8 mm; **Fil** gelb; **Anth** trocken dunkelgrün; **NSch** linealisch-spatelig, schmal gerundet bis gestutzt; **Fr** aufrecht bis fast aufrecht; **Sa** verkehrt eiförmig-lanzettlich, vermutlich genetzt.

S. maireanum Sennen (in Sennen & Mauricio, Cat. Fl. Rif Orient. 43, 1933). − **D:** Spanien, Portugal, Marokko; zeitweise nasse Stellen und Quellaufstösse in Bergweiden, bis 1900 m. **I:** Castroviejo (1997: 151, pl. 41: a-d).

Incl. *Sedum villosum* var. *ramosum* Pérez Lara (s.a.); **incl.** *Sedum villosum* var. *aristatum* Emberger & Maire (1927) ≡ *Sedum villosum* ssp. *aristatum* (Emberger & Maire) Laínz (1967) ≡ *Oreosedum villosum* ssp. *aristatum* (Emberger & Maire) Velayos (1989); **incl.** *Sedum paui* Sennen (1933).

[1] Einjährige (selten mehrjährige) drüsige Kräuter, grünlich oder rötlich; **Wu** faserig; **Tr** 5 - 13 cm, aufrecht, selten an der Basis mit sterilen Zweigen; **Blä** wechselständig, linealisch, stielrund, 8 (-10) × 1 - 2 mm, basal gespornt, stumpf, drüsig-haarig; **Inf** ebensträussig, mindestens die oberen ½ der blühenden **Tr** umfassend; **Blü** 5-zählig; **Ped** (2-) 2.5 - 5 (-6) mm; **Sep** basal vereinigt, 1 - 1.8 × 0.5 - 0.8 mm, schmal lanzettlich, stumpf, drüsig; **Pet** sternförmig ausgebreitet, basal zu einer 0.5 mm langen **Rö** vereinigt, elliptisch, 3 - 5.5 × 1 - 2 mm, spitz, weisslich bis weisslich rosa; **Ca** aufrecht, grünlich purpurn, allmählich in die Spitze verjüngt; **Sa** 0.5 mm, gestreift.

Ein weiteres Glied der Ser. *Subrosea* 't Hart und oft mit *S. lagascae* und *S. villosum* verwechselt. Vom zuletzt genannten unterscheidet es sich durch kleinere, spitze und manchmal feinspitzige Kronblätter und allmählich in den Griffel verjüngte Karpelle. − [U. Eggli]

S. major (Hemsley) Migo (J. Shanghai Sci. Inst. 14: 293, 1944). **T:** China, Hubei (*Henry* s.n. [K]). – **D:** W Himalaya (Bhutan, Nepal, Sikkim) bis C China (Sichuan, Hubei); Felsblöcke an bewaldeten Hängen, 1000 - 4300 m. **I:** Fröderström (1931: t. 19, als *S. filipes* var.); Fu & Fu (1984: t. 19).

≡ *Sedum filipes* var. *major* Hemsley (1887).

[1] Ein- oder zweijährige Kräuter mit aufrechten oder aufsteigenden, einfachen **Tr**, 10 - 30 cm; **Blä** wechselständig oder in Wirteln zu 3 oder 4, eiförmig bis kreisrund, gestielt, bis 10 cm; **Inf** lockere, breite Ebensträusse, oft mit lang gestielten, sekundären Cymen aus den oberen **Bla**achseln; **Ped** 2 - 3× so lang wie die **Blü**; **Blü** 5-zählig; **Sep** breit sitzend, dreieckig oder halblänglich, stumpf bis gerundet, 1 - 1.5 mm; **Pet** basal vereinigt, breit halblang, etwas stumpf, weiss oder rötlich, 3 - 5 mm; **NSch** breit linealisch-spatelig; **Fr** fast aufrecht, vielsamig; **Sa** glatt (genetzt ?).

S. major steht *S. filipes* nahe, unterscheidet sich aber durch die viel grösseren Blätter, kräftigere Triebe und grössere Blütenstände. Fröderström (1931) beliess das Taxon als Varietät von *S. filipes*, meinte aber, dass es sich gut um eine eigene Art handeln könnte.

S. makinoi Maximowicz (Bull. Acad. Imp. Sci. Saint-Pétersbourg 32: 487, 1883). – **D:** China (Anhui, Zhejiang), Japan (Honshu, Shikoku, Kyushu); auf Felsen in den Bergen, und auf Steinwällen. **I:** Fröderström (1931: 96, als *S. alfredii* var.); CSJA 72(4): 201, 2000.

≡ *Sedum alfredii* var. *makinoi* (Maximowicz) Fröderström (1931); **incl.** *Sedum subtile* var. *obovatum* Franchet & Savatier (1878) ≡ *Sedum obovatum* (Franchet & Savatier) Makino (1914); **incl.** *Sedum makinoi* fa. *albomarginatum* Sugimoto (1958); **incl.** *Sedum makinoi* fa. *albovariegatum* Sugimoto (1958).

[1] Mehrjährige Kräuter mit schlanken, kriechenden **Tr**; **Blä** gegenständig, selten in Wirteln, weiter oben an den **Tr** wechselständig, spatelig bis verkehrt eiförmig, fleischig, 7 - 15 × 3 - 8 (-10) mm; blühende **Tr** aufsteigend, bis 20 cm; **Inf** grosse, reich verzweigte, lockere Cymen; **Bra** wirtelig, **Bla**artig; **Blü** 5-zählig, sitzend; **Sep** basal frei, kurz gespornt, ungleich, linealisch-spatelig, stumpf bis gerundet, 1 - 2 mm; **Pet** pfriemlich bis pfriemlich-lanzettlich, mit angedeutetem, breitem, aufgesetztem Spitzchen, gelblich, 5 - 6 mm; **NSch** rechteckig-spatelig; **Fr** schlank, ± ausgebreitet, basal vereinigt; **Sa** vermutlich netzig-papillös. – 2n = 64 - 72, 70, ± 70 - 72, 72.

Fröderström (1931) stellte *S. makinoi* als var. zu *S. alfredii*. Es unterscheidet sich jedoch von *S. alfredii* durch die gespornten Kelchblätter und wird deshalb von den meisten Autoren als eigenständige Art betrachtet. Makino (1914) behandelte das Taxon als Synonym von *S. obovatum*.

Das Taxon wurde wiederholt auch für China zitiert, aber Ohba (2001: 23) konnte keine entsprechenden Belege finden.

S. maurum Humbert & Maire (Mém. Soc. Sci. Nat. Maroc 15: 33, 1927). **T:** Marokko (*Humbert & Maire* s.n.). – **D:** Marokko (im Atlas-Gebirge endemisch). **I:** Maire (1977: 381).

[1] Dicht drüsig-flaumhaarige, einjährige Kräuter, bis 12 cm hoch; **Blä** wechselständig, halbstielrund, sitzend, gerundet, 4 - 12 × 1.5 - 3.5 mm; **Ped** fadendünn, 2 - 3 mm; **Blü** (5- bis) 6- (bis 7-) zählig; **Sep** breit sitzend, eiförmig, drüsig-flaumhaarig, 1 - 1.5 mm; **Pet** weiss, manchmal ± rosa, Aussenseite drüsig-flaumhaarig, 4 - 5 mm; **NSch** klein, spatelig; **Fr** aufrecht, papillat und drüsig-flaumhaarig, 2- oder 3-samig; **Sa** gerippt.

Höchstwahrscheinlich lediglich eine etwas kleinere und kräftigere, stark flaumhaarige Form von *S. caeruleum*. Mit Blick auf die cytologische Variabilität innerhalb dieses Komplexes sind jedoch weiterführende, biosystematische Studien nötig, um die systematische Position der involvierten Taxa zu klären.

S. melanantherum De Candolle (PSRV 3: 410, 1828). **T:** Spanien (*Anonymus* s.n. [G-DC]). – **Lit:** Jalas & al. (1999: 86). **D:** S Spanien (Sierra Nevada), Marokko (Grosser Atlas); nasse Stellen, 2000 - 3600 m.

≡ *Sedum album* var. *melanantherum* (De Candolle) Fröderström (1932) ≡ *Sedum anglicum* ssp. *melanantherum* (De Candolle) Maire (1932) ≡ *Sedum album* ssp. *melanantherum* (De Candolle) J. A. Huber (1936); **incl.** *Sedum rivulare* Boissier (1838) ≡ *Sedum anglicum* var. *rivulare* (Boissier) Boissier (1840).

[1] Kleine, mehrjährige Kräuter, meist mit langen und schlanken **Tr**; **Tr** kriechend und wurzelnd, verzweigend, oft dichte Matten bildend; **Blä** wechselständig, dicht ziegelig, schmal länglich, sitzend mit einem kleinen Sporn, stumpf, halbstielrund oder fast so, hell glauk-grün, ± 5 × 1.5 mm; blühende **Tr** 4 - 12 cm hoch; **Inf** wenigblütige Cymen mit (1-) 2 (-3) Wickeln; **Bra** 2 pro **Blü**; **Blü** 5-zählig, sitzend oder fast sitzend; **Sep** basal frei, gespornt, länglich, 2 - 2.5 mm; **Pet** basal leicht vereinigt, lanzettlich, weiss oder ± rosa, oft mit einem rötlichen Kiel, ± 4 mm; **Fil** weiss; **Anth** dunkelrot; **NSch** länglich oder keilförmig; **Gr** weiss oder rosa; **Fr** aufrecht, hellbraun; **Sa** eiförmig, netzig-papillös. – 2n = 26.

Bis vor kurzem wurde *S. melanantherum* von den meisten Autoren, wie z.B. Webb & al. (1993) als Unterart oder Varietät von *S. anglicum* betrachtet. Es unterscheidet sich jedoch sowohl cytologisch wie auch phytochemisch (Stevens 1995), und die 2 Arten sind auch fortpflanzungsmässig isoliert. *S. melanantherum* ist der Typ der monotypischen Ser. *Melananthera* 't Hart ('t Hart 1991). – [H. 't Hart]

S. mellitulum Rose (CUSNH 13(9): 299, t. 57, 1911). **T:** Mexiko, Chihuahua (*Jones* s.n. [US 617435]). – **D:** Mexiko (Chihuahua). **I:** Fröderström (1936a: 44, t. 27). **Fig. XXXVII.c**

[1] Gebüschelte, kahle, mehrjährige Kräuter mit kurzem **Wu**stock und etwas aufgerauhten **Tr**, basal reich verzweigt, 5 - 10 cm hoch; **Blä** wechselständig, linealisch bis länglich, stumpf, stielrund, 3 - 8 mm, leuchtend grün, ausgebreitet; blühende **Tr** aufrecht oder niederliegend; **Inf** offene, ausgebreitete, wenigblütige Cymen; **Ped** 2 - 3 mm; **Blü** 5- (bis 6-) zählig; **Sep** breit sitzend, fast bis zur Basis frei, ungleich, lanzettlich bis länglich, stumpf, 2.5 - 4 mm; **Pet** bis zur Basis frei oder fast frei, etwas länglich, spitz, mit breitem, kurzem, aufgesetztem Spitzchen, weiss, 4 - 5 mm, weit ausgebreitet; **Fil** weiss; **Anth** bräunlich; **NSch** breiter als lang, leicht ausgerandet; **Gr** ziemlich lang; **Fr** fast aufrecht; **Sa** eiförmig, genetzt. – 2n = 36, 38, 100 ± 1, 132 ± 2, 160 - 168, ± 168, 190.

S. mexicanum Britton (Bull. New York Bot. Gard. 1: 257, 1899). **T:** Mexiko, México D.F. (*Anonymus* s.n. [NY ?]). – **D:** USA (Florida), Mexiko, Mittelamerika, Kolumbien; in Taiwan, Japan und vermutlich auch in Europa (Frankreich, Spanien) verwildert. **I:** Fröderström (1936a: 101, t. 65); Clausen (1959: 309).

[1] Mehrjährige Kräuter mit niederliegenden **Tr**; **Blä** in Wirteln zu 4, linealisch oder linealisch-lanzettlich, gespornt, fast stielrund, 9 - 17 × 1.9 - 3 mm; blühende **Tr** 8.5 - 30 cm; **Inf** Cymen mit ± 3 Zweigen; **Blü** 5-zählig, sitzend; **Sep** basal frei, kurz gespornt, ungleich, lanzettlich, zugespitzt, gespornt, 3.3 - 4.7 × 0.9 - 1.6 mm; **Pet** elliptisch, spitz, goldgelb, 3.3 - 4.8 × 1.3 - 1.8 mm; **Anth** gelb; **NSch** verkehrt eiförmig bis spatelig-quadratisch, gerundet, ausgerandet, dick, hellgelb; **Sa** ellipsoid, fein papillös, dunkelbraun. – 2n = 36.

Die natürliche Verbreitung dieses Taxons ist noch immer unbekannt und es wurde schon vermutet, dass es sich um einen Cultivar mit möglicherweise asiatischer Herkunft handeln könnte. Das oben erwähnte Verbreitungsgebiet umfasst sowohl kultiviertes wie verwildertes Material. Tang & Huang (1989: 168) behandeln *S. obtuso-lineare* Hayata (hier als Synonym von *S. lineare* betrachtet) als Synonym von *S. mexicanum*.

S. meyeri-johannis Engler (Hochgebirgsfl. Afrika, 229, 1892). **T:** Tanzania (*Meyer* 252 [B †]). – **D:** Kenya, Tanzania, Uganda (Kilimanjaro-Gebiet); Epiphyt im Hochlandwald, oder bodenbewohnend im Heideland, 1800 - 4350 m.

Incl. *Sedum volkensii* Engler (1895); **incl.** *Sedum meyeri-johannis* var. *keniae* Fröderström (1929); **incl.** *Sedum schwendenerianum* Volkens *in sched. ex* Hamet (1929) (*nom. inval.*, Art. 34.1c).

[1] Glauke oder bereifte, kahle, mehrjährige Kräuter mit niederliegenden oder kriechenden, verzweigten, bis 1 m langen **Tr**, basal auffällig verholzt, an den Knoten oft wurzelnd; **Blä** wechselständig oder manchmal in Wirteln zu 3, sitzend, länglich spatelig bis länglich lanzettlich, bis 25 × ± 8 mm, kurz gespornt, stumpf, flach, dunkelgrün; **Inf** cymös oder ebensträussig, mit 3 - 4 Wickeln, diese manchmal gegabelt; **Bra** 2 pro **Blü**, bis ± 5 mm; **Ped** 2 - 6 (-18) mm; **Blü** 5-zählig; **Sep** basal frei, gespornt, länglich eiförmig bis länglich lanzettlich, 2.5 - 5 mm, stumpf; **Pet** basal leicht vereinigt, lanzettlich bis länglich, 4.5 - 7 × 2 - 2.4 mm, goldgelb; **Fil** gelb; **Anth** ± 0.7 mm, gelb; **NSch** linealisch-spatelig, ausgerandet; **Gr** ± 1 mm, zurückgebogen; **Fr** aufrecht, hellbraun; **Sa** länglich eiförmig, braun, genetzt oder netzig-papillös.

Eng mit *S. ruwenzoriense* verwandt. – [H. 't Hart]

S. meyranianum J. Metzger & Acevedo Rosas (CSJA 71(6): 316-317, 1999). **T:** Mexiko, Jalisco (*Metzger* 7001.1 [IBUG, BASBG, Herb. Metzger]). – **D:** Mexiko (Jalisco); auf Felsen in waagerechten Spalten, 1600 m.

[1] Zweijährige Kräuter; Sämlinge im ersten Jahr mit einem kleinen Cormus mit einem **Blä**büschel; **Blä** lang verkehrt eiförmig, basal verschmälert und stielartig, 18 - 20 × 3 mm; blühende **Tr** im zweiten Jahr endständig entstehend, bis 12 cm, niederliegend, aus der Basis verzweigend, im oberen ½ **Blä**los; **Inf** von fleischigen, dunkelroten **Bra** getragene, scorpioide Cymen; **Blü** 5-zählig; **Sep** basal für 1 mm vereinigt, 4 - 6 mm, ungleich lang; **Pet** kürzer als die **Sep**, basal leicht vereinigt, schmal lanzettlich, halbaufrecht mit zurückgebogenen Spitzen mit aufgesetztem Spitzchen, weiss mit hell gräulichgrünen Mittelnerven; **Ca** aufrecht, weiss bis grünlich weiss, stark angeschwollen.

Wird im Protolog mit *S. jaliscanum* verglichen. – [U. Eggli]

S. microcarpum (Smith) Schönland (in Engler & Prantl (eds.), Nat. Pfl.-fam. [ed. 1], 3(2a): 31, 1890). **T:** Zypern (*Sibthorp* s.n. [OXF]). – **D:** Zypern, Türkei (S und E Anatolien), W Syrien; felsige Kalksteinhügel, in kurzzeitig von den Winterregen gefüllten Teichen, Mulden und Ritzen, 100 - 600 m.

≡ *Crassula microcarpa* Smith (1806) ≡ *Telmissa microcarpa* (Smith) Boissier (1872); **incl.** *Telmissa sedoides* Fenzl (1842).

[?] Winzige, einjährige Kräuter, kahl, aufrecht; **Tr** meist unverzweigt, 5 - 12 cm hoch; **Blä** wechselständig, linealisch, halbstielrund, 4 - 10 mm, sitzend; **Inf** lockere Cymen mit 2 - 4 Zweigen mit je 8 - 20 **Blü**; **Blü** 3- bis 5-zählig, sitzend; **Sep** ± 0.5 mm, stumpf; **Pet** ± rosaweiss, ± 1 mm; **Ca** 1 - 1.5 mm, kantig-prismatisch, warzig, punktiert, völlig frei, mit einer einzigen **Sa**anlage.

Wird als selten beschrieben, ist aber wohl wegen der winzigen Grösse schwierig zu finden. Die monotypische Gattung *Telmissa* unterscheidet sich von

Sedum angeblich durch die 1-samigen Karpelle, aber dies wird für die Aufrechterhaltung einer eigenen Gattung als ungenügendes Merkmal betrachtet. – [U. Eggli]

S. microsepalum Hayata (Icon. Pl. Formos. 3: 111, 1913). **T:** Taiwan, Nantou (*Kawakami & Mori* 2019 [TI [nicht gefunden 1992], TAIF]). – **D:** Taiwan (Taipeh, Nantou, Taitung, Hualien); Berge, 1700 - 3000 m. **I:** Tang & Huang (1989: 170); Tang & Huang (1993: 27).

Incl. *Sedum truncatistigmum* Liu & Chung (1977); incl. *Sedum triangulosepalum* Liu & Chung (1977) (*nom. inval.*, Art. 37.1).

[1] Mehrjährige oder einjährige Kräuter mit niederliegenden und dann aufsteigenden **Tr**, spitzenwärts locker verzweigt, 10 - 20 cm lang; **Blä** wechselständig, länglich, verkehrt lanzettlich oder spatelig, stumpf, basal keilförmig, 20 - 25 × 5 mm; **Inf** lockere Cymen mit ± 2 Wickeln; **Blü** 5-zählig, sitzend; **Sep** breit sitzend, leicht ungleich, dreieckig, spitz, ± 1.5 × 0.5 mm; **Pet** linealisch-lanzettlich, spitz zulaufend, gelb, ± 6 mm; **Anth** gelb; **NSch** gestutzt; **Fr** dickkederig.

Fu & Fu (1984: 155) nennen *S. parvisepalum* als Synonym, betrachten aber *S. triangulosepalum* und *S. truncatistigmum* als eigenständige Arten.

S. microstachyum (Kotschy) Boissier (Fl. Orient. 2: 787, 1872). **T:** Zypern (*Kotschy* 786 [W]). – **Lit:** Stephenson (1993: mit ill.). **D:** Zypern (Troodos-Gebirge); Ritzen in Ergussgesteinen, 1500 - 1900 m.

≡ *Umbilicus microstachyus* Kotschy (1865).

[1] Monocarpe Kräuter, aufrecht, (9-) 25 - 40 cm hoch, mit basalen, flachen, meist einzelnen, lockeren **Ros**; **Blä** bald nach dem Blühen vertrocknend, flach, linealisch-spatelig, 30 - 60 × 5 - 12 mm, etwas spitz oder stumpf, im Schatten grün, in der Sonne rötlich, schwach drüsig-flaumhaarig, Ränder ganzrandig, schmal trockenhäutig, **Blä** an der Sprossachse zahlreich, kürzer als die **Blä** der **Ros** aber breiter, dicht drüsig-flaumhaarig, nach oben nicht auffällig kleiner werdend, als **Bra** in die unteren Teile der **Inf** weiterlaufend; **Inf** schmale, meist unverzweigte, zylindrische Rispen, 6 - 13 (-25) cm, Achse dicht drüsig; **Blü** sehr zahlreich, gedrängt, 5-zählig; **Ped** schlank, drüsig, 4 - 5 mm; **Sep** fast bis zur Basis frei, schmal eiförmig-deltoid, drüsig, ± 3 × 1.3 mm; **Pet** schmal eiförmig und spitz zulaufend, ± 5 × 1.5 mm, rötlich oder grünlich; **NSch** nicht beschrieben; **Ca** aufrecht, schmal eiförmig, schütter drüsig, ± 2.5 mm, in den schlanken, ± 1 mm langen **Gr** verjüngt; **Fr** aufrecht, ± 5 mm; **Sa** mittelbraun mit zahlreichen, engstehenden Längsrippen.

Mit *S. cepaea* verwandt und sehr nahe bei *S. lampusae* und *S. cyprium*. – [U. Eggli]

S. millspaughii Hamet (Publ. Field Columbian Mus., Bot. ser. 2: 378, 1913). **T:** Guatemala, Dept. Amatitlán (*Kellerman* 6559 [F 220889]). – **D:** Guatemala; ± 1200 m.

[1] Kahle, ausdauernde Halbsträucher mit wenig verzweigten, etwas aufrechten, schlanken **Tr**; **Blä** wechselständig, verkehrt eiförmig, (etwas) spitz, flach, ± 25 mm; blühende **Tr** aufrecht, kräftig, 11 - 13 cm; **Inf** lockere Ebensträusse; **Blü** 5-zählig, fast sitzend; **Sep** breit sitzend, etwas länglich, (etwas) spitz, fast so lang wie die **Pet**; **Pet** basal leicht vereinigt, verkehrt eiförmig, grannenspitzig zugespitzt, 5 - 7 mm; **NSch** aufrecht; **Gr** lang. – 2n = 48.

S. minimum Rose (Bull. New York Bot. Gard. 3(9): 40, 1903). **T:** Mexiko, México (*Pringle* 4240 [US 48385]). – **D:** Mexiko (México).

[1] Kahle, zweijährige Kräuter mit einem Cormus, **Blä**losen Haupt**Tr** und niederliegenden, ausstrahlenden Zweigen; **Blä** wechselständig, keulig, verkehrt lanzettlich, verkehrt lanzettlich-elliptisch oder elliptisch-länglich, kurz gespornt, fast stielrund, 3.9 - 15.4 × 1.7 - 4 mm; blühende **Tr** aufrecht, oft sekundär verzweigend; **Inf** kompakte, wenigblütige Cymen; **Ped** 0.6 - 4.4 mm, weiss; **Blü** (4-) bis) 5- (bis 7-) zählig; **Sep** basal frei, breit gespornt, ungleich, verkehrt lanzettlich-länglich, stumpf, 2.4 - 8.9 × 0.7 - 2.6 mm, aufrecht; **Pet** basal frei, lanzettlich-länglich oder elliptisch-länglich, stumpf, kapuzenförmig, weiss oder cremeweiss, rot gestrichelt, ± 5 mm, fast aufrecht; **Anth** dunkelrot, selten cremeweiss; **NSch** länglich, gestutzt, ausgerandet, dunkelrot mit gelber Basis; **Fr** weit spreizend, hellbraun; **Sa** länglich oder birnenförmig, dunkelbraun, oft gebogen, genetzt oder netzig-papillös. – 2n = 20, 22.

S. minimum ssp. **delicatum** (Rose) R. T. Clausen (Sedum Trans-Mex. Volcanic Belt, 302, 1959). **T:** Mexiko, México (*Purpus s.n.* [US 474951]). – **D:** C Mexiko (México: Mt. Iztaccihuatl); 3700 - 4230 m.

≡ *Sedum delicatum* Rose (1911).

[1] Unterschiede zu ssp. *minimum*: **Sep** gewöhnlich länger als die **Pet**; **Pet** für ± 0.4 mm vereinigt.

S. minimum ssp. **minimum** – **D:** C Mexiko (México: Nevado de Toluca); schwarze Vulkanaschen und Bims, 3900 - 4100 m.

Incl. *Sedum pringlei* var. *minus* Robinson & Seaton (1893).

[1] **Sep** gewöhnlich kürzer als oder etwa so lang wie die **Pet**; **Pet** für ± 0.2 mm vereinigt.

S. mocinianum Pérez-Calix (Acta Bot. Mex. 45: 50-51, ills., 1998). **T:** Mexiko, Guanajuato (*Pérez-Calix & al.* 3797 [IEB]). – **D:** Mexiko (Guanajuato); lokal, an Felswänden von Ergussgesteinen, 2400 m.

[1] Mehrjährige Kräuter; **Tr** bis 80 cm und hängend, bis 5 mm ⌀, verzweigt, Zweige zuerst als sit-

zende **Ros** erscheinend, selten alle **Tr** kurz und Pflanzen dann polsterförmig, alle Teile ausgenommen das Äussere der **Blü** dicht flaumhaarig mit hyalinen, bis 0.5 mm langen **Ha**; **Blä** in dichen **Ros** oder in den oberen **Tr**teilen spiralig, elliptisch bis länglich elliptisch, 8 - 25 × 6 - 11 mm, ± 5 mm dick, stumpf; **Inf** thyrsoid mit bis zu 10 wickeligen Zweigen mit je 1 - 3 **Blü**; **Bra** wie die **Ros**blätter aber etwas kürzer; **Blü** sitzend oder fast sitzend, 5-zählig; **Sep** basal für 1 mm vereinigt, Zipfel fast gleich, 2.5 - 3 × 1.5 - 2 mm; **Pet** frei, länglich lanzettlich, 5 × 3 mm, weiss; **NSch** schmal länglich oder eiförmig, ± 0.4 mm, **Ca** 5 mm, basal ausgehöhlt, hellgrün.

Eng mit *S. hintonii* verwandt. — [U. Eggli]

S. modestum Ball (J. Bot. 11: 333, 1873). — **D:** Marokko (Mittlerer und Hoher Atlas); auf Kalk. **I:** Sedum Soc. Newslett. 34: 22-24; 35: 8-10, 1995.

≡ *Oreosedum modestum* (Ball) Grulich (1984).

[2] Kleine, kurzlebige, einjährige Kräuter mit 10 (-20) cm hohen **Tr**, durchwegs drüsig-flaumhaarig, v.a. obere Teile; **Blä** wechselständig, flach, sukkulent, spatelig bis gestielt und mit verkehrt eiförmiger bis länglich verkehrt eiförmiger Spreite, 10 - 20 (-40) × 3 - 12 mm, stumpf, grün, Unterseite oft rötlich oder ± purpurn; **Inf** lockere, wenig- oder vielblütige Cymen mit 2 bis vielen Wickeln; **Bra** 1 pro **Blü**; **Ped** fadendünn, 3 - 6 mm; **Blü** (5- bis) 6- (bis 8-) zählig, in der Knospe fast kugelig; **Sep** breit sitzend, basal vereinigt, gleich, länglich, 2 - 2.5 mm, spitz zulaufend; **Pet** basal vereinigt, lanzettlich bis elliptisch, 5 - 7 × ± 3 mm, spitz zulaufend bis grannenspitzig, gelb; **Fil** gelb; **Anth** gelb; **NSch** breit quadratisch; **Gr** kurz; **Fr** aufrecht, braun; **Sa** eiförmig, rötlich braun, gerippt. — 2n = 16.

Molekulare Untersuchungen haben gezeigt, dass diese Art eng mit *S. jaccardianum* und *S. surculosum* verwandt ist, obwohl diese beiden untereinander näher verwandt sind als mit *S. modestum* (Mes & 't Hart 1994). Diese 3 Arten wurden als Ser. *Monanthoidea* klassifiziert, welche die Schwestergruppe der "Makaronesischen *Sempervivoideae*", d.h. *Aeonium*, *Aichryson* und *Monanthes*, darstellt (Mes 1995a).

S. monregalense Balbis (Misc. Bot. 23, 1804). — **D:** SE Frankreich, Korsika, NW bis C Italien; schattige Felsen in den Bergen. **I:** Praeger (1921a: 172).

≡ *Oreosedum monregalense* (Balbis) Grulich (1984); **incl.** *Sedum cruciatum* De Candolle (1815); **incl.** *Sedum luteovirens* Briquet (1913).

[1] Mehrjährige, schwächliche Kräuter; **Tr** niederliegend und an den Knoten wurzelnd, bis 5 cm hoch, kahl oder fast so; **Blä** wechselständig, gedrängt, 5 - 7 mm, verkehrt lanzettlich, fleischig, glatt oder nahe der Spitzen etwas drüsig, stumpf; blühende **Tr** 10 - 15 cm hoch, durchwegs oder nur in den oberen Teilen verzweigt, obere Teile **Dr**haarig, **Blä** in Wirteln zu (3-) 4 (-5), ähnlich den **Blä** der sterilen **Tr**, obere **Blä** behaart; **Inf** lockere Rispen mit cymösen Zweigen, mit **Bra**; **Blü** 5-zählig, gestielt, sternförmig, ± 9 mm ∅; **Sep** eiförmig, spitz, behaart; **Pet** eiförmig, weiss, spitz, ausgebreitet oder wenig zurückgeschlagen, mit grünlichem, behaartem Kiel, 3× so lang wie die **Sep**; **Ca** aufrecht, weisslich.

Oberflächlich ähnlich wie *S. alsinefolium*. — [U. Eggli]

S. montanum Songeon & E. P. Perrier (Billotia 1: 77, 1864). **T:** Frankreich, Savoie (*Anonymus* s.n. [nicht lokalisiert]). — **Lit:** 't Hart (1978); Jalas & al. (1999: 111). **D:** C, S, SE und SW Europa.

≡ *Sedum rupestre* ssp. *montanum* (Songeon & E. P. Perrier) P. Fournier (1936) ≡ *Sedum ochroleucum* ssp. *montanum* (Songeon & E. P. Perrier) D. A. Webb (1961) ≡ *Petrosedum montanum* (Songeon & E. P. Perrier) Grulich (1984) ≡ *Petrosedum rupestre* ssp. *montanum* (Songeon & E. P. Perrier) Velayos (1989).

[1] Kahl, mehrjährig; sterile **Tr** ± niederliegend, wurzelnd; **Blä** ziegelig, wechselständig, linealisch, stielrund, mit aufgesetztem Spitzchen, basal gespornt, 10 - 15 mm, grün oder glauk; blühende **Tr** aufrecht oder ausgebreitet, 10 - 35 cm; **Inf** endständige Ebensträusse mit 3 - 6 Zweigen, dicht drüsig-flaumhaarig, in der Knospe aufrecht und flachgipfelig, Zweige kaum zurückgebogen; **Bra Blä**artig; **Blü** (5- bis) 6- (bis 8-) zählig, fast sitzend; **Sep** basal vereinigt, dreieckig, lang spitz zulaufend, dicht drüsig-flaumhaarig; **Pet** frei, länglich, 8 - 10 (-12) mm, gelb, ausgebreitet; **Fil** gelb; **Anth** gelb; **NSch** quer länglich, grünlich; **Fr** aufrecht, braun; **Sa** länglich, braun, gerippt.

S. montanum ssp. **montanum** — **D:** Pyrenäen, Appenninen, Alpen (Österreich, Schweiz, Italien, Frankreich), Spanien.

Incl. *Sedum sulfureum* Legrand (1869).

[1] Blühende **Tr** schlank; **Sep** dreieckig, lang spitz zulaufend, 5 - 7 (-10) mm: **Fil** immer kahl; **Gr** schlank, während der **Blü**zeit stark auswärts gebogen. — 2n = 34, 51, 68.

S. montanum ssp. **orientale** 't Hart (Biosyst. Stud. Gen. Sedum 106, 1978). **T:** Italien, Trieste (*'t Hart* s.n. [U 16685]). — **D:** E Alpen (Österreich, Slowenien, Schweiz, Italien).

≡ *Petrosedum orientale* ('t Hart) Grulich (1984); **incl.** *Sedum* ×*thartii* L. P. Hébert (1984).

[1] Unterschiede zu ssp. *montanum*: Ganze Pflanzen robuster; **Sep** dreieckig-lanzettlich, spitz zulaufend, 3 - 4 mm; **Fil** meist an der Basis dicht papillös; **Gr** fest, während der **Blü**zeit auswärts gebogen. — 2n = 98.

Diese Unterart ist allopolyploid. Sie entwickelte sich durch Polyploidisierung aus einer natürlichen (sterilen?) Hybriden zwischen dem diploiden *S. montanum* ssp. *montanum* (2n = 34) und dem tetraploiden *S. rupestre* ssp. *erectum* (2n = 64). Durch diesen Prozess wurde die neue Unterart vollständig fertil. Es handelt sich um eine ziemlich agressiv wachsende Pflanze und sie ist in Gärten in NW Europa häufig, wo sie sehr oft mit *S. rupestre* ssp. *rupestre* verwechselt wird ('t Hart 1978).

S. mooneyi M. G. Gilbert (Bradleya 3: 50, ill. (p. 51), 1985). **T:** Äthiopien, Bale Region (*Mooney 7156* [K, ETH]). – **D:** Äthiopien (Arssi und Bale Regionen, endemisch); auf Felsen in afroalpinen Mooren, 3450 - 4100 m.
[2] Kahle Zwergsträucher mit basal verholzten **Tr** bis 30 cm hoch, aber meistens < 15 cm, Jung**Tr** dicht bewarzt, oft kriechend und an den Knoten wurzelnd; **Blä** in Wirteln zu 3, sitzend, verkehrt eiförmig bis elliptisch, 7 - 12 × 3 - 5 mm, stumpf, abgeflacht, glänzend grün oder rot überhaucht; **Inf** wenigblütige Ebensträusse, mit **Bra**; **Ped** bis 6.5 mm; **Blü** 5-zählig; **Sep** breit sitzend, basal für 1 mm vereinigt, eiförmig, 2 - 3.5 mm; **Pet** lanzettlich, 7.5 - 9 × ± 3 mm, spitz zulaufend, leuchtend gelb, oft rot überhaucht; **Fil** 4 - 6 mm, gelb; **Anth** kugelig, gelb; **NSch** quadratisch bis keilförmig; **Gr** 2 mm; **Fr** vielsamig, aufrecht; **Sa** länglich eiförmig, dunkel rötlichbraun, gerippt.
Eng mit *S. churchillianum* und *S. epidendrum* verwandt.

S. moranense Kunth (in Humboldt, Bonpland & Kunth, Nov. Gen. Sp. 6: 37, 44, 1823). **T:** Mexiko, Hidalgo (*Bonpland s.n.* [P]). – **D:** Mexiko (zentralmexikanisches Plateau, E transmexikanischer Vulkangürtel).
[1] Ausdauernde Halbsträucher mit niederliegenden bis kriechenden **Tr**, **Tr** reich verzweigt, ausgebreitet, mit der Zeit im Alter braun und dunkelrot werdend, bis 20 cm hoch; **Blä** wechselständig, eiförmig oder lanzettlich, stumpf oder gestutzt, manchmal papillös, kurz gespornt, grün, häufig rot gespitzt, 2 - 6.7 × 1.2 - 2.8 mm; blühende **Tr** aufrecht oder aufsteigend; **Inf** Cymen mit 1 (manchmal 2) Zweigen; **Blü** 5- (bis 7-) zählig, sitzend oder fast sitzend; **Sep** basal frei, breit gespornt, ungleich, eiförmig oder lanzettlich, stumpf, mit trockenhäutigen Rändern, 1.9 - 4.4 × 0.5 - 1.9 mm, fast aufrecht; **Pet** basal vereinigt, lanzettlich, spitz oder stumpf, mit aufgesetztem Spitzchen, gekielt, weiss mit leicht grünem oder rötlichem Kiel, ± 5.5 mm, fast aufrecht; **Fil** weisslich; **Anth** rot oder purpurn; **NSch** länglich quadratisch oder fast quadratisch, gestutzt, etwas ausgenommen, weiss oder hellgelb; **Fr** spreizend, braun; **Sa** birnenförmig oder ellipsoid, braun, genetzt oder netzig-papillös. – 2n = 42, 48, 76, 80, 100, 104, 108, 114, 120, 126, 144, 154, 200, 280, 306.

S. moranense ssp. **grandiflorum** R. T. Clausen (Sedum Trans-Mex. Volcanic Belt, 272, 1959). **T:** Mexiko, San Luis Potosí (*Clausen 7451* [CU]). – **D:** Mexiko (San Luis Potosí).

[1] Unterschiede zu ssp. *moranense*: **Sep** ± 3.9 × ± 1.6 mm; **Pet** ± 7.8 × ± 2.6 mm.

S. moranense ssp. **moranense** – **D:** Mexiko (zentralmexikanisches Plateau und E transmexikanischer Vulkangürtel); 2100 - 3060 m. **I:** Fröderström (1936a: 86, t. 54); Clausen (1959: 260). **Fig. XXXVII.e**
Incl. *Sedum arboreum* Masters (1878) ≡ *Sedum moranense* var. *arboreum* (Masters) Praeger (1917); incl. *Sedum submontanum* Rose (1903).
[1] **Sep** 2.4 - 2.6 × 0.7 - 1.2 mm; **Pet** 4.5 - 5.8 × 1.3 - 1.6 mm.

S. moranii R. T. Clausen (Bull. Torrey Bot. Club 69: 40, 1942). **T:** USA, Oregon (*Leach & Leach 1599* [ORE]). – **D:** W USA (Oregon: Canyon des Rogue River); auf Serpentin, 10 - 220 m. **I:** Clausen (1975: 434).
Incl. *Cotyledon glandulifera* L. F. Henderson (1930) ≡ *Gormania glandulifera* (L. F. Henderson) L. F. Henderson (1941) ≡ *Sedum glanduliferum* (L. F. Henderson) M. Peck (1941) (*nom. illeg.*, Art. 53.1).
[2] Mehrjährige Kräuter mit verzweigtem **Wu**stock mit kompakten **Ros**; **Blä** wechselständig, länglich spatelig, breit gerundet oder stumpf, ausgerandet, Spitze papillös-gekerbt, flach, steif, 14 - 32 × 9 - 14 mm, grün, jung glauk, aufsteigend; blühende **Tr** 13 - 30 cm; **Inf** Cymen mit 3 (manchmal 2) Zweigen; **Bra** länglich spatelig, drüsig-flaumhaarig; **Ped** 1 - 3.6 mm; **Blü** 5-zählig; **Sep** breit sitzend, basal vereinigt, eiförmig oder lanzettlich, stumpf oder spitz, ± 7.5 × 4 mm, drüsig-flaumhaarig, aufrecht; **Pet** basal vereinigt, convolut, länglich lanzettlich, grannenspitzig, drüsig-flaumhaarig, schwefelgelb, ± 14 mm, aufrecht; **Fil** grünlich gelb; **Anth** gelb; **NSch** schmal nierenförmig, weiss; **Fr** etwas spreizend, braun; **Sa** länglich birnenförmig, braun, gerippt. – 2n = 30.

S. morganianum E. Walther (CSJA 10(3): 35-37, ills., 1938). **T:** Mexiko, Veracruz (*Walther 35/23* [CAS]). – **D:** Nur aus Kultur bekannt. **Fig. XXXVII.d**
[1] Kahle, mehrjährige Kräuter mit langen, hängenden, glauk-grünen **Tr**; **Blä** gedrängt, in 5 deutlichen Spiralen, länglich lanzettlich oder elliptisch, spitz, sichelförmig, fast stielrund, fast kugelig, glauk, 15 - 30 × 5 - 8 mm dick; blühende **Tr** hängend; **Inf** Ebensträusse; **Blü** 5-zählig, lang gestielt; **Sep** breit sitzend, vereinigt, ungleich, dreieckig spitz zulaufend, 5 - 9 mm; **Pet** basal vereinigt, lanzettlich, spitz zulaufend, wenig kapuzenförmig, mit aufgesetztem Spitzchen, rotpurpurn, 10 - 12 mm, aufrecht; **Fil** rosa; **Anth** hellgelb; **NSch** breit, ausgerandet, tiefrosa. – 2n = 70.

S. morrisonense Hayata (J. Coll. Sci. Imp. Univ. Tokyo 25: 94, 1908). **T** [lecto]: Taiwan (*Nagasaza*

566 [TI]). – **D:** Taiwan; Berge oberhalb 2500 m. **I:** Tang & Huang (1989: 171); Tang & Huang (1993: 29).

Incl. *Sedum cryptomerioides* Bartlett & Yamamoto (1932).

[1] Mehrjährige Kräuter mit aufrechten, rötlichen **Tr**, basal verzweigt, bis 8 cm; **Blä** wechselständig oder wirtelig, dicht ziegelig, länglich lanzettlich, stumpf, 6 (-15) × ± 1.5 (-3) mm; **Inf** vielblütige Cymen mit 2 - 4 manchmal gabeligen Wickeln; **Bra Blä**artig, kürzer als die **Blü**; **Blü** 5-zählig, sitzend; **Sep** basal frei, gespornt, ungleich, länglich linealisch, stumpf, ± 3 mm; **Pet** länglich linealisch bis lanzettlich, stumpf, gelb, ± 6.5 mm; **NSch** winzig, breit quadratisch; **Gr** ± 6 mm; **Fr** aufrecht, häutig; **Sa** länglich, netzig-papillös.

Tang & Huang (1989) behandelten *S. cryptomerioides* als eigenständige Art, die sich von *S. morrisonense* durch die grösseren, in Wirteln angeordneten Blätter unterscheiden soll. Die Blattstellung sowie die Blattgrösse scheint jedoch bei diesen Taxa sehr variabel zu sein.

S. mucizonia (Ortega) Hamet (Candollea 4: 39, 1929). **T:** Spanien? (*Ortega s.n.* [MA [Herb. Cavanilles]]). – **D:** SW Europa (Portugal, Spanien), N Afrika (Algerien, Marokko). **I:** Castroviejo (1997: 133, t. 37: f-i). **Fig. XXXVII.f**

≡ *Cotyledon mucizonia* Ortega (1772); **incl.** *Cotyledon hispida* Lamarck (1786) (*nom. illeg.*, Art. 52.1?) ≡ *Umbilicus hispidus* (Lamarck) De Candolle (1828) ≡ *Cotyledon mucizonia* var. *hispida* (Lamarck) Perez Lara (1891) ≡ *Mucizonia hispida* (Lamarck) A. Berger (1930); **incl.** *Cotyledon viscosa* Vahl (1791) (*nom. illeg.*, Art. ?); **incl.** *Cotyledon mucizonia* var. *glabra* Braun-Blanquet & Maire (1922) ≡ *Cotyledon mucizonia* subvar. *glabra* (Braun-Blanquet & Maire) Maire (1932); **incl.** *Cotyledon mucizonia* var. *eu-mucizonia* Maire (1929) (*nom. inval.*, Art. 26.1, 32.1c); **incl.** *Cotyledon mucizonia* ssp. *abylaea* Font Quer & Maire (1931) ≡ *Mucizonia hispida* ssp. *abylaea* (Font Quer & Maire) Greuter (1981) ≡ *Sedum mucizonia* ssp. *abylaeum* (Font Quer & Maire) Springate (1996); **incl.** *Cotyledon mucizonia* subvar. *glabella* Font Quer & Maire (1931); **incl.** *Cotyledon mucizonia* subvar. *villosa* Font Quer & Maire (1931); **incl.** *Cotyledon mucizonia* ssp. *ortegae* Font Quer & Maire (1931) (*nom. inval.*, Art. ?); **incl.** *Cotyledon mucizonia* subvar. *euhispida* Maire (1932); **incl.** *Sedum henriquesii* A. Caballero (1949) ≡ *Mucizonia henriquesii* (A. Caballero) Velayos & al. (1990); **incl.** *Sedum mucizonia* ssp. *urceolatum* R. Stephenson (1993).

[1] Meist drüsig-flaumhaarige, glauke, einjährige Kräuter mit aufrechten, oft verzweigten **Tr**, bis 15 (-20) cm hoch; **Blä** wechselständig, sitzend, fast stielrund, elliptisch bis länglich oder schmal eiförmig, 7 - 18 (-20) × 2 - 5 (-8) mm, stumpf bis gerundet, spärlich drüsig-flaumhaarig oder kahl, glauk-grün; **Inf** lockere, drüsig-flaumhaarige Cymen mit 2 oder mehr Wickeln; **Bra** 1 pro **Blü**; **Ped** 4 - 6 mm; **Blü** 5-zählig; **Sep** breit sitzend, lanzettlich, 1.5 - 5 mm; **Pet** basal vereinigt und eine 5.5 - 10 mm lange **Rö** bildend, Zipfel eiförmig, 1.5 - 4 mm, spitz zulaufend, weiss oder rosa, oft mit purpurnen Adern; **Fil** basal mit der **Kr**röhre vereinigt, weiss; **Anth** rot oder gelb; **Gr** schlank, ± 1 mm; **Fr** aufrecht, glauk-hellbraun; **Sa** braun, gerippt. – 2n = 16, 18, 20, 22.

Recht variabel in Bezug auf die Grösse und Gestalt der Blätter, das Ausmass der Flaumbehaarung, und die Blütengrösse und -farbe, aber innerhalb der Gattung durch die Blüten mit verwachsenen Kronblättern eigenständig. *Cotyledon mucizonia* ssp. *abylaea* (incl. die 2 Untervarietäten) soll mehrjährig sein und bedarf weiterer Untersuchungen. Diese Taxa sind nur vom Typfundort der Unterart bekannt.

S. mucizonia ist eng mit *S. dasyphyllum* und *S. wilczekianum* verwandt. Es kann mit dem erstgenannten Taxon gekreuzt werden, aber die Hybriden sind vollständig steril ('t Hart & al. 1999).

S. multicaule Wallich *ex* Lindley (Edward's Bot. Reg. 1840: Misc.: 58, 1840). **T:** K ?. – **D:** W Himalaya: Pakistan, Indien, Bhutan und Sikkim bis Myanmar, Tibet und China; 1300 - 3500 m. **I:** Fröderström (1931: 83, t. 51); Fu & Fu (1984: t. 31).

[1] Mehrjährige Kräuter mit kurzen, sterilen **Tr**; **Blä** wechselständig, ziegelig, breit linealisch bis (schmal) länglich oder eiförmig (selten), spitz zulaufend, 10 - 15 × 1 - 2 mm; blühende **Tr** aufsteigend, zahlreich, reich verzweigt, 7 - 15 cm; **Inf Bra**tragende Cymen mit 2 Wickeln; **Blü** 5- bis 7-zählig; **Sep** breit sitzend, ungleich, spitz zulaufend, 5 - 6.5 mm; **Pet** halblänglich, mit langem, aufgesetztem Spitzchen, gelblich, 4.5 - 6 mm, meist kürzer als die **Sep**; **Fr** sternförmig ausstrahlend, entlang der Bauchnähte mit auffälligen Lippen; **Sa** netzig-papillös.

S. multicaule ssp. **multicaule** – **D:** Wie für die Art, China (Gansu, Shaanxi, Sichuan, Yunnan); Felsen an bewaldeten Hängen, Felswälle, 1300 - 3500 m.

Incl. *Sedum mekongense* Praeger (1921).

[1] **Tr** schlanker, Borke an der **Tr**basis im trockenen Zustand nicht runzelig; **Blä** breit linealisch bis länglich; blühende **Tr** mit zahlreichen Sekundär-**Inf**; Wickel der **Inf** nicht gabelig; **Sep** breit lanzettlich; **Pet** alle gleich lang; **NSch** rechteckig, ausgerandet.

S. multicaule ssp. **rugosum** K. T. Fu (Acta Bot. Boreal.-Occid. Sin. 6(2): 105, ills. (p. 107), 1986). **T:** Tibet (*Quing-zang Exped.* 10846 (1982) [PE]). – **D:** SE Tibet, China (NW Yunnan); Felsritzen, 2200 - 2300 m.

[1] Unterschiede zu ssp. *multicaule*: **Tr** dick, Borke basal im trockenen Zustand runzelig; **Blä** eiförmig, an den oberen **Tr**teilen schmal länglich;

blühende **Tr** ohne Sekundär**Inf**; Wickel der **Inf** gabelig; **Sep** etwas lanzettlich bis schmal halbländlich; **Pet** ungleich lang; **NSch** quer rechteckig.

S. multiceps Cosson & Durand (Bull. Soc. Bot. France 9: 171, 1862). – **D:** N Algerien; endemisch in den Bergen. **I:** Stephenson (1994: pl. 46). **Fig. XXXVIII.b**

[1] Mehrjährige Kräuter oder Halbsträucher; **Tr** sukkulent, reich verzweigt, aufrecht oder aufsteigend, bis 15 cm hoch; **Blä** wechselständig, dicht ziegelig, gebüschelt, linealisch bis linealisch-länglich oder lanzettlich, sitzend, mit einem kleinen, 3-lappigen Sporn, stumpf, fast stielrund, papillat, 4 - 10 × 1 - 2 mm; blühende **Tr** einfach, aufrecht; **Inf** ebenstraussartig mit bis zu 12 **Blü** an 2 - 4 selten gabeligen Wickeln; **Bra** 2 pro **Blü**; **Blü** 5- (bis 7-) zählig, sitzend oder fast sitzend; **Sep** breit sitzend, breit linealisch bis länglich, spitz, ± 3 mm; **Pet** basal frei, breit eiförmig bis länglich lanzettlich, mit aufgesetztem Spitzchen, gelb, ± 6 mm; **Fil** gelb; **Anth** gelb; **NSch** quadratisch bis länglich; **Gr** ± 1 mm; **Fr** sternförmig ausstrahlend, dunkelbraun, entlang der Bauchnähe mit hellbraunen Lippen; **Sa** eiförmig, dunkelbraun, netzig-papillös. – 2n = 58.

Eng mit *S. tuberosum* aus Tunesien und W-Algerien verwandt. Wenn die beiden Arten gemeinsam vorkommen, treten spontan Hybriden (= *S. ×battandieri*) auf. Die Art gehört in das Comparium der Ser. *Alpestria* A. Berger ('t Hart 1991). – [H. 't Hart]

S. multiflorum R. T. Clausen (Bull. Torrey Bot. Club 105(3): 220-221, 1978). **T:** Mexiko, Jalisco (*Clausen* 773022 [CU, ENCB, MEXU]). – **D:** Mexiko (Jalisco); ± 1700 m.

[1] Kahle, mehrjährige, ± gebüschelte Kräuter mit knolligen **Wu** und wenigen, kurzen, sterilen **Tr**, 2 - 4 cm hoch, reich beblättert; **Blä** wechselständig, verkehrt lanzettlich-linealisch, stumpf oder gerundet bis gestutzt, papillös, 11 - 17 × ± 3 mm, ± 1 mm dick, ausgebreitet; blühende **Tr** aufrecht oder aufsteigend, papillös; **Inf** reich verzweigte Cymen; **Blü** 5-zählig; **Sep** basal frei, breit gespornt, fast gleich, lanzettlich, stumpf; **Pet** bis zur Basis frei, lanzettlich, etwas spitz bis spitz zulaufend, mit schmalem, aufgesetztem Spitzchen, papillös, weiss; **Anth** rot; **NSch** nierenförmig, weiss bis cremeweiss; **Gr** lang und schlank; **Fr** aufrecht bis etwas aufrecht, rinnig, bräunlich weiss; **Sa** etwas eiförmig, genetzt. – 2n = 24.

S. muscoideum Rose (Bull. New York Bot. Gard. 3(9): 39, 1903). **T:** Mexiko, Oaxaca (*Conzatti & Gonzales* 777 [US]). – **D:** Mexiko (Oaxaca). **Fig. XXXVIII.c**

[1] Mehrjährige Kräuter; **Tr** verzweigt, kriechend; **Blä** wechselständig, stumpf, winzig, dicklich, entlang der **Tr** dicht angeordnet; **Inf** endständig mit 1 oder 2 **Blü**; **Blü** 5-zählig, sitzend; **Sep** eiförmig, stumpf, ± 1 mm; **Pet** lanzettlich, ± 3.5 mm, gelb. – 2n = 68.

Fröderström (1936a: 89) betrachtete *S. muscoideum* als Synonym von *S. cupressoides*, aber die Art hat eine abweichende Basischromosomenzahl (Uhl 1985).

S. muyaicum K. T. Fu (Acta Bot. Boreal.-Occid. Sin. 6(2): 107-108, ills. (p. 110), t. 2, 1986). **T:** China, Sichuan (*Hu & Zhu* 11001 [WUK]). – **D:** China (W Sichuan).

[1] Winzige, mehrjährige Kräuter; **Blä** wechselständig, länglich bis verkehrt eiförmig-länglich, stumpflich spitz, kurz gespornt, meist an der Basis etwas verschmälert, ± 2 mm; blühende **Tr** einfach oder gebüschelt, 1.2 - 2.3 cm; **Inf** wenigblütige Cymen; **Ped** 3 - 5 mm; **Blü** 5-zählig; **Sep** linealisch-lanzettlich, stumpflich spitz, ± 4 mm; **Pet** basal leicht vereinigt, linealisch, etwas spitz, grünlich rot bis gelblich grün, ± 3.5 mm; **Anth** rosa; **NSch** quer rechteckig; **Gr** bis 2 mm; **Fr** aufrecht; **Sa** schmal eiförmig.

S. muyaicum steht *S. celiae* nahe. Es unterscheidet sich durch die winzigen, einfachen Triebe, längliche bis verkehrt eiförmig-längliche Blätter, 5-zählige Blüten, und Kelchblätter, die länger als die Kronblätter sind.

S. nagasakianum (Hara) H. Ohba (J. Jap. Bot. 56 (6): 181-182, ills., 1981). **T:** Japan, Kyushu (*Greatrex* 36/41 [TI]). – **D:** Japan (W und S Kyushu); auf Felsen entlang der Küste.

≡ *Sedum alfredii* var. *nagasakianum* Hara (1947).

[1] Gebüschelte, mehrjährige Kräuter; **Blä** wechselständig oder gegenständig, ± gedrängt, breit spatelig-länglich bis verkehrt eiförmig, etwas spitz, stumpf oder gestutzt, manchmal zur Spitze warzig, 5 - 15 mm; blühende **Tr** zahlreich, aufsteigend, schlank, 10 - 20 cm; **Blü** 5-zählig; **Sep** breit sitzend, basal vereinigt, ungleich, breit verkehrt lanzettlich bis halbländlich, etwas spitz bis gestutzt, 2.5 - 5 mm; **Pet** linealisch-lanzettlich, mit kurzem, aufgesetztem Spitzchen, gelblich, 6 - 7 mm; **NSch** rechteckig-spatelig; **Fr** basal vereinigt, ± ausgebreitet; **Sa** netzig-papillös. – n = 62 (Uhl & Moran 1972).

Ähnlich wie das chinesische *S. alfredii*, aber mit grösseren Blüten und Blättern und Tragblättern mit gerundeten Spitzen.

S. nanchuanense K. T. Fu & G. Y. Rao (Acta Bot. Boreal.-Occid. Sin. 8(2): 116-117, ills. (p. 120), 1988). **T:** China, Sichuan (*Guan & al.* 1041 [WUG, CDBI]). – **D:** China (SE Sichuan); Felsen an Hängen, ± 1200 m.

[1] Mehrjährige Kräuter mit etwas aufrechten **Tr**, 3 - 5 cm; **Blä** wechselständig, länglich bis verkehrt eiförmig, gerundet bis stumpf, kurz gespornt, 5 - 8 × 2.5 - 4 mm; blühende **Tr** aufrecht oder aus der Basis niederliegend, dicht beblättert, 5 - 10 cm; **Inf** vielblütige Cymen mit 3 Wickeln; **Blü** 5-zählig, sit-

zend; **Sep** basal frei, kurz gespornt, ungleich, dreieckig und breit linealisch, stumpf, 1 - 2.5 × ± 1 mm; **Pet** basal wenig vereinigt, länglich lanzettlich, mit aufgesetztem Spitzchen, gelb, 4.5 - 6.5 mm; **Anth** gelblich braun; **NSch** etwas fächerförmig; **Gr** 1 - 1.5 mm; **Fr** sternförmig ausstrahlend; **Sa** netzigpapillös.

Nahe bei *S. uniflorum* ssp. *japonicum*, aber durch die einfachen oder wenig verzweigten Triebe, längliche, fast stielrunde, gedrängte Blätter, basal wenig vereinigte Kronblätter und die Form der Nektarschüppchen abweichend.

S. nanifolium Fröderström (Acta Horti Gothob. 10(Appendix): 96, ills., t. 61, 1936). **T:** Mexiko, Coahuila (*Palmer* 722 [UC, GH]). – **Lit:** Nesom & Turner (1996). **D:** USA (Texas: Brewster County), Mexiko (E Chihuahua, Coahuila, C Nuevo León); Kalksteinschutt in unterschiedlichen Vegetationstypen, (1200-) 1600 - 2300 (-2700) m.

≡ *Sedum parvum* ssp. *nanifolium* (Fröderström) R. T. Clausen (1978).

[1] Mehrjährige Kräuter; **Tr** niederliegend und später aufrecht, schlank und lang, verzweigt, bis 20 cm, glatt, untere Teile auffällig rötlich glänzend; **Blä** dicht angeordnet, wechselständig, kreisrund bis breit verkehrt eiförmig, dick, halbstielrund, 2.5 - 3.5 (-5) × 2 - 2.5 mm, grün mit auffälligen, roten Punkten; blühende **Tr** aufrecht, verlängert; **Inf** etwas scorpioide Cymen; **Bra** länglich, stumpf, breit gespornt, ± 3 mm; **Blü** 5-zählig, sitzend; **Sep** basal frei, lang gespornt, ungleich, etwas eiförmig, stumpf, dick, 2 - 2.5 mm, etwas aufrecht; **Pet** basal frei, lanzettlich, etwas stumpf, mit schmalem, aufgesetztem Spitzchen, gelb mit auffälligen, kurzen, roten Längsstreifen, 4.5 - 5 mm; **NSch** unauffällig, 2× so breit wie lang, wenig ausgerandet; **Gr** kurz; **Fr** ausgebreitet; **Sa** eiförmig, netzig-papillös. – 2n = 52, 53, 104.

Ein weiteres Glied der *S. parvum*-Gruppe (Nesom & Turner 1996). – [H. 't Hart, B. Bleij & U. Eggli]

S. nanum Boissier (Diagn. Pl. Orient. 1(6): 56, 1845). **T:** Iran (*Kotschy* 623 [?, BM, K]). – **D:** Türkei (SW und E Anatolien), W Iran; feuchte Böden, Ränder von sumpfigen Stellen, 1250 - 3000 m.

≡ *Oreosedum nanum* (Boissier) Grulich (1984).

[1] Winzige, einjährige Kräuter, 2 - 8 cm hoch, aufrecht; **Tr** meist einfach; **Blä** linealisch, stielrund, wechselständig, 8 - 14 mm, kahl, kurz gespornt; **Blü** einzeln in den oberen **Blä**achseln, oder **Inf** ebensträussig, locker, mit 2 - 10 (-15) **Blü**; **Blü** 5-zählig; **Sep** 1 - 1.5 mm, spitz; **Pet** hellgelb, ± 3 mm; **Ca** kahl, aufrecht.

Die kürzlich beschriebenen *S. caroli-henrici* und *S. yildizianum* sind nahe Verwandte. *S. elburzense* ist eine weitere, ebenfalls erst neulich beschriebene Art, die mit diesem Taxon verglichen wird. – [U. Eggli]

S. napiferum Peyritsch (Linnaea 30: 50-51, 1859). **T:** Mexiko, México (*Heller* 457 [WU]). – **D:** Mexiko (transmexikanischer Vulkangürtel), ± 2800 m. **I:** Fröderström (1936a: 122, t. 37).

[1] Zweijährige Kräuter mit einem verlängerten, weissen, wenig beblätterten Cormus, im Folgejahr mit blühenden **Tr**; erste **Blä** des Cormus fast kugelig, ± 2 mm, obere **Blä** keulig, ± 9.5 mm; **Blä** der sterilen **Tr** wechselständig, lanzettlich oder eiförmig, stumpf, sehr kurz gespornt, fast stielrund, hellgrün, 4.3 - 7.9 × 2 - 3.6 mm; blühende **Tr** aufrecht; **Inf** kleine, wenigblütige Ebensträusse; **Ped** 2 - 6 mm, manchmal papillös; **Blü** 5-zählig; **Sep** basal frei, breit gespornt, ungleich, eiförmig, stumpf, grün, 2.4 - 5 × 1.2 - 2.7 mm, fast aufrecht; **Pet** basal frei, lanzettlich, Spitze mit stumpflichem Anhängsel, weiss, meist mit 3 - 4 (-5) dunkelroten Bändern, ± 5.5 mm, fast aufrecht; **Fil** rosa oder dunkelrot; **Anth** dunkelrot; **NSch** spatelig-länglich oder länglich, gestutzt, etwas ausgenommen, dunkelrot, Basis grünlich oder gelblich; **Gr** sehr kurz; **Fr** weit spreizend, entlang der Bauchnähte mit kleinen Lippen, bräunlich; **Sa** birnenförmig, gelbbraun, genetzt oder netzig-papillös.

S. neovolcanicum Pérez-Calix & I. García (Acta Bot. Mex. 58: 58-60, ills., 2002). **T:** Mexiko, Michoacán (*García & Hernandez* 5542 [IEB, CIMI, ENCB, MEXU]). – **D:** SW Mexiko (Michoacán, Jalisco); epiphytisch oder lithophytisch an schattigen und feuchten Hängen in Nadelwald, 2650 - 3250 m.

[1] Mehrjährige, niederliegende bis hängende Kräuter bis 40 cm, **Tr** basal bis 5 mm ⌀, zuerst grün, später gräulich, mit Adventiv**Wu**; **Blä** linealisch verkehrt lanzettlich, (6-) 10 - 22 × 1.5 - 3 mm, mit kurz gesporter Basis, winzig papillös; **Blü** 5-zählig, einzeln oder in bis zu 5-blütigen Wickeln, sitzend oder bis 2.4 mm gestielt; **Sep** ungleich oder fast gleich, frei, linealisch-länglich, 5 - 13 × 2 - 3.5 mm; **Pet** frei, länglich elliptisch, 8 - 11 × 5 mm, weiss, oder weiss mit grünlichem oder rosafarbenem Hauch, sternförmig ausgebreitet; **NSch** länglich, 0.6 - 0.8 × 0.4 mm, dunkelrot; **Ca** basal vereinigt; **Sa** nicht beschrieben.

Wird im Protolog mit *S. bourgaei*, *S. multiflorum* und *S. tortuosum* verglichen. Die Art unterscheidet sich von allen durch die einzelnen Blüten bzw. die einzelnen, wenigblütigen Wickel, sowie durch die sitzenden oder kurz gestielten und grösseren Blüten. – [U. Eggli]

S. nevadense Cosson (Notes Pl. Crit. 3(4): 163-164, 1852). **T:** Spanien, Granada (*Bourgeau* 1175 [P [Herb. Cosson]]). – **D:** Spanien, Marokko; trockene Weiden auf Kalk, 800 - 2200 m. **I:** Fröderström (1932: 92, pl. 50).

≡ *Sedum villosum* ssp. *nevadense* (Cosson) Battandier (1889) ≡ *Oreosedum nevadense* (Cosson) Grulich (1984) ≡ *Oreosedum villosum* ssp. *nevaden-*

se (Cosson) Velayos (1989); **incl.** *Sedum nevadense* var. *javalambrense* Sennen & Pau *in sched.* (1890) (*nom. inval.*, Art. 29.1); **incl.** *Sedum javalambrense* Pau *in sched. ex* Willkomm (1893) (*nom. inval.*, Art. 34.1c?); **incl.** *Sedum villosum* var. *glabrum* Cosson *ex* Hamet (1929) (*nom. inval.*, Art. 34.1c); **incl.** *Sedum rivasgodayi* A. Segura (1975) ≡ *Sedum atratum* var. *rivasgodayi* (A. Segura) Fernandez Casas & A. Segura (s.a.).

[1] Einjährige Kräuter, kahl, rötlich; **Wu** faserig; **Tr** (2-) 6 (-10) cm, aufrecht, in der oberen ½ verzweigt; **Blä** wechselständig, länglich linealisch, (3.5-) 5 - 9 × 2 mm, basal ohne Sporn; **Inf** dicht verzweigte Cymen; **Blü** 5-zählig mit nur 5 **St**; **Ped** 1.5 - 3 mm; **Sep** eiförmig, 2 × 1 mm, basal vereinigt; **Pet** schmal lanzettlich, Stellung nicht beschrieben, (3.5-) 4 - 5 × 0.6 - 1.2 mm, basal ± vereinigt, spitz, weiss, rot überhaucht oder mit rosafarbener Mittelrippe; **Ca** 4 mm, aufrecht, kahl, mit rötlichen Strichen; **Sa** ± 0.5 mm, rötlich braun, gestreift.

Gehört in die Ser. *Subrosea* 't Hart. – [U. Eggli]

S. nevii A. Gray (Mem. Amer. Acad. Arts, n.s., 6: 373, 1858). **T:** USA, Alabama (*Nevius* s.n. [GH]). – **D:** E USA (disjunkt in den S Appalachian Highlands); im Halbschatten auf lebenden Moos- und Flechtenpolstern. **I:** Fröderström (1936a: 111, t. 73); Clausen (1975: 110).

Incl. *Sedum beyrichianum* Masters (1878) ≡ *Sedum nevii* var. *beyrichianum* (Masters) Praeger (1917).

[2] Kahle, mehrjährige Kräuter mit schlanken, hellgrünen, niederliegenden Primär**Tr**, Büschel bildend; **Blä** locker gedrängt, wechselständig, elliptisch, verkehrt lanzettlich, spatelig oder verkehrt eiförmig, gerundet, Ränder papillös, kurz gespornt, gestielt, fast stielrund, 6 - 11 × 2.5 - 3.2 mm, grün oder gräulich grün; blühende **Tr** aufrecht oder hängend, 6.2 - 8.3 cm; **Inf** Cymen mit 3 Zweigen, manchmal gabelig verzweigt; **Bra Blä**artig aber kleiner; **Blü** 4-zählig, sitzend oder fast sitzend; **Sep** breit sitzend, basal wenig vereinigt, ungleich, linealisch oder linealisch-lanzettlich, stumpf, grün, ± 6 × 1 mm; **Pet** frei, lanzettlich, gekielt, spitz, weiss, ± 5.5 mm; **Fil** weiss; **Anth** rot; **NSch** fast quadratisch oder quadratisch, gestutzt, manchmal ausgerandet, weiss; **Fr** sternförmig, entlang der Bauchnähte mit auffälligen Lippen, braun; **Sa** elliptisch-birnenförmig, braun, gerippt. – 2n = 12.

Das Taxon steht nahe bei *S. glaucophyllum* und könnte artgleich sein (Clausen 1975).

S. niveum Davidson (Bull. South. Calif. Acad. Sci. 20: 53, 1921). **T:** USA, California (*Kessler* 3430 [LAM]). – **D:** W USA (California); Mexiko (N Baja California); Quarzitböden, an N-Hängen, 1500 - 3000 m. **I:** Fröderström (1936a: 97, t. 62); Clausen (1975: 178).

≡ *Cockerellia nivea* (Davidson) A. Löve & D. Löve (1985).

[1] Kahle, mehrjährige Kräuter mit knolligen, büscheligen **Wu** und kriechenden, verzweigten, strauchigen Primär**Tr**, die **Ros** bilden; **Blä** wechselständig, verkehrt eiförmig bis verkehrt lanzettlich, gerundet oder stumpf, papillös, Spitze mit angedeutetem, stumpfem, aufgesetztem Spitzchen, fast stielrund, sitzend, 6 - 10 × 2.2 - 4.2 mm, dunkelgrün bis gelbgrün, rot gefleckt; blühende **Tr** aufrecht oder aufsteigend, ± 2.5 cm; **Inf** Cymen mit 1 - 3 Zweigen; **Bra Blä**artig aber kleiner; **Ped** bis 1 mm; **Blü** 5- (bis 8-) zählig; **Sep** basal frei, stark ungleich, lanzettlich, länglich lanzettlich oder verkehrt lanzettlich-elliptisch, spitz bis stumpf, manchmal papillös, 4.4 - 7.2 × 1.2 - 1.7 mm, spreizend oder etwas aufrecht; **Pet** basal wenig vereinigt, lanzettlich, spitz, mit einem kleinspitzigen Anhängsel, weiss, rosa gestreift, ± 7 mm, basale ⅓ aufrecht, dann weit spreizend, häufig gabelig; **Fil** weiss, rot gestreift; **Anth** dunkelrot; **NSch** nierenförmig, gestielt oder fast quadratisch, gestutzt oder ausgerandet, gelb, orange oder rosa; **Gr** schlank, weiss, spreizend, 1 - 1.5 mm; **Fr** aufrecht, basal vereinigt, hellbraun; **Sa** birnenförmig, dunkelbraun oder rötlich braun, undeutlich genetzt. – 2n = 32, ± 128.

S. nokoense Yamamoto (Suppl. Icon. Pl. Formos. 2: 21, 1926). **T:** Taiwan [Formosa], Prov. Taihoku (*Matsuda* s.n. [TI]). – **D:** Taiwan; endemisch in den Bergen des Zentrums, 2500 - 3500 m. **I:** Tang & Huang (1989: 173); Tang & Huang (1993: 30).

Incl. *Sedum taiwanicum* S. S. Ying (1986).

[1] Mehrjährige Kräuter mit basal niederliegenden, weiter oben verzweigten **Tr**, drüsig-punktiert, 9 - 20 cm hoch; **Blä** wechselständig, spatelig, stumpf, fleischig, 6 - 10 × 3 - 5 mm; **Inf** ährenartige Cymen; **Blü** 5-zählig, sitzend; **Sep** breit sitzend, ungleich, verkehrt lanzettlich, etwas spatelig oder linalisch-lanzettlich, stumpf, basal keilförmig, ± 3 × 1 mm; **Pet** linealisch-lanzettlich, etwas spitz zulaufend, 1-aderig, gelb, ± 5 × 1.5 mm; **Anth** gelb; **Fr** sternförmig ausstrahlend; **Sa** länglich, glatt.

Ähnlich wie das japanische *S. makinoi* (Ohba 2001: 23).

S. nothodugueyi K. T. Fu (Acta Phytotax. Sin. 12(1): 55, t. 12: 20-28, 1974). **T:** China, Sichuan (*Chu* 3967 [PE]). – **D:** China (W Sichuan); auf Felsen, ± 2300 m. **I:** Fu & Fu (1984: t. 21); Byalt (2001a: 34).

[1] Mehrjährige Kräuter mit aufrechtem, stark karottenförmigem Rhizom; **Tr** 3 - 6 cm; **Blä** wechselständig, schmal dreieckig-lanzettlich bis linealisch, spitz zulaufend, 2 - 6 × ± 1 mm, mit einem kurzen, meist 3-lappigen Sporn; blühende **Tr** 4 - 10 cm, gebüschelt und aufrecht, schlank, dicht beblättert; **Inf** wenigblütige Ebensträusse; **Bra Blä**artig; **Ped** 1 - 3 mm; **Blü** 5-zählig; **Sep** basal frei, kurz gespornt, schmal lanzettlich bis dreieckig, spitz zulaufend, 5 - 5.6 × ± 1 mm; **Pet** basal wenig vereinigt, lanzettlich bis eiförmig, mit langem, aufgesetztem

Spitzchen, gelb, 6 - 6.5 mm; **NSch** breit spatelig, gerundet; **Fr** aufrecht, wenigsamig; **Sa** eiförmig-länglich, glatt oder papillös.

Die im Protolog als Typ angegebene Aufsammlung ist auch die Typaufsammlung von *S. holopetalum*. Falls für die beiden Namen der gleiche Herbarbogen als Holotyp gewählt wurde, wird *S. nothodugueyi* automatisch und unbeabsichtigt zu einem Synonym von *S. holopetalum*. Obwohl die beiden Arten eng miteinander verwandt erscheinen, belassen wir sie separat. *S. nothodugueyi* steht darüber hinaus *S. heckelii* nahe, unterscheidet sich aber in mehreren Merkmalen.

S. nudum Aiton (Hort. Kew. 2: 112, 1789). – **D:** S und E Madeira; Küstengebiete bis 500 m. **I:** 't Hart (1999a).

Incl. *Sedum suffruticosum* Solander ms. (s.a.) (*nom. inval.*, Art. 29.1).

[1] Kahle Halbsträucher, 6 - 10 (-20) cm hoch, mit reich verzweigten **Tr** aus einem basalen, kräftigen, verholzten Stamm oder mit fast aufrechten **Tr** aus einer diffusen, etwas verholzten, sympodialen Basis, junge **Tr** meist bewarzt, rauh; **Blä** wechselständig, sitzend, an den **Tr**spitzen gedrängt, schmal linealisch bis länglich, 3 - 6 (-9) mm, stumpf bis gerundet, stielrund bis fast stielrund, leuchtend grün oder gelblich, oft rot überhaucht; blühende **Tr** aufrecht oder aufsteigend, 5 - 10 cm; **Inf** wenigblütige Cymen mit 2 - 3, oft schlanken Wickeln; **Bra** 2 pro **Blü**; **Blü** 5-zählig, fast sitzend oder kurz gestielt; **Sep** basal frei, gespornt, ungleich, eiförmig, ± 2 mm, stumpf bis gerundet; **Pet** basal wenig vereinigt, schmal länglich elliptisch, 3 - 4 mm, spitz, gelb, in der Knospe oft rot überhaucht; **Fil** gelb; **Anth** gelb; **NSch** spatelig, gelblich; **Gr** schlank; **Fr** (fast) sternförmig ausstrahlend, gelblich braun, entlang der Bauchnähte mit Lippen; **Sa** hellbraun, netzig-papillös. – 2n = 26.

Sehr ähnlich wie *S. brissemoretii*, aber durch die schmaleren, leuchtend grünen Blätter, die kleineren Blüten und die stärker holzigen Triebe abweichend. Die Art kommt an viel trockeneren Standorten (nach S exponierte Felsen) vor und gehört in das Comparium der Ser. *Macaronesia* Fröderström. – [H. 't Hart]

S. nussbaumerianum Bitter (Notizbl. Bot. Gart. Berlin-Dahlem 8: 281-284, 1924). **T:** Mexiko, Veracruz (*Purpus* s.n. [B ?]). – **D:** Mexiko (Veracruz); lokal in Sizilien und auf Fuerteventura verwildert. **Fig. XXXVIII.d**

Incl. *Cotyledon rosettifolia* Hort. Berlin-Dahlem (s.a.) (*nom. inval.*, Art. 34.1c).

[1] Kahle, ausdauernde Halbsträucher mit niederliegenden, kahlen **Tr**; **Blä** wechselständig, verkehrt lanzettlich-elliptisch, spitz, fast stielrund, undeutlich gekielt, gelbgrün bis orange, 22 - 39 × 10 - 16 mm; blühende **Tr** aufsteigend, axillär; **Inf** pleiochasiale Cymen, doldig erscheinend, mit kurzer Primärachse; **Ped** 12 - 18 mm; **Blü** 5- (selten 4-) zählig, wenig duftend; **Sep** breit sitzend, basal vereinigt, eiförmig, spitz, hellgrün, ± 2.5 × 1.5 mm; **Pet** basal vereinigt, lanzettlich, spitz, weiss, ± 7.5 mm; **Fil** weiss; **Anth** lachsrosa; **NSch** quadratisch, gestutzt, ausgerandet, weiss; **Sa** genetzt. – 2n = 128.

Vermutlich mit *S. adolphi* identisch. Fröderström (1936a: 24) betrachtete das Taxon als Synonym von *S. adolphi*, aber Clausen (1959: 107) unterschied die beiden Arten, obwohl er gleichzeitig ihre gegenseitige Ähnlichkeit betonte.

S. nuttallianum Rafinesque (Atl. J. 1: 146, 1832). **T:** USA, Arkansas (*Nuttall* s.n. [NY]). – **Lit:** Nesom & Turner (1996). **D:** C USA (Texas, Oklahoma, Arkansas, Missouri); offene Stellen, in flachgründigen Böden, meist über Granit oder Sandstein. **I:** Fröderström (1936a: 135, t. 91); Clausen (1975: 313).

Incl. *Sedum nuttallii* Eaton (1833); **incl.** *Sedum torreyi* G. Don (1834); **incl.** *Sedum sparsiflorum* Nuttall (1840).

[1] Kahle, kleine, einjährige Kräuter mit aufrechten oder niederliegenden, einfachen oder verzweigten, glatten **Tr** aus einer schlanken Pfahl**Wu**; **Blä** wechselständig, schmal lanzettlich-elliptisch oder länglich, stumpf, kurz gesporn, fast stielrund bis selten kugelig, 3 - 6 × 1.5 - 2 mm, hell- oder bläulich grün, weit spreizend; blühende **Tr** aufrecht, 2.4 - 10.7 cm; **Inf** Cymen mit 1 - 3 Zweigen; **Bra Blä**artig; **Blü** 5-zählig, sitzend oder fast sitzend; **Sep** basal frei, kurz gespornt, sehr ungleich, lanzettlich oder lanzettlich-länglich, spitz, gelbgrün, 0.6 - 3 × 0.4 - 1.5 mm; **Pet** frei, elliptisch-länglich, mit einem Anhängsel mit aufgesetztem Spitzchen, wenig kapuzenförmig, gelb, 2 - 4 mm, ausgebreitet; **Fil** gelb; **Anth** gelb; **NSch** gestielt-nierenförmig, fast quadratisch oder verkehrt eiförmig, Spitze gestutzt, gelb oder durchscheinend; **Gr** 0.2 - 1 mm; **Fr** weit spreizend, entlang der Bauchnähte mit auffälligen Lippen, strohgelb; **Sa** eiförmig, gelbbraun, netzig-papillös. – 2n = 20.

Ein weiteres Element der *S. parvum*-Gruppe (Nesom & Turner 1996). – [H. 't Hart, B. Bleij & U. Eggli]

S. oaxacanum Rose (CUSNH 13(9): 299, 1911). **T:** Mexiko, Oaxaca (*Pringle* 10243 [US 462270, ENCB, S]). – **D:** Mexiko (Oaxaca); ± 3500 m. **I:** Fröderström (1936a: 88, t. 56). **Fig. XXXVIII.e**

Incl. *Sedum polyrhizum* Praeger (1921) (*nom. inval.*, Art. 34.1b).

[1] Gebüschelte, mehrjährige Kräuter mit aufgerauhten, kriechenden, reich verzweigten, wurzelnden **Tr** bis 15 cm Länge; **Blä** wechselständig, länglich bis verkehrt eiförmig, stumpf, etwas bewarzt, breit gespornt, fast stielrund, 3 - 6 mm; blühende **Tr** aufrecht; **Inf** wenigblütige, durchblätterte Ebensträusse; **Blü** 5-zählig, sitzend oder fast sitzend; **Sep** breit sitzend, gleich, linealisch bis schmal drei-

eckig, etwas stumpf, 3 - 4 mm, fast aufrecht; **Pet** fast bis zur Basis frei, etwas länglich, stumpf, unterhalb der Spitze breit, mit schmalem, aufgesetztem Spitzchen, gelb, 7 - 8 mm, fast aufrecht; **NSch** breiter als lang, trapezoid, flach; **Gr** ziemlich lang; **Fr** sternförmig ausgebreitet, geschwollen; **Sa** eiförmig, netzig-papillös. − 2n = 68.

Das ungenügend bekannte *S. polyrhizum* gehört vermutlich hierher.

S. obcordatum R. T. Clausen (Bull. Torrey Bot. Club 68: 474-475, fig. 1, 1941). **T:** Mexiko, Vera Cruz (*Balls* 4600 [US 1793671, K]). − **D:** Mexiko (Veracruz: Orizaba und Cofre de Perote). **I:** Clausen (1959: 172). **Fig. XXXVIII.f**

[1] Kahle, ausdauernde Halbsträucher mit gebüschelten, aufrechten oder aufsteigenden, reich verzweigten **Tr** mit abschälender Rinde und leicht abbrechenden Seitenzweigen; **Blä** kreuzgegenständig, manchmal wechselständig, verkehrt herzförmig, verkehrt eiförmig oder fast kreisrund, ausgerandet oder breit gerundet, kurz gespornt, glauk, bläulich, 7 - 29 × 6 - 25 mm; blühende **Tr** aufrecht; **Inf** Cymen mit 1 - 5 Zweigen; **Bra** elliptisch oder verkehrt eiförmig; **Ped** 1 - 7 mm; **Blü** 5- (selten 4- oder 6-) zählig; **Sep** basal frei, manchmal kurz gespornt, ungleich, verkehrt lanzettlich-länglich oder elliptisch-länglich, stumpf, glauk, hellgrün, 6.5 - 15.1 × 2.3 - 5.9 mm; **Pet** basal wenig vereinigt, lanzettlich, spitz oder stumpf, mit aufgesetztem Spitzchen, gekielt, glauk, gelb, basal grünlich, ± 10 mm; **Fil** gelb; **Anth** gelb; **NSch** nierenförmig oder fast quadratisch, gestutzt, weisslich bis hellgelb; **Fr** spreizend, strohfarben; **Sa** spindelig, gerunzelt, braun. − 2n = 68.

S. oblanceolatum R. T. Clausen (Sedum North Amer., 403-404, ill., 1975). **T:** USA, Oregon (*Clausen* 651034 [CU]). − **D:** W USA (Oregon: Klamath Mts.; Einzugsgebiet des Applegate River); 450 - 1580 m.

[1] Kahle, mehrjährige Kräuter mit verzweigtem, kurzem, schlankem **Wu**stock, mit **Ros** in dichten Büscheln; **Blä** wechselständig, verkehrt lanzettlich-länglich, stumpf bis gestutzt, manchmal ausgerandet, bereift, 7 - 38 × 5 - 9 mm, aufrecht; blühende **Tr** ± 8 cm; **Inf** dichte Rispen; **Blü** 5-zählig, gestielt; **Sep** breit sitzend, basal vereinigt, lanzettlich-länglich, spitz, papillös, glauk, ± 5 × 2 mm, aufrecht; **Pet** basal vereinigt, länglich, spitz, mit aufgesetztem Spitzchen, Ränder ausgerandet, cremeweiss, ± 9.5 mm, aufrecht; **Anth** gelb; **NSch** quer länglich, tief gestutzt, gelb; **Fr** aufrecht, basal vereinigt, braun; **Sa** birnenförmig, braun, gerippt. − 2n = 30.

S. obtrullatum K. T. Fu (Acta Phytotax. Sin. 12(1): 63, t. 10: 36-43, 1974). **T:** Tibet (*Wang* 66274 [PE]). − **D:** SE Tibet, China (NW Yunnan); Berghänge entlang von Flüssen, 2400 - 3300 m. **I:** Fu & Fu (1984: t. 25).

[1] Ein- oder zweijährige Kräuter, meist verzweigt, 3 - 8 cm hoch; **Blä** wechselständig, unten gedrängt, weiter oben lockerer angeordnet, linealisch-lanzettlich oder eiförmig-lanzettlich, stumpf bis spitz oder spitz zulaufend, 4 - 5 × ± 1.5 mm, mit einem kurzen, breiten, gestutzten Sporn; **Inf** ebensträussig; **Ped** 2 - 3 mm; **Blü** 5-zählig; **Sep** basal frei mit einem langen, stumpfen Sporn, ungleich, lanzettlich bis lanzettlich-länglich, spitz, 3.5 - 4.2 × 0.8 - 1.2 mm; **Pet** basal frei, (schmal) verkehrt pflasterkellenförmig, stumpf bis spitz, genagelt, rot, ± 2.5 mm; **NSch** linealisch, stumpf bis gestutzt; **Gr** kurz; **Fr** fast aufrecht; **Sa** netzig-papillös.

Nahe bei *S. raymondii*, aber durch die lanzettlichen bis lanzettlich-länglichen Kelchblätter, die roten, schmal verkehrt pflasterkellenförmigen und genagelten Kronblätter, die linealischen, gerundeten Nektarschüppchen, und die abrupt in kurzen Griffeln endenden Karpelle unterschieden.

S. obtusatum A. Gray (Proc. Amer. Acad. Arts 7: 342, 1868). **T:** USA, California (*Brewer* 1678 [GH]). − **Lit:** Denton (1978). **D:** W USA.

≡ *Gormania obtusata* (A. Gray) Britton (1903) ≡ *Cotyledon obtusata* (A. Gray) Fedde (1904) ≡ *Echeveria obtusata* (A. Gray) Nelson & Macbride (1913).

[2] Kahle, mehrjährige Kräuter mit verlängerten, kräftigen, verzweigten **Wu**stöcken mit endständiger **Ros**; Ableger axillär; **Blä** wechselständig, verkehrt lanzettlich oder spatelig, gerundet oder gestutzt, undeutlich mit aufgesetztem Spitzchen, gestutzt oder ausgerandet, 6 - 22 × 4 - 10 mm, grün, blaugrün, grün und rot überhaucht oder rot; blühende **Tr** aufsteigend, endständig oder axillär, 1.6 - 11 cm; **Inf** Rispen; **Bra** spatelig bis linealisch-länglich; **Ped** ± 1.5 mm; **Blü** 5-zählig; **Sep** breit sitzend, basal wenig vereinigt, eiförmig oder lanzettlich, spitz oder stumpf, etwas stielrund, glauk, ± 4 × 2 mm, hellgrün oder ± purpurn, aufrecht; **Pet** basal vereinigt, in der Knospe zusammengedreht, verkehrt lanzettlich-länglich, spatelig oder verkehrt eiförmig, mit abrupt aufgesetztem Spitzchen, Ränder im oberen Bereich ausgenagt, weiss bis gelb, ± 7.5 mm, über der Mitte ausgebreitet; **Fil** weiss oder gelb; **Anth** gelb; **NSch** gestutzt nierenförmig, weiss oder gelb; **Fr** aufrecht, braun; **Sa** birnenförmig, braun, gerippt.

S. obtusatum ssp. **boreale** R. T. Clausen (Bull. Torrey Bot. Club 69(1): 32-33, 1942). **T:** USA, California (*Clausen & Trapido* 4952 [CU]). − **D:** USA (California: N Sierra Nevada, S Cascade Ranges); 1400 - 1800 m. **I:** Clausen (1975: 374). **Fig. XXXVIII.a**

[2] Unterschiede zu ssp. *obtusatum*: Blühende **Tr** 9 - 11 cm; **Pet** weiss, grünlich weiss, cremeweiss oder hellorange und rosa überhaucht, 6 - 9 × 2.4 - 3.8 mm; **Anth** 1.2 - 1.5 mm; **NSch** 0.9 - 1.2 mm breit. − 2n = 30.

S. obtusatum ssp. **obtusatum** – **D:** W USA (California: C Sierra Nevada N-wärts zu den Klamath Mts.); auf Granit- und Diorit-Felsvorkommen, meist an W-Hängen, 1370 - 3660 m. **I:** Clausen (1975: 359).

Incl. *Gormania burnhamii* Britton (1903) ≡ *Cotyledon burnhamii* (Britton) Fedde (1904) ≡ *Sedum burnhamii* (Britton) A. Berger (1930); **incl.** *Gormania hallii* Britton (1903) ≡ *Sedum hallii* (Britton) Praeger (1921) ≡ *Sedum obtusatum* var. *hallii* (Britton) Smiley (1921) ≡ *Echeveria hallii* (Britton) A. Berger (1930) (*nom. inval.*, Art. 34.1c); **incl.** *Cotyledon yosemitense* Fedde (1904); **incl.** *Echeveria brittonii* Nelson & Macbride (1913) (*nom. illeg.*, Art. 52.1); **incl.** *Sedum rubroglaucum* Praeger (1919); **incl.** *Sedum obtusatum* ssp. *typicum* R. T. Clausen (1940) (*nom. inval.*, Art. 24.3).

[2] **Sep** 1.8 - 5 mm, stumpf bis spitz; **Pet** gelb (oder rot geadert), 8 - 10 × 3.2 - 4.1 mm; **Anth** 1.7 - 1.8 mm. – 2n = 30.

S. obtusatum ssp. **paradisum** Denton (Brittonia 30(2): 236-238, ills., 1978). **T:** USA, California (*Denton* 4097 [WTU]). – **D:** USA (California: Trinity Mts.); Granitfelsvorkommen, 300 - 1400 m.

≡ *Sedum paradisum* (Denton) Denton (s.a.).

[2] Unterschiede zu ssp. *obtusatum*: **Ros** kompakter; **Sep** 3.5 - 6 mm, spitz bis lang spitz zulaufend und verjüngt; **Pet** cremefarben. – 2n = 30. – [U. Eggli]

S. obtusatum ssp. **retusum** (Rose) R. T. Clausen (Sedum North Amer., 375, 1975). **T:** USA, California (*Heller* s.n. [US]). – **D:** W USA (California: North Coast Mts. bis Siskiyou Mts.); Granitfelsvorkommen etc., (460-) 1480 - 2280 m.

≡ *Gormania retusa* Rose (1903) ≡ *Cotyledon retusa* (Rose) Fedde (1904) (*nom. illeg.*, Art. 53.1) ≡ *Sedum laxum* ssp. *retusum* (Rose) R. T. Clausen (1942); **incl.** *Sedum sanhedrinum* A. Berger (1930).

[2] Unterschiede zu ssp. *obtusatum*: Blühende **Tr** ± 7 cm; **Blü** fast sitzend; **Pet** weiss, grünlich weiss, cremeweiss oder hellorange und rosa überhaucht, 6 - 9 × 2.4 - 3.8 mm; **Anth** 1.2 - 1.5 mm; **NSch** 0.7 - 0.8 mm breit. – 2n = 60.

S. obtusipetalum Franchet (J. Bot. (Morot) 10: 289, 1896). **T:** China, Yunnan (*Delavay* 2509 [P]). – **D:** Nepal, China (SW Sichuan, NW Yunnan); Felsen an bewaldeten Hängen, feuchter Boden und sandige Stellen, 2000 - 3700 m.

[1] Einjährige Kräuter mit aufsteigenden oder fast aufrechten bis aufrechten, glatten oder spärlich papillaten **Tr**, auf der ganzen Länge verzweigt, 4 - 15 cm hoch; **Blä** wechselständig, ± ziegelig, angedrückt bis etwas aufrecht, lanzettlich bis verkehrt lanzettlich, linealisch-elliptisch oder schmal länglich, stumpf bis spitz, breit gespornt, dick, glatt, selten mit warzigen Rändern, 4 - 11 × 0.8 - 2.5 mm; **Inf** kompakte Cymen; **Bra Blä**artig; **Ped** 1 - 3 mm; **Blü** 5-zählig; **Sep** basal frei, breit gespornt, linealisch bis breit lanzettlich, stumpf, manchmal spitz, ± fleischig, glatt, selten mit papillösen Rändern, 3 - 6 × 0.9 - 1.8 mm; **Pet** basal für bis zu 2 mm vereinigt, stumpf bis spitz, mit sehr kurzem, aufgesetztem Spitzchen, gelb, 6 - 8.5 mm, fast aufrecht; **Anth** tiefgelb; **Gr** 1 - 2 mm; **Fr** aufrecht; **Sa** netzig-papillös.

S. obtusipetalum ssp. **dandyanum** Hamet *ex* H. Ohba (J. Jap. Bot. 61(9): 274, ill. (p. 271), 1986). **T:** Nepal (*Stainton & al.* 9011 [BM, TI]). – **D:** Nepal; ± 3700 m.

[1] Unterschiede zu ssp. *obtusipetalum*: **Inf** wenigblütig; **Pet** länglich elliptisch, ± 2.5 mm breit; **NSch** linealisch, ± 1.1 mm.

S. obtusipetalum ssp. **obtusipetalum** – **D:** China (SW Sichuan, NW Yunnan); 2000 - 3700 m. **I:** Fröderström (1931: 70, t. 36); Fu & Fu (1984: t. 23).

Incl. *Sedum constantinii* hort. (s.a.) (*nom. inval.*, Art. 61.1); **incl.** *Sedum mosoynense* Franchet (1896); **incl.** *Sedum constantinii* Hamet (1909); **incl.** *Sedum morotii* Hamet (1909); **incl.** *Sedum rosei* Hamet (1910); **incl.** *Sedum pinoyi* Hamet (1919) ≡ *Sedum morotii* var. *pinoyi* (Hamet) Fröderström (1931); **incl.** *Sedum paracelatum* Fröderström (1942); **incl.** *Sedum rosei* var. *brevistamineum* Fröderström (1942); **incl.** *Sedum rosei* var. *magniflorum* Fröderström (1942).

[1] **Inf** vielblütig; **Pet** linealisch, linealisch-lanzettlich oder breit lanzettlich, 0.9 - 1.8 mm breit; **NSch** zur Spitze abrupt verbreitert, 0.5 - 0.6 mm.

Fu & Fu (1984) behandelte *S. costantinii*, *S. morotii*, *S. paracelatum* und *S. rosei* als eigenständige Arten.

S. ochroleucum Chaix (in Villars, Hist. Pl. Dauphiné 1: 325, 1786). **T:** Frankreich, Dauphiné (*Anonymus* s.n. [nicht lokalisiert]). – **Lit:** 't Hart (1978). **D:** Schweiz, Frankreich, Italien, Albanien, Bulgarien, Ungarn, Rumänien, Serbien, Kroatien, Mazedonien, Slowenien), Griechenland, Türkei (europäischer Teil).

≡ *Sedum rupestre* ssp. *ochroleucum* (Chaix) Hegi & Em. Schmid (1922); **incl.** *Sedum anopetalum* De Candolle (1808) ≡ *Sedum rupestre* ssp. *anopetalum* (De Candolle) Arcangeli (1882) ≡ *Petrosedum anopetalum* (De Candolle) Grulich (1984) ≡ *Petrosedum rupestre* ssp. *anopetalum* (De Candolle) Velayos (1989); **incl.** *Sedum rufescens* Tenore (1811); **incl.** *Sedum hispanicum* De Candolle (1815) (*nom. illeg.*, Art. 53.1); **incl.** *Sedum verlotii* Jordan (1860).

[1] Kahle, mehrjährige Kräuter; sterile **Tr** ± niederliegend, wurzelnd; **Blä** ziegelig, linealisch-länglich, mit aufgesetztem Spitzchen, stielrund, basal gespornt, 10 - 15 mm, grün oder glauk; blühende **Tr** aufrecht oder aufsteigend, 15 - 40 cm; **Inf** endständige Ebensträusse mit 3 - 5 Zweigen, dicht drüsig-flaumhaarig, in der Knospe aufrecht und flach-

gipfelig, Zweige kaum zurückgebogen; **Bra** **Bla**artig, drüsig-flaumhaarig; **Blü** (5- bis) 6- bis 8-zählig, fast sitzend; **Sep** basal vereinigt, gleich, dreieckig, lang spitz zulaufend, 5 - 7 mm, dicht drüsig-flaumhaarig; **Pet** frei, länglich, cremefarben oder grünlich weiss, 8 - 10 mm, zur **Blü**zeit aufrecht; **Fil** weiss, kahl; **Anth** gelb; **NSch** quadratisch, grünlich; **Fr** aufrecht, braun; **Sa** länglich, braun, gerippt. – 2n = 34, 68, 102.

S. ocuilense J. Meyrán (Cact. Suc. Mex. 36(4): 92-96, ills., 1991). **T:** Mexiko, México (*Bonilla* s.n. in *Meyran* 5061 [MEXU, ENCB]). – **D:** Mexiko (México); 2000 - 2250 m.

[1] Kahle, ausdauernde Halbsträucher mit aufrechten und später niederliegenden oder hängenden **Tr**, von der Basis aus verzweigend, bis 18 cm lang; **Blä** wechselständig, spatelig bis länglich verkehrt eiförmig, stumpf bis gerundet, flach bis fast stielrund, 18 - 30 × 7 - 11 mm, 4 - 5 mm dick; blühende **Tr** axillär; **Inf** kompakte, wenigblütige Cymen mit 3 - 5 Zweigen; **Bra** länglich bis linealisch, gerundet, 2 an jedem Wickel; **Ped** 2 - 3 mm; **Blü** 5-zählig; **Sep** wenig ungleich, länglich, lanzettlich bis eiförmig, stumpf, etwas ansteigend, gekielt, fast stielrund, 3 - 4 × 1 - 2 mm, an der Spitze 1 - 2 mm dick, zur Basis dünner; **Pet** basal wenig vereinigt, rhomboid, spitz, weiss, 5 - 7 mm; **Fil** weiss; **Anth** dunkelrot; **NSch** rechteckig, ausgerandet, dunkelrot.

S. oligocarpum Fröderström (Acta Horti Gothob. 15: 26, figs. 164-172, t. 4: 2, 1942). **T:** China, Sichuan (*Smith* 11263 [UPS ?]). – **D:** China (W Sichuan); Felsen, 4400 - 4600 m.

[1] Winzige, einjährige Kräuter bis 1 cm hoch, stark aus der Basis verzweigt; **Tr** spreizend; **Blä** eiförmig bis fast kreisrund, stumpf, 1 - 1.5 mm; **Inf** klein, wenigblütig; **Bra** 2 pro **Blü**, fast gegenständig, lanzettlich, feinspitzig, 1.5 - 2 mm; **Ped** kurz; **Blü** 5-zählig, mit 5 **St**; **Sep** etwas eiförmig, etwas spitz, 1.5 - 2 mm; **Pet** länglich, mit aufgesetztem Spitzchen, basal breit, gelblich, ± 2 mm; **NSch** schmal linealisch, sehr leicht ausgerandet; **Gr** lang; **Fr** etwas spreizend, wenigsamig; **Sa** lanzettlich, vermutlich genetzt.

S. oligospermum Maire (Bull. Soc. Hist. Nat. Afr. Nord 30(4-5): 278, 1939). **T:** China (*von Rosthorn* 787 [B ?]). – **D:** Myanmar, China (Gansu, Henan, Hubei, Hunan, Shaanxi, Sichuan, Yunnan); schattige, feuchte Hänge in Wäldern, Felsen; 1100 - 2800 m.

Incl. *Sedum bracteatum* Diels (1900) (*nom. illeg.*, Art. 53.1); incl. *Sedum amplibracteatum* K. T. Fu (1974) (*nom. illeg.*, Art. 52.1).

[1] Mehrjährige Kräuter; **Blä** wechselständig oder in Wirteln zu 3, länglich bis verkehrt eiförmig, ziemlich stumpf bis etwas spitz, mit einem langen, falschen Stiel, 3 - 7 cm, zur **Tr**basis abfallend; blühende **Tr** schwach, fleischig, bis 50 cm; **Inf** lockere Cymen mit ± 3 Wickeln, diese manchmal gabelig; **Bra** (fast) kreisrund, bis 6 mm; **Blü** 5-zählig; **Sep** breit sitzend, dreieckig, etwas spitz, ± 0.5 mm; **Pet** länglich, etwas spitz, 5 - 6 mm, gelblich; **Gr** bis 5 mm; **NSch** linealisch bis etwas spatelig; **Fr** etwas spreizend, wenigsamig; **Sa** gross, spindelig.

Mit *S. wilsonii*, *S. tetractinum*, *S. triactinum* und *S. leptophyllum* verwandt und in die Ser. *Bracteata* (Fröderström) S. H. Fu eingeordnet (Fu & Fu 1984). Diese Arten haben jedoch trotz der flachen und relativ grossen Blätter und der breit sitzenden Kelchblätter keine Beziehung zu *Phedimus*, sondern gehören zu *Sedum* s.str. und stehen vermutlich der Ser. *Japonica* nahe, die durch flache, wechselständige oder wirtelige Blätter, gelbe Blüten und netzige oder netzig-papillöse Samen gekennzeichnet ist.

Der nomenklatorisch korrekte Name für dieses Taxon wurde erst kürzlich von Byalt (2001b) diskutiert. – [H. 't Hart, B. Bleij & U. Eggli]

S. oligospermum var. **emarginatum** (S. H. Fu) Byalt (Novosti Sist. Vyssh. Rast. 33: 131, 2001). **T:** China, Sichuan (*Hsiung & Chow* 92738 [PE]). – **D:** China (Sichuan); ± 1800 m.

≡ *Sedum bracteatum* var. *emarginatum* S. H. Fu (1965) (unkorrekter Name, Art. 11.4) ≡ *Sedum amplibracteatum* var. *emarginatum* (S. H. Fu) S. H. Fu (1984) (unkorrekter Name, Art. 11.4).

[1] **Blä**spitzen ausgerandet.

S. oligospermum var. **oligospermum** – **D:** China (Yunnan, Sichuan bis Hunan); 1000 - 3000 m. **I:** Fröderström (1931: 101, t. 63-64, als *S. bracteatum*).

Incl. *Sedum amplibracteatum* var. *amplibracteatum* (unkorrekter Name, Art. 11.4).

[1] **Blä**spitzen ganzrandig.

S. onychopetalum Fröderström (Sinensia 3: 199, 1933). **T:** China, Jiangsu (*Lu & Teng* 9636 [Herb. Nanking]). – **D:** China (Anhui, Jiangsu, Zhejiang); schattige, feuchte Felsen an offenen Stellen, ± 200 m. **I:** Fröderström (1936a: 163); Fu & Fu (1984: t. 31).

[1] Mehrjährige Kräuter mit schlanken, fast aufrechten, 2 - 4 cm hohen **Tr**; **Blä** wechselständig oder in Wirteln zu 3 - 4, breit linealisch oder lanzettlich, etwas stumpf, breit gespornt, 6 - 11 mm; blühende **Tr** mehrere, etwas aufrecht, einfach, 8 - 12 cm; **Inf** grosse Cymen mit 2 oder 3, manchmal verzweigten Wickeln; **Bra** etwas länglich, stumpf, ± 5 mm; **Blü** 5-zählig; **Sep** breit sitzend, fast gleich, etwas länglich, stumpf, ± 2.5 mm; **Pet** basal frei, lanzettlich, mit aufgesetztem Spitzchen, etwas genagelt, gelb, ± 5 mm; **NSch** fast quadratisch, flach; **Gr** lang; **Fr** spreizend, aufgeblasen; **Sa** klein, etwas eiförmig, vermutlich netzig-papillös.

S. orbatum Moran & J. Meyrán (Cact. Suc. Mex. 33(3): 55-59, 76, ills., 1988). **T:** Mexiko, Puebla

(*Otero* 62 [MEXU, ENCB]). – **D:** Mexiko (Puebla: nur von kultivierten Pflanzen bekannt).

[1] Kahle, ausdauernde Halbsträucher, **Tr** wenig verzweigt, ≥ 25 cm; **Blä** wechselständig, schmal keilförmig verkehrt eiförmig, stumpf oder gerundet, mit aufgesetztem Spitzchen, annähernd stielrund, 35 - 60 × 15 - 35 mm, glänzend, grünlich gelb oder dunkelgrün; blühende **Tr** axillär, 12 - 20 cm, rötlich purpurn, leicht glauk; **Inf** kompakte Thyrsen; **Bra** ähnlich wie die **Blä** an blühenden **Tr**; **Blü** 5- (bis 6-) zählig, fast sitzend; **Sep** ungleich, länglich lanzettlich, stumpf, 2 - 3 × ± 1 mm; **Pet** basal wenig vereinigt, in der Knospe ziegelig, eiförmig-lanzettlich, etwas spitz, weiss, 3 - 4.5 mm; **Fil** weiss; **Anth** hellgelb; **NSch** annähernd quadratisch-keilförmig, ± orange; **Gr** bis 1.5 mm. – 2n = 68.

S. oreades (Decaisne) Hamet (Bull. Soc. Bot. France 56: 571, 1909). **T:** Indien, Kaschmir (*Jacquemont* 1238 [P]). – **D:** N Pakistan, Indien (Kaschmir), Sikkim Bhutan, Tibet, Myanmar, China (NW Yunnan); steinige Stellen, 3000 - 4500 m. **I:** Fröderström (1931: 42, t. 25); Fu & Fu (1984: t. 20). **Fig. XXXVIII.g**

≡ *Umbilicus oreades* Decaisne (1844) ≡ *Cotyledon oreades* (Decaisne) C. B. Clarke (1878); **incl.** *Sedum taeschkei* Kurz (s.a.) (*nom. inval.*, Art. 61.1); **incl.** *Umbilicus luteus* Decaisne (1844) (*nom. illeg.*, Art. 53.1); **incl.** *Umbilicus spathulatus* Hooker *fil.* & Thomson (1858) ≡ *Cotyledon spathulata* (Hooker *fil.* & Thomson) C. B. Clarke (1878) (*nom. illeg.*, Art. 53.1); **incl.** *Sedum jaeschkei* Kurz (1867); **incl.** *Sedum filicaule* Duthie *ex* Hamet (1909) (*nom. inval.*, Art. 34.1c); **incl.** *Sedum squarrosum* Royle *ex* Hamet (1909) (*nom. inval.*, Art. 34.1c).

[1] Mehrjährige Kräuter mit wenigen, kleinen, meist sehr kurzen **Tr**; **Blä** wechselständig, ± ziegelig, lanzettlich bis breit länglich, kurz spitz zulaufend, 3 - 9 × 1 - 1.5 mm, mit einem stumpfen, 3-lappigen Sporn; blühende **Tr** aufsteigend oder aufrecht, verzweigt, 2.5 - 14 cm; **Inf** 1- bis vielblütige Ebensträusse; **Blü** 5- (bis 7-) zählig, mit 5 oder 10 (-14) **St**; **Sep** basal frei, kurz gespornt, lanzettlich, manchmal entlang der Ränder winzig ausgenagt, 5 - 6 × 1.5 - 2 mm; **Pet** basal für bis 3 mm vereinigt, verkehrt eiförmig, mit kurzem, aufgesetztem Spitzchen, schmal genagelt, mit ausgenagten Rändern, gelb, 6 - 12 mm; **NSch** linealisch-spatelig, gerundet bis gestutzt; **Fr** aufrecht, vielsamig; **Sa** netzig-papillös.

S. oreganum Nuttall (in Torrey & A. Gray, Fl. North Amer. 1: 559, 1840). **T:** USA, Washington (*Nuttall* s.n. [BM]). – **D:** W USA.

≡ *Gormania oregana* (Nuttall) Britton (1903) ≡ *Cotyledon oregana* (Nuttall) Fedde (1904) ≡ *Echeveria oregana* (Nuttall) Nelson & Macbride (1913) ≡ *Breitungia oregana* (Nuttall) A. Löve & D. Löve (1985).

[2] Kahle, mehrjährige Kräuter mit kräftigen, niederliegenden, verzweigten **Tr**; **Blä** wechselständig, keilförmig bis spatelig, breit gerundet oder gestutzt, nahe der Spitze am dicksten, kurz gespornt, glänzend, hellgrün, 7 - 12 × 4.4 - 9 mm; blühende **Tr** aufrecht, 8 - 13 cm; **Inf** dichte Ebensträusse mit dichotom verzweigten Ästen 1. Ordnung; **Bra** spatelig oder verkehrt lanzettlich, gespornt, 5 - 8 mm; **Blü** 5-zählig, sitzend oder fast sitzend; **Sep** breit sitzend, eiförmig-lanzettlich, spitz zulaufend oder spitz, grün, ± 3.5 × 2 mm, aufrecht; **Pet** basal vereinigt, schmal lanzettlich, grannenspitzig, gekielt, gelb, ± 10.5 mm, nach oben spreizend; **Fil** gelblich oder grünlich; **Anth** gelb; **NSch** fast quadratisch oder spatelig, gelb; **Fr** aufrecht, hellbraun oder gelb; **Sa** birnenförmig, braun, gerippt. – 2n = 24.

S. oreganum ssp. **oreganum** – **D:** SW Kanada, NW USA (Alaska bis Oregon); exponierte und sonnige Küstenfelsen und Klippen, bis 460 m. **I:** Clausen (1975: 346).

Incl. *Sedum oreganum* var. *metallicum* Hort. Schleipfer (s.a.) (*nom. inval.*, Art. 29.1).

[2] **Tr** kräftig; **Blä** dick; **Sep** ± 3.5 mm; **NSch** fast quadratisch bis spatelig.

S. oreganum ssp. **tenue** R. T. Clausen (Sedum North Amer., 355, 1975). **T:** USA, Washington (*Clausen & Clausen* 61.209.4 [CU]). – **D:** SW Kanada, NW USA (British Columbia bis Oregon: Cascade Mts.); 300 - 1550 m.

[2] Unterschiede zu ssp. *oreganum*: **Tr** schlanker; **Blä** dünner; **NSch** etwas stärker verlängert; **Ca** kürzer; **Sa** kleiner.

S. oregonense (S. Watson) M. Peck (Man. Higher Pl. Oregon, 361, 1941). **T:** USA, Oregon (*Howell & Howell* 322 [GH]). – **D:** W USA (Oregon, N California: Cascade und Klamath Mts.); 1190 - 1590 m. **I:** Clausen (1975: 411).

≡ *Cotyledon oregonensis* S. Watson (1882); **incl.** *Gormania watsonii* Britton (1903) (*nom. illeg.*, Art. 52.1) ≡ *Echeveria watsonii* (Britton) Nelson & Macbride (1913) (*nom. illeg.*, Art. 52.1) ≡ *Sedum watsonii* (Britton) Tidestrom (1927) (*nom. illeg.*, Art. 52.1).

[2] Kahle, mehrjährige Kräuter mit dickem, reich verzweigtem **Wu**stock mit fleischigen **Ros**; **Blä** wechselständig, verkehrt eiförmig oder verkehrt lanzettlich, ausgerandet bis gestutzt, sitzend bis manchmal annähernd sitzend, fast stielrund, 10 - 36 × 5 - 16 mm, grün und glauk; blühende **Tr** aufrecht; 6 - 28 cm; **Inf** Rispen; **Bra** **Blä**artig; **Blü** 5-zählig, gestielt; **Sep** breit sitzend, basal vereinigt, eiförmig, etwas spitz, ± 3.5 × 0.5 mm, grünlich, aufrecht, der **Kr**röhre angedrückt, ausdauernd; **Pet** basal vereinigt, elliptisch-länglich oder verkehrt lanzettlich-länglich, mit ausgenagten Rändern, kapuzenförmig, weisslich, basal aufrecht, spitzenwärts spreizend, bis zur **Fr**zeit ausdauernd; **Fil** hellgelb; **Anth** gelb; **NSch** etwas nierenförmig, gestutzt, weiss oder gelb;

Fr aufrecht, braun, mit 5 starken Adern; **Sa** birnenförmig, hellbraun, gerippt. − 2n = 90.

S. oteroi Moran (Cact. Suc. Mex. 22(3): 49, 51-54, ill., 1977). **T:** Mexiko, Oaxaca (*Otero* 17 [SD 94809]). − **D:** Mexiko (Oaxaca); Kalksteinhügel, ± 2000 m.

[1] Kahle, mehrjährige Kräuter mit knolligen **Wu** und kurzen, beblätterten **Tr**, manchmal mit Seiten-**Tr**; **Blä** wechselständig, eng stehend, aufsteigend, keulig verkehrt lanzettlich bis länglich verkehrt eiförmig, breit spitz bis stumpf, basal etwas stengelumfassend, zur Spitze papillös, v.a. entlang der Ränder und des Kiels, wenig gekielt, fast stielrund, angeschwollen, 5 - 10 × 2 - 5 mm, 1.5 - 2.5 mm dick, grün oder leicht glauk; blühende **Tr** axillär, 3 - 5 cm, hellgrün, glauk; **Inf** ziemlich kompakte Trauben; **Bra Blä**artig aber schmaler und stärker zugespitzt; **Ped** ± 1.5 mm; **Blü** 5-zählig; **Sep** fast gleich, basal etwas ziegelig, länglich, etwas spitz bis stumpf, oberseits kaum papillös, glauk, ± 3 × 1.5 - 2 mm, aufsteigend; **Pet** basal vereinigt, in der Knospe ziegelig, verkehrt eiförmig, breit spitz, gekielt, glauk, hellgelb, ± 4 mm, aufsteigend-ausgebreitet; **Fil** weisslich; **NSch** gelb. − 2n = 54, 144.

S. oxycoccoides Rose (Bull. New York Bot. Gard. 3(9): 40, 1903). **T:** Mexiko, Nayarit (*Rose* 2198 [US]). − **D:** Mexiko (Nayarit); tiefe, schattige Tobel. **I:** Fröderström (1936a: 28, t. 18).

[1] Kahle, mehrjährige Kräuter mit kriechenden, fleischigen **Wu**stöcken und zahlreichen, schlanken **Tr** aus der Basis, 20 - 32 cm hoch; **Blä** wechselständig, linealisch, stumpf, 8 - 15 mm, ± ausgebreitet; blühende **Tr** aufrecht; **Inf** lockere Rispen oder wenig verzweigte Cymen; **Bra** linealisch, ± 5 mm; **Blü** 5-zählig, sitzend oder fast sitzend; **Sep** basal frei, kurz gespornt, ungleich, linealisch, stumpf, stielrund, 4 - 6.5 mm; **Pet** fast bis zur breiten Basis frei, lanzettlich bis etwas eiförmig, etwas stumpf bis spitz zulaufend, 5 - 10 mm, tiefrot; **Fil** rötlich; **NSch** gross, fast quadratisch, leicht ausgerandet, flach, grünlich; **Fr** frei, angeschwollen, fast aufrecht bis ausgebreitet; **Sa** eiförmig, genetzt. − 2n = 58.

S. oxypetalum Kunth (in Humboldt, Bonpland & Kunth, Nov. Gen. Sp. 6: 37-38, 1823). **T:** Mexiko (*Bonpland* s.n. [P]). − **D:** Mexiko (C und E transmexikanischer Vulkangürtel); auf Konglomeraten. **I:** Fröderström (1936a: 20, t. 12); Clausen (1959: 117). **Fig. XXXIX.g**

Incl. *Sedum arborescens* Sessé & Moçiño (1894); **incl.** *Sedum peregrinum* Sessé & Moçiño (1894).

[1] Ausdauernde Sträucher mit stark verzweigten Stämmchen, abblätternder Borke und papillösen Zweigen, bis 1 m hoch, fruchtende **Tr** an einer auffälligen, vordefinierten Bruchstelle abfallend; **Blä** wechselständig, verkehrt lanzettlich oder verkehrt eiförmig, gestutzt oder ausgerandet, fein papillös, grün, 11 - 57 × 5 - 21 mm, nach der Blüte abfallend; blühende **Tr** aufrecht; **Inf** Cymen mit 3 oder 4 Zweigen, manchmal ebensträussig; **Blü** 5- (oder 4- oder 6-) zählig, sitzend, mit moschusartigem Duft; **Sep** basal frei, kurz gespornt, ungleich, lanzettlich, spitz, grün, 1.5 - 4.4 × 0.6 - 1.3 mm, aufrecht; **Pet** basal frei, lanzettlich, spitz, mit aufgesetztem Spitzchen, weiss bis rosa, ± 6 × 1.5 mm, ausgebreitet; **Fil** hellrosa; **Anth** rot, rosa oder gelb; **NSch** länglich oder verkehrt eiförmig-länglich, gestutzt, gerundet oder ausgerandet, cremeweiss oder hellgelb; **Fr** weit spreizend, entlang der Bauchnähte mit kleinen Lippen, bräunlich; **Sa** birnenförmig, braun, genetzt. − 2n = 58.

S. pachyphyllum Rose (CUSNH 13(9): 299-300, pl. 58, 1911). **T:** Mexiko, Oaxaca (*Purpus* 416 [US 618380]). − **D:** Mexiko (Oaxaca: Sierra Madre del Sur). **I:** Fröderström (1936a: 15, t. 8). **Fig. XXXIX.a**

[1] Reich verzweigte, ausdauernde Halbsträucher, 5 - 30 cm hoch; **Blä** gedrängt, keulig länglich verkehrt lanzettlich, stielrund, glauk, 10 - 40 × 6 - 10 mm; blühende **Tr** aufrecht oder zurückgeschlagen, axillär; **Inf** Ebensträusse; **Blü** 5-zählig, fast sitzend; **Sep** basal frei, kurz gespornt, ungleich, keulig verkehrt lanzettlich, stumpf, obere Teile sehr dick, 3.5 - 5 mm; **Pet** bis zur Basis frei, etwas eiförmig, stumpf, mit breitem, aufgesetztem Spitzchen, gelb, 5 - 7 mm; **NSch** klein, breiter als lang, dick, etwas ausgerandet; **Gr** ziemlich breit und kurz; **Fr** aufrecht, eiförmig; **Sa** eiförmig, genetzt. − 2n = 68.

S. pagetodes Fröderström (Acta Horti Gothob. 15: 25-26, figs. 152-163, t. 4: 3, 1942). **T:** China (*Smith* 11827 [UPS ?]). − **D:** China (S Qinghai, W Sichuan); Grasland an Hängen, 3700 - 4600 m.

[1] Kleine, gebüschelte, einjährige Kräuter, reich aus der Basis verzweigt, 2.5 - 4.5 cm hoch; **Blä** wechselständig, lanzettlich bis breit halbeiförmig oder breit länglich, stumpf, basal gerundet, 2.5 - 4 mm; **Inf** wenigblütig; **Bra** eiförmig bis länglich, basal verbreitert; **Ped** 1 - 2 mm; **Blü** 5-zählig, jede mit (1-) 2 (-3) **Bra**; **Sep** breit sitzend, etwas eiförmig bis breit lanzettlich, stumpf, 2 - 2.3 mm; **Pet** basal frei, unter der Mitte fast aufrecht, darüber ausgebreitet, länglich, stumpf, mit einem kurzen und breiten, aufgesetzten Spitzchen, gelb, 4.2 - 4.5 mm; **NSch** spatelig-länglich, stumpf, zur Spitze verbreitert; **Fr** spreizend, wenigsamig; **Sa** eiförmig, vermutlich genetzt.

S. pallidum M. von Bieberstein (Fl. Taur.-Caucas. 1: 353-354, 1808). **T:** Türkei (*M. von Bieberstein* s.n. [LE]). − **D:** SE Bulgarien, N Türkei, N Iran, Russland (Krim), Georgien (Kaukasus); euxinisches Element, auf die Gebiete um das Schwarze Meer beschränkt. **I:** Akhiani (2000: 33).

Incl. *Sedum rubens* var. *decandrum* De Candolle (1828); **incl.** *Sedum bithynicum* Boissier (1849) ≡

Sedum glaucum ssp. *bithynicum* (Boissier) Boissier (1872) (unkorrekter Name, Art. 11.4) ≡ *Sedum pallidum* var. *bithynicum* (Boissier) Chamberlain (1972); **incl.** *Sedum filicaule* Bornmüller (1941) (*nom. inval.*, Art. 36.1).

[1] Drüsig-flaumhaarige, mehrjährige Kräuter, meist mit verzweigten und wurzelnden, sterilen **Tr** an der Basis der aufsteigenden, blühenden **Tr**; **Blä** wechselständig, dicht ziegelig, sitzend, kurz gespornt, linealisch bis linealisch-länglich, 6 - 10 mm oder selten länger, stielrund bis halbstielrund, stumpf bis spitz, glauk-grün, manchmal rot; blühende **Tr** bis 15 cm; **Inf** Cymen mit meist 2 - 4 Wickeln; **Blü** 5-zählig; **Sep** breit sitzend, basal wenig vereinigt, dreieckig, spitz; **Pet** frei, lanzettlich, weiss oder selten ± rosa, Kiel oft rot; **Fil** kahl; **Anth** rot; **Fr** braun, nicht gewarzt, für ¼ der Länge vereinigt; **Sa** eiförmig, dunkelbraun, gerippt. − 2n = 20, 40, 60.

Obwohl in der Regel mehrjährig, können auch die sterilen Triebe bei einigen Pflanzen alle gelegentlich Blütenstände bilden. Diese offensichtlich monocarpen Exemplare können vom strikt einjährigen *S. eriocarpum* durch die basal aufsteigenden und gewöhnlich reich verzweigten Triebe unterschieden werden. − [H. 't Hart, B. Bleij & V. V. Byalt]

S. palmeri S. Watson (Proc. Amer. Acad. Arts 17: 355, 1882). **T:** nicht lokalisiert. − **D:** Mexiko (Coahuila, Nuevo León); in Italien verwildert. **I:** Fröderström (1936a: 11, t. 4). **Fig. XXXIX.b**

Incl. *Sedum palmeri* ssp. *emarginatum* R. T. Clausen (1981); **incl.** *Sedum palmeri* ssp. *rubromarginatum* R. T. Clausen (1981).

[1] Kahle, ausdauernde Halbsträucher mit mehreren, bogigen **Tr**, 15 - 25 cm hoch; **Blä** wechselständig, schmal spatelig, breit verkehrt eiförmig, im untersten Teil etwas verkehrt eiförmig und stielartig, stumpf, glatt oder fein warzig, glauk, 10 - 30 mm; blühende **Tr** aufrecht; **Inf** Rispen oder lockere Ebensträusse; **Bra** etwas eiförmig; **Blü** 5- bis 7-zählig, gestielt; **Sep** breit sitzend, ungleich, länglich, etwas spitz, 4 - 5.5 mm; **Pet** basal wenig vereinigt, länglich, etwas stumpf, mit breit aufgesetztem Spitzchen, orangegelb, 6 - 7 mm; **NSch** breiter als lang, fast flach; **Gr** ziemlich lang; **Fr** etwas aufrecht. − 2n = 68, 70, 136.

S. pampaninii Hamet (Malpighia 26: 59-63, 1913). **T** [syn]: China, Shaanxi (*Giraldi* s.n. [FI]). − **D:** China (W Henan, S Shaanxi, Sichuan, Yunnan); bewaldete Hänge, Felsen in Tobeln, 1000 - 2500 m. **I:** Fröderström (1931: 53, t. 33).

[1] Mehrjährige Kräuter mit mehreren, sterilen, 2 - 5 cm hohen **Tr**; **Blä** wechselständig, ± ziegelig, schmal lanzettlich, spitz, 4 - 7 mm, mit einem stumpfen Sporn, im toten Zustand ausdauernd; blühende **Tr** aufsteigend, oft verzweigt, bis 7 cm; **Inf** locker ebensträussig; **Blü** 5-zählig, kurz gestielt; **Sep** basal frei, kurz gespornt, halblanzettlich, spitz, 4 - 6 mm; **Pet** basal wenig vereinigt, lanzettlich, mit angedeutetem, aufgesetztem Spitzchen, gelblich, 6 - 10 mm; **NSch** etwas quadratisch-spatelig; **Fr** aufrecht, basal für 2 - 3 mm vereinigt, jeder Balg mit 4 - 9 **Sa**; **Sa** gross, eiförmig, netzig-papillös.

S. papillicaulum G. L. Nesom (Phytologia 79(4): 265-266, 1996). **T:** Mexiko, Nuevo León (*Hinton & al.* 17551 [TEX]). − **Lit:** Nesom & Turner (1996). **D:** Mexiko (Nuevo León); subalpine und alpine Wiesen, (2700-) 3000 - 3600 m.

[1] Aufrechte, halbstrauchige, mehrjährige Kräuter mit faserigen **Wu**, 6 - 25 cm hoch; **Tr** auffällig winzig und dicht papillat, Papillen säulig und manchmal gestielt-drüsig erscheinend; **Blä** länglich elliptisch bis lanzettlich-länglich, flach aber mit verdicktem, unterem Teil, 3 - 4 × 1.5 - 2.2 mm, über die ganze **Tr**länge von einheitlicher Länge; blühende **Tr** wie bei *S. parvum*; **Pet** aufrecht, gelb, selten mit rotem Hauch, 5 - 7 mm.

Ein weiteres Glied der *S. parvum*-Gruppe (Nesom & Turner 1996) und im Protolog mit *S. catorce* und *S. macdonaldii* verglichen. − [U. Eggli]

S. parvisepalum Yamamoto (Suppl. Icon. Pl. Formos. 2: 22, 1926). **T:** Taiwan (*Kawakami & Mori* 2019 [TI]). − **D:** C Taiwan, Philippinen; bergige Gebiete, 1800 - 3000 m.

[1] Mehrjährige, sukkulente Kräuter mit kurzen, sterilen **Tr**; **Blä** wechselständig, entfernt stehend, sehr kurz gespornt, stumpf, dick, 4 - 6 × 0.9 - 1.7 mm; blühende **Tr** aufsteigend oder aufrecht, einfach oder manchmal basal verzweigt; **Inf** dichte, vielblütige Cymen mit ± 3 Wickeln; **Bra** wenige, **Blä**artig; **Blü** 5-zählig; **Sep** breit sitzend, basal wenig vereinigt, leicht ungleich, linealisch-lanzettlich bis sehr schmal länglich, gerundet, fleischig, 2.5 - 3.5 × ± 0.5 mm; **Pet** basal wenig vereinigt, lanzettlich, spitz bis spitz zulaufend, leuchtend gelb, ± 1 mm breit; **Anth** rötlich; **NSch** breit länglich bis quadratisch; **Gr** schlank, bis 1.2 mm; **Fr** weit spreizend, bräunlich; **Sa** vermutlich netzig-papillös.

Fu & Fu (1984) stellten *S. parvisepalum* in die Synonymie von *S. microsepalum*.

S. parvisepalum ssp. **parvisepalum** − **D:** Taiwan.

[1] **Blä** linealisch verkehrt lanzettlich; blühende **Tr** bis 25 cm; **Pet** bis 7.5 mm.

S. parvisepalum ssp. **philippinense** H. Ohba (J. Jap. Bot. 52(11): 323-324, 1977). **T:** Philippinen, Luzon (*Merrill* 4861 [PNH, BO]). − **D:** Philippinen (Luzon: Benguet Prov.); Felsen an Steilhängen, 300 - 1700 m.

Incl. *Sedum australe* van Steenis (s.a.) (*nom. illeg.*, Art. 53.1).

[1] Unterschiede zu ssp. *parvisepalum*: **Blä** schmal verkehrt eiförmig bis verkehrt lanzettlich; blühende **Tr** bis 15 cm; **Pet** 5 - 6.5 mm.

S. parvum Hemsley (Diagn. Pl. Nov. Mexic. 3: 50-51, 1878). **T:** Mexiko, San Luis Potosí (*Parry & Palmer* 234 [K, GH]). – **Lit:** Nesom & Turner (1996). **D:** Mexiko (San Luis Potosí); Felsvorkommen und Felsrippen, 2000 - 2700 m.

≡ *Altamiranoa parva* (Hemsley) Rose (1903) ≡ *Villadia parva* (Hemsley) H. Jacobsen (1958).

[1] Kleine, mehrjährige, gebüschelte Kräuter aus kriechenden Rhizomen, reich verzweigt, 3 - 5 cm hoch; **Tr** grün, glatt, zur Basis mit rötlichem Schein; **Blä** regelmässig in Grösse und gegenseitiger Entfernung, wechselständig, länglich und sehr flach, stumpf, kurz gespornt, zur Spitze fein warzig, 4 - 8 × 2 - 4 mm, fast aufrecht, grün; blühende **Tr** aufrecht, kräftig; **Inf** wenigblütige Cymen; **Bra** lanzettlich, stumpf; **Blü** 5-zählig, fast sitzend; **Sep** breit sitzend, ungleich, lanzettlich, stumpf, Spitze fein warzig, ± 2.5 mm; **Pet** fast bis zur Basis frei, lanzettlich, stumpf, mit schmal aufgesetztem Spitzchen, aufrecht, 4 - 5 mm, gelb; **NSch** gestieltspatelig, oben sehr breit, wenig ausgerandet, gelb; **Fr** leicht ausgebreitet; **Sa** stachelspitzig. – 2n = 64, 68, ± 120, 128. – [H. 't Hart, B. Bleij & U. Eggli]

S. pedicellatum Boissier & Reuter (Diagn. Pl. Nov. Hisp. 10, 1842). **T** [lecto]: Spanien (*Reuter* s.n. [G-BOIS]). – **D:** C Spanien, N Portugal; in den Bergen, kiesige Stellen. **I:** Castroviejo (1997: 138, t. 38: e-h).

≡ *Sedum villosum* ssp. *pedicellatum* (Boissier & Reuter) Rivas-Martínez (1963) ≡ *Oreosedum pedicellatum* (Boissier & Reuter) Grulich (1984); **incl.** *Sedum pedicellatum* var. *lusitanicum* Willkomm *ex* Mariz (1888) ≡ *Sedum pedicellatum* ssp. *lusitanicum* (Willkomm *ex* Mariz) Laínz (1968) ≡ *Oreosedum pedicellatum* ssp. *lusitanicum* (Willkomm *ex* Mariz) Velayos (1989); **incl.** *Sedum willkommianum* R. Fernandes (1960).

[1] Kahle, ein- oder zweijährige Kräuter mit aufrechten oder aufsteigenden, oft reich verzweigten, bis 8 (-12) cm hohen **Tr**, glauk oder bereift; **Blä** wechselständig, sitzend, stielrund bis fast stielrund, länglich bis eiförmig, 2.5 - 5.5 × 1.5 - 2.5 mm, gerundet oder stumpf, glauk-grün, weiss mehlig oder rötlich; **Inf** lockere Cymen mit 2 bis vielen Wickeln; **Ped** meist schlank, 2 - 6.5 mm; **Blü** 5-zählig, in der Knospe fast kugelig; **Sep** breit sitzend, basal vereinigt, eiförmig bis kreisrund, 1.5 - 2.5 mm, stumpf; **Pet** frei, elliptisch, 2.5 - 4 mm, stumpf bis spitz, weiss oder ± rosa, manchmal mit leicht ausgenagten Rändern; **Fil** weiss; **Anth** leuchtend rot, selten gelblich; **NSch** spatelig; **Fr** aufrecht, papillat, braun; **Sa** birnenförmig, dunkelbraun, mit Doppelpapillen. – 2n = 22, 28.

Eng mit *S. andegavense* und *S. candollei* verwandt ('t Hart & al. 1999). Die 3 Arten bilden ein Comparium und wurden als Ser. *Pedicellata* klassifiziert. Die kleinere, kompaktere Form aus der Serra da Estrela (Portugal) ist vielleicht mit Pflanzen aus Spanien mit einer Chromosomenzahl von 2n = 28 identisch, aber es sind weitere Studien nötig.

S. pentapetalum Borissova (in Komarov & al. (eds.), Fl. URSS 9: 90-91, 481, ill. (pl. 5: 1), 1939). **T:** Turkmenia (*Borissova* 99 [LE]). – **D:** Turkmenistan (Kopet-Dagh), NW Iran, NE Türkei?, Armenien, Aserbaidschan, Russland (E Kaukasus: Dagestan); trockene, steinige und kiesige Berghänge, 500 - 2000 m, Blüten April bis Mai.

[1] Einjährige, aufrechte Kräuter, mit Ausnahme der **Inf** unverzweigt, drüsig-flaumhaarig, 5 - 10 (-15) cm; **Blä** sitzend, wechselständig, verlängert lanzettlich, stumpf, 10 - 20 × 1 - 3 mm; blühende **Tr** aufrecht; **Inf** ebensträussig; **Blü** 5-zählig, fast sitzend; **Sep** länglich dreieckig, spitz, 1 - 2 mm; **Pet** sternförmig ausstrahlend, weiss oder rosaweiss, 5 - 7 mm, verlängert lanzettlich; **St** kürzer als die **Pet**; **Anth** dunkelviolett; **NSch** klein, 2- bis 3-lappig; **Fr** sternförmig spreizend, 5 - 6 mm, länglich lanzettlich; **Sa** eiförmig, 0.5 mm, schwärzlich braun.

Hierher gehört die Mehrheit des von russischen Autoren als *S. hispanicum* bezeichneten Materials. Gemäss dem Protolog unterscheidet sich *S. pentapetalum* durch die einfachen, aufrechten Triebe (gegenüber von der Basis verzweigten Trieben), 5-zählige Blüten und grössere Blüten und Früchte. *S. pentapetalum* ist auch ähnlich wie *S. pallidum*, von welchem es sich durch die einfachen Triebe und die basal vereinigten und sternförmig ausgebreiteten Früchte unterscheidet. – [V. V. Byalt]

S. pentastamineum R. T. Clausen (Sedum Trans-Mex. Volcanic Belt, 201-202, ill., 1959). **T:** Mexiko, México (*Clausen* 7 [CU]). – **D:** Mexiko (México: S-C transmexikanischer Vulkangürtel); ± 2300 m.

[1] Mehrjährige Kräuter mit kriechenden oder hängenden, fein papillösen **Tr**; **Blä** wechselständig, (fast) gegenständig, elliptisch, fast kreisrund bis kreisrund, gerundet, rückseitig konkav, kurz gespornt, den Rändern entlang papillös, manchmal fein rot geflekt, 2.1 - 7.9 × 1.2 - 3.6 mm; blühende **Tr** hängend; **Inf** lockere Cymen; **Ped** 5 - 27 mm; **Blü** 5-zählig, mit nur 5 **St**; **Sep** basal frei, kurz gespornt, wenig ungleich, elliptisch, elliptischlänglich oder lanzettlich, stumpf, 1.3 - 2.4 × 0.7 - 1.4 mm, fast aufrecht; **Pet** lanzettlich oder elliptisch-lanzettlich, spitz, mit aufgesetztem Spitzchen, hellgrün bis weiss, ± 3.5 mm, zurückgeschlagen; **St** 5, episepal; **Anth** gelb oder orange; **NSch** auffällig, verkehrt eiförmig-quadratisch, zerschlitzt, dunkelrot oder durchscheinend, ± 1 mm. – 2n = 38.

Eng mit *S. longipes* verwandt.

S. perpusillum Hooker *fil.* & Thomson (J. Proc. Linn. Soc., Bot. 2: 103, 1858). **T:** K?. – **D:** Indien, Sikkim; subalpine und alpine Gebiete, ± 3650 m.

[1] Ein- oder zweijährige Kräuter mit aufsteigenden **Tr**, von der Basis verzweigt, 2.5 - 5 cm hoch;

Blä wechselständig, länglich bis verkehrt eiförmig, (etwas) spitz, ± 5 mm, kurz gespornt; **Inf** wenigblütig; **Blü** 5-zählig, mit 5 **St**; **Sep** basal frei, kurz gespornt, halblänglich, (etwas) spitz, 4 - 5 mm; **Pet** fast bis zur Basis frei, länglich, zur Basis verschmälert, weiss oder gelblich, 5 - 6 mm; **NSch** schmal linealisch-spatelig; **Gr** kurz; **Fr** aufrecht, wenigsamig; **Sa** netzig-papillös, mit verlängerten Papillen.

S. perrotii Hamet (Bull. Soc. Bot. France 71: 154-157, t. 2, 1924). **T:** China, Gansu (*Potanin* s.n. [LE]). – **D:** China (SW Gansu, SE Qinghai, N Sichuan); in Dickichten und Wiesen, Grasland, 4000 - 4300 m.

Incl. *Sedum anthoxanthum* Fröderström (1924).

[1] Ein- oder mehrjährige Kräuter; **Blä** wechselständig, lanzettlich bis länglich, (etwas) spitz, 4 - 8 mm, kurz gespornt; blühende **Tr** von der Basis verzweigt, 2 - 6 cm; **Sep** basal frei, kurz gespornt, verkehrt lanzettlich bis länglich, (etwas) spitz, 2 - 4 mm; **Pet** breit lanzettlich bis länglich, stumpflich, weiss oder gelblich, 4 - 6.5 mm; **NSch** linealisch-spatelig, ausgerandet; **Fr** schlank, wenigsamig; **Sa** lang und schlank, netzig-papillös.

S. phyllanthum H. Léveillé & Vaniot (Bull. Soc. Agric. Sarthe, sér. 2, 1904: 39, 1904). **T:** China, Guizhou (*Martin & Bodiner* 2406 [E]). – **D:** China (Guizhou); felsige Stellen, 400 - 800 m.

[?] Mehrjährige Kräuter mit zahlreichen, diffus aufsteigenden **Tr**; **Blä** linealisch, stielrund oder fast stielrund; **Inf** Cymen, mit **Bra**; **Bra** gross; **Blü** 5-zählig; **Sep** länglich; **Pet** kurz dornspitzig; **Anth** dunkel (rot).

Eine ungenügend bekannte und bisher unvollständig beschriebene Art. Fu & Ohba (2001: 249) stellen das besser bekannte *S. quaternatum* (hier als eigenständig betrachtet) als Synonym hierher.

S. piloshanense Fröderström (Bull. Fan Mem. Inst. Biol. 7: 13, 1936). **T:** China, Yunnan (*Tsai* 58199 [PE]). – **D:** China (Yunnan); zwischen Moosen, ± 4000 m.

[1] Vermutlich einjährige und meist büschelige Kräuter mit aufrechten bis aufsteigenden, dicht beblätterten **Tr**, einfach oder basal verzweigt, 1 - 6 cm hoch; **Blä** wechselständig, spitz, basal fast stengelumfassend, 4 - 5 mm; **Inf** 1- bis wenigblütig; **Bra** 2 pro **Blü**, fast gegenständig, eiförmig, etwas spitz, 3.5 - 4 mm; **Blü** 5-zählig; **Sep** basal frei, kurz gespornt, fast gleich, länglich, etwas spitz, 6 - 6.5 mm; **Pet** für bis 1 mm vereinigt, etwas verkehrt eiförmig, ziemlich stumpf, gelb, 7 - 7.5 mm; **NSch** linealisch, zur Spitze wenig verbreitert; **Gr** kurz; **Fr** aufrecht; **Sa** lanzettlich, glatt, vermutlich genetzt.

Nahe bei *S. forrestii* und *S. didymocalyx* (incl. *S. froderstromii*), beide aus der Ser. *Roborowskii*.

S. pinetorum Brandegee (Univ. Calif. Publ. Bot. 6: 358, 1916). **T:** USA, California (*Brandegee* 185499 [UC]). – **D:** SW USA (California). **I:** Fröderström (1936a: 64, t. 38).

≡ *Congdonia pinetorum* (Brandegee) Jepson *ex* Brandegee (1916) (*nom. inval.*, Art. 34.1c).

[1] Kleine, mehrjährige Kräuter mit fleischigen, spindeligen Knollen und kurzen, gebüschelten, ausläuferbildenden, sterilen **Tr**, dichte Matten bildend; **Blä** an der Basis der blühenden **Tr** dicht rosettig, wechselständig, länglich, stumpflich, 2 - 3.5 mm; blühende **Tr** aufrecht, einfach; **Inf** wenigblütig; **Bra** etwas länglich, ± 3 mm; **Blü** 5-zählig, sitzend; **Sep** breit sitzend, basal frei, offensichtlich breit gespornt, eiförmig oder fast kreisrund, stumpf, 2 - 3 mm; **Pet** basal wenig vereinigt, mit sehr breiter Basis, breit eiförmig, breit feinspitzig, weiss, 3.5 - 4.5 mm; **NSch** breiter als lang, leicht ausgerandet; **Sa** klein, etwas eiförmig, netzig-papillös.

Status unklar und vielleicht identisch mit *S. niveum* (Clausen 1975).

S. planifolium K. T. Fu (Fl. Tsinling. 1(2): 424-425, fig. 364; Addenda, 606-607, 1974). **T:** China, Gansu (*Fu* 15907 [WUG?]). – **D:** China (Gansu, Shanxi); felsige Stellen bis 1600 m.

[1] Mehrjährige Kräuter mit dicht beblätterten, aufsteigenden, sterilen **Tr**, von der Basis verzweigt; **Blä** kreuzgegenständig, ziegelig, mit keilförmigem, basalem Sporn, linealisch-lanzettlich, stumpf, fast stielrund bis abgeflacht, obere Randteile papillat, 8 - 22 × 2 - 3.5 mm; blühende **Tr** bis 15 cm; **Inf** vielblütige Ebensträusse mit 3 Wickeln; **Ped** kurz; **Blü** 5-zählig; **Sep** (breit) sitzend, ungleich, linealisch-lanzettlich, stumpf, obere Randteile papillat, bis 3.8 × ± 0.9 mm; **Pet** fast frei, länglich lanzettlich, spitz und kurz feinspitzig, gelb, 7.5 - 7.8 × 1.5 - 1.8 mm; **NSch** halbkreisrund oder länglich, mit gerundetem oder gesägtem Rand; **Fr** sternförmig ausstrahlend; **Sa** verkehrt eiförmig-länglich, dunkelbraun, dicht papillat.

Fu & Fu (1984) betrachteten *S. planifolium* als nahe bei *S. japonicum* stehend, aber die Art unterscheidet sich durch längere, dicht ziegelige und flachere Blätter, ungespornte Kelchblätter und freie Kronblätter.

S. platysepalum Franchet (J. Bot. (Morot) 10: 289, 1896). **T:** China, Yunnan (*Delavay* 3706 [P]). – **D:** China (SW Sichuan, NW Yunnan); Waldränder, Felsen in Wäldern, alpine Gipfel, steinige Stellen, 3200 - 4000 m. **I:** Fröderström (1931: 47, t. 28); Byalt (2001a: 32).

[1] Mehrjährige Kräuter, ± gebüschelt, mit kriechenden Ausläufern und kurzen **Tr**; **Blä** wechselständig, etwas ziegelig, lanzettlich, spitz, breit gespornt, 6 - 10 mm; blühende **Tr** aufrecht oder ausgebreitet, von der Basis reich verzweigt, 8 - 12 cm; **Inf** dichte, vielblütige Ebensträusse; **Sep** basal frei, kurz gespornt, länglich bis eiförmig, spitz, 6 - 7 mm; **Pet** basal für bis zu 1.2 mm vereinigt, lanzettlich, mit kurzem, aufgesetztem Spitzchen, zur Basis

leicht verschmälert, gelblich, 8 - 12 mm; **NSch** linealisch-spatelig; **Gr** ziemlich kurz; **Fr** aufrecht; **Sa** eiförmig, netzig-papillös.

S. platystylum Fröderström (Acta Horti Gothob. 10(Appendix): 38-39, ills., 1936). **T:** Mexiko, Jalisco (*Mexia* 1594 [NY]). — **D:** Mexiko (Jalisco); ± 2500 m.

≡ *Villadia platystyla* (Fröderström) R. T. Clausen (1959).

[1] Kahle, ausdauernde Halbsträucher mit kleinen, sterilen **Tr**; **Blä** eng stehend, wechselständig, verkehrt lanzettlich bis etwas eiförmig, (etwas) spitz, kurz gespornt, 10 - 20 mm, an den sterilen **Tr** etwas kürzer, spatelig-eiförmig, spitzenwärts bewarzt; blühende **Tr** aufrecht bis fast aufrecht, einfach, 5 - 12 cm; **Inf** kleine, dichte, vielblütige Ebensträusse; **Bra** eiförmig, 3 - 5 mm; **Blü** 5-zählig, fast sitzend; **Sep** basal frei, kurz gespornt, ungleich, etwas länglich, ziemlich stumpf, 3 - 4 mm; **Pet** basal vereinigt, etwas eiförmig, stumpflich, mit breitem, aufgesetztem Spitzchen, weiss, ± 5 mm; **NSch** rechteckig-spatelig, an der Spitze verdickt und flach; **Gr** sehr kurz und breit; **Fr** angeschwollen; **Sa** eiförmig, netzig-papillös.

S. plicatum Thiede & 't Hart (Novon 9: 124, 1999). **T:** Peru, Ancash (*Weberbauer* 3000 [B]). — **D:** Peru (Ancash); 2200 - 2500 m.

Incl. *Cotyledon stricta* Diels (1906) ≡ *Altamiranoa stricta* (Diels) A. Berger (1930); **incl.** *Villadia dielsii* Baehni & Macbride (1937).

[1] Kahle, kleine, ausdauernde Halbsträucher; Haupt**Tr** aufrecht, mehrfach verzweigt; Zweige strikt aufrecht, 15 - 20 cm, dicht beblättert; **Blä** aufrecht, dreieckig-eiförmig, halbstengelumfassend, 6 - 8 × 1 - 1.5 mm, gespornt, Sporn etwas hyalin; **Inf** mit mehreren Wickeln mit fast sitzenden **Blü**; **Sep** länglich eiförmig, 3.5 × 1.5 mm; **Pet** gekielt-gefaltet, basal ausgehöhlt, 5 - 8 × 3 mm, Ränder etwas wellig, Zipfelspitzen zurückgebogen; **St** 5 mm; **Ca** 5 - 7 mm; **Gr** 2 - 3 mm.

Die Überstellung der früheren *Altamiranoa stricta* zu *Sedum* macht wegen *S. strictum* K. Koch 1847 (ein Synonym von *S. cepaea*) einen neuen Namen nötig, und der früher publizierte Ersatzname *Villadia dielsii* kann wegen *S. dielsii* Hamet 1913 nicht aufgenommen werden. — [J. Thiede]

S. polytrichoides Hemsley (JLSB 23: 286, t. 7b, fig. B4, 1887). **T:** China, Zhejiang (*Faber* s.n. [K]). — **D:** E China bis Korea (incl. Insel Cheju Do) und der Grenze zu Russland, Japan (Honshu, Kyushu, Shikoku); in Küstennähe und in Bergwäldern, an feuchten, felsigen Stellen im Schatten. **I:** Fröderström (1931: 89, t. 55); Fu & Fu (1984: t. 31).

Incl. *Sedum polystichoides* hort. (s.a.) (*nom. inval.*, Art. 61.1); **incl.** *Sedum kiusianum* Makino (1903); **incl.** *Sedum yabeanum* Makino (1903) ≡ *Sedum polytrichoides* var. *yabeanum* (Makino) H. Ohba (2001); **incl.** *Sedum coreense* Nakai (1914); **incl.** *Sedum lepidopodum* Nakai (1940); **incl.** *Sedum yabeanum* var. *setouchiense* Murata & Yuasa (1975) ≡ *Sedum polytrichoides* var. *setouchiense* (Murata & Yuasa) H. Ohba (2001).

[1] Mehrjährige, büschelige Kräuter mit aufsteigenden, schlanken und dicht beblätterten **Tr**; **Blä** wechselständig, ziegelig, linealisch-lanzettlich bis länglich, spitz, 5 - 15 × 1 - 2 mm; blühende **Tr** aufsteigend, schlank, von der Basis verzweigt, mit entfernter stehenden **Blä** als die sterilen **Tr**, 5 - 10 cm; **Inf** ebenstraussartige Cymen mit 2 - 3 manchmal gabeligen Wickeln; **Blü** 5-zählig, sitzend oder fast sitzend; **Sep** breit sitzend, dreieckig, etwas spitz bis spitz zulaufend, 1.5 - 2 mm; **Pet** basal wenig vereinigt, schmal lanzettlich, spitz zulaufend oder mit kurzem, aufgesetztem Spitzchen, gelb, 5 - 6 mm; **Fil** gelb; **NSch** etwas fächerförmig bis fast kreisrund oder keilförmig; **Gr** kurz; **Fr** etwas sternförmig ausgebreitet, entlang der Bauchnähte mit Lippen; **Sa** länglich, netzig-papillös. — 2n= 22, 24, 24 - 30, 28, 28 - 40, 30 - 40, 32, 40, 42, 44, 46, 50, 52, 54, 70.

Eine morphologisch und cytologisch sehr variable Art (Uhl & Moran 1972).

S. yabeanum und seine var. *setouchiense* wurden von Ohba (2001: 26-27) kürzlich zu *S. polytrichoides* gestellt und auf der Stufe der Unterart bzw. Varietät als separate Taxa behandelt. — [H. 't Hart, B. Bleij & U. Eggli]

S. pososepalum Fröderström (Acta Horti Gothob. 10(Appendix): 66, ills., t. 37, 1936). **T:** Mexiko, San Luis Potosí (*Palmer* 251 [US, GH]). — **D:** Mexiko (San Luis Potosí).

[1] Vielköpfige, kahle, mehrjährige Kräuter; **Tr** kurz, aus der Basis und den **Bla**achseln reich verzweigt; **Blä** wechselständig, länglich bis eiförmig, stumpf, kurz gespornt, fein warzig, 4 - 6 mm; blühende **Tr** ausgebreitet, 2 - 5 cm; **Inf** ziemlich dichte, vielblütige Ebensträusse; **Bra** länglich, stumpf, 2 - 3 mm; **Blü** 5-zählig, fast sitzend; **Sep** breit sitzend, basal frei, ungleich, verkehrt lanzettlich bis verkehrt eiförmig, gerundet bis stumpf, ± 3 mm; **Pet** basal frei, länglich, stumpflich, ± 4 mm, gelb; **NSch** fast quadratisch, leicht gerundet; **Gr** recht kurz; **Fr** fast aufrecht; **Sa** eiförmig, netzig-papillös.

Von Nesom & Turner (1996: 261) als Synonym von *S. parvum* behandelt.

S. potosinum Rose (CUSNH 13(9): 300, 1911). **T:** Mexiko, San Luis Potosí (*Palmer* s.n. [US 615397]). — **D:** Mexiko (San Luis Potosí: Sierra Madre). **I:** Fröderström (1936a: 92, t. 58).

[1] Mehrjährige Kräuter mit niedrigen, schwachen **Tr**; **Tr** zuerst aufrecht aber bald niederliegend oder höchstens aufsteigend, 2 - 4 cm; **Blä** engstehend, wechselständig, aufsteigend, linealisch bis lanzettlich, stumpf, fast stielrund, breit gespornt,

hell glauk-grün, 5 - 8 mm; blühende **Tr** aufrecht, schlank, bis 10 cm; **Inf** lockere, wenigblütige Cymen mit monochasialen Zweigen; **Bra** lanzettlich; **Ped** 1 - 2 mm; **Blü** 5-zählig; **Sep** breit sitzend, basal wenig vereinigt, linealisch oder lanzettlich bis etwas eiförmig, stumpf, ± 3 mm; **Pet** basal frei, länglich, stumpf, mit kurzem, aufgesetztem Spitzchen, weiss, 6 - 7 mm, weit ausgebreitet; **NSch** spatelig-quadratisch, tief ausgerandet, dick; **Gr** recht kurz; **Fr** fast aufrecht.

S. prasinopetalum Fröderström (Acta Horti Gothob. 15: 20-21, figs. 110-117, t. 6: 1, 1942). **T:** China, Sichuan (*Smith* 11089 [UPS ?]). – **D:** China (S Qinghai, W Sichuan); Felsen in Dickichten, alpines Grasland, 4100 - 4500 m.

[?] Ein- oder mehrjährige Kräuter, 3 - 7 cm hoch; **Blä** wechselständig, länglich, stumpf, Basis stumpf bis etwas lappig, 3 - 5 mm; blühende **Tr** etwas aufrecht, schlank, einfach oder basal verzweigt; **Inf** wenigblütige Ebensträusse; **Bra** breit verkehrt lanzettlich, stumpf, ± 4 mm; **Blü** 5-zählig, meist lang gestielt; **Sep** basal frei, kurz gespornt, länglich, stumpf, im trockenen Zustand mit deutlichen, fast schwarzen Adern, ± 3 mm; **Pet** basal wenig vereinigt, etwas eiförmig, stumpf, im trockenen Zustand auffällig grün, ± 5 mm; **Fil** grünlich; **Anth** gelb; **NSch** spatelig mit lang linealischer Basis, stumpf; **Gr** lang; **Fr** aufrecht; **Sa** verkehrt eiförmig, netzig-papillös.

S. pratoalpinum Fröderström (Acta Horti Gothob. 15: 24, figs. 145-151, 1942). **T:** China (*Smith* 12618 [UPS ?]). – **D:** China (S Qinghai, W Sichuan); alpine Weiden, kahle Stellen, 4300 - 4600 m.

[1] Kleine, einjährige Kräuter, basal spreizend verzweigt, 2 - 4 cm hoch; **Blä** wechselständig, länglich, stumpf, kurz gespornt, 3 - 5 mm; **Inf** breite, vielblütige Ebensträusse; **Bra** breit lanzettlich, 3 - 4 mm; **Blü** 5-zählig, meist lang gestielt; **Sep** breit sitzend, breit lanzettlich, ziemlich spitz, ± 3 mm, weit spreizend; **Pet** an der breiten Basis wenig vereinigt, lanzettlich, stumpf, weiss, ± 4 mm; **NSch** linealisch-spatelig, stumpf; **Gr** kurz; **Fr** wenig spreizend, wenigsamig; **Sa** etwas eiförmig, netzig-papillös.

S. pringlei S. Watson (Proc. Amer. Acad. Arts 23: 273, 1887). **T:** Mexiko, Chihuahua (*Pringle* 1239 [nicht lokalisiert]). – **D:** NW Mexiko (Chihuahua).

[1] Mehrjährige Kräuter mit verdickten **Wu**; **Tr** unten einfach, darüber verzweigt, aufrecht, bis 10 cm hoch; **Blä** wechselständig, länglich bis fast eiförmig, 5 - 7 mm, stumpf, breit und stumpf gespornt; **Inf** etwas ebensträussig, wenigblütig; **Bra** länglich bis fast eiförmig, 3.5 mm; **Blü** 5-zählig, 2 - 4 mm gestielt; **Sep** länglich bis eiförmig, stumpf, 2.5 - 3 mm, gespornt; **Pet** ± länglich, fast gänzlich frei, 5 mm, rötlich; **NSch** linealisch-spatelig, manchmal konkav, 0.6 - 1 × 0.25 - 0.3 mm, rötlich; **Ca** basal vereinigt, etwas sternförmig, 3.5 - 5 mm.

Nahe mit *S. napiferum* und *S. minimum* verwandt. – [U. Eggli]

S. pruinatum Link *ex* Brotero (Fl. Lusit. 2: 209, 1805). **T:** Portugal, Minho (*Anonymus* s.n. [nicht lokalisiert]). – **Lit:** 't Hart (1978). **D:** W Iberische Halbinsel (Portugal, Spanien).

≡ *Petrosedum pruinatum* (Brotero) Grulich (1984); **incl.** *Sempervivum pruinatum* Sprengel (1825).

[1] Kahle, mehrjährige Kräuter, durchwegs stark bereift; sterile **Tr** niederliegend, lang und schlank, mit endständigen, im Sommer ruhenden Knospen (Vermehrungseinheiten) mit 5 Reihen dicht ziegeliger Blätter; **Blä** ziegelig, linealisch, 10 - 19 mm, mit aufgesetztem Spitzchen, basaler Sporn gestutzt (nicht 3-lappig); blühende **Tr** aufrecht, 7 - 30 cm; **Inf** endständige, lockere Cymen mit 2 - 3 aufsteigenden, monochasialen Zweigen, kahl, in der Knospe aufrecht; **Bra Blä**artig; **Blü** (5- bis) 6- (bis 7-) zählig, fast sitzend; **Sep** basal vereinigt, gleich, dreieckig-eiförmig, spitz zulaufend, (4-) 5 (-6) mm; **Pet** frei, länglich, (hell-) gelb, (8-) 9 (-12) mm, ausgebreitet; **Fil** gelb, basal dicht papillat; **Anth** gelb; **NSch** quer länglich, grünlich; **Fr** aufrecht, braun; **Sa** länglich, gestutzt, braun, gerippt. – 2n = 26 (sowie Aneuploide mit 2n = 27, 28, 30, 36).

S. przewalskii Maximowicz (Bull. Acad. Imp. Sci. Saint-Pétersbourg 29: 156, 1883). **T:** China, Gansu (*Przewalski* s.n. [LE]). – **D:** Nepal, E Tibet, China (C Gansu, SW Qinghai, W Sichuan, NW Yunnan); trockenes Grasland an Berghängen, Felsen, 2400 - 5400 m. **I:** Fröderström (1931: 72, t. 38).

[1] Ein- oder zweijährige Kräuter mit einfachen oder aus der Basis verzweigten **Tr**, 1.5 - 3 cm hoch; **Blä** breit lanzettlich bis eiförmig, stumpf, 2 - 4 mm; **Inf** wenigblütig; **Ped** lang; **Blü** 5-zählig, mit 5 **St**; **Sep** breit sitzend, halbländlich bis halbeiförmig, stumpf, 2 - 2.5 mm; **Pet** breit länglich, stumpf, weiss oder gelblich, 3 - 3.5 mm; **NSch** schmal linealisch-spatelig, stumpf, bis 1.5 mm; **Gr** kurz; **Fr** etwas spreizend, wenigsamig; **Sa** netzig-papillös.

S. pseudo-multicaule H. Ohba (J. Jap. Bot. 53(11): 328-329, 1978). **T:** Nepal (*Namba* 1006040-2 [KYO]). – **D:** Nepal.

[1] Mehrjährige Kräuter mit sterilen **Tr** bis 20 cm; **Blä** wechselständig, gegenständig oder in Wirteln zu 3, ziemlich entfernt stehen, schmal verkehrt lanzettlich bis linealisch verkehrt lanzettlich, stumpf bis spitz, kurz gespornt, fleischig aber flach, 25 - 40 × 3 - 5 mm; blühende **Tr** niederliegend, dann aufsteigend bis fast aufrecht; **Inf** lockere, vielblütige Cymen, meist mit gabeligen Wickeln, Hauptzweige bis 4 cm; **Bra Blä**artig aber kleiner; **Ped** 2 - 4 mm, fein warzig; **Blü** 5-zählig; **Sep** basal frei, ungleich, linealisch, gerundet bis stumpf, ziem-

lich dick, 4.5 - 7 × 0.9 - 1.5 mm; **Pet** basal für bis zu 1.5 mm verwachsen, gelb, 7.5 - 9 mm, aufrecht; **Anth** gelb; **NSch** schmal länglich bis linealisch, gestutzt bis gerundet; **Gr** bis 1.8 mm.

S. pubescens Vahl (Symb. Bot. 2: 52, 1791). **T:** Tunesien (*Vahl* s.n. [C]). – **D:** Nordafrika (Tunesien, E Algerien).

Incl. *Sedum filiforme* Poiret (s.a.); incl. *Sedum hispidum* Desfontaines (1798) ≡ *Oreosedum hispidum* (Desfontaines) Grulich (1984); incl. *Sedum atlanticum* Persoon (1805).

[2] Drüsig-flaumhaarige, etwas kleberige, einjährige Kräuter mit meist einfachen, aufrechten **Tr** bis ± 20 cm hoch; **Blä** wechselständig, sitzend, stielrund oder halbstielrund, länglich bis linealisch-länglich, 6 - 15 mm, stumpf, grün, Unterseite oft rötlich oder ± purpurn; **Inf** lockere Cymen mit 2 bis vielen Wickeln; **Bra** klein; **Ped** fadendünn, 3 - 6 mm; **Blü** 5- bis 6-zählig, in der Knospe eiförmig bis fast kugelig; **Sep** breit sitzend, basal vereinigt, eiförmig-länglich bis länglich, 1 - 1.5 mm; **Pet** basal wenig vereinigt, schmal lanzettlich, 5 - 6 mm, spitz zulaufend, gelb; **Fil** gelb, kahl; **Anth** gelb; **NSch** keilförmig-quadratisch, gestutzt; **Fr** aufrecht; **Sa** eiförmig, braun, gerippt. – $2n = 12$.

Nahe bei *S. gattefossei* und *S. versicolor*. Siehe *S. gattefossei* für weitere Bemerkungen.

S. pulchellum Michaux (Fl. Bor.-Amer. 1: 277, 1803). **T:** USA, Tennessee (*Michaux* s.n. [nicht lokalisiert]). – **Lit:** White & al. (1998). **D:** E USA (vorwiegend im Einzugsgebiet des Mississippi, auf den niederen Plateaux des Landesinneren und auf den Ozark-Plateaux); 135 - 470 m. **I:** Fröderström (1936a: 120, t. 75, 81); Clausen (1975: 143).

≡ *Chetyson pulchellum* (Michaux) A. Löve & D. Löve (1985); incl. *Sedum linifolium* Nuttall (1818); incl. *Sedum pulchrum* De Candolle (1828); incl. *Sedum vigilmontis* Small (1933) ≡ *Chetyson vigilmontis* (Small) A. Löve & D. Löve (1985).

[2] Kahle, ein- oder mehrjährige Kräuter, durch die Entwicklung von ausdauernden, einfachen oder verweigten, vegetativen **Tr** überdauernd; **Blä** wechselständig, ausgebreitet, linealisch bis verkehrt lanzettlich oder spatelig, stumpf bis gerundet, Spitze papillös (in den **Ros**), mit 2 pfeilförmigen Spornen, fast stielrund, 5 - 32 × 1.5 - 5 mm, hell gelbgrün; blühende **Tr** aufrecht, 6.4 - 23 cm; **Inf** Cymen mit 3 Zweigen; **Blü** 4- (bis 7-) zählig, sitzend oder fast sitzend; **Sep** basal frei, ungleich, linealisch-lanzettlich, spitz oder stumpf, hellgrün, 1.3 - 5.8 × 0.5 - 1.5 mm; **Pet** frei, schmal linealisch-lanzettlich oder elliptisch-lanzettlich, spitz oder stumpf, gekielt und etwas rinnig, reinweiss bis purpurn, ± 6 mm, aufrecht oder etwas spreizend; **Fil** weiss oder ± rosa; **Anth** rot oder purpurn; **NSch** quadratisch, gestutzt und ausgerandet, weiss, rosaweiss oder gelb; **Fr** ausgebreitet, glatt oder papillös, entlang der Bauchnähte mit Lippen, hellbraun; **Sa** elliptisch-birnenförmig, braun, gelblich braun oder hellbraun, gerippt. – $2n = 22, ± 42$.

S. pulvinatum R. T. Clausen (CSJA 20: 36-37, ill., 1948). **T:** Mexiko, Oaxaca (*Clausen* C-45-46 [CU]). – **D:** Mexiko (Oaxaca).

[1] Kahle, ausdauernde Halbsträucher; **Tr** niederliegend, bis 21 cm hoch; **Blä** wechselständig, länglich elliptisch, deutlich gesport, mit kissenartiger Basis, fast stielrund, 5 - 11 × 1.5 - 3 mm, glänzend grün; blühende **Tr** endständig oder axillär; **Blü** einzeln, 5-zählig; **Sep** basal frei, kurz gesport, ungleich, lanzettlich-länglich, stumpf, 1 - 4 mm, hellgrün; **Pet** lanzettlich, spitz, weiss, 3.5 - 6 mm, weit ausgebreitet; **Fil** weiss; **Anth** gelb; **NSch** quadratisch, weiss; **Fr** und **Sa** unbekannt. – $2n = ± 108$.

S. purdomii W. W. Smith (Notes Roy. Bot. Gard. Edinburgh 9: 126, 1916). **T:** China, Gansu (*Farrer & Purdom* s.n. [E]). – **D:** China (S Gansu); hochalpine Geröllhalden, 3700 - 4000 m. **I:** Fröderström (1931: 73, t. 38).

[1] Ein- oder zweijährige (bis mehrjährige) Kräuter mit einfachen **Tr**, manchmal von der Basis verzweigt, 4.5 - 5.5 cm; **Blä** wechselständig, länglich, stumpf, 2 - 4 mm; **Inf** vielblütig; **Ped** 1 - 4 mm; **Blü** 5-zählig; **Sep** breit sitzend, breit linealisch bis länglich, stumpf bis gerundet, 2 - 3 mm; **Pet** etwas eiförmig, stumpf bis gerundet, weiss oder gelblich, 4.5 - 5 mm; **NSch** breit linealisch-spatelig, gestutzt bis ausgerandet; **Gr** kurz; **Fr** spreizend, 2- bis 4-samig; **Sa** netzig-papillös, mit langen Papillen.

S. pusillum Michaux (Fl. Bor.-Amer. 1: 276, 1803). **T:** USA, South Carolina (*Michaux* s.n. [P]). – **D:** E USA (S Appalachian Highlands); Granitfelsvorkommen in flachgründigen Böden, 130 - 170 m. **I:** Clausen (1975: 162).

≡ *Diamorpha pusilla* (Michaux) Nuttall (1818) ≡ *Tetrorum pusillum* (Michaux) Rose (1905); incl. *Tillaea cymosa* Nuttall (1818) (*nom. illeg.*, Art. 52.1) ≡ *Diamorpha cymosa* (Nuttall) Britton *ex* Small (1903) ≡ *Sedum cymosum* (Nuttall) Fröderström (1936) (*nom. illeg.*, Art. 53.1).

[2] Kleine, einjährige Kräuter mit einem aufrechten, fein gerippten **Tr** und einem extrem langen Hypocotyl (bis 40% der Totalhöhe); **Blä** wechselständig, elliptisch-länglich (eiförmig oder lanzettlich), gerundet, Spitze winzig papillös, kurz gesport, kurz gestielt, 1.6 - 4.3 × 1.1 - 1.8 mm, hellgrün; untere **Blä** hinfällig; blühende **Tr** aufrecht, einfach oder verzweigt, 2.3 - 5.8 cm; **Inf** endständige Cymen oder einzelne **Blü**; **Bra** **Blä**artig; **Ped** ± 2 mm, in die **Cal**röhre übergehend; **Blü** (3- bis) 4- (bis 7-) zählig; **Sep** breit sitzend, breit eiförmig bis nierenförmig, gerundet, ± 0.5 × 1 mm, grün; **Pet** frei, eiförmig-elliptisch, stumpf, leicht rinnig, weiss, 1.4 - 3.4 mm, spreizend; **Fil** weiss; **Anth** dunkelrot; **NSch** fast quadratisch, gestutzt (ausgerandet), weiss

oder hellgelb; **Gr** sehr kurz; **Fr** weit spreizend, hellbraun; **Sa** birnenförmig, braun, gerippt. − 2n = 8.

S. quadripetalum R. T. Clausen (Bull. Torrey Bot. Club 104(3): 213, 1977). **T:** Mexiko, Durango (*Clausen* 76-29 [CU, ENCB, MEXU, US]). − **D:** Mexiko (Durango); ± 2500 m.

[1] Zweijährige Kräuter mit knolligen **Wu** und winzigen **Ros** mit einem kleinen, unterirdischen Caudex; **Blä** wechselständig, spatelig, stumpf, gestielt, 17 - 21 × 6 - 8 mm; blühende **Tr** aufrecht oder aufsteigend, papillös, rötlich braun oder grünlich, manchmal verzweigt; **Inf** Cymen mit 3 Zweigen; **Blü** 4-zählig, lang gestielt; **Sep** basal frei, kurz gesportt, ungleich, keulig verkehrt lanzettlich, gerundet oder gestutzt, 3 - 4 mm, ausgebreitet; **Pet** frei, eiförmig, mit aufgesetztem Spitzchen, kapuzenförmig, rötlich, ± 3 mm, zuerst ausgebreitet, dann zurückgebogen; **Anth** hellgelb; **NSch** verkehrt dreieckig, ausgerandet, ausgenagt, rot; **Fr** ausgebreitet, entlang der Bauchnähte mit auffälligen Lippen; **Sa** birnenförmig, gelblich braun, genetzt.

S. quaternatum Praeger (Proc. Roy. Irish Acad., Sect. B, 35(1): 6, 1919). **T:** China (*Bailey Sedum no. 9* [nicht lokalisiert]). − **D:** SE China (Grenzgebiete von Hunan, Hubei, Jiangxi); 450 - 750 m. **I:** Fu & Fu (1984: t. 32).

[?] Kahle, mehrjährige Kräuter; **Blä** in Wirteln zu 4, schmal lanzettlich, spitz; blühende **Tr** aufsteigend, ziemlich kräftig, bis 6 cm; **Blü** 5-zählig, (fast) sitzend; **Sep** breit sitzend, lanzettlich-länglich, ungleich, stumpf, fast so lang wie die **Pet**; **Pet** basal frei, lanzettlich, mit kurzem, aufgesetztem Spitzchen, gelblich, ± 5 mm; **NSch** rechteckig-spatelig; **Fr** sternförmig ausstrahlend; **Sa** netzig-papillös.

Von Fu & Ohba (2001: 249) als Synonym von *S. phyllanthum* behandelt.

S. quevae Hamet (BJS 50(Beiblatt 114): 25-26, 1914). **T:** Mexiko, Puebla (*Arsène 193* [MPU]). − **D:** Mexiko (Puebla: SE transmexikanischer Vulkangürtel); 1900 - 2400 m. **I:** Fröderström (1936a: 31, t. 20); Clausen (1959: 135).

Incl. *Sedum arsenii* Fröderström *in sched.* (s.a.) (*nom. inval.*, Art. 29.1); **incl.** *Sedum falconis* Brandegee (1919).

[1] Kahle, ausdauernde Halbsträucher mit knolligen **Wu** und niederliegenden, reich verzweigten, fein papillösen **Tr** mit abschälender Rinde, 20 - 40 cm hoch; **Blä** wechselständig, verkehrt lanzettlich bis elliptisch verkehrt lanzettlich, spatelig-länglich oder etwas verkehrt eiförmig, stumpf, gespornt, manchmal fein papillös, 5 - 38 × 3 - 7 mm; blühende **Tr** aufrecht, papillös, 7 - 40 cm; **Inf** wenigblütige Rispen oder Ebensträusse; **Bra** etwas verkehrt eiförmig, papillös; **Ped** bis 3 mm; **Blü** 5-zählig, fast sitzend; **Sep** basal frei, breit gesportt, fast gleich, länglich, stumpf, papillös, grün, 2 - 7 × 0.8 - 2.4 mm, aufrecht; **Pet** basal wenig vereinigt, dreieckig-länglich bis eiförmig, spitz, mit kurzem, aufgesetztem Spitzchen, entlang der Mittelrippe papillös, weiss, 5 - 7 mm, zurückgeschlagen; **Anth** rot; **NSch** fast quadratisch oder nierenförmig, gestutzt, leicht ausgerandet, dick, weisslich; **Gr** sehr lang; **Fr** aufrecht, eiförmig, geschwollen, hellbraun oder rötlich braun; **Sa** elliptisch-länglich bis verkehrt eiförmig, gelbbraun, genetzt. − 2n = 40, 42.

S. radiatum S. Watson (Proc. Amer. Acad. Arts 18: 193, 1883). **T:** USA, California (*Brewer 742* [GH]). − **D:** W USA.

≡ *Sedum douglasii* ssp. *radiatum* (S. Watson) R. T. Clausen (1946) ≡ *Sedum stenopetalum* ssp. *radiatum* (S. Watson) R. T. Clausen (1948) ≡ *Amerosedum radiatum* (S. Watson) A. Löve & D. Löve (1985).

[2] Kahle, einjährige Kräuter; **Tr** einfach oder verzweigt, sich vegetativ durch abfallende, an den blühenden **Tr** entstehende Ableger fortpflanzend; **Blä** wechselständig, länglich elliptisch, länglich lanzettlich, lanzettlich oder eiförmig, spitz zulaufend oder spitz, kahl, papillös oder bewimpert, mit kurzen, trockenhäutigen, gestutzt-stumpfen Spornen (ungelappt bis 3-lappig an blühenden **Tr**), 4.4 - 14 × 1.8 - 3 mm, an blühenden **Tr** etwas länger und breiter, gelbgrün, **Ros**blätter mit 5 grünen bis purpurnen Adern; blühende **Tr** 5.6 - 19 cm; **Inf** Cymen mit 3 Zweigen, manchmal dichotom verzweigt; **Ped** bis 1 mm; **Blü** 5-zählig; **Sep** basal frei, breit gesportt, lanzettlich oder eiförmig, spitz zulaufend oder spitz, manchmal an der Spitze papillös, ± 2.5 × 1.5 mm, grün bis gelb, aufrecht; **Pet** frei, elliptisch-lanzettlich, spitz, mit feinspitzigem Anhängsel, gekielt, weiss bis gelb, ± 7.5 mm; **Anth** gelb; **NSch** quadratisch, gestutzt, orange oder gelb; **Fr** sternförmig, basal vereinigt, entlang der Bauchnähte mit auffälligen Lippen, strohfarben, rötlich braun gestreift; **Sa** birnenförmig, braun, gerippt. − 2n = 16.

S. radiatum ssp. **ciliosum** (Howell) R. T. Clausen (Sedum North Amer., 257-259, ills., 1975). **T:** USA, Oregon (*Howell 693* [ORE]). − **D:** W USA (Oregon: Klamath Mountains und benachbarte Coast Ranges); 220 - 730 m.

≡ *Sedum ciliosum* Howell (1898) ≡ *Sedum douglasii* ssp. *ciliosum* (Howell) R. T. Clausen (1946) ≡ *Sedum stenopetalum* ssp. *ciliosum* (Howell) R. T. Clausen (1948); **incl.** *Sedum ciliatum* Howell (1898) (*nom. illeg.*, Art. 53.1); **incl.** *Amerosedum radiatum* ssp. *ciliosum* A. Löve & D. Löve (1985).

[2] Unterschiede zu ssp. *radiatum*: Pflanzen 11 - 22 cm hoch; **Blä** an den Ausläufern oft bewimpert; primäre Zweige der **Inf**cymen oft dichotom verzweigt; **Blü** 14 - 17 mm ⌀ (?); **Pet** 7 - 11 × 2.5 - 3.5 mm, weiss oder cremeweiss; **Anth** gelb; **Sa** 0.5 - 0.6 mm.

S. radiatum ssp. **depauperatum** R. T. Clausen (Sedum North Amer., 258, 1975). **T:** USA, Oregon

(*Clausen* 651-22 [CU]). – **D:** W USA (Oregon, California); in dichten Vorkommen; ± 1600 m.

≡ *Amerosedum radiatum* ssp. *depauperatum* (R. T. Clausen) Á. Löve & D. Löve (1985).

[2] Unterschiede zu ssp. *radiatum*: Pflanzen 3 - 9 cm hoch; primäre Zweige der **Inf**cymen oft dichotom verzweigt, mit mehr **Blü** pro Wickel als bei ssp. *ciliatum*; **Blü** 10 - 11 mm ⌀ (?); **Pet** 6 - 7 × ± 2.5 mm, weiss oder cremeweiss; **Anth** rot; **NSch** schmaler als bei ssp. *ciliosum*; **Sa** 0.5 - 0.6 mm.

S. radiatum ssp. **radiatum** – **D:** SW USA (California); 150 - 2280 m. **I:** Fröderström (1936a: 106, t. 70); Clausen (1975: 248).

[2] **Blä** der Ausläufer kahl, papillös oder bewimpert; **Inf** einfache Wickel, primäre Zweige der Cymen selten dichotom verzweigt; **Pet** gelb; **Sa** 0.36 - 0.44 mm.

S. ramentaceum K. T. Fu (Acta Phytotax. Sin. 12(1): 71-72, t. 10: 28-35, 1974). **T:** China, Sichuan (*Fu* 16483 [WUK]). – **D:** China (W Sichuan); Felsen entlang von Wegen auf Graten, ± 4500 m. **I:** Fu & Fu (1984: t. 26).

[1] Kleine, zweijährige Kräuter; **Tr** manchmal basal verzweigt, bis 1.2 cm hoch; **Blä** wechselständig, linealisch-länglich bis verkehrt lanzettlich-länglich, stumpf bis spitz, breit gespornt, gelblich grün, 3.5 - 5.5 × 1.2 - 1.4 mm, basale **Blä** abfallend; **Inf** wenigblütige Ebensträusse; **Bra Blä**artig; **Ped** 1.5 - 3 mm; **Blü** 5-zählig, mit 5 - 10 **St**; **Sep** gespornt, länglich bis schmal eiförmig, wenig zugespitzt, 3 - 4.6 × 1.1 - 1.7 mm; **Pet** basal frei, länglich, zur Basis verschmälert, stumpf, gelb, 3.8 - 5 mm; **Anth** gelb; **NSch** linealisch bis etwas keulig; **Fr** spreizend, wenigsamig; **Sa** länglich, vermutlich netzig-papillös.

S. raymondii Fröderström (in Handel-Mazzetti, Symb. Sin. 7: 411, 1931). **T:** China, Yunnan (*Handel-Mazzetti* 9720 [W]). – **D:** China (NW Yunnan); Grasländer, Felsen an Hängen, entlang von Wegen, Kiesansammlungen, 3200 - 4300 m. **I:** Fröderström (1931: 64, t. 37); Fu & Fu (1984: t. 25).

[1] Ein- oder zweijährige Kräuter mit einfachen, ziemlich kräftigen **Tr**, 1.5 - 2.5 cm hoch; **Blä** wechselständig, breit verkehrt lanzettlich bis etwas verkehrt eiförmig, etwas spitz, 4 - 9 mm, kurz gespornt; **Blü** 5-zählig; **Sep** basal frei, breit gespornt, ungleich, eiförmig oder breit, etwas spitz, 2.2 - 4.5 mm; **Pet** basal wenig vereinigt, länglich, stumpf, basal wenig verbreitert, ± genagelt, weiss oder gelblich, 2.4 - 2.8 mm; **NSch** linealisch-spatelig, etwas spitz; **Fr** etwas spreizend; **Sa** netzig-papillös.

Vermutlich sehr nahe bei *S. franchetii* und nicht mehr als ein Ökotyp.

S. reniforme (H. Jacobsen) Thiede & 't Hart (Novon 9: 125, 1999). **T:** Peru, Cajamarca (*Weberbauer* 4053 [B]). – **D:** Peru (Cajamarca); 2600 m.

≡ *Villadia reniformis* H. Jacobsen (1958); **incl.** *Cotyledon imbricata* Diels (1906) (*nom. illeg.*, Art. 53.1) ≡ *Villadia imbricata* (Diels) Baehni & Macbride (1937) (*nom. illeg.*, Art. 53.1); **incl.** *Altamiranoa imbricata* A. Berger (1930).

[1] Kahle, mehrjährige Kräuter; **Tr** basal reich verzweigt, etwas gruppenbildend, Zweige manchmal niederliegend mit aufrechten Spitzen, 5 - 10 cm; **Blä** dicht ziegelig, mit breiter Basis angeheftet, breit dreieckig oder fast nierenförmig, 2 - 3 × 3 - 4 mm; **Inf** cymös mit 2 wickelartigen, spreizend-ausstrahlenden Zweigen; **Sep** 3 × 1 mm; **Pet** 4 × 1.5 - 2 mm, grünlich weiss, Zipfel spitz mit zurückgebogenen Spitzen; **St** ± 3.5 mm; **NSch** auffällig, fleischig, ausgerandet; **Ca** 2.5 mm.

Durch die nierenförmigen Blätter, welche breiter als lang sind, leicht von allen anderen südamerikanischen Arten von *Sedum* (und *Villadia*) zu unterscheiden. Wenn *Cotyledon imbricata* zu *Sedum* gestellt wird, muss der nächst jüngere Name für dieses Taxon, *Villadia reniformis*, benutzt werden, und zwar wegen des früheren Namens *Sedum imbricatum* (Edgeworth) Walpers 1848 (≡ *Rhodiola imbricata*) (Thiede & 't Hart 1999). – [J. Thiede]

S. reptans R. T. Clausen (Bull. Torrey Bot. Club 105(3): 222-223, ill., 1978). **T:** Mexiko, San Luis Potosí (*Clausen & al.* 772036 [CU, ENCB, MEXU]). – **Lit:** Nesom & Turner (1996). **D:** Mexiko (E San Luis Potosí bis Querétaro); Matten auf der Oberseite von Kalkfelsblöcken bildend, in Eichen- und Kiefernwäldern, manchmal epiphytisch, 1700 - 2250 m. **Fig. XXXIX.d**

Incl. *Sedum reptans* ssp. *carinatifolium* R. T. Clausen (1981).

[1] Kahle, mehrjährige Kräuter mit zahlreichen Adventiv**Wu** und kriechenden, stielrunden **Tr**, jüngste Teile wahrnehmbar papillat; **Blä** wechselständig, elliptisch-lanzettlich, stumpf, fast stielrund, 6.5 - 8.5 × 1.5 - 2.5 mm, ausgebreitet; blühende **Tr** aufrecht, kräftig; **Inf** wenigblütige Cymen; **Bra** lanzettlich, stumpf; **Sep** breit sitzend, vereinigt, lanzettlich, stumpf, Spitze leicht papillös, ± 2.5 mm; **Pet** lanzettlich, mit schmalem, aufgesetztem Spitzchen, bleichgelb, 6 - 8 mm, ausgebreitet; **Fr** weit spreizend, entlang der Bauchnähte mit Lippen, basal für ± ¼ ihrer Länge vereinigt; **Sa** lanzettlich-länglich, netzig-papillös. – 2n = 68, 120, 144, 164 ± 2.

Ähnlich wie *S. tamaulipense* und zur *S. parvum*-Gruppe gehörend (Nesom & Turner 1996). – [H. 't Hart, B. Bleij & U. Eggli]

S. retusum Hemsley (Diagn. Pl. Nov. Mexic. 51, 1880). **T:** Mexiko, San Luis Potosí (*Parry & Palmer* 239 [K]). – **D:** Mexiko (San Luis Potosí); 2000 - 2700 m. **I:** Fröderström (1936a: 20, t. 12).

[1] Ausdauernde Halbsträucher mit kurzem, basalem **Tr** und mehreren, aufrechten, warzig-rauhen Zweigen, 30 - 50 cm hoch; **Blä** breit spatelig, ge-

wöhnlich gestutzt, mit falschem **Bla**stiel, kurz gespornt, flach, obere Teile dicht feinwarzig, 10 - 17 mm; **Inf** kleine, breite, wenigblütige Ebensträusse; **Bra Bla**artig, verkehrt lanzettlich, feinwarzig; **Blü** 5-zählig, fast sitzend; **Sep** basal frei, breit gespornt, ungleich, breit verkehrt lanzettlich-spatelig, stumpf, dick, dicht feinwarzig, 2.5 - 5 mm; **Pet** bis zur Basis frei, lanzettlich, stumpflich, etwas mit aufgesetztem Spitzchen, mit leicht verschmälerter Basis, gekielt, weiss oder rötlich, 6 - 6.5 mm; **NSch** spatelig-quadratisch, ausgerandet, dick; **Fr** aufrecht, etwas länglich; **Sa** eiförmig, genetzt. − 2n = 54, 55, 56 - 62.

S. rhodocarpum Rose (CUSNH 13(9): 300, pl. 59, 1911). **T:** Mexiko, Nuevo León (*Pringle* 10368 [US 462503, ENCB, NY, S]). − **D:** Mexiko (Tamaulipas, Nuevo León: Sierra Madre Oriental); ± 3000 m. **I:** Fröderström (1936a: 57, t. 36).

[1] Schlanke, kahle, mehrjährige Kräuter mit kriechendem **Wu**stock; sterile **Tr** ± 2 cm lang, mit an den Spitzen gedrängten **Blä**; **Blä** in Wirteln zu 3, in den oberen Teilen wechselständig, spatelig verkehrt eiförmig bis fast kreisrund, oder unterhalb der **Inf** verkehrt lanzettlich, gerundet bis stumpf, leicht ausgerandet, kurz gespornt, dünn, 5 - 30 mm; blühende **Tr** aufsteigend, einfach, schwach, dreikantig mit geflügelten Kanten, 10 - 20 cm; **Inf** kurz, wenigblütig; **Bra** verkehrt lanzettlich, stumpf, ± 3.5 mm; **Ped** 2 - 10 mm; **Blü** 5-zählig; **Sep** breit sitzend, nicht oder sehr kurz gespornt, ungleich, breit linealisch bis verkehrt lanzettlich, etwas kapuzenförmig, stumpf, 4 - 5 mm; **Pet** basal vereinigt, breit eiförmig, stumpf, mit kurzem, aufgesetztem Spitzchen, obere Teile ausgenagt, grünlich, rot überhaucht, ± 5 mm; **Anth** rötlich oder purpurn; **NSch** quadratisch, etwas ausgerandet, flach, weiss oder gelblich; **Gr** kurz; **Fr** etwas aufrecht, angeschwollen, tiefrot; **Sa** etwas eiförmig, netzig-papillös. − 2n = 68, 124, 128.

S. edwardsii ist nahe verwandt.

S. robertsianum Alexander (Bull. Torrey Bot. Club 43: 201, 1936). **T:** USA, Texas (*Davis* s.n. [NY]). − **D:** USA (Texas: Brewster County), benachbartes Mexiko (Coahuila); flachgründige, kalkhaltige Böden, ± 1300 m. **Fig. XXXIX.h**

≡ *Sedum palmeri* ssp. *robertsianum* (Alexander) R. T. Clausen (1981).

[1] Kahle, mehrjährige Kräuter mit in Polstern angeordneten, fleischigen **Tr**, basal verzweigt, mit zahlreichen, niederliegenden, 8 - 12 cm langen Seitenzweigen; **Blä** wechselständig, eiförmig, feinspitzig, winzig papillös erscheinend (durch Reflektion an den inneren Flächen der durchsichtigen Zellen), geschwollen, 5 - 8 mm, 3 - 4 mm breit und dick, gelbgrün; blühende **Tr** aufrecht, axillär; **Inf** Cymen, einfach oder mit 2 Zweigen, manchmal mit kurzen Zweigen an der Basis mit einzelnen **Blü**; **Bra Bla**artig aber viel kleiner; **Blü** 5- (selten 4-) zählig, sitzend oder fast sitzend; **Sep** ungleich, die 2 äusseren viel grösser als die inneren, lanzettlich, ± 2 mm; **Pet** lanzettlich, rinnig, ± 4 mm, leuchtend gelb. − 2n = 28.

Wohl ein Teil des *S. parvum*-Komplexes und von einigen Autoren in die Synonymie dieser Art gestellt (Nesom & Turner 1996).

S. roborowskii Maximowicz (Bull. Acad. Imp. Sci. Saint-Pétersbourg 29: 154, 1883). **T:** China, Gansu (*Przewalski* 791 [LE]). − **D:** Nepal, S Tibet, China (C Gansu, C Ningxia, Qinghai); bewaldete Hänge, schattige Felsen, Alluvien, 2200 - 4500 m. **I:** Fröderström (1931: 67, t. 39); Fu & Fu (1984: t. 23).

Incl. *Sedum incanum* Prain *ex* Hamet (1929) (*nom. inval.*, Art. 34.1c); incl. *Sedum roborowskii* var. *genuinum* Hamet (1929) (*nom. inval.*, Art. 24.3).

[1] Ein- oder zweijährige Kräuter, aus der Basis verzweigt, 3 - 5 cm hoch; **Blä** wechselständig, breit lanzettlich bis eiförmig, stumpf, abrupt feinspitzig, 4 - 7.5 mm, kurz gespornt, Spitze feinwarzig; **Blü** 5- (bis 6-) zählig, (fast) sitzend, mit 5 - 12 **St**; **Sep** basal frei, breit gespornt, ungleich, länglich bis eiförmig, stumpf, ± 2 mm; **Pet** länglich, mit kurzem, aufgesetztem Spitzchen, weiss oder gelblich, 3 - 4.5 mm; **NSch** breit linealisch-spatelig, ausgerandet; **Gr** kurz; **Fr** aufrecht; **Sa** netzig-papillös.

S. rosthornianum Diels (BJS 29: 361-362, 1900). **T:** China, Sichuan (*von Rosthorn* s.n. [O]). − **D:** China (Grenze Sichuan - Hubei); grasige Hänge, ± 1500 m. **I:** Fröderström (1931: 36, t. 20); Fu & Fu (1984: t. 19).

[1] Vermutlich mehrjährige Kräuter; **Blä** in Wirteln zu 3 - 4, länglich, stumpflich, gestielt, gezähnt, 7 - 9 cm; blühende **Tr** einfach, 20 - 25 cm; **Inf** lockere, ziemlich wenigblütige Thyrsen; **Ped** 6 - 14 mm; **Blü** 5-zählig; **Sep** breit sitzend, dreieckig, spitzlich, 1.5 - 2 mm; **Pet** basal vereinigt, breit länglich, stumpflich, weiss oder rötlich, 3 - 3.5 mm; **NSch** breit spatelig; **Gr** kurz; **Fr** aufrecht, dorsal papillös; **Sa** eiförmig, glatt, vermutlich genetzt.

Gezähnte Blätter sind für die Gattung *Sedum* atypisch, charakterisieren aber die Subtribus *Telephiinae* (*Hylotelephium*, *Phedimus*, *Rhodiola*). Wie bereits im Protolog vermutet wird, könnte das Taxon in diese Gruppe gehören.

S. rosulatobulbosum Koidzumi (Acta Phytotax. Geobot. 7: 192, 1938). − **D:** Japan (Inseln Hachijojima und Amamioshima), Korea.

[1] Mehrjährige oder einjährige Kräuter mit axillären, reichblätterigen Bulbillen und niederliegenden bis aufsteigenden, gebüschelten **Tr**, oft in den oberen Teilen verzweigt, 6 - 20 cm hoch; **Blä** wechselständig, verkehrt eiförmig, stumpf, gespornt, manchmal mit unregelmässigen Rändern, fleischig aber flach, ± 10 mm; **Inf** Cymen mit 1 - 3 Wickeln, diese manchmal gegabelt; **Bra Bla**artig; **Blü** 5-

zählig, (fast) sitzend; **Sep** basal frei, kurz gespornt, ungleich, länglich bis verkehrt eiförmig-länglich, stumpf, feinwarzig, fleischig, 2 - 6 × 0.5 - 2 mm, fast aufrecht; **Pet** lanzettlich, mit kurzem und schmalem, aufgesetztem Spitzchen, gelb, 3.5 - 5 mm; **Fil** gelb; **Anth** orangegelb; **NSch** spatelig, weiss bis gelblich; **Gr** ± 1 mm; **Fr** sternförmig ausgebreitet, sehr breit. − 2n = 38, ± 56.

Sehr nahe bei *S. bulbiferum* und vielleicht damit identisch (Ohwi 1965: 497).

S. rubens Linné (Spec. Pl. [ed. 1], 432, 1753). **T**: UPS [lecto: Herb. Burser vol. 16(1): 62]. − **Lit**: Jalas & al. (1999: 94). **D**: Naher Osten, S, C und W Europa, Nordafrika, Kanarische Inseln (vermutlich eingeführt). **Fig. XXXIX.f**

≡ *Crassula rubens* (Linné) Linné (1759) ≡ *Aithales rubens* (Linné) Webb & Berthelot (1840); **incl.** *Sedum boissierianum* Haussknecht *in sched.* (s.a.) (*nom. inval.*, Art. 29.1); **incl.** *Sedum pallens* Haworth (1821); **incl.** *Sedum rubens* De Candolle (1828) (*nom. illeg.*, Art. 53.1); **incl.** *Sedum matrense* Kitaibel (1863) ≡ *Sedum hispanicum* fa. *matrense* (Kitaibel) Jávorka (1924); **incl.** *Procrassula mediterranea* Jordan & Fourreau (1866) ≡ *Sedum rubens* var. *mediterraneum* (Jordan & Fourreau) Rouy & Camus (1901); **incl.** *Procrassula pallidiflora* Jordan & Fourreau (1866) ≡ *Sedum rubens* var. *pallidiflorum* (Jordan & Fourreau) Rouy & Camus (1901); **incl.** *Sedum simplex* Steudel *ex* Boissier (1872); **incl.** *Sedum steudelii* Boissier (1872); **incl.** *Sedum ibicense* Pau (1900); **incl.** *Sedum rubens* var. *praegeri* Fröderström (1932); **incl.** *Sedum rubens* var. *haouzense* Andréanszky (1938).

[1] Aufrechte, einjährige Kräuter, 2 - 15 cm, drüsig-flaumhaarig, v.a. in den oberen Teilen, meist glauk, rötlich; **Blä** 10 - 20 mm, in Wirteln zu 4, in den oberen Teilen wechselständig, linealisch bis elliptisch, halbstielrund; **Inf** flaumhaarige Cymen mit **Bra**, mit 2 - 3 oder mehr wickeligen Zweigen; **Blü** 5-zählig, sitzend, mit 5 **St** (selten 5 - 10); **Sep** breit sitzend, basal vereinigt, ± 1 mm, dreieckig; **Pet** ± 5 mm, meist gekielt und scharf spitz zulaufend, weiss, selten ± rosa, meist zur **Blü**zeit aufrecht; **Fil** so lang wie die **Ca**, meist basal papillat; **Anth** klein, kugelig, rot oder gelblich, meist vor oder zu Beginn der **Blü**zeit öffnend; **Gr** kurz; **Fr** braun, von der Basis aus spreizend und in den oberen Teilen fast aufrecht, drüsig-flaumhaarig, warzig; **Sa** eiförmig, gerippt, glänzend dunkelbraun bis schwarz. − 2n = 40, 40, 40 - 42, 60, 76, 80, 94, 100, ± 110.

Gelegentlich kann Genaustausch (Introgression) zwischen *S. eriocarpum* und *S. rubens* vorkommen, wenn die beiden Arten zusammen wachsen. Dadurch entstehen allopolyploide F2-Hybriden.

S. rubrotinctum R. T. Clausen (CSJA 20: 82, ills., 1948). **T**: Mexiko (*Clausen* C48-9 [CU]). − **D**: E-C oder S Mexiko; Herkunft unbekannt. **Fig. XL.a**

[1] Kahle, ausdauernde Halbsträucher, 15 cm hoch und mehr; **Blä** wechselständig, dicht gedrängt, keulig, stielrund, angeschwollen, 4 - 21 × 2 - 8 mm, 2 - 7 mm dick, grünlich rot; blühende **Tr** aufrecht; **Inf** dichte Ebensträusse; **Bra** verkehrt lanzettlich bis elliptisch, 4 - 7 mm; **Ped** ± 1 mm; **Blü** 5- (selten 6-) zählig; **Sep** ungleich, linealisch-länglich bis verkehrt lanzettlich, stumpf, 3.5 - 5 × 0.8 - 1.8 mm, grünlich rot; **Pet** lanzettlich, spitz, doppelt grannenspitzig, ± 6.6 × 2.2 mm, gelb; **Fil** gelb; **Anth** gelb; **NSch** nierenförmig, breit gerundet.

Vielleicht gärtnerischer Herkunft. Die Art wurde ursprünglich als *S. guatemalense* betrachtet (Clausen 1975: 564).

S. rupestre Linné (Spec. Pl. [ed. 1], 1: 431, 1753). **T**: BM [lecto: Herb. Clifford, p. 177, Sedum 4]. − **Lit**: 't Hart (1978). **D**: Europa von Fennoskandien bis Sizilien und vom Balkan zu den Pyrenäen.

≡ *Sedum reflexum* var. *rupestre* (Linné) Grenier & Godron (1848) (*nom. inval.*, Art. 25.1, 11.4) ≡ *Petrosedum rupestre* (Linné) P. V. Heath (1987); **incl.** *Sedum nutans* Haworth (1821); **incl.** *Sedum caesium* Boreau *apud* Pérard (1871); **incl.** *Sedum arrigens* Grenier (1874).

[1] Kahl, mehrjährig; sterile **Tr** niederliegend, wurzelnd, basal oft etwas verholzt; **Blä** ziegelig, linealisch bis länglich, mit aufgesetztem Spitzchen, stielrund, mit einem gestutzten Sporn, 10 - 15 mm, grün oder glauk; blühende **Tr** aufsteigend, 15 - 35 cm; **Inf** endständige Ebensträusse mit 3 - 7 monochasialen Zweigen, in der Knospe (fast) kugelig, Zweige zurückgebogen; **Bra** **Blä**artig; **Blü** (5- bis) 7- (bis 9-) zählig, (fast) sitzend; **Sep** basal vereinigt, dreieckig-eiförmig, spitz bis spitz zulaufend, 3 - 4 mm, kahl oder spärlich drüsig-flaumhaarig; **Pet** länglich, gelb, 6 - 7 mm, während der **Blü**zeit ausgebreitet; **Fil** gelb; **Anth** gelb; **NSch** quer länglich; **Fr** aufrecht, braun; **Sa** länglich, braun, gerippt.

S. rupestre ssp. **erectum** 't Hart (Biosyst. Stud. Gen. Sedum 101, 1978). **T**: Italien, Trieste (*Pignatti s.n.* [U 16260]). − **D**: Frankreich (Französische Alpen), NW Italien, Slowenien.

≡ *Petrosedum erectum* ('t Hart) Grulich (1984) ≡ *Petrosedum rupestre* ssp. *erectum* ('t Hart) Velayos (1989); **incl.** *Sedum rupestre* var. *erectum* hort. (s.a.) (*nom. inval.*, Art. 29.1).

[1] Unterschiede zu ssp. *rupestre*: **Inf** zur Knospenzeit fast kugelig und aufrecht, mit 4 - 7 (-9) Zweigen; **Fil** dicht papillös. − 2n = 64, 96.

S. rupestre ssp. **rupestre** − **D**: S Fennoskandien (Schweden, Finnland) bis S Europa (incl. Sizilien und Pyrenäen) und N Balkan. **Fig. XXXIX.c**

Incl. *Sedum reflexum* Linné (1755) ≡ *Sedum rupestre* ssp. *reflexum* (Linné) Hegi & Em. Schmid (1922) ≡ *Petrosedum reflexum* (Linné) Grulich (1984) ≡ *Petrosedum rupestre* ssp. *reflexum* (Linné) Velayos (1989); **incl.** *Sedum glaucum* Donn (1804) (*nom. illeg.*, Art. 53.1) ≡ *Sedum reflexum* ssp. *glau-*

cum (Donn) Janchen (1962); **incl.** *Sedum collinum* Willdenow (1809) ≡ *Sedum reflexum* fa. *collinum* (Willdenow) Rouy & Camus (1901); **incl.** *Sedum cristatum* Schrader (1809); **incl.** *Sedum recurvatum* Willdenow (1809) ≡ *Sedum reflexum* fa. *recurvatum* (Willdenow) Rouy & Camus (1901); **incl.** *Sedum virescens* Willdenow (1809); **incl.** *Sedum albescens* Haworth (1821) ≡ *Sedum rupestre* ssp. *albescens* (Haworth) P. Fournier (1936) ≡ *Sedum reflexum* ssp. *albescens* (Haworth) Rouy & E. G. Camus *ex* Jovet & R. Vilmorin (1974) (*nom. inval.*, Art. 33.2); **incl.** *Sedum crassicaule* Link (1821); **incl.** *Sedum fragile* Dumortier (1827); **incl.** *Sedum reflexum* var. *viride* Koch (1837); **incl.** *Sedum reflexum* var. *glaucum* Koch (1843) ≡ *Sedum rupestre* var. *glaucum* (Koch) Marchesetti (1897); **incl.** *Sedum graniticum* Pérard (1869); **incl.** *Sedum reflexum* fa. *adpressum* Rouy & Camus (1901); **incl.** *Sedum reflexum* fa. *cristatum* Praeger (1921).

[1] **Inf** mit 4 - 6 (-7) Zweigen, zur Knospenzeit kugelig und nickend; **Fil** papillös, selten kahl. – 2n = 88, 112, 120.

Diese Unterart ist allopolyploid. Sie entstand durch Polyploidisierung aus einer natürlichen (sterilen) Hybride zwischen dem tetraploiden *S. forsterianum* (2n = 48) und dem tetraploiden *S. rupestre* ssp. *erectum* (2n = 64) irgendwann nach der letzten Eiszeit. Die neue Unterart (2n = 112) entstand irgendwo in der W Mittelmeerregion, und da sie komplett fertil ist, hat sie sich erfolgreich über das ganze W Europa verbreitet ('t Hart & al. 1993a).

S. rupicola G. N. Jones (Res. Stud. State Coll. Washington 2(4): 125, 1931). **T:** USA, Washington (*Newcomer* 1679 [nicht lokalisiert]). – **D:** NW USA (Washington: v.a. Wenatchee Mts.); Serpentin. **I:** Clausen (1975: 237).

≡ *Sedum lanceolatum* var. *rupicola* (G. N. Jones) C. L. Hitchcock (1964) ≡ *Amerosedum rupicola* (G. N. Jones) A. Löve & D. Löve (1985).

[2] Mehrjährige, büschelige Kräuter mit Gruppen rötlicher, steriler **Tr**; sekundäre **Tr** in den **Ax** einiger **Blä**; **Blä** leicht abfallend und der vegetativen Vermehrung dienend, wechselständig, eiförmig, elliptisch-eiförmig oder lanzettlich, stumpf oder offenbar spitz, 3.2 - 6.2 × 1.9 - 2.9 mm, blaugrün, ± purpurn oder grün, manchmal glauk, spreizend, wenig aufwärts gebogen; blühende **Tr** aufrecht, ± 18 cm; **Inf** Cymen mit 3 Zweigen; **Bra** schmal elliptisch bis linealisch; **Blü** 5-zählig, sitzend oder fast sitzend; **Sep** breit sitzend, basal wenig vereinigt, lanzettlich oder lanzettlich-länglich, stumpf oder spitzlich, grün, ± 3 × 1.5 mm; **Pet** frei, elliptisch-lanzettlich oder lanzettlich, stumpf (selten spitz), mit winzigem, aufgesetztem Spitzchen, wenig kapuzenförmig, gelb, 6.7 - 8.8 mm, basal kurz aufrecht, dann weit ausgebreitet; **Fil** gelb; **Anth** gelb; **NSch** fast quadratisch, gestutzt, gelb; **Fr** aufrecht, basal vereinigt, kahl, entlang der Bauchnähte mit Lippen, braun; **Sa** birnenförmig, braun, gerippt.

Ersetzt *S. lanceolatum* in den grösseren Höhen der Wenatchee Mts., und wächst auf Serpentin.

S. ruwenzoriense Baker *fil.* (JLSB 38: 251, 1908). **T:** Uganda, Toro Distr. (*Wollaston* s.n. [BM]). – **D:** Äthiopien, Kenya, Uganda, Rwanda, Sudan, Zaïre; in der Regel auf Felsen, 2400 - 4500 m.

Incl. *Sedum ducis-aprutii* Cortesi (1908); **incl.** *Sedum kiwuense* Anonymus *in sched. ex* Hamet (1929) (*nom. inval.*, Art. 34.1c).

[1] Kahle, mehrjährige Kräuter mit aufrechten oder niederliegenden, verzweigten, papillösen **Tr**, bis 20 (-30) cm, oft an der Basis deutlich verholzt; **Blä** wechselständig, oft dicht ziegelig, sitzend, länglich bis länglich eiförmig, 5 - 20 × ± 3 mm, stumpf, halbstielrund, manchmal papillös, leuchtend grün oder rötlich; **Inf** mit **Bra** versehene Cymen oder Ebensträusse mit 3 - 4 Wickeln, diese manchmal gegabelt; **Bra** 2 pro **Blü**; **Ped** 1 - 4 (-6) mm; **Blü** 5-zählig; **Sep** basal frei, gespornt, 1.5 - 2 mm, stumpf; **Pet** basal für 0.2 - 0.4 mm vereinigt, länglich lanzettlich bis länglich, 4 - 6 mm oder länger, leuchtend gelb; **Fil** 2.5 - 3 mm, gelb; **Anth** 0.6 - 0.8 mm, gelb; **NSch** länglich zungenförmig, kurz gestutzt; **Gr** ± 1 mm; **Fr** vielsamig, aufrecht, hellbraun; **Sa** ellipsoid, genetzt.

Eng mit *S. meyeri-johannis* verwandt. – [H. 't Hart]

S. sagittipetalum Fröderström (Acta Horti Gothob. 15: 15-16, t. 4: 5, 1942). **T:** China, Sichuan (*Smith* 11820 [UPS ?]). – **D:** China (W Sichuan); Klippen; 4300 - 4500 m.

[1] Mehrjährige Kräuter mit zahlreichen, gebüschelten **Tr**, 0.5 - 1 cm; **Blä** wechselständig, dicht ziegelig, kurz gespornt oder stumpf bis leicht gelappt, breit verkehrt lanzettlich, spitz zulaufend mit spreizender Spitze, leuchtend grün oder im trockenen Zustand silbergrau, (2-) 4 - 6 mm; blühende **Tr** wenige, 1 - 2 cm; **Inf** 1- oder 2-blütig; **Bra** meist 2 pro **Blü**, **Blä**artig; **Blü** 5- bis 7-zählig; **Sep** breit sitzend, verkehrt lanzettlich bis länglich, lang spitz zulaufend, basal leicht verschmälert, 4 - 4.5 mm; **Pet** basal frei, etwas eiförmig, lang feinspitzig, zur Spitze verschmälert, bis fast zur Mitte schmal genagelt, gelb, 6 - 6.5 mm; **NSch** breit linealisch, zur Spitze verbreitert, wenig ausgerandet, trocken hell; **Gr** kurz; **Sa** etwas eiförmig, glatt, vermutlich genetzt.

S. salvadorense Standley (J. Washington Acad. Sci. 13: 438, 1923). **T:** El Salvador, Dept. Ahuachapán (*Standley* 20143 [US]). – **D:** El Salvador; Felsen im Wald. **I:** Fröderström (1936a: 35, t. 23).

[1] Ausdauernde Halbsträucher; **Tr** aufrecht, einfach, sehr kräftig, obere Teile papillös, ± 14 cm hoch; **Blä** wechselständig, eher wenige, länglich, stumpflich, lang gestielt, glatt (junge **Blä** körnig-papillös), flach, dünn, 2 - 9 cm; blühende **Tr** aufrecht; **Inf** dichte, wenigblütige Ebensträusse; **Bra**

linealisch bis verkehrt lanzettlich, glatt oder papillös, ± 3 mm; **Ped** ± 2 - 3 mm, schlank; **Blü** 5-zählig; **Sep** basal frei, kurz gespornt, ungleich, lanzettlich bis länglich, stumpf, 4 - 5 mm; **Pet** basal wenig vereinigt, etwas eiförmig, feinspitzig spitz, weiss, ± 5 mm; **NSch** linealisch-spatelig, gestutzt, wenig ausgerandet; **Gr** 2 - 3 mm; **Fr** fast aufrecht.

S. samium Runemark & Greuter (Willdenowia 11(1): 19-20, 1981). **T:** Griechenland, Samos (*Runemark & al.* 19333 [LD]). — **D:** Griechenland (E Ägäische Inseln [Samos]), Türkei (W und S Anatolien); meist auf grasigen und steinigen Flächen auf Kalk, ± 1000 m.

[1] Aufrechte, meist einfache, einjährige Kräuter bis 8 cm; **Blä** länglich elliptisch, spitzlich, halbstielrund, mit einem gestutzten Sporn, grün oder gelblich grün; **Inf** kleine Cymen mit 2 - 3 Wickeln, selten mit 1 - 3 zusätzlichen, axillären Cymen mit 1 - 3 **Blü**; **Bra** 2 pro **Blü**; **Blü** 5-zählig, sitzend oder fast sitzend; **Sep** breit sitzend, ungleich, etwas spitz; **Pet** lanzettlich, spitz oder mit aufgesetztem Spitzchen, gelb; **Fil** gelb; **Anth** rot oder gelb; **Fr** sternförmig ausstrahlend, gelblich braun, entlang der Bauchnähte mit deutlichen Lippen; **Sa** eiförmiglänglich, ± 1.2 mm, rot oder orange, genetzt oder netzig-papillös. – 2n = 18.

Gehört in das Comparium der Ser. *Alpestria* A. Berger, aber von 't Hart (1991) in die eigene, monotypische Ser. *Samia* 't Hart gestellt. – [H. 't Hart]

S. samium ssp. **micranthum** 't Hart & Alpinar (Willdenowia 21: 150-152, 1991). **T:** Türkei (*Alpinar & 't Hart* AH60 [ISTE, U]). – **D:** Türkei (S Anatolien).

[1] Unterschiede zu ssp. *samium*: **Pet** klein, bis 5 mm, gelb oder hellgelb; **Anth** kugelig, < 1 mm, rot oder gelb; **Gr** kurz, ± 0.5 mm.

Unterschiede zu ssp. *samium* sind ferner die kleineren, cleistogamen oder pseudocleistogamen Blüten. – [H. 't Hart]

S. samium ssp. **samium** – **D:** E Ägäische Inseln und W Anatolien.

[1] **Pet** ± 7 mm, goldgelb; **Anth** 1 - 1.5 mm, rot, orange oder gelb; **Gr** ± 1 mm.

Unterscheidet sich von ssp. *micranthum* durch die grossen, allogamen Blüten. – [H. 't Hart]

S. sarmentosum Bunge (Mém. Acad. Imp. Sci. St.-Pétersbourg, Sér. 6, Sci. Math. 2: 104, 1833). **T:** China (*Shearer* s.n. [K]). – **Lit:** Hsu (1991). **D:** N und C China, Korea, Japan, N Thailand; in C und E Europa verwildert (z.B. N Italien, C Deutschland, Balkan); schattige Stellen, Felsen etc., unterhalb 1600 m. **I:** Fröderström (1931: 86, t. 52).

Incl. *Sedum lineare* var. *contractum* Miquel (1866); **incl.** *Sedum shearerii* S. Moore (1875); **incl.** *Sedum sarmentosum* fa. *maior* Diels (1900); **incl.** *Sedum kouyangense* H. Léveillé & Vaniot (1914).

[1] Mehrjährige Kräuter mit schlanken, kriechenden und wurzelnden, sterilen **Tr**; **Blä** in Wirteln zu 3, breit verkehrt lanzettlich oder lanzettlich bis linealisch, 10 - 25 mm, spitzlich, hell gelblichgrün; **Inf** mit **Bra** versehene, dichte Cymen oder Ebensträusse mit 2 - 4 manchmal gegabelten Wickeln; **Blü** 5-zählig, (fast) sitzend; **Sep** basal frei, breit sitzend, oft ungleich, breit lanzettlich bis länglich, 3.5 - 5 mm; **Pet** manchmal basal wenig vereinigt, lanzettlich bis länglich, mit ziemlich langem, aufgesetztem Spitzchen, gelblich, 5 - 8 mm; **NSch** rechteckig-spatelig; **Gr** ziemlich lang; **Fr** sternförmig ausstrahlend; **Sa** netzig-papillös. – 2n = ± 72.

Fröderström (1936b) unterschied 2 Varietäten, die abgesehen von der Verbreitung ziemlich zufällig erscheinen und hier nur vorläufig akzeptiert werden. *S. angustifolium* und *S. jiuhuashanense* sind *S. sarmentosum* sehr ähnlich (Hsu 1991).

S. sarmentosum var. **sarmentosum** – **D:** China, Korea, Japan.

[1] **Tr** 10 - 25 cm; **Blä** verkehrt lanzettlich bis länglich, 15 - 25 mm; blühende **Tr** aufsteigend, schlank; **Inf** vielblütig.

S. sarmentosum var. **silvestre** Fröderström (Bull. Fan Mem. Inst. Biol. 7(1): 14, 1936). – **D:** China (Yunnan).

[1] Unterschiede zu var. *sarmentosum*: **Tr** bis 13 cm; **Blä** breit lanzettlich, in der oberen Hälfte der blühenden **Tr** linealisch, 10 - 25 mm; blühende **Tr** ziemlich kräftig, 5 - 7 cm; **Inf** wenigblütig.

S. satumense Hatusima (J. Geobot. 26(2): 41, 1978). **T:** Japan, Kyushu (*Hatusima* s.n. [KAG]). – **D:** Japan (Kyushu: Halbinsel Satsuma); auf Felsen, Blüten Mai bis Juni.

[1] Mehrjährige Kräuter, 5 - 10 cm hoch, grün ohne jeglichen rötlichen Hauch; blühende **Tr** meist nahe der Basis verzweigt; **Blä** gegenständig, sitzend, schmal eiförmig bis verkehrt eiförmig-spatelig, 10 - 22 × 6 - 9 mm, stumpf, Basis verschmälert; **Inf** ebensträussig, ± 3 - 4 × 3 cm; **Sep** basal wenig vereinigt, freie Zipfel schmal verkehrt lanzettlich, 6 - 7 mm, stumpf oder gerundet; **Pet** gelb, schmal lanzettlich, 7 - 8 mm, spitz zulaufend, unterseits gekielt, zur **Blüzeit** aufsteigend; **St** wenig kürzer als die **Pet**; **Anth** tiefgelb; **NSch** quadratisch, ± 0.5 mm; **Ca** 4 - 5.5 mm, basal für 1 - 1.5 mm vereinigt, zur **Blüzeit** aufrecht; **Gr** schlank, 1 - 1.5 mm.

Mit *S. formosanum* und *S. nagasakianum* verwandt. Vom zuerst genannten unterscheidet sich *S. satumense* durch den mehrjährigen Wuchs, vom zuletzt genannten durch die gegenständigen Blätter. *S. makinoi* unterscheidet sich durch kleinere Blätter und Blüten mit pfriemlich-linealischen Kronblättern.

Der Artname sollte wohl zu 'satsumense' korrigiert werden, obwohl Ohba (2001: 23) weiterhin die traditionelle Schreibweise beibehält. – [H. Ohba & U. Eggli]

S. schizolepis Fröderström (Svensk Bot. Tidskr. 29: 385, 1935). **T:** Palästina (*Meynertzhagen* s.n. [nicht lokalisiert]). – **D:** Libanon, Syrien, Palästina; geringe Höhenlagen.

[1] Völlig kahle, einjährige Kräuter; **Tr** einfach, aufrecht, schlank, 3 - 5 cm; mittlere **Blä** linealisch-lanzettlich, 7 - 10 mm, gespornt, Spitze stumpf und feinwarzig; obere **Blä** breit lanzettlich bis verkehrt eiförmig, 3.5 - 12 mm; **Inf** locker, wickelig, wenigblütig, von linealischen, stumpfen, bis 5 mm langen **Bra** umgeben; **Blü** 6- bis 8-zählig; **Sep** dreieckig-länglich, spitz, 2 mm; **Pet** völlig frei, länglich, 3.5 - 4.5 mm, vermutlich weiss mit roter Mittelrippe, Spitze begrannt-spitz; **NSch** kurz gestielt, spatelig, tief gelappt, 1 × 0.8 mm; **Ca** basal kurz vereinigt, dicht feinwarzig, 3.5 - 4 mm incl. dem langen **Gr**.

Wird im Protolog mit *S. hispanicum* verglichen, von welchem die Art hauptsächlich durch die tief gelappten Nektarschüppchen abweicht. – [U. Eggli]

S. scopulinum (Rose) Moran (Haseltonia 4: 46, 1996). **T:** Mexiko, Puebla (*Rose* 4996 [US]). – **D:** Mexiko (Puebla); felsige Hügel, 2300 m.

≡ *Altamiranoa scopulina* Rose (1903) ≡ *Villadia scopulina* (Rose) H. Jacobsen (1958).

[1] Kahle, mehrjährige Kräuter; **Tr** ± kriechend und reich verzweigt, untere Teile mit weisslichen **Sch** (= Basis alter, toter **Blä**) bedeckt; **Blä** sitzend, mit einem freien, dem **Tr** entlang abwärts gerichteten Läppchen, eng angeordnet aber kaum ziegelig, linealisch, fast stielrund, 4 - 6 mm; **Inf** wenigblütig, nahe der **Tr**spitzen; **Ped** fehlend oder kurz; **Sep Blä**artig, kürzer als die **Pet** und etwas ungleich, **Pet** länglich, spitz, fast flach, 5 mm, reinweiss, basal wenig vereinigt; **St** kürzer als die **Pet**; **NSch** winzig. – [J. Thiede]

S. sediforme (Jacquin) Pau (Actas Mem. Prim. Congr. Nat. Esp. Zaragoza, 246, 1909). – **Lit:** 't Hart (1978). **D:** Mittelmeergebiet von Portugal und Marokko bis in den Nahen Osten (Syrien, Israel).

≡ *Sempervivum sediforme* Jacquin (1770) ≡ *Petrosedum sediforme* (Jacquin) Grulich (1984); **incl.** *Sedum altum* Clarke (s.a.); **incl.** *Sedum anophyllum* Chambers (s.a.); **incl.** *Sedum sediforme* var. *congestiflorum* Cámara (s.a.); **incl.** *Sedum nicaeense* Allioni (1785) ≡ *Sedum sediforme* var. *nicaeense* (Allioni) Faure & Maire (1931); **incl.** *Sedum aristatum* Villars (1789); **incl.** *Sedum altissimum* Poiret (1796); **incl.** *Sedum dioicum* Donn (1804); **incl.** *Sedum fruticulosum* Brotero (1804); **incl.** *Sedum lusitanicum* Brotero (1816); **incl.** *Sedum jacquinii* Haworth (1825); **incl.** *Sedum soluntinum* Tineo (1845); **incl.** *Sedum salonitanum* Tineo (1845) (*nom. inval.*, Art. 61.1); **incl.** *Sedum sediforme* var. *brevirostratum* Faure & Maire (1931); **incl.** *Sedum sediforme* ssp. *dianium* O. Bolòs (1967) ≡ *Sedum sediforme* var. *dianium* (O. Bolòs) O. Bolòs (1984) ≡ *Sedum nicaeense* ssp. *dianium* (O. Bolòs) S. Rivas-Martínez (1986); **incl.** *Sedum sediforme* var. *saguntinum* O. Bolòs (1975) ≡ *Sedum nicaeense* var. *saguntinum* (O. Bolòs) S. Rivas-Martínez (1986).

[1] Kräftige, kahle, mehrjährige Kräuter mit aufsteigenden, oft basal verholzten, sterilen **Tr**; **Blä** ziegelig, länglich oder elliptisch, Spitzen mit aufgesetztem Spitzchen, halbstielrund und oft etwas abgeflacht, gespornt, bis 20 mm, kahl, dunkelgrün und oft glauk; blühende **Tr** aufrecht, 25 - 60 cm; **Inf** endständige Ebensträusse mit 3 - 8 monochasialen Zweigen, kahl, zur Knospenzeit aufrecht und fast kugelig, mit stark zurückgebogenen Zweigen; **Bra** fehlend; **Blü** (5- bis) 6- bis 8- (bis 9-) zählig, sitzend oder fast sitzend; **Sep** basal vereinigt, dreieckig, gleich, mit aufgesetztem Spitzchen, 2 - 3 mm, kahl, grün; **Pet** frei, länglich, grünlich weiss oder cremefarben, 5 - 8 mm, ausgebreitet; **Fil** weiss, basal papillös; **Anth** gelb; **NSch** quer länglich; **Fr** aufrecht, dunkelbraun; **Sa** länglich, braun, gerippt. – $2n = 32, 48, 60, 64, 96$.

S. sedoides (Decaisne) Pau *ex* Vidal y Lopez (Bol. Real Soc. Esp. Hist. Nat. 21: 277, *tantum quoad basion.*, 1921). **T:** Indien, Prov. Kanaor (*Jacquemont* 1243 [P?]). – **D:** N Indien (Himachal Pradesh, N Uttar Pradesh), Kaschmir; 2000 - 3000 m. **I:** Eggli (1988: 83, als *Rosularia*).

≡ *Sempervivum sedoides* Decaisne (1844) ≡ *Sempervivella sedoides* (Decaisne) Stapf (1923) ≡ *Rosularia sedoides* (Decaisne) H. Ohba (1977); **incl.** *Sempervivum album* Edgeworth (1846) ≡ *Rosularia alba* (Edgeworth) Stapf (1923) ≡ *Sempervivella alba* (Edgeworth) Stapf (1923) ≡ *Rosularia sedoides* var. *alba* (Edgeworth) P. J. Mitchell (1979); **incl.** *Sedum confertissimum* Falconer *ex* Hamet (1929) (*nom. inval.*, Art. 34.1c); **incl.** *Sedum jacquemontii* Fröderström (1932) (*nom. illeg.*, Art. 52.1).

[1] Mehrjährige Kräuter; Caudex fehlend, **Wu** faserig; **Ros** flachlich bis halbkugelig, 2 - 3.5 cm ∅, reichlich sprossend mit langen, ± fadendünnen, **Bla**losen oder locker beblätterten, niederliegenden Ausläufern, bald lockere Polster bildend; **Blä** länglich spatelig bis eiförmig mit gerundeter Spitze, 1 - 2 cm, frischgrün (trocken ockergelblich), dicht drüsig-haarig und ± kleberig, ziemlich sukkulent; **Inf** seitliche, lockere Rispen, 4- bis 12-blütig, 8 - 12 cm, niederliegend oder aufrecht; **Blü** 6- bis 8-zählig, sternförmig, äussere Teile drüsig-haarig; **Pet** 7 - 8 mm, für ± ⅓ vereinigt, weiss mit grünlicher Basis; **NSch** länglich, spitzenwärts verbreitert; **Ca** massig, hellgrünlich, vollständig drüsig. – [H. 't Hart & U. Eggli]

S. seelemannii Hamet (J. Bot. 54(Suppl. 1): 21-24, 1916). **T:** Indien, Kumaon (*Duthie* 2919 p.p. [K]). – **D:** Indien (Kumaon); ± 4600 m.

[1] Ein- oder zweijährige Kräuter mit verzweig-

ten **Tr**, 2.5 - 3 cm hoch; **Blä** wechselständig, linealisch bis länglich, stumpf, 3 - 3.5 mm; **Blü** 5-zählig, (fast) sitzend, mit 5 **St**; **Sep** breit sitzend, eiförmig, 2.5 - 3 mm; **Pet** länglich bis dreieckig, ziemlich spitz, weiss oder gelblich, ± 3 mm; **NSch** schmal linealisch, stumpf; **Fr** aufrecht; **Sa** netzig-papillös.

Eng verwandt mit *S. duthiei* und *S. magae* und zwischen den beiden intermediär (Fröderström 1931: 57-58).

S. sekiteiense Yamamoto (Suppl. Icon. Pl. Formos. 2: 24, 1926). **T:** Taiwan, Taihoku (*Hayata* s.n. [TI]). – **D:** N Taiwan; niedrige Berge, 200 - 1500 m. **I:** Tang & Huang (1989: 175); Tang & Huang (1993: 32).

[1] Mehrjährige Kräuter; **Blä** wechselständig, an sterilen **Tr** gedrängt, lang spatelig, (fast) stumpf, zur stielartigen Basis verschmälert, 10 - 25 × 4 - 6 mm; blühende **Tr** kriechend, untere Teile niederliegend, obere Teile fast aufrecht, 6 - 12 cm hoch; **Inf** Cymen mit 2 oder 3 manchmal gabeligen Wickeln; **Blü** 5- (selten 4-) zählig, sitzend; **Sep** ungleich, spatelig oder linealisch verkehrt lanzettlich, stumpf, Basis schmal gestutzt, 2.8 - 4 × ± 1 mm; **Pet** linealisch-lanzettlich, gelb; **Anth** gelb; **Fr** sternförmig ausstrahlend; **Sa** gelb.

S. semilunatum K. T. Fu (Acta Phytotax. Sin. 12(1): 67-68, t. 10: 10-18, 1974). **T:** China, Yunnan (*Wu & Liu* 20189 [KUN]). – **D:** China (W Yunnan).

[1] Kleine, einjährige Kräuter mit dicht beblätterten, einfachen **Tr**, manchmal basal 2- oder 3-fach verzweigt, bis 1.8 cm hoch; **Blä** wechselständig, breit verkehrt lanzettlich bis etwas verkehrt eiförmig, stumpf, breit gespornt, braun gesprenkelt, 3 - 3.5 × 1 - 1.5 mm; **Inf** 1- bis 3-blütig; **Bra** 1 - 3, **Blä**artig aber kleiner; **Ped** 2 - 3 mm; **Blü** 5-zählig; **Sep** basal frei, kurz gespornt, (etwas) verkehrt eiförmig, stumpf, braun gesprenkelt, 2 - 2.5 mm; **Pet** basal wenig vereinigt, etwas länglich, etwas kapuzenförmig, gelb, bis 5 mm; **Anth** dunkelgrau; **NSch** linealisch, stumpf bis gerundet, bis 1.5 mm; **Gr** ± 1 mm; **Fr** etwas spreizend, wenigsamig; **Sa** schmal verkehrt eiförmig, vermutlich genetzt.

S. semiteres Rose (CUSNH 13(9): 300, 1911). **T:** Mexiko, Durango (*Palmer* 180 [US 571200]). – **D:** Mexiko (Durango). **I:** Fröderström (1936a: 45, t. 28).

[1] Mehrjährige, ± gebüschelte Kräuter mit verzweigtem, kriechendem **Wu**stock und wenigen, kurzen, sterilen, 2 - 4 cm hohen **Tr**, dicht beblättert; **Blä** wechselständig, fast im rechten Winkel zur Achse ausgespreizt oder etwas hängend, linealisch bis verkehrt lanzettlich, stumpf, kurz gespornt, fast halbstielrund, papillös, 5 - 10 mm; blühende **Tr** aufrecht oder aufsteigend, recht kräftig, dicht papillös, 10 - 20 cm; **Inf** weit ausgebreitete Cymen, ± papillös; **Ped** 2 - 3 mm, schlank; **Blü** 5-zählig; **Sep** basal frei, breit gespornt, fast gleich, eiförmig, stumpf, ± 2 mm; **Pet** bis zur Basis frei, lanzettlich, spitzlich bis spitz zulaufend, mit schmalem, aufgesetztem Spitzchen, entlang der Mittelrippe papillös, weiss, ± 5 mm; **Anth** dunkel; **NSch** etwas quadratisch-spatelig, wenig ausgerandet; **Gr** lang und schlank; **Fr** weit ausgebreitet, entlang der Mittelrippe papillös; **Sa** etwas eiförmig, genetzt. – $2n = 38, 108$.

S. sexangulare Linné (Spec. Pl. [ed. 1], 430, 1753). **T:** S [neo: Herb. Linné, Fiche 192.3]. – **Lit:** Jalas & al. (1999: 90-91). **D:** Hauptsächlich C, S und SE Europa, lokal bis C Frankreich, C Italien, SW ehemaliges Jugoslawien und den W Grenzen Russlands, in Fennoskandien zweifelhaft einheimisch, sehr selten in N Griechenland. Fig. XL.a

≡ *Sedum acre* var. *sexangulare* (Linné) Godron (1848); incl. *Sedum mite* Gilibert (1782); incl. *Sedum boloniense* Loiseleur (1810) ≡ *Sedum sexangulare* var. *boloniense* (Loiseleur) Fenzl (1856) ≡ *Sedum sexangulare* ssp. *boloniense* (Loiseleur) J. A. Huber (1936); incl. *Sedum schistosum* Lejeune (1811); incl. *Sedum spirale* Haworth (1825); incl. *Sedum boloniense* var. *minor* Wirtgen (1857) ≡ *Sedum sexangulare* fa. *minor* (Wirtgen) Soó (1966); incl. *Sedum boloniense* var. *parviflorum* R. Uechtritz (1881) ≡ *Sedum sexangulare* fa. *parviflorum* (R. Uechtritz) Soó (1966) (*nom. inval.*, Art. 33.2); incl. *Sedum sexangulare* ssp. *montenegrinum* Horák (1898) ≡ *Sedum sexangulare* var. *montenegrinum* (Horák) Hayek (s.a.) ≡ *Sedum montenegrinum* (Horák) R. L. Evans (1983) (*nom. inval.*, Art. 33.2); incl. *Sedum tschernokolevii* Stefanoff (1965) (*nom. inval.*, Art. ?).

[1] Locker vieltriebige, mehrjährige Kräuter, dichte Matten aus wurzelnden, aufsteigenden, sterilen **Tr** bildend; **Blä** wechselständig, dicht ziegelig, an sterilen **Tr** meist in 6 Reihen, zylindrisch bis linealisch, gespornt, 3 - 6 mm, leuchtend grün; blühende **Tr** 6 - 15 cm; **Inf** mässig lockere Cymen mit (1-) 2 - 3 (-4) manchmal gabeligen Wickeln; **Bra** 2 pro **Blü**; **Blü** 5- oder selten 6-zählig, fast sitzend; **Sep** breit sitzend, ungleich, linealisch-elliptisch, stumpf; **Pet** 4 - 6 mm, spitz oder spitz zulaufend, leuchtend gelb; **Fil** gelb; **Anth** gelb; **NSch** quadratisch; **Gr** lang und schlank; **Fr** dunkelbraun, entlang der Bauchnähte mit schmalen, braunen Lippen; **Sa** hellbraun, netzig-papillös. – $2n = 74, 111, 148, 185$.

Eine abgelegene Population in NE Bulgarien wurde als *S. tschernokolevii* abgetrennt, aber die Unterschiede berechtigen eine Trennung auf Artniveau kaum. Die Art ist im N und mittleren Teil der Balkanhalbinsel sehr häufig, im S Teil jedoch selten. Sie gehört in das Comparium der Ser. *Alpestria* A. Berger ('t Hart 1991). – [H. 't Hart]

S. shigatsense Fröderström (BMI 1937(2): 97, 1937). **T:** Tibet (*Cutting & Vernay* 62 [K]). – **D:** Tibet; Flussufer.

[1] Vermutlich einjährige Kräuter; **Blä** wechselständig, etwas eiförmig, stumpf bis stumpflich, kurz gespornt, bis 10 mm; blühende **Tr** aufrecht, von der Basis aus wenig verzweigt, bis 10 cm, Basis **Bla**los, spitzenwärts dicht beblättert; **Inf** wenigblütige, dichte Cymen; **Bra** verkehrt lanzettlich, stumpflich, ± 3 mm; **Ped** 3 - 5 mm; **Blü** 5-zählig; **Sep** basal frei, kurz gespornt, ungleich, etwas eiförmig, stumpf, 3 - 3.5 mm; **Pet** basal leicht vereinigt, etwas eiförmig, etwas mit aufgesetztem Spitzchen, gelb, ± 4 mm; **Gr** kurz.

S. shitaiense Y. Zheng & D. C. Zhang (Bull. Bot. Res., Harbin 20(3): 246-247, ills., 2000). **T:** China, Anhui (*Zheng Yan 92004* [ANU]). – **D:** China (Anhui); 450 - 560 m.

[1] Mehrjährige, immergrüne, kahle Kräuter, 8 - 25 cm hoch; **Wu** faserig; sterile **Tr** aufrecht, zur Spitze hin verzweigt; **Blä** wechselständig (unterste **Blä** selten gegenständig), zur **Tr**spitze gehäuft, spatelig verkehrt eiförmig bis breit eiförmig, 10 - 14 × 11 - 15 mm, basal verschmälert und kurz gespornt, Spitze gerundet; blühende **Tr** aufrecht, **Blä** wechselständig, linealisch, 8 - 14 × 1.7 - 2.5 mm, stumpf, Basis kurz gespornt; **Inf** endständig, cymöswickelig mit 3 mehrblütigen Wickeln, diese selten dichotom verzweigt, mit **Bra**; **Bra** ähnlich wie die **Blä** der blühenden **Tr**, 10 - 17 × 2.5 - 5 mm; **Blü** sitzend (ausgenommen die 1 mm lang gestielte **Blü** im Zentrum der Hauptverzweigung), 5-zählig; **Sep** grün, linealisch, ungleich, 2 - 4 × 1 mm; **Pet** länglich lanzettlich, spitz zulaufend, 5 × 2 mm, gelb; **Anth** rot; **NSch** keilförmig, 0.4 × 0.3 mm; **Ca** selten nur 4, eiförmig-lanzettlich, bis zur Basis frei; **Fr** spreizend, vielsamig; **Sa** braun, eiförmig-ellipsoid bis schmal ellipsoid, papillös.

Wird im Protolog mit *S. kiangnanense* und *S. emarginatum* verglichen und unterscheidet sich von beiden durch die Blattstellung. Fu & Ohba (2001: 248) postulieren jedoch eher eine nahe Verwandtschaft mit *S. alfredii*. – [U. Eggli]

S. sinoglaciale K. T. Fu (Acta Phytotax. Sin. 12(1): 67, 1974). **T:** China, Yunnan (*Delavay* s.n. [P]). – **D:** China (NW Yunnan); Dickichte in Wiesen an Hängen, 4000 - 4600 m.

Incl. *Sedum glaciale* Franchet (1896) (*nom. illeg.*, Art. 53.1).

[1] Kleine, einjährige Kräuter mit aufrechten oder aufsteigenden, von der Basis aus verzweigenden **Tr**, 1.5 - 3 cm hoch; **Blä** linealisch oder linealisch-länglich, stumpf, gespornt, 4 - 7 mm; **Inf** 1- bis 3-blütige Ebensträusse; **Bra Bla**artig; **Ped** 3 - 7 mm; **Blü** 5-zählig; **Sep** basal frei, mit keilförmigem oder stumpfem Sporn, länglich oder linealisch-länglich, spitz, 5 - 7 mm; **Pet** basal für 0.5 - 0.8 mm vereinigt, verkehrt eiförmig, stumpf, gelb, 7 - 7.5 mm; **NSch** spatelig, mit leicht konkaver Spitze, 1 - 1.5 mm; **Gr** 1.8 mm; **Fr** ± 5-samig; **Sa** länglich, netzig-papillös.

S. smallii (Britton) Ahles (J. Elisha Mitchell Sci. Soc. 80: 172, 1964). **T:** USA, North Carolina (*Small* s.n. [nicht lokalisiert]). – **Lit:** Wilbur (1988: als *Diamorpha*). **D:** SE USA (S Piedmont Upland von North Carolina bis Alabama); granitische Felsflächen, in nur im Frühling mit Wasser gefüllten Tümpeln und Senken. **I:** Clausen (1975: 605, als *Diamorpha cymosa*).

≡ *Diamorpha smallii* Britton (1905) ≡ *Sedum cymosum* var. *smallii* (Rose) Fröderström (1936) (*nom. inval.*, Art. 43.1).

[?] Kleine, einjährige Kräuter, Hypocotyl ± 6 mm lang; **Tr** fein gerippt, gestreift und rot erscheinend; **Blä** ausgebreitet oder anliegend, länglich elliptisch oder elliptisch, 2 - 3 × 1 - 1.8 mm, gerundet, glatt oder entlang der Ränder winzig papillös; **Inf** endständige Cymen mit 3 - 5 **Blü**; **Bra** den normalen **Blä** ähnlich aber kleiner; **Blü** (3- bis) 4- (bis 5-) zählig, gestielt, ± 4.7 mm ⌀; **Sep** ± 0.6 × 0.6 mm, basal vereinigt, rosa, unterseits grün; **Pet** ausgebreitet, 4 × 2.4 mm, elliptisch, kapuzenförmig, weiss, rosa überhaucht; **NSch** kurz gestielt, nierenförmig, durchscheinend; **Ca** basal für ¼ ihrer Länge vereinigt, aufrecht, zuerst weiss, dann rosa und schliesslich rot; **Fr** weit ausgebreitet, braun, am Rücken öffnend und der Rückenteil abfallend; **Sa** fast kugelig-eiförmig, gelbbraun, fein längsrippig.

Die verwickelte Nomenklatur und Geschichte dieses Taxons wird von Wilbur (1988) erläutert. Die Art wurde immer wieder mit dem gemeinsam vorkommenden *Sedum pusillum* Michaux verwechselt. Die Karpelle öffnen mit einem basal-dorsalen, tränenförmigen Lappen – ein einmaliges Merkmal in der Familie, was Wilbur dazu führte, die Art als monotypische Gattung *Diamorpha* zu behandeln. – [H. 't Hart, B. Bleij & U. Eggli]

S. somenii Hamet (J. Bot. 54(Suppl. 1): 18-21, 1916). **T:** China, Yunnan (*Maire* s.n. [P, B, TI]). – **D:** China (NW Yunnan); unterhalb 2500 m. **I:** Fröderström (1931: 67, t. 40).

≡ *Sedum roborowskii* var. *somenii* (Hamet) Hamet (1929); *incl. Sedum mairei* Praeger (1919).

[1] Ein- oder zweijährige Kräuter mit etwas aufrechten, bogigen **Tr**, basal einfach, weiter oben verzweigt, 12 - 23 cm lang; **Blä** wechselständig, länglich bis eiförmig, gerundet, mit feinwarzigen Rändern, 3.5 - 7 mm; **Inf** wenigblütige, dichte Cymen; **Blü** 5-zählig, fast sitzend, mit 5 - 10 **St**; **Sep** breit sitzend, ungleich, verkehrt eiförmig, gerundet, manchmal spitzenwärts mit feinwarzigen Rändern, 2.5 - 7 mm; **Pet** basal wenig vereinigt, länglich oder breit dreieckig, spitzlich, weiss oder gelblich, 3 - 5 mm; **NSch** linealisch-spatelig, ausgerandet; **Gr** kurz; **Fr** aufrecht; **Sa** netzig-papillös.

S. sorgerae Kit Tan & Chamberlain (Notes Roy. Bot. Gard. Edinburgh 42(1): 65-66, ills. (p. 62), 1984). **T:** Türkei, Van (*Sorger & Buchner 82-43-199* [E]). – **D:** E Türkei (Van); offene Vegetation,

1900 - 2200 m; nur von der Typaufsammlung bekannt.

[1] Einjährige Kräuter; **Tr** einfach oder spärlich verzweigt, aufrecht, 12 - 15 cm, kahl, ohne sterile Zweige; **Blä** wechselständig, länglich linealisch, 4.5 - 10 × 0.8 - 1.2 mm, halbstielrund, fleischig; **Inf** ebensträussig, 13- bis 20-blütig; **Blü** 5-zählig, gestielt; **Sep** für ⅓ - ½ ihrer Länge vereinigt, freie Zipfel breit dreieckig, 1.8 - 2 × 1.5 - 2 mm, stumpf bis etwas spitz; **Pet** schmal dreieckig, ± 4 × 1.8 - 2 mm, weiss mit schwacher rosafarbener Mittelrippe, spitz, länger als die **Sep**zipfel; **Fr** länglich, 5 mm, kahl aber winzig runzelig, aufrecht; **Sa** birnenförmig, ± 1 mm, hellbraun.

Gemäss Protolog ohne nahe Verwandtschaft. *S. confertiflorum* hat ähnlich verwachsene Kelchblätter, und 't Hart & Alpinar (2000: 132) behandeln *S. sorgerae* entsprechend als Synonym. – [U. Eggli]

S. spathulifolium Hooker (Fl. Bor.-Amer., 1: 227, 1834). **T:** Kanada (*Douglas* s.n. [BM]). – **D:** W Kanada, W USA.

≡ *Gormania spathulifolia* (Hooker) A. Löve & D. Löve (1985); incl. *Echeveria spathulifolia* De Smet ex Morren (1874).

[2] Kahle, mehrjährige Kräuter mit kräftigen, verzweigten Rhizomen und niederliegenden oder kriechenden, in **Ros** endenden **Tr**; **Blä** wechselständig, spatelig, gerundet oder gestutzt, etwas mit aufgesetztem Spitzchen, den Rändern entlang papillös, 7.1 - 19.2 × 4.6 - 9.3 mm, grün, oft glauk oder bereift; blühende **Tr** aufrecht, 3 - 14 cm; **Inf** Cymen mit ± 3 Zweigen; **Bra** länglich spatelig oder linealisch, kleiner als die **Blä** der blühenden Zweige; **Ped** bis 8 mm; **Blü** 5-zählig, süsslich duftend; **Sep** breit sitzend, basal vereinigt, lanzettlich, linealisch-lanzettlich, länglich eiförmig, oder verkehrt eiförmig, spitz oder stumpf, grün oder gelbgrün, glauk oder bereift, ± 2.5 × 1.5 mm; **Pet** frei oder basal wenig vereinigt, linealisch bis verkehrt lanzettlich, spitz, gelb, ± 7 mm, basal aufrecht, dann weit ausgebreitet; **Fil** gelb; **Anth** gelb; **NSch** nierenförmig oder beinahe quadratisch, gestutzt oder manchmal ausgenagt, gelb; **Fr** (etwas) spreizend, mit 5 Rippen und entlang der Bauchnähte mit deutlichen Lippen, braun; **Sa** birnenförmig, gelbbraun, gerippt – $2n = 30$.

S. spathulifolium ssp. **pruinosum** (Britton) R. T. Clausen & C. H. Uhl (Madroño 7: 172, 1944). **T:** USA, California (*Eastwood* s.n. [NY]). – **D:** W Kanada (Vancouver Island), W USA (im S bis California); gerade über der Hochwasserlinie, bis 30 m. **I:** Clausen (1975: 466). **Fig. XL.b**

≡ *Sedum pruinosum* Britton (1905) ≡ *Sedum spathulifolium* var. *pruinosum* (Britton) Boivin (1966); **incl.** *Sedum spathulifolium* var. *purpureum* Praeger (1921) ≡ *Sedum spathulifolium* cv. *Purpureum* (s.a.).

[2] Unterschiede zu ssp. *spathulifolium*: Sehr kompakt, primäre **Ros** 1.5 - 2.1 cm ⌀; **Blä** 2.1 - 2.5 mm dick, bereift; **Blü** 10 - 12 mm ⌀.

S. spathulifolium ssp. **purdyi** (Jepson) R. T. Clausen (Sedum North Amer., 468-469, ill., 1975). **T:** USA, California (*Purdy* 2848 [JEPS]). – **D:** W USA (Oregon, N California: N Sierra Nevada und Klamath Mts.); 390 - 1080 m.

≡ *Sedum purdyi* Jepson (1936).

[2] Unterschiede zu ssp. *spathulifolium*: Primäre **Ros** 2.5 - 3.7 cm ⌀, 2 - 4 Ableger pro **Ros**, **Tr** der Ableger 1.2 - 1.6 mm ⌀ (schlanker als bei ssp. *yosemitense*) und 1.6 - 4.6 cm lang; **Blä** 1.4 - 2.1 mm dick, eng gedrängt, grün; **Blü** 12 - 16 mm ⌀.

S. spathulifolium ssp. **spathulifolium** – **D:** W Kanada (British Columbia), W USA (Washington, Oregon, California): Pacific Coast Ranges, bis 1590 m. **I:** Fröderström (1936a: 114, t. 76-77); Clausen (1975: 440).

Incl. *Gormania anomala* Britton (1903) ≡ *Cotyledon anomala* (Britton) Fedde (1904) ≡ *Sedum anomalum* (Britton) Britton (1905) ≡ *Sedum spathulifolium* ssp. *anomalum* (Britton) R. T. Clausen & C. H. Uhl (1944); **incl.** *Sedum californicum* Britton (1903); **incl.** *Sedum woodii* Britton (1905); **incl.** *Sedum spathulifolium* var. *minus* Henderson (1941).

[2] Primäre **Ros** 2.5 - 3.7 cm ⌀, mit 1 - 2 Ablegern pro **Ros**, **Tr** der Ableger 1.3 - 1.9 mm ⌀; **Blä** 1.4 - 2.1 mm dick, glauk; **Blü** 12 - 16 mm ⌀.

S. spathulifolium ssp. **yosemitense** (Britton) R. T. Clausen (Sedum North Amer., 467, 1975). **T:** USA, California (*Hall & Babcock* 3425 [US]). – **D:** W USA (California: E Hänge der Sierra Nevada, Klamath Mts. und Transverse Ranges); 430 - 2280 m.

≡ *Sedum yosemitense* Britton (1903); **incl.** *Sedum spathulifolium* var. *majus* Praeger (1921).

[2] Unterschiede zu ssp. *spathulifolium*: Primäre **Ros** 2.5 - 3.7 cm ⌀, mit 2 - 4 Ablegern pro **Ros**; **Tr** der Ableger 1.4 - 2 mm ⌀ und 1.9 - 3.4 cm lang; **Blä** nicht eng gedrängt, grün.

S. spathulisepalum R. T. Clausen (Bull. Torrey Bot. Club 104(3): 213, 1977). **T:** Mexiko, Durango (*Clausen* 76-32 [CU, ENCB, MEXU, US]). – **D:** Mexiko (Durango); feuchte Klippen und Felsblöcke, ± 2000 m.

[1] Mehrjährige Kräuter mit winzigen **Wu**knollen, manchmal mit winzigen, axillären, **Ros**bildenden Bulbillen; **Blä** wechselständig, spatelig, stumpf, gestielt, 5 - 9 × ± 2 mm; blühende **Tr** 4 - 10 cm, in den **Bla**achseln mit winzigen **Ros**; **Inf** Cymen mit 3 Zweigen; **Blü** 5-zählig mit nur 5 **St**; **Sep** basal frei, kurz gespornt, ungleich, spatelig, oft an der trockenhäutigen Basis rot punktiert, 3 - 4 mm, ausgebreitet; **Pet** frei, eiförmig, mit aufgesetztem Spitzchen, kapuzenförmig, grünlich, rot überhaucht, ± 3 mm, zuerst ausgebreitet, dann zurückgebogen; **Anth** hellgelb, gross, pfeilspitzenförmig; **NSch** ei-

förmig bis quadratisch, rot; **Fr** ausgebreitet, entlang der Bauchnähte mit deutlichen Lippen; **Sa** lanzettlich, birnenförmig, gelblich braun, genetzt.

S. stahlii Solms (Sämereien Bot. Gart. Univ. Strasbourg, 1900: 4, 1900). **T:** Mexiko, Puebla (*Stahl* s.n. [STR]). – **D:** Mexiko (Puebla: NE Sierra Madre del Sur, benachbarter transmexikanischer Vulkangürtel); 1170 - 2440 m. **I:** Fröderström (1936a: 93); Clausen (1975: 182).

[1] Mehrjährige Kräuter mit reich verzweigten, ausgebreiteten bis kriechenden, flaumhaarigen **Tr**; **Blä** kreuzgegenständig, selten etwas gegenständig oder wechselständig, elliptisch-länglich, elliptisch oder kugelig, gerundet, stielrund, flaumhaarig, glänzend, rot überhaucht, 7 - 14 × 4 - 8 mm, sehr leicht abfallend; blühende **Tr** aufrecht, ± 4 cm; **Inf** Cymen mit meist 3 Zweigen; **Ped** 0.6 - 2 mm; **Blü** 5- (selten 4- oder 6-) zählig; **Sep** breit sitzend, ungleich, lanzettlich, länglich lanzettlich oder eiförmig, spitz, flaumhaarig, grün, 2.4 - 5.2 × 1.3 - 2.2 mm, aufrecht; **Pet** frei, manchmal basal wenig vereinigt, elliptisch-lanzettlich, spitz oder spitz zulaufend, mit aufgesetztem Spitzchen, gelb, ± 7 mm, ausgebreitet; **Fil** gelb; **Anth** gelb; **NSch** fast quadratisch, gerundet oder ausgerandet, gelb oder orange; **Fr** weit spreizend; **Sa** eiförmig, braun, netzig-papillös. – 2n = 58.

S. stefco Stefanoff (God. Sofiisk. Univ., Agro.-Les. Fak. 24(2): 105, 1946). **T:** SOA. – **D:** Früheres S Jugoslawien, SW Bulgarien, N Griechenland; trockene, steinige oder felsige Stellen in den Bergen, meist auf Serpentin, 500 - 1750 m, Blüten Juni bis Juli.

≡ *Oreosedum stefco* (Stefanov) Grulich (1984); **incl.** *Sedum steftscho* Stojanov & Stefanoff (1948) (*nom. inval.*, Art. 61.1?).

[1] Zwergige, mehrjährige Kräuter, kahl, Rhizome niederliegend, verzweigend und Pflanzen vielköpfig mit 1 - 3 oder zahlreichen, sterilen **Tr**; **Blä** wechselständig, 4 - 5 × 1.5 mm, verlängert eiförmig, zylindrisch, spitz zulaufend, leuchtend rosa bis rötlich; blühende **Tr** (6-) 7 - 10 cm; **Inf** endständige, ziemlich dichte Cymen mit ± 3 Zweigen; **Blü** 4-zählig, kurz gestielt; **Pet** 4 - 5 mm, blassrosa, lanzettlich, spitz, fast aufrecht bis sternförmig ausgebreitet; **St** kürzer als die **Pet**; **Gr** sehr kurz; **Fr** sternförmig ausgebreitet, basal vereinigt, rot; **Sa** braun, zahlreich. – 2n = 14.

Die Schreibweise des Artenamens (gegenüber 'steftscho') wird kontrovers diskutiert (Springate 2000). – [U. Eggli & V. V. Byalt]

S. stellariifolium Franchet (Nouv. Arch. Mus. Hist. Nat., sér. 2, 7: 10, 1883). – **D:** NW China, Taiwan; Bergregionen, schattige, kiesige oder felsige Stellen, 400 - 3400 m. **I:** Fröderström (1931: 41, t. 24); Fu & Fu (1984: t. 19); Tang & Huang (1989: 176).

≡ *Sedum drymarioides* var. *stellariifolium* (Franchet) Hamet (1913); **incl.** *Sedum bodinieri* H. Léveillé & Vaniot (1904); **incl.** *Sedum esquirolii* H. Léveillé (1908); **incl.** *Sedum viscosum* Praeger (1921).

[2] Ein- oder zweijährige, drüsig-flaumhaarige Kräuter mit verzweigten, etwas strauchigen **Tr**, 10 - 15 cm; **Blä** wechselständig, verkehrt eiförmig-rhomboid, spitz, basal breit keilförmig, bis 6 mm gestielt, 7 - 15 × 5 - 10 mm; **Inf** lockere, wenigblütige Cymen; **Ped** 5 - 10 mm; **Blü** 5-zählig; **Sep** breit sitzend, lanzettlich bis länglich, 1 - 2 mm; **Pet** lanzettlich-länglich, gelb oder hellgelb, 3 - 5 mm; **Gr** kurz; **NSch** breit spatelig bis breit keilförmig; **Fr** aufrecht oder etwas spreizend; **Sa** eiförmig, braun, gerippt.

S. stelliforme S. Watson (Proc. Amer. Acad. Arts 20: 365, 1885). **T:** US. – **D:** S USA (Arizona, New Mexico), Mexiko (Chihuahua); 1800 - 3260 m. **I:** Fröderström (1936a: 103, t. 67).

[1] Mehrjährige Kräuter mit kleinem, fleischigem **Wu**stock und schlanken **Tr**, spitzenwärts verzweigt, 5 - 12 cm hoch; **Blä** wechselständig, linealisch bis verkehrt lanzettlich, stumpf, 4 - 9 mm; blühende **Tr** aufrecht oder aufsteigend; **Inf** kompakte Cymen mit monochasialen Zweigen; **Bra** etwas länglich, ± 4 mm; **Blü** 5- bis 6-zählig, sitzend; **Sep** basal frei, breit gespornt, ungleich, linealisch bis länglich, stumpf, ± 3 mm; **Pet** bis zur Basis frei, länglich, spitz, mit breit aufgesetztem Spitzchen, weiss, purpurn überhaucht, ± 4 mm; **NSch** breiter als lang, spatelig, ausgerandet; **Sa** eiförmig, netzig-papillös. – 2n = 22, 24, 29, 44, 48, 52, 108 ± 2, 120 ± 4.

S. stenopetalum Pursh (Fl. Amer. Sept. 1: 324, 1814). **T:** USA, Montana (*Lewis & Clark* s.n. [PH]). – **D:** W USA.

≡ *Amerosedum stenopetalum* (Pursh) A. Löve & D. Löve (1985); **incl.** *Sedum coerulescens* Haworth (1825); **incl.** *Sedum subclavatum* Haworth (1825).

[2] Kahle, mehrjährige Kräuter mit niederliegenden, verzweigten, in **Ros** endenden **Tr**, sich vegetativ durch **Ros**tragende Ableger an blühenden **Tr** und aus den **Inf** fortpflanzend; **Blä** wechselständig, lanzettlich-linealisch und mit breiter, trockenhäutiger Basis, oder länglich elliptisch mit verschmälerter Basis, manchmal mit papillösen Rändern, fast stielrund, 4.3 - 13.8 × 1.4 - 2.7 mm, grün; blühende **Tr** aufrecht, verzweigt, 10 - 43 cm; **Inf** Cymen, meist mit 3 Zweigen; **Bra** kleiner als die **Blä**, linealisch-lanzettlich, spitz und gespornt; **Blü** 5-zählig, sitzend oder fast sitzend; **Sep** breit sitzend, lanzettlich oder eiförmig, spitz oder lang spitz zulaufend, hellgrün oder gelbgrün, 2 - 3.7 × 0.9 - 1.7 mm, aufrecht; **Pet** (3-) 5 (-8), frei, lanzettlich oder elliptisch, stumpf, spitz oder manchmal mit grannenspitzigem Anhängsel, gelb mit grünem Rückenkiel bis fast weiss, 5.4 - 8 mm; **Fil** gelb; **Anth** gelb; **NSch** nierenförmig-quadratisch oder quadratisch, gestutzt, grünlich gelb oder gelblich weiss; **Fr**

spreizend, fein papillös, kurz vereinigt, entlang der Bauchnähte mit deutlichen Lippen, braun; **Sa** birnenförmig, braun oder hellgelb, gerippt. − 2n = 50 - 54, 58, 59?, 62 - 70, 63 - 64.

S. stenopetalum ssp. **monanthum** (Suksdorf) R. T. Clausen (Sedum North Amer., 276-277, ill., 1975). **T:** USA, Oregon (*Howell* s.n. [ORE]). − **D:** W USA (Washington bis California); 480 - 1970 m.

≡ *Sedum monanthum* Suksdorf (1927) ≡ *Sedum douglasii* var. *monanthum* (Suksdorf) Fröderström (1936) ≡ *Amerosedum stenopetalum* ssp. *monanthum* (Suksdorf) A. Löve & D. Löve (1985); **incl.** *Sedum uniflorum* Howell (1898) (*nom. illeg.*, Art. 53.1) ≡ *Sedum douglasii* var. *uniflorum* (Howell) M. E. Jones (1910) ≡ *Sedum douglasii* fa. *uniflorum* (Howell) G. N. Jones (1936).

[2] Unterschiede zu ssp. *stenopetalum*: **Blä** der grösseren, sterilen **Tr** elliptisch-länglich, 3 - 4.4× länger als breit; **Inf** eine endständige EinzelBlü, manchmal durch vegetative **Ros** ersetzt.

S. stenopetalum ssp. **stenopetalum** − **D:** W USA (N Washington bis N California: Rocky Mountains W-wärts); offene Wälder oder Espenhaine, künstliche Lichtungen, 400 - 3050 m. **I:** Clausen (1975: 265). **Fig. XL.c**

Incl. *Sedum douglasii* Hooker (1840).

[2] **Blä** linealisch, 4.5 - 13× länger als breit, im trockenen Zustand pfriemlich, mit ausdauernder, trockenhäutiger Basis; **Inf** endständige, vielblütige Cymen; **Pet** tiefgelb.

S. stenophyllum Fröderström (Ark. Bot. 30A(9): 8, 1943). **T:** "Himalaya" (*Jemmett* s.n. [nicht lokalisiert]). − **D:** Himalaya.

[1] Mehrjährige Kräuter mit aufrechten **Tr**, 1.5 - 6 cm; **Blä** wechselständig, ziegelig oder fast rosettig, linealisch bis spatelig, spitzlich, (6-) 9 - 12 mm, gestielt, mit einem breiten, 3-lappigen Sporn; blühende **Tr** fast aufrecht, einfach, bis 15 cm; **Inf** dichte Ebensträusse; **Bra Blä**artig aber kleiner; **Blü** 5-zählig; **Sep** basal frei, breit gesporrt, etwas eiförmig, feinspitzig, ab der Mitte zur Basis verschmälert, ± 2.5 mm; **Pet** an den verschmälerten Basen wenig vereinigt, länglich lanzettlich, mit kurzem, aufgesetztem Spitzchen, hellgelb, ± 7 mm; **NSch** spatelig-quadratisch, Spitze flach, rot; **Fr** sternförmig ausstrahlend; **Sa** eiförmig, rot, vermutlich netzig-papillös.

S. stimulosum K. T. Fu (Acta Phytotax. Sin. 12(1): 57-58, t. 11: 8-16, 1974). **T:** China, Sichuan (*Fu* 16730 [WUK]). − **D:** China (Sichuan). **I:** Fu & Fu (1984: t. 22).

[1] Ein- oder zweijährige Kräuter mit aufrechten bis niederliegenden, verzweigten, kahlen **Tr**, 1 - 10 cm hoch; **Blä** wechselständig, spärlich, zu den **Tr**spitzen dichter, länglich bis verkehrt eiförmig-länglich, mit langem, aufgesetztem Spitzchen, mit einem kurzen, breit gestutzten bis leicht 3-lappigen Sporn, entlang der Ränder bewimpert, zur Basis etwas behaart, 4 - 9.5 × 1 - 2.5 mm; **Inf** dichte, wenigblütige Ebensträusse; **Bra** ähnlich wie die oberen **Blä**; **Blü** 5- bis 6-zählig, fast sitzend; **Sep** basal frei, gespornt, linealisch-länglich, mit langem, aufgesetztem Spitzchen, Ränder bewimpert, zur Basis etwas behaart, 5.3 - 6 × 1.3 - 2 mm; **Pet** frei, lanzettlich, mit langem, aufgesetztem Spitzchen, gekielt, gelb, ± 7.5 mm; **NSch** spatelig, wenig ausgerandet; **Gr** lang; **Fr** aufrecht, etwas behaart, wenigsamig; **Sa** länglich.

S. suaveolens Kimnach (CSJA 50(1): 3-7, ills., 1978). **T:** Mexiko, Durango (*Kimnach & Sánchez-Mejorada* 1784 [HNT 36252, CAS, MEXU, SD]). − **D:** Mexiko (Durango); schattige Felswände, ± 1150 m.

≡ *Graptopetalum suaveolens* (Kimnach) R. T. Clausen (1981).

[1] Mehrjährige, kahle, rosettige Kräuter bis 50 cm ⌀, **Tr** bis 3 cm lang, 1.5 cm ⌀; **Blä** wechselständig, in lockeren **Ros** von 10 - 15 cm ⌀, ± 40, verkehrt eiförmig, lang gespitzt, 5 - 6 × 3 - 4 cm, flachlich, aufwärts gebogen, Oberseite zur Spitze wenig konkav, Unterseite leicht konvex und undeutlich gekielt, stark glauk-wachsig, bläulich weiss, mit rötlicher Spitze; blühende **Tr** aufrecht, 4 - 7 (-11) cm, glauk; **Inf** Cymen mit 3 - 4 Zweigen; **Bra** elliptisch bis etwas verkehrt eiförmig, abrupt zugespitzt, 12 - 15 mm, kürzer als die **Ped**; **Ped** 3 - 7 mm; **Blü** 5-zählig, kreisel- oder urnenförmig, mit schwachem, süssem Duft; **Sep** ungleich, in der Knospe ziegelig, länglich, spitz, 9 - 12 × 3 - 5 mm; **Pet** basal frei oder fast frei, verkehrt lanzettlich, spitz, rinnig, dünn, weiss, in Spitzennähe mit grünlich gelbem Mittelstreif, 10 - 12 × ± 4 mm, aufrecht, dann ausgebreitet und zurückgebogen, zurückgebogener Teil etwas gewellt; **Fil** weiss; **Anth** rot, stumpflich pfeilspitzenförmig; **Gr** ± 2 mm. − 2n = ± 640. − [H. 't Hart, B. Bleij & U. Eggli]

S. subgaleatum K. T. Fu (Acta Phytotax. Sin. 12(1): 56-57, t. 11: 1-7, 1974). **T:** China, Yunnan (*Feng* 21299 [KUN]). − **D:** China (Yunnan); Felsen, ± 4000 m. **I:** Fu & Fu (1984: t. 21).

≡ *Sedum susannae* var. *subgaleatum* (K.-T. Fu) K.-T. Fu (1993).

[1] Einjährige Kräuter mit aufrechten, verzweigten, gebüschelten **Tr**, 4.5 - 7 cm hoch; **Blä** wechselständig, breit linealisch bis länglich, etwas spitz zulaufend, 2 - 6.5 × 1 - 1.5 mm, mit einem 3-lappigen Sporn; **Inf** 3- bis 5-blütige Ebensträusse; **Bra** ähnlich wie die oberen **Blä**; **Ped** 0.5 - 1.5 mm; **Blü** 5-zählig; **Sep** breit sitzend, ungleich, lanzettlich-länglich, etwas spitz zulaufend, 4.5 - 4.8 × 1.2 - 1.5 mm; **Pet** basal wenig vereinigt, etwas länglich, spitzlich, wenig kapuzenförmig, gelb, 4.5 - 5 mm; **NSch** linealisch-spatelig, zur fast gerundeten, ausgerandeten Spitze erweitert; **Fr** aufrecht.

S. subtile Miquel (Ann. Mus. Bot. Lugduno-Batavum 2: 156, 1866). − **D:** China, Japan, Korea, Vietnam; schattige, feuchte Felsen in niedrigen Bergen, bis 1500 m. **I:** Lee (1998: 273).

[1] Mehrjährige Kräuter mit ziemlich schlanken, kurz kriechenden, 4 - 10 cm langen **Tr**; **Blä** gegenständig oder selten in Wirteln zu 3 - 5, locker angeordnet aber an den **Tr**spitzen fast rosettig, gerundet bis stumpf, zur stielartigen Basis verschmälert, 5 - 15 (-20) × (1-) 3 - 5 mm; blühende **Tr** mit wechselständigen (selten gegenständigen) **Blä**; **Inf** lockerblütige Cymen mit 2 - 3, manchmalig gabeligen Wickeln; **Bra** linealisch; **Blü** 5-zählig; **Sep** basal frei, gespornt, schmal lanzettlich bis breit linealisch, stumpf, 4 - 5 mm; **Pet** lanzettlich, dünn, gelb, ± 5 mm; **Fr** fast aufrecht. − 2n = 56, 56 - 58, 58 - 60.

Fröderström (1931: 87, 94) stellte *S. subtile* teilweise zu *S. alfredii*, teilweise zu *S. lineare*.

S. subtile ssp. **chinense** H. Ohba (J. Jap. Bot. 61(9): 277, 1986). **T:** China, Shanxi (*Smith 6664* [UPS]). − **D:** China (Jiungsu, Jiangxi, Shanxi); schattige, feuchte Felsen, 1000 - 1500 m.

[1] Unterschiede zu ssp. *subtile*: **Blä** linealisch verkehrt lanzettlich, 5 - 15 × 3 - 5 mm; **NSch** länglich; **Ca** mit je 8 - 10 **Sa**anlagen.

S. subtile ssp. **subtile** − **D:** Japan, Korea, Vietnam; moosige Felsen in Bergwäldern. **I:** Makino (1980: 225). **Fig. XL.d**

Incl. *Sedum subtile* var. *caespitosum* Miquel (1866); **incl.** *Sedum subtile* var. *pygmaeum* Miquel (1866).

[1] **Blä** breit verkehrt eiförmig-spatelig, 5 - 15 mm; **NSch** dreieckig verkehrt eiförmig; **Ca** mit je 16 - 18 **Sa**anlagen.

S. subulatum (C. A. Meyer) Boissier (Fl. Orient. 2: 783, 1872). **T:** Aserbaidschan (*Meyer s.n.* [LE]). − **Lit:** Jalas & al. (1999: 118). **D:** Türkei (Anatolien), Kaukasus (Georgien, Armenien, Aserbaidschan), Iran, S Russland (nahe Volgograd); steinige, offene Stellen, 1000 - 2500 m. **I:** Akhiani (2000: 31).

≡ *Cotyledon subulata* C. A. Meyer (1831) ≡ *Umbilicus subulatus* (C. A. Meyer) Ledebour (1843) ≡ *Oreosedum subulatum* (C. A. Meyer) Grulich (1984); **incl.** *Sedum acutifolium* Ledebour (1843); **incl.** *Umbilicus acutifolius* Ledebour (1843); **incl.** *Sedum calvertii* Boissier (1856).

[1] Mehrjährige Kräuter mit verdickten, schlanke Knollen bildenden **Wu**; **Tr** aufsteigend oder niederliegend-kriechend und wurzelnd, manchmal gebüschelt, wenig verzweigt; **Blä** wechselständig, ziegelig, sitzend, gespornt, pfriemlich-linealisch, 9 - 20 mm, stielrund, spitz oder spitz zulaufend, dunkelgrün oder glauk-grün; blühende **Tr** aufrecht oder aufsteigend, einfach, beblättert, bis 20 cm hoch; **Inf** ebensträussig mit 2 - 4, oft gegabelten, monochasialen Zweigen; **Bra** klein, **Bla**artig; **Blü** 5-zählig, fast sitzend oder kurz gestielt; **Sep** breit sitzend, basal vereinigt, eiförmig, ± 2 mm, spitz bis spitz zulaufend; **Pet** basal vereinigt, zur **Blü**zeit aufrecht, länglich eiförmig, 5 - 6 mm, feinspitzig, weiss; **Fil** weiss; **Anth** dunkelrot; **NSch** quer länglich, unregelmässig gezähnt; **Fr** aufrecht, braun; **Sa** eiförmig, braun, gerippt. − 2n = 18.

Die am nächsten verwandte Art ist *S. albertii* (Byalt, pers. comm.). − [H. 't Hart]

S. surculosum Cosson (Bull. Soc. Bot. France 20: 248, 1873). **T:** Marokko (*Ibrahim s.n.* [nicht lokalisiert]). − **D:** Marokko; 2400 - 3800 m. **I:** Maire (1977: 316).

≡ *Sempervivum surculosum* (Cosson) Kuntze (1891).

[2] Spärlich drüsig-flaumhaarige, **Ros**bildende, mehrjährige Kräuter mit einem kurzen, dicken, monopodialen **Tr** (oder Caudex) und zahlreichen, kurzen, axillären Ausläufern mit kleinen, wurzelnden, endständigen **Ros**; **Blä** wechselständig, verkehrt eiförmig bis verkehrt eiförmig-länglich oder spatelig, etwas gestielt oder sitzend, stumpf oder gerundet, bis 20 mm; blühende **Tr** axillär, aufsteigend, bis 5 cm lang; **Inf** lockere, wenigblütige Cymen; **Ped** fadendünn, bis 22 mm; **Blü** 5- bis 7-zählig; **Sep** breit sitzend, basal vereinigt, eiförmig, stumpf, ± 2 mm; **Pet** eiförmig-länglich, stumpf, gelb, ± 3.5 × 2 mm; **Anth** gelb oder rot; **NSch** auffällig und gross, verkehrt eiförmig oder keilförmig; **Fr** aufrecht, braun, wenigsamig; **Sa** länglich, gerippt.

S. surculosum ist nahe mit *S. jaccardianum* verwandt. Mes & 't Hart (1994) postulierten, dass *S. surculosum* var. *luteum* (2n = 32) sich durch Polyploidisierung aus dem diploiden *S. jaccardianum* (2n = 16) entwickelt haben könnte, und dass *S. surculosum* var. *surculosum* (2n = 30) seinerseits durch eine absteigende, dysploide Änderung aus var. *luteum* entstanden ist. *S. surculosum*, *S. jaccardianum* und *S. modestum* wurden als Ser. *Monanthoidea* klassifiziert, welche die Schwestergruppe der "makaronesischen *Sempervivoideae*", d.h. *Aeonium*, *Aichryson* und *Monanthes*, darstellt (Mes 1995a).

S. surculosum var. **luteum** (Emberger) Maire (Fl. Afr. Nord 14: 317, 1977). − **D:** Marokko (Hoher Atlas, Chat Mts., und nahe Aioui). **I:** CBM t. 5988, 1872, als *Monanthes muralis*; CSJA 74: 29-30, 2002.

≡ *Sedum atlanticum* var. *luteum* Emberger (1936) (*nom. inval.*, Art. 11.4) ≡ *Monanthes atlantica* var. *lutea* (Emberger) H. Jacobsen (1958).

[2] Unterschiede zu var. *surculosum*: **Inf** kahl; **Ped** kahl: **Pet** gelb; **NSch** gelb, bis 0.75 mm lang. − 2n = 32.

S. surculosum var. **surculosum** − **D:** Marokko (Hoher Atlas, Anti-Atlas); nur in grossen Höhen bis 3800 m.

Incl. *Monanthes atlantica* J. Ball (1873) ≡ *Sedum atlanticum* (J. Ball) Maire (1924) (*nom. illeg.*, Art. 53.1); **incl.** *Sedum atlanticum* var. *fuscum* Emberger (1936) (*nom. inval.*, Art. 11.4) ≡ *Monanthes atlantica* var. *fusca* (Emberger) H. Jacobsen (1958) ≡ *Sedum surculosum* var. *fuscum* (Emberger) Maire (1977).

[2] **Inf** spärlich drüsig-flaumhaarig; **Ped** drüsig-flaumhaarig; **Pet** gelb, rot oder bräunlich überhaucht; **NSch** gelb, bis 1 mm lang. – $2n = 30$.

S. susannae Hamet (RSN 8: 24-25, 1910). **T:** China, Sichuan (*Wilson* 3636 [P]). – **D:** E Tibet, China (W Sichuan), Myanmar; exponierte Felsen, Steinwälle, 2100 - 3800 m. **I:** Fröderström (1931: t. 33).

[1] Mehrjährige Kräuter mit aufrechten oder aufsteigenden, sterilen **Tr**; **Blä** wechselständig, linealisch bis länglich, spitz zulaufend, kurz gespornt, 3 - 8.5 mm; blühende **Tr** 4 - 12 cm; **Inf** wenigblütige Cymen; **Ped** bis 1 mm; **Blü** 5-zählig; **Sep** breit sitzend, leicht ungleich, lanzettlich, spitz zulaufend; **Pet** bis fast zur Basis frei, etwas länglich, mit ziemlich langem, aufgesetztem Spitzchen, zur Basis etwas erweitert, gelb; **NSch** fast quadratisch-spatelig, stumpf; **Fr** aufrecht; **Sa** verkehrt eiförmig-länglich, vermutlich netzig-papillös.

S. susannae var. **macrosepalum** K. T. Fu (Acta Phytotax. Sin. 12(1): 57, 1974). **T:** China, Sichuan (*Fu* 16563 [WUK]). – **D:** China (Sichuan); Felsen, Mauern, 3200 - 4370 m.

[1] Unterschiede zu var. *susannae*: **Sep** ungleich, länger; **Pet** länger und breiter.

Fu & Ohba (2001: 228) geben die Verbreitung als E Tibet an, aber der Typ stammt aus China (Sichuan). – [H. 't Hart, B. Bleij & U. Eggli]

S. susannae var. **susannae** – **D:** China (W Sichuan: Kangding Xian); 1500 - 2600 m. **I:** Fu & Fu (1984: t. 22).

[1] **Sep** 4.5 - 6 mm; **Pet** 5 - 7 mm.

S. tamaulipense G. L. Nesom (Sida 13: 22, 1988). **T:** Mexiko, Tamaulipas (*Nesom & al.* 6166 [TEX, BH, MEXU, UAT, WTU]). – **Lit:** Nesom & Turner (1996). **D:** Mexiko (C Tamaulipas); Spitzen grosser Felsblöcke aus Ergussgestein in Eichenwäldern, zwischen Moosen, 1100 - 1250 m.

[1] Kahle, mehrjährige Kräuter mit zahlreichen Adventiv**Wu** und stielrunden, kriechenden, Matten bildenden **Tr**; **Tr** glatt, etwas glänzend; **Blä** wechselständig, schmal länglich, gerundet bis stumpf, auffällig gespornt, stielrund aber im trockenen Zustand abgeflacht, 2.5 - 6 (-7) × ± 1 mm, weit ausgebreitet; **Inf** Cymen mit 1 - 3 Zweigen; **Ped** 1 - 2 mm; **Blü** 5-zählig; **Sep** breit sitzend, vereinigt, eiförmig, stumpf, 1.2 - 2.2 × ± 0.7 mm; **Pet** dreieckig, leuchtend gelb, ± 2.5 mm, ausgebreitet; **Fr** weit spreizend, weiss, basal für ½ - ⅗ ihrer Länge vereinigt; **Sa** braun, netzig-papillös.

Ein weiteres Glied der *S. parvum*-Gruppe (Nesom & Turner 1996). – [H. 't Hart, B. Bleij & U. Eggli]

S. tehuaztlense Moran & J. Meyrán (Cact. Suc. Mex. 32(1): 3-7, 24, ills., 1987). **T:** Mexiko, México (*Otero* 76 p.p. [MEXU 407034, CU, HNT, SD]). – **D:** Mexiko (México); auf Felsen zwischen Moosen, im Halbschatten, ± 2300 m.

[1] Kahle, mehrjährige Kräuter mit kurzen, aufrechten **Tr**; **Blä** wechselständig, länglich, spitzlich bis spitz oder spitz zulaufend, 15 - 35 × 5 - 9 mm; blühende **Tr** seitlich, 5 - 15 cm; **Inf** Cymen mit 1 - 2 Zweigen; **Bra** ähnlich wie die **Blä** an blühenden **Tr**; **Blü** 5-zählig, fast sitzend; **Sep** basal wenig vereinigt, ungleich breit, verkehrt lanzettlich, 5 - 7 × 1.5 - 3 mm, etwas aufsteigend; **Pet** basal frei, in der Knospe ziegelig, lanzettlich-bootförmig, spitz, rinnig, gelb, 5 - 7 × 2.3 - 3 mm; **Fil** gelblich; **Anth** gelb; **NSch** fast quadratisch. – $2n = 64$.

S. tenellum M. von Bieberstein (Fl. Taur.-Caucas. 3: 315-316, 1819). **T:** Georgien (*von Bieberstein* s.n. [LE]). – **D:** Türkei, Georgien (Kaukasus), Iran; felsige Stellen, in der Regel oberhalb der Waldgrenze, 2000 - 3000 m. **Fig. XL.e**

≡ *Oreosedum tenellum* (M. von Bieberstein) Grulich (1984); **incl.** *Sedum farronianum* Kit Tan & Metzger (1992).

[1] Reich verzweigte, manchmal büschelige, basal etwas holzige, mehrjährige Kräuter; **Blä** wechselständig, dicht ziegelig, sitzend mit einem gestutzten, basalen Sporn, länglich, 3 - 5 × 1 - 1.5 mm, stumpf, stielrund, dunkelgrün, glauk oder bereift; blühende **Tr** aufrecht, beblättert, bis 10 cm hoch; **Inf** ebensträussige Cymen mit bis zu ± 4 Zweigen und bis zu 25 **Blü**; **Blü** 5-zählig, sitzend oder fast sitzend; **Sep** breit sitzend, basal vereinigt, länglich lanzettlich, stumpf; **Pet** eiförmig oder eiförmig-lanzettlich, 3 - 4 mm, feinspitzig, weisslich oder manchmal rosa oder rot getönt; **Fil** weiss oder rosa; **Anth** dunkelrot oder ± purpurn; **NSch** spatelig mit ausgerandeter Spitze, 1 - 2 mm; **Fr** aufrecht, dunkelbraun; **Sa** länglich eiförmig, dunkelbraun, gerippt. – [H. 't Hart]

S. ternatum Michaux (Fl. Bor.-Amer. 1: 277, 1803). **T:** USA (*Michaux* s.n. [P]). – **D:** E USA (Appalachian Highlands, benachbartes Ohio, Arkansas, Missouri, Iowa); laubwerfende Wälder, 50 - 1700 m. **I:** Fröderström (1936a: 109, t. 72); Clausen (1975: 93).

≡ *Anacampseros ternata* (Michaux) Haworth (1812) ≡ *Clausenellia ternata* (Michaux) A. Löve & D. Löve (1985); **incl.** *Sedum americanum* Banks *in sched.* (s.a.) (*nom. inval.*, Art. 29.1); **incl.** *Sedum portulacoides* Willdenow (1809); **incl.** *Sedum deficiens* Donn (1811); **incl.** *Sedum octogonum* Haworth (1812); **incl.** *Sedum ternatum* var. *minus* Praeger (1921).

[2] Mehrjährige Kräuter mit niederliegenden,

fein papillösen **Tr**; **Blä** in Wirteln von 3 (-4), manchmal kreuzgegenständig, verkehrt eiförmig, verkehrt eiförmig-spatelig bis elliptisch, gerundet, manchmal ausgerandet, fein papillös oder winzig gekerbt, flach (4 - 30× breiter als dick), kurz und gestutzt gespornt, 10 - 17 × 7 - 11 mm, kurz gestielt oder sitzend, hell gelbgrün bis dunkelgrün; blühende **Tr** aufrecht, 4 - 20 cm; **Inf** Cymen mit 3 manchmal papillösen Zweigen; **Ped** papillös; **Blü** 4- (bis 6-) zählig, sitzend oder fast sitzend; **Sep** breit sitzend, basal vereinigt, lanzettlich-länglich oder elliptisch, stumpf, fein papillös, hell gelbgrün, ± 3.5 × 1 mm; **Pet** frei, elliptisch-lanzettlich, spitz, bauchseitig rinnig, rückseitig gekielt, weiss, 5.4 - 8.9 mm; **Fil** weiss, basal abgeflacht; **Anth** rot oder purpurn; **NSch** länglich oder fast quadratisch, gestutzt, gelb oder hellgelb; **Fr** weit spreizend, entlang der Bauchnähte mit auffälligen, hellbraunen Lippen, braun; **Sa** elliptisch-birnenförmig, braun bis dunkelbraun, gerippt. – 2n = 32.

S. tetractinum Fröderström (Beih. Bot. Centralbl. 48(2): 311, 1931). **T:** W. – **D:** China (Anhui, Guangdong, Guizhou, Jiangxi); zwischen Felsen entlang von Bächen, 500 - 1000 m. **I:** Fröderström (1931: 103, t. 65); Fu & Fu (1984: t. 30).

[1] Mehrjährige Kräuter; **Blä** wechselständig oder in Wirteln zu 3, eiförmig bis kreisrund, gerundet, Spitze feinwarzig, lang gestielt, 15 - 25 mm; blühende **Tr** aufrecht, kräftig, meist einzeln, 9 - 15 cm; **Inf** lockere Ebensträusse, lang gestielt; **Bra** kreisrund oder breiter als lang, kurz gestielt, in den oberen Teilen feinwarzig, 4 - 5 mm; **Blü** 4-zählig, (fast) sitzend; **Sep** breit sitzend, dreieckig, etwas spitz, ± 0.5 mm; **Pet** frei, lanzettlich bis länglich, 3.5 - 5 mm; **NSch** fast spatelig, zur gestutzten Spitze erweitert; **Gr** kurz; **Fr** etwas spreizend; **Sa** eiförmig, netzig-papillös.

Von *S. triactina* nur durch die 4-zähligen Blüten und breitere Blätter und Brakteen abweichend.

S. tianmushanense Y. C. Ho & F. Chai (Bull. Bot. Res., Harbin 9(4): 32-35, ills., 1989). **T:** China, Zhejiang (*Chai* 52 [Herb. Teacher's College Hangzhou]). – **D:** China (NW Zhejiang); feuchte Wälder, ± 1000 m.

[1] Mehrjährige Kräuter mit einem kurzen Wustock mit länglichen, kugeligen, gebogenen Bulbillen an den Knoten; **Blä** wechselständig, linealisch bis linealisch-lanzettlich, stumpf, kurz gespornt, 3 - 15 × ± 2 mm; blühende **Tr** basal verzweigt, 5 - 12 cm; **Inf** lockere, wenigblütige Cymen mit 2 - 7 Wickeln; **Bra** linealisch-lanzettlich; **Blü** 5-zählig, sitzend; **Sep** basal frei, kurz gespornt, ungleich, verkehrt eiförmig-lanzettlich, stumpf, 1.5 - 7 mm; **Pet** basal für ± 1 mm vereinigt, schmal eiförmig, gelb, ± 4 mm; **NSch** quadratisch; **Fr** sternförmig ausstrahlend; **Sa** länglich lanzettlich, hellbraun, netzig-papillös.

S. topsentii Hamet (BJS 50(Beiblatt 114): 26-27, 1914). **T:** USA, Arizona (*Blumer* 2150 [F]). – **D:** USA (Arizona: Chiricahua Mts.); ± 2600 m.

[1] Kahle, mehrjährige Kräuter mit schlanken, aufrechten, verzweigten **Tr**, basal kriechend, 8 - 11.5 cm hoch, 1 - 2 mm ⌀; **Blä** wechselständig, lanzettlich, stumpf, 4.5 - 8 mm; blühende **Tr** aufrecht; **Inf** kompakte, wenigblütige Ebensträusse; **Bra** Blaartig; **Blü** 5-zählig, fast sitzend; **Sep** basal frei, kurz gespornt, linealisch, stumpf, 2.5 - 3.5 × 0.5 - 1 mm; **Pet** basal wenig vereinigt, etwas länglich, stumpflich, mit kurzem, aufgesetztem Spitzchen, weiss, ± 7 mm; **NSch** breiter als lang, wenig ausgerandet; **Fr** spreizend, vielsamig; **Sa** eiförmig, netzig-papillös.

S. tortuosum Hemsley (Diagn. Pl. Nov. Mexic. 1: 10, 1878). **T:** Mexiko (*Parkinson* s.n. [K]). – **D:** Mexiko (Sierra Madre del Sur); epiphytisch, meist auf Eichen, ± 2500 m. **I:** Clausen (1959: 49).

Incl. *Sedum nelsonii* Rose (1903); **incl.** *Sedum lignicaule* Fröderström (1936).

[1] Ausdauernde Halbsträucher mit aufsteigenden, fein papillösen **Tr**; **Blä** wechselständig, verkehrt lanzettlich oder elliptisch-spatelig, stumpf, selten leicht ausgerandet, winzig gespornt, mit fein papillöser Spitze, meist abfallend, grün, 9 - 41 × 4 - 11 mm; blühende **Tr** gewunden, ± 20 cm; **Inf** zusammengesetzte, dichasiale Cymen; **Ped** 2.4 - 4.8 mm, papillös; **Blü** 5-zählig; **Sep** winzig gespornt, stark ungleich, länglich, länglich elliptisch, lanzettlich oder eiförmig, stumpf oder spitz, grün, 1.7 - 7.7 × 0.8 - 2.4 mm, ausgebreitet; **Pet** basal wenig vereinigt, lanzettlich, spitz, mit aufgesetztem Spitzchen, gekielt, weiss mit grünem Rückenkiel, ± 7 mm, ausgebreitet; **Anth** gelb, manchmal rot; **NSch** fast quadratisch oder nierenförmig, hellgelb oder cremeweiss; **Fr** ausgebreitet, entlang der Bauchnähte mit vorstehenden, korkigen Lippen, braun; **Sa** braun, linealisch, 2 - 3 mm, genetzt. – 2n = 30, 32.

S. torulosum R. T. Clausen (CSJA 18: 151-152, ills., 1946). **T:** Mexiko (*Rush* 18 [CU]). – **D:** Mexiko (Herkunft unbekannt, vermutlich E-mexikanische Hochländer).

[1] Ausdauernde Halbsträucher mit kräftigen, unregelmässig verdickten, sukkulenten **Tr**, nahe der Basis verzweigend, bis 80 cm hoch; **Blä** wechselständig, eng stehend bis fast rosettig, rhomboidspatelig, spitz, bereift, 5 - 52 × 5 - 15 mm; blühende **Tr** aufrecht; **Inf** Ebensträusse; **Ped** bis 4 mm; **Blü** 5- (selten 4-) zählig; **Sep** basal vereinigt, linealisch-lanzettlich, stumpf, 3 - 4 mm, hell gelblich, weit ausgebreitet und mit der Zeit zurückgeschlagen; **Pet** elliptisch-länglich, winzig feinspitzig, gekielt, ausgenagt, hellgelb, 5 - 6 mm; **NSch** länglich, gestutzt, rot; **Gr** lang. – 2n = 68.

S. tosaense Makino (Bot. Mag. (Tokyo) 15: 35, 1901). – **D:** Japan (Shikoku), China (Zhejiang); auf Kalkfelsen, selten.

[1] Mehrjährige, locker büschelige Kräuter mit aufsteigenden bis niederliegenden, schlanken, fleischigen **Tr**, bis ± 12 cm hoch; **Blä** wechselständig, spatelig, Spitze gerundet bis gestutzt, gestielt, mit zarten Adern; blühende **Tr** zahlreich, aufsteigend; **Inf** Cymen mit 1 - 3 kurz ausgebreiteten, 1- bis 5-blütigen Wickeln, diese manchmal gabelig; **Bra** linealisch-spatelig, stumpf, ausgerandet; **Blü** 5-zählig, (fast) sitzend; **Sep** basal frei, gesporrnt, ungleich, länglich linealisch bis linealisch-spatelig, stumpf; **Pet** basal wenig vereinigt, länglich lanzettlich, spitz, gelb; **NSch** winzig, rechteckig-spatelig, gerundet bis gestutzt, flach; **Gr** kurz, ± gebogen; **Fr** ausgebreitet; **Sa** vermutlich netzig-papillös.

Nahe bei *S. tricarpum* und von Ohba (2001: 22) als seltener, japanischer Endemit betrachtet. Die japanischen Beschreibungen sind in Bezug auf die Merkmale von Kelchblättern und Samen alle unvollständig, aber Fu & Rao (1988: 121) bemerken, dass chinesische Belege gesporrte Kelchblätter (basal frei) haben, und dass die Samen dicht feinwarzig (vermutlich netzig-papillös) sind. Die Unterschiede sind jedoch nicht sehr klar, und könnten mit der Phyllotaxis in Beziehung stehen.

S. tosaense ssp. **sinense** K. T. Fu & G. Y. Rao (Acta Bot. Boreal.-Occid. Sin. 8(2): 121-122, ills., 1988). **T:** China, Zhejiang (*He* 22931 [JSBI]). – **D:** China (N Zhejiang).

[1] **Blä** an den **Tr**spitzen gedrängt, verkehrt eiförmig-spatelig, 12 - 20 × 5 - 10 mm; blühende **Tr** mit keilförmigen bis linealisch-spateligen **Blä** von 6 - 10 × 1 - 2.5 mm; **Pet** mit aufgesetztem Spitzchen.

S. tosaense ssp. **tosaense** – **D:** Japan (Shikoku). **I:** Makino (1980: 224).

[1] **Blä** zerstreut, kreisrund-spatelig, bis 40 mm, in Richtung der **Tr**spitzen kleiner und spatelig; blühende **Tr** mit keilförmigen, ausgerandeten **Blä**; **Pet** nicht mit aufgesetztem Spitzchen.

S. treleasei Rose (CUSNH 13(9): 300-301, pl. 60, 1911). **T:** Mexiko, Puebla (*Rose* s.n. [US 618379]). – **D:** Mexiko (Puebla). **I:** Fröderström (1936a: 13, t. 6).

[1] Ausdauernde Halbsträucher; **Tr** aufrecht, niederliegend oder hängend, glauk, bis 20 cm; **Blä** wechselständig, gedrängt, fast im rechten Winkel zur **Tr**achse, länglich bis fast eiförmig, stumpf, kurz und breit gesporrt, dick aber flach bis etwas halbstielrund, 10 - 35 mm; blühende **Tr** seitlich, aufsteigend oder nickend; **Inf** kleine, kompakte Ebensträusse; **Blü** 5-zählig, fast sitzend; **Sep** basal frei, ungleich, linealisch bis verkehrt lanzettlich, spitz bis spitzlich, stielrund, 3 - 5 mm; **Pet** bis fast zur Basis frei, lanzettlich bis etwas eiförmig, stumpf bis spitz, mit kurzem, aufgesetztem Spitzchen, ± 5.5 mm, leuchtend gelb; **Fil** und **Anth** gelb; **NSch** breit, leicht ausgerandet; **Fr** gelb. – 2n = 68.

Fröderström (1936a: 13) beschreibt die Art mit lang gestielten Blüten.

S. triactina A. Berger (NPF2 18a: 460, 1930). **T:** Sikkim (*Hooker* s.n. [K, B]). – **D:** Bhutan, Nepal, Sikkim, Tibet, China.

Incl. *Triactina verticillata* Hooker *fil.* & Thomson (1858) ≡ *Sedum verticillatum* (Hooker *fil.* & Thomson) Hamet (1913) (*nom. illeg.*, Art. 53.1).

[1] Mehrjährige oder zweijährige Kräuter mit oder ohne kurze, sterile **Tr**; **Blä** gegenständig oder in Wirteln, spatelig-länglich, stumpf oder wenig gestutzt, kurz gesporrt, etwas gestielt, flach; blühende **Tr** recht schwach und fleischig, **Blä** in Wirteln zu 3; **Inf** lockere Ebensträusse, lang gestielt; **Bra** 5 - 10 mm; **Blü** 5-zählig, aber mit nur 3 oder 4 **Ca**; **Sep** breit sitzend, breit linealisch bis länglich, ± 1 mm; **Pet** basal für bis zu 1 mm vereinigt, breit länglich, stumpflich, mit sehr kurzem, aufgesetztem Spitzchen oder ausgerandet, hellgelblich, 4 - 6.5 mm; **NSch** breit linealisch; **Fr** etwas spreizend, basal für ± 2 mm vereinigt, entlang der Bauchnähte mit kleinen Lippen; **Sa** vermutlich netzig-papillös.

S. triactina ssp. **leptum** Fröderström (Acta Horti Gothob. 15: 28-29, figs. 185-195, 1942). **T:** China, Sichuan (*Smith* 10567 [UPS ?]). – **D:** China (W Sichuan); feuchte Felsen in *Rhododendron*-Dickichten etc., 3200 - 3700 m.

≡ *Sedum triactina* var. *leptum* (Fröderström) K. T. Fu (1993).

[1] Unterschiede zu ssp. *triactina*: Pflanzen weniger kräftig, häufig basal reich verzweigt; **Blä** an den Spitzen winzig feinwarzig, < 10 mm; blühende **Tr** 9 - 14 cm; **NSch** linealisch-spatelig; **Ca** 3 (-4), je mit 2 - 3 **Sa**anlagen.

S. triactina ssp. **triactina** – **D:** Sikkim, Bhutan, Nepal, E Tibet, China (SW Sichuan, Yunnan); moosige Felsen in Wäldern, 2200 - 3600 m. **I:** Fröderström (1931: 110, t. 64); Fu & Fu (1984: t. 30). **Fig. XL.f**

[1] Pflanzen kräftig; **Blä** an den Spitzen glatt, 10 - 40 mm; blühende **Tr** 7 - 35 cm; **NSch** breit linealisch; **Ca** 3, mit je 1 - 2 **Sa**anlagen.

S. tricarpum Makino (Ill. Fl. Jap. 1(6): 71, 1891). **T:** Japan, Shikoku (*Makino* s.n. [TI]). – **D:** Japan (Honshu, Shikoku, Kyushu); kiesige Böden in den Bergen. **I:** Makino (1980: 225).

Incl. *Sedum tricarpum* fa. *viride* Hatusima (1987).

[1] Mehrjährige Kräuter mit ± kriechenden **Tr**; **Blä** wechselständig, an den **Tr**spitzen gedrängt, weiter unten lockerer, spatelig, gerundet, flach, fleischig, 20 - 25 × 5 - 10 mm; blühende **Tr** ziemlich kräftig, 10 - 25 cm; **Inf** lockere, reich verzweigte Cymen; **Bra** verkehrt lanzettlich oder schmal spatelig; **Blü** 5-zählig, aber mit nur 3 - 5 **Ca**; **Sep** linealisch-spatelig bis lanzettlich, stumpf; **Pet** basal wenig vereinigt, schmal lanzettlich, aufsteigend bis ausgebreitet, gelb, 6 - 8 mm, lang spitz zulaufend; **NSch** breit verkehrt eiförmig, ± 5 mm; **Fr** basal

vereinigt, aufsteigend; **Sa** schmal länglich eiförmig, winzig gewarzt. – n = 62 (Uhl & Moran 1972).

Die Beschreibung wurde auf Grund von Ohba (2001: 22) ergänzt. – [H. 't Hart, B. Bleij & U. Eggli]

S. trichospermum K. T. Fu (Acta Phytotax. Sin. 12(1): 68-69, t. 12: 1-9, 1974). **T:** China, Sichuan (*Fu* 16544 [WUK]). – **D:** China (W Sichuan); grasige Stellen, 4000 - 4600 m. **I:** Fu & Fu (1984: t. 27).

[?] Einjährige Kräuter mit aufrechten bis aufsteigenden, wenig verzweigten, spärlich beblätterten, 2.5 - 5 cm hohen **Tr**; **Blä** wechselständig, linealisch bis linealisch-lanzettlich, spitzlich, kurz gespornt, 2.5 - 7.1 × 0.6 - 1.5 mm; **Inf** wenig- bis vielblütige Ebensträusse; **Bra** ähnlich wie die oberen **Blä** aber kleiner; **Ped** 1 - 2.5 mm; **Blü** 5-zählig; **Sep** vermutlich basal frei, länglich, stumpf, ± 3 × 1 mm; **Pet** frei oder an der breiten Basis leicht vereinigt, etwas länglich, stumpf, etwas kapuzenförmig, gelb, 4 - 4.5 mm; **NSch** linealisch bis etwas linealisch-spatelig, stumpf; **Gr** lang; **Fr** etwas spreizend; **Sa** verkehrt eiförmig, netzig-papillös mit langen, fast **Ha**artigen Papillen.

S. trichromum R. T. Clausen (Bull. Torrey Bot. Club 105(3): 221-222, 1978). **T:** Mexiko, Durango (*Clausen* 76-33-1 [CU, ENCB, MEXU]). – **D:** Mexiko (Durango); ± 2000 m.

[1] Büschelige, kahle, mehrjährige Kräuter mit dicker, weisser Haupt**Wu** und meistens roten **Tr**; **Blä** wechselständig, elliptisch bis elliptisch-lanzettlich, gespornt, flach, 10 - 18 × 6.4 - 7 mm; blühende **Tr** aufrecht; **Inf** Cymen mit 2 - 3 Zweigen; **Bra** **Blä**artig aber kleiner; **Blü** 5-zählig, mit nur 5 **St**, gestielt; **Sep** basal frei, kurz gespornt, ungleich, lanzettlich, spitz, grünlich, 6.5 - 9 mm; **Pet** bis zur Basis frei, lanzettlich, spitz, dunkelpurpurn mit grüner Spitze und weisser Basis, 7 - 10 × 3 - 4 mm; **Anth** gelb; **NSch** quadratisch, gestutzt, weiss bis gelblich; **Fr** aufrecht, hellbraun; **Sa** netzig oder netzig-papillös. – 2n = 38.

S. tristriatum Boissier (Diagn. Pl. Orient. 1(10): 16, 1849). **T:** Griechenland, Kreta (*Heldreich* 1615 [G-BOIS]). – **D:** S Griechenland, Kreta; Berge, auf Kalk, 1700 - 2100 m. **I:** Contandriopoulos & al. (1966: 463, figs. 5-8). **Fig. XL.g**

≡ *Oreosedum tristriatum* (Boissier) Grulich (1984) ≡ *Helladia tristriata* (Boissier & Heldreich) M. Král (1987).

[1] Mehrjährige Kräuter, drüsig-flaumhaarig; sterile Zweige reich verzweigt, **Ros**artig; **Blä** der **Ros** länglich spatelig, flachlich; blühende **Tr** 2 - 10 cm, aufsteigend, aus den **Ax** der unteren **Ros**blätter, **Blä** wechselständig, verkehrt eiförmig, halbstielrund; **Inf** lockere Cymen, mit Gruppen von 4 - 7 (-15) **Blü**; **Blü** 5- (bis 6-) zählig; **Sep** 1 - 2 mm, eiförmig-dreieckig; **Pet** schmal eiförmig-elliptisch, hellrosa mit dunkleren Streifen oder weiss, grannenspitzig; **Fr** aufrecht, weisslich; **Sa** längs gestreift. – 2n = 22, 44 (Webb & al. 1993).

Oberflächlich ähnlich wie *Prometheum tymphaeum*, aber in die Ser. *Cepaea* gehörig. Contandriopoulos & al. (1966) berichten eine Chromosomenzahl von 2n = 16. – [U. Eggli]

S. tritelii Hamet (Publ. Field Columbian Mus., Bot. ser. 2: 379, 1913). **T:** Guatemala (*Lehmann* 1528 [G-BOIS]). – **D:** Guatemala (Sierra Madre); auf Felsen, ± 400 m.

[1] Kahle, mehrjährige Kräuter mit aufsteigenden, einfachen, papillösen **Tr**, basal kriechend mit sehr kurzen, sterilen **Tr**, ± 3 - 5 cm hoch; **Blä** wechselständig, etwas länglich bis verkehrt eiförmig, stumpflich, 4.5 - 7 mm; blühende **Tr** aufrecht; **Inf** 2-blütig; **Bra** **Blä**artig aber kleiner; **Blü** 5-zählig, fast sitzend; **Sep** breit sitzend, linealisch-deltoid, stumpflich, 4.5 - 5.5 × ± 2 mm; **Pet** bis fast zur Basis frei, etwas länglich, stumpflich, gelb, 5.5 - 6.5 mm; **NSch** fast linealisch, stumpf, basal leicht verbreitert; **Gr** ± 2 mm; **Fr** spreizend, wenigsamig.

S. trullipetalum Hooker *fil.* & Thomson (J. Proc. Linn. Soc., Bot. 2: 102, 1858). **T:** K. – **D:** Sikkim, Nepal, Tibet, China. **I:** Byalt (2001a: 31).

[1] Mehrjährige Kräuter mit dichten Polstern aus zahlreichen, sterilen, 1 - 4 cm langen **Tr**; **Blä** wechselständig, ziegelig, länglich bis schmal dreieckig, spitz zulaufend, 5 - 10 mm, mit einem 3-lappigen Sporn; blühende **Tr** einfach oder an der Basis verzweigt, 4 - 8 cm; **Inf** kleine, ziemlich dichte Ebensträusse; **Blü** 5-zählig; **Sep** breit sitzend, länglich, 4 - 6.5 mm; **Pet** basal wenig vereinigt, eiförmig, etwas mit aufgesetztem Spitzchen, für bis ½ der Länge genagelt, gelblich, 6 - 10 mm; **NSch** rechteckig, tief ausgerandet; **Gr** bis 1 mm; **Fr** aufrecht, basal für 2.5 mm vereinigt; **Sa** netzig-papillös.

S. trullipetalum var. **ciliatum** Fröderström (Acta Horti Gothob. 15: 14-15, figs. 68-74, t. 4: 4, 1942). **T:** China, Xinjiang (*Smith* 11651 [UPS ?]). – **D:** NE Tibet, China (W Sichuan); auf Granitfelsen, ± 4300 m.

[1] Unterschiede zu var. *trullipetalum*: **Blä** lang spitz zulaufend, bewimpert; **Sep** lang spitz zulaufend, bewimpert; **Anth** spitz; **Ca** dicht papillös.

S. trullipetalum var. **trullipetalum** – **D:** Sikkim, Nepal, Tibet, China (W Sichuan, NW Yunnan); grasige Wiesen auf alpinen Gipfeln, Felsen und Felsritzen, 2700 - 4400 m. **I:** Fröderström (1931: 43, t. 26); Fu & Fu (1984: t. 24). **Fig. XLI.b**

[1] **Blä** spitz zulaufend, nicht bewimpert; **Sep** kurz spitz zulaufend, nicht bewimpert; **Anth** stumpf bis gerundet; **Ca** glatt.

S. tsiangii Fröderström (Sinensia 3(8): 199, 1933). T: China, Guizhou (*Tsiang 9420*). – D: China (W Guizhou, E Yunnan).

[1] Ein- oder zweijährige Kräuter mit aufsteigenden, verzweigten, dicht beblätterten **Tr**; **Blä** verkehrt lanzettlich, stumpflich, zur Spitze feinwarzig, 10 - 15 mm; **Inf** lockere, von Trag**Blä** umgebene, wenigblütige Ebensträusse; **Bra** etwas verkehrt eiförmig; **Blü** 5-zählig, kurz gestielt; **Sep** breit sitzend, linealisch-lanzettlich, stumpflich, zur Spitze feinwarzig, 3 - 4 mm; **Pet** frei, mit aufgesetztem Spitzchen, gelb, 4.5 - 5 mm; **Gr** kurz; **Fr** etwas spreizend; **Sa** klein, eiförmig, netzig-papillös.

S. tsiangii var. **torquatum** (Fröderström) K. T. Fu (Fl. Reipub. Popul. Sin. 34(1): 126, 1984). T: China (*Maire s.n.* [P]). – D: China (SE Yunnan); Felsen an Hängen, ± 2550 m. I: Fröderström (1931: 77, als *S. leblanciae* var.).

≡ *Sedum leblanciae* var. *torquatum* Fröderström (1931).

[1] Unterschiede zu var. *tsiangii*: **Tr** dicht feinwarzig, 5 - 13 cm hoch; **Blä** in Wirteln zu 3 - 4; **Bra** 3, ungleich, 2.5 - 6 mm, feinwarzig; **Pet** breit eiförmig; **NSch** etwas spatelig, Spitze verbreitert, gestutzt.

S. tsiangii var. **tsiangii** – D: China (W Guizhou, NE Yunnan); feuchte Felsen oder Klippen, 400 - 2700 m. I: Fröderström (1936a: 163, t. 112); Fu & Fu (1984: t. 28).

[1] Pflanzen 10 - 15 cm hoch; **Blä** wechselständig, basal manchmal in Wirteln; **Bra** 5.5 - 6 mm; **Pet** länglich; **NSch** quadratisch, flach, etwas ausgenagt.

S. tsinghaicum K. T. Fu (Bull. Bot. Lab. N.-E. Forest. Inst., Harbin 6: 40-41, ills. (p. 43), 1980). T: China, Qinghai (*Ma-xin Exped.* 407,565 [Herb. Qinghai Inst. Biol.]). – D: China (SE Qinghai); Klippen, Hänge und Flussufer; 3800 - 4100 m. I: Fu & Fu (1984: t. 23).

[1] Ein- oder zweijährige, dunkelpurpurfarbene Kräuter; **Tr** aus der Basis verzweigt, 5 - 6 cm hoch; **Blä** wechselständig, eiförmig, stumpf, 3 - 6 mm, kurz gespornt; **Inf** vielblütig; **Blü** 5-zählig, gestielt; **Sep** schmal eiförmig, stumpf, 2.5 - 3 mm; **Pet** basal leicht vereinigt, länglich, feinspitzig, gelb, ± 3 mm; **NSch** breit spatelig, zur Spitze verbreitert; **Fr** fast aufrecht; **Sa** schmal eiförmig, netzig-papillös.

S. tsonanum K. T. Fu (Bull. Bot. Lab. N.-E. Forest. Inst., Harbin 6: 41-42, 1980). T: Tibet (*Tibet-Qinghai Exped.* 2831 [PE]). – D: S Tibet; Felsen an Hängen in Tälern, 2900 - 3500 m.

[1] Mehrjährige Kräuter; **Tr** 1 - 3 cm; **Blä** in Wirteln zu 3, etwas linealisch-spatelig, stumpf, stumpf gespornt, grün, manchmal rot gesprenkelt, 5 - 20 × 1 - 4 mm; blühende **Tr** aufsteigend, basal wurzelnd, 8 - 10 cm; **Inf** lockere, vielblütige Ebensträusse; **Bra** **Blä**artig; **Blü** 5-zählig, fast sitzend; **Sep** basal frei, kurz gespornt, leicht ungleich, linealisch-lanzettlich, stumpf, oberhalb der Mitte rot gesprenkelt, 3.5 - 5 mm; **Pet** basal für bis zu 3 mm vereinigt, linealisch-lanzettlich, stumpf bis spitz, gelb, 9 - 11 mm; **NSch** etwas rechteckig, zur Spitze leicht verbreitert; **Gr** bis 2 mm; **Sa** schmal eiförmig, netzig-papillös.

S. tuberculatum Rose (CUSNH 5: 143, 1897). – D: Mexiko (Oaxaca); 2500 - 3100 m.

[1] Ausdauernde Halbsträucher mit dicken, kriechenden **Wu**; **Tr** kräftig, aufrecht oder fast aufrecht, ausgebreitet, dicht papillös; **Blä** wechselständig, spatelig verkehrt eiförmig bis spatelig verkehrt lanzettlich, gerundet bis stumpf, papillös oder an den oberen **Tr**teilen manchmal glatt, 6 - 12 mm; blühende **Tr** aufrecht; **Inf** kleine, kompakte, wenigblütige Cymen; **Bra** verkehrt lanzettlich, ± 5 mm; **Blü** 5-zählig; **Sep** basal frei, breit gespornt, fast gleich, linealisch-lanzettlich, stumpf, ± 4 mm; **Pet** bis zur Basis frei, breit lanzettlich, stumpf, mit breit aufgesetztem Spitzchen, weiss, 6 - 7 mm; **NSch** fast quadratisch, wenig ausgerandet; **Fr** angeschwollen; **Sa** eiförmig, netzig-papillös. – 2n = 32.

S. tuberiferum Stojanov & Stefanoff (Notizbl. Bot. Gart. Berlin-Dahlem 11: 1013, 1934). T: Bulgarien (*Anonymus s.n.* [SOM]). – D: W Bulgarien Serbien, Mazedonien, N Griechenland; in den Bergen endemisch, felsige Hänge und steinige Wiesen, Felsen oder Klippen, offene Stellen in Wäldern, ± 1500 m. I: Sedum Soc. Newslett. No. 55: figs. 55, 60, 2000.

[1] Kahle, mehrjährige Kräuter, spärlich verzweigt, mit aufrechten oder aufsteigenden, sterilen **Tr** aus kleinen, unterirdischen Knollen, Knollen ± 0.5 - 1 cm, mit dunkelbraunen **Sch**blättern bedeckt, welche in Büscheln an der Basis alter **Tr** stehen; **Blä** wechselständig, an den **Tr**spitzen gedrängt, sitzend mit einem 3-lappigen Sporn, linealisch-länglich bis lanzettlich-spatelig, bis 10 mm, spitzlich bis stumpf, grün oder gräulich grün; blühende **Tr** aufrecht, aufsteigend oder manchmal hängend, bis 15 cm, manchmal mit zusätzlichen **Inf**; **Inf** lockere Cymen mit 2 (-4) monochasialen Zweigen; **Bra** 2 pro **Blü**; **Blü** 5-zählig, fast sitzend; **Sep** breit sitzend, ungleich, 2.5 - 3 mm, stumpf; **Pet** frei, länglich lanzettlich, bis 6 mm, spitz zulaufend, gelb; **Fil** gelb; **Anth** gelb; **NSch** fast quadratisch; **Gr** schlank, ziemlich lang; **Fr** sternförmig ausstrahlend, braun, entlang der Bauchnähte mit auffälligen Lippen; **Sa** eiförmig, braun, netzig-papillös. – 2n = 32.

Gehört in das Comparium der Ser. *Alpestria* A. Berger ('t Hart 1991). – [H. 't Hart]

S. tuberosum Cosson & Letourneux (Bull. Soc. Bot. France 22: 9, 1875). – D: N Tunesien, benachbartes Algerien. I: Maire (1977: 310).

≡ *Rhodiola tuberosa* (Cosson & Letourneux) H. Jacobsen (1973) ≡ *Poenosedum tuberosum* (Cosson & Letournaux) Holub (1984).

[1] Kahle, mehrjährige Kräuter mit kleinen **Ros** an den Spitzen der einfachen (selten verzweigten), unterirdischen, monopodialen Rhizome, diese bis 10 × 1 cm ⌀; **Blä** wechselständig, sitzend, länglich elliptisch, flach, 10 - 30 × 3 - 6 mm, spitzlich bis gerundet, leuchtend grün; blühende **Tr** axillär, aufrecht oder aufsteigend, bis 15 cm, locker beblättert, **Blä** wechselständig, länglich, flach, 10 - 15 × 3 - 5 mm, gerundet, entlang der Ränder mit hyalinen Zellen; **Inf** Cymen mit (1-) 2 Wickeln und 3 - 15 (-20) **Blü**; **Bra** 2 pro **Blü**; **Blü** 5-zählig, sitzend bis kurz gestielt; **Sep** breit sitzend, ungleich, länglich elliptisch, stumpf oder gerundet, 5 mm; **Pet** basal für ± 0.3 mm vereinigt, elliptisch-lanzettlich, 7 - 10 mm, mit aufgesetztem Spitzchen; **Fil** gelb; **Anth** gelb; **NSch** quadratisch; **Fr** sternförmig ausstrahlend, dunkelbraun, entlang der Bauchnähte mit auffälligen Lippen; **Sa** eiförmig, braun, netzig-papillös. – $2n = 46$.

Gehört in das Comparium der Ser. *Alpestria* A. Berger ('t Hart 1991). – [H. 't Hart]

S. ulricae Fröderström (Bull. Mus. Nation. Hist. Nat., Sér. 2, 1(4): 442-443, 1929). **T**: China, Gansu (*Licent* 4373 [P]). – **D**: E Tibet, China (S Gansu, SE Qinghai); Wälder, Berggipfel, kiesige Hänge, 3000 - 4500 m. **I**: Fröderström (1931: 65, t. 38); Fu & Fu (1984: t. 22).

[1] Ein- oder zweijährige Kräuter mit aufrechten **Tr**, einfach oder von der Basis aus verzweigt, 3 - 6 cm hoch; **Blä** wechselständig, breit linealisch bis etwas länglich, spitzlich, 4.5 - 7 mm, kurz gespornt; **Blü** 5-zählig mit 5 **St**; **Sep** basal frei, kurz gespornt, linealisch bis verkehrt lanzettlich, spitzlich, 4 - 4.5 mm; **Pet** lanzettlich, stumpflich, weiss oder gelblich, 3.6 - 4 mm; **NSch** schmal linealisch, leicht ausgerandet; **Gr** sehr kurz; **Fr** aufrecht oder etwas spreizend, wenigsamig; **Sa** gross, vermutlich netzig-papillös.

Gemäss Fröderström (1932: 116) lediglich eine kleine Form von *S. perrotii*.

S. uniflorum Hooker & Arnott (Bot. Beechey Voy., 263, 1838). **Nom. illeg.**, Art. 53.1. **T**: Japan, Hokkaido (*Anonymus* s.n. [K]). – **D**: China, Taiwan, Japan, Korea.

[1] Mehrjährige, fleischige Kräuter mit gebüschelten, kriechenden und wurzelnden, reich verzweigten **Tr**; **Blä** wechselständig, schmal zylindrisch-länglich, gerundet; **Inf** Cymen; **Blü** 5-zählig, sitzend; **Sep** basal frei, kurz gespornt, länglich linealisch, stumpf oder gerundet, basal etwas keilförmig, ± 3 × 1 mm; **Pet** eiförmig-spatelig, spitz, basal etwas keilförmig, gelb, wenig länger und breiter als die **Sep**; **Fr** ausgebreitet, entlang der Bauchnähte mit Lippen; **Sa** hellbraun oder gelblich, netzig-papillös. – $2n = 18, 20, 30, 38$.

Sowohl morphologisch wie cytologisch eine extrem variable Art. Unglücklicherweise ist der Name ein illegitimes Homonym von *S. uniflorum* Rafinesque 1810 (= *Phedimus stellatus*).

S. uniflorum ssp. **boninense** (Yamamoto *ex* Tuyama) H. Ohba (J. Jap. Bot. 56(6): 181, 1981). **Unkorrekter Name**, Art. 11.4. **T**: Japan (*Soma* s.n. [TI]). – **D**: Japan (Bonin-Inseln [= Ogasawara-Inseln]).

≡ *Sedum boninense* Yamamoto *ex* Tuyama (1936).

[1] Unterschiede zu ssp. *uniflorum*: Unterirdische Knollen vorhanden; **Blä** linealisch-elliptisch bis linealisch verkehrt eiförmig, 4 - 8 mm; blühende **Tr** aufrecht; **Inf** Cymen mit 3 Wickeln.

S. uniflorum ssp. **japonicum** (Siebold *ex* Miquel) H. Ohba (J. Jap. Bot. 56(6): 181, 1981). **Unkorrekter Name**, Art. 11.4. – **D**: China (Sichuan bis Guangdong), Taiwan, Japan (Kyushu, Shikoku, Honshu); auf Felsen in Küstennähe bis in subalpine und alpine Gebiete, Steinwällen und Dächern. **I**: Fröderström (1931: 89, t. 51, 56, als *S. japonicum*); Fu & Fu (1984: t. 33). **Fig. XLI.c**

≡ *Sedum japonicum* Siebold *ex* Miquel (1866) ≡ *Sedum uniflorum* var. *japonicum* (Siebold *ex* Miquel) H. Ohba (1981) (unkorrekter Name, Art. 11.4); **incl.** *Sedum japonicum* var. *humile* Miquel (1866); **incl.** *Sedum japonicum* var. *minus* Miquel (1866); **incl.** *Sedum chrysastrum* Hance (1870); **incl.** *Sedum senanense* Makino (1902) ≡ *Sedum japonicum* var. *senanse* (Makino) Makino (1905) ≡ *Sedum uniflorum* var. *senanense* (Makino) H. Ohba (1981) (unkorrekter Name, Art. 11.4); **incl.** *Sedum japonicum* fa. *rugosum* Fröderström (1924) ≡ *Sedum uniflorum* ssp. *rugosum* (Fröderström) K.-T. Fu (1986) (unkorrekter Name, Art. 11.4); **incl.** *Sedum oryzifolium* var. *boreale* Sugimoto (1965) (*nom. inval.*, Art. 32.1c); **incl.** *Sedum japonicum* fa. *leucanthemum* Honda (1966).

[1] Unterschiede zu ssp. *uniflorum*: Unterirdische Knollen fehlend; **Blä** linealisch, selten eiförmig bis kreisrund, 5 - 18 × 2 - 3 mm; blühende **Tr** basal niederliegend, bis 15 cm; **Inf** Cymen mit 3, selten gabeligen Wickeln.

Dies ist die am weitesten vebreitete und variabelste Unterart von *S. uniflorum*. Ohba (1981b: 181-187) und Fu (1986: 110) Unterscheiden 2 Varietäten: Die var. *senanense* aus Japan kann durch die kleinen, schmalen Blätter (bis 12 × 2 mm) und die kurzen, blühenden Triebe (bis 6 cm) unterschieden werden; die var. *rugosum* aus China (Hengduanshan Mts.) unterscheidet sich durch rauhe Triebe mit abblätternder Rinde und sehr kleine, eiförmige bis kreisrunde Blätter (3 - 5 mm).

S. uniflorum ssp. **oryzifolium** (Makino) H. Ohba (J. Jap. Bot. 56(6): 181, 1981). **Unkorrekter Name**, Art. 11.4. – **D**: Korea, Japan (Kyushu, Shikoku, pazifische Seite von Honshu, Ryukyu); auf Felsen in Küstennähe. **I:** Makino (1980: 224).

≡ *Sedum oryzifolium* Makino (1891); **incl.** *Sedum uniflorum* var. *pumilum* H. Ohba (2001) (unkorrekter Name, Art. 11.4).

[1] Unterschiede zu ssp. *uniflorum*: Unterirdische Knollen fehlend; **Blä** an den oberen **Tr**teilen gedrängt, linealisch-elliptisch bis linealisch verkehrt eiförmig, 4 - 7 mm; blühende **Tr** aufrecht oder mit kurzer, niederliegender Basis; **Inf** Cymen mit 3 Wickeln.

S. uniflorum ssp. **uniflorum** − **D:** Japan (Ryukyus), N Taiwan; sandige Stellen entlang der Küste. **I:** Tang & Huang (1989: t. 14); Tang & Huang (1993: 34).

Incl. *Sedum sasakii* Hayata (1913).

[1] Unterirdische Knollen fehlend; **Blä** ± 5 mm; blühende **Tr** aufsteigend, kurz; **Inf** meist 1-blütig.

S. ursi 't Hart (Acta Bot. Neerl. 39(2): 203-206, 1990). **T:** Türkei, Mugla (*Eggli* 729a [Z, U]). − **D:** Türkei (Berge in W Anatolien).

[1] Kahle, mehrjährige Kräuter; **Tr** niederliegend oder aufsteigend, kriechend und wurzelnd, verzweigend, lockere Büschel oder Polster bildend; **Blä** wechselständig, dicht ziegelig, sitzend mit einem kurzen, gestutzten Sporn, länglich, 8 × 2 mm, stielrund, gerundet, dunkelgrün oder glauk; blühende **Tr** aufrecht oder aufsteigend, einfach oder mit kleinen, zusätzlichen, axillären **Inf**, tote **Blä** rötlich braun; **Inf** kleine, kompakte Cymen mit 2 - 3 Wickeln, diese selten verzweigt; **Bra** 2 pro **Blü**; **Blü** 5-zählig, fast sitzend; **Sep** breit sitzend, ungleich, länglich, bis 2.5 mm, gerundet; **Pet** basal frei oder wenig vereinigt, elliptisch, 4 - 5 mm, spitz oder mit aufgesetztem Spitzchen, gelb; **Fil** gelb; **Anth** gelb; **NSch** quadratisch; **Gr** 1 mm; **Fr** sternförmig ausstrahlend, braun, entlang der Bauchnähte mit kleinen Lippen; **Sa** eiförmig, braun, netzig-papillös. − 2n = 12.

Gehört in das Comparium der Ser. *Alpestria* A. Berger ('t Hart 1991). − [H. 't Hart]

S. urvillei De Candolle (PSRV 3: 408, 1828). **T:** Ukraine, Krim (*D'Urville* s.n. [G-DC]). − **Lit:** Jalas & al. (1999: 86). **D:** Von Ungarn (Donau-Bassin) durch den Balkan bis Griechenland und Türkei (C und S Anatolien), ebenso in der Ukraine (Krim); auf Felskanten und in Felstaschen, felsige Hänge und steinige Wiesen, auf Kalk, 800 - 2450 m. **Fig. XLI.e**

Incl. *Sedum acre* var. *hirsutum* Wierzbicki (s.a.); **incl.** *Sedum hillebrandtii* Fenzl (1856) ≡ *Sedum urvillei* ssp. *hillebrandtii* (Fenzl) D. A. Webb (s.a.) ≡ *Sedum sexangulare* ssp. *hillebrandtii* (Fenzl) Nyman (1890) ≡ *Sedum sartorianum* ssp. *hillebrandtii* (Fenzl) D. A. Webb (1963); **incl.** *Sedum sartorianum* Boissier (1856) ≡ *Sedum acre* ssp. *sartorianum* (Boissier) J. A. Huber (1936) ≡ *Sedum urvillei* ssp. *sartorianum* (Boissier) Byalt (1997); **incl.** *Sedum ponticum* Velenovsky (1891) ≡ *Sedum acre* var. *ponticum* (Velenovsky) Stojanov & Stefanoff (s.a.) ≡ *Sedum sartorianum* ssp. *ponticum* (Velenovsky) D. A. Webb (1963); **incl.** *Sedum stribrnyi* Velenovsky (1892) ≡ *Sedum acre* var. *stribrnyi* (Velenovsky) Stojanov & Stefanoff (s.a.) ≡ *Sedum sexangulare* ssp. *stribrnyi* (Velenovsky) Fröderström (1932) ≡ *Sedum sartorianum* ssp. *stribrnyi* (Velenovsky) D. A. Webb (1963); **incl.** *Sedum novakii* Domin (1929).

[1] Mehrjährige Kräuter, oft mit aufsteigenden oder aufrechten, reich verzweigten, sterilen **Tr**, basal wurzelnd, Büschel oder Polster bildend, untere **Tr**teile mit den ziemlich dickhäutigen, toten **Blä** bedeckt, seitliche Zweige leicht abfallend; **Blä** wechselständig, dicht ziegelig, konisch bis linealisch-länglich, spitzlich, mit einem grossen, breiten, gestutzten Sporn, ± 8 mm, trüb, dunkelgrün oder glauk, tote **Blä** ausdauernd, untere ½ weiss, zur Spitze schwarz oder grau; blühende **Tr** 5 - 20 cm, aufrecht oder aufsteigend; **Inf** Cymen mit 2 (-4) Wickeln, diese selten gabelig; **Bra** 2 pro **Blü**; **Blü** 5-zählig, sitzend oder fast sitzend; **Sep** breit sitzend, ungleich, lanzettlich, spitzlich; **Pet** lanzettlich, spitz zulaufend, 5 - 7 mm, gelb; **Fil** gelb; **Anth** gelb; **NSch** quadratisch; **Gr** schlank; **Fr** sternförmig ausstrahlend, braun, entlang der Bauchnähte mit auffälligen, gelblichen Lippen; **Sa** rötlich braun, netzig-papillös. − 2n = 32, 48, 64, 80, 96, 112, 128.

Sehr variabel, aber mit einer fast kontinuierlichen Reihe von Formen. Von allen beschriebenen Formen scheint das geographisch isolierte *S. hillebrandtii* (Donau-Bassin) am abweichendsten. Eine formale Untergliederung der Art scheint zwecklos, da es im Übrigen keine Korrelation zwischen der geographischen Verbreitung der verschiedenen Formen und der cytologischen Variation gibt. Die Art gehört in das Comparium der Ser. *Alpestria* A. Berger ('t Hart 1991). − [H. 't Hart]

S. versadense C. H. Thompson (Trans. Acad. Sci. St. Louis 20: 23, t. 12, 1911). **T:** Mexiko, Oaxaca (*Trelease* s.n. [MO, US 399714]). − **D:** Mexiko (Oaxaca). **I:** Clausen (1959: 222).

Incl. *Sedum chontalense* Alexander (1947).

[1] Mehrjährige Kräuter oder Halbsträucher mit aufrechten oder niederliegenden, behaarten **Tr**; **Blä** wechselständig, verkehrt eiförmig oder spatelig, gestutzt oder gerundet, feinspitzig bis ausgerandet, basal keilförmig, etwas stielrund, ± behaart, grün mit roten Spitzen und Rändern, oft rötlich oder rötlich braun überhaucht, 7 - 32 × 4 - 15 mm; blühende **Tr** hängend; **Inf** Cymen, in der Knospe nickend; **Bra** auffällig, ähnlich wie die **Blä** der blühenden **Tr**; **Ped** 2 - 3 mm; **Blü** 5- (selten 4- oder 6-) zählig; **Sep** breit sitzend, basal vereinigt, stark ungleich, verkehrt lanzettlich-elliptisch oder länglich, spitz oder abrupt feinspitzig, grün, 5 - 8.1 × 2.2 - 3.6 mm, aufrecht; **Pet** basal wenig vereinigt, verkehrt lanzettlich-elliptisch oder elliptisch, feinspitzig, rosa-

weiss, ± 5.5 mm, fast aufrecht; **Fil** weiss; **Anth** rot; **NSch** fast quadratisch, ausgerandet, weiss; **Fr** aufrecht, braun; **Sa** ellipsoid, braun, genetzt. – 2n = 64, 128.

S. versadense var. **versadense** – **D:** Mexiko (Oaxaca: Sierra Madre del Sur, S transmexikanischer Vulkangürtel); ± 1800 m. **Fig. XLI.d**

[1] **Blä** breit keilförmig verkehrt lanzettlich, 14 - 27 × 8.5 - 14.6 mm, 4 mm dick, beide Seiten kurz behaart mit dünnen **Ha**, Oberseite rötlich cremefarben, Unterseite dunkel bräunlichrot. – [U. Eggli]

S. versadense var. **villadioides** Kimnach (CSJA 54(5): 206-208, ills., 1982). **T:** Mexiko, Oaxaca (*Bauml & Kimnach* 403 [HNT]). – **D:** Mexiko (Oaxaca). **Fig. XLI.a**

[1] Unterschiede zu var. *versadense*: **Blä** linealisch verkehrt lanzettlich, ± 10 × 3 mm, 2 mm dick, Oberseite kahl, Unterseite kurz behaart mit kürzeren und dickeren **Ha**, beide Seiten schwach rötlich gelb. – [U. Eggli]

S. versicolor (Cosson *ex* Hamet) Maire (Bull. Soc. Hist. Nat. Afr. Nord 13: 110, 1923). – **D:** Marokko. **I:** Maire (1977: 386).

≡ *Sedum caeruleum* var. *versicolor* Cosson *ex* Hamet (1913) ≡ *Oreosedum versicolor* (Cosson *ex* Hamet) Grulich (1984).

[2] Einjährige Kräuter mit aufrechten, bis 15 cm hohen **Tr**, einfach oder verzweigt, obere Teile drüsig-flaumhaarig; **Blä** wechselständig, sitzend, stielrund oder halbstielrund, kahl, linealisch-länglich bis länglich, 6 - 11 × ± 2 mm, stumpf bis gerundet; **Inf** lockere, drüsig-flaumhaarige Cymen mit 2 bis vielen Wickeln; **Ped** fadendünn, 3 - 5 mm; **Blü** 5- bis 7-zählig, in der Knospe eiförmig oder fast kugelig; **Sep** breit sitzend, basal wenig vereinigt, eiförmig bis eiförmig-länglich, ± 1 mm, stumpf; **Pet** lanzettlich bis länglich, ± 3 mm, spitz zulaufend, goldgelb, manchmal mit purpurnen Streifen oder vollständig purpurn, Kiel drüsig-flaumhaarig; **Fil** gelb, kahl; **Anth** gelb; **NSch** keilförmig; **Gr** ± 1 mm; **Fr** fast aufrecht oder ausgebreitet, 2- bis 3-samig; **Sa** länglich, braun, gerippt.

Nahe bei *S. gattefossei* und *S. pubescens*. Siehe *S. gattefossei* für weitere Bemerkungen.

S. victorianum Jansson (Acta Horti Gothob. 27: 7-10, ills., 1964). **T:** Myanmar (*Jansson* s.n. [GB]). – **D:** Myanmar (Mt. Victoria).

[?] Ein- oder zweijährige Kräuter mit aufrechten oder niederliegenden, fleischigen **Tr**, 12 - 16 cm hoch; **Blä** wechselständig, rosettig an der Basis junger, steriler **Tr**, verkehrt eiförmig, leicht ausgerandet, gestielt, gekielt, flach, fleischig, 18 - 28 × 7 - 15 mm; **Inf** dichte, durchblätterte, abgeflachte Cymen; **Blü** 5-zählig, (fast) sitzend; **Sep** breit sitzend, basal wenig vereinigt, ungleich, länglich linealisch bis länglich verkehrt eiförmig, stumpf bis etwas feinspitzig, etwas fleischig, ± 2 mm; **Pet** basal wenig vereinigt, lanzettlich, spitz, zur Basis leicht verschmälert, gelb, 6 - 9 mm; **Fil** hell gelblichgrün; **Anth** hellgelb; **Fr** spreizend, basal vereinigt, entlang der Bauchnähte mit Lippen.

S. vietnamense Byalt (Kaktus Klub 2001(1): 28-29, ill., 2001). **T:** Vietnam (*Nguen Tion Hiep & Vander Cloet* NTH2214 [LE]). – **D:** N Vietnam; Felsen, 1900 - 2700 m.

[1] Mehrjährige, kahle Kräuter; **Tr** in lockeren Büscheln, 6 - 15 cm lang, spitzenwärts wenig verzweigt, aufsteigend bis kriechend und basal wurzelnd; **Blä** dicht gestellt, wechselständig, aufsteigend, 4 - 8 (-9.5) × 0.5 - 1.5 mm, lanzettlich bis linealisch, etwas abgeflacht, spitz, sitzend, basal mit einem 3-lappigen Sporn; blühende **Tr** wenig verzweigt; **Inf** cymös, endständig, 3 - 4.5 cm ⌀, 10- bis 15-blütig; **Ped** 0.5 - 3 mm; **Blü** 5-zählig, 1.5 - 2 cm ⌀; **Sep** fast gleich, 4 - 4.5 × 0.6 - 0.85 mm, wenig kürzer als die **Pet**, linealisch-lanzettlich; **Pet** 6.8 - 7.2 mm, frei, linealisch-lanzettlich, spitz, gelb; **NSch** länglich, 0.5 - 0.65 × 0.4 - 0.5 mm; **Ca** mit je 15 - 20 **Sa**anlagen; **Fr** und **Sa** unbekannt.

Wird im Protolog mit *S. nothodugueyi* und mehreren verwandten Taxa verglichen. – [U. Eggli]

S. villosum Linné (Spec. Pl. [ed. 1], 432, 1753). **T** [lecto]: Schweiz, Schwyz (*Anonymus* s.n. [UPS [Herb. Burser, 16(1): 92]]). – **Lit:** Jalas & al. (1999: 121-122). **D:** W, C und N Europa (im N bis Island und Grönland, im E bis Litauen und Polen), E Kanada (Inseln im Golf von St. Lawrence); zerstreut, nasse Stellen und Quellaufstösse, kalkfliehend, 1350 - 3000 m. **I:** Lippert (1995: 114). **Fig. XLI.f**

≡ *Sedella villosa* (Linné) Fourreau (1868) (unkorrekter Name, Art. 11.4) ≡ *Oreosedum villosum* (Linné) Grulich (1984) ≡ *Hjaltalinia villosa* (Linné) A. Löve & D. Löve (1985); **incl.** *Sedum villosum* var. *pentandrum* De Candolle (1815) ≡ *Sedum pentandrum* (De Candolle) Boreau (1849); **incl.** *Sedum glandulosum* Moris (1827) ≡ *Sedum villosum* var. *glandulosum* (Moris) Battandier (1910) ≡ *Sedum villosum* ssp. *glandulosum* (Moris) P. Fournier (1936) ≡ *Sedum villosum* [?] *glandulosum* (Moris) Sampaio (1947) ≡ *Oreosedum villosum* ssp. *glandulosum* (Moris) Velayos (1989); **incl.** *Sedum insulare* Moris (1827); **incl.** *Sedum glandulosum* var. *minus* Moris (1840); **incl.** *Sedum villosum* var. *alpinum* Hegetschweiler (1840); **incl.** *Sedum villosum* var. *cognense* Müller (1854); **incl.** *Sedum villosum* var. *decandrum* Hamet (1929); **incl.** *Sedum villosum* var. *glabrum* Hamet (1929); **incl.** *Sedum villosum* var. *arcticum* Fröderström (1932); **incl.** *Sedum villosum* var. *decarrhenum* Maire (1977) (*nom. inval.*, Art. 36.1, 37.1); **incl.** *Sedum villosum* var. *pentarrhenum* Maire (1977) (*nom. inval.*, Art. 36.1, 37.1).

[1] Zweijährige (selten ein- oder mehrjährige)

Kräuter, zur **Blü**zeit 5 - 15 (-30) cm hoch; **Wu** faserig; sterile **Tr** kurz und **Blä** in **Ros**; **Blä** wechselständig, linealisch, halbstielrund mit flacher Oberseite, stumpf, 3 - 8 mm, drüsig-haarig; blühende **Tr** einfach oder von der Basis verzweigt; **Blü** wenige in dichten bis gedrängten Ebensträussen, 5-zählig; **Ped** 3 - 8 mm, drüsig-haarig; **Sep** drüsig-haarig; **Pet** sternförmig ausgebreitet, 3 - 4.5 mm, rosarot, rückseitig mit dunklerer Mittelrippe und selten drüsig-haarig; **Ca** aufrecht, zuerst leuchtend gelblich grün, dann dunkel weinrot verfärbend; **Fr** aufrecht, 4 - 5 mm; **Sa** hellbraun, längsrippig. – 2n = 30.

Die Ökologie mit einer Vorliebe für feuchte Stellen und wasserzügige Orte ist bemerkenswert. Das Taxon ist recht variabel, v.a. mit Blick auf die Grösse und das Ausmass der drüsigen Behaarung. *S. villosum* ist der Typ der Ser. *Subrosea* 't Hart.

Das Vorkommen von *S. villosum* auf einigen Inseln im Golf von St. Lawrence (vor der Küste von SE-Kanada) wird von Clausen (1975) erwähnt. – [U. Eggli]

S. vinicolor S. Watson (Proc. Amer. Acad. Arts 21: 428, 1885). **T**: Mexiko, Chihuahua (*Palmer* 374 p.p. [NY]). – **D**: Mexiko (Chihuahua, Durango: Sierra Madre Occidental); 2300 - 2800 m. **Fig. XLI.g**

[1] Kahle, kleine, mehrjährige Kräuter mit faserigen oder rübigen **Wu** und aufrechten bis waagerechten **Tr**, diffus von der Basis aus verzweigend, 3 - 8 cm hoch; **Blä** wechselständig, lanzettlich bis eiförmig, stumpf, breit gespornt, 4 - 6 mm, grün oder ± purpurn; blühende **Tr** aufrecht; **Inf** lockere Cymen, mit 2 - 4 wenigblütigen, ausgebreiteten Wickeln; **Bra** klein, eiförmig, ± 2 mm; **Blü** 5-zählig, deutlich gestielt; **Sep** vermutlich basal frei und kurz gespornt, eiförmig, stumpflich, ± purpurn, 2.5 - 3 mm; **Pet** basal wenig vereinigt, länglich, stumpf, etwas mit breit aufgesetztem Spitzchen, grünlich weiss oder ± purpurn, 4.5 - 5 mm; **NSch** linealisch-spatelig, ausgerandet; **Fr** sternförmig ausgebreitet, stark angeschwollen, purpurn; **Sa** eiförmig, genetzt.

S. wangii S. H. Fu (Acta Phytotax. Sin. 1(1): 124-125, t. 8: 14-20, 1951). **T**: China, Yunnan (*Wang* 69549 [PE ?]). – **D**: China (NW Yunnan); Hänge, ± 3000 m. **I**: Fu & Fu (1984: t. 20).

[1] Kleine, aufrechte, einjährige, bis 3 cm hohe Kräuter; **Blä** wechselständig, linealisch oder länglich lanzettlich, stumpf oder spitzlich, 2 - 5 × 0.7 - 1.5 mm, mit einem basalen Sporn; **Inf** dicht, wenig- bis manchmal 1-blütig; **Ped** schlank, bis 1 mm; **Blü** 5-zählig; **Sep** vermutlich breit sitzend, länglich, spitz zulaufend, ± 3 × 1 mm; **Pet** basal für 1.5 mm vereinigt, schmal verkehrt eiförmig, stumpf oder spitzlich, gelb, ± 5.5 × 1.3 mm; **NSch** dünn, linealisch, stumpf, ± 1 mm; **Fr** aufrecht; **Sa** länglich eiförmig, klein, deutlich papillat.

S. wannanense X. H. Guo & al. (Acta Bot. Yunnan. 21(1): 25, 1999). **T**: China, Anhui (*Guo & al.* 970504 [ANUB, KUN]). – **D**: China (SE Anhui); 300 - 500 m.

Incl. Sedum wannanense var. *incarnatum* X. H. Guo & al. (1999).

[1] Kleine, mehrjährige Kräuter; **Tr** aufsteigend bis kriechend, verzweigt, 10 - 15 cm hoch; **Blä** wechselständig, untere **Blä** abfallend, linealisch, obere **Blä** verkehrt eiförmig-spatelig, 10 - 20 × 4 - 6 mm, stumpf, basal allmählich verschmälert und herablaufend; blühende **Tr** bis 20 cm, **Blä** linealisch; **Inf** endständige Cymen, 5 - 10 cm ⌀, mit 3 wiederholt verzweigten Hauptästen; **Bra** spatelig verkehrt eiförmig, 15 - 20 mm, weiter oben kleiner; **Blü** fast sitzend, 5-zählig; **Sep** eiförmig, 2 - 5 mm, ungleich, basal gespornt; **Pet** breit lanzettlich, 5 mm, gelb, spitz; **NSch** verkehrt trapezförmig, gestutzt, ± 0.5 × 0.2 mm; **Ca** im Umriss lanzettlich, allmählich in den **Gr** verschmälert, insgesamt 4 - 5 mm lang; **Fr** wenig spreizend.

Wird im Protolog mit dem ähnlichen *S. alfredii* verglichen. Die var. *incarnatum* soll sich durch das Fehlen steriler Triebe, sowie Blätter, Brakteen und Kelchblätter mit purpurdrüsigen Unterseiten, und purpurn gespitzte Kronblätter unterscheiden. Beide Taxa werden von Fu & Ohba (2001: 246) als möglicherweise synonym zu *S. subtile* betrachtet. – [U. Eggli]

S. weberbaueri (Diels) Thiede & 't Hart (Novon 9: 125, 1999). **T**: Peru, Amazonas (*Weberbauer* 4282 [B]). – **D**: Peru (Amazonas); 2300 m.

≡ *Cotyledon weberbaueri* Diels (1906) ≡ *Altamiranoa weberbaueri* (Diels) A. Berger (1930) ≡ *Villadia weberbaueri* (Diels) Baehni & Macbride (1937).

[1] Kahle Kräuter; Haupt**Tr** niederliegend, verzweigt, Zweige aufsteigend, 10 - 15 cm; **Blä** dicht aber weder rosettig noch ziegelig, breit eiförmig, halbstengelumfassend, 6 - 9 × 2.5 - 5 mm, gespornt mit hyalinem Sporn, Spitze spitzlich; **Inf** cymös mit 2 aufstrebenden, vielblütigen Wickeln; **Sep** 4 × 1.5 mm; **Pet** bis 10 × 2 mm, weiss, Spitze verlängert, zurückgebogen; **St** 6 mm; **NSch** auffällig; **Ca** 4 mm; **Gr** 1 mm. – [J. Thiede]

S. wenchuanense S. H. Fu (Acta Phytotax. Sin. 10(Addit. 1): 116, 1965). **T**: China, Sichuan (*Minist. Sylviculturae* 31820 [PE]). – **D**: China (NC Sichuan); exponierte, karge Böden, 1300 - 2400 m.

[1] Mehrjährige Kräuter mit kurzem **Wu**stock; **Tr** zahlreich, aufrecht, obere Teile beblättert, bis 7 cm; **Blä** wechselständig, etwas ziegelig, eiförmig, stumpf bis spitz, an der gerundeten Basis kurz gespornt, flach, fleischig, 3 - 4 × 1.5 - 2 mm; **Inf** Cymen; **Bra Blä**artig, im oberen Teil der **Inf** linealisch; **Blü** 5-zählig, sitzend; **Sep** basal frei, kurz gespornt, eiförmig bis lanzettlich, stumpf bis spitz, 2.5 - 3 × ± 1 mm; **Pet** lanzettlich, mit aufgesetztem

Spitzchen, gelblich, 3 - 3.5 mm; **Anth** gelb; **Gr** bis 0.8 mm; **Fr** sternförmig ausgebreitet.

S. wilczekianum Font Quer (Cavanillesia 1: 136, 1928). **T:** Marokko (*Font Quer* s.n. [nicht lokalisiert]). – **D:** N Marokko; Küstengebiete, felsige Stellen entlang des Mittelmeeres. **I:** Eggli (1988: 106, fig. 61, als *Rosularia*).

≡ *Sedum hirsutum* ssp. *wilczekianum* (Font Quer) Maire (1977) ≡ *Rosularia wilczekiana* (Font Quer) Eggli (1988).

[2] Mehrjährige Kräuter; **Ros** bis 3.5 cm ⌀, leicht abfallende, kurze (bis 3 cm), beblätterte Ausläufer mit kleiner, endständiger **Ros** bildend; **Blä** wechselständig, halbstielrund bis stielrund, schmal eiförmig bis länglich elliptisch, bis 14 × 4 mm, stumpf, dicht drüsig-flaumhaarig und etwas kleberig; blühende **Tr** axillär, aufrecht oder aufsteigend, meist einfach, bis 8 cm, **Blä** zur Spitze zunehmend weniger zahlreich und kleiner; **Inf** mit 2 (-3) monochasialen, 3- bis 6-blütigen, ± 5 mm voneinander entfernt angeordneten Zweigen, sowie mit einer endständigen **Blü**; **Bra** 1 pro **Blü**, klein; **Ped** aufrecht, 3 - 7 mm; **Blü** 5-zählig; **Sep** breit sitzend, ± gleich, breit eiförmig, halbstielrund, 3 - 5 mm, spärlich drüsig-flaumhaarig; **Pet** basal für ± 2 mm vereinigt, rosa, weiss ausbleichend, mit auffälligem, rotem Rückenstreifen, schmal länglich, 6.5 mm, gestutzt, mit einem auffälligen, endständigen, aufgesetzten Spitzchen; **Fil** weiss; **Anth** gelb; **NSch** rechteckig-länglich, gelb; **Fr** fast aufrecht, braun; **Sa** gerippt. – 2n = 36.

Molekularsystematische Untersuchungen zeigen, dass dieser seltene, marokkanische Endemit eng mit *S. dasyphyllum* und *S. mucizonia* verwandt ist. Entsprechend gehört die Art in die Ser. *Dasyphylla*.

S. wilsonii Fröderström (Acta Horti Gothob. 10 (Appendix): 166-167, figs. 1342-1351, 1936). **Nom. inval.**, Art. 36.1. **T:** China (*Wilson* 3571 [NY]). – **D:** China (Hubei).

[1] Ein- oder zweijährige Kräuter mit aufrechten oder aufsteigenden **Tr**, aus der Basis verzweigt, bis 20 cm hoch; **Blä** eiförmig oder kreisrund, gerundet, kurz gespornt, Spitze feinwarzig, lang gestielt, 15 - 30 mm; **Inf** grosse, vielblütige, lockere Ebensträusse; **Bra** linealisch-spatelig, feinspitzig bis spitz, 3 - 3.5 mm; **Blü** 5-zählig; **Sep** breit sitzend, eiförmig, stumpflich, ± 1 mm; **Pet** basal für bis zu 1 mm vereinigt, eiförmig, stumpflich, gelblich, 3.5 - 4.5 mm; **NSch** rechteckig-spatelig, leicht ausgerandet; **Gr** lang; **Fr** aufrecht, wenigsamig; **Sa** etwas eiförmig, glatt, vermutlich netzig-papillös.

Dieser Name ist leider ungültig, da nie eine Lateindiagnose veröffentlicht wurde.

S. woronowii Hamet (RSN 8: 315-316, 1910). **T:** China, Yunnan (*Delavay* 2512 [P]). – **D:** China (W Yunnan); ± 2000 m.

[1] Ein- oder zweijährige Kräuter mit aufrechten, einfachen, bis 12 cm hohen **Tr**; **Blä** wechselständig; **Inf** lockere Ebensträusse; **Ped** 0.8 - 1.1 mm; **Blü** 5-zählig; **Sep** breit sitzend, wenig vereinigt, ungleich, linealisch verkehrt eiförmig, stumpf, 4 - 9 × 2 - 2.3 mm; **Pet** linealisch-dreieckig, spitz, 4 - 4.5 × 1.5 mm; **NSch** schmal linealisch, stumpf; **Fr** etwas spreizend; **Sa** netzig-papillös.

Ungenügend bekannt.

S. wrightii A. Gray (Pl. Wright. 1: 76, 1852). **T:** USA, Texas (*Wright* 1292 [GH]). – **D:** S USA (New Mexico, Texas), benachbartes NE Mexiko (Sierra Madre Oriental); Halbschatten, 330 - 2300 m. **I:** Fröderström (1936a: 54, t. 33-34); Clausen (1975: 203).

Incl. *Sedum listropetalum* Fröderström (s.a.) (*nom. inval.*, Art. 29.1?).

[1] Kahle, mehrjährige, büschelige Kräuter mit starren, aufrechten oder niederliegenden **Tr**; **Ax** der unteren **Blä Ros** bildend, welche neue Pflanzen ergeben; **Blä** wechselständig, elliptisch oder verkehrt lanzettlich-länglich, breit gerundet, mit winzig papillösen Rändern, ± 9 × 4 mm, grün oder gelbgrün; blühende **Tr** aufrecht, ± 10.5 cm; **Inf** Cymen mit 1 - 2 monochasialen Zweigen; **Bra** ähnlich wie die **Blä** aber kleiner; **Blü** 4- bis 7-zählig, sitzend oder fast sitzend, mit stechend muffigem Duft; **Sep** basal frei, elliptisch oder lanzettlich-länglich, 4 - 7.5 × 3.5 mm, grün, spreizend oder aufrecht; **Pet** frei, verkehrt lanzettlich-länglich, abrupt spitz, mit einem aufgesetzt-spitzen Anhängsel, weiss, 5 - 8 mm, zurückgebogen; **Fil** weiss; **Anth** rot oder gelb; **NSch** gestielt nierenförmig, breit gerundet oder gestutzt, gelb; **Fr** aufrecht, basal vereinigt, hellbraun; **Sa** ellipsoid- oder verlängert birnenförmig, rötlich braun, netzig-papillös. – 2n = 24, 30-33, 48, 49, 61-77, 72, 96, 120, 144.

S. wrightii ssp. **densiflorum** R. T. Clausen (Variation Spec. Sedum, 13, 1981). **T:** Mexiko, Coahuila (*Clausen* 78-1 [CU]). – **D:** Mexiko (Coahuila, Nuevo León, Tamaulipas: N Sierra Madre Oriental).

[1] Unterschiede zu ssp. *wrightii*: Reichlicher blühend mit bis zu 47 **Blü** pro **Inf**; **Blü** sitzend oder bis 1 mm gestielt; **Sep** ± 4 mm; **Pet** ± 5 mm; **Sa** ± 0.62 mm. – [U. Eggli]

S. wrightii ssp. **priscum** R. T. Clausen (Bull. Torrey Bot. Club 106: 215, 1979). **T:** USA, New Mexico (*Clausen* 75-83 [BH]). – **D:** USA (New Mexico: Sacramento Mts.); 2500 - 2560 m.

[1] Unterschiede zu ssp. *wrightii*: **Inf** mit ± 14 **Blü**; **Blü** 1.1 - 3.7 mm gestielt; **Sep** ± 4 mm; **Pet** ± 6 mm; **Sa** ± 0.52 mm. – [U. Eggli]

S. wrightii ssp. **wrightii** – **D:** S USA (New Mexico, Texas: Im Einzugsgebiet des Rio Grande); 350 - 2300 m.

[1] **Inf** mit ± 10 **Blü**; **Blü** < 1 mm gestielt; **Sep** 6 mm; **Pet** 8 mm; **Sa** ± 0.63 mm. – [U. Eggli]

S. yildizianum Sümbül (Doga Turk Bot. Derg. 14(1): 55-57, ills., 1990). **T:** Türkei, Antalya (*Süm-*

bül 2231 [HUB, ANK]). – **D:** S Türkei (kilikischer Taurus); steinige Stellen im Bereich von schmelzendem Schnee, 1900 - 2000 m, nur vom Typ bekannt.

[1] Einjährige Kräuter, 2 - 4.5 cm hoch, vollständig kahl; **Tr** immer verzweigt, rötlich braun, ohne sterile Zweige; **Blä** sitzend, wechselständig, locker angeordnet, länglich linealisch, 3 - 8 × 0.5 - 1 mm, Basis ohne Sporn; **Inf** 4- bis 6-fach verzweigt, aufrecht-aufsteigend, mit 11 - 35 (-40) **Blü**; **Blü** 5-zählig, gestielt, sternförmig; **Sep** gelb mit rötlicher Mittelrippe, eiförmig, spitz, 1 - 1.25 mm; **Pet** gelb mit rötlicher Mittelrippe, spitz bis spitz zulaufend, 3 - 3.5 mm; **Fr** kahl, aufrecht, 3 - 3.5 mm.

Wird im Protolog mit dem eng verwandten *S. nanum* verglichen. 't Hart & Alpinar (2000: 132) behandeln das Taxon als Synonym von *S. assyriacum*. – [U. Eggli]

S. yvesii Hamet (RSN 8: 27, 1910). **T:** China, Sichuan (*Farges* s.n. [P]). – **D:** China (E Sichuan); schattige, feuchte Felsen, 1000 - 1300 m. **I:** Fröderström (1931: 85, t. 50); Fu & Fu (1984: t. 32).

[1] Mehrjährige Kräuter mit schlanken **Tr**, 2 - 8 cm hoch; **Blä** meist in Wirteln zu 4, breit linealisch, stumpflich, 5 - 10 mm; blühende **Tr** aufsteigend, an der Basis wurzelnd, 4 - 12 cm; **Inf** wenigblütige Cymen mit 2 - 3 Wickeln, diese selten gabelig; **Blü** 5-zählig; **Sep** breit sitzend, ungleich, breit linealisch bis verkehrt lanzettlich, stumpflich, 3 - 6 mm; **Pet** eiförmig, spitzlich, gelblich, ± 5 mm; **NSch** rechteckig-spatelig; **Fr** spreizend oder sternförmig ausgebreitet.

Fu & Ohba (2001: 249) interpretieren *S. obtusolineare* als Synonym von *S. yvesii* (statt von *S. lineare* wie in diesem Werk) und nennen auch Taiwan als Vorkommensgebiet.

S. zentaro-tashiroi Makino (Bot. Mag. (Tokyo) 24: 125, 1910). – **D:** Japan (Honshu, Kyushu), niedere Berge am Boden in Dickichten, im Halbschatten. **I:** Praeger (1921a: 223).

[1] Büschelige, mehrjährige Kräuter mit kriechenden oder aufrechten bis aufsteigenden, verzweigten **Tr**, 5 - 13 cm hoch; **Blä** in Wirteln zu 4 (-5), in den oberen **Tr**teilen wechselständig, linealisch- bis verkehrt eiförmig-spatelig, stumpf oder stumpflich gestutzt oder spitz, zur stielartigen Basis verschmälert; blühende **Tr** bis 15 cm; **Inf** wenigblütige Cymen mit 2 - 3 Wickeln; **Blü** 5-zählig, fast sitzend; **Sep** ungleich, linealisch-lanzettlich, stumpf; **Pet** eiförmig-lanzettlich, kurz spitz zulaufend, gelb, weit ausgebreitet; **Fil** gelb; **Anth** rötlich; **NSch** winzig, spatelig-länglich, gestutzt bis gerundet. – $2n = \pm 34$.

Fröderström (1931: 87) stellte diese Art in die Synonymie von *S. lineare*, aber Ohwi (1965: 497) betrachtete sie als Synonym von *S. subtile*. Gemäss Ohba (2001: 28) unterscheidet sich die Art von *S. subtile* durch das Fehlen von Ausläufern nach der Blütezeit, schmalere und kleinere Kronblätter und die purpurroten blühenden Triebe mit Blättern meist in Wirteln zu 4.

SEMPERVIVUM

H. 't Hart, B. Bleij & B. Zonneveld

Sempervivum Linné (Spec. Pl. [ed. 1], 464, 1753). **T:** *Sempervivum tectorum* Linné [Lectotyp, gemäss Britton & Rose, North Amer. Fl. 22: 10, 1905.]. – **Lit:** Praeger (1932); Konop (1987); Lippert (1995); Jalas & al. (1999: 52-69 [Verbreitungskarten]). **D:** Europa bis NW und C Russland, Balkanhalbinsel, Karpaten, Türkei, Iran, Kaukasus, Marokko (Atlas). **Etym:** Lat., eine immergrüne Pflanze, Immergrün, Hauswurz (zu Lat. 'semper', immer; und Lat. 'vivus', lebend).

Incl. *Sedum* Adanson (1763) (*nom. illeg.*, Art. 53.1). **T:** *Sempervivum tectorum* Linné.
Incl. *Jovibarba* (A. P. De Candolle) Opiz (1852). **T:** *Sempervivum hirtum* Linné [Lectotyp, bestimmt durch Holub & Puzar, Folia Geobot. Phytotax. (Praha) 2: 408, 1967.].
Incl. *Diopogon* Jordan & Fourreau (1868). **T:** *Sempervivum hirtum* Linné.
Incl. ×*Jovivum* G. D. Rowley (1980).

Ausdauernde, rosettige und gewöhnlich behaarte Kräuter, in der Regel sowohl mit drüsigen wie nicht drüsigen **Ha** von ± ungleicher Länge, sich vegetativ durch axilläre Ausläufer mit endständigen, wurzelnden **Ros** vermehrend, selten auch durch Teilung von **Ros**; **Blä** wechselständig, ganzrandig, sitzend, länglich, abgeflacht, kahl oder flaumhaarig, meist spitz oder kleinspitzig, in der Regel mit Randwimpern, sehr fleischig; blühende **Tr** endständig, aufrecht; **Inf** meist dichte, vielblütige Cymen mit (2-) 3 (-4), manchmal gegabelte Wickel; **Bra** klein, 1 pro **Blü**; **Blü** obdiplostemon, sitzend oder fast sitzend; **Sep** breit sitzend, etwas aufrecht, basal ± vereinigt, lanzettlich; **Pet** basal frei, ausgebreitet, in der Regel auf der Innenseite kahl, rosa, purpurn oder gelb bis fast weiss; **Fil** selten kahl, rot, purpurn, bläulich oder gelblich bis weiss; **Anth** rot oder gelb; **Gr** abgesetzt, meist abgebogen; **NSch** ± quadratisch, ± 0.5 mm; **Fr** aufrecht bis fast aufrecht, selten kahl, vielsamig, entlang der Bauchnaht öffnend; **Sa** ellipsoid, eiförmig oder birnenförmig, braun, gerippt.

Arten der Gattung *Sempervivum* bilden ein auffälliges Element der alpinen und montanen Floren von C- und S-Europa sowie in Anatolien. Die Gattung entstand mit grösster Wahrscheinlichkeit aus einer alten, polyploiden *Sedum*-Linie (Favarger & al. 1968) und repräsentiert innerhalb der *Sedinae* eine isolierte, monophyletische Gruppe ('t Hart 1995). *Sempervivum* ist im Wuchs und der allgemeinen Morphologie ziemlich einheitlich, und auch in Bezug auf die Phytochemie ist, wie von Stevens (1995) und Stevens & al. (1995) gezeigt wurde, extrem wenig Variationsbreite zu finden. Cytologisch scheint *Sempervivum* allerdings recht variabel zu sein. Die Gattung umfasst eine kontinuierliche Serie von Chromosomengrundzahlen von x = 16 bis x = 21, und etwas die Hälfte der Taxa sind polyploid (tetraploid sowie 1 eine Hexaploide und 1 Octoploide in der Reihe mit x = 18). Die Basiszahl ist offensichtlich sekundär, und die Unterschiede sind mit grösster Wahrscheinlichkeit durch einfache dysploide Änderungen bedingt. Die Karyotypen mit kleinen Chromosomen von ± 1μm Länge oder weniger sind jedoch grundsätzlich sehr ähnlich. In Bezug auf die Evolution ist die cytologische Variabilität aber wahrscheinlich von begrenzter Wichtigkeit, weil die reproduktive Isolation (bzw. die Sterilität von Hybriden) nicht mit Unterschieden in der Chromosomenzahl (nicht einmal auf der diploiden Stufe) korreliert ist.

In der Flora Europaea und anderen, neueren, systematischen Publikationen zu *Sempervivum* werden die 2 Arten der Sect. *Jovibarba* als separate Gattung *Jovibarba* Opiz klassifiziert. Sie unterscheiden sich von *Sempervivum* s.str. durch die 6-zähligen Blüten mit aufrechten, gefransten Kronblättern (Parnell & Favarger 1992). Abgesehen von der Kronblattfarbe ist die Blütenmorphologie von *Sempervivum* recht einheitlich, und entsprechend erscheint die Bedeutung der unterschiedlichen Blütenstruktur der 2 Arten von Sect. *Jovibarba* übermässig gewichtet zu werden. Die 2 Sektionen sind sympatrisch und zeigen eine ähnliche Habitatpräferenz und ökologische Bandbreite. Im weiteren ist die Wuchsform ähnlich, und phytochemisch sind sie nicht unterscheidbar (Stevens & al. 1995). Die *Jovibarba*-Arten sind diploid mit einer Chromosomenzahl von 2n = 38, was innerhalb der Variationsbreite von *Sempervivum* liegt. *Jovibarba*-Arten können mit *Sempervivum*-Arten hybridisiert werden (Favarger & al. 1968) und eine vorläufige, molekularbiologische Studie zeigt, dass *Jovibarba* entweder eine paraphyletische Schwestergruppe zu *Sempervivum* darstellt, oder innerhalb von *Sempervivum* platziert wird (Kim & al., unpubl. Resultate). Weil die Ähnlichkeiten zwischen den 2 Sektionen wesentlich zahlreicher sind als die Unterschiede, werden die Arten von *Jovibarba* hier deshalb auf der Stufe einer Sektion von *Sempervivum* behandelt ('t Hart & Bleij 1999):

[1] Sect. *Sempervivum*: **Blü** 8- bis 18-zählig; **Pet** ganzrandig, rot, rosa, gelb oder weisslich, zur **Blü**zeit ausgebreitet; **Fil** rot, violett, rosa, gelb oder weiss. − x = 16, 17, 18, 19, 20, 21. − Im ganzen Verbreitungsgebiet der Gattung.

[2] Sect. *Jovibarba* De Candolle 1828: **Blü** 6-zählig (selten 7-zählig); **Pet** mit ± gefransten Rändern, gelb, hellgelb bis weisslich, zur **Blü**zeit aufrecht; **Fil** gelblich bis weiss. − x = 19. − Berge in C und SE Europa, NW und C Russland.

Im grossen Ganzen sind die Arten von *Sempervivum* schwierig zu umschreiben und die Nomenklatur ist oft kompliziert und/oder verworren. Oft haben verschiedene Autoren in der Folge gewisse Taxa als Arten, Unterarten, Varietäten oder sogar nur als Formen klassifiziert. Zusätzlich divergieren die Meinungen über die Verwandtschaften und systematische Stellung vieler Taxa beträchtlich, und in einigen Fällen haben diese Unterschiede zu offenbar zufälligen Einordnungen gewisser infraspezifischer Taxa bei der einen oder anderen Art geführt. Die meisten taxonomischen Probleme bei *Sempervivum* sind das Resultat der einmaligen Biologie dieser Gruppe. *Sempervivum* ist eine relativ junge, sich rasch auffächernde Gattung, bei der die Evolution durch eine ungewöhnliche Kombination von biologischen Einschränkungen kanalisiert zu werden scheint: 1) Fragmentation der Verbreitungsgebiete: *Sempervivum* kommt fast ausschliesslich an offenen, felsigen Orten über 1000 bis 2000 m vor; cf. Favarger & Zésiger (1964) und Parnell & Favarger (1992). Folglich sind die Verbreitungsgebiete der meisten Arten fragmentiert, und lokale Populationen (ein Berg oder eine Bergkette) sind effektiv reproduktiv isoliert. 2) Klonales Wachstum: Die monocarpen *Sempervivum*-Rosetten blühen spärlich − nur ± 20% der Rosetten blühen in einem Jahr (Smith 1981), vermehren sich aber leicht vegetativ durch axilläre Ausläufer. 3) Netzartige Evolution: Natürliche Hybriden sind häufig, mindestens in C- und S-Europa, und Hybridschwärme, Rückkreuzungen, Introgression und/oder Amphidiploidie sind in Populationen mit 2 oder mehr Arten häufig anzutreffen. Durch eine Reduktion des Genflusses beeinflussen diese Einschränkungen das Vorkommen von relativ grossen, morphologisch einheitlichen, lokalen Populationen, die beträchtlich von ähnlich strukturierten, benachbarten Populationen abweichen können.

Obwohl über 200 Arten beschrieben wurden, werden heute nur ± 40 Arten anerkannt. Die europäischen Taxa sind relativ gut bekannt, und die Taxonomie dieser Gruppe hat sich im Laufe der Jahre stabilisiert. In der folgenden Behandlung folgen wir hauptsächlich der 2. Auflage von Flora Europaea (Parnell & Favarger 1992). Im Gegensatz dazu sind die meisten asiatischen Tax ungenügend bekannt, und deshalb ist unsere Behandlung recht konservativ.

Hybriden: Die meisten Arten und Cytotypen von *Sempervivum* können leicht hybridisiert werden, was auch in der Natur zu beobachten ist, wenigstens in C-, S- und W-Europa. Diploide (2n = 32 - 42) und triploide (2n = 48 - 63) Hybriden sind oft steril oder halbfertil, aber alle Hybriden der tetraploiden (2n > 64) und höheren Stufen sind in der Regel fertil und können ausgedehnte Hybridschwärme bilden. Auch Hybriden mit 3 beteiligten Eltern wurden erwähnt. Der Überfluss der Hybridnamen ist eher ein Stolperstein als eine Hilfe zum richtigen Verständnis der innerhalb von Populationen durch Hybridisierung vorkommenden Variationen − dies v.a.

wegen der Verwirrung, die frühere Autoren in Kombination mit der bedauerlichen Praxis der botanischen Benennung künstlicher Hybriden geschaffen haben. Die benannten Hybriden mit bekannten Eltern werden in der untenstehenden Behandlung in alphabetischer Reihe aufgenommen. Die folgenden Namen beziehen sich auf Hybriden mit unbekannter Elternschaft: *S.* ×*chanousianum* Pavarino 1928, *S.* ×*lineatum* A. Berger *ex* Praeger 1928, *S.* ×*lineatum* N. E. Brown *ex* Praeger 1928, und *S.* ×*michaelisborsii* Domokos 1935. — Die folgenden Hybriden haben *S. arachnoideum* als Elternteil: *S.* ×*morelianum* Viviand-Morel 1905, *S.* ×*murithii* Lagger 1873, *S.* ×*spurium* Camus *ex* Rouy & Camus 1901, und *S.* ×*valesiacum* Lagger *ex* De La Soie 1875.

In der unten folgenden Liste der nicht interpretierbaren Namen befinden sich wohl mehrere, die ungültig sind oder sich auf Gartenhybriden beziehen. Die Namen *S. africanum* Miller, *S. bracteatum* Vivian *ex* Steudel, *S. paniculatum* Solander *ex* Lowe, *S. uviferum* Webb *ex* Steudel, and *S. viscosum* Berthelot beziehen sich vermutlich auf Taxa, die heute zu anderen Gattungen gehören, aber alles sind wegen des Fehlens weiterer Informationen ungelöste Fälle.

Die folgenden Namen sind von unklarer Anwendung, gehören aber zu dieser Gattung: *Sempervivum admontense* Graessner (s.a.); *Sempervivum bambergii* Hampe *ex* De La Soie (s.a.); *Sempervivum barbatum* De La Soie (s.a.) (nom. illeg., Art. 53.1); *Sempervivum bifurcum* Baxter *ex* Loudon (s.a.); *Sempervivum cinerascens* Graessner (s.a.) (nom. illeg., Art. 53.1); *Sempervivum claviculatum* Sieber (s.a.); *Sempervivum coperticum* Graessner (s.a.); *Sempervivum dahuricum* hort. *ex* Correvon (1930); *Sempervivum haffalii* Schott *ex* Jacques (1864); *Sempervivum hastipetalum* De La Soie (s.a.); *Sempervivum jacquinii* Haworth (1812); *Sempervivum leucopogon* Schnittspahn *ex* De La Soie (s.a.); *Sempervivum longifolium* Schnittspahn *ex* Lagger (s.a.); *Sempervivum marmoreum* ssp. *rubrifolium* (Schott) Bellia & de Andrade (1971) (nom. inval., Art. 33.2); *Sempervivum morettii* Venzo *ex* Pampanini (s.a.); *Sempervivum obtusatum* hort. *ex* Correvon (1930); *Sempervivum penninum* Lagger *ex* De La Soie (s.a.); *Sempervivum purpureum* Graessner (s.a.); *Sempervivum rubricaule* Correvon (1933); *Sempervivum smidtii* C. Smith *ex* Nees (1820); *Sempervivum spinulosum* Lagger *ex* De La Soie (s.a.); *Sempervivum stellatum* Pollini (1822) (nom. illeg., Art. 53.1); *Sempervivum transsylvanicum* Baker (s.a.); *Sempervivum trichophorum* Hampe *ex* De La Soie (s.a.); *Sempervivum ventosicola* Vilmorin *ex* Correvon (s.a.).

S. ×**alidae** Zonneveld (Brit. Cact. Succ. J. 4(3): 65, ills., 1986). **T:** (*Zonneveld* s.n. ex cult. [U]).
= *S. wulfenii* × *S. grandiflorum*, in Kultur erzielt.

S. altum Turrill (Izv. Bulg. Bot. Druzh. 7: 126, 1936). **T:** Georgien, Kaukasus (*Giuseppi* s.n. [nicht lokalisiert]). — **D:** Georgien (Kaukasus); 1500 - 2000 m, nur vom Typ bekannt.

[1] **Ros** recht locker, 2.5 - 4 cm ∅; **Blä** verkehrt lanzettlich, mit abrupt aufgesetztem Spitzchen, hellgrün, äussere **Blä** bei Sonnenbestrahlung mit auffallender, scharlachroter Spitze, ± 19 × 8 mm, ± 3 mm dick; **Blü**triebe 12 cm, **Blä** länglich, ± 20 × 8 mm; **Blü** 12- bis 13-zählig, bis 3 cm ∅; **Sep** ausgebreitet; **Pet** gekielt, rotpurpurn mit grünem Kiel, ± 12 × 3 mm; **Fil** rot; **Anth** orangerot; **Gr** rot.

Sehr ähnlich wie *S. annae* und *S. ossetiense*, aber trotzdem provisorisch anerkannt. Borissova (1939: 16) stellte *S. altum* in die Synonymie von *S. pumilum*, aber dieses Taxon hat kleinere Rosetten und 11- bis 12-zählige Blüten.

S. annae Gurgenidze (Zametki Sist. Geogr. Rast. [Tiflis] 27: 36, 1969). **T:** Georgien, Dushetiya (*Gurgenidze & Czuchrukidze* s.n. [TBI]). — **D:** Georgien (E und C Kaukasus); subalpine Zone auf Felsen in kiefernbestandenen Wiesen.

[1] **Ros** 3 - 4 (-5) cm ∅; Ausläufer 10 - 20 cm, dick, dicht und lang flaumhaarig, hellbraun; **Blä** lanzettlich, allmählich zugespitzt, lang drüsigflaumhaarig, ziemlich bleichgrün mit purpurner Spitze, 20 - 25 × 4 - 5 mm; **Blü**triebe 15 - 30 (-40) cm, lang drüsig-flaumhaarig, **Blä** lanzettlich, fast stengelumfassend, bis 13 × ± 5 mm; **Inf** 15- bis 30- (bis 40-) blütig; **Ped** ungleich; **Blü** 11- bis 12- (bis 13-) zählig, 1.8 - 2 cm ∅; **Sep** lanzettlich, spitz zulaufend, Rücken dicht drüsig-flaumhaarig, Innenseite fast kahl, ± 4 × 1 mm; **Pet** spitzennah zerstreut drüsig-flaumhaarig, hellrosa mit purpurnen Mittelstreifen und weissen Rändern; **Fil** purpurn, Spitzen weiss; **Anth** orangepurpurn; **NSch** linealisch.

Steht *S. caucasicum* nahe.

S. arachnoideum Linné (Spec. Pl. [ed. 1], 465, 1753). **T:** BM [Herb. Clifford]. — **Lit:** Welter (1977). **D:** Europäische Gebirge (Alpen, Appeninnen, Pyrenäen, Cordillera Cantábrica, Korsika); gewöhnlich kalkfliehend. **I:** Praeger (1932: 36).

≡ *Sedum arachnoideum* (Linné) E. H. L. Krause (1902); **incl.** *Sempervivum sanguineum* Jeanbernat *ex* Timbal-Lagrave (1876).

[1] **Ros** dicht in Gruppen, kompakt, fast kugelig, dichtblättrig, 0.5 - 2 cm ∅; **Blä** verkehrt lanzettlich bis länglich eiförmig, fast spitz kleinspitzig zugespitzt, einwärts gebogen, 5 - 12 × 3 - 5 mm, Spitze gewöhnlich braun oder rot, ± mit dichter Bedeckung aus langen, bogigen, verwobenen **Ha** aus der Spitze, den oberen Teilen und entlang der **Bla**ränder, Ränder nicht bewimpert; **Blü**triebe 4 - 15 cm, **Blä** rot gespitzt mit apikalem, spinnwebartigem **Ha**büschel; **Inf** kompakt, ziemlich flach, 5- bis 15-blütig; **Blü** 8- bis 10-zählig, 1 - 1.5 cm ∅; **Sep** für bis zu 3 mm vereinigt, stumpf, sehr fleischig, 4 - 5 mm; **Pet** breit lanzettlich oder rhombisch klein-

spitzig zugespitzt, basal verschmälert, gekielt, leuchtend rötlich rosa mit grünlichem Kiel, 7 - 10 × ± 3 mm; **Fil** purpurn; **Anth** rötlich; **Gr** ± 2 mm; **NSch** halbkreisförmig, grünlich, winzig.

Eine in Bezug auf Grösse und Behaarung der Rosetten extrem variable Art. Die Unterarten sind ziemlich schlecht definiert, und überlappen sich in einigen Teilen des Verbreitungsgebietes (Zonneveld 1981). In der Regel können sie durch eine Kombination von Merkmalen unterschieden werden. Hybridisierungen mit anderen Hauswurzarten sind häufig, wenn sie zusammen vorkommen.

S. arachnoideum ssp. **arachnoideum** – **D:** Europa; hauptsächlich im E Teil des Verbreitungsgebietes der Art. **I:** Lippert (1995: 112, t. 3: fig. 2). **Fig. XLII.b**

Incl. *Sempervivum doellianum* C. B. Lehmann (1850) ≡ *Sempervivum arachnoideum* ssp. *doellianum* (C. B. Lehmann) Nyman (1879) ≡ *Sempervivum arachnoideum* var. *doellianum* (C. B. Lehmann) H. Jaccard (1895); **incl.** *Sempervivum heterotrichum* Schott (1853); **incl.** *Sempervivum arachnoideum* var. *glabrescens* Willkomm (1882); **incl.** *Sempervivum moggridgei* De Smet *ex* Hooker (1882).

[1] **Ros** bis 1.5 cm ⌀, spinnwebige **Ha** in der Menge variabel, manchmal eher spärlich. − 2n = 32 (64).

S. arachnoideum ssp. **tomentosum** (C. B. Lehmann & Schnittspahn) Schinz & Thellung (in Schinz & R. Keller, Fl. Schweiz, ed. 4, 325, 1923). – **D:** Europa; hauptsächlich im SW Teil des Verbreitungsgebietes der Art. **I:** Lippert (1995: 81).

≡ *Sempervivum tomentosum* C. B. Lehmann & Schnittspahn (1856) ≡ *Sempervivum arachnoideum* var. *tomentosum* (C. B. Lehmann & Schnittspahn) Hayek (1924); **incl.** *Sempervivum webbianum* hort. *ex* C. B. Lehmann & Schnittspahn (1856); **incl.** *Sempervivum laggeri* Schott *ex* Hallier (1892).

[1] **Ros** 1.5 - 3.5 cm ⌀, etwas flach niedergedrückt, spinnwebige **Ha** gewöhnlich reichlich, im Herbst/Winter verschwindend; **Blä** spitzenwärts breiter als bei der typischen ssp. − 2n = 64 (32).

S. armenum Boissier & Huet (in Boissier, Diagn. Pl. Orient. 2(2): 60, 1856). **T:** Türkei (*Huet* s.n. [K [iso]]). – **D:** C und NE Türkei.

[1] **Ros** 2 - 6 cm ⌀; Ausläufer wenige; **Blä** eiförmig-lanzettlich bis spatelig, 1 - 3 cm, kahl, jung mit wenigen, zerstreuten, drüsigen **Ha**, stark kammartig gewimpert, grün mit dunkelpurpurnen Spitzen; **Blütriebe** 6 - 8 cm; **Blä** drüsig-flaumhaarig; **Blü** 12- bis 14-zählig, 1.5 - 2 cm ⌀; **Sep** spitz; **Pet** hellgelb bis grünlich, basisnah etwas purpurn; **Anth** gelb; **Gr** teilweise flaumhaarig; **NSch** fast quadratisch, aufrecht; **Fr**bälge komplett flaumhaarig. − 2n= 34, 32.

Eine variable Art, die jedoch von den übrigen gelb blühenden Taxa aus Anatolien durch die flaumhaarigen Blüten und die geringere Grösse unterschieden werden kann.

S. armenum var. **armenum** – **D:** NE Türkei (vorwiegend N Anatolien); Kalkschutt und felsige Urgesteinshänge und Schutthalden, 1600 - 3200 m.

Incl. *Sempervivum braunii* var. *glabrum* Medwedew (1915).

[1] **Ros** 4 - 6 cm ⌀; **Fil** dunkelpurpurn.

Gemäss Muirhead (1972: 246) nahe bei *S. sosnowskyi*.

S. armenum var. **insigne** Muirhead (Notes Roy. Bot. Gard. Edinburgh 29: 19, 1969). **T:** Türkei, Ankara (*McNeill* 284 [E]). – **D:** Türkei (C Anatolien); sehr lokal, 1200 - 2350 m.

[1] **Ros** 2 - 4 cm ⌀; **Fil** violett.

Muirhead (1972: 425) berichtet über vermutete Hybriden mit *S. armenum* var. *armenum* aus der E Türkei (Giresun).

S. artvinense Muirhead (Notes Roy. Bot. Gard. Edinburgh 29: 23, fig. 2:2, 1969). **T:** Türkei, Çoruh (*Davis & Hedge* 30410 [E]). – **D:** Türkei, Aserbaidschan; Urgesteinsfelsen, ± 2200 m. **Fig. XLII.c**

[1] **Ros** 3 - 4 cm ⌀; Ausläufer 1 - 3, 2 - 4 cm lang; **Blä** länglich lanzettlich, ± 25 × 7 mm, mit aufgesetztem Spitzchen, etwas einwärts gebogen, gekielt, grün mit roten Spitzen, Spitzen mit einigen längeren, steifen **Ha**; **Blü** 12- bis 13-zählig, ± 2.5 cm ⌀; **Sep** eiförmig, einwärts gebogen, dick, 3 - 3.5 mm; **Pet** gelblich weiss, 11 × 2.5 mm; **Fil** weiss; **NSch** rundlich quadratisch, zurückgebogen, gelb.

Eng mit *S. davisii*, *S. furseorum* und *S. transcaucasicum* verwandt (Muirhead 1972: 247).

S. atlanticum (Ball) Ball (JLSB 16: 454, 1878). **T:** Marokko (*Hooker & al.* s.n. [K?]). – **D:** Marokko (Grosser Atlas). **I:** Praeger (1932: 62); Mitchell (1973: 11, pl. 2).

≡ *Sempervivum tectorum* ssp. *atlanticum* Ball (1873) ≡ *Sempervivum tectorum* var. *atlanticum* (Ball) Hooker (1873).

[1] **Ros** 4 - 6 (-8) cm ⌀; Ausläufer kurz, bald vertrocknend, mit ziemlich grossen, etwas kugeligen Ablegern; **Blä** verkehrt eiförmig-länglich, länglich spatelig oder verkehrt lanzettlich, 20 - 30 (-50) × 9 - 10 (-12) mm, stumpf, mit kurzem, aufgesetztem Spitzchen, ziemlich bleichgrün, selten etwas rot gespitzt, fein flaumhaarig; **Blütriebe** bis 30 cm, dicht drüsig-flaumhaarig, **Blä** länglich lanzettlich, während der **Blü**zeit leuchtend weinrot-purpurn, 25 - 40 mm; **Inf** Cymen, gewöhnlich mit gabeligen, ausgebreiteten Wickeln; **Blü** 12-zählig, 3 - 4 cm ⌀; **Sep** bis 1.5 mm vereinigt, fast kugelig, spitz zulaufend, grün, ± 6 mm; **Pet** schmal linealisch, spitz zulaufend, weiss, mit breitem, rotpurpurnem Mittelstreifen, ± 15 mm; **Fil** purpurn; **Anth** trübgrün; **Gr**

pfriemlich, leicht gebogen; **NSch** fast kreisrund, winzig drüsig, zurückgebogen. − 2n = 72.

Geographisch isoliert; nahe bei *S. tectorum*.

S. atropatanum J. Parnell (Willdenowia 18(2): 419-421, ills., Karte, 1989). **T:** Iran, Azerbaijan (*Rechinger* 49591 [B, W]). − **D:** N Iran (Azerbaijan); ± 1950 m.

[1] **Ros** 2 - 5.5 cm ⌀; Ausläufer kurz, wenige, 1 - 3 cm; **Blä** länglich elliptisch, feinspitzig, ± 15 × 7 mm; **Blütriebe** 10 - 22 cm, **Blä** länger und breiter als diejenigen der **Ros**; **Inf** 4- bis 7-blütige Cymen, mit 2 - 3 Wickeln; **Ped** 1 - 3 mm; **Blü** 10- bis 11-zählig, ± 2 cm ⌀; **Sep** für bis 2 mm vereinigt, schmal dreieckig, mit purpurner Spitze, 4 - 5 mm; **Pet** schmal länglich, spitz, hellgelb, 9 - 10 × ± 1.5 mm; **Fil** hellgelb; **Gr** kahl, ± 1.5 mm; **NSch** gerundet, gross.

S. ×barbulatum Schott (Österr. Bot. Wochenbl. 3: 91, 1853). **T:** BP 148692.

Incl. *Sempervivum ×delasoieii* C. B. Lehmann & Schnittspahn (1860) ≡ *Sempervivum ×barbulatum* nvar. *delasoieii* (C. B. Lehmann & Schnittspahn) G. D. Rowley (1958); **incl.** *Sempervivum ×elegans* Lagger (1873); **incl.** *Sempervivum barbatulum* Baker (1874); **incl.** *Sempervivum ×hausmannii* Auerswald *ex* Nymann (1878) (*nom. illeg.*, Art. 53.1); **incl.** *Sempervivum oligotrichum* Baker (1879); **incl.** *Sempervivum ×hybridum* Brügger (1880) (*nom. illeg.*, Art. 53.1); **incl.** *Sempervivum ×dolomiticum* Huter *ex* Koch (1892) (*nom. illeg.*, Art. 53.1); **incl.** *Sempervivum ×cerdanum* Gautier (1898); **incl.** *Sempervivum ×foucaudii* Gautier (1898); **incl.** *Sempervivum ×jeanbernatii* Camus *ex* Rouy & Camus (1901); **incl.** *Sempervivum ×timbalii* Camus *ex* Rouy & Camus (1901); **incl.** *Sempervivum ×montaniforme* Huter (1905); **incl.** *Sempervivum ×noricum* Hayek (1909) ≡ *Sempervivum ×barbulatum* nvar. *noricum* (Hayek) G. D. Rowley (1958); **incl.** *Sempervivum ×ausserdorferi* Huter *ex* Hegi (1922); **incl.** *Sempervivum ×cerbarum* Correvon (1924) (*nom. inval.*, Art. 61.1); **incl.** *Sempervivum ×hookeri* hort. *ex* Praeger (1932).

= *S. arachnoideum* × *S. montanum*. Überall weit verbreitet, wo die Eltern zusammen vorkommen.

S. borissovae Wale (Bull. Alpine Gard. Soc. Gr. Brit. 10: 95, 1942). **T:** Kaukasus (*Ingwersen* s.n. [K]). − **D:** Kaukasus; zwischen Felsen auf einer Rippe, ± 1850 m, nur vom Typ bekannt.

≡ *Sempervivum caucasicum* var. *borissovae* (Wale) Gurgenidze (1972).

[1] **Ros** ziemlich offen, flach, bis 3 cm ⌀; Ausläufer kurz und schlank; **Blä** verkehrt eiförmig, mit starker, aufgesetzter Spitze, kahl, fast stielrund, grün, obere ½ rötlich braun, ± 22 × 9 mm, ± 3 mm dick; **Blütriebe** 7 - 10 cm, **Blä** bis auf die Basis des Rückens kahl, grün oder rötlich braun; **Blü** 12- bis 14-zählig, ± 2.5 cm ⌀; **Sep** rötlich, bis 8 mm; **Pet** lanzettlich, tiefrosa, mit etwas helleren, wenig unregelmässig gesägten Rändern; **Fil** fliederfarben bis dunkelrot; **Anth** rot; **Gr** hellrosa. − 2n = 72.

Eng mit *S. caucasicum* verwandt, aber mit kleinere Rosetten und Blütentrieben. Von Gurgenidze (1972: 29) wurde *S. borissovae* als Unterart von *S. caucasicum* behandelt.

S. brevipetalum Kit Tan & Sorger (Pl. Syst. Evol. 154(1-2): 120, 1986). **T:** Türkei, Kars (*Sorger & Kit Tan* 84-62-14 [Herb. Sorger, E]). − **D:** Türkei (NE Anatolien); felsige Hänge, ± 1350 m.

[1] **Ros** 2 - 2.5 cm ⌀; **Blä** länglich lanzettlich, feinspitzig, Spitzen leicht einwärts gebogen, spitzennah rötlich purpurn, 15 - 20 × ± 5 mm; **Blütriebe** 17 - 20 cm, **Blä** lanzettlich, kleiner und schmaler als diejenigen der **Ros**; **Inf** 15- bis 20-blütige Cymen; **Blü** 10-zählig, ± 1 cm ⌀; **Sep** eiförmig, spitz, 2.5 - 3.3 mm; **Pet** linealisch, gelb, 6 - 7 × ± 0.8 mm, aufrecht bis fast aufrecht; **Fil** gelblich weiss; **Anth** gelb; **Gr** ± 1.5 mm.

Eng mit *S. davisii* verwandt.

S. brevipilum Muirhead (Notes Roy. Bot. Gard. Edinburgh 29: 26, t. 2B, fig. 2:3, 1969). **T:** Türkei, Çankiri (*Khan & al.* 724A [E]). − **D:** Türkei (C Anatolien); Ritzen in Kalkfelsen, sehr lokal, 1700 - 2300 m.

[1] **Ros** ± 3 cm ⌀; Ausläufer kurz; **Blä** eiförmig, spitz zulaufend, zurückgebogen und ausgebreitet, gleichmässig drüsig-flaumhaarig, bläulich grün, 10 - 20 × ± 7.5 mm; **Blü** 9- bis 11-zählig, 1 - 1.5 cm ⌀; **Sep** eiförmig, kurz, ungewöhnlich fleischig; **Pet** grünlich gelb, 5 - 7 mm; **Fil** violett; **NSch** gerundet, ausgebreitet.

Mit *S. gillianii* verwandt.

S. calcareum Jordan (Observ. Pl. Nouv. 7: 26, 1849). − **D:** SW Alpen (Frankreich, Italien); auf Kalkfelsen. **I:** Praeger (1932: 71, als *S. tectorum* var.); Hegi (1967: 115, fig. 92).

≡ *Sempervivum tectorum* var. *calcareum* (Jordan) Cariot & St. Lager (1854); **incl.** *Sempervivum columnare* Jordan & Fourreau (1868); **incl.** *Sempervivum racemosum* Jordan & Fourreau (1868); **incl.** *Sempervivum californicum* hort. *ex* Baker (1874); **incl.** *Sempervivum greenii* Baker (1877).

[1] **Ros** bis 6 cm ⌀ oder mehr; Ausläufer kräftig, bis 4 cm, jung spärlich beblättert; **Blä** gewöhnlich breit, mit einer kräftigen, stechenden, aufgesetzten Spitze, selten jung drüsig-flaumhaarig, glauk oder hellgrün, beiderseits mit einem auffallenden, purpurbraunen Fleck nahe der Spitze, 20 - 60 × 10 - 15 mm; **Blütriebe** 6 - 20 cm, **Blä** mit breiter Basis, fast stengelumfassend, flaumhaarig; **Blü** 8- bis 10- (bis 12-) zählig, bis 2.5 cm ⌀; **Sep** stumpf, mit ungleich langen **Ha**; **Pet** hellrosa bis grünlich weiss, 7 - 8 × ± 2 mm; **Fil** kahl, leuchtend rotpurpurn; **Anth** orangegelb; **Gr** pfriemlich, grün, selten purpurn getönt; **NSch** halbkreisförmig, grün. − 2n = 38.

Ähnelt einigen Formen von *S. tectorum* und wird manchmal als Varietät davon behandelt.

S. cantabricum J. A. Huber (RSN 33: 364, t. 140, 1934). **T:** Spanien (*Anonymus* s.n. [nicht lokalisiert]). – **Lit:** Smith (1981). **D:** NW Spanien.

≡ *Sempervivum vicentei* ssp. *cantabricum* (J. A. Huber) Fernández Casas & Muñoz Garmendia (1982); **incl.** *Sempervivum vicentei* Wale (1941) (*nom. illeg.*, Art. 53.1).

[1] **Ros** offen, 2 - 5 cm ⌀; Ausläufer kräftig, bis 6 cm; **Blä** länglich verkehrt eiförmig, mit aufgesetztem Spitzchen, dunkelgrün mit roten Spitzen, 20 - 35 × ± 10 mm, spärlich bis dicht flaumhaarig; **Blütriebe** bis 16 cm; **Inf** vielblütig (15 - 30 **Blü**); **Blü** 9- bis 12-zählig, bis 1.8 cm ⌀; **Sep** stumpf; **Pet** rot, rosa oder weiss, 9 - 10 × ± 2 mm; **Fil** rot; **Anth** rot. – 2n = 72.

Die Unterarten sind geographisch separiert, überlappen sich aber morphologisch. Der Typfundort von *S. vicentei* Wale ist unsicher und kann keiner der 3 Unterarten zugeordnet werden. Viele Autoren betrachten *S. vicentei* Pau als den korrekten Namen für *S. cantabricum*. Gemäss Smith (1981) hat das von den Picos de Urbión beschriebene *S. vicentei* Pau kahle Blätter und ist in jeder Hinsicht identisch mit *S. tectorum* aus den Pyrenäen sowie mit ähnlichen Pflanzen von den Picos de Urbión. *S. vicentei* Pau wird deshalb als Synonym von *S. tectorum* betrachtet.

Die heterotypischen Unterarten sind leider beide ungültig publiziert, da es sich bei den Typen um kultivierte Pflanzen handelte. Die Unterarten sind das Resultat einer sehr genauen Untersuchung der Variation der Hauswurzarten Spaniens, und obwohl die Namen ungültig sind, sollten sie unserer Meinung nach zum besseren Verständnis der Gruppe beibehalten werden.

S. cantabricum ssp. **cantabricum** – **D:** Spanien (Cordillera Cantábrica: Picos de Europa).

[1] **Blä** dicht flaumhaarig, mit reichlich spitzenständigen Wimpern, einwärts gebogen, rote Spitze > 2 mm; **Fil** flaumhaarig.

S. cantabricum ssp. **guadarramense** M. C. Smith (Lagascalia 10(1): 20, 1981). **Nom. inval.**, Art. 37.1. **T:** Spanien, Segovia (*Smith* s.n.). – **D:** Spanien (Sierra de Guadarrama, wohl auch in der Sierra de Gredos); ± 2100 m.

Incl. *Sempervivum vicentei* ssp. *paui* Fernández Casas (1982) (*nom. inval.*, Art. 37.1).

[1] **Blä** spärlich flaumhaarig, mit wenigen, spitzenständigen Wimpern, weniger einwärts gebogen als bei ssp. *cantabricum*, rote Spitze > 2 mm; **Fil** kahl.

S. cantabricum ssp. **urbionense** M. C. Smith (Lagascalia 10(1): 21, 1981). **Nom. inval.**, Art. 37.1. **T:** Spanien, Soria (*Smith* s.n.). – **D:** Spanien (Picos de Urbión); ± 2300 m.

[1] **Ros** kleiner als bei ssp. *cantabricum*; **Blä** dicht flaumhaarig, stärker einwärts gebogen, rote Spitze < 2 mm; **Fil** kahl.

S. caucasicum Ruprecht *ex* Boissier (Fl. Orient. 2: 796, 1872). **T:** Russland, Dagestan (*Ruprecht* s.n. [LE]). – **D:** Kaukasus (Georgien, Aserbaidschan, Russland [Dagestan]); sandige und kalkige Böden, schieferige Felsen, alpine und subalpine Zonen, 1300 - 2600 m. **Fig. XLII.e**

≡ *Sempervivum tectorum* ssp. *caucasicum* (Ruprecht *ex* Boissier) A. Berger (1930); **incl.** *Sempervivum flagelliferum* Fischer *in sched.* (s.a.) (*nom. inval.*, Art. 29.1); **incl.** *Sempervivum vermiculare* Gueldenstaedt (1787); **incl.** *Sempervivum tectorum* M. Bieberstein (1808) (*nom. illeg.*, Art. 53.1); **incl.** *Sempervivum montanum* C. A. Meyer (1831) (*nom. illeg.*, Art. 53.1); **incl.** *Sempervivum tectorum* Eichwald (1833) (*nom. illeg.*, Art. 53.1); **incl.** *Sempervivum caucasicum* var. *gracile* Gurgenidze (1972).

[1] **Ros** ziemlich offen, 3 - 5 cm ⌀; Ausläufer kurz und kräftig, **Blä** spatelig, mit deutlich aufgesetzter Spitze, kahl bis leicht flaumhaarig, grün mit kleiner, brauner Spitze, ± 20 × 8 mm breit, ± 3 mm dick; **Blütriebe** 12 - 20 cm, kurz drüsig-flaumhaarig, **Blä** lanzettlich, spitz, rot überhaucht, 20 - 50 mm; **Inf** wenig- bis vielblütig, ebenstraussähnlich; **Bra** linealisch, spitz, drüsig-flaumhaarig; **Blü** 12- bis 14-zählig; **Sep** für bis ½ der Länge vereinigt, lanzettlich, spitz; **Pet** linealisch-lanzettlich, spitz zulaufend, kurz drüsig-flaumhaarig, rosarot mit purpurnen Streifen, 2 - 2.5× so lang wie der **Cal**; **Fil** fliederfarben; **Anth** rötlich; **NSch** etwas quadratisch-länglich, gerundet, gerade, flach; **Fr** spreizend, grün.

Der Typbeleg hat drüsig-flaumhaarige Blätter.

S. charadzeae Gurgenidze (Zametki Sist. Geogr. Rast. [Tiflis] 27: 32, 1969). **T:** Georgien (*Gurgenidze & Czuchrukidze* s.n. [TBI]). – **D:** E Georgien; submontane Gebiete auf Felsen, in Wäldern.

[1] **Ros** (6-) 8 - 12 (-15) cm ⌀; Ausläufer 15 - 30 (-35) cm, dick, flaumhaarig, ziemlich bleichrot; **Blä** spatelig, zur Spitze abrupt verschmälert, dicht und kurz drüsig-flaumhaarig, Flaum**Ha** und Wimpern ungleich lang; **Blütriebe** 40 - 50 (-60) cm, ungleichmässig drüsig-flaumhaarig, selten auch mit **Dr**losen **Ha**, **Blä** breit lanzettlich mit breiter, stengelumfassender Basis; **Inf** ebensträussig, doldig, mit 3 - 5 vielblütigen (60 - 80 **Blü**) Wickeln; **Bra** lanzettlich, lang drüsig-flaumhaarig, 5 - 7 mm; **Ped** ± 5 mm; **Blü** 13-zählig; **Sep** basal vereinigt, lanzettlich, allmählich spitz zulaufend, bauchseitig kahl, grün, leicht ± purpurn, 5 - 6 mm; **Pet** linealisch-lanzettlich, abrupt spitz zulaufend, rosa bis hellrosa, ± 11 × 2.5 mm; **Fil** rosa, zur Basis dunkelpurpurn; **Anth** hellgelb; **NSch** fast kreisrund bis fast quadratisch.

Nahe bei *S. caucasicum*, aber viel grösser.

S. ×christii F. O. Wolf (Bull. Murith. Soc. Valais. Sci. Nat. 16-18: 29, 1889).
Incl. *Sempervivum ×rupicola* Chenevard & Schmidely (1898).
= *S. grandiflorum* × *S. montanum*. Natürlicherweise vorkommend.

S. ciliosum Craib (BMI 1914: 379, 1914). **T:** K. – **D:** S Balkan.
≡ *Sempervivum leucanthum* var. *ciliosum* (Craib) Hayek (1924) ≡ *Sempervivum borisii* subvar. *ciliosum* (Craib) Hayek (1924).

[1] **Ros** niedergedrückt-kugelig, geschlossen oder halboffen, 2 - 5 cm ⌀; Ausläufer schlank, bis 13 cm; **Blä** ziegelig, länglich lanzettlich bis länglich verkehrt lanzettlich, beide Seiten konvex, 7 - 10 (-25) × 3 - 4 (-6) mm, spitz bis spitz zulaufend, stark einwärts gebogen, hellgrün bis rötlich oder rötlich braun, Ränder mit ziemlich steifen, ausgebreiteten, bis 4 mm langen Wimpern, zur Spitze hin länger werdend, mit den Wimpern der benachbarten Blätter verwoben; **Blütriebe** 4 - 10 cm, aufrecht, **Blä** etwas breiter als diejenigen der **Ros**; **Inf** kompakte Cymen mit 3 gabeligen Wickeln; **Bra** klein, schmal; **Blü** 9- bis 14-zählig, 1.6 - 2.5 cm ⌀; **Sep** für bis 3.5 mm vereinigt, spitz, rötlich braun, manchmal Spitze purpurn, 5 - 7 mm; **Pet** linealisch-lanzettlich, spitz bis spitz zulaufend, gelb, gänzlich drüsig-flaumhaarig; **Gr** kahl, bis 4 mm; **NSch** rundlich-quadratisch, gelblich. – 2n = 34.

S. ciliosum ssp. **ciliosum** – **D:** Mazedonien, Albanien, Bulgarien, Griechenland.
Incl. *Sempervivum wulfenii* Velenovsky (1891) (*nom. illeg.*, Art. 53.1); **incl.** *Sempervivum wulfenii* var. *skorpilii* Velenovsky (1902) (unkorrekter Name, Art. 11.4); **incl.** *Sempervivum ciliosum* Pancic ex Adamovic (1906) (*nom. inval.*, Art. 32.1c); **incl.** *Sempervivum ciliatum* hort. ex Craib (1914) (*nom. illeg.*, Art. 53.1); **incl.** *Sempervivum borisii* Degen & Urumov (1915) ≡ *Sempervivum ciliosum* fa. *borisii* (Degen & Urumov) H. Jacobsen (1958) ≡ *Sempervivum ciliosum* var. *borisii* (Degen & Urumov) P. Mitchell (1979); **incl.** *Sempervivum ciliosum* var. *galicicum* A. C. Smith (1978).

[1] Ausläufer gewöhnlich lang, manchmal sehr kurz; **Pet** zitronengelb, 10 - 12 × ± 1.5 mm; **Fil** gelb.
S. borisii wurde nur 3 Tage später als *S. ciliosum* publiziert und wird hier als Synonym behandelt. Es unterscheidet sich angeblich durch längere Haare. *S. wulfenii* var. *skorpilii* wird manchmal in die Synonymie von *S. leucanthum* gestellt.

S. ciliosum ssp. **octopodes** (Turrill) Zonneveld (Succulenta 78(2): 92, 1998). – **D:** SW Mazedonien (Baba Planina, Mt. Pelister).
≡ *Sempervivum octopodes* Turrill (1937); **incl.** *Sempervivum ciliosum* fa. *Mali That* hort. (s.a.) (*nom. inval.*, Art. 29.1); **incl.** *Sempervivum jakucsii* Pénzes (1965).

[1] Ausläufer gewöhnlich sehr lang; **Pet** hellgelb, basal fliederfarben überhaucht, ± 8 × ± 1.5 mm; **Fil** hellpurpurn.

S. ×comollii Rota (Prosp. Fl. Bergamo, 100, 1853).
Incl. *Sempervivum ×huteri* Kerner (s.a.) (*nom. illeg.*, Art. 53.1); **incl.** *Sempervivum albidum* C. B. Schnittspahn & Lehmann (1855); **incl.** *Sempervivum ×widderi* C. B. Lehmann & Schnittspahn (1860); **incl.** *Sempervivum ×calcaratum* Baker (1874).
= *S. tectorum* × *S. wulfenii*. Kommt natürlicherweise vor.

S. davisii Muirhead (Notes Roy. Bot. Gard. Edinburgh 29: 22, t. 3B, fig. 2:1, 1969). **T:** Türkei, Çoruh (*Davis & Hedge* 30044 [E]). – **D:** Türkei (NE Anatolien) bis NW Iran; Urgesteinsfelsen an grasigen Hängen, 700 - 2300 m. **Fig. XLII.a, XLII.d**

[1] **Ros** 3 - 4 cm ⌀; Ausläufer wenige, 2 - 3 cm; **Blä** verkehrt lanzettlich bis verkehrt eiförmig, mit abrupt aufgesetztem Spitzchen, dicht und auffällig flaumhaarig, graugrün, oft mit rötlich braunen Spitzen, 15 - 20 × ± 10 mm; **Inf** zusammengesetzte Cymen; **Blü** 13- bis 14-zählig, ± 2 cm ⌀; **Sep** eiförmig-lanzettlich, spitz, 2 - 2.5 mm; **Pet** lanzettlich, weisslich gelb, 8 - 10 × ± 2 mm; **Fil** weiss; **Anth** gelb; **NSch** dreieckig-rund, ausgebreitet.

Gemäss Muirhead (1972: 247) mit *S. artvinense*, *S. furseorum* und *S. transcaucasicum* verwandt.

S. dolomiticum Facchinetti (Zeitschr. Ferdinandeums Tirol ser. 3, 5: 56, 1855). – **D:** Italien (SE Alpen, S Tirol); auf Dolomit- und Basaltfelsen, 1600 - 2500 m.
Incl. *Sempervivum tectorum* var. *angustifolium* Leybold (1854); **incl.** *Sempervivum lehmannii* Schnittspahn (1863); **incl.** *Sempervivum oligotrichum* Dalla Torre (1882) (*nom. illeg.*, Art. 53.1).

[1] **Ros** dicht gebüschelt, fast kugelig, mehrheitlich geschlossen, 1 - 5 cm ⌀, Zentrum durch die bogigen **Ha** der Spitzen junger **Blä** weisslich; Ausläufer schlank, bis 2 cm; **Blä** länglich lanzettlich, spitz zulaufend, leuchtend grün mit bräunlichen Spitzen, 10 - 15 × 3 - 5 mm, spärlich flaumhaarig, spitzenständige Wimpern kräftiger als die seitlichen Wimpern; **Blütriebe** auffällig weisslich flaumhaarig, 5 - 15 cm, **Blä** etwas länger als diejenigen der **Ros**; **Inf** mit 2 - 3 monochasialen oder gabeligen Wickeln, mit bis zu 20 **Blü**; **Blü** 10- bis 14-zählig, ± 2 cm ⌀; **Sep** für bis 2 mm vereinigt, stumpf, tiefpurpurn, ± 6 mm; **Pet** breit lanzettlich, kurz spitz zulaufend, basal verschmälert, tief rötlich rosa, Mittelstreif oberseits rötlich braun, rückseitig nahe der Basis grün, 9 - 10 × ± 2 mm; **Fil** ± kahl, rot; **Anth** rot; **Gr** ± purpurn; **NSch** fast quadratisch, Spitze gerundet, hellgrün. – 2n = 72.

Die Blütenfarbe sowie das Vorhandensein von Haaren an den Spitzen der jungen Blätter weisen auf eine Verwandtschaft mit *S. arachnoideum* hin.

S. dzhavachischvilii Gurgenidze (Zametki Sist. Geogr. Rast. [Tiflis] 27: 39, 1969). **T:** Russland, Dagestan (*Dzhavachischvili* s.n. [TBI]). – **D:** Russland (E Kaukasus: Dagestan).

[1] **Ros** 3 - 5 cm ⌀; **Blä** lanzettlich, spitz zulaufend, kurz drüsig-flaumhaarig, dunkelgrün, rückseitig sehr leicht purpurn, mit dunkelpurpurnen Spitzen, 15 - 38 mm; **Blütriebe** 7 - 10 (-12) cm, ungleichmässig drüsig-flaumhaarig, **Blä** basal verbreitert, über der Mitte leicht verschmälert; **Inf** ebensträussig-doldig, 20- bis 25-blütig; **Blü** 11-zählig, 2 - 2.3 cm ⌀; **Ped** drüsig-flaumhaarig, variabel, bis 10 mm; **Sep** linealisch-lanzettlich, fast aufrecht, spitz zulaufend, Innenseite kurz flaumhaarig, Rückseite ungleichmässig drüsig-flaumhaarig; **Pet** linealisch-lanzettlich, spitz zulaufend, Innenseite kahl, einwärts gebogen, intensiv purpurn, selten rötlich, randnah weiss, glänzend; **Fil** dunkelpurpurn; **Anth** hellpurpurn, selten orange; **Gr** kahl, hellpurpurn; **NSch** quadratisch, ausgerandet; **Fr** grün.

Nahe bei *S. pumilum*.

S. ermanicum Gurgenidze (Zametki Sist. Geogr. Rast. [Tiflis] 27: 30, 1969). **T:** Georgien, Dzhava Distr. (*Gurgenidze & al.* s.n. [TBI]). – **D:** Georgien (C Transkaukasien); vulkanische Felsen, 2600 - 3000 m; nur vom Typ bekannt.

[1] **Ros** 6 - 8 (-10) cm ⌀; Ausläufer 20 - 25 cm, dick, dicht drüsig-flaumhaarig, bräunlich; **Blä** länglich verkehrt eiförmig, zur Spitze abrupt verschmälert, Ränder drüsig bewimpert, dunkelgrün; **Blütriebe** 20 - 30 (-40) cm, **Blä** breit lanzettlich, zur Spitze allmählich verschmälert, 40 - 50 mm; **Inf** ebensträussig, drüsig-flaumhaarig mit ungleichmässig langen **Ha**; **Blü** 12- bis 15-zählig, 3 - 3.5 cm ⌀; **Ped** ungleich lang; **Sep** basal vereinigt, länglich, Rückseite und Ränder lang drüsig-flaumhaarig, Innenseite kahl; **Pet** lanzettlich, zur Spitze allmählich verschmälert, Spitze lang drüsig-flaumhaarig, Ränder unregelmässig drüsig-flaumhaarig, dunkel purpurviolett, mit dunklen Mittelstreifen, randnah weiss, 15 - 17 mm; **Anth** hell gelblich purpurn.

Eng mit *S. caucasicum* und *S. annae* verwandt.

S. ×fauconnettii Reuter (Cat. Pl. Vasc. Genève, 2: 298, 1832).

Incl. *Sempervivum ×alatum* Scheele (1843); **incl.** *Sempervivum ×piliferum* Jordan (1849); **incl.** *Sempervivum ×flavipilum* Hausmann *ex* Sauter (1857) ≡ *Sempervivum ×fauconnettii* nvar. *flavipilum* (Hausmann) G. D. Rowley (1958); **incl.** *Sempervivum ×arachnoideo-boutignyanum* Loret (1858); **incl.** *Sempervivum ×boutignyano-arachnoideum* Loret (1858); **incl.** *Sempervivum ×rubellum* Timbal-Lagrave (1858) ≡ *Sempervivum ×fauconnettii* nvar. *rubellum* (Timbal-Lagrave) G. D. Rowley (1958); **incl.** *Sempervivum ×schnittspahnii* Lagger (1858); **incl.** *Sempervivum ×arachnoideo-arvernense* Loret (1862); **incl.** *Sempervivum ×arvernensi-arachnoideum* Loret (1862); **incl.** *Sempervivum ×hausmannii* C. B. Schnittspahn & Lehmann (1863); **incl.** *Sempervivum ×penicillatum* C. B. Lehmann & Schnittspahn (1863); **incl.** *Sempervivum ×pilosellum* C. B. Lehmann & Schnittspahn (1863); **incl.** *Sempervivum ×arachnoideo-pyrenaicum* Lamotte (1864); **incl.** *Sempervivum ×fontanae* Brügger (1864); **incl.** *Sempervivum ×lautareticum* Lamotte (1864); **incl.** *Sempervivum ×pomelii* Lamotte (1864); **incl.** *Sempervivum ×pseudoarachnoideum* Lamotte (1864); **incl.** *Sempervivum ×pyrenaico-arachnoideum* Lamotte (1864); **incl.** *Sempervivum villosum* Lamotte (1864) (*nom. illeg.*, Art. 53.1); **incl.** *Sempervivum ×chavinii* Lagger (1873); **incl.** *Sempervivum ×tissieri* Lagger *ex* De La Soie (1873); **incl.** *Sempervivum ×funkii* Le Jeune *ex* Nymann (1878); **incl.** *Sempervivum ×angustifolium* A. Kerner (1879); **incl.** *Sempervivum ×heerianum* Brügger (1880); **incl.** *Sempervivum arachnoideum* var. *piliferum* Cariot & St. Lager (1888); **incl.** *Sempervivum ×thomayeri* Correvon (1891); **incl.** *Sempervivum ×flahaultii* Gaultier (1898); **incl.** *Sempervivum ×oliveri* Gaultier (1898); **incl.** *Sempervivum ×thompsonii* Lindsay (1900); **incl.** *Sempervivum ×villosulum* Rouy & Camus (1901); **incl.** *Sempervivum ×mettenianum* Hausmann *ex* Hayek (1922) (*nom. illeg.*, Art. 53.1); **incl.** *Sempervivum ×chanousianum* De Marchi (1928).

= *S. arachnoideum* × *S. tectorum*. Überall häufig zu beobachten, wo die Eltern gemeinsam vorkommen.

S. ×fimbriatum C. B. Schnittspahn & Lehmann (Flora 38: 17, 1855).

Incl. *Sempervivum ×roseum* Huter & Gander *ex* Nymann (1878) (unkorrekter Name, Art. H4.1); **incl.** *Sempervivum ×fimbriatum* Schott (*pro sp.*) *ex* Hegi (1921) (*nom. illeg.*, Art. 53.1); **incl.** *Sempervivum ×roseum* nvar. *fimbriatum* G. D. Rowley (1973).

= *S. arachnoideum* × *S. wulfenii*. Natürlicherweise vorkommend.

S. ×funckii F. Braun *ex* Koch (Flora 25: 4, tab. 1, 1832). **T** [lecto]: Österreich, Kärnten (*Braun* s.n. [BP 14787]).

Incl. *Sempervivum ×montanum* Mertens & Koch (1831) (*nom. illeg.*, Art. 53.1).

= *S. arachnoideum* × *S. montanum* × *S. tectorum*. Natürlicherweise vorkommend.

S. furseorum Muirhead (Notes Roy. Bot. Gard. Edinburgh 29: 25, pl. 3A, fig. 1:4, 1969). **T:** Türkei, Trabzon (*Furse & Synge* 809b [E]). – **D:** NE Türkei (Trabzon); felsige Hänge, 1800 - 2500 m; nur vom Typ bekannt. **Fig. XLII.f**

[1] **Ros** 3 - 4 cm ⌀; **Blä** verkehrt eiförmig bis länglich spatelig, feinspitzig, graugrün mit purpurnen Spitzen, ausgebreitet, 25 - 35 × ± 7 mm, ungleichmässig flaumhaarig, Ränder kurz und dicht bewimpert; **Blü** 12- bis 13-zählig, ± 2.5 cm ⌀; **Sep**

linealisch-lanzettlich, spitz; **Pet** zurückgebogen, Innenseite kurz drüsig-flaumhaarig, weisslich grün, ± 12 × ± 1 mm; **Fil** weiss; **Anth** gelb; **NSch** dreieckig, grünlich, klein.

Gemäss Muirhead (1972: 248) mit *S. artvinense*, *S. davisii* und *S. transcaucasicum* verwandt.

S. gillianii Muirhead (Notes Roy. Bot. Gard. Edinburgh 29: 26, figs. 1:5, 1969). **T:** Türkei, Zonguldak (*Davis & Coode* 38805A [E]). – **D:** N-C Türkei (N Anatolien); felsige Kalksteinhänge, 1800 - 2100 m, sehr lokal.

[1] **Ros** 4 - 6 cm ⌀; Ausläufer kurz; **Blä** länglich spatelig, ausgebreitet, grün, mit tiefbraunen, spitz zulaufenden, zurückgebogenen Spitzen, ± 30 × 10 mm, ± 3 mm dick; **Blü** 13- bis 15-zählig, ± 2.5 cm ⌀; **Sep** eiförmig-lanzettlich, spitz, ± 10 × 2 mm; **Pet** grünlich gelb; **Fil** violett; **NSch** gerundet, ausgebreitet.

Mit *S. brevipilum* verwandt.

S. ×giuseppii Wale (Bull. Alpine Gard. Soc. Gr. Brit. 9(2): 115, 1941).

= *S. arachnoideum* × *S. cantabricum*.

S. glabrifolium Borissova (in Komarov & al. (eds.), Fl. URSS 9: 22, 471, 1939). **T:** Türkei, Çoruh (*Turkewicz* 768 [LE]). – **D:** NE Türkei (NE Anatolien); magmatische Konglomerate, 300 - 730 m. **I:** Muirhead (1969: pl. 1B).

[1] **Ros** 1 - 6 cm ⌀; Ausläufer zahlreich; **Blä** eiförmig-lanzettlich bis spatelig, spitz, kahl, jung mit wenigen, zerstreuten, drüsigen **Ha**, stark kammartig bewimpert, olivgrün, glänzend, äussere **Blä** in der oberen ½ auffällig purpurn übertönt, ± 10 × 5 mm; **Blü**triebe bis 15 cm, **Blä** stärker verlängert, kahl, obere **Blä** drüsig-flaumhaarig; **Inf** vielblütig, ebensträussig; **Bra** lanzettlich; **Blü** 10- bis 14-zählig; **Ped** 1 - 2 mm; **Sep** für bis 1 mm vereinigt, eiförmig, ziemlich stumpf, stark einwärts gebogen; **Pet** linealisch bis lanzettlich-linealisch, spitz, hellgelb oder grünlich, 6 - 7 mm; **Fil** weiss bis gelb; **Anth** gelb; **Gr** lang, aufrecht; **NSch** fast quadratisch, ausgerandet, aufrecht; **Sa** lanzettlich, braun.

Mit *S. armenum* verwandt, aber viel kleiner und mit weissen Staubfäden.

S. globiferum Linné (Spec. Pl. [ed. 1], 464, 1753). **T:** Russland (*Gmelin* s.n. [LINN 632.1]). – **D:** C und SE Europa (S-wärts bis N Albanien und in die SW Alpen und ins NW und C Russland ausstrahlend); Felsen in den Bergen oder im Tiefland auf steinigem, trockenem Boden.

≡ *Diopogon globifer* (Linné) Leute (1966) ≡ *Jovibarba globifera* (Linné) Tjaden ex J. Parnell (1990).

[2] **Ros** ± kugelig, gewöhnlich geschlossen, bisweilen offen; Ausläufer sehr schlank und kurz; **Blä** lanzettlich, eiförmig-lanzettlich oder verkehrt eiförmig lanzettlich bis verkehrt lanzettlich, spitz bis spitz zulaufend, basal leicht verschmälert, den Rändern entlang drüsig bewimpert, beinahe stielrund, aufrecht oder einwärts gebogen, manchmal ausgebreitet, grünlich, oft ± rot oder rötlich braun zugespitzt; **Blü**triebe drüsig-flaumhaarig, **Blä** dreieckig-eiförmig, aufrecht bis fast aufrecht, ± stengelumfassend, etwas länger und breiter als bei den **Ros**; **Inf** ziemlich flache, dichte Cymen mit 2 - 3 gabeligen, manchmal sehr kurz verzweigten Wickeln; **Blü** 6- (bis 7-) zählig; **Sep** für 2 - 3 mm vereinigt, lanzettlich, spitz oder spitz zulaufend, aufrecht, grün, oft rot, braun oder rotbraun überhaucht; **Pet** lanzettlich bis etwas länglich, stumpf bis gerundet, manchmal spitz, stark gekielt, Ränder und Kiel ± gefranst, v.a. zur Spitze, aufrecht, grünlich weiss bis grünlich gelb, 15 - 18 mm; **Fil** weiss bis grünlich; **Anth** gelb bis hellgelb; **NSch** halbkreisförmig bis fast quadratisch, ± gestutzt, ziemlich bleich grün. – 2n = 38.

S. globiferum ssp. **allionii** (Jordan & Fourreau) 't Hart & Bleij (Succulenta 78(1): 40, 1999). – **D:** Frankreich, Italien (französisch-italienische Alpen, Alpes Maritimes). **I:** Praeger (1932: 96, als *S. allionii*).

≡ *Diopogon allionii* Jordan & Fourreau (1868) ≡ *Sempervivum allionii* (Jordan & Fourreau) Nyman (1879) ≡ *Diopogon hirtus* ssp. *allionii* (Jordan & Fourreau) H. Huber (1961) ≡ *Jovibarba allionii* (Jordan & Fourreau) D. A. Webb (1963) ≡ *Diopogon arenarius* ssp. *allionii* (Jordan & Fourreau) Leute (1966) ≡ *Jovibarba hirta* ssp. *allionii* (Jordan & Fourreau) Soó (1972) ≡ *Jovibarba globifera* ssp. *allionii* (Jordan & Fourreau) J. Parnell (1990); incl. *Sempervivum hirtum* Allioni (1789) (*nom. illeg.*, Art. 53.1); incl. *Sempervivum hirsutum* Pollini (1822); incl. *Sempervivum arenarium* Schott (1854) (*nom. illeg.*, Art. 53.1); incl. *Sempervivum austriacum* Nyman (1879).

[2] **Ros** 1.5 - 2.5 (-4) cm ⌀; **Blä** fein drüsig-flaumhaarig, sehr bleich gelblich grün, 12 - 15 × 4 - 5 mm; **Blü**triebe 10 - 15 cm; **Sep** winzig drüsig-flaumhaarig, sehr fleischig; **Pet** spitz bis stumpf, beiderseits drüsig-flaumhaarig; **Fil** flaumhaarig; **Gr** fast kahl, ± 3 mm; **NSch** halbkreisförmig, 0.75 × 1 mm oder linealisch-keulig, 2 × 0.3 mm.

Praeger (1932) stellte *S. arenarium* in die Synonymie von *S. allionii*, aber der Name wird gelegentlich auch unter *Jovibarba globifera* ssp. *hirta* zitiert.

S. globiferum ssp. **arenarium** (W. D. J. Koch) 't Hart & Bleij (Succulenta 78(1): 40, 1999). **T:** Österreich, Tirol (*Koch* s.n. [nicht lokalisiert]). – **D:** Österrreich, N Italien, Slowenien (S und SE Alpen sowie Kärntner Alpen); kalkfliehend. **I:** Praeger (1932: 103, als *S. arenarium*); Mitchell (1973: 30, pl. 9, als *Jovibarba arenaria*).

≡ *Sempervivum arenarium* W. D. J. Koch (1837) ≡ *Jovibarba arenaria* (W. D. J. Koch) Opiz (1852) ≡

Diopogon hirtus ssp. *arenarius* (W. D. J. Koch) H. Huber (1961) ≡ *Diopogon arenarius* (W. D. J. Koch) Leute (1966) ≡ *Jovibarba hirta* ssp. *arenaria* (Koch) Parnell (1988) ≡ *Jovibarba globifera* ssp. *arenaria* (W. D. J. Koch) J. Parnell (1990); **incl.** *Sempervivum hirtum* Sternberg (1806) (*nom. illeg.*, Art. 53.1); **incl.** *Sempervivum hirtum* var. *pumilum* Bertolini (1842); **incl.** *Sempervivum kochii* Facchinetti (1855); **incl.** *Sempervivum hirtellum* Schott *ex* Fuss (1857) ≡ *Jovibarba hirta* ssp. *hirtella* (Schott *ex* Fuss) Soó (1972) ≡ *Jovibarba sobolifera* ssp. *hirtella* (Schott *ex* Fuss) Soó (1972) ≡ *Jovibarba hirtella* (Schott *ex* Fuss) Soó (1980); **incl.** *Sempervivum hirtum* var. *glabriusculum* Caruel (1890); **incl.** *Diopogon arenarius* ssp. *pseudohirtus* Leute (1966) ≡ *Jovibarba arenaria* ssp. *pseudohirta* (Leute) Holub (1967) ≡ *Jovibarba globifera* ssp. *pseudohirta* (Leute) Letz (1998).

[2] **Ros** 0.5 - 2 cm ⌀; **Blä** in der Mitte oder unterhalb am breitesten, kahl oder rückseitig leicht flaumhaarig, 8 - 15 × 2.5 - 3.5 mm; **Blütriebe** 7 - 12 cm, **Blä** kahl, stark bewimpert; **Sep** winzig drüsig-flaumhaarig, sehr fleischig; **Fil** kurz flaumhaarig; **NSch** 1 - 1.5 × ± 2 mm.

Praeger (1932) schloss *S. hirtellum* in die Synonymie von *S. arenarium* ein, aber andere Autoren betrachten den Namen als Synonym von *Jovibarba globifera* ssp. *globifera*.

S. globiferum ssp. **globiferum** – **D:** Fast im ganzen Verbreitungsgebiet der Art; kalkfliehend, gewöhnlich in geringer Meereshöhe an trockenen, sandigen Stellen, v.a. in Kiefernwald, aber auch entlang von felsigen Flussufern. **I:** Praeger (1932: 101, als *S. soboliferum*).

Incl. *Jovibarba globifera* ssp. *globifera*; **incl.** *Sempervivum hirtum* Jacquin (1773) (*nom. illeg.*, Art. 53.1); **incl.** *Sempervivum soboliferum* Sims (1812) ≡ *Jovibarba sobolifera* (Sims) Opiz (1852) ≡ *Diopogon soboliferum* (Sims) Gandoger (1886) (*nom. inval.*, Art. 24.1?); **incl.** *Sempervivum hirtum* Wimmer & Grabowski (1829) (*nom. illeg.*, Art. 53.1); **incl.** *Sempervivum globiferum* Reichenbach (1834) (*nom. illeg.*, Art. 53.1); **incl.** *Sempervivum soboliferum* J. Fleischer & Em. Lindemann (1839) (*nom. illeg.*, Art. 53.1); **incl.** *Sempervivum ciliatum* Schur (1853) (*nom. illeg.*, Art. 53.1); **incl.** *Diopogon petropolitanum* Gandoger (1886) (*nom. inval.*, Art. 24.1); **incl.** *Sedum soboliferum* Brehm (1896); **incl.** *Sempervivum campaniforme* Schur (1896); **incl.** *Sempervivum petropolitanum* Gandoger (1910) (*nom. inval.*, Art. 32.1c); **incl.** *Diopogon hirtus* ssp. *borealis* H. Huber (1961) ≡ *Jovibarba hirta* ssp. *borealis* (H. Huber) Soó (1977).

[2] **Ros** 1 - 3 cm ⌀; **Blä** oberhalb der Mitte am breitesten, kahl, sehr fleischig, ± 10 mm; **Blütriebe** 10 - 20 cm, obere **Blä** drüsig-flaumhaarig; **Sep** kahl; **Pet** beiderseits drüsig-flaumhaarig; **Fil** kahl; **NSch** ± 1 × 1 mm.

Praeger (1932: 100, als *S. soboliferum*) beschrieb dieses Taxon mit drüsig-flaumhaarigen Kelchblättern.

S. globiferum ssp. **hirtum** (Linné) 't Hart & Bleij (Succulenta 78(1): 40, 1999). **T:** Österreich (*Anonymus* s.n. [UPS [Herb. Burser XVI(1): 54]]). – **D:** Fast im ganzen S Teil des Verbreitungsgebietes der Art; v.a. in den Bergen, ± kalkliebend. **I:** Praeger (1932: 98-99, als *S. hirtum*).

≡ *Sempervivum hirtum* Linné (1755) ≡ *Jovibarba hirta* (Linné) Opiz (1852) ≡ *Diopogon hirtus* (Linné) Fuchs & H. Huber (1961) ≡ *Jovibarba globifera* ssp. *hirta* (Linné) J. Parnell (1990); **incl.** *Jovibarba hirta* ssp. *hirta*; **incl.** *Sempervivum globiferum* Jacquin (1762) (*nom. illeg.*, Art. 53.1); **incl.** *Sedum hirtum* Loudon (1846); **incl.** *Sempervivum hillebrandtii* Schott (1852) ≡ *Sempervivum arenarium* var. *hillebrandtii* (Schott) Neumayer (s.a.) ≡ *Sempervivum hirtum* var. *hillebrandtii* (Schott) Hayek (1909) ≡ *Jovibarba hirta* var. *hillebrandtii* (Schott) Soó (1972) ≡ *Sempervivum hirtum* fa. *hillebrandtii* (Schott) Konop & Bendak (1981); **incl.** *Sempervivum neilreichii* Schott & al. (1854) ≡ *Sempervivum hirtum* ssp. *neilreichii* (Schott & al.) Schwarz (s.a.) ≡ *Sempervivum arenarium* ssp. *neilreichii* (Schott & al.) Janchen (1958) ≡ *Jovibarba hirta* ssp. *neilreichii* (Schott & al.) Soó (1972) ≡ *Jovibarba hirta* fa. *neilreichii* (Schott & al.) Konop & Bendak (1981) ≡ *Jovibarba hirta* var. *neilreichii* (Schott & al.) Konop & Bendak (1981); **incl.** *Diopogon austriacus* Jordan & Fourreau (1868); **incl.** *Sempervivum hirtum* fa. *glabrescens* Sabransky (1882) ≡ *Sempervivum hirtum* ssp. *glabrescens* (Sabransky) Jávorka (1924) ≡ *Sempervivum soboliferum* ssp. *glabrescens* (Sabransky) Soó & Jávorka (1951) ≡ *Jovibarba hirta* ssp. *glabrescens* (Sabransky) Holub (1966) ≡ *Jovibarba globifera* ssp. *glabrescens* (Sabransky) Holub (1998); **incl.** *Sempervivum adenophorum* Borbás (1887) ≡ *Sempervivum hirtum* var. *adenophorum* (Borbás) Borbás (s.a.) ≡ *Sempervivum hirtum* ssp. *adenophorum* (Borbás) Jávorka (1924) ≡ *Jovibarba hirta* ssp. *adenophora* (Borbás) A. Löve & D. Löve (1961); **incl.** *Sempervivum hirtum* var. *raripilum* Beck (1892); **incl.** *Sempervivum hirtum* var. *amblysepalum* Borbás (1899) ≡ *Jovibarba hirta* var. *amblysepala* (Borbas) Soó (1972); **incl.** *Sempervivum simonkaianum* Degen (1902); **incl.** *Sempervivum preissianum* Domin (1932) ≡ *Sempervivum hirtum* ssp. *preissianum* (Domin) Dostal (1948) ≡ *Sempervivum soboliferum* ssp. *preissianum* (Domin) S. Pawlowska (1958) ≡ *Jovibarba hirta* ssp. *preissiana* (Domin) Soó (1972) ≡ *Jovibarba preissiana* (Domin) Omel'chuk-Myakushko & Chopik (1975) ≡ *Jovibarba globifera* ssp. *preissiana* (Domin) Holub (1998); **incl.** *Sempervivum tatrense* Domin (1932) ≡ *Sempervivum hirtum* ssp. *tatrense* (Domin) Dostal (s.a.) ≡ *Sempervivum soboliferum* var. *tatrense* (Domin) S. Pawlowska (1955) ≡ *Jovibarba hirta* ssp. *tatrensis* (Domin) A. Löve & D. Löve (1961) ≡ *Jovibarba hirta* var. *tatrensis* (Domin) Soó (1972).

[2] **Ros** meist offen, 2.5 - 5 (-7) cm ⌀; **Blä** in oder unterhalb der Mitte am breitesten, kahl, ausgebreitet, gänzlich grünlich, 15 - 20 (-30) × 5 - 7 mm, Randwimpern steif, ausgebreitet, weiss, einheitlich lang; **Blütriebe** 10 - 15 (-20) cm, kräftig, **Blä** drüsig-flaumhaarig, aufrecht; **Sep** gewöhnlich mit normalen **Ha**; **Pet** auf dem Kiel gröber drüsig-flaumhaarig, stark einwärts gebogen; **Fil** drüsig-flaumhaarig; **Gr** 4 - 5 mm; **NSch** ± 0.7 × 1 mm, gelb gespitzt.

Von Praeger (1932: 97) mit drüsig-flaumhaarigen Kelchblättern und mit längeren Haaren auf dem Kiel beschrieben. Der gleiche Autor schloss *S. neilreichii* und *S. simonkaianum* in die Synonymie von *S. hirtum* ein, aber andere Autoren platzieren sie bei *Jovibarba globifera* ssp. *arenaria* bzw. bei *J. globifera* ssp. *globifera*.

S. grandiflorum Haworth (Revis. Pl. Succ., 66, 1821). – **D:** NW Italien, SW Schweiz (W-C Teile der S Alpen (Susa bis Simplon); kalkfliehend. **I:** Praeger (1932: 78). **Fig. XLII.g**

Incl. *Sempervivum globiferum* Curtis (1801) (*nom. illeg.*, Art. 53.1); **incl.** *Sempervivum globiferum* Gaudin (1828) (*nom. illeg.*, Art. 53.1); **incl.** *Sempervivum gaudinii* Christ (1867) ≡ *Sempervivum wulfenii* ssp. *gaudinii* (Christ) Nyman (1890); **incl.** *Sempervivum braunii* Arcangeli (1882) (*nom. illeg.*, Art. 53.1).

[1] **Ros** flaumhaarig, recht locker, ziemlich flach, 2 - 10 (-22) cm ⌀; Ausläufer beblättert, ausgebreitet, 10 - 20 cm; **Blä** länglich keilförmig, kleinspitzig, dicht flaumhaarig, beide Seiten konvex, dunkelgrün mit rötlich brauner Spitze, mit starkem, harzartigem oder unangenehmem Duft, 3 - 6 (-12) × ≤ 1 cm; **Blütriebe** 10 - 30 cm, **Blä** länglich bis lanzettlich, ± 3 × 1 cm; **Inf** Cymen mit 3 gabeligen Wickeln; **Blü** 10- bis 15-zählig, 2 - 5 cm ⌀; **Sep** bis 2 mm vereinigt, spitz, sehr fleischig, gelb oder grünlich gelb, 5 - 7 mm; **Pet** linealisch-lanzettlich, spitz zulaufend, gelblich, mit basalem, purpurnem Fleck, 10 - 20 × 2 - 3 mm; **Fil** purpurn; **Anth** gelb; **Gr** spreizend, kahl, bis 3 mm; **NSch** verkehrt eiförmig oder fächerförmig, ausgerandet, gelblich, winzig. – 2n = 80.

S. ×hayekii G. D. Rowley (Nation. Cact. Succ. J. 13(4): 76, 1958). **Nom. inval.**, Art. 36.1, 37.1.
= *S. grandiflorum* × *S. tectorum*.

S. heuffelii Schott (Österr. Bot. Wochenbl. 2: 18, 1852). **T:** Rumänien, Siebenbürgen, Banat (*Schott s.n.* [nicht lokalisiert]). – **D:** E Europa (E Karpaten, Berge der Balkanhalbinsel); kalkliebend. **I:** Praeger (1932: 94); Mitchell (1973: 29, pl. 29, als *Jovibarba*).

≡ *Diopogon heuffelii* (Schott) Jordan & Fourreau (1868) ≡ *Jovibarba heuffelii* (Schott) A. Löve & D. Löve (1961); **incl.** *Sempervivum hirtum* Sibthorp & Smith (1806) (*nom. illeg.*, Art. 53.1); **incl.** *Sempervivum patens* Grisebach & Schenk (1852) ≡ *Sempervivum hirtum* ssp. *patens* (Grisebach & Schenk) Stojanoff & Stefanoff (1924) ≡ *Sempervivum heuffelii* var. *patens* (Grisebach & Schenk) H. Huber (1958) ≡ *Jovibarba heuffelii* ssp. *patens* (Grisebach & Schenk) Holub (1973) ≡ *Jovibarba heuffelii* var. *patens* (Grisebach & Schenk) P. Mitchell (1983); **incl.** *Sempervivum brassai* Schur (1866); **incl.** *Diopogon stramineus* Jordan & Fourreau (1868) ≡ *Sempervivum stramineum* (Jordan & Fourreau) Baker (1874); **incl.** *Sempervivum kopaonikense* Pancic (1874) ≡ *Jovibarba heuffelii* var. *kopaonikensis* (Pancic) P. Mitchell (1983); **incl.** *Sempervivum reginae-amaliae* Baker (1877) (*nom. illeg.*, Art. 53.1); **incl.** *Sempervivum stramineum* Nyman (1879) (*nom. illeg.*, Art. 53.1); **incl.** *Sempervivum heuffelii* var. *glabrum* Beck & Szyszylowicz (1888) ≡ *Jovibarba heuffelii* var. *glabra* (Beck & Szyszylowicz) hort. (s.a.) (*nom. inval.*, Art. 29.1) ≡ *Sempervivum glabrum* (Beck & Szyszylowicz) A. Berger (1930) ≡ *Sempervivum patens* var. *glabrum* (Beck & Szyszylowicz) Rohlena (1942) ≡ *Jovibarba heuffelii* ssp. *glabra* (Beck & Szyszylowicz) Holub (1967); **incl.** *Sempervivum heuffelii* var. *albanicum* Kitanov (1948); **incl.** *Sempervivum heuffelii* var. *bulgaricum* Cheshmedjiev (1969) ≡ *Diopogon heuffelii* var. *bulgaricus* (Ceschmedziev) H. Jacobsen (1975); **incl.** *Sempervivum velenovskyi* Cheshmedjiev (1969) ≡ *Jovibarba velenovskyi* (Cheshmedjiev) Holub (1973) ≡ *Diopogon velenovskyi* (Ceschmedjiev) H. Jacobsen (1975).

[2] Flaumhaarig, oder kahl, mit einem dicken, kurz verzweigten oder gelappten **Wu**stock; **Ros** ziemlich flach, offen, 3 - 12 cm ⌀, sich vegetativ durch sitzende Ableger um das Zentrum vermehrend; **Blä** länglich verkehrt eiförmig, mit aufgesetztem Dornspitzchen, mit steifen, oft abgebogenen Wimpern, beide Seiten konvex, ausgebreitet, hell oder dunkel grün oder glauk-grün, manchmal mit weissen Rändern, 20 - 60 × 10 - 15 mm; **Blütriebe** 10 - 20 cm, oft kahl, **Blä** mit breiter, stengelumfassender Basis, lanzettlich, spitz zulaufend, purpurn gespitzt, 10 - 30 mm; **Inf** dichte Cymen mit 3 gabeligen Wickeln; **Blü** 6- (bis 7-) zählig; **Sep** für bis zu 2.5 mm vereinigt, linealisch-lanzettlich, spitz, grünlich gelb, oft rot gespitzt, aufrecht, 6 - 10 mm; **Pet** länglich verkehrt eiförmig, gewöhnlich 3-spitzig, bewimpert, kaum gefranst, gekielt, gelb oder gelblich weiss, aufrecht, 10 - 12 mm; **Fil** hellgelb; **Anth** tiefgelb; **Gr** relativ kräftig, ± 2 mm; **NSch** quadratisch bis gerundet, grünlich; **Sa** birnenförmig, ziemlich breit. – 2n = 38.

Sowohl in der flaumigen Behaarung sowie der Grösse und Färbung der Blätter variabel. Die kahle Form scheint häufiger zu sein. Eine kahle Form mit verwachsenen Wimpern wurde als *S. velenovskyi* beschrieben.

S. ingwersenii Wale (Bull. Alpine Gard. Soc. Gr. Brit. 10: 90, 1942). **T:** Kaukasus (*Ingwersen s.n.*

[B?]). – **D:** Kaukasus; ± 2135 m; nur vom Typ bekannt.

[1] **Ros** bis 3 cm ∅; Ausläufer lang, bräunlich rot; **Blä** verkehrt eiförmig bis eiförmig, spitz, mit kurzem, aufgesetztem Spitzchen, basal verschmälert, kurz flaumhaarig, leuchtend grün, mit kleiner, rotbrauner Spitze, ± 15 × 7.5 mm; **Blütriebe** bis 11 cm; **Blä** spitzenwärts hellrot, ± 11 × 3 mm; **Blü** 13-zählig, ± 2 cm ∅; **Sep** für bis zu 3 mm vereinigt, rötlich, ± 6 mm; **Pet** rot, mit schmalen, helleren Rändern; **Fil** hell fliederfarben; **Anth** rosarötlich; **Gr** kurz, hellorange.

S. iranicum Bornmüller & Gauba (RSN 49: 257, 1940). **T:** Iran (*Gauba* 1513 [B]). – **D:** N Iran.

[1] **Ros** 3 - 7 cm ∅; Ausläufer kurz; **Blä** länglich, äussere **Blä** spitz, innere **Blä** kurz feinspitzig, winzig drüsig-flaumhaarig, Ränder ganzrandig, glauk-grün, 25 - 30 × 10 - 15 mm; **Blütriebe** 10 - 20 cm, sukkulent, dicht beblättert; **Blä** länglich, kurz spitz zulaufend, etwas länger und breiter als diejenigen der **Ros**, aber sonst ähnlich; **Inf** kompakte, 3- bis 6-blütige Ebensträusse; **Blü** 12- bis 14-zählig, 2 - 5 cm ∅; **Sep** gelblich grün, ± 6 mm; **Pet** gekielt, weiss mit rosa Streifen auf dem Kiel, ± 14 × 2 mm; **Anth** dunkelpurpurn; **Gr** abrupt zurückgebogen.

S. ispartae Muirhead (Notes Roy. Bot. Gard. Edinburgh 29: 21, fig. 3, 1969). **T:** Türkei, Isparta (*Davis* 15923B [E]). – **D:** SW Türkei; metamorphe Felsen, ± 1300 m; nur vom Typ bekannt.

[1] **Ros** 3 - 4 cm ∅; **Blä** eiförmig bis länglich lanzettlich, gekielt, kahl oder auf dem Kiel mit wenigen, steifen **Ha**, grün bis bräunlich purpurn, 15 - 20 × ± 10 mm, Ränder mit dichten, geraden, 1 - 2 mm langen Wimpern; **Blütriebe** basal mit drüsig-flaumhaarigen **Blä** mit wenigen, steifen **Ha**; **Blü** 9- bis 11-zählig, 2 - 3 cm ∅; **Sep** eiförmig, ± 2 mm; **Pet** grünlich weiss, ± 10 mm; **Fil** weiss; **NSch** rundlich-quadratisch, aufrecht, klein.

S. kosaninii Praeger (Bull. Inst. Jard. Bot. Univ. Belgrade 1: 210, 1930). **T:** Mazedonien (*Kosanin* s.n. [nicht konserviert]). – **D:** Früheres S Jugoslawien (Mazedonien); Kalkstein, 1800 - 2000 m. **I:** Praeger (1932: 54).

[1] **Ros** gross, dicht, flach, offen, 6 - 8 cm ∅; Ausläufer kräftig, beblättert, bis 12 cm, mit kräftigen Ablegern; **Blä** verkehrt lanzettlich, kurz spitz zulaufend, ± 30 × 9 mm, dicht drüsig-flaumhaarig, dunkelgrün mit purpurner Spitze und weisser Basis, randliche Wimpern 2× so lang wie die normale Flaumbehaarung; **Blütriebe** kräftig, 15 - 20 cm, **Blä** etwas länger und schmaler als diejenigen der **Ros**, kurz drüsig-flaumhaarig, obere Teile rot; **Blü** 12- bis 14-zählig, 2 - 3 cm ∅; **Sep** bis 5 mm vereinigt, linealisch-lanzettlich, etwas spitz, 7 - 9 mm; **Pet** linealisch, spitz zulaufend, innen rötlich purpurn, aussen grünlich, mit schmalen, weissen Rändern, 10 - 12 mm; **Fil** purpurn; **Anth** hellrot; **Gr** pfriemlich, ± purpurn, 3 - 3.5 mm; **NSch** gerundet, zusammenfliessend, grün. – $2n = 68$.

Eng mit *S. marmoreum* verwandt und vermutlich durch Autopolyploidisierung aus einer der Unterarten entstanden, oder durch Allopolyploidisierung aus der Hybride zwischen *S. marmoreum* und einem anderen, noch unbekannten, diploiden, rotblütigen Taxon.

S. leucanthum Pancic (Elem. Fl. Bulg., 30, 1883). **T:** Bulgarien (*Anonymus* s.n. [nicht lokalisiert]). – **D:** Bulgarien, früheres Jugoslawien; Berge. **I:** Praeger (1932: 87).

Incl. *Sempervivum kindingeri* Adamovic (1903).

[1] **Ros** fast kugelig, ziemlich flach, 4 - 7 cm ∅, in lockeren Matten; Ausläufer kräftig, 5 - 8 cm; **Blä** länglich spatelig, kleinspitzig, 20 - 35 × 8 - 10 mm, fein flaumhaarig, hellgrün mit dunkelroter Spitze, Randwimpern drüsig oder nicht drüsig, ungleich lang; **Blütriebe** 15 - 20 cm, **Blä** etwas kleiner als diejenigen der **Ros**; **Inf** klebrige Cymen mit 3 gabeligen Wickeln; **Blü** 11- bis 13-zählig, ± 2.5 cm ∅; **Sep** für bis 2.5 mm vereinigt, breit lanzettlich, kleinspitzig, grün mit purpurner Spitze, ± 5 mm; **Pet** länglich lanzettlich bis linealisch-lanzettlich, spitz oder spitz zulaufend, weisslich bis grünlich gelb, 10 - 13 × ± 1 mm; **Fil** unterschiedlich gefärbt, gewöhnlich rosa, fast kahl; **Anth** gelb; **Gr** ± 3 mm; **NSch** fast quadratisch, grünlich. – $2n = 64$.

Hybridisiert oft mit *S. ciliosum*. Die variable Staubfadenfarbe einiger Populationen könnte durch Introgression von *S. ciliosum* bedingt sein. Die "richtige" Farbe ist vermutlich ± purpurn. *S. kindingeri* wurde von Parnell & Favarger (1992: 426) als eigene Art aufrecht erhalten, ist aber sehr zweifelhaft. Es konnte am Typfundort nicht aufgefunden werden und scheint sehr nahe bei *S. leucanthum* zu stehen, das aus der Nachbarschaft nachgewiesen ist. *S. kindingeri* wird deshalb am besten als Synonym behandelt.

S. marmoreum Grisebach (Spic. Fl. Rumel. 1: 329, 1843). **T:** Griechenland (*Friedrichsthal* s.n. [GOET, W]). – **D:** Balkan.

≡ *Sempervivum tectorum* var. *marmoreum* (Grisebach) Boissier (1872) ≡ *Sempervivum tectorum* ssp. *marmoreum* (Grisebach) Maire & Petitmengin (1908); **incl.** *Sempervivum montanum* Sibthorp & Smith (1806) (*nom. illeg.*, Art. 53.1); **incl.** *Sempervivum tectorum* Boissier (1872) (*nom. illeg.*, Art. 53.1).

[1] **Ros** 3 - 10 cm ∅; Ausläufer waagerecht, fein flaumhaarig; **Blä** vekehrt eiförmig bis verkehrt eiförmig-spatelig oder breit lanzettlich, mit aufgesetztem Spitzchen bis kurz spitz zulaufend, fast stielrund, junge **Blä** (an Ablegern) stark flaumhaarig; **Blütriebe** flaumhaarig, **Blä** verkehrt eiförmig oder länglich bis lanzettlich, ± kleinspitzig, aufrecht; **Inf** ebensträussig, in der Regel mit 3 gabe-

ligen Wickeln; **Sep** für bis 2.5 mm vereinigt, lanzettlich, spitz bis spitz zulaufend, rötlich grün, 5 - 6.5 mm; **Pet** linealisch-lanzettlich, spitz zulaufend, rot mit randnahen, weisslichen Streifen; **Fil** kahl; **Gr** ± 2 mm; **NSch** fast quadratisch bis halbkreisförmig, grünlich. – 2n = 34.

Umfasst alle diploiden (2n = 34), rotblühenden Hauswurzen des Balkans. Eine sehr variable Art, v.a. in der Blattfarbe und der Dauer der Flaumbehaarung der Blätter. Bellia & Andrade (1972: 39) gründeten *S. marmoreum* ssp. *rubrifolium* auf "*S. rubrifolium* Schott", aber dieser letzt-genannte Name ist weder im Index Kewensis noch sonstwo gefunden worden. Praeger (1932: 61) unterschied ein *S. schlehanii* fa. *rubrifolium* auf Grund der in Gärten als *S. rubicundum* bekannten Pflanze, aber es ist unsicher, ob das dasselbe ist wie "*S. rubrifolium* Schott".

S. marmoreum ssp. **ballsii** (Wale) Zonneveld (Succulenta 78(2): 92, 1999). **T:** Griechenland (*Balls* s.n. [K]). – **D:** NW Griechenland.
≡ *Sempervivum ballsii* Wale (1940).

[1] **Ros** fast kugelig, ± 3 cm ∅; Ausläufer gewöhnlich kurz; **Blä** abrupt mit aufgesetztem Spitzchen, kahl, im oberen Teil mit wenigen Wimpern, innere **Blä** zusammengepresst, äussere **Blä** aufrecht, leuchtend grün, olivgrün oder gelblich übertönt, äussere **Blä** rostgelb bis hellrot, ± 18; **Blü**triebe bis 10 cm; **Inf** klein, kompakt; **Blü** 10- bis 12-zählig, bis 2 cm ∅; **Pet** rosa bis fast weiss, 8 - 10 mm; **Fil** rosa; **Anth** orange.

Diese Unterart umfasst die kleinen, kahlen Formen mit hellen Blüten. Das Taxon wird manchmal als Synonym von *S. marmoreum* ssp. *marmoreum* betrachtet (Parnell & Favarger 1992).

S. marmoreum ssp. **erythraeum** (Velenovsky) Zonneveld (Succulenta 78(2): 92, 1998). – **D:** Bulgarien; alpine und subalpine Felsen, 1000 - 2500 m. **I:** Praeger (1932: 56, als *S. erythraeum*).
≡ *Sempervivum erythraeum* Velenovsky (1891) ≡ *Sempervivum montanum* var. *erythraeum* (Velenovsky) Stojanov & Stefanoff (1924); **incl.** *Sempervivum montanum* Velenovsky (1898) (*nom. illeg.*, Art. 53.1); **incl.** *Sempervivum cinerascens* Pancic ex Adamovic (1909); **incl.** *Sempervivum leucanthum* Stojanov & Stefanoff (1924) (*nom. illeg.*, Art. 53.1); **incl.** *Sempervivum ballii* hort. ex Praeger (1932).

[1] **Ros** offen, ziemlich flach, 3 - 6 cm ∅; Ausläufer zahlreich, gewöhnlich kurz; **Blä** samtig drüsig-flaumhaarig (**Ha** ± 0.05 mm), dicht bewimpert, gewöhnlich rosarot, 1 - 4 cm; **Blü**triebe 10 - 20 cm, **Blä** kurz flaumhaarig; **Inf** ± purpurn mit weisser Flaumbehaarung, stärker verzweigt als bei den anderen ssp., bis 7 cm ∅; **Blü** 11- bis 14-zählig, bis ± 2.5 cm ∅; **Pet** gekielt, stark flaumhaarig, Kiel rot gestreift, mit undeutlich weissen Rändern, ± 10 mm; **Fil** rötlich purpurn; **Anth** hellrot bis purpurn.

Diese Unterart umfasst die samtig-flaumhaarigen Formen mit behaarten, rosaroten bis roten Blüten. In der Natur hybridisiert sie mit *S. ciliosum*.

S. marmoreum ssp. **marmoreum** – **D:** Balkan. **I:** Praeger (1932: 60, als *S. schlehanii*).

Incl. *Sempervivum marmoreum* var. *marmoreum*; **incl.** *Sempervivum assimile* Schott (1853) ≡ *Sempervivum blandum* var. *assimile* (Schott) Stojanov & Stefanoff (1924) ≡ *Sempervivum montanum* var. *assimile* (Schott) Stojanov & Stefanoff (1924); **incl.** *Sempervivum blandum* Schott (1853) ≡ *Sempervivum assimile* ssp. *blandum* (Schott) Simonkai (s.a.) ≡ *Sempervivum schlehanii* ssp. *blandum* (Schott) Ravarut (s.a.) ≡ *Sempervivum schlehanii* var. *blandum* (Schott) Hayek (1924) ≡ *Sempervivum marmoreum* ssp. *blandum* (Schott) Soó (1963) (*nom. inval.*, Art. 33.2); **incl.** *Sempervivum schlehanii* Schott (1853); **incl.** *Sempervivum rubicundum* Schur (1858) ≡ *Sempervivum marmoreum* fa. *rubicundum* (Schur) Soó (1963) (*nom. inval.*, Art. 33.2?); **incl.** *Sempervivum assimile* var. *glabrescens* Borbás (1874); **incl.** *Sempervivum schlehanii* var. *dinaricum* Becker (1923); **incl.** *Sempervivum ornatum* Selwyn Duruz (1930); **incl.** *Sempervivum schlehanii* fa. *brunneifolium* Praeger (1932) ≡ *Sempervivum brunneifolium* (Praeger) Domokos (1936) ≡ *Sempervivum marmoreum* fa. *brunneifolium* (Praeger) Soó (1963); **incl.** *Sempervivum banaticum* Domokos (1936); **incl.** *Sempervivum balcanicum* Stojanov (1951); **incl.** *Sempervivum marmoreum* var. *dinaricum* Soó (1966); **incl.** *Sempervivum marmoreum* fa. *pallidiflorum* Soó (1973).

[1] **Ros** offen, ziemlich flach, 5 - 10 cm ∅; Ausläufer gewöhnlich kurz; **Blä** kahl aber jung flaumhaarig, dicht bewimpert, grün, rot gespitzt oder rot oder braun übertönt, 2 - 5 cm; **Blü**triebe 10 - 20 cm, mit leicht flaumhaarigen **Blä**; **Inf** bis 7 cm ∅; **Blü** 11- bis 13-zählig, bis ± 2.5 cm ∅; **Pet** rötlich purpurn mit weisslichem Rand und dadurch heller erscheinend, ± 10 mm; **Fil** rötlich; **Anth** lachsfarben bis hellrot.

Die typische Unterart umfasst Pflanzen mit sehr spitz zulaufenden, kahlen Blättern und Kronblättern mit einem deutlichen, weissen Rand. *S. brunneifolium*, von Degen bei Trikule nahe Svinitza im S von Ungarn gesammelt, wurde zuerst von Praeger (1932) als *S. schlehanii* fa. *brunneifolium* beschrieben. Es unterscheidet sich vom typischen *S. schlehanii* durch die einheitlich braun gefärbten und ausgewachsen völlig kahlen Blätter, die im Winter rot werden. Praeger stellte *S. ornatum* in die Synonymie von *S. schlehanii* fa. *brunneifolium*. Mitchell (1973: 17) behandelte das letztgenannte Taxon als *S. marmoreum* fa. *brunneifolium*. Gemäss Praeger (1932: 59) benutzte Correvon den Namen *S. ornatum* für eine abweichende Pflanze. Am wahrscheinlichsten ist *S. ornatum* jedoch eine Hybride zwischen *S. marmoreum* fa. *rubrifolium* und *S. tectorum* (Zonneveld, pers. comm.). Praeger (1932: 59) erwähnte im Weiteren *S. schlehanii* var. *dinaricum* Becker. Unterscheidende Merkmale sind die sehr spitz zulaufenden Blätter und die kleineren, sehr schmalen Kronblätter. Mitchell (1973: 17) gibt dieses Taxon als *S. marmoreum* var. *dinaricum* Becker wieder.

Nachweise von *S. marmoreum* aus C Italien basieren auf falsch identifizierten Exemplaren von *S. tectorum* var. *arvernense*.

S. marmoreum ssp. **reginae-amaliae** (Heldreich & Sartori *ex* Boissier) Zonneveld (Succulenta 78(2): 92, 1999). – **D:** SE Albanien, Griechenland, NW Mazedonien, S Ungarn.

≡ *Sempervivum reginae-amaliae* Heldreich & Sartori *ex* Boissier (1872); **incl.** *Sempervivum reginae-amaliae* Heldreich & Guicciardi *ex* Halácsy (1901) (*nom. illeg.*, Art. 53.1) ≡ *Sempervivum tectorum* var. *reginae-amaliae* (Halacsy) Maire & Petitmengin (1908); **incl.** *Sempervivum macedonicum* Praeger (1930); **incl.** *Sempervivum degenianum* Domokos (1936); **incl.** *Sempervivum marmoreum* var. *angustissimum* S. Priszter (1980); **incl.** *Sempervivum marmoreum* fa. *longirameum* S. Priszter (1985).

[1] **Ros** offen, kompakt, 3 - 10 cm ∅; Ausläufer kräftig, gewöhnlich kurz; **Blä** dicht drüsig-flaumhaarig (**Ha** 0.1 - 0.2 mm), dicht bewimpert, trübgrün, selten rosarot, 1.5 - 5 cm; **Blütriebe** 7 - 20 cm, mit stark flaumhaarigen **Blä**; **Inf** bis 7 cm ∅; **Bra** überlappend, gross; **Blü** 11- bis 14- (manchmal bis 20-) zählig, bis ± 2.5 cm ∅; **Pet** rosa bis rotpurpurn, mit roten Mittelstreifen, 8 - 10 mm; **Fil** lila bis rot; **Anth** orange bis rostgelb oder hell rotpurpurn.

Diese Unterart umfasst stark flaumhaarige Formen mit rosa bis roten Blüten und ziemlich variabler Grösse. Die kleine Form mit langen Ausläufern (4 - 7 cm) und 16- bis 18-zähligen Blüten aus NW-Mazedonien wird gelegentlich als *S. macedonicum* abgetrennt (Parnell & Favarger 1992), fällt aber offensichtlich in die Bandbreite von ssp. *reginae-amaliae*. *S. degenianum* Domokos wird manchmal als Hybride mit unbekannten Eltern angesehen.

S. minus Turrill (HIP 5: t. 3401 + Text, 1940). **T:** Türkei, Trabzon (*Balls* s.n. [K]). – **D:** NE Türkei (NE Anatolien); 600 - 2000 m. **I:** Mitchell (1973: 18, pl. 4).

Incl. *Sempervivum minus* var. *glabrum* Wale (1942).

[1] **Ros** 1 - 3 cm ∅; Ausläufer wenige, kurz; **Blä** verkehrt lanzettlich bis länglich elliptisch, mit aufgesetztem Spitzchen, grün mit bronzefarbenem Schein und purpurner Basis, ohne deutlich gefärbte Spitze; **Blütriebe** mit elliptisch-lanzettlichen bis eiförmigen **Blä**; **Inf** 3- bis 15-blütig; **Blü** 11- bis 12-zählig, ± 16 mm ∅; **Sep** ± 2.5 mm; **Pet** hellgelb, ± 8 × 2.5 mm; **Fil** hellgelb; **Gr** zurückgebogen, 2.5 - 3 mm; **NSch** fast quadratisch bis gerundet-länglich, manchmal mit fast runder Spitze.

S. minus variiert im Durchmesser der Rosetten und der Flaumbehaarung der Blätter. Die var. *glabrum* wurde mit kahlen Blättern und grösseren Rosetten bis 3 cm ∅ beschrieben. Sie scheint komplett sympatrisch mit der typischen Varietät vorzukommen (Muirhead 1972: 249).

S. minutum (G. Kunze *ex* Willkomm) Nyman *ex* Pau (Bol. Soc. Aragonesa Ci. Nat. 8: 119, 1909). – **D:** S Spanien (Sierra Nevada); 1650 - 2150 m.

≡ *Sempervivum tectorum* var. *minutum* G. Kunze *ex* Willkomm (1874); **incl.** *Sempervivum nevadense* Wale (1941); **incl.** *Sempervivum nevadense* var. *hirtella* Wale (1941); **incl.** *Sempervivum tectorum* ssp. *lainzii* Fernández Casas (1975) ≡ *Sempervivum vicentei* ssp. *lainzii* (Fernández Casas) Fernández Casas (1982); **incl.** *Sempervivum minutum* fa. *glabrescens* Jankalski (1993).

[1] **Ros** ± 3 cm ∅; Ausläufer schlank, kurz; **Blä** verkehrt eiförmig, mit aufgesetztem Spitzchen, etwas drüsig-flaumhaarig, mit kräftigen, oft abgebogenen Wimpern, äussere **Blä** orangerot überlaufen, 12 - 18 × 5 - 7 mm; **Blütriebe** kräftig, 3 - 7 (-12) cm, **Blä** mit rötlichen **Ha** und Wimpern; **Blü** 9- bis 11-zählig, ± 2.3 cm ∅; **Pet** rötlich rosa, gelegentlich mit einem dunkler roten Band; **Fil** rot, fast kahl; **Anth** rötlich rosa. – 2n = 108.

Für dieses Taxon wird immer noch häufig der Name *S. nevadense* verwendet, z.B. von Parnell & Favarger (1992: 428).

S. montanum Linné (Spec. Pl. [ed. 1], 465, 1753). **T:** UPS [Herb. Burser]. – **D:** Europäische Bergregionen (Pyrenäen, Alpen, Appenninen, Karpaten, Korsika); kalkfliehend. **I:** Praeger (1932: 44); Lippert (1995).

Incl. *Sempervivum heterophyllum* Hazslin (s.a.) ≡ *Sempervivum montanum* ssp. *heterophyllum* (Hazslin) Jávorka *ex* Soó (1930); **incl.** *Sempervivum glaciale* Braun *in sched.* (s.a.) (*nom. inval.*, Art. 36.1, 37.1) ≡ *Sedum montanum* (Linné) E. H. L. Krause (1902) (*nom. illeg.*, Art. 53.1); **incl.** *Sempervivum flagelliforme* Fischer *ex* Link (1822); **incl.** *Sempervivum debile* Schott (1852); **incl.** *Sempervivum alpestre* Lamotte (1864); **incl.** *Sempervivum frigidum* Lamotte (1864); **incl.** *Sempervivum minimum* Timbal-Lagrave (1864); **incl.** *Sempervivum monticola* Lamotte (1864); **incl.** *Sempervivum thomasii* Lagger *ex* de la Soie (1875); **incl.** *Sempervivum macranthum* Jeanbernat *ex* Timbal-Lagrave (1876); **incl.** *Sempervivum pygmaeum* Jeanbernat (1876) (*nom. illeg.*, Art. 53.1); **incl.** *Sempervivum hispidulum* Schott *ex* Baker (1879); **incl.** *Sempervivum pauciflorum* hort. *ex* Baker (1879); **incl.** *Sempervivum anomalum* hort. *ex* Baker (1879) (*nom. illeg.*, Art. 53.1); **incl.** *Sempervivum hungaricum* Gandoger (1886) (*nom. inval.*, Art. 32.1c); **incl.** *Sempervivum candollei* Rouy & Camus (1901); **incl.** *Sempervivum subalpinum* Correvon (1924).

[1] **Ros** gebüschelt, klein, ziemlich dicht, meist

offen; Ausläufer zahlreich, mit ausdauernden **Blä**; **Blä** spitz, fein und dicht drüsig-flaumhaarig, kleberig, ± 10 (-40) mm; **Blü**triebe mit elliptischen oder eiförmigen, spitzen, drüsig-flaumhaarigen, fast aufrechten, ± 10 mm langen **Blä**; **Inf** 2- bis 8- (bis 13-) blütig; **Bra** lanzettlich, drüsig-flaumhaarig, klein; **Blü** 10- bis 15-zählig, fast sitzend, 3 - 5 cm ⌀; **Sep** bis 1 mm vereinigt, schmal lanzettlich oder länglich, spitz oder stumpf, ± purpurn, ± 5 mm; **Pet** linealisch-lanzettlich, spitz zulaufend, Innenseite und Ränder mit weisser, drüsiger Flaumbehaarung, weinrot, selten gelblich, ± 2 mm breit; **Fil** bleich, fast kahl; **Gr** rötlich, 2 - 3 mm; **NSch** fast quadratisch, ausgerandet, weisslich; **Ca** grün.

Das Synonym *S. flagelliforme* wurde fälschlicherweise auch aus Sibirien erwähnt (Borissova 1939: 18).

S. montanum ssp. **burnatii** (Wettstein *ex* Burnat) Hayek (in Hegi, Ill. Fl. Mitt.-Eur. [ed. 1] 4(2): 554, 1922). – **D**: S Frankreich (SW Alpen).

≡ *Sempervivum burnatii* Wettstein *ex* Burnat (1906) ≡ *Sempervivum montanum* var. *burnatii* (Wettstein *ex* Burnat) Praeger (1932); **incl.** *Sempervivum montanum* fa. *maximum* Gamisans (1971).

[1] **Ros** 3 - 5 (-8) cm ⌀; Ausläufer lang, kräftig; **Blä** verkehrt eiförmig-keilförmig, gänzlich grün, bis 7 mm breit, Wimpern 2× so lang wie die **Ha** der Flaumbehaarung und bis 0.4 (-0.7) mm lang; **Blü**triebe bis 20 (-40) cm; **Fil** kahl. – 2n = 42.

Die als fa. *maximum* beschriebenen Pflanzen haben etwas grössere Rosetten (8 - 11 cm ⌀), sowie etwas kleinere Blüten verbunden mit 20 - 27 cm hohen Blütentrieben.

S. montanum ssp. **carpathicum** (Wettstein *ex* Prodan) A. Berger (NPF2 18a: 422, 1930). **T** [neo]: (*Wettstein* s.n. [WU]). – **D**: Karpaten (Slowenien, Rumänien, Polen, Ukraine).

≡ *Sempervivum carpathicum* Wettstein *ex* Prodan (1923).

[1] **Ros** 3 - 4 cm ⌀; Ausläufer kurz; **Blä** verkehrt eiförmig, nahe der Spitze am breitesten, Wimpern fast so lang oder etwas länger als die **Ha** der Flaumbehaarung, bis 0.2 mm lang; **Pet** trübpurpurn. – 2n = 42.

Intermediär zwischen ssp. *burnatii* und ssp. *stiriacum*.

S. montanum ssp. **montanum** – **D**: Durch das ganze Verbreitungsgebiet der Art. **I**: Praeger (1932: 44); Lippert (1995). **Fig. XLIII.c, XLIII.e**

Incl. *Sempervivum montanum* var. *pallidum* Wettstein *ex* Hegi & Schmid (1966).

[1] **Ros** bis 3 cm ⌀; Ausläufer bis 3 cm, oft lang, schlank, flaumhaarig; **Blä** breit bis schmal verkehrt lanzettlich, gänzlich grün, ± 3 mm breit, Wimpern bis 0.2 mm lang, kaum länger als die **Ha** der Blaoberflächen; **Blü**triebe 5 - 10 (-20) cm; **Blü** 3 - 4 cm ⌀; **Pet** purpurn, 12 - 15 mm, schmal. – 2n = 42.

Die gelegentlich vorkommenden, weiss blühenden Formen wurden als var. *pallidum* beschrieben.

S. montanum ssp. **stiriacum** (Wettstein *ex* Hayek) Hayek (in Hegi, Ill. Fl. Mitt.-Eur. [ed. 1] 4(2): 554, 1922). – **D**: W Österreich (Steiermark). **I**: Praeger (1932: 44, als *S. montanum* var.).

≡ *Sempervivum stiriacum* Wettstein *ex* Hayek (1909) ≡ *Sempervivum montanum* var. *stiriacum* (Wettstein *ex* Hayek) Praeger (1932); **incl.** *Sempervivum braunii* Funck *ex* Koch (1835) ≡ *Sempervivum stiriacum* var. *braunii* (Funck *ex* Koch) Wettstein *ex* Hayek (1909) ≡ *Sempervivum montanum* var. *braunii* (Funck *ex* Koch) Wettstein *ex* Hayek (1922) ≡ *Sempervivum montanum* fa. *braunii* (Funck *ex* Koch) Praeger (1932); **incl.** *Sempervivum wulfenii* Bertolini (1842) (*nom. illeg.*, Art. 53.1); **incl.** *Sempervivum funckii* Maly (1868) (*nom. illeg.*, Art. 53.1); **incl.** *Sempervivum montanum* Maly (1868) (*nom. illeg.*, Art. 53.1).

[1] **Ros** offener, 2 - 5 cm ⌀; Ausläufer kurz; **Blä** verkehrt lanzettlich, auffällig spitz zulaufend, ± 3 mm breit, Spitze dunkelrot, Wimpern kürzer als die **Ha** der flaumigen Behaarung; **Blü**triebe bis 18 cm; **Blü** bis 5 cm ⌀, oft dunkler purpurn, mit schwachem Duft; **Pet** 16 - 20 mm. – 2n = 84.

S. ×morellianum Farer (English Rock Garden 2: 350, s.a.).

= *S. arachnoideum* × *S. calcareum*.

S. ×nixonii Zonneveld (Sempervivum Fanc. Assoc. Newslett. 7(2): 7, 1981).

Incl. *Sempervivum ×kwedania* P. J. Mitchell (1982); **incl.** *Sempervivum ×mitchellii* Zonneveld (1982); **incl.** *Sempervivum ×smithii* P. J. Mitchell (1987) (*nom. illeg.*, Art. 53.1).

= *S. globiferum* × *S. heuffelii*.

S. ossetiense Wale (Bull. Alpine Gard. Soc. Gr. Brit. 10: 101, 1942). **T**: Georgien, Ossetien (*Ingwersen* s.n. [nicht lokalisiert]). – **D**: Georgien (Kaukasus: Ossetien); auf Kalkstein, ± 1520 m, nur vom Typ bekannt, Blüten im April.

[1] **Ros** wenigblätterig, dick, fast kugelig, bis 3 cm ⌀; Ausläufer kurz, bis 20 cm; **Blä** verkehrt lanzettlich bis länglich verkehrt lanzettlich, flaumhaarig, grün, mit kleiner, brauner Spitze, ± 14 × 6 mm, ± 4 mm dick; **Blü**triebe bis 9.5 cm; **Inf** wenigblütig; **Blü** 10-zählig, ± 2.5 cm ⌀; **Sep** aufwärts gebogen, mit dunkler Spitze; **Pet** mit breitem, purpurnem Mittelstreif und rosafarbenen Rändern; **Fil** purpurrot; **Anth** rot gepunktet, Spitze mit kleiner, aufgesetzter Spitze; **Fr**bälge rot.

S. pisidicum Pesmen & Güner (Notes Roy. Bot. Gard. Edinburgh 36(1): 35-37, ill., 1978). **T**: Türkei, Isparta (*Pesmen & Güner* 1902 [HUB, E]). – **D**: SW Türkei; Kalkstein und metamorphe Felsen, 1250 - 2400 m.

[1] **Ros** 2 - 9 cm ⌀; Ausläufer 2 - 5 cm; **Blä** länglich spatelig, kurz spitz zulaufend, hellgrün mit purpurner Spitze, 30 - 50 (-85) × 10 - 18 mm; **Blütriebe** 12 - 45 cm, **Blä** länglich lanzettlich, lang spitz zulaufend, kürzer als diejenigen der **Ros**; **Inf** lang verzweigte Cymen mit bis zu 15 **Blü**; **Ped** dick, 3 - 15 mm; **Blü** 13- bis 15-zählig, 1.8 - 2.2 cm ⌀; **Sep** für bis zu 1.5 mm vereinigt, dreieckig, spitz zulaufend, grün, 4 - 5 mm; **Pet** linealisch-lanzettlich, gekielt, innen purpurn, aussen grün, 8 - 10 × 2 - 2.5 mm; **Fil** dreieckig bis pfriemlich, dunkelpurpurn; **Anth** gelb, kahl; **Gr** ± 2 mm, kahl; **NSch** halbkreisförmig, klein; **Fr** aufrecht bis aufsteigend; **Sa** eiförmig, hellbraun.

Eng mit *S. gillianii* verwandt.

S. pittonii Schott & al. (Analect. Bot., 19, 1854). **T** [lecto]: Österreich, Steiermark (*Anonymus* s.n. [BP]). – **D:** E Alpen (Österreich: Steiermark bei Kraubath); Serpentinfelsen. **I:** Praeger (1932: 85); Mitchell (1973: 21, pl. 5).

Incl. *Sempervivum braunii* Maly (1868) (*nom. illeg.*, Art. 53.1).

[1] **Ros** fast kugelig, 2.5 - 5 cm ⌀, dichte Polster bildend; Ausläufer schlank oder kräftig, 2 - 3 cm; **Blä** gedrängt, länglich spatelig bis lanzettlich verkehrt eiförmig, kleinspitzig, 12 - 25 × 5 - 7 mm, flaumhaarig, grünlich, mit auffälliger, dunkelpurpurner oder rötlich brauner Spitze, Randwimpern ungleich lang, oft mit einer roten **Dr**; **Blütriebe** 5 - 15 (-20) cm, **Blä** ziegelig, lanzettlich, spitz, purpurn gespitzt, aufrecht, ± 25 × ± 7 mm; **Inf** 3- bis 15-blütige Cymen mit 3 Wickeln; **Blü** 9- bis 12-zählig, 2 - 2.5 cm ⌀; **Sep** für bis zu 3.5 mm vereinigt, spitz, grün, 3 - 7 mm; **Pet** linealisch-lanzettlich oder länglich lanzettlich, spitz zulaufend, grünlich gelb, 10 - 14 × ± 1 mm; **Fil** hellgelb, fast kahl; **Anth** kahl; **Gr** ± 2 mm; **NSch** quadratisch bis halbkreisförmig, ausgebreitet, weisslich. – 2n = 64.

Nur von einem Fundort bei Kraubath bekannt und durch Bergbauaktivitäten stark gefährdet.

S. ×praegeri G. D. Rowley (Repert. Pl. Succ. 23: 11, 1974). **Nom. inval.**, Art. 36.1, 37.1.

= *S. leucanthum* × *S. marmoreum*.

S. pumilum M. von Bieberstein (Fl. Taur.-Caucas. 1: 381, 1808). **T:** Russland, Sev-Osetinskaya (*Anonymus* s.n. [LE]). – **D:** N Kaukasus (Russland / Georgien: Ossetien); alpine Zone und im Trockenbusch, 1300 - 3000 m. **I:** Praeger (1932: 58).

Incl. *Sempervivum montanum* Eichwald (1833) (*nom. illeg.*, Art. 53.1); **incl.** *Sempervivum braunii* Ledebour (1843) (*nom. illeg.*, Art. 53.1); **incl.** *Sempervivum dominii* Konop & Konopova (1984).

[1] **Ros** offen, 1 - 2 cm ⌀, in Gruppen; Ausläufer zahlreich, bis 1 cm; **Blä** lanzettlich oder länglich lanzettlich, spitz oder kurz spitz zulaufend, manchmal kahl, beide Seiten konvex, gräulich grün, ausgebreitet, ± 10 × 3 - 4 mm, ± 2 mm dick; **Blütriebe** 4 - 10 cm, **Blä** lanzettlich bis linealisch-lanzettlich, spitz zulaufend, fast aufrecht, 10 - 15 mm; **Inf** wenigblütig, mit 2 - 3 sehr kurzen Wickeln; **Blü** 10- bis 12-zählig, ± 2 cm ⌀; **Sep** bis 2.5 mm vereinigt, spitz oder kurz spitz zulaufend, rötlich, mit purpurner Spitze, ± 5 mm; **Pet** lanzettlich bis länglich lanzettlich, kleinspitzig oder kurz spitz zulaufend, rosapurpurn, mit helleren Rändern, ± 10 mm; **Fil** purpurn, 4 - 6 mm; **Anth** rotpurpurn; **Gr** länglich, stumpf, grün oder purpurn; **NSch** quadratisch, grün; **Fr** mit rötlichem Schnabel. – 2n = 34.

S. altum wurde von Borissova (1939) irrtümlich in die Synonymie dieser Art gestellt.

S. ×rupicola A. Kerner (Zeitschr. Ferdinandeums Tirol ser. 3, 15: 270, 1870).

Incl. *Sempervivum huteri* Hausmann ex Seboth & Graf (1876); **incl.** *Sempervivum ×theobaldi* Brügger (1880); **incl.** *Sempervivum braunii* Facchinetti (1905) (*nom. illeg.*, Art. 53.1); **incl.** *Sempervivum ×pernhofferi* Hayek (1909) ≡ *Sempervivum ×rupicola* nvar. *pernhofferi* (Hayek) G. D. Rowley (1958).

= *S. montanum* × *S. wulfenii*. Natürlicherweise vorkommend.

S. ruthenicum W. D. J. Koch *ex* Schnittspahn & C. B. Lehmann (Flora 38: 5, 1855). **T:** W. – **Lit:** Jalas & al. (1999: 54). **D:** NC Rumänien, N Moldawien, Ukraine, SW Russland; Sand und sandige Böden, trockene Stellen, meist im Tiefland, manchmal in Kiefernwäldern. **I:** Praeger (1932: 81, fig. 23, nur rechte Pflanze).

Incl. *Sempervivum globiferum* ssp. *ruthenicum* Koch (1844) ≡ *Sempervivum wulfenii* ssp. *ruthenicum* (C. B. Schnittspahn & Lehmann) Stojanov & Stefanoff (1924); **incl.** *Sempervivum cappadocicum* Boissier (1872); **incl.** *Sempervivum arenarium* Steven *ex* Baker (1874) (*nom. illeg.*, Art. 53.1).

[1] Sehr kurz flaumhaarig, **Ha** ± 0.2 mm; **Ros** geschlossen oder offen, 4 - 8 cm ⌀; Ausläufer 3 - 5 cm; **Blä** länglich verkehrt eiförmig bis verkehrt eiförmig-keilförmig, kurz kleinspitzig oder spitz zulaufend, ± 50 × 15 mm, dicht flaumhaarig, grün, Randwimpern ziemlich steif; **Blütriebe** 15 - 30 cm, **Blä** ± entfernt, länglich lanzettlich; **Inf** locker ebensträussig; **Bra** linealisch, spitz zulaufend, flaumhaarig; **Ped** 1 - 5 mm; **Blü** 12- bis 16-zählig; **Sep** basal vereinigt, länglich eiförmig oder schmal lanzettlich, grün, 3 - 4 mm; **Pet** linealisch bis linealisch-lanzettlich, spitz zulaufend, grünlich gelb, basal purpurn überhaucht, ± 10 × 1.5 mm; **Fil** weiss bis rosa; **Anth** gelb; **NSch** gerundet, auffällig aufgebogen, ± ausgebreitet; **Fr** spreizend; **Sa** länglich eiförmig, gräulich braun. – 2n = 64.

Muirhead (1966: 280) betrachtete *S. braunii* als Synonym von *S. ruthenicum*. Gemäss anderen Autoren wie Praeger (1932) handelt es sich jedoch um ein Synonym von *S. pumilum*. Bis vor kurzem wurde der Name *S. globiferum* Linné irrtümlich für *S. ruthenicum* aus SE-Europa (Russland) sowie für andere gelb blühende Hauswurzarten aus dem Kaukasus und der Türkei verwendet (Muirhead 1966). Entsprechend ist *S. globiferum* ssp. *aghricum* Kit Tan & Sorger (1986) = *S. transcaucasicum* ssp. *aghricum* (Kit Tan & Sorger) Byalt (1998) aus der E-Türkei nicht mit *S. ruthenicum* synonym, sondern gehört mit grösster Wahrscheinlichkeit zu *S. armenum* oder anderen, gelb blühenden, türkischen *Sempervivum*-Arten.

S. sosnowskyi Ter-Chatschaturova (Zametki Sist. Geogr. Rast. [Tiflis] 13: 17, 1947). **T:** Georgien (*Anonymus* s.n. [nicht lokalisiert]). – **D:** Georgien.

[1] **Ros** schlank, verlängert, 10 - 12 (-15) cm ⌀; **Blä** länglich spatelig, im oberen ⅓ kurz und allmählich spitz zulaufend, kahl, kurz bewimpert, Spitze rötlich, 60 - 80 × 15 - 25 mm; **Blü**triebe kaum und kurz flaumhaarig, 30 - 40 cm, 15 mm ⌀, dicht beblättert, **Blä** zungenförmig, Basis herzförmig, etwas länger und breiter als diejenigen der **Ros**; **Inf** kompakt ebensträussig, mit gabeligen Wickeln und gewöhnlich mehreren, kleineren, axillären Wickeln; **Bra** lanzettlich, kurz drüsig-flaumhaarig; **Blü** 14- bis 16-zählig, 3 - 3.5 cm ⌀, kurz gestielt; **Sep** länglich eiförmig, stumpf, innen kahl, Spitzen rötlich; **Pet** linealisch-lanzettlich, gelblich grün, in der Mitte mit grünen Streifen, Basis fliederfarben; **Fil** fliederfarben; **Anth** gelb, kahl; **NSch** quer länglich.

S. staintonii Muirhead (Notes Roy. Bot. Gard. Edinburgh 29: 20, t. 2A, fig. 1, 1969). **T:** Türkei, Çoruh (*Stainton & Henderson* 6061 [E]). – **D:** NE Türkei; Granitfelsritzen, ± 1800 m; nur vom Typ bekannt.

[1] **Ros** wenigblätterig, 3 - 4 cm ⌀; Ausläufer wenige; **Blä** eiförmig oder verkehrt eiförmig, spitz, ausgereift kahl, glauk, im Sommer bronzerot werdend, 15 - 20 × 7 - 8 mm, ± 5 mm dick, Randwimpern zurückgeschlagen, ± 1 mm und drüsig; **Blü** 10- bis 12-zählig, 1 - 1.5 cm ⌀; **Sep** eiförmig, dick; **Pet** hellgelb, ausgebreitet bis stark zurückgeschlagen, ± 11 mm; **Fil** weiss; **Anth** gelb; **NSch** schmal länglich.

Exemplare vom Typfundort mit schmaleren, ± purpurnen, drüsigen Blättern und kleineren Blüten sind entweder eine nahe verwandte Form oder eine Hybride (Muirhead 1972: 246).

S. ×stenopetalum C. B. Schnittspahn & Lehmann (Flora 38: 18, 1855).

Incl. *Sempervivum ×adenotrichum* Burnat (s.a.); **incl.** *Sempervivum ×densum* C. B. Lehmann & Schnittspahn (1860); **incl.** *Sempervivum ×schottii* C. B. Lehmann & Schnittspahn (1860); **incl.** *Sempervivum ×parviflorum* C. B. Lehmann & Schnittspahn (1864); **incl.** *Sempervivum ×verlotii* Lamotte (1864) ≡ *Sempervivum tectorum* ssp. *verlotii* (Lamotte) Bellia & de Andrade (1972) (*nom. inval.*, Art. 33.2); **incl.** *Sempervivum funckii* Jordan & Fourreau (1866) (*nom. illeg.*, Art. 53.1); **incl.** *Sempervivum ×modestum* Jordan & Fourreau (1868); **incl.** *Sempervivum ×parvulum* Jordan & Fourreau (1868); **incl.** *Sempervivum ×monticola* Jordan & Fourreau (1868) (*nom. illeg.*, Art. 53.1); **incl.** *Sempervivum ×rhaeticum* Brügger (1880) ≡ *Sempervivum ×schottii* nvar. *rhaeticum* (Brügger) G. D. Rowley (1958); **incl.** *Sempervivum ×allobrogorum* Beauverd (1931).

= *S. montanum* × *S. tectorum*. In der Natur häufig vorkommend.

S. tectorum Linné (Spec. Pl. [ed. 1], 464, 1753). **T:** Europa (*Anonymus* s.n. [LINN]). – **D:** Berge in W, C und S Europa (von den C Pyrenäen bis in die SE Alpen und die S Appenninen); häufig kultiviert und von Skandinavien bis Irland quer durch Europa sowie im Kaukasus und Iran verwildert. **I:** Praeger (1932: 66, 71); Lippert (1995: 84).

≡ *Sedum tectorum* (Linné) Scopoli (1772); **incl.** *Sempervivum tectorum* var. *glaucescens* Welwitsch (s.a.).

[1] **Ros** gewöhnlich gross, offen, (3-) 5 - 7 (-20) cm ⌀; Ausläufer kräftig, bis 4 cm, jung spärlich beblättert; **Blä** länglich lanzettlich bis verkehrt eiförmig, 20 - 60 × 10 - 15 mm, mit kräftiger, stechender, aufgesetzter Spitze, kahl oder mit wenigen, zerstreuten **Ha**, beide Seiten konvex, dunkel grün bis etwas glauk, variabel rot überhaucht, Wimpern auffällig weiss; **Blü**triebe kräftig, 20 - 50 cm, **Blä** eiförmig lanzettlich, spitz, untere **Blä** abgesehen von den Wimpern kahl; **Inf** gross, dicht, ± flach oder rispenähnlich, mit 40 bis > 100 **Blü**; **Bra** linealisch, spitz, behaart; **Blü** 12- bis 16-zählig, ± 2.5 cm ⌀; **Sep** für bis 4 mm vereinigt, spitz, ± 8 mm; **Pet** linealisch-lanzettlich, spitz, unten bewimpert und flaumhaarig, trübrosa oder purpurn, 9 - 12 × ± 2 mm; **Fil** leuchtend rotpurpurn; **Anth** rot; **Gr** pfriemlich, ± purpurn; **NSch** halbkreisförmig, grün. – $2n = 72$, selten 36 oder 40.

Eine extrem variable Art. Sie wurde in zahlreiche Taxa aufgesplittert, und verschiedene Autoren haben eine grosse Zahl von Unterarten und Varietäten anerkannt.

S. tectorum var. **arvernense** (Lecoq & Lamotte) Zonneveld (Succulenta 78(2): 92, 1999). – **D:** S Frankreich (Auverne), C und S Italien.

≡ *Sempervivum arvernense* Lecoq & Lamotte (1847) ≡ *Sempervivum tectorum* ssp. *arvernense* (Lecoq & Lamotte) Bellia & de Andrade (1972) (*nom. inval.*, Art. 33.2); **incl.** *Sempervivum tectorum* var. *clusianum* Grande (s.a.); **incl.** *Sempervivum montanum* Tenore (1830) (*nom. illeg.*, Art. 53.1); **incl.** *Sempervivum italicum* I. Ricci (1961) (*nom. inval.*, Art. 37.1, 37.3); **incl.** *Sempervivum riccii* Iberite & Anzalone (2001).

[1] **Blä** kurz drüsig-flaumhaarig.

Turrill identifizierte in S-Italien (Monte Tirone) gesammeltes Material als *S. marmoreum*. Diese

Pflanzen haben jedoch eine Chromosomenzahl von 2n = 72, und gehören entsprechend zu *S. tectorum*.

S. tectorum var. **tectorum** – **D:** Wie für die Art. **Fig. XLIII.a, XLIII.b**

Incl. *Sempervivum vicentei* ssp. *vicentei*; incl. *Sempervivum majus* Necker (1768); incl. *Sempervivum ciliatum* Gilibert (1782) (*nom. inval.*, Art. 32.8); incl. *Sempervivum crassifolium* Salibsury (1796); incl. *Sempervivum clusianum* Tenore (1830); incl. *Sempervivum glaucum* Tenore (1830) ≡ *Sempervivum tectorum* var. *glaucum* (Tenore) Praeger (1932); incl. *Sempervivum alpinum* Grisebach & Schenk (1852) ≡ *Sempervivum tectorum* var. *alpinum* (Grisebach & Schenk) Arcangeli (1894) ≡ *Sempervivum tectorum* ssp. *alpinum* (Grisebach & Schenk) Wettstein (1922); incl. *Sempervivum boutignyanum* Billot & Grenier (1853) ≡ *Sempervivum arvernense* fa. *boutignyanum* (Billot & Grenier) Rouy & Camus (1901); incl. *Sempervivum acuminatum* Schott (1853) (*nom. illeg.*, Art. 53.1) ≡ *Sempervivum tectorum* var. *acuminatum* (Schott) Marchesetti (1897); incl. *Sempervivum mettenianum* Schnittspahn & C. B. Lehmann (1855); incl. *Sempervivum guillemotii* Lamotte (1856); incl. *Sempervivum lamottei* Boreau (1859); incl. *Sempervivum murale* Boreau (1859); incl. *Sempervivum fuscum* C. B. Lehmann & Schnittspahn (1863); incl. *Sempervivum spectabile* C. B. Lehmann & Schnittspahn (1863); incl. *Sempervivum affine* Lamotte (1864); incl. *Sempervivum ambiguum* Lamotte (1864); incl. *Sempervivum brachiatum* Lamotte (1864); incl. *Sempervivum brevistylum* Lamotte (1864); incl. *Sempervivum compactum* Lamotte (1864); incl. *Sempervivum lesurinum* Lamotte (1864); incl. *Sempervivum maitrei* Lamotte (1864); incl. *Sempervivum pyrenaicum* Lamotte (1864); incl. *Sempervivum speciosum* Lamotte (1864); incl. *Sempervivum vellarum* Lamotte (1864); incl. *Sempervivum legrandii* F. W. Schultz (1867); incl. *Sempervivum pulverulentum* Dulac (1867); incl. *Sempervivum adoxum* Jordan & Fourreau (1868); incl. *Sempervivum beugesiacum* Jordan & Fourreau (1868); incl. *Sempervivum brevirameum* Jordan & Fourreau (1868); incl. *Sempervivum cantalicum* Jordan & Fourreau (1868); incl. *Sempervivum celsicaule* Jordan & Fourreau (1868); incl. *Sempervivum collinum* Jordan & Fourreau (1868); incl. *Sempervivum constrictum* Jordan & Fourreau (1868); incl. *Sempervivum corymbosum* Jordan & Fourreau (1868); incl. *Sempervivum decoloratum* Jordan & Fourreau (1868); incl. *Sempervivum dicranocladon* Jordan & Fourreau (1868); incl. *Sempervivum erubescens* Jordan & Fourreau (1868); incl. *Sempervivum juratense* Jordan & Fourreau (1868); incl. *Sempervivum laetevirens* Jordan & Fourreau (1868); incl. *Sempervivum leptopetalum* Jordan & Fourreau (1868); incl. *Sempervivum luxurians* Jordan & Fourreau (1868); incl. *Sempervivum obovatum* Jordan & Fourreau (1868); incl. *Sempervivum pallescens* Jordan & Fourreau (1868) ≡ *Sempervivum tectorum* ssp. *pallescens* (Jordan & Fourreau) Bellia & de Andrade (1971) (*nom. inval.*, Art. 33.2); incl. *Sempervivum pallidum* Jordan & Fourreau (1868); incl. *Sempervivum praestabile* Jordan & Fourreau (1868); incl. *Sempervivum rhodanicum* Jordan & Fourreau (1868); incl. *Sempervivum rigidum* Jordan & Fourreau (1868); incl. *Sempervivum robustum* Jordan & Fourreau (1868); incl. *Sempervivum sabaudum* Jordan & Fourreau (1868); incl. *Sempervivum saxosum* Jordan & Fourreau (1868); incl. *Sempervivum seusanum* Jordan & Fourreau (1868); incl. *Sempervivum trifurcum* Jordan & Fourreau (1868); incl. *Sempervivum validum* Jordan & Fourreau (1868); incl. *Sempervivum venustum* Jordan & Fourreau (1868); incl. *Sempervivum violascens* Jordan & Fourreau (1868); incl. *Sempervivum pyrenaicum* Jordan & Fourreau (1868) (*nom. illeg.*, Art. 53.1); incl. *Sempervivum requienii* hort. *ex* Vilmorin (1870); incl. *Sempervivum purpurascens* Schott *ex* Boissier (1872); incl. *Sempervivum schottii* Baker (1874) (*nom. illeg.*, Art. 53.1) ≡ *Sempervivum tectorum* ssp. *schottii* (Baker) Wettstein (1922); incl. *Sempervivum cebennense* Lamotte (1877) ≡ *Sempervivum tectorum* ssp. *cebennense* (Lamotte) Bellia & de Andrade (1971); incl. *Sempervivum vellanum* Nyman (1878); incl. *Sempervivum minutum* Bourgeau *ex* Nyman (1878) (*nom. inval.*, Art. 32.1c); incl. *Sempervivum boissieri* hort. *ex* Baker (1879); incl. *Sempervivum triste* hort. *ex* Baker (1879); incl. *Sempervivum maitrea* Index Kewensis (1895) (*nom. inval.*, Art. 32.1c); incl. *Sempervivum vellavum* Index Kewensis (1895) (*nom. inval.*, Art. 32.1c); incl. *Sempervivum rupestre* Rouy & Camus (1901); incl. *Sempervivum vicentei* Pau (1906); incl. *Sempervivum chassegnei* Charbonnel (1913); incl. *Sempervivum latiusculum* Charbonnel (1913); incl. *Sempervivum leptocephalum* Charbonnel (1913); incl. *Sempervivum reflexifolium* Charbonnel (1913); incl. *Sempervivum tectorum* var. *rhenanum* Hegi & Schmid (1922) ≡ *Sempervivum rhenanum* (Hegi & Schmid) Law (1956); incl. *Sempervivum aureggii* Lurani *ex* Correvon (1924); incl. *Sempervivum royanum* Correvon (1924); incl. *Sempervivum andreanum* Wale (1941) ≡ *Sempervivum tectorum* var. *andreanum* (Wale) O. Bolòs & Vigo (1990).

[1] **Blä** kahl oder mit wenigen, zerstreuten **Ha**.

S. thompsonianum Wale (Bull. Alpine Gard. Soc. Gr. Brit. 8: 210, 1940). **T:** K [†]. – **I:** Mitchell (1973: 25, pl. 6).

Höchstwahrscheinlich die Hybride *S. ciliosum* ssp. *octopodes* × *S. marmoreum* ssp. *reginae-amaliae*. Sie ist morphologisch intermediär zwischen den vermuteten Eltern (Form der Rosetten und Blütenfarbe) und die Pollenfertilität ist stark reduziert.

S. transcaucasicum Muirhead (Notes Roy. Bot. Gard. Edinburgh 26: 284-285, 1965). **T:** Georgien (*Davis* 33719 [E]). – **D:** NE Türkei (NE Anatolien), Georgien; selten, auf Erstarrungsgestein, 550 - 2700 m.
Incl. *Sempervivum georgicum* Gurgenidze (1965).
[1] **Ros** 3 - 4 cm ∅; Ausläufer wenig zahlreich, 2 - 3 cm; **Blä** verkehrt lanzettlich bis verkehrt eiförmig, abrupt mit aufgesetztem Spitzchen, kurz drüsig-flaumhaarig, gelblich grün, 15 - 20 × ± 10 mm; **Inf** cymös; **Blü** 11- bis 13-zählig, ± 2.5 cm ∅; **Sep** eiförmig-lanzettlich, spitz, 2 - 2.5 mm; **Pet** lanzettlich, hellgelb, Basis lavendelfarben, 8 - 10 × ± 2 mm; **Fil** hellpurpurn; **Anth** gelb; **NSch** rechteckig, aufwärts gebogen.
Gemäss Muirhead (1972: 247) mit den Arten *S. artvinense, S. davisii* und *S. furseorum* verwandt.

S. ×vaccarii Wilczek *ex* Vaccari (Ann. Bot. (Roma) 3: 39, 1905).
= *S. arachnoideum* × *S. grandiflorum*.

S. ×versicolor Velenovsky (Sitzungsber. Königl. Böhm. Ges. Wiss. Prag, Math.-Naturwiss. Cl. 27: 5, 1903).
= *S. marmoreum* × *S. ruthenicum*.

S. ×wolfianum Chenevard (Bull. Trav. Soc. Bot. Genève 9: 130, 1887).
= *S. arachnoideum* × *S. grandiflorum* × *S. montanum* × *S. tectorum*.

S. wulfenii Hoppe *ex* Mertens & W. D. J. Koch (in Röhling, Deutschl. Fl., ed. 3, 3: 386, 1831). – **D:** E Alpen (Schweiz, Österreich, Slowenien); gewöhnlich kalkfliehend, 1500 - 2700 m. **I:** Praeger (1932: 91); Lippert (1995: 87).
Incl. *Sempervivum globiferum* Wulfen (1778) (*nom. illeg.*, Art. 53.1).
[1] **Ros** offen, 4 - 5 (-9) cm ∅; Ausläufer wenige, lang, kräftig, bis 10 cm; **Blä** länglich spatelig, kleinspitzig, gräulich grün, basal dunkelpurpurn, 20 - 40 × 10 - 15 mm, leicht glauk, Ränder spitzenwärts etwas einwärts gebogen, Randwimpern stark drüsig, im oberen Teil fehlend, jüngere **Blä** aufrecht, Ende Sommer zu einer konischen oder zwiebelförmigen Knospe zusammentretend; **Blütriebe** 10 - 30 cm, **Blä** dreieckig-eiförmig, spitz, stengelumfassend, ausgebreitet, ± 15 × 10 mm; **Inf** kompakte Cymen mit 3 kurzen Wickeln; **Blü** 10- bis 15-zählig, ± 2.5 cm ∅; **Sep** für bis zu 2 mm vereinigt, spitz, manchmal purpurn gespitzt, ± 6 mm; **Pet** linealisch-lanzettlich, spitz zulaufend, zitronengelb, basal mit purpurnem Fleck, ± 10 × 1 - 2 mm; **Fil** purpurn; **Anth** gelb; **Gr** ± 2 mm; **NSch** quadratisch, klein. – 2n = 36.

S. wulfenii ssp. **juvanii** (Strgar) Favarger & Parnell (Bot. J. Linn. Soc. 103(3): 217, 1990). **T:** Slowenien (*Strgar* s.n. [LJU]). – **D:** E Slowenien.
≡ *Sempervivum juvanii* Strgar (1971).
[1] **Blä** beiderseits drüsig-flaumhaarig.

S. wulfenii ssp. **wulfenii** – **D:** E Schweiz, Österreich, NE Italien. **Fig. XLIII.d, XLIII.f**
[1] **Blä** beiderseits kahl.

S. zeleborii Schott (Österr. Bot. Wochenbl. 7: 245-246, 1857). **T** [lecto]: Jugoslawien, Serbien (*Anonymus* s.n. [BP 148977]). – **Lit:** Jalas & al. (1999: 54). **D:** E ehemaliges Jugoslawien, N Griechenland, Bulgarien, W Rumänien; trockene Stellen in den Bergen. **I:** Praeger (1932: 81, fig. 23, linke Pflanze); Mitchell (1973: 26, pl. 8).
[1] Kurz flaumhaarig, **Ha** 0.4 - 0.7 mm; **Ros** ± kugelig, 3 - 5 cm ∅; Ausläufer kurz; **Blä** länglich verkehrt eiförmig, kurz kleinspitzig, graugrün, ± 20 × ± 8 mm; **Blütriebe** 10 - 15 cm; **Blü** 12- bis 14-zählig, ± 25 mm ∅; **Sep** eiförmig bis eiförmig-lanzettlich; **Pet** leuchtend gelb, basal fliederfarben, ± 9 × 1.5 mm; **Fil** purpurn; **Anth** gelb; **NSch** gestutzt oder ausgerandet, ± ausgebreitet, < 0.2 mm. – 2n = 64.

SINOCRASSULA

J. Thiede

Sinocrassula A. Berger (NPF2, 18a: 462, 1930). **T:** *Crassula indica* Decaisne [Lectotyp, gemäss H. Ohba, J. Fac. Sci. Univ. Tokyo ser. 3, 12: 170, 1978.]. – **Lit:** Ohba (1978: 170); Fu & Fu (1984: 63-68); Chuang (1997). **D:** N Indien (Uttar Pradesh), Bhutan, E Tibet, SW China (Yunnan, Szechuan). **Etym:** Lat. 'sinensis' ['sino-'], chinesisch; und wegen der Blüten mit nur einem Staubblattkreis wie bei der Gattung *Crassula* (*Crassulaceae*).

Monocarpe, sukkulente Kräuter, kahl oder papillös, selten flaumhaarig, einjährig, zweijährig oder ausdauernd, durchwegs mit rötlich braunen, dünnen Strichen oder Punkten gemustert; **Wu** faserig; **Ros** bis 10 cm ∅, aber meist viel kleiner, mit ± 10 - 70 **Blä** (= basale **Blä** blühender **Tr**), sich oft während der **Blüzeit** auflösend; **Blä** meist wechselständig, selten gegenständig, sitzend, ungespornt, fleischig-sukkulent, stumpf bis spitz zulaufend, (8-) 15 - 40 (-60) × (2-) 5 - 12 (-25) mm, oft ± gesprenkelt; **Inf** (= blühende **Tr**) durchwegs aufrecht, zur **Blüzeit** ± 4 - 30 (-60) cm, Schaft einfach, stielrund, **Bra** entfernt stehend, **Inf** endständig (selten seitlich), ebensträussig, einfach oder ziemlich reich verzweigt, seitliche **TeilInf**achsen meist stark verlängert, meist vielblütig; Schaft- und fertile **Bra** meist wechselständig, selten gegenständig, sitzend, ungespornt, fleischig-sukkulent, ganzrandig, ± ähnlich wie die **Ros**blätter aber kleiner und nach oben kleiner werdend; **Ped** kürzer oder länger als die **Blü**; **Blü** zwitterig, 5-zählig, haplostemon, im Umriss glockig-urnenförmig, 1.6 - 6 mm; **Sep** ± fleischig, basal vereinigt, aufrecht, zur **Fr**zeit ausdauernd, ungespornt, bootförmig, 1.4 - 3 (-5) × 0.5 - 1.5 mm, grün; **Pet** frei, aufrecht, ± länglich bis lanzettlich, fleischig, ± urnenförmig-zusammenneigend, meist länger als die **Sep**, selten kürzer, Zipfel zurückgeschlagen, ± weisslich bis grünlich oder rosa, ± intensiv rot, orange oder braun gesprenkelt; **St** 5, mit den **Pet** abwechselnd; **Fil** meist leicht verbreitert, 1.3 - 3 mm; **Anth** basifix, 2-fächerig, 0.7 - 1 mm, gelb; **NSch** ± quadratisch-länglich, meist breiter als lang, 0.3 - 0.6 × 0.5 - 0.7 mm, cremegelb; **Ca** oberständig, basal vereinigt, durchwegs aufrecht, bauchseitig nicht ausgebaucht, ziemlich breit, (1.5-) 2.5 - 4.5 mm; **Gr** abrupt verjüngt, schlank, kurz, 0.5 - 1.5 mm, an der Spitze leicht geschwollen **Fr** aufrechte Bälge; **Sa** zylindrisch, ± 0.5 - 1.2 mm, ± braun, mit ± 10 - 15 parallelen Längsrippen. – x = 12.

Sinocrassula wird am besten durch die haplostemonen, ± urnenförmigen Blüten in ebensträussigen Blütenständen und die kleinen, monocarpen Rosetten charakterisiert.

Früher wurde die Gattung als nahe Verwandte von *Sedum* betrachtet oder sogar dort eingeschlossen, z.B. von Fröderström (1931). Durch die rosettige Wuchsform ähnelt *Sinocrassula* der Gattung *Prometheum*, die nun von Ohba (1978) und 't Hart (1995) wieder von *Sedum* abgetrennt wird. *Prometheum* unterscheidet sich jedoch deutlich durch die diplostemonen, nicht urnenförmigen Blüten mit bauchseitig papillaten Karpellen und die ausgebreiteten Balgfrüchte, sowie durch fast glatte Samen (Ohba 1978). Die molekularen Daten von 't Hart (1995) und Ham & 't Hart (1998) platzieren die Gattung deutlich von *Sinocrassula* entfernt Diese molekularen Untersuchungen sowie die Daten von Mort & al. (2001) weisen auf eine Stellung von *Sinocrassula* in der Subtribus *Telephiinae*, wo die Gattung zusammen mit *Orostachys* und *Hylotelephium* einen gut definierten Zweig bildet. Alle diese Gattungen teilen sich das Merkmal einer Chromosomenzahl von x=12. Innerhalb dieses Zweiges ist *Sinocrassula* eng mit *Orostachys* verwandt. 't Hart (1995) schlägt sogar vor, *Sinocrassula* zu einer Untergattung von *Orostachys* zu reduzieren, was aber von späteren Autoren nicht aufgenommen wurde. *Orostachys* weicht durch die strikt zweijährigen Rosetten, welche sich in einen endständigen Blütenstand mit deutlicher Hauptachse verlängern, sowie die diplostemonen Blüten mit leicht vereinigten Kronblättern, und die gestielten und dadurch völlig freien Karpelle, die sich zu geschnäbelten Früchten entwickeln, deutlich von *Sinocrassula* ab (siehe Ohba (1978) und Fu & Ohba (2001)). Die beiden Gattungen werden möglicherweise durch die haplostemonen Arten von *Orostachys* Sect. *Schoenlandia* verbunden, die früher schon durch Berger (1930) und Fu (1965) zu *Sinocrassula* gestellt wurden, wobei aber spätere Autoren diesem Vorgehen nicht gefolgt sind. Da beide Arten auch von *Orostachys* s.str. abweichen, wurden sie auch als eigene Gattung *Kungia* abgetrennt (Fu & Ohba 2001). Im Moment werden *Sinocrassula* und *Orostachys* in den traditionellen Umschreibungen akzeptiert, aber die Verwandtschaften und Abgrenzungen benötigen weitere Untersuchungen.

Alle hier behandelten Taxa von *Sinocrassula* (mit Ausnahme der erst kürzlich beschriebenen *S. diversifolia* und *S. techinensis*) wurden früher als Varietäten des sehr variablen und weit verbreiteten *S. indica*-Komplexes behandelt, z.B. durch Ohba (1978), der sonst nur *S. ambigua* als eigenständige Art anerkennt. Die folgende Behandlung folgt der neuesten Übersicht für die chinesische Flora von Fu & Fu (1984) und Fu & Ohba (2001), wo die auffälligeren Varianten auf Artebene abgetrennt werden.

Die Pflanzen bleiben kompakt und attraktiv gefärbt, wenn sie unter trockenen und sonnigen Bedingungen kultiviert werden. Reichlichere Wassergaben führen in der Regel zu lockeren und 'aufgelösten' Rosetten, aber auch zur Bildung zahlreicher Blütenstände (Stephenson 1994).

S. ambigua (Praeger) A. Berger (NPF2 18a: 463, 1930). **T**: China, Yunnan (*Kingdon Ward* 391 [E]). – **D**: W China (Yunnan, Szechuan); offene, trockene Felsen und Hänge, 2000 - 2800 (-3630 m), Blüten Mai bis September. **I**: Praeger (1921b: t. 170: 1).

≡ *Sedum ambiguum* Praeger (1921) ≡ *Sedum indicum* var. *ambiguum* (Praeger) Hamet (1929).

Kahl, mehrjährig; **Tr** 3 - 6 cm, schlank, 3 mm ⌀, aufsteigend, basal mit seitlichen, sterilen Seiten**Tr**; **Blä** wechsel- oder an der **Tr**basis gegenständig, gedrängt, sitzend, flach, sehr fleischig, kreisrund oder kreisrund verkehrt eiförmig oder kreisrund-rhomboid, Spitze gerundet oder kleinspitzig zugespitzt, 9 - 12 × 9 - 12 mm, im trockenen Zustand beiderseits auffällig silbern; **Inf** ebensträussig, einfach, schlank, mit spärlichen **Bra**, 5 - 15 cm, **Blü**tragender Teil 1.2 - 2.5 × 2.5 - 4 cm; **Bra** wie die **Blä** aber kleiner; **Ped** meist länger als die **Blü**, rosa, trocken purpurn; **Blü** schmal glockig, 4 mm; **Sep** frei, aufrecht, länglich linealisch, stumpf, (2.5-) 3 - 4.5 × 0.75 - 1 mm, intensiv leuchtend rot gesprenkelt; **Pet** aufrecht, eiförmig-deltoid, meist kürzer als die **Sep** oder selten gleich lang, 2.5 - 3 × 1 mm, leuchtend rosa, trocken purpurn; **Fil** 1.3 mm; **Anth** 0.7 mm; **NSch** winzig, halbelliptisch, 0.5 × 0.5 mm; **Ca** robust, aufrecht, 1.5 - 2 mm; **Gr** kurz, aufrecht; **Sa** 0.8 mm.

S. ambigua erinnert in der Blattgestalt an *S. indica* var. *forrestii*, unterscheidet sich aber von *S. indica* s.l. durch die länglichen Kelchblätter, die wenigstens gleich lang wie die Kronblätter sind. Siehe Nelson (1994) bezüglich der Typifizierung der Art.

S. densirosulata (Praeger) A. Berger (NPF2 18a: 463, 1930). **T**: nicht typifiziert. – **D**: SW China (Yunnan, Szechuan); Blüten im Juli. **I**: Praeger

(1921a: fig. 170, als *Sedum indicum* var.); Fu & Fu (1984: 62); Stephenson (1994: 185). **Fig. XLIV.a**
≡ *Sedum indicum* var. *densirosulatum* Praeger (1919); incl. *Lenophyllum maculatum* hort. (s.a.) (*nom. inval.*, Art. 29.1).

Ros dicht, 2× so breit wie hoch, 2 - 4.5 cm ⌀; **Blä** zahlreich, kahl, schmal spatelig, feinspitzig zugespitzt, 1 - 2.5 × 0.6 - 0.9 cm, sehr grau, dunkel olivgrün oder glauk, stark mit braunroten, vernetzten Flecken gesprenkelt, purpurn gespitzt; **Inf** kurz, 4.5 - 10 cm, breit gerundet, dicht, fast von der Basis aus reich verzweigt; **Ped** so lang wie die **Blü**; **Sep** grün, 2.5 × 0.8 mm, intensiv rot gesprenkelt; **Pet** in der Mitte plötzlich verdickt, 4 × 1 - 1.2 mm, gelbgrün, stark rot gesprenkelt; **NSch** schmal; **Sa** 1.2 mm.

Chuang (1997) stellt diese Art in die Synonymie von *S. indica*. Nelson (1994) diskutiert mögliche Typen für diesen Namen. Dies ist die einzige Art der Gattung, die in Kultur etwas häufiger angetroffen wird, zusammen mit *S. yunnanensis*.

S. diversifolia H. Chuang (Acta Bot. Yunnan. 19(3): 224-225, 1997). **T:** China, Yunnan (*Feng 24610* [KUN]). – **D:** W China (Yunnan); 2500 - 2700 m.

Kahl; **Wu** zahlreich, faserig, bis 13 cm; **Ros** locker; **Blä** breit verkehrt eiförmig, basal breit keilförmig, Spitze gerundet, 30 - 40 × 20 - 25 mm, beiderseits dicht braun gefleckt; **Inf** ebensträussig, einfach, aufrecht, robust, 40 - 50 cm, Schaft basal 4 - 6 mm ⌀, graugrün, dicht purpurn gefleckt, **Blü**tragender Teil 6 - 15 × 8 - 12 cm, Zweige geflügelt; **Bra** des Schaftes wechselständig, zweigestaltig, untere **Bra** verkehrt eiförmig oder breit elliptisch, 3 - 5 × 2 - 2.7 cm, beiderseits dicht purpurn gefleckt, obere **Bra** schmal lanzettlich oder linealisch-lanzettlich, 3 - 5 × 0.3 - 0.8 cm, beiderseits spärlich purpurn gefleckt, fertile **Bra** ähnlich aber kleiner; **Ped** aufrecht, geflügelt; **Sep** aufrecht, dreieckig-lanzettlich, Spitze spitz oder spitz zulaufend, 2 - 2.5 × 1 - 1.5 mm; **Pet** lanzettlich, spitz zulaufend, 3.5 - 4 × 1 - 1.5 mm, gelb, Oberseite purpurn gefleckt; **Fil** ± 1.7 - 2.2 mm; **Anth** ± 0.8 mm; **NSch** breit quadratisch, 0.3 - 0.5 × 0.5 - 0.7 mm; **Ca** aufrecht, 2.5 - 3 mm; **Gr** schlank, 0.5 - 1 mm; **Sa** eiförmig-länglich, mit 10 - 12 parallellen Längsrippen, braun.

Die Art ist ohne Zweifel nahe mit *S. indica* verwandt. (Fu & Ohba 2001).

S. indica (Decaisne) A. Berger (NPF2 18a: 463, 1930). **T:** nicht typifiziert. – **Lit:** Ohba (1992). **D:** Pakistan, N Indien (Uttar Pradesh: Kumaon, Garhwal), Nepal, Sikkim, Bhutan, China; 450 - 4000 m.

≡ *Crassula indica* Decaisne (1858) ≡ *Sedum indicum* (Decaisne) Hamet (1912); incl. *Sempervivum multiflorum* Jacquemont (1844).

Diese Art zeigt ein extrem weites Variationsspektrum, v.a. bei vegetativen Merkmalen (Ohba 1992).

Die hier provisorisch akzeptierten Varietäten sind vielleicht nur charakteristische lokale oder regionale Varianten oder z.T. sogar nur gärtnerische Selektionen, und Chuang (1997) akzeptiert z.B. keinerlei infraspezifische Taxa. *S. indica* ist ein weit verbreiteter und sehr variabler Komplex, der durch das ganze Verbreitungsgebiet hindurch genauer untersucht werden muss.

S. indica var. **forrestii** (Hamet) S. H. Fu (Acta Phytotax. Sin. 10(Addit. 1): 113, 1965). **T:** China, Yunnan (*Forrest 924* [E?]). – **D:** W China (Yunnan); trockene Ritzen oder felsige und schattige Klippen, 1000 - 3000 m, Blüten im November.

≡ *Sedum indicum* var. *forrestii* Hamet (1912) ≡ *Sinocrassula luteorubra* var. *forrestii* (Hamet) H. Chuang (1997) (*nom. inval.*, Art. 33.2).

Unterschiede zu var. *indica*: **Blä** eiförmig bis fast kreisrund, sehr breit, ganzrandig; **Inf** 30 - 60 cm; **Pet** gelb.

S. indica var. **indica** – **D:** Pakistan, N Indien (Uttar Pradesh: Kumaon, Garhwal), Nepal, Tibet, Sikkim, Bhutan, China; 450 - 4000 m, Blüten April bis Oktober. **I:** Praeger (1921a: fig. 167-168); Stephenson (1994: 185). **Fig. XLIV.b**

Incl. *Sedum paniculatum* Wallich (1828) (*nom. inval.*, Art. 32.1c); incl. *Sedum scallanii* Diels (1905); incl. *Sedum cavaleriei* H. Léveillé (1908); incl. *Sedum martinii* Léveillé (1908); incl. *Sedum scallanii* var. *major* hort. (1910) (*nom. inval.*, Art. 29.1?); incl. *Sedum indicum* var. *genuinum* Hamet (1912) (*nom. inval.*, Art. 24.3); incl. *Sedum caveleriense* H. Léveillé (1915) (*nom. inval.*, Art. 61.1); incl. *Sedum paniculatum* var. *indicum* Hamet (1924) (unkorrekter Name, Art. 11.4); incl. *Sedum indicum* var. *silvaticum* Fröderström (1936).

Ros meist kahl, zweijährig, bis 10 cm ⌀ aber meist kleiner; **Blä** kahl, linealisch-spatelig bis keulig, lang feinspitzig zugespitzt, kurzspitzig, stark verdickt, Unterseite konvex, Oberseite flach, nahe der Spitze etwas breiter, oder allmählich verjüngt, gelegentlich fast kreisrund, 1 - 4 (-6) × 0.6 - 1.5 cm, etwas gräulich oder bläulich grün, mit dichter, roter oder rotbrauner, punkt- oder fein linienförmiger Sprenkelung; **Inf** kahl, spärlich beblättert, (5-) 10 - 30 (-60) cm, mehrfach gabelig verzweigend, Zweige fast aufrecht oder ausgebreitet, alle etwa die gleiche Höhe erreichend, obere Teile kahl oder fein papillös, **Blü**tragender Teil ± 5 - 10 × 5 - 10 cm; **Ped** länger als die **Blü**, ± 0.6 - 1.2 cm; **Sep** dreieckig, kurz, 1.5 - 2 (-3) × 0.5 - 1 mm; **Pet** oberhalb der Mitte plötzlich verdickt, 3 - 4 (-5) × 1 - 2 mm, weisslich bis weisslich grün, rot punktiert; **Ca** 2.5 - 3.5 mm; **Gr** meist kurz, selten auffällig lang.

Ausser in Japan nur selten kultiviert (Stephenson 1994). ISI vertrieb im Jahre 2001 Pflanzen dieses Taxons.

S. indica var. **luteorubra** (Praeger) S. H. Fu (Fl. Reipub. Popul. Sin. 34(1): 68, 1984). **T:** China, Yunnan (*Forrest* 13377 [E]). — **D:** SW China (Yunnan, Szechuan); offene, trockene Stellen zwischen Felsen und Blöcken, 700 - 3700 m, Blüten Juli bis August. **I:** Praeger (1921b: 85, als *Sedum*).

≡ *Sedum indicum* var. *luteorubrum* Praeger (1921) ≡ *Sinocrassula luteorubra* (Praeger) H. Chuang (1997) (*nom. inval.*, Art. 33.2); **incl.** *Sedum paoshingense* S. H. Fu (1965) ≡ *Sinocrassula paoshingensis* (S. H. Fu) H. Ohba & al. (2000); **incl.** *Sinocrassula paoshingensis* var. *spinulosa* H. Ohba & al. (2001).

Unterschiede zu var. *indica*: **Tr**, **Ped**, äussere Seiten und Ränder der **Sep**- und **Pet**spitzen kurz papillös; **Ros** mit 10 - 18 **Blä**; **Blä** 15 - 25 × 8 - 12 mm; **Inf** einfach, aufrecht, 10 - 25 cm, rot, fein und kurz papillös, **Blü**tragender Teil 3.5 - 6.5 × 4 - 6.5 cm; **Blü** grösser, länglich, 6 mm; **Sep** grösser, 4 - 5 × 1.5 mm, rot; **Pet** lanzettlich, spitz zulaufend, grösser, 5 - 6 × 1.5 - 1.7 mm, hellgelb, rot gespitzt; **Ca** länger, (3-) 4 - 4.5 mm; **Gr** länger, ± 1.5 mm.

Chuang (1997) anerkennt dieses Taxon als separate (allerdings ungültig publizierte) Art, *S. luteorubra*, zu der er var. *forrestii* und var. *maculosa* stellt.

S. indica var. **maculosa** H. Chuang *ex* Thiede (CSJA 71(3): 160, 1999). **T:** China, Yunnan (*Wang* 81964 [KUN]). — **D:** W China (Yunnan); 1250 - 2100 m, Blüten August bis Dezember.

Incl. *Sinocrassula luteorubra* var. *maculosa* H. Chuang (1997) (*nom. inval.*, Art. 43.1).

Unterschiede zu var. *indica*: **Sep** 2 - 2.5 mm; **Pet** 3 - 3.5 mm; **Sep** und **Pet** intensiv drüsig-gefleckt.

Weil Chuang seine var. *maculosa* unter einem ungültig publizierten Artnamen veröffentlichte, wurde das Taxon durch Thiede (1999), der dem Artkonzept von Fu & Fu (1984) folgt, unter *S. indica* validiert.

S. indica var. **obtusifolia** (Fröderström) S. H. Fu (Acta Phytotax. Sin. 10(Addit. 1): 113, 1965). — **D:** SW China (NW Yunnan, W Szechuan); 2300 - 2500 m, Blüten im Juli.

≡ *Sedum indicum* var. *obtusifolium* Fröderström (1931).

Unterschiede zu var. *indica*: **Ros** sehr dicht und breit; **Blä** kleiner, Spitze stumpf, 8 - 12 × 3 - 3.5 mm; **Inf** 8 - 9 cm; **Sep** 1.4 - 2 mm; **Pet** 3.5 - 4 mm, rötlich.

Chuang (1997) stellt diese Varietät in die Synonymie von *S. indica*.

S. indica var. **paniculata** Singh & Bhattacharyya (J. Econ. Taxon. Bot. 6(1): 211, ill., 1985). **T:** Indien, Uttar Pradesh (*Bhattacharyya* 33695 [BSD]). — **D:** Indien (Uttar Pradesh: Garhwal, Kumaon), 1600 - 1800 m, Blüten Juli bis August.

Unterschiede zu var. *indica*: **Inf** einfach, unverzweigt, rispig, locker, 4 - 12 × 3 - 8 cm; **Blü** sehr klein, 1.6 - 4 × 1.1 - 2.5 mm; **Pet** rosagelb.

Dieses Taxon ist möglicherweise mit dem ungültig beschriebenen *Sedum paniculatum* Wallich (1832) identisch.

S. indica var. **serrata** (Hamet) S. H. Fu (Acta Phytotax. Sin. 10(Addit. 1): 113, 1965). — **D:** China (Yunnan: zwischen Tachienlu und Chlutu).

≡ *Sedum indicum* var. *serratum* Hamet (1927); **incl.** *Sinocrassula bergeri* H. Jacobsen (1955).

Unterschiede zu var. *indica*: **Blä** papillös-haarig (aber **Inf** und **Blü** kahl), stumpf, Spitze gesägt und spitz zulaufend; **Inf** 5 - 10 cm.

S. indica var. **viridiflora** K. T. Fu (Fl. Tsinling. 1(2): 406-407, fig. 350; Addit., 606, 1974). **T:** China, Shaanxi (*Kou* 2195 [WUG?]). — **D:** W China (Henan, S Shaanxi, N Sichuan); auf Felsen, 500 - 600 m, Blüten im September.

Unterschiede zu var. *indica*: **Blä** 2.5 - 4 × 0.5 - 0.8 cm; **Pet** ± 2.5 mm, grünlich gelb; **NSch** 0.5 × 0.7 mm; **Ca** 3 - 4.5 mm.

Möglicherweise sehr nahe bei *S. densirosulata*.

S. longistyla (Praeger) S. H. Fu (Acta Phytotax. Sin. 10(Addit. 1): 112, 1965). **T:** China, Yunnan (*Wilson* 3640 [K]). — **D:** W China (Yunnan); 1300 - 1600 m, Blüten Juli bis Oktober. **I:** Praeger (1921b: t. 175).

≡ *Sedum longistylum* Praeger (1921) ≡ *Sedum indicum* var. *longistylum* (Praeger) Fröderström (1931) ≡ *Sinocrassula indica* var. *longistyla* (Praeger) H. Jacobsen (1973).

Kahl, ein- oder zweijährig; **Blä** wechselständig (basale **Blä** gegenständig), elliptisch, ± 15 × 5 mm; **Inf** aufrecht, stark verzweigt, 20 - 25 cm, Zweige lang (bis 10 cm), spreizend, einfach, **Blü**tragende Teile dicht, 1 × 1.5 cm; fertile **Bra** wenige, flach, eiförmig, kurz spitz zulaufend, 2 - 3 mm; **Ped** kürzer als die **Blü**; **Sep** 1.5 - 2.5 mm, Zipfel länglich dreieckig, stumpf, ungleich, 1.5 - 2.5 × 1 - 1.25 mm, grün; **Pet** länglich dreieckig und spitz oder länglich eiförmig und spitz zulaufend, 3.5 - 4 × 1.25 mm, obere Teile tiefrot bis purpurn; **St** 3 mm; **Fil** basal allmählich verbreitert; **NSch** winzig, ± 0.6 × 0.75 mm; **Ca** aufrecht, 3 mm; **Gr** schlank, zurückgebogen, ± 1.5 mm.

Diese Art wird am besten durch die Wuchsform und die kleinen, dichten Blütenstände mit purpurnen Blüten mit langen, schlanken Griffeln charakterisiert.

S. techinensis (S. H. Fu) S. H. Fu (Fl. Reipub. Popul. Sin. 34(1): 65, 1984). **T:** China, Yunnan (*Wang* 70378 [PE ?]). — **D:** W China (Yunnan); auf Felsen, 2700 m. **I:** Fu & Fu (1984: 62).

≡ *Sedum techinense* S. H. Fu (1951).

Kahl, selten sehr kurz behaart; **Ros** mit 7 - 10 **Blä**; **Blä** linealisch oder lanzettlich, wechselständig,

15 - 26 × 2 - 5 mm; **Inf** breit ebensträussig, einfach, aufrecht, 7 - 10 cm; **Sep** lanzettlich, stumpf, alle gleich lang, 2 - 4 mm; **Pet** länglich, gespornt, spitz, 4 - 5 mm, vom Sammler des Typbelegs als rot bezeichnet aber im trockenen Zustand offensichtlich gelb; **Fil** 3 mm; **Anth** 1 mm; **NSch** fast quadratisch oder breiter, 0.4 × 0.6 mm; **Ca** aufrecht, fast bis zur Basis frei, ± 4 mm; **Sa** eiförmig, mit ± 15 Rippen, 0.5 mm.

Chuang (1997) platziert diese Art in der Synonymie von *S. indica*.

S. yunnanensis (Franchet) A. Berger (NPF2 18a: 463, 1930). – **D**: W China (Yunnan); 2500 - 2700 m, Blüten im September. **I**: Praeger (1921a: fig. 169); Stephenson (1994: pl. 45).

≡ *Crassula yunnanensis* Franchet (1896) ≡ *Sedum indicum* var. *yunnanensis* (Franchet) Hamet (1913); **incl.** *Sedum pyramidale* Franchet *ms. ex* Hamet (1929) (*nom. inval.*, Art. 34.1c); **incl.** *Sedum pyramidatum* Franchet *in sched. ex* Hamet (1929) (*nom. inval.*, Art. 34.1c).

Ros dicht, 2.5 - 3.75 cm ⌀, mit 50 - 70 **Blä**; **Blä** verkehrt lanzettlich bis spatelig, fast stielrund, sehr dick, Unterseite stark konvex, Oberseite etwas flach bis konvex, spitz oder spitz zulaufend, graduell mit aufgesetztem Spitzchen, 12.5 - 25 × 4.5 - 6 mm, dunkel bläulich grün, mit dichter, purpurner Sprenkelung, in voller Sonne schwarz werdend, dicht flaumhaarig mit kurzen, weissen **Ha**, v.a. junge **Blä** und auf beiden Seiten (oder wenigstens im oberen Teil und entlang der Ränder), **Ha** linealisch-dreieckig, abstehend oder leicht abgebogen; **Inf** dicht, ± flach, dicht beblättert, 5 - 10 × 4 - 5 cm, fein papillös, untere **Tr** gegenständig, nur wenige; **Ped** sehr kurz, kurz flaumhaarig oder papillös; **Blü** bis 6 mm, zur **Inf**spitze hin enger; **Sep** ziemlich schmal, 1.8 × 1 mm, papillös; **Pet** länglich lanzettlich, nicht verdickt, basal stärker aufrecht (dadurch **Blü** ziemlich schmal), 3 - 4 × 1.5 mm, hellgelblich, in voller Sonne mit orangefarbener Tönung, aussenseits papillös; **Ca** schlank.

In Kultur häufiger zu sehen und in milden Klimaten im Freiland möglicherweise winterhart (Stephenson 1994).

THOMPSONELLA

U. Eggli

Thompsonella Britton & Rose (CUSNH 12(9): 391, 1909). **T**: *Echeveria minutiflora* Rose. – **Lit**: Moran (1992b). **D**: C und S Mexiko; meist auf Kalkstein. **Etym**: Nach Prof. Charles H. Thompson (1870 - 1931), US-amerikanischer Botaniker am Missouri Botanical Garden und später am Massachusetts College.

Mehrjährige, kahle Kräuter oder Halbsträucher; **Ros** stammlos oder beinahe so, ± flach, bis 42 cm ⌀ mit 10 - 25 etwas stengelumfassenden **Blä**; **Blä** je mit 3 Haupt- und mehreren ± parallelen Seitennerven, dickfleischig, flach oder ± bis stark rinnig, oft bläulich überhaucht, Ränder gerade oder gewellt; **Inf** seitlich, schmale Thyrsen oder spitzenwärts oder als ganzes ährig, aufrecht, ± fest, mit 10 - 70 1- bis 12-blütigen Wickeln; **Blü** sitzend oder beinahe so, 5-zählig, obdiplostemon, geruchlos; **Sep** frei, aufrecht bis aufsteigend, keulig, nicht gespornt; **Pet** von dünner Textur, basal kurz verwachsen, in der Knospe ziegelig, von der Mitte her ausgebreitet, aussen blässlich, innen mit dunklen, ineinanderfliessenden, purpurroten Flecken und Linien auf blassgelblichem Grund, mit schmalen, gelblichen Rändern; **St** 10, aufrecht; **Ca** kurz gestielt, basal kurz verwachsen; **Gr** schlank; **Fr** aufrechte Balgfrüchte; **Sa** zahlreich, blass gelblich braun, glänzend, netzartig mit unregelmässigen Längsrippen.

Eine kleine Gruppe von leicht zu erkennenden Pflanzen, ohne deutliche nahe Verwandtschaften mit anderen mexikanischen *Crassulaceae*. Intergenerische Kreuzungen sind bekannt mit *Cremnophila* (= ×*Cremsonella*), *Echeveria* (= ×*Thompsoveria*), *Graptopetalum* (= ×*Grapsonella*), *Pachyphytum* (= ×*Thompsophytum*), sowie mit *Sedum* (= ×*Thompsosedum*).

T. colliculosa Moran (CSJA 64(1): 41-43, ills., 1992). **T**: Mexiko, Michoacán (*Moran* 10150 [SD 53453, CU, HNT, SD]). – **D**: Mexiko (E Michoacán); laubwerfendes, tropisches Waldland, 700 m. **Fig. XLIV.c**

Wu schlank verdickt bis 6 mm ⌀, Caudex bis 8 × 0.9 - 1.3 cm ⌀; **Ros** eher flach, 15 - 42 cm ⌀ mit 12 - 20 **Blä**; **Blä** angeschwollen, elliptisch verkehrt lanzettlich, zugespitzt, 10 - 27 × 3.5 - 7 cm, bräunlich grün mit blasserer Unterseite, nicht glauk, ± rinnig, Epidermis rauh, unregelmässig flach warzig, Rand scharfkantig, gerade oder leicht gewellt; **Inf** 25 - 60 cm, Schaft 5 - 6 mm ⌀, blassgrün, untere 4 - 5 cm **Blä**los, darüber mit 10 - 45 aufsteigenden, oft gabeligen Wickeln mit 6 - 12 **Blü**; **Ped** ≤ 1 mm; **Sep** ± ungleich, 6 - 7 × 2 mm, spitzenwärts verdickt.

Kenntlich an den unregelmässig warzigen, rauhen Blättern.

T. minutiflora (Rose) Britton & Rose (CUSNH 12(9): 392, t. 44, 1909). **T**: Mexiko, Puebla (*Pringle* 7500 [US 316776]). – **D**: S Mexiko (Guerrero, México, Morelos, Oaxaca, Puebla, Veracruz?); oft auf Kalkstein, 1650 - 2250 m. **I**: CSJA 41: 173-175, 1969. **Fig. XLIV.e**

≡ *Echeveria minutiflora* Rose (1903); **incl.** *Thompsonella glauca* Hort. Beisel (s.a.) (*nom. inval.*, Art. 29.1); **incl.** *Echeveria tepeacensis* von Poellnitz (1935); **incl.** *Graptopetalum mexicanum* Matuda (1956).

Wu karottenförmig, bis 1.3 cm ⌀; **Ros** 3 - 17 cm, flach, mit 10 - 20 **Blä** und mehrjährigem Caudex von 2 × 0.5 - 1 cm ⌀, ± laubwerfend; **Blä** elliptisch bis verkehrt lanzettlich oder schmal verkehrt eiförmig, zugespitzt oder gerundet, oft mit aufgesetztem Spitzchen, 2 - 10 × 1 - 2.5 cm, dunkelgrün, ± purpurn gepunktet oder getönt, zunächst bläulich überhaucht, später verkahlend, rinnig bis ± der Länge nach gefaltet, Ränder (etwas) scharfkantig, gerade oder gekräuselt; **Inf** aufrecht, 5 - 35 cm, Schaft 2 - 4 mm ⌀, bläulich überhaucht, auf beinahe der ganzen Länge **Blü**tragend, rispig mit 20 - 70 Wickeln mit je 2 - 7 gedrängten **Blü**; **Ped** ≤ 0.5 mm, bis 1 mm ⌀, mit 2 Brakteolen; **Sep** (fast) gleich, 4 - 7 × 1.5 - 3 mm; **Kr** bläulich überhaucht; **Pet** basal aufrecht, spitzenwärts ausgebreitet, länglich bis elliptisch, zugespitzt, 3.5 - 5.5 × 1.5 - 2.25 mm, leicht gekielt.

T. mixtecana Reyes & L. López (Cact. Suc. Mex. 43(2): 27-30, 48, ills., 1998). **T:** Mexiko, Oaxaca (*Reyes* 3870 [MEXU, ENCB]). – **D:** Mexiko (Oaxaca); tropische, laubwerfende Wälder, 1700 m.

Halbsträucher bis 30 cm hoch mit faserigen **Wu**; **Tr** 7 - 9 mm ⌀, mit papieriger, abschälender Rinde; **Ros** an den **Tr**spitzen, 5 - 7 cm ⌀, mit 8 - 10 **Blä**; **Blä** verkehrt lanzettlich bis verkehrt eiförmig, 4 - 4.7 × 1.2 - 1.5 cm, flach, Unterseite gekielt, mit aufgesetztem Spitzchen, leicht glauk; **Inf** 1 - 2, von unterhalb der **Ros**, glauk-grau, 11 - 46 cm hoch, rispig mit 16 - 28 Wickeln mit je 2 - 6 **Blü**; sterile **Bra Sch**artig, gespornt, 18 - 21 × 5 - 7 mm, früh abfallend, fertile **Bra** kleiner; **Ped** 1 - 3 mm; **Sep** ungleich, olivgrün bis grau, keulig, 2 - 3.5 mm; **Blü** 5.5 × 3.5 mm ⌀; **Pet** basal verwachsen und eine 2 mm lange, cremefarbene **Rö** bildend, Spitzen sternförmig ausgebreitet, weinrot mit Ausnahme der blassen Ränder, 4 - 6 × 1.5 - 2 mm.

In der Grösse ähnlich wie *T. xochipalensis*, aber durch den verzweigenden Wuchs und die Blattform unterschieden.

T. platyphylla Rose (CUSNH 12(9): 392, t. 45, 1909). **T:** Mexiko, Guerrero (*Pringle* s.n. [US 574982, BH, NY, US]). – **D:** Mexiko (Guerrero, Puebla). **Fig. XLIV.d**

≡ *Villadia platyphylla* (Rose) E. Walther (1938); incl. *Echeveria planifolia* A. Berger (1930).

Sehr ähnlich wie *T. minutiflora*, aber **Wu** nicht verdickt; **Ros** kurzstämmig bis 7 cm, mit 15 - 25 flachen und ± ausdauernden **Blä**; **Blä** elliptischlänglich, 5 - 9 × 1.8 - 3 cm, dick, glatt, in der Jugend glauk, flach oder ventral rinnig; **Inf** Thyrsen, 23 - 46 cm mit 32 - 70 Wickeln.

Wahrscheinlich nicht von *T. minutiflora* zu unterscheiden (Kimnach 1993).

T. spathulata Kimnach (CSJA 65(1): 41-43, ills., 1993). **T:** Mexiko, Oaxaca (*Lau* s.n. [HNT, MEXU]). – **D:** Mexiko (Oaxaca). **Fig. XLIV.f**

Wu nicht beschrieben; **Ros** 5 - 8 cm ⌀, einzeln oder selten sprossend, ± kompakt, stammlos oder mit einem Stämmchen bis 2 cm, vollständig kahl; **Blä** rosarötlich weiss bis rosarötlich bronzefarben, jung ± glauk, stark spatelig, 3 - 4 (-5) × 1 - 2 cm, breiteste Stelle 4 - 10 mm unterhalb der Spitze, Oberseite ± flach, Spitze dornspitzig, 2 - 3 mm, Ränder gerundet; **Inf** 11 - 16 (-25) cm, fast aufrecht, ± glauk, Wickel ± 5 mm; **Ped** 1 - 4 mm; **Sep** fast gleich, frei, 3 × 1 mm; **Pet** ausgebreitet oder in der Mitte plötzlich zurückgebogen, 5 × 2.25 - 2.75 mm.

Nahe mit *T. minutiflora* verwandt.

T. xochipalensis Gual & al. (Acta Bot. Mex. 40: 38-40, ill., 1997). **T:** Mexiko, Guerrero (*Peralta & Gual* 167 [IEB, MEXU]). – **D:** Mexiko (Guerrero).

Kleine Halbsträucher bis 22 cm (excl. **Inf**); **Tr** unverzweigt, 4.5 - 5.5 mm ⌀, mit aufgerichtetem Ende kriechend bis aufrecht oder hängend, gräulich, mit apikaler **Ros**; **Blä** dicht angeordnet, schmal lanzettlich bis schwertförmig, 1.5 - 6.5 cm × 2.5 - 5.5 mm, gespitzt, dorsal längs gefurcht, kahl aber in der Jugend leicht bepudert, olivgrün; **Inf** 16 - 33 cm, Ähren oder basal rispig; **Bra** schmal lanzettlich, 1.5 - 2.5 cm, gespitzt; **Blü** 6 - 8 mm ⌀; **Sep** und **Pet** bepudert, **Pet** glauk-purpurrot; **NSch** 7 × 8 mm, weiss.

In der Grösse ähnlich wie *T. mixtecana*, welche sich aber verzweigt und unterschiedliche Blätter hat.

×THOMPSOPHYTUM

U. Eggli

×**Thompsophytum** C. H. Uhl (CSJA 66(4): 179, 1994).

= *Thompsonella* × *Pachyphytum*. Uhl (1994b) publizierte eine Liste der bekannten Hybridkombinationen (keine formell benannt).

×THOMPSOSEDUM

U. Eggli

×**Thompsosedum** C. H. Uhl (CSJA 66(4): 179, 1994).

= *Thompsonella* × *Sedum*. Siehe Uhl (1994b) für eine Liste der Hybridkombinationen (keine formell benannt).

×THOMPSOVERIA

U. Eggli

×**Thompsoveria** C. H. Uhl (CSJA 66(4): 177, 1994).

= *Thompsonella* × *Echeveria*. Siehe Uhl (1994b) für eine Liste der bekannten Hybridkombinationen (keine formell benannt).

TYLECODON

E. van Jaarsveld

Tylecodon Tölken (BT 12(3): 378, 1978). **T:** *Cotyledon cacalioides* Linné *fil.* — **Lit:** Tölken (1985: 19-35). **D:** Namibia, RSA; Winterregengebiete, v.a. Succulent Karoo. **Etym:** Anagramm des Gattungsnamens *Cotyledon* (*Crassulaceae*), wo die betreffenden Arten früher klassiert wurden.

Mehrjährige, laubwerfende Kräuter oder Sträucher, gewöhnlich mit einer caudiciformen Basis, variierend von zwergigen Geophyten bis dickstämmigen, gedrungenen Bäumen bis 2.5 m hoch, Wachstumsperiode Frühling bis Frühsommer, Blütezeit ± im Sommer; **Wu** faserig oder sukkulent; **Tr** meist kurz, aufsteigend, sukkulent, manchmal kletternd, spröde oder kräftig und selten holzig, manchmal mit ausdauernden, holzigen Höckern (Phyllopodien); Rinde variabel, glatt, rauh, in Streifen oder Flocken abschälend; **Blä** spiralig, gewöhnlich an den **Tr**spitzen gedrängt, flach, oder stielrund und dann oft auf der Oberseite gefurcht, während des Frühsommers vertrocknend und oft vollständig abfallend, manchmal mit modifizierten **Blä** in Form von kleinen, verdornenden **Bra** zwischen den normalen **Blä**; **Inf** endständige Thyrsen aus 1 bis mehreren Monochasien mit je 1 bis vielen, ausgebreiteten bis aufrechten **Blü**; **Blü** 5-zählig, aktinomorph (zygomorph bei *T. grandiflorus*), obdiplostemon; **Sep** ± der **Kr** angepresst, viel kürzer; **Kr** röhrig bis trichterig; **Pet** zu ¾ oder mehr verwachsen, Zipfel ausgebreitet, oft später zurückgebogen, weiss, grünlich, gelblich oder malvenfarben, selten rötlich; **St** 10; **Fil** mit dem unteren Teil der **Kr**röhre verwachsen; **Ca** 5, frei, mit aufrechten **Gr** und basalen **NSch**; **Fr** aufrechte Kapseln, nur apikal aufreissend; **Sa** sehr klein, ellipsoid, gerippt, durch den Wind verbreitet.

Die Gattung ist ziemlich nahe mit *Cotyledon* und *Adromischus* verwandt und wurde erst vor vergleichsweise kurzer Zeit separiert. Die Hauptkonzentration der Arten ist im Richtersveld und der Knersvlakte im Northern Cape und Western Cape der RSA zu finden, von wo kürzlich mehrere neue Taxa beschrieben wurden.

Die Arten von *Tylecodon* sind beliebte, im Winter wachsende und im Sommer blühende Stamm- und Blattsukkulenten, die im Sommer trocken gehalten werden müssen. Die Artenvielfalt reicht von zwergigen, einblätterigen Geophyten bis zu dickstämmigen, gedrungenen Bäumen bis 2.5 m Höhe. Die Bestäubung erfolgt durch Insekten (bei *T. grandiflorus* und *T. paniculatus* durch Nektarvögel) (Gess 2001). Die Blätter vertrocknen in der Sommerzeit; sie fallen entweder vollständig ab, oder der basale Teil verbleibt als stumpfer Höcker (als Phyllopodium bezeichnet). Die Vermehrung ist durch Samen, Teilung oder Sprosssteckliinge möglich.

T. albiflorus Bruyns (SAJB 55(3): 333-335, ills., 1989). **T:** RSA, Western Cape (*Bruyns* 1409 [NBG]). — **D:** RSA (Western Cape); Renosterveld, Blüten spätes Frühjahr bis Hochsommer.

Spärlich verzweigte Sukkulenten bis 6 cm hoch und 14 cm ⌀, mit einer unterirdischen Knolle bis 3.5 cm ⌀; **Tr** 1 - 3, aufrecht bis ausgebreitet, 1 - 3 cm lang, Haupt**Tr** bis 3 cm ⌀, mit gelblich brauner, abschälender Rinde, darunter mit grünlichem Gewebe; **Blä** in apikalen **Ros** gedrängt, ausgebreitet bis zurückgebogen, elliptisch-spatelig bis verkehrt eiförmig, flach, 3 - 5.5 × 0.9 - 2.2 cm, drüsenhaarig, Basis keilförmig, Spitze stumpf, Oberseite an der Basis gefurcht; **Inf** aufrechte bis ausgebreitete Thyrsen, 13 - 27 cm lang, mit 1 - 3 Monochasien mit je 1 - 3 aufrecht-ausgebreiteten **Blü**; **Inf**stiele drüsig-flaumhaarig, mit spateligen, 5 mm langen **Bra**; **Ped** ± 12 mm; **Kr** röhrig, 12 - 15 × 4.5 mm, grün, aussen drüsig-flaumhaarig, Zipfel 10 mm, Oberseite weiss.

T. atropurpureus Bruyns (SAJB 55(3): 332-333, ills., 1989). **T:** RSA, Northern Cape (*Bruyns* 2658 [BOL, PRE]). — **D:** RSA (Northern Cape: Namaqualand); Succulent Karoo, Blüten im Hochsommer.

Spärlich verzweigte, sukkulente Geophyten mit länglichem, unterirdischem Caudex von 15 × 5 cm; **Wu** knollig mit abschälender, grauer Rinde; **Tr** 2 - 6, 0.5 - 1 cm × 7 mm ⌀ mit kurzen, gestutzten Phyllopodien; **Blä** gedrängt, flach, aufsteigend, spärlich drüsig behaart, eiförmig bis spatelig, bis 8 × 6 cm, Basis keilförmig, Spitze zugespitzt oder stumpf; **Inf** aufrechte Thyrsen, 15 - 37 cm, mit 2 - 4 Monochasien mit je 8 - 20 aufrecht-ausgebreiteten **Blü**; **Inf**stiel bis 28 cm, drüsenhaarig; **Ped** 10 - 16 mm; **Cal** bis 4.5 mm; Zipfel 3 mm, linealisch; **Kr** röhrig, 12 - 14 × 5 mm, blassgrün, drüsig-flaumhaarig, Zipfel bis 3 mm, ausgebreitet und später plötzlich zurückgebogen, Oberseite dunkel schwarz-purpurn.

T. aurusbergensis G. Williamson & van Jaarsveld (Aloe 29(3/4): 60-62, ills., 1993). **T:** Namibia (*Williamson* 4417 [NBG]). — **D:** S Namibia; Succulent Karoo, Blüten Hoch- bis Spätsommer.

Spärlich verzweigte, aufrechte Sukkulenten bis 8 cm hoch, mit kegeligem, glattem bis knorrig sukkulentem Caudex bis 4 cm ⌀ mit grauer, abschälender Rinde und freigelegtem, grünem Gewebe; Blatragende **Tr** 2 - 3 mm ⌀, mit kurzen, spitzen, **Bra**-artigen **Blä** bis 0.5 mm, Sprossachse spärlich verzweigt, mit 1 bis mehreren, aufrechten, sukkulenten **Tr** mit grauer Rinde und kurzen, gestutzten Phyllopodien bis 1 mm; **Blä** eiförmig bis verkehrt eiförmig-spatelig, 1.8 - 2 × 1.5 - 3.5 cm, an den **Tr**spitzen gedrängt, drüsig-haarig, Basis keilförmig, Spitze stumpf, Oberseite konkav bis gefurcht, Unterseite mit kastanienbraunen Streifen; **Inf** kurze, beinahe sitzende Monochasien mit 1 - 3 **Dr**haarigen, aufrechten **Blü**; **Inf**stiel 2 - 20 mm; **Ped** 2 - 3 mm; **Kr** röhrig, ± 1 cm, **Rö** hellgrün, drüsig-flaumhaarig, Zipfel rosa bis rosa-lila, später zurückgebogen.

T. bayeri van Jaarsveld (Aloe 25(2): 30-32, ills., 1988). **T:** RSA, Northern Cape (*Bayer* 1492 [NBG]). – **D:** RSA (Northern Cape); Succulent Karoo, Blüten Hoch- bis Spätsommer. **Fig. XLV.b**
  Incl. *Tylecodon mallei* G. Williamson (1995).

Zwergige, spärlich verzweigte, kletternde Sukkulenten bis 20 cm Ø aus einer ± kugeligen, knolligen Basis bis 2.5 cm Ø mit graubrauner, abflockender Rinde; **Tr** schlank, bis 18 cm × 2.5 mm Ø, grau, durch die herablaufenden Phyllopodien gerippt, oft teilweise verdickt und dann wurzelnd; Phyllopodien 1 - 2 mm lang, gestutzt, oft zurückgebogen; **Blä** unterschiedlich, ausgebreitet bis zurückgebogen, oft an den **Tr**spitzen gedrängt, 1.5 - 4 × 0.4 - 3.2 cm, **Dr**haarig, flach, schmal bis breit verkehrt lanzettlich, eiförmig oder elliptisch, Basis keilförmig, Spitze stumpf bis zugespitzt; **Inf** flachgipfelige, ausgebreitete bis aufsteigende Thyrsen bis 4 cm hoch mit 1 - 2 Monochasien mit je 1 - 3 aufrechten **Blü**; **Ped** 1 cm; **Kr** röhrig, 10 - 12 × 4 mm, zum Schlund hin leicht erweitert, gelb bis bräunlich und mit kurzen, **Dr**spitzigen **Ha** bedeckt, Zipfel ausgebreitet, später zurückgebogen.

T. bleckiae G. Williamson (CSJA 70(3): 127-128, ills., 1998). **T:** Namibia (*Bleck & Lavranos* s.n. in *Williamson* 5896 [NBG]). – **D:** RSA (Northern Cape: Unterer Orange River), benachbartes S Namibia; Succulent Karoo.

Sukkulente Zwergsträucher bis 8 cm hoch aus einer verlängerten, ausgebreiteten, knolligen Basis, Knollen bis 7 × 3 cm; **Tr** zahlreich, oft verwoben, meist unverzweigt, bis 7 × 0.4 cm, aufsteigend bis ausgebreitet, grau mit erhabenen, schwarzen **Sch**; **Blä** 3 - 7 in endständigen **Ros**, 6 - 8 × 3 - 4 mm, elliptisch, oberseits mit einer zentralen Furche, trübgrün, drüsig-haarig; **Inf** mit 1 - 2 Dichasien auf einem aufrechten **Inf**stiel bis 10 × 1.2 mm; **Sep** eiförmig-dreieckig, bis 2.5 × 1.8 mm, drüsig-flaumhaarig; **Kr** zylindrisch, 12 × 4.5 mm, hellgrün mit ausgebreiteten, später zurückgebogenen Zipfeln, Zipfel eiförmig, spitz, hellrot mit dunkelrosafarbenen bis roten Strichen und weissen Rändern; **NSch** schmal eiförmig, ausgerandet, cremegelb.

Bisher mit *T. buchholzianus* verwechselt.

T. bodleyae van Jaarsveld (CSJA 64(2): 57-61, (4): 168 [Erratum], ills., Karte, 1992). **T:** RSA, Northern Cape (*Lavranos & Bleck* s.n. [NBG]). – **D:** RSA (Northern Cape); Succulent Karoo, steile, quarzitische Sandsteinfelswände, Blüten im Spätsommer.

Zwergige, aufrechte, spärlich verzweigte Sukkulenten bis 10 cm hoch aus einer knolligen Basis bis 6 cm Ø mit gelbbrauner, abschälender Rinde; **Tr** aufsteigend, graugrün mit dunklen Längsstreifen, an den Knoten gegliedert, jüngere **Tr** 4 - 5 mm Ø; Phyllopodien kurz, gestutzt; **Blä** verkehrt eiförmig bis elliptisch, 8 - 15 × 6 - 14 mm, grün bis blassgrün, spärlich **Dr**haarig oder kahl, Basis keilförmig, Spitze zugespitzt; **Inf** Thyrsen bis 4 cm mit 1 - 2 Monochasien mit je 1 - 2 aufrechten **Blü**; **Ped** 6 - 16 mm, drüsig-flaumhaarig, **Bra** linealisch, zugespitzt, 1 - 1.5 mm; **Sep** dreieckig-lanzettlich, 3 × 1 mm; **Kr** 11 - 15 mm, **Rö** trichterig, gelblich grün, an der Basis 3 mm Ø, am Schlund bis 4 mm erweitert, **Dr**haarig, Zipfel länglich, 5 × 2.5 mm, ausgebreitet, später zurückgerollt, Innenseite mit langen **Ha**; **NSch** gelblich grün, länglich aufrecht, ausgerandet, 1 × 0.5 mm.

T. buchholzianus (Schuldt & Stephan) Tölken (BT 12(3): 379, 1978). **T:** RSA, Northern Cape (*Schlechter* s.n. [B †]). – **D:** S Namibia, RSA (Northern Cape). **Fig. XLV.c**
  ≡ *Cotyledon buchholziana* Schuldt & Stephan (1937); **incl.** *Tylecodon buchholtzianus* hort. (s.a.) (*nom. inval.*, Art. 61.1).

Verzweigte, aufsteigende, sukkulente Zwergsträucher bis 30 cm hoch mit ausgebreiteter, unordentlicher, unregelmässiger Krone bis zu 27 cm breit; **Tr** graugrün, glatt, spröde, an der Basis bis 2 cm Ø, darüber auf 3 - 5 mm Ø verjüngt, Rinde graugrün mit kleinen, grubigen, 1 - 2 mm breiten **Bla**narben, ältere **Tr** mit in braunen Flocken abschälender Rinde, aufrecht bis ausgebreitet oder selten hängend wenn an überhängenden Felsen wachsend, manchmal für lange Zeit **Bla**los und photosynthetisch aktiv bleibend; **Blä** kurzlebig, gedrängt, aufsteigend bis ausgebreitet, linealisch-stielrund bis verkehrt eiförmig (dann dorsiventral abgeflacht und oberseits gefurcht), 5 - 40 × 3 - 5 mm; **Bra**artige **Blä** rötlich, pfriemlich, 1 mm; **Inf** aufrechte, beinahe sitzende Thyrsen bis 2 cm mit 1 - 3 Monochasien mit je 1 - 3 ± aufrechten **Blü**; **Kr** röhrig, purpurn bis rotpurpurn, 10 - 15 × 4 mm, Zipfel auf der Innenseite behaart, ausgebreitet, später zurückgebogen.

Eine sehr variable Art mit mehreren Lokalformen, aber da diese ineinander übergehen, sind sie schwierig formal zu klassifizieren.

T. buchholzianus var. **buchholzianus** – **D:** S Namibia, RSA (Northern Cape); Succulent Karoo, Blüten Hoch- bis Spätsommer.

Beschreibung wie für die Art.

T. buchholzianus var. **fasciculatus** G. Williamson (Aloe 29(3/4): 62-63, ills., 1993). **T:** RSA, Northern Cape (*Williamson* 4420 [NBG, BOL]). – **D:** RSA (Northern Cape: Richtersveld, nur in den Aughrabies Mts.); nach E ausgerichtete Quarzitklippen, Blüten im Hochsommer.

Unterschiede zu var. *buchholzianus*: Dichte, ausgebreitete oder hängende Gruppen bildend; **Tr** im Winter grünlich werdend; **Blä** fehlend oder wenige (1 - 2) pro **Tr**, brüchig und rasch hinfällig.

T. cacalioides (Linné *fil.*) Tölken (BT 12(3): 379, 1978). **T**: RSA, Western Cape (*Thunberg* s.n. [UPS [Herb. Thunberg 10998]]). – **D**: RSA (Western Cape); Succulent Karoo, Blüten im Hochsommer.
≡ *Cotyledon cacalioides* Linné *fil.* (1781); **incl.** *Cacalia papillaris* Linné (1753) ≡ *Kleinia papillaris* (Linné) Haworth (1812) ≡ *Senecio papillaris* (Linné) Schulz-Bipontinus (1845) ≡ *Tylecodon papillaris* (Linné) G. D. Rowley (1979).

Aufsteigende, verzweigte Sträucher bis 50 cm hoch, mit einem einzigen Haupt**Tr** bis 5 cm ⌀ mit gelblich grauer, abschälender Rinde; **Tr** 15 - 18 mm ⌀, graugrün mit kurzen, 1 - 2 mm hohen Phyllopodien (bei älteren **Tr** oft fehlend); **Blä** bis 6.8 × 0.4 cm, gedrängt, kahl (jung **Dr**haarig), graugrün, linealisch, fast stielrund und einwärts gebogen, Oberseite manchmal leicht gefurcht; **Inf** aufrechte Thyrsen bis 55 cm hoch mit bis zu 7 ausgebreiteten Monochasien; **Inf**stiel an der Basis bis 7 mm ⌀, **Dr**haarig, verkahlend; **Blü** ausgebreitet; **Ped** 7 mm; **Kr** 17 - 25 × 5 - 6 mm ⌀, röhrig und nach oben hin erweitert, schwefelgelb, Zipfel ausgebreitet, später zurückgebogen.

Siehe Tölken (1985) bezüglich der Anwendung des Namens *Cacalia papillaris*. Die Blüten werden vermutlich von einer langrüssigen Pferdefliege bestäubt (Gess 2001).

T. cordiformis G. Williamson (CSJA 70(5): 255-258, ills., 1998). **T**: RSA, Northern Cape (*Hammer & Barnhill* s.n. in *Williamson* 5911 [NBG]). – **D**: RSA (Northern Cape); Succulent Karoo, Blüten Hoch- bis Spätsommer.

Zwergig, spärlich verzweigt, mit länglich kugeliger Basis von 5 × 2 cm ⌀ mit graubrauner, abschälender Rinde; **Tr** kurz, 5 - 45 × 4 - 8 mm, grau; Phyllopodien dreieckig, mit winzigen **Ha** bedeckt; **Blä** 2 - 4 in endständigen **Ros** mit annähernd aufrechten bis aufrechten **Bla**stielen bis 8 mm, Spreite glänzend dunkelgrün, herzförmig, 5 - 8 × 7 - 10 mm, dicht mit aufrechten, weissen **Ha** bedeckt; **Inf** oben flache, aufsteigende Thyrsen, 1 cm hoch; **Sep** 2 × 0.8 mm, rechteckig, Spitze gerundet; **Kr** röhrig, 10 × 5 mm, zum Schlund hin leicht erweitert, limonengrün, dicht mit **Ha** bedeckt, Zipfel 4 × 2.5 mm, ausgebreitet, später leicht zurückgebogen; **NSch** quer länglich, 0.5 × 0.8 mm, ausgerandet.

T. decipiens Tölken (BT 12(3): 379, 1978). **T**: RSA, Northern Cape (*Tölken* 5252 [PRE]). – **D**: S Namibia, RSA (Northern Cape); Succulent Karoo, Blüten im Spätsommer.

Zwergige, mattenbildende, stark verzweigte Sukkulenten mit knolliger Basis; **Tr** 7 - 10 mm ⌀, blass graugrün, glatt, ohne Phyllopodien, dicht verflochten, oft dichte Polster bis 20 cm ⌀ bildend; **Blä** 5 - 14 × 6 - 10 mm, verkehrt lanzettlich, flach, kahl, Oberseite flach bis gefurcht, Spitze stumpf; **Inf** Thyrsen bis 4 cm hoch mit 1 - 2 Monochasien mit je 1 - 2 aufrechten **Blü**; **Ped** 1 cm; **Sep** 2 - 3 mm, dreieckig-lanzettlich; **Kr** röhrig, 9 - 10 × 4 mm ⌀, weiss bis rosa, Zipfel ausgebreitet, später zurückgebogen.

Täuschend ähnlich wie *T. schaeferianus*.

T. ellaphieae van Jaarsveld (FPA 50(2): t. 1983 + 3 pp. Text, 1989). **T**: RSA, Northern Cape (*van Jaarsveld & Drijfhout* 5523 [NBG]). – **D**: RSA (Northern Cape); Succulent Karoo, steile Sandsteinfelsklippen, Blüten im Hochsommer.
Incl. *Tylecodon cremnophilus* Bruyns (1990).

Zwergige, spärlich verzweigte Sukkulenten, 1 - 6 cm hoch, mit knolliger Basis bis 3 cm ⌀; **Tr** 2 - 8, aufsteigend, grau, bis 6 cm, mit gestutzten Phyllopodien bis 2 mm, ältere **Tr** mit abflockender, gelblich grauer Rinde, **Bla**tragende **Tr** 5 mm ⌀; **Blä** zusammengedrängt, ausgebreitet, 2.3 - 4.5 × 1 - 2.8 cm, verkehrt lanzettlich, eiförmig bis spatelig, **Dr**haarig, Oberseite an der Basis rinnig, Basis keilförmig, Spitze zugespitzt oder stumpf; **Bra**artige **Blä** pfriemlich, bis 2 mm, ausdauernd; **Inf** kurze, flachgipfelige Thyrsen bis 8 cm mit 1 - 3 Monochasien mit je 1 - 3 aufrechten **Blü**; **Inf**stiele **Dr**haarig; **Ped** 5 mm; **Kr** röhrig, bis 15 × 4 mm ⌀, hellgrün, zum Schlund hin leicht erweitert, Zipfel 6 × 3 mm, weiss, ausgebreitet, später zurückgebogen, zugespitzt.

T. faucium (von Poellnitz) Tölken (BT 12(3): 379, 1978). **T**: RSA, Western Cape (*Herre* s.n. in *SUG* 6841 [B †, BOL [clono]]). – **D**: RSA (Western Cape); Succulent Karoo, Blüten im Hochsommer.
≡ *Cotyledon faucium* von Poellnitz (1941).

Zwergige, spärlich verzweigte Sukkulenten mit flachwurzelnden **Tr** und undeutlicher Knolle; **Tr** kurz, ausgebreitet, bis 7 × 1 - 1.5 cm ⌀, mit kurzen, spitzen, bis 2 mm langen Phyllopodien bedeckt; Rinde graugrün; **Blä** zusammengedrängt, unterschiedlich, meist verkehrt lanzettlich, verkehrt eiförmig bis spatelig, 1.5 - 3 × 0.5 - 1.2 cm, **Dr**haarig, Oberseite gefurcht oder flach, Spreite selten beinahe stielrund, in der Farbe oft rosarötlich; **Inf** ausgebreitete Thyrsen, 15 - 30 cm, aus 1 - 3 Monochasien; **Blü** aufrecht; **Kr** trichterig, 12 - 20 × 4 mm, gelblich grün, Zipfel ausgebreitet bis zurückgebogen, rosa bis kastanienbraun, 6 × 3 mm.

T. ×fergusoniae (L. Bolus *pro sp.*) G. D. Rowley (KuaS 41(12): 282, 1990).
≡ *Cotyledon fergusoniae* L. Bolus (1931).

Dies ist die Hybride *T. cacalioides* × *T. paniculatus*.

T. fragilis (R. A. Dyer) Tölken (BT 12(3): 379, 1978). **T**: RSA, Cape Prov. (*Hall* 3426 [PRE, NBG]). – **D**: RSA (Northern Cape, Western Cape); Strandveld, Succulent Karoo, in Felsritzen, sommerblühend. **Fig. XLV.a**
≡ *Cotyledon fragilis* R. A. Dyer (1971).

Niedrige, spärlich verzweigte, aufsteigende Sukkulenten bis 16 cm hoch mit knolliger Basis bis 2.5 cm ⌀ mit grauer, abschälender Rinde; **Tr** spröde, glatt, bis 35 cm, 4 mm ⌀, manchmal kletternd, Rinde grauweiss, mit deutlichen oder undeutlichen, dunkleren, graugrünen bis schwarzen Streifen; **Blä** weich sukkulent, linealisch, stielrund bis leicht abgeflacht, 2.5 - 5 cm × 2 - 3 mm, auf der Oberseite leicht gefurcht, Spitze stumpf bis zugespitzt, mit aufgesetztem Spitzchen; **Inf** 7 cm hohe Thyrsen mit 1 - 4 Monochasien mit je 1 - 3 aufrechten bis ± ausgebreiteten **Blü**; **Ped** ± 5 mm; **Sep** 2 mm, dreieckig-lanzettlich; **Kr** gelblich grün, röhrig, glatt, bis 10 - 12 × 4 mm, zum Schlund hin leicht erweitert, Zipfel ausgebreitet, 5 × 2 mm, stumpf, später zurückgebogen.

T. grandiflorus (Burman *fil.*) Tölken (BT 12(3): 379, 1978). **T:** [icono]: Burman, Rar. Afr. Pl. t. 20, fig. 1, 1738. – **D:** RSA (Northern Cape, Western Cape); Strandveld, Renosterveld, Succulent Karoo, Blüten im Spätsommer.

≡ *Cotyledon grandiflora* Burman *fil.* (1768); **incl.** *Cotyledon tuberculosa* Lamarck (1786); **incl.** *Cotyledon curviflora* Sims (1819).

Niederwüchsige, spärlich verzweigte Sukkulenten, **Tr** mit aufgerichtetem Ende kriechen, mit runden, stumpfen, 2 mm hohen Phyllopodien bedeckt oder glatt; Rinde grau bis gelblich, abschälend; **Blä** zusammengedrängt, aufsteigend, 6 - 14 × 0.6 - 1.5 cm, linealisch-elliptisch bis linealisch verkehrt lanzettlich, kahl, Oberseite gefurcht bis rinnig, Unterseite konvex, Basis spitz zulaufend, Spitze stumpf; **Inf** aufsteigende Thyrsen aus 1 - 5 Monochasien, bis 60 cm; **Inf**stiel bis 50 cm, an der Basis 4 mm ⌀; **Bra** linealisch, 10 - 12 mm; **Blü** ausgebreitet-aufsteigend; **Ped** 3.5 - 4 cm; **Sep** linealisch-dreieckig, 7 × 2 mm, **Dr**haarig; **Kr** gebogen-röhrig, zum Schlund hin leicht erweitert, 3 - 4 cm, orangerot, **Dr**haarig.

Die Blüten sind die grössten in der Gattung.

T. hallii Tölken (BT 12(3): 379, 1978). **T:** RSA, Northern Cape (*Hall* 1300 [NBG]). – **D:** S Namibia, RSA (Northern Cape); Succulent Karoo, frühlingsblühend.

Incl. *Cotyledon hallii* Tölken (1977) (*nom. illeg.*, Art. 53.1).

Zwergige, verzweigte Sträucher bis 30 cm hoch mit dickem Haupt**Tr** bis ± 8 cm ⌀ und gerundeter Krone; **Tr** 5 - 7 mm ⌀; Rinde glatt, grau mit dunkleren Flecken bei jüngeren Pflanzen, bei älteren **Tr** dunkler und abschälend; **Blä** kahl oder mit wenigen, zerstreuten, drüsigen **Ha**, hellgrün, an den **Tr**spitzen zusammengedrängt, einwärts gebogen, 15 - 25 × 3 - 4 mm, linealisch bis linealisch-lanzettlich, stielrund oder fast stielrund, Basis spitz zulaufend, Spitze stumpf; **Inf** aufrechte Thyrsen bis 6 cm mit 1 - 5 Monochasien; **Blü** aufrecht; **Ped** 5 - 7 mm; **Sep** bis 9 mm, dreieckig; **Kr** röhrig, an der Basis leicht ausgebeult und nach oben hin sich verbreiternd, 10 - 20 × 5 mm, gelblich, **Dr**haarig, Zipfel bis 8 mm, ausgebreitet bis zurückgebogen.

T. hirtifolius (W. F. Barker) Tölken (BT 12(3): 379, 1978). **T:** RSA, Northern Cape (*Herre* s.n. [BOL 22165]). – **D:** RSA (Northern Cape); Succulent Karoo auf dem Namaqualand Escarpment, Blüten im Hochsommer.

≡ *Cotyledon hirtifolia* W. F. Barker (1938).

Niedrige, spärlich verzweigte Sukkulenten, 4 - 6 cm hoch, mit ausgebreiteten bis mit aufgerichtetem Ende kriechenden **Tr** bis 17 cm mit grauschwarzen, länglichen Phyllopodien von 5 - 6 × 2 - 3 mm; **Blä** flach, grün, verkehrt eiförmig bis verkehrt lanzettlich, 4 - 10 × 2.3 - 3.5 cm, Oberseite konkav, Unterseite konvex, Basis keilförmig, Spitze stumpf oder zugespitzt; **Inf** Thyrsen bis 75 cm mit 2 - 3 aufsteigenden Monochasien mit je 5 - 10 gelblich grünen, ausgebreiteten bis ± nickenden **Blü**; **Kr** 14 - 18 mm, glockig, **Dr**haarig, Zipfel weiss, zurückgebogen.

T. kritzingeri van Jaarsveld (JSAB 49(3): 305-310, fig. 2, 1983). **T:** RSA, Northern Cape (*van Jaarsveld & Kritzinger* 6278 [NBG]). – **D:** RSA (Northern Cape); Succulent Karoo, Blüten im Hochsommer.

Kletternde, spärlich verzweigte Sukkulenten bis 1 m hoch aus einer knolligen Basis bis ± 3 cm ⌀; **Wu** knollig, länglich, bis 1 cm ⌀; **Tr** aufsteigend, grau mit dunkleren Streifen, 3 - 4 mm ⌀; **Blä** linealisch bis linealisch-elliptisch, 2 - 4 cm × 2 - 4 mm, kahl, grün, ausgebreitet, mit stumpfen oder zugespitzten Spitzen, diese als Kletterhilfe oft zurückgebogen oder zurückgeschlagen, Oberseite gefurcht, Unterseite konvex; **Inf** ausgebreitete Thyrsen, 20 cm, mit 1 - 3 Monochasien mit je 1 - 3 ausgebreiteten bis aufrechten **Blü**; **Inf**stiele bis 18 cm, 1.5 mm ⌀; **Ped** 1.2 - 2 cm; **Sep** kahl, dreieckig-lanzettlich, 5 × 2 mm, zugespitzt; **Kr** röhrig, 20 × basal 4 mm ⌀, zum Schlund allmählich auf 7 mm ⌀ erweitert, Zipfel 8 - 10 × 4 mm, ausgebreitet und später zurückgebogen, zugespitzt, Oberseite dunkel kastanienbraun bis rötlich.

T. leucothrix (C. A. Smith) Tölken (BT 12(3): 379, 1978). **T:** [lecto – icono]: Bothalia 3: t. 1, 1939. – **D:** RSA (Western Cape); Succulent Karoo, Blüten spätes Frühjahr bis Hochsommer.

≡ *Adromischus leucothrix* C. A. Smith (1939) ≡ *Cotyledon leucothrix* (C. A. Smith) Fourcade (1941); **incl.** *Cotyledon swartbergensis* von Poellnitz (1939).

Aufrechte, spärlich verzweigte Kleinsträucher, 5 - 18 cm hoch; **Wu** faserig; Haupt**Tr** 1, 1.5 - 6.5 cm ⌀, oft deutlich geschwollen, kugelig oder unregelmässig (oft knollig und teilweise unterirdisch), Rinde glatt, abschälend, gelblich grau, braun bis purpurn und das grüne bis braune darunterliegende Gewebe blosslegend; **Blä** 2.5 - 7.5 × 0.8 - 1 cm, an den **Tr**spitzen gedrängt, linealisch-elliptisch bis schmal lanzettlich oder verkehrt lanzettlich, manchmal beinahe stielrund, **Dr**haarig, Oberseite gefurcht bis rinnig, Unterseite konvex, Basis keilförmig, Spitze zugespitzt; **Inf** aufsteigende Thyrsen, 10 - 34 cm, mit 1 - 5 Monochasien mit je 1 - 3 aufrecht-ausgebreiteten **Blü**; **Inf**stiel 8 - 20 cm, 2 mm $\varnothing$ an der Basis, **Dr**haarig; **Ped** 5 - 25 mm; **Kr** röhrig, 6 - 10 × 4 mm, Zipfel ausgebreitet, 3 - 4 mm, weiss oder rosa.

Pflanzen von Joubert Kop, Kleine Karro, haben grauweisse Triebe.

T. longipes van Jaarsveld & G. Williamson (Aloe 31(3-4): 56-58, ills., 1995). **T:** RSA, Northern Cape (*van Jaarsveld & al.* 13063 [NBG]). – **D:** RSA (Northern Cape); Succulent Karoo, Blüten im Hochsommer.

Zwergige, stark verzweigte, mattenbildende Sukkulenten bis 3 cm hoch und 20 cm $\varnothing$; **Tr** bis 2 cm $\varnothing$, mit silbergrauer, aufbrechender und das grüne Gewebe blosslegender Rinde; **Blä** 1 - 4 pro **Tr**, zusammengedrängt, ausgebreitet, 1.5 - 3.5 × 1 - 2 cm, lanzettlich oder breit eiförmig bis spatelig, manchmal 3-lappig, **Dr**haarig, mit kurzem Stiel bis 5 mm, selten etwas rinnig, Basis keilförmig, Spitze stumpf; **Bra**artige **Blä** pfriemlich, 1 mm, bald abfallend; **Inf** Thyrsen bis 3 cm mit 1 - 3 Monochasien; **Inf**stiel 1 - 2 cm, **Dr**haarig; **Blü** aufrecht; **Ped** 7 mm; **Sep** dreieckig, bis 2 × 1 mm; **Kr** röhrig, bis 15 mm, **Rö** zylindrisch bis trichterig, grünweiss, Zipfel länglich, 4 - 6 × 2 mm; **St** herausragend, 10 mm; **NSch** quer rechteckig, 0.7 mm.

T. nigricaulis G. Williamson & van Jaarsveld (Aloe 36(2-3): 43-44, ills., 2000). **T:** RSA, Northern Cape (*van Jaarsveld* 12802 [NBG]). – **D:** RSA (Northern Cape: bei Garies); Granitfelsvorkommen, Succulent Karoo.

Verzweigte Zwergsträucher, ± 8 cm hoch und breit aus einem verzweigten, basalen Knollennetzwerk, Knollen karottenförmig bis gerundet-länglich, bis 15 - 35 mm lang; **Tr** dünn, unverzweigt oder basal spärlich verzweigend, bis 70 × 3 - 4 mm, obere ⅔ mit niederen, glänzenden, schwarzen bis schwärzlich braunen Phyllopodien bedeckt; **Blä** im Winter, 3 - 6 in dichten, endständigen **Ros**, hellgrün, schmal elliptisch, sichelförmig, oberseits mit seichter Furche, deutlich feinspitzig, 12 × 4 mm, 2 mm dick; **Inf** Monochasien, bis 25 × 17 mm, mit 3 - 5 **Blü**; **Inf**stiel aufrecht, bis 10 × 1 mm, an vorjährigen **Tr** endständig, mit **Dr**haaren; **Blü** 6 mm lang; **Ped** grünlich, drahtig, bis 10 mm, mit kristallenen **Ha** bedeckt; **Kr**röhre zylindrisch, hell kanariengelb bis gelblich grün, 5 × 2.5 mm; **Kr**zipfel ausgebreitet, länglich, feinspitzig, weisslich bis hell fliederfarben, 3.2 × 1.5 mm; **NSch** leuchtend gelb, rechteckig, tief ausgerandet.

Im Protolog mit *T. pygmaeus* verglichen.

T. nolteei Lavranos (Piante Grasse 20(3): 124-126, ills., 2001). **T:** RSA, Western Cape (*Lavranos* 31258 [PRE, MO, P]). – **D:** RSA (Northern Cape); Succulent Karoo, Schieferklippen, Blüten im Sommer.

Sukkulente Zwergpflanzen bis 7 cm hoch, wenig verzweigt, mit einem einzelnen, verdickten Haupt-**Tr** bis 2 cm $\varnothing$; **Wu** faserig; **Tr** mit glatter, etwas abschälender Rinde, olivgrün bis bräunlich; **Blä** 2 - 5, sitzend, kreisrund bis breit elliptisch, 10 - 25 × 7 - 22 mm, glauk, behaart, mit rötlichen, durchscheinenden Markierungen; **Inf** aufrechte Thyrsen bis 4 cm mit 2 bis mehreren Monochasien, während mehrerer Vegetationszeiten ausdauernd; **Ped** 3 - 15 mm; **Sep** dreieckig, 2 - 3 mm, behaart; **Kr** aufrecht, röhrig, cremefarben bis hellrosa, flaumhaarig, 12 - 13 × 4 mm $\varnothing$, Zipfel ausgebreitet, 1.5 mm; **NSch** stumpf eiförmig.

Gemäss Protolog entfernt mit *T. reticulatus* verwandt.

T. occultans (Tölken) Tölken (BT 12(3): 380, 1978). **T:** RSA, Western Cape (*Hall* 4289 [PRE, NBG]). – **D:** RSA (Western Cape); Quarzkieselebenen in Succulent Karoo, Blüten Hoch- bis Spätsommer. **Fig. XLV.d, XLV.e**

≡ *Cotyledon occultans* Tölken (1977).

Zwergige, sukkulente Geophyten mit etwas kugeliger, knolliger, unterirdischer Basis bis 1.5 cm $\varnothing$, Caudex mit grauer, abflockender Rinde; **Tr** 1 - 2, unterirdisch oder selten ± oberirdisch, bis 1 cm hoch und 5 - 8 mm $\varnothing$; **Blä** 1 (-2), kreisrund, flach, 1 - 2.5 cm $\varnothing$, zurückgebogen und an den Boden gepresst, schildförmig, unterschiedlich **Dr**haarig; **Inf** aufrechte Thyrsen bis 8 cm mit 1 - 3 Monochasien; **Bra** linealisch, 2 mm; **Blü** aufrecht; **Ped** 10 - 12 mm; **Sep** linealisch, 2 - 3 mm; **Kr** röhrig, 12 - 15 × 2.5 mm, blassgelb bis gelblich grün, kahl, Zipfel 1.5 mm, zurückgebogen.

T. paniculatus (Linné *fil.*) Tölken (BT 12(3): 380, 1978). **T:** RSA, Northern Cape (*Thunberg* s.n. [UPS [Herb. Thunberg 11010]]). – **D:** S Namibia, RSA (Northern Cape); Winterregengebiete, Succulent Karoo, Blüten Spätfrühling bis Hochsommer. **Fig. XLV.f**

≡ *Cotyledon paniculata* Linné *fil.* (1782); **incl.** *Cotyledon fascicularis* Aiton (1789); **incl.** *Cotyledon tardiflora* Bonpland (1816); **incl.** *Cotyledon mollis* Dinter (1923) (*nom. inval.*, Art. 32.1, 53.1).

Aufrechte, robuste, dickstämmige Sträucher bis 2.5 m mit gerundeter Krone, gewöhnlich reichlich verzweigt mit einem einzigen Hauptstamm bis ± 40 cm $\varnothing$; **Wu** faserig; Rinde glatt, in halb durchscheinenden, gelblich braunen, waagerechten Streifen abschälend und den grünen, fleischigen Stamm blosslegend; **Tr** weichfleischig und spröde, junge **Tr** mit gräulich grüner Rinde; **Blä** aufsteigend-ausgebreitet, flach bis etwas rinnig, kahl oder bei jungen Pflanzen dicht behaart, 5 - 9 × 2 - 4 cm, elliptisch, eiförmig bis verkehrt lanzettlich, grasgrün, selten bläulich überhaucht, Rand ganzrandig, bisweilen gewellt, Basis keilförmig, Spitze gerundet bis stumpf; **Bla**rudimente an den **Tr**spitzen dreieckig, 3 × 2 mm, bald braun werdend und vertrocknend; **Inf** aufsteigende Thyrsen bis 40 cm mit 3 - 6 Monochasien; **Inf**stiele rötlich; **Bra** 15 - 20 × 3 - 5 mm; **Blü** ausgebreitet bis leicht nickend; **Kr** röhrig, orangegelb bis rot, bis 20 × 8 mm ⌀, Aussenseite **Dr**haarig oder kahl, Zipfel ausgebreitet, später zurückgebogen.

Zwischen *T. paniculatus* und *T. wallichii* wurden Naturhybriden bekannt.

T. pearsonii (Schönland) Tölken (BT 12(3): 380, 1978). **T**: RSA, Northern Cape (*Pearson* 5981 [GRA]). – **D**: S Namibia, RSA (Northern Cape, Western Cape); Succulent Karoo, Blüten Früh- bis Hochsommer.

≡ *Cotyledon pearsonii* Schönland (1912); **incl.** *Cotyledon luteosquamata* von Poellnitz (1939).

Zwergige, verzweigte, sukkulente Sträucher mit attraktiv verdicktem Stamm bis 3.5 cm ⌀; junge **Tr** graugrün, mit kurzen, grauweissen, gestutzten bis gerundeten Phyllopodien bis 1 mm bedeckt, ältere **Tr** mit gelbbrauner, abschälender Rinde; **Blä** an den **Tr**spitzen gedrängt, aufsteigend bis ausgebreitet, einwärts gebogen, 2.5 - 8 cm × 5 - 7 mm, linealisch bis linealisch-lanzettlich bis annähernd stielrund, graugrün mit glänzenden Wärzchen, Oberseite mit flacher Furche, Unterseite konvex, Basis keilförmig, Spitze zugespitzt mit rötlichem, aufgesetztem Spitzchen; **Inf** kurze Thyrsen, 3.5 - 8 cm, mit 1 - 3 Monochasien; **Ped** 6 - 7 mm; **Blü** aufsteigend, oder ausgebreitet bis nickend, **Kr** glockig, bis 15 × 7 mm, hellbraun, in der Mitte ausgebeult, **Dr**haarig.

T. peculiaris van Jaarsveld (Aloe 35(1): 10-11, ills., 1998). **T**: RSA, Western Cape (*van Jaarsveld & Theart* 14796 [NBG]). – **D**: RSA (Western Cape); Succulent Karoo, Quarzkieselebenen, Blüten Hoch- bis Spätsommer.

Zwergige, geophytische Sukkulenten bis 1 cm hoch, aus einem länglichen bis niedergedrücktkugeligen Caudex aus 2 bis 3 fleischigen, waagerechten bis senkrechten **Wu**, 1.8 - 3.5 cm lang und 1.5 - 2.5 cm ⌀, mit grauer, abschälender Rinde und purpurrosa Fleisch; **Tr** 1, bis 7 mm hoch und 3 - 4 mm ⌀ mit grauer, abschälender Rinde; **Bla** 1, sitzend, auf den Boden gedrückt, dunkel purpurgrün, rundlich-eiförmig, schildförmig, 12 - 16 × 10 - 15 mm und 8 - 10 mm dick, mit einer tiefen, zentralen Furche, manchmal beinahe hohl, Oberfläche winzig runzelig, Rippen dunkelgrün mit purpurnen Zellen dazwischen, diese mit sitzenden, kugeligen, glänzend weissen, durchscheinenden **Dr**; **Inf** Thyrsen bis 4.5 cm, aus einem einzigen Monochasium bestehend mit 1 - 3 bogig-aufsteigenden **Blü**; **Inf**stiele 2 cm, purpurschwarz, winzig gefurcht; **Ped** 18 - 25 mm; **Bra** linealisch, zugespitzt, 1 - 2 mm, angepresst, bald verwelkend; **Sep** dreieckig-lanzettlich, 2 × 0.75 mm, mit dichten, keuligen **Ha** bedeckt, rötlich braun; **Kr**röhre 6 × 3 mm, bleichgelblich bis gelblich grün, mit keuligen, drüsigen **Ha**, Zipfel 3 × 2 mm, grünlich; **Fr** 6 - 7 mm.

T. pusillus Bruyns (SAJB 55(3): 335-336, ills., 1989). **T**: RSA, Northern Cape (*Bruyns* 2888 [BOL]). – **D**: RSA (Northern Cape: Richtersveld); Succulent Karoo, Taschen in quarzitischem Sandstein, Blüten Hochsommer bis Herbst.

Zwergige, verzweigte Sukkulenten bis 4.5 cm hoch mit unterirdischer oder teilweise blossliegender, knolliger Basis, 2.5 cm ⌀ mit grauer abschälender Rinde; **Tr** kurz, an der Basis bis 2 cm ⌀, **Bla**tragende **Tr** 3 mm ⌀; **Blä** 1 - 5, an den **Tr**spitzen gedrängt, ausgebreitet und auf den Boden gepresst, nierenförmig-rund bis herzförmig, 4 - 12 × 5 - 17 mm, **Dr**haarig mit durchscheinenden **Ha**, Basis keilförmig, Spitze stumpf bis zugespitzt, Oberseite flach bis rinnig, Unterseite konvex; **Inf** aufrechte Thyrsen bis 7 cm mit 1 - 3 Monochasien; **Blü** aufrecht; **Ped** 5 - 6 mm; **Kr** zylindrisch, blassgelb, 5 - 6 mm, drüsig-flaumhaarig, Zipfel gelb, auf der Oberseite behaart, später zurückgebogen.

T. pygmaeus (W. F. Barker) Tölken (BT 12(3): 380, 1978). **T**: RSA, Western Cape (*Vigne* s.n. [BOL, K]). – **D**: RSA (Western Cape); Succulent Karoo, Quarzkieselebenen, sommerblühend. **Fig. XLVI.d**

≡ *Cotyledon pygmaea* W. F. Barker (1930); **incl.** *Cotyledon pygmaea* var. *pygmaea*; **incl.** *Tylecodon pygmaeus* var. *pygmaeus*.

Kleine, spärlich verzweigte Sukkulenten, 10 - 20 cm hoch, mit unterirdischer, knolliger Basis bis 7 cm ⌀ mit rosabraunem Fleisch; **Tr** glatt, grau, 8 mm ⌀ an der Basis und bis auf 3 mm verjüngt; **Blä** verkehrt eiförmig, linealisch-verkehrt lanzettlich bis beinahe stielrund und keulig, 2 - 50 × 5 - 45 mm, mit glänzenden, durchscheinenden, herzförmigen bis kugeligen, kristallartigen **Ha** bedeckt, Basis keilförmig, Spitze stumpf; **Inf** Thyrsen bis 4.5 cm mit 1 - 3 Monochasien mit je 1 - 3 aufrechten **Blü**; **Ped** 5 - 15 mm; **Kr** blass gelblich grün, zylindrisch, bis 6 mm, Zipfel so lang wie die **Rö**, ausgebreitet, später zurückgebogen.

T. racemosus (Harvey) Tölken (BT 12(3): 380, 1978). **T**: RSA, Northern Cape (*Drège* s.n. [S, BM, K, LE]). – **D**: S Namibia, RSA (Northern Cape); Succulent Karoo, Blüten im frühen Sommer. **Fig. XLVI.b**

≡ *Cotyledon racemosa* Harvey (1862); **incl.** *Cotyledon chloroleuca* Dinter *ex* H.-C. Friedrich (1960).

Variable, aufrechte, spärlich verzweigte Kleinsträucher, 20 - 50 cm hoch, mit einem einzelnen Hauptstamm bis 7 × 4.5 cm ⌀; **Tr** grün mit gelbbrauner bis grauer, waagerecht abschälender Rinde;

jüngere **Tr** 8 mm ⌀; **Blä** weich sukkulent, aufsteigend bis ausgebreitet, an den **Tr**spitzen gedrängt, **Dr**haarig, kahl oder mit glänzenden, durchscheinenden Wärzchen, gelegentlich an der Basis mit rötlichen Streifen, linealisch-lanzettlich, linealisch verkehrt lanzettlich bis spatelig, 2.5 - 10 × 0.8 - 3.7 cm, Oberseite an der Basis flach bis gefurcht bis breit rinnig; **Blä** zum Sommer hin verwelkend aber ausdauernd, schliesslich deutliche, weisse, waagerechte Narben zurücklassend; **Inf** aufrechte Thyrsen, 8 - 10 cm, mit 3 - 6 ausgebreiteten Monochasien; **Inf**stiele **Dr**haarig bis kahl, an der Basis 3 - 4 mm ⌀, nach oben hin verjüngt; **Bra** linealisch-lanzettlich, nach oben hin kleiner werdend, bald abfallend; **Blü** ausgebreitet bis aufsteigend; **Ped** 8 - 17 mm; **Sep** linealisch-lanzettlich, 9 - 10 × 1 - 2.5 mm; **Kr** röhrig, zum Schlund hin erweitert, 10 - 15 × 4 mm ⌀, rosa oder weiss mit dunkler rosafarbenen bis purpurnen Streifen, leicht drüsig-flaumhaarig, Zipfel ausgebreitet, oft später zurückgebogen.

T. reticulatus (Linné *fil.*) Tölken (BT 12(3): 380, 1978). **T**: RSA, Cape Prov. (*Thunberg* s.n. [UPS [Herb. Thunberg 11013]]). – **D**: Namibia, RSA.

≡ *Cotyledon reticulata* Linné *fil.* (1782).

T. reticulatus ssp. **phyllopodium** Tölken (BT 12(3): 380, 1978). **T**: Namibia (*Dinter* 8092 [BOL, WIND]). – **D**: S Namibia, RSA (Northern Cape); Succulent Karoo. **Fig. XLVI.a**

Unterschiede zu ssp. *reticulatus*: **Blä**tragende **Tr** dünner, 4 - 8 mm ⌀, mit deutlichen, braunen oder grauen bis schwarzen, gestutzten Phyllopodien bis 2 mm hoch; **Blä** 2 - 6 cm × 4 - 6 mm, stielrund, aufrecht, grün bis bläulich oder gelblich grün, manchmal auf der Oberseite leicht gefurcht, Spitze stumpf oder zugespitzt, mit rötlicher, aufgesetzter Spitze; **Bra**artige **Blä** pfriemlich, 1.5 mm, gespitzte Phyllopodien hervorrufend; **Inf** lockere Thyrsen, 2.5 - 27 cm, nicht so dicht und kompakt wie bei ssp. *reticulatus*; **Ped** 1.2 - 2.5 cm.

Diese Unterart ist ziemlich variabel und die folgenden Lokalformen werden als Cultivare anerkannt:

'Khamiesberg': Unterirdischer Caudex bis 5 cm ⌀, mit bis zu 35 aufrechten **Tr** mit kurzen Phyllopodien; **Inf** locker mit 1 - 2 Monochasien bis 2 cm.

'Strandfontein': Pflanzen kurz, kompakt, 2 - 4 cm hoch, **Tr** an der Basis bis 3 cm ⌀; **Blä** bis ± 5 mm; **Inf** eine dichte, netzartige Krone bildend.

T. reticulatus ssp. **reticulatus** – **D**: S Namibia, RSA (Northern Cape, Western Cape); Succulent Karoo, Quarzkieselebenen, Blüten im Spätfrühling und Sommer. **Fig. XLVI.c**

Incl. *Cotyledon dichotoma* Haworth (1819); **incl.** *Cotyledon parvula* Burchell (1822).

Pflanzen unterschiedlich mit einem basal meist einzelnen, dicken, gedrungenen Stamm, 3 - 38 cm hoch mit einer runden, spärlich verzweigten Krone bis 30 cm ⌀; Hauptstamm bis 6 cm ⌀ mit brauner, in Streifen abschälender Rinde; jüngere **Tr** aufsteigend, graugrün, 8 mm ⌀; **Blä** an den **Tr**spitzen gedrängt, unterschiedlich, 5 - 40 × 3 - 10 mm, flach, kahl bis **Dr**haarig, eiförmig, linealisch-lanzettlich bis linealisch verkehrt lanzettlich, aufrecht bis aufsteigend, bläulich überhaucht, Basis keilförmig, Spitze stumpf mit einer rötlichen, aufgesetzten Spitze; **Inf** Thyrsen bis 7 cm hoch und ⌀, mit vielen Dichasien, jedes mit 2 - 6 ausgebreiteten bis aufrechten **Blü**, nach der Blüte verbleibend und eine dichte, netzartige Krone über den **Blä** und **Tr** bildend; **Ped** 6 - 8 mm; **Sep** 2 - 4 mm, drüsig-flaumhaarig, lanzettlich bis dreieckig, nach der **Blü**zeit im trockenen Zustand locker und sternförmig am **Ped** verbleibend; **Kr** gelblich grün, braun getönt, röhrig (manchmal urnenförmig), 6 - 8 × 2.5 mm ⌀, Innen- und Aussenfläche sowie auf den Zipfeln locker behaart, Zipfel 2 - 3 mm, ausgebreitet und später zurückgebogen.

T. rubrovenosus (Dinter) Tölken (BT 12(3): 380, 1978). **T**: Namibia (*Dinter* s.n. [B]). – **D**: S Namibia, RSA (Northern Cape); Succulent Karoo und Nama Karoo, Blüten Frühling bis Frühsommer. **Fig. XLVII.d**

≡ *Cotyledon rubrovenosa* Dinter (1932).

Spärlich verzweigte, aufsteigende Sukkulenten, bis 30 cm hoch, mit einem einzelnen Hauptstamm; **Tr** graugrün, 2 cm ⌀ (an der Basis bis 4 cm ⌀), gelegentlich nach oben hin dicker werdend, mit kurzen, unregelmässig geformten Phyllopodien bis 1 mm hoch; Rinde an der Basis abschälend, graubraun; **Blä** an den **Tr**spitzen gedrängt, linealisch-lanzettlich, aufsteigend, einwärts gebogen, mit deutlichen, rötlichen Streifen, ± stielrund, **Dr**haarig bis kahl, Oberseite leicht gefurcht, Unterseite konvex; **Inf** ausgebreitete Thyrsen bis 20 (-37) cm mit 3 - 5 ausgebreiteten Monochasien; **Blü** hängend; **Sep** 6 - 7 mm; **Kr** röhrig, 7 - 15 mm, gelblich grün, drüsig-flaumhaarig, Zipfel ausgebreitet bis zurückgebogen.

T. scandens van Jaarsveld (CSJA 67(1): 40-43, ills., 1995). **T**: RSA, Western Cape (*van Jaarsveld & Saunders* 12842 [NBG]). – **D**: RSA (Western Cape); Succulent Karoo, Blüten im Spätsommer. **Fig. XLVI.e**

Zwergige, kletternde Sukkulenten mit einem einzelnen, ausgebreiteten Stamm bis 16 cm aus einer knolligen, wurzelnden Basis; Knolle weich, mit gräulicher, abschälender Rinde, Fleisch rötlich rosa; **Tr** 1.5 mm ⌀, zickzackweise gebogen, grün, schwarz werdend, mit langen, zurückgebogenen, gestutzten, 5 - 10 mm langen Phyllopodien, diese oberseits gefurcht und von der gleichen Dicke und Textur wie der **Tr**, **Tr** mit gedrückt-ausgebreiteten, ausdauernden **Ha** bedeckt, im Alter schliesslich verkahlend; **Blä** 6 - 8 × 4 - 6 mm ⌀, dorsiventral zusammengedrückt und auf der Oberseite gefurcht, schmal elliptisch bis verkehrt eiförmig, dicht mit keuligen **Ha** bedeckt; **Inf** ausgebreitete Thyrsen bis 8 cm, aus einem einzelnen Monochasium mit 1 - 3 bogenförmig aufsteigenden **Blü** bestehend; **Ped** bis 3 cm; **Kr** 10 mm, grün, eiförmig, an der Basis 4 mm ⌀, dann bis 3 mm verschmälert und am Schlund wieder bis 4 mm erweitert, mit keuligen, drüsigen **Ha**, Zipfel grünlich mit rötlichen Streifen; **NSch** gelb, länglich, aufrecht, ausgerandet, 1.5 × 0.5 mm.

T. schaeferianus (Dinter) Tölken (BT 12(3): 380, 1978). **T:** Namibia (*Dinter* 4449 [B †]). – **D:** SW Namibia, RSA (Northern Cape: Richtersveld); Blüten im Spätsommer. Fig. XLVI.f

≡ *Cotyledon schaeferiana* Dinter (1923) ≡ *Adromischus schaeferianus* (Dinter) A. Berger (1930); **incl.** *Cotyledon hoerleiniana* Dinter (1923) ≡ *Adromischus hoerleinianus* (Dinter) von Poellnitz (1940); **incl.** *Cotyledon hoerleiniana* var. *schaeferi* Dinter (1923) (*nom. inval.*, Art. 32.1c); **incl.** *Cotyledon schaeferi* Dinter (1931) (*nom. inval.*, Art. 32.1c); **incl.** *Adromischus keilhackii* Werdermann (1932) ≡ *Adromischus schaeferianus* var. *keilhackii* (Werdermann) von Poellnitz (1940); **incl.** *Cotyledon sinus-alexandri* von Poellnitz (1938); **incl.** *Tylecodon aridimontanus* G. Williamson (1995).

Zwergige, stark verzweigte, variable, ausgebreitete Sukkulenten, oft gebüschelte Polster mit verflochtenen **Tr** bildend; Knollen bis 10 cm ⌀, grau, mit flockiger Rinde; **Tr** ausgebreitet bis aufsteigend, 2 - 5 mm ⌀, manchmal mit Luft**Wu**; Rinde durch die unregelmässigen Phyllopodien knorrig, unregelmässig graubraun; **Blä** verkehrt eiförmig, elliptisch bis kreisrund, 5 - 15 × 6 - 12 mm, dick und etwas dorsiventral zusammengedrückt, Spitze stumpf mit rötlicher, aufgesetzter Spitze; **Inf** Thyrsen bis 2.5 cm mit 1 - 2 Monochasien mit je 1 - 2 aufrechten **Blü**; **Ped** 1 cm; **Kr** röhrig, 7 - 10 × 4 mm, kahl, rosa oder weiss, Zipfel ausgebreitet bis zurückgebogen, 4 mm.

T. similis (Tölken) Tölken (BT 12(3): 380, 1978). **T:** RSA, Northern Cape (*Wisura* 1303 [NBG]). – **Lit:** Williamson (1997: mit ills.). **D:** RSA (Northern Cape); Succulent Karoo, Blüten im Frühling und Frühsommer. Fig. XLVII.a

≡ *Cotyledon similis* Tölken (1977).

Sehr unterschiedliche, zwergige, spärlich verzweigte, aufrechte bis kriechende Sukkulenten bis ± 10 cm hoch mit einer unterirdischen Knolle bis 3 cm ⌀ mit graubrauner, abschälender Rinde; **Tr** 1, selten mit wenigen Seiten**Tr**, bis 12 cm, 1.5 - 3 mm ⌀, ziemlich gerade bis zickzackweise gebogen (Formen von Karrachab); Rinde grau mit schwarzen Streifen oder Flecken; **Blä** sehr unterschiedlich, an den **Tr**spitzen gedrängt, flach bis beinahe stielrund, kreisrund, breit verkehrt eiförmig bis herzförmig, kahl oder warzig, grün, 3 - 15 × 3 - 7 mm, Oberseite gefurcht bis konkav, Unterseite konvex, oft kastanienbraungrün; **Inf** Monochasien bis 3 cm mit 1 - 3 aufrechten **Blü**; **Bra** linealisch; **Ped** ± 1 cm; **Kr** röhrig bis beinahe urnenförmig, 6 - 8 × 2 - 3 mm, blassgelb oder cremefarben, Zipfel 1.5 - 2 mm, zurückgebogen, Innenseite gewöhnlich dicht behaart bis beinahe kahl.

T. singularis (R. A. Dyer) Tölken (BT 12(3): 380, 1978). **T:** Namibia (*Hardy* 2632 [PRE]). – **D:** S Namibia; Succulent Karoo, seltener Endemit auf Kalkstein, Blüten Frühling bis Frühsommer.

≡ *Cotyledon singularis* R. A. Dyer (1970).

Zwergige, sukkulente Geophyten mit unterirdischer, knolliger Basis; **Wu** sukkulent, spindelig; **Tr** bis 10 × 7 mm, kahl, ohne Phyllopodien; **Blä** gewöhnlich 1 (-4 in Kultur), kreisrund, 5 - 8 cm ⌀, konkav, an der Basis herzförmig und kurz gestielt, **Dr**haarig, Unterseite purpurn, **Bla**stiel rinnig; **Inf** aufrechte, ausgebreitete Thyrsen, 15 - 35 cm, aus 2 - 4 Monochasien mit je 5 - 10 aufrechten bis ausgebreiteten **Blü**; **Kr** röhrig, bis 13 mm, zum Schlund hin leicht erweitert, blass gelblich grün, Innenseite mit kurzen **Ha**, Zipfel 6 - 7 mm, zurückgebogen; **NSch** quadratisch, ± 1 mm, ganzrandig oder ausgerandet, gelblich.

T. stenocaulis Bruyns (SAJB 58(1): 52-54, ills., 1992). **T:** RSA, Western Cape (*Bruyns* 4023 [BOL]). – **D:** RSA (Western Cape); Succulent Karoo, Blüten im Spätsommer.

Zwergige, ausgebreitete Sukkulenten bis 8 cm hoch und 12 cm ⌀ mit flach wurzelnden **Tr** und undeutlicher Knolle von ± 2 cm ⌀; **Tr** ausgebreitet bis aufrecht, bis 12 cm, 3 mm ⌀, mit kurzen, spitz zulaufenden Phyllopodien bis 2 mm Länge bedeckt; Rinde graubraun; **Blä** unterschiedlich, 7 - 35 × 5 - 7 mm, leicht abgeflacht bis beinahe stielrund, meist verkehrt lanzettlich, kastanienbraungrün, mit kurzen, glänzenden, drüsigen **Ha**, Basis keilförmig, Spitze zugespitzt bis stumpf; alte **Blä** verwelkend, Basis oft ausdauernd; **Inf** ausgebreitete Thyrsen bis 6 cm, aus 1 - 3 Monochasien; **Blü** ausgebreitet bis aufsteigend; **Ped** schlank, 1 - 3.5 cm; **Kr** trichterig, 12 - 14 mm, gelblich grün, Zipfel 5 × 1.5 mm, ausgebreitet bis zurückgebogen, dunkel kastanienbraun, zugespitzt.

T. striatus (Hutchison) Tölken (BT 12(3): 380, 1978). **T:** RSA, Northern Cape (*Rodin* 1405 [BOL, PRE]). – **D:** RSA (Northern Cape, Western Cape); Succulent Karoo, Blüten im Hochsommer.

≡ *Cotyledon striata* Hutchison (1964).

Spärlich verzweigte, ausgebreitete, sukkulente Kleinsträucher bis 2.5 cm ⌀ und 18 (-25) cm hoch mit einer unterirdischen, knolligen Basis bis 6 cm ⌀; **Tr** aufrecht oder ausgebreitet, 5 - 10 mm ⌀, oft kletternd; junge **Tr** mit blass graugrüner Rinde mit dunkleren Streifen, ältere **Tr** mit gelblicher, abschälender Rinde; Phyllopodien 1 - 3 mm hoch, gerundet, spitz zulaufend; **Blä** linealisch bis linealisch verkehrt lanzettlich, selten beinahe stielrund, 3.5 -

10 cm × 3 - 6 mm, Oberseite gefurcht oder rinnig, selten flach, Spitze zugespitzt bis stumpf, mit aufgesetztem Spitzchen; ältere **Blä** verwelkend, ausdauernd; **Inf** verlängerte Thyrsen bis 35 cm, drüsig-flaumhaarig, mit 1 - 5 Monochasien; **Blü** aufrecht bis ausgebreitet; **Ped** 1 - 1.8 cm; **Kr** röhrig, 12 - 15 mm, grünlich braun, in der Mitte bauchig.

T. suffultus Bruyns *ex* Tölken (BT 12(3): 380, 1978). **T:** RSA, Western Cape (*Bruyns* 1091 [PRE]). – **D:** RSA (Western Cape); Succulent Karoo, Blüten im Hochsommer.

Kleine, kriechende, spärlich verzweigte Sukkulenten mit einer unterirdischen, verzweigten Knolle; **Tr** bis 30 cm, 3 - 5 mm ⌀, grau mit dunkleren Streifen; **Blä** an den **Tr**spitzen gedrängt, linealisch-elliptisch, 1 - 3 cm × 2 - 3 mm, Oberseite gefurcht, Unterseite konvex, Basis keilförmig, Spitze stumpf oder zugespitzt; **Inf** ausgebreitete Thyrsen bis 10 cm mit 3 - 5 Monochasien mit je 1 - 3 aufrechten **Blü**; **Inf**stiel drüsig-flaumhaarig; **Ped** 1.2 - 2 cm; **Sep** linealisch-lanzettlich, 3 × 1 mm, drüsig-flaumhaarig; **Kr** röhrig, 5 - 8 × 3 mm, Zipfel bis 5 mm, länglich, Innenseite rosarot, ausgebreitet und später zurückgebogen.

T. sulphureus (Tölken) Tölken (BT 12(3): 381, 1978). **T:** RSA, Northern Cape (*Tölken* 3676A [BOL]). – **D:** RSA.
 ≡ *Cotyledon sulphurea* Tölken (1977).

T. sulphureus var. **armianus** van Jaarsveld (FPA 50(2): t. 1984 + 2 pp. Text, 1989). **T:** RSA, Northern Cape (*van Jaarsveld & Patterson* 6639 [NBG]). – **D:** RSA (Northern Cape); Succulent Karoo, steile, schattige Klippen (Granodiorit), Felsspalten, Blüten im Hochsommer. **Fig. XLVII.b**

Unterschiede zu var. *sulphureus*: **Kr** rosarötlich weiss; einen Monat später blühend.

T. sulphureus var. **sulphureus** – **D:** RSA (Northern Cape); Succulent Karoo, Quarzkieselebenen, Blüten im Hochsommer.

Zwergige, spärlich verzweigte Sukkulenten mit knolliger Basis (gelegentlich beinahe geophytisch); **Tr** aufrecht, mit blassen Phyllopodien bedeckt; **Blä** klein, 5 - 25 × 2 - 8 mm, verkehrt lanzettlich, elliptisch-linealisch, kahl aber mit winzigen Wärzchen bedeckt, Oberseite gefurcht, Spitze stumpf; **Inf** aufrechte, flachgipfelige Thyrsen, 3.5 - 4 cm, aus 1 - 3 Monochasien; **Kr** röhrig, 8 - 12 mm, drüsig-flaumhaarig, weiss, hellrosa oder hell gelblich braun, Zipfel zurückgebogen.

T. tenuis (Tölken) Bruyns (SAJB 58(1): 54-55, ills., 1992). **T:** RSA, Western Cape (*Hall* 3925 [PRE, NBG]). – **D:** RSA (Western Cape); Succulent Karoo, Quarzkieselebenen, sommerblühend.
 ≡ *Cotyledon pygmaea* var. *tenuis* Tölken (1977) ≡ *Tylecodon pygmaeus* var. *tenuis* (Tölken) Tölken (1978).

Zwergige, kletternde Sukkulenten mit einem einzelnen, ausgebreiteten **Tr** aus einer knolligen, wurzelnden Basis bis 2 cm ⌀; Knolle weich, Fleisch weisslich, Rinde nicht abschälend; **Tr** bis 16 cm, 1.5 - 2 mm ⌀, zickzackweise gebogen, zunächst grün und **Dr**haarig, später mit weissen, erhabenen Längsrippen und kurzen, gestutzten Phyllopodien bis 1 mm; **Blä** 8 - 18 × 4 - 8 mm ⌀, fast stielrund, schmal elliptisch bis schmal verkehrt eiförmig, dicht mit langen und keuligen **Ha** bedeckt, Oberseite gefurcht, Basis keilförmig, Spitze stumpf; **Inf** ausgebreitete Thyrsen bis 4 cm mit 1 - 3 Monochasien mit je 1 - 3 aufrechten bis ausgebreiteten **Blü**; **Sep** dreieckig-lanzettlich; **Kr** röhrig, 8 mm, grün, an der Basis 4 mm ⌀, zum Schlund hin leicht verschmälert, mit keuligen Drüsen**Ha**, Zipfel grünlich mit rötlichen Streifen auf beiden Seiten; **NSch** gelb, länglich, aufrecht, ausgerandet, 1.5 × 0.5 mm.

T. torulosus Tölken (BT 12(3): 381, 1978). **T:** RSA, Northern Cape (*Tölken* 5317 [PRE]). – **D:** S Namibia, RSA (Northern Cape); Succulent Karoo, Blüten im Spätsommer. **Fig. XLVII.c**

Kleine, spärlich verzweigte, aufsteigende, dickstämmige, sukkulente Kleinsträucher bis 25 cm hoch und 25 cm ⌀ mit knolliger Basis, manchmal mit hängenden **Tr** bis 30 cm aus Felswänden; **Tr** gräulich weiss, an der Basis bis 3 cm ⌀, nach oben bis auf 5 mm ⌀ verjüngt mit geschwollenen Knoten; Rinde grau, glatt, an älteren **Tr** abflockend; **Blä** 2.5 - 4 × 1.3 - 2.2 cm, ausgebreitet, an den **Tr**spitzen gedrängt, eiförmig bis spatelig, selten 3-lappig, grau- bis gelblich grün, flach, Basis keilförmig, Spitze stumpf oder zugespitzt, oft später zurückgebogen; **Inf** kurz, gerundete Thyrsen, beinahe sitzend, mit 2 - 5 Monochasien mit je 1 - 3 aufrechten **Blü**; **Inf**stiele 2 - 3 mm; **Ped** 3 - 5 mm; **Kr** röhrig, 18 - 23 × 5 mm, gelblich grün, Aussenseite drüsig-flaumhaarig, Zipfel bis 5 mm, ausgebreitet, später zurückgebogen.

T. tribblei van Jaarsveld (Bradleya 15: 68-72, ills., 1997). **T:** RSA, Northern Cape (*van Jaarsveld & Muller* 14729 [NBG]). – **D:** RSA (Northern Cape: Namaqualand-Escarpment); Succulent Karoo, Blüten im Spätsommer.

Kletternde Sukkulenten mit einem einzelnen, aufrechten bis ausgebreiteten **Tr** bis 40 cm, aus einer knolligen, wurzelnden Basis; Knolle geteilt, bis 3 - 5 cm ⌀, Fleisch weiss, Rinde gräulich, abflockend; **Tr** kahl, bis 4 mm ⌀ (jung 2 mm ⌀ und grün), deutlich gerippt, später gräulich weiss werdend, ohne Phyllopodien; **Blä** aufsteigend, linealisch, fast stielrund, 1.5 - 2 cm × 1 - 2 mm, grün, kahl aber winzig warzig, Oberseite gefurcht, Unterseite konvex, Spitze zugespitzt; verwelkte **Blä** ausdauernd; **Inf** ausgebreitete Thyrsen, 6 - 7 cm; **Inf**stiele mit drüsigen **Ha**; **Blü** aufrecht; **Ped** 1.5 cm; **Sep** 4 × 1 mm; **Kr** 9 - 10 × 3 mm ⌀, röhrig, gelblich grün, mit keuligen Drüsen**Ha**, Zipfel blass gelbgrün mit braunen Streifen auf beiden Seiten, **Dr**haarig, 7 × 2 mm, bandförmig, mit aufgesetztem Spitzchen, ausgebreitet, Ränder zurückgerollt; **NSch** weiss, länglich, aufrecht, ausgerandet, 1.3 × 0.5 mm.

T. tuberosus Tölken (BT 12(3): 381, 1978). **T:** RSA, Northern Cape (*Marloth* 13229 [PRE]). – **D:** RSA (Northern Cape); Succulent Karoo, Blüten im Hochsommer.

Zwergige, sukkulente Geophyten bis 15 cm ⌀ mit verzweigter, knolliger Basis; **Wu** knollig, spitz zulaufend, bis 5 mm ⌀; **Tr** bis 2 cm, 5 mm ⌀, mit aufgerichtetem Ende kriechend oder aufrecht, gewöhnlich unterirdisch aber für bis zu 1 cm blossliegend, dann graugrün und mit kurzen, spitzen Phyllopodien von < 1 mm Länge bedeckt; **Blä** in basalen **Ros**, ausgebreitet, flach, dicht behaart, 1.3 - 3 × 0.5 - 1.2 cm, elliptisch bis verkehrt eiförmig, Basis keilförmig, Spitze stumpf; **Inf** aufrechte Thyrsen, 12 - 30 cm, aus 2 - 8 Monochasien; **Inf**stiele **Dr**haarig, an der Basis 2 mm ⌀; **Blü** aufrecht ausgebreitet; **Ped** 7 mm; **Kr** röhrig, blass grünlich braun, 15 - 20 mm, nahe der Mitte leicht ausgebeult, Zipfel ausgebreitet, später zurückgebogen.

T. ventricosus (Burman *fil.*) Tölken (BT 12(3): 382, 1978). **T:** [icono]: Burman, Rar. Afr. Pl. t. 21, fig. 1, 1732. – **D:** RSA (Northern Cape, Western Cape, Eastern Cape); Succulent Karoo und Renosterveld, Blüten im Hochsommer. **Fig. XLVII.e**

≡ *Cotyledon ventricosa* Burman *fil.* (1768); **incl.** *Cotyledon ventricosa* var. *alpina* Harvey (1862); **incl.** *Tylecodon jarmilae* Halda (1998).

Variable, spärlich verzweigte Geophyten oder mit oberirdischen, ausgebreiteten **Tr** bis 16 cm hoch, kleine Büschel bis ± 30 cm ⌀ bildend; **Wu** knollig, Knolle länglich kugelig, 1.6 - 2 × 2.8 cm; Phyllopodien kurz bis länglich und spitz zulaufend, bis 8 mm, graugrün werdend; **Blä** in basalen **Ros** oder an den **Tr**spitzen gedrängt, 4.5 - 9 × 0.5 - 2 cm, aufsteigend bis ausgebreitet, flach, etwas gestielt, verkehrt eiförmig, fast spatelig bis linealisch verkehrt lanzettlich, kahl oder spärlich drüsigflaumhaarig, Oberseite flach bis gefurcht, Unterseite konvex, Basis keilförmig, Spitze stumpf oder zugespitzt, mit aufgesetztem Spitzchen; **Inf** 20 - 50 cm; **Inf**stiele **Dr**haarig, an der Basis bis 5 mm ⌀, nach oben bis auf 1 mm verjüngt; untere **Bra Blä**artig, linealisch-lanzettlich, 2 - 3 mm entfernt, obere **Bra** linealisch mit einwärts gebogenen Spitzen, 10 - 12 × 2 mm, 1.5 - 3 cm entfernt, alle **Bra** während der **Blü**zeit abfallend; **Blü** aufrecht bis ausgebreitet; **Ped** 12 - 15 mm; **Kr** röhrig, 22 - 25 mm, in der Mitte bauchig, an der Basis 4 mm ⌀, dann bis 7 mm ⌀ ausgebeult, grünlich gelb mit purpurnen Streifen, Zipfel dreieckig-zugespitzt, 7 × 2.5 mm, ausgebreitet, später zurückgebogen.

Ein sehr variables Taxon mit mehreren Formen, aber die Blüten bleiben bemerkenswert konstant.

Geophytische Formen mit spateligen Blättern und kurzen Phyllopodien sind auf dem Roggeveld-Plateau, in der Ceres Karoo und im W-Teil der Kleinen Karoo weit verbreitet. Entlang der Westküste findet man Pflanzen mit aufsteigenden Trieben und langen Phyllopodien.

T. viridiflorus (Tölken) Tölken (BT 12(3): 382, 1978). **T:** RSA, Northern Cape (*Tölken* 5327 [PRE]). – **D:** RSA (Northern Cape); Succulent Karoo, Felsspalten, Blüten im Hochsommer. **Fig. XLVII.f**

≡ *Cotyledon viridiflora* Tölken (1977).

Aufrechte, spärlich verzweigte, sukkulente Sträucher bis 35 cm hoch und 20 cm ⌀, Basis leicht knollig, bis 1.5 cm ⌀, mit 1 bis wenigen Haupt**Tr** bis 1 cm ⌀ mit grauer, längs abschälender Rinde; junge **Tr** zunächst braun, mit dem Alter blasser werdend; **Blä** gedrängt, aufsteigend bis ausgebreitet, elliptisch, verkehrt lanzettlich bis breit eiförmig, flach, 2 - 5.5 × 0.8 - 3 cm, gelegentlich 3-lappig, **Dr**haarig, Oberseite oft rinnig, Basis keilförmig, Spitze stumpf bis zugespitzt; **Inf** Thyrsen bis 4.5 cm aus 1 - 3 Monochasien mit je 1 - 2 aufrechten **Blü**; **Kr** röhrig, 14 - 20 × 5 mm ⌀, grünlich, Zipfel bis 7 mm, ausgebreitet, später zurückgebogen; **Sa** geflügelt (ein einzigartiges Merkmal für die Familie in Südafrika und wahrscheinlich überhaupt).

Diese Art bildet zusammen mit *T. torulosus* und *T. longipes* eine Gruppe nahe verwandter Arten. Es sind die einzigen *Tylecodon*-Arten, welche gelegentlich 3-lappige Blätter bilden.

T. wallichii (Harvey) Tölken (BT 12(3): 382, 1978). **T:** RSA, Cape Prov. (*Wallich* s.n. [K]). – **D:** Namibia, RSA.

≡ *Cotyledon wallichii* Harvey (1862) ≡ *Tylecodon papillaris* ssp. *wallichii* (Harvey) G. D. Rowley (1990).

T. wallichii ssp. **ecklonianus** (Harvey) Tölken (BT 12(3): 382, 1978). **T:** RSA, Northern Cape (*Ecklon & Zeyher* 1967 [S, SAM]). – **D:** S Namibia, RSA (Northern Cape); Succulent Karoo, Blüten im Hochsommer.

≡ *Cotyledon eckloniana* Harvey (1862) ≡ *Tylecodon papillaris* ssp. *ecklonianus* (Harvey) G. D. Rowley (1990); **incl.** *Cotyledon dinteri* Baker *fil.* (1903).

Unterschiede zu ssp. *wallichii*: **Inf**stiele und **Ped** kahl; **Kr**zipfel mit wenigen, drüsig-haarigen Wimpern.

T. wallichii ssp. **wallichii** – **D:** S Namibia, RSA (Northern Cape, Western Cape); Succulent Karoo, Blüten im Hochsommer.

Niedrige, spärlich verzweigte Sträucher bis 50 cm hoch, mit einem einzelnen, gräulich schwarzen Hauptstamm bis 6 cm ⌀; jüngere **Tr** graugrün, bis

1.5 cm ⌀, dicht mit langen Phyllopodien bedeckt, diese bis 15 × 2 - 3 mm mit schief zugespitzten Spitzen; **Blä** an den **Tr**spitzen gedrängt, 6.5 - 9.5 cm × 5 - 6 mm, graugrün, aufsteigend und einwärts gebogen, kahl, linealisch aber zur Spitze hin spitz zulaufend, stielrund oder auf der Oberseite flach gefurcht, Basis keilförmig, Spitze zugespitzt, gelblich mit rötlicher, aufgesetzter Spitze; **Inf** aufsteigende, meist **Dr**haarige Thyrsen bis 45 cm mit bis zu 8 aufrecht-ausgebreiteten Monochasien; **Inf**stiele bis 34 cm, an der Basis 5 mm ⌀; **Blü** ausgebreitet bis hängend; **Ped** 4 - 5 mm; **Sep** dreieckig, 3 × 2 mm; **Kr** röhrig, gelblich, 7 - 12 mm, Zipfel ausgebreitet bis zurückgebogen.

UMBILICUS

C. C. Walker

Umbilicus De Candolle (Bull. Sci. Soc. Philom. Paris 3(49): 1, 1801). **T:** *Cotyledon umbilicus-veneris* Linné [Typifizierung gemäss ING.]. – **D:** W und C Europa, Makaronesien, Mittelmeergebiet, Naher Osten, W Asien bis W Kaukasus, Arabien, N, C und E Afrika. **Etym:** Lat., Nabel; wegen der zentralen, nabelartigen Vertiefung der Schildblätter.
Incl. *Cotyliphyllum* Link (*nom. illeg.*, Art. 52.1). **T:** *Cotyledon umbilicus-veneris* Linné.
Incl. *Chiastophyllum* (Ledebour) Stapf *ex* A. Berger (1930). **T:** *Cotyledon oppositifolia* Ledebour.

Kleine, kahle, mehrjährige, ± laubwerfende, sukkulente Kräuter, beinahe immer mit knolligem oder rhizomartigem **Wu**stock (ausser *U. oppositifolius*); **Blä** gestielt, Spreite fast kreisrund, gewöhnlich ± schildförmig (ausser *U. oppositifolius*) mit einer zentralen Vertiefung, weichfleischig, Rand gekerbt-gezähnt; Stengel**Blä** gewöhnlich nach oben allmählich kleiner werdend, linealisch-lanzettlich; **Inf** meist vielblütige, lange, endständige Trauben oder Rispen, manchmal verzweigt; **Blü** manchmal aufrecht, häufiger waagerecht oder hängend, 5-zählig, in der Regel obdiplostemon; **Cal** klein; **Kr** röhrig oder glockig, Zipfel aufrecht oder apikal ausgebreitet aber immer an der Basis verwachsen, weiss, grün oder gelb, manchmal purpurn überlaufen; **St** 10 (gelegentlich 5); **Fil** gewöhnlich auf fast der ganzen Länge mit den **Kr**zipfeln verwachsen; **Gr** kurz oder fehlend; **Fr** schlanke Balgfrüchte.

Eine kleine Gattung mit ± 12 Arten. Zurzeit steht keine moderne Monographie zur Verfügung und die Typifizierung ist nicht vollständig gelöst (*Cotyledon umbilicus-veneris* Linné beinhaltet 2 Elemente, *U. umbilicus-veneris* und *U. rupestris*). Unter *Umbilicus* gibt es zahlreiche erloschene Synonyme, die hier nicht behandelt werden, und nur die wichtigsten Elemente werden diskutiert. Eine Revision der Gattung ist von Nöten, und diese wird ohne Zweifel zu einer Reduktion der Anzahl akzeptierter Taxa führen.

Als Reaktion auf die Umweltbedingungen (insbesondere die Verfügbarkeit von Wasser und Licht) neigen die Pflanzen zu grosser Plastizität. Die Blüten der meisten (aller?) röhrigblütigen Arten der Sect. *Umbilicus* bestäuben sich wahrscheinlich selbst, und diese Inzuchttendenz ist wahrscheinlich für die in Wildpopulationen beobachteten Variationsmuster verantwortlich.

Arten von *Umbilicus* werden, abgesehen von *U. rupestris* und *U. oppositifolius*, relativ selten kultiviert. Die letztgenannte Art ist in gemässigten Breiten sehr winterhart und wird häufig als Steingartenpflanze kultiviert.

Die Gattung zerfällt in 2 deutlich definierte Gruppen:

[1] Sect. *Umbilicus*: **Wu**stock knollig oder rhizomartig; basale **Blä** immer schildförmig (alle Arten ausser *U. oppositifolius*).
[2] Sect. *Chiastophyllum* Ledebour 1845: **Wu** faserig; **Blä** gegenständig, nicht schildförmig (nur *U. oppositifolius*).

Die folgenden Namen sind von unklarer Anwendung, gehören aber zu dieser Gattung: *Cotyledon umbilicus-veneris* var. *eu-pendulina* Maire (1932); *Umbilicus horizontalis* var. *majoricensis* Barceló (1880) ≡ *Umbilicus vulgaris* fa. *majoricensis* (Barceló) Knoche (1922).

U. albido-opacus A. Carlström (Willdenowia 14(1): 22, ill., 1984). **T:** Griechenland, Rhodos (*Carlström* 676 [LD]). – **D:** Griechenland (Rhodos: Khalki); feuchte Stellen auf Kalksteinklippen, 100 - 650 m.

[1] Basale **Blä** kreisrund, schildförmig, bis 2.5 cm ⌀, Stiel 7 - 11 cm, Rand gewellt-gekerbt; Stengel**Blä** schildförmig oder verkehrt eiförmig, gezähnt-gekerbt; **Inf** verzweigte Trauben bis 25 cm; **Blü** aufrecht oder hängend; **Ped** 3 - 4 mm; **Kr** gelblich weiss, manchmal rot getönt, bis 5 - 6.5 mm, 3 - 4 mm ⌀, verkehrt eiförmig bis verkehrt kegelig, Zipfel bis 3 - 4 × 1.5 - 1.8 mm; **Anth** 0.7 mm ⌀; **Gr** bis 0.5 mm; **Na** kopfig; **Fr** 5 × 1 mm; **Sa** zahlreich, ellipsoid, 0.3 × 0.2 mm.

Ein Taxon unsicherer Stellung. Die Art steht *U. parviflorus* und *U. chloranthus* am nächsten; die letztgenannte tritt an denselben Standorten wie *U. albido-opacus* auf. *U. albido-opacus* unterscheidet sich durch den lockereren, diffuseren Blütenstand und durch die gelblich weisse Blütenfarbe.

U. botryoides Hochstetter *ex* A. Richard (Tent. Fl. Abyss. 1: 308, 1848). – **D:** W Afrikanische Berge (Kamerun), Sudan, Äthiopien, Somalia, im S bis Tanzania. **I:** Agnew & Agnew (1994: t. 9).

[1] **Blä** 3 - 4 cm ⌀, kreisrund, schildförmig, Rand leicht gekerbt; **Inf** aufrecht, bis ± 30 cm; **Ped** bis 3 mm; **Blü** hängend; **Sep** länglich, eiförmig-dreieckig, bis 2 mm; **Kr** urnenförmig, bis 8 × 5 mm, Zipfel auf fast der ganzen Länge verwachsen, freie Spitzen nur ± 2 mm.

Ähnlich wie *U. rupestris*, aber durch die kürzeren Blütenstiele, die kurzen und breiten Kelchblätter sowie die rundere, urnenförmige Krone zu unterscheiden.

U. chloranthus Heldreich & Sartori *ex* Boissier (Fl. Orient. 2: 768, 1872). – **D:** Balkan, SE Italien, Griechenland, Kreta, Türkei. **I:** Eggli (1994: 236). **Fig. XLVIII.c**

≡ *Cotyledon chlorantha* (Heldreich & Sartori *ex* Boissier) Halácsy (1900).

[1] Basale **Blä** kreisrund, schildförmig, bis 4 cm ⌀, Rand gekerbt; Stengel**Blä** dreieckig-eiförmig, sitzend; **Inf** oft verzweigt mit aufrechten Zweigen, aufrecht, bis 30 cm; **Blü** ausgebreitet-waagerecht oder hängend; **Ped** 1.5 - 3 mm; **Kr** glockig, 3 - 4 mm lang und ⌀, (grünlich) gelb, Zipfel bis beinahe zur Basis frei, ± ausgebreitet.

Nahe mit *U. parviflorus* verwandt, aber mit deutlicher schildförmigen Blättern. Das Vorkommen in Italien wurde erst kürzlich bekannt (Jalas & al. 1999: 47).

U. citrinus Wolley-Dod (J. Bot. 52: 12, 1914). – **D:** S Spanien, Gibraltar.

[1] Basale **Blä** schildförmig, Stiel lang, Stengel-**Blä** und Ränder nicht beschrieben; **Inf** einfache, einseitswendige Trauben bis 50 cm, **Blütragender** Teil bis 20 cm; **Blü** waagerecht oder hängend; **Ped** 2.5 - 3 mm; **Sep** dreieckig, zugespitzt, bis 2 mm; **Kr** röhrig, unterhalb der Zipfel eingeschnürt, gelb, 9 - 12 mm, Zipfel eiförmig-lanzettlich, auffällig genervt.

Ein Taxon sehr unsicherer Stellung. Es unterscheidet sich sowohl von *U. horizontalis* als auch von *U. rupestris* durch den kleineren Wuchs, einseitswendige Trauben mit längeren, leuchtender gelben Blüten, die Kronröhre mit einer Einschnürung unterhalb der längeren, breiten Zipfel, sowie viel kürzere Karpelle. Wahrscheinlich handelt es sich nur um eine Form von *U. heylandianus*.

U. erectus De Candolle (in Lamarck & De Candolle, Fl. Franç., ed. 3, 4: 384, 1805). **T:** Portugal ? (*Anonymus* s.n. [LINN 594/2]). – **D:** Portugal, S Italien, Balkan, Türkei, Syrien, Libanon, Israel, Saudi-Arabien, NW Afrika. **I:** Collenette (1985: 191).

Incl. *Cotyledon umbilicus-veneris* var. *umbilicus-veneris*; **incl.** *Cotyledon umbilicus-veneris* Linné (1753) ≡ *Orostachys umbilicus* (Linné) Hort. Monac. *ex* Schrank & Martius (1829); **incl.** *Cotyledon lutea* Hudson (1762) ≡ *Umbilicus luteus* (Hudson) Webb & Berthelot (1840); **incl.** *Cotyledon lusitanica* Lamarck (1786); **incl.** *Cotyledon repens* (Linné) Grande (1911); **incl.** *Umbilicus lassithiensis* Gandoger (1916) ≡ *Umbilicus erectus* var. *lassithiensis* (Gandoger) Stojanoff (s.a.) (*nom. inval.*, Art. ?) ≡ *Cotyledon lassithiensis* (Gandoger) Hayek (1925).

[1] Gewöhnlich kräftige Pflanzen; basale **Blä** kreisrund, schildförmig, 3 - 7 cm ⌀, Rand gekerbt; Stengel**Blä** eiförmig-dreieckig bis linealisch; **Inf** einfache oder manchmal verzweigte Trauben, 30 - 80 cm; **Blü** gewöhnlich aufrecht; **Ped** 1 - 2 mm; **Kr** röhrig, 9 - 14 mm, grünlich gelb; Zipfel schmal lanzettlich, zugespitzt, ± so lang wie die **Rö**.

Aus Prioritätsgründen könnte der gültige Name für dieses Taxon *U. luteus* lauten.

U. heylandianus Webb & Berthelot (Phytogr. Canar. 1: 176, 1840). – **D:** Spanien, Portugal, Kanarische Inseln (Gran Canaria, La Palma); sehr lokal. **I:** Kunkel & Kunkel (1978: t. 130).

Incl. *Umbilicus pendulinus* var. *praealtus* Brotero (1804); **incl.** *Umbilicus coutinhoi* Mariz (1905) ≡ *Cotyledon coutinhoi* (Mariz) Coutinho (1939) ≡ *Cotyledon praealta* var. *coutinhoi* (Mariz) Sampaio (1947) ≡ *Umbilicus heylandianus* var. *coutinhoi* (Mariz) A. Fernandes (1979); **incl.** *Cotyledon strangulata* Font Quer (1928) ≡ *Umbilicus strangulatus* (Font Quer) A. Berger (1930); **incl.** *Cotyledon umbilicus-veneris* var. *praealta* (Brotero) Pérez-Lara (1971) ≡ *Umbilicus praealtus* (Brotero) Mariz (1905) ≡ *Cotyledon praealta* (Brotero) Sampaio (1911).

[1] Basale **Blä** schildförmig, bis 7 cm ⌀; Stengel-**Blä** ± lanzettlich, in der **Inf** linealisch werdend; **Inf** dichte, einfache Trauben bis 1 m aber meist weniger, etwas einseitswendig, **Blütragender** Teil bis 35 cm; **Ped** bis 3 mm; **Blü** waagerecht oder hängend; **Kr** röhrig, gerippt, leuchtend gelb, 10 - 12 mm; **St** gewöhnlich 5.

Dies ist das unverwechselbarste europäische Taxon, zu unterscheiden durch den relativ hohen Wuchs, die leuchtend gelbe, gerippte, am Schlund stark eingeschnürte Kronröhre und die Reduktion der Zahl der Staubblätter.

U. horizontalis (Gussone) De Candolle (PSRV 3: 400, 1828). – **D:** Europa, Kanarische Inseln, E Mittelmeergebiet, Iran, Arabien, N Afrika, Somalia.

≡ *Cotyledon horizontalis* Gussone (1826) ≡ *Cotyledon umbilicus-veneris* ssp. *horizontalis* (Gussone) Battandier (1889) ≡ *Umbilicus rupestris* ssp. *horizontalis* (Gussone) O. Bolòs & Vigo (1974); **incl.** *Cotyledon umbilicus-veneris* var. *amphitropa* Battandier (1881) ≡ *Cotyledon umbilicus-veneris* fa. *amphitropa* (Battandier) Maire (1977); **incl.** *Umbilicus gaditanus* var. *giganteus* Battandier (1885); **incl.** *Cotyledon umbilicus-veneris* fa. *gigantea* Battandier (1889) ≡ *Cotyledon umbilicus-veneris* var. *gigantea* (Battandier) Maire (1977); **incl.** *Cotyledon horizontalis* var. *micrantha* Pampanini (1917) ≡ *Cotyledon umbilicus-veneris* var. *micrantha* (Pampanini) Maire (1977); **incl.** *Cotyledon umbilicus-veneris* var. *font-queri* Maire & Sennen (1933) ≡ *Cotyledon font-queri* (Maire & Sennen) Sennen & Mauricio (1933); **incl.** *Cotyledon umbilicus-veneris* fa. *suberecta* Maire (1934); **incl.** *Cotyledon umbili-*

cus-veneris var. *pomelii* Maire (1936); **incl.** *Cotyledon umbilicus-veneris* fa. *purpurea* Maire (1938) ≡ *Cotyledon umbilicus-veneris* var. *purpurea* (Maire) Maire (1977); **incl.** *Cotyledon umbilicus-veneris* fa. *parviflora* Maire (1977); **incl.** *Cotyledon umbilicus-veneris* fa. *eu-patens* Maire (1977) (*nom. inval.*, Art. 26.1).

U. horizontalis var. **horizontalis** – **D:** S Europa, Kanarische Inseln, Marokko, Ägypten, E Mittelmeergebiet, W Iran, Somalia. **I:** Kunkel & Kunkel (1978: t. 131). **Fig. XLVIII.d**

Incl. *Umbilicus horizontalis* ssp. *horizontalis*; **incl.** *Umbilicus gaditanus* Boissier (1846) ≡ *Cotyledon umbilicus-veneris* var. *gaditana* (Boissier) Battandier (1889) ≡ *Umbilicus vulgaris* ssp. *gaditanus* (Boissier) Battandier & Trabut (1904) ≡ *Cotyledon gaditana* (Boissier) Pau (1911) ≡ *Cotyledon umbilicus-veneris* ssp. *gaditana* (Boissier & Reutiner) Emberger & Maire (1941) ≡ *Umbilicus horizontalis* ssp. *gaditanus* (Boissier) Losa & Rivas Godoy (1974); **incl.** *Umbilicus deflexus* Pomel (1876) ≡ *Cotyledon umbilicus-veneris* fa. *deflexa* (Pomel) Battandier (1889) ≡ *Cotyledon umbilicus-veneris* var. *deflexa* (Pomel) Maire (1932); **incl.** *Umbilicus patulus* Pomel (1876) ≡ *Cotyledon umbilicus-veneris* var. *patula* (Pomel) Maire (1977); **incl.** *Umbilicus rodriguezii* Gandoger (1900); **incl.** *Umbilicus giganteus* Battandier & Trabut (1904); **incl.** *Umbilicus maroccanus* Gandoger (1907); **incl.** *Cotyledon umbilicus-veneris* fa. *eu-horizontalis* Maire (1977) (*nom. inval.*, Art. 26.1).

[1] Basale **Blä** kreisrund, schildförmig, 2 - 5 (-10) cm ⌀, Rand gekerbt; Stengel**Blä** linealisch, gezähnt; **Inf** einfache oder verzweigte Trauben bis 50 cm; **Blü** waagerecht ausgebreitet; **Ped** 0.5 - 2 (-2.5) mm; **Kr** grünlich weiss, gelegentlich Spitzen rot oder rot überhaucht, 5 - 7 mm, röhrig oder urnenförmig, **Rö** bis 4× so lang wie die freien Zipfel; **Kr**zipfel breit lanzettlich bis eiförmig-zugespitzt. – $2n = 48$.

Die waagerecht ausgebreiteten Blüten der typischen Varietät sind gewöhnlich der wichtigste Unterschied zu *U. rupestris*, obwohl die beiden Arten leicht miteinander verwechselt werden. *U. horizontalis* hat typischerweise kleinere Blütenkronen und kürzere Blütenstiele.

U. horizontalis var. **intermedius** (Boissier) Chamberlain (in P. H. Davis (ed.), Fl. Türkei 4: 213, 1972). – **D:** Saudi-Arabien, W Syrien, Iran, Türkei, Zypern?, Griechenland. **I:** Collenette (1985: 191).

≡ *Umbilicus intermedius* Boissier (1872) ≡ *Umbilicus pendulinus* var. *intermedius* (Boissier) Post (1896) ≡ *Cotyledon intermedia* (Boissier) Bornmüller (1904) ≡ *Cotyledon umbilicus-veneris* ssp. *intermedia* (Boissier) Maire & Weiller (1939) ≡ *Cotyledon umbilicus-veneris* var. *intermedia* (Boissier) Maire (1977); **incl.** *Cotyledon umbilicus-veneris* var. *subhorizontalis* Maire & Weiller (1939).

[1] Unterschiede zu var. *horizontalis*: **Blü** hängend; **Kr** gewöhnlich urnenförmig, Zipfel eiförmig.

Zwischen den 2 Varietäten besteht eine beträchtliche Merkmalsüberlappung, besonders im E-Teil des Verbreitungsgebietes.

U. oppositifolius (Ledebour) Ledebour (Fl. Ross. 2: 176, 1843). **T:** "Kaukasus" (*Nordmann* 329 [LE]). – **D:** Georgien (W Kaukasus: Abchasien). **I:** Stephenson (1994: fig. 4.6); Eggli (1994: 204). **Fig. XLVIII.a**

≡ *Cotyledon oppositifolia* Ledebour (1837) ≡ *Sedum oppositifolium* (Ledebour) Hamet (1929) (*nom. illeg.*, Art. 53.1) ≡ *Chiastophyllum oppositifolium* (Ledebour) Stapf *ex* A. Berger (1930).

[2] Kräuter, 15 - 30 cm; **Tr** kriechend, aus der Basis verzweigt und kleine Büschel bildend; **Blä** 6 - 8, kreuzgegenständig, nicht schildförmig, kreisrund bis eiförmig, 2.5 - 4 × 1.5 - 4 cm, Rand gekerbt-gezähnt, gestielt; **Inf** gewöhnlich verzweigt und rispig werdend, überhängend; **Blü** kurz gestielt, hängend, glockig, bis 4 mm lang; **Kr**zipfel basal zu einer kurzen **Rö** verwachsen, gelblich weiss bis leuchtend gelb.

Unterscheidet sich von allen anderen Arten von *Umbilicus* durch das Fehlen des knolligen Wurzelstocks und der schildförmigen Blätter. Mehrere Klone sind wegen ihrer Wüchsigkeit und/oder leuchtenden Blüten ausgelesen worden, z.B. der Cultivar 'Goldtröpfchen'. Kürzlich kam eine panaschierte Spielart ('Frosted Jade') auf den Markt.

U. paniculiformis Wickens (KB 33(3): 421-422, ills., 1979). **T:** Sudan (*Andrews* 3579 [K]). – **D:** Sudan.

Incl. *Cotyledon arabicum* Schweinfurth *ex* Täckholm (1970) (*nom. inval.*, Art. 32.1c).

[1] Basale **Blä** kreisrund, schildförmig, bis 7 cm ⌀, Stiel bis 14 cm, Rand leicht gekerbt; Stengel**Blä** ähnlich aber kleiner, schildförmig bis eiförmig-geschwänzt; **Inf** locker, rispig, aufrecht bis fast aufrecht, bis 25 cm; **Blü** aufrecht; **Ped** 2 - 6 mm; **Kr** glockig, weiss, 5 - 6 × 3.5 mm ⌀, Zipfel eiförmig, 2.5 mm, ± so lang wie der verwachsene, basale Teil der **Rö**.

Diese Art unterscheidet sich zusammen mit *U. tropaeolifolius* von allen anderen Arten durch den deutlich rispigen Blütenstand (sonst ährig). Von *U. botryoides* unterscheidet sie sich ebenfalls durch die Verzweigung des Blütenstandes, sowie durch die glockigen Blüten und die tiefer eingeschnittene Blütenkrone.

U. parviflorus (Desfontaines) De Candolle (PSRV 3: 400, 1828). **T:** Griechenland, Kreta (*Tournefort* s.n. [P]). – **D:** Griechenland, Türkei, Ägäische Inseln. **I:** Sibthorp & Smith (1806-1840) 5: t. 445, 1825).

≡ *Cotyledon parviflora* Desfontaines (1808); **incl.** *Umbilicus sprunerianus* Boissier (1845); **incl.**

Umbilicus micranthus Pomel (1876); **incl.** *Sedum mirum* Pampanini (1936) ≡ *Umbilicus mirus* (Pampanini) Greuter (1981).

[1] Basale **Blä** kreisrund, herzförmig oder etwas schildförmig, 2 - 5 cm ⌀, Rand buchtig oder ganzrandig; **Inf** einfache oder verzweigte, aufrechte Trauben bis 35 cm; **Blü** aufrecht oder ausgebreitet; **Ped** 1 - 2 mm; **Kr** gelb, röhrig, 4 - 6 mm lang, Zipfel bis 2× so lang wie die **Rö**.

Nahe mit *U. chloranthus* verbunden, aber mit weniger deutlich schildförmigen Blättern.

U. patens Pomel (Nouv. Mat. Fl. Atl., 324, 1876). – **D**: Algerien, Marokko?.

≡ *Cotyledon umbilicus-veneris* ssp. *patens* (Pomel) Battandier (1889).

[1] Sehr ähnlich wie *U. parviflorus*, wenn überhaupt unterscheidbar; **Blü** hängend und kleiner.

U. rupestris (Salisbury) Dandy (Fl. Gloucestershire, 611, 1948). – **D**: W und S Europa, Madeira, Azoren, Ägypten, Türkei, Zypern. **I**: Berger (1930: fig. 200). **Fig. XLVIII.e**

≡ *Cotyledon rupestris* Salisbury (1796); **incl.** *Cotyledon umbilicus-veneris* var. *tuberosa* Linné (1753) ≡ *Cotyledon tuberosa* (Linné) Halácsy (1901); **incl.** *Cotyledon umbilicata* Lamarck (1779) ≡ *Umbilicus umbilicatus* (Lamarck) Breistroffer (1974); **incl.** *Cotyledon pendulina* De Candolle (1805) ≡ *Umbilicus pendulinus* (De Candolle) De Candolle (1832) ≡ *Cotyledon umbilicus-veneris* ssp. *pendulina* (De Candolle) Battandier (1889); **incl.** *Umbilicus vulgaris* Battandier & Trabut (1905); **incl.** *Umbilicus pendulinus* var. *truncatus* Wolley-Dod (1914) ≡ *Umbilicus rupestris* var. *truncatus* (Wolley-Dod) G. D. Rowley (1956); **incl.** *Cotyledon neglecta* Coutinho (1939) ≡ *Umbilicus neglectus* (Coutinho) Rothmaler & P. Silva (1940); **incl.** *Umbilicus pendulinus* var. *velenovskyi* Rohlena *ex* H. Jacobsen (1954) ≡ *Umbilicus rupestris* var. *velenovskyi* (Rohlena *ex* H. Jacobsen) G. D. Rowley (1956).

[1] Basale **Blä** kreisrund, schildförmig, oben konkav, 1.5 - 7 cm ⌀, Rand gekerbt; **StengelBlä** nierenförmig bis linealisch, Rand gezähnt; **Inf** gewöhnlich einfache, dichte Trauben, aufrecht, bis 50 cm; **Blü** hängend; **Ped** 3 - 9 mm; **Kr** röhrig, 6 - 10 mm lang, bis 4× so lang wie die freien Zipfel, weisslich grün oder strohfarben, manchmal rosarötlich getönt; **Kr**-zipfel eiförmig-zugespitzt, bis 1.5 - 2.5 (-3) mm. – $2n = 48$.

Die Art ist im W und S Europa weit verbreitet und allgemein als "Venusnabel" ("Navelwort", "Pennywort") bekannt und kommt gewöhnlich an Mauern und Böschungen, d.h. gut wasserdurchlässigen Orten, vor. Die Art ist sehr variabel, und einige der Varianten verdienen möglicherweise Anerkennung als Unterart, z.B. *U. neglectus* von der Iberischen Halbinsel. Im Norden des Verbreitungsgebietes ist die Blütenkrone gewöhnlich grösser (7 - 10 mm) und folglich von *U. horizontalis* gut zu unterscheiden. Im S und SE ist die Krone kürzer (6 - 7 mm) und entsprechend dem letztgenannten Taxon näher, mit dem es leicht zu verwechseln ist. Die Blüten von *U. rupestris* sind gewöhnlich hängend, bei *U. horizontalis* var. *horizontalis* jedoch waagerecht ausgebreitet.

Der richtige Name für dieses Taxon ist möglicherweise *U. umbilicatus*, aber diese Angelegenheit bleibt ebenso wie andere Nomenklaturprobleme im Zusammenhang mit *Umbilicus* im Moment ungelöst.

U. schmidtii Bolle (Bonplandia 7: 245, 1859). – **D**: Kapverdische Inseln; endemisch.

Incl. *Umbilicus horizontalis* J. A. Schmidt (1852) (*nom. illeg.*, Art. 53.1).

[1] Basale **Blä** kreisrund, schildförmig, Stiele lang, Rand ganzrandig bis leicht gekerbt; Stengel-**Blä** nach oben mit zunehmend kürzeren Stielen, schliesslich sitzend; **Inf** lockere, aufrechte Trauben, manchmal verzweigt, bis mindestens 30 cm; untere **Bra** schmal lanzettlich, obere linealisch, zugespitzt; **Blü** weit entfernt, ausgebreitet, aufrecht oder hängend; **Ped** extrem kurz; **Kr** röhrig, matt schmutziggelb, Zipfel lanzettlich, zugespitzt.

Die verwandtschaftlichen Beziehungen zu *U. horizontalis* erfordern weitere Untersuchungen.

U. tropaeolifolius Boissier (Diagn. Pl. Orient. 1(3): 14, 1843). **T**: Irak (*Aucher-Eloy* 2658 [G]). – **D**: SE Türkei, N Irak, W Iran, Somalia. **Fig. XLVIII.b**

≡ *Cotyledon tropaeolifolia* (Boissier) Bornmann (1914); **incl.** *Umbilicus oxypetalus* Boissier (1843).

[1] Lockere, aufsteigende oder niederliegende Kräuter; **Tr** bis 30 cm, verzweigt, zerbrechlich und zart; basale **Blä** rund, schildförmig, Rand fast ganzrandig, bis 4 cm ⌀; Stengel**Blä** schildförmig oder eiförmig mit herzförmiger Basis; **Inf** stark verzweigte, lockere, mit aufgerichtetem Ende kriechende Rispen; **Blü** ausgebreitet; **Ped** 2 - 6 mm; **Kr** cremefarben bis weiss, 4 - 5 mm lang und ⌀, sternförmig-glockig, Zipfel bis ± 2× so lang wie die **Rö**.

Diese Art kann zusammen mit *U. paniculiformis* von allen anderen der Gattung durch die deutlich rispigen Blütenstände (statt ährig) unterschieden werden.

VILLADIA

J. Thiede

Villadia Rose (Bull. New York Bot. Gard. 3(9): 3, 1903). **T**: *Cotyledon parviflora* Hemsley. – **Lit**: Uhl (1994c); Uhl & Moran (1999). **D**: S USA (SW Texas), Mexiko (Chihuahua bis Chiapas), Guatemala (Baja Verapaz), Peru; Gebirgs- und Hochlandregionen, vorwiegend Felsstandorte, (600-) 1500 - 4000 m. **Etym**: Nach Dr. Manuel M. Villada (1841 - 1924), mexikanischer Arzt und Naturforscher.

Ausdauernde Kräuter oder Kleinsträucher, meist kahl; **Wu** verdickt-spindelig oder faserig; **Tr** meist unten (bis mittig) reichlicher verzweigt, 5 - 60 (-90) cm, entweder weitgehend verholzt-ausdauernd und meist ± aufrecht (dann Kleinsträucher), oder krautig, nur basal verholzt und ± niederliegend-aufsteigend (dann polsterbildende Kräuter), oder **Tr** krautig-kurzlebig, ± einjährig, ± aufrecht, nach der Blüte ± bis zur meist kurzen, verholzt-ausdauernden **Tr**basis zurücksterbend (dann Geo- bis Hemikryptophyten mit verdickten, ausdauernden **Wu**); **Blä** wechselständig, meist ± ausgebreitet bis aufsteigend und ± länglich lanzettlich bis linealisch, meist ± stielrund-pfriemlich und gerade, spitz oder stumpf, basal (immer?) ± deutlich gespornt, meist glatt, (3-) 6 - 23 (-40) × (1-) 1.5 - 3 (-15) mm, meist ± grün; **Inf** ± aufrecht, Ähren, Trauben oder meist Thyrsen, 2 - 20 (-40) cm, mit 6 - 70 (-150) wickeligen Zweigen mit 2 - 4 (-8) **Blü**; **Blü** 5-zählig (selten 4-zählig), obdiplostemon; **Ped** (nahezu) fehlend oder sehr kurz, oft (immer?) mit 2 Vorblättern; **Sep** (nahezu) frei, aufsteigend bis ± ausgebreitet, ± länglich lanzettlich oder länglich eiförmig, stumpf oder spitz, basal (immer?) ± gespornt, meist (nahezu) gleich, 1 - 4.5 (-7) × 1 - 2 (-2.5) mm, meist grün; **Kr** in der Form verschieden, 3 - 9 mm ⌀, basal oft (immer?) 5-kantig; **Pet** ± eiförmig bis elliptisch-länglich, dorsal oft (immer?) gekielt, 3 - 6 (-9) × 1.2 - 2 (-3) mm, meist ± weisslich bis rosa, **Rö** 0.5 - 1.7 (-4) mm, Zipfel meist ausgebreitet bis zurückgebogen oder aufrecht, ± eiförmig, dreieckig oder lanzettlich, spitz bis stumpf, subapikal oft (immer?) ± deutlich (bis 1.4 mm, meist viel weniger) begrannt, gleich oder ungleich, 2 - 5 × 1 - 2.6 (-3) mm; **St** in 2 Kreisen; **Fil** meist aufrecht und ± schlank-fädig, (± 1-) 1.7 - 3.4 (-6) mm oberhalb der **Kr**basis, basal 0.6 - 2.8 (-4) mm mit der **Rö** verwachsen; **Anth** meist (blass-) gelb; **NSch** in Form und Grösse variabel, bis 2 × 1 mm, meist kleiner, basal oft verschmälert, (blass-) gelb bis orange; **Ca** aufrecht, später ± divergierend, dicklich bis schlank, (2.3-) 2.5 - 6 (-6.5) × (0.6-) 0.75 - 1.1 (-1.3) mm, basal (0.4-) 0.5 - 1 (-1.25) mm verwachsen, grün (-lich) oder weiss; **Gr** schlank bis dicklich, meist ± zurückgebogen, 0.5 - 2 (-2.5) mm, meist grün oder weiss; **Fr** Bälge; **Sa** ± spindelig, ± braun, Testa zentral-papillös (immer?). – n = 9-17, 20-22, 33, und höher.

Moran (1996) beschränkte den Umfang von *Villadia* auf das ursprüngliche Konzept von Rose und überführte die bisher hier eingeschlossene Sect. *Altamiranoa* (Rose) Baehni & Macbride (≡ *Altamiranoa* Rose) zu *Sedum*; diesem Konzept wird hier gefolgt. Moran begründet seine Entscheidung mit den ± fliessenden Übergängen von *Altamiranoa* zu *Sedum* und dem fehlenden Nachweis einer nahen Verwandtschaft von *Villadia* s.str. und *Altamiranoa*, was mit cytologischen Befunden (Kreuzungsverhalten) übereinstimmt (Uhl & Moran 1999). *Villadia* ist nun besser von *Sedum* abgegrenzt und durch die basal zu einer meist deutlichen Röhre verwachsenen Kronblätter (bei *Sedum* meist frei oder selten mit kurzer Röhre), insbesondere aber durch die Form der Blütenstände unterschieden (bei *Sedum* meist cymös; ältere Angaben von 'Rispen' für *Villadia* sind vermutlich falsch und werden hier als Thyrsen bezeichnet).

Die komplexe Cytologie von *Villadia* (Chromosomenzahl innerhalb einer Art weitgehend konstant, zwischen den Arten aber sehr unterschiedlich) mit einer hypothetischen Reihe absteigender Dysploidie wurde von Uhl & Moran (1999) dargestellt. Diese Autoren nehmen für die hier zur *V. guatemalensis*-Gruppe gestellten, stärker verholzten Arten mit grösseren Blüten mit kürzerer Röhre und ausgebreiteten Kronzipeln und langen Griffeln sowie zahlreicheren aber kleineren Chromosomen eine basale Position an. Sie sind vermutlich mit *Sedum* Sect. *Fruticisedum* nächst verwandt und vielleicht davon abgeleitet und zeigen wie diese verholzte Triebe und höhere Chromosomenzahlen. Im Gegensatz dazu werden die *Villadia*-Arten mit krautigen oberirdischen Teilen und langröhrigeren Blüten mit aufrechten Kronzipeln und abrupt zurückgebogenen, kurzen Griffeln sowie weniger und grösseren Chromosomen (hier zur *V. painteri*-Gruppe gestellt) von denselben Autoren als abgeleitet betrachtet. Entsprechend scheint es, dass *Villadia* sich nach N in die trockeneren Gebiete des Mexikanischen Hochlandes verbreitet hat, begleitet von einem Evolutionstrend zur Reduktion der Verholzung, zur Entwicklung von Speicherwurzeln, zur Reduktion der Blütengrösse und zur Entwicklung längerer Blütenröhren mit aufrechten Kronzipeln und kurzen, zurückgebogenen Griffeln, sowie einer dysploiden Reduktion der Chromosomenzahl.

Intergenerische Hybriden sind mit folgenden Gattungen bekannt geworden: *Cremnophila* (= ×*Cremnadia*), *Echeveria* (= ×*Villeveria*), *Graptopetalum* (= ×*Graptoladia*), *Pachyphytum* (= ×*Pachyladia*), *Sedum* (= ×*Sedadia*).

Villadia kann vorwiegend auf Grund von Blütenmerkmalen informell wie folgt gegliedert werden:

[1] *V. guatemalensis*-Gruppe: **Blä** zumindest apikal papillös; **Blü** mittelgross; **Pet** 3.5 - 6 mm, Zipfel ausgebreitet bis zurückgebogen; **Ca** grün bis grünlich; **Gr** schlank, relativ lang, 1.1 - 2.5 mm, etwas nach aussen gebogen (C und S Mexiko, Guatemala; 3 Arten).

[2] *V. pringlei*-Gruppe: **Blü** relativ gross; **Pet** 6 - 9 mm, Zipfel ausgebreitet bis zurückgebogen, spitz (selten stumpf); **Gr** bis 2 (-3) mm (N, C und S Mexiko; 4 Arten).

[3] *V. squamulosa*-Gruppe: **Tr** ± rauh-papillös; **Blü** relativ klein; **Pet** 2 - 4 mm, Zipfel ausgebreitet bis zurückgebogen; **Gr** relativ kurz, 0.5 - 1.5 mm (N, C und S Mexiko; 4 Arten). – Vermittelt mit ausgebreiteten Zipfeln, aber eher kurzen Griffeln zwischen den Gruppen 1 - 2 und 4 - 7.

[4] *V. albiflora*-Gruppe: Verholzte Kleinsträucher; **Tr** schlank; **Blä** entfernt, ausgebreitet; **Pet** auf-

recht; **Fil** dicklich-rundlich, nicht fädig; **Anth** violett; **Gr** sehr kurz, dick, konisch, ± 0.2 mm, teilweise violettlich (S Mexiko; 1 Art).

[5] *V. imbricata*-Gruppe: Polsterbildende Kräuter; **Blä** anliegend, papillös, dicht ziegelig; **Blü** relativ klein; **Pet** 3 - 4 (-5) mm, dicklich, Zipfel aufrecht, kaum öffnend; **Gr** schlank, aufrecht, ± 0.8 mm (S Mexiko; 1 Art).

[6] *V. painteri*-Gruppe: Kräuter mit einjährigen **Blü**trieben und verdickten **Wu**; **Pet**zipfel aufrecht; **Gr** (sehr) kurz, ≤ 0.5 - 0.8 mm, abrupt zurückgebogen (N und C Mexiko; 5 Arten). – *V. cucullata* und *V. aristata* (**Pet** kapuzenförmig, randlich gezäht und meist deutlich begrannt) bilden eine auffällige Untergruppe.

[7] *V. virgata*-Gruppe: **Blä** ± eiförmig; **Inf** wenigblütige Ähren; **Pet**zipfel aufrecht; **Gr** kurz, ± 0.5 - 0.8 mm, meist zurückgebogen; **NSch** relativ gross, 1.5 - 2 mm (*V. incarum* unbekannt) (Peru; 3 Arten).

Alternativ könnte *Villadia* nach Wuchsform, Verbreitung und Chromosomenzahl in 2 Gruppen gegliedert werden, die jedoch in den Blütenmerkmalen sehr heterogen und damit mutmasslich künstlich sind (A: Oberirdische Triebe ausdauernd, Kleinsträucher oder polsterbildende, nur basal verholzte Kräuter, nur S des transmexikanischen Vulkangürtels und in Peru; B: Meist Geophyten oder Hemikryptophyten mit verdickten Speicherwurzeln und kurzlebigen Blütentrieben, S USA und Mexiko N des Vulkangürtels).

Der Autor ist Reid Moran (USA) für wertvolle ergänzende Informationen zu besonderem Dank verpflichtet.

V. acuta Moran & C. H. Uhl (CSJA 63(4): 200-202, ills., 1991). **T:** Mexiko, San Luis Potosí (*Kimnach 296* [BH 372699, HNT, SD]). – **D:** Mexiko (San Luis Potosí); moosige Felsen, 1700 m; nur vom Typfundort bekannt.

[2] Kräuter; **Wu** verdickt-spindelig, zu mehreren, bis 20 × 5 mm; **Tr** aufrecht, **Blü**triebe 10 - 30 cm, nur teilweise zurücksterbend, Basis verzweigt und verholzt-ausdauernd, ≥ 15 × 0.5 cm; **Blä** ausgebreitet oder etwas nach unten gebogen, pfriemlich, scharf zugespitzt, gespornt, apikal etwas papillös, 10 - 20 × 1.5 - 3 mm; **Inf** dichte Ähren oder Thyrsen, 3 - 10 cm, mit 10 - 40 Zweigen mit 1 (-3) **Blü**; **Ped** fehlend; **Sep** aufsteigend-ausgebreitet, lanzettlich, spitz, gespornt, 3.5 - 4 × 1 mm; **Kr** 5-kantig, 5 - 8 mm ⌀; **Pet** 7 - 9 × 1.5 - 2 mm, weiss, **Rö** 3.5 - 4 mm, Zipfel zurückgebogen, sehr spitz, subapikal begrannt, 3.5 - 5 × 1.5 - 2 mm, oberste ± 2 mm gelblich grün; **St** 5.6 - 6.7 mm; **Fil** basal ± 4 mm mit **Kr**röhre verwachsen, weiss; **NSch** länglich keilförmig, schief zugespitzt, ± 0.7 × 0.5 mm, blassgelb; **Ca** schlank, 5 - 6 × 1.1 - 1.25 mm, basal 1.25 mm verwachsen, weiss; **Gr** schlank, 1.5 - 2 mm. – n = 16.

Von allen anderen Arten durch die lange Blütenröhre unterschieden. Gemäss Protolog am nächsten mit *V. diffusa* und *V. pringlei* verwandt.

V. albiflora (Hemsley) Rose (in N. L. Britton & al. (eds.), North Amer. Fl. 22(1): 30, 1905). **T:** Mexiko, Oaxaca (*Galeotti 2810* [K]). – **D:** Mexiko (Puebla, Oaxaca). **I:** KuaS 44: 242, 1993. **Fig. XLVIII.h**

≡ *Cotyledon albiflora* Hemsley (1878) ≡ *Altamiranoa albiflora* (Hemsley) E. Walther (1938); **incl.** *Villadia ramosissima* Rose (1903) ≡ *Altamiranoa ramosissima* (Rose) E. Walther (1938).

[4] Kleinsträucher; **Tr** zunächst aufrecht, später ausgebreitet bis niederliegend, basal reich verzweigt, schlank, bis 40 cm, jung apikal mehlig bereift, später ± rötlich bis rotbräunlich; **Blä** entfernt, nahezu rechtwinklig abstehend, eiförmig bis etwas länglich, nahezu stielrund, stumpf, ± 6 - 11 × 2 - 3 mm, jung mehlig bereift, später grün oder meist zumindest apikal oder ± gänzlich rötlich übertönt; **Inf** meist lockere Ähren oder Thyrsen, 2 - 5 cm; **Ped** fehlend oder sehr kurz; **Sep** breit eiförmig, spitz oder stumpf, gleich, ± 3 × 2.5 mm, blassgrün, apikal ± rötlich, etwas mehlig bereift; **Kr** glockig bis ± röhrig, 5-kantig; **Pet** dorsal gekielt, 5 - 6 mm, rein weiss oder etwas rosa getönt, **Rö** ± 1 mm, Zipfel aufrecht, subapikal etwas begrannt, ± 4 - 5 × 2.5 mm; **St** ± 3.5 mm; **Fil** durchgehend dicklich-rundlich, nicht fädig, basal bis 1 mm mit der **Kr**röhre verwachsen; **Anth** violettlich; **NSch** breit rechteckig, basal wenig verschmälert, ± 0.8 × 1 mm, gelblich, oben ± braun; **Ca** ± 3 × 1.3 mm, basal ± 1 mm verwachsen, weiss; **Gr** sehr kurz, ± 0.2 mm, teilweise violettlich; **Na** grünlich. – n = 15.

Uhl & Moran (1999) betrachten *V. ramosissima* als Synonym, und der Holotyp von *V. albiflora* wird als durch Verletzung abnormal verzweigtes Exemplar interpretiert (Moran, in lit.). Violettliche Staubbeutel und dicklich-rundliche, nicht fädige Staubfäden sind von keiner anderen Art bekannt.

V. aperta Moran & C. H. Uhl (Cact. Suc. Mex. 37(2): 31-34, ill., 1992). **T:** Mexiko, Durango (*Uhl 2255* [BH]). – **D:** Mexiko (Durango); nur von der Typaufsammlung bekannt.

[3] Kräuter; **Wu** verdickt; **Tr** meist aufrecht, etwas rauh papillös, 20 - 30 cm; **Blä** ausgebreitet, linealisch, undeutlich zylindrisch, abrupt zugespitzt, kurz gespornt, apikal papillös, 15 - 23 × 3 mm, grün, nicht glauk bereift; **Inf** lockere Thyrsen, 12 - 18 cm, mit 10 - 20 Zweigen mit (1-) 2 - 4 **Blü**; **Ped** 1 - 3 mm; **Sep** aufsteigend bis ausgebreitet, länglich elliptisch, spitzlich, kurz gespornt, etwas papillös, ungleich, 3 - 7 × 1 - 2.5 mm; **Kr** breit trichterig, 7 - 8 mm ⌀; **Pet** 4 mm, blass gelblich grün, fast weiss, **Rö** 1 mm, Zipfel von der Mitte ausgebreitet, eiförmig-dreieckig, spitz, subapikal begrannt, ± 3 × 3 mm; **St** 2.5 - 3 mm; **Fil** basal 1 mm mit der **Kr**röhre verwachsen; **NSch** fächerartig, 0.8 × 0.2 (basal) - 1

(apikal) mm, gelborange; **Ca** 3.5 - 4.5 × 0.75 - 1.1 mm, grün; **Gr** etwas zurückgebogen, 1 - 1.5 mm. – n = 15.

Von allen anderen Arten durch die breit trichterige Blütenkrone mit eiförmig-dreieckigen Zipfeln unterschieden. Gemäss Protolog mit *V. squamulosa* und *V. minutiflora* näher verwandt. Innerhalb der *V. squamulosa*-Gruppe vermittelt diese Art mit den etwas grösseren Blüten und den etwas längeren Griffeln zur *V. guatemalensis*-Gruppe.

V. aristata Moran (CSJA 62(4): 177-182, ills., 1990). **T:** Mexiko, San Luis Potosí (*Moran* 10006 [SD, CAS, CU, K, MEXU, NY, US]). – **D:** Mexiko (Coahuila, Nuevo León, Tamaulipas, San Luis Potosí); Eichen- und Nadelwald, Krummholz, offene alpine Rasen, auf Granit oder meist Kalk, 2200 - 3800 m.

[6] Kräuter; **Wu** verdickt, 2 - 3 (-5) mm ⌀; **Tr** nach der Blüte zurücksterbend, meist unverzweigt, 10 - 30 cm; **Blä** aufsteigend, länglich lanzettlich bis länglich verkehrt spatelig, spitz, gesporrt, spitzenwärts papillös, 8 - 16 (-27) × 2 - 3.5 mm, gräulich grün; **Inf** dichte Ähren, Trauben oder Thyrsen, 3 - 20 cm, Zweige kurz und gehäuft, untere bis mittlere mit bis 2 **Blü**; **Ped** 1 mm; **Sep** breit lanzettlich, spitz, kaum gespornt, papillös, etwas ungleich, 3.5 - 4.5 (-5) × 1.5 - 2 mm; **Kr** ellipsoid bis undeutlich kugelig, 4 - 5 (-7) × 3 - 4 (oben 1 - 2) mm; **Pet** dorsal gekielt, 3.1 - 3.7 (-4.5) mm, unten grünlich, oben weiss oder rosa bis lavendelfarben, **Rö** 0.6 - 0.9 (-1.7) mm, Zipfel aufrecht, ± kapuzenförmig, gerundet, 2.7 - 3.2 × 1 mm, Rand unregelmässig gezähnt, Kiel in eine subapikale, 1 - 1.4 mm lange Granne verlängert; **St** 2.4 - 3 mm; **Fil** basal 0.6 - 0.9 mm mit der **Kr**röhre verwachsen, weisslich; **NSch** keilförmig, 0.7 - 0.9 × 0.3 (basal) - 0.6 (apikal) mm, orangegelb; **Ca** 2.7 - 3 × 0.8 - 1.1 mm, basal 0.6 - 0.7 mm verwachsen, grün; **Gr** etwas zurückgebogen, 0.5 mm. – n = 10.

Von allen anderen Arten durch die lang begrannten Kronblattzipfel unterschieden. Gemäss Protolog am nächsten mit *V. cucullata* verwandt.

V. cucullata Rose (Bull. New York Bot. Gard. 3(9): 4, 1903). **T:** Mexiko, Coahuila (*Palmer* 374 [US 336367]). – **D:** Mexiko.
≡ *Cotyledon cucullata* (Rose) Fedde (1904) ≡ *Altamiranoa cucullata* (Rose) E. Walther (1938).

V. cucullata ssp. **apiculata** Moran & C. H. Uhl (CSJA 70(4): 201-202, ill., 1998). **T:** Mexiko, San Luis Potosí (*Moran* 6343 [SD, CU]). – **D:** Mexiko (Hidalgo, Nuevo, León, Tamaulipas, San Luis Potosí); Kalkfelsen (ausschliesslich?), 600 - 1800 m. **I:** Walther (1937: 151, als *V. cucullata*).

[6] Unterschiede zu ssp. *cucullata*: **Pet** länglich verkehrt eiförmig, spitzlich, stark gekielt, Kiel in einem subdorsalen, aufgesetzten Spitzchen von 0.3 - 0.7 mm Länge endend, innere **Pet** manchmal apikal breiter als äussere und schmal kapuzenförmig. – n = 11, 21+1.

Wurde gemäss Protolog bisher teilweise mit ssp. *cucullata* verwechselt, z.B. von Walther (1937).

V. cucullata ssp. **cucullata** – **D:** Mexiko (Coahuila, Nuevo León); trockene Felsen, auf Kalk und Gips, 1200 - 2400 m.

Incl. *Villadia jimulcensis* G. L. Nesom (1988).

[6] Kräuter; **Wu** knollig verdickt, bis 1 cm ⌀; **Tr** wenige, oft einzeln, annuell, aufrecht, starr, 20 - 50 (-90) cm, unten rötlich oder dicht rot gestreift, manchmal oben rein rot, Basis kurz, verholzt-ausdauernd, bis 7 mm ⌀; **Blä** meist stark aufsteigend, pfriemlich, spitz, zugespitzt, spitzenwärts papillös, gespornt, untere **Blä** 10 - 35 × 2 - 4 (-7) mm, obere allmählich kleiner, hellgrün; **Inf** dichte Thyrsen, oder oben ährig, 5 - 20 (-40) cm, mit 25 -100 (-150) kurzen, gehäuften Zweigen mit 1 - 2 (-5) **Blü**; **Ped** (nahezu) fehlend; **Sep** dreieckig-lanzettlich, apikal papillös, nahezu gleich, 2 - 4 × 0.6 - 1.3 mm, grün oder violett; **Kr** nahezu geschlossen und dadurch **St** und **Ca** einschliessend; **Pet** elliptisch-länglich, schwach gekielt, 3 - 5 mm, rot oder gelb mit roter oder orangefarbener Zeichnung, **Rö** 1 - 2 mm, Zipfel aufrecht, kapuzenförmig, abgerundet, oben randlich papillös bis fein gezähnt, ohne aufgesetztes Spitzchen; **NSch** keilförmig-gestutzt, ± 0.6 × 0.6 mm, gelborange; **Ca** 2 - 2.5 mm, grünlich, basal 0.5 - 1 mm verwachsen; **Gr** aufrecht, konisch, 0.5 mm. – n = 11.

V. jimulcensis wird von Moran & Uhl (1998) in die Synonymie verwiesen. Eine von Uhl & Moran (1999) aus NW Querétaro erwähnte Pflanze mit bräunlicher Blütenkrone und einer Chromosomenzahl von n=10 ähnelt *V. cucullata*, muss aber noch genauer untersucht werden.

V. diffusa Rose (CUSNH 13: 302, 1911). **T:** Mexiko, Chiapas (*Collins & Doyle* 131 [US 574298, NY]). – **D:** Mexiko (Chiapas); Bergregion, 1800 - 2500 m.
≡ *Altamiranoa diffusa* (Rose) E. Walther (1936).

[2] Kräuter; **Tr** aufrecht bis niederliegend, reich verzweigt, basal etwas verholzt, bis 40 cm, violettlich; **Blä** dreieckig-eiförmig bis länglich, meist basal am breitesten, stumpf, 5 - 12 × 2 - 2.5 mm, an jungen **Tr** kleine **Ros** bildend oder dicht überlappend und die **Tr** bedeckend; **Inf** Ähren, 2 - 12 cm, mit 5 - 20 **Blü**; **Sep** eiförmig, stumpf, 2.5 - 4 × 1.5 - 2.5 mm; **Pet** dreieckig-eiförmig, 4 - 5 × 2 - 2.5 mm, rosa, **Rö** 2 - 2.5 mm, Zipfel spitz, nach aussen gebogen, 4 - 5 × 2 - 2.5 mm; **Ca** 5 - 6 mm; **Gr** schlank, 1.5 - 2.5 mm.

Wenig bekannte Art.

V. dyvrandae (Hamet) Baehni & Macbride (Candollea 7: 286, 1937). **T:** Peru, Lima (*Weberbauer* 5278 [B†]). – **D:** Peru (Cajamarca, Cuzco, La Libertad, Lima); Felshänge, 2000 - 3500 m.

≡ *Sedum dyvrandae* Hamet (1914) ≡ *Altamiranoa dyvrandae* (Hamet) A. Berger (1930); **incl.** *Sedum backebergii* von Poellnitz (1939).

[7] Kräuter; **Wu** faserig; **Tr** basal etwas niederliegend, dann aufsteigend, meist oberhalb der Mitte verzweigt, selten einfach, blühende **Tr** 5 - 9 cm, sterile **Tr** 0.4 - 2 cm; **Blä** lang eiförmig, etwas stumpflich, stumpf gespornt, 3.3 - 7.5 × 1.5 - 2.8 mm; **Inf** sehr lockere Ähren, wenigblütig, 1.5 - 2.5 cm; **Ped** sehr kurz; **Sep** eiförmig-länglich, etwas stumpflich, gespornt, 4.7 - 6.5 × 2.2 - 2.8 mm; **Pet** dorsal gekielt, 4.85 mm, grünlich, **Rö** 1.2 mm, Zipfel vermutlich aufrecht, breit eiförmig, stumpflich, subapikal begrannt, 3.65 × 2.6 mm; **St** 3.5 - 3.6 mm; **Fil** basal 1 - 1.1 mm mit der **Kr**röhre verwachsen; **NSch** undeutlich linealisch, apikal verbreitert und konkav, 1.6 × 1 mm; **Ca** 3.6 mm, basal 1 mm verwachsen; **Gr** 0.6 mm.

Gemäss Protolog offenbar ähnlich und möglicherweise artgleich mit *V. virgata*, wofür v.a. auch die (ausser bei *V. squamulosa*) sonst nicht vorkommenden, grossen Nektarschüppchen sprechen. *Sedum backebergii* wird mit einem Fragezeichen hier synonymisiert.

V. guatemalensis Rose (CUSNH 12(9): 396, 1909). **T:** Guatemala, Baja Verapaz (*Maxon & Hay* 3411 [US 473398]). – **D:** Mexiko (Oaxaca), Guatemala (Baja Verapaz, Sololá). **I:** CUSNH 12(10): t. 81, 1909; Clausen (1951); KuaS 44: 242, 1993; Cact. Suc. Mex. 43: 90-92, 1998. **Fig. XLVIII.f, XLVIII.g**

≡ *Altamiranoa guatemalensis* (Rose) E. Walther (1938); **incl.** *Villadia levis* Rose (1909) ≡ *Altamiranoa levis* (Rose) E. Walther (1938).

[1] Kleinsträucher; **Tr** ± streng bis sparrig aufrecht oder aufsteigend bis niederliegend, **Blü**triebe aufrecht oder aufsteigend, fein papillös, 30 - 50 cm, etwa bis zur Mitte zurücksterbend, basal bis zur Mitte reich verzweigt, Basis verholzt-ausdauernd, sterile **Tr** kurz, mit dicht rosettigen **Blä**; **Blä** linealisch, ± rechtwinklig abstehend, aber ± aufwärts gekrümmt, nahezu stumpf oder spitzlich, apikal und am dorsalen Kiel fein papillös, 5.6 - 23 × 2.4 - 3.2 mm, blass gelblich grün, manchmal rosa oder rot gefleckt; **Inf** lockere Thyrsen, verlängert, bis 28 cm, mit 5 - 70 wickeligen Zweigen; **Blü** selten nur 4-zählig; **Sep** nahezu frei, länglich eiförmig, apikal fein papillös, ungleich, 3 - 3.4 × 1.2 - 1.6 mm, grün; **Kr** basal 5-kantig, 8 - 9 mm ∅; **Pet** dorsal fein papillös gekielt, 4.2 - 6 × 1.2 - 2 mm, grünlich gelb bis weiss, oft stark rot gefleckt, **Rö** 1 - 1.4 mm lang, Zipfel weit ausgebreitet bis zurückgebogen, lanzettlich, stumpf, oberhalb der Mitte rötlich gefleckt, mit weissem Randsaum; **St** 1.4 - 3.8 mm; **Fil** basal 0.6 - 1.5 mm mit der **Kr**röhre verwachsen, blassgrün, manchmal spitzenwärts rosa getönt; **NSch** breit nieren- bis spatelförmig, abgerundet, 0.7 - 0.8 × 0.6 - 0.7 mm, orange bis zitronengelb; **Ca** 6 - 6.5 mm, basal 0.5 mm verwachsen, grün; **Gr** schlank, etwas zurückgebogen, ± 2 mm, ± rötlich. – n = 20, 21.

In der Wuchsform sehr verschiedenartig. In Kultur verbreitet.

V. imbricata Rose (Bull. New York Bot. Gard. 3(9): 3-4, 1903). **T:** Mexiko, Oaxaca (*Nelson* 1767 [US, NY]). – **D:** Mexiko (Puebla, Oaxaca); ± 700 m. **I:** KuaS 44: 241, 1993.

≡ *Cotyledon imbricata* (Rose) Fedde (1904) ≡ *Altamiranoa imbricata* (Rose) E. Walther (1938) (*nom. illeg.*, Art. 53.1); **incl.** *Altamiranoa ericoides* H. Jacobsen (1955).

[5] Kräuter; **Tr** ± niederliegend-aufsteigend, polsterbildend, höchstens basal etwas verholzt, blühende **Tr** 2 - 10 (-15) cm, sterile **Tr** kürzer; **Blä** anliegend, eiförmig, einwärts gebogen, spitz, oberseits ± flachlich, unterseits gekielt, jung deutlich und später etwas papillös, 3 - 8 (-12) × 2 - 4 mm, blassgrün, jung glauk bereift, blühende **Tr** locker, sterile **Tr** dichter ziegelig beblättert; **Inf** dichte Ähren oder Thyrsen, ± 1 - 4 (-8) cm, basale Zweige teilweise mit 2 **Blü**, insgesamt mit 8 - 20 **Blü**; **Ped** der basalen **Blü** sehr kurz, sonst fehlend; **Sep** elliptisch, anliegend, stumpf, apikal etwas papillös, ungleich, 2.5 - 4 × 1.2 - 1.5 mm; **Kr** schwach 5-kantig-eiförmig, kaum öffnend; **Pet** eiförmig, recht dick, dorsal gekielt, spitz, 3 - 4 (-5) × 1.2 mm, weiss, **Rö** 0.8 - 1.7 mm, Zipfel aufrecht, nur wenig öffnend, spitz, subapikal etwas begrannt, ± 2.7 - 3.3 mm; **St** 2.3 - 2.8 mm; **Fil** basal mit der **Kr**röhre verwachsen; **Anth** ± 0.5 - 0.6 mm; **NSch** breit keilförmig-gestutzt, ± 0.7 × 0.4 (basal) bis 0.8 - 1 (apikal) mm; **Ca** ± 2.8 × 1 mm, basal ± 0.5 mm verwachsen; **Gr** schlank, aufrecht, ± 0.8 mm. – n = 12.

Durch die dicht ziegelige Blattstellung unverwechselbar. In Kultur verbreitet.

V. incarum (Ball) Baehni & Macbride (Candollea 7: 286, 1937). – **D:** Peru (Lima, Ancash); Felshänge, 3500 - 4000 m.

≡ *Cotyledon incarum* Ball (1885) ≡ *Altamiranoa incarum* (Ball) A. Berger (1930); **incl.** *Cotyledon incanum* Ball (1885) (*nom. inval.*, Art. 61.1).

[7] Kräuter; **Tr** aufrecht, basal verzweigt, 16 - 21.5 cm, Seiten**Tr** kurz, dicht beblättert; **Blä** ovalzylindrisch, stielrund; **Inf** kurze Trauben, aufrecht, 8- bis 12-blütig; **Ped** der unteren **Blü** kurz, sonst fehlend; **Sep** oval-lanzettlich, grün, randlich blasser; **Kr** etwas röhrig; **Pet** linealisch-lanzettlich, spitz, 1.5× so lang wie die **Sep**, blassgelb oder blassrötlich, **Rö** ½ - ⅓ der **Pet**länge. – n = 88-89.

Die im Protolog verwendete Schreibweise 'incanum' (Lat., aschgrau; es wird aber keine entsprechende Färbung erwähnt) wurde in den Errata zu 'incarum' berichtigt.

V. laxa Moran & C. H. Uhl (Cact. Suc. Mex. 40(2): 31-33, ill., 1995). **T:** Mexiko, Chihuahua (*Kimnach & Sánchez-Mejorada* 2091 [HNT, BH, US]). – **D:**

Mexiko (Sonora, Chihuahua, Sinaloa); Felsen in Gebirgswäldern, 1900 - 2300 m.

[3] Kräuter; **Wu** verdickt, bis 12 mm ⌀; **Tr** einjährig, zumindest oben rauh papillös, 10 - 30 × 0.3 cm, Basis kurz, verholzt-ausdauernd, bis 5 × 0.6 cm; **Blä** lanzettlich, pfriemlich, undeutlich zugespitzt, gesporn, apikal papillös, 5 - 35 × 2 - 4 mm, gräulich; **Inf** lockere Ähren oder Thyrsen, 5 - 20 × 1 - 2.5 cm, mit 10 - 30 wickeligen, 0.5 - 3 cm langen Zweigen mit je 1 - 4 **Blü**; **Ped** fehlend oder bis 2 mm; **Sep** aufrecht, lanzettlich, undeutlich zugespitzt, gesporn, apikal papillös, etwas ungleich, 2.5 - 3.5 × 1 - 1.5 mm; **Kr** 4 - 6 mm ⌀; **Pet** offenbar ausgebreitet, dorsal gekielt, 3 mm, blassrosa mit helleren Rändern, **Rö** ± 1 mm, Zipfel eiförmig, spitz, subapikal begrannt, 2 × 1.5 - 2 mm; **St** ± 1.9 mm; **NSch** ± 0.7 mm breit, getrocknet rötlich; **Ca** 2.5 × ± 0.75 mm; **Gr** ± 0.5 mm. – n = 14.

Gemäss Protolog wohl am nächsten mit *V. minutiflora* und *V. squamulosa* verwandt. Der Typfundort wurde im Protolog irrtümlich als in Sinaloa liegend angegeben und später korrigiert (Uhl & Moran 1999).

V. minutiflora Rose (Bull. New York Bot. Gard. 3(9): 4-5, 1903). **T:** Mexiko, Oaxaca (*Pringle* 4981 [US 396661, NY]). – **D:** Mexiko (Oaxaca); höhere Lagen um 2550 m.

≡ *Cotyledon minutiflora* (Rose) Fedde (1904) ≡ *Altamiranoa minutiflora* (Rose) E. Walther (1938).

[3] Kleinsträucher; **Tr** aufsteigend oder aufrecht, unverzweigt, etwas rauh-papillös, aus verholzter, reich verzweigter Basis, 10 - 20 (-35) cm; **Blä** aufsteigend, linealisch, stielrund, stumpf, gesporn, kurz steif behaart, 6 - 10 × 1 mm, sehr zahlreich; **Inf** Ähren, Trauben oder lockere Thyrsen mit kurzen, einseitswendigen Zweigen; **Ped** (nahezu) fehlend; **Sep** steif bewimpert, etwas ungleich, 1.5 - 3 mm; **Pet** 3 mm, weiss oder rot überhaucht, **Rö** kurz, Zipfel von der Mitte ausgebreitet; **St** kürzer als die **Pet**; **Fil** basal mit der **Kr**röhre verwachsen; **NSch** apikal abgerundet, basal in einen schlanken Stiel verschmälert; **Ca** kurz; **Gr** kurz, 0.4 - 0.5 mm, ausgebreitet oder sogar gehakt. – n = 21.

Wenig bekannte Art. Von allen anderen Arten durch die kurze, steife Behaarung der Blätter und Kelchblätter unterschieden.

V. misera (Lindley) R. T. Clausen (Sedum Trans-Mex. Volcanic Belt, 38, 1959). **T:** Mexiko (*Dickson* s.n. [CGE]). – **D:** Mexiko (Grenzregion von Coahuila und Nuevo León, San Luis Potosí, Aguascalientes, Guanajuato, Querétaro, Hidalgo, México, Tlaxcala, Puebla). **I:** CSJA 64: 69-70, 1992.

≡ *Sedum miserum* Lindley (1838); **incl.** *Cotyledon parviflora* Hemsley (1878) (*nom. illeg.*, Art. 53.1); **incl.** *Villadia parviflora* Rose (1903); **incl.** *Altamiranoa parviflora* H. Jacobsen (1955).

[6] Kräuter; **Wu** verdickt; **Tr** einjährig, aufrecht, einfach oder wenig verzweigt, 20 - 40 × 0.2 - 0.3 cm, wenn länger oft niederliegend; **Blä** länglich, angedrückt, untere stielrund, zerstreut, obere eiförmig-linealisch bis linealisch-lanzettlich, undeutlich walzenförmig, 10 - 20 mm, gedrängt; **Inf** dichte Thyrsen, 4 - 30 × 0.8 - 1.5 cm, mit 20 - 70 kurzen, gehäuften, wickeligen Zweigen mit 1 - 3 **Blü**; **Sep** **Blä**artig, fleischig, nahezu gleich, 2 - 5 × 1 - 2 mm; **Pet** eiförmig, nahezu zwischen den **Sep** verborgen, dorsal rauh gekielt, 3 - 4 × 1 - 2 mm, weiss bis etwas rosa, **Rö** ± 1 mm, Zipfel aufrecht, eiförmig, zugespitzt, etwas kapuzenförmig, subapikal deutlich begrannt; **St** ± 2.5 - 3 mm; **Fil** basal für ± 1 mm mit der **Kr**röhre verwachsen; **NSch** apikal konkav, basal verschmälert, etwas länger als breit; **Ca** rundlich; **Gr** kurz, zurückgebogen. – n = 33, 42-44, 48-49.

Eine cytologisch variable Art, die weitere Untersuchungen benötigt. Clausen (1940) zitiert eine Aufsammlung von *V. parviflora* aus Arizona, die auf kultivierten Pflanzen mit offenbar falscher Fundortangabe beruht. Calderón de Rzedowski (1974) gibt die Verbreitung (ohne Belege) als bis nach Oaxaca reichend an. McDonald (1990) zitiert 2 Belege aus der Grenzregion von Coahuila und Nuevo León, nicht allzu weit N des Typfundortes von *V. stricta* in Zacatecas, was nach näherer Überprüfung vielleicht den Einbezug letzterer Art (siehe dort) rechtfertigen könnte.

Uhl & Moran (1999) berichten über eine Pflanze aus SE Coahuila, die *V. misera* sehr ähnlich sieht, aber mit nur n=9 die niedrigste Chromosomenzahl der Gattung zeigt. Diese Autoren meinen auch, dass *V. misera* am nächsten bei *V. painteri* steht und sich aus tetra- oder hexaploiden Pflanzen aus deren Verwandtschaft entwickelt haben könnte.

V. nelsonii Rose (Bull. New York Bot. Gard. 3(9): 4, 1903). **T:** Mexiko, Guerrero (*Nelson* 2114 [US 48392]). – **D:** Mexiko (Guerrero, Oaxaca); 1850 - 2550 m. **I:** CSJA 43: 84-87, 1971.

≡ *Cotyledon nelsonii* (Rose) Fedde (1904) ≡ *Altamiranoa nelsonii* (Rose) E. Walther (1938).

[1] Kleinsträucher, dicht papillös mit Ausnahme der inneren **Blü**teile; **Wu** bisweilen verdickt; **Tr** ± gerade aufrecht, unverzweigt oder basal bis zur Mitte wenig verzweigt, **Blü**triebe bis zur Mitte zurücksterbend, 10 - 60 cm, Rinde nicht abblätternd; **Blä** ausgebreitet, spatelig, abgerundet, 15 - 40 (-50) × 5 - 15 mm, nur an den oberen 2 - 5 cm steriler **Tr**, nach der Blüte meist abfallend; **Inf** lockere Ähren oder Thyrsen, 3 - 18 cm, mit 6 - 20 kurzen, wickeligen Zweigen mit je 1 - 3 **Blü**; **Ped** nahezu fehlend; **Sep** aufsteigend, länglich, spitzlich, gesporn, 2.5 - 3 × 1.25 - 1.5 mm; **Kr** 5-kantig, basal glockig; **Pet** dorsal gekielt, 4 - 6 mm, weiss, Kiel grünlich, **Rö** 1 - 1.5 mm, Zipfel ausgebreitet, dreieckig, spitz, dorsal papillös (ausser am Rand), 3 - 4.5 × 1.5 - 2 mm; **St** 4.3 - 5.3 mm; **Fil** allmählich verschmälert, basal 1 - 1.5 mm mit der **Kr**röhre verwachsen; **NSch** breit spatelig, ± 0.6 × 0.5 - 0.6 mm; **Ca** 4 - 5 × 1.1 mm,

basal ± 0.8 mm verwachsen, grünlich; **Gr** schlank, etwas zurückgebogen, 2 - 2.5 mm. − n = 20.

Von allen anderen Arten durch die spateligen, breiten und recht grossen Blätter unterschieden.

V. painteri Rose (North Amer. Fl. 22(1): 30, 1905). **T:** Mexiko, Jalisco (*Rose & Painter* 7424 [US 451014]). − **D:** Mexiko (Zacatecas, Jalisco, Guanajuato). **I:** CSJA 8: 151, 1937.

≡ *Altamiranoa painteri* (Rose) E. Walther (1938).

[6] Kräuter; **Wu** verdickt; **Tr** kurzlebig, mit einigen kurzen, aufrechten, dunkel bläulich grünen Seiten**Tr**, Basis kurz, verholzt-ausdauernd; **Blä** aufsteigend, von der Spitze abwärts verschmälert und dadurch keulig, stielrund, stumpf, fein papillös, 5 - 15 (-25) mm, blassgrün, zahlreich und dicht gestellt; **Inf** recht lockere Ähren oder bei kräftigen Pflanzen Thyrsen, 4 - 10 cm; **Sep** dicklich, stumpf, 2.5 - 6 × 1 - 2.5 mm; **Pet** etwas länger oder so lang wie die **Sep**, weiss, getrocknet ± rosa, aufrecht, stumpf; **Ca** dicklich, spitzlich; **Gr** sehr kurz, abrupt zurückgebogen. − n = 15.

Wenig bekannte Art.

V. patula Moran & C. H. Uhl (Cact. Suc. Mex. 36(2): 27-30, ills., 1991). **T:** Mexiko, San Luis Potosí (*Moran & Kimnach* 7655 [SD 56962, CAS, CU, HNT, K, MEXU, MICH, MO, NY, TEX, US]). − **D:** Mexiko (San Luis Potosí, Guanajuato, Querétaro); Felshänge, 1950 - 2300 m.

[1] Kräuter; **Wu** stark verdickt, bis 80 × 5 mm; **Tr** kurzlebig, aufrecht, fast bis zur Basis zurücksterbend, 10 - 60 cm, Basis verholzt-ausdauernd, 5 cm; **Blä** aufsteigend, lanzettlich, undeutlich zylindrisch, spitz, gespornt, apikal papillös, 7 - 21 × 2 - 3.5 mm; **Inf** lockere Thyrsen, 5 - 30 × 1.2 - 1.8 cm, mit 10 - 75 wickeligen Zweigen mit je 1 - 4 (-8) **Blü**; **Sep** aufsteigend, angedrückt, dreieckig-lanzettlich, spitz, apikal papillös, 2.5 - 3.5 × 1 - 1.5 mm; **Pet** ausgebreitet, 3.5 - 5 mm, weissgrünlich oder etwas rötlich, **Rö** 0.8 - 1.6 mm, Zipfel dreieckig-lanzettlich, spitz, 2.5 - 3.5 × 1.5 - 2.2 mm; **St** 3.2 - 4.2 mm; **Fil** basal 2.1 - 2.8 mm mit der **Kr**röhre verwachsen; **NSch** trapezförmig, 0.4 - 0.5 × 0.4 (basal) - 0.8 (apikal) mm, orange bis apikal gelb; **Ca** 2.5 - 3 × 0.6 - 1.1 mm, basal 0.4 - 0.6 mm verwachsen, grün; **Gr** etwas zurückgebogen, 1.1 - 1.5 mm. − n = 13.

Gemäss Protolog vielleicht mit der in Blüte und Frucht ähnlichen *V. guatemalensis* am nächsten verwandt. Habituell am ähnlichsten ist *V. misera*.

V. pringlei Rose (Bull. New York Bot. Gard. 3(9): 4, 1903). **T:** Mexiko, Chihuahua (*Pringle* 1238 [US 48393, NY]). − **D:** Mexiko (Chihuahua, Durango); Bergregionen, 2000 - 2700 m.

≡ *Altamiranoa pringlei* (Rose) E. Walther (1938); **incl.** *Cotyledon neopringlei* Fedde (1904).

[2] Kräuter; **Wu** verdickt-spindelig; **Tr** kurzlebig, fast bis zur kurzen, verholzt-ausdauernden Basis zurücksterbend, basal wenig verzweigt, 5 - 30 cm, grün; **Blä** schmal linealisch, spitz bis stumpf, oberseits flach, unterseits konvex, gespornt, 10 - 25 mm, glauk bereift; **Inf** dichte Ähren oder Thyrsen, 2 - 13 cm, mit 8 - 35 Zweigen mit bis 6 **Blü** (meist weniger); **Ped** fehlend oder kurz (bis 1.5 mm); **Kr** becherig; **Sep** nahezu ausgebreitet bis aufrechtabstehend, spitz bis stumpf, etwas ungleich, die längeren bis 5 mm; **Pet** dorsal gekielt, ± 6 mm, weiss, Zipfel ausgebreitet bis zurückgebogen, spitz, subapikal etwas begrannt; **Fil** aufrecht oder etwas zurückgebogen, ± 5.5 mm; **Ca** schlank, grün oder weiss; **Gr** schlank, lang, 1.25 - 2 mm, aufrecht bis spreizend, weiss. − n = 16.

Wenig bekannte Art.

V. recurva Moran & al. (Cact. Suc. Mex. 43(1): 3-6, ills., 1998). **T:** Mexiko, Oaxaca (*Moran* 10107 [SD 53445, ARIZ, BH, BM, CAS, CU, K, MEXU, MICH, MO, NY, RSA, TEX, US]). − **D:** Mexiko (Guerrero, Oaxaca); Bergregionen, 1600 - 2200 m.

[2] Kräuter; **Wu** verdickt; **Tr** einjährig, aufrecht oder basal ± niederliegend, ± durchgehend beblättert, 20 - 30 cm, rötlich, Basis kurz, ausdauernd, etwas verholzt, reich verzweigt, bis ≥ 3 × 0.5 cm; **Blä** aufsteigend bis spreizend, dreieckig-lanzettlich, basal gestutzt und kaum gespornt, spitz, apikal etwas papillös, 8 - 13 × 2 - 3 mm, grün oder rötlich, zunächst glauk; **Inf** Ähren, 2 - 15 (-20) cm, mit 5 - 25 **Blü**; **Ped** (nahezu) fehlend; **Sep** dreieckig-lanzettlich, deutlich kurz gespornt, scharf spitz, etwas bis deutlich ungleich, 3 - 7 × 1.5 - 2.2 mm; **Pet** dreieckig-lanzettlich, tief rinnig, untere ½ gekielt, 7 - 9 mm, aussen weiss oder dunkelviolettlich, **Rö** 1 - 1.5 mm, Zipfel dreieckig-eiförmig, schmal spitz, nach aussen gebogen, 7 - 9 × 2 mm; **NSch** halbmondförmig, 1.25 mm breit; **Ca** 5 - 6 mm, grünlich; **Gr** aufrecht, schlank, 2 - 3 mm. − n = 14.

Gemäss Protolog ähnlich *V. diffusa*, aber Blätter spitz, Kelchblätter länger und spitz, Kronblätter länger und spitzer und Röhre kürzer. Eine möglicherweise neue, ähnliche Art mit nur n=12 Chromosomen wird aus dem NW Oaxaca erwähnt (Uhl & Moran 1999).

V. squamulosa Rose (Bull. New York Bot. Gard. 3(9): 5, 1903). **T:** Mexiko, Chihuahua (*Pringle* 731 [K?]). − **D:** USA (SW Texas), Mexiko (Chihuahua, Coahuila, N Zacatecas).

≡ *Altamiranoa squamulosa* (Rose) E. Walther (1938); **incl.** *Cotyledon parviflora* var. *squamulosa* S. Watson (1887) (*nom. inval.*, Art. 43.1); **incl.** *Sedum squamulosum* S. Watson (1887) (*nom. inval.*, Art. 29.1?).

[3] Kräuter; **Wu** verdickt, büschelig; **Tr** kurzlebig, aufrecht oder aufsteigend, schlank, basal verzweigt, etwas rauh-papillös, 5 - 20 (-25) cm; **Blä** 20 - 70, linealisch, 10 - 25 × 1 - 3 mm; **Inf** lockere Ähren oder Thyrsen, mit 10 - 30 Zweigen; **Ped** fehlend oder kurz; **Kr** klein, offen, 5 - 7 mm ∅; **Sep** elliptisch verkehrt eiförmig, 1 - 3 mm; **Pet** eiförmig, 2 -

3 mm, rosa, **Rö** kaum 0.5 - 0.75 mm, Zipfel von der Mitte ausgebreitet, spitz; **NSch** auffällig, keilförmig-fächerartig, oberer Rand verdickt, 1 - 1.5 mm, gelb; **Ca** kurz; **Gr** kurz, ± 0.5 mm. − n = 17.

Für die Kombination *V. squamulosa* ist Rose nach ICBN Art. 58.3 Ex. 2 alleiniger Autor.

V. stricta Rose (in N. L. Britton & al. (eds.), North Amer. Fl. 22(1): 30, 1905). **T:** Mexiko, Zacatecas (*Palmer* 512 [US]). − **D:** Mexiko (Zacatecas); nur von der Typaufsammlung bekannt.
≡ *Altamiranoa stricta* (Rose) E. Walther (1938) (*nom. illeg.*, Art. 53.1); **incl.** *Altamiranoa erecta* H. Jacobsen (1956).

[6] Kräuter; **Tr** aufrecht, 10 - 20 cm, basal kurze, dichte **Ros** bildend, blassgrün; **Blä** aufsteigend, stielrund, stumpf, recht dicht gestellt; **Inf** verlängerte Ähren, klein; **Ped** fehlend; **Sep** stumpf, ± 1.5 mm; **Pet** 3 mm, weiss, bei alten Exemplaren rot werdend, wohl ausgebreitet, breit und stumpf, subapikal begrannt; **St** ± 2 mm; **NSch** recht auffällig; **Gr** kurz.

Wenig bekannte Art. Nach R. Moran (in lit.) möglicherweise ein Synonym von *V. misera* (siehe dort).

V. virgata (Diels) Baehni & Macbride (Candollea 7: 286, 1937). **T:** Peru, Ancash (*Weberbauer* 2853 (?) [B]). − **D:** Peru (Ancash, Cuzco); Felshänge, 2000 - 4000 m. **I:** Quepo 9: 66, fig. 6, 1995.
≡ *Cotyledon virgata* Diels (1906) ≡ *Altamiranoa virgata* (Diels) A. Berger (1930).

[7] Kleinsträucher; **Tr** niederliegend oder streng aufrecht, mehrfach verzweigt, dicht beblättert, ± 20 - 25 cm, basal bis ± 8 mm ∅, Rinde später abblätternd; **Blä** aufrecht, manchmal nahezu angedrückt, eiförmig, halb stengelumfassend, gespornt, 5 - 8 × 2 - 3 mm, nicht rosettig, dicht gestellt; **Inf** Ähren; **Ped** meist fehlend, bei unteren **Blü** manchmal kurz; **Sep** schmal dreieckig, 3 × 1.3 mm; **Pet** eiförmig, basal ausgebaucht, dorsal gekielt, 4 - 5 × 2.5 mm, weisslich, aufrecht, subapikal begrannt; **St** ± 4 mm; **NSch** auffällig, länglich spatelig, 1.5 - 2 mm; **Ca** 2.5 - 3.5 mm; **Gr** sehr kurz, ± 0.5 mm.

Gemäss Protolog ist *V. dyvrandae* (siehe dort) sehr ähnlich. Beide könnten zudem möglicherweise artgleich mit *V. incarum* sein.

×VILLEVERIA

U. Eggli

×**Villeveria** C. H. Uhl (CSJA 66(5): 215, 1994).
= *Villadia* × *Echeveria.* Uhl (1994c) listet nur die einzige Kombination *V. grandisepala* × *E. chapalensis* auf. *V. grandisepala* wird hier jedoch als *Sedum grandisepalum* behandelt, und der Hybridgattungsname ist deshalb vermutlich überflüssig, bzw. das Taxon müsste als ×*Sedeveria* behandelt werden.

Literaturverzeichnis

Agnew, A. D. Q. & Agnew, S. (1994) Upland Kenya Wild Flowers. Nairobi (Kenya): East African Natural History Society. Ed. 2; 374 pp., Bestimmungsschlüssel, ills.

Akhiani, K. H. (2000) *Crassulaceae*. In: Assadi, M. & al. (eds.): Flora of Iran, No. 32. Teheran (Iran): Ministry of Jahad-e-Sazandegi Research Institute of Forests and Rangelands. 72 pp., ills., Bestimmungsschlüssel, Karten.

Allorge-Boiteau, L. (1995) Les *Kalanchoe* arborescents du sud de Madagascar. Succulentes 18(2): 8-17, ills., Bestimmungsschlüssel.

Allorge-Boiteau, L. (2002) Redécouverte à Madagaskar de *Crassula micans* Vahl ex Baill., récoltée par Commerson. Succulentes 25(2): 32-36, ills., Karte, Bestimmungsschlüssel.

Amano, M. (1990) Biosystematic study of *Sedum* L. subgenus *Aizoon* (*Crassulaceae*). I. Cytological and morphological variations of *Sedum aizoon* L. var. *floribundum* Nakai. Bot. Mag. (Tokyo) 103(1069): 67-85, Karte, ills.

Amano, M. & Ohba, H. (1990) Chromosome number of *Sedum sikokianum* Maxim. (*Crassulaceae*). J. Jap. Bot. 65(6): 167-170, ills., Karte.

Amano, M. & Ohba, H. (1992) Biosystematic study of *Sedum* L. subgenus *Aizoon* (*Crassulaceae*). II. Chromosome numbers of Japanese *Sedum aizoon* var. *aizoon*. Bot. Mag. (Tokyo) 105(1079): 431-441, ills., Karte.

Anonymus (2000) US Fish and Wildlife Service. Species information. Threatened and endangered animals and plants. Washington D.C. (US): US Fish and Wildlife Service, Division of Endangered Species. Electronically published at http: //endangered.fws.gov/wildlife.html (10. Aug. 2000).

Baldwin, J. T. (1935) Somatic chromosome numbers in the genus *Sedum*. Bot. Gaz. (Crawfordsville) 96: 558-564.

Bañares Baudet, A. (1990) Hibridos de la familia *Crassulaceae* en las Islas Canarias. Novedades y datos corologicos: 2. Vieraea 18: 65-85, ills., Karten.

Bañares Baudet, A. (1997) Typification of five names of endemic Canarian *Aichryson* species (*Crassulaceae*) described by C. Bolle. Willdenowia 27(1/2): 281-284, ill.

Bañares Baudet, A. & Catalina León, M. (1997) The identity of *Aeonium ciliatum* (Willd.) Webb & Berth. (*Crassulaceae*). Willdenowia 27(1/2): 143-146, ills.

Bartel, J. A. (1993) *Crassulaceae: Dudleya*. In: Hickman, J. C. (ed.): The Jepson Manual. Berkeley / Los Angeles (US) etc.: University of California Press. Pp. 525-530, 533, ills., Bestimmungsschlüssel.

Bellia, G. G. & Andrade, A. de (1972) Studio sul genere *Sempervivum* (Parte III). Rea 5: 32-37 + 6 pp. list.

Berger, A. (1930) *Crassulaceae*. In: Engler, A. & Prantl, K. (eds.): Die natürlichen Pflanzenfamilien, ed. 2, 18a: 352-485, ills. Leipzig (D): Wilhelm Engelmann.

Boiteau, P. (1947) Les plantes grasses de Madagascar. Cactus (Paris) 12: 5-10, ills.

Boiteau, P. & Allorge-Boiteau, L. (1995) *Kalanchoe* (Crassulacées) de Madagascar. Systématique, écophysiologie et phytochimie. Paris (F): Édition Karthala. 256 pp., ills., Karten, Bestimmungsschlüssel.

Boiteau, P. & Mannoni, O. (1948) Les *Kalanchoe* (suite). Cactus (Paris) 13: 7-10, 14: 23-28, 15-16: 37-42, 17-18: 57-58, ills.

Boiteau, P. & Mannoni, O. (1949) Les *Kalanchoe* (suite). Cactus (Paris) 19: 9-14, 20: 43-46, 21: 69-76, 22: 113-114, ills.

Borissova, A. G. (1933) [Russian:] Critical overview of the genus *Pseudosedum* (Boiss.) Berger. Trudy Bot. Inst. Akad. Nauk SSSR, Ser. 1, Fl. Sist. Vyssh. Rast. 1(1): 105-116, fig. 1-9.

Borissova, A. G. (1939) *Crassulaceae*. In: Komarov, V. L. (ed.): Flora URSS, 9: 8-134. Leningrad (SU): Academiae Scientiarum URSS.

Borissova, A. G. (1955) *Crassulaceae*. In: Korovin, E. P. (ed.): Flora Uzbekistana; 3: 226-238. Tashkent (SU): FAN.

Borissova, A. G. (1975) *Crassulaceae*. In: Ovchinnikov, P. N. (ed.): Flora Tadzhikskoi SSR; 4: 225-258. Leningrad (SU): Nauka.

Bramwell, D. (1968) Notes on the taxonomy and nomenclature of the genus *Aichryson*. Bol. Inst. Nac. Invest. Agron. 28(59): 203-213, Bestimmungsschlüssel.

Bramwell, D. (1977) The subspecies of *Aichryson pachycaulon* Bolle (*Crassulaceae*) and their probable origin. Bot. Macaronés. 4: 105-111.

Bramwell, D. & Bramwell, Z. (1990) Flores silvestres de las Islas Canarias. Madrid (E): Editorial Rueda.

Bridson, G. D. R. & Smith, E. R. (1991) Botanico-Periodicum-Huntianum / Supplementum. Pittsburgh (US: PA): Hunt Institute for Botanical Documentation, Carnegie Mellon University. 1068 pp.

Brullo, S. & Siracusa, G. (1994) *Crassula basaltica (Crassulaceae)*, a new species from Mt. Etna (Sicily). Fl. Medit. 4: 175-178, ills.

Brullo, S. & al. (1998) *Crassula campestris* (Eckl. & Zeyh.) Endl. (*Crassulaceae*), a new record for the Italian flora. Willdenowia 28(1-2): 53-58, ills., Karte.

Brummitt, R. K. & Powell, C. E. (eds.) (1992) Authors of plant names. A list of authors of scientific names of plants, with recommended standard forms of their names, including abbreviations. Richmond (GB): The Board of Trustees of The Royal Botanic Gardens, Kew. 732 pp.

Brunner, D. R. (1993) *Crassulaceae*. In: Brako, L. & Zarucchi, J. L. (eds.): Catalogue of the flowering plants and gymnosperms of Peru; pp. 375-377. Monogr. Syst. Bot. 45: 1286 pp.

Bruyns, P. V. (1998) A note on *Adromischus phillipsiae* (Marloth) Poelln. Aloe 35(1): 4-6, ills., Karte.

Byalt, V. V. (1997) [Russian:] *Meterostachys sikokiana* (*Crassulaceae*), a new species and genus for the Flora of China. Bot. Zhurn. (Moscow & Leningrad) 82(7): 128-130, ills.

Byalt, V. V. (1998) *Orostachys paradoxa*, a rare species from the Russian Far East. Cact. Succ. J. (US) 70(5): 262-263, ill.

Byalt, V. V. (2000) [Russian:] Conspectus generis *Orostachys* Fisch. (*Crassulaceae*). Novosti Sist. Vyssh. Rast. 32: 40-50.

Byalt, V. V. (2001a) [Russian:] *Sedum vietnamense* Byalt (*Crassulaceae*) – a new species of Stonecrop from Vietnam. Kaktus Klub 2001(1): 27-34, ills., Karte.

Byalt, V. V. (2001b) [Russian:] *Sedum oligospermum* Maire (*Crassulaceae*) – nomen correctum neglectum pro specie S. *bracteatum* Diels. Novosti Sist. Vyssh. Rast. 33: 130-131.

Bywater, M. & Wickens, G. E. (1984) New World species of the genus *Crassula*. Kew Bull. 39(4): 699-728, ills., Bestimmungsschlüssel, Karte.

Calderón de Rzedowski, G. (1974) Las Crasuláceas del Valle de México. Cact. Suc. Mex. 19(3): 49, 51-63, ills.

Castroviejo, S. (ed.) (1997) *Crassulaceae*. In: Castroviejo, S. & al. (eds.): Flora Iberica; 5: 97-160, ills., Bestimmungsschlüssel. Madrid (E): Real Jardín Botánico, CSIC.

Chamberlain, D. F. & Muirhead, C. W. (1972) *Crassulaceae*. In: Davis, P. (ed.): Flora of Turkey and the East Aegean Islands, 4: 209-249. Edinburgh (GB): Edinburgh University Press.

Chuang, H. (1997) *Crassulaceae*. In: Wu, Z. & Chen, S. (eds.): Flora Yunnanica, Tomus 8 (Spermatophyta); pp. 134-209, ills., Bestimmungsschlüssel. Beijing (China): Science Press.

Chung, Y. H. & Kim, J. H. (1989) A taxonomic study of *Sedum* section *Aizoon* in Korea. Korean J. Pl. Taxon. 19(4): 189-227.

Clausen, R. T. (1940) Studies in the *Crassulaceae*: *Villadia*, *Altamiranoa* and *Thompsonella*. Bull. Torrey Bot. Club 67(3): 195-198.

Clausen, R. T. (1946) Nomenclatural changes and innovations in the *Crassulaceae*. Cact. Succ. J. (US) 18: 58-61.

Clausen, R. T. (1951) Probable identity of *Villadia guatemalensis* and *Villadia levis*. Cact. Succ. J. (US) 23(6): 178-179, ills.

Clausen, R. T. (1959) *Sedum* of the Trans-Mexican Volcanic Belt: An exposition of taxonomic methods. Ithaca (US): Comstock Publishing Associates (Cornell University Press). 380 pp., ills., Karten, Bestimmungsschlüssel.

Clausen, R. T. (1975) *Sedum* of North America north of the Mexican Plateau. Ithaca (US): Cornell University Press. 742 pp., ills., Karten.

Clausen, R. T. (1978) *Sedum* – Seven Mexican perennial species. Bull. Torrey Bot. Club 105(3): 214-223, ills.

Collenette, S. (1985) An illustrated guide to the flowers of Saudi Arabia. Buckhurst Hill (GB): Scorpion Publishing Ltd. 514 pp., ill., Karten.

Contandriopoulos, J. & al. (1966) À propos de deux *Sedum* de la flore grècque. Bull. Soc. Bot. France 112(7-8): 462-466, ills.

Dahlgren, R. M. T. & al. (1985) The families of the Monocotyledons. Structure, evolution, and taxonomy. Berlin, Heidelberg (D) etc.: Springer-Verlag. xi + 520 pp., ills., Bestimmungsschlüssel.

Denton, M. F. (1978) Two new taxa of *Sedum* Sect. *Gormania* (*Crassulaceae*) endemic to the Trinity Mountains in California. Brittonia 30(2): 233-238, ills.

Denton, M. F. (1993) *Crassulaceae: Parvisedum, Sedum*. In: Hickman, J. C. (ed.): The Jepson Manual. Berkeley / Los Angeles (US) etc.: University of California Press. Pp. 531-534, 537, ills., Bestimmungsschlüssel.

Deschâtres, R. & Greuter, W. (2001) *Crassulaceae*. In: Greuter, W. & Raus, T. (eds.): Med-Checklist Notulae, 20. Willdenowia 31(2): 322.

Descoings, B. (1997a) Portraits de succulentes. I - IV. J. Bot. Soc. Bot. France 3: 20, 26, 62, 82, ills.

Descoings, B. (1997b) Note sur quelques espèces nouvelles de *Kalanchoe* (*Crassulaceae*) de Madagascar. J. Bot. Soc. Bot. France 4: 79-90, ills., Karte.

Eggli, U. (1985) A bibliography of succulent plant periodicals. Bradleya 3: 103-119.

Eggli, U. (1988) A monographic study of the genus *Rosularia* (*Crassulaceae*). Bradleya 6 (Suppl.): 120 pp., ills., Karten, Bestimmungsschlüssel.

Eggli, U. (1992a) *Rosularia muratdaghensis* (*Crassulaceae*). Kew Mag. 9(2): 59-63, ills., t. 195.

Eggli, U. (1992b) Nomenclatural notes on two genera of *Crassulaceae* and a new combination. Bradleya 10: 83-84, ill.

Eggli, U. (1994) Sukkulenten. Stuttgart (D): Ulmer Verlag. 336 pp., ills., Karten, Bestimmungsschlüssel.

Eggli, U. (1998a) Bibliography of succulent plant periodicals. Bibliografie casopisu o sukulentních rostlinách. Friciana 60: 139 pp.

Eggli, U. & al. (1995) Toward a consensus classification of the *Crassulaceae*. In: 't Hart, H. & Eggli, U. (eds.): Evolution and systematics of the *Crassulaceae*; pp. 173-192. Leiden (NL): Backhuys Publishers.

Evans, R. L. (1983) Handbook of cultivated Sedums. Northwood (GB): Science Reviews Ltd. 345 pp., ills.

Favarger, C. & Zésiger, F (1964) *Sempervivum*. In: Tutin, T. G. & al. (eds.): Flora Europaea; 1: 351-355. Cambridge (GB): Cambridge University Press.

Favarger, C. & al. (1968) Hybrides interspécifiques et intergénériques chez les Joubarbes. Arch. Julius Klaus-Stiftung Vererbungsf. 43: 18-30.

Fernandes, R. B. (1980) Notes sur quelques espèces du genre *Kalanchoe* Adans. Bol. Soc. Brot., sér. 2, 53(2): 325-442.

Fernandes, R. B. (1982) *Crassulaceae*. In: Exell, W. A. (ed.): Conspectus Florae Angolensis; 5: 15-34, ills., Bestimmungsschlüssel. Lisboa (P): Junta de Investigações do Ultramar / Instituto de Investigação Científica de Angola.

Fernandes, R. B. (1983) *Crassulaceae*. In: Launert, E. (ed.): Flora Zambesiaca; 7(1): 3-74, ills., Bestimmungsschlüssel. London (GB): Flora Zambesiaca Managing Committee.

Fröderström, H. (1924) Plantae Sinenses a Dre. H. Smith annis 1921-22 lectae. II. *Crassulaceae*. Acta Horti Gothob. 1: 23-40, pl. 11-15.

Fröderström, H. (1930) The genus *Sedum* L. A systematic essay. [Part 1]. Acta Horti Gothob. 5(Suppl.): 65 pp., 28 pl.

Fröderström, H. (1931) The genus *Sedum* L. A systematic essay. Part 2. Acta Horti Gothob. 6(Suppl.): 110 pp., 65 pl.

Fröderström, H. (1932) The genus *Sedum* L. A systematic essay. Part 3. Acta Horti Gothob. 7(Suppl.): 126 pp., 68 pl.

Fröderström, H. (1936a) The genus *Sedum* L. A systematic essay. Part 4. Acta Horti Gothob. 10(Suppl.): 262 pp., 115 pl.

Fröderström, H. (1936b) A new collection of *Sedum* species from Yunnan. Bull. Fan Mem. Inst. Biol. 7: 11-17.

Fröderström, H. (1942) Plantae Sinenses a Dre. H. Smith annis 1921-22, 1924 et 1934 lectae. XLI. *Crassulaceae* anno 1934 lectae. Acta Horti Gothob. 15: 1-30, pl. 1-6.

Fu, K. T. (1980) Tres species novae generis sedi sinensis. Bull. Bot. Lab. N.-E. Forest. Inst., Harbin 6(1): 39-43, ill.

Fu, K. T. (1986) New taxa of *Sedum* from Hengduanshan in China. Acta Bot. Boreal.-Occid. Sin. 6(2): 105-110, ills.

Fu, K. T. (1987) *Chuhsingianum*, a new subgenus of *Sedum* from China. Bull. Bot. Res., Harbin 6(1): 67-70, ills.

Fu, K. T. & Ohba, H. (2001) *Crassulaceae*. In: Wu, Z.-Y. & Raven, P. H. (eds.): Flora of China; 8: 202-268, Bestimmungsschlüssel. Beijing (China): Science Press / St. Louis (US: MO): Missouri Botanical Garden Press.

Fu, K. T. & Rao, G. Y. (1988) New taxa of subgenus *Sedum* and a new combination of *Hylotelephium* from China. Acta Bot. Boreal.-Occid. Sin. 8(2): 116-124, ills.

Fu, S. H. (1965) Species et combinationes novae Crassulacearum sinicarum. Acta Phytotax. Sin. 1(1): 111-128.

Fu, S. H. & Fu, K. T. (1984) *Crassulaceae*. In: Fu, S. H. & Fu, K. T. (eds.): Flora Reipublicae Sinicae, 34(1): 31-220, ills., Bestimmungsschlüssel. Beijing (China): Science Press. xii + 242 pp.

Funamoto, T. & Yuasa, H. (1986) Cytogeography of *Sedum verticillatum* L. in Japan. J. Phytogeogr. Taxon. 34(1): 36-39, ills., Karte.

Gagnepain, F. (1920) *Crassulaceae*. In: Lecomte, H. (ed.): Flore de l'Indochine, 2: 697-705, ills. Paris (F): Masson & Cie.

Geesink, R. & al. (1981) Thonner's analytical key to the families of flowering plants. Den Haag (NL): Leiden University Press. 231 pp.

Gess, R. (2001) *Tylecodon cacalioides* and a long-proboscid horse-fly. Veld. Fl. (1975+) 87(3): 127, ills.

Gilbert, M. G. (1985) The genus *Sedum* in Ethiopia. Bradleya 3: 48-52, ills., Bestimmungsschlüssel.

Gilbert, M. G. (1989) *Crassulaceae*. In: Hedberg, I. & Edwards, S. (eds.): Flora of Ethiopia; 3: 5-26, ills., Bestimmungsschlüssel. Addis Ababa (Äthiopien) / Asmara (Eritrea): National Herbarium of Ethiopia / Uppsala (S): Department of Systematic Botany.

Gilbert, M. G. (1993) The genus *Hypagophytum* (*Crassulaceae*). Opera Bot. 121: 47-50, ills.

Gilbert, M. G. & al. (2000) New combinations in *Tillaea* (*Crassulaceae*). Novon 10(4): 366-367.

Gontcharova, S. B. (2000) [Russian:] On the taxonomy of subfamily *Sedoideae* (*Crassulaceae*) in the Russian Far East: I. Genera *Hylotelephium* and *Aizopsis*. Bot. Zhurn. (Moscow & Leningrad) 85(5): 121-128.

Greuter, W. & al. (1986) Med-Checklist. 3. *Dicotyledones* (*Convolvulaceae - Labiatae*). Genève (CH): Conservatoire et Jardin botaniques de la Ville de Genève.

Grierson, A. J. C. & Long, D. C. (1987) Flora of Bhutan: including a record of plants from Sikkim. Vol. 1, part. 3. Edinburgh (GB): Royal Botanic Gardens. pp. 466-834, ills., Bestimmungsschlüssel.

Grossheim, A. A. (1950) Flora Caucasus. Vol. 4. Moskwa, Leningrad (SU).

Grulich, V. (1984) Rodové cleneni podceledi *Sedoideae* v Evropa a prilehlych oblastech [Generic division of *Sedoideae* in Europe and the adjacent regions]. Preslia 56(1): 29-46, ills.

Gunn, M. & Codd, L. E. (1981) Botanical exploration of Southern Africa. Cape Town (RSA): A. A. Balkema for the Botanical Research Institute. 400 pp., ills., Karten.

Gurgenidze, M. (1972) De speciei *Sempervivum caucasicum* Rupr. nota critica. Zametki Sist. Geogr. Rast. [Tiflis] 29: 28-30.

Ham, R. C. H. J. van (1994) Phylogenetic implications of chloroplast DNA variation in the *Crassulaceae*. Utrecht (NL): Doktorarbeit, University of Utrecht. 153 pp., Diag.

Ham, R. C. H. J. van & 't Hart, H. (1998) Phylogenetic relationships in the *Crassulaceae* inferred from chloroplast DNA restriction size variation. Amer. J. Bot. 85(1): 123-134.

Hamet, R. (1907) Monographie du genre *Kalanchoe*. Bull. Herb. Boissier, sér. 2, 7(11): 870-900, Bestimmungsschlüssel.

Hamet, R. (1908) Monographie du genre *Kalanchoe* (suite et fin). Bull. Herb. Boissier, sér. 2, 8: 17-48.

Hamet, R. (1926) Sur quelques *Sedum* asiatiques de l'herbier de Göteborg. Acta Horti Gothob. 2: 329-395, ills.

Hamet, R. (1929) Contribution à l'étude phytographique du genre *Sedum*. Candollea 4: 1-52.

Hamet, R. (1931-1963) Crassulacearum icones selectae. Paris (F). 100 pl.

Hamet, R. & Marnier-Lapostolle, J. (1964) Le genre *Kalanchoe* au jardin botanique "Les Cèdres". Arch. Mus. Nation. Hist. Nat. 8: 1-107 + 37 pl.

Hamet, R. & Marnier-Lapostolle, J. (1969) Sur deux *Kalanchoe* du Moçambique qui n'étaient connus jusqu'ici que par leurs échantillons authentiques. Bol. Soc. Brot., sér. 2, 43: 201-207, 3 pl.

't Hart, H. (1978) Biosystematic studies in the *acre*-group and the series *Rupestria* Berger of the genus *Sedum* L. (Crassulaceae). Utrecht: Drukkerij Elinkwijk BV. 153 pp., ill., Karten.

't Hart, H. (1982) The white-flowered *Sedum* species. 1. Principles of a phylogenetic classification of the *Sedoideae* (*Crassulaceae*) and the position of the white-flowered *Sedum* species. Proc. Kon. Ned. Akad. Wetensch., Ser. C, 85(4): 663-675, Diag.

't Hart, H. (1984) The white-flowered European *Sedum* species. 3. The systematic position of *S. stellatum* L. Proc. Kon. Ned. Akad. Wetensch., Ser. C, 87(4): 401-411, ills.

't Hart, H. (1985) Sexual reproduction and hybridization in *Sedum telephium* (*Crassulaceae*). Acta Bot. Neerl. 34(1): 1-4.

't Hart, H. (1989) *Sedum creticum* Presl (*Crassulaceae*): Typification and infraspecific variation. Taxon 38(4): 647-651, ills.

't Hart, H. (1991) Evolution and classification of the European *Sedum* species (*Crassulaceae*). Fl. Medit. 1: 31-61.

't Hart, H. (1995) Infrafamilial and generic classification of the *Crassulaceae*. In: 't Hart, H. & Eggli, U. (eds.): Evolution and systematics of the *Crassulaceae*; pp. 159-172, Bestimmungsschlüssel. Leiden (NL): Backhuys Publishers.

't Hart, H. (1999a) Evolutie en classificatie van de macaronesische *Sedum* soorten. Succulenta 78(4): 177-190, ills., Bestimmungsschlüssel.

't Hart, H. (1999b) Adaptive radiation and evolution of Macaronesian *Sedum* (*Crassulaceae*). In: Proceedings of the International Botanical Congress, St. Louis 1999, Abstract 4.2.3.

't Hart, H. & Alpinar, K. (2000) *Crassulaceae: Sedum*. In: Güner, A. & al. (eds.): Flora of Turkey and the East Aegean Islands; 11: 127-136. Edinburgh (GB): University Press.

't Hart, H. & Berendsen, W. (1980) Ornamentation of the testa in *Sedum* (*Crassulaceae*). Pl. Syst. Evol. 135: 107-117, ills.

't Hart, H. & Bleij, B. (1999) Nieuwe namen in *Sempervivum* Sect. *Jovibarba* (*Crassulaceae*). Succulenta 78(1): 35-42, ills.

't Hart, H. & Eggli, U. (eds.) (1995) Evolution and systematics of the *Crassulaceae*. Leiden (NL): Backhuys Publishers. 192 pp., ills.

't Hart, H. & Eggli, U. (1988) Cytotaxonomic studies in *Rosularia* (*Crassulaceae*). Bot. Helv. 98(2): 223-234, ills., tabs.

't Hart, H. & Koek-Noorman, J. (1989) The origin of the woody *Sedoideae* (*Crassulaceae*). Taxon 38(4): 535-544, ills.

't Hart, H. & al. (1993a) The allopolyploid origin of *Sedum rupestre* ssp. *rupestre* (*Crassulaceae*). Pl. Syst. Evol. 184(3-4): 195-206, Diag.

't Hart, H. & al. (1993b) Biosystematic studies in *Sedum* (*Crassulaceae*) from Turkey. 4. The cytology of *Sedum* Subsect. *Spathulata* Boriss. Acta Bot. Neerl. 42(3): 289-298, ills.

't Hart, H. & al. (1999) Biosystematic, molecular and phytochemical evidence for the multiple origin of sympetaly in Eurasian *Sedoideae* (*Crassulaceae*). Biochem. Syst. & Ecol. 27: 407-426.

Heath, P. V. (1994) A synopsis of *Monanthes* Haworth. Calyx 4(3): 92-93.

Hegi, G. (1967) Illustrierte Flora von Mitteleuropa; Ed. 2, Band 4(2). München (D): Carl Hanser.

Hernández, E. (1998) Nota sobre la presencia de *Aeonium decorum* Webb *ex* Bolle (*Crassulaceae*) en la Isla de Tenerife. Anales Jard. Bot. Madrid 56(1): 158-159.

Holmgren, N. H. (1997) *Crassulaceae*. In: Cronquist, A. & al. (eds.): Intermountain Flora. Vascular plants of the Intermountain West, U.S.A.; 3A: 26-33, Bestimmungsschlüssel, ills. Bronx (US: NY): New York Botanical Garden.

Hooker, W. J. (1844) *Sedum wallichianum* Hook. Icon. Pl. 7: t. 604.

Hsu, P. S. (1991) Contributions to the Flora of southeastern China II. Rheedea 1(1-2): 44-51, ills.

Hsu, P. S. & al. (1983) [Chinese:] An analysis of some local populations of the *Sedum sarmentosum* Bunge complex. Acta Bot. Austro-Sin. 1: 37-50, ills.

Jacobsen, H. (1933) Die Sukkulenten. Beschreibung, Kultur und Verwendung der sukkulenten Gewächse mit Ausnahme der Kakteen. Berlin (D): Paul Parey. 211 pp., ill.

Jacobsen, H. (1954a) Handbuch der sukkulenten Pflanzen. Band 1. *Abromeitiella* bis *Euphorbia*. Jena (DDR): VEB Gustav Fischer Verlag. 614 pp., ills.

Jacobsen, H. (1954b) Handbuch der sukkulenten Pflanzen. Band 2. *Fockea* bis *Zygophyllum*. Jena (DDR): VEB Gustav Fischer Verlag. pp. 615-1124, ills.

Jacobsen, H. (1955) Handbuch der sukkulenten Pflanzen. *Mesembryanthemaceae*. Band 3. Jena (DDR): VEB Gustav Fischer Verlag. 1126-1716 pp., ills.

Jacobsen, H. (1970) Das Sukkulentenlexikon. Kurze Beschreibung, Herkunftsangaben und Synonymie der sukkulenten Pflanzen mit Ausnahme der *Cactaceae*. Stuttgart (D): Gustav Fischer Verlag. 589 pp., 200 pl.

Jacobsen, H. (1981) Das Sukkulentenlexikon. Kurze Beschreibung, Herkunftsangaben und Synonymie der sukkulenten Pflanzen mit Ausnahme der *Cactaceae*. Stuttgart (D): Gustav Fischer Verlag. 2. Ed.; 645 pp., 216 pl.

Jäger-Zürn, I. (1989) Zur Kenntnis von *Crassula pageae* Tölken (syn. *Pagella archeri* Schönland). Trop. subtrop. Pfl.-welt 70: 72 pp., ills.

Jalas, J. & al. (1999) Atlas Florae Europaeae. Distribution of vascular plants in Europe. Vol. 12. Helsinki (FI): Committee for Mapping the Flora of Europe; Societas Biologica Fennica Vanamo.

Jansson, C.-A. & Rechinger, K. H. fil. (1970) *Crassulaceae*. In: Rechinger, K. H. (ed.): Flora Iranica, part 72. Graz (A): Akademische Druck- u. Verlagsanstalt. 32 pp., ills., Bestimmungsschlüssel.

Jonkers, B. (2001) In search of Moroccan *Aeonium arboreum*. Brit. Cact. Succ. J. 19(2): 89-96, ills., Karte.

Keppel, J. C. van (1980) Historical notes on *Echeveria* (2). Cact. Succ. J. Gr. Brit. 42(1): 13-20, ills.

Keppel, J. C. van (1980-81) An account of the hybrid genus ×*Graptoveria* (*Graptopetalum* Rose × *Echeveria* DC.). Nation. Cact. Succ. J. 35: 28-31; 36: 13-17, ills.

Kimnach, M. (1993) *Thompsonella spathulata*, a new species from Oaxaca. Cact. Succ. J. (US) 65(1): 41-43, ills.

Kimnach, M. & Moran, R. (1986) *Graptopetalum paraguayense*: A history and a new subspecies. Cact. Succ. J. (US) 58(2): 48-56, ills.

Knapp, U. (1994) Skulptur der Samenschale und Gliederung der *Crassulaceae*. Bot. Jahrb. Syst. 116(2): 157-187, ills., Bestimmungsschlüssel.

Konop, R. (1987) Netresky. Rody *Sempervivum* a *Jovibarba*. Praha (CSSR): ZO Klubu Skalnickaru Praha. 327 pp. + figs., Karten, Bestimmungsschlüssel.

Kunkel, G. & Kunkel, M. A. (1978) Flora de Gran Canaria. Tomo III. Las plantas suculentas. Gran Canaria (E): Ed. del EXCMO. Cabildo Insular de Gran Canaria. 16 pp., pl. 101-150.

Laren, A. J. van (1934) Succulents. Los Angeles (US: CA): Abbey San Encino Press. 98 pp., ills.

Lawrence, G. H. M. & al. (eds.) (1968) Botanico-Periodicum-Huntianum. Pittsburgh (USA: PA): Hunt Botanical Library. 1063 pp.

Lee, Y. N. (1998) Flora of Korea. Seoul (Korea): Kyo-Hak Publishing Co. Ed. 3.

Lee, Y. N. & Lee, K. A. (2000) [Korean:] *Orostachys* in Korea. Bull. Korea Pl. Res. No. 1: 31-47, ills., Bestimmungsschlüssel.

Leinfellner, W. (1954) Beiträge zur Kronblattmorphologie. III. Die Kronblätter der Gattung *Pachyphytum*. Österr. Bot. Zeitschr. 101(5): 586-591.

Levin, G. A. & Mulroy, T. W. (1985) Floral morphology, nectar production, and breeding systems in *Dudleya* subgenus *Dudleya* (*Crassulaceae*). Trans. San Diego Soc. Nat. Hist. 21: 57-70.

Lippert, W. (1995) Familie *Crassulaceae*. Dickblattgewächse. In: Weber, H. E. (ed.): Gustav Hegi, Illustrierte Flora von Mitteleuropa, Band IV, Teil 2A: *Spermatophyta: Angiospermae, Dicotyledones* 2(2); 3. Auflage; pp. 69-129, ills., Bestimmungsschlüssel, Karten. Berlin (D) etc.: Blackwell-Wissenschafts-Verlag. xii + 693 pp.

Liu, H. Y. (1989) Systematics of *Aeonium* (*Crassulaceae*). Taichung (Taiwan): National Museum of Natural Science (Special Publications No. 3). 102 pp., ills., Bestimmungsschlüssel.

Liu, T.-S. & Chung, N.-J. (1977) *Crassulaceae*. Flora of Taiwan 3: 10-24, Karte, ill.

Lucas, E. J. (2002) *Pachyphytum coeruleum*. Curtis's Bot. Mag., ser. nov., 19: 78-82, ills.

Mabberley, D. J. (1987) The plant-book. A portable dictionary of the higher plants. Cambridge (GB): Cambridge University Press. 706 pp.

Maire, R. (1977) *Crassulaceae*. In: Flore de l'Afrique du Nord, 14: 239-393, ills., Bestimmungsschlüssel. Paris (F): Editions Lechevalier.

Makino, T. (1914) Observations on the flora of Japan. Bot. Mag. (Tokyo) 28: 335-339.

Makino, T. (1980) New illustrated Flora of Japan. Tokyo (J): Hokuryukan.

McCabe, S. W. (1997) *Dudleya gnoma* (*Crassulaceae*): A new, rare species from Santa Rosa Island. Madroño 44(1): 48-58, ills.

McDonald, J. A. (1990) The alpine-subalpine flora of northeastern Mexico. Sida 14(1): 21-28.

Mes, T. H. M. (1995a) Phylogenetic and systematic implications of chloroplast and nuclear spacer sequence variation in the Macaronesian *Sempervivoideae* and related *Sedoideae*. In: 't Hart, H. & Eggli, U. (eds.): Evolution and systematics of the *Crassulaceae*; pp. 30-44, Diag. Leiden (NL): Backhuys Publishers.

Mes, T. H. M. (1995b) Origin and evolution of the Macaronesian *Sempervivoideae* (*Crassulaceae*). Utrecht (NL): Thesis, Universiteit Utrecht, Faculteit Biologie. 215 pp., Diag.

Mes, T. H. M. & 't Hart, H. (1994) *Sedum surculosum* and *S. jaccardianum* (*Crassulaceae*) share a unique 70 bp deletion in the chloroplast DNA trnL (UAA) - trnF (GAA) intergenic spacer. Pl. Syst. Evol. 193(1-4): 213-221, Diag.

Mes, T. H. M. & al. (1997) Phylogenetic relationships in *Monanthes* (*Crassulaceae*) based on morphological, chloroplast and nuclear DNA variation. J. Evol. Biol. 10(2): 193-216, Diag.

Meyrán, J. (1997) *Pachyphytum brevifolium* Rose. Cact. Suc. Mex. 42(2): 31-34, ills.

Miller, A. G. & Cope, T. A. (1996) Flora of the Arabian Peninsula and Socotra. Volume 1. Edinburgh (GB): Edinburgh University Press. 586 pp., ills., Karten, Bestimmungsschlüssel.

Mitchell, P. J. (1973) The *Sempervivum* & *Jovibarba* handbook. Burgess Hill (GB): The Sempervivum Society. 44 pp., ill.

Moran, R. (1943a) A revision of *Dudleya*, subgenus *Stylophyllum*. Desert Pl. Life 14: 190-193, 15: 9-14, 24-28, 40-45, 56-60, ills.

Moran, R. (1943b) *Dudleya pulverulenta* (Nutt.) Br. & R. Desert Pl. Life 15(5): 68-74.

Moran, R. (1943c) *Dudleya anthonyi*. Desert Pl. Life 15(6): 86-89.

Moran, R. (1948) *Dudleya parva* Rose & Davidson. Desert Pl. Life 20(9): 137-140, ills.

Moran, R. (1950) Notes on *Hasseanthus*. Desert Pl. Life 22(1-2): 76-82, (3): 99-105, ills., Bestimmungsschlüssel.

Moran, R. (1951a) A revision of *Dudleya* (*Crassulaceae*). (US: CA): University of California, unpubl. Doktorarbeit. vi + 295 pp., 17 pl.

Moran, R. (1951b) Natural hybrids between *Dudleya* and *Hasseanthus*. Bull. South. Calif. Acad. Sci. 50(2): 57-67, ills.

Moran, R. (1963) *Pachyphytum brevifolium* Rose and *P. glutinicaule*, a new species from Hidalgo, Mexico. Cact. Succ. J. (US) 15: 35-41, ills.

Moran, R. (1967) *Pachyphytum werdermannii* recollected. Cact. Succ. J. (US) 39(4): 154-158, ills.

Moran, R. (1968) A natural hybrid of *Pachyphytum compactum* and *P. viride*. Cact. Succ. J. (US) 40(5): 193-195.

Moran, R. (1969) Stalking *Pachyphytum oviferum*. Cact. Succ. J. (US) 41(6): 253-256.

Moran, R. (1971) *Sedum sikokianum* Maxim., a neglected Japanese species. Cact. Succ. J. (US) 43(4): 147-149.

Moran, R. (1972) The genus *Meterostachys* Nakai (*Crassulaceae*). Cact. Succ. J. (US) 44(6): 262-273, ills.

Moran, R. (1973) *Echeveria gracilis* Rose. Cact. Suc. Mex. 18(1): 1, 3-7, ills.

Moran, R. (1978a) Resurrection of *Cremnophila* (*Crassulaceae*). Cact. Succ. J. (US) 50(3): 139-146, ills.

Moran, R. (1978b) Resurrection of *Dudleya traskiae*. Fremontia 5(4): 37-38.

Moran, R. (1978c) *Dudleya thraskiae* survives. Ashingtonia 2(10): 213-214.

Moran, R. (1987) *Dudleya rigida* Rose. Cact. Succ. J. (US) 59(5): 187-194, ills., l.c. (6): 242 (Erratum).

Moran, R. (1988) *Dudleya pauciflora* Rose (*Crassulaceae*). Cact. Succ. J. (US) 60(5): 219-224, ills.

Moran, R. (1989) *Pachyphytum bracteosum* Klotzsch. Cact. Succ. J. (US) 61(3): 119-124, ills.

Moran, R. (1990) *Graptopetalum pachyphyllum* Rose (*Crassulaceae*). Cact. Succ. J. (US) 62(1): 29-34, ills.

Moran, R. (1991) *Pachyphytum longifolium* Rose. Cact. Succ. J. (US) 63(5): 261-265, ills.

Moran, R. (1992a) *Dudleya edulis* (Nutt.) Moran. Cact. Succ. J. (US) 64(1): 23-24, ill.

Moran, R. (1992b) *Thompsonella* Britton & Rose (*Crassulaceae*), with *T. colliculosa*, a new species. Cact. Succ. J. (US) 64(1): 37-44, ills.

Moran, R. (1992c) *Pachyphytum viride* E. Walther (*Crassulaceae*). Cact. Succ. J. (US) 64(2): 93-96, ills.

Moran, R. (1992d) Pigmy Weed (*Crassula connata*) &c. in western North America. Cact. Succ. J. (US) 64(5): 223-231, ills.

Moran, R. (1994) The genus *Lenophyllum* Rose (*Crassulaceae*). Haseltonia 2: 1-19, ills., Bestimmungsschlüssel.

Moran, R. (1995) The subspecies of *Dudleya virens* (*Crassulaceae*). Haseltonia 3: 1-9, ills.

Moran, R. (1996) *Altamiranoa* into *Sedum* (*Crassulaceae*). Haseltonia 4: 46.

Moran, R. (1998a) The genus *Sedella* Britton & Rose (*Cactaceae*). Haseltonia 5: 53-60, ills., Bestimmungsschlüssel.

Moran, R. (1998b) *Sedum jurgensenii* (Hemsl.) Moran (*Crassulaceae*). Haseltonia 5: 72-76, ills.

Moran, R. (1998c) *Sedum goldmanii* (Rose) Moran (*Crassulaceae*). Haseltonia 5: 86-93, ills.

Moran, R. & Meyrán, J. (1974) *Tacitus bellus*, un nuevo género y especie de *Crassulaceae* de Chihuahua, México. Cact. Suc. Mex. 19(4): 75-84, ills. (pp. 73, 96).

Moran, R. & Uhl, C. H. (1952) Four natural hybrids in *Dudleya*. Desert Pl. Life 24: 27-42, ills.

Moran, R. & Uhl, C. H. (1998) *Villadia cucullata* Rose and the new subsp. *apiculata*. Cact. Succ. J. (US) 70(4): 201-202, ill.

Mort, M. E. & al. (2001) Phylogenetic relationships and evolution of *Crassulaceae* inferred from matK sequence data. Amer. J. Bot. 88(1): 76-91, Diag.

Mort, M. E. & al. (2002) Phylogenetics and evolution of the Macaronesian clade of *Crassulaceae* inferred from nuclear and chloroplast sequence data. Syst. Bot. 27(2): 271-288, Diag.

Muirhead, C. W. (1966) *Sempervivum globiferum*. Notes Roy. Bot. Gard. Edinburgh 26: 279-285.

Muirhead, C. W. (1969) Turkish species of *Sempervivum*. Notes Roy. Bot. Gard. Edinburgh 39(1): 15-28, ills., Karten, Bestimmungsschlüssel.

Muirhead, C. W. (1972) *Sempervivum*. In: Davis, P. (ed.): Flora of Turkey and the East Aegean Islands, 4: 244-249. Edinburgh (GB): Edinburgh University Press.

Munz, P. A. (1968) A California Flora. Supplement. Berkeley (US: CA): University of California Press.

Nakai, K. M. (1983) A new species and hybrid of *Dudleya* (*Crassulaceae*) from the Santa Monica Mountains, California. Cact. Succ. J. (US) 55(5): 196-200, ills.

Nakai, K. M. (1988a) Some new and reconsidered California *Dudleya* (*Crassulaceae*). Madroño 34(4): 334-353, ills., Karte, Bestimmungsschlüssel.

Nakai, K. M. (1988b) Sierra San Francisco, Baja California Sur and *Dudleya rubens* (Brandegee) Britton & Rose (*Crassulaceae*). Cact. Succ. J. (US) 60(2): 63-68, ills.

Nakata, M. (1996) A comparative karyotype study in *Hylotelephium sieboldii* var. *ettyuense* and var. *sieboldii* (*Crassulaceae*). Bull. Bot. Gard. Toyama 1(1): 23-33, ills.

Nelson, E. C. (1994) Robert Lloyd Praeger's *Crassulaceae*: A commentary on possible type specimens in the National Botanic Gardens, Dublin, and on illustrations in the Royal Irish Academy, Dublin. Bradleya 11: 91-106, ill.

Nesom, G. L. & Turner, B. L. (1996) Systematics of the *Sedum parvum* group (*Crassulaceae*) in northeastern Mexico and Texas. Phytologia 79(4): 257-268, Bestimmungsschlüssel.

Nyffeler, R. (1992) A taxonomic revision of the genus *Monanthes* Haworth (*Crassulaceae*). Bradleya 10: 49-82, ills., Bestimmungsschlüssel, Karten.

Nyffeler, R. (1995) Hybridization in *Monanthes*. In: 't Hart, H. & Eggli, U. (eds.): Evolution and systematics of the *Crassulaceae*; pp. 76-88, Diag., ill. Leiden (NL): Backhuys Publishers.

Ohba, H. (1974) Notes on Himalayan *Sedum* (3). J. Jap. Bot. 49(11): 321-328.

Ohba, H. (1975) A revision of the eastern Himalayan species of the subgenus *Rhodiola* of the genus *Sedum* (*Crassulaceae*). Bull. Univ. Mus. Univ. Tokyo 8: 283-362.

Ohba, H. (1977) The taxonomic status of *Sedum telephium* and its allied species (*Crassulaceae*). Bot. Mag. (Tokyo) 90(1017-20): 41-56, ills.

Ohba, H. (1978) Generic and infrageneric classification of the Old World *Sedoideae* (*Crassulaceae*). J. Fac. Sci. Univ. Tokyo, Sect. 3, Bot. 12(4): 139-198, ills., Bestimmungsschlüssel.

Ohba, H. (1980) A revision of the Asiatic species of *Sedoideae* (*Crassulaceae*). Part 1. *Rosularia* and *Rhodiola* (Subgen. *Primuloides* and *Crassipedes*). J. Fac. Sci. Univ. Tokyo, Sect. 3, Bot. 12: 337-405.

Ohba, H. (1981a) A revision of the Asiatic species of *Sedoideae* (*Crassulaceae*). Part 2. *Rhodiola* (Subgen. *Rhodiola* Sect. *Rhodiola*). J. Fac. Sci. Univ. Tokyo, Sect. 3, Bot. 13: 65-119, ills.

Ohba, H. (1981b) Nomenclatural changes and notes on Japanese *Sedoideae*. J. Jap. Bot. 56(6): 181-187.

Ohba, H. (1982a) A revision of the Asiatic species of *Sedoideae* (*Crassulaceae*). Part 3. *Rhodiola* (Subgen. *Rhodiola* Sect. *Pseudorhodiola, Prainia* and *Chamaerhodiola*). J. Fac. Sci. Univ. Tokyo, Sect. 3, Bot. 13(2): 121-174, ills., Bestimmungsschlüssel.

Ohba, H. (1982b) *Crassulaceae*. In: Satake, Y. & al. (eds.): Wild Flowers of Japan. Herbaceous Plants II. *Choripetalae*; pp. 139-152, pl. 134-144. Tokyo (J): Heibonsha Ltd.

Ohba, H. (1982c) *Crassulaceae* [Additions]. In: Steenis, C. G. G. J. van (ed.): Flora Malesiana, Ser. I, 9(3): 558-560, ill. Den Haag (NL) etc.: Martinus Nijhoff / Dr. W. Junk Publishers.

Ohba, H. (1990) Notes towards a monograph of the genus *Orostachys* (*Crassulaceae*) (1). J. Jap. Bot. 65(7): 193-203, ills.

Ohba, H. (1992) Notulae Crassulacearum Asiae Orientalis (1). J. Jap. Bot. 67(4): 194-200, ills.

Ohba, H. (1993) Notulae Crassulacearum Asiae Orientalis (2). J. Jap. Bot. 68(3): 149-155, ills.

Ohba, H. (1995) Systematic problems of Asian *Sedoideae*. In: 't Hart, H. & Eggli, U. (eds.): Evolution and systematics of the *Crassulaceae*; pp. 151-158. Leiden (NL): Backhuys Publishers.

Ohba, H. (2001) *Crassulaceae*. In: Iwatsuki, K. & al. (eds.): Flora of Japan; 2b: 10-31, Bestimmungsschlüssel. Tokyo (J): Kodansha Ltd.

Ohba, H. & Amano, M. (1990) Notes on the taxonomic status of *Sedum oishii* Ohwi (*Crassulaceae*). J. Phytogeogr. Taxon. 38(1): 1-5, ills.

Ohba, H. & Rajbhandari, K. R. (1986) Three species of *Rhodiola* (*Crassulaceae*) new to Nepal. J. Jap. Bot. 61: 205-211.

Ohba, H. & al. (2000) New combinations in *Phedimus* (*Crassulaceae*). Novon 10(4): 400-402.

Ohwi, J. (1953) Flora of Japan. Tokyo (J): Shibundo. Ed. 1.

Ohwi, J. (1965) Flora of Japan. Washington D.C. (US): Smithsonian Institution.

Ohwi, J. & Kitagawa, M. (1983) New flora of Japan. Tokyo (J): Shibundo.

Parnell, J. & Favarger, C. (1992) *Sempervivum*. In: Tutin, T. G. & al. (eds.): Flora Europaea, ed. 2, 1: 425-429. Cambridge (GB): Cambridge University Press.

Pérez-Calix, E. & Glass, C. (1999) *Pachyphytum brevifolium* Rose (*Crassulaceae*) a un siglo de su descubrimiento y *Pachyphytum garciae*, una especie nueva del centro de México. Acta Bot. Mex. 48: 1-10, ills.

Pignatti, S. (1982) Flora d'Italia. Vol. 1. Bologna (I): Edagricole.

Pilbeam, J. & al. (1998) *Adromischus*. Southampton (GB): Cirio Publishing Services. 104 pp., ills., Karten, Bestimmungsschlüssel.

Praeger, R. L. (1914) The misnaming of Sedums. Gard. Chron., ser. 3, 56(21. Nov.): 334-335.

Praeger, R. L. (1921a) An account of the genus *Sedum* as found in cultivation. J. Roy. Hort. Soc. 46: 1-314, ills.

Praeger, R. L. (1921b) Some Asiatic Sedums in the Edinburgh Herbarium, with supplementary notes from Kew and the British Museum. Notes Roy. Bot. Gard. Edinburgh 13(62): 67-101, pl. 170-179.

Praeger, R. L. (1932) An account of the *Sempervivum* Group. London (GB): Royal Horticultural Society. 265 pp., ills.

Pratov, U. P. (1974) *Crassulaceae*. In: Vvedensky, A. I. (ed.): Conspectus Florae Asiae Mediae; 4: 219-232, 245-246. Tashkent (Uzbekistan): Editio Academiae Scientiarum UzbSSR.

Press, J. R. & Short, M. J. (eds.) (1994) Flora of Madeira. London (GB): Natural History Museum. xvii + 574 pp.

Raadts, E. (1977) The genus *Kalanchoe* (*Crassulaceae*) in tropical East Africa. Willdenowia 8(1): 101-157, Bestimmungsschlüssel.

Raadts, E. (1981) Über zwei arabische *Kalanchoe*-Arten (*Crassulaceae*). Willdenowia 11(2): 327-331, ills.

Raadts, E. (1983) Cytotaxonomische Untersuchungen an *Kalanchoe* (*Crassulaceae*) 1. *Kalanchoe marmorata* Baker und 2 neue *Kalanchoe*-Arten aus Ostafrika. Willdenowia 13(2): 373-385, ills., Karte.

Raadts, E. (1995) Über zwei *Kalanchoe* Arten (*Crassulaceae*) und eine neue Varietät aus dem Jemen. Willdenowia 25(1): 253-259, ills.

Rauh, W. (1983) The succulent vegetation of Central Madagascar. Part III. The genus *Kalanchoe* Adans. Cact. Succ. J. (US) 55(5): 201-208, ills.

Rauh, W. (1995a) Succulent and xerophytic plants of Madagascar. Vol. 1. Mill Valley (US: CA): Strawberry Press. 343 pp., ills., Karten.

Rauh, W. & Hebding, R. (1997) New Kalanchoes from south and southwest Madagascar. Bradleya 15: 1-12, ills.

Raven, P. H. & Axelrod, D. I. (1998) Origin and relationships of the California flora. Univ. Calif. Publ. Bot. 72: 1-133.

Ríos Ruiz, S. & al. (1993) Cuatro plantas de interés para la flora del sureste iberico. Anales Jard. Bot. Madrid 51(1): 162-166, ills.

Rowley, G. D. (1980) Name that succulent. Keys to the families and genera of succulent plants in cultivation. Cheltenham (GB): Stanley Thornes (Publishers) Ltd. 268 pp., ill., Bestimmungsschlüssel.

Sadlo, J. & Stepankova, J. (1999) *Sedum caucasicum*: A new species for Turkey. Preslia 71(1-2): 37-40.

Saldanha, C. J. (1984) Flora of Karnataka, Vol. 1 (*Crassulaceae*: pp. 359-363, ills.). New Delhi etc. (India): Oxford & IBH Publishing Co.

Santos Guerra, A. (1983) Vegetación y flora de La Palma. Santa Cruz de Tenerife (E): Editorial Interinsular Canaria. 348 pp., ill., Karten.

Sibthorp, J. & Smith, J. E. (1806-1840) Flora Graeca. London (GB): R. Taylor. 10 vols., ills.

Smith, M. C. (1981) *Sempervivum* (*Crassulaceae*) in Spain and the Pyrenees. Lagascalia 10(1): 1-23.

Springate, L. (2000) *Sedum stefco* vs. *Sedum steftscho*. Sedum Soc. Newslett. No. 55: 12-13.

Stafleu, F. A. & Cowan, R. S. (1976-1988) Taxonomic literature. Utrecht (NL): Bohn, Scheltema & Holkema, etc. Ed. 2; 7 vols.

Stafleu, F. A. & Mennega, E. A. (1992-2000) Taxonomic literature. Königstein (D): Koeltz Scientific Books. Supplements to Ed. 2; 6 vols.

Stearn, W. T. (1992) Botanical Latin. Newton Abbot (GB): David & Charles Publishers. Ed. 4; 560 pp.

Stephenson, R. (1993) The endemic succulents of Cyprus. Cact. Succ. J. (US) 65(6): 301-305, ills.

Stephenson, R. (1994) *Sedum*. Cultivated Stonecrops. Portland (US: OR): Timber Press. 335 pp., ills.

Stevens, J. F. (1995) Chemotaxonomy of the Eurasian *Sedoideae* and *Sempervivoideae*. In: 't Hart, H. & Eggli, U. (eds.): Evolution and systematics of the *Crassulaceae*; pp. 45-75, Diag., ills. Leiden (NL): Backhuys Publishers.

Stevens, J. F. & al. (1995) Distribution of alkaloids and tannins in the *Crassulaceae*. Biochem. Syst. & Ecol. 23(2): 157-165, Diag.

Tang, W. S. & Huang, T. C. (1989) Notes on the Flora of Taiwan (6). The *Sedoideae* (*Crassulaceae*). Taiwania 34(2): 157-179, ills., Bestimmungsschlüssel.

Tang, W. S. & Huang, T. C. (1993) *Crassulaceae*. In: Huang, T.-C. (ed.): Flora of Taiwan, Ed. 2, 3: 10-34, Bestimmungsschlüssel, ills. Taipeh (Taiwan): National Science Council.

Thiede, J. (1995) Quantitative phytogeography, species richness, and evolution of American *Crassulaceae*. In: 't Hart, H. & Eggli, U. (eds.): Evolution and systematics of the *Crassulaceae*: pp. 89-123, Karten. Leiden (NL): Backhuys Publishers.

Thiede, J. (1999) A new name in the genus *Sinocrassula* (*Crassulaceae*). Cact. Succ. J. (US) 71(3): 160.

Thiede, J. & 't Hart, H. (1999) Transfer of four Peruvian *Altamiranoa* species to *Sedum* (*Crassulaceae*). Novon 9: 124-125.

Thomson, P. H. (1993) *Dudleya* and *Hasseanthus* Handbook. Bonsall (US: CA): Bonsall Publications. 248 pp., ills., Karten.

Thulin, M. (ed.) (1993) Flora of Somalia. Volume 1: *Pteridophyta, Gymnospermae, Angiospermae* (*Annonaceae - Fabaceae*). Richmond (GB): Royal Botanic Gardens Kew. [viii] + 493 pp., ills.

Tölken, H. R. (1977) A revision of the genus *Crassula* in Southern Africa. Contr. Bolus Herb. 8(1+2): 595 pp., Bestimmungsschlüssel.

Tölken, H. R. (1981) The species of *Crassula* L. in Australia. J. Adelaide Bot. Gard. 3(1): 57-90, ills., Karten, Bestimmungsschlüssel.

Tölken, H. R. (1983) Additions to 'The species of *Crassula* L. in Australia'. J. Adelaide Bot. Gard. 6(2): 193-196, ills., Bestimmungsschlüssel.

Tölken, H. R. (1985) *Crassulaceae*. In: Leistner, O. A. (ed.): Flora of Southern Africa; Vol. 14. Pretoria (RSA): Botanical Research Institute, Department of Agriculture and Water Supply. ix + 244 pp., ills., Bestimmungsschlüssel, Karten.

Troupin, G. (ed.) (1978) Flore du Rwanda. Volume I [*Crassulaceae*: pp. 334-340]. Tervuren (B): Musée Royal de l'Afrique Centrale.

Uhl, C. H. (1976) Chromosomes, hybrids and ploidy of *Sedum cremnophila* and *Echeveria linguifolia* (*Crassulaceae*). Amer. J. Bot. 63(6): 806-820, ills.

Uhl, C. H. (1978) Chromosomes of Mexican *Sedum* II. Section *Pachysedum*. Rhodora 80(824): 491-512, ills.

Uhl, C. H. (1985) Chromosomes of Mexican *Sedum*. V. Section *Sedum* and subgenus *Sulcus*. Rhodora 87(851): 381-423, ills.

Uhl, C. H. (1989) The hybrid origin of *Echeveria* ×*sayulensis*. Cact. Succ. J. (US) 61(6): 279-284, ills.

Uhl, C. H. (1992) Notes on *Echeveria* in Venezuela. 2. *E. multicolor* sp. nov. Cact. Succ. J. (US) 64(3): 120-124, ills.

Uhl, C. H. (1993) Intergeneric hybrids of Mexican *Crassulaceae*. I. *Lenophyllum*. Cact. Succ. J. (US) 65(6): 271-273, ills.

Uhl, C. H. (1994a) Intergeneric hybrids in the Mexican *Crassulaceae*: II. *Dudleya* (and plate tectonics). Cact. Succ. J. (US) 66(2): 74-80, ills., Karte.

Uhl, C. H. (1994b) Intergeneric hybrids in the Mexican *Crassulaceae*. III. *Thompsonella*. Cact. Succ. J. (US) 66(4): 175-179, ills.

Uhl, C. H. (1994c) Intergeneric hybrids in the Mexican *Crassulaceae*. IV. *Villadia*. Cact. Succ. J. (US) 66(5): 214-217, ills.

Uhl, C. H. (1995) Chromosomes and hybrids of *Echeveria* III. Series *Secundae* (Baker) Berger (*Crassulaceae*). Haseltonia 3: 34-48, ills.

Uhl, C. H. (1996a) Chromosomes and polyploidy in *Lenophyllum* (*Crassulaceae*). Amer. J. Bot. 83(2): 216-220, ills.

Uhl, C. H. (1996b) Chromosomes and hybrids of *Echeveria* IV. Series *Urceolatae* E. Walther. Haseltonia 4: 66-88, ills.

Uhl, C. H. (1999) Chromosomes and hybrids of *Echeveria* VI. Series *Angulatae* Walther and series *Pruinosae* Walther. Haseltonia 6: 63-90, ills.

Uhl, C. H. & Moran, R. (1953) The cytotaxonomy of *Dudleya* and *Hasseanthus*. Amer. J. Bot. 40(7): 492-502.

Uhl, C. H. & Moran, R. (1972) Chromosomes of *Crassulaceae* from Japan and South Korea. Cytologia 37: 59-81, ills., Karte.

Uhl, C. H. & Moran, R. (1973) The chromosomes of *Pachyphytum* (*Crassulaceae*). Amer. J. Bot. 60(7): 648-656, tabl.

Uhl, C. H. & Moran, R. (1999) Chromosomes of *Villadia* and *Altamiranoa* (*Crassulaceae*). Amer. J. Bot. 86(3): 387-397, ills.

Voggenreiter, V. (1974) Geobotanische Untersuchungen an der natürlichen Vegetation der Kanareninsel Tenerife (Anhang: Vergleiche mit La Palma und Gran Canaria) als Grundlage für den Naturschutz. Lehre (D): Verlag von J. Cramer. 718 pp., ills., Karten.

Walther, E. (1934) *Echeveria* hybrids. A. With *Pachyphytum*. Cact. Succ. J. (US) 6(4): 53-56, ills., Bestimmungsschlüssel.

Walther, E. (1937) Illustrations in *Crassulaceae*. Cact. Succ. J. (US) 8: 150-151, ills.

Walther, E. (1972) *Echeveria*. San Francisco (US): California Academy of Sciences. 436 pp., ills., Bestimmungsschlüssel.

Wang, D. Q. & al. (1990) New taxa of *Sedum* from Anhui. Bull. Bot. Res., Harbin 10(3): 45-50, ills.

Webb, D. A. (1963) *Crassulaceae*. In: Heywood, V. H. (ed.): Notulae systematicae ad Floram Europaeam spectantes, no. 2. Feddes Repert. Spec. Nov. Regni Veg. 68(3): 197-198.

Webb, D. A. & al. (1993) *Sedum*. In: Tutin, T. G. & al. (eds.): Flora Europaea; ed. 2, 1: 429-436. Cambridge (GB): Cambridge University Press.

Welter, A. (1977) Etude d'un complexe polyploide: *Sempervivum arachnoideum* L. (*Crassulaceae*) dans la flore orophile d'Europe centrale et meridionale. Grenoble (F): Université Scientifique et Médicale. 90 pp., ills., Karten.

White, H. L. & al. (1998) Comments on the distribution of *Sedum pulchellum* (*Crassulaceae*) in Texas. Sida 18(2): 623-626, Karte.

Wickens, G. E. (1987) *Crassulaceae*. In: Polhill, R. M. (ed.): Flora of Tropical East Africa. Rotterdam (NL) / Boston (US: VT): A. A. Balkema. 66 pp., Karte, ills., Bestimmungsschlüssel.

Wilbur, R. L. (1988) What do we know about *Diamorpha smallii* (*Crassulaceae*), "one of the better known taxa of the south-eastern flora"? Sida 13: 1-16.

Williamson, G. (1997) Polymorphism in *Tylecodon similis* (Tölken) Tölken (*Crassulaceae*), a miniature succulent from Namaqualand and the southern Namib Desert. Aloe 34(1-2): 17-29, ills., Karte.

Ying, S. S. (1978) Alpine Plants of Taiwan. Taipei (Taiwan): Dept. of Forestry, National Taiwan University. 2 vols.

Zardini, E. M. (1971) Las especies del género *Sedum* (*Crassulaceae*) espontáneas en la Republica Argentina. Bol. Soc. Argent. Bot. 14(1-2): 95-106, ills.

Zlatkovic, B. & Randjelovic, V. (1996) Distribution and ecology of *Sedum* species (*Crassulaceae*) in Serbia. I. *Sedum tuberiferum* Stoj. & Stef., *S. stefco* Stef. and *S. aetnense* Tineo. Ekologija 31(1): 65-71.

Zomlefer, W. B. (1994) Guide to flowering plant families. Chapel Hill (US: NC) / London (GB): University of North Carolina Press. 430 pp., ills.

Zonneveld, B. J. M. (1981) The varieties of *Sempervivum arachnoideum*. Nation. Cact. Succ. J. 36(1): 24-25, Karte.

Register der Pflanzennamen und Synonyme

Adromischus : 4
– **alstonii**: 5
– alveolatus → A. marianiae var. immaculatus: 8
– anticordatum → A. marianiae var. immaculatus: 8
– antidorcatum → A. marianiae var. immaculatus: 8
– **bicolor**: 5
– blosianus → A. marianiae var. kubusensis: 9
– bolusii → A. caryophyllaceus: 5
– **caryophyllaceus**: 5
– casmithianus → A. marianiae var. hallii: 8
– clavifolius → A. cristatus var. clavifolius: 6
– **cooperi**: 5
– **cristatus**: 6
– – var. **clavifolius**: 6
– – – **cristatus**: 6
– – – **schonlandii**: 6
– – – **zeyheri**: 6
– cuneatus → A. cooperi: 5
– – – → Cotyledon cuneata: 26
– **diabolicus**: 6
– **fallax**: 6
– festivus → A. cooperi: 5
– **filicaulis**: 6
– – ssp. **filicaulis**: 6
– – – **marlothii**: 7
– fragilis → A. filicaulis ssp. filicaulis: 7
– – var. numeesensis → A. filicaulis ssp. filicaulis: 7
– fusiformis → A. filicaulis ssp. filicaulis: 6
– geyeri → A. marianiae var. kubusensis: 9
– grandiflorus → A. caryophyllaceus: 5
– halesowensis → A. cooperi: 5
– hallii → A. marianiae var. hallii: 8
– **hemisphaericus**: 7
– herrei → A. marianiae var. immaculatus: 8
– hoerleinianus → Tylecodon schaeferianus: 378
– **humilis**: 7
– **inamoenus**: 7
– jasminiflorus → A. caryophyllaceus: 5
– juttae → A. schuldtianus ssp. juttae: 10
– keilhackii → Tylecodon schaeferianus: 378
– kesselringianus → A. cristatus var. clavifolius: 6
– kleinioides → A. filicaulis ssp. filicaulis: 6
– kubusensis → A. marianiae var. kubusensis: 9
– **leucophyllus**: 7
– leucothrix → Tylecodon leucothrix: 374
– **liebenbergii**: 8
– **maculatus**: 8
– **mammillaris**: 8
– – var. filicaulis → A. filicaulis: 6
– – – fusiformis → A. filicaulis ssp. filicaulis: 6
– – – marlothii → A. filicaulis ssp. marlothii: 7
– – – rubra → A. filicaulis ssp. filicaulis: 6
– marianae → A. marianiae var. marianiae: 9
– **marianiae**: 8
– – fa. alveolatus → A. marianiae var. immaculatus: 8
– – – herrei → A. marianiae var. immaculatus: 8
– – – multicolor → A. marianiae var. immaculatus: 8
– – var. **hallii**: 8
– – – **immaculatus**: 8
– – – **kubusensis**: 9
– – – **marianiae**: 9
– marlothii → A. filicaulis ssp. marlothii: 7
– **maximus**: 9
– **montium-klinghardtii**: 9
– mucronatus → Cotyledon orbiculata var. orbiculata: 27
– **nanus**: 9
– nussbaumerianus → A. cristatus var. clavifolius: 6
– pachylophus → A. cooperi: 5
– pauciflorus → A. nanus: 9
– **phillipsiae**: 9
– poellnitzianus → A. cristatus var. clavifolius: 6
– procurvus → A. triflorus: 11
– pulchellus → A. alstonii: 5
– rhombifolius → A. sp.: 5
– – var. bakeri → A. sphenophyllus: 10
– **roanianus**: 10
– robustus → A. sp.: 5
– rodinii → A. marianiae var. kubusensis: 9
– rotundifolius → A. hemisphaericus: 7
– rupicola → A. trigynus: 11
– saxicola → A. umbraticola ssp. umbraticola: 11
– schaeferianus → Tylecodon schaeferianus: 378
– – var. keilhackii → Tylecodon schaeferianus: 378
– schonlandii → A. cristatus var. schonlandii: 6
– **schuldtianus**: 10
– – ssp. **juttae**: 10
– – – **schuldtianus**: 10
– **sphenophyllus**: 10
– subcompressus → A. triflorus: 11
– **subdistichus**: 10
– subpetiolatus → A. triflorus: 11
– subrubellus → A. alstonii: 5
– **subviridis**: 10
– tricolor → A. filicaulis ssp. marlothii: 7
– triebneri → A. alstonii: 5
– **triflorus**: 11
– **trigynus**: 11
– **umbraticola**: 11
– – ssp. **ramosus**: 11
– – – **umbraticola**: 11
– zeyheri → A. cristatus var. zeyheri: 6
Aeonichryson aizoides → Aichryson aizoides: 22
– – var. domesticum → Aichryson aizoides: 22
Aeonium : 11

[Aeonium]
- aguajilvense → Aeonium hybr.: 12
- aizoides → Aichryson aizoides: 22
- **aizoon**: 13
- anagense → Aeonium hybr.: 12
- **appendiculatum**: 13
- **arboreum**: 13
- – var. **arboreum**: 13
- – – **holochrysum**: 13
- – – **rubrolineatum**: 13
- – – fa. foliis purpureis → A. arboreum var. arboreum: 13
- – – foliis variegatis → A. arboreum var. arboreum: 13
- – var. albovariegatum → A. arboreum var. arboreum: 13
- – – atropurpureum → A. arboreum var. arboreum: 13
- – – luteovariegatum → A. arboreum var. arboreum: 13
- – – variegatum → A. arboreum var. arboreum: 13
- **aureum**: 13
- **balsamiferum**: 14
- beltranii → Aeonium hybr.: 12
- bentejui → A. spathulatum: 19
- berthelotianum → A. tabuliforme: 20
- bethencourtianum → Aichryson bethencourtianum: 22
- bollei → Aeonium hybr.: 12
- bramwellii → Aeonium hybr.: 12
- bravoanum → Aeonium hybr.: 12
- burchardii → Aeonium hybr.: 12
- cabrerae → Aeonium hybr.: 12
- caespitosum → A. simsii: 19
- **canariense**: 14
- – var. **canariense**: 14
- – – **palmense**: 14
- – – **subplanum**: 14
- – – **virgineum**: 14
- **castello-paivae**: 14
- castellodecorum → Aeonium hybr.: 12
- castelloplanum → Aeonium hybr.: 12
- chrysanthum → A. leucoblepharum: 17
- **ciliatum**: 15
- – – ssp. praegeri → A. davidbramwellii: 15
- cilifolium → Aeonium hybr.: 12
- cruentum → A. spathulatum: 19
- **cuneatum**: 15
- **davidbramwellii**: 15
- **decorum**: 15
- **diplocyclum**: 15
- **dodrantale**: 16
- domesticum → Aichryson aizoides: 22
- edgari → Aeonium hybr.: 12
- floribundum → Aeonium hybr.: 12
- giganteum → A. canariense var. canariense: 14
- **glandulosum**: 16
- **glutinosum**: 16

[Aeonium]
- **gomerense**: 16
- **goochiae**: 16
- **gorgoneum**: 17
- hawbicum → Aeonium hybr.: 12
- **haworthii**: 17
- **hierrense**: 17
- holochrysum → A. arboreum var. holochrysum: 13
- holospathulatum → Aeonium hybr.: 12
- hybridum → Aeonium hybr.: 12
- isorense → Aeonium hybr.: 12
- jacobsenii → Aeonium hybr.: 12
- junionae → Aeonium hybr.: 12
- **korneliuslemsii**: 17
- kunkelii → Aeonium hybr.: 12
- lambii → Aeonium hybr.: 12
- **lancerottense**: 17
- laxum → Aichryson laxum: 23
- lemsii → Aeonium hybr.: 12
- **leucoblepharum**: 17
- – – var. glandulosum → A. leucoblepharum: 18
- lidii → Aeonium hybr.: 12
- **lindleyi**: 18
- – – var. **lindleyi**: 18
- – – – **viscatum**: 18
- longithyrsum → A. canariense var. palmense: 14
- lowei → Aeonium hybr.: 12
- macrolepum → A. tabuliforme: 20
- manriqueorum → A. arboreum: 13
- mascaense → Aeonium hybr.: 12
- meridionale → Aeonium hybr.: 12
- meyerheimii → A. glandulosum: 16
- mixtum → Aeonium hybr.: 12
- **nobile**: 18
- nogalesii → Aeonium hybr.: 12
- occidentale → Aeonium hybr.: 12
- ombriosum → Aeonium hybr.: 12
- orbelindense → Aeonium hybr.: 12
- paivae → A. castello-paivae: 14
- palmense → A. canariense var. palmense: 14
- **percarneum**: 18
- – – var. guiaense → A. percarneum: 18
- perezii → Aeonium hybr.: 12
- praegeri → Aeonium hybr.: 12
- pseudohawbicum → Aeonium hybr.: 12
- pseudurbicum → A. urbicum: 20
- rowleyi → Aeonium hybr.: 12
- rubrolineatum → A. arboreum var. rubrolineatum: 13
- sanchezii → Aeonium hybr.: 12
- sancti-sebastiani → Aeonium hybr.: 12
- santosianum → Aeonium hybr.: 12
- **saundersii**: 18
- **sedifolium**: 19
- **simsii**: 19
- **smithii**: 19
- **spathulatum**: 19
- splendens → Aeonium hybr.: 12

[Aeonium]
- strepsicladum → A. spathulatum: 19
- **stuessyi**: 20
- subplanum → A. canariense var. subplanum: 14
- sventenii → Aeonium hybr.: 12
- tabulaeforme → A. tabuliforme: 20
- tabulicum → Aeonium hybr.: 12
- **tabuliforme**: 20
- teneriffae → Aeonium hybr.: 12
- tijarafense → Aeonium hybr.: 12
- timense → Aeonium hybr.: 12
- tortuosum → Aichryson tortuosum: 24
- **undulatum**: 20
- **urbicum**: 20
- – var. meridionale → A. urbicum: 20
- **valverdense**: 20
- vegamorae → Aeonium hybr.: 12
- velutinum → Aeonium hybr.: 12
- vestitum → A. arboreum var. holochrysum: 13
- virgineum → A. canariense var. virgineum: 14
- viscatum → A. lindleyi var. viscatum: 18
- voggenreiteri → Aeonium hybr.: 12
- volkeri → A. haworthii: 17
- webbii → A. sp.: 13
- wildpretii → Aeonium hybr.: 12
- youngianum → A. undulatum: 20
Aetonium tenense → Aeonium hybr.: 12
Afrovivella : 21
- **semiensis**: 21
Aichryson : 21
- **aizoides**: 22
- – var. aizoides → A. aizoides: 22
- – – domesticum 'Variegatum' → A. aizoides: 22
- – – domesticum → A. aizoides: 22
- **bethencourtianum**: 22
- **bollei**: 22
- bramwellii → Aichryson hybr.: 21
- **brevipetalum**: 22
- dichotomum → A. laxum: 23
- – fa. foliis purpureis → A. laxum: 23
- **divaricatum**: 22
- domesticum → A. aizoides: 22
- – cv. Variegatum → A. aizoides: 22
- – fa. foliis variegatis → A. aizoides: 22
- – var. aizoides → A. aizoides: 22
- **dumosum**: 23
- gattefossei → Sedum gattefossei: 282
- gonzalez-hernandezii → A. pachycaulon: 23
- immaculatum → A. pachycaulon: 23
- intermedium → Aichryson hybr.: 21
- **laxum**: 23
- – fa. subglabrum → A. laxum: 23
- molle → A. parlatorei: 24
- mollii → Monanthes icterica: 191
- **pachycaulon**: 23
- – ssp. gonzalez-hernandezii → A. pachycaulon: 23
- – – immaculatum → A. pachycaulon: 23
- – – parviflorum → A. pachycaulon: 23

[Aichryson pachycaulon ssp.]
- – – praetermissum → A. pachycaulon: 23
- **palmense**: 23
- **parlatorei**: 23
- parviflorum → A. pachycaulon: 23
- pinnatum → A. punctatum: 24
- **porphyrogennetos**: 24
- praegeri → Aichryson hybr.: 21
- pulchellum → Aeonium spathulatum: 19
- pulvinatum → A. tortuosum: 24
- **punctatum**: 24
- – fa. parlatorei → A. parlatorei: 24
- – var. pachycaulon → A. pachycaulon: 23
- – – subvillosum → A. parlatorei: 24
- – – villosum → A. parlatorei: 24
- pygmaeum → A. tortuosum: 24
- radicescens → A. tortuosum: 24
- sedifolium → Aeonium sedifolium: 19
- subvillosum → A. parlatorei: 24
- **tortuosum**: 24
- **villosum**: 24
Aithales → Sedum: 244
- caespitosa → Sedum caespitosum: 260
- rubens → Sedum rubens: 327
Aizopsis → Phedimus: 204
- aizoon → Phedimus aizoon: 205
- ellacombianus → Phedimus ellacombianus: 206
- florifera → Phedimus floriferus: 206
- hybrida → Phedimus hybridus: 206
- kamtschatica → Phedimus kamtschaticus: 207
- kurilensis → Phedimus kamtschaticus: 207
- litoralis → Phedimus litoralis: 207
- maximowiczii → Phedimus aizoon: 205
- middendorfiana → Phedimus middendorfianus: 207
- – ssp. sichotensis → Phedimus sichotensis: 208
- odontophylla → Phedimus odontophyllus: 208
- selskiana → Phedimus selskianus: 208
- sikokiana → Phedimus sikokianus: 209
- takesimensis → Phedimus takesimensis: 210
- zokuriensis → Phedimus zokuriensis: 210
Aldasorea → Aeonium: 11
- goochiae → Aeonium goochiae: 16
- percarnea → Aeonium percarneum: 18
- saundersii → Aeonium saundersii: 18
- strepsiclada → Aeonium spathulatum: 19
Aloe pertusa → Crassula capitella ssp. thyrsiflora: 41
Altamiranoa → Sedum: 244
- albiflora → Villadia albiflora: 386
- alpina → Sedum goldmanii: 283
- batesii → Sedum goldmanii: 283
- – var. subalpina → Sedum goldmanii: 283
- calcicola → Sedum calcicola: 261
- chihuahuensis → Sedum chihuahuense: 263
- cucullata → Villadia cucullata: 387
- decipiens → Sedum decipiens: 271
- diffusa → Villadia diffusa: 387
- dyvrandae → Villadia dyvrandae: 388

[Altamiranoa]
- elongata → Sedum jurgensenii ssp. jurgensenii: 292
- − − var. jurgensenii → Sedum jurgensenii: 292
- erecta → Villadia stricta: 391
- ericoides → Villadia imbricata: 388
- fusca → Sedum fuscum: 281
- galeottiana → Sedum batesii: 256
- goldmanii → Sedum goldmanii: 283
- grandyi → Sedum grandyi: 284
- guatemalensis → Villadia guatemalensis: 388
- hemsleyana → Sedum batesii: 256
- imbricata → Sedum reniforme: 325
- − − → Villadia imbricata: 388
- incarum → Villadia incarum: 388
- jurgensenii → Sedum jurgensenii: 292
- levis → Villadia guatemalensis: 388
- mexicana → Sedum goldmanii: 283
- minutiflora → Villadia minutiflora: 389
- montana → Sedum sp.: 247
- necaxana → Sedum jurgensenii ssp. jurgensenii: 292
- nelsonii → Villadia nelsonii: 389
- painteri → Villadia painteri: 390
- parva → Sedum parvum: 319
- parviflora → Villadia misera: 389
- pringlei → Villadia pringlei: 390
- ramosissima → Villadia albiflora: 386
- ramulosa → Sedum goldmanii: 283
- scopulina → Sedum scopulinum: 330
- squamulosa → Villadia squamulosa: 390
- stricta → Sedum plicatum: 321
- − − → Villadia stricta: 391
- virgata → Villadia virgata: 391
- weberbaueri → Sedum weberbaueri: 345
Amerosedum → Sedum: 245
- debile → Sedum debile: 271
- divergens → Sedum divergens: 273
- lanceolatum → Sedum lanceolatum: 294
- leibergii → Sedum leibergii: 297
- nesioticum → Sedum lanceolatum ssp. nesioticum: 295
- radiatum → Sedum radiatum: 324
- − − ssp. ciliosum → Sedum radiatum ssp. ciliosum: 324
- − − − depauperatum → Sedum radiatum ssp. depauperatum: 325
- rupicola → Sedum rupicola: 328
- stenopetalum → Sedum stenopetalum: 334
- − − ssp. monanthum → Sedum stenopetalum ssp. monanthum: 335
- subalpinum → Sedum lanceolatum ssp. subalpinum: 295
Anacampseros → Hylotelephium: 138
- albicans → Hylotelephium sp.: 139
- arguta → Hylotelephium telephium ssp. telephium: 144
- assurgens → Hylotelephium telephium ssp. maximum: 144

[Anacampseros]
- aurigerana → Hylotelephium telephium ssp. telephium: 144
- beugesiana → Hylotelephium telephium ssp. telephium: 144
- borderi → Hylotelephium telephium ssp. telephium: 144
- − − → Sedum sp.: 247
- cebennensis → Hylotelephium telephium ssp. maximum: 144
- chlorotica → Hylotelephium telephium ssp. maximum: 144
- ciliaris → Phedimus spurius: 209
- collina → Hylotelephium telephium ssp. maximum: 144
- corsica → Hylotelephium telephium ssp. maximum: 144
- delphinensis → Hylotelephium telephium ssp. maximum: 144
- dentata → Phedimus spurius: 209
- divaricata → Aichryson divaricatum: 23
- erubescens → Hylotelephium telephium ssp. maximum: 144
- hybrida → Phedimus hybridus: 206
- julliana → Hylotelephium telephium ssp. telephium: 144
- linguifolia → Cremnophila linguifolia: 87
- maxima → Hylotelephium telephium ssp. maximum: 144
- millieri → Hylotelephium telephium ssp. maximum: 144
- minor → Hylotelephium telephium ssp. maximum: 144
- pachyphylla → Hylotelephium telephium ssp. maximum: 144
- populifolia → Hylotelephium populifolium: 142
- praeruptorum → Hylotelephium telephium ssp. maximum: 144
- recurva → Hylotelephium telephium ssp. maximum: 144
- sempervirens → Hylotelephium anacampseros: 139
- serotina → Hylotelephium telephium ssp. maximum: 144
- spectabile → Hylotelephium spectabile: 143
- stellata → Phedimus stellatus: 209
- subrotunda → Hylotelephium telephium ssp. maximum: 144
- telephioides → Hylotelephium telephioides: 143
- ternata → Hylotelephium telephium ssp. maximum: 144
- − − → Sedum ternatum: 337
- triphylla → Hylotelephium telephium ssp. telephium: 144
- verlotii → Hylotelephium telephium ssp. maximum: 144
- vulgaris → Hylotelephium telephium ssp. telephium: 144
Asterosedum → Phedimus: 204

[Asterosedum]
- obtusifolium → Phedimus obtusifolius: 207
- spurium → Phedimus spurius: 209
- stellatum → Phedimus stellatus: 209
- stevenianum → Phedimus stevenianus: 210
- stoloniferum → Phedimus stoloniferus: 210

Balfouria → Sedum: 245
- balfourii → Sedum balfourii: 256

Baumgartenia → Kalanchoe: 147

Breitungia → Sedum: 245
- oregana → Sedum oreganum: 316

Bryophyllum → Kalanchoe: 147
- adelae → Kalanchoe adelae: 149
- aliciae → Kalanchoe pubescens: 177
- ambrense → Kalanchoe uniflora: 185
- beauverdii → Kalanchoe beauverdii: 151
- – var. parviflora → Kalanchoe beauverdii: 151
- bouvetii → Kalanchoe bouvetii: 154
- calcicola → Kalanchoe pinnata: 175
- calycinum → Kalanchoe pinnata: 175
- campanulatum → Kalanchoe campanulata: 155
- cochleatum → Kalanchoe sp.: 148
- costantinii → Kalanchoe beauverdii: 151
- crenatum → Kalanchoe laxiflora: 167
- daigremontianum → Kalanchoe daigremontiana: 158
- delagoense → Kalanchoe delagoensis: 158
- fedtschenkoi → Kalanchoe fedtschenkoi: 161
- gastonis-bonnieri → Kalanchoe gastonis-bonnieri: 162
- germinans → Kalanchoe pinnata: 175
- gracilipes → Kalanchoe gracilipes: 163
- hybridum → Kalanchoe sp.: 148
- juelii → Kalanchoe beauverdii: 151
- lauzac-marchaliae → Kalanchoe serrata: 181
- macrochlamys → Kalanchoe macrochlamys: 170
- manginii → Kalanchoe manginii: 170
- – var. triploideum → Kalanchoe manginii: 170
- marnierianum → Kalanchoe marnieriana: 171
- miniatum → Kalanchoe miniata: 172
- – var. andringitrense → Kalanchoe miniata: 172
- mortagei → Kalanchoe poincarei: 176
- peltatum → Kalanchoe peltata: 174
- pinnatum → Kalanchoe pinnata: 175
- poincarei → Kalanchoe poincarei: 176
- porphyrocalyx → Kalanchoe porphyrocalyx: 176
- proliferum → Kalanchoe prolifera: 177
- pubescens → Kalanchoe pubescens: 177
- rosei → Kalanchoe rosei: 179
- rubellum → Kalanchoe rubella: 180
- scandens → Kalanchoe beauverdii: 151
- schizophyllum → Kalanchoe schizophylla: 181
- serratum → Kalanchoe serrata: 181
- – – → Kalanchoe spathulata: 182
- streptanthum → Kalanchoe streptantha: 183
- suarezense → Kalanchoe suarezensis: 183
- sulphureum → Kalanchoe porphyrocalyx: 176
- triangulare → Kalanchoe spathulata: 182

[Bryophyllum]
- tsaratananense → Kalanchoe rolandi-bonapartei: 179
- tubiflorum → Kalanchoe delagoensis: 158
- uniflorum → Kalanchoe uniflora: 185
- verticillatum → Kalanchoe delagoensis: 158
- waldheimii → Kalanchoe waldheimii: 187

Bulliarda → Crassula: 30
- abyssinica → Crassula hedbergii: 54
- alpina → Crassula umbellata: 83
- aquatica → Crassula aquatica: 36
- bonariensis → Crassula peduncularis: 67
- borealis → Crassula aquatica: 36
- brevifolia → Crassula decumbens var. brachyphylla: 47
- capensis → Crassula natans var. natans: 64
- dregei → Crassula pellucida ssp. brachypetala: 67
- elatinoides → Crassula elatinoides: 49
- filiformis → Crassula natans var. minus: 63
- magellanica → Crassula moschata: 60
- moschata → Crassula moschata: 60
- obtusa → Crassula vaillantii: 84
- perfoliata → Crassula inanis: 56
- recurva → Crassula helmsii: 54
- trichotoma → Crassula decumbens var. decumbens: 47
- vaillantii → Crassula vaillantii: 84
- – – var. subulata → Crassula vaillantii: 84
- wolgensis → Crassula vaillantii: 84

Byrnesia → Graptopetalum: 132
- bernalensis → Graptopetalum paraguayense ssp. bernalense: 136
- weinbergii → Graptopetalum paraguayense ssp. paraguayense: 136

Cacalia papillaris → Tylecodon cacalioides: 373

Calanchoe → Kalanchoe: 147

Cepaea caesalpini → Sedum cepaea: 263

Chamaerhodiola → Rhodiola: 218
- algida → Rhodiola algida: 219
- asiatica → Rhodiola coccinea ssp. coccinea: 222
- atuntsuensis → Rhodiola atuntsuensis: 220
- bouvieri → Rhodiola himalensis ssp. bouvieri: 225
- crassipes → Rhodiola wallichiana: 235
- cretinii → Rhodiola cretinii: 223
- dumulosa → Rhodiola dumulosa: 223
- euphorbioides → Rhodiola algida: 219
- eurycarpa → Rhodiola macrocarpa: 229
- fastigiata → Rhodiola fastigiata: 224
- gelida → Rhodiola gelida: 224
- himalensis → Rhodiola himalensis: 225
- horrida → Rhodiola nobilis: 229
- humilis → Rhodiola humilis: 226
- nobilis → Rhodiola nobilis: 229
- quadrifida → Rhodiola quadrifida: 231
- scabrida → Rhodiola coccinea ssp. scabrida: 222
- stephanii → Rhodiola stephanii: 234
- stracheyi → Rhodiola tibetica: 235

[Chamaerhodiola]
– tibetica → Rhodiola tibetica: 235
– wulingensis → Rhodiola dumulosa: 223
Chetyson → Sedum: 244
– pulchellum → Sedum pulchellum: 323
– vigilmontis → Sedum pulchellum: 323
Chiastophyllum → Umbilicus: 381
– oppositifolium → Umbilicus oppositifolius: 383
Clausenellia → Sedum: 245
– ternata → Sedum ternatum: 337
Clementsia → Rhodiola: 218
– rhodantha → Rhodiola rhodantha: 231
– semenovii → Rhodiola semenovii: 233
Cockerellia → Sedum: 245
– cockerellii → Sedum cockerellii: 265
– nivea → Sedum niveum: 311
Combesia → Crassula: 30
– abyssinica → Crassula alata ssp. pharnaceoides: 34
– campestris → Crassula campestris: 40
– – var. pharnaceoides → Crassula alata ssp. pharnaceoides: 34
– – – rhodesica → Crassula rhodesica: 71
– lanceolata → Crassula lanceolata: 56
– – ssp. denticulata → Crassula lanceolata ssp. denticulata: 56
– – – transvaalensis → Crassula lanceolata ssp. transvaalensis: 57
– muscosa → Crassula muscosa: 62
– – var. acuminata → Crassula muscosa var. muscosa: 62
– – – anguinea → Crassula muscosa var. muscosa: 62
– – – fragilis → Crassula muscosa var. muscosa: 62
– – – fulva → Crassula muscosa var. muscosa: 62
– – – littoralis → Crassula muscosa var. muscosa: 62
– – – obtusifolia → Crassula muscosa var. obtusifolia: 62
– – – parvula → Crassula muscosa var. parvula: 62
– – – polpodacea → Crassula muscosa var. polpodacea: 63
– – – pseudolycopodioides → Crassula muscosa var. muscosa: 62
– – – purpusii → Crassula muscosa var. muscosa: 62
– phyturus → Crassula schimperi ssp. phyturus: 74
Congdonia → Sedum: 244
– pinetorum → Sedum pinetorum: 320
Corynephyllum → Sedum: 244
– viride → Sedum corynephyllum: 267
Cotylaria → Cotyledon: 25
Cotyledon : 25
– abramsii → Dudleya abramsii: 89
– acaulon → C. papillaris: 28
– acuminata → Dudleya acuminata: 90
– acutifolia → Echeveria acutifolia: 107

[Cotyledon]
– **adscendens**: 25
– adunca → Pachyphytum hookeri: 201
– aegyptiaca → Kalanchoe deficiens: 158
– affinis → Sedum albertii: 249
– agavoides → Echeveria agavoides: 107
– aggregata → Orostachys malacophylla var. aggregata: 195
– aizoon → Prometheum aizoon: 213
– albida → Dudleya virens ssp. virens: 104
– albiflora → Dudleya albiflora: 90
– – → Villadia albiflora: 386
– aloides → Dudleya saxosa ssp. aloides: 102
– alpestris → Rosularia alpestris: 237
– alstonii → Adromischus alstonii: 5
– alternans → Adromischus maculatus: 8
– – → Kalanchoe alternans: 149
– angustiflora → Dudleya cymosa ssp. cymosa: 94
– anomala → Sedum spathulifolium ssp. spathulifolium: 333
– anthonyi → Dudleya anthonyi: 90
– arabicum → Umbilicus paniculiformis: 383
– arborescens → Crassula arborescens: 36
– atropurpurea → Echeveria atropurpurea: 108
– attenuata → Dudleya attenuata: 91
– – → Pistorinia hispanica: 212
– – fa. eu-maculata → Pistorinia hispanica: 212
– – – flaviflora → Pistorinia hispanica: 212
– – ssp. mairei → Pistorinia hispanica: 212
– – var. maculata → Pistorinia hispanica: 212
– – – purpurea → Pistorinia hispanica: 212
– ausana → C. orbiculata var. orbiculata: 27
– **barbeyi**: 25
– batesii → Sedum goldmanii: 283
– beckeri → C. velutina: 29
– bernardiana → Dudleya cymosa ssp. pumila: 95
– bifida → Echeveria bifida: 109
– boehmeri → Orostachys boehmeri: 194
– bolusii → Adromischus caryophyllaceus: 5
– – var. karroensis → Adromischus triflorus: 11
– brachyantha → Pistorinia brachyantha: 211
– – var. aurea → Pistorinia brachyantha: 211
– – – ochroleuca → Pistorinia brachyantha: 211
– – – purpurea → Pistorinia brachyantha: 211
– – – versicolor → Pistorinia brachyantha: 211
– bracteolata → Echeveria bicolor: 109
– brandegeei → Dudleya acuminata: 90
– brasilica → Kalanchoe crenata: 156
– brauntonii → Dudleya lanceolata: 98
– breviflora → Pistorinia breviflora: 211
– – fa. concolor → Pistorinia breviflora: 211
– – – maculigera → Pistorinia breviflora: 211
– – – punctata → Pistorinia breviflora: 211
– – – purpureo-maculata → Pistorinia breviflora: 211
– – – unicolor → Pistorinia breviflora: 212
– – ssp. intermedia → Pistorinia breviflora: 211
– – – salzmannii → Pistorinia breviflora: 211
– – var. flava → Pistorinia breviflora: 211

[Cotyledon breviflora var.]
- – – flaviflora → Pistorinia breviflora: 211
- – – rhodantha → Pistorinia breviflora: 211
- – – rubella → Pistorinia breviflora: 211
- – – subbrachyantha → Pistorinia breviflora: 212
- – – variegata → Pistorinia breviflora: 212
- – – xanthantha → Pistorinia breviflora: 212
- brittoniana → Sedum laxum: 296
- bryceae → Dudleya candida: 93
- buchholziana → Tylecodon buchholzianus: 372
- burnhamii → Sedum obtusatum ssp. obtusatum: 314
- cacalioides → Tylecodon cacalioides: 373
- caespitosa → Dudleya caespitosa: 92
- – – var. paniculata → Dudleya cymosa ssp. paniculata: 95
- californica → Dudleya caespitosa: 92
- calycina → Kalanchoe pinnata: 175
- calyculata → Kalanchoe pinnata: 175
- **campanulata**: 26
- canaliculata → C. orbiculata var. oblonga: 27
- – – → Echeveria canaliculata: 110
- canalifolia → C. orbiculata var. oblonga: 27
- candelabrum → Dudleya candelabrum: 93
- candida → Dudleya candida: 93
- carnicolor → Echeveria carnicolor: 110
- caryophyllacea → Adromischus caryophyllaceus: 5
- chiclensis → Echeveria chiclensis: 111
- chlorantha → Umbilicus chloranthus: 382
- chloroleuca → Tylecodon racemosus: 376
- chrysantha → Prometheum chrysanthum: 213
- clavifolia → Adromischus cristatus var. clavifolius: 6
- coccinea → Echeveria coccinea: 111
- compacta → Dudleya farinosa: 96
- congesta → Dudleya lanceolata: 98
- cooperi → Adromischus cooperi: 5
- – – var. immaculata → Adromischus cooperi: 5
- corderoyi → Echeveria agavoides 'Corderoyi': 107
- coruscans → C. orbiculata var. oblonga: 27
- cossoniana → Pistorinia brachyantha: 211
- – – var. aurea → Pistorinia brachyantha: 211
- – – – ochroleuca → Pistorinia brachyantha: 211
- – – – purpurea → Pistorinia brachyantha: 211
- – – – versicolor → Pistorinia brachyantha: 211
- coutinhoi → Umbilicus heylandianus: 382
- crassifolia → Adromischus hemisphaericus: 7
- – – → C. orbiculata var. oblonga: 27
- crenata → Kalanchoe crenata: 156
- cristata → Adromischus cristatus: 6
- cucullata → Villadia cucullata: 387
- **cuneata**: 26
- cuneiformis → C. orbiculata var. oblonga: 27
- curviflora → Tylecodon grandiflorus: 374
- cymosa → Dudleya cymosa: 94
- debilis → Sedum debile: 271

[Cotyledon]
- decipiens → Sedum decipiens: 271
- decussata → C. orbiculata var. orbiculata: 27
- – – var. dielsii → C. orbiculata var. orbiculata: 27
- – – – flavida → C. orbiculata var. oblonga: 27
- – – – hinrichseniana → C. orbiculata var. orbiculata: 28
- – – – rubra → C. orbiculata var. oblonga: 27
- deficiens → Kalanchoe deficiens: 158
- delicata → Dudleya saxosa ssp. aloides: 102
- densiflora → Dudleya densiflora: 95
- desmetiana → Echeveria peacockii: 122
- devensis → Echeveria acutifolia: 107
- dichotoma → Tylecodon reticulatus ssp. reticulatus: 377
- dinteri → Tylecodon wallichii ssp. ecklonianus: 380
- dubia → Rosularia platyphylla: 240
- eastwoodiae → Dudleya farinosa: 96
- eckloniana → Tylecodon wallichii ssp. ecklonianus: 380
- edulis → Dudleya edulis: 96
- – – var. attenuata → Dudleya attenuata: 91
- elata → C. orbiculata var. orbiculata: 27
- elegans → Echeveria harmsii: 116
- **eliseae**: 26
- elizae → Kalanchoe elizae: 160
- elongata → Dudleya lanceolata: 98
- – – → Sedum jurgensenii ssp. jurgensenii: 292
- elymaitica → Rosularia elymaitica: 238
- engleri → C. orbiculata var. orbiculata: 27
- erubescens → Orostachys spinosa: 196
- eurychlamys → Echeveria eurychlamys: 114
- excelsa → Echeveria excelsa: 114
- farinosa → Dudleya farinosa: 96
- fascicularis → Tylecodon paniculatus: 375
- faucium → Tylecodon faucium: 373
- ferganica → Rosularia glabra: 238
- fergusoniae → Tylecodon fergusoniae: 373
- filicaulis → Adromischus filicaulis: 6
- filifera → Orostachys spinosa: 196
- fimbriata → Orostachys fimbriata: 194
- – – var. ramosissima → Orostachys fimbriata: 194
- flanaganii → C. orbiculata var. flanaganii: 26
- – – var. karroensis → C. orbiculata var. orbiculata: 27
- flavida → C. orbiculata var. oblonga: 27
- font-queri → Umbilicus horizontalis: 382
- fragilis → Tylecodon fragilis: 373
- fulgens → Echeveria fulgens: 114
- fusiformis → Adromischus filicaulis ssp. filicaulis: 6
- gaditana → Umbilicus horizontalis var. horizontalis: 383
- galeottiana → Sedum batesii: 256
- galpinii → C. orbiculata var. oblonga: 27
- gendjnamensis → Rosularia sempervivum ssp. persica: 242
- gibbiflora → Echeveria gibbiflora: 114

[Cotyledon gibbiflora]
– – var. metallica → Echeveria gibbiflora 'Metallica': 115
– gigantea → Dudleya cymosa ssp. cymosa: 94
– glabra → Rosularia glabra: 238
– glandulifera → Sedum moranii: 307
– glandulosa → C. papillaris: 28
– glauca → Echeveria secunda: 126
– globulariifolia → Rosularia globulariifolia: 238
– glutinosa → C. papillaris: 28
– gracilis → C. papillaris: 28
– grandiflora → Dudleya saxosa ssp. aloides: 102
– – → Tylecodon grandiflorus: 374
– grayi → Echeveria paniculata var. paniculata: 121
– greenei → Dudleya greenei: 97
– hallii → Dudleya lanceolata: 98
– – → Tylecodon hallii: 374
– hassei → Dudleya virens ssp. hassei: 104
– haussknechtii → Rosularia haussknechtii: 239
– helleri → Dudleya caespitosa: 92
– hemisphaerica → Adromischus hemisphaericus: 7
– herrei → Adromischus marianiae var. immaculatus: 8
– heterophylla → C. tomentosa ssp. ladismithensis: 28
– – → Kalanchoe laciniata: 165
– hirtifolia → Tylecodon hirtifolius: 374
– hispanica → Pistorinia breviflora: 211
– – → Pistorinia hispanica: 212
– – fa. flaviflora → Pistorinia hispanica: 212
– – ssp. cossoniana → Pistorinia brachyantha: 211
– – var. flaviflora → Pistorinia hispanica: 212
– – – maculata → Pistorinia hispanica: 212
– – – purpurea → Pistorinia hispanica: 212
– hispida → Sedum mucizonia: 308
– hoerleiniana → Tylecodon schaeferianus: 378
– – var. schaeferi → Tylecodon schaeferianus: 378
– horizontalis → Umbilicus horizontalis: 382
– – var. micrantha → Umbilicus horizontalis: 382
– humilis → Adromischus humilis: 7
– – → Dudleya cymosa ssp. paniculata: 95
– imbricata → Sedum reniforme: 325
– – → Villadia imbricata: 388
– incanum → Villadia incarum: 388
– incarum → Villadia incarum: 388
– insignis → Kalanchoe elizae: 160
– insularis → Dudleya virens ssp. insularis: 104
– integra → Kalanchoe deficiens: 158
– intermedia → Umbilicus horizontalis var. intermedius: 383
– iwarenge → Orostachys malacophylla var. iwarenge: 196
– jacobseniana → C. papillaris: 28
– japonica → Orostachys japonica: 195
– jasminiflora → Adromischus caryophyllaceus: 5
– jurgensenii → Sedum jurgensenii: 292

[Cotyledon]
– laciniata → Kalanchoe laciniata: 165
– ladismithensis → C. tomentosa ssp. ladismithensis: 28
– lanceolata → Dudleya lanceolata: 98
– – → Kalanchoe lanceolata: 166
– – → Kalanchoe spathulata: 182
– – var. saxosa → Dudleya saxosa: 101
– lassithiensis → Umbilicus erectus: 382
– laxa → Dudleya caespitosa: 92
– – var. cymosa → Dudleya cymosa: 94
– – – nevadensis → Dudleya cymosa ssp. cymosa: 94
– – – paniculata → Dudleya cymosa ssp. paniculata: 95
– – – setchellii → Dudleya setchellii: 102
– leucantha → Orostachys thyrsiflora: 197
– leucophylla → C. orbiculata var. oblonga: 27
– leucothrix → Tylecodon leucothrix: 374
– libanotica → Rosularia sempervivum ssp. libanotica: 241
– – fa. major → Rosularia sempervivum ssp. kurdica: 241
– – var. glabra → Rosularia sempervivum ssp. persica: 241
– – – kurdica → Rosularia sempervivum ssp. kurdica: 241
– – – steudelii → Rosularia sempervivum ssp. kurdica: 241
– lievenii → Pseudosedum lievenii: 217
– linearis → Dudleya linearis: 98
– lineata → Rosularia lineata: 239
– linguifolia → Cremnophila linguifolia: 87
– linguiformis → Dudleya caespitosa: 92
– lingula → Dudleya caespitosa: 92
– lurida → Dudleya lanceolata: 98
– – → Echeveria racemosa var. racemosa: 125
– lusitanica → Umbilicus erectus: 382
– lutea → Umbilicus erectus: 382
– luteosquamata → Tylecodon pearsonii: 376
– macrantha → C. orbiculata var. orbiculata: 27
– – var. virescens → C. orbiculata var. oblonga: 27
– maculata → Adromischus maculatus: 8
– malacophylla → Orostachys malacophylla: 195
– – var. boehmeri → Orostachys boehmeri: 194
– – – japonica → Orostachys malacophylla var. iwarenge: 196
– mammillaris → Adromischus mammillaris: 8
– marianiae → Adromischus marianiae: 8
– marlothii → Adromischus filicaulis ssp. marlothii: 7
– mendocinoana → Sedum laxum ssp. eastwoodiae: 296
– mexicana → Sedum goldmanii: 283
– meyeri → C. papillaris: 28
– minor → Dudleya lanceolata: 98
– minuta → Orostachys spinosa: 196
– minutiflora → Villadia minutiflora: 389

[Cotyledon]
- modesta → Rosularia modesta: 239
- mollis → C. velutina: 29
- – – → Tylecodon paniculatus: 375
- montium-klinghardtii → Adromischus montium-klinghardtii: 9
- mucizonia → Sedum mucizonia: 308
- – – ssp. abylaea → Sedum mucizonia: 308
- – – – ortegae → Sedum mucizonia: 308
- – – subvar. euhispida → Sedum mucizonia: 308
- – – – glabella → Sedum mucizonia: 308
- – – – glabra → Sedum mucizonia: 308
- – – – villosa → Sedum mucizonia: 308
- – – var. eu-mucizonia → Sedum mucizonia: 308
- – – – glabra → Sedum mucizonia: 308
- – – – hispida → Sedum mucizonia: 308
- mucronata → C. orbiculata var. orbiculata: 27
- – – → Echeveria mucronata: 120
- muirii → C. papillaris: 28
- nana → Adromischus humilis: 7
- – – → Adromischus nanus: 9
- neglecta → Umbilicus rupestris: 384
- nelsonii → Villadia nelsonii: 389
- neopringlei → Villadia pringlei: 390
- nevadensis → Dudleya cymosa ssp. cymosa: 94
- nodulosa → Echeveria nodulosa: 120
- nubigena → Dudleya nubigena: 99
- nuda → Echeveria nuda: 121
- nudicaule → Dudleya densiflora: 95
- nudicaulis → Kalanchoe deficiens: 158
- nussbaumeriana → Adromischus cristatus var. clavifolius: 6
- obermeyeriana → C. orbiculata var. oblonga: 27
- oblonga → C. orbiculata var. oblonga: 27
- obtusata → Sedum obtusatum: 313
- occultans → Tylecodon occultans: 375
- oppositifolia → Umbilicus oppositifolius: 383
- **orbiculata**: 26
- – – → Kalanchoe alternans: 149
- – – var. ausana → C. orbiculata var. orbiculata: 27
- – – – **dactylopsis**: 26
- – – – dinteri → C. orbiculata var. orbiculata: 27
- – – – elata → C. orbiculata var. orbiculata: 27
- – – – engleri → C. orbiculata var. orbiculata: 27
- – – – **flanaganii**: 26
- – – – higginsiae → C. orbiculata var. orbiculata: 27
- – – – **oblonga**: 27
- – – – obovata → C. orbiculata var. orbiculata: 27
- – – – oophylla → C. orbiculata var. orbiculata: 27
- – – – **orbiculata**: 27
- – – – ramosa → C. orbiculata var. orbiculata: 27
- – – – rotundifolia → C. orbiculata var. orbiculata: 27
- – – – **spuria**: 28
- – – – viridis → C. orbiculata var. orbiculata: 27
- orcuttii → Dudleya attenuata ssp. orcuttii: 91
- oreades → Sedum oreades: 316

[Cotyledon]
- oregana → Sedum oreganum: 316
- oregonensis → Sedum oregonense: 316
- ovata → C. orbiculata var. orbiculata: 27
- – – → Crassula ovata: 66
- ovatifolia → Dudleya cymosa ssp. ovatifolia: 95
- pachyphytum → Pachyphytum bracteosum: 198
- palmeri → Dudleya palmeri: 100
- paniculata → Dudleya cymosa ssp. paniculata: 95
- – – → Rosularia radicosa: 240
- – – → Tylecodon paniculatus: 375
- pannosa → Kalanchoe eriophylla: 160
- **papillaris**: 28
- – – var. glutinosa → C. papillaris: 28
- – – – robusta → C. papillaris: 28
- – – – subundulata → C. papillaris: 28
- – – – tricuspidata → C. orbiculata var. orbiculata: 27
- papillosa → Rosularia adenotricha ssp. adenotricha: 237
- paraguayensis → Graptopetalum paraguayense: 136
- parishii → Dudleya attenuata ssp. orcuttii: 91
- – – → Dudleya lanceolata: 98
- parviflora → Umbilicus parviflorus: 383
- – – → Villadia misera: 389
- – – var. squamulosa → Villadia squamulosa: 390
- parvula → Tylecodon reticulatus ssp. reticulatus: 377
- pauciflora → Dudleya pauciflora: 100
- peacockii → Echeveria peacockii: 122
- pearsonii → Tylecodon pearsonii: 376
- pendulina → Umbilicus rupestris: 384
- persica → Rosularia sempervivum ssp. persica: 241
- peruviana → Echeveria peruviana: 122
- pestalozzae → Rosularia sempervivum ssp. pestalozzae: 242
- – – var. glaberrima → Rosularia sempervivum ssp. glaucophylla: 241
- phillipsiae → Adromischus phillipsiae: 9
- pillansii → C. cuneata: 26
- pinnata → Kalanchoe pinnata: 175
- plattiana → Dudleya cymosa ssp. cymosa: 94
- platyphylla → Rosularia platyphylla: 240
- polycephala → Orostachys japonica: 195
- praealta → Umbilicus heylandianus: 382
- – – var. coutinhoi → Umbilicus heylandianus: 382
- pringlei → Echeveria pringlei: 123
- procurva → Adromischus triflorus: 11
- pseudogracilis → C. papillaris: 28
- pubescens → Echeveria coccinea: 112
- – – → Prometheum pilosum: 213
- pulverulenta → Dudleya pulverulenta: 100
- pulvinata → Echeveria pulvinata: 124
- – – → Rosularia platyphylla: 240
- pumila → Dudleya cymosa ssp. pumila: 95

[Cotyledon pumila]
- – → Echeveria secunda: 126
- purpurea → C. orbiculata var. spuria: 28
- purpusii → Dudleya cymosa ssp. cymosa: 94
- pygmaea → Tylecodon pygmaeus: 376
- – var. pygmaea → Tylecodon pygmaeus: 376
- – – tenuis → Tylecodon tenuis: 379
- quitensis → Echeveria quitensis: 124
- racemosa → Tylecodon racemosus: 376
- ramosa → C. orbiculata var. orbiculata: 27
- ramosissima → C. orbiculata var. orbiculata: 27
- – – → C. woodii: 29
- – – → Sedum candollei: 261
- – – var. woodii → C. woodii: 29
- reflexa → Dudleya caespitosa: 92
- repens → Umbilicus erectus: 382
- reticulata → Tylecodon reticulatus: 377
- retusa → Echeveria fulgens: 114
- – – → Sedum obtusatum ssp. retusum: 314
- rhombifolia → Adromischus sp.: 5
- – – var. spathulata → Adromischus trigynus: 11
- rigida → Dudleya rigida: 101
- rigidiflora → Dudleya rigidiflora: 101
- robusta → Dudleya lanceolata: 98
- rosea → Echeveria rosea: 125
- – – → Orostachys thyrsiflora: 197
- roseana → Dudleya cymosa ssp. pumila: 95
- roseata → Echeveria rosea: 125
- rosettifolia → Sedum nussbaumerianum: 312
- rotundifolia → Adromischus hemisphaericus: 7
- rubens → Dudleya rubens: 101
- rubrovenosa → Tylecodon rubrovenosus: 377
- rudatisii → C. orbiculata var. oblonga: 27
- rugens → Dudleya ingens: 97
- rupestris → Umbilicus rupestris: 384
- rusbyi → Graptopetalum rusbyi: 137
- salmiana → C. woodii: 29
- – – var. woodii → C. woodii: 29
- salzmannii → Pistorinia breviflora: 211
- – – fa. punctata → Pistorinia breviflora: 211
- – – – purpureo-apiculata → Pistorinia breviflora: 211
- – – – unicolor → Pistorinia breviflora: 211
- samium → Rosularia serrata: 242
- saxatilis → Orostachys malacophylla ssp. malacophylla: 195
- saxosa → Dudleya saxosa: 101
- schaeferi → Tylecodon schaeferianus: 378
- schaeferiana → Tylecodon schaeferianus: 378
- schaffneri → Echeveria schaffneri: 126
- scheeri → Echeveria scheeri: 126
- schonlandii → Adromischus cristatus var. schonlandii: 6
- schuldtiana → Adromischus schuldtianus: 10
- secunda → Echeveria secunda: 126
- sediformis → Sedum candollei: 261
- sedoides → Sedum candollei: 261
- semenovii → Rhodiola semenovii: 233
- semiteres → Dudleya semiteres: 102

[Cotyledon]
- sempervivum → Rosularia sempervivum: 241
- septentrionalis → Dudleya farinosa: 96
- serrata → Rosularia serrata: 242
- setchellii → Dudleya setchellii: 102
- sheldonii → Dudleya cymosa ssp. cymosa: 94
- sikokiana → Meterostachys sikokiana: 190
- simensis → Afrovivella semiensis: 21
- similis → Tylecodon similis: 378
- simulans → C. orbiculata var. oblonga: 27
- – – var. spathulata → C. orbiculata var. oblonga: 27
- singularis → Tylecodon singularis: 378
- sinus-alexandri → Tylecodon schaeferianus: 378
- spathulata → Kalanchoe spathulata: 182
- – – → Sedum oreades: 316
- spinosa → Orostachys spinosa: 196
- – – var. polystachya → Orostachys spinosa: 196
- sprucei → Echeveria quitensis var. sprucei: 125
- spuria → C. orbiculata var. spuria: 28
- stolonifera → Echeveria stolonifera: 129
- strangulata → Umbilicus heylandianus: 382
- striata → Tylecodon striatus: 378
- stricta → Sedum plicatum: 321
- strictiflora → Echeveria strictiflora: 129
- sturmiana → C. barbeyi: 25
- subrigida → Echeveria subrigida: 129
- subspicata → Echeveria bicolor: 109
- – – → Rosularia radicosa: 240
- subulata → Sedum subulatum: 336
- subulifolia → Echeveria teretifolia: 130
- sulphurea → Tylecodon sulphureus: 379
- swartbergensis → Tylecodon leucothrix: 374
- tardiflora → Tylecodon paniculatus: 375
- tenuicaulis → Rosularia adenotricha ssp. adenotricha: 237
- tenuis → Dudleya abramsii ssp. abramsii: 89
- teretifolia → C. campanulata: 26
- – – var. subglabra → C. campanulata: 26
- thyrsiflora → Orostachys thyrsiflora: 197
- **tomentosa**: 28
- – – ssp. **ladismithensis**: 28
- – – – **tomentosa**: 29
- transvaalensis → C. barbeyi: 25
- traskiae → Dudleya traskiae: 103
- tricuspidata → C. orbiculata var. orbiculata: 27
- triflora → Adromischus triflorus: 11
- trigyna → Adromischus trigynus: 11
- tropaeolifolia → Umbilicus tropaeolifolius: 384
- tuberculosa → Tylecodon grandiflorus: 374
- tuberosa → Umbilicus rupestris: 384
- turkestanica → Rosularia platyphylla: 240
- umbilicata → Umbilicus rupestris: 384
- umbilicus-veneris → Umbilicus erectus: 382
- – – fa. amphitropa → Umbilicus horizontalis: 382
- – – – deflexa → Umbilicus horizontalis var. horizontalis: 383
- – – – eu-horizontalis → Umbilicus horizontalis var. horizontalis: 383

[Cotyledon umbilicus-veneris fa.]
– – – eu-patens → Umbilicus horizontalis: 383
– – – gigantea → Umbilicus horizontalis: 382
– – – parviflora → Umbilicus horizontalis: 383
– – – purpurea → Umbilicus horizontalis: 383
– – – suberecta → Umbilicus horizontalis: 382
– – ssp. gaditana → Umbilicus horizontalis var. horizontalis: 383
– – – horizontalis → Umbilicus horizontalis: 382
– – – intermedia → Umbilicus horizontalis var. intermedius: 383
– – – patens → Umbilicus patens: 384
– – – pendulina → Umbilicus rupestris: 384
– – var. amphitropa → Umbilicus horizontalis: 382
– – – deflexa → Umbilicus horizontalis var. horizontalis: 383
– – – eu-pendulina → Umbilicus sp.: 381
– – – font-queri → Umbilicus horizontalis: 382
– – – gaditana → Umbilicus horizontalis var. horizontalis: 383
– – – gigantea → Umbilicus horizontalis: 382
– – – intermedia → Umbilicus horizontalis var. intermedius: 383
– – – micrantha → Umbilicus horizontalis: 382
– – – patula → Umbilicus horizontalis var. horizontalis: 383
– – – pomelii → Umbilicus horizontalis: 383
– – – praealta → Umbilicus heylandianus: 382
– – – purpurea → Umbilicus horizontalis: 383
– – – subhorizontalis → Umbilicus horizontalis var. intermedius: 383
– – – tuberosa → Umbilicus rupestris: 384
– – – umbilicus-veneris → Umbilicus erectus: 382
– undulata → C. orbiculata var. oblonga: 27
– – var. mucronata → C. orbiculata var. orbiculata: 27
– ungulata → C. orbiculata var. orbiculata: 27
– **velutina**: 29
– – var. beckeri → C. velutina: 29
– ventricosa → Tylecodon ventricosus: 380
– – var. alpina → Tylecodon ventricosus: 380
– verea → Kalanchoe crenata: 156
– virens → Dudleya virens: 104
– virescens → C. orbiculata var. oblonga: 27
– virgata → Villadia virgata: 391
– viridiflora → Tylecodon viridiflorus: 380
– viridis → C. orbiculata var. oblonga: 27
– viscida → Dudleya viscida: 105
– – var. insularis → Dudleya virens ssp. insularis: 104
– viscosa → Sedum mucizonia: 308
– wallichii → Tylecodon wallichii: 380
– weberbaueri → Sedum weberbaueri: 345
– whiteae → C. orbiculata var. oblonga: 27
– whitei → C. orbiculata var. oblonga: 27
– wickensii → C. barbeyi: 25
– – var. glandulosa → C. barbeyi: 25

[Cotyledon]
– winkleri → Sedum hirsutum ssp. baeticum: 289
– **woodii**: 29
– xanti → Dudleya nubigena ssp. nubigena: 99
– yosemitense → Sedum obtusatum ssp. obtusatum: 314
– zeyheri → Adromischus cristatus var. zeyheri: 6
– zuluensis → C. orbiculata var. oblonga: 27
Cotyliphyllum → Umbilicus: 381
Courantia → Echeveria: 105
– echeverioides → Echeveria rosea: 125
– rosea → Echeveria rosea: 125
Crassouvia → Kalanchoe: 147
Crassula : 29
– abyssinica → C. alba var. alba: 34
– – var. angolensis → C. vaginata ssp. vaginata: 84
– – – mannii → C. vaginata ssp. vaginata: 84
– – – nyikensis → C. vaginata ssp. vaginata: 84
– – – ovata → C. vaginata ssp. vaginata: 84
– – – robusta → C. vaginata ssp. vaginata: 84
– – – transvaalensis → C. vaginata ssp. vaginata: 84
– – – vaginata → C. vaginata: 84
– **acinaciformis**: 33
– acuminata → C. flanaganii: 52
– acutifolia → C. ruamahanga: 72
– – → C. tetragona ssp. acutifolia: 81
– – var. densifolia → C. tetragona ssp. tetragona: 82
– – – harveyi → C. tetragona ssp. lignescens: 81
– – – radicans → C. tetragona ssp. acutifolia: 81
– – – typica → C. tetragona ssp. acutifolia: 81
– adscendens → C. sp.: 33
– aitonii → C. cordata: 45
– **alata**: 33
– – ssp. **alata**: 33
– – – muscosa → C. tillaea: 83
– – – **pharnaceoides**: 34
– – subvar. pentamera → C. alata ssp. alata: 34
– – var. trichopoda → C. alata ssp. alata: 34
– **alba**: 34
– – var. **alba**: 34
– – – **pallida**: 34
– – – **parvisepala**: 34
– albanensis → C. capitella ssp. capitella: 40
– albertiniae → C. capensis var. albertiniae: 40
– albicaulis → C. expansa ssp. expansa: 50
– albiflora → C. dejecta: 47
– – var. minor → C. dejecta: 47
– **alcicornis**: 34
– aliciae → Orostachys aliciae: 193
– alooides → C. acinaciformis: 33
– – → C. hemisphaerica: 55
– **alpestris**: 35
– – ssp. **alpestris**: 35
– – – **massonii**: 35
– alpina → C. umbellata: 83
– alsinoides → C. pellucida ssp. alsinoides: 67

[Crassula]
- **alstonii**: 35
- **alticola**: 35
- amatolica → C. sediflora var. amatolica: 75
- **ammophila**: 35
- andegavensis → Sedum andegavense: 252
- andicola → C. solieri: 78
- androsace → C. phascoides: 69
- anguinea → C. muscosa var. muscosa: 62
- anomala → C. atropurpurea var. anomala: 36
- anthurus → C. perforata: 69
- **aphylla**: 35
- **aquatica**: 36
- arborea → C. arborescens ssp. arborescens: 36
- **arborescens**: 36
- – ssp. **arborescens**: 36
- – – – **undulatifolia**: 36
- archeri → C. pyramidalis: 71
- arenicola → C. cymosa: 46
- argentea → C. ovata: 66
- argyrophylla → C. swaziensis: 80
- – – var. ramosa → C. swaziensis: 80
- – – – swaziensis → C. swaziensis: 80
- aristata → C. bergioides: 39
- arta → C. deceptor: 46
- articulata → C. ovata: 66
- **atropurpurea**: 36
- – – var. **anomala**: 36
- – – – **atropurpurea**: 37
- – – – **cultriformis**: 37
- – – – muirii → C. atropurpurea var. rubella: 37
- – – – **purcellii**: 37
- – – – **rubella**: 37
- – – – **watermeyeri**: 37
- atrosanguinea → C. alba var. parvisepala: 34
- aurosensis → C. exilis ssp. sedifolia: 50
- **aurusbergensis**: 37
- **ausensis**: 37
- – – ssp. **ausensis**: 37
- – – – **giessii**: 38
- – – – **titanopsis**: 38
- ausiensis → C. ausensis ssp. ausensis: 37
- avasimontana → C. capitella ssp. nodulosa: 41
- **badspoortensis**: 38
- bakeri → C. grisea: 54
- **barbata**: 38
- – – ssp. **barbata**: 38
- – – – **broomii**: 38
- barklyana → C. setulosa var. rubra: 76
- **barklyi**: 38
- bartlettii → C. capensis var. albertiniae: 40
- **basaltica**: 39
- basutica → C. dependens: 48
- **bergioides**: 39
- bibracteata → C. tetragona ssp. acutifolia: 81
- biconvexa → C. fascicularis: 51
- – – → C. pubescens ssp. pubescens: 70
- **biplanata**: 39
- bloubergensis → C. setulosa var. setulosa: 76

[Crassula]
- bolusii → C. exilis ssp. cooperi: 50
- bonariensis → C. peduncularis: 67
- brachypetala → C. pellucida ssp. brachypetala: 67
- brachyphylla → C. decumbens var. brachyphylla: 47
- **brachystachya**: 39
- **brevifolia**: 39
- – – → C. decumbens var. brachyphylla: 47
- – – ssp. **brevifolia**: 39
- – – – **psammophila**: 39
- brevistyla → C. capitella ssp. meyeri: 41
- broomii → C. barbata ssp. broomii: 38
- browniana → C. expansa ssp. fragilis: 51
- bullulata → C. flava: 52
- burmanniana → C. flava: 52
- caerulata → C. crenulata: 45
- caespitosa → Sedum caespitosum: 260
- caffra → C. sp.: 33
- **campestris**: 40
- – – fa. compacta → C. campestris: 40
- – – – laxa → C. campestris: 40
- – – ssp. pharnaceoides → C. alata ssp. pharnaceoides: 34
- – – – rhodesica → C. rhodesica: 71
- canescens → C. nudicaulis var. nudicaulis: 64
- – – var. angustifolia → C. nudicaulis var. nudicaulis: 64
- – – – latifolia → C. cotyledonis: 45
- **capensis**: 40
- – – var. **albertiniae**: 40
- – – – **capensis**: 40
- – – – leipoldtii → C. sp.: 33
- – – – **promontorii**: 40
- capillacea → C. filiformis: 52
- capitata → C. fascicularis: 52
- – – → C. subulata var. subulata: 80
- **capitella**: 40
- – – ssp. **capitella**: 40
- – – – enantiophylla → C. capitella ssp. nodulosa: 41
- – – – **meyeri**: 41
- – – – **nodulosa**: 41
- – – – **sessilicymula**: 41
- – – – **thyrsiflora**: 41
- capitellata → C. capitella ssp. capitella: 40
- caudiculata → C. peduncularis: 67
- centauroides → C. strigosa: 79
- cephalophora → C. nudicaulis var. nudicaulis: 64
- – – var. basutica → C. nudicaulis var. nudicaulis: 64
- – – – dubia → C. cotyledonis: 45
- – – – tayloriae → C. cotyledonis: 45
- – – – thunbergii → C. nudicaulis var. nudicaulis: 64
- chloraeflora → C. dichotoma: 48
- **ciliata**: 41

[Crassula ciliata]
– – var. acutifolia → C. vaginata ssp. vaginata: 84
– cinerea → C. atropurpurea var. cultriformis: 37
– **clavata**: 42
– clavifolia → C. atropurpurea var. atropurpurea: 37
– – var. muirii → C. atropurpurea var. rubella: 37
– – – marginata → C. atropurpurea var. atropurpurea: 37
– **closiana**: 42
– **coccinea**: 42
– coerulescens → C. nemorosa: 64
– cogmansensis → C. subaphylla var. subaphylla: 79
– coleae → C. volkensii ssp. coleae: 85
– **colorata**: 42
– – var. **acuminata**: 43
– – – **colorata**: 43
– – – **miriamiae**: 43
– – – tuberculata → C. colorata var. acuminata: 43
– **columella**: 43
– **columnaris**: 43
– – ssp. **columnaris**: 43
– – – **prolifera**: 43
– – var. elongata → C. columnaris ssp. prolifera: 43
– commutata → C. rupestris ssp. commutata: 72
– **compacta**: 43
– – var. elatior → C. compacta: 43
– comptonii → C. namaquensis ssp. comptonii: 63
– concinella → C. sp.: 33
– concinna → C. sp.: 33
– confusa → C. nemorosa: 64
– **congesta**: 44
– – ssp. **congesta**: 44
– – – **laticephala**: 44
– conjuncta → C. perforata: 69
– **connata**: 44
– – var. connata → C. connata: 44
– – – erectoides → C. connata: 44
– – – eremica → C. connata: 44
– – – muscoides → C. connata: 44
– – – subsimplex → C. connata: 44
– connivens → C. tetragona ssp. connivens: 81
– conspicua → C. tomentosa var. tomentosa: 83
– cooperi → C. exilis ssp. cooperi: 50
– – var. subnodulosa → C. exilis ssp. cooperi: 50
– **corallina**: 44
– – ssp. **corallina**: 44
– – – **macrorrhiza**: 45
– **cordata**: 45
– **cordifolia**: 45
– cornuta → C. deceptor: 46
– corpusculariopsis → C. elegans ssp. elegans: 49
– corymbulosa → C. capitella ssp. thyrsiflora: 41
– – var. cordata → C. capitella ssp. thyrsiflora: 41
– – – lanceolata → C. capitella ssp. thyrsiflora: 41
– – – major → C. capitella ssp. thyrsiflora: 41

[Crassula corymbulosa var.]
– – – typica → C. capitella ssp. thyrsiflora: 41
– cotyledon → C. arborescens ssp. arborescens: 36
– cotyledonifolia → C. arborescens ssp. arborescens: 36
– **cotyledonis**: 45
– crassiflora → C. vaginata ssp. vaginata: 84
– **cremnophila**: 45
– crenata → Phedimus spurius: 209
– crenatifolia → C. sp.: 33
– **crenulata**: 45
– **cultrata**: 46
– – var. typica → C. cultrata: 46
– cultriformis → C. atropurpurea var. cultriformis: 37
– – ssp. robusta → C. atropurpurea var. cultriformis: 37
– curta → C. setulosa var. rubra: 76
– – var. rubra → C. setulosa var. rubra: 76
– cyclophylla → C. spathulata: 78
– cylindrica → C. pyramidalis: 71
– **cymbiformis**: 46
– **cymosa**: 46
– dasyphylla → C. corallina ssp. corallina: 44
– debilis → C. mataikona: 59
– – → C. thunbergiana ssp. thunbergiana: 82
– **deceptor**: 46
– deceptrix → C. deceptor: 46
– **decidua**: 46
– decipiens → C. tecta: 81
– **decumbens**: 47
– – → C. thunbergiana ssp. thunbergiana: 82
– – var. **brachyphylla**: 47
– – – **decumbens**: 47
– **dejecta**: 47
– **deltoidea**: 47
– deminuta → C. setulosa var. deminuta: 76
– densa → C. elegans ssp. elegans: 49
– densifolia → C. tetragona ssp. tetragona: 82
– **dentata**: 48
– – var. minor → C. dentata: 48
– **dependens**: 48
– **depressa**: 48
– dewinteri → C. pubescens ssp. pubescens: 70
– diabolica → C. pellucida ssp. brachypetala: 67
– diaphana → C. strigosa: 79
– **dichotoma**: 48
– dielsii → C. dentata: 48
– diffusa → C. kirkii: 56
– – → C. sp.: 33
– dinteri → C. elegans ssp. elegans: 49
– divaricata → C. muricata: 62
– **dodii**: 49
– drakensbergensis → C. vaginata ssp. vaginata: 84
– dregeana → C. obovata var. dregeana: 65
– dregei → C. pellucida ssp. brachypetala: 67
– **drummondii**: 49
– dubia → C. cotyledonis: 45

[Crassula]
- eendornensis → C. tomentosa var. glabrifolia: 83
- elata → C. capitella ssp. nodulosa: 41
- **elatinoides**: 49
- **elegans**: 49
- – ssp. **elegans**: 49
- – – – **namibensis**: 49
- ellenbeckiana → C. alba: 34
- elongata → C. pellucida ssp. brachypetala: 67
- **elsieae**: 49
- enantiophylla → C. capitella ssp. nodulosa: 41
- engleri → C. montana ssp. montana: 60
- **ericoides**: 50
- – ssp. **ericoides**: 50
- – – – **torulosa**: 50
- ernestii → C. lanuginosa var. pachystemon: 57
- erosula → C. subacaulis ssp. erosula: 79
- erubescens → C. granvikii: 54
- **exilis**: 50
- – ssp. **cooperi**: 50
- – – – **exilis**: 50
- – – – **sedifolia**: 50
- **expansa**: 50
- – ssp. **expansa**: 50
- – – – **filicaulis**: 51
- – – – **fragilis**: 51
- – – – peculiaris → C. peculiaris: 67
- – – – **pyrifolia**: 51
- – – var. longifolia → C. expansa ssp. expansa: 50
- **exserta**: 51
- falcata → C. perfoliata var. minor: 69
- **fallax**: 51
- falx → C. perfoliata var. minor: 69
- **fascicularis**: 51
- fastigiata → C. subulata var. fastigiata: 80
- fergusoniae → C. pubescens ssp. pubescens: 70
- – fa. major → C. pubescens ssp. pubescens: 70
- filamentosa → C. lanceolata ssp. lanceolata: 57
- filicaulis → C. expansa ssp. filicaulis: 51
- **filiformis**: 52
- flabellifolia → C. umbella: 83
- **flanaganii**: 52
- **flava**: 52
- flavovirens → C. brevifolia ssp. brevifolia: 39
- fragilis → C. expansa ssp. fragilis: 51
- – – → C. pubescens ssp. pubescens: 70
- – – var. suborbicularis → C. expansa ssp. fragilis: 51
- fragillima → C. brevifolia ssp. brevifolia: 39
- fruticulosa → C. sp.: 33
- furcata → C. ericoides ssp. ericoides: 50
- **fusca**: 52
- galpinii → C. peploides: 68
- galunkensis → C. volkensii ssp. volkensii: 85
- **garibina**: 53
- – ssp. **garibina**: 53
- – – – **glabra**: 53
- **gemmifera**: 53
- gentianoides → C. dichotoma: 48

[Crassula]
- giessii → C. ausensis ssp. giessii: 38
- gifbergensis → C. atropurpurea var. watermeyeri: 37
- gillii → C. montana ssp. quadrangularis: 60
- glabra → C. glomerata: 53
- glabrifolia → C. tomentosa var. glabrifolia: 83
- glauca → C. cordata: 45
- globifera → C. capensis var. capensis: 40
- globosa → C. elegans ssp. elegans: 49
- **globularioides**: 53
- – – fa. globularioides → C. globularioides ssp. globularioides: 53
- – – – longiciliata → C. globularioides ssp. globularioides: 53
- – – – pilosa → C. globularioides ssp. globularioides: 53
- – – ssp. argyrophylla → C. swaziensis: 80
- – – – **globularioides**: 53
- – – – **illichiana**: 53
- globulifolia → Sedum andegavense: 252
- **glomerata**: 53
- – – var. patens → C. glomerata: 53
- goetzeana → C. sp.: 33
- **grammanthoides**: 54
- **granvikii**: 54
- griquaensis → C. dependens: 48
- **grisea**: 54
- guchabensis → C. capitella ssp. nodulosa: 41
- guilelmi-trollii → C. hirsuta: 55
- hallii → C. sericea var. sericea: 76
- harveyi → C. dependens: 48
- – – var. dependens → C. dependens: 48
- – – – intermedia → C. dependens: 48
- – – – typica → C. dependens: 48
- **hedbergii**: 54
- **helmsii**: 54
- **hemisphaerica**: 54
- – – var. foliosa → C. hemisphaerica: 55
- – – – recurva → C. capitella ssp. capitella: 41
- – – – typica → C. hemisphaerica: 55
- herrei → C. nudicaulis var. herrei: 64
- heterotricha → C. perfoliata var. heterotricha: 68
- higginsiana → C. pubescens: 70
- **hirsuta**: 55
- hirta → C. nudicaulis var. nudicaulis: 64
- – – var. dyeri → C. nudicaulis var. nudicaulis: 64
- **hirtipes**: 55
- hispida → C. mesembryanthoides ssp. hispida: 59
- – – → C. subulata var. hispida: 80
- hofmeyeriana → C. ausensis ssp. ausensis: 38
- hottentotta → C. sericea var. hottentotta: 75
- **humbertii**: 55
- humilis → C. elegans ssp. elegans: 49
- **hunua**: 55
- hystrix → C. hirtipes: 55
- ihlenfeldtii → C. grisea: 54

[Crassula]
- illichiana → C. globularioides ssp. illichiana: 53
- imbricata → C. muscosa var. muscosa: 62
- impressa → C. capitella ssp. capitella: 40
- – – → C. schmidtii: 75
- inaequalis → C. acinaciformis: 33
- inamoena → C. subacaulis ssp. erosula: 79
- **inandensis**: 55
- **inanis**: 56
- incana → C. subaphylla var. subaphylla: 79
- inchangensis → C. obovata var. obovata: 65
- indica → Sinocrassula indica: 367
- **intermedia**: 56
- interrupta → C. tomentosa var. glabrifolia: 83
- – – var. glabrifolia → C. tomentosa var. glabrifolia: 83
- intricata → C. colorata var. colorata: 43
- involucrata → C. pellucida ssp. brachypetala: 67
- jacobseniana → C. ericoides ssp. ericoides: 50
- jasminea → C. obtusa: 66
- jenkinsii → C. setulosa var. jenkinsii: 76
- johannis-winkleri → C. perfoliata var. coccinea: 68
- **justi-corderoyi**: 56
- karasana → C. ausensis ssp. ausensis: 38
- **kirkii**: 56
- klinghardtensis → C. sericea var. sericea: 75
- **lactea**: 56
- lambertiana → C. oblanceolata: 65
- **lanceolata**: 56
- – – ssp. **denticulata**: 56
- – – – **lanceolata**: 57
- – – – **transvaalensis**: 57
- langebergensis → C. decumbens var. decumbens: 47
- **lanuginosa**: 57
- – – var. **lanuginosa**: 57
- – – – **pachystemon**: 57
- **lasiantha**: 57
- **latibracteata**: 58
- laticephala → C. congesta ssp. laticephala: 44
- latispathulata → C. spathulata: 78
- laxa → C. dependens: 48
- **leachii**: 58
- leipoldtii → C. decumbens var. decumbens: 47
- lettyae → C. barbata ssp. barbata: 38
- leucantha → C. multiflora ssp. leucantha: 61
- levynsiae → C. natans var. natans: 64
- liebuschiana → C. globularioides ssp. globularioides: 53
- lignosa → C. sarcocaulis ssp. sarcocaulis: 73
- limosa → C. papillosa: 67
- lineolata → C. pellucida ssp. marginalis: 68
- – – fa. gracilis → C. pellucida ssp. brachypetala: 67
- – – – magna → C. pellucida ssp. brachypetala: 68
- – – – natalensis → C. pellucida ssp. brachypetala: 68
- – – var. petiolata → C. pellucida ssp. brachypetala: 68

[Crassula lineolata var.]
- – – – pilosa → C. pellucida ssp. brachypetala: 68
- linguifolia → C. tomentosa var. tomentosa: 83
- liquiritiodora → C. elegans ssp. elegans: 49
- littlewoodii → C. ausensis ssp. ausensis: 38
- littoralis → C. muscosa var. muscosa: 62
- loganiana → C. subaphylla var. subaphylla: 79
- **longipes**: 58
- longistyla → C. obovata var. dregeana: 65
- loriformis → C. umbella: 83
- lucens → C. ovata: 66
- lucida → C. spathulata: 78
- **luederitzii**: 58
- lutea → C. namaquensis ssp. lutea: 63
- lycopodioides → C. muscosa var. muscosa: 62
- – – [?] variegata → C. muscosa var. muscosa: 62
- – – fa. acuminata → C. muscosa var. muscosa: 62
- – – – fragilis → C. muscosa var. muscosa: 62
- – – – fulva → C. muscosa var. muscosa: 62
- – – – purpusii → C. muscosa var. muscosa: 62
- – – var. obtusifolia → C. muscosa var. obtusifolia: 62
- – – – polpodacea → C. muscosa var. polpodacea: 63
- – – – pseudolycopodioides → C. muscosa var. muscosa: 62
- macbridei → C. closiana: 42
- **macowaniana**: 58
- – – var. crassifolia → C. macowaniana: 58
- macowanii → C. tetragona ssp. acutifolia: 81
- macrantha → C. decumbens var. decumbens: 47
- – – var. nuda → C. decumbens var. decumbens: 47
- magellanica → C. moschata: 60
- magnolii → Sedum caespitosum: 261
- malladrae → Hypagophytum abyssinicum: 147
- **manaia**: 58
- mannii → C. vaginata ssp. vaginata: 84
- maputensis → C. expansa ssp. expansa: 50
- marchandii → C. grisea: 54
- margaritifera → C. mollis: 60
- marginalis → C. pellucida ssp. marginalis: 68
- marginata → C. pellucida ssp. pellucida: 68
- mariae → C. sp.: 33
- maritima → C. expansa ssp. filicaulis: 51
- marlothii → C. dentata: 48
- marnieriana → C. rupestris ssp. marnieriana: 73
- massonii → C. alpestris ssp. massonii: 35
- massonoides → C. compacta: 43
- **mataikona**: 58
- media → C. fascicularis: 52
- merxmuelleri → C. sericea var. hottentotta: 75
- **mesembrianthemopsis**: 59
- mesembrianthoides → C. elegans ssp. elegans: 49
- mesembryanthemoides → C. elegans ssp. namibensis: 49
- **mesembryanthoides**: 59
- – – ssp. **hispida**: 59

[Crassula mesembryanthoides ssp.]
- – – **mesembryanthoides**: 59
- – meyeri → C. capitella ssp. meyeri: 41
- – **micans**: 59
- – micrantha → C. atropurpurea var. atropurpurea: 37
- – microcarpa → Sedum microcarpum: 304
- – microsquamata → C. dejecta: 47
- – milfordiae → C. setulosa var. rubra: 76
- – milleriana → C. alba var. alba: 34
- – minima → C. connata: 44
- – – → C. dentata: 48
- – **minuta**: 59
- – minutiflora → C. thunbergiana ssp. minutiflora: 82
- – **minutissima**: 59
- – miriamiae → C. colorata var. miriamiae: 43
- – mitrata → C. columnaris ssp. columnaris: 43
- – **mollis**: 60
- – mongolica → C. decumbens var. decumbens: 47
- – **montana**: 60
- – – ssp. **montana**: 60
- – – – **quadrangularis**: 60
- – monticola → C. rupestris ssp. rupestris: 73
- – montis-draconis → C. brevifolia ssp. brevifolia: 39
- – montis-moltkei → C. dependens: 48
- – **morrumbalensis**: 60
- – **moschata**: 60
- – mossii → C. compacta: 43
- – mucronata → C. southii ssp. southii: 78
- – **multicaulis**: 61
- – **multicava**: 61
- – – ssp. **floribunda**: 61
- – – – **multicava**: 61
- – **multiceps**: 61
- – **multiflora**: 61
- – – ssp. **leucantha**: 61
- – – – **multiflora**: 61
- – **muricata**: 62
- – **muscosa**: 62
- – – → C. tillaea: 83
- – – fa. variegata → C. muscosa var. muscosa: 62
- – – var. **muscosa**: 62
- – – – **obtusifolia**: 62
- – – – **parvula**: 62
- – – – **polpodacea**: 62
- – – – rigida → C. muscosa var. obtusifolia: 62
- – – – sinuata → C. muscosa var. polpodacea: 63
- – nakuruensis → C. volkensii ssp. coleae: 85
- – **namaquensis**: 63
- – – ssp. **comptonii**: 63
- – – – **lutea**: 63
- – – – **namaquensis**: 63
- – – var. brevifolia → C. namaquensis ssp. namaquensis: 63
- – – – lutea → C. namaquensis ssp. lutea: 63
- – namibensis → C. elegans ssp. namibensis: 49
- – nana → C. umbellata: 84

[Crassula]
- **natalensis**: 63
- – – var. mossii → C. capitella ssp. meyeri: 41
- **natans**: 63
- – – fa. amphibia → C. natans var. natans: 64
- – – – filiformis → C. natans var. minus: 63
- – – – fluitans → C. natans var. natans: 64
- – – – obovata → C. natans var. natans: 64
- – – – parvifolia → C. natans var. natans: 64
- – – ssp. filiformis → C. natans var. minus: 63
- – – var. filiformis → C. natans var. minus: 63
- – – – **minus**: 63
- – – – **natans**: 64
- – nealeana → C. perforata: 69
- – neglecta → C. cordata: 45
- **nemorosa**: 64
- – nitida → C. ovata: 66
- – nivalis → C. nemorosa: 64
- – nodulosa → C. capitella ssp. nodulosa: 41
- – – fa. rhodesica → C. capitella ssp. nodulosa: 41
- – – var. longisepala → C. capitella ssp. nodulosa: 41
- – nuda → C. capitella ssp. thyrsiflora: 41
- – **nudicaulis**: 64
- – – var. glabra → C. nudicaulis var. nudicaulis: 64
- – – – **herrei**: 64
- – – – **nudicaulis**: 64
- – – – **platyphylla**: 65
- – **numaisensis**: 65
- – nummulariifolia → C. pellucida ssp. alsinoides: 67
- – nyikensis → C. globularioides ssp. globularioides: 53
- – **oblanceolata**: 65
- – obliqua → C. atropurpurea var. atropurpurea: 37
- – – → C. ovata: 66
- – **obovata**: 65
- – – var. **dregeana**: 65
- – – – **obovata**: 65
- – **obtusa**: 66
- – obvallata → C. nudicaulis var. nudicaulis: 64
- – odoratissima → C. fascicularis: 51
- – **orbicularis**: 66
- – otzenii → C. grisea: 54
- – ovallei → C. decumbens var. decumbens: 47
- – **ovata**: 66
- – – → C. sarmentosa var. sarmentosa: 74
- – pachyphylla → C. congesta ssp. congesta: 44
- – pachystemon → C. lanuginosa var. pachystemon: 57
- **pageae**: 66
- **pallens**: 66
- – pallida → C. perfoliata var. perfoliata: 69
- – paludosa → C. peduncularis: 67
- – paniculata → C. capitella ssp. capitella: 40
- **papillosa**: 67
- – parviflora → C. expansa ssp. expansa: 50
- – parvifolia → C. schimperi ssp. phyturus: 74

417

[Crassula]
- parvipetala → C. tenuipedicellata: 81
- parvisepala → C. sarcocaulis ssp. sarcocaulis: 73
- parvula → C. muscosa var. parvula: 62
- patens → C. dentata: 48
- patersoniae → C. perforata: 69
- pearsonii → C. brevifolia ssp. brevifolia: 39
- pectinata → C. capitella ssp. nodulosa: 41
- **peculiaris**: 67
- pedicellosa → C. closiana: 42
- **peduncularis**: 67
- peglerae → C. obovata var. obovata: 65
- **pellucida**: 67
- – ssp. **alsinoides**: 67
- – – **brachypetala**: 67
- – – **marginalis**: 68
- – – **pellucida**: 68
- – – **spongiosa**: 68
- pentandra → C. schimperi ssp. schimperi: 74
- – ssp. catalaunica → C. campestris: 40
- – var. denticulata → C. lanceolata ssp. denticulata: 56
- – – obtusifolia → C. schimperi ssp. phyturus: 74
- – – phyturus → C. schimperi ssp. phyturus: 74
- **peploides**: 68
- perfilata → C. perforata: 69
- **perfoliata**: 68
- – var. albiflora → C. perfoliata var. perfoliata: 69
- – – **coccinea**: 68
- – – falcata → C. perfoliata var. minor: 69
- – – **heterotricha**: 68
- – – miniata → C. perfoliata var. coccinea: 68
- – – **minor**: 69
- – – **perfoliata**: 69
- **perforata**: 69
- perfossa → C. perforata: 69
- petraea → C. exilis ssp. exilis: 50
- petrogeton → C. dentata: 48
- pharnaceoides → C. alata ssp. pharnaceoides: 34
- – ssp. eu-pharnaceoides → C. alata ssp. pharnaceoides: 34
- – – rhodesica → C. rhodesica: 71
- **phascoides**: 69
- phyturus → C. schimperi ssp. phyturus: 74
- picturata → C. exilis ssp. cooperi: 50
- pinnata → Kalanchoe pinnata: 175
- **planifolia**: 69
- platyphylla → C. nudicaulis var. platyphylla: 65
- **plegmatoides**: 69
- polpodacea → C. muscosa var. polpodacea: 63
- portulacea → C. ovata: 66
- procumbens → C. sp.: 33
- profusa → C. pellucida ssp. marginalis: 68
- promontorii → C. capensis var. promontorii: 40
- propinqua → C. muscosa var. obtusifolia: 62
- prostrata → C. expansa ssp. expansa: 50
- – – → C. pellucida ssp. brachypetala: 67
- **pruinosa**: 70

[Crassula]
- psammophila → C. brevifolia ssp. psammophila: 40
- pseudocolumnaris → C. plegmatoides: 69
- **pseudohemisphaerica**: 70
- pseudolycopodioides → C. muscosa var. muscosa: 62
- puberula → C. alba var. alba: 34
- **pubescens**: 70
- – – → C. strigosa: 79
- – – ssp. **pubescens**: 70
- – – – **radicans**: 70
- – – – **rattrayi**: 71
- pulchella → C. sp.: 33
- punctata → C. rupestris ssp. rupestris: 73
- – – → C. sp.: 33
- punctulata → C. biplanata: 39
- purcellii → C. atropurpurea var. purcellii: 37
- purpurata → C. peduncularis: 67
- pusilla → C. bergioides: 39
- – – → C. hunua: 55
- **pustulata**: 71
- **pyramidalis**: 71
- – var. ramosa → C. pyramidalis: 71
- pyrifolia → C. expansa ssp. pyrifolia: 51
- **qoatlhambensis**: 71
- quadrangula → C. pyramidalis: 71
- quadrangularis → C. montana ssp. quadrangularis: 60
- quadrifida → C. multicava ssp. multicava: 61
- radicans → C. decumbens var. decumbens: 47
- – – → C. pubescens ssp. radicans: 70
- – var. fastigiata → C. pubescens ssp. pubescens: 70
- – – – phillipsii → C. pubescens ssp. pubescens: 70
- – – – typica → C. pubescens ssp. radicans: 70
- ramosa → C. subulata var. subulata: 80
- ramuliflora → C. obovata var. obovata: 65
- – – var. bewsii → C. obovata var. obovata: 65
- – – – bolusii → C. obovata var. obovata: 65
- – – – flanaganii → C. obovata var. obovata: 65
- – – – rattrayi → C. obovata var. obovata: 65
- – – – simii → C. obovata var. obovata: 65
- – – – stachygera → C. obovata var. obovata: 65
- – – – transvaalensis → C. setulosa var. setulosa: 76
- – – – typica → C. obovata var. obovata: 65
- rattrayi → C. pubescens ssp. rattrayi: 71
- rauhii → C. subacaulis ssp. erosula: 79
- recurva → C. alba var. alba: 34
- – – → C. helmsii: 54
- rehmannii → C. cotyledonis: 45
- remota → C. subaphylla var. subaphylla: 79
- retroflexa → C. dichotoma: 48
- – – → C. perfoliata var. minor: 69
- retrorsa → C. vaginata ssp. vaginata: 84
- reversisetosa → C. obovata var. obovata: 65
- revolvens → C. sp.: 33
- **rhodesica**: 71

418

[Crassula]
- rhodogyna → C. capitella ssp. thyrsiflora: 41
- rhomboidea → C. deltoidea: 48
- rivularis → C. granvikii: 54
- robusta → C. tetragona ssp. robusta: 82
- **rogersii**: 72
- **roggeveldii**: 72
- rosularis → C. orbicularis: 66
- rotundifolia → Kalanchoe rotundifolia: 179
- **ruamahanga**: 72
- rubella → C. atropurpurea var. rubella: 37
- rubens → Sedum rubens: 327
- rubescens → C. natalensis: 63
- – var. intermedia → C. natalensis: 63
- – – laxa → C. natalensis: 63
- rubicunda → C. alba var. alba: 34
- – var. flexuosa → C. alba var. alba: 34
- – – hispida → C. alba var. alba: 34
- – – lydenburgensis → C. alba var. parvisepala: 34
- – – milleriana → C. alba var. alba: 34
- – – parvisepala → C. alba var. parvisepala: 34
- – – rubicunda → C. alba var. alba: 34
- – – similis → C. alba var. parvisepala: 34
- – – subglabra → C. alba var. alba: 34
- – – typica → C. alba var. alba: 34
- **rubricaulis**: 72
- – var. muirii → C. rubricaulis: 72
- rudis → C. tetragona ssp. rudis: 82
- **rudolfii**: 72
- rufo-punctata → C. capitella ssp. capitella: 41
- **rupestris**: 72
- – ssp. **commutata**: 72
- – – **marnieriana**: 73
- – – **rupestris**: 73
- rustii → C. subulata var. subulata: 80
- **saginoides**: 73
- **sarcocaulis**: 73
- – ssp. **rupicola**: 73
- – – **sarcocaulis**: 73
- – var. mlanjiana → C. sarcocaulis ssp. rupicola: 73
- – – scaberula → C. sarcocaulis ssp. sarcocaulis: 73
- sarcolipes → C. strigosa: 79
- **sarmentosa**: 73
- – var. **integrifolia**: 74
- – – **sarmentosa**: 74
- saxatilis → C. sp.: 33
- **saxifraga**: 74
- **scabra**: 74
- scalaris → C. tomentosa var. glabrifolia: 83
- scheppigiana → C. setulosa var. setulosa: 76
- **schimperi**: 74
- – fa. abbreviata → C. schimperi ssp. schimperi: 74
- – – filamentosa → C. lanceolata ssp. lanceolata: 57
- – – transvaalensis → C. lanceolata ssp. transvaalensis: 57

[Crassula schimperi]
- – ssp. **phyturus**: 74
- – – – **schimperi**: 74
- – – – transvaalensis → C. lanceolata ssp. transvaalensis: 57
- – – var. denticulata → C. lanceolata ssp. denticulata: 56
- – – – illecebroides → C. lanceolata ssp. lanceolata: 57
- – – – lanceolata → C. lanceolata: 56
- – – – transvaalensis → C. lanceolata ssp. transvaalensis: 57
- **schmidtii**: 75
- – fa. alba → C. schmidtii: 75
- schoenlandii → C. elegans ssp. elegans: 49
- schweinfurthii → C. vaginata ssp. vaginata: 84
- scleranthoides → C. glomerata: 53
- **sebaeoides**: 75
- **sediflora**: 75
- – var. **amatolica**: 75
- – – laxifoliosa → C. obovata var. obovata: 65
- – – **sediflora**: 75
- sedifolia → C. exilis ssp. sedifolia: 50
- sediformis → Sedum crassularia: 268
- sedoides → C. orbicularis: 66
- selago → C. lanceolata ssp. transvaalensis: 57
- semiorbicularis → C. columnaris ssp. prolifera: 43
- septas → C. capensis var. capensis: 40
- – var. leipoldtii → C. capensis var. capensis: 40
- **sericea**: 75
- – var. **hottentotta**: 75
- – – **sericea**: 75
- – – **velutina**: 76
- serpentaria → C. atropurpurea var. watermeyeri: 37
- sessilicymula → C. capitella ssp. sessilicymula: 41
- sessilifolia → C. natalensis: 63
- setigera → C. tomentosa var. tomentosa: 83
- **setulosa**: 76
- – fa. latipetala → C. setulosa var. setulosa: 77
- – var. basutica → C. setulosa var. setulosa: 76
- – – curta → C. setulosa var. rubra: 76
- – – **deminuta**: 76
- – – **jenkinsii**: 76
- – – lanceolata → C. setulosa var. setulosa: 76
- – – **longiciliata**: 76
- – – ovata → C. setulosa var. setulosa: 76
- – – ramosa → C. setulosa var. setulosa: 76
- – – robusta → C. exilis ssp. exilis: 50
- – – **rubra**: 76
- – – **setulosa**: 76
- **sieberiana**: 77
- – ssp. **rubinea**: 77
- – – **sieberiana**: 77
- – – **tetramera**: 77
- – var. acuminata → C. colorata var. acuminata: 43

[Crassula sieberiana var.]
– – – exserta → C. exserta: 51
– silvatica → C. strigosa: 79
– similis → C. alba var. parvisepala: 34
– **simulans**: 77
– **sinclairii**: 77
– **sladenii**: 77
– smutsii → C. atropurpurea var. atropurpurea: 37
– **socialis**: 78
– **solieri**: 78
– somalensis → C. volkensii ssp. coleae: 85
– **southii**: 78
– – ssp. **southii**: 78
– – – **sphaerocephala**: 78
– **spathulata**: 78
– spectabilis → C. vaginata ssp. vaginata: 84
– sphaeritis → C. subulata var. subulata: 80
– spicata → C. capitella ssp. capitella: 40
– spinosa → Orostachys spinosa: 196
– squamulosa → C. pruinosa: 70
– stachygera → C. obovata var. obovata: 65
– – var. pulchella → C. setulosa var. setulosa: 76
– – – rotundifolia → C. obovata var. obovata: 65
– stewartiae → C. alba var. alba: 34
– **streyi**: 78
– striata → C. sp.: 33
– **strigosa**: 79
– – → C. lanuginosa var. lanuginosa: 57
– suavis → C. sericea var. sericea: 76
– **subacaulis**: 79
– – ssp. **erosula**: 79
– – – **subacaulis**: 79
– **subaphylla**: 79
– – var. puberula → C. subaphylla var. subaphylla: 79
– – – **subaphylla**: 79
– – – **virgata**: 79
– subbifaria → C. capitella ssp. capitella: 41
– subincana → C. mollis: 60
– subsessilis → C. tetragona ssp. connivens: 81
– **subulata**: 80
– – var. **fastigiata**: 80
– – – **hispida**: 80
– – – **subulata**: 80
– sulcata → C. nudicaulis var. nudicaulis: 64
– **susannae**: 80
– **swaziensis**: 80
– – fa. argyrophylla → C. swaziensis: 80
– – – brevipilosa → C. swaziensis: 80
– – ssp. brachycarpa → C. swaziensis: 80
– – var. guruensis → C. swaziensis: 80
– – – zombensis → C. zombensis: 86
– sylvatica → C. strigosa: 79
– **tabularis**: 80
– tayloriae → C. cotyledonis: 45
– **tecta**: 81
– telephioides → C. crenulata: 45
– **tenuicaulis**: 81
– tenuifolia → C. sediflora var. sediflora: 75

[Crassula]
– **tenuipedicellata**: 81
– tenuis → C. umbellata: 84
– teres → C. barklyi: 38
– **tetragona**: 81
– – ssp. **acutifolia**: 81
– – – **connivens**: 81
– – – **lignescens**: 81
– – – **robusta**: 82
– – – **rudis**: 82
– – – **tetragona**: 82
– tetramera → C. sieberiana ssp. tetramera: 77
– thorncroftii → C. expansa ssp. fragilis: 51
– **thunbergiana**: 82
– – ssp. **minutiflora**: 82
– – – **thunbergiana**: 82
– thyrsiflora → C. capitella ssp. thyrsiflora: 41
– tibestica → C. schimperi ssp. schimperi: 74
– **tillaea**: 82
– **tomentosa**: 83
– – var. **glabrifolia**: 83
– – – interrupta → C. tomentosa var. glabrifolia: 83
– – – setigera → C. tomentosa var. tomentosa: 83
– – – **tomentosa**: 83
– torquata → C. cultrata: 46
– trachysantha → C. mesembryanthoides ssp. mesembryanthoides: 59
– transvaalensis → C. lanceolata ssp. transvaalensis: 57
– triebneri → C. capitella ssp. thyrsiflora: 41
– tripartita → C. alata ssp. alata: 34
– **tuberella**: 83
– turrita → C. capitella ssp. thyrsiflora: 41
– – var. latifolia → C. capitella ssp. capitella: 40
– – – rosea → C. capitella ssp. thyrsiflora: 41
– tysonii → C. pellucida ssp. brachypetala: 67
– **umbella**: 83
– **umbellata**: 83
– – var. nana → C. umbellata: 84
– **umbraticola**: 84
– undata → C. dejecta: 47
– undulata → C. dejecta: 47
– uniflora → C. expansa ssp. filicaulis: 51
– **vaginata**: 84
– – ssp. **minuta**: 84
– – – **vaginata**: 84
– – var. hispida → C. vaginata ssp. vaginata: 84
– – – laxa → C. vaginata ssp. vaginata: 84
– – – parviflora → C. vaginata ssp. vaginata: 84
– **vaillantii**: 84
– – var. kilimandscharica → C. granvikii: 54
– variabilis → C. alpestris ssp. massonii: 35
– velutina → C. sericea var. velutina: 76
– **venezuelensis**: 85
– venusta → C. sp.: 33
– versicolor → C. coccinea: 42
– verticillaris → Sedum sp.: 247
– **vestita**: 85

[Crassula]
- virgata → C. flava: 52
- - - → C. subaphylla var. virgata: 79
- **viridis**: 85
- **volkensii**: 85
- - ssp. **coleae**: 85
- - - **volkensii**: 85
- watermeyeri → C. atropurpurea var. watermeyeri: 37
- weissii → C. umbella: 83
- **whiteheadii**: 85
- whyteana → C. globularioides: 53
- wilmsii → C. alba var. parvisepala: 34
- woodii → C. expansa ssp. fragilis: 51
- wrightiana → C. granvikii: 54
- yunnanensis → Sinocrassula yunnanensis: 369
- zeyheriana → C. thunbergiana ssp. thunbergiana: 82
- zimmermannii → C. expansa ssp. fragilis: 51
- - var. uhligii → C. volkensii ssp. coleae: 85
- **zombensis**: 86

Crassulaceae : 1
Crassularia sediformis → Sedum crassularia: 268
Crassuvia → Kalanchoe: 147
- floripendia → Kalanchoe pinnata: 175

Cremnadia : 86
Cremneria : 86
- **expatriata**: 86
- mutabilis → C. sp.: 86
- pruinosa → C. sp.: 86
- scaphylla → C. sp.: 86
Cremnopetalum : 86
Cremnophila : 86
- **linguifolia**: 86
- **nutans**: 87
Cremnosedum : 87
Cremsonella : 87

Creusa → Crassula: 30
- biplanata → Crassula biplanata: 39
- - var. punctulata → Crassula biplanata: 39
- corallina → Crassula corallina: 44
- - ssp. macrorrhiza → Crassula corallina ssp. macrorrhiza: 45
- deltoidea → Crassula deltoidea: 48
- ericoides → Crassula ericoides: 50
- - ssp. torulosa → Crassula ericoides ssp. torulosa: 50
- planifolia → Crassula planifolia: 69
- revolvens → Crassula sp.: 33
- - var. harveyi → Crassula dependens: 48
- - - intermedia → Crassula dependens: 48
- sarcocaulis → Crassula sarcocaulis: 73
- - ssp. rupicola → Crassula sarcocaulis ssp. rupicola: 73
- tetragona → Crassula tetragona: 81
- - ssp. acutifolia → Crassula tetragona ssp. acutifolia: 81
- - - connivens → Crassula tetragona ssp. connivens: 81

[Creusa tetragona ssp.]
- - - lignescens → Crassula tetragona ssp. lignescens: 81
- - - robusta → Crassula tetragona ssp. robusta: 82
- - - rudis → Crassula tetragona ssp. rudis: 82
- vestita → Crassula vestita: 85

Curtogyne → Crassula: 30
- albiflora → Crassula dejecta: 47
- burmanniana → Crassula flava: 52
- dejecta → Crassula dejecta: 47
- flava → Crassula flava: 52
- undata → Crassula dejecta: 47
- undosa → Crassula dejecta: 47
- undulata → Crassula dejecta: 47

Danielia → Crassula: 30
Dasystemon → Crassula: 30
- calycina → Crassula glomerata: 53
Diamorpha → Sedum: 244
- cymosa → Sedum pusillum: 323
- pusilla → Sedum pusillum: 323
- smallii → Sedum smallii: 332

Dietrichia → Crassula: 30
- bicolor → Crassula fascicularis: 52
- coccinea → Crassula coccinea: 42
- jasminea → Crassula obtusa: 66
- - var. uniflora → Crassula fascicularis: 52
- media → Crassula fascicularis: 52
- odoratissima → Crassula fascicularis: 51
- versicolor → Crassula coccinea: 42

Dinacria → Crassula: 30
- filiformis → Crassula filiformis: 52
- grammanthoides → Crassula grammanthoides: 54
- sebaeoides → Crassula sebaeoides: 75

Diopogon → Sempervivum: 347
- allionii → Sempervivum globiferum ssp. allionii: 355
- arenarius → Sempervivum globiferum ssp. arenarium: 356
- - ssp. allionii → Sempervivum globiferum ssp. allionii: 355
- - - pseudohirtus → Sempervivum globiferum ssp. arenarium: 356
- austriacus → Sempervivum globiferum ssp. hirtum: 356
- globifer → Sempervivum globiferum: 355
- heuffelii → Sempervivum heuffelii: 357
- - var. bulgaricus → Sempervivum heuffelii: 357
- hirtus → Sempervivum globiferum ssp. hirtum: 356
- - ssp. allionii → Sempervivum globiferum ssp. allionii: 355
- - - arenarius → Sempervivum globiferum ssp. arenarium: 356
- - - borealis → Sempervivum globiferum ssp. globiferum: 356
- petropolitanum → Sempervivum globiferum ssp. globiferum: 356

[Diopogon]
- soboliferum → Sempervivum globiferum ssp. globiferum: 356
- stramineus → Sempervivum heuffelii: 357
- velenvoskyi → Sempervivum heuffelii: 357

Diotostemon → Pachyphytum: 197
- hookeri → Pachyphytum hookeri: 201

Disporocarpa → Crassula: 30
- pentandra → Crassula schimperi ssp. schimperi: 74
- pharnaceoides → Crassula alata ssp. pharnaceoides: 34

Dudleveria : 87
- spiralis → Dudleveria: 87

Dudleya : 87
- **abramsii**: 89
- – ssp. **abramsii**: 89
- – – **affinis**: 89
- – – **bettinae**: 89
- – – calcicola → D. calcicola: 93
- – – **murina**: 89
- – – **parva**: 89
- **acuminata**: 89
- affinis → D. abramsii ssp. affinis: 89
- agourensis → D. cymosa ssp. ovatifolia: 95
- alainae → D. saxosa ssp. aloides: 102
- albida → D. virens ssp. virens: 104
- **albiflora**: 90
- alisoensis → D. stolonifera: 103
- aloides → D. saxosa ssp. aloides: 102
- angustiflora → D. cymosa ssp. cymosa: 94
- **anomala**: 90
- **anthonyi**: 90
- arizonica → D. pulverulenta ssp. arizonica: 100
- **attenuata**: 91
- – ssp. **attenuata**: 91
- – – **orcuttii**: 91
- – – typica → D. attenuata ssp. attenuata: 91
- baldwinensis → D. abramsii ssp. affinis: 89
- bernardiana → D. cymosa ssp. pumila: 95
- bettinae → D. abramsii ssp. bettinae: 89
- bicolor → D. lanceolata: 98
- **blochmaniae**: 91
- – ssp. **blochmaniae**: 91
- – – **brevifolia**: 91
- – – **insularis**: 92
- brandegeei → D. acuminata: 90
- brauntonii → D. lanceolata: 98
- brevifolia → D. blochmaniae ssp. brevifolia: 91
- **brevipes**: 92
- **brittonii**: 92
- bryceae → D. candida: 93
- **caespitosa**: 92
- **calcicola**: 93
- **campanulata**: 93
- **candelabrum**: 93
- **candida**: 93
- – ssp. britonni → D. brittonii: 92
- cedrosensis → D. ingens: 98

[Dudleya]
- cerralvensis → D. nubigena ssp. cerralvensis: 99
- chilensis → D. virens ssp. virens: 104
- collomiae → D. saxosa ssp. collomiae: 102
- compacta → D. farinosa: 96
- congesta → D. lanceolata: 98
- costafolia → D. cymosa ssp. costafolia: 94
- cotyledon → D. caespitosa: 92
- crebrifolia → D. cymosa ssp. crebrifolia: 94
- **cultrata**: 94
- **cymosa**: 94
- – – ssp. agourensis → D. cymosa ssp. ovatifolia: 95
- – – – **costafolia**: 94
- – – – **crebrifolia**: 94
- – – – **cymosa**: 94
- – – – gigantea → D. cymosa ssp. cymosa: 94
- – – – **marcescens**: 95
- – – – minor → D. lanceolata: 98
- – – – **ovatifolia**: 95
- – – – **paniculata**: 95
- – – – **pumila**: 95
- – – – setchellii → D. setchellii: 102
- delicata → D. saxosa ssp. aloides: 102
- **densiflora**: 95
- eastwoodiae → D. farinosa: 96
- echeverioides → D. greenei: 97
- **edulis**: 96
- elongata → D. lanceolata: 98
- eximia → D. ingens: 97
- **farinosa**: 96
- **formosa**: 96
- **gatesii**: 97
- gigantea → D. cymosa ssp. cymosa: 94
- **gnoma**: 97
- goldmanii → D. cymosa ssp. pumila: 95
- grandiflora → D. saxosa ssp. aloides: 102
- **greenei**: 97
- – – fa. nana → D. gnoma: 97
- **guadalupensis**: 97
- hallii → D. lanceolata: 98
- hassei → D. virens ssp. hassei: 104
- helleri → D. caespitosa: 92
- hoffmannii → D. greenei: 97
- humilis → D. cymosa ssp. paniculata: 95
- **ingens**: 97
- insularis → D. virens ssp. insularis: 104
- lagunensis → D. pulverulenta ssp. arizonica: 100
- **lanceolata**: 98
- – – ssp. aloides → D. saxosa ssp. aloides: 102
- – – – elongata → D. lanceolata: 98
- – – var. aloides → D. saxosa ssp. aloides: 102
- – – – composta → D. saxosa ssp. aloides: 102
- laxa → D. caespitosa: 92
- **linearis**: 98
- lingula → D. caespitosa: 92
- lurida → D. lanceolata: 98
- marcescens → D. cymosa ssp. marcescens: 95
- matsonii → D. virens ssp. virens: 104

[Dudleya]
- minor → D. lanceolata: 98
- moranii → D. albiflora: 90
- **multicaulis**: 98
- murina → D. abramsii ssp. murina: 89
- nana → D. gnoma: 97
- **nesiotica**: 99
- nevadensis → D. cymosa ssp. cymosa: 94
- – ssp. minor → D. lanceolata: 98
- **nubigena**: 99
- – ssp. **cerralvensis**: 99
- – – **nubigena**: 99
- – var. cerralvensis → D. nubigena ssp. cerralvensis: 99
- nudicaulis → D. densiflora: 95
- orcuttii → D. attenuata ssp. orcuttii: 91
- ovatifolia → D. cymosa ssp. ovatifolia: 95
- **pachyphytum**: 99
- **palmeri**: 100
- paniculata → D. cymosa ssp. paniculata: 95
- parishii → D. lanceolata: 98
- parva → D. abramsii ssp. parva: 89
- **pauciflora**: 100
- pendletonia → D. lanceolata: 98
- plattiana → D. cymosa ssp. cymosa: 94
- **pulverulenta**: 100
- – ssp. anthonyi → D. anthonyi: 90
- – – **arizonica**: 100
- – – **pulverulenta**: 100
- – – typica → D. pulverulenta ssp. pulverulenta: 101
- – var. arizonica → D. pulverulenta ssp. arizonica: 100
- pumila → D. cymosa ssp. pumila: 95
- purpusii → D. cymosa ssp. cymosa: 94
- reflexa → D. lanceolata: 98
- regalis → D. greenei: 97
- **rigida**: 101
- **rigidiflora**: 101
- robusta → D. lanceolata: 98
- **rubens**: 101
- rusbyi → Graptopetalum rusbyi: 137
- **saxosa**: 101
- – ssp. **aloides**: 101
- – – **collomiae**: 102
- – – **saxosa**: 102
- – var. collomiae → D. saxosa ssp. collomiae: 102
- **semiteres**: 102
- – – → D. attenuata ssp. orcuttii: 91
- septentrionalis → D. farinosa: 96
- **setchellii**: 102
- sheldonii → D. cymosa ssp. cymosa: 94
- **sproulii**: 102
- **stolonifera**: 102
- tegelbergii → D. saxosa ssp. aloides: 102
- temeculana → D. lanceolata: 98
- tenuifolia → D. ingens: 98
- tenuis → D. abramsii ssp. abramsii: 89

[Dudleya]
- **traskiae**: 103
- **variegata**: 103
- **verityi**: 103
- **virens**: 104
- – – ssp. **extima**: 104
- – – – **hassei**: 104
- – – – **insularis**: 104
- – – – skinneri → D. virens ssp. insularis: 104
- – – – **virens**: 104
- viridicata → D. ingens: 97
- viridis → D. brittonii: 92
- **viscida**: 105
- xanti → D. nubigena ssp. nubigena: 99
Echenesia → Graptoveria: 138
Echephytum → Pachyveria: 203
- paradoxum → Pachyveria sp.: 203
Echeveria: 105
- **'Imbricata'**: 107
- **'Set-oliver'**: 107
- abramsii → Dudleya abramsii: 89
- acaulis → Graptoveria sp.: 138
- acuminata → Dudleya acuminata: 90
- **acutifolia**: 107
- adunca → Pachyphytum hookeri: 201
- aequatorialis → E. quitensis var. quitensis: 124
- **affinis**: 107
- **agavoides**: 107
- – – **'Corderoyi'**: 107
- – – **'Ebony'**: 108
- – – **'Multifida'**: 108
- – – **'Prolifera'**: 108
- – – cv. Red Edge → E. agavoides: 107
- – – var. corderoyi → E. agavoides 'Corderoyi': 107
- – – – multifida → E. agavoides 'Multifida': 108
- – – – prolifera → E. agavoides 'Prolifera': 108
- akontiophylla → E. subalpina: 129
- **alata**: 108
- albicans → E. elegans: 113
- albida → Dudleya virens ssp. virens: 104
- albiflora → Dudleya albiflora: 90
- aloides → Dudleya saxosa ssp. aloides: 102
- alpina → E. secunda: 126
- amadorana → Dudleya cymosa ssp. cymosa: 94
- amethystina → Graptopetalum amethystinum: 133
- **amoena**: 108
- **amphoralis**: 108
- angusta → E. subrigida: 129
- angustiflora → Dudleya cymosa ssp. cymosa: 94
- **angustifolia**: 108
- anthonyi → Dudleya anthonyi: 90
- argentea → Dudleya pulverulenta ssp. pulverulenta: 101
- arizonica → Dudleya pulverulenta ssp. arizonica: 100
- – – → Graptopetalum paraguayense ssp. paraguayense: 136

[Echeveria]
- **atropurpurea**: 108
- attenuata → Dudleya attenuata: 91
- **australis**: 108
- backebergii → E. chiclensis var. backebergii: 111
- **bakeri**: 109
- **ballsii**: 109
- bartramii → Graptopetalum bartramii: 133
- **bella**: 109
- – fa. **bella**: 109
- – – **major**: 109
- – var. major → E. bella fa. major: 109
- bergeriana → Pachyveria sp.: 203
- bernardiana → Dudleya cymosa ssp. pumila: 95
- **bicolor**: 109
- – var. **bicolor**: 109
- – – subspicata → E. bicolor: 109
- – – **turumiquirensis**: 109
- **bifida**: 109
- bifurcata → E. bifida: 109
- brachyantha → Pachyveria sp.: 203
- bracteolata → E. bicolor: 109
- bracteosa → Pachyphytum bracteosum: 198
- brandegeei → Dudleya acuminata: 90
- brauntonii → Dudleya lanceolata: 98
- brevipes → Dudleya brevipes: 92
- brittonii → Sedum obtusatum ssp. obtusatum: 314
- bryceae → Dudleya candida: 93
- buchtienii → E. whitei: 131
- byrnesia → Graptopetalum paraguayense ssp. paraguayense: 136
- byrnesii → E. secunda fa. byrnesii: 126
- caespitosa → Dudleya caespitosa: 92
- **calderoniae**: 110
- californica → Dudleya caespitosa: 92
- calva → Graptoveria sp.: 138
- **calycosa**: 110
- campanulata → E. gibbiflora: 114
- **canaliculata**: 110
- candelabrum → Dudleya candelabrum: 93
- candida → Dudleya candida: 93
- **cante**: 110
- **carminea**: 110
- **carnicolor**: 110
- carunculata → E. gibbiflora 'Carunculata': 114
- **chapalensis**: 111
- **chazaroi**: 111
- chiapensis → E. rosea: 125
- **chiclensis**: 111
- – – fa. backebergii → E. chiclensis var. backebergii: 111
- – – var. **backebergii**: 111
- – – – **chiclensis**: 111
- **chihuahuensis**: 111
- **chilonensis**: 111
- ciliata → E. setosa var. ciliata: 127
- clavifolia → Pachyveria sp.: 203

[Echeveria]
- **coccinea**: 111
- collomiae → Dudleya saxosa ssp. collomiae: 102
- **colorata**: 112
- – – fa. **brandtii**: 112
- – – – **colorata**: 112
- – – var. brandtii → E. colorata fa. brandtii: 112
- columbiana → E. quitensis var. quitensis: 124
- compacta → Dudleya farinosa: 96
- **compressicaulis**: 112
- congesta → Dudleya lanceolata: 98
- corallina → E. sessiliflora: 127
- corderoyi → E. agavoides 'Corderoyi': 107
- cornuta → E. secunda: 126
- cotyledon → Dudleya caespitosa: 92
- – – → Dudleya farinosa: 96
- **craigiana**: 112
- crassicaulis → E. mucronata: 120
- **crenulata**: 112
- crispatula → E. sp.: 106
- **cuencaensis**: 112
- cultrata → Dudleya cultrata: 94
- **cuspidata**: 113
- cymosa → Dudleya cymosa: 94
- **dactylifera**: 113
- debilis → Sedum debile: 271
- decipiens → Sedum decipiens: 271
- **decumbens**: 113
- delicata → Dudleya saxosa ssp. aloides: 102
- densiflora → Dudleya densiflora: 95
- **derenbergii**: 113
- derosa → E. hybr.: 106
- desmetiana → E. peacockii: 122
- devensis → E. acutifolia: 107
- diaboli → Dudleya cymosa ssp. paniculata: 95
- **diffractens**: 113
- discolor → E. nodulosa: 120
- eastwoodiae → Dudleya farinosa: 96
- edulis → Dudleya edulis: 96
- elatior → E. secunda: 126
- **elegans**: 113
- – – → E. harmsii: 116
- – – var. hernandonis → E. elegans: 113
- – – – kesselringiana → E. elegans: 113
- – – – simulans → E. simulans: 128
- – – – tuxpanensis → E. elegans: 113
- elongata → Dudleya lanceolata: 98
- erubescens → E. bifida: 109
- **eurychlamys**: 114
- **excelsa**: 114
- eximia → E. sp.: 106
- expatriata → Cremneria expatriata: 86
- farinosa → Dudleya farinosa: 96
- farinulenta → Dudleya farinosa: 96
- **fimbriata**: 114
- **fulgens**: 114
- – – var. **fulgens**: 114
- – – – **obtusifolia**: 114
- fusifera → Pachyveria sp.: 203

[Echeveria]
- **gibbiflora**: 114
- - **'Carunculata'**: 114
- - **'Metallica'**: 115
- - **'Violescens'**: 115
- - var. metallica carunculata → E. gibbiflora 'Carunculata': 114
- - - metallica → E. gibbiflora 'Metallica': 115
- **gigantea**: 115
- **gilva**: 115
- glauca → E. secunda: 126
- - var. pumila → E. secunda: 126
- - - tolucensis → E. tolucensis: 130
- **globuliflora**: 115
- **globulosa**: 115
- gloriosa → E. rubromarginata: 125
- goldiana → E. halbingeri var. goldiana: 116
- **goldmanii**: 115
- - → Dudleya cymosa ssp. pumila: 95
- gormanii → Sedum laxum: 296
- gossotii → E. hybr.: 106
- **gracilis**: 116
- graessneri → E. hybr.: 106
- grandiflora → Dudleya saxosa ssp. aloides: 102
- grandifolia → E. gibbiflora: 114
- - cv. Blister Leaf → E. gibbiflora 'Carunculata': 115
- grayi → E. paniculata var. paniculata: 121
- greenei → Dudleya greenei: 97
- **grisea**: 116
- **guatemalensis**: 116
- haageana → E. hybr.: 106
- **halbingeri**: 116
- - var. **goldiana**: 116
- - - **halbingeri**: 116
- - - **sanchez-mejoradae**: 116
- hallii → Dudleya lanceolata: 98
- - → Sedum obtusatum ssp. obtusatum: 314
- **harmsii**: 116
- - var. multiflora → E. longissima var. longissima: 118
- hassei → Dudleya virens ssp. hassei: 104
- haworthioides → Graptoveria sp.: 138
- helleri → Dudleya caespitosa: 92
- **helmutiana**: 117
- **heterosepala**: 117
- holwayi → E. acutifolia: 107
- hookeri → Pachyphytum hookeri: 201
- huehueteca → E. pinetorum: 122
- **humilis**: 117
- hyalina → E. elegans: 113
- ingens → Dudleya ingens: 97
- insularis → Dudleya virens ssp. insularis: 104
- jepsonii → Dudleya cymosa ssp. paniculata: 95
- **johnsonii**: 117
- **juarezensis**: 117
- **kimnachii**: 117
- lagunensis → Dudleya pulverulenta ssp. arizonica: 100

[Echeveria]
- lanceolata → Dudleya lanceolata: 98
- - - → E. hybr.: 106
- - var. incerta → Dudleya cymosa ssp. cymosa: 94
- - - lurida → Dudleya lanceolata: 98
- - - saxosa → Dudleya saxosa: 101
- **laui**: 118
- laxa → Dudleya caespitosa: 92
- - var. cymosa → Dudleya cymosa: 94
- - - minor → Dudleya lanceolata: 98
- - - paniculata → Dudleya cymosa ssp. paniculata: 95
- - - setchellii → Dudleya setchellii: 102
- **leucotricha**: 118
- **lilacina**: 118
- lindsayana → E. colorata fa. colorata: 112
- linearis → Dudleya linearis: 98
- linguifolia → Cremnophila linguifolia: 87
- lingula → Dudleya caespitosa: 92
- **longiflora**: 118
- longipes → E. paniculata var. maculata: 121
- **longissima**: 118
- - var. **aztatlensis**: 118
- - - **longissima**: 118
- **lozanoi**: 119
- lucida → E. racemosa var. racemosa: 125
- lurida → E. racemosa var. racemosa: 125
- **lutea**: 119
- - var. fuscata → E. lutea: 119
- **macdougallii**: 119
- **macrantha**: 119
- macrophylla → E. sp.: 106
- maculata → E. paniculata var. maculata: 121
- **maxonii**: 119
- **megacalyx**: 119
- metallica → E. gibbiflora 'Metallica': 115
- - var. rosea → E. sp.: 106
- meyraniana → E. subalpina: 129
- microcalyx → E. amoena: 108
- **minima**: 120
- minor → Dudleya lanceolata: 98
- minutiflora → Thompsonella minutiflora: 369
- minutifoliata → Graptopetalum pachyphyllum: 136
- mirabilis → Pachyveria sp.: 203
- misteca → E. nodulosa: 120
- monicae → Dudleya lanceolata: 98
- **montana**: 120
- **moranii**: 120
- morreniana → Pachyveria sp.: 203
- **mucronata**: 120
- **multicaulis**: 120
- multicolor → E. recurvata: 125
- mutabilis → Cremneria sp.: 86
- **nayaritensis**: 120
- neglecta → E. chiclensis: 111
- nevadensis → Dudleya cymosa ssp. cymosa: 94
- nobilis → Pachyveria sp.: 203

[Echeveria]
- **nodulosa**: 120
- - cv. Painted Beauty → E. nodulosa: 121
- - var. minor → E. nodulosa: 120
- nubigena → Dudleya nubigena: 99
- **nuda**: 121
- - var. montana → E. montana: 120
- nudicaulis → Dudleya densiflora: 95
- obscura → E. agavoides: 107
- obtusata → Sedum obtusatum: 313
- obtusifolia → E. fulgens var. obtusifolia: 114
- - var. scopulorum → E. fulgens var. obtusifolia: 114
- **olivacea**: 121
- omiltemiana → E. rosea: 125
- orcuttii → Dudleya attenuata ssp. orcuttii: 91
- oregana → Sedum oreganum: 316
- **oreophila**: 121
- ovatifolia → Dudleya cymosa ssp. ovatifolia: 95
- pachanoi → E. quitensis var. quitensis: 124
- pachyphytoides → Pachyveria sp.: 203
- pachyphytum → Pachyphytum bracteosum: 198
- palensis → Dudleya attenuata ssp. orcuttii: 91
- **pallida**: 121
- palmeri → Dudleya palmeri: 100
- - - → E. subrigida: 129
- **paniculata**: 121
- - var. **maculata**: 121
- - - **paniculata**: 121
- **papillosa**: 121
- paradoxa → Pachyveria sp.: 203
- paraguayensis → Graptopetalum paraguayense: 136
- parishii → Dudleya lanceolata: 98
- parrasensis → E. cuspidata: 113
- parva → Dudleya cymosa ssp. pumila: 95
- pauciflora → Dudleya pauciflora: 100
- **peacockii**: 122
- **penduliflora**: 122
- **pendulosa**: 122
- perelegans → E. elegans: 113
- **peruviana**: 122
- **pilosa**: 122
- **pinetorum**: 122
- **pittieri**: 123
- planifolia → Thompsonella platyphylla: 370
- plattiana → Dudleya cymosa ssp. cymosa: 94
- **platyphylla**: 123
- potosina → E. elegans: 113
- **pringlei**: 123
- - var. **longisepala**: 123
- - - **parva**: 123
- - - **pringlei**: 123
- **procera**: 123
- **prolifica**: 123
- proxima → E. moranii: 120
- pruinosa → Cremneria sp.: 86
- **prunina**: 124
- pubescens → E. coccinea: 112

[Echeveria]
- **pulchella**: 124
- **pulidonis**: 124
- pulverulenta → Dudleya pulverulenta: 100
- - ssp. arizonica → Dudleya pulverulenta ssp. arizonica: 100
- **pulvinata**: 124
- - cv. Frosty → E. pulvinata: 124
- pumila → E. secunda: 126
- - var. glauca → E. secunda: 126
- purpusii → Dudleya cymosa ssp. cymosa: 94
- - - → E. amoena: 108
- **purpusorum**: 124
- pusilla → E. amoena: 108
- **quitensis**: 124
- - var. gracilior → E. quitensis var. quitensis: 124
- - - **quitensis**: 124
- - - **sprucei**: 125
- **racemosa**: 125
- - var. **citrina**: 125
- - - **racemosa**: 125
- rauschii → E. whitei: 131
- **recurvata**: 125
- reflexa → Dudleya caespitosa: 92
- - - → Dudleya lanceolata: 98
- reglensis → E. secunda: 126
- retusa → E. fulgens: 114
- rigida → Dudleya rigida: 101
- rigidiflora → Dudleya rigidiflora: 101
- robusta → Dudleya lanceolata: 98
- **rodolfi**: 125
- rondelii → E. setosa var. deminuta: 127
- rosaeformis → E. sp.: 106
- **rosea**: 125
- rosei → E. subrigida: 129
- rubens → Dudleya rubens: 101
- rubescens → E. canaliculata: 110
- **rubromarginata**: 125
- **runyonii**: 126
- - var. macabeana → E. runyonii: 126
- rusbyi → Graptopetalum rusbyi: 137
- sanchez-mejoradae → E. halbingeri var. sanchez-mejoradae: 116
- saxosa → Dudleya saxosa: 101
- **sayulensis**: 126
- scaphophylla → Cremneria sp.: 86
- scaphylla → Cremneria sp.: 86
- **schaffneri**: 126
- **scheeri**: 126
- scheideckeri → Pachyveria sp.: 203
- scopulorum → E. fulgens var. obtusifolia: 114
- **secunda**: 126
- - fa. **byrnesii**: 126
- - - **secunda**: 127
- - var. byrnesii → E. secunda fa. byrnesii: 126
- - - glauca → E. secunda: 126
- - - pumila → E. secunda: 126
- sedoides → E. macdougallii: 119

[Echeveria]
- semiteres → Dudleya semiteres: 102
- **semivestita**: 127
- – var. **floresiana**: 127
- – – **semivestita**: 127
- septentrionalis → Dudleya farinosa: 96
- **sessiliflora**: 127
- – var. pinetorum → E. pinetorum: 122
- setchellii → Dudleya setchellii: 102
- setorum → E. hybr.: 106
- **setosa**: 127
- – var. **ciliata**: 127
- – – **deminuta**: 127
- – – **minor**: 127
- – – **oteroi**: 127
- – – **setosa**: 128
- **shaviana**: 128
- sheldonii → Dudleya cymosa ssp. cymosa: 94
- silverado splendens → Dudleya pulverulenta ssp. pulverulenta: 101
- **simulans**: 128
- **skinneri**: 128
- sobrina → Pachyveria sp.: 203
- sodalis → Pachyveria sp.: 203
- spathulata → Pachyveria sp.: 203
- spathulifolia → Sedum spathulifolium: 333
- **spectabilis**: 128
- spilota → E. secunda: 126
- spiralis → Dudleveria: 87
- sprucei → E. quitensis var. sprucei: 125
- **steyermarkii**: 128
- **stolonifera**: 129
- **strictiflora**: 129
- sturmiana → E. nodulosa: 120
- **subalpina**: 129
- **subcorymbosa**: 129
- **subrigida**: 129
- subsessilis → E. peacockii: 122
- subspicata → E. bicolor: 109
- subulifolia → E. teretifolia: 130
- tenuifolia → E. bifida: 109
- **tenuis**: 129
- – – → Dudleya abramsii ssp. abramsii: 89
- tepeacensis → Thompsonella minutiflora: 369
- **teretifolia**: 130
- – – var. schaffneri → E. schaffneri: 126
- **tobarensis**: 130
- **tolimanensis**: 130
- **tolucensis**: 130
- tortuosa → E. sp.: 107
- traskiae → Dudleya traskiae: 103
- **trianthina**: 130
- **turgida**: 130
- **uhlii**: 130
- **unguiculata**: 130
- uniflora → Pachyphytum hookeri: 201
- **utcubambensis**: 131
- valida → Pachyveria sp.: 203
- **valvata**: 131

[Echeveria]
- vancelstii → E. sp.: 107
- vanvlietii → E. chilonensis: 111
- venezuelensis → E. bicolor: 109
- vervlietii → E. sp.: 107
- villosa → E. sp.: 107
- violescens → E. gibbiflora 'Violescens': 115
- virens → Dudleya virens: 104
- viridiflora → E. heterosepala: 117
- **viridissima**: 131
- viscida → Dudleya viscida: 105
- – – var. insularis → Dudleya virens ssp. insularis: 104
- **walpoleana**: 131
- **waltheri**: 131
- watsonii → Sedum oregonense: 316
- weinbergii → Graptopetalum paraguayense ssp. paraguayense: 136
- **westii**: 131
- **whitei**: 131
- **wurdackii**: 132
- xanti → Dudleya nubigena ssp. nubigena: 99
- xichuensis → E. humilis: 117
- yuccoides → E. agavoides: 107
Elatine tetrandra → Crassula aquatica: 36
Enchylus → Sedum: 244
- annuus → Sedum annuum: 253
Etiosedum → Sedum: 245
- annuum → Sedum annuum: 253
Geaya → Kalanchoe: 147
- purpurea → Kalanchoe delagoensis: 158
Globulea → Crassula: 30
- ammophila → Crassula ammophila: 35
- atropurpurea → Crassula atropurpurea: 36
- – var. anomala → Crassula atropurpurea var. anomala: 36
- – – gifbergensis → Crassula atropurpurea var. watermeyeri: 37
- – – muirii → Crassula atropurpurea var. rubella: 37
- – – purcellii → Crassula atropurpurea var. purcellii: 37
- – – rubella → Crassula atropurpurea var. rubella: 37
- – – smutsii → Crassula atropurpurea var. atropurpurea: 37
- – – watermeyeri → Crassula atropurpurea var. watermeyeri: 37
- canescens → Crassula nudicaulis var. nudicaulis: 64
- – var. angustifolia → Crassula nudicaulis var. nudicaulis: 64
- capitata → Crassula nudicaulis var. nudicaulis: 64
- clavata → Crassula clavata: 42
- cotyledonis → Crassula cotyledonis: 45
- cultrata → Crassula cultrata: 46
- erosula → Crassula subacaulis ssp. erosula: 79
- – – var. inamoena → Crassula subacaulis ssp. erosula: 79

[Globulea erosula var.]
– – – subacaulis → Crassula subacaulis: 79
– hispida → Crassula mesembryanthoides ssp. hispida: 59
– impressa → Crassula capitella ssp. capitella: 40
– – var. minor → Crassula capitella ssp. capitella: 40
– latibracteata → Crassula latibracteata: 58
– lingua → Crassula nudicaulis var. nudicaulis: 64
– linguifolia → Crassula sp.: 33
– lingula → Crassula sp.: 33
– mesembryanthoides → Crassula mesembryanthoides: 59
– – var. hispida → Crassula mesembryanthoides ssp. hispida: 59
– mollis → Crassula mollis: 60
– nudicaulis → Crassula nudicaulis: 64
– – var. herrei → Crassula nudicaulis var. herrei: 64
– – – platyphylla → Crassula nudicaulis var. platyphylla: 65
– obvallata → Crassula nudicaulis var. nudicaulis: 64
– paniculata → Crassula capitella ssp. capitella: 40
– pubescens → Crassula pubescens: 70
– – var. radicans → Crassula pubescens ssp. radicans: 70
– – – rattrayi → Crassula pubescens ssp. rattrayi: 71
– radicans → Crassula pubescens ssp. radicans: 70
– rogersii → Crassula rogersii: 72
– stricta → Crassula alba var. alba: 34
– subaphylla → Crassula subaphylla: 79
– – var. virgata → Crassula subaphylla var. virgata: 79
– subincana → Crassula mollis: 60
– – var. decumbens → Crassula mollis: 60
– – – erecta → Crassula mollis: 60
– sulcata → Crassula nudicaulis var. nudicaulis: 64
Gomara → Crassula: 29
– decumbens → Crassula decumbens: 47
– pellucida → Crassula pellucida: 67
Gormania → Sedum: 244
– anomala → Sedum spathulifolium ssp. spathulifolium: 333
– burnhamii → Sedum obtusatum ssp. obtusatum: 314
– debilis → Sedum debile: 271
– eastwoodiae → Sedum laxum ssp. eastwoodiae: 296
– glandulifera → Sedum moranii: 307
– hallii → Sedum obtusatum ssp. obtusatum: 314
– laxa → Sedum laxum: 296
– obtusata → Sedum obtusatum: 313
– oregana → Sedum oreganum: 316
– retusa → Sedum obtusatum ssp. retusum: 314
– spathulifolia → Sedum spathulifolium: 333
– watsonii → Sedum oregonense: 316

[]
Grammanthes → Crassula: 30
– chloraeflora → Crassula dichotoma: 48
– – var. caesia → Crassula dichotoma: 48
– depressa → Crassula depressa: 48
– filiformis → Crassula filiformis: 52
– flava → Crassula sebaeoides: 75
– gentianoides → Crassula dichotoma: 48
– – var. chloraeflora → Crassula dichotoma: 48
– – – depressa → Crassula depressa: 48
– – – media → Crassula sebaeoides: 75
– – – sebaeoides → Crassula sebaeoides: 75
– – – vera → Crassula dichotoma: 48
– retroflexa → Crassula dichotoma: 48
– sebaeoides → Crassula sebaeoides: 75
Grapsonella : 132
Graptoladia : 132
Graptopetalum : 132
– **amethystinum** : 133
– **bartramii** : 133
– **bellum** : 134
– byrnesia → G. paraguayense ssp. paraguayense: 136
– craigii → Sedum craigii: 268
– **filiferum** : 134
– **fruticosum** : 134
– goldii → Sedum sp.: 247
– **grande** : 135
– **macdougallii** : 135
– **marginatum** : 135
– **mendozae** : 135
– mexicanum → Thompsonella minutiflora: 369
– **occidentale** : 136
– orpetii → G. rusbyi: 137
– **pachyphyllum** : 136
– **paraguayense** : 136
– – ssp. **bernalense** : 136
– – – **paraguayense** : 136
– **pentandrum** : 137
– – ssp. **pentandrum** : 137
– – – **superbum** : 137
– **pusillum** : 137
– **rusbyi** : 137
– **saxifragoides** : 138
– suaveolens → Sedum suaveolens: 335
– weinbergii → G. paraguayense ssp. paraguayense: 136
Graptophytum : 138
– cv. Anita → Graptophytum: 138
Graptosedum : 138
– cv. Heswall → Graptosedum: 138
Graptoveria : 138
– calva → G. sp.: 138
– haworthioides → G. sp.: 138
Greenonium → Aeonium: 11
– bramwellii → Aeonium hybr.: 12
– cabrerae → Aeonium hybr.: 12
– extinctum → Aeonium hybr.: 12
– lambii → Aeonium hybr.: 12

[Greenonium]
- laxiflorum → Aeonium hybr.: 12
- riosjordanii → Aeonium hybr.: 12
- rowleyi → Aeonium hybr.: 12
- tijarafense → Aeonium hybr.: 12
Greenovia → Aeonium: 11
- aizoon → Aeonium aizoon: 13
- aurea → Aeonium aureum: 13
- aureozoon → Aeonium hybr.: 13
- diplocycla → Aeonium diplocyclum: 15
- dodrantalis → Aeonium dodrantale: 16
- ferrea → Aeonium aureum: 13
- gracilis → Aeonium dodrantale: 16
- polypharmica → Aeonium aureum: 13
- quadrantalis → Aeonium aizoon: 13
- rupifraga → Aeonium aureum: 13
- sedifolium → Aeonium sedifolium: 19
Hasseanthus → Dudleya: 87
- blochmaniae → Dudleya blochmaniae: 91
- - ssp. brevifolius → Dudleya blochmaniae ssp. brevifolia: 91
- - - insularis → Dudleya blochmaniae ssp. insularis: 92
- brevifolius → Dudleya blochmaniae ssp. brevifolia: 91
- elongatus → Dudleya multicaulis: 99
- insularis → Dudleya blochmaniae ssp. insularis: 92
- kessleri → Dudleya blochmaniae ssp. blochmaniae: 91
- multicaulis → Dudleya multicaulis: 99
- nesioticus → Dudleya nesiotica: 99
- oblongirhizus → Dudleya multicaulis: 99
- variegatus → Dudleya variegata: 103
- - var. blochmaniae → Dudleya blochmaniae: 91
- - - elongatus → Dudleya multicaulis: 99
Helladia → Sedum: 245
- cretica → Sedum creticum: 268
- tristriata → Sedum tristriatum: 340
Helophytum → Crassula: 30
- filiforme → Crassula natans var. natans: 64
- - var. parvulum → Crassula natans var. natans: 64
- fluitans → Crassula natans var. natans: 64
- - var. intermedium → Crassula natans var. natans: 64
- - - obovatum → Crassula natans var. natans: 64
- inane → Crassula inanis: 56
- - var. latifolium → Crassula inanis: 56
- natans → Crassula natans: 63
- - var. amphibia → Crassula natans var. natans: 64
- - - filiforme → Crassula natans var. minus: 63
- - - fluitans → Crassula natans var. natans: 64
- - - minus → Crassula natans var. minus: 63
- - - obovatum → Crassula natans var. natans: 64
- reflexum → Crassula natans var. natans: 64
Hjaltalinia → Sedum: 245
- villosa → Sedum villosum: 344

[]
Hydrophila → Crassula: 30
- aquatica → Crassula aquatica: 36
- drummondii → Crassula drummondii: 49
- vaillantii → Crassula vaillantii: 84
Hylotelephium : 138
- almae → H. tatarinowii: 143
- **anacampseros**: 139
- **angustum**: 139
- - var. longipedunculum → H. angustum: 139
- argutum → H. telephium ssp. telephium: 144
- - ssp. carpaticum → H. telephium ssp. telephium: 144
- **bonnafousii**: 139
- borderi → Sedum sp.: 247
- buxicola → H. telephium ssp. telephium: 145
- **callichromum** : 140
- carpaticum → H. telephium ssp. telephium: 144
- **caucasicum**: 140
- **cauticola**: 140
- confertum → H. telephium ssp. telephium: 145
- convexum → H. telephium ssp. telephium: 145
- **cyaneum**: 140
- decumbens → H. telephium ssp. telephium: 144
- dumeticola → H. telephium ssp. telephium: 145
- **erythrostictum**: 140
- ettyuense → H. sieboldii var. ettyuense: 142
- eupatorioides → H. pallescens: 141
- **ewersii**: 141
- **furusei**: 141
- haematodes → H. sp.: 139
- jullianum → H. telephium ssp. telephium: 144
- lapidicola → H. telephium ssp. telephium: 145
- lugdunense → H. telephium ssp. telephium: 145
- maritimum → H. telephium ssp. telephium: 144
- maximum → H. telephium ssp. maximum: 144
- - ssp. ruprechtii → H. telephium ssp. ruprechtii: 144
- **mingjinianum**: 141
- mongolicum → H. sp.: 139
- monticulorum → H. telephium ssp. telephium: 145
- mugodsharicum → H. telephium ssp. telephium: 145
- navieri → H. telephium ssp. telephium: 145
- **pallescens**: 141
- **pluricaule**: 141
- polonicum → H. telephium ssp. ruprechtii: 144
- **populifolium** : 142
- praecelsa → H. telephium ssp. telephium: 145
- pseudospectabile → H. spectabile: 143
- purpureum → H. telephium ssp. telephium: 144
- pycranthum → H. telephium ssp. telephium: 145
- repens → H. telephium ssp. telephium: 145
- rhodanense → H. telephium ssp. telephium: 145
- rubellum → H. telephium ssp. telephium: 145
- rupifragum → H. telephium ssp. telephium: 145
- ruprechtii → H. telephium ssp. ruprechtii: 144
- saxifragum → H. telephium ssp. telephium: 145

[Hylotelephium]
- scherfelii → H. telephium ssp. maximum: 144
- **sieboldii**: 142
- – var. **chinense**: 142
- – – **ettyuense**: 142
- – – **sieboldii**: 142
- **sordidum**: 142
- – var. **oishii**: 142
- – – **sordidum**: 142
- **spectabile**: 143
- – var. angustifolium → H. spectabile: 143
- stepposum → H. telephium ssp. ruprechtii: 144
- subalbidum → H. telephium ssp. telephium: 145
- **subcapitatum**: 143
- takasui → H. cyaneum: 140
- tangchiense → H. mingjinianum: 141
- **tatarinowii**: 143
- – var. integrifolium → H. tatarinowii: 143
- **telephioides**: 143
- **telephium**: 143
- – ssp. fabaria → H. telephium ssp. telephium: 144
- – – **maximum**: 143
- – – **ruprechtii**: 144
- – – **telephium**: 144
- triphylla → H. telephium ssp. telephium: 144
- – var. pluricaule → H. pluricaule: 141
- tsugaruense → H. ussuriense var. tsugaruense: 145
- **uralense**: 145
- **ussuriense**: 145
- – var. **tsugaruense**: 145
- – – **ussuriense**: 145
- **verticillatum**: 145
- – var. **lithophilos**: 145
- – – **verticillatum**: 145
- **viride**: 146
- **viridescens**: 146
- viridulum → H. telephium ssp. telephium: 145
- **viviparum**: 146
- vogesiacum → H. telephium ssp. telephium: 145
- vulgare → H. telephium ssp. telephium: 144
- zhiguliense → H. telephium: 143
- – – → Hylotelephium telephium: 143

Hypagophytum: 146
- **abyssinicum**: 147

Jovibarba → Sempervivum: 347
- allionii → Sempervivum globiferum ssp. allionii: 355
- arenaria → Sempervivum globiferum ssp. arenarium: 355
- – ssp. pseudohirta → Sempervivum globiferum ssp. arenarium: 356
- globifera → Sempervivum globiferum: 355
- – ssp. allionii → Sempervivum globiferum ssp. allionii: 355
- – – arenaria → Sempervivum globiferum ssp. arenarium: 356
- – – glabrescens → Sempervivum globiferum ssp. hirtum: 356

[Jovibarba globifera ssp.]
- – – globifera → Sempervivum globiferum ssp. globiferum: 356
- – – hirta → Sempervivum globiferum ssp. hirtum: 356
- – – preissiana → Sempervivum globiferum ssp. hirtum: 356
- – – pseudohirta → Sempervivum globiferum ssp. arenarium: 356
- heuffelii → Sempervivum heuffelii: 357
- – – ssp. glabra → Sempervivum heuffelii: 357
- – – patens → Sempervivum heuffelii: 357
- – var. glabra → Sempervivum heuffelii: 357
- – – kopaonikensis → Sempervivum heuffelii: 357
- – – patens → Sempervivum heuffelii: 357
- hirta → Sempervivum globiferum ssp. hirtum: 356
- – – fa. neilreichii → Sempervivum globiferum ssp. hirtum: 356
- – – ssp. adenophora → Sempervivum globiferum ssp. hirtum: 356
- – – allionii → Sempervivum globiferum ssp. allionii: 355
- – – arenaria → Sempervivum globiferum ssp. arenarium: 356
- – – borealis → Sempervivum globiferum ssp. globiferum: 356
- – – glabrescens → Sempervivum globiferum ssp. hirtum: 356
- – – hirta → Sempervivum globiferum ssp. hirtum: 356
- – – hirtella → Sempervivum globiferum ssp. arenarium: 356
- – – neilreichii → Sempervivum globiferum ssp. hirtum: 356
- – – preissiana → Sempervivum globiferum ssp. hirtum: 356
- – – tatrensis → Sempervivum globiferum ssp. hirtum: 356
- – var. amblysepala → Sempervivum globiferum ssp. hirtum: 356
- – – hillebrandtii → Sempervivum globiferum ssp. hirtum: 356
- – – neilreichii → Sempervivum globiferum ssp. hirtum: 356
- – – tatrensis → Sempervivum globiferum ssp. hirtum: 356
- hirtella → Sempervivum globiferum ssp. arenarium: 356
- preissiana → Sempervivum globiferum ssp. hirtum: 356
- sobolifera → Sempervivum globiferum ssp. globiferum: 356
- – ssp. hirtella → Sempervivum globiferum ssp. arenarium: 356
- velenovskyi → Sempervivum heuffelii: 357

Jovivum → Sempervivum: 347

Kalanchoe: 147

[Kalanchoe]
- abrupta → K. robusta: 179
- acutiflora → K. spathulata: 182
- **adelae**: 149
- adolphi-engleri → K. gastonis-bonnieri: 162
- aegyptiaca → K. deficiens: 158
- afzeliana → K. crenata: 156
- albiflora → K. luciae ssp. luciae: 169
- aleurodes → K. luciae ssp. luciae: 169
- aliciae → K. pubescens: 177
- **alternans**: 149
- – var. **alternans**: 149
- – – **lanceolata**: 149
- **alticola**: 149
- **ambolensis**: 149
- ambrensis → K. uniflora: 185
- amplexicaulis → K. campanulata: 155
- angolensis → K. sp.: 148
- **angustifolia**: 150
- ankaizinensis → K. gastonis-bonnieri: 162
- **annamica**: 150
- antanosiana → K. orgyalis: 174
- **arborescens**: 150
- **aromatica**: 150
- – var. **aromatica**: 150
- – – **brevicorolla**: 150
- **aubrevillei**: 150
- **ballyi**: 151
- baumii → K. brachyloba: 154
- **beauverdii**: 151
- – var. guignardii → K. beauverdii: 151
- – – juelii → K. beauverdii: 151
- – – parviflora → K. beauverdii: 151
- – – typica → K. beauverdii: 151
- **beharensis**: 151
- – var. aureo-aeneus → K. beharensis: 151
- – – subnuda → K. beharensis: 151
- beniensis → K. glaucescens: 162
- **bentii**: 152
- – ssp. **bentii**: 152
- – – **somalica**: 152
- bequaertii → K. densiflora var. densiflora: 159
- **bergeri**: 152
- – var. glabra → K. bergeri: 152
- – – typica → K. bergeri: 152
- betsileensis → K. pubescens: 177
- **bhidei**: 152
- **bipartita**: 152
- biternata → K. sp.: 148
- bitteri → K. integrifolia: 164
- **blossfeldiana**: 153
- **bogneri**: 153
- **boisii**: 153
- bonnieri → K. linearifolia: 168
- **boranae**: 153
- **bouvetii**: 154
- bouvieri → K. rosei: 179
- brachycalyx → K. laciniata: 165
- – – → K. lanceolata: 166

[Kalanchoe brachycalyx]
- – – → K. synsepala: 183
- – – var. erlangeriana → K. lanceolata: 166
- – – – yemensis → K. yemensis: 187
- **brachyloba**: 154
- **bracteata**: 154
- – – ssp. glabra → K. bracteata: 154
- – – var. aurantiaca → K. bracteata: 154
- – – – glabra → K. bracteata: 154
- – – – longisepala → K. bracteata: 154
- – – – pubescens → K. bracteata: 154
- brasilica → K. crenata: 156
- brasiliensis → K. crenata: 156
- brevicalyx → K. pinnata: 175
- brevicaulis → K. pumila: 178
- brevisepala → K. dinklagei: 159
- **briquetii**: 154
- brittenii → K. crenata: 156
- calcicola → K. pinnata: 175
- **campanulata**: 155
- – – ssp. orthostyla → K. campanulata: 155
- – – var. typica → K. campanulata: 155
- **cantabrigiensis**: 155
- carnea → K. sp.: 148
- cassiopeja → K. sp.: 148
- ceratophylla → K. sp.: 148
- **chapototii**: 155
- **cherukondensis**: 155
- **chevalieri**: 156
- chimanimanensis → K. velutina ssp. chimanimanensis: 186
- **citrina**: 156
- – – var. ballyi → K. citrina: 156
- – – – erythraeae → K. citrina: 156
- – – – longipetiolata → K. citrina: 156
- coccinea → K. blossfeldiana: 153
- – – → K. crenata: 156
- – – var. blossfeldiana → K. blossfeldiana: 153
- – – – subsessilis → K. lateritia: 167
- cochleata → K. sp.: 148
- connata → K. sp.: 148
- cordifolia → K. sp.: 148
- corymbosa → K. sp.: 148
- costantinii → K. beauverdii: 151
- **craibii**: 156
- **crenata**: 156
- – – → K. laxiflora: 167
- – – ssp. bieensis → K. crenata: 156
- – – – nyassensis → K. crenata: 156
- – – var. coccinea → K. crenata: 156
- – – – collina → K. lanceolata: 166
- – – – crenata → K. crenata: 156
- – – – pseudolateritia → K. lateritia: 167
- – – – verea → K. crenata: 156
- **crundallii**: 157
- cuisinii → K. lateritia: 167
- **curvula**: 157
- **cymbifolia**: 157
- **daigremontiana**: 157

[Kalanchoe]
- dangeardii → K. velutina ssp. dangeardii: 186
- decumbens → K. rotundifolia: 180
- **deficiens**: 158
- – var. **deficiens**: 158
- – – **glabra**: 158
- deflersii → K. bentii ssp. bentii: 152
- **delagoensis**: 158
- delescurei → K. grandidieri: 163
- **densiflora**: 159
- – var. **densiflora**: 159
- – – **minor**: 159
- – – subpilosa → K. laciniata: 165
- dielsii → K. prittwitzii: 176
- **dinklagei**: 159
- diversa → K. lanceolata: 166
- **dixoniana**: 159
- **dyeri**: 159
- ebracteata → K. bracteata: 154
- **elizae**: 160
- ellacombei → K. lanceolata: 166
- elliptica → K. glaucescens: 162
- **ena**: 160
- **eriophylla**: 160
- exellii → K. velutina ssp. velutina: 186
- **fadeniorum**: 160
- **farinacea**: 161
- faustii → K. laciniata: 165
- **fedtschenkoi**: 161
- – var. isalensis → K. fedtschenkoi: 161
- – – typica → K. fedtschenkoi: 161
- **felthamensis**: 161
- **fernandesii**: 161
- figueiredoi → K. humilis: 164
- flammea → K. glaucescens: 162
- floribunda → K. adelae: 149
- – – → K. lanceolata: 166
- floripendula → K. pinnata: 175
- **garambiensis**: 161
- **gastonis-bonnieri**: 161
- – – var. ankaizinensis → K. gastonis-bonnieri: 162
- gentyi → K. synsepala: 183
- **germanae**: 162
- glaberrima → K. densiflora var. densiflora: 159
- glandulosa → K. lanceolata: 166
- – – var. benguelensis → K. lanceolata: 166
- – – – rhodesica → K. lanceolata: 166
- – – – tomentosa → K. lanceolata: 166
- **glaucescens**: 162
- – – ssp. arabica → K. deficiens var. glabra: 158
- – – – glaucescens → K. glaucescens: 162
- – – var. deficiens → K. deficiens: 158
- **globulifera**: 162
- – – var. blossfeldiana → K. globulifera: 162
- – – – coccinea → K. blossfeldiana: 153
- – – – typica → K. globulifera: 162
- gloveri → K. laciniata: 165
- goetzei → K. lanceolata: 166

[Kalanchoe]
- gomphophylla → K. hildebrandtii: 164
- gossweileri → K. lindmanii: 168
- **gracilipes**: 163
- – – var. microphylla → K. gracilipes: 163
- gracilis → K. laciniata: 165
- granata → K. sp.: 148
- **grandidieri**: 163
- **grandiflora**: 163
- – – → K. marmorata: 170
- – – var. angustipetala → K. marmorata: 170
- gregaria → K. lanceolata: 166
- guignardii → K. beauverdii: 151
- guillauminii → K. rotundifolia: 180
- **hametiorum**: 163
- hauseri → K. sp.: 148
- heckelii → K. integrifolia: 164
- heimii → K. alternans: 149
- hemsleyana → K. nyikae ssp. nyikae: 173
- heterophylla → K. lanceolata: 166
- hexangularis → K. sexangularis: 182
- **hildebrandtii**: 164
- – – var. glabra → K. hildebrandtii: 164
- hirta → K. crenata: 156
- holstii → K. glaucescens: 162
- homblei → K. lanceolata: 166
- – – fa. reducta → K. lanceolata: 166
- humbertii → K. lindmanii: 168
- – – → K. marnieriana: 171
- **humilis**: 164
- hybrida → K. sp.: 148
- insignis → K. elizae: 160
- integerrima → K. rotundifolia: 180
- integra → K. deficiens: 158
- – – var. crenata → K. crenata: 156
- – – – crenato-rubra → K. crenata: 156
- – – – subsessilis → K. lateritia: 167
- – – – verea → K. crenata: 156
- **integrifolia**: 164
- – – var. bitteri → K. integrifolia: 164
- – – – flava → K. integrifolia: 164
- **jongmansii**: 164
- – – ssp. **ivohibensis**: 165
- – – – **jongmansii**: 165
- juelii → K. beauverdii: 151
- junodii → K. lanceolata: 166
- kelleriana → K. marmorata: 170
- **kewensis**: 165
- kirkii → K. lateritia: 167
- **laciniata**: 165
- – – ssp. faustii → K. laciniata: 165
- – – var. brachycalyx → K. lanceolata: 166
- **laetivirens**: 166
- **lanceolata**: 166
- – – var. glandulosa → K. lanceolata: 166
- – – – lanceolata → K. lanceolata: 166
- **lateritia**: 166
- – – var. prostrata → K. lateritia: 167
- – – – pseudolateritia → K. lateritia: 167

[Kalanchoe lateritia var.]
— — — zimbabwensis → K. lateritia: 167
– **latisepala**: 167
– laurensii → K. elizae: 160
– **laxiflora**: 167
— — ssp. stipitata → K. laxiflora: 167
— — — subpeltata → K. laxiflora: 167
— — — violacea → K. laxiflora: 167
– **leblanciae**: 168
– lentiginosa → K. laciniata: 165
– **lindmanii**: 168
– **linearifolia**: 168
– **lobata**: 168
– **longiflora**: 168
— — var. coccinea → K. petitiana: 175
— — — genuina → K. longiflora: 168
– **longifolia**: 169
– **lubangensis**: 169
– **luciae**: 169
— — ssp. **luciae**: 169
— — — **montana**: 169
– luebbertiana → K. rotundifolia: 180
– lugardii → K. prittwitzii: 176
– macrantha → K. marmorata: 170
— — var. marmorata → K. marmorata: 170
— — — richardiana → K. marmorata: 170
— — — somaliensis → K. marmorata: 170
– **macrochlamys**: 170
– macrodon → K. pinnata: 175
– macrosepala → K. laciniata: 165
– madagascaricum → K. pinnata: 175
– magnidens → K. glaucescens: 162
– mandrakensis → K. peltata: 174
– **mandrarensis**: 170
– **manginii**: 170
— — var. triploidea → K. manginii: 170
– marinellii → K. glaucescens: 162
– **marmorata**: 170
— — fa. somaliensis → K. marmorata: 170
— — var. maculata → K. marmorata: 170
– **marnieriana**: 171
– **migiurtinorum**: 171
– **millotii**: 171
— — var. brevisepala → K. dinklagei: 159
– **miniata**: 172
— — [?] andringitrensis → K. miniata: 172
— — — confertifolia → K. miniata: 172
— — — subpeltata → K. miniata: 172
— — — subsessilis → K. miniata: 172
— — — typica → K. miniata: 172
— — var. anjirensis → K. pubescens: 177
— — — decaryana → K. pseudocampanulata: 177
— — — glandulosa → K. pubescens: 177
— — — pubescens → K. pubescens: 177
— — — sicaformis → K. miniata: 172
— — — tsinjoarivensis → K. pubescens: 177
– **mitejea**: 172
– mocambicana → K. sexangularis: 182
– modesta → K. lanceolata: 166

[Kalanchoe]
– montana → K. luciae ssp. montana: 169
– mortagei → K. poincarei: 176
– mossambicana → K. sexangularis: 182
– multiceps → K. pumila: 178
– multiflora → K. brachyloba: 154
– nadyae → K. bracteata: 154
– ndorensis → K. sp.: 148
– **ndotoensis**: 172
– **neglecta**: 173
– neumannii → K. petitiana var. neumannii: 175
– nudicaulis → K. spathulata: 182
– **nyikae**: 173
— — ssp. **auriculata**: 173
— — — **nyikae**: 173
– oblongifolia → K. paniculata: 174
– **obtusa**: 173
– **olivacea**: 173
– **orgyalis**: 173
– panduriformis → K. campanulata: 155
– **paniculata**: 174
– parviflora → K. campanulata: 155
– pearsonii → K. lindmanii: 168
– **peltata**: 174
— — var. mandrakensis → K. peltata: 174
— — — stapfii → K. peltata: 174
— — — typica → K. peltata: 174
– pentheri → K. lanceolata: 166
– **peteri**: 174
– petitiaesii → K. petitiana: 175
– **petitiana**: 175
— — var. **neumannii**: 175
— — — **petitiana**: 175
— — — salmonea → K. sp.: 148
– pilosa → K. lanceolata: 166
– **pinnata**: 175
— — var. brevicalyx → K. pinnata: 175
— — — calcicola → K. pinnata: 175
— — — floripendula → K. pinnata: 175
— — — genuina → K. pinnata: 175
– platysepala → K. lanceolata: 166
– **poincarei**: 175
— — var. mortagei → K. poincarei: 176
— — — suarezensis → K. suarezensis: 183
– **porphyrocalyx**: 176
— — var. sambiranensis → K. porphyrocalyx: 176
— — — sulphurea → K. porphyrocalyx: 176
— — — typica → K. porphyrocalyx: 176
– praesidentis-malanii → K. sp.: 148
– praesidentis-vervoerdii → K. sp.: 148
– prasina → K. humilis: 164
– **prittwitzii**: 176
– **prolifera**: 176
– pruinosa → K. brachyloba: 154
– **pseudocampanulata**: 177
– **pubescens**: 177
— — → K. lanceolata: 166
— — fa. anjirensis → K. pubescens: 177
— — — reducta → K. pubescens: 177

[Kalanchoe pubescens]
– – var. alexiana → K. pubescens: 177
– – – brevicalyx → K. pubescens: 177
– – – decolorata → K. pubescens: 177
– – – grandiflora → K. pubescens: 177
– – – subglabra → K. pubescens: 177
– – – subsessilis → K. pubescens: 177
– – – typica → K. pubescens: 177
– **pumila**: 178
– – fa. venustior → K. pumila: 178
– pyramidalis → K. brachyloba: 154
– **quadrangularis**: 178
– **quartiniana**: 178
– – var. micrantha → K. petitiana var. petitiana: 175
– **rechingeri**: 178
– **rhombopilosa**: 178
– – var. argentea → K. rhombopilosa: 178
– – – viridifolia → K. rhombopilosa: 178
– ritchieana → K. lanceolata: 166
– **robusta**: 179
– robynsiana → K. prittwitzii: 176
– rogersii → K. sexangularis: 182
– rohlfsii → K. laciniata: 165
– **rolandi-bonapartei**: 179
– rosea → K. sp.: 148
– **rosei**: 179
– – ssp. serratifolia → K. rosei: 179
– – – variifolia → K. rosei: 179
– – var. seyrigii → K. rosei: 179
– rosulata → K. alternans: 149
– **rotundifolia**: 179
– – fa. peltata → K. rotundifolia: 180
– – – tripartita → K. rotundifolia: 180
– – var. aequimagnisepala → K. sp.: 148
– – – genuina → K. sp.: 148
– – – guillauminii → K. sp.: 148
– – – peltata → K. rotundifolia: 180
– – – pseudo-leblanciae → K. sp.: 148
– – – strictifolia → K. sp.: 148
– – – tripartita → K. rotundifolia: 180
– **rubella**: 180
– rubinea → K. sexangularis: 182
– rutshuruensis → K. marmorata: 170
– sabaea → K. sp.: 148
– **salazarii**: 180
– **sanctula**: 180
– scandens → K. beauverdii: 151
– **scapigera**: 181
– **schimperiana**: 181
– **schizophylla**: 181
– schliebenii → K. schimperiana: 181
– schumacheri → K. crenata: 156
– schweinfurthii → K. laciniata: 165
– secunda → K. prittwitzii: 176
– seilleana → K. rotundifolia: 180
– **serrata**: 181
– **sexangularis**: 182
– – var. intermedia → K. sexangularis: 182

[Kalanchoe]
– smithii → K. sp.: 148
– somaliensis → K. marmorata: 170
– souegesii → K. sp.: 148
– **spathulata**: 182
– stapfii → K. peltata: 174
– stearnii → K. sp.: 149
– **stenosiphon**: 182
– **streptantha**: 183
– stuhlmannii → K. sp.: 149
– **suarezensis**: 183
– subamplectens → K. sp.: 149
– subpeltata → K. miniata: 172
– **subrosulata**: 183
– sulphurea → K. porphyrocalyx: 176
– **synsepala**: 183
– – var. dissecta → K. synsepala: 183
– takeoi → K. laciniata: 165
– **tashiroi**: 184
– tayloris → K. subrosulata: 183
– **teixeirae**: 184
– teretifolia → K. bentii ssp. bentii: 152
– **tetramera**: 184
– **tetraphylla**: 184
– **thyrsiflora**: 184
– tieghemii → K. laxiflora: 167
– **tomentosa**: 185
– trichantha → K. synsepala: 183
– tsaratananensis → K. rolandi-bonapartei: 179
– **tuberosa**: 185
– tubiflora → K. delagoensis: 158
– **uniflora**: 185
– – var. brachycalyx → K. uniflora: 185
– – – typica → K. uniflora: 185
– **usambarensis**: 186
– **vadensis**: 186
– vantieghemii → K. beharensis: 151
– varians → K. spathulata: 182
– vatrinii → K. sexangularis: 182
– – var. intermedia → K. sexangularis: 182
– **velutina**: 186
– – ssp. **chimanimanensis**: 186
– – – **dangeardii**: 186
– – – **velutina**: 186
– verticillata → K. delagoensis: 158
– **viguieri**: 186
– – var. genuina → K. viguieri: 186
– – – latisepala → K. viguieri: 186
– **waldheimii**: 187
– **welwitschii**: 187
– – var. gracilituba → K. welwitschii: 187
– wightiana → K. sp.: 149
– **wildii**: 187
– **yemensis**: 187
– **yunnanensis**: 188
– zimbabwensis → K. lateritia: 167
Kalenchoe → Kalanchoe: 147
Kalorochea → Crassula: 30
Kalosanthes → Crassula: 30

[Kalosanthes]
– bicolor → Crassula fascicularis: 52
– biconvexa → Crassula fascicularis: 51
– capitata → Crassula fascicularis: 52
– coccinea → Crassula coccinea: 42
– – var. alba → Crassula coccinea: 42
– fascicularis → Crassula fascicularis: 51
– flava → Crassula flava: 52
– jasminea → Crassula obtusa: 66
– media → Crassula fascicularis: 52
– odoratissima → Crassula fascicularis: 51
– – var. alba → Crassula fascicularis: 52
– versicolor → Crassula coccinea: 42
Kirpicznikovia → Rhodiola: 218
– quadrifida → Rhodiola quadrifida: 231
Kitchingia → Kalanchoe: 147
– amplexicaulis → Kalanchoe campanulata: 155
– campanulata → Kalanchoe campanulata: 155
– gracilipes → Kalanchoe gracilipes: 163
– laxiflora → Kalanchoe laxiflora: 167
– mandrakensis → Kalanchoe peltata: 174
– miniata → Kalanchoe miniata: 172
– panduriformis → Kalanchoe campanulata: 155
– parviflora → Kalanchoe campanulata: 155
– peltata → Kalanchoe peltata: 174
– – var. stapfii → Kalanchoe peltata: 174
– porphyrocalyx → Kalanchoe porphyrocalyx: 176
– schizophylla → Kalanchoe schizophylla: 181
– streptantha → Kalanchoe streptantha: 183
– sulphurea → Kalanchoe porphyrocalyx: 176
– uniflora → Kalanchoe uniflora: 185
Kleinia papillaris → Tylecodon cacalioides: 373
Kungia → Orostachys: 193
– aliciae → Orostachys aliciae: 193
– – var. komarovii → Orostachys aliciae var. komarovii: 194
– schoenlandii → Orostachys schoenlandii: 196
– – var. lepidotricha → Orostachys stenostachya: 197
– – – stenostachya → Orostachys stenostachya: 197
Larochea → Crassula: 30
– coccinea → Crassula coccinea: 42
– cymosa → Crassula cymosa: 46
– falcata → Crassula perfoliata var. minor: 69
– – var. minor → Crassula perfoliata var. minor: 69
– fascicularis → Crassula fascicularis: 51
– flava → Crassula flava: 52
– odoratissima → Crassula fascicularis: 51
– perfoliata → Crassula perfoliata: 68
– – var. alba → Crassula perfoliata var. perfoliata: 69
– tiniflora → Crassula fascicularis: 52
Lenaptopetalum : 188
Lengraptophyllum → Lenaptopetalum: 188
Lenophyllum : 188
– **acutifolium** : 188

[Lenophyllum]
– **guttatum** : 188
– **latum** : 188
– maculatum → Sinocrassula densirosulata: 367
– **obtusum** : 189
– pusillum → L. texanum: 189
– **reflexum** : 189
– **texanum** : 189
– **weinbergii** : 189
Lenophytum : 189
Lenoveria : 189
Leucosedum → Sedum: 244
– album → Sedum album: 250
– dasyphyllum → Sedum dasyphyllum: 270
– hirsutum → Sedum hirsutum: 289
Lycopodium hieronymii → Crassula muscosa var. muscosa: 62
Macrobia → Aichryson: 21
– bethencourtiana → Aichryson bethencourtianum: 22
– tortuosa → Aichryson tortuosum: 24
Macrosepalum → Sedum: 244
– aetnense → Sedum aetnense: 249
– tetramerum → Sedum aetnense: 249
– turkestanicum → Sedum aetnense: 249
Megalonium → Aeonium: 12
Meristostylus → Kalanchoe: 147
– brachycalyx → Kalanchoe rotundifolia: 180
– grandiflorus → Kalanchoe sp.: 149
– macrocalyx → Kalanchoe lanceolata: 166
Merostachys → Meterostachys: 190
Meterostachys : 189
– **sikokiana** : 190
Monanthella → Sedum: 244
– jaccardiana → Sedum jaccardianum: 291
Monanthes : 190
– adenoscepes → M. minima: 192
– agriostaphis → M. laxiflora: 191
– amydros → M. polyphylla ssp. amydros: 193
– **anagensis** : 191
– – var. laxiflora → M. laxiflora: 191
– anagiflora → Monanthes sp.: 191
– atlantica → Sedum surculosum var. surculosum: 337
– – var. fusca → Sedum surculosum var. surculosum: 337
– – – lutea → Sedum surculosum var. luteum: 336
– brachycaulon → M. brachycaulos: 191
– **brachycaulos** : 191
– – fa. fasciata → M. brachycaulos: 191
– – – niphophila → M. brachycaulos: 191
– – – praegeri → M. brachycaulos: 191
– – – ramosa → M. brachycaulos: 191
– – var. adenopetala → M. brachycaulos: 191
– – – nivata → M. brachycaulos: 191
– burchardii → Monanthes sp.: 191
– chamorgensis → Monanthes sp.: 191
– chlorotica → M. laxiflora: 192
– dasyphylla → M. minima: 192

[Monanthes]
- elizabethae → Monanthes sp.: 191
- gomerensis → Monanthes sp.: 191
- hybrida → Monanthes sp.: 191
- **icterica**: 191
- intermedia → Monanthes sp.: 191
- isabellae → Monanthes sp.: 191
- **laxiflora**: 191
- – fa. chlorotica → M. laxiflora: 192
- – – foliis aureis → M. laxiflora: 192
- – – minor → M. laxiflora: 192
- – var. chlorotica → M. laxiflora: 192
- – – eglandulosa → M. laxiflora: 192
- – – genuina → M. laxiflora: 192
- – – microbotrys → M. laxiflora: 192
- **lowei**: 192
- microbotrys → M. laxiflora: 192
- **minima**: 192
- monanthes → M. polyphylla: 193
- **muralis**: 192
- niphophila → M. brachycaulos: 191
- **pallens**: 192
- – fa. fasciata → M. pallens: 192
- – – ramosa → M. pallens: 192
- – var. silensis → M. pallens: 192
- polycaulis → Monanthes sp.: 191
- **polyphylla**: 193
- – ssp. **amydros**: 193
- – – **polyphylla**: 193
- praegeri → M. brachycaulos: 191
- pumila → Monanthes sp.: 191
- purpurascens → Aichryson sp.: 22
- silensis → M. pallens: 192
- silophylla → Monanthes sp.: 191
- spathulata → M. sp.: 191
- subcrassicaulis → M. muralis: 192
- sventenii → Monanthes sp.: 191
- tilophila → Monanthes sp.: 191
- wildpretii → M. minima: 192

Mucizonia campanulata → Sedum lagascae: 294
- henriquesii → Sedum mucizonia: 308
- hispida → Sedum mucizonia: 308
- – ssp. abylaea → Sedum mucizonia: 308
- lagascae → Sedum lagascae: 294
- sedoides → Sedum candollei: 261

Ohbaea → Sedum: 245
- balfourii → Sedum balfourii: 256

Oliveranthus → Echeveria: 105
- elegans → Echeveria harmsii: 116

Oliverella → Echeveria: 105
- elegans → Echeveria harmsii: 116

Oreosedum → Sedum: 244
- album → Sedum album: 250
- – ssp. micranthum → Sedum album: 250
- – var. micranthum → Sedum album: 250
- alsinefolium → Sedum alsinefolium: 251
- brevifolium → Sedum brevifolium: 259
- caeruleum → Sedum caeruleum: 260
- callichroum → Sedum callichroum: 261

[Oreosedum]
- dasyphyllum → Sedum dasyphyllum: 270
- farinosum → Sedum farinosum: 278
- gattefossei → Sedum gattefossei: 282
- gypsicola → Sedum gypsicola: 286
- hewittii → Sedum annuum: 254
- hierapetrae → Sedum creticum var. creticum: 268
- hirsutum → Sedum hirsutum: 289
- – ssp. baeticum → Sedum hirsutum ssp. baeticum: 289
- hispidum → Sedum pubescens: 323
- inconspicuum → Sedum inconspicuum: 290
- kotschyanum → Sedum kotschyanum: 293
- lagascae → Sedum lagascae: 294
- magellense → Sedum magellense: 302
- modestum → Sedum modestum: 306
- monregalense → Sedum monregalense: 306
- nanum → Sedum nanum: 310
- nevadense → Sedum nevadense: 310
- pedicellatum → Sedum pedicellatum: 319
- – ssp. lusitanicum → Sedum pedicellatum: 319
- serpentini → Sedum album: 250
- stefco → Sedum stefco: 334
- subulatum → Sedum subulatum: 336
- tenellum → Sedum tenellum: 337
- tristriatum → Sedum tristriatum: 340
- versicolor → Sedum versicolor: 344
- villosum → Sedum villosum: 344
- – ssp. aristatum → Sedum maireanum: 302
- – – glandulosum → Sedum villosum: 344
- – – nevadense → Sedum nevadense: 310
- winkleri → Sedum hirsutum ssp. baeticum: 289

Orostachys: 193
- aggregata → O. malacophylla var. aggregata: 195
- – fa. rosea → O. malacophylla var. aggregata: 195
- – var. boehmeri → O. boehmeri: 194
- **aliciae**: 193
- – var. **aliciae**: 193
- – – **komarovii**: 194
- **boehmeri**: 194
- **cartilaginea**: 194
- **chanetii**: 194
- chlorantha → O. spinosa: 196
- chongsunensis → O. malacophylla var. iwarenge: 196
- erubescens → O. spinosa: 196
- – var. japonica → O. japonica: 195
- – – polycephala → O. japonica: 195
- filifera → O. spinosa: 196
- **fimbriata**: 194
- – subvar. limuloides → O. fimbriata: 194
- – var. grandiflora → O. fimbriata: 194
- – – ramosissima → O. fimbriata: 194
- – – shandongensis → O. fimbriata: 195
- furusei → O. boehmeri: 194
- genkaiensis → O. malacophylla ssp. malacophylla: 195

[Orostachys]
- iwarenge → O. malacophylla var. iwarenge: 196
- – fa. albomarginata → O. malacophylla var. iwarenge: 196
- – – albovariegata → O. malacophylla var. iwarenge: 196
- – – aureomarginata → O. malacophylla var. iwarenge: 196
- – – luteomedia → O. malacophylla var. iwarenge: 196
- – – magna → O. malacophylla var. iwarenge: 196
- – var. boehmeri → O. boehmeri: 194
- **japonica**: 195
- – – fa. polycephala → O. japonica: 195
- – jiuhuaensis → O. fimbriata: 195
- – kanboensis → O. spinosa: 196
- – komarovii → O. aliciae var. komarovii: 194
- – latielliptica → O. japonica: 195
- – libanotica → Rosularia serrata: 242
- **malacophylla**: 195
- – – fa. rosea → O. malacophylla var. aggregata: 195
- – – ssp. **lioutchenngoi**: 195
- – – – **malacophylla**: 195
- – – var. **aggregata**: 195
- – – – boehmeri → O. boehmeri: 194
- – – – **iwarenge**: 196
- – margaritifolia → O. japonica: 195
- – minuta → O. spinosa: 196
- – – fa. alba → O. spinosa: 196
- – **paradoxa**: 196
- – polycephala → O. japonica: 195
- – ramosa → O. malacophylla ssp. malacophylla: 195
- – ramosissimus → O. fimbriata: 194
- – saxatilis → O. malacophylla ssp. malacophylla: 195
- – **schoenlandii**: 196
- – serrata → O. malacophylla ssp. malacophylla: 195
- – sikokiana → Meterostachys sikokiana: 190
- – **spinosa**: 196
- – **stenostachya**: 197
- – – var. integrifolia → O. stenostachya: 197
- – – – lepidotricha → O. stenostachya: 197
- – **thyrsiflora**: 197
- – – var. rosea → O. thyrsiflora: 197
- – umbilicus → Umbilicus erectus: 382
- – vyschinii → O. boehmeri: 194
- **Pachyladia** : 197
- **Pachyphytum** : 197
- – aduncum → P. hookeri: 201
- – amethystinum → Graptopetalum amethystinum: 133
- – **bracteosum**: 198
- – **brevifolium**: 199
- – **caesium**: 199
- – chloranthum → Echeveria heterosepala: 117

[Pachyphytum]
- **coeruleum**: 199
- **compactum**: 200
- – – var. weinbergii → P. compactum: 200
- **fittkaui**: 200
- **garciae**: 200
- **glutinicaule**: 201
- – heterosepalum → Echeveria heterosepala: 117
- **hookeri**: 201
- **kimnachii**: 201
- – lingua → Cremnophila linguifolia: 87
- **longifolium**: 201
- **machucae**: 202
- **oviferum**: 202
- – pachyphytoides → Pachyveria sp.: 203
- – roseum → P. hookeri: 201
- – sodale → Pachyveria sp.: 203
- – uniflorum → P. hookeri: 201
- **viride**: 202
- **werdermannii**: 203
- Pachyrantia → Pachyveria: 203
- **Pachysedum** : 203
- **Pachyveria** : 203
- – bergeriana → P. sp.: 203
- – clavata → P. sp.: 203
- – – var. cristata → P. sp.: 203
- – clevelandii → P. sp.: 203
- – glauca → P. sp.: 203
- – mirabilis → P. sp.: 203
- – morreniana → P. sp.: 203
- – pachyphytoides → P. sp.: 203
- – paradoxa → P. sp.: 203
- – scheideckeri → P. sp.: 203
- – – var. albocarinata → P. sp.: 203
- – sobrina → P. sp.: 203
- – sodalis → P. sp.: 203
- – spathulata → P. sp.: 203
- Pagella → Crassula: 30
- – archeri → Crassula pageae: 66
- Parvisedum → Sedella: 243
- – congdonii → Sedella pumila: 244
- – leiocarpum → Sedella leiocarpa: 243
- – pentandrum → Sedella pentandra: 243
- – pumilum → Sedella pumila: 244
- **Perrierosedum** : 203
- – **madagascariense**: 204
- Petrogeton → Crassula: 30
- – alpinum → Crassula umbellata: 83
- – nemorosum → Crassula nemorosa: 64
- – nivale → Crassula nemorosa: 64
- – patens → Crassula dentata: 48
- – typicum → Crassula dentata: 48
- – – var. minus → Crassula dentata: 48
- – umbella → Crassula umbella: 83
- Petrophyes → Monanthes: 190
- – agriostaphis → Monanthes laxiflora: 191
- – – var. minor → Monanthes laxiflora: 191
- – brachycaulos → Monanthes brachycaulos: 191
- – – var. bulbosus → Monanthes brachycaulos: 191

[Petrophyes brachycaulos var.]
– – – canariae → Monanthes brachycaulos: 191
– – – gomerae → Monanthes pallens: 192
– – – teneriffae → Monanthes brachycaulos: 191
– brachystachys → Monanthes brachycaulos: 191
– icterica → Monanthes icterica: 191
– microbotrys → Monanthes laxiflora: 192
– minima → Monanthes minima: 192
– muralis → Monanthes muralis: 192
– – ssp. subcrassicaulis → Monanthes muralis: 192
– pallens → Monanthes pallens: 192
– polyphylla → Monanthes polyphylla: 193
– purpurascens → Aichryson sp.: 22
Petrosedum → Sedum: 244
– amplexicaule → Sedum amplexicaule: 252
– – ssp. tenuifolium → Sedum amplexicaule ssp. tenuifolium: 252
– anopetalum → Sedum ochroleucum: 314
– erectum → Sedum rupestre ssp. erectum: 327
– forsterianum → Sedum forsterianum: 280
– luteolum → Sedum luteolum: 300
– montanum → Sedum montanum: 306
– orientale → Sedum montanum ssp. orientale: 306
– pruinatum → Sedum pruinatum: 322
– reflexum → Sedum rupestre ssp. rupestre: 327
– rupestre → Sedum rupestre: 327
– – ssp. anopetalum → Sedum ochroleucum: 314
– – – elegans → Sedum forsterianum: 280
– – – erectum → Sedum rupestre ssp. erectum: 327
– – – montanum → Sedum montanum: 306
– – – reflexum → Sedum rupestre ssp. rupestre: 327
– sediforme → Sedum sediforme: 330
– tenuifolium ssp. ibericum → Sedum amplexicaule ssp. amplexicaule: 252
Phedimus : 204
– **aizoon**: 205
– – var. floribundus → P. aizoon: 205
– – – latifolius → P. aizoon: 205
– – – scabrus → P. aizoon: 205
– – – yamatutae → P. aizoon: 205
– **ellacombianus**: 206
– **floriferus**: 206
– hsinganicus → P. aizoon: 205
– **hybridus**: 206
– **kamtschaticus**: 206
– **litoralis**: 207
– maximowiczii → P. aizoon: 205
– **middendorfianus**: 207
– **obtusifolius**: 207
– **odontophyllus**: 208
– **selskianus**: 208
– **sichotensis**: 208
– **sikokianus**: 209
– **spurius**: 209
– **stellatus**: 209

[Phedimus]
– **stevenianus**: 209
– **stoloniferus**: 210
– **takesimensis**: 210
– uniflorus → P. stellatus: 209
– **zokuriensis**: 210
Physocalycium → Kalanchoe: 147
Pistorinia : 211
– attenuata → P. hispanica: 212
– – ssp. mairei → P. hispanica: 212
– **brachyantha**: 211
– **breviflora**: 211
– – → P. brachyantha: 211
– – ssp. intermedia → P. breviflora: 211
– – – salzmannii → P. breviflora: 211
– – var. rhodantha → P. breviflora: 211
– **hispanica**: 212
– – var. flaviflora → P. hispanica: 212
– – – maculata → P. hispanica: 212
– – – purpurea → P. hispanica: 212
– intermedia → P. breviflora: 211
– salzmannii → P. breviflora: 211
– – fa. flaviflora → P. breviflora: 211
– – – rubella → P. breviflora: 211
– – ssp. intermedia → P. breviflora: 211
Poenosedum → Sedum: 245
– tuberosum → Sedum tuberosum: 342
Procrassula → Sedum: 244
– magnolii → Sedum caespitosum: 261
– mediterranea → Sedum rubens: 327
– pallidiflora → Sedum rubens: 327
Prometheum : 212
– **aizoon**: 213
– **chrysanthum**: 213
– **muratdaghense**: 213
– **pilosum**: 213
– **rechingeri**: 214
– **sempervivoides**: 214
– **serpentinicum**: 214
– – var. **giganteum**: 214
– – – **serpentinicum**: 214
– **tymphaeum**: 215
Pseudorosularia → Prometheum: 212
– pilosa → Prometheum pilosum: 213
– sempervivoides → Prometheum sempervivoides: 214
Pseudosedum : 215
– **acutisepalum**: 216
– affine → Sedum albertii: 249
– **bucharicum**: 216
– **campanuliflorum**: 216
– **condensatum**: 216
– **fedtschenkoanum**: 216
– **ferganense**: 217
– – ssp. **ferganense**: 217
– – – **parvum**: 217
– **kamelinii**: 217
– **karatavicum**: 217
– **koelzii**: 217

[Pseudosedum]
- kuramense → P. longidentatum: 218
- **lievenii**: 217
- **longidentatum**: 217
- **multicaule**: 218
Purgosea → Crassula: 30
- alpestris → Crassula alpestris: 35
- barbata → Crassula barbata: 38
- capitella → Crassula capitella: 40
- cephalophora → Crassula nudicaulis var. nudicaulis: 64
- ciliata → Crassula ciliata: 41
- concinella → Crassula sp.: 33
- concinna → Crassula sp.: 33
- conspicua → Crassula tomentosa var. tomentosa: 83
- corymbulosa → Crassula capitella ssp. thyrsiflora: 41
- cotyledonis → Crassula cotyledonis: 45
- crenulata → Crassula crenulata: 45
- debilis → Crassula thunbergiana ssp. thunbergiana: 82
- dentata → Crassula dentata: 48
- hemisphaerica → Crassula hemisphaerica: 55
- hirta → Crassula nudicaulis var. nudicaulis: 64
- linguifolia → Crassula tomentosa var. tomentosa: 83
- minima → Crassula dentata: 48
- montana → Crassula montana: 60
- orbicularis → Crassula orbicularis: 66
- pertusa → Crassula capitella ssp. thyrsiflora: 41
- pertusula → Crassula capitella ssp. thyrsiflora: 41
- punctata → Crassula sp.: 33
- pyramidalis → Crassula pyramidalis: 71
- sediflora → Crassula sediflora: 75
- spicata → Crassula capitella ssp. capitella: 40
- tecta → Crassula tecta: 81
- thyrsiflora → Crassula capitella ssp. thyrsiflora: 41
- tomentosa → Crassula tomentosa: 83
- turrita → Crassula capitella ssp. thyrsiflora: 41
- – var. alba → Crassula capitella ssp. thyrsiflora: 41
Pyrgosea → Crassula: 30
Rhodia → Rhodiola: 218
Rhodiola: 218
- alaskana → R. integrifolia ssp. integrifolia: 227
- **algida**: 219
- – var. tangutica → R. tangutica: 235
- **alsia**: 219
- – ssp. **alsia**: 219
- – – **kawaguchii**: 219
- alterna → R. chrysanthemifolia ssp. sacra: 221
- **amabilis**: 219
- **angusta**: 220
- aporontica → R. atuntsuensis: 220
- arctica → R. rosea: 232
- asiatica → R. coccinea ssp. coccinea: 222

[Rhodiola]
- atropurpurea → R. integrifolia ssp. integrifolia: 226
- **atsaensis**: 220
- **atuntsuensis**: 220
- balfourii → Sedum balfourii: 256
- bhutanica → R. hookeri: 226
- borealis → R. integrifolia ssp. integrifolia: 227
- bouvieri → R. himalensis ssp. bouvieri: 225
- brevipetiolata → R. atuntsuensis: 220
- **bupleuroides**: 220
- – var. **bupleuroides**: 220
- – – **parva**: 221
- caespitosa → R. integrifolia ssp. integrifolia: 226
- – fa. humilis → R. integrifolia ssp. integrifolia: 226
- – – involucrata → R. integrifolia ssp. integrifolia: 226
- – – lanceolata → R. integrifolia ssp. integrifolia: 226
- – – ovata → R. integrifolia ssp. integrifolia: 226
- **calliantha**: 221
- **chrysanthemifolia**: 221
- – ssp. **chrysanthemifolia**: 221
- – – **liciae**: 221
- – – **sacra**: 221
- – – **sexfolia**: 222
- **coccinea**: 222
- – ssp. **coccinea**: 222
- – – **scabrida**: 222
- concinna → R. atuntsuensis: 220
- crassipes → R. wallichiana: 235
- – var. cholaensis → R. wallichiana: 235
- – – cretinii → R. cretinii: 223
- – – stephanii → R. stephanii: 234
- **crenulata**: 222
- **cretinii**: 223
- – ssp. **cretinii**: 223
- – – **sino-alpina**: 223
- dielsiana → R. chrysanthemifolia ssp. chrysanthemifolia: 221
- **discolor**: 223
- **dumulosa**: 223
- – fa. farreri → R. dumulosa: 223
- durisii → Rosularia alpestris ssp. alpestris: 237
- elongata → R. rosea: 232
- eurycarpa → R. macrocarpa: 229
- euryphylla → R. crenulata: 222
- **fastigiata**: 223
- forrestii → R. yunnanensis ssp. forrestii: 235
- fui → R. sinuata: 233
- gannanica → R. tangutica: 235
- **gelida**: 224
- **handelii**: 224
- henryi → R. yunnanensis ssp. yunnanensis: 236
- **heterodonta**: 224
- hideoi → R. rosea: 232
- **himalensis**: 225

[Rhodiola himalensis]
- – ssp. **bouvieri**: 225
- – – **himalensis**: 225
- – – **taohoensis**: 225
- – var. bouvieri → R. himalensis ssp. bouvieri: 225
- – – ishidae → R. ishidae: 227
- **hobsonii**: 225
- **hookeri**: 225
- **humilis**: 226
- **imbricata**: 226
- – var. lobulata → R. lobulata: 228
- **integrifolia**: 226
- – ssp. **integrifolia**: 226
- – – **leedyi**: 227
- – – **neomexicana**: 227
- – – **procera**: 227
- – iremelica → R. rosea: 232
- **ishidae**: 227
- **junggarica**: 227
- – juparensis → R. coccinea ssp. coccinea: 222
- – kansuensis → R. semenovii: 233
- – karpelesae → R. humilis: 226
- **kaschgarica**: 228
- **kirilowii**: 228
- – var. latifolia → R. kirilowii: 228
- – – rubra → R. kirilowii: 228
- – komarovii → R. angusta: 220
- – krivochzhinii → R. rosea: 232
- – krylovii → R. stephanii: 234
- – lanceolata → R. sp.: 219
- – lapponica → R. rosea: 232
- – liciae → R. chrysanthemifolia ssp. liciae: 221
- – likiangensis → R. coccinea ssp. scabrida: 222
- – linearifolia → R. kirilowii: 228
- – – → R. sinuata: 233
- **litwinowii**: 228
- **lobulata**: 228
- – longicaulis → R. kirilowii: 228
- **ludlowii**: 228
- **macrocarpa**: 228
- – macrolepis → R. kirilowii: 228
- **marginata**: 229
- – maxima → R. rosea: 232
- – megalophylla → R. crenulata: 222
- – minor → R. rosea: 232
- – neomexicana → R. integrifolia ssp. neomexicana: 227
- **nepalica**: 229
- **nobilis**: 229
- – ssp. atuntsuensis → R. atuntsuensis: 220
- – nuristanica → Rosularia alpestris ssp. alpestris: 237
- – odora → R. rosea: 232
- – odorata → R. rosea: 232
- – ovatisepala → R. chrysanthemifolia ssp. chrysanthemifolia: 221
- – – var. chingii → R. chrysanthemifolia ssp. chrysanthemifolia: 221

[Rhodiola]
- **pachyclados**: 229
- **pamiroalaica**: 230
- papillocarpa → R. yunnanensis ssp. forrestii: 235
- phariensis → R. purpureoviridis ssp. phariensis: 231
- pinnatifida → R. stephanii: 234
- pleurogynantha → R. primuloides ssp. primuloides: 230
- polygama → R. integrifolia ssp. integrifolia: 227
- **prainii**: 230
- **primuloides**: 230
- – ssp. **kongboensis**: 230
- – – **primuloides**: 230
- – var. pachyclados → R. pachyclados: 229
- **purpureoviridis**: 230
- – ssp. **phariensis**: 231
- – – **purpureoviridis**: 231
- **quadrifida**: 231
- – var. major → R. quadrifida: 231
- – – minor → R. quadrifida: 231
- – ramosa → R. angusta: 220
- **recticaulis**: 231
- **rhodantha**: 231
- – roanensis → R. rosea: 232
- – robusta → R. kirilowii: 228
- **rosea**: 232
- – ssp. arctica → R. rosea: 232
- – – atropurpurea → R. integrifolia ssp. integrifolia: 226
- – – borealis → R. integrifolia ssp. integrifolia: 227
- – – elongata → R. rosea: 232
- – – integrifolia → R. integrifolia: 226
- – – krivochizhinii → R. rosea: 232
- – – neomexicana → R. integrifolia ssp. neomexicana: 227
- – – polygama → R. integrifolia ssp. integrifolia: 227
- – – roanensis → R. rosea: 232
- – – sachalinensis → R. rosea: 232
- – – tachiroei → R. rosea: 232
- – var. alaskana → R. integrifolia ssp. integrifolia: 227
- – – integrifolia → R. integrifolia: 226
- – – microphylla → R. rosea: 232
- – – oblonga → R. rosea: 232
- – – scopolii → R. rosea: 232
- – – tachiroei → R. rosea: 232
- – – vulgaris → R. rosea: 232
- – rotundata → R. crenulata: 222
- – rotundifolia → R. yunnanensis ssp. yunnanensis: 236
- – sachalinensis → R. rosea: 232
- – sacra → R. chrysanthemifolia ssp. sacra: 221
- – – var. tsuiana → R. chrysanthemifolia ssp. sacra: 221
- – sangpo-tibetana → R. smithii: 234

[Rhodiola]
- **saxifragoides**: 232
- scabrida → R. coccinea ssp. scabrida: 222
- scopolii → R. rosea: 232
- **semenovii**: 233
- semenowii → R. semenovii: 233
- **serrata**: 233
- sexfolia → R. chrysanthemifolia ssp. sexfolia: 222
- **sherriffii**: 233
- sibirica → R. rosea: 232
- sinica → R. yunnanensis ssp. yunnanensis: 236
- sino-alpina → R. cretinii ssp. sino-alpina: 223
- **sinuata**: 233
- **smithii**: 233
- **staminea**: 234
- **stapfii**: 234
- **stephanii**: 234
- – – var. hondoensis → R. ishidae: 227
- – – – longifolia → R. ishidae: 227
- **subopposita**: 234
- tachiroei → R. rosea: 232
- **tangutica**: 235
- taohoensis → R. himalensis ssp. taohoensis: 225
- telephioides → R. rosea: 232
- **tibetica**: 235
- tieghemii → R. chrysanthemifolia ssp. sacra: 221
- trifida → R. chrysanthemifolia ssp. chrysanthemifolia: 221
- tsuiana → R. chrysanthemifolia ssp. sacra: 221
- tuberosa → Sedum tuberosum: 342
- venusta → R. atuntsuensis: 220
- **wallichiana**: 235
- – – var. cholaensis → R. wallichiana: 235
- wulingensis → R. dumulosa: 223
- **yunnanensis**: 235
- – – ssp. **forrestii**: 235
- – – – **yunnanensis**: 236
- – – var. forrestii → R. yunnanensis ssp. forrestii: 235
- – – – henryi → R. yunnanensis ssp. yunnanensis: 236
- – – – valerianoides → R. yunnanensis ssp. yunnanensis: 236

Rhopalota → Crassula: 30
- aphylla → Crassula aphylla: 36

Rochea → Crassula: 30
- albiflora → Crassula dejecta: 47
- bicolor → Crassula fascicularis: 52
- biconvexa → Crassula fascicularis: 52
- coccinea → Crassula coccinea: 42
- cymosa → Crassula cymosa: 46
- dichotoma → Crassula alba var. alba: 34
- falcata → Crassula perfoliata var. minor: 69
- – – var. acuminata → Crassula perfoliata var. perfoliata: 69
- – – – minor → Crassula perfoliata var. minor: 69
- fascicularis → Crassula fascicularis: 51

[Rochea]
- flava → Crassula flava: 52
- jasminea → Crassula obtusa: 66
- media → Crassula fascicularis: 52
- microphylla → Crassula obtusa: 66
- odoratissima → Crassula fascicularis: 51
- – – var. alba → Crassula fascicularis: 52
- – – – bicolor → Crassula fascicularis: 52
- perfoliata → Crassula perfoliata: 68
- – – var. alba → Crassula perfoliata var. perfoliata: 69
- – – – coccinea → Crassula perfoliata var. coccinea: 68
- – – – glaberrima → Crassula macowaniana: 58
- vaginata → Crassula alba var. alba: 34
- versicolor → Crassula coccinea: 42

Rocheassula → Crassula: 30

Rosularia : 236
- **adenotricha**: 237
- – – ssp. **adenotricha**: 237
- – – – linearifolia → R. modesta var. linearifolia: 239
- – – – **viguieri**: 237
- aizoon → Prometheum aizoon: 213
- alba → Sedum sedoides: 330
- **alpestris**: 237
- – – ssp. **alpestris**: 237
- – – – **marnieri**: 238
- **blepharophylla**: 238
- borissovae → R. platyphylla: 240
- chrysantha → Prometheum chrysanthum: 213
- cypria → R. globulariifolia: 238
- **davisii**: 238
- **elymaitica**: 238
- **glabra**: 238
- **globulariifolia**: 238
- **haussknechtii**: 239
- hirsuta → Sedum hirsutum: 289
- hissarica → R. adenotricha ssp. viguieri: 237
- jaccardiana → Sedum jaccardianum: 291
- kesrouanensis → R. sempervivum ssp. libanotica: 241
- kokanica → R. alpestris ssp. alpestris: 237
- libanotica → R. sempervivum ssp. libanotica: 241
- – – → R. serrata: 242
- – – var. pubescens → R. sempervivum ssp. libanotica: 241
- **lineata**: 239
- lipskyi → R. sp.: 237
- lutea → R. sp.: 237
- marnieri → R. alpestris ssp. marnieri: 238
- **modesta**: 239
- – – var. **linearifolia**: 239
- – – – **modesta**: 239
- muratdaghensis → Prometheum muratdaghense: 213
- pallida → Prometheum aizoon: 213
- **pallidiflora**: 239

[Rosularia]
- paniculata → R. radicosa: 240
- parvifolia → R. sempervivum ssp. libanotica: 241
- persica → R. sempervivum ssp. persica: 241
- pestalozzae → R. sempervivum ssp. pestalozzae: 242
- – var. glaberrima → R. sempervivum ssp. glaucophylla: 241
- pilosa → Prometheum pilosum: 213
- **platyphylla**: 240
- radiciflora → R. sempervivum ssp. persica: 242
- – ssp. glabra → R. sempervivum ssp. persica: 241
- – – kurdica → R. sempervivum ssp. kurdica: 241
- **radicosa**: 240
- rechingeri → Prometheum rechingeri: 214
- **reginae**: 240
- rosae → R. sempervivum ssp. sempervivum: 242
- **rosulata**: 240
- schischkinii → R. alpestris ssp. alpestris: 237
- sedoides → Sedum sedoides: 330
- – var. alba → Sedum sedoides: 330
- semiensis → Afrovivella semiensis: 21
- sempervivoides → Prometheum sempervivoides: 214
- **sempervivum**: 241
- – ssp. **amanensis**: 241
- – – **glaucophylla**: 241
- – – **kurdica**: 241
- – – **libanotica**: 241
- – – **persica**: 241
- – – **pestalozzae**: 242
- – – **sempervivum**: 242
- – – var. glabra → R. sempervivum ssp. persica: 242
- – – – libanotica → R. sempervivum ssp. libanotica: 241
- – – – lineata → R. lineata: 239
- – – – pestalozzae → R. sempervivum ssp. pestalozzae: 242
- serpentinica → Prometheum serpentinicum: 214
- – var. gigantea → Prometheum serpentinicum var. giganteum: 214
- – – serpentinica → Prometheum serpentinicum var. serpentinicum: 214
- **serrata**: 242
- sessiliflora → R. modesta var. modesta: 239
- setosa → R. lineata: 239
- spatulata → R. sempervivum ssp. glaucophylla: 241
- subspicata → R. radicosa: 240
- tadzhikistana → R. alpestris ssp. alpestris: 237
- tauricola → Prometheum aizoon: 213
- tianschanica → R. radicosa: 240
- turkestanica → R. platyphylla: 240
- umbilicoides → R. alpestris ssp. alpestris: 237
- vvedenskyi → R. sp.: 237

[Rosularia]
- wilczekiana → Sedum wilczekianum: 346

Sarcocaulon currallii → Kalanchoe grandidieri: 163

Sarcolipes → Crassula: 30
- pubescens → Crassula strigosa: 79
- strigosa → Crassula strigosa: 79

Sedadia : 242
- amecamecana → Sedadia: 242
- – – → Sedum amecamecanum: 252

Sedastrum chapalense → Sedum ebracteatum ssp. ebracteatum: 275
- ebracteatum → Sedum ebracteatum: 274
- glabrum → Sedum glabrum: 282
- hemsleyanum → Sedum hemsleyanum: 287
- incertum → Sedum ebracteatum ssp. ebracteatum: 275
- pachucense → Sedum hemsleyanum: 287
- painteri → Sedum hemsleyanum: 287
- palmeri → Sedum glabrum: 282
- rubricaule → Sedum ebracteatum ssp. ebracteatum: 275
- turgidum → Sedum glabrum: 282

Sedella → Sedum: 244
- – : 243
- atrata → Sedum atratum: 255
- carinthiaca → Sedum atratum: 255
- congdonii → S. pumila: 244
- **leiocarpa**: 243
- **pentandra**: 243
- **pumila**: 244
- – var. congdonii → S. pumila: 244
- villosa → Sedum villosum: 344

Sedeveria : 244

Sedum → Sempervivum: 347
- – : 244
- – – **Staircase'** : 247
- sp. cv. Goldii → S. sp.: 247
- **abchasicum**: 247
- abyssinicum → Hypagophytum abyssinicum: 147
- **acre**: 247
- – – fa. acutifolium → S. acre: 248
- – – – confertum → S. acre: 248
- – – – fastigiatum → S. acre: 248
- – – – grandiflorum → S. acre: 248
- – – – imbricatum → S. acre: 248
- – – – microphyllum → S. acre: 248
- – – – pentagonum → S. acre: 247
- – – – ramosum → S. acre: 248
- – – – typicum → S. acre: 247
- – – – umbrosum → S. acre: 248
- – – ssp. drucei → S. acre: 248
- – – – euacre → S. acre: 248
- – – – glaciale → S. acre: 247
- – – – krajinae → S. acre: 248
- – – – laconicum → S. laconicum: 293
- – – – majus → S. acre: 247
- – – – microphyllum → S. acre: 248

[Sedum acre ssp.]
– – – neglectum → S. acre: 247
– – – robustum → S. acre: 248
– – – rohlenae → S. acre: 248
– – – sartorianum → S. urvillei: 343
– – – wettsteinii → S. acre: 247
– – var. almadii → S. acre: 248
– – – atlanticum → S. acre: 248
– – – aureum → S. acre: 247
– – – degenianum → S. sp.: 247
– – – genuinum → S. acre: 247
– – – hirsutum → S. urvillei: 343
– – – krajinae → S. acre: 248
– – – laconicum → S. laconicum: 293
– – – majus → S. acre: 247
– – – morbifugum → S. acre: 247
– – – neglectum → S. acre: 247
– – – normanii → S. acre: 248
– – – ponticum → S. urvillei: 343
– – – robustum → S. acre: 247
– – – rohlenae → S. acre: 248
– – – sexangulare → S. sexangulare: 331
– – – sopianae → S. acre: 247
– – – stribrnyi → S. urvillei: 343
– – – wettsteinii → S. acre: 247
– – – zlatiborense → S. acre: 248
– **acropetalum**: 248
– **actinocarpum**: 248
– acuminatum → Rosularia alpestris ssp. alpestris: 237
– acutifolium → S. subulatum: 336
– adenocalyx → Rosularia adenotricha ssp. adenotricha: 237
– adenotrichum → Rosularia adenotricha: 237
– – var. genuinum → Rosularia adenotricha ssp. adenotricha: 237
– – – viguieri → Rosularia adenotricha ssp. viguieri: 237
– **adolphi**: 248
– aestivum → S. annuum: 254
– **aetnense**: 249
– – ssp. tetramerum → S. aetnense: 249
– – var. genuinum → S. aetnense: 249
– – – tetramerum → S. aetnense: 249
– affine → S. albertii: 249
– – → Hylotelephium sp.: 139
– aggregatum → Orostachys malacophylla var. aggregata: 195
– – var. boehmeri → Orostachys boehmeri: 194
– – – genkaiense → Orostachys malacophylla ssp. malacophylla: 195
– aizoides → Aichryson aizoides: 22
– – → Phedimus aizoon: 205
– aizoon → Phedimus aizoon: 205
– – fa. angustifolium → Phedimus aizoon: 205
– – – floribundum → Phedimus aizoon: 205
– – – glaberrimum → Phedimus aizoon: 205
– – – glabrifolium → Phedimus aizoon: 205
– – – latifolium → Phedimus aizoon: 205

[Sedum aizoon]
– – ssp. baicalense → Phedimus aizoon: 205
– – – kamtschaticum → Phedimus kamtschaticus: 206
– – – middendorfianum → Phedimus middendorfianus: 207
– – – selskianum → Phedimus selskianus: 208
– – var. angustifolium → Phedimus aizoon: 205
– – – aurantiacum → Phedimus aizoon: 205
– – – austro-manshuricum → Phedimus aizoon: 205
– – – floribundum → Phedimus aizoon: 205
– – – glabrifolium → Phedimus aizoon: 205
– – – heterodontum → Phedimus aizoon: 205
– – – latifolium → Phedimus aizoon: 205
– – – obovatum → Phedimus aizoon: 205
– – – ramosum → Phedimus aizoon: 205
– – – saxatilis → Phedimus aizoon: 205
– – – scabrum → Phedimus aizoon: 205
– – – yamatutae → Phedimus aizoon: 205
– **alamosanum**: 249
– alaskanum → Rhodiola integrifolia ssp. integrifolia: 227
– albanicum → S. aetnense: 249
– albellum → S. album: 250
– **albertii**: 249
– albescens → S. rupestre ssp. rupestre: 328
– albicans → Hylotelephium sp.: 139
– albiflorum → Hylotelephium pallescens: 141
– **albomarginatum**: 249
– alboroseum → Hylotelephium erythrostictum: 140
– **album**: 250
– – [?] clusianum → S. album: 250
– – fa. chloroticum → S. album: 250
– – – genuinum → S. album: 250
– – – lilacinum → S. album: 250
– – – murale → S. album: 250
– – – purpureum → S. album: 250
– – ssp. athoum → S. album: 250
– – – balticum → S. album: 250
– – – clusianum → S. album: 250
– – – eu-album → S. album: 250
– – – gypsicola → S. gypsicola: 286
– – – melanantherum → S. melanantherum: 303
– – – micranthum → S. album: 250
– – – rhodopaeum → S. album: 250
– – – serpentini → S. album: 250
– – – teretifolium → S. album: 250
– – var. brevifolium → S. album: 250
– – – clusianum → S. album: 250
– – – eu-gypsicola → S. gypsicola: 286
– – – genuinum → S. album: 250
– – – glanduliferum → S. album: 250
– – – gypsicola → S. gypsicola: 286
– – – melanantherum → S. melanantherum: 303
– – – micranthum → S. album: 250
– – – purpureum → S. album: 250
– – – sabulicola → S. album: 250

[Sedum album var.]
– – – turgidum → S. album: 250
– – – typicum → S. album: 250
– aleurodes → S. bellum: 257
– **alexanderi**: 250
– **alfredii**: 251
– – var. bulbiferum → S. bulbiferum: 260
– – – makinoi → S. makinoi: 303
– – – nagasakianum → S. nagasakianum: 309
– algidum → Rhodiola algida: 219
– – var. altaicum → Rhodiola algida: 219
– – – euphorbioides → Rhodiola algida: 219
– – – jeniseense → Rhodiola algida: 219
– – – tanguticum → Rhodiola tangutica: 235
– aliciae → Orostachys aliciae: 193
– – var. genuinum → Orostachys aliciae: 193
– – – komarovii → Orostachys aliciae var. komarovii: 194
– **allantoides**: 251
– almae → Hylotelephium tatarinowii: 143
– **alpestre**: 251
– – var. horakii → S. grisebachii var. horakii: 286
– **alsinefolium**: 251
– alsium → Rhodiola alsia: 219
– altaicum → Hylotelephium ewersii: 141
– – → Rhodiola rosea: 232
– altissimum → S. sediforme: 330
– altum → S. sediforme: 330
– amabile → Rhodiola amabilis: 219
– amani → S. cepaea: 263
– ambiflorum → S. erythrospermum ssp. australe: 278
– ambiguum → Sinocrassula ambigua: 366
– **amecamecanum**: 252
– – → Sedadia: 242
– americanum → S. ternatum: 337
– **amplexicaule**: 252
– – ssp. **amplexicaule**: 252
– – – **tenuifolium**: 252
– – var. ciliatum → S. amplexicaule: 252
– amplibracteatum → S. oligospermum: 315
– – var. amplibracteatum → S. oligospermum var. oligospermum: 315
– – – emarginatum → S. oligospermum var. emarginatum: 315
– anacampseros → Hylotelephium anacampseros: 139
– – fa. majus → Hylotelephium anacampseros: 139
– anatolicum → Phedimus obtusifolius: 207
– **andegavense**: 252
– andersonii → S. hispanicum: 289
– **andinum**: 253
– **anglicum**: 253
– – [?] arenarium → S. arenarium: 254
– – ssp. arenarium → S. arenarium: 254
– – – melanantherum → S. melanantherum: 303
– – – pyrenaicum → S. anglicum: 253
– – var. hibernicum → S. anglicum: 253

[Sedum anglicum var.]
– – – hudsonianum → S. anglicum: 253
– – – microphyllum → S. anglicum: 253
– – – minus → S. anglicum: 253
– – – pyrenaicum → S. anglicum: 253
– – – raji → S. anglicum: 253
– – – rivulare → S. melanantherum: 303
– **angustifolium**: 253
– angustipetalum → S. dielsii: 272
– angustum → Hylotelephium angustum: 139
– – → Rhodiola angusta: 220
– **anhuiense**: 253
– **annuum**: 253
– – ssp. epiroticum → S. eriocarpum ssp. epiroticum: 277
– – var. horakii → S. grisebachii var. horakii: 286
– – – perdurans → S. annuum: 254
– – – racemiferum → S. grisebachii var. grisebachii: 285
– anoicum → Rosularia adenotricha ssp. adenotricha: 237
– anomalum → S. spathulifolium ssp. spathulifolium: 333
– anomoiosepalum → S. cockerellii: 265
– anopetalum → S. ochroleucum: 314
– anophyllum → S. sediforme: 330
– anthoxanthum → S. perrotii: 320
– antiquum → S. hispanicum: 289
– **aoikon**: 254
– apiculatum → Rhodiola prainii: 230
– **apoleipon**: 254
– aporonticum → Rhodiola atuntsuensis: 220
– arachnoideum → Sempervivum arachnoideum: 349
– arborescens → S. oxypetalum: 317
– arboreum → Aeonium arboreum: 13
– – → S. moranense ssp. moranense: 307
– – → S. sp.: 247
– archangelicum → Hylotelephium telephium ssp. telephium: 145
– arcticum → Rhodiola rosea: 232
– arduennense → Hylotelephium sp.: 139
– **arenarium**: 254
– argutum → Hylotelephium telephium ssp. telephium: 144
– arisanense → S. erythrospermum ssp. erythrospermum: 278
– aristatum → S. hispanicum: 289
– – → S. sediforme: 330
– armenum → S. hispanicum: 289
– arrigens → S. rupestre: 327
– arsenii → S. quevae: 324
– asiaticum → Rhodiola coccinea ssp. coccinea: 222
– – → Rhodiola wallichiana: 235
– **assyriacum**: 254
– – var. minus → S. assyriacum: 254
– athoum → S. album: 250
– atlanticum → S. pubescens: 323

[Sedum atlanticum]
- – → S. surculosum var. surculosum: 337
- – var. fuscum → S. surculosum var. surculosum: 337
- – – luteum → S. surculosum var. luteum: 336
- **atratum**: 255
- – → S. andegavense: 252
- – ssp. carinthiacum → S. atratum: 255
- – var. carinthiacum → S. atratum: 255
- – – rivasgodayi → S. nevadense: 311
- – – viride → S. atratum: 255
- atropurpureum → Rhodiola integrifolia ssp. integrifolia: 226
- – var. caespitosum → Rhodiola integrifolia ssp. integrifolia: 226
- atsaense → Rhodiola atsaensis: 220
- atuntsuense → Rhodiola atuntsuensis: 220
- atypicum → Graptopetalum pachyphyllum: 136
- aureum → S. forsterianum: 280
- **australe**: 255
- – → S. erythrospermum ssp. australe: 278
- – → S. parvisepalum ssp. philippinense: 318
- austro-manshuricum → Phedimus aizoon: 205
- **aytacianum**: 255
- azureum → Hylotelephium ewersii: 141
- – → S. caeruleum: 260
- – → S. sp.: 247
- backebergii → Villadia dyvrandae: 388
- **baileyi**: 255
- **baleensis**: 255
- **balfourii**: 256
- balticum → S. album: 250
- banlanense → S. balfourii: 256
- **barbeyi**: 256
- barcense → S. litoreum var. litoreum: 298
- barnesianum → Rhodiola humilis: 226
- barrancae → S. ebracteatum ssp. ebracteatum: 275
- **batallae**: 256
- **batesii**: 256
- **battandieri**: 256
- **beauverdii**: 257
- **bellum**: 257
- **bergeri**: 257
- – → S. sp.: 247
- **berillonianum**: 257
- berunii → S. albertii: 249
- beyrichianum → S. nevii: 311
- bhutanense → Rhodiola hookeri: 226
- bhutanicum → Rhodiola hookeri: 226
- bicolor → Echeveria bicolor: 109
- bithynicum → S. pallidum: 317
- **blepharophyllum**: 257
- blochmaniae → Dudleya blochmaniae: 91
- bodinieri → S. stellariifolium: 334
- boehmeri → Orostachys boehmeri: 194
- bohuslavii → Hylotelephium telephium ssp. telephium: 144
- boissieri → S. hispanicum: 289

[Sedum]
- boissierianum → S. rubens: 327
- boloniense → S. sexangulare: 331
- – – var. minor → S. sexangulare: 331
- – – – parviflorum → S. sexangulare: 331
- bonapartei → S. celiae: 262
- boninense → S. uniflorum ssp. boninense: 342
- bonnafousii → Hylotelephium bonnafousii: 139
- **bonnieri**: 257
- **booleanum**: 258
- borderi → Hylotelephium telephium ssp. telephium: 144
- **borissovae**: 258
- bornmuelleri → Phedimus obtusifolius: 207
- **borschii**: 258
- boryanum → S. amplexicaule: 252
- **botteri**: 258
- **bourgaei**: 258
- bouvieri → Rhodiola himalensis ssp. bouvieri: 225
- brachyrhinchum → S. erythrospermum ssp. erythrospermum: 278
- brachystylum → Rhodiola coccinea ssp. scabrida: 222
- **bracteatum**: 259
- – → S. oligospermum: 315
- – var. emarginatum → S. oligospermum var. emarginatum: 315
- – – – glabrum → S. bracteatum: 259
- – – – glanduloso-hispidum → S. bracteatum: 259
- brandtianum → S. jurgensenii ssp. jurgensenii: 292
- **brevierei**: 259
- **brevifolium**: 259
- – – fa. quinquefarium → S. brevifolium: 259
- – – var. cineritium → S. brevifolium: 259
- – – – induratum → S. brevifolium: 259
- – – – pottsii → S. brevifolium: 259
- – – – quinquefarium → S. brevifolium: 259
- brevipetiolatum → Rhodiola atuntsuensis: 220
- **brissemoretii**: 259
- brunfelsii → Hylotelephium sp.: 139
- brutium → S. magellense: 302
- **bulbiferum**: 259
- bulliardii → Hylotelephium sp.: 139
- bupleuroides → Rhodiola bupleuroides: 220
- – – var. discolor → Rhodiola discolor: 223
- – – – parvum → Rhodiola bupleuroides var. parva: 221
- – – – purpureoviride → Rhodiola purpureoviridis: 230
- – – – rotundatum → Rhodiola crenulata: 222
- burnatii → S. dasyphyllum var. glanduliferum: 271
- burnhamii → S. obtusatum ssp. obtusatum: 314
- **burrito**: 260
- **caducum**: 260
- caerulans → Rhodiola rosea: 232
- **caeruleum**: 260

[Sedum caeruleum]
– – fa. eu-caeruleum → S. caeruleum: 260
– – – glabrum → S. caeruleum: 260
– – – puberulum → S. caeruleum: 260
– – var. pusillum → S. caeruleum: 260
– – – versicolor → S. versicolor: 344
– caesium → S. rupestre: 327
– **caespitosum**: 260
– – var. andegavense → S. andegavense: 252
– – – paniculatum → S. jahandiezii: 291
– caffrum → Crassula sarcocaulis ssp. rupicola: 73
– calabrum → S. cepaea: 263
– **calcaratum**: 261
– **calcicola**: 261
– – ssp. desertorum → S. gypsophilum: 287
– californicum → S. spathulifolium ssp. spathulifolium: 333
– callayanum → Hylotelephium sp.: 139
– callianthum → Rhodiola calliantha: 221
– callichromum → Hylotelephium callichromum: 140
– **callichroum**: 261
– calvertii → S. subulatum: 336
– campanulatum → S. lagascae: 294
– campestre → Crassula campestris: 40
– candolleanum → S. candollei: 261
– **candollei**: 261
– – → Hylotelephium telephium: 143
– canescens → Crassula nudicaulis var. nudicaulis: 64
– – var. caulescens → Crassula rogersii: 72
– caricum → S. eriocarpum ssp. caricum: 277
– cariense → Phedimus obtusifolius: 207
– carinatum → S. amplexicaule ssp. amplexicaule: 252
– carinthiacum → S. atratum: 255
– **carnegiei**: 262
– **caroli-henrici**: 262
– carpaticum → Hylotelephium telephium ssp. telephium: 144
– **catorce**: 262
– caucasicum → Hylotelephium caucasicum: 140
– cauticola → Hylotelephium cauticola: 140
– – fa. montanum → Hylotelephium cauticola: 140
– cavaleriei → Sinocrassula indica var. indica: 367
– cavei → S. sp.: 247
– caveleriense → Sinocrassula indica var. indica: 367
– **celatum**: 262
– – fa. **calcaratum**: 262
– – – **celatum**: 262
– **celiae**: 262
– **cepaea**: 263
– – var. galioides → S. cepaea: 263
– – – gracilescens → S. cepaea: 263
– chanetii → Orostachys chanetii: 194
– chapalense → S. ebracteatum ssp. ebracteatum: 275

[Sedum]
– **chauveaudii**: 263
– – var. chauveaudii → S. chauveaudii: 263
– – – genuinum → S. chauveaudii: 263
– – – margaritae → S. chauveaudii: 263
– **chihuahuense**: 263
– chiisanense → S. sp.: 247
– chilonense → Echeveria chilonensis: 111
– **chingtungense**: 263
– **chloropetalum**: 264
– chontalense → S. versadense: 343
– chrysanthemifolium → Rhodiola chrysanthemifolia: 221
– chrysanthum → Prometheum chrysanthum: 213
– – ssp. aizoon → Prometheum aizoon: 213
– – var. aizoon → Prometheum aizoon: 213
– – – genuinum → Prometheum chrysanthum: 213
– chrysastrum → S. uniflorum ssp. japonicum: 342
– **chrysicaulum**: 264
– **chuhsingense**: 264
– chumbicum → Rhodiola smithii: 234
– **churchillianum**: 264
– ciliare → Phedimus spurius: 209
– ciliatum → Crassula ciliata: 41
– – → S. radiatum ssp. ciliosum: 324
– **cilicicum**: 264
– ciliosum → S. radiatum ssp. ciliosum: 324
– cineritium → S. brevifolium: 259
– clarionii → Hylotelephium sp.: 139
– **clausenii**: 264
– – → S. kimnachii: 293
– **clavatum**: 265
– **clavifolium**: 265
– clusianum → S. album: 250
– – fa. purpureum → S. album: 250
– coccineum → Rhodiola coccinea: 222
– **cockerellii**: 265
– coerulescens → S. stenopetalum: 334
– coeruleum → S. caeruleum: 260
– cogmansense → Crassula subaphylla var. subaphylla: 79
– collinum → S. rupestre ssp. rupestre: 328
– **commixtum**: 265
– commutatum → S. andegavense: 252
– **compactum**: 266
– complanatum → Hylotelephium telephium ssp. telephium: 144
– **compressum**: 266
– **concarpum**: 266
– – var. hupehense → S. concarpum: 266
– concinnum → Rhodiola atuntsuensis: 220
– **confertiflorum**: 266
– confertissimum → S. sedoides: 330
– confertum → Hylotelephium sp.: 139
– – → S. sp.: 247
– **confusum**: 266
– congdonii → Sedella pumila: 244
– congestum → Phedimus spurius: 209

[Sedum]
- constantinii → S. obtusipetalum ssp. obtusipetalum: 314
- controversum → Hylotelephium sp.: 139
- **conzattii**: 266
- cooperi → Rhodiola bupleuroides var. bupleuroides: 220
- – – → S. sp.: 247
- **copalense**: 267
- cordifolium → S. ebracteatum ssp. ebracteatum: 275
- coreense → S. polytrichoides: 321
- coriaceum → Rhodiola himalensis ssp. himalensis: 225
- **cormiferum**: 267
- **correptum**: 267
- corsicum → S. dasyphyllum var. glanduliferum: 270
- corymbiferum → Hylotelephium sp.: 139
- **corymbosum**: 267
- corymbulosum → Crassula capitella ssp. thyrsiflora: 41
- **corynephyllum**: 267
- costantinii → S. obtusipetalum ssp. obtusipetalum: 314
- cotyledon → Dudleya caespitosa: 92
- **craigii**: 268
- crassicaule → S. rupestre ssp. rupestre: 328
- crassiflorum → Crassula vaginata ssp. vaginata: 84
- crassipes → Rhodiola wallichiana: 235
- – – var. cholaense → Rhodiola wallichiana: 235
- – – – cretinii → Rhodiola cretinii: 223
- – – – stephanii → Rhodiola stephanii: 234
- **crassularia**: 268
- cremnophila → Cremnophila nutans: 87
- crenatum → Phedimus spurius: 209
- crenulatum → Rhodiola crenulata: 222
- cretense → S. creticum var. monocarpicum: 268
- **creticum**: 268
- – – → S. creticum var. monocarpicum: 268
- – – var. **creticum**: 268
- – – – hierapetrae → S. creticum var. creticum: 268
- – – – **monocarpicum**: 268
- cretinii → Rhodiola cretinii: 223
- cristatum → S. rupestre ssp. rupestre: 328
- cruciatum → S. monregalense: 306
- cryptomerioides → S. morrisonense: 308
- cuneatum → Rosularia adenotricha ssp. adenotricha: 237
- **cupressoides**: 268
- curtipetalum → S. album: 250
- **cuspidatum**: 269
- cyaneum → Hylotelephium cyaneum: 140
- **cymatopetalum**: 269
- cymosum → Crassula cymosa: 46
- – – → S. pusillum: 323
- – – var. smallii → S. smallii: 332

[Sedum]
- **cyprium**: 269
- **cyrenaicum**: 269
- dahuricum → Hylotelephium cyaneum: 140
- **daigremontianum**: 269
- – – var. **daigremontianum**: 270
- – – – **macrosepalum**: 270
- **dasyphyllum**: 270
- – – cv. Suendermannii → S. dasyphyllum var. glanduliferum: 271
- – – fa. alternum → S. dasyphyllum var. glanduliferum: 271
- – – – donatianum → S. dasyphyllum: 270
- – – – glaucum → S. dasyphyllum: 270
- – – – oppositifolium → S. dasyphyllum: 270
- – – – pulligerum → S. dasyphyllum var. glanduliferum: 271
- – – ssp. brevifolium → S. brevifolium: 259
- – – – eudasyphyllum → S. dasyphyllum var. dasyphyllum: 270
- – – – glanduliferum → S. dasyphyllum var. glanduliferum: 270
- – – – granatense → S. dasyphyllum var. glanduliferum: 271
- – – – oblongifolium → S. dasyphyllum var. glanduliferum: 271
- – – subvar. adenocladum → S. dasyphyllum var. dasyphyllum: 270
- – – – glabratum → S. dasyphyllum var. dasyphyllum: 270
- – – var. adenocladum → S. dasyphyllum var. dasyphyllum: 270
- – – – alternum → S. dasyphyllum var. glanduliferum: 271
- – – – congestum → S. dasyphyllum var. glanduliferum: 271
- – – – **dasyphyllum**: 270
- – – – donatianum → S. dasyphyllum: 270
- – – – dyris → S. dasyphyllum var. glanduliferum: 271
- – – – elisae → S. dasyphyllum: 270
- – – – eudasyphyllum → S. dasyphyllum var. dasyphyllum: 270
- – – – genuinum → S. dasyphyllum var. dasyphyllum: 270
- – – – **glanduliferum**: 270
- – – – glaucum → S. dasyphyllum: 270
- – – – glutinosum → S. dasyphyllum var. glanduliferum: 270
- – – – macrophyllum → S. dasyphyllum: 270
- – – – mesatlanticum → S. dasyphyllum var. glanduliferum: 271
- – – – moroderi → S. dasyphyllum var. glanduliferum: 271
- – – – oblongifolium → S. dasyphyllum var. glanduliferum: 271
- – – – pulligerum → S. dasyphyllum var. glanduliferum: 271
- – – – rifanum → S. dasyphyllum var. glanduliferum: 271

[Sedum dasyphyllum var.]
– – – **suendermannii** → S. dasyphyllum var. glanduliferum: 271
– – – **vulgare** → S. dasyphyllum var. glanduliferum: 270
– **debile**: 271
– **decipiens**: 271
– decumbens → Hylotelephium telephium ssp. telephium: 144
– – → S. kimnachii: 293
– deficiens → S. ternatum: 337
– definitum → Hylotelephium tatarinowii: 143
– delicatum → S. minimum ssp. delicatum: 305
– delicum → S. eriocarpum ssp. delicum: 277
– deltoideum → Phedimus stellatus: 209
– **dendroideum**: 271
– – ssp. **dendroideum**: 272
– – – **monticola**: 272
– – – **parvifolium**: 272
– – – **praealtum**: 272
– dentatum → Phedimus spurius: 209
– – → Rhodiola stephanii: 234
– denticulatum → Phedimus spurius: 209
– derbezii → S. sp.: 247
– deserti-hungarici → S. caespitosum: 261
– desmetii → Hylotelephium pallescens: 141
– dichotomum → Aichryson laxum: 23
– **didymocalyx**: 272
– dielsianum → Rhodiola chrysanthemifolia ssp. chrysanthemifolia: 221
– **dielsii**: 272
– **diffusum**: 272
– **diminutum**: 273
– **dimorphophyllum**: 273
– dioicum → S. sediforme: 330
– discolor → Rhodiola discolor: 223
– **dispermum**: 273
– divaricatum → Aichryson divaricatum: 22
– – → Prometheum sempervivoides: 214
– – → S. annuum: 254
– – → S. leibergii: 297
– **divergens**: 273
– – → S. forreri: 280
– diversifolium → S. greggii: 285
– **dolosum**: 273
– donatianum → S. dasyphyllum var. glanduliferum: 271
– **dongzhiense**: 273
– doratocarpum → Rhodiola alsia ssp. alsia: 219
– douglasii → S. stenopetalum ssp. stenopetalum: 335
– – fa. uniflorum → S. stenopetalum ssp. monanthum: 335
– – ssp. ciliosum → S. radiatum ssp. ciliosum: 324
– – – radiatum → S. radiatum: 324
– – var. monanthum → S. stenopetalum ssp. monanthum: 335
– – – uniflorum → S. stenopetalum ssp. monanthum: 335

[Sedum]
– dregeanum → Crassula obovata var. dregeana: 65
– – var. adscendens → Crassula setulosa var. setulosa: 76
– – – erectum → Crassula setulosa var. rubra: 76
– drucei → S. acre: 248
– **drymarioides**: 274
– – var. genuinum → S. drymarioides: 274
– – – stellariifolium → S. stellariifolium: 334
– – – toyamae → S. drymarioides: 274
– dubium → Rhodiola gelida: 224
– ducis-aprutii → S. ruwenzoriense: 328
– duckbongii → Hylotelephium sp.: 139
– **dugueyi**: 274
– **dulcinomen**: 274
– dumulosum → Rhodiola dumulosa: 223
– – var. rendlei → Rhodiola dumulosa: 223
– durisii → Rosularia alpestris ssp. alpestris: 237
– **duthiei**: 274
– dyvrandae → Villadia dyvrandae: 388
– eastwoodiae → S. laxum ssp. eastwoodiae: 296
– **ebracteatum**: 274
– – ssp. **ebracteatum**: 275
– – – **grandifolium**: 275
– – var. rubricaule → S. ebracteatum ssp. ebracteatum: 275
– **ecalcaratum**: 275
– edule → Dudleya edulis: 96
– **edwardsii**: 275
– ekimianum → S. aetnense: 249
– **elatinoides**: 275
– **elburzense**: 275
– elegans → S. forsterianum: 280
– ellacombianum → Phedimus ellacombianus: 206
– ellipticum → S. alsinefolium: 251
– elongatum → Dudleya multicaulis: 99
– – → Rhodiola hookeri: 226
– – → Rhodiola rosea: 232
– **elrodii**: 275
– elymaiticum → Rosularia elymaitica: 238
– **emarginatum**: 276
– engadinense → S. sp.: 247
– **engleri**: 276
– – var. dentatum → S. engleri: 276
– – – forrestii → S. engleri: 276
– englerianum → S. dasyphyllum var. dasyphyllum: 270
– **epidendrum**: 276
– erectum → S. acre: 247
– **erici-magnusii**: 276
– – ssp. **chilianense**: 276
– – – **erici-magnusii**: 276
– – var. **subalpinum**: 277
– **eriocarpum**: 277
– – ssp. **apertiflorum**: 277
– – – **caricum**: 277
– – – **delicum**: 277
– – – **epiroticum**: 277

[Sedum eriocarpum ssp.]
− − − **eriocarpum**: 277
− − − **orientale**: 277
− − − **porphyreum**: 278
− − − **spathulifolium**: 278
− erlangerianum → S. churchillianum: 264
− erraticum → S. sp.: 247
− erubescens → Orostachys spinosa: 196
− − → S. atratum: 255
− − var. japonicum → Orostachys japonica: 195
− − − polycephalum → Orostachys japonica: 195
− erythraeum → S. alpestre: 251
− erythrocarpum → S. aetnense: 249
− erythromelanum → Hylotelephium sp.: 139
− **erythrospermum**: 278
− − ssp. **australe**: 278
− − − **erythrospermum**: 278
− erythrostictum → Hylotelephium erythrostictum: 140
− − fa. variegatum → Hylotelephium erythrostictum: 140
− − var. variegatum → Hylotelephium erythrostictum: 140
− esquirolii → S. stellariifolium: 334
− ettyuense → Hylotelephium sieboldii var. ettyuense: 142
− eupatorioides → Hylotelephium pallescens: 141
− euphorbioides → Rhodiola algida: 219
− eurycarpum → Rhodiola macrocarpa: 229
− euryphyllum → Rhodiola crenulata: 222
− **euxinum**: 278
− everanum → Hylotelephium sp.: 139
− ewersii → Hylotelephium ewersii: 141
− − cv. Homophyllum → Hylotelephium ewersii: 141
− − var. cyclophyllum → Hylotelephium ewersii: 141
− − − homophyllum → Hylotelephium ewersii: 141
− expansum → Crassula expansa: 50
− fabaria → Hylotelephium telephium ssp. telephium: 144
− − var. mongolicum → Hylotelephium sp.: 139
− falconis → S. quevae: 324
− **farinosum**: 278
− − → S. bellum: 257
− farreri → Rhodiola dumulosa: 223
− farronianum → S. tenellum: 337
− fastigiatum → Rhodiola fastigiata: 224
− **feddei**: 279
− **fedtschenkoi**: 279
− fenzelii → Rhodiola angusta: 220
− filicaule → S. oreades: 316
− − → S. pallidum: 318
− filiferum → Graptopetalum filiferum: 134
− filiforme → S. pubescens: 323
− **filipes**: 279
− − var. genuinum → S. filipes: 279
− − − major → S. major: 303

[Sedum filipes var.]
− − − pseudostapfii → S. filipes: 279
− fimbriatum → Orostachys fimbriata: 194
− − var. chanetii → Orostachys chanetii: 194
− − − genuinum → Orostachys fimbriata: 194
− − − ramosissimum → Orostachys fimbriata: 194
− **fischeri**: 279
− **flaccidum**: 279
− flavum → Crassula flava: 52
− − var. brevifolium → Crassula flava: 52
− − − lanceolatum → Crassula vaginata ssp. vaginata: 84
− − − lorifolium → Crassula flava: 52
− − − reflexifolium → Crassula vaginata ssp. vaginata: 84
− − − subulatum → Crassula vaginata ssp. vaginata: 84
− flexuosum → S. grisebachii var. horakii: 286
− − ssp. kostovii → S. grisebachii var. grisebachii: 285
− floriferum → Phedimus floriferus: 206
− foliis rotundis crenatis → Hylotelephium sieboldii var. sieboldii: 142
− formosae → S. alfredii: 251
− **formosanum**: 279
− **forreri**: 280
− **forrestii**: 280
− **forsterianum**: 280
− − ssp. elegans → S. forsterianum: 280
− fragile → S. rupestre ssp. rupestre: 328
− **fragrans**: 280
− **franchetii**: 281
− francoi → S. lagascae: 294
− frigidum → Rhodiola integrifolia ssp. integrifolia: 227
− froderstromii → S. didymocalyx: 272
− **frutescens**: 281
− fruticulosum → S. sediforme: 330
− fuereri → S. sp.: 247
− **fui**: 281
− − var. **fui**: 281
− − − **longisepalum**: 281
− **furfuraceum**: 281
− furusei → Orostachys boehmeri: 194
− **fuscum**: 281
− **fusiforme**: 282
− **gagei**: 282
− galeottianum → S. batesii: 256
− galioides → S. cepaea: 263
− − → S. elatinoides: 275
− garwalicum → Rhodiola sinuata: 233
− **gattefossei**: 282
− gelidum → Rhodiola gelida: 224
− gemmiferum → Phedimus obtusifolius: 207
− gerardianum → Hylotelephium ewersii: 141
− gertrudianum → Dudleya blochmaniae ssp. blochmaniae: 91
− **giajae**: 282
− **glabrum**: 282

[Sedum]
- glaciale → S. acre: 247
- – – → S. sinoglaciale: 332
- **glaebosum**: 282
- glanduliferum → S. dasyphyllum var. glanduliferum: 270
- – – → S. moranii: 307
- glanduloso-pubescens → S. hispanicum: 289
- glandulosum → S. villosum: 344
- – – var. minus → S. villosum: 344
- **glaucophyllum**: 283
- glaucopruinosum → Hylotelephium telephium ssp. maximum: 144
- glaucum → S. dasyphyllum var. dasyphyllum: 270
- – – → S. hispanicum: 289
- – – → S. rupestre ssp. rupestre: 327
- – – ssp. bithynicum → S. pallidum: 318
- – – var. buxbaumii → S. hispanicum: 289
- – – – eriocarpum → S. eriocarpum: 277
- – – – leiocarpum → S. hispanicum: 289
- globiferum → S. dasyphyllum: 270
- globulariifolium → Rosularia globulariifolia: 238
- **globuliflorum**: 283
- **glomerifolium**: 283
- goldii → S. sp.: 247
- **goldmanii**: 283
- gombertii → S. album: 250
- gorisii → Rhodiola bupleuroides var. bupleuroides: 220
- **gracile**: 284
- – – var. majus → S. gracile: 284
- – – – minus → S. gracile: 284
- **grammophyllum**: 284
- granatense → S. dasyphyllum var. glanduliferum: 271
- **grandipetalum**: 284
- **grandisepalum**: 284
- **grandyi**: 284
- graniticum → S. rupestre ssp. rupestre: 328
- graptopetalum → Graptopetalum pusillum: 137
- **greggii**: 285
- – – ssp. angustifolium → S. greggii: 285
- griffithii → Rosularia adenotricha ssp. adenotricha: 237
- **griffithsii**: 285
- **grisebachii**: 285
- – – ssp. flexuosum → S. grisebachii var. horakii: 286
- – – – kostovii → S. grisebachii var. grisebachii: 285
- – – var. **grisebachii**: 285
- – – – **horakii**: 286
- **griseum**: 286
- groenlandicum → S. sp.: 247
- **guadalajaranum**: 286
- – – ssp. viridifolium → S. guadalajaranum: 286
- **guatemalense**: 286

[Sedum]
- guestphalicum → Hylotelephium telephium ssp. telephium: 144
- guettardii → S. alpestre: 251
- – – → S. hispanicum: 289
- guttatum → Lenophyllum guttatum: 188
- **gypsicola**: 286
- gypsicolum → S. gypsicola: 286
- **gypsophilum**: 287
- habonense → S. hakonense: 287
- haematodes → S. atratum: 255
- – – → Hylotelephium sp.: 139
- **hakonense**: 287
- – – var. rupifragum → S. hakonense: 287
- hallii → S. obtusatum ssp. obtusatum: 314
- hametianum → Phedimus stevenianus: 210
- handelii → Rhodiola handelii: 224
- **hangzhouense**: 287
- havardii → S. liebmannianum: 297
- hayesii → Hylotelephium ewersii: 141
- **heckelii**: 287
- heckneri → S. laxum ssp. heckneri: 296
- hegnaueri → S. luteolum nssp. hegnaueri: 300
- **hemsleyanum**: 287
- **hengduanense**: 288
- **henrici-robertii**: 288
- henriquesii → S. mucizonia: 308
- henryi → Rhodiola yunnanensis ssp. yunnanensis: 236
- heptapetalum → S. caeruleum: 260
- – – → S. cepaea: 263
- hercegnovi → S. sp.: 247
- **hernandezii**: 288
- heterodontum → Rhodiola heterodonta: 224
- heterophyllum → S. greggii: 285
- hewittii → S. annuum: 254
- hidakanum → Hylotelephium pluricaule: 142
- hierapetrae → S. creticum var. creticum: 268
- hillebrandtii → S. urvillei: 343
- himalense → Rhodiola himalensis: 225
- – – ssp. taohoense → Rhodiola himalensis ssp. taohoensis: 225
- **hintonii**: 288
- **hintoniorum**: 288
- **hirsutum**: 289
- – – ssp. **baeticum**: 289
- – – – eu-hirsutum → S. hirsutum ssp. hirsutum: 289
- – – – **hirsutum**: 289
- – – – wilczekianum → S. wilczekianum: 346
- – – – winkleri → S. hirsutum ssp. baeticum: 289
- – – var. baeticum → S. hirsutum ssp. baeticum: 289
- – – – gattefossei → S. hirsutum: 289
- – – – jahandiezii → S. hirsutum ssp. hirsutum: 289
- – – – maroccanum → S. hirsutum: 289
- – – – rubellum → S. hirsutum: 289
- – – – thermarum → S. hirsutum: 289

[Sedum hirsutum var.]
– – – winkleri → S. hirsutum ssp. baeticum: 289
– hirtum → Sempervivum globiferum ssp. hirtum: 356
– **hispanicum**: 289
– – → Pistorinia hispanica: 212
– – → S. ochroleucum: 314
– – fa. matrense → S. rubens: 327
– – var. buxbaumii → S. hispanicum: 289
– – – eriocarpum → S. hispanicum: 289
– – – hispanicum → S. hispanicum: 289
– – – leiocarpum → S. hispanicum: 289
– – – minus → S. hispanicum: 289
– – – planifolium → S. hispanicum: 289
– – – polypetalum → S. hispanicum: 289
– – – semiglabrum → S. hispanicum: 289
– hispidum → S. pubescens: 323
– hobsonii → Rhodiola hobsonii: 225
– hohenackeri → Phedimus hybridus: 206
– **holei**: 290
– **holopetalum**: 290
– hommelsii → S. lorenzoi nssp. hommelsii: 299
– hookeri → Rhodiola hookeri: 226
– horakii → S. grisebachii var. horakii: 286
– horridum → Rhodiola nobilis: 229
– hsinganicum → Phedimus aizoon: 205
– hudsonianum → S. anglicum: 253
– **hultenii**: 290
– **humifusum**: 290
– humile → Rhodiola humilis: 226
– hungaricum → S. hispanicum: 289
– hybridum → Phedimus hybridus: 206
– – → Phedimus middendorfianus: 207
– – → Phedimus stoloniferus: 210
– – var. dentatum → Phedimus hybridus: 206
– hyperaizoon → Phedimus aizoon: 205
– hyperboreum → Hylotelephium cyaneum: 140
– hypericifolium → Rhodiola sp.: 219
– ibericum → Phedimus stoloniferus: 210
– ibicense → S. rubens: 327
– idaeum → S. laconicum ssp. laconicum: 294
– imbricatum → Rhodiola imbricata: 226
– incanum → S. roborowskii: 326
– **ince**: 290
– incertum → S. ebracteatum ssp. ebracteatum: 275
– **inconspicuum**: 290
– inderiense → Pseudosedum lievenii: 217
– indicum → Sinocrassula indica: 367
– – var. ambiguum → Sinocrassula ambigua: 366
– – – densirosulatum → Sinocrassula densirosulata: 367
– – – forrestii → Sinocrassula indica var. forrestii: 367
– – – genuinum → Sinocrassula indica var. indica: 367
– – – longistylum → Sinocrassula longistyla: 368
– – – luteorubrum → Sinocrassula indica var. luteorubra: 368

[Sedum indicum var.]
– – – obtusifolium → Sinocrassula indica var. obtusifolia: 368
– – – serratum → Sinocrassula indica var. serrata: 368
– – – silvaticum → Sinocrassula indica var. indica: 367
– – – yunnanensis → Sinocrassula yunnanensis: 369
– insulare → S. villosum: 344
– integrifolium → Rhodiola integrifolia: 226
– – ssp. leedyi → Rhodiola integrifolia ssp. leedyi: 227
– – – neomexicanum → Rhodiola integrifolia ssp. neomexicana: 227
– – – procerum → Rhodiola integrifolia ssp. procera: 227
– – var. atropurpureum → Rhodiola integrifolia ssp. integrifolia: 226
– intermedium → Hylotelephium sp.: 139
– involucratum → Phedimus spurius: 209
– ishidae → Rhodiola ishidae: 227
– iwarenge → Orostachys malacophylla var. iwarenge: 196
– – var. aggregatum → Orostachys malacophylla var. aggregata: 195
– – – furusei → Orostachys boehmeri: 194
– – – genkaiense → Orostachys malacophylla ssp. malacophylla: 195
– **jaccardianum**: 291
– jacquemontii → S. sedoides: 330
– jacquinii → S. sediforme: 330
– jaeschkei → S. oreades: 316
– **jahandiezii**: 291
– – ssp. battandieri → S. jahandiezii: 291
– – – persicinum → S. jahandiezii: 291
– – var. battandieri → S. jahandiezii: 291
– – – persicinum → S. jahandiezii: 291
– **jaliscanum**: 291
– – ssp. angustifolium → S. jaliscanum: 291
– japonicola → Orostachys japonica: 195
– japonicum → S. uniflorum ssp. japonicum: 342
– – fa. leucanthemum → S. uniflorum ssp. japonicum: 342
– – – rugosum → S. uniflorum ssp. japonicum: 342
– – var. humile → S. uniflorum ssp. japonicum: 342
– – – minus → S. uniflorum ssp. japonicum: 342
– – – senanse → S. uniflorum ssp. japonicum: 342
– javalambrense → S. nevadense: 311
– jepsonii → S. laxum ssp. laxum: 296
– **jiaodongense**: 291
– **jinianum**: 292
– **jiuhuashanense**: 292
– **jiulungshanense**: 292
– **jujuyense**: 292
– jullianum → Hylotelephium telephium ssp. telephium: 144

[Sedum]
- juparense → Rhodiola coccinea ssp. coccinea: 222
- juranum → S. forsterianum: 280
- **jurgensenii**: 292
- – ssp. **attenuatum**: 292
- – – **jurgensenii**: 292
- kagamontanum → Hylotelephium sieboldii var. ettyuense: 142
- kamtschaticum → Phedimus kamtschaticus: 206
- – fa. angustifolium → Phedimus kamtschaticus: 207
- – – variegatum → Phedimus kamtschaticus: 207
- – – viviparum → Phedimus aizoon: 205
- – ssp. ellacombianum → Phedimus ellacombianus: 206
- – – middendorfianum → Phedimus middendorfianus: 207
- – var. floriferum → Phedimus floriferus: 206
- – – takesimense → Phedimus takesimensis: 210
- – – zokuriense → Phedimus zokuriensis: 210
- karpelesae → Rhodiola humilis: 226
- **kiangnanense**: 293
- **kimnachii**: 293
- **kingdonii**: 293
- kirilowii → Rhodiola kirilowii: 228
- – cv. Rubrum → Rhodiola kirilowii: 228
- – var. altum → Rhodiola kirilowii: 228
- – – linifolium → Rhodiola kirilowii: 228
- – – rubrum → Rhodiola kirilowii: 228
- kiusianum → S. polytrichoides: 321
- kiwuense → S. ruwenzoriense: 328
- kokanicum → Rosularia alpestris ssp. alpestris: 237
- komarovii → Rhodiola angusta: 220
- korpilii → S. aetnense: 249
- kostovii → S. grisebachii var. grisebachii: 285
- **kotschyanum**: 293
- – var. inconspicuum → S. inconspicuum: 290
- kouyangense → S. sarmentosum: 329
- krajinae → S. acre: 248
- kurdistanicum → Prometheum sempervivoides: 214
- kurilense → Phedimus kamtschaticus: 207
- labordei → Hylotelephium erythrostictum: 140
- **laconicum**: 293
- – fa. elongatum → S. laconicum: 293
- – ssp. insulare → S. laconicum ssp. laconicum: 294
- – – **laconicum**: 294
- – – **pallidum**: 294
- – – pentapolitanum → S. laconicum: 293
- – var. insulare → S. laconicum ssp. laconicum: 294
- **lagascae**: 294
- lahovaryanum → Sedum: 246
- **lampusae**: 294
- **lanceolatum**: 294
- – ssp. **lanceolatum**: 295

[Sedum lanceolatum ssp.]
- – – **nesioticum**: 295
- – – **subalpinum**: 295
- – – var. nesioticum → S. lanceolatum ssp. nesioticum: 295
- – – rupicola → S. rupicola: 328
- **lancerottense**: 295
- **latentibulbosum**: 295
- **latifilamentum**: 295
- latifolium → Hylotelephium telephium ssp. maximum: 144
- latiovalifolium → Phedimus ellacombianus: 206
- laxiflorum → Monanthes laxiflora: 191
- **laxum**: 296
- – ssp. **eastwoodiae**: 296
- – – **flavidum**: 296
- – – **heckneri**: 296
- – – **latifolium**: 296
- – – **laxum**: 296
- – – perplexum → S. laxum: 296
- – – retusum → S. obtusatum ssp. retusum: 314
- – – typicum → S. laxum ssp. laxum: 296
- lazicum → Phedimus spurius: 209
- **leblanciae**: 296
- – var. dielsii → S. dielsii: 272
- – – torquatum → S. tsiangii var. torquatum: 341
- **leibergii**: 297
- – var. borschii → S. borschii: 258
- lejeunianum → S. forsterianum: 280
- **lenkorianum**: 297
- **lenophylloides**: 297
- lepidopodum → S. polytrichoides: 321
- **leptophyllum**: 297
- leptorhizum → Hylotelephium pallescens: 141
- **leucocarpum**: 297
- leveilleanum → Meterostachys sikokiana: 190
- levii → Rhodiola humilis: 226
- libanoticum → Rosularia serrata: 242
- liciae → Rhodiola chrysanthemifolia ssp. liciae: 221
- **liebmannianum**: 297
- lievenii → Pseudosedum lievenii: 217
- lignicaule → S. tortuosum: 338
- likiangense → Rhodiola coccinea ssp. scabrida: 222
- lilacinum → Hylotelephium cyaneum: 140
- limuloides → Orostachys fimbriata: 194
- **lineare**: 298
- – – → S. callichroum: 261
- – – fa. variegatum → S. lineare: 298
- – – var. albomarginatum → S. lineare: 298
- – – – contractum → S. sarmentosum: 329
- – – – floribundum → S. lineare: 298
- – – – minus → S. lineare: 298
- – – – robustum → S. lineare: 298
- – – – floribundum → Sedum lineare : 298
- linearifolium → Rhodiola sinuata: 233
- – var. balfourii → Rhodiola chrysanthemifolia ssp. chrysanthemifolia: 221

[Sedum linearifolium var.]
- - - dielsianum → Rhodiola chrysanthemifolia ssp. chrysanthemifolia: 221
- - - forrestii → Rhodiola chrysanthemifolia ssp. chrysanthemifolia: 221
- - - genuinum → Rhodiola sinuata: 233
- - - ovatisepalum → Rhodiola chrysanthemifolia ssp. chrysanthemifolia: 221
- - - pauciflorum → Rhodiola sinuata: 233
- - - sacrum → Rhodiola chrysanthemifolia ssp. sacra: 221
- - - sinuatum → Rhodiola sinuata: 233
- - - tieghemii → Rhodiola chrysanthemifolia ssp. sacra: 221
- linifolium → S. pulchellum: 323
- listoniae → Phedimus obtusifolius: 207
- listropetalum → S. wrightii: 346
- litorale → Phedimus litoralis: 207
- **litoreum**: 298
- - ssp. praesidis → S. litoreum var. creticum: 298
- - var. barcense → S. litoreum var. litoreum: 298
- - - **creticum**: 298
- - - eu-litoreum → S. litoreum var. litoreum: 299
- - - **litoreum**: 298
- littoreum → S. litoreum: 298
- lividum → Hylotelephium sp.: 139
- - - → S. sp.: 247
- lobelii → Hylotelephium sp.: 139
- longibracteatum → S. hispanicum: 289
- longicaule → Rhodiola kirilowii: 228
- **longifuniculatum**: 299
- **longipes**: 299
- - ssp. **longipes**: 299
- - - **rosulare**: 299
- longistylum → Sinocrassula longistyla: 368
- **longyanense**: 299
- loochoense → S. formosanum: 279
- **lorenzoi**: 299
- - nssp. **hommelsii**: 299
- - - **lorenzoi**: 299
- louisii → S. caespitosum: 261
- **luchuanicum**: 300
- **lucidum**: 300
- ludlowii → Rhodiola ludlowii: 228
- **lumholtzii**: 300
- **lungtsuanense**: 300
- lusitanicum → S. sediforme: 330
- **luteolum**: 300
- - nssp. **hegnaueri**: 300
- - - **luteolum**: 301
- luteovirens → S. monregalense: 306
- **luteoviride**: 301
- **lutzii**: 301
- - var. **lutzii**: 301
- - - **viridiflavum**: 301
- lycopodioides → Crassula muscosa var. muscosa: 62

[Sedum]
- **lydium**: 301
- **macdonaldii**: 301
- **macdougallii**: 301
- macrocarpum → Rhodiola macrocarpa: 229
- macrolepis → Rhodiola kirilowii: 228
- madagascaricum → Kalanchoe pinnata: 175
- madagascariense → Perrierosedum madagascariense: 204
- **madrense**: 301
- **magae**: 302
- **magellense**: 302
- - ssp. olympicum → S. magellense: 302
- - var. olympicum → S. magellense: 302
- **magniflorum**: 302
- magnusii → S. erici-magnusii: 276
- **maireanum**: 302
- mairei → S. somenii: 332
- **major**: 303
- majus → S. sp.: 247
- **makinoi**: 303
- - fa. albomarginatum → S. makinoi: 303
- - - albovariegatum → S. makinoi: 303
- malacophyllum → Orostachys malacophylla: 195
- - var. iwarenge → Orostachys malacophylla var. iwarenge: 196
- - - japonicum → Orostachys japonica: 195
- malladrae → Hypagophytum abyssinicum: 147
- marcescens → S. liebmannianum: 297
- margaritae → S. chauveaudii: 263
- mariae → S. formosanum: 279
- marichalii → S. litoreum var. litoreum: 298
- maritimum → Hylotelephium telephium ssp. telephium: 144
- marnieri → Rosularia alpestris ssp. marnieri: 238
- martinii → Sinocrassula indica var. indica: 367
- matrense → S. rubens: 327
- **maurum**: 303
- maweanum → S. acre: 248
- maximowiczii → Phedimus aizoon: 205
- maximum → Hylotelephium telephium ssp. maximum: 144
- - fa. atropurpureum → Hylotelephium telephium ssp. maximum: 144
- - - domokosii → Hylotelephium telephium ssp. maximum: 144
- - - nigrum → Hylotelephium telephium ssp. maximum: 144
- - - rufescens → Hylotelephium telephium ssp. maximum: 144
- - - transdanubicum → Hylotelephium telephium ssp. maximum: 144
- - - umbrosum → Hylotelephium telephium ssp. maximum: 144
- - ssp. fabaria → Hylotelephium telephium ssp. telephium: 144
- - - glaucopruinosum → Hylotelephium telephium ssp. maximum: 144

[Sedum maximum ssp.]
– – – ruprechtii → Hylotelephium telephium ssp. ruprechtii: 144
– – var. caucasicum → Hylotelephium caucasicum: 140
– – – scherfelii → Hylotelephium telephium ssp. maximum: 144
– meehanii → S. sp.: 247
– megalanthum → Rhodiola crenulata: 222
– megalophyllum → Rhodiola crenulata: 222
– mekongense → S. multicaule ssp. multicaule: 308
– **melanantherum**: 303
– **mellitulum**: 304
– mengtzeanum → Rhodiola yunnanensis ssp. yunnanensis: 236
– **mexicanum**: 304
– **meyeri-johannis**: 304
– – var. keniae → S. meyeri-johannis: 304
– **meyranianum**: 304
– miae → S. bonnieri: 257
– micranthum → S. album: 250
– **microcarpum**: 304
– **microsepalum**: 305
– **microstachyum**: 305
– middendorfianum → Phedimus middendorfianus: 207
– – cv. Diffusum → Phedimus middendorfianus: 207
– – ssp. arcuatum → Phedimus middendorfianus: 207
– – – sichotense → Phedimus sichotensis: 208
– – var. diffusum → Phedimus middendorfianus: 207
– millii → Phedimus obtusifolius: 207
– **millspaughii**: 305
– mingjinianum → Hylotelephium mingjinianum: 141
– **minimum**: 305
– – – → S. acre: 248
– – ssp. **delicatum**: 305
– – – **minimum**: 305
– minus → S. sp.: 247
– mirabile → Rhodiola hobsonii: 225
– mirum → Umbilicus parviflorus: 384
– miserum → Villadia misera: 389
– mite → S. sexangulare: 331
– **mocinianum**: 305
– **modestum**: 306
– monanthum → S. stenopetalum ssp. monanthum: 335
– **monregalense**: 306
– **montanum**: 306
– – → Sempervivum montanum: 360
– – ssp. **montanum**: 306
– – – **orientale**: 306
– montenegrinum → S. sexangulare: 331
– monticola → S. dendroideum ssp. monticola: 272

[Sedum]
– **mooneyi**: 307
– moorcroftianum → Rosularia alpestris ssp. alpestris: 237
– **moranense**: 307
– – ssp. **grandiflorum**: 307
– – – **moranense**: 307
– – var. arboreum → S. moranense ssp. moranense: 307
– **moranii**: 307
– **morganianum**: 307
– moroderi → S. dasyphyllum var. glanduliferum: 271
– morotii → S. obtusipetalum ssp. obtusipetalum: 314
– – var. pinoyi → S. obtusipetalum ssp. obtusipetalum: 314
– **morrisonense**: 307
– mosoynense → S. obtusipetalum ssp. obtusipetalum: 314
– mossii → S. balfourii: 256
– **mucizonia**: 308
– – ssp. abylaeum → S. mucizonia: 308
– – – urceolatum → S. mucizonia: 308
– mucronatum → Rhodiola sinuata: 233
– mugodsharicum → Hylotelephium telephium ssp. telephium: 145
– **multicaule**: 308
– – → Dudleya multicaulis: 99
– – ssp. **multicaule**: 308
– – – **rugosum**: 308
– **multiceps**: 309
– **multiflorum**: 309
– **muscoideum**: 309
– **muyaicum**: 309
– **nagasakianum**: 309
– **nanchuanense**: 309
– **nanifolium**: 310
– **nanum**: 310
– **napiferum**: 310
– naviculare → S. jaliscanum: 291
– neapolitanum → S. dasyphyllum var. glanduliferum: 270
– nebrodense → S. dasyphyllum: 270
– neglectum → S. acre: 247
– – ssp. sopianae → S. acre: 248
– nelsonii → S. tortuosum: 338
– **neovolcanicum**: 310
– nepalicum → Rhodiola nepalica: 229
– nesioticum → S. lanceolatum ssp. nesioticum: 295
– **nevadense**: 310
– – var. javalambrense → S. nevadense: 311
– **nevii**: 311
– – var. beyrichianum → S. nevii: 311
– nicaeense → S. sediforme: 330
– – ssp. dianium → S. sediforme: 330
– – var. saguntinum → S. sediforme: 330
– nipponicum → S. sp.: 247

[Sedum]
- **niveum**: 311
- nobile → Rhodiola nobilis: 229
- **nokoense**: 311
- notarjannii → Hylotelephium populifolium: 142
- **nothodugueyi**: 311
- novakii → S. urvillei: 343
- **nudum**: 312
- – var. lancerottense → S. lancerottense: 295
- nuristanicum → Rosularia alpestris ssp. alpestris: 237
- **nussbaumerianum**: 312
- nutans → Cremnophila nutans: 87
- – – → S. rupestre: 327
- **nuttallianum**: 312
- nuttallii → S. nuttallianum: 312
- **oaxacanum**: 312
- **obcordatum**: 313
- **oblanceolatum**: 313
- oblongirhizum → Dudleya multicaulis: 99
- oblongum → S. anglicum: 253
- obovatum → S. makinoi: 303
- **obtrullatum**: 313
- **obtusatum**: 313
- – ssp. **boreale**: 313
- – – – **obtusatum**: 314
- – – – **paradisum**: 314
- – – – **retusum**: 314
- – – – typicum → S. obtusatum ssp. obtusatum: 314
- – – var. hallii → S. obtusatum ssp. obtusatum: 314
- obtusifolium → Phedimus obtusifolius: 207
- – – var. listoniae → Phedimus obtusifolius: 207
- **obtusipetalum**: 314
- – – ssp. **dandyanum**: 314
- – – – **obtusipetalum**: 314
- obtuso-lineare → S. lineare: 298
- **ochroleucum**: 314
- – – ssp. montanum → S. montanum: 306
- octogonum → S. ternatum: 337
- **oculense**: 315
- odontophyllum → Phedimus odontophyllus: 208
- oederi → S. annuum: 254
- ohbae → Rhodiola angusta: 220
- oishii → Hylotelephium sordidum var. oishii: 142
- okuyamae → Hylotelephium erythrostictum: 140
- olgae → Rosularia alpestris ssp. alpestris: 237
- **oligocarpum**: 315
- **oligospermum**: 315
- – – var. **emarginatum**: 315
- – – – **oligospermum**: 315
- olympicum → S. magellense: 302
- **onychopetalum**: 315
- oppositifolium → Phedimus spurius: 209
- – – → Umbilicus oppositifolius: 383
- **orbatum**: 315
- orbiculatum → Hylotelephium sp.: 139

[Sedum]
- **oreades**: 316
- **oreganum**: 316
- – – ssp. **oreganum**: 316
- – – – **tenue**: 316
- – – var. metallicum → S. oreganum ssp. oreganum: 316
- **oregonense**: 316
- orichalcum → S. balfourii: 256
- orientale → S. hispanicum: 289
- oriento-asiaticum → Meterostachys sikokiana: 190
- oryzifolium → S. uniflorum ssp. oryzifolium: 343
- – – var. boreale → S. uniflorum ssp. japonicum: 342
- **oteroi**: 317
- ovatisepalum → Rhodiola chrysanthemifolia ssp. chrysanthemifolia: 221
- **oxycoccoides**: 317
- **oxypetalum**: 317
- pachucense → S. hemsleyanum: 287
- pachyclados → Rhodiola pachyclados: 229
- **pachyphyllum**: 317
- **pagetodes**: 317
- painteri → S. hemsleyanum: 287
- pakistanicum → Hylotelephium ewersii: 141
- palaestinum → S. eriocarpum ssp. orientale: 277
- pallens → S. rubens: 327
- pallescens → Hylotelephium pallescens: 141
- **pallidum**: 317
- – – var. bithynicum → S. pallidum: 318
- **palmeri**: 318
- – – ssp. emarginatum → S. palmeri: 318
- – – – robertsianum → S. robertsianum: 326
- – – – rubromarginatum → S. palmeri: 318
- pamiroalaicum → Rhodiola pamiroalaica: 230
- **pampaninii**: 318
- paniculatum → S. album: 250
- – – → S. cepaea: 263
- – – → Sinocrassula indica var. indica: 367
- – – var. indicum → Sinocrassula indica var. indica: 367
- paoshingense → Sinocrassula indica var. luteorubra: 368
- **papillicaulum**: 318
- paracelatum → S. obtusipetalum ssp. obtusipetalum: 314
- paradisum → S. obtusatum ssp. paradisum: 314
- paradoxum → Orostachys paradoxa: 196
- paraguayense → Graptopetalum paraguayense: 136
- parnassicum → S. annuum: 253
- **parvisepalum**: 318
- – – ssp. **parvisepalum**: 318
- – – – **philippinense**: 318
- **parvum**: 319
- – – ssp. dendroides → S. catorce: 262
- – – – diminutum → S. diminutum: 273

455

[Sedum parvum ssp.]
--- nanifolium → S. nanifolium: 310
- patrickii → S. apoleipon: 254
-- → S. sp.: 247
- pauciflorum → Rhodiola sinuata: 233
- paui → S. maireanum: 302
- **pedicellatum**: 319
-- ssp. lusitanicum → S. pedicellatum: 319
-- var. lusitanicum → S. pedicellatum: 319
- pekinense → Hylotelephium tatarinowii: 143
- pentandrum → S. villosum: 344
- **pentapetalum**: 319
- **pentastamineum**: 319
- peregrinum → S. oxypetalum: 317
- **perpusillum**: 319
- **perrotii**: 320
- persicum → Rosularia sempervivum ssp. persica: 241
- peruvianum → S. sp.: 247
- phariense → Rhodiola purpureoviridis ssp. phariensis: 231
- **phyllanthum**: 320
- **piloshanense**: 320
- pilosum → Prometheum pilosum: 213
- **pinetorum**: 320
- pinnatifidum → Rhodiola stephanii: 234
- pinoyi → S. obtusipetalum ssp. obtusipetalum: 314
- **planifolium**: 320
- platyphyllum → Rosularia platyphylla: 240
-- → S. alexanderi: 250
-- → S. fui: 281
-- var. longisepalum → S. fui var. longisepalum: 281
- **platysepalum**: 320
- **platystylum**: 321
- pleurogynanthum → Rhodiola primuloides ssp. primuloides: 230
- **plicatum**: 321
- pluricaule → Hylotelephium pluricaule: 141
-- ssp. ezawae → Hylotelephium pluricaule: 142
--- hidakanum → Hylotelephium pluricaule: 142
-- var. hidakanum → Hylotelephium pluricaule: 142
--- yezoense → Hylotelephium pluricaule: 142
- polonicum → Hylotelephium telephium ssp. ruprechtii: 144
- polycephalum → Orostachys japonica: 195
- polygamum → Rhodiola integrifolia ssp. integrifolia: 227
- polyrhizum → S. oaxacanum: 312
- polystichoides → S. polytrichoides: 321
- polystriatum → S. sp.: 247
- **polytrichoides**: 321
-- var. setouchiense → S. polytrichoides: 321
--- yabeanum → S. polytrichoides: 321
- ponticum → S. urvillei: 343
- populifolium → Hylotelephium populifolium: 142

[Sedum]
- porphyreum → S. eriocarpum ssp. porphyreum: 278
-- var. parviglandulosum → S. eriocarpum ssp. porphyreum: 278
- portulacoides → S. ternatum: 337
- **pososepalum**: 321
- **potosinum**: 321
- praealtum → S. dendroideum ssp. praealtum: 272
-- ssp. monticola → S. dendroideum ssp. monticola: 272
--- parvifolium → S. dendroideum ssp. parvifolium: 272
- praegerianum → Rhodiola hobsonii: 225
- praesidis → S. litoreum var. creticum: 298
- prainii → Rhodiola prainii: 230
- **prasinopetalum**: 322
- **pratoalpinum**: 322
- primuloides → Rhodiola primuloides: 230
-- var. pleurogynanthum → Rhodiola primuloides ssp. primuloides: 230
- **pringlei**: 322
-- var. minus → S. minimum ssp. minimum: 305
- procumbens → S. acre: 247
- progressum → Rhodiola macrocarpa: 229
- proponticum → Phedimus obtusifolius: 207
- prostratum → Phedimus zokuriensis: 210
- **pruinatum**: 322
-- → S. forsterianum: 280
- pruinosum → S. spathulifolium ssp. pruinosum: 333
- **przewalskii**: 322
- pseudo-aizoon → Phedimus aizoon: 205
- pseudo-atratum → S. alpestre: 251
- **pseudo-multicaule**: 322
- pseudohispanicum → S. hispanicum: 289
- pseudohybridum → Phedimus sp.: 205
- pseudospectabile → Hylotelephium spectabile: 143
- pseudostapfii → S. filipes: 279
- pseudosubtile → Rosularia sp.: 237
- pseudotelephium → Hylotelephium telephium ssp. maximum: 144
- puberulum → S. cockerellii: 265
-- → S. hispanicum: 289
- **pubescens**: 323
- **pulchellum**: 323
-- → S. sp.: 247
- pulchrum → S. pulchellum: 323
- pulligerum → S. dasyphyllum var. glanduliferum: 271
- **pulvinatum**: 323
- pumilum → Sedella pumila: 244
-- var. congdonii → Sedella pumila: 244
- punctatum → S. sp.: 247
- **purdomii**: 323
- purdyi → S. spathulifolium ssp. purdyi: 333
- purpurascens → Hylotelephium pallescens: 141

[Sedum purpurascens]
- – → Hylotelephium telephium ssp. telephium: 144
- purpureoviride → Rhodiola purpureoviridis: 230
- purpureum → Hylotelephium pallescens: 141
- – → Hylotelephium telephium ssp. telephium: 144
- purpusii → S. aoikon: 254
- **pusillum**: 323
- pyramidale → Orostachys chanetii: 194
- – → Sinocrassula yunnanensis: 369
- pyramidatum → Sinocrassula yunnanensis: 369
- pyrenaicum → S. anglicum: 253
- pyriforme → Rosularia rosulata: 240
- quadrifidum → Rhodiola quadrifida: 231
- – ssp. coccineum → Rhodiola coccinea: 222
- – var. bouvieri → Rhodiola himalensis ssp. bouvieri: 225
- – – fastigiatum → Rhodiola fastigiata: 224
- – – himalense → Rhodiola himalensis: 225
- – – tibeticum → Rhodiola tibetica: 235
- **quadripetalum**: 324
- **quaternatum**: 324
- **quevae**: 324
- quevai → S. sp.: 247
- quinquefarium → S. brevifolium: 259
- quitense → Echeveria quitensis: 124
- racemiferum → S. grisebachii var. grisebachii: 285
- racemosum → Rosularia sempervivum ssp. sempervivum: 242
- **radiatum**: 324
- – ssp. **ciliosum**: 324
- – – **depauperatum**: 324
- – – **radiatum**: 325
- radicans → Crassula tetragona ssp. acutifolia: 81
- radicosum → Rosularia radicosa: 240
- **ramentaceum**: 325
- ramosissimum → Orostachys fimbriata: 194
- ramuliflorum → Crassula obovata var. obovata: 65
- – – fa. rubriflorum → Crassula obovata var. obovata: 65
- – – var. oblongifolium → Crassula obovata var. obovata: 65
- rariflorum → Rhodiola dumulosa: 223
- **raymondii**: 325
- recticaule → Rhodiola recticaulis: 231
- recurvatum → S. rupestre ssp. rupestre: 328
- reflexum → S. rupestre ssp. rupestre: 327
- – – fa. adpressum → S. rupestre ssp. rupestre: 328
- – – – collinum → S. rupestre ssp. rupestre: 328
- – – – cristatum → S. rupestre ssp. rupestre: 328
- – – – recurvatum → S. rupestre ssp. rupestre: 328
- – – ssp. albescens → S. rupestre ssp. rupestre: 328
- – – – glaucum → S. rupestre ssp. rupestre: 327
- – – var. aureum → S. forsterianum: 280
- – – – glaucum → S. rupestre ssp. rupestre: 328
- – – – rupestre → S. rupestre: 327

[Sedum reflexum var.]
- – – – viride → S. rupestre ssp. rupestre: 328
- regelii → Crassula exilis ssp. cooperi: 50
- – – → Prometheum pilosum: 214
- rendlei → Rhodiola dumulosa: 223
- **reniforme**: 325
- repens → S. alpestre: 251
- **reptans**: 325
- – – ssp. carinatifolium → S. reptans: 325
- reticulatum → S. dasyphyllum var. dasyphyllum: 270
- **retusum**: 325
- rhodanthum → Phedimus obtusifolius: 207
- – – → Rhodiola rhodantha: 231
- rhodiola → Rhodiola integrifolia: 226
- – – → Rhodiola rosea: 232
- – – subvar. continentale → Rhodiola rosea: 232
- – – var. atropurpureum → Rhodiola integrifolia ssp. integrifolia: 226
- – – – crispum → Rhodiola rosea: 232
- – – – elongatum → Rhodiola rosea: 232
- – – – humile → Rhodiola integrifolia ssp. integrifolia: 226
- – – – involucratum → Rhodiola integrifolia ssp. integrifolia: 226
- – – – lanceolatum → Rhodiola integrifolia ssp. integrifolia: 226
- – – – latifolium → Rhodiola rosea: 232
- – – – lingulatum → Rhodiola rosea: 232
- – – – linifolia → Rhodiola rosea: 232
- – – – oblongum → Rhodiola rosea: 232
- – – – ovatum → Rhodiola integrifolia ssp. integrifolia: 226
- – – – scopolii → Rhodiola rosea: 232
- – – – tachiroei → Rhodiola rosea: 232
- – – – tenuifolium → Rhodiola integrifolia ssp. integrifolia: 226
- – – – viride → Rhodiola rosea: 232
- – – – vulgare → Rhodiola rosea: 232
- rhodioloides → Rhodiola integrifolia: 226
- **rhodocarpum**: 326
- – – ssp. edwardsii → S. edwardsii: 275
- rhodopaeum → S. album: 250
- rhytidocalyx → S. litoreum: 298
- rigidum → Hylotelephium sp.: 139
- rivasgodayi → S. nevadense: 311
- rivulare → S. melananthemum: 303
- roanense → Rhodiola rosea: 232
- **robertsianum**: 326
- **roborowskii**: 326
- – – var. genuinum → S. roborowskii: 326
- – – – somenii → S. somenii: 332
- robustum → Rhodiola kirilowii: 228
- – – → S. acre: 248
- – – var. zlatiborense → S. acre: 248
- rohlenae → S. acre: 248
- rosea → Rhodiola rosea: 232
- – – fa. kirilowii → Rhodiola kirilowii: 228
- – – ssp. arcticum → Rhodiola rosea: 232

[Sedum rosea ssp.]
– – – integrifolium → Rhodiola integrifolia: 226
– – subvar. continentale → Rhodiola rosea: 232
– – var. alaskanum → Rhodiola integrifolia ssp. integrifolia: 227
– – – aleuticum → Rhodiola integrifolia ssp. integrifolia: 227
– – – atropurpureum → Rhodiola integrifolia ssp. integrifolia: 226
– – – elongatum → Rhodiola rosea: 232
– – – frigidum → Rhodiola integrifolia ssp. integrifolia: 227
– – – heterodontum → Rhodiola heterodonta: 224
– – – integrifolium → Rhodiola integrifolia: 226
– – – leedyi → Rhodiola integrifolia ssp. leedyi: 227
– – – microphyllum → Rhodiola rosea: 232
– – – neomexicanum → Rhodiola integrifolia ssp. neomexicana: 227
– – – polygamum → Rhodiola integrifolia ssp. integrifolia: 227
– – – roanense → Rhodiola rosea: 232
– – – sino-alpinum → Rhodiola cretinii ssp. sino-alpina: 223
– – – tachiroei → Rhodiola rosea: 232
– – – vulgare → Rhodiola rosea: 232
– rosei → S. obtusipetalum ssp. obtusipetalum: 314
– – var. brevistamineum → S. obtusipetalum ssp. obtusipetalum: 314
– – – magniflorum → S. obtusipetalum ssp. obtusipetalum: 314
– roseum → Phedimus stevenianus: 210
– **rosthornianum**: 326
– rostratum → S. amplexicaule ssp. amplexicaule: 252
– **rosulatobulbosum**: 326
– rosulatum → Rosularia rosulata: 240
– rotundatum → Rhodiola crenulata: 222
– – var. oblongatum → Rhodiola crenulata: 222
– rotundifolium → Hylotelephium anacampseros: 139
– – → Hylotelephium sp.: 139
– **rubens**: 327
– – → S. alpestre: 251
– – → S. atratum: 255
– – → S. rubens: 327
– – ssp. caespitosum → S. caespitosum: 260
– – – delicum → S. eriocarpum ssp. delicum: 277
– – var. decandrum → S. pallidum: 317
– – – delicum → S. eriocarpum ssp. delicum: 277
– – – haouzense → S. rubens: 327
– – – mediterraneum → S. rubens: 327
– – – pallidiflorum → S. rubens: 327
– – – praegeri → S. rubens: 327
– rubricaule → S. ebracteatum ssp. ebracteatum: 275
– rubroglaucum → S. obtusatum ssp. obtusatum: 314

[Sedum]
– rubromucronatum → S. sp.: 247
– **rubrotinctum**: 327
– rubrum → Hylotelephium ewersii: 141
– – → S. caespitosum: 261
– – var. louisii → S. caespitosum: 261
– rufescens → S. ochroleucum: 314
– **rupestre**: 327
– – → S. annuum: 254
– – fa. purpureum → S. sp.: 247
– – ssp. albescens → S. rupestre ssp. rupestre: 328
– – – anopetalum → S. ochroleucum: 314
– – – elegans → S. forsterianum: 280
– – – **erectum**: 327
– – – forsterianum → S. forsterianum: 280
– – – montanum → S. montanum: 306
– – – ochroleucum → S. ochroleucum: 314
– – – reflexum → S. rupestre ssp. rupestre: 327
– – – **rupestre**: 327
– – var. aureum → S. forsterianum: 280
– – – erectum → S. rupestre ssp. erectum: 327
– – – glaucum → S. rupestre ssp. rupestre: 328
– **rupicola**: 328
– rupifragum → S. hakonense: 287
– ruprechtii → Hylotelephium telephium ssp. ruprechtii: 144
– **ruwenzoriense**: 328
– sachalinense → Rhodiola rosea: 232
– sacrum → Rhodiola chrysanthemifolia ssp. sacra: 221
– **sagittipetalum**: 328
– sajanense → Phedimus aizoon: 205
– salonitanum → S. sediforme: 330
– **salvadorense**: 328
– **samium**: 329
– – ssp. **micranthum**: 329
– – – **samium**: 329
– sanctae-monicae → Dudleya multicaulis: 99
– sangpo-tibetanum → Rhodiola smithii: 234
– sanguineum → S. eriocarpum ssp. orientale: 277
– sanhedrinum → S. obtusatum ssp. retusum: 314
– **sarmentosum**: 329
– – fa. maior → S. sarmentosum: 329
– – var. **sarmentosum**: 329
– – – **silvestre**: 329
– sartorianum → S. urvillei: 343
– – ssp. hillebrandtii → S. urvillei: 343
– – – ponticum → S. urvillei: 343
– – – stribrnyi → S. urvillei: 343
– sasakii → S. uniflorum ssp. uniflorum: 343
– **satumense**: 329
– saxatile → S. alpestre: 251
– – → S. annuum: 254
– saxifragoides → Rhodiola saxifragoides: 232
– scabridum → Rhodiola coccinea ssp. scabrida: 222
– scallanii → Sinocrassula indica var. indica: 367
– – var. major → Sinocrassula indica var. indica: 367

[Sedum]
- scaphiophyllum → Rosularia alpestris ssp. alpestris: 237
- scheuchzeri → S. alpestre: 251
- schimperi → S. epidendrum: 276
- schistosum → S. sexangulare: 331
- **schizolepis**: 330
- schlagintweitii → Rosularia alpestris ssp. alpestris: 237
- schoenlandii → Orostachys schoenlandii: 196
- schrenkii → S. albertii: 249
- schrotium → Hylotelephium ewersii: 141
- schwarzii → S. cepaea: 263
- schwendenerianum → S. meyeri-johannis: 304
- **scopulinum**: 330
- sedifolium → S. sp.: 247
- **sediforme**: 330
- – – → S. crassularia: 268
- – – ssp. dianium → S. sediforme: 330
- – – var. brevirostratum → S. sediforme: 330
- – – – congestiflorum → S. sediforme: 330
- – – – dianium → S. sediforme: 330
- – – – nicaeense → S. sediforme: 330
- – – – saguntinum → S. sediforme: 330
- **sedoides**: 330
- – – → S. candollei: 261
- – – ssp. ramosissimum → S. candollei: 261
- **seelemannii**: 330
- **sekiteiense**: 331
- selskianum → Phedimus selskianus: 208
- – – var. glaberrimum → Phedimus aizoon: 205
- – – – glabrifolium → Phedimus aizoon: 205
- – – – grandiflorum → Phedimus selskianus: 208
- – – – latifolium → Phedimus selskianus: 208
- semenovii → Rhodiola semenovii: 233
- – – var. kansuense → Rhodiola semenovii: 233
- semiglabrum → S. hispanicum: 289
- **semilunatum**: 331
- **semiteres**: 331
- sempervivoides → Prometheum sempervivoides: 214
- sempervivum → Prometheum sempervivoides: 214
- – – → Rosularia sempervivum: 241
- – – var. genuinum → Rosularia sempervivum ssp. sempervivum: 242
- – – – glabrum → Rosularia sempervivum ssp. persica: 241
- senanense → S. uniflorum ssp. japonicum: 342
- septangulare → S. sp.: 247
- serpentini → S. album: 250
- serratum → Rhodiola serrata: 233
- **sexangulare**: 331
- – – fa. elatum → S. acre: 248
- – – – minor → S. sexangulare: 331
- – – – parviflorum → S. sexangulare: 331
- – – ssp. boloniense → S. sexangulare: 331
- – – – grisebachii → S. grisebachii: 285
- – – – hercegnovi → S. sp.: 247

[Sedum sexangulare ssp.]
- – – – hillebrandtii → S. urvillei: 343
- – – – montenegrinum → S. sexangulare: 331
- – – – stribrnyi → S. urvillei: 343
- – – var. acre → S. acre: 247
- – – – boloniense → S. sexangulare: 331
- – – – montenegrinum → S. sexangulare: 331
- sexfidum → S. hispanicum: 289
- shastense → S. lanceolatum: 294
- sheareri → S. sarmentosum: 329
- sherriffii → Rhodiola sherriffii: 233
- **shigatsense**: 331
- shimizuanum → Hylotelephium verticillatum var. verticillatum: 145
- **shitaiense**: 332
- sibericum → Phedimus hybridus: 206
- sibiricum → Phedimus hybridus: 206
- sichotense → Phedimus sichotensis: 208
- sieboldii → Hylotelephium sieboldii: 142
- – – var. erectum → Hylotelephium sieboldii: 142
- – – – kagamontanum → Hylotelephium sieboldii var. ettyuense: 142
- sikokianum → Meterostachys sikokiana: 190
- – – → Phedimus sikokianus: 209
- – – ssp. kurilense → Phedimus kamtschaticus: 207
- silvestrii → S. elatinoides: 275
- simplex → S. rubens: 327
- sinicum → Rhodiola yunnanensis ssp. yunnanensis: 236
- **sinoglaciale**: 332
- sinuatum → Rhodiola sinuata: 233
- skorpilii → S. aetnense: 249
- **smallii**: 332
- smithii → Rhodiola smithii: 234
- soboliferum → Sempervivum globiferum ssp. globiferum: 356
- soluntinum → S. sediforme: 330
- **somenii**: 332
- sordidum → Hylotelephium sordidum: 142
- **sorgerae**: 332
- sparsiflorum → S. nuttallianum: 312
- spathulatum → S. cepaea: 263
- **spathulifolium**: 333
- – – cv. Purpureum → S. spathulifolium ssp. pruinosum: 333
- – – ssp. anomalum → S. spathulifolium ssp. spathulifolium: 333
- – – – **pruinosum**: 333
- – – – **purdyi**: 333
- – – – **spathulifolium**: 333
- – – – **yosemitense**: 333
- – – var. majus → S. spathulifolium ssp. yosemitense: 333
- – – – minus → S. spathulifolium ssp. spathulifolium: 333
- – – – pruinosum → S. spathulifolium ssp. pruinosum: 333
- – – – purpureum → S. spathulifolium ssp. pruinosum: 333

[Sedum]
- **spathulisepalum**: 333
- spectabile → Hylotelephium spectabile: 143
- – var. angustifolium → Hylotelephium spectabile: 143
- sphaericum → S. brevifolium: 259
- spinosum → Orostachys spinosa: 196
- – var. minutum → Orostachys spinosa: 196
- – – thyrsiflorum → Orostachys thyrsiflora: 197
- spirale → S. sexangulare: 331
- spurium → Phedimus spurius: 209
- – var. album → Phedimus spurius: 209
- – – involucratum → Phedimus spurius: 209
- squamulosum → Villadia squamulosa: 390
- squarrosum → S. oreades: 316
- **stahlii**: 334
- stamineum → Rhodiola staminea: 234
- stapfii → Rhodiola stapfii: 234
- **stefco**: 334
- steftscho → S. stefco: 334
- **stellariifolium**: 334
- stellatum → Phedimus stellatus: 209
- – – → S. alfredii: 251
- – – → S. litoreum var. litoreum: 298
- **stelliforme**: 334
- **stenopetalum**: 334
- – fa. rubrolineatum → S. lanceolatum ssp. subalpinum: 295
- – ssp. ciliosum → S. radiatum ssp. ciliosum: 324
- – – **monanthum**: 335
- – – nesioticum → S. lanceolatum ssp. nesioticum: 295
- – – radiatum → S. radiatum: 324
- – – **stenopetalum**: 335
- – var. alpinum → S. lanceolatum ssp. subalpinum: 295
- **stenophyllum**: 335
- stenostachyum → Orostachys stenostachya: 197
- stephanii → Rhodiola stephanii: 234
- stepposum → Hylotelephium telephium ssp. ruprechtii: 144
- steudelii → S. rubens: 327
- stevenianum → Phedimus stevenianus: 210
- stewartii → Rhodiola prainii: 230
- **stimulosum**: 335
- stoloniferum → Phedimus stoloniferus: 210
- stracheyi → Rhodiola tibetica: 235
- stramineum → S. sp.: 247
- stribrnyi → S. urvillei: 343
- strictum → S. cepaea: 263
- **suaveolens**: 335
- subalpinum → S. lanceolatum ssp. subalpinum: 295
- subcapitatum → Hylotelephium subcapitatum: 143
- subclavatum → S. stenopetalum: 334
- **subgaleatum**: 335
- sublineare → S. callichroum: 261
- submontanum → S. moranense ssp. moranense: 307

[Sedum]
- suboppositum → Rhodiola subopposita: 234
- – – var. telephioides → Rhodiola rosea: 232
- **subtile**: 336
- – – ssp. **chinense**: 336
- – – – **subtile**: 336
- – – var. caespitosum → S. subtile ssp. subtile: 336
- – – – obovatum → S. makinoi: 303
- – – – pygmaeum → S. subtile ssp. subtile: 336
- **subulatum**: 336
- suffruticosum → S. nudum: 312
- sukaczevii → Hylotelephium pallescens: 141
- sulfureum → S. montanum ssp. montanum: 306
- **surculosum**: 336
- – – var. fuscum → S. surculosum var. surculosum: 337
- – – – **luteum**: 336
- – – – **surculosum**: 336
- **susannae**: 337
- – – var. **macrosepalum**: 337
- – – – subgaleatum → S. subgaleatum: 335
- – – – **susannae**: 337
- syncarpum → S. jaliscanum: 291
- taeschkei → S. oreades: 316
- taiwanianum → S. formosanum: 279
- taiwanicum → S. nokoense: 311
- takasui → Hylotelephium cyaneum: 140
- takesimense → Phedimus takesimensis: 210
- talichiense → Rosularia adenotricha ssp. viguieri: 237
- talihsiense → Rhodiola dumulosa: 223
- **tamaulipense**: 337
- taquetii → Hylotelephium viridescens: 146
- tatarinowii → Hylotelephium tatarinowii: 143
- – – var. integrifolium → Hylotelephium tatarinowii: 143
- techinense → Sinocrassula techinensis: 368
- tectorum → Sempervivum tectorum: 363
- **tehuaztlense**: 337
- telephioides → Hylotelephium telephioides: 143
- telephium → Hylotelephium telephium: 143
- – – fa. cauticola → Hylotelephium cauticola: 140
- – – – purpureum → Hylotelephium telephium ssp. telephium: 144
- – – – roseo-variegatum → Hylotelephium telephium ssp. telephium: 145
- – – – verticillatum → Hylotelephium verticillatum: 145
- – – ssp. alboroseum → Hylotelephium erythrostictum: 140
- – – – angustum → Hylotelephium angustum: 139
- – – – caucasicum → Hylotelephium caucasicum: 140
- – – – fabaria → Hylotelephium telephium ssp. telephium: 144
- – – – maximum → Hylotelephium telephium ssp. maximum: 143
- – – – purpureum → Hylotelephium telephium ssp. telephium: 144

[Sedum telephium ssp.]
- – – ruprechtii → Hylotelephium telephium ssp. ruprechtii: 144
- – – suecicum → Hylotelephium telephium ssp. maximum: 144
- – – verticillatum → Hylotelephium verticillatum: 145
- – – viviparum → Hylotelephium viviparum: 146
- – – vulgare → Hylotelephium telephium ssp. telephium: 144
- – – var. γ → Hylotelephium telephium ssp. telephium: 144
- – – albiflorum → Hylotelephium pallescens: 141
- – – album → Hylotelephium telephium ssp. telephium: 144
- – – borderi → Hylotelephium telephium ssp. telephium: 144
- – – carpaticum → Hylotelephium telephium ssp. telephium: 144
- – – cordatum → Hylotelephium telephium: 143
- – – eupatorioides → Hylotelephium pallescens: 141
- – – fuchsii → Hylotelephium sp.: 139
- – – glaucopruinosum → Hylotelephium telephium ssp. maximum: 144
- – – kirinense → Hylotelephium spectabile: 143
- – – maximum → Hylotelephium telephium ssp. maximum: 143
- – – occidentale → Hylotelephium telephium ssp. telephium: 145
- – – ochroleucum → Hylotelephium telephium ssp. telephium: 144
- – – orientale → Hylotelephium pallescens: 141
- – – pallescens → Hylotelephium pallescens: 141
- – – petraeum → Hylotelephium telephium ssp. ruprechtii: 144
- – – pluricaule → Hylotelephium pluricaule: 141
- – – pseudotelephium → Hylotelephium telephium ssp. maximum: 144
- – – purpurascens → Hylotelephium telephium ssp. telephium: 144
- – – purpureum → Hylotelephium telephium ssp. telephium: 144
- – – rotundatum → Hylotelephium telephium ssp. maximum: 144
- – – stepposum → Hylotelephium telephium ssp. ruprechtii: 144
- – – tarnense → Hylotelephium telephium ssp. telephium: 144
- – – purpureum → Hylotelephium pallescens: 141
- **tenellum**: 337
- tenuifolium → S. amplexicaule ssp. tenuifolium: 252
- – – → S. franchetii: 281
- – – ssp. ibericum → S. amplexicaule ssp. amplexicaule: 252

[Sedum tenuifolium ssp.]
- – – – tenuifolium → S. amplexicaule ssp. tenuifolium: 252
- – – var. amplexicaule → S. amplexicaule: 252
- – – – ciliatum → S. amplexicaule: 252
- – teretifolium → S. album: 250
- **ternatum**: 337
- – – var. minus → S. ternatum: 337
- **tetractinum**: 338
- – tetragonum → Crassula tetragona: 81
- – tetramerum → S. aetnense: 249
- – tetraphyllum → S. cepaea: 263
- – texanum → Lenophyllum texanum: 189
- – thartii → S. montanum ssp. orientale: 306
- – thomsonianum → Rhodiola hookeri: 226
- – thyrsoideum → Hylotelephium sp.: 139
- **tianmushanense**: 338
- – tibeticum → Rhodiola tibetica: 235
- – – var. strachyei → Rhodiola tibetica: 235
- – tieghemii → Rhodiola chrysanthemifolia ssp. sacra: 221
- – tillaei → Crassula muscosa: 62
- – tillaeoides → S. magae: 302
- **topsentii**: 338
- – torreyi → S. nuttallianum: 312
- **tortuosum**: 338
- **torulosum**: 338
- **tosaense**: 338
- – – ssp. **sinense**: 339
- – – – **tosaense**: 339
- – transbaikalense → S. album: 250
- – transvaalense → Crassula lanceolata ssp. transvaalensis: 57
- **treleasei**: 339
- – trevirense → S. forsterianum: 280
- **triactina**: 339
- – – ssp. **leptum**: 339
- – – – **triactina**: 339
- – – var. leptum → S. triactina ssp. leptum: 339
- – triangulosepalum → S. microsepalum: 305
- **tricarpum**: 339
- – – fa. viride → S. tricarpum: 339
- **trichospermum**: 340
- **trichromum**: 340
- – trientaloides → S. elatinoides: 275
- – trifidum → Rhodiola chrysanthemifolia ssp. chrysanthemifolia: 221
- – – var. balfourii → Rhodiola chrysanthemifolia ssp. chrysanthemifolia: 221
- – – – forrestii → Rhodiola chrysanthemifolia ssp. chrysanthemifolia: 221
- – triphyllum → Hylotelephium telephium ssp. telephium: 144
- – – → S. chauveaudii: 263
- **tristriatum**: 340
- **tritelii**: 340
- – trollii → Rhodiola sp.: 219
- **trullipetalum**: 340
- – – var. **ciliatum**: 340

[Sedum trullipetalum var.]
- – – **trullipetalum**: 340
- – truncatistigmum → S. microsepalum: 305
- – tschernokolevii → S. sexangulare: 331
- – **tsiangii**: 341
- – – var. **torquatum**: 341
- – – – **tsiangii**: 341
- – **tsinghaicum**: 341
- – **tsonanum**: 341
- – tsugaruense → Hylotelephium ussuriense var. tsugaruense: 145
- – **tuberculatum**: 341
- – **tuberiferum**: 341
- – **tuberosum**: 341
- – turgidum → S. album: 250
- – turkestanicum → S. aetnense: 249
- – tymphaeum → Prometheum tymphaeum: 215
- – **ulricae**: 342
- – umbellatum → S. divergens: 273
- – umbilicoides → Rosularia alpestris ssp. alpestris: 237
- – **uniflorum**: 342
- – – → Phedimus stellatus: 209
- – – → S. stenopetalum ssp. monanthum: 335
- – – ssp. **boninense**: 342
- – – – **japonicum**: 342
- – – – **oryzifolium**: 342
- – – – rugosum → S. uniflorum ssp. japonicum: 342
- – – – **uniflorum**: 343
- – – var. japonicum → S. uniflorum ssp. japonicum: 342
- – – – pumilum → S. uniflorum ssp. oryzifolium: 343
- – – – senanense → S. uniflorum ssp. japonicum: 342
- – uraiense → S. drymarioides: 274
- – uralense → Hylotelephium uralense: 145
- – urayense → S. drymarioides: 274
- – **ursi**: 343
- – **urvillei**: 343
- – – ssp. hillebrandtii → S. urvillei: 343
- – – – sartorianum → S. urvillei: 343
- – ussuriense → Hylotelephium ussuriense: 145
- – – var. ochranthemum → Hylotelephium ussuriense: 145
- – vagans → Phedimus hybridus: 206
- – vaginatum → Crassula vaginata: 84
- – valerianoides → Rhodiola yunnanensis ssp. yunnanensis: 236
- – varicolor → S. leucocarpum: 297
- – variegatum → Dudleya variegata: 103
- – venustum → Rhodiola atuntsuensis: 220
- – verlotii → S. ochroleucum: 314
- – vermiculifolium → S. album: 250
- – **versadense**: 343
- – – var. **versadense**: 344
- – – – **villadioides**: 344
- – **versicolor**: 344

[Sedum]
- – verticillatum → Hylotelephium verticillatum: 145
- – – → S. triactina: 339
- – – fa. bulbiferum → Hylotelephium verticillatum: 145
- – – var. nipponicum → Hylotelephium verticillatum var. verticillatum: 145
- – **victorianum**: 344
- – **vietnamense**: 344
- – vigilmontis → S. pulchellum: 323
- – viguieri → Rosularia adenotricha ssp. viguieri: 237
- – **villosum**: 344
- – – [?] glandulosum → S. villosum: 344
- – – ssp. aristatum → S. maireanum: 302
- – – – glandulosum → S. villosum: 344
- – – – nevadense → S. nevadense: 310
- – – – pedicellatum → S. pedicellatum: 319
- – – subvar. kotschyanum → S. kotschyanum: 293
- – – var. alpinum → S. villosum: 344
- – – – arcticum → S. villosum: 344
- – – – aristatum → S. maireanum: 302
- – – – campanulatum → S. lagascae: 294
- – – – cognense → S. villosum: 344
- – – – decandrum → S. villosum: 344
- – – – decarrhenum → S. villosum: 344
- – – – glabrum → S. nevadense: 311
- – – – glabrum → S. villosum: 344
- – – – glandulosum → S. villosum: 344
- – – – pentandrum → S. villosum: 344
- – – – pentarrhenum → S. villosum: 344
- – – – ramosum → S. maireanum: 302
- – **vinicolor**: 345
- – violaceum → S. sp.: 247
- – virens → S. sp.: 247
- – virescens → S. rupestre ssp. rupestre: 328
- – viride → Hylotelephium viride: 146
- – – → S. corynephyllum: 267
- – viridescens → Hylotelephium viridescens: 146
- – viridulum → S. sp.: 247
- – viscosum → S. stellariifolium: 334
- – viviparum → Hylotelephium viviparum: 146
- – volkensii → S. meyeri-johannis: 304
- – vulgare → Hylotelephium telephium ssp. telephium: 144
- – vuralianum → S. gracile: 284
- – wallichianum → Rhodiola wallichiana: 235
- – – var. cretinii → Rhodiola cretinii: 223
- – **wangii**: 345
- – **wannanense**: 345
- – – var. incarnatum → S. wannanense: 345
- – watsonii → S. oregonense: 316
- – **weberbaueri**: 345
- – weinbergii → Graptopetalum paraguayense ssp. paraguayense: 136
- – **wenchuanense**: 345
- – wettsteinii → S. acre: 247
- – **wilczekianum**: 346

[Sedum]
- willkommianum → S. pedicellatum: 319
- **wilsonii**: 346
- winkleri → S. hirsutum ssp. baeticum: 289
- – var. maroccanum → S. hirsutum: 289
- woodii → S. spathulifolium ssp. spathulifolium: 333
- woodwardii → Phedimus aizoon: 205
- wootonii → S. cockerellii: 265
- **woronowii**: 346
- **wrightii**: 346
- – ssp. **densiflorum**: 346
- – – – **priscum**: 346
- – – – **wrightii**: 346
- wuianum → S. celatum fa. calcaratum: 262
- wulingense → Rhodiola dumulosa: 223
- yabeanum → S. polytrichoides: 321
- – – var. setouchiense → S. polytrichoides: 321
- yantaiense → Phedimus aizoon: 205
- yezoense → Hylotelephium pluricaule: 141
- **yildizianum**: 346
- yosemitense → S. spathulifolium ssp. yosemitense: 333
- yunnanense → Rhodiola yunnanensis: 235
- – – var. forrestii → Rhodiola yunnanensis ssp. forrestii: 235
- – – – henryi → Rhodiola yunnanensis ssp. yunnanensis: 236
- – – – muliense → Rhodiola yunnanensis ssp. forrestii: 235
- – – – oblanceolatum → Rhodiola yunnanensis ssp. forrestii: 235
- – – – oxyphyllum → Rhodiola yunnanensis ssp. yunnanensis: 236
- – – – papillocarpum → Rhodiola yunnanensis ssp. forrestii: 235
- – – – rotundifolium → Rhodiola yunnanensis ssp. yunnanensis: 236
- – – – strictum → Rhodiola yunnanensis ssp. forrestii: 236
- – – – valerianoides → Rhodiola yunnanensis ssp. yunnanensis: 236
- **yvesii**: 347
- **zentaro-tashiroi**: 347
- zlatiborense → S. acre: 248
- zokuriense → Phedimus zokuriensis: 210
- zollikoferi → S. annuum: 254

Sempervivella → Sedum: 244
- acuminata → Rosularia alpestris ssp. alpestris: 237
- alba → Sedum sedoides: 330
- mucronata → Rosularia alpestris ssp. alpestris: 237
- – – var. glabra → Rosularia alpestris ssp. alpestris: 237
- sedoides → Sedum sedoides: 330

Sempervivum : 347
- abyssinicum → Hypagophytum abyssinicum: 147

[Sempervivum]
- acuminatum → Rosularia alpestris ssp. alpestris: 237
- – – → S. tectorum var. tectorum: 364
- adenophorum → S. globiferum ssp. hirtum: 356
- adenotrichum → S. stenopetalum: 363
- admontense → S. sp.: 349
- adoxum → S. tectorum var. tectorum: 364
- affine → S. tectorum var. tectorum: 364
- africanaum → Sempervivum: 349
- agriostaphis → Monanthes laxiflora: 192
- aizoides → Aichryson aizoides: 22
- aizoon → Aeonium aizoon: 13
- alatum → S. fauconnettii: 354
- albidum → S. comollii: 353
- album → Sedum sedoides: 330
- **alidae**: 349
- allionii → S. globiferum ssp. allionii: 355
- allobrogorum → S. stenopetalum: 363
- alpestre → S. montanum: 360
- alpinum → S. tectorum var. tectorum: 364
- **altum**: 349
- ambiguum → S. tectorum var. tectorum: 364
- andreanum → S. tectorum var. tectorum: 364
- angustifolium → S. fauconnettii: 354
- **annae**: 349
- annuum → Aichryson laxum: 23
- anomalum → S. montanum: 360
- – – → Sedum amplexicaule ssp. amplexicaule: 252
- arachnoideo-arvernense → S. fauconnettii: 354
- arachnoideo-boutignyanum → S. fauconnettii: 354
- arachnoideo-pyrenaicum → S. fauconnettii: 354
- **arachnoideum**: 349
- – – ssp. **arachnoideum**: 350
- – – – doellianum → S. arachnoideum ssp. arachnoideum: 350
- – – – **tomentosum**: 350
- – – var. doellianum → S. arachnoideum ssp. arachnoideum: 350
- – – – glabrescens → S. arachnoideum ssp. arachnoideum: 350
- – – – piliferum → S. fauconnettii: 354
- – – – tomentosum → S. arachnoideum ssp. tomentosum: 350
- arboreum → Aeonium arboreum: 13
- arenarium → S. globiferum ssp. allionii: 355
- – – → S. globiferum ssp. arenarium: 355
- – – → S. ruthenicum: 362
- – – ssp. neilreichii → S. globiferum ssp. hirtum: 356
- – – var. hillebrandtii → S. globiferum ssp. hirtum: 356
- **armenum**: 350
- – – var. **armenum**: 350
- – – – **insigne**: 350
- **artvinense**: 350
- arvernense → S. tectorum var. arvernense: 363

[Sempervivum arvernense]
- – fa. boutignyanum → S. tectorum var. tectorum: 364
- – arvernensi-arachnoideum → S. fauconnettii: 354
- – assimile → S. marmoreum ssp. marmoreum: 359
- – – ssp. blandum → S. marmoreum ssp. marmoreum: 359
- – – var. glabrescens → S. marmoreum ssp. marmoreum: 359
- **atlanticum**: 350
- **atropatanum**: 351
- – aureggii → S. tectorum var. tectorum: 364
- – aureum → Aeonium aureum: 13
- – ausserdorferi → S. barbulatum: 351
- – austriacum → S. globiferum ssp. allionii: 355
- – balcanicum → S. marmoreum ssp. marmoreum: 359
- – ballii → S. marmoreum ssp. erythraeum: 359
- – ballsii → S. marmoreum ssp. ballsii: 359
- – balsamiferum → Aeonium balsamiferum: 14
- – bambergii → S. sp.: 349
- – banaticum → S. marmoreum ssp. marmoreum: 359
- – barbatulum → S. barbulatum: 351
- – barbatum → Aeonium simsii: 19
- – – → Aeonium spathulatum: 19
- – – → S. sp.: 349
- **barbulatum**: 351
- – – nvar. delasoieii → S. barbulatum: 351
- – – – noricum → S. barbulatum: 351
- – barretii → Aichryson villosum: 24
- – bentejui → Aeonium spathulatum: 19
- – berthelotianum → Aeonium tabuliforme: 20
- – bethencourtianum → Aichryson bethencourtianum: 22
- – beugesiacum → S. tectorum var. tectorum: 364
- – bifurcum → S. sp.: 349
- – blandum → S. marmoreum ssp. marmoreum: 359
- – – var. assimile → S. marmoreum ssp. marmoreum: 359
- – boissieri → S. tectorum var. tectorum: 364
- – bollei → Aichryson bollei: 22
- – borisii → S. ciliosum ssp. ciliosum: 353
- – – subvar. ciliosum → S. ciliosum: 353
- **borissovae**: 351
- – boutignyano-arachnoideum → S. fauconnettii: 354
- – boutignyanum → S. tectorum var. tectorum: 364
- – brachiatum → S. tectorum var. tectorum: 364
- – brachycaulos → Monanthes brachycaulos: 191
- – bracteatum → Sempervivum: 349
- – brassai → S. heuffelii: 357
- – braunii → S. grandiflorum: 357
- – – → S. montanum ssp. stiriacum: 361
- – – → S. pittonii: 362
- – – → S. pumilum: 362
- – – → S. rupicola: 362
- – – var. glabrum → S. armenum var. armenum: 350

[Sempervivum]
- **brevipetalum**: 351
- **brevipilum**: 351
- – brevirameum → S. tectorum var. tectorum: 364
- – brevistylum → S. tectorum var. tectorum: 364
- – brunneifolium → S. marmoreum ssp. marmoreum: 359
- – bulbosum → Monanthes brachycaulos: 191
- – burnatii → S. montanum ssp. burnatii: 361
- – caespitosum → Aeonium simsii: 19
- – calcaratum → S. comollii: 353
- **calcareum**: 351
- – californicum → S. calcareum: 351
- – calyciforme → Aeonium aureum: 13
- – campaniforme → S. globiferum ssp. globiferum: 356
- – canariense → Aeonium canariense: 14
- – – ssp. christii → Aeonium canariense var. palmense: 14
- – – – latifolium → Aeonium canariense var. subplanum: 14
- – – – longithyrsum → Aeonium canariense var. palmense: 14
- – – – typicum → Aeonium canariense var. canariense: 14
- – – – virgineum → Aeonium canariense var. virgineum: 14
- – candollei → S. montanum: 360
- **cantabricum**: 352
- – – ssp. **cantabricum**: 352
- – – – **guadarramense**: 352
- – – – **urbionense**: 352
- – cantalicum → S. tectorum var. tectorum: 364
- – cappadocicum → S. ruthenicum: 362
- – carpathicum → S. montanum ssp. carpathicum: 361
- – castello-paivae → Aeonium castello-paivae: 14
- **caucasicum**: 352
- – – var. borissovae → S. borissovae: 351
- – – – gracile → S. caucasicum: 352
- – cebennense → S. tectorum var. tectorum: 364
- – celsicaule → S. tectorum var. tectorum: 364
- – cerbarum → S. barbulatum: 351
- – cerdanum → S. barbulatum: 351
- – chanousianum → S. fauconnettii: 354
- – – → Sempervivum: 349
- **charadzeae**: 352
- – chassegnei → S. tectorum var. tectorum: 364
- – chavinii → S. fauconnettii: 354
- **christii**: 353
- – – → Aeonium canariense var. palmense: 14
- – chrysanthum → Aeonium leucoblepharum: 17
- – – var. glabrum → Aeonium leucoblepharum: 17
- – – – glandulosum → Aeonium leucoblepharum: 17
- – ciliare → Aeonium simsii: 19
- – ciliatum → Aeonium ciliatum: 15
- – – → Aeonium simsii: 19
- – – → S. ciliosum ssp. ciliosum: 353

[Sempervivum ciliatum]
– – → S. globiferum ssp. globiferum: 356
– – → S. tectorum var. tectorum: 364
– **ciliosum**: 353
– – → S. ciliosum ssp. ciliosum: 353
– – fa. Mali That → S. ciliosum ssp. octopodes: 353
– – – borisii → S. ciliosum ssp. ciliosum: 353
– – ssp. **ciliosum**: 353
– – – **octopodes**: 353
– – var. borisii → S. ciliosum ssp. ciliosum: 353
– – – galicicum → S. ciliosum ssp. ciliosum: 353
– cinerascens → S. marmoreum ssp. erythraeum: 359
– – → S. sp.: 349
– claviculatum → S. sp.: 349
– clusianum → S. tectorum var. tectorum: 364
– collinum → S. tectorum var. tectorum: 364
– columnare → S. calcareum: 351
– **comollii**: 353
– compactum → S. tectorum var. tectorum: 364
– complanatum → Aeonium tabuliforme: 20
– constrictum → S. tectorum var. tectorum: 364
– coperticum → S. sp.: 349
– corymbosum → S. tectorum var. tectorum: 364
– crassifolium → S. tectorum var. tectorum: 364
– cruentum → Aeonium spathulatum: 19
– cuneatum → Aeonium cuneatum: 15
– cuspidatum → Orostachys spinosa: 196
– dahuricum → S. sp.: 349
– **davisii**: 353
– debile → S. montanum: 360
– decoloratum → S. tectorum var. tectorum: 364
– decorum → Aeonium decorum: 15
– degenianum → S. marmoreum ssp. reginae-amaliae: 360
– delasoieii → S. barbulatum: 351
– densum → S. stenopetalum: 363
– dichotomum → Aichryson laxum: 23
– dicranocladon → S. tectorum var. tectorum: 364
– diplocyclum → Aeonium diplocyclum: 15
– divaricatum → Aichryson divaricatum: 23
– – fa. maximum → Aichryson laxum: 23
– – var. politum → Aichryson divaricatum: 23
– – – pubescens → Aichryson divaricatum: 23
– – – punctatum → Aichryson punctatum: 24
– – – subvillosum → Aichryson parlatorei: 24
– – – villosum → Aichryson villosum: 24
– dodrantale → Aeonium dodrantale: 16
– doellianum → S. arachnoideum ssp. arachnoideum: 350
– **dolomiticum**: 353
– – → S. barbulatum: 351
– domesticum → Aichryson aizoides: 22
– dominii → S. pumilum: 362
– dumosum → Aichryson dumosum: 23
– **dzhavachischvilii**: 354
– elegans → S. barbulatum: 351
– **ermanicum**: 354

[Sempervivum]
– erubescens → S. tectorum var. tectorum: 364
– erythraeum → S. marmoreum ssp. erythraeum: 359
– **fauconnettii**: 354
– – nvar. flavipilum → S. fauconnettii: 354
– – – rubellum → S. fauconnettii: 354
– ferreum → Aeonium aureum: 13
– **fimbriatum**: 354
– – → Rosularia alpestris ssp. alpestris: 237
– – → S. fimbriatum: 354
– flagelliferum → S. caucasicum: 352
– flagelliforme → S. montanum: 360
– flahaultii → S. fauconnettii: 354
– flavipilum → S. fauconnettii: 354
– foliosum → Aeonium smithii: 19
– fontanae → S. fauconnettii: 354
– foucaudii → S. barbulatum: 351
– frigidum → S. montanum: 360
– **funckii**: 354
– – → S. montanum ssp. stiriacum: 361
– – → S. stenopetalum: 363
– funkii → S. fauconnettii: 354
– **furseorum**: 354
– fuscum → S. tectorum var. tectorum: 364
– gaudinii → S. grandiflorum: 357
– georgicum → S. transcaucasicum: 365
– **gillianii**: 355
– **giuseppii**: 355
– **glabrifolium**: 355
– glabrum → S. heuffelii: 357
– glaciale → S. montanum: 360
– glandulosum → Aeonium glandulosum: 16
– glaucum → S. tectorum var. tectorum: 364
– **globiferum**: 355
– – → S. globiferum ssp. globiferum: 356
– – → S. globiferum ssp. hirtum: 356
– – → S. grandiflorum: 357
– – → S. wulfenii: 365
– – ssp. **allionii**: 355
– – – **arenarium**: 355
– – – **globiferum**: 356
– – – **hirtum**: 356
– – – ruthenicum → S. ruthenicum: 362
– – – aghricum → S. ruthenicum: 363
– glutinosum → Aeonium glutinosum: 16
– gomerense → Aeonium gomerense: 16
– goochiae → Aeonium goochiae: 16
– gorgoneum → Aeonium gorgoneum: 17
– gracile → Aeonium dodrantale: 16
– **grandiflorum**: 357
– greenii → S. calcareum: 351
– guillemotii → S. tectorum var. tectorum: 364
– haffalii → S. sp.: 349
– hastipetalum → S. sp.: 349
– hausmannii → S. barbulatum: 351
– – → S. fauconnettii: 354
– haworthii → Aeonium haworthii: 17
– **hayekii**: 357

[Sempervivum]
- heerianum → S. fauconnettii: 354
- heterophyllum → S. montanum: 360
- heterotrichum → S. arachnoideum ssp. arachnoideum: 350
- **heuffelii**: 357
- – var. albanicum → S. heuffelii: 357
- – – – bulgaricum → S. heuffelii: 357
- – – – glabrum → S. heuffelii: 357
- – – – patens → S. heuffelii: 357
- hierrense → Aeonium hierrense: 17
- hillebrandtii → S. globiferum ssp. hirtum: 356
- himalayense → Rosularia alpestris ssp. alpestris: 237
- hirsutum → S. globiferum ssp. allionii: 355
- hirtellum → S. globiferum ssp. arenarium: 356
- hirtum → S. globiferum ssp. allionii: 355
- – – → S. globiferum ssp. arenarium: 356
- – – → S. globiferum ssp. globiferum: 356
- – – → S. globiferum ssp. hirtum: 356
- – – → S. heuffelii: 357
- – – fa. glabrescens → S. globiferum ssp. hirtum: 356
- – – – hillebrandtii → S. globiferum ssp. hirtum: 356
- – – ssp. adenophorum → S. globiferum ssp. hirtum: 356
- – – – glabrescens → S. globiferum ssp. hirtum: 356
- – – – neilreichii → S. globiferum ssp. hirtum: 356
- – – – patens → S. heuffelii: 357
- – – – preissianum → S. globiferum ssp. hirtum: 356
- – – – tatrense → S. globiferum ssp. hirtum: 356
- – – var. adenophorum → S. globiferum ssp. hirtum: 356
- – – – amblysepalum → S. globiferum ssp. hirtum: 356
- – – – glabriusculum → S. globiferum ssp. arenarium: 356
- – – – hillebrandtii → S. globiferum ssp. hirtum: 356
- – – – pumilum → S. globiferum ssp. arenarium: 356
- – – – raripilum → S. globiferum ssp. hirtum: 356
- hispicaule → Aeonium smithii: 19
- hispidulum → S. montanum: 360
- hookeri → S. barbulatum: 351
- hungaricum → S. montanum: 360
- huteri → S. comollii: 353
- – – → S. rupicola: 362
- hybridum → S. barbulatum: 351
- immaculatum → Aichryson pachycaulon: 23
- **ingwersenii**: 357
- **iranicum**: 358
- **ispartae**: 358
- italicum → S. tectorum var. arvernense: 363
- jacquinii → S. sp.: 349
- jakucsii → S. ciliosum ssp. octopodes: 353

[Sempervivum]
- jeanbernatii → S. barbulatum: 351
- juratense → S. tectorum var. tectorum: 364
- juvanii → S. wulfenii ssp. juvanii: 365
- kindingeri → S. leucanthum: 358
- kochii → S. globiferum ssp. arenarium: 356
- kopaonikense → S. heuffelii: 357
- **kosaninii**: 358
- kwedania → S. nixonii: 361
- laetevirens → S. tectorum var. tectorum: 364
- laggeri → S. arachnoideum ssp. tomentosum: 350
- lamottei → S. tectorum var. tectorum: 364
- lancerottense → Aeonium lancerottense: 17
- latifolium → Aeonium canariense var. canariense: 14
- latiusculum → S. tectorum var. tectorum: 364
- lautareticum → S. fauconnettii: 354
- laxum → Aichryson laxum: 23
- legrandii → S. tectorum var. tectorum: 364
- lehmannii → S. dolomiticum: 353
- leptocephalum → S. tectorum var. tectorum: 364
- leptopetalum → S. tectorum var. tectorum: 364
- lesurinum → S. tectorum var. tectorum: 364
- **leucanthum**: 358
- – – → S. marmoreum ssp. erythraeum: 359
- – – var. ciliosum → S. ciliosum: 353
- leucoblepharum → Aeonium leucoblepharum: 17
- leucopogon → S. sp.: 349
- ligulare → Aeonium simsii: 19
- lindleyi → Aeonium lindleyi: 18
- lineatum → Sempervivum: 349
- lineolare → Aeonium spathulatum: 19
- longifolium → S. sp.: 349
- lowei → Monanthes lowei: 192
- luxurians → S. tectorum var. tectorum: 364
- macedonicum → S. marmoreum ssp. reginae-amaliae: 360
- macranthum → S. montanum: 360
- macrolepum → Aeonium tabuliforme: 20
- maitrea → S. tectorum var. tectorum: 364
- maitrei → S. tectorum var. tectorum: 364
- majus → S. tectorum var. tectorum: 364
- manriqueorum → Aeonium arboreum: 13
- **marmoreum**: 358
- – – fa. brunneifolium → S. marmoreum ssp. marmoreum: 359
- – – – longirameum → S. marmoreum ssp. reginae-amaliae: 360
- – – – pallidiflorum → S. marmoreum ssp. marmoreum: 359
- – – – rubicundum → S. marmoreum ssp. marmoreum: 359
- – – ssp. **ballsii**: 359
- – – – blandum → S. marmoreum ssp. marmoreum: 359
- – – – **erythraeum**: 359
- – – – **marmoreum**: 359

[Sempervivum marmoreum ssp.]
– – – **reginae-amaliae**: 360
– – – rubrifolium → S. sp.: 349
– – var. angustissimum → S. marmoreum ssp. reginae-amaliae: 360
– – – dinaricum → S. marmoreum ssp. marmoreum: 359
– – – marmoreum → S. marmoreum ssp. marmoreum: 359
– masferreri → Aeonium sedifolium: 19
– mettenianum → S. fauconnettii: 354
– – → S. tectorum var. tectorum: 364
– meyerheimii → Aeonium glandulosum: 16
– michaelis-borsii → Sempervivum: 349
– micranthes → Monanthes sp.: 191
– minimum → S. montanum: 360
– **minus**: 360
– – var. glabrum → S. minus: 360
– **minutum**: 360
– – → S. tectorum var. tectorum: 364
– – fa. glabrescens → S. minutum: 360
– mitchellii → S. nixonii: 361
– modestum → S. stenopetalum: 363
– moggridgei → S. arachnoideum ssp. arachnoideum: 350
– molle → Aichryson laxum: 23
– monanthes → Monanthes polyphylla: 193
– – var. filicaule → Monanthes polyphylla ssp. polyphylla: 193
– – – murale → Monanthes muralis: 192
– – – subcrassicaule → Monanthes muralis: 192
– montaniforme → S. barbulatum: 351
– **montanum**: 360
– – → S. caucasicum: 352
– – → S. funckii: 354
– – → S. marmoreum: 358
– – → S. marmoreum ssp. erythraeum: 359
– – → S. montanum ssp. stiriacum: 361
– – → S. pumilum: 362
– – → S. tectorum var. arvernense: 363
– – fa. braunii → S. montanum ssp. stiriacum: 361
– – – maximum → S. montanum ssp. burnatii: 361
– – ssp. **burnatii**: 361
– – – **carpathicum**: 361
– – – heterophyllum → S. montanum: 360
– – – **montanum**: 361
– – – **stiriacum**: 361
– – var. assimile → S. marmoreum ssp. marmoreum: 359
– – – braunii → S. montanum ssp. stiriacum: 361
– – – burnatii → S. montanum ssp. burnatii: 361
– – – erythraeum → S. marmoreum ssp. erythraeum: 359
– – – pallidum → S. montanum ssp. montanum: 361
– – – stiriacum → S. montanum ssp. stiriacum: 361
– monticola → S. montanum: 360

[Sempervivum monticola]
– – – → S. stenopetalum: 363
– morelianum → Sempervivum: 349
– **morellianum**: 361
– morettii → S. sp.: 349
– mucronatum → Rosularia alpestris ssp. alpestris: 237
– multiflorum → Sinocrassula indica: 367
– murale → S. tectorum var. tectorum: 364
– murithii → Sempervivum: 349
– mutabile → Aeonium arboreum: 13
– neilreichii → S. globiferum ssp. hirtum: 356
– nevadense → S. minutum: 360
– – var. hirtella → S. minutum: 360
– **nixonii**: 361
– nobile → Aeonium nobile: 18
– noricum → S. barbulatum: 351
– obovatum → S. tectorum var. tectorum: 364
– obtusatum → S. sp.: 349
– octopodes → S. ciliosum ssp. octopodes: 353
– oligotrichum → S. barbulatum: 351
– – → S. dolomiticum: 353
– oliveri → S. fauconnettii: 354
– ornatum → S. marmoreum ssp. marmoreum: 359
– **ossetiense**: 361
– pachycaulon → Aichryson pachycaulon: 23
– paivae → Aeonium castello-paivae: 14
– pallescens → S. tectorum var. tectorum: 364
– pallidum → S. tectorum var. tectorum: 364
– palmense → Aeonium canariense var. palmense: 14
– – → Aichryson palmense: 23
– paniculatum → Sempervivum: 349
– parlatorei → Aichryson parlatorei: 24
– parviflorum → S. stenopetalum: 363
– parvulum → S. stenopetalum: 363
– patens → S. heuffelii: 357
– – var. glabrum → S. heuffelii: 357
– patina → Aeonium glandulosum: 16
– pauciflorum → S. montanum: 360
– penicillatum → S. fauconnettii: 354
– penninum → S. sp.: 349
– percarneum → Aeonium percarneum: 18
– pernhofferi → S. rupicola: 362
– petropolitanum → S. globiferum ssp. globiferum: 356
– piliferum → S. fauconnettii: 354
– pilosellum → S. fauconnettii: 354
– pinnatum → Aichryson punctatum: 24
– **pisidicum**: 361
– **pittonii**: 362
– polypharmicum → Aeonium aureum: 13
– polyphyllum → Monanthes polyphylla: 193
– pomelii → S. fauconnettii: 354
– porphyrogennetos → Aichryson porphyrogennetos: 24
– **praegeri**: 362
– praestabile → S. tectorum var. tectorum: 364
– preissianum → S. globiferum ssp. hirtum: 356

[Sempervivum]
- propinquum → Aeonium canariense var. palmense: 14
- pruinatum → Sedum pruinatum: 322
- pseudoarachnoideum → S. fauconnettii: 354
- pulchellum → Aeonium spathulatum: 19
- pulverulentum → S. tectorum var. tectorum: 364
- pulvinatum → Aichryson tortuosum: 24
- **pumilum**: 362
- punctatum → Aichryson punctatum: 24
- – var. villosum → Aichryson parlatorei: 24
- purpurascens → S. tectorum var. tectorum: 364
- purpureum → S. sp.: 349
- pygmaeum → Aichryson tortuosum: 24
- – – → S. montanum: 360
- pyrenaico-arachnoideum → S. fauconnettii: 354
- pyrenaicum → S. tectorum var. tectorum: 364
- racemosum → S. calcareum: 351
- radicescens → Aichryson tortuosum: 24
- reflexifolium → S. tectorum var. tectorum: 364
- reginae-amaliae → S. heuffelii: 357
- – – → S. marmoreum ssp. reginae-amaliae: 360
- requienii → S. tectorum var. tectorum: 364
- rhaeticum → S. stenopetalum: 363
- rhenanum → S. tectorum var. tectorum: 364
- rhodanicum → S. tectorum var. tectorum: 364
- riccii → S. tectorum var. arvernense: 363
- rigidum → S. tectorum var. tectorum: 364
- robustum → S. tectorum var. tectorum: 364
- roseum → S. fimbriatum: 354
- – – nvar. fimbriatum → S. fimbriatum: 354
- royanum → S. tectorum var. tectorum: 364
- rubellum → S. fauconnettii: 354
- rubicundum → S. marmoreum ssp. marmoreum: 359
- rubricaule → S. sp.: 349
- rupestre → S. tectorum var. tectorum: 364
- **rupicola**: 362
- – – → S. christii: 353
- – – nvar. pernhofferi → S. rupicola: 362
- rupifragum → Aeonium aureum: 13
- **ruthenicum**: 362
- sabaudum → S. tectorum var. tectorum: 364
- sanguineum → S. arachnoideum: 349
- saundersii → Aeonium saundersii: 18
- saxosum → S. tectorum var. tectorum: 364
- schlehanii → S. marmoreum ssp. marmoreum: 359
- – – fa. brunneifolium → S. marmoreum ssp. marmoreum: 359
- – – ssp. blandum → S. marmoreum ssp. marmoreum: 359
- – – var. blandum → S. marmoreum ssp. marmoreum: 359
- – – – dinaricum → S. marmoreum ssp. marmoreum: 359
- schnittspahnii → S. fauconnettii: 354
- schottii → S. stenopetalum: 363
- – – → S. tectorum var. tectorum: 364

[Sempervivum schottii]
- – nvar. rhaeticum → S. stenopetalum: 363
- sedifolium → Aeonium sedifolium: 19
- sediforme → Sedum sediforme: 330
- sedoides → Sedum sedoides: 330
- seusanum → S. tectorum var. tectorum: 364
- simense → Afrovivella semiensis: 21
- simonkaianum → S. globiferum ssp. hirtum: 356
- simsii → Aeonium simsii: 19
- smidtii → S. sp.: 349
- smithii → Aeonium smithii: 19
- – – → S. nixonii: 361
- soboliferum → S. globiferum ssp. globiferum: 356
- – – ssp. glabrescens → S. globiferum ssp. hirtum: 356
- – – – preissianum → S. globiferum ssp. hirtum: 356
- – – var. tatrense → S. globiferum ssp. hirtum: 356
- **sosnowskyi**: 363
- spathulatum → Aeonium spathulatum: 19
- – – var. cruentum → Aeonium spathulatum: 19
- speciosum → S. tectorum var. tectorum: 364
- spectabile → S. tectorum var. tectorum: 364
- spinulosum → S. sp.: 349
- spurium → Sempervivum: 349
- **staintonii**: 363
- stellatum → Aichryson villosum: 24
- – – → S. sp.: 349
- **stenopetalum**: 363
- stiriacum → S. montanum ssp. stiriacum: 361
- – – var. braunii → S. montanum ssp. stiriacum: 361
- stramineum → S. heuffelii: 357
- strepsicladum → Aeonium spathulatum: 19
- – – var. cruentum → Aeonium spathulatum: 19
- subalpinum → S. montanum: 360
- subvillosum → Aichryson parlatorei: 24
- surculosum → Sedum surculosum: 336
- tabuliforme → Aeonium tabuliforme: 20
- tatrense → S. globiferum ssp. hirtum: 356
- **tectorum**: 363
- – – → S. caucasicum: 352
- – – → S. marmoreum: 358
- – – ssp. alpinum → S. tectorum var. tectorum: 364
- – – – arvernense → S. tectorum var. arvernense: 363
- – – – atlanticum → S. atlanticum: 350
- – – – caucasicum → S. caucasicum: 352
- – – – cebennense → S. tectorum var. tectorum: 364
- – – – lainzii → S. minutum: 360
- – – – marmoreum → S. marmoreum: 358
- – – – pallescens → S. tectorum var. tectorum: 364
- – – – schottii → S. tectorum var. tectorum: 364
- – – – verlotii → S. stenopetalum: 363
- – – var. acuminatum → S. tectorum var. tectorum: 364

[Sempervivum tectorum var.]
– – – alpinum → S. tectorum var. tectorum: 364
– – – andreanum → S. tectorum var. tectorum: 364
– – – angustifolium → S. dolomiticum: 353
– – – **arvernense**: 363
– – – atlanticum → S. atlanticum: 350
– – – calcareum → S. calcareum: 351
– – – clusianum → S. tectorum var. arvernense: 363
– – – glaucescens → S. tectorum: 363
– – – glaucum → S. tectorum var. tectorum: 364
– – – marmoreum → S. marmoreum: 358
– – – minutum → S. minutum: 360
– – – reginae-amaliae → S. marmoreum ssp. reginae-amaliae: 360
– – – rhenanum → S. tectorum var. tectorum: 364
– – – **tectorum**: 364
– tenuifolium → Sedum amplexicaule ssp. tenuifolium: 252
– theobaldi → S. rupicola: 362
– thomasii → S. montanum: 360
– thomayeri → S. fauconnettii: 354
– **thompsonianum**: 364
– thompsonii → S. fauconnettii: 354
– timbalii → S. barbulatum: 351
– tissieri → S. fauconnettii: 354
– tomentosum → S. arachnoideum ssp. tomentosum: 350
– tortuosum → Aichryson aizoides: 22
– – → Aichryson tortuosum: 24
– – var. goochiae → Aeonium goochiae: 16
– – – lindleyi → Aeonium lindleyi: 18
– – – viscatum → Aeonium lindleyi var. viscatum: 18
– **transcaucasicum**: 365
– – ssp. aghricum → S. ruthenicum: 363
– transsylvanicum → S. sp.: 349
– trichophorum → S. sp.: 349
– trifurcum → S. tectorum var. tectorum: 364
– triste → S. tectorum var. tectorum: 364
– undulatum → Aeonium undulatum: 20
– urbicum → Aeonium arboreum var. holochrysum: 13
– – → Aeonium urbicum: 20
– uviferum → Sempervivum: 349
– **vaccarii**: 365
– valesiacum → Sempervivum: 349
– validum → S. tectorum var. tectorum: 364
– valverdense → Aeonium valverdense: 20
– velenovskyi → S. heuffelii: 357
– vellanum → S. tectorum var. tectorum: 364
– vellarum → S. tectorum var. tectorum: 364
– vellavum → S. tectorum var. tectorum: 364
– ventosicola → S. sp.: 349
– venustum → S. tectorum var. tectorum: 364
– verlotii → S. stenopetalum: 363
– vermiculare → S. caucasicum: 352
– **versicolor**: 365

[Sempervivum]
– vicentei → S. cantabricum: 352
– – → S. tectorum var. tectorum: 364
– – ssp. cantabricum → S. cantabricum: 352
– – – lainzii → S. minutum: 360
– – – paui → S. cantabricum ssp. guadarramense: 352
– – – vicentei → S. tectorum var. tectorum: 364
– villosulum → S. fauconnettii: 354
– villosum → Aeonium spathulatum: 19
– – → Aichryson tortuosum: 24
– – → Aichryson villosum: 24
– – → S. fauconnettii: 354
– – var. punctatum → Aichryson punctatum: 24
– – – subvillosum → Aichryson parlatorei: 24
– violascens → S. tectorum var. tectorum: 364
– virgineum → Aeonium canariense var. virgineum: 14
– viscatum → Aeonium lindleyi var. viscatum: 18
– viscosum → Sempervivum: 349
– webbianum → S. arachnoideum ssp. tomentosum: 350
– widderi → S. comollii: 353
– **wolfianum**: 365
– **wulfenii**: 365
– – → S. ciliosum ssp. ciliosum: 353
– – → S. montanum ssp. stiriacum: 361
– – ssp. gaudinii → S. grandiflorum: 357
– – – **juvanii**: 365
– – – ruthenicum → S. ruthenicum: 362
– – – **wulfenii**: 365
– – var. skorpilii → S. ciliosum ssp. ciliosum: 353
– youngianum → Aeonium undulatum: 20
– **zeleborii**: 365
Senecio papillaris → Tylecodon cacalioides: 373
Septas → Crassula: 29
– alcicornis → Crassula alcicornis: 35
– capensis → Crassula capensis: 40
– – var. albertiniae → Crassula capensis var. albertiniae: 40
– – – leipoldtii → Crassula sp.: 33
– – – promontorii → Crassula capensis var. promontorii: 40
– dentata → Crassula dentata: 48
– globifera → Crassula capensis var. capensis: 40
– globiflora → Crassula capensis var. capensis: 40
– nemorosa → Crassula nemorosa: 64
– saxifraga → Crassula saxifraga: 74
– simulans → Crassula simulans: 77
– umbella → Crassula umbella: 83
– umbraticola → Crassula umbraticola: 84
Septimia → Crassula: 30
– crenulata → Crassula crenulata: 45
– inandensis → Crassula inandensis: 55
– multicava → Crassula multicava: 61
– – var. integrifolia → Crassula sarmentosa var. integrifolia: 74
– sarmentosa → Crassula sarmentosa: 74
– spathulata → Crassula spathulata: 78

[Septimia spathulata]
– – var. cyclophylla → Crassula spathulata: 78
– streyi → Crassula streyi: 78
Sinocrassula : 365
– aliciae → Orostachys aliciae: 193
– **ambigua**: 366
– bergeri → S. indica var. serrata: 368
– **densirosulata**: 366
– **diversifolia**: 367
– **indica**: 367
– – var. **forrestii**: 367
– – – **indica**: 367
– – – longistyla → S. longistyla: 368
– – – **luteorubra**: 368
– – – **maculosa**: 368
– – – **obtusifolia**: 368
– – – **paniculata**: 368
– – – **serrata**: 368
– – – **viridiflora**: 368
– **longistyla**: 368
– luteorubra → S. indica var. luteorubra: 368
– – var. forrestii → S. indica var. forrestii: 367
– – – maculosa → S. indica var. maculosa: 368
– paoshingensis → S. indica var. luteorubra: 368
– – var. spinulosa → S. indica var. luteorubra: 368
– schoenlandii → Orostachys schoenlandii: 196
– stenostachya → Orostachys stenostachya: 197
– – var. integrifolia → Orostachys stenostachya: 197
– – – lepidotricha → Orostachys stenostachya: 197
– **techinensis**: 368
– **yunnanensis**: 369
Spathulata → Phedimus: 204
– spuria → Phedimus spurius: 209
Sphaeritis → Crassula: 30
– biconvexa → Crassula pubescens ssp. pubescens: 70
– ciliata → Crassula ciliata: 41
– incana → Crassula subaphylla var. subaphylla: 79
– margaritifera → Crassula mollis: 60
– paucifolia → Crassula mesembryanthoides ssp. hispida: 59
– puberula → Crassula subaphylla var. subaphylla: 79
– setigera → Crassula tomentosa var. tomentosa: 83
– subaphylla → Crassula subaphylla: 79
– subulata → Crassula subulata: 80
– tomentosa → Crassula tomentosa: 83
– trachysantha → Crassula mesembryanthoides ssp. mesembryanthoides: 59
– typica → Crassula subulata var. subulata: 80
Stylophyllum → Dudleya: 87
– albidum → Dudleya virens ssp. virens: 104
– anomalum → Dudleya anomala: 90
– attenuatum → Dudleya attenuata: 91

[Stylophyllum]
– coronatum → Dudleya anomala: 90
– densiflorum → Dudleya densiflora: 95
– edule → Dudleya edulis: 96
– hassei → Dudleya virens ssp. hassei: 104
– insulare → Dudleya anomala: 90
– – → Dudleya virens ssp. insularis: 104
– nudicaulis → Dudleya densiflora: 95
– orcuttii → Dudleya attenuata ssp. orcuttii: 91
– parishii → Dudleya attenuata ssp. orcuttii: 91
– semiteres → Dudleya semiteres: 102
– traskiae → Dudleya traskiae: 103
– virens → Dudleya virens: 104
– viscidum → Dudleya viscida: 105
Tacipetalum → Graptopetalum: 132
Taciphytum → Graptophytum: 138
Tacitus → Graptopetalum: 132
– bellus → Graptopetalum bellum: 134
Talinum linguiforme → Cremnophila linguifolia: 87
Telephium → Hylotelephium: 138
Telmissa → Sedum: 244
– microcarpa → Sedum microcarpum: 304
– sedoides → Sedum microcarpum: 304
Tetradium → Rhodiola: 218
Tetraphyle → Crassula: 30
– alpestris → Crassula alpestris: 35
– – var. massonii → Crassula alpestris ssp. massonii: 35
– barklyi → Crassula barklyi: 38
– campestris → Crassula campestris: 40
– columnaris → Crassula columnaris: 43
– – var. mitrata → Crassula columnaris ssp. columnaris: 43
– – – prolifera → Crassula columnaris ssp. prolifera: 43
– congesta → Crassula congesta: 44
– – var. laticephala → Crassula congesta ssp. laticephala: 44
– furcata → Crassula ericoides ssp. ericoides: 50
– lanceolata → Crassula lanceolata: 56
– littoralis → Crassula muscosa var. muscosa: 62
– lycopodioides → Crassula muscosa var. muscosa: 62
– multiceps → Crassula multiceps: 61
– muscosa → Crassula muscosa: 62
– parvula → Crassula muscosa var. parvula: 62
– polpodacea → Crassula muscosa var. polpodacea: 63
– propinqua → Crassula muscosa var. obtusifolia: 62
– pyramidalis → Crassula pyramidalis: 71
– – var. archeri → Crassula pyramidalis: 71
– – – cylindrica → Crassula pyramidalis: 71
– – – quadrangula → Crassula pyramidalis: 71
– quadrangula → Crassula pyramidalis: 71
Tetrorum → Sedum: 244
– pusillum → Sedum pusillum: 323
Thisantha → Crassula: 30

[Thisantha]
– debilis → Crassula thunbergiana ssp. thunbergiana: 82
– – var. minutiflora → Crassula thunbergiana ssp. minutiflora: 82
– decumbens → Crassula thunbergiana ssp. thunbergiana: 82
– glabra → Crassula glomerata: 53
– glomerata → Crassula glomerata: 53
– patens → Crassula glomerata: 53
– subulata → Crassula lanceolata ssp. transvaalensis: 57
– tenuipedicellata → Crassula tenuipedicellata: 81
Thompsonella : 369
– **colliculosa** : 369
– glauca → T. minutiflora: 369
– **minutiflora** : 369
– **mixtecana** : 370
– **platyphylla** : 370
– **spathulata** : 370
– **xochipalensis** : 370
Thompsophytum : 370
Thompsosedum : 370
Thompsoveria : 370
Tillaea → Crassula: 29
– acuminata → Crassula colorata var. acuminata: 43
– acutifolia → Crassula ruamahanga: 72
– adscendens → Crassula colorata var. colorata: 43
– alata → Crassula alata: 33
– alsinoides → Crassula pellucida ssp. alsinoides: 67
– andicola → Crassula solieri: 78
– angustifolia → Crassula aquatica: 36
– – var. bolanderi → Crassula saginoides: 73
– aquatica → Crassula aquatica: 36
– – var. drummondii → Crassula drummondii: 49
– ascendens → Crassula aquatica: 36
– bolanderi → Crassula saginoides: 73
– bonariensis → Crassula peduncularis: 67
– brevifolia → Crassula decumbens var. brachyphylla: 47
– capensis → Crassula natans var. natans: 64
– – var. minor → Crassula natans var. minus: 63
– chiloensis → Crassula moschata: 60
– closiana → Crassula closiana: 42
– colorata → Crassula colorata: 42
– connata → Crassula connata: 44
– curvifolia → Crassula helmsii: 54
– cymosa → Sedum pusillum: 323
– debilis → Crassula mataikona: 59
– decumbens → Crassula thunbergiana ssp. thunbergiana: 82
– diffusa → Crassula connata: 44
– – → Crassula kirkii: 56
– drummondii → Crassula drummondii: 49
– – var. bolanderi → Crassula saginoides: 73
– ecklonis → Crassula natans var. minus: 63

[Tillaea]
– elatinoides → Crassula elatinoides: 49
– erecta ssp. eremica → Crassula connata: 44
– – var. eremica → Crassula connata: 44
– exserta → Crassula exserta: 51
– filiformis → Crassula natans var. natans: 64
– – var. parvula → Crassula natans var. natans: 64
– fluitans → Crassula natans var. natans: 64
– – var. intermedia → Crassula natans var. natans: 64
– – – obovata → Crassula natans var. natans: 64
– helmsii → Crassula helmsii: 54
– inanis → Crassula inanis: 56
– intricata → Crassula colorata var. colorata: 43
– kirkii → Crassula kirkii: 56
– latifolia → Crassula closiana: 42
– leptopetala → Crassula connata: 44
– likiangensis → Crassula aquatica: 36
– litoralis → Crassula moschata: 60
– longipes → Crassula longipes: 58
– macrantha → Crassula decumbens var. decumbens: 47
– – var. pedicellosa → Crassula closiana: 42
– – – sepalosa → Crassula decumbens var. decumbens: 47
– magellanica → Crassula moschata: 60
– micrantha → Crassula decumbens var. decumbens: 47
– minima → Crassula connata: 44
– – var. subsimplex → Crassula connata: 44
– minutissima → Crassula minutissima: 59
– mongolica → Crassula decumbens var. decumbens: 47
– moschata → Crassula moschata: 60
– multicaulis → Crassula multicaulis: 61
– muscosa → Crassula connata: 44
– – → Crassula sieberiana ssp. sieberiana: 77
– – → Crassula tillaea: 83
– – subvar. pentamera → Crassula alata ssp. alata: 34
– – var. trichopoda → Crassula alata ssp. alata: 34
– novae-zelandiae → Crassula sinclairii: 77
– ovallei → Crassula decumbens var. decumbens: 47
– paludosa → Crassula peduncularis: 67
– pedicellosa → Crassula closiana: 42
– peduncularis → Crassula peduncularis: 67
– pedunculata → Crassula sieberiana: 77
– pentandra → Crassula schimperi ssp. schimperi: 74
– perfoliata → Crassula inanis: 56
– – var. latifolia → Crassula inanis: 56
– pharnaceoides → Crassula alata ssp. pharnaceoides: 34
– prostrata → Crassula aquatica: 36
– purpurata → Crassula peduncularis: 67
– pusilla → Crassula hunua: 55
– – var. brevia → Crassula hunua: 55
– radicans → Crassula decumbens var. decumbens: 47

[Tillaea]
- recurva → Crassula helmsii: 54
- reflexa → Crassula natans var. natans: 64
- rencana → Crassula decumbens var. decumbens: 47
- repens → Crassula granvikii: 54
- rivularis → Crassula granvikii: 54
- rubescens → Crassula connata: 44
- rubra → Sedum caespitosum: 261
- saginoides → Crassula saginoides: 73
- schimperi → Crassula schimperi: 74
- – ssp. phyturus → Crassula schimperi ssp. phyturus: 74
- – – – transvaalensis → Crassula lanceolata ssp. transvaalensis: 57
- sedoides → Crassula connata: 44
- sieberiana → Crassula sieberiana: 77
- – var. acuminata → Crassula colorata var. acuminata: 43
- simplex → Crassula aquatica: 36
- – – → Crassula saginoides: 73
- sinclairii → Crassula sinclairii: 77
- solieri → Crassula solieri: 78
- stuartii → Crassula sp.: 33
- subulata → Crassula lanceolata ssp. transvaalensis: 57
- – var. illecebroides → Crassula lanceolata ssp. lanceolata: 57
- trichopoda → Crassula alata ssp. alata: 33
- trichotoma → Crassula decumbens var. decumbens: 47
- umbellata → Crassula umbellata: 83
- vaillantii → Crassula vaillantii: 84
- – var. kilimandscharica → Crassula granvikii: 54
- venezuelensis → Crassula venezuelensis: 85
- verticillaris → Crassula sieberiana ssp. sieberiana: 77
- viridis → Crassula viridis: 85
- yunnanensis → Crassula aquatica: 36

Tillaeastrum aquaticum → Crassula aquatica: 36
- drummondii → Crassula drummondii: 49
- latifolium → Crassula closiana: 42
- longipes → Crassula longipes: 58
- pringlei → Crassula saginoides: 73
- vaillantii → Crassula vaillantii: 84
- viride → Crassula viridis: 85

Toelkenia → Crassula: 30
- arborescens → Crassula arborescens: 36
- lactea → Crassula lactea: 56
- ovata → Crassula ovata: 66

Tolmachevia → Rhodiola: 218
- atropurpurea → Rhodiola integrifolia ssp. integrifolia: 226
- integrifolia → Rhodiola integrifolia: 226
- – ssp. leedyi → Rhodiola integrifolia ssp. leedyi: 227
- – – – neomexicana → Rhodiola integrifolia ssp. neomexicana: 227

[Tolmachevia integrifolia ssp.]
- – – – procera → Rhodiola integrifolia ssp. procera: 227
- krivochzhinii → Rhodiola rosea: 232

Triactina verticillata → Sedum triactina: 339
Tristicha phascoides → Crassula phascoides: 69
Turgosea → Crassula: 30
Tylecodon : 371
- **albiflorus**: 371
- aridimontanus → T. schaeferianus: 378
- **atropurpureus**: 371
- **aurusbergensis**: 371
- **bayeri**: 372
- **bleckiae**: 372
- **bodleyae**: 372
- buchholtzianus → T. buchholzianus: 372
- **buchholzianus**: 372
- – – var. **buchholzianus**: 372
- – – – **fasciculatus**: 372
- **cacalioides**: 373
- **cordiformis**: 373
- cremnophilus → T. ellaphieae: 373
- **decipiens**: 373
- **ellaphieae**: 373
- **faucium**: 373
- **fergusoniae**: 373
- **fragilis**: 373
- **grandiflorus**: 374
- **hallii**: 374
- **hirtifolius**: 374
- jarmilae → T. ventricosus: 380
- **kritzingeri**: 374
- **leucothrix**: 374
- **longipes**: 375
- mallei → T. bayeri: 372
- **nigricaulis**: 375
- **nolteei**: 375
- **occultans**: 375
- **paniculatus**: 375
- papillaris → T. cacalioides: 373
- – – ssp. ecklonianus → T. wallichii ssp. ecklonianus: 380
- – – – wallichii → T. wallichii: 380
- **pearsonii**: 376
- **peculiaris**: 376
- **pusillus**: 376
- **pygmaeus**: 376
- – – var. pygmaeus → T. pygmaeus: 376
- – – – tenuis → T. tenuis: 379
- **racemosus**: 376
- **reticulatus**: 377
- – – ssp. **phyllopodium**: 377
- – – – **reticulatus**: 377
- **rubrovenosus**: 377
- **scandens**: 377
- **schaeferianus**: 378
- **similis**: 378
- **singularis**: 378
- **stenocaulis**: 378

[Tylecodon]
- **striatus**: 378
- **suffultus**: 379
- **sulphureus**: 379
- – var. **armianus**: 379
- – – **sulphureus**: 379
- **tenuis**: 379
- **torulosus**: 379
- **tribblei**: 379
- **tuberosus**: 380
- **ventricosus**: 380
- **viridiflorus**: 380
- **wallichii**: 380
- – ssp. **ecklonianus**: 380
- – – **wallichii**: 380

Umbilicus: 381
- acutifolius → Sedum subulatum: 336
- affinis → Sedum albertii: 249
- aizoon → Prometheum aizoon: 213
- **albido-opacus**: 381
- alpestris → Rosularia alpestris: 237
- **botryoides**: 381
- **chloranthus**: 382
- chrysanthus → Prometheum chrysanthum: 213
- **citrinus**: 382
- coutinhoi → U. heylandianus: 382
- cyprius → Rosularia globulariifolia: 238
- deflexus → U. horizontalis var. horizontalis: 383
- elymaiticus → Rosularia elymaitica: 238
- **erectus**: 382
- – var. lassithiensis → U. erectus: 382
- erubescens → Orostachys spinosa: 196
- fimbriatus → Orostachys fimbriata: 194
- gaditanus → U. horizontalis var. horizontalis: 383
- – var. giganteus → U. horizontalis: 382
- gendjnamensis → Rosularia sempervivum ssp. persica: 242
- giganteus → U. horizontalis var. horizontalis: 383
- glaber → Rosularia glabra: 238
- globulariifolius → Rosularia globulariifolia: 238
- haussknechtii → Rosularia haussknechtii: 239
- **heylandianus**: 382
- – var. coutinhoi → U. heylandianus: 382
- hispidus → Sedum mucizonia: 308
- **horizontalis**: 382
- – – → U. schmidtii: 384
- – – ssp. gaditanus → U. horizontalis var. horizontalis: 383
- – – – horizontalis → U. horizontalis var. horizontalis: 383
- – – var. **horizontalis**: 383
- – – – **intermedius**: 383
- – – – majoricensis → U. sp.: 381
- inermis → Orostachys malacophylla: 195
- intermedius → U. horizontalis var. intermedius: 383
- lampusae → Sedum lampusae: 294

[Umbilicus]
- lassithiensis → U. erectus: 382
- libanoticus → Rosularia sempervivum ssp. libanotica: 241
- – – fa. major → Rosularia sempervivum ssp. kurdica: 241
- – – – minor → Prometheum rechingeri: 214
- – – var. connivens → Rosularia globulariifolia: 238
- – – – glaber → Rosularia sempervivum ssp. persica: 241
- – – – lineatus → Rosularia lineata: 239
- – – – pauciflorus → Rosularia sempervivum ssp. libanotica: 241
- – – – steudelii → Rosularia sempervivum ssp. kurdica: 241
- lievenii → Pseudosedum lievenii: 217
- linearifolius → Rhodiola semenovii: 233
- lineatus → Rosularia lineata: 239
- linifolius → Rhodiola semenovii: 233
- luteus → Sedum oreades: 316
- – – → U. erectus: 382
- malacophyllus → Orostachys malacophylla: 195
- maroccanus → U. horizontalis var. horizontalis: 383
- mexicanus → Sedum goldmanii: 283
- micranthus → U. parviflorus: 384
- microstachyus → Sedum microstachyum: 305
- mirus → U. parviflorus: 384
- multicaulis → Pseudosedum multicaule: 218
- neglectus → U. rupestris: 384
- **oppositifolius**: 383
- oreades → Sedum oreades: 316
- oxypetalus → U. tropaeolifolius: 384
- pallidiflorus → Rosularia pallidiflora: 239
- pallidus → Prometheum aizoon: 213
- paniculatus → Rosularia radicosa: 240
- **paniculiformis**: 383
- papillosus → Rosularia adenotricha ssp. adenotricha: 237
- **parviflorus**: 383
- **patens**: 384
- patulus → U. horizontalis var. horizontalis: 383
- pendulinus → U. rupestris: 384
- – – var. intermedius → U. horizontalis var. intermedius: 383
- – – – praealtus → U. heylandianus: 382
- – – – truncatus → U. rupestris: 384
- – – – velenovskyi → U. rupestris: 384
- persicus → Rosularia sempervivum ssp. persica: 241
- pestalozzae → Rosularia sempervivum ssp. pestalozzae: 242
- platyphyllus → Rosularia platyphylla: 240
- praealtus → U. heylandianus: 382
- pubescens → Prometheum pilosum: 214
- pulvinatus → Rosularia platyphylla: 240
- racemosus → Rosularia radicosa: 240
- radicans → Rosularia rosulata: 240

[Umbilicus]
- radiciflorus → Rosularia sempervivum ssp. persica: 242
- ramosissimus → Orostachys fimbriata: 194
- rodriguezii → U. horizontalis var. horizontalis: 383
- **rupestris**: 384
- – ssp. horizontalis → U. horizontalis: 382
- – var. truncatus → U. rupestris: 384
- – – velenovskyi → U. rupestris: 384
- samius → Rosularia serrata: 242
- **schmidtii**: 384
- sedoides → Sedum candollei: 261
- semenovii → Rhodiola semenovii: 233
- semiensis → Afrovivella semiensis: 21
- sempervivum → Rosularia sempervivum: 241
- serpentinicus → Prometheum serpentinicum: 214
- serratus → Rosularia serrata: 242
- sessilis → Sedum candollei: 261
- spathulatus → Sedum oreades: 316
- spinosus → Orostachys spinosa: 196
- sprunerianus → U. parviflorus: 383
- stamineus → Orostachys malacophylla: 195
- strangulatus → U. heylandianus: 382
- subspicatus → Rosularia radicosa: 240
- subulatus → Sedum subulatum: 336
- tenuicaulis → Rosularia adenotricha ssp. adenotricha: 237
- thyrsiflorus → Orostachys thyrsiflora: 197
- **tropaeolifolius**: 384
- turkestanicus → Rosularia platyphylla: 240
- umbilicatus → U. rupestris: 384
- vulgaris → U. rupestris: 384
- – fa. majoricensis → U. sp.: 381
- – ssp. gaditanus → U. horizontalis var. horizontalis: 383
- winkleri → Sedum hirsutum ssp. baeticum: 289

Urbinia → Echeveria: 105
- agavoides → Echeveria agavoides: 107
- corderoyi → Echeveria agavoides 'Corderoyi': 107
- lurida → Echeveria tobarensis: 130
- obscura → Echeveria agavoides: 107
- purpusii → Echeveria purpusorum: 124

Urbiphytum → Pachyveria: 203

Vauanthes → Crassula: 30
- chloraeflora → Crassula dichotoma: 48
- dichotoma → Crassula dichotoma: 48

Verea → Kalanchoe: 147

Vereia → Kalanchoe: 147
- acutiflora → Kalanchoe spathulata: 182
- alternans → Kalanchoe alternans: 149
- crenata → Kalanchoe crenata: 156
- floribunda → Kalanchoe lanceolata: 166
- laciniata → Kalanchoe laciniata: 165
- lanceolata → Kalanchoe lanceolata: 166
- nudicaulis → Kalanchoe deficiens: 158
- pinnata → Kalanchoe pinnata: 175

[Vereia]
- rotundifolia → Kalanchoe rotundifolia: 179

Villadia: 384
- **acuta**: 386
- **albiflora**: 386
- alpina → Sedum goldmanii: 283
- andina → Sedum andinum: 253
- **aperta**: 386
- **aristata**: 387
- batesii → Sedum goldmanii: 283
- – var. subalpina → Sedum goldmanii: 283
- berilloniana → Sedum berillonianum: 257
- calcicola → Sedum calcicola: 261
- chihuahuensis → Sedum chihuahuense: 263
- **cucullata**: 387
- – ssp. **apiculata**: 387
- – – **cucullata**: 387
- decipiens → Sedum decipiens: 271
- dielsii → Sedum plicatum: 321
- **diffusa**: 387
- **dyvrandae**: 387
- elongata → Sedum jurgensenii ssp. jurgensenii: 292
- fusca → Sedum fuscum: 281
- galeottiana → Sedum batesii: 256
- goldmanii → Sedum goldmanii: 283
- grandisepala → Sedum grandisepalum: 284
- grandyi → Sedum grandyi: 284
- **guatemalensis**: 388
- hemsleyana → Sedum batesii: 256
- **imbricata**: 388
- – – → Sedum reniforme: 325
- **incarum**: 388
- jimulcensis → V. cucullata ssp. cucullata: 387
- jurgensenii → Sedum jurgensenii: 292
- **laxa**: 388
- levis → V. guatemalensis: 388
- mexicana → Sedum goldmanii: 283
- **minutiflora**: 389
- **misera**: 389
- necaxana → Sedum jurgensenii ssp. jurgensenii: 292
- **nelsonii**: 389
- **painteri**: 390
- parva → Sedum parvum: 319
- parviflora → V. misera: 389
- **patula**: 390
- platyphylla → Thompsonella platyphylla: 370
- platystyla → Sedum platystylum: 321
- **pringlei**: 390
- ramosissima → V. albiflora: 386
- ramulosa → Sedum goldmanii: 283
- **recurva**: 390
- reniformis → Sedum reniforme: 325
- scopulina → Sedum scopulinum: 330
- **squamulosa**: 390
- **stricta**: 391
- texana → Lenophyllum texanum: 189
- **virgata**: 391

[Villadia]
– weberbaueri → Sedum weberbaueri: 345
Villeveria : 391

Adromischus

a *Adromischus phillipsiae*

b *Adromischus hemisphaericus*

c *Adromischus leucophyllus*

d *Adromischus maximus*

e *Adromischus trigynus*

f *Adromischus roanianus*

g *Adromischus roanianus*

a *Aeonium aizoon*
b *Aeonium arboreum* var. *holochrysum*
c *Aeonium aureum*
d *Aeonium canariense* var. *canariense*
e *Aeonium davidbramwellii*
f *Aeonium dodrantale*
g *Aeonium glandulosum*
h *Aeonium glutinosum*

Aeonium, Afrovivella

a *Aeonium arboreum* var. *rubrolineatum*

b *Aeonium haworthii*

c *Aeonium hierrense*

d *Aeonium lindleyi* var. *lindleyi*

e *Aeonium nobile*

f *Aeonium spathulatum*

g *Afrovivella semiensis*

a *Aichryson laxum*

b *Aichryson parlatorei*

c *Aichryson pachycaulon*

d *Cotyledon woodii*

e *Cotyledon orbiculata* var. *orbiculata*

f *Cotyledon papillaris*

a Crassula ausensis ssp. ausensis
b Crassula atropurpurea var. watermeyeri
c Crassula brevifolia ssp. brevifolia
d Crassula capitella ssp. thyrsiflora
e Crassula ciliata
f Crassula closiana
g Crassula coccinea

a *Crassula deceptor*
b *Crassula columella*
c *Crassula connata*
d *Crassula cultrata*
e *Crassula dejecta*
f *Crassula deltoidea*
g *Crassula dichotoma*

Crassula

a *Crassula ericoides* ssp. *ericoides*
b *Crassula expansa* ssp. *expansa*
c *Crassula fascicularis*
d *Crassula expansa* ssp. *fragilis*
e *Crassula hemisphaerica*
f *Crassula hirtipes*
g *Crassula humbertii*
h *Crassula lanceolata* ssp. *denticulata*

a *Crassula lanceolata* ssp. *transvaalensis*
b *Crassula tetragona* ssp. *acutifolia*
c *Crassula montana* ssp. *montana*
d *Crassula multiceps*
e *Crassula natans* var. *natans*
f *Crassula orbicularis*
g *Crassula ovata*
h *Crassula peploides*

Crassula

a *Crassula sarcocaulis* ssp. *rupicola*

b *Crassula perfoliata* var. *perfoliata*

c *Crassula pubescens* ssp. *pubescens*

d *Crassula rupestris* ssp. *rupestris*

e *Crassula sarcocaulis* ssp. *rupicola*

f *Crassula susannae*

g *Crassula swaziensis*

a *Crassula pseudohemisphaerica*
b *Crassula sieberiana* ssp. *sieberiana*
c *Crassula subaphylla* var. *subaphylla*
d *Crassula tomentosa* var. *glabrifolia*
e *Crassula umbella*
f *Crassula cremnophila*
g *Cremnophila linguifolia*
h *Cremnophila nutans*

a *Cremnophila nutans*
b *Dudleya brittonii*
c *Dudleya cymosa* ssp. *cymosa*
d *Dudleya multicaulis*
e *Dudleya nubigena* ssp. *nubigena*
f *Dudleya virens* ssp. *virens*
g *Dudleya farinosa*
h *Dudleya pulverulenta* ssp. *arizonica*

a *Echeveria agavoides* 'Corderoyi'

b *Echeveria bicolor* var. *bicolor*

c *Echeveria coccinea*

d *Echeveria harmsii*

e *Echeveria longisssima* var. *aztatlensis*

f *Echeveria lutea*

g *Echeveria craigiana*

h *Echeveria longissima* var. *longissima*

Echeveria

a *Echeveria derenbergii*

b *Echeveria cante*

c *Echeveria humilis*

d *Echeveria heterosepala*

e *Echeveria lilacina*

f *Echeveria laui*

g *Echeveria nodulosa*

h *Echeveria prolifica*

a *Echeveria johnsonii*
b *Echeveria megacalyx*
c *Echeveria minima*
d *Echeveria moranii*
e *Echeveria quitensis* var. *quitensis*
f *Echeveria quitensis* var. *sprucei*
g *Echeveria setosa* var. *deminuta*
h *Echeveria simulans*

Echeveria

a *Echeveria setosa* var. *setosa*
b *Echeveria skinneri*
c *Echeveria spectabilis*
d *Echeveria peacockii*
e *Echeveria tolimanensis*
f *Echeveria walpoleana*
g *Echeveria subalpina*
h *Echeveria subcorymbosa*

a *Graptopetalum amethystinum*

b *Graptopetalum bellum*

c *Graptopetalum fruticosum*

d *Graptopetalum filiferum*

e *Graptopetalum macdougallii*

f *Graptopetalum pentandrum* ssp. *pentandrum*

Graptopetalum, Hylotelephium, Kalanchoe

a *Graptopetalum grande*

b *Graptopetalum pentandrum* ssp. *superbum*

c *Graptopetalum rusbyi*

d *Hylotelephium spectabile*

e *Hylotelephium verticillatum* var. *verticillatum*

f *Kalanchoe beharensis*

g *Kalanchoe bracteata*

h *Kalanchoe beharensis*

a *Kalanchoe bracteata*
b *Kalanchoe delagoensis*
c *Kalanchoe dinklagei*
d *Kalanchoe farinacea*
e *Kalanchoe fadeniorum*
f *Kalanchoe fedtschenkoi*
g *Kalanchoe beauverdii*
h *Kalanchoe gracilipes*

Kalanchoe

a *Kalanchoe gastonis-bonnieri*
b *Kalanchoe hildebrandtii*
c *Kalanchoe linearifolia*
d *Kalanchoe manginii*
e *Kalanchoe marmorata*
f *Kalanchoe marnieriana*
g *Kalanchoe jongmansii* ssp. *jongmansii*
h *Kalanchoe laetivirens*

a *Kalanchoe miniata*

b *Kalanchoe nyikae* ssp. *nyikae*

c *Kalanchoe orgyalis*

d *Kalanchoe pinnata*

e *Kalanchoe porphyrocalyx*

f *Kalanchoe rhombopilosa*

Kalanchoe

a *Kalanchoe miniata*
b *Kalanchoe migiurtinorum*
c *Kalanchoe prolifera*
d *Kalanchoe pubescens*
e *Kalanchoe pumila*
f *Kalanchoe robusta*
g *Kalanchoe synyepala*
h *Kalanchoe tomentosa*

a *Kalanchoe uniflora*
b *Lenophyllum latum*
c *Kalanchoe tetraphylla*
d *Kalanchoe thyrsiflora*
e *Kalanchoe viguieri*
f *Lenophyllum guttatum*
g *Lenophyllum latum*
h *Lenophyllum texanum*

Monanthes

a *Monanthes icterica*
b *Monanthes icterica*
c *Monanthes laxiflora*
d *Monanthes minima*
e *Monanthes muralis*
f *Monanthes muralis*
g *Monanthes pallens*
h *Monanthes polyphylla* ssp. *polyphylla*

a *Orostachys japonica*
b *Orostachys thyrsiflora*
c *Pachyphytum coeruleum*
d *Pachyphytum compactum*
e *Pachyphytum glutinicaule*
f *Pachyphytum kimnachii*
g *Pachyphytum fittkaui*
h *Pachyphytum werdermannii*

Pachyphytum, Phedimus

a *Pachyphytum oviferum*

b *Pachyphytum werdermannii*

c *Phedimus kamtschaticus*

d *Phedimus spurius*

e *Phedimus kamtschaticus*

a *Prometheum sempervivoides*
b *Phedimus stellatus*
c *Prometheum sempervivoides*
d *Prometheum chrysanthum*
e *Prometheum aizoon*
f *Prometheum muratdaghense*

a *Prometheum serpentinicum* var. *serpentinicum*
b *Prometheum pilosum*
c *Prometheum tymphaeum*
d *Rhodiola alsia* ssp. *alsia*
e *Rhodiola coccinea* ssp. *coccinea*
f *Rhodiola crenulata*
g *Rhodiola crenulata*

a *Rhodiola discolor*
b *Rhodiola chrysanthemifolia* ssp. *chrysanthemifolia*
c *Rhodiola cretinii* ssp. *cretinii*
d *Rhodiola fastigiata*
e *Rhodiola heterodonta*
f *Rhodiola himalensis* ssp. *himalensis*
g *Rhodiola himalensis* ssp. *himalensis*

Rhodiola

a *Rhodiola hookeri*

c *Rhodiola macrocarpa*

b *Rhodiola kirilowii*

d *Rhodiola kirilowii*

e *Rhodiola hobsonii*

a *Rhodiola primuloides* ssp. *primuloides*

b *Rhodiola rosea*

c *Rhodiola tibetica*

d *Rosularia alpestris* ssp. *marnieri*

e *Rhodiola wallichiana*

f *Rosularia adenotricha* ssp. *adenotricha*

Rosularia

a *Rosularia globulariifolia*

b *Rosularia lineata*

c *Rosularia platyphylla*

d *Rosularia serrata*

e *Rosularia sempervivum* ssp. *glaucophylla*

f *Rosularia sempervivum* ssp. *persica*

a Sedum alsinefolium
b Sedum alamosanum
c Sedum alpestre
d Sedum allantoides
e Sedum alexanderi
f Sedum alexanderi

a *Sedum aytacianum*
b *Sedum burrito*
c *Sedum chloropetalum*
d *Sedum caeruleum*
e *Sedum cockerellii*
f *Sedum cyprium*
g *Sedum brevifolium*
h *Sedum commixtum*

a *Sedum compressum*
b *Sedum corynephyllum*
c *Sedum craigii*
d *Sedum cupressoides*
e *Sedum cymatopetalum*
f *Sedum dasyphyllum* var. *dasyphyllum*
g *Sedum hirsutum* ssp. *hirsutum*
h *Sedum jaccardianum*

a *Sedum dendroideum* ssp. *dendroideum*
b *Sedum dendroideum* ssp. *praealtum*
c *Sedum ebracteatum* ssp. *ebracteatum*
d *Sedum frutescens*
e *Sedum gracile*
f *Sedum hakonense*
g *Sedum henrici-robertii*
h *Sedum hernandezii*

a *Sedum lampusae*
b *Sedum hintonii*
c *Sedum hispanicum*
d *Sedum laconicum*
e *Sedum lancerottense*
f *Sedum lineare*
g *Sedum longipes* ssp. *longipes*

a *Sedum macdougallii*

b *Sedum lucidum*

d *Sedum morganianum*

c *Sedum mellitulum*

e *Sedum moranense* ssp. *moranense*

f *Sedum mucizonia*

a *Sedum obtusatum* ssp. *boreale*

b *Sedum multiceps*

c *Sedum muscoideum*

d *Sedum nussbaumerianum*

e *Sedum oaxacanum*

f *Sedum obcordatum*

g *Sedum oreades*

a *Sedum pachyphyllum*
b *Sedum palmeri*
c *Sedum rupestre* ssp. *rupestre*
d *Sedum reptans*
e *Sedum edwardsii*
f *Sedum rubens*
g *Sedum oxypetalum*
h *Sedum robertsianum*

a *Sedum rubrotinctum*
b *Sedum spathulifolium* ssp. *pruinosum*
c *Sedum stenopetalum* ssp. *stenopetalum*
d *Sedum subtile* ssp. *subtile*
e *Sedum tenellum*
f *Sedum triactina* ssp. *triactina*
g *Sedum tristriatum*
h *Sedum sexangulare*

Sedum

a *Sedum versadense* var. *villadioides*
b *Sedum trullipetalum* var. *trullipetalum*
c *Sedum uniflorum* ssp. *japonicum*
d *Sedum versadense* var. *versadense*
e *Sedum urvillei*
f *Sedum villosum*
g *Sedum vinicolor*

a *Sempervivum davisii*

b *Sempervivum arachnoideum* ssp. *arachnoideum*

c *Sempervivum artvinense*

d *Sempervivum davisii*

e *Sempervivum caucasicum*

f *Sempervivum furseorum*

g *Sempervivum grandiflorum*

Sempervivum

a *Sempervivum tectorum* var. *tectorum*

b *Sempervivum tectorum* var. *tectorum*

c *Sempervivum montanum* ssp. *montanum*

d *Sempervivum wulfenii* ssp. *wulfenii*

e *Sempervivum montanum* ssp. *montanum*

f *Sempervivum wulfenii* ssp. *wulfenii*

a *Sinocrassula densirosulata*

b *Sinocrassula indica* var. *indica*

c *Thompsonella colliculosa*

d *Thompsonella platyphylla*

e *Thompsonella minutiflora*

f *Thompsonella spathulata*

Tylecodon

a *Tylecodon fragilis*

d *Tylecodon occultans*

b *Tylecodon bayeri*

c *Tylecodon buchholzianus*

e *Tylecodon occultans*

f *Tylecodon paniculatus*

a *Tylecodon reticulatus* ssp. *phyllopodium*

b *Tylecodon racemosus*

c *Tylecodon reticulatus* ssp. *reticulatus*

d *Tylecodon pygmaeus*

e *Tylecodon scandens*

f *Tylecodon schaeferianus*

Tylecodon

a   *Tylecodon similis*

b   *Tylecodon sulphureus* var. *armianus*

c   *Tylecodon torulosus*

d   *Tylecodon rubrovenosus*

e   *Tylecodon ventricosus*

f   *Tylecodon viridiflorus*

a *Umbilicus oppositifolius*
b *Umbilicus tropaeolifolius*
c *Umbilicus chloranthus*
d *Umbilicus horizontalis* var. *horizontalis*
e *Umbilicus rupestris*
f *Villadia guatemalensis*
g *Villadia guatemalensis*
h *Villadia albiflora*